李新宇学术文集

壹

文学现象观察

李新宇 —————— 著

山西出版传媒集团 北岳文艺出版社
BEIYUE LITERATURE & ART PUBLISHING HOUSE
·太原·

图书在版编目(CIP)数据

李新宇学术文集 / 李新宇著. —太原：
北岳文艺出版社，2020.5
ISBN 978-7-5378-6178-6

Ⅰ. ①李… Ⅱ. ①李… Ⅲ. ①中国文学－文学研究－
文集 Ⅳ. ①I206-53

中国版本图书馆CIP数据核字(2020)第057362号

李新宇学术文集·文学现象观察

李新宇◎著

//

项目负责人
范 戈

责任编辑
范 戈

封面设计
张永文

印装监制
郭 勇

出版发行：山西出版传媒集团·北岳文艺出版社
地址：山西省太原市并州南路57号
邮编：030012
电话：0351-5628696(发行部) 0351-5628688(总编室)
传真：0351-5628680
网址：http://www.bywy.com E-mail：bywycbs@163.com
经销商：新华书店
印刷装订：山西人民印刷有限责任公司

开本：710mm ×1000mm 1/16
总字数：2688千字
总印张：159.5
版次：2020年5月第1版
印次：2020年5月山西第1次印刷
书号：ISBN 978-7-5378-6178-6
总定价：698.00元(全6卷)

1998年，在曲阜师范大学

作者部分书影

刊载作者学术文章的部分刊物

目　录

第一辑

第二辑

第三辑

第四辑

第一辑

改革者形象塑造的危机

我赞美那些密切关注生活大潮的作品，所谓“改革文学”正是这类作品；我欢呼那些时代弄潮儿的形象，所谓改革者正是这类形象。所以，我由衷地希望未来的文学史家不要忘记，在中华民族历史的这一重大转折时期，我们的文学家塑造了一批改革家形象，取得了可喜的成就。但是，当前改革者形象的塑造却逐渐显露危机，使我们不得不认真思考。

一、在雷同化与理想化的背后

几年前，敏感的批评家已经不无忧虑地指出，改革者形象的塑造形成了新的模式。时至今日，人们仍能看到，改革者形象的性格特征存在着明显的雷同。1979年，乔光朴问世之后，改革者形象一个接一个相继诞生：丁猛、车篷宽、徐枫、龙种、陈抱帖、刘钊、武耕新、李向南……虽然性格各异，思想认识不一，改革的形式也不尽相同，但是，即使这些各具特色的人物，也大都流贯着乔氏的血液，带着他的某些性格基因。他们几乎都不乏信念，不乏勇气，不乏铁腕，几乎都义无反顾，大刀阔斧地进行改革，几乎都具有地道的男子汉气魄。不必一一列举论证，大量的改革者形象性格的主要方面非常相像是显而易见的，以致谈到改革者，人们立即就会想到这种性格。

为什么会产生这种现象呢？是作家们缺少独创性而相互仿效的结果吗？显然不是。我们没有任何理由如此低估我们时代的作家。那么，是生活为我们提供的原型就是如此吗？显然也不是。只要了解一下生活，大概谁都会做出并不完全肯定的回答。我以为，这些形象打着作家主观世界的鲜明印记，染着作家理想的色彩。在雷同化的背后是理想化。从乔光朴到李向南，绝大多数改革者形象都带有理想化倾向。作家们所展现给我们的，是经过认真选择和改造了的生活的强者。他们是为创造历史而存在，为影响历史而成为艺术形象的。尽管新时期文学摒弃“高大全”的模式，反对理想化倾向，对塑造榜样不感兴趣，但作为这一人物系列，却与梁生宝、肖长春们一样负有引导生活的使命。这类形象是作家主观精神拥抱客观现实的结果，寄托着作家对生活的希望，承载着作家对生活的呼唤。由于对改革的迫切期望而对改革者产生偏爱，由于偏爱而不自觉地将其理想化，这是完全可以理解的。正因为这样，他们才总是大刀阔斧，所向披靡；虽困难重重而仍能取得胜利；虽有失败但绝非自身错误所致；虽有弱点而绝无原则失误；虽头戴紧箍而手眼通天，仍能一蹦十万八千里……严格地说，这不够真实。我们的读者却一次又一次地读着这样的作品，忘了挑剔或不愿挑剔，并时时报以热烈的掌声。因为它反映着读者和作家的共同愿望，读者也往往自愿地参与理想化的塑造。正因为这种共同愿望，人们愿意来点善意的欺骗，借大刀阔斧的改革者求得情绪的宣泄，沉浸于作品所创造的意境中得到满足。作为社会的人，很难超越特定时代的时代情绪。虽然这种情绪往往使作家和读者同时蒙住双眼，顾此失彼，使作品轰动一时而又立即被遗忘，但人们认识到的未必是能够摆脱的，因为时代情绪最集中地反映着人心的向背。从这个意义上说，我们的作家正是置身于人民之中，充当了人民的代言人，才塑造了这样的形象。这些形象由于作家的主观意向而成为我们这个时代呼唤改革之声的形象显示。

正因为如此，我并不一般地反对理想化。文学要排斥理想化只是一种梦想。它无法排除创作主体的主观认识、主观愿望和感情。没有主观，也就没有文学本身。爱之欲其生，颂之则欲其尽善，虽为作家所应当力戒，却因其属于人类的普遍情感而难以靠理智彻底戒除。问题不在理想化本身，而在于理想化了的人物所承载的是什么样的理想。而在这些理想化的改革者形象背后，所显示的却是清官主义——一个陈旧的理想模式。

作为“人民代言人”的称谓，我们已经习惯了它的褒奖意义，但从另一种意义上讲，它却可能成为一种局限。作家要为人民立言，尤其意味着不是站在非人民立场上代表压迫者和剥削者讲话，却不应该仅仅是充当人民的传声筒。我们有必要清醒地认识我们的民族，特别是常用概念下的人民——以农民为主体的父老兄弟的素质。如果与这个大多数站在同一地平线上，就会限制了自己的视野。作为担负着重铸民族灵魂之职责的当代作家，有责任站在一定的高度，以理想之光照彻现在，并映出明晨的路。但是，我们通过改革者形象，看到的却常常是作家们缺少远见和洞察力的、带有传统局限的理想。对改革者形象进行认真考察，就不难看到，他们的“强者人格”，“青天官格”，所寄托的恰恰不是现代理想，而是几千年小农的梦，是从传统继承来的将希望寄托于“圣君”“清官”和“大侠”的理想，是一个陈旧而又陈旧的神话模式。它与女娲补天、大禹治水、包青天以及带了尚方宝剑的巡按大人的故事是一脉相承的。《新星》中的李向南罢免潘苟世，的确大快人心，但是，作者满足于他的主人公伸张正义，为民请命，却没有对他的作为进一步思考。作者在清官主义的领地里止步，把笔下的主人公处理成了一个相当传统的清官。与清官主义相联系，属同一性质的问题是伯乐主义。改革者们常常是被一位独具慧眼的领导所发现、所赏识，于是被放到重要位置上去施展才干，进行改革。这是清官的向上延伸。我们有必要认识一下这种理想。所谓清官主义理想，事实上是以握权者是好人为前提，但恰恰这一点是无法保证的。当前的文学作品中，常见这样一种倾向：总把解决问题的希望寄托在当代“包公”身上，而不谋求结构和体制的解决。对于贪污、腐败和不正之风，总强调个人的道德和思想觉悟，而不着眼于政治体制的完善。这种倾向是中国传统的政治道德化和道德政治化的陈旧观念的一种反映。虽然作家们似乎已经意识到政治与道德应分属两个不同的范畴，但在思想上却仍然陷入了这种观念的窠臼。

二、集权主义——一种困惑中的选择

运用铁腕，紧抓权力，并且强化权力，这种表现与集权主义、专制独裁有不解之缘。文学创作是一种选择，理想化的人物塑造更是一种选择。我不想危言耸听，但是，请注意：我们的作家通过理想化而在政治上选择了强权与专制。

为什么会做出这样的选择？很难想象一个刚刚开始从专制中挣脱的民族会回头对强权专制频送秋波。这种选择是根据现实的需要而做出的。今天，在这片肥沃而又贫瘠、培育着鲜花而仍长着毒菌的土地上，一场伟大的变革在其需要冲破一座坚固的旧城堡的时候，呼唤着强者作为时代的开路人，呼唤着权力集中和权力强化为改革者们装备强弓利刃，为猛虎添翼。我们社会生活的各个领域，已习惯了老牛破车，机构臃肿，人浮于事，名义上集体领导，事实上互相扯皮，既互相矛盾，又能互相联结成网，以阻挡历史前进的脚步。面对这样的局面，如无大刀阔斧的强者性格，如不授个人以权威，使权力高度集中和强化，就难以改革积弊，破除陈腐。改革者们所面临的困难不必描述而众所周知，所以在此不想过多地引用作家们的描写，但最近读到两个短篇，一篇写一个新任乡党委书记要改变干部的工作作风，只好假装醉酒，舞棍弄棒，发号施令，才得以实现。另一篇写某市一个臭塘，因互相扯皮而多年未能治理，最后只能利用一个精神失常的干部横冲直撞，才得以顺利完成。小说并非直接写改革，却传递了同样的消息：改革艰难。从中也可以听到强化权力甚至不惜畸形强化的呼唤。正是基于对现实生活的这种认识，改革者形象的塑造有了崇拜铁腕、强化权力的倾向。

但是，这种选择却困惑于现实需要而忘记了理想和前途。固然，现实发出了强化权力的呼声，但仔细地听一下吧！时代也同时发出了更为强烈的呼唤。现代化的浪潮正汹涌着唤起人的觉醒和政治的民主化。改革要全方位进行，不是靠铁腕能成功的。现代化不仅四个，它也不是杰出人物个人的力量所能够取得的。以个人的意志强加于群体的时代正在成为过去。无论专制以什么形式、什么借口出现，都将为人民所唾弃。在这样一个历史进程中，我们的作家有必要考虑一下脚下的位置，目光稍抬而思考这样一个问题：我们所追求的是全民的高度发展还是高度发展的个人成为全民的主宰？是人民真正成为社会的主人，还是为人民寻找一个代表人物，然后让人民拜倒在他的脚下？我们呼唤的是民主还是专制？我们所歌颂的是现代社会新型的领导者还是新的独裁者和专制家长？

当前，有人对民主在现代化建设中的作用缺乏足够的认识，甚至认为我们的人民还没有使用民主的能力，因此，我们国家还不是讲民主的时候。这种思想自有其历史的渊源和现实的基础，但是，更应该注意的是没有民主就没有真正的现代化。在我国，两千多年的专制传统由于没有经过资产阶级革命的严格淘汰，至今如一个沉重的包袱压在我们民族的脊背，因此民主气氛难以形成，民主制度难以健全。这与现代化是极不合拍的。现代化进程绝不仅仅是经济的发展，而是包括政治的民主化和文化的重铸。当前，我们的经济改革已面临着严重障碍，政治体制的改革作为必由之路径已提上了议事日程。而中国现存政治体制的主要弊端就是人民的政治参与机制不完善，和权力内部的制约机制不健全，需要的是民主而不是独裁或专断。如果没有民主，经济的增长即使可能，也是一种不难预测的怪胎。如果没有民主，改革就只是少数人的事，与民众无关。

《新星》中的李向南在当前的改革者形象中无疑是比较自觉并富有理性的。但看过《新星》之后同样令人发问：难道中国的前途就只能寄希望于多出几个李向南吗？为什么老百姓不能罢免潘苟世们？一个英雄的大脑加千百万群氓的手能建立起帝王的宫殿，却建不成现代化。我们的时代不仅呼唤英雄，更呼唤普通人的站立，呼唤着亿万人民群众的创造性。在中国，传统的政治文化至今深入人心，官本位思想，草民思想，愚忠思想，无一不阻碍着改革的顺利进行。一般民众对政治冷漠，这种冷漠来源于压抑和挫伤。因为这种冷漠，群众的历史责任感和社会责任感非常缺乏，社会进步艰难。我们要实现现代化，应该唤醒每一个人的自尊心和权利意识，启发其对自由和进步的要求，使之成为高度觉悟了的自觉的人。只有这样，社会的发展进步才有保证。

我承认运用铁腕集中权力有利于冲破阻力和打开局面，也是对慵懒状态的一种反拨。但是，领导机构中的互相推诿和慵懒无能只是问题的一个方面。而另一方面是官僚主义、家长制、争权夺利和以权谋私。对于个人揽权，我们当然应该放在这一特定的历史范围中来考察，看到它在现阶段的作用，但是，也应该看到，借个人集权而行改革的做法只是以一种弊端克服另一种弊端而已。它在某一特定阶段表现出某种积极意义，但与总的进程却是矛盾的。当另一弊端被克服之后，这一弊端会立即突现出来，甚至会成为庆功宴上的主要矛盾和必须解决的问题。我们应该注意到，并不是有助于达到目的的任何手段都是可行的。我们不能无视这样一种可能：手段可以决定目的。特别是在中国这块土地上，对一切形式的专制和可能导致专制的手段都应该抱有特别的警惕，因为其土壤尚存，极易滋生。这样说当然并非不要权力，而是提请我们的作家注意，不要对权威大加张扬，更不要对它抱有太多的幻想。如果生活中的改革者都成为大权独揽的专制主义者，后果将不堪设想。一些改革者被赋予大刀阔斧、敢作敢为的性格，但其行为却只是听命于个人的决断。不少人都在赞扬这种意志力量，却不知是否想到：人非圣贤，难保无过，如果大刀阔斧的权威头脑发热，青红不分挥斧砍来，离开了民主，谁能给予制约？特别是在他胸前佩上勋章之后。

同时，这种集权主义的改革者即使获得了一时的或局部的成功，也将陷入无法解决的重重矛盾之中。因为他们行为的结果是在他领导的单位巩固专制的金字塔型结构，而在这种层序结构中决策者与他的下层存在着难以协调的矛盾。它要求服从决策者的绝对权威以实现整个系统的协调一致，但本身却一开始就播下了冲突的种子。它可以用奖惩作为手段，使群众服从以达到协调一致，但奖惩的作用是有限的，并且严惩本身就是不稳定的标志。它可以利用思想意识的力量达到结构内部的团结与驯服，甚至以卓越的德才唤起人们的某种信仰以达到协调一致，但这种信仰却需要建立在愚民主义和蒙昧主义基础上，而且需要高度的封闭。这在一个思想意识急剧变革并走向开放的时代是不可能的。在重重矛盾之中要确保权威，就必须动用非人格化的控制手段，结果是堕入恶性循环，抑制群众的责任感和积极性，阻碍生产力的发展。因此，我们的作家实在没有必要将理想寄托于这种结构。更值得注意的是，在生活中，铁腕集权的做法已经暴露出它不利于改革的一面。《会计今年四十七》就已经透露了这个问题。冯志超和梁河都是改革者，却互相冲突，不能配合，无法工作。这固然反映着厂长负责制和党委负责制的矛盾，但一个更重要的原因就是两强相遇各不相让，铁腕碰上铁腕，都想大权独揽，最后只好分开。为什么总是“一山不存二虎”？为什么只有一人“占山为王”才能秩序井然？如果改革的领导者只能单枪匹马去战斗，这实在是一种悲剧。

我承认中国的民众还不习惯使用民主权利，但这不应该成为赞美和呼唤专制的理由。民众的素质差，就剥夺其民主权利而请人代理，于是就永远没有这种能力，于是就永远把权利交给强者。所以，专制的基础就可以永远固若金汤。而今天，时代赋予我们的使命就是打破这种互为因果的结构和稳定状态。真正的改革者一项重要的使命就是启发和培养群众的主人公意识，培养他们使用民主权利的本领。因此，我赞美李国文的《花园街五号》，刘钊改革的核心目标是把权力交给人民。我赞美映泉的《桃花湾的娘儿们》，梁厚民是一个文弱书生，不是包打天下的救世主，也不是送财宝的赵公明，而是去启发村民们自尊自强，抬起头做人，挺起腰当家。这比那些救民于水火然后就有了新寨主味道的改革者更富于时代的光辉。我看到桃花湾的变化，欣喜之情远远胜过看到《燕赵悲歌》中大赵庄的变化。

我的想法可能有注目未来而脱离现实之嫌。但我以为我们的目光还是放远一点好。为眼前之需要而不顾未来之路途，历史的发展就会更加盲目。辛辛苦苦迈出第一步，迈第二步时就苦于搬不动第一步摆下的石头；流血流汗建造一层大楼，建第二层时却不得不拆掉重建；意气风发高唱颂歌，还没有唱完就陷入了尴尬境地……这种教训对于中华民族来说已经足够了。由此，我想到了另一个问题：

三、写改革者，不应该仅仅是礼赞

蒋子龙的《燕赵悲歌》问世已经两年，在广大农村，相信武耕新的弟兄们将陆续站起。我希望中国今天就出现八亿个武耕新。但作为文学形象，我不满于作家仅仅是对其肯定和赞美。

武耕新的确是一个崭新的农民形象。他不仅致富有方，带领大赵庄人摆脱了贫困，走上了七业并举的道路，而且有志于改变千百年来的小农意识和生活方式，带头穿好衣、住好房，逼着农民享受，还以“壮骨法”挣断了道道绳索，甩掉了农民的卑怯心理，敢于与县委书记争辩，敢于与高干讲理。这种变化非同小可，的确令人振奋。由此可见蒋子龙关注新事物的敏锐目光。但是，武耕新毕竟是一个农民，生长于闭塞落后的农村，作为一个现代化的领导人，他还有不少局限。比如，要推行他的方针和计划只善于运用经济手段，要打开农村经济市场和提高农民生活水平，也以命令相逼，终日满足于发号施令，以绝对权威的树立为得意，对于群众的服从缺少清醒的认识，因而不仅没有任何启发教育，而且充分利用这种权威（开计划生育会就是极好的一例），不时地发布着命令。他的目的对于农民来说是崭新的，他的手段却非常陈旧。这一切都是真实的，大赵庄土壤里诞生的武耕新只能如此。作者写出了他的这些弱点，恰恰证明作者对生活的忠实。但是，蒋子龙对他笔下人物弱点的发现却是迟钝的，认识是模糊不清的。他善于发现其长处而不善于发现其短处，善于发现其新素质而不善于洞察其旧意识。武耕新的弱点常常被作者以欣赏的笔调描写出来，他身上的旧意识常常被混入新品德而一起受到赞扬。

这是改革者形象塑造中的一个普遍问题。不少改革者都是新时代的旧人物，或者是经济思想上的新人，政治思想和文化心理上的旧人。很遗憾的是，我们的作家在塑造改革者形象时，对此表现出思维的迟钝。到目前为止，还没有一个作家对这类形象进行深入的剖析。这是改革者形象塑造中的一大疏忽。

值得作家们注意的是，在改革的过程中，改革者自身也需要改革。发展的时代呼唤着改革者自身的再造。近几年，由于物质生活的初步改观，特别是农村经济的变化，有人便有意无意之中沉醉于表象而不深察。于是，如此反映改革的作品出现了：呵，农民！多么富足！楼上楼下，电灯电话，洗衣机，电冰箱，电视机……物质生活的变化带来了精神面貌的变化，人们的道德观念变了，生活方式变了，甚至成立了管弦乐队，终日吹打弹唱……是的，农村的确正在一步步走向富裕，漏斗户主们终于吃饱了肚子，而且出现了大赵庄那样的富村，出现了武耕新那样的农民。但是，且不说这种农村能占全国农村的百分之几，且不说那种变化是否显得太容易，先退一步，我总无法摆脱这样一个问题：即使全国农村都成了大赵庄，经济上获得了极大的富足，人们是不是就获得了解放？是不是就获得了自由和幸福？回答这个问题并不那么轻松。大赵庄人终于摆脱了贫困，但能不能挣脱人为的枷锁？武耕新以壮骨法挣断了县委书记们捆绑他的绳索，他自身会不会成为大赵庄三千多人身上的绳索？回答这个问题仍然不太容易，因为完全有两种可能，我们还没有任何理由十分乐观。乐观的回答有待于现实更为深刻的变化。改革者自身若不能彻底更新，他所处的环境若不能彻底改造，最坏的设想也并非完全没有可能。

我们的改革者，还处于种种旧意识的包围之中。在今日之中国，反封建仍然是一项重大的历史任务。封建的东西死而不僵，余威犹存，善于千变万化，能够借尸还魂，当它披上时髦的伪装，其危害就更大。特别在农村，广大群众的觉醒尚未完成，心理素质急需更新，文化心理结构的变化比经济结构的变化还要艰难百倍。由于数千年的专制统治，君君臣臣官官民民的等级观念在群众中世代相袭，根深蒂固。儒家靠“圣君”行道的理想模式，道家超然物外的消极态度以及自我心理调节的处世方式，早已成为一种心理积淀。在精神上做惯了奴隶，总希望有好主子出现，这种政治文化积淀化生出政治上的盲目依赖性。进入新的社会，这一切并未清除。人们习惯于把代表自己利益的干部作为自己命运的主宰，老老实实地以“子民”自居。这种心理成为时代的沉重包袱，使人们失去了自己的脊骨而呼唤救世主，因而成为官僚主义、家长作风和专制主义得以滋长的温床，无形地制约着社会的变革。

我们的人民习惯于服从，改革者应该怎样对待这种服从？按理讲，清醒的改革者应当对此有清醒的认识，并积极改造之。从现实生活看，我们却无法对作品中人物提出如此要求。由于传统文化心理的制约，我们民族的优秀分子常常无法摆脱致命的弱点。奋斗者往往在同一条抛物线上作简单重复。关于这一点，王兆军的《拂晓前的葬礼》为我们提供了有益的启示。文化心理制约着我们的民族，不仅制约着普通民众，也制约着杰出人物。改革者无法例外。

如果改革者自身不进行必要的改造，传统的文化心理会使他滑向悲剧的老路。特别是在取得某些成绩而受到群众拥戴之后，群众的一切都会成为他的恩赐。享有他的财富就理所当然地受其奴役，绝对地服从他的意志。常见这样的现象：一个工厂多发了几元奖金，本来谦恭的厂长就开始训斥工人；孩子要钱买糖果，父母先问孩子听话不听话。这一切都是无意识的、不自觉的。改革者身上不自觉的旧意识，也会给现代化带来损失。这并非杞人之忧，张炜的《秋天的思索》和《秋天的愤怒》已经为我们揭示了这种可能。王三江们都挂着改革者的招牌，他们使群众富裕了，但吃饱了肚子的群众却又一次沦为他们的奴隶。

必须说明，我并不是理想化地要求改革者身上不存在弱点或者都对弱点有清醒的认识。他们是社会的人，生活于历史发展的这一阶段，谁也无法要求他们超越自己的时代而成为21世纪的中国人。他们身上必然带有旧时代的痕迹，带有与前进的历史不相适应的东西。尽管他们自身就是历史航船的纤夫，我们却无法要求他们成为全新的人物。因为那种要求本身会导致对历史的歪曲和美化，导致作品的虚假。文学，应该忠实于生活的本来面貌。但是，我们有理由提醒读者：在这些改革者形象身上，所存在的与时代发展方向相悖的因素，常被作家美化。我们也有理由要求我们的作家：莫将缺陷当美德，莫将旧人当新人，对于改革者，不应该仅仅是礼赞，还应该以现代意识去照彻他们的不足。这也是改革事业向文学提出的信息反馈要求。

危机蕴含着生机。在这场伟大的变革中，相信新型的改革者将不断出现，我们的文学在不断地反省与思考中将会塑造出更真实、更典型、更富于时代光彩的改革者形象。

1986年6月　曲阜

对“反思文学”的反思

“反思文学”因其重大成就将载入文学史册。

新时期文学是不断成长和发展着的。对于一个过去了的文学思潮进行挑剔，也许不必要，因为用今天的成就去指责昨天的不足，就像指责一个成年人少年时代的弱小和幼稚。但是，仅仅赞美，却容易使人沉醉于它的成长而看不到它的实际高度和应有高度之间的差距。文学史的任务是忠实地描述文学在各个阶段发展的真实状况，既不能在历史条件尚不具备的情况下过分苛求前人，又不能不实事求是地指出它在那一特定阶段的实际水平。基于这样一种认识，我才认为有必要反思一下人们记忆犹新但又毕竟已经成为历史的“反思文学”。本文的任务仅仅是考察它的局限和不足。

一、缺乏历史目光的历史反思

“反思文学”是“伤痕文学”合乎逻辑的发展结果。“伤痕文学”既然写了“文化大革命”的灾难，写了极“左”思潮的恶性膨胀和泛滥，写了它给千家万户带来的种种不幸和悲剧，人们当然会进一步思考：这场悲剧为什么会发生？它是偶然的吗？是从天上突然掉下来的吗？回答是否定的。于是，文学开始对那十年进行追根溯源的思考，清理它的来龙去脉，对此前的历史进行再认识和再评价。茹志鹃的《剪辑错了的故事》《草原上的小路》，刘真的《黑旗》《她似乎更明白了》，鲁彦周的《天云山传奇》，张弦的《记忆》，王蒙的《布礼》《蝴蝶》，李国文的《月食》《冬天里的春天》，张一弓的《犯人李铜钟的故事》《张铁匠的罗曼史》，谌容的《永远是春天》《白雪》，张贤亮的《灵与肉》《绿化树》，戴厚英的《人啊，人!》、古华的《芙蓉镇》……描写的重点不再只是“文革”的灾难，而是从各个侧面揭示“文革”之前政治生活中已经存在的各种不正常现象，反映了中国当代历史行进中的坎坷和曲折。1957年的反右斗争，1958年的“大跃进”，1959年的反右倾，1960年的大饥饿，1964年的社会主义教育运动……都进入了作家的视野，在他们的作品中呈现它所带来的严重危害。

对历史的回顾与思考是“反思文学”的主要内容，但这种思考在当时却还缺少真正的历史的观念和由此而来的历史的目光。

“反思文学”的反思是以十年动乱为起点，由近及远一步步向上延伸的。但上溯到革命战争年代之后就停止了。历史在作家意识中出现了断裂。由于当时的批判还是比较单纯的政治批判，批判的主要对象是极“左”政治，再向上延伸，反“左”的政治批判就有点无能为力了。极“左”思潮追溯到这里已无法上溯，只能到此止步。“反思文学”孤立地割取了从战争年代到拨乱反正时期的这段历史，进行各个侧面的反映，因而将历史写成了一个马鞍形：两端是光明的，中间是极“左”思潮泛滥的黑暗时期。当时的文学作品大都有一个光明的尾巴，正是由这种历史认识所决定的，并不仅仅因为某些障碍而不敢渲染黑暗。

由于这种历史视野的局限，当文学对极“左”思潮进行批判时，往往把它看作一种突发性的病变，在“变”字上大做文章：本来一切都是好的，只是后来变坏了，之所以变坏，是因为革命传统丢掉了，与人民的血肉联系割断了，所以阴谋家和骗子得手了，等等。为了与这种病变相比照，文学极写50年代初和革命战争年代的美好。在一些作家的笔下，50年代初的阳光是那样明媚，天空万里无云，红日高照，大地春风和煦，鲜花盛开，生活中充满着温暖和亲切。许多作家都是这样写的，王蒙的《悠悠寸草心》也通过老吕师傅对生活的感受写了50年代的盛世之风：张书记帮他入党，李政委给他买药，省长为他刷洗头池，厅长为他绑拖把……干部与群众是那样融洽，上下左右是那样平等，结论是“解放后的前七八年，光明得像天堂”。《布礼》中钟亦成对那段生活的感受也是如此。我并不否认那段时间的社会政治生活与1957年以后的某些区别，但是，以1957年画线，把新中国成立初期写成天堂，却是王蒙等人的主观感受对历史的美化。这种美化打着个人生活经历的印记，因而不同的作家在时间上有不同的划分。在“文革”时期才开始受冲击的作家心中那段“天堂”时间比反右运动中已经受冲击的“右派”作家要长得多；而“胡风集团”的人们感受中的“天堂”肯定要比王蒙们要短得多。这可能产生于作家对生活的真实感受，但不一定能够反映历史的真实面目。当然，谁也没有权力（也没有能力）排斥作家由于个人遭遇而形成的情感在历史评价中的作用，但要正确认识历史，却不能不注意这种评价中的主观情感因素给历史披上的纱幕。

当然，也有作家在“文革”灾难的启发下超越个人的生活经历而对更长的历史进行了思考。有的作家已经认识到不仅50年代初期，而且战争年代革命队伍内部也存在着极“左”思潮，给革命事业造成了严重损失。白桦的《曙光》、李国文的《冬天里的春天》等作品都带有这种思考。但是，即使这些作品，也同样把极“左”思潮出现之前的战争年代做了美化。好像没有一个光明的起点和光明的结局就不算一部好作品。好像光明是永恒的，而黑暗则只是一时的。从李国文等人的作品可见，战争年代革命者与人民的关系真是鱼水关系，情同骨肉，字里行间流露着浓郁的眷恋之情。这种情绪与我们民族的传统思维习惯密切相关，每当对现实产生不满，便美化过去以否定现实，美化远古以否定近古。“尧天舜日”正是为否定后世帝王而创造出来的理想境界。

“反思文学”中的干部形象系列中有一个引人注目的系列，他们的主要特征是退化变质和忘恩负义，具体表现是由革命者变成官僚老爷，由公仆变成主人，由与人民血肉相连变得与人民格格不入。甘书记、毕部长、于而龙、张思远、王辉凡、李梦雨等就是他们的代表，程度不同地经历了这种变化。当然，在作家们笔下，他们绝大多数都能经过历史的教训而觉悟和忏悔，重新焕发出革命青春。作家们力写这种变化，透露出一个思考的前提：他们本来是好的。这个“本来”可以是革命战争年代，也可以是50年代。文学对这些人物的描写与对那段历史的反映是一致的。但是，有一个问题值得思考：他们是“变”坏了还是本来就不是想象得那样好？使他们发生这种变化的主要原因是内因还是外因？内因是什么？外因又是什么？关于这些，“反思文学”缺少回答，或者回答得太简单——简单地归于极“左”思潮，而没有深入地发掘这种变化的潜在内因。随着文化意识的觉醒，人们应该懂得，一些干部的“变”正是文化传统下的“不变”所致。把他们放在理想化了的几十年的革命历史上看，他们似乎变了；但把他们放在几千年的历史上看，他们却没有变。他们的“变”恰恰显示了历史变化的艰难，显示了人们身上潜藏了几千年而未变的旧意识。由于缺乏历史的观点，仅仅局限在几十年革命斗争历史中思考问题，这些文化心理因素以及极“左”思潮、个人迷信等之所以产生的根源，自然就难以得到正确的反映。

用今天的作品去否定昨天的作品也许是不可取的，但并不影响我们在评价昨天的作品时以今天的作品作为参照。正如在评价今天的作品时可以以昨天的作品作为参照一样。我们不妨把近几年文学对革命历史的表现与“反思文学”对革命历史的表现对比一下。《红高粱》《马蹄声碎》《夕阳红》《灵旗》《故乡》《皖南事变》等大量小说为我们提供了新的启示。从这些作品可以看到，历史本来并不是黑白分明、清澈透底的，革命者也不是纯而又纯的。人们创造着历史，却又被历史创造着。因为人是历史的创造者，却又是历史的创造物。历史由于其惯性延续的特点，是不可能一下子被斩断、被彻底更新的，而是每前进一步都十分艰难。由此反观“反思文学”对历史的表现，就会发现它所写的历史是被提纯了的、理想化了的。当时的作家虽然看到了“文革”不是偶然发生的，却很少看到“文革”之前的错误之所以产生也有其更深的历史文化渊源。

“反思文学”之所以孤立地割取一段历史，源于一种缺乏历史观点的历史观念。好像战争的炮火可以把旧世界彻底埋葬，并且轰出一个全新的时代，开辟出一个与过去历史没有多大联系的新纪元。好像革命者是从天而降，而不是民族历史的土壤所培养。好像他们的素质是全新的，只属于新时代而不属于旧时代。但是，历史不可能在一阵炮火中彻底更新，革命的利剑可以迅速地砍下反动统治者的头颅，将其推下统治宝座，却很难一下割断其精神文化血脉。革命者们高举刀枪创造一个新时代，而他们自身却是旧时代创造出来的，无论他们怎样自我更新，也很难彻底洗刷旧时代遗留给他们的一切。因而在创造一个新时代时，就不可避免地作为旧文化的载体把旧时代的因子注入他们努力创造的新时代。在阶级社会中，革命阶级与反动阶级虽然有着本质的不同，但作为一个个分子，相互转化的基因深藏着，转化的途径无法切断。

二、武器的陈旧与批判的乏力

“反思文学”具有极强的批判意识，其批判锋芒主要指向极“左”思潮和封建主义。而这两者在社会生活中是密不可分的。极“左”思潮常常是封建主义的当代表现形式，封建主义借极“左”思潮而泛滥。“反思文学”对极“左”路线和封建主义的批判是竭尽全力的。作家们批判的笔端都倾注着汹涌的情感。因为极“左”思潮对人民的危害，人民的命运成为对其声讨的有力武器。因为极“左”政治与封建主义最突出的表现就是不把人当人，无视人的价值与尊严，所以，人道主义这一反封建的武器理所当然地被中国当代作家拿了起来。因此，“反思文学”中的“人民”和“人”是重叠在一起大写的。这种批判显示了威力，使我们看到了极“左”思潮和当代封建主义的累累罪恶。人民的苦难命运，人的悲剧，成为对极“左”思潮和封建主义的有力控诉。

但是，只要认真考察，却不难发现，当时的绝大多数作品血泪控诉有余而理性批判不足，道德评判有余而政治剖析不足，对个人品质的关注有余而对体制制约的揭示不足。总之，武器陈旧而贫乏，批判缺乏应有的深度和力度。

我总是无法驱赶这样的印象：我们的作家挥汗如雨地拼搏在反对极“左”思潮的战场上，以可敬的勇气、汹涌的激情和沉重的使命感向极“左”思潮宣战，但他们的手中的武器却依然打着极“左”思潮的印记；我们的作家以种种艺术形象揭露封建主义的罪恶，奋力鞭挞封建主义，但他们手中的鞭子却依然带有封建意识的胎记。这种现象也许不必大惊小怪，因为新时期文学有一个从极“左”思潮中脱胎和蜕变的过程。但是，在这个过程中，它给作品留下的缺陷却难以弥补。即使像《冬天里的春天》这样的荣获茅盾文学奖的优秀长篇小说，也仍然如此。这部小说在反“左”方面，在呼唤革命者永远不要忘记人民方面，成就是突出的，但是，小说着力批判的极“左”人物王纬宇却仍然有点“形左实右”的意味。作者在他的家庭出身方面大做文章，极力从他的出身中寻找他的思想和行为的依据，让人们想起

“文革”之前和“文革”之中一些文学作品对革命队伍内部反面人物的处理。这种处理方式透露的是作家自己也未能意识到的极“左”的阶级观念。当然，更多的情况下是当时的作家们还相当普遍地心有余悸。

“反思文学”关注着公仆成为主人的病变。但是，这种病变为什么发生，在文学中却很难找到令人满意的回答。一些作品写了由于生活环境的改变而产生的思想感情的变化，但起作用的却常常是身边一两个什么人。在李国文的《月食》中，毕部长在革命战争年代与人民情同骨肉，把郭大娘的家当作自己的家，但进城之后却很快发生了变化。郭大娘满腔热情地带了他爱喝的枣酒去看他，却被送出院门，交给别人接待。对于一个革命者来说，这是一个致命的病变，对于一个艺术形象来说，这种病变所蕴含的内容丰富而深刻。但是，作家在描写中却特别突出了他的妻子何茹对他的影响：是何茹要他穿烤花呢大衣，是何茹要他学跳华尔兹，是何茹规定非巴拿马博览会上获奖的酒不能喝……据解释，“如果四合院里没有部长那位娇妻，毕部长养郭大娘一辈子，也决不会多嫌她的”，可是，事实却是“一个使敌人闻风丧胆的游击队长，一个口若悬河的宣传部长，一个堂堂大报的主编，对于夫人一点办法也没有”。当时的不少作品都这样写，好像他们之所以变了，不是因为他们自身的原因，而是中了城市小姐的糖衣炮弹。毕部长的变化与何茹有关，张思远书记的变化与美兰有关，李梦雨的变化也与妻子有关……我并不否认女人的影响会发生一定作用，枕头风也许真能够吹垮一个政权，但是，把这种病变归于女人，却是极不公道的。中国人有根深蒂固的“女人误国”的观念，但当代作家应该清楚，在误国的事实上并非女人。

在描写某些干部的病变时，作家们常常以道德的批判代替政治的批判。一些作品在描写干部由人民公仆变为官僚老爷的过程时，常常要同时描写他们在婚姻和爱情方面的不道德行为，写他们在进城之后如何忘恩负义，如何背弃在战争年代与自己同甘共苦的妻子而在城市另觅新欢，使过去的妻子陷入痛苦之中。毫无疑问，这是历史生活的真实反映。这样写，在一般情况下也容易引起广大读者的共鸣，有助于激发起读者对这些人物的憎恶，以完成对人物的批判。但是，在“反思文学”中，人们对这种病变缺乏深刻的理性思考，常常流于简单的道德评判，而用以评判的道德尺度又往往是陈旧的。这就使得这种批判常常苍白无力。比如，一些具有现代观念的青年人对“陈世美”有自己的认识，在他们眼里，喜新厌旧常常因为有某种合理性而被谅解，不再那样十恶不赦。如此情况下，那些靠把人物写成“陈世美”的方式进行的道德评判就大打了折扣。

三、缺乏现代意识的理想人格

在“反思文学”中，有两类形象特别引人注目。一类是作为受难的圣者的知识分子和干部形象；一类是作为大地母亲的人民群众形象。这两类形象大都具有理想化和神圣化的倾向，体现着一种理想人格。而这理想人格却常常非常陈旧，缺乏应有的现代意识。

在“伤痕文学”中，知识分子是受难者，但还不是圣者。那时的圣者是老干部。从《哥德巴赫猜想》开始的知识分子题材作品有一个重要的创作意图，就是重新认识知识分子，为知识分子翻案和请命。因为在歧视知识分子的年代里，知识分子的脸上被抹了种种不光彩的污痕，新时期文学首先面对的是为他们摘掉“白专典型”和“臭老九”的帽子，展示其爱国爱人民和献身于科学事业的精神光彩。在“反思文学”中，知识分子的形象逐渐英雄化，作家们不仅致力于为他们擦去脸上的泥污而争得不受歧视的资格，而且进一步揭示他们坚持真理、仗义执言、敢与谬误做斗争的精神和勇气。从《天云山传奇》《月食》《土壤》等描写“五七战士”生活的作品开始，文学告诉人们，1957年被错划的“右派分子”没有错误，他们之所以被打成右派，正因为他们比那些把他们打成右派的人更正确，更富于探索精神，更善于思考，更热爱真理，更忠于国家和人民。是他们及时地发现社会生活中已经存在的问题，并以赤诚之心呼喊出来，以期引起疗救，或者勇敢地抵制错误思潮的泛滥。从《布礼》和《灵与肉》等作品可见，他们虽然被冤屈了二十多年，历尽坎坷，但仍然保持了坚定的信念和对革命的无限忠诚。他们被误解，被冤屈，被陷害，却绝无怨言。他们无论过去还是现在，都是忠诚的战士，祖国的好儿女。罗群、钟亦成、辛启明、许灵均就是他们的代表。

这类知识分子形象显然是被美化和提纯了的。对于这种美化和提纯，无论在理智上还是在情感上我都不愿指责。因为正是这种美化和提纯，为在受难的知识分子和干部问题上的拨乱反正做出了贡献。他们是那样需要理解和承认，我们的文学肩负起这种使命并非分外之事。就像为人辩护必然更多地说长而不道短一样，文学在塑造这类知识分子和干部形象时，没有考虑他们的缺点和不足。文学不可能摒弃理想化，无论主观上怎样努力，都无法杜绝为笔下的人物"涂脂抹粉"，因为文学无法排除创作主体情感上的好恶。面对文学的这种表现而大惊小怪，只能说是没有理解文学。批评家所能干预的只能是理想化的具体内容而不是理想化本身。"反思文学"通过理想化为受难的知识分子和干部请命，动机无可指责。但是，它所塑造的理想人格却常常并不理想。由于审美观念的陈旧，在对笔下人物美化的时候，作家们常常误把锅灰当脂粉，抹在了他们的脸上，或者把他们性格中的弱点看成美德给予肯定。罗群、钟亦成、辛启明、许灵均们在50年代可能被看作楷模，但在80年代却总让人觉得少了点什么。当然，我们无法要求作家们把50年代的英雄写成80年代的英雄，那样做的结果只能是造就虚假的形象，但在70年代末和80年代初出现在中国文坛上的"反思文学"仍然歌颂着50年代的理想人格，也就难怪年轻的读者不买账。因为在这些形象产生的时候，这个民族的人格理想已经发生着裂变。

罗群曾经教育小凌云不要染上讽刺挖苦和嘲弄社会不良现象的毛病："憋不住就严肃地斗争嘛！就从自身先做起嘛！就把劲头用在刻苦学习、努力工作上去嘛！""个人的遭遇算不了什么，问题是我们的国家，我们的人民，再也经不起挫折了。"这些似曾相识的高调很容易使我们想起样板戏中的英雄，站在舞台的高处，挥手指方向，展望环球一片红的远景。反思文学作品中却常常看到这种人物和腔调。这些人物都有坚定的信念和历史的乐观主义精神，无论怎样坎坷，总相信未来是美好的，错误一定能够得到纠正。罗群说："对党和社会主义的信念，是不能有任何动摇的……总有一天党会纠正这些问题。"因而他们虽受深重苦难但毫不动摇，不懊恼，不感伤，更绝无怨怒。而且常常很想得开，认为不仅有失，而且有得，挫折和苦难都是应交的学费。罗群认为："对我们的遭遇，也要看怎么看，这件事当然是件痛心的事，但从另一方面看呢？它又给了我们在上面不能看到的条件，我有时间，我能接近人民。"钟亦成说："二十年的时间没有白过，二十年的学费没有白交。我们变得深沉得多、老练得多了。"这些说法实际上是一种阿Q式的自欺欺人。这种倾向一直发展到张贤亮的《绿化树》，人们才清楚地注意到它所包含的对知识分子改造政策的变相肯定，好像灾难和错误都立下了不朽的功勋。在这些描写中有一种表白：我们即使蒙冤受屈也没有动摇，没有怨言，没有记恨，始终是一片忠心。之所以如此表白，目的在于表明把他们打成右派的确是错了，他们比那些所谓左派要忠诚得多。

但是，毫无怨言和逆来顺受是美好的品格吗？我们应该知道，它常常意味着对错误和罪恶的容忍。这并不是个人的事，而是对革命事业、对国家和民族的不负责任。试想，如果都逆来顺受，毫无怨言，将由谁来纠正错误和结束错误？拨乱反正又从何而来？毫无怨言与虔诚的信仰相结合，就成为蒙昧和奴性；与自我安慰相结合，就是比阿Q更进一步的精神胜利。由于中国几千年专制统治的需要，这种人格一直被视为理想人格的楷模，但到了今天，再来赞颂这种人格，就值得认真对待了。

为了表现干部和人民关系的变化，作家们满怀崇敬之情塑造了一些作为大地母亲的人民群众形象。《剪辑错了的故事》中的老寿，《月食》中的郭大娘和妞妞，《冬天里的春天》中的老林嫂，《白雪》中的西坡奶奶，直到《高山下的花环》中的梁大娘一家，这些形象的塑造，目的在于表现人民的伟大，达到为民请命的目标。它是作为一面伟大的镜子，一个光辉的参照物出现的。作家们以人民群众的高尚和伟大来映照某些干部的卑污和渺小，以人民群众的无私奉献来对比某些干部的贪得无厌，以人民群众的赤胆忠心来反衬某些干部的忘恩负义，无数作品都说着同一句话：人民以鲜血和乳汁喂养了革命，革命胜利后一些干部却忘掉了人民；人民尽管被忘记，却仍然是一腔赤诚。为了写出那些蜕变者的丑，就充分渲染人民的美，因而人民群众的形象也被理想化和神圣化了。当时的作家中除了高晓声等少数几位之外，都不愿触及人民群众的弱点。作家们写人民的疾苦而为民请命，写人民的美德以感化遗忘他们的人，动机崇高，用心良苦。但是，由于传统的人格理想，结果却歌颂了他们逆来顺受、善于忍耐、宽厚善良、任人宰割、决不记恨的羔羊性格。我们的民族受这种性格之苦已经太多了！正因为这种性格，他们才空有国家主人的称号而不能保障自己的权利，一些“公仆”才敢于骑在他们的头上为所欲为。他们的所谓美德为他们赢得的是什么？是一次次地被愚弄、被欺骗、被摆布、被奴役、被掠夺、被随意宰割！他们的美德是与“土皇帝”们的恶行成正比的！我们的作家如果清醒，就不应该只是去赞美这些美德。因为如果文学还有作用的话，这种赞美就会引导他们沿着苦难的路继续走下去，安于命运，永远仰仗救世主。高晓声说得好："他们的弱点不改变，中国还是会出皇帝的。"

"反思文学"作为领一时风骚的思潮已经成为历史。但是，文学对历史的反思并未结束。本文注目于潮峰的更迭，对其余波不作考察。但需要说明，继之而起的种种思潮因其余波的汇入而大添姿色，而文学对历史的反思也在"反思文学"大潮过去之后正在逐步深化。

1986年7月　曲阜

寻根运动的迷途

文学界的寻根运动正在轰轰烈烈地进行，我愿意充分肯定它的意义，并且把它看作是我们时代的社会文化批判活动的一个方面，是对当下文化不良现状的一种反抗和挑战。但是，阅读寻根文学的创作和理论，却不幸地发现，在作家们眼中闪闪发光的并不都是金子；被作家们寻来献给读者的并不都是值得弘扬的东西。由于种种原因，在致力于民族文化复兴和重铸而对传统文化进行优选时，常常出现把鬼火误认为灯塔的现象。概括地说，寻根运动很容易走入迷途，因为它存在一系列问题——

一、错爱民间文化

一些作家并非没有认识到中国传统文化的局限，所以，他们并不赞美正宗的传统文化，而是表现出对民间文化的偏爱，意欲向民间寻找民族文化之根。李杭育认为，我们民族文化的精华更多地保留在中原规范之外。规范的传统大都枯死了，规范之外的，才是我们需要的根[①]。韩少功也非常注重乡土，他看到了乡土民间所凝结的传统文化更多地属于不规范之列。这些作家都把目光投向与规范不同的民间文化。基于这种认识，作家们纷纷走向民间，从民俗中发掘一些充满生机的东西。边远地区的闭塞生活离规范更远，于是，作家们纷纷走向深山峡谷、大漠老林、边远地带和少数民族居住区，

①李杭育：《理一理我们的根》，《作家》1985年第9期。

描写那些带有原始色彩的生活，从原始与淳朴中发现与规范化的传统不同的文化精神，寻找规范的传统中所不允许存在的行为方式和价值标准，寻找更少束缚、更合于人性的东西。小说中那些原始的生命活力、性约束的相对宽松、人与人之间关系的简单明朗等，都是这种发掘的结果。从汪曾祺、刘绍棠到李杭育、郑万隆、阿城，都有这种迷恋民间文化的倾向。对荒原峡谷、深山大漠文化状态的描写也是对民间文化进行探寻时向着更为民间化形态的一种延伸。因为它与规范的传统文化似乎更为不同。

以民间文化丰富和发展主流的传统文化，以规范以外的文化补充经典的规范文化，对于重铸民族文化来说，无疑是有益的。但是，也应该注意：并非民间文化都是充满生机的。孟德斯鸠在《论法的精神》中曾经说过：“十万只手臂有时候可以推翻一切；但是十万只脚有时候只能像昆虫那样前进。”人民群众有守旧的一面，民间文化有落后的一面。一些人以为民间文化富于生机，却常常忽视了它的落后和腐朽。自从有了国家之后，民间文化已经无不带有统治阶级的文化印记。历史在前进，占统治地位的规范文化在不断发展和流变，那些被淘汰的东西哪里去了？它流向民间，融入民间文化。这就出现了一个值得重视的现象：民间文化并不只是新鲜的，它也是相对陈旧的，它虽然有自身的生机，却与过去时代的意识形态紧密相连。因此，一般说来，民间文化往往落后于时代的主流文化。

现代中国的情况尤其如此。我们知道，中国的闭关锁国状态之所以打破，不是由于民族资本主义的发展，而是由于外来的冲击。在几千年专制统治的背景之下，现代文化很难产生，资产阶级民主思想没有构成完整的学说，当然也不会在民间有多少影响。中国现代的新文化是从国外引进的，是进步的知识分子从西方拿来的。但因为在鸦片战争的背景上，伴随外来文化一道进入的是列强的大炮，它所给予这个民族的屈辱感导致了普通民众对文化也像对枪炮一样怀有强烈的抵触和反抗情绪。而且愈是民间，这种抵触情绪往往愈为强烈。因为爱自己的固有文化，就像爱国一样，“是一种恰好与小私有者生活的经济条件连接在一起的情感”。[①]维护旧枷锁而反抗新事物，是专制统治下造就的大众意识的一大特征。在专制政治基础上产生和流传下

①《列宁全集》第29卷，人民出版社1984年，第124页。

来的民间文化，虽然有与规范文化不同的特点，但与专制主义的正统文化却并非异质的。

那么，文学在张扬民间文化时沉迷于其中，就不能不是一种认识的误区。

二、误投老庄

在对民族传统文化的弘扬中，一些作家对中国传统文化的核心部分儒家文化不感兴趣，而对与儒家学说相冲突的部分表示热情。其中，张扬道家思想，以道反儒，已是引人注目的现象。

阿城的小说相当系统地宣扬着庄子的人生哲学。王一生是道家人生哲学思想的范本。他“何以解忧，唯有下棋”，逃避现实，回避斗争，知足常乐，为自己营建起精神上的蜗牛之居而自得其乐。小说借王一生和捡破烂的老头宣扬了一系列道家的人生哲学，“为棋不为生”，“生不可太盛”，“太盛则折”，等等。《树王》通过肖疙瘩形象的塑造，在思考人天关系的同时，极力张扬老子的无为思想。阿城笔下的理想人物大都具有呆笨拙朴的特点，体现着庄子“混沌”和“齐物”的理想。新时期小说中有不少作品跟在庄子的身后高呼“返归自然”，“返璞归真”，把老庄哲学当作挣脱传统主流——儒家学说的武器。

这种方式在“五四”时期已经出现过，著名的反孔战将吴虞就曾经以道家思想作为反儒的武器。但是，无论吴虞还是新时期的作家们，都忽视了这样一个基本事实：道家与儒家与专制统治秩序之间，既有矛盾的一面，又有统一的一面。儒、道相互矛盾，却在维护专制统治秩序这一点上得到了统一。以道反儒，激烈莫过于庄周，他极力抨击儒家所塑造的统治秩序对人性的禁锢：“且夫待钩绳规矩而正者，则削其性者也；待绳约胶漆而固者，是侵其德者也；屈折礼乐，呴俞仁义，以慰天下之心者，此失其常然也。”（《骈拇》）他无情揭露和抨击儒学仁义的虚伪性：“爱民，害民之始也。”（《徐无鬼》）“虎狼，仁也。”（《天运》）“圣人生而大盗起……圣人不死，大盗不止。”（《胠箧》）但是，在中国文化这一大系统中，在同一历史层次和思想高度上，这种批判表面激烈而内里却非常乏力。所以并不曾动摇儒家文化的正宗地位。

我们并不否认道家对人的本体的注重，更不否认它对人的心灵的解放提供的广阔天地，也许正因为如此它才得到当代作家的青睐。但是，庄子对人的本体的强调，与否定儒家学说及其塑造的秩序一样，是在否定人类整个文明成果的同时进行的。他尚超脱，贵虚无，齐物我，等生死，灭机心……不仅要使人退化为猿，而且要使人变成无机物。他以心理开导的方式解脱精神痛苦，主张“知其不可奈何而安之若命”（《人间世》），“迫而后动，不得已而后起”（《刻意》），主张“以无厚入有间”的方式对待生活环境，无论何时，对于现实生活环境的改变都是没有帮助的。所以，专制统治从来都不害怕道家思想。

完全可以说，道家思想的消极态度在客观上帮了专制统治的忙。若无道家的帮忙，儒家根本无法完成两千多年专制统治的辅佐任务。对于稳定专制统治秩序，儒、道、法三家，犹如鼎之三足，可谓缺一不可。

三、关于文化“断裂”之忧

阿城在他的《文化制约着人类》中批判了“五四”对民族文化的“虚无主义态度”，慨叹民族文化的断裂。[①]李杭育也感叹“我们的民族个性在一天天削弱，民族意识是愈来愈淡薄了”[②]。很明显，他们都担心民族文化的断裂和民族个性的消亡。正因为这种担心，才特别强调民族意识，张扬民族文化。

其实，这种担心是不必要的。值得忧虑的不是民族传统的断裂，而是它作为沉重的负担对民族前进步履的羁绊。

中国传统是一个历史悠久的完备系统，有顽强的生命力，所以能够几经冲击而至今不颓。五四新文化运动曾经对它发起激烈的进攻，但并没有使它发生断裂。因为历史提供的条件限制，“五四”一代人虽然喊出了一些激烈的口号，但对传统的批判却并不深入，结果是只伤其皮毛而未动其筋骨，所

①阿城：《文化制约着人类》，《文艺报》1985年7月6日。

②李杭育：《文化的尴尬》，《文学评论》1987年第4期。

以没几年就愈合了。正因为这样，才使现代化步履如此艰难。至于“文革”，只要我们稍微认真地进行一点分析，就很容易发现它在根本上是与几千年专制传统同质的，也是与“五四”精神对立的。换句话说，“文革”是中国传统本身恶性发展的一个结果，而不是五四新文化运动的结果。所谓批判“封、资、修”，“资”和“修”是重要的，“封”不过是陪衬，而且批判者的武器无不打着“封”的印记。所以，如果不只着眼于表象，就应该看到，中国固有传统的血脉并未断裂。

有人感叹新事物在中国难以落脚。其实，在中国，接受新事物并不难，难的是废除旧事物。中国的固有传统是善于吸收新的，同时善于保存旧的。我们的历史上有多次与外来文化的交流与碰撞，方式都是以旧容新、以旧纳新。清兵入关，男人通通拖起了辫子，女人的小脚却没有废除掉；采用了公历纪年，春节却仍然比元旦过得红火……一切无不如此。中国人在文化冲突中习惯于“保中国已有之粹，而增其未备”。新事物被纳入旧结构，结果就只是对旧事物的补充，而且很容易失掉其新的本质，成为对旧事物并无妨碍的东西。然而，这种做法却不利于发展，不利于社会的革新。

一个民族的文化传统，特别是作为文化心理的存在，并不是那么容易改变的。尽管如李杭育在《文化的尴尬》中所说，人们都在穿西装，吃西餐，说外语，用洋货，实行着外来的制度，信仰着外来的主义，但有一点应该看到，骨子里往往是几千年固有的传统。阿Q们穿起西装，坐在沙发里喝着雀巢咖啡，精神上仍然是阿Q。一个民族要在精神上摆脱传统是困难的，因而传统不需要强调，就会自然而然地被继承。人类文明的发展更需要的是发展和创新。进入20世纪以来，中华民族所面临的一个重要使命，就是打破传统文化稳固的惰性系统，掀动积淀，使其再受淘汰；破坏其平衡，改变其结构，以期更新和发展。“断裂”之忧实在不必要。

对从十年“文革”中走来的青年来说，由于对传统文化缺乏深知，往往一见之下，惊其博奥，仰之弥高，探之弥深，如入八卦阵图，深陷而不能自拔。刚刚觉醒的这一代人如果再背起这个沉重的蜗牛壳，是很可悲的。

四、"回头"是否有"岸"

对传统文化的选择和弘扬，事实上是在对外开放、向外拿来的同时对传统的重新认识和选择。如前所述，这是很有意义的。但是，回头寻找是否真有出路？一些作家频频回顾旧文化，是否真的"回头是岸"？

在中国几千年的专制社会中，并不缺少改革的人才，但是，那些致力于社会变革的人往往习惯于把目光投向遥远的古代，去寻找革新的依据，向历史寻找模式。这种托古改制的方法成了一个甩不掉的包袱，使那些仁人志士们的改革总是跳不出传统制度的基本框架。当时代进入了20世纪，历史已经证明，托古改制的方法再也无法解除国家的忧患，更不可能带来人的解放。

历史总是在挣脱传统的羁绊中前进的。它前进的每一步都响彻着挣脱传统羁绊的呐喊，而不是继承的呼声。人类从猿到人一路走来，并且注定还要走下去。回头没有理想之岸，即使有，我们也无法回去。卢梭曾有"返归自然"的设想，但正如伏尔泰在给他的信中所说："我收到了你反人类的新书，谢谢你。在使我们都变得愚蠢的计划上面运用这般聪明灵巧，还是从未有过的事。读尊著，人一心想望四脚走路。但是，由于我已经把那种习惯丢了六十多年，我很不幸，感到不可能再把它捡回来了……"①

我们的一些寻根作家，有必要想一想伏尔泰的这段话。

五、关于外国人的赞美

热衷于传统文化的作家还有一种见解：许多外国人赞美中国古老的传统，西方一些学者对东方文化有高度评价，我们自己更应该知道珍惜。一些人引用西方学者或海外华人的话，来证明中国传统文化的价值和弘扬传统的重要性。

不错，当代西方的确出现了某种程度的东方文化热，海外的确有一些人

---

①［英］罗素：《西方哲学史》下卷，商务印书馆1976年，第229页。

赞美中国古老的文化。从20世纪初开始，尤其是第一次世界大战发生之后，一些西方学者就对中国古代文化有很高的评价。这甚至对梁启超等人都发生了影响。但是，我们有没有资格与西方人一起对西方现代文明进行怀疑和批判？我们有没有必要与他们一起对中国传统进行赞美？这是值得深思的。

我们应该知道，外国人对中国传统所知甚少。他们赞美中国文化，常常是一种友好的表示，那是不能当真的；也常常怀有某种猎奇心理，更不值得重视；外国人所赞美的，不一定都是好的，更不一定是我们所需要的。比如，一些外国人很喜欢看中国的小脚和辫子，我们却没有必要为他们保存这样的国粹。

鲁迅曾经说过："凡有来到中国的，倘能疾首蹙额而憎恶中国，我敢诚意地奉献我的感谢，因为他一定是不愿吃中国人的肉的。""外国人中，不知道而赞颂者，是可恕的；占了高位养尊处优，因而受了蛊惑，昧却灵性而赞叹者，也还可恕的。可是还有两种，其一是以为中国人为劣种，只配悉照原来模样，因而故意称赞中国的旧物。其一是愿世间人各不相同以增自己旅行的兴趣，到中国看辫子，到日本看木屐，到高丽看笠子，倘若服饰一样，便索然无味了，因而来反对亚洲的欧化。这些都可憎恶。"[①]我并不完全赞同鲁迅的说法，外国学者中存心不良而希望中国永远落后者大概极少，至于好奇心理，那是旅游者的通病，也不宜苛责，更不必憎恶。但是，鲁迅的提醒是必要的，面对外国人的态度，我们自己必须清醒，不能为自己成为落后文化标本而自豪，更不能因为外国人喜欢，就努力保存国粹，让中国充当人类野蛮文化的博物馆。"五四"时期，罗素来华讲学，赞美中国传统，并表达了他对中国改革的态度，引起了新文化阵营的强烈反感。就连温和的胡适，也写下了这样的诗：

他自己不要国家，
但他劝我们需要爱国；
他自己不信政府，

---

①《鲁迅全集》第1卷，人民文学出版社1981年，第214页、216页。

但他要我们行国家社会主义。

他看中了一条到自由之路，
但他另给我们找一条路：
这条路他自己并不赞成，
但他说我们还不配到他的路上去。

他说救中国只需一万个好人，
但一两“打”也可以将就了，
我们要警告他：
这种迷梦，我们早已做够了！①

同时需要注意的是，海外学者对中国传统文化的肯定和赞美，常常是站在现代文明高度发达的社会中做出的。我们与他们处于历史进程的不同层次，面临的是不同的问题，因而不能盲目追随和仿效。对于西方社会，也许无论儒家的中庸之道还是道家的超然物外，都是一种有益的补充和调节。但在中国，却还不是消闲适性之时，因为我们的民族正需要从懒惰、消极中振奋起来，去拼搏，去进取，以改变我们的生存环境。历史的进程是无法超越的，文学也不能不首先面对我们所必须面对的现实。

1986年8月　曲阜

①胡适：《一个哲学家》，《胡适的日记》1921年7月16日，中华书局1985年。

论近几年小说创作中的原始崇慕情绪

当现实的风雨使灵魂漂泊摇荡，挣扎中已觉得很累很累，软弱的人们就会回过头去寻找自己舍弃的旧巢。近几年小说创作中出现的原始崇慕情绪，正是这种精神规律的表现。这一现象显然是值得注意的，本文仅就几个方面谈一点粗浅的看法——

一、一个带有普遍性的倾向

人们已经注意到，随着现实批判和政治反思主题的落潮，有更多的作家走向自然，走向民间，把目光投向诡秘莫测的深山峡谷、原始森林、茫茫沙漠、空旷的草原和闭塞的山乡，投向蛮荒色彩浓郁的边远地带，投向少数民族和闭塞乡民的半原始生活，去歌咏古风犹存的乡土，去描绘原始蛮荒的文化形态。这种倾向始见于《驼峰上的爱》《黑骏马》等作品，随着“寻根”之风而迅速蔓延。对于原始的崇慕与此俱长。在此，我想指出的是，崇慕原始在近几年的小说创作中已经成为一个带有普遍性的倾向。

它首先表现为对原始野性的赞美和对生命力的呼唤。关于这一点，论者已不罕见。我们不必举极端的例子，从张承志到莫言，就可以看到它的延伸。张承志的作品几乎处处显示着对生命强力的崇尚。他张扬着一种强烈的进取精神，发掘着生生不息坚忍不拔的刚健之美，以浪漫主义激情歌唱着阳刚之气。甚至那茫茫无际的大草原，高亢悲怆的民歌长调，波马落日的辉煌，都成为一种力的象征。他崇尚力度，但到哪里去发现力度呢？他的着眼点是原始形态。《北方的河》写现代青年知识分子而放在大自然背景上，其用意首先在于表现他在与大自然的搏斗中表现出的生命力。为了完成这种追求，作家让那个大学生说种种粗话，在他的骚动不安中染出野性的色彩。莫言的《红高粱》系列着力从主人公的粗野中表现其求生的意志、抗争的勇气和追求的执着。余占鳌、戴凤莲、刘罗汉等都是从绝境中挺身而出的好汉。他们旺盛的血气中蛮性十足，却因此而能够不畏暴力、不甘沉沦。对野性的赞美和对生命力的呼唤在小说创作中几乎到处可见。作家们为民族的心态弱化而叹息，为都市文化所陶冶的种种性格而摇头，赞美原始的粗犷与剽悍。他们赞美那些硬汉子、泼女人，甚至不惜赞美复仇、凶杀和粗暴，因为那些都被理解为强者的精神和生命力的表现。在一些作家的笔下，谨慎成了一种不合时宜的品行，谦虚则是伪君子或者懦夫的美德，勇敢比智慧更可爱，因而他们不仅赞美猎手的勇敢，而且赞美虎豹的顽强，赞美烈马，赞美猛犬。这一点我们从《野猪与人》等作品可以清楚地看到。

对于原始的崇慕也见于小说中关于性的描写。近几年的中国，特别是青年知识界，几乎像古希腊一样发展了一种对原始事物的爱慕，以及一种对于比当时道德所裁可的生活方式更为本能的、更加热烈的生活方式的热望。很显然，这种热望在现实生活中难以完全实现，但在文学作品中却得到了充分的表现。在文明社会受到种种约束的男女间本能的要求，在描写偏远地区生活的作品中却得到了圆满。在作家们笔下，种种本能的冲动正在被解放，种种使道学先生们惶惶不可终日的情欲之火，成了文学所理解的健全人性中不可缺少的珍贵元素。在不少作品中，文明成了一个不光彩的字眼，因为它常常是与生命力的衰退与人性的压抑联系在一起的。在我们的既成观念中，对异性的非法占有和粗暴占有是一种为道德和审美所不容的丑行。在近几年的一些小说中，这种丑行却不再是丑行，因而不再受到指责，而是常常得到审美的肯定。在我们的既成观念中，属于心灵的、心理范畴的恋爱之情无限美好；属于肉的、生理范畴的性关系则污浊不堪。在近几年的一些小说中，这种观念已经悄悄发生了裂变，爱情的模式已经不再只是宝黛式的情意缠绵。男人强烈的占有欲，女人希望被征服，姑娘们看不起不敢进攻的男人，这种描写到处可见。晓剑的《玫瑰与宇宙之筏》写了一个特殊地区的性放纵行为。那里充满着肉欲。从裸着全身的女主人公，到整个山寨，女人们都是那样渴望爱。我们从女主人公对男人和生育的渴求，看到的是一种勃勃生机和足以使一切禁欲律条黯然无光的原始冲动。在郑万隆的《野店》《黄烟》等作品中，我们所习惯的一切表达感情的复杂方式都不存在了，关于金钱、地位、名誉、贞操的种种顾虑都不存在了，剩下的是大胆、热烈、毫无矫饰的简化形式。莫娃说的是："你让我给你生一个孩子吧……我能生。"这就是爱的表示。短篇小说《火船》之所以引起争议，就在于小说作者似乎连父女之间的乱伦也表示理解。而之所以对此能够表示理解与同情，是从人的动物本能着眼的。

对原始的崇慕突出地表现于"寻根"之作，同时也表现于非寻根作家的笔下。刘索拉被认为是"现代派"，《你别无选择》却同样表现出对原始的崇慕情绪。森森厌倦了和谐而优美的音响，醉心于追求"更遥远、更神秘、更超越世俗但更粗野更自然的音响"。他要体验"原始的生存与神秘"，要追求"妈的力度"。他的五重奏带给人的是远古的质朴与神秘，是"只想抓住什么揍一顿"的原始冲动。孟野也陷于一种原始的悲哀，他的乐曲反复演奏的是质朴得无与伦比的古老歌谣。从这一点上看，他们与寻根者的追求十分一致，可以说是音乐界的寻根者。

对原始的崇慕更多地见于青年作家，但也见于中年作家的作品。叶楠的《漫长的春夜》就是一个极为突出的例子。小说写的是文明对本能的束缚。作家用以反抗这种束缚的是生活的原始状态。一个独身女人与一个放蜂的汉子，时有往来，各怀春心，却难以冲破人为的樊篱，饱受压抑之苦。圈中的母猪却能与林中的野猪无拘无束地自由交配，并且生子之后双双奔向森林。通过这种令一般人难以接受的对比，我们可以看到作家对人类自为的精神枷锁的痛恶和对原始的自由生活的向往。

二、崇慕原始与变革现实之间

我们所处的80年代，是中华民族历史上一个非常特殊的文化变革时期。一方面，国门大开，洋货西学潮涌而来；一方面，遍掘家藏，再版经史子集，整修文物古迹，恢复传统习俗。在辽阔的大地上，一幢幢现代化大厦拔地而起，雕梁画栋的古典建筑也同时漆刷一新；个人崇拜、现代迷信为绝大多数中国人所深恶痛绝，山神庙、普陀寺却再度香烟缭绕木鱼声声。你从电子游艺场走出，可以坐上木轮马车去领略一下先秦两汉的生活情调，用现代的进口相机拍一张古装彩照。迪斯科音乐与失传已久的民间戏曲，现代派绘画与民间剪纸泥塑……在中华民族的历史上，从来没有一个时期像今天这样努力开放而又积极复古。这并不难理解，我们所处的是一个重新选择的时代，门外的一齐拿来，旧有的通通翻出，无论新的旧的土的洋的，通通接受时代的重新选择。这就是我们的时代。不认识这一点，就无法理解生活中相互矛盾、相互冲突而又同时共存不可分割的形形色色。

从这个角度考察，对于原始的崇慕只不过是这种选择的时代必然出现的复古思潮的一种极端表现形式，即向更为远古的一种回归罢了。但是，值得思考的不是它从属于一种什么思潮，而是我们的时代为什么会出现这种极端的文化回归意识。显然，它与今天的变革并非无关。

历史上无论哪一个时代，每当怀古之幽思涌起，总是现实出现了危机。近几年一些作家极力超越，使自己的作品与社会现实保持一定距离，甚至越远越好。但事实上却无法做到，因为你既然生逢这样一个时代，中国大地上并没有为你准备一个真空的象牙之塔。你可以低吟浅唱，也可以轻描淡写，却无法切断你的思想情感与时代氛围的联系。无论作家自觉还是不自觉，对原始的崇慕反映出的是对现实的不满。它是对现存文明的一种厌倦和反拨，是对现存文明的一种特殊的批判方式。

作家们为什么要礼赞野性、呼唤原始生命？因为有感于都市文明带来的人的心态弱化和生命力的衰退。我们应该承认，我们在创造世界，同时也在损耗着我们的能量；我们得到了我们梦寐以求的许多东西，同时也在丢失着我们身上许多珍贵的品质。有人认为，张承志硬健的雄风展示了与都市文化的顽强对立，他的狞厉、骚动、顽强的宗教气质渗入作品，在现代文化中注入了不和谐的因素。为什么会产生这种对立呢？从他用以批判的价值尺度——人的健全的生命形态着眼，就不难理解了。他与许多作家一样，感叹着生命的萎缩。作家们之所以热情礼赞原始的粗犷、剽悍和野性，呼唤原始的生命力，不仅是一种生命意识的觉醒，而且不乏民族忧患意识。不少作品中表现出对文明社会中人的生命力退化的痛心疾首。关于这一点，刘彬彬的

《村魂》以一种极端的形式做了表现。我们可以从中充分体味作家的情感。小说写的是牛与豹的搏斗，豹子进村为害，全村无人敢出，负有盛名和众望的猎人也吓得弃枪退避。最后出而迎敌的竟然是一头牛。我仿佛看见作者在作此构思时饱含热泪又异常愤怒的双眼。牛是那样勇猛无畏，人是那样怯懦自私，鲜明的对照为了完成作家警世醒人的创作意图。

我们的文明真的面临此境吗？这是不是作家的杞人之忧？这种忧虑不仅来自作家的想象。1985年，《中国青年》曾发表水竹的文章《到哪里去找高仓健?》，提出中国缺少男子汉和男性素质退化的问题。该刊编者认为："她的失望，并不仅仅是对某些男人的失望，同样也包含着更深刻的内容——对我们民族素质的忧虑。"这的确是一个值得忧虑的问题。我国的文化传统讲究中庸，讲究温良恭俭让。这种传统一步步塑造着我们民族的性格，使之多温顺而少狞厉，多阴柔而少阳刚。但是，一个民族的性格过分阴柔，就会缺少应有的魄力和积极进取的精神，从而滋生保守卑怯的劣根性。当一个变革的时代到来，社会呼唤着创造型、开拓型的人才，人们就会格外强烈地感到这种性格的缺陷。大概正因为这样，改革家温元凯才在《改革与国民性改造》中向文艺发出了"多一点阳刚之美"的呼吁。

冲破陈腐的道德观念对人本能束缚的呼唤同样产生于中国社会现实。"性文学"之所以成为一种潮流，人的原始本能和冲动之所以受到作家的青睐，决不仅仅是因为劳伦斯或其他作家的影响，而是有感于陈腐道德对人性的压抑与摧残。我们的传统文化中的禁欲成分在历史的发展中步步加重。我们的民族一直按照陈旧的道德所裁可的方式生活。正因为我们的传统束缚过多，才使在开放中觉醒的人们对其束缚的压抑感受至深；正因为那种对自由无羁生活方式的热望在现实生活中无法实现，才在对原始状态的生活描绘中注入了向往之情。因此，对原始的向往与呼唤，也是对现存道德的反叛。

值得特别指出，在一些作家的笔下，原始不是作为一种过时的状态出现的。作家们并不愿承认自己是在复古。他们常常把原始状态作为一种与现代文明相连接的事物，在他们眼中，历史似乎是一个圆圈，原始事物既属于历史又属于未来。张曼菱的《唱着来唱着去》在盛赞草原人对性生活的宽容时借女主人公做了如此的思考："这种宽容的境界，对于另一种文明，就像天上的虹一样难以追逐。在城市繁文缛节无法解决的伦理难题，在哈萨克那里，有自然而然的答案，使人生幸福的答案。正如一句俗语说的：‘从天上寻求的，却在地上找到了。’”这很有点回头是岸的说教意味。但是，她却又做出这样的解释：“阿勒泰山不是一座无知的野蛮的山谷，这里生活着忌讳最少，最坦荡，最富于宽容精神的人民。因此，他们也是最接近人类先进文化的人民。”像许多作品一样，之所以给原始穿一套现代时装，为的是增加对传统文明的批判力。

三、卢梭与庄子的幽灵

对文学做片面的、绝对功利化的要求是不适当的，对一个文学现象做片面的现实功利评价也是不应该的。但是，只要人类还存在理性，就无法完全排斥功利的要求和评判。近几年有一种竭力把文学的社会作用说得微乎其微的现象。它几乎成为一股风，一些很有见地的批评家也常常随声附和。但是，反复说明文学作用甚微的目的何在呢？如果是以此争取社会对文学的宽容，是可悲而可笑的；如果是以此劝导作家放弃对生活和心灵的干预，就更不足取了。中国作家还不可能完全超然于现实的功利目的。对于原始的崇慕，就像对童年的追忆一样，本来可以是一种非理性的情感，与功利目的无缘，但我们的作家在涉足自然与原始的时候，却并非只是流连玩味，而是带有社会功利的思考，甚至常常把它作为献给社会的一剂药方。既然作家的创作就带有社会功利的思考，对其进行功利的批评就是应该和必需的了。

我们从社会文化功利的角度充分肯定原始崇慕情绪对现存文化的批判意义。但是，对于一种批判，我们不仅要看批判的对象，而且要看批判的武器；不仅考察它之所欲破，也要考察它之所欲立；考察它对于理想蓝图的勾画，以及为达到这理想国所提供的途径。由此考察，近几年小说中对于原始的崇慕就不仅不值得无保留地赞美，而且值得我们对其抱有足够的警惕。

有人曾批评寻根文学走向自然而没有沿着卢梭的路，其实，大多数走向自然的寻根者正走在卢梭的身后。呼唤原始生命力者追求着野性和原始的情欲冲动，呼唤原始美德者也正踩着卢梭的脚印。问题不在于他们怎样效法卢梭，而在于从卢梭那里学了些什么。就原始崇慕情绪而言，恰恰是卢梭的失误再次在中国当代文学中的重复。

卢梭以特别的却是高瞻远瞩的目光看到了社会的罪恶和失败，在痛苦的冲击下无情地抨击他的时代，这种战斗精神永放光辉。但是，面对现实的痛苦，他前瞻无路而后顾，为人类找到了他梦想中的自然。按照他的看法，人除非回到自然状态，否则根本无药可救。卢梭把人类生活分成“自然状态”和“社会状态”，把人分为“自然的人”和“人为的人”，把自然状态美化为自由幸福的“黄金时代”，把自然人加以理想化，把文化的进步看作是人类败坏的原因。他认为在自然状态下人是自由平等的，文明社会则破坏了人的自然本性，文化不仅没有给人类带来好处，反而带来害处，伤风败俗。因此，他高喊“回归自然”。近几年不少小说就表现出这种回归自然的倾向。在作品中，我们常常看到卢梭的“自然人”或“高尚的野蛮人”形象。作为其对立面，则是卑怯、懦弱、自私、虚伪的文明人。同样是崇慕原始，作家们对原始的理解却大不相同。有人把原始状态理解为生命力的沃野，有人则理解为人类美德的故乡，有人以原始冲动反抗道德，有人以原始美德反抗堕落，却都有卢梭的影子。有的作品简直就是卢梭思想的形象诠释。在王国才的《野性谷》中，被否定的人物直接以“文明人”命名。朝克图那样笨拙，连话也说不好，却有一颗纯朴善良的心；“文明人”那样精明，却品质恶劣，道德败坏。对待秃鹫，朝克图与之情同手足，精心喂养，“文明人”却一见之下就想拿去卖钱。对待水花姑娘，朝克图救之于危难之中，朝夕共处而未生邪念，“文明人”却初次相见就想粗暴占有。从这种鲜明的对照，可以看到对原始状态的礼赞和对文明社会的否定。小说的结尾朝克图与水花终于逃向自然而不再回来，明显地表现着“返归自然”的主题。

卢梭的思想之所以在今天的中国作家笔下出现，除了现实条件之外，与深植于中国人精神之中的庄子哲学密切相关。也正因为如此，卢梭思想中积极的部分也常常为庄子思想中消极的东西所改造。在中国作家笔下，返归自然不仅是卢梭的，也是庄子的。阿城“三王”中那种返归自然、返璞归真的呼唤就是证明。近几年，在一些作家中产生了“老庄热”。这不奇怪，每当文化面临新的淘汰，总会有对传统的重新选择。每当现实中激浪滚滚，总有人皈依庄禅而超然物外。不仅如此，而且反传统的斗士也会拿起这个武器以与传统文化的核心儒家思想对抗。但是，中国历史上一个重要事实值得注意：道家与儒家及其塑造的专制秩序，既有矛盾的一面，也有统一的一面。它的超然遁世和超然物外，在客观上起着巩固统治秩序的作用。如果中国文化系统中没有道家，儒家无法完成两千多年专制统治的辅佐任务。对于传统的统治秩序来说，儒与道犹如车之双轮，缺一难以成行。作家们从老庄那里借用批判的武器当然未尝不可，但如果上了它的炮车而失掉警惕，就会被载入它的营地。中国人习惯“古已有之”，见卢梭而思庄周，当然容易绑了卢梭跟随庄子而去。

卢梭与庄子的返归自然之所以为今天的中国作家所接受，与中国人“回头是岸”的复古主义思维习惯密切相关。古老的中国一直是复古主义的故乡。孔子终生以恢复周礼为己任，长途跋涉，奔波游说，可谓鞠躬尽瘁。老子与庄子则向着更远古的时代回归。百家争鸣的时代结束之后，中国一直张果老倒骑驴式地前进。这形成了一种传统，一切行为都必须依先贤之言，或依照旧例，连帝王的行政措施也必须有历史的陈规可循。无论何时，只要现实出现了危机，总会有“回头是岸”的呼声。可惜的是回头没有岸，复古主义只是一种自欺欺人的梦想。以返归原始的方式反传统，似乎非常激烈，但把一个完整的历史流程割裂开来，以更古老的传统反传统，有多少建设意义呢？极力抗议文明对原始的破坏，原始状态真的那么美好吗？我们不应该忘记，人类的发展过程就是不断地创造文化而又不断地扬弃文化。正是这种过程使人成为人，并且使人的生存环境得到改善。还是费希特在《论学者的使命》一书中说得好：“自然状态诚然会消除罪恶，但同时也消除德行和整个理性。”借助原始状态消除罪恶，犹如为治雀斑而把头颅切除。

现存文明有许多丑恶，但怎样对待这丑恶呢？像朝克图那样奔向大自然去过原始生活？原始状态也是美丑善恶的综合体，在“自然人”的美好人情和崇高背后同样包含着令人难以忍受的丑恶。在这一点上，韩少功的《爸爸爸》已经做出了回答。人类的情感思维容易将逝去的和即将逝去的东西通过想象而使其完美化，痛感现实的丑恶而怀念过去的好时光，却忘了过去的好时光可能与今天一样丑恶。奴隶脚上的锁链并不比佃农所承受的地租压迫更轻松，自然人并不比文明人更自由。所谓原始美好，野蛮人高尚，只是那些走投无路的思想家聊以自慰的幻想，并不存在于客观世界，正如那个美好的“尧天舜日”并不曾存在于我们民族的历史一样。同时，即使那个世界真正存在过，人类也已经没有回去的路。

1987年2月　曲阜

作家，莫把女人当礼品

说出来也许令一些人不高兴，在我们的文学作品中，女人们常常是作家们手中的礼物，像烟、酒、土特产一样，是可以拿来送礼的。不过，这种送礼并不随意，而是极重时尚，某种时尚到来，大家蜂拥而上，同时把女人送给同一类人。

口说无凭，可以回顾一下。远的且不说，中华人民共和国成立之初，部队干部进城，不少人青春已逝而未完婚，作家们就让姑娘们纷纷捧上了“一颗火热的心”；朝鲜战争，志愿军成了“最可爱的人”，作家们就让姑娘们成了志愿军的未婚妻；宣传拥军爱民，作家们就让姑娘们一个个都爱上了战士们。这种风气一直到了“文革”时期，那时的作品不写恋爱，但姑娘们所爱的，却也必然是毛主席的好战士。“文革”结束之后，社会开始尊重知识，提高知识分子地位，作家们又描写出这样一幅图景：姑娘们都迷上了知识分子，而且她们所爱的绝非风流倜傥才华横溢之辈，而是成色十足的书呆子。转眼之间改革兴起，她们又一齐死死缠住了那些对她们很不耐烦的改革者。改革者关心的是国家大事，所以无心于花间月下，而女人们却是有机会就上，甚至是几个缠住一个，搞得改革者难以应付。

值得注意的是，作家们之所以这样拿女人送礼，像一般送礼的人一样，目的无非是讨好。

我不否认这种描写部分地反映了生活的真实，但很大的成分却来自作家的想象。对于这种做法，我要不客气地说：把姑娘们当作礼物送人或进贡，这真有点不把女人当人看。

也许有人会说，那是时尚使然，生活本来就是如此。固然，由于我们的素质之差，难以克服对时尚的盲目追求，在某些时期，社会确曾出现过“军装热”或“文凭热”。但爱情毕竟不像抢购时鲜青菜，什么上市了就去抢购什么。近几年有不少作品，写漂亮的女人偏偏爱上穷困潦倒的“右派”。作为从坎坷中走来的作家，以艺术想象弥补现实生活的不足，那种白日梦是可以理解的，但并不符合当年的时尚。因为当年能够独具慧眼看上“老右”的姑娘并不太多。

前不久看一个电视剧，一个战士的女朋友还没有结婚，却已经怀了孩子。战士牺牲了，姑娘决定不再嫁人，要为烈士把孩子养大。电视剧热情歌颂了这位姑娘。我不明白作者是怎么想的，以此安慰阵亡的战士吗？如果死者地下有知，面对如此安慰，不知该做何感想。如果生活中真有这样的姑娘，因为感情之深，做出这样的决定，是可以理解的。但是，她将要付出怎样的代价，是否有力量坚持到底，却不能不想。作为作家，对什么应该歌颂，对什么应该保持沉默，应该有所考虑。

拿女人作为奉献，这是一种不良传统。在一些赞美的底下，隐隐可见某种幽灵，使我感到一种阴森的冷气。随着中国女性的觉醒，无论在生活中，还是文学作品中，这种戏都该收场了。

当然，编演这种戏，作家往往是无意识的。但清醒的作家应该警惕的，正是这种无意识。

当代青年知识分子形象系列的一个缺憾

经过动乱的洗礼，又身处变革与开放之中，当代青年知识分子形象以其独特的精神特征和无法忽视的历史地位，出现在文学殿堂的人物长廊之中。毫无疑问，历时十年的新时期文学在这一点上成就辉煌。但是，当我对当代青年知识分子这一形象系列进行系统考察时，却发现还存在一个重要缺憾。

跨入80年代之际，文学已陆续出现了几乎面貌全新的当代青年知识分子形象，显示了新的时代精神风貌。但是，那些最初被称为“觉醒的一代”或“思考的一代”的形象，自身的觉醒却常常很有限，思考也远未深入。不知为什么，这一本来有待于丰富和深化的形象系列，后来却没有得到发展。近几年，文学中出现了不少荒诞者、迷惘者、超脱者甚至整天哀叹、打闹、恋爱、神经质地活着，感到人生无意义，很无聊，简直无法打发时光。这样一群游荡的孤魂，精神上无家可归者，在作品中日益增多。“这一代”就这个样子吗？作为一路走过来的同行者，我总觉得文学的反映有些盲点，忽略了真正能够支撑起“这一代”的脊梁，缺少显示他们思想高度和精神状态的真正的觉醒者、思考者和奋斗者。

我不否认这些形象的进步意义，特别是它对旧文化的冲击。但青年知识分子形象系列形成如此面貌是令人遗憾的，也绝非偶然。形象本身及其背后的作家兴趣取向反映了当代青年知识分子中客观存在的软骨病、精神贫血和心态弱化症。玩世不恭，荒诞不经，缺少民族忧患意识与历史使命感，缺少男子汉的阳刚之气和基于浩然之气之上的悲壮感，蝇营于小利，超脱于“莫谈国事”，沉湎于“性”的话题与游戏，正是生活中流风的反映。然而，我们时代的青年知识分子的整体并非如此。那种精神状态只属于那些从旧建筑游离出来再也找不到新的耶路撒冷的飞尘，而不应该是这一代的基本形象。换句话说，由于缺少精英形象，造成了这一代整体上的歪曲。所以，这是一个重大的缺憾。

一个时代的精神特征虽然在每一个人身上都有体现，但在时代这个舞台上，却像戏剧舞台一样，有主角配角之分。当然，把历史看作英雄创造物的英雄史观不能完整描述历史，只有英雄的文学也不能完整地表现时代，但是，如果写一部中国现代史，只写鸦片鬼与洋场恶少，而不写从梁启超到鲁迅这些人物，就不能算一部完整的历史。同样，如果文学描写现代中国人，只有孔乙己、阿Q和假洋鬼子，而没有狂人和夏瑜，那就不是现代中国人的完整形象。作为时代的最敏感神经的青年知识分子，体现着时代的脉搏，反映着时代发展的流向。如果文学不去塑造时代的精神主角，只是一味地描写颓废、荒诞、超脱、玩世、混世的精神侧面，写那些不清不醒的“觉悟者”，不知目标的“奋斗者”，逃避现实的“探索者”一类的冒牌货，根据文学画廊提供的人物，人们就无法正确了解这一代青年。那些不了解当代青年知识分子生活的人，就可以做出“垮掉的一代”的结论。未来的历史学家就有理由指责我们时代的作家对历史的歪曲。

这并非强作家之所难，更不是不顾生活中是否存在而要求作家按照理念编造英雄。真正能够代表思考的一代和奋斗的一代的人物在生活中大有人在。在不少作品中我们已经看见他们那飘忽而过的朦胧身影。《夜与昼》中景山讨论会上那些关心中国前途和命运的青年不会都如林虹和顾小丽那样没有头脑，但作者却没有把他们写出来。柯云路写了一个李向南，并且试图赋予他一些思考和奋斗的特征，但他显然做得还很不够。这就提出了一个作家生活和思想局限的问题。柯云路对景山会议上那些思考者显然并非十分了解，或者是有了解而没有重视。他只看到范丹林出版了大部头的学术专著，却不知道他的内心在想什么。他可以写好顾小丽、顾晓鹰，可以写好政治层面上的李向南，却无力将思想家层面上的李向南写成这个时代的杰出者。因为自己没有站在思想的高峰上，也就无力勾勒我们时代的思考者的思想视野和发掘其精神世界。尽管如此，我仍然感谢柯云路在这方面所做的努力。

张承志的《北方的河》对这一代中的杰出人物的气质把握是准确的。这说明作家在生活中有所发现或者有所感受。但是，他没有能够写出主人公应有的理想和具体的思考，因而使之在思想上空洞而苍白。评论家们曾经赞美"他"的觉醒与反省，但值得注意的是，这个新时期的大学生，这个经过"八一八"狂热的青年，却明显地没有与一代人一道在跨入80年代门槛之前完成彻底的觉醒。直到若干年以后，他才靠一个小姑娘的故事而使自己得到修正。这种姗姗来迟的觉醒使他实际上已经成为一个落伍者。

张抗抗的笔下曾经多次出现这一代的身影，岑朗、郭立楠等表现了他们最初觉醒时的精神状态。今天，他们已经成熟，已经迅速地成长。然而，在张抗抗的笔下，我们却很难再找到他们的影子。他们消失了吗？没有。问题在于作家没有跟她的主人公们一道行进，而是把他们给跟丢了。陈建功、郑万隆等也曾经涉及他们的生活，但与张抗抗一样，思考的脚步停在了1979年。

总之，我们的作家接触过他们，但或浅尝辄止，或停留在主人公幼稚的初级阶段，对于今天的成长现状未能做出深刻的反映。

那些变得更为成熟、更为丰富、更为深刻的岑朗们，那些比《北方的河》中的大学生更早觉醒，更富宏伟目标的奋斗者们，那些不仅致力于行动，而且进行着社会、历史、哲学、伦理、文化探索，思考着中华民族的命运和前途的李向南们，那些既富于现代意识又有极强的历史使命感的探索者和奋斗者们，我们无法否认他们的存在。但是，文学中却缺少他们的形象。

为什么会这样？当然不能不在作家的主观方面寻找原因。我认为，这暴露了我们作家素质方面存在的缺陷。由于缺少思考深度，就无法与时代的思考者共同思考，也就无法站在时代思想的制高点上。在思想上不能俯瞰笔下的人物，当然就无法写好他。一些青年作家在成名之后为写作而写作，终日役役于作品数量，而无暇深思。真正思考者的形象只能依靠他们的同代作家塑造，正像青年作家很难写出王蒙笔下的青年布尔什维克一样，我们无法要求中年或者老年作家对这一代青年的思考有深刻的体验和把握。近几年来，大批青年作家进入寻根的行列，目光注视于远古蛮荒，而忽视了当代生活激流的深处。一些作家由于对现代意识的褊狭理解，满足于对现代派的皮毛模仿，而不对中国青年知识界的现代意识做深入的体查，把穿上嬉皮士的牛仔裤的浑浑噩噩的阿Q推上当代中国青年的席位，这不能不影响到青年知识分子形象的深刻性。

我的批评似乎有从一个先验的理想模式出发之嫌。但这模式却是源于生活，并以创作的既有条件为基础的。这绝不是对高大全英雄式的人物的呼唤，因为若无深刻的思考，一切人为的拔高都会造成对当代青年知识分子形象的歪曲和贬低。从这个意义上说，重要的是那些有条件的作家们深入生活激流，与前进的时代一起思考，与前进的青年知识分子一道前进，在思想上不断充实自己。

1987年4月　北京

选择的时代与时代的选择

——关于当前文学的断想之一

种种迹象表明，我们的文学仍然处于一个选择的时代，并且在多元冲突中陷入了选择的浮躁与困惑。

新时期文学从一开始就以重新选择显示其生机，在重新选择中挣脱桎梏、恢复活力、走向繁荣。在经历过“伤痕”和“反思”等阶段之后，它基本结束了那种大合唱的群体一致的重新选择的局面，呈现出作家个体选择的任意性。创作和理论由此出现了空前活跃的局面。它标志着文学真正进入了选择的时代。

无主潮、无中心、无巨人，五彩纷呈，百花斗艳，是选择的时代的突出特征。无论文学观念还是题材内容、创作方法、表现技巧，作家们都在力求做出自己的选择。虽然未必能够实现，但这种努力却是明显的。作家们都力图找到自己的独特的道路，独特的表现领域、表现方法和语言特色。因此，自觉的流派已难形成，过去的流派逐渐解体，当你发现一个流派将要形成时，它自己已经开始分解。文坛上虽然有现代、寻根、乡土、魔幻等种种名目，作家们却常使这种概括很快落空。由于个性意识的强化，作家们已经羞于为别人摇旗呐喊跑龙套，耻于借一个流派实现自我价值，而是努力寻找自己。为了出新，作家们不惜去寻找偏僻的题材和奇特的表现形式，而不愿到别人的山头落草。也正因为这样，才出现了作家纷纷抢占地盘、选择路子的局面：你写乡村，我写城市，你写野狐，我写老鼠，你写第三者插足，我写中学生早恋……人们竞相标新立异，做出与人不同的选择。

小浪潮迭起，大浪潮不见，“各领风骚三五天”。竞相标新立异带来了文坛的色彩纷繁，同时也带来了发展节奏加快、新潮瞬间即逝的现象。不仅不同的作家做着不同的选择，同一作家在不同的时间也做着不同的选择。不少人以超常的速度否定自己，完成着一个又一个自我超越。每一本重要译著出版都带来一阵或大或小的“热”，匆忙地选择又匆忙地舍弃，否定紧跟着否定，超越紧接着超越，几乎到处都是新东西，而新东西刚刚出现就变成了旧的。

这种自由选择的时代相对于过去那种大一统的时代来说，是一个重大进步，标志着中国文学的解放和自由的获得，说明中国文学终于走出了狭窄的死胡同。这一切来之不易！它为文学创造的时代创造了条件，任何想把这种前进势头拉回去的企图都将注定失败。但是，由于选择的日益分散化和更替的超速，一些有价值的东西却得不到足够的重视，未站稳脚跟就受到冲击，而且导致了文坛的花哨不实、飘忽不定和六神无主。它虽然五彩缤纷，却苍白纤弱而且萎缩，缺少茁壮之劲枝和怒放之艳朵。

我之所以把新时期十多年来的文学称之为选择的时代，是相对于创造的时代而言的。十多年来，无论在观念上还是在方法上，都出现了无数新东西。但我们认真想一下，就会承认一种令人沮丧的事实：尽管作家们努力寻找自我，不断创新，可是无论创作还是理论，真正属于创造的东西有多少呢？我们所做的大都是对已有成果的重新选择和认定。恢复现实主义、重提“干预生活”、强化文学的批判职能、恢复人在文学中的地位……是对中国已出现过的东西的重新认定；象征主义、意识流、荒诞派、魔幻现实主义、萨特、尼采、弗洛伊德、海明威、马尔克斯……是对世界文化的重新选择。一些非常重要的理论探讨，都是从国外“拿来”的，一些轰动一时的名作，都是模仿外国的结果。从世界文化范围来看，我们的文学缺少创造。

这是必然的，因为我们缺课太多，必须在短期内补上。这是可喜的，因为我们刚刚经历了一个封闭的、窒息的、失掉了选择的自由和权利的时代。但是，这个选择的时代却已经露出危机。这不仅表现在文坛的浮华、苍白和萎缩，而且表现在面对涌进的纷纭学说所表现出的左顾右盼举棋不定和朝秦暮楚、无枝可依。各种选择往往相互冲突、相互抵消。一些东西显然与中华民族的现代化进程相抵牾，却常被作家们搬上我们时代的铁轨。因此，我觉得文学应该自觉地考虑时代的选择。考虑时代的选择并不是要求作家去配合中心，而是我们的作家在实现个人的独立之后，有责任思考我们的时代，思考我们民族的现状和未来，思考时代的根本需求，从而做出自己的选择。只有对此有深入的思考，文学才不会陷入选择的困惑。

时代对文学的选择需要作家们共同思考。我们的时代当前迫切需要的是具有强烈责任感的文学。我们的时代甚至还不具备“为艺术而艺术”的条件，文学还不可能完全回归到所谓自身。因为读者的期待在那里，如果一定要向内转，回归所谓文学自身，结果只能是失掉读者，被时代所抛弃。“五四”文学革命以反“载道”开始而未摆脱“载道”，这是必然的。面对民族危机，文学在“启蒙”与“救亡”之间尚且要做出选择，更何况对于“纯艺术”！当前的中国，变革的大潮初起，目标是现代化，是人的解放。如此时代，纯文学和唯美主义显然还不是迫切需要的。文学需要百花齐放，但我们的时代所迫切需要的是文学参与时代的变革，进一步强化批判职能和变革意识。当然，文学承担社会责任并不意味着重新回到政治宣传机器的位置上，责任感不同于工具论，因为前者是主动的，而后者是被动的，前者是独立自主的，而后者是依附和顺从的。在强化作家个体的主体意识的前提下，自觉主动地对社会与人生进行思考，文学不会陷入工具的境地。而且，“文以载道”未必是文学之害，无“道”可载的作品绝不是伟大的作品。如果这个“道”不是陈腐的教义，不是僵化的准则，不是权势者的旨意，而是作家自己头脑思考的产物，是引导人类走向自由、走向文明的“道”，为何不可以大载而特载！

思考时代的选择，我们就会减少盲目性。只要清楚中国的社会现实，就不会鄙视现实主义，只要清楚时代的流向，就不会抵制现代主义，只要认识这个时代，就必然同意文学去满足多层次的精神需求，同时，只要深知我们民族的历史方位和前进的艰难，就会知道什么东西应该坚决抛弃，什么东西应该努力拿来，什么东西最先进却容易成为腐朽势力的同盟者而不宜拿来。只有深入思考时代对文学的要求和选择，我们才能做出无愧于中华民族历史进程因而也无愧于人的自由和解放这一目标的选择。

1988年6月　曲阜

贫血与缺钙

——关于当前文学的断想之二

近几年，我们的文学园地百花齐放，五彩纷呈。但是，细看之下，热闹尽管热闹，花哨尽管花哨，却已明显地呈现出花朵苍白、花枝瘦弱、花叶纤细萎黄的迹象。我们的文学一方面在数量和品种上走向繁荣，另一方面却是令人沮丧的萎缩。这一现象已引起一些有识之士的关注，并且已有种种不满和议论。在此，我想用一种比喻说明，我们的文学正染上一种病：贫血与缺钙。

这种病病因复杂，表现也是多方面的。

文学的贫血首先表现为生活内容的冲淡。生活内容之淡源于“淡化”的倡导和追求，也源于作家生活的枯竭。主动追求者有意为之，写一点淡淡的感触，描一丝淡淡的情绪，写梦也要平和的，惊心动魄的噩梦不写。写流追求千奇百怪，选择纤细的意识之流，而避开滚滚的时代大潮。写生活选择无所事事的日子，不写沉重或者悲壮。如此种种，谓之空灵，谓之悠远，谓之超脱，谓之俊逸，似乎只有淡若清水才是好作品。一些无意于求淡的作家，也出现了似乎生活枯竭的现象。从某种意义上说，应该感谢那场浩劫，它使作家们被迫停笔，而生活却残暴地在大脑中留下了记忆。由于这残暴，使素材被血渗透，由于残暴，迫使作家反复思考。虽然那些思考常常是一个指头加一个指头那样简单，却决定了新时期文学的崛起与发展。时至今日，不少人此类生活库存已经见底，新的生活积累极少，却追求高产，疲于奔命，赶篇数，赶字数。多赚点稿费情有可原（稿费本来就少得可怜，依靠稿费成不了大款)，但这种创作却导致了大量作品内容重复，不得不依靠形式上花样翻新，或者把一小块生活原矿溶化开来，分批出售，精心计算如何把仅有的原料分配到更多的作品中去。因此，生编硬造驴唇不对马口的作品、兜来转去言之无物的作品、使小聪明乔装打扮而事实上一遍又一遍重复自己的作品，都大量存在。回首历史，放眼边陲，搜寻角落，在题材的扩大和转换中透露出来的并非全是文学的佳音。对于多数已经成名的作家来说，那种火山爆发式的感情抒发，那种由于生活积累和思想感情的充胀而喷涌到稿纸上去的创作状态已不多见。那种缘自生活感受而生的慷慨之情和浩然之气已消失殆尽。生活在作品中确实被淡化了。兑水卖酒，酒味必薄。

其次是思想的贫乏。从道理上讲，生活本身是永远不会枯竭的。只要有思想去把它照亮，它就会永远如繁星般灿烂，如海涛般汹涌不息。但是，如果没有思想照耀，生活就是一片混沌。所以，当前文学之病更重要的还是思想的贫困。我在一篇文章中曾经就文化批判问题谈到过作家们思想贫困的一些表现，在这里需要补充的是，作家作为我们时代的思想先驱的时期过去了，文学已经从时代的前锋位置上退了下来。进入新时期之初，文学曾经走在时代的前面，对种种社会和人生问题率先思考。当然，之所以能够如此，是由于我们时代的思想起点太低，由于长期思想禁锢使整个民族的思想处于停滞状态，由于哲学社会科学各学科一时还难以冲破种种枷锁，而文学却借艺术形象说出了一些话。随着一个个禁区的打破，我们的社会进入了一个理性思考的时期，人们对社会和人生进行更深入的思考，在哲学社会科学各学科都开始思考之后，文学的思考就常常显得浅薄。在这种情况下，文学家应该有一种危机感，急起直追而趋前列。而文学的表现却恰恰相反，一些论调就像阿Q望着远去的前锋，无力追随，于是就嘟噜道：“孙子才做前锋呢!”然后就蹭到路边作悠然状。

与此同时，文学兴起了一股非理性主义思潮，排斥理性，要把理性扫出文学殿堂，因此反对一切说教，反对任何功利目的，而在创作中追求随意性、无目的性和非功利性，使文学成为纯个人感性冲动的宣泄。作家不思考，不置身时代大潮之中，其感性冲动中又有什么呢？于是对生命本能的表现越来越多，时髦的批评把这鼓吹为伟大的深化，其实，这究竟是深化还是浅化不难判断。近年来有不少作家以形式翻新招引读者，绕各种迷宫般的圈子，最后却是什么也不给读者。但是，作品没有内容，没有思想力度，是很难赢得读者的，依靠形式和技巧，无论花架子搭得多么妙，语言多么俏皮，也掩饰不住面色的苍白和摇摆不稳的姿态。

文学不仅仅贫血，而且缺钙。这主要表现在逃避政治、远离现实、缺少历史重量和直面社会道义承担。时代正处于变革的阵痛之中，面对时代的裂变和由此带来的种种痛苦，是勇敢地承受并促其新生，还是顽固守旧竭力将新时代扼杀于母体，还是超然逃避于时代的矛盾和冲突之外，这是时代摆在每一个清醒的中国人面前的三种选择。我们的文学家们成群结队地选择了后者。近几年的文坛上，老庄学说盛行，不仅在作品中被形象化地热情宣扬，而且成为一些作家信奉的人生处世哲学。“干预生活”早已为智者所不为，“干预灵魂”也为一些作家所鄙视，关心政治如果不是作为爬上去的手段，那就是地地道道的愚蠢。责任心、使命感、忧患意识，都成了迂夫子不识时务的表现。于是，纷纷远离政治，政治成了艺术之敌。当然，我并不想过多地责怪作家，在逃避政治这一现象的背后，有对政治畏而远之的复杂心理。但也不能全怪环境，一些作家确实存在偏颇的认识。一些人远离政治是为了追求艺术生命的长久，却没有认识到一些作品的短命并不在于它的政治性太强，而在于政治上浅薄、幼稚、盲目趋时、人云亦云而缺少在政治上的深知灼见和独到的洞察力。我们很多人在谈政治意识的时候没有注意到把作家个人的政治见解与社会的政治宣传区别开来，更不曾理解我们努力挣脱政治的束缚并非要文学不承载政治命题。文学史已经证明，没有政治头脑的作家成不了大作家，没有政治内容的作品成不了大作品，逃避政治，本身就是作家的一种病态，是贫血和缺钙的表现。

我想请一些年轻的作家一起想一想（我不知道中年作家是否也如此），我们许多青年朋友们茶余饭后谈论的是什么？那么多人津津有味地谈“性”，谈情夫与情妇。谈谈这些当然未尝不可，我要说的是，一代人陷入意淫的现象是极不正常的。它是一代知识分子苦闷与沉沦的表现。作为一代知识分子，无论男女关系多么紊乱都不可怕，只要它不是生活的主要内容和精神的主要兴奋点，那充其量不过说明人们婚恋观念的重大变化。但如果作为民族的精神血液的青年知识分子都终日沉浸于这类话题，却是一个时代的悲剧，也是一个民族的悲剧。因为这很像白血病，也很像艾滋病。如果说在发牢骚中我们还能看到一点希望的话，在性话题热中，透露出的却是一代知识者可怕的衰败。

文学创作的贫血与缺钙、理论倡导密切相关。自从粉碎“四人帮”以来，我们极力呼唤文学回归自身。在特定的历史条件下，这种呼唤是积极的、必须的，是文学解放不可缺少的一个环节。因为我们的文学在相当长的一段时间里丧失了自我，沦为政治的工具和奴婢，被狭隘的政治功利目的所窒息。为了求得文学的解放和发展，我们当然有必要首先冲破政治的束缚，摆脱附庸地位，从而确立自身的价值。但是，十几年过后，当历史发展到今天，我们是不是需要对此做一点再反思呢？过去，我们的一切思考几乎都以反拨工具论为出发点，但摆脱工具论之后变得无所事事，反载道之后变成轻飘飘的空车，却是进入了另一极端，与我们本来的目的相去甚远。因此，文学在已经获得了自身的独立之后，理论思考的出发点似乎应该根据新的情况而移动一下。事实已经告诉我们，“回归自身”是文学摆脱镣铐的良方，却不是强健自身的妙药。

由于文学回归自身的努力，长期以来一个口号非常时髦：“文学就是文学。”不少人一再强调，文学就是文学，除了它自身，它什么也不是——文学不是政治，文学不是历史，文学不是哲学，文学不是道德论，等等；文学如果承担它自身之外的东西，就会被压垮，就会窒息，就会泯灭自身……因此，极力把文学的社会作用说得微乎其微，反对文学追求社会功利价值，要求文学扔掉一切负荷，飘然于山林荒野间去寻找文学的生命力，犹如隐士去寻找使自己不朽的长生之药。但是，文学什么也不是以后，剩下的所谓“自身”是什么呢？抽掉了那一切被认为不应该负载的内容之后，文学的所谓“自身”事实上已经不存在。因此，时至今日，是否应该强调一下这一问题的另一方面：文学是一切。文学是人学，那么，人所面临的一切，都是文学应该承担的。从某种意义上说，文学是政治、是哲学、是历史、是道德论、是人类生活的一切。只有树立这样一种文学观念，文学才有广阔的天地，才能生长出一个血肉丰满、骨骼健壮的自身。

文学自身的健壮需要非文学因素的营养。文学的繁荣需要把根须伸向非文学的各个领域。当前文学需要向外转，而不是继续向内转。文学应该从女士们的短裙下钻出来，从白日梦中醒过来，从远古的陶罐中爬出来，到日光之下，到风雨之中，沾沾地气，晒晒太阳，拉车挑担练练筋骨。否则，只能日益苍白，日益孱弱，日益萎缩，与伟大的时代不相称，为未来所鄙视，为世界文学所不齿。

1988年7月　曲阜

浮躁的超越

——关于当前文学的断想之三

当前的中国文坛好像一个匆匆的行路者，它的确走得很快，在不断地超越，大有“一天等于二十年”之势，但它注定不能“超英赶美”。对于这种现象，我在《选择的时代与时代的选择》一文中已经说过：“竞相标新立异带来了文坛的色彩纷繁，同时也带来了发展节奏加快、新潮瞬间即逝的现象。不仅不同的作家做着不同的选择，同一作家在不同的时间也做着不同的选择。不少人以超常的速度否定自己，完成着一个又一个自我超越。每一本重要译著出版都带来一阵或大或小的‘热’，匆忙地选择又匆忙地舍弃，否定紧跟着否定，超越紧接着超越，几乎到处都是新东西，新东西却刚刚出现就变成了旧的。”（见《中国文化报》1988年6月29日）其实，这一现象是人们都应该注意到的，“各领风骚数百年”不是已被改作“各领风骚三五天”吗？它正是这种现象的生动概括。

这种情景相对于一个死寂的不求进取的时代来说，的确是一个好现象，是一个重大的进步，标志着中国文学的解放和自由的获得，说明任何想把这种前进拉回去的企图都已失效。一种文明只有不断超越旧的模式，才有发展和更新，才有生命的活力。但是，浮躁的超越导致的新旧更替的超速，却带来了一种可悲的结果：一些有价值的东西得不到足够的重视，未站稳脚跟就被冲得七零八落，因而造成建设方面的巨大损失。

因为我们缺课太多，必须在短期内补上。换句话说，就是在尽可能短的时间内完成世界文学在几百年中走过的道路。因为我们的现实与世界的差距，我们在拿来的时候面对的是西方几百年文化成果的共时性陈列，于是出现了这种匆匆选择，如乡村的小媳妇走进大市场，什么东西都舍不得放手，可是，毕竟就那么两只手，毕竟就那么一点力气，拿不了多少东西，只好摸摸这件放下，摸摸那件再放下。眼花缭乱，这山看着那山高。大概最后的结果就是选择最新的。

然而，我却对这“选择最新的”式的选择感到很不放心。因为这里有一个问题，好像昨天出现的东西就注定了比前天出现的东西更好，只要匆匆地向前走，越向前就越好，只要选择新品牌，越新的产品就越可靠……这是对历史进化的一种片面理解，是对进化论的一种简单化的迷信和歪曲。

进化论给中国带来的东西很复杂。如果没有它，中国的启蒙运动就无法开启，但是，现代启蒙运动一旦开启之后，这种理论的中国化造成的思维也给现代化事业带来了负面效果。由于对“新”的迷信，总以为新的就是好的，结果像狗熊掰棒子一样，看到新的就抛弃旧的，结果恰恰是抛弃了不应该抛弃的，最后手里拿着的却不一定是什么好东西。这是20世纪中国历史上最大的教训。在当前文坛上，我们又看到了这种对“新”的崇拜。一些东西还没有站稳脚跟，就被另一些冲得七零八落，看一看吧，从马尔克斯、昆德拉和前来演讲的杰姆逊在中国形成冲击波之后，文坛正出现的是一种什么样的景观！一些人习惯于以“新”招徕读者，而读者也习惯于趋新而弃旧。

从某种意义上说，求新不是坏事。但是，一个健康的民族会有能力识别新与不新，会懂得新药可能比旧药好，但新病可能比旧病更可怕。

从20世纪初到今天，我们一次又一次追赶西方最新的时髦。我们匆匆忙忙，没有消化的时间，甚至来不及鉴别，只好通通拿来。但是，在拿来的时候却遇到了时间问题。似乎西方晚出现的东西比早出现的东西好，20世纪的就比19世纪的好，甚至看到20世纪的就否定19世纪的，看到世纪末的就否定世纪初的。这种盲目趋新的所谓超越已经成为20世纪中国的世纪病。

什么应该否定，什么应该超越，什么应该扔进历史的垃圾堆……理由常常很简单：过时了。好像一年应该有一年的思想，一月应该有一月的信仰，一天有一天的真理。好像今天的花朵一定能比昨天的花朵结出更好的果实。人们往往兴奋于“日新月异”，却没有意识到它的危险性。

这种匆匆走过的历史是没有质量的。看一看新时期文学的发展历史，我们可以看到一个个新潮迅速推进构成的发展假象。它本身是不完备的，破碎的，残缺不全的。我们甚至能够看到一堆又一堆没有长成就为重新怀孕而流产的婴儿。看到一片片刚刚成长就被锄掉了重新播种的庄稼地。这就是新时期文学给文学史留下的一个独特景观。过多的接纳使中国文坛这位体弱的母亲不胜重负，她忙于送往迎来，却难以孕育出健壮的果实。人们满足于欢呼长江后浪推前浪，却很少考虑后浪过后能留下什么。这是可悲的。

所以，是应该警惕盲目趋新的时候了！警惕“过时论”，警惕唯新是趋，要有所选择，有所持守，有所抵制。

历史的经验和教训是值得借鉴的，面对此情此景，我总是想起“五四”高潮过后那些所谓新思潮和新运动是如何以更新的面目理直气壮地否定胡适、鲁迅和五四新文化运动的方向。

理论的想象力凭新奇而引人注目，创作以新奇而吸引着读者，批评关注着新起的浪花，然而，却没有意识到，新时期文学与过去的文学一样，那些最新奇的浪花并不一定有价值。真正有价值的往往是那些在浪花之后经过沉淀而凝结的结实的东西。因为一种新的观念，一种新的学说，一种新的方法和理论，从出现到结出果实，需要一点时间。潮头的东西具有广告价值和宣言价值，但更有力度也更完美的可能是经过一段沉淀之后的成果。

更值得注意的是，在各种复杂的历史力量较量的时候，最时髦的思潮也会成为旧势力的援军。

1988年7月　曲阜

从“现代派”的命运说到“走向世界”的呼声

——谈中国作家的一种心态

我与人合写过一篇论新时期文学的民族意识的文章（见《山东师大学报》1988年第4期），从几个侧面对新时期文学中的民族意识做了简单的考察和描述。并由此得出一个结论：虽然个性意识崛起、人类意识出现，但在阶级意识淡化的同时，民族意识却空前强化了。因为绝大多数人从阶级的营垒中走出之后并没有走向世界，而是在民族的围墙中停下来，犹如从屋子跑入院子，却并未走向原野。作家们超越了阶级的视角之后，并没有站到全人类的立场上，而是站到了长城的城垛上。这种现象是中国历史和现实的产物，给文学带来了新的风貌，并对民族的振兴产生影响。但是，强化了的民族意识却也有它的迷途和误区。事实上，新时期作家一直存在着一种不太正常的心态。

一

在此，我不想涉及一些宣称自己是“土著”的乡土文学作家和恪守中国传统的人们，因为文学需要百花齐放，每一个作家都有自己选择的权利，只要他不想唯我独尊地去要求所有的作家都走他的路，别人就没有必要去对他进行指责和干预。在此，我首先想到的是新时期文坛对外来影响的态度，是西方现代文学在中国的命运。

众所周知，西方现代派文学对中国当代文学的影响首先表现于“朦胧诗”和“意识流”小说。北岛们以新奇的诗作震惊了诗坛，带来了中国新诗的一个新时代。王蒙们以《春之声》等作品为新时期小说增添了光彩。这是一个良好的开端，它预示了中国文学将在这个伟大时代的开放气氛中与世界文学建立广泛的联系，结束那个自我封闭的时代，从而迅速发展繁荣。

但是，有一个现象人们大概不会忘记，面对当时文学的这种新势头，作家本人大都不愿承认这是受益于西方文学的影响，而善意的批评家也不愿说这是主动向西方文学学习和借鉴的结果。一些青年诗人曾一再宣称自己在写朦胧诗时还没有看过任何西方现代派诗人的作品。王蒙也不愿意把自己的作品称作“意识流”。一些批评家费尽心机地论证朦胧诗是中国社会现实的产物，绞尽脑汁地创造出“心态小说”“东方意识流”等新的概念，以示这些作品与西方现代派文学的区别。总之，作家和评论家一起努力，说明其决非西方现代派，而是古已有之的、土生土长的、民族化的、具有民族风格和民族气派的。

这种做法当然有政治的原因，由于我们与西方世界意识形态的不同，长期封闭，开放之初人们心有余悸是可以理解的。借鉴时总是小心翼翼地把内容和形式剥离开来，借鉴其形式而抛弃其内容的现象不能不说主要是政治的影响。但是，这种做法却不仅仅是由于政治上的考虑，而是透露着一种民族的文化心理，一种对待外国文化的情感态度。它除了保持意识形态的阶级纯洁性的动机之外，还有一种保持民族文化纯洁性的深层动机。一种以学习和借鉴外国为耻的妄自尊大的民族心理像浓重的阴影笼罩着作家。由于这样一种根深蒂固的、又有政治力量作为巩固机制的文化心理，即使在改革开放步步深入，文学的内容和形式迫切地需要更新，而西方20世纪文学已经从各方面为我们提供了新的参照系统，随时可以拿来的情况下，我们的作家也被这无形的绳索绑住了手脚，不敢大胆地实行“拿来主义”。

在王蒙等人的带动下，新时期文学很快出现了一批“意识流”小说，接着，海明威、卡夫卡、萨特、马尔克斯……都开始影响着中国作家。但是，我们的作家对外国文学的借鉴却是蜻蜓点水式的、表层的、局部的、浮光掠影的、不求甚解的，甚至还谈不到什么模仿，因为还很少有作家认真地模仿外国作家，更不要说从深层给以理解和把握。被影响者和影响者之间有一层隔膜，处于一种羞羞答答、若即若离的状态。西方存在主义文学对新时期文学的影响是比较大的，但无论张洁的《方舟》还是谌容的《杨月月与萨特之研究》，还是张辛欣的《在同一地平线上》，都只能说是有点影响的痕迹而已，与存在主义文学相去甚远。他们受存在主义的影响，却不愿轻易接受，而是存在一种戒备心理。如果说对存在主义文学的戒备更多的是政治方面的原因的话，从弗洛伊德对中国文学的影响就可以看到中国的民族文化对弗洛伊德学说的改造。很明显，性意识在中国文学中的高涨得益于弗洛伊德，但几乎没有一个作家较好地把握和运用了弗洛伊德的学说，而是把它搞得支离破碎，纳入了我们传统的思维框架。那些对性生活的庸俗表现，正是这种借鉴方式的结果，也就是中国化的结果。因为人们已经习惯了这种所谓的民族化，不自觉地就要这样做。在新时期文坛上，没有地道的现代派，以致有所谓“伪现代派”之称，正是由于作家们从来就不习惯老老实实地向外国学习，而是用已经习惯了的方式进行种种改造。这种方式可以把一切新东西改造为旧的，也可以把新东西的碎片纳入旧系统，但结果往往是巩固旧系统，并且阻碍了新生命的诞生。而这一切都是在民族化的旗帜下进行的。这种借鉴方式源自狭隘的民族自尊。我觉得，文学应该老老实实地学习，该模仿就模仿，该照搬就照搬。

尽管如此，对外国文学的学习和借鉴仍然受到种种指责。从朦胧诗、意识流小说、探索戏剧到刘索拉的《你别无选择》等作品，每一种新的借鉴出现，都不可避免地要招来责难。其罪名往往是盲目模仿、全盘照搬、缺少民族风格和民族气派，不能为广大人民群众所喜闻乐见……新时期文学处于一个开放的时代，当然已经没人公然反对对外开放和引进外国文化，但是，不同的倾向还是明显的。有人倾向于更多地吸收外来文化，有人倾向于继承民族传统，捍卫民族文学的纯洁性，生怕八面来风把中国文学搞得不像中国文学了。所以，学习、借鉴是可以的，但首先要使其化为民族的东西。如果不以民族传统对其进行改造，那就是模仿，那就是照搬，那就是全盘西化，等等。毫无疑问，这些指责者的民族意识是强烈的，但又是褊狭的。如果说那些羞羞答答搞借鉴的人心中还有阴影的话，这些批评者的阴影就更为严重。

二

几乎与寻根思潮的兴起同时，文坛涌起了一阵“走向世界”的呼声。它此伏彼起，形成一股热浪，至今不息。无论是在报刊上还是茶余饭后，或者文学沙龙，人们都在不倦地讨论中国文学如何走向世界。如何走向世界呢？人们的看法当然不会一致。各种见解孰是孰非在此不想论及。我要说的是，这种讨论本身就是一个非常值得注意的现象。当讨论热烈展开的时候，我曾感到困惑不解：为什么人们会对这个话题如此感兴趣？当我把它与寻根思潮和对现代派文学的态度放在一起，终于理解了这一热浪的情感基础。它集中体现了一种极度的民族自尊、自强的热望和这热望一直无法实现的焦躁。它表现于文学界，基础在全民族。

回溯中国近代充满了耻辱和血泪的历史，面对中国人一次次惨败和挨打的历史画面，考察中国现代文学的起源，看到它的诞生与外国文学的影响密不可分的时候，中国文坛的崇外与排外的矛盾统一现象就很好理解了。

中国文学与世界文学的沟通，严格说来不过一百年的历史，而在这次沟通中，外国文学对中国文学的影响，正是在中华民族外侮感极为强烈的历史条件下进行的。换句话说，外国文学对中国文学的影响，像整个外国文化对中国文化的影响一样，是伴随着列强的大炮和中国的割地求和开始的。这注定了中国文学在与世界沟通的过程中必然要经受种种坎坷，要排除种种困难。固然，清醒的人们能够及时地意识到“别求新声于异邦”的必要性，力主文学革新，倡导拿来主义，主张作为挨打者更应该老老实实地向列强学习，但是，更多的人却像抵抗帝国主义的枪炮一样抵抗外国文化，像抵制洋货一样抵制“帝国主义的文化侵略”。越是纯朴的中国人，越容易陷入这个误区而表现出异常的坚定与执着。在长达一个多世纪的岁月中，这种心态像浓重的阴影笼罩着中华民族。多灾多难的近代史使民族的心理已发生畸变而很不健全，很难排除褊狭的民族激情而冷静地思考问题。

不能容忍向外国学习，动辄斥为洋奴，却又不能忍受中国不如外国的客观现实，梦寐以求高高在上，处于世界中心，让世界各国众星捧月。在这种没落贵族式的心态中，保存国粹和崇洋媚外，固守传统与走向世界，这些貌似对立的东西得到了统一。由于饱受外侮和居于落后地位，中国人早已失去了汉唐时代的潇洒风度，变得既不能容忍外来事物触动自己的祖宗牌位，又不能容忍对外交流中的任何失败。因此，新文学诞生不久，就卷入这种民族情感造成的旋涡而纠缠不清，挣扎不已。旧体诗被新诗取代，文言文被白话取代，传统手法被现代手法取代，民族形式被外来形式取代，在许多人的情感深处引起的反应，正与割地赔款、开放通商口岸相同。我希望人们能够理解“五四”至今许多人的守旧，因为他们视外来事物如洪水猛兽，高呼“国将不国”，褊狭而赤诚，决非虚情假意或居心不良。可惜的是，他们的觉悟的确有限。

越是不如人，就越是时时寻找比人强的地方。越是挨打受辱，就越是时刻梦想自己强大，决不放过一点扬眉吐气的机会。今天不行，“老子先前比你阔多了”；枪炮不行，“中国道德文明第一”！总而言之，无论如何都要证明这个民族曾有的和将有的伟大，以求得心理上的平衡。夸耀五千年文明的光辉灿烂，津津乐道四大发明，包括今天的修补长城和重修圆明园的意图，都是这种受伤而畸变的民族心态的表现。

进入新时期，中华民族的这种心态表现得尤为严重，因为几十年在闭关锁国状态中做着唯我独尊、支援世界革命的梦，一旦开放，在巨大的落差面前十分尴尬，民族心理再次受伤。因而，我们一方面认识到必须开放，必须向外国学习，一方面却为此而感到屈辱，总想在某一方面能够高高站立起来扬眉吐气。物质文明不行，精神文明优越也能得到一点安慰。但是，我们的文学却与经济一样远远不能与人比肩，一直走不上诺贝尔文学奖的领奖台。中国人经济上不行，科学技术不行，难道文学也不行？拉美作家可以获得诺贝尔文学奖，堂堂中华作家却不能，是可忍，孰不可忍！于是，文学界显出一种特别的急躁。群起而呼“走向世界”，正是这种急躁的表现。

正因为落后，所以特别害怕被世界遗忘，特别害怕世界不承认，特别需要也特别看重世界的首肯。每一部作品被外国翻译都带来一阵沾沾自喜，每一个作家被外国介绍都使人感到欣慰，每一部电影在国外获奖都引起一阵欢呼。当我们冷静地想一下，为此而大声鼓噪、大吹大擂，值得吗？不值得。但是，联想女排战胜时在全国大学生中引发的疯狂，联想每一次世界比赛中夺得金牌时的民族情绪，联想在国歌声中走上领奖台时运动员脸上的滚滚热泪，这一切不仅容易理解，而且颇带几分悲壮意味。这是一种特殊的民族心态。它在很大程度上是一种民族忧患意识的转移，是受压抑的民族心理得到安慰的一种形式。请不要以为作家们对诺贝尔文学奖的渴望只是为了个人名噪于世界，或者是为了那笔数目可观的奖金。中国作家还没有那么轻松，如果仅仅是那样，也许不会有如此热情。这种渴望中埋藏着一个扬眉吐气的希望。

真正的强者不在乎小小的胜负，在大竞争中难以取胜者才斤斤计较细末之争。细末之争仍然难以取胜，就使人更加难以忍受。念念不忘为国争光，是因为脸上无光。历史注定了这个民族如此的现代命运，也注定了文学承担如此重负。但是，重负却大大地影响着中国文学的竞技状态，使我们的作家不能轻松自如，因而成了文学发展的羁绊。

何时我们才有一种博大的世界目光和开阔的世界胸襟呢？何时历史才能提供条件抚慰民族心理的病痛，让我们克服那狭隘民族主义的小肚鸡肠，身心轻松，豁达大度，自由潇洒地行走于世界而不卑怯畏缩和装腔作势呢？

但愿它在不远的将来。

1988年10月　曲阜

大众化与化大众的冲突

——一个值得重新思考的问题

文学正处于选择的困惑之中。选择正处于一种两难的境地。俗与雅，娱乐与教化，争取广大读者的认同与争取走在历史的前列……在这一系列矛盾中，文学迅速分化着，人们做着不同的选择。

通俗文学迅速发展，赢得了广大读者，一些严肃文学作家也纷纷向通俗文学靠拢。电视剧大量改编和上演历史题材的作品，因为这些东西能够为广大群众所喜闻乐见，从而赢得最大的观众群体。不少作家正在向着这个方向倾斜，以迎合读者口味为手段，以赢得读者的数量为目标。但是，很显然，这种作品常常不惜以牺牲现代意识为代价，成为陈旧思想观念的载体和传播媒介。文学以陈旧的思想观念和审美意识迎合读者，其历史的消极作用显而易见，只能起到巩固旧传统的守旧作用，而极不利于人们价值观念的更新和民族文化心理的改变。换句话说，也就是不利于现代化的历史进程。

另一方面，一些以现代意识为追求目标的先锋作家，则对读者的欣赏趣味不屑一顾，关起门走上象牙之塔，自我玩味，孤芳自赏。一些作品被圈子内的批评家捧得很高，却曲高和寡，没有多少读者，显得孤单而又冷清。从某种意义上说，先锋派的作家们更多地肩负着改造旧文化和创造新文化的使命，但是，没有读者，一切美好的愿望就都成了无从谈起的空话。

文学有了不同的选择，这本身是一种极好的现象。但是，在这种矛盾中，一个冲突却已经摆在我们的面前：文学应该迎合大众心理还是应该重铸大众心理？应该大众化还是应该化大众？应该致力于巩固旧文化还是应该致力于创造新文化？

这似乎是一个不必回答的问题，因为过去我们总以为它并不矛盾，总以为已经找到了矛盾的统一点。其实不然，从文化历史角度看文学，虽然文学家是最不安分的社会分子，但文学在更多的情况下却主要起着巩固旧文化的作用。一些超前的作品常常在诞生的当时得不到承认，被冷落，被排斥，甚至被打入冷宫，但是，在相当长的一段时间之后，却又会红极一时，家喻户晓，这正充分说明了这个问题。文学，用以迎合既成的民众心理，用以巩固文化传统，是比较容易的；用以改造国民性，用以创造新的文化，却相当困难；用以反传统、批判国民性、破坏既成的文化心理从而重铸一个民族的灵魂，就更难了。它之所以难，因为文学需要有人读，然后才能发挥其作用。也就是说，要影响读者，必须首先赢得读者。但是，读者对文学作品的接受并非无条件的，一部作品被接受，需要有相应的接受机制，在很大程度上取决于它是否与读者的思想意识、价值观念和审美心理相吻合。然而，根据历史发展的规律，先进的思想意识和审美心理总是首先在少数人中产生，而最大的读者群体——大众的思想意识和审美心理则常常是相对守旧的，是远离先锋而被大众接受了的意识形态。

这就造成了一个问题：观念陈旧的文学容易拥有最广大的读者，而新的思想观念和审美意识则难以拥有广大读者；与同时代的普通民众处于同一水平的作品容易被广泛接受，超出了时代思想水平和审美意识的作品则受到冷落；迎合读者的作品会被万口传诵，而力图改变读者价值观念和审美意识的作品则常因与接受者的观念和心理格格不入而受到排斥。这种现象在我们这个时代尤为突出。写英雄好汉除暴安良劫富济贫，写义士仁人路见不平拔刀相助，写明君贤相为民做主，写才子佳人终成眷属，以及善有善报恶有恶报……都可以打动亿万读者。因为它是中国传统的，符合民族的审美心理和审美习惯，与传统的审美理想相一致。通俗小说之所以受欢迎，不仅因其刺激性，而且因为其思想意识、价值观念与广大读者一拍即合。即使在严肃的文学创作中也是如此。人们已经看到从乔光朴到李向南之所以产生那种轰动效应不是因其新的一面，而是因其带有旧的一面。仅以柯云路为例，《新星》因其旧的一面迎合了广大读者而轰动一时，

《夜与昼》《衰与荣》却因包含了更多的现代意识而失掉了大批读者。这是一个尖锐的冲突，是一个难以调和的矛盾：大众化的作品难以化大众，化大众的作品就难以大众化。要改造读者就必须赢得读者，要赢得读者就必须迎合读者，迎合读者就不能改造读者。这也可以称为一个怪圈。

在中国几千年的传统文学历史上，这个矛盾不会引起人们的注意。因为文学实质上起着巩固专制统治、稳定礼治秩序、强化传统道德观念的作用。因为中国几千年历史的停滞不前和行进缓慢，几千年观念一贯化而不存在观念更新的问题，文学只承担稳定秩序的使命而不承担变革的使命。一旦文化变革提上时代的议事日程，这个矛盾就会突出地表现出来。正因为如此，五四新文化运动才与文学革命那样紧密地联系在一起，先驱者们才那样不遗余力地抨击旧文学。

在过去的几十年中，我们总以为这个矛盾已经解决了，而且解决得十分圆满。但事实并非如此，虽然从20年代末到40年代初，一步步演进而最终确立了大众化的道路，新文学却并没有因此而走上通途。在长达半个世纪的时间里，新文学为这种在特定的历史条件下发生的倾斜而付出了惨重的代价。这代价不仅是艺术的，而且也是历史的。因为我们对这个矛盾的解决是以迎合大众、迁就大众、与大众取得一致为途径的。显然，这种所谓大众化不仅意味着对“五四”启蒙精神的否定和对西方文化影响的对抗，而且意味着抑制作为现代文化载体的知识分子向着现代化方向的发展，意味着知识分子要适应大众并接受其改造，意味着文化历史的停滞和倒退。

这不仅是一个文学问题，同时也是一切有意于作用于民众的思想者所共同面临的问题。对于大众，是迎合还是改造？一味迎合势必造成对陈旧观念和传统的巩固，是对历史的犯罪；只讲改造则势必招致民众的反感，引起抵触，难容于大众。到底应该怎么办？“五四”以来，我们民族的杰出分子各有选择。一些清醒的思想家执着于前者，却始终未能真正赢得大众，因而对民众的启蒙和引导难以奏效。一些务实的政治家致力于社会政治制度的改造，为调动民众参加社会变革的积极性而在以改造其落后性为中心的启蒙任务方面做出妥协和让步，迁就和迎合民众的思想意识和心理，甚至利而用之。结果却是得失参半，在改造旧制度的同时巩固了旧文化。或许“两步走”是一个美好的设想，但是，一旦政治革命成功再谋求文化革命，就显得特别难以驾驭，甚至由于强化了的历史惯性而酿成灾难。这一点刚刚过去的那段历史已经留给我们足够的教训。

今天，这个问题又提上了我们时代的议事日程。我们的时代最为迫切的课题就是现代化。决定现代化是否能够实现的关键就是改革。改革是我们时代不可抗拒的潮流，无论它将面对多少困难，遭受多少挫折，历史行进的方向是不可改变的，总的进程是不可阻挡的。那么，深化改革的主要问题是什么呢？它不仅表现在经济结构、政治结构，而且特别突出地表现在意识形态和文化心理。改革的深入展开，改变着这个古老民族的面貌，但传统的思想观念、思维方式和文化心理却越来越明显地暴露出与时代所发生的激变不相适应的一面。它事实上已经严重阻碍着改革事业的顺利进行，这是有识之士已经看到的。如果一个民族缺乏现代的价值观念、思维方式和文化心理，如果人自身还没有向现代化方向转变，真正的现代化就无法实现，一切美好的蓝图都会被弄得面目全非，甚至与预期的结果恰恰相反。

因此，人的现代化是必不可少的。人的现代化，意味着传统的民众获得现代的价值观念、思维方式、生活方式和文化心理结构，意味着全面的更新和重铸。很明显，这一伟大的时代课题不仅呼唤着社会科学各学科，呼唤着思想、文化、教育各部门，而且呼唤着文学承担起启蒙——化大众的任务。当然，文学可以悠游于山林，也可以为艺术而艺术，不承担任何使命，仅仅自娱于象牙之塔，但中华民族的作家却不会都做那样的选择。在这样一个伟大的变革时期，文学不可能仅仅满足于娱乐功能而排斥新的意义上的教化。时代对文学的要求显然是化大众而不是大众化。要有效地化大众，就必须首先要让大众接受。但是，努力让大众接受绝不意味着迎合和迁就大众。我们需要的首先是化大众，然后再考虑如何使这化大众的内容能被大众接受，而不是相反。因此，在这个时代，文学需要通俗化，却不需要几十年来已经习惯了的那个意义上的大众化。因为让一部分人首先走入现代，也比让所有的人退到现代之外好一些；即使牺牲一部分读者，也比为获得读者而牺牲思想观念上的现代性好一些。

总而言之，我希望我们的作家扩大圈子，走出圈子，去获得更多的读者，却不愿意文学重蹈几十年来大众化的覆辙。至于如何在不牺牲现代意识而又不被大众排斥，不迎合读者而又能赢得读者，是我们的文艺理论特别是接受理论应该研究和探索的。

1988年10月　曲阜

当代文坛的“文化热”

在新时期文坛上，“文化热”已经是有目共睹的现象。它从哪里来，要到哪里去？是人们不能不关心的问题。本文试图对“它从哪里来”的问题做一点力所能及的描述，也许有助于我们更好地认识和评价这一思潮。

一

从新时期自身的发展看，文化热不是突然形成而跃上文坛的。沿着新时期文学发展的大河溯源而上，文学对文化的关注早已露出端倪。新时期文学起步于作家们对“伤痕”等问题的关心。没有对社会政治问题的巨大热情就不会有新时期文学的崛起（它的成就当然不可过高估计）。但在经历了“伤痕”“反思”等阶段之后，作品的民俗学价值越来越大，历史感越来越强，文化因素越来越多。一些作家先后从政治思考的主流中游离出来，去写市井民俗和乡土风情。不少论者都已注意到邓友梅、刘绍棠、汪曾祺等人的作品与寻根文学的关系。他们较早地注意到风俗民情，开始了地方文化岩层的开掘。《受戒》《大淖记事》《蒲柳人家》《那五》等作品是明显的标志。这些作品不仅表现着一种美的发现和追求，而且在审美评价中已经含有对某种文化精神和文化性格的认识和选择，尽管这种选择常常是情感化的，并未经过理性的思考。在刘绍棠、汪曾祺那些远离政治的作品中，可以看到与同时期那些紧贴政治的反思文学非常一致的东西：反思文学通过历史的反思而高扬人民，重新确立“人民——上帝”的观念；《蒲柳人家》《受戒》等则通过乡俗的描写而高扬人民，赞美美好的人情。正是这一点直接成为后来的文化热中寻根者们盛赞乡土文化、以民间文化反对经典文化、以乡野文化反对规范文化的先河。

与汪曾祺、刘绍棠们写乡土同时，高晓声、吴若增等作家也比较早地进入了文化层面，陈奂生性格和蔡庄图画为我们提供了丰富的文化内蕴。与汪曾祺、刘绍棠们情况不同的是，高晓声等人的作品对文化内容的描写更多的不是审美的赞美而是审美的否定。这种倾向在一些年轻作家那里得到了继承，王兆军的《拂晓前的葬礼》和贾平凹的《腊月·正月》显示着这种文化批判的态度更加明朗化。紧跟而来的就是至今方兴未艾的以批判国民劣根性为主的文化批判思潮。

显然，文化批判思潮从萌芽阶段起就不是对政治的逃避和挣脱，而是经由政治思考到文化思考的一种深化。值得注意的是那些与政治保持距离的作品。早在几年之前就有人对刘绍棠、汪曾祺等人的作品在称道的同时有所保留，有人甚至表示反感。因为在那样一个转折时期，他们的作品远离政治，远离斗争的现实，远离生活的大潮。但是，随着时间的推移，这种创作倾向不但没有衰退，反而迅速地发展了起来。

我们的文学从关心社会政治问题到关心乡土民风，这到底说明了什么？

从作家心理考察，它在很大程度上表现着作家们对政治的厌倦。物极必反，我们过了几十年以政治为中心的生活，甚至是纯粹政治化的生活，遍体鳞伤，神经高度紧张。当社会向着正常化发展的时候，人们需要轻松，需要休息，这是合情合理的，但也反映出一种精神的疲惫和心态的弱化。在政治上拨乱反正的初期，由于改革政治现实的迫切要求，这种厌倦还不可能充分表现出来。而当政治路线的反拨在一定程度上完成，而又出现一些新的社会问题时，这种倦怠便以不同的形式表现了出来。一些人由于愿望的实现而政治热情衰退；一些人由于新的失望而对政治心灰意冷；一些人不愿意攻坚而绕道迂行。结果是殊途同归，都与政治拉开了距离。

所以，文化热可以理解为文学政治热情衰退的产物。但是，它并不仅仅是消极的。从某种意义上说，它也是文学回归自身、追求文学独立性的一个结果。在过去相当长的一段时间里，只强调文学的政治内容而忽视了文学的其他内容，只强调文学是革命机器的一部分而忽视了文学自身的独立性，因而使文学成了政治的奴婢和附庸。进入新时期之初，由于我们全部注意力都集中于政治上的拨乱反正，文学所关心的仍然是政治。虽然我们在理论上力争文学不再从属于政治，而且终于成功地使这一目的成为现实，但在创作实践中所依恃的，却正是这一特定历史时期所特有的政治热情。我们不妨回顾一下，从写伤痕到写改革，从对历史进行反思到写现实生活中的问题，那些引起社会轰动的力作几乎无一不是特定历史时期的政治热情与文学形式结合的成果。大量作品的爆炸性效果不是因为艺术上的创新，而是因为政治内容和其中倾注的作家的政治激情。我们决不能因为谈论文学性就抹杀那些曾为历史的转折做出重大贡献的作品，更不能忽视它们的伟大意义、深远影响和功利价值。但是，我们却也不能不直面这样一种令人不快的事实：相当多的作品离开那个时期特定的政治背景，离开了那个时期读者所特有的政治热情，就失去了它的艺术魅力。因此，怎样使文学的艺术魅力永存，成了作家们不得不思考的问题。韩少功说“文学之根应深植于民族文化的土壤里”(《文学的根》)，正是这种思考的延续。这些思考伴随着各种困惑，得出的是似是而非的结论：政治内容短命而文化内容长存。

同时，在新时期文坛上，产生了一种走向世界的强烈渴望。作家们梦寐以求以自己的作品去征服世界读者。诺贝尔文学奖在绝大多数作家的心目中闪闪发光。那么如何获得这一世界荣誉？就要了解一下世界文学的面貌和行情。事实证明，由于各种原因，西方读者和评论家们对中国文学的政治内容相当隔膜，不但没有足够的兴趣，甚至对某些东西相当反感。对于我们刚刚从他们那里学来的意识流、现代派等，他们更像看小学生作业那样不可能给予高度赞赏。他们注重的是一些具有浓郁的地方色彩和民族文化特色的作品。于是，文学迅速地远离政治而向着文化涌聚。文学作品是否因此而获得长久的艺术生命力不得而知，是否因此而走向世界也难以预料，但文学的文化热却不可避免地要出现了。

二

从文化背景看，文化热产生于80年代中国人的文化危机感。文化危机感直接产生于两大文化背景：一、刚刚过去的那段“文化大革命”的历史留下的文化创痛；二、改革开放的需要和它带来的冲击和震颤。

80年代，是中华民族历史上非常特殊的一个文化动荡期。一方面，国门洞开，洋货西学滚滚而来，一方面，光复旧物，古籍文物焕然生辉。在辽阔的中国大地上，一幢幢摩天大楼拔地而起，雕梁画栋的琉璃瓦殿堂也同时漆刷一新，从电子游艺场走出，可以坐上木轮马车去领略一番先秦两汉的生活情调，迪斯科音乐，现代派绘画，民间戏曲，剪纸与泥塑，古装游览，仿西艺术品……无论什么都同时共存，并且同时拥有大群爱好者。没有一个时代像今天这样努力开放而又努力复古。这并不奇怪，我们的时代是一个重新选择的时代，洋的要努力拿来，古的也通通翻出，都来接受时代的选择。但是，这样规模的重新选择说明了什么？它说明当代中国文化的危机。这就是我们的时代，如果离开这样一个文化背景，就无法理解这个时代的哪怕是一点小小的举动。

在20世纪80年代的中国，对于一切问题的分析都不能不注意那场过去不久的“文化大革命”。它对中华民族的影响至今难以估量。动乱结束之后，它像一个幽灵，像一个影子，时时跟随和操纵着人们的思想和行为，人们的许多想法和做法，社会的各种改革和变化，理论上的各种突破和创新，无不需要到“文革”中去寻找它之所以发生的原因。这段历史已经成为无需解释的论据，成为提出问题的出发点和依据。文化热也是如此，尽管有人在“文革”中看到的是传统的恶性发展和登峰造极，有人则看到了传统的断裂和毁灭，但无论如何，一场大灾难启发了中国人对中国文化的又一次重新认识。

一些作家之所以向历史寻求重建民族文化的因子，正是基于现实文化已经崩溃这样一种感受和基本认识。无论文化断裂起于“五四”时期还是40年代，对于大多数人来说，崩溃的痛感却是“文化大革命”的产物。我们不难为通过寻根张扬传统者理出一条思维的逻辑线索：“文革”使民族文化彻底崩溃了，社会的各种弊端也是民族文化传统被毁灭的表现。如何匡正今日之社会世风呢？只有光复传统文化。然而，传统文化的根已经断裂，因此就要为文化寻根……这并不是我的臆想，而是有作家们的言论为证。阿城说：我们的文化本质的东西常被歪曲，五四运动“较全面地对民族文化的虚无主义态度，加上中国社会一直动荡不安，使民族文化断裂，延续至今，‘文化大革命’更其彻底，把民族文化判给阶级文化，横扫一遍，我们差点连遮羞布也没有了”（《文化制约着人类》）。

他们有感于亲身经历的历史对民族文化的破坏，追根溯源寻到中国文化现代化的起点“五四”，却没有对五四新文化运动与当代文化的关系做深入的思考。他们把当代文化看作是五四新文化运动的直接产物，因而归罪于“五四”，但他们要否定的，与其说是“五四”本身，不如说是当代文化。他们把“文革”看作是“破四旧”的，也是反传统的，是与传统观念彻底决裂的，所以，由对“文革”的厌恶而在感情上倾向于传统。但是，在文化断裂的慨叹背后，透露出的却是对当代文化现状的强烈不满。他们痛感自己没有受过系统的传统文化教育，这显然是对当代文化教育的否定。从他们“西学等于政治经济学加社会理想”的认识，也可以看到他们是怎样把当代文化与“五四”倡导的西学画了等号。因此，与其说他们是否定西化，不如说他们否定中国当代文化。

80年代的中国，变革已经成为突出的时代精神。文化热的产生直接导源于时代的变革。在它诞生之时，中国的改革大业已经展开，并且初见成效。但是，改革并非一帆风顺，结果也并非皆如人愿。大量描写改革的作品为我们展示了改革的重重障碍和艰难步履。改革正在推进，但历史的久症顽疴并非都能迎改革之刃而解，新问题和新矛盾不断出现。改革的艰难促使人们进一步地思考，问题的症结到底在哪里？随着时间的推移和实践的启示，特别是陈旧观念与改革事业的冲突，使人们终于认识到，一些问题的存在并不仅仅是政治路线和方针政策的问题，而是还有文化深层的原因。要彻底改变中国的落后面貌，使之走向繁荣富强，不仅需要新的政治制度和方针政策，而且需要一场思想革命和观念革命，以重新铸造民族的价值观念、思维方式、生活方式、文化心理和整个民族性格。因此，文学由对极“左”政治的批判转向了对民族文化的批判。

面对传统文化，一方要张扬，一方要批判，这是文化热中相互冲突的两种不同选择。当前，由于认识的分歧和表述的困难发生了一些不必要的争论，争论的根本症结在于有人认为当代文化是“五四”的直接结果，是西化了的；有人认为五四新文化运动是夭折了的，当代文化是几千年传统的延续。因此，前者贬“五四”而且反西化，后者扬“五四”而反传统。表现根本对立，实际上双方反对的却是同一事物——中国当代文化。作家们同样为民族命运而忧心如焚，同样从变革现实出发，选择的方案和行动方式却大不相同：有的批判传统文化以致力于改革；有的光复传统以匡正时弊。我不愿意简单地指责任何一方，说他们全盘西化否定传统，或者说他们全力复古拉历史的倒车，都可能不得要领。他们都是应改革的呼唤而出的，之所以行为大相径庭，主要原因在于对当代文化性质的不同认识。双方的目的都是变革现实，无论认识是正确还是错误，都比那玩文学、玩文化的倾向可贵得多。

关于这一点，创作的情况也为我们提供了印证。传统文化批判者多注目于传统文化的现在表现形态，写的是现实生活，而没有去批判周公、孔子或朱熹。传统文化张扬者也绝少寻找传统文化的当代表现形态，而是面对远古，面对边远和蛮荒地带，写原始和半原始的生活，即使在非原始、非远古的自然的状态中，张扬的也是远离了当代生活主潮的人们身上的东西。毫无疑问，由此体现的是文学对当代文化的厌倦和不满。

三

从世界文化背景考察，文学界的文化热与整个思想文化界的文化热一样，显然与开放之后的四面来风中所特有的民族心理密切相关。这是一个开放的时代，由于自身的危机，不得不又一次打开了自己的国门。人们已经清醒地意识到，闭关锁国是没有出路的，顽固守旧就有被开除球籍的危险。于是西方文化滚滚而来，开始了对这片土地的全面渗透。中国文化又一次面临冲击和淘汰。中国青年知识分子中有相当一部分人以行动实践了鲁迅那句被一般人认为偏激的话："少读——或不读中国书。"然而，中华民族的文化骄傲情绪和文化爱国情感是十分强烈的。这就必然出现一种充满矛盾的恐慌：一边使用洋货，羡慕外国；一边又怕失掉自己民族的个性。在这一点上，李杭育的《文化的尴尬》是一个典型的例子。他认为中国的整个现代文化都是从西方拿来的。"我们的政体是苏俄式的，哲学和主义来自德国，科技自然得看美国的榜样，大中小学普遍教授英语，时装行业密切注意巴黎的行情，旅游业学习意大利，电影界人士都重视奥斯卡金像奖，作家都晓得诺贝尔……我们中间的许多人，穿西装，坐沙发，吸西式的烟卷，喝雀巢咖啡，听迪斯科音乐，总而言之，由表及里，由衣食住行深入到观念意识乃至智能的结构、模式，我们都排列进世界性的规格系列里去了。在你我的身上已经没有很多中国的气味，中国的气质。我们的民族个性在一天天的削弱，民族意识是愈来愈淡薄了。"为此，他甚至高声叫喊"不做假洋鬼子"。[①]由此，我们可以看到一种朴素的民族感情和未免狭隘的民族意识。

在新时期中国，复古守旧和崇洋媚外可以毫不矛盾地统一在一起。因为世界文化背景提供了这种可能。向外国学习是时代的风尚，文化爱国主义是牢固的根性，当中国人带着这种矛盾和恐慌放眼西方时，恰恰看到了一座使二者沟通的桥梁——西方所谓的"东方文化热"和海外华人的"新儒学"。一方面是所谓亚洲四小龙的迅速振兴，使困扰于西方现代文明弊端的人们看到了不同文化形态中物质文明的发展，满怀惊奇地注目于东方文化；一方面是华夏后裔的海外游子带着自己也难以觉察的民族意识和文化思乡病研究东方文化。于是，正如在中国贫穷落后的映衬之下西方的物质文明具有特别的诱惑力一样，在西方疲惫于物质文明对人的异化的时候，东方文化也显得光彩夺目。西方对东方文化的赞美必然引起国内学子对自己固有文化的重新思考。一些作家顿时醒悟：我们所苦苦追求的，原来就在我们的身后，只要回过头来走，就可以把西方远远地抛在身后。他们以西方已经开始向东方学习为依据，论证回归传统的必要。这种言说又必然引起另一些人的抵触，从而激化了文化冲突。

---

①李杭育：《文化的尴尬》，《文学评论》1986年第2期。

冲突，更是造就热潮的推动力。

总之，文学寻找自身的努力，当代中国人的文化危机感，加上深化改革的要求，这些不同的因素形成了一个错综复杂的结构，共同推动了文化热现象的形成。

1988年8月　曲阜

红帆的远去与爱神的陷落

——论近几年文学中的爱情描写

爱情是文学永恒的主题。新时期文学生长在十年“文革”留下的没有爱情的一片废墟上，也许正因为这样，它一开始就发出了恢复爱情位置的呼唤，并迅速形成滚滚大潮，在一段时间里愈演愈烈。在80年代的门槛上，中国文学曾经隆重举行了迎接爱神归来的盛典。我们的文学曾满怀悲愤地对扼杀爱情、吞没爱情的种种力量进行了血泪控诉。也正是在这种控诉中，爱情女神的地位迅速高高耸起。人们大概不会忘记，由于爱神地位高耸带来的爱情描写的“大泛滥”是如何使一些看不惯者愤愤地闭上了眼睛；由于爱神地位高耸几乎达到“至上”的地步是如何使一些作品危及神圣而被出示黄牌警告。可是，这一切都已成为过去，80年代后期，爱情在文学中开始呈现出相当复杂的景观，日迁月移，逐渐出现了一种新的现象：爱情失去了光彩，爱神的雕像徐徐陷落。这一现象已经相当普遍地存在于创作之中，展示着种种复杂的时代情绪与社会心理内蕴。

一、甜蜜爱情与美满婚姻的消失

如果带着考察爱情观念的目的阅读，你会从一部部作品、一本本期刊中听到爱神的叹息如深秋之风一样深沉而悲凉。

在众多的作品中，我想首先抽取何真的长篇小说《红帆不再来》作为讨论的对象，因为它可以代表许多篇章。仅从小说的名字，我们就可以感觉到一种爱情失落的惆怅。随着阅读，这种情绪会不断增长，掩卷之时，也会不由地为之叹息。小说所思考的不是哪一个人的爱情遭遇，而是当代青年的爱情生活状态。四个女大学生——简卓、米兰、桑桑和橙云，分别代表着四种不同的爱情类型。四种类型的精心设计体现着作者对当代中国爱情状态的深刻观察和理解。然而，值得注意的是，这四种爱情类型都与幸福无缘，哪一种都一样令人惆怅。

简卓爱的是欧阳青云，但有情人终未成眷属，而与她不爱的成泽结了婚。欧阳青云有了自己的妻子，内心却不能忘掉简卓。于是，他们在婚姻之外保持了一种纯洁的精神恋爱关系，两颗心互相守望着。这种爱使人想起张洁的《爱，是不能忘记的》，但不同的是，他们都有自己的丈夫或妻子，没有钟雨那种执着，没有钟雨那样强烈，也没有钟雨那样的痛苦。在没有爱情的家庭生活中，他们都能处于半麻木状态，凑合着与配偶过日子，而不越雷池半步。显然，他们俩都是理智很强的人，能够很好地管住自己，但内心的缺憾和压抑可想而知。

米兰是一个高雅而漂亮的姑娘，爱着的却是一个判了十五年徒刑的犯人。他们之间的爱情建立于过去的苦难岁月，却因米兰考上大学和万建国进入监狱而蒙上了阴影。米兰没有因爱人进入监狱而动摇，仍然爱着万建国。这种崇高的爱情更多地包含了道德的因素，历来受到文学的赞美。而在这部小说中，着重揭示的却是它的悲剧性。双方都很高尚，但双方的高尚没有带来爱情的幸福。尽管他们终于在万建国出狱之后结了婚，尽管万建国因为感激而愿意为米兰把命都豁出去，尽管米兰对万建国百般恩爱万般体贴，但当年的平衡已经打破，心理上自然有了距离。所以，米兰苦等十几年，等来的只是痛苦。美好的爱情之梦最后终于破灭了。

与简卓和米兰相比，欧阳橙云更富于现代色彩。她可以不顾一切，勇敢地追求美好的爱情。为此，她充当了第三者，要与罗秉枫的妻子进行公开的平等竞争。她珍重爱情，不愿妥协，但结果是碰得头破血流。

美丽的桑桑又是一种情况。她爱她的同学“才子”，只要和“才子”在一起，就只有幸福而没有痛苦。她爱“才子”的诗，无论从什么报刊上看到，都会读了一遍又一遍，而且读一遍就幸福一遍。他们是真正的“郎才女貌”，可是，“才子”除了写诗什么都不会干：挤公共汽车，是她给他占座位；下馆子吃饭，是她忙着买单；月底要担心他没有钱花；肥皂、牙膏、饭菜票都需要她为他买。面对她的工作问题，“才子”束手无策。最后，桑桑终于“爱不动了”，为了安逸的生活，与一个高干子弟结了婚。但是，她对“才子”的爱并没有消失，结果是陷入了爱情与婚姻分离的境地。总之，那叶象征着美好爱情的红帆远去了，任何人都没有得到那叶红帆。

爱情总是与婚姻分离着，婚姻总是与幸福无缘。这并不是一个新的现象，它从新时期文学以悲剧揭开帷幕的时候就开始了，并且在对婚恋道德的思考中得到进一步的扩展。但作为一种观念形态，它从来没有像现在这样获得广泛的响应，也从来没有像现在这样表现得如此强烈。就现在的情形看，似乎爱情成了谎花，注定了结不出果实。

在这一方面，谌容的《懒得离婚》也是有代表性的。值得注意的是，它出自一个严肃的中年作家之手，而不是出于一个毛头小伙子对生活的调侃。年轻的女记者跑遍全城都找不到一个正面宣传所需要的“和睦家庭”，也找不到一对相亲相爱的“恩爱夫妻”。后来，她终于在街道居委会的帮助之下找到了一对，采访的结果却发现：他们不过是表面和平，不吵不闹，“凑合着过日子”，甚至婚姻的维持，都是因为“懒得离婚”。这个家庭的男主角刘述怀关于夫妻和睦的理论是值得注意的。他在回答女记者的提问时指出，夫妻和睦必须具备三个条件：第一，要有两间房子，“夫妻一人一间，各人都有一个可以逃避对方的地方”；第二，每个星期天请一次客，“夫妻想打架也没那个氛围”；第三，男女双方都需要有一个或几个无话不谈的朋友，可以随时说一说心里话。离开了这三个条件，就不可能有夫妻的和睦和家庭的幸福。可是，任何人都会想到：不吵架是因为有这三个条件，还算“恩爱夫妻”吗？夫妻之间的爱不仅失去了全部的玫瑰色，而且从根本上受到了怀疑。毫无疑问，刘述怀的这三个条件，已经把美满的婚姻和恩爱夫妻的绚丽面纱撕得粉碎。

值得注意的还有那个李索玲，结过婚，离过婚，对一切都已看透，最后却突然又结婚了。是因为又恋爱了吗？她回答说：“我连自己都不喜欢，还会喜欢他？”既然不喜欢，为什么要结婚？她说：“人嘛，总要有个家。”她与刘述怀形成一种呼应，一个是懒得离婚；一个是凑合结婚。他们都相当清醒，相当冷静，大彻大悟而又无可奈何，于是以可怕的冷静面对现实。这种态度比钟雨的终身不嫁更令人慨叹。因为钟雨那种“与其糊里糊涂地与人结婚，不如独身一辈子”的见解，说到底还是对美好爱情的一种期待，至少还相信美好爱情是存在的。而在刘述怀和李索玲那里，已不再相信世间有美好爱情存在，因而也无须寻求和等待，只有面对灰色人生。

这种现象目前已经不是出现于个别作品，而是成为一种普遍的潮流。幸福的爱情和相爱的夫妻已经很少见到。这个时代的作家大都倾向于把爱情处理为悲剧，于痛苦之中描写爱情，于爱情中表现痛苦。所以，爱情变得与幸福无缘，而成为痛苦的同义语。它由诱人的玫瑰色变为阴郁的灰色，颂歌被挽歌代替。这种现象透露着人们对爱情的理解。在一些作品中，美好的爱情成为非常遥远的东西，可望而不可即，现实生活中没有它的落脚之地和生存空间；在另一些作品中，美好的爱情成为虚幻的存在，只是特定时空中当事人的一种臆造，其实根本就没有。透过这种理解，我们可以看到人们对爱情幸福和婚姻美满的深深失望。

甜蜜的爱情，美满的婚姻，幸福的家庭，真的不存在了吗?

也许不能不承认，美好的爱情的确处于重重围困之中，的确得不到自由生存的空间。但是，我仍然不相信世间美好的爱情只是一个梦想。美好的事物是不会彻底被消灭的。问题在于作家的选择，为什么热衷于表现爱的痛苦而不去表现爱的幸福？回答这个问题大概比回答那些作品是否真实更有意义。因为它可以引导我们发现一代作家共同的心理感受。显然，这种选择中有一副灰色的眼镜，可为什么成群结队的作家都戴上了这样的眼镜？还有待社会心理学家来回答。

二、爱情地位的陷落

一般情况下，即使美好的爱情在现实生活中难以找到，也不一定导致人们对爱情的信仰危机，进而动摇爱神的地位。因为不存在的东西并不是不可追求的，恰恰相反，正因为难以找到，人们才更加苦苦追寻。但是，近几年文学中已经很少见到这种执着的追寻精神。人们往往选择相反的态度：一种很现实的态度。借用一篇小说的题目来说，就是“不谈爱情”。很明显，爱情在人们的心目中的地位跌落了，在文学中的地位也跌落了，从高高的楼阁跌落到世俗生活中，被生活中的油盐酱醋所淹没，完成了所谓向生活的回归。

池莉的中篇小说《不谈爱情》，讲的仍然是涉及爱情的故事。但认真仔细想，那算不算爱情的确是个问题。而且，有没有必要严肃而执着地追求爱情，也真的成了一个问号。庄建非出身于高级知识分子家庭，却与花楼街小市民的女儿恋爱了。父母坚决反对，但他还是与她结了婚，而且为了爱情而与父母闹翻。这在过去的作家笔下，很可能会成为一个冲破门第观念而追求恋爱自由和婚姻自主的动人故事。但在池莉笔下，却不把表现的重点放在这里，而是着重表现他们婚后的各种冲突。庄建非的这桩婚姻事实上没有多少爱情可言。对于吉玲来说，她只是要抓住一个出身于高知家庭的男人而脱离自己的社会阶层，因此，与其说她看上的是庄建非，不如说她看上的是庄建非的出身门第。所以，是否能被庄建非的家庭接纳，成为更重要的，不被那个家庭承认，就格外伤心，格外怨恨。对于庄建非来说，问题就更简单，用小说中的话说，就是“性饥渴加上人工创作”。

在这部小说中，梅莹是一个举足轻重的人物，是一个“绝顶聪明的女人”，而且是作为一个悟透人生的智者出现的。作者不止一次地在小说中感叹道：“如果说婚姻是个人生课堂，梅莹是成绩优异的过来人。”那么，她是如何成绩优异，如何对待爱情和婚姻的呢？她的确是成功的，事业成功，婚姻成功，家庭美满，有优秀的丈夫，有优秀的儿子，有优越的家庭。作为一个中年女人，丈夫长期在国外讲学，她就成了庄建非性生活的启蒙者和引路人，不仅一手把他调教成了一个真正的男人，而且使他为她神魂颠倒，不顾巨大的年龄差距而要与她结婚。但是，梅莹虽然喜欢庄建非，而且为自己年轻时没有遇到这样的男人而深感遗憾，却决不会嫁给他，因为她不可能为性爱的满足而舍弃已经拥有的一切。用她自己的话说：“生活内容比男女间性的内容要多得多。”她是智者，很清楚自己的全部欲求，决不会顾此失彼。因为丈夫不在身边，她可以通过与庄建非的关系得到性的满足，但决不会为此付出太多的代价。当庄建非狂热地纠缠要与她结婚时，她一再拒绝，最后不得不明言相告：“你知道我现在想要什么吗？我想抱孙子！”她的儿子和儿媳都在美国留学，马上就要结婚，她不可能为了庄建非这个性伙伴而破坏马上可以抱孙子的家庭生活。这个人物处理此类问题的方式意味着一种极为现实的选择。人生注定了不可能太完美，那么，就应该知道什么是重要的，什么不那么重要。聪明人应该抓住那些重要的东西，而不能为那些虚幻的东西牺牲了实在的东西。显然，生存是重要的，因而必须首先保证生存。婚姻和家庭是重要的，因而得到之后就要维护它的稳定。爱情不是不重要，性也不是不重要，但需要有所附丽，而且，它可以随时得到各种形式的弥补。在这篇小说中，不仅梅莹如此，鲁志劳也如此。他虽然不爱他的妻子，却不能不要那个对他非常有用的老丈人。单是为了那个老丈人，他就努力维护那个无爱的婚姻。

这并不是个别的现象，方方的《风景》中七哥与那个又丑又老而且不能生孩子的姑娘结婚，为的也是老丈人，因为老丈人可以决定他的前途和事业。他的情况与吉玲的追求没有多少质的不同，都体现了下层青年通过婚姻改变命运的努力。在刘恒的《白涡》中，刘兆路对华乃倩的迷恋决非虚假，我们也很难说他们之间的关系是纯粹的性欲，但在关键时刻，他却果断地断绝了这种关系，因为他不愿为这种性爱而牺牲他的事业和前途。在《红帆不再来》中，桑桑最后终于舍弃了她所深爱的才子，而嫁给一个高干的儿子，因为她无法不考虑工作和生活。由此可见，他们无论爱还是不爱，都不单纯从爱情出发，而是有种种现实利益的考虑。他们都不愿意为爱情舍弃利益和机会，甚至不愿牺牲生活的平静和安宁。

显然，爱神的地位下滑了。她由一个高高在上、光彩照人、令人崇拜和迷恋的仙女，变成了一个粗俗健壮、汗流满面，衣衫上沾有泥、草灰和奶渍的大脚农妇。在地位迅速下滑的过程中，她失去了全部的庄严和神圣。她变得朴实无华甚至多少有点蓬头垢面，颈上失去了昔日的花环。她不再处于高高的云端，而是站立在生活的泥污之中，不再是驱使一切的女神，而是听命于生活，受生活支配和主宰。人们已经失去了对她的信仰和狂热追求，不但不愿为她献身，而且不愿为她牺牲任何利益。当爱情与前途、事业、地位、名誉，甚至只是生活的安宁发生冲突时，文学中那些智者放弃的总是爱情。在恋爱中，除非极为幼稚的少女，离开实际利益而单纯从感情考虑的已极为少见，而且这种少女在作品中实际上已成为一种鉴戒。无论感情多么深厚，一旦面临这种冲突，便不可避免地面临分手。当然，这在有些作品中含有环境批判和文化性格批判的意味，如张一弓的《都市里的野美人》和李宽定的

《浪漫女神》中两位作家对爱情的逃避，但许多作品却并非如此，而是舍弃爱情的做法成为人生的智慧，不愿舍弃感情者倒成为同情和怜悯的对象。《红帆不再来》中的米兰就是例子。

这里似乎透露着这样一种认识，生活是注定残缺不全的，生活内容又有主次、大小、重轻之分。二者不可兼得，智者不应舍大求小或者弃重取轻。爱情是生活的一个组成部分，它从属于整个生活而不能代替生活，有许多东西比爱情更重要。甚至可以说，爱情是可有可无的，是一种相当高级的追求，生存是重要的，为爱情而不顾一切的做法则是幼稚可笑的。这一切，让我想起了裴多菲那著名的诗句："生命诚可贵，爱情价更高。若为自由故，两者皆可抛。"在今日中国的文学作品中，它已被改为"爱情诚可贵，生存价更高……"自由，就更虚无缥缈，不是务实的人们所考虑的了。

这是一种时代的精神现象，它反映着我们对待生活的务实态度。也许这就是爱情的实际地位，而将其高举至上者只是一种理想。但文学作品如此表现爱情，足见我们已告别理想而回到了充满泥污的世俗，回到了没有玫瑰色的烦恼人生，而且对其表示认同。这虽然令人惋惜，却也未必不是幸事。

但是，有一点令我困惑的是，《不谈爱情》等作品为爱情提供的那个弥补途径。实事求是地说，那是一条最实际、最安全的途径，的确是智者的选择。中国人自古以来就是这么做的。在这种选择的背后是一种妥协，一种对现存婚姻秩序的认可。它无言地宣示，人应该承认限制，不必做过于天真的梦，如果感到不满足，可以于夹缝中寻求弥补，而大可不必破坏安宁或者付出牺牲。为某种理想而与既定秩序冲突，是没有好结果的，还是现实一点更好。当我产生这种感受时，同时感到悲哀：中国人多么讲究实际！多么善于夹缝中生存！又是多么容易走一圈又回去！从"五四"开始，人们追求恋爱自由和婚姻自主，不满足于偷偷摸摸，要求人的生活合法化，到了今天，却仍然是太浪漫，太不现实。当对理想的追求在现实生活中遇到阻碍时，就冷静地承认现实、乐天知命，苟且生存，再次成为智者的选择。殊不知，正如张石山《神主牌楼》所揭示的，老婆婆并不真正禁绝儿媳妇偷吃，对于媳妇们的偷，她一直很有数，如果不偷，谁也无法活下去，但她要求的，就是只准偷吃而不能公开。这种建立在悲观基础上的智慧有极深的社会现实基础，由此也可以看到现实生活秩序和传统思维方式是如何制约着我们，使我们自觉不自觉地在磨道里打转。

三、情的冷遇与性的热潮

我相信文学反映出的上述现象是真实的，并不是作家们为了某种需要而臆造的。正如男女交往中出现了一种叫作“生扑”的方式一样，我们的生活中的确出现了一种新的态度：不屑于谈爱情。

洪峰的中篇小说《第六日的下午或晚上》中的“洪峰”是以这样的语气叙述故事的：“我想现在只能给大家讲我们夫妻之间的故事，我将尽量避开‘爱’‘不爱’的话题，这个话题将使我的讲述陷入混乱。大家也同样。”他喜欢汪，认为“汪是我认识的女性中相当懂事的一个”。她的所谓懂事，就是她只与“洪峰”上床，而“从来没说过爱情之类的话”。宝玉喜欢林妹妹，是因为她从来不谈仕途经济之类的混账话；“洪峰”喜欢汪，是因为她与他睡觉而不谈爱情。在这部小说中，我们看到一个又一个年轻的或不年轻的、漂亮的或不漂亮的女人与小说中的洪峰发生着肉体关系，但没有一个是因为爱。在这里，男女的结合完全是生理上的需要或是逢场作戏。好像男人和女人在一起，不这样就会被人认为生理上有毛病，所以需要迅速证明一下。

这种现象已经具有相当大的普遍性。在不少小说中，我们可以看到一种见解，似乎谈爱情就意味着幼稚不懂事，是“土老冒儿”。男人和女人之间就那么回事，拐弯抹角谈什么爱情？在近几年的小说中，无论男性还是女性，都可以找到一个“不谈爱情”的系列。林偌的《走向无人之境》中的辛亚很随便地与一个个男人发生关系，包括素不相识并且最终也不知道名字的陌生男人。每一次的主动权都掌握在她的手里，可是她谁也不爱。请看安东对她提出要求时说的话吧：“你是个明白人，为什么也扯起爱呀恨的。……我并不是来和你谈情说爱的，你有魅力，我想要你，所以我来侍奉左右。假设你始终看不上我，或者有一天我的热情减退了，我自然会走开。可是，你为什么不要我呀？我是一个很棒的男人，真的，辛亚，真的，很棒。再说，从功利角度看，我也可以给你不少帮助呀。”这就是他们关系的最直白的表述，也可以看作是最时髦的男女相处方式，不谈情，不谈爱，只有一个男人对一个女人或一个女人对一个男人的需要。

与这种态度相一致，许多作品中都失去了爱情。爱情被疏忽、被遗忘、被简略、被取代，像一张过时的旧报纸一样被弃置一边。一些作品不再严肃认真地表现爱情，似乎一切着意的渲染都是矫情。谁再在作品中认真地谈论爱情，谁就是稚气的傻孩子。爱情在文学中与吃喝拉撒处于同样的位置，受到了同样的对待。于是，我们看到了一种颇为流行的处理方式，只要有男人和女人，就可能写到性关系，或拥抱，或亲吻，或上床，大都一笔带过，写得相当潇洒。至于他们之间是否有感情，心灵是否为此颤动，以及前因后果都不必管它。总而言之，写性而不写情。

在近几年的文学中，爱情所受的两方面的压迫和制约都得到了充分的表现，前者表现为爱情在生活中地位的滑落，后者表现为性在爱情结构中地位的上升。爱情之所以被冷落、被嘲弄，感情变为可有可无的东西，主要来自性的冲击。

在当代文学中，性意识的觉醒是一种进步，因为它开拓了人性探索的新疆域，有利于更好地表现人性。这对过去那种纯粹精神的爱情表现模式是一种积极的反叛和补充。在中国文学发展的历史上，也将是难以磨灭的。但是，在文学中，性对情的全面取代却是不足取的，文学为此付出的是矫枉过正的代价。

爱情作为人世间最美好的感情，按照保加利亚学者瓦西列夫在《情爱论》中的说法，是一种“完整的生物、心理、美感和道德体验”，是“性欲和精神渴求的神奇融合”。在中国历史上，性欲和精神渴求都一直遭受着严重的压抑和车裂。从而使爱情（特别是文学作品中所表现的爱情）丧失了它本来的健康与完整，呈现出种种畸形和变态。但是，事物的发展总是如此，当一种片面发展到极端时，必定导致强大的反抗，造成与之相对的另一极端。文学中的性热潮正是如此。这是对“肉欲”的一种平反昭雪，也是对纯情描写的一种矫正。但是，就文学中那种以性欲取代感情的现象而言，却是由一种病态走向了另一种病态，从一种畸形发展为另一种畸形，同样破坏着爱情的“生物—社会”和“物质—精神”的结构的完整性。

作为有血肉之躯的人，我们没有任何理由否认人类种种文明表演背后的性本能力量。但这绝不意味着性可以等同于爱情，更不意味着性可以在文学中取代情的地位。随着时间的推移，相信爱情的完整表现会再次复归，但我真不希望从这一病态再进入另一病态，陷入翻跟头似的可悲循环。

此外，一个时代的文学终日沉浸在理想之中编造梦境固然是可笑的，但如果一个时代的文学被一种灰冷所笼罩，再也看不到理想之光，也是可悲的。在条件尚未成熟的时候，任何呼唤都是无效的，但我还是想喊一声，不仅向着文学，而且向着苍茫大地呼喊：归来，爱的理想与激情！无论生活给予我们的是怎样的灰暗，都不应该放弃爱的理想与激情。

1990年3月　曲阜

在理想女性形象背后

每一个时代的文学都离不开对女性的描写。文学对女性的描写往往体现着那个时代对女性的设计。这种设计有时是通过审美选择和审美想象实现的。无论那个时代的文学走着什么样的道路，信奉什么样的主义，无论那个时代的作家是自觉的还是不自觉的，文学都将留下那个时代的理想女性形象的范本。这种范本的作用是明显的，它不仅使男性得到梦幻的满足，而且以独特的方式和特有的力量塑造着生活中的女性。

新时期文学的人物画廊中出现了许许多多美好的女性形象。她们在作家的笔下受到了热情的赞美，在读者面前受到了热烈的欢迎，成为我们这个时代的理想女性范本。透过表层进入这些范本的深处，很容易发现其中包含的男性理想和它背后的深层心理动机。当然，这种理想范本的选择和设计常常是在不自觉中进行的，但正因为如此，揭示理想女性形象背后的男性理想、动机和心态，不仅对于正在艰难站起的女性来说是十分必要的，而且可以促使男性进行必要的反思。因为在种种选择和设计背后，往往隐藏了男性并不光彩的形象。更值得注意的是，新时期文学中的女性美尽管已经失去了统一规范，但无论是弘扬传统的女性美，还是设计现代的女性美，男性作家们都常常代表着中国男性把自身的弱点甚至丑陋暴露了出来。

一

审美意识是随着历史的发展而不断发展变化的，女性美的规范也是如此。在历史上，无论东方还是西方，女性美的标准总是在不断演变，在不同的时代表现出不同的特征。然而，由于传统的力量，女性美却常常形成某种相对稳定的规范，甚至表现出某种顽固的历史惯性。

从新时期文学所提供的美好女性形象看，娇弱温顺无疑是女性不可缺少的美。从话剧《报春花》中的白洁，电影《乡音》中的陶春，小说《芙蓉镇》中的胡玉音，《人生》中的刘巧珍，直到新近影响颇大的电视连续剧《渴望》中的刘慧芳，她们都被描绘得美好动人，而这美好的精髓却是从表到里无不合于传统规范。她们都不是像烈火一样使男人燃烧的女性，而是像水一样能够使男人进入一种静谧境界的女性。她们都不是生活中的强者，而是柔弱得令人生怜。她们都异常温柔，像楚楚动人的羊羔而绝不会突然变成健美的花豹。恰恰是这样一种美，得到了文学普遍的肯定。大概无须以统计数字为据，人们就会承认，在当今中国男人中，这些女性比张洁们笔下的那些“女强人”更受欢迎。这是一个很值得探讨的现象，新时期文学中那些已经“雄化”了的女性大都出自女性自己笔下，而男性作家却很少对女强人给予赞美。这一现象告诉我们，当今中国男性欣赏的是那些娇美温顺而柔弱的女性。

如果把这一审美选择放在当代历史上来看，它显示了一种变革。这种变革是新时期才发生的。它摒弃的是“铁姑娘”“女战士”的模式。但如果把它放在更久远的历史范围来看，它所显示的却是一种传统的复归。也就是说，它所完成的只是对50年代到70年代理想规范的反拨，而这反拨在很大程度上却是对古老传统的重新认同。

在长期的专制社会中，我们这个民族形成了以娇弱柔顺特征的女性美规范。纤手细腰、娇美娴淑、温柔顺从的女性成为男性理想中的女性。温顺柔弱成为不可缺少的美。班昭在《女诫》中曾做过如此规范：“阴阳殊性，男女异行，阳以刚为德，阴以柔为用，男以强为贵，女以弱为美。”女子如果生得虎背熊腰、刚强勇猛，就成了男人见而生畏的怪物。唐代曾经一度出现过以雍容丰满为美的新规范，却只是在绘画中留下了一些不太苗条的女人，杨玉环大概的确相当富态，在文人的笔下却仍然是“侍儿扶起娇无力”，绝无健壮之姿。这种审美倾向后来发展为一种畸形，“三寸金莲”和那走路不稳的样子竟然成了女性美的重要标志，温顺之美也发展成为对女性的残酷奴役和非人要求的表征。

进入当代社会，那些弱不禁风的女性因其阶级属性和时代对女性的要求而不再是美的。朴素健壮、思想红、能劳动成为时代的美。在50年代以后的作品中，一个抹口红的女性绝不会是一个正经女人，即使不是特务和流氓，也是需要教育的落后分子。在“文革”时期，这种倾向极度发展起来，理想女性的选择与设计以工农兵战士为范本，必须腰粗体壮、面色紫红、铁拳紧握，女性的温柔、多情、娴淑被斗争的时代要求彻底淘汰。与坚定的立场和旺盛的斗志相适应，刚直的性格，火爆的脾气，作风大胆泼辣，走路一阵风，说话声如雷，办事斩钉截铁，“不爱红装爱武装”成为那个时代女性的美。

进入新时期，这一规范迅速崩溃，变化之快是历史上任何一次变化都无法比拟的。之所以如此，主要原因是那种对女性的设计的确没有能够扎根于人们（特别是男性）的内心深处。它所体现的是社会对女性的要求而不是作为个体存在的一个个男人对女人的要求。虽然社会在宣扬“铁姑娘”的美，但男人们在寻找配偶时却仍然喜欢那些细皮嫩肉、婀娜多姿、唇红齿白、温柔多情、颇有点屡屡被批判的“小资”味儿的女性。因此，一旦“文革”结束，历史出现转机，那种特殊的时代规范立即就土崩瓦解了。

崩溃之后的重新选择带有很大的复旧性。大量作品在反复渲染和张扬传统的温顺和柔弱。可是，如果说中国女性在过去的历史上的确表现着这种美的话，那是千百年男性强权统治的产物，是男性为自己的统治地位而对女性进行设计和塑造的结果。人类文化研究成果证明，除了体质的差别之外，女性的温顺柔弱等特点都并非女性的先天特征，而是文化塑造的结果。传统社会中男权主义对女性的理想设计不必多谈，当代文学对女性仍然作如此设计和引导就值得警惕了。在这种以男性利益为出发点的规范设计中，可以看到男性的一种虚弱心态。他们总是以强者自居，处处把自己摆在强者位置上，事实上却色厉内荏，充满恐惧，生怕女性成为强者，并为自己的地位是否稳固而惊恐万分。所以，他们就要以各种方式教育和引导女性，只有如此这般才是美的，以使她们永远柔弱，显得自己永远强大。采用釜底抽薪的方式使对手失去力量，这不仅显示着一种不自信，而且近乎卑鄙。男性如果真是强者，就应该敢于让女性变得强大。

二

牺牲和奉献精神似乎是东方女性的传统美德。不少作品都在竭尽全力对这种美德给予赞美。在新时期文学的整个发展过程中，这种赞美之声一直不绝于耳。

早在《天云山传奇》中的冯晴岚身上，我们就看到了她那无私的牺牲和奉献精神。她早就深深地爱着罗群，但在宋薇追求罗群时却退让了。当罗群被打成右派陷入苦难之后，她却毅然决然地来到他的身边，与他结婚，为他奉献了一切，真可谓鞠躬尽瘁死而后已。这种形象在新时期文学中一再出现，这种品质作为闪光的心灵美被表现在各种年龄、各个阶层的女性身上。在《人生》中，作家充满热情地赋予刘巧珍种种她可能具有的美德。这个形象从小说走向银幕，也曾使不少人为之赞叹。她之所以美好动人，不仅在于爱情上的一往情深，更在于她的牺牲、奉献和被抛弃也不生怨恨的善良。她在热恋中勾画的蓝图就是自己下地劳动而让丈夫在家中享受。她深知高加林进城之后会抛弃她，却真心诚意地支持高加林进城，并替他担起了照顾双亲的重负。在高加林终于选择了黄亚萍而将她抛弃时，她没有一点抱怨，而是承受着巨大的痛苦对绝情报以体贴。当高加林被清理回村时，又是她跪求姐姐、哭求支书，让他们照顾高加林。这种牺牲和奉献精神，这种忍受一切和宽容一切的胸怀，在《渴望》中的刘慧芳身上得到了进一步的表现。刘慧芳这一形象在广大电视观众心中留下了深刻的印象，甚至已经作为一种“共名”出现于日常生活之中。如果艺术仅仅以赢得观众为目的的话，这一形象无疑是成功了。刘慧芳以其感人的美德征服观众，而最显著之处是她无论何时何地都总是为别人着想，理解别人，宽容别人，宁愿自己受苦受罪也要把幸福和方便让给别人。她本可以嫁给与她一样善良而且一直深深爱着她的宋大成，却由于同情而嫁给了苦难中的王沪生，同他一起走过了最艰难的岁月。她因此完全可以以功臣的身份昂首走进王家的小洋楼，却又为了别人的幸福和安宁而使自己无家可归。她也可以嫁给罗岗而组成一个幸福家庭，却为了那个屡次伤害她的王亚茹而再次退让。她含辛茹苦养大了小芳，最后却把她还给了她的生身父母……她为一切人做过牺牲和奉献，却拒绝任何人对她的报答。刘慧芳的牺牲、奉献和宽容精神达到了理想的极致，也达到了中国作家想象力的极致。

一般地说，这种品德的确是美好的。如果男人和女人都如此，社会将会减少许多问题。但是，文学却很少对男性做如此设计。刘慧芳们所体现的是中国男性的理想，由此可见中国男人所希望的女性人格。因此，我们完全可以认定，这种理想体现着男人的愿望。因为女人果真如此，男人就有福了。他们不必再怕痛苦和孤独，厄运中自有女人来陪伴度过最艰难的岁月。他们不必再有什么负担，随时都可以得到她们，也可以随时抛弃她们，反正她们不会有任何怨言。即使她们受尽委屈，也仍然能够理解男人、宽恕男人，为男人着想。在需要她们的时候能够招之即来，在不需要她们的时候能够挥之即去。她们生活的全部目的就是牺牲和奉献，一切都不求报答，决不因自己付出的牺牲而有所索取，更不会以市场原则与男人相处。还有比这更理想的女人吗？中国女人若都如此，男爷们儿的日子该多么好过！为男人计，真该树这样的女人为女性学习的榜样！

可是，这对女性意味着什么？觉醒的女同胞愿意去学习和模仿吗？

三

在冯晴岚、刘巧珍们身上，我们已经能够看到一种爱的忠贞与执着。这种忠贞与执着也是新时期文学中美好女性形象的一大特征。这种品质在新时期之初的文学作品中已经得到了有意识的弘扬。表现最明显的是《布礼》中的凌雪、《月食》中的妞妞等组成的一群。钟亦成被划为右派，成了“不齿于人类的狗屎堆”，凌雪却一个月内打了五次报告，拒绝了最后的挽救，扔掉了党籍，而与之结婚。伊汝被划为右派后一去二十二年，妞妞默默等待着，为他做下了二十二双新鞋。这类形象在70年代末到80年代初的文学中是比较常见的，她们的共同之处是对爱情无限忠贞，决不因政治压力和世俗观念而屈服，决不在爱人受难时弃他而去。

这些形象使我们想到古代文学中那些为了爱情宁死不屈、反对父母嫌贫爱富而甘心情愿与爱人一起过贫贱生活的美好女性。所不同的是，新时期文学常常在对爱情的忠贞中加入了追求真理和坚持正确立场等意义。这些女性往往是独具慧眼地看到了他们不是什么罪人，而是最最忠诚的战士或者最好的好人。这些爱情故事与古代文学中那些爱情故事有许多相同之处。而且无论古今，这种爱情故事都往往出自经历过生活逆境或正处在生活逆境中的作家之手。富于牺牲精神，对爱情无限忠贞，与丈夫同甘共苦，是在风雨坎坷中苦苦挣扎的男人们的理想。穷人总希望漂亮小姐不要嫌贫爱富。乞讨者会把乐于施舍的女人看作最美好的女人。阔公子却可能会把忠贞看作死乞白赖，因为如果女人爱得太执着，他就不容易轻松地摆脱从而实现不断更新。而处于逆境的男人却总希望女人始终不渝，尤其是不要在他遭遇厄运时离他而去。所以，从苦难中归来的男作家笔下的美好女性不难理解。

除此之外，新时期文学中还出现了一些具有现代色彩的新女性。只要我们稍微留心，就会看到一个现象：在男性作家笔下，受赞美的这类形象在爱情上仍然是坚贞而又执着的。她们即使充当第三者，也爱得那样专一，那样长久，甚至会矢志不嫁，苦苦等待。在这一点上，她们与上述女性系列表现出惊人的相似。如果有什么不同的话，是她们更加大胆和泼辣，爱得更加火热。

忠贞与执着如果作为一种男女共有的情爱态度，尽管它缺少坚实的科学基础，却也不失其美好。但如果仅仅作为女性美的特征被突出强调，就值得考虑了。在我们的文学中，早就不乏痴情女子，在我们的民间传说中，到处可见“神女峰”“望夫云”“抱信柱”之类的故事。可是，那些对爱情忠贞不渝、痴情守望甚至最后化为石头的却都是女人，而没有一个男人。男人们编出凄婉动人的故事教女人忠贞，而男人自己是无需忠贞的，这表现着一种极度的不平等。从男性立场看，无论落魄书生还是下放干部，在厄运中能够被一个女人始终不渝地爱着，能被久久地等待着，的确是幸运的。但如果换一个角度从女性立场上思考问题，那意味着什么却是显而易见的。男性对此过分赞扬，让人感到犹如习惯吃白食的食客盛赞供食者一样，让人感觉目的不过是下次吃得更好。

同时，透过牺牲和奉献精神以及执着之爱的理想设计，我们还可以看到中国男性的一种未成年状态。他们是幼小的、怯懦的、需要照看的，所以特别需要女性的牺牲奉献和感情的永恒。我不认为中国男人要求女人忠贞不渝是对贞节的看重，而认为它所显示的是对一个稳定家庭的看重。中国男人由于独立性和个性意识的欠缺最受不了的是四处漂泊、无家可归。家，意味着要有一个守候在那里的女人。所以中国男人寻找女人，一般不是寻找性伙伴，而是在寻找一种依靠，寻找一个疲倦时精神停泊的港湾。换句时髦的话说，也就是寻找母亲。牺牲精神、奉献精神、始终不渝的爱，正是母爱所具有的特征。在这样的女人身边，男人是倍受照顾和保护的小儿，可以睡得安详而不做噩梦。

事实上，我们的文学已经屡屡非常直率地袒露这种心态。梁晓声在《雪城》中写过这样一段话："好女人身上散发着一种清丽的春风化雨般的妙不可言的气息，她是好男人寻找自己，走向自己然后又豪迈地走向人生的百折不挠的力量……好女人使人向上。事情往往是这样：男人很疲惫，男人很迷惘，男人很痛苦，男人很狂躁。而好女人更温和，好女人更冷静，好女人更有耐心，好女人最肯牺牲。好女人暖化了男人，同时弥补了男人的不完整和幼稚，于是男人就像一个真正的男人走向世界。"这里的"好女人"完全是母亲的形象。

刘慧芳的形象也是一个很说明问题的例子。她的确是一个好母亲，对一切人都以母亲的心怀对待，她不是男人们理想的情人，因为她的确不曾用一个女人爱一个男人的方式去爱过任何一个男人。她没有真正爱过宋大成，这连她自己也承认；更没有爱过王沪生，嫁给他完全是由于同情——那是圣母拯救她尘世的儿子的感情。她所给予周围一切人的爱都是母亲式的爱。相信现代意识比较强的青年都不会爱上刘慧芳，因为一个成熟的男性不会也不应该满足于只是享受母爱。

中国男性总想使女性依附自己，总在女性面前显示自己的强大，事实上，却总在依附女性，寻求女性的庇护。仔细想来，这种小儿装强者的心态是很滑稽的。

四

新时期文学中出现了一些现代女性形象。个性极强，行为潇洒，爱情上的热烈与主动成为她们特有的美。这种美具有某种现代色彩。

魏明伦在写川剧《潘金莲》的时候，要找一个中国的现代女性与武则天、贾宝玉、安娜·卡列尼娜、红娘、施耐庵等一起构成认识和评价潘金莲的参照系，选择的结果是找到了长篇小说《花园街五号》中的吕莎莎，因为她的确是一个具有新的时代色彩的女性。李国文说过他的吕莎莎是作为美的象征出现在小说中的，那么我们就应该看一看这一形象究竟具有一些什么样的美。小说一开始就表现了她尖锐泼辣的个性和带有反叛色彩的性格。正如韩潮所说的："没想到一辈子谨小慎微的老吕倒有一个性格和他完全相反的女儿。"她是一个惹人注意的人物，却还嫌不够似的留披肩发，穿凡人不敢问津的时髦服装，领导种种新潮流。她因有所荫庇而随心所欲，因特殊地位而有恃无恐，敢想敢干，直言直行。这些公主性格在小说中都作为一种活力、一种对旧秩序进行挑战的个性而得到了审美肯定。小说反复渲染了她对刘钊一往情深的爱，写了她在爱情上的热烈、深沉和执着。这不仅表现在她那种"我会长大的"热切表白，不仅表现在刘钊被打成右倾分子并在江轮爆炸事件中负伤后她的温泉镇之举，不仅表现在她听到"贴身的衣服最亲"就一下给刘钊买了一打衬衣，而且表现在她在今天的改革中坚决地站在刘钊一边，全身心地投入了改革大业。

长篇小说《故土》中的叶倩如也是人们公认的一个闪耀着时代光彩的青年女性。她摒弃一切世俗之见，在爱情追求中热烈主动，无所顾忌。当她发现她所热恋的白天明与袁静雅的关系时，既大胆竞争，又讲究道义，显示了一种新型女性的精神风貌。当她面对白天明与吴珍结合的现实时，经历了痛苦而激烈的内心搏斗而终于慷慨相助为人作嫁，表现出一种令人赞叹的侠骨情肠。小说结尾，她出人意料地登上火车与白天明一道奔赴西藏，更可见她对爱情追求的执着。

这些形象所体现的男性理想有了更为丰富的社会内容。它包含了美的女性应该富于个性，应该思想解放，应该有独立人格，应该敢于发表不同的见解，应该有积极的参与意识，等等。这是我们这个时代对女性的特殊设计和要求，体现着历史的进步。但是，显而易见，这些女性对改革的参与都是通过支持自己爱着的男人来实现的。美好的女性总是全力地支持和配合男人的事业。男性作家们都有意无意地表现出这样一种格局，这使人看到在男性的内心深处仍然是希望女子依附男人，成为自己的支持者和好助手，而不愿她们凌驾于自己之上。男性作家笔下很少有以女性改革者为主角的作品，更难以设想男人给女人支持，给女人安慰，当女人在社会上碰得头破血流时给予种种温暖的爱抚。这决不仅仅是生活现实所决定的，而是由此透露出我们的作家男性中心观念是多么牢固！

男性自尊自大，扮作强者，总想让女性俯首称臣，但即使到了今天，这所谓强者也仍然常常露出自身的卑怯。在许多男性作家的笔下，爱情的主动力量发生了转移，女性特别是年轻女性在爱情上常常是主动出击，而男性往往处于被追求的地位。这种情形不仅在《花园街五号》《故土》《男人的风格》等作品中表现着，而且在那些描写婚外恋的作品中表现更为普遍。从《浪漫女神》《都市里的野美人》等小说可见，那些主动追求者都是女性。这些作品已经显示了这样一种模式：一个中年男人早已结婚，却由于种种原因而缺少爱情。一个年轻的女性对他一见钟情，并且不顾一切地热烈追求他。男人心中同样充满了爱的冲动，却由于责任、义务和道德感之类的原因而不敢接受姑娘的爱情。值得注意的是，这些男人（如叶子楠、高粱等）常常被放在文化反思的光束之下受到一点善意的嘲弄，而女主人公们如安琪、麦迪儿等则在男性怯懦畏缩性格的映照之下显得光彩照人。安琪、麦迪儿这样的女性在某种程度上是生活的真实反映，我们的生活中的确出现了这样一些年轻女性，她们体现着我们时代的变化和妇女解放的程度。中国女性在爱情生活中正在由被动转向主动，现代女性不再像林黛玉们那样深深爱着而束手无策，不再像传统女性那样内心着火却只能焦急地等待。这是历史的进步，文学应该为之欢呼。

但是，在这类形象所体现的男性理想中，却透露着一种很不光彩的心理，显示着我们这个时代的中国男性还具有的卑琐和骨子里的怯懦。我们的一些作家竭力张扬女性在追求爱情时的热烈、主动、勇敢和无畏，表现着男人们的审美理想，但它所透露的正是男人们热烈主动和勇敢精神的缺乏。在中国，无爱的婚姻是一个普遍的存在，时代的文明之风却使无爱婚姻中的人们感到了痛苦，产生了追求爱情的愿望。然而，中国的男人们却大都深知中国国情，往往畏于道德的樊篱而不敢付诸行动。在这种情况下，如果有女孩子主动而热烈，把一切责任都承担起来而不需要男性承担责任，当然是再好不过了。自身胆小怕事，将撞开枷锁的希望寄托于女性。由此可见，中国男人是多么可怜！男子汉精神是退化了还是从来就不曾有过？这真值得思考。

不仅如此，这类作品还都写了男性的道德重负，它似乎是对男性的一种文化性格反思，但细思之，却更像一种道德文饰。因为没有勇气冲破道德枷锁，这在一部分中国人的眼里仍然是道德高尚的标志，也是许多并不怎么正经的男人所乐于自诩的。有了这种道德文饰，即使发生了什么不符合现实道德的事，也可以完全归之于“小妖精”的勾引。由此，又可见中国男人想左右逢源、鱼与熊掌兼得的假道学心态。

1991年5月　曲阜

文学：精神的萎缩与失落

——1991曲阜师大“金秋学术报告会”演讲提纲

在当前文学中，“人”不再是大写的，而成为一个个灰色的小动物；自我不再是高大的，而成为环境挤压下的被动适应者；个性失掉了价值，因而不再被张扬，人文精神不合时宜，因而逐步萎缩而退场了。

这是一个内蕴非常丰富的现象。在此，我还没有能力对其进行深入细致的探讨，但我想指出的是，自我的幻灭、主体性的萎缩、人文精神的失落是80年代文学的一个悲剧结局，也是新时期文学一个悲剧性的转折点。

新时期文学的发展是与人的回归同步的。在新时期文学中，人曾经是一个大写的文字，不少作家都以人为出发点，高举人的旗帜，呼唤人的觉醒和解放，维护人的价值、尊严和权利，为新时期文学增添了人的光彩，也为中国社会的现代化充当了观念的先驱。但是，在今天的文学中，这种精神已告终结。

眼下小说创作的主流是“新写实”。在新写实小说提供的画面世界里，人成了环境的被动存在物，失去了主宰世界的权威性与神圣性，失去了反抗和驾驭世界的能力，在生存环境和生命本能的双重夹击下是那样无能为力和无可奈何，失掉了人的一切光彩。这是从池莉等人的作品中可以充分看到的。

这种现象可以概括为：人的萎缩与人文精神的失落。萎缩与失落有多方面的原因，简单地说，可以分为内部的原因和外部的原因。在此所能够探讨的有以下几个方面：

首先，它源于作家们真切的生存感受和对人生的现实体味，以及由此而产生的对人的生存状态的认识。毫无疑问，文学对人的价值、尊严与权利的热切追求受到了现实的无情嘲弄。文学高扬个性吗？个性在现实生活中寸步难行；文学高标人的尊严吗？不能卑躬屈膝摇尾乞怜就往往得不到起码的生存条件。人的生存现状使人们越来越深切地感受到了人的力量的渺小。

其次，人的萎缩与失落显然与我们这个时代对人性的认识密切相关。应该承认，对人性的探索必然会一步步撕碎人身上所笼罩的光环。对复杂人性的认识越深，对人的信仰也就越容易动摇，因为对人性的探索很容易发现人性本身并不尽善尽美，而是渗透着阴暗和丑恶。在一些年轻的知识分子心中，人道主义已经成为陈旧不堪的东西。特别值得注意的是，在中国传统文化的土壤里，最时髦的东西往往与最陈腐的东西结成同盟，在这种联盟过程中，陈腐的东西总是能把最新潮的东西同化。历史的教训已不止一次，但我们却总是无力制止这种悲剧的重演。于是，最现代的人类自审意识和最古老的非人哲学合流之后化作对人自身的否定。

其三，就整体而言，中国知识分子是尚未发育成熟的，因而也是脆弱的。在现代意识的呼唤之下，他们追求独立，向往自由，但是，缺少足够的精神准备，没有充分意识到独立和自由所需要的代价。作为弱苗，只有处于依附地位或置身于群体之中，才会感觉安全。因此，他们在寻求自由时又常常不自觉地逃避自由，在追求人格独立时又时时本能地惧怕孤独。他们总是希望与现实保持高度和谐，希望自己是大众中的一员，即使自己走在了前面，也希望身后有千百万追随者，成一呼百应之势。他们没有浮士德精神，没有堂·吉诃德精神，有的是与生俱来的对于孤独和寂寞的恐惧，是对家国的依恋和寻找归宿的本能。当迷人的阳光发出醉人的召唤，中国知识分子挺身要立成一个人的形象，甚至试图冲破旧规范而做一个自由人。但是，不成熟的精神使多数人难以执着追求而一往无前，因为他们还没有能力承受挫折，没有能力承受无家可归的孤独感和上帝死了之后的漂泊感。事实上，我们的文学早已传达出这种哭诉之声。

哭诉之后如何呢？有两种可能：一、得到众人的应和而不再孤独；二、最终得不到众人的应和，那么多数人的选择是放弃一切追求而颤抖着双腿急步退回出发地。

这是很自然的，试想，风雨之夜独行于旷野，已经走得很累很累而前途渺茫，旧家就在不远，有几个中国人不立即回家呢？尽管家中只有糠窝窝和胡萝卜，尽管妻子丑陋而且不解人意，尽管父亲板着面孔不准咳嗽，可是，害怕孤独就只有回去。

正因为这样，中国作家需要培养独自前行和独立承担的勇气。唯有如此，文学才可能成为提气的文学而不是泄气的文学，才可能成为促进人格健康发展的文学而不是成为促使人们成为爬行动物的文学。

1991年9月28日　曲阜

“新写实”的迷失与人的精神萎缩

如果说近几年坛上还有什么值得注意的现象，或者说有什么值得议论的话题，那就是新写实小说了。在近几年的文坛上，它像一丛常青灌木，在创作不太景气的背景上显得郁郁葱葱。它的生命力是顽强的，如果没有什么大的变故，大概还会继续发展下去。所以，要谈当前文学，就无法不谈新写实小说。

关于新写实小说，我所关注的是它所蕴含的精神现象。从这一点上看，它意味着文学的迷失。这种迷失有着深厚的现实依据，袒露着作家的真情实感，折射着一种远非主观意志所能够扭转的文化氛围。因此，我无意于在此苛刻地批评任何一个作家。

在阅读和浏览的过程中，明显地感觉到新写实小说面临的一种精神危机。它正渐渐失掉它刚刚诞生时那种新鲜炽热的血液，营养不良综合征导致的败血已使它面色苍白，甚至呈现出一种死灰色。如果我们把几年前的《新兵连》《狗日的粮食》《纸床》《风景》以及朱晓平等人的小说与近期的《太阳出世》《热也好冷也好活着就好》等小说进行比较，可以看到一系列的变化。其变化的根本可以概括为精神的萎缩和心态的老化。

写普通人的普通生活，是新写实小说的一个值得充分肯定的特点。但是，如果我们对新写实小说的人物系列进行一番考察就可以发现，在当前一些作家的笔下，这“普通人”渐渐变成一群苟活者。这个形象群体使新时期文学完成了一个“英雄——普通人——苟活者”的演进过程。

同时，伴随着这些苟活者的形象，种种苟活者的人生哲学在新写实小说中也滋长起来。一些作品逼真地展示着人生的烦恼，揭示着人在命运挤压之下的种种困境，但在咏而叹之之后，所做出的却常常是随遇而安的忠告，教给人们的常常是一种如何在夹缝中求生的学问。

在这里，一切美好梦想和摆脱现实困境的挣扎都失去了价值。

节制激情，隐蔽倾向性，以客观冷静的笔调进行写作，是新写实小说的一个重要特征。这一特征体现着小说艺术的一种新发展，它因更有利于读者参与作品的再创造而显示了它的美学价值。事实上，所谓感情的零度介入和拒绝判断都是不可能的，它不过是隐蔽一些而已。但是，在近几年的新写实小说中，我们的确越来越多地看到了作家激情的丧失。失去激情之后，代之而起的是一种世故老人的垂暮心态——苍老而麻木，一种因洞明世事而遇事不惊的心平气和，一种因历尽沧桑而漠视一切的泰然境界，一种随遇而安和乐天知命的睿智。由于这种激情的丧失，一切带有理想主义色彩的奋斗与追求都因其幼稚可笑而无可奈何地让位于对柴米油盐的关注和实际生存条件的获取。

在这种种变化中，尤其值得注意的是由这一切所显出来的人格萎缩与沉没。在新时期文学中，恰如在“五四”时期的文学中一样，人曾经一度被大写，不少作家的笔下曾高扬起人的旗帜。人们不会忘记那些富于理想雄心和抱负或者愤世嫉俗、与环境格格不入并苦苦抗争的人物。但这一切似乎都很快过去了，在新写实小说中，人已经不再高大，不再光芒四射。他们失去了挣扎的力量而不再挣扎，因为知道挣扎也没有好结果；他们深知一切都是徒劳，因而听凭命运的摆弄而不再抗争；他们似乎看透了理想的虚幻，因而已经安心地在无聊的生活中寻找快慰；他们不再悲天悯人，也无痛心疾首，不再梦想以人的力量改造现实，而是面对现实，承认现实，顺应现实，得过且过，“热也好冷也好活着就好”。

从创作主体层面考察，我们不难看到对这苟活者的生存方式的认可，尽管这种认可也常常裹缠了作家内心深处的无可奈何的叹息。在一些作家那里，人的尊严，人的价值，人的自由和权利，都已如滚过天边的雷声，渐渐逝去。作家们已习惯面对现实的生存状态，摒弃一切玫瑰色的梦而正视灰色的生存。他们把残缺和不完整作为生活的本来内容接受下来。“生活就是这样”成为一种别无选择的自我宽慰，也成为对读者的一种开导。历尽沧桑、饱经炎凉，悟透一切，因而知道了天高地厚。他们似乎跋涉得好累好累，气力衰竭，只求有半尺绿荫便心满意足。所以，心态老化，事实上也是一种心态疲惫。

当然，不是说所有的新写实小说家都如此，但它作为一种有浓厚生活土壤的心态仍然在蔓延。它与那种媚俗的创作潮流逐步靠近。中国作家相当普遍的自我强度不够，悲观和孤独感使他们中的弱者很容易迅速地回到旧地。新写实小说的这种迷失是一个阶段的文学终结的象征。但是，希望或许同时孕育于这个终结之中。再度崛起的文学或许将在一个更高的层次上。

于疲惫中振作，于荒原上建立希望，负有使命的作家应有足够的自觉。

1991年9月　曲阜

苟活者及其人生哲学

——论新写实小说的迷失

人活在世上的确不易。英雄与庸人有着完全不同的活法，前者总是不断地创造和抗争，努力改变和开拓人类的生存环境，后者却只能顺应命运的安排，于环境的夹缝之中苟活，以度过碌碌无为的一生。

当代人更深刻地感受到了人生之不易，于是英雄时代渐渐远去。当代中国文学终于告别了虚幻的梦境和空洞的英雄气，不再相信人面对世界总是所向披靡，不再自慰甚或自欺，而将人生的艰窘和无奈展示给人们，这应该说是一个进步。在这一方面，新写实小说的表现是突出的。看看《新兵连》《狗日的粮食》《烦恼人生》《风景》《黑洞》《伏羲伏羲》《不谈爱情》《单位》《一地鸡毛》等，哪一个生活中的普通人没有深切的同感？新写实小说受到广大读者的欢迎是必然的，因为它所表现的普通人的琐碎人生之烦恼，极易在普通人心中引起共鸣。

但是，当我系统读过一些新写实小说之后，这种共鸣却渐渐打了折扣，并且随之产生了疑问。开始，我不太清楚自己为什么对新写实小说中的一些作品难以苟同，随着时光的推移和新写实小说的发展，这原因渐渐清晰起来。原来是因为在新写实小说中，英雄远去之后，人也随之沉没，在英雄消失的地方，出现了一群苟活者，以不同的行为演绎着苟活者的人生哲学。

一

新写实小说写的是普通人的普通生活。它真正完成了由英雄向平民、由轰轰烈烈的大事件向琐碎生活的转移。在浏览新写实小说的过程中，我一次次被这些年轻作家的艺术才华所打动，被他们对生活的真切感受和逼真表现所征服，又一次次为作品中人物的生存窘况而叹息。在这些小说中，人的确不再是英雄，不再有世界主宰者的权威和神圣。在生存环境和人的生命本能的双重制约和两面夹击之下，人总是那么窘迫，那么无能为力，那么无可奈何！他们无力驾驭自己的命运，无力作用于自己所生活的环境，而完全是环境制约下的一些被动存在物。他们生活的出路只有一条，那就是接受灰色生活的教诲去顺应生活的铁律，而不可能去战胜环境、改造环境。一句话，在新写实小说中，作为主体的人在沉没，人的主体精神在泯灭。

作为最表层的表现，这种沉没和泯灭首先表现于文学所描写的生活中。从一篇又一篇的作品可以看到，人已经失去了改造环境的力量，失去了一切有效的主动精神。他们已无须追求什么，也无须奋斗。他们无力作用于他们所生活的世界，因而也无须做任何奢想。在以池莉的作品为代表的一些作品中，人的光环早已脱落，人总是处于一种尴尬的境地，像一个部件，像一个齿轮，只能在整个机器上被动地运转，即使很不情愿，也必须一刻不停。这一切似乎都别无选择。从那些作品中，读者可以充分领略人的现实存在状态，看到人的种种困境，而困境是无法解脱的。读者可以看到的就是这样一群人，这里没有英雄，没有豪杰，没有大善大恶，他们普普通通，干不出什么大事，他们庸庸碌碌，随波逐流地过着平凡的生活。他们当然也有烦恼，有不满，有很实际的生活追求，但都很想得开，很有自知之明，很会安慰自己，很会适应环境，因而总是能够从烦恼中解脱出来。无论什么样的境况，他们都能按部就班地活下去。无论怎样活着，他们都不会痛心疾首，当然更不会自杀。他们能够冷静地对待内心偶尔出现的朦胧理想，以一种惊人的成熟和老到克服理想的诱惑而与现实环境趋同。这些人物一个鲜明的共同特征就是能够丢掉幻想，面对现实，乐天知命地活下去。

印家厚有很多烦恼，也有很多理想，但总是能够说服自己，放弃理想，认同现实，并为自己找到心理平衡。他有过美好的梦想而没有实现，但他从来也不曾为那逝去的少年梦而生感叹，“他只是十分明白地知道自己是个普通的男人，靠劳动拿工资而生活。哪有工夫去想入非非呢?”他有过真挚的爱情，命运却让他与另一个女人结了婚。尽管他想起恋人的名字就内心隐隐作痛，却仍然能够安于现状。小说这样写他：“他背后不长眼睛，但却知道，那排破旧老朽的平房窗前，有个烫了鸡窝般发式的女人，她披了件衣服，没穿袜子，趿着鞋，憔悴的脸上雾一样灰暗。她在目送他们父子。这就是他的老婆。你遗憾老婆为什么不鲜亮一点吗？然而这世界上就只她一个人在送你和等你回来……老婆就是老婆。人不可能十全十美。记忆归记忆。痛苦该咬着牙吞下去。”这里面饱含着人生的苦涩，但正是在这基于人生苦涩的世事洞明中，人的追求和创造精神像残烛一样化成了最后一缕青烟。当印家厚在人海中经过一天的挣扎而回到家中时，那个不能引起他任何激情而且总和他扯横皮的老婆扔给他一块湿毛巾，于是，花前月下的爱情，精神上的微妙沟通等一切充满浪漫情调的向往，都远远离开了这疲乏困顿的人。他甚至感到：“这一切都足够足够了呵!”“这难道不是最幸福的时刻?”

如果说《烦恼人生》还写了印家厚的矛盾的话，到了《太阳出世》等作品中，这种矛盾已不存在，赵胜天们已经不再有印家厚的烦恼，轻轻松松或并不轻松地活着，但已经没有理想的诱惑。

这是一个普遍的印象，从《烦恼人生》到《热也好冷也好活着就好》可以看到一条发展线索。这种现象也同样表现在其他新写实作家的创作之中。仅以刘震云为例。他在新写实小说家中是最富于责任感的一位，也是离社会政治生活层面最近的一位，因而他的小说至少在表层上与社会问题小说存在更多的联系。但只要认真考察一下就会看到他的变化。几年前，《新兵连》等小说还带有一种很强的社会批判锋芒，小说写了人在某种环境中的扭曲和沉没，但透过那悲剧图景所听到的却是作家的叹息和控诉，在那作品的深处还有一个大写的人字。但是，在他后来的作品中，这个“人”字却已经模糊了，那种强烈的悲剧感也不再显现。《新兵连》中的新兵蛋子们是在一种蒙昧中被扭曲和毁灭的。《单位》和《一地鸡毛》写的却是一个觉醒的知识者在现实生活的教育下对生活环境一步步认同的过程。小林和他的妻子都有过宏伟的理想、远大的抱负和热切的追求，都曾经奋斗过，发愤过，挑灯夜读过，当然也有过知识者的清高和自命不凡。但几年下来，便很快淹没到了普通人的生活之中，终日上班下班吃饭睡觉弄孩子。“什么宏图大志，什么事业理想，狗屁，那是年轻时候的事，大家都这么混，不也活了一辈子？有宏图大志怎么了？有事业理想怎么了？一辈子下来谁还知道谁？有时小林想想又感到心满意足，虽然在单位经过几番折腾，但折腾之后就是成熟，现在不就对各种事情应付自如了？只要有耐心，能等，不急躁，不反常，别人能得到的东西你最终也能得到。”他甚至产生了这样的认识：“过去你有过宏伟理想，可以原谅，但那是幼稚不成熟，不懂得事物的发展规律。”这种认识在《一地鸡毛》中到处表现着。曾经勤奋写诗的“小李白”大学毕业几年后卖起了板鸭，当小林问他是否还写诗时，他的回答是：“狗屁！那是年轻时不懂事！……我可算看透了，不要异想天开，不要总想出人头地，就在人堆里混，什么都不想，最舒服。”在这篇小说的结尾，小林的确成熟了，他由替人办事而收了一个微波炉得到启示：“看来改变生活也不是没有可能，只要加入其中就行了。”他已开始加入其中。听到老师的死讯他很难过，但立即想到的是：“死的已经死了，再想也没用，活着的还是先考虑大白菜为好。”

我们所面对的就是这样一群苟活者。从这些人物身上，可以看到一种苟活者的人生哲学。《热也好冷也好活着就好》这个题目，已经成为鲜明的标志。

二

在小说所描绘的生活世界中有这样一群苟活者，作家对他们持什么样的态度呢？或者说，作为创作主体的作家对于他们笔下的人物是如何进行审美评价的呢？无论哪个时代，文学都不仅仅是由客观生活因素构成的，无论怎样强调对生活的客观反映，作品的价值也不会完全取决于它所反映的生活。一部作品的优劣在更大程度上取决于创作主体的介入和他对其表现的生活所作的解释和评价。描写了什么并不重要，即使所有的小说都去写苟活者，也不意味着作家们都赞同苟活。在作品所描绘的生活画面里人失去了主体性，并不意味着作家的观念世界里也没有了主体的位置。新写实小说所反映的生活是真实的，但我一直不愿用真实或不真实这样的概念来谈文学。因为在我看来，这是一个无法说清的问题。从某种意义上说，一切文学都是不真实的，就对生活的反映而言，文学永远无法达到绝对真实；从另一种意义上说，又可以说一切文学都是真实的，无论多么荒诞不经，无论怎样胡编乱造，都必然地表现着创作主体的思想意识、感情倾向和文化心理。在这里，我们需要寻找的是新写实小说在对苟活者的生存状态的逼真的描写中所透露的价值判断和情感倾向。因为从社会功利的角度考虑，正是这一点决定着作品对读者的影响。

这种考察在新写实小说面前必然要遇到困难。这困难就在于大多数的新写实小说都是以一种不动声色、不露感情的冷叙述呈现在读者面前的，作者的倾向往往深隐而不露。尽管如此，我们仍然能够发现，在新写实小说的不少作品中，创作主体的精神世界正在趋同于被描写的人们。当然，不是所有的小说都如此，但起码有相当大的一部分作品非常明显地表现出对苟活者及其人生哲学的认同。

在这个问题上，池莉的表现是明显的。她的小说往往通过形象的描绘而用心良苦地劝告人们丢掉幻想，面对现实，乐天知命，而不要在浪漫理想的云端里异想天开。她表现着一种特别的成熟和老练，总在用一种非常含蓄的说教方式告诉人们怎样应付眼前的现实生活，怎样克服不着边际的少年梦而凑合着活下去。从《烦恼人生》《不谈爱情》《太阳出世》到新近的《热也好冷也好活着就好》可见，作者逐渐不再从主人公所遭受的各种压抑和烦恼中去探索意义，没有张扬生命的价值，也没有体现变革的意向，很少批判和鞭挞，却不少含蓄的赞扬和肯定。她所赞扬和肯定的大都是洞明世事之后的明智之举，是历尽沧桑之后的成熟和老练。理想、抱负、火热的激情、执着的追求在她的作品中失去了位置，当然也就不会得到热情的讴歌。在池莉的创作中，既成的生存方式和秩序是思考一切问题必须依据的前提，一切思考都是在承认既成秩序的规定性的前提下进行的。人生有许多烦恼，烦恼多是由现实与理想的脱节引起的。因此，解决人生烦恼的途径历来有两种：一是改造现实以实现理想；一是丢掉理想以适应现实。中国的文化传统更多地倾向于后者，儒家考虑问题都是在“礼”的框架之内，终日费心用力的是怎样把人安排在既定的礼制秩序之中。道家更善于逃避和解脱，庄子教人做人的学问是如庖丁解牛，“以无厚入有间”自可“游刃有余”。熄灭理想之火，缩小自我，就不会有被挤压的感觉，就能够轻松地活着。池莉在她的小说中也总是肯定后一种选择，看来她更多地承载了我们的文化传统。

在《烦恼人生》中，真挚的爱情是美好的，老婆是粗俗而憔悴的，但老婆是印家厚必须面对的既成生活，是他无法逃避的现实，而过去的恋人和今天的情人都不过是一个梦。现实是必须面对的，梦是可以忘掉的。人生如此不易，就更不要异想天开。日子虽然过得不开心，但也还能凑合，这就行了，“已经足够足够了”。在《不谈爱情》中，庄建非的烦恼源于他太浪漫而不尊重现实。为什么不承认婚姻应该门当户对？为什么偏偏找了一个普通市民的女儿吉玲？这当然要受到惩罚。但是，既然你已经找了她而且结了婚，就应该接受这个现实，好好凑合着维持好这既成的生活秩序。吉玲生于社会下层，硬是高攀高级知识分子家庭的庄建非，那么受苦也是活该！至于庄建亚，总在追求理想的爱情，那就真是可笑而可怜了，所以只有永远找不到配偶。作者通过梅莹现身说法，使庄建非和读者都懂得了应该怎样处理爱情和婚姻，而那全部的诀窍就是面对现实而不要太浪漫。如果有不满足，可以在力所能及的范围内通过婚外恋等方式弥补一下，而什么离婚等等是不必要的。

池莉在《我写〈烦恼人生〉》一文中说过：“现实是无情的，它不允许一个人带着过多的幻想色彩。自我设计这词儿很理想很时髦，但也只是顺应现实它才能获得有限的收效。常常是这样：理想还没有形成就被现实所替代。那现实琐碎浩繁，无边无际，差不多可以淹没销蚀一切。在它面前，你几乎不能说你想干这，或者想干那；你很难和它讲清道理。”这就是池莉的认识，其中渗透着一种深深的悲哀。她悲哀于现实的无情，最后的选择却是屈服于现实、顺应现实。所以她不写那些高扬个性、崇信自我、东碰西撞的初生之犊，不写理想主义者的精神漫游，而将笔墨和同情给了在现实环境的规定下庸庸碌碌、心平气和地生活着的人们。她所展示的是实实在在不带任何浪漫色彩的人生。她的近作都在告诉人们：人就是这样活着，有不满，有烦恼，但没有办法，不满和烦恼都不能改变现实，幻想是没有用的，环境制约着你，你只能去顺应它，除此别无选择……

由此可以清楚地看到，池莉等新写实作家已经完全不同于当年的张抗抗、张承志们。《北极光》中的向往，《黑骏马》中的寻找，《北方的河》中的追求，《在同一地平线上》的痛苦与挣扎，相比之下已经成了一种天真少年的不知天高地厚，成了一种未经世事的不成熟。而代替这种不成熟的是一颗世故老人被冷灰掩埋的不再激烈跳动的心。

三

如果我们对“五四”以来的文学发展和流变做一次考察，从人的角度看其发展流变轨迹，大概很容易看到新文学史所划出的一条包含了丰富历史内容的曲线。面对这条曲线，我想到了一个很大的论文题目：《人的浮沉与中国新文学精神的流变》。在这个流变过程中，人经历了两度浮沉。从“五四”时期到1940年代，人经历了一个由浮到沉的过程，从1970年代的最后一年到今天，新时期文学又匆匆把这个过程重演了一遍。浮的原因大致相同，沉的根源却极不相似。也许详细的考察和分析应该留给那篇文章去做，因为不是三言两语所能够说得清的，但在这里对新写实小说所显示的人本精神的沉没却无法略而不谈。

应该承认，这种现象缘于对人的生存态度的清醒认识。人类的发展过程中有一个很奇怪的现象，在人类对大自然无力驾驭，对生存环境无力改造的古代，在人的自我感觉中，人却是英雄，科学技术的发展助长了这种感觉。可是，当历史进入现代社会，人类创造出了种种奇迹，甚至人的力量已经足可以在几秒钟内毁灭地球，人却越来越觉得自身力量的渺小，感到对一切都无可奈何。人在面临种种信仰危机的同时对自身的信仰也产生了危机。我们这个民族与其他民族有所不同，但无可奈何和无能为力感也同样像瘟疫一样蔓延，如一片灰色的雾笼罩了人们。人不再是高大神圣的，不再是不可压抑、不可扭曲和摧残的。它重新成为平凡而又平凡的小动物，受制于世界而不可能驾驭世界，创造了一切却又常常被这一切限制和束缚，苦苦挣扎而难于逃出命运的魔掌。因此，个性的张扬，自我的耸立，都成了一种昨夜的梦想；人的解放，人性的完善，也成了一种过时的神话。年轻一代的文学不仅嘲笑生活，亵渎生活，而且嘲弄自己，亵渎自己。这不是一个孤立的现象。它不仅仅出现于新写实小说中，而是在几年前的一些先锋小说中已经出现了。这种人生体验出现在马原、洪峰、余华、格非的小说中，出现在徐星、王朔们的小说中，出现在第三代诗人的诗中，也出现在崔健等人的流行歌曲中。甚至从美术界的创作情况，也可以看到同样的迹象，一些年轻的画家常常把人物画成一个个捏扁了的茄子，而不再描绘那伟岸的身躯和俏丽的身姿。它体现着画家们对人的一种认识，反映着现代人对于自身形象的体验和感受。

也许，在实实在在的现实面前，理想主义者的浪漫追求是幼稚可笑的，人的自我高大感是空洞的，一切不实际的空想都毫无意义，因为人毕竟不能生活于幻想之中。但是，对于一些新写实小说所表现的苟活哲学，我却总感到无法苟同。我认为，那是在生存的困惑中所作的一种错误选择。那些新写实作家都显得很冷静，很理智，很成熟，但缺少一种从更高的高度看世界看人生的气魄，因而便常常让现实的污泥埋住了思想的翅膀。对于既成生存方式的认同，对于现存力量的看重，不仅冷却了沸腾的青春之血，而且妨碍了他们在更高的哲学意义上完成对于人的价值的思考。他们只是凭着一种直觉体验到人的力量的渺小和非人力量的强大，便产生了一种经验式的浅层人生感悟，因而熄灭了执着的追求和寻找精神，远离了昂扬的奋斗热情，而对苟活者投之同情，对苟活哲学表示认可，而且像一个历尽沧桑的百岁老妪告诫不知天高地厚的儿女那样，引导人们丢掉幻想而面对现实，顺天知命而不要异想天开，引导人们接受“生活就是这样，不要想得太好”的灰色人生经验。我曾不只一次在文章中高度评价韧性地活着的态度，但面对新写实小说中的这种教诲却感到难以接受。因为我们这个民族历来不乏庸碌之众，历来不乏苟活者，更不乏苟活的人生哲学，还需要文学去鼓吹和说教吗？

我当然不会否认，新写实小说为我们认识社会、认识人生提供了一个新的角度。它使我们更多地看到了本体意义上的人的生存状态。在某些方面，新写实小说毫无疑问是深刻的。它在勘察生存本相方面成就是空前的，并且充分体现了现实主义文学直面社会人生的可贵品质。但是，认识人，勘探人的生存本相，最终不应导致悲观绝望和心灰意冷，不应导致因心灰意冷而对生存方式和生存环境的消极认可和顺应。按照恩格斯的观点，人了解自身的目的应该是“使自己成为衡量一切生活关系的尺度……真正依照人的方式，根据自己本性的需要来安排世界”。一些小说却恰恰在认识了人的生存状态之后，在强大的现实力量面前迷失了。它们充分展示了人的生存困境，展示了人类既成生存方式的力量的强大，但不是从人出发对其给予审视和批判，而是明智地对其表示认可和服从。现实主义的批判精神不见了，继之而来的是一种冷静地对待一切的少年老成。

这里有必要讨论一下新写实小说的冷叙述方式。应该看到，相当一部分新写实小说在其深处是滚动着激情的，在其不动声色的描述中深渗着作者的爱憎。对苟活者不露情感的描写并不意味着对其生存方式和生存态度的首肯。但是，不知新写实小说家们是否意识到，冷叙述方式在客观上产生了一种意想不到的不良后果。由于感情的零度介入，由于作家对笔下人物和生活的不干预状态，导致了广大读者对其生存方式和生存态度的认同。因为在作品中，现实力量的强大得到了足够的表现，使人们感到除了像作品中人物那样于夹缝中求生存之外的确别无选择。关于这一点，我想提请我们的作家们注意，我们所面对的广大读者的接受能力和心理状态。生活的沉重使人们像印家厚那样充满烦恼又无能为力，像小林们那样走向成熟，放弃理想而去追求大白菜。当灰色的雾溢满人们心头时，如果离开了作家的审美导向，对于人生困境的逼真再现和苟活者生存方式的冷叙述，很容易因引起读者情感上的强烈共鸣而在接受过程中转化为一种肯定性的审美评价。这大概也是读者接受过程中的一条规律。

写到最后，我自己也感困惑。这篇文章几次写了又撕，撕了又写，断断续续几乎难以完成，因为我不愿意强人所难地指责作家，不愿意脱离现实而大唱高调。谁也无法拔着自己的头发离开地球。所以，面对新写实小说所展示的人生境况，面对它所表现的人生态度和情绪倾向，面对印家厚、小林们的生活烦恼和最后的选择，我的笔头常常犹豫不决。是劝他们顺应环境凑合着过下去呢？还是劝他们抱定理想、执着追求、与命运抗争而不同流合污？且不说他们能不能做到，只表示一个态度就不容易。即使他们是我的朋友，今晚来我仅能容膝的小书房向我讨主意，我也会一时不知道该对他们说些什么。

但是，最终，我仍坚持一种顽固的信念：文学应该有利于人解放和人性的完善。这应该是文学的最高使命，也是衡量一部作品高下优劣的最高价值尺度。因此，无论如何，文学都应该鼓励人们奋斗、追求和创造的精神，鼓励人为自身的发展和完善而与命运进行抗争，应该给人以精神力量，使人昂首向前而不是相反。

也许我的观念太陈旧了，总不愿看到人类的理想之花死心塌地淹没于烦恼人生的沼泽，然后无可奈何而又心平气和地熄灭。即使希望非常渺茫，也宁可相信其有而不愿相信其无。当然，我不得不承认，对于人生想得越多，思考越深，就越容易陷入悲观。思考人的终极目的，思考此岸与彼岸，人很难保持乐观。但值得注意的是，凡伟大的文学家与哲学家，都总是在彻悟人生之后保持乐观的进取态度，于绝望的废墟上点燃希望之光，为在人生旅途上艰难跋涉的人们提供烛照。这烛光引导人们去奋斗，去追求，去抗争，去改善自身的生存环境，去创造美好的新生活，去实现自身的完美。尽管这路很艰难，很遥远，人类文明却正是在这种过程中被创造、被发展的。如果每个人都于灰色情绪中苟活而放弃一切努力，那么人类的末日也就真的来临了，人类也就真的再无希望可言。

无论生活中的印家厚、赵胜天、猫子、小林们如何生存，我们的作家都不应该放弃对人类前途和未来的思考和探寻。热血冷却，激情丧失，理想泯灭，是非常可怕的。我们的作家应该警惕在灰色生活的浸泡中心态老化。作家的心态老化意味着艺术生命的终结。

1991年4月　曲阜

激情的丧失与心态的老化

——再论新写实小说的迷失

写下这个题目，仅想就新写实小说谈点看法，却也意识到这决不仅仅是新写实小说所独有的现象。让某一流派代整个文学受责也许有失公道，但由于本文是新写实小说研究系列文章之一，所以仍然只谈新写实小说而不涉及其他。因此需要首先说明的是，本文具体批评的是新写实小说，但它是被作为当前创作倾向的代表来批评的；本文有点置条件限制于不顾而强作家之所难，但并无意于苛责哪一位作家，而是仅就作为一种时代文化氛围和情绪折射的创作现象进行粗略的描述和分析。我想，未来的文学史家在描述80年代末到90年代初的文学面貌时应该不会忽略这个现象。

一

不少评论文章都以大致相同的语言指出：“感情的零度介入”是新写实小说的一个显著特征。这一特征使新写实小说获得了客观、冷静、平实的审美风格，在它与理想化的伪现实主义文学和抒情化的浪漫主义文学之间划开了一道鸿沟。这是中国小说艺术的一种进步，但是，透过这一特征，我们却能够发现一个令人无法欣喜的现象：激情平息了，隐退了，甚至丧失了。如果你用尚在跳动着的心去感受一下那些从新写实作家们心中流淌出来的作品，你会发现它已经普遍地不再灼人。你会再也找不到那激荡的血液所产生的热度，激情之火已奄奄一息。

当然，所谓“感情的零度介入”并不意味着激情的丧失，拒绝判断也并不意味着作家对生活没有判断。但是，这一现象本身却足以说明那强烈的激情的冷却或抑制。我们不妨设想一下，如果在1979年那种血泪控诉和拨乱反正的激情爆发期，如果在80年代初那强烈的变革意识所鼓动的创作激情中，“感情的零度介入”是可能的吗？即使有强大的力量强迫作家们不要流露内心的激情，也是做不到的。当时的人们并非不知道激情应该有所节制，倾向应该有所隐蔽，说话应该含蓄一些，却仍然在作品中留下那喷射而出的激情和不愿隐蔽的倾向性。那是时代的激情所致。也许激情的泛滥使艺术付出了代价，但优秀的作品也同样成就于那种激情。当时代的激情如海潮般鼓荡着作家们的胸腔，谁能不动声色地追求“感情零度介入”的叙述方式？当历史的使命感化作强烈的爱憎之情，谁又能拒绝对生活给予审美评判？

一般而言，绝对意义上的“感情的零度介入”和拒绝判断是难以做到的。它只能是作为一种倾向性而存在，因为它不过意味着激情的节制和倾向性的隐蔽。但是，值得注意的是新写实小说中的相当一部分作品却不是隐蔽与节制的问题，而是激情冷却或丧失了。它已经不是零度介入的问题，而是情感已经麻木，内心已经处于零度状态。在这种状态下写作，自然不会再有情感的迸发，也自然要放弃判断。在新写实小说中，我们需要区分两种不同的情况：一种是对生活有所评判而放弃表现；另一种情况是的确无力评判而放弃评判。而现在的趋势是后者正在增长。

这是新时期文学在80年代中期以后所发生的一个重大变化。作为一种表现于文学的精神现象，它最早呈现于那些对生活极度敏感的“第三代诗人”的作品中，然后出现于先锋小说中，到新写实小说，终于成为一种主要倾向。新时期文学从一开始就是富于激情的文学，人们大概还不会忘记它曾经有过的社会变革激情，也不会忘记它曾经有过的浪漫精神。浪漫精神与理想、激情是分不开的，以张抗抗的《北极光》为代表的那种寻找，以张承志的《北方的河》为代表的那种追求和抗争，都是一曲曲关于人的抒情乐章。当然，如果冷静地思考，人在大自然和社会面前都是渺小的，人类随心所欲地改造自身生存环境也许只是一个神话。但正因为这样，在深知人的渺小与有限的情况下寻求精神的超越才显得富于诗意。那种不息的追求和奋斗精神如今已经远去了，再也难以望见他们的身影。

人们大概同样不会忘记莫言的《红高粱》，爷爷奶奶在高粱地里那有声有色的人生是何等痛快淋漓！活，要活得舒展；死，也死得痛快。虽然我在几篇文章中都曾提到莫言以及一些寻根作家这种返归自然的梦想所表现出的思维局限，但面对父辈那萎缩的人格和我们这一颗颗“被酱油腌黑了的心”，我们又怎么去完全否定那种浪漫理想所具有的积极意义？不错，为高扬人的生命力而创造的种种无憾的、潇洒的、舒展的、痛快淋漓的人生不过是莫言们的白日梦，但是，从某种意义上说，梦就是人的青春，梦就是人的生命，一旦梦消失了，青春和生命也就会随之消失。非常不幸，那种带有青春气息的梦想在近几年的创作中再也难以见到。

在许多青年作家的作品中，曾经有过一种引人注目的躁动情绪。不少人撰文批评过80年代文学中的“浮躁”现象。但相对于今日的死寂，那浮躁是一种多么可贵的激情显示呵！

一切都过去了，80年代末之后的文学以自己的特色写下这样几个大字：激情丧失。

二

激情丧失之后，文学呈现出一种世故老人的垂暮心态。

这种世故老人的垂暮心态首先表现为冷静平和、不焦不躁、悲欢尽失，对一切都漠然处之，概括为一个字，就是：冷。新写实小说的语态是沉静的，既无悲壮，亦无躁动不安，不动声色的平静叙述，保持一种舒缓的节奏，不会兴高采烈，也不会声泪俱下。这种语态的深处是心态的冷漠。宦海的浮沉与挣扎，尘世的撕咬和纷争，人世的压抑和扭曲，生活的疲惫与无奈，一切都以淡漠的思绪表达着，没有不平，没有冲动，没有焦虑，没有不安，更没有见不平则义愤填膺、见苦难则痛心疾首的少年意气。新写实小说着重展示的是人生的种种窘况，是令人读之而生叹的种种生存状态。它展示着特定环境中小人物们的辛酸和不幸。它的每一篇都可以说是一曲人生咏叹调，但这种咏叹在很多作品中却是苦而无哀，哀而无怨，怨而无怒。尽管主人公们受到种种不公正的挤压，结果却是只能怪自己，只能怪命运。也许有的作家内心深处深情如胆汁，化为作品之后，却仍如一口千年古井。

新写实小说的人物系列中以小人物居多。新时期文学对小人物的描写深受陀思妥耶夫斯基的影响。但是，在陀氏那里，我们可以看到小人物们的痛苦挣扎，感到他内心的痛苦呼号，而在一些新写实小说中，却已经看不到那种痛苦和呼号。在陀氏那里，我们可以感受到他对人类的深深忧虑和痛苦，在一些新写实小说中，看到的却是一种心平气和与麻木不仁。作家们似乎已习惯了以平静而深不可测的目光注视身边所发生的一切灾难和痛苦，心若死海而不兴半点波澜。这个时代的作家好像接受了一种特殊的训练，学会了把人生的种种困境和不幸以平淡的口气轻轻道出，而且归之于不可改变的命运，喜怒哀乐不动容，爱憎好恶不形于色。好像一切都司空见惯，一切都不值得大惊小怪。人们不再天真，不再浪漫，不再有幻想，不再有五彩的梦。秋风过后，百卉凋零，剩下的只有实实在在的世俗生活和无可奈何的成熟，还有在荒诞的生存环境中求生存的全部世故。

在新写实小说中，什么是人生？人生就是吃喝拉撒睡，吵架斗嘴，生儿育女，奔波忙碌，这就是生活的全部内容，也是人生的全部意义。在新写实小说中，为填饱肚子，为满足性欲，为获得生存所必需的条件而拼搏，都是真实的，其他则都显示出虚幻色彩。我不大同意新写实小说不写理想的说法，因为那样说未免太笼统，比较客观的情况是它的理想变了样，成为实实在在、看得见、摸得着的东西，比如明天中午吃只烧鸡，下月多拿十元奖金，明年能弄到六平方米住房，等等。它成为奋斗的全部理想，而一切所谓崇高远大的理想，一切对于人类命运的关怀，都成为年轻人的梦呓而化作烟云消散。

新写实小说貌似反映生活的原生态，但事实上并非没有选择。它看似把生活中的琐琐碎碎都一股脑儿写了出来，其实却是有意识选择了生活中的琐碎。这种选择反映出一种审美趣味，这种审美趣味透露出一种灰色的心境：生活就是如此，灰色的；美好、圆满、富于诗意只是少年天真幼稚的梦想。就连爱情也是如此。

新写实小说家似乎早已看透了爱情的秘密，不再相信那由玫瑰装点起来的爱的花环。他们把热烈、执着而忘我的爱看作一种不成熟，看作一种自欺欺人。所以他们一般不再编写那些绚丽的爱情梦，而着力描写那种种没有浪漫、没有诗意、充满痛苦和折磨的错误（或许也无所谓错误）的结合，而且谆谆教导人们要面对现实，随遇而安，不要心比天高作异想。看一看印家厚（《烦恼人生》）吧！尽管有过真正的爱情，命运却偏偏把另一个女人给了他。尽管他的徒弟是那样爱他，他却无法接受她的爱。最后的选择只有摒弃过去的和新生的一切梦想，面对现实，与那个不可爱的女人过下去。他的生活的确不完美，但小说告诉人们，生活不可能完美。老婆虽然不漂亮，也不可爱，但在你奔波一天回到家时，她能递过一块湿毛巾，这已经足够了。其他一切都是奢想，而人不应有奢想，更不应为奢想而去苦苦追求。在《不谈爱情》等小说中，爱情已经没有位置，生存是重要的，爱情可有可无。男男女女没有必要把爱与不爱看得太重，夫妻之间没有爱情照样可以过日子，感情饥渴可以偷情，一切都没有必要太认真。相比之下，苦苦追求真正爱情的人是幼稚可笑的，苦苦追求理想境界的人也是幼稚可笑的。这一切都体现着一种过来人的经验和人生智慧，但它是灰色的。灰色产生于燃烧之后的幻灭。

在这种灰冷中，可以感受到一种久经风雨的疲惫感和沧桑感。可以体味到一种洞悉世事之后的聪明和世故。历尽人世沧桑，久经世态炎凉，生活的风雨已经荡尽全部激情，磨掉了一切锐气，因而能够遇事不惊，见怪不怪，以明哲之冷眼看芸芸众生。我们的新写实作家的确是成熟的，并且成熟得非常老练、相当世故。他们不再年轻气盛，不再激情澎湃，不再幻想，不再追寻，绝不壮怀激烈，绝不忧心如焚，而是变得少年老成，心平气和，面对现实，讲究实际，能静默于人生的悲欢，漠然于历史的兴衰。似乎他们已承受得太多，似乎他们的力气已经耗尽，失望和破灭使他们深感奋斗与挣扎之徒劳，于是便随遇而安以苟延残生，对一切都不存幻想。

这种浓重的沧桑感使他们平静达观，对一切都无动于衷。生活的风雨撕碎了一切美好的梦想而使他们认识了生活的真面目。因而便将生活的残缺作为生活固有之面貌接受了下来，形成了一种带有悲观宿命色彩的认识：生活就是如此，你无力改变它。人要平安地活着，唯一的选择就是承认现实并顺应现实，在现实为你提供的既有框架和秩序中安排你的生活。否则，任何异想天开都会碰得头破血流。这种老年人才有的在经验世界上建立起来的睿智极符合我们传统的自由观和生存方式。面对现实，不要幻想，承认条件限制，然后创造自己相对自由的生活。

作家心态普遍老化，但如果考察一下新写实小说的创作队伍，其主体力量却是一批比较年轻的作家，实际年龄并不大，因而生理上并不衰老，只是心头似乎早已磨起了老茧，即使用脚踹也不再流血。一代人就这样迅速地老了，我们已很难再看到那本来火红炽热、勃勃跳动、喷射着烈焰的颗颗赤子之心！

文学无论在什么时候都是一个民族精神血液的温度计和化验单。心态老化无论从什么角度来说都是一种衰败没落的象征。真的我们的文明已经无力承担激情、热血、崇高和神圣了吗？难道我们这个民族的文学就只能扶了拐杖依在破败的土墙上凝视夕阳西下，感受黄昏的氛围，而无力跳跃于日观峰上迎接壮丽的日出吗？我无力要求作家写什么、怎么写，却希望作家对此有所深思。

三

在激情丧失和心态老化这一现象中，更值得注意的问题是自我的幻灭、人的萎缩与人文精神的失落。

在新写实小说中，人不再是一个大写的文字，而成为一个个灰色的小动物，自我不再是高大的，而成为环境挤压下的被动适应者；个性失掉了价值，因而不再被张扬。这是一个内蕴非常丰富的重要现象，在此，我还没有能力对其进行深入细致的探讨，但我想指出的是，自我的幻灭、人的萎缩、人文精神的失落是80年代文学的一个悲剧性的结局，也是新时期文学的一个悲剧性的转折点。新时期文学是与人一道一起崛起的。在新时期文学中，人曾经是一个大写的文字，不少作家都以人为出发点，高举人的旗帜，呼唤人的觉醒和解放，维护人的尊严，探讨人性，为民族的现代化充当了观念的先驱，为新时期文学增添了人的光彩。但是，在新写实小说中，这种精神已经宣告终结，人在文学中再度萎缩和失落了。在小说的画面世界里，人成了环境的被动存在物，不再是生活的主宰，失去了反抗和驾驭世界的能力，面对环境，面对生命本能，是那样无能为力和无可奈何，失掉了人的一切光彩。

人的萎缩与失落有多方面的原因，在此所能够探讨的有以下几个方面：

首先，它源于作家们真切的生存感受和对人生的现实体味以及由此而产生的对人的生存状态的认识。毫无疑问，文学对人的价值与尊严的热切追求受到了现实的无情嘲弄。文学高扬个性吗？个性在现实生活中寸步难行；文学高标人的尊严吗？不能卑躬屈膝摇尾乞怜就往往得不到起码的生存条件。生存现状使人们越来越深切地感受到了人的力量的渺小，无奈感如灰色的雾笼罩了一代人，正如我们从对刘震云的《单位》《一地鸡毛》所看到的，小林曾经是"天之骄子"，初到单位时还能傲视一切，但事实却反复提醒他：你有什么力量不随波逐流呢！

因此，文学在嘲弄生活的同时开始嘲弄自身，在亵渎生活的同时开始亵渎自身。这一点最早表现在新生代诗歌和新潮小说中，新写实小说不过是将其继承下来又有所发展。从徐星的《剩下的都属于你》、王朔的《千万别把我当人》等小说可以看到种种形象的解释。在人的萎缩和失落中，包含着一种深深的悲哀，包含着一种对人的失落无可奈何的叹息。正是这种无力与无奈使高扬的人文精神疲软下来，人的旗帆沉沉滑落于尘埃。

其次，人的萎缩与失落显然与我们这个时代对人性的复杂认识密切相关。应该承认，对人性的探索必然会一步步撕碎人身上所笼罩的光环，对人性的认识越深，对人的信仰也就越容易动摇，因为对人性的探索很容易发现人性本身并不是尽善尽美的，而是渗透着阴暗和丑恶。在这一方面，残雪的小说为文学提供了足够的启示。同时，中国新时期是一个非常特殊的历史时期，一方面，文艺复兴时期的问题并没有得到解决；另一方面，由于西方当代文化思潮的涌入，人的渺小感、荒诞感和消亡感已经产生，在一些年轻的知识分子心中，人道主义已经成为陈旧不堪的东西。特别值得注意的是，在中国传统文化的土壤里，最时髦的东西往往与最陈腐的东西结成同盟，在这种联盟过程中陈腐的东西总是能把最新潮的东西同化。历史的教训已不止一次，但我们却总是无力制止这种悲剧的重演，于是，最现代的人类自审意识和最古老的非人哲学合流之后化作对人自身的否定，弗洛伊德学说被借鉴之后也不再是为了在一个更为切实的生命基地上张扬人的个性。

其三，关于人的萎缩与失落这一现象，还可以从中国知识分子人格方面寻找它的成因。中国知识分子是脆弱的。在现代意识的呼唤之下，他们追求独立，向往自由，但是，他们却缺少足够的精神准备，没有充分意识到独立和自由所需的代价。作为弱苗，只有置身于群体之中才是安全的。因此，他们在寻求自由之时又常常会不自觉地逃避自由，在追求人格独立时又时时本能地惧怕孤独。“我欲乘风归去，又恐琼楼玉宇，高处不胜寒，起舞弄清影，何似在人间。”这是中国知识分子直到今天仍存在的一种心理状态。中国知识分子总是盼望着与现实保持高度和谐，总希望自己是大众中的一员，即使自己走在了前面，身后也要有千百万追随者，成一呼百应之势。我们没有浮士德精神，甚至没有堂·吉诃德精神，有的是与生俱来的对于孤独和寂寞的恐惧，有的是对家国的依恋和寻找归宿的本能。当迷人的阳光发出醉人的召唤，中国知识分子挺身欲立成人的形象，甚至试图冲破旧规范而做一个自由人。但现实的困顿却使得很少有人能够执着追求而一往无前，很少有人能够承受无家可归的孤独感和上帝死了之后的漂泊感。事实上我们的文学早已在传达这种哭诉之声了。哭诉之后如何呢？有两种可能：一、得到众人的应和而不再孤独；二、最终得不到应和，那么多数人的选择是放弃一切追求而颤抖着双腿急步退回出发地。那里是家，那里有安全感。这是很自然的，试想，风雨之夜独行于旷野，已经走得很累很累而前途渺茫，旧家就在不远，中国知识分子有几个不立即回家呢？尽管家中只有糠窝窝和胡萝卜，尽管妻子丑陋而且不解人意，尽管父亲板着面孔不准咳嗽，可是，害怕孤独就只有回来。

因此种种，人在一场风雨中的萎缩和失落就是不可避免的了。

1991年7月　曲阜

第二辑

在鲁迅的道路上艰难迈进

——论新时期文学中的民族文化自我批判

一

新时期文学发轫之初，《班主任》轰动文坛，尽管它已经承载了文化批判的主题意向，但由于当时社会注意力集中于那个时期所必然形成的热点——政治，人们还是更多地从生活现象的表层去分析和理解这部作品，而没有注意谢惠敏思想和行为所反映的文化深层结构。因此，人们只把她的思想僵化看作特殊时期政治反常造成的性格反常，而没有注意到更为久远、更为深厚的文化心理基础所提供的性格必然。到高晓声的陈奂生系列小说发表，批评家们不约而同地指出他身上存在的“阿Q相”，说明从作家到批评家文化批判意识的初步觉醒。邓友梅的《那五》以其特有的艺术魅力征服了读者，也许作者自己并未充分意识到他所反映的文化心理已超出于没落的八旗子弟范围，但吴若增的系列小说无论是《蔡七爷和他的瓜皮帽》还是《翡翠烟嘴》，都显示了作家在国民性格弱点方面的有意识探求。1984年，王兆军的《拂晓前的葬礼》和贾平凹的《腊月·正月》发表，显示了新时期文学中文化批判意识的进一步自觉和强化，并形成了第一个引人注目的浪峰。两作都从探讨现实变革的阻力出发，挖掘了民族文化心理的痼疾。这条途径本身就预告着文化批判大潮的到来，因为我们的时代正为变革的艰难而苦恼。

1985年以后，随着中国大地上文化自我反省意识的普遍萌发，文坛迎来了一个文化自觉的时代。反省民族文化、揭示与批判国民性的主题在文学创作中大量涌现。大批作家的艺术批判锋芒由极“左”政治转向文化心理。陆文夫的《井》不仅标志着这位《美食家》的作者由文化表层描述转向文化心理和氛围的批判，也是一批中年作家没有任何宣言的批判性“寻根”行动的显示。小说描写徐丽莎在重见光明之后投井自杀。迫使她自杀的已不再是政治，而是她所处的那个文化环境，具体地说，就是留存于人们头脑中的传统文化心理。作品不仅揭示了她的婆婆、丈夫头脑中的封建意识，而且揭示了她的助手以及她自己头脑中的种种旧观念，还有井台上那些长舌妇们所体现出的浸透着封建伦理的群体意识。鲁彦周的中篇小说《苦竹林，苦竹溪》发表之后似乎没有引起批评界的重视。小说的女主人公尚文芬是一个历史冤案的受害者，但小说却没有写成一个平反冤假错案的故事，而是在追寻战争年代已经存在的“左”的政治路线的同时，揭示了尚文芬文化性格的悲剧：几十年受尽委屈而毫无怨言，始终不被信任而始终一片赤诚，为人正直却带有固执的偏见。正是长期的心理矛盾和自我压抑终于导致她精神分裂，最后在苦竹溪即将开始新生活的时候紧抱石碑为昨天而殉身。作者写她出身于书香门第，自幼饱读诗书，这种描写更增强了对传统文化的艺术批判力。长于从政治经济角度描写改革的蒋子龙也把笔触伸进了民族的文化心理，写出了具有鲜明的文化批判色彩的《阴差阳错》和《蛇神》。王蒙的《活动变人形》以批判的目光审视着父辈的文化心态。写《将军吟》的莫应丰写出了具有强烈的文化批判意义的《驼背的竹乡》。谌容的《献上一束夜来香》以一个极小的事件批判了扼制着人的主体意识觉醒的文化心理。李锐的《古墙》《厚土》、王兆军的《不老佬》、王安忆的《小鲍庄》、侯贺林的《女子世界》、冯骥才的《三寸金莲》、聂震宁的《长乐》、金河的《神童》、韩少功的《爸爸爸》、张炜的《古船》、四海的《蛙鸣》、张石山的《仇犹遗风录》以及话剧《死罪》《狗儿爷涅槃》、川剧《潘金莲》等等，显示了这一思潮广泛而深入的蓬勃发展。

我认为，这股批判思潮的出现是极有历史意义的。它是五四新文化运动没有完成的历史任务在新的时代条件下的继续，是中国反封建的思想革命在受阻而停滞几十年之后的发展和深化。

一个伟大的民族若要永葆青春，就必须不断地进行文化的自我反省。非常遗憾，中华民族在几千年中由于自身曾经有过的强大和荣耀，一直缺少这种必要的自我反省精神，而满足于在“天朝大国”“文化优越”的梦中陶醉。中国古代正直的知识分子不乏强烈的民族忧患意识，不乏批判的勇气和为真理而斗争的气概。他们常与昏庸无道的统治者展开激烈的斗争，但另一方面，却又常常使自己扮演了卫道士的角色。他们可以在政权执掌者离经叛道之时挺身而出，甚至为拨乱反正而抛头颅洒热血，却从不对自己所信奉的价值投之以怀疑的目光。正因为这样，在中国两千多年的历史上，统治者如走马灯一样你方唱罢我登场，而儒家学说所缔造的礼治秩序却能如中流砥柱。鸦片战争以后，先进的中国知识分子引进了西方文化这一参照系，一个古老的民族开始自我反省。但是，一个传统过重的民族要进行彻底的反省是艰难的。洋务派的思想家们承认枪炮不如人，却拒绝对文化进行自我批判。直到甲午海战和戊戌变法失败，中华民族早醒的儿女才意识到文化传统的重负，认识到文化自我批判和更新的重要性。严复曾提出“鼓民力”“开民智”“新民德”的主张，并把它作为变法维新的根本（《原强》）。梁启超在总结变法失败的教训时认识到了必须“振刷国民之精神”（《戊戌政变记》）。邹容曾大声疾呼“拔出奴隶之根性，以进为中国之国民”（《革命军》）。然而，觉醒者毕竟寥若晨星，照不亮大地的灰暗。辛亥革命在政治上推翻了帝制，这个伟大的革命所带来的新的政治体制与中国固有的文化传统的矛盾进一步促进了中华民族文化批判意识的觉醒，文化革命提上了中华民族历史的议事日程。应这种历史要求而发生的五四新文化运动，是新的革命的前奏，又是辛亥政治革命之后的文化革命补课。为了从专制主义的精神枷锁中解放出来，为了使古老的文化获得新生以适应革命后的政治体制，中国进步的知识分子对传统文化进行了第一次全面的总批判。陈独秀、李大钊、胡适、鲁迅……这些名字已经镌刻进中华民族的文化革命史。鲁迅第一次把这种文化批判引进文学创作，以文学形式给传统文化以艺术透视。这位终生致力于反封建的思想革命的战士以他不懈的上下求索的精神拓出了一条至今闪耀着光辉的路，为我们留下了《狂人日记》《药》《孔乙己》《阿Q正传》《祝福》等光辉的篇章。

但是，七十年的历史已经告诉我们，进行彻底的文化自我批判是何等艰难！有人认为五四运动给中国文化造成了断裂，事实恰恰相反，“五四”并未矫枉过正，而是对旧文化的冲击还极不彻底。由于历史提供的条件限制，它对旧文化的清算没有能够继续下去，只伤其皮毛而未动其筋骨。由于与之俱来的民族矛盾和国内阶级斗争浪潮的高涨，这个革命并未收到应有的效果，而是发生了令人欣慰也令人伤心、推动了历史发展又延误了历史进程的转向。在文坛上，鲁迅的路后继乏人。鲁迅的作品至今在人们心中闪闪发光，除了作品本身艺术的炉火纯青之外，重要的原因就是一个无法否认的社会事实：反封建的思想文化革命虽历七十余年而仍未成功。民族的文化惰性和性格弱点不仅远远没有得到应有的改造，而且由于特定时期的环境适应而恶性膨胀。而我们的文学却对此缺少思考。关于国民性的思想曾经被认为是鲁迅早期思想的局限，所以，赵树理的《登记》和老舍的《茶馆》那样的作品尽管都为国民性画了句号，却仍然少得可怜而且明显不合时宜了。到了“文革”期间，“国民性”的提法自然大有超阶级之嫌，祥林嫂觉悟太低，杨白劳应该富于反抗精神，劣根性只表现于反动阶级……鲁迅的路当然得不到延伸。

当一场大灾难过去之后，人们透过泪水和血迹审视灾难的根源，首先发现的当然是政治上的原因，是灾难的直接制造者。但随着反思的逐步深化，文化这一无法回避的根源不能不被发现。由于文化批判出现过的间断，这种继续就显得尤其可贵。

我认为，这种文化批判思潮的出现，也是极富于现实意义的。它应现实变革的历史要求而产生，并将对中华民族现代化的进程产生积极影响。

自康梁以来，中国进步的知识分子总是谋求社会的变革，却也尝尽了失败的灰心和失望。辛亥革命终于推翻了封建帝制，胜利的喜悦却立即被失望淹没，无数烈士的鲜血换来的只是一块共和的招牌。用鲁迅小说中的话说，就是“官还是原官”。可是，即使官不再是原官又怎么样？人民以极大的热情支持国民革命军北伐，蒋介石政府的建立同样令人失望。人民不惜以鲜血和生命谋求再变革，1949年，一面鲜艳的五星红旗在天安门城楼上升了起来。当欢乐的颂歌唱过之后，人们才感觉到建立一个真正的新中国是多么艰难！在这片辽阔的土地上，封建主义的幽灵随时可以披上种种新装出现。有人把十年动乱与传统文化对立起来，其实，它恰恰是传统文化恶性发展的必然产物。动乱结束，中国人从噩梦中走出，厉行改革。进入80年代之后，变革已经成为我们时代的时代精神。我们的社会正在进行着一场革命，它不是轰轰烈烈的，却伟大而深刻。风雨寒暖，任何挫折都不能逆转这一历史的总进程。几年来，中国人民的改革大业已逐步展开，并初获成效。但是，谁也无法否认，我们的改革事业并非一帆风顺，并非一切都如人愿。从被称作“改革文学”的作品中可以看到，改革困难重重，矛盾复杂，社会的久症顽痾并非都能迎改革之刃而解。使人产生痛苦思考的不仅是改革的重重阻碍，而且还有那些改革“成功”之处播下龙种收获跳蚤、种下西瓜结出苦果的悲剧。现实存在的种种问题究竟源于何方？在过去一段时间里，我们常常把社会存在的一切问题简单地归于“十年动乱”和“林彪‘四人帮’的破坏”，而今天的现实是“四人帮”垮台已经十年，虽然其恶劣影响不可低估，但一些新的问题已经无法记在十年动乱和林彪“四人帮”的账上。在过去一段时间里，我们常用政治路线上的“左”或“右”来解释一些问题，揭露和批判极“左”的政治路线也曾是我们文学的一个中心主题，今天，“左”的政治路线显然已经不再占有统治地位，一些新的问题不断出现，并非用“左”或“右”能够解释得了。由于这样一种现实背景，人们逐渐认识到，一些问题的存在并不仅仅在于政治路线和方针政策，甚至不仅在于社会制度，一种社会制度的优越性不仅受着经济基础的制约，而且受着民族的文化传统特别是作为“深层结构”的文化心理素质的制约。一个社会内部，经济、政治、文化三者必须保持平衡和谐，相互之间彼此适应，社会才能稳定而不危机四伏。中国不仅需要经济体制的改革和政治体制的改革，而且需要一场真正的文化革命。人们因此而转向“五四”，注目鲁迅奋斗过的文化道路，对民族的文化传统进行冷静的批判性思考。从这个意义上说，新时期文学中文化批判思潮的兴起，正是文学在这个大战局上做出的合乎现代化进程的积极选择。它既是“反思文学”的发展——从政治反思到文化反思，又是“改革文学”的深化——从呼唤经济改革到呼唤文化变革。

二

由于面临不同的历史任务和现实要求，不同的时代对文化有不同的选择，文化批判的内容也大不相同。这种不同的选择体现着特定的时代精神，反映着一个时代文化重铸的方向，从而影响着一个民族的历史进程。因此，任何一个民族，任何一个时代，都不能不对这种批判的具体内容密切关注，为此而发生的激烈斗争、甚至流血事件在中外历史上都非罕见。

由于中国有两千多年的专制主义传统，以鲁迅为代表的“五四”先驱们在进行文化批判时的主要对象是传统文化的主体。显然，新时期文学中的文化批判也以反封建为突出特征。无论写“伤痕”还是“反思”“改革”，在政治上批“左”的同时，文学中起伏激荡着反封建的旋律。无论是官僚主义、不正之风还是思想僵化，在文学中表现出来都有封建色彩。无论是妇女的命运、小人物的苦难还是普通的人生悲剧，在文学的聚光镜下都显露着与封建思想观念的密切联系。如果文学中的反封建在政治上主要表现为对专制政治和官僚特权的批判的话，在文化上则主要表现为对伦理观念及其塑造的集体无意识的批判。

“五四”以后，鲁迅所进行的文化反省着重在国民性的剖析与批判，新时期文学在自觉地开始文化批判之后，国民性仍然是一个重要关注对象。这里所说的“国民性”沿用鲁迅的用法：意指国民的劣根性。新时期文学对国民劣根性的批判并非全面展开，而是集中于几个重要方面：

（一）对温驯怯懦性格的批判

这种批判集中表现于农民、妇女和知识分子形象的描写。最先是结合对极“左”政治给人民造成的苦难的揭示进行的。高晓声从农民的政治地位和经济地位出发，考察极“左”政治对农民的危害，同时揭示了农民的局限。李顺大是一个“跟跟派”，陈奂生饿着肚子还是“等等看”，他们都善于忍耐，逆来顺受，善于屈从，而缺少独立的个性和对自由与权利的要求。他们的性格是现实体制的产物，同时也是文化传统的塑造物，同时又成为极“左”政治和专制传统得以残存的基础，为极“左”政治的扩张和“会出皇帝”提供了可能。张弦从政治和伦理的角度对中国妇女的命运进行思考，也对她们自身的弱点做了深入的揭示。《未亡人》中的周良惠与丈夫生活了二十多年，却安于丈夫居高临下的赐予式的“爱”。存妮的死不仅由于蒙昧与野蛮的外力，也是埋藏于自己内心深处的道德观念这颗炸弹爆炸的结果。《银杏树》中的孟莲莲最后的心满意足使我们看到这个青年血液中的旧观念。侯贺林的《女子世界》为我们提供了一系列可怜的妇女形象。《吊带》

中的女人比丈夫强壮得多，却在丈夫面前逆来顺受。她卖陪嫁支持丈夫革命，革命胜利之后却被抛弃。丈夫已经另娶，她却终生不再嫁人，为他守着，甚至满足于“俺是大房”。五毛钱的一副吊带由于被说成是丈夫买的，不仅治好了她的病，而且使她终生满足。张石山的《四个互不关联的故事》中的七奶奶由于穿不进嫂子的鞋而被丈夫遗弃，却为那个已经不存在的丈夫守节守了一辈子，直到临死还以能对得起丈夫而自豪。《井》中的徐丽莎，《苦竹林，苦竹溪》中的尚文芬，都对命运毫无反抗，甚至紧抱已经腐朽了的枷锁不放。这些女性善良驯服，逆来顺受，自卑自贱，容易满足，个性完全泯灭于所谓的传统美德之中，使我们看到旧文化塑造的心狱是怎样把人变为奴隶，变为任人宰割并自己宰割的羔羊。

无论是李顺大住猪圈、陈奂生“等等看”，还是周良惠的麻木、傅玉洁的屈服、孟莲莲的满足、徐丽莎的自杀，都是缺乏主体意识的一种表现。知识分子本应是先知先觉，但中国的知识分子却大多如傅玉洁、徐丽莎们一样缺乏主体意识。冯骥才的《啊！》曾表现过知识分子胆战心惊的脆弱心态，虽然当时作家的着眼点在政治控诉，但那种经不住一点风雨的心态却毫无疑问是中国文化传统的产物。近几年随着文化意识的强化，对知识分子这种怯懦性格的揭示越来越多。谌容的中篇小说《献上一束夜来香》是有代表性的。李寿川三十多年从未有过主体意识，在机关，他是沈处长的部下，唯命是从地工作；在家里，他是老婆的忠实奴仆，老婆指到哪他就干到哪；他从未想过自己要干点什么。今天，这个历尽沧桑的老人却在迟暮之年突然产生了自己的追求，买来一束童年的梦中的夜来香。但万没想到一束鲜花给他带来了灾难，竟至折磨得一病不起。值得注意的不是机关里的流言蜚语、卫道士朱喜芬的大张挞伐和沈处长的充满醋意的盘问，而是他自己诚惶诚恐的检讨。本来自己没有错，却偏偏一再检查自己，越承认错误，就越是永远说不清。郭飞告诉他：“别人怎么说，怎么看，你完全可以不管。”他却没有那么强的个性。齐文文告诉他：“您干吗老说错了错了的？买花、送花，都是个人的私事，谁也管不着，别理那帮无聊的人。”他却仍然战战兢兢，唠唠叨叨。小说对他的怯懦性格作为文化渊源的揭示：

一幅中堂，挂在父亲的书斋，是字。是两个大字：“无欲”。背诵、默写、记住。罚站、罚饿、罚跪。膝盖脆肿了，站起来，站起来又倒下了。

站起来，站不起来了。

（二）对主奴根性的批判

在我们的国民性格中，不仅有自卑自贱、屈从于权力、讨好主子的奴性，而且有一种主奴双重人格。鲁迅探讨过的这一领域在新时期文学中成为一个批判重点。

话剧《死罪》中那个青年农民眼睁睁看着铁军营长把自己的妻子抱去强奸，在妻子凄厉的呼救声中不敢抗争，却在妻子被强奸之后责问“为什么不反抗”，要她“既然不能做节妇，就做烈女”。他看见营长就吓得发抖，但得知营长已经失去反抗能力的时候却凶相毕露，残暴异常。那句“在羊面前是狼，在狼面前是羊”的台词使人想起鲁迅的有关剖析：“遇见比他更凶的凶兽时便现羊样，遇见比他更弱的羊时就现凶兽样。”（《华盖集·忽然想到》）《桑树坪纪事》中的李金斗也体现着这种性格的二重性：在上级面前唯唯诺诺如羔羊，在村民面前粗暴野蛮如猛虎。《河魂》中的孟老根品行并不恶劣，却也同样带有这种性格：在上级面前逆来顺受，在下级面前独断专横。新时期文学中写到许多机关的守门人、招待所服务员等角色，如王蒙的《悠悠寸草心》中的传达室工作人员，高晓声的《陈奂生上城》中的招待所服务员，古华的《筛子》中的服务员、所长、县委书记等，他们的青白眼，他们的冷淡与殷勤，都体现着作家对那种主奴根性的厌恶。

如果说《死罪》等作品所揭示的是二重性的共时性存在的话，李锐的《古墙》等着重表现的是它的历时性存在形态。对主奴根性的历时性存在形态的思考源于文学历史意识的增长，也许现实生活中的这类现象刺激了作家，使他们去思考阿Q革命如果成功之后。《古墙》试图远距离鸟瞰人类历史和文化，对农民心理做了深刻的揭示。郭福山日夜所思，是盖一座独门独院，自己摇着扇子，长工为他干活。他年轻时闯口外为人扛过活，几十年之后，土地承包到手，便专门从口外雇来一个帮工，对其大耍主子威风。小说中那条富于象征意义的磨成石槽的石路，已深印在我们民族文化心理的深层。四海的《蛙鸣》中的老德香，当长工时被地主用烟袋敲过，他所盼望的就是早晚有一天用烟袋敲一下自己的长工。所以，土改时他不仅住进了地主的宅院，而且要来了地主的那杆烟袋。自己受过奴役，就要奴役别人，“多年的媳妇熬成婆”，当了婆婆就去折磨媳妇。这种可怕的报复心理使得奴才做了老爷决不废弃老爷的称号。取而代之的理想形式使历史的一次次变革沿着同一辙印循环往复，白白付出血的代价。这种历史的思考缘于痛苦的经验。

（三）对崇古守旧文化心理的批判

中国是一个农业古国，由于农业生产对经验的依赖，在经验上占优势的老人受到理所当然的尊敬；由于农民所受的种种压迫，使他们只能维持简单的再生产而无力改进生产技术，几千年生产环境、生产工具、劳动产品和操作方式不变，使继承前人的经验比创新和开拓更为重要；由于土地和生产技术的祖孙世袭，自然会产生对长辈和祖宗的崇拜；由于以农业为主的小生产对自然力的依赖，必然导致了敬天畏神，敬神与敬祖又合为一体；因此，中国人形成了一种崇古守旧的心理习惯，美化祖先，崇拜古董，维护传统，反对改革，凡是祖传的都是好的，一切都必须有陈规可循，“天不变，道亦不变”，搬动一张桌子都要流血。

这种文化心理在新时期文学中被许多作家所剖析。从早期吴若增的《翡翠烟嘴》和《蔡七爷和他的瓜皮帽》到贾平凹的《小月前本》和《腊月·正月》，再到韩少功的《爸爸爸》和刘索拉的《你别无选择》，可以看到一条发展和扩散的线索，而向上追溯，还可以与那些思想僵化的形象表现联为一体。在蔡庄人身上，在王和尚和韩玄子身上，在贾教授身上，在鸡头寨的群体意识中，都可以看到被作家揭去了遮盖物的崇古守旧意识。韩玄子这个已经退休的农村中学教师偏偏拼力与专业户王才较量，与改革对抗，并不是因为大锅饭给了他什么好处，而是在于王才破坏了旧有的生活秩序。在韩玄子看来，“是龙的还得是在天上，是虫的还得是在地下”，“他王才是什么东西？”竟然以能赚钱而在村里像个人一样走来走去，这是决不能容忍的。《爸爸爸》中那种盲目的祖先崇拜和长辈权威，敬天畏神和对传统的迷恋，以及篡改历史、美化祖先、回避现实、自我封闭、在大自然逼迫之下步步逃遁的做法，都凝聚了作家对中华民族崇古守旧意识的批判。

（四）对精神胜利、知足常乐的精神惰性的批判

由于历史上过多的动荡和苦难，由于庄子哲学寻找精神逃路并以心理开

导解脱精神痛苦的方法的影响，我们民族的性格中有一种精神胜利和知足长乐的精神惰性。新时期文学对此做了揭露和批判。聂震宁的小说《长乐》表现比较集中：一个衰老破败的小县城，却在县志上大书特书："世有长乐一千八百年之后，方有美利坚合众国。"以古骄人，取得精神上的胜利。一条河流经长乐，长乐人认为只有流经长乐的那一段才算得上是河。河水泛滥成灾，长乐人说上游淹得更厉害，于是求得心理的安慰；上游没有淹，则笑话他们的河里水少，照样取得精神上的胜利。"比上不足，比下有余"，"得乐且乐，知足长乐"，这种处世哲学为长乐人免去了许多烦恼，增添了安居乐业的信心，却使长乐再无兴盛之日，只能在瞒和骗、在自我欺骗中苟活。

应该说明的是，对国民性的批判在一部具体作品中常常是综合的，而非只针对某一个弱点。但上述四点是常见的。这种选择并非偶然，之所以批判温驯与怯懦，因为它是人性的异化与扭曲，使人不成其为人，失掉旺盛的生命力。之所以批判主奴根性，同样因为它扭曲人性，而且阻挡着历史的发展，阻碍着民族走向文明和进步。之所以批判崇古和守旧，因为它限制了人的创造力和开拓精神，不利于变革。之所以批判精神胜利和知足常乐，因为它侵蚀了人的奋斗精神，乐天知命而不思进取。总之，一切选择都与我们时代的人的解放的呼声和改革开放的精神密切相关。

很明显，新时期文学中对民族文化自我的批判与鲁迅有很大的相似之处，它正行进在鲁迅的道路上。这种相似不仅表现在批判的内容上，而且表现在出发点、价值尺度、态度和方法上。鲁迅有感于辛亥革命的结果，从探讨革命的深层阻力出发批判国民性；新时期文学同样着眼于改革与开放，为现代化进程而在文化深处劈山开路。"五四"时期的文化反省主要是批判封建文化，人道主义是有力的思想武器，"人"是鲁迅进行文化批判的价值尺度；新时期文学文化批判的主要内容仍然是封建文化传统，人道主义理所当然地成为重要武器而发挥了作用，"人"也为大批作家自觉地作为批判的价值尺度。鲁迅批判国民性的基本态度是"哀其不幸，怒其不争"，新时期致力于国民性批判的作家同样也是"爱之深，责之切"。鲁迅为改造国民性而批判国民性，新时期文学为重铸民族文化而批判民族文化。鲁迅批判国民性没有把它看作是种族弱点，新时期文学创作中也没有发现中国人人种低劣的结论，而是像鲁迅一样，把它看作一定历史时期国民精神状态的问题，着重批判民族性格中的封建性积淀。

在鲁迅的道路上，这是富于现代意识的作家们的崇高选择，也是中华民族历史发展的必然要求，因为鲁迅为之奋斗的反封建的思想革命和文化革命，对于80年代中国的现代化，仍是当务之急。

三

走上巨人开辟的道路是可喜的。但是，经历了半个世纪之后，一个时代的作家如果在这条道路上原地踏步而没有拓展，则是可悲的。尽管新时期文学中的文化自我批判与鲁迅相比甚多未及和后退之处，但可喜的是在参差不齐之中毕竟有不满足于前代大师之后尘而以深刻的思考进行开拓之处。新时期文学中的文化批判有哪些发展或突破呢？我认为，最突出的是对“脊梁”的毒疮与民族性格中恶的部分及其病因的诊断。

鲁迅在其晚年接受阶级论之后，对国民性的批判并没有停止，但也没有能够继续深入下去。这并不奇怪，上下求索而不见出路的鲁迅承受着绝望的痛苦而又不甘绝望，像我们许多人一样，不愿相信病毒的普遍存在。因此，当他透过阶级论的镜片去观照国民性，终于为自己找到了能够得到某种安慰的区分法。因此，他曾经说过这样的话：“要论中国人，必须不被擦在表面的自欺欺人的脂粉所诓骗，却看看他的筋骨和脊梁。……状元宰相的文章是不足为据的，要自己去看地下。”什么样的人堪称“脊梁”呢？他说：“我们自古以来，就有埋头苦干的人，有拼命硬干的人，有为民请命的人，有舍身求法的人……这就是中国的脊梁。”（《且介亭杂文·中国人失掉自信力了吗》）那么，这“脊梁”怎么样呢？鲁迅没有更具体的论述。他更不可能想到，由于他未做解释的“脊梁”之说，使他批判国民性的斗争成了对空作战，一切努力付诸东流。因为有了逃避的场所，无论“赵太爷”还是“阿Q”，都可以以民族的“脊梁”自居，面对批判的“呐喊”而脸不发红心不跳。

至此，一个问题应该思考：一个民族肌肤生疮并不可怕，可怕的是病入膏肓，脊髓生癌。鲁迅为国民性而拼力呐喊，很难设想只是为了治疗肌肤。

如果那样，对国民性的批判也就成了贵族式的对民众的鄙视。我们承认一个民族有它赖以立世的脊梁，但是，那些堪称民族脊梁的人物既处同一民族文化血缘，身上是否也存在阿Q们的精神血液？

鲁迅多次谈到中国是奴隶的国度。对于奴隶，列宁说过："意识到自己的奴隶地位而与之做斗争的奴隶，是革命家。不意识到自己的奴隶地位而过着默默无言、浑浑噩噩的奴隶生活的奴隶，是十足的奴隶。津津乐道地赞美美妙的奴隶生活并对和善的好心的主人感激不尽的奴隶是奴才，是无耻之徒。"[①]在我们这个民族，这三种奴隶均不缺乏。中国历来不乏揭竿而起的奴隶，但他们之所以变成"革命家"，却常常只是为使自己变成奴隶主，去奴役其他的奴隶。在中国历史上，一次次农民战争付出了巨大的代价，社会变革的车轮却总是在老路上循环往复。这种历史的悲剧鲁迅思考过。那些农民起义的首领是不是民族的脊梁呢？他们身上有没有劣根性？鲁迅在小说中没有回答这个问题。由于同时代人所具有的感情和需要慰藉的心理，鲁迅在批判国民性时没有回答夏瑜们身上是否存在国民劣根性。

在这一点上，新时期文学迈出了较大的步子，对一些堪称民族英杰的人物做了病理剖析。我把王兆军的《拂晓前的葬礼》中的田家祥看作一个象征。他不仅概括了一个时代，也超时代地概括了我们民族历史上一切英雄性格的悲剧。它的成功之处就在于通过一个具体形象使我们联想到民族历史上的许多杰出人物。一个出身卑微的农家子弟，由于社会的不平而产生了强烈的出人头地的欲望。最初只是看到工作队干部除了长裤子还有短裤子，大口大口地吃馒头竟然毫不心疼！于是立志长大也要有小裤子，"而且要穿两条！""一定要买很多很多馒头，给父母吃，自己也吃。"长大以后，自身所处的地位所给予他的政治的和经济的压迫在他心灵上打下了深深的烙印，使他一定要摆脱屈辱，由人下人变成人上人。我们的民族性格的确不只是陈奂生性格和祥林嫂性格，它不乏强者，田家祥就是一个。这同样是我们民族的一种性格。所谓"哪里有压迫哪里就有反抗"也只适用于这种性格。陈奂生和祥林嫂们是无论怎么受压迫也很难反抗的。如果没有田家祥们，历史也就不会有一次次的揭竿而起。田家祥不是那种血性退化者，他是列宁所说的那

①《列宁全集》第13卷，第36页。

种革命家。他的血管里奔腾着几千年来使中国历史颠倒翻覆、取得伟大进步也付出惨重代价的那种血液。苦难和不平成全了他的英雄性格，给了他缘于自卑的强烈自尊，给了他咬牙忍受一切而不忘最终目标的坚强意志，给了他超人的阴谋、手腕和才干。一方面由于群众的愚昧和在苦难中对救世主的仰仗，一方面由于他的苦心经营和坚韧奋斗，他终于战胜了种种困难的考验和享乐的诱惑，得到了群众的拥戴，因而爬上了大苇塘村统治者的宝座。但是，成功之后，他却立即变得狭隘、保守、残暴、专横、怀疑同志、压制群众、不求进取、奢侈腐化。他由“全村人的儿子”变为“全村人的老子”，由公仆变为老爷，由被压迫者变为压迫者，由被掠夺者变为掠夺者，由建设者变为占有者，由大苇塘村历史前进的动力变为阻力。他是大苇塘村最杰出的人物，我们无法否认他是一个英雄。没有田家祥，就没有吃上大米饭的大苇塘村！但是，他奋斗的全过程所划出的抛物线多么令人难过！而更令人难过的是中国几千年的历史正是由这样的英雄和这样的奋斗过程所构成。它使这个民族演出一幕幕悲壮的戏剧，却总是以同样的悲剧收场。从刘邦到洪秀全无不如此。京剧《沙家浜》中的刁小三要强奸妇女时有句漂亮的台词：“老子为你赶走了日本鬼子，你得慰劳慰劳！”那时的文学还只限于对反面人物这样描写，而且与他们的不抗日相对照而形成讽刺，郭建光们是不会这么说和这么想的。新时期文学正在突破这种界限。话剧《死罪》中的铁军营长是真正的抗日英雄，却与刁小三一样要求慰劳。不错，饮食男女也是人性正常的要求，但这种“刁小三哲学”根植于我们民族的杰出人物身上，却使民族的历史成为以生命和鲜血争夺金钱和美女占有权的历史，虎去狼来，生民涂炭，历史难以真正发展和进步。从这样的历史高度对文化和国民性进行反思，文学具有了前所未有的沉重的历史感。

张炜的《古船》虽然有种种艺术上的缺陷（如对抱朴的理想化处理、部分叙述的琐细与沉闷等），但对我们民族性格中恶的部分的揭示成就是空前的。这种揭示由于结合了对民族历史进程的思考而显得更有重量。我们常常满足于这样一种简单的概括：我们的民族是伟大、勤劳、勇敢、善良的民族。但是，只要面对现实略作思考，就无法回避一个向你迎面扑来的不同结论。对这样一个庞大复杂的集合体，任何概括都难免片面。每一个美好的词语加到这个民族的身上都是受之无愧的，但同时又必须加上它的反义词。作为这个民族的儿女，由于深深的爱而使我们感到痛心、惆怅，但严酷的存在却没有为我们准备逃路。她的确伟大而渺小，勤劳而懒惰，勇敢而怯懦，善良而残暴……对此，《古船》做了独到的发现和表现。土改中的民兵惨无人道地奸污地主的女儿，农民割下地主的肉拿回去炒了吃；还乡团回来对他们也如法炮制，四十二人被一起活埋，村干部被五牛分尸，孩子被一撕两半；赵多多奸污地主妻子的梦想在茴子的自杀中破灭，他竟当众撕破她的衣服，在她身上撒尿；“大跃进”，大饥饿，“文化大革命”，每一历史场景都伴随着惨无人道、灭绝人性的行为。而这行为又都有某种合理性。如赵多多对富有者的妒恨，是因为自幼痛苦无人同情。他的凶残是在饥寒交迫中形成的。吃地主的肉者由于苦大仇深，被五牛分尸者由于积恨至深。民族人性中恶的部分造成了恶性循环。小说以沉重的历史忧患意识写出了历史发展中的一条线索：为富者总是不仁，压迫者总是凶残，这一切孕育成强烈的仇恨和炽烈的复仇怒火，复仇怒火中总是燃烧着邪恶的毒焰，因此，复仇者总是再次培养起自己的掘墓人，而掘墓人最后也因恶贯满盈而被埋进坟墓，冤冤相报，未有竟时。这种恶的东西并不属于哪一个阶级，而是为民族所代代因袭。小说写这些，目的当然不是为了展览罪恶，而是让我们更深刻地自省，认识我们自己的丑恶，寻求良方，进行刮骨疗毒的救治。

因此，我们已经看到新时期文学在国民性批判中的又一进展，即对其根源的探索。大量作品都涉笔根源，努力揭示其形成机制和巩固机制。对于不幸命运和戕害人性的行为，中国的普通民众素来不知抗争、不愿抗争。他们常常自身是传统道德的受害者，却又是这种道德的积极维护者。这种状况自“五四”时期就在文学中得到表现，但为什么这样呢？文学却很少做出形象的回答。冯骥才的《三寸金莲》虽然在风俗的描写中常常不自觉地沉溺于其中而欣赏把玩，但总体上的批判仍然不乏深刻之处。缠脚以其残酷的形式扼杀妇女的自然天性，摧残着妇女的身心，因此受到女孩子们本能的反抗。但是，在一种变态的文化中，它又是妇女提高自身价值和地位的手段。所以，戈香莲对缠脚由本能的反抗到无可奈何地接受，由恨戈老太太到感谢戈老太太，由被动缠脚到积极自觉地追求，并在新文化的浪潮拍击着佟家大院时成为顽固守旧者的过程，都是合理而必然的。从这种分析我们明显看到作家在分析国民性时唯物史观所发挥的作用。

四

在人类社会的各种变革中，最艰巨的变革是文化深层结构的变革。鲁迅曾有感而言：“最初的革命是排满，容易做到的，其次的改革是要国民改革自己的坏根性，于是就不肯了。”（《两地书·八》）80年代的中国，举国上下一片改革之声，文化变革却依然不易。在中国，“文化爱国主义”根深叶茂，无论新老，只要成为传统，就成了不可触动的祖宗牌位。中国人并非完全排斥新的，却永远不愿放弃旧的。

在新时期文学中，文化自我批判意识生长的同时，作为一种逆向的存在一直与之发生着有声或者无声的激烈冲突。逆来顺受被当作美德赞扬，任人宰割的羔羊被视为理想人格的范本，愚忠和轻信被誉为“国魂”“村魂”，张扬奴性，歌颂异化，阐发东方解脱之道……这一切在新时期文学中并不罕见。固守传统文化的倾向在文学批判中也表现了出来。有人主张文学推动国民性格的改造，立即有人著文反驳，强调写理想信心和力量。不少人流露出一种担忧：批判国民性有损自信心。殊不知，阿Q们并不乏自信，建立在封建文化和国民劣根性基础上的自信心有不如无。民族的自信心也需要在文化自我批判中重建。

问题的严重之处还不在这些，张扬传统文化以及“寻根”中表现了的文化回归意识在此不论。值得忧心的是由于长期缺氧、贫血造成的思想贫困。由于思想贫困，“五四”批判过的文化糟粕乔装再出，我们的作家却不能识别。一些散发着腥臭的锈镣铐被视为黄金的项圈，旧枷锁被重新油漆，被一些人当作救世的法宝。一些作家有文化批判的强烈动机，在进行批判时却表现出审美倾向的游移、困惑和矛盾，欲批判之，又把玩之。一些有意于文化批判的作家常因缺乏洞察力和找不到批判的价值尺度而陷入盲目，以封建反封建，以旧道德反对旧道德，极力批判国民性而流露出的仍然是国民的劣根性。有一篇小说深刻地揭示了官僚体制的恶性膨胀和人们的权力崇拜心理，以荒诞的形式抨击了官僚体制的荒诞本质。但小说却写了这样一个结尾：由于官僚体制的膨胀，终于造成了官众民寡，不仅真正的权力落到了唯一的群众手里，而且当官的还要反过来拍群众的马屁，于是皆大欢喜。小说前半部分疾恶如仇，后半部分却自欺欺人。这种面对弊病不思变革而作虚幻的自我安慰的心理方式正是我们民族性格的弱点，与阿Q的精神胜利实在相去不远。

由于思想贫困，缺少对文化痈疽的洞穿力，新时期文学中的文化批判缺少足够的深刻性和应有的发展。对国民性的批判大致还限于鲁迅揭示过而且已经被公认的内容。我们的作家沿着鲁迅的文化方向前进者不少，却很少有人学到鲁迅的真精神。作家们大多都在鲁迅挖掘过的开采面上施工，却忘记了鲁迅是在怎样情况下揭示国民劣根性的。鲁迅的伟大之处在于他以现代意识武装自己，在大家司空见惯的“美德”中挖掘出丑恶和卑劣，在“正常”中透视出病态，击碎金碧辉煌的装饰而暴露腐臭的僵尸。今天，辉煌装饰下的腐臭还仍然存在，文学却缺少应有的揭示。按照正常情况，中华民族已具备了对文化自我进行批判性反思的足够条件，因为历史的大劫难有目共睹，民族的劣根性极度膨胀，充分暴露。这种条件比鲁迅当年充分得多，而我们时代的作家没有做出更深刻的艺术批判，不能不是一种遗憾。

由于思想贫困，新时期文学对传统文化缺少彻底的批判。一分为二，批判继承，几十年养成的思想方法使人们如老马识途，总是做如是思考。一代知识分子似乎通通得了中庸之道，不偏不倚，美其名曰辩证地看问题。在这种“辩证”之下，一切都亦好亦坏，无高无低，无优无劣，不必张扬什么，也不必反对什么，更不必改革，不必自新，不必再造，结果只是有利于守旧。被马克思发展了的辩证法被“中和”“中庸”化到这步田地，那位大思想家如果在天有灵，大概也会伤心！这种思想方法极大地限制了文化自我批判的深度和力度。

我赞美并呼唤文化自我批判意识的强化，但是，一些作品使我困惑。如本文前面所说，文化批判意识是政治批判意识的发展和深化，是应变革的呼唤而出现的。然而，我却担心一种忽视政治、逃离政治和陷入文化决定论而为政治开脱的倾向。在一个变革的时代，文学与政治绝缘是不正常的。我们反对文学做政治的奴仆，不等于反对它对政治的关注。我们反对文学受命于政治，主要是指某种特定的权力意志，而不等于反对文学作用于政治和承载政治命题。在这里有必要把权力意志和作家头脑中对于政治的思考区别开来。在中国，政治影响着每一个人的命运，作家既然是社会的良心，文学既然是人学，那就无法不关心政治。今天的时代精神就是变革，文学从事变革事业是光荣而非耻辱，是文学自身价值的实现而非丧失。文化批判也是变革的一个层面，但在今日中国，文化变革如果离开了政治变革，也如政治变革没有文化变革的配合一样，是难以成功的。如果陷入文化决定论，我们可以原谅从慈禧太后到“四人帮”的一切过错，却与变革无益。政治应当承担的责任不应该统统归于文化。因此，我赞美《腊月·正月》《拂晓前的葬礼》《古船》这种文化批判与政治批判结合一体的作品。当此政治体制改革已提上议事日程之时，文学躲进“文化深层”去避风雨，不是值得赞美的倾向。

1987年5月　北京

个人的觉醒与自我的张扬

——论新时期文学的个性意识

一

人们不会忘记70年代末中国社会那个初春时节的社会风貌，中国人的外观突然发生了一个重大变化：奇装异服出现了，高跟鞋、喇叭裤、牛仔裤、蝙蝠衫、麦克镜、披肩发……清一色的大国一下子变成了一个花花世界，尽管当时有人摇头，有人叹息，有人捶胸顿足大声疾呼国将不国，却也终于无可奈何。这种最为表层的世俗时尚说明了什么？它显示的是一种新的文化心理，显示的是一种新的价值观念。甚至可以说，它不自觉地撞响了一种旧文化的丧钟。它，的确是一个文化新时期的开端的最为表层的显示。它所显示的是一种个性主义的思潮。

雅各布·布克哈特在他的《意大利文艺复兴时期的文化》一书中说："在中世纪，人类意识的两方面——内心自省和外界观察都一样——一直在一层共同的纱幕之下，处于睡眠或半醒状态。这层纱幕是由信仰、幻想和幼稚的偏见组成的，透过它向外看，世界和历史都罩上了一层奇怪的色彩。人类只有作为一个种族、民族、党派、家族或社团的一员——只是通过某些一般的范畴，而意识到自己。"[①]在西方，这层纱幕在文艺复兴时期就开始如云

---

①［瑞士］雅各布·布克哈特：《意大利文艺复兴时期的文化》，商务印书馆1979年，第143页。

烟消散，但在中国，却非常不幸，在20世纪80年代的门槛上，又不得不再次进行撕破这层纱幕的斗争。尽管我们对此不免会有被前进的历史遗落的惆怅，但也值得高兴，一个新的时代毕竟开始，个性意识如新的星辰透过飞渡的乱云闪烁着光芒。我想，把它称作新文化的曙光也不为过分。

这曙光在新时期文学中得到了多角度的折射。特别是在一代青年作家的作品中，我们不难找到那个时期所留给作家们的解放感和新奇感。正是这种感觉，促使他们把这一切写入他们的作品之中。曾经引起争议的《近的云》《一个星期六的晚上》《年轻的朋友们》《戴麦克镜的小伙》《迷乱的星空》等作品所描写的人物虽然常常流于浅薄，有各式各样的弱点，但之所以受到批评，却正因为它们那种文化异己者的挑战姿态。既然生活中曾有那么多旧文化的卫道者担心高跟鞋会踢翻铁打江山，喇叭裤会煽动起社会动荡，那么，当不同于传统的“怪异”形象出现，那种大惊小怪就不足为奇了。何况他们还的确带有让许多人视为洪水猛兽的个性呢！《近的云》中的石棱竟然对现实人生持否定态度，努力考上大学又嘲笑这种行为，不满于学校的清规戒律，学文件时故意引起哄堂大笑以出指导员的丑。《一个星期六的晚上》中的“她”竟敢对经典表示怀疑，对学雷锋的活动给以嘲笑，甚至认为传统理论已经不能解答现实生活中的重大问题。陈建功的《迷乱的星空》中的顾志达总是做出与众不同的选择，并且对其自我选择充满自信。郑万隆的《青年三部曲》中的李晖鄙视世俗，喜欢打扮，语言尖利，个性倔强。她对人们的闲言碎语不屑一顾，“我不是为舆论而活着，正像我不是为标兵而活着。”尽管这股思潮像在生活中的命运一样，在文学作品中一出现就受到冷遇，生长的速度却仍然是那么惊人。与人的主体意识的觉醒相伴随，个性意识的觉醒成为新时期文学的一个显著特征，使新时期文学增添了现代的魅力，向着真正的人学进一步逼近。

刘心武的《我爱每一片绿叶》以悲剧的形式突现了一种思想：个性是应该存在的。这似乎很幼稚，很可笑，就像他在《爱情的位置》中说爱情在人的生活中应该有它的位置一样，说的不过是“1+1=2”的常识，但是，在常识已经多年不被承认的情况下，说出最基本的常识，争取本来应有的生活权利，却需要作家们为之努力。

张抗抗的《夏》第一个赢得了较多的读者。小说获奖本身也在某种程度上说明社会对作品所表达的思想的认可。从《夏》到《无雾的冬天》，可以看到岑朗所走的的确是她自己的路，她敢于怀疑，勇于选择，蔑视世俗，我行我素，自己对自己的全部行为充满自信。《淡淡的晨雾》中那个挣脱了旧锁链的大学生郭立楠对“我是革命一块砖，东西南北任党搬”的口号提出了怀疑。那个曾经满足于做“三好”的梅玫也终于开始独立思考，并且发出了如此的慨叹：“假如这个社会能够允许，让每一个人都能在自己的生活实践中选择真正的信仰，那会避免多少人为的悲剧呢?”

苏叔阳的长篇小说《故土》中的叶倩如，敢于摈弃一切世俗之见，不屈不挠地追求爱情，宁肯“不顾脸皮”，也决不失掉爱的机会，“友谊第一，比赛第二”的竞争方式更充分显示了她作为一个现代女性的个性光彩。楚良的《玛丽娜一世》为我们提供了来自农村的信息，玛丽娜勇敢地要求个人利益，反对以血缘关系占有她的劳动所得而跟哥哥分家，这完全不符合传统的伦理规范，却因此而放射出个性的光辉。我还要提到张承志的《北方的河》，作品中的“他”竟然大学毕业后不服从分配，用毕业生的派遣费跑遍祖国北方的大河，立志要做人文地理学家。他对自己力量的坚信，对自我的反省及其勇敢的选择，使这一形象染着时代的光彩而熠熠生辉。这些作品通过人物形象的塑造，突现人物强悍的个性，以乐观主义态度为人的个性追求唱出了响亮的赞歌。

铁凝的《没有纽扣的红衬衫》与《北方的河》等作品不同，更多关注的是个性与社会环境和传统观念的不和谐，在充分展示这种冲突的同时鲜明地肯定个性的价值和人性美的追求。

到了刘索拉的《你别无选择》和徐星的《无主题变奏》，个性意识已经发展到一个不无偏颇的高度。《你别无选择》写了开始用自己的大脑进行思考并支配自己进行探索的一群。他们各有特点，极不一致，因而严重地破坏了旧有的秩序。但其价值正在这里，通过它，我们看到了那种步调一致的群体模式的解体，看到了个体个性的觉醒及其与集体理性的冲突。李鸣整天想退学，因为他意识到自己不是学音乐的材料。小个子整天擦功能圈，似乎无所作为，却终于要到国外“找找看”。森森勤奋好学，却“越来越纯粹地感到他自身需要的不是这种音响”，因而要寻找一种“真正属于他自己的音响”。我们没有任何理由抹杀李鸣、小个子等，因为他们与森森等一样都是追求者，他们对自己的追求的怀疑正显示着他们个性意识的充分觉醒。他们在投身于某种事业时已经不是盲目的，而是能够思索探究其真正的价值和意义，并且包括了对自身的深入思考。由此我想到了徐星的《无主题变奏》，“我”虽然“搞不清除了我现有的一切之外，我还应该要什么”，而且不知道自身是什么，却能够意识到自己的独立性，决不盲目追随潮流，更不愿意让别人决定自己的命运。这种对自身的思考正是自我意识真正觉醒的表现。他最后向老Q宣布：“我只想做个普通的人，一点也不想做个学者，现在就更不想了。我总该有选择自己生活道路和保持自己个性的权利吧！”由此可见正是清醒的个性意识指导了他的选择。

综观这一系列青年形象，不难发现他们的共同特点：他们与传统的行为模式格格不入。他们所害怕的不是个人的孤独无依，而是个人的自我被淹没于群体之中。他们所希望的是自己决定自己的命运，自己为自己的行为负责。他们对传统的道德信条和价值观念提出了挑战。他们厌恶虚伪，反抗世俗，不愿随波逐流，勇于挣脱羁绊，旧有的道德观念和荣誉观念已经很难成为他们的笼头。他们有极强的批判意识，对于传统，对于世俗，对于社会习惯势力，对于经典和权威，都常常毫不迁就，而采取一种断然不合作的态度。性格的独立不羁，心理的骚动不安，对传统的反叛精神，对群体的抗争，以及对自我选择的坚信，形成这一形象系列的基本特征。

毫无疑问，这些形象显示着一股个性思潮的崛起。

这种思潮的出现，对于我们这个民族来说，是极为可贵的。中国漫长的专制社会形成了独特的文化传统。中国文化从某种意义上说是一种以伦理为中心的文化，它的核心就是“礼”。“礼”的核心是一种等级隶属关系。这种隶属关系最集中的表现就是“三纲五常”。一个人在家隶属于家长，在国隶属于君主，在家在国都只有尽孝尽忠，绝对服从。人只有在这种隶属关系中才有存在价值。这种关系与反躬自省的道德修养相结合，就最大程度地压抑了个性。每个人都时时为“存天理”而“灭人欲”，把自己的个性完全消融于礼治秩序之中。由于这种文化的长期熏陶，中国人无论是在心理上还是在行为上，都习惯了逆来顺受，随遇而安，泯灭自我，依附权威。进入现代社会，这种民族性格的惰性是显而易见的。它事实上是许多难以克服的重要问题的直接根源。

在中国近代历史上，曾经有过个性意识的觉醒。鸦片战争以后，中国人首先觉醒的是民族意识，随着甲午海战中民族自尊心的严重挫伤和中体西用做法的失败，个性意识开始觉醒。鲁迅曾经激烈地抨击中国人的“以众虐独”“灭裂个性”而主张“人各有己”“独具我见”，“尊个性而张精神”。五四运动高举民主与科学的大旗，旗上赫然写着的却是一个大写的“人”字。张扬个性曾经是“五四”先驱者们的神圣使命，可惜的是，这场中国文化史上的大革命，却如弧光一闪，当被唤醒者擦着蒙眬睡眼举头遥望之际，看到的却是内忧外患，国难当头和星空的迷乱。在国际环境的影响下，中国大地上的民族意识和阶级意识空前强化。民族意识和阶级意识的觉醒和强化与个性的解放并不一定是矛盾的，但是，结果却是中国现代文化史上一个无法回避的基本事实：外力的作用、客观环境的要求和文化传统的无形制约使政治家们自觉不自觉地操起旧有的工具来拯救民族于危难当中，或者谋求翻身解放。当传统的群体意识与新生的民族意识和阶级意识相结合，刚刚觉醒的个性意识就被淹没了。我不想以任何理由指责我们民族的文化土壤里面培养出来的那些杰出人物，他们的一切行为都有其历史的合理性，人非圣贤，即使圣贤也难以逃脱传统的制约。我只是深感惋惜，历史为什么不给这个民族以从容的时间，使我们从容不迫地上完那堂启蒙课！

由于这巨大的历史遗憾，辽阔的国土上不再有个性意识扎根的土壤。由于阶级意识、民族意识、国家意识的强化，个性意识成为不受欢迎的东西，而在“五四”时期受到个性意识冲击的一切陈旧观念都乘机反扑，以失败者的仇恨扼住了它的咽喉，扭断了它的脖子。这直接导致了60年代的狂热、虔诚和由此产生的史无前例的悲剧。

经过“物极必反”，中国人终于大醒悟。当人们从血泊中站起来回首历史，偶像的金漆脱落了。历史无情地告诉人们，杰出人物也并不总是英明伟大，如果每个人都有自己的头脑，历史的悲剧也许就可以避免或者减轻，民族的创伤也许能够小一点。当神明愚弄了人们的时候，人们才转而相信自己。罗素曾经指出：在西方，虽然基督教伦理中本来就有个人主义的风气，但在中世纪，大部分人的见解也曾处在法律、教理和风俗的统一支配下，人们的理论信念和实践道德受到天主教会的控制，真假善恶不是凭个人的独立思考来断定，而是由宗教会议的集体智慧来断定。“这个体制中的第一个重大缺口是基督新教打开的，它主张教务总会也可能犯错误。这样，决定真理不再是社会性事业，成了个人的事。”在中国的70年代末到80年代初，个性主义思潮的出现也有着与此相同的时代文化因素。

从这样一个文化背景去观照新时期文学中的这一文化现象，从民族文化重铸这一伟大的历史进程去看这一现象的价值与意义，我无法不为个性意识在文学中的觉醒与强化而欣喜、而欢呼和呐喊。

二

在背负着沉重传统的中国，即使到了80年代，个体个性要取得一席之地也绝非易事。个性思潮的出现已有“五四”作为先导和铺垫，但仍不可避免地与旧文化意识发生激烈的冲突。而且，这种冲突是当代中国文化冲突中最尖锐、最深刻、最广泛、最富于历史意义的冲突之一。

新时期文学生动地、也比较深刻地表现了这种冲突。

铁凝的《没有纽扣的红衬衫》受到普遍的好评。安然可以说是80年代中国大地上站立起来的以个性而见光彩的人物。她的主要特征就是“用自己的眼睛看世界”，不管是什么真理，都必须经过自己的眼睛检验才能信服。她模仿爸爸的口吻说的那段话很值得注意：“我，作为一个画家，一辈子要用自己的眼睛，自己的。契诃夫说过：‘有大狗，有小狗，但小狗无须因大狗的存在而惶惑。所有的狗都叫，但都按照上帝给予它的声音去叫。’对吗?”她有自己的头脑，要用自己的眼睛看世界，用自己的眼睛去认识同学和老师。她坦率真诚，不愿意虚伪，不做“三好”的盲目追求者。她评不上三好学生，因为她毫无顾忌地穿那件红衬衫，因为她诚实而不愿意弄虚作假，因为她不愿意虚伪地去处理所谓“群众关系”，总而言之，因为她的个性没有泯灭而且也决不愿意隐藏起来。她为此而放弃了“三好”的荣誉，因为她看到了比“三好”更重要的东西。这位十六岁的少女带着独立不羁的思考站立起来发出这样的问话：“三好学生为什么非得等别人评选?”她要自己给自己定个标准。这个小说的一个重要主题没有得到重视，那就是小说所表现的那种对世俗观念的抗议和对个体个性的呼吁。不仅安然，而且她的爸爸也因画画稍有个性而不见容于世。因此，作家在作品中反复地发出这样的感叹："人要能够按照自己的意志走自己的路，那是一件多么艰难的事呵。"

我们的许多作家已经充分地看到了这种艰难，知道它面对的是一个强大的对立面，必然经历的是尖锐而复杂的冲突。张抗抗的《夏》中的岑朗与吕宏之间，《淡淡的晨雾》中的郭立枢与郭立楠之间，《金鹿儿》中的金鹿儿与"我"之间，《你别无选择》中的森森、孟野与贾教授之间，以及改革文学中的思想解放的改革者们与思想僵化的保守派之间的冲突，都常常反映着这片古老的土地上新生的个体个性与传统文化心理的冲突。

在新时期文学中，个体个性与传统的群体理性的冲突常常如当年鲁迅小说中所表现的，有些人物不知道自己行为的目的，却自觉地维护着旧有的一切，反对"异己"，反对"异端"。可以说，新时期的作家们还没有能够自觉地向着集体无意识发掘，但作品中却已经的确出现了种种集体无意识的表现。张洁的《沉重的翅膀》是写改革的，却对个体个性与既成的守旧的群体意识的冲突做出了准确的反映。改革者们的对手并非具体的某一个人，而是一种环境，一种文化氛围。改革的反对者并非因为清醒的意识而进行清醒的抗争，而常常是因为某种习惯。冯效先暗暗赞赏自己的行为准则："以个人的名义，对某人或某件事表什么态，搞什么名堂，都是冒险的。"在新时期，他惆怅地感叹："现在当领导真难呵，人们的思想像豆腐渣，怎么也捏不到一块去。'文化大革命'以前，有谁敢对本单位的领导这样讲话呢？"这种情绪首先是他的领导地位决定的，但同时也是一种习惯性恋旧。对于一个具有强烈个性意识的人来说，让他做一颗行星绕着固定的轨道运行的确是不愉快的事，但对于一个没有个性意识的人来说，如果失掉了一个具有引力的圆心，他就失去了轨道，就会为失去依附而感到恐惧，会手足无措，无所适从。矫健的《老霜的苦闷》把老霜维护过去的一切的行为解释为一种特殊的既得利益者对逝去的好时光的留恋，确有独特的发现，但如果不是从政治经济学的角度，而是从文化历史学的角度观照，就会发现那种心态并不仅仅属于既得利益者。张洁的《七巧板》中的金乃文那样热衷于代替支书做政治思想工作，甚至劝阻受到侮辱的护士申诉，并非因为自身的利益，而是恰恰因为自己也身受其害。这是一种更为深刻的悲剧。

传统观念常常是一种无形的巨大力量，因为它的承载者是大众。正如王富仁所说："他们的力量不来源于思想的质，而来源于存在的量。作为个体，他们是毫无力量的弱者，无个性就是他们的个性，无思想就是他们的思想，无目的就是他们的目的……这个形象系列的人物在合不在分，‘群性’才是他们的‘个性’，‘个性’在‘群性’中表现得鲜明。犹如蝗虫，作为个体，其‘个性’是模糊的，作为蝗群，才充分表现他们的‘个性’和‘意志’。”①新时期文学比较充分地表现了我们民族的奴性心理和盲目追随的劣根性。对他们迷失于某种观念、无法认识现实、无法认识自身的状况做了成功的揭示。如莫应丰的短篇小说《驼背的竹乡》所象征性地表现的，在那样一个环境中，竟然形成了一种以驼背为美、以驼背为福、以驼背为道德的观念。大家都是驼背的，偶尔有一个不驼背的人就成了怪物，被疏远和孤立，最后竟至无法生存下去。在那里，他们的个体个性早已迷失于群体意识当中，又以群体的力量来扼杀个性、抑制着个性的觉醒。正是在这样的一种冲突中，面对强大而无形的对立面，觉醒者才常常表现出一种深深的孤独感。

新时期的文学家们比较充分地反映出了历史的沉重。文学的倾向性是明显的，但作家们也明显地看到了在我们现实的生存环境中，有个性的人常常要碰得头破血流。在张洁的《沉重的翅膀》中，郑子云在思考：“政治思想工作是要把人变成唯命是从的奴隶，还是最大限度地发挥人的积极性，把他提高到倍受尊重的地位？”他的确是一个具有现代意识的高级领导干部，一个独具个性的改革者，但正因为这样，他的秘书一眼就看穿了他的命运：“他太有自己的个性，太有自己的脾气，常常别出心裁干些不合常规的事，光凭这一点，……郑子云的官运，充其量也只能当到这个份儿上。”

虽然如此，个性主义思潮的出现还是有力地冲击了传统观念。由于这种冲突本身具有文化冲突的性质，它不只反映于生活的某一侧面，而是普遍表现于生活的各个领域，呈现出多层次的表现。从社会学角度看，它表现为个体与群体的冲突；在伦理上，它表现为个体欲求与群体利益原则的冲突；在道德评价尺度上，它表现为自律意识与他律意识的冲突；在思维方式上，它表现为求异思维与求同思维的冲突；在对待传统的态度上，它表现为反叛与因袭的冲突；在心理动机上，它表现为创造求新与保守求稳的冲突……一个根本分歧在于用自己的眼睛看世界还是从社会盲目接受一副有色眼镜看世

①王富仁：《〈呐喊〉〈彷徨〉综论》，《文学评论》1985年第3期。

界；是用自己的头脑思考社会还是从社会接受一个既成的模式和答案；是自己决定自己的人生还是随波逐流或者如山羊一样被驱赶上一条生活道路。这种种冲突形成一个复杂的冲突结构，其基本层次表现为相互交叉的两维：共时性的个体意识与群体意识的冲突和历时性的变革意识与守旧意识的冲突。这两种冲突常常合为一体，因为群体意识总是属于既成传统，所以，个性意识不能不面对一个更大的对立面——古老而强大的文化传统。

三

一个现象似乎值得注意：在新时期文学提供的画面世界里，我们更多地看到的是个性被压抑；但在新时期文学提供的创作主体的主观情感世界里，我们更多地感受到的却是个性潜流的撞击。这一现象使我们看到作家精神世界里个体个性地位的上升。无论作家们是否能够自觉地意识到，一种新的观念的确已经出现而且得到了某种程度的确立，它深入一代知识分子的心中，使时代的审美倾向发生了深刻的裂变。

检看作品不难发现，那些唯唯诺诺没有独立见解的人物，那些循规蹈矩安分守己的人物，在作家们笔下不再是被热情赞美的对象，而成为被嘲讽、被怜悯、被批判和否定的对象。相反，那些性格独特富于个性的人物，那些内心骚动不安、富于创造活力的人物，那些所谓“奇人”和“怪人”，却常常成为被赞美、被歌颂、被肯定的对象。这个时代的英雄人物的精神特征已经发生了根本的变化，他们从集体理性的个别载体转变为具有独特个性的个体。

在新时期文学发轫之初，这种变化已在刘心武的《班主任》中表现出来。作家揭掉了谢惠敏头上那在特定时期社会意识中显示出的红色光圈，将其个性的退化和脑壳中那团不会思维的苍白物质暴露在光天化日之下。这个根正苗红、品行端正、工作积极认真的优秀学生、班干部、团支部书记，在作家心中却成了一个被毒化而需要救治的人物。刘心武当时的着力点当然还在于对当时社会政治的控诉，但事实上却已经显示了一种价值判断标准的移位。在反思文学思潮中，这种新的审美倾向得到了较大的发展。虽然作家们并不都是自觉的，但却差不多都因为一种新的政治感情而改变了审美价值判断。反思文学中的英雄几乎都是恶风浊浪中的独醒者。从一个重要的人物形象系列——1957年因为独醒而获罪的“右派”形象系列可以清楚地看到这一特点。这些形象都被作家们赋予独特的个性，独立的见解，清醒的认识和独立的人格。他们敢于怀疑和探索，而不是一切行动听指挥步调一致向前进。改革文学思潮兴起，那些改革者们也无不被赋予这样的独特个性。虽然由于作家们大都缺乏现代政治意识，又因为生活真实的限定，新时期改革者常常是缺乏新素质的旧人，但他们作为这个特定的时代的英雄人物，其主要特征与50年代、60年代的英雄人物已经大不相同。他们之所以是英雄，在于有改革的勇气，有独特的见解，敢于标新立异，敢于对奉行了几十年的模式和教条挑战。50年代到60年代文学作品中的英雄人物往往是集体理性的化身，是社会群体意识的个别载体，而新时期文学中的英雄却开始成为真正具有个性意识的人。把郑子云、李向南与梁生宝、肖长春相比，这种变化是明显的。

人们已经开始认识到，对教条的绝对信任，对权威的绝对服从，对神明的绝对依附，并非人的美德，而是一种蒙昧和无能的表现。作为一个活生生的人，不应该是机器人，只有接受指令的神经。自己的头脑不是思想的发源地而是别人思想的殖民地，是人生的一大悲剧。人不仅不应该是会说话的工具，而且也不应该是他人的附属品。不少具有娜拉意义的形象出现，说明了中国作家的这种觉醒。《天云山传奇》于有意无意之间使周瑜贞和宋薇形成了鲜明的对照。周瑜贞喜欢议论政治，议论起来尖锐泼辣，特别看不起那些“离开本本就是瞎子”的人。谈到政治是非，她说：“‘四人帮’有‘四人帮’的标准，你们有你们的标准，而我呢，我也有我的标准。”宋薇却对此大为不解：“啊！这么说你和我还有不同的标准?”因为宋薇的青年时代完全是另一个样子：“那时的我，以为这些政治上的问题，都是党和上级的事，我们这些普通党员，只要响应号召就行了。”正因为这样，当吴遥通知她罗群已经成为党的敌人——右派分子时，她为此晕倒，睡了三天，第四天就与罗群一刀两断了。她没有问，也没有想罗群为什么成了右派，而且许多年过去之后也没有怀疑过对罗群问题处理的正确性。作家对周瑜贞的精神特征还缺少更为深刻的认识和把握，但从他对两个人物的态度，以及对宋薇性格的揭示和最终让其觉醒的艺术处理，已可见作者的审美评价。

四

凡是稍有点社会学常识的人，都不会无保留地张扬极端的个性。很难想象因为强调个性就鼓励战士不服从将令，就鼓励胡作非为。任何人都应该知道，并不是一切个性都值得张扬，因为非常清楚，恶与丑也会以个性的形式出现。令人欣慰的是，新时期文学中的个性主义没有走向不健康的极端。

按照马克思主义的观点，文化每前进一步，都是迈向自由的一步。“每个人的自由发展是一切人们的自由发展的条件。”①个性的发展是历史发展和人类进步的标志，又是必不可少的条件。社会的进步总是呼唤着有个性的个体，总是以个体意识对群体意识的否定和扬弃为前提的。人类意识可以有种种划分，从某种意义上我们可以把它划分为个体意识、群体意识、传统意识、当代意识四个交叉层次。个别个体的自我意识是一切人的社会意识赖以建立的条件，社会的群体意识总是建立在个体意识的基础上。作为个体的先驱者的意识为群体接受而变成社会意识，然而，当它成为社会意识之后就常常开始趋于保守而阻碍和扼制新的个体意识的产生和传播。新的个体意识最终却仍然要挣脱社会意识的羁绊而成长为新的社会意识。这就是人类思想观念发展的历史。当一个民族进入文化自觉的时代，为了自身的生存发展和兴盛，就要以有力的措施保护个性、张扬个性、发展个性。众所周知，人类的理想境地是人和自然之间、人和人之间、国家与国家、民族与民族之间的和谐。在这其中，一个重要的矛盾就是个体与群体的矛盾。它难以根本解决，却是思想家和文学家一代又一代为之奋斗的，留下了许多成果。由此观照新时期文学，我们不难发现作家们的探索尚欠深度。新时期文学中的个性意识并非全都无可指责，在一些性格怪异的形象身上，常常散发着卑俗的气息，而且的确出现过一些自私自利毫无社会公德和社会责任感的人物。但是，只要不是因抵触而固守偏见，就可以看见新时期文学在张扬个性的过程中已经做出和正在做出合于这个时代需要的选择。

我们这个时代的年轻人正生长着一种强烈的渴望——实现自我。他们决

①《马克思恩格斯选集》第一卷，人民出版社1972年，273页。

不愿意再次放弃自己人格的独立。他们也正在承受着一种深刻的痛苦，厌恶传统的信条和原则却深感自己周身缠满了绳索而无力挣断。相信自我力量强大的只是极少数，但即使感到自身力量的渺小，也不愿意被群体所淹没。像历史上任何一个重要的变革时期的青年一样，他们在实现自我的追求时渴望得到导师的导引，他们在对一切价值进行重估时也做着自己的选择，于是，萨特的存在主义得到了一部分青年的好感，年轻的作家们谈论存在主义津津有味，但在作品中认真表现存在主义哲学观念的却并不太多。他们即使认真地吸收存在主义的东西，也不过是借助它以使自己从各种束缚中站立起来，通过自我选择和自我设计而使自我强大起来。

我不知道这是一个优点还是一个缺陷：我们这个具有几千年文化传统的民族对任何外来文化都不会原样输入。作为现代意识范畴的个性意识，在其最初进入中国时就有附加物。鲁迅力倡“人各有己，不随风波”，却也曾经在《破恶声论》中透露是为了“群之大觉”和“中国亦以立”。与鲁迅遇到的情况大致相同，新时期作家在张扬个性时也无法回避这个矛盾：个性意识要求人在自身发展过程中达到自我认识，把自己变成一切活动的原则根据，它不要求主体对外界承担责任和义务。这当然有助于个体从群体中解放出来，但对于热血儿女来说，却很难真正做到。无论把忧患意识和责任感归于哪家传统，反传统的斗士也不愿意抛弃这个传统。它在个性意识的作用下剔除了忠君性质，更成为一种珍贵的元素。面对这种选择，不难看到新时期作家的意识风貌：“自我实现”和“为民族”“为人民”如何统一？个性的彻底解放和肩头的群体使命如何统一？作家们多在谋求一种结合而不愿意走极端。也许正是由于这种思考，新时期文学才总是小心翼翼地把个人和利己剥离开来，在张扬个性时赋予个性以更多的社会积极意义。也许正是由于这种思考，路遥才在《人生》中对高加林有点不宽容，张辛欣才在《在同一地平线上》中对她所欣赏的孟加拉虎有所否定。这不能排除传统观念的影响，但也不能否认它源于当代作家所处的现实矛盾。他们不能不倾听人民的呼声，不能不思考民族的命运，因而要在个人与人民、个人与民族间寻找接通点，把社会责任引入个性意识。于是，当代中国人个性意识的理想模式就表现为这样一个过程：把自我之外的对象作为否定物而实现自己的真理性，然后又自觉地承担起社会和历史的责任。郑子云、李向南等改革者，都鲜明地体现着这种选择。

五

在此，必须解决的一个问题就是个体与群体的关系问题。

首先，一些概念应该澄清。个人主义是什么？《现代汉语词典》中的解释是一种“错误思想”，“一切从个人出发，把个人利益放在集体利益之上，只顾自己，不顾别人的错误思想”。但是，鲁迅说过他是个人主义者，许多“五四”先驱都曾张扬个人主义。茅盾在《关于创作》中概括“五四”时期的文学精神时也说：“人的发现，即发展个性，即个人主义，成为‘五四’时期新文学运动的主要目标；当时的文学批评和创作都是有意识地向着这个目标。个人主义（它的较悦耳的代名词，就是人的发现，或发展个性），原是资产阶级的重要意识形态之一，故在新兴资产阶级的意识形态对封建思想开始斗争的‘五四’时期而言，个人主义成为文艺创作的主要态度和过程，正是理所必然。而‘五四’新文学运动的历史意义，亦即在此。”由此看来，他们所说的个人主义并不是《现代汉语词典》中那个“个人主义”。

一个更重要的问题是，是不是张扬个性，就是不要集体？个人主义与集体主义究竟是什么样的关系？事实上，它们之间并不只是矛盾对立的，而是只有个体个性的高度发展，才有真正的集体主义。马克思说过：“人的社会历史始终只是他们的个体发展的历史。”[①]他曾不只一次地声明，他的历史观是“从现实的、有生命的个人本身出发的”[②]。正因为如此，马克思把是否能够使个人得到全面发展看作是区别“真实的集体”与“虚幻的集体”的唯一标准。按照这种区分，抹杀个体价值的集体是虚幻的集体，这种集体在否定了个体的同时也否定了它自身。我们可以设想，一群没有个人的人格尊严、连自己的权利都不清楚的人，固然可以随便让他人意志强加于自身，俯首顺从，步调一致，却也可以对集体毫不负责任，也就不可能自觉地维护集

①《马克思恩格斯选集》第四卷，人民出版社1972年，第321页。

②《马克思恩格斯选集》第一卷，人民出版社1972年，第31页。

体利益。我们在反对个人主义时常常只见其“我行我素”，却没有看见它的“个人责任”。自己做出了选择，当然要为这选择负责。他人代我选择，当然无须我来负责。奴隶不可能、也不应该承担什么责任。我们常常有一种误解，似乎只要扼制了个体个性，集体主义精神就会得到巩固和发扬。其实不然，个体一旦被非法化，它就不会有尊严，而个体尊严的丧失恰恰是集体的危机。他制他律总有达不到的地方。一旦赖以集结的凝聚力下降，不健全的个性就会病态泛滥危害集体。一个不知尊重自己个体的人，不可能懂得尊重其他个体，也就不会产生由个体组成的集体。当今世界的文明状况已经告诉我们，越是个体个性不发达的民族，才越容易成为“一盘散沙”。“树倒猢狲散”，“一将战败千军溃”，今天一致举手拥戴，明天一致呼喊声讨……正是因为集体不是建立在个体个性充分发展的基础上，是马克思所说的“虚幻的集体”。

在这一点上，我们这个民族有着极为深刻的教训。我们的传统习惯于从群体发展的需要出发，给个体制定种种行为规范，根据群体的需要而塑造个体。我们习惯于片面强调群体利益高于一切，而忽视个体的利益。我们习惯于强调和谐，却常常以牺牲个体发展为代价。我们习惯于强调个体的服从性，而忽视个体的独立性。我们习惯于重视群体的凝聚力而往往忽视个体的活力和以这种活力为基础的创造力。在这样一种文化氛围中，孩子从小就习惯了以群体之是为是，以群体之非为非，以群体之善为善，以群体之美为美，时时处处努力与众相同，培养起了牢固的求同思维。其结果却是以保守的共性压制了新生的个性，以历史的成果捆绑了未来的翅膀，窒息了个性，扼杀了天才，极大地影响了开拓型、创造型人才的造就。因而导致群体活力衰竭，历史发展缓慢。同时，又正因为大多数人缺乏个性，才使少数个人意志膨胀者凌驾于群体之上成为可能。

1986年8月　北京

论新时期文学对极“左”政治的批判

进入改革开放的新时期之后，文学首先展现在我们面前的是强烈的政治性。从某种意义上说，70年代末到80年代初的中国大陆文学是一种政治性极强的文学，是密切关心政治而且充分发挥着政治斗争职能的文学。它有强烈的社会忧患意识和高度的历史使命感，而这种忧患意识和使命感主要表现在作家们的政治激情和由此而产生的强烈的政治性主题。它鲜明地反映着那个时代的政治风云，体现着一个时代的作家对政治的关注和思考。

在新时期文学所进行的政治思考中，首先引人注目的是对极“左”政治的批判。因此，从某种意义上说，新时期文学又是在对极“左”政治路线的批判中诞生和成长的。作家们以不同的声音和方式从不同侧面对极“左”政治进行批判，构成了中国新文学史上一个独特的文化景观。这种批判是结束十年“文革”之后的必然，因为社会要发展，就不能不批判阻碍社会正常发展的极“左”政治。因此，在70年代末和80年代初，对极“左”政治的批判成为文学的一个重要主题。

一、批判的三个重点

文学对极“左”政治的批判最引人注目的是三个方面：

（一）阶级斗争扩大化

“左倾”思潮的重要表现之一就是阶级斗争扩大化，而阶级斗争扩大化的基本表现就是把成千上万的好人当作坏人，把不是敌人的人当成敌人，让不应该受到打击和制裁的人受到打击和制裁。这就必然地要制造出一系列冤假错案。

新时期文学在最初的几年集中表现的是“文革”当中流行的血统论和株连政策对人民的严重危害，特别是对那些出身于非无产阶级家庭的无辜的青年的摧残。在“伤痕文学”中，不少作品写了血统论给人们带来的灾难和不幸。

在《伤痕》中，母亲被打成“叛徒”之后，王晓华提前下乡，拒绝接受母亲寄的东西，以示决裂之彻底。这一切需要付出多么大的代价可想而知，但她仍然受到种种歧视，连共青团也加入不了，甚至失掉了爱的权利——为不连累恋人的前途而紧紧关上了爱的窗户。“文革”时期非红五类子女因为血统而遭受的痛苦由此可见一斑。

然而，对血统论的揭示却有一个往往被忽视的发展和深入的过程。应该感谢“文革”制造了一些冤假错案，因为冤假错案有翻案的可能，就留下了一个可以突破的环节。事实上，血统论对人们的危害以及它所留给人们的精神创伤在此之前已经普遍存在，但在过去的时间里，无论社会舆论还是文学创作都是绝不可能为“阶级敌人”鸣冤叫屈的。新时期之初这类作品大都与《伤痕》一样，虽然在控诉血统论的危害，所描写的“阶级敌人”却仍然是假的。他们本来是革命干部，却被打成叛徒、特务或走资派而使子女受株连。但是，这些作品的作用是巨大的，因为尽管王晓华们的血统是纯正的，人们却已经由此感到了血统论对真正的“黑五类”的严重摧残，并且必然地引起如是思考：如果王晓华们是真正的阶级敌人的儿女，难道就应该遭受那种非人的折磨吗？作家们对于问题的真正严重之处必然地要进行他们的思考。于是，一些真正反映长期存在的血统论问题的作品出现了。在这些作品中，影响比较大的是李发模的长诗《呼声》和崔德志的话剧《报春花》。

《呼声》发表于1979年《诗刊》第2期，一发表就引起了强烈的反响。作品用诗体书信的形式诉说了一个姑娘在极“左”政治路线盛行时期被血统论一步步逼上绝境的悲惨故事。一个纯洁可爱的少女，由于出身于地主家庭，就再也无法逃脱苦难的命运。她向往美好的生活，但血统给她的生活罩上了阴影，使她只能陷入悲惨的境地。她应该有权利爱别人，也有权利被人爱，但是，她的爱被一道人为的高墙隔绝。血统论毁灭了她的理想和青春，剥夺了她的权利和尊严。由于爷爷是地主，她无论怎样热爱祖国，无论怎样积极地改造自己，无论如何努力工作，都改变不了自己的命运。她为此而付出种种代价，为此而受尽种种凌辱。当她的青春因为出身不好而可以被随意蹂躏和野蛮掠夺的时候，她终于无法忍受生活的折磨，呼喊着告别了这个世界。她的死是对血统论的抗议，是对阶级斗争扩大化理论基础上形成的血统论的血泪控诉。这呼声是当代中国历史上那些出身于非无产阶级家庭的青年共同的心声。虽然没有确切的调查和统计，我不知道在中国曾经有多少所谓"黑五类"子女。但历史不会忘记也无法掩盖，由于阶级斗争扩大化，千百万本非阶级敌人的人仅仅因为父辈或祖辈被划入阶级敌人的行列，就被剥夺了普通人的生活权利，被歧视、被虐待甚至被杀戮。

这一切，最初是不可能得到表现的，但它在一些作家心中产生的冲动却推动着作家去控诉这种野蛮的暴行，而且使他们一旦谈及这些脸上烫有红字的群体，就难以抑制内心的悲愤情感。李发模在谈他的《呼声》的创作时说："在下乡采访中，我常有机会和一些知青接触……多次耳闻目睹过他们的婚姻恋爱悲剧。分明是一对好好的情侣，只是由于出身的差异，便只好鸳鸯拆散。有的被逼疯逼傻，更有的跳崖跳水，上吊自尽……在十年浩劫的日子里，封建的血统论夺去了我们这一代多少不幸者的青春、生命呀！"（《我是怎样写〈呼声〉的》）

比较集中而且比较深入地对血统论进行揭露与批判的作品当属崔德志的话剧《报春花》。这是最早把对血统论的批判搬上戏剧舞台的剧本。作家设置的戏剧冲突是正确思想路线和错误思想路线的冲突，也是高尚人格与卑下人格的冲突，但其中的主要矛盾是正确路线与极"左"政治路线的冲突。剧作家着力批判的是极"左"政治观念之下的血统论思想，着力揭露的是极"左"思想对那些出身于非无产阶级家庭的子女的严重伤害。粉碎"四人帮"之后，老干部李健恢复了纱厂党委书记兼厂长的职务，当他走上领导岗位时，面前摆着的是一大堆亟待解决的问题：一个冒牌的先进企业，到处是虚假的繁荣，生产月月超额完成任务，红旗得了一面又一面，奖状挂满了办公室，实际上却是产品积压，商店不收，用户退货，经济严重亏损。这种状况本身就是极"左"政治造成的。可是，问题的严重之处还不在这里，而是一些领导干部的极"左"观念在严重阻挠着生产的发展。面对这样一个烂摊子，李健经过深入调查研究发现了质量问题是厂里的主要矛盾。要提高产品质量，就要树立优质高产的标兵。真正的标兵只有白洁，因为她是唯一的一个五万米无疵布的工人。但是，白洁出身不好，父亲是历史反革命，母亲是右派，阶级敌人的女儿，自然是地地道道的“狗崽子”。这样的人能做标兵吗？围绕这个问题，矛盾冲突在党委书记和副书记之间展开，也在两个家庭四个人物之间展开：李健与女儿李红兰，吴一萍与儿子吴晓峰，两家四口在树立白洁做标兵的问题上形成了两派，各自表明自己的态度，显示着自己的立场和思想感情，也显示了不同的道德水准。李健敢于冲破种种条条框框，以现代化建设大业为重，反对血统论，主张看人要坚持重在表现，坚持树白洁为标兵。党委副书记吴一萍思想僵化，坚持“左”的观念，坚持以阶级斗争的观点看问题，坚决反对树白洁做标兵。李健与吴一萍发生了激烈的冲突。而李健的女儿李红兰却站到了吴一萍一边，吴一萍的儿子吴晓峰却站到了李健一边。于是，矛盾冲突就不仅表现在单位，而且在家庭生活中同时展开。

剧本通过白洁形象的塑造使人们清楚地看到了血统论的残酷和荒谬。白洁是一个精神上受到严重创伤而心灵纯洁、品质高尚的姑娘，一个勤勤恳恳、埋头苦干、成绩优异的纺织女工。她从小就立志做一个对人民有用的人，但因为父亲是历史反革命，母亲是右派，上学时戴不上红领巾，进工厂入不了团，长期受着精神上的折磨。生活使她知道自己“生下来就和别人不一样，只能埋头苦干去偿还父母欠下的债，而不能期望别的”。这种生活处境形成了她独特的性格特征：沉默寡言，委曲求全，忍辱负重。她感情热烈而从不敢大胆表现，头脑清醒而从不敢理直气壮地争辩是非，默默奉献而从不敢争取任何属于自己的东西。然而，正是这个外表冷漠的姑娘，在动乱岁月里冒险营救被迫害的老干部李健，帮助被关在监狱里的吴晓峰。正因为这样，吴晓峰深深地爱上了她，而远离了那个在他被关进监狱时与他划清了界限的女朋友李红兰。在生产上，她默默地坚守岗位，四年干了五年的活，创造了连续五万米无疵布的最高纪录。但是，就是这样一个好工人，要被树为生产标兵却引起了厂领导之间的激烈斗争，使她也陷入了无以自拔的矛盾之中。为了不破坏厂里的“安定团结”，也为了使李健不要为她犯错误，她隐忍痛苦制造了出次布的假象，违心地拒绝吴晓峰的爱情。白洁这一形象有着深刻的社会意义。她性格中的沉默寡言和自卑，体现着阶级斗争扩大化在她心灵上留下的创伤。她品质高尚、积极能干而处处遭受歧视，本身是对“左”的政治路线的批判和控诉。

这种悲剧在那个年月是司空见惯的。这些作品虽然由于当时创作的空间而远远没有写出其命运的悲惨处，但是，这些悲剧已经足以表明，阶级斗争扩大化不仅通过冤案伤害无辜，而且通过株连伤害他们的亲戚和朋友。在我国几千年的专制社会，有“满门抄斩”“夷灭九族”的刑罚。一人犯罪，要祸及整个家族。通过“狗崽子”们的遭遇，我们的文学初步地揭露了当代政治生活中曾严重存在过的株连。这种株连是以腐朽的血统论为依据的，散发着古老的血腥气息。它与等级特权紧密相关，一方面是一荣俱荣，耀祖光宗，封妻荫子，共享世袭的各种特权；另一方面是一损俱损，一人犯罪，祸及满门。在那个年代，这种思想观念和惩罚方式的存在，不能不引起人们的思考。

（二）乌托邦理想的强行实践

在80年代的中国，“左”与“右”的概念是特殊的。考察左与右的本意，“左”意味着激进，“右”意味着保守。从这个意义上说，“文化大革命”的问题的确是“左”。阶级斗争扩大化是“左”的表现，乌托邦理想的冒进实践也是“左”的表现。从根本上说，那样的革命之所以发生，重要原因之一是乌托邦理想的诱惑。而对这种乌托邦理想的实践，更早是在1958年的“大跃进”运动。为了迅速建成所谓的“人间天堂”，鼓动起狂热的激情，进行轰轰烈烈的运动，使全世界为之震惊，但结果却是三年大饥荒。接下来则是1964年开始的“社会主义教育运动”和1966开始的“文化大革命”。这一系列极“左”的运动，极大地危害了人民的生活。新时期文学一开始就呈现了一个比较好的角度，从民本的角度透视政治，以人民的利益衡量政治。事实上，人们之所以要彻底否定极“左”政治，动力首先就来自它对人民生活的危害。极“左”政治不仅以专政的名义迫害无辜，通过教育毒化青少年，而且使人民群众遭受苦难，破坏了人民的日常生活。从《邢老汉和狗的故事》《我应该怎么办?》《月兰》《许茂和他的女儿们》，到《“漏斗户”主》《李顺大造屋》《芙蓉镇》《犯人李铜钟的故事》……作家们在广阔的背景上展示了极“左”政治给广大人民群众带来的不幸。

在高晓声的《“漏斗户”主》中，陈奂生是一个“饿着肚子的产粮机”。他身强力壮又勤劳能干，却年年缺粮，只能饿着肚子生产粮食。陈奂生像大多数中国农民一样坚忍：“没有饭就吃粥，没有粥就瓜菜代，没有瓜菜就吃榆叶、马兰”，苦苦地挣扎和等待着，然而，等了一年又一年，直到“文革”结束，历史发生转折，才终于吃饱了肚子。当分得的粮食在他面前一箩一箩堆起来时，他终于难以抑制自己的泪水，痛快地大哭一场。作家无需说什么，陈奂生的泪水就是对极“左”政治的控诉。

仍然是高晓声的短篇小说，《李顺大造屋》通过一个普通农民为造屋而艰苦奋斗三十年的曲折经历，深刻表现了中国农民在极“左”政治思潮泛滥的年代里的生活和命运，并以此有力地批判和控诉了极“左”的政治路线对农民的严重危害。作为水上船民的李顺大，在土改中分得了土地而没有分得房屋。因此，他发誓要以“吃三年薄粥，买一头黄牛”的精神造三间房屋。为此，他带领全家省吃俭用，以最原始的积累方式开始了艰苦卓绝的造屋准备工作。经过几年的艰苦努力，他终于积下了造三间屋的材料。但是，“大跃进”运动到来，李顺大的木料和砖瓦被无偿地拿走，用于大炼钢铁和人民公社的猪圈，李顺大为造屋而付出的努力成了泡影。“大跃进”和大饥荒过去之后，李顺大又开始了他造屋的奋斗。经过几年的努力，他又攒起了可以造三间屋的钱。可是，正当李顺大准备造屋的时候，史无前例的“文化大革命”开始了，造屋的钱被革命洪流席卷而去，不仅造屋的理想成为泡影，而且李顺大也被抓起来，尝到了无产阶级专政铁拳的滋味。小说以土改、“大跃进”“文革”和粉碎“四人帮”之后的几个历史断面，以李顺大造屋的经历为线索，描写了土改、“大跃进”“文革”等几个历史断面的社会生活，生动地展示了中国当代农民的命运，从一个侧面表现了当代社会发展的曲折历程。李顺大造屋的经历，是几十年中国农民命运和社会主义建设事业的一个缩影，中国农民艰苦奋斗创造美好新生活的努力为什么总是一次次受到沉重的打击，小说正是这样表现了极“左”的政治路线对农民的严重危害，从而批判和否定了极“左”政治。

张弦的《被爱情遗忘的角落》使我们看到了另一方面的内容。小说通过母女三个女性在三十年历史中的爱情生活的描写，反映了当代社会由于“左”的政治而造成的物质贫困、精神贫乏，和历史的倒退。曾经在新中国成立初期反抗包办婚姻的菱花在几十年之后又成为女儿婚姻的包办者；青年男女失掉了健康地发展美好爱情的条件；封建观念残酷地扼杀了年轻人的爱情和生命。小说对于农村政治、经济和文化的全面表现使我们看到了一片被爱情遗忘的土地。那里之所以被爱情遗忘，是因为经济的贫困和文化的落后，而经济之所以贫困，文化之所以落后，是极“左”政治决定的。

因为1958年的“大跃进”和人民公社化导致的三年大饥荒，在当时的文学创作中没有得到表现。因为当时的文学正全心全意地为政治服务，适应政治的需要而打扮生活。即使作家们自己饿着肚子，即使自己的亲人已经饿死，也仍然在歌唱幸福生活。但是，历史的记忆在亲历者心中是不易忘记的。一场灾难发生了，当时的舆论无声无息，历史的叙述不露任何痕迹，这种成功需要极大的力量。对于晚生代孩子们来说，自然是只知道来自教科书的艳阳之下欢乐的人群，但对于亲历者来说，一些事却难以忘记。所以，“文革”结束之后，进入新时期，当思想解放的潮流使作家获得了诉说的权利，被掩盖的历史就在文学中首先展示了出来。1958年的“大跃进”和公社化运动本身的面目和它的后果终于出现于作家的笔下。这种控诉无不指向“浮夸风”“共产风”等乌托邦理想的社会实践。作家们写的是灾难，控诉的是灾难的制造者，是极“左”政治。

《犯人李铜钟的故事》对1960年那场席卷全国的大饥饿做了第一次真实再现。小说脱胎于当年河南信阳发生的一个真实的事件，对灾难的表现是惊心动魄的，揭示和剖析也是深刻的。1960年春天，李家寨大队与全国许多地方一样，大食堂在立春那天把最后一盆玉米面搅到装了五担水的大锅里以后，全村就绝粮了。李铜钟几次去公社，公社党委书记却严厉地批评他“屁股不要再坐到富裕中农的板凳上”。就在李家寨的树皮已经剥光吃尽的时候，公社书记仍然要求李铜钟反右倾。面对饥饿的群众，李铜钟决定杀牛。每人九两三钱牛肉又能产生多少热量呢？断粮的第七天，全村四百九十多口人就有了四百九十多个“水肿病”患者，一百多人躺在床上奄奄一息，烈属老杠叔躺在床上让老伴拽一把棉花套子给他嚼着，医生让李铜钟派还能爬得动的劳力到西山挖墓坑，越多越好……这时候，杨书记打来电话说口粮有了，但当李铜钟赶到公社时看到的却是自欺欺人的“代食品”。无路可走的李铜钟来到粮站，面对根本无权批准借粮的粮站主任，咬破手指写下借条，当天晚上让社员们把粮食运了回去。死亡线上的村民得救了，李铜钟却作为带头“抢皇粮”的罪犯被捕，结束了年仅三十一岁的生命。

小说不仅写出了这场历史悲剧的历史场景，而且生动揭示了造成悲剧的原因。公社党委书记杨文秀只知道迎合上级的“大跃进”口号而不顾群众的死活；本来朴实的大队长张双喜被迫学上了吹牛浮夸；甚至从那位敢于为民做主的田振山身上也可以看到，作为县委书记，他一年三百天都在开会，下面的情况却根本不清楚。当农民群众在死亡线上挣扎的时候，他还为杨文秀的喜报而高兴。如此等等，悲剧怎么能不发生？造成这悲剧的是“大跃进”和浮夸风，而“大跃进”和浮夸风的主要根源就在于极“左”政治。

（三）个人崇拜和迷信

对领袖的崇拜和迷信，当然不只是政治问题，但是，在50年代到70年代，它却与极“左”政治紧密地结合了起来，互为因果，个人崇拜助长极“左”政治思潮，极“左”政治思潮又进一步地推动着个人崇拜和迷信。这样，个人崇拜和迷信就与极“左”政治建立了一种密不可分的关系。

张弦的《记忆》比较早地揭露了在“文革”之前就已经存在的个人崇拜和现代迷信给人带来的悲剧，也比较早地展示了现代迷信扼杀人、颠倒人的罪恶。十八岁的女放映员方丽茹是一个纯洁美丽、热情向上的姑娘，只因为在电影放映之前接到一封求爱信，心慌意乱倒装了片子，把领袖接见外宾的形象倒立放出，虽然时间不过几秒钟，却被看作严重的“反革命事件”。方丽茹被开除团籍，开除公职，戴上“现行反革命分子”帽子，遣送农村劳动改造。值得称道的，小说是把“文革”之前的这种事件与“文革”之中的这种事件联系了起来，讲述了另一个故事：当年决定把方丽茹打成现行反革命分子的宣传部长秦慕平，在“文革”中被抄家，革命小将在他的床下发现了用报纸包着的破皮鞋，而那报纸上印有伟大领袖的画像。于是，他也被打成了现行反革命分子。正因为自己有了这样的痛苦经历，官复原职的秦慕平才“永远把自己对人民犯下的过错、造成的损失，牢牢地铭刻在记忆里”，而且坚持为方丽茹平反。

在“文化大革命”中，这是屡见不鲜的故事。因为一张画像，一句语录，一个像章而成为“现行反革命”，导致家破人亡并不罕见。个人崇拜是中国当代社会政治思想领域里一种奇特的异化形式。它与宗教对人的异化有许多共同之处，不同的是崇拜的对象不同，一个在天国，一个在尘世；目标指向不同，一般宗教指向善，而现代迷信却没有向善的目标。现代迷信最突出的特点是造神，创造出各种宗教仪式，把领袖的一言一行都充分神圣化，然后在自己创造的神灵面前顶礼膜拜，并在顶礼膜拜的过程中丧失自己的意志和思想，使自己成为崇拜对象的奴隶。我们的文学反映了这种个人崇拜和现代迷信的盛行，揭示了政治生活中的种种荒谬。

来自大西北的诗人杨牧有一首题为《站起来，大伯》的诗，毫无疑问是值得关注的作品。诗人深入到时代和历史的深处寻找反常时期反常现象的历史原因，使这首诗获得了深厚的历史感和深沉的思想力量。诗的小序写道："一个时代有一个时代的成因。据说，在三十年前的开国大典上，当工农兵队伍浩浩荡荡经过天安门前时，一个从乡下来的饱经风霜的农民，热泪纵横，纳头便拜；民警慌忙将他扶起……"诗人抓住这个小小事件，在这个农民身上找到了思想的集汇点和诗情的喷火口，形象地表现了历史的沉重，喊出了时代的呼声。诗中告诉人们，天安门城楼上正在向全世界宣布："中国人民从此站起来了！"而作为具体的中国人民的大伯却跪下去了；《国际歌》正在高唱"从来就没有什么救世主"，大伯却正在伏地叩谢拯救之恩。大伯就这样进入了新时代。新时代本应帮助大伯认识到自己是国家主人，帮助大伯真正挺起腰杆成为国家的主人，但事实恰恰相反，到了60年代，诗人看到的是更加令人痛心的场面：

"早请示"的队伍里，
您低下了头颅，唱着"圣歌"；
"晚汇报"的暮云中，
您弯下脊背，忏悔"罪过"，
就在村头的打谷场上，
您也跳起"忠字舞"了，
患过风湿的老骨头呵，
格崩作响，前仰后折……

诗人忍不住为大伯和祖国而哭，最后则向着大地发出了呼唤："站起来呀！大伯，大叔，大爹们——”巧妙的构思使诗篇具有极大的概括性和典型性，它写的是一个具体的大伯，揭示的却是整个民族的文化。诗的深度在于把笔锋伸向历史的深处，勾勒出了现代迷信的来龙去脉，展示了从封建迷信到现代迷信的发展轨迹，并且提出了人的解放的问题。

现代迷信是一个广泛的现象，并且具有多种表现形态。李存葆的中篇小说《山中，那十九座坟茔》所描写的是一群纯朴的战士，在时代的政治蛊惑之下，为了一间荣誉室，为了保护据说是领袖人物用过的一把椅子和一个杯子，毫无意义地死于非命。在“神”的面前，人竟是如此的渺小！危急关头要抢救的不是活生生的年轻生命，而是所谓“宝椅”和“宝杯”。一个个年轻的生命，就被无情地送上了祭坛。个人崇拜造出了神，有神就有了形形色色的渎神罪，有了形形色色的为神献身。这是时代的悲剧，也是民族文化的悲剧。我们的文学对这种悲剧的反映还很不够。之所以如此，因为要深入地揭露个人崇拜和现代迷信及其本质，在当时还有一定困难。人们不会忘记关于实践是检验真理的唯一标准的讨论，最初是多么艰难地冲破“两个凡是”的桎梏。尽管如此，文学已经提供了足够的启示，人们不难从中发现强力推行个人崇拜的本质。说到底，它是中国几千年王权至尊现象的回光返照，是历史倒退的一种表征。

二、全面的控诉

从70年代末到80年代初，难以计量的作品共同构成了一份对极“左”政治的控诉状。因为极“左”政治对中国人危害之严重，这份控诉状材料无比丰富，以致只考察重点是不够的，而全面描述则是困难的。然而，在考察完前面三个重点之后，我马上发现还有一些方面，也是重要的——

（一）对青少年的愚弄和毒害

如果简单概括伤痕文学的题材内容，可以说伤痕文学所写的基本内容是创伤和苦难。新时期文学的发轫之作首先是展示十年“文革”给人民带来的巨大创伤，而对创伤的揭示意在控诉十年“文革”时期极“左”的政治思潮盛行之时的荒谬的时代生活。

刘心武的短篇小说《班主任》被公认为新时期小说的发轫之作。小说写了三种不同类型的青少年，展示了毒害和扭曲的两种结果。宋宝琦是作家着意刻画的一般“坏孩子”形象。他热衷于对美好事物和正常秩序的破坏，身上是“一疙瘩一疙瘩的横肉”，嘴唇是在斗殴中打裂又缝上的，内心世界空虚而麻木。小说告诉人们，造成宋宝琦这种精神畸形的并不是什么“资产阶级思想的毒害”，而是极“左”的政治路线和与此密切相连的愚民教育以及极“左”政治造成的文化环境的影响。正是读书无用、造反有理、贬低知识、摧毁文化的极“左”政治造就了他的蛮横粗鲁和愚昧无知。小说的这种描写使宋宝琦这一形象成为对“文革”时期极“左”政治的一种有力揭露。《班主任》的主要贡献不仅在于写了宋宝琦这样的孩子，而且在于写了这一代青少年被扭曲的另一种情况——那个时代典型的“好孩子”谢惠敏的畸形性格。与宋宝琦不同，谢惠敏是“根正苗红”“品学兼优”的班干部，团支部书记。小说通过一系列情节使我们看到，这个劳动者的后代的确纯洁、真诚、品行端正，有着朴素的无产阶级感情。她听党的话，听毛主席的话，一言一行都严格按照当时的政治要求去做。因此，这个好学生同样把有爱情描写的世界名著看作“黄书”，把报刊上未推荐的书看作“毒草”，把穿短袖衬衫和裙子当作“资产阶级作风”，把一切矛盾都理解为“阶级斗争”，过团组织生活只知道领着大家念报纸，当老师提议搞一次爬山比赛时，她吃惊地“瞪圆了眼睛，几乎不相信自己的耳朵”……小说通过这些描写，表现了谢惠敏这种孩子头脑的僵化，使人们看到了她头盖骨底下那团苍白的已经风干的物质。这一形象准确地概括了那些在特定时代里被认为是“革命”“先进”“思想红”的青少年共同的精神特征，表现了给青少年一代造成的精神扭曲。小说主题的意义就在于最先发现并揭示了极“左”思潮对青少年心灵的毒害，并由此发出了“救救被林彪、‘四人帮’坑害了的孩子”的呼声。

《伤痕》《枫》《铺花的歧路》等小说使我们看到的也是这种精神的扭曲和心灵的伤害。王晓华竟然那样相信社会给予母亲的评价而不相信自己的判断，相信“组织”对母亲的认定而不相信母亲真诚的诉说。卢丹枫、李红钢们把红宝书读得倒背如流，在最高指示的教导之下投入火热的斗争，一腔热血捍卫无产阶级革命路线，结果导致的却是一场人生的悲剧。白慧、常鸣等不同类型的青年那种殉道惨剧和人生歧路，都痛切地揭露了极“左”政治思潮对人的毒害。

（二）对知识分子的迫害

回顾20世纪中国知识分子的坎坷历程，大概从40年代就已经开始失落历史的主体地位。历史已经证明，中国的现代化事业需要知识分子的导引，但是，在几十年的时间里，知识分子却成了被改造的对象，不仅丧失了启蒙主体地位，而且必须接受工农兵的再教育。在十年“文革”时期，这种打击知识分子的倾向发展到了极端，知识分子成为排在地、富、反、坏、右和叛徒、特务、走资派后面的“臭老九”，经历了人类文明史上最黑暗的一页。当那场“文化大革命”结束之后，文学开始对灾难进行回顾和反思，作家们开始比较集中地表现了知识分子在“文化大革命”中的命运。文学描绘了一幅血淋淋的历史生活画面，对极“左”政治进行了血泪控诉。

最早因表现知识分子在“文革”中的命运而引起读者普遍关注的是冯骥才的《啊!》。这篇小说最突出的成功之处就是生动地表现了中国知识分子在那个年代里终日胆战心惊的心理状态。小说以一封信作为贯穿全篇的线索：吴仲义丢失了一封写好而没有发出的信。他生怕信的内容被人发现而给自己和哥嫂带来厄运，于是，陷入深深的恐惧之中。在极“左”政治的代表人物贾大真布下的“坦白从宽，抗拒从严”“我们已经掌握了你的材料，就看你是否主动交代”的疑阵里，他时时有一种立即就会被揪出来的感觉，最后终于精神崩溃，主动坦白交代，结果是自己被关押，并且累及哥嫂。当运动高潮过去，吴仲义终于被放回家中时，却发现那封信根本就没有丢失！小说以此使人们看到了在恐怖的岁月中知识分子的心理重压。小说通过吴仲义的痛苦经历，刻画了在政治运动中以整人为乐的贾大真的形象。他平时没有什么本领，当政治运动到来的时候却会立即振奋起来，眼睛里射出两道“冷峻而逼人的目光”。他能用种种无耻的手段取得人们的“罪证”，把好人打成“反革命”和形形色色的“阶级敌人”。他的嗜好就是通过各种手段把人整得瑟瑟发抖，胆战心惊。

在反思文学思潮出现之后，一些作家开始集中表现1957年反右运动中知识分子的遭遇。在这一方面，张贤亮的表现是突出的。二十年的坎坷经历使张贤亮对于生活和历史有了独特的理解，也使他对极“左”政治有了深刻的认识。重新走上文坛之后，他写了《邢老汉和狗的故事》，接着，又写了《灵与肉》《绿化树》《男人的一半是女人》等以知识分子的苦难历程为表现对象的小说。《灵与肉》发表于1980年，作品以许灵均的右派经历反映了极“左”政治的荒谬。许灵均出生于一个剥削阶级家庭，但由于父母感情不和，整个童年时代都没有得到幸福和欢乐，后来，父亲远走异国，母亲抑郁而死，他成了无家可归的孤儿。1949年之后，人民政府收留了他，送他上了学，并使他成了人民教师，但在1957年的反右斗争中，学校为了完成抓右派的任务指标，却使他成了“右派分子”。

《绿化树》以章永璘在农场的生活经历为线索，展示了特定时期在大西北劳动改造的知识分子的生活。饥饿的描写和章永璘与马樱花爱情的描写是这个小说中最主要的内容，也是最精彩的篇章。小说使我们看到了一个知识分子在饥饿中的心理状态和由饥饿而导致的人格变化，看到章永璘这个知识分子在吃不饱肚子的时候是一种什么样的精神境界。他的文化知识、他受过的教育使他知道自己有更高的精神追求，使他在吃饱之后对自己的行为有痛苦的忏悔，甚至在内心里诅咒自己，但是，当面对自己饥饿的肚子时，却仍然要像动物一样只为求生的本能所驱使，千方百计要小聪明，到处觅食。小说生动而深刻地表现了章永璘在特定环境中的矛盾。一方面，他无法抵挡动物求生本能的冲击，另一方面又要不断地与自己的本能抗争，使自己免于沉沦，总是处于矛盾和痛苦之中。虽然张贤亮的所谓自我忏悔以及赎罪意识大大地影响了小说对极“左”政治的批判力度，但它毕竟使人们认识了一些章永璘式的知识分子经历的苦难生活。《绿化树》写的是人生根本问题之一——食欲，通过劳改犯们食欲得不到满足的种种惨状和由此造成的人性扭曲而控诉了极“左”的改造政策的荒谬。到了《男人的一半是女人》，着力表现的则是人生另一根本问题——性欲。小说通过对特定环境中的性压抑和性饥渴的生动揭示，对那个使人不再成为人而成为“半个人”和“废人”的年代进行了控诉。

此外，《人到中年》《苦恋》《人啊，人!》也从不同的侧面反映了知识分子在那场岁月里的各种不幸。不幸的制造者归根到底都是极“左”政治。

（三）对干部队伍的破坏

在作家们的笔下，极“左”政治对干部队伍的破坏表现是多方面的，既表现于对坚持正确路线的干部的打击和摧残，又表现于对干部作风的严重污染，还表现于结党营私，把大批流氓恶棍纳入干部队伍之中。但是，在80

年代之初，文学表现最多的却是在“文革”当中充分暴露的干部任用方面的人妖颠倒和对干部的人格扭曲。

人妖颠倒的情况早在1957年已经为敏感的作家所关注，李国文的小说《改选》写的两个工会主席不同的工作表现和不同的命运已经向人们敲响了警钟。可惜的是，它不但没有引起应有的注意和改变，而是以关注这种社会现象的作家成为右派而告终。也许正因为历史的这种人妖颠倒，后来极“左”思潮盛行的岁月成了魔鬼的节日。表面上看来，极“左”政治对干部的要求是高标准的，因为极“左”政治本身就有一种非人性的倾向，它不承认人的弱点而只看重“特殊材料造成的”这一本质特征。因此，往往违背人之常情地要求其坚定、正确、吃苦在前、享受在后、舍己为人、无私奉献等。但是，这种政治事实上却使好人受难，坏人得志，品质恶劣的投机钻营者能够扶摇直上，恶棍成为模范标兵，而对祖国和人民忠心耿耿的人们却成了革命的对象。

进入新时期，文学对这种生活的反映形成了对极“左”政治路线的根本的否定。在这种否定中，被称作“反思文学”的大量作品显示了新的力度，面对社会现实而揭露问题和矛盾的作品显示了空前的风采。诗人毛琦在《司马祠漫想》中写道：

为什么一个偌大的苍穹，
只能让彗星倏忽一闪？
为什么一片茫茫的大地，
却不容芝兰在它的沃土中萌生？

为什么会唱歌的黄莺惹人讨嫌，
而只会学舌的鹦鹉反而得宠？
为什么有人见不得雷光电火，
却喜欢随风飘忽的流萤？

为什么有人对钻天的乔木皱额蹙眉，
而让爬墙虎爬上自己的窗棂？

为什么有人把锈铜当作金子，
而把真正的珍珠抛撒在粪土之中？

为什么七尺男儿的铮铮铁骨，
斗不过奸佞的三寸不烂之舌？
为什么满腹正气的热血胸膛，
总是躲不过小人的冷箭暗弓？

……为什么虞舜受屈，周公遭谤？
为什么卞和哭玉，介推隐踪？
为什么屈原放逐，宋玉苟活？
为什么孙子膑足，庞涓乘龙？……

古华的长篇小说《芙蓉镇》以胡玉音发家致富的艰难曲折和悲惨遭遇为线索，通过一群各具风采的人物几十年的悲欢遭际，深刻揭示了极“左”政治对人们美好生活的破坏，对美好人性的摧残和扭曲，反映了当代中国社会历史的曲折和谬误。作品生动地展开了在那个特殊背景上真善美和假恶丑的矛盾冲突和那个特殊岁月里的人妖颠倒，从根本上揭示了极“左”政治的荒谬。

小说中的胡玉音是一个美丽善良的女性。她有美的外貌，也有美的心灵。她善良多情，受了伤害也不会埋怨别人。她勤劳能干，在艰难的环境中努力劳作，创造着美好的生活，在那个暗淡的背景上走上了致富之路，辛勤劳作终于换来了财富，盖起了新楼。她的劳动致富体现劳动人民对美好生活的追求和伟大的创造力，反映着历史发展的必然要求。通过她的致富劳动，可以充分看到胡玉音是一个社会财富的创造者，也是一个美好生活的追求者。但是，就是这样一个美丽善良、勤劳能干的胡玉音，在1964年的社会主义教育运动中却开始了她的苦难历程。她的劳动成果成了走资本主义道路的铁证，新盖的楼房被没收，丈夫自杀，自己则被划为“新富农”，成了无产阶级专政的对象，被批斗，被反复折磨。她被抛到苦难的深渊中长达十四年之久，说明了那段历史的荒谬，控诉了极“左”政治与邪恶势力一起对经济发展和社会进步的破坏，以及对真善美的践踏。

与胡玉音的命运相反，“运动根子”王秋赦是在那个年代得志的风云人物。王秋赦是一个农村无产者，在旧社会过着悲惨的生活，因此，在土地改革中被定为“土改根子”，成为革命依靠的对象。可是，这个农村无产者却养成了好逸恶劳的劣根性，有各种卑劣的思想意识和生活习惯。在土改中，派他到逃亡地主家中看守浮财，他却一头栽进了地主的象牙床，在逃亡地主的小老婆身上“尝到了翻身的滋味”。他在土改中分得了土地、衣服、家具和吊脚楼，却很快就卖光吃净，重新成了赤贫。当过去与他一样贫穷的人们一天天富起来的时候，他就盼望着再来一次土改，再分一次浮财。“要是老子掌了权，当了政，一年划一回成分，一年搞一回土改，一年分一回浮财!”可以说，社会历来都有这种品质恶劣的人物，梦想不劳而获，企图通过抢劫改变自己的贫困地位，而不是通过自己的劳动致富。在一般情况下，这种恶劣分子的梦想只是一种梦想。但是，极“左”政治导致的历史谬误却使王秋赦的梦想成了现实：李国香率领的四清工作组来到了芙蓉镇，使他从“土改根子”变成了“运动根子”。他则在运动中积极表现，努力配合，于是当上了支部书记。到了“文化大革命”时期，他再次以革命的创造精神把芙蓉镇搞得鸡犬不宁。因此，他理所当然地成为一个人物，受到上级重视，当上了公社革命委员会副主任。小说写出这一形象，并使他与胡玉音这样的劳动者和建设者相对比，留给我们的思考是在建设时期本来应该依靠胡玉音这样的劳动者，教育和改造王秋赦们，但在那个时期却恰恰做了相反的选择，使坏人得志，使好人受难，给人民生活和国家建设造成了危害。

由于极“左”政治思潮的盛行，一些干部要为人民做好事也必须以某种非常形式。谌容的《太子村的秘密》和张贤亮的《河的子孙》为我们提供了这方面的生活图景。《河的子孙》是在农村实行生产责任制的背景上展开其历史画面的。面对是否实行土地承包的问题，大队支书魏天贵进入了几十年工作经历的反思。小说成功地塑造了这一农村干部形象，并以此展示了历史生活，反思了中国农村走过的曲折坎坷的道路。在极“左”思潮盛行的年代，魏天贵显示了特殊的精明圆滑和超常的周旋能力。对于历次政治运动，他都是一面积极表态，努力紧跟，一面费尽心机，努力抵制。上级要求按百分比抓阶级敌人。他既不忍心抓被迫行窃以活命的魏德富，也不忍心抓被人诱骗玩弄却落了个“拉干部下水”罪名的韩玉梅，只好弄虚作假使无儿无女无牵挂的郝三成了“对社会主义怀着刻骨仇恨杀死人民公社的羊”的“反革命分子”，送进监狱替换了魏德富与韩玉梅。他谎报汛情，以加固黄河防洪坝为由，从县里骗来了工程粮，却只是让社员们到大坝上去吃饭。养好了社员们的身体之后，他带领人们在河套里开出了大片的“黑田”，使魏家桥大队在大饥饿的年代里没有饿死人，他也因此而成了省里的“模范支部书记”。在“文化大革命”中，他参加造反，显示了他的领袖欲和野心，却知道“红宝书顶不了烙饼”，并因此而丢了县革命委员会副主任的头衔。他利用个人的威望组织起当地的农民纠察队进城参加武斗，却让自己村的人“在家里给我好好种地”。他满怀愤怒到处搜捕造反派头头吴尚荣，却因为发现他还像一条汉子而放了他。他同情被打倒的县委书记贺立德，教给他的却是无原则地承认一切罪状……，小说充分表现了这个外号“半个鬼”的农村大队支部书记性格的复杂性和丰富性。他的确不是一个光明磊落的人，而是善于阳奉阴违、顺势求存，有中国农民的淳朴和义气，也有中国农民的自私和狭隘，可以说这是一个人鬼相间、瑕瑜并存、言行不一、表里矛盾的人物。但是，这一形象却是不正常的环境中的一种正常存在，是极“左”政治思潮制约下人的性格被扭曲的产物，他时时记着不忘他的人民，但在特定的时代条件下要保护好他的乡亲们却必须以不光彩的手段来实现。由此，作品展示了在极“左”政治思潮之下干部人格的严重扭曲。

（四）对改革事业的阻碍

从那些反映“文革”灾难和反思当代历史挫折的作品，可以看到70年代末和80年代初的中国文学在控诉极“左”政治对人民生活的破坏的同时，已经对其破坏国民经济的罪行进行了指控。这种指控是必然的，因为极“左”政治对人民日常生活的破坏并不仅仅是发动运动、煽动斗争、破坏生活的安宁，而是首先表现在以各种名义阻挠人民自发地创造自己美好的生活。这样，它就必然地破坏了经济发展。无论它有多少辩护词，即使以为了美好的未来而牺牲现实生活的幸福为理由为自己辩护，也无法否认它对国民经济发展造成的巨大损失，无法否认在极“左”政治统治下中国现代化进程的停滞和与世界先进国家差距的拉大。当然，在极“左”政治统治时期，闭关锁国的方针可以比较成功地实现对人民的管理，比如在世界迅速发展而自身陷入贫困的时候却大力进行如何解救世界四分之三的人口于水深火热之中的宣传，在彻底孤立的时候夸耀自身的世界革命中心地位。但是，一旦开放，人们就会迅速认识极“左”政治在几十年中对民族命运产生的严重影响。经济的停滞不前造成的几乎被开除球籍的事实，将会是中华民族永远的遗憾。

因此，当重新启动现代化进程的时候，人们首先想到的是如何弥补这几十年的损失。“把‘四人帮’造成的损失夺回来”的口号并不只是一句随意的空话。在这样一个背景上，作家们就不能不对经济发展受阻的主要根源——极“左”政治进行揭露和批判。从创作中可以看到，被称作“改革文学”的一些作品对极“左”政治的指控往往集中在它对国民经济的破坏和对改革事业的阻碍。

谈到改革文学，不能不首先谈及蒋子龙的小说。蒋子龙的小说最先引起人们注意的是短篇《乔厂长上任记》。小说围绕某重型电机厂在“文革”结束两年之后除旧布新的整顿和改革反映了新时期企业面临的复杂矛盾，塑造了乔光朴这样一个刚强果断、敢斗敢闯、朝气蓬勃、积极进取的开拓者形象。小说的故事是简单的：“文革”结束了，但电机厂却仍然一片混乱，依靠运动搞生产而缺少正常的生产秩序。乔光朴毛遂自荐，放弃优越的职位而立下军令状到电机厂去当厂长。他在上任之前就来到厂里，对违章操作的工人进行批评教育，并且夜闯党委扩大会，制止破坏性的生产大会战。上任之后，他经过认真的调查研究，找到了生产总是上不去的症结，然后把干部职工通通推上了考场，然后对企业进行了大刀阔斧的整顿，从而使陷入绝境的电机厂显示了生机。然而，乔光朴的改革却触及一些人的利益，那些丧失了权力和利益的人对他恨之入骨，联合起来用大字报、控告信等武器对他进行诋毁和诬陷。对此，乔光朴虽然大义凛然地与之斗争，但最后还是不得不离开了电机厂。小说在塑造乔光朴形象的同时塑造了原厂长冀申的形象。他根本不懂经济规律，也不懂得如何组织生产，只知道以“大会战”和政治运动的方式组织生产，然而，却知道如何对付政治对手。当乔光朴的改革和整顿危及他的既得利益时，他便利用自己多年织成的复杂的网，制造摩擦，为乔光朴的改革制造障碍。

在反映改革的作品中，极“左”政治扮演的角色发生了某些变化。比如，它不再是占据主导地位的力量，至少它已经失掉了主宰的地位，但是，却仍然阻碍着改革事业的顺利进行。在文学家概括的时代矛盾中，改革者与保守力量的矛盾成为时代的重要矛盾。所谓保守派，往往就是坚持极“左”政治立场或难以克服极“左”的观念的人。在作家们笔下，这些人一般都是改革的阻力，他们坚持“左”的观念，对改革开放进行公开或隐蔽的抵抗，试图维持过去的秩序，反对体制的改革和创新。因此，他们的行为往往阻碍着历史的前进，在他们掌握权力的地方，美好生活的到来将被拖延。因而，极“左”政治观念的承载者在80年代初期的大量作品中充当了民族和历史罪人。

从《乔光朴上任记》《三千万》《祸起萧墙》《赵镢头的遗嘱》等早期的改革小说，人们已经可以看到作家们对改革事业各种艰难的生动描写。而改革之所以艰难，主要原因就在于极“左”政治仍然以极大的力量阻碍和制约着历史的进展。大量作品为我们提供了生动的答案：一些干部仍然在极“左”政治观念的笼罩之下，极“左”的政治路线虽然已经受到了批判，但几十年极“左”政治路线之下形成的工作作风和工作习惯和心理惰性却仍然存在，各种极“左”的政治观念以各种不同的形式阻碍甚至破坏着伟大的改革事业，阻碍着现代化的进程。从话剧《报春花》可以看到，极“左”的政治观念是如何地阻碍着改革开放和破坏着现代化事业。当经济的发展需要表彰生产能手而不是树立政治挂帅的虚假典型时，白洁却因为出身问题而不能被宣传和表彰；一心为经济发展寻找途径的李健难以实现自己的意志，却要为吴一萍那样的极“左”观念的持守者所羁绊。从张洁的《沉重的翅膀》到李国文的《花园街五号》，从柯云路的《新星》到话剧《灰色王国的黎明》《血总是热的》，我们都可以看到这种斗争，看到在关系到中国民族命运的改革开放中极“左”政治扮演的角色。

三、关注现实中的阴影

以上所述作品多是面对历史而进行的血泪控诉。但是，一个民族如果只有能力做事后的控诉，将是可悲的。前事不忘，后事之师，如果对“文革”的否定和对极“左”政治的批判不能落实于现实的变革和未来之路的选择，这种反思将毫无意义。可喜的是，随着现实生活中改革大幕的拉开，一些作家开始注目于改革，试图及时地反映生活中发生的一切。这种关注使80年代的中国文学无法回避现实生活中的矛盾和斗争，甚至迫使作家在激烈的冲突和对立中做出选择。

我们不妨看一看《天云山传奇》中的吴遥。这是在80年代的门槛上出现的第一个影响广泛的坚持极“左”政治观念的领导干部形象。在作家笔下，这个形象受到了政治的和道德的双重否定。在政治上，吴遥比较集中地代表了从50年代过来的“左倾”干部的政治观念。在50年代，他就像一些干部一样，从极“左”的政治立场出发，怀疑、压制和打击知识分子，一手制造了罗群的“右派”冤案。在“文化大革命”中，他自己也曾受到林彪、“四人帮”的迫害，却没有因此而对历史进行反思，“文革”结束之后，他仍然坚持极“左”的政治路线，抵制拨乱反正，阻挠罗群冤案的复查和平反。历史的转折已经发生，但他仍然唱着老调子，仍然按过去的方法处理问题。他反复强调的是坚持所谓的“原则”，而所谓“坚持原则”就意味着不能否定“文革”，不能平反冤假错案，不能离开原来的道路。他反复强调的是“不能否定过去的运动，更不能否定十七年”，“我们必须记住，要落实党的政策，又要坚持原则，否则，我们还是要犯错误。”他以坚持原则为借口，拒不给罗群平反，当然有各种原因。但其中两个原因是最重要的，一是思想观念和政治倾向的问题，二是因为个人的私利。给过去受打击的人平反，就意味着否定他过去的成绩。当一个干部全部的辉煌都在于大搞政治运动时，当他的生命与几十年极“左”政治紧密联结时，当他全部的成就都建立于极“左”政治基础时，让他平反冤假错案，或者拨乱反正，都是困难的。因为一旦拨乱反正进行改革，必将是对他的形象、利益和人生价值的威胁。在这种情况下，他们当然要对拨乱反正和改革开放进行抵制。

从解放思想、拨乱反正到改革开放，“文革”结束之后的中国在废墟上焕发着生机，健康的力量在生长。经历过苦难的人们为了与民族一起走出死谷而谋求变革。在一场扭转悲剧性历史的改革大业中，领导干部毫无疑问是极为重要的。但是，由于长期影响，许多人思想观念仍然停留在过去的年代。一些干部对生活中发生的改革难以适应，不但不能领导改革，甚至成为变革的阻力。这些人的问题主要来自思想僵化。由于长期形成的习惯，一些干部已经没有自己的思想和见解，而只能根据一些现成的指示进行工作。他们往往站在守旧的一边，以陈旧的一套应对日新月异的现实。当现实与他们头脑中陈旧的观念不相吻合时，抵制是不可避免的。

让我们看一看那些反映改革之难的作品吧，从中可以看到极“左”的观念是如何阻挠着时代的前进。在张一弓的《赵镢头的遗嘱》中可以看到，作为一个群众信得过的生产队长，赵镢头为自己二十年没有带领大家吃上饱饭而负疚。作为农民，他知道把土地还给农民自己耕种的重要性，因而像小岗村的农民一样带领社员悄悄实行承包制。他没有过高的奢望，只是想让土地多打一点儿粮食，让乡亲们能够吃饱肚子。然而，为了这样一个目的，最后却要付出自己的生命，以自己的死争得上级领导的关注和对承包合同的承认。究其原因，在于他的身边有李保那样的领导干部，在坚决压制群众对土地承包的要求。为了抵制土地承包，他煽动闹事，制造混乱，给带头搞承包的人施加压力，给上级领导制造群众反对土地承包的假象。他不仅给赵镢头扣上一顶“走资本主义道路”的帽子，而且拘留了他，并且鸣枪镇压拥护赵镢头的群众。最后的结果，是使赵镢头为土地承包而献出了生命。

《花园街五号》中的丁晓富于官场经验，善于逢场作戏，谙熟太极拳的真谛，他千方百计抵制改革，破坏改革，而这一切都集中到一个中心：打倒刘钊。他与刘钊的矛盾首先是极“左”路线与改革开放路线之间的矛盾。他曾一次次嘲笑刘钊的改革勇气，对一切打破陈规的做法都看不惯。如果让这样的人接任市委书记，临江的历史当然只能沿着历史的惯性滑行。所以，他与刘钊的斗争事实上关系到是沿着花园街五号历代主人悲剧性的命运曲线继续延进还是从根本上改变它的问题。如果我们进一步考察丁晓的思想和性格，就会发现，事实上他的努力都紧紧围绕着一个中心：成为花园街五号的新主人。他没有人格操守，也没有坚定的原则，虽然是极“左”政治的观念的承载者，却并没有为极“左”政治牺牲的勇气。他拉帮结伙，嫉贤妒能，求稳怕变，不过是要维护既成的秩序。对旧秩序的维护使他站在保守的一边，也成为极“左”观念的继承者。然而，他之所以要维护旧秩序而反对改革，主要原因却并非源自对极“左”路线的信仰，而是因为只要一切沿着旧路行进，作为副书记的他就会轻而易举地爬上花园街五号的宝座；如果改革，他的理想就会落空。在这里，坚持极“左”的政治路线和反对改革，是与维护个人利益一致的。这是一个非常重要的启示，它告诉我们，现实生活中那些抵制改革开放的人，并没有几个真正坚持“两个凡是”，也很少有人是不事二主的“‘文革’遗民”，他们对改革开放或明或暗的抵制和破坏，主要源于维护既得利益。但是，因为有这样一群干部，改革就更加艰难。

在这些干部看来，改革和开放都是离经叛道的，一切探索都违背原则。在《河的子孙》中，地委书记贺立德不敢公开反对改革，却暗地里鼓动魏天贵对抗土地承包。“难道咱们搞了二十年的集体化就白搞了吗?”“包产到户的性质是值得怀疑的。”“群众要求的东西，不一定就是社会主义。”“我们过去的办法还是正确的。”……这不仅是贺立德的见解，而且是当时不少干部的想法。“辛辛苦苦三十年，一觉回到解放前。”这首80年代的中国民谣的作者肯定不是冯幺爸和李顺大们，肯定不是改革开放的获益者。不要以为一种好的政策就能得到一致拥护，因为任何变革都会有人欢喜有人愁。

除了利益受到威胁的某些干部之外，还有一股力量更值得关注。他们不是旧体制的获益者，改革开放也不曾损害他们的利益，但是，他们却接受不了生活的变化，顽固地维护着旧的一切。这些人的问题在于没有思想能力，头脑中的想法并不代表自身的利益。毫无疑问，长期极“左”思潮的流行，使一些群众的头脑受到了极大的污染。这种精神污染，这种思想意识并不代表自身利益的情况，在矫健的《老霜的苦闷》中得到了生动的表现。这篇小说从一个普通农民的悲剧性格中展示了极“左”政治给人们的思想留下的遗患。改革开放之后，生产能手老茂家中一片致富的兴旺景象；然而，就在他家墙头上茂密的树叶之下，却隐蔽着邻居老霜敌视的目光。老霜拒绝生产致富，却一天天爬梯子、登墙头监视自己的邻居老茂。老霜从事这项工作，是在1974年“割资本主义尾巴”最严厉的时候，公社王书记交给老霜这样一项光荣的政治任务。时间已经过了六年，升为县委书记的王书记早就改口高喊落实政策和发家致富，老霜却仍在执行他的任务。在老霜看来，老茂整天在发财致富，这就是要“回到旧社会”，就是要“复辟资本主义”。所以，他要密切关注老茂的动向，记下他的新花招。他觉得自己在干一件伟大而光荣的事，是在保卫集体，保卫社会主义。他的行动不被理解，他说：“我这一片心，没人知道，他们都骂我，笑我，可是日后，大家都会明白的！……孩子们长大了，只要说一句：‘老霜爷爷为咱们站过岗呢！’我这一辈子，就是穷死、屈死，也乐意!”于是，人们都在发家致富，他却依然一贫如洗，但他的精神是富有的，因为他有过去的一张张奖状。小说告诉我们，正是那些奖状上的评语，像符咒一样捆绑了他的思想。

无论多么荒谬的时代，也有人由于某种原因而成为某种形式的获益者。极“左”政治的获益者一般都很难真诚地否定极“左”政治，也很难无保留地彻底否定“文革”，更难热情地支持改革。80年代的历史是沉重的，因为改革的车轮就行进在这样的人群和这样的文化环境之中。

论新时期文学对官僚主义的批判

进入新时期之后，文学的政治批判集中于几个众所周知的重点。这些重点之一就是官僚主义。毫无疑问，由于历史的种种原因，官僚主义已经成为中国社会政治生活中无法回避而且迫切需要解决的问题。“文革”结束之后，在改革开放的历史条件下，官僚主义已为多数人所深恶痛绝，因而对它的批判也成为普遍要求。新时期文学作为这个时代文化和心理的一种表现形态，必然要对此有所表现。事实上，文学的表现是相当自觉的，也正因为这种自觉，对官僚主义的批判成为70年代末80年代初中国文学的一个重要主题。

一、一个老课题的新发展

在中国当代小说中，对官僚主义的批判并非一个新课题。早1956年到1957年间，它就曾经成为一股不小的潮流。当时，一批年轻的作者在中央发出的反对官僚主义的号召下，在“双百”方针的鼓舞下，发扬现实主义精神，直面现实，勇敢揭露和鞭挞了当时干部队伍中业已出现的官僚主义作风，创造了一些官僚主义者形象，在我国当代文学中开了批判官僚主义的先河。

在这些作品中，影响较大的是王蒙的《组织部新来的青年人》。这篇小说中的区委组织部副部长刘世吾是一个蜕化变质的官僚主义者。他的主要特征是思想麻木而世故。他有经验，有能力，也有自己的看法，但日常工作中却表现出可怕的冷漠，只是圆滑地应付着各种人和事。他有能力解决问题，而且能够雷厉风行地解决问题，但是，却绝不主动地解决任何问题，而是要等上级的明确意见。这个形象反映了某些干部在革命胜利之后逐渐脱离群众、高高在上、满足于上传下达的状态，反映了他们官僚转化的过程和官僚主义的表现形态。

接着，《爬在旗杆上的人》《办公厅主任》《灰色的帆篷》《科长》《入党》《改造》等小说和《被围困的农庄主席》等报告文学相继出现，分别塑造了各种不同的官僚主义者形象，对官僚主义从不同侧面进行了揭示和批判。今天看来，这些作品都有不同程度的不足，对于官僚主义的揭示也缺乏深刻，更没有挖到官僚主义这一现象的根源。但是，它在当时的确起了振聋发聩的作用，在群众中引起强烈的反响。

令人遗憾的是，时过不久，这些作品无一例外地受到了批判，大部分作者被打成了“右派”，从而经历了几十年的坎坷和苦难。与此同时，批判官僚主义的潮流也立即平息。从此以后，文学小心翼翼地躲避着这个令人望而生畏的问题，不再担负这样的思考，文学的社会批判职能也因此而大大削弱。但是，文学创作对这个问题不反映、不思考、不批判，并不等于它在生活中已经消亡。生活的真实与作品中的表现恰恰相反，在作家们远离这块是非之地而闭上眼睛塑造高大全干部形象的时候，当文学对社会政治只是赞美而不揭露和批判的时候，官僚主义却在生活中滋长蔓延，成为更加严重的问题。

进入新时期，清醒的人们越来越清楚地意识到列宁当年早已认识到的问题：“我们所有经济机关的一切工作中最大的毛病就是官僚主义。共产党员成了官僚主义者。如果说有什么东西会把我们毁掉的话，那就是这个。”[①]在新的时代背景上，文学界重新认识和评价50年代批判官僚主义的作品，把它看作“重放的鲜花”，对它做出了高度的评价。与此同时，作家们以强烈的社会责任感对官僚主义现象给予艺术的透视、剖析与批判。因此，大量作品相继出现，汇成一股批判官僚主义的强大声浪。

与50年代的官僚主义者相比，今天的官僚主义者已有所变化，也有所发展。过去的官僚主义主要表现在是脱离实际、脱离群众、不关心群众利

①《列宁全集》第35卷，第552页。

益，或者只知发号施令而不进行调查研究，或者是满足于上传下达充当官僚机器。今天的官僚主义却呈现了一些新的特征。用一位领导人的话说，这个问题是非常严重的：

> 从党和国家的领导制度、干部制度方面来说，主要的弊端就是官僚主义现象，权力过分集中的现象，家长制现象，干部领导职务终身制现象和形形色色的特权现象。
>
> 官僚主义现象是我们党和国家政治生活中广泛存在的一个大问题。它的主要表现和危害是：高高在上，滥用权力，脱离群众，好摆门面，好说空话，思想僵化，墨守成规，机构臃肿，人浮于事，办事拖拉，不讲效率，不负责任，不守信用，公文旅行，互相推诿，以致官气十足，动辄训人，打击报复，压制民主，欺上瞒下，专横跋扈，徇私行贿，贪赃枉法，等等。这无论在我们的内部事务中，或是在国际交往中，都已达到令人无法容忍的地步。[①]

在这里，官僚主义包含了丰富的内容，因此，新时期小说对官僚主义的反映与批判也不同于50年代。作家们已不满于描写那种辛辛苦苦、好心办坏事的官僚主义者。他们对官僚主义的批判，往往是结合新时期所面对的一系列重要问题而展开的。

（一）结合“公仆”与“主人”之间的关系进行的思考

恩格斯在1891年为《法兰西内战》写的导言中曾经强调指出，工人阶级在取得政治统治权力之后，不能继续用旧的国家机器来进行管理，而应该建立全新的管理体制，必须保证自己的代表和官吏毫无例外地可以随时撤换，以防止新政权中的公职人员“为了领导干部自己特殊的利益，从社会的公仆变成社会的主人”。他还指出，由公仆向主人的转变，“不但在世袭的君主国内严重地存在着，就是在民主的共和国内也可以看到。”[②]但是，这种提醒在中国大地上并没有引起高度重视，在防止由公仆变成主人的问题上，

①《邓小平文选（1975—1982）》，人民出版社1983年，第287页。

②《马克思恩格斯全集》第2卷，第334—335页。

人们没有足够的自觉，更没有找到行之有效的措施。在社会主义社会，从理论上讲，只有人民才是国家和社会的主人。虽然人民把自己的权力交给一部分被选择出来的国家公仆掌握，但权力的掌握者并非权力的所有者，而只是代表人民掌握权力。他只有向权力的所有者提供高质量的服务，才能取得权力所有者的信任，并以此决定他们是否可以继续服务下去。权力的掌握者一旦不符合权力所有者的意志，他手中的权力就应当被收回。任何利用权力以谋私利的行为，任何把手中的权力看作己有而对权力所有者发号施令、违背其意志和利益的行为，都是不能容许的。

但是，生活中却不是如此，而是公仆变成了主人，把人民委托的权力作为谋取私利的工具，甚至骑到人民头上做官当老爷，因而使社会的主人沦为他的奴仆。这样一来，所谓公仆就成了地地道道的官僚老爷。这种现象激发了大批作家的创作灵感，使他们陷入痛苦的思考当中。在对极“左”政治进行追根溯源的同时，一些作家不约而同地进行着这样一些思考：那些战争年代与人民建立了鱼水关系的革命者，进城之后是不是能够不忘养育过他们、保护过他们、支持和帮助过他们的人民？他们的发现是：有人忘记了过去，忘记了人民，忘记了当年的口号和承诺。他们由与人民血肉相连的革命者，变成了不关心人民疾苦的“官”，变成了官僚主义者。不少作家通过这种历史与现实的对比进行了反思和批判。

在茹志鹃的《剪辑错了的故事》中，甘书记就是一个这样的人物。在战争年代，作为革命者的老甘与作为农民群众的老寿曾经血肉相连。老甘心里装的是老寿这样的群众，依靠的也是这样的群众；老寿则与他心连心，全力支持他的革命，甚至把最后的一点粮食也装进他的干粮袋，甚至砍掉枣树为他提供军柴。十几年后，当了县委书记的老甘却一心想着如何完成征粮指标，而不顾群众是否还有口粮活命。为了贯彻上级“以粮为纲”的指示，他甚至强迫群众把只差二十天就可摘果的梨树砍掉。同样是砍掉结满果实的树，过去是老寿心甘情愿地去砍，使老甘感动得泪流满面，因为他知道枣树对老寿们生活的重要；今天却是甘书记强迫百姓去砍，而且面对群众反对无动于衷。因为在老甘的心中，老寿们的位置早已被上级领导所取代。他听从上级领导的指示，而不顾人民群众的呼声。也就是说，曾经关心人民疾苦的老甘，在1958年已经变成不顾人民死活的官僚。

这种思考更多地表现于一些描写历尽沧桑的老干部对人民忏悔的作品中。在反思文学中，小说画廊里有一个对历史进行反思、对人民进行忏悔的“忏悔者”干部形象系列。李国文的短篇小说《月食》中的伊汝和长篇小说《冬天里的春天》中的于而龙，就是这个系列中重要的形象。在这两部小说中，作家都以澎湃的激情讴歌人民，以革命的义愤抨击那些忘掉人民、脱离人民的官僚主义者，并且写出了一些反思和忏悔。伊汝始终没有忘记人民。进城之后，他就担心“慢慢地就把那些用小米养我们的用小车推我们的，用担架抬我们的，把我们认作儿子认作丈夫掩护过我们的老百姓忘了。……会不会有那么一天，人民群众要唾弃我们?”这本是革命者的肺腑之言，而伊汝却因此而被划为“右派”，被打入了苦难的地狱。这件事本身就说明了公仆变为主人的政治气候。既然不忘人民的干部要被打入地狱，既然提出忠告要付出惨重的代价，自然会形成相应的政治气候。与伊汝相比，毕部长是一个感情有过波动的人。在革命战争年代，他与根据地人民郭大娘一家情同骨肉，但在进城之后，郭大娘带着他最喜欢喝的山枣儿酒进城看他，却被当成了不受欢迎的人。进城做了官的毕部长有时间学跳华尔兹，却没有时间招待千里迢迢来看他的郭大娘。最后，甚至是连毕部长的家也不能进。可是，到了1959年，当毕部长被打成“右倾分子”时，却又是郭大娘救助了他。在这种伟大情感的感召之下，他的心灵重放光辉，内心发出了阵阵呼喊：“记住呵，永远记住，人民是我们的亲娘!”

在《冬天里的春天》中，于而龙也是在对历史的反思中找回了与人民的血肉联系。他清醒地意识到，无论革命战争年代，还是十年动乱时期，使他摆脱困境、走向胜利的总是人民。他也清醒地意识到，自己在进城当官之后发生了变化，离人民群众的生活和情感越来越远。三十年后重返革命根据地，乡亲们的贫苦生活和救命恩人的凄凉晚年使他愧悔交加：“如果有上帝的话，这上帝就是人民，如果我们要忏悔的话，也只能在他们面前低头。”小说通过这样的形象告诉人们：在革命战争年代，人民以鲜血和生命喂养了革命，新中国成立以后，有人却忘记了人民；然而，革命者就像安泰俄斯，一旦离开了大地，就会失去力量。所以，当动乱到来的时候，竟无力抵挡，任凭几个小丑主宰中国的命运长达十年之久。他得出的教训是：“革命者无论何时都不应该忘掉人民。”

然而，并不是所有的经过坎坷与磨难的人都能自觉向人民忏悔并克服自身的官僚主义，也不是所有的人都能找回与人民的血肉联系，更不是所有的觉醒者和忏悔者都能保证自己不再在当官做老爷的路上滑行。王蒙的小说《悠悠寸草心》使人们看到，唐久远本来是市委书记，却在“文革”期间坐了八年牢。他在监狱中曾经思考了许多问题，有对过去教训的总结，也有改变作风为人民掌好权的愿望，甚至想到要改善监狱的生活条件。但在官复原职之后，“文革”期间的遭遇却成了他向人民要特权的资本，种种原因使唐书记不知不觉地忘掉了苦难，也忘掉了群众，仍然走上了当官做老爷的道路。这是一种可怕而又可悲的变化。

这种批判是以脱离群众为起点，揭示了公仆变主人的严重问题，以人民和人民利益为尺度，批判了官僚主义者背弃人民、背信弃义、忘恩负义的行为。有必要指出的是，这些作品虽然带有强烈的感情色彩，但批判的态度是温和的。在这些作品发表的当时，它很容易引起“生活是这样的吗”之类的质问。作家们一般都仍然存有种种顾虑，尽量避免“丑化革命干部”之嫌。因此，在表现这一主题时，流行的做法通常是通过主人公的忏悔进行，或者由人民群众表达一种“悠悠寸草心”。对于那些忏悔者来说，他们的品质都是好的，虽一度忘掉了人民，但能思过而知改。在他们的身上，我们可以看到作家的某种希望和期待。在特定的历史条件下，这种方式因其温柔敦厚而容易被接受，而以异己姿态进行批判的作品则不容易发表，发表之后也很容易受到批判。

（二）结合以权谋私和官僚特权思想进行的批判

以权谋私和特权思想，是几千年遗留的官场通病。它与人民当家做主的社会是不相容的。但是，旧的思想观念和作风不会随着旧制度的消亡而立即消亡。特别是由于体制的不健全，使它不仅能够得以生存下来，而且能够在特定的环境中继续泛滥。特权思想和官僚主义是互相伴随、紧密联系的。因此，新时期文学批判官僚主义，锋芒就常常指向特权思想和由此派生出来的以权谋私等各种不正之风。

谌容的中篇小说《人到中年》写了一个“马列主义老太太”秦波，用笔不多，却揭示了丰富的政治文化内涵。她满嘴马列主义的漂亮语句，满脑子却是利己主义和特权思想。她居高临下，颐指气使，用革命导师的语言论证特权的重要，把特权说成对革命事业负责和对党负责。在她看来，因为丈夫是部长，就理所当然要有特殊的待遇，医院的一切就要无条件地为她服务。因为她是部长夫人，就可以对医院院长和大夫指手画脚。她的一言一行都体现着专制社会官太太那种夫贵妻荣的特权意识，和这种特权意识支撑之下的优越感。

李存葆的《高山下的花环》中的吴爽是一个“三八式”部队干部，有出生入死的革命历史。但在进城后，由于生活环境的变化，特别是十年动乱的恶劣影响，她的利己主义逐渐膨胀，心灵麻木，讲究实惠，变成了极善周旋的“外交家”，终日吹吹拍拍，拉拉扯扯，为战友搞补养品，为朋友开后门、走关系，事无巨细，有求必应，目的却完全是为了自己。因为她懂得：“外交关系按惯例都是对等的，有来无往非礼也！”当对越战争打响之后，部队正往前线开进，她却把电话打到前沿指挥所，要通过上层关系，把已经开赴前线的儿子调回后方。在她的意识中，似乎到前线去流血牺牲应该是满脑袋高粱花子的农民子弟的事，而她的儿子应该转移到安全的地方去。这个人物极有典型意义，因为十年浩劫过去之后，老干部重返领导岗位，但，有人官复原职之后，想的只是自己的利益。他们也要把“四人帮”造成的损失夺回来，但要夺回来的却是自己一度失掉的特权。一旦权力重新回到手中，便拼命以权谋私。

新时期小说对以权谋私等不正之风的批判有温和与激烈之分。《人到中年》的批判不失温柔敦厚，《高山下的花环》的批判因其写了吴爽痛哭流涕的转变而使愤怒之气得以宣泄，因而都是温和的。

在尤凤伟的《冒名者》中，齐建国做了一个小的试验：模仿局长笔迹开出一张条子，居然为别人买到了市场上买不到的家具。这样的小说告诉人们，大官享受大特权，谋取大的私利，小官也可以享受小特权，谋取小的私利。厂长、车间主任、支部书记、生产队长，利用手中的权力谋取私利、强占公物以及奸污妇女的事情在新时期小说中都不鲜见。可以说，那不过是特权在下层干部中的表现。一些作品为我们展示了农村土皇帝的形象，使我们看到一些干部官位虽然不大，但特权实在不小。

新时期是一个变革的时代，是一个新旧交替的时代。一些不适应新的生产力发展的旧体制正在被新体制代替。在新旧交替的衔接部位，必然会出现局部的落差和错位，从而产生社会链条的松动和脱节。这就很容易使一些人乘虚而入。尤其是那些手中掌握着一定权力的人，以权谋私、损人利己，侵吞公物，都是有机可乘的。在经济体制改革的过程中，利用手中的权力为自己谋私利，已是不少文学作品反映出的问题。

在矫健的中篇小说《老人仓》中，大队支部书记田仲亭开始时坚决反对土地承包，因为他知道，承包后他将失去种种不劳而获的特权，失掉他的安乐生活。但时隔不久，他却突然想通了，来了一个一百八十度的大转弯，大张旗鼓地带头承包，成了贯彻执行承包政策的“先进典型”。这样做的结果是，他的生活没有因为承包而遭受损失，恰恰相反，他造起了一字摆开的十八间大瓦房，还起了花园、水池、假山样样俱全的个人庭院。小说告诉我们，这一切并非他的劳动所得，而是承包所赐。大队的土地承包了，果园承包了，作为大队干部，他掌握着承包的权力，某个果园承包给谁，承包价应该是多少，都由他说了算，他能以极低的价格把果园承包给某个社员，再与那个社员私订协议，因而在承包中获取从未有过的利益。

张炜《秋天里的愤怒》中的肖万昌不像田仲亭那样明目张胆地利用手中的权力向承包人索取回报，而是巧妙地处理各种复杂关系而从中得利。因为他是支部书记，掌权多年，有普通群众所没有的种种方便，所以，别人买不到的化肥农药他能买到，别人卖不出的产品他能卖出，所以，大队的葡萄园最后只能由他来承包，人们只好成为他的雇工，忍受他的剥削和压迫。小说写出了一种“有权能使鬼推磨”的现实，也写出了权与钱的种种联系，以及转化方式。正是因为手中握有权力，王三江、肖万昌们可以肆无忌惮地压迫和剥削群众。张炜的几部中篇小说使我们看到，在芦青河边，改革似乎进行得很顺利，但是，由于权力的作用，进入市场竞争的人们并不在同一起跑线上。

二、在追根寻源中走向深化

在50年代的作品中，一些干部之所以成为官僚主义者，其原因是革命热情衰退，或是脱离群众，不调查研究；或是教条主义，迷信上级和文件，满足于上传下达；或是思想保守，工作不积极主动……这都属于个人思想意识和工作方法问题。作家们还没有对政治体制的缺陷进行思考。新时期小说对官僚主义的批判与50年代相比，显示出新的深度。这种深度不仅在于揭露了官僚主义的种种新表现，而且在于它深挖了官僚主义产生的根源，把批判的锋芒指向了政治体制中带有专制主义色彩的部位和各种不健全的地方，指向深深地打着几千年旧烙印的文化心理基础。

战争年代的那些功臣，为什么会随着环境的变化和权力的掌握而逐渐变为官僚主义者？那些专制家长式的干部，那些“土皇帝”式的干部，那些形形色色的以权谋私、鱼肉人民的干部，那些大搞不正之风的干部……为什么能够畅行无阻而很难受到应有的制裁？原因是社会还没有建立起一套能够有效防止和制裁他们的制度，因为现有的制度有他们的可乘之隙。那些品质恶劣的人为什么能够走上领导岗位并占据要职为非作歹？因为干部选拔制度还存在种种缺陷。

这种种思考在新时期小说中都得到了反映。

一些作家对党政机关的机构臃肿、冗员充斥、文牍主义等许多滋生官僚主义的现象进行了认真的思考。李晓的《机关轶事》写了一个大机关。在这里，办公厅下面的秘书处有五个：一处管起草和修改全机关的文件；二处管誊清复印；三处管收发转送；四处管档案资料；五处管回收销毁废旧文件。处室之多，分工之细，令人瞠目；更让人吃惊的是为追求所谓工作效率，为了比工作量，分管档案资料的四处竟想出办法，借阅档案资料需“借一存二”。结果使一二两处多多地起草与誊清那些有用没用的文件，三处把本应转到五处销毁的文件拿到四处存档。表面上工作紧张，工作效率大大提高，实际上工作人员却没有做任何有意义的事。一些作品不是写实的，但作者的思考和忧虑却非常明显。韩少功的《火宅》以荒诞的手法写了官僚机构的急剧膨胀。半月之间，语言管理局的大楼就高了二十三层。改成总局之后，一顶顶乌纱帽被廉价奉送，普通武警也当上主任、副主任。最后导致官多民少，庞大的机关中只有一个“群众”。干部们无事可做，局长唯一能找到的工作就是打苍蝇。这样的机关当然无法做好工作，而且一个个都成了官僚。

由于干部选拔工作中缺乏必要的民主程序，群众不能有效地行使对干部的选举权、罢免权和监督权，这就使一些思想观念陈旧而又缺乏对人民负责精神的人走上领导岗位。他们不能把人民交付的重任当作自己必尽的义务，不能把职位当作一种职责，权力欲很强而责任感淡薄，甚至把自己应该承担的责任看作累赘。因而，玩忽职守，贪赃枉法，办事拖沓，不负责任，几乎成为一种司空见惯的官场病。这种官僚主义的作风同样严重地危害着人民的利益。

在陆文夫的《井》中，作者已经不满足于对官僚主义者脸谱化和表面化的描画，而是深入到思想意识的深层结构中，去寻找产生官僚主义的文化心理根源。徐丽莎被一只罪恶的手推入井中淹死了。凶手是谁？的确无法确切地指出是哪一个人。但是，似乎她周围每一个人都有推不掉的责任。她的丈夫朱世一，她的单位的领导何同礼和沈进先，也都是置她于死地的帮凶。何同礼并非坏人，但他一向对知识分子看不顺眼，尤其看不惯女性穿花裙子。在他的眼里，花裙子等于资产阶级生活方式。资产阶级是应该打倒、消灭的，徐丽莎穿花裙子，就应该被打倒、消灭。因此，无论朱世一怎样欺凌徐丽莎，何同礼都视而不见，听而不闻，而且不假思索地听信朱世一的一派胡言，给徐丽莎制造种种困难，最后终于逼她走上绝路。如果这些领导人多少有点实事求是的作风，认真负责地为群众排难解忧，徐丽莎大概是不会投井自杀的。

新时期小说对渎职、失职、玩忽职守的干部进行揭露和批判，实际上是在强烈地呼唤体制的改革，要求对失职所造成的严重后果承担责任，呼唤群众对干部的监督和制裁的权利。因为只有这样，才能有效地防止官僚主义作风的产生，使干部对人民负责。

在新时期小说中，一些作品着眼于社会关系网的揭示，不仅描写某一个官僚主义者，而且描写他们的互相联结，揭示出一种官僚主义的网络结构。这对人们认识官僚主义的生态系统是极为有益的。

高晓声的《漫长的一天》中的刘和生是公社书记，竟对聚众滋事、殴伤乡邻、民愤极大的周焕荣毫无办法。原因在于周焕荣受到大队党支部书记姚再洪的支持。姚再洪之所以敢于庇护周焕荣，因为他是县委书记的“救命恩人”。这种上上下下编织起来的关系网使民冤难诉、正义难伸、许多问题都无法解决。刘和生决心严惩打人凶手，最后却是心有余而力不足，因为他实在无力冲出关系网的制约。这种网平时处于平衡状态，一旦其中的某一个部位被触动，其他各部位就会一齐动作起来，形成一种合力，竭力把异己力量吞噬。在邹志安的《支书下台唱戏》中，李润娃因拒绝把自己连结到这张网上去以权谋私，就立即被撤销了支书的职务。

新时期小说对官僚主义关系网的揭示增强了对官僚主义的批判力。在50年代的作品中，官僚主义者常常是作为孤立的个体而存在的，很少互相联系。在新时期小说中，他们却常常是相互关联的群体，很少孤立存在的。这种文学现象反映着生活中官僚主义问题的严重性；同时透过这种严重性的描写也可以感受到作家们反对官僚主义的疾呼呐喊。无论作品真实程度如何，官僚主义关系网络在小说中的出现，都体现当代中国官僚主义问题的被重视和反官僚主义的强烈呼声。

那么，这种“网”的存在说明了什么？从新时期小说中可以看到，编织这张网的丝线是“感情”和“利益”，“网”的背后则是任人唯亲和结党营私。冀申（蒋子龙《乔厂长上任记》）在干校任副校长时，曾经在请假、销假和生活上为受难中的市委领导们提供方便，市委领导们官复原职之后，对他感激不尽，因而在许多地方为他提供方便。于是，他就成了神通广大、永远立于不败之地的人物。刘美贤的《阳光与阴影》中的古明，因为在“文革”期间被俞洪标救过，就对俞洪标的罪恶不闻不问，而且让他连续升级做到二轻局的常委书记。直到他离休下台之后，俞洪标才落入法网，被判处死刑。如果他的权力仍在，这个罪犯就仍然会受到庇护。

在段荃法的《天棚趣话录》中，县委副书记胡风兰因感念伙食管理员张毛在动乱中为她照顾孩子之恩，在官复原职之后就对张毛百般扶持。张毛本来不想当官，也毫无能力当官，但结果还是被扶上了乡党委书记的位子。一个领导职位的获得，必须具备该职位所要求的条件，并通过严格公开的手续。但在这里，职位却被权力握有者作为报酬而奉送给自己的恩人。这些人物表面看都是有情有义的，但他们的情义只是局限于对自己有用的人。这样做的结果，实际上是对广大群众的冷酷无情，它使政治权力成为一种畸形的状态。

更为严重的是，任人唯亲使官僚主义作风得到延续，甚至是恶性发展。小羊的《机关无故事》写了一个二十六岁的青年工人姜军，因为偶然的机会在火车上认识了科长古广田，通过给科长送茶叶而以工代干进了机关。他事事处处看科长的脸色行事，像奴仆一样伺候科长。科长受人之情，就以提拔相报，三年后，在科长升迁之时，姜军终于坐上了科长的交椅。更有意思的是，这位姜军当科长之后，立即又调来了一个工友。这位工友与他伺候古广田一样伺候他，使他从奴才一下子变成了老爷……读着这样的小说，我们很容易想到，这位暂时充当奴才的工友也可能沿着姜军的路子变成老爷。应该说，这是作者非常独到的发现。机关里不乏有才能的人，但是，他们往往得不到提拔，因为他们放不下架子，不愿像姜军那样充当某位领导的奴仆。既然如此，干部队伍的状况就会越来越糟。在我们的实际生活中，当然未必都是工友成为领导，但小说所揭示的选拔机制是很有意味的。

在新时期小说中，到处可见吹吹拍拍、阿谀奉承、拉关系、走后门的情况。不少人费尽九牛二虎之力与某个上级领导拉上关系。这种不正之风同样与政治体制方面的任人唯亲密切相关。在《天棚趣话录》中，县委招待所洗衣女李秀要把远在山乡的丈夫调到身边，却因不会献媚而久久没有实现。后来，事情突然办成了。她很奇怪，因为自己没有请客送礼，又没有奉献自己，怎么会有人为她帮忙？事情原来很简单，而且完全是出于偶然：一个偶然的机会，李秀认识了地委组织部长李荣，并且坐部长的小轿车回到了县里。因此，人们纷纷猜测她与李部长的关系，于是就有人愿意主动帮忙。很快，她的工作换了，住房解决了，丈夫调来了，而且各级领导都对她笑脸相迎。这样的故事使我们看到官场的可笑之处，但这可笑却正是常见的一种情景。陈源斌的《安乐四陈》主旨并不在批判官僚主义，却惟妙惟肖地刻画出了一幅令人啼笑皆非的官场病态图：县里的领导下公社，公社书记立即忙了起来，一面派人下乡捉鸡，一面找人陪领导打扑克、下棋。他跟陪领导下棋的人打招呼：只准输，不准赢。陪打扑克者老于官场世故，顺利输掉；陪下棋者却因经验不足而险些取胜，把书记急得只好偷偷踩他的脚。小说还写到他最后虽然输了，但输得很拙劣。因为一个干部如果精明，陪领导下棋，就应该让领导赢得一点都看不出破绽。

人们之所以要如此巴结上司，因为他们的命运掌握在上司手里。既然干部的升迁不是靠努力工作，不是靠群众的选票，而是靠上级领导，既然各种好处是否得到都不取决于下级而是取决于上级，那么，走后门、拉关系、讨好上级领导，就成了必然的现象。既然干部的升迁是由领导说了算而不是由下级说了算，就必然要使一些人全心全意取得上级的好感而根本不把群众放在心上。既然如此，干部怎能不脱离群众而高高在上当老爷。他们又怎么能够去担负起为人民办事的神圣职责。

中国长期形成的权力崇拜与高高在上做官当老爷的官僚主义是相辅相成的，也是互为因果的。晓剑有一篇小说《本市市长无房住》，其中写道："即使老实得像傻瓜一样的人，一旦沾上权力二字，可能会一下子变得狡诈起来，至于官架子的形成，更是轻而易举，那成堆的奴才可以让他三天之内就像一个已经当了十年市长的人。"的确，正是那些善于拍马屁的人在不断地培养和制造着一批又一批的官僚主义者。可是，又是什么培养了这些拍马屁的人呢？还是官僚体制。群众的奴性和对领导干部的依赖，造就官僚主义者和专制家长，专制家长式的官僚主义者又使群众进一步沦为站不起来的奴隶。从乔典运的《冷惊》和张宇的《家丑》等作品中可以看到，在素质没有更新的群众中，要想放下官僚架子，做好人民公仆，也是不容易的。在这样一种文化土壤中，群众看不上没有官样子的官。因为人们习惯的是官僚式的干部，而不习惯公仆。

三、批判武器考察

作为政治批判意识的一个重要的方面，新时期小说对官僚主义的批判取得了巨大成就，无论作品的数量和质量，还是作品的深度和广度，都是前所未有的。比起50年代那些写辛辛苦苦、忙忙碌碌，事务主义、好人做坏事的反官僚主义作品，它要深刻得多，复杂得多，也成熟得多。但是，新时期文学也仍然存在一些需要进一步思考的问题。其中一个重要方面，就是我们的作家还未能摆脱传统政治意识和习惯思维方式的窠臼，缺乏现代政治意识，因而对官僚主义的批判常常明显地暴露出武器的陈旧与贫乏。

在新时期小说中，对官僚主义的批判常常找不到有力的武器。作家们面对官僚主义的严重存在，特别是面对公仆变成主人、大搞特权、以权谋私的官僚主义者，好像无能为力，不知如何对付。大批作品采用了共同的批判方式，即以人民群众为参照，以人民群众的无私奉献，来对比官僚主义者的忘恩负义；用人民群众的道德力量，来感化和净化蜕化变质、心灵被污染的官僚主义者。无数作品在重复着这样一个主题：人民以群众鲜血和生命养育了革命，革命者却在胜利之后背弃了人民，成为官僚主义者，甚至横行霸道，鱼肉人民。这种义正词严的批评，对于每个革命者来说都是可贵的警钟，同时也是对那些忘本的变质分子的有力审判。但是，在这些作品中，也常常见到这样的描写：官僚主义者终于受到人民伟大的道德力量的感召，于是良心发现，痛哭流涕地表示痛改前非，要重新做好人民的公仆。而实际上，这常常是作家的一厢情愿，多少有些背离现实。即使一些优秀作品如《高山下的花环》等，在写吴爽等人的忏悔与转变时，也都带有明显的人为痕迹。更多的作品在夸大人民美德的伟大感召力，结果是造成了作品的虚假。忏悔是非常可贵的，但是，如果全部希望都建立在贪官污吏反省和忏悔的基础上，取决于他们的良心发现，官僚主义大概无法克服。

与此同时，为了充分写出那些官僚的忘恩负义，就要极写人民群众的伟大，但由于对人民群众缺少全面的把握与剖析，只要把他们作为偶像，作为尺度，作为镜子，就往往忽视了他们本身所存在的弱点，从而使这些形象失去了真实性。一些作者极力写群众的高尚品德，结果却是歌颂了他们逆来顺受、善于忍耐、乞求救世主的种种弱点。即使王蒙的《悠悠寸草心》中老吕师傅那种悠悠寸草心，事实上也是存在问题的。因为恰恰由于人民群众大都像吕师傅那样顺从、宽厚、讲究恕道，缺乏主人公意识和斗争精神，才使官僚主义失去了来自群众的制约。自然，吕师傅也自有他的想法："我不能像'司令'们那样去迫害'官'，不能像小卜和师兄那样去利用'官'，不能像S市某些代表所说的那样一味去'顺着''官'，但也不能像儿子那样去疏远'官'、甚至敌视'官'呀！血流成河，白骨成山，付出了多大的代价，好不容易打倒了国民党的'官'，又打倒了'四人帮'的'官'，好不容易咱们自己的老同志重新当了'官'，如果谁都不去接近他们，不去向他们说心里话，咱们这个国家，咱们亲爱的党可怎么办呢？"这也许是吕师傅的由衷之言，但吕师傅的做法，大概只能对少数人起作用，对多数官僚主义者不会有任何作用。因为不从根本体制上解决问题，仅仅去"接近他们"，"去向他们说心里话"，去感化他们，如果他们最终还是听不进去呢？如果他们高高在上让吕师傅再也见不到呢？

在对官僚主义进行批判时，大量作品都以道德批判代替政治批判，而且所用的道德价值尺度是相当陈旧的。一些作品描写干部由人民公仆蜕化为官僚老爷，往往借助于爱情和婚姻故事来增加故事感染力，写他们进城之后如何抛弃自己在战争年代相濡以沫、同甘共苦的妻子而在城市另觅新欢。这样写，在一般情况下有助于读者对这些干部产生憎恶之情，达到某种批判目的，但是，这种批判却常常是通过迎合读者的一种比较陈旧的道德情感而进行的。由于批判武器的贫乏，不但大大削弱了作品的批判力量，而且损害了作品的艺术寿命。

更值得注意的是，这种道德批判常常迷住了作家的双眼，因而把官僚主义仅仅看作是个人的道德品质问题。有的作品为了加强对官僚主义的批判，把自己认为是不道德的行为堆砌在官僚主义者身上，结果使作品流于浅薄而缺乏批判的深度。在一些改革题材的小说中，有的作品对官僚主义的批判是以清官作为尺度和武器的：官僚主义者的对立面是一个改革者，改革者又大都被写成一个“清官”，而且在映衬之下，官僚主义者又被处理为贪官、奸官、昏官。这就流露出一种非常陈旧的政治意识：清官主义政治理想。

清官是不完善的政治制度的产物。如果政治制度是健全的，无隙可钻的，就无所谓清官与贪官。在特定的历史环境中，清官比贪官当然好得多，他们为民请命，理应得到人们的赞美。但是，人民赞美清官是在不完善的政治制度下的一种无可奈何的选择。从历史上看，清官在为民请命的同时，也常常给腐朽的社会制度镀上一层金辉，从而导致人们对既有制度的认可。它常常起着粉饰生活、掩盖矛盾、消磨斗志、维护旧制度苟延残喘的作用，不利于人民群众认识统治者的本质。今天，我们关于社会政治的理想当然不应该满足于清官政治。官僚主义是不完善的政治体制的产物。如果过分强调清官的作用，把官僚主义看作是某些干部的人品问题，就不利于认识问题的症结之所在，不利于谋求体制改革和完善。对于今天的现实来说，就势必忽略对政治体制本身弊端的批判。

无论是什么性质的国家，无论是什么样的历史时代，行使社会组织管理的官员选用制度，都是社会政治的关键环节。评价官吏任用制度优劣的标准，主要在于它是由谁选择，这种选择是否能够体现人民的意愿。在中国传统社会，伯乐相马式的官吏选拔方法是历史的普遍现象，并且传为美谈。在经济落后、观念陈旧、制度僵化的特定历史条件下，这种方法有它的可行性和必然性，也的确曾起过积极作用。那些有远见、有忠心的“伯乐”们为皇家或主人寻找千里马而付出心血和汗水，理应得到皇家或主人的尊重。但是，如果以现代政治意识观照伯乐相马式的干部选拔制度，就应该看到它的局限。这首先表现在以个人的好恶和关系的亲疏为标准，在个人接触的有限范围内，由上而下地选拔，无法从根本上保证被选拔者就是最优秀者或民众拥护者。更重要的是，这种选拔方式是与家天下的前现代制度配合的，它使被选拔者首先考虑的不是如何向人民负责，而是考虑向选拔他的那个上级负责，从而导致干部队伍中的依附顺从关系，滋生效忠、拍马之风，造就脱离群众的官僚主义者。如果伯乐正直无私，情况还好一些，但谁能保证伯乐正直无私呢？如果伯乐以相马之名，行结党拉帮之实，职位就成为用于交换的商品，成为赢得私利、培养党羽的机会。事实上，这种情况在新时期小说中已有反映。《乔厂长上任记》中的冀申不也曾被徐进亭认为很能干，而提名出任副局长吗？在《花园街五号》中，省委副书记许杰竭力推荐的市委书记候选人丁晓，恰恰是一个官场病十足的官僚主义者。这种情况在另外许多作品中同样可以看到。那些伯乐们各有各的目光和尺度，那些存心不正或患有眼疾的“伯乐”，选出的“千里马”会是什么样子呢？

由此可见，伯乐相马式的干部选拔制度，实际上是官僚主义赖以存在的土壤和温床，不值得过分称道。但是，许多作品却由于缺少现代政治意识而没有清醒的认识，因而对伯乐相马式的选拔方式的不自觉的赞美相当普遍地存在。乔光朴的上升是因为受到顶头上司霍大道的赏识和支持；龙种出任农场常委书记是由于省农林厅长的举荐和支持；陈抱帖之所以登上政治舞台并出任市委书记，因为他是省委书记发现了他的才能；陈永明之所以能有机会施展自己的才能，在于副部长郑子云的提拔和重用。杨小东能够被提拔为车间主任，也是由于郑子云的偶然发现。偶然发现人才而重用，对于一个社会来说是可怜的。我们的作家却往往对此津津乐道，也是可怜的。

应该承认，这些作品的描写是真实的，这种选拔方式是我们生活中客观存在的。作家们应该写，但问题是怎么看，怎么写。当代作家应该站到现代意识的制高点上，对于政治体制的判断应该有一个基本的现代尺度，应该有清醒的认识和判断，而不应该满足于为“伯乐”唱赞歌。

论新时期文学的文化回归意识

随着寻根文化思潮的出现，弘扬传统文化的作品大量增多，新时期文学表现出一种极强的文化回归意识。这种文化回归意识与“寻根”密切相关，但我在这里考察的不是“寻根”这一文学现象，而是“寻根”以及非“寻根”的文学所表现出的一种文化态度。“寻根”的内涵极不确定，但明显带有两重意义：文学寻根与文化寻根。前者思考的是文学问题，意义在文学；后者思考的是文化问题，意义在文化。在文化问题上，“寻根”表现为一种双向选择，既有旨在断根的劣根探寻，又有意在续根的优根寻找，前者表现出极强的文化批判意识，后者表现出极强的文化回归意识。这里所考察的是后者——文化回归意识。

一、文化回归意识的产生及其根源

沿着新时期文学发展的大河溯流而上，就会发现，文化回归意识早已露出端倪。在“寻根”旗帜出现之前，弘扬传统文化的作品早已出现。新时期文学起步于作家们对社会问题的关心，没有对社会政治问题的巨大热情，就不会有新时期文学的崛起。但在经历了“伤痕”“反思”等几个文学阶段之后，作品中民间风情的描绘和文化因素越来越多，一些作家先后从与政治密切粘连的主潮中游离出来，写市井民俗和乡土风情，汪曾祺、刘绍棠、邓友梅、陆文夫等人首先引人注目。《受戒》《大淖记事》《蒲柳人家》等作品不仅显示着作家对一种美的发现和追求，而是已经含有对某种传统的文化精神的呼唤与张扬。1985年前后，这种呼唤与张扬随着“寻根”思潮的出现而成大潮。

从社会文化背景看，文化回归意识产生于“文革”留下的文化痛感，以及改革的呼唤和东西方文化的碰撞。

80年代，是中国民族历史上一个非常特殊的变动期。一方面是国门洞开，洋货西学滚滚而来；一方面，是光复古旧，再版典籍，国故民粹东山再起。在辽阔的中国大地上，一幢幢摩天大楼拔地而起，雕梁画栋的琉璃瓦庙宇也粉刷一新，再度香烟缭绕。从电子游艺场走出，可以坐上木轮马车去领略先秦时期的生活情调。迪斯科音乐与现代派绘画、民间戏曲、民间剪纸与泥塑、古装游览、仿古艺术品……都同样拥有大量的爱好者。这就是我们的时代！如果离开这样一个文化背景，就无法理解这个时代的哪怕是一点小小的举动。

小说创作中的文化回归意识并不是一个孤立的现象，它反映着一个特定历史时期我们民族的情绪、心理和文化意识。无论它是病态的还是健全的，都属于我们这个时代。只要我们把视野稍微放宽，就会看到，1985年前后，美术界曾经发生关于国画传统的讨论，音乐界一些人热心于从古典音乐中汲取营养；舞蹈出现了以《丝绸之路》为代表的追求民族风格特点的作品，电影《黄土地》、诗歌《太阳和它的反光》……这一切与小说创作中的文化回归意识形成一个大合唱。把这种种现象联系起来一并思考，更可以看出它的出现所具有的深广的社会文化基础和背景。

在20世纪80年代的中国，对一切问题的分析，都不能不注意到那场刚刚过去不久的“文化大革命”。它对中国人的精神活动和精神结构的影响是难以估量的。它就像一个幽灵，不时地在人们的脑海中回荡，又像经典名句，像定理，有形无形地被广泛引用。这一事件，或者说，这一历史本身，常常成为无需多做解释的最有力的论据，成为思考问题和提出问题的依据和出发点。

文化回归意识正是产生在这样一个历史背景之上。作家们之所以向历史寻求重建民族文化的因子，正因为苦于现实文化已经崩溃这样一种基本认识，而文化崩溃的痛感却是“文化大革命”的产物。我们不难为弘扬传统文化者理出一个思维逻辑线索：“文化大革命”使中华民族的文化崩溃了，社会上的种种不正之风正是民族优良传统被破坏的表现。现实生活中的问题很多，如何救治呢？必须光复传统文化。但是，传统文化之根已经断裂，那么，文学就要担负起寻根的职责。这从李杭育、阿城等作家们的文章中就可以看出：

“我们这个民族是多灾多难的民族，我们的文化也是这样。本质的东西常被歪曲，……尤其是在近世，西方文明无情地暴露着我们的民生。戊戌变法、辛亥革命、五四运动，无一不是由民族生存而起，但所借之力，又无一不是借助西方文化。中西文化的发生与发展，极不相同，某种意义上是不能互相指导的。……五四运动……较全面地对民族文化的虚无主义态度，加上中国社会一直动荡不安，使民族文化断裂，延续至今。‘文化大革命’更其彻底，把民族文化判给阶级文化，横扫一遍，我们差点连遮羞布都没有了。”①

把“五四”拿来与“文革”陪绑，这不仅暴露了这些青年作家近代历史知识的欠缺，也透露了一种思维方式（由果及因）的失误。他们有感于亲身经历的历史对民族文化的破坏，追根溯源到了中国现代文化的起点“五四”，却没有对“五四”文化与当代文化的复杂关系作深入的思考。他们把今天的中国文化（包括“文革”）看作是“五四”的产物，看作是西化了的，因而归罪于“五四”，但他们要否定的并非“五四”本身，而是“五四”的结果。在文化断裂的慨叹声背后，我们明显地感觉到他们对现存文化的强烈不满。从他们“西学＝政治经济学＋社会理想”的认识，也可以看到他们是怎样把现存文化与“五四”所倡导的西学画了等号。因此，与其说他们否定西化，不如说他们否定中国现存文化。当前，由于认识的分歧和表述的困难，发生了一些不应该发生也不值得发生的争论，有人认为现存文化是五四新文化运动的直接结果，是西化的，有人则认为五四新文化运动并未成功，现存文化仍然是几千年传统的延续。因此，前者贬“五四”，反西化，后者扬“五四”，反传统，而实际上争论的双方反对的却是同一事物，即现存的文化形态。总之，不管他们的论述中有多少失误，他们对传统文化断裂的痛感和对现存文化的不满是明显的。无论从人们的心理考察，还是从历史考察，怀旧总是对现实不满的一种表现。历史上无论哪一个时代，每当怀古

①阿城：《文化制约着人类》，《文艺报》1985年7月6日。

的思潮兴起，总是现实出现了危机。消极者只是哀叹今不如昔，积极者就要努力托古改制。我们心理上的表现是更明显的，对现实不满就怀旧，挨了新夫的打就到前夫的坟头去哭一场。哭前夫并不只是一种怀念，而常常是对新夫的一种控诉。弘扬传统文化，而且把人们导向远古，本身就是对现存文化的一种否定。如果没有“文革”，这种否定就很难如此爆发。关于这一点，创作的情况可以为我们提供有力的佐证。只要稍加考察，就能够看到，在文化热中，文学对文化表现出了一种相互矛盾的选择，即一边是批判，一边是张扬。这两种倾向往往不是集中于某一作家自身，而是在文坛形成了两支有所侧重的队伍。值得注意的是，致力于批判者多写现在时态的文化，批判国民性的现在时态，而不是批判先秦两汉或者唐人宋人的国民性。批判者锋芒所向从城市到乡村，从农民到知识分子，批判对象广泛地存在于现实生活中。而致力于寻找民族的优良根性以张扬传统者，却大都面向自然、原始，去写荒漠峡谷、森林、草原等远离现代文明的半原始生活状态，去寻找一些属于过去时态的生存方式、行为方式和价值观念。即使在非自然原始状态中，他们寻找到的也往往是“心远地自偏”式的远离了生活主流的人们身上的东西。这种倾向告诉我们，无论是致力于张扬还是批判，作家们都对现实文化表现了他们的厌倦。

80年代的中国，变革已成为时代的精神。“寻根与变革”这貌似对立的两极实际上密切相关。甚至可以说，文化的寻根也是变革的产物。到了寻根文学大量产生的1985年，中国人民的改革大业已经逐步展开，并且初获成效。但是，人们很容易意识到，历史的久症顽疴并非都能迎改革之刃而解，而且新的问题、新的矛盾不断涌现。问题究竟在哪里？人们逐渐认识到，一些问题的存在并不仅仅由于政治路线和方针政策，而是有着文化深层的原因。要彻底改变中国的落后面貌使之走向繁荣富强，不仅需要政治改革，以建立一种新的政治制度，而且需要思想革命，以重铸民族的文化心理和性格。但是如何重铸呢？同样怀有如火的忧心，同样从变革的现实出发，人们所选择的方式也大不一样。有人批判国民劣根性以配合改革，有人光复传统以匡正时弊，有人感叹习惯势力的顽固与强大，有人忧虑民族自我的丧失……文学中的文化回归意识就是后一种选择在文学中的表现。我们不应该误解这些作家，不应该指责他们拉历史的倒车，虽然他们表现出一种守旧的倾向，与文化批判者的努力背道而驰，却也是应变革的呼唤而出的。他们的表现之所以如此不同，根本原因在于对中国现实文化本质的认识不同。传统的批判者认为现实是几千年传统的延续，寻根者认为现实已经失掉了传统。但无论如何，二者的目的都是要改变现实。寻根者不过是要向过去寻找出路，向历史汲取再造的基因。

从世界文化背景考察，寻根文学所显示的对传统文化的重新认同与整个社会的文化热一样，显然与所谓新儒学的冲击有关。放眼当今世界，所谓“东亚五强”的迅速振兴，形成了一个强大的冲击波，越过太平洋，使西方世界为之震惊。与西方全然不同的文化形态中现代物质文明的高速发展，使得困扰于西方现代社会弊端的人们满怀欣喜与希望注目于东方文化；海外华夏后裔作为异乡游子，带着自己也不易觉察的文化思乡之痛研究东方文化；于是，正如在中国贫穷落后的映照之下西方物质文明具有特别的魅力一样，在西方社会弊端的对比之下，东方文化也显得格外光彩夺目。因此，有人预言，未来的世界将有儒学的再次复兴。西方出现研究东方文化的热潮，这热潮又以回潮的形式拍击着亚洲大陆，引起一些学子对自己固有文化的重新思考。一些作家从西方学者那里寻找理论依据。中国作家之所以能够接受这种影响，与我们民族固有的文化自大以及在变革中的文化失落感也是分不开的。

二、他们寻到了什么？

在文化寻根的旗帜下，作家们到底寻找到了哪些值得弘扬的文化传统之根呢？我们的文学在寻根的旗帜下张扬了一些什么样的文化精神呢？他们寻找的究竟是什么？经过综合和归纳，我们不难看到，他们的寻找和发现主要集中在以下几个方面——

（一）原始野性和原始生命力

随着文化“寻根”思潮的兴起，文学中描写自然与原始状态的作品大幅度增加。作家们走向自然，去描写原始蛮荒的文化状态；走向民间，去歌咏古风犹存的乡土；或者走向险恶的生存环境，去表现人与大自然艰苦卓绝的斗争。这些作品的背景多为深山峡谷、原始森林、茫茫沙漠、空旷草原或闭塞的山乡。作品的主人公既粗暴强悍、放荡不羁，又单纯质朴、一尘不染。人与人之间的关系肝胆相照，亲则情同手足，仇则刀刃相见。性生活也只听命于本能的召唤，自由放任而绝少观念羁绊。在这个作品世界里，动物家族（特别是猛兽）往往是不可少的，狼和狗数不胜数，虎豹熊狮时有所见，獐鹿狐兔到处奔跑……这些作品完全不同于一般的乡土文学，因为作家的着力点并不在于乡土气息和民俗美。作家们之所以纷纷选择无人涉足的边远地带，把笔触伸向半原始的生活，决不仅仅为了猎奇，而是因为这里更多地保存了文化的“根”。那么，他们在这种生活状态中寻找到的是什么？是哪些东西在他们的眼中闪闪发光从而诱起他们的兴趣呢？

张承志和莫言的作品是值得注意的。他们都不是进入荒山大漠和密林峡谷的极端代表作家，但即使这两位还停留在边缘地带的作家，也表现出了相同的倾向。张承志早已以《黑骏马》与《北方的河》驰名文坛。莫言初露头角就负有盛名。他们的成功并非偶然，而是反映着一种相当普遍的、属于这个时代的文化风尚和精神要求。张承志的作品几乎处处显示着对生命力的崇尚，那茫茫无际的大草原，高亢悲凉的民歌小调，前胸凸隆着块块肌肉的黑骏马，那燃烧的黄河，块状的波涛，咔咔断裂的冰甲，那波马落日的辉煌，都因凝聚了作家悲愤的不屈不挠的激情而显示出力度，并成为表现人物旺盛生命力的有力衬托。在《北方的河》中，作者把一个青年知识分子放在大自然的背景上，其用意首先在于表现与大自然奋斗搏击的强力。那个男子汉跃入黄河的镜头，充分展示了作者的审美理想。为了完成对力度的追求，他甚至让这个大学生说种种粗话，在其骚动不安中显示其某种野性。原因同样是因为野性中有某种文雅所缺少的力度。张承志的作品总是在顽强地张扬着一种积极进取的精神，发掘着一种生生不息、坚忍不拔的刚健之美。以浪漫主义的激情歌唱阳刚的、使民族得以不断繁衍的精神气质。在《辉煌的波马》中，他如此描写碎爷的性格：“碎爷也老啦，……可是碎爷心里盛着一个海，碎爷有他深藏不露的惊天动地的阅历。无论是造反起义、背井离乡，还是冤狱折磨，碎爷一概不谈不论。碎爷在长流水里沐浴，在洁净的波马洗礼，碎爷用不着一张白纸片证明自己，碎爷有一颗打不垮的心。”这显然也是对坚韧之力的礼赞。

莫言的“红高粱”系列小说具有一种火辣辣的、凝重的冲击力。任何读者都可以很容易地从中感受到高密东北乡那片土地、那个人群的沉重与灼热。作家不掩盖他笔下人物身上的落后、愚昧和狭隘，但着力描写的却是他们身上的粗野和血性，是他们身上旺盛的生命力，是他们求生的意志、抗争的勇气和追求的执着。无论土匪司令余占鳌，还是戴凤莲和刘罗汉，他们都是从逆境中站立起来的好汉，他们的血管里流淌着的是英雄的热血，决非那些工于算计、贪生怕死的可怜虫所能够比拟。他们前途迷茫，却常常是不问前途而勇敢闯荡。他们蛮性十足，却因此而不畏强暴、不甘沉沦。作家在腥风血雨的背景上描画他们的铮铮铁骨和冲天血气，所要发掘和张扬的正是那种原始生命强力。在《红高粱》的结尾，莫言写下了这样动情的句子：

> 谨以此文召唤那些游荡在我的故乡无边无际的通红的高粱地里的英魂和冤魂，我是你们的不肖子孙，我愿扒出我的被酱油淹透了的心，切碎，放在三个碗里，摆在高粱地里，伏惟尚飨！尚飨！

为什么“我”是“不肖子孙”？何谓“被酱油淹透了的心”？悲歌一曲赋招魂，缅怀的是父老们的生命烈焰，呼唤的是前辈英魂如红高粱般的勃勃生命力！

对野性的赞美，对生命强力的呼唤，从不少作品中都可以看到。作家们赞美那些硬汉子，泼女人，甚至不惜赞美复仇、凶杀和粗暴，因为在我们这个时代的作家看来，那是生命活力的表现。他们不仅写猎手的勇敢，而且赞美虎豹的顽强，赞美烈马和猛犬，也出于同样一种审美倾向。

（二）传统人天观

在近几年的创作中，出现了不少思考人与大自然关系的作品，从这类作品常常可以听到保护自然的呼唤。当然，思考人与大自然关系的作品未必都具有文化寻根的意识，但一些作品却明显地表现出对传统人天观的呼唤。邓刚的《蛤蜊滩》、孔捷生的《大林莽》等都是突出的，但渗透着文化寻根意识的更突出的例子还是刘醒龙的《灵狮》和阿城的《树王》。

《灵狮》中的护林老人一遍又一遍地讲着他的童话：“当山空了，林没了，再也听不到獐群的鸣叫，再也看不到对对獐子挟着它的幼子鹞鹰般掠过松树坪时，洪水猛兽就要来了……”护林老人本是一个猎人，曾因打死一只幼獐而遭天谴，砍掉扣扳机的食指而结束了狩猎生涯。直到晚年，他还觉得自己当年打死的不是一只幼獐，而是自己的儿子。在他心中，幼獐与儿子，人与兽与大自然是一体化的，万物都有它的灵性。他竭力保护自然，但终于保不住，山空林没，树王被砍，童话应验了——一场暴雨，山坡滑塌，泥石流将粮田一扫而光，人类遭到了大自然无情的报复。

不少作品写了人对大自然的侵害。这些作品一般都是这样写的：一个大自然的忠实守护者，半是清醒半是混沌，与大自然和谐相处，过着充满牧歌情调的生活。突然，从外界闯入几个破坏者，一般是偷猎者或城市青年，于是，双方争斗，大自然的保护者终因没有足够的狡猾和权力而不幸失败，大自然因而受到破坏。但是，最后大自然的破坏者也受到了大自然报复性的惩罚。这种构思几乎成了一种常见的模式。

阿城的《树王》与这模式不甚相同。它的故事背景设置于十年动乱中，故事却也同样以大自然的忠实守护者肖疙瘩的失败而告终。小说的结尾写埋葬肖疙瘩的地方长出一片草，“生白花，是医刀伤之药，而远远看去，有如肢体被砍伤后露出的白骨。”在这里，作者是把肖疙瘩当作受伤之骨和医伤之药推荐给读者的。肖疙瘩本身就是阿城寻根的一个结果。他朴拙健壮、正直善良。但这都不是主要的，值得注意的是他的心灵在人与人、人与社会的关系中失掉了支撑点，而在大自然中得到了恢复，压抑的心灵得到了舒展和宁静。他就是树王，树王就是他。他能预感到树林将被毁灭而忧心忡忡。树王终于被砍，他也在郁郁不乐中不久死去。他爱树如命，却说不出什么理由，只知道“它长这么大，不容易，它要是个娃儿，养他的人不能砍它”。由此可见，他与大自然真是浑然一体，难舍难分。在他的眼里，自然和人是被同样看待的。这也许是作者所理解的一种“天人合一”的境界。而实际上是在张扬着中国传统文化中顺应自然、任其自然、自然无为的人天观。

（三）传统美德和淳朴人情

对于传统美德和淳朴人情的礼赞，从刘绍棠的《蒲柳人家》等作品已经开始了。那个从炮火中救出望日莲，与豆叶黄大打一场，而成为望日莲庇护神的一丈青大娘，那个入过义和团、爱打抱不平、为朋友两肋插刀、有了钱随手施舍、最后拿家业的“半壁江山”为望日莲陪嫁的何大学问，那个手艺高超却只能混个半饥半饱、不娶家小却与穷孩子有饭同吃的吉老称，那个为正义而不念私怨、为帮姐姐抚养孩子而拒绝成亲的柳罐斗……这些人物身上集中体现的是中华民族善良正直、仗义勇为的侠风义骨和美好品德，是不畏强暴、锄奸助良、刚正不阿、舍生忘死的光辉性格。随着“寻根”思潮的出现，带有张扬传统美德和淳朴人情这一主题意向的作品大量增加。《麦客》《天狗》《小鲍庄》等是引人注目的篇章。在贾平凹的《天狗》中，无论师母对天狗的照顾，还是天狗在师父身残后对其生活重担的主动承担，无论天狗与师母结婚后仍不同居的行为，还是师父自杀的选择，以及天狗夫妇分蝎子给乡亲等等行为，都体现了渗透在这些普通人身上的传统的仁义道德。

何立伟的《淘金人》写了一群淘金者和一个女人。淘金者们都是野蛮的汉子。他们“有着铁似的体格和铁似的心，有着斗杀赌盗的不同常人的既往”，甚至一个个满身伤疤，缺耳断鼻，为了发财而敢于铤而走险，“常常为争夺一颗金子而毒毒骂娘，而捋手勒脚，而把刀尖和斧刃弄得湿而发红的事，就断乎不会少”。但是，他们在女人面前却出奇得规矩，一个个都只是保护神。其中一个仅仅因为偷看了女人洗澡，就被活活地掐死扔到了河中。最后女人不幸淹死，汉子们用手为她抠成了墓坑，将所有金子都做了她的陪葬，而且第二天就相约离开了这块藏金之地，再也没有回来。

我不想追究这种故事是否真实，值得思考的是作者构思这种故事的意图。粗野中的美德，重义轻利的传统义气，显然都是被肯定的。从“寻根”角度讲，作者所寻找到的就是传统美德和淳朴人情这条根。在新时期小说创作中，这种选择并不少见。

（四）韧性、适应力和道家的人生哲学

冯骥才的《神鞭》和阿城的《棋王》都是近几年出现的中篇小说佳作。前者以传神之笔写了阿二的“辫子功”，后者则不动声色地写了一个传奇人物王一生和他的棋艺。抛开作品的反思和批判意义不谈，如果寻找被作家艺术肯定的东西，两篇小说都写了民族精神中一种极富韧性的适应能力。这种适应力也被当作一种生命力而寻找了出来，但其表现形态与其内质却完全不同于前面论及的那种生命力。它不是阳刚的，而是阴柔的；不是外向的，而是内向的。

《神鞭》把傻二的一条辫子写得神乎其神，但这条本来战无不胜的辫子在洋枪洋炮面前却失败了，而且到辛亥革命之后不得不剪去。可是，剪了辫子并没有使傻二步入穷途，而是迫使他成了神枪手。值得注意的是小说结尾处的一句话："你要知道我家祖宗什么情况才创出这辫子功，就知道我把祖宗的真能耐接过来了。"傻二祖宗本来练的是脑袋功，仿效和尚剃光头以便不叫对方抓住。可是清兵入关后不留辫子就砍头，这就绝了傻二家的武艺，祖宗又把功夫改用到辫子上，创出了独特的辫子功。辛亥革命割掉辫子，傻二又成了神枪手。这其中深层的能耐是什么？显然是一种折而不断的韧性，是一种历尽沧桑之变而仍能生生不息的适应能力。

《棋王》的主要意义在于它表现了一种人生哲学。王一生形象的塑造主要是通过吃和下棋来完成的。王一生很看重吃，对吃特别认真，因为不吃就无法活命。但是，不幸的生活却不能满足他吃的要求，他常常挨饿，对饥饿有着独特的感受。这使他对吃极为看重，却并无奢求，喜欢吃却反对馋，强调的是"半饱半饥日子长"。下乡后别人埋怨饭菜不好，没有文化娱乐，他说："人要知足，顿顿饱就是福。"除了吃，他唯一迷恋的就是象棋，"一下棋，就什么都忘了，待在棋里舒服。"他的口头禅是"何以解忧，唯有下棋"。因而他终于成为"棋王"，成为"中华棋道毕竟不颓"的明证。由此可见，他在物质生活上知足常乐，容易满足，在精神生活上却自有追求，精诚专一。他旷达超脱而又执着坚定，瓢饮不改其乐，在外部环境的限制下，自我退入内心，悄悄营建着自己的精神疆域。小说的结尾写下了非常重要的句子："家破人亡，平了头每日荷锄，却自有真人生在里面，识到了即是幸，即是福。衣食是本，自有人类，就是每日在忙这个。可囿在其中，终于还不太像人。"这里作者所张扬和赞美的也是一种对环境的适应能力。这种能力是依靠退入内心，于乱世中独善其身。这显然是中国传统文化中的老庄哲学。

三、弘扬传统：一种特殊的现实批判方式

显然，上述种种还远不是中华民族文化传统之根的全部。但为什么"寻根"者会做出如此选择？他们选择这些而不选择那些，这是值得注意的。对这个问题的回答，可以帮助我们认识这个时代的文化背景，认识我们这个时代的思想情绪和风尚。而这一切，对于文化社会学的研究来说，比那种简单

的判断更为宝贵。

对这种种选择应该怎样认识？它具有什么意义？概括地说，对古老传统的寻找是对现存文明中某些弱点的一种特殊的批判方式。

为什么要到自然和原始中去礼赞野性，去呼唤生命的强力？显然是有感于现有文明、特别是城市文明的心态弱化、生命力的退化和陈腐道德的虚伪及其对人性的压抑和摧残。刘彬彬的短篇小说《村魂》展示的是一幅发人深思的生活画面，抒写的是作者深深的忧虑。豹子进村为害，全村无一人敢于站出来承担起打豹的责任。即使负有盛名的猎人也吓得弃枪逃避。最后出来迎击豹子的竟然是一头牛！牛的勇猛无畏和人的自私怯懦形成了鲜明的对照。这里不仅仅是野蛮人与文明人的对照，而是牛与人的对照。在人类居住的村庄里，真正的村魂却是一头牛！这对人类来说是多么可悲！通过这种对比，小说表现了一种对人的生命力退化的深切痛感。这种痛感不仅属于个别人，而且属于整个时代。其实，在张承志的《北方的河》中，我们已经听到了女记者的感叹："世上的男子汉都死绝了！"不同的是，张承志正面表现希望更多一些，还没有把希望寄托于牛，而是梦想男子汉精神在青年知识分子身上复活。1985年，《中国青年》杂志曾经发表水竹的一篇文章《到哪里去找高仓健?》，认为中国缺少男子汉，中国的男性素质在退化。《中国青年》编者认为"她的失望，并不仅仅是对某些男人的失望，同样也包含着更深刻的内容——对我们民族素质的忧虑"。这的确是一个令人担忧的问题。我国古代一直讲究中庸，讲究温良恭俭让。我们的传统文化长期塑造着国民的性格，结果是使受教育的人多白面书生、风流才子，而缺少阳刚之美和勃勃生机。一个民族的性格过分阴柔，就会使这个民族缺少应有的魄力和进取精神，而滋生保守、卑怯的劣根性。当一个变革的时代到来，时代呼唤着创造型、开拓型的人才时，清醒的中国人不能不感到这种缺憾。

冲破陈腐道德观念对人们本能的束缚，这呼唤产生于中国社会的现实之中。人类文化的发展，往往是在冲破一道旧绳索的同时又造成一道新绳索，但就总的趋势而言，尤其是世界文明史进入现代以来，主流却显然是在谋求人的解放。新的历史条件出现，人们必然要对现存道德秩序进行审视。对于性，也许当代中国社会形成了过多的束缚，使作家们感受至深，因而成为文学的一个兴奋点。但是，那种比现行道德所允许的生活方式更为本能、更为热烈的生活方式，不仅难以在现实生活中实现，甚至无法出现在描写现代都市文明的作品中。所以，这种对于解放的渴望就很难安置在描写都市生活的作品中，而是被安置在偏远的地区。有时候，甚至以特别的方式表现出来。关于这一点，叶楠的《漫长的春夜》就是一个极端的例子。一个单身女子和一个放蜂的汉子，时有来往并且各怀春心，却很难冲破那道人为的藩篱，饱受欲望压抑之苦。而猪圈中的母猪却与林中的野猪自由来往，不顾一切地双双奔向森林。这种令一些人难以接受的对比强烈地表现着对精神枷锁的撞击，表现着对原始自由的向往，事实上是一种人的解放的呼声。

这是一种对禁欲文化的批判与反拨。作家们写原始半原始的生活，无非是要说：看，生活本来是这样的。潜台词则是：生活应该是这样的。

这些作品不避粗野，确有一种野蛮化的倾向。但是，正如恩格斯所说的："只有野蛮人才能使一个在垂死的文明中挣扎的世界年轻起来。"①野蛮化是对现存文明的一种有力反拨。对原始生命力的歌唱与张扬，无疑是对衰弱文明的反动。无论对于儒家禁欲的伦理原则，还是对道家的无为和超脱，它都是一种有力的否定。因为无论儒家的伦理原则所构成的心狱，还是道家的幻想所编织的梦境，都摧残和限制了人的力量。呼唤原始的生命强力来挣脱腐朽的文化枷锁，是具有深刻现实意义的。它使我们想到西方的浪漫主义，想到拜伦，想到拜伦的撒旦主义和英雄崇拜。只是英雄崇拜成了力的崇拜，对于自由的认识也大不相同。当然，它也使我们想起拜伦写卢梭而实际上也是写他自己的诗句："然而他也熟知如何为疯狂的放纵敷上美丽的脂粉，怎样使恶行和邪念经过崇高词句的藻饰而貌似神圣。"（《恰尔德·哈洛德游记》）

为什么会张扬传统的人天观呢？

尽管寻根的作家们高喊着超越，但他们不可能超越现实，因为他们艺术思考的出发点就常常建立在现实给予他们的感受和情绪上。这种"寻根"之所以出现，也恰恰因为中国历史刚刚经历过一段"与天奋斗其乐无穷，与地奋斗其乐无穷"的时期。像对阶级斗争扩大化的反拨一样，强调人与自然的和谐即使没有外国的影响，也会像强调宽容、强调理解和对话一样被提出。

---

①《马克思恩格斯选集》第4卷，第153页。

只要看一看孔捷生的《大林莽》等作品，就不仅能看到那个盲目战天斗地的年代，而且可以看到反拨的历史必然。毫无疑问，许多作品都是基于这种历史背景而产生的。阿城的《树王》中李立与肖疙瘩形成鲜明的对比：知青有知识而愚昧，肖疙瘩不认识字却非常清醒。知青何以愚昧？肖疙瘩何以清醒？答案只有一个，因为知青从当时的社会接受了太多的知识污染而失去了良知，肖疙瘩远离人世而良知未泯。这种构思是对那个特定时期社会教育的彻底否定。

此外，从更广阔的人类文化背景上看，我们不能不承认，人类在科学发展中具有了改造自然的一定能力之后，就认为对地球可以随心所欲地加以改造、征服和无节制的索取，而忘记了地球空间和资源的有限，这是非常愚蠢的。科学技术的发展，一方面为人类的幸福和发展提供了条件，一方面也为人类毁灭自身所赖以存在的地球创造了能力。如果将这种能力用于对自然的盲目征服，人类前景将非常可悲。“人定胜天”的口号把人与自然对立起来，把人作为自然的外在物，结果不仅损害了自然，也损害了人类自身。因为人类虽然从自然中分化出来，却仍然是自然的一部分。要实现人类社会的高度发展，还必须保持人与自然在一定程度上的和谐。那些对人与大自然关系进行思考的作品，给我们的正是这种简单又深刻的启示。面对森林减少，沙漠扩大，水土流失，空气污染等直接关系到民族生存的重大问题，迫使我们不得不思考保护自然这一迫切的命题。从《大林莽》到《树王》等一系列作品在这一方面都不乏积极意义。

当代一些发达国家的学者提出了一些新的见解，从爱护资源的角度强调对自然的保护，从生态平衡的角度反对盲目征服自然。有位经济学家提出，我们不是从父辈继承了一个地球，而是从子孙借住了一个地球，因而鼓励低创造和低消费。当这种思潮冲击着中国，随着各地“绿色协会”“爱鸟者协会”的出现，人们自然而然地想到了中华民族在这方面悠久的历史传统。在中国，保护自然的思想的确是古已有之。《国语》中就有鲁宣公破坏了“夏三月川泽不入网罟”的制度而被大夫里革把渔网毁弃的故事。荀子在《王制》中说：“圣王之制也，草木荣华滋硕之时，则斧斤不入山林，不夭其生，不绝其长也；鼋鼍鱼鳖鳅鳣孕别之时，网罟毒药不入泽，不夭其生，不绝其长也；春耕、夏耘、秋收、冬藏，四者不失时，故五谷不绝，而百姓有余食也；污池渊沼川泽，谨其时禁，故鱼鳖优多而百姓有余用也；斩伐养长不失其时，故山林不童而百姓有余材也。”因此，寻根者在面对自然进行人与天的关系的思考时，在环境科学和“人类困境”论的影响下，选择传统的人天观而张扬之，是自然而然的。

对传统道德和淳朴人情的呼唤显然缘于作家们对现实生活中道德沦丧、人情泯灭的感受。这一点在许多作品所展示的世界里可以找到充分的证据。从不少作品中可以看到，在对美好道德赞美的同时，大量作品揭露和鞭挞的是卑怯和自私。在对淳朴人情表现出强烈向往的同时，表现的是对都市文明的厌倦。在这一点上，《野性谷》《雪原》等作品表现得相当突出。在《野性谷》中，朝克图那样拙笨，连话也说不好，却有一颗纯洁而善良的心。被称为“文明人”的城市青年那样精明，却道德败坏。对待秃鹫，朝克图与之情同手足，精心喂养，“文明人”却一见之下就想拿去卖钱。对待水花姑娘，朝克图救之于危难之中，朝夕相处而未有邪念，“文明人”初次相见就想把她占有。在这些鲜明的对照中揭示出的是“文明人”的种种不义。从社会批判意义来说，朝克图与水花姑娘终于逃向大自然而不愿归来，足以使我们的文明社会脸红而深思。这种对“人心不古”“道德沦丧”的揭示，在那些描写改革的作品中也同样有所展示。

同时，我们不能否认，处于半封闭状态下的大自然更多地保存了纯真质朴的人性。尽管它不无愚昧，却仍然令人难以忘怀。特别是对于那些从闭塞山乡走进城市或在乡下度过一段时光的青年知识分子来说，那更是一个美丽的梦。虽然这个梦苦涩得让他们眼泪欲滴，却仍然有着一种不可抗拒的感召力。我们更无法否认，在对历史价值比伦理价值更为看重的历史转折时期，提醒人们珍视不该丢弃的美德，也有重要的现实意义。

对道家人生哲学的审美肯定，打着动乱岁月的烙印，实际上这也是对现实的一种批判。像《棋王》那样对道家人生哲学的首肯，能赢得广大读者的赞誉，这与动乱年代的苦难岁月给人的感受是分不开的。中国传统的知识分子有一条应付环境的座右铭：“乱世以圆，治世以方。”身处太平盛世，棱角可显可露，身处乱世，则内方外圆，以圆应之。当自我退入内心时需有精神寄宿地。中国历代知识分子差不多都是仕途通达则效法儒家之入世治世，以天下为己任，仕途穷则怡神于山野超然于世外。道家的人生哲学几千年来一直是中国知识分子精神上的避难所，是他们途穷时的精神退路。从人生或者个体的角度看，道家人生哲学的确不算消极，当一个人身处乱世无力作用于环境的时候，它能使人鼓盆而歌，知足常乐。在物质生活不能满足的时候，以精神生活为补充，在无力塑造现实的时候，对自身进行塑造。寻求超脱，独善其身，超然物外，忘却人间一切烦恼。道家人生哲学，特别是庄子的人生哲学，是在对乱世人生忧患的深切感受中产生的。因此，除了它游世混世的特点外，还有它愤世嫉俗的反抗性。对一个社会来说，避世超脱本身就是对它的批判。

从整体上看，寻根是对文化传统的一种重新选择。它与现代化并不矛盾。任何一个变革的时代在引进和创造新的文化时，总要对自己的传统进行重新选择。这是一种通过调整传统的内部结构而获得新生命的企图。即使在“戊戌”和“五四”时期，思想文化界也有过这样的趋势。如以道反儒、扬佛墨以反儒道、以民间反对经典等等，在“五四”先驱们那里也不少见。

四、迷途与误区

我愿意充分肯定弘扬传统文化对现存文化的批判意义，并且努力去寻找这些意义，把它看作是我们时代的社会批判活动的一个方面，是对现代社会腐朽文明的一种反抗和挑战。但是，在作家们眼中闪闪发光的，却并不都是金子，被作家们寻找了来献给读者的，也并不都是一些值得弘扬的东西。在致力于民族文化的复兴和重铸而对传统文化进行优选时，甚至存在把幽幽磷火误作引航灯塔的现象。

新时期文学中的文化回归意识存在着以下值得关注的问题——

（一）错爱民间文化

不少作家并非没有认识到中国传统文化的局限，却对民间文化有所偏爱，意欲向民间文化寻找民族传统文化之根。李杭育认为，我们民族文化之精华更多地保留在中原规范之外。规范的传统的根大都枯死了，规范之外的，才是我们需要的根。[①]韩少功也非常注重乡土，看到了乡土中所凝结的

①李杭育：《理一理我们的根》，《作家》1985年第9期。

传统文化更多地属于不规范之列。这些作家都把目光投向与规范不同的民间文化。基于这种认识，作家们纷纷走向民间，去写民风民俗，从民俗中发掘一些充满生机的东西。那么，边远或闭塞地区的生活离规范更远，就有更大的价值，于是，作家们纷纷走向深山峡谷、大漠老林、边远地带和少数民族居住区，描写那带有原始色彩的生活，从那原始与淳朴中发现与规范化了的传统不同的文化精神，寻找规范的传统中所不允许存在的行为方式和价值标准，寻找更少束缚、更合于人性的东西。小说中那些原始的生命活力、性约束的相对宽松、人与人之间关系的简单明朗等，都是这种发掘的结果。从汪曾祺、刘绍棠到李杭育、郑万隆、阿城，都有这种迷恋民间文化的倾向。对荒原峡谷、深山大漠文化状态的描写也是对民间文化进行探寻时向着更为民间化形态的一种延伸。因为它与规范的传统文化似乎更为不同。

以民间文化丰富和发展传统文化，以规范以外的文化补充甚至取代经典所载的规范文化，对于重铸民族文化来说，无疑是有益的。但是，也应该注意：并非民间文化都是充满生机的。孟德斯鸠曾经赞美人民“一旦接受了好的准则，将比所谓正人君子的人们，更能持久地遵守”（《论法的精神》）。我无意于批评这位思想先驱，但他所赞美的却正是民众的一大短处。正因为这种短处，才使他们一代代总是受着精神的奴役，才出现了孟德斯鸠也同样看到的另一种现象：“十万只手臂有时候可以推翻一切；但是十万只脚有时候只能像昆虫那样前进。”（《论法的精神》）人民群众有守旧的一面，民间文化就有落后的一面。事实上，自从有了国家之后，民间文化已经无不带有统治阶级的胎记。历史在前进，占统治地位的规范文化在不断发展和流变，而民间文化却变化缓慢，这就出现了一个值得重视的现象：它所体现的总是陈旧的、过去时代的统治阶级的意识形态。

民间文化落后于时代的规范文化，在现代中国尤其如此。我们知道，中国闭关锁国状态之所以打破，不是由于民族自身的发展，而是由于外来的冲击。当时的中国，资产阶级民主思想还没有构成完整的理论学说，当然也不会在民间有什么影响，深山大漠里也无法自发地产生出资本主义。鸦片战争以后，由于伴随外来文化一道进入中国的是帝国主义的大炮，它所给予这个民族的屈辱感导致了普通民众对文化也像对枪炮一样怀有强烈的抵触和反抗。而且愈是民间，愈是小生产农民，这种抵触心理愈为强烈。因为爱自己的固有文化，像爱国一样，“是一种恰好与小私有者生活的经济条件连接在一起的情感”[①]维护旧枷锁而反抗新枷锁，是小农意识的一大特征。在传统政治和自然经济基础上产生和流传下来的民间文化，虽然有与规范文化不同的特点，但与主流文化并不完全异质。

那么，文学在张扬民间文化时沉迷其中，就不能不说是一种思想认识的误区。

（二）误投老庄哲学

在对民族传统文化的弘扬中，大批作家对中国传统文化的核心部分儒家文化不感兴趣，而对其外围部分或与儒家学说相冲突的部分表示热情。其中，张扬道家思想，以道反儒，已是一个引人注目的现象。

阿城的小说相当系统地宣扬着庄子的人生哲学。王一生是道家人生哲学思想的范本。他“何以解忧，唯有下棋”，逃避现实，回避斗争，知足常乐，为自己营建起精神上的蜗牛之居而自得其乐。小说借王一生和捡破烂的老头宣扬了一系列道家的人生哲学，“为棋不为生”，“生不可太盛”，“不可太盛，太盛则折”，等等。《树王》通过肖疙瘩形象的塑造，在思考人天关系的同时，极力张扬老子的无为思想。他笔下的理想人物都有呆笨拙朴的特点，体现着庄子“混沌”和“齐物”的理想。新时期小说中有不少作品跟在庄子的身后高呼“返归自然”，“返璞归真”，把老庄哲学当作挣脱儒家伦理枷锁的武器。这种方式在“五四”时期已经出现过，著名的反孔战将吴虞就曾经以道家思想作为反对儒家思想的武器。但是，无论吴虞还是新时期的作家们，都忽视了这样一个基本事实：道家与儒家及其塑造的封建秩序，既有矛盾的一面又有统一的一面。他们相互矛盾却在维护封建统治秩序这一点上得到了统一。以道批儒，激烈莫过于庄周，他极力批评和抨击儒家所塑造的统治秩序对从属的禁锢：“且夫待钩绳规矩而正者，则削其性者也；待绳约胶漆而固者，是侵其德者也；屈折礼乐，呴俞仁义，以慰天下之心者，此失其常然也。”（《骈拇》）他无情揭露儒学仁义的虚伪性，给予猛烈抨击：“爱民，害民之始也。”（《徐无鬼》）“虎狼，仁也。”（《天运》）“圣人生而大盗起……圣人不死，大盗不止。”（《胠箧》）但是，在中国文化这同一

①《列宁全集》第29卷，第124页。

个大系统中，在同一历史层次和思想高度上，这种批判表面激烈而内里却非常乏力。

我并不否认道家对人的本体的注重，更不否认它对人的心灵的解放提供的天地，也许正因为如此它才得到当代作家的频频秋波。但是，庄子对人的本体的强调，与否定儒家学说及其塑造的秩序一样，是在否定人类整个文明成果的同时进行的。他尚超脱，贵虚无，齐物我，等生死，灭机心……不仅要使人退化为猿，而且要使人变成无机物。他以心理开导的方式解脱精神痛苦，主张“知其不可奈何而安之若命”（《人间世》），“迫而后动，不得已而后起”（《刻意》），“以无厚入有间”式的对待生活环境，无论何时都是不足为训的。道家思想的这种消极特点在客观上帮了统治阶级的忙，使他们超然物外而放弃反抗。可以说，若无道家，儒家根本无法完成两千多年专制统治的辅佐任务。对于稳定传统统治秩序，法、儒、道三家犹如鼎之三足，是缺一不可的。

（三）文化“断裂”之忧是否有必要

阿城在他的《文化制约着人类》中批判了五四运动对民族文化的“虚无主义态度”，慨叹民族文化的断裂。李杭育虽然深知传统文化的局限，却也感叹“中国的整个现代文化都是向西方拿来”，“我们的民族个性在一天天削弱，民族意识是愈来愈淡薄了”（《文化的尴尬》）。很明显，他们都担心民族文化的断裂和民族个性的消亡。正因为这种担心，才强调民族意识，张扬民族文化。

其实，这种担心是不必要的。值得思考和需要警惕的，不是民族传统的断裂与消亡，而是它作为沉重的负担对民族前进步履的羁绊。

中国传统文化是一个古老的完备的大系统，它有着顽强的生命力，几经风雨冲击而至今不颓。这是人们能够达成共识的。五四新文化运动并没有使它发生断裂，因为历史提供的条件限制，尽管“五四”那一代人喊出了一些激烈的口号，但它对民族传统文化的批判却进行得很不彻底，也根本无法深入，结果是只动其皮毛而未动其筋骨。正因为这样，才使我们直到今天仍然难以走出种种羁绊，才使我们现代化的步履如此艰难。至于“文革”，如果我们稍微认真地进行一点分析，就很容易发现它与传统是同质的，与“五四”并非一回事。“文革”是传统文化本身恶性发展的一个结果，而不是五四新文化运动的结果。

一个民族的文化传统，特别是作为文化心理的存在，并不是那么容易改变的。尽管如李杭育在《文化的尴尬》中所列举的，我们都在穿西装，吃西餐，说外语，用洋货，实行着外来的制度，信仰着外来的主义，但是，有一点却应该看到，阿Q的子孙并没有绝种，他们穿起西装，住进香格里拉，坐在沙发里喝着雀巢咖啡，也仍然是阿Q气十足，甚至仍然在大叫“老子先前阔多了”。

一个民族要摆脱传统是困难的，就像一个人要改变一些习惯一样。因此，传统不需要强调继承，就会自然被继承，文明发展所需要的只是变革和创新。进入20世纪以来，中华民族所面临的一个重要使命，就是打破传统文化稳定的惰性系统，掀动积淀，使其再受淘汰；破坏其平衡，改变其结构，以期更新和发展。对于从十年动乱中走来的青年来说，由于对传统文化缺乏深知，往往一见之下，惊其奥博，感到仰之弥高，探之弥深，如入八卦阵图，深陷而不能自拔。刚刚觉醒的这一代人如果再背起这个沉重的蜗牛壳，那才是民族的悲剧。

有人感叹新事物在中国难以扎根。其实，在中国，新事物扎根虽然难，还不如废除旧事物更难。闻一多看到了这一点，所以他认为我们的民族文化善于吸收新的，但他没有清楚地认识到我们的民族是多么善于保存旧的。我们的历史上有多次文化交流与碰撞，我们的方式就是以旧容新。新的东西被纳入旧的结构，新本质却已经消失。清兵入关，男人都拖起了辫子，女人的小脚却没有废除；民国建立，有了总统，皇帝却仍然端坐在皇宫；采用了公历纪年，春节却仍然比元旦过得红火……一切都无不如此。中国人在文化冲突中习惯于“保中国已有之粹，而增其未备”（康有为《中华救国论》）。这种做法却不利于现代化。因为中国文化这一庞大的系统有极强的同化力，能把一切新东西纳入它的旧框架，而丝毫不改变自身的性质。它对新东西的吸收，常是一种可悲而又可怕的认同。一旦纳入它的框架，新东西就会失去它原有的功能。引进的外来文化常常是在对传统文化进行改造的过程中就受到传统文化的改造。

然而，有生命力的东西不一定就是好东西。

（四）回头是否有理想之岸

每当变革兴起，文化都面临变革，或从外面拿来，或对传统进行重新选择。对传统文化的弘扬，事实上是在对外开放、向外拿来的同时对传统文化的重新选择。如前所述，这是很有意义的。但是，回头寻找是没有出路的。中国几千年并不乏改革的人才，但是，那些致力于社会变革的人往往总是习惯于把目光投向遥远的古代，去寻找革新的依据，向历史寻找模式。这种托古改制的方法成了一个永远甩不掉的包袱，使那些仁人志士们的改革总是跳不出旧制度的基本框架。当时代进入了20世纪，历史已经证明，托古改制的方法再也无法解除民族的忧患。

历史总是在挣脱传统的羁绊中前进的。它的每一步都响彻着挣脱传统羁绊的呐喊，而不是在继承的呼声中迈出新的步伐。人类从猿到人走了过来，并且注定还要一步步走下去。回头没有理想之岸。即使有，我们也无法再走回去，正如伏尔泰给卢梭的信中所写的。

（五）外国人所赞美的，是否就值得我们张扬

热衷于张扬传统文化的作家有一个思想支点，就是外国人赞美，所以我们也应该张扬，西方一些学者对东方文化高度评价，我们自己就理所当然地要发扬光大。作家们在创作中行动的同时，在理论文章中表明自己的态度，他们引用李约瑟、汤因比、毕加索直到杜维明的话，证明这种做法的必要性和正确性。

不错，当代西方的确出现了某种程度上的东方文化热。海外的确有一些朋友仰慕和呼唤中国古老的文化。但是，尽管如此，我们却没有理由、没有资格与他们一道对传统文化进行赞美和张扬。

外国朋友赞美中国文化，常常是一种友好的表示和猎奇心理的满足。他们所赞美的，不一定都是好的，更不一定是我们所需要的。外国人有时也赞美小脚和辫子，我们却没有必要因为有外国人赞美就为之保存。对此，鲁迅曾经说过：“外国人中，不知道而赞颂者，是可恕的；占了高位养尊处优，因而受了蛊惑，昧却灵性而赞叹者，也还可恕的。可是还有两种，其一是以为中国人为劣种，只配悉照原来模样，因而故意称赞中国的旧物。其一是愿世间人各不相同以增自己旅行的兴趣，到中国看辫子，到日本看木屐，到高丽看笠子，倘若服饰一样，便索然无味了，因而来反对亚洲的欧化。这些都

可憎恶。”（《坟·灯下漫笔》）今天看来，我并不完全赞同鲁迅先生的分析。学者之中存心不良希望中国永远落后者大概极少。至于好奇心理，那是旅游者的通病，也不必憎恶。但是，我们的确有必要保持鲁迅式的清醒，不能为自己成为落后文化标本和博物馆而自豪，更不能因为有外国人喜欢，就努力保存所谓国粹。

海外学者们对中国传统文化的肯定和赞美，是站在现代文明高度发达的社会中做出的。我们与他们处于历史进程的不同层次，面临的是不同的迫切问题，因而就不能盲目地追随和仿效。对于西方社会，也许无论儒家的中庸之道还是道家的淡泊自持和超然物外，都是一种有益的补充和调节。但在中国，却还不是消闲适性之时，因为我们的民族正需要从懒惰、消极中振奋起来，去拼搏，去进取，以改变我们的贫穷和落后。历史的进程是无法超越的，文学也不能不面对我们所必须面对的现实。

1987年9月　曲阜

论知识与人才价值的增长

1978年获奖的祝兴义的短篇小说《抱玉岩》结尾有这样一首诗：

楚人空抱稀世珍，
踏破关山频泪涔。
华阳出谷开天地，
玉璧铮铮万壑鸣。

从艺术上说，这首诗说不上多么好，但它却集中概括了小说所叙述的故事。在这里，我之所以想到它，因为它不仅形象地概括了十年“文革”时期广大知识分子怀才不遇、报国无门的悲剧，而且展示了一个新时期的开端：知识和知识分子犹如和氏之璧，历尽艰难之后，终于为社会所认识，所重视。因此，它也在很大程度上概括了本文所要描述的内容。

一、一种反思：知识与人才的厄运

人们不会忘记，在中国当代历史上有那么一段时间，知识曾被视如粪土，失去了它应有的价值和光彩，甚至被认为是可怕之物，成了革命的对象。因为据说是“知识越多越反动”。知识的掌握者也成了不光彩的角色，被称为“资产阶级知识分子”，“白专典型”，“反动学术权威”，成为“臭老九”被强制改造，受到种种歧视与蹂躏。

当荒谬的历史得到矫正，这一切不能不在作家的笔下得到反映。在新时期的小说中，作为社会伤痕的一种揭示，几乎在反映“走资派”不幸命运的同时，也出现了一批反映知识分子不幸命运的作品。尽管这些作品在创作时还不能置“向前看”“泪水何其多”之类的呼喝之声于不顾，因而落笔之时顾虑重重，对生活的反映大有保留，而且要极力染出种种亮色以冲淡灰暗，吹几声响亮的号音以减弱悲凄，但是，透过这些作品，我们仍不难发现那个荒谬时期的真实面影，看到那个时代对知识分子的看法，以及关于知识与人才的不幸命运。

毫无疑问，那是一个漠视知识，摧残人才的时代。对知识的漠视首先表现在以“红”代“专”，以所谓“阶级立场”代替知识和才能。在那个时代，思想上的“红”与业务上的“专”常常被对立起来。时代提倡的是“又红又专”，可是在现实中，却往往是“红”者不“专”，“专”者不“红”。这是一直难以解决的一个矛盾。由于这样一种现实，“专”就往往意味着不“红”，即使不“黑”，至少是“白”的，所以有“白专道路”之说。对于知识分子以及青年学生，当时的划分是“红、白、黑”三类，“黑”者自不必说，属于敌对阵营，当然要打翻在地，所以更复杂的是“专”而“白”的一些人物，他们不“黑”不“红”，是处于中间的大多数，其突出代表就是所谓“白专典型”。因为他们在政治上并没有问题，并不“反党反社会主义”，但却有点疏远，似乎不愿紧跟，所以不被信任。这个群体的命运更集中地体现了知识分子在当时的命运。

在新时期最初几年的作品中，常常看到一些所谓“白专典型”受到的不公正待遇。周嘉俊《独特的旋律》中的“我”，仅仅因为整理了几份美国和苏联的技术材料，就莫名其妙地被打成“崇洋媚修”分子，又是隔离，又是审查，又是发配边区劳动，使得“孩子上了山，老婆入了土”。母国政的《中年人》中的湘竹，只是因为努力钻研业务，就成了“白专典型”，在“文化大革命”中一次又一次被批斗。其实，对“白专典型”的批斗并不是要打倒他们，而是在教育他们，同时在告诫更多的人，让他们不要以为“学好数理化，走遍天下都不怕”，还必需具有无产阶级的世界观。事实上，对于“白”“黑”不同情况的知识分子，态度是不同的。在中国集权专制社会的奠基时代，曾发生过让历史学家们议论至今的“焚书坑儒”事件。随着人类文明的发展，随着知识对人类生活重要性的进一步显示，野蛮和蒙昧支配下的焚书坑儒应该已是遥远的话题。但在60年代的中国，竟在九百六十多万平方公里的大地上，遍地燃起了焚书的烈火。一群群疯狂的青少年从大学、中学和小学的课堂涌出，奔上街头，高举“破四旧”的大旗，把自己昨天还孜孜攻读或爱不释手的书本投入火中。这是中国历史上的一大奇观，必然要被文学作品所反映。

所以，在众多的作品中，都可以看到那种焚书的“壮举”。至于把古今中外大量的经典和名著划给“封资修”，打成“大毒草”，更是在许许多多的作品中有所表现。宗璞的中篇小说《三生石》对抄家焚书场面做了这样的描写：

> 他们走进客厅，先把多宝橱上摆的古玩瓷器摔得满地，一对明朝大瓶在地板上摔不碎，就用另一对龙头方口铜瓶来砸；只听一阵乱响，满屋子立时都是碎片。这是序曲。然后把已经睡下的梅理庵从被窝里生拉硬扭拽到客厅，按头弯腰站好了，就开始焚书的革命行动。因为书太多，他们问老人哪些是他最喜欢的好书，在哪个书柜里，他们想法子给留着。老人哆哆嗦嗦地说出一部真正宋版的《庄子》，这书，全世界不过有几部。还有一部是他少年时代就读着的，上面满是他用黑、红、蓝三色笔写的心得。他哆哆嗦嗦地说了好些，还希望把全套四部丛刊留下。那人问完了，把一个大花盆抬到院中，打开客厅的门，厉声喝道：梅理庵！你看着！便把梅理庵所说的好书嗤嗤地扯破，转眼就点起了盆火。火苗一冲一米多高，把院墙照得通红……

在这里，已经不仅仅是焚书，而且包含了对人的精神摧残。梅理庵为什么要受这种摧残呢？因为他是“学术权威”，是知识的拥有者。在那个时代，知识分子已经完全丧失了政治上的地位，既“黑”且“臭”。除了个别人受到最高权力特别保护之外，一般人都陷入被批斗的命运。被批斗的理由甚多，因为从旧时代走来的知识分子，出身大多有问题，因为无产阶级是不可能有钱供子女上学读书的。即使偶尔有出身不“黑”的知识分子，他们满脑子的知识，也必然是“封资修”黑货，所以必须被批斗和改造。

因此，知识分子必须终日念叨相信群众相信党，却唯独不能相信自己，不能保留自我。那是知识分子的一个长长的噩梦，政治上受歧视，人格上遭践踏，人身安全也没有保障。无数“伤痕”小说写了他们被毒打、被揪斗、被关押、被凌辱的种种惨状。梅理庵刚刚在医院动过手术，就被押上台去批判，结果惨死在批判台上。这是当时学术权威命运的写照。

从冯骥才的中篇小说《啊！》，也可以看到当时知识分子的另一种情况。从政工干部贾大真对历史研究人员的训话，可以看到当时的意识形态是如何看待知识分子，也可以看到对知识分子是一种什么样的态度。在这位政治工作者看来，历史研究所这个单位知识分子成堆，阶级成分复杂，所以必然“藏龙卧虎，混杂着大大小小，为数不少的坏人”。用他的话说，“对敌人姑息，就是对革命的犯罪”，所以就要把运动搞得轰轰烈烈，把知识分子整得胆战心惊。《啊！》的成功之处，就在于它真实地写出了那种把知识分子看作敌人，制造政治恐怖来整治他们的历史事实。贾大真高喊着“掘地三尺，也要把他们挖出来”的口号，在知识分子中寻找“反革命”，使所有研究人员都生活于恐怖当中。所以才有了主人公因为丢失了一封信而胆战心惊、疑神疑鬼，最后终于撑不住而去自首，给自己带来灾难也给哥哥、嫂子和朋友们带来灾难的悲剧。

中杰英的《罗浮山血泪祭》所展示的，是被“挖出来”的知识分子的生存状况。在罗浮山，活动着的是一个接受改造的群体，他们是被挖出来的形形色色的反革命，其中有1949年才刚刚出生不久的“历史反革命分子”，有因为偷偷从事科研活动而被揪出来的“危险的敌人”。这些知识分子本是国家和民族的财富，却一个个失掉了人身自由，被改造，被折磨和摧残，最后一个个含冤离开人世。

与知识分子命运相伴随的，是知识本身也成了罪恶和耻辱。

在《三生石》中，梅菩提的身份是被揪出来的坏人。她之所以“坏”，原因之一在于她是“反动学术权威”的女儿；原因之二是她“教学颇为钻研”。她曾为自己的出身专门查过文件，根据文件规定，教授属于自由职业者，可以笼统地称为职员。但有一次在例行的自报家门时她这样说了，却引起了一场激烈的批斗，说她隐瞒家庭成分。一个人出身于书香门第，却不愿意说出，把自己出身于教授家庭而笼统地说是职员，已经可以看出一种恐惧心理作用下的规避，而这种规避正是时代风尚的反映：生于书香门第是可耻的；身为教授的女儿是可耻的。而那些批斗她的人之所以说她隐瞒成分，也是因为在他们看来，“教授”与“职员”是不能混为一谈的，因为职员有可能是无产阶级，把教授说成职员，显然是以“黑”充“红”，就像把“地主”说成“农民”、把“经理”说成“职工”。正因为这种普遍的社会心理，梅菩提在医院向护士回答自己出身教授家庭时，护士才有那样的反应：“护士‘噢’了一声，流露出‘早看你不是好人’的意思。”

刘富道的短篇小说《眼镜》是一篇出现较早而且颇有代表性的作品。这篇小说角度新颖，立意深远，通过青年女工魏荣的眼睛观照知识分子命运，通过她的心理活动反映了那个时期对知识分子的种种歧视与偏见。技术员陈昆是大学毕业生，年纪轻轻就戴上了近视眼镜。作为生活在那个时期的知识分子，他必然地努力与工人打成一片，但是，无论他怎样努力贴近工人，仍有人见他就撇嘴：“知识分子!”厂里的一个头头从来不喊他的姓名，开口就是“臭老九”。对于这种态度，并非没有人反感，然而，正如小说中所说的，“这么一种观念却不胫而走，无形中影响着一些人，好比是一种病毒流行，你不喜欢感染，又难以幸免。”由于知识分子的色彩，眼镜也似乎成了一种不光彩的外部标志。有人要给陈昆介绍对象，他连连谢绝：“谢谢师傅关心，我这个人，名声不好，面目可憎，谁看得中啊。有人看中我，我们的跳副主任要干预了：路线觉悟不高，臭味相投!”所谓名声不好，无非是他上过几年大学，成了知识分子，加入了“臭”的行列；所谓面目可憎，就是因为戴了副眼镜，与工农有所不同。他努力钻研，带领几个工人搞技术革新，新工艺经过鉴定批准投产了，党支部议定表扬名单时，有人却提出了疑问：“把陈昆提上去，上光荣榜，挂相片，在厂里会不会有争论?”在这种情况下，当有人给青年女工魏荣介绍这个知识分子要他们谈恋爱时，魏荣一听就直想哭：“一个戴眼镜的知识分子，我……”在一种特定时代的价值观念影响下，这位纯洁正直、心地善良的姑娘，无法排除心中的别扭：陈昆人不错，各方面都挑不出毛病，但他千不该万不该，竟然戴着眼镜，是个知识分子！她魏荣又没什么毛病，又不是到了没人要的地步，怎么会给她介绍一个知识分子呢？在那个时代，有觉悟的青年女工要找对象，首选是当兵的，其次是工人，一个优秀的青年女工，怎能下嫁给大学生!?

当知识被视如粪土或病毒时，当歧视知识分子成为一条政治路线的重要组成部分时，埋没人才，扼杀人才就不再是个别现象，而是普遍现象，甚至成为一种时尚。因此，不仅大多数知识分子被戴上种种帽子，打入另册，陷入苦难的深渊，即使那些有幸逃脱迫害与摧残的，也只有被弃置、荒废和扼杀。母国政《我们家的炊事员》中的爸爸，在十年动乱期间，因无处发挥自己的才能而一头扎进厨房，终日沉默寡言，用做菜来自我麻醉。王蒙的《友人与烟》中的友人，多年无所事事，只有沉溺于烟酒之中以求解脱。谌容的《人到中年》中的傅家杰，学的是金属力学，在那年月却无所事事，十年中不仅学会了炒菜做饭，而且学会了织毛衣毛裤，成了一名合格的“男保姆”。用他自己的话说，如果“文化大革命”再进行几年，他就会像农村大娘一样坐在门槛上纳鞋底了……高级工程师成为家庭炊事员，金属力学专家成为男保姆，这些宝贵的财富就这样被视如废物，被弃置一边，白白浪费掉他们的青春，更不必说那些从事社会科学研究的知识分子了。

在反映知青命运和推荐上大学的作品中，我们可以看到荒废和埋没的另一种情况。在我国，历来有“女子无才便是德”的信条，到了那个荒谬的时期，好像“男子无才也是德”。人们以自己是“大老粗”而自豪。因为无知就意味着“红”。“大老粗”有朴素的阶级感情，立场坚定，是可以依靠的力量；但如果上了学，读了书，就会变“白”，变“修”，甚至变“黑”，就不可靠了。在当时的社会生活中，逐渐形成了一些不成文的公式，比如：“业务尖子=修正主义苗子=敌人”；“专=不红=白=不可靠”；“有知识=受过毒害=需要改造”。有知识者需要无知识者进行再教育，这是那个年代谁也不敢质疑的原则。一个工人的儿子，或者贫农的女儿，本来的出身成分是没有问题的，也是可以依靠的。但是，如果他们上了学，比如上过中学，他们的情况就变了。他们不再是可以信任的，必须经过工人或贫下中农的“再教育”，然后才可以参军或就业。由此，我们可以看到对知识和学校的一种认识，似乎那不是培养人的地方，而是把好人变坏的地方。在这种情况下，不仅“学术权威”和“白专典型”需要改造，就是一般中学生也需要上山下乡接受贫下中农的再教育。而这种“再教育”的结果往往就是使他们脸晒黑，手上长起老茧。知识青年上山下乡的动因当然复杂得多，但它的“再教育”意义显然不在于让青年有更多的知识。至于一代知青身心的创伤，我们从竹林的《生活的路》、孔捷生的《在小河那边》、叶辛的《蹉跎岁月》等大量作品可以看到。

重视阶级出身和政治觉悟，轻视文化知识，在大学招生制度中曾经非常鲜明地表现出来。大学招生不必经过知识考试，而是由工人、贫下中农和各级领导者推荐。被推荐的条件首先是政治上信得过。而“政治上信得过”一方面由家庭出身决定，一方面由个人表现决定。这样就使一批有才华的青年无法跨进大学的门槛。在70年代末和80年代初的文坛上，不少作品都反映过这种现实。《抱玉岩》中的沈岩才华横溢，具有丰富的文化知识，在考试中名列第一，但是，他无法进入大学，而只能拉车卖菜。这一切，都是因为他的家庭出身。

在新时期小说中，有相当多的作品描写了1957年一批知识分子被划为“右派”的历史。作家们写这些人物的苦难与坎坷，主要用意在于历史的反思和政治上的反拨。但是，通过这些作品，我们却不难看到1957年知识分子的厄运。划为“右派”的知识分子常常是因为才气过人较早发现了生活中的一些问题，并且说出它而触犯了时讳；或者由于知识方面的自信而坚持己见，而没有顺乎领导的意志和政治时尚。《天云山传奇》中的罗群、《土壤》中的辛启明、《月食》中的伊汝，或因坚持实事求是，或因不愿背叛人民，或因不愿随波逐流，大都带有这种特点。

当漠视知识、漠视人才、歧视知识分子成为一条政治路线的组成部分，不仅知识分子注定成为等外公民，才学之士注定了要屡遭坎坷，而且为知识分子说话者也要受其株连。尊重知识、爱护人才，也成为不能饶恕的罪过。在《天云山传奇》中，原政委吴遥一天到晚训斥知识分子。罗群接任政委后改变了这种做法，而且处分了骂工程师的政工干部，不但让他向工程师道歉，而且给各队发了通报。他号召党员不能甘当外行，更不应以大老粗为光荣。他带头尊重知识分子，召开大会给有功的知识分子挂红花，并亲自为总工程师牵马，在天云镇绕行一周。但是，他的这些做法却被说成是“向资产阶级知识分子投降”，“压制了政干人员”，结果是罗群终于被打成了“右派”，在后来的二十年中历尽坎坷。

漠视知识与人才的价值，歧视知识分子，都与极“左”的政治路线密切相关，甚至可以说是极“左”政治的直接产物，因为它是随着极“左”政治路线的沉浮而消长的。“文革”以前，社会对知识分子的认识已经形成了一种模式，突出其满嘴之乎者也的“酸味”；强调其有理论而没有实践，满脑子书本知识而脱离实际，“韭菜麦苗分不清”；强调其对革命的空想性、软弱性和动摇性……这些认识都为知识分子需要与实践相结合、需要教育和改造提供了根据。从1958年开始，那些写工厂里的技术革新的作品，差不多都在颂扬工人阶级的创造性，而嘲笑“技术员”“工程师”之类知识分子的无能，所以，技术革新一般都是工人搞出来的。随着极“左”思潮的泛滥，知识分子的政治地位步步下降，逐渐在整体上不被信任，成为一次次运动的对象。到了极“左”思潮大泛滥的“文化大革命”中，一方面，用阶级观点分析，知识分子大多出身于非无产阶级家庭，对剥削阶级的情感也扩延到了他们身上，因而成为阶级异分子，成为一支不可信任的力量。另一方面，随着个人崇拜和现代的迷信的加剧和林彪、“四人帮”专制政治的强化，知识和科学成为专制主义推行愚民政策的一种潜在威胁，因而对知识分子更必须严加管制，严防处士横议，也就是只许老老实实，不许乱说乱动。

对知识分子的歧视与中国革命过程中对主要依靠力量的重视有关。实际上，中国革命的发起者和领导者多是知识分子。但是，一些领导者却认识到了中国革命的必经之路，那就是革命必然地依靠亿万工农群众，没有工农群众的参加，就没有革命的胜利。这是一种清醒的认识，这种认识是由辛亥革命以后的教训得来。一次次革命之所以失败，一个重要的原因就是没有发动工农群众，而没有工农群众的参加，中国革命是难以胜利的。一旦认识到这一点，就要广泛地发动群众，而且要依靠工农大众去夺取革命的胜利。与工农大众相比，知识分子在革命队伍中的比重是微不足道的。同时应该承认，知识分子与工农大众之间客观存在着种种差别，差别就是矛盾，因此，一方面是革命队伍内部就存在一个调节工农与知识分子关系的问题；一方面是工农成员的比例为打击和扼制知识分子的“处士横议”习惯提供了条件，可以以大众的名义向他们提出要求。随着革命由城市转向农村和工农成员比重的增加，为保证工农对革命的拥护，在指导思想上就必然要更多地抑制知识分子，以适应工农群众，要努力说服和教育知识分子与工农打成一片，这种做法是中国现实条件下的必然要求。在革命发展过程中，它形成一种习惯。因此，迎合工农的某些落后意识而抑制知识分子的先进意识，片面强调改造知识分子的思想感情，而对工农的美好品质进行夸大；要求知识分子向工农靠拢，而无法要求工农知识化……就成了一贯做法。从某种意义上说，这一切都很难避免。无论谁领导革命，只要他充分认识了中国现实而又以夺取政权为目标，就必然要做出这种选择。令人遗憾的是，这种习惯被延续下来，不但未能得到克服，反而以“革命传统”的面目被肯定，当极“左”思潮到来，便变本加厉地走向极端。

新时期小说对漠视知识与人才价值的极端表现形态做出了形象的反映，本身就是一种沉痛的历史反思。值得指出的是几乎所有的小说在反映那荒谬历史时都画了句号，在故事的结尾处都已经露出灿烂阳光或显示出根本的转折，因此，大部分反映知识分子苦难历程的作品，都同时反映了那个时代过去之后知识与人才价值的增长，同时也反映了知识分子对自身的某种呼唤。

二、一个转折：知识与人才价值的增长

进入新时期，知识与人才的价值迅速增长。尊重知识，尊重人才，逐渐成为一种新的时代风尚。尽管这种尊重还非常有限，尽管彻底改变长期形成的习惯并不容易，但社会主导观念却无疑发生了巨大的转变。

我们不妨首先面对社会生活，感受一下结束“文革”之后出现的时代气氛：知识分子“臭老九”的帽子摘掉了，“白专典型”如陈景润者不再因为“白”而“臭”，甚至成了被宣传的典型；1957年错划为“右派”的知识分子彻底改正，恢复名誉，开始在社会生活的各个领域发挥重要作用；大学恢复招生考试，择优录取，分数所显示的文化知识成为重要的录取依据；知识青年返回城市，上山下乡运动宣告结束；与此同时，书刊剧增，学校扩建，电大、函大、夜大广辟门路，培养人才……在这样一个背景上，知识不再为人所鄙弃，而成为人们热烈追求的目标。人们开始以拥

有知识为荣，以不学无术为耻，“大老粗”不再是夸耀的资本。知识分子由丑小鸭一下子变成了白天鹅，学历不再是负担，眼镜不再是耻辱，没有人再以出身于知识分子家庭为耻，没有人再因为上过大学而羞于见人。一切都翻转了过来，甚至没有读过多少书的青年也喜欢戴副眼镜，为的是显示自己有知识分子风度。姑娘们找配偶也由“干部热”“军装热”转为“文凭热”，大学生成了“抢手货”，被称为“天之骄子”。刘富道的《眼镜》中所描写的生活已经成为历史，普通女工嫁给一个大学生，不但不再被认为是耻辱的“下嫁”，而且被认为是令人羡慕的“高攀”……这种转变，在新时期小说中都得到了某种程度的反映。

早在1977年发表的《班主任》中，刘心武事实上已涉及知识价值的问题，发出了重视知识的呼唤。宋宝琦之所以堕落为小流氓，变得那样愚顽，原因在于十年动乱大搞文化虚无主义和践踏知识、荒废教育的愚民政策。对于宋宝琦堕落的原因，当时的人们开口闭口都是“受了资产阶级思想的腐蚀”，而作家通过形象的描写告诉人们，他之所以堕落，根本不是受什么“资产阶级思想影响”，而是因为他“什么书也不读而堕落于无知的深渊”。谢惠敏的思想之所以那样僵化，那样虔诚地相信报纸宣传并毫无保留地追随当时的社会舆论，甚至把穿裙子看作“资产阶级生活方式”，把《牛虻》看作“黄书”，同样因为知识的贫乏。小说把石红与谢惠敏对照来写，其用意也在于突出这一点。同样处于那个荒谬的年代，同样处于极“左”政治宣传的包围之中，同样受着来自社会的愚民教育，为什么石红在一些事情面前能够保持比较清醒的头脑？答案非常简单，因为她的父母是知识分子，因为她有一个重知识的家庭氛围，因为她读了一些谢惠敏和宋宝琦没有读到的书，受了一些谢惠敏和宋宝琦没有受到的教育。通过这种对比，我们可以看到刘心武观念世界里对知识的重视。这篇小说的思想是丰富的，重要的主题之一就是强调知识的价值。这对于小说创作来说是一个信号，当时已有这种意识的作家绝非个别。

陆文夫的《唐巧娣》则从另一个角度反映了人们知识价值观的变化。唐巧娣是50年代的青年纺织工人，虽然没有文化，工资却比同龄的技术人员高出一倍多。在反右斗争中，文化教员因向上级反映了唐巧娣的意见而被打成右派，唐巧娣却因为没有文化而被认为是“说话无心”，因而不但没有划右派，而且仍然是先进典型。在正常的情况下，以唐巧娣的聪明，完全可以掌握较高的科学文化知识。但在知识贬值、知识分子受难的情况下，在“一字不识，工资八十”的条件下，唐巧娣很自然地不再去追求知识，她不但自己以不识字为荣，而且不要求孩子好好学习。但是，后来她尝到了没文化的苦头。两个儿子因为不好好学习，不但争夺老人的家产，把唐巧娣挤到像防震棚那样的地方，而且走到了犯罪的边缘。唐巧娣这才认识到知识的价值，尽管为时已晚，但比起那些始终轻视知识的人，总算略胜一筹。

知识与人才价值的增长，在新时期小说中首先集中表现于知识分子生活题材的作品增多和知识分子形象的“正面化”和“英雄化”。

过去，知识分子在政治上受歧视，在人格上被践踏，在社会上声名狼藉，在文学作品中自然得不到应有的地位。知识分子生活曾一度成为作家们望而生畏的题材领域，因为它有“为资产阶级知识分子树碑立传”的嫌疑。写知识分子生活的作品，无论是新中国成立初期萧也牧的《我们夫妇之间》，还是60年代杨沫的《青春之歌》，都是屡经风雨坎坷。所以在新中国成立以后的小说史上，知识分子生活题材的作品寥寥无几。对于如何塑造知识分子的形象，则无须争论就已形成了固定模式。在“文化大革命”前十七年作品中，极少有赞美知识分子的。像杜鹏程的《在和平的日子里》那样，肯定知识分子在社会主义建设事业中起重大的作用的作品，实在是凤毛麟角。人们已经很少去描写知识分子的正面形象。写知识分子则必须写其被教育、被改造的过程。杨沫的《青春之歌》发表后引起了争论，批评者的意见之一就是林道静还没有得到彻底改造。事实上，杨沫已经按照那种模式进行创作了。林道静走的革命道路是那样的艰难，需要强调她血统中本来就有革命因素，让她受到种种磨难和锻炼，写她与工农结合并受到工农的教育，然后才能使她成为一个革命者。但这还不够，还需要修改。从《青春之歌》第二版修改增补的内容，我们可以看到当时对文学写知识分子所特有的一些要求。但即使如此，到了“文化大革命”中，也仍然难逃“毒草”的命运。继之而来的作品要么不写知识分子，只要写到，就是对知识分子进行种种丑化。

进入新时期，反映知识分子生活的作品大量增加，从《班主任》开始，经过《伤痕》《啊！》《三生石》《天云山传奇》《布礼》《人到中年》……直到《绿化树》《男人的一半是女人》，大量有影响的作品都以知识分子生活为题材。与此同时，知识分子的形象走向正面化和英雄化。

新时期小说对知识分子的反映是从其苦难命运开始的，同时又是从其性格中的闪光点开始的。作家们揭露极“左”路线对知识分子的残酷迫害，在这种揭露中，表现出对知识分子命运的深切同情，也表现出为知识分子辩白和呼吁的主题意向。在描写知识分子悲惨遭遇的时候，作家们几乎不约而同地着力描写中国知识分子执着的事业心和崇高的爱国主义精神，写出他们屡遭磨难而不悔的坚定信念和无限忠贞，这种做法几乎形成了一种新的模式。这种模式的形成服务于一种动机：即拨乱反正，为“臭老九”翻案，对知识分子重新认识。

在历史的发展中，不仅每个时期都有那个时期认识水平的限制，停留在某个高度面前而难以逾越，而且即使拨乱反正，也必然按照那个特定时期的准则和规范进行。当一个贬低骏马的时代刚刚过去，若要为骏马平反，常常需要一些策略。比如，如果当时的时尚是只有看家的动物才是好动物，那么，要使人们承认骏马是好动物，那就必须说骏马善于看家护院，善于摇尾巴，而不能强调它昂首长嘶和奔驰的特征。明白这一点，我们就不难理解新时期小说中的知识分子形象被赋予的那些模式化的、千篇一律的品质。我们应该看到，而且应该理解，新时期小说在一开始所要表现的还不是知识分子的真实面目，而是以全副精力去擦洗过去涂抹在知识分子脸上的污泥，致力于把他们由“臭”变“香”，由“丑”变“美”，由“坏”变“好”。这是一种定向性的再认识，它的目的是“拔高”知识分子的形象。因为过去知识分子的形象被压得太低了，所以要进行这样的反拨。

新时期小说中对知识分子形象的反拨，经历了一个由“白专典型”到“思想先驱”的过程，也可以说知识分子形象经历了一个由“书呆子”到英雄的发展过程。

最初，知识分子被写得呆头呆脑，书生气十足，不善言谈，不善于处理各种关系。他们往往精诚专一，废寝忘食，终日埋头搞科研。他们不仅不热心社会活动，有点“脱离政治”，而且生活能力极低，连衣食也顾不了，甚至不会谈恋爱。他们在种种误解和非议之下刻苦钻研，努力工作，背负“黑锅”而默默地造福于人民。这种人物形象受着报告文学《哥德巴赫猜想》的影响，有与《哥德巴赫猜想》一致的创作意图。

当时作家们写知识分子的用意首先在于重新认识“红”与“专”“红”与“白”等一系列关系。由于这种需要，知识分子形象多数是过去所谓的“白专典型”。文学要对这些“白专典型”进行剖析，通过剖析而再认识。所以，作家们都写其外表的“白”与内心的“红”的统一，剥掉“白”的外表而将“红”的内心揭示给人看。《哥德巴赫猜想》卷首引用了1978年“两报一刊”元旦社论中的一句话：“为革命钻研技术，分明是又红又专，却被他们攻击为‘白专道路’。”徐迟写陈景润这一人物来搬动一下“白专”这顶帽子。作品的客观效果也是从此以后人们不再认为只有做政治工作的人是红的，埋头业务的知识分子也是红的。或者说，即使他们不红，但也是有用的。当时的社会主要还是从“用”的角度考虑知识分子问题。文学的表现也多是如此。关于红与专、政治与业务，邓小平曾多次谈及，他说：“我们说至少必须保证六分之五时间搞业务，也就说这是最低的限度，能有更多的时间更好。如果为了科学上和生产上的必要，有人连续奋战七天七夜，那正是他们热爱社会主义事业的忘我精神的崇高表现，我们对于他们只能是学习、表扬和鼓励。无数的事实说明，只有把全副身心投入进去，专心致志，精益求精，不畏劳苦，百折不回，才有可能攀登科学高峰。我们不能要求科学技术工作者，至少是绝大多数科学技术工作者，读更多的政治理论书籍，参加很多社会活动，开与业务无关的会议。”①我并不认为小说家们对知识分子的描写就一定是对这些指导思想的贯彻落实，因为也可以看作是那个时期小说家与政治家认识的一致。中国当代文学习惯于从领袖的言论中寻找思想。这种习惯并非短时期内能够改变，但即使是仅做阐释，也不必去苛责。因为这些言论在当时是那样能够诱发创作灵感！这就是那个时期，政治家在为知识分子说话。写“白专典型”的小说则有一个共同的潜台词：理解他们！他们本质是好的，他们是值得尊重的，是我们民族的宝贵财富。那种模式化的写法未必反映真实，却极利于扭转人们对知识分子的种种偏见。

---

①《邓小平文选（1975—1982)》，第91页。

当人们还在努力让读者理解知识分子不同一般的书生性格从而发现他们的闪光点的时候，鲁彦周的《天云山传奇》、王蒙的《布礼》等作品给文坛送来了一种新的形象。他们是1957年反右运动的受害者，是被打入地狱二十多年的知识分子。罗群、钟亦成、辛启明、许灵均的出现，使知识分子形象由需要理解的“呆子”转向值得崇敬的“英雄”。这个发展产生于“反思文学”的兴起，是伴随着对1957年反右扩大化的反思而来的。在这些作品中，作家们着重写的是主人公对党、对人民、对祖国的无限忠诚。《布礼》中的主人公就被命名为钟亦成（又忠又诚)。钟亦成因为在小报上发表了一首仅仅四行二十五个字的小诗，就被打成“右派”。他虽然吃尽了苦头，却从未动摇过心中的信念。为了这个信念，“他宁愿付出一生的被委屈、一生坎坷、一生被误解的代价，即使他戴着各种丑恶的帽子死去，即使他被十七岁的可爱革命小将用皮带链条抽死，即使他死在自己的同志以党的名义射出来的子弹下，他的内心里仍然充满了光明，他不懊悔，不伤感，也毫无个人的怨恨，更不会看破红尘。”“党内的阴暗面，各种人的弱点，他看得再多，也无法遮掩他对党、对生活、对人类的信心。”坎坷遭遇给他带来的是更加成熟、更加坚定。

罗群（《天云山传奇》）为了天云山的建设而被划为“右派”，历尽磨难而始终没有忘记天云山特区的开发。在沉重的帽子压在头上、物质生活极端贫困的情况下，仍然在赶马车的同时偷偷撰写天云山特区改造和建设的论著。他始终相信“真理一定能战胜谬误”，而且教育小凌云不要染上“时髦的毛病”，不要只满足于讽刺、嘲弄、挖苦我们生活中的某些现象，而应该“憋不住就严肃地斗争”。他对人民的赤诚、对妻子的爱、对事业的执着、对不幸命运的顽强抗争以及对党的无限忠贞，已使这个形象近于无可挑剔的完人。从他的身上，我们可以看到“文革”时期塑造人物的那些基本模式，但是，小说所要塑造的，依然是英雄，尽管是完全不同的英雄。

辛启明（《土壤》）是某大学的高才生，毕业前夕因为反对把不实际的数字写进下乡劳动的总结报告，坚持实事求是，而酿成终身大祸，被发配到农场劳动改造。他却在农场开始了土壤改良的工作，殴打和批斗都没有使他放弃实验。结果是他的悲剧生涯换来了大片可耕地。粉碎“四人帮”后，他仍然为实事求是而进行斗争，为反对弄虚作假而不惜付出巨大的牺牲。他的形象在小说中有一个比喻："好比优质绿肥作物，既可以用来饲养牲畜，又能用来改良土壤。它把自己的一切，甚至连那生长着豆粒一般的根瘤菌的根须，都献给了这块生养它的母亲大地。"

谌容的《人到中年》写了陆文婷等知识分子的兢兢业业和任劳任怨；张洁的《祖母绿》写了他们不计个人恩怨的爱的升华；张贤亮的《绿化树》写他们经过咸水与血水的浸泡而最终成为唯物主义者……许多作家都致力于这样的表现。

这些小说写知识分子，已经不是要求人们的理解，而是有另一种潜台词：他们本来就是正确的、崇高的，他们之所以倒霉，是因为他们有比别人更可贵的精神，比别人更有先见之明，是因为历史的谬误和是非的颠倒。他们不但不是敌人，而且是功臣和英雄。至此，知识分子被英雄化了。

如果冷静地考察，无论是陈景润式、罗群式还是陆文婷式的人物，都有被美化的倾向。无论这种倾向是健康的还是畸形的，都反映着那个时代知识分子在人们心目中地位的上升。知识分子在文学作品中地位的提高，显示着知识分子价值的增长。

知识分子价值的增长在描写改革的作品中得到了直接反映。这不仅表现在新时期的英雄人物——改革形象中多知识分子，而且表现在这些时代的英雄对知识与人才的重视。无论乔光朴还是傅连山，他们改革的第一步都是对职工和干部进行业务考核。他们看重的首先是"专"和"能"。这种品质在新时期小说家的笔下受到了普遍的肯定。因为无论是作家还是生活中的改革者，都清楚地认识到，要改革，要实现现代化，没有现代科学知识的武装就只能是一句空话。一些小说从否定的意义上做文章，满怀忧患之情，奋笔批判社会生活中对知识与人才价值的漠视。在《开拓者》中，车篷宽和曾淮都已认识到："我们需要一大批这样的干部：他们真正懂得经济规律，懂得我们的历史经验，善于用人，又有广泛的知识，了解国内外的市场，通晓世界各国情况，能独立判断经济发展的趋向。可惜，这样的干部太少了！"这是对知识与人才的呼唤。

尊重知识，尊重人才，几乎成为新时期英雄人物的时代特色。那些杰出的改革者几乎没有一个不尊重知识的，没有一个不爱护人才的。蒋子龙的中篇小说《燕赵悲歌》写的是农村改革，却透露了知识与人才的价值在中国农村大地上迅速增长的信息。贫穷的大赵庄几年之间摘掉了贫穷的帽子，实现了经济大飞跃，不仅消灭了旧的城乡差别，而且远远超过城市，造成了新的城乡不平衡。这种飞跃不是从天上掉下来的，除了历史的痛苦给予他们的变革勇气和力量之外，他们懂得了尊重知识和尊重人才，懂得了依靠科学赚钱。武耕新重用一切有一技之长的“能人”，哪怕是有品质上的缺陷，也决不因德废才。他们不惜重金从各地招聘一批专门人才和能工巧匠，从大城市聘请法律顾问、经济顾问和科技顾问，每月到公司几天，就可以拿到一笔数目可观的报酬。因为他们认识到，这些人为他们出上一个好主意，就把钱赚回来了。为了自己的公司具有与城市工商业竞争的能力，他们进行大量的人才投资，请大学到大赵庄办分校。武耕新说：“目前能把我竞争垮的城市还不多，在华北一个也没有。”这并非没有根据，因为他有了一批在本村读大学的子弟。为了使这些子弟愿意上学，公司每月发给他们工资，成绩优异者还有数额惊人的奖金。他们与包括中国科技大学在内的四所大学订有合作协议，建立了联营关系，目的并不是为了眼下赚钱，而是有更长远的打算。正如武耕新所说：“我们有一天会落后，这些名牌大学也都落后?”我们不能不承认武耕新的远见。他的远见就在于充分认识了知识和人才的价值，努力使自己在这一方面占有优势。说大赵庄是当今中国的一个缩影未免为时过早，但他们对知识与人才的尊重，却无疑显示着中华民族发展的一种趋势。

知识与人才价值的增长，是当代中国一个具有历史意义的重大转折，这个转折体现着新时期社会发展的必然要求。当一场噩梦之后，中华民族发现自己走进一条死谷。贫困落后和愚昧如巨蛇般缠绕着我们难以摆脱。经过十年动乱而遍体鳞伤的中华民族怎样才能走出死谷而获新生？实现现代化，成为有觉悟和良心的民族成员一致的呼声。但是，“靠空讲不能实现现代化，必须有知识，有人才。”因而提出“一定要在党内造成一种空气：尊重知识，尊重人才。要反对不尊重知识分子的错误思想。不论脑力劳动，体力劳动都是劳动。从事脑力劳动的人也是劳动者”。[①]由于这种认识，共产党人开始调整知识分子政策。邓小平几次讲话都特别强调知识的

---

①《邓小平文选（1975—1982)》，第38页。

价值与知识分子的地位，为尊重知识、尊重人才而呼吁。于是，知识分子终于摆脱那种受歧视、被鄙视的地位，由“臭老九”变为工人阶级的一部分，成了有用的劳动者。为在历史上蒙冤的知识分子平反恢复名誉，广开才路选拔和造就人才，为知识分子除掉种种枷锁，重视教育，为科学研究大开绿灯……从70年代末开始，落实知识分子政策成为中国政治生活中一项重要内容，被大张旗鼓地宣传，受到极大重视。追求知识，努力成才，成为一种新的时代风尚。正是在这样一种社会生活背景下，知识与人才的价值才得以大大增长，小说才鲜明地打下了知识与人才价值增长的时代烙印。

三、时代的呼吁：尊重知识，爱护人才

无论哪一个时代，价值观念的变革都是一个艰难的过程。新时期历史发展的进程表明，不仅知识分子政策的调整需要冲破种种阻力，而且调整后的新政策的落实，也需要艰苦的奋争。这是许多历史的和现实的复杂因素造成的，其中包括各式各样的阻力。新时期小说对此做了及时的反映和思考。

十年动乱过后，我国人才严重青黄不接。经济要振兴，民族要腾飞，“四化”要实现，各行各业急需人才。但是，就在这样一个人才奇缺的特别时期，却仍然存在着对人才不珍惜、不爱护、不关心、不培养甚至冷落、荒废、埋没和扼杀的现象。尽管时代的呼唤已通过最高权力部门的三令五申而化为强音，但现实生活中存在的问题仍然难以解决。

首先引起作家们重视的是中年知识分子的问题。他们的时间耽误了，精力耗费了，最能出成果的时光糟蹋了。十年或二十年的风风雨雨，使他们腰弯了，背驼了，脸上刻下了道道沟壑，头上生出了斑斑华发。可以说，他们真是花未开而春已尽，功未成而人先衰。当历史进入新的时期，现代化成为国家的当务之急，时代需要中年知识分子肩负起历史重任的时候，他们所具有的条件却与时代对他们的要求形成了尖锐的矛盾。他们本来知识库存不丰，需要不断补充，却常常因种种负累而无能为力。历史的错误和现实生活中的问题使他们陷入种种困境。正如谌容《人到中年》中刘学尧所说的：“中年，现在从上到下，谁不说中年是我们国家的骨干？

是各条战线的支柱？医院的手术靠中年大夫；重点科研项目压在中年科技人员身上；工厂的各种难活是中年工人顶着；学校的重点课程也要中年教师担当……”在家中，他们上要奉父母，下要抚育儿女，操心劳力，责无旁贷。历史的发展和大自然的规律已经把他们推到如此重要的一个位置，但社会为他们提供的条件却远远不能适应。他们负担重、工资低、住房挤、待遇差，各种问题一大堆。母国政的《中年人》，叶文玲的《藤椅》，汪浙成、温小钰的《积蓄》等许多作品，都比较集中地反映了这个问题，以强烈的忧患之情向社会发出了爱护知识分子的呼吁。

《人到中年》中的陆文婷可以说是这个形象系列的代表。她是一位身居陋室，任劳任怨，不计名位，不计报酬，一心苦干的大夫。她兢兢业业，十几年如一日，是某医院的台柱子，却得不到骨干医生应有的待遇。一家四口挤在一个小小的房间里，一张三抽桌要等孩子做完作业，才能供她和丈夫使用。大学毕业十八年，工资仍然是五十六块半。医院的领导对她只知使用，却不知关心。她终日劳碌，内外交困，最后终于因为疲劳过度而一病不起。小说通过陆文婷超负荷运转的具体描写，表现了抢救中年知识分子的迫切性。在这篇小说中，这种迫切性还表现于作家对这个眼科人员构成的设计。在这里，虽然有名闻海内外的眼科专家孙逸民，但自然规律不饶人，眼科专家七十多岁了，自己的眼睛已经看不清，再也上不了手术台。十年动乱造成人才青黄不接，这里没有青年人才。支撑着这个眼科的就是陆文婷和姜亚芬两个中年医生。而这两个不可或缺的骨干，一个终于受不了种种痛苦而含泪与祖国告别，远涉重洋到国外去了。陆文婷则终于支撑不下去，劳累过度，心肌梗死，命在旦夕。这个眼科可以说是那个特殊时期中国人才状况的缩影：老一代已经衰老；青年人才刚刚赶往大学校园，尚未造就；中年人则面对这样的困境。我们没有力量使老年人返老还童，造就青年也需要时间。难道我们为中年知识分子准备的，就只有陆文婷和姜亚芬走的这两条路吗？难道非远离故土就要疲劳困窘而死？这种严峻的思考起到了向社会敲响警钟的艺术效果。

《藤椅》写一个中年教师，几代人合住一间小屋，学校送给他一张藤椅，他因非常需要而极为高兴，但回家却找不到一个放的地方：放在床上不行，放在桌子上不行，最后只好忍痛割爱，把藤椅送回学校。《积累》

写的是一个中年教师，两口子竭力俭省，连一根冰棍也不给孩子吃。经过努力，终于有了一笔八十五元的积蓄，一家人为这笔积蓄的使用想了种种方案，最后却因为一个外籍同学到来，怕家中拥挤有辱国格，而在外设宴招待同学，把这笔积蓄全部用去。到了晚上，却为打碎暖瓶而全家吵翻。这些作品与《人到中年》一样，就中年知识分子的困难向社会发出了呼吁。《人到中年》已涉及人才外流的问题。焦副部长感慨地对院长赵天辉说；“50年代初，你们这批知识分子，冲破种种阻力，回来为建设新中国服务。想不到70年代末，我们自己培养的知识分子又往外跑，这个教训太深刻了。”这是改革开放之后中国社会所面临的一个重要问题。为什么人才外流？焦副部长已经在思考这个教训。但是，并非所有的人都能对此作认真的思考。他的夫人秦波就怎么也想不明白：“粉碎‘四人帮’以后，知识分子的地位大大地提高了，郭大夫为什么放着大夫不当，而去国外当杂货铺的老板?”刘学尧语重心长地说：“我是中国人，不敢说有什么高的政治觉悟，可总还是爱国的，真心希望我的祖国富强起来。连我自己也没想到，在我快五十岁的时期，忽然会远离我的祖国。”姜亚芬在临走时给陆文婷留下一封信，表达了自己的心情：“我走了，我把心留在你的身边，留在我亲爱的祖国。不管我的双足走向何方，我都不会忘记故国的恩情。”这绝不是什么掩饰之辞，而是发自肺腑的由衷之言。谁不爱国呢？如果国内国外有同样的环境和条件，如果不是被逼无奈，有谁愿意抛弃故土？姜亚芬们的选择，不能不引起我们深思。造成人才外流问题的主要原因，除了待遇低、工作条件差外，还有许多原因。其中之一就是不良体制和官僚主义所构成的工作环境和生活环境。有的是学非所用，兴趣和特长得不到发挥。如《中年人》中的湘竹，有志于明清小说的研究，却长期不能发展自己的兴趣，没有深入钻研的机会。有的是对人才不闻不问，只使用，不培养，更不知关心爱护，如赵天辉对于陆文婷。更令人难以容忍的是官僚主义和特权思想严重地摧残和窒息无数中华民族的优秀人才，如秦波对陆文婷那样不厌其烦的纠缠，耗费其时间和精力，开口闭口马列主义，心里却卑污自私，打着革命的招牌，堂而皇之地行使特权，居高临下地对人轻侮和挑剔。

应该承认，关于知识分子问题的思考在最初几年的小说中表现得远不如报告文学更为突出。陈祖芬在她的《祖国高于一切》中曾有这样一段议论："我们有的是人才！但是在这充满着人才的土地上，还延续着一种扼杀人才的习惯：有些掌握科学而不掌权的，得服从本单位掌权而不掌握科学的；有些想干且知道怎么干的，得服从想干不知道怎么干的。在两种对立的精神品质的阴差阳错、东拉西扯中，人才还在给消耗着，但是，人们往往不震惊，不愤怒，因为这一切都已习惯了……"这种状况在新时期小说中同样得到了表现。在中篇小说《祸起萧墙》中，最危急的关头仍然是"有经验的人做不了主，懂得一些的人不敢做主，而又做得了主又敢做主的人恰好是既无经验又一窍不通"。这种现象不是个别的。从一些小说中可见，1957年有些人因为提出"外行不能领导内行"而成了"右派"，有些人建议领导学习业务知识而成了"敌人"。在吴仲义所参加的那个读书会上，一个同学把领导分成内行、外行、半内行，认为半内行应该边工作边进修，外行应该调到适当的工作岗位上去，结果就成了"右派"。

今天，这种悲剧已很难发生，但外行领导内行仍是社会存在的严重问题。在这种情况下，权力与科学就经常发生矛盾。中国的传统历来是对权力的崇拜远远胜过对科学知识的崇拜。在权力面前，文化知识和科学技术统统都处于奴婢的地位，不为权力所用的知识毫无价值。因此，在权力与科学的矛盾中，科学只能是屈就或落荒而逃。《祸起萧墙》等作品对此做了较好的反映。傅连山是一个爱才心切的改革者，他所进行的改革是专业化、系统化，他所面临的对立面是官僚机构的膨胀。地委对他的工作百般阻挠，因为专业化改组损害了那个王国的利益。在地委书记的命令下，尽管傅连山知道全部后果，但还是不得不拉下大闸，酿成大祸。小说通过这种悲剧的描写，使人看到知识价值的一个强大的对立面。这个对立面不仅是权力，而且包括以权力为核心组成的权力关系网。傅连山上任以后看到每一个科室都是科长副科长一大堆，占位误事，因此要解决干部超编问题，谁去谁留完全以业务能力和工作需要为标准，结果却行不通，一个也压不下来。他爱才心切，费尽九牛二虎之力，要调入专业人才，结果却是连一个也没能调进去。傅连山之所以寸步难行，不仅因为他的业务冲击了政治，改革触犯了独立王国，而且因为他的知识价值尺度冲击了人情关系网。中国是一个讲究人情的国家，政治也常是人情化的，任人唯亲，一人得道，鸡犬升天，一人当权，则姐夫、小姨子、小舅子都受重用。这种现象在生活中到处可见，在小说中也得到了一定的揭示。

在中国，由于几千年的专制社会，权力与家长的血缘至今难以斩断。家长专制无疑是知识与人才的大敌。作为家长，他也需要知识，需要人才，但是，他们所需要的是“效犬马之劳”的奴仆和随从，是没有独立人格的工具。在中国历史上，王侯贵族有养士之风，历代王朝以科举取士，史书不乏帝王求贤若渴的记载，野史与小说也记载了无数爱才的故事。读书人“学而优则仕”，表面上看对知识分子和人才是重视的，但实质上并不如此，“学而优则仕”导致的是对“仕”的追逐，而非对“学”的尊重。对传统文人来说，知识本身并无多少价值，只是进入仕途的敲门砖。对于统治者来说，他们讲究的是“用”，不能为王所用者，无论什么样的人才都杀之不惜。与君王之意相悖的知识一般得不到传授，即使是四书五经，也曾遭遇统治者删改。直到今天，在那些家长统治的地方，不对当权者个人效忠的人才也依然要被打击和排挤，是没有出路的。

关于这一点，陈冲的《小厂来的大学生》做了较好的反映。学管理的大学毕业生杜萌满怀雄心来到一个不大的城市，要求分配到基层企业。他不像他的女朋友那样，学了四年企业管理却在毕业时争取留校，当了食堂管理员。他要让自己学到的知识发挥最大的作用，因此到了基层企业。路厂长把他从局里要来，安排在研究室，把自己的办公桌也给他搬去了。这似乎很重视知识，也很尊重知识分子，似乎要最大限度地发挥这个知识分子的作用了。其实不然，杜萌报到之后，一直无事可干。路厂长当然不能容忍自己的厂里养着一个闲人，于是，杜萌被安排从事简单劳动，每天加班当辅助工。原来路厂长要来这个大学生，是为了在上级领导面前赢得一个重视人才、重视科学、重视企业管理的好名声。因为厂长知道，现在到处都在强调专业知识，强调学历，这是大势所趋，她尽管心里不舒服，却深知无力扭转，审时度势，才毅然要下了这个大学生，而且得到了一种心理上的满足：“别看我文化低，可我手底下有大学生！”然而，管理这个工厂，她自有一套办法，车间科室一级的心腹早已够用，绝不需要这个大学生插手。她也曾想把杜萌培养为自己的心腹，并且给他介绍对象，但那是因为她突然意识到笔杆子的用处，可以帮她整材料。可是，当科学的管理方法将危及她的专制家长统治时，科学知识就不再被容忍了。一旦她认识到这个大学生不是“自己人”，就毅然把他从厂里赶走。杜萌的女朋友孙颖说：“在中国，工厂需要有专业知识的管理人员的那种时代还未到来!”在许多地方，情况的确如此。因为家长式的管理最怕科学管理的光辉。而且，他们宁肯让企业垮掉，也不会愿意失掉凭兴致发号施令的权力。

虽然历史已发生了根本的转折，但对知识分子的偏见并非短时期内能够彻底清除。由于对知识分子的偏见，知识分子的创造性劳动常常得不到应有的尊重。胡大楚的短篇小说《净化》写了这样一个故事：某厂厂长金泰是一个能够认识人才、爱人才、用人才的干部。他充分认识到知识的重要：“有些同志有一种错觉，好像我国的人口多，劳动力在国际上占优势，这当然是事实。可是，更要看到，文化科学方面素质差，科学管理水平低，人多消耗大，许多产品的成本往往比人家同类产品的成本高得多，这就使优势发挥不出来了。”他本想大踏步地前进，推出一批新的车型，但无能为力，因为设计不出来，也就生产不出来。原因很简单，高水平的设计人员奇缺，能适应新工艺操作的工人奇缺，手段落后，只能“复制古董”。他深深感到尊重科研人员的创造性劳动极为重要，但遗憾的是过去的某些偏见仍严重地挫伤科研人员的创造积极性。厂里的一项重要研究课题完成了，上报成果时却把厂长的名字写在前头。厂长要把自己的名字去掉，却阻力重重，非常困难。这不仅因为厂长的妻子分管科研，更重要的是长期对知识分子造成的偏见，正如局长常得之说的：“不带任何偏见地对待知识分子并不容易。”

在新时期小说中可以看到，对人才的压制常常来源于某些思想僵化、顽固坚持极“左”路线的干部。这种压制除了偏见之外还带有一种对知识分子和学有专长的人才的嫉妒，带有一种在历史的转折中产生的失落感。在80年代的中国，社会上许多流传的歌谣中有这样一首：“工人哭、农民笑、知识分子坐花轿，政治干部没人要。”谁都知道，尽管新时期的农村经济政策使农民大大受益，农民的收入仍然要比工人低得多；尽管知识分子地位有所提高，仍不能与干部同日而语。但有人已经感到礼崩乐坏，乱了品级。新时期的社会变革带来了生活秩序的重要调整，过去一些既得利益者受到了一定的威胁。正如在许多作品中都可以看到的，一些干部对“三中全会以来的翻身户”本能反感一样，当起用一些学有专长的知识分子做领导工作的时候，当实现干部专业化和知识化的时候，必然有人要对他们历来看不起的“臭老九”用鼻子哼上几声。然而，轻蔑并不能阻挡他们登上政治舞台，那些不学无术的外行干部们必然受到威胁。因此，嫉妒就是难免的了；因嫉妒而生扼制的现象也就屡见不鲜了。

张洁的《条件尚未成熟》写的是发生在几个老同学之间的故事。他们都是大学生，因此，这一切就不能不在一层温情脉脉的面纱下进行。岳拓夫从上大学就是管人的。他一心扑在政治上，全心全意地帮助别人，管理别人，教育别人，连毕业论文也得由别人起草完成。今天，他是处长，早就盼望着升任局长。由于突然到来的知识化和专业化的要求，一个默默无闻埋头搞业务的人却突然要被提拔为局长。这不是成心夺他的饭碗吗？这不能不引起他心灵的震动：“早先，谁知道有一天就会凭业务吃饭？”改弦易辙搞业务，对一个五十多岁的人来说已经为时太晚。怎么办呢？尽管是多年的好友，如今危及他的仕途，就不能不进行扼制了。他扼制胡德培的途径只有一条：自己是支部书记，可以在入党问题上卡他。因为按照惯例，当局长必须是党员。为了不为虎添翼，他在胡德培的入党问题上一拖再拖，借口是“条件尚未成熟”。在小说中，岳拓夫以失败告终，这是时代的必然趋势。但在变革时代的开始，生活中的岳拓夫却未必都是失败的。也许正是因为如此，才使作家写这样的作品。

对人才的埋没还来自尊老和重名轻实的文化传统。由于时代要求，知识分子的地位提高了，但在知识分子队伍自身，也同样存在埋没人才、压制人才的现象。中国一种尊老守旧的传统，由于这一传统，声望较高的知识分子比较容易受重视，而初出茅庐、名气尚小的知识分子的才能却往往被埋没。刘心武的《钟鼓楼》通过荀磊这一青年知识分子形象塑造，反映了这一问题。荀磊翻译出一本很有价值的书，出版社提不出任何缺点，却退了稿，仅仅因为译者年纪太轻，名不见经传。从这种描写中我们可以看到，人们所尊重的往往是名气而非才能。在《小厂来的大学生》中诸葛云裳曾对杜萌说：“吃香的是文凭而不是专业。”这是陈冲的发现，也是我们社会确实存在的一个问题。随着知识分子价值的增长，生活中出现了一种对知识凭证的特别看重，晋级、提资要看文凭，但常常并不看真才实学。

一群群青年拥挤在函大、电大的门口，所追求的也常常是文凭而非知识的本身。更有甚者，报纸上竟然出现了关于作家是不是知识分子的讨论，最后是文化部下文确认。看来人们的目光盯着的常常是名而不是实。在汪浙成、温小钰的《苦夏》中，家长们为子女升学而疲于奔命，这固然反映着知识价值的增长，但对很多人来说，很难说是为了让子女获得知识，而是不择手段地要弄一纸文凭。那种把文凭看作"敲门砖"的态度，仍是过去对科举追求的一种延续。背书应试而不求真知，只能培养出新一代的孔乙己和陈士成，与时代快出人才的要求背道而驰。这大概也是《苦夏》的创作动因之一。

通过以上种种，我们看到知识与人才的价值还远远没有得到应有的尊重。通过画外之音，我们听到的是作家们的深切呼唤。这种呼唤无疑是时代的呼唤。在这种呼唤声中，这个民族也许将迎来一个尊重知识、尊重人才，从而人才辈出、民族振兴的新时代。

1987年12月　曲阜

伟大的觉悟与艰难的自省

——论近几年文学对知识分子人格的艺术思考

一

1986年，有人以《无法回避的反思》为题对新时期文学中的知识分子形象进行了深刻的批判。几乎与其同时，文学中知识分子形象的整体面貌已发生重大变化。知识分子形象在经历了一个由“鬼”变为“神”的反拨过程之后，开始还原为文化制约中的人。作家们开始从新的视角描写知识分子形象，着眼于文化传统熏陶下形成的知识分子人格。许多作家的创作都因此而发生了变化。王蒙的《活动变人形》深入人物的内心世界，展示了倪吾诚这一代知识分子心灵的巨大痛苦和他们自身的弱点。《庭院深深》则展示了在知识分子中一直存在的种种恶习和人格病态。显然，这些作品中的主人公已不像钟亦成们那样为作者所钟爱和袒护。谌容在《献上一束夜来香》中揭示中国知识分子怯懦、顺从、自我泯灭、毫无主体意识的人格悲剧，态度已与写《人到中年》时大相径庭。蒋子龙是一个以塑造改革者形象著称的作家，但他的《阴差阳错》《蛇神》《收审记》却都在关注社会问题的同时对知识分子人格进行了剖析。从维熙对范汉儒人格的赞美曾经招致一些批评，而在《风泪眼》中作家对传统知识分子人格的态度已做了某些调整。李晓的《继续操练》可以代表一部分青年作家的态度，把批判的锋芒指向满腹经纶的高级知识分子，通过一个教授剽窃学生论文的事件所引起的纠葛，让人们看到，表面温文尔雅、道貌岸然的知识分子，其人格深处却并不怎么美好。韩瀚的《同窗》、俞天白的《X地带》、达理的《眩惑》、肖建国的《成功者》、吴若增的《长尾巴的人》、程乃珊的《当我们不再年轻的时候》、刘恒的《白涡》……大量作品把知识分子人格纳入文学的透视镜下，对其病态进行认真的观察和剖析。

这个重要的转变标志着文学对中国知识分子认识的深化。进入新时期，在时代的迫切要求下发生的知识与人才价值的增长使知识分子在社会生活中的地位大大提高。知识分子摘掉“臭老九”的帽子之后虽然仍是“穷老九”，但用民谣中的话说，却是“光着屁股坐花轿”，虽然“光着屁股”，却毕竟坐上了“花轿”，有了种种桂冠和花环。与此同时，文学对知识分子报以一片同情与赞美。实事求是地说，当时那些“受难的圣者”的形象或多或少带有一点美化知识分子的倾向。这是完全可以理解的，因为当时的文学还处于对知识分子重新认识的阶段，知识分子是那么迫切地需要理解，知识分子的名誉是那么迫切地需要恢复，这就导致了作家们创作的目的集中于为之翻案，当时的作家们写下的大量作品往往都是对埋头专业的知识分子的一种重新认识，是在为他们洗掉脸上的泥污而露出其闪光的神采，确认他们的意义。写陆文婷式的知识分子，旨在呼吁社会改善中年知识分子的生活待遇，写他们对科学事业的献身精神，对工作的一丝不苟，对国家的忠诚，对人民的热爱……总之，说长而不道短，努力发掘他们的美德，使之尽可能完美，因为只有“好人受难”才更有动人的力量，才能引起重视而思解救。写许灵均，写章永璘，写范汉儒，实际上是饱受委屈的当代知识分子的可怜的自我表白，写他们的爱国情怀，写他们的坚定信仰，写他们经过咸水与血水的浸泡而终于成为唯物主义者，一个根本出发点就是要告诉人们，当年把这些人划为右派的确错了，因为他们虽蒙冤屈却仍然忠心耿耿，无限赤诚。当时文学的知识分子形象所体现的“完美”人格还是为达到社会功利目的使用的手段。这不值得大惊小怪，因为文学永远也无法杜绝把人打扮起来去求爱，或者在眼角上抹上泪水以博得人们的同情。所以，面对上述现象，我并不认为是新时期文学不可原谅的缺陷。正是这种缺陷在重新认识知识分子的拨乱反正中做出了不可磨灭的贡献。在文学的价值尺度系统中，社会功利尺度永远无法排除。但是，我们不能不承认，由于这种社会功利目的，文学对于知识分子，同情淹没了审视，礼赞代替了剖析，对其处境思考多，对其自身思考少，呼救的主题之下缺少自救的启示，甚至在极写其美德时赞美了种种病态的、不健全的人格。

近几年的创作与上述情况明显不同。视角转移了，作家们不再仅仅关注知识分子所处的不良环境，而是更多地关注这些不幸的人的价值观念、思维方式、行为方式和文化心理，去写其文化性格的悲剧。文学由原来的发掘美德以美化知识分子，转向暴露缺陷以探讨知识分子人格的弱点；由呼吁改变知识分子的生活条件，转向改变知识分子自身；由哀其不幸而为之请命，转向“怒其不争”而促其自省。我们的文学由情感型的倾诉与呼救，转向理智型的思考省察，对中国知识分子人格负面进行自觉的省视，这些作品使我们看到，原来我们那些命运坎坷的知识分子并不都是“圣者”，“圣者”的光圈之下也有污秽，也有那么多丑陋的恶习，内心也有阴暗发霉甚至僵死腐烂的角落，也有那么多精神痈疽和溃疡，甚至是已经恶化的肿瘤和扩散的癌细胞。中国知识分子人格是如此先天不足而后天失调，带有种种与时代要求不相适应的东西，尽管作家们对知识分子多舛的命运仍然寄以同情，但对其人格病态却毫不留情地举起了手术刀。

文学由颂扬知识分子转而审视和批判知识分子自身，这一转变标志着中国知识分子在现代化浪潮冲击之下自我认识的深化，显示着中国文学和中国知识者的一次伟大的觉悟。这种觉悟显然产生于改革的阵痛和由此而来的文化意识的觉醒。正是文化意识的觉醒使我们认识到民族文化素质的问题和我们自身的种种病态。我们终于认识到，不仅广大农民存在种种缺陷。我们虽然饱经苦难，但这苦难也许正是我们自己参与酿成并为之推波助澜的。我们既是某种传统的牺牲品，又是某种传统的负载者，既是受害者，又是自害者与害人者。在我们知识分子身上，更集中了中国人的全部悲剧因素，因为某些传统积淀在知识分子身上比在农民身上还要深厚。中国之所以存在种种难以解决的问题，历史的前进之所以步履艰难，“文革”那样的大悲剧之所以能够发生，中国知识分子在控诉和谴责过畸形政治之后，必然地要认识到自身也有不可推卸的责任。在现代化的迫切要求和艰难的改革过程中，人们终于意识到知识分子在这一历史过程中所承担的重要使命和中国知识分子不能很好地承担这一使命的矛盾。当清醒的目光移向这群已受命于历史要把这个古老的民族从淤泥中拖向蓝色大海的纤夫时，人们立即发现，中国传统知识分子人格远远不能担此重任，甚至会成为现代化进程中的阻力和障碍。中国当代知识分子终于痛切地感到，离开对知识分子自身劣根性的反省，中国人的精神解放是不可能的。这是一个迫切的课题，它作为民族文化重铸的伟大工程的一个先决部分，必然要提上议事日程。

这种由伟大的历史觉悟导致的知识分子自觉的自省式的改造，决不意味着人们记忆犹新的知识分子改造运动在文学中的东山再起。从其主要倾向看，它与那种改造的方向是相反的，历史的挫折和灾难使人们清醒，决不愿再让历史发展的最活跃、最积极的因子停止运行。这种文学的自省，完全不同于历史上已经出现过的《儒林外史》那种将自身外在于知识分子群体的嘲讽，更不同于民间文学早已形成的嘲弄和挖苦“酸秀才”的传统。因为那种嘲弄与50年代改造知识分子主题的作品是一致的。过去的知识分子改造以泯灭知识分子的主体意识从而迎合迁就所谓的大众为特征，今天的文学对知识分子人格的思考是作为觉醒了的知识分子为自强而进行的痛苦的自我忏悔与省视，它的目的是强化知识分子的主体性，使中国知识分子作为先进的阶层真正站立起来。

二

考察一个时代的作家共同的选择可以了解一个时代的价值取向，但是，在我写这篇文章的时候，却还没有能力通过定量分析而取得结论。透过文学提供的画面，中国知识分子人格弱点已有多侧面的显示。毫无疑问，最引人注目的是以下几个方面：

（一）怯懦与畏缩

在中国漫长的专制社会，统治者首先考虑的不是充分发挥人的能动性以创造物质财富和改善人类生存环境，而是如何巩固自己的统治地位，因此，循规蹈矩，安分守己，唯命是从，甘当奴隶，谦虚谨慎，安贫乐道，便因其适应统治者的需要而成为一种理想人格的范本。相反，那些不利于统治秩序稳定、不利于愚化民众、不安于奴仆地位的性格都要被否定。统治者的需要和由此而形成的道德准则与文化氛围，如无情的锉刀，使他们“畏天命，畏大人，畏圣人之言”，善良温驯，精神孱弱，谨慎小心，不敢越雷池半步，而只知向内退缩，缩成一团，直至泯灭自我。

这种畏缩人格在近几年的小说中得到了较多的揭示与剖析。由于时代的价值观念的裂变带来的审美观念的更新，在作家们笔下，这种人格不再是美好的，而是显示出它的病态。较早出现在读者面前的是韩一潭（刘心武《钟鼓楼》）和赵信书（张贤亮《浪漫的黑炮》），无论当时的作者是有意还是无意，这些形象已显示出中国知识分子的人格病态。1986年以后，这类形象大量涌现，谌容的《献上一束夜来香》中的李寿川，刘振华的《推理家》中的王西仲，吴若增的《长尾巴的人》中的赵家有，都是善良正直却胆小怕事怯懦自缚的人。这些人物使我想到《小公务员之死》。他们有一个共同的特征，别人咳嗽一声，就要哆嗦半年，因而卑怯驯服，自我束缚以至寂灭。李寿川三十年来过着奴隶的生活而麻木不知，一场小小的风波就使他一病不起，刚刚觉醒的主体意识又复归于麻木。王西仲因捡到一千元钱找不到失主而惶惶不可终日，进退无路吓得直想哭。赵家有总觉得自己屁股上有一条尾巴，因而胆战心惊不敢见人，甚至连谈恋爱、结婚也不敢，但那尾巴却是根本不存在的。在这些作品中，我们看不见刀光剑影，看不到在伤痕文学时期常见的那种血腥迫害，看到的多是并无狂风暴雨的平和生活，但在平和的描写中，却仿佛看到一个无形的怪兽张着血盆大口把他们吞噬，而被食者却于昏昏沉沉之中并无悲号。这种作品不会使人读之声泪俱下，却能使人心肠绞痛，从而得到启示：旧传统不仅常常附形于旧体制和某些官僚主义者，而且像潜伏于知识分子血液的病毒一样使人悄悄僵死，默默腐烂。

当然，并不是所有人都能被造就得如李寿川、王西仲们一样，因为自我的彻底泯灭决非易事。但是，在强大的环境力量和文化氛围的作用下，那些自我尚未泯灭者也都退入人心，以社会认可的人格面具伪装起来，这就造成了中国知识分子特有的谦恭和虚伪。因为理想的人格模本是唯唯诺诺，俯首帖耳，因为古代圣贤和现代伟人都谆谆教导我们要谦虚谨慎，戒骄戒躁，因为“两眼下视黄泉，看天就是傲慢，满脸装出死相，说笑就是放肆”（鲁迅《忽然想到·五》），主体意识未泯者便需要戴副面具而决不能锋芒毕露。刘恒的《白涡》把一个精明能干洞察世事的知识分子的标本周兆路摆到了生命冲动与文化环境的冲突中，充分显示出知识分子中那些成功者的行为方式和心理结构。他是一个成功者，但他深知因为年轻得志更需事事小心，便做出十二分的谦卑。这是中国知识分子普遍的人生经验，“木秀于林，风必摧之”的恐惧笼罩着一代又一代知识分子。就连那个极富个性，因而一生不得志的中学教师翁豪威（程乃珊《当我们不再年轻的时候》）在发表一篇文章之后，也立即想到“丝毫不能有些微沾沾自喜的表情流露”，对着镜子学出一种真诚而谦谨的微笑。他为自己半辈子被这无形的影响缠住了手脚不死不活而心中作痛。却还是要迁就和适应环境。

为了迁就和适应环境，中国知识分子总是克制自我，通过抑制自我而达成与环境的和谐。因此，在“畏”的同时是“忍”和“退”。虽然知识分子未必都把“百忍歌”作为座右铭，但是得过且过，息事宁人，寻找退路的行为方式随处可见。“后退一步天地宽”，“既在矮檐下，不得不低头”，似乎生存空间是不可改变的，要宽松就必须缩小自己。屋檐太低，低下头它就变高了；绳索太紧，缩小自己它就松了；间隙太小，以无厚入有间，便可游刃有余。这是中国人特有的一种自由观，一切都在承认现存秩序不可更改的前提下进行思考。即使万不得已，也要审时度势，三思而行。从王毅的《对照检查五重奏》、俞天白的《X地带》、达理的《眩惑》等可以清楚地看到这种审时度势、息事宁人的做法的消极作用。汪若舟、顾少康这些有为的知识分子，也无不带有退缩逃避的精神惰性。

（二）守旧与卫道

在新时期文学中，守旧和卫道的人物常常以思想僵化者的面目出现，因为我们的时代对思想僵化思考甚多。从由政治视角描写思想僵化到文化视角描写思想僵化，这是一个重要的发展。韩瀚的长篇小说《同窗》较早地为我们提供了一个思想僵化的理论界老前辈秋光的悲剧形象。他在“文革”中惨遭迫害，劫后平反回家，却对正在进行的思想解放运动和真理标准问题的讨论十分反感，对时代发生的变革不能适应。柯云路的《夜与昼》和《衰与荣》中的心理学家吴凤珠，为了在退休之前解决入党问题，要写一份全面而深刻的思想汇报，翻箱倒柜寻找她过去的笔记本。过去的生活已使她完全僵化定型，因而感受不到时代的变化，他们是被食者，但在食人的力量溃败之后，却仍然固执地自食，维护食人的力量。他们不但不能适应改革和时代发展的需要，而且不自觉地阻挡历史的车轮。

思想僵化的本质是卫道守旧，它不仅源于极“左”思想的禁锢，而且源于中国知识分子的传统，源于传统的思维方式。新时期历史上出现过的“两个凡是”实质上也是中国知识分子的思维习惯在当代社会的表露。因为就中国知识分子的整体来说，历来是思想僵化的。习惯于用自己信奉的价值去衡量一切新事物，动不动斥之为离经叛道，却从不怀疑自己手中的尺子是否有问题。面对新潮，开始总是排斥，视为洪水猛兽，一旦接受，就成了祖宗牌位，谁也动不得。我觉得，中国知识分子历来有三个坚信不疑：对经典坚信不疑；对传统坚信不疑；对既成的社会秩序坚信不疑；却唯独缺少应有的变革意识。秋光、吴凤珠、《你别无选择》中的贾教授，都是如此。在他们看来，既成秩序是无需思考的，凡乱皆可恶，维护安定是天然使命，一切思考都只能在承认既成秩序的前提下进行。在他们看来，传统是神圣不可侵犯的，只有继承和发扬的使命，而没有批判扬弃和发展的必要。因此，先秦百家争鸣的时代过去之后，直到鸦片战争，我们这个民族几乎没有出现大思想家。几千年来，饱学之士满足于对古代圣贤经典的诠注，却从未有人斗胆写出新的经典。孔子一个人的思想竟能统治一个民族达两千年，无论他多么伟大，这也是一个民族的悲剧。这与西方近代思想史上思潮迭起，大思想家接踵而出的状况形成鲜明对照。当然，他们常常能够杀身成仁，但决不是为了探索、创新和变革，而大多是为了卫道，为了讨伐形形色色的叛逆。只有这时他们才有勇气，因为身后有“道”与“理”。

通过秋光、吴凤珠等形象还可见另一种现象；他们深受极“左”路线和专制主义的迫害，在思想观念上却顽固地坚持极“左”路线，维护专制主义。他们作为特定政治地位上的人和作为思想观念上的人是分离着的。他们的思想意识并不代表他们自身的利益。这是中国知识分子长期存在的大悲剧。这种分离使他们常常在思想观念上把真实的自我作为对立面，去进行改造和斗争。在前几年的作品中，由于忽略了对他们的观念世界的审视，仅把他们作为具体社会地位中的人加以表现，人们更多地看到的是他们作为受害者的一面，他们与下层人民群众享有共同的不幸命运，其情可怜。在近几年的作品中，作家们常常略写他们的社会生活地位，而着重表现他们的思想观念，就显示出他们与极“左”势力，传统观念的密切联系，甚至共同组成一支顽固守旧对抗变革的力量，阻碍着时代的发展和新事物的生长，面目可憎。一些小说写到这种情况，他们身受极“左”政治和专制力量的压迫，却又不自觉地成为极“左”政治和专制力量的群众基础。他们脖子上的锁链使他们腰弯背驼痛苦不堪，却又生怕有一天锁链丢失，甚至常常要狠狠地拉紧套在同类脖子上的锁链，以防止他们离经叛道，结果却使自己的脖子也被死死扼住，直至喘不过气来。这种悲剧在那场动乱中由于情节激化而尤为明显，但在正常情况下也无时不在。也许应该感谢那场动乱和动乱之后的这场变革，它使一切平时掩盖于面纱之下的东西变得那么触目惊心，才促使中国知识分子有了某种程度上的觉悟。近几年文学无论对其辛辣嘲讽还是含泪劝喻，都是这种觉悟的表现。

（三）政治依附与权力崇拜

早在奴隶社会，中国就形成了一个颇具特色的士大夫阶层。他们的特征是以掌握的知识依附权贵，充当幕宾，谋取“食有鱼”“出有车”的生活，借权贵以展才志。在专制社会中，知识分子的主要出路是“学而优则仕”，做官称臣，为主尽忠。这种特殊的地位造就了他们特殊的人格。中国知识分子在政治上往往都有远大抱负，忧国忧民，以天下为己任，富于献身精神。但是，政治宏图离不开官场，为王牧民常常是自身价值实现的最理想的途径。这导致了有作为的知识分子都有很强的权力欲，无作为者也千方百计混入官场。在权力面前知识分子没有自己独立的人格，崇拜、追求、依附权力成为中国知识分子的一种传统，1950年代之后，知识分子被要求关心政治，走又红又专的道路，对知识分子的培养和使用也更注重政治内容，加之对政治干部和技术干部的不同待遇，使知识分子仍把从政当作最高理想，这就巩固了中国知识分子的政治依附和权力崇拜。

在中国知识分子中，有相当一部分人善于吹吹拍拍，惯于阿谀奉承。这是中国知识分子在历史上所处的依附地位造成的，却因当代社会未能消灭这种土壤而在当代知识分子身上遗传下来。从陈源斌的《安乐四陈》等作品可见，打扑克、下象棋、作为侍从陪伴领导，以种种方法让领导赢，而且手段高明者“一定能让领导赢得看不出一点破绽”。从张宇的《家丑》等作品可见，办公室秘书是如何为县长做着并非分内的一切事情。这一切都是为了讨得领导的欢心。在近几年的小说中，很容易看到一个个在上司面前奴才相十足的知识分子。奴才的目的是成为老爷，权力崇拜必然导致对权力的追求。

肖建国的《成功者》所描写的余未立为一个小小科长而梦寐以求二十年，绞尽脑汁，费尽心机，全不顾人格尊严，可鄙可叹而又引人深思。

政治上的依附，思想上的守旧卫道，行为上的畏缩退避，这三者构成了中国知识分子奴性人格的核心。对一种人格的批判和否定，总是隐含着对另一种人格的呼唤。近几年文学对中国知识分子奴性人格的否定性描写体现着中国作家促进知识分子主体意识觉醒的努力。人们已经痛苦地感到，中国知识分子活得太不像人样子，需要完成艰难的蜕变，强筋健骨，作为真正的人站立起来。毫无疑问，这是变革的时代的呼声。

三

中国知识分子人格的弱点不是孤立的存在，而是文化传统与社会现实条件的产物。文学要深入探讨知识分子人格问题，就必须揭示出这种人格所受的制约，弄清其制约机制。在这一点上，近几年小说取得了可喜的成就。不少作品都涉及中国知识分子人格的成因和它之所以被巩固和发扬的现实条件。

由于文化意识的觉醒，人们很容易认识到知识分子人格与文化传统的关系，因此作品大都表现出鲜明的文化批判意向。许多作品都把文化传统作为知识分子病态人格的成因予以批判，谌容把李寿川看作是禁欲主义文化教育的结果，因而她的《献上一束夜来香》的人物关系结构也体现着对禁欲主义的批判。李寿川在小说中的结构位置是一个新旧文化冲突的交叉点。齐文文和郭飞作为新文化的载体呼唤着他的主体意识，而朱喜芬和沈处长，一个是卫道士，一个是道德败坏的淫乱之徒，表现截然不同，却都是禁欲文化的畸形产儿。禁欲造成了他们心理上的不平衡，又以这种不平衡作为动力实现其相互间的制约。朱喜芬以讨伐反叛证明自己道德上的优越，沈处长以讨伐捷足先登者发泄内心的醋意。他们各自不自觉地弥补心理的失落感，却共同扼制了李寿川。受害者扼制受害者，两种病态扼制了另一种病态身上正常生机的萌发。我们由此看到的是压抑人性的禁欲文化对人的多方面戕害。

王蒙的《名医梁有志传奇》着重揭示的是中国知识分子生活于其中的文化环境，通过那些带有荒诞意味的事件，可以看到荒诞的文化环境对人的制约。中国传统把谨慎和谦恭作为美德，这就决定了人的命运，一般人必须学会遵守，否则就要四处碰壁。梁有志自小太聪明，因而被视为是不祥之物，因为亘古以来的人生经验证明："聪敏致祸，愚傻得福。"中国人有句古话，叫作"大智若愚"，它不仅是一种状态，也是一种行为准则。也就是说，智者应把聪敏隐藏起来，装作愚笨的样子，人生事业才会成功。如果聪明外露，可能会一事无成。王蒙小说所写的一个重要内容就是这种文化病态。重德还是重才是一个方面，更重要的是人的才气不可外露。梁有德表现愚钝，做事慢条斯理，说话结结巴巴，因而仕途通达。梁有志才华横溢，能力总是超人，因而左右碰壁，努力上进而仕途阻塞。可是，当他灰心丧气而不求上进时，得到的却是官运亨通。他有许多特长，却不懂医学，却当上了医学院的院长，医学杂志的主编，医学研究会的会长。这奇怪吗？小说发表后一些评论把它解释为时势使然，说他的成功是由于他适应了改革的时代要求等等。其实，王蒙是以荒诞笔墨写梁有志之成功的，无论作者是否意识到，梁有志的成功都一点也不奇怪。他的成功是因为他绝望、消沉、打麻将、练气功、读医书、不务正业。在中国，"无为而无不为"是成功之道。欲擒则纵，欲进则退，欲得则舍，要发展个性就要把个性严密包藏，想当官就要归隐，而千万别让人看出你是个官迷……这是从老子开始就总结出来的人生学问。梁有志对此并不自觉，却歪打正着，不自觉地走上了这条成功之路。当他在挫折中承认了自己压根儿就不是什么天才，步入他真正不懂的医学领域，已经不再有骄傲的资本。他在医学界与梁有德在政界一样没有水平，一样没什么东西可炫耀，所以就一样能够获得成功。他不懂医道，只能老老实实说不懂。他越说不懂，人们就越认为他医术非凡，藏而不露，谦虚谨慎，因而他便能青云直上。张一得之所以没有当上院长，就因为他是真正的医学专家，医道高深便难免有骄傲自大之嫌。由此看来，外行领导内行也不仅是当代政治弊端所致，也有文化病态作为它必然出现的基础。如此文化环境，谁不谦虚谨慎畏缩于社会认可的人格面具之下呢！

由于新时期文学是从社会政治反思走过来的，作家们在剖析知识分子人格时并没有忘记当代社会政治环境的制约。文学通过知识分子病态人格的剖析批判了传统文化，同时也没有忘记对当代政治弊端的批判。这两种批判常常是结合在一起进行的，因为知识分子人格的病态既有历史的原因也有现实的原因。

《推理家》中的王西仲出奇的胆小，固然有文化传统塑造的痕迹，却也是当代政治恐怖的结果。当年，他曾在议论盖房子时说了句“红砖不如青砖”，为此吓得两星期没有吃下饭，怕人说他反对红专道路，一连写了五次交心材料。关于这件事，他直到今天仍然认为：“幸亏我交心材料写得彻底，苦苦哀求才算过了那一关。历史的经验值得注意，管什么事，说什么话，都要小心小心再小心，谨慎谨慎再谨慎。咱们中国，古来都把谦虚谨慎当作美德，把病从口入，祸从口出当格言。‘胆小怕事’这句成语，大家都当贬义词，其实理解错了，应该理解为只有胆小，才能没事。”由此可见，他的胆小怕事既是文化传统的产物，又是当代政治生活的产物。在这里，传统与现实完全是一体的，现实巩固着腐朽的传统，传统支配着荒谬的现实，传统和现实一起塑造着知识分子人格。

程乃珊的中篇小说《当我们不再年轻的时候》中的秦韵佳是一个本来富于个性而被改造得非常成功的人物。生活中总有一个超越常规的力量逼着她不断违心地改变自己的生活轨迹，走上一条自己从未预测过的道路。幼年时，她模仿古丽雅和卓娅，违心地逼着自己早起锻炼，刻苦学习，不吃零食，在与正常人性搏斗中度过了本应轻轻松松无忧无虑的童年。进入少女时代，她又强迫自己放弃女孩子仰慕的漂亮衣服，对美装出一副不屑一顾的表情。她恋爱了，领导却警告她说那是一个不要求进步的人，她便只好强迫自己把心爱的人忘掉。她一次次战胜自己，那么艰难，那么残忍。她一次次否定自己，那么苦，那么痛。最后终于被改造成今天的模样：顺风而行，不敢主持公道，违心地做着一件又一件事。

以文化的目光审视知识分子人格，是文学对政治视角的超越。做文化审视的同时不忘政治因素的揭示，显示着这种超越坚实而不轻飘的审视。有人发现了文化以后便以为找到了包治百病的药方，潜心文化深层而远离现实政治。事实上，传统文化与当代政治的关系正如上述作品所表现的一样密不可分。我们应该确立这样一种观念，只有在现实生活中活着的传统才值得文学关注，对传统文化的批判大可不必把矛头指向孔孟或老庄，对传统人格的批判也大可不必针对孔孟或老庄。而是要特别关注它的现时表现，即传统文化与当代政治结合以后对人的种种影响和制约。

四

我一边在涂鸦这篇文字，一边为自己在知识分子问题上认识的浅陋而惶恐不安。很明显，中国作家对知识分子的认识还远不如对农民的认识深刻。这并不奇怪，认识自身绝非易事。也许正因为这种特殊的困难和我们时代知识分子所特有的局限给文学的表现带来了种种不足。

从歌颂其美德，到揭示其弱点，这是一个意义重大的转换。这种主题方向的转换显示着文学家在知识分子人格问题上的伟大觉悟，但是，在这种转变之中却透露出我们的作家至今未能摆脱一种机械的思维模式。写美德，大家都去写正面；写弱点，大家都去写负面，但事实却并不如此简单。我如此说，并不是像人们已经习惯的那样呼唤作家从多角度、全方位观察，从而对中国知识分子人格特征作全面的、完整的把握和表现，而是要指出，仅仅如此还远远不够，还必须向着其深处发掘。知识分子人格不是一个一目了然的平面图，也不是一个有正反两面的二合板。它有着无比深广复杂的内涵和多层次的结构，如果仅仅止乎知识分子人格的表层，去发现其所谓正面或负面，美德或弱点，陷入这种简单的一分为二的思维方式，就很难把握中国知识分子人格的丰富内涵。在中国知识分子身上，美德与弱点常常是同根同质的不同表象，在其表层，它呈现出很大差异，但越是趋向核心，这些差异就越缩小，最后往往归于同一本质。因此，从某种意义上说，中国知识分子的美德和弱点是不可区分的，就其本质而言，往往弱点就是美德，美德就是弱点。只有透过表层，把握其深层结构，才有可能给予准确的揭示并促其从根本上实现转化。因此，对知识分子人格的省察需要高度的理性；情感偏好无论对个体还是对一个时代的作家群体都常常是一种干扰。在盛赞某一美德时，也许恰恰包括了某些弱点。关于这一点，《人到中年》等作品早已为我们提供了教训。谌容的自我调整是意义深远的，她以怒其不争的态度审判的李寿川与她热情赞美的陆文婷性格几乎完全相同。

对知识分子人格的艺术思考，其全部意义在于促使传统知识分子人格的现代转化。今日之中国，对知识分子人格问题，对国民性问题，也如对社会不正之风和腐败现象等问题一样，迫切的课题已不是认识，种种的问题已为人所共睹，急需的是回答怎么办的问题。我们的社会和我们的人格需要救治，已成为无需多谈的前提，我们已经深知知识分子人格的病态，那么就该思考如何使其发生转化，探寻其转化的途径和关键之所在。但是，文学却缺少对知识分子人格转化机制的思考。读新时期文学作品不难发现这样一种现象：中老年知识分子多属传统人格，青年知识分子则较少传统重负，更多一些现代意识。这已成为一种普遍模式。这种模式反映了一定的生活真实，是有一定的生活真实作基础的。但深思之后却会发现其中存在的问题：青年知识分子从传统人格规范中走出是容易的吗？他们是怎样完成蜕变的？那些基本摆脱了传统人格规范的青年知识分子是怎样从中挣脱出来而完成和正在完成这种转化的？这些问题还没有进入作家们的视野。由此不仅可见一种认识生活、理解问题的机械，而且可见我们的作家懒于思考，常常满足于生活的一般情况提供的模式而不再深究。

突破种种制约以实现传统知识分子人格的现代转化是我们时代的迫切要求。但是，应该承认，大量作品对知识分子人格的挖掘和表现还停留在灵魂所受制约的描写上，而没有写出突破这种制约的重要意义和迫切性。同一事物在不同的尺度面前有不同的价值，从不同的角度可以做出不同的结论。因此，对于一种人格，我们很难简单说它是好是坏。当我们进行这种判断时，无论自觉还是不自觉，已经把一种尺度摆了上去，把它纳入了一定的参照系。然而，目的与所选用的参照建构之间，却并非总是谐适的。特别是文学，创作意图是否能够较好地实现，常常取决于这个特定参照系统的选择和建构。我赞美那些把知识分子人格置于社会生活激流之中，参照历史的发展和时代的变革予以透视的作品。因为在这个参照系统中，中国知识分子人格最能显示其不足，例如，中国知识分子息事宁人、得过且过、谨慎小心、审时度势、畏缩退避的性格，如果从活命角度来看，是值得发扬光大的长处；如果从安定团结、稳定社会秩序的角度看，也会得出中国知识分子最好的结论；但是，在邪恶面前呢？在现存秩序不是需要巩固而是需要改革的时候呢？一旦将其纳入我们时代生活的大潮，它的消极性就充分暴露了。在这一点上，王毅的《对照检查五重奏》是值得称道的。作者在端正党风这一问题面前审视了中国知识分子人格。满益生剽窃别人的论文，挤掉别人的出国名额，强占两处房子，大搞不正之风，却凭着他的权势和语言游戏而在整党对照检查中文过饰非，明目张胆地歪曲事实。如此恶劣的行为是受到抵制还是畅行无阻，显然已经成为这些知识分子群体人格的试金石。面对邪恶力量的宣战，大家都有愤怒在胸，却就是没人说话。他们都认识到满益生的行为是“对研究室所有同志的污辱”，是“肆无忌惮的挑战”并且想到了“不能容忍，应该反击”，但最后却是纷纷妥协，甚至连一向满腹牢骚、玩世不恭的江雪也平息了内心的愤怒，连那位最勇敢、最直烈、最有革命精神的卓宇，也思之再三，顾虑重重。大家都在考虑的是：一、“他有他的土壤，他有他的空气，他有手段，他有关系，照旧平安生存，自由呼吸，就算揭穿了他品质不端，能拿下去?”“如果扳不倒姓满的……”二、“犯得上？犯不上？反正现在都挺好的，都受了点委屈，都还过得去……何必重新打乱？各自做学问呗。”在与不正之风的斗争中，中国知识分子求稳怕乱、息事宁人的心态，遇事三思而行、权衡得失的稳重，明哲保身和独善其身的处世态度，都显示出明显的消极性。只有面对这个特定结构我们才能想到，中国知识分子常常能够在滚滚浊流中保持自身的清白，不去同流合污，却缺少与浊流抗争的能动性，对邪恶力量缺少制约能力，袖手旁观，任其泛滥。由于这样一种特定的参照，面对此情此景，人们就不能不慨叹，中国知识分子确实太缺少拼命三郎精神了。因此，往往是一个流氓就可以征服大群知识分子。因为大家都习惯于权衡得失，察势而行，恶势力无论多么横行霸道，大家都不会去抗争，无论多么腐朽，大家都不去碰它。只有在它彻底溃败之时，才会蜂拥而上，墙倒众人推。中国知识分子善于察“势”、看“气数”之尽与未尽，决不轻举妄动。这种权衡的结果在客观上延长着腐朽事物的生命，维持着本该及早变革的一切。在几千年的中国历史上，知识分子最难征服，也最易征服。所谓难，在于他们常常虽为顺民而“人还在，心不死”；所谓易，在于只要铁拳相加，他们便只是怀恨在心而不敢轻举妄动。他们的睿智使他们不仅决不拿鸡蛋去碰石头，而且极少拿石头去碰石头，而是等待时机，拿石头去碰别人已经砸破的鸡蛋。这种人格的确无力成为改革的动力。

相比之下，一些作品就缺少一个好的框架和能够凸现知识分子人格弱点的参照系。抽象的批判知识分子人格的某些弱点，是缺少形象的说服力的。以错误的价值尺度衡量出来的弱点未必是真正的弱点。

王蒙的《活动变人形》发表之后获誉甚多，我却觉得这部小说在取得了较高成就的同时也留下了一些不容忽视的问题。按照作家对题目的解释，"每个人可以说都是由三部分组成的。他的心灵，他的欲望和愿望，他的幻想、理想、追求、希望，这些是他的头。他的知识，他的本领，他的资本，他的成就，他的行为、行动、做人行事，这些是他的身。他的环境，他的地位，他站立在一块什么样的地面上，这些是他的腿。这三者能和谐，能大致调和，哪怕只是能彼此相容，你就能活，也许还能活得不错。不然，就只有烦恼，只有痛苦。"小说中的倪吾诚到西方留过学，他的"头"已经变了，但他没有力量，回国后置身于中国的土地，他的"身"和"腿"与"头"便不相适应。结果是灵魂被西方文化唤醒了，自己却无力行动，无法改变周围的一切。作者以令人惊叹之笔描写了深陷于这种矛盾之中的倪吾诚的种种痛苦。但是，由于对倪吾诚的痛苦缺少深刻的理解和历史的把握，在强调他与环境的矛盾时，却把主要力量用于渲染和指责他的好作空想、脱离现实和不切实际，使人感到作家是根据50年代流行的对知识分子弱点的概括来理解倪吾诚的。这导致了对倪吾诚的痛苦缺少更深刻的表现和公正的评价。其实，倪吾诚的痛苦是一种伟大的痛苦，是他的可贵之处，是中国知识分子所缺少的。自鸦片战争以来，中国社会思想的变化首先体现在觉醒的知识分子之中。进步的思想观念是他们从外国先进思想学说中接受来的。这使知识分子处于非常重要的先觉位置，但是，由于中国社会的经济、政治和文化状况，知识分子从外国接受来的先进思想常常显得超前，受到中国传统和现实的排斥。因此，现实与理想常常发生冲突。这种冲突一旦发生，知识分子就面临着撕魂扯魄的严峻考验。在这种考验面前，知识分子常常有这样几种选择：或者保持理想而陷入深深的痛苦，或者放弃理想而迎合现实。倪吾诚选择了前者。中国文化的实用理性与乌托邦精神以及儒道互补使中国知识分子总是进退自如，游刃有余，总有精神退路，适应现实环境的能力极强。在中国知识分子心中，理想和现实是可以分离着的，实用理性和乌托邦精神之间没有连接的桥梁，而可以在知识分子的精神世界共存。想象力极强，从世界大同，万民同乐，到肉体升天，长生不老，但理想只是理想，只是供清谈用的，谈完之后便可束之高阁。现实却是实实在在的，必须适应。所以，中国知识分子的理想永远不会实现，也永远不会破灭，现实千载如旧，也不会被改造，很少有人为理想世界的不能实现而有大苦恼。与西方知识分子相比，中国知识分子自杀者甚少，因为很少有人会承担精神痛苦，无论在什么情况下，都能随遇而安，纵使在枷锁之下苟延残喘也能心平气和。中国知识分子的这种精神特征大大地削弱了中国社会变革的动力。

倪吾诚却已经不能如此，而是陷入深深的痛苦。他的痛苦比那些迎合现实的成功和随遇而安的平和更富于历史意义。但是，王蒙却以落后的中国现实为参照，以能不能适应中国现实为取舍，用多年来流行的权威论断去看倪吾诚，把可贵之处看作弱点，看不到那种精神所蕴含的改变现实的希望。由此可见，对知识分子人格病灶的识别也值得特别注意，文学对知识分子人格的探索还有待深化。

1988年10月　曲阜

论新时期文学的民族意识

文学不仅是作为个体的作家心灵的表现，同时也是作为群体的民族文化心理的投影。无论作家们是否能够意识到，他的作品总是要打上他所生活于其中的那个民族的印痕。任何时代的文学都必然地以各种不同的形式反映出那个时代的民族意识，体现出属于那个民族的文化精神和价值取向。在新时期文学中，人的意识强化，作为个体的人得到了作家们的空前重视，同时，人类意识觉醒，使作家们获得了更为宏阔的目光。在这种情况下，文学中的民族意识如何呢？本文所要考察的，就是民族意识在新时期文学中的存在方式和表现形态。

一

在一般情况下，某种意识在文学中的强或弱，直接反映着它在社会生活和时代意识形态中的重要程度。因此，我们不仅可以通过文学去认识那个时代的意识风貌，而且可以从一个时代的意识风貌和文化氛围去把握文学艺术。在这里，首先需要关注的一个问题是：新时期文学中的民族意识究竟是强了还是弱了。

从社会文化表层看，进入新时期，生活中的一个重大变化，就是人们已经不像从50年代到70年代那样频繁地使用“阶级”这个字眼。作为生活于一定阶级的成员，每个人的阶级属性都不可能在一夜之间发生多大变化，但进入新的历史时期之后，在实际的社会生活中，原有的阶级矛盾和阶级冲突的确已经随着原有的剥削阶级的具体人物的逐渐消失而一步步减弱了。几十年前划出的阶级界限已经模糊不清，无法跨越的鸿沟正被岁月的流水悄悄荡平。特别重要的是，几十年中扩大了的阶级斗争已使中国人深深厌倦，尤其是在十年“文化大革命”中，甚至各阶级都尝到了“以阶级斗争为纲”的痛苦，人们再也不愿意整天去进行阶级斗争了。所以，新时期文学一开始就表现出了对阶级斗争的厌倦。文学所提供的多是扩大化了的阶级斗争对人的严重摧残和对民族的严重危害，而不再是像《艳阳天》和《金光大道》所描写的阶级斗争的热烈、壮丽和斗争胜利的大快人心。总而言之，新时期的中国文学已经从过去那种“阶级斗争要天天讲、月月讲”的要求中走了出来。

那么，阶级意识淡化与民族意识有什么关系？

人生活在世界上，不仅要努力挣脱群体对自我的束缚而追求个体的解放，同时也渴望置身于某种群体之中以求得到某种依靠。“天高任鸟飞，海阔凭鱼跃。”这是人们在缺少自由的时候对自由的一种向往。其实，人不但需要个体的自由，同时还需要一种归属感。挣脱束缚、冲破枷锁，当然是重要的，但从笼中冲出之后，却并不愿意过一种无枝可依的生活。人们渴望自由，却不愿意永远漂泊和流浪。思想意识也是如此。人的精神似乎总需要一块栖息之地，不羁的灵魂有时候也会寻找港湾。这港湾何在？往往就是群体。而所谓群体，不外乎家庭、社团、民族、国家……当然也包括阶级和以阶级为基础建构的组织。在这其中，民族无疑是一个大的归属之所。

在中国大地上，随着那场“文化大革命”的结束，随着阶级意识的淡化，人们更多地关心个体，但在同时，也开始更多地从国家和民族的立场上去思考问题。民族的振兴、民族的富强等内容成为有责任感的人们喜欢谈论的话题，也成为文学的一个兴奋点。“振兴中华”成为这个时代最响亮的口号，中华民族的利益成为最重要的价值尺度之一，与“人”同时并用。虽然国家仍然是无产阶级专政的性质，虽然阶级和阶级关系仍然存在，但在实际生活中，已经很难听到50年代和60年代那种无产阶级的豪迈声音，“无产者”“无产阶级”“贫下中农”等逐渐不再是使用率极高的热门词汇，这是从印刷厂排字车间就可以看到的。继之而来的是什么词汇呢？是“中华民族”“中华儿女”“炎黄子孙”这样一些淡化了阶级意识而强化了民族意识的概念，是“龙的传人”，是“我的中国心”……人们开始强调十亿同胞是在一条船上，是全民族的共同利益。因为人们不难意识到，中国的无产阶级不一定能得到美国和欧洲无产阶级的支持和援助。

这种变化有点像抗日战争爆发后的情景。抗日战争时期，由于中华民族到了最危险的关头，阶级矛盾降到了次要的地位，每个中华儿女都有责任和义务为民族的存亡而斗争。无论你是哪一个阶级，只要你还没有忘记自己是炎黄子孙，就应该互相挽起手共赴国难。所以，左翼文学家也停止了阶级斗争的鼓动，而开始了抗日救亡的宣传。80年代的中国当然并不存在那样的危机，但是，由于刚刚经历了十年“文化大革命”，中国人痛定思痛，猛然意识到了自己的贫穷和落后，于是民族的繁荣和富强成为当务之急。把中国建设成为一个社会主义现代化强国，使中华民族立于世界民族之林而毫无愧色，这成为一个时期内中国人为之奋斗的目标。年轻的学人在他们的文章中写下了这样的句子：“奏响中华人民共和国国歌的激昂旋律吧！‘中华民族到了最危险的时候……’我们的民族历来有在紧急关头奋起的非凡凝聚力。”

在新时期文学中，由于阶级视角的超越，民族意识大大地强化了。在伤痕文学中，作家们所努力反映的是十年动乱对民族的严重危害，而不是对哪一个阶级或者哪一个人，文学展示出的艺术画面是全民族都陷入了灾难。反思文学在很大程度上是对阶级斗争扩大化的历史反思和反拨，改革文学的核心是振兴中华，建设现代化强国，因为改革是民族振兴的必经之路。寻根文学和文化小说都明显地蕴含着强烈的民族意识。

进入新时期，改革开放成为我们时代所特有的时代精神。国门大开，中国纳入世界格局。技术引进，商品交流，文化思想也在大量“拿来”。当一个民族在政治、经济、文化上都进入世界的时候，它的民族意识是增强还是减弱？从中国的现实看，改革开放使中国人的民族意识发生了变化，却并没有丝毫的减弱。中国走向世界，也没有使中国人在思想意识和文化上成为世界人。而是恰恰相反，它使中国人更进一步认识到了中华民族作为一个整体的存在，也更加强烈地感受到了民族的古老、民族的伟大、民族的贫困和落后，从而进一步刺激了民族自尊心，成为振兴中华的动力。如果说有什么变化的话，只是在一定程度上改变了民族的唯我独尊、盲目自大、自我陶醉和自欺欺人。

这一切在描写改革的小说中可以看到。乔光朴、傅连山、陈抱帖们常常是在中外对比中热血沸腾、奋发图强的。这并不奇怪，让我们回顾一下鸦片战争之后中国的第一次对外开放吧！今昔的对外开放有根本的不同，但有一点是相通的：鸦片战争后的国门大开，带来的是民族意识的觉醒和民族危机感的增强，今天的对外开放，同样强化了中华民族的民族危机意识。

二

新时期文学的民族意识的一个重要表现形态，是民族危机感与民族自强意识。从“伤痕文学”“反思文学”到“改革文学”，都可以清楚地看到这一点。十年动乱之后，长期处于封闭状态的中华民族一旦敞开国门，便深深地感到了自己的贫穷和落后。因为就在关紧了大门在“以阶级斗争为纲”的旗帜下练习打斗，一方面严厉打击“里通外国”和“崇洋媚外”，一方面又以解救世界上四分之三的人口于水深火热之中为己任的时候，世界发达国家得到了突飞猛进的发展。50年代与中国相差不大的国家和地区，也远远地走在了前面。新时期之初的中国作家深深地意识到了这种危机。因此，新时期文学中的民族自我感觉与50年代的作品有了很大的不同。50年代，文学的民族意识主要表现为一种民族自豪感。进入新时期之后，那种民族自豪情绪从文学中消失了，继之而来的首先是民族忧患意识和民族危机感。最初几年，作家们以饱蘸血泪之笔写刚刚过去的民族大悲剧。《班主任》《伤痕》《啊！》《大墙下的红玉兰》《蹉跎岁月》《许茂和他的女儿们》《将军吟》等作品尽管具体内容很不相同，却都表达了一个共同的认识：中华民族被糟蹋得遍体鳞伤，这种全民族的大悲剧再也不能重演了。

这种意识不仅表现于那些描写伤痕的作品和对惨痛的历史教训进行反思的作品，而且在其他各种题材的作品中都有所表现。徐怀中的《西线轶事》是以对越自卫反击战为题材的，却同样有这样的思考。让我们看一看烈士刘毛妹写给母亲的信吧：

> ……这几天我一直睡不好。不知怎么，好像总有人翻来覆去在我耳边唱着《义勇军进行曲》里的一句词——“中华民族到了最危险的时候”。这支歌曲写在中华民族几乎被日本人蛇吞的历史危亡关头。现在

越南人在边境地区整我们，情况不像那时候严重。不过，越南当局为什么竟敢于如此，竟觉得欺侮一下十亿人口的中国也并没有什么不可以呢？这实在是值得想一想的。

同志们谈起来，都说内心隐隐的有一种危亡之忧……

这里充满着极强的民族忧患意识。从这几句话中，我们可以了解新时期中华民族的那些优秀儿女的忧患意识和责任感，既可以了解中国为什么会掀起改革的风暴，又可以了解思想家和文学家们为什么那样竭力反对“高举”和“凡是”，为什么要反对思想僵化和官僚主义。从这个意义上说，文学无论写什么，在其动机中除了为人的解放而呐喊之外，一种极为重要的因素是为民族的命运而担忧，为改变民族的命运而呐喊。

新时期文学在对历史进行反思的同时，开始思考现实生活中存在的各种问题。一些“社会问题小说”“社会问题剧”曾经引起各种非议，但察其根本，却无不产生于一种沉重的民族危机感。关于这一点，谌容的中篇小说《人到中年》是一个突出的例子。小说的创作意图是为中年知识分子请命的，但这种请命本身就是从民族的根本利益出发的。小说直接描写的只是一个眼科，事实上却是当时中国人才问题的一个缩影：老一代已经老了，年轻一代尚未成长起来，一切重任都压在中年身上，然而，社会却没有为中年提供应有的工作条件和生活条件，摆在他们面前的出路似乎只有两条：要么饱含热泪远离祖国，要么超负荷运转，忍受难以忍受的痛苦和磨难。这是一种多么严重的危机！这个眼科怎么办？换句话说，也就是中国怎么办？这个民族怎么办？正是从民族的根本利益出发，作家才那样殷切地呼吁社会关心中年知识分子，改善他们的生活条件。小说写了姜亚芬夫妇终于忍受不住困窘而挥泪告别故土，远涉重洋，不仅反映了当时刚刚开始的一种现实，同时也表现了作家面对这种现实而产生的深深的忧虑之情。

新时期许多作品都写到了“人才外流”的问题。面对本民族的优秀儿女纷纷离去这一日益严重的问题，表现出一种切肤之痛。由此可见，中国作家即使到了今天，也仍然有着非常强烈的民族忧患感。

由于对外开放，中国人逐渐认识到了自己的落后。如果不想继续落后，就要振兴，就要自强，就要克服各种使中华民族陷入困境的弊端。因此，他们才批判极“左”政治，抨击官僚主义，揭露社会问题，热情呼唤改革……

这种由危机感而产生的自强意识和变革意识，在描写改革的作品中充分地表现了出来。作为改革文学的潮头作，《乔厂长上任记》开篇就写了乔光朴的一段发言：“日本日立公司电机厂，五千五百人，年产一千二百万千瓦；咱们厂，八千九百人，年产一百二十万千瓦。这说明什么？要求我们干什么？”“前天有个叫高岛的日本人，听我讲咱们厂的年产量，他晃脑袋，说我保密！当时我的脸臊成了猴腚，两只拳头攥出了水。不是要揍人家，而是想揍自己。”从这里我们可以看到开放与改革的关系。正是开放之后产生的对比使中国人产生了严重的危机感，因而要发奋变革。因此，在每一个改革者身上，几乎都可以看到一种鲜明的民族自强意识。因为改革本身就是这个时代所特有的民族自救和自强思想的集中表现。这种由民族自尊心受到伤害而激发出来的民族自强意识使觉醒的中国人决心改革，尽管困难重重却几经挫折而不悔。由这个角度，我们才更能够理解那些改革者的开拓精神和坚韧不拔的意志力量。文学热情地歌颂那些勇敢的改革者，在作品所提供的画面之中，渗透着作家们与改革者一样强烈的民族自强的愿望。歌颂肩负着民族兴亡的英雄，鞭挞阻碍改革的势力，旨在民族的振兴与繁荣昌盛。

三

毫无疑问，对民族风俗和文化传统的热爱是民族意识的一种表现形态。早在“寻根文学”出现之前，文学创作中已经出现了一些民俗色彩很浓的乡土小说和市井小说。在这些描绘民族风俗和人情的作品中，可以感受到作家们的一种深情，在那古朴而优美的民间风俗画背后，可以感觉到作家们对民族文化的满腔热情。在那些具有传奇色彩的故事和人物身上，也不难发现一种发自作家内心的民族自豪和骄傲。特别是在那些呼唤民族传统美德的作品当中，作家们更多地倾注了对民族命运的深切关注。他们以极大的热情去写乡土，写民风与民俗，无论他们是自觉的还是不自觉的，都显示着一种民族意识。

在新时期小说作家中，汪曾祺毫无疑问是一位民俗画大师。他的小说着力描写民族风情的优美，深深刻印着他所特有的古朴飘逸的姑苏情思。《受戒》《大淖记事》等篇通过对偏乡僻壤民间风情的描述，尽情地讴歌了我们民族独有的道德美、情操美和人情美，在古风犹存之处点染出传统的生活方式和民族性格的各种光彩。《受戒》中那香烟缭绕的寺庙，像一幅晴空朗月的水墨画一样淡泊清雅。生活于这幅画中的佛门弟子，决不是不食人间烟火者，而是有着与俗人一样的七情六欲，同样有对生活的热爱和追求。《大淖记事》中所描写的人情风貌，使人感觉到生活像湖水一样平静与温和，并且是清澈透底的。这里当然也有丑恶的事物，但它并不能使美好的事物遭到破坏，更没有力量造成人的悲剧。正如巧云的失身并不曾给她造成痛苦一样。作家对这种境界心神向往，由衷赞美，而这种境界不必经过复杂的分析，就完全可以得到一个鉴定：它是中国传统文化的一种基本精神。

邓友梅的小说努力表现着一种风俗。从《话说陶然亭》开始，就步入了民俗的世界。接着是《寻访“画儿韩”》《那五》和《烟壶》，这些作品在展示民族历史画面的同时，已经把强烈的民族意识表层化了。因为在小说的多重交响之中，作家写进了一个响亮的爱国主题。

包括刘绍棠的《蒲柳人家》等作品在内，作家们是那样钟情于乡土和民间风俗。这种钟情无疑是来自对自己民族的热爱，对自己民族文化传统的热恋。

当大多数作家都在写“伤痕”和“社会问题”的时候，这几位作家为什么如此钟情于斯？可能是因为现实中“伤痕”之重和“问题”之多，太令人沮丧而到僻乡去寻找未被污染之美好吧！

新时期文学中的民族意识，还表现于民族文化危机感和文化重铸以及对文学的民族文化特色的追求之中。1985年前后，文学创作中出现了一种文化热现象。最引人注目的是寻根思潮。这股思潮产生和发展的重要原因，就是作家们的民族文化危机感。这些年轻的作家们认为，五四运动简单地反对民族文化传统，导致了民族文化的断裂，从而导致了许多恶果。他们对拿西方文化做武器来批判中国文化的做法不以为然。阿城说：“五四运动在社会变革中有着不容否定的进步意义，但它较全面地对民族文化的虚无主义态度，加上中国社会一直动荡不安，使民族文化的断裂，延续至今。‘文化大革命’更其彻底，把民族文化判给阶级文化，横扫一遍，我们甚至差点连遮羞布也没有了。”[1]韩少功也说：“‘五四’以后，中国文学向外国学习，学西洋的，东洋的，俄国的和苏联的；也曾向外国关门，夜郎自大地把一切‘洋货’封禁焚烧。结果带来民族文化的毁灭，还有民族自信心的低落。”[2]在这个问题上，李杭育说得更加清楚而且具体：“其实何止文学，中国的整个现代文化都在向西方拿来……我们的政体是苏俄式的，哲学和主义来自德国，科技自然得看美国的榜样，大中小学普遍教授英语，时装行业密切注意巴黎的行情，旅游业学习意大利，电影界人士都重视奥斯卡金像奖，作家都晓得诺贝尔……我们中间的许多人，穿西装，坐沙发，吸西式的烟卷，喝雀巢咖啡，听迪斯科音乐，总而言之，由表及里，由衣食住行深入到观念意识乃至智能的结构、模式，我们都排列进世界性的规格系列里去了。在你我的身上已经没有很多中国的气味，中国的气质。我们的民族个性在一天天地削弱，民族意识是愈来愈淡薄了。”[3]

他们都为民族文化的断裂而深表痛心，为民族意识的淡薄而极为惋惜。因此，他们要用自己的创作去寻找和修复民族的传统文化，为中国的文学增加一点民族意识、民族个性和民族文化色彩。他们甚至高声叫喊：“不做假洋鬼子！”

寻根意识的出现更进一步显示了中国作家民族意识的根深蒂固。基于这样一种认识，寻根文学的小说家们写出了大量表现民族文化的作品，寻根文学风靡一时，使新时期文学的民族意识进一步强化。作家们开始致力于民族精神、民族意识的透视，挖掘民族性格内核中的民族文化素质。这时的小说已经不再囿于风俗人情的一般描述，而开始注重民族文化心理素质的开掘。如棋呆子王一生（阿城《棋王》），渔佬福奎（李杭育《最后一个渔佬儿》），这些形象都渗透着沉甸甸的民族文化，体现着作家的文化意识。作家们把民族文化的兴衰在人物性格上的投影加以扩大和突现，所注意的已经不单单是个性，而是努力开掘民族的共性——属于这个民族的群体意识和文化心理结构。作家们努力使自己笔下的人物能够体现一个时代的民族性格。在许多作

①阿城：《文化制约着人类》，《文艺报》1985年7月6日。

②韩少功：《文学的“根”》，《作家》1985年第4期。

③李杭育：《文化的“尴尬”》，《文学评论》1986年第2期。

家的作品中，我们都可以看到文学对民族文化的依从和认同。

大批作家萌生了反映自己民族独特历史和现实的强烈愿望，在面向世界文学的同时，更自觉地追求着民族的独特性。一些青年作家努力学习和领悟民族的文学、艺术、哲学、宗教、伦理和习俗等方面的传统，去熟悉、了解、分析和探索民族性格和心理，以审美的目光去揭示现代文明与传统观念的冲突，展现民族心理在这种冲突中的震动与嬗变。他们的一些作品使我们看到古老和新鲜、守旧与革新、愚昧与文明相互交错的民族现实。

特别值得指出的是，一些作家在思想上破除了狭隘的民族自尊的禁锢，萌生了对本民族的审视和批判精神。许多作家在自己的作品中不仅能够表现中华民族的优良传统、美好道德和顽强向上的内在力量，而且开始正视这个伟大民族的性格弱点和精神惰性，即使在寻根文学的一些作品中，我们也可以看到那些在民族文化批判的笔锋之下所展示出的陈规陋习和沉重的精神负荷。面对这一切，作家们不再回避，而是像当年的鲁迅那样举起了手术刀。无论是中年作家的《活动变人形》，还是青年作家的《小鲍庄》《爸爸爸》《不老佬》和《古船》，都同样闪烁着批判性的光芒。

在此需要说明的是，文化危机感有两种截然不同的表现：寻找民族文化的优根以弘扬之；挖掘民族文化之劣根以斩除之；这两个方面往往表现为相互对立。面对同一个民族的文化传统，有人感叹其消亡，欲尽全力以复兴之；有人则痛感其该亡不亡，因而竭力批判之。但是，对立的双方产生于同样一种文化危机感，同样要振兴民族文化和重铸民族文化，同样怀着一颗中华民族的赤子之心。他们的分歧只在于对当前文化和传统文化的认识。正是不同的认识导致了不同的选择，使他们走上了不同的道路。寻根者把现存的当代文化与民族传统文化看作两种完全不同的东西，甚至把它们对立了起来。他们把现有的当代文化看作是西化的结果，把这种结果看作是与传统相对立的，因而他们看到的是传统文化的光辉灿烂。批判者却把当代文化与民族传统视为一体，把现存的一切看作是传统的延续。他们不认为传统文化的根已经断掉，而是痛感于它的惰性对民族前进步履的羁绊。因为这种认识的分歧，前者要排斥外来文化而复兴传统，后者却要借助外来文化对传统进行改造。两者之间的冲突非常激烈，大有革新与复旧斗争之势，却都同样表现了一种强烈的民族责任感。

四

在新时期小说中，可以非常明显地看到这个民族正在生长着的开放意识。也许由于历史无情的教训带来的觉醒，中国人又一次以极大的努力致力于打破闭关锁国的心态和自古以来就存在的盲目自大，开始向外国学习。这成为这个时代的一个重要的特色，成为一种时代精神。这种时代精神在文学创作中得到了比较充分的反映。从文学所提供的社会生活画面来看，向外国学习已经不再是被诅咒和嘲弄的行为。承认自己民族的各种不足而虚心地学习外国人的长处，已经不再被看作是“崇洋媚外”而受到批判和打击，恰恰相反，它成为新时期英雄人物身上闪耀着的不可缺少的时代光辉。与此同时，那种朴素的民族感情，盲目的自大情绪，固守民族传统中的陈规陋习的行为，都不再为人所称颂。那本来在民族主义的镜片之下闪闪发光的金漆已被时代的风雨所侵蚀，被海外吹来的强劲之风弄得斑驳陆离。从李国文的《花园街五号》和张洁的《沉重的翅膀》等作品可见，那些被视为改革者的英雄，大多是目光开阔，放眼世界，承认自己的落后而虚心向外国学习的人。而那些保守者，思想僵化的人，和被作家所批判的形形色色的官僚主义者们，却常常是自高自大、盲目排外、死守传统、拒绝拿来的。他们甚至连与外国人打交道也小心翼翼，胆战心惊。

我并不认为这一切都是真实的。只有机械的反映论者才在要求作家真实地描写生活的同时自己也把作品中所描写的生活全都当成现实生活。无论哪一个时代，无论哪一个民族，文学作品的画面世界所提供的材料作为社会文化研究的证据都是不很可靠的。但是，这只是从一个层次上说，如果从另一个层次上来说，无论怎样以虚构和编造的方式歪曲生活，无论生活被作家描写得多么荒诞不经，它都是真实的，因为它所反映的是作家内心世界、思想感情和审美理想的真实。这种真实同样透露出时代文化的某种真实性。作家把不同的行为分别赋予自己所肯定和否定的人物，正反映着作家们身上所体现着的时代风尚和文化精神，特别是在一大批作家都做着同样的选择的时候。因此，我们从改革者及其对立形象的艺术塑造中，便可以看到新时期文学所具有的一种对外开放的态度。至少在作家这个阶层，大多数人赞美对外开放，反对闭关自守和盲目自大，已经是一个时代的事实。这种基本倾向会不会导致民族自尊心的丧失？会不会导致民族自卑感和与此相关的“崇洋媚外”？事实的回答是否定的。在现实生活中，对外开放的确带来一些新的问题，带来民族意识的波动。因为国门洞开就会产生横向的比较，学习外国的本身就是承认自己不如外国，中国人不仅再也无法沉醉于四大发明和万里长城的修建，而且无法为纵向相比所显示的成就而沾沾自喜。横向比较的结果使有责任心的中华儿女满

腔悲愤而图自强，由图强而思变革，同时也使一些人产生自卑感，以至崇洋媚外，彻底丧失民族自尊。这一切都是必然的。王蒙在他的系列小说《新大陆人》的《前记》中说：“继哥伦布于公元1492年发现新大陆之后，20世纪80年代亚洲文明古国中国的大陆人，又发现了美国。发现了一个如此富足和‘自由’的地方，可以去留学，可以去参观访问旅行，可以去开洋荤、捡洋饷、发洋财，可以去探亲，去搞到长期居住的‘绿卡’，去移民。一时，在美国找到社会关系、亲友乃至与美国人通婚，通过各种途径到美国去，成了一些人的‘热门’。几年来已有数万人到了美国，其中有相当一部分人准备在美国多待一个时期。”

作家对这种情况持什么样的态度呢？从具体作品来看，有相当大的一部分人在作品中呼唤的是民族自尊心，张扬的是民族的凝聚力。这种呼唤和张扬在创作中有两种表现形式：一种表现为去国者肝肠寸断、依依惜别和海外游子思乡心切的描写；一种表现为对崇洋媚外者的鄙视与嘲弄。前者从谌容的《人到中年》开始，到《世界大串连》《旅美华人录像》等；后者则以航鹰的《寻根儿》最具有代表性。

《人到中年》中的姜亚芬和丈夫刘学尧终于离开了祖国，但却是带着无限的忧怨和惆怅离去的。离别之际，他们是那样痛苦，并且决心还要回来报效祖国。在这篇小说中，去国者没有受到指责，但这只是作家的谅解与宽容而已。作家并不把赞美加到姜亚芬们的头上，他们的存在是为了在小说中把忍受痛苦而不出国的陆文婷衬托得更加光彩照人。并组成一种结构从而显示当时中国的人才危机。以利于更响亮地发出救救中年知识分子的呼吁。在描写姜亚芬与刘学尧时，作品竭力渲染的是他们对祖国的无限眷恋。《世界大串连》等对去国者进行了广泛而深入的考察，对他们给予了

更多的理解，同时侧重于揭示他们无奈离开祖国的原因，使我们看到了把他们逼出国门的种种问题。由此所显示的，仍然是作家们对这个民族命运的关心，和由此而来的深深忧虑。

1988年2月　曲阜

生命的彻悟与困惑

——论新时期文学的生死观念

一

在新时期文学中，由于生命意识的强化，生与死的问题受到作家们的密切关注。特别是死亡这一永恒主题在文学中的表现，展现了与过去文学大不相同的面貌。如战争题材作品死亡描写的增多，死亡的残酷性和悲剧氛围的增强，新潮小说对死亡的大量描写和极为冷漠的态度，都显示着作家精神世界的某种深刻变化，体现着某种人生哲学。大批作家同时对死亡倾注了前所未有的关注，这一现象从文化历史学的角度看是非常值得注意的。但是，作家们为什么突然变得对死亡如此敏感？是什么样的痛苦和悲凉造成了这种精神注意的着重点？这些问题我却无力回答，也不是本文的任务。在此，我要说的是，新时期文学对死亡的这种关注，与我们的传统是很不相同的。可以说，它是对我们传统审美意识的发展和超越，也是对我们民族文化传统的一种拓展和补充。

在中国传统文化中，关于生命本体的悲剧意识一向淡薄。中国哲学解答的全部问题是怎样活着的问题，而很少涉及为什么活着和值不值得活着，很少探讨生命的本身，更很少关注死亡。孔子曾经说："未知生，焉知死"（《论语·先进》），拒不回答弟子关于死亡的提问。这并不奇怪，儒家学说事实上就是一种调理社会秩序的伦理学说，它的重点是从社会本位出发，解决一个个活着的个体所构成的各种关系。他们研究人，所要回答的不是从哪里来到哪里去的问题，而是这些活着的人应该被安排在什么样的位置上，发挥什么样的作用，怎样和谐地生活。因此，孔子和他的继承者都始终努力回避死亡的话题，这就使得儒家学说缺乏生命的悲剧意识。

庄子似乎把生死都看透了："其生若浮，其死若休"，"虽南面而王，不能过也"（《庄子·至乐》）。在他看来，死亡是变化之自然，所以，生亦不必喜，死亦不必悲。甚至死亡并非坏事，"生为气聚，比如赘疣，非有可乐；死如气散，比如决溃，非有可哀。"所以，妻子死了，他不但不悲痛，反而"鼓盆而歌"。由此我们可以看到他对死亡的超然态度。但是，庄子的这种彻悟却否定了人生的意义。人生不过如春夏交替，如白驹过隙，偶然的生，必然的死，与蝼蚁、草木决无不同。在他那里，已经没有了此岸与彼岸的差别，没有了生与死的差别。他一方面是养生，一方面又将生死置之度外，因而在他对生死的彻悟中我们看不到死亡的悲剧性。

儒家有意回避，道家故作超脱，死亡的悲剧意识便从中国文化正宗中被放逐了。这种传统影响到文学，使历代作家们很少思考死亡，很少表现生命的悲剧。新时期文学对死亡给予密切的关注，逐步获得了一种生命本体的悲剧意识，对于文学深入地发掘人性，毫无疑问是有益的；对于我们的文化传统也是一种有益的补充。

二

死亡是人生永恒的悲剧。人在一生中总是持续不断地挣扎，在由生到死这两极之间的短短地带里艰难地跋涉奔波，相恨相爱，奋斗拼搏，演出种种离合悲欢，填写着自己生命历程的辉煌或平淡，但是，最终却都以死亡告终。死神是如此法力无边，无论你怎样挣扎都无法逃避它的手掌。在人生的路上，无论你昂首阔步还是畏畏缩缩，无论是兴高采烈还是愁眉苦脸，都同样逃避不了那唯一的结局。

但是，即使生命有限而死亡必然，人却仍然要终日忙碌，拼搏挣扎，为成功而欢笑，为失败而懊恼，在这梦一般短暂的过程中辛苦忙碌，前赴后继，不断创造光辉灿烂的人类文明。

人们在奋斗的时候很少想到死亡。但一切的奋斗却都与逃避死亡和追求永恒有关。一切物质生活条件的营造都是为了保存生命和延长生命。然而，肉体生命是难以不朽的，人们很容易清楚地意识到它的短暂性。于是就出现了另一种倾向：轻视甚至弃置这一短暂的生命于不顾，而追求另一种生命——永恒的生命。在肉体生命不可能永存的前提下追求灵魂的永存和精神的不朽，前者表现为献身宗教以求灵魂在天国永存的期望，后者表现为献身于社会历史以求青史留名的努力。

一方面是，生命是宝贵的，那么死就要死得有价值；另一方面是，死是不可避免的，那么只要死得有价值就不妨去死。死亡因此而有了可选择性，有了不同的价值，有了重于泰山和轻于鸿毛之分。但是，并不是每个人都愿意作此生命置换，于是又有了苟活与献身的不同选择，有了对生死的不同观念和态度。

孔子说："朝闻道，夕死可矣。"又说，"志士仁人，无求生以害仁，有杀身以成仁。"（《论语·卫灵公》）墨家崇尚为了别人牺牲自己的精神，强调舍生取义。无论为仁还是为义，所强调的都是死的价值。中国的仁人志士以自己的英雄业绩形成了一种可歌可泣的传统：杀身成仁，舍生取义，视死如归，把自己有限的生命投入到某种事业中去以求得与之永存。这种死亡不再是悲剧，因为它已经完成了一种置换，实现了生命价值。个体的死亡换来的是江山社稷的安定、家庭的繁荣或者君主的愉悦这些比个体生命更有价值的东西。中国文化的正宗传统总是弘扬这种关于死亡的价值观和生命的价值观。

由于在传统文化中人是作为伦理的个体出现的，在文学家那里也就只存在作为社会伦理的生命价值，而看不到生命的本体价值。忠臣的死换来国泰君安，孝子的死换得了父母的安康富贵，节妇烈女之死换得了道德永存和世风向上……他们的死都使人惋惜，但惋惜之中却也得到安慰，因为他们的死不是没有价值的，也就是他们的血没有白流。但是，个体生命面对死亡的痛苦挣扎被群体价值淹没了。在中国古典文学中，我们更多地看到的是对国家、民族生死存亡的关注，而很少看到对个体生命的关心。作家们具有强烈的群体忧患意识，个体生命的悲剧意识却相当薄弱。面对实现了伦理价值的死亡，中国传统文学一般都不作悲剧处理。

但是，对于死亡的这种反映显然是不全面的。它表现了一种理想人格，却没有表现出人的全部内心真实的丰富性和复杂性，缺乏人性的深度。事实上，每一个具体的活生生的人面对死亡时都不会只有献身的慷慨与快慰而没有生的留恋。大概正因为这样，新时期文学中的死亡描写渐渐发生了变化，不再满足于根据伦理原则去塑造英雄人物，而是在塑造英雄人物时也不忘人性的内容。新时期文学首先发生的变化就是那种简单的慷慨赴死的描写大大地减少了，死亡被处理得复杂化了。在死亡面前，英雄也有死的痛苦与生的留恋，而且常常表现出一种恐惧和悲凉感。

这种变化是比较早的。它在《高山下的花环》等作品中已经充分地表现了出来。靳开来是豁达的，上战场前就准备着死，但却并不愿意死。梁三喜、小北京等无不如此。他们与50年代文学中的英雄相比，多了一些生的留恋。他们的死在作家们笔下多了一些悲凉意味。我们不妨看一下张廷竹的《他在拂晓前死去》。宋长庚上前线时就准备着死，“当然，是死在阵地上，脸朝着进攻的方向。他早就盼望着这样的归宿了。这是他最最合适的去处。这样他就能得到一块镌着红字的墓碑。这块墓碑会洗净人们吐在他身上的唾沫。”但是，在阵地上，“他突然有一种不祥的预感：他会捐躯。他没有兄弟姐妹，家里只有一个过早衰老了的妈妈……”这一切当然没有影响他最后为国捐躯，但新时期作家们却一般不再忽略这种矛盾心理的表现。死，不再仅仅是染红东方的霞光，而是给人以痛苦和伤感。从《战士踏过雷区》到《黑草》等一系列战争题材的作品中可以看到，尽管战争是正义的，尽管事业是辉煌的，尽管鲜血没有白流，但失去生命的悲痛仍然难以平息。这种现象透出一种新的冲突，即个体生命的本体价值与伦理价值的冲突。它是从个体生命和群体利益两重视角观照死亡的结果，是个体生命价值进入死亡描写所引起的一种嬗变。

对于一个国家、一个民族来说，付出部分个体以换取和平安定和尊严，的确不算悲剧。但对于个体来说，无论换取了多么伟大的结果，生命却不复存在，自然是无法挽回的悲剧。这是一个矛盾，新时期作家在思考死亡的价值时，开始面对这一矛盾。作家们不会以一方否定另一方，而是艰难地寻找着统一。这种矛盾的产生源于人道主义精神的渗入，显示着作家的价值观念系统中个体生命价值的增长，显示着从根本上思考死亡的一个新开端。

三

新时期军事文学所显示的开端是从人道主义立场出发对个体生命的看重。新潮小说中大量的死亡描写却显示了与之完全相反的观念。死亡是新潮小说的一个基本主题。马原、洪峰、余华、格非、苏童等人的作品都有大量的死亡描写。然而，他们对于死亡的态度却与新时期文学初期的观念完全不同。他们更多地关注死亡本身，对其进行抽象思考。在上述军事文学作品中被看得非常重要的个体生命在他们的笔下似乎不再被看重，甚至没有什么价值可言。在新潮小说中，到处可见凶杀、惨死、神秘死亡的奇特描述，却很难找到英勇壮烈的死。死与生一样失去了意义和价值。在他们的作品中，死亡就是死亡，为什么而死的情形已不多见，经常出现的是毫无价值与意义的死亡，更多的是偶然性。余华的《河边的错误》讲的是一个凶杀疑案，一个又一个人在河边被杀了，为什么？是谁杀死了他们？原因是什么？一般人自然有这样的疑问。然而，小说最后告诉我们：杀人者是一个疯子，一个精神失常的人。人们无法从疯子的杀人行为中找到什么背景、动机和意义，死者也因此而成为纯粹的无辜，死亡成为纯粹的偶然。格非的《迷舟》取材于北伐军与孙传芳之间的战争，作者却没有把死亡安排在战争当中，或者说，作者没有去写战争中的死亡，而是让姓萧的旅长莫名其妙地因为恋情而招致极其偶然的死。叶兆言的《五月的黄昏》写了叔叔的死，死因却被人们的各种说法弄得一塌糊涂：被迫害致死，追逐女人而死，因窃取别人成果而死，被诬陷而死……真相化为乌有，意义也无从谈起。

在这些作品中，余华的《鲜血梅花》是有代表性的。一代宗师阮进武死于两名黑道人物之手。十五年后，儿子阮海阔长大了，母亲把父亲遗留的宝剑交给他，让他去寻找杀父仇人。他没有归路，因为母亲在送他上路的同时已经自焚。但是，他的寻找十分渺茫，因为他不知道杀父仇人是谁，需要首先去寻找知情者青衣道长或白雨潇，而他又不知道这两个人在哪里。他只能漫无目标地漫游，无所谓路径和方向。在一个傍晚，他莫名其妙地走上了那条接近胭脂女的荒凉大道；在一个早晨，又莫名其妙地违背自己的意愿而走近了黑针大侠。他曾经与所要寻找的白雨潇相遇，却偶然地错过了。他本想睡一觉就到对岸去，但大雨冲垮了桥梁使他无法过河，只好走上另一条道路，却因此而找到了青云道长。在青云道长那里，他完成了胭脂女与黑针大侠的嘱托，却失去了询问谁是杀父仇人的机会。后来，他知道了杀父仇人是谁，杀父之仇却已无法再报，因为他已经被人杀掉。这里特别值得注意的是：他的寻找完全是随意的，漫无目标，即使有计划也无法实行。他的选择完全是阴差阳错，或者是鬼使神差，一切都是偶然。目的也无所谓实现与否，因为他虽然没有直接去报杀父之仇，但他偶然做的，却与仇人的死直接相关。这里表现着作者对人生的一种理解。小说使人感到生命的偶然，感到命运的无法把握。似乎在冥冥之中有一双手，在随意地掷着骰子，决定着人的生与死。

洪峰的《极地之侧》也是如此。在小说中，死亡一直是被谈论的话题。小说讲了七八个故事，结局都是死，而且都是死因不明。这里包含了作者对死亡的理解：生与死都是一种自然现象，神秘而不可捉摸，无法穷究其奥。而且一切死亡都很平淡，没有丝毫痛苦的痕迹。这些小说常常采用一种不动声色的客观叙述的方式，好像死亡并不值得大惊小怪，因而对死亡表现出一种淡漠态度。从根本上说，这种淡漠源于一种悲观主义，源于对生死的一种彻悟。但是，彻悟之后的这种带有宿命色彩的选择，这种人生的虚无态度，却的确有点貌似得道而实则走火入魔。它似乎是对生死的大彻大悟，而事实上是仍未彻悟。

任何对于死亡的理解都与对生的理解有关。新时期文学的确增长了一种人生的虚无感。让我们看一看徐星的《无为在歧路》吧，这个富于才华和思想深度的青年作家较早地感受了这种虚无，并且较早地表现了出来。小说中的“我”如此说：“我死了，太阳也会照样升起，我患了精神病，太阳也会照样升起。我感到了我生命的渺小、脆弱……人的生命如此脆弱，人根据什么还认为自己是强大有力的?”这位叙述者与主人公合一的人物又说：“我又想到我娘生我原本是叫我做个人，可我费劲把力也没有做成人，反而轻而易举地成了疯子。不过没什么，假如冥冥中真有那明眼人，在他看来这又有什么区别呢？这样想来，没什么，没什么，真的没什么。”重要的就是这个“没什么”。人生不过如此，一切都无意义，成了疯子也没什么，死与活也没什么。很有意思的是“我”打破了暖瓶之后与妻子辩论的那段禅机妙语：

“不打碎又怎样？”
“能用。”
“能用又怎样？”
“不用买新的。”
“买新的又怎样？”
“没钱。”
“没钱又怎样？”
“过得不好。”
“过得不好又怎样？”
“穷。”
“不穷又怎样？”
“过得舒服。”
“过得不舒服又怎样？”
“不想舒服就去死！”她终于不耐烦了。
“死了又怎样？”
“死了变成狗屎！”
“不是狗屎又怎样？”
……

他是那样平和，妻子终于发火，他却绝不发火，因为一切都无所谓，“当你发现一切一切的鲜为人知的神秘的另一个面或另一个点不过如此时，你就会觉得心里坦坦荡荡……”所以一切都不必当回事，甚至偶然回家发现妻子与另一个男人的关系，也绝无痛苦，绝无愤怒。“我认真猜想着他们是怎么回事。过了会儿，我又想到他们是这么回事或者是那么回事都没什么，因为又能怎样呢？”一切都失掉了意义，成了疯子没什么，生活好坏没什么，死与活也没什么，妻子与别人有点什么关系又有什么呢？真把一切都看透了，人生是如此短暂，人是如此无能为力，一切都无可奈何。这一切真实不真实呢？怕是谁也无法否认这种终极结果，但如果人人都如此彻悟，个人的命运无所谓，社会的一切就都无所谓，还谈什么发展和进步呢？一切都谈不到了！

四

我非常赞赏另一种选择：对生死彻悟之后执着于生。

在新时期文学中，许多作家都认识到，生命是悲剧性的，而且是无偿的悲剧。但大多数作家都未否定人生，而只是用由此得来的那种彻悟和宏阔目光看待生活，使人生态度更为豁达。

作家们仍然在肯定人生的伟大，但这种伟大不在于能够超越痛苦和死亡，而在于能够肩负起痛苦和死亡勇敢地走下去，生殖繁衍，创造着人类的永恒。它给人的不是悲观厌世，而是活下去的坚韧。

新时期文学有不少作品涉及自杀，陈村的《死》选择傅雷之死表达了对死亡的思考，不仅对其倾注了深切的同情，而且对他的选择表示出某种怀疑。陆文夫的《井》写徐丽莎最后的自杀，不仅借此指控她所生存的那个文化环境，而且揭示了徐丽莎的人格弱点。王宗汉的《死的回声》写了这样一个自杀的故事：老杨家的大媳妇肖云凤要自杀，不是因为什么事让她活不下去，而是为了争一口气。“那败家的母鸡，跑到东院老水家的鸡窝去下蛋，老婆婆硬说是她偷着煮了吃。她肖云凤为这件事自杀，那老婆子摊不上人命官司，村里人也得说她逼死了儿媳妇。丈夫呢？节骨眼上不说一句公道话，还踢了她一脚。好，她死了，让那个不懂远近、不知深浅的东西后悔下半辈子！”肖云凤越想越觉得应该死，死得对，死得值，似乎已经看到了她死后婆婆的狼狈相和丈夫痛不欲生的样子。于是，她死了，然而，婆婆一点也没有狼狈，而是坚决不准把她的尸体抬进屋；丈夫一边拉她去火化一边骂“死鬼”，没有露出一点悔恨；村里人说起她的自杀，则说她是“吃饱饭撑的”。人情如此冷漠，严格说来也许并不十分真实，因为一般人是富于同情心的。但正是从这毫无后悔和同情的虚构之中，更容易看到作者对肖云凤自杀行为的嘲弄和否定。

人活着也许前景并不美好，但既然已经来到这个世界上，还是要争取好好活着。史铁生的《命若琴弦》是这样开头的：“莽莽苍苍的群山之中走着两个瞎子，一老一少，一前一后，两顶发了黑的草帽起伏攒动，匆匆忙忙，像是随着一条不安静的河水在漂流。无所谓从哪儿来，也无所谓到哪儿去……”故事很有象征意味。一老一少两个瞎子以说书为生，老瞎子七十多岁了，近来却很兴奋，因为他将立即弹够一千根断弦，以这一千条断弦为药引子，他就能治好眼睛重见光明。这是师傅传给他的妙方。可怜师傅一生没有弹够一千根琴弦，他记错了，记成了八百，结果没有治好。这天晚上，老瞎子终于弹够了第一千根琴弦。他满怀激动翻山越岭去抓药，在药店里才知道那张药方只是一张白纸。经过绝望的痛苦之后，老瞎子又站立了起来，他回去告诉小瞎子：我记错了，需要一千二百根琴弦。此时的老瞎子终于明白，看看他的思索吧：“目的本来没有。不错，他的一辈子都被那虚假的目的拉紧，于是生活中叮叮当当才有了生气。重要的是从那绷紧的过程中得到欢乐……”这是对人生彻悟之后的积极选择。目的本来就没有，希望本来就不存在，但是，人要活下去就必须有希望。有希望才能有声有色地活下去。那么，无论那目标多么虚幻，只要有，只要有一个梦想，人就能活下去。这是一种深刻的悲观。悲观之后却是活下去的执着。

我想特别提请人们注意一下阮海彪的长篇小说《死是容易的》。小说展示了一种被病痛长期折磨的人生。那种绝望的抑郁，那种由于死亡随时可能到来的恐惧与自虐倾向，在小说主人公的身上时时流露着。“我觉得活着没意思，别说割去一条腿，就是割去两条腿，我也情愿，人反正是要死的……”的确，死亡随时都可能走向他，每一次剧烈的病痛都使他产生死的念头。小说结尾说：“死是容易的。”一点也不错，对于那个痛苦的主人公来说，一旦选择了死，痛苦就不再存在了，那是一种轻松，一种解脱。然而，主人公却没有做出这种选择。“死是容易的”，言外之意是活着不易，但整部小说的弦外之音却是：尽管死是容易的，活着不容易，但还是要顽强地活下去。

这种人生态度是可贵的。用第三代诗人的话说：“中国人死都不怕，还怕活着吗?”

活着是痛苦的，但即使痛苦再多，最可怕的极致也不过是死。一旦不怕死，还怕什么痛苦？无论怎样，人应该有不怕死而又顽强地活下去的勇气。当我们如此说的时候，一种虚无主义的悲观哲学立即告诉我们：活着没有意义。可是，我们可以反驳：活着没有意义，死就有意义吗？人生是一个过程，从生到死，人生的全部意义就在这个过程中，而不在两极之外。它没有结局，结局属于神而不属于人。一旦活着没有意义，死就更无意义可言。自杀者事实上都是没有把人生看明白，真正看透人生之后就不会选择自杀。

更抽象地说，也许永恒的确不存在，它不过是人类追求的一个幻影。你追求青史留名吗？地球都有毁灭的时候，一旦地球毁灭，青史何存？何况，就个体生命来说，身后之名与我何干？人生的终极目的在哪里？也许人生的确没有终极目的，尤其是我们，唯物主义者，没有天国。然而，正因为这样，现世对我们就更为重要。既然我们已经活着，既然我们没有彼岸，既然我们活着的时候饥寒和荣辱能给我们痛苦和欢乐的感受，我们有什么理由不执着于现世的人生呢？

"人生如梦！"这个古老的慨叹永远也不会停息。可是，我们这个梦注定了没有醒来的时空。我们所拥有的全部就是这个梦。除此之外一无所有，梦外的一切都不属于我们。那么，不顾恋这个梦还有什么可以顾恋的呢？所以，唯一的选择是使这个梦做得更美好。承认人生如梦，且将梦乡作故乡。因为我们除此梦乡，别无故乡。

所以，敢于面对痛苦、面对幻灭、面对虚无而把痛苦之梦做下去的，才是人之大勇者。老瞎子就是这种大勇者。

五

新时期文学在生死观念方面的选择还有一种值得注意的倾向：彻悟生死而高扬起豁达与无畏的人生态度。我们可以看一看莫言的《红高粱》中关于生死的描写，可以看一看为数不少的视死如归的英雄性格的描写，可以看一看那些在荒漠、老林、草原背景上描写粗犷性格表现人的原始生命力的作品，看一看那些为了爱、为了恨将生死置之度外的人物……这些描写具有浓郁的悲壮色彩，给人一种崇高的美感。它们与过去的英雄描写有某种相通之处，却又有极大的不同。这类作品中体现着另一种生死观念：活要活个痛快，死也死个潇洒！活就活，死就死，一切都无需多费心思。这是一种非常豁达的生死态度。

苏童在他的《杂货店女人》中通过蕾这一女性形象的塑造非常鲜明地表现了这种人生态度。蕾是街上最漂亮的姑娘，被称为“一代楷模”，因而成群结队的小伙子都对她怀有恋情。在这成群结队的小伙子中，她选择了长玉，最后却一见之下就投入了劳改释放分子三霸的怀抱。长玉问她为什么看上了三霸，她说：“他是个男人，他是个货真价实的男人。”失恋的长玉痛苦地抓住门框撞自己的脑袋，蕾先是吓了一跳，接着就鄙夷地说：“长玉长玉看你这熊样，你说你像男人吗？快滚吧，我最见不得你这样的男人。”她毫不在乎三霸的为人，凭一时的感受就嫁给了他。所谓“货真价实的男人”，不过就是第一次见面就大胆地占有了她。三霸再次被捕，朋友们希望她回到从前，她的回答是：“你看这瓜子，嗑完了就散架，人也一样。”说着把一把瓜子皮扔掉，“随它去，我才不在乎呢。”有人问三霸什么时候回来，她说：“该回就回，我才不记日子呢。”不久，她又与长玉相好了，晚上留长玉睡在自己屋里，因为她不能没有男人。长玉问她：“你就不怕三霸回来杀了你？”她的话是：“杀吧，管不了那么多，我会把脖子凑给他。”她坦然地活着，坦然地听任自己生命的召唤，也坦然地听从命运的安排，决不委屈自己，也决不害怕或逃避什么。最后，她终于死在三霸的刀下。伴随着被割开的脖子和满地鲜血，作家却写了这样一笔：“她临死前是微笑着的，手中还抓着一把瓜子。”

她的人生态度是“不在乎”，活得坦荡，死得潇洒。这是正面的描写。同时，我们也可以看一看文学作品中另一个有趣的现象：对怯懦性格的无情嘲弄。如《献上一束夜来香》等。

这种人生态度同样源于对生死的彻悟。它的思维逻辑是：反正人总是要死的，早一点与晚一点没有多大差别，人何必要忍气吞声、委曲求全、不敢说、不敢动地活着呢？真正悟透人生，人就会变得潇洒，就会变得无畏，就会变得豁达。因此，这种生死观念对一切禁欲教条都是一种强大的冲击力。一切压制人性的枷锁都会在它面前自行朽断。大概正因为如此，新时期文学才对这种生死观支配下的生存方式投以青睐。如果说对生的执着可以鼓励人们无论在什么样的情况下都能坚韧地活下去的话，这种豁达的生死观念则可以鼓励人们选择一种潇洒的活法。它是一种英雄的活法，也是一种冒险的活法，因为为了追求生的痛快，必须随时准备死亡。

这种种活法，都比做一个活着的死人更值得肯定。

1990年1月　曲阜

是魔鬼还是天使？
——论新时期文学的金钱观念

此时，我坐在写字台前，面对已经写下的题目，手里拈着一枚分币。

它是这么小，小得可怜！据说，现在已经买不到铸造它所需要的这片金属。然而，那上面庄严地铸着国徽。由此，我想到了很多：铸有龙的形象的铜圆，铸有袁世凯头像的银圆，印有总统头像的美元，印有女王头像的英镑……看来，重视金钱的决不仅仅是葛朗台老头，否则，为什么要把庄严的、神圣的、需要爱戴和崇拜的对象印刻在钱上？

然而，金钱却常常被诅咒。“铜臭”就是一个并不陌生的词，为什么是“铜臭”而不是“铜香”呢？

不同的民族，不同的时代，有不同的金钱观念。中华民族也有自己传统的金钱观念。那么，在价值观念急剧裂变的新时期，在作家们的眼里，在他们的作品中，金钱的形象究竟如何？发生了什么样的变化？这些变化肯定透露了丰富的意蕴。因此，我试图作一些粗略的考察。

一、金钱在传统中国的命运

在中国人的价值观念系统中，关于金钱的观念一直是矛盾的。

比如，说一个姑娘善良心眼儿好，往往说“她有一颗金子一样的心”；说一个小姐尊贵，常称为“千金小姐”；要证明时间的珍贵，常说“一寸光阴一寸金”……用金子形容事物的珍贵，可见金子自身是珍贵的。

然而，品德高尚的人却往往要“粪土当年万户侯”“视金银如粪土”……在这里，我们很难写出一个等式。好姑娘的心=金子，金子=粪土。显然太荒谬了，我们不能接受。

这里透露的，是人们面对金钱时的矛盾。

钱与财是分不开的，与利益也是分不开的。同时与商业、商人等许多事物都是分不开的。因此，考察金钱，必然会涉及财物、利益、赚钱经营以及义利之辨等等。

中国古代形成了一系列有关金钱和物质利益的观念。比如，“重农轻商”“以农为本”和“无商不奸”的认识。早在先秦时期就有“贵粟”之论，“劝耕”之说，而对商人则很警惕，给予限制和打击，常常采取“重税赋以困辱之”的政策。尽管商业自产生以来就对人类生活做出了重大贡献，但在中国人的观念中却没有应有的地位。尽管商人对人的生活提供了很多方便，但在中国人的观念中却一直不是一种美好的形象。

中国的主流文化中形成了“重义轻利”的意识形态。孔子说：“君子喻于义，小人喻于利。”孟子说：“何必曰利，亦有仁义而已矣。”甚至王夫之也认为：“君子小人之大辨，人禽之异，义利而已矣。”

这些思想直接铸造出中国人对于金钱的态度。虽然不同的时代、不同的阶层有不同的认识，却都表现出一种崇尚礼义而鄙视金钱的倾向。至少在表面上看，人们往往都以计较金钱和利益为耻，以仗义疏财为美德。而且金钱常常像美女一样，是使人堕落的恶魔。当然，我们很容易揭穿它的虚伪性，因为在那几乎清高到不食人间烟火的言辞之下，常有对于物质利益的斤斤计较和对金钱的拼命追求。

但是，即使它是虚假的，对民族文化心理和价值观念的影响也仍然是巨大的。在这种影响下，那些本来只可以“喻于利”的“小人”也与士大夫阶级一样打着“重义轻利”的旗帜，一面经营小利，一面标榜仗义，连商贾也不说自己是为了赚钱。人们看上去都以谈论金钱为耻，以看重金钱为恶，以重义轻利为美德，以见利忘义为恶行。这种观念引申开来，安贫乐道，容易满足，炫耀清贫，也都成了美德，成了一种高尚品格。甚至把钱财看作祸水，认为它能败坏人的品德。“贤而多财，财损其志；愚而多财，则益其过”。“自古圣贤尽贫贱”。在民间也形成了一种“为富不仁”的观念，把

"富"与"不仁"画了等号。

这种传统鲜明地体现在中国古代文学作品中。历代知识分子几乎都不以贫穷为耻。从韩愈的《送穷文》式的自嘲，到"五四"以后知识分子对穷与愁的描写，都透露着某种自我欣赏的味道。在旧戏舞台上，商人的形象几乎都是刁钻而狡猾、无情无义、只知道拼命赚钱。在许多文学作品中，都把金钱和罪恶等同起来，或者成为罪恶的帮凶。仗义疏财则成为一切英雄必备的美德。从《水浒传》中可以看到，宋江正是以仗义疏财的美名赢得了梁山泊盟主的地位，而众英雄与群喽啰之所以投奔梁山，也决不是为了发财，而是为了"聚义"。古代小说和戏剧中，有许多"为富不仁"的形象，都是被嘲弄和诅咒的。

当然，这种观念并不限于中华民族。古代欧洲同样有它的市场。在莎士比亚的著名剧本《威尼斯商人》《雅典的泰门》中，可以听到这位戏剧大师对金钱的诅咒。在巴尔扎克的《欧也妮·葛朗台》中，可以看到这位法国社会的"书记"对吝啬鬼的抨击。历史地看，葛朗台老头应该是资本主义积累时期的功臣，而巴尔扎克的讽刺显然是站在旧道德立场上。一个现象是，西方文化的发展很快超越了这种旧的见解，新教伦理改变了人们的种种价值观念。正如马克斯·韦伯所说的：新教伦理影响了整个西方精神，它要求人们把创造和积累作为天职，推动了资本主义的发生和发展。而在中国，却一直没有经受这样的冲击。代表城市商人阶层的意识形态未能对中华民族的文化精神产生重要影响。因为中国农民的队伍是如此庞大，知识分子与农民的联系是如此密切，市民的独立力量是如此的弱小。

1950年代之后，由于种种原因，中国不能不引进唯一能仿效的苏联经济模式，强调集中，强调计划，限制市场。传统的重义轻利、重农抑商、金钱等于罪恶等等观念与各种革命口号和革命原则结合起来，把对金钱与经济利益的重视通通判给了资产阶级。无产阶级以穷为荣，革命不讲经济利益。讲钱就是资本主义，甚至"富则变，变则修，修则千百万人头落地"。由于对革命之前拥有财富的剥削阶级的仇恨，恨屋及乌，钱也成了地主阶级和一切剥削阶级的帮凶。金钱美女都不是好东西，而是"糖衣炮弹"。"有钱人"曾经一度成了"坏人"的同义语。也许这种意识来源已久，也许由于影响着中国文化观念的文人自身自古就很少富翁，所以，中国文学总是对钱的拥有者和钱本身充满憎恨。“铜臭”这个词的含义已经使人们把对金钱拥有者的憎恨感情加到了无辜的金钱身上。人们在描写不正当的丑恶时，往往运用金钱做道具。叛徒往往接受敌人的金钱美女，英雄则面对敌人的利诱大喊一声：“谁要你的臭钱!”

总而言之，钱在文学作品中常常被处理为丑的事物，或者是罪恶的帮凶。它还常常成为一种美化人或者丑化人的手段：拒绝金钱则美，见钱眼开则丑。钱是恶魔，像美女一样，常常使人堕落。

这是公正的吗?

二、一个悄悄登上宝座的幽灵

十年浩劫过去，中国大地上发生了一系列观念的变化，人们的经济意识强化了。从整个社会生活现象来说，也许是出于对此前“政治是灵魂”“政治工作是一切经济工作的生命线”等口号的反拨，也许是由于十年“文化大革命”所造成的经济紧迫感以及人们对政治的日益冷漠，总之，在今天普通的中国人心目中，政治和经济的地位发生了调整。人们思考问题的视角已经逐渐转移。从50年代到70年代，人们观察问题、分析问题时主要是用一种政治的目光，寻找并突出每一个事物的政治意义，“上升到政治的高度来认识”成为一种常用的思维方式。干部开会强调一项工作的重要，常常要像茹志鹃在《剪辑错了的故事》中所写的那样：“这是政治!”进入新时期，这种思维方式逐渐被人舍弃。“四个现代化是最大的政治!”这个过渡阶段的口号悄悄地把人们注意的中心引向了经济。人们开始以经济的目光看问题，讲究经济意义。我们不妨做这样一个简单的比较：“文化大革命”时期和“文革”之前，中国社会对其成员的奖励或制裁都是政治的而非经济的。人们盼望的是政治上的奖励，害怕的是政治上的惩罚。《芙蓉镇》中的秦书田主动交代未被揭发的男女关系问题以求把右派分子帽子改为坏分子帽子，所反映的正是这种政治高于一切也重于一切的时期常见的政治恐惧症。进入80年代，社会对其成员的奖惩已经多是经济的而非政治的。奖状如果不带奖金，在许多人的眼里就不如发一只保温杯。作为刑罚以外维持社会秩序的辅助手段，不再是政治制裁而是经济制裁。无论闯红灯违反交通规则、生二胎破坏计划生育，还是打架斗殴、随地吐痰，受到的处罚都不再是一顶“反革命分子”帽子，也不是大会批判、游街示众，而是处以轻重不同的罚款。从“时间就是政治”，到“时间就是金钱”，这些社会常用语言的变化，就可以看到社会最表层的生活现象所反映出的文化风尚的变迁。毫无疑问，金钱在人们意识中的地位提高了。这是一个重要的变化，它是社会价值观念裂变的一个重要方面。

这种裂变在新时期文学中充分地反映着。

新时期文学中的改革者形象都非常注重经济效益。蒋子龙的《乔厂长上任记》开篇引用了乔光朴的发言：“时间和数字是冷酷无情的，像两条鞭子，悬在我们的背上。”在这里，所谓时间和数字，实际上也就是经济效益。经济效益是什么？用《燕赵悲歌》中武耕新的话说：“经济效益就是金钱，金钱就是经济效益。”综观蒋子龙的作品，从《乔厂长上任记》开始，经《开拓者》《锅碗瓢盆交响曲》，到《燕赵悲歌》，都贯穿着一条经济意识的线，可以说，在他这个工人出身的作家的作品中，经济是高于政治的。

在50年代的作品中，往往政治思想的进步决定着经济的发展，政治翻身之后才有经济上的翻身。在新时期文学中，常常看到的却是经济的贫困决定着人的落后和愚昧，决定着人的政治觉悟，经济翻身之后才有政治上的翻身。经济上没有翻身的李顺大、陈奂生们虽然名为社会的主人，却总是无法在生活中确立自己的位置，与主人的称号更没有任何真实存在的关系。在这一点上，正反两方面都不乏例证。张弦的《被爱情遗忘的角落》中的菱花在新中国成立初期的反封建斗争中争得了恋爱自由和婚姻的自主，坚决反对父母“把女儿当东西卖”而争得了做人的自尊。但是，几十年后，她却又要把自己的女儿“当东西卖”，使女儿痛苦地喊出了自己当年喊过的反抗之声。当年坚决反对包办婚姻勇敢追求爱情自由的叛逆者和反抗者最后变成了包办婚姻的坚持者，其主要原因就在于经济的贫困，经济的贫困使这些被宣布为政治上翻了身的人事实上难以真正翻身。

何士光的《乡场上》则从正面歌颂了经济的力量。尽管作者最初的设想也许仅仅着眼于新的农村经济政策，但却使我们看到了一种很有意味的思路：冯幺爸这个“不值一提”的小人物竟然一反常态，不怕触犯权势而秉公作证，原因是新的经济政策使他的生活有了保障，是经济上自立的可能性唤醒了这个在权势面前已经习惯性地站立不起来的传统农民人格的自重，使他不再在干部们面前卑躬屈膝。他在乡场上那一番慷慨陈词事实上是曾经因经济的贫困而被迫处于依附地位的人们的一份“独立宣言”。

在张一弓的笔下，黑娃（《黑娃照相》）怀里揣了八元四角钱，精神面貌就大大地改变了，俨然有了“县委书记家的二小子”的气派；春妞（《春妞和她的小嘎斯》）因为有了汽车，忘恩负义的未婚夫的抛弃就不再能够对她形成沉重的打击，因为金钱使她站立了起来，过得比他还要好；宋福旺（《流星在寻找它失去的轨道》）在饥饿中失去了珍贵的初恋，因为贫穷而丧失了人格和尊严，最后又是金钱的力量帮助他完成了人格的复归，找回了他的人格尊严。在贾平凹的笔下，小月终于离开了本分的青年农民才才而进入了能赚钱的门门的怀抱（《小月前本》），回回和麦绒最后也不得不开起了压面机（《鸡窝洼的人家》），韩玄子顽固维护旧的生活秩序，拼命与因为能赚钱而越来越被人们看重的王才斗法，要让王才看看“人缘是靠德性，还是仅仅能用钱买的”，但最后却是自己的失败。特别有意味的是，他在失败之后一个重大的变化就是向儿子大把要钱。

经济的力量和金钱的作用就是如此逐渐为文学所重视，作家们纷纷把目光投向了经济内容，描写人的经济活动，因而出现了大批关于金钱的作品，对金钱与道德、金钱与权力、金钱与人性等种种关系进行了思考。《鲁班的子孙》（王润滋）、《市场角落的皇帝》（韩静霆）、《不平静的柳河渡》《舅舅和外甥》《河的眼睛》《个体户与穷秀才》……尽管人们对金钱的看法相去甚远，却都从正面或反面反映了金钱的力量。金钱这个有争议的灰姑娘悄悄地在文学中占有了一席之地，并且开始主宰一些事物。

喜耶？忧耶？

三、是天使还是魔鬼？

在从50年代到“文化大革命”时期的文学中，“商”成了一个带有贬义色彩的概念，“经济利益”被搞得灰溜溜的，想赚钱的人决不是好人。即使在《三里湾》《创业史》等比较优秀的作品中，也非常清楚地打着那个时期人们对金钱和物质利益以及经商活动的种种偏见。范登高、郭振山等都被写作落后人物，而用以表现他们落后的主要手段就是让他们搞副业，或者经商，一心只想赚钱或发家致富。在李准的《不能走那条路》中，张栓之所以倒霉，原因在于想赚钱而“胡乱折腾”，因而需要接受教育，安心种地，不要再想经商这种“歪门邪道”。在60年代影响很大的话剧《千万不要忘记》中，岳母被写成与社会主义争夺下一代的危险人物，是剧中的主要斗争对象，但是，她既不是地主富农又不是反革命分子，作为坏人的唯一标志就是她竟然偷偷贩卖卫生球！到了“文化大革命”时期，这种倾向进一步发展到了登峰造极的地步，不仅范登高、郭振山们的脸谱更加丑陋，被上升到阶级斗争路线斗争的高度来认识，而且任何发家致富的行为都被说成是“复辟资本主义”，小商贩不再是小商贩，而是获得了一个新的名称：“投机倒把分子”。在文学作品中，甚至姓钱的几乎没有正面人物。

进入新时期，这种倾向在没有任何理论纠正的情况下得以逐渐扭转。商贩形象开始作为正面形象在文学作品中出现了，最初是方之的《内奸》，接着是陆文夫的《小贩世家》，而古华的《芙蓉镇》的主人公胡玉音也是一个小商贩。他们努力赚钱致富的行为逐步得到了人们的认可。在改革开放的时代，经商赚钱不再是丑行，而是成了光明正大的事业，“万元户”成了一个带有时代色彩的光荣称号。曾经一度成为恶谥的“大老板”“有钱人”“阔佬”等名词很快变得闪闪发光。无论集体还是个人，都可以名正言顺地大谈怎么想办法赚钱，贫穷可耻，致富光荣，成为新的时代风尚。

蒋子龙小说《燕赵悲歌》中的大赵庄在过去是一个穷得连一块砖头也找不到的地方，“宁吃三年糠，有女不嫁大赵庄。”全村有三百七十多条光棍。就是这样一个地方，在进入新时期之后却勇敢地大力赚钱，迅速改变了面貌。武耕新这个被作家热烈赞扬的人物，心中高喊的就是“钱！钱！钱！”而不是什么政治或道德。“说一千道一万，没有财富大赵庄变不了样儿。”他不再从政治的角度去看人，而是从经济的角度去看人。他挨家挨户地思量着他的臣民：“老实巴交的人很多，你干好了他跟着沾光，你干坏了他跟着吃苦。这都是基本群众，靠他们冲锋陷阵打天下不行。能人也不少……这些人只要政策一松绑，都能大把捞钱。”在他的眼里，“二流子”比“老实人”更有价值。因此，他大胆地起用那些在品质上很有争议的“能能梗”们，公开地宣称“不赚钱的工厂不干”，把财神奉为上宾，“请来外边的大财神，重用本地的土财神，培养第二代、第三代的小财神”。他日夜为之操劳的就是怎么赚大钱。这样一个人，如果在50年代的作品中，真是死有余辜了，但在新时期作家的笔下，却成了时代的英雄。这是一个多么巨大的变化!

一个变革的时代刚刚开始，一种新的意识形态不可能一下子成长起来并取代旧的观念。尽管改革开放之风已经吹遍中国大地，陈旧的自然经济意识和几千年积淀旧观念却还非常顽固地存在着。想让陈旧的一切从文学中消失正如想让它从生活中消失一样，只能是一种天真的幻想。面对新时期文学，只要你是一个细心的读者，只要你不像某些批评家所教导的那样纯粹感受作品的形式美，只要你能够在感性地把握作品之后又能从作品所营造的特定的情感场中超越出来而对其表现的观念进行理性思考，那么，就不难发现，在新时期文学中，关于金钱的看法是相互矛盾甚至相互激烈冲突的。

这些冲突主要表现于以下几个方面:

(一)金钱与道德的冲突

在传统道德观念与商品经济意识的冲突中，我们的作家首先产生的往往是一种道德危机感，而不是社会危机感和历史危机感。他们常常恐怕新的经济意识冲击了传统道德，而从来不顾及传统道德对商品经济发展的阻碍。他们往往诅咒金钱，以传统道德否定金钱的地位和人们为赢得金钱而进行的艰苦努力。一些作家总是力图以传统道德去匡纠新的世风，而不愿意让商品经济所带来的新的观念去改造传统道德。这种倾向有多种表现形态。

首先，不少作品为传统道德受到商品经济的冲击而忧心忡忡，发出“礼崩乐坏”的叹息，极力表现金钱对人们美好道德的腐蚀。王润滋的中篇小说《鲁班的子孙》写了父子两代人道德观念的冲突。而冲突的焦点就是如何对待经济利益。老木匠黄志亮恪守鲁班古训，讲究良心，重义轻利。儿子黄秀川却偏偏注重经济利益。王润滋及时地发现并且描绘出社会生活中的这种变化是非常可贵的，但在进行价值判断时，却将全部的同情倾注于老木匠，而把黄秀川写成了一个被金钱锈蚀了灵魂的人。从某种意义上说，黄秀川的城市之行的确使他的灵魂受到了侵蚀，作品把他与那些干部们的关系做了比较详尽的描写，其用意是可贵的，令人看到一种在《卖蟹》中早已流露出的情感倾向。但是，由于传统观念的作用，作者却不自觉地把对金钱和个人利益的追求看成了道德堕落。如果我们离开传统道德的尺度，就不能不发问：小木匠哪一点做得不对呢？干活收钱，应该是天经地义的。无论对产品还是对劳动力，不讲价钱和效益并非美德。工厂不是慈善机构，工资也不能等同于救济金。事实上，在反映变革时期道德领域所发生的矛盾冲突时，不少作品表现了与此相同的忧虑和困惑，以形象的描写在大声慨叹：金钱使人变坏了！《河的眼睛》中的刘广林本来是“东家嫁女他帮着抬轿，西家修屋他帮着砌墙”，打鱼总是半卖半送，遇上哪家想尝个鲜，半夜三更也下河捉鱼，遂了人家心愿。他承包摆渡，不多收渡客一分钱……可是，近几年见大家都发了财，他慢慢地变了，变得只信奉一个字：钱！不再为乡亲们帮忙，卖鱼不再少收一分钱，从水里捞出来的木料不肯归还失主，甚至为发横财而见死不救。总之，金钱的诱惑使他丢掉了原有的美德而完全变成了一个魔鬼。韩静霆的《市场角落里的“皇帝”》、王润滋的《小说三题》等都是如此极写金钱导致的人的堕落。张炜的《一潭清水》也从道德的角度观察生活，描写被破坏的海边田园诗意。那幅美好的图画之所以被破坏，原因是承包之后人们的私心加重了，对个人利益的计较使人们不再像以往那样有道德。由此可见传统的道德观念是如何严重地影响着我们的作家。为什么计较金钱利益就不再美好呢？这是我们的文化传统所决定的，我们的作家不自觉地固守道德视角和道德尺度，不自觉地维护旧的道德准则，对新的生活中的新的因素没有能够给予准确的表现，在这样一个视角和尺度面前，一切不符合旧道德的东西都变成丑恶的了。

另一方面，有人则大力张扬旧道德的力量，寻找和创造出各种道德战胜金钱的故事，为道德的胜利而欢呼，以期鼓舞人们用道德力量去战胜金钱的诱惑。邹志安的中篇小说《大铁门》是一部比较好地表现了80年代农村改革面貌的小说。但在面对商品经济与传统道德这一时代冲突的时候却表现出了中国作家当时所未能超越的道德局限和思维局限。张昌绝艺在身，在过去的岁月里一直难以施展，三中全会之后，他终于走上了致富之路。小说写出了中国农村发展商品经济的必然，却惴惴不安地盯住了商品经济对古老世风和人情的冲击，盯住了这个商品生产带头人的不仁不义：为了追求利益而不顾群众死活，狡猾自私缺乏同情心，等等。小说的结尾让乡亲们的议论和老支书的一席话使利欲熏心的张昌终于醒悟，改弦易辙而走向乐善好施。在许多作品中，见利忘义者最后往往都是良心发现，痛改前非。它当然是这些作家们的一种一厢情愿。但正是在这种并不完全真实的一厢情愿中非常清楚地透露着作家们的道德情感倾向。

在更多的作品中，传统的审美观念与商品经济发展的对抗是通过丑化经商者来实现的。不少作品对经商者表现出一种贵族式或者士大夫式的蔑视。

对此，还是让我们听听伏尔泰针对德国贵族看不起商人的行为而说的话吧："商业已使英国的公民富裕起来了，而且还帮助他们获得了自由，而这种自由又转过来扩张了商业，国家的威望就从这些方面形成壮大了……我不知道哪一种人对一个国家是最有用的，是一位假发上敷粉的贵族，还是一位商人？贵族明确地知道国王在几点钟起身，在几点钟睡觉，自己摆出一副尊严的神色在大臣候见室里表演着奴颜屈膝的一套；而商人则使他的国家富裕，从他的办公室里对苏拉特和开罗发号施令，并对于世界的幸福有所贡献。"①

面对金钱与道德的冲突，不少评论引用马列经典作家关于"恶"在历史发展中的推动作用的论述进行分析和评判，提出道德评价与历史评价的不同尺度，批评某些作家对生活只作道德评价而不作历史评价。这种批评是必要的，其用意也是可贵的，但是，这种思考却远远不够。文学能够避免道德评价吗？这里的问题并不仅仅是道德评价与历史评价的问题，而是涉及道德观念本身的问题。究竟什么是道德？拼命赚钱，谋取物质利益，当守财奴，决不仗义疏财……就是不道德吗？今日中国发展商品经济，是为了历史的进步而不得不利用"恶"的力量吗？今日的中国现实是历史获得了发展而道德付出了惨重的代价吗？问题不在道德评判还是历史评判，道德评判与历史评判二者之间应该是统一的而不应该是矛盾的。我们的文学所存在的问题在于进行道德评判时所使用的尺度。我们不应该把道德看作是不变的东西，不应该忽视道德观念的变革与道德领域的新旧冲突。在上述一些作品中，问题的关键往往在于道德尺度的陈旧，而不在于是否使用了道德价值尺度。因此，我们不应该盲目地跟随一些作家的道德评判而把一些不应该被称作"恶"的东西称作"恶"。为什么不把商品经济意识及其带来的市场原则称作"善"

①伏尔泰：《哲学通信》，上海人民出版社1961年，第37—38页。

呢？能够推动历史前进、促进人的解放和人性完善的东西为什么不是善的呢？如果这还不是善的东西，那么区分善与恶的标准是什么呢？恩格斯在《反杜林论》中说过：“一切以往的道德论归根到底都是当时的社会经济状况的产物。”[①]那么，也就是说，陈旧的道德尺度无法衡量新的历史事物的道德价值。根据洛克的观点，凡容易给我们带来痛苦的事物，就是恶事物。商品经济给我们带来的是利而不是害，对金钱的追求给人们带来的是物质财富的增长，对金钱的积累进一步地满足着人们的物质生活需求，全身心致力于财富的创造和积累怎么是“恶”呢？

（二）金钱与权力的冲突

金钱与权力，有时是统一的，有时是矛盾的。随着商品经济的发展和金钱在生活中作用的增长，生活的某些领域出现了金钱与权力以及以权力为核心构成的生活秩序的冲突。金钱在向权力挑战，新生的金钱拥有者以特有的经济实力与某些权力握有者分庭抗礼。这是一个重要的生活现象，敏感的文学家立即注意到了这一现象，并且做出了各自的反映。

晓剑的《被切割成两半的太阳正在升起》写的是这样一个故事：全市最漂亮的姑娘夏青一直在追求着最优越的生活。她依仗自己的年轻美貌，先是与军分区司令的儿子同居，接着与老市委书记的儿子厮混，后来又嫁给了有可能当上省长的现任市长的独生子。因为她总是依附在那个市的最高权力拥有者身上，所以她一直在各方面都拥有最优越的地位。但是，在商品经济的新形势下，她却悲哀地发现，不知从什么时候开始，她不再是物质生活条件最优越、最引人注目、穿戴最时髦的女人。在一些场合，人们认钱不认权，她常常受到冷落。而且，市长虽然有权，却舍不得为她买一件紧身蛇皮裤。所以，当那位当年曾经狂热地追求她而被拒绝，今天已是某公司大老板的同学白飞为她买了蛇皮裤，并且送她一条白金项链的时候，她立即就扑到了他的怀里，并且毅然决定嫁给他。当然，小说没有真正把夏青作为一个真实的人物性格进行刻画，而是把她符号化了。金钱从权力手中夺走了夏青。夏青的重新选择显示着金钱地位的上升。小说发表以后，有人批评作者过分夸大了金钱的力量，指责小说不真实。有人则肯定小说直面现实的精神，及时地

①《马克思恩格斯选集》第3卷，第134页。

反映了“权力沦丧”，敲响了精神文明的警钟。无论批评还是赞扬这篇小说者，都指责夏青的这种重新选择，没有人对这种生活变更表示首肯，似乎全市最漂亮的姑娘被权力所占有是天经地义的，而被金钱所占有则是不能容忍的。

吴雪恼的《主人》主要立意在于告诉人们：无论生活发生多么大的变化，主人永远还是主人。曾经被支书送去劳改了五年的长甲在80年代办起了工厂，支书巴咸承包了他的责任田。过去巴咸是主人，现在长甲成了主人，生活的变化使他们的关系颠倒了。看到他的父母官屈于金钱的压力而为他挥汗效劳，长甲生出了一种主人的优越感。他贴出一副对联：“昔日世态炎凉磕头烧香总无益；今朝政策英明见官不拜又何妨。”但最后长甲却因催还借款而引起群众的不满，上万斤饲料被哄抢。他不得不去找巴咸，这使巴咸觉得自己才永远是主人。

在《不平静的柳河渡》中，出身不好的勾践在十一届三中全会之后发家致富了，他什么都可以得到，但有了钱以后竟然想获得权力，就不被作家所认可了。在作者看来，他虽然经营有方，赚钱得法，但不能因此而不知天高地厚，作为一村之长的权力是不能被金钱买走的。所以，勾践为获得权力而送的红包没有生效，而且被普遍拒绝。

在金钱与权力之间，中国人历来是更崇拜权力的。有钱无官充其量是“土财主”，“土财主”与朝廷命官分庭抗礼，历来为文人墨客所不允。新时期文学以金钱与权力冲突的反映，带有传统文化影响的深刻印记。

（三）商品经济与传统审美意识的冲突

一些作家虽然知道商品经济对于中国现实的重要性，也许在理智上并不反对商品经济的发展，但是，在审美意识上，却没有接受新的商品经济所带来的一系列新的事物。许多作家在自觉或不自觉地赞扬着传统的自然经济状态和与之相联系的生活方式和风俗人情，渲染一种田园牧歌式的情调，而对商品经济的萌芽却感到深深的困惑，甚至与商品经济所带来的一切表现出一种格格不入。我们的乡土作家们仍然在极力地赞美乡土，赞美古朴的民俗和乡风。这一切当然不易苛责，但值得注意的是我们的作家们常常在这种赞美中表现出对自然经济和传统生活方式的留恋，而对以商品经济为特征的新的生活方式表现出近乎本能的拒斥。为什么小桥流水、竹篱茅舍是那样美好，而柏油马路和摩天大楼就不美好？为什么山间小河边浣衣的村姑那样迷人，而霓虹灯下的摩登女郎却常常笼罩着一层可疑的阴影？为什么“你挑水来我浇园”式的生活仍然是迷人的，而“你拿贷来我收钱”就好像没有那种诗意？为什么“长河落日”“空山流泉”仍然是一大部分作家所向往的，而车水马龙的大街上那一眼望不到头的汽车和人流却往往要被描写为一种讨厌的拥挤和喧嚣？直到今天，文学中为从事商品活动的新兴阶层张目者仍然是极少数。商品经济的美还没有能够进入我们的大多数作家的视野，或者说，在我们的大多数作家的眼睛里，商品经济及其所产生的许多事物还不是美的。

之所以如此，没有多少科学道理可讲，只能说是传统的审美心理在作怪。审美心理的守旧使商品经济的发展在文学中没有能够得到应有的全面表现，而是常常被歪曲或者是片面地夸大。

在这样一种心理的作用下，作家们即使写一些商人，写一些致富的人物，也往往要迁就传统的审美心理，在这些人物身上加一些仗义疏财之类的所谓美德。

由于中国古老传统的作用，文学中对金钱、对商人、对迅速发展的市场和由此带来的市场经济原则，都表现了各种态度上的保留。许多作品都仍然在向人们宣示金钱对人的腐蚀。然而，他们却没有意识到，对于今天的中国来说，金钱地位的上升和商品经济的发展，以及市场的发展和市场原则的初步确立，是多么重要的事情。

首先，市场面前人人平等，这一商品经济的重要原则将有力地冲击着传统的等级制度和特权观念，从根本上培养起中国人的平等观念。我们这个民族多平均的观念而少平等的观念。平均的观念产生于落后的自然经济，平等的观念却需要商品经济培养。这不仅因为不同地位的人在市场上都失去了特权，无论贵族还是平民，都必须服从等价交换的原则，而且因为商品经济允许并培养人们的竞争意识，以最有力的方式刺激着竞争。严格地说，没有真正的竞争，也就没有真正的平等；没有平等，也就无法形成真正的竞争。中国人不习惯平等竞争，几千年的历史是一部没有平等竞争的历史，而商品竞争，优胜劣汰，可以从根本上解决专制传统遗留的许多问题，并且可以使人在商品的等价交换中感受到自己与任何人都是平等的个体。

其次，在商品经济活动中，人与人之间的关系即货币关系。这种新型关系的建立可以帮助人们从人身依附中解放出来。人与人之间的依附关系是奴隶制和封建等级特权制的产物。奴隶只有奉献的义务，而没有与主人平等交换的权利。而商品经济所发展起来的市场和市场原则却承认参加交换的双方都是平等的。它赋予交换的双方以平等权利，保护双方的利益不受侵犯。不错，在商品经济中，人常常会成为金钱的奴隶。但是，相对于被人所奴役，被金钱奴役是一个伟大的历史进步。关于这一点，马克思早就说过："人的依赖关系（起初完全是自然发生的），是最初的社会形态，在这种形态下，人的生产能力只是在狭窄的范围内和孤立的地点上发展着。以物的依赖性为基础的人的独立性，是第二大形态，在这种形态下，才形成普遍的社会物质交换，全面的关系，多方面的需求以及全面的能力的体系。建立在个人全面发展和他们共同的社会生产能力成为他们的社会财富这一基础上的自由个性，是第三个阶段。第二个阶段为第三个阶段创造条件。"[①]关于这种以物的依赖性为基础的人的独立性的获得，我们在何士光的《乡场上》中看到了。冯幺爸曾经这样大声叫喊："我冯幺爸要吃二两肉不？要吃！——这又怎样？买！等卖了菜籽，就买几斤来给娃妹们吃一顿，保证不找你姓罗的就是！反正现在赶场天乡下人照样有猪杀，这回就不光包给你食品站一家……"正是自由市场使这个老实农民站了起来，摆脱了依附别人的奴隶地位。

面对生活中商品经济取代自然经济这一巨大变化，以及由此引起的价值观念的裂变，我们的文学应该抱有什么样的态度呢？回答并不困难，因为历史正在艰难地前进，人正在艰难地寻找着解放的道路，凡有利于现代化历史进程的，凡有助于人的解放的，文学理所当然应该给予审美肯定，而不是相反。

1988年6月　曲阜

①《马克思恩格斯全集》第46卷上，第104页。

奖章、面子及其他

——论新时期文学的荣誉观念

一

在人的生活中，荣誉无疑是重要的。它与金钱、爱情一样，是一般人无法不看重的东西。可以说，每个人都在追求荣誉，没有多少人真正拒绝荣誉，更没有多少人去追求它的反面。

"名利之心，人皆有之。""名"是什么？就是荣誉。"中国人特别爱面子。""面子"是什么？就是"脸"，就是荣誉。"不要脸！"——这是骂人的话。就是真"不要脸"的人也不愿意人们说他不要脸。差不多的人都要脸，顾脸面，这就是一般的荣名之心。所谓虚伪，就是知道自己的真面目并不好，而弄一张假脸皮。

总之，在人生的重大问题中，荣誉的地位是很高的。生命、爱情、金钱、荣誉，究竟哪一个更重要，可能因人而异。但是，有一点大概无法否认，有人可以为荣誉而放弃爱情，有人可以为荣誉放弃金钱，也有人为了荣誉而牺牲生命，比如战死疆场，或者自杀。由此可见，至少在一部分人那里，荣誉甚至比生命还重要。

人们为什么追求荣誉？其实也很简单：因为它是个体自我实现的一种表现形式，是个体自我价值的一种外在证明。它是社会对个体的一种肯定，与个人的生活质量、个人在群体生活中的感觉关系密切，甚至可以直接影响人的生活。既然如此，人当然要重视它。

如果考察我们古代对于官吏的评价，可以看到对“名”和“利”的不同态度。为官者如果求利，就是贪官；如果求名而不求利，可能就是清官。清官是好的，贪官是坏的。在这里，求利是恶行，求名则是美德。“求得美名天下扬”，是清官和大侠们的追求，被认为是好品德。在旧戏舞台上，这句话可以由人物自己直接唱出来，也算是抒发“壮志豪情”。“不要脸”“不知羞耻”则是一个人德行低下的标志。

但是，人们对荣誉的态度也常常充满矛盾。比如，说一个人是“名利之徒”，绝非美称；说一个人“沽名钓誉”，也不是对他的表扬。由此可见，我们对于“名”又不是可以一味追求的，至少是名不能“沽”，誉不能“钓”。求名与求利之间，似乎求名比求利高尚一些，但最好的还是“不为名不为利”“不为名利所动”，才是真正高尚的品格。

由此可见，荣誉本身就非常复杂，对它的追求也很难一概而论。什么是荣誉？它的本质是什么？功能是什么？对它究竟应该持什么样的态度？这一切都是有待深入认识的问题。

显然，荣辱观念是有历史性的。在帝王至上的时代，为皇上服务就很光荣。作为男子，为保卫皇帝而战死是无比光荣的；作为女子，被选入宫中供皇帝玩弄是无上光荣的。而且不仅自己光荣，而且全家都光荣。女人为什么要守节？为什么要做烈女？做节妇、烈女显然不是好玩的事，但许多人那么做了，看来还是很有诱惑力。诱惑她们的东西是什么？是名誉。因为守节很光荣。且不说能够得一块皇帝亲批的牌坊，就是为了人们说一声“这个女人很正经”也是可贵的。为了获得“很正经”的一个评价，就可以让自己一辈子受苦。什么是光荣、什么是耻辱，不同的时代有不同的评价尺度。

与此同时，荣辱观念也有它的民族性和区域性。在不同的文化圈里，荣辱观念是不同的。在一个民族被认为是很光荣的事，在另一个民族可能被认为是极大的耻辱。在一个地区认为是很丢脸的事，在另一个地区可能被看作是很“长脸”的事。比如，在东方与西方之间，在边疆少数民族与中原汉族之间，就有许多这样的不同。在汉民族文化圈内，到了恋爱自由的今天，一个漂亮女人在丈夫之外还有几个情人，在生活中可能是存在的，但她至少不会到处张扬；而在保留了母系社会遗风的少数民族，漂亮女孩子却可以自豪地夸耀自己有多少男人，甚至让人怀疑她是不是在吹牛。这一切都是不同的荣辱观念决定的。

所以，当我们的视野稍微扩大一点，就会看到荣誉的另一个重要的方面：荣辱并不是绝对的，有时甚至没有多少道理可讲的。比如，一个女人同时拥有很多男人，到底是光荣还是耻辱？

沿着我们的思路，很容易发现荣誉本身所具有的一些矛盾，可以看到它本身的一些微妙之处。比如，我现在刚刚买来一车煤球，需要搬到我住的六楼去，可是，我自己搬不了。即使搬得了，也需要上下楼无数趟，可能要搬半天，很累。因为我现在正在给你们上课，所以我就找你们帮忙，下课后去帮我搬煤球。你们费了好大的力气，终于搬完了。大家说，我该怎么回报你们？按照市场经济的交换的原则，我必须给你们劳动报酬。可是，按照中国的传统习惯，这样做可能显得人情太薄，我每人给五毛钱，同学们肯定不会收。因为如果帮老师干一点事就收钱，好像是没面子的事，而且老师这么做，也是不给大家面子。所以，在一般情况下，我不会给你们发工钱。中国人是讲人情的，可是，无论怎样讲人情，这份劳动都需要以不同的方式付酬，中国人只是不愿意把账算在明处罢了。那么，按照中国人习惯的方式怎么处理呢？最简单的办法就是请你们到饭馆去吃一顿。既把这件事结了，又进一步增进了感情。

可是，如果我不这么做，而是采用另一种方式：给大家每人发一张奖状，上面盖上我的印章。

大家不要笑。如果我那么做，当然是笑话儿，我用一张纸省下搬煤球的工钱，大家肯定不认账，因为那张奖状不值钱。可是，大家换个角度想：如果是国家元首这么做呢？还可笑吗？为了皇上，为了领袖，流血牺牲，失去一条腿（不说生命了），换得那么一张纸，或者换成牌牌——勋章，还可笑吗？为了风化，为了妇道，为了丈夫的父亲和母亲，受苦受累一辈子，最后换来一块牌坊。以市场原则看，它是等价交换吗？那种对于付出和牺牲的补偿方式是不是很值得怀疑？

不错，荣誉有时可以转化成利益，就像银行的支票，皇帝发的奖状就常常这样；有时却也不能转化成利益，就像我给大家颁发奖状，你到哪里去兑换成应得的那份劳动报酬？

但是，我们必须承认，这种交换仍然往往是在自愿的情况下完成的。也就是说，一些人是自愿地拿自己的爱情、金钱、幸福甚至生命去换得了那些象征荣誉的东西。这涉及荣誉的精神价值，它不一定非要兑换成现实利益，而是可以由此获得精神满足。

荣誉不可能是一种自我授予，而是来自群体或可以代表群体的权威。它是社会支配力量对个体的认可和褒扬。因此，荣誉的获得不是无偿的。要想获得荣誉，就必须付出代价。要当烈士，就得去死；要贞节牌坊，就要克制生命欲望；要想让人们说你好，就必须按照人们的意图去做……这些要求有时相当苛刻。正因为这样，一个人如果过分追求荣誉，就往往失掉自己。因为他将时时想着别人将如何评价他。他会为此而缩手缩脚，唯唯诺诺，我们的传统往往利用这种力量来制造这种人格。荣誉常常显示出巨大的力量。为了名誉，为了面子，人们常常自觉或不自觉地扼杀自己。想要的荣誉源于哪里，你就会受哪里制约，甚至会成为它的奴隶。

二

在结束“文革”进入新时期之后，社会生活发生了种种变化。尽管有人看不到这些变化，有人不愿承认这些变化，但变化毕竟发生了。价值观念的裂变很自然地冲击着荣誉本身，也改变着人的荣辱观念，或者说，使它发生了不可避免的裂变。在新时期文学中，这种裂变表现在以下几个方面。

首先，“勋章”的贬值。

在50年代，文学对生活的表现与权威意识形态是完全一致的。因此，它对荣辱的认识和评价也是与权威意识形态一致的。闻捷的《种瓜姑娘》写过这样一个情节：种瓜姑娘枣尔汗漂亮而能干，所以许多小伙子都来追求她，在她的瓜地边上不停地向她唱情歌。最后，枣尔汗说话了：“感谢你热情的歌唱，但要我嫁给你吗？你的衣襟上少一枚奖章。”当时的女孩子纷纷把爱情献给“最可爱的人”，献给从朝鲜战场上回来的荣誉军人，献给各种英雄和模范，这是在当时的文学作品和社会生活本身经常看到的。因此，闻捷诗歌所表现的这种价值观念不是孤立的和个别的，而是有某种普遍性。它告诉我们，在当时的姑娘们那里，或者说，至少在闻捷那里，勋章是非常重要的，可以证明一切。它所反映的，是人们对社会所给予的荣誉毫不怀疑。

新时期文学对荣誉和荣誉获得者的认识却不再如此轻信。我们今天的女孩子大概很少有人还像枣尔汗那样信任奖章。因为人们会想，即使不是弄虚作假得来的，也不能说明什么问题。一枚奖章，或许能证明他是劳动模范，但并不能证明他是一个好丈夫。即使单从品行而言，人们也不再那么信任社会对一个人的评价。在新时期文学中，作家们常常表现出对社会评价的某种怀疑，甚至是鄙视。从航鹰的《金鹿儿》、蒋子龙的《赤橙黄绿青蓝紫》、徐怀中的《西线轶事》、李存葆的《高山下的花环》等小说，都可以看到社会对人的评价的不公正，可以看到文学对荣辱的重新思考，还可以看到对在社会评价中受辱者相当普遍的同情。这一切不仅是勋章大大贬值，而且大有颠倒荣辱之势。

在我们的生活中，作为一种文化裂变的信息，已经出现了一种“越捧越臭，越批越香”的现象。以上所说种种新现象，都是在这一文化背景之下发生的。究其原因，其实很简单，比如，“模范”“先进”“标兵”等荣誉称号是值钱的，可是，如果它是来自“批林批孔”“批邓”“反击右倾翻案风”那样的运动呢？现在还好意思说吗？

其次，“面子”的贬值。

中国人很爱面子，也就是很珍惜自己的名声。可是，新时期文学却对中国人的面子进行了一系列批判性的揭示。许多作品都注目于面子与人性的冲突，揭示脸面对人的扭曲。在我们的小说人物画廊中，有许多人物都很爱面子，却生活得可悲可叹，让人读之充满同情。通过这种描写，作家们告诉读者的是，面子已经不是值得羡慕的东西，而是成了沉重的负担，甚至是扭曲人、扼杀人的东西。因为那些人物的确为了面子而扭曲甚至是扼杀了自己。

其三，荣誉与人性的冲突。

《新兵连》《在荣誉的十字架上》，都写了人在追求荣誉过程中的异化，写了人被荣誉所扭曲的状态。为了荣誉，压抑自我，丧失个性，变得那么虚伪。

正是在这个背景上，我行我素，不顾人们评头论足的人物成了新时代的英雄。它所反映着个性解放的潮流，反映着思想解放带来的时代变化。这种变化从许多作品都可以看到。这意味着觉醒的人不愿意再被荣誉所束缚，也意味着人们对社会评价体系的不信任。

培根说："对于军人来说，荣誉心是不可缺少的……荣誉感可以激发斗志，在冒险的事业中，豪言壮语也可以增加胆力，审慎持重之言反而使人泄气，它们是压舱铁而不是船帆，应当被藏于舱底。"（《人生论·论虚荣》）虚荣心是人生事业的推动力之一，培根也是这样看的。许多英雄的事业都与他们的荣誉感密切相关，我们很难想象没有荣誉感的人是道德的，也很难想象没有荣誉感的人会有足够的为社会、为他人做贡献的动力。正因为看重社会对自己的评价，所以才为获得好评价而加倍努力，甚至不惜付出巨大的牺牲。

可是，到了我们这个时代，人们却产生了一种新的理解，开始把过分看重他人对自己的看法认作一种弱点，看作是自我不够强大的表现。人们开始意识到，别人的看法并不一定影响一个人获得幸福，一个人更不应该为别人的看法而活着。得到别人的赞美固然是令人高兴的，但如果为了得到别人的赞美而牺牲自己的幸福，那就是一种愚昧。

叔本华说过："过分重视他人意见是人人都会犯的错误，这个错误根源于人性深处，也是文明社会环境造成的结果。但是不管它的来源到底是什么，这种错误所产生的巨大影响以及它有害于真正幸福的事实则是不可否认的。这种错误，小则使人胆怯和卑屈，大则可以造成悲剧。许多人为了争取荣耀而牺牲了宁静与平和，财富与健康，甚至生命。"对于大多数人来说，人们往往太多地注意人们对自身的评价，而不关心自己的感觉，或者是感觉到了自身的呼唤却硬是为了别人对自己的看法而牺牲了自己。中国的文化总是让个人向社会妥协，而强迫人们放弃自我而走向大众群体的力量不仅仅是法律，而且还往往是一种荣誉感。

新时期文学中那些我行我素的青年形象，最突出的特点就是不再为别人活着。正因为这样，社会流行的荣辱观念对他们的制约也就在很大程度上丧失了力量。

1988年8月　石臼所

论新时期文学的历史观念

在中华民族的历史上，20世纪80年代是一个非常特殊的时期。中国人对历史产生了比以往任何时期都浓厚的兴趣，一股历史反省的潮流席卷着我们的时代，重大的历史问题引起了人们普遍的关注。几乎每一个有思考能力的中国人都把目光投向了历史的长河，津津有味或者痛苦万分地思考着民族历史发展中的各种悲喜剧。但是，用什么样的目光能够看穿这个民族历史发展的奥秘呢？用什么样的工具能够帮助我们挑开历史这个古老新娘头上的层层面纱而窥见其真实面目呢？用什么方法和形式能够准确地描绘这一古老的民族顽强行进的曲线，并揭示其挥霍着聪明才智和热血而结果却面黄体弱缓慢地爬行于半原始的荒野的原因呢？历史学家把他们的论著摆在了我们的面前，文学家也捧出了他们的艺术思考。

作为一种时代的精神文化现象，历史意识的强化几乎给每一部作品都留下了浓重的投影。在历史目光的观照下，每一事物都可以呈现出历史的纵深感。但是，本文不打算论述这种文学的历史意识，而是着眼于这种历史意识的结果之中反映出的属于我们这个时代的历史观。需要说明的是，我无意于依照现成的概念和理论范畴去衡量文学的历史思考，而是要依据文学所做的历史思考，作一点力所能及的分析、说明和判断。

一

每当历史反省的潮流出现，总是现实出现了危机，或者未来的屏幕上图像模糊不清的时候。新时期历史反省思潮的原因几乎不言而喻：中华民族曾经意气风发斗志昂扬地高举红旗高唱凯歌走进了可怕的死谷，当浩浩荡荡的大军走到尽头面对危崖和深渊时，无论以何种形式拨正，都会不自觉地回头望。这种回顾有一个规律，就是由近及远地逐步延伸。

因此，新时期文学对历史的思考首先是面对刚刚过去的生活。先是写伤痕以呼救，继而反思惨剧之来龙。当时文学普遍关注的是历史发展中的变异现象。我们已经在雷鸣般的欢呼声中与苦难的历史举行了告别仪式，为什么还会陷入新的苦难之中？一个晴空万里的新时代竟然也会突然阴云密布，到处一片血雨腥风！大量的作品关注着同一个问题：黑暗战胜了光明，野蛮吞没了文明，光荣的传统丢失了，革命者成了老爷，公仆变成了主人。从《剪辑错了的故事》《永远是春天》《悠悠寸草心》《蝴蝶》《冬天里的春天》《月食》《将军，不能这样做》，一直到《高山下的花环》，文学的历史思考都集中于这一历史变化。强烈的道德义愤集中于干部忘记和背叛人民的可耻蜕变。是什么使他们发生如此变化呢？当时的文学还没有能够进行更深入的思考，只是着眼于最浅近的原因而非常一致地齐声回答："左。"虽然当时有人已经注目于封建主义，但似乎一致认为：正是由于历史的航船向左转，把美好的东西丢失了，封建主义的沉渣才会泛起。总之，文学在进行历史思考时截取了历史的一个片断：从50年代或者革命战争年代到新时期。在这种截取的基础上，或者说是由于这种截取，历史在文学中被描写成了一个马鞍形：两端是光明的，中间是由病变而导致的黑暗时期。这成为一个封闭的自足的历史过程。革命战争是历史的起点，革命战争的炮火已经把旧世界彻底埋葬而使历史重新开始，"左"的政治路线使历史向左转而经历了一个黑暗的时期，但我们终于又战胜黑暗而走向了光明。从某种意义上说，这个历史的图式是真实的，但透过这个马鞍形，我们可以看到作家们思维空间的狭窄，看到当时的文学虽然在皱着眉头思考历史，却表现出历史的短视，看到当时的文学是多么缺少开阔而深邃的历史目光。

如果我们进一步考察，就会发现，文学之所以呈现出这样一种历史模式并不是偶然的。在这个着眼于病变的、有着一个光明的起点和光明结局的马鞍形后面，透露出作家们对历史认识的局限，透露出一些值得思考的历史观念：一、历史发展的绝对论和机械论；二、历史的乐观主义。

对于历史病变的思考有一个逻辑前提，就是本来一切都是美好的。在新时期最初几年的创作中可以看到，战争年代是那样美好，令人无限怀念；50年代初的阳光是那样明媚，令人难以忘怀。尽管作家们的认识并不完全一致，有的写“文革”开始变坏，60年代初还是阳光万里；有的写50年代末已经发生着恶变，只有“解放初的七八年，光明得像天堂”；有的写刚刚进城，一些干部就已经变了，只有战争年代革命者与人民血肉相连。但是，无论多么不同，却都有一个美好的开端，一切都是后来变坏的。这种构思模式深打着我们民族传统思维方式的烙印：美化远的历史以否定近的历史。这与我们对黄帝、尧、舜的美化有着血缘关系。但从历史观念方面看，这还不是重要的问题。值得注意的是这种作品与新中国成立初期歌颂翻身解放的作品一脉相承，继承了它在历史观念方面的全部幼稚和局限。好像战争的炮火已经把旧世界彻底埋葬，轰出了一个全新的时代，开辟了一个与过去历史毫无联系的新纪元。好像新时代与旧时代之间已经一刀两断。好像那些举起锤头和火炬的革命者是从天而降而不是民族历史的土壤里所培养，他们的素质是全新的，只属于新时代而不属于旧时代。但是，历史不可能通过一阵炮火而彻底更新，革命的利剑可以瞬间砍下反动统治者的头颅，却很难割断其精神文化血脉。可歌可泣的革命者们高举刀枪创造一个新的时代，而他们自身却是旧时代创造出来的，身上承袭着旧时代的因子。这一点使得他们无论如何自我更新，也很难彻底洗刷旧时代给予他们的一切。因而，他们在创造一个新时代的时候，就不可避免地作为旧意识的载体而把旧时代的因子注入他们流血流汗创造的新时代。因此，把任何一个时代的开端理解为十全十美的、崭新的、不存在任何污垢的时代，都是幼稚的、缺乏历史目光的。

在上述作品中，还可以看到一种坚定的历史乐观主义。这种历史乐观主义成为支撑作家们精神的一种信念。历尽坎坷而复出的“右派”作家们几乎都有这样一种认识：生活无论多么曲折，革命者无论遭受多少磨难，历史最终是公正的。因此，二十年的历史曲折在李国文的笔下不过是一场“月食”，月亮被天狗吞了，但终究还会重放光芒。从《河的子孙》我们可以看到，张贤亮相信历史的自我净化功能，认为民族的历史像黄河一样，无论被扔进多少脏东西，它都会自行净化，无损于它的奔腾向前。这种对历史的信任和依赖在青年作家的作品中也同样体现着。杨牧的诗剧《在历史的法庭上》就是一个突出的例子。在这里，历史被赋予“严峻、无情、清廉、公正”的品质，它对一切进行着公正无私的最终审判。这是那个时期中国人的一大精神特征，人们虽然刚刚从一段荒谬的历史中走来，却决不认为历史是荒谬的。由于民族的历史终于从绝路又进入通途，这一结果更进一步巩固了人们的一种信念：历史终将扬善惩恶，倒行逆施者终将受到历史的惩罚。由于噩梦醒来是早晨，人们更相信黑夜是短暂的，早晨永远伴随着历史。一位青年诗人说：“人类的高空总是阴云密布，又总是雨过天晴。”而在更多的人看来，乌云密布并不“总是”，晴朗的天空才是主要的，黑暗不过是历史的反常，光明却是历史的正常。作家们这样认识生活，也这样表现生活，这直接导致了当时作品大都有一个光明的尾巴。许多人都自觉地认为这并非凭空添出的亮色，而是在揭示历史发展的必然规律。

那么，这种历史乐观主义的依据是什么呢？文学的回答是人民对历史的选择。因为真正主宰历史的上帝是人民。我愿意高度评价新时期文学的这种历史观念，因为我们的人民不应该被遗忘。在中国传统的观念中，历史发展的动因不是人而是天命，英雄们承天命而创造历史，人民只是英雄们用完即扔的工具。20年代以后，历史唯物主义得到传播，但几十年来我们实际上却仍然在宣扬着一种历史的神创论和英雄史观。正因为这样，新时期文学首先面临的就是恢复人民群众的历史地位。尽管在这块古老的土地上英雄史观基础雄厚根深蒂固，但人们的观念毕竟发生了变化。这其中一个重要的原因是理论上人民是上帝、是主人的观念支持。“大海航行靠舵手，万物生长靠太阳”的流行语言开始受到怀疑，相比之下，人们似乎更愿意接受“大海航行靠水手，万物生长靠土地”的结论。无数诗人从写“红太阳颂”转向了写“大地礼赞”。大地母亲作为孕育一切的人民形象的象征而受到膜拜。批判现代迷信和个人崇拜而重新确立“人民——上帝”的观念，正是历史观方面拨乱反正的鲜明标志。作家们反复论述着一个并不新鲜的命题：民心不可违。人民创造了历史，人民主宰着历史，谁若忘记了他们，谁就要受到历史的惩罚。谁若漠视他们、不尊重他们，谁就决没有好下场。这就是《冬天里的春天》等作品所要告诉人们的。

毫无疑问，这种论证有一种值得崇敬的现实功利目的。这种功利目的任何人都没有资格妄加指责。但是，由于这种功利目的的迫切，我们的作家在当时还没有来得及考虑人民的选择能力和历史发展的关系问题。我们难免要这样思考：即使人民的确是历史的主宰，牢牢掌握着历史航船的舵把，历史的发展就是乐观的吗？就可以无恐而无忧吗？历史的乐观主义缺乏一个坚实的基础支撑。

二

表面上看也许有点奇怪，当人们面对血淋淋的伤痕而进行历史的反思时，文学表现了更多的历史乐观主义，而随着时间的推移和历史的正向发展，文学对历史的思考反而不那么乐观了。人民的光环不再那么绚丽，主宰作用仍然被承认，却失去了以往的信赖。

这种变化直接产生于历史视野的拓展。作家们看到的不再只是从革命战争年代到今天，而是从几千年之前到今天。现实中变革的艰难启发了我们的作家，文学开始更多地注意历史的连续性。人们逐渐认识到，无论帝国主义的大炮还是人民解放的枪声，都无法把历史一下子切断而划分出一个新的时代。历史进程中的突变往往是虚假的，它最终代替不了渐进。所以，对于历史上频繁出现的政治变动对民族历史进程的影响，本来就不应该估价太高。因为历史是一个整体，创造新时代的人们本身是由旧时代创造出来的，身上承载着旧时代的重负，在创造新时代时不自觉地打上旧时代的烙印。即使他们有一张全新的图纸（这种图纸本民族是无法创造出来的），也要参照旧时代而予以修改。由于人的素质的历史存留，历史的进程往往是欲速则不达。历史会有一个个新开端，但这“新”常常是被夸张了的。而且时装越新，旧的肌体就越是安全。表面上飞速前进的时候，这所谓“飞速”往往只是一种错觉。我们曾经习惯于割断历史，以一炮为界划分出新旧时代，对旧时代彻底否定，对新时代完全肯定，但这种做法却恰恰没有能够把历史割断，反而很有效地保护了旧时代。因为我们在对新时代的完全肯定中肯定了被切割于新时代中的全部陈腐，而这陈腐得不到抑制就会迅速增殖。“文化断裂论”之所以是幼稚的，就因为它像那些自以为把旧时代送入了坟墓的人们一样，没有看到割下来供奉起来的那一段与被彻底毁弃的那一段的本质区别中还有本质联系。文学逐渐清晰地发现了这种联系，去表现这种历史的连续性。

《钟鼓楼》等等作品大写文化教养的作用和秉性的遗传，告诉人们清帝退位之后余威的延续，使人们看到生长于新社会的卢宝桑却很像他那在旧社会当乞丐的父亲……其目的无非是要说明，过去的一切都不会完全过去，它总是要在现实中顽强地存活下去。

随着对历史连续性的关注，文学创作中发生了一个人们不太注意的变化。文学对干部的“变”与不变有了新的思考。新时期之初，文学痛心的是一些干部的变化，指责他们由公仆而变成了主人；后来的作品却痛心于他们的不变，指出他们本来就具有的主人的意识和心理。在这里，他们的“变”正是不变的因素在一定条件下的反映和显露。历史给了我们这个民族太多的重负，历史的惯性也不可能一下子改变。它在我们民族的成员身上留传下来，即使是杰出人物也难以避免。至此，那个由好变坏的历史过程被悄悄抽掉了。王兆军的《拂晓前的葬礼》写的是一个农村支部书记，但表现的却是我们民族那些杰出人物的性格特征。它反映的生活只是短短的几年，展示的却是几千年民族历史上权力交替的基本模式，凝聚了几千年历史发展的全过程。这一切都是通过田家祥性格的演变过程表现的。他的创业史悲壮动人，闪耀着我们民族性格的光辉。无论他的动机是多么不单纯、不高尚，客观上却顺应了人民的意愿，推动了大苇塘村历史的前进。不幸的是，成功之后，他却立即“变”了，变得狭隘、自私、残暴、专横、怀疑同志、压制群众、不求进取、奢侈纵欲。他由建设者变成了占有者，由被压迫者变成了压迫者，由被掠夺者变成了掠夺者，由“全村人的儿子”变成了全村人的老子，由历史前进的动力变成了历史前进的阻力。他的奋斗、成功和没落划出了一条抛物线，最后又回到了他的起点上。这个曾经被王晓云们热情崇拜的偶像，在王兆军的笔下展示出的不是他由好变坏的过程，而是他从几千年历史传统中继承下来而没有得到改变的素质。他之所以有变化（从他个人的具体表现看）正因为他没有变化（从民族传统和中国农民心态来看）。他的性格变化正是民族文化基因不变的一种表现。他与历史上一个个民族英雄没有本质的区别。所以，高扬的历史风帆又回到了原处，他成为他所千方百计推翻的田福申。一个美好的历史新开端未能以持续上升的趋势从陈腐和邪恶中解放出来，而是非常不幸地复归旧地。田家祥作为历史的进步力量的代表审判过他的前任，但他一旦自立之后，又反过来成了错误的历史意义的代表。田家祥显示过大苇塘村历史的复生（借用尼布尔一个概念），但却无法抵御大苇塘村历史的腐蚀，更无力挣脱大苇塘村历史的拘牵。《河魂》中的孟老根，《桑树坪纪事》中的李金斗，以及许多带有民族劣根性的人物所显示的都是不变的历史惰性。面对时代的变革，面对社会生活中错综复杂的矛盾，面对文明与野蛮的交叉对立，文学塑造了一些受到历史现实制约的文化性格，使我们看到在难变的历史重负中跋涉的艰难。

在过去的文学（包括新时期之初几年的文学）中，历史多是被提纯和净化了的。随着对历史发展的连续性和因袭性的关注，文学中的历史不再被提纯和净化，而是开始努力展现历史前进的复合状态。这种变化在革命斗争历史题材的创作中更突出地表现了出来。

《红高粱》《灵旗》《马蹄声碎》《夕阳红》《故乡》等作品以新的面貌引起了广泛的关注，一个重要原因就是这些作品以冷峻的目光观照历史，展示历史的原生面目而不作提纯和净化处理。抗日，长征，一次次国内革命战争，都是民族历史上的大事件，可是，这些大事件蕴含了什么样的历史意义呢？过去的作品着眼于歌颂而未能发掘更为深层的动力的洪流。这股洪流并不像教科书上所说的那样清澈透底，而是比黄河还要浑浊。它由民族的热血汇成，热血并未经过过滤。作家们并不是丑化革命史，而是革命史本来就不是一幅想象的水彩画。伟大的历史事件推动着民族的历史，但是，这些作品并不致力于向人们描述历史发展轨道上的新的坐标，而是要告诉人们历史向前迈进的每一步都带着它的所有沉重。它挣扎、摆脱，但许多东西是难以摆脱的。人创造着历史，历史也创造着人，历史的命运由人决定，人的命运又受制于历史，人与历史就是这样纠结在一起，每前进一步都是痛苦的挣扎，撕扯得皮开肉绽，鲜血奔流。这一切在过去的作品中我们无法看到。它展示了人与历史的一体性。无论土匪司令余占鳌还是逃兵叛徒青果老爹，谁也无权怀疑正是他们创造了我们民族的历史，正是他们以沸腾的、飞溅着的热血铸成永垂史册的大事件，正是他们生命力的勃勃涌动成为历史前进的力量源泉。但是，通过他们，我们看到了历史全部的悲与壮。他们令人崇敬之余又令人慨叹不已。在周梅森的新作《国殇》中，白云森临死还在喊：“历史将证明……”历史将证明什么？周浩的回答是“去你妈的历史吧，历史是婊子！”我们的作家们还没有几个人愿意承认历史是婊子，但是，却有不少人意识到历史的证明是非常复杂的而不是一个简单的方程式。新二十二军军长杨梦征，副军长毕之奇，师长白云森都没有死在敌寇的子弹下，内部火并却彻底改变了新二十二军的面貌。历史的记载是什么呢？历史记载的是他们一个个都“以身殉国”，以及最后的成功者杨皖育的辉煌功勋。正如他自己所说的，历史什么也证明不了，历史只记着结局，一切过程都会被忘记。要追问真理、正义和良心吗？他们都在为国家而战，为民族而战，身上带着伤口，伤口流着鲜血。他们的确是民族历史的功臣，但是，那一幕幕争夺权力、自相残杀的阴谋不也是这功臣的所作所为吗？

从这些作品的悲剧意识背后，可以看到作家们深入历史内部的发现，可以看到一些作家历史观念的新变化。作家们仍然相信历史的进化论，却更多地注重进化的艰难，历史的乐观主义从根本上说没有崩溃（我们在这一阶段还很少找到历史悲观主义和虚无主义的作品），但是，人们的怀疑却如此鲜明，在社会的变革和历史的前进面前，许多作家已不能手捧鲜花流着热泪去欢呼雀跃。他们并非与历史前进相抵牾，而是以审视的目光看其是否真正前进了，高高抛起的彩球最后究竟要落到何处去。作家们仍然不愿意放弃对美好未来的信仰，但更倾向于注意奋斗和追求的过程，因为它才是历史的全部意义，理想之岸因为毕竟遥远而显得并不重要。在这个过程中，善善恶恶，是是非非，功功过过，都难以一目了然。任何想把历史作提纯描述的做法都与儿童一样天真。

三

中国古代的历史观基本上是倒退的和循环的历史观。“今不如昔”加上“话说天下大势分久必合合久必分”。孔子把历史看作一个连续退步的过程，因而致力于复礼。孔孟之徒言必称尧舜，老庄之徒言必称黄帝，墨家崇尚大禹。远古永远是人们模仿的标本，同时又是永远不可企及的。应该感谢进化论和继之而来的历史唯物主义对中国的影响。它给中国人带来了一种新的历史观。虽然总有人以过去的光荣作为反对民主与科学的挡箭牌，抗拒先进文化而固守国粹，但历史的进化毕竟开始为更多的国人所接受。但是，由于种种原因，在社会主义建成之后，事实上盛行了一种历史发展的封顶论。似乎过去的历史是不断发展变化的，一个美好的社会建成之后就不再如此了。于是忌谈社会的再变革。因此，50年代和60年代的文学作品中，人们喜欢从历史中汲取浪漫的豪情继承革命传统，从历史的英雄那里汲取精神力量，甚至模仿他们的生活态度和生活方式。那些英雄人物的理想是一个确定的目标而不是一个不断变化和递进的目标流程。他们从事的是一劳永逸的变革事业，却没有不断变革的历史意识。这一切反映着那个时代的一种历史观念——历史发展的封顶论。

进入新时期，虽然复古主义仍然存在，以思想僵化为主要特征的封顶论也仍然存在，但作为主要倾向，人们却已经渐渐地确立了不断发展的观念。人们更清醒地认识到历史是不会重复的，只可从这面镜子里得到种种教训，而不可模仿和重演。每一个人都必须重视自己所生活的时代，认真考虑时代所面临的新问题。谁走在历史的前面谁就拥有历史，历史永远钟情于那些不懈的探求者。在历史迅速发展的时代，谁停止了前进谁就要被历史无情地抛弃。在靳凡的《公开的情书》中，老久就已经说过："也许有一天，历史终将证明，我们仍然落在时代后面，成了可悲的落伍者。这种悲哀是人类其他痛苦都不能相比的。……但是我们还是要向前走，尽一切力量向前走，直到生命火花最后熄灭。"这是最早觉醒的一代青年的人生态度，这里有一个前提，历史是逝者如斯，不舍昼夜的。1983年，李国文的长篇小说《花园街五号》发表，它通过花园街五号这座洋房五代主人的悲惨命运告诉人们，历史是不断发展的，是奔腾不息的，无论哪一个阶级，哪一个统治集团，都无法使它停止。历史要求人们随着它发展的要求而不断变革。故步自封、顽固守旧只能导致被历史的潮流摧垮的命运。花园街五号的主人们一代一代都是后一户干掉前一户，以血腥的形式完成交替，而且每一户都产生"代沟"——儿子背叛老子。其原因就在于他们未能适应历史的要求而前进。怎么样才能改变那种悲剧命运呢？唯一的途径就是及时地改革一切不适应历史发展要求的东西。在这里历史发展的不断变革论已成为当前改革的理论依据。李国文正是用这种理论来论证改革的必要性的。1985年，李锐在中篇小说《古墙》中写了一个"两千万年以后，整个大地已变得面目全非"，"许多许多主义过时了许多许多的主义诞生了"之后的"想象的结局"。我之所以提到这个想象的结局，因为它包含了一种历史观念。历史发展顶峰论者无法产生这样一种想象。我们过去的作家也不可能写出这样的想象。他们甚至会反问：共产主义也会有过时的时候吗？而以历史发展的不断变革论来看，一切主义都不会是人类文明的止境，而只能是历史发展的链条上无数否定之否定中的一个环节，一个阶段，尽管未来的确切情况谁也无法预料。从这个小小的例子可见，历史的发展过程在作家的观念世界里已经成为无限延伸和否定的流。

这种历史观念是我们这个时代的产物。因为我们正在变革。这场变革直接导源于当代历史的曲折。而思考中国当代历史就很容易得到一种启示，变革决不是一种一劳永逸的事业。因为无论是解放战争、还是粉碎“四人帮”、拨乱反正，都没有也不可能带来一种十全十美的生活。现实也给人们同样的启示，改革一步步进行，改革之后也仍然有各种问题和不足。因此，今天的改革不是开展一个改革的运动，而是开始一个改革的时代。进入这样一个时代之后，改革将是永远的事业，它将不断地进行下去。从理论上说，它是不应该有结束的，因为历史在其发展过程中不可能出现一个十全十美而不需要再变革的阶段，人类历史的发展也不会停止。变革的时代产生变革的意识，变革意识产生了历史发展的“不断变革论”。

这种历史观念直接影响着文学创作的精神面貌。勇于变革，敢于创新，不断开拓，成为备受赞美的英雄性格。怀疑精神，叛逆精神，永不满足的精神，成为这个时代文学的理想人格不可缺少的精神素质。相反，顽固守旧，思想僵化，安于现状，不思进取，驯服顺从的性格则受到审美的否定。因为前者是历史变革的动力，而后者则常常成为变革的阻力。文学中的这一现象又直接培养着与变革的时代相适应的历史观。

这种历史观念成为近几年文学创作的一个新的逻辑起点。文学中的历史再不是一个封闭自足的过程。文学对变革的呼唤也不再是“改一下子”的问题。从40年代到60年代，文学也曾经呼唤变革，但那种变革理想都是一次性的。50年代和60年代，我们的文学也曾经歌颂变革，但那变革往往是过去时或完成时的。而且歌颂就是完全的歌颂、单纯的歌颂。近几年的文学开始改变这种面貌。矫健的长篇小说《河魂》以三代支部书记组成了中国当代历史发展的一个基本模式，柳泊村自1958年以来代代治河，但无论“大跃进”还是“农业学大寨”，都无一不触犯“河魂”而遭到报应。经过一次次惨痛的教训，第三任支书小磕巴终于懂得了河有河的灵魂，它有自己奔流的意志和规律，对它的限制是历史的错误，因而完成了一次伟大的转变，从“以粮为纲”的狭窄河床中走了出来，而走上了发展商品经济的致富之路。如果在50年代的作家笔下，小说将对此高唱赞歌而结束，但在新时期作家笔下，历史却并没有到此而宣告圆满。小说在三代支书构成的历史模型的末端写了年轻的姑娘河女，她是那样不安于现状，带着一颗痛苦的心去追求新生活，却前程难卜。她的存在预示着小磕巴完成的变革还远远不够，历史仍然呼唤着继续变革。

这种呼唤事实上已经成为作家们相当普遍的呼唤。面对当前的变革及其辉煌成效，作家们不像50年代那样满足，因而也不再那样歌唱，而是时时表现出某种不满，希望变革不要到此为止。大概正是由于这种愿望，矫健写了《老人仓》，张炜写了《秋天的思索》和《秋天的愤怒》。在习惯上高唱赞歌的时候唱起了忧歌。无论是老人仓水库之畔还是芦青河边，以承包为标志的农村改革已经进行了，但作家们却没有满足，因为在那里人民群众的命运并没有得到根本的改变。有人把这些作品看作是道德评判的结果，甚至认为作家们忽视了历史的评判，我却认为这里面深含着作家对生活的历史评判。因为作家决不是认为历史的发展造成了礼崩乐坏和道德沦丧，而是认为社会的变革还很不够，应该进一步变革。由此，我们可以看到历史发展的不断变革论如何有力地推动着今天的变革。同时，它也是那些揭露现实生活弊端的作品的逻辑起点。

这种历史观体现着我们时代的精神：强烈的思变和不息的追求。谁说当前的文学没有理想呢？相比之下，50年代的文学倒是明显地暴露出那种因胜利而满足、而不再思变的精神惰性。好像胜利之后唯一的任务是巩固既成秩序而不必再变革了。其实，不思变革恰恰意味着理想的丧失。

1988年6月　曲阜

论新时期文学的人天观念

人生活于这个世界，不仅必须面对你所生活的社会环境，而且必须面对人类所赖以生存的自然环境；不仅要对人与人之间的关系给予密切关注，而且要正确地处理人与大自然的关系。应该怎样与大自然相处？人类在自身的发展中总是不断地探索并回答着。但是，不同的民族、不同的文化、不同的时代有不尽相同的答案。那么，在价值观念急剧裂变的新时期，中华民族对这一课题的思考在文学中的表现如何呢？当我带着这样一个动机考察近几年的文学创作，它给我的是一分欣喜，一分惊奇，一分困惑和忧虑。

一、人类危机感与人类自审意识的觉醒

在近几年的文学创作中，出现了不少思考人与大自然关系的作品。在这些作品中，人不仅作为社会关系中的人，而且作为大自然链条中的人出现于作家笔下，给文学带来了新的面貌。但是，引起我特别注意的还是小说《蛤蜊滩》（邓刚）、《树王》（阿城）、《大林莽》（孔捷生）、《灵狮》（刘醒龙）、《沙狐》（郭雪波），戏剧《野人》（高行健），报告文学《白天鹅之死》（刘大伟、黄朝晖）和诗歌《情侣》（廖亦武）等这样一些作品。这些作品首先表现出一种人类的意识。作家不再仅仅意识到人作为阶级、民族或者国家的一员而存在，而且意识到作为人类所面临的一切。这是一种新的觉醒。这种觉醒对中华民族来说，具有特殊的意义。

中华民族在自己的童年时代，曾经非常注意人与大自然的关系。这在远

古的神话传说中充分表现着。无论是盘古开天地、女娲补天、夸父追日，还是精卫填海、大禹治水、愚公移山，都毫无疑问是祖先们对人与大自然关系思考的结晶。春秋战国时代，《诗经》与《楚辞》还留下了穷究自然奥秘的大量篇章，但是，自西汉独尊儒术以来，由于以解决人际关系为宗旨的伦理学说在中国文化中核心地位的确立，人作为类的存在对自身与大自然关系的思考逐渐衰微。中国人开始把绝大部分精力放在人与人之间关系的思考上。这种思考进一步促进了中国伦理文化的发展，讲究父慈子孝，兄友弟恭，讲究互相以对方为重，注重公私之分，君君臣臣，父父子子，思想家们纷纷以稳定社会秩序为己任，使“礼”成为中国文化的核心，使中国成为一个“礼仪之邦”。如果说希腊文化注重的是人与大自然之间的关系，中东文化注重的是人与神的关系，那么，中国文化注重的是人与人之间的关系。中国文化的这种特点当然有它非常积极的一面，但是，却也有其非常消极的一面。由于我们对人与人之间的关系特别注意，特别敏感，就必然带来了人与人之间关系的复杂化。互相猜忌，互相设防，你争我斗，我们的老祖宗精通此道堪为世界之首。历代帝王费尽心机所谋划的不是带领他的臣民去面对共同生存的自然环境以创造更多的生活财富，而是怎样稳定他的统治秩序，怎样防止可能出现的叛逆。所以，几千年你争我斗，统治者更替如走马灯一样你方唱罢我登场，却并不代表新的生产关系以推动生产力的发展，而常常纯粹是人与人之间的并无历史发展意义的争斗。当代的阶级斗争扩大化以及“文革”中那种互相监督、互相揭发、互相斗争的不正常的人际关系并非从天上突然掉下来的，而是有着文化传统方面的原因。

因此，人类意识的觉醒将有益于人们团结一致共同面对人类所赖以生存的自然环境，为人类创造更好的生存条件。

但是，值得注意的是，作家们并不满足于这种觉醒，而是以新的目光审视着人类。他们不再歌颂人类征服自然的伟大斗争，而去致力于寻求人与大自然关系的和谐，并为此而对人类改造自然征服自然的活动表示反感。一些作品重笔描绘大自然被破坏的惨状，敲响生态的警钟，表现出一种强烈的人类危机感。

《灵狮》中的护林老人一遍又一遍地讲着他的童话：“当山空了，林没了，再也听不到獐群的鸣叫，再也看不到对对獐子挟着它的幼子鹞鹰般掠过松树坪时，洪水猛兽就要来了……”他年轻时曾经是一个猎人，因打死一只幼獐遭到天谴而彻底悔悟，砍掉扣扳机的食指而结束了狩猎生涯，成为大自然的保护者。他竭力保护自然，但无力抵挡现代人的贪欲，终于山空林没，树王被砍，于是，神话应验了——一场暴雨之后山坡滑塌，泥石流把粮田一扫而光，人类遭到了大自然无情的报复。

《沙狐》中所描写的是在科尔沁草原南部一片茫茫的不毛之地上发生的故事。这片不毛之地在几百年前还是“水草丰美，猎物极盛”的地方，后来，人们为种粮而开始翻耕草原，结果是愚蠢的行为为自己种下了祸根，大片沃土变成了一片黄沙滚滚的荒凉世界。在“大跃进”的年月里，千军万马挺进此地“向沙漠要粮”，结果是使沙漠进一步迅速扩展和延伸。当黄沙步步威逼的时候，人类只有步步撤退。但正如老沙头所说的：“撤走？撤到哪里去？撤出地球？”出于这种认识，老沙头终年种草防沙，为灭鼠护草而与沙狐友好相处。但结果，沙狐却不幸地死于从城市来的疯狂的狩猎者的枪口之下。

《大林莽》是一部寓言，但如果不是只看其象征意义，而是从作品的宣示意去看，它所直接描写的重要内容毫无疑问是人与大自然的关系。青年们在政治口号的鼓动下盲目征服热带森林，要砍掉原始森林，种植橡胶林。他们不顾科学，粗暴地破坏自然生态，到头来是受到了大自然的无情惩罚。小说着力揭示的是违背客观规律的主观意志对自然和人的践踏，它以形象的描绘向人们表明，人对于大自然绝对不能为所欲为，“当人类的智慧被急功近利乃至妄想狂叫所践踏时，无论自然还是人本身，都将沦落到前途茫茫的窘境”（《林莽和人》）。

《蛤蜊滩》写的是“蛤蜊搬家”的故事。由于人类贪得无厌，蛤蜊的生存繁衍受到威胁，这些小生灵不得不艰难地逃向大海深处。高行健在他的话剧《野人》中借一个生态学者之口向人们发出警告：如果继续砍伐森林，“这已经浑浊的江流就该流泥浆，它造成的灾害绝不是砍下的这些木材能抵偿的，自然会报复的。”

“自然会报复的！”几乎成为这类作品共同的一句警世之语。这些作品大多有一个悲惨的结局。它几乎形成一种模式，只要留心一下，就会发现不少作品都是这样写的：一个大自然的忠实守护者，与大自然和谐相处，从外界闯入几个破坏者（他们差不多是砍伐者或者狩猎者，而且差不多是文明人），于是双方不可避免地发生了斗争，大自然的守护者最终不幸败北，大自然受到破坏，人类因破坏了自然而又终于受到大自然的报复。作家们之所以热衷于这种悲剧性的结局，并且极力渲染大自然的神秘力量，正是由于一种刚刚觉醒的人类危机感。这种危机感常常就是作品的创作动因。

生态环境的破坏后果是如此可怕，那么是谁破坏了生态环境的平衡呢？这些作品告诉我们：正是人类自己。作家们在这些作品中不约而同地反思人类在征服自然的过程中的是非功过，表现出一种当代文坛上前所未有的人类自审意识。

《野人》中的老歌师曾伯说："其实呀，人这东西最恶。就拿我来说，为了这张嘴，我手底下杀生的，……总不下一千头野物，都是大家伙，野鸡野兔的还不算数，造多少孽啊！"这是作家借人物而进行的对人类的自我审问与忏悔。这种自审与忏悔相当普遍地存在于这些作品之中。乔迈的报告文学《漠河大火记》所写的是大兴安岭灭火，按照以往的习惯，它应该描写人与自然灾害的斗争，但作者却没有那样写，而是一再地发着这样的议论："在我们这个星球上，最聪明的是人类，最愚蠢的也是人类。大森林对人类有养育之恩，但人类却不知恩图报。在第四纪冰川期，我们人类的祖宗类人猿就是从大森林里走出来变成了人的。我们一旦变成了人，便和大森林反目成仇，或者辟林放牧，或者辟林耕作……致使密林变疏林，疏林变荒原，荒原再变为不毛之地。"《白天鹅之死》面对白天鹅被猎杀这一事件，发出的也是对人类的严厉审问："人，人类，你究竟是至高无上的地球主宰，还是普通而聪明的自然之子？……你们常常讲观念更新，为什么不更新这种主宰观念？正是这种自以为是的主宰观念派生出其他一些邪念，使你们给其他一些生物带来危机。"

既然是人类破坏了生态平衡，责任就应该由人类承担，改变以往那种与自然对立的态度。作家们对人与大自然关系的和谐发出了深情的呼唤。那么，如何实现这种关系的和谐呢？回答是人类要努力克制自己保护自然，保护生态平衡。上述作品都渗透着保护自然的思想。《野人》不仅直接呼唤"救救森林"，而且通过戏的结尾孩子与野人的对话以及携手奔向森林深处的情节，呼唤着人与自然的沟通。它还通过生态学者告诉人们：人与树，人与鸟，人与兽，都应该是朋友，都应该和谐相处。

关于人与大自然关系的这种思考，在当代以至现代作品中都是少见的。我们的文学出现过大量的表现征服自然这一伟大斗争的作品。我们曾经满怀豪情地“命令秦岭让开路”，高唱“伐木工人之歌”，我们高喊“命令三山五岳开道，我来了！”甚至为了显示自己的力量，写出过这样夸张的句子：“石油工人一声吼，地球也要抖三抖！”……总之，我们习惯于以种种形式歌颂人们改天换地的英雄壮举，而新时期文学中的这些作品却开始反其道而行之，谴责这些壮举，而要人们在自然面前让步，抑制自己的贪欲而保护自然。这是一个巨大的变化。这个变化是很有意义的。我们不能不承认，人类在科学发展中具有了对自然的一定权力之后，就认为地球可以随心所欲地改造和无限制地索取，这是非常愚蠢的。科学技术的发展一方面为人类的发展提供了条件，一方面也为人类毁灭自身所赖以生存的地球提供了能力。如果把这种能力用于对自然的盲目征服，人类的理想毫无疑问将非常可悲。“人定胜天”的口号把人与自然对立起来，把人作为自然的外在物，结果不仅损害了自然，也从根本上损害了人类自身。因为人虽然从自然当中分化出来，却仍然是自然的一部分，要实现人类社会的高度发展，必须保持人与自然在一定程度上的和谐。同时，中国人口众多，但并非如我们常引以为骄傲的“地大物博”，森林减少，沙漠扩大，水土流失，空气污染，种种问题直接关系到民族的生存，迫使我们不得不思考“保护自然”这一课题。文学这一变化意义也是显而易见的。

二、古老东方与当代西方的契合

任何有生命力的文学创作都力求以独特的形式把握时代的重大课题，回答时代提出的疑问。人与自然之间的关系历来是哲学家和思想家关心的问题。这个问题的研究和争论贯穿整个哲学史，是一个永恒的哲学课题。对于人与大自然的关系，东方与西方有着极为不同的认识与回答。但在今天，却共同面临着一场观念上的重新选择。新时期文学中的保护自然、顺应自然的人天观念正是这个时代这一重大课题在文学中的一种反映。可以说，它的产生既是对民族文化传统的一种回归，又是放眼世界从西方拿来的结果。它是中国古代文化与西方现代文化在今日中国契合的产物。

在中国，从春秋战国时期开始就有关于人天关系问题的争论。但是，由于自然经济对自然条件的依赖，中国人长期处于“靠天吃饭”的生产水平，就很自然地对大自然敬而畏之，畏而顺之。所以，在古代中国的哲学系统中，“天命论”一直占有很重要的统治地位。孔子主张“尊天命”“畏天命”，认为天命是不可违背的，而且把“知天命”作为人格修养的最高境界。老子与庄子认为人在大自然面前是无能为力的，因而只有“无为”，任其自然。作为中国传统文化两大基石的儒家和道家，许多思想尖锐冲突，但在天人观方面却基本一致，都不强调对自然的改造和斗争，而强调天人合一，人与天的和谐一致。在先秦时期众多的思想家中，只有荀子主张“制天命而用之”，具有改造自然的思想，但在几千年的古代中国历史上，却始终未能占据统治地位。先秦时期的天人观被后人普遍接受而发扬光大的就是“天人合一”的观念。从先秦到明清，它为大多数哲学家所宣扬。“天人合一”的确是一个非常美好的境界，但这境界何以到达呢？传统“天人合一”思想的本质是顺天，达到的方式是人去适应天。在中国，“天”的意义历来含混不清，既指命定、主宰，又指环境、规律和自然。在荀子那里，“天”就是自然，在孟子那里，就不仅仅是自然，《易传》中的“天”多指自然，却已经开始把自然的“天”和意志的“天”融为一体，使其具有了道德内容。董仲舒把“天”的意志力量和主宰作用与大自然的客观规律相合一，“天”又包括了客观社会环境的含义。这样，“天人合一”就不仅是人对大自然的顺应，而且包括了个体对群体、对既定秩序的顺应。宋明理学中的“天人合一”已经成为一种地地道道的社会伦理学，几乎不再涉及人与自然环境的内容，但是，它却仍然影响着人们对大自然的态度。人们习惯了以顺应的态度对待社会生活环境，也就自然而然地以顺应的态度对待自然环境。

但是，到了当代，中国社会却曾经在很长的一段时间里高扬改造自然、人定胜天的思想。中国人在社会生活中无休止地进行“阶级斗争”的同时，以同样的激情去进行改造山河、征服自然的斗争。这种愚蠢的做法我们从《树王》《河魂》《大林莽》等作品中可以清楚地看到。

西方的发展却与此恰恰相反。

在西方，向外探求开拓以获得自由的思维方式是一种历史悠久的文化传统。人不仅在群体生活中努力保持个体的个性，而且在大自然中也努力证明人的力量，作为人的生存环境存在的大自然，理所当然地成为人类征服的对象。人类征服自然的理想随着生产力水平的不断提高和科学技术的不断进步而不断变成现实，人对自然界取得了一个又一个的伟大胜利。这种胜利又进一步巩固了人们征服自然的观念，形成了一种“人是万物主宰”“人是自然界的主宰”的观念，更强烈地表现出主宰自然的欲望。

但是，到了今天，对自然不适当的征服已使人类受到了惩罚，环境污染、能源危机、生态平衡的破坏，这一切使人类面临种种困境。因此，人们认识到保护和改善人类环境已成为一个迫切的任务，为此，1972年6月联合国人类环境会议通过了《人类环境宣言》。学者们进入“全球问题”的研究，注目于“人类困境”，高呼“只有一个地球”，发出“救救世界”的呼吁。他们认为控制自然是人类妄自尊大的想象的产物，应该立即停止各种愚蠢的行为，建立人与自然的和谐关系。他们从爱护资源出发强调对自然的保护，从生态平衡角度反对盲目征服自然，他们甚至为此而反对增长，鼓励低创造与低消费。在这种情况下，一些学者注目于东方，热情称赞“仁者以天地万物为一体”的“天人合一”思想，盛赞中国保护自然、顺应自然的天人观，甚至盛赞道家的无为，因为它的确把节省自身力量与保护自然结合起来了。

这种思潮冲击着中国。随着环境保护法的诞生和各地“绿色协会”“爱鸟者协会”等组织的出现，人们在思考西方环境科学的同时，想起了中华民族在这方面悠久的传统，想起了《国语》中鲁宣公破坏了“夏三月川泽不入网罟”的制度而被大夫里革把渔网毁弃的故事，想起了《管子·地数》中“有动封山者罪死而不赦”的禁令，想起了《吕氏春秋》中记载的“四时之禁”，想起了忽必烈“严禁狩猎天鹅、隼鹰”的法令——这一切《白天鹅之死》等作品都使我们看到了作家的思路和视野。从《当代社会与环境科学》《全球问题和人类困境》等小册子也可以看到学者们的思考。在中国，保护自然的思想的确是古已有之，就是主张“制天命而用之”的荀子在《王制》中也说：“草木荣华滋硕之时，则斧斤不入山林，不夭其生，不绝其长也；鼋鼍鱼鳖鳅鳣孕别之时，网罟毒药不入泽，不夭其生，不绝其长也；春耕，夏耘，秋收，冬藏，四者不失时，故五谷不绝，而百姓有其食也；污池渊沼川泽，谨其时禁，故鱼鳖优多而百姓有余用也；斩伐养长不失其时，故山林不童而百姓有余材也。”中国传统文化与西方当代意识在这个交叉点上契合了。新时期文学中新的人天观念迅速萌生。它既是一种引进，又是一种寻根，同时，又是当代中国作家对于当代斗争哲学的一种厌倦和反拨。

三、困惑与思考

我愿意高度评价这些为保护自然而呼叫的作品，充分肯定它在文化观念方面的积极意义。但是，一些问题却苦苦地纠缠着我，使我不得不进一步思考——

1. 对人类改造自然的斗争应该如何评价

我们应该保护自然，但这决不意味着人类历史上改造自然的活动就是错误的，也决不意味着人类从此就彻底放弃了对自然的改造。我们的文学不应该从一个极端进入另一个极端，简单地否定人类改造自然的活动。

在新时期文学中，伴随着保护自然的呼声，出现了一种否定文明进步、否定科学发展的倾向，为了保护自然生态而呼唤人们返璞归真，停止对自然的一切改造。我承认这种倾向是出于一种良好的动机，一种非常可贵的人类忧患感。但是，有一点应该清楚，所谓“人类困境”的问题要害并不在于对自然的改造与征服，而在于人类由于科学认识的局限对自然没有能够真正征服。可怕的是背离了人类自身利益的、目光短浅的征服，而不是征服和改造本身。人类摆脱困境的唯一出路是依靠科学而掌握自然规律，减少盲目性，而不是因为空气污染就关闭工厂、捣毁机器、退居原始森林。当今世界环境科学的任务仍然是为了生存和发展而科学地改造自然、驾驭自然。人类认识到生态平衡的重要性，思考对自然的保护，本身就是对自然的征服和驾驭。

我们应该寻找人与自然和谐相处的途径，但和谐相处决不意味着放弃对自然的改造，更不意味着放弃以人为目的的价值尺度。有些作品对人类发出各种过分的指责，认为“地球是属于大家的”，有的作品发出这样的疑问：“人道主义这一道德准则难道仅限于人类社会？……对自然界其他生物，人道主义就不适用了吗？作为地球上的一员，它们就没有生存的权利了吗？人与人之间的道德关系难道不应等同于人与野生动植物的道德关系？人，你对你这种不辨善恶的行径不感到担忧、不应该反思吗?”在《野人》中,作者通过生态学者的台词和细毛的梦幻表现了自己阔大的胸怀与崇高的人道主义理想:人与野人、人与鸟、人与一切动物、人与树、人与一切植物,都应该是朋友,都应该和睦相处。报告文学《白天鹅之死》通过议论勾画了一幅同样的蓝图,并且向人类发出了呼唤:“人与动物都是大自然创造出来的,是兄弟是朋友,它有难你相救,你遭灾它报恩。如此良性循环,彼此轮回,你中有我,我中有你,其乐陶陶,其意绵绵,其境欣欣,何乐而不为?”这些,作为梦境都是非常美好的,但却无法化为现实。即使人类听从了这些伟大作家的崇高说教,表现出无边的人道主义,这些作家却没有能力去做动物的思想工作,帮助它们提高觉悟,使肉食动物不再相互蚕食,使虎狼与人类亲善。所以,绝对美妙的生态平衡是不会有的,它比人类实现没有剥削、没有压迫、绝对平等的社会还要困难的多。如果它真正能够实现,那大概对于人类来说也决非“其乐陶陶”的佳境。如果生态平衡不被打破,人类的祖先就决不会从动物中走出来成为人。事物总是在不平衡中发展的,人类意识到自己对于地球的责任,只能作某种程度的努力,去争取更高层次的人与自然的和谐,而不是取消自身。人类之所以在长期进化中未被自然淘汰,主要不是顺应自然与自然和谐相处,而是自觉地为自身的生存和发展而改造自然、利用自然的结果。人如果没有对自然的改造与斗争,江河横溢,虎狼成群,一片蛮荒,生态固然是平衡的,却未必有利于人的生存,人与自然的和谐又从何谈起?应该相信,人类在自身的发展中做出时到今日的选择,并非都是错误的。如果没有放火烧山的伟大壮举,就很难想象人类发展能够延续到今日。处于无为状态,听任自然摆布,对于人类来说并不是一条光明的出路。即使到了今天,人类也还是无法在整个地球上退耕还林。所以,我们大可不必对改造自然深恶痛绝。

我们的确应该认识到人类在改造自然过程中直接利益与长远利益的矛盾。由于人类对自然界的认识是一个由低级到高级的发展过程,每一个阶段都不可避免地存在着局限,不可能一下子认识自身行为的全部后果,所以,人类在征服自然的时候,常常在凯旋之后又受到报复,流血流汗向大自然借取“驴打滚”的高利贷。但即使这样,我们也不可能因为担心自身仍然存在历史局限而完全停止改造自然的实践活动。

2. 什么是天人和谐的最高境界

阿城的《树王》中的肖疙瘩是一个非常奇特的文学形象。他拙朴、健壮、正直、善良，心灵在人类社会中受到压抑，而在大自然中得到舒展。他爱树如命，却说不出什么理由，只知道“它长这么大，不容易。它要是个娃儿，养它的人不能砍它”。在他的眼里，自然和人是被同样看待的。作者有意识地把他处理得与大自然浑然一体，他就是树王，树王就是他，他能凭直觉感到森林将被毁灭而忧心忡忡，树王被砍之后，他也立即在抑郁中死去。刘醒龙的《灵狮》中的护林老人终日讲着谁也听不懂的呓语，说不清是清醒还是糊涂。他在年轻时打死过一只幼獐，直到晚年还觉得那不是一只幼獐而是他自己的亲生儿子。这些人物有一个共同的特征：把人与自然万物混为一体，天人不分，近于混沌。他们最无知而最有知，最不懂科学而最科学，最不会思考而最有远见。他们在作品中受到作家们的赞美，甚至被当作受伤之骨和医伤之药推荐给读者。我们从这些人物身上得到的启示是人不要灵窍太多，而应该返归自然，与大自然融为一体，回到主客体不分的混沌境界。

有人盛赞《树王》所表现的天人合一的哲学意识，我对此实在不敢苟同。因为人类如果达到小说中所表现的那种与大自然浑然一体的境界，人将不再成其为人。人类虽然永远无法与大自然割断联系，但其最大的特点却是能够意识到主客体的关系。“凡是某种关系存在的地方，这种关系都是为我所存在的，动物不对什么发生‘关系’，而且根本没有关系，它对他物的关系不是作为关系存在的。”[①]那种天人不分、混沌为一的境界属于动物而不是人的特征。对那种境界的呼唤和礼赞是要人类还原为动物，是对人类自身的一种根本否定。

3. 在西方出现中国文化热的情况下如何看待中国传统的天人观

在西方当代文化与中国古代文化的契合点上，一些作品非常明确地表现出了一种文化态度：“既然西方文化中的人与自然的关系已由敌对转向和谐，向东方回归了，东方文化中的天人观念反而该丢掉、同西方原有的做出置换吗？……不妨向左右看看，能站在同一地平线上同步的，就不要等到别人跑远了才起步。”这是当代文学中并不罕见的一种认识，也是寻根文学的

①马克思：《资本论》第一卷，第35页。

一个出发点，更是张扬“天人合一”观念者的一个重要的理论依据。

但是，问题并不那么简单。不错，西方已经出现了否定自己的传统而向东方学习的现象，但并不是凡是西方学习的就是值得我们继承的。这里需要注意的也有一个“国情”问题，在不同的文化基础和发展层次上，同一事物会有不同的效应，导致不同的结果。如发达国家的一些学者在拿中国的无为以限制增长，鼓励低创造与低消费，这在发达国家是不乏积极意义的，但对于我们这个本来就累于惰性、难于鼓动创造热情、容易安于现状，而且急需创造物质财富以摆脱贫困的民族来说，其作用就未必是积极的了。那种把保护自然与节省自身力量相结合的所谓睿智，使人与自然的供需矛盾在遏制人的生活欲求的前提下达成一种低水准的平衡，培养着中国人淡泊自守不求拓展的处世态度。对于发达的国家来说，这或许是求之不得的，但对于中国的现代化来说，它却是一种极大的阻力。因此，有时的确需要去做那种置换。并不是所有最新的东西都是中国人所需要的。有时最新的东西恰恰对我们无益，人家抛弃的东西也许我们恰恰最需要。这也许就是历史的发展阶段的不可逾越性。否定之否定，前一个否定和后一个否定形式上往往相同，把最新的东西拿来，也许恰恰巩固了刚刚受到冲击的旧东西，与旧东西联合起来扼杀新的事物。这种教训在中国现代历史上已经不少了。

一种文化要想保持生机，应该更多地拿来那些与自己传统对立的东西。我们的作家在面向西方时应该谨防沿着“中国古已有之”的习惯思维跑下去。那样最容易把新事物纳入老祖宗的旧框架。

1988年10月　曲阜

论新时期文学的国家观念

一、爱国主义主题的延伸

也许由于20世纪中华民族的命运，也许由于刚刚过去的“文化大革命”在给个体带来伤害的同时也伤害了国家和民族，所以，“文革”结束之后，文学的爱国主义激情表现得十分强烈。如果从题材和人物角度考察80年代的文学，有三个方面表现特别突出。

1. 为保卫国家而英勇献身的军人

事实上，无论工农兵学商，都在为国家承担着责任，都在做着与国家密切相关的工作。但是，其他领域的工作总不如军队在战场上为国家的安危与存亡所进行的斗争更加直接和鲜明。70年代末发生了中越边境的战争，这成为一个重要的文学题材。徐怀中的《西线轶事》、朱苏进的《射天狼》、李存葆的《高山下的花环》等一系列的作品显示了新时期军事文学的成就。在这些军事文学中，我们可以看到作家们仍然沿着几十年形成的军事文学传统前进，仍然表现着自50年代以来军事文学形成的几个中心主题：爱国主义和革命英雄主义。如果从作品中抽取作家的观念形态，就可以看到，为国捐躯仍然是一种美德，背叛祖国则是一种不可原谅的恶劣品行。一个人可以有种种缺点和错误，但不可以背叛祖国，只要他是爱国的，能够在祖国需要的时候挺身而出，他就是有一些这样那样的缺点和错误也是可以原谅的。这样，就可以看到，爱国主义是人们公认的价值准则，它是看一个人本质如何的一项重要的价值尺度。

徐怀中的《西线轶事》不仅描写战士们为祖国而战的崇高精神，而且以爱国主义精神的光彩为刘毛妹洗去了脸上的泥污。用传统的眼光看，刘毛妹性格孤僻，行为乖戾，不守纪律，绝对不是一个好兵，但随着小说故事的展开，当读者看到他在炮火硝烟中奔跑的身影和最后英勇牺牲的结局时，立即对这个平时表现欠佳的战士刮目相看了。人们发现了他的闪光的本质，而原谅了他的生活小节的不足。当然，他的缺点也未必是缺点，但在这篇小说中，作者的一个重要意图就是为刘毛妹的那些令一些人难以接受的性格特点辩护。非常明显，为了实现为刘毛妹这样的青年辩护，徐怀中使用的砝码是爱国。

李存葆的《高山下的花环》通过动人心魄的描写赞美了梁三喜等英雄人物。而作家赋予梁三喜们的重要特征就是“位卑未敢忘忧国”。作家对一些丑恶行为的判断，也是以是否爱国为尺度的。吴爽是一个被鞭挞的人物，她之所以受鞭挞，原因就在于她不顾国家与民族的利益而让儿子临阵脱逃。这部中篇小说的一个突出特点就是把对官僚特权的批判也拿到了爱国主义的聚光镜下。

80年代的战争文学几乎都离不开爱与死两大主题。战场是生与死的交界处，不是男欢女爱的乐园。但是，作家在描写战争而又表现人性时，常常要在血与火之中加入一点爱情生活。有人曾经批评新时期文学爱情描写过多，却也无法扭转这种局面。因为人们已经普遍地不再满足于面对战争而仅仅表现炮火硝烟和战士们的英雄主义精神。叶楠的《芝兰与牵牛花》、韩静霆的《战争让女人走开》、沈石言的《战争与女人》、周大新的《硝烟中的祝愿》等都以大量的篇幅描写爱情，把主人公面对爱情、婚姻、道德等问题时的真实情感毫不讳饰地表现出来。爱情是那样铭心刻骨，离别是那样肝肠寸断，但是，这里是战场，是特定的环境，人性的种种需求都必须服从于国家的需要。爱情是美好的，生命是珍贵的，但在祖国需要的时候，战士们却把这一切都毫无保留地奉献了出来。当最后的天平上一边是国家的利益，一边是个人的爱情时，新时期的作家们没有像50年代的作家那样简单地写他们的英勇献身，而是充分注意到了他们的心理矛盾，但是，最后的选择却毫无疑问都是崇高的。在浩如烟海的作品中，几乎没有一部做出相反的处理。由此我们可以看到，中国作家在80年代初期仍然保持了一种观念：国家高于一切。

2. 蒙冤受屈而不改其赤子之心的知识分子形象

由于过去几十年中知识分子的不幸遭遇，当历史出现转机的时候，知识分子生活成为文学的重要表现对象。特别是那些经历了几十年苦难生活的知识分子作家，自身所经历的坎坷之途往往成为重要的创作动力。因此，80年代中国文学呈现在人们面前的一个重要现象就是知识分子题材作品的增多和知识分子形象的变化。在全部的变化中，最为明显的首先是知识分子的苦难历程受到了文学的特别关注。

在这一方面，张贤亮毫无疑问是有代表性的。张贤亮反映知识分子苦难历程的第一篇小说《灵与肉》发表于1980年。小说所描写的许灵均可以说是一个受尽苦难而对祖国赤心不改的知识分子形象。许灵均出身于资产阶级家庭，却因为父母感情不和而从小没有得到来自家庭的爱，在中华人民共和国建立前夕，他因为父亲离开大陆和母亲的去世而成为孤儿。是新的社会收留了他，并且把他培养成人民教师，但是，当反右运动到来的时候，他却因为资产阶级的血统而被划为右派，被抛向了生活的底层，并在苦难中建立了自己的生活。直到历史出现转折的时候，他的问题才得以平反。正在这时候，他那已经成为富商的父亲从美国归来，要他出国去继承他的财产和事业。这是“文革”结束之后生活中相当普遍的一个现象。面对这种机会，小说使我们看到的是，许灵均拒绝父亲的要求而回到了大西北那片贫瘠的土地。他做出如此选择的理由是“那里有他在患难时帮助过他的人们，而现在他们正在盼望着他的帮助；那里有他汗水浸过的大地，现在他的汗水正在收割过的田野上晶莹闪光；那里有他相濡以沫的妻子和女儿；那里有他的一切；那里有他生命的根！”在这片土地上，许灵均曾经流下了太多太多的伤心泪水，然而，他依然对它无限依恋。作家的态度是鲜明的，许灵均表现的是一种赤子之心和高尚的情操。

在80年代文学作品中，作家们在描写知识分子在“文化大革命”中的悲惨命运的同时，几乎都同时描写了他们丹心报国虽九死而不悔的精神。翻阅80年代知识分子题材的作品，我们不难发现一些这样的故事：他们早年留学国外，学有所成，1949年之后，毅然舍弃国外优厚的生活条件，费尽千辛万苦回到祖国的怀抱，然而，命运等待他们的却不是坦途而是无限坎坷。

特别是在“文化大革命”中，他们普遍地受到种种不公正的待遇，历尽生活的磨难。然而，无论受过什么样的苦难和冤屈，他们仍然对祖国怀有无限深情，九死一生，赤心不改。

另一类故事以《人到中年》为代表。这类作品描写的不是政治上受尽迫害的知识分子形象，而是普通的知识分子。然而，思路基本是一致的。陆文婷们的生活是令人同情的，他们没有足够的生存空间，物质生活条件极为恶劣，政治上不被信任，但是，他们任劳任怨，不计报酬，年复一年，日复一日地工作着，兢兢业业，无怨无悔。《人到中年》对姜亚芬夫妇的出国没有像一般思想僵化的人那样无理指责，但是，作为一种对比，陆文婷们却比姜亚芬们高尚。作家对姜亚芬表现的仅仅是理解，而对陆文婷表现的是礼赞。在一些作品中，作家没有揭出爱国的旗帜，在更多的作品中，作家却往往把这种精神引向爱国主义。有一篇影响很大的报告文学，其标题就是《祖国高于一切》。

这些作品对知识分子的崇高品质的表现常常显露着为其美言辩护的痕迹，但它基本上是真实的，因为在中国几千年的历史上，国家意识是不断强化的，国家在人们的心目中是神圣的。中国人习惯于对国家绝对服从和效忠，几乎很少有人考虑个人与国家的关系。这种传统影响着一代又一代的人，特别是知识分子。当代知识分子虽然在某种程度上接受了西方文化的影响，但这种影响是很有限的，所以就有了上述作品所形成的现象。这样的作品一般有两个主题，一个是揭露与控诉“四人帮”和“文化大革命”，一个是歌颂中国知识分子并且为其正名。在这两个主题的表达中，爱国主义都在起着重要的作用。第一个主题的表达中有这样一句话：他们如此爱国，却受到这样的对待，“四人帮”太可恶了，“文化大革命”应该否定。在这里，爱国者是不应该受到迫害的，对爱国者的迫害构成了对那段荒谬历史的指控。第二个主题中有这样一句潜台词：中国知识分子是伟大的、崇高的，因为他们无论受到什么样的苦难都仍然热爱祖国。在这里，爱国成了知识分子伟大可爱的证据。

3. 为祖国富强而披荆斩棘的改革者

改革者形象是80年代中国文学人物画廊中的一个重要系列。而且，这个系列是作为时代英雄形象出现的。在改革者形象身上，我们可以看到他们无论思想和性格上有多少不同，但有一点是极为相同的：极强的爱国心和社会责任感。

考察不同时期文学作品以及生活中对爱国行为的理解，在30年代到40年代，抗敌救亡无疑是爱国的最集中的表现。在50年代，爱国的行为主要表现为保卫祖国和建设祖国。到了60年代，阶级斗争和路线斗争的重要性提到了压倒一切的地位。文学的意识核心是阶级和路线，国家和民族相对而言并不重要。如果说仍然存在一种打有时代烙印的爱国观念的话，在60年代，按照主流意识形态的解释，狠抓阶级斗争，批判资产阶级，反修防修，就是爱国最集中的表现。在“文化大革命”中，与走资本主义道路的当权派斗争、揪出睡在毛主席身边的定时炸弹，防止修正主义和资本主义复辟，被理解为最重要的爱国行为。到了80年代，推动改革开放成为爱国的重要内容。这是很有道理的。因为只有改革，国家才能富强，才能繁荣昌盛。

在改革文学中，作家们都在写改革者们为祖国的富强而进行的艰苦卓绝的斗争。无论乔光朴、车篷宽、陈抱帖，还是郑子云、刘钊、李向南，他们历尽艰辛进行改革，都绝不是为了自己，而是为了一个共同的目的：祖国的繁荣富强。就连武耕新这个农村大队支书在想法让群众学会花钱时，也意识到了是在为国务院分忧。那些兴利除弊的改革家，那些费尽心机为祖国创造财富和积累财富的人们，谁能说他们的行为不是爱国的集中表现？空言爱国，却面对国家肌体的病灶泰然处之，不思变革，甚至千方百计对改革事业进行阻挠，是改革文学中那些保守分子的特征。他们被处理为事实上缺少爱国情感的官僚主义者。

由此可见，这个时代的作家都把爱国主义看作一种高尚情操。为了使笔下的人物更有光彩，更有动人的力量，就更多地赋予他爱国主义的光彩。爱国主义精神都表现在正面人物身上，反面人物身上是很难找到的。没有人把一个丑恶的败类写成爱国者。

二、爱国情感的深沉化与复杂化

尽管这个时代的文学仍然高扬着爱国主义的精神，但是，这个时代的爱国主义却发生了一些鲜明的变化，出现了一些新的特征。

首先是爱国情感的深沉化。让我们先看一看50年代爱国情感的表现吧：那个年代的文学中充满着对祖国的热情歌唱，歌唱中反映着热烈、欢快而自豪的情绪。

五星红旗迎风飘扬，
我们的歌声多么响亮，
歌唱我们亲爱的祖国，
从今走向繁荣富强……

这支歌不仅反映着那个时代的文学情绪，而且透露着这种情绪的社会基础。因为一个新的时代开始了，“中国人民从此站起来了”，面对一个如喷薄而出的朝阳般的带着梦幻般的美丽色彩的新中国，能不无比自豪地放声歌唱？这种情感基调一直持续到70年代，“文化大革命”时期的作品仍然保持着这种调子，只是增加了几分斗争的激烈和硝烟味。

进入新时期，一种完全不同的情感基调出现了。那种单纯明朗的热情赞颂不见了，那种充满豪情的夸耀不见了，对祖国的深厚感情中饱含了辛酸的泪水和悲愤的呼叫。让我们看一看诗人舒婷的《祖国啊，我亲爱的祖国》：

我是你河边上破旧的老水车
数百年来纺着疲惫的歌；
我是你额上熏黑的矿灯，
照你在历史的隧洞里蜗行摸索；
我是干瘪的稻穗；
是失修的路基；
是淤滩上的驳船，
把纤绳深深
勒进你的肩膊；
——祖国啊！
我是贫困，
我是悲哀。

我是你祖祖辈辈痛苦的希望啊，
是飞天袖间
千百年未落到地面的花朵；
——祖国啊！

就连为祖国献身的精神的表达也失去了豪迈，增添了几分苦涩：“你以伤痕累累的乳房／喂养了／迷惘的我、深思的我、沸腾的我；那就从我的血肉之躯上／去取得／你的富饶，你的荣光，你的自由；——祖国啊，我亲爱的祖国！”

江河的《祖国啊，祖国》呈现的是这样一种情感：

我把长城庄严地放上北方的山峦
像晃动着几千年沉重的锁链
像高举起刚刚死去的儿子
他的躯体还在我手中抽搐
我的身后有我的母亲
民族的骄傲，苦难和抗议
在历史无情的眼睛里
掠过一道不安
深深地刻在我的额角
一条光荣的伤痕
硝烟从我的头上升起
无数白骨叫喊着随风飘散
惊起白云
惊起一群群纯洁的鸽子
……

这一连串奇特的意象给人的是一种沉重感。显然，诗人的感情深沉悲壮而充满忧愤。诗写得很长，最后是“用低沉的喉咙灼热地歌唱祖国”。

一个时代的文学精神面貌发生变化并不只是表现在部分作家之中。50年代唱惯了热情明朗的祖国颂歌的诗人也被这种深沉所浸透着。在中华人民共和国成立三十周年的时候，张志民像过去一样写了一首庆祝国庆节的诗，然而，它的题目不再是“祖国，光辉的十月”“三十年颂歌”，而是《祖国，你听我说……》“祖国，我对你说，／当人民共和国／——三十岁的诞辰／我该献上一支／——怎样的歌？／／笔呀，是那么沉重，／心呀，是那么热烈！”他向祖国献上的不是热情的歌颂，而是深沉的忧虑和希望。

在叙事文学作品中，爱国情感也发生了同样的变化。那些反映经历苦难的知识分子的爱国赤心的作品在所张扬的爱国主义情感之中，总让人感觉到深深的苦涩。甚至由于这种深沉和苦涩，使人产生一些误解。

这种变化显然与十年“文化大革命”及“文革”过后人们的觉醒有关。噩梦醒来，痛定思痛，面对遍体鳞伤的祖国母亲，赤诚的儿女心头渗着鲜血，真正的爱国者无法像百灵鸟那样唱出欢乐的歌。而且，人们无法不考虑祖国这一概念的复杂内涵。

其次，爱国精神的复杂化。

与爱国情感的深沉化密切相关，文学的爱国精神也开始变得比较复杂。新时期文学的爱国主义精神不仅表现为歌唱祖国，不仅表现为歌唱爱国者，而是出现了多种表现。在这一时期，人们似乎确立了这样一个观念：作为文学，歌颂祖国的伟大、歌颂爱国行为，固然是爱国的一种表现，但同时，为祖国做X光透视，向着祖国肌体上的毒疮举起手术刀，也是爱国的表现，甚至是更重要的一种形式。因此，新时期文学的爱国主义精神往往表现为对社会问题的揭示和救治的努力。伤痕文学、反思文学、社会问题小说、社会问题剧、揭露社会生活阴暗面的现实主义诗歌……都直面生活真实，说真话，抒真情，真实反映社会生活，努力把社会的种种问题都暴露出来，以引起疗救，使国家更美好。因此，新时期文学中的爱国主义精神常常表现为对社会变革的呼唤，表现为强烈的忧患意识和责任感。

反映去国者的作品表现更为复杂。《世界大串连》《旅美华人录像》《中外大通婚》等报告文学使我们看到，每一个去国者都对祖国深深依恋，最终却一个个含泪而去。这是为什么？祖国，是不是你自身有问题？你该如何改变自身，使那些热恋你的儿女为你自豪，为能够在你的怀抱里而感到幸福？这些作品通过广泛的调查研究展示了去国者的思想和感情状态，展示了社会存在的各种问题。那些挥手告别祖国的人，并非为了到国外去满足物质生活的享受。即使是为了追求物质方面的满足，祖国为什么不能使自己的儿女在自己怀抱里满足，而让他们跑到异国的土地上去艰难寻找呢？更重要的问题在于，由于各种复杂的原因，在祖国的土地上，他们的才华往往得不到发挥，他们的人格往往得不到尊重，他们的权利往往得不到保障，甚至仅仅是爱情的自由和幸福。一个国际知名的青年艺术家，在国内的单位却得不到一间像样的房子；一个年轻漂亮的姑娘，仅仅因为漂亮，就难以逃脱权势者的魔掌；一个才华横溢的青年，仅仅因为个性特点，就在他的单位无法生存；如此等等，他们终于走了，尽管他们对自己的祖国无限热爱，临行时满含热泪，却还是毅然离开了祖国。作家们写到这些，给予的是充分的理解与同情。

同时，一些年轻的作家和诗人的作品则表现了更复杂的情感形态。这是尚仲敏的一首《祖国》：

成千上万的天才死去了
我现在说出的话
正是他们来不及说的
他们自身的遭遇
忧郁和苦衷
疾病和灾难
这一切命中注定
超出了你的掌握
或者不曾被你注意

你的大地大得
让他们不得不走到更远的地方
他们占据着你偏僻的一隅
生前放声歌唱
死后不留痕迹

如果有朝一日
战火燃烧，大敌当前
我想，我也该趁机子弹上膛
但我首先要干掉的
只能是我自己
我毕竟跟他们命运相同
既然无力自救
又怎能救你……

三、冲突：从《雪落黄河静无声》说起

从维熙的中篇小说《雪落黄河静无声》写了这样一个故事：“右派分子”范汉儒在劳改过程中认识了监狱中的女“右派分子”陶莹莹，两人在接触中产生了深深的爱情。他们终日朝思暮想，但监狱的环境却使他们没有结合的条件。多年后两人都被释放，并且被安置在同一个地方，他们的爱情终于有条件得到一个圆满的结局。但是，他们最终却没有能够结合，而是痛苦地分手了。导致他们分手的不是外在的力量，而是范汉儒头脑中的一种牢固的观念：杀人、放火、流氓、盗窃……无论犯过什么罪，只要不是叛国，只要改了，都可以谅解，都可以不计较，但对于叛国却怎么也无法容忍。他认为，别的过错都能犯了再改，“唯独对于祖国，它对于我们至高无上，我们对它不能有一次不忠……我认为无论男人、女人都有贞操，一个炎黄儿女的最大贞操，莫过于对民族对国家的忠诚。”不幸的是，爱了多年的陶莹莹恰恰犯的是“叛国罪”！——在她蒙受冤屈的时候曾经企图越境潜逃。在范汉儒看来，不管在什么情况下，不管是什么原因，企图越境逃离祖国，都是无法容忍的行为，都是对祖国的背叛。他的理由是：“屈原受了那么大的冤枉，并没有离开生养他的祖国土地呀！最后，还是跳了汨罗江，被称为千古忠魂！陶莹莹尽管五七年受了委屈，怎么能离开生养她的母亲，养育她的大地呢?！这个楔子打在我们中间，我和她怎么能够继续下去呢?”

关于这篇小说，美学家高尔泰曾经批评过它的虚假。高尔泰说：“作为

这一切的共同体，祖国不仅是历史范畴，也是价值体系，是一个地区性文化的摇篮。我们自身、我们的生活方式（包括风俗、习惯）、思维方式和感受方式，我们的知识结构和认识结构，我们的亲朋交往关系，我们的幸福与苦难，回忆、梦想与憧憬，一切价值，都无不是这个摇篮的产物。在炽热的洪炉里，在冰冷的铁砧上，我们的民族自豪感和对祖国的苦恋，由于经受了雨点般的打击而变得更加坚强。它不是祖先崇拜，不是牺牲祭坛，不是刻在碣石上的誓言，更不是束缚我们灵魂的镣链。它像无数小小的野草，牢牢扎根在浓厚的土壤。在瓦砾下，在碾痕上，在镰刀留下的根墩里面，在野火留下的灰烬里面，不息地生长而又生长，用它绿色的声音，召唤着祖国的春天。”[①]由此可见，高尔泰具有同样强烈的爱国激情，但对爱国主义的理解与从维熙是不同的。正因为这样，高尔泰才猛烈地批评这部小说。不过，高尔泰的批评着眼于小说的虚假，我却愿意承认它的真实性，范汉儒这样的形象在生活中是可能存在的，因为我们的文化传统能够铸造出这样的人物。

小说的问题不在于它是否真实，而在于它所张扬的作家头脑中的观念。很明显，作家在小说中对范汉儒的精神给予了毫无保留的赞美。这从作者在他的创作谈《开掘华夏之魂》可以得到进一步的证明。这篇创作谈中说道：“中华民族是枝叶繁茂的参天大树，《雪落黄河静无声》是在兢兢业业寻找这棵大树之根。”作家是把范汉儒作为华夏之魂而对其赞美，并把他作为知识分子的楷模树立在读者面前的。那么，我们需要面对的不是它真实不真实，而是这样两个问题：一、范汉儒的精神应该不应该受到赞美，他究竟能不能成为我们这个时代知识分子的楷模？二、对于国家和爱国主义的概念应该如何理解？

范汉儒精神的确是传统中国知识分子的一种传统精神，体现出的的确是一种屈原人格。在几千年的历史上，中国人的国家意识被不断强化。由于内忧外患，不断的战争和兴亡更替，民族的杰出人物都把自己的志向、抱负和雄心与国家紧密地连在了一起。人们习惯了对国家的绝对服从和效忠，作为国家的一员的个体，应该无条件地服从国家的需要，为国家贡献一切，这种传统深深地影响着一代又一代中国知识分子。从屈原开始就把忠君爱国作为

①高尔泰：《愿将忧国泪，来演丽人行》，《读书》1985年第5期。

自己的人生追求，而屈原人格已经成为民族传统中的一种高尚的象征，成为知识分子的人格楷模。作为民族传统文化的核心部分的儒家学说，把“修身齐家治国平天下”作为人的价值实现之路。这种文化传统使中国的知识分子非常主动地把国家和民族的命运放在自己的肩头，“先天下之忧而忧，后天下之乐而乐”，天下就是国家，国家的象征就是君主。这种民族精神经过长期的历史积淀，已经深深地进入到中国知识分子的文化心理结构，成为一种群体的意识。当代人虽然在某种程度上接受了西方文化的熏陶，却仍然没有、也不可能发生根本上的变化。这种精神特征表现在小说中的人物身上，同时也表现在创作主体的意识之中。从维熙不过是一个例子，事实上在新时期表现受难的知识分子的作品之中这种意识并不鲜见。

由这个中篇小说可见，作家的确对于国家的观念相当模糊不清。首先是他把国家与极“左”政治路线画了等号。但是，这并不是从维熙自己的问题。它所暴露的是一个司空见惯而没有人给予注意的问题。“国家”是什么？我们似乎都很清楚，但事实上并不清楚。

还是让我们一起来查阅最最普及的辞典《现代汉语词典》吧：“国家：1. 阶级统治的工具，是统治阶级对被统治阶级实行专政的暴力组织，主要由军队、警察、法庭、监狱等组成。国家是阶级矛盾不可调和的产物和表现，它随着阶级而产生，也将随着阶级的消亡而消亡。2. 指一个国家的整个区域。”这个定义是根据马克思主义关于国家的定义而来的。恩格斯、列宁的见解与中国老祖宗对于国家的认识几乎完全一致。因为如果我们像孔乙己那样先来研究一下“国”字有几种写法，就不难看到它的王权统治痕迹。现代国家观念总是强调着它对内维持秩序、协调关系，对外抵抗外侮的性质，而不愿意承认国家的专政工具性质。但是，在中国，国家却一直是以专政工具的形象出现的。因此，一个问题出现了：既然国家是阶级统治的工具，如何评价爱国主义就非常复杂了。国家是统治工具，是军队和监狱等，那么，当国家掌握在反动统治者手里的时候，被统治者就没有理由去爱它。大概正因为这样，无产阶级革命导师才有“全世界无产者联合起来”的号召，才有“无产阶级无祖国”的名言。

可是，我们的文学和文化却赞美和肯定一切爱国主义。屈原的爱国主义，杜甫的爱国主义，陆游的爱国主义，文天祥、岳飞的爱国主义，林则徐的爱国主义……按照我们一般的理论，在他们生活的时代，国家无疑并不是无产阶级的统治工具，而是李家、赵家、爱新觉罗家统治无产阶级和广大劳动人民的工具。那么，按照一般的逻辑，那时的爱国者就应该是反动统治者的帮凶。如此一来，就要否定中华人民共和国建立之前历史上所有的爱国主义。可是，在实际上，对于历史上的一切爱国者都是肯定的。如果说这是在肯定对专制统治者工具的爱，大概谁也不愿意承认。

这里的确存在一个矛盾。这个矛盾说明，我们的国家观念是混乱的、不清晰的。在我们赞美爱国主义时，使用的往往并非马克思主义的国家概念。

1988年7月　曲阜

传统家庭秩序的崩溃与重构
——论新时期文学的家庭观念

家庭是人类活动的重要场所，也是透视人性的重要视角之一。因此，它历来为文学所青睐。家庭观念是人的观念系统中的一个重要内容。文学表现家庭生活，就不能不表现出特定时期作家们的家庭观念形态。我们所处的是一个伟大的变革时期。在这样一个时期里，文学无法回避生活中发生的观念裂变，也无法回避观念裂变中的种种不同选择，并且必然要以其特殊形式介入时代的文化冲突。

中国人对家有着特别的留恋。然而，家到底是什么？是温暖的小巢还是可怕的牢笼？细心的读者很容易注意到，新时期文学对家的态度有一个变化过程。告别十年浩劫之后文学首先出现的是对于家庭亲情的热情讴歌。作家们以真挚的内心情感热情歌唱母亲，歌唱母爱，歌唱被“文化大革命”破坏了的家庭亲情。从京夫的《娘》、胡正的《妈妈》、张平的《姐姐》、舒婷的《呵，母亲》，一直到陆星儿的《杏黄色的镇纸》、梁晓声的《母亲》《父亲》……这些作品写的都是苦难中的家庭亲情。这些动人的作品有一个共同的背景：“文革”时期的黑暗、阴冷与血腥。背景越是阴冷，越显出亲情的伟大，亲情越是伟大，越显出背景的阴暗和残酷无情。冷与暖就这样产生了一种特殊的对比效果。在这些作品中，我们看到家庭、家庭关系都是非常美好的。家，虽然不能遮挡一切社会风雨，却是苦难中的人的唯一的安慰之地。社会政治使人身心伤痕累累，只有在家里才能抚摸一下那流血的伤口。正因为有刚刚过去的灾难作为参照，这时期的家庭亲情大都被写得非常美好，令人向往。

这种创作现象不是偶然的。它是对“文化大革命”的一种控诉，并且配合了当时对极“左”政治的揭露和批判。同时，它是对历史的一种反拨，因为我们刚刚经过“破私立公”“不要小家要大家”的那么一段历史，当那段历史过去之后，文学向家庭回归是必然的。由于当代文坛曾经反对写家务事、儿女情，那么，作为一个反拨，家务事、儿女情必然更多地被人注意。由于那个年代曾经意图以革命大义取代一切亲情，一旦松动，亲情便会立即重返文学。因为凡是人性中固有的东西，是不容易被轻易消灭掉的。

然而，它所实现的却只是对传统的回归，强化的是传统的家庭观念。文学不会到此止步。随着80年代文学新潮的涌动，文学开始了对传统家庭秩序的批判性反思。

一

中华民族有一个古老的传统——家族价值大于个人价值，个人必须服从家族的利益和需要。这种传统表现在各个方面：

首先，一切个人的奋斗都不是为了自我价值的实现，而是为了家族。苦读寒窗求功名也好，拼死疆场争战功也好，都不是为了自己，而是为了“耀祖光宗”。个人的功勋不属于个人，个人的过失也不属于个人。“一人得道”，“鸡犬”可以升天，一人犯罪，当然“九族同祸”。由此我们不难理解中国家庭对于个体进行严格限制的原因。

其次，婚姻不是个人的事，而是家族的事。中国人很重视婚姻（但不重视爱情），连孟子都说：“男女居室，人之大伦也。”（《孟子·万章上》）《周易·序卦》也说：“人伦之道莫大乎夫妇。”但是，这一切都不是为了个人，而是为了给祖宗“续香火”，为了壮大家族。中国人特别讲究“孝”，“不孝有三，无后为大。”（《孟子·离娄上》）因为“后”关系到家族的兴衰。这种家庭观念影响到中国人的幸福观和荣辱观：“福莫大于昌炽，祸莫大于无嗣”，“断子绝孙”在中国是最恶毒的诅咒。因此，对于完全应该属于个体的事情之一——婚姻，实行家庭包办就是必然的了。从生育的目的出发，婚姻的确无需自由，也无需以爱情为基础。传统婚姻的当事人根本就不是那一对将要在一起生活的男女，而是两个家族的事。“昏礼者，将合二姓之好，上以事宗庙，而下以继后世也”（《礼记·昏义》），结婚是合二姓之好，而不是合二人之好。《尔雅·释亲》对“婚姻”的解释说得更透彻：“婿父为婚，妻父为姻。”原来婚姻是两个老爹之间的事。既然如此，子女也就没有过问的权利。

进入现代社会，传统观念开始受到冲击，但作为一种文化积淀却深植于人们的心理深处而难以清除。家庭观念是中国文化中一个根本性的观念。中国人的生活是在家庭制度的基础上组织起来的，因而，这个制度支配着中国人的整个生活形态。这与强调个人的人生观念存在着不可避免的矛盾。

在新时期，由于个性主义思潮带来的个人价值的增长，文学开始张扬人的个性，强调人的独立、自由，强调个体的价值和尊严，在对传统文化进行批判的时候揭示了家庭对于个体生命的压抑和摧残。人们开始更多地考虑为自己而活着，不愿意再为家庭而扼杀自己。这种新的观念表现于各个方面。一些作品开始写家庭对人的扼杀，展示出家庭温情面纱之下的残酷。一些作品描写年轻人对家长的反抗和对家庭的背离，80年代初期引人注目的那些描写离异和感叹离婚之难的作品，都以生动的描写告诉人们，无论男人还是女人，都没有义务为一个家庭而承受无爱的婚姻生活。从大量的作品可以看到，那些为了家庭为了子女而承受无爱的婚姻生活的人是可怜的，文学聚焦摄取的往往是他们自身旧观念的囚笼。从大量小说创作到话剧《对十五桩离婚案的调查》等，都可以看到作家们相当普遍的认识。文学已经不再无条件地赞美那些传统的牺牲美德。小说仍然常常写到一些富于牺牲精神的女人，但她们已经成为被怜悯和被同情者，作家们揭开她们的命运，目的是使人们看到一种可怕的人生而引以为戒。作品中的女性一步步走出家庭，成为自由的个体，这本身也是对家庭的一种反抗。一些婚恋小说中表现出反婚姻的倾向，更从根本之处瓦解着家庭。

作为一种文化揭示，近几年作品中表现最突出的是郭云梦发表于1988年的小说《福禄树》。它写了在当代生活中还严重存在的家庭利益对个体生命的剥夺，以血淋淋的画面充分揭示了它的残酷性。小说以带有反讽意味的笔调通过一个孩子的叙述写了一种情景：父亲兄妹九人，兄弟七个。七叔因贫穷而娶不上媳妇，却悄悄地爱上了同村的姑娘白妮，不敢设想能娶她，却又时刻想亲近她。最后终于在白妮经常洗衣服的河边做了手脚，使白妮掉到了河里。七叔在抢救白妮时得以把白妮紧紧拥抱。然而，当他恋恋不舍地把白妮送上岸的时候，自己却突然抽筋而被大水冲走而失踪。这事引起了住队干部的重视，于是一级级上报，七叔成了省里命名的“王杰式的共产主义战士”。这个过程反映着当代政治文化的荒诞，但这并不重要，重要的是七叔的死给这个家庭带来的利益：爷爷的新房盖成了，六姑、九姑、八叔都实现自己的愿望而离开农村当了工人，大哥由大队干部成了公社干部……可是，七叔突然回来了。一阵惊喜过后，全家立即意识到刚刚得到的一切即将丧失。为了不毁灭全家的前程，七叔被藏进了地窖，最后是哥哥送来了安眠药，于是，大难不死的七叔终于吞下了一瓶安眠药而死去……小说使我们看到了当代生活中仍然存在的为家庭利益而牺牲个体的选择。看到传统的家庭伦理观念对个体生命的吞噬。小说反映的生活本身也说明了这种文化反思和批判的必要性。

二

家庭中最基础的关系是夫妻关系。中国人把结婚叫“成家”，非常准确地揭示了家庭的关键一环之所在。但是，在传统的家庭中，男女之间却是很不平等的。回顾历史，正如恩格斯在《家庭、私有制和国家的起源》中所说：“母权制的被推翻，乃是女性的具有世界历史意义的失败。丈夫在家中也掌握了权柄，而妻子则被贬低，被奴役，变成丈夫淫欲的奴隶，变成了生孩子的简单工具了。”事实当然不像恩格斯所说的那样简单，但在此后的社会里，女性在家庭中一直作为男人的附庸而存在，丧失了主体地位，却是一个事实。

在中国，这种传统更为悠久，也更为牢固。论及女性在家庭中的从属地位，从我们至今仍然常用的“家属”这一名称就可以看到。地位的从属性导致了男女之间的严重不平等。在长达几千年的历史上，女子不仅在政治、经济各方面都未能与男子平等，在婚姻、性爱方面也受着各种压迫。男子可以合法地多妾，女人却只能“从一而终”。在有史记载的历史上，多妾现象最集中地表现于帝王之家。秦始皇“后宫列女万余人”，开创了多妾的纪录。

汉元帝因嫔妃太多不知谁美而让人画像选最美者临幸。晋武帝统一全国后挑选美女近万人充实后宫，以致不知道该到哪里去睡觉，于是有了《晋书·后妃传》所记载的“羊车”。隋代的新花样就是因为宫廷难以容纳更多的美女而在全国广设离宫。唐代皇帝多妾到了顶峰：“开元、天宝中，宫嫔大率至四万。”（《新唐书·宦者列传》）不仅皇帝如此，据史书记载：三国时期的袁术有妾数百；晋代石崇“侍人美艳者数千”。这种男女之间性权利的不平等和男性享有的性特权，曾经引起女性的反抗。但无论是武则天的反抗还是山阴公主的慷慨陈词，都不可能真正改变女性的地位。进入当代社会之后，女性在政治经济上得到了很大程度的解放，但在家庭生活（不仅家庭生活）中，传统观念却仍然像沉重的枷锁扼制着她们的生命。

因此，新时期的女作家对此发出了声声呼叫，举起了她们反抗的旗帜。

“你将格外地不幸，因为你是女人。”这是张洁写在《方舟》篇首的一句话。在新时期文坛上，张洁是第一个真正站在女性的立场上面对女性的命运而痛苦呼叫的作家。她的《方舟》《七巧板》《祖母绿》展示了她对中国女性的现实困境和女性解放道路的深入思考。当然，女性的不幸决不仅仅是家庭范围内的问题，但家庭生活中男女秩序却是社会生活的一个缩影。

对女性地位和命运的反映和思考不仅仅来自女性作家的创作，《五个女人与一条绳子》《五个女子与一条河》《蓝花豹》等这些来自男性作家的小说反映了女人在家庭中的悲惨境地。它使我们看到，那些女人还没有像人一样地生活，她们仍然只是男人生活中所需要的一种物品，不仅没有人格的独立尊严，而且根本就不算人。农村计划生育中屡见不鲜的抛弃女婴和溺死女婴的事件由于各种原因而在文学中没有得到充分的表现，但是，从80年代莫言的《弃婴》到90年代柏原的《毛家湾蹲点》，我们仍然能够看到中国农村严重存在的重男轻女的观念。

对传统的激烈反抗来自女性。女作家的创作紧密结合自我世界的寻找而表现着独立、自由、自尊的现代意识。她们明确表示“女人，不是月亮，不借别人的光炫耀自己”。她们在社会上寻找与男人平等的发展机会的同时，也在家庭中寻找着在爱情、婚姻、家庭生活中与男人的真正平等。陆星儿的《呵，青鸟》、王安忆的《金灿灿的落叶》等作品中的主人公们在发现自己的爱人与自己感情上出现裂纹时，不再徒劳无益地指责对方是陈世美式的男人，而是坚强地走上了自强之路。她们已经不愿意再扮演缠树之藤的角色，而向往独立地“作为树的形象，和你站在一起”（舒婷《致橡树》）。一种独立的意识。

张辛欣的《在同一地平线上》深入地揭示了一种矛盾：夫妻双方都希望自己在事业上有所成就并要求对方配合，丈夫当然不愿放弃以自我为中心的地位，而妻子也渴望自我价值实现而不愿再牺牲自己。于是矛盾的最后解决是女主人公宁愿以婚姻破裂的代价换取自我的独立。小说向人们透露了中国不满足于依附地位的女性在文学中的崛起。

传统女性的空间就是家。她们唯一的选择就是在家中承担起妻子和母亲的角色。在她们的身边，男人或者是保护者，或者就是压迫者。离婚不过是离开一个压迫者而寻找一个保护者，离开一个痛苦的家而寻找一个幸福的家。由于现代社会中女性传统角色的断裂，新时期的女性文学展示了另一方向：以离异、独身、同性恋为特征的女性摆脱了妻子和母亲身份，追求一种独立的生活。她们不愿意走入家庭去当男人的奴隶，也不梦想建立一个家庭而当主人。她们抛弃了传统的家庭，潇洒地走出了家庭的羁绊。她们从家庭中自我放逐，头破血流也在所不惜。陈染、林白、海男们不再像前辈们那样以男人的世界为女性的参照以实现男女伦理体认的二元对换，而是深入到女性的自我天地，表现女性自我的抗争。陈染笔下的肖蒙和黛二们不是传统的淑女，也不是张洁笔下的反抗男人污浊的禁欲主义者，她们是以女性的自我之躯认识和体验世界的，她们愿意在肉的交媾中体验灵魂的战栗和自我深度，却不再成为男性的俘虏，不会被捆绑在传统伦理和道德规范之中，自我独立意识的成熟使他们放弃了对男人的依赖，从男性的重压下解脱出来，成为世界的中心。海男的《人间消息》《没有人间消息》《疯狂的石榴树》《我的情人们》和《观望》等赤裸裸地向人们展示了男女的性爱片断，女性自我的性欲和情欲得到了显微放大式的表现。那些女性大多渴望生活在男权社会的秩序之外，欲的迷狂的意义也就在于逃离秩序对生命的蚕食。她们甚至寻找“姊妹情谊”以表达对女性团结抗争的希望。作家让她笔下的女性在无家可归的永远流浪中成为一个不断寻找、不断实现的过程，也不愿让她们走进男性中心构成的家。

这是对传统家庭的最严厉的挑战和打击。这种挑战也许是偏激的，也许最终并不能真正使女性得到拯救，但只要考察女性在家庭中的境遇，这一切都是可以理解的。

三

在中国新文学中，父与子的冲突曾经是一个中心命题。从“五四”时期到30年代，文学之所以形成这样一个中心命题是不奇怪的，因为新文学的先驱们自觉地承担了对旧文化的批判和否定，因为人的解放是新一代知识分子普遍的追求。经过几十年的曲折之后，再来回顾和思考这一主题，我们不能不承认它的革命性的意义。中国文化是一种长者本位的文化。在中国的传统家庭里，长者是绝对权威。关于这一点，鲁迅早就说过：“中国的‘圣贤之徒’，最恨人动摇他的两样东西。一样不必说，也与我辈绝不相干；一样便是他的伦常，……他们以为父对于子，有绝对的权力和威严；若是老子说话，当然无所不可，儿子有话，却在未说之前早已错了。”他看到了中国长者本位文化造成的荒诞：“少年在这时候，只能先行萎黄，且待将来老了，神经血管一切变质以后，再来活动。”（《随想录·四十九》）他从人类进化的角度发现了这种文化对于民族生命的巨大危害：“后起的生命，总比以前的更有意义，更近完全，因此也更有价值，更可宝贵，前者的生命应该牺牲于他。但可惜的是中国的旧见解，又恰恰与这道理完全相反。本位应在幼者，却反在长者；置重应在将来，却反在过去。前者做了更前者的牺牲，自己无力生存，却苛责后者又来做他的牺牲，毁灭了一切发展本身的能力。”（《我们现在怎样做父亲》）因此，先驱们才对其举起了批判的笔锋。

然而，传统的力量是巨大的。几十年过去了，直到今天，中国人仍然特别讲究长幼有序。这从各种生活小事都可以看到。新时期的一些作家有感于这种文化传统的顽固，通过作品进行了各种不同形式的表现。

从温小钰的《苦夏》、达理的《爸爸，我还回来》、电影《失踪的女中学生》、报告文学《多思的年华》……直到刚刚播放的《长大未成年》等为数不少的反映中学生生活的电视连续剧，都在呼唤人们倾听孩子的呼声，理解孩子，给他们自由，而不要只是以长辈的权威态度对待他们；应该平等地跟他们对话，而不应该总是让他们服从。我们的文学在呼唤着一种平等的家庭关系，对源于长者本位的家长意识给予了彻底的否定。

中国家庭的一个突出的特点，就是形成了一套在家长统治下的父慈子孝、兄友弟恭的家庭生活秩序，它笼罩在一层温情脉脉的面纱之中，而不呈现其残酷性。新时期文学对这种家庭秩序进行了比较深入的揭示和反思。其影响比较大的作品是王蒙的中篇小说《坚硬的稀粥》、张石山的《神主牌楼》《血泪草台班》等一系列小说。王蒙的《坚硬的稀粥》对家庭秩序的表现更为集中而鲜明。小说具有明显的象征性，但我们不妨抛开它的象征意义而只看它的具体描写。那么，从种种戏剧性的情节可以看到的是长者本位和家长统治的牢固性和变革的艰难。

当然，中国家庭中的传统长幼秩序也许已经进入尾声，不久的将来会彻底改变，起点却不是思想观念的改变，而是制度改变生活，生活改变观念。我们应该看到，由于“一对夫妇只生一个孩子”的基本国策，孩子在家庭中的地位猛然提高，成为家庭的中心，被称为“小皇帝”。这一现实必然动摇着长者在家庭中的地位，带来家庭秩序的改变。然而，作为一种文化观念，却不会很快改变。面对这种新的生活现象，一种忧虑已经在文学作品中表现出来。如报告文学《中国的小皇帝》，许多思考都是很有积极意义的，但在反溺爱的主题之下，一些思考却显然源于传统观念。文化更新如果只是颠倒过来，让孩子把长者踩在脚下，那是不足取的，但中国文化的当务之急是更多地理解年轻人，以更大的力量保护民族的生机。

四

从80年代中后期开始，文学中父亲的形象开始被改变。莫言的《红高粱》一开头，叙述人就以那种“无父无君”的语态直呼“我父亲这个土匪种”，表现了一种完全异于传统的态度。王蒙的《活动变人形》等作品写父亲的无能，使父亲形象在儿子的眼里不再是英雄。加之张廷竹等人的一些作品对父亲隐私的揭露，父亲形象渐渐丧失了以往的神圣性。

但是，王蒙们的描写毕竟对父亲的感情中还多是同情和怜悯，其中不无爱的成分。从80年代后期开始，父亲的形象迅速变得面目可憎，父与子的冲突成为敌对性的，子辈开始以前所未有的形式反抗父亲的权威。甚至在很多作家的文本中，父亲被彻底放逐。

先锋作家的反抗是最引人注目的。在余华的《往事如烟》《四月三日事件》《在细雨中呼喊》、苏童的《狂奔》《我的帝王生涯》《米》《舒农》、北村的《施洗的河》、林白的《大声哭泣》、王朔的《我是你爸爸》《动物凶猛》、叶兆言的《青春无价》等作品中，父亲大多已无长者的慈爱、高尚和无私，他们往往卑鄙龌龊、狡诈阴险，专横而自私，是扼杀儿子的魔鬼或帮凶。也许正因为这样，他们的一些文本中比较鲜明地存在着弑父情结。最早表现出这种现象的是洪峰的《瀚海》："爹长得又高又壮，脸贼黑，打起人来又凶又狠。我在梦里边曾不止一次把他杀了。有一回我在梦里梦见把爹捆上脱光屁股，用皮带抽得他皮开肉绽，结果我又兴奋又害怕。"在《施洗的河》中，刘浪在潜意识里一直想杀死他的父亲刘成业。这种反抗在苏童的《刺青时代》中甚至成为一种直接的行动：王德基自以为很有理地把儿子痛打了一顿，但第二天就遭到儿子的哥们儿变本加厉的痛打。这些作品象征性地表现了儿子们的反抗欲望。

儿子们之所以要对父亲进行反抗，原因是父亲已经不配做父亲，是他们自己的行为本身毁灭了自己作为父亲的权威。在《青春无价》中，从未见过面的父子在二十多年之后相见，却找不到那种想象中的父子相聚的诗意和亲情。来生的父亲从台湾回到大陆，所做的只是利用儿子为自己赚钱，夺了儿子的女朋友，而且在儿子失去了利用价值之后就一脚踢开。《在细雨中呼喊》中出现了四组父子形象，却无一例外地表现着儿子对父亲的仇视与冷漠。在故事的深层，父子对立的原因都是由于父亲对儿子的冷漠无情。父亲对儿子是那样厌恶而没有一点疼爱，儿子当然就没有理由爱这样的父亲。他们不是不想爱，而是无法找出爱的理由。

在这些作品中，丑恶的一方是父亲。父亲及其代表的父法不再是合理的秩序的公正裁决者，而是常常显示出其荒谬性。父亲不再是可亲的，而常常是可恨的压迫者，是利用权力胡作非为、蛮不讲理、滥施惩罚的暴君。

用真实的标准去看这些作品，我认为作品的画面世界里所描写的生活未必都是真实的。然而，它是作家们一种对生活的抽象，是通过抽象而创造的一种极有概括力的象征。作家在他们的作品中总是站在儿子的一边以儿子的感情倾向毫不留情地揭露和控诉父亲。习惯于对事物一分为二的作家应该清楚对于实在的父子之间的冲突大概不应简单地一边倒。他们却没有人愿意为父亲辩护。之所以如此，大概由于作家们也相当普遍地明白这父亲不仅仅是一个具体的父亲，而是用以指代一种父亲权威。

抨击长者本位的文化是五四新文化运动的一个重要内容，但“五四”高潮过后，旧伦理却仍然以多种形式保存下来，并且在某种语境下愈演愈烈，继续扼杀“人”的独立自由。从这一意义上说，新时期文学对长者本位的反抗意义是显而易见的。

1996年9月　曲阜

变革意识：新时期文学之魂

未来的历史学家无论怎样描绘这个时代，都不会忽视它所特有的变革精神。这是一个多么复杂而又伟大的时代啊！遍体鳞伤的中华民族从一场“史无前例”的浩劫中挣扎着爬出，以小岗村农民的二十个手印作为起点，走上了一条改革的道路。与此同时，改革的呼声日益强烈地在每一个人性尚存的中国人的心中鼓荡。“人心思变”，成为这个时代突出的精神特征。文学是时代的镜子（我不是机械反映论者，但从文化历史学的角度看，无论文学是再现还是表现，无论怎样荒诞和魔幻，作品都仍然是时代文化的反映），是民族的心灵史，也是启蒙的号音和历史航船的纤夫。那么，面对这样一场历史的变革，我们的文学表现如何？选择了什么样的位置？未来的文化史家在考察这段历史时将对文学作何评价？正是出于这种思考，我开始做一些简单的考察。

一

从某种意义上说，新时期文学完全可以概括为“思变文学”。因为“思变”这一主题贯穿于新时期文学发展的整个过程，表现于每一次思潮的涌动，是新时期文学思潮发展的一条主线和根本动因。

以《班主任》《伤痕》等作品为代表的创作思潮为新时期文学的发端迎着早春的风霜出现之时，曾经被称为“暴露文学”和“批判现实主义”。虽然这种称谓多来自于那些对文学描写伤痕持否定态度的人，但是，它却道出了这股思潮总的特点和倾向：暴露与批判。事实上，直到以《剪辑错了的故事》《李顺大造屋》《天云山传奇》《犯人李铜钟的故事》等作品为代表的“反思文学”和以《人到中年》《假如我是真的》和《将军，不能这样做》等作品为代表的“社会问题文学”思潮兴起，我们的文学都带有这种性质。揭露十年的荒谬与血腥，批判早已膨胀的极“左”政治思潮，揭露与批判以各种面目出现的专制主义幽灵对人性的残酷践踏与扼杀，揭露官僚主义、特权思想、不正之风对祖国和人民的严重危害。在当代文学史上，这是一个罕见的现象，也就怪不得当时有人把它视为洪水猛兽了。然而，暴露和批判的思潮兴起到底意味着什么？在这股文学思潮的底下是什么力量煽动着这样普遍的创作冲动？无论哪一个时代，无论什么样的社会，暴露与批判的思潮总是蕴含着变革的欲望，新时期文学暴露与批判思潮所体现的，正是这个多灾多难的民族变革的激情。

灾难本身早已充分说明了变革的必要。一切伤痕的揭示都有一个画外音：必须改弦易辙，结束那个制造伤痕的时代；必须实行变革，防止悲剧继续上演。因此，有必要郑重确认：伤痕文学是中国社会变革的第一声呐喊和呼唤，充当了为时代的变革制造舆论和劈山开路的先锋。反思文学是它的深化，是为改变现状、杜绝悲剧、铲除病根而进行的思考。它着重表现的是极“左”政治思潮对社会秩序和人民生活的严重破坏。它的主旨仍然是揭露和批判，目的是要从根本上肃清极“左”政治的流毒，彻底改变历史的惯性。在反思历史的同时，人们开始描写现实生活中存在的各种问题：官僚主义、特权思想、不正之风、思想僵化、人才危机、青少年犯罪、城乡差别……在对这些问题的描写中，我们听到的是体制必须改革、不正之风必须纠正、社会关系必须调整、各种弊端必须革除的呼声。大量作品致力于形成强烈的社会舆论，警人猛醒，发人深思，目的在于引起疗救者的注意。这种创作表现着强烈的思变意识。人们希望改变生活现状，改变生活的环境，希望告别苦难的过去，希望有一个新的开始。

人们大概不会忘记当时诗人们的呼叫。对现实的不满和对未来的渴望在抒情文学中表现尤为激烈。它表现为“苏醒了的鹰怎能容忍窒息和黑暗”的呐喊（白桦《阳光谁也不能垄断》），表现为“我愿做敲破坚冰的春雨的第一滴水”的激情表白（白桦《春潮在望》），表现为“种子呵，醒醒！”的呼唤和对阻挡生机的“讨厌的一片土层”的诅咒（雷抒雁《种子呵，醒醒！》），表现为“把僵化的水平线突破”和“像跨高栏似的把过去的权威们一个个超过”的希望（张学梦《致经济学家》），表现为“不能这样做”的哭谏和“请举起森林般的手，制止”的吁请。面对现实生活中存在的各种问题，面对前进的艰难和历史的沉重，无论老年诗人还是青年诗人，都喊出了这样的声音：“该死的死，该烂的烂！……该烧的烧，该砍的砍！”（张志民《那一天》）“打开所有的门吧！让饱含氧气的风劲吹——该风化的就让它风化，该新生的就让它新生！”（叶延滨《十三陵三题》）诗歌无论什么时候都是时代情绪最集中的体现者。

虽然不是所有的以改革为题材的文学作品都具有强烈的变革意识，但是，从整体上看，改革题材的文学主要倾向就是歌唱变革、呼唤变革并以此推动变革。改革文学是与时代的变革同步的文学，也是与时代的变革同忧乐的文学。从《乡场上》《黑娃照相》可以看到作家们为生活中所发生的变革而产生的欢欣；从《赵镢头的遗嘱》《祸起萧墙》等作品可以看到文学为改革的艰难而生的忧虑；从《沉重的翅膀》《花园街五号》《新星》等作品可以看到作家们所强调的改革的必然性、必要性和迫切性；从《秋天的思索》《秋天的愤怒》等作品我们感觉到的是作家们对改革的希望和进一步改革的期待。

随着“文化热”的出现，一些作家离开了改革题材，一些作家超越了现实政治，许多作品似乎变得与变革无关。其实，文学的改革意识在渗化而并未淡化。“文化热”的出现与时代的变革密切相关。文化意识在创作中表现出两种不同的价值取向：批判传统文化与弘扬传统文化。这两种倾向常常是对立的，却都体现着强烈的变革意识。毫无疑问，对民族传统的批判产生于时代的变革又直接为变革服务。作品带着哀其不幸、怒其不争的态度写了中国人的温驯忍耐和驯服，因为这种性格无法为改革输送动力；一些作品以批判的目光探寻中国人的崇古守旧的心理，因为这种心理总是不自觉地阻碍着变革；一些作品批判国人身上的主奴根性，因为它严重阻碍着中华民族的历史进程，使统治频繁交替而性质难变；一些作品批判精神胜利与知足常乐的心态，因为它使人易于满足而不思进取与变革……变革，是这一切批判性思考的出发点。从呼唤政治层面的变革到致力于文化深层的变革，这是新时期文学变革意识的一次深化。

对传统文化的弘扬也常常是以变革现实为出发点的。根据阿城、李杭育等一些作家的议论，我们不难为弘扬传统文化者理出这样一条思维逻辑：民族文化已经断裂，断裂造成严重后果，若要改良社会，必须光复传统。在文化“断裂”的慨叹背后，在文学“寻根”的行为中，我们能够明显地感到对当代文化现状的强烈不满，与其说他们向往远古蛮荒原始半原始的文化形态，不如说是厌弃当代文化。几年来，由于认识的分歧和表述的困难，文坛发生了一些争论，有人要复古，有人要革新，争论的双方常常尖锐对立，但有一点是统一的，那就是变革现实。分歧只是由于对现有文化性质的认识不同。有人认为当代文化是“五四”的直接结果，是西方化了的；有人认为当代文化是几千年传统的延续，“五四”文化革命并未成功。因此，前者贬“五四”、反西化，后者扬“五四”、反传统，而双方所反对和否定的却是同一事物——当代中国现有的文化。也就是说，双方同样具有变革意识，只是变革的方向和途径不同。

二

这是一个新旧交替的时代。我们正在经历着现代化的历史进程。对于中国人来说，改革是现代化的必由之路。但是，历史留给我们太多的重负。在这一百多年的历史上，中国的现代化选择了一条曲折而独特的道路，专制统治下的农业文明以及在此基础上产生的文化意识没有得到应有的扬弃和改造，无法很好地适应现代化的要求，其消极因素不可避免地要与现代化的要求发生冲突。随着现代化要求的日益强烈，这冲突也日益增强。因此，我们的时代又是个充满复杂矛盾和尖锐冲突的时代。这种冲突可能不以流血的形式表现出来，但其尖锐性和激烈性不亚于流血的战争，甚至比流血的战争更为艰难。新时期中国社会的一切冲突都具有变革与守旧的性质，因为当前中国的各种观念冲突都不是在同一个历史平面上展开的，而是表现为一种历史的纵向的交锋。无论哪一个领域，哪一个层次，冲突都往往是新旧之争或古今之争。这种冲突具有特别鲜明的历史意义，必然地在文学创作中表现出来。但是，我们所要考察的不是文学是否对此做了描写和反映，而是在这种历史性的冲突中所做的倾向性的选择。考察新时期文学，我们可以得出如此的结论：在时代的冲突中，文学的主潮选择了变革。

这种选择首先表现于新时期文学中矛盾冲突的基本结构模式及作家的评判所透露的倾向。

进入新时期之初，中国社会发生了影响深远的思想解放运动，冲破“两个凡是”曾一度成为实现伟大变革的首要任务。它是继之而来的改革事业的前奏，其意义在于从理论上为现实的变革扫清障碍，因为众所周知，在重重教条的束缚之下，改革无法迈开脚步。由于这样一种历史背景，在新时期最初几年的文学中，一个根本性的冲突就是思想解放与思想僵化的冲突。历史将不会忘记文学曾经主动担负的思想解放的神圣使命，更不会忘记文学为历史的前进立下的不朽功勋。时代的主要冲突在文学中以不同的形式体现着，成为当时文学的一个基本主题。张抗抗《夏》中的岑朗与吕宏之间，《淡淡的晨雾》中的郭立枢与郭立楠之间，崔德志《报春花》中的李健与吴一萍之间，赵梓雄《未来在召唤》中的梁言明与于冠群之间，鲁彦周《天云山传奇》中的罗群与吴遥之间，冲突的表现各不相同，但明显相同的是一方经过十年“文革”之后有所醒悟，对偶像表示怀疑，对现状表示不满，并因此而希望变革，而另一方却是自觉地或不自觉地拼力捍卫神圣的偶像和教条，坚持以“两个凡是”指导自己的言行，轻车熟路地行驶在极“左”的政治路线和思想路线上。文学的选择是旗帜鲜明的，除极个别的作品外，绝大多数作家站到了思想解放的一边，大量作品以对思想觉醒者和思变者的赞美和对思想僵化者的抨击喊出了思想解放的呼声，表明了自己思想解放的倾向。当然，主观上的解放要求究竟解放到什么程度，是另外一个问题。

改革文学的兴起把这种冲突纳入了对城乡经济体制改革和政治体制改革的描述。改革文学中的矛盾冲突有一种基本模式，即改革派与保守派、改革动力与改革阻力之间的冲突。一方是改革者，敢于冲破条条框框，敢于改变过去的做法；另一方是保守者，主要特征是思想僵化，官僚主义，虽然具体表现各不相同，但都是唱老调，走老路，力图维持旧有的秩序。在蒋子龙的《乔厂长上任记》中，乔光朴实行新的管理方法，大刀阔斧搞改革，冀申却依然依靠搞政治运动的方式领导生产。水运宪的《祸起萧墙》中傅连山为现代化而进行专业化改革，对立面是郭书记为首的封建宗法式的地方割据势力。张洁的《沉重的翅膀》中副部长郑子云为首的改革者们努力推行体制改革，扩大企业自主权，发挥人在现代化建设中的作用，对立面则是部长田守诚、副部长孔祥组成的保守势力联盟，他们以“左”的政治观念和陈旧的思想意识与改革者进行较量。在柯云路的《新星》中，李向南以强烈的进取精神大刀阔斧地革除积弊，而以顾荣为首的官僚主义者们却拼命维持现状，维持他们的既得的一切。从《龙种》中的龙种与郭福林之间，《花园街五号》中的刘钊与丁晓之间，《燕赵悲歌》中的武耕新与县委书记之间……我们都可以看到这种冲突。在这些作品中，改革者是思想解放者，保守者是思想僵化者。反思文学与改革文学在人物形象和性格审美方面保持了一贯性。反思文学中的英雄到了改革文学中一定是改革者而不会做出相反的选择。

这种模式曾经受到文学界的批评，但是，从文化历史的角度考察，文学的缺陷也常常恰恰集中表现了时代的特点。模式化对于文学艺术创造来说是一个缺陷，但模式并不都是虚假的。一种模式的形成往往都有其深厚的时代文化基础，模式也常常是对生活的一种概括，模式化体现出来的往往是时代的共同选择。即使某种模式是纯粹虚构的产物，没有任何现实生活基础，它也是一个值得高度重视的文学现象，因为有那么多的作家同时做同样的虚构，就足以说明时代的某种精神指向。我要说的是，正是从这种普遍的模式中更容易看到，面对时代的基本矛盾，文学的倾向性是鲜明的，歌颂改革，批判保守，这是文学的共同选择。

三

这种选择还表现于新时期文学的人物塑造和人格理想表现。

变革的时代有自身的审美理想和价值标准。只要阅览作品并仔细体会，就不难感觉到，变革意识已经溶入作家们的审美意识和审美理想，直接影响着作家对人物的塑造，影响着对人物的审美评价。甚至可以说，时代已经形成了这样一种观念：凡是变革的就是美的，凡是僵死的就是丑的。新时期文学对人物性格的评判已经不同于50年代或者60年代，更不同于我们几千年的文学传统。传统文学所批判的人物历来是不忠不孝、犯上作乱的乱臣贼子。在千万不要忘记阶级斗争的年月，文学彻底否定的人物是“人还在、心不死”并梦想“变天”的敌人。在新时期，文学批判和否定的人物却集中于思想僵化、顽固守旧、不思变革、安于现状者和形形色色的卫道士。这种变化早在思想解放运动之前发表《班主任》中已经表现出来。谢惠敏根正苗红，品行端正，立场坚定，有革命理想，用当时流行的标准衡量，的确是优秀学生，所以，在小说中理所当然是班干部，团支部书记。但是在刘心武的笔下，她却被划入了需要救助的病态之列。她以虔诚的态度读报刊文章，自觉地以社会流行的准则要求自己，这一切不再是她的优点，而是成了缺点。可见作家的人格理想已发生了多大的变化！请不要把这种变化看作拨乱反正，因为在这一点上，无论是在50年代还是60年代，谢惠敏都是青年学习的楷模，都会是模范团支书。

总之，循规蹈矩、安分守己、思想僵化、不思变革的人物在作家们笔下已不是被热情赞美的对象，而是成为被嘲讽、被批判、被否定的对象。从谢惠敏这样的僵化青年，到吴一萍、秦波等“马列主义老太太”式的人物，从只会用搞运动的形式搞生产的冀申，到大骂“三中全会以来的翻身户”的丁晓，从留在割尾巴岁月里没有过来的老霜，到仍然以“文革”的方式统治群众的高良杰，从《你别无选择》中的贾教授，到《同窗》中的秋光夫妇，大量的思想僵化者形象反映出新时期文学的批判性选择。

相反，那些内心骚动不安的人，那些富于怀疑精神和叛逆精神的人，那些不满现状不断开拓的人，已经逐渐成为被肯定、被赞美、被歌颂的对象。怀疑精神，叛逆精神，探索精神和创新精神已成为这个时代的英雄人物身上不可缺少的素质。这一切，都体现着作家们在人物身上所倾注的变革理想。

在“反思文学”中，一个重要的英雄形象系列就是历次政治运动中的蒙冤受屈者。他们常常是叛逆者而不是一切行动听指挥的人。他们往往不满足于现实，试图有所改变，却因此而遭受磨难。新时期文学重新认识这些人物，充分肯定他们不迷信教条的怀疑精神和对现实不满的变革精神。他们成了早醒者，成了改革的前驱。新时期文学中另一重要的英雄形象系列是当前经济改革中的改革者。非常清楚，无论乔光朴、郑子云还是李向南，他们之所以是英雄，并不在于踏实地执行哪一个上级的指示，不在于能够坚持某些方针政策，更不在于念念不忘领袖的教导和经典名句，而是在于有改革的勇气，有开拓精神和创新精神，敢于向奉行了几十年的原则和更久远的传统挑战。他们与50年代的文学中的英雄形象大不一样，主要在于他们致力于改革创新，而不是致力于守旧。总之，从“四五”天安门事件中的英雄，到年轻的思想解放先驱，从1957年蒙冤的“右派”，到今天的改革者，都承载着文学对变革的赞美和期待。

对现实问题的思考和对历史的思考往往是结为一体的。新时期文学的变革意识体现在对人物的审美评价上，还不仅表现为对变革者的礼赞和对守旧者的抨击，而且出现了一个更为有趣的现象：茹志鹃的《草原上的小路》写了一个石一辉，王蒙的《悠悠寸草心》写了一个唐久远，张弦的《记忆》、韦君宜的《洗礼》等作品都提出了一个共同的问题：一个经历过十年苦难的领导干部应该从动乱中得到些什么？这些作品关心的不是恢复和发扬过去的传统，而是希望他们能够因此而变得清醒，改变过去的各种做法。在《草原上的小路》中，石一辉官复原职之后仍然极冷漠地对待蒙冤者的申诉。在《悠悠寸草心》中，唐久远官复原职之后立即忘记了自己在苦难中的反思和许诺。《报春花》中的吴一萍重新走上领导岗位后仍然坚持极“左”的政治路线，推行血统论。这些作品告诉人们，一些干部虽然吃过极“左”路线的苦头，却并没有因此而醒悟，官复原职之后仍然在旧轨道上滑行。新时期文学对这种人物是持否定态度的。我们的作家希望的是这些人们能够改弦易辙。

《记忆》和《洗礼》从正面表现了这种希望。县委宣传部长秦慕平在四清运动中错误地把年轻的女放映员方丽茹打成了现行反革命，到“文革”时期，自己也遭到了同样的厄运。他因此而觉醒，重新工作后决心彻底改变那种无限上纲的错误做法，平反错案，拨乱反正。《洗礼》中的王辉凡“文革”前已经是省委的主要领导干部，由于极“左”思潮的影响，他思想僵化，迷信上级，终日忙于开会、讲话、看文件，对上级尽职而对人民疾苦漠不关心。在“文革”中，他从“天堂”跌入“地狱”，开始以人民的眼光看待现实，终于发生了重大转变。王蒙的《蝴蝶》中的张思远经过十年风雨终于痛切地认识到一定要改变那种根深蒂固的“位置好像比人还重要”的观念，懂得了只要心上有人民，就什么都有了。李国文的《冬天里的春天》中的于而龙经过痛苦的反思终于回到当年流血牺牲的根据地，去寻找自己与人民的血肉联系，认识到过去的过错，向乡亲们深深忏悔……这些人物都得到了作家们的首肯，因为他们经过动乱而有所改变，不像唐久远们那样在老路上继续滑行。

这一切传达出的是作家们的思想和情绪：希望由历史的教训而思变革，彻底改弦易辙。

四

一个事实大概无法否认：中国的文化传统中缺乏足够的变革意识，中国的文学传统中也缺乏足够的变革意识。新时期文学的变革意识是一种不同于传统的新特色。

遥想中国传统的奠基者们，生活于小农自然经济之中，面临四分五裂的战乱之苦，首先思考的必然是如何稳定社会秩序以实现安定团结，而不是变革现实以推动历史前进。在此基础上必然形成了以“礼”为特征的伦理中心文化系统。孔孟学说在承认旧有社会秩序基本合理的前提下思考问题，强调的是君君臣臣父父子子，致力于恢复曾经有过的社会秩序。他们的学说是一种建立在尊卑贵贱基础上的安定团结学说。老庄学说对社会秩序多有批判，给出的出路却是面对现实的种种痛苦而逃入山林或逃入内心，以自我开导的方式解脱精神痛苦。在他们看来，现实是丑恶的，但人对现实无能为力。儒家让人适应，道家让人逃避，都不主张变革。儒道两家学说影响了中国人的精神面貌，造就了抑制自身以与环境达成和谐的思维方式和行为方式，使人们循规蹈矩，安分守己，唯命是从，甘当奴隶。就中国人的主要倾向说，是倾向于守旧的。卫道士们动不动斥责改革者和探索者们离经叛道，却从不怀疑自己手中的尺子。在他们看来，传统是不可侵犯的。人们只有继承和弘扬的使命，而没有批判和扬弃的责任。中国传统知识分子并非缺乏批判的勇气，甚至可以杀身成仁。但是，他们不是为了探索、创新和改革，而是为了卫道。只有身后有先圣前贤的“道”和

“理”，他们才有斗争的勇气。因此，中国知识分子的勇气常常表现于卫道而不表现于变革。这一切逐渐培养了中国人惧变怕乱的文化心态。现实并不令人满意，但总比变乱好。因此，一般的选择往往是“凑合着活下去”。这种心态深印着从历史经验中得来的灰心。因为历史总是一次次告诉人们：美好的生活令人向往，但变革就能得到美好的生活吗？中华民族在历史上经受的战乱太多，饱尝其苦而带来的益处太少。所以，一个人越是清醒，就越是倾向于修破补旧，研究一个个具体问题而不愿掀动大局。可是，正因为这样，我们的历史才几千年循环往复而专制的秩序不变。

与此相关，文学也一直缺少变革意识。中国文学不乏社会使命感，这种使命感却集中表现于进行道德说教以维护专制的统治秩序。中国文学不乏对社会的批判，但批判现实往往并不意味着呼唤变革。批判现实的作品传递的常常是“今不如昔”的叹息，呼唤的往往是什么旧传统的恢复和发扬。像《三国演义》那样的作品写的是战乱历史，宣扬的却是“分久必合”和“天下归一”，并把曹魏作为汉室的叛逆而口诛笔伐。《水浒传》写的是造反，最终却是受招安。《西游记》中孙悟空终于跳不出如来佛的手掌，最后还是要皈依佛法而成正果。《红楼梦》对社会生活针砭至深，最终却跟随一僧一道遁入色与空。这一切都不是偶然的，而是反映着中国人的传统心理。

中国古代的文学作品有一个重要特征，就是使人读之心平气和，感到天命如此人力难为，或得到虚幻的满足，却从不使人读之而思变。之所以如此，一个重要的原因就是作家们的淡泊旷达与自欺欺人。恬淡旷达在文学中表现为平和与超脱，自欺欺人则常常表现为团圆结局。在中国，诗与画的创作原则大同小异，而文学的原则源于诗。因此，即使不读中国诗人的作品，只是看几幅画，也足以了解中国文学的精神。它常常使人心旷神怡，使人超然而忘我，却从不让人暴跳如雷或烦躁不安。历代山水诗所给人的是那种超脱、恬淡、远离人间烟火的境界。那里没有烦恼人生，有的是松间明月、石上清泉，有的是“高枕石头眠”者对人间一切的忘却。无论作者的创作意向还是读者接受效果，都与变革意识无缘。

中国人喜欢团圆，中国文学也多写大团圆。几千年的社会生活和家庭生活制造了无数悲剧，文学却少有悲剧。因为作家们有使之圆满的艺术手段。尽管天下贪官当道，恶吏横行，却总是有“包青天”“海大人”或“八府巡按”除暴安良为民做主。尽管人间常常是恶人得志，善人遭殃，而阴曹地府却总能“善有善报，恶有恶报”。尽管传统道德制造出无数痴男怨女，文学中却都能状元及第之后天子赐婚。《红楼梦》中的宝黛爱情足以激起人们对制度与规范的愤怒，“绛珠还泪”的构思却使人心平气和。一切是如此合理，如此圆满，似乎上天的安排对谁也未曾亏待。中国文学很善于以虚构的方式逃避现实，以梦中的圆满代替现实的圆满。

“五四”以后，中国文学曾出现过强烈的变革意识。这表现为鲁迅“救救孩子”的呐喊和改造国民性的努力，表现为众多作家对黑暗的控诉和对光明的向往，也表现为斗争的呼叫。但是，到了50年代，文学的批判职能减弱，变革意识的淡化，文学开始歌颂现实的美好。变革成为过去时的或现在完成时的，文学歌颂过去的变革及其在新社会的延续，而否定新的历史条件下产生的变革要求。“改革”常常被理解为“阶级敌人想变天”和“颠覆无产阶级专政”。因此，1957年出现的以《改选》《入党》等为代表的带有思变特征的作品都被迅速打了下去。文学的任务不再是促进变革，而是以艺术形式反复论证生活的完美。以写主流和本质的方式展示从美好走向美好，似乎一切都无需再变革。

新时期文学正在彻底改变这种传统。文学常常使人不安，使人冲动，使人感到痛苦而挣扎，而不是使人于安眠中沉沉死去。从十年浩劫的描写，到种种“社会问题”的反映，从北岛的怀疑和愤怒，到刘索拉等人所描写的那些不安的灵魂，人们读后心潮难平，在心中唤起的情绪常常直接成为社会变革的动力。新时期文学已经很少大团圆的结局，文学的悲剧意识正在增长，出现了大量使人读之而思变革的悲剧。清醒的作家再也不愿以自己的才华去虚构让人们的不平和愤懑得以平息的安乐图，再也不愿像安慰弥留之际的老人那样向民族献上廉价的安慰，因为对于已经无望的垂死者来说，那可能是最好的减少痛苦的办法，而我们的民族却并非到了弥留之际。《新星》中的李向南是一个新的清官形象，为民做主，除暴安良，的确很像包拯和海瑞，但是，小说却与那些关于包公与海大人的故事不同。那些故事喜欢以清官的成功告终，因此读之皆大欢喜。《新星》却以李向南失败告终，这就使读者难平心中之愤。李向南的失败意味着古陵将在顾荣的统治下维持原状，甚至意味着潘苟世、高良杰们卷土重来。这种结局是一种深化了的变革意识，它把作者的变革欲望完美地传达给读者，在读者中引起思变效应。从这一点上说，新时期文学带有某种煽动性。用一个青年诗人的话说，就是“煽动着新的背叛”。背叛就是变革，没有对旧的背叛，就不会有新的出现。文学鼓动起人们的变革意识，将在民族历史的记功簿上留下光荣的记录。

与50年代的作家相比，新时期作家已不再那么幼稚，就连青年作家也变得深沉，能够以批判的目光打量着刚开始的新生活。稍微细心一点的读者会注意到，新时期作家对改革的反映不像50年代作家对合作化运动的反映那样一味歌唱。矫健的《老人仓》、张炜的《秋天的思索》和《秋天的愤怒》等写于农村改革大见成效之时，作品却写了改革的不尽人意。这种不尽人意不是用旧目光审视的结果，不是那种站在守旧立场上的“今不如昔”或“人心不古”的叹息，而是对改革提出了更高的要求，认为改革还很不彻底，旨在呼唤改革的深化。因为他们看到人民公社虽然改为乡镇，葡萄园虽然已经承包，王三江们却仍然骑在群众的头上作威作福，昔日的“土皇帝”今天变成了出租土地的地主和拥有全村资本的官僚资本家，人民仍然没有摆脱被奴役和掠夺的地位。透过作品，我们明确地感受到作家的热切呼唤：改革决不能到此为止。

与这种变革意识相联系，新时期文学在说明改革的必要性时已认识到不断改革是历史发展的规律，是人类进步的必然的要求。历史的发展不可能停止，不可能形成不必再发展的顶峰。任何故步自封的做法都是愚蠢的、违反历史发展的规律的。李国文的长篇小说《花园街五号》通过一座建筑半个世纪更换了五代主人的历程写出了一部社会变迁史。从没落的俄国贵族康德拉季耶夫到现任市委书记韩潮，冥冥之中好像有一根看不见的绳索在系着他们，决定着他们的命运。“后一户总是把前一户干掉，才搬进去住，每一户上一代和下一代总是悖谬，冲突，决裂，甚至还有砍掉老子头颅的。”当然，未必每一个下一代都是进步的，但之所以被推翻总有自身的原因。历史前进不以任何人的意志为转移，宣布自己为顶峰，阻挡历史的前进，只是愚蠢的幻想。顽固地维护旧时代的人，阻挡历史前进的人，倒行逆施无恶不作的人，思想僵化不愿与历史一道前进的人，必然要受到历史的惩罚。“难道花园街五号果真会给居住过的人带来不幸的命运吗！过去这样，现在这样，难道永远也是这样？”不！是改变这种状况的时候了。那么怎样才能避免历史的血腥交替呢？小说通过形象的描写告诉人们，要避免历史的血腥交替，必须顺应时代发展的潮流，及时改革一切与前进的历史不相适应的东西。事实上，近几年文学中对许多问题的思考都是这种变革意识的表现。

变革意识是新时期文学之魂，文学因它而生辉。所谓“改革文学”的大潮也许即将过去，文学不可避免地会发生一些变化，但愿变革意识这个灵魂不被丢失。

1989年3月　曲阜

第三辑

通俗与媚俗

——在《山东青年报》座谈会上的发言

当前的一切似乎都不必为之担忧。忧国、忧民、忧文化，也许的确是没有改造好的书生们的迂腐气。有本事就去下海去赚大钱，利国、利民、利自己。国家为我们提供了这么好的机会，何苦舍不得孔乙己那件又脏又破的长衫？又何苦一脸晦气，两袖凉风，伸长脖子看大潮，于大潮之外指指点点？谁都知道，说闲话、管闲事不发奖金。

对于当前的文学和文化走向，我本无话可说。这并不是因为以上的见解，而是因为自己从根本上赞同当前文化的基本流向。进入80年代以来，我一直对市场经济寄予厚望，甚至把它看作解决现实问题的根本途径。没有市场的发展，我们的一切希望都是空话。所以，对于文学的商品化，对于报纸、刊物的市场化，从根本上说，我是举双手赞成的。毕竟变了，本来是死的，窒息于计划和指令之下，现在活了，应该赞成！把一切都放到市场上，让一切都接受市场的检验和选择，应该是时代的大进步。

但是，我的血管里毕竟是流着不合时宜的现代知识分子的些许血液，好作杞人之忧，而且屡教不改。所以，还是要说几句。

我们的文学和整个文化都正在不可逆转地大踏步走向世俗，走向大众。文学报刊和图书已相当彻底地转向。一些所谓纯文学刊物纷纷改为通俗刊物，报纸纷纷改版，或者大办周末版、增加娱乐性和消闲性。作为一种整体的趋向，就是适应市场的需要，而适应市场的需要，就是适应读者趣味。“读者就是上帝”，正在成为报刊的价值准则。

"读者是上帝"，任何人都没有理由对它指责。在物质产品的生产和流通中，顾客是上帝，消费者是上帝，这是大家都认可的。那么，文化生产不以文化市场的需求为指导，能以什么为指导？不以读者为上帝，以什么为上帝？所以，这是一个很好的现象，也是一个必然的现象，只要不过多地横加干预，它必然是这样一种现象。出版机构要生存，就必须考虑市场上的销路，不努力适应读者的需求而增大发行量，还有什么出路呢？一些报刊不需要考虑这些，他们拿了国家的钱，也就是老百姓的钱，去印一些人们不喜欢看的东西，又强行摊派，所以不愁销路。可是，一般报刊已经没有那个特权，于是报纸纷纷改变姿容，星期刊、周末版，一派新面貌；出版社费尽心机出版那些受广大读者欢迎的书籍，或者把不受欢迎的书搞上一个受欢迎的包装。为了生存，为了作者、出版者和发行者的利益，这一切都必然地出现了。但是，我们的文化出现了一种媚俗的姿态——"媚态"。

从某种意义上说，这未必不好。谁不喜欢"媚眼""媚笑"？反正我喜欢，总比对我横眉怒目好。但是，就我们的文化而言，大概不仅需要"媚态"，还需要更多的东西。

激烈地指责吗？似乎大可不必。我只觉得我们的文学可怜，我们的文化可怜，中国的知识者可怜。三句话不离本行，我还是只谈文学，因为平时为文学想得比较多。我们的文学似乎命中注定了难以摆脱不幸的命运。在70年代以前的几十年中，它一直受着政治的制约和压迫，被迫去充当阶级斗争和路线斗争的工具，被迫去配合政治运动和中心工作，失掉了自身，成为政治的奴婢。今天，政治的强制性逐渐消失了，却又面临着经济的逼迫。金钱是个好东西，它可以帮助社会克服种种弊端，帮助人获得解放，以达到马克思所说的那种"以物的依赖性为基础的人的独立性"，也就是可以帮人挺起腰，实现人格的独立，但是，它也可能"逼良为娼"。今日之文学界，它充分发挥着这种逼良为娼的作用。因此，文学再次失掉了自身，成为经济的奴婢。几年来我们的社会有几个成功的转移，一个最为成功的变化，就是人的全部热情被引向了经济，也就是金钱。中国人穷怕了，作家也穷怕了，如今有了可以赚钱的机会，不赶紧赚钱，还想什么呢？放着钱不赚，做吃力不讨好的事，你傻吗？政治的压迫与经济的压迫情况有所不同：在政治压迫之下，人们容易产生一种反抗的激情；在经济压迫面前，你却找不到冤头债主，一切只能自认，无可奈何而又心甘情愿。低眉顺眼、卖笑献媚，都是自愿的。在政治的逼迫下，作家们可以不动感情地喊几句口号了事；在经济面前，你却要来真的，如果满脸不情愿，就没人为你掏钱。事实上，经济比政治更难伺候，它不强硬，但更让人费心。这就像招待嫖客与被强奸，被强奸是不需费心的，而要把嫖客招待好，却需要曲意逢迎。这很可怜，可是话说回来，时代毕竟进步了。我不知道别人怎样，就我自己而言，我是宁愿当妓女卖自己，而不愿被强奸的。

所以，我担心的还不是这些，而是文学和整个文化的媚俗态势所要付出的代价。这个代价太重了，重得让我难以接受。每当想到这个问题，我就有一种破产的感觉。这个代价为什么必需付出？为什么要一再付出？这是我们这个民族的悲剧宿命吗？“五四”那一代人——陈独秀、胡适、鲁迅等，千辛万苦，文化革命，惨淡经营一阵子，培育了一种新文化，一种新的文化精神，并以此改造国民性，后来，因为种种原因，使这一努力付之东流。“文革”结束，进入80年代，我们又艰难经营了十年，文化面貌有了巨大的改观，精神建设初见成效，可是，在如今这股潮流中，这一切却有可能再次付之东流。作家、出版家，都知道“读者是上帝”，但很少有人意识到广大读者审美心理和接受机制的守旧性。一个规律无情地摆在我们的面前：文明发展所需要的现代观念往往难以为广大读者所接受；大众所喜闻乐见的东西往往是陈旧的。在这种情况下，文化生产的媚俗只能有助于历史的倒退。1989年，我发表过一篇《大众化与化大众的冲突》，谈的就是这个问题，现在几年过去了，我还是那个观点：大众化与化大众是矛盾的，为了历史的进步，为了文明的发展，我们宁愿失掉一些读者，也不要把未来的前途作为妥协的条件而牺牲掉。

中国之大，人口之多，为报刊的生存提供了较好的条件。不媚俗未必就没有读者。当然，怎样使出版物通俗易懂受读者欢迎，又不迎合大众的陈腐观念，是作者和出版者都应该认真考虑的。

1993年3月　曲阜

文学的现状与误区

——1994曲阜师大“金秋学术报告会”上的演讲

今天要讲的，又是文学，当然不是重要的话题。从某种意义上说，文学是最没用的东西。没有农民，我们就会饿肚子；没有纺织工人，我们就没有衣服穿；没有建筑工人，我们就没有房子住；没有企业家，经济就会崩溃；没有文学家，却不会马上出现那么严重的问题。所以，弄文学是一种吃闲饭的事，没用的人才去弄文学。很多人都是因为干不了别的才弄文学，我自己就是如此。

可是，文学又的确有它的作用。它可以影响人们的精神，影响人们的心理，陶冶人们的情操，甚至塑造人的性格。我就见过一个因久看《红楼梦》而变得走起路来一副弱不禁风之态的女孩子。文学对人是有影响的，正因为这样，文学批评就有了存在的依据。女孩子读红楼，学学林黛玉，也许并不可怕。可是如果男孩子读红楼，不但学宝玉，而且学薛蟠，那就很糟糕！这时候，就需要批评来告诉人们，学薛蟠不好，曹雪芹也是不喜欢薛蟠的。如果曹雪芹还活着，批评家也许会告诉他：如果再写到薛蟠这种人，要进一步想想办法，让读者读了也不要学他。

既然批评也是必要的，我们对于文学发展的现状，就有关心的必要了。新时期文学从70年代末发展到现在，创造了当代文学史上空前的辉煌，成就是不容否认的。在中国现代文学的历史上，也没有几个时期可以与它相比。但是，当前的文学却处于种种困境之中，而且因这困境而陷入种种误区。

文学的现状与误区

进入90年代以后的文学界有几个特点：一是文学进一步地受着金钱的挤压，并在金钱挤压之下迅速分化：有人弃文从商，有人以文经商，只有一部分作家还在守着严肃文学的营地。二是文学进一步走向世俗生活，进一步告别教化功能而追求娱乐性。过去的中国文学总是在教育人，而且不惜为教育人而丧失文学性。人们受够了教育，于是反感于这种文学，于是文学家强调审美功能，强调娱乐性，努力使作品让人读着轻松，而不要让人感觉是在上政治课……这一切都是合理的，或者说，这一切都有其历史的成因。中国当代文学的确太不轻松了，它承担了太多的使命，而最终又被历史证明有害无益。这当然需要改变。这种改变从80年代就开始了，经过80年代进入90年代，在这个转变过程中，现在的文学却显示了一系列的问题，陷入种种误区。

误区之一：在通俗化的道路上一步步走向媚俗。书写出来需要出版，出版后需要销售。这就需要有人喜欢，就要考虑拥有更多的读者。经济的力量是巨大的，它在悄悄地压迫着文学，使你不得不服从市场原则。先锋文学的确太不重视中国大众的接受程度，所以，它刚刚出现的时候就有人说它是“吃饱了撑出来的毛病”。也许这话不无道理。那么就要走向通俗，或者说是追求“雅俗共赏”。“雅俗共赏”听起来很顺耳，但做起来却很难，实际的结果往往就是媚俗。其中一个不容忽视的问题就是大众接受心理和审美观念的守旧性。在这种守旧性的作用之下，一些思想观念比较超前、现代意识比较强烈的作品往往得不到大众的喜爱，而那些更多地承载传统观念而少有现代意识的作品却很容易为大众所喜闻乐见。因为人们在阅读一部作品的时候并不只是被动的接受，而是一种主动的参与。当一部作品表现的精神与自己内心所固有的接受机制格格不入时，接受主体就会对其进行排斥。这是一个不容易解决的矛盾。这种悲剧在中国现代文学史上已经有过，“五四”一代知识分子的觉醒和后来对工农大众的适应、顺从、迁就和皈依就是前车之鉴。

误区之二：告别英雄主义和理想主义之后，文学的主体精神正在步步丧失。理想主义和英雄主义色彩过于浓重，是从50年代到70年代文学的一大教训。从“大跃进”民歌的理想主义，到革命样板戏的理想主义，从50年代浑身闪光的英雄，到70年代不食人间烟火的革命精神说教者，都使人感觉到离自己的生活太遥远。更多的人只能是普通人，普通人更看重的是日常生活。所以，我们这个时代最时髦的已经不是英雄，不是理想主义者，而是普通人，眼睛盯住油盐酱醋，生活的主要内容就是吃喝拉撒睡。同时，这也是一些根本无法决定自己命运的人。人是不是一种很了不起的东西？也许，人的高大只是一种理想，或者是偶尔有的一种感觉，而实际的生存常态往往并不豪迈，而是充满烦恼、尴尬、无力和无奈，实在高大不起来，也英雄不起来。比如，现在我就当不了英雄，在座的大家绝大多数也当不了英雄。我们过的是普通的日子，我们有许多人生烦恼。大概正因为这样，随着文学对人的认识的加深，作家们纷纷远离英雄，远离英雄主义，而走向普通人的日常生活琐事，走向一般的碌碌无为之辈，把人从高高的宝座上拉下来，把理想主义和英雄主义的光圈抹掉。这也是完全应该的，是一种还原。但是，随之而来的结果却非常可悲：人成了爬虫，成了灰色的无骨动物，成了没有主体性、没有主动精神、完全受制于环境的被动存在物。这在一些新写实小说中大概很容易看到。人真是那个样子吗？人应该是那个样子吗？如果注定是那样，别无选择，说真的，活着真没劲！

重要的还不是文学的画面世界中的这种现象。我不想评价那些作品是否真实，甚至愿意承认它是真实的。因为的确很多人都无法驾驭自己的命运，无法实现自己的意愿，只能以那种被动的方式生存。他们很苦，但对一切都无能为力，这也许是一种最常见的生存状态。但是，值得注意的是我们的作家对这种生存状态所表现出的态度。他们往往没有痛苦，没有不平，更没有愤怒。我把这种现象称之为激情丧失和心态老化。一些作家的确丢掉了理想，失掉了进取精神，表现了种种对苟活方式的认同。

这就涉及一个更为重要的问题：知识分子的自我放逐、自我边缘化。好像中国知识分子对自己承担的文化使命已经彻底丧失了信心，因而放弃职责，自我放逐。好像知识分子也开始像王朔小说中的人物一样，“千万别把我当人”。他们只寻找个人自娱的空间，表现的也仅仅是他们的叙事智慧，而不再有人的价值关怀。在80年代中期，作家们无论写性还是写生命，还多是探讨人性的底蕴，或者用人的生命精神去冲击陈腐的文化，进入90年代之后，写这些已经完全成了欣赏。

中国人（当然也包括作家）都变成蛆虫了吗？

但愿没有。我不愿意承认。我们也不该承认。

因此，我希望有更多的作家不放弃理想的追求，希望文学重振主体精神、进取精神和阳刚之气，从而走出灰色的迷雾。因为你无论怎样在灰色的雾中徘徊，最终还是要走下去。积极的精神也许并不能带来预期的结果，但任冷雾弥漫于心头，就更难见到希望之光。

超越是一个时髦的词语，但超越不能是逃避。真正的文学家不能逃避他所生活的时代，也不能逃避时代赋予他的责任。很多作家都对诺贝尔文学奖极有兴趣，那就应该知道诺贝尔文学奖的评奖宗旨，它拒绝授予不为人类的发展奉献心血的作家。

1994年10月　曲阜

关于“私人叙事”和“个人话语”

一

在当前文坛上，一些作家疏离中心和主流，以边缘化的立场书写自身的生活经验，甚至是重点书写个人的隐秘世界。有些内容属于个人隐私，在过去的作品中是少见的，这主要倒不是因为有什么障碍，而是过去的作家们大多有点害羞，羞于表现或不屑表现。现在的情况已经完全不同，在我们这个时代，卧室中、衣裙下似乎更有看头，所以也就更有卖点。市场就是这样，只要人们想要的东西，自然会有人生产，有人销售。眼下的公共场所并没有张贴“莫谈国事”的条子，但作家们却很自觉，不谈大事，只谈小事；不写公事，只写私事。于是，文学叙事的私人化，是必然要出现的。现在，这种写作被一些评论家称为“私人叙事”和“个人话语”。理论家们正在大谈它的奥妙。

用时髦的说法，它所展示的生活只是个人的日常生活，与社会无关，与集体无关，与历史无关，与一切宏大无关，是纯粹私人的。写作是私人写作，叙事是私人叙事。

我想，这种倡导应该是有意义的吧？因为我的年纪让我知道中国当代文学经历过一个“大公无私”的阶段，曾经以集体的力量扫荡了一切私人空间。以阶级、人民、时代的叙事代替了一切个人叙事。破私立公，是过去并不遥远的口号。文学创作也曾出现过“三结合”的方式，“领导出思想，群众出生活，作家出技巧。”在这种结合中，作家只是一个工具，是为表现领导的思想和群众的生活而存在的。在长达几十年的时间里，文学没有给私人留下任何空间。

正因为这样，在80年代，我们的文学曾经冲破禁区，呼唤自我，表现自我，张扬个性，恢复作家在创作中的主体地位。从表现自我的倡导，到主体性的讨论，其实都含有一层用意，就是要把文学创作从那种阶级、人民、时代的大概念中解放出来。之所以要解放出来，还因为一个重要的原因，就是这些大词本身的某种虚幻性和虚假性。无论阶级、人民还是时代，都常常在否定和限制着个人的创作，但到底谁代表阶级？谁代表人民？又是谁在代表时代？却常常是云里雾里，看不见也摸不着的。个人的见解和感觉常常被统一于一个来路不明的宏大概念，但最终的结果，却往往是那宏大概念是虚假的。到头来，靠得住的仍然是自己的见解和感觉。相信自己，表现自己的思考和感受，这应该是文学创作的正路。因为无论多么大的群体，也是由个体构成的。因此，那种在否定个体的基础上建构起来的群体必然具有虚假性，其宏大话语也必然具有欺骗性。只有承认一个个的个体，以这些个体共同构成的图景，才是可信的集体共相。从这个意义上说，一个作家，不必考虑集体。我相信鲁迅说的话，从血管里流出来的是血，而从水管里流出来的是水。一个人只要不是孤立于社会，而是关心着社会，置身于时代生活之中，他的作品无论怎样“私人”，都会同时属于那个时代，属于他所处的阶级和民族。这一切，是80年代人们已经明白的道理。然而，由于历史的局限，80年代的文学没有完全从集体话语中走出来，正如今天的中国作家也不可能完全从集体话语中走出来一样。人们不约而同地进行大合唱，不约而同地思考社会共同关心的问题，而知识结构与思想资源又有很大的共同性，所以，文学的个人性是不足的，私人性更严重不足。

从这个意义上说，倡导私人写作，赞美个人叙事，应该有足够的理由。然而，看过一些私人叙事的倡导文章，又看过一些被理论家们赞扬的文本，我却感到有些东西很值得怀疑。一些人所倡导的，并不是文学健康发展的路。

二

据说，这些作品实现了对世俗世界的彻底认同，真实地书写着人的各种欲望，同时也充分表现着一般人对于金钱和物质的渴望。

据说，一些作家在世俗生活中是能够随心所欲的，在创作中也能够无所顾忌。他们站在平民生活的地平线上，从市民的角度观照生活，在作品中充分表现了他们与当下世俗生活的合流。赞扬者说，他们不做任何人的代言人，也不充当指路人，而且彻底告别了启蒙导师的姿态。

但是，读着这样的理论，我却有点怀疑：是他们主动告别启蒙导师的状态，拒绝做指路人呢？还是他们根本没有能力做启蒙导师，也无力充当读者的精神指路人？大致考察过之后，我有了一个大致的判断：他们自己往往就是在浑浑噩噩地混日子，没有什么值得一提的理想目标；自己往往就是糊里糊涂，缺少思想的能力，或者自以为有个性，做出一副玩世不恭的样子，其实却是什么也没有想明白，正在拿自己的生命开玩笑，他们又怎么能够去充当启蒙导师或者指路人呢？要知道，做启蒙导师也罢，做指路人也罢，布道也罢，说教也罢，都不是容易的，也不是任何人都能做的。事实上做不到，而宣称鄙弃，这让人说什么好呢？

一些作品受到了赞扬，甚至被推为榜样。但在我看来，面对那些作品，任何过高的评价都是不恰当的。而关键的问题就在于放弃了个人精神高度的追求而甘心做痞子。我不知道究竟是什么原因，使痞子在我们这个时代如此有魅力。那么多作家都乐意做痞子，或佯装痞子。我这么说，是因为我认识几个年轻作家，他们做人做事很正经，并不像小流氓，但一到作品中，那个“我”却马上浑身痞子气，那都是为赶时髦而装出来的。当然，文坛上也许有一些真正的痞子，无需装，这是从作品中就可以看到。他们常常对于一切都“无所谓”，没有良知，没有正义感，不分美丑和善恶。他们似乎看穿了一切，成为真正的虚无主义者。有句话说：彻底的唯物主义者是无所畏惧的。其实，彻底的虚无主义者更是无所畏惧的。他们看透了一切精神价值的虚无，于是怀疑一切绝对的和普遍的东西，嘲笑严肃的人生态度，嘲笑责任感，因为那在他们眼里就活得太累。他们是消费主义者，不仅消费物质，消费他们所生活的这个世界，而且消费自己的人生。他们相信，活着没有什么意义，也没有什么价值，所以，活着的唯一目的或最合算的设计就是不管如何也要找乐子。因此，他们并不在乎他们的快乐是奴隶的快乐还是蛆虫的快乐。

有一些东西阻碍着他们快乐，他们就要反抗。但他们的反抗是有限的，因为他们知道一些东西惹不起，就绕道走。他们声称要消解。他们的意义就在于这消解。然而，在他们的消解之下，一切价值都成为碎片，个人也无法再以独立的价值而存在。什么都是可疑的，一切都无可无不可，于是，没有美与丑，没有善与恶，连同区分这一切的标准都不存在了。

问题就在这里，承担责任是不快乐的，反抗现实也是不快乐的，奋斗和探索也不快乐，那么，就只有顺世活着是唯一正确选择。游走，顺应大众的口味，反抗可以反抗的，嘲弄可以嘲弄的，迎合必须迎合的。于是，这些貌似最激进的反叛者，其实已经不存在反叛的意义。

个人叙事如果就是这样，它能够产生什么？

三

回到个人，应该是为了使个人不被大众淹没，应该是为了使个人不同一般。或者说，是为了自我实现和个人主体性的强化。但是，90年代文学的所谓个人化却不是这样，而是放弃了精神高度的追求，放弃了自我强化的努力，满足于平庸的日常生活和一般动物的欲望满足。

个人化如果放弃了高度的追求，而与平庸化相结合，结果会是什么呢？像一些理论家所倡导的那样，不要深度或高度的追求，而只表现日常生活中的庸常个人，而且作者本人也必须是一颗平常心，与市民的庸常人生站在同一地平线上，如果要表达什么关怀，也必须是世俗关怀……如果那样，产生的结果自然是平庸的、一般的。它会从根本上消灭了个性，因而也就不再是个人的。

因此，在倡导个人化的同时，必须进行这样的思考：个人化是否等于自说自话？个人化是否意味着无视人类的群体生存？个人化是否意味着无需顾及前人的积累和他人提供的思想艺术平台？如果是，那么作者完全可以津津有味地叙述自己的生活琐碎，从我的窗帘、我的地毯一直到我的大腿、我的乳房、我的做爱习惯等。但是，这种叙述应该是输入与输出都封闭于个人自我的天地，也就是说，作品的读者只是自己。如果不然，那些平庸琐碎而且不承载任何深层意义的描写就是对读者的一种不尊重。因为读者作为文学消费者，需要的是有意义的服务：新的生活天地，新的人生经验，思想的启迪，境界的扩展，等等。没有任何深度和新意的个人生活琐碎有什么表现的价值呢？我们主张个人化，应该是因为一切最新鲜的经验和感受都产生于个人，一切最前沿的思想都产生于个人，一切精神文化发展的生机都最先产生于个人，只有这些个人的生活和精神得到表达，文明才能有新的积累，而我们个人也能得到新的滋养。如果个人化只是回到低层次个人生活的展示，那么，你吃饭大家都吃饭，你睡觉大家都睡觉，你的恋爱方式也未必比别人高明，这样的个人叙事必然是千篇一律，能为读者带来什么？

一些自叙传式的作家往往写完自己的独特的生活经历之后就结束了自己的艺术生命，再也没有好的作品出现。其实，他们的生活并没有结束。他们完全可以把每天大致相同的琐碎生活都重复性地写下来，用现在的一些理论家的话说，那是个人化的，而且，谁也没有权力剥夺他们写的权利。但是，那样不识趣的作家在文学史上非常少见。因为只要不是太愚蠢，就会知道，那种所谓个人化的书写是没有意义的。一个道理不难明白，我们提倡个人化，但并非一切个人化的东西都具有相等的意义，也不是一切个人化的东西都有表现价值。无论思想还是艺术，都青睐于独特性，而真正的独特性只能向着深处或高处寻求。

四

我们往往缺乏自己的思想，常常盲从，常常迷信，常常让自己的大脑成为某种流行思想的跑马场。从这个意义上说，提倡个人话语也是有意义的。拒绝主流，拒绝流行话语，表现属于个人的东西，这意味着用自己的头脑思考，意味着个人精神的独立和解放。

然而，个人化是有限的。从理论上讲，我们无法实现纯粹的个人化。因为我们是处于历史和传统中的人，因而很难走出传统话语的笼罩；我们又是生活于社会群体中的人，因而很难避免被社会流行话语所覆盖。你以为说的是自己的话，其实也许是许多人都重复说过的；你以为表达的是自己的思想，其实也许它来自前人的著作；只是自己不能一一找到源头罢了。

在当前世界背景之下，作为个体，我们可以坚持某种行为或思想方式，却常常很难判断自己选取的这种方式是否是对他人的重复和模仿。甚至我们无法弄清纯粹的自我还有多少没有被传统和他人所覆盖。

对于个人来说，许多经历和体验都是新鲜的，但对群体来说，却恰恰是最普遍的。包括隐私，包括性体验，在当代中国之所以让人感觉新鲜，原因不过是过去的文学因受限制而缺少表现。一旦大家都来表现，你就会发现，要翻出新花样其实并不容易。因此，人们对这些东西也会很快生厌。打个比方说，任何一个少男少女的初恋对于他自己来说都是新鲜的，她或他可以把它写进日记，每读一遍都会激动。但如果发表出来，却可能是非常一般的故事，一点儿个人的独到之处也没有。

人与人之间，从行为到思想，不同的地方其实只有极小的一部分，而且这一部分并不那么容易发现。如果考虑到语言的力量，就更麻烦。语言完全有力量将个人体验纳入既有的表达模式，将其扭曲得面目全非。而这一点，人们一般是很难发现的。

寻找个人的经验和个人的表达都不是容易的事。因为我们必须借助共用的语言，并且在共同的思维格式中言说。

因此，“个人话语”是否具有理论意义，也是一个疑问。

1997年5月　曲阜

我看“现实主义冲击波”

——1997曲阜师大“金秋学术报告会”演讲

近期文坛上，有人呼唤“重构现实主义”，于是就有了“现实主义冲击波”。

包括我在内的许多人，是很喜欢现实主义文学的；或者说，是喜欢文学的现实主义精神。可是，大家知道，当下的社会什么都可以作假，所以这“现实主义”也难保不出冒牌货。今天，我们就来谈谈当下文坛的“现实主义冲击波”。

一、“理解万岁”与“分享艰难”

生活很苦，也很艰难。但你们看，这个世界还是好人多，干部们也并非都是贪官，他们很辛苦，热心肠！在为大家服务，在为我们的社会做贡献。只要大家都来努力，别添乱，面包会有的……以写实的笔法，一些作品正在从事着这样的工作。一边温存的抚摸，一边唱催眠的歌谣，像保姆哄孩子入睡一样。

这种文学正在创造一种新的英雄传奇。不要以为他们描写的是平凡的干部，事实上，那是时代的英雄。孔太平、吕建国们都是时代的英雄。不同仅仅在于，到了90年代，如果再把英雄写成高大泉或江水英的模样，可能无法完成使命，正如90年代的焦裕禄需要李雪健那样的演员来演，而不需要杨子荣、郭建光们的架势一样。既然这个时代的读者和观众已经远离居高临下指手画脚，而喜欢平易近人，那么，英雄要发挥教育作用，也必须被这个时代的大众接受和认可。一身正气、两袖清风的干部不可信了，所以人物必须有缺点，可是，这缺点肯定无关紧要，没什么大不了的。他们也是人，怎么会没有缺点呢？别看他们贪污腐败，搞不正之风，但他们本质是好的，在兢兢业业为人民服务，艰难地维持着局面。这就是时代的英雄！私心么，那是正常的，人怎么可能没有私心？本着一颗平常心，设身处地想想，就不要对干部要求太高。大家都在拼命满足自己的私欲，他们为什么就不能自私？大家都腐败，他们为什么不该腐败一点？大家都贪污，他们为什么不可以多少贪一点？你们活得不容易，他们就活得容易吗？为什么偏要对他们不理解、不同情、不宽容呢？……这里体现着一种理解和宽容的精神。这个时代的精神是宽容，是“理解万岁”。理解一切，宽容一切，对一切丑恶也应该理解和宽容。

从这个意义上说，所谓“现实主义冲击波”，也是一种“理解万岁”的冲击波。理解什么呢？让失业工人们理解书记、厂长的难处；让贫困的农民理解村长、乡长的难处；让他们不要有怨恨，不要有不满，同时让他们知道，干部们也很难，尽管他们也有这样那样的缺点和不足，但他们的本质是好的，他们正在为你们操心，为你们做主，没有他们，大厂就垮了，农村就乱了。如果那样，有你们的好日子过吗？一句话，要理解他们，与他们分享艰难。

“抚摸”是个好词，所指代的动作也是一个极好的动作。对于某种处境中的人尤其需要。它的好处就是不仅可以使人平息骚动，忘记痛苦，而且不挣扎、不喊叫，不给社会添乱。

二、一种新的模式

这种“冲击波”已经呈现一种新模式。其主要特征有三：

一、干部都是好的，虽然他们也有点贪污腐败，虽然他们也有点欺压群众，但本质是好的。他们终日为群众操劳，为了群众的利益，甚至可以把自己喜欢的女人搭进去，让她去陪老板。他们可以做自己不愿意做的事，可以得了绝症而不顾，拼着最后的力气去为百姓要钱。不过，这些干部表面上看是不怎么好的，比如有点贪，有点官僚作风等等，但实际上是好的。之所以出现这样一种模式，因为作家们可能有点担心，怕老百姓被现象所迷惑，忘记了透过现象看本质。

这些好干部身边常常有一个女人。她能理解这些时代的英雄。但是，不要想歪了，他们之间的关系决不像现代的青年男女那样，不会乱搞。因为他们都很讲道德，有坐怀不乱的本领，决不像一些老板那样，随便与女人上床。由此看来，这些作家很知道大众喜欢什么样的干部和不喜欢什么样的干部。也很知道该拿什么样的品德来为干部赢得支持。

二、老工人总是好的，青年工人则调皮捣蛋。老工人一般都是过去年代的劳动模范，但是，今天厂里却发不出工资，我们对得起他们吗？于是，好干部们总是忘不了他们，自己再困难也要掏钱让他们去看病。而老工人觉悟总是那么高，他们理解干部们，生活再困难也绝不像今天的一些坏小子一样与干部过不去。这些老工人承担着教育下一代的责任，他们会把你感动得热泪横流，因此而跟着厂长好好干，分享艰难。可是，有一点让人纳闷：有这么好的干部，又有这么好的老工人，干部群众一条心，大干快上搞生产，可怎么就是越干越糟，以至连工资也发不出去？真是邪了门了！

这些作品对现实困境的描写常常是生动而真实的，但是，面对困境，我们却不知道它从哪里来。大家都那么好，怎么还有困境呢？一切都是冤无头债无主。

三、个体企业家一般都是坏的。在这些所谓现实主义的作品中，常见的坏人就是个体企业家。国有企业的干部群众整天拼命干，艰难地干，结果发不出工资；而那些个体老板们出入酒吧舞厅，吃喝嫖赌，却油头粉面，腰缠万贯。好像是他们把钱都赚走了，才让这些国有企业的主人和公仆们在喝西北风。而且，个体企业的老板们一般都没有良心，不会与人分享艰难。怎么办呢？再分一次浮财？好像不大现实，但工人和农民却一定要明白，他们是靠不住的，我们唯一的出路还是与父母官分享艰难。这种写法其实并不新鲜，从50年代到70年代，我们见得多了。不同的是，世纪末的作家学会了与大众促膝谈心，时刻谨防教训的姿态，做出一副为大众的样子，以平等的姿态说服读者大众。

在这里，真正的矛盾被抹得溜光，你看不出裂缝在哪里。这是高级泥瓦匠的技术。可是，他们却没有水泥，只有涂料，你只要走上去一摸，那裂缝还是在的。

三、市场面前的困惑

在谈歌的《年底》中，为了一千万元的合同，小李不得不嫁给廖主任的傻儿子。在《大厂》中，吕建国为了拿到一千万的合同，不得不让郭主任陪客户嫖娼，最后不得不用全厂党员的党费把嫖娼者从公安局赎出。在李佩甫的《最后一个工人》中，崔才焕为了能够拿到一项工程中风力发电设备的订单，必须给对方黄副总指挥有所表示，但这位黄总阳痿，对色情服务不感兴趣，所以只好给钱，酬金并不高，是总额的百分之二，七十万元人民币……这些描写，透露的是一般世风。

在谭文峰的《走过乡村》中，十七岁的倪豆豆在阳光灿烂的河边被倪土改强奸了。倪土改在几年前还是偷盗女人花裤衩的小流氓，而现代却是村支书、人大代表、公司经理。非常明显，作者对土改的这种行为表示着愤怒，而对其他人也表示着悲哀。他之所以悲哀，因为周围的人对倪土改的宽容，因为豆豆父兄的唯利是图。在经济利益的诱惑面前，父亲和哥哥根本不考虑豆豆的身心创伤，而是因祸得福似的高兴。上级不愿意经济改革的一面旗帜倒下，村民们怕经理吃官司影响村里的收入，所以上上下下都主张“私了”。豆豆的父亲和哥哥也高兴地接受了这种“私了”，因为只要他们不起诉，就能得到经济利益的补偿。作家的描写使我们看到，在经济利益面前，人们已经不考虑什么是正义。就这样，一心要让倪土改受到法律制裁的倪豆豆最后不得不接受人们的安排而嫁给土改，或者说，是被父亲和哥哥卖给了土改。

牛伯成在1995年连续写了《老宅》《背影》和《抉择》等若干篇小说，几乎表现的都是人在金钱面前价值的失落。在这些小说所描写的生活场景中，金钱已经成为衡量一切的价值尺度，人与人之间已经成为赤裸裸的利益关系。这些小说也常常写到男女之间的事，但都已经没有感情可言。他们的性关系非常单纯，往往都是为了排遣寂寞。人们为了获得利益，可以不择手段。甚至亲情也不顾。在牛伯成的笔下，史梅娟逐走老父亲的保姆兼情妇陈妈，把丈夫和弟媳妇捉奸在床，表现出一个女人特有的精明，而这精明只有一个目的，那就是从父亲的遗产中获取最大的利益。

从这些小说，足可以看到金钱的力量，看到人们在金钱面前的屈服。同时，也可以听到作家的叹息。这些作家似乎都不认可金钱的这种力量，显示着某种道德感。但有一点却值得怀疑：果真是金钱使人丧失了人性吗？

面对市场经济和物欲横流的世界，作家们有不同的表现。困惑是相当普遍的，而作为两极，一方是彻底的认同，一方是顽强地抵抗。就抵抗者而言，常见的有这样几种方式：

一些人有感于物欲横流，于是努力寻找所谓的精神力量，努力表现所谓高尚的人格，以与这个物欲横流的世界抗衡。在寻找精神力量的时候，却找到了中国传统文人的清高，找到了中国传统的重义轻利。但只要仔细看，却常常会发现它与“大公无私”“狠斗私字一闪念”的观念非常接近。一些作品显然与“文革”文化的旧地基有关。在80年代的作品中，这种表现很多。进入90年代后，市场经济已经合法化，这种作品仍然不断出现。一些人反对物欲横流，反对拜金主义，这是好的，但在同时呼唤精神、呼唤道德的时候，拿出来的榜样却实在值得警惕。

一些作家以各种不同的形式表现市场的险恶，表现老板们和金钱拥有者们的丑恶，甚至描写富有者在精神上的贫穷，描写追逐金钱者最后的悲剧。这些作品常常传达着对物欲的诅咒，并且表现了强烈的劝世思想。在这种种表现中，不难发现某种阿Q精神。一些作家虽然非常年轻，但文化观念对他们的束缚却非常严重。他们一方面展示着物质对人的巨大诱惑，一方面试图去反抗它。似乎金钱和财富本身就是罪恶，似乎这个世界之所以变坏是因为金钱。“男人有钱就变坏，女人变坏就有钱。”真是这样吗？

一些作家表现知识分子在商品经济面前的各种无奈。刘嘉陵的《焚书》发表于1995年的《收获》第1期，小说向我们讲述的是这样一个故事：古典文学研究专家楚耕耘，积几十年的研究成果，出版了一部《中国古典文学论文集》，但问世后书店里卖不出。书价只好打三折，因为发现自己签名送友人的书很快被当作废品出卖，这位老先生心头悲愤难平，把这部新出版的专著通通付之一炬。其实，这实在算不了什么，卖不出去怪谁呢？应该很正常，说句不好听的，那样的书也许根本就不该印。

在这个过渡时期，的确出现了知识贬值的现象，也的确出现了脑体倒挂的现象。但是，许多作品在表现这种现象时所透露的却不是一种健全的心理状态。所谓知识贬值，所谓脑体倒挂，的确显示着不公正，但也可以换个视角看。一些所谓知识分子，就真该比体力劳动者获得更多的报酬吗？做研究，写论文，就真有价值吗？就该比做工耕田的人生活优越吗？也许因为我本来是农民，所以我从来不认为应该这样。脑力劳动与体力劳动，倒挂不好，但平等怎么样？一起到劳务市场试试怎么样？对于市场看不惯，这是不应该的。市场的选择和淘汰，应该比较公平。当然，当下中国的市场是不健全的，竞争也不是公正的。但如果要抱怨的话，应该抱怨的是这种不公正，应该抱怨市场的被扭曲，而不应该抱怨市场。而且，最有资格抱怨的是农民，而不是所谓知识分子。因为农民被强行安置在一个不平等的起点上，而知识分子重新选择的余地却要大得多。如果有人硬要吊死在一棵树上，那是自己的选择，仔细想想，其实怪不得别人。

一些作家表现下岗职工艰难的生活现状，为他们鸣不平。作家能够关注底层，关心民众疾苦，这是非常可贵的。但是，一些作品的认识却很有意思，说社会对他们不公，似乎拿不出别的理由，而强调他们是领导阶级，是这个国家的主人，改革却使他们的生活今不如昔。言外之意，是应该优待他们，保证他们的生活条件与“领导阶级”相称。为生活困苦的工人鸣不平、呐喊呼吁，是应该的，社会改善他们的生活状况，更是应该的，但不应该因为他们是领导阶级。因为在正常的社会里，享受特权的阶级是不应存在的。

更为严重的是，在一些作家的笔下改革开放的现实很不堪，而50年代或60年代却令人怀念。对现实不满，就容易怀念过去，似乎过去很美好。如果是年轻人，不了解历史，这情有可原，但如果是那个年代的过来人，忘了饿肚子的感受，我以为不可原谅。当然，有些过来人也许没饿过肚子，我们学校有个老教授在1960年大饥饿最严重的时候就说过：“一人二两，饿不死司务长。”其实，那年各地农村饿死很多人，但支书和食堂管理员饿死的很少。如果让他们回忆，也许是他们一生中最得意的时候。总之，对历史的记忆，对生活的感受，不同的人是不一样的。作家可以根据自己的感受去写，而我们却应该有所鉴别，有所警惕，不可轻信。因为作家也是可能骗人的，文学有魅力，也是可以利用这魅力来骗人的。

我今天主要就讲这么一点。

1997年10月　曲阜

文坛忧思录

新历史主义的历史意识

应该承认，我们对过去历史的了解，所依靠的是一种历史的讲述，是在一定的历史书写者或讲述者对历史理解的基础上进行的一种讲述。它是讲述者按照他们的标准整理过的历史。这种历史当然不可能是客观的和完全可信的，更不可能反映历史的全部。所以，对任何历史讲述的迷信都是愚蠢的。能够意识到这一点，可以说是文学的一种觉醒。

新历史主义小说是个人对历史的描述。这个讲述者主体不再是一个阶级或者是一个政治集团，而是某种意义上的个人。这个人当然不可能是纯粹的，纯粹的个人在人类有了社会和历史之后就已经消失了，也就是说，在文明发展的历史过程中它已不存在。如果存在，他是无法与我们任何人交流的。所以理论批评中最好不要随意使用“纯粹的个人”这样的概念。随便说说可以，作为一种理论语言，就应该考虑它的科学性。所以我们只能说新历史主义小说有个人化倾向，或者相对而言是个人话语。“个人话语”不过意味着背离权威或社会群体而从个人的意向选择出发重新讲述。

这种讲述所形成的历史图景与过去的权威历史讲述者所讲述的历史当然不吻合。如果说新历史主义小说有什么意义的话，它的意义就在这里；如果说新历史主义小说有什么问题的话，它的问题也在这里。

无论如何我们都应该承认，个人化的历史讲述在民间所受到的欢迎远远胜过权威的讲述。旧的权威讲述事实上已经没有市场，它的信誉早已随着“文革”的结束而扫地。尽管教科书仍然在沿用着旧有的一切，事实上人们却已经不再信任它。同样，在文学中沿用那种历史讲述的创作也是不受信任的。人们往往把那种文学看作是进行说教的材料而不把它看作文学。

这一切都意味着旧的权威已经无可挽回地溃败了。但是，新的权威没有建立起来。而且一种新的文化思潮已经在消解着建立新的权威讲述的努力。新历史主义小说对历史的解读就是这样一种时代的产物。

它的意义在于确立了个人对历史解读和讲述的权力，但是，权力的获得却并不意味着能够被很好地利用。现在的问题是获得这种解读和讲述的权力之后，文学并没有进行更有意义的使用，而是满足于随意的把玩和亵渎，有时甚至是一种顽皮孩子式的态度。就像一个圣殿，一个法庭，它是讲述历史、评判历史的地方，很庄严，也很神圣。过去一般人没有随便进去的权力，现在终于能够进去了，于是就在这里看看、那里摸摸的同时在法官席上随便地吆喝两声，与其说是宣布开庭，不如说是闹着玩玩，试试是否真正拥有了这种发出自己声音的权力。这样做的结果是为观众提供了怀疑这种个人化解读的是否有意义的依据。它事实上在败坏着个人历史话语的声誉，最终将损害文学获得的这种权力。当人们终于在这种个人化的叙述中发现只不过是一些坏孩子的玩笑时，也可能重新走向旧的叙述。因为一般人面对历史的时候需要的是对历史的了解，而不是开玩笑。因为旧的权威叙述虽然具有欺骗性，但它至少有一副严肃认真的讲述历史的态度。它的面目比一点正经也没有的叙述者要可信。

所以，新历史小说要健康发展，需要严肃认真，而不能满足于嘲弄和亵渎。在自己摊位上随意大小便，结果只能是把顾客赶走。

新历史主义的真实观

现实主义追求的是客观真实。当然，作为一种哲学基础，它是建立在相信世界是存在本质、规律、秩序和完整性之上的。正因为这样，它很容易被主观理念所侵入。也很容易被导向反映所谓主流、本质之类的反现实主义的歧途。80年代末开始出现的新写实文学，无论提不提主义，事实上它是一种主义——新现实主义。

那么，新现实主义新在哪里，这是当前文学界应该回答的问题。现在论述新写实的文章满足于对特点的归纳，而缺少真正的历史的比较。应该注意到，新写实主义主要新在它的新的真实观念。这种真实观念又是与他们的现实观念相联系的。他们不再承认真实是一种理念化的真实，更不再认为真实不存在于“自然”之中而存在于什么“原则”。他们面向的是存在而非本质，他们关注的是现象、偶然、无序、非理性。这里也体现着一种新的哲学，即存在即本质。或者是一种本质怀疑论。新时期中国作家如先锋小说家和新写实小说家自觉或不自觉地显示着这样一种哲学。凡人琐事，鸡毛蒜皮，非主流，也许亦非社会或时代的所谓本质，但它却是普通人生活的记录。这是一种真实。新状态、新体验与新写实并没有本质上的区别，用自己的作品寻找和证明个体体验的真实存在，抓住那些转瞬即逝的东西，他们的着眼点也在偶然和个别。还是一句话：存在即本质，存在即永恒。

这种真实观体现于历史小说，就是有意悬置规律，忽略必然性，努力发现欲望，关注偶然性。这是对历史重新认识的一种新的角度。正如认识到一个妇人的鼻子可以决定欧洲历史一样，这是一种新的思路。但是，新历史小说却连这种理解的线索也不要，他们可以随意地解读历史，不必考虑历史本来是什么样子，也不必考虑自己解读的历史是不是有意义的历史，一切全凭自己的兴趣。因为解读历史已经不是一种严肃的工作。这样，就大大降低了这些新历史小说的价值。因为虽然每一个人都有重新解释历史的权利，但是，不同个体的解释却有高下之分，并不是每一种解释都有价值。一些人的解释其全部意义就仅仅在他解释的过程之中，而不在他所解释的结果。新历史小说的不足就在这里。有人用新历史主义解释莫言的历史小说，说他只是讲故事，故事就是故事，只是一种艺术化的叙事，它无意确证什么，也无意颠覆什么，所以，听故事就是了，要感兴趣，就看他讲故事的方法，对于小说所承载的历史，不必当真。而且说，所谓历史的本来面目，本来就是无法还原的，在不同的作家眼里，有不同的历史真实。然而，我读莫言，却分明看到他饱含热泪，像受了冤屈的孩子向人们诉说真相一样，希望人们相信他的话，希望能够证明他的清白，而不是在享受讲故事本身的快乐。因此，莫言小说的价值，无论《红高粱》系列，还是《丰乳肥臀》，其价值还是在于他写出的历史，而不在于他怎么编故事。

按照今天的行政区划，我与莫言都是潍坊人。在我们那一带，“讲古”是受尊敬的，“编瞎话儿”是被人看不起的。写历史小说而不是严肃地对待历史，自然是编“瞎话儿”，这不仅讨厌，而且可恶。莫言大概不是乐于“编瞎话儿”的人。

有中国特色的后现代主义

要认识中国的后现代主义，就应该看一看他们的理论和创作，看一看后现代话语的具体操作。大概不用多么认真地打量，就能看到，它是西方后现代主义的理论与中国具体的操作实践相结合的产物，是高度中国化了的，是有中国特色的后现代主义。一提到后现代主义的创作，人们就很自然地想到王朔、先锋小说和第三代的诗。在创作中，被人们忽视了的还有池莉，不要被新写实的帽子掩盖了真面目，其实，池莉是后现代主义的，写实的手法并不掩盖她的后现代主义精神本质。

第三代诗人说：“中国人死都不怕，还怕活着吗?”……

王朔说：“千万不要把我当人”，“我是流氓我怕谁”……

池莉说：“冷也好，热也好，活着就好”，“你以为你是谁?”……

这些，可以看作是具有中国特色的后现代主义创作的中心词。

冷漠，世故，无可奈何，这是中国特色的后现代主义的突出的特点。无赖气，痞子气，玩世不恭，也是中国特色的后现代主义的突出特点。从庄子到阿Q，都是很“后现代”的。反知识，反科学，消解中心，中国历来不乏其人，可惜的是没有什么用。

消解，抹平，不承认任何价值，不承认任何标准。这一切都太简单。西方的后现代主义到底是什么样子不知道，有中国特色的后现代主义者最明显的进步也只能举例说明。比如古典主义和现代主义的争论中互相指责，一方对另一方说：“你是白痴!”对方的回答可能是：“你才是白痴!”这里证明他们使用的价值标准还有某种一致性，即虽然具体的白痴的标准可能是不一样的，但是，大家还都以为白痴是不好的。但是，遇到后现代，他们可能很潇洒地说：“哥们儿，其实你我都一样。”他不会为此而生气，因为进一步的解释是白痴本来就比不白痴好，不要以白痴为耻，要向白痴学习，向白痴看齐。他们会努力证明白痴才是潇洒的，光荣的，有前途的，嘲笑白痴是一种可恶的精英立场，是已经被历史的发展淘汰了的陈旧价值观念。

我不讨厌西方当下语境中的后现代主义，但讨厌中国当下语境中的有中国特色的后现代主义。

后现代：冲突中的第三者及其作用

后现代已经成为一种文化现实。它不仅存在着，而且迅速蔓延着，在文化生活中处处打下它的印记。依靠不承认中国存在后现代主义的方式已经无法解决后现代文化在中国的客观存在和它给我们带来的各种现实。后现代主义是西方知识分子在西方既有的物质文明和精神文明的条件下进行自我反思的产物，我们似乎没有必要否定它的历史合理性，但是，拿到中国现在的条件下，它的作用是值得怀疑的，也是值得警惕的。

我承认后现代主义的批判功能，但是，它那种无边的反抗和无限制的摧毁绝对不是人类文明的福音。对于西方发达国家来说，它虽然无益，却也不能动摇社会既有的思想文化基础。但对发展中国家来说，它却可能构成严重的危害。它的消解和抹平策略容易使人失掉方向，使一切选择和追求都失掉意义，结果只是把水搅浑。

目前，我们已经面对着后现代生活方式、后现代文化操作、后现代价值观念给我们带来的种种威胁。必须正视这些威胁，并回应其构成的挑战。

就文明发展的进程看，中国人正在为现代化而艰难努力，现代社会还是一个理想中的未来。这种情况也许的确未给后现代的发展提供相应的文化土壤，但正因为这样，人们往往容易忽视它的存在，并且忽视其能量的发挥。这是一个极大的危险。那种认为中国还不具备发展某种主义的条件因而就轻视它的教训是应该牢牢记取的。

我所忧虑的是，在中国现实的语境中，不同时空的文化已经摆到了同一个平面上，虽然作为人口大多数的农民还在使用着两千年前发明的生产工具，以铁器和肌肉的运动在田间耕作，城市人却已进入网络时代，许多方面都可以与最发达的国家和地区接轨。这个时代不同于以往的任何时代，它已难以完全封闭，世界已经走向我们，已经进入我们的房间。因此，无论多么落后的地区，都会拥有某些最时髦的文化。中国当前文化就是这样一个“拼盘”，其中什么东西都有，——什么营养也有，什么毒素也有，什么相互冲突和消解的元素都有。这种文化格局本是开放社会的正常现象，似乎不值得大惊小怪。但是，中国的这种文化生态却建立在一个不良的基础之上，并且生态平衡仍然受到限制和破坏。无论人们是否愿意正视，都无法改变这种现实。在这其中，特别值得重视的历史性矛盾格局是：前现代的力量仍在以强大的力量拼命抵抗现代化进程，在演出结束之后顽强地拒绝退场；因而现代难以登场，现代理念难以确立；而后现代却已急迫地发起了对现代的挑战。因此，便使得现代性腹背受敌，正受着前后两方面的夹击。

作为一种理论，后现代主义在80年代就已经被引进和介绍。杰姆逊到北京大学讲演可以算是起点，但是，虽然当时立即出版了讲稿，却没有能够迅速热起来。原因大概在于当时的中国正在为现代化努力，那种理论引不起人们太大的兴趣。它的流行是80年代的现代化努力受挫之后。因此，可以说它是一个乘虚而入的第三者。在前现代与现代的冲突中，这个第三者出现了。它表面上宣称消解一切，不再相信绝对的真理，既不相信前现代的真理，也不相信现代的真理，似乎对一切都持批判的态度，但是，却把全部批判的炮火统统对准了现代性。

这样，后现代主义在中国的出现就不再具有先锋意义，而是充当了旧势力的援军。

面对后现代，我们不能不首先认识它在时代矛盾格局中的这种位置，及其在冲突中扮演的这种角色。

新都市文学观感

表现日常生活，无可指责，但他们的日常生活没有质量，缺乏新意，满足于平面上的无限重复。无论如何，还应该考虑生活的质量。考虑内容的丰富、新鲜或者深刻。

表现欲望，同样无可指责。但生活情趣，生命骚动，都带着浓厚的市民趣味。而且这市民趣味得到作者的认同。没有对欲望世界作深入的开掘。

把审美的目光紧紧盯着市民的标准，以小市民的喜怒哀乐为全部的出发点和最后落脚点。毫无疑问是一个误区。

那些故事看上去也可以说是光怪陆离，但却缺少博大深厚和必要的深刻。五光十色的肥皂泡之下是一片精神的废墟。

种种迹象表明，我们的文学走向都市民间，走向市民，没有导致文学优化，而是使文学向大众文化看齐，陷入了市民意识的泥沼之中而不能自拔。

原因：一种属于我们这个时代的错误认识引导了当前的创作，使一些人误以为会写字的人就可以当作家，什么样的生活琐事都有表现价值。

新市民小说应该表现市民的现代生活。但是，它显然没有完成这个任务。所谓现代性，并不只是描写现代物质摆设，或者让现代生活方式充满作品之中，更不是描写几个城市男女非传统的生活方式和他们坐飞机、住高级宾馆、非常随便地发生两性关系就意味着已经是现代了。近几年的都市小说中，经常看到一些没有灵魂的男人和女人，他们一个个自我感觉良好，以为是时代的骄子，是城市中最风光的人物，他们或者把自己看成是白领丽人，或者把自己看成是潇洒阔少，但是，却很容易让人看出那时髦的超短裙掩盖下的小市民和小农的双重胎记。那份自恋，那种小家子气，那份为拥有一身像样的衣服或者有一个男人追求而生的沾沾自喜。都没有能够表现都市风采。这些作品不仅在精神上没有提供新的价值，就是对生活本身也缺少比较深刻的反映。那些作者们根本就不知道自身的琐碎之外的任何事物，根本就不知道自己结识的那些浅薄少年之外这个城市还存在什么样的人。在他们的眼里，城市就是霓虹灯，就是马路宾馆和商店，城市人就是整天弄钱或者做爱。

这里没有真正的老板，没有真正的企业家，甚至没有《子夜》中的人物和场面，这里没有都市的灵魂，没有经济脉搏的跳动，没有大都市的气象，有的只是一种小家子气。30年代已经高度发达的大上海，在今天的市民文学中表现出来，却让人感觉不到任何大都市的气候，为什么一个一个都像躺在城市角落里的下等妓女和街头无赖眼里看出去的世界。这大概就是市民视角的结果。上海是中国最大的城市，也是中国观念和生活方式最现代的地方，最大的城市应该有最大的气派，可是，为什么都是一些脂粉和尿臊搅和在一起的生活。这里没有激情，没有生命，没有思考，也没有呐喊，找不到上海心脏的跳动。只有在街头游戏的瘪三和搔首弄姿的女人。

这里的商业没有商业的真实，而往往是公关小姐和公司老板的花花故事，我们当然很清楚为什么会是这个样子，既然已经把文学定位于市民，就要考虑市民的趣味。

文学当然应该写男女情爱，没有男女之间的爱情的文学是不完整的文学。但是，问题是这些文学在表现男女情爱的时候也没有表现出应该有的深度，我们可以看到各种感情纠葛，但是，这些感情没有一种是可以为人们提供什么价值的，没有一种是有表现价值的。它往往既不能更深刻地揭示人的感情世界和灵与肉的复杂状态，也不能提供任何新鲜的感受。连做爱也是一般的、模式化的。

这些东西的确是大众所喜闻乐见的。但是，我们的文学已经在这个理论的迷雾中挣扎了半个多世纪，文学以大众喜闻乐见为标准，那会是什么？在这种理论的指引之下，我们曾经昂首阔步地向工农大众学习，改造自己的世界观，把文学作品的标准定位于工农大众，而今天，权威话语已经对文学没有多少控制，我们的一些作家和理论家却又在经过80年代与90年代的转折之后非常自觉地找回了文艺的大众方向，再次向知识分子发出了以大众的标准改造自己的通牒。

结果是使今天的新市民文学成了地地道道的小市民文学。

更重要的是，它是一种对习惯的认同和欣赏，是对生活的一种最无聊的美化，是对自己生活的一种彻底的小市民式的自满和沾沾自喜。这里到处是世俗中的沉溺，如果说新写实文学是充分表现市民生活的烦恼人生和一地鸡毛之后劝烦恼的市民不要不满，不要愤怒，以冷也好热也好的态度活下去，新市民文学则在反复地宣传着生活已经是多么地应该满足。这里没有挣扎，没有灵与肉的痛苦。

关于“个人话语”

在很长的一段时间里，我们的文学是一种集体意识的产物，作者个人的意识是被压抑的。作品中只能表现人民的、阶级的、国家的甚至是一个集团、一条路线的意识，而不能表现作家自己的意识。即使到了新时期，在一个个文学运动中，我们仍然可以看到作家们是怎样地在追潮流。他们努力发出了自己的声音，但是，真正属于他们个人自己的声音其实很少。

可以说，我们的文学在关心重大问题的同时忽视了个人生存的真实性。在大量作品中，我们无法辨认个人存在的程度。

现在文学终于从各种限制中解放出来。创作自由有了很大程度的实现。人们不必要再苦苦地寻找题材本身的重大意义，只要不涉及重大的原则问题，作品中已经没有什么不可以写的东西。每一件个人的小事都可以写成文章，每一点生活的经验和感受都可以得到表现。正如有人所描述过的，我的大花猫，我的小黑狗，没有什么不值得表现一番。日益增多的报刊使这种文章迅速扩张，文学空间里就多了一些个人生活中的日常杂货，多了一些在过去看来没有意义的非重大题材。这意味着文学开始直面作者个体的真实存在，一切属于自己的感受和经历都获得了表现的价值。它显示着文学价值观念的一个变化，意味着作者真实的个人获得了表现的合法性。

从这个意义上说，这是中国文学的一次解放，一种进步，是应该为之欢呼的事情。然而，一些问题却不能不注意。

世纪末的中国有这样一种文化现象：人们都在寻找机遇，发展自己，都要努力活得像个人样。为此，他们来去匆匆，根本无暇顾及自己之外的任何事物，也无暇顾及他人对自己的评价。这种生活使个人实现了建立在封闭性基础上的个人的独立性，但同时也更进一步地表现出个体存在的不完整性。它在消解着强大的个体，消解着人的相对质量。在这样一个基础上建立个人话语是困难的，建立起来的也必然是大面积上呈现为低质量的个人话语表述。这是个人话语的倡导者应该注意的。

当前文学的个人话语只是一种理论描述而不是创作的真实存在。苗头是有的，但苗头80年代就有。倡导个人话语的报刊上发表的作品恰恰是最不具备个人性的东西。它往往是最一般的，最流行的大众文化，最一般的传统的观念和心理，最一般的最流行的生活方式和感觉，而不具备个人的独特存在的价值。从理论上讲，纯粹的个人的话语不可能是流行的，因此，它不会比权威意识更受人欢迎。只要是流行的东西，就根本没有什么个人性可言，它只能是迎合大众的佯装的个人话语。

文学应该表现个人生存经验，个人思想感情。但是，却并不是一切个人生活经验和思想感情都有表现价值。应该承认生命的质量有不同，经历的丰富性和深刻性有不同，对自己生活感受和理解的深度有不同也应该承认一般的生活经历和独特的生活经历在文学市场上也不是同样的价钱。

有时候，一种经历对你自己来说是新鲜的，强有力的，甚至能使你痛不欲生或者欢乐无比，但对于文学来说，它却不是新鲜的，而是无数作家反复表现过的。现在的个人话语却丝毫不考虑自己的感受和思想是否已经被前人所覆盖，像初恋的中学生把感受写进自己的日记一样写进小说，对于作者来说，当然是一种宣泄，满足了诉说的欲望，但是，对于读者，对于文学，它太一般化、太泛化。这就造成了所谓个人话语的虚假性。不知道什么东西是个人独特的，于是就写隐私。可是，隐私写来写去也不过是我和情人们的性体验。仔细看看，也没有多少新花样。连做爱的方式也不是个人的，而是某些毛片制造的统一模式。

看来，个人化还需要附加点东西，仅仅实现个人化是不够的。倡导者更应该注意，这种个人化如果与带有“后”色彩的告别深度模式、告别启蒙姿态的理论结合，那就更不能为文坛提供什么新价值了。

文学：珍惜自由，承受生命之重

文学的面貌是时代的精神面貌的一种呈现。不过，它在呈现时代的同时也影响着时代的精神。目前的中国大陆精神面貌是不算好的。文学在为社会文化推波助澜，批评家在为这种推波助澜的文学推波助澜。这样的结果是使这种文化，这种精神面貌更进一步地发展，弄不好会毁了一代人。

人的解放是文学永恒的命题，也是知识分子最根本的使命。当前的中国人获得了几十年来空前的解放，文学也获得了同样的解放。但是，解放只是最起码的条件，却不能够保证出现文学的辉煌。是否出现辉煌的成果要看获得解放之后的人的努力。获得解放之后如果除了轻松之外别无感觉，或者为所欲为，那么，就没有珍惜这来之不易的解放。

我喜欢使用“历史重量”这个词来谈论作家、作品和知识分子，谈论人的个体生命存在。生命是有重量的。有的很轻，有的很重。但是，作为个体生命，本来都没有什么重量。个体的人的重量之获得别无来源，它取决于对历史的承担。凡是有重量者都是因为有了承担。承担得越多，生命就越有重量。把一个民族承担在自己身上的人的重量等于一个民族，把全人类的命运担负在自己身上的人的重量等于全人类。无论什么时代，历史都不会勉强哪一个人去为它承担什么，那些承担者都是自找苦吃，有点爱管闲事的色彩。但正是这种行为为他们自己的生命增添了重量。文学家和知识分子本质上就应该是这么一些人。而现在的一些作家和他们的作品中的人物一样，都很轻，这种轻，主要是因为不愿意再承担。

因为没有承担，于是就很潇洒，很随意，——既没有背着老母亲又没有背着孩子，乱跳也不怕摔着谁。但是，没有承担也就很无聊，作品写了一堆又一堆，除了赚一点稿费和弄出一点名声之外，自己也不知道为什么要写。我们的文坛上常常看到一些真正获得了解放的个体，但是，这些个体却没有得到价值的充实，他们是一些影子人，空心人。

不愿承担与历史的创伤有关，如何治愈知识分子历史性的创伤是一个很大的问题。但是，时代的发展应该使知识分子清楚，这创伤的治疗不能依靠任何人，只有依靠知识分子自己。

现在的问题是一部分知识分子已经从知识分子的阵营中反叛了出来，他们像“五四”过后的反叛者一样，以为自己找到了更有价值的东西，找到了新的依靠，于是纷纷逃跑，并且大杀回马枪，努力地攻击精英知识分子和精英立场。这结果是很可怕的。

一个优秀的作家，无论时代的精神面貌和文化气氛如何，他都应该能够保持自己的一种精神，坚决地走下去，决不随波逐流，决不轻易放弃自己的责任。

“知识厌倦症”

我们的时代正流行各种病症，其中之一就是“知识厌倦症”。这种病是世界性的，在欧美也很时髦，所以，是“时髦病”，也是“富贵病”，不丢人，因而更容易传染和流行。

中华民族本来就有一种根深蒂固的反智主义，而且诱发这种病的现实原因又很多。所以，这种病很“本土”，不算“后殖民”的结果，即使有点“后”，也很合国情。

这种病之所以很可以理解的。因为我本人就常常感觉到一种对“知识”的厌倦感。人类文明历史积累的知识已经太多，现代的发展又带来了知识的大膨胀，知识作为人的工具，已经在严重地压迫着人。它成为我们身上的沉重的包袱，几乎压得人喘不过气来。不妨想一想，人类社会在发展过程中，每一个年代都留给我们一份知识重负，长此以往，受得了吗？人的一生只有几十年，可是，现在光是基础知识的掌握就要耗费掉近二十年的时间。从小学到大学，所接受的都还是最起码的基本知识。即使再读硕士、博士，现代社会知识的爆炸也使人面对知识不免望洋兴叹，全面掌握和占有已经无能为力。美好的青春时光在青灯黄卷中流逝，结果却仍然是个“半瓶醋”，想一想怎么不叫人烦？

每当走进图书馆的时候，走进大书店的时候，我都会有一种感觉：为什么要有这么多书呢？就是让我们觉得自己渺小吗？在中国20世纪以前的历史上，知识的增长是很有限的，更新也微乎其微的。在漫长的科举时代，读书人只要读好四书五经就差不多了。而且更令人羡慕的是五岁时背熟的“诗云”“子曰”，到当宰相的时候仍然用得上（所谓“半部《论语》治天下”）。可是今天呢？像一百年以前那样只背诵孔子的经书或者像三十年以前那样只背诵红宝书，显然不行了。有时我就想，那种时代真好，读书几乎没有浪费性的劳动。现在的小学和中学仍然让孩子们背课文，可是，那些课文却早已经没有了背的价值，因为你无论背得多好，都注定了考完试就没用了。从学校走出来，注定了还要不断地学习，不断地重新社会化，甚至要把自己的大脑重新格式化以便接受各种新的版本。我对电脑软件的更新速度之快很反感，因为新软件的不断出现使你总处于一种新的学习之中，本来是软件为人服务的，而现在成了人要不断跟着软件跑。所以，我几乎是拒绝更换新版本，汉字处理至今用着cced（汉字编辑软件）和wps（文字编辑软件）。人本来是喜新厌旧的，但是，却也有累的时候，你刚刚习惯了与一个人生活，结果就被通知必须离婚，也是很累很烦的事。新知识源源不断地出现，注定了追不上，所以不如干脆躺倒，不再追了。这是懒人的办法，也是聪明人的办法。

同时，当代的知识爆炸是精英产品和文化垃圾并存，你要寻找一点有价值的知识就不得不翻动上百吨文化垃圾。在这种情况下，你能不感到对人类知识精华全面占有的绝望？又怎么能不对知识有所厌倦？包袱重了就想扔掉，应该很正常。

我在图书馆就不止一次地想过：这图书馆还能扩大吗？扩大，再扩大，地球上全是图书，会不会没了人住的地方？

于是，我突然理解了一些作家——那些埋头写作而不读书的作家，那些对中国文学史和世界文学史都一无所知的作家。全世界的文学名著实在太多了，要想站在他们的肩膀上写作，光是读作品，不知要读多少年。所以，最省力的办法就是干脆不读。

可是，如此一来，写出的作品又如何估定它的价值呢？文化垃圾多，也就成为必然现象了。

与此同时，人类追求知识的美德也就因其“傻帽”而被告别了。

1998年1月　曲阜

直面“后现代”

一些人从80年代末开始操作后现代话语，而另有一些人对后现代表现出异常的反感。在有关后现代的问题中，反对者一个很重要的理论是否定中国存在后现代，其理由是很有说服力的：中国现代化还远远没有实现，哪来什么后现代？用最漂亮的说法就是：“后什么现代，还主义！”从根本上说，我是对后现代很厌恶的。从不知道福柯等为何许人时就凭直觉厌恶他。这倒不仅仅因为喜欢守旧，而是鉴于20世纪中国知识分子像狗熊掰棒子式的匆匆选择的教训，我对一切带“新”字的东西都很怀疑，也很戒备。经验告诉我，只要对准那“新”的东西仔细看，往往发现它要比旧的还要旧，也就怪不得它总会成为现代化进程之战场上的旧势力的援军。所以，我对各种“新”和“后”都抱了一种不愿接见的态度，而且有一种心理支撑：面对中国现实，为现代化努力就够我这一辈子干的了，无论世界怎么“后”起来，我且不管它。

然而，对于新的理论可以不接受，对于新的文化现象却不能不正视它。因为它一旦出现，你是怎么也回避不了的。在中国大地上，后现代文化来势凶猛，已经对旧的格局构成了威胁。这是一种实在。

走进书店，琳琅满目，五花八门。可是，好书不好找。这大概不少人都有同感。不信没好的，就是没处找。一个作家的作品可能被编辑成几十种集子由几十家出版社在同时出版，一种理论可以由很多人分别写成上百本不同的书。精英作品被编成花花绿绿的大众读物，大众读物又往往被包装成精英文化。一些连句子也写不通的演员歌星主持人之类一夜之间都成了文豪。炒得火爆的作品只有在你读完之后才知道上当。已经没有人不能成为作家，只要他愿意，有这么多的报纸，有这么多的出版社，发表已经不需要太多地考虑质量问题。何况还有“告别深度模式”“放弃居高临下姿态”等理论支撑着。所以，满目都是新星，书店里摆满了新出版的各种新的著名作家的选集和全集。到处都在开作品讨论会。只要自己有钱或者能够拉到一笔赞助，无论作品写得什么样子，反正都能够出版，而且能够开讨论会，甚至到人民大会堂去举行首发式。甚至这个作者根本不需要认识字，也不需要会写字，因为只要有“办法”，就不愁找不到会码字的人，就不愁没有评论家把这作品捧得发紫。于是，新的“杰作”层出不穷，反正怎么也读不完，只有依靠评论家的介绍；评论家的话已经不可靠，我们终于无法知道本年度是否有好作品出现。文坛已经无法把握。在这种情况下，一切都取决于传媒的炒作，而不取决于你的水平。那么，一些人当然就要更彻底地告别深度模式，当然也就更没有必要追求作品本身的价值，而把更多的精力放在寻找自己的包装者。甚至学术专著也如此。许多人感叹学术著作出书难，但是，从某个方面说，现在是出书太容易。新的文化造就着新的学者（“后学者”?），造就着新的“学术”（“后学术”?）。不需要读书，也不需要做学问，就可以大量出版文集若干卷，而且是豪华型的精装本。至于内容前后矛盾、驴唇不对马口，据说那又是“后现代”的特色。这些著作使制作者得到现实欲望的满足是值得庆贺的，然而，却使我们在寻找一点有价值的学术成果时又要多费很多时间。古人云：开卷有益。现在是：你想读到一点东西，就不知要翻阅多少吨被油墨污染过的纸张。更可怕的威胁还不来自印刷品，而是我们已经面临的电子读物和出版物。我的电脑刚刚入网。它带给我的感受可以从《读书》今年第1期严锋先生的文章看到，因为我读了那篇文章后很有同感。当一种报刊文章多到一天发表的文章一个人用几个星期也读不完的时候（事实上我们今天的文学报刊已经如此），你如何寻找被淹没在大量毫无价值的文化垃圾中的一篇好作品呢？当前的文学报刊上网的还不多，可是已经让人感觉非常头疼。你一本本阅读作品，却发现都是千篇一律，并无不同，在高喊着个人话语的报刊上，你读到的作品都是写一些每一个人都会经历的生活，看那些即使是弱智的人也能够说出的话。你不相信这个时代会没有好一点的作品，但是，作品是如此的多，一年出版几百部长篇小说，全国那么多文学期刊，你总以为有什么好作品自己没有看到，那么就拼命阅读，读的什么也不知道，因为都是一样的作品。读来读去，还是注定了无法读完全部发表的作品的一小部分。现在已经如此，一旦期刊上网，像“Post-Modern Culture”的专栏“Post-Modern Moo”那样无论什么稿件都一律发表，刊物可以无限大，那被淹没的佳作应该以什么办法挑选出来？我们的评奖该怎么进行？反正没有人全面地了解创作的全部情况，那么也就不再有权威，反正什么样的作品都可以发表，能否读到好的作品就全看你的运气了。

传播工具“后现代”之后，结果却如没有发明文字之前，谁都可以发出自己的声音，可是，传播场上一片喧嚷，谁也听不见谁的声音，你的想法只能告诉身边能够与你耳语的人，还得他有时间，愿意听。

我想，面对这种“后现代”文化的威胁，是接受劝导，放弃无望的追求，融入大众文化，还是建设知识分子自己的话语空间，拒绝冒牌产品，在互联网上也建立起一般人绝不问津的节点？我希望后者，哪怕我们的天地很小很小。即使再小，也意味着有我们自己的空间，意味着我们没有死亡。

1998年2月　曲阜

走出“民间”的沼泽

90年代的文学是多元的。但是，在这多元构成中，知识分子话语的流失和分化所导致的民间话语的膨胀，毫无疑问是一种整体倾向性的存在。作家纷纷走向民间，理论为之推波助澜，民间话语成为时髦。然而，只要我们稍微睁一下眼睛，就会看到，那并不是一片鲜花盛开的金牧场，而是一片危机四伏的沼泽地。因此，对于文学的民间化趋向，需要的不是欢呼而是足够的警惕。

一、世纪末文学的民间化倾向

80年代结束之后，走向民间的倾向已成为相当普遍的存在。新写实小说以写普通人的生活琐事和人生烦恼以及价值取向上与民间大众的贴近而领风气之先，比较彻底地实现了小说叙事话语的民间化。先锋小说在进入90年代之后迅速发生分化，大多不再以探索和创新为努力方向，而开始向传统的审美意识和表现手法回归，努力写作大众喜闻乐见的作品。80年代的一批中坚作家纷纷躲避崇高，直面世俗，到民间去寻找精神的憩栖之地。晚生代以各种新特色引人注目，但考察其价值观念与审美意识的构成，却很容易发现他们的种种表现往往都是以迎合市民心理为旨归。其他文学样式更不必说，报告文学自进入90年代之初就开始以政治秘闻和大人物逸事吸引读者，散文除少数之外已经多是碎嘴婆娘式的无聊絮叨，电视剧以观众为上帝，当然以观众的审美趣味为编导原则……

这种民间化的走向是全方位的，也是多层次的。

首先，在艺术表现形式上，90年代的文学整体的运动趋势是向传统性回归。我们知道，明确的语言和有头有尾的故事可以使读者感觉轻松，全知的叙述视角可以使读者免去思考的劳累，简单的结构和明确的因果关系更易于大众读者阅读。于是，作家们开始更多地运用传统的叙事方式。在新时期之初，传统叙事方式曾经被富于革新精神的作家所抛弃，使之成为守旧的象征。先锋小说家曾经以探索为宗旨，使小说形式结构一步步走向复杂化。然而，进入90年代之后，传统的叙述方式重新受到作家青睐，先锋小说家也很自觉地开始反省自己，背离探索的初衷和先锋的使命而开始使用传统叙事方式。余华的《活着》和《许三观卖血记》就是一个突出的标志。它向我们透露的信息是先锋作家终于走出象牙塔，把创作定位于民间大众，它使我们看到，这个时代的作家是如何为了获得更多的读者而在形式上努力地迁就和适应大众。

其次是知识分子精英立场的放弃和大众立场的获取。如果仅仅是语言和形式上的变化并不重要，那不过意味着作品的通俗性。90年代文学呈现给我们的决不只是这些，而是作家观照生活的角度和立场的民间化。作家们放弃启蒙主义立场，不再以启蒙导师自居，纷纷响应时髦批评的号召，不再居高临下，不再自以为比读者更高明，而是开始与大众站在同一地平线上体验和表现大众的生活。这种变化被一些批评家看作文学的进步，因为据一种解释说，在过去的几十年中，我们的作家在观察生活和表现生活的时候，总是习惯于站在知识分子的精英文化立场上。时髦的批评认为，站在那种“陈旧的”立场上看生活，民间往往是封建的、保守的、落后的，民间的人物往往是阿Q或者陈奂生，他们成了精英知识分子同情和改造的对象。好像这一切都是无法容忍的。90年代的文学好像要彻底结束这一时代，创作和理论的宣言很像是“知识分子统治文坛的现象再也不能继续下去了”。

所以，进入90年代之后，在纷纷远离政治意识形态视角的同时，作家们也匆匆远离知识分子精英话语的立场。90年代的中国作家没有几个人愿意从权威意识形态的视角来观照生活和表现生活，同时，从知识分子精英文化视角来观照生活和反映生活的作家也越来越少，多数作家正在努力获得大众的立场和与他们平行的视角。

再次是在价值观念层面上向民间大众价值的认同。大概已经不需要举例证明，人们早已经熟悉池莉等人的新写实小说完全认同普通市民的情感态度和价值观念的事实。他们写小人物的人生烦恼，写他们对生活无能为力，写他们不得不承认现实并在夹缝中委琐生存的种种无奈，然而，与启蒙主义文学完全不同的是，创作主体对他们只有“哀其不幸”而不再有“怒其不争”。从新写实小说开始，到90年代的新状态和新市民文学，在这一点上大同小异。在新都市文学中，几乎到处都可以看到一种生存大于一切的价值观念。活着成了唯一的目的，为活着而活着，没有比活着本身更高的价值。因此，为生存而采取的各种行为都有其存在的理由。在一些作品中，金钱成了支配一切的杠杆，理想精神和人格追求在它的面前已经不堪一击。仿佛在进入市场去为自己的生存而进行各种搏杀就应该把一切精神价值和人格操守通通踩在脚下。因为精神的支柱是那么软弱无力，而用金钱编织起来的世俗世界是那么美好。大量作品表现了一种市民社会的生活方式与价值选择。一群又一群的作家通过生动的形象和逼真的细节告诉我们乌托邦式的人文理想失落的必然性和民间世俗价值的天经地义。

在各种理论的支持之下，在大潮的裹挟之中，一种新的现象已经特色鲜明：写市民者认同市民价值，写农民者认同农民价值，写下岗工人者满足于表现对下岗工人的同情，写乡镇干部者竭力为乡镇干部辩护，写城市痞子者认同城市痞子，写卖笑女郎者满足于做卖笑女郎的传声筒。面对当代生活中的阿Q们，20世纪末的中国作家不再像鲁迅那样哀其不幸并怒其不争，而是既不承认他的不幸，也不认为他有什么“不争”，甚至把他看成智者，看作生活的榜样，因为只要离开讨厌的知识分子的那一套价值观念，换个角度看阿Q，他是那样潇洒，又那样机智，并且善于调节内心的不平，总能找到自我宽慰之路，他的生存哲学正是90年代许多中国人正在发扬光大的哲学。

在新都市文学中，一篇又一篇作品都在向人们解说着几种观念：市场经济的准则不能不承认，但最好能给爱情留下点诗意，可是生活就是这样，一切都无可奈何，“爱又如何”？“恨又如何”？“仅仅有爱情是不能结婚的”。人不可能在幻想中生存，你想过自尊的、清闲的、远离经济大潮的生活，但世界不可能让你顺利地完成你的设计。人首先就是要活着，活着就需要钱，有了钱还需要性的满足，无论如何，理想主义者是可笑的，清高和坚忍无法与经济大潮抗衡，最后都要知道日常生活的真谛。从1996年被热情赞美和倡导的所谓“现实主义冲击波”，好像面对现实生活，却不再有现实主义文学所应有的批判精神，那些作品中的乡镇干部、工厂厂长，被着意表现的是他们的艰难。虽然也展示着时代生活中的矛盾和问题，但更多的是对人物的理解，甚至腐败现象和种种污浊也得到了充分的理解和同情。作家们反复告诉我们的是，“大家都不容易”，“他们也是人”，干部也是人，人就难免腐败，贪官污吏有什么值得指责的，以心比心，你难道就不自私？乡长也有老婆孩子，他不贪一点，老婆孩子吃什么？这种“理解万岁”的确是相当民间化了。

如此种种，展示着大面积的民间化走向。大群作家对世俗情怀采取了理解与认同的态度。一些作家完全放弃了知识分子立场，不再以知识分子自居。一些作家虽然仍然站在知识分子的立场上，但也已经放弃了指点迷津的叙事方式。他们不再通过自己的创作启迪人们，似乎他们已经明白，知识分子不应该要求每一个人都能够站起来，艰难地为追求主体的确立与生存环境抗争。而且，知识分子已经死了，人已经死了，近代关于人的全部理想都是知识分子虚幻的梦。

面对文学大面积向民间滑动的景观，有人为之欢呼，有人兴高采烈，或积极推动之，或立即追随之。走向民间，成为20世纪末文坛的热闹景观。

然而，它是文学的福音吗？

二、历史的教训：民间一片沼泽地

回顾20世纪中国文学发展的历史，民间话语并不是什么新鲜的事物。新文学已经一次次走向民间，留下来的却是失败的教训。

严格说来，“五四”新文学运动是精英知识分子的文学运动，它显示着现代知识分子话语的辉煌胜利。所以，在“五四”文坛上，虽然也有关于“平民文学”“民众文学”的讨论和“到民间去”的口号，但是，新文学的开创者们倡导白话文，倡导通俗化，目的在于使新文学更好地承担启蒙的使命，因而不可能为通俗而牺牲掉启蒙之目的。然而，“五四”高潮过后，一些年轻的知识分子激进而浮躁地寻求超越，开始对“五四”新文学以至新文化进行批判和否定。他们从政治革命的角度出发，开始重新思考个人与群体的关系，由推崇个人转向推崇群体，由要求作家做大众的引导者转向要求作家做大众的崇拜者。他们开始否定“五四”、抵制欧化、放弃启蒙、走向民间。他们高呼：“你们要把自己的生活坚实起来，你们要把文艺的主潮认定！你们应该到兵间去，民间去，工厂间去，革命的漩涡中去！”[①]创造社和太阳社发起的革命文学运动主要内容之一就是走向民间，走向工农大众，他们要努力“接近农工大众的用语”，要反映劳动群众的生活，但是，这不是主要的，最值得注意的是他们当时所强调的就是努力获得大众的意识，彻底放弃知识分子的立场而站到大众立场上去。正因为这样，他们才要求作家做大众的留声机。继之而起的左翼文艺运动更明显地要求民间的立场，以反对个人主义和小资产阶级倾向的名义否定知识分子的精神独立，要求他们彻底地放弃自我而进入民间话语空间。瞿秋白在《普罗大众文艺的现实问题》《“我们”是谁？》等一系列文章中反复强调的就是向大众学习，改造知识分子自我而彻底地获得大众的立场和大众的意识。为此，他尖锐地批评知识分子作家轻视群众和只愿意做群众的先生而不愿意做群众的学生的态度。

这样做的文化结果是有目共睹的。他们否定“五四”精神，否定启蒙主义，走向民间，迎合大众，貌似以激进的态度对“五四”新文学进行再革命，事实上却是让新文学回到民间旧文艺的水平，让“五四”新文学运动所否定的旧内容旧形式东山再起，在客观上完成着被“五四”冲击的旧文化的复辟。从“革命文学”运动到左翼文艺运动，新文学付出的艺术代价也是有目共睹的。走向民间大众，获得大众意识，并没有使文学产生出更优秀的作品，而是带来了艺术水平的普遍降低。30年代初的左翼文艺运动搞得轰轰烈烈，优秀作品却寥寥无几，就是一个有力的证明。

抗战开始，文学开始更大规模、更大面积地走向民间，“民间旧形式的利用”是一个象征性的标志。在民族形式的讨论中，“五四”新文学再次受到批判和否定，民间形式得以弘扬。也是从这个时期开始，文学的民族化被突出强调。民族化和大众化是相互联系的，大众化必然导致民族化，而在现代中国的历史上，民族化与大众化往往都意味着对现代化的抵制和消解。所

①郭沫若《革命与文学》，《创造月刊》1926年2月号。

以，民间旧形式的利用意味着走向民间，同时也意味着走向传统，意味着对“五四”文学精神的彻底的背离。悲剧性的现代文学历史告诉我们，当时能够认识到问题严重性的只有胡风。当向林冰等人强调继承民间传统形式时，他坚决反对那种认为“五四”新文艺“割断了历史的优秀传统，割断了人民大众的联系”的论点，坚决反对“民间文艺为中国文学的正宗”的说法。也只有他看到了“五四”新文艺在实践和理论上“不但和古文相对立，而且也和民间文艺相对立”。[①]然而，胡风的结果却只能是完成自己的悲剧形象。此后几十年的时间里，在政治的作用下新文学的发展一步步走向民间，一步步向大众认同，放弃启蒙精神，迎合大众的思想感情，其结果不仅是艺术水平的降低和概念化、公式化、标语口号化作品的盛行。更为重要的是，它不仅是以民间的传统文化排斥西方进步文化，而且直接导致了作家主体性的泯灭和知识分子话语权的丧失。强调思想改造，迫使知识分子在思想感情上与劳动大众取得一致。这一切与后来“臭老九”的命运，与仅仅因为上过几年学就必须到农村去接受贫下中农再教育的上山下乡运动，与知识分子地位的沦落，都密切相关。

从40年代到70年代，民间话语终于战胜旧有的国家权威话语而占据了统治地位。有些人把这一结果看作是“五四”的一个结果，看作是中国知识分子引进西方文化的一个结果。但事实并非如此，应该说，它是民间文化战胜知识分子文化的一个结果，是传统文化战胜西方文化的一个结果。它既战胜了知识分子所倡导的西方文化，又战胜了国家权威意识形态，是民间的一个辉煌胜利。1957年，知识分子话语试图重新走上前台，但政治运动的作用迅速扼杀了这种企图。继之而来的是“大跃进”民歌运动迅速巩固了民间话语的中心地位。

清理20世纪文学发展的线索，我们不难发现，五四新文化运动高潮过后的半个多世纪里，文学发展过程中一直存在着民间话语和知识分子话语的冲突和对立。这二者的关系是复杂的。民间话语的每一次膨胀都伴随着与政治力量的联合，民间话语的每一次胜利都伴随着知识分子话语的失败。文学每一次走向民间，都是从知识分子自觉的追求开始，而以无可奈何的惨

①胡风《论民族形式问题》，重庆学术出版社1941年。

败告终。在20世纪文学史上，民间化的过程也就是民族化的过程，民族化的过程也就是非西方化的过程，非西方化的过程也就是否定“五四”新文化的过程，也就是一个传统旧文化回归的过程。文学走向民间的历史，也就是文学失掉自身的历史，也就是知识分子话语失落的历史，同时也是现代化经历严重挫折的历史。

回顾中国知识分子和新文学刚刚走过的泥泞路，面对民间话语在20世纪末的再次膨胀，我们有什么理由把走向民间看作金光大道？

三、民间不是伊甸园

一些作家和批评家之所以对民间话语表现出极大的热情并且对其大力张扬，一个很重要的原因在于对民间文化的误识。在不少人的眼里，民间展示着各种伟大之处，比如：它活泼、新鲜、富于生机；它远离权威话语而自由自在；它对权威话语的消解力量等等。于是，它成了边缘化的知识分子可以栖身其中的精神家园。

然而，只要我们认真考察，就会发现这种种认识都是值得怀疑的。

早在寻根文学时期，一些作家就表现出对民间文化的特别偏爱。他们认为，我们民族文化之精华更多地保留在中原规范之外，因而去寻找与传统规范不同的文化形态，纷纷走向民间，采写民风民俗，以期从中发掘充满生机的民族文化。一些作家对荒原峡谷、深山大漠文化状态的描写也是对民间文化进行探寻时向着更为远离规范的民间的一种延伸。以民间文化丰富和发展传统文化，以规范以外的文化补充甚至取代经典所载的规范文化，对于重铸民族文化来说，也许是有益的。但是，应该注意的是：民间文化并非是充满生机的，恰恰相反，它往往容易保存更多的是陈旧与腐朽。不错，在历史的演变中，占统治地位的规范文化在不断发展和流变，而民间文化却变化缓慢，出现了一些与规范文化不同的东西。但是，这种不同之处却不一定富于生机，而往往是更为陈旧的、过去时代的统治阶级的意识形态，是已经被当下时代抛弃的旧时代的规范文化。

现代中国历史发展的特殊情况进一步造成了知识分子文化与民间大众文化的差异。我们知道，中国的闭关锁国状态之所以打破，中国现代文化之所以产生，不是由于本土新萌芽的生长，而是由于外来的冲击。被动现代化已经是国人的共识。几千年的历史已经证明，无论深山大漠还是传统的乡村和市井，都无法自发地产生现代文化。中国的现代文化是在对外开放中产生的，其价值观念最先是由知识分子接受和传播的。由于伴随西方文化一道进入中国的是西方列强的大炮，它所给予这个民族的屈辱感导致了普通民众对文化也像对枪炮一样怀有强烈的抵触和反抗。而且愈是民间，愈是小生产农民，这种抵触心理愈为强烈。这就使得民间文化与现代文化产生了距离，民间话语与知识分子话语产生了距离。由西方引进的新文化更多地表现于知识分子，而传统旧文化在民间得到了较多的保存。

因此，对于今天的中国来说，民间的则意味着传统的。知识分子走向民间，则常常意味着走向传统和放弃现代性。

对民间的热情还来自另一种认识：民间是国家权力控制相对薄弱的领域，保存了相对自由活泼的形式，能够比较真实地表达民间生活的面貌和下层人民的情绪，就文化形态而言，它能避免政治意识形态的思维定式，用民间的眼光来看待生活，保留着古老乡土的那种半原始的自由自在状态。我以为，这种所谓民间文化的自由自在状态和独立品格是夸大了的。应该看到，民间话语与权威话语之间、民间文化和政治意识形态之间、联系是非常密切的，民间话语总是打着权力话语的印记，也就是说，它根本无法避免权威意识形态的入驻。看一看农村那些传统观念的自觉维护者，看一看农村那些极“左”政治的留恋者，看一看今日大众的实际的思想状态，这一切都应该是很清楚的。民间化的推动者们所描绘的“自由自在”的民间是不存在的。

从表面上看，也许民间文化呈现着某种边缘性与自主性。但在事实上，它的自主性并不那么大。从历史上看，政统、道统对民间的统治是严密周到的，民间文化在价值层面上不过是政统与道统的民间版本。从现实层面上看，农民的生命状态并不比知识分子更舒展。民间文化根本无法逃避权威意识形态的影响。它所显示的不同之处是发展比较缓慢，不像政治意识形态那样朝夕变换，给人一种我自岿然不动的感觉，但事实上却并未逃脱权威意识形态的引导和覆盖。

所谓民间，就像一锅大杂烩中煮着全部的自发的生机和几千年的全部陈腐。在这其中，生机是微弱的，腐朽却因长期发酵而气味浓烈。它是历朝历代权威意识形态的收容地，若要寻找过去时态的权威意识形态，民间是最好的保存场所。它的确有其两面性，承载着几千年传统积淀的同时表现着男欢女爱等生命自由意志。然而，只要我们认真考察我们的时代的实际，就不能不发现，那种自由意志在民间已经非常微弱。在层层覆盖的旧货场，所谓生机，不过是“活着”这一基本的生存欲望。

在20世纪中国的现代化进程中，最具历史意义的冲突发生在传统与现代之间。这一冲突又往往最集中也最尖锐地表现于权威话语与知识分子话语的冲突。在这种冲突中，民间话语与政治权威话语往往结成联盟。这种联盟是牢固的，也是持久的，因为权力话语与民间话语之间的矛盾仅仅是政治上的，而在文化上，二者之间是相同的。知识分子话语却因更多地承载了外来现代性而成为异己。民间话语中的政治内容的确有时是反对权威意识形态的，但是，正如农民革命领袖与他们所反对的皇帝在价值观念层面上并无不同一样，民间话语与权威意识形态话语也没有质的不同。

一些作家和批评家之所以对民间投以青睐，原因之一是把民间当作知识分子最后的家园和安身立命之所。一些人把民间理解为仅仅与权威意识形态对立的空间，认为它是一个可以包容知识分子的空间。他们感兴趣的是与“官方”相对的民间。所以，他们认为民间文化空间可以成为一些知识分子疏离政治意识形态后所选择的栖身之所，知识分子在那里可以找到自身的新价值。这就使他们必然地对民间化给予热情的支持。他们在一个被扩大了的虚幻的民间寻找知识分子的位置，在孤独的感觉中寻找精神依靠以缓解内心的孤独和恐惧感。中国文人缺乏独立坚守的能力，总想寻找某种依靠，民间话语空间的发现使他们感觉如同发现了新大陆，特别是又与大众站在一起，更使他们因为感觉身处巨大的群体之中而不再孤独。然而，只要保持一份清醒，就应该意识到自身与民间的矛盾，就不会置身民间而那么踏实。

有两个层次上的问题是需要注意的：一、眼下的民间已经不是包括知识分子在内的空间，它是非权威的，同时也是非知识分子的。这一点上，民间化的倡导者们表述非常清楚。如果不了解这一点，误以为自己不属于官方就理所当然属于民间，那就会因为疏忽而走入别人的房间。二、民间不是知识分子的伊甸园。从某种意义上讲，民间话语和知识分子话语既互相渗透又互相拒绝。它们都是边缘话语，但二者之间关系复杂。民间话语具有极大的包容性，知识分子可以在其中栖身。但是，如果没有清醒的意识，如一些批评家所倡导的那样彻底放弃启蒙立场，就很容易被其同化。知识分子在讲述民间话语时，的确能够以前所未有的姿态逼近生活的真实，并且从中获得某种民间的生机。但是，这是一种冒险，因为如果没有强大的自我，如果没有精神立场的坚定性，投宿于民间的知识分子是无法于第二天早晨走出客店的。中国文人大都不具备这种强大的自我，也缺乏精神的坚定性，当他们走向民间时，就很容易对民间价值有更多的认同，并且由于这种认同而导致放弃自己的批判姿态和价值立场。而这种放弃也就是对现代性使命的放弃，也就是对知识分子自身本性的放弃。事实上，现在的文学已经如此。

中国作家一个严重的问题是找不到自己的精神定位，不是依附于权力，就是依附于民间，这是中国知识分子的悲剧。我们的确需要精神家园，但这个家园不在民间。走出民间的沼泽，建立知识分子自己的话语空间，才是当务之急。

1997年7月初稿,1998年6月修改

警惕“自我批判”的陷阱

告别80年代之后，知识分子的形象一落千丈，消解80年代刚刚复活的知识分子话语成为一种新的时髦。消解的方式是多样的：或者揭示知识分子的“西化”和“文化买办”特征而暴露其破坏光荣传统的罪行，或者勾画知识分子的“堂吉诃德精神”以嘲弄他们悲壮的承担，或者以大众文化代言人的身份宣布大众文化对知识分子精英文化的取代。更值得注意的是，一些学人从海外拿来了后现代的思想武器，学着利奥塔、福柯、德里达以至赛义德等人的方式，虚构了中国现代知识分子的所谓“话语霸权”，于是，知识分子就更加十恶不赦了。

与此同时，不断听到知识分子需要自我批判的呼声，因为动因不甚清楚，所以难以透彻理解。从积极的方面设想，鉴于20世纪走过的艰难路程，中国知识分子大概的确需要自我批判。因为只有充分认识自身的弱点，才能以应有的姿态走向新的世纪而避免重蹈悲剧覆辙。然而，在自我反省和批判的呼声中，却常常感到一些声音很值得警惕，因为它可能把知识分子的自我批判导向迷途，甚至引向陷阱。

一

知识分子需要不需要自我批判？回答当然是肯定的。但是，一切问题的提出都有现实的前提。那么，当前知识分子自我批判的现实前提是什么？比较一致的回答是：自从“五四”之后，中国现代知识分子总是以启蒙导师自居，批判成了知识分子的存在本质，主流社会和大众社会成了知识分子的批判所指，他们总是批判别人，而从来没有意识到批判自己。“在目下的文化形势中，知识分子的批判工作似已开展得轰轰烈烈，世俗批判，道德批判，欲望批判，反智批判，大众文化批判和传媒批判等全都披挂上阵，几乎演尽了知识分子文化批判的英雄本色。且不说这一系列批判所存在的各种各样的问题需要一一从学理上进行清理，仅就其批判所指而言，被批判对象毫无例外都属知识分子的他者范围。在他者批判日益泛化和浮化的今天，知识分子自我批判再一次被悄悄搁置了。”[①]面对这种描述，我以为，有几个问题是值得注意的：

一、认为中国现代知识分子自我批判一直被搁置、总是批判他人而自身享有了被批判的豁免权，这是不符合历史事实的。中国知识分子大概都不会忘记，在20世纪的大半时间里，知识分子都在被批判的同时被迫进行着自我批判。“文革”结束之后，知识分子以艰难的挣扎钻出地平线，努力获得自己的话语权，但即使在被许多人认为是知识分子话语独霸文坛的80年代，知识分子也并未搁置对自我的反省和批判。巴金的《随想录》和不少作家的文化反思小说以及不少学人的理论著作就是证明。而当下知识分子也没有停止对自身的反思。

二、强调知识分子在批判主流社会和大众社会的同时也应该自我批判，这种说法看上去是公允的，然而，出现在告别80年代之后的中国文化语境中，它却并不公允。因为事实非常清楚，90年代中国知识分子在政治和经济的双重挤压之下进一步远离中心而进入边缘，并且相当普遍地呈现“失语”状态。90年代的中国文化是以主流——大众文化为中心的，在这种情况下，进一步强调对已经处于边缘的知识分子的批判，其结果可能导致其对主流——大众文化的进一步认同，导致知识分子自身的消解。

三、一般地说，知识分子当然是需要自我反省和自我批判的，但是，反思中国现代知识分子的悲剧命运，主要原因并非因为缺乏自我批判精神或不善于反省自身，而是因为缺少独立人格，缺少自信，缺少对真理的持守精

①邵建：《知识分子自我批判的意义》，《作家》1998年第3期。本篇未注明出处的引文均出自该文。

神，太容易追随潮流而自我反省、自我批判和自我调整。在20世纪的历史上，那些不断号叫着完成超越、不断追赶潮流和制造潮流者的危害是有目共睹的。因为缺少坚守的精神，盲目地追随潮流，中国知识分子往往抛弃自己曾经获得的现代价值而走向大众，以大众的价值观念为标准进行自我批判和否定，夹着尾巴做人，虚心接受再教育。为此，历史付出了代价，现代化付出了代价，这也是有目共睹的。特别值得注意的是，这一切在开始的时候都不是来自权力的压迫，而是来自那些缺少精神持守的文人自觉的反省和主动的自我调整。

因此，在强调知识分子自我反省和自我批判的时候，不能不同时注意中国知识分子因为缺氧、贫血和缺钙而导致的随风摇摆的人格弱点，不能不注意珍惜知识分子应该具有的对真理的守护精神。

知识分子当然需要自我批判，但既然是自我批判，就必须是从知识分子自身立场出发的，自我批判的目的应该是使知识分子变得更为健康和强大，而不是学着西方后现代主义的时髦口号宣布“知识分子死了”而实现对知识分子自身的取消。

二

根据当前倡导知识分子自我批判的人们的解释，知识分子的自我批判首先是一种知识批判，而知识批判的对象就是启蒙运动以来的西方文化思想资源。在中国，这些思想资源的大规模引进与五四新文化运动密切相关，因此，这种批判就要首先指向五四新文化运动和它所造就的新文化。

这是20世纪末中国文坛和学界不可忽视的一个现象。进入90年代之后，伴随着对80年代知识分子精英文化的批判和否定兴起的是对“五四”的批判和否定。对“五四”的否定分两个层次：一是批判它的全盘西化，批判它造成了对本土文化传统的破坏，这是从老国粹到新儒学一贯的观点；二是批判它的西方现代知识模型，因为它追求的是现代性而不是后现代性，这是后现代的观点。新儒学之所以要批判和否定“五四”，是因为它以西方的思想破坏了光辉灿烂的传统文化，甚至造成了传统文化的断裂；后现代（有中国特色的）之所以批判和否定“五四”，因为它是现代的，而现在应该是以后现代思想武器对现代进行反思。20世纪的中国总是如此，最陈旧的东西总是能够与最新潮的东西联合起来，对没有站稳脚跟的现代价值形成前后夹攻之势。

批判现代知识分子就不能不批判现代性，就不能不批判启蒙主义，就不能不对理性提出质疑。无论是强调知识分子价值调整还是强调知识分子的自我反省，论者最重大的发现就是启蒙主义所依赖的理性不仅是靠不住的，而且充满罪恶。其罪恶之一就是它从批判封建主义的武器一变而成了巩固资本主义制度的意识形态。我不大了解西方重估现代性中有多少新的发现，因而对西方的现代性重估无法多说。但就目光所及，西方那些打着最时髦的旗帜出现的重估，却往往都是人们早已熟知的19世纪以来的某些陈词滥调的翻版。然而，把这些东西拿来应用于对中国的分析和批评，在当下却成了一种时髦。邵建的表述是："面对国家社会中的前现代状况，知识分子念念不忘'五四'启蒙，殊不知当启蒙一旦变为某种神话即能够解决所有问题的'启蒙神话'时，这除了反映知识分子耽于'文化英雄'和'文化导师'的梦迷，还如此深刻地表征了知识分子因其幼稚而产生的疏忽：即启蒙理性向国家理性的转化。这正是当年法国大革命和中国'五四'至1949的铁证事实。"

警惕启蒙理性向国家理性的转化，出发点无疑是可贵的。但是，我希望持这一观点的朋友们注意，成为制度化的意识形态与知识分子的批判理性到底是什么关系？知识分子的启蒙理性与占据权威位置的国家理性是什么关系？20世纪的各种罪恶可以统统归于启蒙理性吗？在这一点上，战后西方的一些研究是存在问题的，从阿多诺等人开始就走向了思想的迷途。因为在判定希特勒为启蒙结果的同时，应该意识到罗斯福和丘吉尔也是启蒙的结果；在判定战争是启蒙结果的同时，应该意识到反战主义也是启蒙的结果。从理论上讲，启蒙主义的根本精神不可能向国家权威理性转化，这应该是一个常识问题。正如知识分子不可能成为统治机器上的齿轮和螺丝钉一样。

就中国而言，"五四"与"五四"之后一系列历史事件的关系也不是一种简单的因果关系。把"五四"与"文革"看作一个历史的整体，因为对"文革"的厌恶而批判"五四"，这是从寻根运动以来就存在的一个误区。事实上，只要稍微清理一下中国现代历史，就应该看到，"五四"启蒙主义的寿命并没有那么长，后来的过程不是它发展的一个过程，而是它承受多重挤压而衰弱和枯萎的一个过程。“文革”所代表的那种文化不是“五四”的结果，而是反“五四”的结果。“五四”与“文革”在文化上是对立的，科学与迷信，民主与专制，人与非人，这一切的对立性质应该是非常鲜明的。

一些中国化了的后现代主义者好像完成了巨大的超越，好像代表着一种新的文化，然而，就中国当下文化语境看，以后现代思潮来否定现代性，否定知识，否定理性，以至政治上否定民主、经济上否定市场、伦理上否定个人本位主义，都是十分危险的。因为当前的文化矛盾主要还是前现代与现代的矛盾，后现代以最先锋的姿态参战，虽然表面上既反对传统也反对“五四”，既批判前现代文化也批判现代文化，可是，历史的经验告诉我们，这种新的参战者的实际作用，往往是使现代性腹背受敌，结果是帮助旧势力扼杀了现代性，而最后的胜利者也决不是后现代，而只能是根基更为雄厚的前现代势力。

三

知识分子自我批判的又一个重点是强调知识分子角色的转换。所谓角色的转换，也就是知识分子要告别启蒙导师的立场，放弃那种非专业化的、非岗位性的、对文明进步的无限承担。在不少人看来，今日的大众已经不需要知识分子启蒙，因而知识分子没有必要坚持启蒙立场。

一些被称作“文坛恶少”或“文坛痞子”的批评家在以胡搅的方式“玩批评”，无所谓立场也无所谓观点，因而不必提起。一些因为发现知识分子在告别80年代之后的处境而聪明地反戈一击者，更无从与之争论。引起我注意的是一些比较优秀的学人也加入了这种合唱，陈思和说：“当一些二元对立的原则逐步消解，知识分子慢慢放弃以前被视为精神向导的人文立场，作家们则在小说创作里放弃了全知式的启蒙立场和意识形态的执着态度，进入一种相对主义的复调结构，并通过相对主义来纠正80年代创作中精英文化的偏执，检讨以往作家所扮演的万能导师的社会角色。”[①]邵建说：“知识

①陈思和语，见《文学报》1995年12月21日。

分子死了，这样的知识分子的确应该死了。在这里，知识分子之死即‘师之死’。我们不再需要那种全知全能实际上是无知无能的知识分子了。但百足之虫，死而不僵。士作为知识分子的存在形态已然终结，但士死了，士的心态即师的心态却因其知识人格化的作用而长久地保留下来。……我们应当看到，当‘五四’知识分子依然企图以一种道来整合天下时，他们就必须充任启蒙导师即拯救者的角色，他们从救心急遽地走向救世，又激昂地以治天下自许，结果他们的行为不但使启蒙理性不可避免地向国家理性（即政统）转化，而且他们自己作为自由知识分子也不可避免地向政统转化……”

这里的问题首先是如何认识“五四”之后的中国知识分子。我们的确不能不承认，“五四”之后仍有那么一部分文人，他们身上保存了浓重的传统阴影，甚至体现着浓重的奴性。他们虽然从事文化活动，但事实上却始终心系魏阙，想的是走向庙堂的旧路。他们没有现代知识分子的独立人格，也不习惯自由思想，而是随时随地寻找依附。他们反抗也激烈，归顺也容易，今天是叛逆，明天就可能成了惩罚叛逆的打手，显示了与旧时代的弄臣没有多少差别的文化性格。但是，这种未能完成现代转化的文人虽然也活动于“五四”之后，却没有资格代表“五四”，也没有资格代表中国现代知识分子。我们不能根据一些幼稚而浅薄的知识青年凭着激进的热情而做出的选择便断定中国现代知识分子做出了同样的选择。“五四”之后的知识分子都是现代知识分子吗？当我们使用“现代”这个词修饰知识分子的时候，使用的并不是一个时间的概念，而是意味着一种新的属性。显然，一些活跃于20世纪的文人并不具备现代知识分子人格。20世纪中国知识分子并不是一个统一的整体，它是参差不齐的。中国现代文化的发展也不是线性进步的，而是有曲折、有顿挫、有大幅度的后退和复归。从这个角度讲，真正的现代知识分子不应该为这些人承担责任。虽然现代知识分子由于自身力量的微弱而在一些关键时刻不能发挥决定性的作用，但他们为现代化而做出的艰苦的努力是不容忽略和抹杀的。

与此相关的是对所谓“现代知识分子话语霸权”的声讨。有人把20世纪中国文化发展的各种悲剧统统归于现代知识分子。可是，令人不解的是：当各种悲剧发生的时候是真正的现代知识分子拥有话语霸权的时候吗？文明被愚昧吞没，现代被前现代战胜，“文革”式的破坏和倒退，责任应该由继承了“五四”传统的现代知识分子承担吗？在知识分子话语已经在强大的权威话语压迫之下彻底退场的时候，时代的罪恶为什么要归结到“现代知识分子话语霸权”？当现代性已经彻底被非现代性的力量所扼杀的时候，社会所发生的一切为什么要让现代性负责？为什么知识分子自身要用反现代性的力量制造的罪恶来指控现代性，用反知识分子的力量制造出来的丑恶来声讨现代知识分子？为了前进，我们必须更清醒地认识自己的弱点，看清我们由于软弱和幼稚而做过的错误选择，看到我们由于缺少坚定性而导致的对历史责任的放弃，看到我们由于不坚强而对强势所表现的屈从，但是，知识分子没有必要代人受过，不是现代知识分子犯下的过错就不应该让现代知识分子承担，各种假冒伪劣不能都记到“现代知识分子”的账上。

四

知识分子不应拒绝自我反省和批判，但与此同时，却应该警惕来自非知识分子立场的攻击和劝降。

知识分子的自我反省和批判应该警惕两种思潮的影响：一种是新保守主义，一种是具有中国特色的后现代主义。从保守的立场上对现代理性和启蒙精神的抵抗我们早已熟悉，应该警惕的是它的变种。面对以利奥塔等人“知识分子死了”的宣告为理论支持而又充分中国化的后现代主义，我们有必要思考两个层面的问题：一、即使承认西方的后现代理论，知识分子死亡之日应该是后现代社会来临之时，而中国的现代还迟迟难以着陆，因而知识分子之死还有一段距离。过早地敦促知识分子死亡，消灭知识分子的精英意识，这种后现代的抹平术带来的只能是以所谓的大众为标准的文化平面。二、即使后现代来临之后，知识分子是否必然死亡也是值得怀疑的。关于知识分子之死，不过是西方已经退化的知识分子对责任的一种逃避。我不想过多地指责利奥塔和福柯等，但我怀疑他们对知识分子责任的逃避所显示的只是西方一部分知识分子的人格退化。

同时，考察其思想源，后现代主义虽然以最新的面目出现，却仍然难以掩盖其中灾难与邪恶影响的痕迹。20世纪末世界格局的变动预示了制造各种灾难的邪恶已经走向末路，人类有理由对前途表示乐观。但是，面对西方一些所谓批判的知识分子，我们却应该抱有足够的警惕。那种对人类文明健康主流的吹毛求疵的态度，那种在疯子、囚犯、性变态基础上形成的思想，那些60年代从中国出口而又在90年代转内销的极“左”思潮，没有理由得到我们的信任。包括“知识分子死了”之类的叫嚷，都往往是没有根据的，因为事实告诉我们，真正的知识分子在西方仍然大有人在。

我不否认被概括为“后现代”的文化现象，但我怀疑被称作“后现代主义”的思潮对人类文化发展的作用。文明发展中常常出现破坏者，它所生产的往往不过是有害而无益的文化垃圾，并不能够代表知识分子的批判精神。因为自己没有能力承担知识分子的责任而宣布知识分子已经死了，因为自己的精神和生活都极不正常而宣布知识分子不具有理性，这是不算数的。已经从知识分子中堕落或背叛出来的人代表知识分子发布自杀宣言，也不应该是有效的。中国的知识分子要进行自我批判，不能不首先注意审查自己所借用的武器，这大概也是一种必需的“知识批判”。

1998年7月　曲阜

戏剧的困境与“精品工程”的难题

首先需要说明，我没有搞过戏剧创作，也没有进行过戏剧理论的研究，是一个纯粹的外行，严格地说，没有任何发言权。然而，朋友们热情相邀，既然来了，不说几句似乎有负盛情。所以，只是姑妄言之，不当之处还望诸位原谅和指教。

戏剧正处于重重困境之中，出路问题正困扰着许多艺术团体，也困扰着一些戏剧界的朋友，特别是那些真正喜爱戏剧艺术的朋友们。接到这个会的通知，我就在想：戏剧真正的出路在哪里？

众所周知，现在许多戏剧团体都面临生存危机。这种危机与我们过去的艺术体制有关，是几十年计划体制的后遗症，同时，也与戏剧自身的特点有关。有些问题是整个文艺领域都存在的，有些问题却是戏剧所特有的。

一、从文艺的外部生存条件看，诗歌、小说、散文等作品的生产都不需要太多的投资，而戏剧就不同了，上演一个戏需要不少资金。在我们这个时代，钱，已经被大写在每一个角落，应该说这是历史的进步，因为我们已经认识到经济杠杆的作用，认识到经济基础的决定性能量。无论哪一个领域的建设，重要的无非两个条件：一是人的问题；二是钱的问题。有了这两样东西，什么都好办。人的问题是个长线的问题，在此暂且不说，钱的问题是现在许多问题的关键。过去几十年，戏和整个文艺都是由政府养起来，繁荣或是萎缩都在计划之中，所以不存在问题。现在看来，政府已经不愿长期负担，戏剧必须走向市场。这就面临着一个如何在市场谋求生存的问题。随着市场化程度的日益加深，将来恐怕许多领域都会面对这个问题。从道理上讲，艺人们本是能够养活自己的，自古就是如此。但眼下的艺术团体却很困难，原因在于体制，在于没有经过市场选择，在于还有种种冲不破的限制。旧体制的好处在于它限制了你，却包养了你；真正新体制的好处在于它不包养你，却也不限制你。而我们现在处于二者之间。所以，既没有钱，也没有好戏。没有好戏，观众不买账，就更没有钱。这是一种新形势下的非良性循环。相比之下，像样板戏那样上面一声令下，工农兵学商都必须看，剧团的日子多好过呵！可是，那不正常，所以不可能长久维持下去。

二、从不同艺术门类的内部生产规律看，诗歌、小说、散文等都是由作者直接拿出产品，从作者到读者，从生产者到消费者，中间除了出版者之外没有更多环节。而戏剧生产的全过程却需要若干环节才能完成。一个戏的完成需要编剧，需要导演和演员。这三者缺一不可。然而，这三者的完美配合并非轻而易举就得到的，甚至常常可遇而不可求，只有幸运者才能遇到好搭档。老舍的《茶馆》是个好剧本，但如果离开了人艺，就很难获得那样的成功。因为只有那几个演员，才更容易演出那个味儿。在很多情况下，三个环节会互相牵制。刚才郭铁城老师说没有个性就没有艺术，有个性的作家才能写出好剧本。说得极是，剧本是一个戏的基础。但是，好剧本有了，如果没有好导演，也会弄得一团糟；好导演有了，如果找不到好演员，仍然成不了“精品工程”。当前演艺界水平怎么样？好编剧、好导演、好演员容易找吗？容易培养吗？好本子本来就难以出现，而一些好本子搬上舞台就变了味，这其中有导演的问题，也有演员的问题。演出中常常看到这样的情况：导演没有真正理解剧本；演员难以理解导演的意图。因为人的知识结构、精神高度、价值追求、性格特点等各个层面的差距，戏剧生产的全过程常有一个“消耗现象”。这就像电流，由于一个个不良连接，终端输出的已经不是原来的功率。在文化多元的时代里，这些环节的材料型号不再相同，如果配不对血型，这种“消耗”会更为严重。

三、从艺术成品的存在形态看，其他文艺样式为了自身的追求可以超越时空寻找接受者，而戏剧却必然要受时空的限制。一个诗人或小说家可以不管大众的好恶而走自己的路，只要认定了就可以大胆追求。因为即使大众不喜欢，后果无非是作品不畅销。无论多么不畅销，在一个十几亿人的大国，仍然会找到一些知音。这个城市有几个，那个城市有几个，全国就可能是成千上万；今年销一些，明年销一些，若干年下去，就能销许多。因此，诗人和小说家只要不急功近利，就可以安心追求自己的艺术。戏剧却不同，在某个时间和空间演出，既不能把不同地点的观众聚拢到一起来，更无法把不同时间的观众聚拢到一起。辛辛苦苦排了一场戏，上演了，零零星星几个观众，当然无法演下去。

但是，当前戏剧的困境主要还不在这里，而是社会转型带来的前所未有的“众口难调”的局面。从某种意义上说，“样板戏”时代的戏剧界是最省心的，因为那时不需要考虑更多的因素，眼睛向上就是了，只要适合政治的需要，只要配合了某项中心工作，只要领导人喜欢，一切问题就都解决了。70年代末和80年代初的情况也还不同，虽然拨乱反正和改革开放，有了新与旧、左与右的矛盾，但社会意识仍然有主流，人们有共同关心的热点，而且社会各阶层在许多问题上有共同的思考，能够达成共识。所以，在那个时期，谁把握了或吻合了时代情绪的主流和社会心理的脉动，谁就获得成功。从《于无声处》《报春花》《救救她》《权与法》《假如我是真的》等剧轰动全国，到《灰色王国的黎明》《血，总是热的》引人注目，再到《狗儿爷涅槃》《天下第一楼》等剧轰动京城，都适应了人们的共同期待。甚至从《车站》到《魔方》《潘金莲》等一系列探索性的戏剧，也都抓住了某些群体共同的精神兴奋点。

现在不同了，今日中国已经不是过去的情形。特别是进入90年代以来，社会的转型带来了文化的多元发展，带来了话语系统的分化。在当下中国，大致上说，这种分化已经形成了三大话语系统：权威话语、民间大众话语和知识分子话语。三种话语很不相同，关注的问题不同，价值尺度也不同，追求的目标也不相同。不仅不同，而且表现出复杂的矛盾和冲突。这只是大致的划分，事实上，在任何一种话语系统之内，都还存在派别上的分野。比如在知识分子话语中，近年出现的自由主义与新左派之争，在许多问题上就终难达成共识，矛盾可能会越来越大，未来很难估计。一个作品，这一派鼓掌，那一派就可能喝倒彩。正因为这样，文学界迅速分化，一些报刊也做出了自己的选择。比如，《上海文学》以“贵族化”标榜，当然只是标榜而已，它贵族不起来；《北京文学》要做“最有良知的期刊”，虽然这“良知”也未必能够充分体现；山西的《黄河》以“知识分子期刊”为旗帜；海南的《天涯》追求着文化的“前卫性”……总之，精英的，大众的，高雅的，通俗的，艺术精品，文化快餐，娱乐消闲……在有限的空间里各择其径，各行其是，所谓共同的标准已不复存在。面对这种情况，演戏即使没有自己的追求，一心一意想讨好观众，你要讨好谁呢？讨好哪个群体？

所以，戏剧的选择要困难得多。面对众口难调的现实，大概很难毅然决然地做出某种单一的选择。特别是“精品工程”，更无法只满足某个方面的需求。一方面，它必须适应市场，因为没有市场就无法生存，戏是需要观众养活的；另一方面，它必须适合首长的口味，因为首长仍然在决定着它的命运，不对味儿就可能遭遇难产；第三个因素虽然不是很重要，却也不能不考虑：适应专家的口味。因为专家的认可和批评界的叫好也是需要的。这三个方面，不适应哪个方面都不行。可是，这三方在评价尺度上常常是矛盾的，有的重视宣传和维稳，有的重视批判和启蒙，而对一般大众来说，却常常是既不愿买票来上政治课，又不愿听人追问什么终极价值。对他们来说，可能那一切都不如看笑星们逗乐。如何使三方都满意呢？大概没有什么好办法。唯一的办法就是只留下大家都能接受的东西，结果就几乎是什么都没有，什么话也不能说，只说天气哈哈哈，只说笑话。也就是说，时代已经选择了赵本山，在一定时间内，赵本山模式将是一条“金光大道”。可是，那能算是“精品”吗？一个民族在一段历史上就只留下那样的“精品”吗？

“雅俗共赏”是一种美好的理论想象，但在事实上是很难做到的。考察一下那些追求雅俗共赏的作品吧！更多的结果是雅也不欣赏，俗也不欣赏。无论是以简单相加的方式处理这两种因素，还是以互相妥协的方式处理这两种因素，都往往是出力不讨好。如此困境之中，所谓“精品工程”面对这一难题，甚至因为这一难题的存在而显得虚幻。

戏剧要生存，大概别无选择，唯一的选择是走向市场，关注票房，努力获得观众。这其实不难，艺人历来就是靠这个办法养活自己。今天的市场与历朝历代的市场不同的，是有更多的不方便。而真正值得忧虑的，是现实规范下的大众文化市场对戏剧的选择和塑造，能够上市的，能够畅销的，是什么艺术品位的作品。从理论上讲，接受过程不是完全被动的过程，一部作品是否被接受，取决于接受者内在的接受机制，取决于观众固有的审美观念和审美心理结构。从这个方面考察，观众显然带有明显的惰性。现在的一些电视剧，为了迎合传统的审美心理，已经把一些帝王将相、才子佳人的腐朽故事装扮一新，而且许多作品都在赞美皇上的英明和奴才的忠顺。这一切，都与我们的现代化的追求背道而驰。所以，在别无选择地走向市场之际，我唯一的愿望是戏剧的精品能够在适应市场的同时尽可能不放弃精神高度的追求和文明发展的努力。

1999年11月　长春

电视文化的自我定位与受众预设

我看电视不多，也没有广泛接触各个层次的观众，所以对于电视文化的了解很有限。就接触的范围而言，人们似乎对电视并不满意。考察其不满的原因，主要在于它常常低俗无聊。品位之所以低下，据说是为了适应受众的需求。但是，我却不止一次听到不识字的老太太抱怨没有可看的电视节目："都在那里瞎闹笑，耍贫嘴！"学界的朋友们大都喜欢读书、上网，对电视兴趣不大。有的只看球赛，有的只看译制片，有的只看《动物世界》，有的则基本不看电视。有一句话流传甚广，并且被广泛地运用于警告那些爱看电视的孩子："电视看多了，就会变得像节目主持人一样愚蠢。"

当然，这话经不住推敲，因为电视节目主持人的智商不一定都很低，把他们当作愚蠢的标本显然并不科学，至于"会耍贫嘴的二百五都到电视台主持节目去了"，更是开玩笑。然而，由此却可以看到电视文化给人们（至少是一部分人）留下的印象。

那么，电视文化为什么给人造成这样一种印象？我以为重要的问题在于电视文化自身的定位。任何人都不会否认，电视是一种大众传媒，当然需要适应大众。所以，电视文化定位于大众是无可挑剔的。如果把电视办成纯粹的精英论坛或先锋沙龙，大概像办成纯粹的宣传机器一样令人生厌。然而，重要的问题是对大众文化的理解。"大众"本来就是一个很难把握的概念，正如"人民"一样，我们虽然常说"人民的心声""人民的意志""人民的利益"，却很难到现实中寻找"人民"进行确认。我们很难具体地确定"大众需求"和"大众品位"。因为"大众"是一个极不整齐的集合体，作为

“大众”的分子，品位极不一样，需求千差万别。当下的电视文化虽然并非完全没有注意到这一点，但其基本定位却往往是更多地适应低层次的需要。因为我们早已形成了一个习惯，一旦定位于大众，标尺立即下移，一味适应，一路降低，似乎不抵达整个文化格局的最低部位就决不罢休。而且，我们总是过低地估计大众，似乎大众就意味着粗俗，就喜欢那些无聊的玩笑而不需要较高层次的文化消费。

这事实上是一种错觉，它既错误地估计了大众的文化构成，同时也忽视了人们向上的意志。它的结果与愿望适得其反，因为它在一路追低的过程中连续丢失着具有向上意志的观众。

因此，我想的是，电视文化虽然是大众文化，但必须警惕大众化的陷阱；应该满足多层次的需求，但必须警惕雅俗共赏的迷阵。“雅俗分赏”应该是正确的选择。一个电视台不妨有街头娱乐场式的节目，也不妨有高度贵族化的沙龙；不妨有一般科普节目，也不妨有尖端科学论坛。高层次的节目应该努力办出高层次，而不应该弄得外行仍然搞不懂，内行又不屑一顾。娱乐性的节目也应该避免低俗，开玩笑也要有点儿水平。在世俗化和生活化的过程中应该避免一些误区。

招魂的尴尬

读孟繁华的文章，常常产生共鸣，比如他在人文精神讨论结束之后对人文精神的持续寻思，比如他对“文化崩溃时代的逃亡与皈依”现象的思考，都曾使我感动不已。然而，这次读到他的《资本神话时代的无产者写作》[①]，感觉却完全不同。该文提出了“无产者写作”的概念，呼唤继承无产阶级文学遗产，并且把摩罗、谢有顺、王开岭等人的写作划入“无产者写作”的版图，看作继承无产阶级文学遗产的代表，令人读后不能不产生一些疑问和忧虑。

一

首先是概念问题。作为一种理论建设，首先需要概念明确，“无产者写作”却不能不在概念上陷入尴尬的处境。对于当代中国人来说，“无产者”是一个并不陌生的概念，然而，面对当下具体的现实，要科学地界定这一概念，却如确认“无产者”身份一样困难。我们能够在当下现实中找到工人，找到工人阶级，而且能够找到下岗工人，找到失业者和各种渴望被雇佣而不得的劳动者，然而，却很难确认谁是“无产者”，很难科学地界定“无产者”这一概念。按照马克思主义经典作家的解释，无产阶级即工人阶级，无产者是不占有生产资料的雇佣工人。几十年来国内流行辞书的解释与此是一致的：“无产阶级”即“工人阶级”，“也泛指不占有生产资料的劳动者阶

①《南方文坛》2000年第4期。

级。”“无产者”的解释是“资本主义社会中不占有生产资料、靠出卖劳动力为生的雇佣工人。”[①]因此，在1949年之前，无产者在我国的人数虽然极少，但还不难确认；但随着50年代社会主义改造的完成和公有制的建立，确认无产者已经非常困难。因为地主、资本家和一切有产者的财产被没收之后并未消失，而是收归“公有”。“公有”的财产并非无所归属，而是归于全民。所以，公有制社会建立的结果不是使全民都成为无产者，而是使全民都成为有产者。无产者与他的阶级是国家领导者，当然不能不与全民一起拥有这些财产。也就是说，旧时代的无产者在公有制国家建立之后已经获得了国家财富的所有权，因而不再是真正意义上的无产阶级。而且，只要公有制形式仍然存在，真正的无产者就很难在享有公民权的人中找到。因此，我们也就难以找到真正的无产者并由此建构“无产者写作”。

退一步讲，即使像马克思主义经典作家在资本主义社会中确认无产者一样去进行确认（事实上，这在社会主义国家是讲不通的，因为它意味着无视所有制形式的差别或将“公有”视作“公无”，使公民都失掉了财产所有权），也是非常困难的。一方面，不拥有生产资料而以出卖劳动为生的，本来就并非只有工人，另一方面，现代文明特别是市场化和商品化已经使依靠出卖劳动谋生者成为人的绝大多数。在今日世界上，从医生、记者、教授到经理、部长、将军，事实上都具有雇佣劳动者的身份，并以出卖自己的劳动获得工资报酬。“无产者”如果包括这些不同的阶层，将使“无产者写作”变得毫无意义。在这种情况下，当然还有一些勉强的区分法：一是区分蓝领和白领，只承认蓝领而不承认白领是工人阶级。但是，那就不如直接称作“蓝领写作”。不过，即使是蓝领，也并不意味着“无产”，我们没有理由因为从事的工种而做“无产者”身份认定。二是区分穷人和富人，把“穷人”等同于“无产者”。但是，那就不如直接称作“穷人写作”或“贫困者写作”，因为我们可以根据收入的多寡画出贫困线，却不能据此确认“有产”或“无产”。

孟繁华说：“这里的‘无产者’不仅指他们的现实身份，他们的资产状况，更重要的是指他们的精神和价值取向，他们作为分散的单个人对无产阶

---

①《现代汉语词典》，商务印书馆1996年。

级文化遗产的某种继承，他们所关注的问题、人群、立场以及情感与无产阶级文化所建立起的历史联系等等。”这种说法很难令人满意。或许孟繁华所要强调的是20年代末成仿吾、冯乃超、李初梨等中国无产阶级文学鼻祖们的见解：“无产阶级文学的作家，不一定要出自无产阶级，而无产阶级的出身者，不一定会产生出无产阶级文学。”[①]然而，对于这种说法，鲁迅在《路》中曾经讽刺说：“上海的文界今年是恭迎无产阶级文学使者，沸沸扬扬，说是要来了。问问黄包车夫，车夫说并未派遣。这车夫的本阶级意识形态不行，早被别阶级弄歪曲了罢。另外有人把握着，但不一定是工人。于是只好在大屋子里寻，在客店里寻，在洋人家里寻，在书铺子里寻，在咖啡馆里寻……”在鲁迅看来，在这些地方寻找出来的无产阶级文学的使者是非常可疑的。回顾20年代到70年代中国文学运动的经验教训，我仍然信服鲁迅的见解：血管里流出来的是血，而水管里流出来的是水。

二

以上的文字大概有点迂，咬文嚼字而未得要领。这一切，也许并非孟繁华所关心的，因为“无产者写作”的提出主旨在于呼唤继承无产阶级的文化遗产。

我同意孟繁华的看法，无产阶级文学是20世纪最为重要的文学现象之一，但在20世纪末却衰弱了。为此，孟繁华反复抱怨说：“在当今的世界舞台上，一个阶级的存在及其意义，已远不如一个金融寡头或高科技超人更重要。因此，当文学家夸大其词地慨叹‘边缘化’的时候，真正处于边缘的无产阶级已经不被作为问题。”“……就20世纪80年代以降的中国文学来说，却走了一条完全相反的道路，向西方学习的热情几乎在所有的文学新潮的文本中奔涌，而无产阶级文学终结之后，那里是否还有值得我们继承的遗产，几乎无人提及。或者说，无产阶级文化在某种意义上已被等同于极‘左’文化或‘文化大革命’时代的文化。这一认同的背后潜隐着新意识形态合法性的维护，它既无须承担任何风险同时又表达了时髦的拒绝姿

①李初梨：《怎样地建设革命文学》，1928年2月15日《文化批判》第2号。

态。另一方面，无产阶级文化经过市场包装之后，又在另一个意义上被空前利用。在文化市场上，‘红色经典’又以奇观的方式被全面展览，它被利用者赚取了大量的剩余价值的同时，又被装扮得怪里怪气，但它同样具有合法性。因此完全可以说，无产阶级文化在它的晚期所招致的悲惨命运，与两种市侩或投机分子对它的‘妖魔化’是有关的。”

这种立论非常稳妥，也很策略，可以立于不败之地。因为在主流文化仍然大写着无产阶级标识的语境中，捍卫所谓“红色经典”和继承无产阶级文化遗产，当然与批判资产阶级意识形态一样能够保证“政治上正确”。同时，如果把无产者理解为下层劳苦大众，也很容易占领一个道德制高点。

然而，一个必须弄清的问题是：无产阶级文学有哪些应该继承的遗产呢？在世界范围内，孟繁华首先提到了《国际歌》。我完全赞成这种看法，如果要寻找无产阶级的文学遗产，人们多会承认《国际歌》的代表性。用当年流行的说法，就是《国际歌》与“样板戏”，甚至这中间是一片空白。但是，正因为它的存在，我们便不难发现20世纪中国那些号称“无产阶级文学”的东西大多有点假冒伪劣。在20世纪的中国，哪些作品真正代表了无产阶级的意识形态？哪些作家曾经真正“为人民、为无产者代言”？20世纪中国的无产阶级文学有哪些遗产已经被丢掉而哪些还是当下文学必须继承？在孟繁华的论述中，许多见解令人难以苟同。

一、在20世纪的中国作家中，孟繁华提到了赵树理，并且把他与高尔基放在一起看作是无产阶级文学“不可替代的楷模”。但是，这种认识是很值得怀疑的，因为赵树理的创作更多表现的是中国农民的意识形态，而不是马克思恩格斯所说的无产阶级的意识形态。他可能是中国农民文学的优秀代表，而不能说是无产阶级文学的代表。

二、孟繁华对“红色经典”被重新包装而推向市场非常恼火，好像这样做是对它的一种亵渎。那么，这些不可亵渎的“红色经典”是什么？考察十多年来的文化市场，可以发现这“红色经典”主要是样板戏和“红太阳颂”等60年代的文化遗产。我不否定样板戏在艺术形式上所达到的高度，但是，只要以《国际歌》为标准去衡量，我们就应该承认，无论是样板戏，还是“红太阳颂”和《金光大道》等，都显然与《国际歌》相去甚远。

三、在强调继承遗产时，孟繁华谈到了无产阶级文学理论。的确，从创造社太阳社开始，到左翼文艺运动，一贯的特色就是运动轰轰烈烈而创作少有货色。因而理论主张不仅更能显示其特色，而且是主要的遗产。然而，同样需要注意的是，从“革命文学”到“‘文革’文学”，一系列的理论给文学实践带来的究竟是什么？毫无疑问，正是这些理论使20世纪中国文学陷入了种种误区。

三

看到题目而未看全文之前，我想不出“无产者写作”指的是什么。一读文章，的确使我吃惊不小。因为该文题目之下的论述对象出乎我的预料。为了理论需要，孟繁华概括出了一个“无产者写作”的群体，而且把摩罗、谢有顺、刘烨园、王开岭等作为主要代表。我很佩服孟繁华的理论勇气，但这种概括毫无疑问是太大胆、太富于想象力了！

问题是“无产者写作”这顶桂冠，对他们中的大多数人都不相称。无论摩罗、谢有顺还是刘烨园、王开岭，都显然并不具备无产者的身份，也不具备既有的无产阶级文艺的那种价值和精神取向。他们缺少对“红色经典”的神圣感，也不是中国无产阶级文化遗产的继承者。在他们身上，无论批判精神，还是理想主义，都并不来自无产阶级文学的遗产，而是恰恰来自无产阶级革命文学运动所一再批判和否定的现代文明精华，来自重新发现的“五四”新文化遗产。因此，孟繁华实在是选错了人，摩罗、刘烨园、王开岭、谢有顺们都没有资格接受这顶桂冠，也未必愿意接受这顶桂冠。事实上，在90年代的中国文坛上，从20年代到70年代的无产阶级革命文化的继承者和代言人并不缺少，而且大有人在，他们的情况并不像孟繁华所描述的那样可怜，而是仍然占据着重要的地位，常常呼风唤雨影响着文学园地的枯荣。摩罗等人即使努力争取，也很难得到他们的认同。

为了证明摩罗等人的无产者身份，孟繁华考察了他们的出身和生活状况，发现他们大都有底层生活的经历。然而，这并不能说明他们的写作就是无产者写作。因为众所周知，从50年代到70年代，中国农民和市民都曾陷入极度的贫困。在如今40岁以上的普通中国人中，哪一个没有饥饿的记忆？就孟繁华论及的作者而言，他们都具有高等学历，并且大多任职于教育和文化部门，属于地道的知识分子阶层。无论如何，把这样一群作家称为“无产者”，是缺乏说服力的。

我们姑且根据孟繁华的定义，不仅看他们的身份和资产，而是主要看他们的精神和价值取向，只要能够自觉地继承无产阶级的文学遗产，就可以认定他们是“无产者”，认定他们的写作是“无产者写作”。然而，即使如此，摩罗、谢有顺等也很难符合孟繁华的理论预设。我们不能不承认，摩罗等人与20世纪中国无产阶级文学遗产或者说“红色经典”相距甚远。正如孟繁华所看到的，对个体价值的坚定的维护是这个群体最显著的特征。但是，这种精神特征恰恰不是无产阶级革命文学的特征。对人格独立的坚守，对个体尊严的维护，是中国的无产阶级革命文学所一贯反对和坚决取缔的。刘烨园、王开岭等人的源头在“五四”新文化和西方现代文明的健康主流，而不是对“五四”文学革命进行再革命的革命文学。他们表现着极强的人道主义精神，对人类苦难抱有深广的悲悯，这种人道主义也正是无产阶级革命文学运动一再扫荡的。在革命文学运动一开始，无产阶级革命文学的倡导者们就坚决反对个人主义和人道主义，坚决反对人格的独立和思想的自由。无产阶级革命文学的倡导者们对鲁迅、胡适等人进行全面的批判，着力之处也是他们的个人主义、人道主义、启蒙精神和自由思想。因此，完全可以说，摩罗等人更多继承的恰恰是无产阶级革命文学所竭力批判和扫荡的东西，而不是以阶级论、集体主义和艺术上的工具主义为特征的革命文学遗产。摩罗、谢有顺、刘烨园、王开岭们的确都具有很强烈的批判精神，但他们的批判精神并不来自无产者的遗产；他们的确都是理想主义者，但他们的理想不源于“红色经典”。他们所热切呼唤的，也很难说是孟繁华所说的“英特纳雄耐尔一定要实现”。

从孟繁华的论述需要看，也许孔庆东是比较理想的案例。因为有孟文所引旷新年的言论为证：“90年代，能够平心静气地为毛泽东说句公道话的人是不多的，而老孔恐怕是这为数不多的人中的一个……这不仅是一种阶级感情（老孔出身于工人阶级家庭，所以对毛泽东不像知识分子那样有着刻骨的‘阶级仇恨’）……”然而，虽然他出身于工人阶级家庭，而且能够为毛泽东说“公道话”，但就“黑马文丛”之一的《47楼207——北大醉侠的浪漫宣言》看，如果是在毛泽东时代，大概难逃被批判的命运。因为它的确不符合无产阶级革命文学的政治标准和艺术标准。

总之，就这个群体而言，是很值得研究的，但是，“无产者写作”的命名却有点与实不符。高举无产阶级革命文学遗产的旗帜收编这支队伍大概并不容易。当然，把他们说成无产者，作者也许另有深意，但据我看来，实在没有必要让他们去争夺这顶身份暧昧的帽子。

四

中国人的心理特别容易恋旧。当前行的路出现坎坷的时候，总是习惯于回头望；当现实中出现问题的时候，总是怀念过去的好时光。但是，却常常忘了一个事实：过去的时光并不美好，所谓“尧天舜日”不过是后人的虚构。

在世纪之交的中国，一方面是由于全球化进程的加快，国际生活和国内生活中都可以感觉到一种“资本主义”的力量，因而反对资本主义的精神资源开始重新受到青睐，甚至闭关锁国的理论行情也已出现反弹。另一方面是由于市场化带来了经济秩序的重新调整，并且由于旧体制的遗留使再分配的过程充满着问题和矛盾，因而再分配过程中的不公正现象成为人们关注的热点。在这样一个背景上，一些人由呼唤现代化转向反思现代化，由推进市场化转向抨击市场化，由批判旧体制转向留恋旧体制。他们重新开始向着过去的时代寻找“自力更生”“鞍钢宪法”“经济民主”之类的资源，不但放松了对“文革”文化复活的警惕性，而且在想象中美化了曾经使中国人陷入贫困和灾难的旧体制，好像它真的存在过什么政治民主和经济民主，好像它真的存在过什么公正和平等！这是当前中国学界出现的一种精神症候。

在这样的时刻，我以为，重要的是不应忘记我们所处的历史位置，不能因为新问题的出现而忘记了旧问题并没有完全解决，不应因为某些理论上的新思路或生活中的新问题而影响理性的选择。面对理想废墟上的游乐者，我们有理由呼唤理想；面对精神荒原上的狂欢者，我们有理由呼唤精神；面对乘改革之机监守自盗者，我们有理由发出断喝。但是，当我们呼唤理想的时候，应该警惕曾经导致全民族陷于贫困的理想死灰复燃；当我们面对物欲横流的世界而呼唤精神和道德的时候，应该警惕“饿死事小，失节事大”的吃人道德借尸还魂；当我们批评社会和文学的种种不良现象时，应该警惕不要回到刚刚走出的死胡同。

一个重要的问题是对时代及其面临主要问题的认识。不少人都把我们生活的这个时代概括为“资本神话的时代”，认为它已被纳入全球一体化的格局。因此，他们努力于抵抗全球化，抵抗所谓资本主义的入侵。这是文学界应该特别警惕的，因为20世纪中国历史的教训证明，搞文学的人容易浅薄，因为他们更容易让激情淹没了理性。应该清楚的是，中国文学所面临的主要危险不是全球化，最可怕的也不是“资本神话”。

就现实问题而言，无论是政治民主还是经济民主，无论是社会平等还是社会公正，都不是靠继承遗产可以解决的。生活中的种种问题根源往往不在别处，而是恰恰在于那些所谓遗产。正是这笔遗产过于沉重，才使今日的改革步履艰难，使现代化的进程如此沉重。新的问题的确需要思考，下层的疾苦的确需要关心，但是，历史上的革命精神并不能解决今日的下岗问题，昨天分浮财的壮举也不是解决今天贫富悬殊问题的良方。而且，无论如何美化过去了的年代，也只能是一个梦境，因为在那“史无前例”的日子里，中国也不曾有过平等与公正，不曾有过政治民主和经济民主。有一个问题需要特别指出：尽管现实中有许多问题，尽管历史并不能保证只有前进而没有后退，但是，“文革”结束之后的中国历史是前进的而不是后退的。因此，无论前行的路上有多少问题，需要的都不是回头看，因为现实的处境并非“回头是岸”。

2000年9月　长春

现代文化基地的守护与重建

一

处于世纪之交，回顾走过的坎坷之途而思考未来的发展之路，是中国思想文化界难得的举动。然而，由于复杂的环境和复杂的资源，众说纷纭也是必然的。对现代性的反思与批判依然此起彼伏，一波接着一波，知识界的又一轮分化又已鲜明呈现，一些根本性的裂纹无法弥合，最终难以达成共识。面对这种现状，我依然顽固地考虑着一个问题：现代文化基地的守护和重建。

我不愿像一些朋友那样过于乐观地奢谈中国现代文化，更不敢奢望在今日中国能够迅速全面地建设现代文化。因为我们虽然张口闭口“中国现代文化”和“中国现代知识分子”，却显然没有认真想一想：中国有多少“现代知识分子”？中国文化中有多少“现代文化”的因素？20世纪中国文化的现代性是不应夸大的。因为百年中国的历史并不是一部现代化顺利行进的历史，也不是承载着现代性的知识分子话语占主导地位或者如有人描述的那样建立了“话语霸权”的历史。20世纪中国文化发展的历程，不是一个现代文化不断发展壮大的过程，而是一个现代文化在各种冲突和挤压中浮沉和挣扎的过程。中国的现代文化在五四新文化运动的辉煌开幕式之后，便很快走上了风雨飘摇之路，现代知识分子经过一场场改造运动，也终于不再“现代”。虽然有80年代的现代性复苏，但结果是有目共睹的：现代文化建设工地转眼间满目荒凉，建设者纷纷撤离另谋高就，甚至回过头来对正在施工的建筑进行解构。在“后现代”的提醒之下，人们似乎已经认定：现代性原来罪大恶极，每一个毛孔里都滴着鲜血，它给中国带来的是灾难和民族文化主体性的丧失。文人们当然要适时换季，迅速地进行自我调整。于是，不仅新老国粹家们祭起“亚洲模式”和“亚洲价值”，开始对现代文化大举反攻，而且曾经高举“五四”旗帜的人们也举起“反省激进主义”的口号节节后退，终于与新老国粹家们握手言欢，把“五四”与“文革”放进了同一口锅里，做成联欢会上的佳肴。于是，知识分子，人的神话，启蒙主义，科学，理性，发展，进化，都与“五四”和“80年代”一道被置于告别之列。被称作“新左派”的人们常常是反对保守主义而标榜全面民主的，但为了保卫他们的革命理想，或者“鞍钢宪法”“自力更生”之类的革命成果，却往往借后现代主义与后殖民主义的理论对现代性施以猛烈的攻击。

所以，20世纪中国现代文化只是汪洋中的岛屿，沙漠中的绿地，而这岛屿一再被波涛所侵蚀，绿地持续面临着沙漠的威胁。

可是，无论前现代的力量多么根深蒂固，无论后现代思潮多么时髦诱人，无论二者合流之后形成多么强大的潮流，对于中国来说，到头来仍然要老老实实地进行现代文化建设。在没有实现现代化之前先“后”它一阵子，结果只是在现代化道路上摆几块石头，延误一些时间，该走的路是一步也省不了的。尽管我们可以很自负地一再设想出各种“多快好省”的超越捷径，死要面子地拒绝成功的模式，但异想天开和不老实的态度给予这个民族的历史教训已经足够了。

那么，为了现代化过程，就有必要珍惜中国既有的现代性资源。为了保存一点现代性资源，清醒的知识分子就不应该只是盲目追随新潮而狂奔，而应该于边缘的荒芜中做一些精神的守护。虽然20世纪中国知识分子的现代性努力收效甚微，但毕竟一代又一代前仆后继地努力过，而且曾经出现过生机，留下了一些精神遗产。

二

十年之前，钱谷融先生曾经对新文化运动发出如此感叹：“当时的先驱者们，是那样的意气风发，斗志昂扬，眼看着在他们的努力下，一个前所未有的伟大时代就要降临到沉睡多年、死气沉沉的中华大地上来了。但不幸的是，由于种种原因，先驱者的努力，并没有能长久持续下去。过了没多久，《新青年》团体就解体了，新文化战线发生了分化，战友们的目标不一致了。五四新文化和新文学运动的灿烂之花，还没有结成丰硕之果，就忽然凋零了。”[①]先生此言说过不久，几乎同样的一幕又在中国重演。80年代一些知识分子因为“文革”的血泊而重新发现了“五四”及其现代文化设计，为此而付出了艰苦的努力。然而，转眼之间，已经是秋风凋碧树。一方面是遮蔽和遗忘，一方面是反思与超越，二者殊途同归，效果非常显著。在20世纪末的中国，“五四”和80年代都已很不光彩。因为其反传统的态度，因为其现代性，因为其启蒙主义，因为其关于人的神话，它不仅受到传统力量的反击，而且受到新潮和后学的扫荡。似乎90年代的新人又一次认识了现代性的资本主义性质和文化殖民色彩，因而就有点出师有名、理直气壮了。

作为与传统异质的现代文化，出现于强大的传统环境之中，必然面对着一次次必然的抵抗和反扑。而且，旧文化的回潮常常以“新”的面目出现。处于这样一种境遇之中，新文化的承载者特别需要坚定的持守，而不是见风使舵，弃阵而逃。遗憾的是20世纪中国知识分子常常忙于奔跑而忘记了必要的守护。一个世纪中，中国文人更多的时间处于浮躁的追潮之中，像黑瞎子掰玉米一样，看到新的就抛弃旧的，最后留在手中的却不一定是有价值的东西。在不断的弃旧迎新过程之中，人们往往只认新的包装而不愿进行质的鉴别，唯新是趋，制造着一场又一场的热闹。如果只是娱乐，那倒没有什么不可。可是，作为民族的精神文化建构，却往往是新事物还没有站稳脚跟，就遭到了否定和超越的时髦炮火。人们往往把现代婴儿学步的蹒跚视作垂暮老人的龙钟之态，匆匆宣判其末日，结果是破坏了现代性的生长。我们用有限的时间在幻觉中走完了西方文化几百年的历程。匆匆忙忙，没有消化的时间。这种匆匆走过的历史是没有质量的。看一看文学和文化的发展历史，我们可以看到一个个新潮迅速推进构成的发展迅速的假象。但它本身是破碎的、残缺不全的、很不健康的。我们能够看到一堆又一堆没有长成就被流产的婴儿，看到一些刚刚出生就因为母亲再次怀孕而营养不良的孩子，看到地

---

①钱谷融：《个性、启蒙、政治》，《社会科学家》1989年第1期。

里种下的庄稼刚刚发芽就被锄掉重新播种。

新潮滚滚应该是值得庆幸的，因为20世纪中国文坛曾经有过死水一潭而容不得任何生机的时期。但是，唯新是趋，匆匆否定也是一种悲剧。更重要的是，由于这种否定之否定，最新的东西往往成了旧势力的援军。它的作用是使新文化腹背受敌而一败涂地。先锋们当然有理由欢呼胜利，但真正的胜利者却往往不是先锋，而是另有东西躲在其背后发出得意的狞笑。

面对历史的教训，我们应该学会在趋新时有所鉴别，在批判中有所守护。

三

面对历史上知识分子话语空间的丧失和这种丧失给现代化带来的损失，我们无法回避对中国知识分子人格弱点的反思。20世纪中国现代性的命运，除了客观环境的制约之外，显然与中国知识分子对现代性信仰和持守的程度有关。回顾20世纪中国知识分子的历史，一个现象是很容易发现的，那就是一些知识分子对自身曾经做出的现代性选择的背离。这种背离常常是在“反思”“超越”“自我调整”的口号下进行的，而且往往与之伴随的是对知识分子自身的消解和对现代文化建设工地的爆破。20年代的创造社、太阳社对鲁迅、胡适和“五四”新文化的清算，90年代一些人对80年代知识分子及其启蒙立场、主体性话语的清算，其情形极为相似。

20世纪中国知识分子之所以一再出现这种大面积背叛的现象，原因当然比较复杂，但主要的问题大概在于知识分子的大多数没有完成人格的现代转化，没有实现人格的真正独立，更没有获得现代知识分子的精神品格。

那些从“五四”立场上迅速退下来的人，那些追风弄潮又四处寻求依附的人，那些今天是叛逆而明天就成了惩罚叛逆的打手的人，虽然也往往被称作“现代知识分子”，但事实上并不具备现代知识分子的精神品格。但不幸的是，正是这样一些文人以极大的能量影响了大半个世纪文化发展的历史。

值得注意的是，在知识分子丧失自我的过程中，一些文人竟然是那样自觉，那样自愿，积极主动，兴高采烈。他们嘲弄知识分子的时候俨然是局外人。他们批判自我的时候好像批判的并不是他自己。看一看20世纪中国知识分子那些自我改造和自我否定的文章，真是让人感慨万端。当然，谈到这个内容，我们应该宽容地考虑到外在因素的影响，理解他们中的一些人作为现实的人的种种无奈。但是，需要注意的是，从20年代末放弃自己话语而充当留声机器的喊叫，到40年代对知识分子独立人格和启蒙精神的声讨，再到50年代的知识分子改造运动，一次次导致知识分子主体价值失落的悲剧事件，开始时并不都是由于国家权威的压力，而是一些文人自身出于种种动机而做出的选择。许多最终使知识分子和现代文化陷落的口号都是文人自己首先提出来的。

之所以如此，只能说是现代人格的欠缺。由于现代人格的欠缺，他们在反抗一种权威的同时必然去依附另一种权威，告别国家权威话语之后就只有走向民间话语立场，在民间却又会依附新的权威。中国文人很善于顺时应势，调整自己。这种灵活性可能与长期的专制主义统治有关，与中国文人在漫长的历史上一直需要看统治者的眼色吃饭有关。这种灵活性使20世纪中国作家和学者暴露了很不光彩的一面：无操守，无恒心，容易摇摆而不能坚守；东风中西倒，西风中东歪，审时度势，却总是为潮流所裹挟。这就极大地影响了精神生产的质量，影响了现代文化的发展。

生活于20世纪的中国知识分子有很强的民族忧患意识，当民族面临危机的时候无法在书斋里当看客，这不应该被否定。他们对劳苦大众有深厚的同情，当民众处于苦难之中时无法闭上自己的眼睛而悠然于花间月下，这也不应该被否定。但是，我们不得不承认，我们常常暴露着目光的短浅。深切地关心着民族命运和大众的疾苦，却认识不清什么是民族和大众的根本利益。所以，一旦什么力量以民族或大众的名义发出传唤，就不考虑它将导致什么样的后果，不怀疑传唤者的动机和能力，而立即放弃现代化理想，甚至把自身放上祭坛。

回顾20世纪中国知识分子走过的路，工农崇拜，大众崇拜，是非常可怕的。中国知识分子是软弱的，缺少独立人格，很难在孤独中奋斗。由于软弱，就很容易伤感，颓废，发出各种叹息和呻吟。由于软弱，就特别需要依靠，希望找到权威力量的支持或者得到民间社会的庇护。由于软弱，总是害怕孤独的持守和长期的艰苦奋斗，特别钟情于根本的解决，梦想一蹴而就，一劳永逸。正因为这样，一旦发现一种可以依靠的力量，就很容易兴奋地跑上前去积极地加入，投身其中而不考虑自身及其使命是否被吞没。面对百年中国文化历程，我们不能不看到，中国知识分子的最大弱点是太不自信，太不坚强，太容易追随潮流而改变自己，太缺少对自己选定价值的持守。这一切告诉我们，中国知识分子人格的现代性转化仍然是一个值得高度重视的问题。

四

由于种种原因，20世纪中国的现代文化建设总是断断续续，经历的不是历史进化的正常过程。这种非正常进程造成了精神承传的严重断裂，破坏了青年一代必定胜过老年一代的正常规律，甚至导致了某种“代际退化”现象。

王晓明曾经一再叹息“整整几代人精神素质的持续恶化”。这种关于中国文化的神圣忧思绝非无病呻吟。需要接着思考的是，为什么会出现精神素质的持续恶化？这当然不是一个可以简单回答的问题，但一些方面是明显的，值得我们思考。

实事求是地说，中国的知识分子并不懒惰，一百年中并不是没有出现思想者，也不是没有达到某种精神高度。非常可惜的是，探索的成果往往得不到承传，珍贵的收获往往被掩埋于地下。一次次精神的出征，结果都往往是无奈地溃退。呐喊过后是死寂，激情过后是遗忘，生机转眼化为荒芜。春去秋来，潮起潮落，前一代人艰难的探索的脚印被风沙埋没；后一代再次出发，一切都从零重新开始。尽管历史呈现着前仆后继的悲壮景观，这“前仆后继”却往往只是一次次简单的重复。当1957年的青年探索者高喊“五四”精神的时候，他们在多大程度上了解陈独秀、胡适和鲁迅？当1978年在“文革”废墟上崛起的一代人开始痛苦思考的时候，有多少人能知道50年代的探索者已经达到的高度？从文学和学术上看，30年代文学巨匠的后继者何在？40年代学术大师们的衣钵授予了哪些弟子？对于20世纪末的青年来说，“五四”不过是一个片面而抽象的概念，“文革”只是一个朦胧的传说，甚至80年代知识分子的思考和探索，虽然刚刚过去十年，却也已经是一片茫然。正因为这样，新生代作家和新生代学人往往与国外汉学界一样，许多研究都建立在不可靠的基本知识之上。这种精神承传的断裂长期影响着文化的发展。

一个现象是值得注意的：“文革”结束之后的文坛和学界可谓人才辈

出，但如果认真考察，就会发现在那些有人迅速成长的地方，往往存在私淑式承传。就文学研究界而言，因为有王瑶等先生的存在，北京大学才有几个年轻学者获得了高起点；因为有徐中玉、钱谷融等先生的存在，华东师范大学才有青年学者在80年代成群地脱颖而出。国内大学可谓多矣，有些学校为什么如不毛之地？原因不是别的，因为那些青年学子要穿透教科书的蔽障就不知要付出多少时间和精力，许多人苦读几十年，终因不能穿透那层窗户纸而停在了门外。

在传播工具高度现代化的时代，知识传播仍然依靠手工业时代的授徒方式，无疑是可悲的。但是，历史却应该感谢这种方式，因为20世纪中国曾经连一些基本知识都得不到传播，经过大嗓门传播的往往是伪知识。当写进教科书的知识因为适应某种需要而改写或遮蔽得极不可靠的时候，手工业时代的传授方式也是可贵的。因为那些先生毕竟保留了几粒现代性的种子。历史应该感谢这些现代文化的守护者，尽管他们往往像大火过后的树桩，即使春天到来之后也仍然没有红硕的花朵，甚至连叶子也没长出多少，但是，在他们的周围，却长出了几丛新绿。

从这个意义上说，20世纪末一些知识分子的努力是可贵的。这不仅表现在张中晓、顾准等一系列现代文化遗产的发现，而且表现于一些中青年学人的寻找和追求。钱理群关注精神的承传，并且坚决“拒绝遗忘”；陈平原重建现代学统，并且注目于现代大学教育；夏中义一个个拜谒先贤，对20世纪最有代表性的一些知识分子进行了严厉的诘问；王晓明怀抱沉重的文化忧患，执着地寻思人文精神；谢泳一再述说“文人旧事”“教授当年”“西南联大与中国现代知识分子”……他们自觉地承担着现代文化的使命，坚守现代知识分子的立场，去蔽钩沉，清理着一片片现代文化的基地。我想，有这样一种守护，即使被四面围困，也不至于全面陆沉，落一个集体遗忘和“白茫茫大地真干净”的结局。

2000年10月　长春

如何反思80年代?

在近几年的中国当代文学研究中，“反思80年代”成为一个热点。从某种意义上说，这应该是一个好现象，因为反思是一种必要的矫正机制，文学创作与研究若要健康发展，就应该有不断的回顾与反思。然而，近几年的反思出现了一些新的现象，却常常令人疑惑，而且不能不认真思考、严肃对待了。

一、谨防为“文革”招魂

自从80年代文学匆忙收场之后，就一直存在着一种以反思的名义否定80年代文学的现象。在近几年对80年代的反思中，这种现象可以说愈演愈烈。而且，在其本来相当老化的队伍中，增加了一支新生的力量，正在以新的武器对80年代的文学与文化进行着否定。80年代的文学并非神圣，当然可以否定。而且，作为刚刚从禁锢中解放出来的文学，它的起点很低，水平不高，作家们认识生活的能力和表现生活的技巧都存在许多局限。但值得注意的是，眼下的否定者似乎对这些缺点不感兴趣，而是集中力量否定80年代文学对“文革”的否定。与此同时，则努力寻找资源，试图重新建构那段历史的正面形象。这种现象在当今文坛上虽然还不占主流地位，但在某些刊物、某些院校所掀起的，却不只是“杯水风波”。

在反思80年代文学的旗帜下，一些人开始质疑80年代文学的真实性。他们认为80年代的文学服务于新的意识形态建构和社会转型的需要，把

“文革”十年描写得一团昏暗，结果是歪曲了历史。他们认为“文革”结束后“伤痕文学”和“反思文学”等潮流中出现的作品对生活的反映并不真实。比如《班主任》《伤痕》《在小河那边》《我应该怎么办》等作品，包括《冬天里的春天》和《芙蓉镇》等，都是想象和虚构的结果，并非生活的真实反映。所谓不真实，是那个时代的悲剧性被这些作品夸大了。在一些人看来，“文革”期间受冲击的主要是走资派干部和知识分子，而工农大众的社会地位和日常生活并未受到多少影响。所谓悲剧，所谓伤痕，只属于一少部分人，而伤痕文学与反思文学以这一少部分人的目光观察和表现生活，却把结论强加给那个时代，把生活描写得一片昏暗。

与此同时，这种批评还涉及评价生活的尺度问题。几年之前，就有人批评张一弓的《犯人李铜钟的故事》，认为像李铜钟那样的人物，无论什么时候都应该是犯人，违反党纪国法，理应受到惩处，小说不应该把他写成英雄。现在，这种思维已经被不少人接受，并且扩展开来，对一系列作品进行重新评价。比如，有人认为刘心武的《班主任》不应该将谢惠敏那样的思想品德放在被质疑和否定的位置上；有人认为高晓声笔下的李顺大和陈奂生并不能代表那个时代的农民；有人认为古华对胡玉音与王秋赫的处理在情感倾向上是有问题的……总之，大量作品的“拨乱反正”都过了头，否定了不该否定的，肯定了不该肯定的，甚至使一些美好的东西和崇高的情感受到批判，使穷苦大众不再受到同情，从而颠覆了中国当代文学的传统。

一些人指责1980年代文学对极“左”政治的批判，对“专制主义”“新蒙昧主义”和“现代迷信”等指认不以为然。因为在他们看来，“文革”是一场现代化运动，当时的领导人对现代化的追求并不亚于后人。他们认为“文革”的意识形态是一种“反现代性的现代性”，所谓“反现代性”，也就是反对西方资本主义现代性，所以，所谓“反现代性的现代性”，就是探索不同于西方的现代化道路。因此，80年代把“文革”称为“浩劫”，称作“噩梦”，看作“封建主义”和“蒙昧主义”，是很不应该的。

在对80年代的反思中，不少人对“20世纪中国文学”的提出和“重写文学史”的努力进行了批评，认为这是一个颠覆的过程，也是一个取代的过程。在他们看来，“20世纪中国文学”的提出是要把一个资产阶级现代性的叙事硬套在中国现代史的头上，用资本主义的现代性来驯服中国现代历史。

“重写文学史”看上去是反对政治标准而强调文学性，实际上却明显地受到政治的规划，具有政治实践的意义，因为它显然排斥左翼文学实践和不同的现代性。

在指责80年代文学的同时，一些人试图重新肯定“文革”十年和此前十七年的文学。也许与“红色经典”的热炒有关，在一些人看来，从《三里湾》《创业史》《艳阳天》直至《牛田洋》《虹南作战史》和《金光大道》，都应该在文学史上占有更为重要的地位。因为这些作品塑造了工农兵的新人形象，承载着永远向前的革命斗志，传达着工农大众对美好生活的向往，代表着一个时代人民的理想境界和追求。

总之，好像80年代的文学歪曲了历史，颠倒了是非，而今天则应该把被颠倒的一切重新颠倒过来。

面对这样的反思，我只想对那些立场并不坚定的年轻追随者进一言：“文革”时期和改革时期，两个时期及其文化孰优孰劣，应该有一个基本判断。如果不是经过深思熟虑而认定“文革”时期胜过改革时期，如果不是经过认真比较而选择了“文革”文学，就应该警惕被某些时髦学说引入为“文革”招魂的行列。

二、回到“五四”，过错何在?

一些人批判80年代的文学，是把它与“五四”绑在一起进行的。其重要的理由，是80年代重新走上了“五四”之路。

应该承认，这种指控基本属实，因为在结束“文革”进入80年代之际，人们要告别一种旧话语而创造一种新话语，必然要借助一些资源。面对20世纪中国的历史，他们选择了“五四”，并且特别青睐于启蒙，他们高喊着“回归‘五四’”“回到鲁迅那里去”的口号，重新发现了“五四”的理想，接续了中断已久的启蒙运动。我一直不赞同把80年代等同于“五四”，因为背景条件大不相同，80年代不可能完全重复“五四”的道路。但是，它在某些方面、在某种程度上重新走上“五四”的道路，重拾“五四”的启蒙理想，重新批判专制与蒙昧，这大概是无法否认的事实。

那么，“五四”与80年代究竟错在哪里?

在一些人的反思中，“五四”与80年代的共同过错首先是对西方现代性规范的接受。他们认为，“五四”不仅提供了一套来自西方的关于民主、科学和人权的理想，而且提供了一个规范中国历史走向的坐标。这个坐标的特点是：在传统/现代的二元对立格局中，将批判传统作为现代化的基本前提；在中国/西方的二元对立格局中，将西方视为现代性的唯一规范。也就是说，“五四”是主张西化的，而所谓西化，又以资本主义现代性为模式。而80年代所借重的，正是“五四”的这一传统。在80年代，新与旧，对应于现代与非现代，并且被赋予文明与愚昧的价值内涵。在这种二元对立格局中，“文革”成了反面形象，代表着与民主、科学和文明相对立的专制、迷信和野蛮。80年代完全接受了这样一套西方话语，而没有注意到它所包含的话语霸权与地缘政治。

在一些人的反思中，“五四”与80年代另一个错误表现于“国民性”话语。正是在传统/现代的框架中，80年代重新启用了“五四”的“国民性”话语。这也是一个基本事实，问题在于对这种话语的解释和评价。在一些人看来，批判国民性是一个现代性神话，鲁迅对阿Q的态度，高晓声对陈奂生的态度，都是有问题的。因为国民性话语不仅表现了知识分子居高临下的启蒙心态和对农民大众的蔑视，对于80年代文学而言，还颠覆了“工农兵文艺”中农民的主体地位。更为重要的是，在“国民性”话语的背后，事实上是一个西方他者的目光。有人为此而批判“五四”和80年代知识分子“崇洋媚外”“甘于臣服”，有人则为他们“看不起大众”而义愤填膺。

对此，需要注意的是：80年代之所以重提“五四”的任务，是因为人们发现那些任务没有完成；之所以重提“五四”的口号，是因为那些口号正是我们急需的。无论那段历史是现代性也罢，是反现代性也罢，或者是“反现代性的现代性”也罢，难道不需要反思与批判吗？呼唤人情、人性、人道主义，大概决不是无病呻吟；重新走上探讨国民性的道路，同样不是无事生非。80年代的文学改革者的确没有想到抵抗西方话语，也没有害怕他者化，更没有致力于抵抗文化侵略。因为在他们看来，这一切相比之下都不重要。他们所面临的当务之急，是摆脱“文革”遗留的文化状态。而且，包括反对自由化、反对全盘西化、防止和平演变，都是权威意识形态一直在做的。如果说他们有错，那就是没有很好地给予配合。

在一些人的反思中，受到质疑和批判的还有人情、人性、人道主义和主体性等。那些言论，对我们这些过来人而言，大多似曾相识，因为我们在80年代的批判文章中，在改革开放之前的批判文章中，大多已经见过，所以在此不赘。但令人困惑不解的是，一些在前几年还酷爱自由、张扬个性的年轻人，现在竟也竭力批判主体性、“五四”、启蒙和人道主义了。好像反抗对人的压抑和扭曲都是不应该的，好像反对社会对个人的剥夺、强调个人的自由、尊严和权利，都是不可原谅的错误。可是，这有什么错呢？答案往往就是简单的一句话：那是西方话语。那么，坚持中国自己的话语，压抑人性、践踏人的价值与尊严，剥夺人的权利，就是天经地义的吗？

现在那些反思80年代的文章，如果放在80年代，人们会轻易地断定它来自反改革的保守阵营，但在今天，它却常常是出自年轻学人之手。文学，真的也是“三十年河东，三十年河西”吗？我真希望这只是后现代的游戏。

20世纪不是一个辉煌的世纪，因为它不仅给人类带来了太多的灾难，而且破坏了人类的自信，破坏了人类通过长期奋斗而建立的一些基本价值。但20世纪也不是一个令人沮丧的世纪，在世界范围内，毕竟邪不压正，大多数破坏力量都以失败告终。在中国，20世纪经历了许多灾难，却也留下了一些财富，其中最珍贵的精神遗产，就在“五四”和80年代。反思“五四”也罢，反思80年代也罢，只要不是别有用心，就应该在反思与批判的同时，知道爱惜那些遗产。

三、“世界体系论”：一种时尚理论

1980年代知识分子的现代性努力之所以受到质疑，源自一些时尚理论。

在质疑者的理论资源中，“后殖民理论”和“第三世界文化理论”是众所周知的，有识者自然深知它本身以及在中国的流行是怎么回事，所以在此不论。在此需要特别提及的，是在后殖民理论和第三世界文化理论之后，还有一种日益走红的“世界体系论”。这种理论的关键在于提供了一种新的思路：一个国家和地区的落后，原因并不在于自身，而在于国际关系的不平等，在于帝国主义的殖民侵略。这种思路把人们的目光从对本土问题的思索引向对国际关系问题的思考，把人们对本国制度问题及其国内不平等关系的批判引向对世界体系问题及其国际事务中不平等关系的批判。它可用于强化民族意识和增强民族凝聚力，可用于抵抗西方中心话语，也可用于为本国的旧体制和旧文化开脱，而且，把自己落后的责任归之于国外。对许多人来说，它都是一种解脱的力量。然而，这种理论对于落后国家和地区的人民来说，却并非福音，因为它只是有利于为本国体制推脱责任，却不能解决任何问题，结果只能是自欺欺人。

在中国，“依附/世界体系论”最先引人注目，是在进入90年代之际。过来人都该记忆犹新，影响最大的是何新与日本学者矢吹晋的对话，接着是几家刊物连续介绍沃勒斯坦等人的学说。其实，对于中国人来说，这算不得什么新东西。因为中国一直都是这样强调的，人们早已习惯于把中国落后的原因归于帝国主义的侵略。

现在，它成了一种常见的思路。沿着这种思路，1980年代中国知识分子对极“左”政治的揭露、对专制主义的批判、对传统文化的反思，都是错误的，五四新文化运动对传统的批判和对个人自由的呼唤也是错误的，因为无论“五四”还是80年代，都“陷入了现代化意识形态的陷阱”；轻易接受了西方模式，以为自由、民主、平等、人权都是值得追求的东西，而没有认识到那是帝国主义侵略的阴谋。按照这种逻辑，1950年代到1970年代中国的“自力更生”路线才是正确的，对发达国家关起门来、与第三世界携起手来反帝反修才是光明的出路。在1980年代中国知识分子看来，那种闭关锁国的方针是使中国经济落后的主要原因，导致了中国的进一步落后，产生了被开除球籍的危险。但在这种新思路之下，它却成了摆脱帝国主义的束缚和影响，独立发展的光明道路。正因为这样，一些人从对现代化没有固定模式、现代性是一个不确定的概念的强调，从对现代性的反思，最后终于走向了他们的目标：以“文革”为标志的模式也是一种现代化模式，是一种合理的现代化探索，不能被排除在现代之外。在这种理论引导之下，必然不愿承认进入全球化市场是成功之路，反对加入世贸组织，也不愿承认“文革”模式的失败。

正因为这样，80年代文学对“文革”灾难的揭露、对极“左”政治的反思、对改革开放的肯定，以及对土地承包和农民富裕起来的歌唱，都是他们无法容忍的。

这个问题之所以重要，在于它涉及如何评价那段历史，同时也涉及评价历史的尺度。

四、批判“线性历史观”：一种新的思路

作为后发达国家的学人，把落后的原因归之于国际事务中的不平等关系，虽然有点没出息，但这种思路仍然比较老实。因为它虽然把落后的责任推给外国，却还承认自身落后这一事实。

一些人就不愿那么老实，要寻找更有力量的思想资源。也算是功夫不负有心人吧！经过多年的努力，他们终于找到了更容易解决问题的武器。在对现代性的批判中，这种武器的杀伤力不大，但解决问题很彻底。这种武器就是批判“线性历史观”。它也是一种新的思路：不仅要反对西方话语霸权、彻底批判启蒙话语，还要批判发展、进步和线性历史观。

在一些人的眼里，后发达国家现代化的过程是一个被殖民化的过程，是一个臣属或他者化的过程。他们认定启蒙话语是殖民主义的工具，启蒙知识分子是文化买办。他们关心的不是现代性的获得，而是现代化过程中民族文化主体性或本真性的保存。如果仅仅是这样，他们是文化保守主义。这种文化保守主义从一百年前就存在，现在更后继有人。但一些人对此并不认同，他们不赞同海外新儒家，也不赞同国内的蒋庆等人，也不接受李泽厚等人的保守主义。因为这些人虽然主张各不相同，但思维还没有超出一个大框子，即对问题的思考还是在一个共同的历史观之下进行的。在一些人看来，像新儒家那样苦苦论证儒学与现代化并不矛盾，真是笨到家了，而且仍然接受了现代化的尺度。他们不会这么笨，不仅要拒绝西方的发展模式，而且要批判现代性的思维方式，这就要否定线性历史观。

任何人都应该承认，这一手的确厉害，一下子抓住了解决一切问题的关键。因为正是线性历史观提供了一种模式，把历史看作一个不断发展进步的过程，而且分为若干阶段（比如前现代、现代、后现代，比如奴隶主义、封建主义、资本主义），这些不同的阶段显示着文明发展的不同程度。正是在这个历史发展的线性模式上，中国被安放在了一个落后的位置，似乎远远不如欧美进步。只要承认这个模式，中国人在现代化进程中就是后起的，就不

是与欧美国家并驾齐驱的。可是，只要扫荡了线性历史观，只要不承认那个线性历史观所形成的历史发展模式，情况就会大不相同。因此，一些人极力主张以空间代替时间。换句话说，也就是要把历史发展不同阶段上的东西都置于同一个平面，而且使人们只有空间意识而没有时间意识。这样，也就自然不存在进步与落后、先发达与后发达等一系列问题。于是，落后者不再落后，先进者也不再先进，新者不新，旧者不旧，谁也无须向谁学习，更无须改变自己的现状。

这的确是抓住了根本，一下子就可以从根本上解决问题。

然而，这样做的后果是什么？最终对自己是否有利，大概无须多说。

第四辑

也说“评论自由”

——在1985年山东省当代文学研究会年会上的发言

与“创作自由”一样，“评论自由”也成为最近热闹的话题。相比之下，批评自由可能要比创作自由更困难，因为创作依靠形象说话，表达可以是象征性的，比较含蓄的；而批评是一种理论表述，要求语义明确。但是，正如创作自由不能只是简单地理解为摆脱外在限制一样，评论自由的推进也不能只是着眼于外部。

一些问题不是批评家所能解决的；也有一些问题是需要批评家自己解决的。在既有的条件下，我认为应该更多地考虑我们自身，考虑我们自己可能解决的问题。我想谈的，是以下几点粗浅的想法：

一、从主观和客观两个层面思考问题，评论自由可以分为内部的自由和外部的自由。政治上的横加干涉或不再横加干涉，只是影响外部自由的部分因素。外部的自由当然很重要，过去几十年，我们一直难以获得，所以批评难以正常发展。三中全会以后，我们才逐步拓展了这条路。刚刚过去的这段时间的情况众所周知，虽然道路仍然是曲折的，春天里也有阵阵冷风，但毕竟是春天里的冷风，结果不会是带来冬天，即使它使得前进的风帆一时停止，甚至倒退，那倒退的幅度也远远无法与前进的幅度相比。不是吗？“创作自由”，“评论自由”，这些口号终于提出了。这是文学事业的福音，来之不易。来之不易，就应知道珍惜。批评不仅已经“游刃有余”，而且可以不必时时谨慎于庖丁之道。但是，我们不应以此为满足，珍惜评论自由这一成果的最好方式，是巩固和拓展评论自由的空间。对于艺术，对于人类文明，开拓精神是永远需要的，它什么时候都不会过时，没有开拓就没有创造，就没有进步。所以我们在来之不易的批评自由的新空间里，应该更进一步地建设这个空间。我们的道路刚刚开拓，它还不是那么宽，还不是那么坚实，还有荆棘之根深植于地下，还有各种坎坷和绊脚石堆积于地上，我们如果不去踩，各种荆棘和藤蔓就随时都有“侵古道”的可能。一句话，对于外部的自由，要珍惜已经获得的空间，不断地巩固和开拓。

二、外部的自由也不仅仅来源于政治。由于多年来不自由的原因主要来源于政治，所以在讨论问题时大家主要思考的是评论自由与政治的关系。其实，在政治的限制减弱或消失之后，我们就会发现，影响评论自由的因素还有很多。比如，评论家与团体的关系问题，评论家与作家的关系问题，都会影响评论自由的实现。对于本地作家，从本地作协领导到本地刊物，都会自觉不自觉地施加着影响。如果评论家没有一个比较强大的自我，就无法真正体现批评的主体性，也就谈不到批评的自由。批评家与作家的关系，会影响批评家说真话的程度。人情和应酬，都影响着评论自由。这个问题已经严重存在，对于身边的作家只说赞美的话而不说批评的话，连真诚都没有，说违心话，谈什么评论自由？

三、目前看来，更切实的问题是内部自由的获得。在一些人看来，似乎是放宽了就行。其实不是这样。如果没有内心的自我解放和一个解放了的强大自我，批评的健康发展是不可想象的。一个作茧自缚的人，一个沉睡不醒的人，一个离开了枷锁就手脚无所适从的人，一个因为某种关系而牺牲人格操守的人，怎么可能具有真正的开拓力！

内部自由的获得需要批评家开拓思维空间和更新思想观念。我们的生活中不乏这样的现象：几年前思想解放的先驱，今天已经成了九斤老太；批“左”的斗士在挥汗如雨地战斗，手中的武器却依然打着“左”的印记；“文革”时代早已过去，有人却动不动就要进行政治大批判……原因何在？仔细想一想，一些人并非有意与前进的历史为敌，他们也许还真有一片好心或苦心，但他们那么做了。为什么？是长期形成的思想观念和思维习惯在发挥着作用，支配着他们的行为。新时期文学的很多争论，分歧都在这里。所以常常是争来争去谁也说服不了谁，因为双方使用的根本不是同一本词典。有人喜欢用习惯了的尺子去衡量一切新的探索，只对作品摇头，却从来不怀疑自己手里的尺子是否正确、量法是否有问题。他们习惯了用一种模式去思考问题，用一种永恒不变的观念去判断是非，却不知道想一想那种观念是不是自己自觉的选择。本来世界是复杂的，是多侧面的，认识世界的途径也千万条，每一种途径都有自己的长处，但每一种途径也往往都有它的短处。每一种思想体系都有排他性，都努力把自身说成绝对真理，但是，对于一个知识分子来说，不应该对任何一种学说以迷信的态度对待。特别是在今天，四面八方的道路已经打开，但"老马识途"的现象仍然是一种常见的现象。愚民教育的最大危害就在这里，使你的思想僵化在既定的路线上，不需要用鞭子驱赶，你就会乖乖地走向他所预期的目的地。思想家的脖子上套了锁链并非悲剧，真正的悲剧是精神上套了无形的枷锁，失掉了思想能力而不自知！

当然，我并不一般地否定思维模式，离开了模式就无法思维，我所要强调的是，我们应该对自己过去的僵化的思维模式有足够的警惕，警惕它成为枷锁。因为必须清楚，应该是人去占有一种思维模式或思想观念，而不是让观念或者思维模式来占有人。人类只有在不断地占有和不断地扬弃中才能前进。内心自由的本质就是对观念和思维模式的自觉选择，自觉选择就意味着不断地占有和扬弃，我们必须善于不断地更新自我，只有自我的不断更新，才能适应已经具备的自由环境，才能不辜负这来之不易的自由，我们的批评才有希望。

1985年7月　微山湖

批评的独立与尊严

文学批评必须有它的独立与尊严，而不应该是创作的附属物（或者像有人说的，是寄生于创作的“吃作家”的寄生物）。文学批评的对象当然是文学，是作家、作品、创作现象，但值得指出的是，批评的主体是批评而非批评的对象。严格地说，批评的对象只是批评家阐发自己的思想观点的媒介，旨在引导作家创作的文章是如此，旨在帮助读者阅读的文章也是如此。每一个批评家都不可能对所有的作品和文学现象做出评判。他之所以选择某一个，往往因为这个对象吻合了他的思想或者与他的思想相悖。也就是说，为他提供了话题。那些思想离开了批评的对象也是可以以其他论文形式公之于世的，它的生命并不依附于创作。批评家与作家是平等的，批评家没有权力向作家发号施令，却也不应该从属于作家。与作家交朋友，了解作家，对于理解作家作品是非常有益的，但并非是必须的。作家靠作品说话，作品一经发表就成为一种客观存在，批评家应该主要依据作品提供的客观存在去进行批评，而不应该更多地受作家自己的解释。况且，作家自己对其作品的内涵未必有清醒的认识，对他自己的作品的价值未必有准确的估价。

批评要树立自身的独立与尊严，必须摆脱它的附庸地位。作为一个批评家，至少应该在以下几重关系中保持自身的独立性：一、不做政治的附庸；二、不做作家的附庸；三、不做读者的附庸；四、不做经典理论的附庸。当然，这很困难，但文学批评要想获得自身的独立，却必须在这几种关系中保持自身的独立。文学批评当然离不开政治和经典理论。但它却绝不能亦步亦趋地跟着转。批评家应该在理论上有自己的见解，获得一种理论的独立性，没有必要一定要言必称秦汉，更不应该一手拿了经典理论，一手抓来批评对象，进行简单的比较和取舍。这样的批评实在要不得了，因为那不是你在进行批评活动，而是经典理论家在进行批评，当然没有你自己的批评位置。古今中外，从刘勰到王国维，从亚里士多德到黑格尔，还有现代那么多的大家，都在理论上有所建树，可是，批评家有什么义务一定要为过去的理论进行论证呢？论证和注释工作虽然需要，但是，文学和整个社会的发展要求我们不能再安于解释和印证经典，而是要勇敢地发展与创造，任何经典和权威都只是历史为你铺下的垫脚石，时刻也不要忘记，时代在期待着你向前跨出一步。

文学批评应该有鲜明的个性与独特的风格。读一篇百分之百正确却是人云亦云的文章，远不如读一篇有谬误也有真知灼见的文章。靠别人定调子，靠眼睛看风向，靠打听小道消息而写文章，那样的时代应该过去了。批评家要有表现自己的思想、感情和趣味的勇气。不要总是害怕树叶掉下来砸破头，更不应该老是自己吓自己。没有自我就没有批评个性，没有批评个性就没有批评的繁荣和发展。

文学批评不必回避主观性。它是无法回避的，没有谁的见解能够纯客观，因此也没有必要貌似公允。不必吞吞吐吐担心自己的见解不正确。批评是科学，在科学面前很难说谁有绝对正确的结论。在努力接近真理的途中，不容争辩的结论如果存在，只说明学术空气的窒息或者是一代学者的懒惰与麻木。

文学批评不必回避尖锐。有人把尖锐的批评称为“打棍子”，这是不应该的。正常的批评不可能是打棍子。因为真正的文学批评家手里没有棍子。棍子的来源是政治，是权力，它与真正的文学批评无涉。由于我们多年的批评都是政治性的，政治讲究分寸，讲究用语的轻重，就像给人做什么结论。那种来自政治的批评当然很厉害，可以把人送进监狱，可以置一个作家于死地。可是，真正的文学批评没有那样的力量。因为无论你的文章写得如何尖锐，被批评者都可以置之不理，而且可以反驳。大家都是平等的，谁也伤害不了谁。文学需要尖锐的批评和尖锐的反批评。只有这样，才能争得起来鸣得响，才有百家争鸣。否则，大家都是谦谦君子，模棱两可，如何展开深入的争鸣？

1985年8月　曲阜

当前文学批评的使命

关于文学批评的任务，我们似乎历来都很清楚。如果极简单地说，好像就是：繁荣创作，发展理论。当然，还包括帮助读者阅读。

然而，作为今日中国的文学批评家，仅仅做到这些是不够的。文学批评除了完成上述使命之外，还应该在更广阔的领域里展开与作家、与读者、与生活的对话，通过文学批评推进人的解放和人性的完善，具体到中国的现实，就要为中国社会的现代化进程承担一点应尽的义务，发挥一点作用。

目前，我国正在经历着现代化的历史进程。现代化是人类文明史的一个概念。因此，它决不仅仅是物质文明，更不可能是可以用数字一个两个去数的。它是包括经济结构、政治结构和意识形态等许多因素在内的一个系统工程。一个社会的内部，政治、经济、文化这三重因素必须平衡和谐，社会才能保持稳定而不动荡和危机四伏。从历史上看，我国近代文化选择了一条曲折而独特的发展道路，农业文明所产生的文化传统在近代文明的发展中没有得到应有的扬弃和改造。因此，它无法很好地适应现代化的要求，其消极因素不可避免地要与现代化的要求发生冲突。随着现代化要求的日益强烈，这种冲突已经明显地表现了出来，而且日渐尖锐。如建立网络型社会结构的要求与传统文化大一统观念的冲突，平等原则与贵贱等级原则的冲突，法治要求与人治传统的冲突，民主制度与家长观念的冲突，个性的全面发展与共性至上的群体原则的冲突，开放与封闭的冲突，竞争与中庸信条的冲突，物质利益原则与伦理中心原则的冲突，等等，都是这种冲突的直接反映。

这些冲突形成当前社会意识形态领域尖锐而又复杂的矛盾，带有鲜明的东西方文化冲突的色彩。但在实质上，是“五四”前夕已经开始的旧文明与现代文明两大文明体系的冲突。对其双方的优劣与利害，从严复到鲁迅都已有过论断。今天，“五四”时期没有完成也不可能完成的历史任务又重新提上了中华民族的议事日程。当然，我们的传统文化不乏灿烂的瑰宝，但也没有任何理由自大，更没有必要去死抱那“道德文明第一”或者什么光荣无比的祖宗牌位。我们应该看到传统文化中那些已经不适应的部分至今影响着我们民族的心理素质，阻碍着我们的发展和进步。有些东西是很明显的，如价值观念形态的“重志轻功”“重名轻实”不仅与讲究经济效益相悖谬，而且极易导致像“四人帮”那样不惜以国贫民穷去换取一个毫无意义的所谓“共产主义”牌子；自由观方面由老庄开始，一代又一代的影响使我们的民族侧重于向内探求，以对付自身（也是改造自身）为获得自由的途径，以泯灭自身以求超脱，总是要求个人去适应环境。这远远不如西方那种侧重于向外探求、以改造环境为获得自由途径的心理更具有积极意义。今天，现代化的要求对古老的文化传统提出了新的挑战，传统文化若不获得新的生命，现代化就要受到损失。

因此，掀动历史的沉重积淀，使其再受淘汰和过滤，以扬弃和拿来的方式改造我们的传统文化和由此而生的民族文化心理素质，是当前整个社会科学领域的一大使命。它也是文学的重要使命，而文学批评也责无旁贷。

在这一方面，不少作品做出了可贵的贡献。但是，整个创作中冲突的两种因素是共存的，有时甚至表现得非常尖锐。我们的文学批评应该担负起批评的责任，催其欲朽者速朽，促其新生者速生。为此，文学批评应该站在历史的高处，放开眼界，认清现实，做历史的推动者，做新文明的助产士，而不是相反。当然，我不反对种种角度的批评，但有志者应该担负起民族历史的责任，做历史前进的纤夫和清淤工。因为不荡涤一下陈旧的污浊，新事物就难有扎根的土壤，不清理旧时代的破砖烂瓦，新时代的建筑就无法奠基。不应该再对固有的传统抱有什么幻想，这种文化土壤种下西瓜也能长出苦果，这样的苦头我们吃得已经不少了。我们曾以最新的思想反对资本主义文明，导致的却是封建主义的猖狂反扑，在进步的名义下，封建主义以被取代者的仇恨疯狂地扼杀了资本主义的有生部分，而不是我们所要清除的腐朽。我们提倡新的道德规范，奴隶主义却立即改头换面乘机而起，置个性意识于死地，扼杀了无数创造型开拓型人才。我们常说，文学家是人类灵魂的工程师。对工程师的理解要特别注意。它不仅意味着建筑，而且意味着爆破。因为人类灵魂的建设无论何时都没有一块空地让你施工。只有推平旧建筑，才能建起新建筑。只有清除陈旧的观念，才能建立起与我们时代发展的要求相一致的新观念。从这个意义上讲，今天的批评家要更多地帮助我们的作家掀动观念世界，激活人们的思考，以期推动文化的震荡并在这种震荡之中完成对民族文化传统的淘汰和重铸。

1985年8月　曲阜

文化批评与批评家的世界

一

在当前中国文坛上，文化的批评正在兴起。尽管就现状看这种批评还处于一个摸索阶段，难免幼稚不成熟，但这是文学批评界值得为之欢呼的大好事。也许若干年后我们回过头来写这一段文学批评史的时候，会进一步发现它的意义。随着整个民族文化意识的觉醒，创作界发现了文化，批评界发现了文化。当然，文学批评发现了文化并不就意味着出现了文化的批评，但随着这种发现却必然地逐渐找到这样一个批评的审视点。把文学当作一种文化形态来研究，从文化角度研究文学，以文化价值评判文学，这种批评也许比以往任何一种批评模式更有意义。也许，它将为文学批评开辟出新的天地，带来新的面貌。

首先，文化的批评可以给文学批评带来超越，开阔文学批评的视野，形成一种全方位的批评，从而较全面，较完整，较准确地把握和解释文学现象。

我们过去的文学批评视角往往是单一的、狭隘的、孤立的，虽然被称为社会历史学的方法，实际上却与真正的社会历史学批评相去甚远。我们采用的常常是一种政治泛化的研究构架，用政治参照系作为文学研究的唯一参照系，而文学研究也就成了政治活动的一种发散和引申。这当然与我们长期奉行的政治标准第一的准则以及把政治看作“灵魂”和“生命线”的思维方式有关。在那样一种政治泛化的研究构架中，政治是我们用以评判的唯一价值尺度，文学批评致力于从文学中抽取政治因素然后评判之。我们的文学史以政治斗争发展的阶段分期，以政治倾向取舍作家，随着政治形势的不断变动而不断修改删补，也正是这种政治审视角度所致。

文化的批评为我们提供了新的审视角度。文学史是否可以以文化的描述代替政治的描述呢？文学评判是否可以以文化的价值尺度代替政治的价值尺度呢？回答应该是肯定的。事实上，这种批评和研究鲁迅先生已经尝试过了，他用“离骚”“反离骚”“魏晋风度”等范畴来进行文学现象的概括，已为文化的批评开了先河。这种文化的批评和研究可以避免那种把一个国家、一个民族的文学史描绘成一个阶级的文学史的弊端，也可以避免由于政治的过眼烟云而影响文学研究的寿命。

其次，文化参照系的引进可以帮助我们开发一些新的领域，发现那些在某一个审视点上所不能发现的价值。例如阿Q，无论从政治角度还是从道德角度，都不可能对他做出圆满的解释，而从文化角度却能比较完整、比较准确地把握他的性格实质。对觉新、瑞宣、那五、陈奂生等人物，如果单从政治角度观照，我们同样很难把握。而从文化角度就比较容易理解。再如《芙蓉镇》中的王秋赦，如果仅从政治角度着眼，把他看作一个极“左”路线的积极推行者和支持者，或者从道德着眼把他看成是一个道德败坏分子，对这个形象只能算看到了一半，只有把他纳入文化的聚焦镜头下，我们才能比较清楚地看到他意识中均平思想和取而代之的阿Q式的革命要求，以及这种性格在历史发展的不同阶段所显示的不同作用。面对刘心武《班主任》中的谢惠敏，政治批评看到的是极“左”路线对青年的毒害，文化批评看到的就多一些，谢惠敏性格的形成不仅因为极“左”政治，还有接受极“左”政治的内在心理机制，与几千年的文化传统密切相关。面对李向南，政治批评可以指责他随意罢官，方法不对，或者赞扬他敢于改革勇气可嘉，文化批评却在这个基础上看到他的文化素质，由此指出他的新中之旧，并可预料其发展前景。

过去，我们对一些“非重要”领域是不多关注的。甚至对人生重大问题，如生老病死、饮食男女等，常常由于其本身不具备政治意义而被忽视。到爱情中寻找反封建主题，到死亡中寻找革命英雄主义，如果找不到，似乎这种爱情和死亡就失去了意义。文学批评对这些人生的重大问题表现得无能为力、无话可说。文化的批评却无论面对生活的哪个领域，都能做出批评。

文化的批评不仅为批评增加一个新的审视点和参照系，而且可以启发我们从文化这一中心概念出发编制一个包括政治、道德、社会、心理诸方面在内的完整的参照系统整体。

文化的批评并不排斥其他各种批评方法。它与其他种种批评方法的关系不是矛盾的，而是建立在种种批评基础之上的一种综合和统一。文化批评不排斥社会历史批评，当它对作品的内容考察时已具备社会历史批评的功能。文化批评不排斥形式的广义批评，它同样需要进入形式，因为特定的形式是一个民族、一个时代文化的一种特殊显现形态。一种流行的构思方式常常是一种文化心态的集中体现。而语言词汇的选用也是文化史研究的重要内容。文化的批评不排斥心理学的批评，因为它同样不仅要分析作品中人物心理，而且要分析作家心理，并由此探讨其文化心理结构。文化的批评不排斥美学的批评，它要考察作家的审美趣味与审美理想，因为审美趣味是审美环境和审美教育的结果，反映着一个时代或一个民族的文化风尚，而审美理想以及进行审美评价的形式都是一个时代的社会理想的一般的或特殊的折射。

这种参照系统的建立，将为我们提供一种真正宏观的、全方位的批评方式。这种批评方式的出现，不仅不排斥其他，而且将使许多貌似对立的东西得到统一。对于文学理论来说，它可以帮助我们理解各种文学观念的内在统一性，人们可以说“文学是现实生活的反映”，也可以说“文学是自我表现”，可以说“文学是阶级斗争的工具”，也可以说“文学是愉悦人生的游戏”。由于人们观察的角度不同，当然可以得出不同的结论。但纳入这个系统网之后，在众多参照系的共同作用之下，那些分歧或者得到统一，或者失去意义。因为文化的批评为人们提供的不是一根标尺，而是一个观察对象的多元交叉的网络。人类为了认识真理，开辟了无数途径，可以说是条条道路通罗马，但是，人的认识能力总是有限的，每一种方法都建构于一定的理论体系，每一种理论体系都为人们认识真理提供了帮助，但是，体系是一种建构，一种模式，它为我们提供了通路，但在修筑这条道路时却往往在道路的两侧筑起了高墙。这就是理论思维的夹道。这种理论思维的夹道可以使你直达目的地而免于荒野中徘徊的痛苦，却也常常限制你的视野，规定你到达目的地时所接触的层面。登山无路是痛苦的，却会有意外的收获；跟随导游而行是轻松的，却只能看到他想让你看的。文化的批评也很难让你看到全部，但这种观照的网络却犹如一个交通网。或者说，它能够打通许多通道之间的隔墙，提供多层面认识事物的可能。

二

尽管批评家常常为受到作家的轻视而义愤填膺，我却以为我们当代的批评家受到作家的轻视是理所当然的，完全合理的。因为我们不能不承认这样一个事实：过去的文学批评事实上与文学创作是不平等的，二者之间未能对应。创作面对的是以人为中心整个世界的一切内容，而批评却总是在某一范畴中发表议论，以满腹经纶之状作井底观天之论。这使批评总是很难找到自身的位置。因为作为文学批评，若论文学中的政治因素，肯定不如政治家论得清楚和深刻，要谈文学中的哲学意识，肯定不如哲学家的议论深刻，若论文学中的心理内容，最好还是请心理学家或精神分析医生来谈，谈经济最好是经济学家，谈社会最好是社会学家，谈美最好是美学家，谈语言最好是语言学家，……这些专家都有资格讽刺文学批评家的肤浅。那么，只有谈所谓文学自身了。文学自身是什么？是所谓独特的艺术形式？但是，在这一点上，还是富有经验的作家更有发言权。文学批评的位置在哪里？从某一个角度出发，即使批评家是一个造诣很深的学者，面对作品世界，得出的也只能是沧海一粟。因为即使是最愚蠢、最肤浅、最无思想的作家，只要他忠实地描写生活，其作品也是一个相对丰富的世界。决非某一种专门理论的框架所能够容纳。批评一直是真正的“管窥”之见。这就怪不得作家对于批评家有各种不恭了。

也许有人会举出一些作家对批评家的赞美和肯定，但是，我们应该看到，那是一种立于不平等基础上的赞美，就如一个大人称赞一个孩子偶然做对了一件什么好事。一些作家的确对批评家怀有好感，甚至是敬意，但是，又有哪一个作家认为批评家已经把握了他的作品的全部内涵呢？作家面对的是一个完整的世界，批评家面对的是一个特殊的领域，作品中有一百个内容要素，批评家却只对一两个要素发表评论，这种关系的不对应使批评无法与创作达成全面对话。也使批评无法找到自己在文学这一范畴中的位置和在人类生活和社会科学中的位置。于是，批评不是分别依附于政治、道德、美学等学科，就是跟在作家后面亦步亦趋。当政治附庸或者当作家的吹鼓手，正是因为批评家地位的不存在。一些批评家似乎有感于这一点，于是试图建立文艺社会学、文艺心理学等等，以求为自己找到一个独立的位置。我们承认这种努力在两个学科的交界点上能够建立一个蜗牛之居，但这种批评与文学创作的大千世界仍然是难以对应的。这犹如生物学家、化学家、物理学家、美术家面对大海都能得到一些东西，却谁也不能完整地把握大海一样。

也许文化批评能够成为艺术与科学全面对应连接的媒介，从而帮助批评找到自己的位置。

无论文艺如何发展，文学是人学，是难以推倒的。因为无论何时，它都必将是人创造的，并且以人的生活为主要描写对象，抒发人的思想和感情。那么属于文学范畴的文学批评，理所当然应该具有人学的性质，以人为研究中心，研究人性，研究人的命运与处境，研究一切与人相关的事物和一切与人相关的学科。只有这样，才能使批评与创作同步、同质，使双方形成全面的对话。怎样实现文学批评的人学化呢？文化也许是唯一能够完成这种多元连接的网。用卡西尔的话说，人的最重要的本质就是文化性，人与动物的区别就在于人能够运用符号创造文化。因此，与其像亚里士多德那样认为人是政治的动物，不如说人是文化的动物。文学批评是人学的一部分，文学批评就应该面对人类文化发言。因此文化的批评是实现人学批评的一个中介，因为只有它能够涵盖人类生活的全部内容。批评只要成为人学的批评，把全部的文化现象作为研究的对象，便建立了与创作面对的同样的世界，其差别仅仅在于对世界的把握方式，一个是感性的、形象的，一个是理性的、抽象的。

从人这一核心出发，由文化这一轴心概念引申开来，对文学进行一种全方位的审视，这种批评就成为人类活动各方面的综合考察。在这个考察系统中，政治的、历史的、社会的、道德的、心理的、美学的种种评判都成为大系统中的一个分支，但每一种考察都是文化的，统一在文化基点上的，因此它就避免了简单的政治评判和道德评判。这种政治的、经济的、道德的考察又都有自己的从文化出发的侧重点。它不是政治、经济、道德论。而是着重研究文化的创造者——人与这一切的关系，人的心灵这一主体与各个生活领域发生关系时所产生的意识，如金钱、爱情、生殖、饮食、友谊、信仰、理想等，本身分属经济学、社会学、生理学等学科，但如何对待金钱、如何看待爱情以及做这一切所采取的形式却是文化考察的重要内容。因为它体现着某个民族某个区域在某个时代的生活方式、思维方式和价值观念。

这种社会人文科学各学科统一起来综合运用于文学批评的宏观文学研究，或许能够成为艺术与科学全面对应的连接媒介，从而使文学批评从政治、道德、社会学、心理学的奴仆地位中解放出来，立足于科学与艺术之间，与各个学科对话，从而确定文学批评自身在这个大范畴中的地位。

三

按照这样一种构想，批评家的世界应该是一个极为广阔的世界。几乎可以说，没有任何一个学科比文学批评更为广阔，更能为人提供发表各种见解的天地，批评家面对的世界是一个与人类生活同样广阔的世界。任何知识，任何理论在这里都有用武之地。我们的文学批评不仅可以探讨文学中的政治、经济、道德诸问题，甚至可以为林黛玉诊断一下是否患有肺病，解释一下病因与精神压抑有何联系，为武打片中英雄们的胜利寻找一下根据。这并不是多余的，不仅林黛玉的精神忧虑和英雄们毫无根据的胜利是一种文化心态的表现，而且文学既然是文化传播的一个重要手段，批评就有义务帮助传播或纠正传播中的差错。作家们常把自己熟识的文化知识不无卖弄地写进作品，如曹雪芹的诗论，李汝珍的音韵学，陆文夫的烹调知识，阿城的棋道……批评不应对之无能为力。作品既然包容万象，批评也应包容万象，文化批评或许提供了这种可能。

按照这样一种构想，文学批评将是有利于思想家驰骋的天地。对于一个要全面把握社会和人生的思想家来说，没有一个领域比文学批评更为方便，文学批评家完全可以通过文学批评完成一个大思想家的全面的思想体系建构。文化批评向批评家提出了知识综合化的要求，这种要求符合历史发展的趋向，也为批评家人的本质的全面实现创造了条件。

1987年6月　北京

李新宇学术文集

㉂ 贰

作家作品评论

李新宇 —— 著

山西出版传媒集团 北岳文艺出版社
BEIYUE LITERATURE & ART PUBLISHING HOUSE
·太原·

图书在版编目(CIP)数据

李新宇学术文集 / 李新宇著. 一太原:
北岳文艺出版社,2020.5
ISBN 978-7-5378-6178-6

Ⅰ. ①李… Ⅱ. ①李… Ⅲ. ①中国文学-文学研究-
文集 Ⅳ. ①I206-53

中国版本图书馆CIP数据核字(2020)第057362号

李新宇学术文集·作家作品评论

李新宇◎著

//

项目负责人
范 戈

责任编辑
范 戈

封面设计
张永文

印装监制
郭 勇

出版发行:山西出版传媒集团·北岳文艺出版社
地址:山西省太原市并州南路57号
邮编:030012
电话:0351-5628696(发行部) 0351-5628688(总编室)
传真:0351-5628680
网址:http://www.bywy.com E-mail:bywycbs@163.com
经销商:新华书店
印刷装订:山西人民印刷有限责任公司

开本:710mm ×1000mm 1/16
总字数:2688千字
总印张:159.5
版次:2020年5月第1版
印次:2020年5月山西第1次印刷
书号:ISBN 978-7-5378-6178-6
总定价:698.00元(全6卷)

1993年，在长江上

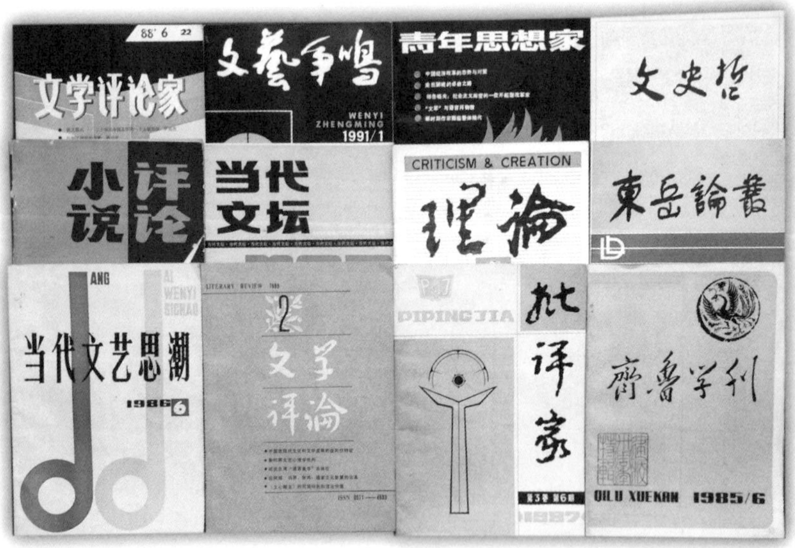

刊载作者学术文章的部分刊物

目　录

第一辑

第二辑

第三辑

第一辑

附录

《芙蓉镇》人物论

古华的长篇小说《芙蓉镇》是一部值得重视的作品。据我个人的看法，在获得第一届茅盾文学奖的六部作品中，《芙蓉镇》是最好的一部。

不同的小说有不同的偏重，有的偏重于写人，有的偏重于写事。《芙蓉镇》偏重于写人，通过人物的性格和命运表现历史，表现作家对生活的思考。作为一部长篇小说，它的人物比较少。小说中有名有姓的人物只有九个：胡玉音、秦书田、谷燕山、黎满庚、李国香、王秋赦、杨民高、黎桂桂、秦谷军。但在这其中，杨民高、黎桂桂都笔墨甚少，秦谷军到小说结束时也还只是一个七岁的孩子，也没有占用多少笔墨。如此一来，小说着力写的人物只有六个。

作者对人物的设计可谓独具匠心，每一个人物都承载着各自的功能，表达着不同的主题，互相无法替代，但相互之间又紧密相连，结成了复杂的关系，因而最终共同指向一个总的主题。因此，面对这部小说，我们只要抓住了人物，就把握了小说的根本。

这部小说的主题不难概括，它以湘西农村芙蓉镇为背景，以胡玉音的命运为主线，通过一系列人物的悲欢故事，揭示了从“四清”到“文革”十几年中人妖颠倒、是非混淆的历史谬误，揭示了极“左”政治对人性的摧残、扭曲和对人们生活的破坏，对当代历史进行了深刻反思。而这一切，都是通过一个个人物的描写实现的。

一、胡玉音

这是一个美丽的女人，也是一个温柔、善良、热情的女人，还是一个勤劳能干的女人。打开小说，阅读几页，就可以看到这样的描写：

> 近年来芙蓉镇上称得上生意兴隆的，不是原先远近闻名的猪行牛市，而是本镇胡玉音所开设的米豆腐摊子。胡玉音是个二十五六岁的青年女子。来她摊子前站着坐着蹲着吃碗米豆腐打点心的客人，习惯于喊她“芙蓉姐子”。也有那等好调笑的角色称她为“芙蓉仙子”。说她是仙子，当然有点子过誉。但胡玉音黑眉大眼面如满月，胸脯丰满，体态动情，却是过往客商有目共睹的。镇粮站主任谷燕山打了个比方：“芙蓉姐的肉色洁白细嫩得和她所卖的米豆腐一个样。”她待客热情，性情柔顺，手头利落，不分生熟客人，不论穿着优劣，都是笑脸迎送：“再来一碗？添勺汤打口干？”“好走好走，下一圩会面！”加上她的食具干净，米豆腐量头足，作料香辣，油水也比旁的摊子来得厚，一角钱一碗，随意添汤，所以她的摊子面前总是客来客往不断线。

关于她的美丽，小说没有多少正面描写。我们感觉她很美，大多是通过小说中其他人物的感觉和议论而获得的。比如，李国香第一次见到胡玉音，就暗暗吃惊，“原来‘米豆腐西施’的脸模长相，就是一张招揽顾客的广告画！更不用讲她服务周到、笑笑微微的经营手腕了。这些该死的男人！一个个就和馋猫一样，总是围着米豆腐摊子转……”王秋赦在自欺欺人地编造自己遇到狐狸精的时候，是这样说的：“那份标致，那份妖媚，除了镇上卖米豆腐的胡玉音，再没一个娘们能相比。”村上出了“反标”，有人把怀疑目标引向了胡玉音，公安员亲自暗访，对胡玉音的印象是：“米豆腐姐子无论从哪个侧面看都是一表人才，笑笑微微的，待人热情和气，一口一声：‘大哥’‘兄弟’，服务态度比我们多数国营饮食店的服务员不知要好到哪里去了呢！”

美丽、热情而又善良，这是胡玉音形象给人的基本印象。然后，开篇第一章，我们就看到了一个无助的少女，一个因心地善良而让人心疼的少女。她与黎满庚从小在一起长大，青梅竹马，成为情侣，相亲相爱。但是，这美好的初恋却很快成了一段伤心往事。原因是黎满庚参军了，复员后到区政府当了民政干事。作为党员，在那个特定的年代，他遇到了“要党籍还是要老婆”的选择。为了自己的政治前途，他满怀痛苦地抛弃了家庭出身不纯的胡玉音。胡玉音眼睁睁看着自己的恋人离他而去，却对他没有一点儿埋怨。她把自己的初恋埋葬，从此把恋人当作哥哥。小说第一章就使我们看到了这位美丽善良的少女所受的伤害，使我们看到了她内心深处那个永远无法愈合的伤口。然而，她谁都不怨，只怨自己“命不好”。

在三年困难过后经济调整的背景上，胡玉音开始经营米豆腐生意。她说话温柔，待客热情，时时表现出她的善良和忍让。我们从小说中可以看到：“不分生人熟人，不分穿着优劣，都是笑脸相迎相送。”“就是骂人，胡玉音眼睛里也是含着温柔的微笑，嗓音也和唱歌一样的好听。对那些常到她摊上来的主顾们，她有讲有笑，亲切随和得就像待自己的本家兄弟样的。”对于王秋赦那种只吃豆腐不给钱的人，她心里虽然不高兴，却仍然赔着笑脸，热情接待。对于劳动改造的右派分子秦书田，她的原则是“瘦狗莫踢，病马莫欺”，不但不像一些人那样取笑他、欺负他，而且在给他盛米豆腐的时候特别照顾，“香料和佐料还特意下得重一点”。即使是在李国香打上门来兴师问罪的时候，她也仍然是心平气和地说好话。由此，我们已经看到了她的善良。她不会伤害别人，即使受到别人的伤害，也都是逆来顺受，息事宁人。

与此同时，我们不难看到她的勤劳和能干。小说写道：“胡玉音做生意是从提着竹篮筐卖糠菜粑粑起手，逐步过渡到卖蕨粉粑粑、薯粉粑粑，发展成摆米豆腐摊子的。她不是承袭了什么祖业，是饥肠辘辘的苦日子教会了她营生的本领。”她早起晚睡，精心经营，努力创造自己的美好生活。辛勤劳作终于换来了财富。她富了，不仅能够吃饱穿暖，还盖起了新房。她的成功使我们看到了一个发家致富、追求美好生活的故事。一个善良的女人，依靠自己勤劳的双手，依靠自己的苦心经营，终于创造了自己美好的生活。

面对胡玉音的发家致富，到底应该怎么看？这是胡玉音新房子落成时粮站主任谷燕山的讲话：“同志们！今天，咱都和主人一样高兴，来庆祝这幢新楼房的落成！一对普通的劳动夫妻，靠了自己的双手，积蓄下款子，能盖这么一幢新楼房，说明了什么问题呢？劳动可以致富，可以改善生活。咱不要苦日子，咱要过幸福生活。这就是社会主义制度的优越性，咱共产党领导的英明！这是今天大家端着酒杯，吃着鸡鸭鱼肉，应当想到的第一点。第二一点，大家都是在一个镇子上住着，对这幢新楼房和它的主人，咱应当抱什么态度呢？是羡慕，还是嫉妒？是想向他们看齐，还是站在一旁风言风语？我觉得应当向他们看齐，应当向这对勤劳夫妇学习。当然不是叫咱人人都去摆摊子卖米豆腐。发展集体生产和家庭副业，门路多得很！第三一点，咱不是经常讲要建成社会主义、进入共产主义吗？我想共产主义社会嘛，坐着是等不来的，伸着手也没有人给……”

但是，谷燕山的讲话并不能代表干部们的普遍认识，比如那个国营饮食店经理李国香，就认定了这是资本主义势力的抬头。

胡玉音的好日子时间极短，因为政策说变就变。1964年，社会主义教育运动开始了，李国香率领工作组进驻芙蓉镇，立即使胡玉音这样的勤劳致富者陷入深深的苦难。她的劳动成果成了“走资本主义道路”的铁证。新盖的楼房被没收，成了“芙蓉镇阶级斗争现场展览会”。而且许多人都受她牵连。谷燕山因为卖给她碎米头子，就成了“盗卖国家大米，支持资本主义”，因而被看管起来，不能“下楼”。黎满庚也因为支持她搞资本主义而被送到县里反省学习。胡玉音的丈夫忍受不了折磨，自杀身亡。她自己则被戴上了“新富农”的帽子，成了专政的对象，扫街，挂黑牌，批斗，罚跪，承受种种非人的折磨。

一个善良的人，一个勤劳致富的人，只因为致富，就这样被抛到苦难的深渊，一年又一年。

生活充满了苦难，但生命之火并没有熄灭。胡玉音与秦书田一起扫街，一起被批斗，同病相怜，相濡以沫，终于产生了感情。他们相爱了，并且要求结婚。这一切本无可非议，但在那个年代，权力不受任何限制，小小支部书记就可以剥夺人们结婚的权利。她与秦书田的结婚申请不被批准，大队还送来了白对联：“两个狗男女，一对黑夫妻。”他们只能成为一对不合法的“黑鬼夫妻”。而当他们未经登记就住到一起的时候，等待他们的则是夫妻两人被双双判刑。她被判处三年徒刑，只是因为怀有身孕，才监外执行；而秦书田却被判处十年徒刑。她曾经感到无法活下去，想要自杀，是母性使她顽强地活了下来。她生下了她与秦书田的孩子，但孩子是不合法的“黑孩子”，所以没有户口，也没有口粮，只好长期两人吃一人的口粮，生活异常艰难。小说写了胡玉音遭受的种种折磨，最惨的是李国香下令让民兵用铁丝穿起她的乳房。这种做法，在“文革”中算不了什么稀奇事。在无边的苦难中，胡玉音曾一次次地问自己：“你是个坏女人？你害过人？在镇上，你有什么生死对头？没有啊，没有！玉音在镇上蚂蚁子都怕踩得，脸都很少和人红，讲话都没有起过高腔，小娃儿都没有欺负过一个。你为人并不势利、刻薄，吝啬钱财，当初还周济过不少人……那又是为哪样啊？你不害人，不恨人，不势利，没有生死对头，人家还要整你、恨你、斗你？把你当作世界上最下作、最卑贱的女人？使你走路都抬不起头，人前人后扬不起脸，连笑都要先看看四周围……你是作了什么孽啊，要落得这样苦命，得到这样的报应！”

直到1979年春天，镇革委派人来找她去，由过去整过她、把她划作富农成分的人通知她：你的成分搞错了，扩大化，给你改正，恢复你的小业主成分，楼屋产权归还，暂时镇革委还借用。听到这些话，“她都吓蒙了，双手捂住眼睛，不相信，不相信，不可能，不可能！这是在白日做梦……泪水从她手指缝缝里流下来，流下来，但没有哭出声。她不敢松开捂着眼睛的双手，害怕睁开眼睛一看，真是个梦！”小说同时写道：“她正经当了十四五年的富农婆，挨了那么多斗打，罚了那么多跪，受了那么多苦罪，怎么是搞错了？红口白牙一句话，搞错了！而且他们也爱捉弄人，当初划富农的是这些人，如今宣布划错了的也是这些人。这些人嘴皮活，什么话都讲得出，什么事都做得出。他们总是没有错。是哪个错了？错在哪里？”

因为正是极“左”政治与邪恶势力一起践踏和摧残了美好事物。

综观胡玉音的故事，不难得出这样一个结论：这是一个因勤劳致富而遭罪的故事，一个好人受难的故事，一个真善美被摧残的故事。这样的故事构成了一种控诉，控诉那个年代的极“左”政治。小说对胡玉音所有美丽、善良、温柔、热情和勤劳的描写，所有对她所受的折磨的描写，都构成了对极“左”政治的控诉。同时，它又是一种批判和否定，因为面对这样一个故事，善良的读者自然会站在胡玉音一边，为她无辜遭罪而抱不平。面对胡玉音的遭遇，人们不能不想这样两个问题：是什么使胡玉音这样的好人陷入苦难？答案只有一个，就是那个年代的政治。那么，胡玉音有什么过错吗？答案也非常清楚：因为她勤劳致富想过好日子。胡玉音的丈夫黎桂桂是一个老实巴交"三锤砸不出一个响屁"的人，面对当时的政策，却曾总结过几句颇能概括那个时代的顺口溜："死懒活跳，政府依靠；努力生产，政府不管；有余有赚，政府批判。"而且凭他朴素的感觉，得出过这样的结论："我们恐怕原先就没想到，新社会，不兴私人起楼屋。"可是，一个把勤劳致富看作罪恶的年代，一种不许人们过好日子、不许人们追求美好生活的政治，是好的吗？这本身就构成了对极"左"政治的有力批判。

同时，通过胡玉音的悲剧，我们还可以理解那个年代中国经济濒于崩溃、人民陷于绝对贫困的原因。胡玉音所代表的，是劳动人民创造美好生活的积极性。从某种意义上说，这种积极性是天生的，是未被扭曲的人们都有的。只要有这种积极性，无须什么引导，无须什么帮助，人们就会尽一切可能，创造自己尽可能美好的生活。而且，只要不干扰和破坏，人们就能够创造美好的生活。可是，一种政治力量却以残酷的手段打击了这种积极性，破坏了社会发展的生机，干扰了人民创造美好生活的努力，从而把几亿人拖入长期的贫困和苦难之中。这种政治的罪恶是可以饶恕的吗？一个正常的社会能继续剥夺胡玉音们靠自己的双手创造美好生活的权利？这是历史反思的意义。

二、秦书田

秦书田是下放到芙蓉镇劳动改造的右派分子。他做过州立中学的音乐教师和县歌舞团的编导，吹拉弹唱，琴棋书画，样样拿得起放得下。1957年，他因为搜集民歌而被以"利用民歌反党"的罪名被划为右派，开除公职，下放农村劳动改造，成为芙蓉镇的一员。

作为右派，他属于"黑五类"，处于被管制改造的地位，过的是非人的生活。可是，他却表现出一种特别的性格，"穷快活，浪开心，活作孽"。他的行为有些滑稽，但正是这滑稽透露了时代的信息，折射出生活的面影。他一到芙蓉镇，就要求干部把他头上的"右派分子"帽子改为"坏分子"帽子。理由是他从来没有反党、反社会主义，因而不是右派；但他却与两个女演员发生过不正当男女关系，所以应该是“坏分子”。主动交代这些不光彩的事，这看上去有点荒唐。但这种行为却反映出当时人们对政治问题的恐惧。因为在那个年代，“坏分子”尽管可能是道德败坏、品质恶劣，但与右派相比，却不是“危险的敌人”。其实，支部书记并没有改换帽子的权力，这一点支书未必不清楚，但他心里想：“坏分子，右派分子，半斤八两，反正是一箩蛇，还不都一样。”就在一个群众会上说他是“坏分子”。结果，他在五类分子中似乎获得了优越性。支书指定他做五类分子的头头，开会时由他通知，训话时由他传人。他仿佛受到了重用，表现非常积极。

> 每逢大队要召集五类分子汇报、训话，只要叫一声：“秦癫子！”秦癫子就会立即响亮答应一声：“有！”并像个学堂里的体育老师那样双臂半屈在腰间摆动着小跑步前来，直跑到党支书面前才脚后跟一并，来一个“立正”姿势，右手巴掌平举齐眉敬一个礼：“报告上级！坏分子秦书田到！”接着低下脑壳，表示老实认罪。黎满庚和大队干部们起初见了他的这套表演颇觉好笑，后来也就习惯了。“秦癫子，竖起你的耳朵听着！晚饭后，全体五类分子到大队部门口集合！”
>
> “是！上级命令，一定完成！”他立即来一个向后转，又像个体育老师那样小跑步走了。晚上，他准时把五类分子们集合到大队部门口的禾坪上，排好队，点好名，报了数，一律低下脑壳，如同一排弯钩似的，才请大队领导查点……

他有足够的知识，天上地下，古今中外，可谓无所不知，无所不晓。他不是那种不敢说、不敢动的右派，而是看上去无所用心，说起来滔滔不绝。从先有蛋还是先有鸡，到美国共产党为什么不上山打游击，美国工人为什么不起义，他都讲给社员听，而且不时捎带几句马列主义、唯物史观，显得他的见解无不符合马克思主义。

镇上出了“反标”，李国香兴师动众要抓“反革命”，公安局来查对笔迹，人们大都胆战心惊。“只有坏分子秦书田，还多从女经理手里讨了一张纸，右手左手，写出来的字都是又粗又大，端端正正，和印板印出来的一样，把两张纸都写满了。”他之所以如此坦荡，有一个原因：芙蓉镇满满的标语都是他写的，公安员完全可以到街墙、石壁上去对他的笔迹。他还自己作词，自己作曲，谱写了《五类分子之歌》："五类分子不死心，反党反国反人民，公社民兵紧握枪，谁敢捣乱把谁崩……"开会时，他硬是要教着五类分子唱，"但五类分子们态度顽固，死也不肯开口，加上大队支书黎满庚也笑着制止，才作罢。"他这么做的结果，是镇上的干部群众都不讨厌他，甚至忘了他是"阶级敌人"，孩子们竟然喊他"秦癫子叔叔"。到了"四清"运动中，工作组长李国香首先拿他开刀，把他为胡玉音的新房子写的那副对联"勤劳夫妻发社会主义红财，山镇人家添人民公社风光"说成反动对联，"人民公社是天堂，是乐园，本身就是无限风光，怎么要让私有制来添社会主义的风光？这是想变天！同志们，这是反社会主义，反党。这么一副反动对联，公然用大红纸写了贴在我们镇上！……同志们，可不要小看了写写画画呀，这常常是阶级敌人向党、向社会主义进攻的一种武器，一种手段！"同时杀鸡给猴看，敲打谷燕山、黎满庚等干部的阶级路线问题。秦书田本来不服气，但王秋赦一巴掌打来，他浑身哆嗦，求救似的看了一眼台下的大队支书黎满庚，而此时的黎满庚自身难保，哪里顾得上他。于是，他扑通一声跪了下去。

到了"文革"时期，五类分子在工地上劳动。午饭按规定是每人三两。太阳底下，劳动强度大，三两米当然不够。黑鬼们纷纷要求加饭。监督他们的小将想出了一个惩治他们的办法：加饭可以，但必须跳一段"黑鬼舞"。一些人宁愿挨饿也不愿跳。而秦书田却按照要求跳了起来："但见他：一手举着饭钵，一手举着筷子，双手交叉来回晃动，张开双膝半蹲下身子，两脚一左一右地向前跳跃，嘴里则合着手足动作的节拍，喊着：'牛鬼蛇神加钵饭，牛鬼蛇神加钵饭，牛鬼蛇神加钵饭……'五类分子们被他吓傻了，食堂的大师傅流下了眼泪，但小将们乐坏了，拍着巴掌大声叫好：'秦癫子，再来一次！你每天跳三次，就算改造好了！'"

作为五类分子，他多年被批斗、被侮辱，却总是似乎很快活，表现很积极。好像生活并不痛苦和沉重。民兵来喊他去开批斗会，他就像出工一样，脸不发白心不颤，泰然前往。牵他去挂牌游街，他也是熟门熟路，总是走在全大队五类分子的前头，俨然就是个持有委任状的黑头目。接受批斗总是不等人吆喝就扑通一声先跪下，低下头做出老实认罪的姿态。人家打他的左脸，他就等着右脸还有一下。革命群众和干部认为他不顽固，而有点自尊心的人则看不起他。在开始的时候，胡玉音就觉得他“下作”。

通过这些描写，我们已经看到了秦书田这个形象的特别之处。在此之前，新时期文学已经出现过一些“右派分子”形象，比如《天云山传奇》中的罗群、《人啊，人！》中的何荆夫、《布礼》中的钟亦成等，这些形象大都有点英雄色彩，比如虽蒙冤受屈而赤诚不改、坚持真理、一身正气等。而古华笔下的秦书田显然不是那样的人物。他很油滑，似乎没有骨气，更谈不上什么崇高理想和坚定信仰。但仔细想，这种性格的内涵是复杂的。对于他的这种表现，小说中说：“有的人讲他伪装老实，假积极，其实是红薯坏心不坏皮；有的人讲他鬼不像鬼，人不像人，穷快活，浪开心，活作孽；也有的人讲，莫看他白天笑呵呵，锣鼓点子不离口，山歌小调不断腔，晚上却躲在草屋里哭，三十几岁一条光棍加一顶坏分子帽，哭得好伤心。还有民兵晚上在芙蓉河边站哨，多次见他在崖岸上走过来，走过去，是想投河自尽？……”这段话透露了一些秘密。他若癫若狂，油滑乐天，穷开心，似乎没心没肺，这只是一种表象，是他求生的手段。正因为这样，他在严峻的环境中最大限度地处理好了他与环境的关系，因而可以少吃许多苦头。从这个意义上说，秦书田性格是正常性格在强大环境压力之下发生的一种畸变。在这种性格背后，隐藏了为生存而扭曲自我的巨大伤痛。这也是一种深刻的悲剧。

同时，小说也表现了他性格的另外一些侧面。首先，他乐于助人，富于同情心。村上有人病了，他“打起飞脚就跑”，翻山越岭请来医生。他很善良，而且细心，当被划为新富农的胡玉音在深夜奔向坟岗的时候，他悄悄跟去，从死亡线上把她救了回来。他身陷逆境，却对落难女子胡玉音有深切的同情。他负责为五类分子写黑牌子，自己的牌子做得特别大，却不给胡玉音的牌子上打红×。村里让他塑“狗像”，他挑来泥巴，为村里的五类分子一一塑了像，却偏偏“忘掉”了胡玉音。因为他不忍心伤害一个孤苦女人的自尊心，宁愿自己被批斗。他的油滑不仅用于保护自己，有时候也能为大家做点好事。比如，镇上二十二名五类分子到公社参加批判会，大会散了，押送他们的民兵却早已自己回了村。五类分子不能乱说乱动，更不敢擅自离开。是秦书田以滑稽的方式向着空空的主席台请示，然后宣布解散回家，使芙蓉镇的五类分子避免了烈日的暴晒。胡玉音病了，他喂汤喂饭，含着眼泪一遍遍唱“你是个聪明姐”，以古老的民歌鼓舞她活下去的勇气。

而且，通过一些细节还可以发现，秦书田事实上并不老实，并没有被改造得完全逆来顺受。这从他作弄王秋赦的情节可以清楚地看到。清晨扫街，偶然的机会让他发现了王秋赦与李国香私通，于是在李国香住处的门口小做手脚，让王秋赦天亮溜出来时滑倒摔伤。他终于出了一口气，却又巧卖人情，骗得了王秋赦的信任。当他与胡玉音的结婚申请不被批准并且换来一副白对联的时候，他不但不生气，而且高兴地贴出了那副白对联。因为他在白对联上那侮辱性的句子中看到了可钻的空子：“两个狗男女，一对黑夫妻。”黑夫妻也是夫妻，这就意味着干部们已经承认他们是夫妻了。两人于是堂而皇之地开始了共同生活。

他一直装疯卖傻，油滑以求生存。但到了关键时刻，我们却看到了他的另一面。当他的一切表演都不能改变最后命运的时候，当王秋赦终于把他送进监狱的时候，他一反常态，第一次直起腰骨，不肯跪下，甚至不肯低头。宣判大会上，他再也不是过去的样子，而是显示了他的铮铮铁骨。他与胡玉音互相示意：活下去，像牲口一样也要活下去。

总之，这个形象是独特的，因为生存环境的逼迫，他有装疯卖傻以求生存的一面，也有真诚善良的一面；有麻木的一面，也有机智的一面；有委曲求全的一面，也有不屈的一面。他的性格既矛盾又统一，显示了极“左”政治统治之下的残酷斗争对美好人性的摧残和扭曲。

三、王秋赦

这是一个地道的农村无产者。小说开篇对他的描写是：

> 吃米豆腐不数票子的人物还有一个，就是本镇上有名的“运动根子”王秋赦。王秋赦三十几岁年纪，生得圆头圆耳，平常日子像尊笑面佛。可是每逢政府派人下来抓中心，开展什么运动，他就必定跑红一阵，吹哨子传人开会啦，会场上领头呼口号造气氛啦，值夜班看守坏人啦，十分得力。等到中心一过，运动告一段落，他也就像个泄了

气的皮球。

如果考察他的阶级成分，他比贫下中农还优一等，是雇农，在土改前真是“上无片瓦，下无一垅”，是地道的赤贫。“他王秋赦是个十足成色的无产阶级。查五服三代，他连父母亲都没有出处，不知是何年月从何州县流落到芙蓉镇这省边地角来的乞丐孤儿。更不用提他的爷爷、爷爷的爹了。自然也没有兄嫂、叔伯、姑舅、岳丈、外公等等复杂的亲戚朋友关系。真算得是出身历史清白，社会关系纯洁。”他因此而在土改中被定为“土改根子”，成为革命依靠的力量。可是，这个无产者好逸恶劳，带有各种卑劣的思想意识和生活习惯。小说写道：“依他的口才、肚才，本来可以出息成一个制服口袋上插金笔的‘工作同志’的。但刚从‘人下人’翻做‘人上人’时没有经受住考验，在阶级立场这块光洁瓦亮、照得见人影的大理石台面上跌了一跤：工作队派他到本镇一户逃亡地主家去看守浮财，他却失足落水，一头栽进象牙床，和逃亡地主遗弃的小姨太太如鱼得水，仿佛这才真正尝到了‘翻身’的滋味。”

王秋赦尽管栽了跟头，但胜利果实还是分到了头一等。他分得了四时衣裤、全套铺盖、两亩水田、一亩好地，还分得了一栋位于本镇青石板街的吊脚楼。这吊脚楼本是一个山霸早先逢圩赶集时宿娼纳妓的别墅，里头描龙画凤金漆家具一应俱全。可是，小说中有这么一笔至关重要：王秋赦什么都要，唯独忘记了要求分给他农具和耕牛。果然，那些东西对他来说是不需要的，因为他本来就没打算使用农具。土改之后，“两三年下来，他田里草比禾深，土里藏得下鼠兔。后来他索性算它个毬，门角落的锄头、镰刀都生了锈。他开始偷偷地、暗暗地变卖土改时分得的胜利果实，箱箱柜柜的，都是人民币。……他上馆子，下酒铺，从不敢大吃大喝，大手大脚，颇为紧吃慢用，细水长流，却也吃喝得满脸泛红，油光嘴亮，胖胖乎乎地发了体。”当过去与他一样贫穷的人们买水牛、添谷仓的时候，王秋赦却重新现出了土改翻身前的破落相。“本镇上的居民们给他取下了几个外号：一是‘王秋赊’，一年四季赊账借钱度日；一是‘王秋蛇’，秋天的蛇在进洞冬眠前最是忌动，懒蛇；一是‘王秋奢’，讲他手指缝缝流金走银，几年工夫就把一份产业吃花尽了。”面对新的贫富悬殊，他由眼红产生妒恨，终日梦想的是：“娘卖乖！要是老子掌了权，当了政，一年划一回成分，一年搞一回土改，一年分一回浮财！”为此，他躺在家里盘算着谁该划为地主，谁该划为富农，等待着新的社会动荡。

这种人是在任何社会都会有的，好逸恶劳，梦想通过抢劫或均贫富改变自己的贫困地位，而不是通过自己的劳动创造财富。在一般情况下，这种人的梦想是很难实现的，但在特殊的政治背景上，这种人却具有了某种神圣性。他的破衣破帽、破锅烂碗，成了他保持阶级本色的象征，被拿到阶级教育展览馆，对青少年进行阶级教育。他生活贫困，因而成为救济的重点，每年都要给予救济粮和救济款。他一个单身汉，住着一栋空落落的吊脚楼，房舍宽敞，因而县里、区里下来的工作同志一般都愿到他这楼上住。这些干部们下乡都讲究阶级感情，看到王秋赦土改翻身后婆娘都讨不起，仍是烂锅、烂碗、烂灶，床上仍是破被、破席，仍是贫雇农，一边感叹农村出现的两极分化，一边忘不了对王秋赦给予救济。时间长了，王秋赦养成了习惯，认为如果政府不救济他，就是忘记了阶级路线，就是“丢社会主义的人，出社会主义的丑”。有一年冬天，救济晚了一些，王秋赦跑到公社去找公社书记说：“上级首长啊，1959年公社搞阶级斗争展览会，要去的我那件烂棉衣，比我如今身上穿的这件还好点，能不能开了展览馆的锁，给我斟换一下啊？”这还了得！公社书记为了表示自己的阶级感情，立即把大衣脱下来给王秋赦穿上。可是，这一切，却进一步培养了他好逸恶劳、等吃白食的毛病。

王秋赦不是劳动者，如果不是合作化和人民公社，他的地都荒了，长不出粮食，他吃什么？但是，他很幸运，赶上了合作化和人民公社，吃饭的问题就解决了。而且，他虽然不是劳动者，却是政治运动健儿。只要搞运动，他就如鱼得水，打铜锣，吹哨子，下通知，喊口号，保卫会场，站岗守夜，解送犯人，他都干得热火朝天。他需要政治运动，政治运动也需要他。如果没有政治运动，王秋赦就无法实现他的梦想；如果没有王秋赦这样的群众，政治运动也就开展不起来。所以，当“四清”运动开始时，王秋赦“再来一次土改”的梦想终于成了现实。

李国香率领的“四清”工作组来到了芙蓉镇，他这个“土改根子”马上变成了“运动根子”，不但与运动一拍即合，而且创造性地发挥了作用。

“四清”工作组到来，扎根串连发动群众，自然要首先找到他。他关心的问题是：“这次运动要不要划阶级成分？”“清经济这一条，要不要清各家各户的财产？”当他听到工作组长李国香说要“政治账经济账一起算”时，他兴奋了，立即表态：

> “好好！这个运动我拥护！哪怕提起脑壳走夜路，我都去！”
>
> 王秋赦呼的一下站了起来，兴奋得心都在怦怦跳。娘卖乖！哈哈，早些年曾经想过、盼过，后来自己都不相信会再来的事，如今说来就来！乖乖，第二次土改，第二次划成分，第二次分浮财……看看吧！王秋赦有先见之明吧？你们这些蠢东西，土改时分得了好田好土，耕牛农具，就只想着苦吃勤做，只想着起楼屋，置家产，发家致富……哈哈，王秋赦却是比你们看得远，仍是烂锅烂灶烂碗，当着“现贫农”，来“革”你们的“命”，“斗”你们的“争”！他一时浑身热乎乎、劲鼓鼓的，情不自禁一把抓住了女组长的双手臂：
>
> “李组长！我这百多斤身胚，交给工作组了！工作组就是我亲爷娘，我听工作组调遣、指挥！”

他在运动中表现积极，而且能够创造性地发挥，深得上级赏识，因而在“四清”运动之后就当上了支部书记。到了“文化大革命”时期，他更上一层楼，去大寨取经，学来了“三忠于”“四无限”“早请示”“晚汇报”“一天三祝愿”，并且四处传经送宝，宣讲极“左”政治经：“千条万条，突出政治第一条，阶级斗争是根本，老三篇天天读是关键，忠于领袖是标准。”

他头脑膨胀，忘乎所以，加上文化水平、政治阅历有限，错估了形势，竟在各地讲用时鹦鹉学舌地声讨走资派，连汤带水地批判了靠边站的县委书记杨民高和公社书记李国香。可是，他们很快官复原职了。为挽回败局，王秋赦就要向杨书记表一表忠心。通过李国香，他知道了杨书记爱吃冬笋。到哪里去开冬笋呢？当然不用买。王秋赦的办法是以“打击投机倒把、堵塞资本主义道路”为名，派出民兵小分队，包围集市，宣布紧急戒严，令赶集者只能进、不能出，将冬笋一律没收。为什么单单没收冬笋？这需要有个理由，但这理由并不好找。王秋赦的办法很绝：一边是没收冬笋，另一边是

“一个小道消息透露出来，说是新近山里侦破了一个反动组织，叫笋壳党。反革命分子们把秘密文件匿藏在冬笋壳里进行反革命联络。所以这一圩上撒下了天罗地网。”“那些丢失了冬笋的人，哪里还顾得上那点子经济损失？只恨不得生出一双翅膀来，飞离圩场这是非之地。”

王秋赦当夜就带了冬笋进城，终于挽回了杨书记的信任。因为他的革命工作的确进行得有声有色，所以受到上级重视，很快当上了公社革命委员会副主任。

考察王秋赦的一生，有一个突出的特点就是与极“左”政治共浮沉。是极“左”政治把他托上了芙蓉镇政治的风口浪尖，极“左”政治思潮越是泛滥，王秋赦就越是得势，而一旦极“左”政治路线得到抑制和纠正，王秋赦就失势了。在这部小说的结尾，时代正在拨乱反正、平反冤假错案。胡玉音要平反了，秦书田要平反了，王秋赦说：“老子在台上一天，你们就莫想平反！”可是，时代的变化不以他的意志为转移，最后他终于发疯，在街上高喊：“千万不要忘记呵！”“‘文化大革命’五六年又来一次呵！”“阶级斗争，一抓就灵啊！”

通过小说的描写，人们不难看到王秋赦恶劣的品质和肮脏的灵魂，也不难看到他的性格所包含的破坏性。作为一个无产者，经济地位决定了他本能地盼望革命和动荡以改变自己的生活现状。因为自身的穷困，他有对剥削者和压迫者的愤恨，有翻身过好日子的欲望，因而表现出很强的革命性。在破坏一个旧世界的时候，它所具有的力量是一般本分农民所没有的。所以，在革命的时候，他往往成为最主动、最激烈的先锋，成为革命依靠的力量。但是，王秋赦这样的无产者性格中却有另一个重要的侧面：他好逸恶劳，品质恶劣，思想意识极为腐朽。他仇恨地主山霸，同时也羡慕地主山霸，全部的革命理想不过是夺取地主山霸的财产和女人，翻身成为新的地主山霸。因此，他们的革命只是取而代之，而不会带来历史进步。

与此同时，由于他们游手好闲，好逸恶劳，不能为社会创造财富，也不能为自己创造美好的生活。他们是旧世界的破坏者，却不是新世界的建设者。因此，即使在一次翻天覆地的革命中翻身之后，他们仍然会重新沦落为赤贫。正因为这样，他们就总希望破坏秩序，改变现状，再来一次革命。所以，像王秋赦这样的人，永远是革命或动荡的力量，而不可能是社会走向稳定和繁荣的力量。与建设者胡玉音相比，小说留给人们的思考是：在建设时期，社会应该依靠胡玉音们还是依靠王秋赦们？很明显，应该依靠的是胡玉音这样的建设者。但是，那段历史却恰恰做了相反的选择，信赖并依靠王秋赦们，打击和镇压胡玉音们，因而给人民生活和社会的发展造成了严重危害。小说对王秋赦这一形象的塑造，重要的贡献之一，就在于使人们看到了时代的这种错误选择，同时看到了极“左”政治的社会基础。

四、谷燕山

粮站主任谷燕山在作品中是作为一个“右倾”务实的干部形象塑造的。自从披着老羊皮袄、穿着大头鞋随南下大军来到芙蓉镇，就在这里扎下来做地方工作。他入乡随俗，北方话改成镇上人人听得懂的本地“官话”，还习惯了吃整碗的五爪辣、羊角辣、朝天辣，习惯了吃蛇肉、猫肉和狗肉。他长相有点凶，刚来时，只要双手一叉在街当中一站，就吓得娃娃们四下里逃散。然而，时间长了，镇上人知道，他是“长了副凶神相，有一颗菩萨心”。

战场上负伤，使他永远丧失了性功能。这当然是镇上无人知晓的隐秘，但人们能够看到的是，他结过一次婚，但女人很快离去，从此一直过着单身生活，而且拒绝一切好心人的介绍，也拒绝了所有女人对他的表示。可是，这个单身男人并不孤独，原因在于：“芙蓉镇上那些半大的男伢妹娃，多半都认了他做‘亲爷’。他也特喜欢这些娃儿。因之他屋里常有妹娃嬉戏，床上常有男伢打滚。什么小人书、棒棒糖、汽车、飞机、坦克、大炮，摆了一桌，摊了一地。他还代有的娃娃交书籍课本费，买铅笔、米突尺什么的。据镇上的几位民间经济学家心算口算，他大约每月都把薪水的百分之十几花在这些‘义崽义女’身上了。镇上的青年人娶亲或是出嫁，也总要请他坐席，讲几句有分量又得体的话。他也乐于送一份不厚不薄的贺礼。镇上有的人家甚至家里来了上年纪、有身份的客人，办了有鳞有爪的酒菜，也习惯于请他作陪，并介绍：‘这是镇上谷主任，南下的老革命……’好像以此可以光耀门庭。随着岁月的增长，老谷的存在对本镇人的生活，起着一种安定、和谐的作用。有时镇上的街坊邻里，不免要为些鸡鸭猫狗的事闹矛盾，挂在人们口边的一句话也是：‘走走！去找老谷，喊他评评理，我怕他不骂你个狗血喷头才怪呢!'"

从这样的描写不难看出，这是一个好干部。唯一让人不解的是，作家不知为什么让他丧失了性功能。这种设计当然不会是随意的，肯定有用。比如，它一下子就洗清了关于谷燕山与胡玉音关系是否正常的嫌疑。除此之外，性功能的丧失是否还有寓意？比如后继无人，似乎也值得考虑。

在小说中，谷燕山所做的重要的事，首先是卖给胡玉音碎米谷头子，支持胡玉音卖米豆腐。在他看来，胡玉音的行为是正当的，而且是为社会主义增光的。这从他在胡玉音新房建成时的讲话可以看到。但是，即使在“四清”运动到来之前，围绕这件事，已经展开了激烈的斗争。由于李国香的汇报，县商业局给芙蓉镇圩场管理委员会下达了一个盖有鲜红大印的打字公文：“查你镇近几年来，小摊小贩乘国家经济困难时机，大搞投机贩卖，从中牟利。更有不少社员弃农经商，以国家一、二类统购统销物资做原料，擅自出售各种生熟食品，扰乱市场，破坏人民公社集体经济。希你镇圩场管理委员会，即日起对小摊贩进行一次认真清理。非法经商者，一律予以取缔。”公文的后面还附有县委财贸办的批示：“同意。”还有县委书记杨民高的批示：“芙蓉镇的问题值得注意。”面对这样的文件，谷燕山还曾经试图抵抗。他对黎满庚说：“你干妹子是个弱门弱户。有我们这些人在，就要护着他们过安生日子……我明后天进城去，找几位老战友，想想法子，把母胡蜂请走……”这里的“母胡蜂”是指当时的国营饭店经理，后来的“四清”工作组组长李国香。

可是，由于政治形势的大背景，他的斗争显然失败了。“四清”工作组进驻芙蓉镇之后，扎根串连，调查研究，整理了他的材料，于是有了县委组织部和县粮食局下发的公文：“鉴于芙蓉镇粮站主任谷燕山丧失阶级立场，盗卖国库粮食，情节严重，性质恶劣，令其即日起停职反省，交代问题。”“盗卖国库粮食”，并非空穴来风，因为李国香给他算了一笔账：每圩从打米厂批卖六十斤碎米谷头给“芙蓉姐子”做米豆腐生意，两年多来，他拿一万多斤大米支持了“资本主义”。根据工作组给县委的报告，是鉴于谷燕山严重丧失阶级立场，长期助长乡镇资本主义势力，建议开除他的党籍，遣送回乡劳动。但县委的一些老同志念及他是个南下干部，在这之前没有犯过错误，这次虽然认错态度不好，检讨不深刻，但还是要给出路，才决定给予党内严重警告、降薪一级的处分。谷燕山就这样迎来了“文化大革命”。

在“文革”时期，谷燕山成了芙蓉镇有名的“醉汉”，所以并没有受到多少冲击。可是，这个醉汉却自有他的清醒。他知道，“斗个没完，整个没完，年复一年。有的人眼睛都熏红了，心都成了铁，以斗人整人为职业。”这都是为了什么？他弄不明白，但他知道这不正常。通过作家的描写，我们看到的是谷燕山身上所保留的朴素的人情味儿。他没有李国香那么高的阶级斗争觉悟，而且压根就不赞成那种阶级斗争。当胡玉音和秦书田结为“黑鬼夫妻”的时候，他是唯一前去祝贺的人，而且为他们主婚。当秦书田被送进监狱，而胡玉音自己一人在家临产的时候，是他前去照顾，而且在风雪中把她送进了医院。正因为这样，胡玉音对他的感激无以言表。当医生问孩子是否取了名字的时候，胡玉音的回答是：“谷军。”让儿子姓了谷燕山的姓。一直到“四人帮”倒台，秦书田即将刑满回家之际，谷燕山才在孩子的名字前面又加上他的姓，成了“秦谷军”。

“文革”结束，拨乱反正之后，他被任命为芙蓉镇党委书记。他是小说中的正面人物，但作者对他没有拔高，而是写出了他的全部朴素，着力表现他身上的人性的闪光。

五、李国香

作为一个艺术形象，这也是一个成功的典型。透过李国香，我们可以看到极“左”政治思潮盛行之时那些弄潮儿，看到他们的所谓政治觉悟，看到他们的所谓坚定立场和斗争艺术。

李国香本是县商业局的人事干部，县委财贸书记杨民高的外甥女，全县商业战线以批资本主义出名的女将。早在1958年，她就献计献策，由县工商行政管理局放出了一颗“工商卫星”：对全县小摊小贩进行了一次突击性大清理。她的事迹上省报，因而成为县里的红人，入了党，提了干。可惜的是，正当要被提拔为县商业局副局长时，她去医院打胎，不得不交代出肚里孽种的来历，泄露了她与县委财办主任的私情。为了爱护典型，秘事当然被严格控制在极小的范围内。负责给她堕胎的女医生也很快被安排到千里之外的洞庭湖区搞“血防”去了。但李国香还是要暂时受点委屈，从县城下到芙蓉镇饮食店来当经理。

她出场时已经是三十二岁，却仍是单身。小说对这位女经理的描写用笔较多，详细地叙述了她的恋爱经历：李国香二十二岁参加革命工作，在挑选对象这个问题上，真叫尝遍了酸甜苦辣咸。她初恋谈的是县兵役局一位肩章上一颗“豆”的少尉排长，可是那年月时髦姑娘们流行的歌诀是：一颗“豆”太小，两颗“豆”嫌少，三颗“豆”正好，四颗“豆”太老。她很快就和“一颗豆”吹了。不久找了位“三颗豆”，可是上尉连长刚和乡下的女人离了婚，身边有个孩子，于是拉倒。第三次爱情是闪电式的，很快就结束了。1956年，党号召向科学进军，她就找了个知识分子，并且有了“百日之恩”，可是这位眼镜先生第二年被划成右派分子。“她像走夜路碰见了五步蛇，赶忙把跨出去的脚缩了回来。”因此，不知不觉十年青春过去了，她在政治上越来越红，而在个人生活方面却越来越不走运。小说写道：“人一变丑，心就变冷。积习成癖，她在心里暗暗嫉妒着那些有家有室的女人。”而且特别妒忌漂亮女人。也许，这正是她与胡玉音特别过不去的重要原因。

更为可惜的是，她找不到男人，曾经降格以求热烈追求谷燕山。却没有想到，谷燕山这个单身汉却像一截湿木头，怎么也点不着。李国香只好放下自尊采取积极行动，结果却在这个四十多的单身汉面前碰了壁。这让她满怀仇恨，报复谷燕山，同时寻找原因，想到了那个“米豆腐西施”胡玉音。这就使她决心把胡玉音和谷燕山一起打翻在地。

而这一切，竟然都是无产阶级政治，都以阶级斗争的形式表现了出来。她刚刚来到芙蓉镇，就对镇上的自由市场有一种特殊的敏感。关注各种饮食小摊经售的形形色色零星小吃，看它究竟如何与自己的国营饮食店争夺顾客。当她发现胡玉音的米豆腐生意是那样红火时，不是考虑如何改善自己的服务，而是马上做出这样的反应：“这还了得？小摊贩竟来和国营店子抢生意？”马上就准备收了胡玉音的摊子。只是因为当时的政治气候尚不成熟，谷燕山等人使她的愿望没有实现。

在“四清”没有开始之前，我们已经看到了李国香的阶级斗争觉悟。是她发现了厕所里的“反动标语”，并立即上报。是她和王秋赦向公安员反映：“莫看芙蓉镇地方小，人口不多，但圩场集市，水路旱路，过往人等鱼目混珠，龙蛇混杂。就是本镇大队戴了帽、标了号的‘地、富、反、坏、右'分子，也有二十几个；出身成分不纯、社会关系复杂、不戴帽的内专对象及其亲属子女，就更不止这个数。圩镇上的人，哪个不是旧社会吃喝嫖赌、做生意跑码头过来的？有几个老实干净的人？还有就是镇上的国家干部和职工，党团员，也成年累月和这些居民厮混在一起，藤藤蔓蔓，瓜葛亲朋，拜姊妹结老表，认干爹干娘，阶级阵线也早就模糊不清了。"在查"反标"的过程中，她先是认为秦书田可疑，被公安员否定了；又提出胡玉音可疑，也被公安员否定了。实在没有别的线索，她又给公安员出了主意：通过各级党团组织，出政治题目，发动群众写文章谈对三面红旗的认识，让全镇凡是有点文墨的人，都写出一纸手迹来查对。

面对胡玉音的豆腐摊子，她到县里提出了取缔小摊贩的建议。县里根据当时中央、省、地有关开放农村集市贸易的政策精神，觉得小摊小贩不宜一律取缔，但既然基层干部反映强烈，便做出了对芙蓉镇小摊贩进行重新登记并发放临时营业许可证的决议。因为此时芙蓉镇的权力仍然在黎满庚、谷燕山和税务所长等人的手里，重新登记没有搞垮胡玉音，反而让她得到了一张营业证。李国香变本加厉，再次向县里报告。于是，在杨书记的头脑中，终于形成一个芙蓉镇小集团的草图：米豆腐西施（父为青洪帮，母为妓女，新生资产阶级）——黎满庚（大队支书，严重丧失阶级立场）——谷燕山（粮站主任，腐化堕落）——秦书田（反动右派）——税务所长（阶级异己分子）……

作家特别写了她那坚定的阶级立场和强烈的阶级感情。她作为"四清"工作组长住进王秋赦的吊脚楼，小说有这样一段描写：

> 歪斜的楼屋，荒芜的院子，使李国香组长深有感触，感到自己的责任重大啊，解放都十四五年了，王秋赦这样的"土改根子"还在过着穷苦日子，并没有彻底翻身。这是什么问题？三年苦日子，城乡资本主义势力乘机抬了头啊。不搞运动，不抓阶级斗争，农村必然两极分化，还是富的富，穷的穷，国变色，党变修，革命成果断送，资本主义复辟，地主资产阶级上台，又要重新进山打游击，搞农村包围城市……当李国香在楼下火塘里看到王秋赦的烂锅烂灶缺口碗，都红了眼眶掉了泪！多么深厚的阶级情感……

她所领导的“四清”工作组的工作方法是很值得注意的。它采用的是先扎根串连、整理材料、组织队伍，再发动群众的方式。她发现和培养“运动根子”的方法，她调查研究的办法，都是值得关注的。那是多年积累的政治经验，显示着称职的工作能力。比如对胡玉音卖米豆腐剥削人民的材料的取证，她先问胡玉音：“从1961年下半年起，芙蓉镇开始改半月圩为五天圩。这就是讲，一月六圩，对不对？”胡玉音点点头。“到今年2月底止，一共是两年零九个月，也就是说，一共是三十三个月份，正好，逢了一百九十八圩，对不对？”胡玉音点点头。然后她说：“你每圩都做了大约五十斤大米的米豆腐卖。有人讲这是家庭副业，我们暂且不管这个。一斤米的米豆腐你大约可以卖十碗。你的定价不高，量也较足。这叫薄利多销。你的佐料香辣，食具干净，油水也比较厚。所以受到一些顾客的欢迎。你一圩卖掉的是五百碗，也就是五十块钱，有多无少。一月六圩，你的月收入为三百元。三百元中，我们替你留有余地，除掉一百元的成本花销，不算少了吧？你每月还纯收入两百元！顺便提一句，你的收入达到了一位省级首长的水平。一年十二个月，你每年纯收入二千四百元！两年零九个月，累计纯收入六千六百元！”由此可见，这个人的确很能干，头脑清醒，办事干练，很有工作能力。

把全镇各家各户的情况基本摸清了，群众还没有发动起来，于是就从忆苦思甜、回忆对比入手，激发社员群众的阶级感情。她的具体措施有三：一是吃忆苦饭，二是唱忆苦歌，三是举办阶级斗争展览。再加之开大会制造声势，于是芙蓉镇的“四清”运动搞得轰轰烈烈，打倒了黎满庚、谷燕山以及税务所长等干部，重新给胡玉音划了成分，使她戴上了“新富农”的帽子。于是，芙蓉镇被列为全县革命化的典型，李国香则成为“活学活用毛主席著作积极分子”和“标兵”。不久，因革命需要年轻有为的女闯将，她被提拔担任了县委常委兼公社书记。为了巩固“四清”成果，她大部分时间仍住在芙蓉镇。这也就是那个年代时兴的“蹲点”。

“文革”开始，李国香惊惶了几天，但立即就站到了运动的前列，积极领导革命。她首先在芙蓉镇抓出了税务所长等几个“小邓拓”，把“小邓拓”和五类分子们串在一起，进行了几次“牛鬼蛇神大游斗”。有人跳出来造反，贴她的大字报。她查出了供销社主任、信用社会计是“黑后台”，立即组织所谓革命群众进行反击，抓出了几个“假左派，真右派”。可是，在全国大串联的红卫兵小将，却像天兵天将似的突然出现在芙蓉镇。他们因为有中央首长的支持，踢开党委闹革命，当然不买李国香的账。小将们对李国香进行了一次突击搜查。走资本主义道路的证据倒是没有发现，却发现了让小将们脸红而且无法容忍的东西。于是，小将们把一双破鞋挂在了李国香的脖子上，游街示众，从此让她与“黑五类”为伍，与秦书田们一起劳动改造。“文革”中的事就是这样复杂，古华没有像一些人那样写到造反派小将就把他们全往坏处写，而是比较忠实于历史真实，写出了他们于荒唐之中也做过的一些大快人心的事。这里值得注意的是李国香在被打入“黑五类”时的表现：她一再解释：“红卫兵小将、战友、同志！肯定是闹误会了。”她一次又一次找红卫兵们申辩：“我怎么会和他们五类分子、牛鬼蛇神搞到一起？我从来就没有当过右派。1957年，我在县商业局搞专案抓右派。1959年，我参加县委反右倾。1964、1965两年，我是工作组组长，揪五类分子，抓新富农，斗老右派……我从参加革命工作起，就是个左派，真正的左派！所以小将、战友、同志们，你们抓我，肯定是闹误会了，是新左派抓了老左派……”这倒是真的。她从来都是左派。但是，历史于荒唐中出现的公正，小将们不管这些：“哈哈！她妈的，破鞋！不要脸！你还有口讲什么左派?”无论李国香过去怎样左，在他们眼里，也仍然是腐败堕落的修正主义分子。所以，李国香必须与秦书田、胡玉音及地主富农们一起劳动。当秦书田大跳“黑鬼舞”的时候，李国香也必须同样跳，被逼无奈，她只好请求，允许她像狗一样爬到打饭的窗口。应该说，李国香的如此命运正是她自己参与制造的。她们是一个劲地向左转，左了又左，终于培养出了比自己更左的力量。她们自己以整人为乐事，后来自己却也被整。这也算是“因果报应”。

然而，李国香这样的干部注定了是打不倒的。因为她善于审时度势，能够及时调整自己。何况，在老左派与新左派之间，并无不能跨越的鸿沟。小将们的运动过去之后，她很快就爬了起来，成为公社革命委员会主任。“四人帮”倒台后，她在全县三级扩干大会上控诉极“左”路线，讲得许多人都落了泪。于是她步步高升，县委常委分工，由她负责落实平反冤假错案和给地主富农摘帽的工作。她想不通，接受不了，担心的是：“今后革命还有什么对象？拿谁来当活靶子？离开了阶级斗争这个纲，今后农村工作怎么搞?”她的脑子里有一个隐隐约约的看法：变了，修了，复辟了。对此，小说写道：“她白天若无其事，不动声色，晚上却犯了睡觉磨牙齿的毛病，格格响。”这些描写，在那个转折关头，也具有很大的代表性。

总之，李国香是一个很有能力的干部，直接制造了芙蓉镇的苦难。她是极“左”政治的得力干将，是极“左”潮流的积极推动者。这个形象具有极大的认识价值，可以为历史存档。透过这个形象，我们可以认识极“左”思潮泛滥时期那些走红的干部，看到他们的观念，他们的思维，他们的工作方法，看到他们的一切给中国人民带来的灾难。古华的可贵之处还在于，他深刻地看到了这样的干部并没有与那个时代一起过去。有他们在，隐患就仍然存在。

评论界对李国香的生活作风问题曾有所争议。也许，对私生活的描写和评判并非必要。由此透露的是作家对政治人物进行道德涂抹的做法，这在当代文学中是普遍的。反面人物往往伴随着道德堕落，而道德堕落又往往要在不正当的男女关系方面做文章。其实，作为一个三十多岁而没有结婚的女人，有婚外的性关系，并不值得大惊小怪。如果在西方，或者在“五四”时期或30年代的中国，作家们是不会这样写的。但是，考虑到中国当代读者的阅读习惯，作者进行这样的描写，是不难理解的。同时，从她十几年的两性关系经历，也显示了这种政治人物在婚姻恋爱方面的观念和选择配偶的标准，反映了那个年代，也丰富了她的性格。

六、黎满庚

黎满庚是个什么人呢？整体上看，他不算坏，应该是个好人、老实人，属于比较善良、比较老实的农村干部。因为他的善良和老实，所以不可能一帆风顺，尤其是在极“左”思潮膨胀的时期，他的官运是不会好的。但他的性格也注定做不了英雄，不可能成为极“左”政治的抵抗者，不可能为了真理和正义去做牺牲。小说没有把他写成英雄，而是写出了一个普通人，有普通人的弱点，也有普通人的长处。关于这个人物，小说主要写了他几件事：

第一件事是他为了政治前途而牺牲了与胡玉音的美好爱情。他与胡玉音本是青梅竹马，一起长大，后来相爱。他喜欢胡玉音，胡玉音也喜欢他。可是，他是党员，当时还是国家干部。杨民高书记对他说：“小黎，根据《婚姻法》，搞对象你有你的自由。但是党组织也有党组织的规矩。你可以选择：要么保住党籍，要么去讨客栈老板的小姐做老婆！”经过一番思想斗争，黎满庚牺牲了爱情，选择了政治前途。于是，他与胡玉音由恋人变成了兄妹。他为胡玉音的深情所感动，曾经发誓要一生一世保护胡玉音。

第二件事是1964年社会主义教育运动来临之际，胡玉音为安全起见，把一千五百元现金托他保管。妻子知道之后，跟他吵了一架。他思之再三，最后还是背叛了胡玉音，背叛了他在芙蓉河岸边立下的保护胡玉音的誓言，向县委工作组交出了胡玉音的钱。

忠诚与背叛，在黎满庚那里总是纠缠在一起。第一次忠诚于组织，背叛了爱情；第二次，他又忠诚于组织，背叛了兄妹情谊。在组织和个人、革命和爱情面前，他总是理性战胜感性，革命排斥了私情。他不加考虑地把组织看得重于一切，盲从到了愚昧的地步，从来没有考虑过这个所谓的“组织”执行的是什么路线。他没有这个能力，所以只有服从。

但是，我们同时也可以看到，他不是一个没有感情的人。他发誓要一生一世保护胡玉音，并非虚情假意，而是内心感情的真实流露。在“四清”到来之前，他也的确是这么做的。直到后来，秦书田进了监狱，胡玉音自己带着孩子艰难生活，他虽然不能像谷燕山那样去帮助她，但从他对玉音的孩子的态度，也可以看到他的内心。只是在政治大势之下，他的确没有力量保护自己心爱的人。他如果硬要保护，势必为胡玉音做出牺牲，那样他就成为英雄，而不再是黎满庚了。

《芙蓉镇》通过这六个人物的塑造，已经比较全面地展现了一个时代的政治风云，反映了中国人走过的一段曲折道路。

1984年10月　曲阜

《人啊，人！》纵横谈

一、作者及写作背景

作者戴厚英，1938年生，安徽颍上人，1956年考入华东师范大学中文系，1960年毕业后分配到上海作家协会工作，“文革”后调至复旦大学上海分校中文系任教，同时开始文学创作，主要作品有《诗人之死》《人啊，人!》《锁链，是柔软的》等。

1960年2月25日，中国作家协会上海分会召开以“高举毛泽东思想红旗，批判资产阶级文艺思想”为主题的大会。这个会开了四十九天，直到4月13日才宣告闭幕。在这个大会上，来自华东师范大学中文系的一个女学生因为批判她的老师而名声大噪。她就是戴厚英。她被作为“文艺理论的新生力量”写入大会纪要，登载在中国文联的机关刊物《文艺报》上，因而名扬全国。因此，她被借调到上海作家协会文学研究室，毕业后即被分配于此从事理论批评工作。

从表面上看，戴厚英是那个年代的积极分子，但她的内心并非没有矛盾。她的父亲因为对统购统销政策发表意见而被划为“右派分子”，她的叔父因为被冤枉而自杀，这使戴厚英“追求进步”的行为具有了更多的含义。在她参加工作并被作为“新生力量”培养之际，她从安徽探亲归来，曾对人讲起家乡饿死人的惨状，因此受到批评和警告。

“文革”前夕，戴厚英曾经是上海市委写作组的成员，并且被派到北京参加过批判田汉的写作班子，写过不少批判文章。用她自己的话说，那时候她的脑袋没有长在自己的脖子上，成了别人的打手。但在“文革”开始时，她已经离开那个后来大名鼎鼎的写作组。北京之行没有导致她进一步攀升。

“文革”开始之后，戴厚英曾经作为造反组织的头头而风云一时，也曾因为参与“炮打张春桥”事件而被整。一起事件对她产生重要影响，这就是她与著名诗人闻捷的一场恋爱。当时的闻捷已经被打倒，一个是改造者，一个被改造者，却因为种种原因而相爱了，虽然时间很短，总共不过100天，但他们之间产生了很深的感情。他们的恋爱被视为“阶级斗争的新动向”，被强行拆散，闻捷遭到批斗，而且因此而自杀身亡。这对戴厚英是一个巨大的打击，也使她在痛苦中产生了脱胎换骨的变化。从此，她再也不是那个痛批人道主义和人性论的女学生。

“文革”过去之后，戴厚英调入复旦大学上海分校（今上海大学）中文系任教，痛定思痛，她开始反省，并写下自己的思索和感悟，先是写出了《诗人之死》，接着又写了《人啊，人!》。

《人啊，人!》的创作有一个特殊的背景：由于“左”倾思潮的影响，人情、人性和人道主义在当代中国长期没有合法地位。它被判给了资产阶级，受到一次又一次的批判。1956到1957年间，在双百方针提出的背景上，人们曾经试图恢复它在文学中的地位，因而有了巴人的《论人情》、钱谷融的《论文学是人学》等文章，但旋即被批判。从此之后，人情、人性和人道主义成为文学表现的禁地。“文革”结束之后，面对人性被扭曲、人的价值与尊严被践踏、人的自由和权利被剥夺的现实，人们试图修复人与人之间的正常关系，寻回人的价值与尊严。因此，在控诉极“左”政治的同时，中国大地上出现了一股张扬人情、人性和人道主义的思潮。《人啊，人!》正是在这个背景上出现的。

《人啊，人!》发表之后，引起了强烈的反响和争议。戴厚英成为中国文坛上高扬人情、人性和人道主义的一面旗帜。她因此而受到猛烈的批判，也受到热烈的赞美。

二、故事中心：从孙悦说起

《人啊，人！》是一部风格比较独特的作品。它以C城大学为背景，写了一系列知识分子各自的人生坎坷和彼此的复杂关系，反映了从“反右”到“文革”再到思想解放运动这一段历史生活，控诉了“左”倾路线给人们带来的深重灾难，揭示了人为的“阶级斗争”对人情、人性的扼杀和扭曲，表现了“文革”刚刚结束之时中国社会存在的复杂的矛盾和斗争，对人情、人性和人道主义发出了热切的呼唤。

小说采用了一种新的艺术表现形式，不追求情节的连贯和缜密，也不追求形象描绘的具体和细腻，而是不断转换叙事角度，采用回忆和内心独白的方式，致力于人物灵魂的刻画。作者让几个主要人物轮流担当生活的观察者和小说的叙述者，让他们自己打开自己的心灵，展示自己的内心，同时采用了某些意识流的手法，写感觉，写幻想，写梦境，较好地揭示了人物的精神世界。可以说，整部作品既富于思想性，又充满诗意，显示了鲜明的个性特点。

不过，对于读者来说，这种写法却增加了把握作品的难度，因为作品中的完整故事、人物关系都需要我们自己清理和连缀。而且，几个人物分头叙述，每个人都有自己的故事，中心线索并不明显。应该说，小说是以孙悦作为主要线索进行结构的，而且她的故事占用篇幅最多。但是，孙悦并不是最主要的人物，小说主题也并不是主要由她所体现。然而，她却承担了连结人物和故事的功能，因为这种位置，我们的阅读无法不首先关注这个人物。

她是C城大学中文系总支书记，是一个美丽、善良、正直的女人，但她的人生道路很不平坦。

在50年代中期，她和青梅竹马的男友赵振环一同跨入C城大学。那时候，她是个极其单纯的女孩，并且不久就显示出多方面的才能：学习成绩优秀，不断在校刊上发表散文和诗歌，而且是学校体操队队员、系话剧团团员、周末舞会上的活跃分子。她因此而被各个年级的男生注意，成了他们追求的对象。何荆夫是在迎新生的时候认识孙悦的，因为第一次见面他就被她吸引了。在此后的日子里，何荆夫从关注孙悦、接近孙悦到狂热追求孙悦。

但孙悦没有接受何荆夫的追求，因为她与赵振环从上小学就在一起，青梅竹马，她不愿背弃自己的初恋，不愿做一个忘恩负义、朝秦暮楚的人。为此，她公开宣布了自己与赵振环的恋爱关系。何荆夫尊重她的选择，却无法放弃对她的爱，只有在日记里不断倾诉对她的爱。

就在这时，他们迎来了1957年那场反右运动。在大鸣大放中，校党委书记奚流以“鸣放是压倒一切的政治任务”为由，不许华侨学生小谢出国探望生病的母亲。何荆夫为此贴出大字报，批评奚流缺少起码的人情味。大字报在校园里引起很大反响，有一千多人在上面签名，孙悦也签了名。不久，反右运动开始了，孙悦受到组织批评，为签名一事做了检讨。而何荆夫则因此被划为“右派分子”，开除学籍，遣返乡下。就在批判何荆夫的时候，他的日记作为罪证材料被摘抄公布。日记中对孙悦的深爱使孙悦的内心受到强烈冲击。何荆夫被遣送下乡前夕，她与何荆夫在一片灌木丛单独见了面，并且突然在他的脸上吻了一下，然后急忙离去。此后，她曾经一次次单独去那片灌木丛。由此可见，她虽然忠于她与赵振环的恋爱关系，但还是被何荆夫的感情所打动，内心充满矛盾。这时候的孙悦事实上面临着两种选择。但是，在反右的大背景上，各方面的条件都使她不可能选择已经被打成“右派分子”的何荆夫。

与爱情上的矛盾一样，孙悦在思想中同样充满矛盾。她热爱党，热爱新中国，积极追求进步，虔诚地信仰时代流行的价值。但是，正如奚流对她的评价：“受18、19世纪资产阶级文学影响太深，充满小资情调。”她要追求进步，就必须对自己头脑中的资产阶级思想进行改造。后来，孙悦在全系学生大会上现身说法，对自己进行了深刻的检查和批判，认为自己在阶级斗争中不坚定，甚至差一点就与一个“右派分子”恋爱，“是受了人道主义、人性论的影响”。她因为深刻的自我检查而受到奚流的表扬，并且在大学毕业时被留校任教。在此后的日子里，她成为奚流的忠实追随者。

“文化大革命”开始，孙悦被作为奚流的“铁杆保皇派”揪了出来，但她毫无怨言，因为在她的眼里，奚流是党的化身，又是德高望重的长者，所以心甘情愿。即使被挂上“奚流姘头”的牌子站在奚流旁边被批斗，她也仍然坚信总有一天会真相大白，泼在自己满身的这些污水会被洗去。但是，当造反派把奚流写给有夫之妇陈玉立的肉麻情书当众宣读时，当她听到奚流对一个鄙俗的女人表示“我愿做你的一条狗”时，当奚流承认这信的确是他所写时，她精神上的一根支柱倒塌了。她带着一身脏水被下放到一所中学。与此同时，生活上的打击紧接而来：她的丈夫抛弃了她。大学毕业时，赵振环被分配到千里之外的A省日报当记者。虽然他们一毕业就结了婚，但因为孙悦“C城大学党委书记姘头”的名声使赵振环感到丢脸，加之另一个女人的介入，赵振环离开了孙悦。

离婚之后，孙悦带着女儿生活，伴随她的是种种痛苦和困惑。

“四人帮”垮台后，奚流官复原职，孙悦也被从中学调回，担任中文系党总支书记。但是，此时的孙悦对奚流已经没有崇拜。她看到的奚流再也不是过去那个值得信赖的党的化身。她开始与奚流争辩，甚至在党委会上公开顶撞奚流。孙悦与奚流的关系变化包含了丰富的内容。孙悦本来以为，经过“文化大革命”的教训，奚流也许有所改变，但她没有想到官复原职之后的奚流只关心自己的权位。这使她非常失望，甚至后悔调回大学来。

在爱情上，孙悦又一次面临选择：赵振环在跟她离婚之后与冯兰香结了婚，但很快就后悔了，这时正坚决要与冯兰香离婚，并且希望孙悦能够重新接受他。何荆夫的右派问题得到平反，回到母校工作。经过二十年的坎坷和苦难，他比原来更深沉，也更敏锐。他深邃的思想使迷惘中的孙悦看到了亮光。她无法抗拒何荆夫对她的吸引力，渴望与何荆夫结合，但由于过去的那段历史，又对他有一种负罪感，自尊心使她难以轻松面对。

这一切，都使孙悦的内心矛盾重重。无论在爱情上还是思想上，她都面临重新选择。事实上，这正是一个历史的转折时期不少人都面临的选择。

由于何荆夫的《马克思主义与人道主义》一书遇到的阻挠，孙悦更清楚地看到了奚流的真面目，也更进一步了解了何荆夫。她感到自己不能再一次失去他，更不能再让他一个人孤独地承受一切，而应该与他并肩搏斗。最后，孙悦终于与何荆夫站到了一起。

通过孙悦人生道路和精神历程的描写，我们看到了她的发展变化过程。这个过程主要是一个重新选择的过程，也是一个找回自我的过程。孙悦是一个善良正直的人，也是一个严肃认真的人。但在过去，她一直相信组织，信任领导，却没有独立思考的能力，缺少怀疑的精神和创造的勇气，安于做“驯服工具”。坎坷的生活给她留下了创伤，也使她有所醒悟；政治的多变曾使她无所适从，也培养了独立思考的能力。最后，她终于找回了自我，找回了属于自己的爱，并且在思想上走向了时代前列。这是一个变化的人物，在她的身上，带有作家自己的某些影子。对于那一代人来说，孙悦有很大的代表性。

三、时代矛盾：何荆夫与奚流之间

小说虽然以孙悦为叙事中心，但她只是矛盾两极中间的人物。这矛盾的两极是由何荆夫与奚流构成的。分析作品的矛盾结构不难发现，更重要的人物是作为1957年的“右派分子”和“文革”结束后思想解放运动的先锋的何荆夫，和思想僵化、坚持极“左”路线的奚流。时代的主要矛盾发生在他们之间。他们的矛盾并不是个人之间的恩怨，不是过去作品中常见的阶级斗争或路线斗争，也不是当时文学所流行的改革与保守的斗争。何荆夫与奚流的矛盾是围绕着人情、人性和人道主义展开的，而且以此贯穿始终。小说从“人情味儿”的呼唤被扼杀开始，到人道主义的呼唤再次被阻挠结束，构成了一条矛盾主线，以这条主线为中心，表现了二十多年的历史生活。

1957年，何荆夫贴大字报批评校党委书记奚流，是因为他缺少人情味。正在鸣放开始的时候，华侨学生小谢要请假出国探望生病的母亲。奚流以“鸣放是压倒一切的政治任务”为由，不许小谢出国，并且要求他与资产阶级的母亲划清界限。小谢想不通，以大字报的形式公布了奚流与他的谈话。何荆夫为小谢鸣不平，写了题为《希望奚流同志多一点人情味》的大字报。因此，他成了“右派分子”，罪名是：“用资产阶级人性论反对党的阶级路线，用修正主义的人道主义取消阶级斗争，用造谣中伤攻击党的领导。”

他为此而饱经苦难，却进一步体察了泯灭人性的力量给千千万万人带来的剧痛，坚定了对人情、人性和人道主义的探索和呼唤。打成右派分子之后，何荆夫被送回农村，成了一个没有户口、没有工作、没有粮油关系的流浪者，成了“烧炭的老何”“盖房子的老何”“背石头的老何”“拉车的老何”……流浪了大半个中国。但他没有被打倒，而且始终坚持他的“错误”。家庭、亲人和周围人们的苦难生活使他进一步思索。他要重新认识生活，要探索社会发展的规律，要寻找当代政治生活中不正常现象的社会根源和历史根源。随着对下层人民生活苦难的深入了解，他不再为个人的不幸而苦恼，开始思考千千万万人的共同命运。他始终没有忘记人性和人道的问题，面对时代的苦难，他要寻求答案，因而带着信念和责任走过了漫漫长夜，并且成为一个执着的探索者。

“文革”结束之后，他的冤案得以平反，被调回母校工作。饱经磨难的他表现着鲜明的特征：

首先，他毫不计较个人的恩怨，表现了浓重的人道主义精神。他主动登门拜访曾以一张大字报几乎置他于死地的许恒忠，并且给予真诚的帮助。当他得知孙悦早已与赵振环离婚时，心中重新燃起了爱情的希望，但为了使赵振环与孙悦能够破镜重圆，他还是压抑了自己的爱情，真诚地希望他们能够重归于好。他爱孙悦，但他尊重孙悦的选择。因为他知道：“上帝给了我爱别人的权利，可没有给我剥夺别人爱的权利。”他不满于奚流的思想僵化和官僚作风，但仍然不念旧怨，真诚地希望他能够总结教训，改变过去的做法。他和他的家庭屡遭不幸，但他的态度是“谁也不恨”，时时处处以真诚和善良待人。小说的这种描写，使我们看到了一个真正的人道主义者。作者写出这样一个人物，显然寄托了她的人格理想。说到底，这个理想并不新鲜，仍然是那个关于人情、人性、人道的理想，那个关于自由、平等、博爱的旧梦。不过，它在中国文学中已经绝迹几十年。

其次，他一心致力于马克思主义与人道主义的理论探索。小说对何荆夫的描写着重揭示的是他的精神。而这种精神的揭示更多的是通过他对人道主义的思考进行的。回到C城大学的何荆夫不仅行为上处处体现着人道主义，而且正在撰写一本题为《马克思主义与人道主义》的专著。他根据自己的经历和感受总结历史的经验教训，试图阐述这样一种理念：“马克思主义与人道主义并不是水火不相容的。马克思主义包含了人道主义，是最彻底、最革命的人道主义。”在他看来，人都有一种天性，比如，对性爱的追求，对自由、平等的渴望，这都是不应被压抑的。每一个人都应该成为“我自己”，人与人之间应该相亲相爱，而不应该相互仇视，更不应该人为地制造阶级斗争。

经过长期努力，何荆夫终于写成一本题为《马克思主义与人道主义》的专著。然而，他的观点触动了奚流等人，因而专著的出版受到奚流千方百计的阻挠。

作为C城大学的党委书记，奚流在小说中是一个思想僵化、品质恶劣的人物。

在1957年的反右运动中，他以“发现问题早，反击早，对右派分子的打击力度大，与右倾思想斗争坚决，打右派毫不手软”著称，把C城大学百分之十的学生打成了右派分子，并且公报私仇，把给他提意见的学生小谢、何荆夫等都打成了右派。因此，他成了全国高等院校中有名的反右英雄。在日常工作和生活中，他表面道貌岸然，满嘴革命辞藻，而事实上却是一肚子男盗女娼，结党营私，拉帮结伙，全力维护个人的权力。他在“文革”中受到冲击，未必不是咎由自取。在这一点上，戴厚英表现了独到的见解，她没有把“文革”中的造反派写成小丑，也没有把受冲击的老干部都写成蒙难的英雄。

“文革”过去之后，奚流官复原职，却仍然思想僵化，坚持“左”的路线，因而成为阻碍历史前进的力量。对于“文化大革命”，他所记住的只是个人恩怨，却没有任何反思，不能从中吸取教训。许恒忠在“文革”中成了造反派，在批斗大会上公布过奚流写给有夫之妇陈玉立的情书，所以迟迟得不到解脱，连写文章批判“四人帮”的权利也被剥夺。游若水在“文革”中权力比许恒忠大得多，表现也恶劣得多，但因为能够效忠于奚流，却连检查也不用写，就当了党委办公室主任。当孙悦对这种做法提出异议时，他只是从个人的恩怨出发，认为孙悦辜负了他的希望，并且叹息道：“我一恢复工作就把你从中学里调回来，让你负责一个系。想不到……”

他对知识分子一直存有偏见和戒备，因为“知识的权力越大，他的权力就越小”。他在一本杂志上看到一篇题为《知识就是力量》的文章，就大大嘲弄了一通：“知识就是力量，这口号真新鲜。这作者连起码的常识都不懂。推动历史前进的是什么？是人民！是阶级斗争！还有党！知识就是力量，我们的事业就该由知识分子领导了！工人阶级摆在什么位置？人民群众摆在什么位置？”当有人告诉他知识就是力量这句话的出处时，他说：“这就更清楚了，资产阶级的口号我们可以照搬吗？”

他坚持“左”的思想路线，与改革开放的时代要求格格不入，无法接受“文革”结束之后拨乱反正的现实。在他看来，“自从号召解放思想、开展关于真理标准的讨论以来，整个方向、路线都出了偏差。”“这样下去的话，国家要乱了，党要修了，就像斯大林逝世后的苏联一样。”“问题就出在这批知识分子身上。每当我们纠正错误，调整政策的时候，就有知识分子跳出来从右边进行干扰。”正因为这样，他以坚持党的领导和反对资产阶级自由化为名，拼命阻挠思想解放，随意剥夺公民的权利。许恒忠在刊物上发表了一篇批判“四人帮”的文章，他让系总支书记一定要管一管，许恒忠发表文章，一定要向组织汇报。他千方百计地阻挠何荆夫著作的出版，到党委会上去讨论是否允许何荆夫出书的问题。有人提出：“这是出版社的事，我们无权过问。何荆夫同志也有他的出版自由。”他的回答是：“是这样吗？那么我们就来讨论一下，百花齐放，百家争鸣是不是要实行资产阶级自由化？我们党还要不要领导？”

面对他在反右运动中“反击早，对右派分子的打击力度大，划的右派学生多”的历史，他的儿子问过他：“这些都是记在你的功劳簿上的资本。可是这一页的背面是什么啊？爸爸，你想过吗？”他没有想过。即使想过了也不愿否定。但他儿子想到了，在这一页的背面，正是他的残忍导致的悲剧：“这一页的背面是受害人的血泪！那个华侨学生小谢，为了维护党和国家的声誉，始终不把不能出国探亲的真实原因告诉母亲。母亲一封又一封信骂他不孝，他都忍受了。平反了，他认为可以把真相告诉母亲了。可是，母亲想到自己对儿子的长期误解，受不了刺激，疯了！……你整天想的是捞回这十年的个人损失，却不想弥补自己给人民造成的损失。别人经过十年的动乱得到了巨大的精神财富，而你反而失去了不少宝贵的东西。你的思想越来越空虚、僵硬、庸俗……”

然而，他总能安慰自己，理由是：一个时代有一个时代的政策，他不过是执行上级的指示，不是他个人的责任，等等。这种态度，在“文革”结束之后的中国，也是很有典型性的。

在何荆夫与奚流之间，矛盾冲突的焦点是明显的：何荆夫认为：“要尊重人，尊重人的个性，培养和加强人的尊严。……在我们今天的社会上，人的自尊心不是太强了，而是太弱了。”奚流认为：“尊重个性？什么是个性？共产党员就要做党的驯服工具。要是每一个人都有自己的观点，自己的个性，那党的路线还怎么贯彻？”何荆夫认为：“中国仍然需要反对封建主义。”奚流认为：“反封建，反封建，这又成为时髦的东西了。我们当初打土豪劣绅不就是反封建？难道我们流血牺牲干了一辈子革命，连封建主义也没有打倒吗？荒唐！”何荆夫努力探讨人性，张扬人道主义。奚流不停地感叹：“人道主义，人道主义！批判多少次了，人们还是要谈人道主义。大家相亲相爱，一律平等，不要动不动就搞阶级斗争，想得多美！我不去斗人，人家就要来斗我。人啊，人！人都是这个样子啊！整天斗还斗不好，不斗更不得了！”

这是一条人道主义与反人道主义的线索。在这条矛盾对立的线索上，何荆夫并不是孤立的。在小说中，干部队伍也并不都是奚流那样的缺少人情味儿的人。小说写了一个总支书记章元元。在反右运动中，她因为“包庇右派学生”而被免职下放。她之所以倒霉，因为她与奚流不同，不能以铁石心肠把学生们送入地狱。奚流点名把何荆夫打成右派，她坚决不同意。她的理由很简单：“是我动员他们鸣放的，现在又由我把他们打成右派，这不是故意陷害他们吗？再说，他们都是孩子。”在何荆夫被打成右派遣送回乡的时候，她去为他送行，师生相拥而哭。她与奚流的分歧引起了一场辩论，但她只能骂奚流是“扼杀青年的刽子手”，却不能改变她的失败命运。她被说成是一只“抱窝的母鸡”，孵化右派并包庇右派，因此而受到处分。在她病危期间，奚流去看她，被她赶了出来。她说：“要是你还有良心，就把那些年轻人一个一个都给我找回来！”可是，那些年轻人中，已有几个永远回不来了。因此，章元元留下遗嘱不准奚流参加她的追悼会。这样的故事告诉我们，革命干部本来并不缺乏美好人性，但由于极“左”政治的大气候，他们被淘汰，历史的舞台留给残暴者尽情表演。

从人物各自的命运和遭遇可以看到，这部内容似乎杂乱的小说，事实上是一个人性被摧残和扭曲的故事，也是一个人性在挣扎和艰难复苏的故事。通过作家的描写，我们看到了人性的悲剧，看到了极“左”政治人为地制造阶级、分裂家庭、践踏人的尊严、泯灭人性的种种罪恶，同时也看到了黑暗背景上的人性闪光，看到了人们对人道主义的坚守和维护。面对何荆夫与奚流的矛盾，小说的倾向性十分鲜明。正是通过这样的审美选择，小说对极“左”政治进行了有力的批判，对人情、人性和人道主义发出了深情的呼唤。

四、关于人道主义

小说中关于人道主义思想的直接表达主要表现在这样几处：

一是小说第八节中关于雨果《九三年》的议论。何荆夫来找孙悦，发现孙悦在读《九三年》。他马上想起在流浪中遇到他的中学老师的情景。他的老师因为给学生介绍《九三年》，被以“宣扬反动的人道主义，攻击无产阶级专政”的罪名划为右派，因而离开了讲台而到街头卖西瓜。他问何荆夫是否读过《九三年》，接着就是下面的对话：

> “我读过。在大学里读的。在革命与反革命决战的时候，雨果想调和斗争，靠人的天性解决阶级矛盾，这只能是一种幻想。革命军将领郭文放走了反革命的叔祖，确实犯了罪。雨果却歌颂他。”我说。
>
> “你这观点是对的。可是雨果的理想里有没有一点合理的因素，你说？忘了吗？想想看。喏喏喏，这一页。”他像当年一样，对学生循循善诱。
>
> “革命的目的难道是要破坏人的天性吗？革命难道是为了破坏人的家庭，为了使人道窒息吗？绝不是的。‘我要人类的每一种特质都成为文明的象征和进步的主人；我要自由的精神，平等的观念，博爱的心灵。’这是主人公郭文的话，也是雨果的思想。你说，一钱不值吗？”老师问我。
>
> “不。雨果提出的问题很有意思。可惜他的理想在资本主义社会里不能实现。资产阶级革命是为了取封建阶级的地位而代之。他们的自由、平等、博爱只能是虚伪的。”我回答老师。
>
> “但是无产阶级能不能把它变为真实的呢？”老师的两道眉挑得很高，额头闪闪发亮。
>
> “我想是能够的，老师！我们共产主义者不是要解放人类吗？马克思说过：‘无神论是通过宗教的扬弃这个中介而使自己表现出来的人本主义，共产主义则是通过私有财产的扬弃这个中介而使自己表现出来的人本主义。’‘无神论的博爱最初还是哲学的、抽象的博爱，而共产主

义的博爱则从一开始就是现实的、直接追求实效的博爱。’马克思划清了资产阶级人道主义和无产阶级人道主义的界限，并没有否定人道主义本身呵！”

“说得好！来，吃西瓜！我们已经消灭了反动派，改变了所有制形式，为什么还要人们斗来斗去，难道还要消灭八百万人吗？……”

二是何荆夫与孙悦的对话。何荆夫翻阅孙悦所读的《九三年》，看到他的老师曾经指给他看的那两段下面也被画了红线。他问孙悦是否欣赏那两段话。孙悦说：“我已经与资产阶级人道主义划清了界限，难道还会栖到这棵树上来?”何荆夫问道：“有没有无产阶级的人道主义呢?”然后自己做了回答：

有，孙悦，有呀！读读马克思、恩格斯的著作吧！多读几遍，你就会发现，这两位伟人心里都有一个“人”，大写的“人”。他们的理论，他们的革命实践，都是要实现这个“人”，要消灭一切使人不能成为“人”的现象和原因。可惜，我们有些自称信仰马克思主义的人，只记住了他们的手段，忘记或丢掉了他们的目的。似乎革命的目的就是消灭人的个性，破坏人的家庭，把人与人用各种围墙阻隔起来。我们消灭了封建的经济等级，却又人为地制造出许多政治等级来。我属黑八类，你是臭老九。我们的孩子就是可以教育好的子女。人还没有生下来，帽子已经戴上，这还是唯物主义吗?

这都是作品中人物的思考。当然，作者对它是赞同的。作为作家思想更直接的表达，集中表现于《人啊，人！》后记，它提供了作品思想的佐证，为我们理解这部小说提供了打开大门的钥匙：

二十年前，我从上海华东师范大学提前毕业，踏上了多风多浪、多灾多难的文坛。盲从和无知，给了我自信和力量，我自以为已经掌握了马列主义的基本原理，正确地理解了社会、理解了人。我站在讲台上，大声地宣读根据领导意图写成的讲稿，批判我的老师所宣传的人道主义。我说："我爱我师，但我更爱真理！"满堂的掌声使我陶醉，我为自己成为这样的"战士"而感到自豪。

二十年后的今天，我写起小说来了。我要在小说中宣扬的，正是我以前所批判过的某些东西；我想在小说中倾吐的，正是我以前要努力克制和改造的"人情味"。这对于我来说真是具有讽刺意味的事情。

哲学家只要用一句话就能说明我的这个变化：经历了一次否定之否定。我不是哲学家，而只是一个有着正常的感觉器官的普通人。所以，我看到的是命运。祖国的命运、人民的命运，我的亲人和我自己的命运。充满血泪的、叫人心碎的命运啊！还有，我看到的是一代知识分子所走过的曲折的历程。漫长的、苦难的历程啊！

我曾经是一个热诚而又单纯的青年，头脑里除了热爱党，热爱新中国，努力学习，为人民服务之外，再也没有别的东西了。我对党和社会主义的感情是十分真诚的。这是因为，祖国的解放给我提供了一条我家祖祖辈辈不曾有人走过的道路，我成了我的家族中第一个读书的女孩子，第一个受完高等教育的人。社会主义和共产主义的美好前景，又是那样吸引着、鼓动着我的年轻的心灵。我坚定地相信：我们的事业是正义的，我们的前途是光明的，我们的道路是平坦的。我无忧无虑，无私无畏，心里充满了温暖和友爱。

1957年，我的头脑里多了一根弦：阶级斗争。1966年，我的头脑里又多了一根弦：路线斗争。

我曾经努力理解并且在头脑里"绷紧"这两根弦。我做过"大批判"的"小钢炮"，当过"红司令"的"造反兵"。我曾经虔诚地相信：人世间的一切都是阶级斗争。年年、月月、天天，都不能忘记阶级斗争。

然而，我毕竟是人，我的感觉还没有麻木，因而能够感到道路的坎坷，看见人们身上的血迹，脸上的泪痕。这"人们"包括我自己和我的亲人。虽然，我不敢也不愿意去怀疑那一条极"左"路线，但是，我感觉到良心的蠕动，听得见灵魂的呻吟。我常常在心底里对自己发问：我们的斗争会不会过头？我们有没有冤枉好人？有没有必要在中国的国土上无时无刻、无休无止地挑动"阶级斗争"和"路线斗争"这两根弦？

随着揭发“四人帮”斗争的深入，我知道了许多原来不知道也不能想象的事情。猛然间，我感到心中的神圣在摇晃，精神上的支柱在倒塌。我什么也看不清了。我常常一个人发呆发愣，痛哭，叫喊。我多么想抓住我曾经信奉过的神祇和那些努力在我心里塑起神像的人们来问一问：以往所发生的这一切都是真的吗？为什么在当时你们是另一种说法？是有意隐瞒，还是有一个“认识过程”？

我的灵魂在一段时期内处在黑暗中。

关于实践是检验真理的唯一标准的讨论，把我从黑暗引向光明。我明白了，不论是人、是鬼、还是神，都被历史的巨手紧紧地抓住，要他们接受实践的检验。都得交出自己的账本，捧出自己的灵魂。都得把双手伸在阳光下，看看那上面沾染的是血迹还是灰尘。我微如芥末。但在历史面前，所有的人一律平等。账本要我自己去结算。灵魂要我自己去审判。双手要我自己去清洗。上帝的交给上帝。魔鬼的还给魔鬼。自己的，就勇敢地把它扛在肩上，甚至记得在脸上！

于是，我开始思索。一面包扎身上滴血的伤口，一面剖析自己的灵魂。一页一页地翻阅自己写下的历史，一个一个地检点自己踩下的脚印。

终于，我认识到，我一直在以喜剧的形式扮演一个悲剧的角色：一个已经被剥夺了思想自由却又自以为是最自由的人；一个把精神的枷锁当作美丽的项圈去炫耀的人；一个活了大半辈子还没有认识自己、找到自己的人。

我走出角色，发现了自己。原来，我是一个有血有肉、有爱有憎，有七情六欲和思维能力的人。我应该有自己的人的价值，而不应该被贬抑为或自甘堕落为“驯服的工具”。

一个大写的文字迅速地推移到我的眼前：“人”！一支久已被唾弃、被遗忘的歌曲冲出了我的喉咙：人性、人情、人道主义！

我如梦初醒。虽然是冷汗未干，惊魂未定，但总是醒了。我要向同类宣告我的清醒，于是写小说。前年我写了第一部长篇小说《诗人之死》，今年写了这部《人啊，人！》。这两部小说的共同主题是“人”。我写人的血迹和泪痕，写被扭曲了的灵魂的痛苦的呻吟，写在黑暗中爆出的心灵的火花。我大声疾呼“魂兮归来”，无限欣喜地记录人性的复苏。①

五、批评界的争议

《人啊，人!》出版之后很快就引起了争论。争论几起几落，持续了相当长的一段时间。由于特殊的时代背景，这场争论包含了丰富的思想文化内涵。

主要的争论围绕人道主义和人性论展开。对人、人性、人道主义的思考和探索是该小说的主要价值之所在。它所受到的批判和赞美也主要由于这一点。

在小说所描写的生活中，围绕何荆夫的《马克思主义与人道主义》一书，人们有截然不同的看法。从奚望所代表的年轻一代，到孙悦所代表的正在痛苦和迷惘中觉醒的中年人，再到出版社的总编辑，都对人道主义给予了热情的肯定与赞美。他们之所以肯定，原因在于他们对于现实苦难的感受，在于他们对于人道的渴望。而以奚流为代表的一派人则对何荆夫的观点持反对立场，并且竭力阻挠著作的出版。他们给何荆夫的罪名是：“第一，反对阶级用阶级斗争学说，鼓吹阶级调和；第二，提倡抽象的自由、平等、博爱，实际是要我们爱敌人；第三，鼓吹抽象的人性和人情，反对对人进行阶级分析；第四，鼓吹个人主义、个性解放。”

在现实生活中，在文学评论界，围绕小说发生的争论与小说中的情况大致相同。肯定和赞美的观点基本与孙悦和奚望一致，也就是与何荆夫基本一致；而批判者的观点则与奚流、游若水等人的观点基本相同。《人啊，人!》虽然是一部小说，但书里书外的矛盾和斗争紧密相连。关于这部作品的论争，正是作品中所展示的矛盾和冲突的延续。肯定的意见对作品本身几乎没有超越，因而不必多说；批判的观点却比小说中的表现更为深入，也更为明确。

在反对“资产阶级自由化”和“清除精神污染”的背景上，批评文章大

①戴厚英：《人啊，人!》，花城出版社1980年，第351—353页。

多数认为作者对人道主义的探索得出的结论是错误的。他们认为，马克思主义与人道主义是不一致的，有时是“水火不相容”的。作者站在抽象的人道主义立场上观察和思考历史与现实的问题，并且把人道主义作为救世良方，这不仅行不通，而且是有害的。

有人说：“小说大加赞美的主人公何荆夫，所鼓吹、所身体力行的人道主义，约而言之，就是‘我谁也不恨’，‘人与人之间都相亲相爱’；就是‘尊重个性’，‘无限赞美独特的个性’；就是一个人与另一个人进行交往，而不在‘人’之外附加任何条件。换句明白的话，这种普遍的爱加上个性自由和人的平等交往，也就是自从18世纪西方出现启蒙主义者以来，人们就从资产阶级思想家那里听腻了的，以抽象人性论作为基础的关于‘自由、平等、博爱’的人道主义说教。”“在阶级差别和社会分工仍然存在的历史阶段，在现实生活中仍然存在社会主义的敌人、破坏社会主义的秩序的各种刑事犯罪分子的年代，小说作者竟然认为就可以做到《人啊，人！》的主人公何荆夫所标榜的一切人无条件的平等交往、相亲相爱，做到尊重所有人的个性的自由发展，而不问其是否有利于社会主义，那岂不是从马克思主义世界观上倒退，并制造思想混乱吗?”①

有人认为：“在社会主义制度下，如果用抽象的人的名义，把个人尊严、个人自由、个人价值抬到至高无上的地位，除了给无政府主义和极端个人主义开方便之门，还能起什么积极作用呢?”②

有人认为：“何荆夫所谓‘马克思主义的人道主义’是把个人和组织对立起来的，他所谓的要把人从‘迷信’‘盲从’‘精神桎梏’中解放出来，并不是仅仅指的要从封建主义思想、教条主义的束缚中解放出来，而是他们那个独特的‘个性’要从‘共性’的束缚中解放出来，也就是‘人道主义’的何荆夫要从‘反人道主义’的奚流那里解放出来。这种个性解放，究竟要把人引向哪里?”③

---

①张炯：《“从黑暗引向光明”了吗——评〈人啊，人〉的后记》，《文艺报》1984年第1期。

②梁珊仁：《小说〈人啊，人〉再剖析》，《解放日报》1984年1月5日。

③纪煜：《再评小说〈人啊，人!〉》，《文汇报》1983年11月25日。

批评者大都指责作者否定阶级斗争、宣扬抽象的人道主义、宣扬资产阶级的自由、平等和博爱。但在事实上，从小说中体现思想的何荆夫形象看，无论它是优点还是缺点，至少有两点是值得注意的：一、何荆夫没有否定阶级斗争。他的观点是："为了消灭阶级压迫和剥削而去从事阶级斗争，是必要的、高尚的、伟大的；为了搞阶级斗争而去人为地制造阶级、分裂人民和家庭，则是荒唐的、残忍的。前者解放了人民，后者损害了人民。前者真正把人民当作'人'，后者只是把人民当作会说话的工具。"二、何荆夫也没有宣扬抽象的人道主义，在当时的语境下，他没有忘记批判资产阶级人道主义的虚伪性。他说："资产阶级人道主义只是肯定和实现少数人的个性，而要多数人为少数人牺牲，过着非人的生活。这种人道主义无疑是虚伪的。然而，还有另一种人道主义，那就是马克思主义的人道主义，它要解放全人类，要每一个人都成为自由的、独特的个体。"

那么，何荆夫的人道主义是什么呢？正如孙悦所感到的："荆夫讲的人道主义是要彻底地解放全人类。不但把人从阶级剥削和压迫中解放出来，而且从形形色色的桎梏中解放出来，从迷信中解放出来，从盲从中解放出来，并且越来越多地摆脱动物性。他反对把阶级斗争当作目的，反对夸大社会主义社会的阶级斗争，导致对人民群众的伤害和分裂。他认为社会主义社会应该有更广泛的民主、自由和平等。他要求不但从物质上而且从精神上把每一个公民当作人，尊重他们的权利和个性。"

从众多的批评文章看，反对者主要是反对宣扬抽象的人道主义，反对宣扬永恒的、抽象的人类之爱，尤其反对以人道与反人道的思维去观察和评判历史，反对把人道主义当作救世良方。由此可见，无论怎样批判人道主义和人性论，还没有人敢于理直气壮地宣称自己反人道，也没有人敢于承认自己不要人性。这本身就透露了这些词语的某种力量。

六、思想界的相关研究

《人啊，人！》的问题在文坛上不是孤立的，在理论界也不是孤立的。它是结束"文革"之后中国社会出现的一股社会思潮在文学中的反映。几乎与小说的发表同时，理论界也对人、人性、人道主义表现了极大的重视。自

1980年年初开始，在短短几年的时间里，全国社会科学报刊上就发表了近千篇文章。人民出版社相继出版了《人性、人道主义问题讨论集》《人是马克思主义的出发点——人性、人道主义论集》《关于人的学说的哲学探讨》等论文集。关于人道主义的研究在理论界逐步成为热点。

其实，马克思主义与人道主义的关系并不是一个新的话题，而是在世界上早已存在争议的问题。自20世纪30年代马克思的《1844年经济学—哲学手稿》公开发表以来，特别是第二次世界大战之后，西方学术界就围绕这个问题开始了研究。有人认为1844年手稿是马克思主义的高峰，因而在此基础上论述马克思与人道主义的关系，有人则强调社会关系和阶级斗争理论，反对用早期马克思取代和否定成熟时期的马克思，有人致力于以人道主义阐释马克思主义，有人则反对把马克思主义人道主义化。各种不同的观点很难形成共识，而且形成不同的派别，为此而反复论争。

但是，在西方学界对此进行热烈讨论的时候，中国的学术界、思想界却不可能参与讨论，更不可能形成论争。众所周知，当代中国自50年代就开始反复批判资产阶级人道主义，并且在1957年、1960年和1963年出现过几次批判高潮。从50年代到“文革”结束之前，在近三十年的历史上，只要提到人道主义，就要斥之为“资产阶级人道主义”“反动地主、资产阶级的人道主义”。不容置疑的权威观点认为，人道主义是资产阶级的，与马克思主义是根本对立的。在这种情况下，谁如果承认人道主义，谁就是资产阶级唯心主义，谁就背叛了马克思主义；谁如果阐述人道主义与阶级斗争的一致性，谁就是阶级调和论和阶级投降主义；谁如果认为共产主义世界观中包含着人道主义，也会被认为是把共产主义混同于虚伪的人道说教。因此，当时的人们不可能对人道主义与马克思主义的关系进行思考。

直到“文革”结束之后，在思想解放运动的推动下，人们才开始思考这个问题。由于“文革”时期极“左”政治对人的价值和尊严的漠视，饱尝人的价值失落的人们对这个问题的研究必然带有鲜明的时代特征。在现实条件下，他们不约而同地选择了这样一种思路，即在马克思主义与人道主义的关系上做文章。

他们认为，马克思主义虽然对抽象的人道主义进行过批判，但只是批判它的虚伪性，并没有否定人道主义本身。因此，把马克思主义与人道主义完全对立起来，把人道主义判给资产阶级，这本身就是极“左”思潮的一种表现。

他们认为，马克思主义与人道主义并不是对立的。马克思主义不仅包含了人道主义，而且是“彻底的人道主义”和“真正的人道主义”。因此，不应该把马克思主义与人道主义完全对立起来。他们都没有离开马克思主义而谈人道主义，而且大都反对把马克思主义融化到人道主义之中，反对把马克思主义归结为人道主义。他们努力在马克思主义的经典著作中寻找人道主义的内容，把马克思主义的努力目标解释为人的解放。他们认为马克思主义与人道主义都把人作为目的，尊重人的价值与尊严，为人的解放而努力，把人放在高于一切的地位。从这个意义上说，马克思主义虽然与人道主义选择了不同的路径，但最高目标是一致的。他们认为：“当马克思开始作为一个共产主义者踏上自己的发展道路时，他最关心的也正是人的问题。他对资本主义社会里的人的处境和地位的深刻分析，以及对未来共产主义社会里的人的展望，都是贯穿着一种把人的价值放在第一位的人道主义精神。”他们认为，社会主义革命的目的决不是以一个阶级的统治代替另一个阶级的统治，而是把一切人从阶级统治中解放出来。如果从马克思主义中抽掉了人道主义，它就可能走向反面，“变成目中无人的冷冰冰的僵死教条，甚至可能会成为统治人民的一种新的异化形式”。[①]

这场讨论在1983年进入高潮。其代表性的标志是王若水的《为人道主义辩护》和周扬的《关于马克思主义的几个理论问题的探讨》两篇文章。《为人道主义辩护》一文发表于1983年1月17日的《文汇报》。文章对以下五个问题进行了论述：一、“什么是人道主义”，二、“人道主义只能是资产阶级的意识形态吗”，三、“从费尔巴哈到马克思”，四、“从青年马克思到老年马克思”，五、“社会主义需要人道主义”。对于第一个问题，文章认为人道主义最简单的原则就是重视人的价值。各种人道主义对人的价值的理解可能有不同，但只要重视人的价值，那么所有的区别就只是一种人道主义与另一种人道主义的区别，而不是人道主义与非人道主义、反人道主义的区别。对于第二个问题，文章认为人道主义不是资产阶级的专利，在历史上也

①汝信：《人道主义就是修正主义吗?》，《人民日报》1980年8月15日。

不仅只是起过反封建的作用，而是同时也可以反对资本主义。因此，不能把人道主义看作资产阶级的意识形态。对于第三个问题，文章认为马克思虽然批判了费尔巴哈的人道主义，但并没有从根本上否定人道主义，而是把人道主义发展到一个新的阶段。马克思和费尔巴哈都把人放在最高地位，不承认在人之上还有一个更高的本质。马克思与费尔巴哈的区别在于，费尔巴哈只反对意识形态领域的虚幻的超人的力量，而马克思则进而反对一切把人贬低为非人的现实的社会关系。由此可见，马克思只是与历史唯心论彻底决裂，而不是与人道主义决裂。文章最后认为，社会主义需要马克思主义的人道主义。

同年3月，为纪念马克思逝世一百周年，一个学术报告会在北京举行，周扬做了一个长篇报告。报告的第四部分是“马克思主义与人道主义的关系”。周扬认为，当代中国理论界过去对人道主义与人性的认识“走过一段弯路”，“在一个很长的时间内，我们一直把人道主义一概当作修正主义批判，认为人道主义与马克思主义绝对不相容，这种批判有很大片面性，有些甚至是错误的。……在理论与实践上，都带来了严重后果。”他说：“我不赞成把马克思主义纳入人道主义的体系之中，不赞成把马克思主义全部归结为人道主义，但是，我们应当承认，马克思主义是包含着人道主义的。当然，这是马克思主义的人道主义。”他强调说：“人是我们建设社会主义物质文明和精神文明的目的，也是我们一切工作的目的。生产本身不是目的，阶级斗争，人民民主专政本身也不是目的。过去，许多同志把这一点忘了。”①

理论界的这些见解，与小说《人啊，人！》中何荆夫的观点是基本一致的。

然而，正像小说中所描写的一样，人们的见解不可能是一致的。尤其是这个问题，因为它涉及当时的意识形态，可能会影响人们对当代中国一系列社会运动的认识，所以，认识的分歧和对立是必然的。对人道主义的思考与呼唤是针对片面强调阶级斗争、漠视人的价值与尊严、摧残和扭曲人性的做法而提出的。但在我们的现实中，正与拨乱反正和解放思想都会遇到阻力一

①周扬：《关于马克思主义几个理论问题的探讨》，《人民日报》1983年3月7日。

样，那些非人的做法也不是所有人都愿意改变的。强调马克思主义包含人道主义，目的是把人道主义与马克思主义相连接，使人道主义在中国获得合法地位。但是，这种合法地位的获得显然并非容易事。关于这一点，我们从奚流的表现就可以看到。

因此，在理论界的探讨中，不同的见解也是存在的。反对者认为，马克思主义和人道主义是两种不同的思想体系，二者之间的根本分歧不能混淆。他们仍然坚持批判人道主义，认为它是一种历史唯心主义的思想体系，是资产阶级的。他们认定人道主义者所谓肯定人的价值、维护人的尊严和权利，都是虚伪的。这些观点的突出特点，是继承了当代中国过去几十年的见解。

另一种见解是在对立的双方持折中的态度。认为对人道主义应该具体分析，既不要笼统地肯定，也不要笼统地否定。对于马克思主义与人道主义的关系，也在对立的双方取中，不承认马克思主义是人道主义，但共产主义最终能使人得到自由发展，因而具有人道主义因素。这些观点都是可以忽略不计的。值得注意的是胡乔木1984年1月27日发表于《人民日报》的长篇文章《关于人道主义和异化问题》。它的特别之处是把人道主义分为两个不同的层面：一是作为世界观和历史观的人道主义，一是作为伦理原则和道德规范的人道主义。对于前者，文章认为它与马克思主义的历史唯物主义是根本对立的，因而是不能接受的。对于后者，则是可以接受的。因此，“社会主义的人道主义是作为伦理原则和道德规范的人道主义，它立足在社会主义的经济基础上，同社会主义的政治制度相适应，属于社会主义的伦理道德。作为一种伦理原则，它是以马克思主义世界观和历史观为基础的。”也就是说，在社会主义中国，人道主义是可以肯定的，也是可以接受的，但只能是“救死扶伤，实行革命的人道主义”中的那个“人道主义”，而不是作为世界观和历史观的人道主义。

人道主义最初是以人文主义的名目出现的。在文艺复兴时期，它一出现就成了当时社会的主潮，针对中世纪神学以神为中心贬低人的价值、蔑视世俗生活、推行禁欲主义倾向，提出以人为中心的思想，要求尊重人的价值和尊严，维护人的自由和权利，肯定人的世俗生活。在法国大革命中，人道主义以“天赋人权”的口号反对封建专制主义，追求自由、平等和博爱，催生了《人权和公民权利宣言》和美国宪法。呼唤人道主义的人们所呼唤的，正是这个人道主义。而讨论中的分歧证明，这个人道主义要在中国发扬，仍然不会一帆风顺。

正因为这样，戴厚英的《人啊，人！》才引起那么多的争议。

1985年7月　曲阜

英雄自我及其抒情方式

——也说北岛的诗

谈论新时期中国诗歌，不能不首先面对北岛。尽管舒婷、顾城等都各具特色，但如果没有北岛，就无法显示它特有的风骨。如果说舒婷为新诗贡献的是她的情和意，是南国女儿所特有的那份哀怨与温馨，而北岛献给中国当代诗歌的，是他的骨骼和思想。他的诗集中表现了一代人对现实的质疑和思考，体现着诗歌抒情主人公形象的历史性转换。使北岛成为北岛而且让他人无法取代的，主要是他作为悲剧英雄的抒情自我形象和生僻的意象及组合方式。

北岛的诗以深沉、冷峻和凝重显示了自己独特的风貌，集中表现了那一代人所特有的悲愤和沉思，最鲜明、最突出地显示了朦胧诗的批判精神。从某种意义上说，诗人的成功，并不取决于驾驭语言文字的能力，而是取决于激情与胆识，取决于历史给予的机会。而机会永远属于有准备的人。而北岛恰恰有了各方面的准备。作为一个较早的觉醒者，黑暗和痛苦的体验在他的心灵上打下深深的烙印。荒谬的岁月使他学会了怀疑，怀疑使他习惯了以冷峻的目光注视现实，以受骗者的警惕和戒备审视生活。在他的眼里，一切伪饰都纷纷脱落，鲜花盛开之处往往是一个骗局，生活处处呈现着狰狞和严酷。《回答》一诗的流传，已使北岛的形象成为一种定格：

卑鄙是卑鄙者的通行证，

高尚是高尚者的墓志铭。
看吧，在那镀金的天空中，
飘满了死者弯曲的倒影。

冰川纪过去了，
为什么到处都是冰凌？
好望角发现了，
为什么死海里千帆相竞？
我来到这个世界上，
只带着纸、绳索和身影。
为了在审判之前，
宣读那些被判决的声音：
告诉你吧，世界，
我——不——相——信！
如果你脚下有一千名挑战者，
那就把我算作第一千零一名。

我不相信天是蓝的；
我不相信雷的回声；
我不相信梦是假的；
我不相信死无报应。
如果海洋注定要决堤，
就让所有的苦水都注入我心中；
如果陆地注定要上升，
就让人类重新选择生存的顶峰。

新的转机和闪闪星斗，
正在缀满没有遮拦的天空，
那是五千年的象形文字，
那是未来人们凝视的眼睛。

北岛的诗充满对荒谬现实的怀疑、揭露和指控。他的笔下没有多少亮丽的生活情景和美好的事物。美好只在人们的内心深处和理想世界，而现实总是那样不可信任，充满着欺骗、威胁、冷酷和丑恶。这种特定岁月铸就的目光给他的诗带来了针砭现实的锐利锋芒，也给他的诗带来了灰冷的色调："一支支枪口和花束／排成树林，对准情人的天空"（《祝福》），"到处是残垣断壁／路，怎么从脚下延伸"（《红帆船》）。透过冷峻的目光看生活，生活是丑陋而严酷的。丑陋而严酷的生活使北岛对其产生了深深的戒备和势不两立的情绪。这不仅表现在"文革"时期创作的作品中，而且在结束十年动乱而进入新时期之后，北岛也没有如人们所期盼的那样从怀疑和悲愤中解脱出来，因而也没有产生与新的时代生活的亲近感。他似乎已经形成了一种心理，一种警惕和反抗的习惯，在这种心理和习惯的支配之下，他的情感与现实世界常常显得不太调和。在生活中，他感受更多的是丑恶、欺骗和束缚，他看到的多是阴暗的图景。外在的现实与他内心所追求的人性境界总是相距甚远。

面对这样一个世界，作为诗歌抒情主人公，他常常表现出一种决绝的否定态度，一种毫不妥协的反抗精神，以及"横眉冷对"的姿态。这个抒情自我没有欢歌笑语，没有天真烂漫，有的只是众人皆睡我独醒的凝眉苦思，而且还有随时准备慷慨赴死的悲壮。因此，他的自我带有一种英雄主义的悲壮色彩。在不少诗篇中，我们都可以看到这样的句子：

宁静的地平线
分开了生者和死者的行列
我只能选择天空
决不跪在地上
以显示刽子手们的高大
好阻挡那自由的风

——《宣告》

我站在这里
代替另一个被杀害的人
没有别的选择
在我倒下的地方
将会有另一个人站起
我的肩上是风
风上是闪烁的星群

——《结局或开始》

即使明天早上
枪口和血淋淋的太阳
让我交出自由、青春和笔
我也绝不会交出这个夜晚
我决不会交出你
让铁条分割我的天空吧
只要心在跳动，就有血的潮汐

——《雨夜》

同时，这种英雄主义又常常表现为悲天悯人的情绪，挟带着强烈的忧患意识和牺牲精神，使他的诗产生了一种动人的悲壮力量。他以冷峻的目光注视苦难的现实，心中必然充满悲愤之情。与这种悲愤之情相伴随的，往往是为人民、为真理、为理想和为未来献身的精神。正是一种对于苦难的悲悯和献身的悲壮感使诗歌产生了特有的艺术力量。这是比较典型的诗句：

以太阳的名义
黑暗在公开地掠夺
沉默依然是东方的故事
人民在褪色的壁画上
默默地永生
默默地死去

呵，我的土地
……
如果鲜血会使你肥沃
明天的枝头上
成熟的果实
会留下我的颜色

——《结局或开始》

在表达的层面上，北岛刻意追求属于自己的方式。他认为：“诗歌面临着形式的危机，许多陈旧的表现手段已经远不够用了，隐喻、象征、通感，改变视角和透视关系、打破时空秩序等手法为我们提供了新的前景。”他试图打破时空秩序，重新组合意象，使诗歌的空间感凸出，并增添诗的流动感和意象的跳跃。他把电影蒙太奇的手法引入自己的诗中，造成意象的撞击和迅速转换，激发人们的想象力来填补大幅度跳跃留下的空白。他强调对现实世界的感觉，并直接表现这种感觉。如：“在镀金的天空中，飘满了死者弯曲的倒影”，“尸骨在夜间走动”，“千万个幽灵从地下／长出一棵孤独的大树”，这是对现实感觉的符号记录，而不是想象。这样的感觉意象以蒙太奇手法组合在一起，在他的诗歌中形成了一种生僻奇崛的意象组合。

北岛惯用象征和隐喻。与传统诗歌中的象征大不相同，他不满足于某个象征形象的寻找而追求诗的整体象征。他的隐喻的喻体更加不确定，很难从中寻找确指。如《迷途》，“鸽子的哨音”，“高高的森林”，“迷途的蒲公英”，“蓝灰色的湖泊”，“深不可测的眼睛”，这些意象组成一个整体隐喻结构，暗示出“迷”和“寻”的纵向轨迹，但寻觅的对象到底是什么，却是不确定的。再如《触电》：“我曾和一个无形的人／握手，一声惨叫／我的手被烫伤／留下了烙印／当我和那些有形的人／握手，一声惨叫／他们的手被烫伤／留下了烙印／我不敢再和别人握手／总是把手藏在背后／可当我祈祷／上苍，双手合十／一声惨叫／在我的内心深处／留下了烙印。”《生活》：“网。”它非常单纯，却给诗的理解带来了多种可能性。这样的诗使习惯于寻找具体谜底的读者感到晦涩难懂。

如此形象，如此艺术，引起争议是必然的。但一切争论都无关大局，因为它一旦出现，一切都已无法改变，北岛是划时代的诗人。在我们这个时代，说到诗人，理所当然要首先想到北岛。

歌唱吧，我们会唱歌的鸢尾花

——鼓浪屿访舒婷

南国的春天脚步快，早春二月，小麦已经抽穗，木棉树及时地举起了它那红硕的花朵。乘着温馨的风，我与贺立华、于清才、魏健四人从厦门大学来到鼓浪屿，访问了沉默几年却为读者所关心的诗人舒婷。

鼓浪屿是美丽的，绿树红楼，浪花簇拥，海鸥飞翔，点染出无限情趣；日光岩默然而立，像沉思人世沧桑，又像向着海上朝阳深情倾诉。人口拥挤的弹丸小岛，给人的印象却不是闹市的烦闷，而是清新、恬静和优美。鼓浪屿是著名的音乐之乡，今天虽未闻悠扬的琴声，却隐隐有醉人的琴韵缭绕；鼓浪屿是诗的岛屿，未到诗人家，心弦已被浓郁的诗情所打动，美丽的鼓浪屿，我禁不住要问：是你的乳汁和泪滴哺育了我们的诗人，赋予她多情的诗心，还是我们的诗人给了你诗的灵魂，使你如此富于诗意？

从1982年到现在，舒婷的沉默已有三年。我们当然理解，诗人的沉默，决非意志消沉，决非因文坛上阵阵寒潮的袭击而变得怯懦。为信仰而沉默，为追求而沉默，为忠实于自己的心灵、为不辜负朋友们的希望而沉默，在特定的环境里，本身就是一种发言，一种比发言更有力量的抗议和争辩。一个人的生活有了变化与转折，感情和经验也进入新的领域，用以表现感情和经验的艺术作品面临岔口，沉默既是积蓄力量、沉淀思想，在抛物线之后还有个选择新方位的问题。但无论如何，一去几年无音讯，不能不使那些引为知音的同代人焦虑、惦念，甚至怅然若失。人们有种种担心和猜测：她会不会沉溺于家庭生活而从此失去了诗的广阔天地？她会不会一举震惊诗坛之后从此搁笔不再写诗？的确，冷静地想，舒婷在当代诗歌发展史上的地位已定，写下去成败难测。但即使她也像不少诗人那样成名之后就走下坡路，朋友们依然不愿她离开诗坛。今天，我们可以告诉读者，舒婷表示：她决不会从此搁笔，而是力求多写一点。

从舒婷的诗中，可以感受到她那种对美好爱情的向往与对温情的依恋。她是一个善良的女性，具有南国女儿的柔情和永远值得歌咏的母爱。她已是一个两岁男孩的母亲，像我们多数人一样，对独生儿子非常宠爱。无论有什么客人，孩子总是相陪的，如果客人只顾与大人说话而忽略了这个小主人，他就会很不高兴。家里没请保姆，孩子由舒婷自己带。虽然确如她所说的，请保姆不容易，伺候保姆也很难，但更重要的原因大概还是母亲对孩子的依恋之情。当话题集中到孩子身上，谈论她这三年来的“杰出诗篇”时，舒婷愉快地笑了：“当然，对于我来说，他比任何一首诗都宝贵。”谁又不是如此呢！诗人，不是不食人间烟火的英雄，而是活生生的普通人。

舒婷的诗自问世以来众说纷纭。曾有批评说她的诗感情陈旧，是倒退的，是可悲的“一代人”的感情。也有批评说她的诗歌自我形象的特征是孤独、沮丧、悲凉、绝望，是远离群众的个人主义的“小我”面对着流光溢彩的生活海洋悲吟哭诉。甚至有人曾经厉声斥问：“宣扬什么主题？抒发的是哪一阶级的思想感情？”在批“崛起”的声浪中，她的《流水线》等又再次受到上纲上线的批评，舒婷的诗到底怎么样？她不愧为经历了动乱和创伤的一代青年的歌者。她的诗的抒情自我形象是一个具有极大典型性的多侧面整体。苦难中有过悲哀和迷惘，但更多的是思索、渴望与追求。从她的诗中可以听到一代青年觉醒和前进的足音。在最黑暗的岁月，她就表示愿做“呼唤黎明的使者”，为此“决不犹豫，决不后退，决不发抖”。在粉碎“四人帮”之初的徘徊时日，她有过“也许有一个约会，至今尚未如期”的苦闷。但在三中全会之后，她虽然感到“海上的气息／被阻隔在群山那边／但山峰绝非有意／继续掠夺我们的青春”，但还是“我们歌唱太阳，也被太阳歌唱着”。在历史的转折时期，她向人们传递了青年一代思想的信息：“每一个路口那吻别的嘴唇上／所一再默许的／已不仅仅是爱情。”在斗争面前，她并不是一个怯懦者，而是以她的诗给人以鼓舞和力量，当“黑色的墙耸动着逼近”的时候，她唱出的声音是：“站在我的肩上，亲爱的，你要勇敢些。”“海鸥还会归来，太阳已穿过西半球的经纬。明天，澄静的早潮将在我们的身边开满白蔷薇。”

舒婷的诗充满对祖国和人民的深情。这一点从《祖国啊，我亲爱的祖国》《风暴过去之后》《土地情诗》等作品中可明显看出。显然，一些对于舒婷诗作的指责是不够公允的。谈到几年来诗歌评论界的情况和一些青年朋友的担心，舒婷的爱人说：“舒婷不大受影响。她相信自我感觉，不容易为批评所动。她一般不读评论，批评的、赞扬的都不大看。”如果这是事实，这种态度当然不宜盛赞。但这不正常的行为在特定的荒谬环境中却未必荒谬。我们的批评常常喜欢戴了有色眼镜，拿了扭曲的尺子，动不动就是指责、呵斥，而且喜欢以导师自居，为作家诗人们指引方向。可是，如果你真听他的话，却常常会葬送自己的才华。几十年来，毁于这种批评的诗人已经不少了。

当谈到有的报刊透露说舒婷要改写小说时，舒婷说：“怎么可能呢！只是偶一为之，我是写诗的，而且写一篇半篇小说也是当诗来写。”的确，读《人民文学》发表的《午夜钟声》感受正是如此。那含蓄的意蕴和情味与其说是小说不如说是诗和童话。她毕竟是诗人。

由于赶车回上海，话犹未尽我们即匆匆告别。记得三年前诗人曾经预约：

和鸽子一起来找我吧
在早晨来找我
你会从人们的爱情里
找到我
找到你的
会唱歌的鸢尾花

现在是1985年春天，一个明媚的早晨已经到来，但愿再不会有“寒流解散船队如屠杀蝴蝶”，但愿“双桅船”的水手也不必只是在岸边“抚弄闲置的舵把与风桅”。三年积蓄，必将开出绚丽的花朵。

作为同代人，我爱舒婷的诗，但我已隐隐感到诗的“舒婷时代”终结的信息，因为一代更年轻的诗人已提出了新的挑战。我高兴，为诗的发展，也真诚地希望舒婷们脚步不停地向前迈进。

尽情地歌唱吧，我们的会唱歌的鸢尾花！

1985年3月　厦门

论《人生》的社会主题

路遥的中篇小说《人生》，无疑是一部优秀作品，可以说是近几年小说创作的重要收获。它涉及社会、人生、爱情、道德等一系列重要主题，与我们的生活息息相关，所以，批评界对它的关注至今热度不减，因为被搬上银幕，热议再次形成高潮。不过，从众多的评论看，人们关注的重点却集中在高加林的奋斗和他对刘巧珍的负心，人们把更多的同情给予刘巧珍，而对高加林则给予更多的批判。争议也集中在高加林这个形象，集中在他个人奋斗的道路，他的道德与不道德，或者是思想的健康与不健康。有人称他为“当代陈世美”，有人则说他是《红与黑》中的于连。辩护者则认为他的个人奋斗无可指责，理由是“他在爱情问题上是相当严肃的，他对巧珍的感情真实得令人无可置疑，但他被实现个人愿望的可能性引起的骚动同样真实得令人无可置疑。”①争议的纵深发展，则无疑走向了对个人主义的不同看法。

这样一来，小说似乎真成了一个“痴情女子负心汉”的故事。不错，《人生》的确写了这样的故事，巧珍是地道的“痴情女子”，高加林也的确是“负心汉”。不过，路遥在这个小说中所要表现的，却绝不仅仅是“痴情”与“负心”，而是有更为深广的社会生活内容。作家描写高加林、刘巧珍的爱情悲剧，写他们的悲剧命运，用意并不只是要对高加林进行道德审判。关于这一点，路遥自己事实上已经说得很明白。《人生》中写道：“一个人应该有理想，甚至应该有幻想，但千万不能抛开现实生活，去盲目追求实际上还得

①蔡翔：《高加林和刘巧珍——〈人生〉人物谈》，《上海文学》1983年第1期。

不到的东西。尤其是对于刚踏入生活道路的年轻人来说，应该是一个重要的认识。可是，社会也不能回避自己的责任。我们应该真正廓清生活中无数不合理的东西，让阳光照亮生活的每一个角落；使那些正在生活十字路口的年轻人走向正轨，让他们的才能得到充分的发展，让他们的理想得以实现。”这段话以“可是”为界分为前后两层意思，前面可以说是对高加林的遗憾或指责，后面却是对社会的期待。

所以，眼下的评论显然是不够的。因为面对这样一部作品，只把目光停留在“痴情女子负心汉”而进行道德的评判，实在是对作者的一种辜负。因为路遥是关心社会的，他关心的并非只是青年恋爱中的道德问题，而是有对社会问题的广泛观察和深入思考，这是评论界不应忽视的。

一、高加林悲剧的成因

高加林是小说着力刻画的主要人物。在小说中，他走过了一条“奋斗—受挫—挣扎—飞升—跌落”的人生曲线，最终以悲剧告终。他的这条人生曲线很有意思，包含了许多社会内容。我们不妨沿着他的人生脚印做一些具体考察，看看他的人生悲剧是如何铸成的。

高加林是高家村为数不多的高中生，高考落榜，回村当了小学民办教师。在小说中，我们没有看到他因高考落榜而产生多大痛苦，似乎毕业回乡并非难以接受。原因很明显，他毕竟是农民的儿子，祖祖辈辈生活在农村。更为重要的是，他做了小学民办老师。对于这个位置，他是满意的。如果没有别的事件发生，他本可以比较安稳地做他的教师，在本地找一个妻子，过一种虽在农村却比一般农民优越的生活。可是，好景不长，大队支书高明楼的儿子也高中毕业落榜回乡了，利用权势顶替了高加林，高加林只好回家种地，真正成为农民。这里需要特别指出的是，小说的描写说明，高加林并不鄙视农民，而只是心里从来没有做农民的准备。“他十几年拼命读书，就是为了不像他父亲那样一辈子当土地的主人（或者按他的另一种说法是‘奴隶’）。”所以，失掉老师工作，给他带来极大的精神痛苦。因为在他看来，这个工作既不必参加繁重的体力劳动，又有时间读书学习，搞他所热爱的文学创作，同时，民办老师还是农村唯一有希望转为国家正式职工的职业，所以是他实现美好理想进入另一个世界的跳板。凭他的才华，通过考试转正是有希望的。但是，他的这个理想被干部们以权谋私的不正之风吹跑了。这件事的打击使高加林非常痛苦，也点燃了他要强好胜的心理。小说明确写道：

> 假若没有高明楼，命运如果让他当农民，他也许会死心塌地在土地上生活一辈子！可现在，只要高家村有高明楼，他就非要比他更有出息不可！要比高明楼他们强，非得离开高家村不行！……

由此可见，正是干部的不正之风打破了高加林本来的人生道路设计，把他抛到一种难以接受的处境，并同时严重地刺激了高加林，使他为出人头地而决心离开农村。

但是，因现实的刺激而产生的离开农村的想法只是想法而已，根据现实条件，这理想的实现几乎没有可能。这一点，高加林是清楚的。所以，他已经成为农民。出于自尊，他拼命刨地，即使弄得满手都是血泡；他进城卖馍，尽管放不下架子拉不下脸，一上午一个也没有卖掉，但他努力了，他在努力让自己适应农民的生活。因为他知道，自己已经是农民，应该面对现实。

更为重要的是，就在他最困难的时候，他得到了刘巧珍纯真的爱情。尽管在开始时他还有点犹豫，认为自己“根本不是谈情说爱的时候”，甚至觉得和一个没有文化的农村姑娘恋爱，就意味着将被拴在土地上做一辈子农民，但面对巧珍火热的爱情，他还是接受了，而且开始了一段快乐的生活。从某种意义上说，接受刘巧珍的爱情，意味着他准备死心塌地在农村过农民的日子。当然，作为一个知识青年，他必然有矛盾，所以有时想起曾经有的理想，心中也会隐隐作痛。但这是人生的正常状态，是大多数人都有的，多数人就是带着那样的心痛而营建自己现实的生活。如果没有别的事情发生，高加林也许会与巧珍那样生活下去，结婚生子，日子长了，那些梦想即使偶尔在心中出现，也不会再破坏他的生活。如果那样，高加林与刘巧珍生活在一起，可谓有失也有得，尽管一些理想飘逝了，但它显然不是人生悲剧。

这期间当然还有一些东西会使高加林的内心产生波动，比如他与刘巧珍进行“卫生革命”引起的风波，会使他觉得农民的愚昧和落后难以忍受；比如他到城里淘粪在克南妈面前受到的屈辱，也会再度激发他一定要到城市生活的情绪；但是，情绪只是情绪，愿望毕竟是愿望，现实终归是现实，所以这些刺激都不会从根本上改变一个人的命运。许多人都是在难以忍受中学会忍受的，也有许多人是在屈辱中习惯屈辱的，高加林并没有什么特别之处，最终自然会逐渐心平气和，忍受自己乡亲们的愚昧和落后，也能忍受城市人或高高在上的各色人物给予的屈辱。如果那样，还有高加林的人生悲剧吗？

所以，高加林人生悲剧的主要成因不是别的，而是他的叔叔从新疆转业回来当了地区劳动局的局长，县劳动局长为讨好上司而主动开后门把高加林安排到县委通讯组当了记者，使他不再是农民，而成了国家干部；使他离开农村而进了城市。正是人生境遇的这种变化，使他离开了刘巧珍，而且最终失去了刘巧珍。这是高加林悲剧的一半。

高加林进城之后一路顺风，成绩引人注目。在县广播站当广播员的老同学黄亚萍狂热地爱上了他。黄亚萍与刘巧珍相比，一城一乡，一工一农，一洋一土，一个有文化，一个不识字，这对高加林是个考验。高加林的全部可指责之处都在于他没有经受住这个考验。他犹豫了。他爱巧珍，懂得那种纯真感情的可贵，但是，黄亚萍却可以为他铺平在城市的生活道路，而且可以帮助他实现更远大的理想。我们如果要指责高加林，值得指责的大概也只有这一点，他为了自己的理想和前途，没有珍惜美好的爱情。经过反复的思索和权衡，他决定与黄亚萍一起到大城市去实现他的宏伟理想。为此，他痛苦地骂自己是混蛋，没有良心，但最后的决定却是宁愿昧良心、做浑蛋，而且反复警告自己："不要软弱！为了远大的前途，必须做出牺牲！有时对自己也要残酷一些！"于是，他抛弃了刘巧珍，准备与黄亚萍在城市实现自己的远大理想，建设自己的幸福生活。如果不出意外，高加林虽然在良心上应该有愧，但他的人生却不是悲剧。

高加林与黄亚萍的相爱却威胁到了他们的老同学克南。在学校里，黄亚萍就喜欢高加林而不喜欢克南，但高加林是农民的儿子，毕业后回到农村去了；克南却与黄亚萍处于同一阶层，都是干部子弟，所以黄亚萍就成了克南的女朋友。女朋友飞到了高加林身边，克南当然不高兴，却没有激烈的反应，他的母亲却出于妒恨而向地委揭发了高加林走后门招工的事。高加林因此而被清退，重新成为农民，与黄亚萍关系也随之结束。

而在这时，刘巧珍已在失恋的极度痛苦中嫁给了马栓。

这就是高加林的人生悲剧，理想追求化为泡影，是悲剧；爱情也是悲剧：旧爱新欢全都失去。结局真可谓“鸡飞蛋打”。

高加林的悲剧怪谁呢？当然首先要怪他自己在人生道路上没有很好地把握自己，一意追求自己的理想目标，经不住幻影般的机会诱惑，却丢失了值得珍惜的东西。这也正是路遥首先提醒读者的。但是，如果仅是这一点，高加林的人生并不一定是悲剧。因为他与黄亚萍在一起生活并不一定比与刘巧珍在一起更可悲。刘巧珍的确是个美丽善良的姑娘，有着金子一般的心，但如果冷静地想，对高加林来说，与刘巧珍在一起生活却也并非十全十美，两个在精神上的差距是客观存在的。所以，就高加林悲剧成因而言，他在刘巧珍与黄亚萍之间的选择并不是重要因素。

那么，他的悲剧事实上在于被走后门招工而又被清退。正是这个过程使他鸡飞蛋打，由鱼与熊掌该选什么，到二者皆不可得。

因此，高加林的悲剧，从根本上说并非他自己造成的，而是社会给予他的。究其原因，主要有以下几点：

首先是干部的以权谋私和走后门等不正之风。高加林的命运似乎总是与干部的以权谋私和不正之风纠缠在一起。首先是高明楼以权谋私刺激了他，他痛恨以权谋私的高明楼，痛恨走后门等不正之风，但他自己之所以能够进入城市，靠的却是叔叔的权势和县劳动局长马占胜为他开后门。这里的问题是，既然高加林有才华、有能力，进城之后马上证明了他比那些合法进城获得那些岗位的人们更优秀，为什么不能让他合法去进城谋求职位，为什么社会不能让他的才华和抱负得到发挥？一个社会让那些有理想有奋斗精神的人有翅难展，死死把他们捆绑在某种位置，只有靠权势人物，只有靠走后门才能获得理想的位置，这个社会显然是不合理的。

其次是生活中城乡、工农之间那令人望而生畏的鸿沟。高加林是农民的儿子，土生土长，却那么怕当农民，渴望离开农村，这是为什么？答案显然是因为农民太穷，农村太苦，农民的地位太低，工农、城乡之间的差别太大。他爱刘巧珍，明明知道黄亚萍对他的爱远远没有巧珍那么纯真，也知道她可同甘而未必能共苦，最终却还是抛弃了刘巧珍。黄亚萍的优势到底在哪里？刘巧珍到底输在哪里？黄亚萍比刘巧珍有文化，这是因素之一，但并非主要因素。主要的因素是黄亚萍是县城的广播员，刘巧珍是农民；黄亚萍在城市，刘巧珍在农村；而且，黄亚萍的父亲是县委常委、武装部长，手中有权。借助这个平台，高加林不仅可以在县城营建自己的优越的生活，而且可以谋求更大的发展，实现他的远大理想。这里显示的是城乡之间、工农之间、官民之间的巨大差距。

综观高加林的不幸，主要就在于社会没有为他提供施展才华和抱负的空间。如果社会不存在巨大的差别，城乡和工农之间没有那条巨大的鸿沟，高加林完全可以安心当农民，刘巧珍也完全可以跟他一起进城市，黄亚萍也完全可以跟他一起去农村，这篇小说中的悲剧也就不存在。可是，高加林所面对的社会现实，却不仅存在城乡、工农之间的巨大差别，而且由此形成了严重的社会歧视，这就是有为青年不可能满足于在农村当农民，而人为设置的樊篱又使人们无法通过才华和能力正常地进入城市和改变身份。也正因为这样，城市青年才不可能冒险到农村去当农民。这一切都在告诉人们：农村是深渊，让人望而生畏。高加林的悲剧就在于，生活现实总是刺激他的理想和追求，却又阻碍他去实现。如果农村不是那么落后，城乡、工农之间的差别不是那么悬殊，他就不会那么渴望离开土地和农村。如果社会为青年的奋斗打通道路，他们的追求也就不会是悲剧。

二、刘巧珍及其悲剧的成因

更值得注意的是，在路遥的笔下，悲剧不仅属于高加林，而且属于刘巧珍。

刘巧珍是一个美丽、善良而多情的女子。在作家笔下，她是陕北高原上土生土长的姑娘，体态和面容都美，虽然没有上学读书，却有丰富的内心世界，也有比较高的心气，向往知识和文化，因而梦想找一位有理想、有文化的爱人。为此，她拒绝了工人，拒绝了公社干部，也拒绝了经商致富的马栓，而暗暗爱上了高中毕业回乡的贫寒农家子弟高加林。在作家笔下，刘巧珍不仅外貌美，而且内心也美。她不顾世俗的利害，敢于抛弃世俗观念，追求自己的爱情。她看到高加林在刨地，去给他送瓜；看到高加林在集上守着一篮子馍一个也卖不掉，接过篮子替高加林把馍卖掉。她直截了当地向高加林表白："加林哥，你如果不嫌我，咱们两个一搭里过！你在家里盛着，我给咱上山劳动，不会叫你受苦的……"为了爱，她不怕讥笑，改变生活习惯，坚持每天刷牙；人们围观"西洋景"，她"偏要多刷一会儿让他们看看"；遭到父亲痛打，仍在众目睽睽之下与高加林一起骑车逛县城，买来漂白粉，进行了一场"卫生革命"。她爱高加林，即使牺牲一切也在所不惜。她知道高加林进城工作可能会与她永远分离，但看到他在农村的苦闷，就诚心诚意支持他进城工作，宁愿自己受苦，也要让高加林愉快。高加林进城之后，是她替他照顾父母双亲。总之，她对高加林的爱只有奉献而没有索取，诚挚而又高尚。

她珍惜与高加林的爱情，但在他们的爱情面临危机时，却不失做人的尊严。当高加林提出与她分手时，她强咽泪水，表现得坚强而又通达：

> 一阵长时间的沉默。两行泪珠静静地从巧珍的脸颊上淌下来了。她的两只手痉挛地抓着桥栏杆，哽咽着说："你……去吧！我绝不会连累你！加林哥，你参加工作后，我就想过不知多少次了，我尽管爱你爱得要命，但知道我配不上你了。我一个字不识，给你帮不上忙，还要拖累你的工作，……你走你的，到外边找个更好的对象……到外面你多操心，人生地不熟，不像咱本乡田地，……加林哥，你不知道我怎样爱你……"
>
> 巧珍说不下去了，掏出手绢一下子塞到自己的嘴里！

她承受着巨大的悲痛，对高加林的绝情报之以体贴。她渴求爱，但懂得自爱。她追求美好的爱情，知道它已经远去，就不再乞求。由此我们可以看到她的心灵的美好和善良，也可以看到她的自尊和自重。

被高加林抛弃之后，小说写道："她既没有寻短见，也没有神经失常，人生的灾难打倒了她，但她又从地上爬起来了。"理想中的爱情已经失去，但人还要活下去，带着失恋的伤痛，她答应了一直追求她的马栓，把自己嫁了出去。但在高加林被清退回到农村时，她的姐姐刘巧英要借机羞辱，以解妹妹被抛弃之愤，巧珍得知后却一夜没睡着，一大早跑来阻拦，苦苦相求："姐姐！我央告你，不要这样对待加林！不能管怎样，我心里疼他！你要是这样整治他，就等于拿刀子捅我的心哩!”巧珍是爱情上的失败者，却是道义上的胜利者。

这些描写无疑是动人的。著名评论家阎纲在读过小说之后写给路遥的信中说：“你发现了一个多么可爱的女子啊！我指的是巧珍。她虽土而不俗，不知书却达理，自卑而不自贱。她爱高加林，如痴般地爱着，但绝不向爱乞求，她自始至终没有失掉自己的尊严。她可以为他而死，但必须以对方的爱情为前提。……巧珍的可爱，足以使读者的精神为之升华。”①

刘巧珍的形象具有深刻的历史意义和社会内容。她是那么美好，那样一腔真情，把一颗心捧出来追求她的所爱，最后却是一个失败者。她输在哪里？那个城市姑娘黄亚萍靠什么打败了她？如果客观冷静地考察，我们不得不承认，她唯一真正的欠缺，是没上过学，缺少文化知识，以及由此而产生的自卑。她的择偶标准所显示的，也是她对知识的渴望。刘巧珍的这一表现，足以让人心生疼痛，因为她是许许多多被教育遗弃的农村青年的代表，社会使她们失掉了受教育的权利，而在她们长大之后，却是那样渴望文化和知识。她们觉醒了，历史的遗憾却无法弥补。这个形象典型地体现了中国农村许多女孩儿的梦想，以及她们的追求和失败。对于刘巧珍们，我们的社会应该感到愧疚，因为亏欠她们已经太多。而在她们追求爱情的时候，这又成为她们的缺陷，成为她们悲剧的成因之一。

直接伤害到刘巧珍的，无疑是高加林，所以，刘巧珍的姐姐要把报复施加到高加林的头上，自有道理。巧珍为此苦苦哀求姐姐，她却未必明白，高加林向往城市，就像她向往与有文化的人一起生活一样合情合理。因此，造成刘巧珍悲剧的根本原因并不在于高加林。如果高加林进入城市之后不离开刘巧珍，那是她的幸运，是偶然的；而高加林离开她，却是正常情况。这一切，都是社会决定的。在中国，这样的爱情悲剧正不知有多少。这里的问题在于：一是农村的贫穷落后和被遗忘，不能把高加林留住陪她过农民的日子；二是城乡之间的那道峭壁，使她无法跨越过去与高加林一起到城市工作，因而很难一起到城市共建新的生活。

总之，小说中的青年在爱情上都是悲剧，悲剧原因复杂，有主观方面的

①阎纲：《关于中篇小说〈人生〉的通信》，《文论报》1982年9月10日。

原因，但最根本的原因却是社会的，是社会人为造成的工农、城乡之间的一条无法跨越的鸿沟。

三、黄亚萍的悲剧及其他

一些论者因为同情刘巧珍，而对高加林与黄亚萍的爱情不以为然，甚至在指责高加林忘恩负义的同时指责黄亚萍的水性杨花，似乎她不该插到高加林和刘巧珍之间破坏了他们之间美好的爱情，而对她在高加林被清退回乡后她即重新回到克南的怀抱，更是不以为然。

其实，只要我们超越感情上因为种种原因而形成的某种倾向，就应该注意到，事实上，黄亚萍也是一个悲剧。她在高中读书时就喜欢高加林，而不喜欢克南。只是因为高中毕业高加林只能回乡而不能进入城市工作，她才放弃了这份梦想，而与她所不爱却处于同一阶层的克南走到了一起。当高加林进入城市工作之后，她的爱重新萌发，而且不可抑制，终于毅然中断与克南的来往，扑进了高加林的怀抱。设身处地地想，任何人都没有理由指责这份爱情，它是自然的，也是合理的，如果要指责，只能指责高加林与刘巧珍的爱情基础不牢固，指责高加林对刘巧珍的爱不能牢固而专一。当高加林结束与刘巧珍的关系而接受黄亚萍的爱情时，黄亚萍是多么幸福！

然而，黄亚萍非常不幸！他与高加林美好的爱情和美好的未来都被克南妈破坏了。更为有意思的是，尽管我们在阅读作品时看到这里会为高加林离开城市而遗憾，却没有任何理由去指责破坏了高加林与黄亚萍幸福并葬送了高加林前途的克南妈。因为她虽然出于私心，但检举揭发不正之风的行为却无可指责。

对黄亚萍而言，命运的不幸还不止于此，而是在高加林被清退回乡之后，她又回到了克南的怀抱。如果是在正常社会的一般情况下，这种描写多少有点奇怪。因为爱情的力量似乎不应该这么弱小，因为爱人回农村，就无法继续维持下去。阻碍有情人成为眷属的力量究竟是什么？毫无疑问，是城乡工农之间的差别。它似乎是不可跨越的，可以像天河一样把牛郎和织女阻隔在河的两岸。设身处地地想，黄亚萍失掉高加林是痛苦的，回到克南身边是尴尬的，包括克南妈检举高加林的行为，也会成为她接受这个婆婆的障碍，而且，她对克南的确没有感情，克南对她也似乎可有可无，因为通过小说可见，在黄亚萍离开他而走近高加林时，他并没有表现出撕心裂肺的痛苦，甚至远远没有他妈那样着急。既然如此，黄亚萍回到克南的身边，应该不是好的选择。那么，她为什么不可以跟随高加林到农村去？

回答仍然是那道鸿沟，一切的问题都在这里。尽管知识青年到农村去曾是基本国策，搞了那么多年，那么多城市青年都曾到农村去插队落户，但到了黄亚萍的年代，千万知青却已回城。正是在这个大背景上，城市青年嫁到农村去成为不可想象的事。所以，在这篇小说中，这也成了无需说明、无需解释的分手理由。因为城市青年如黄亚萍们，无论多么爱她的高加林，跟随高加林到农村，都是不可想象的事。

写到这里，我想到了20年代的北京学生，想到了30年代的上海小姐，想到了抗日战争时期的青年男女。20年代的北京大学生为了爱情可以跟随丈夫回乡，30年代的上海小姐为了爱情可以离开上海这样的大都市，抗日战争时期这种情况更多，无数青年可以从北京、上海这样的大都市奔赴四川、云南山区，也可以跟随心爱的人去陕北住窑洞。这一切，无论在生活中还是在文学作品中，都不罕见。为什么到了80年代，一个县城广播站的播音员，就不能跟随自己喜欢的男人到他的家乡去呢？

这里透露的，仍然是我们的社会现实，城乡之间、工农之间，的确存在一条无法跨越的鸿沟。“五四”时期的北京学生能够那样做，30年代的上海小姐能够那样做，抗日战争时期的知青能够那么做，因为那时候即使北京、上海这样的大都市，与农村也没有可怕的鸿沟。人们可以随时去，也可以随时回来。而我们现实却不是这样，农民要变成工人，农村人要变成城市人，虽然不比登天难，却必须通过特辟的通道，比如上大学，比如招工计划。

当然，如果我们的视野再放开阔一些，想一想俄罗斯那些十二月党人的妻子们，那些可以抛弃一切而跟随被流放的丈夫奔赴西伯利亚的妻子们，到农村去就那么可怕吗？这里显然涉及对黄亚萍精神境界的评估，但这问题又不是黄亚萍所独有的，而是表现为一种普遍性，所以，作家根本不做如此思考，而是根据一般人的一般境界，把跟随爱人到农村去看作绝对不可能和无需讨论的事。

至此，《人生》悲剧的成因已经非常明确：造成高加林、刘巧珍、黄亚萍人生悲剧的，正是几十年人为制造的工农、城乡之间的差别——不只是差别，而且是无法跨越的鸿沟。在长达几十年的时间里，我们一直在高喊缩小三大差别的口号，而在事实上，却是人为地制造了这样的差别。路遥所写的人生悲剧，正是对这种社会现实的有力控诉!

所以，事实上，《人生》也是一篇社会问题小说，也是一篇呼唤改革的小说。

论李国文的小说创作

在新时期文坛上，李国文是比较活跃而且独具个性的作家。他的创作引人注目，不仅在于独特的艺术技巧和语言风格，而且在于作家对历史的深入思考给作品带来的分量。本文无力对李国文的小说创作进行全面研究，只是探讨几个最为突出的特点。

一、中心主题：人民——上帝

人们常说，人民是推动历史前进的动力，是社会的主人。但是，有多少人真正地（不是抽象地，而是具体地）认真想过？李国文是认真想过的，他的小说在这一点上可以帮助我们深入思考。

他的小说创作始终把人民放在历史运动的中心，通过人民，对历史生活进行把握，也以人民为尺度对历史做出评判。他把人民作为社会天平的支点，通过人民，理解并判断令人眼花缭乱的历史是非；他把人民作为道德评判的尺度，辨别真善美与假恶丑，决定其欢呼、歌颂或揭露、鞭挞。如果把他的小说创作看作一个具有四肢的整体，那么，“人民——上帝”的观念给了它心脏。心脏将血液输于每一个部位，使他的作品形成一个深沉而雄健的主旋律：人民，是社会的主人、历史的主宰、苍茫大地的主沉浮者；如果忘记了人民，必然要受到历史的严惩。

1957年7月发表的短篇小说《改选》，是作者第一篇问世之作。它以强烈的现实主义精神和鲜明的“干预生活”的特色连同作者的名字写入了中国当代文学史册。作者所描写的工会委员老郝时时处处关心工人利益，但在政治生活已经变得反常的时候，却成为一个不合时宜的人物，受到排挤打击，职务一降再降，奏出命运的悲歌。而靠耍嘴皮子、弄虚作假、欺下媚上、谋取权力的工会主席却一路直线上升。特别值得注意的是，老郝为工人请命却受到批评，为工人服务竟受到这样的质问："你是工会的委员，还是大家的勤务员？"我们的干部无论职位高低，都是人民的勤务员。这是当代中国人都熟悉的话，但在实际生活中，老郝却受到了质问。《改选》所反映的主要问题就是干部是当公仆还是当老爷的问题。小说通过形象的描写，热情歌颂了与人民保持血肉联系的良好作风，鞭挞了脱离人民群众的官僚主义倾向。

李国文的第一步就踏上了这样的道路，开始以人民的意愿去考察干部，判别是非，并把为人民呐喊、为改善干部与人民的关系而呼吁的职责放到了自己肩上。他因为承担这种职责而历尽坎坷，但二十多年后重返文坛，却初衷未改，仍在这条路上勇敢而又坚实地前进。

他在新时期的作品进一步关注党群关系，呼唤优良传统，肯定人民的伟大作用，告诫人们永远勿忘人民。短篇《月食》和长篇《冬天里的春天》，可以说是《改选》主题的继续和发展。《月食》中伊汝性格的一个重要方面，就是对人民的忠诚。其最闪光之处，就是始终不忘人民。革命胜利进城之后，他成了一位名记者，身边有漂亮的女记者疯狂追求，但是，他最后的选择却依然是战火中结下血肉联系的山村姑娘妞妞。面对伊汝的选择，我们不应该局限在事情本身去为主人公的恋爱观而纠缠。因为作者描写这种选择，只因为事情本身体现的是与人民感情上的血肉联系，是决不背叛决不忘恩负义的道德选择。伊汝形象的光彩正是得益于他的道义选择，得益于他那个使自己成为"右派"的"冰冻三尺"的理论："进城以后……慢慢地就把那些用小米养我们的，用小车推我们的，用担架抬我们的，把我们认作儿子、认作丈夫掩护过我们的老百姓忘了。而我们党正是靠这些老百姓才打败了敌人，夺取了胜利，……因此我想，要丢掉了这个优良传统，会不会有那么一天，人民群众要唾弃我们？"这是清醒者的忧虑，凝聚着对历史和现实的严肃思考。

但是，生活中能像伊汝那样珍惜与人民血肉联系的人毕竟有限。毕部长就是一个对人民感情一度淡漠而在政治风雨的冲击和人民深挚之情的感召下又恢复了这种联系的干部。作品不无感叹地描写了他的变化：战争年代，深夜他也要赶回郭大娘家，整夜鼾声如雷使郭大娘不能入睡，他也毫不客气；进城之后，郭大娘带了他爱吃的东西来看他，他却抽不出五分钟时间跟大娘说话。战争年代，他喝着大娘的枣儿酒，感到“简直是诱人的佳酿香醪，往心眼里甜，往骨头里醉”；进城之后，大娘带了枣儿酒来看他，他却连酒带大娘一起交给了别人，原因是“现在夫人有了新规定，非要在巴拿马博览会得奖的酒才许可喝”。但是，在他因为右倾而被发配农村劳动改造的时候，却又是郭大娘千里迢迢前来看他，并把准备后事的棺材变卖了一百八十块钱带给他。正是在这种伟大情感的感召之下，主人公的心灵终于重放光辉，发出内心的呼叫：“记住啊，永远记住，人民是我们的亲爹娘!”

如果说毕竟的变化由于短篇的局限表现得还不够充分的话，长篇小说《冬天里的春天》中的于而龙则弥补了这种不足。作者并没有去描写那些严重背弃人民的人，而是写了那些本质良好、比较正直、良心未泯的人。于而龙最突出的特征就是善于思考。他反复思考的最大收获就是复苏了对人民的情感，因而也寻回了自己失掉的青春和力量。无论在历史上还是在现实中，使他摆脱种种困境并步步走向胜利的都是人民。战争年代，根据地穷乡亲为支援游击队而把坛子里的最后一把米贡献给他；安大爹为让他这位游击队长能吃上一顿饭而卖掉自己的棉袄；老林嫂艰难地为他哺育生在战火中无法抚养的女儿；迟大哥为了救他而险些丢掉性命。十年动乱，不相识的火车司机为救他而献身；廖总为与他分担罪责而放弃脱身的机会；老林嫂千里北上，在接待站院子里忍受酷寒坐以待旦，为他鸣冤；老迟哥宁愿咬断自己的手指也不在诬陷他的材料上按手印。而他自己呢？在战争年代的确曾为人民着想，进城陷入危境时，宁愿冒险也不混在群众中冲出包围，因为他知道：“子弹是不长眼的，共产党人怎么能拿人民群众搪灾？”但是，后来胜利了，进城做了高级干部，他却发生了变化。回顾过去，他自己也意识到：“至少有两个于而龙，一个是存在于人们心目里的那个早年间的于而龙；一个是眼前多少变了点样子的于而龙。”

于而龙的可贵之处在于他能在人民面前反省和忏悔。重返石湖根据地，人民以赤诚之心接待这位当年的游击队长，这使他深悔自己来迟。他看到救命恩人“还过着和三十年前大体上没有很大变化的生活”，这使他想起当年对乡亲们的许诺，因而深感内疚："如果有上帝的话，这上帝就是人民，如果我要忏悔的话，也只能在他们面前低头。"忏悔使他清醒，得出这样的结论："无论什么时候，共产党也得靠人民，就如同鱼和水一样，水没有鱼照样流，鱼没有水可活不成。只有那些老爷，和存心要祸害党的败类，才把党变成救世主，人民要看它的脸色行事，得靠它的慈悲恩赐生活。"在革命战争年代，人民胼手胝足，担起革命的重负，用生命和鲜血喂养了革命。在胜利之后，有人却忘记了这伟大母亲，从生活水平的悬殊到感情的疏远，与人民产生了隔膜。然而，革命者就像安泰俄斯，一旦离开大地，就失去了力量。所以，当一场动乱到来时，便无力抵挡，只能任其泛滥。人民，恩重如山，不容忘记！人民，历史的主宰，不能忘记！——这正是小说中反复表现的。

长篇小说《花园街五号》直接描写的是改革，但作者对改革的思考却是从人民和历史的关系这一角度出发的。小说中那幢楼房的主人们一代又一代下场可悲。这种命运看似偶然而绝非偶然。在历史变迁的过程中，往往伴随着相互残杀，以血腥的形式完成历史的交替。这种进程看上去很神秘，事实上却体现了某种规律。尽管取代者未必代表人民的意愿，新的统治者未必给人民带来幸福，但被取代者之所以失败，却无不由于违背了人民的意愿。正因如此，政权才不断地被推翻，统治者才频繁交替，"花园街五号"才一直上演悲剧。在李国文看来，要避免这种悲剧的延续，就必须顺应人民的意愿，改革一切与人民意愿不相适应的东西。作家正是从这个角度去认识和反映当前改革的。

在现实的层面上，小说所着重描写的刘钊与丁晓的矛盾，并不只是改革与保守的矛盾。丁晓的一切努力都是为了爬上花园街五号的宝座，只要达到目的，改革与否其实无所谓。刘钊与他的不同之处，就在于他的思想行为都落脚于一个根本：把权力交给人民。刘钊复职之后实际只干了两件事：改造拖拉机厂和建立沿江新村。无论韩潮对他怎样指责，他都从不争辩，但在韩潮说到工人"眼睛光盯住了人民币"时，他却立即激烈地反驳。把花园街五号改作少年宫的设想，更体现了他的改革思想的核心。而设想的最后实现，也体现了作家把权力交给人民和未来的美好愿望。

在李国文的小说中，人民的形象总是崇高而伟大的。他没有像鲁迅那样对国民性进行剖析，也没有着力刻画他们性格的复杂性，而是把人民作为映照善恶、净化灵魂的道德力量，作为伟大与崇高的化身。这种反映也许是单侧面的，与生活的真实也许有较大距离，但对于李国文来说，却是非此无以表现其思想与感情。

这种“人民——上帝”的观念并不新奇。但在极“左”思潮泛滥的年月，人民作为抽象概念被高唱，作为具体存在却被遗忘和践踏。当我们带着重重伤痕进入一个新的历史时期，这种呼唤的意义是显而易见的。

二、独特的视角和结构

李国文的作品有很强的历史感。他总是力图通过笔下的人物命运揭示现实的面貌和历史的轨迹，探讨历史与现实的内在联系，从历史的发展变化中把握现实，从现实的各种存在把握历史运动。这种历史与现实相映照的方法，体现着他的艺术视角。作家是站在历史与现实构成的延伸线上，对历史与现实做透视的。这种思维方式之所以在新时期文学中兴起，是“历史反思”这一社会思潮的直接反映，是时代的赐予。新时期文坛上称为“反思文学”的好作品不少，但李国文是走在这股潮流前面的独具特色的作者之一。作为“反思文学”的潮头作，如《天云山传奇》《剪辑错了的故事》《犯人李铜钟的故事》等等，所显示的是不再就“十年动乱”看“十年动乱”，而是到三十年社会主义的历史中去寻找极“左”思潮的源流。李国文写于同时期的作品却把思考的线索扩延到了革命战争年代，到更远的历史深处去寻找它的蛛丝马迹。我们不能期望张承志、王安忆、张辛欣这样的青年作家去做这种历史现象的“比并看”，因为思维材料的欠缺制约着他们，使他们对此难有真切感受。而李国文青少年时代的生活和后来长达二十多年的磨难，却为他提供了这种条件。

无论是长篇《冬天里的春天》《花园街五号》，还是短篇《月食》《雪，默默地落》等，都有长达几十年甚至半个世纪的历史跨度，反映了广阔的历史生活画面。但是，李国文的着眼点并不在历史，而是在现实。他回顾历史，只是为了在历史的镜子里照出五彩斑斓的现实帷幕下的真实，更清楚地理解现实，同时也使现实中的人物性格更符合内在发展规律和生活逻辑。这一点似乎无需多说，因为无论于而龙还是韩潮，只有展示出他们几十年间具体生活条件和思维方式以及行为的历史，才能比较深刻地表现他们的变化及其中所隐含的深刻含义。只有进行这种历史观照，才能解释韩潮在变革面前的矛盾态度，才能赋予于而龙的觉醒以更大的典型性。也只有这种历史线索的展示，才能比较充分地表达主题。

这种打着鲜明时代印记的独特视角，决定了作品的结构形态。它必然是多线条、多层次的，由历史的纵向线索和社会的横断面多向交叉起来的复杂时空结构。李国文常常把众多的人物和事件巧妙地结撰编排，把几十年的历史压缩于人物几天的生活回顾与思索之中，纵横交织，在现实生活的层次之下串联过去历史的生活层次。这种结构形态可谓立体交叉结构。没有比两部长篇更能说明这一点的了——

《冬天里的春天》充满了人物的联想、回忆、思索和幻觉。这一切都在于而龙回石湖的三天中展开。在这三天中，层层叠叠展示的却是四十年历史的生活片断。作者在叙述上打破时空一贯、情节一贯、按部就班、如实道来的写法，采用时空交错、情节交叠、虚实相间的方法。传统的长篇小说重情节、讲究故事性。李国文也重情节，对故事性有所追求，但传统小说的故事结构多以首尾顺序展开，或加以简单倒叙和插叙。《冬天里的春天》却是以人物命运为线索，根据需要，打乱情节的时空顺序，重新组合为一个新的整体。事实上，小说分别描写了30年代、60年代、70年代的历史画面。作家所显示的艺术才能在于把这三幅画面分别剪碎，又根据各种特定的内在联系性而叠串在一起。毫无疑问，三个不同断代错综复杂的人物和故事，如果平铺直叙，极易平淡无奇，而且画面本身的完整性不允许作家只是散乱地点染而留下过多的空白。更主要的是，那样很难达到形成历史比照的效果。让读者从几个不同历史时期的故事中去寻找材料进行比较，远不如作者串好了献给读者来得更为直接。事实证明他是成功的。这种交叠加大了作品的思想容量，避免了平铺直叙一览无余的缺陷，增加了欣赏者的兴味。

《花园街五号》在结构上也有其独特之处。它外在的结构形态与《冬天里的春天》基本相同，但其中隐含着一个内在结构。这个内在结构是一纵一横形成的一个“T”形立柱和横梁，它支撑起了作品。只要拨开散乱生活片断的表象，还原作者在他的艺术视角上形成的构思，就很容易发现本作品所特有的结构框架：

五十年前，俄国贵族康德拉季耶夫从俄国流亡到中国东北的土地上，大兴土木建造了这座洋房。他像小孩子玩积木那样盖了又拆，拆了又盖，目的是在异国土地上建起早已失去的天堂。每一次翻工都浪费大量钱财，原因都是他自己画错了图样。但他的儿子却依然高呼“乌拉”，以颂扬他父亲及时发现错误并纠正错误的英明和伟大。伯爵在“乌拉”声中渐渐昏昏然，只相信确实是自己制止了错误，却忘了制造错误的正是他自己。这个没落阶级的代表人物硬是闭眼不看现实，死抱住没落贵族的僵尸，最后的结果是儿子盗他的钱财而去，而他自己则被伪满洲国临江驻军司令刘大巴掌勒死在顶楼的圣坛上。

刘大巴掌取代没落贵族而成为花园街五号的主人，以血腥的镇压维护他的统治，却同样没有逃脱可悲的命运。解放前夕，他被地下党处决在他勒死伯爵的同一圣坛上。而执行处决命令的地下党员，正是他的儿子刘钊。

花园街五号的第三位主人是临江市委书记吕况。在新的历史条件下，他是作为新的国家权力进入花园街五号的，他当然希望他的地位与红色江山都稳如磐石。但是，在“文化大革命”的风暴中，他被造反派以“革命”的名义斗死在那个圣坛上。他的死固然是动乱的恶果，但他本身的变化也值得深思。这个革命战争年代的英雄在50年代末开始被“左”倾思潮冲昏了头脑，几乎完全变成了另一个人，谨小慎微，不求上进，拒谏饰非，冷漠专横，对女儿专制，葬送她的理想和爱情；对战友冷酷，亲手把刘钊打成右倾分子，明知虚假也要定案；工作满足于上传下达，“大跃进”盲目追求高指标，抓阶级斗争宁左勿右。在历史和人民面前，并非无责可咎。

造反起家的市革委主任是花园街五号的第四代主人，他猖狂十年，倒行逆施，践踏民心，在“文革”结束之际，终于受到历史的惩处。

现在花园街五号的主人是十一届三中全会后任命的市委书记兼市长韩潮。他虽然刚刚上任不久，心头却总是笼罩着不祥的阴影：儿女或已在动乱中作为叛逆而毁掉，或因对生活产生了新的追求而即将离去；韩潮已经六十六岁，交班退位势在必行，而且已经查出了重病。这一切使他不由得总是在想：“难道花园街五号的主人注定不会有好命运吗？”

这是一条历史的纵线。花园街五号的几代主人都是以血腥残杀完成交替，前一代总是被后一代干掉，而且很多是儿女背叛老子。好像冥冥之中有一条绳索在系着他们，使他们都无法逃脱悲惨的命运。但是，在作家笔下，决定他们命运的并不是幽灵，而是规律。历史总要前进，前人和后人之间必然会有矛盾，顽固守旧和倒行逆施只能激化矛盾，最后被淘汰。所以，若要避免悲剧延续，只有顺应历史发展的潮流，及时改革一切与历史的发展不相适应的东西。

小说在这条历史纵线上展开了一条描写当前改革的横线，写了韩潮、刘钊、丁晓等人之间的复杂矛盾和斗争。作品所着力描写的是横线，纵线隐于回忆与思索之中，但立意却是从纵线出发的。在历史的纵线上，改革的横线只是一个点。沿线看点，改革的意义在历史的映照之下就更加清楚而深刻。

三、诗的技巧：抒情、象征与神秘色彩

李国文小说所显示的艺术技巧是多样的。其中特别重要的，是小说的诗化。虽然很难说小说会向着诗歌靠拢，但新时期小说中却越来越多地出现诗的因素。张承志的作品已经明显地使人感受到那诗情的律动。李国文的小说也鲜明地表现出这种特点。

《冬天里的春天》由于作者采用了从人物主体反映生活的方式，整部长篇似乎都发自于而龙的心灵，这就为抒情提供了方便。几乎随处可见那些抒情式的思索、思索中的感情以及诗化的哲理。有时真难辨清是作者在抒情还是书中主人公在抒情，只是被一股处处回荡着的诗情所征服，所感动。

与此同时，李国文的小说成功地运用了诗歌的主要技巧——象征和隐喻。从他的作品的题目就可以看出：《空谷幽兰》《月食》《雪，默默地落》《冬天里的春天》，等等，都不像他50年代作品《改选》那样直接宣示作品所描写的具体存在。《花园街五号》题目具体而实在，但却是一种象征。它不像《月食》那样只是一个简单比喻，而是整体的象征性构思。它所写的是一座洋房，一座实际存在的物质建筑，然而，却是抽象的统治地位、权力宝座的象征。一代代主人更替兴废，作为象征的对应物，是权力的更替移转。这种用象征性的物象暗示主题和其他事物的写法，在小说中不仅可用于解决某些实写不好解决的问题，同时也能增加作品的诗意。

《冬天里的春天》写于而龙钓鱼，曾一再出现类似的描写：“你是强

者，一个不肯屈膝低头的强者，虽然已被摧残到垂死的程度，但还是挺直腰杆在做最后的斗争，决不像那些出卖灵魂的背叛者，分一杯残羹的食客，摇尾乞怜的哈巴狗，为虎作伥的败类，舔屁股的下贱货，……他只要活着，就斗争，就革命，就坚持真理，就说人话做人事，是一个铁铮铮的顶天立地的汉子。”这与其说是于而龙对那条挣扎着的鱼所说，不如说是作者对于而龙所说。说着说着，于而龙和那条鱼完全同化了，对应的双方合为一体。那条红荷包鲤九死一生终于又逃入水中，这也正是于而龙命运的象征。这种象征描写对于揭示于而龙性格可谓巧妙而有成效。

这种象征或隐喻的形象描写，在李国文作品中到处可见，他常常是顺手拈来完成一个抽象观念或者暗示一种事物或思想。如老林嫂和于而龙关于银杏树的谈话描写：

> “死了？”于而龙很难相信那么一棵巨人似的树木，也有倒下的一天。
>
> “从里头往外蛀，从根往顶蛀，想不到会败得那么快呀！二龙，生了蛀虫，就算是没法治啦！”
>
> “能有这么厉害的蛀虫？”
>
> “有的，有的……”老林嫂叹息着。
>
> 听她的口气，好像这类蛀虫，不光在自然界里有，甚至在社会上，在党里，在人们的生活里，在伟大的革命事业和前进道路的各个方面，都可能孳生这类钻到心里去蛀空一切的害虫似的。
>
> 哦！也许如此吧！本来就是一个复杂多端的人类社会吗！于而龙继续在拿沙土，擦亮那五块银洋，四十年的积垢，被他慢慢打磨掉了，露出它本来的灿烂光华。

银杏树、蛀虫、沙土、银洋，打磨本身和结果，无不成为隐喻和象征。作者的必要提示为形象的理解提供了定向性，因而并无晦涩之处。

《花园街五号》中大宝形象的设置更是一种新颖的象征手法。他是那个时代因思想毒害而毁掉的一类人的符号，与吕莎莎这样的前进者一起，构成对“花园街五号”承继人的分析，为悲剧的说服力提供了依据。

这些象征手法的运用，使作品人物本身有限的小天地与社会历史这个大千世界联系起来，有助于通过类似事件的对比而深化作品的主题，使内涵更加丰厚，作品更富有含蓄、幻化的色彩，大大增添了思考兴味。虽然为此目的，作者过分去适应象征的需要，有些地方情节结撰显得过巧，如《花园街五号》中几个人都死于同一圣坛就不够真实自然。但是，这种象征手法造成的情节却能引起读者的感情上的共鸣，要比直率的解释和公开的说明高明一些。

也许与技巧不无关系，李国文作品的神秘色彩和气氛吸引了读者。他那复杂的结构常常覆盖着一层神秘的纱幕。石湖上大雾弥漫，一声枪响，芦花倒下了，凶手似隐似现，却迟迟不能明朗。一个隐藏于树林深处的幽深院落，俄罗斯教堂一般，鸽子满天飞舞，当你走近，树后却突然站出持枪的战士。一代又一代，总是演着相似的悲剧，后人叛离，被人干掉，到底因为什么？这一切都吸引着读者读下去探个究竟。神秘的雾霭增添了艺术的魅力。

当然，李国文的小说也还存在不少缺陷，除评论家们已指出的外，人物性格的丰富性和人物心灵历程的揭示仍然是作者应当注意的。《月食》中毕部长进城后的变化过多地归于妻子的影响，而未在他自己身上寻找原因，不能不是缺憾。《冬天里的春天》中的王纬宇是个成功的形象，但过多地从家庭出身方面做文章，反而削弱了他的性格的力量。郭大娘等人民形象还缺少内心世界复杂性的探索和多侧面的描绘。好在近作《危楼记事》在这些方面已经显示了转变。

1985年2月　曲阜

军旅小说的新收获

——读李存葆的《山中，那十九座坟茔》

李存葆的《山中，那十九座坟茔》是一篇值得充分肯定的小说，是军旅小说的可喜收获。无论对军事文学，还是对作者自身的创作，它都显示了重要的突破。它的意义不仅在于题材的拓展，也不仅在于对“文革”的彻底否定，而是在于对灵魂的发掘，以及由此显示的悲剧深度。

与《高山下的花环》（以下简称《花环》）相比，《山中，那十九座坟茔》（以下简称《坟茔》）显示了不同的主调。前者主要是在对复杂的现实背景进行揭露的同时表现对英雄战士和伟大人民的讴歌。后者则是发掘复杂环境中复杂的人物性格及其社会和历史的成因。作家站在新的高度上深入人物内心世界，对其可爱与可悲、崇高与愚昧、美好的天性与可悲的命运进行严肃剖析，从而谱写了一曲灵魂的悲歌。两作都具有悲剧意味，但《花环》的悲剧在于美好的东西被遗忘，而《坟茔》的悲剧则是人的灵魂如何被扭曲、人的生命如何被践踏和埋葬。两作都有对极“左”政治的批判，《花环》写的是极“左”政治如何损害光荣传统和人民利益，《坟茔》写的则是极“左”政治如何与其他因素一起把人变成非人。从描写英雄的花环，致力于社会问题的反映，到剖析坟茔中死者的思想质地，致力于人的心灵被扭曲的悲剧，显示了作者现实主义精神的深化。

一

山中，堆起了十九座坟茔。正如小说所说，“既为军人，不论男女，死本不足悲，可悲的是把生命的圣水倒进了‘龙须沟’里”。我们的民族是充满力量的民族，不乏勇敢和坚韧。这种力量不仅修造了功过难以评说的万里长城，也修造了金碧辉煌的帝王宫殿和陵墓。勇敢坚韧的力量是宝贵的，有了它，这个民族才能在苦难中挣扎生存，繁衍奋斗，但可痛心和忧心的，是勇敢坚韧的力量常常被滥用，并且由迷信和愚昧主宰，甚至是由阴谋去主宰，因而往往要用宝贵的珍珠去装饰腐朽与丑恶。十九个战士死去了，正如琴琴梦见的一样，战士们在陡峭的悬崖上，政治宣传在大声鼓动：“向前看，大步走，粉身碎骨不回头！”于是，勇敢的战士跳下去了，一个跟着一个，为了他们并不明白的目标，献出了年轻的生命。

当然，在不同人物的身上，表现各不相同。

营长郭金泰是一个不乏清醒的军人。他对战士有真诚的爱心和责任感，而且也有抵制个人崇拜的胆识，但是，面对上级的命令，却只能无奈地顺从。他认识到倒行逆施和反科学行为必将酿成灾难，却只能独自痛苦、愤怒和困惑，只能在灾难发生时救护众人，以自我牺牲完成自己最后的形象。他是明知谬误而又为谬误而死的。最后，他的坟前只能留下一块“无字碑”，这是对谬误的时代的控诉。

王世忠最突出的特点就是“忠”。他单纯率直，要强好胜，眼睛向上，追求进步，具有很强的积极性。因为这种积极性，他很好发动，像火药一样一点就着。搞“革命大批判”，上面指到哪他就打到哪。在施工中也敢玩命，安全员呼喊：“前面危险，不要进洞！”他则大叫：“共产党员，跟我上！”最后，他终于为自己争得一死，也为别人树立了死的榜样。死去之后，上级仍然要为他编造临终的“时代最强音”。他是自己跳入坟茔的，同时又把别人拉入坟茔。

孙大壮的命运更为可悲。由于农村生活的贫困和知识的匮乏，使他分不开熊猫和狗熊，也不能辨别真伪和善恶。他是拆掉住房卖了木料给武装部送礼才得以参军入伍的，因而特别珍惜部队生活，特别迫切地追求“进步”。

因此，他重病在身仍然坚持参加繁重的劳动，临死还在挥汗背水泥，以致死后水泥在全身凝固，衣服都脱不下来。政治宣传鼓动他要革命加拼命，他最后终于把命拼掉了。在他死后，人们发现他的日记中的“最高指示”是被误记的：“一不怕苦，二不怕死”记成了“一怕不苦，二怕不死”。

刘琴琴的命运同样可悲。她的父母在“文化大革命”中陷入厄运。作为“狗崽子”，她却仍然在追求“进步”。她是凭着美貌进入部队的，是美的化身，本该去分管音乐和诗，却不得不去帮助邪恶制造悲剧。在那个年代，虽然政治的力量被无限夸大，但美的力量仍是不可忽视的，人们对美的希求和爱慕是永恒的力量之源。她的美在政治宣传中发挥了作用，只要她的身影出现，就会成为巨大的号召，战士们就会拼命大干。于是，这位美丽的女战士就成了邪恶的帮凶，以她的美代替死神向战士们发出了召唤。把缪斯化为恶魔，正是小说通过这个人物对那个时代进行的有力鞭挞。

更为可贵的是，小说对人物性格形成的具体环境进行了揭示。从孙大壮的不幸的身世和菲薄的要求，从殷旭升的“仕途三部曲”的晋升经验，可见极“左”政治、经济贫困和价值观念的偏差是如何联手把人变成非人。穷苦使他们所求甚微，却异常迫切，为此可以无条件接受支配。愚民教育使他们失去了独立的头脑，只留下机器人那种接受指令的神经。他们没有清醒的自我意识，因而在浊浪中只能随波逐流，而且听从召唤而狂热地你追我赶。人类社会中个人意识和社会意识本是对立统一地联系着，相互依存而又相互矛盾。清醒者有较强的个人独立性，能够在对社会意识的扬弃中前进，甚至走在社会前面为未来的社会意识奠基。蒙昧者则是被动地接受流行的社会意识，被其牢牢禁锢，甚至会成为历史的惰性力量。王世忠、孙大壮们就是后者。他们尽管有其优良品格，却不是有自觉意识的能动的人。他们有牺牲精神，但并不知其意义和价值。如果改变一下环境，把他们置放在正常的环境之下，他们会做出可歌可泣的英雄业绩。但是，即使死得其所，他们就不是王世忠和孙大壮了吗？无论在他们的坟上敬献多少花环，也仍然无法掩盖他们灵魂的悲剧。毁灭了王世忠们的，不仅是工程塌方，而且是政治宣传和愚民教育。事实上，他们未死之前悲剧早已酿成，也可以说，人还活着，就已经进了坟墓。

二

小说所表达的一个重要主题，就是那个荒谬的年代把人变成非人。这不仅表现在战士们被愚弄而做了祭品，也表现在其他人物的不幸命运和精神状态。光天化日之下，菊菊被公社革委会主任强抢，失去了起码的尊严。儿媳妇被抢走了，公爹给儿子写信告急，却仍然要“首先共同敬祝”“万寿无疆”，接着还要写“红日高照，山欢水笑，形势一片大好”这样的流行公式，歌颂一番大好形势，然后才能报告儿媳妇被抢的事。在那样一个年代，人的精神就是这样被无情扭曲。书记同时奸污地主的两个女儿，显示的不仅是兽性，而且是他根本没有把这两个出身于地主家庭的姑娘当作人，而是把她们看成了阶级斗争的胜利果实。

“九大”代表、师政委秦浩也是一个内涵丰富的形象。小说的可贵之处在于没有把他写成林彪死党。他的所作所为并非秉承上意，而是个人为谋求晋升而媚上邀功。他因“突出政治”而官运亨通，因而更进一步地抓典型，搞“讲用”，直至指令部队建设这一政治性的所谓国防工程。工程连续发生事故，他却坚持政治第一，从不考虑战士们的死活。为了实现他的意图，他重用殷旭升，打击迫害郭金泰，以林彪用过的“金杯”“宝椅”激励士气，直至把十九个战士送进了坟墓。他虚伪、狡诈、凶狠、丑恶，但他的丑恶主要还在于献媚邀功的奴性，在于没有独立的人格，而且满脑袋都是专制时代的寻找依附和卖身求荣的奴才思维。从这一角度看，他其实不过是更高一个层次的王世忠和殷旭升，是一定政治气候的必然产物。当然，地位高了，也就有了更大的野心，也就能够造成更大的罪恶。指出这一点，不是要为他开脱，而是如不把个人罪责与其政治气候联系起来，就难以避免同样的人物产生，也难免同样的悲剧上演。

三

在这个悲剧故事中，我们也可以看到某些亮色。比如，彭树奎是大比武中的尖子班长，德才兼备，却被认为不突出政治，因而九年不能提干，甚至影响到婚姻。为此，他曾经犹豫，而且对郭金泰有所“揭发”，但他无法摆脱内心的愧疚。最后，终于撕碎提干登记表，带着在工程塌方中失掉一条胳膊的妻子离去。殷旭升最后终于醒悟，认识到做人的价值，结束了害人害己的生涯，拒绝职位晋升，到食堂去卖饭票，多年毫无差错。这些描写一方面揭示了那种“突出政治”造成的恶果，一方面反映了人在血泊中的觉醒。它同样寄托了作者深情的呼唤。

文学的深度不只在于对一个历史事件的记述和挖掘，同时还在于对一个时代的认识和评判。作品所描绘的“文革”时期的这一悲剧，没有把它作为孤立的历史现象，而是揭示了它更长远的历史根源。作家的创作意图不仅是为某一历史留一画卷，而是在否定那段非人的历史的同时发出深情的呼唤：千百倍地爱护战士、爱护人吧！不顾人的尊严和价值的时代应该永远过去了！这种呼唤非常可贵。因为无论对人的本质属性如何解释，是一切社会关系的总和，是会制造工具的动物，还是上帝的杰作或万物之灵长，都不能否认这一点：人，不是可以任意宰割的奴隶和任意摆布的工具。一切试图把人的脑汁取出而代之以某种权力意志的行为，在当今世界上，都是最大的罪恶。像秦浩那样，驱赶无数灵魂和躯体去建立自己的丰功伟业，是极不道德的。人可以为自身的解放而死，但为神而死的时代已经过去了。《坟茔》对这一问题的关注，是一个可喜的进步，无疑增加了作品的生命力。

从《花环》到《坟茔》，我们欣喜地看到李存葆在现实主义创作道路上的开拓，看到作家严肃的探索和才华的闪光。作家的思考与前进的人民一道，立于时代潮头地位和矛盾尖端，可谓及时地发人民心中所欲发，这是非常可贵的。我们相信，李存葆沿着自己的创作道路继续走下去，进一步拓宽历史视野，进一步加深对生活的洞察，敛直露而增深蕴，必将获得更大的成功。

1985年7月　曲阜

评阿城小说的一种倾向

对于当代小说而言，阿城的作品是一个贡献。所以我敢大胆断定，尽管新时期小说佳作如林，阿城的作品却不会被淹没。但是，当我渐渐从作品所生成的磁力吸引中恢复平衡，后退一步对其进行冷静审视，却不能不对它产生某种怀疑，从而产生再思考。当我们将其纳入中华民族的过去、现在和未来的命运进行思考时，就无法做无保留的赞美了。之所以如此，原因当然不在艺术技巧，不在细节是否真实，而在于作品所表现出的思想和文化观念。

一

还是从《棋王》说起吧！这部小说很见功力，有很强的感染力。它只写了吃和下棋的故事，就成功地塑造了王一生这样一个蕴含了丰富历史内容和象征意义的形象。作品描写王一生的吃相，写对饥饿的特殊感受，真是令人叫绝；写王一生耽于下棋，写他的车轮大战，也真是令人惊叹。作者力图表现一种“寒门高士”，表现一种与众不同的人生态度，但他竭力张扬的，却不过是道家消极遁世、独善其身的人生哲学。

王一生特别看重吃，把吃作为生活的基点，却一直吃不好，吃不舒服。生活逼迫他承受对饥饿的特殊感受，他却以“半饱半饥日子长”聊以自慰。当然，他没有任何摆脱环境和改造环境的可能，可是，要命的是他连想也没有想过。他很知足，知足者常乐。他虽没有多少乐，却也决不为此苦恼。知青们抱怨大锅菜没有油，生活太差，而且没有文艺娱乐，他说：“你们这些人哪！没法说，想的尽是锦上添花。我挺知足。还要什么呢？”“人要知足，顿顿饱就是福。”

阿城在他的《一些话》中说，知青上山下乡是一种特殊情况下的扭曲现象，它使有的人狂妄，有的人消沉，有的人投机，有的人安静。很明显，他笔下的王一生属于后者。我们不妨认真思考一下在那扭曲的时代生活中所谓安静的本质内涵。它显然是扭曲的生活中的一种更为扭曲的存在。狂妄、消沉都不难理解，投机正反映出所谓再教育的失败，而安静却是一种连当时的设计者也意想不到的成功。因为它本质上就是人对于塑造环境感到无望之后所产生的无为思想，是对环境的另一种形式的认同。所以，它不是什么“成熟”，而是麻木。我们的民族在这种“安静”中走过了漫长的昏睡岁月，再不能津津乐道这种“安静”了。当然，安静并不等于愚昧，有清醒的安静，但对于现实的清醒认识，如果不是指向改造现实，再清醒也是无用的，充其量不过是明哲保身罢了。

除了吃，王一生的乐趣在于下棋。吃的欲望他无力满足，下棋却可以自主支配。在物质生活存在缺憾的时候，以精神生活作为补充。下棋是他唯一能够追求到的，也成了他全部精神的唯一寄托。但是，说穿了，他的这种精神追求只是一种无可奈何的自慰、自娱。我们不能不注意王一生对下棋的看法：“我迷象棋。一下棋就什么都忘了，待在棋里舒服。”“就这玩意儿，是他妈文人的佐料。我们这种人，没有什么忧，顶多有些不痛快。何以解不痛快？唯有象棋。”不错，人必须有所追求，才能拉紧生命的弦，才能活下去，才能感觉到活着的意义。作为精神的寄托，对于个人来说，无所谓什么更有意义，只要能使精力有所宣泄，精神有所寄托，得到某种满足，就是有价值的。但是，对于社会和历史来说，个人所采取的方式的意义却有轻重小大之分。我们考察王一生下棋的主观动机，很难发现其积极意义。他的下棋并非自觉的、能动的。这从他劝“我”下棋的话可见：“学棋吧，咱们现在吃喝不愁了，顶多照你说的，不够好，又活不出个大意思来。书你哪儿找去？下棋吧，有忧下棋解。”它不仅如茨威格《象棋的故事》所写，是一种在某种环境中智能积蓄的一个突破口，而且是一种聊以解忧的方式。无论在什么环境中，无论是生活在哪一个层次上，人都需要一种形式来证实自己的存在，显示自己的价值，但是，王一生的下棋无论有何象征意义，也只能是独居一隅，独善其身。

对于王一生，我禁不住要这样发问：他为什么“不痛快”？在生活中，每一个人都会有各式各样的缘于多种原因的不痛快。王一生的不痛快显然在于不合理的社会生活环境。人类应该怎样对待自己所处的生存环境？当然有多种方式可供选择。王一生于生活的极度困苦中接触了棋，迷上了棋，“心远地自偏”地躲避着时代的风雨，消磨对于社会关注的热忱。我们当然应该承认，人在无力塑造现实的时候，只能实现对自身的塑造。在无力改造环境的时候，只能改变自己，独善其身也不容易。所以，谁也没有权力要求每一个人在每一个历史时期都是以天下为己任。但从更高的角度要求，却无法赞扬这种独善其身的选择。对于一部作品，我们无法只看它的象征意义而对其语言的宣示意置之不顾。作品通过形象的描绘显示出的人物并不值得称道。他的下棋并非如一些评论所称道的——是一种积极的人生追求，而是在扭曲的环境中心灵对于现实的超脱。心灵无依而寻找寄托，以自慰、自娱实现精神上的满足，实是一种清醒的消极遁世。身处乱世，以自慰自娱求得对现实的逃避，是无可多责的，却也无可多赞。像王一生那样，没有任何政治观念，没有对社会的热情，对周围的一切冷漠处之，身遭动乱与贫困，却能遁神于棋道，恬淡无为，洁身全性，其消极意义显而易见。他把自己超脱于社会现实之外，自我封闭，独善其身，所显示的是老庄道家生活哲学中消极的一面。

重要的不是阿城写了王一生，而是作者对王一生的主观评价和评论界对王一生的肯定和赞扬。一些评论津津乐道王一生的“自我完成”，把他作为民族精神、智慧和力量的化身而大加赞美。事实上，这是一种传统惰性的反映。

在近几年的小说创作中，发掘和清理民族文化心理的作品大量涌现。这标志着作家文化意识的觉醒，是小说创作的一大进步。因为即使以纯社会功利的角度来分析，人们也会看到，只是政治、伦理观念的觉醒是远远不够的，社会的诸多问题并不是随着政治路线问题的解决而能够全部解决的，许多问题决定于文化传统和心理素质。从这个意义上讲，新时期文学从“反思”到“寻根”是一种顺乎流向的发展与深化。但是，在向着文化传统与民族的心理素质挖掘、检视、清理的发展过程中，却有人面对那些破碎了的千年古陶流连忘返，并且想乞灵于斯，以救当今之“人心不古”。更有甚者，把黄锈斑斑的锁链视为国宝，欲以规范今日之道德，好像终于找到了金钥匙，找到了文学的立足之处，甚至把历史的重负作为能摆渡到美好彼岸的轻舟。我们的民族的确太庞大、历史太悠久、文化太丰富，一些让我们骄傲和自豪的东西实在是一个麻烦。我们的民族魂到底何在？这的确不好简单回答。我们民族文化精华到底哪里去了？这的确需要寻找。但是，我们大可不必为那些已被历史的发展反复证明了的消极东西招魂。

二

在《树王》中，有人看到了人天关系，有人看到了“天人合一”的传统哲学。这些发现也许不错，但值得指出的是，这一切，连同它的文化之根，是否值得肯定和赞美，是值得怀疑的。很明显，它显示的是顺应自然的消极倾向。

树王肖疙瘩爱树、护树，表现出的是保护自然、顺应自然的思想。“我”见树王而说不出话，并且深感人之渺小，反映出的是人类原始的敬畏情绪。小说所渲染的气氛进一步深化了这一主题。看知青们在大树下的感觉吧：“大家呆呆地慢慢移上前去，用手摸一摸树干。树皮一点不老，指甲便划得出嫩绿，手摸上去又温温的似乎一跳一跳，令人疑心这树有脉。”“我生平未见过这样的大树，一时竟脑子空空如也，慢慢就羞悔枉生一张嘴，说不得，唱不得，倘若发音，必如野兽一般。”读之令人怀疑，这是真实的感受呢，还是故弄玄虚？是现代人的感受还是原始人的感受？

我不愿过多地指责作家。对于阿城来说，描写自己的生活感受，表现自己的认识，应有充分的自由。而且，作品以活生生的形象反映那个特定的年代里人们与天斗与地斗“其乐无穷”的愚昧，正是我所赞赏的。但是，作为文学评论，特别是上升到哲学和文化选择来认识，对其表现的人天观却不应仅仅是赞扬。

人天观涉及自由观。自由观是对人怎样才能在生存环境中获得自由的解答。在中国，虽曾有过荀子的制天说，但几千年占有正统地位的，却是顺天说和天人合一说。“顺天则昌，逆天则亡”的信条几乎渗透于我们民族的每一个细胞深处。中国人的精神基调是入世的，把追求人与环境的和谐作为进入自由境界的途径，又以“顺天”作为取得这种和谐的条件。这种观念远不如西方人那种为获得人在生存环境中的自由而努力征服自然、驾驭自然的人天观更有积极意义。

“天人合一”在理论上的确是一种美好的设想，却没有多少实践意义。它实质上是中国文化传统中理想主义的产物。怎样才能达到“天人合一”的境界？没有认识和改造自然的实践活动，谈人与自然关系的和谐，就只是一句空话。盲目地征服自然固然是错误的，科学地把握自然却是必需的。对生存环境的顺应并不能满足人类生存和发展的要求。而且，一味顺应，也未必就有生态平衡。绝对的、离开了人类为主体的生态平衡不利于人类的存在和发展。人是自然界分化的产物，又是自然界的对立物。自从自然界分化出来，人就与自然界产生了矛盾。人是在与自然界的斗争中完成自己的。按照马克思的说法，“劳动创造了人本身”[①]。劳动就意味着人类对自界然的征服和改造。所以，人的本身就产生于人对自然的改造活动。人之所以为人，在于能够清醒地意识到自身与生存环境之间的关系。“凡是某种关系存在的地方，这种关系都是为我所存在的，动物不对什么发生‘关系’，而且根本没有关系，它对他物的关系不是作为关系存在的。”[②]那种混沌为一的人天观根本不属人类所有，而是属于一般动物。一般动物没有自为的历史，而人却不仅在与自然的斗争中创造了自己，而且在自然界打下自己的印记，使人类生活于其中的自然界成为“人化的自然”。从人与自然界发生矛盾，到人类自由地支配自然界，是一个漫长的历史过程。在这个过程中，人类全部的活动就是一步步地认识和掌握自然规律，并在日益扩大的规模上有效地运用它们，以便摆脱做自然界奴隶的困境。人类之所以在长期进化中没有被自然淘汰，主要并非顺应自然的结果，而是自觉地、能动地为自身的生存和发展而向自然斗争的结果。人类在与大自然的斗争中创造了科学，科学使人类大大地优胜于其他动物。如果没有人类改造自然的斗争，就不会有科学，也不需要科学。因此，那种以顺应自然为途径的所谓和谐，实质上是对人类进化的

---

①恩格斯：《自然辩证法》，人民出版社1984年，第149页。

②马克思：《资本论》第1卷，人民出版社1975年，第35页。

一种否定，也是对科学的否定，对人类一切认识活动和实践活动的否定。

当然，人类在改造自然的过程中应该认识直接利益与长远利益的关系，看到实践活动的近期目的和长期目的的不统一性。人类自身是自然界的一部分，与自然息息相关。自然界之于人类，犹如母胎之于婴儿，稍有差错，就涉及婴儿的生长。人类改造自然的结果总是要反作用于人类，由于人类对自然界的认识和改造是一个由低级到高级的发展过程，由于各种历史条件的局限，人类在改造自然的时候，不可能一下子认识它的全部后果，特别是远期后果。所以，人类征服自然的斗争，常常在凯旋之后又受到报复，第一步取得了预期的结果，第二步和第三步却常常又把这结果取消。但即使如此，我们能放弃改造自然的斗争吗？能因担心今天的认识未必合乎客观规律而停止人类的实践活动吗？大自然之所以能够报复，原因主要在于人类还没有真正认识其规律，要认识规律，就要实践，只有在改造自然的实践过程中才能进一步认识自然。

人类盲目地改造自然，破坏生态平衡，的确会危及人类生存。但是，如果人类对自然没有改造，任其处于原始状态，却同样不利于人类生存。试想，如果没有农田开发，大地一片原始森林，江河横溢，虎狼成群，人将安在？应该相信，人类在自己的发展历史上做出了时至今天的选择，也并非偶然、荒谬与错误的。我们的任务只是进一步掌握自然规律，减少盲目性，而非取消极态度，使人还原为动物，退居原始森林，因此，我们无法同意某些评论家对《树王》中表现的人天关系的赞美，也不能同意把我们传统的人天观做消极的片面张扬。

近年来，发达国家的一些学者提出一些新的见解，从爱护资源的角度强调对自然的爱护，从生态平衡的角度反对征服自然。有的经济学家甚至鼓励低创造与低消费，反对经济增长。这在发达国家的具体环境中是不乏积极意义的，但对于我们这个本来就累于惰性、缺少创造热情、容易安于现状而且急需创造物质财富的民族来说，却未免有点不合国情。我们所面临的现代化建设更需要积极的态度，而不是对一切的消极顺应。

近几年，描写人与大自然关系的作品日益增多。有些作品流露出对人类征服自然的实践活动的怀疑和忧虑。这对于促使人们思考科学地改造自然很有价值，但对于人类改造自然的活动，是不应简单否定的。

三

阿城的小说的确有其整体创作意识。这种意识来自对民族的传统文化的思考，以及对民族文化的现实地位和危机的感受。从他的整体创作意识，可以看到他对传统文化所表现出的满腔热情和重建民族文化的愿望。但是，在为此而挖掘民族精神、寻找民族文化、并赋予它现实意义时，阿城却表现出极大的片面性。他太偏爱我们的传统文化，因而没有看到它的局限。他太热衷于老庄哲学，因而忽略了它的消极性。这使他的作品带有某种复古主义色彩。而复古主义的民族文化复兴，只能是一场无法实现的梦。

有史可考的三千年中国文化，在漫长的历史过程中，由于曾经有过的强盛和发达，由于所处半边海洋半边高山和沙漠的自然环境，形成了自己独特的传统。它同外来文化虽然也曾有过接触和撞击，却从未发生过毁灭性的中断。它之所以有如此顽强的生命力，原因当然是多方面的，除中国社会本身的“亚稳态结构”外，亚细亚生产方式、古代文化的高度繁荣，都是其重要原因。它之所以历久而不衰，还在于李泽厚、金观涛等所指出过的，中国文化具有“同化力”和“受容性”。闻一多先生也曾说过，我们的民族文化所以能存在到今天，原因不在能保存古的，而在能吸收新的。他是把这种吸收能力作为长处赞美的，但我认为这吸收能力却又是一个巨大局限的原因。它以自己的庞大与强盛，吸收、同化一切形形色色外来之物，改造外来之物而使自己的性质千古不变。传统观念虽经政治斗争的几番风雨而依然根深蒂固。进入当代之后，由于需要面对封建主义和资本主义两条战线作战，而又在某种程度上忽视了对封建主义的清除，在以无产阶级的思想文化对资产阶级文化彻底否定的时候，却让封建文化披上种种伪装以同盟者的身份参与了对资产阶级文化的围剿，并且在斗争中壮大了它的力量。正因为在这个三角战场上的失误，才导致了以专制主义为主要特征的十年动乱的发生。今天，我们仍处在这块三角战地上，为国家与民族的进步计，我们决不能再做那样的傻事。在向现代化进军的时候，对于传统文化，应充分注意它的惰性。

阿城在他的《文化制约着人类》中认为，戊戌以来历次社会变革“无一不是借助西方文化”，而五四运动“较全面地对民族文化的虚无态度，加上中国社会一直动荡不安，使民族文化的断裂，延续至今，‘文化大革命’，更其彻底，把民族文化判给阶级文化，横扫一遍”[①]。他看到了事物的一个方面，却没有看到另一方面。五四新文化运动的缺陷绝不是虚无主义、全盘西化，而是对专制传统的扫荡很不彻底，只伤其皮毛而未动其筋骨。受西方文化影响较大的只是一小部分知识分子，而广大民众仍然生活于传统之中，一切如故。对于“文革”，阿城似乎没有看到它与传统的关系。事实上，它正是传统文化中有害部分恶性发展的结果。它在传统文化的基础上生成，又毁灭性地冲击了传统文化的精华，但传统文化的恶性成分却没有受到冲击。它似乎横扫一切，但它使用的武器，大都来自传统武库。而且，在它自身，也到处可见几千年专制传统的胎记。

据说，在十年动乱中，阿城得天独厚地在最偏远的西南山区“结结实实地生活了十年”。在那闭塞的自然村落里，汲取了顽强存活在民间的艺术，看到了民间文化所受的摧残。这或许是阿城之所以在作品中一再呼唤民族传统并以重建民族文化为己任的原因。但值得注意的是，不要以为民间的东西都是充满生机的。事实恰恰相反，在一般情况下，民间文化无不带有统治阶级文化的印记。在历史的正向发展中，越是民间的，就常常越是落后的。现代中国尤其如此。因为我们知道，传统中国的闭关锁国状态不是由民族资本主义的发展撑破的，而是溃败于外国资本主义生产的冲击。当时的中国，资产阶级的民主思想由于缺少必要的环境而没有构成完整的理论学说，所以不会对民间有更大影响。大门打开之后，西方文化涌进中国，但由于伴随外来文化进入中国的是帝国主义的大炮，它所给予这个民族的屈辱感导致了一般人对文化也像对枪炮一样抱有强烈的抵触和反抗情绪。越是民间，这种抵触心理往往越是强烈。因为爱自己的固有文化（它常常是统治者强加的），也像爱国一样，正如列宁所说，“是一种恰好与小私有者生活的经济条件连接在一起的情感”[②]。维护旧枷锁而反对新事物，也往往是专制传统驯服下的民众的特征。所以，历史流传下来的民间文化虽带有与经典所载的传统文化

---

①阿城：《文化制约着人类》，《文艺报》1985年7月6日。

②《列宁全集》第29卷，人民出版社1956年，第124页。

不同的特点，但并非是与其异质的东西。那种一个民族两种文化的见解，是很值得怀疑的。

面对混沌未开的原始意识和光怪陆离的村风民俗，如果没有立足于当代的审视，而是像搜寻古玩一样展览出来，视为珍宝，不仅无益，而且对于更新民族的文化心理，对于重建民族文化，对于推动中华民族的前进，都是极为有害的。

1986年2月　曲阜

悲剧的英雄与英雄的悲剧

——读王兆军的《拂晓前的葬礼》

王兆军的《拂晓前的葬礼》刻画了一个农民形象——田家祥。他不同于高晓声笔下的李顺大和陈奂生，也不同于何士光笔下的冯幺爸。他的具体身份虽然是一个农民，最辉煌的事业顶点也不过是一个大队支部书记，但他是一个英雄，显示着我们这个民族的历史文化土壤所孕育的英雄性格。因此，这个形象在一定程度上概括了一个民族，也写出了一个时代，具有重要的认识价值。

一、田家祥性格的基本特点

先让我们看看小说所描写的这个田家祥吧！他“站在风中犹如一尊铁像”，“眉毛紧拧如铁锁，眼睛不怎么灵活，唯其不灵活，反显出稳重、神秘和深不可测”。他有时像天神一样严峻，沉默寡言，一字千钧；有时却滔滔不绝，声情并茂。他决非伶牙俐齿之徒，却的确能言善道，说话极有煽动性。他目标明确，坚定执着，做事深谋远虑，进退得体，因而彻底征服了大苇塘人，战胜了他上升之路上的对手，终于成为大苇塘村的最高统治者。

在这个人物身上，我们首先看到的是为个人理想而顽强拼搏的精神，以及高超的政治谋略和权术。这是中国传统的权力斗争场上所必备的。田家祥的目标非常明确，就是要爬上大苇塘村的最高权力宝座。他的表现的确高明，为了上升，必须讨好上级领导，但又决不露半点阿谀奉承。手握重权的工作组进村，大小干部趋之若鹜，唯恐巴结不上，而他却避而远之，一心扑在水稻生产上。这就使他成了埋头苦干而不计个人名利的典型。而在实际上，却是他看准了大苇塘这个典型成败的关键，牢牢占据了关系到几级干部升降的要害位置。同时，他对工作组敬而远之，还可以掩盖自己的缺点，以免留下不良印象。卧薪尝胆，苦心经营，目的是爬上大苇塘村的最高统治地位。因此，一旦条件成熟，他立即安排铁哥们儿吕锋在党员中积极活动，做好夺取这一职位的准备。但在选举那天，他却借故离开，因为“我不在，我不会少一票；我在，福申反倒会多一票”。真是老谋深算而又显得坦坦荡荡。在实际的斗争中，他善于“宜将剩勇追穷寇”，而且“决不沽名学霸王”，直到把田福申彻底打败。但在田福申宣告失败之后，他却硬把他拉入支部，这又在精神上进一步摧毁了田福申，而且建立起自己的仁义形象，并为自己的臂膀吕锋出任革委会主任铺平了道路。田福申盖房子的情节也显示了他的斗争艺术：一场讲话既吓住群众，又照顾了田福申，入情入理，结果却使田福申的房子无法动工。他总是不显山不露水地以铁腕置对手于死地。他为权力而咬牙拼命，表面上却表现得通情达理、宽厚仁慈、令人崇敬。田福申之流决非无能之辈，知道以男女关系为突破口，以传统的善恶观念动员群众，向他发起进攻。田家祥却出其不意，接过敌人的武器向敌人刺去，结果是转败为胜。他知道必须依靠群众力量，动员群众投入统治集团内部的争斗，他才能真正获胜。他也懂得什么事情最能打动群众的心。因此，他在大会上先是痛哭流涕地诉说（他是从来不在人前流泪的）；继之抛出第二张王牌：“我在县上就听说‘大苇塘村的姑娘媳妇没有一个好的’，老天爷啊，我们大苇塘村都是一个‘田’家，一个族啊。”中国农民可以忍受一切苦难和欺凌，默默地吞下一切不幸，却不能容忍这类言语中伤。田家祥的话足以掀起全村人被侮辱的义愤，把与他存二心的另一个司令部彻底摧毁。当民愤如潮水一样淹没田福申时，他却又来解围，结果在群众中获得的效果是：如此功高盖村、宽厚仁慈、英明伟大的当家人，竟受到如此攻击和诽谤，是可忍孰不可忍！为彻底击败对手，田家祥又抛出第三张王牌，——这是干部身上最容易找到，也最容易使群众愤恨的事：“全村人没柴烧，一斤黑市煤贵到七分五厘，你把五吨好煤指标一口转让给小苇塘砖窑，他们送你一万块砖……七四年大水淹了宋家庄，你一下送他们七十棵杨树，好处谁得了？他们为什么给你女儿做了一套六件家具却一个子儿没收？”事关群众的切身利益，众怒难犯的时刻也是众望所归的时刻。田家祥以这三张牌打败了对手，征服了群众，成为大苇塘村人的敬爱的领袖。人们不再相信对田家祥不利的那些事实，因为那都是对他们领袖的“污蔑”和“恶毒攻击”。

在他的身上，的确表现出许多过人之处：执着、坚定、顽强，为了实现目的，不惜付出生命。他是艰苦奋斗的领路人。在他的领导下，劳动简直是拼命。逼得妇女夜里光着背拉石头，他毫无愧色；“不顾别人死活”的怨声载道，他充耳不闻；大年初一就绑起出工迟到的社员，“好像绑着的不是一个人，而是一只兔子或一头猪”，几个老太太苦苦哀求，他却无动于衷。在爱情和婚姻生活中，他对不幸的老婆毫无温情，因为他的婚姻本身就是悲剧。但是，得知下乡知青王晓云爱他时，却立即连夜凿成“泰山石”摆在门口。只有他自己知道他要镇压的是什么，那是他自己心中的爱情之“邪”。面对女知青爱的表白，他故作无情，死死扼住爱的萌芽，不给它任何生长的机会。但是，他也有另一方面：为知青父母祝酒，向着省城跪拜；绑人的同时却拿两个鸡蛋让人送给被绑者的孩子。这一切，并非只是为了收买人心。面对王晓云的爱，他感到幸福和甜蜜，并有不自觉的流露，单独与她在一起时，他会情不自禁地讲真话。由此可见，他的天性并未泯灭，在那层层盔甲底下，仍然有一般人的真情。只是为了自己的事业，为了达到自己的奋斗目标，他时时与自己格斗，掩藏感情，牺牲爱情，昧住良心。

在他身上，我们可以看到一种极度的自尊。他的话如同军令一样不容争辩。“什么法不法，我就是法。”谁触犯了他，谁就不容饶恕，甚至包括自己热爱的人。他能够很诚恳地做自我批评。因为错批过一个人，他自我批评达八九次之多。但是，他决不容许别人批评他，不能容忍任何人冒犯他的尊严。他要去借脱谷机，别人提出保存稻草做草袋的建议，使他认识到自己的粗疏，但是，自己既然已经说过，错也无法公开改正，因而正确的建议也不能接受。凡事只要说出来，就一定要干成，但环境并不以他的意志为转移，为王晓云招工的努力失败之后，他两天没有吃饭，不仅把屋里的东西砸了个粉碎，揍了好友也揍了自己，而且强奸了那个抢走王晓云招工名额的县委书记的女儿。他有近乎病态的自尊，到省城开会，因为不会拨号码，他干脆不打电话，用一天的时间找到了王晓云的家，但到了家门口却不敢进去。这一切，都透露出他自卑与自尊的复杂结合。它是自视甚高的英雄们面对环境压抑而产生的一种变态，体现着好胜要强的心理与实际卑下的地位之间的矛盾。在中国历史上，英雄多自逆境中生成，因而大多具有这样的性格。这种性格常常是一个人成就一番事业的动力，同时也有极大的破坏性，而且是专制统治的心理基础之一。

总之，田家祥是一个强者，具有英雄性格。他有能力，有魄力，善于审时度势，隐阴狠于宽厚仁慈，所以能够获得成功。他具有顽强拼搏的精神，有高度的自尊，有极强的自我克制能力，同时，又狭隘保守，心理上带有某种病态。以自卑为动力的自尊、咬牙忍受一切而不忘最终目的的坚强意志、超群的才干和手腕，这三者结合在一起，形成了田家祥性格的基本结构，成就了他的事业。三个因素相辅相成，互相促进，它本身或许无谓美丑善恶，但是，如果自尊心失去主客观的制约，就会表现为专横；个人意志膨胀而周围缺少制约的力量，就可能成为一种暴虐。他是英雄，在某些情况下，英雄很容易成为暴君。田家祥性格有极大概括性，他是农民，却不仅代表农民，而是集中概括了我们这个民族的英雄性格；他生活在我们这个时代，却又不仅属于这个时代，而是概括了几千年中国历史上的英雄性格和心理，那些起义首领、造反豪杰，一代又一代，一个又一个，其性格都在他身上得到了某种显示。这正是田家祥这一形象的成功之处。

二、田家祥性格的生成环境

田家祥为什么会产生那种自尊，那种咬牙向上的奋斗精神，那种不达目的誓不罢休的坚强意志？又为什么会很快走完他的路、得意忘形，沾沾自喜，狭隘保守，由前进的动力变为前进的阻力？这一切，从他所生活的环境可以找到比较清楚的答案。

现代人才学的研究证明，杰出人物常出现于两种情况：一是社会上层的跌落者，容易成为清醒的思想家；一是从社会底层站起来的人，容易成为奋斗的英雄和铁腕政治家。田家祥属于后者。作为贫穷的农家孩子，他从小便生活在种种差别和不平之中。这诱发了他最初也许是最微不足道的追求。

小说的一些细节是生动而富于表现力的。少年田家祥看到工作队干部除长裤之外还穿了短裤子，而且“大口大口地吃馒头一点也不心疼”，因此而决心长大也要有短裤子，“而且要穿两条！”“一定要买很多馒头，给父母吃，自己也吃，好好品品他妈的馒头的滋味。”当一个人认识到差别，看到与自己不同的生活天地并产生追求时，当这种追求又受到重重阻扼和压抑时，就会产生令一切压迫者为之战栗的意志力量。田家祥家的猪因跑出猪圈而被民兵逮去。一家人连过年的饺子都吃不上，却必须拿出二十斤小麦和十块钱才能把猪赎回，结果只能是让大队干部把猪吃掉了。愚昧者最大的特点就是逆来顺受而没有受欺凌的痛苦，田家祥不同，他不是奴才，不会逆来顺受而心平气和，更不会怒目而视之后便得到心理平衡。聪明给了他认识能力，而认识产生了仇恨，他喊出了“杀人”的誓言，被父亲把嘴捂住，然后暴发的“死命的哭喊”正透示出一颗压抑的心的激烈撞击。这种哭喊常常是压迫者的丧钟。如果一个社会这样的哭喊过多，就会不断流血，永无宁日。压迫给灵魂打下深深的烙印，成为田家祥奋斗的动力，推动他拼掉最后一口气也要从屈辱中挣出，掀翻压在他头上的一切。阶级社会的一切动荡都包含着这种内容，压迫者总是不自觉地为自己培养着这样的掘墓人。

考察他最初的立志，其实很简单，就是“非他妈混成大苇塘顶厉害的人不可”。但是，任何时空都不会自然地把一个弱小者推上“顶厉害”的位置。贫穷一方面磨砺他的意志，一方面阻碍他占有更多的知识。地位卑下一方面使他进身无阶；一方面使他的追求欲更加强烈。到部队去，是当时的农村青年唯一可以走通的路。田家祥走上了这条路，却因为与连长摔跤时不能忍受屈辱，最终葬送了辛苦经营了几年的提干成为军官的前程。婚姻悲剧再次向他证实了他的真实处境，对这婚姻的认可又使他除事业的追求之外再无他念。爱情上的一无所有，更使他全力为事业奋斗。置身于温柔富贵乡的人们很难成为英雄，也很难成就大事业，这也是被历史证明了的规律。

作为一个英雄的内部条件就在这种压抑中形成。这种英雄性格的培养，在我国几千年的历史上都有典型性。

值得注意的还有田家祥的成功与他周围环境的关系。在部队，他没有获得成功，复员回村之后却迅速走上了成功之路。农民的贫穷、愚昧和轻信，都为他的成功提供了条件。从社会心理学角度考察，面对贫穷苦难并试图反抗的人民有较强的凝聚力，外界的压力和威胁是引起群体凝聚的重要因素。

贫苦的大苇塘人菲薄的生活欲求成就了田家祥，使他能够成功地爬上去，也使他的专横成为可能。在其开始，为了赢得群众，田家祥付出了极大的努力：婚丧嫁娶，卖命帮忙；复员费一半给困难户买救济粮，一半给青年买书。他提出的口号是：“我是全村人的儿子。”他的确曾经为大苇塘人民做过好事，因为无此不足以征服民众。他领导大苇塘村“农业学大寨”，口头上革命大批判开路，实际上搞计额工分；运动搞得轰轰烈烈，却是实实在在打翻身仗。但他决不是什么“与‘四人帮’对着干”，或者“抵制‘左’倾路线”。他的所谓大批判开路，只是以政治运动取得打翻身仗的合法性，而大打翻身仗虽客观上有益群众，在主观上却主要是为了实现个人目的：征服群众，使自己由人下人变为人上人。

事实上，田家祥并不特别高明，但他成功了。如果说成功是因为他能力的卓越，不如说是因为他处于一个无能的人群。正是大苇塘群众的愚昧和低能，使他得以跃马扬鞭如入无人之境；正是无力摆脱的贫困，使他成了民众寄托希望的英雄；也正是传统的英雄崇拜，使他最终成为暴君。在对田福申的斗争中，田家祥胜利了，这固然因为他的斗争策略，但田福申的目光也的确太短浅：巴结工作组不知将赌注押在要害位置；打击对手找不到有力的武器；而更重要的一点，是他自身有懈可击，侵吞公物导致民愤，在他的领导下大苇塘贫穷依旧，人们对他已经失望。在赢得群众的努力中，田家祥成功了：稻改的胜利使农民吃上大米饭，田家祥的一切过错都得到了原谅；田家祥一场狡辩，便把众怒引向田福申，一旦看到田福申是个坏人，便不再相信坏人所说的真话。在成功的英雄面前，人们习惯于跪下去逆来顺受，而且奉承取悦。大苇塘的人民还没有能力认识、鉴别一切，历史的重压下扭曲了的脊梁还没有伸直，社会主人的意识没有树立。他们盼望救世主，依赖救世主，顺从救世主，以英雄的意志为意志，而对其毫无制约能力。这样的人民，怎能保证一个英雄不变为专制暴君？

总之，田家祥性格是环境的产物。不该存在的压迫和欺凌激发和磨砺了他的英雄气质，培养了他的英雄魄力；农民的贫穷和落后为他提供了发挥能量的用武之地。但在贫穷落后的文化土壤中，他尽管可以成功，却只能成长为旧式的英雄。

要避免田家祥的悲剧重演，必须改变他赖以产生和成长变化的环境。

三、田家祥性格的悲剧性曲线

纵向考察，田家祥性格有一个明显的发展演变过程。这个全过程画出了一条完整的抛物线。

在创业时期，他的确不愧为一个英雄。没有田家祥就没有吃上大米的大苇塘村，所以大苇塘村人民追随他，拥护过他。他的成功固然得力于他的能力和他所处的环境，却更集中地表现为他对环境——农民群众及其历史的了解。他的自我意识曾是那样清醒，能够认识自己所处的环境，也能认识自己与周围环境的关系，所以能做出正确的选择。无论他的动机是多么不单纯、不高尚，他的作为都在客观上顺应了人民的意愿，为人民谋得了部分利益。凡成功一项伟大事业，没有人民力量的支持，就只是一句空话。历史上权力的频繁交替并不一定每一次都与人民利益有关，但只要剥开历史表象，就会看到人民总在发挥着作用。新的统治所以能取代旧的统治，无不与人民有关。虽然新的统治并不一定代表人民的意志，但旧的统治之所以垮台，却往往在于失掉民心。正因为新的统治往往很快就令人失望，统治宝座才总是处于血雨腥风的交替之中。

田家祥登上大苇塘统治宝座，应该说是顺应了大苇塘人民意愿的。但在掌握了权力之后，他却发生了根本性的变化。这前后之间形成鲜明对照：先前是自称“全村人民的儿子”，要全心全意为人民谋福利；后来成了全村人的“老子”，全心全意为自己谋威权，要群众看他的脸色行事，而且以救世主自居。为维护自己的尊严，他不惜让群众全家老小跪在他面前。先前是对一起打天下的战友无限信任，誓言是：“永远团结在一起，战斗在一起，胜利在一起。”后来是怀疑他要篡权夺位，迫使他意识到处境危险，挥泪离去。先前是艰苦朴素，吃饭总把头放在碗的上方，连一滴汤也不许洒在地上；后来是生活奢侈，饭菜讲究，把米饭随地乱扔。先前是禁欲主义者，面对心爱的姑娘不敢越雷池半步，王晓云那样爱他，他也能坐怀不乱，以坚强的意志压抑情感和欲望；后来是腐化堕落，奸污妇女，甚至连自己的侄媳妇也不放过。先前是被压迫者，因而也是反抗者，与群众一起控诉田福申侵吞公物；后来则是自身有过之而无不及，由被压迫者变成压迫者，由被掠夺者变成掠夺者。先前是大苇塘村历史前进的动力，后来成了大苇塘村历史前进的阻力……总之，他变了，他的奋斗、成功、没落做了一次历史悲剧的简单重复。

这与我们民族历史上一代代夺取天下的帝王的人生曲线高度一致。为什么会发生这样的变化？说到底，问题在于他奋斗的目标过于狭隘，只是为了在大苇塘村实现翻身的愿望，由人下人变为人上人。所以，当他成了省劳模，被提拔为公社不脱产的常委，便大功告成。他终于证明了“我田家祥不是永远可以踩在脚下的草木”，“在大苇塘村站着比人高，躺下比人长，够了，够了！”奋斗者到达理想的顶峰，就很容易产生疲倦感。他不仅歇下之后就再也爬不起来，而且回顾创业艰难，还要向生活追索他过去付出的一切牺牲。他的任何追索，都需要大苇塘人为之支付，因为在他的心里，大苇塘是他打下的天下。

我国历史悠久，有几千年的文化传统，这值得自豪，也值得痛苦。在几千年的专制统治之下，一方面是专横和暴虐，一方面是逆来顺受，可谓根深蒂固。尽管一次次浪潮也曾试图掀动这沉重的积淀，但即使像“五四”那样的狂飙，在这个国家面前也显得力不胜任。由于这种传统的作用，关于自由、民主、平等的现代理想很难在这片大地上生根，各种迷信顽固地占据着人们的头脑，人们的反抗性中也自然包含了落后性。正因为这样，它造成我们民族的历史总在同一弧线上简单重复的悲剧。历史上一代代起义领袖、造反英雄，无论是朱元璋、李自成还是洪秀全，在揭竿而起的创业时期无不朝气蓬勃，而且在某种程度上代表了劳苦大众的意愿；成功之后，却无不很快没落，成为与原先的统治者一模一样的统治者。我们民族的历史上几千年上演着同一个悲剧：一个旧的残暴统治被推翻了，一个新的残暴统治继之而起，统治不断更替，性质千年永恒，人民一次次由希望到失望，又一次次弃旧迎新。人民的希望与追求是不会止步的，因而不断重新选择，结果却是历史不断地循环往复。

我们的民族已经到了告别历史悲剧的时候了。改变我们的生活环境，扬弃沉重的历史积淀，更新民族的心理素质，正是田家祥悲剧给我们的启示。

1985年8月　曲阜

孔孚山水诗的艺术贡献

孔孚的山水诗在诗界引起了广泛关注。《山水清音》出版，评家四起，给予种种赞美。作为我国新诗创作中迟到的第一本山水诗集，古老的山水诗大树上的一枝新绿，它的确为我国山水诗做出了贡献。但是，有一些问题尚须深入讨论，以认识它的真价值。

一、“接线”：山水诗传统的恢复

在《山水清音》的《代序》中，作者写道：“山水诗具有独立品格，似乎是从晋宋的陶渊明、谢灵运开始的，此后山水诗大量涌现……然而，使我惊讶的是：我们的山水诗却似乎从五四新文学运动起就断了线！”我们的山水诗的确似乎是断了线，但必须说明：作为题材意义上的山水诗没有断线，而只是作为传统风格意义上的山水诗断了线。在新诗中，从胡适、康白情、郭沫若，一直到50年代、60年代的诗人，山水始终是取材对象之一。在诗歌沦为政治附庸的年代，山水因为不是“重大题材”而被排挤，使山水诗的发展受到严重影响，并发生了重大变异。正是由于这种变异，使真正的山水诗断了线。五四新诗革命从反载道开始，不久就回到了“载道”。这是事实，也是必然的。因为五四新文化运动的倡导者们几乎没有一个是真正反“载道”的，五四新文学运动也不是“为艺术而艺术”的文学运动，而是社会革命与思想革命在文学界引起的反响。因此，它必然是以一种“载道”的文学反对另一种“载道”的文学。其根本冲突是不同的“道”的冲突，因为这“道”的内涵不同，划开了不同的阵营。

尽管如此，从“五四”时期到30年代，新诗载道的倾向并不十分明显，更不是普遍现象。这时期以山水诗著称的诗人不多，但像康白情的《庐山纪游》那样的作品，虽然有点粗糙，过于散文化，而且诗味不足，却还没有为载道所累。50年代的诗坛是百花齐放的。到了抗日战争时期，诗人们失去了歌咏山水的闲情逸致，国难当头，有热血和良心的诗人也不可能只去追求艺术。遗憾的是50年代之后，由于赋予诗歌过多的社会职责和历史重任，使诗超负荷载重而无法展开飞翔的翅膀。山水诗在政治工具的要求之下失去了它的本来面目。但是，我们不能说山水诗断了线。因为山水诗仍是有的，不过是像其他题材的诗歌一样必须为政治服务而已。张万舒的《黄山松》是60年代最为优秀的诗篇之一。从题材上讲，它仍是山水诗，但从主题上讲，它是政治抒情诗。诗人所歌唱的对象已不是松树本身，也不是“松树”这一符号所宣示的一般意义，而是它所象征的一种精神。对于如此情况，我们无法指责，因为专以表现或再现山水之美的诗可以是好诗，以山水景物表现某种理念或托物言志的诗同样可以是好诗。这样的例子是古已有之的。在这个问题上，我们无法一般地反对载道。应该反对的只是那种必须载道的要求。诗可以载道，也可以不载道。只要这“道”不与人道相悖，只要这“道”能为形象所负而不成为诗歌之累，载道的诗就仍然可以是好诗。从某种意义上说，真正的好诗大概都是有“道”可载的，那些不载任何“道”的作品大概很难成为好诗。可惜的是，在过去很长一段时间里，当代诗人常常处于必须载道的要求之下，承载诗歌难以胜任的政治使命，而且这“道”的内涵又是被规定的。这样，传统意义上的山水诗就难以出现了。

从这个意义上说，应该赞美诗人孔孚为“接线”进行的努力，应该肯定他为此做出的贡献。他的辛勤探索使山水诗在他的笔下在某种程度上恢复了山水诗的面貌。诗人致力于这种“非重大题材”，寻找山水诗之路，写出一些并不直接表现所谓“时代精神”的诗，为传统意义上的山水诗接了线。但是，这绝不意味着他的诗没有载道。在孔孚的笔下，的确出现了一些很纯的山水诗，却也有大量载道的诗。正是这种基本面貌向人们显示了山水诗应有的本来面目。山水诗可载道、可言情、可寄托，也可以为山水而山水，为情趣而情趣。它告诉我们，山水诗已经从过去那种只有一条通道的峡谷里解放了出来，回到了自由流淌的状态。虽然我们的文学发展之路还不十分畅通，完全自由流淌的状态也许还有待时日，但我相信，自由歌咏山水的时代大概已经到来。孔孚的诗就是一个标志。

二、现代精神：孔孚对山水诗的贡献

说孔孚的山水诗为传统山水诗接了线，这首先意味着他继承和发扬了山水诗的一些传统。但是，这只是一个方面，切不可以为他的意义就在于恢复山水诗的传统。必须看到的是，山水诗在他的手里显示了变化，增添了新的素质。特别是在今天，我们大可不必借了孔孚的山水诗而强调传统的恢复。事实上，孔孚的诗也是难以承载那种强调的。一个总是盯着过去、充满恋旧情绪、唯恐丢掉传统的民族是没有希望的。技术是如此，思想是如此，艺术也是如此。对于传统，你即使努力摆脱它，也往往摆脱不掉。文明要前进，艺术要发展，一个重要任务就是必须经常地与作为惰性力量存在的传统做斗争。因为只有这样，才能不断摆脱羁绊而迈出新的步子。艺术的生命主要在于创新。很难设想一个没有创新能力的艺术家能为历史留下什么。

在这一点上，孔孚也许并非完全自觉（因为他总是喜欢强调对传统的继承，所以我这样猜测），但他的贡献是值得重视的。我们赞扬孔孚的山水诗，首先应该赞扬的是他与中国传统的不同，而不是那些相同的地方。那种“这首诗好啊，像谢灵运、像王国维”式的评论可以休矣！因为它不能为我们的时代提供什么，也不能为我们的诗歌提供什么。如果写得像王维，我们已经有王维，还要孔孚做什么？

为了清楚地认识孔孚诗歌的新素质，我们不妨回顾一下中国山水诗的历史，考察一下它的基本面貌。严格说来，中国山水诗兴起于魏晋。当时，由于社会现实以及与之相联系的老庄学说的盛行，在士大夫间形成了清谈和隐逸之风。士族文人居于山林，偶有所得发而为诗，逐渐形成了山水诗派。其后，殷仲文、谢混将山水诗推进了一步，谢灵运的出现使它作为一个现象正式形成。到了唐代，诗歌大发展，山水诗的创作也有所增多。孟浩然、王维等人的成就比较突出。宋、元、明、清几百年，以山水诗著称的名家不多，山水诗却不少。面对中国山水诗的历史，我们可以简单地把它的特质略述一二。首先，由于中国文人与道家思想不可分割的联系，由于山水诗的产床就是老庄哲学风行的时期，由于山水诗人往往是在仕途失意的情况下才致力于山水诗的创作，所以，在山水诗人们笔下，山水诗呈现的一种主要倾向是清静无为。陶渊明的“采菊东篱下，悠然见南山”可谓山水诗最先之楷模。王维写了大量的山水田园诗，着重表现的也是自然的幽静恬适，而且诗中常常渗透着冷寂的情调。道家的思想与佛教思想相融合，成了他的山水诗的哲学基础和精神支柱。孟浩然的山水诗基本情调也是恬淡孤清的。总之，无论“明月松间照，清泉石上流”，还是“寂寞柴门人不到，空林独与白云期”，尽管其内容绝非只是表象所呈现的冷漠，但它所给予读者的却不是动的欲望，这是可以肯定的。因为那些诗本身就是作者摆脱腐朽政治、排遣内心抑郁的产物，是逃避现实而流连山水之间的产物。这些诗人都热爱自然，表现了自然的美。作为对自然进行审美观照的主体，作为诗的主观要素的抒情自我，表现出的常常是一种和平恬淡的心境，而佛老思想常常是其精神支柱和内核。李白的山水诗不乏飞跃感和流动感，不重静态的描绘而多有动势写照，“飞流直下三千尺，疑是银河落九天”，画面雄伟壮丽，显示了魄力，却只是一种客体的动势。在艺术欣赏过程中，它给予欣赏主体的却只是一种心旷神怡，使人沉浸于大自然之美而流连忘返，忘掉人世的种种不平与人生的种种烦恼。究其原因，就在于这首诗中的“我”并没有与瀑布一样动起来，一个“遥看”，一个“疑”，把主体与客体、物与我分开了。人们看到的是飘逸的诗人站在远处静静地欣赏这飞流直下三千尺的瀑布。诗的感染力主要来源于“我”，而不是来源于“物”。所以这样的画面给人的仍然是一种静美，而不会给人以热血的沸腾和行动的冲动。

孔孚的诗则不然。无论诗人是自觉的还是不自觉的，他的诗在精神上都属于现代而不属于传统，具有现代西方文化动态美的特色而不仅仅是东方文化的静态美。他的诗有一种激情在冲动，给人以动的精神，煽动起动的欲望。读他的诗，可以感觉到的是他那颗极不平静的心。请不要为诗人所谓的“隐逸”“平淡”所蒙蔽，他的诗里有火，能烧得你心沸。尽管在他的笔下白云是那么美，让你也几乎要一起追进那家商店，尽管蘑菇松鸡的美味使你也很想品尝，然而，诗人却不会使你沉醉于美景之中，而是不时激发起你跃跃欲试的激情。看那首《云瀑》吧：

几次都失败了！
云倒翻下来，
漫溢山谷。
狂怒的云，
抓住风的鬃鬣，
作最后一次仰冲！
快闪开！鹰！

在这里，物与我完全融合了、溶合了，浑然一体，天衣无缝。一种强烈的动势，来于大自然，来于社会生活，也来于诗人的心灵，足以掀起读者的心潮澎湃。再如《致狮子岩》和《眠龙石》，两首诗在艺术表现手法上完全不同，一首是直抒其情，一首是寄情于物，却也有其共同之处。《致狮子岩》直接呼唤沉睡的狮子醒来，并对它的麻木状态表示不满：

难道你的心里是一潭死水？
莫非卧麻了你的神经？
看那茫茫的大海上，
有一万匹狮子扑腾……

《眠龙石》是这样写的：

龙也有睡的时候，
睡着也不安宁。
看它曲动的身子，
显然梦里也有雷鸣。

写龙的“睡”和“梦”，对于诗来说，只是一般的想象，无须特别称道。但为什么从它“曲动的身子”就断定它“梦里也有雷鸣”？这就显示了诗人的主观感情。想象的天地是广阔的，它具有极大的主观随意性。仅凭

"曲动的身子"（且不说这种视觉感受的主观色彩）不同的诗人可以想象出不同的内容：畅游、行云布雨、熬受痛苦、垂死挣扎……都未尝不可，如果在爱情诗人笔下，甚至可以成为求偶的表示。但是，这一切都因为与诗人的主观世界不符而被有意无意地排除、舍弃了，只有梦见雷鸣这一意象可以寄托诗人那火山般的激情和奋起腾飞的愿望。

这种动的精神把孔孚的山水诗与旧的山水诗区分了开来。所以，应该看到，尽管孔孚强调对传统的继承，他的诗却深渗着西方现代文化的影响，因而对传统有所扬弃。

除此之外，值得注意的是他诗中的"人"。在古典山水诗中，诗人常常是在对山水的无限爱恋和流连玩赏中表现对人世的厌弃。诗人们要在山水之间、云中松下伴鹤而歌、枕石而眠，为在人世跋涉中疲倦了的灵魂寻找歇息的净土。他们要远离尘世，忘却人间烦恼，因此才走近山水，生出桃花源的美梦。孔孚的诗与此恰恰相反，是入世的，不是出世的，因而对人间给予密切的关注，对人间给予热情的赞美。他不寻找世外桃源，也不向往蓬莱仙乡，甚至对天国也不眷恋。在天门峰上，他写道："扶着天门，／望我的家乡，／想告诉孩子们，／天上十分荒凉。"（《天门峰即景》）过去的诗人们即使"结庐在人境"，希求的也是"心远地自偏"，虽然是血肉之躯，却总以仙风道骨鹤精神为高妙。孔孚却处处以人为自豪，决无厌世或出世的思想。在山上遇到电闪雷鸣和风狂雨暴，他写的是："欺我不是仙吗？／你哪里懂得人？"（《八仙墩上》）在他的笔下，南海观音也成了有血有肉的人：

凝望大洲，
倚着家门。
一定是想家了，
南海椰子正肥，
然而一步也走不动，
不都快要急出了眼泪。

且不谈象征意义，仅是这人情味，这神的人化，就是传统山水诗所十分缺少的。

三、物我之间

对于读者来说，孔孚的诗最突出的特点就是有味。短短数行，却令人读之不得不嚼，嚼之不得不品，品之的确有味。味从何来？简言之，意境。诗无情无以动人，诗无象情无以依。物我交融，是我国诗歌美学的一个重要命题，但以怎样的形式交融？是物融于我还是我融于物？至今缺少深入探讨。王国维曾把诗的意境（他称为境界）分为“有我之境”和“无我之境”，触及了“我”在诗中不同的存在形态。但是，真正的“无我之境”是不存在的。因为没有“我”，没有诗人主观情愫的介入，就没有诗的意境。反过来说，即使最糟糕的诗，也是物我交融的。历史上的山水诗人写山水、爱山水、寄情山水之间，山水诗所反映的多是我和自然那种宁静状态下的和谐关系。物我交融的过程往往是以动适静，以我适物，因而出现所谓无我之境，也就是将“我”隐于象外。在中国，历来诗画同源，其美学原则是一致的。我们不妨从山水画进行考察。在中国的山水画中，常常是“人不过寸”，在画面上仅占很小的位置。它告诉我们，在大自然面前，人是何等渺小！山水诗也是如此，翻遍历代山水诗，无法找到《草叶集》那样的面对自然的大我。五四新诗运动之后，郭沫若《女神》的出现使这种状况大为改观，尽管人们的审美情趣至今难以扭转，对《女神》也不宜过高评价，但那个几乎要覆盖了整个画面的“我”却宣告了一个新时代的诞生。孔孚的山水诗当然与郭沫若那样的诗大不相同，但从强化抒情个性这个意义上说，却是对五四新诗传统的继承和发扬。

孔孚的诗极少对山川景物做如实的描绘，与其说他在写山水，不如说他更多的是在写自己。在他的诗中，主观因素大大地占了优势。读他的诗，最深的感受不是山水景物之美，而是诗人情绪之美。在创作过程中，大自然的美无法使他达到忘我境界，清醒的自我意识使他时时注意到自我的存在，因而总是由我对大自然进行观照、品评和议论。在欣赏过程中，读者可以发现，他的诗中处处有个抒情自我。描写景物，他惜墨如金；抒写情怀，却毫不吝啬。粗略地看一看他的诗题就可以看到：《耐冬花下》《玉兰花下》《过松涛涧》《过鹰嘴石》《八仙墩上》《东海路上》《登白云涧》《致狮子岩》……这些诗题的选定都为“我”预备了广阔的天地。更具体地说，这种动宾结构的诗题早已把作为主语的“我”放在了主要位置。在那些不直接牵引抒情主人公入题出场的诗，如《迷魂涧》《仙人路》《纱帽崮》等，也仍然是以写“我”为主。《仙人路》头两行是直接描写仙人路的：“缥缥缈缈一线，若连若续若断。”第三、四行“山风还把云来拉，有意向人挑战”，已经是以我观物。后面便不再写物，而是连续抒情。《莲花峰》全诗八行，用于描写景物的只有两行，后面三节都用于抒发感情和塑造自我形象。读者掩卷之后，头脑中所留下的印象不是莲花峰，而是那个为看红莲花而“决心等到傍晚”的执拗的追求者。《迷魂涧》的景物描写似乎较多，却都依存于最后的两句抒情。在不少诗中，所写之物不过是一个话题，甚至诗题所提示的形象并不在诗中出现，纯粹成了诗人借以抒情的媒介。在更多的诗中，他所采用的方法都是以物就我，以我观物，因而所写之物总是笼罩着一层主观色彩，以致将“物”完全融于“我”中。如《灵旗峰》《眠龙石》等诗，诗人之所以看到那种动态，完全是因为内心的情感，是诗人激情的对象化。透过诗人的激情看物，物融入诗人的主观，才得以表现。而且，也只有融入诗人主观的物，才能被发现。这样，就使“物”充分“我化”了。孔孚对诗歌形象的处理，常有“易位”“变形”等，也都是为了使之适应“我”的需要。那只“掉了向”的骆驼就充分说明了这一点。

在文学作品的姊妹行中，没有比诗更主观的了。诗歌创作活动既是客观世界对主观世界的诱发，又是主观世界向客观世界的推移。在更多的情况下，是后者。诗人所感觉到的东西，已经不仅是自然。因为感觉本身就有选择。感觉受命于情感和潜意识，诗人自己也往往难以觉察。无论作为自然现象的山水景物如何纯真，如果没有一颗诗的心灵，就不会转化为诗歌感觉世界中的形象。崂山的云，泰山的风，天街之宴，渤海浪花，都不能离开诗人的审美感知而存在于诗中。一个只能从色彩可看到色彩、只能从声音中听到声音的人，不会成为真正的诗人。尽管我们几十年来一直对“表现心灵”“性情说”加以贬斥，但在诗歌创作中，想要消灭主观，那大概只是一种狭隘唯物主义者的狂想。诗总是倾向于主观的。就连别林斯基也承认，“诗人从心坎里复制大自然的形象，或是把他看到的东西加以再创造；无论在哪一种情况下，美都是从心灵深处发出的，因为大自然景象不可能具有绝对的美；这些美隐藏在创造或者观察它们的那个人的灵魂里。”诗无情无以动人。孔孚的诗重主观表现，多抒情之笔，求韵外之致，无疑是应当肯定的。

在他的诗中，我更喜欢的还是《云瀑》《书卷崮》等貌似纯粹客观描写的诗。貌似客观描画，却蕴含了丰富的思想感情；形象单纯而明朗，寓意却并不简单。孔孚写诗不求形似，而重传神，这样的诗却是既有形似，又能传神。孔孚写诗讲究象外之象、弦外之音，贵远、简、虚，求纯求隐；这样的诗做到了远而阔，简而纯。如果只是一般地说“诗中有画，画中有诗”，大概并无多少意义，诗中怎能无画？画中怎能无诗？所以那只是最一般的规律。但在这里，我们看到孔孚的确善画，而且在用高超的技法表达自己的思想感情。当然，他的画不是油画、水彩画，而是国画，是大写意，重笔一抹，即成一幅，且生意盎然，真乃中国写意真传。孔孚不少诗都用了象征手法。画象征之画不是容易事。因为象征的对应物往往是无限的，如无必要的限定和指引，理解和欣赏就可能是完全随意的，作者的创作意图就有可能落空。为此，孔孚常常采用“搭桥”的办法，但搭桥常常会成为局限。《云瀑》等诗的好处是无须搭桥。相信这些诗是有寿命的，因为它不像《独立大夫下小立》那样因诗人的指点而留下了时间的局限性。

1986年10月　北京

历史之河魂何在？

——读矫健的《河魂》

几乎是一口气读完了这部长篇小说。如果要概括这部小说的主题的话，大概可以这么说：小说以胶东柳泊村二十多年治河的曲折历程为主线，形象地描写了“河”的客观规律，并以此象征性地揭示了当前农村所发生的历史变革及其必然性，表现了作者对于历史和现实的思索。

通过小说的描写可以看到，柳泊村自公社化以来一直在对付那条河，方式主要是筑坝限流，“向河滩要地”，“向河滩要粮”，但是，无论1958年的“大跃进”，还是“文化大革命”中的“学大寨”，结果无一不是触犯“河魂”，因而遭到了报应。

河有魂？矫健告诉我们：河有魂。那么，“河魂”究竟是什么？作品没有直接回答，这就需要我们沿着长河走一趟，进行必要的考察。

一、三代支书构成的历史

首先应该考察这“河”的构成。人类历史由一代代人连接而成。一代与一代之间，既有差异性，又有承续性，归根结底，历史因人的发展而发展。所以，对社会历史的考察，重要的是对人的状况的考察。《河魂》颇具匠心地以人物构成了历史发展的几个不同层次，通过其不同的精神面貌和作为，反映了不同时期的时代图影，展示了历史发展的轨迹，又把他们同置于新的历史时期，与时代的变革相撞击，反映出他们与农村变革的复杂关系。

如果上溯小说所描写的这段河流，禹七、河女奶奶等都是作为一段历史存在的，但作为作品着力揭示的层次，应该是从老支书孟老根开始。这位孟二爷参加革命的情形有点特殊：他在大“扫荡”中被鬼子戳了一刺刀，却向鬼子跷起拇指连声称赞，因而得以生还。回村以后，他却以“背死狗”的方式开始了抗日复仇。他当了民兵英雄，却说“给地主抗活也这样干，给八路抬担架也这样干”，似乎完全没有革命的自觉性。后来当了支部书记，虽然有所变化，但与新时代的要求并不完全适应。夜里看山活见鬼，怪诞中透出他因过失而愧疚不安的善良，但也表现了他的迷信。他一辈子恪守一个“忠”字，在“文革”中深受其害，但听说是毛主席亲自发动的，就不再有任何怨言。听说粉碎了“四人帮”，他吃惊地大叫：“怎么连毛主席的老婆也抓!”听说江青想害死毛主席，他又咬牙切齿地说“该杀”。领导换得勤，他就私下感叹说“乱了”，因为不知道应该忠于谁。他的行动是对上面永远服从。粮站收购员蛮不讲理，他却只知道批评自己的社员。因为收购员是上级派来的干部，他只能对其逆来顺受。他工作能干，一生艰辛，像一匹老马一样为柳泊村拉了几十年的套，却没有什么好效果。1958年，他带领社员向南河开战，连丰收的庄稼也不收割，结果是饥荒到来，活活饿死了十七口人。在新的历史条件下，他有所反省，但得出的是“别跟得太紧”的结论，并作为当干部几十年的真谛传授给未来的孙女婿兼支部书记。从他的形象可以看到，历史给了他沉重的精神负担，传统的伦理观念使他与人民当家做主的时代极不相称。从一味紧跟，到消极怀疑，是一种本质的两种表现，其根本是没有主心骨，没有自己思考问题、分析问题的能力。他没有担负起主人的使命，却成为大国治下的小家长。这正是那一段荒谬历史之所以发生的精神基础。这种思想不能不成为改革的阻力。比如，把关心农民利益看作培养私心；把生产责任制叫作“不要集体”；坚持“政策放宽了也要有个边限”；强调以庄稼为本，对于农村生产结构的变化大惑不解：“咱们干了三十年的社会主义还要不要了？咱们还是不是庄稼人?”总之，他正直善良，忠厚能干，有农民的狡黠，又有愚昧迷信，深受传统观念影响，对上逆来顺受，对下固执己见。这样的人是无法适应改革事业的。“太上皇”地位的最后否定，使他终于在现实面前有所醒悟，也反映出历史前进力量的不可阻挡。

第二任支书牛旺是“文革”中被提拔起来的。他一上任就重蹈前任覆辙，修大坝、填河滩、向河滩要地。他不是政治投机者，而是真心要带领全村人干一番大事业。群众因此敬佩他，他的脾气也和威信一起增长，很快成了绝对权威。他是一伙青年捧起来的，却对那些人也同样蛮横。更为复杂的是，当他使性子甩手不干时，群众竟一齐去请他出山，并逼迫真理向谬误赔罪，结果是导致他滥用群众热情，大干危害群众的蠢事。由此可见，坚强的意志和力量一旦与错误结合，就会产生巨大危害。农村改革开始后，他仍然执着地要修大坝。他知道河床应该加宽，而且不反对承包，但是，大坝是一定要修的，无论采用什么方式，只要修起大坝就行。是他提醒小磕巴“带着全村人发一笔大财”，结果，小磕巴却用修坝的资金去开矿，使他修坝的理想彻底破灭。在他那里，征服南河的信念已经变成宗教般的热情。他真像希腊神话中那个不幸的大力士，把巨石从山下推向山顶，耗尽力气却永远不能完成。他爱彩彩，也像爱大坝一样执着专一。彩彩已经精神失常，不可救药，他却忠于爱情不惜牺牲自己。为守候精神失常的彩彩，他整夜站在窗外，眉发皆霜。这一切使我们看到，他像孟老根一样，具有传统的美德和弱点。既有正直无私的优点，又有固执守旧的缺陷。他对爱情的忠贞，甚至使性格与他截然相反的河女也感动得热泪盈眶。但在这美德背后，却是必然的悲剧。崇高精神与陈旧观念以及极“左”思潮相互纠结为一个整体，成为他沉重的精神负担。最后，他虽然终于学开矿去了，但对当前的转折并未理解。这个人物的典型性在于集中体现了那些在疯狂的年代中被狂热冲昏头脑而至今无力自拔的正直的而非投机者的共同悲剧。

小磕巴是这段历史之河上的第三任支书。他自幼就有看海的愿望，却至今没有看到海。他说话磕巴，内心世界却高度发展；没有上过多少学，却非常聪明，杂七乱八地读书积累了广博的学识。这些都为他的作为提供了合理因素。科学给他远见，早在牛旺盲目修大坝时，他就以科学为依据反对，虽然无力扭转乾坤，却没有放弃自己的意见。历史的发展终于把他推上柳泊村的政治舞台。然而在他可以科学地治理南河时，却又果敢地放弃了大坝。他从种庄稼的狭窄道路走出，由筑坝走向开矿，开拓出农村发展的一条新途径。他向往城市，坦率地承认“农村最有志气的青年都想出去，百分之一百，走不了，一辈子难受”，却能清醒地认识自己的条件和职责，因而虽有“我不走运，老看不见大海”的感叹，却把建设家乡的责任放在自己肩头。

与孟二爷相比，在上级面前，他有良好的自我感觉，而且敢于抗上。由于他的聪明和才干，赢得了最漂亮的姑娘河女的爱情。由于他的命运注定了要与农村联在一起，又使河女终于抛弃了他。大学生为他送来了石墨矿，使他改变农村面貌的事业跨出了一步，却也点燃了河女的追求，抢走了他的河女。他清楚地知道河女的感情已被大学生带走，连给他的吻也是假的，却懂得尊重人的感情，把痛苦埋在心里。他虽然也受旧观念影响，在不自觉中失掉了河女，但却立即后悔，为河女送行时以鲜血叮咛，要永远等她。河女终于向城市文明走去，他却肩起生养自己的故乡，艰难地开拓。在他的手里，柳泊村终于走上了一条新的道路。

在长达几十年的历史上，柳泊村代代治河，硬向河滩要地要粮，“大跃进”逼河改道，硬把大坝修到南山根，结果是坝未筑成，人却被活活饿死。“文革”时期再次订出“学大寨”规划，借助于政治运动所产生的狂热和贫困中的欲望，将最窄也应七十米的河道限制在四十米之中，结果是又一次劳民伤财。经过种种曲折，人们终于认识到人类所进行的一切活动都受规律的制约，河流对于河道的选择并非人的主观意志可以转移。把河流限制在四十米是盲目的，放宽到七十米是科学的，但是，一个问题终于提出了：“我们为什么要修坝呢?”

从修坝到开矿，这是一个很有象征意味的转折，形象地表现了新时期农村变革的深远意义，标志着中国农村终于从重重限制中挣脱出来，走上了宽广的道路。《河魂》正是从这一角度反映了农村变革的伟大意义和历史必然性，为改革唱出了一曲深情的颂歌。

二、河女形象的启示

在《河魂》中，特别令人动心而且令人惦记的是河女的命运。她是那么漂亮，那么可爱，但她的性格决定了她的命运，直到小说的结尾，她的命运仍不可知。作为读者，我忍不住为她担心。

她高中毕业没有考上大学，在家种地又不甘心。她与小磕巴早已恋爱，可谓情投意合，但一群地质学院的实习生来到柳泊村，使她的感情又生波澜。大学生王维力唤醒了她对理想生活的向往，也在精神和肉体上占有了她。感情的矛盾使她陷入极度的痛苦。她对小磕巴不是没有感情，但相比之下更爱那个大学生。她的性格表现为明显的双重性，既勇于追求新生活，又无法摆脱传统观念。她认为爱上另一个就是变心，就是不道德，因而受到良心的谴责。她知道要不变心就得放弃爱的追求，忍受爱的痛苦，那样她又受不了。为此，她有时甚至羡慕姐姐，“为了事业，为了牛旺，牺牲了一切；而牛旺呢，也为了姐姐一辈子忠心不变”；有时却又真诚地希望牛旺弃姐姐而去，因为那样两人中至少还有一人得救。她曾想自己忍一忍，与小磕巴过一辈子，而且有过“牺牲自己总比牺牲别人强”的想法，但看到牛旺美德背后的悲剧，却又生怕自己陷入同样境地，因而发誓不学他：“委屈地过一辈子，还不如和自己真心爱的人待一小时！”她爱小磕巴，在他面前，她依然忘情地与之紧紧偎依，但想起王维力，她就要立即把他推开。她知道小磕巴的爱真挚纯洁，非常可贵，因而常常自责；但王维力却对她有一种压倒道德观念的强烈感召力。当迅猛的爱情到来，她根本无法抵挡，只能惊恐而欣喜地奉献出自己的一切，并且永不后悔。

这种心理矛盾直接表现为道德观念与生命欲望的冲突，表现为“求新”与“恋旧”的冲突。从文明发展的角度看，它反映着新的召唤与旧的拘牵。从个人角度来看，则反映着自我的重新选择与既有生活结构的冲突。在这种矛盾中，河女陷入痛苦的煎熬。她一方面买下许多漂亮的时装，一方面买下一瓶“敌敌畏”。她热爱生活，热爱自己的青春和生命，却又随时准备以结束生命的方式抵挡道德的谴责和舆论的重压。在这里，也隐隐透露出传统观念在她心灵深处的力量。

由于城市文明的召唤，由于爱的追求，河女最后终于走了。她的乡亲们对她的评价不难想象：见异思迁，好高骛远，一厢情愿。可是，我们有什么理由否定她的追求？高中毕业使她对现代文明有了强烈的向往。在农村，她所追求的是走在生活潮流最前面的小磕巴，小磕巴也爱她，他们本来可以很幸福，可是生活向她打开了新的窗口，大学生出现了，她又产生了新的追求。这种“见异思迁”被认为是不道德的，但它反映着生活发展的合理流向，体现着历史前进的动力。生活在发展，任何人都没有理由要求人们停留在理想追求的某一阶段，固守既得的生活而不再向前。但是，人又是有感情的，在“见异思迁”的过程中，每向前移动一步，都会伴随着感情的撕裂渗出的心头血。河女很可怜，她对生活充满向往，而且勇于追求，但这种向往和追求却破坏了她固有的生活，又不能为她的未来担保。她还处于少女热情有余理智不足的阶段，极易被一时的激情所俘虏，也极易为虚幻的理想所诱惑。但从历史发展的角度看，这却正是历史向前运行所必不可少的动力。

河女走后怎样？她能考上大学吗？如果考不上，她能幸福吗？即使考上，那个轻率地抛弃了小霞的王维力是否会同样把她抛弃？总之，在那个遥远而陌生的城市里，她一无凭靠。她是一个追求者，前途未卜。她的追求与痛苦，包含了丰富的内容。人们可以从各个角度批评她，但是，面对年轻的生命，谁有力量使他们放弃对美好生活的追求。最后，河女们也许是失望而归，也许是在现实面前碰得头破血流，但如果没有他们，人类历史就不再有活力。

三、河的灵魂

小说以“河魂”命名，那么，什么是“河魂”？换句话说，历史曲曲折折而又发展不已，最根本的动力是什么？

尽管《河魂》中渲染了家族的力量，但那不是主要的。沿着作者“无处不在”的指点，我们可以看到，“河魂”最基本的内涵就是奔流不息的追求精神，是不屈不挠的勇气，是理想和激情。禹七，驻守马石山的战士，一直向北闯到海参崴的小磕巴的爷爷，他们都体现了一种精神，一种在命运面前不屈服的精神。二爷孟老根“背死狗”的复仇，牛旺蛮干修坝，小磕巴对知识的追求，以及开石墨矿的决心和干劲，体现的也是这样一种精神。当年，河女的奶奶不顾一切跟人私奔；今天，河女又不顾一切地追求新生活去了。她们所体现的也是这种精神。这种精神，正是历史发展的基本动力，也就是河的灵魂。

历史是前进的，无论人类的历史、民族的历史还是一个人的历史，每前进一步都往往伴随着艰难和痛苦。这不仅来自于直接的阻力，不仅来自于斗争的血与火，也来自于各种各样的联系性和各种复杂关系的纠结。历史的发展是复杂的。祸福相倚，得失相伴，正是历史自身的辩证法。王维力给小磕巴送来了石墨矿，却带走了他的河女；牛旺一句话提醒小磕巴带领大伙开矿，却使自已梦寐难忘的大坝从此被弃置不修；登高爷爷的儿子承包大队的面粉机，却使推了一辈子石磨的老登高痛苦地死去；马六富裕了，道德品质却有退无进。追求，是人的可贵本能；恋旧，也是一种共性。这就使人内心世界的冲突显得异常激烈。痛苦的根源往往在于理想和现实的脱节，而理想又永无止境。追求总是在无尽头的阶梯上层层递进，随着变化的环境不断开阔眼界，又不断产生新的理想和追求。迈上一个新的阶梯，理想化为现实，但欢乐和满足感是短暂的，继之而来的依然是空虚感和或多或少的失望。人类正是在这样一种心理基础上才得以不断攀登未知的高峰。这种不断增生的欲望是人的一种本质属性，也是人类文明得以发展的动力源泉。

当然，无论个人还是历史，追求都常常带有极大的盲目性。二爷，牛旺和他的追随者，河女和她的奶奶，都是如此。盲目的追求并不是凭空而生的，而是源自生活的需要和来自本能的欲望，有时则是最起码的生活要求。在"农业学大寨"中，人们之所以那么容易被发动，斗志昂扬地跟着牛旺去劳民伤财，原因就在于人们在贫困中看到了十万斤大米在眼前晃动。它虽然并不存在，却有极大的号召力。历史的发展就是这样，常常出现的盲目性会导致历史的曲折和倒退，也会导致十年浩劫那样的灾难。历史在追求者的脚下延伸，但追求者也会把历史带入死谷。河流的特点一方面是奔流不息、勇往直前；一方面却是并不顾及前面的路途。它可以在吸引之下扑向任何洼地和死谷，如果出现了方向性错误，也只有团团打转，在聚积力量之后再回来，或者寻找新的缺口突围。这一切，都要付出沉重的代价。从这个意义上说，河流也很可悲。虽然无论经历多少曲折最后都会找到出路，但这不应该成为阿Q式的自我安慰的借口。这一点，不知矫健是否想过。我在这里想说的是，人类历史的发展毕竟不同于自然的河流，盲目冲撞的历史应该过去了，通过回顾与反思，通过比较与选择，对于未来的发展，我们应该有选择的自觉。

1985年5月　曲阜

改革冲击下的文化思考

——近几年山东青年作家的观念嬗变

在新时期文坛上，山东青年作家已经引人注目。齐鲁之邦，孔孟的故乡，传统文化（特别是儒家文化）积淀甚厚。生活于其中的山东青年作家在创作中不能不打上它的鲜明印记。因此，“山东作家观念陈旧”之说并非妄谈。当然，文化传统带给青年作家们的决不都是弱点，如强烈的社会批判意识和历史责任感，以创作济世而非“玩文学”的文学观，都非常可贵。他们写现实，写改革，及时地发现并努力解释生活中出现的各种问题，从前几年的《阴影》《卖蟹》《老霜的苦闷》，到近几年的《老人仓》《河魂》《秋天的思索》《秋天的愤怒》《洞天》《古船》，可见他们一直走着一条贴近时代生活的创作道路。

但是，传统观念也给他们带来了各种束缚，带来与我们时代的文化走向不怎么协调的色块和斑痕。王润滋在这一点上成为突出的代表。他往往以陌生的目光，充满戒备地打量着城市文化和农村文化中的新因素，用传统文化给予他的道德价值尺度来衡量发展着的新生活。必须说明，王润滋并非反对改革，由于他对农民的挚爱和对农村生活的体察，他像广大农民一样殷切思变。但是，当变革到来之后，他却陷入困惑之中。城市现代文明与农村淳朴人情，金钱与道德的对立，成为他无法解决的矛盾。从《鲁班的子孙》到《小说三题》《残桥》，这种矛盾一直困扰着他。这种金钱与道德对立的观念显然来源于中国重义轻利、重农抑商、把为富与不仁连在一起的文化传统。他思变而又忧变，希望改革的潮流荡尽农村生活中的各种不平，却不愿意生活秩序变动太大，带来新的不平。在伦理文化现代化的蜕变中，不仅王润滋如此，大多数山东青年作家都站到了伦理文化一边。

值得庆幸的是，我们的时代是一个急剧变革的时代，虽然文化传统的制约力量仍然相当强大，但日益尖锐的文化冲突却使任何一种消极的文化观念都难以坚如磐石。近几年，山东青年作家的观念形态发生了裂变，现代意识迅速增长。这种变化首先表现在挣脱传统文化负面的羁绊，进而对民族文化自我进行反省。一个伟大的民族若要永葆青春，必须不断进行文化自我反省。但非常遗憾，中国知识分子为拨乱反正不惜牺牲，却不习惯于以怀疑的目光审视自己所信奉的旧价值。

山东青年作家对于改革的关注和思考经历了一个比较特殊的过程：他们首先感受到的是农村现实需要改革。当改革到来，他们感受更深的却是改革对传统道德的威胁。他们因此而以冷峻的目光审视改革，并由此而敏感地发现了改革中存在的问题，特别是旧势力改装打扮以阻挡真正的改革这一严酷现实。他们带着这个问题进入文化心理层面，探索民族性格与改革成败的关系。从近几年的创作看，他们大都已不再站在陈旧道德的立场上评判新事物，而是通过人物心理的揭示，思考这场伟大而艰难的变革的深层阻力。张炜的《你好，本林同志》，李贯通的《洞天》，尤凤伟的《秋的旅程》，矫健的《小说八题》等，都体现着这种变化。侯贺林的《女子世界》系列短篇对我们的怯懦温驯、逆来顺受、崇古守旧、容易满足的文化性格弱点给予了批判性的揭示，旨在促进民族性格的健全和再造。四海的《蛙鸣》写老德香因为当长工时被地主用烟袋敲过，土改时特意要来地主的那杆烟袋，盼着早晚有一天用烟袋敲一下自己的长工，意在批判自己受过奴役就要奴役别人这种阻碍历史真正前进的劣根性。左建明的《白杨村事变》则告诉我们，旧的意识并没有被生活的潮流冲刷净尽，它还会悄悄地渗入新的生活结构，使新生活一开始就显示出一种病态，各种悲剧并非由几个恶人造成。

在《一潭清水》和《海边的雪》中，张炜在视角和价值尺度上是与王润滋一致的，他的近作《古船》却明显地与之分道扬镳了。他由早先的对淳朴古风的歌颂一变而成为对载满血腥和腐臭的“古船”的挖掘，牧歌情调十足的玫瑰色面纱终于揭去，裸露出层层淤积的血污。这是一个新起点，张炜以此显示了宏阔的视野和我们的文学一直未有的历史深度。

近几年文坛与整个思想文化界一样，出现了一种“现代意识热”与“文化热”。它给文学带来了积极的影响，但也使一些人步入无聊感和荒谬感而不问今昔何年，或陷入文化决定论而忽视了对政治变革的思考。山东青年作家在反省与继承民族文化与批判国民性时注意到了这样两点：一是现代意识和社会责任感相结合，效法鲁迅而不做嬉皮士；二是文化思考与政治思考相结合，旨在全面变革而不陷入文化把玩或文化崇拜。我认为，这显示着山东青年作家一种坚实的而非轻飘的自我超越。

1987年7月　曲阜

近几年文学中改革意识的存在形态

从表面上看，似乎近几年文学关注改革的热情有所消退，“改革文学”的发展已处低潮。因而有人断言“改革文学”已步入穷途，作家应该去写人类永恒的命题；有人摇头慨叹文学已经脱离时代，脱离现实，脱离人民，呼吁作家们紧跟改革的步伐，反映改革的现实，塑造改革者形象。

事实究竟如何呢？我认为，文学关注改革的热情并未衰退。它之所以给人造成种种误解和错觉，原因是作家们对改革思考的重心已经转移，改革主题已渗透于各种非改革题材之中，文学对改革的呼唤已由表层潜于深层。这种变化具有深刻的意义，同时又是对文学自身职能的一种探寻和发现。

一

近几年，描写改革、塑造改革者形象的作品的确少了。许多作家离开了改革题材，其作品似乎与改革无关。其实并非如此，文学中的改革意识在渗化、深化而未淡化。许多并不直接反映改革的作品都与改革密切相关。改革主题渗透于各类作品，成为文学创作的一个共同的潜在主题。直接反映改革的作品少了，间接参与改革的作品却大幅度增加。改革成为许多作品创作的动因和思考的出发点。

陆文夫的《井》，王蒙的《活动变人形》，蒋子龙的《阴差阳错》和《蛇神》，谌容的《献上一束夜来香》，王兆军的《不老佬》，聂震宁的《长乐》，李锐的《厚土》，侯贺林的《女子世界》，张石山的《仇犹遗风录》，以及话剧《死罪》等，都并未直接描写改革。鲁彦周的《苦竹林，苦竹溪》，李锐的《古墙》，张炜的《古船》，何士光的《苦寒行》，以及锦云的话剧《狗儿爷涅槃》等，都只是以改革为背景，或涉及改革，并不致力于改革活动的描写和改革者形象的塑造，很难划入“改革文学”。但是，我们从中却能感受到一种改革的脉搏律动，因为这些作品常常是作家对改革进行思考的结果，或者是改革的生活现实激发了作家的创作灵感。

《井》《苦竹林，苦竹溪》《女子世界》《四个互不关联的故事》等作品为我们提供了一些新时代的“祥林嫂”形象，徐丽莎、尚文芬都对命运毫无反抗、不思反抗，甚至紧抱已经腐朽了的枷锁不放，因为一旦离开枷锁，她们便无所适从，因为她们像纤弱的藤，精神上缺少自立之力。《女子世界·吊带》中的女人被丈夫遗弃而仍满足于“俺是大房”，五毛钱的一副吊带不仅能治好她的病，而且使她终生满足。她们温顺善良，逆来顺受，屈从依附，善于忍耐，个性完全泯灭于传统“美德”之中，缺少独立意识和对自由与权利的要求。这类形象不仅使我们看到封建文化塑造的心狱怎样把人变成奴隶和羔羊，而且使我们看到这些传统文化的塑造物是怎样成为旧秩序的维护者和旧事物得以残存的基础，看到他们是怎样为极“左”政治的扩张和专制复辟提供了可能，是怎样不自觉地阻碍着改革。

这些人都缺乏主体意识。知识分子本应具有较强的主体意识，但中国的知识分子却大都与普通民众一样在精神上缺少脊骨。《献上一束夜来香》的描写是有典型性的。李寿川三十多年从未有过个人的追求。在单位，他是领导的好部下，唯命是从地工作；在家里，他是老婆的侍从，老婆指到哪干到哪。今天，这个历尽沧桑的老人终于产生了自己的追求，买来一束夜来香。但是，一束鲜花却给他带来了意想不到的灾难。值得注意的不仅是机关里的流言蜚语、卫道士朱喜芳的叫喊挞伐和沈处长充满醋意的审问，还是他自己那没完没了的检讨。郭飞告诉他：“别人怎么看，怎么想，你完全可以不去管。”齐文文对他说：“你干吗老说错了错了的？买花、送花都是个人的私事，谁也管不着，别理那帮无聊的人。”他却仍然终日战战兢兢，最后终于一病不起。这种性格当然无法完成自身的解放，也无法为改革输送动力。

话剧《死罪》中那个青年农民眼睁睁看着妻子被酒醉的铁军营长强奸，在妻子凄厉的呼救声中不敢抗争。但在妻子被奸污之后，他却责问妻子“为什么不反抗”，逼她自杀：“既然不能做节妇，你就做烈女吧！”在强者面前吓得发昏，在弱者面前大打出手，表现出一种主奴双重人格。那句“在羊面前是狼，在狼面前是羊”的台词使人想起鲁迅的有关论述。在上级面前逆来顺受，在下级面前独断专横，对百姓冷漠，对显贵百般殷勤，这样的干部形象，都融入了作家对主奴根性的批判。

如果说《死罪》等揭示的主奴根性还是一种共时性存在形态的话，《古墙》等作品则着重表现了它的历时性存在形态。郭福山日夜所思，是盖一座独门独院，自己摇着扇子，长工为他干活。因为他年轻时闯口外为人扛活，土地承包后便专门从口外雇来一个帮工，对其大使主子权威。四海的《蛙鸣》中的老德香，当长工的时候被地主用烟袋敲过，土改时便要来了地主的那杆烟袋。他的理想就是早晚有一天用烟袋敲一下自己的长工。自己受过奴役，就要奴役别人。奴才做了老爷，决不废弃老爷的称号。在改革浪潮中思考这种取而代之的理想及其在历史发展中的作用，其意义是显而易见的。

中国是一个农业古国，由于农业生产对经验的依赖，在经验上占优势的老人受到理所当然的尊敬。由于农民所受的种种压迫，使他们只能维持简单的再生产而无力改进生产技术。几千年生产环境、生产工具、劳动产品和操作方式不变，使继承前人的经验比创新和开拓更为重要。由于土地和生产技术的祖孙世袭，自然要产生对祖宗和长辈的依赖和崇拜。因此，中国人形成了一种崇古守旧的心理习惯：美化祖先，崇拜古董，维护传统，抵制变革，凡是祖传的就是好的，一切都必须有陈规可循，“天不变，道亦不变”，“祖宗之法不可改”。这种心理在近几年的文学中受到了批判。从改革文学到非改革文学，从“寻根”的《爸爸爸》到“新潮”的《你别无选择》，都可以看到这种批判。

由于中华民族在漫长的历史上经历过无数动荡和苦难，由于人们对非人的生存环境无可奈何，庄子的人生哲学具有适宜的土壤。由于庄子以心理自我开导解脱精神痛苦的方法影响，中国人产生了精神胜利和知足常乐的精神惰性。这种寻找精神逃路的解脱方式的确可以修身、养生、益寿，但当一个民族需要焕发出积极的斗志，克服困难而拼搏前进的时候，它就成了一种最可怕的腐蚀剂。近几年的文学对精神胜利、知足长乐的惰性进行了揭示与批判。《长乐》所揭示的主要是盲目自尊、夜郎自大、死要面子、自欺欺人、

“得乐且乐、知足长乐”的精神特征。《苦寒行》则着重揭示了容易满足、不思进取、麻木混世、一阔就恶的性格病态。

以上种种批判都与改革有关。之所以批判温驯与怯懦，因为它是人性的扭曲，使人不能适应改革的要求。之所以批判主奴根性，因为它严重阻碍着中华民族的历史进程，使统治者频繁更替而性质难变，直接影响着今天改革的成效。之所以批判崇古守旧，因为它阻碍着改革开放。之所以批判精神胜利和知足长乐，因为它使人易于满足而不思变革。这一切都源于改革与开放的时代精神。变革现实是这一切思考的出发点。

二

从上述文学现象看，作家们对改革的思考没有停止，而是思维的空间拓展了，思考深化了，关注点由经济政治问题转向民族性格弱点，艺术批判锋芒由政治弊端转向文化惰性，艺术表现的重点由改革者的伟大斗争转向改革的深层阻力。

这种变化是新时期文学发展的必然，也是生活本身的发展所决定的。

从某种意义上说，新时期文学完全可以概括为“改革文学”（当然，我无意于这样另立名目）。因为我们所处的时代是一个变革的时代，“人心思变”是这个时代最突出的精神特征。我们的文学曾冲破种种禁区而写伤痕，目的是结束那个制造伤痕的时代。我们的文学曾冒着指责而写冤狱，目的是使一切冤狱得到平反并不再制造新的冤狱。我们的文学曾勇敢地直面社会问题，目的是革除弊端改良社会，让那些问题得到解决。正因为这样，我们的文学在“伤痕”“反思”等思潮之后走向了改革。但是，伴随着改革的展开，我们的文学不能不对改革做进一步的思考。

这种思考之所以发生，首先应归功于文学中历史意识的觉醒。中国两千多年的专制社会，一次次揭竿而起，一次次江山易主，为什么没有发生根本性的变革？对20世纪历史的回顾也同样引起人们深思。晚清的腐朽使得有志之士谋求变革，辛亥革命终于推翻了帝制，但胜利的喜悦却立即被失望淹没，因为无数烈士的鲜血换来的只是一块共同的招牌。因此，人民以极大的热情支持和迎接国民革命军北伐。可惜的是，蒋介石政权的建立同样令人失望。人民不惜以鲜血和生命谋求再变革，一面鲜艳的五星红旗终于在天安门城楼上升了起来，但是，当欢乐的颂歌唱过之后，面对十年“文革”，人们又不得不感叹建立一个真正的新中国是多么艰难。封建主义的幽灵随时可以披上种种时髦的新装而岿然南面。进入新时期，中国人从苦难中走出，厉行改革，80年代的中国大地爆发了一场伟大而深刻的革命。这场革命虽步履艰难，但任何风雨和挫折都不能逆转这一历史的总进程。近几年，改革大业已逐步展开并初获成效，但毋庸讳言，改革并非一切都如人愿。使人吃惊并引起痛苦思考的，不仅是习惯势力的顽固阻挠，还是改革“成功”之处那种播下龙种收获跳蚤的悲剧。这一点从《秋天的思索》等作品已能看到。现实生活中存在的种种问题究竟源于何方？过去一段时间，我们常把社会存在的问题归于十年动乱和“四人帮”破坏，而今天的现实是动乱已经结束十年，虽然其恶劣影响不可低估，但一些新问题已无法记在动乱的账上。过去一段时间，我们往往用政治路线上的“左”或“右”来解释一些问题，今天，作为一条“左”的政治路线显然已不占统治地位，一些问题并非“左”和“右”能解释得了的。由于这样一种历史和现实背景，人们逐渐认识到，一些问题的存在不仅在于政治，而且有文化传统和心理素质方面的基础。因此，中国不仅需要经济体制与政治体制的改革，而且需要真正的文化革命。如果没有文化革命的配合，改革是很难顺利成功的。

从这个意义上说，对文化性格弱点的探寻正是文学在改革这个大战局上做出的合乎现代化要求的积极选择。它既是“反思文学”的发展——从政治反思到文化反思，也是“改革文学”的深化——从呼唤经济体制改革到呼唤文化变革。它是文学参与改革的一种特殊方式，应改革的要求而生，又对改革产生积极的影响。对于改革，它是不可或缺的一个层面。

三

是不是直接反映改革的作品就比间接参与改革的作品更有价值呢？是不是塑造改革者形象就比探寻改革的深层阻力更有意义呢？我认为不是这样。

文学如果仅仅是镜子式地反映改革，其意义并不重大。因为除了对改革一无了解的人借以了解改革之外，一切熟知改革生活的人们都可以不去理睬它。不错，我们可以揭示生活中的种种问题以求得到解决，但这常常只是文学的一种美好愿望。作家们把经济体制和政治体制的种种弊端揭示出来，却未必能对这些弊端的改革发生作用。因为决策人、实践者以至广大群众，对种种弊端也许并非不清楚。在认识上，作家也许远不如专职的社会问题观察家和研究者更清楚。

今日之中国，更重要、更迫切的不是展示生活是什么样，而是回答“怎么办”的问题。但是，文学能回答吗？依靠作家们虚构出种种改革的模式，告诉改革的实践者怎么改，这是不现实的。我并不反对作家们这么做，甚至愿意呼吁我们的同胞为此在真实性上对作家给予宽容。但问题不在这里，而在于我们的作家未必能拿出一套比当今改革的指导者和实践者们更高明的改革方案。文学当然可以通过塑造成功的改革者形象给人以鼓舞。看他们冲破羁绊，荡涤陈腐，改革弊端，的确能使人的情绪得到一种宣泄与补偿。但是，恰恰因为这样，我常常怀疑那种描写会成为一种麻醉剂和催眠剂，难以估计它的效果是正数还是负数。

文学，直接参与经济和政治的变革是困难的，但参与文化心理和人的灵魂的变革却是它的特长。一些富于忧患意识和使命感的作家艰难地走着“干预生活”的道路。我对他们无限钦敬，但是，文学对生活的干预仍然需要通过干预人的灵魂而实现。近几年文学对改革的思考进入文化性格层次，正是通过干预人的心灵而实现对生活的干预。揭示与剖析民族性格中阻碍改革的种种病灶，使人猛醒，使人羞愧，从而思改，这是文学扬长避短、职能回归的一种表现。

因此，我认为，不应该认为只有直接描写改革才是关心改革。我们可以要求作家关心改革，却没有必要要求他们一定去反映改革、塑造改革者形象。

1987年8月　曲阜

在冲突与互补中深化

——谈新时期农村改革题材小说的发展

一

新时期是一个伟大变革时代的开端。新时期小说作为叙事文学的主要样式，在农村题材这一领域取得了堪称辉煌的成就，真实地记录了从70年代末开始的农村变革历程，形成了一个关于新时期农村变革史的艺术画廊。但是，当我们深入到作家观念的层次，就不难发现，在描写这场变革和由此引起的生活变化时，作家们所染出的并不是同一种色调，不同的主观情感和认识方式导致观察生活的角度不同，不同的价值观念导致对生活的评判不同。这种冲突贯穿于整个农村改革题材小说的发展之中。

中国农村从70年代末开始悄悄发生变化。这种变化首先表现在生产的组织方式上，即由集体的"大锅饭"到个体的生产承包责任制。面对最初的变革，小说的反应是迟钝的。因为在80年代的门槛上，作家们有不同程度的犹豫和困惑，或犹如枷锁被悄悄打开的囚犯，有点手足无措；或不敢相信这期待已久的现实不是梦境，心有余悸；或一时难以从旧的观念中解放出来，难以理解；或因为惯用的创作模式而一时还无法把握新生活。于是，当农村大地的蓬勃生机在曙光中初现的时候，大多数作家却望着变革的现实发呆。

这种情况到1980年才有所好转，《乡场上》《卖驴》《黑娃照相》

《赵镢头的遗嘱》《彩虹坪》《陈奂生包产》《老霜的苦闷》《赔你一只金凤凰》《竹叶子》《山月不知心里事》《不仅仅是留恋》……组成了农村改革的第一个画廊。

何士光《乡场上》率先发出了欢呼之声。它带给人们的是欢欣和鼓舞。在乡场上，一个有权有势的婆娘和一个可怜的教师的妻子为孩子的事发生争吵，能够作证的偏偏是“不值一提”的冯幺爸。这个道地的农民，我们社会名义上的主人，却素来人微言轻，受人鄙视。由于艰难的生存有求于干部，养成了在干部面前不敢抬头、不敢说话的习惯，怕触犯权势而不敢秉公作证。小说展示了他那带有生活累累印痕的性格的急剧变化。最后，他终于产生了向权势挑战的勇气，从墙角站了起来，慷慨陈词，为被欺者作证。这是一个象征，我们被生活压倒了的父老乡亲终于挺起了腰！使他们的命运发生如此巨变的是什么？是土地的承包和市场的开放！当然，冯幺爸的变化在一场纠纷当中完成，未免显得有些突兀，但作者要急于看到有了经济保障的农民从人身依附和被奴役的地位上解放出来，其欣喜和激动之情可见。

当《乡场上》《竹叶子》等作品为冯幺爸们的站起而欢呼，对土地承包后不会种地的农村干部发出嘲笑，并希望他们学会干活、重新做人的时候，金河发表了他的《不仅仅是留恋》。谁说农村干部不好呢！关键是路线和政策。但是，在农村的读者中却出现了这样一种现象：群众爱读前者，干部喜欢后者。

面对生产承包，人们的认识是不会一致的，由此产生的情感倾向也大相径庭。尽管由于改革是中央的决策，我们的作家还没有与中央决策相磋商的习惯，但那种对改革表现出种种忧虑和不安的情绪还是出现了。这并不奇怪，生产方式的变革必然引起生活秩序或大或小的变动，引起人们社会生活地位或大或小的浮沉。面对农村的改革，生活于不同层次的人感受不会一样，作家难免分别代表着不同层次的人们的情感。因此，小说的表现也难免既有扬眉也有皱眉。扬眉吐气发自内心，皱眉叹息更是难以抑制的情感流露。我们读一下《赔你一只金凤凰》和《山月不知心里事》，二者都是获奖作品，但任何人都会感到一种明显的不同。前者使我们看到，以劳动实现了自己价值的新人董舜敏是怎样在这个变革的时代成为生活中的主角，那些过去时期的骄傲的公主是如何黯然失色。对于这种变化，作者与何士光一样感到由衷的愉悦。后者使我们看到了两个农村团干部在承包之后的孤独心境。过去，他们总认为自己积极，别人落后，自己负有教育别人的使命，现在却被甩出了生活的主流，各家种各家的地，使他们备受冷落。因此，他们感到孤单，想哭，感到自己"成了老太婆"，甚至因心灰意冷而匆匆出嫁。作品的描写是真实的，前进的历史总是要在变革之中打破旧的生活秩序，将其成员重新排列组合，培养出自己时代的先进人物，而对过去的有所淘汰。事实上，如容儿、巧巧等可悲的被扭曲的青年，在虚假无用的轰轰烈烈中才感到自己有美好的青春，在扎扎实实的劳动创造中却感到孤独和悲凉，对于新的生活不能适应，怀念优越的地位，感叹"显得没人家积极了"，是不值得赞美的。《山月不知心里事》却站在他们的立场上，充分肯定这种情绪，并且试图让改革者在思想上向他们靠拢。

在反映土地承包的作品中，可以看到种种担忧。一些作品对生产的个体化进行种种善意的却是多余的解释，以使之符合自己心目中多年来所形成的所谓"社会主义"模式，让笔下人物"承包不忘集体"，做种种"好事"，以符合自己所理解的"社会主义精神"。一些作品做出种种努力，以防止集体的解体和贫富两极分化。于是，有人富了，必定出钱大办公共事业；地分了，先进人物总是先帮别人种。生活真的如此吗？这显然是一种习惯性的理想化处理。之所以这样写，是作家思想还没有跳出那种"个体=资本主义""大锅饭=社会主义"的观念。

一方面为解放而欢呼，一方面为解体而担忧，这是冲突的最初表现。

二

新时期的农村改革，不仅是实行生产承包责任制以调动其生产积极性，而且要使农村生产从狭窄的道路上解放出来，为农村打开一条广阔的发展道路。也就是说，它不仅是生产方式的变革，而且是农村经济结构的变革。生活中的开拓者已从"以粮为纲"的束缚中走出，搞多种经营，发展商品生产。一些小说对此做了及时的反映，张一弓的《火神》就是走在前面的作品。小说主人公郭亮，从痛苦的经验中懂得，依靠每人仅有的三分地无法改变老君寨的贫穷，要想富起来，必须把手伸向土地之外。他因此曾经被批判，被开除队籍，吊销购粮册。生活迫使他以烧硫黄糊口，他却因此而成为拥有三万元存款的首富，为穷乡亲踩出了一条致富之路。作品较早地正面描写了农村经济结构在获得解放之后的自动调整，以生动的艺术形象在迷蒙的晨雾中显示出一条中国农村的出路。近年来，矫健的长篇小说《河魂》则通过柳泊村几十年的历史反映了这种调整的合理性和必然性。柳泊村三代支书，代代筑坝限流，向河滩要地，违反科学，劳民伤财。今天，懂科学的年轻支书上台，终于可以科学治河了，可是，一个新的问题提出了：为什么一定要修筑大坝呢？于是，放弃筑坝修田，将资金用于开矿。从筑坝，到开矿，这一转变象征着中国农村生产发展的一个巨大变化，中国农民被人为地限制在狭窄道路上的历史从此就要结束了。蒋子龙的《燕赵悲歌》以大赵庄的巨变展示了发展商品生产的灿烂前景。武耕新经过一场痛苦的思考终于悟出，要治穷必须七业并举，经商保家，工业发财。因此，大赵庄解散生产大队，成立农工商联合公司，减少农业劳动力，办起十三座工厂，三年大富，走到了城市的前头。这些作品都是为农村经济结构的变革和商品经济的发展而大唱赞歌的。

但是，由于自然环境的限制和几千年以农立国的传统，这个民族形成了特有的观念形态：重农抑商，重义轻利，崇拜权力、贬斥金钱，已成为传统深渗在民族的精神血液中。我们习惯于“重垦”“贵粟”“以粮为纲”，对商人则“重税赋以困辱之”“严厉打击投机倒把”。“以农为本”和“无商不奸”的意识根深蒂固。我们习惯于“君子喻于义，小人喻于利”，“何必曰利，亦有仁义而已矣”。我们习惯于把金钱看作罪恶，看作败坏美德的恶魔，把“仗义疏财”视为美德，把“见钱眼开”视为恶行，把“为富”与“不仁”连结使用。因此，商品经济的出现必然引起观念的裂变，在人们的观念领域引起激烈的冲突。这种冲突必然在小说创作中表现出来。在一些作品为商品经济的发展大唱赞歌的同时，另一些作品对此提出了质疑，从相反的方向对商品经济特别是商品经济意识的发展给予审视，挑剔的目光投向了所谓商品经济意识的不良影响。

首先，商品经济的发展不可避免地要与传统道德观念发生冲突。面对这种冲突，不少作品为传统美德受到商品经济的冲击而忧心忡忡，发出“礼崩乐坏”的叹息。在蒋子龙的《燕赵悲歌》中钱使武耕新腰壮气粗，使大赵庄光棍汉娶上了媳妇，使农民住进了高干病房，因而是使人获得解放和尊严的勋臣，闪耀着金色的光辉。在王润滋的笔下，钱却使人变得丑恶，使人见利忘义，灵魂锈蚀，因此只有像《小说三题》中写的那样，把它撕成碎片，抛向大海。在贾平凹笔下受到赞扬的门门、禾禾、王才们，在《鲁班的子孙》中成为小木匠而受到了指责。由于传统观念的作用，与王润滋做同一选择的作家并不太少。不少作品在描写人的道德沦丧时不自觉地动用金钱这个历来用以作为人物鼻梁上的白粉的装饰。《河的眼睛》中的刘广林本来是“东家嫁女他帮着抬轿，西家修屋他帮着砌墙”，打鱼总是半卖半送，仗义疏财，助人为乐。可是，近几年眼见大家都发了财，他变得只信奉一个字：钱。卖鱼不再少收一分钱，捞水捞起的木料不肯归还失主，甚至为发横财而见死不救。这些作品告诉人们，金钱的诱惑使一些人丧失了原有的美德而成为魔鬼。

在一些作品为金钱冲击了传统美德而慨叹的同时，有些作品则大力张扬旧道德的力量，创造出一些传统道德战胜金钱诱惑的故事。邹志安的《大铁门》中的张昌有绝艺在身，在改革中走上了致富之路。小说写了中国农村发展商品经济的必然，却惴惴不安地盯住了这个商品生产带头人的不仁不义，以及商品生产对古朴世风的冲击。张昌为了追求利益，道德退化了，但老支书的一席话和邻里的议论终于使利欲熏心的张昌醒悟，从而改弦易辙。在不少作品中，见利忘义者最后都是良心发现。

上述作品在改革面前首先产生的是道德危机感而不是社会经济危机感。一些作家深恐商品经济冲击了传统道德，而不顾传统道德对经济发展的阻碍。他们诅咒金钱，否定人们对金钱的追求，力图以传统道德匡纠世风，而不愿意让商品经济所带来的新观念去改造传统道德。

面对金钱与道德的冲突，不少评论引用马列主义经典作家关于恶在历史发展中的推动作用的论述进行分析和评判，批评某些作品只做道德评价而忽视了历史评价。这种批评貌似为商品经济意识开脱，其实仍然把一些与传统不同的商品经济意识看作恶。文学离不开道德评价，历史评价与道德评价应该是统一的而非矛盾的。这里的冲突的确有视角的冲突，但根本问题不是历史评价与道德评价的问题，而是道德尺度的新与旧的问题。注重经济效益、努力赚钱、按劳索酬，难道就是“恶”吗？肯定这些，难道只是为了历史的发展而姑且纵容“恶”？试用新教伦理进行评判，仍是进行道德判断，却会得出另一种结论。恩格斯说过：“一切以往的道德论归根到底都是当时的社会经济状况的产物。”[①]商品经济必然带来一整套新的道德观念和价值尺度。说到底，这种冲突不是道德评判与历史评判的冲突，而是自然经济意识与商品经济意识的冲突，是传统观念与现代观念的冲突。

其次，金钱作用的加大不可避免地要带来生活秩序的调整。因为传统的生活秩序是以权力为中心建立起来的，所以在重新调整中，金钱与权力必然要发生冲突。新兴的金钱拥有者开始以其特殊的力量和魅力与权力拥有者分庭抗礼。晓剑的《被切割成两半的太阳正在升起》写了这样一个故事：全市最漂亮的姑娘夏青一直在追求着最优越的生活。过去，她理所当然成了市长的儿媳妇。但随着商品经济的发展，生活秩序改变了，市长虽然有权，却舍不得为她买一件她所喜爱的紧身蛇皮裤。某公司经理白飞不仅送了她蛇皮裤，而且同时送给她昂贵的首饰。这种差别终于使她从市长家中扑向了白飞的怀抱。有人指责小说夸大了金钱的魔力，有人认为小说反映了“权力沦丧”，其实，小说对金钱取代权力而占有夏青的事件并无否定之语。全市最漂亮的姑娘可以被权力占有，为什么不可以被金钱占有呢？如果白飞依靠金钱的力量占有夏青是不道德的，难道市长的儿子依靠权力的力量占有夏青就是道德的吗？如果不道德，应该是两种占有同样不道德。

但是，中国人历来是崇尚权力而贬斥金钱的，尽管人人都爱钱，但金钱与权力分庭抗礼却历来被认为大逆不道。这种观念在小说创作中同样作为冲突的一方表现了出来。吴雪恼的《主人》试图告诉人们，无论生活有多大变化，主人应该永远是主人。尽管长甲办起了工厂，有了很多钱，可以雇支部书记巴咸为他挥汗效劳，尽管他财大气粗，声称“见官不拜又何妨”，但最后饲料被群众哄抢，他还是不得不去找巴咸解围，因为巴咸才是真正的主人。《不平静的柳河渡》则告诉人们，一些富起来的人梦想依靠金钱谋取权力。作为被镇压的地主分子的儿子，勾践在新时期抬起了头，经营有方赚了钱，却仍不满足，有了钱还想要权，送红包拉选票想当村长。在作者的笔下，结果自然是勾践一场空忙，群众的政治觉悟是高的，一村之权岂能让金

①《马克思恩格斯选集》第3卷，第134页。

钱买走？从上述小说，可以看到传统的力量，它不仅影响和制约着作品中的人物，而且影响和制约着一些作家。

在围绕商品经济的冲突中，可以看到很多作家对发展商品经济的迫切性和积极影响认识不足。他们还没有认识到市场面前人人平等的原则可以冲击特权观念，并逐步培养平等的观念；他们不清楚商品竞争中的优胜劣汰原则可以冲击任人唯亲的积习，有利于建立任人唯贤的价值观念；他们也不清楚等价交换的货币关系有利于消除人身依附关系，促进人的解放，从而实现马克思所说的“以物的依赖性为基础的人的独立性”。[①]

三

作为历史的必然要求，改革在中国大地上蓬勃展开，给社会带来生机。人们欢呼改革，盼望改革，但对改革的要求和期待却未必一致，人们各自心中所描绘的改革蓝图也很难重合。同样置身于改革的洪流之中，不同的作家思考着不同的问题，并以自己的作品反映改革并参与改革。因此，不同的作家就有不同的用力方向。这一切常常形成小说创作的矛盾和抵牾。新时期反映农村改革的小说还很少自觉地思考政治体制改革的问题，作家们对于改革的理想也较少自觉地展示，但是，从对官僚主义和种种不正之风的批判中，从被热情歌颂的改革者身上，却不难发现作家们的改革理想。显然，作家们的理想极不一致。

《燕赵悲歌》的发表正是全国农村广泛实行承包责任制和商品经济在农村开始发展之时。中国农村发生了一场变化，又面临着一场变化。“大锅饭”的打破极大地调动了农民的积极性，但是，土地的分割和耕种的小面积化是否符合现代农业发展的要求？未来的道路该怎样走？土地是否必将重新合并？新的联合将以什么形式出现？未来是“九龙治水”还是“一人当家”？……这些问题人们不能不思考。《燕赵悲歌》可以说是蒋子龙的回答。大赵庄没有实行包产到户，而是由生产大队直接变为农工商联合公司。这里的领导没变，但生产结构变了，由“以粮为纲”转为“七业并举”大力

①《马克思恩格斯全集》第46卷上，第104页。

发展商品经济。这里的确富了，“贫穷”这个概念已成为遥远的记忆。村庄面貌焕然一新，宽阔的柏油马路，整齐的大瓦房，家庭设备全部现代化，人们的物质生活远远跑到了城市的前头。这部作品在客观上告诉人们，农村改革的全部内容是经济现代化，核心是发展商品经济。作者对农村政治没有更多的思考，只是强调了基层的自主权，甚至对分田到户也觉得可有可无。蒋子龙对武耕新极力赞美，但以现代意识进行观照，武耕新具有新的经济头脑，但政治意识却是旧的。在大赵庄，他是一个新型的家长，依靠他的哼哈二将进行着家长统治。他虽然是一个了不起的改革者，但他对大赵庄的统治仍是专制型的。作者对这个农村改革者佩服得五体投地，把大赵庄的改革写得非常完美，却似乎没有看到其中的问题。

农村的改革是完美的吗？仅仅发展商品生产就足够了吗？冯幺爸们真那么容易挺起腰吗？大赵庄真不存在干部与群众的矛盾吗？矫健的《老人仓》、张炜的《秋天的思索》和《秋天的愤怒》做了完全不同的回答。

《老人仓》在为改革大唱赞歌的同时，向人们揭示了一种严峻的现实：过去奴隶主式的土皇帝田仲亭乘改革之机已经成为出租土地的封建地主。小说思考的重点不是经济问题而是政治问题。它告诉人们，改革并不一定能够威胁到田仲亭们的统治地位和利益，他们仍然可以稳坐在他们的庄园里剥削和欺压农民。因此，冯幺爸们也仍然很难直起腰。张炜的《秋天的思索》和《秋天的愤怒》把这种思考向前推进了一步。小说告诉人们，在芦青河边，改革已经进行，土地和葡萄园已经承包，商品经济正在发展，但是，经济的改革并没有给人民带来应有的政治命运的变化。几十年来骑在人民头上作威作福的王三江、肖万昌们并未被推倒，他们适时换季，摇身变为“改革者”“专业户”。由于历史上的被动地位和社会的不正之风，群众没有能力承包葡萄园。只有他们，由于几十年在领导地位上的经营，有关系，有门路，能买到化肥农药生产资料，因而有承包的能力。于是，承包的结果是他们变相霸占了集体财产，群众成了他们的雇工，以一种新的形式残酷地欺压和掠夺群众。本来，在实行承包时人们有一种希望：承包之后，那些只会在大喇叭上指挥种地的干部该跟群众一样下地了。这种希望在《竹叶子》《不该发生的故事》等作品中成为现实。可是，《秋天的愤怒》告诉人们，这个梦想没有实现，《乡场上》的梦想也没有实现，因为权力的作用，农民会自愿去为支书肖万昌种责任田。群众不仅未能在改革中夺回失掉的权利，而且进一步沦为他们的奴隶，所以农村正酝酿着即将成熟的思索和忍无可忍的愤怒。

张炜等与蒋子龙的分歧在于对改革根本问题的认识和由此产生的思考问题的角度。蒋子龙显然是把发展商品经济作为根本问题来思考，他对包产到户表现出某种保留，也是从经济发展的角度出发的。他对农村政治缺乏具体的感受和体察，当然也不会像何士光那样去体会和理解土地承包与人的解放的联系。他所着眼的，只是经济如何才有更大的发展，所以为大赵庄的巨变而兴奋，却没有去思考大赵庄的政治问题。之所以如此，因为蒋子龙是站在武耕新的立场上，与他一起去思考问题的。张炜思考的却是另外的问题，他觉得农村改革不应该仅仅是实行承包和发展商品经济。他关心的是由于政治体制的缺陷造就的农村“土皇帝”式的统治是否能在改革中得到解决，广大农民是否通过改革主宰了自己的命运。他思考的核心显然是人民能不能通过改革而真正当家做主的问题。单独阅读《燕赵悲歌》，你会为大赵庄的变化而兴奋不已，但读过《秋天的思索》之后再读《燕赵悲歌》，你会觉得大赵庄四千多人一致拥护武耕新，这是令人难以相信的。在大赵庄，是不是也有一个“老得”在思索？是不是也有一个“李芒”已经愤怒？读过《燕赵悲歌》再读《秋天的思索》，你会觉得张炜为被欺压者的痛苦所折磨，而顾不上或不愿去考虑经济发展的情况，比如：在芦青河边，王三江们是否带来了经济的繁荣？农民的收入增长了多少？很显然，思考眼下农村政治问题的确非常重要，但现代经济意识的确是张炜的一个薄弱点。经济发展的确是值得赞美的，但现代政治意识是蒋子龙的一个薄弱点。我觉得，武耕新与王三江其实是同类原型。如果让张炜去写大赵庄，也可能写出思索和愤怒；如果蒋子龙去写葡萄园，也可能写成改革者的赞歌。原因只在着眼点不同，思考的问题不同。

既然农村改革后仍然存在种种问题，那么就要思考解决的途径。李芒到县里告状去了，结果会如何呢？县里的情况如何呢？柯云路的《新星》写的就是一个县。他对中国农村存在的问题有着比较全面而深刻的认识，并且推出了一个能够解决问题的当代“青天”李向南。李向南有朝气，有激情，有才略，有手腕，大刀阔斧进行改革，打击贪官污吏，为民做主，但最终却如蛾触网，展翅难飞。李芒即使找到他，他能为李芒做主吗？而百分之九十九以上的可能，李芒遇到的，将是顾荣们，而李芒所要告的，正是他的亲信。所以，李芒和张炜的希望，大概难以实现。

映泉的《桃花湾的娘儿们》在反映农村改革时所做的独特的思考至今没有引起人们足够的重视。这部小说所描写的，是在贫困中失去了尊严的人们如何在改革中恢复人的尊严，挺身站立起来。桃花湾的娘儿们历来名声不好，受人鄙视，被人玩弄，而且自轻自贱，不知自重。在改革中，还是那群女人，却终于焕发出前所未有的力量，在变革生活环境的斗争中重新塑造了自己。小说中的改革者梁厚民也不是大刀阔斧的铁腕派，而是一个涉世不深的文弱书生。他在桃花湾没有什么壮举，全部工作是启发和帮助人们站起来自己当家做主，而不是以包打天下的救世主自居。毫无疑问，作者通过这个改革者形象发出的呼唤，与《燕赵悲歌》和《新星》大不相同。

上述作品表现出一种理想的冲突：农村改革在政治上的目标是出现一个好家长还是群众站起来自己当家做主？这是一个大问题。

四

梁厚民从桃花湾撤出了，那里的群众真能自己站立起来吗？从《苦寒行》等大量作品可以看到，我们的父兄是那样愚昧麻木，懒惰苟安，容易满足，不思进取。只要压迫的势力继续存在，他们站立起来的希望非常渺茫。

怎么办？李向南回北京去了，回来也未必斗得过顾荣；只要李向南不来，李芒告状也是白告……这些问题，每一个中国人都应该思考。反映农村改革的小说，是应该思考怎么办和怎么写的时候了。

1987年12月　曲阜

崎岖的小路与沉重的历史

——读毕四海长篇新作《皮狐子路》

严格地说，这部小说不能使我满足，读完之后，感到它像那条皮狐子路一样纤细而单薄，情节稀疏而缺少更大的信息密度，错综复杂的社会矛盾没能够更完整进入作家视野，因而也就缺少题材本身所应有的厚重。

但是，它还是深深地打动了我。掩卷沉思，那条小路总让我想起中国的商品经济。在古老的中国，种种历史原因形成了重农抑商的历史传统。历代统治者都强调以农为本而对商业采取抑制的态度。早在先秦时期就有“贵粟”之策、“劝垦”之论，而对商人则“重税赋以困辱之”。这种传统使“无商不奸”的观念根深蒂固。尽管商人自产生以来就对人类的生活做出了无法磨灭的贡献，但在中国人的心目中却没有地位，旧戏舞台上的商人形象几乎都被描写为刁钻狡猾、无情无义的人。这从小说中的文山先生、克水等人也可以看到。他们以耕读自诩，而对经商贩运深恶而痛绝之。这种传统无疑阻挡着商品经济的发展，阻碍着历史进步。

然而，无论文山先生之类的腐儒怎样大骂“鸡鸣而起，孳孳为利者，跖之徒也”。无论克水之类的所谓本分农民怎样维护并不代表自己利益的思想观念，都不能彻底阻挡走在“皮狐子路”上的人们。传统的小农社会是留有弹性的，也是留有一些人情味的。它留下一条虽不畅通却未阻塞的“皮狐子路”，给了野兰子和她的同辈人。谁说中国没有发展商品经济的动力呢？看看野兰子们，为了生存，他们会自发地按照历史发展的规律行进。所谓历史发展的规律，并不是先哲们关起门来画出的航线，而是人类生存和发展的必然要求的总结。那种发展的要求甚至如野火一样难以扑灭，给予我们关于中国历史和现实的深刻启示。从50年代到70年代，中国人投入了很大力量对付这种“自发的资本主义倾向”，要切断那条“皮狐子路”，正说明我们今天所迫切呼唤的商品经济是能够自发的，只要不以罪恶的黑手去死死地扼住这个瘦弱婴儿的脖子。

但是，过去我们恰恰这样做了。

无论作家自觉还是不自觉，小说触及了我们社会严重存在的一个问题：对所谓“资本主义”无情剿灭而对“封建主义”纵容姑息。文山先生顽固地坚持着一整套旧的观念和生活方式，用戒尺向学生灌输旧文化，教育局长七承认八承认就把一切承认了下来。到了80年代的门槛上，风水先生可以公开摆摊，工商局却仍不承认贩卖活动的合法性，野兰子改嫁仍然艰难。政治和文化的种种弊端形成一种合力阻碍着商品经济的发展和人的解放，使历史的行进步履维艰。我总觉得野兰子是一个象征，两个丈夫都未能与她相伴多久，旺盛的生命之火只有置于寡居的死寂之中。今天，她上路了，将踏上新途，却仍然为腐朽所阻，非逾墙不能出，还需有人充当“上驴石”。这是一个非常严重的问题。我们一次次反对资产阶级的自由化，却几乎没有人想过反对封建主义和专制主义的自由化。事实上两者同样重要，也许后者比前者更为迫切。在《皮狐子路》中，到处表现着作家为所谓“资本主义倾向”张目、向货真价实的封建主义进攻的冲动。中国的现代化是一个艰难的历程。《皮狐子路》在揭示其艰难方面是值得称道的。这种艰难性在改革的初期首先表现于社会政治生活层面，小说虽然对复杂性缺少更整体的把握，但通过盖天京等人物的描写，通过地主摘帽等情节的设置，寥寥数笔已揭示出一斑。

显然，政治生活中发生的一切都有文化深层的原因。小说所着重描写的是70年代末变革初期的农村生活。小说对盖爷的描写笔墨不多，但落笔相当准确，入木三分，笔笔见血。中国历史的车轮总是原地打转，原因究竟何在？盖爷的心理是形象的显示。这个给地主当过“觅汉”（长工）的农村无产者，在思想意识上与地主基本相同。不同之处是他更低俗，更落后。土改翻身后住进地主的大院，他就时时处处模仿地主，甚至让老婆学着地主小老婆的样子与之调笑。在中国，地主与雇农的地位并非固定的，随时可以转变，起决定作用的只不过是外部条件罢了。过去的作家以阶级的观点看问题，往往把他们看成两类不同的人，毕四海超越阶级论，就看到了他们之间的共性。土改以后，盖爷用烟袋敲打长工的愿望没有能够实现，儿子却用三色棍敲打小贩，从而实现了父亲的梦，使他得到了某种满足。老县长说："我们不能打倒了地主自己再当地主。"看来，毕四海对此思之甚多。中国历史发展中最要命的就是打倒了地主当地主，打倒了贪官当贪官，推翻了皇帝当皇帝。他抓住了这个特征，从而抓住了历史发展艰难的症结之所在。

如果说盖氏父子是历史重负的一种表现形式，德全母子则是另一种形式反映着历史发展的艰难与沉重。从道德上说，他们是好人，但怯懦畏缩，蓬勃的生命力禁锢于所谓美德之中，使他们不再是历史的动力，而成为历史的重负。

历史的车子在艰难地行进着，文学可以是路边的雏菊、悠闲的蝴蝶，对这一切视而不见，但我更喜欢那些走上前去以自己微薄之力推动车轮或清除障碍的作品。我甚至固执地认为，生逢变革之世，为人生的艺术家别无选择。

1988年10月　曲阜

对农村文化变革的深情呼唤

——再读毕四海长篇新作《皮狐子路》

中国是一个农业大国，在现代化的历史进程中如何摆脱农村小生产以及在此基础上产生的意识形态和文化心理的束缚，而迈开前进的步子，一直苦恼着我们时代每一个严肃的思想者，同时也苦恼着那些关注民族命运的文学艺术家。在我们的时代，尽管有不少作家远离人间烟火轻轻松松或并不轻松地“玩文学”去了，却仍然有不少作家在严肃地关注现实，与时代一起承受蜕变的痛苦，呼唤时代的新生。现在，山东青年作家毕四海又把他的《皮狐子路》摆在了我们面前。虽然这部小说还有种种弱点，但它对中国农民生存状态的反映和对农村文化变革的深情呼唤与严肃思考还是深深地吸引了我。

一

首先使我注意的是那条路——“皮狐子路”。它弯弯曲曲，又陡又窄，崎岖而又艰险，但却仍然有人走着，风中，雨中，伴着狐叫狼嗥。千百年来，这条路顽强地存在着，那些不安分如野兰子一样的人，由于命运所迫而用脚步踏出了它，延续着它。但是，它却总是那样艰险难行。人类生存的路越走越宽，在中国土地上的这条皮狐子路却穿过漫长的历史峡谷而仍然隐没于荒山峻岭的荆棘丛中。一代又一代的人不是不想开拓，但开拓难，难于上青天。这条路，是写实，也是象征。实实在在，它是一条商道。野兰子、德全们在那条路上偷偷摸摸搞贩运。从语义上看，“皮狐子”即狐狸，在蒲松龄的故乡，在毕四海和我的故乡，它一般不被归类于动物，而是与妖魔鬼怪为伍。“皮狐子路”是与“金光大道”相反的，是阴暗而弯曲的“邪路”。按照我们过去几十年的搭配习惯，“邪路”总让人想到“资本主义的路”。而所谓“资本主义的路”也就是发展商品经济的路。皮狐子路之所以顽强存在着，因为它产生于人们生存的欲望。困厄中的人要求生存，任何专制的力量都无法阻挡人们踩出或明或暗的一条条活命之路。皮狐子路之所以那样艰险难行，因为它虽然是一条活命之路，却是一条得不到认可的“歪门邪道”。小说注目于这两方面的矛盾，对其艰难的存在和存在的艰难都做了比较深刻的反映。野兰子、德全和大金牙们由于命运所迫自发地走上了这条路。而以盖天京为代表的政治力量和以孟文山为代表的传统观念却从不同的方面结成同盟为这条路上的跋涉者们增加艰难与沉重。很明显，从审美评价所显示的倾向性，可以看到作者对那条路的一往情深，对那条路上跋涉着的人们充满深切的关心、同情和爱怜。在小说中，我们可以听到一个对生活充满激情的作家对发展商品经济、拓宽生存道路、完成农村文化蜕变的深情呼唤。中国农民活得太不像样子了，那么，要改变这种生存状态，活得像人，其途径何在呢？看来，毕四海对此做过比较全面的思考。人活着，首先要解决物质生活的需求。这虽是最低层次的需求，却是不可缺少的。正是在这个思考层面上，作家在小说中热情礼赞那些为生活得更美好一些而敢于背离通往贫困的“金光大道”而走“邪路”的人们，高扬商品经济意识，对“莠民”“下九流”们对传统农业文化的反叛给予热情的肯定和赞美。

作为表层意义，《皮狐子路》首先描写的是农村商品经济的坎坷之途，呼唤农业文明向着商品文明过渡。这种呼唤在今日之中国有着非同小可的意义。我之所以愿意赞美这种呼唤之声，因为它与人的解放这一时代主题是一致的。按照马克思的认识，“人的依赖关系（起初是自然发生的）是最初的社会形态，在这种形态下，人的生产能力只是在狭窄的范围内和孤立的地点上发展着。以物的依赖性为基础的人的独立性，是第二大形态，在这种形态下，才形成普遍的社会物质交换，全面的关系，多方面的要求以及全面的能力的体系。建立在个人全面发展和他们共同的社会生产能力成为他们的社会财富这一基础上的自由个性，是第三阶段。第二个阶段为第三个阶段创造条件。”[①]很明显，我们还没有条件奢谈自由个性，中国人现阶段所争取的人的解放，还只是摆脱人的依赖关系而实现“以物的依赖性为基础的人的独立性”，从而为第三阶段创造条件。也许正是基于一种与此相近的认识，毕四海才在《皮狐子路》中为商品经济的发展而呼，并把呼唤商品经济作为人的解放这一中心主题的一个分项。

二

翻开这部小说，立即便会感到皮狐子路是中国商品经济发展道路的一个象征。细读之后，我又隐隐觉得它还是中国人生存道路的一个象征，也是中国文化环境中人的生命状态的一个象征。小说通过这条路上和路边的人们的生存状态的描写，通过他们的生命被扼制得不死不活的残酷现实的揭示，在弘扬商品经济意识的同时弘扬了生命意识。人的解放首先需要吃饱肚子，但物质生活条件的改善并不意味着人的自由的真正获得。精神枷锁同样不容忽视。以什么来对抗历史遗留给我们的重重枷锁呢？当代作家纷纷选择了生命意识。毕四海也做了同样的选择。

《皮狐子路》流动着很强的生命意识，小说着眼于文化变革而对农村文化传统给予冷峻的审视。冷峻来源于作者观察和思考问题的视角，他通过人的命运看农村文化传统，通过生命的被扼制而对这种文化传统给予审判。我总觉得小说深渗着作家对人的生命的一种理解：生命如奔腾的激流那样不可扼制，也不应该被扼制；生命的美好在于自由，在于永不安分的火辣辣的欲求，它是生命最艳丽的花朵。在野兰子身上，比较集中地体现了这种人生审美理想。

也许这个形象所承载的一切对于一些读者来说未必能够接受，但理解野兰子却是打开作者审美倾向的钥匙。在小说所提供的死气沉沉的背景上，她是噼噼啪啪燃烧着的生命之火，是生机勃勃的生命的化身。她是腐儒孟文山的女儿，却是传统的最激烈的反叛者；处于禁欲的文化氛围中，

①《马克思恩格斯全集》第46卷上，第104页。

却高扬着人欲的旗幡；自小受着重义轻利的教育，却走上了“孳孳为利”的道路。小说极力渲染了她旺盛的生命力。甚至写她九岁便跟男孩子相好，十岁便产生了性爱的欲求。可是，命运却对她那样不公，几年之内，公社文书和小学教师都因元气不足而很快死去。她成了“克夫精”，按照传统，那炽烈的生命之火将要悄悄熄灭于寡妇生涯的漫漫长夜之中。但她却执着地追求人生的幸福，甚至绝不装相，“想浪个什么样就浪个什么样”。但是，这个敢于追求、敢于索取、也敢于奉献的女人却同样觉得有一股风推着她，有一根绳子牵着她，使她“自己当不了自己的家”。她曾痛苦地咬牙发问：“这算是一种什么活法?”她的不幸是自由生命在中国文化环境中的不幸。她的发问使我们不得不承认：是的，中国人该换一种活法了！

在《皮狐子路》中，自由的生命是衡量一切的价值尺度，一切对人的自由本性的扼杀都是罪恶。以封建文化和专制主义文化为主体的中国农村文化是摧残个性、扼杀生命、让人不死不活的禁欲文化。置身于这种文化之中，人的生命很难舒展。小说中的耐冬嫂是一个比较成功的形象。她之所以成功，在于作者准确地把握了那些受传统文化束缚的妇女的心理状态，抓住了她们心中理与欲的尖锐冲突，写出了她们灵魂被撕裂的残酷现实。从耐冬嫂这一形象，我们可以感受到那种自我压抑的痛苦，看到那种在自为的牢狱中挣扎碰撞的惨状，从而理解积淀在农村的传统文化是如何啃噬着人性、扼杀人的生命。透过这一形象，我总想到中国人的一般生存状态，由于种种心狱，中国人的确活得太窝囊、太委屈、太不舒展、太不像人。由此，我们更可以理解作者对野兰子那个活泼生命的偏爱。

由此进入小说的观念世界，我觉得这部小说涉及我们到底应该怎样活着的问题。古往今来，无数哲学家在思考人为什么活着的问题，其实，更需要回答的问题是人应该怎样活着。在当今小说中，描写人的生存状态的作品已不罕见，但多数作品只是冷静地描写而不愿表态。毕四海比较率直，在《皮狐子路》中明确地表达了自己的肯定和否定。

在这部小说中，德全与野兰子是两种活法，他们都活得艰难，但在同样的艰难中，一个窝囊，一个洒脱。耐冬嫂与许河是两种活法，他们的命运都很不幸，但许河却不像耐冬嫂那样折磨自己。显然，在野兰子和许河身上，寄托了作者关于人生的某些思考。许河认为“人活着先要务实然后才能务虚”，“活着就要自由自在”。他觉得中国人把虚名、荣辱看得太重，因而畏畏缩缩，胆战心惊、活得很累，认为“应该有一种好的活法”。这种活法在野兰子身上得到了某种程度的实现。她不愿像耐冬嫂那样为死了的人受罪，并且终于悟出：“人要把握住自己的命运。社会再可怕也有缝子，也有权力和邪恶够不着的地方。人便要在那样的地方去寻找属于自己的自由。人的心灵一定要属于自己，要让心灵的自由尽量地扩大。想干什么便干什么。不要太思前顾后，要更加看重眼前。如果眼前的幸福都得不到，那人活着还有什么意思?”这是作者借笔下人物说出的自己的思考。这种思考在种种价值观念的转变没有完成之前，对于破坏旧的结构，显然是有积极意义的。

三

我把《皮狐子路》看作一部文化批判小说。为了人的解放，为了改变中国农村人的生存状态，成为真正的人，作者呼唤商品意识，弘扬生命意识。这就必然带来另一问题：商品经济在中国为什么会成为一个古老的萌芽？中国人为什么活得不死不活？这就使作家不可能回避对中国文化传统的审视与批判。小说深入农民心理，努力对其进行整体的、深层的把握，通过几个人物的设计为我们展示了一幅中国当代农民文化心理的综合分析图。文山、克水，盖天京、盖爷，耐冬嫂、德全……通过这众多人物组成的多重交叉网络，显示了农村文化蜕变的艰难和历史的沉重。盖爷是一个用笔不多的人物，但每一笔都很醒目（这是长处也是缺陷）。通过这个形象，我们可以看到中国农民文化心理上一个最可怕的病灶。盖爷门口那棵槐树给我留下了极为深刻的印象。大槐树“青龙”是大地主许蓝国的化身，土改中许蓝国被打倒了，这棵槐树也被杀了。小说是这样写的：“不过没有能掘它的根，因为它的根须已经伸得很深很深很长很长了，已经伸到了大寺湾的下边普集镇的下边，也许有的已经伸到了四季山的下边，最浅最短的也伸到了许多家房子的地基底下了。而那些房子又是金字牌贫农银字牌下中农铜牌中农的。没有办法，只能这样子杀法——贴着地面锯断它。第二年（确确实实没有更长的时间，普集镇上的许许多多男人和女人都可以作证），一些青青的槐条儿便从树根上萌生出来，并且是不可一世地迅猛地疯长起来，几天工夫，便有一人多高，便有手指头一般粗了，它们好像是充满了仇恨在长。大门的新主人盖爷，砍掉了一些，只留下了一根，很快，这棵二槐树碗口一般粗了。十多个六月过去了，二槐树已经和黑槐树临离开人间的时候一般粗了……”作为象征，几乎每一句都有具体的寓意。由这棵槐树，我们便可以想到盖爷，想到生活中的“黑槐现象”。由这棵槐树，我们更清楚地看到了盖爷这个农村无产者和大地主许爷的精神联系。变化一下曹植的诗，也许可以说：虽然相煎急，却是同根生。由此我们更可以理解小说写盖爷的一些细节：因做长工时挨过烟袋敲，便盼着早晚有一天也用同样的烟袋敲一下自己的长工；与老婆在一起，也学着当年许爷与小老婆调情的样儿……

如果说盖爷的心态更多地显示着中国农村政治病根的话，孟文山这一相当独特的人物则显示着农村文化的主要病根。这个亚圣的七十三代孙，用红卫兵的话说，是一具“封建僵尸”，用风水先生的话说，是“当今大儒”。他代表着农村文化正宗，不淫不乱，不贪不盗，严守礼义，用传统人格标准衡量，也许的确是无可挑剔的“君子”。但是，他的一切行为都与时代的发展格格不入，与人的解放背道而驰。同时，在这个人物身上，还体现着作家对传统知识分子人格的认识。孟文山对贪官污吏深恶痛绝，但见了贪官污吏却照样点头哈腰、面带微笑，心寒胆战。他清高自傲，但在任何一个官员面前都会立即失去那清高和自傲。如果哪个官对他稍微客气一点，他便会受宠若惊。即使在他崇拜的清官面前，也是敬而怯之。《皮狐子路》对孟文山给予了应有的讽刺与批判，使人看到传统文化的腐朽。如果说孤立地看孟文山还没有多大危害性的话，通过李克水、耐冬嫂等人物，他的危害性就显而易见了，因为正是他所承载和传播的旧文化制造了一个又一个的耐冬嫂和克水，他们是他所代表的思想观念的延伸。

小说避开农村真正的政治人物不写，让一个工商所长承担了所有的政治职能。我对此甚不理解。在中国，无论人的命运还是经济发展，都与政治密不可分。小说所描写的是变革初期的农村生活，却没有写出直接掌握人们命运的农村基层干部的复杂心态和作用，这毫无疑问削弱了小说的历史蕴含。对于短篇不能做这种苛求，但作为长篇，表现野兰子们的命运，反映农村的文化蜕变，基层政权的作用是无法避开的。这一缺憾和对路县长的描写一起，使小说的批判意识没有贯彻到底。

1988年12月　曲阜

永恒之梦的破灭

——新时期文学的爱情观念流变之一

一

考察新时期文学中的情爱表现，将其与历史上的同类作品相比较，我们会发现一个相当奇异的现象：爱神大龄化。爱情主人公们的年龄突然增长，爱情不再是少男少女们的专利。在过去的中国文学中，爱情历来是少男少女的事，婚后的男女很少成为爱情故事的主人公。在中国古代文学中，美好的爱情故事基本上有两种类型：一种是爱情悲剧，在那些悲剧中，恋人们往往在爱情之花刚刚开放或没有开放时就死去了，如贾宝玉与林黛玉就是如此。在所有赞颂爱情的故事中最成功的是这种悲剧。另一种是“有情人终成眷属”的故事，相爱的男女历尽曲折坎坷，冲破重重障碍，最后终于如愿以偿结成眷属，《西厢记》《牡丹亭》《墙头马上》等均是如此。一方面是有情人难成眷属，一方面是有情人终成眷属。难成眷属而死去者当然令作家无后话可说，要说也只能是化蝶双飞之类的梦想，而终成眷属者后来如何？古代的作家却也很少有人去写。作家们对情爱题材的这种处理的确省去了不少麻烦，因为终成眷属之后那下文往往令人扫兴，与歌唱爱情的主旨难以吻合。不知是有意回避还是无意疏忽，婚后的爱情状况很少进入文学园地。这也许与我们传统的审美心理有关，满足于大团圆而回避令人扫兴的事。

新时期文学爱情表现的重点却悄悄地转移到了婚后，少男少女们单纯热烈而浪漫的爱情受到了极大冷落，爱情文学的主人公更多地成为已经结过婚的男人和女人们。似乎少男少女们的爱情已经难以激起作家们的创作激情，文学即使写到妙龄少女，也往往要写她与一个家庭形成某种三角关系。早在80年代初就出现过对文学热衷于描写“一个少女爱一个老头”的批评，但批评并没有影响这种趋势的进一步发展。

情爱文学表现的对象向着婚后的转移给文学带来了一系列变化。重要的变化之一就是对爱情永恒性和持久性的怀疑和失望。文学终于发现有情人终成眷属之后的情形并不美妙，家庭生活中保持美好爱情并不容易。于是，“有情人终成眷属—眷属终成无情人”似乎成为一个必然的发展过程。成为文学的一个表现热点。中国当代人的婚姻状态成为文学关注的重要对象。就在这种对婚后情感生活的关注中，爱情的永恒成了一个破碎的梦。

这种现象的出现有其特定的背景。作为一个大背景，就是70年代末到80年代初中国社会发生的婚姻秩序大调整。人们把这次调整称作当代中国的第二次离婚高潮。社会的重大动荡必然带来婚姻关系和情爱关系的动荡，社会生活秩序的调整也必然带来婚姻秩序的调整。十年“文革”打乱了原有的生活秩序，大批领导干部及其子女一下子被打入了社会底层，与普通民众到了同一地平线上；成千上万的城市知识青年被驱赶下乡，与农民过起了同样的生活；一场大动荡打破了有才华的青年们走出生活低谷的正常成长道路，把他们滞留在原有的生活层次上。十年，时间是那样漫长，希望非常渺茫，年华流逝，青春不待，于是，一些本来不可能相爱的男女相爱了，一些本来不该缔结的婚姻缔结了。可是，“文革”结束之后，一切秩序都恢复了，被打倒的领导干部重新走上领导岗位，牛棚里的教授重归讲坛，知识青年返回城市，大学恢复了正常的招生……这一切的重新调整，无情地撕裂着特殊岁月特殊环境中缔结的爱情和婚姻关系。与此同时，诞生了1980年《中华人民共和国婚姻法》（以下简称《婚姻法》)。该法放宽了离婚的条件，为“文革”时期形成的婚姻关系的解除大开了绿灯。

婚姻关系的解除和重建必然经受着双重的痛苦，其一是外部的，它为传统道德舆论所不容；其二是内部的，对新生活的向往和对旧婚姻的眷恋所形成的冲突同样困扰着人们。这重重困扰使婚恋问题成为80年代初中国人的精神热点之一，同样，也成为文学表现的一个热点。

二

对于中国人来说，离婚决不是一件美好的事。在古老的中国，美好的爱情被理解为永恒的。爱情的理想境地是结成百年之好，从此永不分离。对情侣们最美好的祝愿是忠贞不渝，白头偕老。人们一旦相爱，想到的便是终生相依，所以结婚至今被称为“终身大事”。这意味着人的一生只有一次爱的权利，只有一次选择的机会。

由于这种理想，在文学中被热情赞美的是忠贞不渝、始终如一的爱情。在生活中，钻穴逾墙、双双私奔是不合礼教的丑行，违抗父母之命私自结合是大逆不道的，但在文学中这一切却往往受到赞美。但是，这关系必须是从此不再改变，决不能始乱终弃。似乎只要能够矢志不移，便可抵消钻穴逾墙的种种过错，而成为男女之事的楷模。如果始乱终弃，不仅抛弃者要受到道德的谴责，被抛弃者也要在被同情的同时被当作轻浮者的鉴戒。与此相一致，那些感情不能持久、经受不住磨难和考验的人则成为被鞭挞和嘲弄的对象。“五四”以后，中国的婚恋观念发生了深刻的变化，但是，仅从“五四”时期女作家们笔下的爱情故事看，她们常常是极写女子之痴情，而谴责男子的朝秦暮楚寻欢作乐，重复着痴心女子负心汉的古老主题。显然，忠贞不渝仍然是她们的爱情理想。

这种古老的传统一直延续着，直至新时期最初几年的文学也仍然如此。虽然政治上的反拨变化显著，爱情理想却并没有发生多大变化。从《墓场与鲜花》等作品可见对忠贞持久的爱情的讴歌，从《失掉了的爱情》等作品可见对不能坚守美好爱情者的鞭笞和嘲弄。刘心武发表于1980年的小说《写在永不凋谢的花瓣上》中也让那个感情一度波动而最后以道德约束了感情的诗人写下了这样的句子：“据说人类越接近高度文明，便越允许旧爱的消亡和新爱的勃发，允许自由离异与自由结合，那时的道德观念和婚姻制度都是今天的庸人们难以理解的。我祈祷这样的理想终能实现，然而生活的现实的时空中，我仍笃信这样的信念，爱情应当是坚贞不二、生死不渝的。梁山伯与祝英台，罗密欧与朱丽叶，即使到了极度文明的社会，他们的爱情也将具有某种典范性质。真正的爱情必须是永恒的。”它所表现的爱情观念代表了当时作家们的一般状态。

也许生活中因人生浮沉而造成的悲剧太多，坚贞便显得格外可贵，一代代文人才子在他们的笔下寄托美好的梦想。严格说来，它不过是一个梦，但是，这个梦却已经成为一种心理积淀，成为一种价值尺度。忠贞不渝以及与之相联的“嫁鸡随鸡，嫁狗随狗”统统成为高尚品德，而喜新厌旧，见异思迁，则通通成为一种恶行。时代进入80年代，但灵魂深处的这种观念却不是一朝一夕可以改变的。因为在一般情况下，离婚常常意味着一方抛弃另一方，一方追求新的幸福，而另一方却要陷入深深的痛苦之中。所以无论离异者有多少理由，只要涉及抛弃，富于道德感的中国人的感情倾向是明显的。“喜新厌旧”“富贵易妻”者的代表人物是陈世美。多少年来，人们把同情给予了“秦香莲”，“陈世美”则一直是被诅咒的对象。秦香莲与陈世美已经成为中国文学中的一个母题。

然而，在新时期文学中，人们对“陈世美”和“秦香莲”们却表现出了一种不同于传统的态度：对“秦香莲”不再只是一味地同情，对“陈世美”也不再只是诅咒。

在新时期文学中，富贵易妻的负心汉形象主要出现于两类人中，一类是干部，一类是大学生。

第一类多是革命成功进城后离婚再娶的干部和“文革”结束后重返领导岗位的干部。对于前者来说，是文学进行的历史补课。这类形象本该出现于50年代的作品中，但由于众所周知的原因，50年代的文学却回避了这一内容。即使有的作品涉及这一内容，也都如岳野的《同甘共苦》一样表现得极有分寸，还要安排一个各得其所的大团圆结局。新时期文学在对历史和现实进行反思的过程中触及了这一内容，虽然作家们的道德义愤是有节制的，也很少有作品以这种遗弃为主要内容，但文学对进城之后就抛弃患难妻子的行为表现了难以克制的愤慨。作家们大都把这一行为上升到忘本、忘恩负义、忘掉人民的高度来认识。当时大量作品的立意都不在爱情。但是，80年代中期之后，这种情况开始改变了。从张一弓的《死吻》等作品可见，当年进城之后干部们的离婚行为也是可以理解的了。它使我们看到，朱赫来没有与他农村的妻子离婚实在是一种不幸。由此透露出的是作家们关于人的认识对政治情绪和道德义愤的超越。“陈世美”在这种超越中获得了理解和宽容。

第二类负心汉形象是上了大学而抛弃其原来妻子或恋人的大学生。这同样可以理解为“富贵易妻”。值得注意的是，这类形象一开始就没有受到强有力的批判和否定。文学最初的态度是暧昧的，而后来则一步步显示了对其行为的理解和赞同。这一时期大学生的爱情故事往往以新旧感情的交替为主要情节，以感情与道德的冲突为主要矛盾。对于那些经历过坎坷岁月、已有配偶和儿女的大学生来说，他们原有的婚姻毫无疑问更多地包含了特定历史阶段社会历史力量对人的压抑和扭曲。坎坷的岁月过去了，历史在事业追求上给了他们以弥补的机会，新的生活滋养着新的爱情，但婚姻却难于解除。这不仅因为法律和社会舆论，而且还因为当事者自身的道德感。因此，他们无可逃避地带有了某种悲剧色彩。面对历史造成的如此现状，他们做出了不同的选择，有的以牺牲情欲为代价完成着自己的道德形象，有的顺应感情的呼唤而摆脱了无爱的婚姻。文学及时地反映了这两种选择中的矛盾和痛苦。

最先展示这个问题而引人注目的是陈可雄、马鸣的短篇小说《杜鹃啼归》、谌容的《褪色的信》、尤凤伟的《因为我爱你》等短篇小说。

《杜鹃啼归》中的男主人公在农村已有妻子，在大学又与女同学恋爱了。他决定利用假期回家与妻子离婚，但最后却终于没有离。原因是他突然意识到“生活是不断更新的，但这不一定要靠凿沉家庭的船来实现，这会使有的人落水淹没下去”。同时，他的女同学也认识到自己的幸福不应该建立在别人的痛苦之上。这种结局使我们看到作者的一种矛盾心态：一方面高扬人的感情价值，一方面又强调人的道德感；一方面非常同情男主人公的处境，一方面又不愿让他为了自己的幸福而使别人陷入痛苦之中。

在《褪色的信》中，省委副书记的女儿章小娟在“文革”时期满怀豪情地下乡插队落户，爱上了那里的青年农民温思哲，并且主动追求，决定了自己的婚姻。可是，动乱岁月过去之后，章小娟考上了大学，她对那个农村青年的感情很快褪色了。温思哲一往情深如痴如醉地等待着，章小娟却产生了一种新的认识，认为他们两个是在一场噩梦中走到一起的，今天从噩梦中醒来，那种爱情也应该结束了。这种认识把人们的目光引向了爱情建立的基础。爱情总是建立在一定的基础上，基础不存在了，分手便合情合理。它透露出一种理论，即爱情可以随着时代、环境、条件的变化而变化。小说作家谌容在作品中回避了对此进行评判。

这类故事在《因为我爱你》中得到了解决的另一途径。尤凤伟没有让道德战胜感情，也没有让他笔下的冶明像章小娟那样理直气壮地抛弃丽丽。面对《杜鹃啼归》中的矛盾，尤凤伟想出了一个天真的解决办法：让即将被抛弃者自己主动离开了。离开的理由是“因为我爱你”。

值得注意的是，在这些小说中已经没有了对“陈世美”的道德义愤。这些小说都曾经引起争论，争论的焦点是道德问题。我不愿对当时的争论说长道短，因为人们的出发点不仅仅是爱情和道德，一些相对守旧的观点常常出自可贵的道义，一些新鲜的言论也的确常常与卑劣的行为纠结在一起。正如当时对1980年《婚姻法》的评价一样，扩大离婚的自由本来是一件好事，但一旦被认为是为某个阶层遗弃苦难中低就的配偶而提供法律依据，人们的感情就不那么冷静了。尽管评论界的声音各式各样，并且不时发出断喝，描写大学生婚变的作品却越来越远离传统道德。到了《蜀道难》等作品，则对见异思迁的主人公们公开首肯了。

从接下来的大量作品可以看到，这个时代对“陈世美”的看法发生了变化：人们虽然不说见异思迁、富贵易妻（夫）是美德，但对爱情所赖以建立和存在的基础条件的强调，却使中了状元的陈世美弃糟糠而当驸马爷的行为成为可以理解的。在一方环境和条件变化的情况下，离异成为正常的，坚守成为反常。文学充分表现了那些该离不离者的艰难的痛苦，他们成为被同情和怜悯的对象。那些在环境条件的变化中已失去爱情而仍保持婚姻的人们成了十足的可怜虫，他们的牺牲精神在一般情况下不再被赋予高尚的光辉，而是常常成为病态人格剖析的标本。

由此还可以看到，由于爱情是可以随着环境和条件的变化而变化的，它便失去了所谓忠贞不渝的永恒性。

三

在新时期之初，《杜鹃啼归》等不少作品都回避了那些夫妻之间原先是否有爱情这一问题。有些作品则很轻易地把原有的婚姻处理为特定环境的产物，是本来就不该产生的。这样，问题就比较容易解决了，因为特定环境中形成的无爱的婚姻的解体比较容易让人接受。可是，这种逃避和简单处理却不能对生活做出准确的反映。那些面临分崩离析的婚姻并不都是在不自愿或没有选择余地的情况下形成的。他们常常是自由恋爱的结果，也曾经有过相亲相爱的热烈阶段，不幸的是他们的爱情已经熄灭了。

这种现象的发现使人们更进一步探索感情发展的规律。为什么昨天的热烈会变成今天的冷漠？为什么相爱的情侣会反目成仇？是什么维系着婚姻的和谐关系？人的感情究竟能不能始终不渝？……这些成为文学思考的重要内容。

在许多作品中，透露出了一种“平衡论”的观念。这种观念认为，男女双方必须保持某种平衡，爱情才是可能的，婚姻才是幸福的。一旦男女双方的平衡被打破，爱情就会随之消失。一方精神境界发展了，另一方的精神境界如果不能与之相适应，就会失掉共同语言，因而导致爱情的消失和婚姻的离异。因此，解决婚姻危机的办法只能是保持夫妻之间关系的平衡。王安忆的《金灿灿的落叶》、陆星儿的《啊！青鸟》等写的都是大致相同的故事：妻子承担一切家务，帮助丈夫考大学，丈夫却在上大学后另有所爱。妻子当然很痛苦，但最后却终于认识到，第三者之所以打进来，是因为自己在知识上与丈夫差距越来越大。因而她们都一个个奋发图强，或考大学或考研究生，以求与丈夫达成新的平衡。

显然，这种试图通过自强来解决家庭问题的思考是积极的、有益的。它源自现实生活的教训，打着很深的世俗印记，但是，却在不知不觉中使始终不渝的爱情成了泡影。精神世界一旦出现了差距就不再有共同语言，两人之间的平衡一旦被打破就不再有爱情，爱情还有什么始终不渝和永恒可言呢？人的精神境界是不可能一成不变的，夫妇之间的精神发展也是很难完全同步的。

在所有表现这一问题的作品中，吴若增的长篇小说《离异》毫无疑问是相当突出的。它以李勃的离婚事件为线索，比较全面地探讨了我国当代婚姻的状况，对婚姻与爱情、爱情的持久与流变等一系列问题进行了比较深入的思考。他认为，按照我们《婚姻法》的观点，婚姻应以男女双方的爱情为基础，也就是说，有了爱情才能结婚，婚后又能保持这爱情。“有了爱情才结婚比较容易，特别是当代；但保有持续的爱情却很难！”原因是这样的：“爱情的产生，源自双方人生观和思想的一致，源自志向、性情与趣味的协调，源自心理感觉上的默契，源自性交往与性过程的完美，以及有时还要源自某些物质方面的满足。而这些，不是双方一下子都能了解到的，此外，特别可怕的还在于，这些方面几乎都是可变的。”在这里，感情的流动性、可变性已经成为一种清醒的理性认识。

李宽定的《山雀儿》展示给我们的正是这种流变的形态以及它在某种特定的文化环境中所造成的悲剧。山雀儿是个农村姑娘，从小在山里长大，像许多农村女孩子一样，在爱情和婚姻上没有自由。在她九岁的时候，父母就把她许给了矮小丑陋的刁小强。长大之后，她当然不喜欢刁小强而与另一个青年铁头发生了爱情。在被逼成婚时，她不惜以死反抗，终于从新房里逃出，在干部的支持下获得了爱情自由。但是，小说却没有到此为止写成一个有情人终成眷属的故事，而是写了山雀儿进城在教授家当保姆之后感情的变化。她的眼界开阔了，产生了不满足，她的爱情追求进入了一个新的层次，对于铁头的爱终于消失了。然而，从家庭到政府干部都不同意她与铁头解除婚约。她不得不与铁头结婚，却在登记之后自杀了。

在我们的生活中，像山雀儿那样的姑娘正如小说中所描写的那样，是不被理解的，因为她的确有点朝秦暮楚、见异思迁。她不断地追求新的境界，而我们的传统是不允许在爱情上不断追求和进取的。小说对山雀儿只有同情而没有指责。作家的全部情节设计透露着一种观点：爱情是流动变化的，扼杀这种流动和变化是违背人性的，是不人道的。对爱的对象的不断舍弃和追求在此得到了肯定。

的确，在生活中，越来越高的统计数字已经使“永远爱你”之类的誓言显示出其不能兑现的虚幻性。一对对自由恋爱成婚的情侣分手了，一对对曾经如痴如醉的恋人变卦了，而且越是经济发达，越是文化水平高，离婚率也越高。这是一个无可辩驳的事实。

我们应该承认，人的生活是多变的，人的精神追求是发展的，人的爱情无时无刻不处于衰亡与更新的过程之中。旧的爱情衰亡了，新的爱情诞生了，这是我们不能不重视的人的精神发展的客观规律。可是，家庭毕竟不是可以随意拆装的积木，因为它一旦产生就有了一些超越男女感情的联系，产生出必须承担的义务和责任。对爱的对象不断舍弃和追求，在人类社会发展中是一种应该受到高度肯定的行为，在婚姻中却必然要受到种种限制。在新时期文学中，人的感情价值增长了。这是历史发展的必然，因为人的觉醒必然首先肯定人所具有的一切，而对外在力量加于人的精神束缚给予否定。然而，在离异问题上，人的道德感却是不容忽视的。只要生活中男女还存在不平等，只要妇女在各方面还没有得到彻底解放，只要抛弃还能够使被抛弃者受到某种伤害和损害，那么对抛弃者来说就不会是轻松的。

因此，我们便不难理解新时期之初《杜鹃啼归》等作品所设计的结局，也不难明白为什么地位相同的夫妻离异很少引人注目，而富贵易妻者在文学作品内外都要招致议论纷纷。这一切常常表现为守旧，但守旧的道德观念自有其存在的基础。在感情价值与道德价值上，任何片面的极端强调都是不足取的。

四

由于时代所发生的变化，作家们在改革开放的新的历史条件下获得了种种对于婚姻的新认识。作为最浅层的表现，首先是不再把离婚看作丑事。虽然早在几十年前钱锺书在他的《围城》中就揭示了“外面的总想进去，而里面的总想出来”的事实，但中国人却仍然是安于既成秩序的，中国文学也很少表现要从中冲出来的愿望。新时期文学却此起彼伏地响着冲破这城墙的喊声。它首先表现为离婚难的慨叹。许多作家都对无爱的婚姻中的痛苦做了淋漓尽致的表现，而为离婚之难深深叹息。

张洁在《方舟》中这样写道：“婚姻，这不过是两个人之间的私事，可怎么那么复杂，那么艰难啊！哪怕仅仅是为了这个，荆华和柳泉也不敢再有结婚的奢望。只要想起离婚这件事，她们到现在还心有余悸，胆战心惊！难怪一般人都要在离婚这一词汇前面，加上一个‘闹’字或‘打’字。对喽！‘闹离婚’，‘打离婚’。哪一桩离婚案不是闹得死去活来，打得人仰马翻？两个人如不离到恨不得一口把对方咬成两半的仇人，那就算不得离婚！不知那些不分青红皂白，只是一味劝阻别人离婚的人是怎么想的。只要把两个人捏箍到一块儿，宁可他们当中有一个因为忍受不了那种折磨而寻死上吊、抹脖子、喝‘敌敌畏’，但是只要他在咽气之前，还保留着那个婚姻的形式，他们就像造了七级浮屠，或是超度了一个罪恶的灵魂，成了救苦救难的观世音菩萨……因此，谁要想离婚，那就得有十足的勇气，丢掉一切做人的尊严，把自己顶隐秘的，顶不好意思说出口的，甚至像突然间失去了某种生理上的功能，夫妇生活已经成为一种恐怖和灾难这样的理由，对形形色色陌生的，有权干预你的婚姻的人们，重复、申诉个上百遍。以求他们开恩，以求他们理解。这理由对他们也许荒诞，对你却是生命攸关。这景况如同把衣服扒个精光，赤身裸体地站在千百人的面前。哪个人的离婚，不是一场身败名裂，死去活来的搏斗啊！天，这一切又关别人什么事哟！”在这部小说中，离婚的艰难和离婚后的艰难都得到了充分表现。有的作家甚至不无夸张地写道：“离婚难，难于上青天！”

这种浩叹之声为我们提供了丰富的社会生活内容。它反映着我们时代生活的一种真实：离婚仍然艰难，但同时也反映了一种趋势：反抗僵死的婚姻枷锁的潮流已经涌动，人们已经不愿意在僵死的婚姻关系中苟延残生，已经不愿听凭命运的一次性选择嫁鸡随鸡嫁狗随狗地过一辈子，已经不愿为婚姻的一次错误选择而付出终生痛苦的代价。

在这种浩叹中，包含了一种关于恋爱自由和婚姻自由的新理解。过去，我们对于恋爱自由的理解偏重于反对父母包办，争取自由结婚，却忽视了问题的另一面：结婚之后恋爱是不是仍然自由。新时期文学中的许多描写提醒人们，恋爱自由不仅意味着爱的自由，而且也应该包括不再爱的自由，重新选择的自由。婚姻自由也不仅指按自己的意志结婚，而且包括按自己的意志离婚的自由。

在新时期文学的这种浩叹中还包含着一种观念：爱情是神圣不可压抑的，婚姻则是可以随着爱情的生灭而随时缔结和解除的。这种观念在一些作品中发展起来，成为一种反婚姻的倾向。在不少的作品中，婚姻成为一条沉重的锁链，它不仅不是使爱情之花开得更美好的花园，而且简直就是埋葬爱情的墓地。婚姻不能给人带来幸福，而是只给人带来痛苦。这种表现在小说中多得不胜枚举。张贤亮的《男人的风格》和吴若增的《离异》是有代表性的。

在《男人的风格》中，罗海南去看望石一士，关心地问他为什么不结婚。他却因此大发宏论，对婚姻进行了猛烈的抨击。他认为：“一般的人，他自己也没有从婚姻中得到幸福，却看着别人不结婚而怜悯别人。哼！廉价的怜悯！还有的人，他自己也想从家庭的樊笼里跳出来，而看见别人在家庭的外面自由自在，却又觉得别人可怜。”他认为：“人类最愚蠢、最自私的发明就是结婚！”“这种强制的占有，对一对诚挚的恋人是多余的，对一对怨夫冤妇是残酷的。”“爱情一旦用法律的占有形式把它固定，即刻就会变质！”他甚至告诉罗海南：结婚是破坏真挚爱情的最阴险的武器，如果要破坏一对热恋中的情人，最好的办法就是劝他们结婚。而罗海南最后也不得不承认他说的是事实。

在《离异》中，作者通过李勃的日记对婚姻进行了深入的思考。他把婚姻比作孙悟空头上的金箍圈，认为爱情与婚姻是无缘的，并且认为“人类追求的法则要大于婚姻固定的法则。”“我们现在是处于婚姻正在走向消亡的历史阶段，处于爱情正在争取自己的合法权利的历史阶段，处于性正在揭去层层包裹布因而愈益地显得干干净净的阶段，在这个阶段里，我们应该认识性，歌颂爱情而诅咒婚姻。”

这种反婚姻的倾向反映着当代中国人特别是作家对于婚姻与恋爱之间关系认识的深化，反映着在人们心中感情价值的增长，是一种自由的呼声，显示着一种觉醒。无爱的婚姻在这里已经成为不可忍受的牢笼，人的自由追求和人的感情的自然发展和流变成为不可扼杀和约束的了，婚姻因束缚和窒息了人的感情而受到了否定。这在某种意义上表现着历史的发展。

但是，认真思考这个问题，我觉得我们的文学在表现这种反婚姻的观念时却存在着某种偏颇而有失公允。文学更多地表现了这种感觉和在这种感觉中所产生的情绪，却缺少更为冷静和深刻的理性思考。由于我们在几千年中对婚姻稳定性的强调，由于离婚难等一系列问题使婚姻的确成为一些人身上沉重的枷锁，因而使文学发出了对于婚姻的声声诅咒。然而，人性中的一个矛盾却被我们的作家们忽视了。我们应该注意到，人的本性中就存在着这样的二重性：一方面是对自由的渴望和追求；一方面是对家园的企盼和眷念。人类对自由的追求使一切羁绊都显示着丑恶，婚姻因其对人感情和性爱关系的约束而给人带来种种烦恼；但在同时，人类寻找家园的本性又使人常常渴望着灵魂的归宿，希望自己的精神和感情不是无家可归。情侣们终日厮守必生厌烦，天各一方又会苦苦思念。还是印度《创世纪》中那个故事讲得好：男人把女人送还上帝又要回去，要回去几天就又送回，如此反反复复。男人和女人注定了在这种矛盾中挣扎，而我们的文学却往往倾向于一端而对这个矛盾缺少深刻的反映。

从文明到自然的探寻与困惑

——新时期文学的爱情观念流变之三

这里要考察的对象显然不是一个新鲜的问题，它的发端是在80年代中叶。1985年前后，中国文坛上出现了几个引人注目的现象：一是部分青年作家寻根的宣言和实践，一是现代派文学的涨潮，再就是所谓“性大潮”的涌动。性大潮的产生给文学带来了强烈的性意识，性意识给文学中的爱情描写带来的直接结果就是粗鄙化倾向。文学描写男女之情不再回避性欲，走出优雅而走向粗鄙，略过脉脉温情而走向炽热的性欲冲动。爱情女神那美丽的文明面纱被作家们扯掉了，裸露出她的全部自然内容。面对这一现象，不能不做点冷静的、力求系统化的探索和思考。

一

按照柏拉图的看法，爱神有两个：一个是凡俗之神，它存在于肉体，追求快乐；一个是天国之神，存在于人的灵魂，是纯粹精神的，毫不放荡。这也就是说，爱情有灵与肉的两重性，它不单单是灵的，也不单单是肉的，而是灵与肉的统一体。事实上，爱情的灵的方面还可以分为“理”与“情”两个层次。在爱情这一多元素组成的复杂结构中，“情”“理”“欲”三个部分既统一又相互冲突，缺一即不成其为完整的、健康的爱情。但是，在人类发展的历史中，人们往往无视这种结构关系，而梦想“存天理，灭人欲”，或者发展一种没有性欲的爱情。在西方，古老的传统是以理制欲，以情代欲。这从苏格拉底、柏拉图以及整个中古历史可以看到。他们已经比较充分地认识到了灵与肉的冲突，但所主张的却是对本能冲动进行关押看管。即使承认爱情，也是柏拉图式的精神恋爱。在这一点上，东方与西方有着共同的传统，从整体上说，中国文学所表现和讴歌的爱情是圣洁的，中国文学的传统是言情载道而禁欲。这种传统的形成不是偶然的，它有着相当复杂的原因。从《诗经》看，当时还基本不存在性禁锢的问题。但随着后来社会的发展，禁欲传统也逐步形成。这当然与小生产方式密切相关，因为纵欲必然威胁家庭的稳定，从而破坏生产，破坏社会的安定。既然禁欲，情便自然成为欲的升华形态和替代物。同时，言情传统的形成与礼教渐重之后中国人生活中的情爱分裂密切相关。伴随着礼制的出现，是多妾制的盛行；伴随着礼制的强化，是妓女的兴起；伴随着宋代理学对灭人欲的强调，是生活的糜烂与房中术的盛行；伴随着贞洁观念的强化，出现的是男性对处女的嗜好。中国传统社会爱情观念的发展史，是一部禁欲的历史，同时也是一部纵欲的历史。它几乎形成了一种规律，即禁愈甚纵亦愈烈。道德家们大讲“男女授受不亲”的结果是剥夺了男女之间感情的交流，给人们留下的只是为生育而必需的赤裸裸的性关系。尽管高谈禁欲，但男女之间床上的事情并未少做。当生活中排斥了应有的内容时，向往和憧憬就会产生，并在文学中表现出来。一方面是占统治地位的思想观念对性的禁锢，一方面是生活中只有性而没有情所造成的对感情的强烈渴求，而且这种渴求是道德所能够宽容的（发乎情止乎礼义），于是，一种言情而不写欲、扬情而抑欲的文学传统应运而生。尽管《金瓶梅》之类作品作为一种必然的变奏时有出现，却始终未能动摇这种传统。在情、理、欲的冲突中，文学常常站在情的立场上反抗理的压迫，却不愿与欲为伍，而且极力排斥欲。文学将情与欲分裂开来，写情而不写欲，重精神而轻肉体，通过提纯而表现种种精神恋爱的浪漫故事，却拒绝直面爱情的全部真实。

中国文学爱情描写的这种纯情倾向一直在发展着，最优秀的作品也大都如此。《红楼梦》热情地歌唱了青年男女美好的爱情，这是难能可贵的，比那些对人的感情视而不见的作品要高出百倍。但其中也有一个有趣的现象：性行为多发生在作者所厌恶、否定和不器重的人物身上，作者所尊重和爱惜的人物身上则很少出现这种描写。黛玉、宝钗、妙玉、湘云等都没有任何性行为，宝玉在她们面前也没有性冲动。“初试云雨情”的对象可以是袭人，而不可能是黛玉。因为好像一旦那样描写，美好的形象就被损害了。在曹雪芹的观念世界里，情和欲没有很好地结合起来。警幻仙子开导宝玉的那段话事实上表现着作家的观点：“淫虽一理，意则有别。如世之好淫者，不过悦容貌，喜歌舞，调笑无厌，云雨无时，恨不能尽天下之美女供我片时之趣兴，此皆皮肤淫滥之蠢物耳。如尔则天分中生成一段痴情，吾辈推之为‘意淫’。”所谓“意淫”，在这里的意思就是情。

“五四”时期，新文化运动带来了个性解放的呼声，带来了恋爱自由的一代风气，描写带有反封建特征和个性解放色彩的恋爱问题成为“五四”文学的热门题材，恋爱的各种问题都开始在文学中得到表现，但是，即使在这样一个大解放、大变革的时期，除了郁达夫等少数人之外，多数作家对爱情的审美理解并没有发生多大变化。特别是在女性作家的笔下，爱神仍是一个圣洁的仙女。她们喜欢描写的爱情是所谓“纯洁的爱情”，即一种纯精神而不带任何肉欲的爱情。她们所讴歌和向往的是超于性欲发泄需要之上的高尚而纯洁的心灵呼唤和精神交融。不但谁也不愿涉足性欲，而且对其表示鄙视。这种观念在冯沅君的《旅行》等作品中得到了集中的体现。我们从那一对热恋的男女在旅馆中同床共枕十多天而没有发生肉体关系的描写可以看到作者所欣赏和张扬的仍然是一种纯粹的精神恋爱。“五四”以后文学中的性描写有所增加，但在《子夜》之后却巩固了一种传统：性行为是丑的。它是塑造坏人形象的一个重要手段，只要一个人被描写为有强烈的性欲并且寻找宣泄，就必然是道德败坏的人。于是人类普遍存在的性欲成了反面人物的专利。这种现象在50年代以后的文学中得到了进一步的发展。男女之间精神的交流、共同的理想和志趣得到了空前的强调。爱情成为一种纯社会性的行为，一切生理方面的因素都被忽视，甚至对美貌的追求都成为庸俗的了。被推崇的爱情往往是阶级之情同志之爱在男女之间的个别表现形态。人的感情在高度政治化的同时高度圣洁化。英雄人物一般是不谈情说爱的，即使谈情说爱，也只有精神上的爱慕而绝无性的冲动。从《创业史》到《艳阳天》再到革命样板戏，性欲冲动只发生在反面人物身上。

进入新时期，文学中的爱情表现终于发生了一个大的变化，爱情在文学中的位置很快得以恢复，但70年代末到80年代初的文学所表现的爱情仍然是圣洁的精神恋爱。作家们所歌唱和呼唤的仍然是精神的交流和心灵的守望。这从《爱情的位置》《爱是不能忘记的》等作品中可以明显地看到。但是，到了80年代中期，性欲走进了文学，并且得到了审美肯定。它来势汹涌，很快浸淹了整个文坛，使爱情描写改变了模样。毫无疑问，它是对传统的一种反叛。只有把它放在这样一条历史长河上，我们才能更清楚地看到这个浪潮的意义和它所隐含的问题和危机。

二

最先引人注目并使人惊诧的是张贤亮的中篇小说《男人的一半是女人》。事实上这部小说还保持和延续了张贤亮创作的一贯主题——对极“左”政治迫害人、摧残人、扭曲人和扼杀人的控诉与批判。它之所以引起轰动和争议，在于它的视角、它的批判武器以及批判的出发点都是陌生的，不能不让文坛大吃一惊。如果说他的《绿化树》是通过劳改犯们食欲得不到解决的惨状控诉了极“左”的改造政策之荒谬的话，《男人的一半是女人》则通过对那个特定环境中的性压抑和性饥渴的揭示，对那个使人成为废人的年代进行了控诉。文学对极“左”思潮泛滥的荒谬年代的控诉和批判已从各个方面进行过了，如：它使老干部蒙冤受屈，使人民遭受苦难，使青少年愚昧无知，使经济濒临崩溃，践踏民主与法制，无视人的价值与尊严……在《男人的一半是女人》中，历来难登大雅之堂的性却昂然站起，庄严地控诉自身所受的迫害。这使许多人一时还难以习惯：难道压抑了性欲也算罪恶？难道这也值得一提？难道那被窝里的幻想、女裸体面前的冲动、婚后性功能的丧失和恢复也能搬上台面？然而，这部小说的主要贡献正在这里。它把人的性欲搬上大雅之堂，认为它是天赋人权之一，是神圣的。它第一次通过文学的形象描绘使人感到性也是不可迫害的，人的性生活的权利和功能也是不可掠夺的。当许多人还忙于对恢复职务、退还住房、补发工资进行回味的时候，张贤亮却从更深层呼吁：把人应有的通通还给人！

在这种思路的指引下，文学中的爱情描写立即变了模样。80年代初期，爱情题材的作品一直在呼唤文明。这是“五四”以来婚恋文学的一个基本主题，也是我们时代的要求，因为文明遭到了毁灭，因为我们要从野蛮和愚昧走向文明。80年代后期，文学开始关注自然本能，在呼唤文明的同时，出现了呼唤爱情自然内容的声音。它成为一股引人注目的潮流。文学不再只为爱情的灵的一面唱赞歌，同时也为肉的一面唱赞歌，不仅呼唤婚姻中的感情内容，而且欣赏双方生理上的满足。

首先，没有性生活满足的婚姻开始被否定，柏拉图式的爱情受到了嘲笑，不敢进攻的男子已为女人所看不起，性冷淡与性无能一样成为缺陷。在此之前，文学所描写的婚姻或爱情上的悲剧常常表现为有性生活而没有爱情，男女双方沦为泄欲或生儿育女的工具。文学认为那种生活使人失掉了人作为人的尊严。在此之后，一些作家的目光转向了另一面，对爱情特别是夫妻生活有没有生理方面的满足给予高度重视。如果说女人或男人被当作性工具是一种悲剧的话，在应该得到性满足的时候却得不到，也是一种悲剧，更令人难以忍受。性意识的觉醒使人们对爱情的幸福有了新的理解，快感满足成为衡量爱情和婚姻是否美满的重要尺度。因而只有婚姻形式而没有实际生活内容的人们成为被同情和怜悯的对象，性冷淡或把性生活看作丑恶行为的人成为一种病态和畸形。

在这方面，邹志安的《睡着的南鱼儿》是有代表性的。小说写了这样一个故事：薛胜利的妻子漂亮而能干，所以薛胜利一下子就爱上了她。他们没有多少来往和了解就决定结婚。在婚前的中秋节，薛胜利到未婚妻家中，寻找机会抓住未婚妻的手亲了一下，并想吻她。她却“像是受了天大的侮辱……一下子把他推开来，骂道：‘流氓！你是流氓……’然后愤怒地摔了茶盖，哭着跑出去了”。后来，尽管通过姐姐的教导知道了那并不是什么流氓行为，但在结婚之后的十天之内却一直穿着三条长裤睡觉。以后，她也丝毫不能从性爱活动中体会到乐趣。当薛胜利提出要求时，“她常常施舍般地把正纳的鞋底一扔说：‘我知道你就是这！这有个啥意思？’一下子就把他说得兴味索然。”麦天枢的《白夜》等大量作品都写过类似的现象。对于这种反常行为，作家们都注意到文化环境中去寻找原因，揭示出由于传统的力量，使得一些人在追求性爱过程中不是把它作为一种美好事物，而是把它看作一种丑恶行为，揭示出文化对人的本性的扼杀。在《睡着的南鱼儿》中，作者通过姐夫的话做了一个很好的解释：“她就受的那个家教，……在严格的教养中学会了严格控制自己，一个一个都是冷美人。”值得注意的是，不少类似的作品也都做了相同的解释。这里透露着一种理解，是禁欲的文化扼杀了爱情的自然内容，而失掉了自然内容的爱情和婚姻是不健康的、畸形的、病态的，是爱情的异化。

其次，性的满足在恋爱婚姻生活中成为重要内容，追求生理满足不仅是合理的，而且受到了审美肯定。这是又一个重要变化。不止一部作品写过：一个女人本来很满足地平静生活着，却在突然遭到强奸或有了外遇之后猛然醒悟，从此不再满足，原因是她体验到了她丈夫从未给过的快感。《白夜》中写了这样几个故事：她结婚三年，平静地做着媳妇。一个下午，她在高粱地里干活，被一个男子强奸了，事后她不但没有告发强奸者，反而向法院提出了离婚申诉。是意外的事件使她知道了什么是真正的夫妻生活。另一个女人与别人通奸，在被审问时理直气壮地说："你们哪里知道女人是怎么回事？他是个男人，我男人算不得男人。"在苏童的小说《杂货店的女人》中被称为一代楷模的漂亮姑娘蕾被许多男孩子所追求，最后却偏偏选择了劳改释放分子三霸，理由是"他是个货真价实的男人"。而所谓货真价实，不过是第一次见到她就立即占有了她，使她感到了做女人的快乐。

在另外一些作品中，那些不能使妻子充分满足的丈夫受到了嘲弄。在无能的男人面前，女人与别的男人偷情成为合理的。同样，如果一个女人无法使丈夫得到满足，丈夫的外遇也是可以理解的。前者在《男人的一半是女人》中已有表现，后者在吴若增的《离异》、张蔓菱的《唱着来唱着去》中都有表现。在后一篇中，一个女人因膀胱炎动了手术，一年内不能与丈夫同床，丈夫就与别的女人有了来往。这被认为是合理的。当丈夫向妻子道歉时，妻子说："不，是我对不起你，让你离开了这个房子。"小说叙述者对此深情地写道："哈萨克体谅人，体谅生活，不是一般的。"人的生命本能获得了合法地位。

在西方中世纪，神学家们以神的名义剥夺人。他们看到了性和性欲是不可控制的东西，却把它看作是人间一切罪恶的根源，向人们灌输"性即罪"的观念。中国人虽然没有天国，在几千年的封建社会中却也形成了与西方相同的观念。性只有在生儿育女中被看重，追求性快乐即被认为是淫夫荡妇之所为。人的生理满足被无情剥夺了。在西方，文艺复兴运动冲破了中世纪的黑暗，人文主义以猛烈的炮火轰击了禁欲主义的城堡，艺术家们开始歌颂性爱，肯定人的世俗生活。在中国，这一转折却十分艰难。从这个意义上说，新时期文学高举人的旗帜，充分肯定人性，把一切被剥夺的通通归还给人，有着历史的进步意义。

但是，每一种矫枉都常常出现过正现象。神—人—兽之间的距离和区分是十分微妙的。在把性爱从神向人反拨的过程中，极容易由神一下拨向兽。这在新时期文学中已经出现。它的主要表现是以性欲代替了感情，人类美好的感情被性欲吞没。一些作品只写性冲动而不写感情的波澜，只写“做爱”而不写“谈情说爱”，男人与女人见面就上床，不必问是否有感情。在一些作品中，感情意义上的爱情成了一个可笑的字眼，成熟的男女不会提到它。男人和女人只有生理上的互相需要，而没有感情上的互相需要。爱神成了性欲之神。于是，文学在把人应该具有的归还给人的良好动机下把性欲归还给人的时候，却自觉不自觉地剥夺了人的感情。在反抗文明束缚和强调爱情的自然内容的时候，有意无意地把人还原成了动物。从中我们看到一种思维，有些作家自觉不自觉地仍然把情和欲看作对立的事物，如传统的言情抑欲一样去写性而抑情，却总不能让灵与肉、情与欲在爱情中趋于统一和谐与圆满。

这也许是历史的报复。没有修女式的爱神也就没有荡妇式的爱神。可是，正因为这种报复才使我产生了一种新的忧虑：不仅担心性泛滥，而且担心它会导致另一极端性禁忌的复归。因为物极必反是一条规律。人不仅需要性欲的满足，而且需要感情的满足，缺了哪一方面都会激起强烈的渴望。正如禁欲会导致性泛滥一样，纵欲而漠视感情也会导致禁欲而渴慕感情的柏拉图倾向。那就会导致一种悲剧性的循环往复，在情与欲之间翻跟头，从一极到另一极，而不能走上健康地表现爱情的道路。

三

同为新时期文学性热潮的掀动者，王安忆与张贤亮有很大差异。差异导致了不同的发展流向，形成了同一热潮中的不同主题。如果说张贤亮等踏出的脚印深深地写着把人被剥夺的和遗忘的通通还给人的话，王安忆的实践则鲜明地昭示出这样的口号：正视本能的力量吧！它是巨大的。她的身后有更多的追随者。

《荒山之恋》《小城之恋》和《岗上的世纪》等作品充分显示了性的力量。小说直面这一人们不愿正视的领域，展示了它所带给人们的种种结果和它对人的命运的支配，展示了它不顾一切寻求满足的无畏状态，向人们明确地宣告：它是无法靠理性完全抑制的。在《荒山之恋》中，一个男人和一个女人在各自已经结婚生子之后走到了一起。他们一见如故，发现对方正是自己久久地寻找和盼望的，于是很快走到了一起。他们的行为不合社会规范，但性的力量使他们欲罢不能。他们管不了自己，也不愿约束自己。因为他们直到此时才体会到什么叫作爱，什么叫幸福和快乐。他们的行为理所当然地受到人们的指责。为了回报那种指责和非议，他们赤裸裸一丝不挂，相抱着殉情于荒山。特别值得指出的是，这一对男女一个本来怯懦，一个历来逢场作戏，但真正美好的性爱却使怯懦者变得勇敢，使逢场作戏者变得纯真。这力量是多么的强大！《小城之恋》则充分揭示了人的本能力量的不可驾驭。

在过去的文学作品中，一切性行为都是受感情和理智支配的。而在这些作品中，支配人的行为和命运的常常是人的本能而不是其他。《岗上的世纪》使我们看到，性的力量可以跨越一切障碍而达到它的目的。李小琴最初把自己奉献给队长只是为了招工回城，队长占有了她却没有实践自己的诺言。她以奸污知青的罪名上诉，使队长进了监狱。可是，奇怪的是他们不但没有因此而反目成仇，而且队长从监狱中出来之后就苦苦地寻找她，见到之后就爱得如胶似漆。在《罗密欧与朱丽叶》中，我们看到性爱超越了家族的宿怨。在《第四十一个》中，我们看到它超越了阶级和民族的壁垒，在《岗上的世纪》中，我们看到的是它可以超越个人自身的恩仇，使仇恨在欢乐中化解。

这种对本能力量的强调被许多作家接受下来。在蓝妹妹的《有关五个女人》中，那个最漂亮的姑娘死心塌地地爱着那个又丑又恶的“委员长”，甘愿受其虐待，并且不惜为他而自杀，仅仅因为他能够使她得到性的满足。在黄蓓佳的《玫瑰房间》中，我们看到道德观念和好恶之情无法驾驭本能的冲动的表现。感情和性完全是两回事，它们各有自己运行的法则。叶薇与小明感情已经破裂，却并不影响性生活；叶薇对老板充满厌恶，而且决不愿意做对不起丈夫的事，却在老板的抚摸下再也无法抗拒，乖乖地委身于老板。尽管那短暂的快乐过去之后立即感到恶心。更有意思的是张宇的《精神游行》。这是一篇不算十分成功的精神分析小说，因为叙述者的分析太多。但它同样使人看到本能的力量和它对男女的重要性。刘恒的《伏羲伏羲》等作品也同样显示了这种力量。正是这种本能与其束缚力量使杨天青和菊豆陷入一种尴尬境地。

面对这些作品，我们不能不承认，探讨本能冲动在人性结构中的位置，探讨它与道德、理智、情感的关系，对于更深刻地挖掘和表现人性，是不乏积极意义的。人类对本能力量的漠视最终只能是自食恶果。但是，面对大量描写本能力量的作品，我却觉得人的性冲动的力量已经被我们的一些作品人为地夸大了。或者说是一些作家选择了一些个别现象组成了一幅夸大了的生活画面。以描写乱伦的作品为例，我们可以毫不费力地举出一系列作品的名字，如《火船》《干沟》《永不回归的姑母》《对一个梅毒病患者的采访》……或写父女之间，或写兄妹之间，或写姑侄、婶侄之间，甚至写母子之间的乱伦关系。当然，生活中的确存在种种乱伦现象，我们没有任何理由去反对作家们面对这种生活真实，有些作品虽然使人读之如嚼苍蝇，但的确能够让人看到在特定环境中的某种可悲的生存状态，看到人性丑恶的一面，从而想到文明进步之迫切。然而，当我看到大量的这种作品时，却产生了一种对文学的不信任感。由于种种原因，在贫困落后的乡村有为数不少的没有条件过正常性生活的光棍汉。他们怎样生活呢？乱伦或许有之，但却是极个别的。他们中的绝大多数默默地生活着，劳动着，创造着，虽然忍受煎熬，却并不变态，不会自杀，也不会乱伦，而且由于道德观念的作用，连偷情也未必有勇气。在他们的心中，道德和面子比性欲更重要。在他们的身上，性冲动的力量并没有强大到足以摧毁一切的地步。在这里，我并不简单地指责这些作品不真实，因为我并不把作品的真实与否作为评价的最高尺度，作为艺术，不真实也有不真实的价值。我要说的是大多数的性饥渴者的实际状况如果真实表现出来，要比单选择性冲动的不可抑制要有意义得多。它更富于生命与文化冲突的意蕴，因而也更具有打动人心的力量。如果无节制地展示乱伦，不仅破坏美感，而且很容易失掉作品应有的力量。因为一旦读者把人物看作“畜生”，一切同情和对人性悲剧的深思便消失了。结果除了性是丑恶的这一禁欲主义的结论之外，不会产生别的。

从王安忆对性欲力量的强调中，我们很难看到作者对它进行价值判断。她对此绝不赞美，甚至隐隐透露出一点不以为然。这是她的高明之处。刘恒等人也同样显示了这种高明。但是，这种暧昧态度本身留下了两种可能：一种可能是在王祥夫的作品中，性表现出极大的力量，却表现为丑；另一种情况是礼赞这种力量，表现出一种性崇拜倾向。把性看作一种恶魔是一种片面，对其顶礼膜拜也同样没有必要。洪峰的《第六日下午或者晚上》写到这样一个故事：在某大学，一个女生在晚上独自散步时被人轮奸了，“那个女学生伤得很重，每天去医院，两条腿一拖一拖地走路。奇怪的是她的气色很好，一张原本发黄的脸看上去充满青春活力。”后来她又独自散步，又被强奸，后来她又独自去散步……“这次事情发生之后，这个女同学的精神状态不仅同以往一样正常，而且显得格外振奋。她甚至由原来的弱不禁风成长为学校里很出色的跨栏运动员，而且在全省大学生运动会上拿了一块金牌。”对性生活特别是强奸的这种礼赞，实在是可笑的，在这种价值肯定中所表现的思想也是荒诞不经的。

总之，性未必有很大的魔力，也未必有过高的价值，过分地夸大和渲染对文学是有害无益的。

四

文学中爱情描写的鄙俗化还表现在莫言的《红高粱》等作品和寻根文学所代表的倾向之中。这种倾向主要表现为对野性的赞美和对爱情的自然原始状态的崇慕和呼唤。

轿夫余占鳌看上了娇子里的新娘子，第三天就把她劫进了高粱地，粗暴地撕开了她的胸衣。而她则“心头撞鹿，潜藏了十六年的情欲，迸然炸裂”。用传统的道德观念看，这是极不道德的；用传统的审美观念看，也是很不美的，因为余占鳌抢人妻子而且表现粗野，戴凤莲则不做反抗少廉寡耻。但是，莫言却把他们的行为写得极美：“奶奶和爷爷在生机勃勃的高粱地里相亲相爱，两颗蔑视人间法规的不羁心灵，比他们彼此愉悦的肉体贴得还要紧。他们在高粱地里耕云播雨，为我们高密东北乡丰富多彩的历史上，抹了一道酥红。”在这里，人类的原始生命力不仅作为人性的组成部分而得到充分肯定，而且获得了光彩照人的美。在这种描写中，表现了对生命力的礼赞，对野性的礼赞，对爱情的原始状态的欣赏。

这种现象在走向荒山大漠或偏僻乡间的寻根者们笔下，表现得更为突出。寻根引发了对性爱原始状态的描写，在不少的寻根文学作品中表现出一种原始崇慕的倾向，承载着一种返归自然的命题。对野性的赞美，对生命力的呼唤，在小说中成为一股潮流。作家们为民族的心态弱化而叹息，对都市文化陶冶的种种怯懦性格大摇其头，而赞美原始的粗犷和强悍。他们笔下出现的更多的是硬汉子、泼女人，和他们那种远离文明的原始半原始的性爱方式。他们甚至不惜赞美粗暴，因为那被认为是强者的精神，是生命活力的表现。文学中滋长了一种酒神精神。酒神精神所包含的许多野蛮的成分如狂欢纵欲、对道德的厌倦、反抗理性、听任本能冲动等都在文学所表现的爱情中充分地表现了出来。在一些作家笔下，不仅那种使道学先生们惶惶不可终日的情欲之火成了文学所理解的健全人性中不可缺少的珍贵元素，而且文明成了一个不光彩的字眼。因为它常常是与人性的压抑和生命力的衰退连在一起的。为我们传统道德和审美观念所不容的恶行和对异性的非法或粗暴占有，不再受到指责而且得到审美的甚至是道德的肯定。男人的占有欲，女人对征服和占有的渴望，都被“抹上了一道酥红”。

我们习惯的表达感情的一切复杂方式不存在了，关于道德、荣誉的种种顾虑不存在了，出现在文学中的是大胆、热烈、毫无矫饰的简化形式。一些作家用一种新的目光去观察和理解爱情，猛烈的、不可抗拒的冲动备受青睐。在过去的作品中，爱是温馨的，情意缠绵，只有恶棍才会急不可待地扑向异性，不顾对方的意愿而将其掀翻在地；而在这些作品中，爱是炽热的，烈焰喷涌，鲁莽和粗野成了一种必不可少的美。于是，吻被渲染的是力度与强度，必须与雷电的轰击一般强烈，人们感受到的不再是柔情蜜意，而是震颤与眩晕。拥抱被渲染得也不再是温情，而是必须让人喘不上气来，骨头发疼。似乎只有这样才令人心醉，才能显示出男子汉的力度和强度。

这已成为一种时代习尚。粗野的、野性的、鲁莽的美代替了优雅的、细腻的、温情的美。这种习尚从红高粱地和荒山大漠走来，进入城市，又以最现代的爱情行为方式和审美标准在都市青年身上表现出来，成为一种时髦。文质彬彬与粉面含羞的爱情受到冷落，爱的表达彻底突破了文化程式。表现在文学中，一方面是现代青年极潇洒、极简化的恋爱方式，另一方面是想爱而不敢爱的怯懦性格受到了审美否定。“阉人”受到了普遍的鄙夷，其形象已经远不如强奸犯与淫棍光彩。这种否定集中表现在对知识分子人格的批判之中。有两部小说特别值得注意，一部是李宽定的《浪漫女神》，一部是张一弓的《都市里的野美人》。

《浪漫女神》中的作家叶子楠在自己的作品中呈现的形象坦诚、多情而直率，敢于向一切旧观念挑战，生活中的他却非常怯懦。热情开朗、放荡不羁的女大学生安琪爱上了他，并且主动向他发起了进攻，他也很爱安琪，却终于没有勇气接受，使两人都陷于深深的痛苦之中。《都市里的野美人》与《浪漫女神》可谓异曲同工，从构思到主题到人物形象都非常相似。男主人公高粱也是一个中年作家。他婚姻不幸，有幸得到麦笛儿的爱却不敢接受，不敢燃烧，一旦发现自己流露了自然的情欲便赶紧把自己押上道德法庭。他在生活中不敢追求幸福，只能在剧本中编织幸福的梦境。用作者的话说：“他高尚怯懦，划地自狱，作茧自缚，苦不堪言，又把别人拖于痛苦之中。”显而易见，作家们对这种人格是否定的，认为他们不够男子汉，对他们既哀其不幸又怒其不争，鞭挞与拷问超过了怜悯与同情。他们是作为文明束缚下生命萎缩的男子标本展示到读者面前的。

把这种对怯懦人格的批判与寻根文学中对原始生命力的呼唤联系在一起考察，可以更清楚地看到两种现象所包含的共同的目标指向。作家们在进行否定性思考时不约而同地选中了知识分子，这是因为知识分子身上承载了更多的文明；而在肯定性思考时选择了年轻人和远离都市文明的人们，因为他们更接近自然状态。这种返归自然的倾向是非常鲜明的。

事实上，这种倾向在《男人的一半是女人》中已经有所透露。大青马曾说过一句也许人们不怎么注意的话：“你的血液里羼进了原始的野性，你更接近于动物，所以你进化了。”接近动物反而称为进化，这也许使人大惑不解，难道进化是逆向的吗？变成猴子就是更大的进化？但问题正在这里，无论是张贤亮还是王安忆，无论是莫言还是寻根的其他作家，他们殊途同归，都把这理解为进化，都表现着返归自然的倾向。事实上，谁也不会愿意变成猴子。这种倾向只能说是对人性异化的一种反抗，因为人一步步走向文明，也一步步丢失本性，回头捡回丢失的自然本能，也许是人性的完善不可缺少的环节。

但是，有一点应该清楚，文明的确不尽人意，自然却未必美好，以自然救治文明之弊是有限度的，我们都无法彻底地回归自然。正如伏尔泰在收到卢梭的《论人间不平等的起源和基础》后在回信中所说的："读尊著，人一心想望四脚走路。但是，由于我已经把那种习惯丢了六十多年，我很不幸，感到不可能再把它捡回来了。"（见罗素《西方哲学史》）诚然，由于文明的束缚而泯灭了本性，当爱而不敢爱是可悲的，但是，爱情中如果真如一些作品所向往的那样，冲破了一切文明的束缚，听任本能的冲动，呈现出一种原始状态，恐怕同样令人难以忍受。所以，文学对粗野、鲁莽和强暴的礼赞实在令人难以赞同。人类大可不必向往动物。人类性爱的健康和完善只能依赖文明的变革与更新。

从天国到人间的回归与迷失

——新时期文学的爱情观念流变之四

在中国古代，爱情常常使帝王失掉江山社稷，使商人或秀才们陷于穷困潦倒，是一个善于捣乱因而必须严加看管与防范的角色，历来为正人君子所远避之。“五四”时期，爱情得到了解放，爱情之神成了自由之神，在许多作家的笔下，它日趋神圣，出现了某种爱情至上的苗头。郁达夫在《沉沦》里喊：“知识我也不要，名誉我也不要，……我所要求的就是异性的爱情。”白薇在《琳丽》里说：“人性最深妙的美，好像只存在两性间。……离开爱情还有什么生命?”这种爱情至上有反封建的意义。在“五四”时期，只有鲁迅的《伤逝》给灿烂的爱情抹上了一片灰色。从“五四”到30年代，追求爱情的青年男女的实际命运却大都尾随鲁迅笔下的子君和涓生一个又一个撞到了各式各样的墙上。于是，人们对爱情渐渐失去了信仰和热情。在后来的几十年中，爱神一步步沦落，到50年代，她成了一个灰溜溜的家伙；到“文化大革命”中，终于被扫进了历史的垃圾堆。但是，这仍然没有从根本上动摇它在人们心中的神圣性。动乱之中就有手抄本《第二次握手》等热情地歌唱爱情，动乱刚刚结束，就有《爱情的位置》等急不可待地为爱情平反，呼唤爱情的位置。在80年代的门槛上，爱情受到了空前的重视，爱情的位置恢复之后，它很快不满足于规定的位置，要高高地凌驾于一切之上了。在伤痕文学中，爱情往往是黑暗王国里的一线光明。在一片血腥之中，只有诚挚的感情是美好的。甚至有的作品要让它超越于阶级之上了。《女俘》《妙清》等作品就的确表现了这样的倾向。总而言之，她在鲜花和颂歌的簇拥下登上了高高的宝座。历尽坎坷，饱受冤屈的爱神仍是那样美好，那样神圣。

可是，好景不长，到了80年代中期，爱情的地位却又一下子跌落了下来。爱情由天国跌落到尘世，失去了玫瑰色而呈现出一片灰冷。爱神的形象也不再是一个高贵而美好令人仰望的公主和仙女，而成了一个脚上有牛屎、手上有草灰、一身泥污、满脸油汗的大脚婆娘。

一

过去文学所歌唱的爱情纯洁、美好而神圣。近期文学却不再相信那种美好爱情的存在。人们似乎一下子成熟了起来，一个个都像历尽沧桑，把人生看得很透。似乎爱情就是那么一回事，一切执着的追求都是幼稚，一切浪漫的幻想都是无知，文学常常像一个过来人教育十七八岁的儿女，一遍遍讲着一些灰色的道理：感情不是至高无上的，婚姻也不是至高无上的，不要把爱情想得十全十美，更不要把婚姻想得十全十美，要丢掉幻想，面对现实。

在王海鸰的《星期天的寻觅》中，叶晔一直在寻找着一种理想的爱情，她的好友舒宁不止一次地这样劝她："你已经二十八岁了，说残酷点，找对象如同做买卖，不适当地要高价错过机会最终会使自己的商品大跌价的。婚姻远远不像过去你我想象的那样神圣，这有点像买生活必需品，买不着好的就买次的，因为必需。人生应当正常，完整。这样说不是要你凑合，而是要你实际。"在这里，爱情成了生活必需品，这是人的生活不可缺少的，但一点也不神圣，一点也不浪漫，不带任何理想色彩。在《公开的情书》中，那些青年是"如果我理想的爱人在月球上，我也要去爱"。在《爱是不能忘记的》中是"就是独身生活下去，也比糊里糊涂地嫁出去要好得多"。近期的作品已经不再如此。这种告别诗意、告别浪漫的爱情表现在近几年的文学中并不是个别现象，而是在相当多的作品中普遍存在着。

对爱情的这种实际态度，一方面表现为丢掉玫瑰色的梦而找个人结婚凑合着过日子，另一方面则表现为对理想主义爱情的怀疑和嘲讽。罗密欧与朱丽叶的那样的爱情故事已经使人感觉不可思议，认为它不太真实。浪漫女子，十二月党人的妻子，成了文学嘲弄的对象。叶晔的好友梁爽认为，那种爱得要死要活的感情都是想象的，现实中根本不会有，如果有也是一时冲动。她说：“罗密欧、朱丽叶没结婚死了算是聪明，否则不离婚也得打架，非把那点感情折腾光了不可。”事实上，近几年的小说对这种“折腾光了”的过程已经有足够的反映。这种对爱情的理解不仅表现于已婚夫妇和大龄男女，而且在少男少女中也表现着。唐颖的《青春的梦魇》中那个饰演朱丽叶的女大学生总把柔情蜜意表现得穷凶极恶，原因是她在生活中看到的、体验到的都是欺骗，都是冷酷无情，的确无法找到那种感觉。生活使她看到的是“生活的市场使人走向功利化”，“极少人为了爱情而牺牲一切”，她清楚地看到了生活中的爱情并不美好，生活中的男人和女人不仅没有罗密欧与朱丽叶那样的诗意，而且“充满了卑琐反叛冷酷无情”。

与此相一致，现实生活中的爱情理想主义者受到了嘲讽。不仅《爱是不能忘记的》转眼之间成了老奶奶那一辈的爱情故事，而且十二月党人的妻子们也成了嘲讽的对象，大概从《你别无选择》开始，这种嘲讽成了一种时尚。孟野那个“文学家”妻子是一个为了爱情可以舍弃一切的人，她说：“我什么都可以不要，学位，名誉，我都不在乎。我只求和你在一起，什么人都不见，什么都不想，只有你，只有你在我眼前。如果你需要我现在放弃学习，做你的主妇，我马上就可以退学，如果你需要我和你一起逃走，逃到荒无人烟的地方去，我马上就收拾东西。”在小说中，她却是一个被嘲弄的对象，因为她太浪漫，太不谙世事，太沉溺于想象而脱离了生活的现实。

文学对爱情理想主义的怀疑和嘲弄表现为种种形态，在一些作品中，它表现为对爱情生活琐细卑俗内容的着意描绘，有吵有闹，有哭有叫，有满足也有不满足，有和睦也有迁就、容忍和退让……总之，爱情就是这样，它属于烦恼人生的内容。在一些作品中，它表现为理想主义者的碰壁。那些抱定一种爱情理想、不肯入乡随俗的人结果只能是碰得头破血流。这一切在马秋芬的《远去的冰排》、何真的《红帆不再来》、池莉的《不谈爱情》、谌容的《懒得离婚》等大量作品中表现着。在80年代后期的作品中，我们已经很难找到把爱情看得美好而神圣的人，也很难找到把男女情爱写得诗一般美好的作家。在著名的作家中，大概只有梁晓声是一个例外，《雪城》仍然歌唱着美好的爱情，却将其一律处理为悲剧。

人们还不会忘记新时期之初《爱情的位置》《公开的情书》《爱是不能

忘记的》等作品中主人公对爱情的追求。毫无疑问，他们都把爱情看得非常神圣。他们不能忍受为了某种需要而结婚，不愿意凑合，不愿意妥协，而是执着地寻求着心灵的呼应。他们说的是："如果我理想的爱人在月球上，我也要去爱。""就是独身生活下去，也比糊里糊涂地嫁出去要好得多!"当刘心武们在《爱情的位置》等作品中描写亚梅们不谈爱情只谈家具和存款时，是作为一种庸俗和丑来否定的。当时那么多作家描写屈从于权势和屈从于金钱的婚姻，却无一不认为那是对爱情的一种践踏和亵渎，是一种悲剧，作家们对笔下的人物所给予的是同情和怜悯，并以此完成着对于社会的批判。近几年的文学却不是如此，而是表现为心平气和地接受事实，认可环境。

毫无疑问，近几年文学作品中的表现是真实的，但真实得残酷。美好的爱情成了一个梦，可望而不可即。爱情要么根本就不存在，要么就是灰色的。人们不再相信那诗一般的爱情属于人间，而死心塌地地相信人类的生活连同爱情都绚丽的色彩，一切诗意都是人们的主观臆造，都是理想化的结果。

二

过去的文学所歌颂的爱情是严肃认真而执着的。爱，常常爱得铭心刻骨，永世不忘，爱得要死要活。而近几年的文学作品在这一点上的变化大得惊人。人们已经不再那样看重爱情，而是把爱情看作可以随便对待的事情，不必那样认真，不必那样严肃，更不必那样执着，可以随时随地坦诚地相爱，也可以随时随地微笑着分手，人们认定爱情应该是一种轻松而快乐的事，而不应该是一种沉重和痛苦。

在柯云路的《衰与荣》中，范丹林爱上了林虹，而且爱得有点动情。林虹这样劝导他："我认为，咱们这代人不必把家庭看得那么至高无上。也不要想得那么理想化。如果需要——感情上和实际生活上，又有差不多的对象，就可以组成一个家庭。如果不需要，也可以不组成。有了家庭，也不能期望什么都在家庭中得到。家庭以外的生活范围还很大……这种事情上过分认真也是一种矫情。"如果说这种表述还不够清晰的话，且看申力雯的《女性三原色》中杨晓欧对羽珊的劝说："对于外物，对于世界，我们都是匆匆过客，对于生命旅途中所遇到的一切，即便是炽烈的爱情，也不要十分认真。认真是最伤害自己的。生存是一连串的选择，对于一个心理健全的人，心理应变的渠道应该是畅通的……”而羽珊也的确因这番话而进入了一个新的境界，内心发出一深挚的呼唤：“晓欧，我的朋友，既然我们相逢在相知的路上，但愿你能与我同行，至于它是什么形式，我不在乎。”

这种对爱情比较随便的态度比较多地表现在具有现代色彩的年轻人身上。他们不把爱情看得非常重要，不会像西方古代贵族小姐那样听到爱的表白便激动得昏过去，也不会因失恋而痛不欲生。他们把爱情看得很淡，不愿意小题大做。也可以说，他们总是做爱情的主人而不做爱情的奴隶，总是驾驭爱情而不被爱情驾驭。他们能够冷静而坦然地在爱河中游来游去，领略爱情的各种不同的风景。大概从话剧《魔方》开始，文学就已表现了这种现象。年轻人内部可以达成一种契约式的爱情关系，没有山盟海誓，也不计较对方与另外的异性交往。他们不做始终不渝的打算，而是抱一种谈谈看的态度，广泛地接触，广泛地选择。他们知道了所谓永远相爱的山盟海誓事实上是无法兑现的，他们不愿再背这样的包袱。

与此同时，值得注意的是陶正的《假释》和陈卡的《铁轨，伸向远方》。这两篇小说分别表现了两种不同的情况。在《假释》中，我们看到了一种相当陌生的爱情观念：今天我们相爱了，就认真地爱，明天我们不爱了，就平静地分手，不存在谁玩弄谁，不存在谁抛弃谁，因为双方都同样喜新厌旧。在《铁轨，伸向远方》中，我们看到的是爱随时可以发生，也随时可以终结，并不一定非得刻骨铭心久久难忘。一男一女两个大学生，在一个荒山小站邂逅，在等车的过程中，他们相爱了，互相照顾，互相安慰，偎依在一起，相互温存，在爱的甜蜜中度过了一个本来孤独难熬的夜晚。火车来了，他们握一握手，道一声珍重，各自奔向远方。直到最后，他们也不知道对方的名字，因为在他们看来，没有必要知道。这是一种比较随便的态度。他们不同于传统的方式，不追求永恒，而只满足眼前。我们这个时代的许多年轻人已经习惯了把这种态度叫作“会生活”，而把那些过于认真过于严肃的做法叫作“自己与自己过不去”。这一切在小说创作中时有表现。

这种爱情观念必然导致爱情的“轻浮化”。小说中表现了许多这种轻浮化的爱情游戏。徐星的《无主题变奏》最早透露了大都市的这种情爱方式。

主人公与老Q在一个音乐会上相识，音乐会结束后很绅士地送一送，结果就送到了一张床上，在相互还不知道姓甚名谁的情况下就“爬上了爱的珠穆朗玛峰”。他们爱得快，分手也不慢。分手的原因不仅因为老Q一定要他当作家，而且更重要的是“什么不会够？痛苦会够，欢乐也他妈会够！”从此之后，这种恋爱方式在小说中不断出现，而且越来越多，成为一种时髦。

这种爱情观念和行为方式不能说没有一定的社会基础。从某种意义上说，它反映了时代文化的一些变化，显示了一些新的特征。但是，它也表现着一种性放纵。爱情应该使人愉快，而不应该成为太累人的事，已经成为许多作品表现的共识。在近几年的文学中，出现了一类在当代文学中非常陌生的人物——一个现代女性系列：她们是《走向无人之境》中的辛亚、吕幼安《风流祭》中的毛毛、陈图鹏《明日将有日环食》中的肖蓉、柯云路《夜与昼》中的黄平平……《走向无人之境》中的辛亚嘲笑男朋友：“难道他还把我当成19世纪的女孩，要再三再四地酝酿、接近，才可以涉及爱情和婚姻？我可不能在这类事情上花费多大精力。”不把上床这种事看得太严重，反而没有人能够伤害她。大学毕业分配到出版社，不出一个星期就把主任搞到手，主任虽然很不可爱，但重要的是“他俯首称臣了”。与人约好去开房，人家订了房间，她可以不去，但因为自己喜欢，却把送她回家的陌生人留下过夜。方方《白雾》中的李亚认为，感情是感情，性是性，婚姻是婚姻。婚礼请来朋友豆儿顶替新郎，豆儿调皮地问：“晚间上床也顶替？”她回答说：“别这么说，你要愿意，我自然心甘情愿。”

她们共同的特征是富于现代色彩，有很强的反叛意识和奋斗精神，想成就一番事业，但她们很少道德观念，常常是享乐主义者，她们只听从感情与生命的召唤，根据自己的需要而与男人们发生关系。她们没有理想的天国，只是执着地抓住现在，恣意追求快感和新鲜的刺激，并且很善于用自己的肉体去打通道路或谋取利益。她们是现实主义者，很有点今朝有酒今朝醉的味道。仅就文学而言，这种描写的增加使人们习惯的爱情审美标准遭到了亵渎，使爱情失去了诗意，因为爱情已经像一杯水那样平常，还有什么动人的美可言？这是一种对人类性爱的彻悟吗？也许，一切存在的都是合理的，但如此彻悟之后，爱情就的确没有什么美，没有什么可讴歌的了。

三

从天国跌落人间之后，爱神失去了她自己的王国。她不再是高高在上驱使一切的女神，而成为时时听命于生活、受生活支配的普通的一员。在文学作品中表现的爱情，除了极为单纯幼稚的少女，人们已很少离开实际利益而单纯从感情考虑与异性的关系。在生活的全部内容中，爱情不但失去了尊贵的地位，而且变得可有可无，至少是不那么重要了。

在这个方面，我想以两个女性作家的两篇力作为例。一篇是王安忆的《锦绣谷之恋》，一篇是池莉的《不谈爱情》。

《锦绣谷之恋》从一个女性的内心世界展开了一次婚外恋情。她和丈夫的生活已经非常乏味，相互之间感觉厌倦。在锦绣谷，女主人公与另一男性相爱了，梦幻般的感觉非常美好。但是，小说却没有像80年代初呼唤感情的那些作品一样让主人公因此而准备离婚，而是让她平静地回到了无味的家庭。好的婚外恋不仅没有危及家庭，而且成为促进家庭稳定的力量。小说通过叙述使我们了解到，那所谓美好只不过是因为新鲜，而且掺进了大量的幻想和虚构。如果真的为此离婚而再结婚，也许很快还会乏味。看来，王安忆彻悟了爱情的喜新厌旧特性，却并不主张以此规律指导婚姻，甚至对那种婚姻总要建立在爱情基础上的理论有点不以为然，因为那将终日忙于结婚离婚，因为新的很快还会变成旧的，因为爱总像一个影子，当你占有它时它就不存在了。在这里，固有的秩序比爱情重要，虽然婚姻没有爱情，却没有必要打破生活的稳定和安宁。如果感觉有什么不足，以另外的方式弥补一下就足够了。

池莉的《不谈爱情》表现着同样的观念，而且发展了这种观念。在这部小说中，特别值得注意的是那个处于特殊地位的梅莹。她在作品中是作为一个悟透人生的智者出现的，小说的叙述者称她是“绝顶聪明的女人”，并不止一次地说：“婚姻是人生课堂，梅莹就是成绩优异的过来人。”那么，她是怎样对待婚姻和爱情的呢？她是庄建非性生活的启蒙者和引路人。她很喜欢比她小了近二十岁的庄建非，为自己在年轻时没有能够遇上这样一个出色的性伙伴而深感遗憾，但当庄建非疯狂地希望与她结婚时，她却无比冷静地拒绝了他，并且教育了他。她当然迷恋完美的性爱，但性爱的力量还不足以使她牺牲家庭和现有的生活。用她的话说，“生活内容比男女间性的内容要多得多”。她是智者，很清楚自己的全部欲求，决不顾此失彼，丈夫不在身边，她可以以偷情的方式得到满足，但决不愿意为此破坏自己的家庭。因为她的丈夫很优秀，儿子也很优秀，而且有了儿媳妇，这一切是不能因为一点性爱的快乐而牺牲掉的。

这意味着一种选择：生活注定不会十全十美，而生活是重要的，荣誉、地位、物质财富、生活的安宁等都是重要的。那么，一个聪明人就应该首先占有这重要的一切，并努力维护这一切。爱情虽然是美好的，但与全部生活内容相比，它毕竟是次要的，而且可以“堤内损失堤外补”。这是对生活与爱情的一种理解。生活是残缺不全的，注定了不能圆满。每个人的生活都必然要有缺陷，每个人的选择都必然要有所舍弃。然而，生活的残缺却有轻重大小之分，智者不应舍大求小、弃重取轻。爱情是生活的一个组成部分，它从属于整个生活而不能代替生活。在生活的系统中，有许多东西舍弃了便无法弥补，而爱情是可以弥补的。因此，为了爱情而不顾一切的做法是不足取的。由此可见，爱神从天国跌落人间，已经被生活的其他内容淹没了。

上述选择显示了一种面对现实、讲究实际的态度。这种态度有着特定的社会文化基础，因为它能够维护生活的平静和稳定，能够使感情冲动得到宣泻而无损固有的秩序。但是，我却不愿赞美这种选择，不愿赞同作家们对此所持的态度，因为我们极容易从这种选择中看到一种苟活的人生哲学。与其说它是一种新观念，不如说它是一种已被抛弃的旧传统的复归。这种选择意味着一种妥协，是对无爱的婚姻的一种认可。它意味着要于夹缝之中求生存，在限制中满足于偷情而不再有奢想。对此我感到悲哀，从“五四”开始，爱情自由就成为一种强烈的呼声，当这种追求难以实现时，它事实上又回到了那个起点。在我们几千年的传统社会里，面对无爱的婚姻而采取的补救措施正是这种偷情。中国的家庭低质量而高稳定，并不是中国人都被禁欲文化教育成了没有生命冲动的人，这里起作用的除了道德感之外，正是这种弥补。可以说，它是中国无爱家庭的一种修复机制，正因为有了这种修复机制，那些无爱的家庭才能够得以维持。在五四新文化运动中，觉醒者们不愿意再偷偷摸摸，而要光明正大地做人，所以才去承受那追求的痛苦。如今，我们的一些作家却心平气和地退了回来，而且像发现了新大陆一样沾沾自喜。更令人遗憾的是，在这种对爱情的大彻大悟中，反映出的是一种追求的困倦和疲惫，是一种饱经生活磨砺的成熟和老练，是一种勃勃朝气消失后的沉沉暮气，是一种精神疲软。所以，尽管它非常实际，却不是一个好兆头。

第二辑

附 录

动人处都是人的光辉

我们刚刚读过的是一卷咏物诗。

诗，是人类情感交流的一种形式，是诗人与世界的一种对话。抒情诗有两种对话方式：一种是创作主体与接受主体直接对话，它是一种人与人之间的对话，参与者只是诗人与读者双方；另一种是创作主体通过与表现对象之间的对话而实现与读者之间的对话，它首先是一种物我之间的对话，而参与者事实上是物、我、读者三方。后者更多的是咏物诗。咏物诗首先需要完成的是物与我的交流。对于一首咏物诗来说，它的成败常常首先取决于物与我之间的“共同语言”是否能够找到。这种语言也就是精神的契合点。只有找到这种契合点，物我之间才能真正形成精神交流与情感共鸣。精神契合点的寻找需要的是对物这一表现对象深刻而独到的认识、理解感受和体验。而且这一切都是独到的，非同一般的，或于荒芜处发前人所未发，或于前人驻足处长驱直入而对前人有所超越。诗贵新奇，诗贵独特，离开独到的发现，情感、形式、技巧等都将无从谈起。

在这卷咏物诗中，我们年轻的诗人们以全部的赤诚面对着客观万物：暴风、春雨、日月星辰、古河道、乌篷船、老柳树、仙人掌、酸枣、苦苦菜，以及牛、羊、鸽子……大至海洋、山川、纪念碑，小至昆虫或青苔，这一切都在诗人笔下获得了新的生命，放射出令人激怒或沉思的奇异光彩。

首先打动我的是邓万鹏的《牛》、洪三河的《暴风》等作品。《牛》，毫无疑问是一首难得的好诗。感情浑厚而深沉，语言凝练而朴实，句句如利刃切入，极少浮辞躁响，于精确处极见功力。在古今咏物诗中，牛是常见题材，被无数诗人歌咏过，因而极易落入前人窠臼。但是，邓万鹏的发现却给了我们以新的震撼：

脊背长不出驼峰
就做一片移动的土地
思想在额头上发芽
锋芒比石硬
终生都是一件外衣
全由风搓雨洗
……
季节无论怎样轮回
也无非草黄草绿……

牛的命运，牛的性格，都在诗人笔下获得了一种巨大的张力，使人们于心情沉重之中产生丰富的联想。

暴风在我们的一般观念中是破坏性的，因而也是可怕的。洪三河却从另一侧面发现了它的精神蕴含，对其有着不同一般的理解和感受。他看到的是暴风可以驱散弥漫的云雾，扫荡尘埃和枯枝败叶，给天空带来一片湛蓝，因而他为暴风自豪地宣称："我的步履是生命复苏的喧响"，"我的身后是苏醒的队列／是新生命崛起的阵营"。独特的发现使暴风获得了新的美感。

这些诗之所以成功，在于诗人深入到对象之中，将隐藏于背后的精神意蕴搜寻出来，将其带到意识的光照之下。而这一发现所依仗的慧眼又是与我们时代的心声紧密相连的。

通读这卷诗作，我为我们年轻的诗人独到的发现而兴奋。面对纪念碑，张庆和没有豪言壮语，也没有效法江河等人去抒发那悲壮的忧患之情，却看到了它"测云测雾／测风测雨／测量中国的气象"（《纪念碑》）；面对小小的算盘，黄显宇看到的是"该下的下／该上的上／下得干净利落／上得干脆响亮"（《算珠》）；雪花飘飘洒洒，在古阳的眼里，是"风颤抖着撕毁了情书"（《老柳树》）……独到的发现、新奇的理解和新鲜的感受随处可见，而且明显带有我们这个改革开放时代的精神风骨。

这一切光彩都产生于物与我的交流，产生于诗人主观精神对物的投射和渗透。抒情诗所依据的是主体性的原则，客观描写事物不是诗人的责任。咏物之作虽然歌咏的是物，但所抒写的却只能是对象在诗人心中触发的情感活动和思想活动。它在本质上是诗人自我的一种对象化。对象所显示的精神意蕴只是诗人自我在对象身上的投影。在物我对话中起主导作用的是人而不是物。咏物诗的全部魅力都源于诗人内心深处，源于诗人的自我。因此，咏物诗的创作常常是为自己的内心世界寻找适合的外在显现。本卷作品大都充分表现了创作主体的精神世界，显示了鲜明的自我。大量诗作在咏物之中自觉地托物而抒情言志，为诗篇留下了更多的精神意蕴。唐本年的《靶》是这样写的：“要么倒下／要么站立／即使胸膛一次次被洞穿／也决不弯腰屈膝”。这的确是靶所固有的特性，但固有特性并不重要，重要的是它在诗人思想的烛照之下成为一种人格精神的象征。赵海云在《致仙人掌》中热情礼赞仙人掌那“挑战的胸膛”，“那绿色带芒的意志”，使人想起流沙河《草木篇》中的仙人掌，但“即使被植在田园里头／一样的颜色／刺芒也依旧”，却进一步丰富了仙人掌的形象，实现对流沙河的仙人掌的超越。因为这里的仙人掌不仅能够在艰难的环境中繁衍子孙，而且即使被收养也决不同流合污。赵铁民的《谷底的树》使我们想到历史上那些指控门阀制度的诗作。人类是这样不幸，从古至今难以消除这样的不平等现象：谷底的树拼命地长呵长呵，它长得很高，却常常是永远无法超过山顶的草。社会的不平等令人心中不平。但在这里，我们看到的已经不再只是哀怨和悲愤，而是坚强的自信和自尊。虽然永远不能上岸，甚至不能保证是否能够开花结果，却仍然要“以树的形象站立”。鲁飞的《搁浅的船》、黄显宇的《恒星》、于宗信的《木偶》……也都同样表现了一种傲然挺立的坚强个性。它所显示的是一种新的文化精神和人格理想。

我们的传统诗论讲究风骨，讲究气。风骨和气都是人格在诗中的显现。诗无风骨，无浩然之气，就难免流于小巧，成为真正的雕虫小技。可喜的是，我们的诗人仍然没有因为无奈而满足于雕虫。

我们的传统诗论讲究无我之境，但事实上诗难无我。真正无我的诗也绝非好诗。诗人应该重笔大写自我，因为鲜明的自我才是诗的魅力之所在。

向继东的《乌篷船》只有寥寥数语，但凝练深沉，意味悠长，流泻着对渔人苦涩生涯的浓厚情感。这种沉甸甸的情感在一卷诗中被不同的诗人反复表现着，由此我们可以窥见生活的某种面影。

在艺术上显示着较高水平的还有孙建军的《酸枣》《山丹丹》、迟钝的《苦苦菜》、林有盛的《古河道》等。孙建军的两首诗纯朴而清新，散发着来自土地的气息，感情如陈年老酒一般不再火气逼人，却能于悠远的震荡中拨动人的心弦。诗人写的是山间野花果，想的却是贫瘠的水土、敦厚的乡风和那“酸酸涩涩苦苦甜甜的日子”。迟钝的《苦苦菜》用笔非常简约，所写不过是“窄窄的绿叶小小的黄花”，之所以能够牵人情弦是因为那些饥饿的岁月。诗人写得很巧，母亲伏在写苦苦菜的诗稿上久久地哭泣，已经道出了无限心酸的往事，令我此时也止不住泪湿眼眶。《古河道》则于这种情感之中又多了一份历史感。在这些诗中，我们能够深深感受到一种悲悯之情，一种因为面对土地而产生的沉重感。由此可见，我们的年轻诗人没有忘记贫瘠的土地和这片土地上的苦难，对于民族的责任感和忧患意识仍在他们心中与热血一起激荡着。

此外，迟钝的《蚕》、焦原的《雪人》、思宇的《野草莓》、金祥的《雪花是一种模糊语言》等也都是各有特色的作品。

在文学创作的各门类中，写诗大概是最容易的，也是最难的。说它容易，因为文学青年大多从它起步，很快就能写出一些诗甚至发表一些诗；说它最难，是因为要写出好诗却比写出好小说要困难得多。诗人需要更好的天赋，而所谓天赋，除了感受力、想象力之外，更重要的是一颗永不安分、永不衰老的心。诗人的内心应该是自由无拘的，任何墨守成规都与诗人格格不入。诗人应以自由的目光俯视一切，最忌思维定式，最忌自己的大脑成为他人思想的跑马场，最忌在别人创造的模式中运行。就这一点而言，本卷中，缺少创新意识的作品还是存在的，观念陈旧的作品也是存在的。但愿我们的诗人能够自觉克服弱点，以真正的诗人的姿态高高地站立起来。

收获于新的艺术疆域

——评尤凤伟小说近作

艺术创造是一个不断探寻的过程，艺术家的生命也在这个过程之中，任何僵化凝滞和故步自封都与真正的艺术家无缘。我们的时代是一个急剧变革的时代，一切都在变化，尽管有时轰轰烈烈，有时悄然无声，但变革之势是不可逆转的。80年代的文学变革呈现出高潮迭起，争奇斗艳的创作景观，这景观于近几年疲惫而平息，变革似乎停止了，于是有人欢呼文学的所谓回复。但是，事实却并非如此，只要注目于创作实际，倾听文学前进的足音，我们就会看到中国文学在80年代进行的探索正在悄悄深化与普及。尤凤伟的小说近作坚定了我这种乐观认识。他不是文学新潮中的弄潮儿，不喜欢跳跃前进，也不喜欢以太多的新花样炫奇于世，他的脚步稳，喜欢像牛一样一步步往前迈进，但是，唯其如此，他的创作更准确地反映了文学整体发展的大势。他的近作是当前文学相当有代表性的一个标本。

读尤凤伟的小说近作，首先感觉到是他的小说话语形式的新变。

阅读尤凤伟前期的小说，我们似乎在听叙述人讲述亲身经历过的故事。尤凤伟是很会讲故事的。他全身心地叙述着，喜怒爱憎之情溢于言表。在整个叙述当中，本事的发展是预先设定的，始终沿着本文意蕴所设定的既定方向运行，绝不违背或偏离意蕴的指向。当然也绝不做无关宏旨的叙述。在那些小说中，词句的运用完全以本事和叙述人的情感需要为目的，因此，话语形式以及词句、本事、语调三层面与本文意蕴的运行方向是完全一致的。用我们习惯的说法就是形象鲜明、主题突出。在那些小说中，话语形式是受意蕴支配的运载工具，通过什么表现什么，前者只是后者的手段，本事是为意蕴而存在的。表现一个有意义的主题正是那些小说的主要目的和任务，因而在阅读的过程中能够比较容易地从话语层次进入意蕴层次。

读他的近作，感受大不相同了。我们已经很难从话语形式层面直接获取具体确切的本文意蕴。特别是最近的《沉默的格》《泱泱水》《金色河滩》《金龟》《石门夜话》，亦真亦幻，以写实手法完成着种种想象和虚构，叙述人仍然在以清晰的声音讲着一个个动听的故事，阅读者却常常要不知所云。面对这些小说，我们已经很难在阅读过程中立即准确地知道作家要告诉我们什么，之所以如此，因为话语形式与本文意蕴之间已被一层浓雾所阻隔，使意蕴扑朔迷离而且时有时无。话语形式与本文意蕴之间阻隔与偏离是先锋小说的特征。尤凤伟的作品还不同于先锋小说，但却鲜明地显示了这种特征，其主要表现有如下两点：

首先，小说创作过程中的主题意识淡化了，主题意识的淡化带来了小说本事与主旨关系的松散化。在尤凤伟近作中，本事的设置不再围绕一个中心主旨去编排，不再是事先形成一个中心，然后围绕这个中心去提炼事件、讲述故事，而是别无用心地讲故事，知道什么就讲什么，主旨是无需费心的，更无需每一情节和细节都紧扣主旨。不难看出，在这些小说的创作过程中，作家甚至常常有意识地消解某一正在形成的主题。如短篇《沉默的格》，就其本事而言，如果按照传统的小说规范去写，可以写成一个勇敢地追求爱情自由的故事，也可以写成一个道德说教的故事，但在这篇小说中，作家却严防话语运行走向任何一个主题。如果是在一个关于爱情自由的故事中，哑巴孩子格是没有重要位置的，小说却给了他重要位置，并且以他为视角，这就必然导致了小说有滑向惩戒淫妇奸夫主题的危险，但是，小说结尾那哀婉的咏叹式语句却又以对梅和福浩的某种同情而消解了这一可能出现的道德主题。在这里，似乎故事本身就是目的，它无需为人为的主旨而存在。

其次，尤凤伟的近作获得了一种超脱的语调，对他所叙述的故事不再急于做出价值判断，不再直接表露自己的主观好恶之情。他的近作看上去与传统的现实主义小说没有多大差别，他依然在用明白晓畅的语言讲着一个个完整的故事，讲得非常认真，而且具体细节、情节都讲得生动而真实，尽管他的故事虚构的成分越来越重，但所用的却是一套写实的手法。然而，面对他这些故事，如果一定要寻根究底，就只能根据自己的理解而任意解读了。故事中的意蕴似乎时时呼之欲出，但最终却隐退于话语形式之后那一片迷雾之中。之所以如此，主要因为小说在语调层面上有了根本的变化。语调的变异为尤凤伟小说带来了新的阅读效果，使本文意蕴变得复杂而充满矛盾。毫无疑问，尤凤伟近作从现代派小说和新写实小说那里都有所汲取，但却并不是亦步亦趋地模仿，而是寻找着自己的表现方式。这种方式不仅在于以与本事相冲撞的语调使话语形式产生摩擦（如《沉默的格》等），而且在于把相互冲突的故事巧妙地编织在一起。如中篇《泱泱水》，赵姓家族人种退化得不中用了，寡妇七姐承担起了借种的使命，但借到的却不是能够重振家族的好种，而是于家族无补的情种，于是酿成了全村的毁灭。认真考察，我们会发现这篇小说实际上有若干个意蕴不同的故事：一个是七姐的故事，这是一个人性被压抑的故事，它自然显示的主题是对禁欲文化传统的批判；一个是曲路的故事，这是一个带有某种神秘色彩的淫乱丧生的故事，它自然显示的主题却是对纵欲主义的规劝和惩罚；一个是赵三爷的故事，这是一个为重振家族而竭尽全力却难逃悲剧命运的故事，他的使命感令人钦敬，他的做法又令人疑惑；还有一个春的故事，这是一个爱情故事，追求爱情的热烈执着与扒决河堤的疯狂又为对他进行评判留下了矛盾。这四个人分别都是故事的主角，每个人的行为都有其合理性，但又都走向了自己的反面。这些冲突的因素使小说的意蕴不再明晰，同时，它所造成的冲突和摩擦却使小说获得了过去所没有的艺术张力。面对这样的故事和人物结构，我们几乎无法赞美哪一个，也无法指责哪一个，冲突的各方都是美与丑，善与恶的综合体，而且共同挖掘了最后的坟墓。作家设置的特定情事场境迫使我们不得不放弃评判。

由此可见，尤凤伟已经决然走出传统小说规范而进入了新的艺术疆域，他已摆脱旧的自我的束缚，而努力在现代主义，后现代主义和新写实小说的基础中建构自己的小说世界。对于尤凤伟来说，这是值得庆贺的。

二

文学是人学，对人性的不断发现和开掘是文学永久的使命。尤凤伟的小说近作都是写人性的。对于今天的文学来说，写人性不算什么稀奇，因为我们新时期文学早已冲过了这道关卡，但值得注意的是尤凤伟的小说创作已走向人性的深处，在人性的深处掘进，开掘着人性的复杂结构。

新时期文学在探讨人性方面大致走过了这样一个历程：开始是政治和道德层面的反思，后来进入文化和生命层面审视。80年代中期发生的这一变化意义是重大的，文学从人性的文明层面进入到自然层面，从人性的理性内容进入到非理性内容，从人的社会生活内容进入纯粹个体的肉体本能，并随之发展了人性与丑恶不可分割的复合状态。尤凤伟的小说近作就在这样一个方位上展开了对人性的深入开掘。他选择人的情欲作为切入点和主要着墨点，充分展示了人的生命本能和文化规范的冲突，透过这种冲突而独到地展示了人的存在状态，借助现代意识的烛照洞察了人性幽暗之处的奥秘。

他的探索是深广的，发现与收获也是丰硕的。透过《乌鸦》中的田三月，我们可以看到人性在强大的奴役力量之下的严重扭曲和畸变，田木根已经死了，但他的幽灵却仍然能够支配和奴役着田三月，甚至战胜他的生命本能。在《崖》中的老秋身上，我们可以看到人的情欲在绝望之后的疯狂，因为小灯的死，孤独的老秋把自己的羊群一只一只赶下了悬崖。在《准警员》中，表弟的表弟因自尊心受到挫伤而变得那样不可理喻，当他的自尊心得到满足之后却是那样开朗而随和。《革命者平野一雄》使我们看到了幻想狂的内心深处，平野一雄的人格是分裂的，喝酒之后纵情欢乐是一个侧面，在幻想中塑造着自己的革命者形象并保持高度的革命警惕性是另一个侧面。《金色河滩》中万年红看到判决自己死敌的布告之后拼命奔跑要把死敌救出，《石门夜话》中的女人与土匪二爷有血海深仇不共戴天，却在第三夜就顺从地投入到二爷的怀抱……这就是人，这就是人性的世界，林林总总在尤凤伟笔下呈现着它的千姿百态。对于人性，尤凤伟已有极深的洞察，所以他能够在艺术的解剖床上显示着它的全部美丑善恶光辉与阴暗。

通观尤凤伟的近作，可以看到几乎都是悲剧，而且不是一般的悲剧。这些作品于不动声色之中显示着一种极深的悲剧意味，而这种悲剧意味又透露出作家所获得的一种新的艺术视角和新的人类存在意识。尤凤伟已经获得了一种较远距离冷静审视人性和历史的视角，并获得了一种目光。这是一种历尽沧桑的过来人的视角和目光，失掉了年轻人的热切和理想色彩。这一切使他更多地看到了人的堕落和历史的衰颓，对此他满怀强烈的悲悯和忧患，但这种忧患已不是过去那种社会忧患，而是对于人类历史的忧患。尤凤伟的近作显示了双重的悲剧意味，它常常既是人的悲剧，又是历史的悲剧；一方面是人性的堕落无可救药，一方面是历史的颓败无力挽回。这种存在意识无论怎样包裹，都难免使作品渗透出悲凉。

当然，这不是一个孤立的现象。近几年中国文学相当普遍地被一层悲凉之雾所笼罩，苏童、余华、叶兆言等笔下常常或隐或现地流露着某种宿命情绪，对着个人或家族无可挽回的衰败而发着无可奈何的叹息。尤凤伟的表现鲜明而突出。他的近作沉重而生动地表现了历史的衰败和人性的堕落，并且表现了人无力把握自身命运的悲剧宿命。《泱泱水》是一部家族衰败和消亡的历史。赵氏家族曾经兴盛过，如今却人种退化到只能生出佝偻人。族长赵三爷为种族重振不惜让七姐借种，最终却只能以失败告终，而且以泱泱洪水淹没了赵家泊的正是他不惜代价培养起来的春望。更有意味的是春望的创举也同样吞没了他自己。在《沉默的格》中，宗德因不同意离婚而遭惨死，为爱情而杀死宗德的梅和福浩也双双走向毁灭。也许这就是“天意”，但需要指出的是，这里没有历史的正面力量。所以，颓败是必然的，毁灭无可挽救。也许文学中的悲凉之雾正因为历史的积极力量的缺席。

在尤凤伟的近作中，人性是常常闪现出光彩的。由此可见作家并没有忽视人性之美的存在。但是，这闪光的人性或者说人性的闪光却似乎注定了要淹没于无边的黑暗之中。老秋那“小灯死了”的哀号永远不会有人理会。万年红要救出齐建东的愿望终于无法完成，老安（《老安的咏叹调》）功成之后在良心的驱使下去寻找那个求他收留而被拒绝的年轻人，最后的感觉却是“那么孤单，那么寂寞，好像这世界上只剩下他一个人……他觉得自己像一片枯叶在黑洞洞的天空中飘浮”。《金龟》中的玉珠在作者的笔下是美好的，最后却在绝望之中做了土匪的压寨夫人。这里到处透露着一种深深的绝望，一种悲观，一种人类无法把握自身命运的虚幻感。这种悲观和虚幻感的意义在于引发人们对于现实生存的怀疑。怀疑包含着探求，探求包含着希望。

三

山东的中青年作家有一个共同的特点，这特点可以说是保守，也可以说是稳健，总之他们难为前驱，难开风气之先。回顾新时期文学的演进过程，新潮迭起一浪紧追一浪，可是，我们找不出哪一个浪潮是由山东作家掀起的。一部新时期文学史，代表一个个创作潮流的潮头作雄居于文学变革的一个个转折飞跃之处，但没有一部是由山东作家写出来的。可是，在一个潮流兴起之后，在它深化的过程中，山东作家却常常能够拿出超众的力作。张炜的《古船》、莫言的《红高粱》、李存葆的《高山下的花环》等就是例证。

之所以如此，也许与齐鲁文化不无关系。他们步伐稳健，不善于飞行，不善于跳跃，走路总是一步一步如老牛负重。他们多少有点从众心理，在艺术创作上也有点不敢为天下先。即使在努力探索和创新的时候，也决不愿意舍弃旧我而另起炉灶。在新时期文学的发展中，不少思潮是由文学新人猛然插入而掀起的，这些新人常以崭新的面貌出现在文坛，从而为文学带来某种意义上的变革。山东作家却难以如此，他们几乎都经历了新时期文学发展的全过程，尤其是尤凤伟，他是沿着新时期小说思潮的发展演进一步步走过来的，经历了从政治反思到道德反思再到文化和生命的主题演进的每一个阶段。没有能够冲到前面独辟一流，这是他和山东中青年作家共有的遗憾，但跟随潮流一步步走来却也使他获得了一笔财富，拥有了一个雄厚的基础。

近来不少作家谈到新时期之初的文学时都有点“愧其少作”的味道，特别是对那些纯粹政治反思的作品，甚至常常说得一钱不值。其实，我以为大可不必如此。尽管我们今天已能够超越政治和道德层面而在更深的层面上表现生活、表现人性，但既然政治是人的生活中不可缺少的一个组成部分，我们的文学在表现人时就不能对其视而不见。在这一点上。尤凤伟近作是可贵的，由于他的创作从政治反思和道德反思的领域走来，当他在文化与生命层次上表现人性时没有忘记政治与道德。《乌鸦》中的田三月的行为方式及其表现的人格，的确可以使人的灵魂震颤，精神奴役的巨大力量对人性的扭曲通过田三月与青草的关系得到了生动展示，已经死掉的田木根的命令竟能压倒田三月活生生的情欲，这是一种文化人格的反思，同时却也依然带有浓重的政治控诉的意味。田木根之所以是有力量的，因为他是支部书记。从这样的故事中，可以清楚地看到尤凤伟对生活的思考、对人性的思考仍有一根粗大的根须深植于政治生活之中，为他的创作输送养料。《革命者平野一雄》《准警员》等看上去只是探讨一种人格和心理，事实上却与社会政治生活保持着密切联系。而《金龟》《石门夜话》等作品则明显地显示着某种道德颠覆的意义，即使《老安的咏叹调》也能够告诉人们："富"与"不仁"并不是联系在一起的。山东作家道德感是很强的，但尤凤伟却不是陈旧道德观念的维护者。

探讨人的存在及其危机是当前文学的热门话题。但是，我以为我们的文学似乎还不应该过于抽象地去探讨那些永恒的命题，而应该审视存在的历史维度，在历史的维度上综合地、全面地揭示人性及人性的现实存在状态。从这个意义上，我赞美尤凤伟近作所显示的变化，也赞美他变化中所留下的"尾巴"。

愿凤伟有更勇敢的探索精神和创新精神。

母亲与生命的悲歌

——读莫言的《丰乳肥臀》

这是一部很有特色的小说，也是一部内容厚重的小说。出版之后，一直存在种种争议，一方面是获得十万元大奖，一方面是指责之声一直不绝于耳。但无论如何，这部小说是值得特别注意的。以“丰乳肥臀”为书名，无疑非常招眼，难逃讨好市场之嫌，所以必然招致批评。但这一切不能抹杀这部小说的价值。在我看来，它是作家莫言小说创作的一个高峰，也是当代小说创作不可多得的杰作，无论有多少缺陷，都不影响它的独特贡献。

在这部五十多万字的长篇中，莫言用凝重的笔墨，描写了高密东北乡以上官鲁氏为中心的一个家庭和围绕这个家庭的一个人群，描写了他们半个多世纪的悲欢离合，展现了历史的风云变幻和深重苦难背景上的生命文化状态。小说以人物命运为中心，写家族的兴衰，写社会的变动，表现了这片土地所经受的深重苦难，表现了苦难中的生命意志，唱出了一曲关于母亲、关于生命的哀歌，是一部关于这片土地的苦难史诗。

《丰乳肥臀》很好看，但不易解。读过之后，我弄不清作者究竟要表达什么，尤其是莫言那奇特的想象和撒着欢儿飞翔的语言，也常常给小说带来团团云雾。比如那形形色色的乳房、上官金童的恋乳癖，比如这个杂交之家的女儿们一个个生命力旺盛却短命，而混血儿得以长命却无用，等等，背后隐藏着什么？很难想明白。我不想致力于这种解读，也不愿读者陷入这样的索引考证，因为一些东西也许只是作家的兴之所至，并无特别含义；有的虽有寓意，也未必能与所指一一对应。面对这部小说，首先需要注意的是它给予读者的最为重要的东西。

一、一曲母亲哀歌

这是一曲母亲的哀歌。尽管作者丰富的想象和联想带来了许多充满幽默的细节，尽管他有时似乎嬉皮笑脸，说一些令人喷饭的话，但是，在阅读的过程中，我似乎隐隐听到了作者的哭泣，看到他一次次泪流满面。他不愿让泪水流入文本，所以越是悲愤的时候，越是强颜欢笑，做出轻松和幽默的样子，或者让话语在并无意义处滔滔不绝。当然，这不是莫言的独创，“文革”之后的中国小说自张一弓的《犯人李铜钟的故事》和古华的《芙蓉镇》开始，就常以这种方式自我拦截重要的思考，并冲淡心中的悲伤。这不仅是为读者考虑，以避免阅读带来的压抑，也源自外部环境，因为我们的表达空间常常不能容忍作家的泪水纵情流淌。莫言不断地调整自己，但面对“母亲”的苦难，面对他所描写的历史，他内心的酸痛显然无法抑制。

在《题记》中，作者写道：“仅以此书献给母亲在天之灵。”这不是戏言，面对母亲的在天之灵言说，作家是严肃的，所以作家决不认为笔涉丰乳肥臀就亵渎了母亲。当然，这里的“母亲”不只是莫言个人的母亲，而是这片土地上千千万万的母亲，是这片土地上这个人群的养育者。“大地——母亲”这个称谓，放在这里是适合的。

小说的中心人物是鲁璇儿（上官鲁氏）。作者以这位母亲为中心结构故事并展开叙述，一步步刻画了一个坚忍、顽强、勤劳、豁达的母亲形象。她代表着一种伟大的“母性”，体现了旺盛的生命力，也体现了一种忍受和包容的力量。在这里，母亲是一种意象符号，是“我奶奶”戴凤莲式的女人的集合体，代表着莫言笔下理想的女性：丰乳肥臀，生命力旺盛，质朴自然，泼辣狂放，呈现着一种朴素的生命状态。同时，又历尽沧桑，饱经磨难，承受了难以想象的一切。

小说开始，作家就使我们看到了上官鲁氏临产的情景，那是一派慌乱的景象：日本人就要进村了，司马亭正在街上不断地呼喊：“乡亲们，快跑吧，跑晚了就没命啦……”而在这时，上官家一片忙碌：一边是鲁氏要生孩子，另一边是栏里的驴也要下驹。人物的这种处境，似乎已经预示了一切。

婆婆上官吕氏说："你呀，我的好儿媳妇，争口气吧！要是再生个女孩，我也没脸护着你了！"上官鲁氏满眼含泪爬上揭了席子的土炕。婆婆放下一把剪刀就转身走了——"轻车熟路，自己慢慢生吧，你公公和来弟她爹在西厢房里给黑驴接生，它是初生头养，我得去照应着。"由此，我们看到了上官鲁氏在家中的地位。

一切都有其来龙去脉，小说及时做了交代：这时的上官鲁氏已经有七个女儿——来弟、招弟、领弟、想弟、盼弟、念弟、求弟。第七个女儿降生之后，丈夫上官寿喜怒火千丈，用一个木棒槌打破了鲁氏的头。这一次，她是真不敢再生女儿了。所以她一再求神灵保佑，让她生个儿子。

其实，上官鲁氏所生的这些孩子在血统上都与上官家无关。这个上官家真是气数已尽，倒霉透了，再也没有延续香火的能力。而作家莫言似乎对上官家并无同情，而把全部的同情给予了这位母亲。

与《红高粱》中的奶奶戴凤莲一样，鲁璇儿也是被迫成了传统妇道的反叛者。她嫁到上官家，三年没生孩子。在中国的传统社会，"不孝有三，无后为大"，女人最基本的职能就是生孩子，尤其要生儿子传宗接代。生不出孩子的原因其实在丈夫，丈夫和婆婆却一直为此折磨着她。在无路可走的情况下，她经长者教导开始与别的男人睡觉"借种"。第一次是在姑妈的安排下与姑夫睡觉。值得注意的是：鲁璇儿这是反抗还是顺从？对于丈夫和上官家族，似乎是反叛，但对于传统观念，却是顺从。所以，她并不是自觉的反叛者。她很矛盾，头脑中有古老的传统观念，也有朴素生存认识。失身于姑夫之后，姑父曾经向她赔礼，小说是这样写的："姑父于大巴掌，跪在她的面前，很痛苦地擂着自己的头。说：'我上了你姑姑的当，我这心，一刻也没安宁过，我已经不是人了，璇儿，你用这刀，劈了我吧！'……她说：'姑父，不怨你……我要做贞节烈妇，就要挨打、受骂、被休回家；我要偷人借种，反倒成了正人君子。……'她冷笑着道，'不是说肥水不落外人田嘛?!'姑父惶惶不安地站起来，她却像一个撒了泼的女人一样，猛地把裤子脱了下来……"因此，她与姑夫有了第一个女儿之后，又有了第二个女儿。鲁璇儿的遭遇，已经暴露了传统的虚伪。

此后，她又与几个不同的男人生下了五个女儿：与一个化装为赊小鸭的土匪怀上三女儿领弟；与一个江湖郎中怀上了四女儿想弟；与卖肉的光棍高大膘子怀上了五女儿盼弟；与智通和尚私通怀上六女儿念弟；被四个拖着大枪的败兵轮奸，怀上了七女儿求弟。被四个败兵轮奸之后，她曾产生过自杀的念头。“但就在她撩衣欲赴清流时，猛然看到了倒映在河水中的高密东北乡的湛蓝色的美丽天空。……天还是这么蓝，云还是这么傲慢，这么懒洋洋的，这么洁白。小鸟并不因为有苍鹰的存在而停止歌唱，小鱼儿也不因为有鱼狗的存在而不畅游。母亲感到屈辱的心胸透进了一缕凉爽的空气。她撩起水，洗净了被泪水、汗水玷污了的脸，整理了一下衣服，回了家。”她无师自通地解放了自己，无论遇到什么，都能活下去。但是，因为一直未能生儿子，侮辱和打骂不会停止。

在实在无法活下去的时候，她想到了自杀，结果却被洋牧师马洛亚救了。被救之后他们发生了性关系。这一次是真正源自生命的冲动，源自爱。也正是这一次，鲁氏怀上了儿子。

小说开头用十回的篇幅写了鲁氏的难产。直到难产的草驴把骡子生出来之后，婆婆才让兽医去为媳妇接生。直到兽医束手无策，上官家才不得不去请仇敌孙大姑来为鲁氏接生。小说写道：“一九三九年古历五月初五上午，在高密东北乡最大的村庄大栏镇上，上官吕氏领着她的仇敌孙大姑，全然不顾空中啾啾鸣叫的枪子儿和远处炮弹爆炸的震耳声响，走进了自家大门，为难产的儿媳上官鲁氏接生。她们迈进大门那一刻，日本人的马队正在桥头附近的空地上践踏着游击队员的尸体。”经过孙大姑的努力，鲁氏生下了一个全身青紫的女婴。上官吕氏一见即失声痛哭。孙大姑说：“别哭，肚子里还有一个！”接着生下了一个男婴。上官吕氏一看是男孩儿，扑通一声就跪在了炕前。孙大姑说：“可惜，又是一个死胎。”

这时院子里已经是如此景象：上官寿喜双膝跪地，长长的血脖子戳在地上，他的头被砍掉了。上官福禄嘴啃砖路，脑袋被砍成了两半。日本人杀死了上官家的男人，却救了上官家的女人和孩子：就在上官吕氏因为媳妇生的是死婴而失望地走开之后，一个鼻梁上架着金边眼镜的日本军医走进了上官鲁氏的房间。他打开药包，戴上乳胶手套，切断了婴儿的脐带，倒提起婴儿拍打后心，直到把一对婴儿拍打得发出了哭声。然后，他又去看炕上的女人，给她打了止血针。这个细节也是过去的主流叙事和一般所谓爱国者不愿接受的。

上官鲁氏一生养育了八个女儿和一个儿子，但她的儿女们并没有给她带来幸福。女儿们大都继承了母亲的特点，丰乳肥臀，质朴奔放，具有旺盛的生命力。她们的花容月貌吸引了各路英雄，各路英雄也同样吸引了她们。正如上官鲁氏所言："上官家的女儿一旦萌发了对男人的感情，套上八匹马也难拉回转。"她们热烈奔放，一旦被爱欲点燃，就一往无前，义无反顾。这是莫言笔下那些美好女人的重要特征，《红高粱》中奶奶戴凤莲就是这样的血统。这样的女人被莫言看作女性生命的本真。但遗憾的是，历史没有为她们设计美好的浪漫故事，她们的浪漫开不出芬芳的花朵，也结不出甜蜜的果实，只是使上官家成了各种时代矛盾的集结点，加剧这个家庭的苦难和毁灭。因为战乱，社会出现了不同的政治势力：汉奸、国民党、共产党。上官家的女儿们跟上了各自心爱的男人。大女儿来弟被游击队司令沙月亮看中，两人开始往来。鲁氏却为了报答孙大姑接生之恩而把她许配给孙家大哑巴。第二天就要嫁娶，到了夜里，来弟却跟沙月亮私奔了。因为孙家的聘礼是一只剥了皮的兔子，沙月亮在带走来弟之前，在上官家院子里的树上到处挂满了兔子。后来，这个沙月亮却由抗日游击队变成了汉奸。二女儿招弟看上了抗日英雄司马库。从第一次见到他，招弟就产生了这样的念头：嫁给他！母亲说："招弟，我的闺女，你才多大呀？"招弟瞪着眼反驳母亲："你像我这么大时，不是已经嫁给我爹了嘛！"母亲叹息，招弟说："我知道你想说，他已经有了三房太太。我做他的四太太。"招弟抗争的结果，是母亲由她去。五女儿被爆破大队的政委蒋立人（后改名为鲁立人）看中，加入了爆破大队。无需家中同意，甚至不等母亲知晓，用来弟的话说，"奶子已被姓蒋的啃成了糠萝卜"……因为身份和立场不同，同胞姐妹开始互相敌视和对抗，走上了不同的道路。

女儿们一个个跟男人走了，风风雨雨，又一个个把孩子送了回来，交由母亲抚养。先是二女儿送来了司马库三姨太的儿子司马粮。司马家被杀，十九颗人头悬挂在大门外的木架子上。这孩子是司马家的根，作为司马库家活下来的女人，招弟把孩子抱了回来，趴在地下给母亲磕个头，就追随司马库远去了。接着，大女儿来弟又送回了沙枣花。五女儿盼弟又送回了鲁胜利……上官鲁氏不仅养育自己的九个儿女，还相继抚养了沙枣花、司马粮、鲁胜利、大哑、小哑、鹦鹉韩等第三代。她是坚强的，在恶劣环境里一次次艰难地挺了过来，养活了两代人，创造了奇迹。而且，她对所有儿孙一视同仁，不论是官是匪，无论哪个党派，只要是条生命，她都要想方设法把他养活，盼他们长大成人。可是，他们的生死却往往取决于政治风云，让母亲无可奈何。因为女儿们与各种政治势力的关系，使这个家不可避免地卷入了政治斗争舞台。不同力量之间的角逐、争斗和厮杀，一次次牵动这个家庭。母亲辛辛苦苦养大的孩子，却往往要在这相互争夺和厮杀中死去。

这是她的八个女儿的基本经历和死亡情况：大女儿来弟，跟沙月亮私奔而去，沙死之后，她回到家中，曾与妹夫司马库有一夜风流，后来被迫嫁给特级英雄孙不言，长期遭受虐待。后来，因为与鸟儿韩偷情被孙不言发现，为救鸟儿韩而把孙不言杀死，因而被枪毙。二女儿招弟，追随国民党别动大队队长司马库，做了他的老婆。日本投降之后，夫妻曾经风光一时，但在随后的战争中死去。她与司马库育有司马凤、司马凰，未及长大即被枪杀。三女儿领弟，在贫困中爱上鸟儿韩，但鸟儿韩被抓去日本，她则精神错乱成为鸟仙。后来被班长孙不言强奸，继而嫁给孙不言。抗日战争胜利之后，在观看司马库和巴比特的飞行表演时，忘乎所以，坠崖身亡。四女儿想弟，在逃荒的路上，为救病重的母亲，把自己卖到了妓院。辛苦半生积攒财物，后来携带返乡，却被公社干部抢走，因此而精神失常，“文革”中死于家中。五女儿盼弟，追随爆炸大队政委鲁立人，胜利后曾任劳改农场配种站站长，为与家庭划清界限，改名马瑞莲，最后死于“文革”之劫。六女儿念弟，抗战胜利后与美国人巴比特结婚。后来在内战中被俘，在押运途中死去。七女儿求弟，在逃荒路上被白俄女人收养，并且供她上了医学院。1957年划为右派，送往劳改农场，1960年，因饥饿而被炊事员诱奸，又因暴食炊事员多给的豆饼而活活胀死。八女儿玉女，美丽温顺，与世无争，大饥荒中，因不忍继续连累母亲而悄然出门投河……

母亲说：“这十几年里，上官家的人，像韭菜一样，一茬茬地死，一茬茬地发，有生就有死，死容易，活难，越难越要活。越不怕死越要挣扎着活。我要看到我的后代儿孙浮上水来那一天，你们都要给我争气！”可是，母亲千辛万苦扶养的孩子，也无法逃脱疯狂的杀戮，最终也没人能给她争口气。小说写到了鲁立人的队伍到来之后处决几个孩子的情景。大会上，鲁立人走到台前讲话：“我们的政府是人民大众的政府，是执行人民意愿的，现在，我请求大家，凡是同意枪毙司马库的子女的，举起手来！”台下的百姓都垂着头，没人举手，也没人出声。台上那位有点神秘的“大人物”脸上挂着一丝冷笑，对鲁立人说：“你再问一下台下，有没有同意不枪毙司马库子女的。”于是，鲁立人又请同意不枪毙司马库子女的举手。群众依然低着头，不举手，也不出声。母亲站起来说：“实在要抵命，就把我枪毙了吧。”她要保护司马库的三个孩子，但到最后，鲁立人还是宣布：“判处司马库之子司马粮死刑，立即执行！判处司马库之女司马凤、司马凰死刑，立即执行！”尽管盼弟也骂丈夫要枪毙几个孩子是“昏了头”，尽管哑巴孙不言在执行命令时也有些犹豫，但除了司马粮飞快跑进灌木丛逃跑，刚刚几岁的司马凤和司马凰还是被枪毙了。

小说没有把鲁立人简单化，而是充分注意到他的感情和思虑。在做出那个决定时，他悲凉地说：“穷苦的老少爷们，你们说，我鲁立人还是不是个人？枪毙这两个孩子我心里是什么滋味？我心里痛啊，这毕竟是两个孩子，何况她们还跟我沾亲带故。但正因为她们是我的亲戚，我才不得不流着泪宣判她们的死刑。老少爷们，从麻木的状态中苏醒过来吧，枪毙了司马库的子女，我们就没退路了。我们枪毙的看起来是两个孩子，其实不是孩子，我们枪毙的是一种反动落后的社会制度，枪毙的是两个符号！老少爷们，起来吧，不革命就是反革命，没有中间道路可走！……执行吧！”枪毙两个孩子，为的是让自己的队伍没有退路。由此，我们看到了一种策略，这也是一种文化。

于是，“哑巴蹦上台，挟起那两个女孩，大踏步地走到池塘边。他放下女孩，往后倒退了十几步。两个女孩互相搂抱着，狭长的小脸上像涂了一层黄金粉。那四只小眼睛，惊恐地望着哑巴。哑巴掏出盒子枪，沉重地举起来，他的手腕鲜血淋漓。他的手在颤抖，那只盒子枪好像有二十斤重，举得非常吃力。他终于把枪举起来，‘叭’地放了一枪。举枪的手往上一跳，枪口喷出一股蓝烟，他的胳膊随即软弱地耷拉下去。子弹从女孩的头顶上飞过去……”就在这时候，来弟疯狂地扑来，挡住两个女孩，高声宣布：“杀我吧，杀我吧！……我跟司马库睡过觉，我就是她们的娘！”尽管母亲们纷纷出来保护孩子，而行刑者的手也在颤抖，但在最后，两个孩子还是没能保住性命。“人们看到：倒伏在池塘边上的司马凤和司马凰的脑袋上各中了一枪，子弹从她们的额头正中钻进去，从后脑勺上钻出来，位置不差分毫，令人惊叹不止。”

鲁立人下令枪毙了对手的孩子，而他自己的孩子最终也没有逃脱死亡。这看上去简直是报应，但一切报应却都报应在母亲的头上。大哑和二哑死在战火中，却同样死在上官鲁氏的眼前。“大哑的半个脑袋没有了，二哑的肚子上，有一个拳头大的窟窿。他还没有死，还朝着我们翻白眼。母亲抓起一把碱土，按到那个窟窿上，但绿色的汁液和灰白的肠子，像泥鳅一样滋滋有声地钻出来。母亲抓起一把又一把的碱土，往那窟窿上堵，却总是堵不住。二哑的肠子，淌了半篓子。我的羊两条前腿跪在地上，‘噢噢’地怪叫着，肚子剧烈地收缩，脊背弓起，一团乱草从它嘴里呕出来。在它的带动下，我与大姐也弓着腰呕吐。母亲垂着两只沾满血泥的手，呆呆地望着那些肠子，她的嘴翕动着，突然张开，喷出一股猩红的液体，然后她就号哭起来。”

战争，就是这样摧残着生命，摧残着母亲的心！

三女儿、四女儿、七女儿演绎的是另一种故事，却同样是充满苦难。

三女儿领弟与鸟儿韩的约会开始于送鸟。每次约会，鸟儿韩并不说话，只是扔下鸟儿便走。有时是两只斑鸠，有时是一只野鸡。偶尔也有三十斤重的大鸟。终于有一天，母亲说：“咱不能再吃人家的鸟了。”领弟说：“我将来还他。”母亲说：“拿什么还？”领弟说：“嫁给他。”面对着严酷的生活现实，母亲最后只有妥协。因为这个家已经离不开鸟儿韩所送的鸟。四女儿在逃荒路上把自己卖给了妓院，七女儿也被迫卖掉了。这一切都是战乱年代发生的。而在战乱过去之后，母亲又经历了从未有过的饥荒。在三年困难时期，母亲创造性地把胃变成了偷粮食的口袋。这是上官金童回到家中看到的景象：

他刚听到插上大门闩的声音，就看到母亲从厢房的过道里像纸壳人一样，僵硬地扑进来。他叫了一声娘，委屈的泪水汹涌地流了出来。母亲似乎吃了一惊，但却没说话。她用手捂着嘴巴，跑到杏树下那个盛满清水的大木盆边，扑地跪下，双手扶住盆沿，脖子抻直，嘴巴张开，哇哇地呕吐着，一股很干燥的豌豆，哗啦啦地倾泻到木盆里，砸出了一盆扑扑簌簌的水声。她歇息了几分钟，抬起头，用满是眼泪的眼睛，看着儿子，说了半句含混不清的话，立即又垂下头去呕吐。后来吐出的豌豆与黏稠的胃液混在一起，一团一团地往木盆里跌落。终于吐完了，她把手伸进盆里，从水中抄起那些豌豆看了一下，脸上显出满意的神情……

母亲在公社的磨房里推磨，用自己的胃装回了豌豆。“母亲把木盆中的豌豆用清水淘洗了几遍，盛在一个碗里。竟然有满满的一碗。”“母亲从炕洞里拖出一个蒜臼子，把那些豌豆捣成碎面儿，用凉水调和成糊状，递给上官金童一碗，说：‘孩子，吃吧，不敢动烟火，一动烟火，干部们就来查，查出来可就了不得了。’”母亲告诉他：开始时，她也是像人们一样，往袜筒子里装，可是，出门被搜出来，被人家像狗一样地羞辱。后来，大家就吃。有一次回家呕了，于是就开了窍，发明了这个用胃偷粮食的办法。母亲说：“第一次往外吐，要用筷子搅喉咙，那滋味……现在成习惯了，一低头就倒出来了，娘的胃，现在就是个装粮食的口袋……”

历史，就是这样让一位母亲受尽人间难以想象的痛苦和艰辛！在如此艰辛中，玉女的死更让人揪心。尽管母亲的奶水被金童独占，尽管战乱年代的生活特别艰难，玉女还是从战乱的岁月活了过来。但在后来，她终于没能继续活下去。因为双目失明，直到二十多岁时，她的心理状态还像个小姑娘，善良而怯弱，生怕给人增添麻烦。就在母亲用吞咽和呕吐的方式往家里偷粮食的时候，她悲伤地听着母亲呕吐的声音，听着粮食落在盆里又一遍遍被淘洗的声音，听着母亲用蒜臼子捣那些粮食的声音，她心痛难忍。小说写道：“母亲把一碗散发着豆腥气的生面糊糊递给她时，热泪从她盲目中滚出，美丽的大嘴痉挛着，每吃一勺面糊她就滚出一串泪珠。她心中聚集着感激母亲的千言万语，却一个字也说不出来。”她终于下定决心，不再拖累母亲。于是，她悄悄走出家门，走入滚滚的河水……

这一切，都要让母亲承载，使母亲的心上千疮百孔。

在这部小说中，真正的英雄是谁？显然是上官鲁氏。她是历史的真正动力，也是历史的真正依托。她所显示的，是静静流淌着的母性，是母亲的不幸命运。她经历了人世间的各种苦难，经历了各路英雄的欺凌和蹂躏，她无休止地付出她的乳汁，又承载了全部的苦难。面对纷乱繁杂的现实和历史，莫言显然试图寻找可以作为依托的东西。他意识到了某种力量，并且要彰显这种力量。这种力量就是母亲，就是沉默的大地，莫言把它概括为“丰乳肥臀”。作家曾经断言，乳房象征着“爱、诗、无限的天堂和被金色麦穗覆盖的大地”，代表了骚动的生命和汹涌的激情。在《红高粱》中，奶奶的乳房被日本人的子弹射穿了，那意味着战争对生命与美的摧毁。在《丰乳肥臀》中，乳房不仅代表了女性身体，不仅代表了美和生命之源，同时也成了历史的喂养者和承载者，成为历史的动力和基础。面对莫言的描写，我们不能不承认，人类的历史和全部文明，都是建立在乳房之上的。母亲有一些具有不同政治背景的孩子——女儿和女婿，他们往往势不两立，你死我活，但都与母亲血肉相连，都离不开母亲的抚养。不幸的是，她的乳汁所换取的，却是更多的痛苦。

这难道是母亲的宿命？莫言没有回答，但他展示了这一切，唱出了一曲母亲的哀歌。

二、一部苦难史诗

小说虽然具体描写的只是围绕一个母亲和一个家庭的故事，但它并非家庭故事，而是一部民族苦难的史诗。

正如《红高粱》一样，《丰乳肥臀》一开始就把故事的背景置于战火纷飞和英雄四起的年代。日军、伪军、国军等等，你杀过来，他杀过去，血流成河；是非、正义、人性，都被淹没在血海之中。但需要注意的是，《丰乳肥臀》与《红高粱》不同，它并不着意刻画英雄，对悲壮场景似乎没有多少兴趣。作家集中描写的是上官一家在这个大背景上的命运，是风云变幻之中各路英雄给这个家庭带来的后果。

女儿们跟随了不同的男人，而这几个男人又分别代表了现代中国历史上不同的政治力量。孤立地看，他们一个个都不乏男儿气概，但合在一起，演出的却是增加苦难的闹剧。而对于上官家的女儿们而言，他们的意义并不在于代表什么政治力量，而只是生命欲望的张扬。她们对各自的政治信仰和立场事实上并不关心，吸引了他们的，往往只是那些男人“像个男人”。而那些男人们，尽管嘴上说得道貌岸然，事实上也往往不过是个人的私欲，所谓政治斗争，也常常不过是占有欲的堂皇表达。女儿们卷入这场争斗，彼此疯狂地厮杀，常常忘记了手足之情和血缘之亲。而争斗的结果是两败俱伤：大女儿来弟，二女儿招弟，五女儿盼弟分别追随不同的政治势力，却没有得到应有的幸福，轮番登场的虚荣和尊贵，往往都是昙花一现，而最后等待她们的，都是悲惨的死亡。面对这一切，小说进行了深刻的揭示，也进行了悲愤的控诉。

经过几番血与火，日本投降了。可是，人们还没来得及回味胜利的喜悦，又被抛入另一场战争。鲁立人的队伍进了村，却很快被司马库的队伍打跑。司马库在村中放电影、学跳舞，开心没多久，鲁立人的队伍又打回来，司马库成了鲁立人的俘虏。一次又一次，上官鲁氏都要带着她的孩子们逃难。这是逃难路上看到的情景：

> ……沙梁上的兵像皮球，成群结队地滚出来，与那些戴铁帽子的兵打成一堆儿。吱吱哟哟地叫，呜哩哇啦地吼，拳打的，脚踢的，卡脖子的，捏蛋子的，咬指头的，揪耳朵的，抠眼睛的。白刀子进去红刀子出来的。什么法子都使出来了。一个小兵打不过一个大兵，小兵悄悄抓起一把沙子，说："大哥，论起来咱俩还沾亲呢，俺堂哥的媳妇是您的妹子，你别用枪托子擂我好不好？"大兵说："算了，饶了你吧，我还到你家喝过一次酒，你家那把锡酒壶做得有机巧，那叫鸳鸯壶。"小兵突然扬起手，把沙子打在大兵脸上。大兵眼被迷住了，小兵偷偷地转到大兵脑后，一手榴弹就把大兵的脑袋砸得葫芦大开瓢。

战争结束了，鲁立人胜利了，土地改革，穷人翻身，新的生活开始了。可是，鲁立人和盼弟无论怎样忠诚，怎样大义灭亲，最后上官盼弟还是要改名为马瑞莲，鲁立人还要改名李杜。而这个为各党派抚育过孩子的家庭，大门上自然要钉上一串牌子："汉奸之家""还乡团巢穴""妓女院"……陷入更深的苦难当中。

除了战争的苦难之外，小说的一个突出贡献，是生动再现了那场曾被称为"三年自然灾害"的大饥荒。小说用浓重的笔墨写了"饿殍遍野的1960年春天"。一些情景是没人写过的。比如："每人每天定量供给一两半粮食，再加上仓库保管员、食堂管理员、场部要员们的层层克扣，到了右派嘴边的，只是一碗能照清面孔的稀粥。”在这种情况下，不断有人饿死，活着的人们大多得了“浮肿病”：

农场里没得浮肿病的人，只有十个。新来的场长小老杜没有浮肿，仓库保管员国子兰没有浮肿，他们肯定偷食马料。公安特派员魏国英没有浮肿，他的狼狗，国家定量供应给肉食。还有一个名叫周天宝的没有浮肿，这人小时自制土炸弹炸掉了三根手指，后来又被炸膛的土枪崩瞎了一只眼睛。他担任着全场的警戒任务，白天睡觉，晚上背着一支捷克步枪，像游魂一样在场内的每个角落里转悠。他栖身的那间铁皮小屋，在废旧武器场的边角上。常常在深更半夜里，从他的小屋里散出煮肉的香气。这香气把人们勾引得辗转反侧难以入睡。郭文豪乘着夜色潜行到他的小屋旁边，刚要往里观望，就挨了重重的一枪托。黑暗中周天宝的独眼像灯泡一样闪着光。“妈的，反革命，偷看什么？”他粗蛮地骂着，用枪筒子戳着郭文豪的脊梁。郭文豪嬉皮笑脸地说：“天宝，煮的什么肉？分点给咱尝尝。”周天宝瓮声瓮气地说：“你敢吃吗？”郭文豪道：“四条腿的，我不敢吃板凳，两条腿的，我不敢吃人。”周天宝笑道：“我煮的就是人肉！”……

再比如，那个炊事员张麻子，用一根细铁丝挑着一个馒头，在柳林中绕来绕去，倒退着行走。那馒头摇晃着，是他手中的诱饵，用以钓取农场中所有的女人：

在他的前边三五步外，跟随着医学院校花乔其莎。她的双眼，贪婪地盯着那个馒头。夕阳照着她水肿的脸，像抹了一层狗血。她步履艰难，喘气粗重。好几次她的手指就要够着那馒头了，但张麻子一缩胳膊就让她扑了空。张麻子油滑地笑着。她像被骗的小狗一样委屈地哼哼着。有几次她甚至做出要转身离去的样子，但终究抵挡不住馒头的诱惑又转回身来如醉如痴地追随。在每天六两粮食的时代还能拒绝把绵羊的精液注入母兔体内的乔其莎，在每天一两粮食的时代里既不相信政治也不相信科学，她凭着动物的本能追逐着馒头，至于举着馒头的人是谁已经毫无意义。就这样，她跟着馒头进入了柳林深处……女人们例假消失、乳房贴肋的时代，农场里的男人们的睾丸都像两粒硬邦邦的鹅卵石，悬挂在透明的皮囊里，丧失了收缩的功能。但炊事员张麻子保持着这功能。据后来的材料揭发，张麻子在饥饿的1960年里，以食物为钓饵，几乎把全场的女右派诱奸了一遍，乔其莎是他最后进攻的堡垒。右派中最年轻最漂亮最不驯服的女人竟如其他女人一样容易上手。在如血的夕阳辉映下，上官金童目睹了他的七姐被奸污的情景。

在整个被奸污的过程中，乔其莎都在吃那个馒头。对她来说，那让一个正常环境下的女人无法忍受的痛苦已经微不足道。因为人首先要生存，饥饿可以使人忍受一切屈辱。

那个在战争年代逃难的路上为了母亲和整个家庭而把自己卖到妓院去的上官想弟，在多年之后终于历尽千辛万苦回到了家乡。她把自己卖身挣下的全部，都藏在她的琵琶里，但还没有到家，就被公社干部弄到了公社里。她一生的血汗化为乌有，回到家里，精神失常，很快就死去了。

按照时髦的说法，莫言的小说属于民间叙事。如果这里的民间只是意味着庙堂之外，那是不错的。莫言对历史的叙述，从来不是庙堂的立场。他具有一种普通百姓的目光和态度，从来不愿说官话。但是，这并不影响他的作品成为史诗。

历史有各种不同的写法。庙堂文学是一种宏大叙事，往往追求史诗性，但这种所谓宏大史诗往往走向华而不实的“假大空”。它占据“正史”的位置，却不过是皇家的历史或权力的历史。它看重所谓历史大事，却不过是自我宏大，把权力和庙堂的事当成大事。由于要美化自身，这种叙事往往遮蔽和改写历史，向人们提供虚假的景象。正因为这样，一些批评家对宏大叙事和史诗性采取批判和否定的态度，一些作家也对其敬而远之。但事实上，宏大叙事也罢，史诗也罢，本身并没有什么不好。端庄和严肃，全面而扼要，力图准确把握历史，这些努力都不应简单否定。一些人由否定宏大而走向琐碎，告别严肃而走向调侃，其实未必就是正途。因为它显示了一种逃避和放弃。面对历史的谎言，放弃争辩，放弃以严肃的态度出庭，躲到角落里自言自语，或嬉皮笑脸地说一些鸡毛蒜皮的事，甚至一边讲一边声明自己不过是道听途说，编故事，小说家言并不算数，绝不扰乱史家视听……这种创作无疑缺少大家气派，自己就没有尊重自己。

其实，“史诗”并不是庙堂文学或权力话语的专利，表现平凡世界的普通人，同样可以成为史诗。只要全方位地反映社会生活的广阔画面和历史的变迁沿革，以恢宏磅礴的文本揭示某个群体的历史，同样会成为史诗。在这部长达五十余万字的小说中，莫言采取了独到的结构形式，以一个普通的农村妇女一生的经历作为中心，写出了从1900年到1995年这样一段历史。它写的是上官氏一家的命运，却呈现了20世纪中国历史的缩影，生动地再现了一个个历史大事件，因而通过一个家庭的悲欢离合而展示了百年的历史沧桑。莫言是严肃的，因为他知道他写的是史诗。众所周知，他的语言常常难以控制，但他控制了，不满足于嘴皮子过瘾。因为他知道，嘴皮子的过分运动可能会导致不良后果，导致叙事可信度的降低。因为他知道，面对历史写作，也容不得过分的想象、夸张和语言狂欢的随意扰乱。

与假大空的“史诗”不同的是，这里没有神，没有不食人间烟火的英雄。人就是人，都有七情六欲，都有自己的弱点。不同的派别，不同的人物，人品虽有高下，却都呈现着生命和文化的某些共性。小说对各路政治英雄都以人性的眼光看待，以平等的笔墨描写，既给读者真实可近之感，又显示了他们全部的优良与恶劣。在这里，过去小说中那种英雄神话无疑被消解和颠覆，人们熟知的一些历史叙述失掉了唯一性，而且变得可疑。

三、关于金童的形象

除了面对历史苦难之外，小说还表现了作者一份沉重的忧思。在作家们纷纷以玩笑回避沉重思考的时候，这种忧思尤其可贵。

小说的另一个重要人物上官金童。他是上官家在八个女儿之后终于盼来的男孩，是传宗接代的人物。他与姐姐们一样，其实并非上官家的骨血，而是母亲与外国牧师私通而生的混血儿。众所周知，无论动物还是植物，杂交种都有各种优势，但上官金童却似乎没有显示多少优势。他恋母恋乳，拒绝长大，是一个终生“吊在女人乳头上”的男人，一个地道的废物。

小说反复描写了他对于女性乳房的病态眷恋。从婴儿时期开始，他就表现出独占母乳的强烈愿望。每当孪生的八姐玉女要来分食乳汁时，他都毫不客气地用小脚把她踹开，并且蛮横地大哭大叫，最终使得母亲不得不用羊奶喂养玉女。长大之后，他迟迟不能断奶，直到十几岁，还是除了乳汁不吃任何食物。七岁的时候，母亲曾经决定给他断奶，他却表现出一种“不吃奶，毋宁死”的脾气，为断奶而投过河。母亲无奈，真的准备让他“吃奶吃到娶媳妇”。因为这在高密东北乡，也并非没有先例。

更值得注意的是，他的“恋乳癖”不仅表现在对母亲乳房的留恋，而且表现于对任何女人的乳房都有浓厚的兴趣。见到任何一个年轻女人，他都会升起一股强烈的欲望，要去抚摸和吮吸她的乳房。这种占有的对象甚至包括他的姐姐们。以下描写是他的典型表现：

> 于是从鸟仙的袍子我想到了上官来弟的袍子，从上官来弟的袍子想到了上官来弟的乳房，从上官来弟的乳房又想到鸟仙的乳房。鸟仙的乳房是上官家的乳房系列中的上等品，它们清秀伶俐，有着刺猬嘴巴一样灵巧而微微上翘的乳头。
>
> 上官盼弟浑身湿漉漉的，单薄的衣服紧贴在身上，肥大的乳房沉甸甸地下垂着，诱惑着我的眼睛。她的头发里散发出热烘烘的酒的味道。她的枣子般的乳头在布衬衣里蠕动着，我多么想扑上去咬咬那奶头、摸摸那乳房啊，但是我不敢。

他不敢，是因为五姐脾气暴躁，可能会打他。但他抵制不住诱惑，最终下定决心：“即使挨打，我也要摸摸。”六姐嫁给巴比特的时候，金童满怀悲愤，而且咒骂姐姐们：“这世界太不公道了，你们这些下贱货，为什么不理解我的苦心？这世界上，没有人比我更懂乳房更爱乳房更知道如何保护乳房了，可我的好心被你们当成了驴肝肺。”为此，他委屈地哭了。由此，我们可以看到金童对于乳房的畸形占有欲。

金童曾经非常幸运，在高密东北乡一年一度的“雪集”上当选“雪公子”。按照风俗，他名正言顺地挨个摸了集上女人的乳房，总共一百二十对。“雪集”以神秘的方式表明了传统文化中的某种观念。“雪公子”是人人羡慕和崇敬的，标志着纯洁与神秘大自然的沟通，也意味着天真和美好，并且可以给人带来好运。在“雪集”上，一切语言都是对神秘规矩的破坏，将招致灾祸，所以人们都不说话。语言的禁忌使一切回归原始，日常道德评价消失了，文明与野蛮化为混沌。在这里，上官金童充分满足了自己的欲望。

可是，长大之后的上官金童却是一个废物。直到成年，他对性关系的理解仍然停留在婴幼儿水平，虽然没有任何生理上的缺陷，却不能像一个正常男人一样面对女人。他的男性功能一直都在沉睡不醒。在女人面前，他所渴望得到的只是乳房和乳汁。弗洛伊德曾把男人的“恋母情结”归结为幼儿时代对父亲的嫉恨，属于不能独占母爱的心理创伤。上官金童从小就独占了母爱，父亲没有成为他的对手，自然不会给他留下创伤，他却终生都是婴儿，不能真正长大成人。

他一生中的一次性爱，是与龙场长。在她开枪自杀之后，与她发生了性关系。因此，他被判了十五年徒刑。但所谓“奸尸”，倒是真的冤枉了金童，他不过是在一个因无法得到满足而自杀的女人闭眼之前，要使她得到满足。十五年后，金童回到母亲身边，已经四十二岁，却仍然像个婴儿。年老的母亲终于醒悟：“几十年了，我一直犯糊涂，现在我明白了，与其养活一个一辈子吊在女人奶头上的窝囊废，还不如让他死了好！”“你给我有点出息吧，……我已经不需要一个永远长不大的儿子，我要的是能给我闯出祸来的敢说敢做的儿子，我要一个真正站着撒尿的男人！”为此，母亲甚至不惜亲自给儿子和独乳老金拉皮条。但是，一切努力都为时已晚。金童渴望的不是与老金做爱，而是吃老金的奶。老金为了满足自己的情欲，也为了上官鲁氏的嘱托，曾经努力要把金童变成男子汉，但费了九牛二虎之力，最后还是以失败告终。老金终于失掉信心，无奈地将金童赶走。

金童的状态不仅使他在女人身上一事无成，而且使他在事业上也百无一能。女老板耿莲莲对他的一顿痛骂可说是入木三分：“你是个十足的笨蛋，像你这种吊在女人奶头上的东西，活着还不如一条狗！我要是您，早就找棵歪脖树吊死了！马洛亚下的是龙种，收获的竟是一只跳蚤！跳蚤一跳半米高，您哪，顶多是只臭虫，甚至连臭虫都不如，您更像一只饿了三年的白虱子！”面对这样的痛骂，上官金童的反应是捂着耳朵逃进了芦苇地，然后号啕大哭。金童的确成了“抹不上墙的狗屎，扶不上树的死猫”。

司马粮深知这位小舅的病，开始利用它做生意。他先是用大把美金把大栏市的“好货色”一批一批招来，让上官金童尽情地摸，“摸得手指头都起了血泡”，同时成了“美乳专家”；然后委任他为“美尔乳”（后来改为“独角兽乳罩大世界”）的总经理，将他的哲学和兴趣用于乳罩店的经营。开业那天，店门口升起两个巨大的氢气球，上面挂着两幅大标语：“抓住乳房就等于抓住女人”，“抓住女人就等于抓住世界”。上官金童一通百通，建立了一个无懈可击的体系：“乳房是人类世代进化的结果，对乳房的爱护和关心程度，是衡量一个时期内社会文明程度的重要标志。女人要为自己的乳房感到自豪，男人要对女人的乳房感到骄傲。乳房舒服了，女人才会舒服。女人舒服了，男人才会舒服。因此只有把乳房侍候舒服了，人类才会舒服。”“独角兽乳罩大世界”生意兴隆，财源滚滚。这是上官金童一生事业的顶峰。然而，寡妇汪银枝瞄准上官金童的弱点乘虚而入，用自己的乳房征服了他，使他被迫与之结婚，然后鸠占鹊巢，自己当起了女老板。最后，她又逼着金童在离婚协议上签了字，把他赶出了大门。金童满怀怨恨，在想象中设计了各种报复的办法，但面对汪银枝的打手，却毫无反抗能力，在街上遇到汪银枝的情夫，还要与之握手，“互致问候，表示感谢，仿佛都占了天大的便宜”。他的血性只停留在幻想中，唯一的“硬气”不过是同意离婚，什么都不要。

最后，他还是只能回到属于他自己的乳房——母亲那里去。但是，母亲已经停止了呼吸。

上官金童对乳房的迷恋生动展示了一种未断奶的状态。由此可见，莫言不仅质问历史，而且在探讨文化和心理。在莫言笔下，上官金童显然是一个时代的产物，是畸形社会的产物，承载了复杂的历史内容。对于上官金童，莫言的态度是复杂的，有讽刺和批判，也有深切的同情。一些人片面强调一些描写，使金童成为一个纯粹的丑角，是不合适的。因为作家对他的“恋乳癖”和“恋乳厌食症”显然有更多的思考。细心的读者能够看到，上官金童的恋乳癖曾经有几次治愈的机会：一次是他上小学的时候，因为全班唯有他能够记住一首歌的歌词，受到老师的表扬和鼓励，他几乎要停止吃奶了。可是，继之而来的是被四个小流氓殴打，一下子摧毁了他刚刚萌发的自信。第二次是上中学的时候，他已经非常健康：“那些日子是我一生中最黄金的岁月，我有一个最革命的家庭，我有一个最聪明的头脑，我有健康的体魄、令女同学不敢正眼观看的相貌，我有旺盛的食欲，在学生食堂里，用筷子插着一串窝窝头，手里握着一棵粗壮的大葱，一边说笑，一边咔嚓咔嚓地咀嚼吞咽。我半年内跳了两级，成为初三一班的俄语课代表，不用申请团组织就吸收我入了团，并立即担任了团支部宣传委员，主要负责唱歌，用俄语唱俄罗斯民歌，我的嗓音浑厚，有牛奶般的细腻和大葱般的粗犷，每唱一曲就震倒一大片，我是50年代末大栏中学里灿烂的明星。为苏联专家做过翻译的霍老师，一位面容端正的女子，对我极为欣赏。她多次在课堂上表扬我。她说我有外语天才。为了进一步提高我的俄语水平，她为我牵线，让我跟苏联赤塔市一个九年级女学生通信。她是一个在中国工作过的苏联专家的女儿，名叫娜塔莎。我们交换了照片。在黑白照片上，娜塔莎瞪着有些吃惊的大眼睛、翻卷着茂密的睫毛看着我……”在他暗恋娜塔莎的时候，他已经是一个心理正常的男人。但是，肖金钢对他的教训却又摧垮了他。小说是这样写的：“早饭时，上官金童面对着玉米粥，感到一阵难忍的恶心，他恐惧地意识到：恋乳厌食症又复发了。”

也就是说，金童的恋乳症同样是苦难的象征。正如小说中他自己说的，他是“一只被阉割过的绵羊”。恋乳，厌食，长不大，都是“阉割”的结果。

而且，作家在批判这一形象的同时，对他也有一些肯定。比如，他很善良。他自身承载着太多的苦难，却常常表现出对别人的关爱和怜悯，显示着浓厚的人道精神。他对乳房的呵护，对不幸人们的同情，包括对龙青萍生命最后时刻的抚慰和对独角兽女儿的关心，都显示了这一点。公道地说，他具有父亲马洛亚牧师的聪明才智和基督精神，也有母亲的坚忍和宽容。他是一个苦难的符号，承载了丰富的历史密码。

四、关于小说的性描写

小说为一般读者和批评家所非议的，主要是有点“黄”。在一些人看来，小说粗俗淫秽，不登大雅，有辱斯文，也有害读者。因为莫言说这部小说是献给母亲在天之灵的，一些人更加恼火，因为那似乎让所有的母亲蒙羞，也是对所有女性的不敬。

一些人认为，这种批评代表的只是一些“见性色变”的冬烘先生的观点，不值一哂。但在我看来，关于这部小说，有些批评的确不值一哂，而且让你无从哂起。但关于性描写的批评，还是值得谈论的问题。我想提醒人们的是，莫言的小说的确多涉性事，并且不避淫秽和粗俗，但是，他的小说与“黄色”无涉。所谓“黄色”，指的是色情诱惑。《丰乳肥臀》不存在这样的问题。小说的确有不少粗俗的语言和污秽的描写，但在这一切的底下，莫言却有一份清洁，使小说有一种清洁的精神。

我之所以这样说，是因为莫言的性描写并不煽惑读者的情欲。莫言的心态是自然的，他的笔墨也是自然的，自然地面对人的一切，从身体到心理的方方面面。莫言大方地描写，从来不以此诱人。如果与贾平凹的《废都》比较，大概不难发现，贾平凹在性行为的一些关键处画下一些框框，略而不写，反而充满诱惑；而莫言直笔书写，自己既不脸红，也不羞涩，读者也不会想入非非。

比如上官鲁氏，曾与许多野男人交合。在这其中，多是心甘情愿、主动寻找的，但她为什么要这样做？却是因为生活的逼迫，上官吕氏和她背后的强大传统，时时刻刻在折磨着她，使她不得不如此。性爱本是人的权利，是自然赋予的，可以延续生命，可以寻求快乐。可是，上官鲁氏却随着巨大的压力，几乎顾不上任何快乐，只为怀上孩子。这样的性爱，其实已经是苦役。作家对她的描写，是对人的悲剧命运的哀叹，是对剥夺、压抑人性的力量的控诉，充满人道精神。对于性，作者不是欣赏和把玩，更不是沉醉其中，而是大多带着悲悯描写。这样写出的情景，没有色情文学那种热乎乎湿漉漉的卧室气息，效果也自然大不相同。

《丰乳肥臀》中的性行为常常与生存有关。性的付出往往是活下去的途径。这种特定前提下的性行为，是一种求生的手段，是保全生命的方式，使人读之心情沉重，不忍谴责它是否合乎道德。这种情况使它本身具有了特别的悲剧意味，因而具有对社会和历史的穿透力，显示着某种崇高和悲壮。相信读者读到上官来弟与鸟儿韩的性交，读到乔其莎与食堂管理员的性交，包括那露骨的动作描写，都不会产生生理的冲动。对于前者，有良心的读者都会从内心深处赞同他们的行为，因为一个是在密林里非人非兽地生活了十五年的男人，一个是被时代风云折磨了二十年的女人，更何况，他们是真诚的，是两个饱受折磨的生命的结合。正因为这样，面对他们的行为，上官鲁氏也不去制止。对于后者，一方面是生之本能，以肉体被凌辱为代价获得食物，所以乔其莎所关心的，根本不是侵犯她肉体的那个男人，而是他手中的那个馒头。另一方面，面对那个管理员，人们所看到的不过是一只乘人之危的野兽。只要是一个正常的人，看到一只恶狼扑食一个少女，唤起的审美感受，绝对不会是肉欲。

最令一些人无法容忍的是这样的细节描写：

> 枪毙哑巴的地方就是枪毙马童的地方：村子南边，一个中间生长着臭蒲、边上倒满垃圾的臭水坑。哑巴被五花大绑着推到坑边，几十个兵持枪站成一排。
>
> 蒋政委向围观的百姓做了慷慨激烈的演讲。演讲毕，士兵们拉开枪栓，把子弹推上膛。政委亲自发布命令。子弹即将出膛时，穿着一身白衣的上官领弟翩翩而来。她的步态轻盈，飘飘欲仙。鸟仙来了！有人说。鸟仙的传奇经历和神奇的事迹立即被人们回忆起来，大家都忘了哑巴。那时刻是鸟仙一生中最美丽的时刻，她在众人面前舞蹈着，像沼泽地里的仙鹤。她的脸鲜艳极了，像红荷花，像白荷花。她身材匀称，肿胀的嘴唇十分诱人。她舞蹈着靠近哑巴，突然停住脚步，歪着脑袋，看着哑巴的脸，哑巴咧嘴傻笑。她伸出手，摸摸哑巴毡片般的卷发，捏捏他蒜头般的鼻子。最后，她竟然伸出手，握住了哑巴双腿间那个造了孽的家伙，歪回头，对着众人哧哧地笑起来。女人们慌忙歪头避开，男人们却痴迷地看着，脸上挂着鬼鬼祟祟的笑容。
>
> 政委咳嗽一声，很不自然地说："拉开她，执行枪决！"
>
> 哑巴昂着头，嗷嗷怪叫，可能是表示抗议。
>
> 鸟仙的手始终摸着他的家伙，厚唇上浮着贪婪的、但极其自然健康的欲望……

对于这样的情节，一些人无法忍受，这是可以理解的。但我们不要忘了，这时的鸟仙早已是精神病人，作者所要表现的，是一个人在精神失常之后仍然存在的本能，正如小说所写，正因为没有了思维，它所表达的，才更是“自然健康的欲望”。这样的描写，同样不会对读者构成诱惑。

五、几个值得猜想的问题

小说一开始就是这样的场景：上官鲁氏与他们家的驴同时生产，又同时难产，后来又同时生出了骡子和上官金童。骡子是驴和马杂交而生；上官金童则是鲁氏与洋牧师杂交而生。众所周知，骡子没有繁殖能力；上官金童也似乎没有繁殖能力。由此可见，作家的描写显然经过周密构思。可是，这个构思究竟要表现什么？那个有“恋乳癖”的上官金童究竟承载了什么？

首先，对于莫言来说，感叹“种的退化”是一贯的。但在《红高粱》中，还在祖先与后代之间划出了界限，形成了对比。爷爷和红高粱代表着辉煌的过去，而叙述人和杂交高粱则象征着耻辱的现在。也就是说，在《红高粱》中，作家不满于现实，还想逃到想象的过去，在爷爷奶奶那里寻找安慰。到了《丰乳肥臀》，莫言已经不再虚构这样的精神圣殿，面对上官家，莫言嘲弄了每一个男人，不光彩的不只是“一生吊在女人乳头上”的上官金童，而且包括他的所谓父亲和爷爷。这是否意味着莫言告别了一切浪漫主义，告别了虚幻的寄托？

莫言大概知道，“过去的好时光”其实并不存在，爷爷奶奶的英雄风流只是想象的故事。现实退化得让人痛心疾首，而过去事实上也并不辉煌。因为现实的丑陋而把过去美化为至善至美的境地，因为后代的怯懦而虚构出先人的英勇，其实都是浅薄的浪漫。我想，莫言在写《红高粱》的时候，还不忍心面对历史真相，而在《丰乳肥臀》中，他显然矫正了自己，开始直面历史和现实共有的种种苦难和不幸。

其次，沿着时间的线索走过上官家的百年史，无论是吕氏当家的年代还是鲁氏当家的年代，都像一个母系社会，女性因为生命力的强劲而主宰着一切，而男人却都不中用。小说开始，就透露了上官家阴盛阳衰的气象：上官福禄生得矮小猥琐，打铁也只能当老婆的助手；儿子上官寿喜百无一能，虽然善于打老婆，却没有让老婆怀孕的能力。于是，老婆只能悄悄借种，使这个家庭成了一个地地道道的杂种家庭。唯一的香火继承人是一个混血儿，却仍然不能使家族兴旺，甚至比上一代更加无用。

作家构想这样的故事，究竟要表现什么？他嘲弄了中国的宗法制传统，嘲弄了男权中心的血统观念，宣布了上官家的末日。可是，这上官家象征着什么？

同时值得注意的是，上官家失掉了继续繁衍的能力，只能通过“借种”维持家族的虚假延续。可是，鲁氏先后与若干个本土男人交合，有赌徒、赊小鸭的、打狗卖肉的、江湖郎中、智通和尚、败兵残勇，生下的却都是女儿，依然不能延续香火。只有委身于洋牧师马洛亚，而且真正产生感情，才生出了上官金童。这其中是否有所寓意？

众所周知，无论植物还是动物，杂交品种都有一定的优势，但在上官家，事情却有点奇怪：本土的杂交种都是不能延续香火的女性，具有旺盛的生命力，却一个个短命早夭，在母亲之前死去；混血儿上官金童活了下来，却偏偏缺乏旺盛的生命力，是一个十足的废物，其杂交优势一点儿也没有显示出来。这一切，又暗含了什么意蕴？

关于杂交，小说开始不久有一个情节似乎值得注意：鲁氏和母驴都要生产，而且都难产。面对难产的驴，接生的樊三说了这样一段话：“去年你儿子牵驴来配种时，我就对他说，你家这头蚂蚱驴，最好用驴配，他不听我劝，非要用马配。我那匹大种马，十足纯种东洋马，一个马蹄，大过你家驴头。我家的种马一跨上去，你家的驴就瘫了，简直是大公鸡踩麻雀。也就是我的种马，调教得好，闭着眼日你家的蚂蚱驴，要是换了别人家的马，哼，怎么着？难产了吧？生骡子的驴不是你家这驴，你家的驴只能生驴，生蚂蚱驴……”那么，上官家的媳妇是不是同样只配生女儿？

象征也罢，隐喻也罢，只是引人猜想。若想对这样的问题做出结论，需要小说细节的全面对应。这常常很难，因为作家的思维一般难以完全周密。更糟糕的情况，是批评家在那里费力探究，而作家不过是随意而为，其中并无深意。不过，一部作品能够让人思索，本身就是一种成功。

1996年9月　曲阜

泥沼面前的误导

进入90年代以来，伴随着知识分子话语的挫折和疲惫，中国大陆文学出现了一种“民间化”的倾向。有人“躲避崇高”，有人“直面世俗”，有人“融入野地”，有人为“民间的还原”而热烈欢呼。一群群作家和评论家放弃知识分子的话语立场而走向民间，在努力获得民间大众话语的同时对“五四”时期和80年代的知识分子话语进行毫不留情的批判，文学开始寻找所谓“民间范式”。于是，民间话语成为一种潮流，正在迅速地淹没大陆文学界。这一切，毫无疑问包含了从商业目的出发而取悦于大众的媚俗倾向，但认真考察，持此论者并不全是痞子、无赖和以赢利为目的的商人。这就更值得注意了。在文学已经陷入民间大众沼泽地的时候，面对这种误导，关心文学前途的人应该为之忧虑。

一

对民间话语的误导首先源于对民间文化的误识。在一些作家和批评家的眼里，民间展示着各种伟大之处：它生动活泼、富于生机，它远离权威话语而自由自在，它是知识分子进入边缘之后可以栖身的精神家园，等等。这不是个别的现象，持这种看法的包括我们这个时代最活跃的作家和评论家。张炜说：“文学一旦走入民间、加入民间、自民间而来，就会变得伟大而自由……而它的自由正与它的伟大连在一起。所有的禁忌和障碍被粉碎之后，真正的创作自由也就出现了。一旦有了这种自由，它也就无所不往，无往不胜，在历史的长河中遨游，在人类的高空中飞翔。它可以超越历史、政治、神话……”“民间文学不仅藐视一切皇皇巨著，而且有力地挑战了专制，特别是思想的专制。它在传达一种自在的、仅仅为生命负责的精神，创造出无数个来往于天地之间的思想的精灵、艺术的侠客。……它放荡不羁之中仍深透着人的原则，浑然的多声部仍突出着抗争的旋律。”[①]陈思和说：“不管社会多么残酷和严厉，民间永远是一块自由自在的天地，它无所不在：时间和空间、城市和农村、精神领域和世俗社会……这个有待开拓的新空间里所展示的世界风貌，远比权力话语和理性逻辑所解释的世界要丰富得多也有趣的多。”“知识者面对着无限宽广、无所不包的民间丰富天地，深感到自身的软弱和渺小，他们一向习惯于把自己暴露在广场上让人敬慕瞻仰，现在突然感到把自己隐蔽在民间的安全可靠。以民间的伟大来反观自己的渺小，以民间的丰富来装饰自己的匮乏，他们不知不觉中适应了更为谦卑的叙事风格。”“作家以民间的立场来感受和表现世界，是为了打破权力意志……”[②]他们都在极力张扬民间的自由、伟大和独立品格。

不难发现，这里的民间是一个虚构的民间，是想象的产物而不是现实空间中的客观存在。但值得注意的是，在此理论引导之下走向民间的创作将要面对的却是我们现实的民间。

在这种富于诗意的想象中，民间是国家权力控制相对薄弱的领域，民间文化是自由活泼的，它能够比较真实地表达民间世界生活的面貌和下层人民的情绪，“回避了政治意识形态的思维定式”，体现着“浓厚的自由色彩，而且带有强烈的自在的原始状态。”[③]这种认识对民间文化的自由自在状态和独立品格是夸大了的。事实上，民间话语与权威话语之间，民间文化和政治意识形态之间，联系是非常密切的。民间话语根本无法逃避权威话语的渗透，因而总是不自觉地打着权威话语的印记，显示着国家政治意识形态的思维定式。看一看农村那些传统观念的自觉维护者，看一看农村那些极“左”政治路线的留恋者，看一看自80年代以来一些作品所描写的民间文化和大

---

①张炜：《远逝的山峦与彤云·伟大而自由的民间文学》，《钟山》1995年第6期。

②陈思和：《逼近世纪末的回顾和思考》，《文学报》1995年12月21日。

③陈思和：《民间的浮沉》，《上海文学》1994年第1期。

众的思想状态，这一切都应该是很清楚的。从表面上看，也许民间文化呈现着某种边缘性与自主性。事实上，它的自主性极为有限。从历史上看，正统、道统对民间的统治是严密周到的，民间文化在价值层面上不过是它的普及版本。从现实层面看，民间也并没有摆脱权威和传统的双重控制，农民的生命状态并不比知识分子更舒展，他们的精神上同样套着重重枷锁。民间文化事实上也是在非自身力量的影响下发展的。在我们生活的这片土地上，已经没有那种自由自在的民间。

只要我们能够冷静地而不是带着民族主义或民粹主义情感看问题，就应该承认，当代中国的民间文化像一锅大杂烩，其中煮着全部自发的生机和几千年积淀的陈腐。在这里，生机是微弱的，腐朽却因为长期发酵而气味特别浓烈。而且，只要我们对其认真考察，就会发现，它是权威意识形态天然的承载者和自觉守护者。如果我们要寻找过去时态的权威意识形态，民间是最好的场所。正所谓“礼失求诸野”是也。它的确有其两面性，承载着几千年传统积淀的同时表现着男欢女爱等生命自由意志。然而，对于我们这个时代来说，民间的自由意志已经非常微弱。所谓民间，已经是各种陈旧观念的旧货场。

事实上，文学对民间文化的看重并不是90年代的新现象。早在“寻根”运动中，一些作家就表现出对民间文化的特别偏爱。他们认为，我们民族文化之精华更多地保留在中原规范之外，因而纷纷到民间寻找与传统规范不同的文化形态，以期从中发掘充满生机的民族文化。一些作家对荒原峡谷、深山大漠文化状态的描写也是对民间文化进行探寻时向着更为远离规范的民间的一种延伸。清醒者如韩少功等，都不能回避所谓民间所呈现的“鸡头寨”文化状态。今日民间也许已经不同于80年代，但值得注意的是，民间文化并没有在这短短的时间里变得充满生机，而是在时代的发展面前更多地显示着它的陈腐。

人们当然能够注意到民间话语与权威话语的不同，在历史的演变中，权威话语在不断发展和流变，而民间文化却保持着相对的稳定并因此而显示着与权威的差异。但是，这不同之处，往往在于旧时代的文化碎片，而不是什么自由生机；往往在于其滞后，而不在于其根本上的独立性。20世纪中国的民间情况尤其如此。因为中国的闭关锁国状态之所以打破，中国现代文化之所以产生，不是由于民族文化新萌芽的生长，而是由于外来文化的冲击。近代中国土产的现代思想没有构成完整的理论学说，当然也不会普及到民间。无论深山大漠还是传统的乡村和市井，都无法自发地产生出现代文化。中国的现代文化是在与西方的交流中产生的。但是，由于伴随西方文化一道进入中国的是列强的大炮，它所给予这个民族的屈辱感导致了普通民众对文化也像对枪炮一样怀有强烈的抵触。而且愈是民间，愈是小生产农民，这种抵触心理愈为强烈。这就使得现代文化与民间文化长期格格不入，很难在民间有生存的空间，而传统文化却能够在民间保存，并决定其基本性质。

因此，对于今天的中国来说，“民间的”往往意味着“传统的”和“非现代的”。走向民间，则意味着走向传统和丧失现代性。这对于反现代性的后现代主义者来说，当然是求之不得的，对于抵抗现代性的前现代来说，也是求之不得的，但对于还不急于反对中国现代化的人来说，却不会愿意接受这个结果。

当然，对于一部分倡导者来说，他们看中的并不是这种远离现代社会的自在的民间，而是更多地关心着新兴市民社会。有人在批评以张承志等人“不知有汉”时就说：“90年代的‘大众’，在语义上已经同往昔发生了质的变化，它们已经拥有自己的话语形态即大众文化，大众文化与知识分子文化或者宗教文化，根本无以构成拯救与被救的关系，它们有机并存，各行其道。因此拯救的姿态不仅是徒劳的；相反，固守这种姿态，自以为天下皆醉我独醒，全不问时代、对象与自我的巨大变化，唯以拯救他者为己任：这其实是知识分子自身迷途的一种表现。”①这种认识不是个别的，而是几年来非常流行的。从中不难发现同是站在民间大众立场上的人们的差异，它明显地在消解张炜等人的论断，因为张炜等人所看重的正是民间不受时代影响的自由自在状态，而这种观点强调的却是大众在90年代的变化所显示的进步性。上海等地不少的批评家对民间的倡导事实上看重的不是张炜那个民间，而是市民文化所展示的未来景观。

因此，在今天谈论民间社会，就不能不区分两个不同的空间：乡土民间与城市民间。前者的主体是农民，后者的主体是市民；前者有更多的传统世

①邵建：《知识分子写作：世纪末的新状态》，《钟山》1995年第3期。

俗性，后者有更多的现代世俗性；前者相对稳定，倾向守旧，后者活跃多变，呈现着更多的生机。应该承认，进入90年代，市场经济的发展正在强有力地改变着人们原有的价值观念和生活方式，使市民文化与原有的意识形态距离越来越远，因而在理论上应该有自己的话语。事实上，已经有很多人试图描述这种话语，如：它不同于知识分子的宏大叙事，不关心与个人利益无关的形而上的主义，不关心精神的发展方向，更多地注意个人的实际生活，注意个人物质生存条件的满足和个人情感领域的一些具体问题，等等。然而，这种描述并不可靠，因为它只是一种想象。现代都市民间是很难把握的一种存在。这原因当然很多，但重要的原因是中国市民社会仍然没有形成自己的意识系统。它的意识形态仍然杂乱无章，是传统意识形态、当代意识形态和开放之后产生的商业意识的杂拌儿。

今日都市犹如假面舞会，一片喧嚣中隐藏着不知是有还是无的真面目。它最容易受时髦的影响，就像对时装流行色的追逐一样，价值观念也很不稳定。特别是在大众传媒高度发达的今天，它最容易受传媒的影响，也最容易被传媒所塑造。我们对于当前都市民间话语应该有足够的警惕，不能把大众传媒的话语当成公共话语，不能从报刊上和电视中去发现市民社会的声音。新时期以来的权威话语对市民社会的控制的确是有所放宽，但并未放弃控制。市民有了更多的自由，比如购物的自由、化妆的自由等等，却也面对一些无法超越的铁栅栏。传媒制造着都市大众，制造着都市民间话语，而传媒难以超越控制。

主要的问题在于，我们所面对的民间，无论是乡土民间还是都市民间，都是早已被异化了的。经过20世纪政治风雨侵蚀的民间社会是一个高度污染的社会，从这样一个基础上生长出来的民间话语是不可高估的。因此，我们没有理由对它过于信任，也没有理由对它抱有太大的希望。应该看到，20世纪那些丑恶的东西，包括“文革”中最丑陋、最下流的做法，都是从那里生长出来的。我们面对的就是这么一个民间。20世纪末的文学已经深陷其中。文学批评大可不必再做进一步的倡导。

二

毫无疑问，90年代文学向民间进军是与反知识分子倾向的发展同步的。伴随着权威意识、市场原则和大众文化对知识分子话语的压迫，一些知识分子开始进行自我否定。这种否定无论从什么基点出发，都总是与世俗化、民间化或者大众文化的倡导紧密连在一起的。

只要阅读一下近几年来的批评文章，就会发现，20世纪末文学的弄潮者大都在劝说知识分子克服自己的精英意识，放弃启蒙导师的姿态，不要以为自己比大众更高明，不要以为自己洞悉历史前进的方向，不要以为自己能够从事社会改造工程和决定历史进程，因此，应该放弃这种出力不讨好的历史承担；不要企图占据主流地位，不要企图垄断话语权力，不要以自己的标准为标准，应该适应市民，适应市场，反省自己，调整自己……告诫之声不绝于耳，愈演愈烈。

这种倾向显然带着80年代末政治影响的痕迹，显示着一种吃一堑长一智的智慧。同时，它又来自后现代的理论支持。你们的行为不仅不受权威欢迎，而且也不一定给社会带来好处，你们这些知识分子就应该对自己的行为进行反省。于是，他们劝说知识分子应该明智，应该识时务，应该主动地边缘化，非政治化，非意识形态化，不要干预这干预那。为此，反思现代知识分子的过错，倡导知识分子价值观念转变，成为20世纪末的一大文化景观。后现代主义者打着公开的旗帜以反知识、反科学、反理性、反现代性的理论对知识分子的启蒙立场进行声讨，而一些非后现代主义的知识分子也反复强调对现代知识分子进行反思，对知识分子自身进行调整。之所以或者严厉或者苦口婆心地教导知识分子看清自己的价值使命，原因是如果不这样，那些执迷不悟的知识分子就仍然坚持精英知识分子立场，仍然要去对大众启蒙，仍然把大众当作迷途的羔羊去进行拯救。在关于人文精神的讨论中，有人认为人文精神之所以失落，就在于它本身有问题。这是不错的，如果不是知识分子自身有问题，历史也许是另一个样子，但是，这“问题”之所指却是中国知识分子到了80年代竟然又想起了“五四”那种人文传统。他们以嘲弄的口吻对此进行着讽刺，庆幸于中国知识分子千呼万唤的那套西方人文传统在西方已经面临危机。说来说去，其实就是一句话：知识分子应该彻底放弃启蒙立场，放弃现代性追求。

在时代已经彻底改变的描述下，在知识分子现代化追求教训的总结中，在后现代文化思潮的支持和引导下，似乎知识分子唯一的选择就是彻底洗心革面，脱胎换骨，放弃启蒙主义，放弃历史承担，放弃真理拥有者的居高临下姿态。放弃之后哪里去？大旗已经高高举起：到民间去！于是各路人马纷纷涌来：躲避崇高，直面世俗，融入野地，生活无罪……

然而，面对受命于民间大众的诱降使者，我却总有打不消的怀疑。现代"精英知识分子"真的如此可恶？新世纪的文学真与知识分子水火不容？好的作品一定是像新潮批评家说的那样是作家放弃了知识分子启蒙立场，不再做启蒙导师之后的结果？于是，我一直等待着知识分子的主体性被从文学中驱逐之后出现的大作品。等了几年，自命精英的人的确少见了，知识分子也差不多在文坛死绝了，却仍然不见优秀的大作出现，甚至连坚持可恶的精英立场的那些知识分子写的作品也远远不如。于是我想，或许这种引导对文学的健康发展本来就是无益的。

在这里，还有一个值得注意的问题是对现代精英知识分子的误解。很多人根据一种皮相的见解，认为20世纪以来知识分子精英文化仍然没有摆脱传统士大夫的理想，把主要精力放在"重返庙堂的斗争上"，好像胡适鲁迅们也都是官迷心窍的人，因为他们总是关心政治，导致了与正统合流的悲剧及人文精神的失落。这种认识在个别与整体之间只关注那些在以权威话语书写的文学史中占据主要地位的知识分子，而没有注意那些被权威历史遮蔽的为文学的现代性而努力的人们。同时，没有认真地考察和具体地看待那些在庙堂近处（事实上真正获得现代品格的知识分子都没有真正进入庙堂）的知识分子。我们不能否认20世纪一些也被称作知识分子的人没有表现出现代知识分子应该具有的独立人格，也不能否认由于各种浅薄而导致的寻找政治依靠而最终被政治吞没的悲剧，但是，从严格的意义上说，做如此选择者恰恰还不是真正意义上的现代知识分子。当我们谈论现代知识分子话语的时候，是不应该过分关注他们的，因为他们的人格还没有从对权威的依附中独立出来，也就不可能获得真正的知识分子话语。同时，知识分子并不一定远离政治，由于20世纪中国的特殊境遇，一个真正的知识分子不可能不关心政治。但是，重要的是如何关心、关心的方式和方向。是苦苦探索民族的出路以求美好未来，还是为了私利而助纣为虐，把历史拖离现代化的轨道。因此，我们不应该因为那些活跃于当代文坛的所谓知识分子的存在，就对知识分子精英文化过分贬低，更不能追随某种力量而贬低“五四”和80年代知识分子在文化建设和知识分子自身建设中所做的贡献。

中国有一种传统，就是讽刺和嘲弄乌托邦情怀，嘲弄知识分子高于民众的各种精神坚守。而知识分子自己的理想一旦在实践中遇到阻力，就很容易对自己的追求产生怀疑。正是这种习惯造成了种种历史性的悲剧。90年代知识分子与20年代末的那些狂热又幼稚的知识分子表现了同样的特点：缺乏精神坚守能力和盲目追随新的潮流。

否定和嘲弄知识分子的一个重要理由是现代历史上大众对知识分子的拒绝。很多人以启蒙失败为理由否定知识分子的启蒙努力。其实，大众的拒绝是必然的，因为知识分子与大众分别承载着两种不同的文化，接受者由于文化传统的作用而缺少必要的接受机制。任何启蒙运动都是在被拒绝中艰难行进的。艰难正证明启蒙的必要。20世纪中国的启蒙运动的确不是成功的，但不成功的原因一是知识分子自身的分化和步入歧途，一是传统的沉重和历史的机遇。正是这两方面的原因使为现代化而努力的知识分子孤独地奋斗而最后不得不以失败告终。正因为这样，80年代知识分子才重新举起启蒙的旗帜，由于历史提供的条件，启蒙没有能够进行下去，这是历史的悲剧。知道历史前进的这种艰难，知识分子更应该清楚自己使命的重大和任务的艰巨，而不应该由于失败而放弃立场，甚至把不属于知识分子自身的罪责也归于自身。中国知识分子对自身的反省是必要的，只有不断反省才能使知识分子的努力更行之有效，但是，不应该在反省知识分子自身的旗帜下否定现代知识分子对于历史所做的努力，更不应该因此而引导他们放弃自己的立场而走向民间。因为20世纪的教训之一就是知识分子没有坚持自己的立场而走向民间大众。

特别应该注意的是，20世纪中国毫无疑问处于世界性的现代化进程之中。这个进程中最具有历史意义的冲突发生在传统与现代之间。这是即使用了后现代的理论也抹不平的。这一矛盾往往最集中也最尖锐地表现于权威话语与知识分子话语的冲突。在这种冲突中，民间话语与权威话语的联盟是牢固的，也是持久的，因为权威话语与民间话语之间的矛盾仅仅是政治上的，而在文化基础上，二者之间是相同的，只有知识分子话语因更多地承载了外来文化而成为陌生的异己。因此，如果我们还不想自杀，就没有必要忙于自己挖墓坑。

三

20世纪末的文学民间化运动的确不同于既往的大众化与民族化运动。它提出了一个观察中国当代文学乃至近现代文学的新视角，也就是在人们熟知的“革命范式”与“启蒙范式”之外，提出了一个“民间——市民范式”。按照比较权威的解释，“民间——市民范式”其实是一个比其他范式出现更早的范式，它的标本就是鸳鸯蝴蝶派的作品，但由于受“五四”以后启蒙主义的影响，却往往被视之为不登大雅之堂的通俗文学。1949年以后，实际上形成了“阶级斗争——革命范式”独步文坛的局面。“文革”以后，人们开始重新考量“革命范式”给文学造成的种种盲点和误区，于是出现了“启蒙范式”的重振。“自‘伤痕文学’始到‘文化寻根小说’止，新时期文学始终流贯着知识精英们的‘启蒙情结’。1993年开始的‘人文精神’讨论，实际上仍然是‘启蒙范式’在文学理论上的后续表现；不过，此时它的对手已经不是‘革命范式’，而是转为王朔小说在新历史条件下加以承传的‘民间——市民范式’了。”[①]很显然，他们把王朔当作民间范式的开始，而重新发现的张爱玲是这一范式的现代标本。

然而，民间范式并不完全是大陆的土产。考察它的思想源可以看到，它事实上是本土的以经济建设为中心的实践启示与海外对20世纪中国现代化进程的研究成果相结合的产物。法国学者白吉尔的《1911—1937：中国资产阶级的黄金时代》这本书的贡献是不容忽视的，它填补了研究中国城市文化和现代城市资产阶级的空白。白吉尔在研究中国现代化进程的时候，批判了“启蒙”的范式和“革命”的范式，提出了“市场”和“民间”等新范式。她使人看到，是启蒙和革命打乱了清末以来一直向前发展着的现代化进程。

①《上海文学》1995年第10期“编者的话”。

这对我们的确是一个启示，但也没有什么特别深刻的发现。因为现代化的重要指标就是经济，而经济的发展需要市场和市民社会，国内的学者也不难认识到中国现代历史上对于市场的破坏给现代化带来的严重危害。然而，这一论点是90年代中国学界有关清末民初历史重新认识的一个基本理论前提，也是文化界“民间社会”观点提出的前提。按照白吉尔的见解，启蒙、革命和国家不仅阻碍了中国经济的迅速增长，而且扼杀了民主化进程的萌芽。应该承认，这是一个很大胆的设想而且她也为此而占有了大量的能够说明这一论点的材料。但是，白吉尔的见解是存在问题的，也就怪不得她的导师要坚决反对她的这一观点。这里需要注意的是，现代化的确首先需要市场和市民社会的发展，但决不仅仅是有了市场和市民社会就解决了问题。事实非常清楚，洋务派并不能解决中国近代以来的全部危机。无论人们如何理解这段历史，康有为、梁启超、胡适、鲁迅等人政治变革和文化变革的努力都不是不需要的。关于蒋介石政权和反对他的革命运动是否破坏了市场的发展和民间社会，因为话题太大暂且不论，必须明白的是，真正伤害了市场和民间社会发展的绝不是启蒙。启蒙主义事实上是市场发展的推动者，是中产阶级的助长者。在20世纪的历史上，真正的精英知识分子在这一点上一直是清醒的，他们始终没有伤害现代化的经济方面军——企业家和商人。在1911—1937年，精英知识分子与经济精英也是携手前进的。

不错，我承认来自民众的生存欲望本身是社会发展的一种强大力量，它能够自发地推动经济的发展。只要没有扼杀的力量，社会就可能走向经济的富足，大众就会自发地创造美好的生活。这是已经被土地承包和一系列的“政策放宽”带来的后果所证明了的，也是被中国曲折的历史所证明了的。但是，民间经济的自由发展是极有限度的。政治制度和思想文化等方面的力量和各种传统观念足以阻碍现代化的进程。

然而，当前的文坛却缺少一种系统的思考，而满足于对某些新因素的发现。一旦发现则为之欢呼，而且不惜伤害更有价值的事物。既然民间社会自有其力量，既然目的应该是使人生活得更美好，那么，“关键问题并不在于怎样使日常生活告别现代性而进入后现代，或使日常生活受制于现代性目标，而在于怎样使现代性设计合乎日常生活。换言之，不是在日常生活之外寻找意义和价值，不是用日常生活之外的目标去控制日常生活，而是用生活之内的意义和价值去评判一切，去分清什么有益于生活，什么威胁生活，什么是幸福的生活，什么是不幸的生活，需要建立一个生活无罪的前提……”[①]有许多年轻的批评家都在强调市民日常生活，他们看到了几十年来对民众日常生活破坏的残酷。他们站在民间大众一边，着重思考的是权力话语对民间话语的压迫，所以，他们为启蒙主义在90年代的任务所做的规定也是揭露那些日常生活之外的控制力量和破坏力量，而没有留下对日常生活进行反省和启蒙的余地。他们的基本观念就是“生活无罪”。

过去的历史显然是破坏了日常生活，破坏了市民社会的。今天时代的发展重新唤醒了市民社会的日常生活。从一些学者严肃的探讨可以看到：“上海早在20世纪上半叶就有着市民社会的历史传统。尽管四十年的计划经济模式从结构层面将市民社会摧毁殆尽，但即使在知识分子的宏大叙事拥有话语霸权的时代，市民社会的意识形态——市民意识作为一种历史记忆和文化传统，也以隐性的方式顽强地保存下来。而一旦社会转型，它便急剧膨胀，成为社会生活的主流。”[②]既然如此，的确值得庆贺。由此我才真正读懂了对市民社会的重视和张扬。

但是，有两个问题是需要进一步探讨的：一、四十年的计划经济模式摧毁上海市民社会的时候，是不是知识分子的宏大叙事拥有话语霸权的时候？摧毁的责任是不是应该由知识分子承担？二、真正的现代知识分子话语与市民社会的关系是什么？

一些事情应该清楚：虚假的理想对大众的愚弄；超越实践可能的道德准则对大众的压迫；强调精神而对人的物质欲望满足权的剥夺；以及根本体制上对市场的扼杀，等等，这一切与市民日常生活愿望不符的罪恶都不是真正的现代知识分子应该负责的。我们不应该把这一切罪恶都通通强加在知识分子身上。我相信，很多人在这一点上是清楚的，但是，也经常看到一些糊涂的认识和未经深虑的表述。甚至在知识分子话语已经在强大的力量压迫之下彻底退场的时候，时代的罪恶都被归结到知识分子话语霸权。这与对现代性的误识一样，当现代性已经被前现代性或者说一种反传统的传统性扼杀的时

①薛毅：《日常生活的命运》，《上海文学》1995年第12期。

②许纪霖：《崇高与优美》，《上海文学》1995年第12期。

候，社会所发生的一切为什么还要让现代性负责？用反现代性的力量制造的罪恶来指控现代性，用反知识分子的力量制造出来的丑恶来声讨知识分子，而且由知识分子自己来进行这一切。中国知识分子还没有站起来，却又在这个世纪的黄昏如此躺倒，是多么可悲！

市民话语与知识分子话语应该是不矛盾的。胡风就曾经把五四新文化运动理解为市民的文化运动。虽然这种见解并不准确，但胡风的错误却不是浮浅的错误。因为五四新文化运动的现代性质决定了它与市民文化虽有矛盾却不可能是根本对立的。“五四”的对立面是传统，是前现代，而现代市民正是五四新文化运动的社会基础。现在很多人把市民文化和知识分子文化对立起来，显然缺乏对这两种话语的理解。事实上，30年代上海一方面是市民社会的发展和壮大，一方面是知识分子精英文化的聚集，这本身就是一个证明。经济的发展与现代文化建设不会是矛盾的。知识分子话语对社会改造、人的自由的理论探讨，事实上在为市民的解放和市场的健全而努力。全部努力的最后获利者必然首先是市民而不是其他阶层。所以，要张扬市民社会，要强调发展市场，大可不必以否定知识分子为前提。事情大概恰恰相反，市民文化与市民文学的发展都需要知识分子的介入。

我们的知识分子精英文化不是已经发展过度，而是还远远没有发展起来。它在历史上受了太多的挫折和打击，虽然经过80年代的恢复，但并没有恢复过来。现在，却又遭到了来自各个方面的打击。利用民间力量来反对精英知识分子，或者效法传媒制造大众的声音打击知识分子，对于文学以至文化的发展会是一种什么样的后果呢！对知识分子精神的过度重视和过度漠视都证明一个时代的文化的不健康。无论什么时候，实际的社会生活和平民百姓的生活都不会以知识分子的精神追求为普遍准则。然而，如果一个时代使知识分子的声音淹没在一片民间的喧嚣中，或者知识分子放弃自己的立场而化入民间的喧嚣之中，那么，这个时代也肯定是病态的。

1998年10月　曲阜

一个正待开拓的领域

——读何西来《文格与人格》随想

收到何西来先生的新书《文格与人格》，捧读之余感慨甚多。书中所收文章主要是研究风格的。对于风格，我未从理论上思考过，所以不敢多言。然而，我知道，关于风格的研究一直是中国大陆文学研究的一个薄弱点。无论理论研究还是实证研究都同样薄弱。即使在新时期，真正的风格研究也仍然太少，没有形成它的理论体系和研究范畴。我想这也难怪，在几十年政治与文艺不正常的关系中，作家的主体性失掉了存在的合法性，作家个人的风格又从何谈起？“文革”后百废待兴，风格研究得以起步，但路途之艰辛与现代化大业一样有目共睹。在这种情况下，何西来的研究就显得尤其可贵。

何西来的风格研究起步甚早，在50年代就写了关于杜甫研究的论文，着重探讨杜甫的风格。进入新时期之后，他又很快写了一些从风格的角度论述作家创作的文章，关于王蒙和李国文的文章都写于80年代初期。然而，仔细考察，何西来人格与风格的研究得益于主体性，正是80年代中期人的主体性和文学主体性问题的提出，使这种研究进入了一个新的阶段。一方面是创作中艺术风格的多样化给研究提供了材料，一方面关于主体性的思考使他更清楚地意识到人格与文格研究的联系，并且获得了风格研究的努力方向。鉴于中国文化人的人格在几十年间没完没了的政治运动中不断被践踏、被扭曲、被阉割的事实，何西来的研究在80年代中后期发生了一个变化。他开始更多地注意艺术风格与主体人格的关系，也更清楚地明确了主体人格建构的文化目标。其代表作品就是《文格与人格》等。

值得注意的是，何西来的实证研究并没有对各式各样的风格与人格给予同样的关注。他所钟情的东西非常明显。在李国文身上，他看重的是其“人民——上帝”的民本主义观念；面对邵燕祥的作品，他看重的是理性、真诚和胆识；面对于是之的表演艺术，他看到的是平民气质；面对《捉刀人》，他看到的是权力与人格的较量；在张仃的画中，他看到的是画家的风骨……在这些评论之中，研究者对作品含义多有发挥，而正是在这种发挥之中，我们看到了人格研究者自己的人格。特别是对邵燕祥杂文的介绍和评论，更清楚地昭示了他对邵燕祥作品的兴趣之所在。在邵燕祥的那些作品中，他找到了自己思想的表达，找到了情感的共鸣，也找到了一种人格的互证。

谈人格而惹麻烦，何西来先生曾经感觉很冤。可是，认真想来，是不应该有此感觉的。从50年代到“文革”时期，何人敢谈人格？甚至从延安文艺整风开始，一次次思想改造运动，思想汇报，自我批评，千方百计，费尽心机，说到底，要对付的，正是知识分子的人格，目的是改变其“又臭又硬”的姿态，使其柔顺得可以任意梳弄。对于权势者来说，思想、信仰、文艺方向也许并不重要，重要的是必须绝对顺从。所以，在知识分子中，倒霉者往往并不在于思想是否反动，而在于人格的不柔顺；红极一时者也不在于思想是否改造得好，而在于其人格中是否已经抽掉了骨头。当然，人格问题与思想问题是有联系的。没有奴颜媚骨，拒绝俯首称臣，挺着脖子，固执己见，就有思想认识与权威不一致的可能。所以，独立人格是必须改造的。

人格问题与个性问题也是连在一起的。中国古老的文化传统是漠视人的个性。几千年的专制统治更不承认个性的合法地位。五四新文化运动带来了中国人个性的觉醒，使个性获得了存在的合法性。但是，在很快到来的文化回潮中，个性主义重新被压抑。用何西来先生习惯使用的术语，后来行使这种压抑的主体是“极‘左’政治”。极“左”政治总是害怕个性，因而总是千方百计压抑和扼杀个性。可惜的是，人格和个性与艺术存在着无法切断的联系。没有人格和个性，也就没有艺术。人格缺席、个性退场之后，勉强生产的只能是纸扎的花朵，不可能有鲜活的生命。从50年代到

70年代的中国文学总是难以克服公式化、概念化的毛病，原因正在这里。因为作家已经普遍地学会了虚伪，作品并不表达自己的思想和见解，更不体现自己的人格和精神，作品只能是没有生命的僵尸。当时的人们为解决公式化和概念化的问题开出的药方之一是“深入生活”。好像只要忠实于生活，就可以避免公式化和概念化。然而，由于政治的限制作家能否忠实于生活且不说，这一口号本身就已经包含了对作家人格的取消。因为它意味着作家自己的生活不是生活，只有钦定的生活才是可以表现的生活；作家自己的思想不是思想，只有批发来的思想才是可以表达的思想。这就从根本上取消了作家的人格。

因此，这个问题的研究本来就不会有平坦的道路，即使到了80年代，由于历史的惯性，极“左”政治阴魂不散，而且时时卷土重来。只要恰逢其时，当然还是谈不得。既然谈了，就是冒犯。警告冒犯者，实为理所当然。何先生何冤之有？不仅不冤，而且有幸，人格与文格研究的价值和意义由此得到了充分的证明。

《文格与人格》是一部很厚的书，但是，一些问题却还是刚刚起步。在这里，作者努力解决的还往往是一些起码的基础问题。说起来应该为中国文艺而感到可悲。比如说，何西来借邵燕祥的创作而努力张扬的“真诚”，也就是巴金一再呼吁的“说真话”，不过是正常社会里教育孩子也不能忘记的起码道德。一个作家说了两句真话，有什么值得特别称道的呢？然而，因为长期存在的精神污染，造成了一代作家的普遍虚伪，生活中不见了真诚，就像不贪污的干部成了奇迹值得大张旗鼓地宣传一样，说真话的作家成了怪物也成了宝物。一旦环境正常化，作家的真诚问题就解决了大半。我之所以说解决了大半而不说完全获得了解决，因为即使获得了言论的自由，也仍然不排除一些人会为了取悦于权贵或者财神而昧了良心说假话。可是，那样的作家根本就不值一谈。

人格与文格，这是一个大问题。它不仅仅是一个文学的问题，也不是一个文化问题，与中国的现代化与知识分子关系甚大。半个多世纪的历史证明，中国知识分子人格的现代转化却仍然任重道远。在百年历史曲折行进的各种恶浪和浊流中，知识分子中以铮铮铁骨做历史承担者固然有之，可是，更多的人却是多么软弱和怯懦！浊浪到来之时，纷纷倒伏如柔顺之细草，少有岿然挺立之树。更有甚者，以追路尘嗅马屁为荣，以充衙役惩异己为业。就此而言，人的主体性不是一个过时的题目，文格与人格的研究正有它的用武之地。

1999年7月　曲阜

历史的拂尘与学术的承担

——读陈平原《触摸历史：五四人物与现代中国》

每年都要纪念“五四”，今年的“五四”更不一般，因为是八十周年。如果是一个人，也该做一次大寿。因此，知识界的酝酿似乎已经很久，一些报刊也曾有过预告。因为我正写着一本题为《重申“五四”精神》的书，所以便很留心对“五四”的纪念。然而，似乎一些计划都没有实施。因此，我心中竟有几分寥落。正在这时，陈平原送我一本他与夫人夏晓虹女士主编的《触摸历史：五四人物与现代中国》，心中便有几分激动，而且对平原兄夫妇又添几分敬意。

书印得很漂亮，别致的开本和装帧，而且配有大量“老照片”。从《后记》中看到，这种图像和文字相互配合的表达形式是作者与出版者共同策划的结果：一方“早有预谋”，另一方“表现出色”，于是一拍即合。学术书籍能否“图文并茂”？我以为这是一个很有意义的尝试。对于出版社来说，这种策划也许更多地出于经济的考虑，图文并茂可能吸引更多的读者。对于书的作者来说，却不仅是适应这种意图，而且有另一层目的：生动的图像材料可以使历史更加具体可感。无论从哪一方面考虑，我都非常佩服广州出版社的这一策划，把学术著作做得图文并茂，的确思路非凡。

相当豪华的厚厚一册，第一次印刷就印了八千册，可见出版者对其销路是乐观的。由此，我想到的是学术著作的形式和学术成果如何广泛传播的问题。我以为，这不仅是一个保证经济效益和学术著作的出路问题，而且是关系到学者的历史承担和学术的力量如何得以实现的问题。有些学术问题注定了只是小圈子里的问题，因而不必考虑广泛传播。比如郭店竹简，大可不必考虑太大的印数。但是，有些问题的研究成果却因其与社会历史和现实生活的密切联系而不能满足于学者小圈子内的传播。面对各种流行文化对市场的抢占，面对知识分子话语的边缘化及其萎缩，面对伪知识对文化市场长期的全面覆盖，学术研究只在学人小圈子中自给自足的生产和消费态度是值得怀疑的。一个现象应该有目共睹：学术著作只有同行读，同行却恰恰是极少数不需要读的人。

“五四”研究的意义绝不同于古代服饰或出土竹简，它常常被提及，常常被征引，因为几乎无人不知“五四”。然而，人们挂在嘴边的“五四”却早已在历史的风雨中变得面目模糊。谁能想到包括《简明不列颠百科全书》对“五四”的解释也存在那么多的谬误！可是，一般人（包括文科大学生）却正是依靠这样的知识了解历史的。丰富的历史内容一旦被舍弃了具体的材料，抽取的材料再经加工和改造，一个众人熟知的历史事件就成了一个与它本身距离甚远的神话。陈平原说：“没有无数细节的充实，五四运动的‘具体印象’，难保不‘一年比一年更趋淡忘了’。没有‘具体印象’的‘五四’，只剩下口号和旗帜，也很难让一代代年轻人真正记忆。提供足以帮助读者‘回到现场’的细节与画面，对于‘五四’研究来说，并非可有可无。”他说这一番话，似乎更多的是要为这本著作图像与文字相配合的形式做说明。其实，这种史识也是重要的，如果没有具体的印象，只留下口号和旗帜的历史事件是更容易改写的。《触摸历史》的意义首先就在于为人们提供了丰富的历史材料，以具体材料展示了“五四”的历史。它是对五四运动本来面目的一次复原。只有通过这种复原，我们才更清楚而完整地看到了“五四”当时的历史场景。陈平原用“触摸”表示作者的动作，可是，这触摸却有力地拂掉了积尘，使“五四”的历史在温热的手掌下得到了复原。

由此可见，历史的遮蔽，在学者面前是不起作用的。因为有旧报刊在，有老一代的著述在，可信的资料即使有“文革”之火也没有烧完。学者们自会通过触摸而拂掉历史的积尘，看到其本来面目。但这是一个多么小的圈子啊！对于一般人来说，遮蔽的作用是巨大的。伪知识借助大嗓门而千百遍地重复，大概无需八十年，只需要十年八年，历史的真相在新一代眼里就会成为一片迷雾。在这种情况下，学者的使命是沉重的，同时，学术的力量也是强大的。因为只需要像陈平原那样以学者的良知进行“触摸”，积垢就会脱落，生动的历史就会得以展示本来面目。然而，历史只在学者的眼里得到还原是不够的，我们也不应该满足于展示给自己的几个学生和学界朋友。对于广大读者关心的重大问题，学者的真知不应该停留在狭小的书斋。学者有其使命，学术有其力量。学术的力量应该在历史的行进中得以显示。启蒙已经是一个因为种种原因而很不光彩的词语，然而，在中国，却还没有到应该寿终正寝的时候。在这个问题上，学者不能逃避历史的承担。我敬佩陈平原，并不在于他的才气，也不在于他的学术规范，而在于他在严谨的学术规范之下的这种承担，在于他对百年历史中被尘封和遗忘的最有价值的那些东西的苦苦寻找，而且用心良苦地使其得以广泛传播。

因为这本书，我还想到一个问题。在20世纪末，中国学界发生了一些变化，同时也发生了分化。学界朋友们有的似乎超越生活的拘牵而走向了“纯学术”的道路；有的则密切关注生活现实，不回避充任思想家的角色，甚至表现出某种精神斗士的风采。由于种种原因，分化中产生的分歧正在被媒体和学界自己所夸大，甚至在相互之间形成了隔膜。我想，面对这部著作，人们大概能够对此有清楚的理解。陈平原是地地道道的学者，走的是“纯学术”的道路，甚至常常显示着胡适式的“考据癖”，加之他的温和，足以作为学院派“纯学者”的代表人物。然而，从编《北大旧事》，到著《触摸历史》，他所做的努力当为学界所共识。这些著作是纯学术的，但谁能否认其思想的力量？谁能否认其历史承担？这种故纸堆中的搜寻，其意义决不亚于某些“思想”的直接表达。特别是当这种触摸中的真知以特有的形式展示给更多的读者的时候，无论陈平原自己是否愿意承认，其启蒙意义都是无法掩盖和抹杀的。

因此，我想，在当前中国文化语境中，以思想启蒙为使命的朋友们不应忘记与真正的学者同行。在推进历史向着健康的方向发展的事业中，真正的学者自然不会忘记自身的使命。一个民族永远需要精神战士，也永远需要学术大师。精神战士的作用有目共睹，学术的力量不可低估。特别是在今日中国，真正的知识分子已经极少，也许只有“思想”和

“学术”携手并行，不因隔膜而做力量的相互抵消，方可有望建设一片现代文化的绿地。

1999年7月　曲阜

走近陈平原

也许，由我来写关于陈平原的文章并不是最合适的人选。因为对于他研究的许多领域，我都是陌生的。而且，就个人交往而言，我与平原相识也迟，相知也晚。虽然当他因“20世纪中国文学三人谈”而名噪京城的时候我也在北京，并且因为无法抵抗当时北京大学活跃气氛的诱惑而常去偷听，然而，一次次奔走于未名湖畔，却与平原失之交臂。反思这失之交臂的原因，当然与我不善主动与人交往有关，更重要的是，我当时不但顾不上他们的话题，而且对其心存疑虑。虽然我知道“20世纪中国文学”这一概念的提出可能带来的积极影响，却同时有一种担心：努力打通不合理的文学史断代格局，把20世纪中国文学作为一个整体把握，会不会因为强化其整体特征而模糊其时代断痕和质的区别？如果回答是肯定的，那将得不偿失。80年代中国学界曾经制造过一只橡皮口袋，把相互冲突和对立的人物统统装入，而且在口袋上贴上“现代”标签。文学史的重写也很像政治上平反冤假错案，结果是打人者与被打者被安排到同一条板凳上就座，却未必真能相逢一笑泯恩仇。当然，曾被打入地狱者能够获得与他人平起平坐也许已经可喜可贺，但是，彼此之间真的不存在是与非、善与恶、美与丑的根本区别吗？因为心存这种疑虑，我对“20世纪中国文学”的话题没有表现出应有的热情，而是仍然注目于当时文学创作中的某些倾向：如改革文学在歌颂改革者时对专制主义的歌颂，寻根文学在文化选择中的误区，启蒙主义者在鲁迅道路上前进的艰难，以及大众化与化大众的冲突，等等，而这时的陈平原正忙于他的“小说叙事模式的转变”，距离不远也不近。

90年代最初的一年，我们第一次相聚。当时大家心里都有点闷，有点不知路该如何继续走的茫然。在我的印象中，陈平原是比较心平气和的。然而，此时的他却酝酿着学术上的转向：从小说史的研究转向学术史的研究。很快，他创办《学人》杂志，并且在《读书》上发表《学者的人间情怀》等一系列文章。陈平原的新姿态引起了许多朋友的关注。记得当时读《学者的人间情怀》，短短几千字，却使我无法一气读完，因为许多问题不能不停下来久久地默想。说真的，我的感觉非常复杂，有赞叹也有疑问，有认同也有排斥。比如，面对鲁迅著名的“高升”“退隐”和“前进”之说，陈平原以惊人的平和与公允立论，认为这三种情况难以区分正负高低，因而不赞成坚持前进者对高升或退隐者做过苛评价，这就使我颇费琢磨。不过，我以为此中仍然不过是一种宽容。宽容他人并不意味着放弃自身立场。陈平原的姿态明显地透露着胡适的影子，因为这时他更进一步地走近了胡适。差不多整个20世纪，改良主义在中国一直没有好名声。但是，历史却鲜明地昭示着人们，那些改良主义者往往比激进主义者更清醒。我这样说，很容易与陈平原一起陷入保守主义的阵营，可是，值得注意的是，在20世纪的中国，“激进”与“保守”并不容易说清，“革命”与“复辟”也往往难以划清界限。胡适究竟是激进的还是保守的，从不同的角度也会有不同的回答。

记忆犹新的还有他的“独上高楼”。90年代初，我作过几幅写古人诗意的抒情画，其中自己比较满意之作一是《过尽千帆皆不是，肠断白蘋洲》，二是《昨夜西风凋碧树，独上高楼，望尽天涯路》。后者正是读陈平原《独上高楼》一文之后的心得。他从“独上高楼”中读出了“抵抗寂寞极目远眺带来的刚毅和旷达”，而我也从这种解读中读出了他本人独上高楼的心境中所含有的坚与韧。后来，见有批评文章提出《学人》及其重建学术规范的努力是把无奈的选择改变成了主动的抉择，把逃避与拒绝混为一谈。我佩服这种见解的犀利，却仍然认为只要能够于人格和价值上有所持守，至于来路是逃避或者拒绝，倒也可以不问。在“西风凋碧树”的时刻，有人能独上高楼，而且“望尽天涯路”，无论如何，我已不忍指责。也许正因为这样，尽管我对90年代的所谓“新国学”不以为然，对知识分子的隐士化倾向多有非议，却从不愿像一些朋友一样把陈平原当作代表。因为无论如何不能忽视陈平原以独上高楼的姿态进行的精神守望。在中国，历来不乏高潮逐浪的激烈者，但是，激烈者却往往在落潮之时逃跑也快，倒戈也易。鉴于20世纪中国文化发展的教训，我觉得应该重视的是那些脚步沉稳者，他们也许不是先锋，也许不在前沿，却能对选定的价值做韧性的守护。20世纪中国现代性的挫折，也许就在于这种守护者太少，而一味追潮逐浪者太多。因为在某些情况下，重要的已不是前进，而是抵御没有底线的溃退。

从某种意义上说，人文学者随时都可能面临陷阱。这不仅在于学术成果和学术态度都可能被用作某种武器，而且在于知识界不同的选择。有些话要看在什么时候说。一些朋友对平原表现出的“张力”不以为然，因为它意味着某种妥协。直到今天，人们在论述20世纪末知识分子分化和转变的时候，还往往把陈平原当作退回书斋的代表人物来谈论。一般地说，这大概不算冤枉他。因为他的姿态明显，《学人》创刊号的《后记》中宣称：“几年来，孜孜以求，不想惊世骇俗，但愿能‘理得’而‘心安’。”他认为：“与其临渊羡鱼或痛骂鱼不上钩，不如退而结网。文化决策者的价值取向是否值得欣赏是一回事，知识者自身的选择和努力又是一回事。”如果把这作为一个时代的知识分子的声音，它当然意味着一种后撤。正因为这样，它被看作是“后退几十里下寨的言论”。因为从这种声音中，至少可以看到陈平原们决非多事之徒，绝无非分之想，只想老老实实读书，认认真真作文，为学术而学术。当然，有心人不难从中读到一份秋风落叶般的心境。

关于这种心境，陈平原后来曾有表白：

> 90年代的前三个春天，对于中国学界来说，实在过于阴冷。尤其在北大，“悲凉之雾，遍被华林”，受到严重挫伤的学生们，颇有废书长叹，就此“金盆洗手”的。作为教师，眼看那么多昔日的好学生一脸茫然地闲逛，或一头扎进“托福”，心里真不是滋味。可是，“一脸茫然”的远不只是入世未深的青年学生，我之所以剖析章太炎“自立门户与径行独往”的学术风格，标榜“学者的人间情怀”，谈论“独上高楼”与“超越规则”，何尝不是在苦苦挣扎？

退而结网是一种事实。但是，陈平原并没有成为冷血学者。真不知道这是幸还是不幸，这一代人能够真正为学术而学术、为艺术而艺术的人实在不多。陈平原努力维护学术的纯正，为了学术的纯正，不仅反对曲学阿世，而且反对借学术而发牢骚，但同时又大谈特谈学者的人间情怀，把自己的学术织进了历史运行的经纬。他主张“学术归学术，政治归政治”，却并不反对学者关注政治，而是认为关心政治不是学者的分内职责，只是学人“有情”和“不忍”的本色体现。这种对“责任”的推拒事实上是在捍卫知识分子的主体性。学者可以为学术而学术，正如艺术家可以为艺术而艺术，但是，真正的学者与真正的艺术家一样，重要的是独立人格和精神持守。

在90年代新的语境中，知识分子将以何种姿态扮演何种角色？人们有不同的选择。但事实上不外两种：一是学者，二是观察者和批判者。选择后者的朋友虽然也往往表示尊重“学术中人”，但由于更关心社会问题，一般并不赞赏完全退回书斋之举。选择前者的朋友则往往以学术规范看取社会文化批判，也难免在微笑中有所讥讽。所以不少人梦想的是二者兼而有之。一方面是学者，于社会边缘的寂寞位置以求真知为业，一方面是生活的观察者，以自身的知识洞穿积尘而对社会现象特别是毒菌和病灶做出独立的评论，以参与社会文化进程。然而，如何处理集于一身的二者关系，却仍然可以有多种不同的形式。陈平原的“学者风范”与“人间情怀”之说至少提供了一种方式：一方面以严谨的学术态度进行学术研究，决不为现实效用而牺牲学术求真的本色；一方面保持着人间情怀，密切关注生活的现实并且在选择研究课题时充分注意现实的意义。关于学术，有各种不同的误解：好像越与现实无涉，才越有学术价值，于是，辛辛苦苦大半生，致力于弄清历史上某个三流诗人到底长了多少根胡子，兢兢业业几十载，最终证明的不过是某个历史人物也是两条腿走路。报刊上一些学术文章之所以让人不忍卒读，并不在于作者驾驭语言文字的能力太差，而是因为缺少生命的投入。学术如果离开了学者生命的热度，文章当然会散发着僵尸的气息。正因为这样，也就导致了重视思想而鄙视学术的偏见，以为学术本身就是济世无路退居书斋后的自慰与自娱。真正的学术最不可缺少的正是学者的人间情怀和历史洞察。陈平原的学问之所以为许多朋友所看重，当然首先在于他广博的学识和严谨的学风，同时也应该看到，正是一个具有独立品格的现代学者在具体历史时空中的生命现实感给了它勃勃跳动的精魂。

只要系统看一看陈平原十多年来的学术足迹，大概很容易看到，他从小说史到学术史，从学术史再到教育史，领域几经转变，但变化中有一条不变的精神线索。这条精神之线在其深层将他的全部研究串为一个整体，并且赋予它鲜活的生命。那么，一个问题是值得提出的：陈平原在寻找什么？完整地回答这个问题大概并非易事，但有两点是明显的：一是知识分子的独立人格；二是中国文化的现代性。他的退守书斋体现着一种独立人格的守护。尽管他很宽容，并不指责他人以依附为代价换得高升，也不指责他人帮闲或者帮忙，但这不过意味着一种井水不犯河水的洁身自好，透露的是一种边缘的独立姿态。他平和而宽容，一般不做激烈之语，却并不影响他精神立场的坚定。陈平原的学术天地有一个鲜明的主题。这个主题显示着一个现代知识分子的学术自觉，显示了一种带有某种悲壮意味的历史承担。他的学术史研究最直接的意义就在于中国现代学统的寻找和重建。论现代学统的建立，人们可能有不同的见解。陈平原选择的是章太炎与胡适。而这两大基石恰恰是被历史的灰尘掩埋了的。透过《老北大的故事》和《北大旧事》，我们看到的仍然不是一个激进前倾的陈平原，但是，看看他努力寻找和守护的东西，却不能不为他的勤奋努力和良苦用心而肃然。他把“老北大”限定在1898—1937年间，因为虽然抗战胜利之后北大人得以重返红楼，但几年后就永远告别了“令人神往的沙滩马神庙”。在这里，他赞赏的是老北大不自承太学传统、不与同文馆挂钩、而只认1898年的“大学堂”自我身世认定，强调的是老北大既不同于传统的太学又不同于传统的书院的现代性质。他津津乐道的是老北大“不可救药的自由散漫”，感兴趣的是那些充分显示教授们个性风采的趣事逸闻。虽然自从五四新文化运动以来，世人多以科学和民主嘉许北大，他却认为绝大多数北大人更看重的是“独立”和“自由”……关于这些，我不想以同样严谨的态度去考证陈平原的结论是否正确，我感兴趣的只是它所透露的属于陈平原自己的志趣和情怀。

对我来说，印象更深的是《北京大学：从何谈起?》和《北京校庆：为何改期?》。文章的学术价值究竟如何？我不懂考据之学，不敢妄下评语。但是，仅凭一般读者的感觉，运用《申报》光绪二十四年十二月初六日《学堂纪事》里保存的大学堂总理告示，得出大学堂创立时间为1898年12月30日的结论，是令人信服的。在北大校庆期间，我也看过不少关于北大校庆的文章，有深刻记忆的并不太多。陈平原的两篇文章是印象最深的。当然，我更喜欢的还是后者。作为一个学者，他从求真的目的出发，运用自己的知识和理论，去解决一些历史的疑问，严守学术的界限，并不做越位之论。但是，难怪有人特别敏感，因为每一个读者所感觉到的，都不仅仅是一个“故事”的完成。无论作者怎样解释自己的动机，即使像金岳霖那样解释为“好玩”，也掩盖不了故事叙述透露的更多的内容。对老北大故事的讲述与对新大学的感受无关吗？读陈平原的高校史论文，人们很容易感觉到，他所关心的并不只是北京大学的历史，而是在寻找已经丢失的某些珍贵，使人想到的是中国高等教育发展的种种教训。

近期以来，一个现象引人注目：钱理群“拒绝遗忘”，反思“精神死亡的大悲剧”，寻找“精神战士”及其遗产；夏中义一个个拜谒先贤，对20世纪中国最有代表性的知识分子进行严厉的审视与诘问；许纪霖剖析一个个知识分子，发掘他们的精神奥秘与现代中国历史的奥秘；谢泳一再述说“文人旧事”“教授当年”“逝去的年代”“西南联大与中国现代知识分子”。他们面对老大学和隔代知识分子，耐心地进行着历史的找捞。我把这种现象称作“20世纪中国现代性寻踪”。虽然有人急于在中国宣布“现代性神话”的破产，但毕竟有人不以追寻现代性为耻。毫无疑问，陈平原的高校研究也是教育现代性的一种“寻踪”。因此，这种对于高等教育历史的研究与此前对中国现代学术史的研究以及再前对于现代小说史的研究，都是一个主题。从这个意义上说，陈平原变中自有不变之处，这不变之处又恰恰是“五四”和80年代留给中国学界的最珍贵遗产。

1999年11月　长春

秦晖：问题与主义的庄严求索

在世纪之交的中国学界，秦晖显然是最值得注意的学人之一。无论处于人文社会科学的哪一个专业领域，只要关心中国思想的脉动，就不能不读秦晖。一些有责任感的人关心人文社会科学的重大课题，一些人甚至承担着国家“重大课题”项目，对于他们，我想说：读读秦晖吧，否则，可能不知道什么是重大课题。一些人不加区别地指责中国学者要么是御用工具，要么是洞中乌龟，要么是无心肝的文字垃圾制造者，对于他们，我也想说：读读秦晖吧，他会使我们知道，在中国，并非所有学者都在蝇营狗苟，在他们当中，仍然有人把生活于这片土地上的人群的命运放在自己肩上，进行着庄严的求索。

我读秦晖的文章已经多年，却至今没有与他见过面，更谈不到深入了解。因此，我的观察与扫描只能是远距离的。这种远距离自然有其局限，但也有它的益处——我无须担心因为与他距离太近而导致图像失真。

一

秦晖十五岁即失学下乡做农民，没有上过高中。“文革”结束之后大学恢复招生考试，他没有考大学，而是以同等学力直接考取兰州大学历史系硕士研究生，师从赵俪生先生研究中国农民史。在考试之前，他就从广西农村给赵先生寄过若干习作，深得赵先生赞赏。毫无疑问，秦晖很有才气，但我不赞成把秦晖称作才子。因为20世纪中国的历史告诉我们，中国的才子太多了，他们太聪明，也太灵活，因而常常连正义和良知都不要。正是因为那样的才子，使我不愿再用“才子”一词亵渎一切值得尊重的人。而且，秦晖的确不是才子型的学者，他的文章决不追求语言的华丽和俏皮，却能给人以强烈的冲击。它所显示的是一种思想力度，而这种力度常常源自正义的担当。面对善与恶，面对大是大非，秦晖决不含糊，显示着坚持原则的力量，也显示着仗义疾呼的勇气。

我一直认为，对于学人而言，出身和经历是重要的，尤其是苦难的经历；学术起点是重要的，尤其是关注的问题和由此而建立的知识库存。

对于前者，现实常常提供的是令我失望的回答：经受过苦难的中国人很多很多，但恰恰因为经历过艰难，所以更容易小有成就即患得患失。但秦晖不是这样。他不肯苟且，更不为俯首即可获得的利益去钻营。支撑着一个人做出如此选择的动力是什么？我以为是一种真正的“高贵”。这种高贵不是地位和金钱能给予的，而是一种骨子里的东西。痞子们无论如何装饰和训练，也难以获得这种高贵。大概正因为这样，思想改造和人格改造在某种环境中都是必然要发生的。因为在“高贵”面前，一些人会感到某种压力，所以最好是能够颠倒过来，至少应该“抹平”。但是，历史的悲凉中的确应该感到欣慰，因为一再有人以自己的行为证明：彻底消灭人格和精神的高贵并不那么容易。

秦晖就是一个肯定的证明。他一开始就选择了一个重要领域。虽然他自己说他在80年代更多注意的是学科的危机，但事实上，农民史的研究无疑是研究中国问题的一个良好切入点。由农民问题进入中国问题，可谓畅通无阻，即使是面对发黄的故纸堆，往往只需抬一抬头、睁一睁眼就够了。对于这一代学人来说，之所以进入某个领域，往往由于对某些问题的关注。寻找一个专业，不过是找一个言说的切入点。我不知道秦晖为什么选择了他最初的专业。但是，他的专业选择非同小可。80年代的中国史学相对比较沉寂，在文学和美学轰轰烈烈的时候，史学界较少引起广泛关注。当然，这不难理解，在条件尚不具备的情况下，史学的实证言说远不如文学的象征性言说更有表达的空间。但是，秦晖的工作早已开始了。他捕捉到一个有意义的题目：作为张献忠继承人的孙可望、李定国等流窜西南边陲建立的政权。这个政权大规模推行军民合一、军政合一的“营庄”制，百姓的生产所得统统归“国家”所有，实行计划调拨。这种“公有制”是残酷的，地里长出来的都是“皇粮”“皇草”，老百姓“私用草一束者，或斩或杖”。他的硕士论文写了20万字。我想，终日面对这样一个研究对象，秦晖定有许多联想和感慨。从这样一个课题起步，对中国问题还有什么关键之处不能洞察呢？

从农民战争史起步，秦晖研究过古典经济，对古代租佃制、土地兼并等问题进行过深入的探讨，然后走向了“农民学”。他的《田园诗与狂想曲》出版于1996年。但早在1989年初已经完成并交出版社，只是因为历史的变故而未能及时出版。在“关中无地主”等重要论断基础上，他的研究一步步深入，许多见解都不同凡响。他告诉我们，农民社会并不等于农业社会，因为社会的根本特征不是生产特征而是人文特征。按照他的解释，农民社会就是“以共同体为本位的、非个性化的传统社会”。它是一种臣民社会、身份社会，而不是公民社会。他明确指出，这类社会的现代化面临着从传统共同体到个体本位的公民契约联合体的转变。这种转变意味着由自然经济向市场经济的转变，由人的依附性向人的独立性转变，由身份关系向契约关系转变。他告诉我们，中国传统自然经济的含义并非以往所说的“自给自足”和“小生产”，而是“习俗/指令经济”。他认为，传统中国的乡村社会既不是被佃租制严重分裂的两极社会，也不是和谐而自治的小共同体，而是“大共同体本位的伪个人主义社会”①。在这个社会中，对农民的压迫并不来自地主，而是来自官府，所以，剥削与被剥削的矛盾远远小于统治与被统治的矛盾。他告诉我们，传统共同体对其成员有束缚的功能，也有保护的功能，而个体既希望冲破束缚又希望得到保护，因而任何人都有激进与保守的两面性。他认为，我国农村改革之所以从最底层自发地发生，农民之所以成为改革的急先锋，原因是我国的公社制度“由国家控制但由农民承担控制后果”，共同体的束缚职能非常发达而保护职能几乎没有。因而农民在摆脱束缚的同时没有什么保护可以失去。

他的农民学研究必然延伸到了现实领域。但是，他没有成为奏折派，而是以一个独立的知识分子身份公开发表言论，进行一种学理性的参与。

①秦晖：《问题与主义》，长春出版社1999年，第453—458页。

二

除掉大量冒名者不算，学者也有两种：一种是为学术而学术的，不论面对什么，深入挖掘，仔细考察和鉴别，发现一些前人所未见，并不问这东西有什么用途。另一种有很强的现实关怀，无论自己岗位何在，事关民生疾苦和人类命运，就要给予热切关注。据我个人的偏好，当然喜欢后者，因为他们的学术常常能够为现实的变革和优化人的生存状态提供学理的支持。但是，同样是关注现实的学者，情况又有不同，一些人不断提出问题，却常常让人觉得似是而非，或有隔靴搔痒之感。究其原因，往往因为他们所关注的并非真问题，或者没有抓住问题的根本。在这一点上，秦晖可以说是直面真问题而且善于抓取要害的范例。

关于90年代中国的改革，秦晖参与了几场大论战，都不是一般的学术论争，而是事关中国人已经面对和将要面对的生存环境。在这其中，对社会公正的呼唤无疑是重要的一次。

早在1992年，秦晖就以“卞悟”的笔名举起了“公正至上”的大旗，呼吁公正的改革，提醒人们警惕“掌勺者私分大锅饭”和“掌勺者私占大饭锅”。1994年开始，他连续发表五篇论“公正至上”的文章，对改革中的公正问题进行了一系列的探讨，提醒人们警惕“反竞争的伪公正”和“反公正的伪竞争”，警惕“权贵私有化”和公共资产的看守者“监守自盗”。

接着，他与一些经济学家为此展开了激烈的论战。在论战中，他把消解传统共同体而建立现代公民社会的改革进程比喻为旧式大家庭的“分家”，认为在分家之前，要不要分家是重要问题；而在分家之后，小家庭面临的孤立和风险也是重要问题；但在这两者之间，怎样公平地分家才是最重要的问题。因为如果分家不公，就会导致一系列的不良后果，甚至导致已经不成问题的“要不要分家之争”重新成为问题。在我看来，他的忧虑极为重要。他说：“倘若‘不明不白持私有化’搞完之后发生了民主化又如何？这种情况在前计划经济国家虽未发生，但在‘传统公社国家’俄罗斯却有过近似的事例：斯托雷平改革之后出现了1917年2月的民主化，结果是一场大清算之后重建了更加强化的公社国家，市场经济与民主政治都毁于一旦。”①他把这一过程概括为“不公正的伪竞争激发反竞争的伪公正”。这是秦晖所担心的。他之所以反复强调公正的重要性，并且一再以斯托雷平改革为例提出告诫，都因为他的这种神圣忧思。在他看来，这场现代化变革是否顺利，关键在于是否公正。如果“分家”严重不公，人们就有可能由支持者转变为反对者。“为不公正的分家所激怒的人们会不会又去寻找一个新的大家长，在混乱中重建旧式大家庭，从而造成又一轮痛苦的历史循环？”②此时我所祈祷的，就是但愿秦晖的忧虑纯属杞人忧天。

在关于产权改革问题的争论中，秦晖反复追问的是：国有资产到底属于谁？谁有权处理公共资产？公共资产的看守者未经授权有没有权力将其处置？在一些人跟随科斯的理论在中国大讲“交易成本”的时候，他关心的是“交易权”。因为他不承认改革前的公共资产是谁都可以拿去交易的“无主物”。他认为半个世纪前“消灭契约”的过程并未导致产权空白状态，而只是造成了产权不明晰。面对“产权不明晰”的资产，首先应该解决的是“交易权”的问题，而不是“交易成本”的问题。如果跨过未解决的问题谈第二步的问题，就会使悬而未决的问题成为已经确定的，就会使一些人把公共资产看成无主物而寻求先占权，也就是导致“抢来本钱做买卖”。

他关心的问题关键是“权贵私有化”还是“民主私有化”。这就把问题引向了政治体制的改革。他提醒我们，政治体制改革未启动之前的产权改革很容易导致权贵私有化。无论“卖”还是“分”，首先需要做的第一步，应该是物主对交易执行者的授权。③我不懂经济学，但读了这样的文章，也觉得豁然开朗，同时意识到问题的严重性。

---

①秦晖：《问题与主义》，长春出版社1999年，第466页。

②秦晖：《我的“第三条道路”》，《天涯》2000年第2期。

③秦晖：《不讲逻辑的“经济学”：关于公正问题的经济学论争》，《书屋》2000年第5期。

三

自由主义与新左派的论争在国内浮出水面之后，秦晖成为引人注目的一员。在这场论争中，秦晖的可贵之处在于他扎根于中国现实的“问题意识”。他不像一些人那样开口闭口哈耶克、罗尔斯或者“后学”“新马”，这并不是他对西方资源缺少了解，而是因为他知道像一些人那样把西方的话语直接搬到中国使用，很容易误把西方的问题当作中国问题。

他认为，今日中国思想界各派都从当代西方吸取思想资源和符号资源，但与自由秩序早已建立的西方相比，我们面临的“问题情境”却与西方大不相同。比如，哈耶克关心的问题是：我们不能做什么，以免失去自由。我们现在需要关心的是：我们应该做什么，以便得到自由。再比如，科斯讲交易成本而不谈交易权利，因为交易权利在美国早已不是问题，而在我们这里，不谈交易权利而讲交易成本，却会导致严重的后果。他提醒人们，“主义”不是供人把玩的，而是用来解决问题的。面对不同的问题，简单地横移主义是危险的。

秦晖反复指出：在西方，自由民主秩序已经实现，自由主义与社会民主主义都反对的那些东西已不复存在，所以两个主义的对立才尖锐起来。而在我们这里，自由的缺乏不是因为社会民主太多，民主的缺乏也不是因为自由太多。所以“自由左派”与“自由右派”的冲突根本谈不到。他认为我们要走的绝不是以自由反社会民主或以民主反自由的道路，也不是介于自由与民主之间的路，而是重合了自由与民主二者之基本价值的道路。

他因此而强调共同底线。在他看来，“共同底线的立场，亦即反专制、争自由的‘激进中间派’立场”。秦晖指出：“没有这种立场的‘自由主义’实际上是寡头主义而非自由主义（连‘自由主义右派’也算不上），没有这种立场的‘左派’实际上是警察民粹派而非‘新左派’（连‘老左派’即古典社会民主主义者也算不上）。”他希望今日中国的自由主义与寡头主义划清界限，而社会民主主义则要与民粹主义划清界限。①他的论述既有历史问题

①秦晖：《我的“第三条道路”》，《天涯》2000年第2期。

的澄清，又有价值标尺的确立。面对他的陈述，无论自由主义还是新左派，只要是真诚地探索者而不是投机者，就不能不低头看一看自己站在什么位置。

他的选择似乎不左不右，或者亦左亦右，但在中国它却是“激进”的，因为正如他自己所说：“在经济上，它既不利于大家长保卫或复兴宗法大家庭（如某些‘左派’所赞成的），也不利于大家长独占家产而把子弟们踢出家门（如某些‘右派’所赞成的）。在政治上，它反对那种只准拥护的政府，而愿意拥护那种可以反对的政府，因此它既受到那种专门拥护‘只准拥护的政府’的‘保守主义者’的攻击，也受到那种专门反对‘可以反对的政府’的‘激进主义者’的攻击。”①

本来，因为呼唤社会公正，关心弱势群体，秦晖是应该被“新左派”引为同道的。直至今日，一些左派人士也仍然在把他与李慎之等人区别对待。但是，对于中国左派而言，秦晖无疑是可怕的。这不仅因为他的上述言论已经揭示了某些新左派人物的致命伤，而且因为他能看到一些更根本性的东西。比如，新左派祖述法、德“西马”，秦晖指出：“西马”虽然与斯大林主义有矛盾，但毕竟无法斩断他们之间的血缘。

四

秦晖引人注目的，还有他对“全球化与文化多元化”的见解。他为此写过几篇文章，并且曾于2000年11月3日晚上应邀到《人民日报》读书论坛，就这一话题与网友进行在线交流。

关于文化，秦晖赞同费孝通提出的四句话：“各美其美，美人之美，美美与共，天下大同”，而且补充了“和而不同”。秦晖指出：“文化多元化必然是‘文化际’多元化和文化内多元化的统一，‘和而不同’‘各美其美’不仅应当是‘文化间’关系的准则，而且更应当是一个文化共同体内部人际关系、不同价值之关系的准则。”如果把话说透，还有一个孰先孰后的问题。即：只有首先在文化共同体内部确立这种关系，才有资格在不同文化之

①秦晖：《我的“第三条道路”》，《天涯》2000年第2期。

间争取这种关系。如果在文化共同体内部限制多元化而对外强调多元化，多元化就往往成了维护文化专制的理由。

面对多元并存的口号，秦晖说：“打个比方说，儒学、基督教、伊斯兰教等等，应当多元并存，但异端审判与信仰自由可以并存吗？如果后两者可以并存，前三者就绝对不能并存；如果前一种意义的‘文化’要多元并存，我们就只能赞成信仰自由，而不能容忍异端审判。”面对后殖民主义的中国化理论，他以黑人争自由、争人权的运动为例做了说明，而且提出了质问：“黑人争取的自由民主人权仅仅是‘西方价值观’吗，还是一种普世性的人道主义价值？黑人要求自由平等，就是屈从‘强势文化’，‘一味以西方之标准来衡量事物’，而俯首帖耳甘心为奴反倒是抵制‘文化霸权’、拒绝‘西方价值观’的壮举吗？”他告诉人们，在南非废除种族主义的过渡期，正是本土的传统势力与统治者联手阻碍黑人的解放，而具有明显“西化”倾向的非国大则领导了这场解放。他表示为此而纳闷：“为什么我们有些‘中国文化’的弘扬者喜欢在自由民主人权等领域竖起‘华人与狗不准入内’的禁牌？”

秦晖不同意人们把文化定义为一民族不同于他民族的特点，因为一旦如此，“文化”就成了“民族性”的代名词，制度碰撞就容易被偷换成了民族冲突，就会导致以保护民族文化为名维护腐朽制度。因此，他提出了“文化不可比，制度有优劣”的基本看法，试图把“制度”从“文化”中剔除出来。

他说：“我喜欢吃米饭和你喜欢吃面包是文化之别，但我被要求吃米饭和你喜欢吃面包，就决不是文化之别。喜欢缠足和喜欢隆乳，是文化之别，但强迫别人缠足和自己喜欢隆乳，就决不是文化之别。”我理解秦晖的用意，但对他的观点却持有异议。因为事情很明显：一、把制度从文化中剔除出来是困难的，为此而重新定义文化概念是不足取的。按照对文化的一般理解，制度本来就是文化的一个层面，而且是最为重要的层面。从婚姻制度、家庭制度到国家制度，都是人类创造的文化。如果为了某种言说而重新界定文化的内涵，为文化重新定义，实在没有必要。二、即使把制度与文化区分开来，二者的联系也难以切断。因为生活习俗等所谓文化，大多是由相应的制度生成的。有什么样的制度，就会有什么样的习俗，就会生成什么样的文化。包括饮食的偏好和用筷子或用刀叉，它的形成并非个体自由选择的结果，而是因为制度和规范使孩子们从小就没有在筷子与刀叉之间做出选择的权利。事实上，20世纪的所谓文化冲突，焦点就在制度层面。坚持西化或世界化的人从来没有要求人们吃西餐或穿西装，坚持本土化或民族化的人也从来没有拒绝过汽车洋房和任何一种西式享受。也就是说，传统文化批判者主要反对的是制度层面的文化，传统文化保卫者主要保卫的也是制度层面的文化。其焦点众所周知，就是中国人应该不应该获得个人的自由、尊严与权利。

秦晖小心翼翼地把制度排除在文化之外，显然是把文化神圣化了。其实，文化不是固定不变的东西，更不是神圣不可侵犯的东西。无论习俗还是制度，都应该不断接受重估，当它不适应需要的时候，就应该被淘汰，并在最大范围内选择最好的。秦晖认为“文化不可比，制度有优劣”。制度有优劣是毫无疑问的，但文化也并非不可比的。生活于不同地区的人们创造了不同的文化，这些文化各有其生成的缘由，但并非不存在优劣之分。事实上，人类文明发展的过程是一个不断发展和创造的过程，也是一个不断比较和重新选择的过程。秦晖又说：“凭常识（以及凭我们对人人平等、各个‘民族’即各个文化共同体也平等的信念）我们相信文化无优劣。”其实，常识并不能提供文化无优劣的证明。讲平等也并不意味着无优劣，更不意味着没有文明与野蛮、先进与落后的程度差别。秦晖的这种误识，与他对五四新文化运动的认识是连在一起的。他认为“五四”一代人应该致力于制度问题而不应该致力于文化革命，显然忽视了一个问题：当时的制度变革已经成功，文化革命不过是为刚刚建立的现代制度提供保障。

2003年4月　长春

谢泳：历史的发掘与修复

一

在80年代，谢泳曾经致力于报告文学的研究，发表过一些很有分量的文章。进入90年代之后，他却不再关心报告文学，也不再关心文学现状，而是一头钻进故纸堆，在那些发黄的报刊中开始了他的寻觅。

从批评家到学者，在进入90年代之际算不得什么新鲜事，因为许多本来从事文学批评的人都有如此转向。但是，谢泳的转向有些特别，他显然不是像高等院校中的一些人那样要为自己寻找一个既可以躲避风雨又可以混饭吃的领域。作为文学期刊的编辑，做学问似乎与吃饭关系不大。谢泳还很年轻，60年代出生，是真正的青年学者。但这个年轻的学者现在却已非常老到，显示着成熟的清醒和智慧。他不像一些年轻学者一样使用那些让人感觉深奥无比却不知所云的语言，那些时髦的宏论似乎对他也没有什么吸引力，因此，他能不受种种来自西方而又极适合中国国情的“后”或“新”的理论侵蚀和污染。他专注地翻阅旧报刊，读昔日学人的日记和书信，从中一点一点地寻找，一点一点地发现，精心地整理出一些细节。这些细节看上去很零碎，最初的时候，给人的感觉也很杂乱。面对这些细节，他似乎并不想多说什么，只是一件一件摆出来，把它展览在那里。他不急不躁，不喊不叫，似乎并无什么用意。但是，当他的摊子摆到了一定程度，明眼人只要驻足一看，就不能不大吃一惊：谢泳原来如此厉害！

他写《旧人旧事》，写《学人今昔》，写《教授当年》，写《书生私见》，写《教育在清华》，写《西南联大与中国现代知识分子》……非常明显，他主要在写过去，过去的文人，过去的教授，过去的报刊，过去的大学，过去的教育和文化。无论人文社会科学领域的知识分子还是自然科学领域的知识分子，他都如数家珍。还有哪些有影响的知识分子是谢泳没有注意到的呢？可以不夸张地说，只要是当时有影响的知识分子，都已在谢泳的视野之内。考察他所关注的时间段，大约是从“五四”到现在，也可以说差不多是20世纪这一百年。百年知识分子的命运和心路历程，这是一个极大的课题。告别80年代之后，有不少人都对此留心，而且以自己的方式进行研究。谢泳走的是自己的路，却显然已经捷足先登。他的文章大都很短，也很简略，有一说一，有二说二，能说的就说，不能说的就不说，不枝不蔓，不装不饰，更不穿靴戴帽或追求所谓完整性。一些学院派的学者可能将其当成一般的随笔，因而忽视其学术价值。但是，我要说，这是真学问，而且是大学问。随笔构成大学问，一鳞一爪集成中国知识分子的百年长卷。这是谢泳的一大贡献，也是他的独创。

谢泳的工作意义非常明显。由于众所周知的原因，关于近百年中国历史的叙述是残缺不全的，一些有价值的东西都遗失在历史叙述之外。谢泳的努力就在于发掘那些被掩埋的东西，找回那些碎片，对残缺的历史进行修复。他的工作无疑是卓越的。在半个世纪的历史叙述之外，另一条线索已经非常清楚，如果说《新青年》可算源头的话，在它之后，新文化运动的精神哪里去了？《现代评论》《努力》《新月》《独立》《观察》，直到《自由中国》，这是一条真正承载了现代性的清晰线索。同时，从北大、清华，到西南联大，中国现代大学和现代教育制度也有了一个清晰的线索。谢泳从“一个人、一份刊物、一所大学”入手，不断展开，已经大面积地修复中国现代思想文化史的主要残缺。

二

毫无疑问，谢泳的工作最引人注目的是一种寻找。他在寻找中国知识分子曾经有过的辉煌，在寻找中国知识分子曾经有过的伟大梦想，在寻找中国文化曾经获得而又丢失的现代性。进入90年代之后，“反思现代性”“批判现代性”曾经成为学界的时髦，然而，非常不幸的是，除了一些人别有用心地要通过批判现代性而维护前现代秩序之外，还有一些人虽然开口闭口现代性，却不知道现代性究竟是什么，更不知道中国的现代性究竟在哪里。于是，面对现代性早已被彻底扫荡的时空，人们却在为那里的所谓“现代性”而争论不休。谢泳不参与这样的论争。他默默地发掘，在胡适等人身上，在储安平等人身上，在《努力》《现代评论》《新月》和《观察》等杂志中，在西南联大的校园里，为我们找来了真货色。

谢泳告诉我们，那些我们所向往的东西并非注定了与我们无缘。这片土地虽然贫瘠，但它生长过，而且长势不错。我们曾经获得，曾经拥有，只是后来丧失了。这是中国知识分子的悲剧，也是现代化进程的悲剧。因此，今昔对比是谢泳文章的一个潜在结构，上半世纪与下半世纪，在他的文章中形成了鲜明对照。

谢泳的文章充分显示了中国现代知识分子曾经有过的光彩。他使读者看到，中国知识分子并非生来就没有骨头，也并非天生的人格猥琐和卑下。比如，他写《当年费孝通》，引用的是当年在西南联大教书的英国教授罗伯特·白英的日记：“当举世闻名的社会学家费孝通博士登上讲台开始演讲时，看来已快近八点了。他声音低沉，我们简直听不清楚他在讲什么。他开始时说‘我一直在考虑，我为什么要在今晚这样一个黑暗的夜里给你们讲话，但我所最最向往的是和平——’，‘和平’两字话音刚落，就听到枪声四起。这回毫无疑问，那枪是故意放的。子弹从联大围墙外射了进来，我们能看到弹头在我们头顶上嗞嗞掠过，有的还落在图书馆的瓦屋顶上噼啪作响——子弹飞得越来越低，我们赶紧低下了头。这时电灯忽然熄了，扩音器也不响了。费先生于是提高嗓音说道：‘我请求你们大家不要害怕——让我大声疾呼，用我的声音压倒枪声。’讲到这里，全场响起了雷鸣般的掌声。接着枪声比先前更响了，黑暗深处响起了迫击炮声；冲锋枪、机关枪疯狂地射击着，然而他仍坚持讲下去。子弹呼啸着掠过他的头顶，离他的头皮只有几英寸，但他毫不退缩，仍继续讲着。”就是这么一个细节，已充分显示着费老当年的风采。谢泳对此并不多说，只是轻轻地说：“历史在向前延续，经历了反右运动之后，费老就很沉默了，遥想当年费老，我们多么希望他能回到一二·一以前的那种精神状态里去，可惜他已经老了。”

通过他的叙述，我们看到了当年知识分子曾经有过的种种风采：张东荪在上海光华大学做教授的时候，学校有一个惯例，每次校务会议时，主席都要恭读总理遗嘱。张东荪说：“下次再读遗嘱，我就不来了。”然后夺门而去。陈序经在西南联大时，国民党为了拉拢教授，要求负有一定行政职务的教授都入党。陈序经任法商学院院长，应该入党，但陈序经说：“扯淡，我就不入。”（《过去的教授》）他写张奚若：“张奚若先生是清华大学的教授，专业是政治学，早年是很敢说话的人，后来虽然不大能说话了，但张先生的敢言还是很出名的。”他举出一个例子：在西南联大时期，张先生曾是国民参政会的参政员。有一次去参加国民参政会，他发言抨击国民党的腐败和蒋介石的独裁。蒋介石插话说：“欢迎提意见，但别太刻薄！”张奚若一怒之下拂袖而去，离开会场回了昆明。下次参政会开会时，他接到寄来的通知函和路费，却当即发回一封电报：“无政可议，路费退回。”从此不再出席国民参政会。然而，后来呢？“人们经常说起张先生的这种士气，都很敬佩。但敬佩之余人们又不免多想，同样的张先生，后来又参加了人大，可他的士气哪里去了？可见一个书生的士气，也有它爆发的条件……”（《张奚若的士气》）

对于谢泳来说，这样的文字显然不只是怀旧，更不是回到逝去的辉煌中寻找安慰。他清楚地说过：“我近年的研究工作，就是想从过去被忽视的历史中清理出一条线索，让今天的知识分子不再从新开始，而先去接上前辈知识分子曾经创造过的历史。”[①]所以，通过他的寻找，我们看到的不仅是历史，而且是与现实相关的一系列思考和并不过时的路径设计。

三

90年代研究知识分子的人常常从两个方面做文章：一是关注陈寅恪、梁漱溟那样的知识分子，努力发掘他们的独立人格和自由思想；一是关注陈垣、冯友兰、金岳霖、贺麟等这样的知识分子，探讨他们转变的奥秘。他

①谢泳：《西南联大与中国现代知识分子》，湖南文艺出版社1998年，第216页。

们之间显然形成一种鲜明的对比，冯友兰等所努力追求的，正是陈寅恪等竭力躲避的。然而，陈寅恪等只是特殊的个案，没有多少可模仿性，因而当代中国注定了不会出现太多；而后者却是大多数的代表。所以，对于历史研究而言，更有价值的对象显然是后者。他们是如何转变的？他们对时代的适应是否真诚？这是历史研究必须回答的问题。否则，我们就无法认识那段历史。

谢泳对现代知识分子的研究是比较全面的，他研究了各色人物，也研究了他们历史命运的全过程。他的研究展示了中国知识分子曾经达到的高度和曾经有过的辉煌。然而，那一切早已成为过去，中国知识分子没有能够沿着那条道路继续发展，而是很快迎来了另一种命运，进入了一个人格萎缩和精神失落的时期。于是，悲剧是如何发生的，知识分子是如何丧失自身的，他们的人格是如何扭曲的，这都是谢泳必然要关注的内容。看一看这些标题吧：《陈垣的转变》《顾颉刚的恐惧》《吴晗的悲剧》《杨树达的屈辱》《绝望的王芸生》《令人困惑的梁思成》《范文澜的无奈》……从这些标题，我们已经大致可以知道文章的内容。写转变，写耻辱，写无奈，这是谢泳历史发掘工作的一个重要层面。他通过一系列具体的个案分析，使我们看到了一个无奈的群体。

事实是无法回避的：1949年留多去少，50年代纷纷表态，接受改造，转变思想。这些事实令人困惑，因为不仅储安平那样的知识分子早有“多少有无”之论，即使是一般的自由知识分子，也不是认识不到自己的理想与将要面对的现实之间的矛盾。但他们还是留下来了，而且表现得似乎很适应。对此，谢泳有一系列思考。他在《陈垣的转变》中说：“陈垣是转变了，从他前半生经历中，我们推不出他要转变的必然结果，但他的转变又是一个既存的事实。我们对他的转变不必过分苛求，但也须保留一点怀疑的态度。”他看到的是陈垣当时已六十九岁，接受新思想并不容易，如果一个人真正接受了新思想，应该在他的学术研究上有所体现，而事实却是陈垣转变之后“再没留下什么传世之作”。他在《令人困惑的梁思成》中写道：“以梁思成的家庭背景和留美经历，以及当年与中国知识界的交往，他不应该退得那么快，或者说，跟得那么紧。”[①]然而，梁思成偏偏在1959年还写出了那样的诗：“十年教诲沐东风，东方红日暖融融。旧皮还须层层剥，身心才会真透红。”谢泳对这种诗是否真诚表示怀疑。在《学人今昔》的《序言》中，谢泳说过：“许久以来，我一直对旧学者的变化感到难以理解。因为我在做《观察》研究和西南联大研究时，从旧期刊上读到过很多学者的时论。把他们当时的想法和日后的选择对比一下，我很吃惊，因为这二者之间，大体可以说是背反的。过去那些旧学者对许多问题的认识，在五十多年以后再看，我觉得他们是不糊涂的，但理论上不糊涂，不等于行为上不糊涂。带着这样的感触，我在做研究之余，很花了一些时间去读旧学者的日记、回忆录和年谱，我想从这些第一手资料中看出旧学者的苦闷和不适应，尽管这样的资料很有限，但如果我们对他们能有一个基本的判断，也就可以从点滴的资料中见出旧学者的内心世界。他们曾经是很有生气的一群，后来各有各的选择，各有各的活法，后人能在多大程度上理解他们，能走进他们内心多少，是很难说的。但我始终有这样的愿望，想尽可能缩短后人与他们之间的距离……”[②]当然，他也注意到了不同的人格，比如，一些人受不了寂寞，一些人喜欢与政界人物来往，一些人希望能平安生活，等等。这样的人更无法承受由恐惧带来的心理压力。

谢泳强调读历史一定要注意细节，研究历史更应该关注细节。因为只有细节，才显示着历史的真实，而那些表面的高调文字，是靠不住的。他读赵俪生的回忆录《篱槿堂自叙》，就特别注意到这样的细节：1948年，赵俪生在华北大学时，周扬到那里传达中央的命令：北平即将和平解放，进城后接管大专院校和文化部门的任务，将交给华北大学。关于接管的情况，赵俪生回忆说：有一天，讨论到北平各大专院校教师都要到军管会的文管会报到并办理登记的问题。有人主张，不管年龄老少，全要亲自前来报到。于是有人说，譬如像陈寅恪，眼睛看不清楚了，身体也很衰弱，由家属或朋友代替报到就行了。这时，成仿吾副校长用洪亮的湖南话发话了。他说：“资产阶级知识分子到无产阶级领导的革命机关来报到，来办理登记，一定要亲自来，本人来，不得由别人代替，因为……他特别提高了声音说：这是个态度问

①谢泳：《书生私见》，上海文艺出版社1998年，第103页。

②谢泳：《学人今昔》，长春出版社1997年，第1—2页。

题！”赵俪生对成仿吾这番话的评价是：“这是把自己当成征服者，把知识分子当成被征服者，要他们‘迎降’，在文管会门口办个受降仪式吧？”

事实上，类似的细节对许多问题都已做出了回答。

谢泳的意义不止于此。值得注意的是，他每提供一个细节，几乎都是一次对历史事实的重申。谢泳是不愿过多地卷入争论的，但在他所关注的问题上，也会以事实为据进行一些争辩。比如在《李宗恩的命运》中，他说中国老一代知识分子当中很有一些既能治学又能治事的人，而且他们中有几位留下来了。但新时代对他们并没有看重。

四

在世纪之交中国知识分子发生的分化中，谢泳显然属于自由主义的一派。谢泳不喜欢抽象地谈理论问题，他对自由主义理念的表达也是质朴而实在的。然而，在自由主义问题上，谢泳的一些表述也像一些常见的表述一样，对自由主义的理解显然有些宽泛。我与谢泳是无话不谈的朋友，在许多大问题上观点比较接近，所以，分歧之处就感觉更有商榷的必要。

在当下中国学人中，能像谢泳一样自觉发现和守护中国现代自由知识分子传统的人不是太多。尤其可贵的是，他是在胡适的基础上来认识自由主义的。这是一个很好的基础，因为中国的自由主义不能不以胡适为正宗。然而，读谢泳的文章，我也感觉到一个问题：在政治上，他泾渭分明，毫不含糊；在文化上，却常常模糊了一些界限。比如，他很看重胡适与鲁迅的差别，而对胡适与吴宓等人的差别却往往视而不见。我想，原因大概主要不是90年代流行的文化保守主义思潮的影响，因为我相信谢泳是有抵抗能力的；而是在于他对胡适的文化立场缺乏应有的关注。他在谈到吴宓时这样说过：“吴宓当年是非常有名的《学衡》派的主将，思想是偏于保守一面的，但他的保守，不是不识世界大势，而是倾向于走渐进的道路，以避免给社会带来巨大的震荡。中国现代的自由主义知识分子多数取的是这种态度，比如胡适、陈寅恪等人。”在这里，胡适与陈寅恪等人的共同点被突出了，差异之处却被掩盖了。他们一起成为自由主义知识分子的代表。自由主义的标志似乎就是主张渐进。

这是当下中国的一些自由主义者往往忽视的一个问题。把陈寅恪、吴宓、梁漱溟、冯友兰都看作自由主义知识分子，甚至把在30年代和40年代已经选择了斯大林体制的人也看作自由主义知识分子，这的确可以壮大自由主义的阵容，但是，这些人与自由主义的精神是一致的吗？因为自由主义的根本标志并不是渐进主义，而是个人主义，即把个人的自由、尊严和权利高于一切的价值立场。离开了这一点，就谈不到自由主义。那些主张“国家第一、个人第二”的人，那些鼓吹权威主义的人，那些民族主义者和国家主义者，那些漠视个人的自由、尊严和权利的人，怎么能说是自由主义者呢？

这一问题还涉及自由主义与保守主义的关系。在中国当前庞杂的所谓自由主义阵容中，一些人往往把保守主义者看作自由主义者。这种认识可能与西方的影响有关。但许多人都没有注意到：在自由已经成为传统的现代西方，保守主义与自由主义当然不是矛盾的，甚至保守主义者就是自由主义者。因为无论在美国还是在欧洲，保守主义者所要保守的，正是自由的传统。在这种情况下，保守主义者当然是自由主义者。中国的情况却大不相同，中国传统的核心就是专制秩序。保守主义者要守护这样的传统，与自由主义能相容吗？所以，只要专制传统还没有克服，保守主义就不可能与自由主义走到一起。在这里，渐进与激进并不是问题的根本，进到哪里去才是根本。

所以，按照我的看法，中国自由主义的传统只能源自胡适，而不可能源自王国维、陈寅恪或者梁漱溟。谢泳对胡适等人的研究使他找到了一个很好的基础。他应该守护这一基础，而不要因为宽容或者扩大统一战线而包容太多的杂质。那些与自由主义根本对立的杂质如果被过多吸纳，自由主义就有被消解的危险。在中国现代史上，一些人之所以缺乏对理想的坚守，一些人之所以背叛曾经选择的理想而迅速转变，一些人之所以由所谓第三条道路而误入歧途，差不多都与其保守主义有关。在这一点上，他们缺少的正是胡适对中国传统文明和西方现代文明的清醒认识和由此确立的文化态度。这一切，不知谢泳以为然否？

2003年8月　长春

精神坚守者的姿态

——读王彬彬的《文坛三户》

当前的文学批评，胡吹乱捧的多，严肃的批评少；用了时髦的理论努力把简单的道理说得让人听不懂的多，能老老实实把话说明白的少；死气沉沉、自言自语、下笔千言却与现实无涉的多，有思想、有激情、针对现实的真问题发言的少。因此，读到王彬彬的《文坛三户》，就多少有点兴奋，而且有接着说的欲望。

作为著名的批评家，王彬彬一贯的特色是思想敏锐，有介入的激情和斗争的勇气。他跃马上阵，左冲右突，短兵相接地打过几场大仗，堪称批评界的一员骁将。但是，这本书与王彬彬过去的著作有所不同。在我过去的印象中，王彬彬长于战斗，习惯于直接表达，而不屑于借了故纸堆说话。他对自己批评的对象也似乎常常懒得进行必要的梳理，而且战斗也似乎并无计划，只是遇上了对手（无论是集团主将还是地道的游兵散勇）就打几枪。仔细看去，他的枪法真不错，常常击中要害，甚至是隐秘之处。但时间长了，却让人觉得这仗打得有点儿零碎，战法也太像游击队。游击战当然并无不好，但由于我个人的偏好，虽然知道文化上几乎谈不到“一城一地的得失”，更别想通过攻城略地而一劳永逸，但是，我却还是希望那些有战斗力的人，能选择某些要塞，作更持续的攻守。《文坛三户》满足了我的这种期待。这本书虽是个案研究，但所选“三户”却构成了20世纪末中国文坛的重要现象，而且直接影响着中国文化的走向。面对这一现象，王彬彬集中用力进行了系统的清理和深入的论说，不仅使读者一册在手便能有个透彻的了解，而且这种类似于打扫战场的工作意义不言而喻。

很明显，对一个问题领域的系统清理使王彬彬的新书增强了学术性。学术性是一个常被误解的概念。在一些人那里，学术性往往意味着一种“死相”，研究对象最好是死的，研究者本身也应该是死的，甚至越死相就越好，如果还有点儿活人气息，那就算不得“学术”。这种学术在当下中国正在越来越多地挥霍着纳税人的血汗。作为证明，只要看一看用以评教授、评博导的大多数著作就够了。王彬彬的书却使我看到了一种“活的学术”。作为一种“批评的批评”，他不能不对有关“三户”的批评进行系统的清理、概括和叙述，但是，王彬彬决不满足于这些，而是在整理和叙述的基础上参与，充分表达自己的见解。因此，我们从中感觉到的仍然是作者独特的个性和鲜活的生命。当下中国的学院规范和学术评价体系很容易使本来富于生机的学人变得麻木，许多朋友就这样失去了活人的气息。同样已置身高校环境的王彬彬却在增强学术性的同时仍能挥洒自如，个人的言说痛快淋漓。这真是使人高兴的事。

然而，更令我兴奋的还不是这些，而是王彬彬的精神坚守。这本书充分显示了他作为一个现代精神守护者的自觉和坚定。

在90年代中国文坛上，金庸、王朔、余秋雨三人可谓各有千秋。如果征求他们自己的意见，大概都不会同意把他们划入同类。然而，在《文坛三户》中，王彬彬却把他们聚集在一起，并且认定他们是可以合并的“同类项”。作为合并的依据，王彬彬说：“在我看来，金庸、王朔、余秋雨，这三人最本质的相通之处，在于他们的作品都属‘帮’字号文学——‘帮忙’或‘帮闲’。麻痹人们对现实的感觉，消解人们改造现实的冲动，是他们的作品共有的功能。当然，他们的‘帮忙’和‘帮闲’，有时是自觉的，有时是不自觉的。他们对‘忙’和‘闲’的‘帮’，在方式和状态上，也是各有特色的。对‘帮’的殊途同归，才是把他们视作‘同类项’的最坚实的根据。”（《自序》）王彬彬以“帮”字概括三户之同，显示着他目光的锐利。在这种目光之下，无论表现形式和声调如何不同，也无论他们之间存在多少冲突，都不再能够掩盖其共同的文化本质。在王彬彬的提示之下，我们不能不承认，“三户”的确都不挑战主流，也不批判社会，更不反抗传统。尤其是在官方与“民间”相互支持、前现代和“后现代”携手作战的90年代，他们复杂而暧昧的表现更是如此。他们的大方向是一致的，那就是共同解构或抵消着知识分子的现代性努力。

正因为这样，王彬彬的工作就更充分地显示了精神守护的意义。作为一个精神守护者，当然不能不首先关注批评对象所张扬的价值。因为离开了这一点，任何批评都只能是梳理皮毛。面对金庸武侠小说所张扬的“江湖正义”，王彬彬发出的质问是：“人”在何处？“现代精神”在哪里？当然，一些人可能要为此而发出冷笑，因为这些东西在20世纪末的中国早已很不光彩，按照时髦的理论，“现代性”本身就是罪恶，“人”不过是一个神话，而以人为中心的自由、民主、人权理念实在不合中国国情……相比之下，王彬彬真是老土，而且老旧。尽管他也是博士，却没有能够到国外拜一个后现代大师而紧随其后。然而，王彬彬并不为此而自惭，而是坚定地守护着以人为中心的现代理念，将其作为最高价值，而且决不犹豫，决不后退；坚守在五四新文化运动反传统的立场上，对否定“五四”的阵阵喧嚣不屑一顾。正是因为这份坚定，他能毫不含糊地批评钱理群的“模糊”和刘再复的“谬误”。因为只要精神上有坚定的持守，问题往往并不复杂。一些东西对我们走向健康文明到底是有害还是有益？它在培养健康的审美心理还是继续巩固种种病态？其实一目了然。一些人之所以迷乱或困惑，原因常常在于对自己的精神立足点缺少必要的清理，因此也就谈不到精神立场的坚定。

一些人之所以欢迎王朔，主要在于他对主流的解构。然而，王彬彬告诉人们：把王朔看作主流的批判者完全是误解。当然，王朔本人的言论是否可靠仍然值得怀疑，但是，王彬彬的提醒是重要的：王朔与主流文化本无矛盾，儿子们可以因为种种原因而对老子表示不满，甚至在大街上大发牢骚，但是，如果因此而认定他是家族的叛逆，那就未免有些天真。在这个问题上，王彬彬一点也不天真，因为他相信“什么鸟变的还是什么鸟”。他对朱学勤观点的介绍和发挥，对王朔精神文化渊源的分析，毫无疑问是书中精彩的篇章。他清楚地看到王朔所承载的文化与现代文化不仅相去甚远，而且格格不入。他为中国文化中“强奸一次是强奸，再强奸一次就成了夫妻”的现象而痛心。因此，为了守护现代精神，他就不能不致力于撕破种种伪现代的假面。

王彬彬关于余秋雨的评说相当公允，不乏肯定之处。但是，余秋雨拒绝忏悔，还是暴露了某种文化面目。于是，把他与金庸、王朔放在一起，也就有了充足的理由。

在20世纪末的中国，文坛出现了一种新现象：凡是与专制传统一致的，凡是与皇权崇拜和奴性意识一致的，似乎都在发扬光大之列；而流氓们的“江湖义气”及其变种“痞子气”虽然有点可怕，却正是祖宗留下来的宝贝，自然没有理由不继承和发扬；唯独五四新文化运动中生长起来的现代精神不受欢迎。正是在这个背景上，三户及其追随者大行其道，而承载着现代理念的知识分子节节后退，而且纷纷叛逃。这是20世纪末中国文化中的一股悲剧性的潮流。可喜的是，在这股潮流中，毕竟还有一些有责任感的批评家进行了抵抗和守护。王彬彬就是其中的一位，而《文坛三户》就是这种守护姿态的证明。

2002年5月　长春

文学史家的价值立场

收到董健、丁帆、王彬彬三位先生主编的这本《中国当代文学史新稿》，像往常一样，翻开来首先看目录，没想到立即就被它的分期所吸引。于是读下去，竟然有几分激动。

就文学史的分期而言，它打破了二十多年来一直因袭的框架，与以往的中国当代文学史著作大不相同。眼下流行的中国当代文学史一般分为三至五个阶段，三段即“文革”前十七年，“文革”十年、新时期；五段则是把前十七年再以1957年为界分为两段，把新时期再分为“80年代”和“90年代”两段。《中国当代文学史新稿》也把这段历史分为五个阶段，但不同之处在于，它的五个阶段是以1962、1971、1978、1989这四个年头为标志划分的。这种划分也许尚需全面的论证，但它的重要意义之一，是不再把“文革”十年作为一个独立的阶段。从80年代开始，一些有识之士就提醒人们不能孤立地看待“文革”十年，因为事实很明显，“‘文革’文学”不是孤立的，而是长期发展的一个必然结果。从“‘大跃进’文艺”到“‘文革’文艺”，从“两结合”到“三突出”，都是一个连续的过程，也是一种文学理想和文学模式逐渐完成并走向其顶峰的完整过程。把“文革”十年孤立出来，甚至以“空白”粗略带过，事实上模糊了当代文学发展变化的轨迹。但是，直到现在，国内那么多版本的当代文学史著作，却仍然沿袭着旧的框架。从这个意义上说，这部文学史实现了一次重要的突破，意味着我们的当代文学史写作已经走出了旧框架的束缚。

另一个吸引我的特点是主编们清醒的价值选择和鲜明的价值立场。在价值严重混乱和颠倒的当下中国学界，这本史著的价值选择不仅值得称道，而且令人感动。世纪之交，中国学界可谓新潮迭起，但这些“新”和“后”的理论资源没有带来多少积极的影响。相反，一些本来清楚的问题被一些人以新的方法搅成了一锅粥；一些本来一目了然的现象也被一些人以新的理论裹进了十里雾中。当然，对于那些有意识的弄潮者来说，是无须争论的，因为把水搅浑，把界限弄模糊，使正确与错误、正义与邪恶都不分彼此，正是他们的目的之所在；淡化时间，强化空间，使文明与野蛮、落后与先进都放在同一个平面上，获得平等的地位，从某个方面看，正是他们的莫大功绩。但是，对一般读者和青年学生而言，却往往不明白这些，因而难免要在其理论的“前沿”和“外来”色彩迷惑之下信以为真，步入思想的泥沼。从这个意义上说，这本教科书是及时的。主编者旗帜鲜明地指出应该警惕“历史补缺主义”“历史混合主义”和“庸俗技术主义”，对“红色经典”等混淆视听的概念，对种种“搅浑”和“抹平”的策略，对无原则、无是非的形式分析，都表示了明确的批判态度。这是很有意义的，此时此刻，只有以鲜明的态度面对历史，才能引起人们的警觉。

在这里，我们可以看到一种强烈的批判意识，一种对于历史的负责任的态度。在许多地方，它的叙述都足以揭开“艳若桃花”的伪装，使那些肿瘤的恶性得以暴露，从而破坏一些人试图把精神毒素留给未来的企图。从这种批判，我们可以看到一种鲜明的现代性立场，看到有良知的学者对于人类文明健康价值的捍卫。也正因为这样，这部文学史对当代文学的源流的认定，对演变线索的描述，都能够逼近历史的真相，而不像当前一些同类著作那样常常出现错乱，对一系列文学现象的描述也不像当前一些同类著作那样常常出现是非、美丑和善恶的颠倒。

在反现代性、反启蒙、批判“五四”、甚至反科学、反理性和批判历史的线性发展观已经成为时髦的今天，这部中国当代文学史坚持五四新文化运动带来的现代性尺度，捍卫“五四”先驱所开创的启蒙文学道路，坚持“人的文学”的价值标准，张扬知识分子的独立人格和作家的主体性，这一切实为难能可贵。我们还有这样一群学者，保持着他们的清醒，守护着人类文明的健康价值，真是值得庆幸的事。

我希望那些在时髦的五彩迷雾中徘徊的青年学生，那些被“反现代性的现代性”以及“现代性是一个不确定的概念”之类学说弄得晕头转向的年轻学者，都来好好读一读这部当代文学史。

给你一个完整的金庸

——读傅国涌《金庸传》

听说傅国涌为金庸写传，最初的感觉是有点奇怪。在我看来，在一代年轻的学人中，傅国涌是非常优秀的一位。他的文章带着他特有的思想光彩，正在引起学界的广泛关注。为金庸作传，洋洋几十万言，需要很多时间和精力，值得吗？而且，人们对金庸的看法大相径庭，傅国涌会不会出力不讨好？直到拿到这部印刷精美的《金庸传》，我仍然充满疑虑。

打开这本书，首先感到它的资料工作做得好，许多材料都是作者从档案和旧报刊中查出的。但这并不出我的意料，傅国涌做学问很扎实，为读者提供一些过去难以接触到的东西，这是必然的。但我似乎已经感到了国涌的谨慎和为难，他几乎只是叙述，不做评论，处处都很小心。读到"梦断京华""父亲的噩耗"等章节之后，我想，真是难为作者，能提供一些资料就好。带着这样的心情一页一页读下去，新的疑虑又产生了：记录这样的流水账，需要傅国涌的手笔吗？在读过几十页之后，我几乎就要放下了，而且想给傅国涌打电话，坦诚地劝告他不可再这样浪费才华。

然而，接着读下去，我终于兴奋起来，而且庆幸没有放下这本书。因为它终于吸引了我，而且使我看到了一个完整的金庸。金庸应该感谢傅国涌，是他使像我这样的读者对金庸刮目相看了。因为在过去，我只知道一个写武侠小说的金庸，而对于那个金庸，我是不怎么恭敬的，尽管早有青年才俊将其尊之为20世纪的文学大师，而且有著名教授为之鼓吹，我却仍然不愿对一个适应大众传统审美心理而编传奇故事的作家给予更多的关注。也许像我这样的读者真的太可怜，竟不知道金庸作为一个报人的光彩，不知道金庸作为一个社会批评家所曾有的崇高！因此，我应该代表像我一样的读者感谢傅国涌的工作。

对于传记作家来说，当然首先要熟悉传主的生平事迹。然而，仅有这些是不够的，一个好的传记作家必须对传主所生活的时代有深入的了解，对他活动的大背景有深入的把握。只有这样，人物的事迹才能显示出它的意义。在这一点上，傅国涌做到了。比如，由于对《大公报》历史的深入了解，傅国涌就可以清楚地叙述《大公报》的历史，谈其文人论政的传统，从张季鸾到胡政之、王芸生，举重若轻地清理出金庸与《大公报》的关系。虽然金庸进入《大公报》时这家著名的报纸已经即将走完它的辉煌之路，但毕竟几十年的传统还在。这样，就为金庸后来的光彩找到了重要的基础。金庸与《大公报》的关系是该书重要的内容。金庸是《大公报》精神的传人，却很快离开了《大公报》，原因正如金庸自己说的，这家报纸已经改变了它的路线，与过去的传统断绝。为了这一切，他必然地选择了离开。从这个意义外说，金庸的确不是平庸之辈，北京大学给他的名誉教授头衔是新闻学而不是文学，也体现了这所中国最高学府仍然有些水平。的确，他的主要光彩并不在于小说。作为一个报人的金庸，比作为一个小说家的金庸更伟大。金庸与《大公报》持续多年的论战表明了金庸作为一个报人的选择。他所认同的，是胡政之时代的《大公报》的传统，是知识分子独立的精神立场。

《金庸传》对《明报》崛起的叙述是相当精彩的：在四十年前的“三年困难时期”中，内地灾民如潮水般涌向香港，这个弹丸之地自然无力承担，逃亡的人群被军警堵在梧桐山一带。这就是著名的“梧桐山移民潮”。在这种情况下，金庸决定给予大篇幅的如实报道，《明报》因此而迅速崛起。看看《明报》当年的这些社评吧：《火速！救命！——请立刻组织抢救队上梧桐山》《梧桐山上惨绝人寰》《巨大的定时炸弹》《巨大的痛苦和不幸》……他呼吁中国政府不能对逃亡潮采取冷漠的态度，呼吁香港当局应该对大陆逃亡而来的灾民伸出救援之手，从这一切，我们看到了当年的金庸作为一个报人的光彩。

通过傅国涌的描述，我们还看到了金庸的那些社评。关于那些社评，陈平原曾经谈起过，据说有几万篇之多。无论我们愿意不愿意，都必须承认这样的判断。他的一些话说得很尖刻，为此，左翼报纸与他展开了论战，然而，论战更成就了金庸，《明报》因此而影响巨增，金庸因此而声名鹊起。

人物不是孤立的，而是生活在时代的大舞台上。金庸也是如此。传记的高下往往不只在于对传主事迹的了解，而是还在于对其事迹在历史舞台上的定位。从这个意义上说，傅国涌的工作也是值得称道的。因为对时代的了解，他清楚哪些细节更有意义。事实上，传记作家不可能把传主的生活细节都表现出来，因此，对哪一些细节更感兴趣，往往显示着作家的高下。傅国涌写的是人物传记，但对事件及其广阔背景的描写更见他的功力。

这本传记还以不小的篇幅写了金庸对“文化大革命”的预言，竟有那么多事都被他言中。看到这些，至少像我这样的读者是很开眼界的。

更为可贵的是，傅国涌并没有回避金庸的弱点。虽然傅国涌尽量回避价值判断，但我们仍然能够看到他的价值立场。对于金庸后来的一些表现，他只是客观地呈现，并不加以评说，但我们仍然可以感受到他的评价。金庸毕竟是一个新旧参半的人物，特别是在文化上，他的思想是比较旧的，而且受到汤因比等西方学者的影响，因而其旧思想得到了某种巩固。由他的一些行为，可见中国旧传统对他的制约。对于他的文化态度和政治态度，傅国涌都没有过多的评论，但只要仔细品味，并不难发现更多的内容。

对于大陆读者来说，大概有不少人与我一样，过去只知道金庸是一个武侠小说家，至于其他，所知甚少。傅国涌的《金庸传》使我们看到了一个完整的金庸。

耐心地修复历史

——读傅国涌《1949年：中国知识分子的私人记录》

众所周知，因为种种原因，我们的历史叙述常常残缺不全，面对历史的事实，常常有所遮蔽也有所放大。这个问题早已为有识者所关注，却一直难以解决。我想，读过傅国涌的《1949：中国知识分子的私人记录》之后，人们会多少感到一点欣慰，因为它不仅显示了一个年轻学人的努力，而且开拓了一条路径。

作者傅国涌是一位很有才华而且十分能干的青年人，近几年来，他连续出版了《金庸传》《叶公超传》《百年寻梦》《追寻失去的传统》《笔底波澜》《主角与配角》等一系列著作，以知识分子及其思想言论为主线，对近现代中国历史进行了广泛的研究，同时，又对西方现代历史多有涉猎。2001年，我应约与谢泳、王彬彬一起为广西师范大学出版社编《大学人文读本》的《人与国家》卷，就选过他一篇《华盛顿的选择》。然而，他的主要兴趣还是在近百年的中国历史。

1949年是中国历史发生大转折的一年。在一场巨大的变革面前，当时的知识分子有怎样的感受和思考？在过去的历史叙述中，人们熟悉的是：鲜艳的五星红旗在天安门城楼升起，中国知识分子聚集到五星红旗之下，他们意气风发，斗志昂扬，满怀豪情地投身于新的时代，投入到轰轰烈烈的社会主义建设事业当中……然而，任何一个严肃的历史学家都不会满足于这样的描述。傅国涌本不是历史学家，但百年中国的风雨坎坷却使他一步步走向了历史，而且越钻越深，几年的时间，他已经成为一个真正的历史学家。如果考察他的方法，其实并无特别玄妙之处，不过如傅斯年所说：上天入地找材料。但是，有一点是重要的：他能够自觉地穿越遮蔽，走近历史现场，依靠现场留下的蛛丝马迹对历史进行重新勘探和发掘。

在这本书中，作者选取了不同年龄、不同倾向并且在历史的关键时刻做出了不同选择的十四位著名知识分子进行个案研究。这十四个知识分子是：著名学者胡适、梁漱溟、宋云彬、夏承焘、浦江青，著名作家诗人柳亚子、沈从文、夏衍、胡风、包天笑，还有著名出版家张元济、著名科学家竺可桢、著名金融家陈光甫、著名报人徐铸成。众所周知，就人的思想和感情的可信程度而言，公开发表的文字远远不如日记和书信。尤其是在言论空间有限的情况下，一些真实的想法往往不能表达于公开发表的文字中，却可能在日记和书信中保留下来。因此，为了发现历史的真实，傅国涌主要使用了三个方面的材料：一是日记，二是书信，三是回忆。通过这些，傅国涌发现他们的心迹，梳理并把握他们的思想脉动和情感波澜，进行一个个的个案研究。在这里，我们看到的是那些知识分子带着个人体温的记录，是活生生的历史片断。而这各不相同的个案一旦放在一起，就会构成一幅新的历史画面，比如，张元济“我国幸有统一之文字，万万不宜自毁”的直言，夏衍从“不习惯”到“习惯”的过程，包天笑“天天过愚人节”的感觉，沈从文用刀片切割自己脖子时的感受……不仅有助于历史细节的丰富和具体化，同时也是对历史缺失的补充。这些补充往往是功能性的，有助于修正整体的叙述。

近几年来，一些有识之士在致力于“打捞历史”。“打捞”的意义在于修复，傅国涌所做的，也是一种修复历史的工作。傅国涌的工作给我一种启示。面对这本书，我想到的是，关于知识分子，事情还是比较好办的，因为他们的感受常常形诸文字，尤其是著名知识分子，他们的书信日记迟早会出版，但是，普通的工人和农民呢？我们多么需要像傅国涌这样的有心人，来做一做中国农民的私人记录、中国工人的私人记录、中国商人和企业家的私人记录……也许，他们根本没有留下“记录”，那么，就应该做一做他们的“私人记忆”！这是真正的历史学家应该去做的。

第三辑

关于当下文学的随想

如果说改革开放以来文坛有什么值得称道之事，首先就是文学创作有了相当大的自由空间。

创作应该是自由的，任何人都无权强迫别人写什么和怎么写。健康的文坛应该是多元的，作家们各自做出不同的选择，是文学发展的正常状态。然而，这并不意味着人们所做的一切都是等值的，并不意味着各种选择之间没有高下优劣之分，更不意味着这些不同的选择都该受到同样的赞美。因为人性并不总是完美的，人的品行往往参差不齐；因为文化资源五花八门，人的精神的质地也大不相同。尽管我们可以对人性的弱点甚至包括一些野蛮和愚昧也给予充分的理解，但是，理解和宽容并不意味着价值的肯定。

面对人类不同的生存状态和人性的不同表现，作家当然可以根据自己的条件和兴趣进行表现。问题不在于写什么，而在于怎样解释和评价。对于生活，更重要的不是它本身是什么样子，对于文学中的人物，重要的也不是他在做什么、想什么或持怎样的生活态度，而在于作家如何看待这一切。正是对生活的理解和评判最终决定着作家的高下和作品的优劣。

也就是说，作家的高下和作品的优劣并不取决于对生活世界的摹写和展示，而在于作家主体性的介入。客观世界因这种介入而产生意义。一个优秀的作家之所以优秀，不仅在于他熟悉他所描写的每一个细节并能够生动地描写这些细节，不仅在于他善于把生活的世界以最生动的形式再现出来，而在于他对生活的理解和洞察。洞察需要思想，生活需要思想的烛照。应该承认，我们常常需要一盏灯，只有借助精神的灯烛，才能对我们所处其中的生活有深入的认识，才能对人性有更深入的理解。所以，仅仅熟悉生活是不够的，没有人不熟悉自己的生活，但认识自己的生活却是另一回事。认识自己的生活，并对其做出评估，这需要思想。

同时，一个优秀的作家还应该对生活有所期待，有所设计。说到底，文学之所以要表现生活，是为了生活更美好；文学之所以要展示人性，是为了人性更完善。我们展示社会的问题和人生的烦恼，意义在于改变它，而不应该是对社会的腐败和人性的扭曲表示认可，更不应该是对其进行合理性论证。当然，文学不需要提供理想中的黄金世界，也不需要提供清晰的未来世界的施工图纸，但是，至少应该有一种隐含在作家精神深处的对于社会生活和人性状态的期待。这种期待就是理想主义。真正伟大的文学事实上都具有理想主义精神。这也正是诺贝尔文学奖设立的宗旨。

然而，我们当下的文学却早已不是这样。流行的作品显示的情形是：一方面是种种病态的展示，一方面是对于病态的认可。面对病态的现状，不是努力谋求改变的途径，而是告诉人们：生活就是如此，不要异想天开。

这种创作当然常常出于好心，就像善良的医生对无奈的病人的那种安慰。但是，面对一个患有绝症的病人，或者面对一个因不幸而痛不欲生的人，这种抚慰可能是善良的，但作为文学，这种精神上的抚慰却值得怀疑。它不仅使人们在无奈的叹息中放弃了对美好可能性的追求，而且把病态看作常态，甚至把黑暗、丑恶、残暴、苟且、钻营、堕落和各种卑鄙无耻都当作正常，当作天经地义。

文学当然不是多么崇高的事业，把文学神圣化是一种幼稚的想法。然而，也不应该把文学弄到眼下流行的这种低劣程度。文学毕竟在人性的塑造中起着不可低估的作用，甚至在直接着为人造型，为人性定义。由生物层面上的人，到人文层面上的人，常常依靠文学为其造型，并以文学作为主要载体传承。无论什么时候，要考察人的形象，大概都无法离开文学艺术。而且，正在成长的孩子们也往往通过电视剧和文学读物认识人，并且在模仿中造就自己的人格。

在生存的名义之下肯定动物的原则；在生存的名义下肯定人性的弱点；在生存的名义下肯定人的软弱甚至卑鄙；甚至把它解释为只能如此、别无选择。这看上去是尊重人、尊重人性。其实，这是人的悲剧。因为它所依据的是动物生存的原则，而不是人的原则。它也许适宜于我们这个时代的具体生存，但这种适宜却进一步巩固着这种生存。因为没有向上的精神、信念和道德原则，为了生存所做的一切就都是合理的，源自本能的一切都是合理的，文学似乎在进行一种低调比赛，结果却可能导致人的精神进一步下滑，使生活进一步腐败，不仅使人回到丛林，而且使社会成为粪坑，使人成为一堆在粪坑中翻滚的蛆虫。

这难道是国人别无选择的命运吗？如果是真正的作家，就不应甘心如此。

2003年11月　长春

中国文坛最年轻的作家群体

在中国文坛上，有一个非常年轻的作家群体，它被称作“80后”，因为他们都是进入80年代之后出生的。1980年之后出生，到现在有的已经二十多岁。可是，这群“80后”作家成名的时候年龄非常小，一般都是十几岁的中学生。

他们为什么能够那么早成为名人？就外部原因而言，主要应该归功于因特网。网络为文学创作提供了平台，使任何人的作品都可以穿越传统媒体报纸和杂志的发稿限制而得到及时呈现。许多“80后”作家最先的作品都发表在网上，而且也正是在网上与读者的互动给了他们更大的写作动力。

除此之外，如果说有什么特别的外部原因的话，1998年开始的全国“新概念作文大赛”可能是重要的助产因素。这项大赛以纠正教育界“重理轻文”的观念为旨归，并以诘问现行教育模式对少年心灵压迫的姿态拉开帷幕。它由《萌芽》杂志社发起，由北京大学、清华大学、复旦大学、南开大学、北京师范大学等全国十所著名大学共同主办。大赛宣称：获奖的应届高三毕业生将进入这些名牌大学重点关注范围，视其具体情况优先录取。对于中学生来说，这是一个不小的诱惑。随着韩寒、郭敬明、张悦然等参赛者的一举成名，大赛进一步吸引了全国的青少年。由作家出版社出版的历届《新概念作文获奖作品选》发行量均在三十万册以上。

从个人来说，“80后”作家显示了良好的写作天赋，对生活有着敏锐的感受力，而且有很强的语言表达能力。在内容上，他们表现的一般都是年轻人的生活，他们的理想和追求，他们的烦恼与苦闷，因此，很容易在同龄人中产生强烈的共鸣。

在这群年轻人中，最先成名的是韩寒。1999年，上海松江二中学生韩寒以《杯中窥人》获得大奖，接着，他又发表了痛陈中国现行教育弊端的“檄文”——《穿着棉袄洗澡》。他的反叛精神所蕴含的少年的坦诚、率真和犀利不仅在同龄人中引起强烈反响，也像一根重棒叩击着中国现行的教育模式。韩寒是富于传奇性的，以“叛逆”和“偏激”著称，而且成了“高才低分”学生的典型。就在他的长篇小说《三重门》出版之际，韩寒因为六门功课考试不及格而被留级，而且最后只好退学。复旦大学看中他的写作才能，决定将他破格录取，却遭到了他的拒绝。因此，“韩寒现象”成为媒体关注和炒作的热点，也进一步使韩寒的名字家喻户晓、人人皆知，他的作品也成了书店里的抢手货。

就韩寒的作品而言，无论是《三重门》《零下一度》还是《通稿2003》，都没有脱离校园生活，并以一个在校学生的视角进行着表达。在《三重门》中，韩寒借主人公林雨翔之口述说了少年在成长中的烦恼与无奈，揭露了不良的教育制度带给学生的沉重负担与负面影响。在《通稿2003》中，韩寒对教育、学校、社会等做了更为深入与激烈的批判。他以自己的方式思考和抗争，透过那些犀利的、冷嘲热讽的、相当刻薄的话，我们可以感受到一个少年成长中的烦恼和他对周遭环境的愤怒。他的愤怒是有理由的，因而得到许多教师和教育专家的共鸣。

种种迹象表明，韩寒是一个思想型的作家。他是作家，同时也在向思想家的路上走着。

另一个引人注目的作者是春树。与韩寒不同，春树引人注目之处不在对教育体制的批判，而在于女孩子成长过程中的困惑、痛苦与自我放逐。春树的长篇小说《北京娃娃》写的也是学生生活，但她无意于课堂、老师与同学生活的描绘，而是把笔触伸向校园以外，更多的笔墨则用于表现自我。《北京娃娃》写了一个名叫林嘉芙的女孩从十四岁到十七岁之间坎坷的情感经历。林嘉芙十四岁就在懵懵懂懂之中把自己献给了一个流浪画家，然而，画家却迅速遗忘了她。从此，她一次又一次疯狂地投入爱情，一次又一次无可奈何地失败。于是她疯狂地热爱摇滚，与家庭和学校格格不入，最终在十七岁那年彻底结束了学业。作者描写了这样一个在理想、情感、社会、欲望之间奔走呼号甚至绝望的小女孩的青春历程。这就是这个女孩子的心声："我的小说孤零零地放在书桌上，没有人爱我，没有希望，没有明天，而我所做的就是，腐烂着呼吸，行尸走肉，对自己无限失望。我被自己折磨得犹豫，刺骨，欲生不能，生死不分。我其实是一个脆弱、敏感的人。我的心随时都被某种东西所吸引所迷恋，随时等待被什么所击中。"

这里看不到韩寒在抨击教育体制时存有的积极的生活态度。面对沉重的学校生活，春树笔下的主人公选择了逃离和漂泊。在《北京娃娃》中，主人公林嘉芙有这样一段自白："爱情？爱情是什么？……我并不是三陪小姐，他也不是大款，那我们在一起一定要是有目的的，那么是什么目的呢？既然不是为了身体的目的，那么是为了感情吗？我虚伪得连自己也不知道自己在想什么，怎么能给别人一份清醒且明确的感情？"春树用这样的文字在表达内心的感受时，也残酷地粉碎了对爱情怀有憧憬的少男少女的梦想。

与韩寒、春树不同，郭敬明用一种近于温婉的语调诉说着青春的流逝与怅惘。他的作品中没有暴力，没有性的冲动与疯狂，全文充满温情。《梦里花落知多少》《幻城》《左手倒影，右手年华》等小说为青少年打造了一个内心情感的港湾。在他的作品中，很少有对现实的批评，取而代之的是对浪漫情调和唯美的无限追求，对内心世界的尽情抒写。他用美好浪漫的情感以及动人的语言营造出一个个纯真的梦幻般的故事，感动了一大群正处于青春期的少男少女——那些正在渴望美好情感的青年学生。这类作品有一个共同的特征：文字的感染力大于作品所要表现的思想内涵。不过，年轻的读者并不在思想的深度上有太多的要求。

写作的"低龄化"是近几年中国文坛出现的一个重要现象。在过去，一个人要成为作家，大概需要多年的努力，当他成名时，一般已有相当大的年龄。现在不同了，似乎"神童"特别多，从六岁的窦寇，九岁的蒋方舟，到一个又一个的中学生，都写出了一本又一本的书，出版后受到广泛好评。更为引人注目的是，他们不仅年龄小，不仅出书快，而且笔法常常很老练，思想很尖锐，见解也显得很成熟。蒋方舟的作品曾令许多人惊讶：这么小的孩子怎么懂得这么多！北京大学教授钱理群六十岁了，读到二十岁的胡坚的作品，读完感叹说："第一个感觉是我老了，该退休了。胡坚的表达方式让我不太习惯。第二个感觉是胡坚又比我老，我比胡坚天真，胡坚行文中对中国的历史、现实看得似乎比我还透。”

对于少年成名，蒋方舟的母亲说：“早熟的苹果好卖。”

当然，作家毕竟不是苹果。苹果一次卖完就完了，而作家却有很长的路要走，也就是要长期摆摊。如何长期卖下去，正是这群少年成名的作家所面对的问题。

附录：

韩寒，男，1982年生，上海人。十四岁开始发表作品，1999年以《杯中窥人》荣获新概念作文大赛一等奖。同年，在上海《新民晚报》上发表文章揭露批判应试教育。2000年，以《穿着棉袄洗澡》获新概念作文大赛二等奖，此文语言犀利，矛头直指中国的教育体制。2000年6月，由作家出版社出版了二十一万字的长篇小说《三重门》，引起轰动。继《三重门》之后，又有《零下一度》《像少年啦飞驰》《通稿2003》《毒》《长安乱》等多部作品出版。

春树，女，1983年生，北京人。2000年辍学，开始自由写作。已出版小说《北京娃娃》《长达半天的欢乐》、散文集《抬头望见北斗星》，并在“高地音乐网”“诗江湖”网站写诗，主编《80后诗选》，2005年1月，出版个人诗集《激情万丈》。2004年2月成为美国《时代周刊》的封面人物，美国人称她为“新激进分子”。2004年6月成为《三联生活周刊》封面人物，2004年9月应邀前往挪威参加国际诗歌节。《北京娃娃》的版权已卖至美国、英国、西班牙、荷兰、意大利、中国台湾和香港等二十多个国家和地区。

郭敬明，男，1983年生，四川自贡人。第三届、第四届全国新概念作文大赛一等奖获得者，2002年《萌芽》（第十期）杂志发表其短篇小说《幻城》，引起轰动。后完成长篇小说《幻城》，2003年11月由春风文艺出版社出版。现已出版小说《梦里花落知多少》、散文集《爱与痛的边缘》《左手倒影，右手年华》《痴鸟》、自传《夏至未至》等数种畅销图书。

《木铎心声诗丛》总序

对于当下中国诗坛，许多人都颇为不满。

有人说，当下的诗人，除了吟风弄月拈花草，除了哼哼唧唧呕酸水，还能做些什么？这话未免过于苛刻，却也透露出诗坛实际的问题，而且证明社会对诗人仍然有所期待。其实，早在十几年前，作家张炜就曾发出这样的质问："诗人，你为什么还不愤怒？"它所表现的，也是对诗人的一份期待。单是苛求诗人固然未必恰当，但既为诗人，就无法逃避社会的评判和期待。

又有人说，这是一个缺少诗歌的年代。尽管诗歌的园地越来越大，甚至大到一望无际；尽管植物越来越多，越来越密，却实在是难见杰作。官用或商用的唱诗者不必说，即便一般诗人，也的确并不光彩。因为似乎只有一些类似于伤风感冒的小感触，或者春情发动之类的小躁动，可以显示诗人的才华；一旦写到大处，舌头就似乎只剩了半个。这是普遍现象，虽然大家彼此彼此，五十步不必笑百步，但作为一代诗歌，缺陷却非常明显。

三十年前，孙绍振先生评论朦胧诗，指出的特征之一是"不屑于做时代的传声筒"，而当下的诗歌，却实在是无力做时代的传声筒。考察今日诗歌园地，给人的感觉就像洪水过后的涝洼盐碱地，树木自然很难见到，野草也又细又黄又纤弱，再不见那长剑般的叶子。

这当然不能只是责怪诗人。作家怎样？批评家怎样？学者、教授们怎样？这已经无需回答。所以，如果要责怪诗人，只能责怪他们缺少应有的条件，责怪他们像我们一样可悲可叹。一切事物的生长都需要相应的土壤和气候条件，而且大多可以操控。我是学过一点儿农作物种子提纯和杂交技术的，懂得选优和选劣对一个品种的重要性。也在菜农、花农那里懂得了对植物的控制，比如矮壮素的使用，比如种大棚菜，通过对阳光或水分的限制和给予，都会生产出不同质地的产品。

在这个特别的年代，诗人如何能够逃脱生活的挤压和诱引？在种种挤压和诱引之下，胸腔不适，歌喉不畅，底气不足，脚步不稳，都是必然的，又如何能够悠然吟唱或放声歌哭？

从另一方面说，在我们这个时代，诗人成功很难。遥想古代诗人，他们实在太容易了。“床前明月光，疑是地上霜。”这样的句子也能被广泛传诵。现在有不少孩子能诌出类似的句子吧，可是有谁会去传诵？当大家都不会造句的时候，有人说出一个句子，就是天才；当大多数人不会写字的时候，有人把感想写下来，就是奇迹。而在今天，不仅大家都会写字，而且大家都会写诗，要在诗界引人注目，就没有李白、杜甫的时代那么容易了。

尤其是在网络时代，看上去似乎发表和传播都已经不成问题——任何人都可以把自己的作品贴到网上。但众所周知，一首诗贴到网上，就像一根针投入大海。自己当然可以在那里盯着，可是如何保证让大家都来关注呢？说到底，还需要它本身不同寻常。怎样才能不同寻常，当然不只取决于技巧，也不只取决于题材，而是需要诗人的思想能力和审美境界。而思想能力和审美境界，又需要种种资源滋养。而这资源，又恰恰不是可以轻易获得的。

带着对当下诗坛的种种疑虑读《木铎心声诗丛》，让我感到高兴的是，从中读到了一些让我兴奋甚至惊喜的作品。在这里，有一般的自然与人性美的歌咏，也有灵魂的揭示和现实的追问。不满足于表现平庸琐事，不满足于无病呻吟，面对现实，揭示生活的沉重和精神的不同状态，显示了诗人对生活的敏感和对时代问题的准确把握。一些作品在沉重和尖锐中显示了深度和力度。当然，作为丛书，作者年龄不同，经验和阅历各异，对诗的理解和追求也不会一致，诗的水平必然参差不齐。但我要说：这里的确有好诗。

丛书主编嘱我为丛书作序。我没理由推辞，又无力全面评价，只好拉杂写下这些话，还望作者、编者和读者原谅。

2010年12月　天津社会山

吾家娇女懒梳妆
——李美皆印象

一

要谈对李美皆的印象，还需从20年前说起。

大约是1993年或1994年吧，准确时间记不清了，只记得当时张宗刚和黄发有正在忙着办一个文学社，办了刊物，而且请了张炜和我做他们的名誉社长。一天，宗刚带一女孩儿来见我，说是他的女朋友。女孩儿自报姓名：姓李。我说：我们是本家。说名字，我却不敢断定是“梅洁”还是“麦秸”，于是让宗刚在纸上写了，才知道是“美皆”。我觉得这名字意思很好，大概是有点学问的人取的，而且对宗刚说“不许欺负吾家美皆”。而这李美皆，却不等宗刚介绍完她的情况，就开始攻击“张大炮”。张大炮，是张宗刚的下级同学黄发有、郭锐等送的昵称，似乎开始是叫“张大傻”，但到后来，“大傻”却落到了郭锐身上，宗刚成了“大炮”，就连我也偶尔“大傻”“大炮”地喊他们。看着这对未婚小夫妻斗嘴，我最强烈的感受是：这女孩儿，张宗刚说不过她，将来的家庭生活中，还不知谁欺负谁呢！这是我对李美皆最初的印象。

初次见面，虽然锋芒已露，但大概还是有点腼腆，所以说话并不太多。后来见得多了，就看到了个性的若干层面。我对人的认识，总是习惯于在某个范围内进行比较。知道李美皆家是安丘景芝，一个产酒的地方。山东好酒不多，名贵美酒大多集中在贵州和四川等地，如果要在山东找，景芝白干大概是不错的，但这纯粹是我井底之见，而且这景芝白干，还必须是2元1角7分一瓶的，那是70年代中期的产品。景芝即使产美酒，也还是齐鲁大地，齐鲁大地上的女性，自然有许多相同的特点，但面对美皆，我却觉得有点不像。比如，她细皮嫩肉，唇红齿白，就让我觉得不像山东乡土所产，而说话做事，也看不到那种应有的“土气”。我所见惯的山东乡村女孩儿，大多比较皮实，比较厚重，即使有才，也含而不露。李美皆却性格外露，锋芒毫不掩饰，话常常是脱口而出，又那么入木三分。这常常会惹人不高兴，她自己却似乎全然不知。因为她不会藏拙，几次接触，我也就看到了她的一些短处。不过，我喜欢那份灵气，还有那连珠炮式的表达背后所显示的反应能力和思维能力。

所以，到了1995年，张宗刚毕业离校，她就入校做了我的学生。

李美皆入校之前，我身边的3届11名研究生，全是男的。招生时没意识到这是个事儿，但事实一旦形成，却成了问题，曾有女生当面问我是否重男轻女，是否有性别歧视倾向。这时我才意识到：问题严重了！其实，我并不是重男轻女，更非性别歧视，在此之前也带过女生，只是因为觉得男生好对付，女生难伺候，为省心省力，就更愿意与男生相处。这也许是我的偏见，却也来自经验，男生可以随便教训，劈头盖脸说一顿，无需考虑方式方法；女生就不同了，家乡有句古语：“男孩子是打着长大的，女孩子是捧着长大的。”捧着长大的女孩子，自然经不住打击，所以说话要注意措辞，注意语调，否则，几句批评的话就掉泪了。我很怕女孩子掉泪，她们一掉泪，我就束手无策，什么要求，什么怒气，都会顿时烟消云散，与此同时，培养计划之类，也就谈不到了。

我的自我历来不够强大，尊世俗，畏人言，自然不愿落个性别歧视的名声。于是，95级招生，我选了两个女生，一个就是李美皆。按照当下中国社会流行的标准，美皆的基础大概不算好，中小学并非出自名校，她的个性，也使她很难成为所谓全面发展的好孩子，更未必有耐心去做班干部之类。学习成绩好，能考上大学，靠的全是天赋。我个人很重视写字，招生看卷也习惯于先看字写得怎样。这倒不是相信“字如其人”，而是有一种顽固的想法：字是长期训练的结果，一个人写了十几年的字，如果还写得很难看，说明他对日常的事并不用心。杰出人物当然不一定需要关注日常修为，只要在机会到来时敢于一搏也就够了，但做学问，恰恰不是片刻定终生的英雄事业。我深信旧时皇家科举取士的标准中隐含的道理：一张卷子从头到尾，端正清晰，笔力均匀，至少可见气力和心态；中途变体或潦草从事，甚至错乱而涂改，则意味着气躁心浮，谁敢对其委以重任？说真的，我对李美皆的字很不满意，一般情况下，写那样一笔字的考生我是不取的，但犹豫再三，还是不舍她的灵气。

至于她那不知收敛的尖锐，我从来不曾纵容，内心却也真的喜欢。因为我也常常想：为什么一定要伪装？坦率一些，有什么说什么，有什么不好？它所以不好，是因为在中国环境中，作伪和说谎已经是正常，那个说穿皇帝新衣的孩子反而成了不正常。与中国学生相比，来自美国的留学生总是显得太傻、太天真，所折射出的，事实上是他们成长的环境太好了。中国孩子很小就学会装乖，学会看人的脸色说话，其实很可怜。在这种情况下，有人同样经过了摸爬滚打，仍然不懂世故，不会圆滑，不是很难得吗？何况，在我们这样的环境中，那一切，是迟早要学会的。

当然，我也想看一看，这样的学生到底怎么样。

二

怎么样呢？美皆带给我的，首先是失望。

那时我还比较认真，也还抱有一些幻想，所以对学生期望甚高，要求甚严。现在想来，一些苛刻的要求大概没有多少意义，但在90年代初叶，我却尚不明白这些。为了让他们受到更多的训练，不仅为他们开出长长的书单，而且怕他们偷懒，要他们做读书卡片。我说：我的要求不高，每天五百字，一张卡片反正面都写满，就足够了。别看一天五百字，一年下来，就是十几万字的积累。同时，我还要求他们每月写一篇文章，可长可短，但一学期必需写五篇。也就是说，在写毕业论文之前的两年，要有二十篇文章的训练。我的想法是：写文章也是熟能生巧，必须多写多练。读书过程中的感触和心得，应该及时抓住，记下来，否则，思想的火花往往一闪即逝，过后往往无法找回来。而且，书刊上写的，老师们讲的，说到底是别人的东西，不是你的，只有自己阅读和思考中产生的那些思想火花，才是你的财富，要善于抓住它，丰富它，把它积累起来。我讲这些，美皆无不点头，并且觉得任务不重，一切都不在话下。但到了学期末，当我要他们把文章和笔记拿给我看时，她却一拖再拖，迟迟不交。追着要，才知道她根本没写几篇。平时不做，期末抓紧补，大概是很苦的。

今天的老师们带研究生，尤其是文学硕士，大概很少有人再在专业上严格要求，因为大多数学生毕业后注定找不到专业岗位，要去干别的，逼着他们进行专业训练，往往是多此一举。但在李美皆读研究生的时候，情况却还不是这样。那时人们认为，只要考上研究生，就意味着走上了专业道路，要成为专家。范伯群先生有句话曾经广泛流传：博士生相当于国家队。那么硕士呢，即使是省队、市队，也仍然是专业队伍成员。既然要做专家，当然是专业基础越雄厚越好，训练越充分越好。90年代中期，学界流行色已经是后现代主义、新殖民理论、新历史主义等，我却告诫他们不要只读这些，而是同时要读别、车、杜，去读勃兰兑斯的《十九世纪文学主流》，读那些经过了历史淘汰的理论和批评名著。同时，还试图让他们对各种文学批评流派都有所了解，对现实主义批评、心理学批评、原型批评、结构主义批评等各种方法都有所尝试……

终于有一天，美皆忍无可忍了，她说：我是一个俗人，您不要把我当大批评家培养！

那一次我真的很生气。我说：看你这点出息！你是一个俗人，那就应该早点回家抱孩子，来读什么研究生？既然上大学，又读研究生，说到底你是想超凡脱俗。我们都是俗人，但真的甘于平庸吗？努力，尚且未必有所成就；不求进取，结果不是明摆着吗？李美皆说：“我就是那个不想当将军的士兵！”那一天，我的日记留下了这样的文字：“上课。这个李美皆，满足于无知，满足于平庸，竟然声称她是俗人，希望我不要把她当大批评家培养！如果真的是庸才一个，倒也罢了，她有才华，却不肯用功。”

此后的日记中连续出现了这样一些话：“应该与李美皆好好谈一谈了。应该让她知道：不好好学习专业知识，不好好认识社会和人生，最终是不行的。”“应该让她知道：她的素质很好，应该懂得珍惜，才算对得起造物，才算对得起自己。”“还要让她知道，什么我都可以容忍，但不能容忍以俗人自居而不思进取。”

当时的我大概很沮丧，因为一直觉得美皆的素质是一流的，只要肯努力，完全可以有所作为。她却以俗人自居，对我无疑是当头一棒。今天重翻日记，仍能看出自己是如何被一种失败感所笼罩。

沉静下来之后，自然要反省：是否要求有点过分，使她觉得太累？望而生畏，所以却步？这想法让我觉得问题很严重，因为一些望子成龙的家长恰恰导致孩子厌学。于是，到下一个学期，我的那些要求事实上已经不复存在。就这一点而言，美皆那些同学都该感谢她，因为是她的抗议为他们赢得了轻松和自由。

不过，在相当长的一段时间里，我与美皆似乎较上了劲：她总强调她是俗人，成不了大器。我则非要拧过这个劲来，说她不是俗人。她说她是没有理想没有追求的那一类人，我则说她这是说谎，是自己欺骗自己、自己安慰自己的谎言……有时自己也觉得可笑：为什么逼着人承认自己不凡？

1996年，我给他们开了一门课，目的是训练他们写文章。上课时首先分析他们的作业，然后讨论某类文章应该怎么写。李美皆的作业总是有点特别，散文化，常常不合规范，不过，却都是有感而发，有见解，语言也很灵动，不乏尖锐和俏皮。而且，论题常在专业之外。这一点引起我的注意，因为这也是我自己的一个问题。当时，我的主要精力已经不放在专业之内，很少写专业论文和文学批评文章，而是持续地与鲁迅对话，与胡适对话，与陈独秀对话，写文坛观察笔记，写学界观察笔记。稍后完成的《愧对鲁迅》《走近胡适》《叩问陈独秀》《走过荒原》《穿越迷雾》等几本书，都是那时候写的，都是散文体。所以，在是否纠正李美皆的问题上，我曾经很矛盾。我想：美皆如果写我那样的东西，大概很顺手；让她按规范写学术论文，大概比较费力。事实上，人也未必非得在一棵树上吊死。可是，我知道自己的那些尝试是没有出路的，要在体制内寻饭碗，需要练好专业内的活儿，做出合乎规范而且四平八稳的论文。做老师的，应该让学生明白这些。所以，我对美皆批评甚多，希望她加强专业意识，明确研究方向，不要把精力浪费在没用的地方，等等。

美皆很聪明，只要用心，文章就能写周正。尤其是对作家作品的解读，常常出人意料，发现新的东西，提出新的见解。她很直率，课堂讨论也好，一起闲聊也好，说话总是噼里啪啦，一串接一串。有时也许是盲人摸象，甚至是丢了西瓜抓芝麻，但那抓住一点不放，非要弄出个青红皂白的精神，真的让我很高兴。因为它是一个优秀的批评家必备的素质。美皆得理不让人，没理争三分，这对批评家来说，也是一种长处。试想，一个批评家如果连争辩的激情都没有，能写出好文章吗？在我们这个时代，抚摸式的文章太多了，东拼西凑掉书袋的文章太多了，没感觉没激情为写而写的文章太多了，那样的文章让人厌恶，让人打盹儿。李美皆的发言不会让人打盹儿。她不说是不说，一说就滔滔不绝，遇到争议，更是咄咄逼人。所以，她的发言不会没人听，文章也不会没人读。

三

李美皆是一个女性主义者，这是她很早就自我标榜的。她有鲜明的女权意识，这帮助她找到了一种批评的立场。不过，她不是偏执的女权主义者，甚至不愿使用女权主义这个概念。因为在她看来，倡导女权，不能过了头。我虽然对女权主义批评不甚了解，却很关注女权运动。因为在我看来，性别、民族（种族）、阶级（阶层），这三种意识将要长期伴随人类文明发展的历史，因为它源自人类生活最基本的一些矛盾。这些意识必然要在文学创作和批评中有所反映，但文学批评家与社会活动家一样，为某一方奋斗，也应有基本的道德。面对性别、民族、阶级，面对差别和矛盾，解决的办法历来有两种：一种是斗争，一种是调和。试想，看到人家两口子有矛盾，就煽动斗争，鼓动夺权，非让一方压倒另一方不可，那是什么德性？在这一点上，我很赞赏美皆的态度，她是性别斗争中的调和论者，不是利用差别和矛盾去挑动斗争，而是抱定互利和双赢的目的。

而且，美皆对女性主义还有一些特别的见解。她不仅不认为女性主义是天翻地覆慨而慷的翻身和夺权运动，而且认为女性主义常常是一种撒娇和自恋，问题并不那么严重，所以没必要过分当真。撒娇和自恋，当然与女权相关，但即便是在男女完全平等之后，在女权保障问题完全解决之后，女人也还是要撒娇，还是要自恋。也就是说，两性斗争是永远不会熄灭的，却不是你死我活的斗争。因为一些女权主义者把斗争弄到了翻身夺权的地步，美皆就干脆远离女权主义。

对于文学，她看重的是性情，是真。在现代作家中，她读得最透的，大概是徐志摩和张爱玲，因为张爱玲，还喜欢上了胡兰成。她不会因为汉奸之类问题而排斥那些好文章。她的好恶标准其实简单，就是真性情，有真性情，作家就可爱，作品就能吸引她。

面对作家作品，她常常并不刻意去把握根本，也不喜欢大处着眼，而是喜欢从很小的局部谈起，却能分析得入情入理。有时候，她可能是笔走偏锋，有时候也可能吹毛求疵，但说起来却是有理有据，头头是道。每一次作业，每一次发言，她所谈的，都是她自己的感受。开始时纯粹是主观感受，后来也知道了什么时候需要展示证据，什么时候需要请出个理论靠山，什么时候需要找人来为自己帮腔。有条不紊地摆事实，本来就是她的长项，再加上“某某说过”之类，就很像那么回事了。

时间过得很快，转眼要写毕业论文了。美皆选的题目是：80年代中期以来女性文学的自恋情结。在她看来，80年代中期，随着主流意识形态写作一统局面的打破，女作家们开始了女性的自我言说，经过张洁、张辛欣、残雪、翟永明等，迎来了陈染、林白等人的时代。这时候，女性终于有了一间“自己的屋子”，但与之相伴随的，却是女性创作的私人化、身体化、娇弱化、自怜性、幽闭性等，一些人提到这些问题，却没有人进行深入的研究，她的论文要对此进行系统而全面的研究。

然而，写论文的过程两次显示了美皆的个性。我的要求是春节前交草稿，她却不急不慢，晃晃悠悠，过完元旦，马上就放假了，才迟迟送来提纲。提纲太乱，跳跃式的，发散式的，中心论点何在，逻辑关系如何，似乎完全不需要想。于是令其重写。不多不少，整整一个星期的时间，拿回来了，却不是提纲，在一个星期的时间里，她干脆完成了三万多字的论文草稿。

有点生气，但也高兴。因为只要有几万字的草稿，裁剪拼接加补充，就不难弄出一篇论文。问题仍然是思路有点乱，所以春节开学回来之后，首先让她做的，是写提要，根据草稿提取要点。之所以让她做这些，目的是通过写提要，明白自己到底写了些什么，弄清自己究竟要写什么，明确论题，理清逻辑。否则，她可能会信马由缰，不知跑到哪里去。

提要第二天就送了来，显然未经思考。于是，语气重重地给她写了一封信：

美皆：

所写“提要”看了，但这不是提纲，也不是提要，而是一个不完整的说明。请重新写一下，真正把论文的“纲”写出来，把“要”提出来。请注意检查以下内容：

1. 各部分的论点；
2. 各论点的论据；
3. 各部分的论证方式和逻辑关系；
4. 各部分论点与全文中心论点的关系。

论文可以有多种写法，但无论怎样写，其内在构成都应该有一系列“因为”和“所以”，构成证明和推论。论证形式可以是多样的……但无论如何，学位论文不能没有整体性和逻辑性。

所以，希望你清理一下全文的逻辑关系，把要点抽取出来。

可能有些地方抽不出来，有些地方无物可抽，无要可提，这正是需要讨论解决的问题。这个工作必须认真做，如果自己都不清楚自己要表达的观点，就难免下笔千言而不知所云了。

尽快清理出来，我们再讨论一次，修改出一个提纲，然后根据提纲修改论文。

写这封信的时间是1998年的3月10日，这时候，好多同学论文已经写完，她的论文却还处于这种状态。

美皆的长处是反应敏捷，笔头快，所以我并不着急。果然，不过几天，论文的又一稿就送来了。我的日记留下了阅读时的感受：

一直为她不用功而不满，但论文匆匆草就，写得还不错。

她有灵气，感悟力强，作品解读细致而准确，语言表达通畅而灵动，可惜抽象概括能力差，缺少必要的深度。此皆不学不练之过。如果多读点理论书，读点哲学和历史，论文将更厚重。美皆的素质是一流的，感觉敏锐，尖刻和俏皮也非一般人所能够具有。

但愿她能明白，知道珍惜自己。一些在文坛和学界混的人，没感觉没见解亦没才气，实在入错了行，找不到写文章的感觉，注定写不出好文章。这就像一些老师教了一辈子书，却只觉得讲课累，没找到讲课的感觉，更没觉得讲课是一种享受。美皆有感觉、有见解、亦有才气，需要的只是技术武装，这是稍微用力就行的。

于是，重重地写下一些批语：调整，补充，删除，重写，等等。一遍又一遍，那阵子美皆大概很累，但潜力却也表现了出来：只要她愿意干，就能干好。

答辩结果不出所料，美皆的论文获得一致好评。那年请的答辩委员是山东大学的孔范今、山东师范大学的宋遂良、蒋心焕等。大家一致认为美皆的论文是最好的，纷纷赞美她的才气、灵气、感悟能力。我不能跟着捧，谦虚一下，说有不足之处，孔范今先生说：老师眼里就没有完美的论文，这个样，你还想要多么好？这些，美皆就未必知道了。

她毕业离去，我才知道她已经在给一些报刊写文章。毕业前寄出的稿子，发表之后，刊物仍然寄到学校来，于是由我代收，再给她寄去。做这工作，烦琐而快乐。可是，再后来就没有了。她似乎并不急于成名，认真经营她的家庭生活去了：生孩子，养孩子，使自己的生命完整了起来。她是对的，因为这才是人生的重中之重；文坛影响，社会声誉，说到底不过是锦上添花的事。

四

文章写到这里，才想到应该有个题目。题中用了“娇女”，并非随意而为，而是美皆真的很娇气。

我这样说，美皆也许不服，但这是她留给我的印象。印象不一定客观，却也不是凭空而来。比如，在我的印象中，她老是抱怨这，抱怨那，好像从学校到社会，从商店到食堂，从亲人到路人，都该宠着她。事实上，她的娇气并无基础，因为在家里并非那种掌上明珠式的独女，结婚后也未见宗刚怎么娇惯她，生于“文革”时期，经历过苦日子，这娇气从何而来？后来与她一起讨论女性主义，才明白娇气不一定是别人娇惯出来的，而是自己宠自己，自己娇惯自己。在我的印象中，她似乎从来不放弃娇惯自己的机会。而且，无论是谁，只要对她热情一点，她也会充分享受这热情，不把自己当外人。

她的这种娇气，在我这里却总是受到打击，甚至直到毕业之后。她毕业后去了南京中国人民解放军国际关系学院，参加工作，同时也是入伍。既然入伍，就要过新兵连的生活，被送往山西接受训练。不久，我就接到了她的来信，厚厚的一叠，许多地方皱了，仔细一看，是被泪水打湿过。新兵连的生活太辛苦，她受不了。但我理解新兵连的教官，他们或许像我一样，想把她造就成一个合格的好战士，你越是娇气，我就越想纠正你。然而，美皆觉得教官看她不顺眼，可能故意闹点别扭，所以日子就更难过了。和平年代的军营，不知犯的是什么病，也许真的是无所事事，就捡那些无关紧要的事来干，比如叠被子，非要叠出那笔直的棱角。我参观过军营，却不知那被子的棱角是怎么叠出来的。从李美皆的信中得知，她学会了，却是洒了水才叠出的，结果是夜里不得不盖冰凉的湿被子。我清楚地知道，她在最不好过的时候给我写信，一把鼻涕一把泪，事实上是在寻求安慰，可是，有什么办法呢？因此咱就不当兵了吗？回信只能是继续教训：别那么娇气！

文章写完，又想起一次与学生吃饭，有人提议我出版书信和日记。我说：“不行，那里面有你们的‘光屁股照相’，有人会受不了。”这次写李美皆，记不清之处就从书信和日记中信手拈来，不曾考虑拈来的是什么样的照相，如果美皆受不了，可以把相关内容删掉。

2013年10月　天津社会山

李应该和他的《公字寨》

李应该是著名的剧作家、书画家和雕塑家，当下人们所看重的那些头衔，他享有不少，比如，中国戏剧文学学会常务副会长，全国戏剧文化奖评委会副主任，中国宋庄画院院长，国家一级编剧，享受国务院政府特殊津贴的专家，等等。从20世纪80年代到21世纪，他写了《石龙湾》《借头》《貂蝉遗恨》《兰陵笑笑生》《状元师傅》《王祥卧鱼》等大小三十多个剧本，其中有的很有影响，仅《石龙湾》一剧，就先后获过全国“五个一”工程奖、文华奖、飞天奖、田汉剧作奖等多种国家级奖项。他的画朴素简约，别有意趣，深得文人画之三昧。他的雕塑别具一格，用泥巴捏出来的人物真可谓土得掉渣，却每一件都活灵活现，肢体和表情都极为夸张，却恰到好处地突出了人物的性格特征。同时致力于这诸多方面，已经够他忙活，然而，他却对小说难以忘情，长期悄悄构思和写作，终于为我们捧出了长篇《公字寨》。

这些年来，我已经很少读小说，但拿到《公字寨》之后，却用一个白天和一个晚上读完了它。掩卷之际，沉重而又兴奋。我想说，这是新世纪中国大陆文坛难得的小说之一，也是极有分量的小说之一。作者拒绝遗忘，保卫记忆，直面生活，为我们写出了一段沉重的历史，再现了中国人曾经经历的苦难，揭示了人性被扭曲的惨状，既是记录，又是追问，显示了文学家应有的人道情怀和历史担当。这种小说，正是当前中国文坛所缺少的。

一

众所周知，20世纪的中国与许多国家一起，追随苏联进行过一场所谓“公有”制度的大实验。这场实验曾经轰轰烈烈，却使人民饱受苦难，最后不得不以失败告终，就连惨淡经营几十年的辉煌成果“人民公社”，也在“文革”结束不久即在改革开放的潮流中消失。就在那场大实验中，为了让人们能够适应那种与经济发展和人性要求都严重相悖的体制，同时进行过一个思想改造和人性再造的浩大工程。具体地说，就是在收缴个人土地等私有财产的同时，还试图消灭人们的私情、私欲和一切个人权利意识。因此，在那个浩大工程中，“破私立公”是一个重要课题。经过一番改造，中国人曾经热衷于高喊“大公无私”的口号，以个人发家致富为罪，以顾念个人利益为耻，时时处处“斗私批修”，“狠斗私字一闪念”，物质上极度贫困，精神上却极度亢奋，认定自己是世界上最先进、最幸福的一群，而且要时刻准备拯救“世界四分之三”的“处于水深火热之中”的人们……这场大实验的高潮在“文革”时期。

在李应该的家乡，当时就出现了一个“先进单位”，以“公”著称，似乎消灭了所有的“私”，连商店都成了“无人商店”，因而被誉为“共产主义第一村”，被《人民日报》等权威媒体所报道，成为全国各地学习的榜样，曾经吸引上百万人前去参观，村子也红极一时，轰动一时。然而，李应该却知道，在那虚假的辉煌背后，是种种野蛮和荒谬，是父老乡亲们的血泪。四十年过去了，面对历史上曾经发生的苦难，聪明的中国作家大都选择了遗忘。原因众所周知，因为苦难似乎已经过去，悲剧似乎难再重演，旧事重提会破坏人们的好心情，也会使自己心情沉重，所以，遗忘才是明智的选择。更为重要的是，苦难并非无缘无故，悲剧都有它的成因，一切的血与泪，往往都会牵扯出一只罪恶的手，所以，回顾苦难，展示血泪，难免危及某种势力、某些人，于是就有人要千方百计遮蔽历史，要费尽心机让人们遗忘。在这种情况下，文学直面历史，直面记忆，就有点不合时宜，磕磕碰碰在所难免。众所周知，当代中国作家的人格是无法高估的，何况，趋利避害是人的本性，一方面是胡萝卜，一方面是大棒，更多的人选择什么？所以，文坛的某些现状，是必然的。

然而，就在这样的时刻，李应该却做出了完全不同的选择。从个人名利而言，他已经功成名就，不必做得更多，更不必开辟新路。可是，他却放着轻车熟路不走，放着剧本不写，要去写长篇小说。因为他知道，一个尚未走到尽头的民族，应该懂得捍卫记忆，而健忘的民族是没希望的。因为他觉得，戏剧舞台的限制很多，无法把他的记忆完整呈现，更无法把那些一次次使他长夜难眠的情感表达出来。所以，为了自己，为了父老乡亲，为了那片土地，他要写小说。作为生长于那个年代的孩子，一些记忆是挥之不去的，越是走向老年，那些记忆越是因发酵而不停地冒泡。而且，年纪大了，父母已经去世，作为儿子，即使仅仅是为了母亲，为了父亲，为了那些曾在饥饿和困苦中挣扎的亲人，也必须把它写出来。

于是，李应该做出了他的选择：拒绝遗忘，捍卫记忆，以自己的笔为历史留一份证词。终于，在他的心中酝酿发酵几十年的那段历史生活，就成了长篇小说《公字寨》。

二

就写法而论，这部小说写得很老实，传统的全知视角和写实手法，注重人物形象的刻画，通过行为和心理彰显人物个性，这一切都不时髦。小说没有迭起的悬念，没有复杂的情感纠葛，更没有多角恋之类当前文坛流行的吸引读者眼球的惯伎。什么现代主义、后现代主义的艺术手法，李应该似乎也不屑一顾。因为他不需要那些，他目的明确，只是要把沉积在他记忆中的往事讲出来，讲得读者爱听，并且能听明白。至于他所讲的，也不过是平平常常一群人，做着简简单单的一些事，既无英雄壮举，亦无神怪梦幻。然而，这一切在小说中呈现出来，却有一种朴素的力量，让你一旦走近，即被吸引，读完之后，流连忘返，反复思索，欲罢不能。因为它写出了一段历史，写出了中国农民在那段历史上经受的一切。李应该用他故乡那种原生态的语言，通过山村各色人物的命运，还原了那段历史，再现了一个处于狂欢状态的人间地狱。

小说最显著的特点是真实，是直面历史、直面社会人生，不动声色地戳穿纸糊油漆的辉煌，走近历史的真相，把父老乡亲们的不幸命运呈现给人们。翻开小说不过几页，我们就看到了山上寨的贫穷。学大寨，要建大寨村，“大寨村有十多项指标，前几条什么‘三忠于，四无限，政治挂帅，思想领先’都不愁人，就是第九条‘每个工日要达到一毛五分钱’最愁人。”这一条之所以最愁人，因为社员的每天劳动所得，很难像思想觉悟那样提高。“眼下大多数村寨一个工日只合五六分、七八分，只有很少几个村寨过了毛。吕官庄一个工日才合九厘七，连一分钱都不到……毛主席号召农业学大寨，吕官庄广大贫下中农们鼓起了一包劲，他们的口号是：‘大干苦干拼命干，两年超过一分半。’类似吕官庄这样的穷村寨还有好几个，他们的奋斗目标是两年超过一分半，而今要求两年就要达到一毛五，一下子翻了十倍，能不愁?”

要过年了，这是供销社的年货供应指标：“每口人二两煤油二两酱油二两红糖二两本县酒厂出产的瓜干儿散酒。每户还有两盒火柴一盒葵花牌香烟一方青松牌肥皂。另外，全村里还分了三挂鞭炮。”大桂桂从供销社把年货拉回来，不待卸车各家各户就把所分的年货拿走了，却剩下三挂鞭炮没人要。原因是一挂鞭炮两角钱，几乎能买三斤盐。谁值得花钱去买那玩意儿?最后，鞭炮只好由集体买下，大年夜放给全体贫下中农听。

按照传统，过年是要杀猪的。在一片“毛主席万岁”的欢呼声中，村里要杀猪了。全村几百人，杀一头猪，那头猪被说成“大肥猪”，“一百零二斤还大老高的，眼看着快要一百零三斤了。别看脊梁骨干瘦干瘦的，一摸肚子，透肥。”猪被杀掉之后，猪肉按人头分的，每人三两净肉，外加三两猪血。之所以能分那么多猪血，是因为杀猪有手段，要多少血就有多少血。“他先把大盆里盛上多半盆水，再放上一把盐，猪血一边流，他一边用刀搅，猪血一凉，就结成了血个子。”当然，“地富反坏右”是不给肉的，只给三两猪血。剩下一副骨架子，还是按多年前的老办法，煮成骨头汤分给每家每户。“煮骨头汤还有一条不成文的规矩，深更半夜煮，怕的是让一些馋鬼三尝两尝尝没了。即令半夜煮，还是有不要脸的粘着熬半夜。……老簸箕长了心眼儿，凡是围着看热闹的，都不准戴帽子，尤其不准戴三开瓦棉帽子。那种帽子硬邦邦的，就像个大瓢头子。”……就是这样一些细节，足以把人们带入一个极度贫困的世界。

在这个世界里，人们睡的是“地屋子”，穿的是“刷筒子袄”，无论男女老幼，“棉袄一脱就是肉”。之所以不穿内衣，一是因为没布票，二是因为没有钱。在这里，“鸡腚是银行”，打油买盐零花钱，家家盯着鸡屁股。“既然鸡屁股能生钱，各家各户多养些不行吗？不行，上级有规定，贫下中农一口人只准养一只鸡，超过了规定就是资本主义。‘黑五类’无论多少人口，不许超过两只鸡……山上寨合满村没有一只公鸡，公鸡不会下蛋，谁养个老流氓干啥？”

这一切都决非杜撰，而是李应该故乡在20世纪那个“火红的年代”和“激情燃烧的岁月”实实在在的事实。这些事实活在李应该的心里，使他不满于文学作品和影视作品总是致力于解说辉煌多少年而遗忘真实的生活，所以，他亲自动笔，把他自己和父老乡亲们经历的生活写了出来。

小说不仅真实再现了物质生活的极度贫困，而且深入揭示了人们的精神状态：与物质的极度贫困相伴随，人们的精神状态却处于极度亢奋状态。这一现象似乎难以理解，但小说正是通过这一现象，揭示了文明被破坏、人性被扭曲的种种惨状。

小说所反映的时代内容无疑是丰富的，它浓缩了那个时代的主要生活场景，集中了那个时代政治文化的大部分符码。所以，“公字寨”是一个象征，极大地概括了那个时代中国人的生存状态和精神状态。不过，小说并没有对生活的各个层面进行全景式的描绘，而是选取了一个特别的切入点：“公”。围绕这个点，写了各种人和事，透过堂皇的包装，揭示了“公”字之下的历史实质，对那段历史上“公有”“破私立公”“大公无私”等词语之下的一切进行了深入的审视。同时，又由所谓“公”进入到阶级和阶级斗争领域，比较全面地再现了那个时代的时代文化。小说涉及“文革”时期的一系列情景：学大寨、忠字舞、赛诗会、批判会、忆苦思甜、割资本主义尾巴……但显然无意于对这些事件进行书写，而是在此背景上展示人物命运，揭示这些运动对人们的精神产生的影响，以及这种影响之下的人们在运动中的种种表演。小说中的老簸箕、大桂桂、卜立言、囤子、大茶壶、大碾台、筐头子……一个个人物都有充分的表演，但读者很容易看出，他们的表演并非自主的，而是被一只看不见的巨手所操控，因此，他们无论怎样挣扎，最后都一样可悲。小说正是通过这一系列人物的命运对那只罪恶的手进行了追问和控诉。

三

人类的伟大之处，在于每一个个体都可能有自己的思考、选择和创造。正因为这样，人类文明才不是僵死的，而是不断发展进步的，人类才创造了从器物到制度以至精神文明的种种辉煌。然而，对于专制统治而言，对于试图建立整齐划一世界的设计而言，这却是一种严重的威胁。所以，要造就一个整齐划一的大一统社会，就必然要进行两方面的工作：一、消除个人独立的条件；二、消除自由思想的能力。这两方面的工作，最终又集中表现为两个相互关联的工程：一是对付人的饭碗；二是对付人的头脑。全部的人类历史证明，个人只要拥有饭碗和头脑，就不好对付；只有失掉饭碗和头脑，才能唯命是从。所以，控制这两样东西，就成了一些人的梦想，成了实现一呼百应、万众一心、步调一致听指挥的极权梦想的必经之途。

然而，完成这两个工程并不容易，因为有一个难以克服的重要障碍，就是与人性俱来的私心。因此，无论是那些试图无偿占有别人财富的人，还是那些试图绝对支配别人精神的人，都不能不拿出极大的力量来对付人们的私心。对于前者，最有效的办法就是剥夺人们的私有财产和自由择业机会，也就是收缴社会的一切饭碗，然后视不同个体的驯服程度而发放之，不驯服者不得食。这是可靠的制度保障，做起来虽然也不容易，但只要有足够强大的暴力，不同民族在前现代历史上都曾有过成功者。后者的解决就更难，因为人类尚未发明一种办法让人像机器人一样只接受指令而无私心杂念，所以，需要宣传和教育的力量，对人的大脑进行清洗，去除私心。而去除私心的过程，也必然是一个去除个人主体性、去除思想能力和源自人性的个人情感的过程。这个过程，还必须不断地灌输活着就是为了服从，为了听指挥，为了无私奉献的种种理念。只有这样，才可以使被动变成主动，使被迫变成自愿，使人兴高采烈地阉割自己，斗志昂扬地充当机器。

我之所以想到以上这些，得益于《公字寨》的启发。在李应该的笔下，那个人群的人情、人性、人欲都被改造了。在“公”字大旗之下，“政治挂帅”“思想领先”“破私立公”，人完全失掉了自己的头脑，人的价值、尊严和权利都被剥夺，陷入苦难而不自知。在这里，人们整天被运动，被纳入一个马戏场，忙忙碌碌，流血流汗，意气风发，斗志昂扬，却就是不能创造出美好生活。相反，而是天天在破坏着美好生活，人们的力量用于破坏自然，破坏环境，伤害别人，也伤害自己。他们是被动的一群，是时代大潮中的浪花朵朵，不能自主，无力自拔，随波逐流，没有观察和思考的能力，更没有自我反思的能力。而这一切，都是时代宣传和教育的结果。“改造思想”，“造就新人”，是人们耳熟能详的词汇，李应该笔下的山上寨人，多是成功的产品，显示着时代的成就。

改造人性，制造新人，实现所谓“公”之理想，手段之一是阶级斗争。通过阶级斗争，可以消灭敌对阶级，也可以造就立场坚定的战士。《公字寨》中的阶级斗争描写不算集中，渗透于各个细节，却形成了一种强烈的氛围。比如：过新年了，贫下中农贴红色的对联，看上去喜气洋洋；“黑五类”贴白色对联，看上去像办丧事。村里杀猪分肉，贫下中农分的是肉；“黑五类”家庭只能分三两猪血。至于斗争的强度和结果，从“地主婆”五哑巴的表现即可看到，他们的确已经习惯了一种新生活，或者是生活的一种新状态。多少年来，每天收工都是支书老簸箕特别给五哑巴下达收工令，可是有一天，支书的事太多太急，把她给忘了。本来，一个地主婆，“冻死也就是冻死了，无所谓。”但年轻的根原却偏偏可怜她，不愿让她冻死，走过去让她回家。五哑巴听见了，看一眼根原，却一动不动。根原又说：“你回家吧，不然会冻死的。”五哑巴仍然一动不动。根原明白了，于是厉声喝道：“老簸箕命令，叫你立马回家！……不回家就砸烂你的狗头！”五哑巴听到呵斥声，就磕磕绊绊回家去了。这样一个细节，已经胜过千言万语的改造过程描写。

那是一个以阶级斗争为纲的年代，阶级斗争是“年年讲，月月讲，天天讲”的。一些格言家喻户晓，比如：河深海深不如阶级友爱深；对阶级敌人要像寒冬一样严酷无情。因为这种观念，支书老簸箕对筐头子真可谓严酷无情，每一次批斗会都把他折磨得死去活来。因为这种观念，亲密无间的二锅和根原转眼成了敌人，友情化为仇恨。因为这种观念，热恋中的大锅和囤子无法走到一起，无论囤子多么漂亮、多么聪明可爱，大锅也不能娶她，而让她嫁给又老又瘸野蛮粗暴的老贫农老陈愣子，最后受尽煎熬而自杀。

与阶级斗争相伴随的，是“提高政治觉悟”。一般农民本来纯朴，所以觉悟不够高，爱憎不够分明，不知道该爱谁，也不知道该恨谁。这就需要教育他们，帮助他们提高觉悟，教他们去爱应该爱的人，比如爱党爱国爱领袖，教他们去恨应该恨的人，比如恨地主恨富农恨反革命右派。通过李应该的描写可见，那个年代的这种教育很成功，尤其是没多少知识的年轻人，很容易就提高了觉悟。觉悟提高了，就有了坚定的立场和坚强的斗志。小说中有一些特别的语言，比如“坚决了”“誓死了”等，“学大寨……坚决了……”，“执行，那是坚决一个决”，“誓死了……坚决一个决”。那并非李应该的杜撰，而是沂蒙山区这个红色根据地在那个年代曾经流行的语言。它是人们觉悟提高之后表示态度的常用词汇。然而，在李应该的笔下，觉悟提高了，做出的却是正常人看来难以理解的事，比如，批斗会上，囤子终于喊出了“打倒俺爹和俺弟弟”的口号，根原也给他爹贴了大字报，出身不好的年轻人，提高觉悟，首先是“大义灭亲”。再比如，大桂桂很能干，能吃苦，这本是农民的本色，但她被领导发现了，被培养，最后终于成了“齐鲁第一大傻”，再也无法过正常生活。她和根原男女欢爱一阵子，却马上去告发了他，把他送进了监狱。因为大桂桂的觉悟高，所以，可以与自己喜欢的男人做爱，却不会因为情欲而忘记了斗争。

不分昼夜的劳动，忍寒交迫的生活，却有热火朝天的斗志。李应该笔下的人们，真的是朝气蓬勃，意气风发，斗志昂扬。这是历史的真实。直到今天，一些人回忆起来，还在怀念那个有“朝气”有“昂扬斗志”的年代。这“朝气”和“斗志”到底是怎么回事？它当然与觉悟有关，而这觉悟之所以提高，人们之所以不知疲倦，却还有更深层的奥秘。在这一点上，《公字寨》的揭示是值得称道的。为什么过春节也不准农民休息？为什么一定要“干到腊月二十九，吃了饺子就下手”？为什么干活那么累，晚上还要开大会？王之高对支书老簸箕说的一段话泄露了天机：“人闲着懒，兵闲着散，瞎汉闲着翻白眼。闲心出杂念，休息时间也不能闲着。不开批斗大会就开诉苦大会，你不进攻，资产阶级就进攻。伟大领袖毛主席教导我们说，阶级斗争，一抓就灵。无论干啥，千万不能忘记抓住阶级斗争这根弦，决不能叫资产阶级占领了思想阵地。”

具体的做法是“大批判开路”，也就是批斗。那个年代的生活实际告诉我们，无论要干什么，无论是修梯田还是修水库，也无论是挖河、修路、征地还是征收爱国粮，都要先开批斗会，找几个“活靶子”绑起来，押上台去跪着，或者吊起来，一切阻力就不存在了。忆苦会的力量也很大。从《公字寨》中可见，“一场诉苦大会开下来，满会场的人一个个两眼就像猴子腚。眼泪一抹，浑身又增添了力量。”批斗大会的效果更加明显：“当拳头高高举过头顶，立刻就会热血沸腾，随着一声大喊在喉管爆炸，浑身就有使不完的力量。口号能使人振奋，口号能使人奋不顾身赴汤蹈火视死如归。”小说使我们看到，正是在这样的氛围中，善良的人们变得疯狂，变得残暴，为了表示忠心，为了证明自己的觉悟，可以制造出一个个悲剧。

在小说中，孟瞎子曾经这样说过：“一张张荒蛮的脸，别看大眼睛忽闪忽闪，除了能够感觉饥寒痛痒之外，好像什么也感觉不到。如果说一张两张荒蛮的脸还能透出淳朴的美，那么，成千上万张荒蛮的脸，就犹如洪水猛兽般可怖了。”作家写道：“从公字寨万众一心的吼声里，他，看到了这种荒蛮的可怖。”其实，孟瞎子的话，也是李应该的话，是李应该看到了这种荒蛮的恐怖。

在《公字寨》首发式上，曾献平先生说：“李先生用一枝饱蘸血泪的椽笔，把这一群赤裸裸的‘人’蓦地推到了我们的面前，使我一时不知所措。我如梦如幻地辨认着、求索着、寻觅着，漫无目的地想寻找出一个真正完整的人。但是，我失望了，我发现这群‘人’中，个个都缺少一个重要的部件，这就是，颈上之头。”曾先生由此想到了李应该的戏剧《借头》。熟悉这个剧的人们都知道，该剧写的是《三国演义》中曹操借王垕头颅的故事。戏的结尾是，面对着言行不一、反复无常的曹操，王垕的灵魂和一群被曹操无辜杀害的灵魂一齐冲上舞台，向曹操高喊“还我头来”。面对成群的索命冤魂，曹操却只是轻蔑地一笑：“九州万众，皆我子民。万颗头颅，俯仰在我。哼哼！你们哪个有自己的头颅?”《公字寨》为我们展示的，正是这样一群失掉了头颅的人们。那是领袖的话“一句顶一万句”，“理解的要执行，不理解的也要执行”的年代。小说的重要贡献，正在于集中表现了中国人失掉头颅的时代悲剧。

人的生存和发展，离不开相应的环境。在这样的背景之下，要想生存，就必须与疯狂者一起疯狂，与残暴者一起残暴，与野蛮者一起野蛮，毁坏文明，践踏人道。而且必须彻底放弃自我，丢掉知识，丢掉思想能力。面对大好河山和古迹文物被破坏，马姓地质学家心痛至极，苦苦沉思，写了万言书提出自己的见解，因而被押走，再也没有回来，“听说，因为反对农业学大寨已经被从快从严了。”孟瞎子审时度势，努力忘掉自己的全部知识，掩盖掉自己的所有聪明，让自己变成“瞎子”和“傻子”，才勉强能够活下来。根原太年轻，不知道有知有识是多么可怕，非要指出别人的错误，所以厄运不断。大桂桂是最没有头脑的姑娘，不动脑子，习惯于盲从，自然是当干部的好材料，而且进城当了大官。

这是大队支书老簸箕教训右派分子孟瞎子的话：“喝了一肚子墨水，连个地屋子也不会搭，干熊的？还他娘的留洋，留个屌毛灰。在美国留洋就没学过搭地屋子？啊？没见过羊吃，还没见过羊走？废物，真他娘的废物，吃虱子也抓不住个带爪的。”由此，李应该向我们展示的，是那个时代与文明的关系。从中，也可以看到有关知识分子改造的一些奥秘。

四

在当下中国文坛，作家们大都学会了轻松写作，不动感情、不动声色、“零度介入”成为时髦。因为众所周知，只要感情保持零度状态，就无所谓悲痛，无所谓愤怒，作家的思想倾向就可以深深隐藏，或者干脆化为乌有。这种创作不会刺痛谁，不会犯忌，不会给作者带来麻烦。然而，李应该不屑于那样，他心中有痛，有感情如波涛汹涌，甚至无法抑制。所以，他不仅无法“零度写作”，甚至在写作的过程中常常抑制不住内心的激动，鼻子酸痛，双手颤抖，以至写不下去，不得不停下来点燃一根烟，使自己平静下来。作家满怀悲愤地面对历史，合着泪写他的小说，这样的小说有温度，可以直接显示艺术家的良知。

李应该告诉人们：“今天看，我的《公字寨》的亲人们是那样的愚昧那样的癫狂那样的荒唐那样的不像人，可在那个特殊的时间段里，我也是同样的愚昧癫狂荒唐不像人过。从那个时间段里走来的人们啊，哪个敢说自己没有愚昧癫狂荒唐不像人过？同在一辆颠簸的闷罐车厢里，哪一个能够保持身不摇头不晃稳如泰山？我不敢有半点儿看客的轻蔑嘲笑之心描写我的亲人，他们是多么善良多么勤劳多么可爱，他们所受的苦难太多了，他们的勤劳善良不该再受到不公的蔑视与嘲笑，我只想老老实实描写他们的生活状态。我满面泪痕与《公字寨》的亲人们回忆着旧事，满面泪痕写完了这部书稿。只希望我替亲人们把泪流尽，再也不要愚昧癫狂荒唐不像人了。”（《公字寨》跋语）从这段话中，我们可以看到作家的自省，也可以看到作家的深情。其实，即使作家自己不说，读者在阅读过程中也容易发现，他的写作过程中心情是无法平静的。面对亲历的苦难岁月，置身于活得不像人的人群，一个真正的作家能无动于衷吗？尽管《公字寨》经过删改，一些精彩内容可能早已被删掉（作者在《公字寨》跋语中说，为了能够出版，他曾做过一遍又一遍的删改，“删一节，删一节……好像割了我的肉”），但留存的文字仍然带有非同寻常的热度，仍然有血的奔涌和肉的颤抖。从某种意义上说，正是这种痛感成就了这部小说，它是历史剧痛在作家心里结成的珍珠。

文学可以有多种风格，但眼下中国文坛最缺少的，是由血泪凝成的珍珠。

我的朋友张厚刚说：“如果我们把《公字寨》跟《古船》和《芙蓉镇》做一下比较的话，就能很清楚地看到一点：《公字寨》全篇没有一个坏人，找不到谁是施害者。不像《古船》中有一个流氓无产者形象赵多多以及他的幕后指挥者‘四爷爷’赵炳；也不像《芙蓉镇》中有一个恶的集大成者王秋赦，在《公字寨》中找不到这样一个恶的化身可以承载道义的责任，小说的作者在这一点上做了更可贵的更有价值的探索。”（见《公字寨》第一部，中国戏剧出版社2009年版推荐语）这是一个值得探讨的问题：《公字寨》里没坏人，大家都是受害者。如果仅仅如此，也许并不值得称道。因为面对一桩历史的罪案，作家在其作品中的展示却只有受害者而无施害者，读者只见被害者的尸体和满地鲜血，却找不到罪犯的踪影，那算不上好作品。事实无法否认，无论在哪个民族，也无论在哪个地区，人的道德水准是存在差距的，这就有了所谓好人和坏人。而且，即使人性恶与人性善一样普遍存在于人的内心深处，人性恶的膨胀也必然有其诱发力量。在这一点上，《芙蓉镇》和《古船》虽然由于种种制约而不能直接指认罪魁，但王秋赦、李国香、赵炳、赵多多等形象却承担着一种功能，指示着犯罪集团之所在。哪怕画面中呈现的只是喽啰，也是恶势力的社会基础。遗憾的是，后来的同类作品未能沿着这个路径深入发展。在《公字寨》中，李应该的构思的确有所不同，也许是对乡亲们的深情，也许是时风影响，使他常常锋芒不露，努力温和化，因而没有把镜头聚焦于邪恶的基层执行者。这就使得他的小说中似乎没有坏人。但是，仔细考察这部小说，却可以发现，作者不写恶人，却不是为肇事者开脱，更不是把一切罪恶归于那个不能承担任何责任的空洞的“时代”或“历史”。他不把人们寻找罪犯的目光引向基层，是因为他有这样的考虑：历史的罪行不是那些普通人能够负责的，像老簸箕、大桂桂、卜立言那样的人物，尽管给别人制造苦难，但自己也是苦难的承受者。一个人群都处于贫困和饥饿之中，却又像中了魔法，精神处于高度亢奋状态，大干苦干，一不怕苦二不怕死，把乡亲们和自己一起送入深渊，这背后必有大邪大恶。这种思路透露着一种大悲悯，原谅了历史舞台上疯狂舞蹈的芸芸众生，却并未放弃对悲剧制造者的追问。

在当下中国，这部小说的意义不仅在于帮助读者认识这个民族在20世纪走过的苦难之路，而且在于提醒人们不被新的骗术诱引再次走入同样的迷途。

2013年12月　天津社会山

为一个新兴阶层留影
——序商昌宝编《接吻长安街》

一

本书所收入的，是一些描写农村进城打工者生活的小说。

就当代中国而言，农村劳动力进城打工，是改革开放的成果，是当代农民获得解放的程度性标志，其进步意义不可低估。因为在改革开放之前的人民公社体制下，这一切是不可能的。那时的农民被牢牢捆绑在土地上，没有迁徙的自由，也没有择业的自由，如果哪个农民私自外出居留，就是“盲流”，要被抓捕遣返；如果哪个农民胆敢私自出卖自己的劳动，就被视作“资本主义尾巴”，受到严厉惩处；甚至遇到三年困难时期，也不准外出逃荒、讨饭。从《焦裕禄》等电影、《犯人李铜钟的故事》等著名小说，以及大量回忆材料和社会学、经济学研究专著，都可以看到三年困难时期到来时干部在车站、路口堵截逃荒人群的场景。从这个意义上说，我们那可怜的农民父老兄弟，今天终于可以进城自寻活路，是一个多么了不起的进步啊！

这种进步之可喜可贺，也许西方人难以理解，但中国读者是应该理解的。

从报刊，到广播电视，当下中国的各种媒体常常报道“三农问题”。关于问题的成因，虽然主流理论家可以解释得滴水不漏，一路走来都是辉煌，苦难和浩劫都似乎不曾发生，它所遗留的一切也就必然有了所谓历史的合理性，但尚有记忆的中国人却都知道，所谓“三农问题”，是某种强制留给农村和农民的后果。事实很清楚，如果市场不被强行破坏，如果没有那场违背经济规律也违背人性的制度实验，工农之间、城乡之间的差距就不会成为严重问题。此中道理众所周知：只要有正常的市场调节，从事工业劳动如果比从事农业劳动获得的报酬更丰厚，劳动者就会弃农而务工；劳动力向工业的聚集如果过度，就会导致农产品价格猛增，又必将带来农业劳动力的回流，甚至城市人也会纷纷下乡务农。工农、城乡之间本来就是在这样的自然调节之下保持一种动态的平衡，只要没有强大的权力之手干预，差距永远不会太大。然而，中国人却遇到了一场实验，如今那场实验虽然已经停止，其标志性成果“人民公社”也已被取消，但遗留的一系列问题却一直难以解决，不得不让农民继续背负，也让一代又一代有志改革的领导人颇为头疼。

仔细想来，中国最早的产业工人大军，无产阶级，其实就是今天我们所说的农村进城打工者。他们与当代打工者的不同在于：当年的他们既可以当农民，也可以当工人或商人，既可以选择住在城市做城市人，也可以选择回到乡村做乡下人。那些在城市住下来的，就成了工人阶级或别的什么阶级，成了市民；那些选择回乡的，就成了贫下中农或地主富农，仍然是农民。20世纪50年代之后，情况变了，人们的职业和阶级身份都被固化，国家以各种方式把农民固定在土地上，使他们失掉了择业的自由，也失掉了迁徙的自由。由此开始，城乡、工农之间被画上了一条鸿沟。城市人被送到乡下，意味着一种惩罚；农村人能够进城工作，是一种难得的幸运，而这一切，都不是人们能够自主的。80年代，改革开放开始，给农民松绑，不再要求“以粮为纲”，而允许他们从事非农业生产，但农民却仍然不能随意进城，当时倡导的出路是“离土不离乡，进厂不进城”。

农村劳动力进城打工是90年代发展起来的新潮流。邓小平南行谈话之后，改革再次发动并加速，市场经济得以发展，先发达的城市需要大量劳动力。于是，农村劳动力开始向城市流动，政府则从承认到鼓励，政策一步步放宽，铺平了农村劳动力进城打工之路。由于半个多世纪造成的差别，务工远比务农报酬丰厚，城市远比农村生活优越，当捆绑的绳索松开，谁不向往美好生活？所以，成群的农村劳动力放下锄头，抛妻别子，背井离乡，怀抱梦想涌入城市，企望淘得一桶金，给父母治病，供子女上学，甚至改变自己的命运。二十多年来，这支队伍不断壮大，时至今日，据国家统计局发布的资料显示，2012年，全国农民工总量已达到2.6亿多人，进城打工者1.63亿人，而且仍在以每年4%左右的速度增长。（见国家统计局《2012年全国农民工监测调查报告》，中国新闻网2013年5月27日；《财经界》2013年第7期）

进城打工的农村劳动力已经为城市建设做出了重要贡献，为国家的经济发展做出了重要贡献，可以说，他们已经是今日中国城市生活和建设的重要支撑者。当下中国的城市化建设异常迅速，配合着房价的持续上升，一片片高楼在四面八方拔地而起，比雨后春笋还要繁茂，尽管建起来的房子未必有人居住，全国各地都出现了不少“鬼城”，但它显示着发展和繁荣，支撑着持续增长的GDP，但我想，如果农村劳动力同时宣布撤出，那轰轰烈烈的建筑工地将成为什么情景？改革开放几十年，中国的一些城市已经很繁华，市民生活也相对比较舒适，但众所周知，每到春节期间，北京等地的保姆和勤杂工价格都会大幅度增长，使得一些市民叫苦连天，原因仅仅是一部分进城打工者要回家过年。那么，如果农村劳动力同时返乡，许多大城市会不会瘫痪？

社会无论如何，都有它已经形成的秩序。财富可以往自己腰包里揣的信号弹升起之际，在田间耕耘人与管理面包的人、看守金库的人，自然不在同一条起跑线上，方便条件也大不相同。在城乡之间，城市人显然占有各种政策的优势，农民虽被允许进城打工，也必然要受种种限制。从各地城市留给农村劳动力的位置看，显然都是工资低、劳动强度大、不卫生、不体面、城市人不愿干的一些工作。这就构成了他们的基本情况：拿的是最低的工资，从事的是最苦、最累、最脏、最无安全保障的劳动。而且，进城打工为的是赚钱，他们的薪水却常被拖欠。从媒体报道可以看到，每年春节，都会出现一个打工者讨薪的高潮。国家机关和企事业单位的职工需要讨薪吗？他们的薪水却常常要苦苦地讨，打持久战，甚至拿性命去讨。根据国家规定，为保障劳动者的权益，劳资双方应该签订劳动合同，但是，据国家统计局统计，2012年建筑业的75.1%，服务业的60.8%，住宿餐饮业的62.4%都未与打工者签订劳动合同。原因众所周知，找工作并不容易，在劳动者供大于求的情况下，雇佣者不签合同，照样可以找到为他干活的人。如此情况，劳动者的权益如何保障？何况，二元的城乡体制让进城的农村劳动力享受不到城市的各种福利，受伤没有保险，失业没有保障，子女入学没有本地户口，要交数额惊人的“赞助费”……

而且，这是一个被歧视的群体。

说到歧视，一些人大概不愿承认。不过，想验证并不困难，办法有三：1. 与城市人谈谈农民工，看他们眼里是否露出不屑和鄙夷；2. 给城市朋友的儿女介绍个农民工对象，看看他们有什么反应；3. 查一查北京、上海这样的城市到底有多少本市女孩子嫁了农民工，又有多少本市男孩子娶了打工妹。

其实，“农民工”这个称谓本身就带有歧视色彩。这个词已经约定俗成，就连各级政府的文件中都在使用，但它不是从进城打工者自己嘴里说出来的，也不是农村人说出来的，而是城里人对他们的称谓。有专家早就指出，“农民工”这一概念显示着源自等级观念而产生的歧视，而这等级观念，又源自城乡二元体制。河南省委书记卢展工也说：“工农商学兵，本是职业的划分，为什么唯独‘农民’永远要被加上特定的标签呢？……哪有生出来就是工人的？哪有生出来就是商人的？结果偏偏农民生出来就是农民，他还没干活儿呢，就农民了。我提了好几次，尽量不要用‘农民工’，工人就是工人，就是从农村到城市当工人就是工人。要不你干脆都是这样，农民干部，当了常务副省长了也是农民干部，农村出来的嘛。……‘农民工’这一称呼的背后隐藏的是一系列的歧视。”（见《大河报》，2011年12月21日）

这位书记说得不错。本来，农民种地，工人做工，种地的就是农民，做工的就是工人。这群人的“工”字前面却加了“农民”这一身份识别码。之所以如此，就因为他们户口在农村，国家给定的身份是农民，所以，虽然身在城市，却不被接纳为城市人，干着工人的工作，却不被承认是工人。被定义为农民，这显然不合实际。他们中的一部分已经失掉了土地，没有土地，在城市从事非农业劳动，世间有这样的农民吗？他们有的是中学毕业直接成了打工仔，没有干过农活，也不会干农活，只因为他们的父母是农民，他们就是农民吗？

如果往深处想，问题还不止于此。二十年前，随着城市建设对劳动力需求的增长，一种户籍制度从东南沿海开始，相继在全国各城市出台，具体的做法，就是将城市中的人口区分为常住人口和暂住人口。它显示着一种进步：农村人即使不是探亲访友，也可以进城暂住了。但是，它却同时意味着农村打工者在城市只是“暂住”，而不属于城市，因此，政府就无须承担住房、劳保以及其他福利。这种办法与劳动力控制相结合，使农村劳动力能够在需要时“招之即来”，一旦不再需要，可以“挥之而去”。它告诉我们，城市的发展虽然需要农村劳动力，却没有考虑真正接纳他们。

面对这个特殊人群的生活和命运，文学家没有理由视而不见。所以，反映这个人群的小说很早就出现了。这里所选的，只是21世纪以来的部分中短篇。

二

关于农村进城打工者的文学，出现已经很久。理论批评界对这类作品的讨论也已经很久。然而，二十多年来，却一直没有一个统一的称谓。

之所以如此，首先是因为命名不易。文坛对某类作品的命名，一般不外从几个角度：一是从作者的角度，比如，女性文学、知青文学、“80后”写作、老干部诗词等；二是从美学风格的角度，如唯美诗歌、写实小说、抒情散文等；三是从题材内容角度，如军事文学、校园诗歌、家庭伦理剧等。写农村进城打工者的这类小说，究竟应该怎样命名？事实证明，无论从哪个角度，都难找到恰当的概念。

据我所知，批评界对这类作品的关注和命名已经有二十多年，最先，人们称它为“打工文学”。名称通俗易懂，而且响亮，所以很快就流行开来，有报刊开辟了“打工文学”的专栏，有出版社出版了“打工文学”的专集，还有人出版过名为《打工诗歌》的报纸，至于以此命名的小说，光是长篇就出版过多部，如《打工世界》《打工妹》等。然而，认真考量，“打工”一词的范围却比较宽泛。所以有人提出：某些城市白领，外资公司的高级职员，也是在为人打工，他们的境遇与农村进城打工者可以同日而语吗？的确不错，不仅是外企白领，还有号称“为政府打工”的官员，号称“为老婆打工”的家庭公司职员，更有“为导师打工”的博士生，他们也许真的都是“打工者”，却与农村进城打工者境遇完全不同。

那么，新的命名自然要强调其阶级或阶层的属性。所以就出现了“无产者写作”“底层写作”“新左翼文学”等一系列命名。这些名词至今仍然常被使用，但仔细想，却也存在种种问题。

比如“无产者写作”，无论小说家还是诗人、散文作者，有几个算得上无产者？当然，本身不是无产者，也可以站在无产者立场上写作，这是从20世纪30年代的无产阶级革命文学运动中就有的，但更严重的问题在于：在公有制的国家里，国有的一切都属于全体公民，即使那些失掉了土地的农民，也仍然不是无产者。因为凡是公有的东西，在理论上都有他们一份。关于他们的文学，称作无产者文学，自然不合适。所以，当年孟繁华提出这个概念时，让我横打一炮，就没人再用了。很抱歉，让繁华失掉了一个创作现象的名称所有权。

于是又出现了“底层”这个概念。“底层”，事实上也包括了太多的人群，他们可以是无权无势的普通市民，可以是下岗工人，可以是各种处于低下位置的人群，但处于城市社会底层的人们，处于官场底层的人们，与来自农村的打工者仍然不一样。所以，用“底层文学”这个概念，可以包含反映农村进城打工者生活的作品，却无法用它专门指称这类作品。

还有一个称谓是“新左翼”。关注底层，关注受苦受难的人群，的确是左翼文学的传统。可是，有批评家提出质疑：新左翼文学在中国当代文坛是否真正存在？其理由是，当下中国的作家们写底层，呈现的主要是两种倾向：一是道德化倾向，即所谓“底层秀”，把关注底层和廉价挥洒同情心作为道德脂粉往自己脸上涂抹。二是所谓审美化倾向，把底层的苦难与艰辛化为某种普泛性的纯文学品格，将具体时空中的命运抽象化、内心化，甚至去表现普遍而永恒的人性。这一切，都与左翼传统相去甚远。

客观地说，文学面对底层，面对进城的农村劳动力，写打工仔与打工妹，写他们的苦难生活，大都显示着作家的人道精神。不过，如果用较高的标准来看，当下中国的此类作品又的确很难取得大成就。“无产者写作”也罢，“底层写作”也罢，“新左翼文学”也罢，最终的出路都无法令人乐观。因为它无法逃避轻飘飘和滑溜溜，其同情心也无法逃避“廉价”和“浅薄”。只要回顾一下20世纪20年代和30年代的那些反映农民破产或描写社会底层的作品，同时看看相关评论，人们就会看到，左翼文学批评界对于那些作品常常给予彻底的否定，理由是那些作家描写劳苦大众的生活，给予的只是浅薄的人道主义同情。在那个时代，这类作品在左翼批评家眼里几乎一钱不值，因为在他们看来，眼泪和同情都不能改变劳苦大众的命运。怎样才是好作品呢？按照当年左翼批评家的见解，好作品不仅要描写苦难，不仅只是同情，而是要指明出路，帮助劳苦大众翻身求解放。相比之下，当下中国那些同情劳苦大众的作家，哪一个能给他们指明出路？哪一个又能激励他们去为寻求解放而斗争？在我们这个时代，作家们所能够给予的，只能是浅薄的人道主义同情，而他们命运的改变，只能是等待、等待、再等待。

所以，尽管20世纪30年代的左翼作家许多方面都无足称道，但在他们面前，当代作家却没几人称得上“新左翼”。

三

因为平时阅读范围有限，我不知道本书所选作品是否具有代表性，也不知道是否已把此类作品中那些优秀的、有特色的作品选了进来，但值得高兴的是，仅就这些作品，我们已经能够看到许多。

《接吻长安街》是全书中最具浪漫气息的一篇，却也反映着我们的现实。主人公迷恋城市，不愿回到乡下，原因就在于城市给了他太多的诱惑，“它离间了我和乡村的关系，像一只无形的针管，毫无知觉地抽干了我乡村的绿色血液，注入了城市的热烈的躁动的红色血液，城市真是一个魔鬼，它连你的灵魂、你的血液、你的骨髓也能悄悄换去，但它换去你的灵魂、你的血液和骨髓之后他又不接纳你”。面对命运的安排，这位年轻人没有反抗的能力，能做的只是精神上的自我安慰。他的不平最后集中于一点：“城里人能在大街上接吻，我为什么不能？”到长安街接吻有什么意义？接吻之后，打工者仍然是打工者，并不能改变什么，但是，这却成为主人公安慰自己的唯一途径。小说不仅写了实现这梦想的一波三折，而且写了工友们对此举的热烈支持：那一天，工友们竟然全体请假，宁愿被扣三天的工资，穿了西装，到长安街去为接吻助阵。小说的结尾很提神，打工的哥们儿也很义气，但仔细想来，也许作者像他笔下的主人公一样，仍然是自我安慰。真正值得注意的，是他除了此举之外，的确没有可做的事。

在这些小说中，除了范小青的一篇之外，让人轻松的的确不多。这也许是农村进城打工者的生活本身所决定的。从李锐的《扁担——农具系列之六》可见，青年农民金堂带着梦想进城打工，却被汽车压了，膝盖之下粉碎性骨折，只好锯掉。肇事者张老板倒很善良，决定养他一辈子。可是，从十几层高楼上掉下一个螺栓，恰恰落在张老板的头上，使他当场就死掉了。金堂最后只好以扁担为支撑，用双手走路，历尽艰辛回到老家。李师江的《廊桥遗梦之民工版》所写的故事则更加残酷。二十多岁的农村青年刘福利，带着许多梦想走上了打工路，最后却从高高的脚手架上跌落，被浇铸进了大桥的第九根桥墩，再也不见了踪迹。“工程队原来计划以牺牲少于五个民工的代价把这座桥搞定，但是断断续续修到一半的时候，已经死了六个人。”字里行间可见，为施工而把人命视若草芥的故事，在这片土地上还在不断上演。

王祥夫的《端午》、席建蜀的《虫子回家》等，触及我们的社会文化现状。《端午》使我们看到，即使在打工的土地上，也依然是中国式生活秩序，端午节要改善生活，但收拾好的那些鸡，却是炖前先挑好的送礼，炖后再挑好的盛给有权者，民工最后吃骨头。从《虫子回家》可见，工地上过年不准请假，虫子有事要回家，就需要掏钱孝敬工头，小班长也可以由此为自己捞到一条烟。它告诉我们，中国社会的腐败已经伴随权力而到达各个角落，“底层”无法幸免。

王十月的《烂尾楼》写到打工者找工作的艰难，使我们看到了他们在劳动市场上的某种状态。孙惠芬的《民工》则告诉我们，工钱要到年底才给，如果在此之前离去，一年就算白干了。罗伟章的《我们的路》写到，打工者竟然五年没有回家，春节临近终于买到一张车票，但最后还是让给了更可怜的春妹——一个十六岁的女孩子，出来打工，却怀孕生下一个男孩。这个小说提供的信息是丰富的，比如，“贺兵是陕西籍民工，跟我关系最好，可他去年从脚手架上掉下来摔死了。出事的前一个钟头，他跟老板吵了一架，因为老板扣了我们三个月工资，贺兵说：‘你怎么能扣我们的工资呢，中央不是说不准扣农民工的工资吗？’老板是个大汉子，站在瘦瘦小小的贺兵面前就像一堵山墙，他很看不起贺兵的样子，吐着烟圈，眯着眼说：‘中央还不准官员腐败呢！’”“老板把包括我在内的十二个人的工钱扣押了两个月，说春节过后，我们按时回来上班就补上。他的意思很明确，没按时回来的，那一千多块就不给了。”长年在外打工，孩子们见不到爸爸，堆雪人就成了“造爸爸”的游戏。打工归来的爸爸为此伤心，但该走还得走，因为生存更重要。

讨薪是打工者的大事，这里有多篇小说涉及，其中表现最集中的，还是许春樵的《不许抢劫》。杨树根与梅花的爱情，本身就是一个不错的故事。但在这里，爱情故事并不重要，小说着力表现的是杨树根这个朴实的农村青年因此走上了打工路，他的成功与失败。因为贫穷，无力给老婆买摩托车，曾经狂热地追求过自己的老婆梅花终于坐上一个土产贩子的摩托车跑掉了。杨树根从此外出打工，经过千辛万苦，似乎苦尽甘来，不仅找到了工作，而且受到老板的信任，回乡为老板招了几十个工人。然而，老板却是一个骗子，工人只发生活费，其余的工钱欠着，开始说是年底结算，到了年底却不准回家，说第二年年底结算，到了第二年年底，还是不给钱。没有人替他们做主，当地政府也没办法。最后，他们不得不强行进驻老板的别墅，掐断与外界的往来，没有使用暴力，只是大家一起挨饿，就终于讨回了两年的工钱。不过，在他们胜利回村之际，杨树根还是因“涉嫌非法拘禁、暴力绑架、非法侵占他人财物”而被逮捕。这是一篇很好的小说，写出了打工者的艰难和他们面临的各种困境。要捍卫自己的权益，就不得不使用违法的手段；欠薪讨回了，却必须有人为此付出代价；它所揭示的，是更为复杂的深层问题。

在这个集子中，我更喜欢的还是阎连科的《柳乡长》和白连春的《抢劫》。

我早就知道，一些人进城打工是被迫的，试想，如果守着自己的土地就能生活得幸福美满，谁愿意抛妻别子去打工？如果不是城乡两重天，谁愿意为城市而舍弃故园？关于农民进城打工的动因，阎连科的《柳乡长》为我们呈现了另一情景：椿树村的一车青年男女，被乡长亲自押车送到了几百里外的城里，在火车站旁的一个角落下车，乡长给每人发了一张盖有公章的空白介绍信，并且告诉他们：“男的去给盖楼的搬砖提灰，女的去饭店端盘子洗碗；年龄大的可以在这城里捡垃圾，卖纸箱，扫大街，清厕所，年纪小的可以去哪儿当保安、当保姆，去当宾馆服务员，总而言之哦，哪怕女的做了鸡，男的当了鸭，哪怕用自家舌头去帮着人家城里的人擦屁股，也不准回到村里去。”而且，“发现谁在市里待不够半年就回村里的，乡里罚他家三千元，待不够三个月回到村里的，罚款四千元，待不够一月回到村里的，罚款五千元。若谁敢一转眼就买票回到村里去，那就不光是罚款了，是要和计划生育超生一样待着的。”

椿树村的人没有逃回村里，可是，城里工作不容易找，有人开始偷盗。被警察抓住押回，柳乡长把他们臭骂一顿，最后说的却是：“都给我滚回到市里、省会，广州、上海、北京那些地方去。做了贼我不罚你们，可二年内你们几个必须在村里办出几个小工厂，要办不出几个厂，再被押回来我就让你们在全乡戴着高帽子游街去。”女孩子进城干什么？无路可走，只能从事特殊服务。公安机关一抓一群，通知乡长到市里领人。在公安机关，柳乡长拍着胸脯做保证，回去要让她们挂着破鞋游大街，让她们没脸在世上做人。然而，从局里出来，走出很远，“柳乡长一回头，她们一个个都还列队跟在他身后，柳乡长便也眼盯着她们看，说你们还跟着我干啥呀，跟着我有饭吃还是有钱花？”柳乡长的训话很有意思：“有能耐你们自个儿当老板，让外乡、外县的姑娘跟着你们当鸡儿；有能耐你们去把那在我面前吐痰的警察整一整，让他妻离子散，家破人亡，你们去做那警察的老婆去，让他一辈子没有好日子过。……都给我滚去吧。一年、二年，你们谁要不能把自家的草房变成大瓦房，不能把土瓦房变成小楼房，那你们才真是婊子哩，才真是野鸡哩，才真的给椿树村和柏树乡的父老丢了脸，才真的没脸回家见你们的父母、爷奶哩。”

柳乡长把椿树村的人赶鸭一样赶到城里去，三年后村里就变了样，有了电，有了路，有了自来水，还有面粉厂、铁丝厂、铁钉厂、机砖厂和石灰窑。各家都盖起了新瓦房，“从村街上望过去，街岸上的瓦房、楼房齐齐崭崭着，各家都是高门楼，石礅儿狮子，门前有着三层五层的石台阶。”小说重点写的是槐花姑娘。三年前，槐花被乡里的汽车扔进了城市，半年后她就把她的大妹接到了城里，一年后又把她的二妹接到了城里，二年后她姊妹三个就在城里开了一个叫逍遥游的美容美发店，三年后就包下一个娱乐城。柳乡长想：“咋就不能在槐花家里开上一个全乡村干部的现场会，再在村头给槐花竖上一块楷模碑儿呢。”新的市委书记上任，等着他去汇报工作，他苦苦准备了好几天，但在去市里的路上，却突然改变了主意：不去汇报，先回去给槐花立碑。他说："我作为柏树乡的一乡之长，没别的报答槐花姑娘哩，我只能给槐花姑娘树这么一块碑。"那碑上刻的是"学习槐花好榜样"！这个乡长，让人恨也恨不起来，让人爱也爱不起来，却让人感动。作家似乎不动声色，却使我们看到了他的内心，他的无奈，止不住要为他流泪。

白连春的《抢劫》写的是这样一个故事：他打了整整一年工，一分钱工钱也没有拿到，无法生存，开始计划抢劫。最初，他想抢劫的是他为之打工的老板，但老板来去坐车，一个司机，两个保镖，一般人近不了身。那么抢谁呢？想了几天，发现老人好抢。说来也巧，他想抢劫，就遇到了一个善良的老人，在大年夜把他带回了家里。老人孤身一人在家，却对他毫无戒备，像母亲对儿子一样关怀备至。小说构思巧妙，对人性的挖掘也有深度。准备抢劫的青年面对一个善良的老太太，尤其是在抽屉里发现钱之后，那种把钱揣到怀里又放回抽屉，放回抽屉又揣回怀里，反反复复的过程，生动地再现了青年内心深处善与恶的较量。小说就在这种较量中结束，没有写出结果。这更真实，因为在我们的现实生活中，答案的确仍属未知，要做出选择，还需要时间。

王金昌的《好人岳先生》和尤凤伟的《替妹妹柳枝报仇》，虽然角度不同，展示的却是生活中的同一现象。岳先生七十岁了，却在"努力花钱，及时行乐，把与年轻姑娘的性福生活进行到死"。在我们的传统观念中，这无疑是一个流氓，但岳先生却自认为是好人，是在助人为乐。他的理由让你不得不考虑：他没有强迫，没有欺骗，一切都是自觉自愿。他有足够的钱，是那些年轻女孩需要的。岳先生的女人小娜也说："谁让我生在农村呢，你说的青春，我们农村的孩子有几个有？我们哪知道什么叫青春！我们的青春，就是上不起学，辍学在家打猪草，出来打工被说成打工妹受欺负……岳先生不但以我小娜的名义在北京给我买房子，还把我的父母带出农村，在深圳安家，把我的妹妹送进大学……"在尤凤伟的《替妹妹柳枝报仇》中，柳条咬牙切齿要找到欺负他妹妹的恶棍，为她报仇，因为妹妹进城打工，却成了老板的婚外女人。在居留城市寻找报仇机会的日子里，因为送水，他发现有一个男人同时生活在两个家庭，给一老一少两个女人做着丈夫。他要主持公道，先是找了年长的女人，女人说一切她都知道，不要他来管；然后他去找年轻的女人，她同样一切都知道，这种身份是她自愿的。最后，柳条终于放弃为妹妹报仇，回家去了。小说写的，是当下中国已经司空见惯的事，二奶也罢，三奶四奶也罢，都是自愿的，不涉婚姻，重婚罪也扯不上。人们当然可以从道德等方面对小娜们进行说教，但我想，在说教之前，如果不先给予她们想要的一切，一切都是白费，而且苍白而又空洞。

面对此类作品，有批评家热衷于从中寻找“无产者写作”“新左翼文学”或实在不新鲜的左翼因素，以弘扬“左翼文学”或“普罗文艺”的遗产。我读商昌宝选编的这部小说集，却觉得它的确是“打工文学”中的一个部分，也是“底层文学”中的一个板块，却没有看到左翼文学传统的多少痕迹。因为左翼文学最突出的标志，就是阶级意识和斗争精神，而且斗争不能是为工薪为利益的小斗争，而是着眼于远大目标。这一切，当代作家都离得很远很远。此中长短得失，无需我来多说，还是读者自己的阅读和思考更为可靠。

2013年12月　天津

关于性爱诗歌的一封信

——致稚夫

稚夫兄：

您好！

几个月过去了，答应的事却迟迟未能完成，一直拖到现在。原因是四五月间总是太忙，看学生论文看得昏昏沉沉，实在不想再读什么，更不想写什么；而我又想把诗选看完，以免完全无的放矢，所以就拖了几个月，还请见谅！

如今终于坐下来，考虑关于性爱诗歌的问题，觉得有些想法也许应该写出来向您请教。下面就想到一点写一点，拉拉杂杂写在这里——

一

首先应该感谢您寄书，感谢您做了一件很有意义的事。因为编一部性爱诗选，是应该做而一直没有人来做的，吾兄所做的，是一件填补空白的事。不知别人怎么看，我是很喜欢有人面对当下诗坛和文坛，编一些专集的，从性爱专集，一直到上访专集、强拆专集，自由梦专集之类，都很有意义。因为诗人个人的集子，特别是博客、微信中的诗，是一般人所难以全面把握的，只有依仗专家，才能一册在手，了解全局之大概。

仔细想来，性爱人诗本属天经地义。因为写性或者为性而写，本是诗歌的题内之义。我曾不止一次想过：如果人类没有性爱，也许不一定会有诗歌。众所周知，关于文艺的起源历来有多种说法，而且发生过一些争论，但事实上也许无需争论，因为起源未必单一，而且不同的艺术样式来路大不相同。比如，戏剧或许源于模仿，而诗歌却肯定与模仿没多少关系，即使“杭唷杭唷”也是诗歌源头之一，也不排斥更多的诗歌源自性爱。这是动物世界可以证明的：春季来临，猫叫猫，驴靠槽，那些平时不喜欢发声的动物也叫得很欢（或者很苦）。它们之所以突然有了“创作冲动”，并非有了什么灵感，而是发情期到了，需要寻找配偶。鸟儿四季都会唱，但什么时候唱得最卖力又最动听？无疑也是寻求配偶的季节。

飞禽的歌唱，走兽的嚎叫，相当于人类的诗歌。大多数人都承认诗是用来抒情的，而所谓情，还是两性之情更普遍也更强烈。所以，诗歌写性，是自然而然的事，历朝历代都少不了所谓“淫词艳曲”，正是它源自人类本性的一个证明。有些东西有禁即止，有些东西屡禁不止，凡屡禁不止的东西，大概都与人性有关，也许就是不应禁止的。

从另一方面说，诗歌既然是文学，文学既然是人学，性爱既然是人类生活的重要内容之一，自然会在文学中有所表现，也应该在文学中有所表现。对于人生而言，除了“食”之外，最重要的是什么？无疑就是性爱。没有食，就不能维持生命；没有性，就不能延续生命。造物主想得很周到，在创造人类时为了让它自行繁衍，赋予它性欲和满足性欲时所享有的快乐。如果没有这一点，如果孕育后代只是一种苦差，能有多少人愿意去为人类或族群无私奉献，实在是个疑问。而有了这一点，就无需号召，无需督促，甚至依靠权力禁止也常常无效。文化有很大的欺骗性，它由某些本能衍生出来，但在发展的过程中，人们却常常抓住了那些衍生出来的东西，而忘了根本。比如谈情说爱的整套文化，包括情诗和情书，说穿了，起因不过是诱异性上钩，以完成延续自身生命之目的。但文明的发展却使许多人更熟悉这套文化，而忘了它的根本。一些人谈论人生的目的和意义，常常说得不着边际。其实，人生的目的是什么？活一辈子，价值何在？答案当然很多，甚至为什么主义而奋斗，都可以成为人生目的的标准答案，但是，那种目的的合理性是需要复杂的多重推论才能得出的。如果去掉装饰物和衍生物，人生的目的其实与所有生命的目的一样简单：活着，繁衍后代。这是短暂的生命在历史长河中最基本的意义。

大多数植物的生命终点就是开花结果，除留下自己的种子之外别无目的。许多雄性动物是在完成交配之后就死去的；许多雌性动物是在生育之后就死去的。生育，繁衍后代，是其生命的全部目的，也是上天赋予它的全部使命。人是动物的一类，虽然创造了文明，但造物主赋予的最基本的使命却永远不会改变。在这一点上，古人、乡下人的认识比较准确，而当代城市人则常常忘本，常常本末倒置、舍本逐末甚至买椟还珠。

实现繁衍这一目的，当然离不开性活动。人类如果没有了性欲，没有了追求性满足的活动，仅仅依靠医学，大概很快就会灭绝。所以，人类重视性爱，诗歌涉及性爱，本是天经地义的事。

二

不过，性爱虽然重要，却不是人的生活中唯一或至尊的内容。

比如，吃饭就比性爱更重要。道理很简单，一个活生生的人，绝食一星期，差不多就死掉了；禁绝性生活，却是几年也死不了。所以，如果有人说性爱比吃饭更重要，那一定是说谎，要么是未过脑子，要么是别有用心。正常情况应该是“饱暖生淫欲”，性欲的产生及其满足，都是吃饱肚子之后的事。这层关系应该很明白，但一些生来就能饱食终日却唯独没有思考能力的人，却常常摆不正这二者的关系。

性生活在人的生活中占有怎样的地位？当然因人而异，有人也许需求甚少，甚至可有可无。有人则像性爱诗选中的一些诗作所说的，重要到可以什么都不要，只要性的满足。对一般人而言，它的地位如何呢？我想提出这样一个问题：你想嫁一个什么样的丈夫？你想娶一个什么样的妻子？

在对理想丈夫与理想妻子的设想中，一般人大概都不会忽视性的内容，因为谁都不会愿意找一个没有性能力的配偶。可是，对一般人而言，性能力固然重要，却肯定不是唯一或至上的条件。我曾设想，如果做问卷调查，把不同身份的人放在一起，然后请人们来做选择。这些不同身份的人可以包括性交大师、厨师、服装师、流行歌手、诗人、富豪、总统、部长、将军等，如果社会实行的是多妻或多夫制，可以做多项选择，肯定有人会选若干项，甚至干脆全选，但在一夫一妻制的情况下，只能做单项选择，一般人会如何选择，大概不难料想。不排除有人会选择性交大师，但无论在西方还是东方，这一项都不会得票最多。享受性高潮是一种幸福，但任何人都不可能一年三百六十天日日夜夜在床上。人生的幸福是由多方面合成的，需要吃饭，需要穿暖，需要安全感，需要得到社会认可，哪方面缺了都可能影响幸福感。所以，性交冠军如果是穷光蛋，想要他的人大概就需要先找一个富豪结婚。人生的各方面都完美无缺，对绝大多数人来说只能是梦想。所以，哪些重要，哪些不重要，哪些是必须抓住的日常生活，哪些是可有可无的浪漫享受，换句话说，什么是雪中炭，什么是锦上花，什么是水，什么是酒，想明白这些，就成为人生的重要课题。也只有想明白了这些，才不至于因青春激情或一时冲动而葬送自己的全部人生。

就此而言，在诗中把性爱说得至高无上，或者眼里只有性爱而不顾及别的，就实在是自欺欺人。如果只是骗骗自己，倒也没什么，对不起养育自己的父母而已；如果因此而使少男少女误入歧途，为性欲的满足而不顾一切，真的不要名誉和地位，不考大学不工作，就是不可原谅的罪过。

三

诗歌中的性表现，应该也有优劣高下之别。在我看来，标准主要有三：一是健康，二是自然，三是新颖独到。健康的，就不是病态的，不是被扭曲的；自然的，就不是做作的，不是虚张声势或刻意遮掩的；新颖独到，就不是说一些人人皆知的事，更不是人云亦云的说法。

写性爱，最容易暴露作者是否健康，也最容易看出趣味和境界。其实，这也是一些人不写性爱作品或不发表性爱作品的一个原因。也许因为压抑太久，也许因为知识和观念的局限，一些人笔下的性生活常常不是健康的状态，而是夸张的、变形的、被扭曲的。比如局部放大、反复渲染、佯装淫棍或荡妇、刻意选用粗鄙词语……都不是值得赞美的健康状态。性冷淡不是健康状态，但过于亢奋、过于敏感也不是健康状态。正常人在这方面应该有足够的能力，而不该有过剩的兴趣。兴趣过剩，常常是与能力欠缺并行的。在比较开放的地方，色情电影是少有人看的。去看色情电影的人常常不甚体面。这里说的体面，不是身份、地位和尊严，而是从相貌和神态就表现出来的某种负面，不阳光，不亮丽，不大方，面色灰暗，举止猥琐，善良的人们当然不会歧视他们，却也很难心存敬意和爱戴。

在当代中国，像你我这一代人，以及比我们年长的一代，大多存在一个问题：青春时代被剥夺得太多，欠缺太多，所以到了一定的时候，就有一种寻求补偿的心理。因此，在一些人身上，就有了对欲望的极度痴迷，对钱如此，对性亦如此。面对一些痴迷于金钱和性的人，我常常感到很困惑：是真的穷怕了吗？以至于如此病态地赚钱？完全忘了钱的价值和功能！是对自己的婚姻生活严重不满吗？是对男女真情极度厌倦吗？脸色灰暗，行色匆匆，热衷于与不同的肉体摩擦和消耗，到底是为了什么？一些人尚在盛年，看上去却已行将就木，拖着疲惫的躯体，急不可待地去糟蹋自己的余生，从早忙到晚，把自己折磨得精疲力竭。那就是幸福吗？其实，那是一种病，精神上和心理上的病。在这种病态下写出的作品，很难是健康的。

还有一种情况，似乎也值得思考。在我的记忆里，故乡把因性压抑而起的一种精神疾病叫“淫疯”。它近似于我们常说的“花痴”，但比花痴严重得多。患者男女都有，症状是喜欢露阴，脱光了满街跑，哪里异性多就到哪里去，大喊大叫，满嘴都是性器官名词和性行为动词。这种病容易治，如果是男的，只要给他娶个老婆，马上就好；如果是女的，解决的办法也是马上把她嫁出去。因为只要有了正常的性生活，那种状态就会消失，一般没有后遗症。

在阅读某些性爱诗的时候，我几次想到了这种病。让我疑惑的是：在我们这个时代，还会有人因为性压抑而在文字中寻求补偿吗？

健康和自然是相关的，如果生理或心理不健康，就很难写出自然舒展的美好诗篇。什么叫自然，我想，如果能像对待其他器官一样对待性器官，像对待吃饭、睡觉、走路、劳作一样对待性行为，不遮遮掩掩，不显微渲染，总之不存特别心思，表现出来，大概就能大方一些，自然一些，少一些下水道的潮湿霉味，多一些阳光下的原野气息。

更重要的是新颖和独到。写性很难免俗。我这里所说的俗，并不是“不雅”或“难登大雅之堂”的意思，而是它太普遍，太普通，人人在做，却不知何处有传奇、何处可超凡——这是真正意义上的“俗”。

认真想来，性爱，古往今来许多人都写过。历代的“淫词”不必说，就是供在大雅之堂上的著名诗人，也大多写过。一般人不大了解，主要原因有二：一是文学史不讲，把它遮蔽掉了；二是诗人自己在编集子的时候，已经筛选或删改掉了。于是，一些曾经存在过的床上写实诗不见了，调情煽情诗也不见了。这不难理解，因为人是社会动物，需要维护方方面面，需要面对自己的妻子、儿女、情人、友人，别人的脸面，自己的形象，都不能不有所顾虑。但是，这并非诗人们不珍惜此类诗作的全部原因。还有一个重要原因是：这类作品的确很难写。性爱在人的生活中的确很重要，但重要并不一定适宜在诗中表现。吃饭也是重要的，甚至比性爱还重要，但翻遍古今中外名著，详详细细写一日三餐的诗歌却很难见到。小说亦是如此，《红楼梦》写过一些吃的细节，但如果扳着指头数一日三餐，大观园里的女孩子大概早就饿死了。之所以如此，并不是曹雪芹对吃没有兴趣，而是一般性地写吃饭，肯定是出力不讨好。从食物的差别到吃法的差别，肯定是有的，但可写之处实在并不太多。如何把食物送入口中，如何咀嚼，如何吞咽，如果大家都这样写，自然远离了艺术的要求。所以，一些东西人们不写，并不是因为不敢写，而是因为无须写。一日三餐，人人皆知，吃的方式，大同小异，略过不写，倒是明智的选择。

性爱也是如此，生活中大家都在做，但在诗中怎样才能免俗，才能让读者耳目一新，是需要认真思考的。

四

有人把写性看作一种挑战。面对当下，我总觉得这说法有点夸大其词。

对于中国当代文学而言，写性的确曾经是挑战，是对生活的反抗，也是对文学禁区的突破。但那是三十年前的事，张贤亮、王安忆、伊蕾等人都曾是先锋战士。当伊蕾高呼自己是一片干裂的土地而呼唤“野性的风暴摔到我身上”的时候，当她说“我是深深的岩洞，渴望你野性之光的照耀”的时候，当她在组诗《单身女人的卧室》的每一首最后都写下一句“你不来与我同居”的时候，的确是挑战，是哀叹也是呼唤，因为生活中禁锢太多，文学的禁锢也太多。但在他们之后，禁区已经突破，性描写挑战的对象是什么？的确有涉性作品被禁，但从20世纪末的《上海宝贝》，到21世纪的《为人民服务》等，被禁的原因并不是因为写性爱，而是写性的同时亵渎了所谓神圣，或算不上神圣的什么脸面。告别80年代以来，中国文学的性描写事实上没有多少进展，但究其原因，并不是像自由、民主等主题的停顿那样遇到了外部障碍，而是文学自身没有提供多少新东西。具体地说，就是诗人们对性的认识和表现都没有大的拓展。

我的粗浅之见是，诗歌写性天经地义，探索和拓展值得充分肯定，但此处不应成为意志薄弱者的逃避之地。清醒者应该拒绝催眠，拒绝沉迷，拒绝让自己成为一堆肉。

五

读《中国性爱诗选》，常有惊喜，比如你的《卖淫女情歌》，比如楚子的《行为艺术展演》，以及何路的《十八次高潮》等，都有一些新奇独到的想象，有一些让人眼前一亮的句子。包括希望自己身体上能有十八个温柔的小洞洞，能同时接纳十八个男人，也让人不得不佩服超凡的想象力。当然，因此就呼唤贪官和政客都到自己身上来，并且以为这样就可以使他们恢复人性，却是异想天开。

我过去读尹丽川的《为什么不舒服一点》，知道她是妙手。这次读到她的《爱情故事》，也觉得很不一般。让男人留在自己身体里，开始很不习惯，于是一夜失眠；但在他清晨离去之后，却又不习惯那“多余的东西”失去之后造成的空缺。尤其是诗的结尾，“此后，我空空荡荡，直到老去”，足以让人动情。那个男人如果有情，读这样的诗，应该爱她一辈子。这样的诗的确是在写性，而且是在写别人未曾写过的性经验，但已经不只是性。

巫女琴丝的几首诗给我留下了不错的印象，因为它别出心裁，拓展出一片新天地。比如《一个少女对刑场的感性认识》，尽管那小乳房未必娇艳，被判死刑的二十二个男人也未必对小乳房多么感兴趣，但一个少女面对刑场，想献出自己的小乳房，大概任何人都不能不承认这想法和情怀都是独到的。再比如《一个小女孩对公共浴室的印象》，小女孩欣赏一个漂亮的女体，被母亲制止，回头看见的却是母亲那“烂茄子似的胸肉”，它很真实，也有深度。《四张毕业照》以另类的想象见长，那样的毕业照，大概生活中是没有的，但所写的内容却在情理之中。

不过，阅读的过程中也常有不好的感觉：一些作品太俗气、太无聊，不仅毫无诗的元素，而且透露着知识的欠缺。尽管有了近几十年的性开放，但诗人们的相关知识却依然可怜。比如，以为荡妇是稀罕物，以为淫棍是凤毛麟角，以为中国人真的禁欲或者性无知，这显然是对中国传统缺乏了解所致。只要读过一点书的人都应该知道，中国是性技术的先发达国家，房中术留下了众多典籍。一些有名有姓的历史人物，“夜御百女”之类的记载虽然令人生疑，但壮伟的男子在集市上表演坚硬和耐磨，却是并不罕见的史实。直到1921年，北京大学收集民间歌谣，得到的也不乏充满“污言秽语”的黄段子。其实，要谈民间艺术，最高超最精彩的部分，往往就在泛黄之处。

至于要荤口，当代诗人大概无论如何都赶不上传统的民间说唱。说一个例子吧，今日中国人都熟悉《水浒传》，因为它是所谓“四大名著”之一，可是，在百年之前，甚至在半个世纪之前，山东百姓最熟悉的却不是《水浒传》，而是《武二郎》。说书人中除了“说西湖打鼓的”之外，还有一种“说武二郎的”。说武二郎的，若论艺术形式，应该是山东快书，但它不是一般的山东快书，因为它有特别之处：处处“脏口”，极尽性事之夸张和渲染。比如一段“孙二娘开店十字坡”就可以天天晚上说三小时，一个冬天说不完。说书人也有一些规矩，比如晚饭后刚刚开场，有许多女人和孩子，所以说的是雅段子。一个多小时之后，说书人就开始轰女人。女人们知道往下将要说什么，想听也不好意思往下听，于是相约离场。这时候“武二郎”正式开始。它的荤，我至今在文艺作品中没见过。东北的二人转，未经净化的我看过，但更多的是男女挑逗和打情骂俏，无法与“武二郎”相比。比如说孙二娘对武松用过蒙汗药之后，要把他背进厨房剁成包子馅，意外却发生了：“孙二娘背着武松走，忽觉得腚沟里硬棒棒，奇怪奇怪真奇怪，怎么人死它还活?！……”接下来就是武松与孙二娘的性爱戏，翻天覆地，没完没了，不可信，因为男人女人都没有那本事，描写极为细致生动。直到武松离开十字坡，说书人还不放过，“武二郎急急往外走，那行货还在孙二娘的炕沿上……”

我说这些，只是要说，一些性爱诗的荤活儿，离民间说唱还差得远，所谓荡妇们的宣言或淫棍的广告，也远不如村妇骂街来得生动。诗人们如果要走那条路，也要考虑如何超越。否则，比民间说唱和泼妇骂街等而下之，就不值了。

本来简要说几句，没想到一下子说了这么多，不知吾兄以为然否？

顺颂

夏祺！

李新宇

2015年7月31日

序荒田《父亲的圣经》

荒田是我的学生。当老师的有个毛病，看学生的作品，会像批作业一样挑剔。

我就是用那样一种挑剔的目光看这部书稿的，结果读着读着，却忘记了挑剔，因为我被打动了，而且流下了眼泪。荒田对他父亲的那份深情，那份理解，让我动情。

父亲连带着故园乡土，在荒田的心里显然很重，甚至成为一种情结。因为这种情结，使荒田有根，使他的文字有根。当代中国人，包括多数作家，大多是无根的，漂浮于被运动的时代泡沫间，自然会随波逐流，挤来挤去，看上去忙忙碌碌，是在奋斗，最终却往往是一无所获，两手空空。我想，荒田大概不会这样，因为他植根于生他养他的那片故土，与他的父亲——不仅父亲，还包括爷爷奶奶、历代祖先化入那片土地的血肉凝结在一起。

在这本书中，大多数篇什都有他的父亲，专门写父亲的《人在隔壁》《我父亲住的地方》等不必说，即使在那些并不专门写父亲的篇章，也到处晃动着他父亲的影子。最能打动人的，是他作为一个儿子对父亲的思念，对父亲的理解，以及对父亲一生苦熬的深切同情。

这是我一边阅读一边抄来的句子：

“此时我正在威海的家中，逸乐逍遥，没法想象此时节父亲身在何方，魂归何处，状况如何。外面冷风呼啸，此时父亲是像在荒草间瑟缩的冬虫，还是像在冻土里涓滴的阴水？是黄泉游鱼，还是旷野孤魂？是茹冰啮雪，还是食人间谷气？是悲戚哭告，还是大笑狂歌？谁能告诉我？……”

“外面菊花正好，我在赏菊。这时候，父亲赶着马车从菊花丛中走了出来，不疾不徐，在时光里走。……真不知道忧郁的马车和忧郁的赶车人还要走多久。他们已经从这个世界上消失了，却在一个人的心上走着，没有尽头……”

“父亲走得决绝，衣冠用具全带走了。他清苦的一生也没有留下任何音像或文字资料……有时真想使自己变成一个白痴，连日有所思也没有，自然也不会夜有所梦。有时又怕变成白痴，父亲一生留存，只有儿子的记忆，若儿无记忆，又到哪里去找寻老父呢?”

这些文字，都是情之所至的产物，不是依靠艺术技巧所能生成的。荒田对父亲的这种感情，大概由于父亲的早逝，因为父亲早逝，荒田的心里留下了永远无法磨灭的愧痛；大概还因为父亲吃了太多的苦，因为种种原因，也是时代的赐予。儿子本想要孝敬和报答父亲，给父亲的人生些许补偿，但父亲匆匆走了，使儿子永远失掉了机会。这种伤痛不是一场号啕大哭就能了结的，它进入灵魂深处，凝结成粒粒珍珠，不经意间，就要在笔墨中流露出来。笔墨之所以动人，历来不在技巧，而是在于掺入执笔者的血或泪。

荒田的文字，不仅为父亲留影，为父亲存档，而且也为农民留影，为一代父亲存档。他们被掠夺、被欺凌、忍辱负重、委屈生存的历史，从这里可以看到一斑。

除此之外，我所喜欢的，还有荒田笔下的风俗和景物，还有未被普通话和主流文化所覆盖的乡土语言和文化。如今的中国正在大讲文化，而且似乎非常尊重传统，但只要仔细打量，被尊重的却只是几千年主流的体制与规范，老百姓真正生活于其中的那些文化，正在被无情扫荡。有一句话叫“文化侵略”，当下中国乡间，正在面临着一场可怕的城市文化侵略；还有一句话叫“话语霸权”，当下中国乡间，早已无法抵抗由主流媒体构成的话语霸权。这一切的后果，已经毁灭了传统的乡土文化，使乡民忘掉了自己的语言，使年轻一代不再会说前辈所熟悉的那些话。从这个意义上说，荒田这本书很有价值，因为它保留了许多乡间的文化和语言。比如：“苦酱碟子”“面曲曲”“扁竹草”“灶心土”“鲫瓜子”“鲤羔子”“麦穗鱼”“媳妇头”……不知荒田故乡学校里的孩子，还有几人能认识它们。不认识不要紧，可以去查词典，可惜的是，词典里也往往找不到，原因众所周知，当今的教育，要让孩子们只记住一个标准答案，所以不要那些所谓土语和方言构成的诸多别名。所以，面对一些事物的乡间名称，我们往往已经听其音而不知道是哪几个字，所以写不出来；有的我们能写出文字，却只会用普通话读它，而读不出它本来的正确发音。我们的母语在哪里？荒田散文就保留了一些他的母语，尽管只是点点滴滴。

从涸河里逮到几斤重的泥鳅，这是讲科学的生物学家敢相信的吗？因为根据教科书，泥鳅长不了那么大。“堘”字的正确写法应该是繁体“讲”字换上土字旁；“岚”字的繁体字有一首顺口溜：

一点一横长，
二点扣四方，
两个绞丝来打仗，
左一长，右一长，
中间夹个马娘娘，
心字底，月字旁，
担杖钩儿晒衣裳，
一晒晒在山顶上。

什么是文化？这就是文化。在它无可挽回的败落之际，记下它的点点滴滴，也是好的。不知别人怎么样，只说我自己，我读文章，一旦读到自己熟悉的“方言土语”，总是感到特别亲切。

如果走向深层，一些段落也非常动人：

一个有几百年历史的村庄，在1960年5月25日彻底解体。当天迁往辽宁营口的乡亲走到烟台，其余的乡亲投亲靠友，星散于涝口、凤凰崖、哨里等村。家庙毁弃，家槐枯倒，聚族而居的家园也沦为宅口。宅口之得名，在于家宅房上梁瓦被强行拆除，残垣断壁如口之象形。家宅如口，它呼告着乡村的悲情命运。

所幸村庄依赖一个乡村医生的一张纸而存活。

写逝去的村庄，在当下中国，应该是大事。因为如今的强行拆迁，使千年古镇化为废墟，建成高楼小区，强迫农民上楼，大江南北都不罕见。现在那些忙碌着的年轻人，也许还没有功夫怀旧，但在不远的将来，可能就要寻找自己的家园，再次像荒田那样苦苦寻找，并久久叹息。所以，有心人应该把一切记下来，留给后人。

荒田说，他对写作没有多大信心。我想告诉他，应该更有信心，因为这是在守护一种文化，是在履行知识者的神圣职责。它的意义不亚于守护正体字，而且本身就是在捍卫民间记忆。荒田又说，他不怕打上农民的烙印。我要说，怕打上农民的烙印，这心理本来就不该有。父亲是农民，自己是农民的儿子，这永远值得骄傲，因为它是天底下最正派的出身，最正当的职业。在当下中国，农民地位的确低，甚至出现了连过去被视为“下九流”的人也看不起农民的怪现象。但这不是自然现象，而是社会被扰乱的结果，是半个多世纪权力对社会强行安排的结果。一旦社会步入正轨，一切都会改变，作为农民的儿子，更应该有信心。

2014年1月　天津社会山寓所

林贤治的鲁迅研究

考察鲁迅研究的现状，大概不难发现几种不同的情况：第一种是所谓学院派的“纯学术”，无所谓精神立场，也无所谓价值取向，只是根据某些考核指标，敷衍成文。那是为稻粱谋的学术，涉及生存，无可多责，而对学术发展和精神建设而言，它的作用大多可以忽略不计。第二种情况被称之为“贬鲁派”或“倒鲁派”，他们有鲜明的立场，也有明确的目标，无论手法是曲是直，宗旨就是要挑鲁迅的毛病，把鲁迅贬得越低就越痛快。这一派的情况事实上比较复杂，不可一概而论。第三种情况构成了所谓“尊鲁派”或“挺鲁派”，顾名思义，是尊崇或力挺鲁迅的。当然，这一派又有两种情况：一是盲目尊崇，甚至尊崇的仍然是过去神坛上那个偶像；二是真正了解鲁迅，在深入研究和理解的基础上尊崇鲁迅、弘扬鲁迅真价值。林贤治属于后者，而且是重要的代表人物。

林贤治不在学院，所以，他的研究并非谋生手段，更不是为了多出成果以便评什么专家、什么学者之类的名衔，多拿一笔津贴。他研究鲁迅，主要是因为个人的兴趣和精神需求。认真想来，学院派的许多人之所以研究鲁迅，往往是由于专业要求，或者由于学位论文的选题，而学院之外的一些人，当然也有学院内的少部分人，之所以走向鲁迅，往往与人生体验有关，与精神上的某种挫败感和压迫感有关。林贤治当然属于后者。由于这样一种起点，他就很难像学院派的一些学者那样只是把鲁迅当作一个研究对象，而是带着强烈的思想和感情上的共鸣，一方面寻求精神上的支持，一方面寻找自我抒发和宣泄的渠道。这种言说当然不可能像一些学院派学者所标榜的那样价值中立，而是表露着研究者的思想感情和种种倾向性。

林贤治不喜欢学院派，似乎已是众所周知的事实。据说，他是反对学院派、反对学术规范、反对大学体制的，而一些学院派的学者自然也对他大摇其头，但是，这实在是林贤治的可贵之处。因为学院派也罢，学术规范也罢，大学体制也罢，堕落到今天这种地步，如果没人反一反，这个民族的知识分子就更让人失望了。当然，从道理上讲，进行学术研究，学院派是应该有优势的，重要成果也应该出在学院中，但现在的情况却并非如此，因为种种项目、规范、评价体系的制约，体制内的学术大多成了内卷形的包头白或卷心菜，四周很圆，枝叶紧缩，既无知识发散，也无思想伸展。这当然不是林贤治所满意的状态，因为他是鲁迅精神的传人，难以欣赏那种把鲁迅放在手术台上进行冷静解剖的技术表演，所以他不会那样做。他的突出之处，就在于他是带着自己的人生体验而走近鲁迅的，是带着自己的激情，带着自己的痛苦和梦想而走近鲁迅的，从来不掩饰自己的精神立场和价值追求。

就我个人而言，最先开始关注林贤治，是因为他的《人间鲁迅》。我喜欢这个书名，在书店第一次看到这本书，第一反应就是：鲁迅应该回到人间了。之所以有这种感觉，是因为在过去相当长的一段时间里，鲁迅被高高捧上了神坛，成了不食人间烟火的神。因为披上了红色袈裟，不仅不可非议，甚至成了打人的棍子。他的某些只言片语，也常被拿来作为反人道暴行的理论依据。那种神化，本意是让他更加伟大和神圣，但就像上帝是根据人的形象塑造的一样，造神者所依据的，只能是自己的形象或自己理想中的形象，结果，就把鲁迅弄得青面獠牙，不仅让人望而生畏，而且有点面目可憎。今日中国有许多人反感鲁迅，正是那样造神的结果。如此情况下，林贤治要把鲁迅从那样的神坛和战车上请下来，让他回到人间，恢复本来面目，这无疑是对鲁迅的一种解救。而且，这种解救事实上已经显示了后来他与一些人争论的基本出发点：提醒人们不要因为鲁迅曾被绑架而让他去做绑架者的陪葬。

在过去的教科书和一般研究著作中，常见的做法往往是先从某种政治立场出发，把鲁迅划入某个阵营，并由此划分出他的“敌人”和“战友”。对此，林贤治显然不以为然。他有他的清醒，能够超越政治壁垒造成的遮蔽，也就不难看到一些所谓战友的面目，看清他们与鲁迅的真实关系。在这一点上，《鲁迅的最后十年》是值得称道的。在作者笔下，鲁迅与创造社、太阳社、左联领导人的关系得到了清理，矛盾、分歧、对立和斗争得到了展示，让人们看到了过去教科书和主流叙述中的许多谬误。在此之前，没有哪一位学者进行过这样的清理。

在广西师范大学出版社新版的四本书中，《反抗者鲁迅》写得生动活泼，学术性不强，很像一本普及性的书。但是，它的命名却体现着作者对鲁迅的一种认识，具有很大的学术价值。林贤治研究过加谬。加谬曾经如此比较过反抗与革命：一、革命从思想开始，将思想注入历史经验中，而反抗只是从个人经验走向思想的运动。二、反抗对结果不做承诺，既不建立政府，也不阐明理由，事实上是目的模糊的抗议行动；而革命，却是以思想规定行为，用理论改造世界。三、反抗不一定杀人，革命却往往不可避免要流血。加谬甚至认为，法国的1793年之前是反抗的时代，而此后是革命时代，其标志就是断头台。他还认为，在20世纪，斯大林、墨索里尼、希特勒等人所显示的革命，都导致了国家权力的强大，与反抗精神格格不入。根据加谬的这种划分，鲁迅自然不是革命者，而是一个反抗者，一个反抗的思想家和文学家。林贤治对鲁迅的这种定位，应该是准确的，也是对过去结论的某种颠覆。

林贤治不掩饰对鲁迅的偏爱。在这个世纪之交，由于现实的复杂作用，鲁迅与胡适，面临着重新选择，鲁迅面临严峻的挑战。在这个过程中，林贤治成了鲁迅捍卫者。我不赞同在鲁迅与胡适之间进行非此即彼的选择，不赞同因为鲁迅曾经被利用，就让他去为利用他的力量殉葬；也不赞同以鲁迅的是非为是非，像鲁迅晚年那样对待胡适。但我赞同林贤治为鲁迅所做的一系列辩护。是他指出人们对于鲁迅存在种种偏见，那些否定鲁迅的人们心目中的鲁迅并不是真实的鲁迅，而是“文革”文化所塑造的那个鲁迅。对此，林贤治无法接受，因为他知道只是把鲁迅与恨、斗争哲学联系在一起是不公正的，知道鲁迅有大爱，有大悲悯。他认为爱与憎是无法分开的，一个人如果对人类怀有大爱，面对人类遭受的种种摧残和扭曲，就不能没有憎恶。不憎恶邪恶，就谈不到对人类的爱。人被压迫的时候，为什么不可以斗争？消解一切斗争，后果将是什么？

90年代以来，理解和宽容成为时尚，一些人批评鲁迅不宽容。林贤治指出："从伏尔泰、洛克以来，'宽容'一词，都是针对政治和宗教迫害而发的，而且主要是针对国家权力和集团势力而发的。"对于无权者个人，如何谈得上宽容别人？根据他的观点，如果是学术之争、笔墨之争，谁也没有权力封杀对方，自然不存在谁宽容谁的问题；如果是强权压迫，就只有是否宽容被压迫者的问题，而不存在被压迫者宽容压迫者、被施暴者宽容施暴者的问题。

林贤治坚守知识分子的批判精神，显示着鲜明的道德立场，在这个不谈道德的时代，不可避免地被一些人指责为"道德理想主义"。不知道从什么时候开始，道德理想也变得不受欢迎，大家都不讲，或许多半是因为长期置身于下滑的文化之坡，大多数人都经不住道德追问。可是，因为大多数人的屁股都不干净，丑就可以变成美、臭就可以变成香、无耻就可以被原谅吗？精神标高和道德底线就可以不要吗？其实，这正是这个时代的悲剧。从这个意义上说，多几个林贤治，倒可以成为精神和道德下滑路上的绊脚石。

序高原诗集《沃野》

我与高原至今没有见过面，之所以知道她，完全是因为她的诗。

最先她来我的博客，留言说她是青州人，我的同乡，而且是桑恒昌的弟子，桑老师推荐她读我的文章。我有很深的故乡情结，老乡见老乡，虽然不至于两眼泪汪汪，却也会立即感觉亲近许多。桑恒昌是我敬重的诗人，我们之间虽然来往不多，但从80年代到如今，也算老朋友了。我是信任师承的，既然是桑兄弟子，自然不能与一般文青等量观。待到有闲去她的博客，读了她的一些诗，心中很是惊喜：我的故乡真的升起了一颗诗星?!

说真的，近二十多年来，我对“诗人”的印象不是很好，而且越来越不好。究其原因，也许是对诗人的期望还是太高，而眼下的一般所谓诗人，又实在太不争气。没有呼号，没有歌哭，不再愤怒，不再呐喊，不再是反抗者与挑战者倒也罢了，连美的寻找者与发现者也不多见，既然如此，诗人自然不再值得关注。事实上，我们这个时代的诗人，大多已经成为一群没人理睬的孩子，尽管总是有人在自己的小圈子里折腾，却就是不能引起人们的关注。

还有一个现象是：在这个时代，还有谁不能成为诗人？我是认真想过这个问题的，结果真的想不出。因为根据时髦的理论，诗人并不需要知识，也不需要思想，也不需要高度，也不需要深度，所以，白痴自然可以写出白痴的诗，花痴自然可以写出花痴的诗，都是不能歧视的，否则就是万恶的贵族倾向。而且，口语至上，自然不必讲究遣词造句，错别字可以是一种特色，网络语言不就是在特定情况下写一些错别字吗？病句更是独特之处，何况，所谓病句，标准应该由谁确定？这样一来，诗就无所谓优劣，也就没有人不能成为诗人。

所以，这个时代的诗人几乎遍地都是。有一次我要去某省，有朋友提醒我千万不要在那里发表关于诗歌的言论，我问为什么，他说，“那里诗人太多，别不小心踩着一窝。”其实，又何止是某省，别处诗人也不少。一些人似乎没有别的事情可做，于是就成了诗人，但除了哼哼唧唧之外，基本写不出什么东西。不过，越是这样的人，常常越是自命不凡，拉帮结伙，这一伙看不起那一伙，那一帮瞧不上这一帮，关起门来评奖、排座次，自己就似乎真的成了江湖老大。一些人几乎不读书，也不思考，而且相信天才不需要读书和思考，只要有美酒与美色，灵感自然降临。这种状态下写出的作品，能为读者提供什么？诗歌失去读者，不能只是埋怨读者、埋怨社会，自身的时代病也是重要原因。所以，就连我这样的本来对诗歌充满感情的读者，也渐渐懒得读诗歌了。

然而，当我进入高原的博客，却一下子就读了进去，一直读到她很久之前发的帖子。高原不疯不狂，而且很谦卑，未脱吾乡吾土的某些稚气和土气，却又不乏灵气，这都是我喜欢的。她也许没有多少高深的东西，也没有多少奇特的手法，但她决不虚张声势，决不故作高深，不装模作样，不炫奇作怪，而是实实在在地写自己的感情、感想和感悟。做老老实实的手工活，一些诗却的确写得不凡。

她自称是一个从山里走出来的女子，喜欢用一颗纯净的心去码字，不为成绩，不与人争，只为不虚度自己的人生。我一下子就被她的这些话打动了。说真的，抱着这样的态度写诗，才是真诗人。如果写诗是为了谋名谋利谋地位，当然也可以，而且是任何人都无权干预，但那诗就会和它的作者一样，最终是俗而又俗。高原清楚地知道，因为知识结构和思想准备方面的原因，她大概暂时无力去追求丰富和深刻。然而，诗一定要丰富吗？单纯也是一种美。诗一定要深刻吗？深刻就必定来自思想而不可以来自感受吗？显然未必。高原码出来的诗行一点儿也不复杂，一点儿也不深奥，却能打动人心。能打动人心的东西，自有其深刻之处。她的诗大多短小凝练，很柔软也很纯净，也很有味。尤其是那些情诗，总是让人看到一个眼中含泪、深情无限的抒情主人公，爱得那样热烈，爱得那样痴迷，爱得令人为之心痛。

云是高高在上的，也是来去不定的。谁如果爱上了云，真是幸也不幸。而《看云》中的主人公为了等待，“不敢错过一场雨”。爱就爱得痛快淋漓，固然是一种美，但爱得刻骨铭心而得不到阳光照耀，也是一种残缺的美。没有得到，就已经怕失去，也是一种美。“不敢说出那个字／怕乱了季节／／再也听不到／绿色的声音”（《想》）。“天使的翅膀／是羽毛／还是雪花”？之所以有这样的疑问，是因为总想抓住天使，而留在掌心的却只是泪水（《你》）。“错把你的微笑／嫁接在心里／用沉默／雕塑一生的时光”（《错》）。“捡起你剥落的鳞片／做我掌心的月亮”（《今夜星光灿烂》）因为这样一份感情，雨花石也自然是因爱而成，“在泪水里洗刷自己”（《雨花石》）。《给我一朵花开的时间》表达的是一种美丽的祈求，并不要求太多，只要“一朵花开的时间”，“做一回／你的梦中情人”“听我的脚步／是怎样／浮动于／你的弦上”……

爱上一个人，却得不到回应，或者因为种种原因而有梦难圆，于是充满渴望，为此而祈求。这是爱情中常有的情态，但诗人们写到这里却常常难免虚伪，为了自尊，为了面子，常常要把真实的情态掩藏起来，代之以高傲的公主模样。高原的诗不是这样，而是真诚地写出了这份情，这种情态，尽管是淡淡的，却是一种隐隐的痛：“真的／不再看你的眼睛／／可我／怎摁得住萤火／在——游”；“我站成一株／最远的芦苇／／哪怕你／永远／视而不见”。爱你，你却视而不见，我只能站在远处，像一株芦苇，远远地看着你……这份深情，在当代诗歌中已经久违了。因为一些所谓现代青年，已经是想得开，拿得起，放得下，习惯于逢场作戏，不再那样折磨自己。但是，我想请人们不要忘了，那是情诗中最珍贵的元素。如果没有刻骨铭心的真情，就写不了情诗。高原的诗，最动人的就是那些深情的文字所携带的那份思念、渴望和等待，以及那个过程中深深的苦与痛。正是这一切，加上那欲说还休的内心故事，给人以美的享受和足够的想象空间。这种多情才女的感情抒写是独特的，因为无论是“五四”时期的还是30年代，它都没有得到充分表现。石评梅因为置身于现代经典爱情之中，所以留下了一些，萧红的诗也多有这种苦味，但她们毕竟写得太少。而50年代以后，这种诗就没人再写。80年代爱情在诗中复苏之后，更多的是林子和舒婷式的，再后来则走向了性，拐弯进入另一方向，直至满篇都是性器官名词和性行为动词。然而，情，爱的渴望和痛苦，对于爱情和爱情诗来说，都是不可或缺的美。

这就是高原的诗留给我的印象。我所熟悉的大多数诗作，已被收入她的第一本诗集《在路上》。现在，高原又捧出了这本《沃野》。在这部诗集中，高原的精巧仍然显示着，而且更加成熟。比如《思乡》，“枕着家乡的几片花草入眠／不小心／把蝉衣落在童年”，文字的组合很有独到之处。再如《芦苇》，写秋天的芦苇，用“把青丝熬成了白发”，自然引出一种情绪，是因为禁不住“秋怨声声／雁鸣催人急”，从意象的择取到语句的锤炼，都见功力。她的诗依然以深情见长。因为一份情，菩提树在诗人的眼里，每一片叶子都“饱含泪的目光”，“你呀你！／多少残风晓月／都换不回／一个嫣然吗？”（《菩提》）因为一份情，我们看到的是“花开半朵／留一半与你／续前世未了的情缘”，“无缘的你啊！偏偏成为有缘人”（《缘》）。《青烟》《打坐》等诗写的仍然是一份不了情。心与心之间，真的是相通的吗？那为什么我的心越过千山万水，来到你的身边，“却不能在你心里／立地成佛”。爱，就想永远住进他的心里，在他的心里立地成佛，想象和用语都极为精到。

高原的成绩是值得祝贺的，但在为她而高兴的同时，我想说句也许有点扫兴的话：写诗容易，也不容易，诗神对于她的追求者，开始往往很宽容，越到后来越苛刻。这是众所周知的事实：一般文学青年在最初尝试写作之际大多写过诗，但在十年二十年之后却大多不再写诗，原因是写诗成功率极低。千里一道坎，爬上去就是一个更高的平台，可是，许多人走了九百九十九里，就再也走不动了。从这个意义上讲，高原是幸运的，她的诗已经引人注目，在诗坛有了一定影响。也就是说，她已经爬过了第一道坎。下面仍然是众所周知的事实：许多诗人写了一辈子诗，但真正好的往往不过几首，而且大多写于年轻时代。能够在诗歌创作的路上一步一个台阶越走越高的，人数极少。有句话叫“江郎才尽”，任何有才华的人都可能有才尽之时，一个更高的台阶没有登上去，诗情、诗思已经枯竭，这是常见的事。一旦诗情诗思枯竭，就往往需要对自身进补，进行调理。否则，已经掏空，却硬是要写，写出来的东西就是干枯的，不滋润的。所以，写诗不能勉强，不能定指标、赶任务。一切顺其自然，决不降低标准，无论面对多少约稿信，也决不粗制滥造，最终还是合算的。

与此同时，当前诗坛的风气是越写越空，一是空洞，二是悬空。一些评论家也是拼命向着空中提拔，好像越抽象就越好，越超越就越好。而事实上，诗人应该是首先属于他所生活的时空，与之向内相连，然后再考虑是否可以超越他的时空。写出自己眼前实实在在的生活，写出这生活所给予的感受，才是写作的最初动因。在这一点上，高原有优势，因为她从大山中走来，从底层走来，但愿这优势不要因为走近诗坛而丢失。

愿高原扎扎实实，一步一个台阶，写出更多更美的诗篇。

2015年7月　天津社会山花园

诗人孙瑞和他的诗

我虽然出版过几本关于诗歌的书，却很少写诗评，尤其是针对个人的诗评。几十年过来，只记得80年代前期写过一篇，是关于舒婷的；80年代后期写过一篇，是关于孔孚的；都是因为友情。告别80年代之后，我很少再关心诗界的事，所以写得更少，除了为几种诗集和丛书写过几篇序言之外，二十多年就写过一篇《作为诗人的袁世凯》。

然而，接到诗人孙瑞的电话，我却没有犹豫，打定主意放下别的事，先来写这篇文章。因为孙瑞不仅是我的同乡，而且是我文学创作路上的兄长，想起他，我就一下子想起许多往事。

第一次见到孙瑞，算起来已有四十多年，最后一次通信，也已经过去二十年。然而，疏于问讯，并不影响他在我心中的位置，更不影响我无论在什么报刊上，只要看到他的名字，就感到非常亲切。

我是1973年开始写诗的。众所周知，无论进入哪个行当，都要了解那个行内的人物。既然要写诗，自然是除了千方百计弄到几本普希金、雪莱、拜伦等人的诗集之外，还知道了一些诗人的名字。那时还没有机会读到徐志摩、戴望舒或者穆旦，对于活跃的当代诗人，当然首先是张永枚，他在诗界的地位，就像小说界的浩然，是当时那种红色诗歌的样板，所以，西沙之战爆发时，奉命亲临战场写作的，就是张永枚和浩然。全国顶尖级的样板人物离我们太远，所以必然要关注当地人物，于是，我就首先知道了两个名字：一个是张冠钦，另一个就是孙瑞。跟张冠钦的交往多一些，因为他在文化馆创作室，而那时的所谓创作室，似乎并无别的人，因为我一次次到那里去，都是只见张冠钦一人。见到孙瑞略晚一些，应该是1974年，记得春节过后不久，县里举办一个文艺创作学习班。二十几个人，地点已经忘了是在一中还是党校，只记得在一个很大的房间，同时住了十几个人，我是年龄最小的一个，而与我挨在一起的是刘保富（可惜已经去世了，愿他安息），另一位是朱崖中学的任校长——原谅我已经想不起他的名字，同时参加那次学习班的，多数已经记不起名字。

在那个学习班上，我见到了当时益都县几乎所有的笔杆子。张冠钦是学习班的组织者，也是指导老师，自然不必说。除此之外，著名人物就是写诗的孙瑞、写杂文的刘保富、写通讯的刘传功（柳学青）。他们是我们的榜样。大家都说，写工业就学张冠钦；写乡村就学孙瑞；要水平应该学习刘保富，因为他是唯一正经大学中文系毕业的；要努力奋斗，需要学习刘传功，因为他基础虽然并不好，但努力拼搏终于成功。记得当时有个歌谣：“点了灯，熬了油，受了辛苦白了头。”说的就是刘传功。这歌谣稍微有点讽刺意味，但无论如何，凭着苦打硬拼，把自己造就成了大报的通讯员，作品从《大众日报》一直发到《人民日报》，让人不得不佩服。《人民日报》通讯员刘传功没参加那次学习班，诗人孙瑞也没有参加，倒是公认水平最高的刘保富参加了学习班，在那里与我们一起学习。不过，孙瑞和刘传功都到会上去了，而且不止一次，去了就与大家一起聊天。我在学习班上年龄最小，真的什么也不懂，所以只有带着仰慕倾听。因为知道孙瑞从1957年就开始发表作品，而那时他还是一个初中生，所以就觉得很了不起。有的人也许像我一样好奇吧，说着说着，就有人问起了孙瑞的创作历程，并且说起了“文革”之前发表作品有稿费的事。有人问孙瑞拿过多少稿费，他很谦虚，说没多少，有人就问：能买辆自行车吧？能买台缝纫机吧？想到的都是当时的所谓“三大件”。孙瑞笑笑说：买辆自行车，够了。于是一片羡慕的目光。因为在当时，你无论在哪里发表作品，都是没有稿费的。不过，那时也有一些方便，比如你往报社或杂志社投稿，是不需要贴邮票的，把稿子装入信封粘好，然后把信封剪掉一角就是了。人们都知道那是投稿的邮件，而且邮局的人会特别热情。

聊一阵子，诗人孙瑞离开之后，人们自然要对他进行议论，内容很丰富，从“神童”开始，到他的不幸遭遇，再到他的所谓艳遇，真的假的，各种传闻汇集。不过，随着后来的了解，知道当时的信息基本属实，比如，他的确是初中开始发表作品的神童。再比如，他的确是很不幸的——辛辛苦苦考上了大学（昌潍师专），上了一年，学校却停办了。按照正常情况，学校停办，学生总要有个安置，而孙瑞的命运，却是回家当了农民。1974年的孙瑞，好像是在哪个学校代课，忘记了。所谓艳遇也是有根据的，后来知道，的确是干娘的女儿成为他的妻子。祝福孙瑞老兄！难得如此终身伴侣！

从那开始，对孙瑞有了更多的了解，也就有了更多的关注。记得读过他歌颂公社秋收的诗，读过他写红小兵的诗，还读过他写宋江走后门的快书。1977年，我在仁河水库工地做政治宣传工作，曾经在《山东文艺》上看到他歌唱锄头的诗，曾经马上抄了下来，拿去给同事王兆来看，然后送到广播站请播音员广播。当时的播音员李艳华，一口标准的普通话，音色极好，曾经多次广播我那些假大空而且粗糙的诗歌和散文，使得政委几次对我大加赞扬，甚至曾经想让我专门搞创作。孙瑞的诗经过李艳华字正腔圆的朗诵，我们几个写诗的，都感觉特别好。

当然，那样的作品如果放在今天，我们未必感觉好。因为当时的孙瑞与我们一样，拿出去发表的作品必然是能够配合政治的作品，或者歌舞升平的作品。我和几个朋友，当时都写着两种完全不同的诗：一种是准备发表的，沿袭着从50年代到70年代的颂歌模式；另一种是为自己写的，可能很叛逆，所以不可能发表，甚至不能给外人看。当时许多人都写着这样两种完全不同的作品，就是后来成为朦胧诗代表诗人的顾城，在那一年，也发表过违心的颂歌。我不知道孙瑞是否也有私藏的作品，就他公开发表的那些作品看，他好像走的是张志民和严阵等人的路子。这路子与郭小川、贺敬之等人的热烈呼唤和放声歌唱不同，不是号角，不是鼓点，对政治运动有点疏离，而是致力于到生活中去寻找美、寻找情趣，化为某种诗意。然而，1963年之后，张志民、严阵等人都变了，开始“吹响战斗的号角”，不知为什么，孙瑞却没有变。不过，这条路子事实上也不是通途，因为无论《倔老婆子》那样的生活情趣，还是《江南曲》那样的意境， “十里桃花，十里杨柳……江南春，浓似酒”，美则美矣，在饿殍遍野的生活背景上，如此歌舞升平，如此为病态的社会和沉重的生活做修饰和点缀，就像杨朔那些看上去极美的散文一样，不会得到历史的原谅。

“文革”结束之后，孙瑞很快开始了自己的探索。很显然，他要寻找自己的路子，要找到真正属于他自己的东西。80年代中期，我收到他的第一本诗集《村风》，惊喜地看到了他的许多变化。语言技巧和意境营造的方式或许不易改变，却显示了新的认识和追求；作为乡土诗人，通俗易懂和明白晓畅的追求无需告别，但题材和主题却随着时代的潮流而改变了。从此之后，他一步步朝前走，一步步发现自我，重铸自我，终于走出了一条自己的路。当我在《星星》《诗刊》《人民文学》等权威刊物看到他的名字时，当我在一些诗歌选本上看到他的诗作时，作为同乡老友，我为他高兴，也为故乡骄傲。同时，心里真佩服孙瑞的坚持，对诗，如此忠贞，一写几十年，不离不弃，那是一种韧性，一种顽强。这种精神，无论是追求诗，还是追求爱情，都应受到命运的奖赏！

孙瑞的诗路很宽，歌唱农村改革，也写过讽刺诗，甚至写过反腐败的诗，但在我看来，那只是显示着他对现实生活的广泛关注，却并不显示他的优长，真能显示孙瑞优势的，是他的乡土情诗。说起情诗，它应该是诗歌之正宗。文学艺术，也许并非来自同一源头，但诗的诞生肯定源自表情。这从一般动物都可以看到，一些动物只有在求偶时才会歌唱，一些鸟儿只有在求偶时才会唱得动听。其实，那就是他们的诗，只是我们听不懂而已。爱情是诗歌永恒的动力，也是诗歌永恒的主题。然而，情诗并不好写。首先一个问题是，初恋的激动，追求的焦灼，失恋的痛苦，对于生命个体而言，的确是新鲜的，能够成为创作的动力，足以催生情诗。然而，那份让自己激动不已的感受，如果放在诗歌的历史长河中，是否还有地位？是否还有价值？结论往往令人沮丧：它已被反复写过了，你有什么拓展和深化？你为读者带来了什么新东西？艺术贵独特，重复别人，就不会有自己的位置。

从这个意义上说，孙瑞得益于他的执着，得益于他对乡土的钟情，得益于他找到了乡土爱情。历史的发展总是为不同的人提供不同的机缘。变与不变，就在于对机缘的认识；成功与失败，就在于对这机缘的把握。众所周知，乡间爱情一直以它鲜活的形态存在着。即使是火红的年代，无论高喊什么样的政治口号，男女之间照样会产生爱慕，高粱地里也照样会上演男欢女爱的永恒剧目。遗憾的是，在很长的一段时间里，这一切是被禁止的，文坛上没有它存在的空间。在样板戏中的人物全是鳏寡孤独的时代，在阿庆嫂的丈夫一定要被剧作家派到上海跑单帮的时候，在江水英必须是独身一人在家的军属大嫂的时候，别说青纱帐里的男欢女爱，即使是读自己的老婆这本“厚厚的书”，也只能在家偷偷读，而不可以到报刊上张扬。那个年代写诗的青年人，谁没写下过几首发自肺腑的爱情诗呢？但谁都知道，那是只能给恋人看的，却不可能拿去发表。只有到“文革”结束之后，进入80年代，禁欲的时代结束，这种作品才终于浮出水面。可是，爱情可以写了，诗歌创作却出现了新的情况：当小说作家成群结队集结于乡土的时候，诗人们的兴趣却大转移，几乎所有的开拓和创新都集结于都市，乡村成了被遗忘的角落。在这样一个背景上，执着于乡土的孙瑞，却开始大写特写爱情，给诗坛留下了独特的一笔。

据说，孙瑞发表的诗歌上千首，爱情诗约占五分之一。我没有读那么多，但一些影响较大的作品，却看过，并且留下了很深的印象。比如，《一本厚厚的书》《寻找初恋》等。《一本厚厚的书》为什么被读者喜爱？为什么受选家青睐？因为它的确有独到之处，而且可以动人。它首先成功于一个比喻，但根本之处还是那份夫妻深情。古今中外，献给妻子的诗数不胜数，翻出新意绝非容易事。孙瑞把老妻说成“一本厚厚的书”，让人一见之下觉得新奇，仔细思索觉得贴切。作为丈夫，与妻子相伴一生，其实就是在读一本书。当然，这书与书也是不一样的，有的可能一览无余，很快让人厌倦；有的可能高深莫测，怎么也读不懂，所以让人弃之而去。孙瑞诗中的这本书，却是一本厚厚的书，“从青年读到中年”，每一页都读出新的内容，越读越爱，甚至是“如果人生还有来世／我想再读你的续篇……”这样的夫妻感情，来自乡土，又超越乡土，具有普遍的艺术魅力。

“我的初恋在村前小溪畔”，“我的初恋在三月的田间”，“我的初恋在打谷场边”……这是孙瑞《寻找初恋》提供的场景，也是他的爱情诗中恋人们的活动场景。凡是从那个年代的乡间走来的读者，大概都会像我一样，看到这场景就感到亲切。至于爱的内容和方式，孙瑞所展示的更是地道的乡土味：“我帮她锄完一垄垄麦苗／她为我揩去满脸的热汗”“她掏个洞儿钻进谷垛／我找来找去急得打转”……其实，钻谷垛大概不是理想的选择，因为谷秸很涩，也不柔软，乡间热恋的情侣们更喜欢钻的，应该是麦秸垛，铁凝写过的。那种经碌碡碾压过的麦秸洁白而柔软，被称作麦穰，麦穰垛才是情侣们的天堂。姑娘自己掏个洞钻进去，虽然让小伙子急得团团打转，但那却是幸福的预兆，因为小伙子一旦找到洞口钻进去，自然会成双成对了。孙瑞所写的，虽是初恋，却是已经成功的初恋。情趣，风俗，乡野文化，以及作者回望式的寻找，都为诗歌增加了魅力。

《是的，我们老了》也是一首出自肺腑的感人诗篇，“是的，我们老了／体力委实有些不支／但爱情的温度依然不减／你搀我扶／走好人生的每时每天……”故乡有句俗语：“少年夫妻老来伴。”理想的夫妻，就是少年浪漫，中年撑持一个家，老年相互搀扶看夕阳。这一切，都被诗人写了出来。而且，从诗中可见，诗人对爱是多么执着，多么坚韧，那是对爱的深刻理解。面对爱情的挫折，诗人说：“一经把心窗打开／就要耐心地等待。”不管等来的是“梅雨”还是“寒流”，“坚信爱情的花蕾／定然会向我绽开”(《心窗》)这大概是经验之谈，因为他的另一首诗透露，为了那个幸福的时刻，他就等了三年。同时，对年轻人也不乏启示意义。

在他的爱情诗中，还有一首《错失的爱》，写的是一位孤独的老人，当年因为自己的过失，错过了爱情，到了老年，想去找回那支爱神的箭，却是“弓弦已断／箭亦生锈”。众所周知，诗人也罢，学者也罢，思想家也罢，能够写出的，都是自己心中所有。如果心中没有，自然想不出，即使碰个满怀，也会视而不见。这老人的悔意，倒是具有更丰富的内容。人到暮年回首往事，发现一些东西不该错过，尤其是那浓浓的情。《红楼梦》的经验，忏悔永远比教导更动人，也更有意义。

感谢诗人孙瑞，让我通过他的诗，能够重温乡间爱情。尽管孙瑞没有使用故乡原汁原味的语言，常把乡音写成普通话，但词语的殖民和侵略也许是没办法的事，方言无力抵抗普通话的霸权。尽管如此，孙瑞的诗还是让我看到了高粱地里的爱情，玉米地里的爱情，乡间的朴素和热烈、执着和真挚，以及乡间女性永恒的魅力。

愿孙瑞健康长寿，写出更多更好的诗！

2015年5月　天津社会山花园

我的朋友宋兴国

我的诗选集《梦旧情未了》收了一首题为《致宋兴国》的诗，有朋友问：宋兴国是谁？《致叶文福》《戏问顾城》没人问，因为他们是著名诗人，而宋兴国却是一个陌生的名字，除了故乡青州的几位老友，大概没人知道他。由此，忽然想到我该写篇短文，一来解疑答问，二来也算对宋兴国的一点纪念。他故去已经多年了。

一

写下上面的文字，算是开头，满脑子却丢不下那个问句：宋兴国是谁？回答可以很简单：我年轻时的一代朋友，70年代一个很特别的文学青年。然而，却又忽然想到，如果到故乡去问那些认识他的人，那答案却差不多会是："宋兴国？就是'草包'啊！"

"草包"是宋兴国的绰号。所以，我这篇文章一开始写下的题目，本是《"草包"宋兴国》，只是转念一想，这题目用于活着的友人未尝不可，用于一个作古的朋友，似乎有点不敬，也不合我对他的这份感情。然而，这个绰号却是无法回避的。之所以得到这样一个绰号，是因为根据周围人一致的见解，他的确是好高骛远、眼高手低、不务正业，什么事都做不了，而且一辈子无所成就。根据众议，这样的人，还不是"草包"吗？无论什么包，只要里面包的是金银，包的是权力和官位，那是无人不识的，但如果一个大皮囊里包的是草，那草的质地就没人愿意问了。我是他的朋友，按照物以类聚的原理，也是因为与他差不多，无用到什么事都做不了，只是没获得“草包”的称号而已。

兴国年龄比我大，但究竟大多少，我却一直不清楚。我与他相识于1973年，那时他已经结婚生子，而且似乎已有两个孩子。我们的相识其实有点迟，因为两个村距离很近，不足2公里，一刻钟即可走到，而且从父辈就有来往。

是一个炎热的中午，他到我家来了。本来是父亲和哥哥陪他说话，而我在正房的西间窗下读书。但忘了是什么原因，他走进了我的房间，一边翻看桌子上的几本书，一边问我在做什么。我说没做什么。他说：听说你在画画？我说：只是胡乱抹几笔。他又说：我看你在读小说，自己写小说吗？我说没写小说，只是偶尔写写诗。他的兴致高涨起来，要我拿诗给他看。于是，几天后他给我送来几本刚刚试刊的《山东文艺》，另外还有几本县文化馆专用的稿纸，并且告诉我说，无论是诗还是小说，写了就抄在稿纸上寄往文化馆，不用贴邮票，在信封上剪掉一角就是了。我最先寄往文化馆去的是什么稿子，现在已经完全忘记，但没忘记的是很快就收到了诗人张冠钦的信，而且从此之后就定期收到文化馆编印的《工农兵文艺》，还有当时流行的一些出版物。稍晚一些，还陆续收到过几册人民文学出版社的鲁迅著作单行本。这一切，使我走近了文学。

那时的宋兴国已经是老资格的“业余作者”，全县进行文艺会演，他是坐在评委席上的，然而，许多人都因为舞文弄墨而改变了自己的命运，而兴国却没有，直到十几年后他去世，他的身份仍然是农民。

可是，身为农民，他却没有一点儿农民的样子，也从来不以农民自居。他的一举一动都是文化人，有时也像官员。无论置身于什么样的干部队伍中，都很容易让接待者误以为他是最大的领导。他的头发却总是整齐油亮，浑身上下一尘不染。因为他根本就不下地，拒绝参加生产队的劳动，更让许多人纳闷的是，从大队干部到公社干部，竟然都拿他没办法。为了让宋兴国下地干活，干部们可谓软硬兼施，但无一不是失败的。记得有一年春节刚过，大喇叭里突然响起了公社的广播：宋兴国下地干活儿了！正在高柳村南给麦地施氨水！广播员播完之后，革委会主任还特别发表了讲话，在一串“这个这个”之后，意思倒是能听明白：连宋兴国都下地了，我们就应该掀起一个农业学大寨的新高潮！

那一次，宋兴国真是在全公社家喻户晓了。然而，广播刚刚完毕，他就回家了。此后是几年不再下地。

在那段日子里，他常常在城里工作，这证据就是他星期一早上骑自行车进城，星期六傍晚才回来。据说，这个馆那个馆，这个所那个所，他不知干过多少个，据我所知，是连“度量衡管理所”都干过的。他干的可是真正的“临时工”，因为没哪个单位能干长久。我想，无论什么样的单位，大概都不欢迎他，而他也不会对哪一个单位满意。所以到了后来，在家里喝茶读书，就成了他的专职工作。大家都说他有一个好妻子，不辞辛劳养着一个只会喝茶读书的“草包”！

后来干部们不再找他下地干活，据说是他从医院开来一张证明：宋兴国同志患有严重的××疾病，需要好好休养。

这导致许多人都想效法，却没有一个成功者。

二

大约在1976年前后，在兴国的家里，曾经形成一个定期聚会的小群体。比较固定的成员，除了他和我之外，还有高柳街小学的语文老师李旋、公社文教组的负责人王廷绪。除此之外，偶尔前来的还有从南京下放到西石塔村的冯友琴。高柳街是千年古村，五天有一个大集。似乎谁也不曾相约，只是去赶集，先到兴国家报个到，赶完集回去就坐下喝酒聊天，饭后继续喝茶聊天。那时候生活很困难，但宋家嫂子总能弄出几个菜。四个人一瓶酒，偶尔也喝两瓶。吃饭总是吃煎包，因为嫂子就在门外摆着摊子卖煎包。

1976年麦收之后，我被派往青州西南山区的仁河水库工地。临走前兴国为我送行，也是借了赶集的那一天，把老师和朋友们都留了下来，结果真是一醉方休。我大约两个月从水库工地回家休假一次，在家里的时间一般都要超过五天，能遇到一个集，所以，只要我从水库工地回来，我们就要聚一次。

高柳集是个大集，集市是一个十字市场，以“桥头”为中心，向西是真正的高柳街，我们称之为“街筒子”，兴国家就住“街筒子”。从他家门口向东不远就是“桥头”，那是一座古老的石桥。不过，桥下从来没有水，而是一条大沟，沟底就是大路。以桥为界，桥北称作北沟，是青菜市；桥南称作南沟，是牛马猪羊鸡鸭市，供销社的肉铺也在那里。桥东本是一条路，却也叫“东沟”，挨近“桥头”的路北是“庙台子”，顾名思义，那里原来应该是庙，但在1958年之前就没了，原址上建起了“益都县高柳人民公社供销社”，赶集的顺便逛逛供销社，所以庙台子就成了集市的中心。沿着东沟向东走几百米，就是阳河桥，过桥之后，路南是医院和卫校，路北就是益都县第六中学。王廷绪老师当时虽然是公社革委会文教组的负责人，但他不在公社大院办公，而是在中学办公。所以他在高柳集的最东头。李旋老师当时在高柳街联中任教，学校就在南沟的南头。

我之所以对此记忆犹新，是因为注意过兴国的地理优势。他家就住在桥头西侧，只要走出家门，以他那1米9的个子往桥头上一站，南沟、北沟、东沟，千百个头顶一目了然，要找人是容易的；何况不用去找，只要站在桥头等，赶集的人早晚都会经过他的身边。我只要来赶集，更是无法绕过他的家门，何况，赶集之前我总要在他家放下自行车。正是这个发现，使我知道每一次聚会都是他有意召集。

那是一个秋天，我把自行车放在他家之后就到集上闲逛去了。当我从北沟回来之际，听到兴国在桥上与尚在南沟的李旋老师说话，请他赶完集到家里去，李老师说不去了，他说：“一定要来，新宇从山里回来了。”跟李旋老师约定之后，他又在桥头等王廷绪老师。于是，中午大家都到了，还来了轻易不见的冯友琴。从那一天我才知道，他把我们的聚会看得很重，每一次聚会都不像表面上那样是因为赶集而偶然相遇。

也是那一天，我们喝完之后又去李旋老师家吃他刚做的茄子酱。一件事之所以记得清楚，往往因为另一件事。那天从李旋老师家中出来，我见到了相识的一位青岛知青。我与她相识于农业学大寨的一次会战，因为我是那次会战施工方案的制订者，所以要守在指挥部，而她是指挥部的广播员，于是我们相识并有了来往。闲聊几句告别之后，在从李家庄回高柳街的路上，兴国说：“这个知青对你不是一般的关心，是真好！你看那眼睛！是不是一幕悲剧又要上演？”我说：“没有悲剧也没有喜剧，因为根本没有戏。”嘴上虽然这样说，心里却佩服兴国的细心，佩服他的观察力。那几年，我和青岛知青似乎有缘，一个又一个，尽管都是无疾而终。兴国说：“人家看不上你，未尝不是好事；如果人家动了心，你就该知道如何才能不辜负。”我们很少谈到此类内容，而这一次不但谈了许多，而且涉及做人的一些原则，涉及正派人与流氓的根本区别。

三

我要特别感谢兴国的，是他在读书方面对我的引导。

一个偶然的机会，我有了一个县图书馆的借书证。于是，我很快读了1958年版的《鲁迅全集》中全部的小说诗歌和杂文。当我高兴地把此事告诉兴国，他却建议我去读“后10卷”，并且说：“那更值得读。”其实，所谓“后10卷”是图书馆刚刚进的。据说是某位领导人为适应送外国来宾的需要，指示有关部门根据1938年版的《鲁迅全集》所收入的译文重印的。

对我而言，那无疑是进入了一个眼花缭乱的世界。我不仅读到了《工人绥惠略夫》《一个青年的梦》《爱罗先珂童话集》《桃色的云》等，不仅读到了《毁灭》《竖琴》《十月》《死魂灵》等，还读到了《苦闷的象征》《出了象牙之塔》《近代美术史潮论》……在此之前，我没有读过多少外国作品，因为当我开始读书的时候，“破四旧”的焚书运动已经发生过，外国作品很难找到，是鲁迅的10卷译文，为我打开了一个新的天地。包括那些插图，特别是《近代美术史潮论》中那大量的插图，各种形态的裸体，各种风格的女士画像，对只熟悉《芥子园画谱》的我来说，几乎每一页都是强烈的冲击。武者小路实笃的《一个青年的梦》对我的影响是巨大的，而且从此记住了一句话：“人人都是人类的相待，而不是国家的相待，才得永久和平。”爱罗先珂的《桃色的云》以及他的童话集，对我的影响也是巨大的。置身于阶级斗争年年讲、月月讲、天天讲的氛围中，面对报刊上那些演绎阶级斗争和路线斗争的所谓文学作品，打开《桃色的云》，似乎听见那个盲诗人对爱的热切呼唤，他笔下那些花卉的议论、鸟虫的抒情，展示的是一种陌生的精神世界。于是，“桃色的云”“虹的桥”也成了自己笔下常见的词汇。“为一切弱的和美的东西而战斗”，是我从《桃色的云》中获得的一种基本立场。这立场从1975年开始，不曾再改变过。读着这些作品，我曾完全忘了自己所处的现实，也知道了什么是真正的文学艺术，什么是真正的作家。尽管许多东西都是模糊的，但一种比较却很容易形成：当时走红的那些作品，算文学吗?

仔细想来，我的个人主义、人道情怀、文学的责任伦理，无疑都源自鲁迅的译作。而它的扎根生长，却有赖于与兴国的反复讨论。有时饭菜早已凉透，再热一热，却仍然是忘了吃；有时是争论，面红耳赤，赌气推车离去。只是一个《工人绥惠略夫》，就曾争吵若干次，关于“无治的个人主义”是否可以成为人类的出路，关于绥惠略夫对社会的复仇，由此又延伸到托尔斯泰，以及他的无抵抗主义等等，如今想来，当时我们离中国现实太远了。这样的讨论与思考，注定没有破土萌芽的空间。想到这里，我才更清楚地知道宋兴国的作品为什么很难变成铅字。

分歧当然是不可避免的。比如，我根据《桃色的云》中春子的话，把“为一切弱的和美的东西而战斗”作为自己的努力方向，而且进一步把自己的文学活动归结为“致力于人类的解放和人性的完善”时，他提出一系列质疑，让我无力回答。他则认定文学应该写理想，应该提供希望之光，因而应该写英雄。我说：李玉和、杨子荣、郭建光……还少吗?他说：故意胡搅蛮缠，应该要的是真正的英雄。什么是真正的英雄，他说了一串名字，我只记得第一个是普罗米修斯。他还说到了荆轲，让我趁机反攻了一阵：荆轲算个什么?吃人一顿饭，就把命送上，你想，他是个好儿子吗?是个好丈夫吗?是个好爸爸吗?这三者都做不到，算什么英雄?事实上，他不过是另一类奴才。中国不缺这样的奴才。因为他一时无话可说，我便很得意，以为自己的话说得很精彩。回家后还记进了日记。而他批驳我的话，竟然没有记。这也许是年轻气盛之弱点的一种显示吧!

1978年之后，他仍然在写，却仍然没有作品拿出来。记得那已经是80年代初，我大学毕业前夕，他从青州到曲阜来看我，谈起伤痕文学，谈起对历史的反思，他有多处肯定，却也有种种的不满。不满主要是因为“不到位”，而之所以不到位，主要因为“他们还是站在某种派别的立场上写的”。越到后来，我越是觉得他的这种否定性评价真可谓一语中的。

写到这里，我的思路似乎已经卡壳，剩下的只有一句话：即使噩梦醒来是早晨，也并非所有在深夜里探索的人都曾亮过歌喉。有人不合潮流，是因为脚步太慢；有人不合潮流，是因为已经走得更远。

序夏健民《在那个年代里》

这是一本非虚构散文作品，每章独立成篇，合起来则是一部长篇。

它所记录的是作者自己的经历，从50年代初期作者初有记忆开始，到1977年接到大学录取通知书，这二十多年间充满苦难和屈辱的年华。它是地地道道的私人记忆，与文坛上流行的作品大不相同。

我与作者夏健民先生素不相识，但天津师范大学的范伟博士是他教过的学生，而范伟后来又做了我的学生。这就有了某种关联，这关联就成了缘分，使我能够较早地读到了这部书稿。范伟要我为它作序，我欣然应了下来，因为我觉得这个序值得做，也应该做。

本书作者不是名人，没有显赫的社会地位，也没有惊天动地的传奇，书中所写的那个年轻时代的他，更是地地道道的小人物。但正因为这样，它的价值更加不可忽视。因为我们所了解的历史，往往是“大人物+大事件”的历史，普通的芸芸众生没有位置；而对历史的叙述和解释，更是占据话语权力的大嗓门的特权。沉默的大多数有自己的历史记忆吗？社会的边缘群体有自己的记忆吗？应该肯定是有的，但众所周知，他们常常被代表，他们的记忆也往往要被无情地覆盖。我们的所谓历史叙述，包括历史教科书，就是这样形成的。在这种情况下，在社会的边缘，在沉默的大多数的某个板块中，如果有人拒绝遗忘、抗拒被覆盖，把自己的个人记忆写下来，无疑是对历史的一种补充，对于我们全面认识历史，无疑是有益的。尤其是那些来自特别地域、特殊人群的个人记忆。

本书就来自一个特殊的人群——“黑五类子弟”。众所周知，1949年之后，中国社会有了这样一个人群，开始是叫“四类分子”，即所谓“地、富、反、坏”。1957年之后，“右派分子”被归入这个群体，形成了“地、富、反、坏、右”构成的“黑五类”。这五类人加起来到底是多少，我一直未见到具体的统计数字。至于他们的子女，无疑是一个更加庞大的群体。然而，这个群体却是中国当代历史上的失语者，翻遍各种报刊，很难找到他们的声音。即使在“文革”结束之后，伴随着“伤痕文学”“反思文学”之类，人们看到的各种控诉和反思的文本，其叙事人也大多来自红色阵营，是冤假错案的蒙受者。在“黑五类”中，大多数的“右派”和一部分“反革命”是冤假错案，而“地、富”和多数的“反、坏”并不属于冤假错案，所以不在平反之列，对伤痕的诉说也就轮不到他们。但事实显而易见，无论“文革”十年，还是之前的十七年，被压在社会最底层，受苦受难最多的，还应该是这些老牌的“黑四类”。他们没有发出声音，原因不难解释：一是他们已经习惯了沉默；二是环境还没有为他们提供发声的空间。这一切，导致多少年过去之后，他们都不能理直气壮地诉说自己所受的苦难。

夏健民就来自这个群体，用他自己反复使用过的称谓，是一个“富农羔子”。在远离那种生活近四十年之后，人到老年，心中的一些记忆越发清晰，越发折磨着他，使他终于冲破某些思想和心理的羁绊，挥笔写下了自己的遭遇，为我们提供了历史的某个侧面的生动细节，这是很值得称道的。

关于本书的内容，我只是匆匆读过一遍，但已有目不暇接之感，因为它提供了太多的新知，写出了许多前人未曾涉及之处。

比如，开篇写了一件大褂，让我们看到了土改中已经存在的干部贪腐，而且是极为卑劣的索贿。那是一件绸子大褂，作者父亲的，只在结婚时穿过一次，平时舍不得穿，土改当中，掌握权力的二麻子却让人捎信：只要把那件大褂送给他，就可以不划入富农。遗憾的是，作者的父亲觉得自己的贫富程度还够不上富农，所以拒绝奉献大褂，结果就付出了惨重的代价，不仅自己成了富农分子，连同子女，也在苦难的深渊中挣扎了几十年。再比如，小学招收一年级新生，竟然有通知拒招“地富反坏子女”。而最后的结果，富农子弟夏健民却入学了，原因是他家给村干部送了一棵大杨树。近些年来，有人在强调干部的贪腐是新病，是改革开放带来的；夏健民的回忆使我们看到，其实它是老病，娘胎里就有的。

至于权力的力量和由此培养的权力崇拜，本书也常有触及。比如，只有几个教师的村小学，不设校长，只有负责人。但为了争夺这个负责人的职位，人们却费尽心机。孙老师当上了负责人，人们就不能再喊他“孙老师”，而必须称职别，喊“孙负责”。反右运动中，为了让孩子们揭发老师反党反社会主义的罪行，竟然以开除学籍相威胁；几个十来岁的孩子在墙根撒尿，比赛看谁尿得高，结果有一个尿到了墙上的标语“毛主席万岁”，这就要关起来，而且要连同他的父亲一起关起来，因为他的父亲是地主分子，所以这撒尿的行为就成了有动机、有目的……这一切，都很生动地揭示了一个时代的文化。

一些历史事件的描写，是已有作品中少见的。1958年的“大跃进”已经被作家们反复描写，“公社化”也已经众所周知，但是，与此相伴随的，在许多地方出现过的“大搬家”，却一直很少有人提及。我是最近才从一个刊物上看到我的老同学张树亭写的曲阜县当年的大搬家，才知道公社化的同时还有那么一个重要环节。而在夏健民的这本书中，不仅可以看到搬家的情景，而且可以看到当年的大队支书对为什么要搬家的解释，看到“一大二公”“一平二调”的具体描写，看到“大搬家”对人民的严重危害，以及它与后来的三年困难时期存在的必然联系。农民的日子虽然穷苦，但破家值万贯，破家难舍，瓜果青菜，鸡鸭猪羊，衣服被褥，坛坛罐罐，种种杂物，那是过日子的必需品。人民公社却要百姓大搬家，东村搬到西村，西村搬到东村，距离并不遥远，却有一个要求，这一切都不能带走。于是，史无前例的景象出现了：家家户户杀鸡宰鸭，杀猪杀羊，平时那么馋肉，这时却吃得恶心；准备好嫁妆的姑娘，舍不得把嫁妆丢掉，就含泪把它全都撕碎；坛坛罐罐不准带，就干脆砸掉……若干天后，一声令下搬回原处，却是家家户户一贫如洗。此外，对于乡村大鸣大放、大字报、大辩论的描写，对于大炼钢铁中全公社小学生聚集在一条河里淘铁砂的描写，对于“大跃进”、深翻土地以及大批判开路的描写，三年困难时期中捞“烂芋头粉”的描写，许多描写都生动而精彩，拓展了历史画面，让读者大开眼界。

在《文明哥》中，可以读到一种长工与地主的特别关系。李文明是地主夏云焕的长工，按照某种理论，是对立的两个阶级，斗争应该是你死我活，所以，土改开始之后，工作队竭力动员李文明起来揭发和斗争。可是，无论怎么启发，长工李文明却就是不觉悟，终于没成为土改积极分子。更有意思的是，在后来的日子里，地主分子被斗争和改造，李文明却还像过去一样伺候他的旧主人，不但脏活、累活全包，而且为地主分子抓药熬药、洗头洗脚。人们批评他丧失阶级立场，他却只知道做人应该知道“报恩”，因为他从小给地主当长工，地主就是他的恩人。

笔墨独到，而且饱含情感的，还要数描写自己恋爱和婚姻的那些篇章。那是一个时代“黑五类子女”爱情和婚姻的一个缩影，从那些描写，可以看到当年的“黑五类子女”的婚恋是多么艰难。夏健民一表人才，而且有文化，但因为家庭的富农成分，婚姻就成了老大难。为了自己的前途和命运，为了将来孩子们的前途和命运，姑娘们不愿明珠暗投，这是时代造就的风尚，一切都不难理解。国家没有规定不准这个人群结婚，但事实上却以各种手法在人口上缩小着这个群体。从夏健民的描写可以看到，从大队干部，到公社干部，面对“黑五类”的婚姻，都不是促成，而是竭力拆散。夏健民好不容易经人介绍成了一个对象，到公社去登记，却让负责登记的干部给彻底搅黄了。公社干部先是反复问女孩子：“你知道他是富农子弟吗?”“是真知道还是假知道?”然后进行提醒：“跟一个富农子弟结婚可要考虑好了，这可不是儿戏。你家虽然是老中农，但跟富农区别大了，老中农是团结的对象，富农是孤立的对象；老中农是人民内部矛盾，富农是敌我矛盾；你今天把这‘记’一‘登’，你就是富农家庭中的一员了，就成了富农的儿媳妇了，就有可能承受富农成分给你带来的一切，你将来的孩子可就是富农出身了……”然后，是让女孩子再好好考虑一下。结果自然是不必再认真考虑，女孩子就撕毁了结婚登记介绍信。这样的细节，在当代文学作品中，我是第一次读到。没有切肤之痛的作者，自然写不出这样的细节。

最后我想说一点与此类作品相关的想法。写回忆文章，当然无法排除作者的主观，更无法回避必要的阐释，但是，恰恰是在这一点上，却需要特别谨慎。首先，负责任的作者应该知道，涉及史实，真实是第一要义，所以要努力还原现场，力求每一个细节都尽可能地接近历史的原生态，而来不得半点想象和夸张。那些所谓“妙笔生花”的文字，应在告别之列，避免所谓“文学性”对“史实”的伤害。其次，作者对历史的理解和解释，写出时也应该特别慎重。因为我们处于一个变革的时代，一个逐渐觉醒和不断再认识的时代，一个从观念到词语都在不断更新的时代。在这样的时代，对事物的理解和解释常常不到位，表达也常常不能到位。不到位的解释，不恰当的概念和词语，有时会造成新的遮蔽，这也是应该警惕的。

2015年10月　天津社会山花园

如何面对这片乡土的前世今生

——就“乡土三部曲”致叶炜

叶炜你好!

长篇小说《富矿》《后土》和《福地》，引起了广泛的关注和好评，这让我非常高兴，所以，不用你提起，我就想说点什么。不过，在已经是好评如潮之际，我大概没必要再说些一般的肯定和赞美的话。如果那样，你也许会很失望，因为你已经不缺少那些，而寄希望于我的，更不会是一般的肯定与赞美。我一直认为，对于年轻作家，在其刚刚破土萌芽之际，应该更多地给予鼓励；而在他们被鲜花和掌声所簇拥的时候，应该适当泼点冷水。可是，给你泼冷水的事，我临时还不想做，因此，就决定写这封信，来与你探讨几个与乡土文学创作相关的问题。

地域的选择与“麻庄”的建构

你的三部长篇，写的都是苏北鲁南，那里的一个叫麻庄的村子。前者是你的取材之地，后者是你的艺术建构。关于这一点，许多文章已经论及。但在我看来，这种地域的选择及其带来的特色，虽然不值得大惊小怪，却也是一种明智之举。因为任何作家都有属于自己的生活，都有自己熟悉的题材领域。一些作家朝秦暮楚，打一枪换一个地方，其实很不合算。因为那种打游击式的写作，使得自己没了根，就像随风飘荡的浮萍，远远不如建立一块根据地，哪怕是“邮票大小的一个地方”，在那里精心设计，精心建设，更容易完成独到的建构。当然，这根据地的选择必然是自己熟悉的地方。你的老家在枣庄，是地道的鲁南，那是从小生活的地方；而工作在徐州，是地道的苏北，那是种种现实感受的直接来源。无论什么样的作家，在题材上的超越性都是很有限的，所谓想象力也是很有限的。作家在创作的时候，从自己掌握的生活素材中删减一些东西是容易的，而要凭空增加出一些东西，却并不容易。就你的生活而言，要写小说，写什么呢？当然，从宫廷政变到妖魔斗法，什么都未尝不能写，但更得心应手的，大概还是两个方面：一是乡村农民；二是大学师生。这就是作家的条件，这种条件决定了一个作家的自留地在哪里，看家本领在哪里。如果不承认这种条件，而硬是要以“深入生活”的方式去表现自己并不熟悉的生活，虽然未必不可以，但肯定是要多出力而未必讨好的。这道理其实很简单：铁匠的儿子更容易成为铁匠，裁缝的女儿更容易成为裁缝，铁匠的儿子未尝不能成为好裁缝，但那学习的过程和成功的速度肯定是不一样的。所以，当你经过一段时间的试笔和摸索之后，就向着乡土大步行进了，我为你由衷地高兴，因为这显然是一种正确选择，是一种自我发现，是对自身具有的财富的一种发现和珍惜。

但是，进一步想，你选择的地域并不是一个易于成功的地方，而是带有一些难题。原因在于：苏北鲁南的地域特色并不鲜明，作为乡土，没有多少可以炫奇之处；深掘文化，多属中华大路货。所以，若要炫奇，这选择不算精明，远不如去写深山老林、草原大漠或权贵斗法、宫廷吃醋更容易吸引读者。不过，正因为鲁南苏北在乡土中国没有多少特异之处，它又有了一个长处：具有某种普遍性，更多地包含了华夏民族几千年的历史文化密码。所以，要解剖出更为普遍的东西，它比深山老林、草原大漠和边远地区更具有标本意义。这样一来，你的选择又是得天独厚的，虽然不算新奇，却很丰富。

可是，丰富需要挖掘，挖掘需要发现，发现需要眼睛。换句话说，面对宝藏，挖掘者需具备一定的条件：迷恋金子的人，自然会寻找金子；认识宝石的人，自然会寻找宝石；如果不具备这些认识能力，即使面对满地金银珠宝，也会随便踢踏而过，最后捡回的，只能是电视广告里介绍过的流行货色。所以，作家的创作虽然需要有自己熟悉的题材领域，但对高水平作家而言，成败的关键却不在这里，而在于创作主体的眼光和思想境界，在于他对生活的认识、理解和把握。从这个意义上说，叶炜，你的成功不容易！值得庆幸的是，你成功了，你发现了许多，为读者呈现了许多。你的收获，证明你是识货的，而且常常独具慧眼。

这眼光来自何处？大概还是来自人类主流文明的高处。它可以帮助作家挣脱各种狭隘的思想束缚，站到古往今来的大师肩上，来看中国乡土，来写普遍而又不能不受地域和时代制约的人性。众所周知，一百年来的中国文学虽然一度异常封闭，但最终趋向却必然是走向世界的。在这个走向世界的过程中，尽管有人一厢情愿地说什么越是民族的就越是世界的，但如果不具备世界性的眼光，那些民族的东西却不可能成为世界的，那些被意识形态病毒污染的东西更难走向世界。如果没有更高的视角，而只是用麻庄人的眼光看麻庄，就像用未庄人的眼光看未庄一样，自然看不到阿Q头顶上的秃斑。所以，凡真有出息的作家，都必然是贴近现实而在精神上又能俯瞰现实的。我很高兴你能自觉地培养这种眼光。这次爱荷华之旅，相信对你更有益处。

你说过，你的小说是向家乡致敬的，这大概是真心话。因为你反映的是你所深爱的热土，是父老乡亲们的生活。在我看来，这种感情是很可贵的，因为虽然文坛上来自乡土的作家甚多，但对故土和乡亲们一往情深的却是越来越少。尤其是年轻一代，明明是刚刚离开家乡不久，脑袋上还不时抖落高粱花子，拿起笔来，却一定要装起城市人的架势，不写他所熟悉的狗旦和二妮钻玉米地的故事，偏写官三代和富二代的生日派对。这也许是我的一种同样来自出身的偏好和偏见，但没办法，改不了，所以还是喜欢你的选择。

而且，向家乡致敬，也往往伴随着一些问题。比如，因为感情，往往或不愿正视家乡和父老们的某些问题。这就像一般人写“我的母亲”这样的题目一样，即使母亲并不勤劳，也不善良，一般人也常常会隐恶而扬善，不忍写出其丑陋和暴戾——哪怕自己从小就受其虐待。这是情理之中的事，可以理解，但作品的真实性却可能要因此而受到伤害。在这一点上，你的表现很出色，没有把麻庄写成理想之境，没有隐瞒村民的丑陋，而是真实地写出了苏北鲁南乡土世界的样貌。比如，无论男人还是女人，都更多地听从本能的召唤，在本能的驾驭之下生活，什么理性、良知、道德，不是没有，却往往是奢侈品。人物中少有理念的化身，少有道德的化身。面对情，面对性，面对金钱，面对权力，他们往往管不了自己，结果就难免走向堕落，也难免把麻庄弄得乱七八糟，甚至性关系和血统也被搞乱。李麻子、高翔那样的人渣、败类，村里有，矿上有，教师队伍中也有。正是这样一幅令人哀叹不已的乡土丑态图景，使得你笔下的这片乡土带着它活的原貌，立体地呈现了出来。这就是当下乡土的现实，如果将其净化，那就不再是艺术，而成了准备评选模范村而上报的材料。你还展示了非常重要的一面：麻庄人常常没有是非观念和善恶观念，甚至颠倒。何以如此？也许是因为对罪恶已经司空见惯，也许是因为对丑陋已经见怪不怪，剖析起来，大概很有意味。

能够以冷静的笔触写出这些，证明你面对这片乡土，事实上站到了一个适当的位置。热爱它，用心去贴近它，感受它，却并不是像一些人所主张的那样融进去，更没有像当年曾经强迫知识分子作家去做的那样“在思想感情上保持一致”。因为你知道它的丑陋，知道自己与它在精神上的距离。这是很值得称道的，因为人们的实际生活从来就与道德理想相去甚远，而优秀作家的使命之一就是引导人们的精神上升。尊重生活的原生态，不提纯，不净化，心中却清楚地知道哪些是美的，哪些是丑的。当下中国文学艺术界有一种可悲的现象：一些作家写贪官，写着写着，你贪我贪他也贪，贪就成了正常，于是作家就成了贪官的辩护士；一些作家写人性之恶，写着写着，那恶似乎就成了正常，于是作家的精神境界也就与笔下的恶棍同流合污了。贴近，无论贴近什么对象，都有这种危险。让我高兴的是你的脚站得还算稳当。这很不容易，因为当下的风气和流行的理论都在努力教人同流合污。

回过头来再说你的“麻庄”。建构一个村庄，集中表现苏北鲁南的乡土，我以为是一个极好的事，也是一件很值得认真去做的事。现在看来，关于麻庄的建构显然在最初的设计上缺少统筹考虑。读完三部长篇之后，我曾非常困惑：为什么要这样处理？三部小说写的都是苏北鲁南的一个叫“麻庄”的村子，设计成一个不好吗？为什么要让它成为三个互不相干的村子？《富矿》《后土》《福地》，三部小说的故事都在麻庄，地点是相同的；时间上前两部写的都是当下年代，后一部时间跨度虽长，但最后几章也写到了当下，也就是说，时间大部分是相同的；可是，在相同的地点，大致相同的时间，活动于这里的人物却互不相识，是没有关系的陌生人。他们面对的麻庄的环境，他们所做的事，也完全不同：《富矿》中麻庄的中心事件是发现了煤矿；《后土》中麻庄的问题却是砖厂；《福地》写到1996年，却既没有煤矿又不见砖厂。这样一来，所谓“麻庄”就不是一个，此麻庄非彼麻庄，成了三个同名的村子。小说这样写有什么好处呢？我没有想出。也许这样写未尝不可，但对于建构属于自己那个“邮票大小的地方”，完成自己的文化地理标志，却是一个伤害。原因是：如果是三个不同的村子，都叫“麻庄”还有什么意思呢！

所以，读完之后我就想：为什么不让人物和事件都统一起来呢？写《富矿》和《后土》时让万家人露露面，《后土》中仍然用喜贵当书记，等等，统筹安排一下，互相铺垫一些，就不会出现这样的问题。即使在出版第一部时还没有考虑到其他两部，这也仍然不难做的，只要写后两部时考虑到第一部中已经活跃在那里的人物，安排一下就是了，大概问题不难解决。比如，《富矿》中的喜贵改为王远，或《后土》中的王远改为喜贵，《富矿》中有个砖窑，《后土》中仍有煤矿，大概都只有好处而没坏处。与煤矿的关系，可以使王远的腐败更有机会。《后土》中的鱼塘，未尝不可以既有烧砖的后果，又有塌陷的矿坑。麻姑梦中那一片汪洋，在其他两部中完全可以成为现实。万禄和万秋回来投资，也完全可以与刘青松们结合到一起。如果统筹安排好了，“麻庄”就成了一个无可挑剔的建构。把它做精致，才能永久地闪光于文学艺术的长廊。

面对乡土之殇

乡土三部带来了什么？在我看来，你首先关心的，还是这片乡土之殇。《富矿》所写的，正是这片乡土的再度沉沦。它的展示并不全面，却富于象征意味，是一曲挽歌。

因为发现了煤，于是有了一个煤矿。煤矿的出现打乱了这里本来的生活秩序，改变了麻姑、六小、笨妮们的生活，使他们多了许多喜怒哀乐。小说中的麻姑美丽纯朴而浪漫多情，她与六小青梅竹马，长到一定的年龄，就在草垛里完成了灵魂和肉体的交融。这种描写很符合农村青年爱情生活的实际，写出来也别有一番美。然而，麻姑对六小的感情并不强烈，所以也不会成为爱情至上主义者，因此，当他们的爱情遇到阻碍时，她不会成为朱丽叶，也不会成为林黛玉。为了爱情，她也曾反抗父母之命，但最后还是离开六小而嫁给了矿上的蒋飞通，而且是在六小家中遇到困难的时候。我觉得你的这一笔写得极好，因为这才是乡村女孩未被诗化的爱情故事。许多作家喜欢把自己熟悉的爱情模式强加到农村女孩身上，结果是把村姑写成了洋学生。农村女孩儿的大多数都像麻姑那样走了过来，既浪漫又现实，有情有义却认命。她婚后的生活并不幸福，所以并未把六小完全放下，所以就难免发生让他们身败名裂的事。折腾来折腾去，麻姑终于成了“大洋马”。她的悲剧由何而来？你写得很含蓄，却也非常明确。

另一个代表性的人物是笨妮。她看上去很幸运，煤矿第一次在麻庄招工，她就被选中了。但是，等待她的是什么呢？你的描写仍然含而不露，我却从中读出了某种义愤：一个煤矿建立起来，自然需要各种服务，不仅饮食供应之类，而且有一个“娱乐部”。站在煤矿的角度想，它或许是人性化的，那么多单身矿工远离家乡来采煤，不需要“娱乐”吗？可是，麻庄女孩子何辜，却要成为娱乐品！麻庄何辜，道德的塌陷和民风的堕落将再度无法避免！乡土中国，就是这样塌陷的。为了国家的GDP，为了地方政府的所谓发展计划，多少美好的东西都做了牺牲。与之相伴随的，是文化侵略无孔不入。当下中国乡土，无力抵挡背靠权力的所谓城市文明的入侵，因而农村青年被愚弄也就成为无法避免的普遍现象。在迷人眼的舆论和实利引领之下，年轻的笨妮们无力辨别方向，只能适应需要而被设计，于是，她们的观念变了：鄙视炊事员而向往娱乐部的工作。为了实现这一从“低”到“高”的变换，她需要交出自己的肉体，先是惨遭顾光的蹂躏，后又被技术员胡列强奸……一个本来纯朴的乡村女孩儿，甚至成了两个男人打赌的玩物，完全失掉了尊严。在已经输得精光之际，笨妮身心疲惫地回到村里，嫁给了六小。可是，不幸的命运并没有完结，刚刚几岁的女儿被矿上人强奸了，六小愤而杀人获罪被关押。笨妮也因报复当年强奸自己的恶棍而与恶棍一起入狱。总之，笨妮的生活，也是再也无法做出好的安排。

一处宝藏的发现，给麻庄人带来的竟是如此结果！从道理上说，乡土中国的变革，必然要从古老的农耕文明向现代工业文明转变，麻庄似乎进行着这种转变，楼房拔地而起，生活有所改善，可是，麻姑、笨妮、六小、菊花等人的内心却是千疮百孔，满腹苍凉。一个煤矿，从发现到开采完，前后不过十几年。对于麻庄人而言，就像做了一场梦，但有一点是实在的：好好的土地没有了，村庄再也回不到原来的样子，世道人心都难以修复。这是经济发展必需的代价吗？绝对不是，它只是病态社会里病态发展的一种。

你对此没有多做议论，却在《富矿》的最后让麻姑做了一个梦：

她看见麻庄突然之间就变成了一片汪洋大海，眼看着海水吞没了整个矿区，吞没了整个麻庄，大地只剩下一片翻着白沫的深蓝！她绝望地站在屋顶，看见老来在水中举着他们的豆子，大声朝她呼喊，可她什么也听不见。麻姑眼看着海水吞没了他们，她拼命地抓住一棵白杨树，号啕大哭……

有这个梦，就足够了。这是一个象征，一个乡土沉沦的象征。

《富矿》这个长篇，故事格局并不大，但涉及内容不少。看上去写的都是经济引发的生活变动。甚至无论麻庄的支部书记，还是煤矿的党委书记，都退到了次要的地位，而占据前台的是麻姑、笨妮、六小等芸芸众生。小说没有涉及什么重大事件，没写四个现代化的号召，没写让一部分人先富起来的战略，没写几十年前的化私为公和几十年后化公为私的财富占有过程，甚至没有写日益严重的官场腐败，而是只写一些生活琐事，却写出了时代生活的面影，具有极大的概括性。

说起这片乡土的不幸，无法回避所谓三农问题。

农村很穷，农民很苦，农业问题很严重，作为心怀乡土的作家，你大概无法对此视而不见。可是，对于一般作家而言，写出这穷和苦是容易的，呐喊和请命也是容易的，甚至为此而义愤填膺、泪流满面，也是常见的写作状态。可是，农民为什么这样苦？农村的问题在哪里？如何解决这些问题？在回答这些问题时，多数作家往往都要露出他们的局限。因为这涉及农村改革的现实，也涉及大半个世纪中国农村的历史。

三十多年来的所谓农村改革，说到底不过是“松绑”：在一场大试验终于弄到农民吃不饱肚子、穿不上裤子的境地之后，把耕作的自主权还给了农民（土地所有权并未归还），农民可以想种什么就种什么，想何时下地就何时下地，国家不管了；农民也不一定非要种地，可以进行工商业活动，可以外出打工，国家也不管了。对于当代中国农民而言，这是多么伟大的解放呵！可是，与一百年前的农民比，这算什么呢？“松绑”固然好，“捆上”的教训就不该总结一下吗？我们的许多作家却在像泥瓦匠一样涂抹那些有损辉煌的断裂之处。直到今天，农民仍然在承包土地，而未能在自己的土地上劳动。产权明晰，是改革中的一件大事，农村的土地问题却至今没能提到议事日程。这个问题导致了许多次生问题，包括《后土》中宅基地交易中干部贪污和腐败问题。

涉及中国农民大半个世纪以来的艰难和痛苦，历来有几种不同的态度，有人视而不见，有人刻意回避，甚至面对铁的事实也不承认曾经有过的灾难，或者一定要把“人祸”解释为“天灾”；有人拒绝反省罪恶，甚至认定残酷的斗争和灭绝人性的屠杀都是必要的，总之，自觉或不自觉地为罪恶洗地的做法是当代文学中常见的。即使那些有反省意识和批判意识的作家，在面对乡土之殇进行反思时，也往往像行走在崎岖的山路，不是在这里被绊住，就是在那里自行止步。对乡土之殇根源的探索至今很不到位。你知道，“文革”结束之后，伴随着改革开放，出现过一个被称为“反思文学”的创作潮流，其中多有乡土作品，但那时的作家们往往把问题归于“林彪、‘四人帮’”，归于所谓“极‘左’路线”，所以那控诉和反思也就很容易浅尝辄止。众所周知的是，50年代的中国农民曾经被迫走上一条“金光大道”，当时的当红作家不顾农民的喜怒哀乐，写下了许多劝诫和诱导的作品，用“幸福天堂”把农民引向了深深的苦难。这罪责当然不在作家，但作家抵制了吗？历史没有留下以真相抵制谎言的作品，哪怕是地下创作，相反，许多作家都曾参与和配合了把农民推入深渊的工作。这是一代作家的耻辱，我们却至今缺少反省。这些问题不反省，就至今严重影响着当代作家。当下农村的问题，有新生的问题，也有历史遗留的问题，真可谓旧病未好又添新病。我们的父老乡亲啊！真被折腾苦了！无论是四十年前那看得见的鞭子，还是三十年内那看不见和看得见的手，思考和总结起来，都极不容易。

如果进一步思考，还有一个层面无法回避：农民的确遭遇了太多的苦难，但从某种意义上说，苦难也是自己选择的，或者说，是自己的选择所导致的结果。当然应该首先谴责骗子，因为是他们的种种谎言，是他们所描绘的天堂，把人们引诱到这个坑里来了；我们也可以像“反思文学”中某些比较深刻的作品那样谴责骗子们的过河拆桥和忘恩负义，但是，我们的父老乡亲为什么总是上当受骗？这又是一个无法回避的问题。

从这个意义上说，《福地》中的老万有很大的认识价值。他既承载着中国农民的几乎全部的美德，同时也体现着乡土精英们身上的某些问题。在大是大非面前，在各种不同的道路面前，他事实上并没有选择的能力，所以才使得四个孩子走上了不同的路。这看上去很稳妥，显示着一种智慧，因为无论哪一派力量获胜，也无论哪一派力量失败，老万家都不会陷入灭顶之灾。事实上，老万之所以能够平安度过从土改到“文革”的漫长三十年，主要就靠着这一点，他虽然是地主分子，却有一个老资格的革命干部的儿子，有一个做支部书记的儿媳妇，否则，他大概很难长寿地活到九十八岁。可是，如果站在历史发展的角度看，他的这种选择却等于放弃选择，对历史进程投的是弃权票，最终却是归依于强势。

所以，尽管我们在感情上更愿意接受“欺骗”“愚弄”这样的结论，但从根本上说，苦难之所以来临，却无不源自关键时刻的选择。所以，对于通往奴役之路上的人们的描写，对于自掘坟墓的人们的描写，尽管自掘坟墓的人们可能一边干活一边兴高采烈，通往奴役之路上的人们也斗志昂扬，但作为作家，如果已经看到他们的未来，看到他们的兴高采烈的选择与他们即将到来的不幸命运的联系，应该用什么样的笔调，就需要考虑了。面对苦难，追溯苦难之源，揭示一个个岔路口上所犯下的过错。写出这些错误，才算对得起这片乡土。

三十多年前，一个老人对我讲过一个真实的故事：胶东土改，一个像你写的老万那样的人物，土地被分了，房屋和浮财也被分了，然后被镇压。固然有人在深夜把分得的浮财悄悄给他送回去，许多人都念他的好，批斗会上不说话，甚至有人在深夜把分得的浮财送了回去，但在公审宣布立即执行枪决时，虽然高喊着拥护者只是极少数几个人，但大多数却没有发声。我想，那欢呼者大概就是陆小虎们吧？可是，这个胶东的“老万”本是指望有人为他主持公道的，因为他自信没有亏待过村民，以为人们会感恩戴德，以为都是乡里乡亲，不会把事做绝，结果，他的希望落空了。临死之际，这位历来温和的“善人”一反常态，厉声高叫了两句狠话：“你们不得好死！你们断子绝孙！”有意思的是，几年之后，那位决定把他枪毙的土改工作队长，也在肃反运动中被处决了。他也觉得冤枉，所以最后也留下了同样的两句诅咒。在中国，这是最狠的诅咒。讲这故事的老人说：这诅咒多么灵啊！后来在那么多人身上应了，被屈死的，被饿死的，被打死的，被斗死的，都是“不得好死”。

报应之说或许不可取，但这片土地，这个人群，却的确有许多“自作孽”之处。一些作家有紧贴大地的美好感情，却往往满足于谴责“林彪、‘四人帮’”或“贪官污吏”，却看不到体制的问题和父老乡亲们自身的问题。

在这一点上，你的做法是可贵的，你没有回避现实生活中的问题，也没有忽略历史上的灾难，为我们展示了一幅包罗万象的全景图，使我们能够从中窥见这片乡土的前世今生。所以，“三部曲”中，《福地》很重要。有了它，三部小说同时厚重了起来。

乡土权力与政治

如果说《富矿》主要着眼于经济层面的变化带来的生活波动，《后土》写的主要是政治。看上去你讲述的故事仍然不大，没有多少传奇性，官员的级别也只是村官和乡镇官员，笔墨温和，不事夸张，却写出了当代中国乡村政治的方方面面，写出了它的某些普遍状态。

《后土》里的麻庄依然是当代中国农村的一个缩影。只是那里不再有煤矿，而是出现了一个砖厂。人们仍然被经济发展这条狂犬所追赶，挣钱，致富，奔小康。这里出现了两个描写重点：一是干部们费尽心机，以经济增长获取民众；二是村里的青壮劳力纷纷外出打工，给村里带来许多问题。对于外面的世界，村民们并不了解，但舆论告诉他们，外面的世界很精彩，与乡村有天壤之别，于是，就像笨妮投奔娱乐业时一样纷纷外出了。小说没有写留守儿童、留守老人之类已经引起社会普遍关注的问题，而是别开生面，写了留守女人的问题。麻庄女人们的生命力本来就特别旺盛，不像城市人那样面黄肌瘦胸脯平平，不存在性冷淡，也不可能整天瞎忙活而鼓捣不出孩子。男人走了，长夜难熬，于是她们纷纷出轨，不仅权势者猎色极容易，就是一个堪称人渣的小学老师，竟然引来那么多女人献身……就在这样一个背景上，你展开了乡村权力的描写。

小说写了三代村干部（如果算上那个前来挂职并且代表着未来的，就是四代）。第一代老村长只是一个影子，你似乎并未追究他的功过是非，读完留给我的印象，主要是他对苹果园的看守，以及深夜见鬼的故事，以及他那明哲保身的处世哲学。这使他似乎不大像一个斗争年代的权力斗争胜出者。

第二代支书王远遇到的是带领一部分人致富的年代，他为村里做过许多事，同时也成为一个巧妙的剥削者和掠夺者。第三代是曹东风和刘青松。支书曹东风，透露了新时期某类新村官的特点：他颇多权欲和私心，但作为先富起来的农民企业家，却无需像一般干部那样致力于贪污事业，而是真想为麻村做点事。如果说历史上的清官和贪官区别在于求名与求利的话，曹东风入官场是为求名而来。这种类型的官员，是值得关注的。你显然比较钟情于刘青松，赋予他许多良好的品质，比如正派、厚道、义气、包容、有思路，有能力，有责任心，等等，但如果这样写下去，可能会把他写成梁生宝之类的虚假形象，也许你意识到了这一点，所以没把他写得十全十美，却又不忍心让他贪污腐败，因而写了他偷生二胎，写了他与翠香的尴尬关系。在我们那片乡土上，超生或偷生本来就无损人物的光彩；而他与翠香的关系，却包含了太多的内容：刘青松到砖厂做了厂长，调翠香到砖厂工作，两人很快就发生了关系。然后刘青松却把翠香嫁给了王傻子，两人却继续着性关系，并且生下了一个儿子。不知你是有意还是无意，在这个人物身上，你也写了一个问题：刘青松与翠香到底是纯粹的两情相悦，还是隐性的权色交易？如果是后者，刘青松的行为与那些贪官广泛占有女人的行为，距离还有多远？是好官还是贪官，也许取决于叙述者的角度。

像半个多世纪以来小说创作遇到的情况一样，正面人物往往很难写好。相比之下，还是王远的形象比较成功。关于王远，你写得很巧，也很深，给他的笔墨并不特别多，却往往是笔笔入木，令人过目难忘。在这个人物身上，你写出了成功的农村干部最典型的特征，并且由此揭示了当下中国农村政治生活的某些奥秘。从公开的形象看，王远是一个好干部：做事公正，不贪不腐，尊重老干部，爱护年轻干部，乐于助人，一片公心为村民服务，而且能够克己忍让，自己的儿子与别人打架，不分青红皂白先扇儿子的耳光。哪家遇到丧事，他代表村里送花圈；谁家孩子结婚办喜事，他也去随喜礼。村里的事不少，时时处处都要关心，“王远这些年干下来，光抢救喝农药自杀的妇女就有七八个了，还有上吊的、投河的。”但在事实上，这又是极为狡猾的贪官，道德败坏的恶棍。他利用权势贪污村民的血汗钱，并以手中的权力作为诱饵或交换物，与多名妇女发生性关系。他奸污了村里最漂亮的女孩儿孟美丽，使她成了疯子；他占有了会计刘建设的女人；他为如意把丈夫从派出所救了出来，却使如意成了他的泄欲工具。更为重要的是，像王远这样的贪腐分子，群众并非不知道他的恶行，却始终扳不倒他。一个村长，一个校长，两人费尽九牛二虎之力，本想把他弄倒，但最后的结果却仍然是眼睁睁看着他平安着陆，退休养老，无伤一根毫毛。这一切的确写得太好了，无需太多笔墨，就写出了一种政治现实。

我更为你高兴的是，通过王远这一形象的塑造，你写出了权力与性关系，写出了当代乡村政治中一直存在的性特权。其实，这是乡土道德沦陷的根本。仔细考量麻庄的男女之事，大都并非源自本能，少有麻姑与六小在麦秸垛里的那份单纯，而是具有丰富的社会政治内涵，与权力紧密地连在一起。你对乡土政治已有比较深刻的观察，所以能够看到权力对女性身体和欲望的支配。麻庄有那么多女人愿意把自己的身体奉献给权力，这是文化，也是政治，是长期的教化之功。支书王远与麻庄女人们之间的关系，并不建立在两情相悦，也不建立于双方的性欲，而是建立于权力关系。有句名言是有权就有一切，丢掉了权力也就丢掉了一切。这一切，当然包括女人。与王远有肉体关系的女人，无不处于弱势。她们为了生存，为了发展，为了获得更多的利益，选择了迎合或屈从王远，事实上是迎合与屈从王远手中的权力。孟美丽原本是一个阳光女孩儿，为了哥哥结婚去向王远争取宅基地，因而被迫失身。从某种意义上说，在孟美丽面前，王远还不算十足的恶棍，他不是强暴，不是以强力掠夺，而是与她完成了一笔交易：她想要宅基地，他想要她少女的肉体，最终王远没有失信，完成了这种交换，孟美丽以处女身为哥哥换得了宅基地。如果是在市场上，如果当事人不是支书而是个体老板，人们对此大概无话可说。但问题在于，王远用于交换的资本来自何处？究竟属于谁？公权力成为私人资本，正是当下中国政治的一大症结。继续分析下去，将是关于中国政治的大问题，也正是你这种描写的意义之所在。因此，孟美丽的人生悲剧，就像《富矿》中花鼓的悲剧一样，其实是一种政治控诉。

关于权与色的交易，《后土》的描写是出色的。李玉花是麻庄的妇联主任，她献身于王远，而且始终忠实于王远，首先是因为她这个妇女主任头衔和它伴随的利益都是王远给的，其次是因为王远一直是她的领导，仍然能够影响她的命运。畏惧王远手中的权力，迷恋王远所给予的好处，她就只有长期与王远保持着性的关系，事实上不过是做了权势者的性奴。桂花是村会计刘建设的妻子，王远却趁着刘建设喝醉而与她上了床。桂花迎合了他的要求，没有反抗，原因也是王远的书记身份，为了丈夫的工作和前途，她除了心甘情愿，剩下的也只有忍气吞声。翠香接受王远，是因为丈夫去世之后，她自己带着孩子，想迁到麻庄来，只有王远能够帮她在麻庄落户。这些女人，事实上都是失身于权力。王远以手中的权力占有了那么多女人，但在总结自己的人生经历时，却仍有如此感慨："有最厉害的，真真是过着'天天夜里当新郎，到处都有丈母娘'的神仙日子。和他们比，他王远做过的那点事算什么？" "天天夜里当新郎，到处都有丈母娘"，凭借的是什么？是手中的权力。

更有意思的是你的如此设计：王远对部下进行性掠夺，而他自己也曾是被掠夺者。李是凡调戏过他的老婆，他知道之后非常愤恨，却仍然装作李是凡的忠实追随者，不断去福利院看望他，送这送那，拼命讨好。他这样做的全部目的，不过是换取手眼通天的李是凡对他的指点和保护。置身权力场，老婆被上级调戏，也许的确算不了什么，甚至是可以利用的资本。

王远这个人物的确有点复杂，很真实，有深度，不是概念化的产物。他能够意识到："名声也罢，钱财也罢，还有女人，都是俗物。自己忙活了一辈子，被这些东西诱惑来诱惑去，到头来还不都是一场空？"对于许多事，他都想得很明白。他经常去看李是凡，表现得那么亲近，那样关心。但是，"每一次去看李是凡，他都盼望着他快点死。他是去看他吗？他是看他什么时候能死！这个'两袖清风'的镇党委书记摸过多少女人？猥亵过多少风华正茂的少女？他那一副忧国忧民的嘴脸，是多么可憎可怖！"而在李是凡的眼里，王远又是什么形象呢？"和这个叫王远的男人打了几十年的交道，李是凡很了解他的为人。一个为了当上村支书连老婆都愿意叫人摸的人，一个连工资都不领无偿捐给福利院的人，是不会那么轻易地丢下自己这把可以利用的老骨头的。"原来大家心里都明白，只是互相利用而已。

除此之外，小说的一些关于乡村政治的描写也是值得注意的。比如，关于村长选举的描写："刘青松几个忙选举的人跟疯了圈的猪似的，抱着个大红的木质投票箱挨家挨户地跑，磨破嘴皮子动员大家填选票。但大部分人似乎并不关心谁来当这个村长，他们说谁来当村长都是一个样，都一样的贪污，一样不为百姓做事。再说他们选了谁不重要，重要的是上面想让谁来干。”还有一些看似并不重要的闲笔，比如村里失火烧了麦秸垛，一个叫花子被严重烧伤，人们看到他从火堆里滚出来喊救命，却没有人关心。镇上的民警和秘书来询问失火的情况，那叫花子摇摇晃晃扑向吉普车，吉普车却迅速开走，“叫花子跑了两步，倒在路边，又挣扎了一会儿，终于不见动静了。”

中国农村正在经历一场变革，这个变革被称作城市化和现代化。这个过程究竟如何？农民陷入怎样的命运？困境是什么？出路何在？客观的事实是，土地承包和允许一部分人先富起来之后不久，农村的变革就遇到了瓶颈，从此徘徊不前，农民的主要出路就是进城打工，所以出现了近三亿所谓“农民工”。这一点你注意到了，写了，而且写得相当出色。但是，出路何在？你在《后土》中勾勒的图景，却让我觉得像某些权威设计师所给出的新农村美好前景一样令人生疑。因为一些设计显然只是“画饼”，却注定不能充饥。

从事农业生产，越来越没有出路。高投入，低回报，回报常常低于投入。这导致农民纷纷进城打工，导致土地被撂荒，导致乡土的进一步沦陷。农村怎么办？农业怎么办？许多问题都有待回答。怎样留住农民？最简单的答案就是提高农业劳动的收入。这也是当下农村改革的设计师们能够拿出的唯一方案。但是，怎样提高农业劳动的收入？由于市场以价格调节城乡、工农劳动力流向的功能失效，农民被强硬地限制在低收入阶层。由权力之手带来的是农业劳动者的损失，绝不是依靠取消农业税之类所能够补偿，更不是进一步向农村挖潜所能够解决的。

面对这些问题，我觉得你在《后土》中的解决显得太容易了。曹东风和刘青松关闭了砖厂，将砖厂挖土留下的坑洼改造为鱼塘，鼓励村民们以入股的方式投资，由农业转向水产养殖。我觉得这一点写得不错，因地制宜，弄好了会有不低于土地价值的收入。《富矿》中那塌陷的矿坑亦可如此处理。在小说中，这一方案大见成效，使村民们获得了更多的收入。然而，曹东风的大手笔却必然伴随着一系列问题。因为盖小康楼首先需要征地。这是当下中国带有普遍性的一个大事件：各地政府与房地产商联手，借助权力从农民那里征地，然后以房地产收入拉高地方经济的GDP，为了算计农民的土地，一些地方政府费尽心机，因此而出现了几乎遍及全国的“骗农民买房”和“逼农民上楼”的现象。与此同时，各地强征、强拆的现象层出不穷，受害的农民上访受阻，哭诉无门。这一切，你应该都看到了，或许比我知道得更多。所以，你似乎没让曹东风们与开发商联手。但是，《后土》中仍然出现了村民上访的事。遗憾的是，你对这件事的处理简单化了，把村民的上访写成是受王远煽动而给刘青松等新领导班子捣乱。我想，王远作为下台干部，利用这种机会是可信的，但村民为维护自身利益而进行的反抗和斗争也是不容忽视的。那是由荒山开出的良田，费了多年的时间，突然要被征走建设干部们的政绩工程，而且征地价格由村干部制定，原先三千，后来是五千，就再也没有商量余地了，这种霸道，如果没有暴力支持，农民当然无法接受。然而，在小说中，镇党委书记一席话，反抗者即土崩瓦解，矛盾轻而易举地解决了。当下这片乡土所存在激烈的矛盾冲突，村民的希望与体制的制约，干部的胡作非为和百姓的无可奈何，在面对曹东风和王远的冲突时，你写得很好，但在村民与曹东风和刘青松之间，这些矛盾显然被淡化了。

另一个值得怀疑的问题是：建小康楼的资金如何解决？小说中的交代是：因为上面开会总是强调要建好全县的南大门，麻庄正是县里的南大门。曹东风说：“咱们就以这个由头，打上建设新农村的大旗，申请国家和省里的低息贷款，用这笔钱做盖楼的启动资金。同时面向全村，开始预售这些楼，收一部分定金，这盖楼的钱基本就差不多了。”如果是房地产开发商，这么做是肯定行得通的。但麻庄的问题是，本来要解决的问题就是农民收入低和农业生产剩余价值太少的问题，那么，农民用什么来预付购房款？如果真这么容易，农村就都建起小康楼了。

麻庄的问题是没有资金，找不到致富之路。在人们束手无策之际，来了大学生村官刘非平，提出了“开发农家乐，发展旅游业，以观光旅游带动麻庄的经济发展，带动麻庄乡亲共同致富”构想。从小说中看，似乎这条路将给麻庄人的生活带来改善，似乎这样就可以留住人们不再进城打工，似乎麻庄由此可以奔向美好未来。其实，全国农村旅游业的事实证明，那本身就是一个梦，依靠城里人周末来转一转，吃一顿，无法解决农村经济的出路问题。有经济学家计算，一些农村的所谓“山庄”之类，如果不是另有占地之类的图谋，一般是六十年内收不回投资。你的小说一直是努力去政治化的，但从《后土》看，还是离现实政治太近了，从废除农业税，到建设小康楼，再到发展马鞍山农家游，似乎不自觉地贴近了主旋律，而你自己的思考就无形中受到了干扰。因为我想，凭你的认识能力，那些显然靠不住的致富忽悠，骗得了麻庄人，却是骗不了你的。

《福地》与麻庄文化历史

相比之下，写《富矿》，写《后土》，对你来说都是相对容易的，因为你熟悉那个时代的生活；写《福地》，却是对自己的一种挑战，事实上是给自己出了个难题，让自己面临严峻的考验。

首先是历史知识方面，从辛亥革命到当下，时间跨越百年，发生过那么多事，这就要求作者对小说涉及的事件都要了解。在一般情况下，这或许不是问题，因为有史书在，不清楚的翻翻查查就是了；但就当代中国作家而言，这却实在是一个难题，因为我们所掌握的历史知识是极不可靠的，一个负责任的作家，要让自己的作品能够经受得住历史的检验，自然不能把作品建立在那种不可靠的历史知识之上。所以，就往往需要一切都从头学起。更严重的问题还在于，如果我们对历史真的一无所知，头脑里一片空白，情况可能还好些，因为那样我们就会知道自己的残缺，然后努力去弥补。可是，当代中国作家的问题在于自己所掌握的历史知识极不可靠，以那样的历史概念去理解历史和演绎历史，结果就使作品成为虚假历史的形象演绎。这样的作品，当然经不住历史检验，而且在明眼人眼里一钱不值。有的作家情况好一些，因为他们超越了教科书的遮蔽，获得了一定的真知，因而能够回到历史现场，去了解相关的生活，这样的作品就能够为我们带来某些历史真相。

这一切你是清楚的，而且具有了穿越历史遮蔽的能力，所以，你能带领读者看到许多根据教科书来看似乎是不可思议的事，包括老万那样的地主分子，包括麻庄的贫下中农，包括革命者，包括长工与地主的关系，你都是根据自己对生活的考察和理解来写的，而不是根据教科书所给予的概念写的。不过，即使你有这样的优势，也仍然面临着许多困难，因为历史知识的全面更新是困难的，人们往往是在某个知识点上完成了更新，而在另一些知识点上没有完成更新；在某些层面完成了超越，而在另一些层面未能自觉去超越。事实上，我们这个时代的作家和学人差不多都是这种情况，完全相信教科书的已经不是太多，但完成了知识更新的也不多，差别在于更新的程度。值得庆幸的是，你很知道扬长避短，笔墨多用于自己熟知的事件。

我喜欢《福地》，尽管它有明显的不足。这不足包括结构，包括历史知识方面不应有的小错误。关于结构方面，我觉得你用干支纪年的方式分卷是好的，这大概是《后土》用二十四节气分章的一种延伸。它的确有许多好处，但实在不必写那么多年份。开头与结尾的处理方式是不错的，第一卷写1911年，第二卷即写1919年；第五十九卷写1985年，第六十卷就写1996年；但中间却是从1920年开始几乎逐年写，五十八年中只略过了三个年头，而1937年到1970年的三十四年竟然一年不缺。我觉得这样处理效果不好，使叙述重点不突出，成了流水账。在我看来，应该大胆舍弃一些年份，只选有重大意义的年份写，把小说的六十卷变成二十卷左右就足够了。即使一些故事的过程需要交代，行文中追溯一下即可。那样，你的叙述会更集中，更容易把重要环节写好。

所谓历史知识方面的小错误，也许算不了什么，因为就中国当代文学而言，历史知识方面的大错误都是常见的，人们早已见怪不怪。但是，我们如果要让自己的作品经得住时间的淘汰和历史的检验，就应该精益求精，尽量消除错误，哪怕是知识上的小错。我说的小错主要是把我们这个时代的流行语言不恰当地加到历史人物身上所致。一些后来中国人嘴里的话，用于历史人物的描写，常常是不合适的，比如，“癸亥卷”中孙美瑶说自己“受北洋军阀的迫害”，扒铁道劫洋人是要“惩治军阀”等等，这很符合1928年之后中国人的语言习惯，说起那个年代，当然是教科书所教给人们的“北洋军阀”“北洋军阀政府”之类，但在小说所描写的1923年，这些词却还没有流行，所以也不应该从孙美瑶口中说出。再比如，“戊辰卷”中青皮纵论天下大势，说到东北的形势和张作霖父子的处境，多次提到“蒋总统”，“南京蒋总统又不驰援”，“现在六公子张将军虽已改旗易帜，服从蒋总统”……后面也有几处出现“蒋总统”。这一卷写的是1928年的事，你应该想想，蒋介石做总统是哪一年？1928年也罢，后面的1930年也罢，中国哪有“蒋总统”？作为一个山中道士论说天下大势，多么荒谬的道听途说都不是问题，但当时没有的称谓是不该出现的。再比如，“甲寅卷”写到推荐上大学："眼看着高中就要毕业了，如果能得到学校和公社的推荐，金枝就能顺利上大学了。"甲寅，即1974年，当时上大学的确是要通过推荐，但是，那几年全国各地都从来没有从中学招过任何学生，因为根据当时的规定，无论城市学生还是农村学生，毕业后都必需经过两年以上的"再教育"，才有资格被推荐上大学。当然有人未经过上山下乡或回村劳动就直接被送入了大学，但那是极个别情况，源自最高权力，并非来自学校的推荐。对小说来说，这些问题虽然是小问题，却是历史知识的硬伤，再版时应该改一改。

《福地》最可贵的贡献，是写出了这片乡土的苦难历史，写出了乡土沦陷的全过程。我很喜欢你的这种努力，因为长篇小说，本来就应该有一个职责：捍卫记忆，修复记忆。《福地》以老万一生的故事为线索，串连起中国农村从辛亥革命到改革开放之后这一百年的历史，展示了宏大背景上的风云激荡，写出了这个过程中麻庄人的生存状态，以及人情和世态的变化。

老万这个人物是你的一大贡献。作为传统乡土中国不可缺少的乡绅，他在麻庄举足轻重，是麻庄的灵魂，麻庄的主心骨，同时也是麻庄实际上的统治者。在他的身上蕴含了许多中国历史的密码。通过这个人物，小说触及了中国乡土的根本，也写出了它在这一百年中中国的变迁。如果以阶级论的观点看，乡绅自然是地主，是农村的剥削阶级，是1949年之后必然要被打倒的阶级敌人。但你的设计很有意思，老万具有某些普遍性，却又有他的特殊性，他的命运与一般的乡绅不同，虽然失掉了昔日的地位，却并没有完全被打倒。原因是他并没有把自己绑在哪个政治集团的身上，而是使众多儿女跟随了不同的势力，既有国民党又有共产党，又有当地的土匪武装。这使得他在历史的风云变幻中没有陷入灭顶之灾。

作为70年代出生的年轻一代作家，你的优势之一是不会再囿于阶级的视角，所以没再把乡绅写成万恶的剥削者，而是走近历史，还原乡土真相，写出了他的方方面面，写出了乡绅对于乡土中国的几乎全部的丰富性与复杂性。在传统中国，的确是天高皇帝远，帝国政权建制到县为止，县以下的乡村处于自治状态，而承担起这种自治职责的，就是乡绅。在清帝国亡国之前，任何一个村庄都有这样的人物，他们不仅要协助官府征粮纳税，还要负责教化，负责村庄的保安和救灾。他们责任重大，责任心也很强，比如，即使对于过路的叫花子，也必须保证不让他们饿死在自己村头。他们是乡村社会的中心，是组织者与维系者，所以承载着历史发展过程中自然形成的种种经验，既有维系一个社会所必需的权威，又有息事宁人的种种温和手段。要研究中国传统文化，乡绅是不可缺少的标本。因为他们既承载了孔孟老庄等经典理念，又继承着几千年中国的统治术。

在《福地》中，你通过老万形象的描写，把这一切表现得相当充分。作为麻庄的地主，附近盘龙道观的存在自然主要靠他维持，村里的私塾也要靠他支撑；作为麻庄的守护者，他要与土匪周旋，每当土匪来袭，如果是小股，他就要组织抵抗，保卫村庄，如果是大股队伍，他也要组织村民上山避难。为了给村民提供保障，从他的父辈开始，就在马鞍山上修起了土围子，建起了山寨，并且常年在山寨备有足够的粮食。同时，他有文化，有见地，遇事有主张，因而必然成了麻庄人的主心骨和精神领袖。为了麻庄，他也常有种种无奈，需要做出牺牲。比如，为了与土匪相安无事，他甚至不惜把小女儿万喜送给匪首孙大炮做干女儿，后来又同意她嫁给无恶不作的土匪刘老黑。麦子刚刚收到场上，夜里就被刘老黑派人浇了，眼看就要入仓的粮食化为乌有，麻庄百姓怎么活？他需要拿出办法。土匪把村里的女人抢上了山，他需要想法救回来。为了重新组建民团，他不得不与铁路上的洪爷打交道，洪爷却首先要求陪他一起去逛窑子。万仁义没有做过这样的事，本想到妓女屋里坐一会儿喝杯茶算完，却偏偏遇到了被迫进入妓院的十三岁的冬菊，最后只好为她赎身带回家，成了自己的女人。日本人打来了，国家军队兵败而撤，老万和乡亲们却不可能跟随政府一起去重庆，他们只能守在这片乡土，以种种办法守护麻庄。

作为过去年代的富人和麻庄的权威，1949年之后，万仁义这样的人是必然要被打倒的。这不仅因为他是地主，属于剥削阶级，还因为他在村里的地位和威望。时代要天翻地覆，自然不能容许昔日的权威继续成为权威。当陆小虎成为麻庄的掌权者，老万自然要被审判、批斗，再也没有昔日的尊严。但即使如此，到了庚子年（也就是1960年）来临之时，他仍然为了乡亲们而拿出了自家的保命粮……这就是作为麻庄灵魂和保护神的老万。

正如他早已死去的绣香对老万所说，赶走了日本人，万家的磨难才刚刚开始。“农抗会”变为“农会”，陆小虎成为领导人，一心与万家作对。开始，老万无法忍受，所以，尽管他已经是被改造的地主分子，仍然无法压抑他的血性，面对陆小虎的挑衅，把半碗糊糊狠狠地扔到了他的脸上。他之所以没有完全倒下，与全国的地主大不一样，依靠的是他的特殊性：一是因为他有一个很早就参加革命的儿子万寿，因此又有一个当村支书的儿媳妇欢喜；二是因为陆小虎一直喜欢他的二儿媳嫣红，二儿子从1949年后活不见人死不见尸，所以老万对他们的来往睁一眼闭一只眼。也就是说，他是以儿媳与陆小虎私通为代价，才换得陆小虎对他手下留情的。仔细想来，这也是一份莫大的耻辱。

如何面对这片乡土的历史？如何面对这片土地上层层淤积的血泪？作家们的态度极不相同。面对张炜的《古船》和莫言的《丰乳肥臀》中已经揭开一角的历史惨状，面对种种厮杀和撕咬，一些作家总是绕道而行，有意无意地为罪恶洗地。你写《福地》，又把自己逼到了这条路上，绕不开，你的良心也不允许你绕道而行。所以，就有了小说家们从未写过的一些场景。读着那些场景，我不能不为你叫好，同时也庆幸那些文字没有被出版者所删除。当下中国文学，一部好作品出现，不仅需要有好的作者，而且需要遇到好的出版者。否则，越是有价值的东西，可能越是要被统统删除掉。

《福地》中关于1958年人民公社和大食堂的描写是极好的："陆小虎这边在大喇叭里一喊，再过两天麻庄公社就要成立了！共产主义就要实现了！那边各家各户都赶紧杀鸡宰羊，生怕白白上缴了去。顿时，麻庄上空飘荡着一层又一层的肉香……"家家户户杀鸡宰羊，老万正在愁"这么多的鸡，还有一只羊，啥时候能吃完"，秋生从大门进来了，又端来一大筛子驴肉。嫣红把筛子接过来倒出驴肉，给秋生装了一筛子羊肉。"那两天，麻庄人感觉就像过年一样，家家户户都在杀鸡宰羊……老万虽然作为麻庄的地主，一辈子不缺吃少喝，但能像这样放开了吃肉的时候还真是不多。"这种历史场景，是生活的真实，但无论在历史的叙述中，还是文学作品中，却一直很少出现。此外，大食堂刚刚成立时的"放开肚皮吃饭"，"麻庄人个个都油光满面，仿佛胖了一整圈"。接下来是大炼钢铁，为了"赶上美国，超过英国"，"一时间，麻庄所有和铁沾边的东西都被送进了小高炉，就连铁锁头都没放过。"

权力强制之下瞎折腾的结果，必然是一场大灾难。

这时候，老万仍然不自觉地就要承担起守护麻庄的责任，习惯性地把全村人的事放在心上。这也是一种文化，或许就是中国某些好一些的文化没有完全灭绝的原因。当人民公社的大食堂在陆小虎的领导下穷吃海喝的时候，老万知道那是撑不了几天的。他没有权力管村里的事，却把自己家里的粮食运到了马鞍山上。在村里许多人都被饿死的时候，老万家不但没有饿死人，而且用他们的粮食两次救了全村，“给乡亲们分粮食的时候，大家都给老万跪下了”。这不是麻庄人的阶级斗争觉悟低，而是生死线上看到生存希望的一种感恩。从老万身上，可以看到什么是乡土之魂，什么是村庄的守护者。尽管万仁义是被打翻在地的地主分子，却比那些干部们更为麻庄操心。饥荒过去了，麻庄的土地里又长出了庄稼，但刚出土的玉米苗却马上就有旱死的危险。当老万让陆小虎在大喇叭上喊大家赶紧抗旱保苗的时候，陆小虎说：“恐怕在大喇叭里喊了也没用，自打公社成立以后，没几个人对田里的庄稼像你这样上心了。”这样短短的一句话，透露了那个年代乡土的许多奥秘。而万仁义与陆小虎对话的这个情景，也是中国乡土历史上的典型情景，从名义和身份而言，陆小虎是麻村的领导人，面对干旱却是无所用心；万仁义是一个地主分子，是人民的敌人，是麻庄专政的对象，但在此时，却是他提醒陆小虎组织人们抗旱。抗旱是困难的，因为小龙河的水已经干了，村民吃水已经成了问题，又是老万提出打井。他依靠自己藏下的一点粮食，硬是变戏法一样给参加打井的人每天发一个馒头。如果放在1958年，他偷藏粮食的罪恶会被折磨得死去活来，但此时的麻庄人却不会揭发他。麻庄因此有了一口甜水井。说真的，当读到老万把孙女从单位带回来孝敬他的馒头放进给打井者送饭的篮子时，我被这个地主再次感动了。他为了什么？这是一种什么感情？所有的宏大话语大概都不准确，我们只能说，他爱麻庄，爱那片乡土。

小说结尾对老万的议论意味深长。事实的确如老槐树所看到的：“他守护麻庄一辈子，守护的是个啥？是麻庄的命脉？还是老万家的骨血？可以说，这两样他都没能守住。从第一个方面来说，麻庄的许多东西都已经或正在失去，再也没有了以前的安宁。从第二个层面上来说，他还不知道王和是目前老万家唯一的骨血。”是的，万家的血缘已经完全被搅乱，他身边的孩子都是形形色色的杂种，而且那“唯一的骨血”也很快罪有应得死去了。可是，小说的最后一章却让人看到万仁义并未绝后：万禄回来了，而且带回了老万的孙子万秋。尽管他是在老万死去十年之后才回来的，但那却是万家的血脉之所在。叶炜，不知你是否不忍心让老万绝后，才有了最后的神来之笔？这一笔，给小说带来了亮色。

拉拉杂杂，刹不住车了，结果写了这么多，请原谅！

关于叶炜小说中的神秘文化

叶炜的三部长篇，开头都写得极好，可以引人入胜。进一步考察其原因，显然得益于神秘色彩。《富矿》开头官婆的出生、祈雪以及那三天三夜的黑雪，《后土》开头麻庄先人与土地爷的对话以及修建土地庙的过程，《福地》开头绣香的生产和死，以及青皮道长的征兆之说，都极为新奇，显然为小说增添了魅力。

《福地》的第一卷写绣香出殡时万仁义看到的情景：

> ……老万看到一阵冷风打着旋儿，从西北角往老万家的祖坟飘去，一会儿又打着卷儿飘向麻庄的土地庙，最后落进老万家的院子。地上的碎雪末儿被冷风吹起来，四散开去。院子里的人怕被迷了眼，纷纷捂住眼睛。
>
> 新亡人的魂魄要走了。
>
> 只见一群奇装异服的鬼魂从门外大摇大摆地进来，皆是老万死去多年的先人，她们列队迎接新鬼来了。走在最前面的是老万的祖奶，她颤巍巍地张开双臂，口中念念有词：新人绣香于老万家有功，老妇等率众前来迎接。那边已经筑好新家，新人绣香快随我来。阴间路途遥远，去路漫漫，亡人需步步紧跟！
>
> 此时，棺木微微摇晃，亡人魂魄慢慢飘出，随着众鬼魂步出灵堂。她边走边不舍地回头望着棺木，一步三回头地走出了万家大院……①

---

①叶炜：《福地》，青岛出版社2015年，第8页。

对于当代小说而言，这种描写是一种久违的东西，但它的确很美，很有意味。叶炜的小说中，有许许多多这样的描写，人与鬼的对话，人与神的对话，在《后土》《福地》等作品中是常见的。

只要真正面对乡土，面对民间文化，有两个内容其实是无法回避的：一是色情，二是鬼神。研究民间艺术的人们都会承认，真正的民间艺术，精彩往往在涉黄之处。如果像把《金瓶梅》删节成洁本那样整理民间文艺，必然使其精华大失，究竟是对文化的整理还是破坏，实在很难说。至于鬼神，虽然当代中国高度政治化，以强大的行政力量拆毁庙宇、掘墓平坟、禁止神巫、破除迷信，但真正的乡土民间仍然保存了大量唯物论者无法理解也无力解释的神秘现象。

叶炜说过，他在《后土》的创作中借鉴了人类学小说的写作方式，所以引入了土地庙这一具有本土特色的文学形象。并且在构思中试图使天地万物交合，所以在小说中让麻庄人与苹果园里的鬼魂、村头的土地神等对话，目的是以此建构一个混沌的、神秘的、原始的乡村世界，并且以此表现新时期农民的信仰危机等等。他还说过，他之所以要在作品中写到鬼神，是想让这些鬼神叙事来稀释一下太“现实”的东西，并试图打通天、地、人、鬼、神，建构一个混沌的、神秘的、原始的、富有巫文化色彩的乡村世界。

其实，叶炜大可不必做过多的解释，因为作家只要忠实于生活，直面完整的乡土世界，就无法回避神灵和妖魔鬼怪之类。

叶炜说：“有人说中国人是没有信仰的，很少有人信仰某个神，中国人不怕下地狱，不信仰上帝。但我认为中国人特别是农民是有信仰的……”我很赞成叶炜的说法，怎么能说中国人没信仰呢？没信仰的只是如今城市的少部分人，而大多数的中国人，尤其是农民，历来是有信仰的。因为有信仰，他们有所敬畏。至于这信仰是好还是不好，是另一回事。

不过，叶炜说农民崇拜土地神，说土地神就是农民的信仰，我倒是第一次听说。据我所知，鲁南苏北与中原大部分地区一样，农村的确都有土地神，一个村子无论大小，可以没有别的庙，但不能没有土地庙。但是，一个不容忽视的事实是，在中国传统信仰的神位谱系中，土地神的级别是最低的，因为他管的只是一个村子，相当于今日村支书。所以，在我家乡的许多地方，人们常把村支书称作“土地爷”。《西游记》中孙悟空每到一处，如果地理不熟，就要用棍子在地上捣几下，把土地神或山神唤出来询问情况。由此可见他的地位实在不高。

“土地”“城隍”等这些神出自道教，而中国道教的神系中居于最高地位的是“玉皇大帝”，也就是“天老爷”或“老天爷”。中原一带农民过年过节所供奉的，也是玉皇大帝。各种庙宇，无论关帝庙还是别的什么庙，都不能与玉皇庙比肩。

“土地爷”在农村之所以特别重要，是因为按照传统的说法，人死了是首先要被押往土地庙的。所以，办丧事时的“送纸”“送浆水”“送盘缠”等一系列环节，也都是送往本村的土地庙。

在《福地》中，死去多年的绣香一再出现，关心着她的儿女，也关心着她的丈夫老万。对于这种神秘元素的介入，批评界已经习惯于将其称之为“魔幻现实主义”，把它看作作家的一种艺术手段。其实，它并不一定是魔幻现实主义，也无需模仿马尔克斯，而是只要忠实于乡土，不净化、不提纯，原汤原汁地反映生活，就必然要写出这些元素。

当代中国人的大脑是经过唯物论格式化的，很难容纳与唯物论不相容的东西。所以，《聊斋志异》被专业人士称之为小说，甚至大谈“蒲松龄的创作”之类，其实，蒲松龄何曾“创作”？他不过是据实记录民间故事罢了。在当下中国文坛，谁如果说《聊斋》是写实的，大概会让人觉得匪夷所思，但在蒲松龄当年，人们却知道他并未创作，而只是记录，是写实而非虚构。鬼也罢，狐也罢，花妖树精也罢，都是人的生活的一部分。当代作家和他们的读者之所以做出“魔幻”的解读，只是因为头脑中有了一些框子，凡是装不进这框子的东西，就往往要被排斥，或者说成是想象的。

至于死去的绣香对丈夫和孩子们的关心，其生活根据大概无需向人神鬼妖杂处的远古追溯，即使在现代，像严复、梁启超、章太炎那样的现代思想家，也仍然常与鬼神交集。他们倡导科学，却并不排斥神秘世界。严复至死都相信鬼与神的存在，相信扶乩和占卜。梁启超则从小生活在两个世界中，与李白、杜甫论诗，与王维谈禅，与千年前的宫女谈情，让当代人觉得匪夷所思，而梁启超自己却并不觉得奇怪。他不仅与千百年前的老鬼打交道，而且与自己死去的夫人打交道。他的夫人李蕙仙去世的头三年中，家里无论遇到什么事情，包括孩子病了，也是首先请夫人回来解决。1927年6月15日，梁启超给女儿令娴写信，主要报告的是王国维自杀等事，谈及家事，写下了这样一段：“我一个月来常常和王姨谈起，担心思成的身子。昨日忽接该件，王姨惊慌失其常度。王姨急得去扶乩问你妈，谁知请了半点钟，竟请不来，从前不是说过三年后便不来吗？恐怕真的哩！但前三个月老白鼻病时，还请来过一次，请不到的实以此次为始。”这里的王姨，是梁其超夫人的陪嫁丫鬟，后来收房为妾，就成了姨娘。梁启超是主张一夫一妻制的，觉得纳妾并不光彩，所以很少对外人提到她。但是，王姨在梁家很重要，梁思成等都是喊李蕙仙“妈”，喊王姨“娘”，而且姨娘往往比妈还亲。因为梁启超屡说思成身体不好，使得王姨很担心，恰恰就在这时，寄给梁思成的邮包被退了回来，就把王姨吓坏了。慌乱之中去请已经去世三年的李蕙仙，结果却再也请不回来。这时梁启超才想起，夫人是说过三年之后就不再回家的。

这些事，梁启超不与外人道，但在给孩子们的信中却透露了出来。我们大概没有理由认为梁启超存心欺骗儿女。

至于章太炎到阴间去做判官的事，在当时也曾广为流传。从他自己写给宗仰大师的信中看，至少他自己对此深信不疑。

就此看来，叶炜的描写亦可有多种解读。在关于《后土》的讨论会上，我注意到韩春燕说过这样一段话：“可能从文学理论层面上讲，这是魔幻现实主义的东西，但我们很多作家其实从心里就认定我们本来就生活在这样一种现实之中，这不是迷信，它是我们本土文化的一个真实的表现。我相信叶炜由于被这种故土文化的长期浸润和塑造，他在书写这些事物时虽然有着叙事策略上的考虑，但基本还是一种内心中信奉这种文化的真实流露。”我想补充说，如果这神秘性只是一种叙事策略，那是无需称道的，而涉及另一种文化，却是对乡土的重大修补，功德无量。

李新宇学术文集

叁

回望百年文学

李新宇 —— 著

山西出版传媒集团 北岳文艺出版社
BEIYUE LITERATURE & ART PUBLISHING HOUSE
·太原·

图书在版编目(CIP)数据

李新宇学术文集 / 李新宇著. 一太原：
北岳文艺出版社,2020.5
ISBN 978-7-5378-6178-6

Ⅰ. ①李… Ⅱ. ①李… Ⅲ. ①中国文学 - 文学研究 -
文集 Ⅳ. ①I206-53

中国版本图书馆CIP数据核字(2020)第057362号

李新宇学术文集·回望百年文学

李新宇◎著

//

项目负责人
范 戈

责任编辑
范 戈

封面设计
张永文

印装监制
郭 勇

出版发行:山西出版传媒集团·北岳文艺出版社
地址:山西省太原市并州南路57号
邮编:030012
电话:0351-5628696(发行部) 0351-5628688(总编室)
传真:0351-5628680
网址:http://www.bywy.com E-mail:bywycbs@163.com
经销商:新华书店
印刷装订:山西人民印刷有限责任公司

开本:710mm ×1000mm 1/16
总字数:2688千字
总印张:159.5
版次:2020年5月第1版
印次:2020年5月山西第1次印刷
书号:ISBN 978-7-5378-6178-6
总定价:698.00元(全6卷)

2005年，在曲阜孔庙

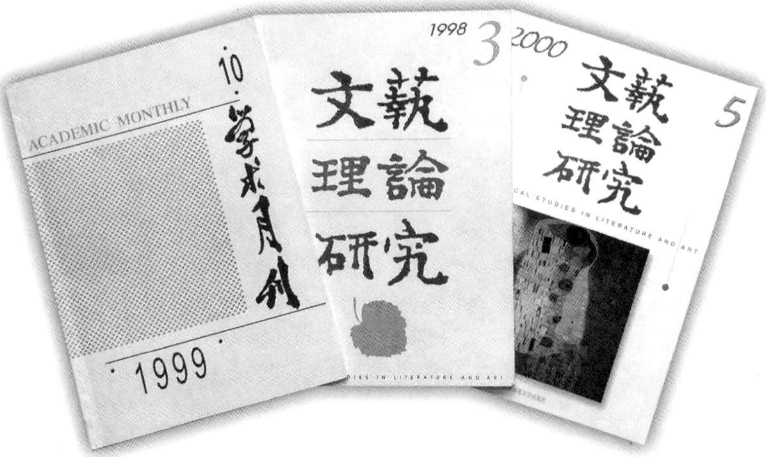

刊载作者学术文章的部分刊物

作者部分手稿

目　录

第一辑

第二辑

第三辑

第一辑

新文学的幸运与不幸

——纪念文学革命一百周年

今年是新文学运动开始一百周年。

一百年前，1月出版的《新青年》2卷5号发表了胡适的文章《文学改良刍议》，该文深得陈独秀赞赏，所以在刊发这篇文章的同时，自己立即写了《文学革命论》，并在2月出版的《新青年》2卷6号发表。他们的文章得到了刘半农、沈尹默、钱玄同、李大钊等人的支持，接着又得到了周作人、鲁迅以及北大学生傅斯年、罗家伦、康白情、俞平伯等人的支持，一场文学革命运动因而轰轰烈烈地开展了起来。于是，中国文学发展的道路发生了历史性的大转折，文学面貌从形式到内容都发生巨变，有了所谓新文学，也就是今日大学教育体系中的一个二级学科——中国现代文学。

百年之后回头望，许多事令人赞叹，许多事令人惋惜，许多经验和教训值得回顾和总结，但我首先想到的，却是新文学的幸运与不幸。

一

从事那场文学革命运动的人们真是太幸运了！

有谁比他们更幸运呢？没有，中国没有，世界也没有；古代没有，现代也没有。在全人类的文学史上，那是最最幸运的一群！那场文学革命，也是古今中外文学史上最最幸运的一场革命！

古今中外的文坛上，历来不乏反叛和创新的动力，更不缺少试图搞出点动静的人。因为从事文学艺术的人往往精神上很不安分，他们有自己的想法，有自己的追求，必然对现状常有不满。有不满就想革新，就想按照自己的意志改变文学的面貌，无论是为了纠正时代的某种弊端，还是把文学引向自己所认定的方向，甚至只是为了个人在文坛上的名声和建树那样的私欲，除旧布新，掀动新潮，也是一种很大的诱惑。即使在当下的中国文坛，尽管都知道大变革绝无可能，但照样会不断有人扯起旗帜、提出口号、发布宣言，鼓吹某种主义，虽然未必有改变文学面貌和走向的大志，却也盼着开一代新风或领一时风骚，哪怕是“各领风骚三五天”，也会乐此不疲。然而，结果如何呢？往往是口号喊过了，宣言发过了，创作实绩也不是没有，最终却是无人喝彩，甚至无人理睬。文学面貌依旧，文坛秩序依旧，那些新的主张和倡导，充其量像投入河水中的石子，即使溅起些许浪花，也会很快就似乎什么都没有发生过。

相比之下，“五四”那一代人就太幸运了，他们的收获是那么巨大！而他们的成功是那么容易！1917年提出文学革命的主张，并开始进行尝试，短短几年的时间，就成功地改写了文学的定义，改变了文学的面貌，确定了新的方向。他们改变了中国文学发展的历史，开创了中国的新文学。他们的成功容易得有点过分，包括那些实在不具备文学才华的人，那些一分才气加九分流氓气的浮浪青年，也成了众所周知的“著名作家”；包括那些实在不成熟的青涩作品，也成了家喻户晓的“文学经典”。

历史为什么如此青睐“五四”一代人？他们的成功为什么那么容易？因为种种原因，大半个世纪以来文学史对此几乎闭口不谈，人们也很少去想，但是，只要稍微一想，就不能不觉得有点奇怪：改变历史，怎么会这么容易？

原因其实并不复杂，概括地说，就是历史为他们提供了机遇，他们则适应了时代的需求。具体说来，就是终结帝制、创建共和之后，新国家的文化建设为他们提供了机遇和要求，而文学革命运动既适应了民主共和国文化建设的需要，又吻合了人类文明发展的大趋势。如果离开了这一点，就无法理解文学革命会那样迅速而顺利地成功。

有一点是流行的教科书所不讲的，但对理解文学革命的成功却是不可或缺的，那就是文学革命与政治革命的关系。面对文学革命发生的历史现场，就很容易清楚地看到，文学革命与新文化运动一样，是适应时代的巨变而发生的，但它不是革命的先驱，而是革命的后续工程。辛亥革命爆发之后，短短几个月的时间，中国人奇迹般地完成了告别帝制、创建共和的历史巨变，亚洲第一个民主共和国诞生了。革命的成功带来了与几千年传统完全不同的现代政治体制，巩固和完善着现代市场经济，随着国家建设的推进以及它所遇到的重重困难，人们开始思考政治和经济领域之外的问题，于是，思想文化领域的现代化提上了议事日程。也就是说，所谓新文化运动，是适应民主共和国的建立而发生的，运动的主旨是为已经成功的政治革命进行思想文化层面的补课，是中国现代化这个大工程的一个后续工程，也是一个使其完备的重要环节。所谓文学革命，也是以辛亥革命为主要标志的这个大工程的一个组成部分。

正因为这样，无论新文学运动还是新文化运动，都是在新国家的制度保障之下进行的，无论成功还是失败，革命者都无任何风险。就新的国家的主流意识形态而言，文学革命、文化革命都是它的迫切需要，因而不会扼制和阻挠，而是给予热切的期待和欢迎。即使文学革命者的言论和主张并不恰当，甚至让大多数国人难以接受，共和国的宪法也已经在保障着公民的言论自由和出版、结社的种种权利。所以，这是时代的赐予，那种自由是“五四”那代人所独有的。陈独秀说过的：“适之等若在三十年前提倡白话文，只需章行严一篇文章便驳得烟消灰灭。”①一篇文章就使新文化运动烟消灰灭，依靠的自然不是个人的力量，而是权力的力量和制度的力量。而胡适之、陈独秀们的幸运之处，就在于帝国已被民国取代，皇权已被民权取代，新的国家已经能够保障公民在文化上自由选择与自由创造的权利。因此，新文学运动遇到的阻力只是古老的传统和习惯势力，而不是国家权力。尽管章行严竭力反对，尽管像林纾那样的人也梦想让权力出来干预，但国家政府和各级地方政府却没有对文学革命和白话文运动进行压制和阻挠。

二

更重要的助力来自国家教育体制。

---

①《中国新文学大系·建设理论集》，上海良友图书公司1935年，第16页。

认真考察就会发现，是新国家的教育需求从根本上保证了文学革命的成功，并把新文学推向了全社会。新文学运动刚刚开花结果，就被社会普遍接受，新文学尝试者一个个成了家喻户晓的人物，这原因是什么？不是因为宣传，不是因为炒作，而是源自国家的教育法令和教学实践。

众所周知，中小学教育是社会知识结构和价值认同的重要基础。一种知识若想被民众广泛接受，一般需要广泛宣传。所以，报纸和刊物是重要的。然而，一个作品无论发表在多么有影响的报刊，也无论怎样炒作，即使作者天天在签名售书，即使把广告贴遍大街小巷，也不如让它进入中小学课本。即使像《新青年》那样的新文化运动核心刊物，发行量最好的时候也只有一万余份，在那里发表作品，能看到的人有限，看过而记住的人就更有限。但如果编入中小学课本，情况就不同了，千百万学生都会在老师的带领下分析它，背诵它，记住它，因而它就会成为一代人的共同知识。新文学的幸运，就在于运动刚刚开始，作品刚刚出现，就遇到了这样的机会：进入中小学课堂。

这机会真可谓千载难逢，因为帝国变为民国，社会各方面都需要改变。教育要改变，急需承载着现代理念的教材。中国几千年的教育形成了自己的传统，这传统如果放在前现代范围内讨论，不可谓不好，科举制有其不可磨灭的伟大之处。但是，无论传统的教育有多少优点，有一个根本问题却是无法否认的：它是与专制帝制相适应的，承载的是造就臣民、顺民的任务，却不能适应民主共和的需要而培养现代公民。时代变了，民国与帝国是完全不同的国家，有不同的国家理念，也有不同的制度和规范，教育的目标自然大不相同。

民国建立之初，蔡元培出任第一任教育总长，1912年2月11日的《政府公报》即刊出了他的《对于新教育之意见》。文中指出："专制时代（兼立宪而含专制性质者言之），教育家循政府之方针以标准教育，常为纯粹之隶属政治者。共和时代，教育家得立于人民之地位以定标准，乃得有超轶政治之教育。"这是蔡元培做教育总长的最先宣言，他告诉人们，新的教育应该是超越政治的，要发掘和培养学生的个性，完善学生的道德和人格，而不是把学生打造成哪家的工具。他又说："满清时代，有所谓钦定教育宗旨者，曰忠君，曰尊孔，曰尚武，曰尚实。忠君与共和政体不合，尊孔与信仰自由相违。”[1]于是，他果断废除“尊君”与“尊孔”，发展体育与美育，这一切，是蔡元培在专制时代的教育与共和时代的教育之间画出的一条界线。

教育部在短短的时间内颁布了《普通教育暂行办法》《普通教育暂行课程标准》等三十多种规章和法令，其中规定：“凡各种教科书，务合乎共和民国宗旨，清学部颁行之教科书，一律禁用。”[2]在课程设置上，教育部通令废止“有碍民国精神及非各种学校应授之科目”，重要内容之一，是小学废止读经。[3]

旧的教材废止了，新的教材在哪里？新旧交替之际，教材青黄不接。寻找新的教材，编撰新的教材，就成了教育当局的当务之急。新国家的建设者们很辛苦，也很艰难，因为他们做的是开天辟地的工作。要使学生掌握现代知识和现代道理，要培养学生的自由、民主、平等和个人权利观念，要培养学生的现代国家理念，要使学生知道自己在这个国家中的地位，要使学生懂得自己与总统、总理、部长们是一种什么关系，都需要课本中有相应的文本。可是，中国几千年留下的经史子集却恰恰缺少这样的文本。怎么办？这样的文本当然可以从欧美现代国家翻译而来，但一个大国的普通教育，教材全部来自外国，这毕竟不是最好的选择。如果有承载现代价值理念之国文，写的又是学生们身边的中国故事，该有多好啊！这是从1912年到“五四”期间我们国家的教育家们的正常感情。

文学革命发生，新文学出现了。它以现时代的白话语言承载了现时代的生活内容，张扬着现代的价值理念。它以“人的文学”取代“非人的文学”、以“人的文明”取代“吃人的文明”、以“人的道德”反对“吃人的道德”，以个人的独立自主否定依附和屈从……如此种种，虽不免有诸多幼稚之处，却在青黄不接的季节满足了东方第一个民主共和国的时代需求。

尽管大总统更欣赏旧体诗文，对白话诗之类不甚欣赏，但他只能是拿过

---

①《蔡元培全集》第2卷，中华书局1984年，第136页。

②蒋维乔、陆费逵：《临时政府公报·第四号》，《中国近代学制史料·第三辑》（上册），朱有瓛编，华东师范大学出版社，1990年版，第1—2页。

③《教育部禁用前清各书通告各省电文》，《临时政府公报》（第32号），1912年3月8日。

来翻翻付之一笑。因为他已经不可能像皇帝那样把自己的意志强加给国民。教育部的官员们更是如此。总长像走马灯一样更替，并不影响教育的大方向。

1920年，教育部通令全国，“自本年秋季起，凡国民学校一二年级，先改国文为语体文，以期收言文一致之效。”[①]不久，又规定初级中学的“国文”科改为“国语”科。这是白话文的一大胜利！于是，从20年代初开始，蔡元培、梁启超、陈独秀、胡适、周作人、鲁迅以至冰心等人的作品就进入了中学国语教材。早在1920年，商务印书馆就出版了洪北平等人编的《白话文范》（1—4册）、中华书局也出版了朱毓魁编的《国语文类选》（1—4册），此后，此类教材不断出现。根据黎锦熙《国语运动史纲》中的说法，1920年至1922年之间，经过“教育部国语统一筹备会”直接审定出版的国语、国文教科书就达四百册之多[②]。

这里的几个概念值得注意：小学教育改“国文”为“语体文”，中学教育改“国文”为“国语”。“语体文”的含义众所周知，它是相对书面体而说的，是相对文言文而说的，指的是在口语基础上写成的文章，也就是白话文。“国文”指的是从先秦以来历朝历代流传下来的文章，虽然不同时代的文章各有不同，但都是文言文。那么，改国文为语体文，也就是改文言文为白话文。至于“国语”与“国文”，含义与今天的用法略有不同。当下台湾仍称“国语”和“国文”，而大陆在中学称为“语文”，指的是“语言”与“文学”两个内容，到了大学，中文系仍然由“语言”和“文学”两个方面构成。“汉语言文学系”简称“中文系”，虽然字面上很不对称，称“汉语”而不称“汉文”，说“中文”而不说“中语”，也许只是为了避免“汉”对“中”的全面代替。不过，今日大陆“语”的方面既包括古代汉语也包括现代汉语，“文”的方面既包括古代文学也包括现代文学。而在民国初期，情况却并不如此，而是“国文”是古代文本、文言文；“国语”却面对当下，更偏重白话。

从这个意义上说，我们不能不承认胡适把“白话”置换为“国语”的重大意义。他在《建设的文学革命论》中提出了“国语的文学，文学的国语”

①黎锦熙：《国语运动史纲》，商务印书馆，1934年版，第110页。

②同上书，第121页。

的概念，认为："中国若想有活文学，必须用白话，必须用国语，必须做国语的文学。"他又说，"真正有功效有势力的国语教科书，便是国语的文学；便是国语的小说、诗文、戏本。国语的小说、诗文、戏本通行之日，便是中国国语成立之时。"[①]在这里，国语运动、文学革命、国语教育相互关联，为新文学与教育的衔接做好了准备。

事实证明，正是因教育需求而兴起的国语运动大潮，使文学革命迅速得到了肯定，使白话文学获得了市场。正是借助于教育机制，新文学才得到了广泛传播，不但站稳了脚跟，而且后继有人。

从这个过程还可以看到，新文学运动虽然高举"革命"旗帜，但对于当时的中国社会体制和秩序而言，并不具有革命的性质。它不是反政府的，更不是反体制的。后来的历史常常把它与"五四"学生运动、新文化运动一起纳入反政府、反体制的革命叙事之中，但事实上，这些运动在政治意义上的革命性质并不容易证明。比较明显的事实是：文学革命也罢，新文化运动也罢，与当时的国家体制不是对立的，而是相互配合的；与当时的政府也不是对立的关系，而是体制内外良性互动的关系，联手解决国家面临的文化问题。

所以，文学革命的成功，并不只是几个倡导者的功绩，而是文学界、教育界、政界共同努力的结果。

三

新文学是幸运的，但幸运却也伴随着不幸。

众所周知，新文学的特质首先表现在两个方面：一、"活的文学"；二、"人的文学"。"活的文学"主要是语言形式层面的问题；"人的文学"则涉及文学所承载的思想观念，主要是价值层面的问题。教育当局对"语体文"和"国语"的法令，只是保证了"活的文学"可以畅行无阻，也就是保证了白话文的胜利，却无力保证"人的文学"顺利发展。因为白话也可以写出"非人的文学"或反人性、反人道、反人类的文学。"人的文学"涉及思想观念的更新，所以面临更为复杂的问题，前行的道路就不会那么平

---

①《胡适文集》第2卷，北京大学出版社1998年，第47页。

坦。考察新文学后来发展的历史，作为“活的文学”的关键要素白话，是日益成熟的，发展比较顺利。而“人的文学”却很快严重受挫，一步步陷入困境。这是新文学运动的大不幸。

考察这不幸的原因，我以为首先在于新文学运动发动有点迟，至少耽误了五年大好时光。如果在1912年就发动，早上五年时间，成熟的作家就会多一些，也许能够形成更为坚实的基础。但非常遗憾，民国建立后的最初几年，文学界和文化界却没有及时进行这项工作。

考察历史的发展过程，事情多少有点奇怪：文化革新的努力在革命之前就开始了，但在革命胜利之后，这种努力却出现了停顿。革命之前，尤其是1903年之后，文化上革命已经有声有色。只要翻翻这期间出版的《江苏》《河南》《浙江潮》《新世纪》《女子世界》等杂志，就可以看到一个事实：《新青年》其实并不新，它没有多少新的见解，也没有多少新的主张，如果考察原创和首发权，《新青年》大多不敢去注册专利，因为它所提出的见解和主张大多早已出现。陈独秀等人不过是把几年前或十几年前人们已经提出过的问题重新提出，对某些主张进行了重申。比如，按照陈独秀的说法，新文化运动首先是伦理革命，用他的说法就是“最后之觉悟”。伦理革命的主要对象是“三纲”。而在1907年，《新世纪》已经发表过李石曾的文章，题目就《三纲革命》，明确反对“三纲”，对旧伦理进行了全面批判。陈独秀进行伦理革命，提出的口号是“科学”与“民主”。李石曾提出的则是“去迷信”与“去强权”。去迷信需要科学，去强权需要民主。相隔近十年，思路几乎完全一致。再比如，新文化运动引人注目的内容之一是批孔，但如果把目光往前推移，就会发现最先批孔的并不是《新青年》上吴虞等人的文章，而是早在十几年前知识界已经批判孔孟的大幕。《说国民》《箴奴隶》《法古》等文章已经意识到中国的历史是“三千年奴隶之历史”，传统则是千年未变的“奴隶风俗”，人们所受的教育是“奴隶教育”。到了1908年3月，《河南》杂志第3期发表署名“凡人”的《无圣篇》。文章直言“圣人”是“不可思议之怪物”，而且危害极大。同年6月，《新世纪》第52期发表署名“绝圣”的《排孔征言》。文章对中国传统进行了全面的批判，并且指出：“支那者，政教混合之国也，亦恐惧，亦迷信，故至今日始梦呓立宪。为此厉阶者，亦非孔丘乎！孔丘之为宗教家否，吾不过问。惟自政府之所利用、人民之所迷信之一方面观之，虽喙长三尺者，能辨其无宗教之现象乎？呜呼，孔丘砌专制政府之基，以荼毒吾同胞者，二千余年矣。……欲支那人之进于幸福，必先以孔丘之革命。”它所表达的见解与《新青年》非常相近；激烈程度也不相上下。新文化运动又一个重要内容是主张家庭革命，提倡男女平等。早在1904年，《女子世界》就发表过《女子家庭革命说》，鼓吹男女平等和女子解放，甚至发表过《毁家谈》等非常激进的文章。

然而，辛亥革命成功之后，他们的努力却似乎停了下来。也许是因为大功告成，有人当官去了，有人悠游去了。直到帝制运动发生，他们才知道这个值得骄傲的民主共和国根基原来如此不稳，思考原因，意识到只有政治革命的成功是不够的，只有新的法律和制度框架是不够的，还必须进行文化革命，才能使民众意识到自己是国家的主人，意识到自己的价值、尊严和权利，才能清楚自己与国家是什么关系，才能巩固民主共和国的国基。新文化运动初期的陈独秀冷静而清醒，没有把帝制复辟的责任都推给袁世凯，也没有只是指责筹安会等主张恢复帝制的人们，因为他知道，这件事的确体现着国情和民意，因为无论怎么说，恢复帝制是投票决定的。投票投出这样的结果，归因于威胁也罢，利诱也罢，体现的还是国民素质。所以，陈独秀创办《新青年》之际，明确声明他所关注的不是政治，刊物要做的不是批评时政，而是为民国培养现代公民。为此，他甚至不准备跟头脑僵化的老人对话，而是把目光投向青年。这从杂志的命名可以看到，从创刊号上的发刊词《敬告青年》可以看到，从创刊号的封面设计也可以看到——长案旁边那一排青年，才是《新青年》的预期读者。这时的陈独秀很伟大，他在思想文化领域充当了民主共和的卫士。

但是，陈独秀的工作进行得有点晚。某些事进行晚一点，看看再说，可能会有“后发优势”，但有些事进行晚了，却也会出现“后发劣势”。新文化运动和它的文学革命，进行得有点晚，世界大环境发生了变化，中国思想界也发生了变化，结果就处于非常不利的境地。

世界大环境的变化首先是第一次世界大战的发生。在人类文明发展的历史上，战争本不稀罕，但第一次世界大战的惨烈，却在很大程度上摧毁了西方现代主流文明的自信。本来，西方思想界对自己率先发展起来的现代文明是非常自信的。但大战发生了，无数的鲜血使一些人产生了怀疑：这是不是现代文明出了问题？所以，当梁启超依然带着朝圣的姿态拜访西方学者并表示要虚心学习时，那些不再自信的西方学者告诉他：西方文明已经破产，西方正在等待中国文明的拯救。于是，一种现象出现了：对于现代文明先发达的西方而言，因为根基已经稳固，虽然有人怀疑和批判，却已经不能动摇它的基本结构，反思也罢，批判也罢，吹毛求疵也会成为局部或细节上的修补。但对于后发的中国而言，现代国家的建筑却刚刚奠基，既然西方已经对这张图纸表示怀疑，我们还按照这张图纸施工吗？在许多人那里，这成了一个问题。中国的问题还在于，由于前现代传统的强大，无论政治上还是文化上，反现代的力量都非常容易集结。于是，新文化建设的蓝图很快不再是知识界的共识。在这个背景上，新文学“人的文学”的建设的规划也必然要受到种种新潮旧潮的冲击。所以，新文学开始演化为民族的、国家的、阶级的、集团的工具，与之相伴随的，是艺术水平日益走低，在很长时间里一代不如一代。

四

考察新文学生存环境的变化，除了第一次世界大战带来的消极影响之外，还有两个重要因素：一是中国在巴黎和会上的失败；二是苏俄的远东战略对中国的影响。

第一次世界大战结束之际，中国人曾经沉浸在战胜国的自豪和欢乐之中，与盟国一道狂欢，一道庆祝。北京的大学生挑灯游行，向政府表示祝贺，向力主参战的段祺瑞表示敬意。美国总统威尔逊的宣言受到热烈的拥护，人们梦想由此找回过去丢失的主权和尊严。然而，这梦想很快破灭了，收回山东主权的要求在巴黎和会上遭遇挫折。强烈的失败感使中国人对巴黎和会严重不满，对西方列强严重不满。曾经称威尔逊为“天下第一好人”的陈独秀转而指责他的宣言是“一文不值的空话”[①]。李大钊则撰文说：“说什么人道、和平得了胜利，以后的世界或者不是强盗世界了，或者有点人的

①《陈独秀文章选编》上，北京三联书店1984年，第397页。

世界的彩色了。谁知道这些名辞，都只是强盗政府的假招牌。”[1]这种失望与不满严重影响了国人对西方国家的信任，也影响了对源自西方的现代文明的信仰与追求。

就在国人为在巴黎和会的失败而悲愤之时，苏俄于1919年7月发表了第一次对华宣言，宣布放弃俄罗斯帝国用侵略手段获得的领土和一切在华特权，并且表示要“援助中国人民”。苏俄因这一宣言而赢得了大批中国人的好感，曾经对“过激党”极为恐惧的人也开始赞扬苏俄，赞美他们的无私，同时以善意理解他们的革命，赞美他们为世界历史开了“新纪元”，“是为世界人类谋真正的自由、平等底幸福”。[2]

后来的事实证明，苏俄的对华宣言并无诚意，而是其远东战略的一个环节。发表那样的宣言，却在半年多的时间里迟迟不把文本送交中国政府，半年多后中国政府得到正式文本，却接着就收到了一份修改过的文本，不再有归还中东铁路等重要内容。到两国政府为此而举行谈判，苏俄又说1919年和1920年两个对华宣言都不作为谈判的依据。其实，苏俄此时的全部做法，都是在下一盘大棋。1917年，十月革命发生，红色政权建立，但革命后的新政权在西方列强眼里合法性不足，因而不予承认。莫斯科为争取英美等国的承认而付出了不少努力，结果却以失败告终。于是，一个新的战略设想诞生：争取一些国家，建立另一个“世界”，在苏俄的领导下“打倒帝国主义”，弄好了可以在全球实现无产阶级专政，即使不能，也可以与资本主义世界抗衡。为此，他们开始谋划可能的势力范围，目光投向东欧和远东，在国内经济极为困难的情况下拿出大量金钱，输出革命，到这两个地区去建立党组织或扶持反政府的武装力量。实施这个战略，必然会首先发现中国，因为掌握这样一个世界上人口最多的大国，比得到若干小国更有意义。于是，他们开始制订中国革命的计划，拟订中国革命的任务。

早在1918年，列宁、斯大林等高层领导人就对中国革命的问题进行了探讨，分析了在中国进行革命的两大障碍：一是政府和军队，即后来中国人熟悉的“反动政府”和“军阀”，这是“封建势力”；二是“帝国主义”，即

---

①李大钊：《公理战胜强权》，《每周评论》第7号。

②王章维等：《“五四”与中国现代化》，北京师范大学出版社1999年，第56页。

英、美、法、日等列强。斯大林说："中国反革命军阀的力量在哪里呢？在于他们背后站着帝国主义者，站着中国所有一切铁路、租界、工厂、银行和洋行的老板。"[①]这样一来，苏俄最为关心的"打倒帝国主义"就和推翻中国现有的政府结合了起来，"反帝"与"反封建"结合了起来。

为了创建与列强对立的另一个世界，列宁创建了第三国际。第三国际第一次代表大会于1919年3月2日在莫斯科召开，列宁在大会上向资本主义世界宣战，并且宣布苏维埃政权是全世界无产阶级"实施统治"的唯一形式。参加这次会议的有来自欧洲、亚洲等地的五十二名代表，但没有中国境内的代表，被称作中国代表的，是旅俄华人刘绍周和张永奎。1920年6月，列宁在《民族和殖民地问题提纲初稿》中提出，中国、朝鲜等国家的革命任务是反对帝国主义和封建主义。这个意见在1920年7月召开的国际第二次代表大会通过。但是，任务确定了，却仍然没有接受任务的人。所以，派人到中国活动就成了当务之急。学者李玉贞在《国民党与共产国际》一书中指出："当时共产国际对中国的了解还停留在极其浮浅的水平上，可是他们头脑中输出苏式革命和推行世界革命的念头十分强烈，所以无论马林还是其他来自苏俄的使者，无一不把捍卫苏俄，仿效苏俄，鼓动革命作为其指导思想。"[②]他们来华活动的主要目的，就是"利用广州政府作为在东方推进国民革命的工具，有了这场革命，中国就会与协约国对立起来"，以及在广州"寻找一些有能力在中国制造全民性起义"的力量。[③]

这力量何在？在中国"反帝反封建"的任务谁来完成？1918年至1920年，中国还没有无产阶级政党，而且苏俄与中国境内的政治力量缺少联系。怎么办？莫斯科多个方案同时实施：一是派人到中国建党；二是派人争取陈炯明、吴佩孚、孙中山等人；三是在旅俄华人中建立党的组织，并且设立"中央局"，机关"暂设莫斯科"，也就是说，如果中国境内建党不成，即把这个"中央局"送入中国境内。显然，这是一个备用的组织机构，因为只是

①《斯大林选集》上卷，人民出版社1979年，第486页。

②李玉贞：《国民党与共产国际》，人民出版社2012年，第67页。

③《索科洛夫-斯特拉霍夫关于广州政府情况的报告》（1921年4月21日），《联共、共产国际与中国》，台北，东大图书公司1997年，第34页。

备用，所以在陈独秀、李大钊等开始建党之后，它就失掉了价值，1920年后基本停止了活动。

中国境内的无产阶级政党诞生之后，苏俄似乎仍没有耐心等待其发展壮大，而且似乎没把陈独秀等书生放在眼里，他们更重视的，仍然是陈炯明、吴佩孚等军事将领，以及孙文这样因做过一任临时大总统而有较大影响力的人。然而，陈炯明、吴佩孚都没有答应与苏俄合作。四处求援而屡屡碰壁的孙文开始也不愿公开亲苏，但在陈炯明与之决裂之后，却在永丰舰上就派人送出了向莫斯科求援的信。于是，经过一系列策划和运作，就有了众所周知的《孙文越飞联合宣言》，然后是苏俄运送枪支弹药的军舰到达广州，同时到来的是庞大的政治顾问团和军事顾问团。

与作家、知识分子的个人力量相比，党派的力量是巨大的。改组后的国民党开动宣传机器，中国大地上很快就响遍了列宁的声音，青年人很快就学会了喊“打倒帝国主义”和“打倒封建军阀”的口号，“国民革命”轰轰烈烈地开展了起来。最终的结果众所周知，是孙中山的继承者以武力北伐取得胜利，民国易帜，国民党一党专政的新制度在中国建立。从理论上说，国民党代替国民行使主权只是暂时的，待训政成功，国民具有了行使民主的能力，就会把国家权力交还给人民，也就是“还政于民”。但是，接下来却是持续的战乱，最后是民主宪政成了泡影，思想和文化上的自由选择、自由创造也成了泡影。

文学的独立性是很有限的，因为它的发展无法回避政治和体制的影响。文学的健康发展需要相应的自由空间，需要作家人格的独立和思想的自由，也需要相应的价值观念、知识结构、文化心理和情绪状态。当作家的思想自由受到限制的时候，当作家的价值观念和知识结构因环境限制而残缺和扭曲的时候，当作家因种种问题而心理和情绪都不能自然舒展的时候，文学的健康发展就成了遥远的梦想。

新文学百年中的不幸，主要就在这里。

百年中国的文学遗憾

一、走向民间与认同大众

应该承认，20世纪中国文学有一个很好的起点。由于时代提供的条件，中国知识分子的生存状态发生了巨大的变化，不再陪伴君主处于政治权力的中心，而是开始被迫确立知识分子自己的位置，这种状况使他们在国家权威话语和民间大众话语之间建立了知识分子自己的话语空间。也正因为这一点，加之现代的制度保障，才有了五四新文化运动和新文学运动的辉煌。

遗憾的是，“五四”高潮过后，“五四”新文学的一些可贵的方面就逐渐丢失了。李泽厚在《中国现代思想史论》中曾经感叹救亡压倒启蒙。我以为更大的遗憾不只在于救亡压倒启蒙，而是在于一些知识分子缺少独立的人格，因而在反抗庙堂的同时一步步走向民间，放弃知识分子的启蒙立场而向大众认同。从所谓“革命文学”运动开始，经过30年代“大众文学”的倡导，再到40年代关于“民族形式”的讨论……知识分子从由于对苦难大众的人道主义同情而为其呐喊请命，到深入到大众生活中充当大众的“留声机器”，一步步放弃自己的话语而获得所谓民间大众话语。那些走向大众的作家因为在感觉中有了依靠而由本来浪漫文人的一副穷愁相而一下子变得语气强硬起来。他们向知识分子发出声声断喝，令其放弃“五四”，告别新文化运动的启蒙立场，甚至敦促那些不愿服从者“上断头台”。正是在这个过程中，知识分子一步步丢失了自己的主体性，不再有自己的话语权，最后落到必须通过思想改造而在思想感情上与工农大众保持一致的地步。甚至工农大众虽然手是黑的，脚上有牛屎，也比知识分子干净得多。甚至仅仅因为上过几年中学，也成为不可信任的，必须经过上山下乡接受贫下中农的“再教育”，才能获得参军、上学和就业的资格。正是这个过程导致了20世纪中国文学的一系列问题。特别是当代文学，几乎所有难以克服的弊端都与这个问题密切相关。文学民间化和大众化的顶峰是1958年的“‘大跃进’文艺”和1966年之后的“‘文革’文学”，而“‘文革’文学”的旗帜上写的也是“工农兵文艺”。

80年代，中国文学终于从死谷中走出，回到鲁迅，回到“五四”，重新接续一些被中断的主题，而且重新找回了丢失的知识分子／作家的主体性。然而，20世纪末文坛却再次出现了新的潮流，由于种种原因，作家们纷纷逃离知识分子的阵营而走向民间。一些批评家为之推波助澜，据说是那里最自由自在也最安全。他们一厢情愿地认定民间是自由的，自在的，远离权威的；是新鲜的，活泼的，充满生机的，因而给予了高度评价。20世纪末文坛的民间化倡导者同样劝说知识分子要克服自己的精英意识，要放弃启蒙导师的姿态，不要以为自己比大众更高明……呼唤和劝告再次影响了六神无主的作家，迅速推动了民间大众话语的膨胀。然而，事实是明显的：中国文学在民间再次大量收获了泡沫和浮藻，收获了在纸上反复克隆的平面化的大众生活。与之相伴随的，是文学精神品位的急剧下降。

面对20世纪中国文学的这一重大遗憾，我认为除了外在的原因之外，一个重要的原因是对民间文化、大众文化的认识。20世纪中国文学界一直有一种误解：占正宗地位的统治阶级的文化是腐朽的，而民间文化则是新鲜的、活泼的、富于生机的。其实，这是一种没有根据的机械观点，源自列宁一个民族、两种文化的论断。而只要真正面对民间，就不难看到，民间并不一定是充满生机的、新鲜的、活泼的，而往往是守旧的、僵化的、腐朽的。民间文化不过是不同时期废弃的主流文化汇集而成的一个垃圾场。垃圾场上也可能长出蘑菇，甚至开出花朵，但就其整体和根本来说，它并不是新鲜活泼而充满生机的。

必须注意的是，在20世纪的中国，民间一直具有一种历史的滞后性。由于中国现代化的外源性，现代性并不源自民间，而是首先由知识分子输入和承载的。因此，民间的则往往意味着传统的、非现代的；知识分子走向民间，则往往意味着放弃自身的现代性而回归传统。而且，由于伴随外来价值一道进入的还有列强的大炮，它导致了某种屈辱感。现代化一旦与这种屈辱感密切关联，至少是一部分国人，就会对现代化有更多的抵触、拒绝和反抗。这种抵触、拒绝和反抗的动力主要在庙堂，但作为对庙堂的响应，民间对“他们”的抵触和抗拒常常强烈，1900年的义和团运动就是例子。然而，放眼看去，现代化虽然可以被拖延，最终却无法避免。在这个过程中，民间的滞后力量值得重视。

民间之所以被看重，往往因为它的所谓自主性和自在状态，以及它与占统治地位的主流文化的不同。然而，民间的自主性和自在状态往往是被夸大的。从历史上看，主流意识形态对民间的支配和覆盖不容忽视。民间文化在价值层面上往往不过是正统与道统的民间版本。它与主流意识形态不同，常常主要表现为它更多地保留了上一个历史时期的主流意识形态。当然，民间有其复杂性，但任何复杂和多元事实上都有中心或强势，民间的中心和强势一直是占统治地位的国家意识形态和以此为中心形成的传统。

20世纪末的中国作家应该看到，无论乡土民间，还是都市民间，都经过了世纪风雨的高度污染。对于这样一个空间，我们没有理由对它过于信任。从20年代创造社和太阳社的人们，到今天的民间大众话语鼓吹者，往往都喜欢乐观地宣告阿Q时代已经死去，觉悟的大众已经不需要启蒙。然而，中国现实的民间健康状况无法令人乐观。历史证明，20世纪中国最丑恶的东西（包括“文革”的全部丑陋和卑鄙），也都是从民间和它保存的传统中生长出来的。

20世纪中国文学走向民间并向大众认同的历程无疑是悲剧，但愿21世纪不再重蹈悲剧的覆辙。

二、独立人格与精神操守的欠缺

20世纪中国文学的现代性问题已经引起一些人的注意。如果认真考察20世纪中国作家，我以为一个重大的遗憾是作家人格现代性的欠缺。由于价值层面和制度层面现代性的匮乏，大多数作家在这个世纪没有完成自身人格的现代性转化，因而严重地影响了文学的品质。

那些从“五四”立场上迅速退下来的人，那些追风弄潮四处寻求依附的人，那些今天是叛逆而明天就成了惩罚叛逆的打手的人，已经充分暴露了20世纪中国作家整体存在的缺陷。正因为这样的作家太多，甚至也被称作“现代知识分子”，“五四”新文学的精神缺少继承者，应该被守护的东西往往没有被守护，不该丢失的东西往往丢失了。像五四新文化运动那样的高潮落潮之后，总是伴随着人群的转向、分化，甚至是反戈一击。这种现象带来了文学的种种变化，却没有带来真正的收获。绝大多数背离“五四”精神、放弃现代性追求的作家都没有再写出像样的作品，没有达到他们在“五四”时期和30年代曾经达到的高度。

谈到这个内容，人们很容易强调外在因素的影响，强调作家的无奈。是的，在强大的政治力量面前，作家是很无奈，但值得注意的是，从20年代末放弃自己话语而充当留声机器的喊叫，到后来对知识分子启蒙精神的声讨，一次次导致知识分子主体价值失落和文学枯萎的悲剧事件，开始的时候往往并不是政治力量的逼迫，而是一些文人自作聪明的自我调整。许多最终使文学陷落的口号都是作家自己首先喊出来的。令后人难以理解的是：作为作家，那么努力地消解自身存在的合法性；作为知识分子，竟然把知识分子说得一无是处；摇尾乞怜，自己并不脸红！在百年中国的文坛上，这样的人是否太多了点儿？

当然，并不是所有人都如此，但一大群这样的文人混迹于作家和知识分子之中，就导致了守护现代价值的作家的孤独、无奈、四面楚歌。

之所以如此，只能说是现代人格的欠缺。由于现代人格的欠缺，他们在反抗一种权威的同时必然寻找另一种权威，告别国家权威话语之后就走向民间大众话语。非庙堂即民间，总是简单地二元思考。当不成萧何就当吴用，吴用的目标仍然是萧何。这是中国传统文人的一种传统，遗憾的是一些人总是走不出这个传统。

中国文人很灵活，善于顺时应势，调整自己。这种灵活性可能与中国长期的专制统治有关，与中国文人长期以来需要看统治者的脸色吃饭有关。这种灵活性使20世纪中国作家暴露了很不光彩的一面：无操守，无恒心，容易摇摆而不能坚守；东风中西倒，西风中东歪，总是为潮流所裹挟。这就极大地影响了他们的创造和发现，影响了文学和一切精神生产的质量。

20世纪末的中国文坛再次发生了大分化。聪明人再次适时换季调整自己。一些人认为20世纪末中国需要的不是人文精神，而是知识分子反省。据说，中国知识分子千呼万唤的那一套，在西方已经面临危机，后现代思想家已经对其进行了掘祖坟式的批判，中国人更应该彻底告别。于是，一轮新的超越和自我否定席卷了大江南北，反思现代性，批判启蒙理性，抹黑知识分子，否定80年代和“五四”的努力，这种适时换季无所持守的遗憾可能真要带到21世纪了。

然而，清醒的作家和批评家，只要知道我们迫切需要的是什么，就不会轻易跟随他们而去。

三、“狗熊掰棒子”式的趋新择取

进化论给中国带来的东西很复杂。没有进化论就没有中国的现代启蒙运动，但是，一种将进化论简单化而形成的思维给中国文学的发展和现代化进程带来的负面效果是明显的。一个世纪中，中国作家更多的时间处于浮躁的盲目追潮中，像狗熊掰棒子一样，抓到新的就丢掉旧的，最后留在手中的，虽然是最新的，却未必是最好的。

20世纪的中国文坛往往只认新的包装，不愿鉴别质地，唯新是趋，制造着一场又一场的热闹。如果只是娱乐，那倒没有什么不可。可是，作为民族的精神文化建构，却往往是新事物还没有站稳脚跟，就遭到了新的炮火。人们往往把新生婴儿学步的蹒跚视作垂暮老人的龙钟之态，匆匆宣判它的末日。结果往往是极大地破坏了中国文化现代性的生长。

我们用有限的时间在幻觉中走完了西方文学几百年的历程。匆匆忙忙，没有消化的时间。这种匆匆走过的历史是没有质量的。看一看文学的发展历史，我们可以看到一个个新潮迅速推进构成的发展假象。但它本身是破碎的、残缺不全的、很不健康的。我们能够看到一堆又一堆没有长成就被流产的婴儿，看到一些刚刚出生就因为母亲再次怀孕而营养不良的孩子，看到地里种下的庄稼刚刚发芽就锄掉重新播种……这是悲剧，是20世纪中国文学给文学史留下的一个独特景观。由于过多的接纳使中国文坛这位体弱的母亲不胜重负。她匆匆忙忙，送往迎来，却已经难于孕育出健壮的果实。

新潮滚滚应该是值得庆幸的，因为20世纪中国文坛曾经有过死水一潭而容不得任何生机的时期。但是，浪潮过后积淀甚少，却也是一种悲剧。

一切思潮都可能是有价值的，但由于时差压缩而造成的共时性，各种有益的因素却可能相互冲突，相互抵消，结果只落得一片荒凉。

因此，在20世纪末的今天，应该特别警惕盲目的趋新和“过时论”的危害。常常看到一种简单的“过时论”。什么不好，什么应该否定，理由极为简单而明了：过时了。好像一天应该有一天的思想，一天应该有一天的学术，一天应该有一天的真理。人道主义过时了，因为人已经死了，还讲什么人道主义？现代性过时了，因为已经后现代了，还不扔掉现代性？

正因为这种过时论，创造社和太阳社的人们可以理直气壮地否定鲁迅、胡适和新文学运动，宣布阿Q时代已经死去，如今，90年代的新秀又可以理直气壮地与80年代划清界限。

应该注意，在人类文明的大背景上，一些理论和学说的发展并不完全呈线性的模式。而且，新的未必就是好的。无论在历史上还是在现实之中，我们那些激进的年轻人总以为最新的就是最好的。然而，即使最新的东西并不坏，也应该注意这样的问题：当时代的文化冲突正在进行一场新与旧的大较量，新势力正在对旧势力进行一场历史性的否定，最新的东西作为一种否定之否定的力量被引进，往往会成为旧势力的援军。它的作用往往是使新文化腹背受敌，因而一败涂地。先锋们当然有理由欢呼胜利，但真正的胜利者却往往不是先锋，而是根深蒂固的旧势力。面对90年代各种最时髦的西方思想，我们应该保持警惕，因为它的这种作用正在充分显露着。

四、精神承传的断裂

在发起人文精神讨论的时候，王晓明说过这样一段话：“今天的文学危机是一个触目的标志，不但标志了公众文化素养的普遍下降，更标志着整整几代人精神素质的持续恶化。文学危机暴露了当代中国人人文精神的危机……”[①]这段话在讨论中没有受到应有的重视，但它却是人文精神讨论必须首先明晰的前提。虽然一些人理所当然地不承认这一基本判断，但它不是凭空提出的，而是王晓明长期思考的结晶。这种忧思早已与知识分子的启蒙精神一起受到新潮后学的嘲笑，但它所指出的问题却并不因为嘲笑而有所改变。

为什么会出现这种精神素质持续恶化的现象？原因当然是复杂的。我认为，20世纪中国不是没有思考者，也不是没有出现一定的精神高度。可惜的是由于种种原因造成的精神承传的断裂，使探索者的思考成果往往得不到承传，使最珍贵的收获往往被遗忘于风暴过后的沙尘之下。

从20世纪初开始，精神的发展总是断断续续，一次次出征又一次次溃退，热潮过后往往是死寂和荒芜。春去秋来，潮起潮落，这之间往往造成代际的精神断裂：前一代人艰难的探索突然中断，脚印被风雨清洗，收获被风沙埋没；后一代再次出发，一切从零开始，进行艰难的摸索，终于获得一些进展，却又再次中断。尽管历史呈现着前仆后继的悲壮景观，但“前仆后继”却往往只是一次次重复，一代代都需要由自己重新证明一加一等于二的基础算式。当50年代的探索者呼唤“五四”精神的时候，他们是否还能理解陈独秀、胡适和鲁迅？当“文革”废墟上崛起的一代在“四五”天安门广场上思考的时候，有几人能知道50年代的探索者达到的高度？有多少人知道顾准到达的方位？30年代文学巨匠的后继者何在？40年代学术大师的衣钵授予了哪些弟子？

“文革”结束之后的文坛和学界可谓人才辈出，但如果认真考察，一个现象是值得注意的：在那些年轻人迅速成长的地方，往往存在私淑式承传。如今国内大学林立，几所年轻人文学者迅速成长的学校却格外引人注目。在那些优秀人才迅速成长的摇篮里，往往有一两个承载了某种精神积累的幸存者，他们像探险者最后遗弃的拐棍，在茫茫沙漠中充当了路标。

在传播工具高度现代化的时代，知识的传播仍然需要手工业时代的授徒方式，这也许非常可悲。但是，历史却应该感谢这种方式，因为20世纪中国曾经连一些基本知识都得不到传播，经过大嗓门传播的却往往是伪知识。

①王晓明等：《旷野上的废墟》，《上海文学》1993年第6期。

当写进教科书的知识因为适应某种需要而改写或遮蔽得极不可靠的时候，手工业时代的传授方式也是可贵的。

精神承传断裂的问题在20世纪末的今天并没有完全得到解决，对于20世纪末的青年来说，许多知识都是陌生的："五四"不过是一个片面抽象的概念，"文革"只是一个朦胧的传说，甚至80年代知识分子的思考和探索，虽然刚刚过去不过十年，却也已经是一片茫然。正因为这样，新生代作家和新生代学人往往与国外汉学界一样，许多研究都建立在不可靠的基本知识之上。比如，说20世纪的文学史是政治权威话语与知识分子精英话语压迫了民间话语的一部历史，认定"文革"与"五四"是一个历史的整体，把鲁迅说成遵命作家，不过是极"左"政治的一根棍子，等等。

但愿精神探索不再时时中断，但愿一代人的探索能够成为下一代探索者的铺路石。果然如此，民族的精神素质或可有所改观，21世纪文学的发展或许有望。

中国现代文学主题的三重变奏

自80年代中期以来，由于李泽厚“启蒙与救亡双重变奏”论题的影响，国内学人多以“双重变奏”的框架谈论现代文学。李泽厚的论题意义重大，其积极影响也有目共睹，然而，“双重变奏”并不能准确概括中国现代文学的历史，更难以清楚揭示文学思潮矛盾运动的复杂形态。由于对重大主题的忽略或回避，双重变奏论已经导致在一系列问题上认识的混乱。因此，要回顾和总结20世纪中国文学的历史，有必要重新认识文学主题更为复杂的结构。事实上，历史留下的印迹非常清楚：现代中国文学的发展不只是启蒙与救亡的双重变奏，而是由启蒙、救亡和翻身构成的三重变奏。由于历史的境遇，中国现代文学同时并存着三种核心意识：人的意识、民族意识和阶级意识。三种意识分别产生了三个中心主题：启蒙、救亡和翻身。三个主题相互联系而又相互冲突，各有自身的发展目标和运行轨迹，因而构成了现代中国文学最基本的矛盾结构并决定着文学发展的面貌。

一

中国新文学从诞生的那一天开始就面对着一系列复杂的矛盾，因而不可避免地同时面对着启蒙、救亡和翻身三大主题。

启蒙主题的基础是人的意识，即受西方文艺复兴运动以来的人文主义传统影响而产生的以个人自由为核心的人权意识。它以中国人非人的生存状态为前提，以人的解放和人权的保障为旨归。与现代性一样，人权意识显然不是中国固有之物，而是对外开放和文化引进的结果。一方面是外国文学和学术的翻译所发挥的重大作用，一方面是陆续派出的留学生在异国的土地上的生活感受，强烈的对比使中国人的生活显示了非人的状态。因而，人的觉醒成为一个不可避免的结果。正如鲁迅所说的："魔鬼手上，终有漏光的处所，掩不住光明，人之子醒了。"[①]这种觉醒必然意味着个性意识的觉醒，也必然意味着个体自由和权利的确认。

在当前学界，对于"启蒙"这一概念的认识是相当混乱的。因此，对于"五四"时期的启蒙主题，必须有一个明确的认识。它与梁启超等人的启蒙主义虽然存在着密切的联系，却已存在着根本的不同。梁启超等人的启蒙主义是沿着为"强国"而"维新"，为"维新"而"新民"的思路发展而来的，目的仍然在"国"而不在"人"；"五四"新文化的启蒙主义是以人权意识为基础，以改变几千年"吃人"的传统从而使人获得解放和权利保障为旨归，其根本目的在"人"而不在"国"。早在1914年，陈独秀在《爱国心与自觉心》中就说："爱国者何？爱其为保障吾人权利谋益吾人幸福之团体也。"《新青年》创办伊始，他又在《敬告青年》中明确提出"科学与人权并重"的基本原则。在《法兰西人与近世文明》一文中，他把"人权"作为法国人对近世文明的重大贡献而介绍，并且盛赞法国《人权宣言》，认为"人类之得以为人，不至永沦奴籍者，非法兰西人之赐而谁耶？"这也正是五四新文化运动领袖们一致选择西方文化的根本理由。

对于五四新文化运动的领袖们来说，人的觉醒、解放和人权的获得是其根本目的。为此，他们充分强调人的价值与尊严，把个人的自由和权利放在至高无上的地位。不仅陈独秀认为"举一切伦理、道德、政治、法律、社会之所向往，国家之所祈求，拥护个人自由权利与幸福而已。思想言论之自由，谋个性之发展也，法律之前，个人平等也。个人之自由权利，载诸宪章，国法不得而剥夺之，所谓人权是也"。[②]李大钊在《"少年中国"的"少年运动"》中也说："我们应该承认爱人的运动比爱国的运动更重要。"胡适

①《鲁迅全集》第1卷，人民文学出版社1981年，第322页。

②陈独秀：《东西民族根本思想之差异》，《青年杂志》第1卷第4号。

倡导易卜生主义，并且以文艺复兴运动的姿态告诉人们："信任天不如信任人，靠上帝不如靠自己。""人格是神圣的，人权是神圣的。"[①]鲁迅从留学日本时期就高度关注个人。面对当时中国的现状，他的主张是："人立而后凡事举，若其道术，乃必尊个性而张精神。"[②]甚至蔡元培在《〈国民〉杂志序》一文中也说："苟倡绝对的国家主义，而置人道主义于不顾，则虽以德意之强，而终不免于失败。"由此可见五四新文化运动中一代先驱的共识。

五四新文化运动反对旧道德而提倡新道德，反对旧文学而提倡新文学，主张个性解放，鼓吹恋爱自由，倡导妇女解放，批判贞操观念，以及反孔、非孝、讨论自杀等一系列活动，其根本目的正是把人从吃人的制度和文化规范中解放出来，使人获得价值、尊严与权利。新文化运动之所以高举科学与民主的大旗，因为科学与民主都与人权密切相关，并且是可以为其服务的：科学可以帮助人从各种迷信中解放出来，民主可以帮助人从专制制度中解放出来。新文化运动领袖们的一切行为，都可以在争人权这一目标中得到解释。

人的意识在文学中形成一股强大的启蒙主义潮流，鲁迅和胡适毫无疑问是这种启蒙文学的主要代表。

救亡主题的核心意识是19世纪中期以来日益高涨的民族意识。它有深厚的现实基础：从鸦片战争到抗日战争，在一百年的时间里，中国一直面临着国家存亡的危机。20世纪的中国人从上一世纪继承的是一个危机四伏的残局和极为不良的国际处境。面对外族的入侵，抵抗一败再败，一个自大的民族终于暴露了在专制政治、小农经济和儒家文化基础上形成的国家不堪一击的真实面目。割地赔款和不平等条约使国人深刻地感受到民族的危机，于是，争取民族独立而不做亡国奴的呼声响彻四面八方。强烈的民族意识强化着排外心理，排外心理又以各种复杂的形式强化着民族意识。虽然中国人已经知道落后就要挨打，也知道文明必然沿着优胜劣汰的逻辑演进，一种文明由于自身的原因而衰弱的时候，任何心理上的不平衡都无济于事。然而，有着悠久历史传统的民族却很难轻松地接受外来文明。越是清楚地意识到民族

①胡适：《我们对于西洋文明的态度》，《现代评论》第4卷第83期。

②《鲁迅全集》第1卷，人民文学出版社1981年，第57页。

的困境，民族意识就越是强烈。考察“五四”时期中国人的意识形态，民族主义仍然是一个响亮的音符。无论北洋军阀还是革命党人，都表现了很强的民族主义思想和情感。加之一战之后西方思想界对西方文化的某种破灭感，使中国迅速兴起了一种文化民族主义。这一切都极大地影响着文学界。因此，虽然新文化运动的中心目的是通过对旧传统的批判和价值体系的改造而推动人的解放，但它在一开始就必然同时承载了民族解放的任务。

特别值得注意的是，一战的胜利几乎使中国人忘记了自己的真实处境，巴黎和会却使国人又一次认识了中国在世界的可悲地位。5月4日的学生运动因此而发生。这一运动集中反映了当时中国青年知识分子的爱国热情和民族情绪，同时也进一步强化了民族意识。由这场学生运动，不仅可以看到救亡文学主题存在的必然性和合理性，也可以看到当时的启蒙运动是如何直接助长着救亡的热情。

然而，值得注意的是，“五四”时代从前人继承的民族意识是复杂的，其中既有革命党人的民族意识，也有保皇党人的民族意识，还有义和团与慈禧太后式的民族意识。因此，启蒙主题与救亡主题的矛盾和抵牾不可避免。这种矛盾从孙中山及国民党对新文化运动的态度中可以清楚地看到，从一些激进的热血青年的言论中也可以看到。“五四”刚刚过去不久，北大学生中就出现了这样的言论：“外人自侵入中国之后，做了不少的宣传，说中国人是野蛮民族，是贱种，性质如何卑劣，习惯如何腐败，道德如何堕落，自经‘拳匪之乱’，他们更振振有词认为这是中华民族性不良的铁证了。一般吃洋饭放洋屁的留学生西崽，更是推波助澜，说中华民族性果然如洋大人所云。中国人民因知识不如人，机器不如人，政制不如人，经种种失败，受种种苦痛，也不期然而然的自视实有不如洋族的地方，于是颓然的自暴自弃起来了。古人说：‘哀莫大于心死’，一个民族的心死了，而欲图民族之自存，行得吗？况且洋族的民族性，不见得比我们高尚或且比我们还低下，我们已经屡次指出。所以我们要做新诗人的青年们，关于表现民族伟大精神的作品，要特别多做，儆醒已死的人心，抬高民族的地位，鼓励人民奋斗，使人民有为国效死的精神。”①毫无疑问，这种见解显示着强烈的民族意识和爱国

①邓中夏：《贡献于新诗人之前》，1923年12月《中国青年》第10期。

情感，却与新文化运动领袖们所主张的新文化精神相去甚远。

翻身主题的核心意识是阶级意识。在80年代以来的现代文学研究中，由于双重变奏框架影响，有人把它看作救亡，有人将其解释为启蒙，造成许多混乱。其实，翻身主题虽然与启蒙主题和救亡主题都存在着某些联系，但自身有其与启蒙或救亡完全不同的目的指向。翻身与救亡主题的联系是密切的，比如“五四”学生运动的口号是“外争主权，内除国贼”，这是一个救亡的口号，但“内除国贼”可以引申为翻身主题，而且翻身主题也可以通过这一口号而获得救亡的意义。翻身主题与启蒙主题的联系也是密切的，比如为劳苦大众呐喊请命，它是人道主义题内之义，却也可以引申到翻身主题。不过，就其根本目的来说，翻身主题有其独立的体系。无论它与人的意识或民族意识有多少重叠之处，都不可能消融于民族意识或人的意识之中。因此，把翻身主题归入启蒙或者救亡，都会导致严重的混乱。

如果进行历史的考察，朴素的阶级意识和下层大众翻身的愿望是中国古已有之的。因为只要社会不平等，人们就有不平感，处于社会底层的劳苦大众就会有翻身的愿望。作为一种朴素的阶级意识，中国文学中早有“朱门酒肉臭，路有冻死骨”的表现。但是，面对社会的不平，在一般文人的笔下，往往只是像杜甫的表现一样表现为一种人道主义的同情和叹息，并不指向翻身主题；在革命家那里却往往表现为“帝王将相宁有种乎”的质问和“彼可取而代也”的豪情壮志。后者集中显示了传统翻身主题的精神。正因为这样，这种翻身的愿望经常处于被压制的状态，但一旦社会失控，就会强烈地表现出来，并且导致社会的动荡。中国是一个专制主义传统悠久的国家，专制制度必然导致政治上的不平等和经济上的分配不公，而且最终必然导致贫困。越是贫穷和落后，社会不公的现象就越是触目惊心地助长着人们强烈的不满和反抗情绪。中国历史上一次又一次由于灾荒和统治的腐败而导致的农民起义正是这种古老的翻身愿望的最好说明。

由于种种原因，“五四”前后的中国社会存在各种危机，民不聊生是众所周知的事实。在一般情况下，由于文化传统的制约，苦难的大众并不一定有足够的“阶级觉悟”。但是，“五四”新文化却像助长民族意识一样从各方面助长了阶级意识的觉醒。一些知识分子因为接受了西方观念而深刻认识了社会的不公，因而无论从一般人道主义立场还是从社会主义、无政府主义立场出发，都努力为大众鸣不平，并试图改变不平的现状。翻开《新青年》就可以看到，新文化运动引人注目的主题之一就是对下层劳苦大众的同情和对社会不平的抗议。1919年五四运动爆发之时，《每周评论》正刊载了陈独秀的《贫民的哭声》。文章展示了贫民可怜的生存状况之后写道："这十几万人何以到了这样苦恼的境遇？懒惰，没有能力，并不是他们人人造成苦恼的唯一原因。有些享福的老爷太太，能力不比他们高，而且比有些贫苦的人还要懒惰十倍。那么到底是什么缘故呢？"陈独秀看到的问题是官僚的疯狂掠夺："今天这样捐，明天那样税，弄得民穷财尽，钱用到哪里去了？替人民办了什么事？……养了议员去嫖赌，恭维督军；养了文官去刮地皮，借外债卖路矿得回扣；养了武官去杀人，抢劫，贩卖烟土；养了法官警官去捉拿那贫苦的烟犯赌犯来罚钱。现在的时代，还无人敢说政府官吏没有什么用处。可惜他们的功效，只造成一片贫民的哭声！"①此时的陈独秀还不是阶级论者，他是从人道主义立场上为下层民众鸣不平的。20世纪上半叶的中国文学史上，这种"不平之鸣"是常见的，虽然出发点各不相同，但在客观上都强化着阶级意识。在"五四"时期，这一现象非常明显。如刘半农的《相隔一层纸》《学徒苦》，刘大白的《卖布谣》《田主来》，都鲜明地体现着阶级意识，不过，反映贫富悬殊和阶级差别的目的指向仍然是社会平等，因而所表达的也大多是人道主义的同情。"生我者亦父母"的呼声是一种典型的声音。即使在刘大白的《红色的新年》等赞美俄国十月革命的作品中，所大声呼叫的也是"不公！不公!！不平！不平!！"所表现的愿望也是"那潮头上涌着无数的锤儿锄儿，直要锤匀锄光了世间的不平不公"。因此，这种声音并没有与启蒙主题发生冲突。最先呼唤为阶级翻身而斗争的是蒋光慈。在1923年写的《中国劳动歌》中，他写下了这样的句子："起来吧，中国劳苦的同胞呀！我们尝足了痛苦，做够了马牛；……快啊，快啊，快动手!"但这只是个别的表现。在"五四"时期，这三种主题基本能够和谐统一，并且以人的意识为中心形成了启蒙主义文学主潮。

但是，三个主题的潜在的矛盾是明显的，致力于民族独立的人们往往既不赞同以个人自由为基础的启蒙主题，也不赞同以阶级意识为基础的翻身主

①《每周评论》第19号。

题；致力于阶级翻身的人们往往既不满足于一般的人道主义，也不愿意接受民族和国家利益高于一切的民族中心价值观。这种矛盾在“五四”高潮过后开始一步步明朗化。

二

三种主题尖锐而复杂的冲突是从20年代中期开始的。由于国民革命运动高潮的到来及其结果——国民党政权的建立，民族意识与阶级意识都同时得到了强化。在文学界，阶级意识强化的结果是革命文学运动的兴起，民族意识强化的结果是民族主义文艺运动的兴起。普罗文艺运动与民族主义文艺运动分别代表了20年代末到30年代初中国文艺运动的两大潮流，同时也集中显示了翻身主题和救亡主题的面貌。民族文艺运动表现着民族意识，其主旨在于民族的独立和民族国家的巩固。普罗文艺运动代表着阶级意识，努力的目标是阶级的解放和翻身。这两种力量尖锐地对立着，却共同否定着“五四”时期形成的以人权意识为基础的启蒙文学。过去的研究往往过分夸大了普罗文艺运动与民族文艺运动之间的对立性，忽略了它们之间的共同性和产生这共同性的文化基础。事实上，民族主义文艺运动和普罗文艺运动在文学观念、审美意识和对文学的具体要求等方面，都表现着高度的一致性。不同之处只在于前者张扬的是民族意识，而后者张扬的是阶级意识；前者致力于民族国家的巩固，后者致力于劳苦大众的翻身。

从社会生活对文学的影响看，两大主题的兴起都与国民革命密切相关。正是国民革命的高涨同时带来了民族意识和阶级意识的强化，带来了救亡主题和翻身主题在文学中的迅速增长。

一方面，在国民党的指导思想中，本来就存在着强烈的民族意识。国民党以孙中山的三民主义为其指导思想，而三民主义之一就是民族主义。人们一般把孙中山称作资产阶级革命家，但这位资产阶级革命家却没有完整地接受西方资产阶级的思想体系，而是保留了很多国粹主义色彩。虽然他在20年代领导的革命事实上以打倒军阀为目的，却总是以打倒帝国主义为号召。这里的逻辑是中国的军阀已经成为帝国主义的走狗，因而打倒军阀的意义就不只是推翻旧统治，而是实现民族的独立和解放。在国民革命的过程中，国民党正是通过这种方式以及与西方列强的一系列冲突特别是在省港罢工中对工人运动的支持进一步获得了革命的合法性，并且在调动革命热情的同时直接强化了国人的民族意识。从五卅惨案到省港大罢工，面对列强的枪弹和同胞的血，全国各界万众同心，打倒帝国主义的怒吼响彻四面八方。民众的民族情绪直接推进了国民革命军的北伐，并且保证了最后的胜利。这种民族情绪影响着作家，使那些本来民族情绪并不强烈的作家也心情激动起来，开始抒写强烈的愤怒，呼唤反抗和斗争。从此之后，人们不仅开始批评为艺术而艺术，要求文学服务于社会运动，而且希望文学能够致力于唤醒国民抵抗帝国主义侵略。

另一方面，由于俄国十月革命的影响，加之李大钊、陈独秀等人的帮助，孙中山充分地看到了工农力量的重要性。因而在国民党第一次全国代表大会发表的《宣言》中，明确宣称民族的解放事业“其所恃为后盾者，实为多数之民众”。并且做出允诺：“吾人欲证实民族主义实为健全之反帝国主义，则当努力于赞助国内各种平民阶级之组织，以发扬国民之能力。”[①]这就为追求阶级翻身的运动留有了广阔的空间，使下层工农大众追求翻身解放的运动搞得轰轰烈烈。尤其是广东、江西、湖南等地的农民运动，正如毛泽东所描写的：“其势如暴风骤雨，迅猛异常，无论什么大的力量都将压抑不住。”“农民的主要攻击目标是土豪劣绅，不法地主”。他们“把几千年封建地主的特权，打得落花流水。地主的体面威风，扫地以尽”。他们翻身了：“一切从前为绅士们看不起的人，一切被绅士们打在泥沟里，在社会上没有了立足地位，没有了发言权的人，现在居然伸起头来了。……他们发号施令，指挥一切。他们站在一切人之上。”“土豪劣绅家里，一群人涌进去，杀猪出谷。土豪劣绅的小姐少奶奶的牙床上，也可以踏上去滚一滚。”[②]这一切充分表现了穷苦农民闹翻身的积极性。

更为重要的是，1928年，蒋介石政权的建立进一步同时强化了民族意识和阶级意识，并使这两种意识都在文学中得到了强烈的表现。

一方面，蒋介石政权建立之后需要意识形态方面的凝聚力，于是，国民

---

①《孙中山选集》，人民出版社1956年，第591—592页。

②《毛泽东选集》，人民出版社1967年，第14—16页。

党本来具有的民族主义被大力发展起来。从理论上讲，三民主义应该包括民主和人权等知识分子启蒙主题的核心内容，也应该包括社会平等和大众解放的内容，但在实际的操作中，它却只是一纸空话，只有民族主义成为国家权力努力倡导并试图用以实现文化统一的思想核心。加之蒋介石个人的儒家思想基础和民族主义倾向，使占据了统治地位的国民党一心只想在爱国主义和传统文化的旗帜下统一民众的思想文化和舆论，毫不顾及现代知识分子对传统文化的批判和在这种批判中形成的以民主和人权为核心的社会理想，也不考虑受压迫阶级由于贫穷和苦难而酝酿着的阶级反抗情绪和翻身欲望，而只是一味为了政权的稳定而千方百计扑灭它。

从政治稳定出发，他们对个人自由的张扬和阶级翻身的鼓吹都有点深恶痛绝，理所当然地支持民族主义文学运动。在政治权威的支持和赞助之下，民族主义文艺运动在30年代初终于形成一个强大的潮流。过去的现代文学研究对这一潮流缺少真正的研究，往往只是简单地把它看作官办文学运动。事实上，无论国民党如何为实现国家权威对文化的控制而插手这一文学运动，它仍然并不只是遵命的结果，而是与当时民族的处境密切相关。

民族主义文艺运动的倡导者们认为，文艺的最高使命应该是弘扬民族精神，一切文学活动都应该以唤起民族意识为中心，促进民族向上发展的意志，唤起民族的情绪和斗志，鼓舞民族的自信心，而最终的目的是促进民族国家的建立。《民族主义文艺运动宣言》中宣称："现今我们中国文坛艺坛的当前的危机是对于文艺缺乏中心意识。那么，我们要突破这个危机，并促进我们的文艺的开展，势必在形成一个对于文艺的中心意识。从历史的教训，我们须集中我们此后的努力于民族主义的文学与艺术的创造。我们此后的文艺活动，应以我们的唤起民族意识为中心；同时，为促进我们民族的繁荣，我们须促进我们民族的向上发展的意志，创造民族的新生命。我们现在所负的，正是建立我们的民族主义文学与艺术重要伟大的使命。"这与他们对时代以及民族出路的认识有关。他们认为："我们当前的时代，我们以为是一个民族求生存的时代，是一个民族争自由平等的时代，尤其是一个全世界弱小民族求生存和争自由平等的时代！试看世界虽大，哪里有弱小民族立足之地？哪里听不到弱小民族哀痛的绝叫？哪里看不见弱小民族狼藉的血肉？哪里不是帝国主义为胜利狰狞的狂笑？在这样一个时代，被压迫的民族，虽常不免因为社会经济组织的不良，而发生民族内部阶级的分化和冲突，然这种不幸的现象，只是时代的一隅，而绝不是时代的本身！在整个时代的前面，生息于其下的任何个人任何阶级，都应当认清时代的全体，而不应固执时代的片断！彻底说来，在当前的时代下，只有全民族的利益值得夺取，只有全民族的搏战值得参与，此外个人和阶级间的一切得失，都是细微渺小的争持，宏伟磅礴的民族意识和民族精神应该能够扫荡一切，消除一切，融合一切！——这是这个时代下一切从事文学者所应明白体认的一个原则！”①

因此，他们反对致力于阶级翻身的文学运动，为此而向左翼作家大声呼叫：“请暂养息一下你的嗓子吧，把叫黄包车夫打坐客的功夫抽出一点去放到那挽救国家的危亡的上头。”②同时，也反对以个人的解放为目的的启蒙文学，认为“‘五四’时代的思想，是自己从新来创造一切，旧的一切从新来估值。……但只有个个独立的人，而没有发现积人而成的民族社会”③，因此，他们对胡适、鲁迅、《语丝》《新月》都不以为然，而且给予猛烈攻击。

另一方面，与蒋介石的政权的建立相伴随，轰轰烈烈的工农运动平息了。早在毛泽东为农民运动大声叫好之时，蒋介石就对此不以为然。他的态度正如毛泽东在《湖南农民运动考察报告》中所嘲弄的：“嘴里天天说‘唤起民众’，民众起来了又害怕得要死。”既然害怕得要死，就要采取措施。于是农民运动不但不再被支持，而且受到了限制和镇压。组织发动和支持者受到了清洗。然而，翻身的愿望被压制之后表现更为强烈，而且有了尖锐的斗争性。当然，劳苦大众翻身求解放的声音并不是自己在文学中喊出的，因为他们没有掌握文学工具，无法在文学中表现自己的声音。但是，一些文人却在投身于国民革命的过程中把目光投向社会底层，而且早就向文学家发出了“到兵间去，民间去，工厂间去，革命的漩涡中去！”④的号召。当以阶级斗

---

①《民族文艺论文集》，杭州正中书局1934年，第409页。

②同上书，第88页。

③同上书，第130—131页。

④郭沫若：《革命与文学》，《创造月刊》1926年4月。

争的方式谋求翻身解放的行动失掉了合法性的时候，一些文人开始转向文学运动。由于各种国际流行的理论影响，他们认为“资本主义已经到了他的最后一日，世界形成了两个战垒，一边是资本主义的余毒‘法西斯蒂’的孤城，一边是全世界农工大众的联合战线。各个的细胞在为战斗的目的组织起来，文艺的工人应当担任一个分野”[①]。他们要走向大众，充当他们的代言人。这种代言人的资格是令人怀疑的。鲁迅在《路》中曾经如此讽刺说：“上海的文界今年是恭迎无产阶级文学使者，沸沸扬扬，说是要来了，问问黄包车夫，车夫说并未派遣。这车夫的本阶级意识形态不行，早被别阶级弄歪曲了罢。另外有人把握着，但不一定是工人。于是只好在大屋子里寻，在客店里寻，在洋人家里寻，在书铺子里寻，在咖啡馆里寻……”在鲁迅看来，本人并非无产者而声称代表无产阶级，真正的工人却被认定并不具备无产阶级意识，这是非常荒诞的。但是，鲁迅的讽刺并不能动摇他们要做大众代言人的决心。他们要努力获得阶级意识，并且要求作家放弃知识分子的自我而去做大众的留声机器。

这种主张与他们对大众的认识密切相关。他们认为，“一切被压迫群众不但是反抗统治阶级的力量，而且是创造新社会的主人。”[②]他们认为，“现在的中国农民第一是不像阿Q时代的幼稚，他们大都有了很严密的组织，而且对于政治也有了相当的认识；第二是中国农民的革命性已经充分地表现了出来，他们反抗地主，参加革命……”所以他们断言：“阿Q时代是早已死去了！阿Q时代是死得已经很遥远了！”[③]诗人向着阿Q呼喊：“粗暴起来啊，阿Q！粮食／工作／爱情／你要的，你的权利……”[④]

因此，他们就要反对鲁迅、胡适式的启蒙主义立场，对“五四”新文学予以全面的批判。他们说鲁迅“暴露了知识阶级的厚颜，暴露了人道主义的丑恶”[⑤]，甚至宣判鲁迅为“文艺战线上的封建余孽”，“二重性的反革命的

①成仿吾：《从文学革命到革命文学》，《创造月刊》1928年2月。

②蒋光慈：《关于革命文学》，《太阳月刊》1928年2月。

③钱杏邨：《死去了的阿Q时代》，《太阳月刊》1928年3月。

④邹荻帆：《跨过阿Q》，《新诗选》第二册，上海教育出版社1979年。

⑤成仿吾：《毕竟是“醉眼陶然”罢了》，《创造月刊》1928年5月。

人物”，“不得志的Fascite（法西斯谛）”[①]。

在激烈批判启蒙文学的同时，他们坚决反对民族主义。这不仅表现在他们对民族主义文艺运动的坚决批判，而且表现在自己创作中对民族意识的摒弃，表现在对一切表现民族意识的作品持否定态度。在阶级意识的支配之下，他们接受了工人无祖国的名言，认定被统治阶级没有义务去爱统治阶级的国家。所以，不仅在中东路事件引发的中苏战争中持“保卫苏联”的态度，即使面对“九一八”之后的形势，他们也决不一般地表现救亡主题，而是坚持以阶级意识看待中国与日本之间的战争：“中国也有大地主，日本也有大地主／他们要打仗，他们在打仗／我们联合起来”[②]。甚至支持抗战也不是因为日本侵略中国，而是因为日本威胁着苏联。《总退却》《伟大的开始》等作品受到严厉的批评，其原因就是作者描写中日战争时“没有站在阶级的立场上”[③]，批评者甚至发出了这样的指责：“他是为了父母妻儿民族和国土而抵抗，他并不是为了阶级的利益而战斗！”[④]

面对两大潮流对启蒙文学的挑战，“五四”启蒙主义的持守者进行了抵抗。当时新文化阵营早已分化，胡适与鲁迅也走向了不同的道路。但是，在守卫“五四”启蒙主义这一点上，他们是一致的。他们从不同的方面捍卫着启蒙主义的新文化和新文学。面对革命文学倡导者对“五四”新文学特别是启蒙主义的攻击，鲁迅进行了有力的反击，与之展开了长期的论战。鲁迅与革命文学倡导者的矛盾是复杂的，但是，冲突的根本之处是启蒙与翻身的冲突，其关键在于鲁迅坚守“五四”的文化目标和启蒙主义立场。革命文学论者对“五四”新文学运动方向的否定是鲁迅所不能容忍的；革命文学论者强调作家放弃知识分子的启蒙主体地位而充当大众的留声机器，是鲁迅难以接受的；革命文学论者认为阿Q时代已经死去，大众已经觉悟而不再需要启蒙，也是鲁迅不能认同的。与此同时，胡适打响了另一战场上的一场“五四”精神保卫战。面对国民党以党化教育愚弄人民、以三民主义统一思想、

①杜荃（郭沫若）：《文艺战线上的封建余孽》，《创造月刊》1928年8月。

②陶晶孙：《谁是真正的好朋友》，1931年《北斗》第1卷第4期。

③丹仁：《关于〈总退却〉和〈豆腐阿姐〉》，1932年《北斗》第2卷第2期。

④《文学新地》，1932年第1卷第1期。

以弘扬传统整合精神以及限制自由思想、大搞现代迷信、剥夺自由权利和瓦解“五四”成果等种种倒行逆施，胡适终于忍无可忍，连续写了《名教》《人权与约法》《我们什么时候才可有宪法》《知难行亦不易》《新文化运动与国民党》等文章，与国家权威意识形态展开了激烈的斗争。他尖锐地指出：“从新文化运动的立场看来，国民党是反动的。”“根本上国民党的运动是一种极端的民族主义运动，自始便含有保守的性质，故起了一些保守的理论。这种理论便是后来当国时种种反动行为和反动思想的根据了。”[①]而胡适说的“反动思想”包括孙中山的民族主义思想。胡适与国民党冲突的关键正是五四新文化运动的启蒙立场与民族主义的守旧立场不可调和的矛盾。

三

谁是冲突的胜利者呢？应该说，国难当头之际，长期的冲突以民族主义文学的胜利告一段落。抗战前夕，左联解散，无条件放弃全部的理论主张而服从于民族解放战争的需要，就是一个鲜明的标志。“两个口号”的论争虽然进行得非常激烈，但双方都赞同新文学必须为民族解放而斗争的目标和任务。它显示着30年代以阶级意识为核心意识的左翼文学向民族意识的归顺。周扬主张“国防文学”，要求“文学上反帝反封建的运动集中到抗敌反汉奸的总流”[②]。虽然“民族革命战争的大众文学”仍然保存了“大众”的字样，意味着仍然存在阶级意识，却也承认“在一切救亡运动解放运动里面，抗敌战争——民族革命战争的运动是一个共同的最高的要求”[③]。一切不愿当亡国奴的作家都聚集到了抗日救亡的大旗之下，服务于争取民族解放的战争，四分五裂的文坛也形成了一个统一战线。“统一战线”是一个非常模糊的概念，但无论怎样解释，都无法抹杀一个事实：统一战线必然统一于某个中心。在民族主义旗帜下形成的统一战线的中心意识必然是民族意识。因此，抗战开始，文学意识形态和审美倾向上的矛盾开始转入次要地位，一

①胡适：《新文化运动与国民党》，1929年《新月》第2卷第10号。

②周扬：《关于国防文学》，1936年6月《文学界》创刊号。

③《胡风评论集》（上），人民文学出版社1984年，第375页。

切服从抗战的要求。各派作家联合起来成立“中华全国文艺界抗敌协会”，其《简章》中明确地宣布着他们的宗旨：“以联合全国文艺家共同反对日本帝国主义的侵略，完成中国民族自由解放，建设中国民族革命的文艺。”当时的情形确如郭沫若在《抗战与文化问题》中所说：“‘八·一三’以来，所有国内的种种颉颃状态几乎完全停止了，所有一切有利于抗战的力量也渐渐地集中了起来，就已感觉着有集中的必要。就简单拿文化问题来说吧，所有以前的本位文化或全盘欧化的那些空洞的论争，似乎早已是完全停止了。而在文化的分野里面受着鼓舞的，是抗战言论，抗战诗歌，抗战音乐，抗战戏剧，抗战漫画，抗战电影，抗战木刻……”左翼作家不但不再把苏联放在自己祖国之上，甚至认为：“全国的军队必须有统一的编制，统一的指挥，然后才能做到配备恰当，进退有序的地步，文艺作家也同样，必须自身有整齐严密的组织，然后才能有系统，有计划地执行自己的工作。”

这种一切服从于民族救亡的形势从文坛的两件事可以看得非常清楚：一是“与抗战无关论”引起的风波；一是所谓“反对作家从政论”导致的批判。其实，梁实秋并非主张文学与抗战无关，他的原话是“与抗战有关的材料，我们最为欢迎，但是与抗战无关的材料，只要真实流畅，也是好的”[①]。结果却引发了激烈的批判。反对者从根本上否认在抗战中有与抗战无关的材料，好像写作或者发表与抗战无关的作品就是对抗战的破坏。沈从文在1939年发表文章《一般与特殊》，对一些作家投笔从政提出批评。因为在他看来，作家从政之后满足于一般宣传，是创作质量下降的原因。他并不反对文学创作为抗战服务，却实在看不起一些文人满足于风云际会。文章一发表就受到了激烈的批评，最严厉的指责也是以此破坏抗战。这些高举民族主义大旗的批判者，原来大多是阶级论者。

由于全力配合抗战，文学集结于民族主义的旗帜之下，民族意识成为文学的中心意识。30年代初开始的民族主义文艺运动在抗战时期终于取得事实上的胜利。这个过程是一个救亡压倒启蒙的过程，也是一个救亡压倒翻身的过程。

如果到此为止，救亡压倒启蒙的结论是正确的。但是，救亡主题的胜利

---

①《编者的话》，《中央日报》1938年12月1日。

只是暂时的。进入40年代之后，文学的中心主题再次发生变化，压倒一切的主题已经不是救亡。

在抗战形势下，虽然似乎一切都服从于救亡的需要。但如果深入考察，不难发现抗战文学中一直存在着一种虽然统一在抗战大旗之下却并不甘心于服从抗战的声音。虽然民族矛盾已经成为主要矛盾，但总是有人更关心阶级矛盾而不愿意把民族矛盾的解决作为压倒一切的主题。面对这种现象，救亡宣传的权威机构一次次试图通过劝导和警告实现整合。其方式无非是张扬孙中山“取民族而摒阶级”的主张，希望全国上下，同心同德，一致抗日，保卫国家。并因此而号召作家“不专写社会黑暗”，“不挑拨阶级的仇恨”，为全民族的利益而创作。①但是，民族中心意识日益失掉了整合的能力。面对民族主义的宣传，人们不但不再像抗战初期那样响应，而且表现出强烈的反感。战国策派受到来自左翼作家和自由主义作家的同时批判，就是一个证明。它意味着启蒙主题和翻身主题的重新复活。

在这种复活中，对陈铨剧本《野玫瑰》的批判是深有意味的。该剧受到批判的原因之一是“美化特务”。剧中的主人公夏艳华是一个为了抗战把生死置之度外的特工，是作者热情歌颂的民族英雄。批判者却把她称作“罪恶昭著的法西斯特务”，真让后人摸不着头脑，甚至以为批判文章出自日本人或汉奸之手。事情很简单，仅仅因为她是政府派遣的，受命于当时的统治者。这种批判使我们看到，在一些人的思想中，阶级意识已经再次压倒民族意识。

在延安，经过文艺整风运动之后，文艺的发展改变了方向，其重要特点之一也是阶级意识的迅速强化和救亡主题迅速让位于翻身主题。延安平剧院演出《逼上梁山》。毛泽东看后给平剧院写信说：“我向你们致谢，并请代向演员同志们致谢！历史是人民创造的，但在旧戏舞台上（在一切离开人民的旧文学旧艺术上）人民却成了渣滓，由老爷太太少爷小姐们统治着舞台，这种历史的颠倒，现在由你们再颠倒过来，恢复了历史的面目，从此旧戏开了新生面，所以值得庆贺。”接着，歌剧《白毛女》轰动延安。当《白毛女》刚刚演出的时候，人们的认识并不一致，据张庚回忆，“当

---

①张道藩：《我们所需要的文艺政策》，1942年9月《文艺先锋》第1卷第1期。

时在墙报上就出现过文章，攻击《白毛女》，说它是破坏统一战线的戏。”[①]攻击者显然站在团结抗战的民族主义立场上。可是，毛泽东、周恩来等看过这个戏之后，不仅给予了高度的评价，并且指示修改，加了枪毙黄世仁的结尾。由此可以看到的是：民族意识中心论者在阶级意识中心论者面前的溃败。

接下来出现的现象是在创作中翻身主题对救亡主题中心地位的取代。从文学的题材内容上看，文学开始表现新的主题，新的人物。阶级战争、土地改革、复仇清算以及从属于阶级翻身之下的妇女翻身成为主要内容。以《白毛女》《血泪仇》《赤叶河》《逼上梁山》为代表的戏剧，以《王贵与李香香》《漳河水》《赵巧儿》《王九诉苦》《铁算盘子来算账》等为代表的诗歌，以《李有才板话》《暴风骤雨》《太阳照在桑干河上》等为代表的小说，充分显示着翻身文学主潮的到来。无论以什么形式表现什么故事，其主题词差不多都是：“要报千年的冤和恨，咱们穷人要翻身。”

在翻身主题压倒救亡主题的同时，文坛出现的一个重要现象是启蒙主题在文学中的边缘化和迅速萎缩。考察启蒙文学萎缩的主要原因，可以清楚地看到，李泽厚“救亡压倒启蒙”的论断在40年代已经不是历史的事实。40年代后，启蒙文学多次受到沉重的打击，但没有一次来自民族救亡。

一次是1942年延安文艺整风运动。它批判的是个人主义和人性论，要调整的是大众化与化大众的关系，要改变的是知识分子的启蒙立场。考察文艺整风中受批判的作家和作品，不难发现它之所以受到严厉批判的主要原因就在于继承了“五四”启蒙精神。呼唤杂文时代也罢，强调文学家与政治家的不同也罢，都显示着启蒙主题的守护。但是，要求一切服务于翻身解放的根据地政治却不能容忍“五四”式的启蒙立场。无论王实味还是萧军，其问题都在于从鲁迅那里继承的启蒙精神。丁玲的问题也在于她与“五四”启蒙精神没有能够真正一刀两断。他们对等级观念特别敏感，无法接受家长式的组织管理，接受不了对人的漠视和对个性的压抑，并且试图揭露新形式下的封建主义货色。这种启蒙的声音因其有可能动摇人们的信

---

①《历史就是见证》，《人民日报》1977年3月13日。

仰和削弱人们的热情而必然受到了打击。为了解决这一问题，进一步的措施是通过思想改造的形式解构知识分子的主体地位，以保证彻底放逐启蒙文学。

一次是稍后展开的对胡风的批判。这一批判运动一直持续到50年代“胡风反革命集团”被关押。胡风之所以受到批判，主要原因在于他不愿意放弃从鲁迅那里继承来的启蒙立场，不愿意放弃启蒙知识分子在创作中的主体地位。因而，也不愿意承认工农大众即使脚上有牛屎也比知识分子干净，更不承认知识分子必须在思想感情上与工农兵取得一致然后才能从事创作的金科玉律。胡风的惨败当然与30年代左翼作家的宗派有关，但这宗派本身在当时就是以是否在接受阶级意识之后仍然保持启蒙立场而画线的，胡风与周扬的矛盾仍然是鲁迅与创造社、太阳社矛盾的延续。因此，胡风的惨败事实上是鲁迅文学道路的惨败，是启蒙主义文学的惨败，同时，也标志着左翼作家中启蒙主义者的最后消失。

还有一次是对“自由主义文艺”的批判。以“京派”为主要力量的所谓“自由主义文艺”之所以受到批判，原因在于他们对人的解放等一系列“五四”新文学主题的持守。严格地说，“京派”并非“五四”启蒙精神的嫡传，但在特殊的背景上，无论沈从文还是朱光潜和萧乾，却都不愿被某种统一的思想所吞没，而顽强地守护着自由和个性。由于这种持守，在抗战时期民族意识大一统的时候，他们是不合时宜的；在抗战结束阶级意识取而代之的时候，他们仍然不合时宜。他们试图以知识分子的独立精神重整“五四”新文化阵地，于是，理所当然地受到了严厉的打击。打击他们的主要理由正是郭沫若在《斥反动文艺》一文开头所说的：“今天是人民的革命势力与反人民的反革命势力作短兵相接的时候，衡定是非善恶的标准非常鲜明。凡是有利于人民解放的革命战争的，便是善，便是是，便是正动；反之便是恶，便是非，便是对革命的反动。我们今天来衡论文艺也就是立在这个标准上的，所谓反动文艺，就是不利于人民解放战争的那种作品，倾向，和提倡。”[①]这种尺度与当年倡导革命文学运动时的尺度是相同的。只要不利于闹翻身的文艺都属于“反动文艺”，启蒙文学自然是“反

①《大众文艺丛刊》第1辑，1948年3月1日出版。

动文艺”。

从以上几个事件可见，40年代文坛上压倒启蒙的力量已经不是救亡，迫使启蒙主题从文坛消失的不是救亡主题，而是阶级意识和翻身主题。

1988年12月初稿,1998年10月修改

国民革命与新文学环境的恶化

在中国现代历史叙述中，发生在20年代的国民革命一直受到高度的评价。然而，且不谈政治影响，只从文化发展的角度考量这场革命，就无法回避这样一个问题：国民革命在文化上并未带来发展和进步，而是产生了一系列的负面影响。革命高潮的到来使新文化受到了多方面的冲击和挤压，革命的结果又使新文化面临严重危机。这一切都使新文学的生存环境迅速恶化。

一、国民革命指导思想与五四新文化运动的矛盾

国民革命以国民党为领导核心。国民党的革命目标与五四新文化运动的目标并不完全一致。从一般意义上说，国民党是中国现代的第一个革命政党。然而，这个革命政党却缺乏现代思想意识的全面武装，因而明显缺少一个现代政党应有的现代性。考察五四新文化运动的历史，可以看到一些国民党的领袖人物是支持新文化运动的，而且直接参与了新文化运动，如戴季陶、胡汉民等。然而，只要认真考察，却可以发现他们的态度非常复杂，与新文化运动领袖集团思路大相径庭。而且，即使这样的成员也毕竟是少数，整个党的思想面貌和文化选择与五四新文化运动的理想相去甚远。

国民党及其领导的革命以孙中山的三民主义为其指导思想，而三民主义与五四新文化运动精神极不一致。人们一般把孙中山看作资产阶级革命家，但考察他的思想观念形态，所缺少的恰恰是现代资产阶级革命家所具有的那种现代意识。这位资产阶级革命家没有完整地接受西方资产阶级的思想体

系。作为一个志在行动的革命鼓动家和领导者，他努力追求的是使自己的思想纲领能够为更多的国人所接受，因而更多地保留了本土的传统和所谓中国特色。这些中国特色却往往与现代文化格格不入，使他的思想在许多方面与新文化运动的价值取向背道而驰：

（一）五四新文化运动作为辛亥革命之后的一次思想文化补课，旨在通过对传统的批判而铲除几千年专制政体的文化根基。面对共和政体建立之后仍然存在的专制传统，新文化运动的领袖们认识到，中国的文化传统与专制政治是相互适应的，在儒家学说基础上形成的君君臣臣父父子子的伦理观念是中国专制政治的文化基础，因此，要在中国建立现代体制，就必须借助西方文化彻底批判旧文化。孙中山的思想却恰恰相反。他高度评价中国文明，极力肯定旧传统，甚至认为“近来欧洲盛行的新文化，和所讲的无政府主义与共产主义，都是我们中国几千年以前的旧东西”[①]。五四新文化运动的领袖们最无法容忍的就是中国的政治传统，因而在呼唤科学的同时努力呼唤民主、自由和人权。孙中山却说：“欧洲之所以驾乎我们中国之上的，不是政治哲学，完全是物质文明。……我们现在要学欧洲，是要学中国没有的东西。中国没有的东西是科学，不是政治哲学。至于讲到政治哲学的真谛，欧洲人还要求之于中国。”[②]五四新文化运动的领袖们竭力批判旧道德，把伦理的觉悟看作“最后的觉悟”，全力推进道德革命。孙中山却几乎全盘接受了与专制政治相适应的道德观念，努力弘扬旧道德。他说：“讲到中国固有的道德，中国人至今不能忘的，首先是忠孝，次是仁爱，其次是信义，其次是和平。这些旧道德，中国人至今还是常讲的。但是现在受外来的民族的压迫，侵入了新文化，那些新文化的势力此刻横行中国。一般醉心新文化的人，便排斥旧道德，以为有了新文化便可以不要旧道德。”[③]

（二）五四新文化运动的价值核心是人，努力争取的是个人的自由和权利的保障。孙中山却总是以民族和国家的名义要求人们放弃个人的自由和权利。也许是专制传统之下生成的领袖意识的作用，他总是强调他的党员和民

---

①《孙中山选集》，人民出版社1956年，第666页。

②同上书，第666—667页。

③同上书，第680页。

众对领袖的服从，强调思想和行为的一致。为此，他不仅对科学、民主、自由和人权没有兴趣，而且不遗余力地进行抵制。这是中国人的一个大不幸：政治家们往往在自己也处于专制压迫之下的时候喊几句民主、自由之类的口号，但在革命尚未成功的时候，就已经开始考虑如何实现自己的专制统治，因而对一切有可能危害专制统治的思想抱有足够的警惕。从某种意义上说，孙中山没能稳坐统治宝座也许并非中国人的憾事，因为他的确不一定能为国人带来更多的人权保障，更不会给国人带来更多的自由。在《三民主义》中，孙中山曾经明确宣布："我们革命党向来主张三民主义去革命，而不主张以革命去争自由。"像一切实用主义政治家一样，孙中山更多地致力于寻找动员民众的口号。在他看来，中国人的自由已经太多，而且从来没有受过专制的痛苦，所以自由不能成为有号召力的口号。他说："欧洲人民因为从前受专制的痛苦太深，所以一经提倡自由，便万众一心去赞成。假若现在中国来提倡自由，人民向来没有受过这种痛苦，当然不理会。"[①]他又说，"欧洲人当时争自由，不过是一种狂热，后来狂热渐渐冷了，便知道自由有好的和不好的两方面，不是神圣的东西。……中国人现在因为自由太多，发生自由的毛病，不但是学校内的学生这样，就是我们革命党里头也有这种毛病。所以从前推倒清朝之后，至今无法建设民国，就是错用了自由之过也。"所以，他主张："自由这个名词究竟要怎么样应用呢？如果用到个人，就成一片散沙。万不可再用到个人上去，要用到国家上去。"[②]

由此可见，孙中山梦寐以求的也是一个没有个人自由的所谓共和国。他还没有像五四新文化运动的领袖们那样意识到个人自由和权利的神圣性，更没有意识到人们之所以需要国家和政府，是因为自由和权利需要保护，如果离开了对个人自由和权利的保护，国家和政府就失去了存在的根据。

（三）五四新文化运动在政治上追求的是民主与法治。孙中山作为一个资产阶级民主革命的领袖，却严重缺乏民主与法治的观念，而习惯于个人的独裁，总是不自觉地要剥夺人们的权利。人们都会承认，民国元年临时参议院制定的《临时约法》是中国第一部现代法典，并且为中国推行宪政提供了

①《孙中山选集》，人民出版社1956年，第717页。

②同上书，第721—722页。

依据。也许正因为这样，在反袁斗争和其后一系列针对北京政府的斗争中，孙中山都曾以“护法”为号召。但是，这位“护法”领袖进行的政治设计以及他的政治实践却与《临时约法》体现的精神相去甚远。在他的设计中，“凡于革命军未起义之前进党者，名为首义党员；凡于革命军起义之后、革命政府成立以前进党者，名为协助党员；凡于革命政府成立之后进党者，名为普通党员。”这三类党员享有不同的权利：“革命成功之日，首义党员悉隶为元勋公民，得一切参政、执政之优先权利；协助党员得隶为有功公民，能得选举及被选举权利；普通党员得隶为先进公民，享有选举权利。”而“凡非党员在革命时期之内不得有公民资格”[①]。在这里，他不仅要建立一党专政的政治体系和特权等级制，而且要在一定时期内剥夺大多数国民的公民权。这样，革命就不是为国民谋利益，而是为革命党谋特权，使党员成为特权阶层。在革命时期，这也许是进行动员的一种手段，但是，以特权为诱饵，而且剥夺他人的权利，这显然与现代民主政治大相径庭，也与五四新文化运动的方向背道而驰。

更为遗憾的是，国民党在1924年的改组不仅没有克服这些反民主的观念，而且使这些观念得以延伸。《中国国民党第一次全国代表大会宣言》中声称：“近世各国所谓民权制度，往往为资产阶级所有，适成为压迫平民之工具”，而“国民党之民权主义，与所谓‘天赋人权’者殊异，而惟求所以适合于现在中国革命之需要，盖民国之民权，惟民国之国民乃能享之，必不轻授此权于反对民国之人，使得借以破坏民国。详言之，则心真正反对帝国主义之个人及团体，均得享有一切自由及权利；而凡卖国罔民以效忠于帝国主义及军阀者，无论其为团体或个人，皆不得享有此等自由及权利”[②]。

即使在党内，孙中山也习惯于独裁而不习惯于民主。在组织中华革命党时，他宣布要求他的党员以服从命令为唯一重要的条件，而且必须甘愿服从他一人的领导。甚至要求党员写下誓约，按下手印，表示愿意牺牲一切而服从孙中山。中华革命党的组织原则给人留下的印象更像一个传统的秘密帮会，而不像一个现代革命政党。这种做法曾经导致国民党的分裂，包括黄兴

①程思远主编《中国国民党百年风云录》，延边大学出版社1995年，第3389页。

②同上书，第3405页。

在内的一大批国民党要员都因为不愿接受这一有损人格尊严的条件而拒绝参加中华革命党。但是，孙中山却固执己见，直到去世也没有改变他的这种中国特色。在国民党改组的时候，他仍然认为革命之所以不成功的原因就在于党人没有绝对服从他的领导，所以一再强调人们对他的服从，要求党员即使发现了领导者的错误，也仍然要服从，理由是“党员的奋斗，是和军队的奋斗一样，军队在奋斗的时候，如果司令官的命令一时不对，当兵士的都要服从”[①]。正因为这样，当他走投无路转向苏联时，只看到苏联革命的成功，却看不到它在政治上的非现代性质。

如果只是思想和学术上的一家之言，也许并不值得特别关注，但作为一个革命领袖，这些思想在指导中国革命的过程中产生的影响就不同寻常了。

二、国民革命高潮对五四新文化的瓦解

在国民革命的过程中，重组之后的国民党接受了来自苏俄的影响。苏式极权主义体制和意识形态在国民革命过程中与孙中山的三民主义结合起来，对五四新文化运动的成果形成了严重的威胁和瓦解。

由于种种原因，国民革命无法拒绝苏俄的援助。这种援助不仅是道义上的，而且是物质上的。革命需要钱，但任何革命家都不是从自己家里拿了钱来发动革命的。革命军需要吃饭，需要购买枪支弹药，革命领袖也需要吃饭，需要活动经费，这些都需要钱。在中国现代史上，革命大都离不开外来的援助。二次革命失败之后，孙中山一直在苦苦寻找外援，却一直找不到所谓“平等待我之民族”。在一次又一次的失败之后，他甚至拿出比二十一条更有损民族利益的条件以换取日本的支持，最后却仍然遭到拒绝。原因很简单：无论英国还是日本，都更愿意支持掌握政权的北京政府。这时候，只有苏联是一个例外，在得不到列强承认的情况下，形影孤单而又野心勃勃，所以能够做出不同于西方列强的选择。最后，是斯大林援助了国民党的北伐，但是，任何援助都需要代价，包括政治的、军事的，也包括文化的。

在国民革命高潮中，文化的走向与五四新文化运动的方向恰恰相反。

---

①程思远主编《中国国民党百年风云录》，延边大学出版社1995年，第3421页。

（一）为了鼓动民众的革命热情，国民党最大限度地助长和利用了民族主义情绪。对此，研究者一般把它解释为民众自发的爱国情感。然而，只要认真考察，就可以发现，民众自发的民族主义往往是被夸大的。在更多的情况下，它并非民众自发，而是宣传和引导的结果。国民革命高潮中的民族主义潮流与其说是源于民众的爱国情感，不如说是源于孙中山三民主义中的民族主义，与其说是源于孙中山三民主义中的民族主义，不如说是源于国民党当时的需要。原因当然是复杂的：首先，鲍罗廷所代表的苏联的作用绝不是可以忽略不计的，反对帝国主义是苏联的重要战略，国民党接受苏联的经济援助，就要同时接受反对帝国主义的任务。其次，它与英、日等国对北京政府的支持有关。在20世纪的中国，所谓“平等待我之民族”与“帝国主义”的界限是不容易划分的，正如在国内对“军阀”的界定难以把握一样。历史留下的只是一些这样的事实：当孙大元帅要求分享广州关税而遭到北京政府拒绝的时候，他宣布将夺取广州海关，并任命自己的官员。这自然危及列强的利益，激化了国民党与列强的矛盾，甚至导致一系列后果：“有利害关系的列强派炮舰前往广州阻止夺取海关，以此对付孙的挑战。国民党人太弱，无力战斗，取而代之的是，他们转而求助于群众示威和在外国首都进行宣传。危机过去了，但孙逸仙由于他向外国统治挑战，在中国取得了巨大的政治资本，国民党更明显地趋向民族主义：反帝国主义成为它的重要主题，完全像共产国际所主张的那样。”[①]孙中山为此付出了代价，他与列强的关系严重恶化，这迫使他更进一步依靠共产国际，也就更进一步反对帝国主义。在孙中山去世之后，这种基本的路向在胡汉民、汪精卫、蒋介石等人那里延续了下来。

从1925年开始，被调动起来的民族主义情绪发展为文化上的行为。游行、演讲、散发传单，反对西方教会的活动在革命的策源地搞得轰轰烈烈，甚至军队也像群众一样参与。1926年1月，在广州举行的国民党第二次全国代表大会公开表示支持反基督教的运动，并且指责传教士办的学校和刊物服务于帝国主义的侵略，是“帝国主义的喉舌和爪牙”。在一些革命领袖看来，西方文化是与革命对立的，要反对帝国主义，就要同时反对西方文化。

---

①费正清编《剑桥中华民国史》上卷，中国社会科学出版社1994年，第605页。

（二）为了调动农工大众参加革命的积极性，国民革命的领导者高唱大众的赞歌，鼓吹工农崇拜，迅速强化了劳工神圣的观念和民粹主义情绪。中国社会存在着严重不平等，下层民众的苦难是不可否认的事实。“五四”时期，一些知识分子就开始努力描写下层的苦难，表现对劳动者的同情，但是，所体现的大多是知识分子的人道精神。当革命高潮到来之际，情况完全不同了，国民革命的领袖们看到了工农的力量，为了调动他们的革命积极性，开始对其给予更多的赞美，也给予了更多的承诺。中国国民党第一次全国代表大会宣言中指出：“吾人欲证实民族主义实为健全之反帝国主义，则当努力于赞助国内各种平民阶级之组织，以发扬国民之能力。盖惟国民党与民众深切结合之后，中国民族之真正自由与独立，始有可望也。”[①]“国民革命之运动，必恃全国农夫工人之参加，然后可以决胜。盖无可疑者。国民党于此，一方面当对于农夫工人之运动，全力助其开展，辅助其经济组织，使日趋于发达，以其增进国民革命运动之实力；一方面又当对于农夫工人要求参加国民党，相与为不断之努力，以促国民革命运动之进行。盖国民党现在从事于反帝国主义与军阀，反抗不利于农夫工人之特殊阶级，以谋农夫工人之解放；质言之，即为农夫工人而奋斗，亦即农夫工人为自身而奋斗也。”[②]在《中国国民党第二次全国代表大会宣言》中，工农的力量受到了进一步的重视。宣言说：“凡民族革命运动，欲求成功，必须有广大的民众参加。而农工民众，尤为必须。过去民族革命运动之失败，由于参加者限于知识阶级，故不能得广大之基础，与广大之势力。于现在及将来，为民族革命运动，必须以其意义普及于田间与工厂，且必须使之组织于反抗帝国主义的奋斗中。”[③]因此，在北伐过程中，革命军一直很注意宣传，也很注意动员群众。在共产国际的指导下，国民党中央成立工人、农民、青年、妇女等几个部，并且开始组织农民协会，成立农民运动讲习所。

这一策略调动了下层农工的革命积极性，而且使一些知识分子开始走向民间。郭沫若进入国民革命军不久，就发出了这样的呼唤：“青年！青年！

①程思远主编《中国国民党百年风云录》，延边大学出版社1995年，第3404页。

②同上书，第3406页。

③同上书，第3444页。

我们现在处的环境是这样，处的时代是这样，你们不为文学家则已，你们既要矢志为文学家，那你们赶快要把神经的弦索扣紧起来，赶快把时代的精神提着。我希望你们成为一个革命的文学家，不希望你们成为一个时代的落伍者，这也并不是替你们打算，这是在替我们全体的民众打算。彻底的个人的自由，在现代的制度之下也是求不到的，你们不要以为多饮得两杯酒便是什么浪漫的精神，多诌得几句歪诗便是什么天才的作者。你们要把自己的生活坚实起来，你们要把文艺的主潮认定！你们应该到兵间去，民间去，工厂间去，革命的漩涡中去……”[①]人们很容易感觉到这语气的变化，其实也很简单，此时的郭沫若已经就职于国民革命军。

在这种呼声之中，五四新文化运动确立的以人为中心的价值系统开始受到批判和否定。在农工大众日益神圣的光圈之下，知识分子的现代性承担开始受到时代的冷落。

（三）要求思想统一，限制言论自由，文化专制主义倾向以革命名义迅速发展。由于指导思想中存在的问题，也由于革命力量本身的传统重负，革命没有推进文化上的开放和自由，而是恰恰相反，革命总是试图以一种思想来指导人们的思想，以一种声音取代众多的声音，以革命的意识形态取代人们的自由思想。

关于当时革命策源地广州的文化氛围，鲁迅曾经写下过许多感触：在K委员的眼里，“写长信，就是反革命的”；广州作为革命策源地，却连白话都视为异端；报刊成了宣传工具，言论要符合革命的尺寸，否则就不能发表。他曾这样叙述过自己的遭遇：“后来往往斗胆说几句坏话。然而有什么用呢？在一处演讲时，我说广州的人民并无力量，所以这里可以做‘革命的策源地’，也可以做反革命的策源地……当译成广东话时，我觉得这几句话似乎被删掉了。给一处做文章时，我说青天白日旗插远去，信徒一定加多。……然而终于没有印出。”[②]那么，文学呢？鲁迅曾经形象地描述道：“只剩了一条‘革命文学’的独木小桥，所以外来的许多刊物，便通不过，扑通！扑通！都掉下去了。”鲁迅看到，孙中山“革命尚未成功”的语录虽

①郭沫若：《革命与文学》，1926年4月《创造月刊》。

②《鲁迅全集》第4卷，人民文学出版社1981年，第33—34页。

然常见，但仿佛已经成了一句谦虚话，在大部分的人们的心里，是“革命已经成功”或“将近成功”。“既然已经成功或将近成功，自己又是革命家，也就是中国的主人翁，则对于一切，当然有管理的权利和义务。刊物虽小事，自然也在看管之列。”[①]鲁迅的感受绝非毫无依据。早在北伐开始的时候，对言论自由的限制就已成为一种明显的倾向。国民党中央宣传部官员宣称，如果北伐军占领了上海，《时事新报》之类的报刊一定要查封，“言论只让多数人自由，那少数人的自由一定给他剥掉”，中间派的思想也决不允许公开宣传。[②]这些思想显示着中国本土专制主义的胎记，同时也带有来自苏俄的影响。

（四）国民党成了一个不受限制的组织，可以凌驾于国家之上，肆意侵害民众权利，干预社会各个领域的独立性。

孙中山似乎一直不清楚党和国家的正常关系，因而总是把党和国家混为一谈，以党的意志代替国家的意志。孙中山在组党之初所设计的就是一党专制的非现代政治形态。直到去世前改组国民党，也仍然没有对党和国家有所区分。考察国民党的一系列文件，可以发现一种根深蒂固的“党即国家”的观念。党的会议决定的不仅是党内的事务，还是在不经任何授权的情况下商定国家大事，替国家立法。后来流行的“党国”一词是一个生动的写照。然而，“党国”虽不同于“帝国”，却已不是辛亥革命所换取的“民国”，也不是五四新文化运动所向往的现代国家。因为根据五四新文化运动的理念，现代政体必须承认政见的多元，尊重多数的选择而又保护少数的权利，任何政党都无权代表国家，更不能凌驾于国家之上。党国混淆，以党治国，国民党的“党国”之说，事实上把党变成了夺天下、坐天下的团伙。

在国民革命高潮中，国民党努力实现各个领域的“党化”。首先，公然取消司法独立，而推行所谓“党化司法”。在北京政府那里，虽然一再出现各种政治丑剧，但即使虚伪，也还有一个现代的形式，司法独立至少还是一个门面。在宋教仁案中，地方法庭传讯政府总理就是一个证明。在国民革命

①《鲁迅全集》第3卷，第485—488页。

②子任（毛泽东）：《上海民国日报反动的原因及国民党中央对该报的处置》，《政治周报》第3期。此处转引自袁伟时先生《告别中世纪的思想革命》。

高潮中，广州国民政府司法行政委员会主席却公然宣布：“所谓以党治国，即以党为最高权之所在……故离党而独立之机关，绝对不容其存在也。”为此，司法制度“非根本改造不可，而根本改造，即非提倡党化的与革命化的司法不可”①。其次，公然破坏辛亥革命后已经初步形成的教育独立格局，而推行所谓“党化教育”。在“五四”时期，由于蔡元培等现代教育家的努力，教育独立的现代模式已经初具雏形。然而，广州国民政府成立之后，首先做的却是系统地推行“党化教育”，以党的意识形态干预正常的教育内容。戴季陶出掌中山大学之后，大声疾呼要“实施大学之党化”，宣称“吾党所持之原则在以党建国，则大学政治训育之必施党化主义，至无疑义”。不仅如此，他还要求“大学之一切学问的研究应造成科学的党化，一切科学之发展，皆能完全为革命的发展而存在”②。正是戴季陶的思想，开了通过学校教育灌输党派观念的先河。

三、国民革命的结果与新文化的困境

因为上述种种情况，1927年蒋介石在政治和军事上的胜利后果是复杂的。对于北伐的胜利，任何否定都可能有失偏颇，但是，从文化上看，一个事实却无法否认：它没有推进新文化的发展，而是直接和间接地带来了各种形式的旧文化复辟。北伐成功之后，中国出现的不是一个有利于新文化生长的环境。

一方面，新的政权及其建造的统治秩序没有给新文化提供一个发展的空间。北伐的成功使中国出现了统一的政权，但是，这个新政权在思想文化方面首先做出的努力不是扩大公民的自由权利，而是为巩固其在政治上的一党专政而努力加强意识形态方面的控制；不是努力巩固与现代民主制度相适应的新文化，而是努力弘扬与专制制度相适应的旧文化。

也许，1928年之后中国的传统文化回潮与蒋介石个人的思想基础有关。

---

①《民国日报》1926年9月20日。

②戴季陶：《中大的改进》，见黄仕忠编《老中大的故事》，江苏文艺出版社1998年，第5页。

无须详细考察就可以发现，蒋介石像孙中山一样，对新文化运动不感兴趣。作为一代领袖，他反复鼓动的是国民的自信心，竭力张扬的是爱国主义，希望看到的是全民族的统一和步调一致。作为曾国藩的真诚崇拜者，他信奉儒家传统，对理学有着浓厚的兴趣。因此，他一直埋怨五四新文化运动对中国传统文化没有给予足够的尊重，不赞成新文化运动领袖们的西化态度。他认为新文化运动所倡导的那一套不适应中国国情，对启蒙运动的后果深恶痛绝。因为他认为新文化运动导致青年背离传统道德、不愿遵从权威、只要个性而不要纪律。他曾这样说过："我们试看当时所谓新文化运动，究竟是指什么？就当时一般实际情形来观察，我们实在看不出它具体的内容。是不是提倡白话文就是新文化运动！是不是零星介绍一些西洋文艺就是新文化运动！是不是推翻礼教否定本国历史就是新文化运动！是不是打破一切纪律，扩张个人自由就是新文化运动！是不是盲目崇拜外国，毫无抉择地介绍和接受外来文化，就是新文化运动！如果是这样，那我们所要的新文化，实在是太幼稚、太便宜、而且是太危险了。"①由于这样一种认识，他无心推动新文化，却有志弘扬旧传统。

但是，更重要的原因大概还是统治的需要。在中国，只要想坚持和巩固专制统治，就必然要强调中国特色，弘扬文化传统。所以，在没有获得统治权的时候，一些政治家对五四新文化运动破坏偶像、反对权威、要求民主和自由的精神往往是能够容忍的，但在获得统治权力之后，就往往难以忍受了。这一切都不难理解，因为新文化精神对于专制和独裁是一种威胁，的确不利于中国式的政治秩序重建。所以，在20世纪的中国历史上，一切在骨子里与科学、民主、自由、人权等普世价值背道而驰的力量都对"五四"新文化抱有警惕，而且总是努力消解或改写它。国民党通过北伐获得统治权力之后，与新文化运动的矛盾日益加剧。主要原因就在于新的政权一心巩固自己的统治，而巩固统治的途径大都来自中国传统而很少取自西方现代政治经验。按照中国传统的做法，新政权开始致力于意识形态的统一，试图用三民主义统一人们的思想，用传统道德整合人们的精神，通过

①《哲学与教育对于青年的关系》，1941年7月发表的演讲，见周策纵《五四运动》，江苏人民出版社1996年，第474页。

努力弘扬传统而在爱国主义和民族传统的旗帜下实现思想和舆论的一致，而毫不顾及现代知识分子以科学、民主、自由和人权为核心的现代文化理想。

当然，国民党政权对知识分子是重视的，对教育部门给予了一系列优惠政策。比如，不再拖欠大学教师的薪水，并且使大学教授的实际收入随着币制的改革等一系列措施而得到了大幅度的提高。但是，伴随着物质生活待遇的提高，同时出现的却是自由权利的限制。虽然国民党没有把知识分子完全纳入体制枷锁，却试图通过政治思想工作而对知识分子的思想和言论进行限制，试图通过学校教育灌输党派的私货，使教育为一个党派的利益服务。

为了统治秩序的稳定，新政权在意识形态领域采取了一系列措施：（一）开动宣传机器，拼命制造舆论，在全社会强化新的政治意识形态。党的宣传成为压倒一切的声音，成为不容置疑的东西。在党的控制之下，报纸失去了真实的新闻，没有了公正的批评，而大量存在的是根据需要而进行的宣传。（二）制造新的偶像，宣扬个人崇拜和对领袖的迷信。北京不能叫了，改为“北平”，孙文的名字很少用了，党员们口口声声“先总理”。口号满天飞，标语贴满墙，开大会，游行示威，20世纪的政治巫术开始流行。一方面是对民众的煽动和愚弄，一方面是把领袖造成偶像。而这一切正是“五四”一代人所努力破除的。（三）在学校实行党化教育，要求教师和学生学习“总理遗嘱”，做纪念周，以三民主义统一人们的思想。（四）弘扬民族文化传统，重振旧道德，甚至要重建所谓“黄金世界”。

这种文化控制的导向是在五四新文化运动基础上的大踏步后退，意味着五四新文化运动及其成果面临着严重危机！

另一方面，新政权的建立培养了新的反抗者，反抗者的努力同样不利于新文化的发展。在革命的高潮中，由于积极的宣传和鼓动，农民运动的烈火借着国民革命的东风熊熊燃烧起来。被发动起来的农民当然不满足于只为革命做牺牲而不获得回报。于是，在江西、湖南等地，穷苦农民进行了翻身的尝试：“一切从前为绅士们看不起的人，一切被绅士们打在泥沟里，在社会上没有了立足地位，没有了发言权的人，现在居然伸起头来了。……他们发号施令，指挥一切。他们站在一切人之上。”“土豪劣绅家里，一群人涌进去，杀猪出谷。土豪劣绅的小姐少奶奶的牙床上，也可以踏上去滚一滚。”[①]1927年横峰年关暴动的组织者方志敏也曾这样写道：“从前我们的头踏在他们的脚下；现在我们的脚也要踏在他们的头上；从前求他们让一角一分的利钱不肯，现在却驯服地捧出借字来作废；从前求他们让一升一合的租谷不肯，现在把他们占有的土地夺过来，烧契分田。从前他们管事，现在我们自己管理自己的事。”[②]

这对于信仰阶级斗争学说并致力于阶级翻身的人们来说当然一点都不可怕，但对国民革命的最高领导者来说，却是一个非常头疼的问题。贫穷的农民在革命中要求直接的利益。要保护其革命积极性就必须满足他们的利益要求。作为保守的方式，他们所做的只是抗拒沉重的田租和高利贷，逼迫地主减租减息；而作为激进的方式，却是直接没收地主的土地，甚至干脆把地主杀掉。在一些地方，贫苦农民对地主的打击得到了国民革命军的支持，在另一些地方，则没有得到支持。因为人们对农民运动的看法并不一致，有人为之大声叫好，有人则对此不以为然。特别值得注意的是，那些出身富裕家庭的军官们已经无法忍受自己家中财产被抢、亲人被杀的事实，党和军队的最高领导者也因此而不愿承认这种翻身运动的合法性。他们的态度正如毛泽东在《湖南农民运动考察报告》中所嘲弄的：“嘴里天天说‘唤起民众’，民众起来了又害怕得要死。”张国焘说：“所谓‘国民革命军，士兵多数是农民，军官多数是地主’这句当时在武汉流行的话，确是切合当时的实情。”正是这种“实情”，使得鲍罗廷也不得不主张约束工农运动的过激行动，并特别强调“农运和土地革命应不侵犯革命军人家属及其土地财产为前提”[③]。但是，正如张国焘所说：“如果将军人家属算在土豪劣绅以外，而且又采用广义的解释，则在湖南就根本没有土豪劣绅可以反对了。尤其重要的是有些军人家属已经被农协侵犯了，要想补救更为棘手。农协的负责人觉得如果一一翻案，农协将要垮台。”[④]矛盾的确难以解决。

①《毛泽东选集》，人民出版社1967年，第14—16页。

②《方志敏文集》，人民出版社1985年，第189页。

③张国焘：《我的回忆》第二册，现代史料编刊社1981年，第221页。

④同上书，第221—222页。

最后的结果众所周知，无论是乡村的农民运动还是城市的工人运动，都转眼间风平浪息了。手段是残酷的，工农运动的积极参与者付出了血的代价，发动者也受到了清洗。

然而，屠刀和鲜血必然培养着激烈的反抗者。历史没有理由要求从血泊中站起来的反抗者以平和的态度走向渐进的变革之路，而一旦走向暴力革命，就必然要更多地借助传统资源，并最大程度地迁就和迎合古老传统之下形成的国民性。翻身的强烈愿望必然像救亡的迫切任务一样，冲击着知识分子的启蒙使命，延缓着文化的现代化进程。以创造社和太阳社为代表的文学社团所做出的正是这样的选择。

正是在各方面构成的合力之下，中国新文学与新文化进入了一个风雨飘摇的时期。

20世纪中国文学民间化走向的反思

一方面，走向民间的倾向是总结20世纪中国文学经验和教训所无法回避的问题；另一方面，20世纪末的一些作家正再次走向民间和大众，一些理论家也为之欢呼，使民间化成为一种新的时髦。文学潮流的发生和发展必然有其现实的合理性，但现实的合理性却往往包含了历史的盲目性。文学史的研究应该为文学发展道路的选择提供参照，因此，当20世纪末文学昂首阔步向民间进军之时，就更有必要回顾一下20世纪文学走向民间的历程及其后果。

一

“五四”新文学运动是现代知识分子话语的一次辉煌胜利，但是，它一开始就为民间话语的生长留下了广阔的空间。无论是《文学改良刍议》《文学革命论》等纲领性文件中的理论主张，还是纷纷写人力车夫、工匠、学徒等下层劳动者生活的创作实践，都显示着新文学一开始就存在的对民间大众的热情。正因为这样，20年代初就有了“到民间去”的口号。但是，新文学的开拓者们倡导白话，力求作品通俗易懂，出发点是使新文学更容易为广大读者接受，而不是要求文学去迁就和适应大众。新文学运动致力于语言工具改良的全部目的在于现代性启蒙。新文学的开拓者不会为通俗之手段而牺牲启蒙之目的。周作人提倡平民文学，但他特别强调的却是“平民文学不是专做给平民看的，乃是研究平民生活——人的生活——的文学。他的目的，并非要想将人类的思想趣味，竭力按下，同平民一样，乃是想将平民的生活提高，得到适当的一个地位”[①]。在那股启蒙思潮还没有完全过去之时，人们还没有忘记“五四”高举科学民主大旗的启蒙主义方向。

然而，“五四”高潮过后，由于思想资源的复杂化和社会改革现实的影响，一些年轻的知识分子在热心于社会运动的同时在文坛寻求新的超越，开始向民间和大众靠拢。转变的开始是一些本来一心一意表现自我而很少关注社会现实的作家开始表现社会生活。郭沫若在1924年到宜兴进行了一次社会调查后写了《水平线下》等反映农民生活的作品，宣布以后要把头埋到水平线下，多领略受难的人生。这不过意味着由为艺术而艺术转向为人生，由浪漫主义转向现实主义，而现实主义正是“五四”新文学的主流，为人生也正是新文学开拓者们早就那么做的。然而，伴随着郭沫若等这种转变的却是他们对自己在“五四”高潮中粗略接受的现代观念的清算，和对“五四”新文学的再革命。创造社对新文学进行再革命的愿望可谓由来已久，当他们刚刚回国的时候，就曾经进行过发动，从郭沫若《我们的文学新运动》等文章可以看到他们进行超越的意图。然而，由于缺少新的理论支撑，这个愿望没有能够实现。到了“革命文学”运动，他们依靠的不再是自我表现和个性的张扬，而是走向民间大众，走向革命。1926年，穿上国民革命军军装的郭沫若发出了新的呼唤：“青年！青年！我们现在处的环境是这样，处的时代是这样；你不为文学家则已，你们既要矢志为文学家，那你们赶快要把神经的弦索扣紧起来，赶快把时代的精神提着。我希望你们成为一个革命的文学家，不希望你们成为一个时代的落伍者。这也并不是在替你们打算，这是在替我们全体的民众打算。彻底的个人的自由，在现在的制度之下也是求不到的；……你们要把自己的生活坚实起来，你们要把文艺的主潮认定！你们应该到兵间去，民间去，工厂间去，革命的漩涡中去！”[②]接着，创造社和太阳社的成员们纷纷发表文章，认定个人主义的文艺早已过去，继之而起的将是民众的文艺。“旧式的作家因为受了旧思想的支配，成为个人主义者，因之

①周作人：《平民文学》，《中国新文学大系·建设理论集》，上海良友图书公司1935年，第211—212页。

②郭沫若：《革命与文学》，《创造月刊》1926年4月。

他们写出来的作品，也就充分地表现出个人主义的倾向。他们以个人为创造的中心，以个人生活为描写的目标，而忽视了群众的生活，他们心目中只知道有英雄，而不知道有群众，只知道有个人，而不知道有集体。”他们明确地提出：“革命文学应当是反个人主义的文学，它的主人翁应是群众，而不是个人，它的倾向应当是集体主义，而不是个人主义。”[①]他们要“以农工大众作我们的对象”，“努力获得阶级意识”，并且在语言上“接近农工大众的用语”[②]。作为“五四”文坛上颇有影响的社团，创造社和后起的太阳社一起，最先表现了走向民间话语的倾向。

到了30年代，新文学进一步向民间和大众倾斜。大众文艺运动的民间走向有目共睹，无须多谈。需要注意的是，左翼文艺运动和民族主义文艺运动虽然尖锐对立，却同时对文学发出了走向民间和大众的传唤。在30年代初期中国文坛上的几大流派和他们进行的文学运动中，左翼文艺运动更多地代表着民间大众话语，民族主义文艺运动更多地代表着国家权力话语，然而，尖锐对立的两大阵营都一样拒绝继承“五四”新文学的传统，一样要求文学走向民间大众。原因很简单，因为他们都要获得大众，都要争取广大读者。这就形成一种合力，使更多的作家走向民间，向大众靠拢，加快了文学民间化的进程。抗日战争爆发之后，由于战争的需要，文学迅速集中到民族救亡的旗帜之下。从某种意义上说，抗战文学的兴起意味着民族主义文学的胜利（抗战前夕左联的解散是一个象征），意味着国家权力话语的胜利（爱国的思想和行为总是国家权力最希望的），但是，从另一方面看，却也是民间话语的胜利。在20世纪的中国，民族化必然意味着大众化，大众化必然导致民族化，两者高度统一，只有现代化与之矛盾重重难以合流。其实，左翼文艺运动与民族主义文艺运动之间，对立的只是政治意识，而文化观念和文化立场都相差无几，文学观以及对文学的要求也极为相同。何况，现实的需要是：既然一切服从抗战动员和宣传的需要，文学就不能不迁就和适应大众的要求。文学的民间化不仅表现在快板诗、枪杆诗、街头剧的大量涌现，而且表现在理论上的民族形式讨论。民间旧形式的利用是这个时期文学走向

①蒋光慈：《关于革命文学》，《当代中国文艺论集》，上海乐华图书公司1933年。

②成仿吾：《从文学革命到革命文学》，《创造月刊》1928年2月。

民间的更有力的证明。它同时完成着文学的大众化和民族化。然后是在陕甘宁边区首先确立而在40年代末推向全国的文学大众化方向："秧歌扭到天安门，全国上演《白毛女》"，陕北民歌响彻中国大陆。50年代文学是民间话语与新的国家权力话语的结合，它以民间的形式承载着刚刚从民间转化而来的国家权力话语。1958年的"大跃进"民歌运动毫无疑问是对当代文学规范的一种巩固，因为在"双百方针"提出的背景上，曾经有人试图脱离这个方向，而且破坏了刚刚建立的规范。从"革命文学"到"'文革'文学"，这是一个不可分割的完整过程，而与这个过程相伴的就是民间化的过程。

我们需要思考的是：这个长达半个世纪的民间化过程究竟给文学带来了什么？

二

在文学走向民间、走向大众的过程中，首先显示的就是否定"五四"新文学，排斥西方文化、复归民族传统。

最先向着民间大众"开步走"的创造社和太阳社以最激进的面貌批判和否定"五四"，改造旧社会的迫切之情是可以理解的，但是，为了寻找改造旧社会的力量而建立的对群众的认识，却使他们陷入了一种貌新而实旧的境地。他们的批判和否定是激烈的，但显而易见，他们反对的所谓"旧式的作家"，正是以鲁迅为代表的"五四"新文学运动的先驱。他们所反对的所谓"旧思想"正是五四新文化运动中出现的新思想。他们热烈赞美并且用以反对和否定个人主义的所谓新思想，也不全是新从国外引进的新思想，而往往正是在五四新文化运动中受到冲击的中国几千年专制社会所形成的群体意识。他们以为发现了新大陆，却没有认识到那仍然是一片旧泥潭。这些激情满怀却缺乏深刻的年轻人自以为找到了新的价值而超越了"五四"新文化精神，却没有意识到这种超越恰恰是在传统力量的作用下不由自主地扮演起来的。他们以最激进的面貌出现，承载的却是传统的惯性。对中国文化传统缺乏认识，加之超越和否定的浮薄激情，使他们以最激进的姿态站到了旧文化的一边，以求新的意志帮助了旧文化的回归。

冯乃超对鲁迅的批判紧紧抓住的是人道主义。他对鲁迅"愚弱的国民"

和"改变我们的精神"等启蒙话语大不以为然[①]。成仿吾认为鲁迅的《"醉眼"中的朦胧》一文"暴露了知识阶级的厚颜，暴露了人道主义的丑恶"[②]。钱杏邨严厉批判鲁迅的"小资产阶级的恶习性"之后指出："鲁迅所以陷于这样的状态之中，我们也可以说完全是所谓自由思想害了他，自由思想的结果只有矛盾，自由思想的结果只有徘徊，所谓自由思想在这个世界上只是一个骗人的名词，鲁迅便是被骗的一个。"[③]他们以为完成了一种超越，所以大胆地指责这一切，却没有意识到这正是新文化精髓之所在。这种批判没有使他们进入更为先进的行列，而是暴露了他们思想的简单、心理的浮躁和观念中陈旧传统的积淀在动荡的时代中发挥的作用。

"五四"已经成为中国现代和传统的界标。这个界标不是时间意义上的，而是价值意义上的。20世纪中国发生的对"五四"的一次次否定，无论以多么激进的面貌出现，其实质都是旧的而不是新的。直到20世纪末的90年代，"五四"还没有经受过一次真正的新思想的挑战。每一次对"五四"的否定，都意味着对传统的回归。即使今天那些以后现代主义行头装束起来的否定者，也无须仔细查看，就会发现那新衣之下所隐藏的腐朽。

如果说在创造社和太阳社走向民间和大众的时候复旧的表现还不明显的话，在大众文艺运动和关于民族形式的讨论中，以小农意识和狭隘的民族主义思想排斥西方现代文化的倾向就非常明显了。对"五四"的否定就其本质而言就是对西方现代性对中国传统的否定之否定。对知识分子的否定也是通过对其载体的否定而否定以个人主义为核心的现代文化。向大众认同也就是向中国古老的传统认同。因为在中国现代史上，"五四"—现代—西方—知识分子是一体化的。对这个整体的任何一个部分的态度都意味着对这个整体的态度，显示着在东与西、传统与现代之间的选择。文学的民间化运动明显地表现出一种复旧和排外的倾向。这种复旧和排外的倾向与尊孔读经不同，但在本质上并无多大差异。如果说有什么差异的话，儒家经典的确比民间文化精致和含蓄，孔子孟子也不像梁山好汉们那样赤裸裸。

---

①冯乃超：《人道主义者怎样地防卫着自己?》，《文化批判》1928年4月。

②成仿吾：《毕竟是"醉眼陶然"罢了》，《创造月刊》1928年5月。

③钱杏邨：《死去了的阿Q时代》，《太阳月刊》1928年3月。

无论是大众文艺的讨论还是民族形式的讨论，都一样首先反对欧化，通过对“民族形式”“民间形式”的强调而排斥对西方文学的学习，并客观上实现着对传统形式和内容的回归。无论从哪个方面看，瞿秋白都不是守旧派或国粹派，然而，这个最激进的理论家在《大众文艺的问题》中强调语言形式问题时却明确指出“革命的大众文艺必须开始利用旧的形式的优点”，并且号召改作《新岳传》《新水浒》，试图以此抵制知识分子以欧化的文学教育群众。大众文艺运动的一个突出特点就是反对欧化。尽管瞿秋白等人有时也在理论上表示不一般地反对欧化，但批判的锋芒所向却往往是“五四”新文学的“欧化倾向”。他们认为“五四”新文学运动“产生了一种新式的欧化的‘文艺上的贵族主义’：完全不顾群众的，完全脱离群众的，甚至于是故意反对群众的欧化文艺，——在言语文字方面造成了一种半文言（“五四”式的假白话），在体裁方面尽在追求着怪僻的摩登主义，在题材方面大半只在知识分子的‘心灵’里兜圈子”[①]。所以，文艺大众化的中心任务之一就是“继续在知识青年小资产阶级群众之中进行反对一切反动的欧化文艺的斗争”[②]。这种反对欧化的倾向在后来的民族形式讨论中得到了更进一步的发展，陈伯达在《关于文艺的民族形式杂记》中说：“关于民族传统，在文艺上所接受的，不是限于旧形式；凡是中国民族战斗史绩及其精神，中国人的一切固有美德，中国历史上大人物对于民族和社会的一切立德、立言、立功，为中国人所服膺不忘的，都应以之充实文艺的内容。”向林冰等人从狭隘的民族主义与小农意识出发，指责“五四”以来的新文学非大众化、非民族化，而对封建社会产生的民间旧形式大加礼赞，把它看作民族形式的“中心源泉”。中国现代悲剧性的文学历史证明，当时能够认识到这种复辟性质的只有胡风。当否定或歪曲“五四”传统而强调继承民间传统成为一种时髦之际，他坚决捍卫“五四”文学传统，反对那种认为“五四”新文艺“割断了历史的优秀传统，割断了人民大众的联系”的论点，反对“民间文艺为中国文学的正宗”的论调。他反复地批判向林冰等人“新质发生于旧质的胎

①瞿秋白：《欧化文艺》，《瞿秋白文集》（二），人民文学出版社1953年，第880、881页。

②瞿秋白：《大众文艺的问题》，《文学月报》1932年创刊号。

内”的理论，因为他看到了“五四”新文艺在实践和理论上“不但和古文相对立，而且也和民间文艺相对立”[①]。在这一点上，也许胡风没有表述清楚，但他已触及一个根本性的认识问题，即民间文艺与“五四”反对的旧文艺在意识形态的性质上并没有什么质的不同。列宁一个民族两种文化的论断可以帮助人们认识民间文化和统治阶级文化的不同，但在同一文化传统中，统治阶级与被统治阶级之间，价值观念和文化心理却往往是相同的。胡风以自己的文学生命为代价所捍卫的正是“五四”新文学运动的方向，但在强大的浪潮面前，却终归失败。

三

走向民间的另一个结果是放弃启蒙，迎合大众。它导致知识分子主体地位的失落，导致中国文学现代性的失落。“五四”新文学运动最有价值的历史贡献之一就是启蒙主义文学方向的确立。先驱们从人本立场出发，致力于国民性的批判与人的解放。他们揭露社会黑暗，关心大众疾苦，但决不在思想意识上迁就大众，决不因为同情而无视大众的弱点，决不为获得大众的拥护而赞美大众的脓疮。当新文学一步步走向民间的时候，这种启蒙精神不能不首先面临威胁，而且一步步被消解。

“革命文学”兴起之际，倡导者们就高呼要“克服自己的小资产阶级的根性，把你的背对向那将被‘奥伏赫变’的阶级，开步走，向那龌龊的工农大众”[②]。这可以说是知识分子改造的先声。在大众化的讨论中，倡导者高声呼唤文艺“向着大众飞跃”。他们认为革命的先锋队不应该离开群众的队伍，而自己单独去成就什么“英雄的高尚的事业”。“什么只应该提高群众的程度来欣赏艺术，而不应当降低艺术的程度去迁就群众，——这一类话是‘大文学家’的妄自尊大!”[③]在讨论中，也并不是没有清醒者，包括普罗文学队伍内部也有比较清醒的人们。可是，这些比较清醒的人们往往一发表意

①胡风：《论民族形式问题》，《胡风评论集》（中），人民文学出版社1984年，第232页。

②成仿吾：《从文学革命到革命文学》，《创造月刊》1928年2月。

③瞿秋白：《大众文艺的问题》，《文学月报》1932年创刊号。

见就受到激烈的批评。郑伯奇曾经提出文艺大众化的第一重困难在于大众自己，因为他们还缺乏接受文艺作品的基本条件。这一见解刚刚提出，瞿秋白就严厉地指责作者和他代表的知识分子“还没有决心走进工人阶级的队伍，还自己以为是大众的教师，而根本不肯向大众去学习”，“企图站在大众之上去教训大众”，并且指出“这篇文章充分地表现着知识分子脱离群众的态度，蔑视群众的态度。这种病根必须完全铲除”。[①]

本来肩负着启蒙使命的知识分子，从这时开始，已经不能理直气壮地“站在大众头上教训大众”。他们开始被引导去向大众学习，去迁就和迎合大众的思想感情和审美心理。五四运动刚刚过去不过十年时间，觉醒的知识分子就已经开始放弃自己的话语权，放弃自己的历史主体地位，向工农大众认同。它意味着“五四”新文学启蒙精神的丧失，意味着新文化运动开始发生逆转。这是中国现代历史上一个深刻的悲剧。我不愿指责这些年轻作家的浅薄，无论怎么说，他们密切关注政治革命并且投身于这种革命，要求自己的一切都服从于这种革命，这一切都无可指责。由于革命的热望，他们不再满足于暴露社会的黑暗和罪恶，不再满足于功效缓慢的启蒙运动，急切地渴望新势力的壮大和发展，因而急于燃起希望之光和革命之火，也是可以理解的。那么，这新的力量在哪里？他们认为“一切被压迫群众不但是反抗统治阶级的力量，而且是创造新社会的主人”[②]。的确，在中国，如果要寻找革命的力量，除此之外别无选择。所以，当他们寻找革命力量时，便不自觉地陷入了一种工农崇拜。而这种崇拜又使他们陷入了一种貌新实旧、貌似激进实则保守的境地。

他们的迫切之情和对大众的崇拜使他们不愿承认大众的落后性，结果却使他们自己最后也落入了自己挖下的陷阱。

此后的岁月里，文艺全面民间化，工农崇拜走向了新的顶峰。与工农崇拜结伴而行的，是知识分子的思想改造。改造的核心就是克服小资产阶级个人主义的思想感情，说到底也就是克服五四新文化在中国知识分子身上留下

①瞿秋白：《“我们”是谁?》，《瞿秋白文集》（二），人民文学出版社1953年，第875、878页。

②蒋光慈：《关于革命文学》，《当代中国文艺论集》，上海乐华图书公司1933年。

的痕迹。而改造的目标，就是向工农大众认同，求得与工农大众在思想感情上的一致。用《在延安文艺座谈会上的讲话》的语言说，就是“我们知识分子出身的文艺工作者，要使自己的作品为群众所欢迎，就得把自己的思想感情来一个变化，来一番改造”。用我们直到今天仍然流行的解释，就是“变得跟广大群众一致；适合广大群众需要”。[①]因此，文艺的大众化不仅意味着文艺工作者自身价值的丧失，而且意味着工农本位的价值取向和知识分子的思想改造，意味着知识分子与工农大众之间的教育关系的倒错。“五四”高潮过后二十年，由对大众启蒙到向大众认同，这个逆转终于完成。

令人难以理解的是，同样作为革命队伍的一员，人们对工农是那样热情地歌颂，对知识分子却总是那样无情地贬斥？对工农是那样崇拜，对知识分子则视作异类！对工农是那样信任，而对知识分子却总是不放心。当知识分子努力改造自己与工农大众一道前进的时候，为什么作为知识分子的作家自己也要那样怀疑自己？为什么杰出的头脑会想出这样的价值尺度：“革命的或不革命的或反革命的知识分子的最后分界，看其是否愿意并且实行和工农民众相结合。他们的最后分界仅仅在这一点，而不在乎口讲什么三民主义或马克思主义。”[②]为什么一定要让知识分子去迁就工农大众？而不是相反或者相互迁就和适应？我无法相信毛泽东这样杰出的人物会认识不到它的荒谬，因为他并不是不懂得重要的问题是教育农民。那么，唯一能够解释的就是当时的斗争所面临的迫切任务。他毕竟是一个急于推翻旧统治的政治家而不是启蒙思想家。从一个政治家实用的角度出发，这是一种必然的选择。既然文艺是政治斗争的工具，它最为重要的作用就是提高工农大众的斗争热情和胜利信心。那么，抨击蒙昧，张扬个性，强调权利，呼唤人道，这种启蒙精神也许不仅多余，而且有害。相反，传统文化无论多么腐朽，只要能够鼓舞起斗争热情和胜利信心，只要能使人服从命令听指挥，就是有用的。调动传统

①《现代汉语词典》，商务印书馆1996年，第200页。这是直到今天我们出版的词典中仍然保持的解释。“大众化”辞条之下的全部解释就是：“变得跟广大群众一致；适合广大群众需要。”根据这个解释来理解和判断大众化，更可以看出它与“五四”新文学精神背道而驰的性质。

②《毛泽东选集》合订本，人民出版社1967年，第523—524页。

农民积极性的有效工具当然出自传统。旧事物就是这样相互巩固着。

革命作家和革命领袖之所以都做出这样的选择，是中国革命的主要依靠力量所决定的。在革命的整个过程中，工农大众毫无疑问是革命的依靠力量。虽然革命的发起者和直接领导者事实上多是知识分子，但清醒的革命家都正确地认识到了革命所必须依靠的是工农大众。没有工农大众的参加，就没有革命的胜利。与工农相比，知识分子在革命队伍中的地位的确太不重要了。这一点就是知识分子自己也能认识到。在浩浩荡荡的革命队伍里，知识分子的面容是苍白的，他们不再是叱咤风云的先驱，不再是民族命运所系的文化斗士，“五四”时代的风采已经成为遥远的过去，眼下的情况是由于体弱而不太合格，由于思考而走不好步伐。他们的主体意识使他们常常不能成为一颗好的螺丝钉。他们的思想能力，他们的个性意识，他们的清醒与敏感，在革命队伍里都显得有点不合时宜。

同时，我们应该承认，知识分子和工农大众之间存在着种种差别和矛盾。所以革命队伍内部就存在一个调节工农大众和知识分子之间关系的问题。革命由城市转向农村之后，工农的重要性明显地显示了出来。为保护工农大众的革命热情，在指导思想上就必然要更多地抑制知识分子而迁就大众，而不必考虑矛盾和冲突的性质和是非。这是革命的功利主义，也是一种必然的选择。因为武装革命是那么迫切，改变国民的落后性以适应知识分子是不可能的，所以只有迎合大众而抑制知识分子。在当时的情况下，在革命队伍内部进行鲁迅所致力的改造国民性的工程是不可想象的。为了革命，中国知识分子付出了惨重的牺牲，中国历史也付出了惨重的牺牲。作为古老文化载体的工农大众如海涛般吞没了作为现代文化载体的知识分子。回顾现代知识分子的命运，我总有几分悲哀，他们如夹缝中的弱草，感受到了阳光的召唤，艰难地生长出来而肩负起了民族新生的使命。但是，历史却注定要让他们忍辱负重。没有阳光，没有水，他们既承担着帝国主义蹂躏下的民族伤痛（在这一点上，他们的感受要比工农深刻得多），又承担着专制传统的各种打击，既为专制统治所不容，又为工农大众所拒绝，在民族的危难之秋，他们觉醒得不合时宜，在现实面前，他们付出了沉重的代价，中国的文化革命和民族的发展历史也付出了沉重的代价。我不愿为此而指责任何人，因为无论谁领导中国革命，只要他充分认识了中国的国情，同时又急于推翻旧的统治，就必然要做出这样的选择。这就是沉重的历史。

四

民间化和大众化的又一结果是带来了文学艺术水平的降低。从“革命文学”到“‘文革’文学”，一直存在着公式化、概念化、标语口号化的问题。不是人们不愿意克服这些弊端，而是没有能力克服这些弊端。因为在知识分子主体失落的情况下，创作中概念化、公式化、标语口号化的问题是无法解决的。文学创作需要自我生命的融入，需要真情实感，然而，民间化大众化却要求作家获得大众的意识，放弃真实的自我而扮演民间大众，这就出现了“真实的自我”和“佯装的自我”的矛盾，出现了“真实主体”与“模拟主体”的矛盾。

从20年代末开始，很多知识分子就非常自觉地代大众立言，而且很积极地走向民间，走向大众。他们对知识分子的独立地位和自由的思想，对“五四”精神和启蒙主义，对西方文化和现代化，已经没有多少留恋。为了大众的解放，他们心甘情愿地放弃自己的立场而努力获得大众的思想感情。他们自身毕竟不是工农大众的一员，要代大众立言并非一件容易事。创造社和太阳社的努力显然是不成功的。他们虽然高喊着要做工农大众的留声机，但当留声机也并不容易。对此，鲁迅在《路》中曾经讽刺说：“上海的文界今年是恭迎无产阶级文学使者，沸沸扬扬，说是要来了。问问黄包车夫，车夫说并未派遣。这车夫的本阶级意识形态不行，早被别阶级弄歪曲了罢。另外有人把握着，但不一定是工人。于是只好在大屋子里寻，在客店里寻，在洋人家里寻，在书铺子里寻，在咖啡馆里寻……”从洋人家里也好，从咖啡馆里也好，当然寻不出真正的无产阶级意识。鲁迅讽刺的是他们无法真正代表无产者这一事实。因为鲁迅一直相信从血管里流出的是血而从水管里流出的是水。创造社的人们血管里流的并不是无产阶级的血，但这并不影响他们表现所谓“无产阶级意识”的努力。工农大众的代言人往往本人并不是工农大众，真正的工人却往往被判定并不具有无产阶级意识，这是一个值得注意的现象。20世纪文学中真正的民间大众话语是极为少见的，因为劳动大众还没有能力在文坛上建立自己的话语空间。所谓民间大众话语大都还是一些知识分子走向民间、走向大众而代其表达的。

他们要很好地表现大众的声音，就必须深入生活，去努力体会大众的思想和感情，甚至要学习他们的语言。这就需要改造。从大众文艺运动开始，反复强调的就是这一点。且不说这种改造是否正确，也不说知识分子愿意不愿意把自己改造成真正与大众在思想感情和生活方式上都一致的人，即使他真正愿意改造，要改造好也决非易事。由于改造的艰难性，创作中就出现了两个自我：一个是知识分子真实的自我，一个是根据体验而获得的代表大众的自我。真实的自我非常顽强，它往往在这一时刻压抑了自己的声音，在另一时刻又会顽强地冒出来。丁玲的创作是一个突出的例子。她的《莎菲女士的日记》显然表现着一种强烈的个性解放的要求，表现着作者的思想和心理。参加左联后，丁玲写出了表现群体生活的《水》，因此受到左联的赞扬，冯雪峰特意写了一篇《关于新的小说的诞生》，赞美她从自我小天地走向了社会，从个人主义走向了工农大众的革命道路。然而，大家都知道，作者自己也未必不清楚，《水》这样的作品无法与《莎菲女士的日记》相比。丁玲一生在这条路上走得曲折而疲惫。作为一个追求革命的青年作家，丁玲到达延安的感觉是到了家的感觉，由此也可以证明在政治上丁玲与延安并不存在什么矛盾。但是，丁玲在到家之后的放松里，写的却是《我在霞村的时候》《在医院中》这样的带有强烈的个性主义色彩和启蒙主义精神的作品。为此，丁玲只有再次虚心地向人民大众学习，彻底地克服自己的知识分子立场和观点，使自己完全地进入正在准备成为国家权威话语的民间话语。

在30年代到40年代的文坛上，出身于工农大众的作家极为少见，于是也就无法回避这种矛盾的普遍性。作家大都是受过现代教育的知识分子，他们有的是知识分子的思想感情，知识分子的对于社会和人生的看法，知识分子的思维方式和情感表达方式，这一切构成了知识分子真实的自我。然而，这自我失掉了表现的合法性，他们需要表现的是工农大众的思想感情、价值观念、思维方式和情感形式等。他们常常像丁玲那样表达不成功，那就需要反复改造。的确，重要的不是他们对工农生活是否了解，而是像毛泽东所注意到的一样，是思想感情问题，是立场问题。所以，他们需要的就不仅仅是深入生活，而是改造思想。深入生活的意义不仅是获得素材，而是在深入生活中改造思想，获得思想、感情、态度和立场。从大众文艺运动到“文革”

时期，作家们都在进行这方面的努力。然而，我们可以看到，成功的经验不多，而失败的教训却比比皆是。真实的自我与佯装的自我总在较量，然而，一旦真实的自我完全被遮掩之后，作品就会变成公式化、概念化、标语口号化的说教，而真实的自我出现之时，作品就会放射出艺术的光彩。左联的创作是一个突出的例子。那些到今天仍然没有被完全忘记的作品，往往不是他们理论上所倡导的，而是恰恰相反，是那些知识分子话语精髓仍在的作品。柔石的《二月》，殷夫的诗，之所以有艺术魅力不是因为它的民间化，不是因为它彻底放弃了知识分子的自我，而是因为它还鲜明地打着作家真实自我的印记，不是因为他们获得了大众的思想感情和价值观念，而是因为表现了他们自己真实的思想情感，融入了作家的生命自我。

对于从40年代到70年代的中国作家来说，还有一层无法回避的矛盾。知识分子作家即使深入生活，完全体会到工农大众的思想和感情，充分担负起代言人的职责，成功地完成对模拟主体的模拟；或者作家自身就是工农兵，表现的就是自己真实的思想和感情，仍然是不够的。工农作家的作品被认为表现了小资产阶级思想感情而没有表现无产阶级思想感情的批评在当代文学史上并不罕见。知识分子的真诚代言更常常被指责为别有用心。很多作品之所以受批判，不是因为作家没有深入生活和获得大众的思想感情，而是恰恰因为深刻地表现了生活中具体的真实。这种情况反映着知识分子话语与民间话语及国家权力话语的复杂关系，但是，同时也说明，大众话语的确是一个很难把握的存在。它有具体的存在和抽象的存在两种形态。我们当然可以指责国家权力话语以自己的声音代替大众而扼杀真正的大众的声音。然而，由于大众的广大性，它事实上存在一种无法把握的虚幻性。一个作家在深入生活中把握了一个工人的思想感情或者一群工人的思想感情，我们仍然无法严格地实证它是否是大众的思想感情。因此，面对大众思想感情的权威代表，任何反驳都往往是无力的。正如面对非全民选举而表达的所谓民意。在这种情况下，就只有服从权威，听命于神谕。这就导致了创作主体的多重分裂，产生了在半个多世纪的文学中日益严重的一个现象："真实主体""模拟主体"和"权威主体"的矛盾。在这种矛盾中当然产生不了血肉丰满并且情真意切的作品。

当然，个人的话语与大众或者权威话语的关系并不是完全排斥的。当代文学创作给我们提供的一个经验是：文学创作成功于隐形主体与表象主体的重合之处。它的成功取决于那个隐形的真实主体的暴露。取决于那个真实自我与佯装自我的重合。然而，这却是夹缝之中比例极小的成功经验。它从反面告诉我们，文学的生命在于真实的自我，作家无论自愿还是被迫，放弃自己的生活而去体验别人的生活，放弃自己的立场而去获得别人的立场，放弃自己的话语而去操作其他的任何话语，都难以获得真正成功。它带给文学的都将是损失。

文化冲突与人格冲突

——《鲁迅和他的论敌》札记之一

在中国，做人是一门学问，但这学问的真谛也不外乎中庸之道。鲁迅对中国人看得很透，自然懂得那些小把戏。然而，他深知在中国做人的规则却不遵循它，总是与人过不去，论争一场又一场，因此获得“好斗”的恶谥(抑或美誉?)。

多少年来，总想系统清理一下鲁迅与他的论敌的是是非非，却苦于原始资料的欠缺。感谢学界同仁的努力，终于有了《被亵渎的鲁迅》《一个也不饶恕》《鲁迅和他的论敌文选》等资料集，使我不必再去图书馆翻阅陈年报刊，一卷在手，就能考察当年的论战。

在此首先考察的是鲁迅与“革命文学”论者的论争。

众所周知，鲁迅对创造社一直没有好感。但论争却决不仅仅因为个人情感的好恶。虽然一些创造社成员穿着高统军靴在广州的大街上昂首阔步的姿态令鲁迅心中不快，但在他们受到压迫时，鲁迅的同情却是明显的。鲁迅与创造社、太阳社的矛盾不是一般意义上的理论冲突和派系之争，而是20世纪中国文化冲突在20年代末的特殊背景上的一种特殊表现，它与中国文化的发展方向有关，与20世纪中国现代化的进程有关。不过，这种文化冲突的性质却是半个多世纪以来一直被掩盖了的。在20世纪即将结束的时候，我们的确有必要拂去那些掩盖着矛盾实质的灰尘。

一

有必要看一看那场论争的文化背景。

1928年，中国大地上最重要的事件就是蒋介石在政治上和军事上的胜利。然而，这个结果没有给中国带来新文化，而是直接和间接地带来了旧文化的复辟。这大概与胜利的政治家们对“五四”新文化的态度有关。事实上，孙中山对“五四”的态度就是矛盾的，他看重新文化运动的社会影响力，但决不赞同新文化运动的根本精神，更不赞同以人的解放为目标的思想启蒙运动。革命党人对新文化运动的态度一直非常矛盾，在未拥有统治权的时候，革命党人对五四新文化运动的破坏偶像、反对权威等是能够容忍的。然而，当通过北伐战争获得统治权之后，作为新的国家权威力量，却对新文化日益不满。这一切都不难理解，因为新文化从个体生命的角度反传统，反权威，破坏偶像，都对中国式的政治秩序的重整产生消极的影响，甚至是致命的威胁。因此，冲突是不可避免的：新文化运动竭力批判旧道德，全面批判传统文化，而国民党在取得社会的统治权之后却要努力弘扬文化传统，重建中国本来那个“由美德筑成的黄金世界”。因此，就当时的整个文化发展趋势而言，出现的是一种传统文化的回潮。

这股文化潮流首先要努力抵制的是新文化运动所传播的以科学、民主和人权为核心的西方文化观念，为此，就必然要否定“五四”新文化，而在“五四”新文化中首先要否定的就是威胁权威破坏偶像的启蒙主义、不愿老老实实做奴隶的个人主义和总是使屠杀者很不舒服的人道主义。

看看从革命高潮到胜利之后文坛的一系列言论吧——

郭沫若：

“彻底的个人的自由，在现代的制度之下也是求不到的，你们不要以为多饮得两杯酒便是什么浪漫的精神，多谄得几句歪诗便是什么天才的作者。你们要把自己的生活坚实起来，你们要把文艺的主潮认定！你们应该到兵间去，民间去，工厂间去，革命的漩涡中去，你们要晓得我们所要求的文学是表同情于无产阶级的社会主义的写实主义的文学，我们的要求已经和世界的要求是一致，他们昭告着我们，我们努力着向前猛进！”①

“个人主义的文艺老早过去了，然而最丑猥的个人主义者，最丑猥的个人主义者的呻吟，依然还是在文艺市场上跋扈。”几年前，他们还是为艺术而艺术主义者，还是中国文坛最典型的颓废派，现在却开始强调文艺的宣传作用，向青年发出了新的号召：“当一个留声机器——这是文艺青年们的最好的信条。”②

蒋光慈：

“旧式的作家因为受了旧思想的支配，成为个人主义者，因之他们所写出来的作品，也就充分地表现出个人主义的倾向。他们以个人为创造的中心，以个人生活为描写的目标，而忽视了群众的生活，他们心目中只知道有英雄，而不知道有群众，只知道有个人，而不知道有集体。……但是现代革命的潮流，很显然地指示了我们，就是群众已登上了政治舞台，集体的生活已将个人的生活送到不重要的地位了。……革命文学应当是反个人主义的文学，它的主人翁应当是群众，而不是个人；它的倾向应当是集体主义，而不是个人主义。”③

《民族主义文艺运动宣言》：

“现今我们中国文坛艺坛的当前的危机是对于文艺缺乏中心意识。那么，我们要突破这个危机，并促进我们的文艺的开展，势必在形成一个对于文艺的中心意识。从历史的教训，我们须集中我们此后的努力于民族主义的文学与艺术的创造。我们此后的文艺活动，应以我们的唤起民族意识为中心；同时，为促进我们民族的繁荣，我们须促进我们民族的向上发展的意志，创造民族的新生命。我们现在所负的，正是建立我们的民族主义文学与艺术重要伟大的使命。”④

《〈初阳旬刊〉发刊辞》：

“‘五四’时代的思想，是自己从新来创造一切，旧的一切从新来估值。

①郭沫若：《革命与文学》，《创造月刊》1926年4月。

②郭沫若：《英雄树》，《创造月刊》1928年1月。

③蒋光慈：《关于革命文学》，《太阳月刊》1928年第2期。

④《民族主义文艺运动宣言》，1930年6月29日、7月6日《前锋周报》第2、3期。

概括地说，是推翻封建社会宗法社会的羁绊，而发现了‘人’，发现了‘自我’；‘我’是‘人’，‘人’不是封建主子和宗法家庭的奴隶。它的法宝，一个是‘民治’，一个是‘科学’。它不工作，一方是旧思想的评价，一方是新思想的介绍。束缚个人的封建隶属的关系摧毁了，但只有个个独立的人，而没有发现积人而成的民族社会，所以发生个人主义的思想，与个人主义的文学。而在新的创造方面，思想的法式是只谈问题，不谈主义，各依个人所感受到的问题，以自己的臆断来解决社会，表现自我。……归结来说一句，是个人主义的文学对封建文学的革命。封建文学原应淘汰，但梦幻的表现自我的个人主义的文学，又何尝能适应民族生存与生活改善的企求？”①

三民主义文艺理论家金平欧：

“文艺不是无目标，改进人生就是她的目标，而在此目标下的文艺作品，不应只是呼号个人的痛苦，应该代表群众来呼号。本来社会现象是太矛盾了。其给予人们的痛苦是太难受了。然而这决不是某一个人所独受，只有集合全体的人们共同走上新的生活之途径，个人才有出路。如果仅是个人内心生活的描写，个性发达的表现。结果会种下个人主义的流毒，而且违反了文艺的目标。”②

按照传统的派别划分，这其中，有左翼文坛的声音，也有右翼文坛的声音，有代表反抗者而发出的声音，也有代表统治者发出的声音。如果认真考察，我们还可以看到，在文化倾向上，“革命文学”与“民族主义文学”是一致的，他们都反对个人主义和人道主义，都否定精神的自由和人格的独立，都反对启蒙主义，都强调群体而否定个人。在这些方面，他们处于同一文化阵营，其根本问题是不愿意接受思想观念方面的现代化，试图消解五四新文化运动带来的那些非传统的价值观。

这就是那个时代的文化新态势，我把它称作“五四”过后的文化回潮。

---

①《〈初阳旬刊〉发刊辞》，《民族文艺论文集》，杭州正中书局1934年，第414页。

②金平欧：《文艺与三民主义》，《民族文艺论文集》，杭州正中书局1934年，第228页。

二

任何人都有权发表自己的文艺主张，无论主张文艺是机关枪还是扑克牌。但值得注意的是《英雄树》中那种不容他人说话的口气：你不同意做一个留声机器吗？“那没有同你说话的余地，只好敦请你们上断头台！”

这是创造社转向之后的声音。我曾经为他们转变之后说话的强硬态度而感到惊奇。因为稍微接受过一点现代自由观念的人都不会用这种口气说话，知识分子更不应该用这种口气说话。当然，创造社和太阳社的成员中有多少可以算知识分子，是一个需要讨论的问题。因为“现代知识分子”这一概念不是可以随便用的，生活于现代的文人不一定是现代知识分子。

我曾经有过的惊奇还在于：一个文人如何有这样的底气？

后来一想，这并不奇怪，它不过是没有实现现代人格转化的文人终于找到依靠之后的心理展露。用他们的话说，就是找到了出路。

谈到出路，鲁迅曾有如此一问：“出路？中状元么？”也许，那感觉就是中了状元。总司令麾下的政治部主任应该算几品？也许比状元的品级还要高。

一个穷困潦倒的人与一个前程似锦的人说话的声音是不一样的；一个手捧书卷的人与一个挎了指挥刀的人发出的声音是不一样的；一个背后站了几个面色苍白的文学家和思想家的人，与背后站着总司令和他的百万大军的人，说话的声音自然也是不一样的。此时的创造社社员已经不是刚刚从日本留学回来到处找不到工作因而对欧美派留学生无限嫉恨的落魄文人，而是中国国民革命军的军官，穿了军装，挎了指挥刀，再对文坛发声，自然有些腰粗气壮。

鲁迅说：“从前我以为指挥刀是指挥兵的，现在我觉得指挥刀也是指挥文学家的；指挥刀在前，文学家在后，什么文学革命，不过受指挥刀的驱使——如是而已。”

它所显示的人格：是传统的，不是现代的。

三

我在想，创造社社员对鲁迅的进攻和对“五四”的否定，是否与他们个人的境遇有关。他们虽然都外出留学，却未能学成正果。无论学的是什么，回国之后都没有弄到一份理想的工作。

中国20世纪文坛和学界有许多不公正，痞子成为名人早已不新鲜，无才无德者也许恰恰会红极一时。不过，那个时期的学界还比较公正，包括北京大学聘周作人当教授而不聘鲁迅，这都是一种公正的体现。欧美留学生们回国之后都立即得到了学院的重用，而大学却对到外国去混了几年，拿不到学位也没有学到什么专业知识的人不予承认。

我想，如果这些人回国之后不是那么潦倒，而是像胡适、蒋梦麟、赵元任等那样立即功成名就，将是什么样子？如果当时的政府能够对他们破格重用，一个个给予高官厚禄，又是一种什么景象？可是，大学用人有尺度，政府用人也有它的基本尺度。

一个好的村子里，老人们都知道如何安顿流民和那些吃不上饭的人，因为如果这些人生存成为问题，全村就会不得安宁。文坛的运动专家往往都是自己尚未在文坛上得到满意的位置，所以才发动一次又一次的“革命”。

甘人的一段描述让我读了一遍又一遍：

“他虽有解放的意识，不肯攻击当在压迫之下挣扎的人们，免张压迫者的气焰，但他缺乏热烈，既不会学社会革命家大呼疾走，永远戴革命领袖的荣衔，又不肯盲从，替人摇旗呐喊。他只是一个清道夫，一步步，慢慢的，稳稳的，细致的，剥掘，扫除，一群自命无产阶级的游卒，打着旗号，鲁撞地冲过去，拉他同走，他不肯，游卒大笑，骂：‘第一第二阶级的拥护者。’未几，游卒大散，乌合之众，片时星散，战场上更不见一个革命的战士，只剩下清道夫还在剥掘扫除。……”

鲁迅遇上一群这样的游卒，的确无处可逃。

但是，我仍然以为，这种自我实现的目的和实现的方式上的流氓气仍然不是最重要的。

四

他们一齐拿鲁迅开刀，鲁迅抵抗而拒不投降。冲突的症结究竟何在？什么是矛盾的焦点？

郑伯奇在《文坛的五月》中曾经声明：“我们所批评的不是鲁迅个人，也不是语丝派几个人，乃是鲁迅与语丝派诸君所代表的一种倾向。这种倾向也许支配着许多青年，然而这种倾向在现阶段是有害的。”

郭沫若在《“眼中钉”》一文中也曾经辩解：“他们的批判不仅限于鲁迅先生一人，他们批判鲁迅先生，也决不是对于‘鲁迅’这一个人的攻击。他们的批判对象是文化的整体，所批判的鲁迅先生是以前的‘鲁迅’所代表，乃至所认为代表着的文化的一个部门，或一部分的社会意识。”

这是不错的。他们批判的的确不是鲁迅一个，而是批判着一种文化。这文化是什么？毫无疑问，他们所批判和否定的文化，正是五四新文化运动所刚刚建立起来的新文化，正在与吃人的旧文化进行着激烈决战的新文化。

他们首先要否定的，是个人主义和人道主义，是以批判社会和批判国民性两翼组成的以人的觉醒和解放为目标的现代启蒙主义。

他们说鲁迅的《“醉眼”中的朦胧》一文“暴露了知识阶级的厚颜，暴露了人道主义的丑恶”[①]。这显示了在他们的眼里，知识阶级已经很不光彩，人道主义是丑恶的。这就使他们与“五四”新文学和新文化运动彻底划清了界线。

他们说鲁迅“从幽暗的酒家的楼头，醉眼陶然地眺望窗外的人生”，“反映的只是社会变革期中的落伍者的悲哀，无聊赖地跟他弟弟说几句人道主义的美丽的说话。”[②]

他们在鲁迅的文章中看到的是“人道主义者怎样地防卫着自己”，看到的是“人道主义者的裸体照相”。他们否定鲁迅，首先因为鲁迅是一个人道主义者。他们对鲁迅立人的目的，对他改变国民精神的努力方向，都大不以为然。

---

①成仿吾：《毕竟是“醉眼陶然”罢了》，《创造月刊》1928年5月。

②冯乃超：《艺术与社会生活》，1928年1月《文化批判》创刊号。

钱杏邨对鲁迅的批判比其他人更有代表性。而且，他对鲁迅的概括是准确的。他说鲁迅“始终是一个个人主义者”，“一切的行动是没有集体化的”；说鲁迅倔强，固守己见而不认错；说鲁迅不是唯物史观而是“唯我史观”；等等，大概都不是没有抓住鲁迅的特征。他解读《影的告别》，做出的是这样的评价：“在这一节叙述里，鲁迅把自己的小资产阶级的恶习性完全暴露了出来，小资产阶级的任性，小资产阶级的不愿认错，小资产阶级的疑忌，我们是可以看得出来的。所以横在他面前的虽有很光明的出路，他要有所不乐意，他不愿去。既不甘于现实，在理想中又没有希望，结果只有徘徊歧途，彷徨于无地了！这是鲁迅没有出路的心理原因，是小资产阶级的脾气害了他！其实，具有这样习性，而葬送了他们的一生的，我们随时随地都可以遇到；这种人若不把领袖思想英雄思想从他们的脑中赶掉，总归是没有希望的！”在批判鲁迅的“小资产阶级的恶习性”之后，还有更进一步的指出：“鲁迅所以陷于这样的状态之中，我们也可以说完全是所谓自由思想害了他，自由思想的结果只有矛盾，自由思想的结果只有徘徊，所谓自由思想在这个世界上只是一个骗人的名词，鲁迅便是被骗的一个。”①

鲁迅说：“倘使那时不说‘不革命就是反革命’，革命的迟滞是语丝派之所为，给人家扫地也可得到半块面包吃，我便将于八小时工作之暇，坐在黑房里，续抄我的《小说旧闻钞》，有几国的文艺也还是要谈的，因为我喜欢。”钱杏邨立即抓住这句话，批判鲁迅的“坏脾气”和“不可救药的劣根性”：

> 这是小资产阶级知识分子特有的坏脾气，也是一种不可救药的劣根性。或许有人以为我们的话是不对的，觉得鲁迅的这一种不屈不挠坚持到底铁一般的坚硬的态度的表白，正足以证明他的反抗精神与革命心理。果真有这样的观察者，那么也可以看出这样的读者也还没有认清目前我们所需要的是哪一种革命，和所谓真正的革命党人应该有哪些特质。“因为我喜欢”，所以我要反抗：这不是革命党人的态度，这是个人主义的小资产阶级者的丑态。“因为我喜欢”，所以我要写一篇《在钟楼上》咒诅国民政府，这只是他自己说的“高兴”和“玩玩”而已。他的出发点，不是集

①钱杏邨：《死去了的阿Q时代》，《太阳月刊》1928年3月。

体，而是个人，他的反抗，只是为他个人的反抗。虽然有时也为着别人说几句话，我们若果细细地考察起来，究竟是抛不开“我”的成分的。他始终是一个个人主义者。他是倔强。这可以看引文，他只要有饭吃，他是不怕什么的，还可以谈谈几国的文学，续抄《小说旧闻钞》，“因为我喜欢”。他的心目中，何曾有群众，除去了“趣味”与“幽默”而外，他又何曾看到什么是文艺的使命？一个个人主义的享乐者。革命的态度是这样的么？革命党人的个性能这样的倔强么？我们觉得从事实际工作和革命党人的革命文学作家的特性是没有分别的。鲁迅只是任性，一切的行动是没有集体化的，虽然他并不反对劳动阶级的革命。根据目前的政治状况看将起来，他不是革命的。这样的“毒笔的文人”（《语丝》十七，页五）“也糊涂到而今”（借用《语丝》十六，冬芬的话），真是“五十一年后能否就有出路，是毫无把握的”（《语丝》十八，页三八）。①

反对个性主义，反对人道主义，反对自由思想，反对启蒙主义精神，试图用“国父”或者什么人的思想来统一鲁迅的思想。这是一个重要的关键。面对以文化人自居的人的这种表现，也许只有一种解释：要么他们本来就不是“五四”新文化传人，要么是传统的文化积淀使他们在新形势下从“五四”的文化立场上退了回去。

五

重要的是对时代的认识。

成仿吾说：“资本主义已到了它最后的一日，世界形成了两个战垒，一边是资本主义的余毒‘法西斯蒂’的孤城，一边是全世界农工大众的联合战线。各个的细胞在为战斗的目的组织起来，文艺的工人应当担任一个分野。前进，你们没有听见这雄壮的呼声么？谁也不许站在中间。你到这边来，或者到那边去！”②

①钱杏邨：《“朦胧”以后》，1928年5月《我们月刊》创刊号。

②成仿吾：《从文学革命到革命文学》，《创造月刊》1928年2月。

钱杏邨说："五卅惨案发生以后，中国的阶级地位又突然地起了一大变化，工农阶级的力量逐渐地表现出来，上海的工人对于惨案的奋斗，香港工人的十九个月的大罢工，湘鄂工人的响应革命运动，上海工人驱逐奉鲁军的三次大暴动，以及前此的京汉路的二七惨案，以及革命军所到的地方的农民对于革命的帮助，以及革命军的以工农为革命的主力军，都给予青年以莫大的刺激，使他们对于第二期的思潮发现了不满，彻头彻底地站到工农一方面来向着压迫他们的资产阶级抗斗，激起了还没有终止奋斗的激烈的血潮，逃出了国的制度的束缚，思潮转向全世界被压迫阶级联合的抗斗。"①

冯乃超说："农村零落了，都市普罗列塔利亚特（Proletariat）发生了。谁人能说中国依然是（封建的）文明之邦，礼教之国？封建老人不常叹世风日下，人心浇薄么？这就是中华民族的精神渐向市民的习气同化了的佐证。别的方面我们可以从大学教授们的'欧化'问题中寻活生生的铁证。"②

这就是他们所认识的中国当时的社会。这就是他们所认识的时代。当时的中国，真的已经是资本主义与农工大众的联合战线的两大战垒了吗？真的已经不是封建的文明之邦了吗？真的到了必须消灭资产阶级和小资产阶级以及人道主义和个人主义的时代了吗？真的已经不需要启蒙主义而只需要做工农大众的留声机器了吗？

鲁迅说："现在所号称革命文学家者，是斗争和所谓超时代。""超时代其实就是逃避，倘自己没有正视现实的勇气，又要挂革命的招牌，便自觉地或不自觉地必然地要走入那一条路的。身在现世，怎么离去？这是和说自己用手提着耳朵，就可以离开地球者一样地欺人。社会停滞着，文艺决不能独自飞跃，若在这停滞的社会里居然增长了，那倒是为这社会所容，已经离开革命，其结果，不过多卖几本刊物，或在大商店的刊物上挣得揭载稿子的机会罢了。"③

①钱杏邨：《死去了的阿Q时代》，《太阳月刊》1928年3月。

②冯乃超：《艺术与社会生活》，1928年1月《文化批判》创刊号。

③鲁迅：《文艺与革命》，《鲁迅全集》第4卷，人民文学出版社1981年，第83页。

六

对时代的认识之中，一个重要的问题是对大众的认识。

这是鲁迅与创造社、太阳社冲突的一个焦点。“革命文学”的倡导者们认为阿Q的时代已经死去，“五四”之后的时代已经不是阿Q的时代。鲁迅却仍然关注着中国依然如故的真相。

在钱杏邨的眼里，“十年来的中国农民是早已不像那时的农村民众的幼稚了。所以根据文艺思潮的变迁的形式去看，阿Q是不能放在‘五四’时代的，也不能放在五卅时代的，更不能放在大革命的现在的时代的，现在的中国农民第一是不像阿Q时代的幼稚，他们大都有了很严密的组织，而且对于政治也有了相当的认识；第二是中国农民的革命性已经充分地表现了出来，他们反抗地主，参加革命，近且表现了原始的Baudon（即暴动）的形式，自己实行革起命来，决没有像阿Q那样屈服于豪绅的精神；第三是中国的农民知识已不像阿Q时代农民的单弱，他们不是莫名其妙的阿Q式的蠢动，他们是有意义，有目的的，不是泄愤的，而是一种政治的斗争了。……阿Q的时代是早已死去了！阿Q的时代是死得已经很遥远了！我们如果没有忘记时代，我们早就该把阿Q埋葬起来！勇敢的农民为我们又已创造了许多可宝贵的健全的光荣的创作的材料了，我们是永不需要阿Q时代了！”①

因为阿Q时代已经过去，时代已经进入一个新时代，因为阿Q已经不是过去的阿Q，他们已经觉悟并且革命，这个新时代的文坛当然已经不需要鲁迅。鲁迅如果想继续生存下去，就需要转向。这种意思他们表达得非常清楚。钱杏邨检查鲁迅的创作，提出的疑问是鲁迅“究竟能代表哪一个时期的思想?”他说鲁迅的小说“大多数是没有现代的意味！不仅没有时代思想下所产生的小说，抑且没有能代表时代的人物！阿Q、陈士成、四铭、高尔础这一些人物究竟是什么时代的人物呢？曾经读过《呐喊》与《彷徨》的人大概总能说得出来。《在酒楼上》篇里的吕纬甫说：‘老年人记性真长久！’我们觉得这句话真可以移赠鲁迅，老年人的记性真长久，科举时代的事件，

---

①钱杏邨：《死去了的阿Q时代》，《太阳月刊》1928年3月。

辛亥革命时代的事件，他都能津津不倦的，不知有汉，无论魏晋地叙述出来，来装点‘现代’文坛的局面……站在时代的观点上，我们是不需要这种东西的”[①]。所以，他们认为“鲁迅他自己也已走到了尽头，再不彻底觉悟去找一条生路，也是无可救济了”[②]。既然时代已经不需要鲁迅，他当然应该找一条生路，而这生路大概就是接受阿Q的再教育，成为与阿Q们思想感情上保持一致的进步作家。鲁迅太冷静，没有革命感情，他总是看到阿Q的落后，而没有看到他的革命因素，所以，鲁迅是跟不上时代的。时代一片光明，鲁迅却总看到黑暗，“光明的大道呈现在自己的眼前，他偏偏不走上去，只是沿着三面夹道的墙去专显碰壁的精神，这究竟是什么意义呢？”[③]这发问很可以说明问题。

《太阳月刊》编者在发表钱杏邨的《死去了的阿Q时代》时鼓吹说：“很多人总以为鲁迅是时代的表现者，其实他根本没有认清十年来新生命的原素，尽在自己狭窄的周遭中彷徨呐喊；利用中国人的病态的性格，把阴险刻毒的精神和俏皮的语句，来淆乱青年的耳目；这篇论文，实足澄清一般的混乱的鲁迅论，是新时代的青年第一次给他的回音。”

对于阿Q的认识，关系到中国文学是否需要启蒙精神。因为对时代和大众的认识，他们对鲁迅的启蒙主义思想不以为然。阿Q已经觉悟，还需要启蒙吗？这是一般人都能想到的。

鲁迅的确顽固，在如此批评之下仍然固执己见。第十七期的《语丝》一期就发表他那么多的文章：《扁》《路》《头》《通信》《太平歌诀》《铲共大观》。而且都是4月10日这一天写的。他一方面继续他的对于黑暗的暴露，一方面用这黑暗证明着他们超时代的虚妄。

鲁迅告诉人们，阿Q的时代真的过去了吗？阿Q真的已经觉悟到不是阿Q了吗？这样的大众，与之认同的结果会是什么？

他们攻击鲁迅看不清时代。然而，历史的发展已经证明，看不清时代的

---

①钱杏邨：《死去了的阿Q时代》，《太阳月刊》1928年3月。

②钱杏邨：《死去了的鲁迅》，《现代中国文学作家》第1卷，上海泰东图书局1928年7月。

③钱杏邨：《死去了的阿Q时代》，《太阳月刊》1928年3月。

正是他们自己。

七

在自我感觉中，“革命文学”的倡导者们都认为已经完成了对鲁迅的超越，完成了对“五四”的超越。所以，他们才能够理直气壮地否定鲁迅和否定“五四”。然而，这超越却非常可疑。

他们以自我反省和自我否定的方式指责“五四”：“在以一个将被‘奥伏赫变’的阶级为主体，以它的‘意德奥罗基’为内容，创制一种非驴非马的‘中间的’语体，发挥小资产阶级的恶劣的根性。”[①]他们要再把自己否定一遍，要努力获得大众意识，要使接近农工大众的用语，要以农工大众为对象，并且要求知识分子变为大众的留声机器。

他们要超越“五四”，超越五四新文化运动，超越“五四”新文学，超越“五四”的意识形态和价值观念。然而，在中国20世纪，已经呈现了一种规律，但凡条件不具备的情况下，只要超越，跳起之后，必然落到更可怕的泥沼中。

否定是应当的，历史正是因为有了不断的否定而得以进展。然而，要紧的是自己站在什么样的现实基点上进行否定。

一系列批判文章都在完成着对鲁迅的资产阶级和小资产阶级属性的指认。为了实现对鲁迅的超越，他们把鲁迅判给资产阶级，而自己则扮演起了对资产阶级进行革命的角色。

代表人民大众，代表第四阶级，当然可以理直气壮。特别是在中国。然而，鲁迅说：“上海的文学界今年是恭迎无产阶级文学使者，沸沸扬扬，说是要来了，问问黄包车夫，车夫说并未派遣。这车夫的本阶级意识形态不行，早被别阶级弄歪曲了吧。另外有人把握着，但不一定是工人。于是只好在大屋子里寻，在客店里寻，在洋人家里寻，在书铺子里寻，在咖啡馆里寻……”[②]

①成仿吾：《从文学革命到革命文学》，《创造月刊》1928年2月。

②鲁迅：《路》，《鲁迅全集》第4卷，第89页。

在大屋子里也好，在洋人家里和咖啡馆里也好，大概都寻不出真正的无产阶级意识的代表者。无产阶级文学和无产阶级意识形态一样难以成立。真正的无产阶级自己的思想是什么样子？真正的无产阶级思想不是无产阶级思想，而无产阶级思想却产生于非无产阶级文人的头脑。这是非常荒谬的。小资产阶级的文人认为无产阶级的思想不是无产阶级思想，而去改造真正的无产阶级，这是荒唐的。同时，如果真正的无产阶级思想就是真正的无产阶级思想的话，那么，认定无产阶级思想具有先进性，就更加荒唐。在20年代的中国，能够如鲁迅一样思考者可惜太少。

他们以最激进的面貌批判和否定“五四”，否定启蒙主义文学。改造旧社会的迫切之情可以理解，但为了寻找改造旧社会的力量而建立的对群众的认识，却使他们陷入了一种貌新而实旧的境地。他们反对的所谓“旧式的作家”，是以鲁迅为代表的“五四”新文学先驱。他们所反对的所谓“旧思想”正是五四新文化运动中出现的新思想。他们用以否定个人主义的所谓新思想，正是在五四新文化运动中受到冲击的中国几千年社会所形成的群体意识。这些激情满怀却缺乏深刻的年轻人自以为找到了新的价值而超越了“五四”新文化精神，却没有意识到他们以最激进的面貌出现，承载的却是旧传统。

历史已经证明，在20世纪，尽管新的招牌不断挂出，每一轮都认为自己是最先进的，但是，还没有哪个人比鲁迅更先进，没有谁的思想比鲁迅的思想更具现代性。

八

鲁迅对革命文学的态度与对1927年前后那场革命的态度是一致的。当革命文学的字眼刚刚出现的时候，鲁迅就说：因为此时是“革命”的政府，所以做起文学来必须有“革命”二字。这样的文学当然不会是好文学。任何依附于“强有力”即权力的文学都是鲁迅所不屑一顾的。他说：“从前我以为指挥刀是指挥兵的，现在我觉得指挥刀也是指挥文学家的；指挥刀在前，文学家在后，什么文学革命，不过受指挥刀的驱使——如是而已。”在后来与革命文学运动的论争中，鲁迅又谈到过不应该把两类文学误以为革命文学：一类是在一方的指挥刀的掩护下斥骂敌手的文学，一类是在纸上写满“打，打”，“杀，杀”或“血，血”的文学。而且，从指挥刀下骂开去，从官办的报纸上骂开去，从裁判席上骂下去，好在被骂者不敢开口。这算什么革命文学？

鲁迅知道，中国从事文艺的人大多不是无产阶级，以其他阶级的思想感情和生活经历去创作无产阶级的文学，其结果不会是真实的。他在上海的报告中说在广州曾经看见党部出了一个题目，叫作《青年的烦闷》，文章居然说：恋爱算什么？我们要革命。他说：“这完全是假话……我觉得还不如老老实实地说，我愿恋爱，我宁愿放弃革命。”没有什么比鲁迅举的这个例子更能说明为政治服务的文学的虚假本质了。什么叫文学家的良心，什么叫知识分子的真诚，什么叫直面现实？在这里，我们可以得到一种检验。为了宣传革命，为了让青年感觉到革命比恋爱伟大，于是就编造这样的文学。其实，这是中国人一贯的办法，在过去的几千年里，是为了忠孝而不要恋爱，革命开始之后便是为了革命而不要恋爱。当然不要的不仅仅是恋爱，而是一切属于个人的生活和生命。

鲁迅的文学活动以立人为根本任务，当然不能接受这样的“革命文学”。

九

在关于革命文学的论争中，我们不得不承认，还是郭沫若厉害。只有他意识到了他们对鲁迅的批判会把他们推到一个极为不利的境地。因此，他不像他们中的一些年轻人那样把鲁迅看作资产阶级，而是判定鲁迅是“封建阶级的余孽”，是“二重反革命”。虽然他找不出多少理由，只好强词夺理，而且有点声嘶力竭，但他的这种思路的确高人一筹。他找到了一个证据：“像这样的尊重籍贯，尊重家族，尊重年纪，甚至于尊重自己的身体发肤，这完全是封建时代的观念！”这就使郭沫若不同于他人，在反资产阶级的同时意识到与封建阶级拉开一定的距离。20世纪的一些聪明人都这样干的，但这并不能掩盖他们自身比资产阶级落后和腐朽的底色。

郭沫若的厉害在于他的“第三判断的引证”。在这里，他说：“连资产阶级的意识形态都还不曾了解的人，当然更说不上无产阶级的意识形态。鲁迅在此也正好做一个证明。”他举了鲁迅两段话：

“林琴南先生是确乎应该想起的，他后来真是暮年景象，因为反对白话不能论战，便从横道儿做一篇影射小说，使一个武人痛打改革者，——说得‘美丽’一点，就是神往于‘武器的文艺’了。”

“旧的和新的，往往有极其相同之点——如：个人主义者和社会主义者往往都反对资产阶级，保守者和改革者往往都主张为人生的艺术，都讳言黑暗，棒喝主义者和共产主义者都厌恶人道主义等——”

郭沫若之所以要把鲁迅说成是封建阶级的余孽，是因为意识到了这些话的力量，因而意识到自己应该挂出一个不同于封建文人的招牌。而要实现这一切，最好的办法就是把鲁迅判定为封建主义的，然后再施以攻击。这样，他们就不再是封建主义的守护神，而成为反对封建主义的战士。这是一个很好的战略。可惜的是，郭沫若虽然意识到了鲁迅的这些话对他们的威胁，却仍然没有力量批判鲁迅的这几句话，一旦进入对这些话的反驳，就立即让人感觉到理论的缺乏和依靠浮躁的激情而进行论争的各种局限。什么“石器时代”，什么“电气时代”，什么“老虎吃牛”……让我们看到的，是一个思想和理论都严重缺乏者面对强敌的慌乱。最后，他只有使用这样的语言：

> 他自己的立场呢？是资产阶级？是为艺术的艺术家？是人道主义者？
>
> 否，否，否，不是，不是，不是！①

一般的“革命文学”家都判定鲁迅是资产阶级和小资产阶级，判定他是人道主义者。相比之下他们还都太老实，还比较尊重事实。郭沫若与他们不同，他急于否认鲁迅是人道主义者，否定鲁迅的资产阶级和小资产阶级属性。因为他能够意识到在中国把资产阶级和人道主义的领地都通通留给论敌将意味着什么。

郭沫若的厉害之处在他的《“眼中钉”》中也可以看到。在这篇论述结束之后的文章中，郭沫若说：“在当时的所谓‘语丝’也，所谓‘创造’也，

---

①杜荃（郭沫若）：《文艺战线上的封建余孽》，《创造月刊》1928年8月。

所谓周鲁也，所谓成郭也，要不过一丘之貉而已！说得冠冕一些是有产者社会中的比较进步的‘因迭里根沧’的集团，说得刻薄一些便是旧式文人气质未尽克服的文学的行帮和文学的行帮老板而已。成郭对周鲁自然表示过不满，然周鲁对于成郭又何尝是开诚布公？（例如周作人先生便刻薄过成仿吾是苍蝇。）始终是一些旧式的‘文人相轻’的封建遗习在那儿作怪，这是我自己在这儿坦白地招认的。”

郭沫若对自己有非常清楚的认识。这是一种难得的真诚招认。

然而，这种承认错误的高姿态却显示了厉害之处：把自己与鲁迅绑在一起，既借对手抬高了自己，又是在中国市井无赖中常见的“拉了对手跳污水”的战略。看似自我批判和反省，实际是拿一顶文人相轻帽子，试图把鲁迅与自己扣在一起。

十

在20世纪的中国文化史上，郭沫若是一个名人，而且有些才气。按照他自己的说法，他没有读过《新青年》，更没有兴趣读鲁迅的小说，然而，却在康白情的影响之下开始写新诗，并且不自觉地以《女神》应和了“五四”的回响。然而，当《女神》中那个年轻的叛逆者离开“五四”高潮之后，一步步走去的身影让人感觉到的，却是他与中国传统文人的密切联系。毫无疑问，郭沫若比鲁迅年轻得多，但思想却比鲁迅陈旧得多。

因此，鲁迅的确应该纠正对进化论的偏颇理解，的确不该相信青年胜过老年。历史的进化，在具体的阶段上往往并不能以年龄划分。有些年轻人在历史进化的链条上的位置并不先进于老人。因为与他们相连的往往不是最进化的一环。

从郭沫若半个世纪的表现可以看到，他身上的传统是浓重的。他没有能够像鲁迅等人那样实现人格的现代转变。郭沫若一生的问题都在于这种转变没有完成。他全部的成功和失败也都在于这种未完成的状态。

这种思想意识上的革命没有完成的状态其实在“五四”时期就充分地表现着。表面上看来，郭沫若的诗是很“洋”的，题材不乏外国货，诗体是欧美的自由体，诗中常常夹杂了外语的音译，而且诗中呼唤着个性的解放，高叫着破坏和创造。但是，只要研究一下他的审美理想，就会发现，最终的归依却往往是中国传统的东西。他的反传统不过是年轻人因为某种刺激而发生的勃然一跳，跳过之后是还要落到原处的。而且，他所反抗的既不是旧的制度也不是旧的文化传统。看看他的那些诗剧，无论是《孤竹君之二子》，还是《棠棣之花》，都显然暴露了他头脑中与几千年传统观念的联系。这种联系不是无法切断的那种联系，而是一种认识的不清和价值选择上的不自觉，是一种现代知识准备的不足和现代思想资源的欠缺。所以，他虽然歌颂创造精神，表现反抗精神，但作品中所表现的抒情主体意识，还没有挣脱传统文化的锁链。这不仅是他自己的问题，而是体现了一群人对传统的因袭。现代中国的历史证明，没有经过“五四”新文化洗礼的人，没有真正理解“五四”精神而且使之在自己内心深处扎下根的人，都容易把旧文化直接翻新成时髦的东西，以新的面目维护着旧的传统。

五四新文化运动以对儒家文化传统的彻底反叛为显著标志，但郭沫若与这一方向背道而驰。他一开始就站在新文化的对立面，在新文化运动“打孔家店”的运动高潮中，在诗中高喊着破坏与创造的郭沫若却在给朋友的信中对新文化运动对孔子的冲击表示了强烈不满。他为孔子辩护，谈孔子如何伟大，如何光照千秋[①]。他高喊个性解放，但他的个性解放与《新青年》集团所倡导的大不相同。他的个性解放的标本是孔子，而不是别人。“五四”新文化阵营一致地反对国粹派，反对中国古已有之的思路，反对复古的梦想。而郭沫若却认为中国古代文化是光辉灿烂的，可惜的是“固有的文化久受蒙蔽，民族的精神已经沉潜”，所以，要救中国，首先是“唤醒我们固有的文化精神”[②]。所以，从根本上说，郭沫若虽然以《女神》引起新文化阵营的关注，但在思想意识上并不属于新文化阵营。而且，终其一生，他没有成为现代知识分子。

50年代，在中国的大学也准备培养硕士并授予学位的时候，曾组织高层专家讨论，郭沫若的意见让许多人惊诧不已。因为按照世界通例，大学毕业授予学士学位；再读研究生，可以获得硕士学位。但是，郭沫若提议大学毕

①《郭沫若全集》（文学编）第15卷，人民文学出版社1982年，第21页。

②同上书，第157页。

业叫“举人”，研究生毕业叫“进士”，科学院最高层专家也不要称“院士”，而称“翰林”。这虽然不是大事，但透露的却是一个人头脑里面的东西。

十一

“革命文学”倡导者们对于鲁迅的批判集中于这样一点：鲁迅对于时代没有正确的认识，只知道暴露，只知道启蒙，而不知道大众已经突变，已经不需要启蒙。时代前进了，鲁迅却还守着“五四”的那一套，所以，他是时代的落伍者。

看上去，双方的冲突仍然具有新旧之争的性质。创造社、太阳社的人们是“新”的，而鲁迅是“旧”的。

然而，在《我的态度气量和年纪》中，鲁迅说：“旧的和新的，往往有极其相同之点——如个人主义者和社会主义者往往都反对资产阶级，保守者和改革者往往都主张为人生的艺术，都讳言黑暗，棒喝主义者和共产主义者都厌恶人道主义等。”

有人把鲁迅比作林琴南，鲁迅由此说出了一句非常重要的话：林琴南之所以不行之故，关键在于生得太早，不知道这一阶级将被“奥伏赫变”，所以也不知道及时地更换服色。

鲁迅的话说得并不直露，但创造社社员们肯定能够感觉到力量。鲁迅说，将为将来柱石的青年，竟也像林琴南一样东拉西扯。什么叫“东拉西扯”？就是拉了武人来为自己消灭论敌。在这一点上，这些青年倒真是林琴南的继承者。

十二

在《写在〈坟〉的后面》中，鲁迅由于深感自己也同样背了“古老的鬼魂”而写下了这样一段话：“大半也因为懒惰罢，往往自己宽解，以为一切事物，在转变中，是总有多少中间物的。动植之间，无脊椎和脊椎动物之间，都有中间物；或者简直可以说，在进化的链子上，一切都是中间物。当开首改革文章的时候，有几个不三不四的作者，是当然的，只能这样，也需要这样。他的任务，是在有些警觉之后，喊出一种新声；又因为从旧营垒中来，情形看得较为分明，反戈一击，易制强敌的死命。但仍应该和光明偕逝，逐渐消亡，至多不过是桥梁中的一木一石，并非什么前途的目标，范本。跟着起来便该不同了，倘非天纵之圣，积习当然也不能顿然荡除，但总得更有新气象。”

这里充分显示了鲁迅的进化论思想，而且可见他的美好愿望，同时，也显示着他的自谦。难得如此，中国的英雄们都想做顶峰，把自己的一套封为顶峰，决不允许有超越之举。而鲁迅却意识到自己只是历史进化的链子上的一个环，一个中间物。什么是历史的观念，这才是历史的观念。

然而，事情却也并不非常简单，任何一种东西都可能有许多复杂性，有许多复杂的作用。从理论上讲，当然任何人都是中间物。因为历史的进化不可能在某一点上停止。

然而，这只是对漫长的进化历史或者文明发展史的宏观考察，如果在具体的时间段落里，甚至是相当长的时间段落里，个体与个体的价值却极不相同，一些个体并不在进化的链子上具有意义，而另一些个体在具体的时间段落里并不是中间物。历史是一条链子，但进化的过程并不是按照时间的顺序而生长出一个个的环。有时它生长极快，有时则生长极慢甚至不再生长。也许，在某一阶段中，孤独的前驱可能总是不见后来者，因为后出现的生命不一定接在新生的环上。那些生命虽然在时间上后出，延续的却是已经生了锈的那一段古老的链子上的某一个环。这就使得历史匆匆过去几十年甚至几百年，前驱仍然是前驱，先锋仍然是先锋，没有更先锋的人物来取代先锋的位置而使先锋成为中间物。

在20世纪的中国，鲁迅就是这样的前驱。在中华民族的文明进化的历史上，鲁迅注定了是中间物，但在20世纪，鲁迅不是中间物，百年风雨现代路，没有人曾经超越鲁迅，不存在比鲁迅更具有先锋意义的人物，也不存在比鲁迅更具有前驱意义的思想。一切对鲁迅实现超越的宣言都是虚假的。在超越旗帜下出现的批判否定，往往只是鲁迅所批判和否定的旧事物卷土重来。

“文艺大众化”运动反思札记

文艺大众化运动开始于20年代末的革命文学运动，在40年代形成高潮。大众化运动一开始就与“五四”新文学运动划开了界限，否定“五四”新文学和新文化，批判个人主义和人道主义，反对知识分子的启蒙立场，明确提出知识分子通过改变自我以适应大众的主张。它以大众喜闻乐见为艺术的评判标准，以顺应大众心理而鼓动大众热情为艺术旨归，完全颠倒了知识分子与大众在文明发展中的关系，最后终于使文学陷入迷途，使知识分子失掉了精神存在的合法性。而这一过程是一个从主动到被动，从自我迷失到被迫归顺的过程。

一

在20世纪中国文坛上，大众化是一个使用率颇高的概念，但是，何谓“大众化”？人们的理解并不一致。从一开始直至今日，使用者往往对其不作深究。其实，必须注意最权威的解释。毛泽东《在延安文艺座谈会上的讲话》中的解释是：“许多同志爱说‘大众化’，但是什么叫作大众化呢？就是我们的文艺工作者的思想感情和工农大众的思想感情打成一片。”什么叫“打成一片”呢？《现代汉语词典》的解释是：“变得跟广大群众一致，适合广大群众需要。”这是大众化的本义，别的理解和解释往往都是一厢情愿。

二

文艺大众化运动应该从何时开始？最先应该是身着军装的郭沫若在1926年发出的呼喊：“我希望你们成为一个革命的文学家，不希望你们成为一个时代的落伍者。这也并不是在替你们打算，这是在替我们全体的民众打算。彻底的个人的自由，在现在的制度之下也是求不到的；你们不要以为多饮得几杯酒，便是什么浪漫的精神；多谄得几句歪诗，便是什么天才的作者。你们要把自己的生活坚实起来，你们要把文艺的主潮认定！你们应该到兵间去，民间去，工厂间去，革命的漩涡中去！”[①]这种倾向的进一步发展是1928年创造社、太阳社的革命文学运动。他们纷纷表示要到大众中去，获得大众意识，以大众为对象，创造服务于大众的革命文学。

最值得注意的是成仿吾的《从文学革命到革命文学》。在这篇文章中，他说：“我们还得再把自己否定一遍（否定的否定），我们要努力获得阶级意识，我们要使我们的媒质接近农工大众的用语，我们要以农工大众为我们的对象。”他向文学家发出号召：“谁也不许站在中间。你到这边来，或者到那边去！……克服自己的小资产阶级的根性，把你的背对向那将被‘奥伏赫变’的阶级，开步走，向着那龌龊的大众！以明了的意识努力你的工作，驱逐资产阶级的‘意德沃罗基’在大众中的流毒与影响，获得大众，不断地给他们以勇气，维持他们的自信！”[②]

虽然此文尚未提出大众化的口号，但从以自我为表现对象到以农工大众为表现对象，从为艺术而艺术到为大众而艺术，从轻视大众到崇拜大众并且要求作家充当大众的“留声机器”，大众化运动事实上已经开始。这些主张已经与“五四”新文学运动划开了界限，并且道出了后来几十年文艺大众化的基本方向和内容，也埋下了以后全部悲剧的种子。它是当时一些文人的自觉选择，并无权威力量的逼迫，但这一选择已为文学的前途预设了全部的坎坷，为知识分子划出了一条荆棘路。

---

①郭沫若：《革命与文学》，《创造月刊》1926年4月。

②成仿吾：《从文学革命到革命文学》，《创造月刊》1928年2月。

三

考察大众化运动，应该注意瞿秋白和鲁迅的不同见解。

瞿秋白的观点有几点值得特别注意：一、他像创造社太阳社的人们一样，以革命的姿态面对“五四”新文学，并且从内容到形式对“五四”新文学进行了彻底的否定。在《学阀万岁》等文章中，他全盘否定了“五四”文学革命的成果，认为这次革命“差不多等于白革”，因为它的结果只是“产生了一个非驴非马的新式白话”，一种“不人不鬼，不今不古——非驴非马的骡子文学”。因此，他主张再来一次革命，而这革命就是文艺的大众化，目标就是创造大众文艺。二、他明确提出作为知识分子的作家应该向大众学习，通过改变自我以适应大众。在《大众文艺的问题》《“我们”是谁?》等文章中，他反复强调向大众学习和改造自我，尖锐批评知识分子只愿意做群众的先生而不愿意做群众的学生的倾向，认为“革命的先锋队不应当离开群众的队伍，而自己单独去完成什么‘英雄的高尚的事业’。笼统地说什么新的内容必须用新的形式，什么只应当提高群众的程度来鉴赏艺术，而不应当降低艺术的程度去迁就群众——这一类的话是‘大文学家’的妄自尊大!”瞿秋白已经明确地要求作家放弃知识分子的主体性，放弃知识分子的话语立场，为革命的事业而努力与群众结合。在这里，我们看到了毛泽东文艺思想的蓝本。后来毛泽东《在延安文艺座谈会上的讲话》的观点其实多出自瞿秋白30年代的文艺思想。三、瞿秋白最先提出了旧形式的利用，因而开了回归民间旧文学的先河。

鲁迅关于大众化的意见是一个并不和谐的音符。当瞿秋白们努力倡导大众化、要求作家改变自身去适应大众时，鲁迅说：“若文艺设法俯就，就很容易流为迎合大众，媚悦大众。迎合和媚悦，是不会于大众有益的。”他不反对文艺的通俗化，主张“应该多有为大众设想的作家，竭力来做浅显易解的作品，使大家能懂，爱看”，但是，他的目的却是“挤掉一些腐朽的劳什子”①，而不是变得与大众相一致。“五四”文学革命的主将虽然身处面向

①《鲁迅全集》第7卷，人民文学出版社1981年，第349页。

大众的文学阵营，却从未忘却"五四"确立的启蒙使命。当瞿秋白们努力倡导旧形式的时候，鲁迅写了《论"旧形式的采用"》，表示赞成旧形式的采用，不同意有人把采用旧形式看作是对旧文学投降，但是，他关注的重点仍然是形式的革新："旧形式的采取，必有所删除，既有所删除，必有所增益，这结果是新形式的出现，也就是变革。"

鲁迅明确感觉到了大众化运动潜在的危机与歧途。在《答曹聚仁先生信》中，他说："譬如'妈的'一句话罢，乡下是有许多意义的，有时骂骂，有时佩服，有时赞叹，因为他说不出别样的话来。先驱者的任务，是在给他们许多话，可以发表更明确的意思，同时也可以明白更精确的意义。如果也照样的写着'这妈的天气真是妈的，妈的再这样，什么都要妈的了'，那么于大众有什么益处呢？"其次是旧势力的乘机反扑。他警告说："还有一层，是文言的保护者，现在也有打了大众语的旗子的了……这一点也须注意的。要不然，我们就会自己缴了自己的械。"在答曹聚仁的另一封信中，他说："有些论者，简直是狗才，借大众语以打击白话的，因为他们知道大众语的起来还不在目前，所以要趁机会先将为害显然的白话打倒。……照现在的情形看，倘不小心，便要弄到大众语无结果，白话文遭毒打，那么，剩下来的是什么呢？"①以鲁迅的洞察力，当然很容易感觉到这一运动本身与他所坚守的启蒙主义方向的矛盾，因而试图以各种形式给予反击或矫正。他在《门外文谈》中说：

> 这一回，大众语文刚一提出，就有些猛将趁势出现了，来路是并不一样的，可是都向白话、翻译、欧化语法、新字眼进攻。他们都打着"大众"的旗，说这些东西，都为大众所不懂，所以要不得。……说话作文，越俗，就越好。这意见发展开来，他就要不自觉地成为新国粹派。或则希图大众语文在大众中推行得快，主张什么都要配大众的胃口，甚至于说要"迎合大众"，故意多骂几句，以博大众的欢心。这当然自有他的苦心孤诣，但这样下去，可要成为大众的新帮闲的。

---

①《鲁迅全集》第12卷，人民文学出版社1981年，第496页。

捍卫“五四”白话，为欧化语法和新字眼而辩护，坚持直译，反对迎合大众，揭露新国粹派，反对做大众的帮闲……这一切都与瞿秋白等人的主张恰恰相反。

四

进一步的发展来自非文学的力量。40年代是一个全面政治动员和军事动员的年代。政治动员或军事动员与思想启蒙有形式上的共同之处，那就是都需要大众接受。然而，动员与启蒙不同，前者指向人的自我的解放和发展，后者指向的是将其纳入某种目标。思想启蒙以启蒙者自身为本，即使不被接受也不会改变自身。宣传动员则不然，如果民众不能被成功地动员起来，就必须调整策略。只要不是白痴，就能够意识到提高大众是困难的，那么，为了有效地进行动员，就需要毫不犹豫地适应大众，不仅要适应大众的理解力，而且适应大众的趣味，还要以种种方式取悦于大众。群众大会上高呼群众万岁，战前动员时盛赞士兵勇敢，这种本领是一般政治领袖和军事统帅都具备的。在特定的时代背景上，任何一个实用主义的政治家和军事家都不会赞同知识分子在他的队伍中进行思想启蒙，也不会听任知识分子在他的队伍前面居高临下地指手画脚。为了政治和军事目的，他们必然以最大的力量保护其追随者的积极性，不管这种积极性是建立在什么样的精神状态和心理基础之上。陈伯达在《思想的自由与自由的思想》一文中的表述直截了当，他说：“我们在文化上反对独断，反对迷信，但对于那迷信任何独断，迷信任何宗教的同胞，我们不但不应反对他们，而且要尽力避免刺激他们。”在这种情况下，“大众喜欢”成了重要的尺度。如何顺应大众心理而鼓动他们的热情，成了艺术的全部奥秘。为了大众喜闻乐见，文学在形式和内容上全面地迁就和适应大众，走向了投其所好的媚俗之路。

五

在大众化运动的过程中，始终存在一种否定“五四”新文化和新文学的倾向。

创造社、太阳社的人们从各个方面否定过五四新文化运动和文学革命，对文学革命的中心北京文坛很不以为然，而且要施之以"十万两无烟火药"（成仿吾《从文学革命到革命文学》）。他们命令作家们转向，否则，就要"敦请他们上断头台"（郭沫若《英雄树》）。在30年代初，瞿秋白像创造社、太阳社的人们一样，以革命的姿态从内容到形式对"五四"新文学进行了彻底的否定。认为这次革命"差不多等于白革"，因为它的结果只是"产生了一个非驴非马的新式白话"，一种"不人不鬼，不今不古——非驴非马的骡子文学"。在30年代末到40年代初的民族形式讨论中，向林冰的观点众所周知："'五四'以来的新兴文艺形式，由于是缺乏口头告白性质的'畸形发展的都市的产物'，是'大学教授、银行经理、舞女、政客以及其他小布尔的恰切的形式'，所以在创造民族形式的起点上，只应置于副次的地位。"[①]在当时的讨论中，这种观点并不是个别的，不少人都曾直接指责"五四"新文学割断了历史的优秀传统，割断了与人民大众的联系。他们把"五四"文学革命受外国影响看作不可容忍的错误，提出要"完成对'五四'文艺运动的否定"。[②]

值得注意的是，在文艺大众化运动中，对"五四"的态度一直存在着两种不同的表现：一种是在否定"五四"的前提下倡导大众化；一种是在肯定"五四"的前提下倡导大众化。创造社、太阳社和瞿秋白等大多属于前者，他们把大众化运动看作对"五四"新文学的再革命，因而拼命否定"五四"新文学。冯雪峰、胡风等人属于后者，他们把大众化运动解释为对"五四"新文学运动的继承和发展，所以并不一般地否定"五四"。因为后者的存在，文艺大众化运动为"五四"新文学留下了一定的空间，因而能够在某种程度上容纳鲁迅和他所代表的"五四"启蒙话语。

然而，只要认真考察，就会发现，它所保留的往往只是"五四"的空壳，一个改写过的招牌。即使如冯雪峰等人，也常常是在抽象肯定之中具体否定了"五四"新文化和新文学的精神。他们虽然并不正面否定"五四"，却往往热情赞美那些与"五四"精神背道而驰的东西。冯雪峰热情赞美丁玲

①向林冰：《论民族形式的中心源泉》，1940年3月20日《大公报》副刊《战线》。

②黄绳：《当前文艺运动的一个考察》，1939年8月《文艺阵地》第3卷第9期。

的《水》，而否定她此前作品的倾向。在他看来，这篇小说的最高的价值就是看到了大众自己的力量，并且相信大众是会转变的。他进一步希望丁玲的是“对于自己的脱胎换骨的努力”[①]。我们知道，在《水》之前，丁玲的创作更多接受的正是“五四”新文学的传统。冯雪峰的批评清楚地显示着他的价值观念与“五四”已经拉开了距离。

在对“五四”的两种态度中，直接否定“五四”者往往不被接受，但其态度是坦率而诚实的；举着“五四”旗帜倡导大众化的人们情况却相当复杂。只要了解中国现代知识界与“五四”的联系，聪明人就不会贸然否定“五四”。所以，他们决不仿效瞿秋白和向林冰的做法，而是回避尖锐的矛盾，在继承“五四”的旗号之下悄悄对“五四”进行改写。应该承认，这种方式比直接否定“五四”更明智。所以，越到后来，这种聪明人越多，并且美其名曰“辩证地看问题”。在民族形式的讨论中，郭沫若有一个著名的论点：“中国新文艺，事实上也可以说是中国旧有的两种形式——民间形式与士大夫形式——的综合统一。”[②]何其芳也有类似的见解：“‘五四’以来的新文学是旧文学的正当的发展。”[③]他们都不否定“五四”，但把“五四”新文学说成是中国传统旧文学的发展，早已改写了“五四”新文学的性质。

六

人们不会忘记20年代末创造社和太阳社对鲁迅的围攻。通过对鲁迅和“五四”一代作家的批判，他们首先否定的是人道主义和个人主义。他们在鲁迅的文章中看到的是“人道主义者的裸体照相”（冯乃超）。他们说鲁迅的文章“暴露了人道主义的丑恶”（成仿吾）。他们说鲁迅“始终是一个个人主义者”，“一切的行动是没有集体化的”（钱杏邨）。个人主义与人道主义、民主、自由、人权等这些在“五四”新文化中的光辉词汇，在他们那里已经成为恶谥。钱杏邨解读鲁迅《影的告别》，从中发现了“个人主义的小

①冯雪峰：《关于新小说的诞生》，1932年《北斗》第2卷第2期。

②郭沫若：《民族形式商兑》，1940年6月9—11日重庆《大公报》。

③何其芳：《论文学上的民族形式》，1939年《文艺战线》第1卷第5号。

资产阶级者的丑态""小资产阶级知识分子特有的坏脾气"和"不可救药的劣根性"。他认为："鲁迅所以陷于这样的状态之中，我们也可以说完全是所谓自由思想害了他，自由思想的结果只有矛盾，自由思想的结果只有徘徊，所谓自由思想在这个世界上只是一个骗人的名词，鲁迅便是被骗的一个。"①

"五四"一代人最闪光的特征之一就是独立人格和自由思想。他们从传统人格中走出，摆脱各种羁绊而获得了现代知识分子的独立人格。他们不再寻求依附，更不因为能够为王前驱而得意扬扬。大众化的倡导者们所批判的却正是这样一种人格。这些激情满怀却缺乏认识能力的浪漫文人自以为找到了新的价值而超越了"五四"以人为中心的新文化精神，却没有意识到这种超越恰恰是在传统力量的作用下不由自主地扮演起来的。有一点特别需要指出：在政治倾向上，大众化运动初期的倡导者们与国民党的统治是对立的。但是，他们对个人主义和人道主义的批判却与统治者的要求非常一致。原因很简单，他们对个人主义的反感与其说是来自外来学说的影响，不如说是受了国民革命军宣传教育的影响。因为从孙中山的学说到蒋介石的训话，都与新文化格格不入，对个人主义和自由思想深恶痛绝。这也不难理解，一切握有权力和争取获得权力的人，只要想滥用权力，都会反对"五四"新文化运动所传播的以科学、民主和人权为核心的西方文化观念，都会否定怀疑权威破坏偶像的启蒙主义、不愿老老实实做奴隶的个人主义和总是使血腥和残暴不能理直气壮的人道主义。

在30年代，普罗文艺运动与民族主义文艺运动尖锐对立，却携手批判个人主义和人道主义，共同瓦解着人的文学。正是这种合力，最终导致了文学中人情、人性、人道主义主题的失落。

七

大众化运动一开始就是否定启蒙主义的。他们呼唤文艺向着大众飞跃，呼唤文艺家走向农工大众，并且要求他们放弃启蒙立场，去做一台大众的留

①钱杏邨：《死去了的阿Q时代》，1928年3月《太阳月刊》。

声机器。在30年代初的大众化讨论中，倡导者们坚决反对“依赖欧化的知识青年去做一种自由主义的‘教训’民众的文化运动”[①]，把启蒙立场看作文学家的“妄自尊大”。当有人提出文艺大众化的困难在于大众自己还缺少接受文艺作品的准备的时候，瞿秋白严厉指出：这是一种“知识分子脱离群众的态度，蔑视群众的态度”，是“企图站在大众之上去教训大众”，并且认为这是实现大众化的“深刻障碍”，必须“彻底铲除”。[②]

在30年代初的左翼群体内部，知识分子已经不能够理直气壮地承担启蒙的使命。中国知识分子在五四新文化运动中觉醒，痛苦于中国人非人的生活而探寻新的生存可能，因而走上了启蒙立人之路。可是，五四运动刚刚过去不久，他们就被召唤去向大众认同。在中国现代文化史上，这是一种悲剧！在此后的岁月里，他们一步步被引导去向大众学习，迎合大众的思想感情和审美趣味，以博得大众的喜闻乐见。为此，他们需要克服自己的所谓小资产阶级的思想感情，进行思想改造，以期脱胎换骨。他们再也不敢以先知先觉自居，再也不敢居高临下地面对大众，而是虚心地向农工大众学习，接受他们的教育和改造。经过漫长的大众化过程，启蒙与被启蒙的关系终于被颠倒。

考察最先的倡导者反对启蒙的理由和动因，首先在于对时代的认识。大众化运动的倡导者们大都没有真正经受过五四新文化运动的全面洗礼，并不了解新文化运动的意义，自身没有经过现代思想启蒙，因而无法清楚地认识思想启蒙对于中国历史进程的重要性。他们常常批评别人不能把握时代，而他们的失误却恰恰在于对时代的认识。成仿吾在《从文学革命到革命文学》中说：“资本主义已经到了他的最后的一日，世界形成了两个战垒，一边是资本主义的余毒‘法西斯蒂’的孤城，一边是全世界农工大众的联合战线。”冯乃超在《艺术与社会生活》中说：“农村零落了，都市普罗列塔利亚特（Proletariat）发生了。谁人能说中国依然是（封建的）文明之邦，礼教之国？”他们据此指责鲁迅跟不上时代，指责鲁迅的作品没有“现代的意

---

①瞿秋白：《大众文艺的问题》，《文学月报》创刊号。

②瞿秋白：《“我们”是谁》，《瞿秋白文集》第2册，人民出版社1953年，第875—878页。

味”，并且嘲笑鲁迅：“光明的大道呈现在自己的眼前，他偏偏不走上去，只是沿着三面夹道的墙去专显碰壁的精神，这究竟有什么意义呢？”[①]

工农大众需要不需要启蒙？这是大众化倡导者与启蒙文学持守者的一个根本分歧。启蒙主义者致力于国民性的批判，阿Q形象是其辉煌的成果，并且已经成为一个象征性的符号。在大众化的过程中，这一直是一个无法回避的问题。于是，否认阿Q形象的普遍意义成了一种常见的思路。20年代末，“革命文学”的倡导者们就认定阿Q的时代已经死去，阿Q已经不是过去的阿Q。在他们看来，“现在的中国农民第一是不像阿Q时代的幼稚，他们大都有了很严密的组织，而且对于政治也有了相当的认识；第二是中国农民的革命性已经充分地表现了出来，他们反抗地主，参加革命，近且表现了原始的Baudon（即暴动）的形式，自己实行革起命来，决没有像阿Q那样屈服于豪绅的精神……”[②]周扬在抗战时期又有大致相同的表述：“这是一个怎样变化万端令人惊异的环境啊！在这个环境之下，人又是变化得怎样的迅速啊！……昨天还是落后的，今天变成了进步的；昨天还是愚蒙的，今天变成了觉醒的；昨天还是消极的，今天变成了积极的。革命时期必然地伴以人类心灵上的深刻剧烈的变化，只适合于社会停滞期的艺术家的那种静的看法现在是完全不适用了。……现在，阿Q们抬起头来了。关于觉醒了的阿Q，值得写一部更大的作品。”[③]

既然阿Q时代已经死去，既然阿Q已经觉醒，启蒙文学自然成为多余。既然阿Q已经成为时代的英雄，当然不容知识分子去对他们指手画脚。越到后来，时代越是光明，阿Q的觉悟也越是不容怀疑，在文学中全面驱逐启蒙主义自然顺理成章。

八

这是一个从主动到被动，从自我迷失到被迫归顺的过程。在其开始，不

①钱杏邨：《死去了的阿Q时代》，1928年3月《太阳月刊》。

②同上。

③周扬：《新的现实与文学上的新任务》，《抗战文艺论集》，第18页。

过是一些年轻的知识分子由于浪漫的激情而不满足于暴露社会的黑暗和罪恶，急切地寻找出路而发现了农工大众。在社会思潮的影响下，他们认为一切被压迫群众不但是反抗统治阶级的力量，而且是创造新社会的主人。于是，他们不自觉地陷入了一种以“劳工神圣”的观念为标志的大众崇拜。这种崇拜使他们不愿承认劳动大众的落后性，更不愿意承认革命的依靠力量也需要国民性改造，而是毅然相随而去。他们没有意识到此路遥远而艰难，天真地以为只要自己向着大众开步走，并且努力获得大众意识，就能创造出大众文艺。在发现自身与大众的差距的时候，他们也往往为了一个遥远的目标而宁愿否定自己。但是，在后来的发展过程中，残酷的事实却使他们知道了问题并不这么简单。从40年代开始，大众化作为一种方向被确定了下来，知识分子的思想改造提上议事日程。工农兵总是伟大的，知识分子总是渺小的；工农兵总是受到热情歌颂，知识分子总是受到严厉的贬斥；工农兵是神圣不可侵犯的主人，知识分子成了让人不放心的异类；时代给知识分子留下的任务就是不断地反省自己、批判自己、改造自己。好像多读了几年书就成了无法摆脱的“原罪”，他们需要永远地忏悔。他们一步步否定自我，却一次次受到训斥，并且训斥之声越来越严厉。直至知识分子精神存在的合法性完全丧失。甚至仅仅上了几年中学的“知青”，也必须接受“再教育”。

1991年10月初稿
1998年12月修改

1958：文艺“大跃进”的战略

在20世纪中国文学流变的历史上，1958年的文艺“大跃进”是一个内涵极为丰富的事件。从表面上看，文艺“大跃进”无疑是荒诞的，但是，作为当代文学流变链条上的一个关键环节，它不仅一点也不荒诞，而且是解决当时文化危机的重要措施和实现文化战略意图的关键之举。从某种意义上说，它不仅成功地解决了1957年给文坛留下的一系列问题，而且成功地解决了1949年之后中国文学一直面对的一些难题。从知识分子话语的角度考察文学发展流变的历史，文艺“大跃进”的作用更是至关重要，因为正是在这一群众性的文艺运动中，权威话语与民间话语一道彻底扫荡了残存的知识分子话语，并决定了此后二十年文学运动的方向和基本形态。

一

面对1958年的中国文坛，首先使人为之惊异的是“大跃进”民歌运动。

在这片古老的土地上，无论哪一个时代都有民歌。它产生于民众的口头创作，以口头的形式在民间传播，有的因为种种原因而被历史记载，而大多数作品都会很快自行消亡。因为新的创作不断出现，流传于口头的民歌也会不断更新。这是艺术生产和消费的一个自然过程，一代又一代，自生自灭，少为人知。可是，当历史的长河流经1958年，民歌却引起了国家领袖的关注，创作和收集民歌成了社会生活中的一件大事，甚至成了一项重要的“政治任务”。从这年3月开始，毛泽东连续发出指示，要求收集民歌。于是，收集民歌的活动迅速开展起来：《人民日报》发表题为《大规模地收集全国民歌》的社论；中国文联、中国作协立即进行“采风大军总动员”；各省党委或宣传部陆续发出了关于组织收集民歌的通知；全国各地迅速成立了采风组织和编选机构；各地报刊纷纷开辟了民歌专栏……一场声势浩大的民歌运动就这样全国范围内迅速掀起。“大跃进”民歌运动影响了当时整个文坛。1958年9月2日，郭沫若在《人民日报》发表《跨上火箭篇》，提出文艺也要“大跃进”，并且呼唤：“文艺也有试验田，卫星何时飞上天？”《文艺报》立即以专论的形式正式向艺术家发出号召，要求“文艺放出卫星来”。《人民日报》《文艺报》等报刊及时报道了各地收集、创作民歌和文艺“大跃进”的辉煌战果，并对各地的先进经验进行介绍。一场文艺“大跃进”运动轰轰烈烈地迅速开展了起来。

当历史的尘埃落定之后，我们透过发黄的报刊遥望四十多年前的那场运动，仍然能够感受到那种特殊的氛围。作为一场有组织、有领导、自上而下开展起来的文艺运动，引人注目之处至少有两点：

一、对产量的高度重视和极端追求。全国各地都在制订计划，下达指标，像完成钢铁产量和粮食征购任务一样完成文艺创作任务。比如：呼和浩特市决定搜集五十万首民歌；内蒙古全区要搜集一千万首；安徽肥东一个县半年创作民歌五十一万首；南京市五十天中产生群众创作一百三十万余篇；河南省据九十六个县的统计已有创作组三万零七百五十一个，创作量是上千万篇；许昌一个专区在几个月中就创作了作品三百一十六万件；河北省委发起了一个一千万篇的群众创作运动，结果却被保定一个地区全包了……[①]运动轰轰烈烈，作品产量惊人，各种选集纷纷出版。据不完全统计，仅1958年的大半年间，全国省市以上的出版社正式出版的集子就近八百种。大量由于纸浆未经漂白到处都是东倒西歪的字迹残骸的灰色再生纸被用于印刷民歌。诗集出版量远远超出了“五四”以降几十年的总和！

二、对作者数量的高度重视和对作家艺术家的迅速培养。从当时的各种报道看，似乎有一种撒豆成兵的魔法，使中国一夜之间出现了那么多的作

①《文艺报》1958年第15期。

家、诗人和艺术家。田间地头，车间靶场，几乎到处都在赛诗；男女老幼，干部群众，一群群都在进行文艺创作。也许这个民族潜在的能量的确不可估量，重要的是如何挖掘和调动这种潜力，并将其发挥到极致。在这一点上，1958年是一次空前的尝试。有些地方要求从七八岁的孩子到七八十岁的老太婆都必须完成一定的指标，有的地方提出了“村村要有李有才，社社要有王老九”和“县县要有郭沫若”的口号。山西省提出一年内要产生三十万个“李有才”和三十万个“郭兰英”；甘肃规划半年产生五百名作家，一年出现两千名作家，三年出现一万名作家；河南商丘县委宣传部的总结中说，他们那里出现了大批作家、艺术家，“这些农村里的诗人、演员、艺术家，没有什么高深的学问，有的只上过几年小学，更多的是没有进过学校的门，刚摘掉文盲的帽子。”因此，被称为“作家”的人数迅速增长，由1957年的不足一千人，迅速增长到1958年的二十万人。[①]中国作家在这一年中增长了二百倍！

具体的做法正如当时的报刊在经验介绍中所透露的：“起初，有一些劳动群众对民歌创作有自卑感，认为自己文化水平低，不能写，有一些人对于民歌的政治作用还估计不足，因而进展不快。我们就选择了工厂、农村、街道各一个点，首先通过一些普通劳动人民创作民歌的事例，向广大群众作典型介绍，用演唱、展览等方式，大张旗鼓破除迷信，克服自卑感，使大家明白自己也可以创作民歌，这一关冲破了，群众劲头就大了。如清平街开始搞时只有十来篇稿，后来抓住了一个七十多岁的老太婆欧富女创作民歌歌颂毛主席的事例，召开全街群众大会宣传，并演唱了她的作品，第三天全街居民就写了两千三百多件作品，又通过这些作品街头展览，居委会普遍举行民歌演唱晚会，七天便写了一万多件，使这条街道处处是民歌。”[②]

面对这一切，我们有理由发问：十万火急地动员大众参与文艺生产，大张旗鼓地培养工农作家和诗人，目的究竟是什么？是领袖“采风”的雅兴？问题大概并不这么简单。所谓“重要的政治任务”，大概不是一句空话。那么，它的重要性究竟何在？

---

①R.麦克法夸尔、费正清编《剑桥中华人民共和国史·革命的中国的兴起》，中国社会科学出版社1990年，第459页。

②《文艺报》1958年第15期。

二

毫无疑问，1958年的文艺“大跃进”与1957年政治上的反右派斗争是紧紧联系在一起的。从1956年开始到1957年春天形成高潮的“百花齐放”和“百家争鸣”的潮流给当代中国文学带来了空前的活跃气氛和“百花欲放”的局面。然而，活跃的气氛中出现了尖锐的批评，“双百方针”威胁着刚刚建立的文艺规范。这一切超出了政治权威的预期，于是，一场“反击右派分子猖狂进攻”的战斗迅速打响，探索者被迫停止了探索，争自由者进一步失掉了自由，补天者也被作为破坏者打入地狱。短短几个月的时间，全国有五十五万多人成了“右派分子”。用当时和后来都颇为流行的话说：文艺界是重灾区。

历史没有理由忽视五十五万右派分子被送往改造之途给文坛带来的实际后果。因为无论以什么方式都无法掩盖这一后果给文坛带来的大面积荒芜。特别是那些崭露头角、创作力旺盛的年轻作家和诗人：公刘、白桦、邵燕祥、流沙河、王蒙、从维熙、刘绍棠、李国文、高晓声……他们在50年代中国文坛上不是无足轻重的。因为无论郭沫若等老一代作家多么努力地配合新时代，他们的创作都已经失掉了生命的活力，那些勉为其难的配合之作总是透露着思想的苍白和感情的虚假。真正支撑着50年代大陆文坛的是革命队伍自己培养的年轻一代，因为他们虽然呈现着普遍的知识资源的贫乏和思想的浮浅，却有真挚而充沛的感情，因而能够发出响亮的声音。但是，他们随着反右斗争的利刃而大面积倒下了。这给文坛留下了一个迫切的课题：填充空白，再造文艺繁荣之景。而文艺“大跃进”正是制造文艺园地繁荣景象最有效的方式。它以铺天盖地之势迅速填补了反右派运动给文坛留下的荒芜空间，并象征性地宣告：即使没有那些自以为是的知识分子，文学艺术照样繁荣。只有明白这一点，我们才能明白为什么要制订指标、规定任务甚至要求从七八岁的孩子到七八十岁的老太太都要进行“文学创作”；我们才能理解为什么要以大刮“浮夸风”的方式制造作家队伍迅速壮大的假象。因为它可以告诉人们，反右之后文艺园地不仅没有萧条，而且出现了一个轰轰烈烈的发展高潮。

当时文艺界面对的问题当然不仅是填补空白和制造文艺繁荣景象。清醒的文艺界领导者都会意识到，更重要的问题是在惩罚越规分子的同时修复文艺规范。从“向右派开火”的批判文章可见，当时的权威批评把自身与右派作家的斗争解释为无产阶级与资产阶级之间的斗争，但是，这都是当时人们经常使用而难以把握实质的语言，其实，如果说存在根本冲突的话，冲突的实质就在于文学艺术要不要无条件地接受政治权威的领导，要不要无条件地为政治服务，文艺家应该不应该有思想的自由和艺术探索的自由。总而言之，也就是要不要坚持文艺界已经形成的规范。这一规范在40年代开始形成，在50年代得以在全国普及和完善。它最突出的特征就是文学必须为政治服务，配合中心工作，为新时代高唱颂歌。但是，1956年之后，由于“双百方针”的提出，文坛出现了直面现实、干预生活、勇于探索和要求创作自由的新潮流。被划为右派的作家差不多都是一些越轨者，他们不满于规范的限制，而且突破规范进行种种新的探索，因而产生了一些被称作“毒草”的作品。所以，文艺界的反右斗争必然一方面表现为对越轨者的打击，一方面表现为对“双百方针”提出之前建立起来的文艺规范的修复和巩固。但是，仅仅依靠政治上的打击，大概不能解决当时文艺规范已经面临的危机，文化的问题最终需要以文化的形式解决。

毫无疑问，文艺“大跃进”正是解决这个问题的有效途径。从民间涌现的文艺作品与知识分子的新探索绝然不同，它全面地承袭着50年代初期中国文学形成的颂歌主题，并把它推向了一个新的高度。绝大多数作品都在歌颂党，歌颂领袖，歌颂新中国，歌颂社会主义，歌颂社会主义建设中的英雄及其革命斗志。在大量作品中，毛泽东是永远不落的红太阳，他驱散了黑暗，驱退了严寒，给世间带来了光明与希望；他把人民从苦难的深渊中拯救了出来，使他们翻身解放当家做主人；他使贫穷落后的中国变得繁荣富强……在这些作品中，毛泽东威力无边，无往而不胜，不仅领导革命队伍战胜了敌人，而且可以号令天地，使万物顺从。大地山川则无不为之欢呼和歌唱：“主席走遍全国，山也乐来水也乐。峨眉举手献宝，黄河摆尾唱歌。”（《主席走遍全国》）在这些作品中，新旧对比和忆苦思甜的创作模式被广泛采用：“奶奶用过这只篮，领着爹爹去讨饭。妈妈用过这只篮，篮篮野菜度荒年。嫂嫂用过这只篮，金黄窝头送田间。我今挎起这只篮，去到食堂领花卷。人民公社无限好，党的恩情大如天。”（《一只篮》）这是一种最常见的歌颂模式。如果考察这种模式的源头，我们不难发现，在中华人民共和国建立之初的颂歌浪潮中，许多作家和诗人都曾这样写过他们的作品。但是，随着时间的推移，一部分知识分子出身的作家逐渐开始对这种模式化的单调歌唱感到厌倦，并且开始了新的探索和追求。50年代中后期的历史为我们提供的现实是，当一部分作家对这种模式开始厌倦的时候，大众却正在接受这一普遍的模式，并按照这一模式歌唱。这是同一个规范在知识分子与大众两个不同的群体之中的不同遭遇。从生活层面考察，当时的中国农民虽然已经面临着失掉土地自主权的危机，但农民不像知识分子那样敏感，只要普遍的饥饿和深重的灾难还没有降临，就有更多的人仍然处于合作化的新鲜感之中。因此，来自民间的声音成为颂歌的延续，成为修复颂歌规范的重要资源。事实上，无论哪一个时代，民间都是旧规范的存放地。民间话语总是滞后于知识分子话语。在21世纪的中国，情况尤其如此。在这种情况下，只要征用民间文化资源，就会有效地修复旧的文化规范。文艺“大跃进”的客观后果是声势浩大的民歌运动压倒了诗人们的声音，工农兵文艺创作压倒了知识分子的创作，来自民间的力量非常有效地修复了被知识分子破坏的文艺规范，并使颂歌主题再次成为文艺创作的主旋律。

认真考察50年代文化战略实现的过程，其主要途径有二：一是改造知识分子作家，使其脱胎换骨；二是工农兵以自己的创作占领文艺阵地。显然，前者远远不如后者更可靠。知识分子的脱胎换骨工程从1951年已经开始，却显然并不怎么成功，所以到1957年仍然出现了那么多右派。这一事实使政治权威对知识分子改造运动不再抱有过于乐观的态度，而清楚地意识到社会主义的文艺阵地必须由无产阶级自己去占领。一方面是“真正依靠工农群众自己办，办一个工农群众自己看的通俗文艺刊物”①。一方面是依靠工农群众自己写，开展工农群众自己的文艺运动。从这个意义上说，文艺“大跃进”运动最突出的意义就是政治权威话语以民间话语的形式对知识者盘踞的文艺园地进行占领和改造。事实证明这个运动是成功的，它不仅使反右之后萧条的文艺园地轰轰烈烈热闹非凡，而且使被一些知识分子所厌弃的

①《北京文艺》1958年征稿启事。

颂歌在村村户户男女老幼之中掀起了新的创作热潮。

三

在1958年春天的成都会议上，毛泽东发表了他对诗歌发展道路问题的看法：“中国诗的出路，第一条民歌，第二条古典，在这个基础上产生出新诗来。”这段语录对中国当代诗歌的发展产生了重大影响，也对整个文学创作发生了重大影响。

有一点不难发现：毛泽东对诗歌发展道路的看法以忽略的方式排除了四十多年形成的新诗传统。他强调的一是民歌——民间，二是古典——传统，唯独没有外国文学。这不是偶然的，而是毛泽东文艺思想的一贯倾向。他一生写过很多诗，也发表过不少诗。因为材料所限，我不敢断定毛泽东是否写过新诗，但公开发表的作品全是旧体诗词。在1965年7月21日致陈毅的信中，他认为“用白话写诗，几十年来，迄无成功”。由此可见，毛泽东对新诗一直带有很大的偏见，这种偏见直接影响到他对诗歌发展道路的设计。他的设计是本土化的，排斥了外国诗歌这一新诗建设中的重要资源，同时也抛弃了“五四”以来新诗几十年建立的基础。因此，1958年的民歌运动是对诗歌进行的一场另起炉灶的革命。这场革命切断了中国新诗借助于世界资源以实现现代化的路程，同时也中止了中国新诗的现代性追求。

在关于诗歌发展道路问题的讨论中，关于过去新诗成就的评价成为一个重要的问题。中国新诗与整个新文学一样，产生于五四新文化运动。没有五四新文化运动就没有中国新文学，就没有中国新诗。中国现代知识分子是从“五四”走来的，他们的基本价值观念来源于“五四”。然而，在50年代，知识分子从“五四”新文化中获得的思想价值却早已不合时宜。要实现对知识分子的改造，首先要克服的就是五四新文化运动形成的精神传统，亦即现代知识分子的传统。全面否定“五四”是困难的，因为历史已经证明，像创造社、太阳社以及左联某些领导人的做法并不成功，所以，明智的方法是抽象的肯定与具体的否定相结合，对“五四”新文学传统进行重写。在关于诗歌发展道路的讨论中，这种重写和否定都很有意味。有人说“五四”以来新诗的主流是民歌，洋化的新诗是逆流。人们纷纷谈论新诗的教训，认为它之所以不成功，就在于严重的欧化和洋化倾向，在于从知识分子的立场出发，严重地脱离群众，没有很好地与人民群众相结合。诗人们纷纷表示愿意拜倒在民歌面前，向大众学习，努力锻炼和改造自己，而且认为“只要诗人能脱胎换骨，自然诗歌也能脱胎换骨”[①]。由此，我们可以看到一些诗人对新文学传统的彻底背离，而对新文学传统的背离也正是对现代知识分子话语的背离。所谓“脱胎换骨”，也就是彻底放弃知识分子的自我而归顺政治化了的民间话语。

因为毛泽东的意见当时没有公开传达，所以讨论中对以民歌作为新诗的发展道路存在着不同的看法。有人指出民歌的局限，担心对民歌的片面强调会使诗歌发展的道路越来越窄。这种观点显然不合时宜，所以立即受到了批评。值得注意的是当时那些代表着权威意志的批评所透露的认识：在1958年下半年《星星》开展的讨论中，李亚群在发言中激烈地批评了肯定自由诗和怀疑民歌道路的观点，并且尖锐地指出：“这不仅是形式问题，更不只是雁翼和其他几位同志所说的语言问题。这是马克思列宁主义的美学原则和毛泽东思想；是诗歌发展的历史规律和真理。”“关于形式问题的争论，还是一个谁跟谁走的问题”，“关于谁是主流之争，实质上是知识分子要在诗歌战线争正统、争领导权的问题。”[②]

既然民歌形式问题涉及的是谁跟谁走的问题，谁是主流之争涉及的是领导权之争，那么，知识分子就只有老老实实地交出文学艺术园地的全部特权，虚心地充当大众的小学生。因此，民歌运动空前有力地完成了对新诗和整个“五四”新文学运动方向的扭转，更彻底地实现了对知识分子先知先觉地位的颠覆。从这个意义上说，“大跃进”文艺运动是权威话语借助民间话语全面覆盖知识分子话语的一个运动，是彻底否定“五四”新文学传统而回到民间传统的一个文学运动。它意味着知识分子被迫放弃自己的话语立场和话语形式而向民间大众话语无条件彻底归顺。因此，“大跃进”民歌运动是权威话语支配下的民间文化的一次盛典，也是现代知识分子话语的一次葬礼。它使20世纪中国文学中的现代启蒙精神全面消失，使20世纪中国文学

①公木：《诗歌的上山下乡问题》，《人民文学》1958年第5期。

②《新诗歌的发展问题》第1集，第176页。

的现代性追求基本中断。

如果把各个方面的情况联系起来，才更容易看到问题的根本。在文艺领域，国家领袖亲自关心民歌的创作和搜集；“村村要有李有才，社社要有王老九”；不会写字的老太太当诗人，没上过学的农民当作家。在教育领域，全民办教育，“大学”遍及穷乡僻壤，正如徐迟在《钢和粮食》中报道的：“徐水县现有正规大学一所，红专大学九所。按照它的规划，将来要有县办综合大学一所，七个人民公社办的综合大学七所，以及村办的红专大学，每个村一所。”于是，不识字的老贫农当了“教授”，喂猪的老太太成了家学院养猪系的“专家”。这一切的意义就在于彻底打破知识分子在文化教育领域里的一统天下。它与知识分子改造的政策以及后来出现的工农兵管理学校和知识青年上山下乡接受贫下中农再教育的思路是一致的。

四

除此之外，文艺“大跃进”运动还给中国当代文学带来了所谓革命的现实主义与革命的浪漫主义相结合的“两结合”创作方法。“两结合”创作方法的出现最显著的意义在于有效地进一步遏制了文学的现实主义精神，使粉饰生活、歌舞升平和以说谎吹牛为主要特征的“假大空”文学在理论上得以合法化。

“两结合”创作方法的关键在于所谓革命的浪漫主义。其现实的针对性即新文学业已存在的现实主义传统。事实上，当代中国文学从一开始就一直面临着如何对待现实主义的问题。毫无疑问，现实主义是以批判精神为其根本特征的。因此，它与政治的关系非常复杂，与国家权力话语的关系也非常复杂。一般地说，当一种政治力量致力社会变革之时，它与文学的现实主义精神是一拍即合的，因为现实主义文学对社会问题的揭露与批判都会有效地服务于现实的变革。但是，当一种政治力量建立自己的统治秩序之后，与现实主义精神的关系就往往走向复杂化。如果新的秩序仍然致力于不断改革和完善，现实主义精神可能仍然受到欢迎；如果新的秩序以自身的巩固为主要目的，并不致力于自身的改革和完善，现实主义的批判性就不仅不受欢迎，而且成为讨厌的东西。因为现实主义文学与政治权威话语的这种复杂关系，在50年代的中国文坛上，现实主义一直处于非常尴尬的境地。

当然，这种状况并非中国文坛所独有，而是苏联文坛早已存在的问题。当政治权威要求文学艺术致力于为时代大唱赞歌的时候，作家所遵守的现实主义精神却要求文学对现实持怀疑和批判的态度，这就使得文学很难成为政治机器上的齿轮和螺丝钉。因此，为了适应政治的需要，现实主义必然受到限制。在苏联，社会主义现实主义的口号就是这种限制的产物。日丹诺夫在第一次全苏作家代表大会上的讲话中说过："革命的浪漫主义应当作为一个组成部分列入文学的创造里去，因为我们党的全部生活、工人阶级的全部生活及其斗争，就在于把最严肃的、最冷静的实际工作跟最伟大的英雄气概和雄伟的远景结合起来。我们党之所以始终是强有力的，就是因为它过去和现在都把加倍的实事求是精神和实际性，去跟辽阔的远景、不断前进的志向、为建设共产主义社会的斗争结合起来。苏联文学应当善于表现出我们的英雄，应当善于展望到我们的明天。这并不是乌托邦，因为我们的明天已经在今天被有计划的自觉的工作准备好了。"①

由此可见，所谓两结合的创作方法与社会主义现实主义并没有根本的不同。但是，社会主义现实主义是苏联的而非中国的，被借用到中国来之后并没有从理论上真正解决政治需要与生活真实的关系问题。在"大跃进"的背景上，生活中的浮夸风却使现实与理想的确失掉了界限。据说，现实主义与浪漫主义之所以能够实现完美的结合，就在于生活中现实和理想不再是矛盾的，而是统一的。这种说法很有代表性："在我们生活中，现实（社会主义的现实）和理想（共产主义的理想）总是结合在一起的。理想是现实基础上的理想，现实是理想指导下的现实。"②

"大跃进"文艺为这种理论提供了范本。它突出的艺术特征是所谓革命的浪漫主义。理想、豪情是其基本内涵，想象和夸张是其基本手法。在那些作品中，理想和豪情代替了对现实的描绘；想象和夸张成为"放卫星"和浮夸的手段。看看这些作品吧——写谷子大丰收："一个谷穗不算长，黄河上面架桥梁，十辆卡车并排走，火车驶过不晃荡"；写玉米大丰收："俺社玉

①《苏联文学艺术问题》，人民文学出版社1959年，第22页。

②《文艺放出卫星来》，《文艺报》1958年第18期。

米田，玉米长高钻上天，飞机不按航线行，碰断俺社玉米秆”；写小麦大丰收：“麦秸粗粗像大缸，麦芒尖尖到天上，一片麦壳一片瓦，一粒麦子三天粮”。诗歌可以这样写，报告文学也可以这样写：徐迟在《钢和粮食》中兴奋地写了亩产十二万斤的水稻田，并说“十二万斤并不是一个稀奇的数字，更不算是一个先进的数字，中国的农民在向着更高的高峰攀登了”。他还写了一棵长了三个杈的玉米，上面结了三十五个大棒子。你不相信吗？作者说他是“一个一个的数了的，而且数了三遍。”康濯激情满怀地在《徐水人民公社颂》中报道过“一亩山药一百二十万斤”“一棵白菜五百斤”“小麦亩产十二万斤”“亩产皮棉五千斤”的丰收景象……当时的中国作家怎么了？他们的神智是否正常？是不是在发烧？是不是正被邪教控制？因为直到今天，我们的土地上也没有长出一棵结了三十五个大棒子的玉米，小麦亩产也无法达到十二万斤，山药亩产也无法达到一百二十万斤。那么，这显然不是作家们自己对生活的感知，而是一种夸张和想象。这种夸张和想象，就是1958年的“革命浪漫主义”。它为文学回避生活的真实提供了经验，为文学超越现实生活的真实而直接表现理想状态提供了方法，并直接成为两结合创作方法的基础。这种创作正如周扬进行的理论阐释：“我们处在一个社会主义大革命的时代，劳动人民的物质生产力和精神生产力都获得了空前的解放、共产主义精神空前高涨的时代。人民群众在革命和建设的斗争中，就是把实践的精神和远大的理想结合在一起的。没有高度的浪漫主义精神是不足以表现我们的时代，我们的人民，我们工人阶级的共产主义风格。”①对于作者来说，当然不必为自己的浮夸而脸红，因为把理想化为现实正是“高度的浪漫主义精神”或“革命的浪漫主义精神”。

作为一个关键的环节，文艺“大跃进”所催生的“两结合创作方法”为文学回避矛盾、粉饰生活、拔高人物、神化英雄提供了理论依据，也为文学配合政治需要而虚构生活开了方便之门。到此为止，中国当代文学终于在理论上摆脱了现实主义精神的威胁。

---

①《红旗》创刊号，1958年6月1日出版。

迷失之旅及其代价

——20世纪中国文艺大众化运动再思考

在20世纪中国文学发展的历史上，大众化运动是一个持续了半个世纪并导致了一系列严重后果的运动。然而，正像一些人所希望的一样，真实的历史正在随着时光的流逝而被遗忘，只有书写在历史尘封之上的抽象口号被反复强化着，从而进一步遮蔽着历史真实。作为一个抽象的口号，大众化是一个使用率颇高的概念，但是，何谓“大众化”？使用者却往往不作深究，一些人使用的显然并非其流行的含义。因此，有必要首先看一看最权威的解释：根据毛泽东的说法，“许多同志爱说‘大众化’，但是什么叫作大众化呢？就是我们的文艺工作者的思想感情和工农大众的思想感情打成一片。”[①] 根据最流行的辞书，“大众化”一词的解释是：“变得跟广大群众一致，适合广大群众需要。”[②]这两种解释虽然词语并不完全相同，但意义是一致的，所谓“和工农大众的思想感情打成一片”，也就是“变得跟广大群众相一致”。我们不能不承认，这就是大众化的本义，其他一切理解都是一厢情愿。

面对这样一个概念，我一直无法克服这样的疑问：它是否有益于文学艺术的健康发展？文艺为大众服务或许无可厚非，但是，“为大众”与“变得与群众相一致”并非等义的，把在思想感情上与大众相一致作为追求的目标，对于文学来说，结果会是什么？“五四”新文学是新文化运动的一个重

---

①《毛泽东选集》，人民出版社1967年，第808页。

②《现代汉语词典》，商务印书馆1996年，第200页。

要组成部分，而五四新文化运动就其本质而言，是一场以人的解放为旨归的现代启蒙运动，其显著特征之一就是化大众。那么，从“五四”时期以鲁迅为代表的以批判国民性为标志的化大众的文学运动，到以“变得跟广大群众相一致”为目标的大众化的文学运动，文学是如何完成这种转变的？既然以反启蒙的大众化作为追求的目标，如何能够仍然高举以化大众为旨归的“五四”旗帜？文学当然需要充分考虑其接受者，但大众的喜闻乐见能否成为艺术的价值尺度？与大众相一致是否应该成为文艺运动的方向？……正是这样一些疑问，使我走向了大众化运动的历史。漫游于发黄的故纸堆中，我悲哀地发现，这是20世纪中国文艺的一次大面积持续迷失。历史已经证明，任何迷失都会付出难以预料的代价。

世纪之交，人们正在对20世纪中国文化走过的路程进行回顾，对其精神遗产进行清理和选择。处于矛盾和困惑之中，任何脚印都可能成为新的路标。正因为这样，为了前行的路，任何过去的脚印和路标都应该受到理性的审视。

上篇：漫长的迷失之旅

一

大众化运动缘何而起？在过去占主导地位的文学史叙述中，它是“五四”文学革命的必然发展。其理由是“五四”文学革命提倡白话文，鲜明地反映着面向大众的倾向，而且大大地缩小了文学与大众的距离。应该承认，“五四”文学革命的确使中国文学走近了平民大众，这是其历史功勋之一，但是，把文艺大众化运动与“五四”文学革命作一体化处理，却不能反映历史的真实。因为文艺大众化运动与五四新文化运动的方向是相互背离的。五四新文化运动是中国现代知识分子发起的一场以现代化为旨归的启蒙运动，新文学是新文化运动的一个组成部分，因而其最显著的特征是启蒙主义，是化大众而不是大众化。虽然“五四”新文学运动不仅以白话文代替文言文，而且提出了“平民文学”的概念，但是，它与大众化相去甚远。五四新文化运动领袖集团和新文学革命的倡导者们更多地看到了大众的愚昧，因而致力于国民性的批判和民族灵魂的重铸。他们关心大众的疾苦，为他们的命运而呐喊，但在思想感情上却不愿与大众保持一致。胡适、鲁迅等人的态度自不待言，即使那些积极投身于大众翻身运动的人们，也深知“群众心理都是盲目的”，甚至认为“一旦置身群众，便失了理性”[①]。周作人提出了“平民文学”的口号，但对这一概念的界定却只是“普遍”与“真挚”：“第一，平民文学应以普通的文体，记普遍的思想与事实。我们不必记英雄豪杰的事业，才子佳人的幸福，只应记载世间普通男女的悲欢成败。……第二，平民文学应以真挚的文体，记真挚的思想与事实。既不坐在上面，自命为才子佳人，又不立在下风，颂扬英雄豪杰。”为了避免误解，周作人特意强调“平民文学不是专做给平民看的”，“他的目的，并非要想将人类的思想趣味，竭力按下，同平民一样，乃是想将平民的生活提高，得到适当的一个地位。”并且说明“凡是先知或引路的人的话，本非全数的人尽能懂得，所以平民的文学，现在也不必个个‘田夫野老’都可领会”[②]。两年之后，他又专门为此写了《贵族的与平民的》一文，指出文学不能片面追求平民化。作为五四新文化运动领袖集团的成员，他看到了平民意识中的传统重负，知道文学迎合大众必将导致的后果是与文学革命的初衷背道而驰的。他担心的是“求生的意志固然是生活的根据，但如没有求胜意志叫人努力地去求‘全而善美’的生活，则适应的生存容易是退化的而非进化的了”。他的主张是“从文艺上说，最好的事是平民的贵族化”，非常明显，这里显示的是五四新文化运动的启蒙立场。新文化运动的主将们都很难以适应大众作为追求的目标，很难以大众的喜闻乐见作为评价文学艺术的价值标准，更不会为了其他什么目的而改变新文化运动的初衷。

真正开始走上大众化道路的是五四新文化运动的一些年轻叛逆者。那些叛逆者之所以从五四新文化运动的追随者变成五四新文化运动的叛逆者，主要原因在于他们虽然参与了“五四”新文学运动，但大多远离新文化运动的

①陈独秀：《再答区声白书》，《新青年》第9卷第4期。

②《中国新文学大系·建设理论集》，上海良友图书公司1935年，第211—212页。

中心，对新文化运动缺少根本的了解。他们有反抗的冲动而没有确定的立场，有创造的热情而没有清晰的目标。所以，他们常常表现为时代泡沫的追逐者和文坛风波的弄潮儿，为破坏而破坏，为创造而创造，不断飞跃而无精神的持守。他们虽然大多曾经留学国外，但学业鲜有所成，回国后苦于找不到满意的位置，于是，渴望破坏和创造，努力在文坛不断地制造革命。在“五四”高潮过去之前，他们的理想无法实现，全部的努力只不过是卖出了一些稿子。然而，“五四”高潮过后，由于国民革命的新形势，农工大众开始受到高度的重视，他们开始把目光投向大众，并且纷纷离开文学，直接投身于国民革命。革命活动使他们进一步看到了大众的力量，因而很快发生了转变，由表现自我到表现社会、由主张抒情到主张写实。他们对青年发出了新的呼唤：“我希望你们成为一个革命的文学家，不希望你们成为一个时代的落伍者。这也并不是在替你们打算，这是在替我们全体的民众打算。……你们要把自己的生活坚实起来，你们要把文艺的主潮认定！你们应该到兵间去，民间去，工厂间去，革命的漩涡中去！”①1928年，创造社、太阳社的成员纷纷发表文章，要到大众中去，获得大众意识，以大众为对象，创造服务于大众的革命文学。成仿吾向文学家发出号召：“我们还得再把自己否定一遍（否定的否定），我们要努力获得阶级意识，我们要使我们的媒质接近农工大众的用语，我们要以农工大众为我们的对象。”他认为“资本主义已经到了他的最后的一日，世界形成了两个战垒，一边是资本主义的余毒‘法西斯蒂’的孤城，一边是全世界农工大众的联合战线”。在这种形势下，他的态度是“谁也不许站在中间。你到这边来，或者到那边去！……克服自己的小资产阶级的根性，把你的背对向那将被‘奥伏赫变’的阶级，开步走，向着那龌龊的大众！以明了的意识努力你的工作，驱逐资产阶级的‘意德沃罗基’在大众中的流毒与影响，获得大众，不断地给他们以勇气，维持他们的自信！”②

虽然这时还没有提出大众化的口号，但从以自我为表现对象到以农工大众为表现对象，从为艺术而艺术到为大众而艺术，从轻视大众到崇拜大众并

①郭沫若：《革命与文学》，《创造月刊》1926年4月。

②成仿吾：《从文学革命到革命文学》，《创造月刊》1928年2月。

且要求作家充当大众的“留声机器”，大众化运动事实上已经开始。这些主张已经与“五四”新文学运动划开了界限，并且道出了后来几十年文艺大众化的基本方向和内容。它是当时一些文人的自觉选择，并无权威力量逼迫，但这一选择已为文学的前途预设了全部的坎坷，为知识分子划出了一条荆棘路。

经过大半个世纪的风风雨雨，我们终于清楚，无论主观动机多么强烈，知识分子要获得大众意识从而创造真正属于大众的文学都决非易事。关于这一点，鲁迅看得非常清楚，在《路》中，他说：“上海的文界今年是恭迎无产阶级文学使者，沸沸扬扬，说是要来了。问问黄包车夫，车夫说并未派遣。这车夫的本阶级意识形态不行，早被别阶级弄歪曲了罢。另外有人把握着，但不一定是工人。于是只好在大屋子里寻，在客店里寻，在洋人家里寻，在书铺子里寻，在咖啡馆里寻……”无论从洋人家里，还是从咖啡馆里，寻找到的当然很难说是真正的无产阶级文学的使者。鲁迅相信从血管里流出的是血，而从水管里流出的是水，所以不相信从咖啡馆里寻找出来的文学使者能够真正代表大众。然而，这并不影响年轻的革命文学倡导者们按照自己的理解表现所谓大众意识。在鲁迅看来，非无产阶级的文人自命无产阶级的代表，真正的无产者如黄包车夫却被宣布“本阶级的意识形态不行”，这是荒诞的。然而，这是一种世界性的荒诞，正是这种荒诞为非无产阶级的文人提供了方便，使他们能够理直气壮地以大众代言人自居，并且态度强硬地命令文学走向他们所代表的“农工大众”，去表现他们所理解的“大众意识”。

进入30年代，大众化的涛声在上海响起。虽然左联成立时的理论纲领中没有写进有关“大众化”的字样，但是，在左联成立大会上就已通过了成立“大众文艺研究会”的议案。在次年左联执行委员会决议中明确指出革命文学“首先第一个重大的问题，就是文学的大众化”①。因此，上海文艺界对大众化问题进行了反复讨论。从当时的讨论情况看，人们对大众化的理解和主张都很不相同。其中，瞿秋白和鲁迅的观点显然具有较大的影响并最有代表性。然而，他们的观点并不像一些文学史所描述的那样一致。

---

①《中国无产阶级革命文学的新任务》，1931年11月《文学导报》第1卷第5期。

考察瞿秋白的大众化理论，有几点值得特别注意：一、他像创造社、太阳社的人们一样，以革命的姿态面对“五四”新文学，并且从内容到形式都对“五四”新文学进行了彻底否定。在《学阀万岁》等文章中，他全盘否定了“五四”文学革命的成果，认为这次革命“差不多等于白革”，结果只是“产生了一个非驴非马的新式白话”，一种“不人不鬼，不今不古——非驴非马的骡子文学”。因此，他主张再来一次革命，而这革命就是文艺的大众化，目标就是创造大众文艺。二、他明确提出作为知识分子的作家应该向大众学习，通过改变自我以适应大众。在《大众文艺的问题》《“我们”是谁？》等文章中，他反复强调向大众学习和改造自我，尖锐批评知识分子只愿意做群众的先生而不愿意做群众的学生的倾向，认为“革命的先锋队不应当离开群众的队伍，而自己单独去完成什么‘英雄的高尚的事业’。笼统地说什么新的内容必须用新的形式，什么只应当提高群众的程度来鉴赏艺术，而不应当降低艺术的程度去迁就群众——这一类的话是‘大文学家’的妄自尊大！”瞿秋白已经明确地要求作家放弃知识分子的主体性，放弃知识分子的话语立场，为革命的事业而努力与群众结合。在这里，我们看到了毛泽东文艺思想的蓝本。后来毛泽东《在延安文艺座谈会上的讲话》的观点其实多出自瞿秋白30年代的文艺思想。三、瞿秋白最先提出了旧形式的利用，因而开了回归民间旧文学的先河。

对于大众化运动来说，鲁迅是一个并不和谐的音符。当瞿秋白们努力倡导大众化时，鲁迅说：“若文艺设法俯就，就很容易流为迎合大众，媚悦大众。迎合和媚悦，是不会于大众有益的。”他不反对文艺的通俗化，主张“应该多有为大众设想的作家，竭力来做浅显易解的作品，使大家能懂，爱看”，但是，他的目的却是“挤掉一些腐朽的劳什子”①，而不是变得与大众相一致。“五四”文学革命的主将，虽然身处面向大众的文学阵营，但是，他关注的重点仍然是形式的革新：“旧形式的采取，必有所删除，既有所删除，必有所增益，这结果是新形式的出现，也就是变革。”

更值得注意的是，置身潮流之中，鲁迅明确感觉到了大众化运动潜在的危机与歧途。首先是迎合大众的水平和趣味。在《答曹聚仁先生信》中，他

①《鲁迅全集》第7卷，人民文学出版社1981年，第349页。

说："譬如'妈的'一句话罢，乡下是有许多意义的，有时骂骂，有时佩服，有时赞叹，因为他说不出别样的话来。先驱者的任务，是在给他们许多话，可以发表更明确的意思，同时也可以明白更精确的意义。如果也照样的写着'这妈的天气真是妈的，妈的再这样，什么都要妈的了'，那么于大众有什么益处呢？"其次是旧势力的乘机反扑。他警告说："还有一层，是文言的保护者，现在也有打了大众语的旗子的了……这一点也须注意的。要不然，我们就会自己缴了自己的械。"在答曹聚仁的另一封信中，他说："有些论者，简直是狗才，借大众语以打击白话的，因为他们知道大众语的起来还不在目前，所以要趁机会先将为害显然的白话打倒。……照现在的情形看，倘不小心，便要弄到大众语无结果，白话文遭毒打，那么，剩下来的是什么呢？"①以鲁迅的洞察力，当然很容易感觉到这一运动本身与他所坚守的启蒙主义方向的矛盾，因而试图以各种形式给予反击或矫正。在《门外文谈》中，他说：

这一回，大众语文刚一提出，就有些猛将趁势出现了，来路是并不一样的，可是都向白话、翻译、欧化语法、新字眼进攻。他们都打着"大众"的旗，说这些东西，都为大众所不懂，所以要不得。其中有的是原是文言余孽，借此先来打击当面的白话和翻译的，就是祖传的"远交近攻"的老法术；有的是本是懒惰分子，未尝用功，要大众语未成，白话先倒，让他在这空场上夸海口的，其实也还是文言文的好朋友，我都不想在这里多谈。现在要说的只是那些好意的，然而错误的人，因为他们不是看轻了大众，就是看轻了自己，仍旧犯着古之读书人的老毛病。

读书人常常看轻别人，以为较新，较难的字句，自己能懂，大众却不懂，所以为大众计，是必须彻底扫荡的；说话作文，越俗，就越好。这意见发展开来，他就要不自觉地成为新国粹派。或则希图大众语文在大众中推行得快，主张什么都要配大众的胃口，甚至于说要"迎合大众"，故意多骂几句，以博大众的欢心。这当然自有他的苦心孤诣，但这样下去，可要成为大众的新帮闲的。

---

①《鲁迅全集》第12卷，人民文学出版社1981年，第496页。

捍卫“五四”白话，为欧化语法和新字眼而辩护，坚持直译，反对迎合大众，揭露新国粹派，反对做大众的帮闲……，这一切都与瞿秋白等人的主张恰恰相反。

尽管一些人早就想对鲁迅进行彻底的扫荡或改造，尽管鲁迅在左联并没有真正获得盟主的地位和权力，但其影响却使一些既定方针不能不大大地打了折扣。因为只要他活着，只要有人还想用他这块招牌，他的影响就足以使种种反“五四”、反启蒙、反现代性和打击知识分子的理论不能实现其一统天下，使大众化的口号中装进了化大众的内容，使大众化运动难以按照既定的轨道大面积地迅速推进。

同时，在大众化运动初期，它毕竟只是文坛一部分人的追求和倡导，因此，无论主张如何激烈，态度如何专横，也只是一种语言暴力。就文坛整体而言，由于新月派的存在（他们在倡导健康与尊严），由于周作人、林语堂等人的存在（他们在提倡趣味与闲适），由于巴金、曹禺、老舍、沈从文等人的存在（他们埋头于艺术生产而对搞运动和喊口号不感兴趣），加之大众化运动虽然口号喊得很响，但运动健将多不是真正的作家，拿不出像样的创作，因而对文学创作整体的影响事实上非常有限。

二

抗战开始，“文章下乡，文章入伍”成为响亮的口号。作家们满怀民族激情，纷纷走向前线，走向街头，以各种方式进行抗日救亡宣传。中华全国文艺界抗敌协会的《发起旨趣》如此写道：“……现在情形已完全不同了，全国上下，已集中目的于抗敌救亡，在最高领袖精诚领导之下，抗战形势，日益坚强，政治上的统一战线日益巩固，除了甘心媚敌出卖民族的汉奸，已无一不为亲密的战友，无一不为民族的力量。我们应该把分散的各个战友的力量，团结起来，像前线战士用他们的枪一样，用我们的笔，来发动民众，捍卫祖国，粉碎敌寇，争取胜利。”[①]

①《中华全国文艺界抗敌协会发起旨趣》，1938年4月《文艺月刊》第9期。

既然文学要全面地服务于抗战，就要首先致力于唤起民众的抗战热情；要唤起民众的抗战热情，就必须使艺术适应于民众。深奥的道理、晦涩的语言和复杂的形式都难以适应民众的要求，为了适应政治宣传和军事动员的要求，作家们纷纷以短小通俗的艺术形式报道艰苦卓绝的战争，歌颂抗战英雄。理论家则呼唤文学充分实现大众化，以创造大众能够接受的文艺。第三厅发布的“艺术工作者信条”中说：“吾辈艺术工作者的全部努力，以广大抗战军民为对象，因而艺术大众化成为迫切之课题。必须充分忠实于大众之理解，趣味，特别是其苦痛和要求，艺术才能真正成为唤起大众，组织大众的武器。”在特定的背景上，甚至有人提出：“在抽象的理论上，非大众的抗战文艺是不能存在的。抗战的文艺同时必然是大众的文艺。”[①]“现在，面对着这样紧张的局势，我们应该严重地提出：‘大众化’是一切文艺工作的总原则，所有的文艺工作者都必须沿着‘大众化’的路线进行，在文艺工作的范围内，应该没有非大众化的文艺工作，更没有反大众化的文艺工作。”[②]因此，大众化运动进入了又一高潮。

在其开始，对于多数人来说，所谓“大众化”，不过意味着为大众动员而力求通俗性。茅盾等人的观点基本如此，《七月》社、通俗读物编刊社等组织的讨论观点也大多如此。人们所关注的主要是“旧形式的利用”“旧瓶装新酒”的功效等形式问题，与当年鲁迅的见解相去不远。但是，情况很快发生了变化，大众化运动向着两个方向迅速发展：一是旧形式的问题转向了民族形式问题，大众化开始显示其民族化内涵；二是民间形式受到高度重视，成为所谓民族形式的中心源泉。

1938年，毛泽东在《中国共产党在民族战争中的地位》一文中写下了这样一段话：“我们这个民族有数千年的历史，有它的特点，有它的许多珍贵品。对于这些，我们还是小学生。今天的中国是历史的中国的一个发展；我们是马克思主义的历史主义者，我们不应当割断历史。从孔夫子到孙中山，我们应当给以总结，承继这一份珍贵的遗产。……因此，使马克思主义在中

①周行：《我们需要开展一个抗战文艺运动》，《抗战文艺论集》，上海书店1986年影印，第10页。

②以群：《关于抗战文艺活动》，《抗战文艺论集》，第54—55页。

国具体化，使之在其每一表现中带着必须有的中国特性，即是说，按照中国的特点去应用它，成为全党亟待了解并亟须解决的问题。洋八股必须废止，空洞抽象的调头必须少唱，教条主义必须休息，而代之以新鲜活泼的、为中国老百姓所喜闻乐见的中国作风和中国气派。”其实，文章的针对性非常明显，毛泽东的用意在于以中国作风和中国气派反对党内那些教条主义者及其洋八股。然而，它却极大地影响了文艺界的大众化运动。由此而发生的关于民族形式的论争在理论上没有多大建树，但影响却非同寻常。一些人考察新文学的历史，认为“五四”以来的新文学的主要缺点就在于思想内容上的小资产阶级思想感情和形式上的欧化，缺少中国作风和中国气派，因而不能为中国老百姓所喜闻乐见。要改变这些缺点，就必须转变方向，由学习西方转向学习中国传统，特别是民间艺术形式。

边区的报刊首先连续发表文章，展开了对民族形式和中国气派的讨论。参加讨论的人们纷纷表示要充分利用大众所喜闻乐见的旧形式，高度重视民族形式的创建。他们认为每一个民族都有自己的气派，中华民族有浓厚的中国气派，它保留在中国多数老百姓当中。文艺必须带有这种中国气派，才能被大众所喜闻乐见，才能“粘得住人”，文艺要想获得这种气派，就必须到大众中去，向大众学习。[①]他们提出：“话剧大众化在今天必须是民族化，主要的是要它把过去的方向转变到接受中国旧剧和民间遗产这点上面来，而不仅仅是从描写都市生活，转变成描写农村这一个意义。因此，话剧必须向一切民族传统的形式学习，在这学习中间一变过去对于旧东西轻视漠视的态度。”他们指责“五四”：“全盘接受西洋”和“全盘否定中国”，认为“‘五四’并没有创造出自己民族的新文化，因而也没有创造出新戏剧来。”所以，要创造自己的新文化，就要把学习的中心“转移到中国自己的旧遗产上面来”。[②]

在民族形式讨论中，向林冰的观点众所周知。他写下了《论“民族形式”的中心源泉》《“国粹主义”简释》《再论民族形式的中心源泉》等文章，认为民间形式是民族形式的中心源泉，他说：“新质发生于旧质的胎

①柯仲平：《谈中国气派》，1938年2月7日《新中华报》。

②张庚：《话剧民族化与旧剧现代化》，1939年《理论与现实》第1卷第3期。

内，通过了旧质的自己否定过程而成为独立的存在。因此，民族形式的创造，便不能是中国文艺运动的‘外铄’的范畴，而应该以先行存在的文艺形式的自己否定为本质。在民族形式的前途，有两种文艺形式存在着：其一，‘五四’以来的新兴文艺形式，其二，大众所习见常闻的民间文艺形式。那么，民族形式的创造，究竟是以何者为中心源泉呢?”根据他的观点，民族形式的中心源泉当然不是“五四”以来的新文艺，而是民间文艺的旧形式。因为在他看来，“‘五四’以来的新兴文艺形式，由于是缺乏口头告白性质的‘畸形发展的都市的产物’，是‘大学教授、银行经理、舞女、政客以及其他小布尔的恰切的形式’，所以在创造民族形式的起点上，只应置于副次的地位。”[①]在当时的讨论中，这种观点并不是个别的，不少人都曾直接指责“五四”新文学割断了历史的优秀传统，割断了与人民大众的联系。他们把“五四”文学革命受外国影响看作不可容忍的错误，提出要“完成对‘五四’文艺运动的否定”。[②]

只要略作考察，就会发现向林冰的观点是符合大众化方向的。他的民间化立场，他对民间形式的张扬，他对“五四”的否定，都集中体现了大众化运动的基本立场和必然路向。他的观点大多源于30年代文艺大众化讨论中瞿秋白等人的见解，是30年代大众化理论的再发展，而且与毛泽东的文艺思想是一致的。在当时的讨论中，很少有人像他那样在思路上触及毛泽东文艺思想深层的真谛：“在确定民族形式中心源泉问题上，如果脱离了中国社会变革动力的理解，如果抹杀了主导契机与从属契机的差别，则必然在文艺运动的政治实践上导出偏差来。”[③]然而，向林冰的观点却受到了来自各方面的严厉批评。有些批评是必然的，它来自“五四”新文化的维护者，说明文学界对“五四”新文学的认同并非能够轻易扭转。有些批评却令人费解，其真正的理由也许仅仅在于向林冰对“五四”的否定不该那么直截了当而缺少策略，也就是所谓片面和缺少辩证的观点。大众化运动对“五四”新文化和新文学一直存在两种不同的态度：一种是以否定“五四”为前提而进行新的

---

①③向林冰：《论民族形式的中心源泉》，1940年3月20日《大公报》副刊《战线》。

②黄绳：《当前文艺运动的一个考察》，1939年8月《文艺阵地》第3卷第9期。

革命；一种是举着“五四”的旗帜进行新的革命。前者是坦率的，但并不成功；后者是策略的，因而更容易被知识界接受。从这个意义上说，向林冰也许真的有点“左”倾冒险主义。他没有意识到，既然可以为获得大众而迎合大众，为什么不能为避免与现代知识分子的对立而暂且肯定“五四”，同时把新的文艺运动解释为“五四”新文学运动的继承和发展呢？只要认识到现代知识分子与“五四”的联系，聪明人就不会公开地直接否定“五四”。可是，不公开否定“五四”，并不意味着放弃既定的方向。正因为如此，向林冰虽然受到批评，他的观点却事实上被大众化运动接受了下来。

然而，在抗战初期的大众化讨论中，我们仍然能够听到一些独立而清醒的声音。一些人担心对通俗化的追求降低了艺术水平。一些人不赞成简单地利用旧形式，而强调对旧形式的批判和改造。一些人认识到旧形式与新文学的矛盾，担心文艺的复旧。艾青说：“我自己对于利用旧形式这一口号是取怀疑的态度的。……我们的文学革命已这么多年了，一开始，它就否定了旧形式，现在如果又把旧形式肯定了，将来不是又要重新来一次否定么？”[①]吴奚如等人也认为利用旧形式只是宣传的需要，是文学在战争中的权宜之计，“不能说是达到了文学上的进步”[②]。一贯热情提倡通俗文学的老舍也认为一些作品“往往是故意迎合迁就读者……只顾自己的行销，而忘了更高的责任”[③]。在抗战初期，老舍曾经利用旧形式写过戏剧、大鼓书、河南坠子和数来宝。几年之后，在《三年写作自述》中，他对自己的创作进行了反省，并且写下了这样的话：“新的是新的，旧的是旧的，妥协就是投降！”[④]当向林冰的观点发表的时候，葛一虹立即进行批评，认为民间形式是旧形式，旧形式的顽强存在是中国封建社会长期停滞和旧经济与旧政治在中国占据优势的反映，因此，旧形式虽然为大众所“习闻常见”，却是没落文化的“回光返照”。葛一虹尖锐地指出：向林冰等是抱着旧形式的残骸跳舞的理论家，

①《宣传·文学·旧形式的利用》，1938年5月《七月》第3卷第1期。

②《关于“旧瓶装新酒”的创作方法座谈会记录》，《通俗读物论文集》，生活书店1938年。

③《读通俗文艺》，1938年5月《自由中国》第1卷第2号。

④《三年写作自述》，1941年1月《抗战文艺》第7卷第1期。

是与遗老遗少有着血缘关系的新国粹主义者，他们的主张事实上是叫大众永远处于愚昧之中，叫文艺运动永远为落后状态代言。他认为向林冰等人对于“五四”以来的新文艺的看法“实在是一种含着侮辱的偏见”，新文艺不能被普遍接受的主要原因是“一般人民大众的知识程度低下”，所以，“目前我们迫切的课题是怎样提高大众的文化水平，而不是怎样放弃了已经获得的比旧形式‘进步与完整’的新形式。”[①]由此可见，尽管特殊的时代背景已经驱赶文学走向另一条道路，却仍然有人试图保卫“五四”新文学的成果，坚持鲁迅代表的启蒙主义方向，不愿在大众面前顶礼膜拜。

大众化运动进一步的发展来自非文学的力量。这是一个全面政治动员和军事动员的年代。政治动员或军事动员与思想启蒙有形式上的共同之处，那就是都需要大众接受。然而，动员与启蒙不同，前者指向人的自我的解放和发展，后者指向的是将其纳入某种目标。思想启蒙以启蒙者自身为本，即使不被接受也不会改变自身。宣传动员则不然，如果民众不能被成功地动员起来，就必须调整策略。只要不是白痴，就能够意识到提高大众是困难的，那么，为了有效地进行动员，就需要毫不犹豫地适应大众，不仅要适应大众的理解力，而且适应大众的趣味，还要以种种方式取悦于大众。群众大会上高呼群众万岁，战前动员时盛赞士兵勇敢，这种本领是一般政治领袖和军事统帅都具备的。在特定的时代背景上，任何一个实用主义的政治家和军事家都不会赞同知识分子在他的队伍中进行思想启蒙，也不会听任知识分子在他的队伍前面居高临下地指手画脚。为了政治和军事目的，他们必然以最大的力量保护其追随者的热情和积极性，不管这种积极性是建立在什么样的精神状态和心理基础之上。陈伯达在《思想的自由与自由的思想》一文中的表述直截了当，他说：“我们在文化上反对独断，反对迷信，但对于那迷信任何独断，迷信任何宗教的同胞，我们不但不应反对他们，而且要尽力避免刺激他们。”在这种情况下，“大众喜欢”成了唯一的目标。如何顺应大众心理而鼓动他们的热情，成了艺术的全部奥秘。为了大众喜闻乐见，文学在形式和内容上全面地迁就和适应大众，走向了投其所好的媚俗之路。而文艺理论家的工作就比较复杂，他们需要千方百计地说明战争已经使民族获得了新生，

①1940年4月10日《新蜀报》。

并且使大众提高了觉悟，阿Q已经觉醒并且成为时代的英雄。在这一方面，周扬等人的文章提供了范本。

回顾大众化运动的过程，无法回避40年代初发生在延安的文艺整风和毛泽东的讲话。毛泽东说："小资产阶级出身的人们总是经过种种方法，也经过文学艺术的方法，顽强地表现他们自己，宣传他们自己的主张，要求人们按照小资产阶级知识分子的面貌来改造党，改造世界。在这种情形下，我们的工作，就是要向他们大喝一声，说：'同志'们，你们那一套是不行的，无产阶级是不能迁就你们的，依了你们，实际上就是依了大地主大资产阶级，就有亡党亡国的危险。"按照他的说法，"最干净的还是工人农民，尽管他们手是黑的，脚上有牛屎，还是比资产阶级和小资产阶级知识分子都干净。……知识分子出身的文艺工作者，要使自己的作品为群众所欢迎，就得把自己的思想感情来一个变化，来一番改造。""要彻底地解决这个问题，非有十年八年的长时间不可。但是时间无论怎样长，我们都必须解决它，必须明确地彻底地解决它。"以此为界，大众化已经不是通俗化的问题，也不是一般的向大众学习的问题，而是知识分子要放弃自己的立场和观点，放弃自己的思想感情和审美趣味，努力与大众取得一致。它意味着作家主体性的丧失和精神存在合法性的丧失。

三

进入50年代之后，40年代在延安确立的大众化方向借着政治的力量迅速在全国确立。这个确立的过程迅速而不顺利。说它迅速，是因为随着军事上的推进，陕北秧歌迅速扭遍了大江南北，《兄妹开荒》之类的小戏在全国城乡普遍上演，延安形成的文艺规范随即完成了对大陆文坛的占领。说它并不顺利，是因为知识分子对于接受文艺为政治服务而放弃自我的主体性显然有所抵触，特别是那些对延安文艺政策还相当陌生的人们，他们往往在口头上表示接受，而在行动上却无法适应，所以，包括来自延安的文艺工作者也屡屡出现"犯规"现象，累及新生的国家权威在一系列重大的政治经济和军事斗争之余，一次次开展文艺上的批判运动。这些批判运动与知识分子的思想改造运动一起，终于完成了新的文艺规范在全国的确立。

然而，后来的事实证明，新规范的确立并不牢固，不少知识分子虽然表面上接受了新的规范，承认文艺必须为政治服务和为工农兵服务，但思想深处的问题并没有解决。1956年“双百方针”提出之后，有人说“松了一口气”（朱光潜语），有人欢呼“知识分子的早春天气”（费孝通语），有人结束了长期的沉默，有人试图重新找回文学独立的批判精神和自由的生存状态。众所周知，这场文学突围的努力被随之而来的反右派运动所平息。但是，文化问题不能只靠政治方式解决，所以，紧跟而来的是1958年的“大跃进”民歌运动。20世纪中国文学史没有任何理由忽视这一运动，因为它的意义绝不仅仅是收集民歌，而是一场文学规范修复运动，——修复被“双百方针”提出后的文学思潮所破坏了的文学规范，重新确立大众化方向。因此，1958年的民歌运动是大众化运动的又一里程碑。

1958年春天，毛泽东指示要收集民歌。于是，《人民日报》发表题为《大规模地收集全国民歌》的社论；中国文联、中国作协等单位立即进行“采风大军总动员”；各省党委或宣传部陆续发出了关于组织收集民歌的通知；全国各地迅速成立了采风组织和编选机构；各地报刊纷纷开辟了民歌专栏，一场声势浩大的民歌运动就这样在全国范围内迅速掀起。这是一场有组织、有领导、自上而下开展起来的文艺运动。各级组织都要制订计划，下达指标，像完成钢铁产量和粮食征购任务一样完成文艺创作任务。如：呼和浩特市决定搜集五十万首民歌；安徽肥东一个县半年创作民歌五十一万首；南京市仅仅五十天就产生了群众创作一百三十万篇；河南许昌专区在几个月中就创作了作品三百一十六万件；河北省委发起了一个一千万篇的群众创作运动，结果却被保定地区全包了……[①]为了完成这些指标，有些地方要求从七八岁的孩子到七八十岁的老太婆都必须完成诗歌创作的定额。从当时的报道看，似乎工农大众一夜之间都成了作家和诗人。田间地头，车间靶场，到处都在赛诗；男女老幼，干部群众，人人都在创作。各地都订出了大规模地培养作家和诗人的计划。有的地方提出了“村村要有李有才，社社要有王老九”的口号，有的地方提出“县县要有郭沫若”。有的省份提出一年内要产生三十万个“李有才”和三十万个“郭兰英”。因此，“作家”的人数迅速增长，由

①1958年《文艺报》第15期。

1957年的不足一千人，迅速增长到1958年的二十万人。[①]那么，这些作家的情况如何呢？河南商丘县委宣传部的总结中说，他们那里出现了大批作家艺术家，“这些农村里的诗人、演员、艺术家，没有什么高深的学问，有的只上过几年小学，更多的是没有进过学校的门，刚摘掉文盲的帽子。”[②]

毫无疑问，这种情形与1957年政治上的反右派斗争密切相关。短短几个月的时间，全国有五十五万多人被划为右派分子，而文艺界是公认的“重灾区”。历史没有理由忽视五十五万右派分子被送往改造之途而给文坛带来的实际后果。无论以什么方式都无法掩盖它给文艺园地带来的大面积荒芜。因此，填充空白，创造文艺繁荣之景显然是一个迫切的课题。民歌运动以“大跃进”的方式造成了铺天盖地之势，迅速填补着文坛的荒芜空间，并且象征性地宣告：即使没有那些自以为是的知识分子，文学艺术照样可以繁荣。

然而，采用群众性的文学运动来填补政治运动造成的文坛虚空，只是“大跃进”民歌运动的功能之一，对于1958年的中国文坛来说，民间创作已经成为修复文学规范的重要资源。事实上，无论哪一个时代，民间都是旧规范的存放地。大众话语总是滞后于知识分子话语。在21世纪的中国，由于现代化的外源性，情况尤其如此。在这种情况下，征用民间文化资源以修复旧的规范，显然是一种英明的举措。在“双百方针”提出的背景上，作为知识分子的作家和诗人对为政治服务的文学规范已经厌倦，因而试图冲出重围进行新的探索，然而，此时的一般工农却刚刚接受了这种新的文学模式。于是，通过“大跃进”民歌运动和文艺“大跃进”，我们看到的是声势浩大的民歌运动彻底压倒了诗人们的声音，工农兵文艺创作压倒了知识分子的创作，来自民间的力量非常有效地修复了被知识分子破坏的规范，并使50年代初期的颂歌再次成为文艺创作的主旋律。

“大跃进”民歌运动带来了关于诗歌发展道路问题的讨论。讨论的指导思想来自毛泽东的指示：“中国诗的出路，第一条民歌，第二条古典，在这个基础上产生出新诗来。”不难发现，毛泽东对诗歌发展道路的看法排除了

---

①R.麦克法夸尔、费正清编《剑桥中华人民共和国史》，中国社会科学出版社1990年，第495页。

②1958年《文艺报》第15期。

“五四”以降几十年的新诗传统。像历史上的每一次大众化问题讨论一样，问题仍然涉及“五四”新文学。看来，“五四”新文学与大众化的确很难两立，只要大众化运动兴起，必然否定“五四”新文学，这已经成为规律。在关于诗歌发展道路的讨论中，人们再次重复了历次大众化问题讨论中的话题，纷纷声讨“五四”新诗，认为它形式欧化，脱离群众，没有大众化，所以很不成功。有人对新诗和民歌进行比较，对民歌竭力赞扬，对新诗则贬得一无是处，一位诗人说：“新诗新民歌，好比两台戏，对台对唱对比：新民歌如同海起潮，新诗如同水在滴，你把几滴水来尝一尝，嘴里尝着碎玻璃。”[①]诗人们纷纷表示要拜倒在民歌面前，向大众学习，努力改造自己，而且相信诗人能脱胎换骨，诗歌也能脱胎换骨。不少诗人都放弃了自己多年形成的艺术风格，而改写民歌体。

事实上，无论诗人还是理论家，就其真实的见解而言，未必有多少人认为民歌代表着中国新诗的方向。虽然人们已经逐渐习惯以权威的声音作为自己的声音，但诚实的人仍然是存在，加之当时毛泽东的意见并未公开发表，所以，讨论中有人表示了不同看法，指出民歌的局限，担心对民歌的片面强调会使诗歌发展的道路越来越窄。但是，他们的声音立即受到了权威人士的批评，因为“这不仅是形式问题，更不只是雁翼和其他几位同志所说的语言问题。这是马克思列宁主义的美学原则和毛泽东思想；是诗歌发展的历史规律和真理”。“关于形式问题的争论，还是一个谁跟谁走的问题”，“关于谁是主流之争，实质上是知识分子要在诗歌战线争正统、争领导权的问题。”[②]

既然如此，知识分子只有老老实实地交出文学艺术园地的全部特权，虚心地充当大众的小学生。因此，民歌运动空前有力地完成了对新诗和整个“五四”新文学运动方向的扭转，更彻底地实现了对知识分子启蒙主体地位的颠覆。从这个意义上说，“大跃进”文艺运动是权威话语借助民间话语全面覆盖知识分子话语的一个运动，是彻底否定“五四”新文学传统而回到民间传统的一个文学运动。它意味着知识分子被迫放弃自己的话语立场和话语形式而向民间大众话语无条件归顺。它使20世纪中国文学中的现代启蒙主

①《新诗歌的发展问题》第1集，第157页。

②同上书，第176页。

义精神彻底消失，使20世纪中国文学的现代性追求终于全面中断。

也许，把各个方面的情况联系起来更容易看到问题的根本之所在。在文艺领域“村村要有李有才，社社要有王老九”的同时，在教育领域让全世界为之目瞪口呆的创举是“大学”如雨后春笋般地出现于全国城乡，不识字的老农民当上了“教授”。一篇著名的报告文学曾经如此报道：“徐水县现有正规大学一所，红专大学九所。按照它的规划，将来要有县办综合大学一所，七个人民公社办的综合大学七所，以及村办的红专大学，每个村一所。”[①]这一切的重要意义就在于彻底打破知识分子在文化教育领域里的一统天下。它与“大跃进”民歌运动的目标是一致的。

在1958年的大众化运动高潮中，文学作品存在的问题已经不仅是艺术水平的粗糙和概念化模式化等老问题，而且出现了一个新的后果——所谓革命的浪漫主义：理想和豪情代替了对现实的描绘，想象和夸张成为“放卫星”的手段。不仅诗歌如此描写丰收景象：“一个谷穗不算长，黄河上面架桥梁，十辆卡车并排走，火车驶过不晃荡”；“麦秸粗粗像大缸，麦芒尖尖到天上，一片麦壳一片瓦，一粒麦子三天粮”。报告文学也可以像《徐水人民公社颂》《钢和粮食》那样向人们兴奋地报道“一亩山药一百二十万斤”“一棵白菜五百斤”“小麦亩产十二万斤”的丰收景象，煞有介事地描写一棵结了三十五个大棒子的玉米，而且言之凿凿地声称自己“一个一个的数了的，而且数了三遍”。这一切显然不是作家们自己对生活的真实认知，而是作家主体性丧失的结果，是向民歌学习、与广大工农群众保持一致的结果。

然而，就是在这个基础上形成了所谓“两结合”创作方法。在“两结合”创作方法的指引下，1966年至1976年间的“‘文革’文学”终于形成。

面对这段长达几十年的路，过去的权威文学史把它描述为一个不断发展、不断深化的过程，然而，只要回到知识分子自身的角度，从现代化的进程着眼，却不难看到一个文学迷失、现代性一步步失落的过程。也不难看到知识分子在这个过程中的疲惫身影和一步步迷失和深陷的悲剧。他们从主动到被动，从自觉的选择到无奈的顺从，最终彻底否定了自身，也葬送了文学。

①徐迟：《钢和粮食》，《人民文学》1958年第10期。

下篇：惨重的代价

无论是一种理论主张，还是一个文学运动，若要评判它的历史功过，必须坚持以实践进行检验的原则。重要的不是倡导者的动机，也不是理论家的论证，而是它所带来的后果。如果一种理论不能带来好的实践后果，如果一个运动不能带来发展和繁荣，那么，无论以什么理由为其辩护，都无法使其逃避被审判的命运。

那么，大众化运动给20世纪中国文学带来了什么？给20世纪中国文化和知识分子自身以及中国人所渴望的现代化带来了什么？

一、“五四”精神的放逐与人的沉没

只要直面历史的真实，就无法否认，正是大众化运动使新文学运动发生了根本性的逆转，并在其发展的过程中一步步失落了“五四”新文学曾经获得的价值。

文艺大众化运动从一开始就以革命的姿态面对“五四”新文学，对其进行了彻底的批判和否定。革命文学运动的健将们首先把批判的矛头指向“五四”新文学和新文化。他们否定鲁迅，嘲弄胡适，批判“五四”的意识形态和价值观念，扫荡几乎所有的“五四”作家。他们对《新青年》集团嗤之以鼻，对新文学的大本营北京文坛怀有莫名的敌对情绪，对文学革命的成就给以否定性的评价。从成仿吾的《从文学革命到革命文学》可见，在他们看来，启蒙是浅薄的，新文化运动“不曾收到应有的效果”，“胡适之流才叫喊了几声就好像力竭声嘶般地逃回了老巢”，“其余一些半死不活的大妖小怪也跟着一齐乱喊”，新文化运动“不到三五年就寿终正寝”，原因在于新文化的“这些‘名流’完全不认识他们的时代，完全不了解他们的读者，也完全不了解自己的货色”。“他们不知道那时候的觉悟的青年已经拒绝了他们的迷药”。他们的批判态度决绝而蛮横。面对“五四”新文学的中心北京文坛，他们认为是“一片乌烟瘴气”，所以需要“十万两无烟火药”。他们对文坛发出命令：“谁也不许站在中间，你到这边来，或者到那边去!”[①]并且声称要“替他们打包，打发他们去”，或者“踢他们出去”。[②]他们宣布：“不能和我们联合战线的就是我们的敌人!”“必须先把这些敌人打倒!”[③]郭沫若在《英雄树》中号召文艺青年“当一个留声机器”时的态度尤其引人注目：如果谁不愿响应他的号召，“那没有同你说话的余地，只好敦请你们上断头台!”因为鲁迅不愿听从他们的命令改变“五四”时期确立的方向，就立即成为他们的众矢之的，被称作：“文艺战线上的封建余孽”，“二重性的反革命的人物”。[④]

在30年代初关于大众化的讨论中，瞿秋白像创造社、太阳社的人们一样，以革命的姿态对“五四”新文学进行否定。他认为“五四”文学是一场没有意义的革命，结果只是产生了一种“非驴非马的新式白话”，一种“不人不鬼，不今不古——非驴非马的骡子文学”，因而需要一场新的革命。周扬也认为：“‘之乎也者’的文言，‘五四’的白话，都不是劳苦大众所看得懂的，因为前者是封建的残骸，后者是民族资产阶级的专利。”[⑤]因而自然应该受到无产阶级文学使者的批判和否定。

在此后的历次大众化运动高潮中，总是伴随着对“五四”新文化和新文学的声讨。欧化、知识分子趣味、脱离群众因而不能为大众所喜闻乐见，是新文学的主要罪名。在民族形式讨论中，向林冰等人认为：“‘五四’以来的新兴文艺形式，由于是缺乏口头告白性质的‘畸形发展的都市的产物’，是‘大学教授、银行经理、舞女、政客以及其他小布尔的恰切的形式’，所以在创造民族形式的起点上，只应置于副次的地位。”[⑥]不少人指责“五四”新文学因为欧化而产生了非民族的形式，割断了历史的优秀传统，割断了与人民大众的联系，因而要“完成对‘五四’文艺运动的否定”。[⑦]在1958年

①《从文学革命到革命文学》，1928年2月《创造月刊》第1卷第9期。

②成仿吾：《打发他们去》，1928年2月《文化战线》。

③王独清：《祝词》，1928年5月《我们月刊》创刊号。

④杜荃(郭沫若)：《文艺战线上的封建余孽》，1928年8月《创造月刊》第2卷第1期。

⑤周扬：《关于文学大众化》，《北斗》第2卷第3、4期合刊。

⑥向林冰：《论民族形式的中心源泉》，1940年3月20日《大公报》副刊《战线》。

⑦黄绳：《当前文艺运动的一个考察》，1939年《文艺阵地》第3卷第9期。

的“大跃进”民歌运动中，对诗歌发展道路问题的讨论同样伴随着对“五四”新诗的讨伐。中国新诗是“五四”文学革命的产物，几十年的成果难以一笔抹杀，但是，在毛泽东的眼里，却是“迄今一无成功”。正因为这种认识，毛泽东对诗歌发展道路的设计提出了两个基础，一是民歌，二是古典诗歌，却没有考虑“五四”新诗已经存在的事实。这就导致参加讨论的人们纷纷寻找“五四”新诗的缺点，谈论“五四”新诗的教训，认为“五四”新诗存在着严重的欧化倾向，严重地脱离群众，没有实现大众化。人们对新诗和民歌进行过这样的对比，把民歌说得美妙无比，把新诗说得一无是处。所以，“大跃进”民歌运动事实上是一个彻底否定“五四”新文学传统而回到权威话语支配下的民间传统的一个文学运动。

当然，在文艺大众化运动中，对“五四”的态度一直存在着两种不同的表现：一种是在否定“五四”的前提下倡导大众化；一种是在肯定“五四”的前提下倡导大众化。创造社、太阳社和瞿秋白等大多属于前者，他们把大众化运动看作对“五四”新文学的再革命，因而拼命否定作为革命对象的“五四”新文学。冯雪峰、胡风等人属于后者，他们把大众化运动解释为对“五四”新文学运动的继承和发展，所以并不一般地否定“五四”。因为后者的存在，文艺大众化运动似乎为“五四”新文学留下了一定的空间，因而能够在某种程度上容纳鲁迅和他所代表的“五四”启蒙话语。然而，只要认真考察，就会发现，它所保留的往往只是“五四”的空壳，一个改写过的招牌。即使如冯雪峰等人，也常常是在抽象肯定之中具体否定了“五四”新文化和新文学的精神。他们虽然并不正面否定“五四”，却往往热情赞美那些与“五四”精神背道而驰的东西。冯雪峰热情赞美丁玲的《水》，而否定她此前作品的各种倾向。在他看来，这篇小说的最高的价值就是看到了大众自己的力量，并且相信大众是会转变的。他进一步希望丁玲的是“对于自己的脱胎换骨的努力”[①]。我们知道，在《水》之前，丁玲的创作更多接受的正是“五四”新文学的传统。冯雪峰的批评清楚地显示着他的价值观念与“五四”已经拉开了距离。

①《关于新小说的诞生》，1932年《北斗》第2卷第2期。

更值得注意的是，在对“五四”的两种不同态度中，直接否定“五四”者虽然往往不被接受，但其态度是坦率而诚实的。举着“五四”的旗帜倡导大众化的人们情况却相当复杂。只要了解中国现代知识界与“五四”的联系，聪明人就不会贸然否定“五四”。所以，他们决不仿效瞿秋白和向林冰的做法，而是回避尖锐的矛盾，在继承“五四”的旗号之下悄悄对“五四”进行改写。应该承认，这种方式比直接否定“五四”更明智。所以，越到后来，这种聪明人越多，并且美其名曰“辩证地看问题”。在民族形式讨论中，郭沫若有一个著名的论点：“中国新文艺，事实上也可以说是中国旧有的两种形式——民间形式与士大夫形式——的综合统一。”[①]何其芳也有类似的见解：“‘五四’以来的新文学是旧文学的正当的发展。”[②]他们都不否定“五四”，但把“五四”新文学说成是中国传统旧文学的发展，早已改写了“五四”新文学的性质。

所以，透过现象看实质，无论人们怎样抹平裂痕，都无法掩盖这样一个事实：大众化运动始终存在着否定“五四”新文化和新文学的倾向。它一步步消解着“五四”新文学的精神，直接导致了“人”的沉没。“五四”文学革命最显著的意义在于使中国文学获得了“人的文学”性质。重估一切价值，清算非人的传统，呼唤人的解放，高扬人的主体，是“五四”新文化领袖集团的共识，也是新文学的中心主题。陈独秀早在《敬告青年》中就要求青年养成“独立自主之人格”，在《东西民族根本思想之差异》一文中又提出必须“以个人本位主义，易家族本位主义”。胡适在《易卜生主义》中说：“信任天不如信任人，靠上帝不如靠自己”，“人格是神圣的，人权是神圣的”。鲁迅痛感中国人从来没有获得做人的资格，因而确立了自己的启蒙立人之路。周作人主张“个人主义的人间本位主义”。正是这一切使“五四”新文学成为人的文学。然而，大众化运动却一开始就批判个人主义、否定人道主义、消解主体、背离“人的文学”，并使文学一步步丢失了人学本性。

大众化运动的倡导者们在命令作家向着大众开步走的同时，就开始了对

①《民族形式商兑》，1940年6月9—11日重庆《大公报》。

②《论文学上的民族形式》，1939年《文艺战线》第1卷第5号。

个人主义和人道主义的批判。他们描绘了一种文明发展的新趋势："我们社会生活之中心，渐由个人主义趋向到集体主义。个人主义到了资本社会的现在，算是已经发展到了极度，然而同时集体主义也就开始了萌芽，无政府式的个人主义之发展的结果，只是不平等，争夺，混乱，无秩序，残忍，兽性的行为……这种现象实在不能再继续下去了，今后的出路只有向着有组织的集体主义走去，现代革命的倾向，就是要打破以个人主义为中心的社会制度，而创造一个比较光明的，平等的，以集体主义为中心的社会制度。"①他们认为"旧式的作家因为受了旧思想的支配，成为个人主义者，因之他们所写出来的作品，也就充分地表现出个人主义的倾向。他们以个人为创造的中心，以个人生活为描写的目标，而忽视了群众的生活，他们心目中只知道有英雄，而不知道有群众，只知道有个人，而不知道有集体。……现代革命的潮流，很显然地指示了我们，就是群众已登上了政治的舞台，集体的生活已经将个人的生活送到不重要的地位了"②。于是，他们纷纷对"旧式的作家"展开了猛烈的攻击，而首选的目标就是鲁迅。

人们不会忘记在20年代末他们对鲁迅的围攻。对于这次围攻，郑伯奇在《文坛的五月》中曾经声明："我们所批评的不是鲁迅个人，也不是语丝派几个人，乃是鲁迅与语丝派诸君所代表的一种倾向。"郭沫若在《"眼中钉"》中曾经解释："他们批判鲁迅先生，也决不是对于'鲁迅'这一个人的攻击。他们的批判对象是文化的整体。"那么，鲁迅所代表的"倾向"是什么？这"文化的整体"又是什么？通过对鲁迅的批判，他们首先否定的是人道主义。他们在鲁迅的文章中看到的是"人道主义者的裸体照相"，是"人道主义者怎样地防卫着自己"（冯乃超语）。他们说鲁迅的文章"暴露了人道主义的丑恶"（成仿吾语）。他们称托尔斯泰是"卑污的说教人"，认为人道主义是丑恶的、虚伪的。其次是个人主义和小资产阶级的习性。他们说鲁迅"始终是一个个人主义者"，"一切的行动是没有集体化的"（钱杏邨语）；说鲁迅倔强，固守己见而不认错；等等。这些说法大概都不是太错。但是，个人主义与人道主义、民主、自由、人权等这些在"五四"新文化中的光辉词汇，在他们那里已经决非赞美之辞，而是用以讨伐的恶谥。钱杏邨

①②蒋光慈：《关于革命文学》，1928年2月《太阳月刊》。

解读鲁迅《影的告别》，认为“鲁迅把自己的小资产阶级的恶习性完全暴露了出来”。他从中发现了“个人主义的小资产阶级者的丑态”，在对鲁迅“小资产阶级知识分子特有的坏脾气”和“不可救药的劣根性”进行批判之后，他进一步指出：“鲁迅所以陷于这样的状态之中，我们也可以说完全是所谓自由思想害了他，自由思想的结果只有矛盾，自由思想的结果只有徘徊，所谓自由思想在这个世界上只是一个骗人的名词，鲁迅便是被骗的一个。”①

“五四”一代人最闪光的特征之一就是独立人格和自由思想。他们从传统人格中走出，摆脱各种羁绊而获得了现代知识分子的独立人格。他们不再寻求依附，更不因为能够为王前驱而得意扬扬。大众化的倡导者们所批判的却正是这样一种人格。这些激情满怀却缺乏认识能力的浪漫文人自以为找到了新的价值而超越了“五四”以人为中心的新文化精神，却没有意识到这种超越恰恰是在传统力量的作用下不由自主地扮演起来的。有一点特别需要指出：在政治倾向上，大众化运动初期的倡导者们与国民党的统治是对立的。但是，他们对个人主义和人道主义的批判却与统治者的要求非常一致。原因很简单，他们对个人主义的反感与其说是来自外来学说的影响，不如说是受了国民党革命军宣传教育的影响。因为从先总理孙中山的学说到总司令蒋介石的训话，都对新文化表示不满，对人格独立和思想自由深恶痛绝。这也不难理解，一切握有权力和争取获得权力的人，只要想滥用权力，都会反对五四新文化运动所传播的以科学、民主和人权为核心的西方文化观念，都会否定怀疑权威破坏偶像的启蒙主义、不愿老老实实做奴隶的个人主义和总是使血腥和残暴不能理直气壮的人道主义。

一个现象很值得注意，从30年代开始，普罗文艺运动与民族主义文艺运动尖锐对立，却携手批判个人主义和人道主义，共同瓦解着人的文学。正是这种合力，最终导致了文学中人情、人性、人道主义主题的失落。

二、启蒙精神的失落与知识分子的主体性丧失

大众化运动带来的又一后果是现代启蒙精神和知识分子精神存在合法性

---

①《死去了的阿Q时代》，《太阳月刊》1928年3月号。

的丧失。在大众化运动的发展过程中，迎合大众的倾向可谓愈演愈烈，从向大众学习到在思想感情上与农工大众相一致，“五四”新文学本来具有的启蒙精神被一步步消解，知识分子的主体地位一步步陷落。

大众化运动一开始就是否定启蒙主义的。面对“五四”启蒙主义文学的杰出代表鲁迅，冯乃超曾经如此嘲笑：“‘改变他们的精神’。现在他究竟改变了谁的精神，愚弱的国民么，讲趣味的有闲阶级么？上帝哟，微笑吧！”[①]他们呼唤文艺向着大众飞跃，呼唤文艺家走向大众，并且要求他们放弃启蒙立场，去做一台大众的留声机器。在30年代初的大众化讨论中，倡导者们坚决反对“依赖欧化的知识青年去做一种自由主义的‘教训’民众的文化运动”[②]，把启蒙立场看作是文学家的“妄自尊大”。当有人提出文艺大众化的困难在于大众自己还缺乏接受文艺作品的准备的时候，瞿秋白严厉指出：这是一种“知识分子脱离群众的态度，蔑视群众的态度”，是“企图站在大众之上去教训大众”，并且认为这是实现大众化的“深刻障碍”，必须“彻底铲除”。[③]

由此可见，在30年代初的左翼群体内部，知识分子已经不能够理直气壮地承担启蒙的使命。中国知识分子在五四新文化运动中觉醒，痛苦于中国人非人的生活而探寻新的生存可能，因而走上了启蒙立人之路。可是，五四运动刚刚过去不久，他们就被召唤去向大众认同。在中国现代文化史上，这是一种什么样的悲剧！在此后的岁月里，他们一步步被引导去向大众学习，迎合大众的思想感情和审美趣味，以博得大众的喜闻乐见。为此，他们需要克服自己的所谓小资产阶级的思想感情，进行思想改造，以期脱胎换骨。他们再也不敢以先知先觉自居，再也不敢居高临下地面对大众，而是虚心地向农工大众学习，接受他们的教育和改造。经过漫长的大众化过程，启蒙与被启蒙的关系终于颠倒。

考察最先的倡导者反对启蒙的理由和动因，首先在于他们对时代的认识。大众化运动的倡导者们大都没有真正经受过五四新文化运动的全面洗

---

①《人道主义者怎样地防卫着自己》，《文化批判》1928年4月号。

②瞿秋白：《大众文艺的问题》，《文学月报》创刊号。

③《瞿秋白文集》第2册，人民出版社1953年，第875、878页。

礼，不了解新文化运动的意义，自身人格没有完成现代转化，因而无法清楚地认识思想启蒙对于中国历史进程的重要性。在这种情况下，他们却努力寻求超越，积极拥抱新潮，并且自以为走到了历史的前列。他们常常批评别人不能把握时代，而他们的失误恰恰在于对时代的认识。成仿吾在《从文学革命到革命文学》中说过："我们要研究文学运动今后的进展，必须明白我们现在的社会发展的现阶段"，那么，现阶段是如何呢？他的分析是："资本主义已经到了他的最后的一日，世界形成了两个战垒，一边是资本主义的余毒'法西斯蒂'的孤城，一边是全世界农工大众的联合战线。"冯乃超在《艺术与社会生活》中说："农村零落了，都市普罗列塔利亚特（Proletariat）发生了。谁人能说中国依然是（封建的）文明之邦，礼教之国？"这就是他们所认识的时代。且不说资本主义在当时是否已经到了最后的一日，仅就当时的中国而言，真的已经是资本主义的余毒与农工大众的联合战线这两大战垒了吗？真的已经不是封建的文明之邦了吗？回答当然是否定的。但是，他们却据此否定五四新文化运动的目标，否认启蒙的必要性。

钱杏邨曾经检查鲁迅的作品，质问鲁迅"究竟能代表哪一个时期的思想？"他说鲁迅的小说"大多数是没有现代的意味！不仅没有时代思想下所产生的小说，抑且没有能代表时代的人物！阿Q、陈士成、四铭、高尔础这一些人物究竟是什么时代的人物呢？"他感叹道："老年人的记性真长久，科举时代的事件，辛亥革命时代的事件，他都能津津不倦的，不知有汉，无论魏晋地叙述出来，来装点'现代'文坛的局面。"在钱杏邨们看来，当时革命已经高潮迭涌，时代一片光明，鲁迅却总是盯着国民的劣根性，总是看到社会的黑暗，真是跟不上时代。所以，他们嘲笑鲁迅："光明的大道呈现在自己的眼前，他偏偏不走上去，只是沿着三面夹道的墙去专显碰壁的精神，这究竟有什么意义呢？"[①]面对这样的嘲笑和指责，鲁迅真是无话可说。他们是那么天真，不能认识现实的黑暗和历史的沉重，因而也不能意识到启蒙之重要。

其次是对大众的认识。大众化的倡导者之所以反对启蒙主义，重要的理由是大众已经不需要启蒙。中国大众究竟需要不需要启蒙？这是大众化倡导

①《死去了的阿Q时代》，《太阳月刊》1928年3月号。

者与启蒙文学持守者的一个根本分歧。启蒙主义者致力于国民性的批判，阿Q形象是其辉煌的成果，并且已经成为一个象征性的符号。这个象征符号必然成为大众化的障碍。阿Q是大众的一员，大众化是不是要使作家化为阿Q，使文学化为阿Q的“土谷祠畅想”？所以，在大众化的过程中，这一直是一个无法回避的问题。于是，在阿Q形象上做文章，否认阿Q形象的普遍意义，是一种常见的思路。20年代末，“革命文学”的倡导者们就认定阿Q的时代已经死去，阿Q已经不是过去的阿Q。在他们看来，“十年来的中国农民是早已不像那时的农村民众的幼稚了。所以根据文艺思潮的变迁的形式去看，阿Q是不能放在‘五四’时代的，也不能放在‘五卅’时代的，更不能放在大革命的现在的时代的。现在的中国农民，第一是不像阿Q时代的幼稚，他们大都有了很严密的组织，而且对于政治也有了相当的认识；第二是中国农民的革命性已经充分地表现了出来，他们反抗地主，参加革命，近且表现了原始的Baudon（即暴动）的形式，自己实行革起命来，决没有像阿Q那样屈服于豪绅的精神；第三是中国的农民知识已不像阿Q时代农民的单弱，他们不是莫名其妙的阿Q式的蠢动，他们是有意义，有目的的，不是泄愤的，而是一种政治的斗争了。”①

周扬在抗战时期又有大致相同的表述：“这是一个怎样变化万端令人惊异的环境啊！在这个环境之下，人又是变化得怎样的迅速啊！昨天还是落后的，今天变成了进步的；昨天还是愚蒙的，今天变成了觉醒的；昨天还是消极的，今天变成了积极的。革命时期必然伴以人类心灵上的深刻剧烈的变化，只适合于社会停滞期的艺术家的那种静的看法现在是完全不适用了。我们的现实中正涌现着新的人，新的抗日英雄的典型。……中国新文学中可以称为不朽的典型的，只有鲁迅的阿Q。在这个可笑又可悯的人物身上，反映出了中国农民的软弱的黑暗的一面，因为中国的农民性和落后性，他又被视为中国国民性的代表者。现在，阿Q们抬起头来了。关于觉醒了的阿Q，值得写一部更大的作品。”②

对于阿Q的认识，关系到中国文学是否需要启蒙精神。既然阿Q时代已

①《死去了的阿Q时代》，《太阳月刊》1928年3月号。

②《新的现实与文学上的新任务》，《抗战文艺论集》，第18页。

经死去，既然阿Q已经觉醒，启蒙文学自然成为多余。既然阿Q已经成为时代的英雄，当然不容知识分子去对他指手画脚。越到后来，时代越是光明到不容说有半点阴影，阿Q的觉悟也越是不容怀疑，在文学中全面驱逐启蒙主义自然顺理成章。

启蒙精神与知识分子的主体地位是连在一起的。既然不再需要启蒙主义，知识分子的主体地位自然成了问题。因此，文艺大众化的过程，又必然是知识分子主体失落和一步步丧失其精神存在合法性的过程。

在最初的讨论中，人们往往接过大众化的口号而对其含义缺少追问，不同的人有不同的理解，不同的人向着不同的方向努力。鲁迅等人参加了讨论，但他们所理解的大众化却显然不是“变得与大众相一致”，而只是努力把作品写得浅显易懂，以利于大众接受。即使到了抗战时期，也有很多人像胡风等人一样试图在大众化中保留启蒙主义的位置。然而，他们没有意识到，这不过是他们的一厢情愿。大众化运动从一开始就要求作家丢掉自我，去做大众的“留声机器”，就高呼要“克服自己的小资产阶级的根性，把你的背对向那将被‘奥伏赫变’的阶级，开步走，向那龌龊的工农大众”。[①]对于知识分子来说，这条路注定了无比艰难而最终归于自我丧失。

这是一个从主动到被动，从自我迷失到被迫归顺的过程。在其开始，不过是一些年轻的知识分子由于浪漫的激情而不满足于暴露社会的黑暗与邪恶，急切地寻找出路而发现了农工大众。在社会思潮的影响下，他们认为一切被压迫的群众不但是反抗统治阶级的力量，而且是创造新社会的主人。于是，他们不自觉地陷入了一种以“劳工神圣”观念为标志的大众崇拜。这种崇拜使他们不愿承认劳苦大众的落后性，更不愿意承认革命的依靠力量也需要国民性改造，而是毅然相随而去。他们没有意识到此路遥远而艰难，天真地以为只要自己向着大众开步走，并且努力获得大众意识，就能创造出大众文艺。在发现自身与大众的差距的时候，他们也往往为了一个遥远的目标而宁愿否定自己。但是，在后来的发展过程中，残酷的事实却使他们知道了问题并不这么简单。从40年代开始，大众化作为一种方向被确定了下来，知识分子的思想改造提上议事日程。工农兵总是伟大的，知识分子总是渺小

①成仿吾：《从文学革命到革命文学》，1928年2月《创造月刊》第1卷第9期。

的；工农兵总是受到热情歌颂，知识分子总是受到严厉的贬斥；工农兵是神圣不可侵犯的主人，知识分子成了让人不放心的异类；时代给知识分子留下的任务就是不断地反省自己、批判自己、改造自己。好像多读了几年书就成了无法摆脱的“原罪”，他们需要永远地忏悔。他们一步步否定自我，却一次次受到训斥，并且训斥之声越来越严厉，最终顶着“臭老九”的帽子走入了完全丧失精神存在合法性的死谷。

历史留下了一连串的疑问：为什么一定要让知识分子迁就和适应大众，而不是互相之间的迁就和适应？为什么让知识分子无条件地接受工农大众的教育和改造，而不是让工农大众接受知识分子的教育和启蒙？如果从现代化的角度思考问题，最迫切的任务是改造知识分子还是提高工农大众的精神素质？如果后者是重要的，中国现代的历史为什么会选择与现代化追求明显背道而驰的做法？面对这些疑问，唯一的解释是政治斗争的现实要求。对于20世纪中国的暴力革命而言，农工大众毫无疑问是主要的依靠力量。没有农工大众的参加，就无法迅速推翻旧的统治。谁拥有了工农大众，谁就拥有了胜利，这是时代和国情提供的常识。在浩浩荡荡的工农革命队伍里，知识分子毫无疑问是极少数。虽然任何一个革命领袖都不会绝对排斥知识分子的参与，但相比之下，知识分子远远不如农工大众更为重要。因为知识分子的作用是有限的，真正的夺城守土流血牺牲需要的是成千上万的工农大众。毫无疑问，知识分子和大众之间在各方面存在着重大的差距，差距就是矛盾。在以农工大众为绝大多数的队伍中，矛盾的解决别无选择：为保护大众的革命热情，必然更多地抑制知识分子。甚至不必考虑矛盾的性质和是非曲直。革命是那么迫切，改造国民性决非一朝一夕可以完成，所以，为确保革命的胜利，只有迎合大众而抑制知识分子。作为革命的领导者，只要他充分认识中国的国情，同时又急于在旧国情的基础上取得胜利，就必然要做出这样的选择。

而且，知识分子觉醒的个性使他们常常不能成为驯服工具，他们的思想能力，他们的个性意识，他们的清醒与敏感，他们无法忘怀的民主与自由之梦，在现实的革命队伍里面都有点不合时宜。为了有效地指挥庞大而素质低下的队伍，20世纪中国的革命领袖往往强调思想统一和步调一致，因而对个人主义和自由主义毫不留情。为了把思想和艺术都纳入其绝对的统一指挥之下，就需要以极大的努力进行知识分子的改造。

从这两个方面的意义上说，中国知识分子都因为革命而付出了沉重的代价，现代化也为此付出了沉重的代价。

遗憾的是，在新的社会秩序建立之后，这种做法也被沿袭了下来，从50年代到70年代，知识分子不但没有在新生活的阳光下成为新时代的主人，而且走向了更加沉重的思想改造之路。这条路一直走到“文革”时期，那是“工农兵文艺”的顶峰时期，也是知识分子被彻底驱逐于苦难深渊的时期。不仅“臭老九”们必须老老实实接受改造，甚至仅仅因为上过几年中学的“知识青年”也必须到农村去接受贫下中农的“再教育”，才能重新获得社会的信任。

这是不是大众化在文化上的题内之义？

三、传统的回归与现代性的萎缩

中国新文学是在批判传统和走向世界的过程中诞生的。因而，新文学的发展一直伴随着西方与本土、传统与现代的冲突。在这个框架中考察大众化运动，就会发现它的基本指向是传统而不是现代。大众化运动的发展过程事实上是一个传统文化逐步回归而现代性逐步萎缩的过程。

考察一下大众化运动启动时期的文化背景是必要的，因为正是这个背景决定了新文学运动的逆转和大众化运动的发生。在20年代末，中国大地上最重要的事件就是蒋介石在政治上和军事上的胜利。然而，这个结果没有给中国带来新文化的巩固，而是直接和间接地带来了旧文化的回归。这种文化复旧与政治家们对“五四”新文化的态度有关。事实上，孙中山对“五四”的态度是矛盾的，他看重新文化运动的社会影响力，却不赞同新文化运动的根本精神。所以，国民党人对新文化运动的态度一直非常矛盾，在没有拥有统治权的时候，他们对破坏偶像、反对权威等行为是能够接受的，然而，北伐成功获得政权之后，作为新的国家权威力量却对新文化运动日益不满，而竭力弘扬传统文化，甚至声称要重建那个“由美德筑成的黄金世界”。尽管有胡适、鲁迅等人进行了坚决的抵抗，但是结果不难预料，鲁迅所深恶痛绝的那桌人肉的宴席仍然具有极大的诱惑力，人们往往一旦获得主席的地位，就再也不愿把它掀翻。因此，就当时的整个文化而言，出现的是一种传统文化的回潮，而且极大地影响了此后中国文化的发展。

从政治上考察，革命文学的倡导者多是国民党统治的反抗者。但是，一个事实不容忽视：反抗者与他们的反抗对象之间，虽然在政治上尖锐对立，在文化观念上却保持着高度的一致。而且，“革命文学”的口号最先就是从国民革命军中喊出的。30年代的普罗文艺运动和民族主义文艺运动也是如此，他们都反对个人主义和人道主义，都否定精神的自由和人格的独立，都反对启蒙主义，都以民众的名义指责“五四”欧化而强调回归传统。他们反对的所谓“旧式的作家”，正是以鲁迅为代表的“五四”新文学运动的先驱；他们所反对的所谓“旧思想”，正是五四新文化运动中出现的新思想；他们用以反对个人主义的所谓新思想，也明显地夹杂了五四新文化运动所冲击的中国传统的群体意识。他们的一个共同特点是貌新而实旧。

在民族形式的讨论中，由于民族化口号的提出，回归旧传统的倾向更为突出。相当多的人认为文艺必须带有中国气派才能被大众所喜闻乐见，而中国气派就保留在大众之中。正是沿着这样一种思路，人们进一步批判“五四”的欧化倾向，认为仅仅谈大众化是不够的，而必须强调民族化。人们呼唤文学“要把学习的中心转移到中国自己的旧遗产上面来”[①]。向一切民族传统的形式学习，并且要在这一学习的过程中改变过去对于传统的轻视态度。

众所周知，大众化决不是一个语言形式问题，关于民族形式的讨论所涉及的也决不只是形式。在这个问题上，陈伯达在《关于文艺的民族形式杂记》中说得非常清楚：“关于民族传统，在文艺上所接受的，不是限于旧形式；凡是中国民族战斗史绩及其精神，中国人的一切固有美德，中国历史上大人物对于民族和社会的一切立德、立言、立功，为中国人所服膺不忘的，都应以之充实文艺的内容。”所以，关于民族形式的讨论从形式和内容全面推动了民族化，而民族化也就是民族传统化。传统化与现代性是背道而驰的。

当然，主张大众化的人并非都是自觉的守旧派，他们往往以激进的面目出现，而且有些人在文化上也自以为是激进主义者。直到今天，也仍然有学

①张庚：《话剧的民族化与旧戏的现代化》，1939年《理论与现实》第1卷第3期。

人把他们划入激进主义阵营。但是，他们却不自觉地走向了传统。他们虽然以激进的姿态出现，承载的却是传统的惯性，自以为是在不断革命，事实上却是帮助着旧文化的复辟。这与大众化很有关系。一个民族两种文化的观点影响了一代人，但是，大众文化却并不像他们想象的那样生动活泼而代表着新生和未来。一般而言，在历史发展的过程中，占统治地位的规范文化总是在不断发展和流变，其发展流变过程中被淘汰的部分大都进入民间，并被保存了下来。从这个意义上说，民间简直是一个庞大的历史文化垃圾场。当然，在一般情况下，民间文化可能是富有生机的，其生机可能有益于文化的发展。比如，欧洲走出中世纪就是首先从世俗化开始的。但是，中国的情形却并非如此，因为从根本上说，中国传统社会闭关锁国状态之所以打破，不是由于本土现代性萌芽的生长，而是外来文化冲击的结果。因此，更多承载了现代性的是更多地接触西方文化的知识分子而不是农工大众。而且，由于伴随外来文化一道进入中国的是帝国主义的大炮，它所给予这个民族的屈辱感导致了普通民众对文化也像对枪炮一样怀有强烈的抵触和反抗。愈是民间，这种抵触心理愈为强烈。这就造成了民间文化与知识分子文化的巨大差距，传统文化更多地保留在民间。因此，在现代中国，大众的则意味着传统的，走向大众则意味着走向传统，向大众认同也就意味着向传统认同，同时也意味着对五四新文化运动成果的背弃和消解。

正因为这样，大众化讨论中的一些观点虽然貌似激进，但事实上却从旧的一面否定五四新文化运动，让新文学重新回到旧文艺的基点，导致了“五四”批判过的旧内容和旧形式东山再起。20世纪中国社会难以克服的所谓封建余毒，正是通过这样一个复旧的过程被发扬和保护了下来。

四、艺术的困境

从“革命文学”到“‘文革’文学”，是文艺大众化运动震荡盘升最终达到其顶峰的全过程。正是在这样一个过程中，文学艺术一步步陷入了困境。从30年代的左翼文艺开始，就一直存在着公式化、概念化、标语口号化的严重问题，从50年代到70年代，“假大空”现象日益严重。当然，这首先是文学充当政治斗争工具的结果。但是，也应该看到，它是文艺大众化的必然结果。

回顾大众化的历程，无法否认艺术水平逐步降低的事实。因为大众没有较高的欣赏水平，就降低水平去迁就；因为大众读不懂深奥的作品，就努力将其写得浅显直白；因为大众习惯的语言是简陋的，文艺作品就决不追求文雅，甚至开口就是“他妈的”，而且因为是“国骂”而实现了民族化。这当然不会带来艺术水平的提高。在30年代，大众化运动轰轰烈烈，但一个无可争辩的事实是它没有提供高水平的创作。为中国现代文坛提供了高水平作品的恰恰是一些当时对大众化运动不感兴趣的作家，如巴金、老舍、沈从文的小说，徐志摩、戴望舒的诗歌，周作人、林语堂等人的散文和曹禺的戏剧。即使在左翼文学内部，写出较好作品也恰恰是一些没有听从呼唤而彻底放弃知识分子自身立场的作家。其作品的魅力甚至恰恰来自被理论家们反复批判的所谓小资产阶级思想感情。50年代到70年代创作中的重要问题是公式化、概念化和标语口号化，而这一切都是文艺大众化的必然产物。只要大众化，就无法避免模式化和概念化，也无法避免标语口号化。甚至可以说，只要真心想要大众化，就必须坚持公式化、概念化和标语口号化的道路，就必须使用既成的模式，必须把复杂的内容简化为概念，必须大量使用标语口号。只有这样，才能为大众所喜闻乐见。考察传统的大众文艺就会发现，离开了模式化就没有大众文艺。包括“文革”中的“三突出”创作原则那样的工农兵文艺的经典理论，之所以创造了模式化理论之最，主要原因就在于它的基础是已经充分大众化了的京剧艺术。在高度模式化的京剧艺术形式基础上创建的文艺原则，当然会指导文艺走向全面的模式化并将大众化运动推向顶峰。同样，考察大众的生活和艺术活动，不以简单的概念表达，就无法实现有效的信息传递。无论官方还是民间，只要组织大众活动，都无法避免以标语口号的方式表达思想和感情。因此，应该承认模式化、概念化和标语口号化是大众化的题内之义。

需要说明的是，在战争的年代，因为宣传动员的需要而付出艺术的代价是不可避免的，任何人都不会对战地艺术有太多的苛求。但是，并非一切宣传都是艺术，也并非一切艺术都需要服务于宣传。即使是战争时期，也没有理由要求一切艺术创作都为战争服务。更重要的是，为宣传而粗制滥造不应该成为艺术的标准。然而，在大众化的过程中，一些很有影响的人物却常常主张彻底放弃文学的艺术性，而单纯以服务于宣传为标准，甚至反对作家对艺术水平的追求。郭沫若在《抗战与文化问题》中说："抗战所必须的是大众动员，在动员大众上用不着有好高深的理论，用不着有好卓越的艺术——否，理论愈高深，艺术愈卓越，反而愈和大众绝缘，而减弱抗战的动力。"周扬在《新的现实与文学上的新的任务》中也说："我们现在所要求于作家的就是用这种大众化的小型作品敏速地去反映当前息息变化的实际情况，而不是离开实际，关起门来去创造什么'伟大的作品'。"这样的要求和指导当然不会有利于文艺水平的提高。

关于大众化与文学水平的矛盾，人们并非没有及时意识到，但是，那些大众化的倡导者们却有各种雄辩的说法："文学大众化不仅不是降低文学，而且是提高文学，即提高文学的斗争性、阶级性。"①"如果真的能大众化了，它不会降低艺术水准，反而可能逐渐提高了艺术水准。因为今天所要求的艺术水准，决不是知识分子或亭子间诗人所想出来的，而是被人民大众所欢喜、所公认的艺术水准。"②这样，艺术就不再以知识分子的艺术为准，而以人民大众的喜闻乐见为价值标准。但是，根据这个标准生产出来的作品，即使贴上"优秀"的商标，也最终难以进入艺术的殿堂，而且也不被大众所公认。郭沫若在50年代的示范之作《学科学》《学文化》《防治棉蚜歌》就是例子。就连工人和农民也不承认"学科学，学科学，科学人人都要学"和"毛主席告诉咱，咱们工人阶级当了家"这样的句子是优秀的诗。

更深层的问题是，文学创作需要自我生命的融入，需要真情实感，需要真实个性的自由飞翔，而大众化却要求作家获得大众的意识，获得大众的立场和思想感情，也就是放弃真实的自我而扮演大众。这就出现了演员和角色的矛盾，出现了两个主体的冲突。我把这种冲突称作"真实主体"与"模拟主体"的冲突。正是这种冲突导致了作品普遍的虚假和一系列问题。

从大众化运动开始，一些知识分子就非常自觉地代大众立言，为了大众的解放，他们心甘情愿地放弃自己的立场而努力获得大众意识。然而，他们的努力显然并不成功。他们虽然高喊着要做大众的留声机器，但留声机器所

①周扬：《关于文学大众化》，《北斗》第2卷第3、4期合刊。

②王亚平：《论诗歌大众化的现实意义》，1946年《文艺春秋》第3卷第5期。

放出来的却并不是真正大众的声音。人们意识到了资产阶级或者小资产阶级作家表现大众思想感情的困难，但不是放弃大众化的努力，而是开始实施对创作主体的改造，并且形成了一种理论：只要作家能够脱胎换骨，作品就能脱胎换骨。但是，知识分子要彻底脱胎换骨并非易事。由于改造的艰难性，创作中就出现了两个自我：一个是知识分子真实的自我，一个是通过深入生活和思想改造而获得的代表大众的自我。真实的自我非常顽强，它往往在这一时刻被抑制了，在另一时刻却又顽强地冒了出来。然而，这个自我失掉了表现的合法性，必须表现的是工农大众的思想感情、价值观念、思维方式和情感形式。所以，他们不仅需要深入生活，而且需要艰难地模拟大众的思想感情。从40年代到70年代，我们都可以看到作家们在这两个方面进行的努力。然而，成功的经验不多，失败的教训却足够记取。真实的主体与模拟的主体常常处于矛盾冲突之中，一旦真实的自我完全被遮掩之后，作品就会变成公式化、概念化、标语口号化的说教，而真实的自我出现之时，作品就会放射出艺术的光彩。可是，知识分子的真实主体只要一出现，就要受到严厉的斥责。

同时存在的另一矛盾是，作家无论如何努力，都注定了无法获得所谓的“大众意识”。因为艺术家虽然受命做人民大众的代言人，但是，无论“人民”还是“大众”，都是一个宏大的能指，空泛而又高度抽象。人们可以随时发现人民大众的某些分子，却无法把握大众意识和人民的声音。你可以通过深入生活而完全获得某个工人或农民的思想和感情，并且在忘我的状态下在作品中成功地完成对它的模拟表现。但是，你不能断定是否表达了“大众”的声音。对生活的真实摩写往往被批判为歪曲现实，对大众思想感情的成功模拟常常被指责为别有用心。很多作品之所以受批判，不是因为作家没有深入生活或没有获得大众的思想感情，而是恰恰因为深刻表现了生活真实并表达了人们的思想感情。然而，面对“不真实”的指责，文学家无法为自身辩护，因为无论你怎样深入生活，所熟悉和把握的也只是大众的一部分，你无法断定它究竟是不是能够代表“大众”。这种情况说明，大众的思想感情是一个很难把握的存在，只能使文学艺术家无所适从。那么，解决的方式就是把握生活的“主流”和“本质”。什么是“主流”和“本质”？文学家无法断定，最后只有服从权威，到中央文件、报纸社论和领导讲话中去寻找。

这就导致了创作主体的多重分裂，一是作家真实的主体，它是非法的，必须时时注意隐蔽；二是作家模拟的主体——大众的思想感情，它是合法的，却是无法把握的；三是权威主体，来自权威意识形态，它才是真正的支配者，却往往与作家自己的认识、大众的感受都不一致。文学的生命在于真实的自我，在于富于个性的主体精神的自由飞扬。主体多重分裂的尴尬处境不可能产生出优秀的作品。半个多世纪的实践证明，作家无论自愿还是被迫，放弃自己的生活而去体验别人的生活，放弃自己的立场而去获得别人的立场，放弃自己的思想感情而去获得别人的思想感情，都是对文学生命的摧残，都是对作家艺术才华的扼杀。

结　语

考察文艺大众化的历程及其后果，我们不难发现：这个在20世纪中国文学史上持续了半个世纪的文艺运动，这个在当代中国文坛上一直闪闪发光的词语，其实包含了中国现代知识分子太多的迷惘和失误，包含了一系列不堪回首的记忆。它是由一些人的自我迷失而导致的一场悲剧，是20世纪中国文学的悲剧，是中国现代知识分子的悲剧，也是中国现代化的悲剧。从历史上看，它是“五四”新文学运动方向发生逆转、中国知识分子在特定的历史条件下在寻求中迷失继而被迫向大众认同的产物。它意味着五四新文化运动中觉醒的个性重新泯灭于群体之中，意味着受到现代化冲击的传统的卷土重来，意味着先驱者们奋力肩起大门放进来的西方进步文化在文学中受到排斥，意味着觉醒的知识分子在特定的历史条件下对工农大众所做出的迁就和顺从，意味着启蒙这一时代主题不仅让位于民族救亡，而且让位于阶级的翻身……那么，今天，在新的时代条件下，我们还需要不需要大众化?

文学无论在什么时候都需要赢得读者，特别是为人生的文学，只有赢得读者才能影响人们，这是非常清楚的道理。那么，文学如何才能赢得读者，如何才能为广大读者所接受，这永远是值得认真思考的问题。文学既要以先进的意识影响读者，又要为精神滞后的读者所接受，这的确不是一件容易事。因为读者在阅读一篇作品的时候并不完全是被动的，接受主体的选择起着很大的作用。这种选择取决于已有的价值观念、文化心理和审美习惯所形成的接受机制。这种接受机制有一种纳同排异的特点。所以，越是观念陈旧的作品越容易赢得最广大的读者，越是超前的东西越容易受到广大读者的排斥。所以，文学的一个重要课题就是寻找既能赢得广大读者又能影响广大读者的途径。也许这是一项困难的探索。但无论如何，清醒的人们应当知道，文学不能满足于大众喜闻乐见，更不应以思想感情上与大众一致作为追求的目标。

知识分子无论在什么时候都应该关心民众的疾苦。道义感和同情心永远是文学最珍贵的元素。然而，这一切都不应与人类文明的发展相抵牾，不应以牺牲现代化进程为代价。世纪之交，中国知识分子再次面临各种矛盾的困扰和选择的困惑，由于各种社会问题的存在，民粹主义倾向持续升温，新左派倾向迅速蔓延，一些人从神圣的道义出发，再次走向大众立场，并以大众代言人自居。这种选择无可厚非，但此路的陷阱值得警惕。特别是那些试图重拾左翼文艺取向的朋友，更值得面对历史而三思。

大众化的教训昭然在前，我们没有理由重蹈历史的覆辙！

公式化与概念化

——当代文艺症状分析之一

公式化和概念化是中国当代文学艺术长期存在的问题，从20世纪50年代到70年代，一直没有得到解决。进入新时期之后，随着思想的解放和创作自由空间的扩大，整体的情况大有好转，但问题并未完全解决，尤其是在主旋律文学中，公式化、概念化的表现仍然十分严重。作为当代文艺的顽症之一，很有探讨的必要。本文只是对其长期难以克服的原因进行粗略的分析。

一

其实，公式化、概念化的问题可谓源远流长，早在革命文学运动初期就已经产生了。无论是20年代末的革命文学，还是30年代初的普罗文艺，公式化、概念化和标语口号化都是其突出的特点。在那些作品中，空洞的议论往往代替生动的形象描绘，概念化的理解往往代替丰富的生活。作家不是从生活出发，而是从概念出发，不是忠实于生活，而是为了概念的需要而编造生活，因而必然导致了作品的概念化。比较清醒的批评家们当时就已指出：那些小说把革命的理念强加给了那些不识字的工人，让他们具有非常高的政治觉悟，并且开口就是豪言壮语；革命只有胜利而没有失败，地主资本家一打就倒，英雄总有美人相伴；而且普遍存在“脸谱主义”：“许多革命者只有一张面孔，——这是革命者的脸谱，许多反革命者也只有一张面孔，——

这是反革命者的脸谱；……这些人物不是‘活’的革命者而是奉行革命的机械人。”①

然而，这些问题不仅没有得到解决，而且随着政治对文学的进一步要求而表现得更为严重。进入50年代之后，中国大陆文坛形成大一统格局，公式化和概念化也成为一个普遍现象：同样的题材，同样的主题，同样的人物，相互雷同的构思，真可谓千篇一律，千人一面。虽然作品产生于不同的作家，但不同的作家拥有同样的模子，因而可以把作品铸造得一模一样：革命总是从胜利走向胜利，生活总是从苦难走向幸福，革命者总是光荣正确，敌人总是卑鄙无耻，社会主义建设一定是热火朝天、一日千里，农业合作化运动则必然是带头人立场坚定、贫下中农积极响应，富裕中农犹豫不定，地主富农从中破坏……

这种公式化和概念化的现象是文学在具体的生存环境中必然出现的结果，但并不是文坛主导者所希望的结果。在当时的文艺政策的指导之下，它成为一个普遍的现象，但指导者并不希望这个现象产生。通过当时的报刊不难看到，当时文艺界的指导者对于这种现象并非没有及时注意，也并非没有努力解决，而且是一直试图解决它。早在1953年9月召开的中国文学艺术工作者第二次代表大会上，周扬在题为《为创造更多的优秀的文学艺术作品而奋斗》的报告中就指出：“在文学艺术战线上，我们必须对资产阶级思想的各种表现继续进行批判的工作；比方，盲目崇拜西方资产阶级文化，轻视自己民族的传统，就是资产阶级思想的典型的表现之一，这种思想就是必须加以批判的。对资产阶级思想的斗争，是我们的一个长期的任务。同时另一方面，我们又必须反对文学艺术创作上存在的概念化、公式化及其他一切反现实主义的倾向；如果不克服这些倾向，我们的文学艺术就不能前进。”②这段话透露了当时人们对问题的认识：它是与反对资产阶级思想相伴随的；属于反现实主义倾向的一种表现。从这个意义上说，至少是周扬，对问题的认识不算不清楚。三年之后，1956年2月，中国作家协会第二次理事会扩大会议召开，会议的重要主题就是反对公式化和概念化的倾向。周扬在报告中再次

---

①茅盾：《〈地泉〉读后感》，华汉《地泉》，湖风书局1932年。

②周扬：《为创造更多的优秀的文学艺术作品而奋斗》，《文艺报》1953年第19期。

指出："我们一方面要和危害文学艺术发展的各种资产阶级唯心主义的、反人民的思想和倾向做斗争，另一方面要和我们的文艺创作成长过程中所产生的，相当普遍存在的最有害的毛病之一——公式化、概念化的倾向做斗争。"[①]他批评说，因为公式化和概念化倾向，许多作家把丰富多彩的现实生活描写得单调乏味，使文学缺少了鲜明生动的人物形象和引人入胜的情节，因而缺少应有的振动人心的力量。他仍然把概念化、公式化的问题归结为"反现实主义的倾向"，对其进行严厉的批评。在周扬等文艺界领导人的号召下，许多作家、批评家都对公式化和概念化进行过尖锐的批评。

但是，令后来的人们不能不感到奇怪的是，公式化、概念化的倾向却没有因为上下一致的口诛笔伐而消失，而是愈演愈烈，伴随着中国当代文学的发展一路走来，终于在"文革"文学中发展到顶峰，形成了一系列构思模式。比如："书记来引路，队长（厂长）犯错误，知识青年一时糊涂，揪出一个狗地主（特务）"；比如：无论助人为乐还是英勇抢救国家财产，英雄人物的耳边总是响起"伟大领袖毛主席的教导"……在50年代以后的文坛上，权威意识形态的力量历来是所向披靡，为什么对公式化和概念化的现象一筹莫展？其原因究竟何在？

二

对于公式化和概念化现象产生的原因，当时理论界一般的看法是"主观主义"和"脱离生活"。

在1953年，周扬作过这样的分析："主观主义的创作方法是严重存在的。有些作家在进行创作时，不从生活出发，而从概念出发，这些概念大多只是从书面的政策、指示和决定中得来的，并没有通过作家个人对群众生活的亲自体验、观察和研究，从而得到深刻的感受，变成作家的真正的灵感源泉和创作基础。这些作家不是严格地按照生活本身的发展规律，而是主观地按照预先设定的公式来描写生活。"[②]到了1956年，他仍然认为"这种倾向

①周扬：《建设社会主义文学的任务》，《文艺报》1956年第5—6期。

②周扬：《为创造更多的优秀的文学艺术作品而奋斗》，《文艺报》1953年第19期。

的产生，主要是由于青年的作家缺乏创作经验，而有经验的老作家对人民的新生活又还不熟悉；很多题材是新颖的，前人所没有写过的，作家不容易驾驭它们”[①]。对于文学艺术来说，周扬毕竟不是外行，可以说，他的分析基本不错。

茅盾在《新的现实和新的任务》中也说：“概念化和公式化都是主观主义的产物。它们是一对双生的兄弟。这种创作方法是违反现实主义的根本原则的，……它不是从客观的现实出发，而是从作者主观的概念出发，它把复杂而丰富的现实生活简单化为几个概念所构成的公式，其结构是所谓落后、对比、转变三段法，人物形象则有一定的几张‘脸谱’，不论所写的是工厂，或是农村，不论主题是增加生产，或是争取婚姻自由，都可套用这样的公式。这样的作品当然就不可能有真实性和具体性，当然也不会被群众所喜欢。这样作品之所以产生，根本的原因是作家脱离了人民群众的生活，用闭户造车的方法去写作。”[②]作为一个创作经验丰富的著名作家，茅盾说的也不是外行话。

应该承认，无论周扬还是茅盾，他们的看法并非没有触及问题的根本。公式化概念化倾向的确是一种反现实主义的倾向，它的根本症结的确在于作家的创作不是从生活中来的，不是从客观现实出发的，的确在于作家们脱离真实的生活而“闭户造车”。可是，作家为什么不从生活的客观现实出发而从概念出发呢？当时的理论家却没有触及。

作为克服这种倾向的方式，在长达几十年的历史上，人们开出的药方一直是“深入生活”。应该说，这个药方也不算错。因为生活本身是多姿多彩的，作家的感受也会有千差万别，只要深入生活，并且忠实于生活，把生活本来的面貌写出来，把作者对生活的真实感受写出来，作品怎么可能千篇一律呢！

可惜的是，“深入生活”的药方注定了不能解决问题。对于政治意识形态制约之下的文学来说，深入生活只能是一句空话，不可能付诸实践，因而不可能解决任何问题。因为人们不能不面对一个重要的矛盾：文学应该服从

①周扬：《建设社会主义文学的任务》，《文艺报》1956年第5—6期。

②茅盾：《新的现实和新的任务》，《文艺报》1953年第19期。

政治需要还是服从生活真实？应该坚持党性原则还是坚持现实主义原则？从抽象的理论出发，这似乎是可以解决的，比如“无产阶级的党性与客观真实性的统一”，但在实践中解决起来却并不容易。不愿完全放弃艺术的人们清楚地意识到艺术与政治的结合必须通过艺术自身的特殊性，然而，“过分强调特殊性，会引向脱离政治；一笔抹杀特殊性，结果只是取消艺术而已。”社会主义的文学不能脱离政治，但也不能取消艺术，因为取消艺术“对政治也仍然没有好处”①。政治家们只是对文学艺术提出为政治服务的要求，而很少考虑到艺术的特殊性。文艺界的一些领导人毕竟熟悉艺术，知道公式化和概念化的作品并不能很好地服务于政治，因此，为了让艺术更好地为政治服务，也要反对公式化和概念化。但是，在反对公式化和概念化的同时，却又生怕作家们放弃从概念出发去认识和表现生活的基本创作公式；在高喊深入生活的时候却生怕作家艺术家们真正深入生活去直面生活的全部真实。所以，文艺界的领导人往往一方面强调“必须从斗争中、生产中、工作中去建立和群众的真实的亲密的联系”，一方面又强调“必须学会以马克思列宁主义理论及党和国家的政策的观点来考察、估量和研究生活，免使自己掉在生活的大海里而迷失方向”②。

一方面大谈公式化和概念化问题之所以发生是因为作家和创作不是从客观生活出发而是从概念出发，一方面却不顾创作的实际而批评作家片面追求“外表的生活真实”，警告作家不要“因而就走向自然主义的道路”。这样，就使反对公式化和概念化的行为陷入了一个怪圈：一方面反对公式化和概念化，一方面必须坚持导致公式化和概念化的那些创作原则；一方面批评创作中的反现实主义倾向，一方面又要千方百计地对现实主义进行限制；一方面反对作家从概念出发，一方面又必须坚持那些概念；一方面号召作家深入生活，一方面又要警惕作家深入生活之后“迷失方向”。

而且，在当时的文艺规范之下，所谓反对主观主义，只是反对作家个人的主观主义。在克服个人的主观主义的同时，却是将文学艺术家统统纳入政治权威的主观主义。而公式化和概念化的根源恰恰在于作家丧失了个人主体

①《周扬文集》第1卷，人民文学出版社1984年，第387页。

②周扬：《为创造更多的优秀的文学艺术作品而奋斗》，《文艺报》1953年第19期。

性而必须服从政治权威的意志。丢掉个人的主观主义而服从权威的主观主义，必然是进一步克服作家对于自己理解生活、判断生活和表现生活能力的自信，因而更进一步地导致公式化和概念化。

三

更为重要的是，“深入生活”这一词语的使用本身就有其特定的背景和逻辑前提。从一般意义上说，每一个人都在生活之中，任何一个活着的人都不可能置身于生活之外，因此，每一个作家都必然有自己深入其中的生活。那么，作家怎么可能“没有生活”？“深入生活”又从何谈起？直到今天，这个口号仍然被常常使用，却很少有人思考过它的特定含义。其实，“深入生活”这一概念之所以具有实际意义，是建立在知识分子作家个体精神存在合法性丧失这一基础之上的，是与知识分子作家被改造的命运紧紧联系在一起的。它的逻辑前提是作家自己的生活已经不是生活，只有工农大众的生活才是生活。文学必须表现工农兵的生活，但作为知识分子的作家却对工农兵的生活不熟悉，对他们的思想和感情也不了解，因此，就必须到工厂、农村或部队去“深入生活”。

正因为这样，“深入生活”更注定了不能解决公式化和概念化的问题。

一个众所周知的常识是：文学创作需要自我生命的投入，需要真情实感和真实个性的自由飞翔，没有作家主体生命的真诚投入，就不可能产生有血有肉有个性的创作。然而，为政治服务的文学规范却要求作家表现工农兵的生活和思想感情。当然，如果一个作家本身就是真正的工农兵，这也许并不困难，那个时代有大批工农兵作者出现，与此密切相关。但是，作家们却大多数并非工农兵，尤其是那些从“五四”或30年代走来的作家，就其大多数而言，都与工农兵距离甚远。他们无论怎样努力，都很难真正在思想和感情上与工农兵完全一致。而大众化的方向却规定作为知识分子的作家必须实现与工农兵在思想感情上的一致。在这种情况下，他们唯一能做的就是按照政治的要求，在思想感情上放弃真实的自我，而勉强扮演工农大众。而且，当代文学史上还有一个奇怪的现象：革命队伍总是在改造既有的作家的同时努力培养自己的作家，但自己的作家却并不可靠。战争年代的“红小鬼”在成为作家之后，就往往因受“资产阶级思想侵蚀”而“蜕化变质”，成了“资产阶级”；工人的女儿或贫农的儿子只要上了学，接受了较多的学校教育，也似乎改变了固有的阶级成分，因而必须经过“再教育”才可以使用。因此，即使是工农兵出身的作家，只要成为作家，就仍然是需要改造的，仍然需要“深入生活”，根据某种概念“扮演”工农兵。

这就出现了演员与角色的矛盾。我把这种冲突称作“真实主体”与“模拟主体”的冲突。从革命文学运动开始，一些知识分子就非常自觉地代大众立言，心甘情愿地放弃自己的立场而努力获得大众意识，但是，他们虽然高喊着要做大众的留声机器，留声机里放出来的却并不是真正的大众的声音。人们意识到了非无产阶级作家表现无产阶级意识的困难，因而开始实施对创作主体的改造，但知识分子要彻底脱胎换骨并非容易的事。尽管作家们艰难地模拟大众的一切，但成功的经验的确不多。因为作家面临的另一重矛盾是：无论怎样深入生活，也注定了无法获得所谓“工农兵”或“人民大众”的思想感情。作家们虽然受命做人民大众的代言人，而且真诚地去深入生活以把握工农兵的生活以及他们的思想感情，但是，他们却陷入了一个迷阵：无论“人民”还是“大众”，都是一个宏大的能指，空泛而又抽象。严格地说，任何人都找不到“人民”和“大众”在哪里。人们可能熟悉人民大众的某些分子，却无法把握整体的人民大众。深入生活的作家遇到了带有普遍性的问题：对生活的真实描写往往被批判为歪曲现实，对大众思想感情的成功模拟常常被指责为别有用心。很多作品之所以受批判，不是因为作家没有深入生活，也不是因为作家没有获得大众的思想感情，而是恰恰因为对生活的深入了解和真实表现。然而，面对“不真实”或“歪曲生活”“丑化工农兵”之类的指责，作家们却无法为自身辩护，因为无论你怎样深入生活，所熟悉和把握的也只是大众生活的一小部分，你无法断定它究竟是不是能代表“大众”。在50年代到70年代，作家们纷纷响应号召到工厂和农村深入生活。如果一个作家因为深入生活而了解了工人和农民实际生活中的艰难和困苦，并且真实地写出来，就必然要受到严厉的批判，其罪名往往是“歪曲生活”、没有表现出生活的“主流”和“本质”。“深入生活”的药方不但不能解决问题，甚至给一些真诚的作家带来了更多的麻烦。

那么，如何解决这一问题？唯一的方式就是努力把握生活的“主流”和

“本质”。什么是生活的“主流”和“本质”？对于丧失了个人主体合法性的作家来说，当然无权做出判断，而只能到红头文件、报纸社论和领导讲话中去寻找。当所有的作家都到同一份文件中去寻找生活真实的时候，公式化和概念化怎么能够避免？

所以，这一问题的解决并不在于深入生活，也不在于克服主观主义，而在于确立作家个人主体性的合法地位，承认每一个作家独特的生命体验和对生活的理解和判断的合法性。半个多世纪的实践证明，作家无论自愿还是被迫，放弃自己的生活而去体验别人的生活，放弃自己的立场而去获得别人的立场，放弃自己的思想感情而去获得别人的思想感情，都必然导致文学作品失掉个性，也必然导致文学艺术作品的公式化和概念化。

“大跃进”民歌再审视

1958年，中国诗歌的河流上出现了一个史无前例而且影响深远的浪潮。它被称作“新民歌运动”或“‘大跃进’民歌运动”。从概念的明确性考虑，本文选用后者，将其称之为“‘大跃进’民歌运动”。这个运动及其产品在当时和其后的二十年间一直受到高度评价和热情赞美，二十年后，随着对那段历史的反思，对它的评价也发生了逆转，因而风光不再，逐渐被遗忘。但是，文学史的研究如果仅仅是跟随政治反思而进行某些改写，显然是不够的。作为重要的历史事件，也不应该被轻轻放过。“大跃进”民歌作为一种社会象征符号和时代文化标志，集中表现着那个年代的精神风貌和文化心理状态；作为中国当代诗歌发展过程中的一个重要环节，则决定了当时诗歌的走向，影响了其后相当长一段时间的诗歌面貌。因此，当我们获得了较为充分的审视条件之后，理应对其进行深入的审视和探讨。本文不打算对这场运动及其功过是非做过多的评判，而是仅就这一运动本身及其历史作用做一些力所能及的解释。

一、空前奇观留下的疑问

在这片辽阔的土地上，无论哪一个时代都有大量民歌。它是大众口头创作，主要以语言而非文字的形式在民间传播，完成着自生自灭的生产和消费过程。因为新的创作会随着生活的发展而不断出现，传播中的民歌也在不断更新，有的偶尔因为种种原因而被历史记载，而大多数作品则很快就在传播过程中消亡。这是艺术生产与消费的自然规律，一代又一代，民歌就是这样产生和消失着，很少引起人们的注意，更少被人为地繁荣和发展。

1958年，它却成了举国上下关注的热点，成了全党全军全国人民都在致力完成的一项“重要政治任务”。《人民日报》发表题为《大规模地收集全国民歌》的社论；中国文联、中国作家协会联合召开座谈会，进行“采风大军总动员”；各省市党委或宣传部迅速发出关于立即组织收集民歌的通知；各地迅速成立了采风组织和编造机构；报刊纷纷开辟民歌专栏发表“采风录”“新国风”……于是，就在全国范围内掀起了一个规模盛大的民歌运动。

它是一个收集民歌的运动，又是一个创作民歌的运动。从当时报刊的介绍可以看到那种空前热闹的景象：呼和浩特市决定三到五年内生产五十万吨钢，搜集五十万首民歌；肥东县半年创作民歌五十一万首，司集乡到年底还要创作六十万首；南京市五十天时间里产生了各种群众创作一百三十万件，常熟一县就有四十三万篇。河南省已有创作组三万零七百五十一个，创作量上千万……[①]与此同时，各种民歌集纷纷出版，据不完全统计，仅1958年下半年的大半年时间里，全国省市以上正式出版的集子就有近八百种，远远超过了自有新诗以来诗集出版量的总和。大量未经漂白而保有旧书字迹残骸的蓝灰色再生纸被用于印刷民歌。

这是一个空前的奇观。由于把收集民歌当作一项重要的政治任务来抓，层层组织动员，顷刻之间，中国似乎真正成了一个诗的大国，东西南北中，工农兵学商，干部群众，男女老幼，几乎人人都成了诗人。车间工棚，田间地头，哨所靶场，几乎到处都在写诗、赛诗。这是一个神奇的国度，遇到一个创造奇迹的时代，它使我们看到，这个民族任何一个方面的潜力都是不可估量的，只要调动起来，就会创造奇迹。1958年成功调动了这种潜力，并将其发挥到了极致。有些地方要求从七八岁的娃娃到七八十岁的老太太都必须完成收集和创作民歌的定额，有的地方提出了“村村要有李有才，社社要有王老九”的口号，有的地方则提出“县县要有郭沫若”。古今中外，有哪个民歌运动能够与此相比?!

①《东风吹得诗万篇》，《文艺报》1958年第15期。

众所周知，“大跃进”民歌运动之所以如此波澜壮阔、声势浩大，因为它是毛泽东亲自发动的。为此，毛泽东在1958年3月到4月，曾在中央最高会议上反复强调。因为毛泽东的地位和号召力，它成为一个大规模的运动，这不难理解，但是，究竟是什么原因促成了党和国家最高领导人对民歌如此关注？日理万机的伟大领袖有闲情逸致玩赏民歌吗？为发展民间文学值得如此兴师动众吗？……面对“大跃进”民歌运动，我们不能不产生一连串疑问。要回答这些疑问，需要进入“大跃进”民歌运动深处，进行深入剖析；也需要从中跳出来，远距离宏观审视。

二、颂歌大合唱：新中国成立初期诗歌创作规范的重振

众所周知，中华人民共和国建立之后，诗歌创作形成的第一个浪潮是颂歌。歌颂新中国，歌颂党，歌颂领袖，歌颂社会主义，歌颂刚刚开始的新生活，成为当时诗歌创作的中心主题。诗人们热烈欢呼，纵情歌唱，使颂歌成为诗歌创作的主旋律，甚至成为50年代初期诗坛唯一的声音。但是，1956年之后，“双百方针”提出，诗坛却与整个文坛一样，出现了一股以暴露社会阴暗面和直面人的复杂内心为特征的创作潮流，而且来势迅猛。《草木篇》《禽兽篇》《贾桂香》《据说开会就是工作，工作就是开会》《更相信人吧》……一系列作品的出现使诗歌创作形成了一个与颂歌完全相反的潮流。当然，刚刚建立的社会秩序并没有欢迎诗歌以尖锐的锋芒对自己评头论足的自信，它更需要的是诗人们歌唱现实生活以鼓舞人民的信心，所以，这股新浪潮很快就随着反右斗争的展开而平息。反抗者和探索者成为“右派”，从此离开文坛，一切复归平静，但这一事件却显示了文坛所奉行的创作规范的危机，昭示了诗歌创新的新意向，颂歌已经为知识分子诗人所厌倦，人们已经不愿反复演奏同一种音响。这是一个不容忽视的危机。

“大跃进”民歌的兴起，成为对这一危机的一种解救。它以强大的声势和群众运动的方式，完成了对“双百潮流”的反拨，并使在1956年至1957年被知识分子诗人冲破的创作规范得以修复，并普及到千家万户，在大众中得以巩固。

作为特殊年代里特殊的精神产品，“大跃进”民歌的精神内蕴也许并不

简单，但是，它的主题却非常明显。正如《红旗歌谣》卷首所说："这是社会主义新时代的新国风，这是作了自己命运的主人的中国人民的欢乐之歌，勇敢之歌。他们歌颂祖国，歌颂自己的党和领袖；他们歌唱新生活，歌唱劳动和斗争中的英雄主义，歌唱他们对于更美好的未来的向往。"它全面发展了颂歌的基本主题，并将其推向了一个新的高度。《歌唱毛泽东》《毛主席像红太阳》等大量有影响的作品都沿用着50年代初常用的比喻歌唱领袖，歌唱巨人的伟大力量和他给予人民的无边恩情。毛泽东被比作太阳，给世间带来温暖和光明，带来幸福和希望，使鲜花盛开，使万物生长，"要想永世不受穷，永远跟着毛泽东"。《毛主席走遍全国》《举得起天提得起地》等作品以丰富的想象和大胆的夸张歌唱了毛泽东的伟大。在他面前，"峨眉举手献宝，黄河摇尾唱歌"；由于他的到来，"粮山棉山冲天，钢水铁水成河"；在他的领导下，"天有把，我们举得起；地有环，我们提得起"；他威力无边，无往而不胜，而且可以号令大自然："毛主席向高山招招手，泉水就奔下来灌溉我们的花园。"毫无疑问，这种歌颂发展了《东方红》的模式。它是现实政治力量召唤出来的作品，同时又与我们这个民族的文化传统和心理素质密切相关，从被拯救者的角度表现着对大救星的感激之情。这种感情是50年代初颂歌中持续表现的，直到"双百方针"提出，才被诗人们所冷落。"大跃进"民歌对新生活的歌唱，对社会主义建设的歌唱，以及作为社会主义主人公的骄傲和自豪情绪，都与50年代前期的颂歌基本相同。

与颂歌主题相一致，50年代前期诗歌中常用的忆苦思甜的构思方式也在"大跃进"民歌中得到广泛运用。"奶奶用过这只篮，领着爸爸去讨饭。妈妈用过这只篮，篮篮野菜度荒年。嫂嫂用过这只篮，金黄窝头送田间。我今挎起这只篮，去到食堂领花卷。人民公社无限好，党的恩情大如天。"（《一只篮》）这正是几年前严阵的《老张的手》等作品所开创的思路，不同的只是随着生活的变化加进了人民公社大食堂的内容。联系那个年代的历史真实，人们很容易指出"去到食堂领花卷"等美好生活图景的虚假性，但这虚假性却是颂歌不可缺少的构成要素。

在传统民歌中，一直占有重要地位的情歌，也是"大跃进"民歌的重要构成。有些作品保持了民间创作的朴素和清新，如《锄麦草》："低低叫声好哥哥，谢谢你呀不要瞧；莫为瞧我失了手，漏了杂草伤了苗。"但是，

"大跃进"民歌中的情歌也像50年代前期流行的那些作品一样，绝不描写爱情本身，而是把爱情引向对新生活的歌颂，使爱情与劳动、奉献结合在一起，通过爱情表现新人新事新风貌，从而完成对新时代的歌颂。《刘巧儿》中的"我爱你浑身是劲能劳动"，闻捷笔下的"要我嫁给你吗？你衣襟上少一枚奖章"，在"大跃进"民歌中被反复演绎。小伙子向姑娘表达感情，姑娘的回答是："生产'大跃进'中你得了第一，我的荷包自然送上。"姑娘到了该出嫁的年龄，但为了"大跃进"，却坚决地表示："封不好山不出嫁，治不好水不出庄。"（《问姑娘》）至于《妹把红旗当嫁妆》等作品，从标题就可以看到它的内容。总之，它与"双百方针"提出之后出现的《迟开的蔷薇》《吻》等情诗完全不同，而与早几年的《吐鲁番情歌》等作品的模式一脉相承，只是没有那么精致，算是通俗普及版。

"大跃进"民歌对政治运动和中心工作的配合是出色的，尤为突出的是为了配合运动而可以不顾事实。历史已经证明，1958年的"大跃进"和公社化运动给国家和人民造成了严重危害，当时的民歌却热情歌颂了所有的错误和荒谬之处，对灾难进行了热情的呼唤与讴歌。无数作品在歌唱"大食堂""小高炉""卫星田"，在歌唱"人有多大胆，地有多高产"。有一首歌唱大食堂的民歌是这样写的："食堂钢一般，暴雨淋不垮，狂风吹不散，越办人越欢。"它出现于大食堂已经被实践证明办不下去，因而纷纷倒闭的时刻，当时的中国人面对的是"代食品"和"水肿病"，是人口的急剧减少，大食堂倒闭之后的农民只有奔向田间地头，于寒风中寻找草根树皮等可以充饥之物。这位民歌作者显然感到了大食堂所面临的危机，却闭上眼睛高唱大食堂的颂歌，而对百姓的死活视而不见。这种作品的作用是显而易见的，政治工具职能发挥很到位，当然，它虽然以民歌的面目出现，却未必出自农民之手。在那个年代，政治对诗歌的要求是一心一意为其服务，诗人们虽然努力过，但结果显然并不令人满意，事实证明，"大跃进"民歌比诗人们的创作更能适应政治的要求。

行文至此，有必要指出50年代中期之后中国诗坛上知识分子作品与民间作品的差异。在知识分子诗人中，艾青、公木、公刘、邵燕祥、流沙河等一大批诗人，一方面厌倦了单调的重复，一方面认识到新生活存在的问题，因而歌功颂德的热情大大降低，为民请命的激情急剧增长。而一般民众，多数人却还沉浸在分得土地的幸福感和互助合作的新鲜感之中。因此，在知识者那里已经因厌倦而落潮的颂歌，在民间大众那里却仍然延续着。正因为这样，发展民歌，以民歌取代文人创作，就有了不同寻常的意义。

事实证明，民歌运动这场农村包围城市的文化运动非常有效，它不仅使反右运动之后萧条冷落的诗坛热闹非常，显示了文学的繁荣，而且成功地对诗歌发展趋势进行了反拨，修复和巩固了50年代前期的规范。

三、浪漫主义：困境中的通途

在从50年代到60年代诗歌发展的过程中，“大跃进”民歌还具有一种承前启后的作用。它不仅修复和重振了颂歌规范，而且为诗歌发展提供了启示，甚至可以说，正是“大跃进”民歌引导50年代末的诗歌走出了困境，并为60年代奠定了基础。

在此之前，当代诗歌创作与其他文艺创作一样，理论上强调的是现实主义，浪漫主义没有地位。但是，现实主义与政治要求并不总是和谐一致，有统一的一面，也有矛盾的一面。现实主义要求文学说真话，抒真情，真实反映社会生活，它的造型法则与批判精神无法剥离。当政治作为一种社会改革力量而致力于改造旧世界时，现实主义文学是政治力量的得力助手；当政治作为一种社会保守力量致力于稳定秩序和美化现实时，现实主义文学却难免与其发生抵触。因此，在当代文学的发展过程中，现实主义虽然在理论上一直被倡导，甚至常常使其处于独尊的地位，创作中却事实上难以实行。为防止现实主义精神的发扬，理论上就要有所限制，所以，在现实主义这一概念之前，一定要加上“革命的”或“社会主义的”。1956年至1957年间的文学思潮，更证实了对现实主义保持戒备的必要性。在反右运动中，受到严厉批判或被打成毒草的作品，多是直面生活的作品。文艺界的反右斗争，很大程度上是对现实主义精神的反击。1958年的“再批判”，意义也不在于清算历史旧账，而是温故知新，杜绝文学批判现实的精神。《现实主义——广阔的道路》这样的论文之所以受到严厉批判，也因为它试图让现实主义摆脱限制。

然而，对于文化事业，仅仅依靠政治批判、铲除毒草等手段是不够的。

什么样的创作方法可以使文学既关心社会、服务于政治、又免于滑入现实主义传统呢？50年代末的中国文坛需要这样一种新的创作方法。

就在这时候，"大跃进"民歌出现了。它所显示的最根本的特征就是所谓"革命浪漫主义"。这种浪漫主义以理想和豪情为基本内容，以想象和夸张为主要手段。尽管在此之前诗歌中已经具有理想和豪情的表现，但整体上却呈现出一种写实的风格。50年代前期的颂歌大都是通过对生活图景的描写完成的，新民歌仍然保留了那种方式，比如："一片青来一片黄，黄是麦子青是秧，是谁绣出花世界，劳动人民手一双。"这是"大跃进"民歌中的上乘之作，却不是最能体现其精神面貌的代表之作。集中显示了新风貌的是这样的作品："天上没有玉皇，地上没有龙王，我就是玉皇！我就是龙王！喝令三山五岳开道，我来了！"（《我来了》）"大红旗下逞英豪，端起巢湖当水瓢，不怕老天不下雨，哪方干旱哪方浇！"（《端起巢湖当水瓢》）这种壮志豪情感应着那个年代的政治狂热，体现了那个年代的特有心态。其中的骄傲和自豪已经远远超出了当年邵燕祥们《到远方去》等作品中的表现。那是一个政治家需要民众迷于理想的年代，也是政治家需要民众激昂豪迈的年代，"大跃进"民歌因为它的理想和豪情而备受青睐。

奇特的想象是"大跃进"民歌显示的新特色之一。富于理想的时代也罢，回避现实的时代也罢，都必然是富于想象的时代。吹牛撒谎更需要想象力。"大跃进"年代的中国人想象力是奇特的，大家都在做梦，都在说梦，各种梦话充斥报刊，并且画满了乡村土墙。架起梯子就能上天，土豆枝头结满西红柿，西红柿根下长满了土豆；把苹果嫁接到南瓜上，南瓜秧就结出南瓜一样大的苹果。人民公社成立了，农业必须大丰收，水稻收割之后，稻堆一定高入云，社员堆稻上了天，于是，奇妙的想象产生了："撕片云彩擦擦汗，凑近太阳吸袋烟。"（《稻堆》）中国马上要实现共产主义了，中国的共产主义不像苏联，标志不是"土豆烧牛肉"，而是"楼上楼下，电灯电话"。于是，"月宫装上电话机，嫦娥悄声问织女：听说人间'大跃进'，你可有心下凡去？"结果，嫦娥还是迟了一步，"织女含笑把话提，我与牛郎早商议：我进纱厂当女工，他去学开拖拉机！"（《月宫装上电话机》）对于政治来说，重要的是通过这种想象歌颂了"大跃进"。对于一般读者而言，这种想象增加了情趣。

在革命浪漫主义精神的指导下，生活实景的描写不再是诗的要求，通过想象和夸张而获得的理想之境成为民歌艺术的主要构成。“大跃进”民歌的夸张是空前的，写理想的理论为一切不符合客观实际的描写提供了合法性。配合着《人民日报》对各地“卫星”成果的报道，配合着小麦亩产三万斤、五万斤、十二万斤之类的大丰收喜讯，歌颂人民公社大丰收的作品也特别引人注目。写谷子大丰收：“一个谷穗不算长，黄河上面架桥梁，十辆卡车并排走，火车驶过不晃荡。”写玉米大丰收：“俺社玉米田，玉米长高钻上天，飞机不按航线行，碰断俺社玉米秆。”写小麦大丰收：“麦秸粗粗像大缸，麦芒尖尖到天上，一片麦壳一片瓦，一粒麦子三天粮。”写大白菜长得好：“爹推车子叶下过，我在叶上放风筝。”……这种创作，与生活中的“放卫星”极其相似，吹牛皮式的浮夸把艺术的想象与夸张变成了一种滑稽表演，并且成为普遍的风气。它是时代文化面貌的反映，也是大众精神的一种写照。既然社队干部上报粮食产量时能够把事实上的几百斤写成几千斤、几万斤，既然《人民日报》能够相信并报道这样的喜讯，麦秸粗得像大缸也就没有什么奇怪了。那是一个令后人难以理解的年代，是一个理性头脑被消灭之后全民狂热而不再思考的年代。在那样一个年代，中华民族表现出了无与伦比的想象力，而且失掉了区别幻象与真实的能力。经郭沫若改动而收入《红旗歌谣》的《百草万物也心欢》写总路线下达之后万物欢欣鼓舞，一定要写出“母鸡一听着了忙，一天下了三个蛋”这样的句子，因为只有这样，才算符合“大跃进”精神。

这些诗歌显然是荒唐的，但它为当时诗坛提供了启示：诗可以不写现实而只写理想形态，不写客观景物而只写壮志豪情。现实的缺陷是明显的，诗可以绕过现实的缺陷，通过想象和夸张创造美好的生活图景，照样可以起到积极的宣传鼓动作用。

这当然需要理论化，因为只有理论化才能指导整个文学创作。于是，两结合创作方法应运而生。两结合创作方法为中国当代文学创作带来了浪漫主义，而所谓浪漫主义，根据当时的理解，首先就是写理想。据周扬解释：“我们处在一个社会主义大革命的时代，劳动人民的物质生产力和精神生产力都获得了空前解放、共产主义精神生产力都获得了空前解放、共产主义精神空前高涨的时代。人民群众在革命和建设的斗争中，就是把实践的精神和远大的理想结合在一起的。没有高度的浪漫主义精神就不足以表现我们的时代，我们的人民，我们工人阶级的共产主义风格……"[①]通过两结合创作方法，"大跃进"民歌影响了50年代末之后的文坛，写理想，抒豪情，粉饰生活，回避矛盾，拔高人物，神化英雄，虚张声势等一系列特征都经由"大跃进"民歌而进一步发展开来。就诗歌而言，它直接推动了50年代写实风格向60年代政治抒情诗抒情言志风格的转化。而且，因为有了理论，吹牛撒谎，都不必再脸红。

四、方向与道路："五四"新诗传统的惨败

"大跃进"民歌运动引发了一场关于诗歌发展道路问题的讨论。当时的讨论看上去没有多少政治干扰，甚至不同意见也可以发表。然而，这是中国当代诗歌发展中的一件大事，主导倾向非常明确。

由于民歌运动的具体氛围，讨论中绝大多数人都对民歌给予赞美，民歌被看作诗歌的主流，被看作中国诗歌发展的方向。只有何其芳、雁翼等少数人发出了不同的声音，争论在不成比例的双方进行。讨论涉及一系列问题：谁是新诗主流的问题，新诗发展的基础问题，民歌有无局限的问题，"五四"以来新诗的估价问题，新格律诗的问题，等等，其核心问题是走民歌的道路还是走"五四"以来新诗的道路。讨论中的主导倾向，显示着极端的民族化和大众化色彩。极端的民族化，表现为竭力排斥外来影响，把"五四"以后的新诗看作欧化的，因而要彻底告别，此后的中国诗歌，要排斥一切"洋"的因素，回归中国传统。极端的大众化，表现为竭力把知识分子与工农大众对立起来，要求诗歌摆脱知识分子，沿着民歌的道路走向大众。反对欧化，否定新诗，美化民歌，一切都围绕着一个目的：让中国新诗脱离"五四"新诗的道路而走新民歌的道路。

如此大势之下，何其芳、雁翼们的观点当然不合时宜。建立新格律诗的主张被认为是怀疑民歌、轻视民歌、否定民歌，因而被认为是"资产阶级的艺术趣味和个人主义倾向"，是"自觉不自觉地对知识分子诗人的彻底改造

①周扬：《新民歌开拓了诗歌的新道路》，1958年6月《红旗》创刊号。

或工人阶级化有所抵触”[①]，是要不要民族风格的问题，是“为什么人唱什么歌”的问题[②]。人们之所以对新格律诗进行讨伐，因为它是“洋”的，而不是“中”的，不是“土”的，因为它是知识者的而不是大众的，因为“在这些格律诗里，不仅思想感情上同劳动人民格格不入，同时，语言风格上或说话的腔调上，也同劳动人民是格格不入的”，“劳动人民从来不欣赏这类洋腔洋调的‘诗歌’”[③]。

由于这种倾向，民歌变得神圣不可侵犯。说民歌有局限性也动机可疑，难以容忍。有人警告说，企图脱离民歌而由文人学士们自己建立新诗的形式，那是行不通的。[④]有人严肃指出，说民歌有局限性，是“害怕新民歌有朝一日将以五言、七言的歌谣体统一天下”[⑤]，有人则把指出民歌的局限看作“利用我们的缺点，来作为反对民歌的借口”[⑥]。最终的结果，是没有人敢于反对民歌，诗人们则纷纷学写民歌体。

既然反对西化、反对洋化而走向传统，反对文人学士们的创作而走向民间大众的创作，“五四”以来的新诗自然在劫难逃。众所周知，“五四”新诗的确既是“舶来品”，又是文人学士们的创造。在讨论中，“五四”以来的新诗受到了各种指责。有人说：“新诗新民歌，好比两台戏，对台对唱对比：新民歌如同海起潮，新诗如同水在滴，你把几滴水来尝一尝，嘴里尝着碎玻璃。”[⑦]有人说：“‘五四’以来的新诗，本来是一次划时代的革命，可是这个革命，却越革越糊涂，越革越没有民族风格，越写越加脱离（不仅是脱离而且是远离）群众。”[⑧]新诗的主要缺陷，是学习外国，崇洋媚外，没有与劳动群众相结合，既没有民族化，又没有大众化。那些对“五四”新诗心

①曹子西：《为诗歌的发展开拓道路》，《文艺报》1958年第20期。

②李根宝：《不是形式限制问题》，《萌芽》1958年第24期。

③萧殷：《民歌应当是新诗发展的基础》，《诗刊》1958年第11期。

④张先箴：《谈新诗和民歌》，《处女地》1958年第10期。

⑤张光年：《从工人诗歌看诗歌的民族形式问题》，《红旗》1959年第1期。

⑥仇学宝：《不同意何其芳、卞之琳两同志的意见》，《萌芽》1958年第24期。

⑦《新诗歌的发展问题》第1集，第157页。

⑧欧外鸥：《也谈诗风的问题》，《诗刊》1958年第10期。

存留恋的人所能做的，不过是不作彻底否定而已。这场讨论告诉我们，中国新诗发展到1958年，终于重新选择道路，实现了向民间和传统的回归。此后，新诗只有在民歌和古典诗歌的基础上发展，这是无需讨论的，因为毛泽东指出："中国诗的出路，第一条民歌，第二条古典，在这个基础上产生出新诗来。"

"大跃进"民歌运动及其随之而来的讨论，不仅意味着"五四"以来新诗发展方向的彻底逆转，而且显示了中国知识分子的彻底失落。在讨论中，何其芳试图为新诗辩护，摆出了工人已经开始接受新诗的事实，有人马上反驳说："那些带有知识分子味的自由诗，大多是学生出身的青工写的。这些青工的思想感情、个性、爱好以及语言，都曾或多或少受过资产阶级知识分子的影响，他们正在党的教育下加强思想锻炼，清除这些坏影响。"[①]话已说得如此明白，新诗辩护者还有什么话可说?

这一切，不仅使本该多样化的诗歌更加单一，而且离开了"五四"新诗革命的路径，走向民间，返归传统。同时，这也意味着知识分子诗人在经历了思想改造之后，在诗歌形式和风格上也要向大众认同，从而完成与大众关系的彻底颠倒。

①宋垒：《分歧在这里》，《诗刊》1958年第12期。

“草原英雄小姐妹”背后的故事

1964年2月9日，一场罕见的暴风雪袭击了内蒙古达尔罕茂明安草原。就在这场风雪中，产生了一个后来在中国大陆可谓家喻户晓的故事和两个光彩夺目的小英雄——“草原英雄小姐妹”。经过报纸、杂志、舞台、银幕和课本的传播，英雄小姐妹的故事传遍长城内外、大江南北，影响了几代人。但是，多年之后，人们才知道这个故事背后还有鲜为人知的故事。我是在80年代就听说这件事的，但一直没有见到任何文字材料。后来看到一本内蒙古民族出版社1998年出版的《蒙古写意》，说到这故事背后的真相。我曾想为此写一点文字，但写了一半就放下了。直到今年5月的一天晚上，偶然打开电视，看到内蒙古卫视《北国纪事》栏目正在播放关于这个故事的访谈。当事人几乎都出现了，救她们的老人虽然已经去世，但也播出了照片，还有几年前有心人留下来的录像资料。它让人想起那个年代，想起那个年代的新闻报道和文学艺术。于是，我决定写完这篇文章。因为这个故事很有典型性，是研究中国当代文学史的人不应忽略的。

一

事情发生在达茂旗新宝力格公社日光大队。两个年幼的女孩——吴龙衣和吴玉荣，一个十一岁，一个九岁，在替父亲放羊的时候被卷进了突然到来的暴风雪。这是草原上常见的事，也是极为可怕的事。在风雪中，两个女孩紧紧跟着羊群，在摄氏零下37度的风雪中走了一天一夜，奔波了七十多里。2月10日早晨，妹妹玉荣已经走不动，倒在了冰雪中。姐姐龙衣拖着疲惫的身体，继续追赶着顺风狂奔的羊群。

就在姐姐龙衣也几乎挺不住的时候，一条铁路挡住了狂奔的羊群。更为幸运的是，风雪中出现了两个人，一个蒙古族中年男子和他的儿子——一个九岁的男孩。他们刚刚去白云鄂博车站送走了要回呼和浩特过年的朋友，正冒着暴风雪回家。他们在铁路边的低凹处发现了挤在一起避风的羊，还有那个追赶羊群而来的小女孩。小女孩用蒙语断断续续地说，她的妹妹找不到了，就在不远处的山上！中年男子拉起女孩穿过了铁路，把她安顿在铁路的扳道房，留下儿子照顾女孩，自己又急急忙忙到矿区打电话，找人前来寻找玉荣。几个小时之后，人们在山上找到了玉荣。

小姐妹被送进医院抢救。由于冻伤严重，妹妹双腿截肢，造成终身残疾；姐姐也失掉了脚趾。

小姐妹的事迹令人赞叹，因为她们用生命保护了公社的羊群。她们放的三百八十四只羊，只有三只被冻死，其余安然无恙，没有因为暴风雪而丢失。当她们在医院里醒来的时候，赶来看望的公社书记就是这样表扬她们的。

事情发生的时候，一位著名作家和一位新华社内蒙古分社的记者正好到白云鄂博采访。他们听说有两个小女孩在大风雪里跟着羊群跑而被冻伤的故事，马上进行采访。于是，1964年3月12日，《人民日报》发表了长篇通讯《暴风雪中一昼夜》。第二天，3月13日，时任国务院副总理、自治区党委书记的乌兰夫亲笔题词：“龙梅、玉荣小姊妹是牧区人民在毛泽东思想教育下成长起来的革命接班人。我区各族青少年努力学习她们的模范行为和高贵品质！”3月14日，《内蒙古日报》发表了长篇通讯《草原英雄小姐妹》。接着，内蒙古自治区党委做出决定，授予龙梅、玉荣“草原英雄小姐妹”光荣称号。此后，龙梅和玉荣的故事很快传遍大江南北。她们成为家喻户晓的“草原英雄小姐妹”，成为人们学习的榜样。她们的事迹不仅在报纸上被反复宣传，而且被搬上舞台，搬上银幕，画成连环画，编入课本。

在我的上述叙述中，细心的人们会发现一个问题：被表彰的“英雄小姐妹”与生活中保护羊群的小姐妹之间，名字并不相同。这是当时新闻报道的一个错误。小姐妹本来姓吴，姐姐叫吴龙衣，妹妹叫吴玉荣。她们的事迹被报道时，名字写错了。多年以后，玉荣在接受田炳信的采访时说：“姐姐的名字搞错了，我叫吴玉荣，姐姐叫吴龙衣，见报后，姓不见了，姐姐龙衣变成龙梅了。”在人们的指导之下，小姐妹对此将错就错，从此之后，她们的名字没有了姓氏，吴龙衣干脆成了龙梅。新闻报道竟有如此力量，对于今天的许多人来说，大概是不可思议的。

但是，重要的误差还不在这里。

按照常理，这个故事中有两类英雄：一是保护公社羊群的英雄，二是救小姐妹的英雄。龙梅被发现时已经支撑不住，而她的妹妹玉荣早已倒在冰雪中。如果不是遇到这个中年男人，她们的结果可能就不仅仅是截肢。英雄小姐妹是那样光彩，救了英雄小姐妹的人当然同样光彩。那么，是谁救了两个小英雄？

在当时的宣传中，这个英雄是扳道工人王福臣，是他救了龙梅和玉荣。王福臣是铁路上的扳道工人。在中年男子带着已经冻坏的龙梅穿过铁道奔向扳道房的时候，他正在忙着迎接一列即将通过小站的火车。龙梅被送进了他的扳道房，因而他是龙梅获救的第一目击者。在所有的报道和宣传中，救了龙梅和玉荣的人，都是这个王福臣。关于英雄小姐妹的获救，当时的报道是这样描述的：

> 龙梅的身子也冻僵了。她挣扎着爬起来，踉踉跄跄地走向前去拦羊。“呜——呜——”一阵火车的鸣叫声传来。原来，他们已经走到了白云鄂博火车站。这时，他们已经走了七十多里了。
>
> 这时候，铁路工人王福臣叔叔发现了她，连忙把她带进屋里去，用雪搓她的双手。过了一会儿，龙梅暖和了些，才断断续续地吐出几个字来：“公社的羊……还有妹妹……在山坡上……”[①]

但是，这不是事实。那个救了小姐妹的中年男人名叫哈斯朝鲁，男孩是他九岁的儿子那仁满都拉。这是所有当事人都清楚的，龙梅和玉荣清楚，王福臣清楚，参与寻找玉荣的工人们也清楚。然而，在当时所有的报

①《人民日报》1964年3月12日。

道与宣传中，哈斯朝鲁的名字被王福臣替代了，他应得的荣誉也都落到了王福臣的头上。

原因究竟何在？原来，哈斯朝鲁是一个被下放到这里来劳动改造的知识分子。他本来是内蒙古人民出版社的编辑，在1957年的那场运动中，被以莫须有的罪名划成了右派，然后被开除公职，送到达茂旗草原上劳动改造。1964年，正是那段高喊“千万不要忘记阶级斗争”的岁月。按照当时的政治逻辑，阶级敌人不能成为英雄的救命恩人，他所做的一切好事都必须彻底抹掉。而王福臣这位救人现场的目击者，不仅是工人阶级，而且是共产党员，当然有资格成为英雄。于是，为了政治的需要，王福臣被打扮成在风雪中救了小姐妹的英雄，并且多次受到表彰。

二

如果只是适应政治的需要而遮蔽和改写事实，救人者虽然无功，但也无过，哈斯朝鲁还可以继续他那虽然被改造却还算平静的生活。但不幸的是，哈斯朝鲁救了人，不但没有获得荣誉，而且因此而陷入更深的苦难。在把哈斯朝鲁推进苦难深渊的过程中，文学艺术发挥了特有的作用。

“草原英雄小姐妹”的故事不仅在报纸上广泛传播，而且被拍成电影，搬上舞台，谱成歌曲，写进课本，画成宣传画，成了对青少年进行英雄主义、集体主义和爱国主义教育的教材。然而，这个被无数记者、作家、诗人、编剧写过的故事，这个被无数人读过、讲过、唱过的故事，从新闻报道到文学艺术，又进一步发生了变化。无论在银幕上还是舞台上，故事都有改动，进一步进行了加工。

比如，在动画片中，有这样的一段对话：“苏格尔大叔，苏格尔大叔，我们队里有一只母羊早产，从下半夜到现在还没有生下来，哦？偏偏兽医又不在，只好麻烦你这接羔能手去跑一趟了。”“行啊，你先回去，我马上就到。龙梅，玉荣！……”父亲喊来女儿，吩咐她们替父亲去放羊。在多种文学艺术作品中，都是这样处理的：小姐妹的父亲吴添喜不再是去帮助邻居刷房子，而是为人民公社的羊羔接生。这个改动的意义在于把私事变成公事。因为按照当时的观念，小英雄的父亲之所以让两个孩子去放羊，只能是为公，而不能是为了邻里之间的私人关系。

更为严重的是，在那个强调“千万不要忘记”的背景上，内蒙古草原上这两位在天灾中出现的小英雄，有点不符合宣传的需要，因而必须进行处理，英雄小姐妹的对立面不能只是恶劣的自然天气，英雄故事必须体现出阶级斗争。因此，在几乎所有的文学艺术作品中，都加入了阶级斗争的内容。阶级敌人是谁呢？经过文学艺术家们的创作，敌人竟然就是把小姐妹从死亡线上救回来的哈斯朝鲁！他被写成了反面人物：“偷羊贼”、没有改造好的“反动牧主”“破坏分子”“凶恶的阶级敌人”。是他在暴风雪即将到来时故意打开羊栏，把羊群赶了出去，而且是企图杀害小姐妹。京剧《草原英雄小姐妹》，舞剧《草原儿女》，动画片《草原英雄小姐妹》，大都做了这样的处理。

这是那个时期文艺作品的一个特点，作品必须表现阶级斗争，否则就有违领袖的教导，就是宣扬阶级斗争熄灭论；有英雄人物，就应该有斗争的对象，否则就无法表现其阶级斗争觉悟。于是，在小英雄成为全国人民学习榜样的时候，哈斯朝鲁走向了更深的苦难。

在内蒙古卫视的节目中，有薛晓先在2004年拍摄的玉荣与哈斯朝鲁在一起的资料。说起当时的文艺作品，哈斯朝鲁说：“我是牧主白音老头，拿这么长的刀子，把龙梅玉荣家羊圈门的绳子砍开，把门打开，把羊赶走了。”玉荣也说：“还有中国舞剧院的舞剧，那里边也有，我看过。因为当时我们毕竟小，那时候还分不清黑白，后来逐渐长大了，明白了，老人确实二十多年受了很多委屈。”老人说：“没关系，是当时政治形势需要，让她们俩说我是什么坏人，不客气说是上边领导政治需要，让她们俩说我偷过她们的羊。当时是极‘左’路线，不怨她们。文艺作品里也需要阶级斗争。”

众所周知，艺术可以想象和夸张，也可以虚构，在一般情况下，人们不会对号入座。它也不一定对某个人构成伤害。可是，在那个年代，艺术想象与现实生活的界限早已非常模糊，艺术家的想象让哈斯朝鲁的生活雪上加霜。他被反复批斗，似乎真的做了坏事。1966年，他被关进了监狱，开始被关在当地监狱，后来又被送到内蒙古东部的库伦旗监狱，1972年因病提前获释回到了日光大队，一家八口却成了黑户，没有户口，没有口粮。从那个年代过来的人们都知道，在那时没有户口，将意味着什么。他们一家异常艰难地活了下来。

任何一个当事人都清楚当时的事实，却让哈斯朝鲁陷入那样的苦难。四十二年后，2006年3月10日，某电视台记者与当年那个九岁男孩那仁满都拉一起回到了达茂旗草原，对当事人进行了采访。年过七十的王福臣老人回忆起了当时的情况，毫不否认是哈斯朝鲁第一个发现了龙梅，并把她救进了扳道房，也正是哈斯朝鲁，放下龙梅又去找人救玉荣。对于当时的替代，王福臣没有办法拒绝，人们不准他说出真情。他曾经多次找过哈斯朝鲁，希望得到哈斯朝鲁的谅解和认可。作为一个普通工人，王福臣是有良知的。他受过多次表彰，报纸上有许多关于他的报道，但他没有保留那些记录虚假荣誉的材料。

从1964年起，哈斯朝鲁积累了大量关于英雄小姐妹的宣传材料。当知道自己救人不仅没有得到认可，还被写成反动牧主和坏分子时，哈斯朝鲁无法忍受了。他开始上访，开始申诉，但在那个年代，一个右派分子的上访和申诉，只能给自己带来更多的罪过。他说，他并不要求表扬和奖励，救人的时候什么都没想，只是觉得不能见死不救，但宣传不能颠倒是非，把功过完全颠倒。他只是要求实事求是，试图找回历史的公正。可是，在那个时期，一切都不会有结果。

直到"文革"结束之后，哈斯朝鲁的右派问题平反昭雪，恢复工作，从草原回到呼和浩特，继续反复上诉，这件事才终于引起了当时主持工作的胡耀邦的重视，批示"彻底甄别处理"。内蒙古党委于1985年做出了《转发关于〈谁是第一个抢救草原英雄小姐妹的人〉一案的情况和处理意见的报告的通知》，为哈斯朝鲁当年的义举做出了公正的结论。

三

至此，这个故事似乎已经画上了句号，我的文章也似乎已经写完。然而，一些事却让我久久不能释怀，觉得有必要写出来供读者思考：

首先是小姐妹父亲吴添喜的表现。据薛晓先的采访，当年吴添喜听说龙梅、玉荣找不到之后，就像疯了一样，留下一句"找不到俩孩子我也不回来了"的话，就骑上马不顾一切冲进了暴风雪。这很好理解，每一个父亲都疼爱自己的孩子。尽管这个父亲受到了乡亲们的指责：他不该在风雪天让小孩子去放羊。但是，从一般道理讲，哈斯朝鲁救了他的孩子，一个父亲不能不对孩子的救命恩人感恩戴德。可是，在漫长的岁月里，吴添喜一家一直不敢公开承认"管制分子"是他们的恩人。这或许是因为政治的压力，不愿找麻烦。因为陈长生就是例子，是他在山坡上找到了冻僵的玉荣，所以成了英雄，却因为替哈斯朝鲁说了句公道话，从此与荣誉再也无缘。但令人不解的是，在批斗哈斯朝鲁的时候，吴添喜竟然上台打了这个"破坏分子"。

如果是不知内情的外人，因为受报刊宣传的影响，对哈斯朝鲁这个"阶级敌人"充满仇恨，是可以理解的。如果是哈斯朝鲁的亲人，这样做或许也是可以理解的。因为在"文革"中，软弱的人们有种种无奈，为了表现自己的进步，或者仅仅是画清界线，咬牙殴打老师，忍心揭发父母，是并不罕见的。但是，吴添喜作为英雄小姐妹的父亲，不会受到逼迫，为什么要那样做？他真的忘记了事实是怎么回事吗？如果忘记了，他是怎么忘记的？如果没忘记，这种表现就更值得深思：是什么导致了如此精神现象？

其次是在公正的结论已经做出之后，谎言却仍然得不到纠正。在胡耀邦的亲自过问之下，事实早已得到澄清。但是，二十年过去了，故事的真相却依然少有人知。权威媒体回顾"历史上的今天"，对此仍然是这样说的："1964年2月10日，龙梅和玉荣与暴风雪进行英勇的搏斗，保护了公社的羊群。……龙梅已冻僵了，她挣扎着向火车站走去。火车站扳道员王福臣看见了，赶忙把她带进扳道房，用雪替她搓揉冻僵的两只小手。龙梅断断续续吐出几个字来：'我的妹妹，在石坡下……'铁路职工们发现小玉荣时，她的下半身已被大雪盖住了。姐妹俩就这样同风雪搏斗了一天一夜，走出了七十多里地。三百八十四只羊仅冻死三只……"

这或许不难理解，因为媒体的撰稿人并非对一切事件都能弄得清楚，沿袭旧说是常见的。包括一些教科书，对历史的叙述也常常是这样，明明已经有了新的结论，旧的说法却挥之不去，原因就在于编写者仍然不知情。制造冤案和平反冤案，力度是不对称的。旧的说法是以强大的宣传手段达到家喻户晓的，新的结论却只是一纸被装进档案袋的公文。因为这种传播上的不对称，一个时代留下的谎言，不知要多少年才能澄清。

更值得注意的是，"英雄小姐妹"的家乡有一个爱国主义教育展览，直到2006年3月（我不知道现在是否有所改变），里面的陈设和说明都没有改变，仍然沿袭着1964年的说法。如果说一般人沿袭旧说是因为不知情，那么，在最清楚事实的小英雄的家中，这些陈列版为什么仍然张冠李戴？他们不知道事实的本来面目吗？不知道中央有关部门为此做出的结论吗？不知道自治区党委为此而发出的通知吗？都不是。采访的记者感叹说：“由此看来，掩盖历史的真实不容易，而恢复历史的真实也不容易啊！”值得继续思考的，正是为什么不容易。

事实早已澄清，宣传为什么依然如故？是不是我们生活在谎言中已经太久，习以为常，司空见惯，根本不把它当成问题？还是我们早就习惯了事实是一回事，官样文章是另一回事，所以想不到陈列版需要修改？还是因为习惯了澄清历史、拨乱反正、平反冤案是一回事，而宣传和教育是另一回事，所以不知道那陈列版是否应该改动？无论哪一种情况，都是可怕的。一个民族如果面对谎言而无动于衷，什么精神文明建设、爱国主义教育，还谈得上吗？

第二辑

时代裂变中的辉煌崛起

——20世纪中国文学现代知识分子话语的诞生

20世纪的车轮即将走完最后的路程。在20世纪末的暮色中回顾百年文学的历史，现代知识分子话语的浮沉毫无疑问是一个让知识分子自身思之怅然的现象。重新认识百年风雨中走过的坎坷路程无疑是必要的。在知识分子话语又一次被时髦的批评抹得满脸污泥的今天，这种认识就更有必要。正是带着20世纪末文化语境所给予的复杂心情，我试图穿越百年的历史，沿着我的前辈和同辈渗着汗水、泪水和血迹的脚印作一次精神的旅行，考察这段艰难的历程。而要完成这百年长旅，就必须首先回到源头，面对它曾经有过的辉煌和与生俱来的艰难处境。

一

20世纪文学中的现代知识分子话语是在19、20世纪之交的思想启蒙运动中萌芽的。那场思想启蒙运动又是从传播西方思想文化开始的。鸦片战争之后中国的命运以铁的事实向人们昭示着落后。无论中国人多么喜欢抱怨外力而不喜欢反思自身，都不能不接受落后这一事实。所以，有志之士为民族富强而开始了向西方学习的艰难历程。坚船利炮，中体西用，药方有了一大堆，然而，等待中华民族的却是甲午海战的惨败。《马关条约》的签订使这个民族心头流血，也更坚定了一些知识分子变法图存的决心。于是，一场以西方思想文化改造中国传统思想文化的思想启蒙运动正式拉开了帷幕。

在19世纪末为引进西方文化而努力的知识分子中，首先值得注意的毫无疑问是严复。这位到英国学习了两年海军而在回国之后难展救国雄图的帝国末世知识分子，在甲午惨败之后连续发表《论世变之亟》《原强》《救亡决论》等文章，并开始大量翻译西方学术著作。他的论文通过比较而使人们看到东西方文化之优劣："中国最重三纲，而西人首明平等。中国亲亲，西人尚贤。中国以孝治天下，而西人以公治天下。中国尊主而西人隆民。其为学者，中国夸多识，而西人尊新知。其于祸灾也，中国委天数，而西人恃人力。"[①]他向国人介绍西方的民主与自由，介绍西方人"侵人自由，虽国君不能"的人权意识，介绍西方各种旨在保护公民权利的法律。他对比中国和西方的政治制度，告知国人："国者斯民之公产也，王侯将相，通国之公仆也"；"君也，臣也，刑也，兵也，皆缘卫民之事而后有也"[②]。他认识到了民主、自由与科学之间密不可分的关系："一理之明，一法之立，必验之物物事事而皆然，而后定之为不易。"[③]这种种思想的传播以极大的力量动摇着传统的意识形态，也奠定了20世纪思想启蒙运动的基础。

另一个对启蒙运动有着重大影响的人物是梁启超。这位以政治制度改革为目的的维新派主将在维新失败之后更清楚地认识到"欲新吾国，先新吾民"，"欲救今日之中国，莫急于以新学说变其思想"。他鼓吹新小说，介入诗界革命，积极参与文学理论与批评，正是看到了文学在改变人的思想意识方面的重要作用。

"五四"新文学运动中，鲁迅、胡适、钱玄同、陈独秀等人致力于改造国民性，正是严复"启民智""新民德"和梁启超"新民"事业的继续。也就是说，从严复、梁启超开始，中国知识分子已经充分注意到了改造国民性的重要意义。

然而，19世纪末和20世纪初中国的启蒙运动所面对的现实矛盾，却使知识分子很难一步跨入真正的现代知识分子行列，也很难迅速形成现代知识

①严复：《论世变之亟》，《直报》光绪二十一年正月初十至十一日（1895年2月4—5日）。

②严复：《辟韩》，《直报》光绪二十一年二月十七至十八日（1895年3月4—9日）。

③严复：《救亡决论》，《直报》光绪二十一年四月初七至十四日（1895年5月1—8日）。

分子话语。像西方18世纪的思想启蒙运动一样，中国的启蒙运动目的也在于以民主和科学冲破专制主义的枷锁，改变几千年的专制观念。然而，改变传统观念的运动却很不幸地在传统制度下进行。同时，民族的危机提醒着人们必须反对列强侵略以争取民族的解放和国家的独立。这就使一些知识分子在瓦解国家权威问题上有所顾虑。维护国家的安定团结与思想启蒙运动是矛盾的。牢固的国家观念使这一代知识分子首先考虑的是救亡图存而不是启蒙立人，是国家主权而不是国民人权，是民族的解放而不是个人的解放。梁启超在《新民说》中大讲自由，特别强调的却是“自由云者，团体之自由，非个人之自由也”。严复一再讲西方的天赋人权，但在《法意》18卷的译者按语中却说：“小己自由非今日之所急”，而“合力图强”才是“自存之至计”。康有为的《大同书》一直秘不示人，原因就是在他看来中国的国情还不能立即讲民权。他们一面传播新思想，一面又不愿意完全接受和立即实行。其中一个重要的原因就是他们都还在中国现实的体制之下来思考问题。他们都很重视中国国情，而国情就是专制制度，重视国情就是在承认专制制度的前提下思考问题。这就使他们的启蒙思想存在极大的局限。使独立的知识分子话语空间不可能在他们手中建成。

面对严复、梁启超的这种表现，人们往往习惯于从思想等方面寻找原因，其实，他们的认识并非不清，思考也并非不深，之所以如此，根本原因在于他们当时还不可能彻底离开传统知识分子几千年的一贯道路。没有获得独立地位的知识分子不可能完全获得独立意识。

现代知识分子话语的建立需要知识分子的独立为条件。考察20世纪中国知识分子独立地位的获得，我们不能不注意世纪门槛上发生的科举制度的废除这一大事。正是清王朝废除科举制度这一重大举措打破了传统知识分子的一贯道路。中国知识分子历来走的路是学而优则仕，这条路使他们皓首穷经而难以离经叛道，服从于科举的指挥棒而不能真正获得思想的自由和自我的解放。科举制度废除之后，他们在失落的同时获得了独立。他们中的许多人的确为此后的道路感到茫然，甚至为十年寒窗的奋斗目标消失而无比痛苦，但是，失落和痛苦却使他们从国家权威话语中解放了出来，他们不必再死守经典，不必再为生存而违心地接受国家权威话语所强加给的一切。

但是，科举制度的废除还不可能把知识分子完全解放出来，因为皇帝依然端坐龙庭，君主专制制度虽然已经腐朽得斑驳陆离，却仍然足以限制人的自由。从理论上说，真正独立的知识分子不可能是国家或者集团豢养的学子，只有自己支付学费者才可能是自由的人。国家公费派出的留学生理所当然要服从国家的需要。经济上的依附必然制约着人格的独立。完成传统知识分子最后之大解放的是辛亥革命。皇帝退位，帝制崩溃，即使习惯于依附而不愿意独立的人，也因找不到跪拜的地方而只好尴尬地站着。尽管有人因此而绝望自杀，有人因此而希望再有一个皇帝，但是，知识分子中的一大部分却在旧体制崩溃的条件下迅速地成长起来，成为独立的现代知识分子。最突出的代表就是五四新文化运动的倡导者们。他们是第一代完全获得独立的知识分子。他们独立地位的获得显然在于旧体制的崩溃。胡适是清王朝派出的留学生，如果清王朝不亡，他回国之后需要按照王朝的意志拿着王朝的俸禄履行自己的职责，但是，他生也有幸，不等学成归来，那个订购他的老板已经垮台，他因此而成了一个真正的自由知识分子。陈独秀本来在革命军中听令，如果二次革命成功，孙中山和他的党人能够建立起为自己所控制的国家机器，他也许只能是这架机器上的一个螺丝钉。但是，二次革命并没有使革命党人获得政权，他也就可以随时离开革命队伍而根据自己的意志选择自己的道路。与国家政府有点关系的倒是鲁迅。他是辛亥革命胜利果实的分享者，因革命的成功而供职于新政府教育当局，但是，由于现代政治制度的建立，国民的思想和议论自由得到了法律的保障，新的国家机构没有对其成员的思想和言论进行过多的控制。结果是政府发大洋养了鲁迅等这些在思想和行为上并不与之保持一致的人。新文化阵营的主将们都是这样一群在历史的急剧变革中获得独立的知识分子。高一涵、李大钊、钱玄同、刘半农、周作人……他们不再是以优异的学识服务于国家政权从而获取生存条件的群体，而成为一个依靠自己所掌握的学识与社会交换以谋生的群体。用一句当代中国人大都熟知的比喻说，他们不再是依附于国家权力这张皮上的毛。他们在学校任教，在报馆主笔，在市场上自由地出卖自己的劳动而没有被统购统销。

于是，在20世纪的曙色之中，独立的知识分子话语空间终于形成。五四新文化运动是现代知识分子话语诞生的庆典和阵容的首次大检阅。

二

传统知识分子在几千年中一直很难建立自己的话语。他们不是以优异的学识为王牧民，就是隐居山野融入民间。庙堂与民间是他们进退的两极，两极之间空间极小。20世纪的知识分子借助西方文化而在国家权威与民间之间开拓了他们的立身之地，建立起一个介于国家权力话语与民间大众话语之间的知识分子话语空间。他们高举科学和民主的旗帜，坚持启蒙主义立场，抨击旧的文化，倡导人的文学，完成了中国现代知识分子崭新的形象雕塑，以鲜明的特点显示了自身的独特存在价值。

他们在当时也许并无意于知识分子独特话语空间的建立，但是，他们的社会实践却使他们迅速确立了知识分子在社会中的新位置，明确了现代知识分子对历史的责任。考察“五四”时期文学中的知识分子话语，可以清楚地看到他们作为现代知识分子的鲜明特点：

首先，他们像传统知识分子一样关心国家和民族的命运，关心时政，忧国忧民，但是，他们却不再把委身权威去充当其奴仆作为自己的追求。他们大都密切地关注政治，因为既然关心民族的命运，而政治生活又最直接地影响着它，知识分子就必然要注视着政治生活中发生的每一件大事，并且发出自己的声音。在20世纪的中国，知识分子不关心政治是不正常的，由于社会政治的激烈动荡及其对人民生活的影响，我们无法想象一个不关心政治的人是真正的知识分子。然而，这种关心已经是知识分子式的关心，而不再是金殿对策或在皇帝面前跪读奏章。以鲁迅、胡适、陈独秀为代表的一代人为20世纪独立的知识分子找到了自己的位置和姿态。

其次，他们像历代同情劳苦大众的文人一样，揭露社会黑暗，反映人民疾苦，为下层劳动大众的苦难命运而呐喊，但是，他们不再与大众站在同一地平线上，而是在为民请命的同时以现代观念烛照其落后与愚昧，以“哀其不幸，怒其不争”的态度对其进行思想文化启蒙。“五四”新文学运动初期新文学阵营的主将们一再写人力车夫、写学徒、写各种下层人民的疾苦，文学研究会主张为人生的艺术，广泛揭示社会人生问题，这都显示着他们对劳苦大众的关注和同情。然而，同情的泪水已经模糊不了他们的双眼，而是在关注苦难命运的同时审视着受难者的人格弱点。因为这种态度，新文学有了阿Q、孔乙己、祥林嫂等一系列承载着同情和批判双重情感的形象。同情民众，又不在思想意识和感情上迁就民众，这是“五四”启蒙话语又一原则性的问题。以鲁迅和胡适为代表的知识分子认识是清醒的，在传统政治体制崩溃之后，国民性格中的传统文化积淀没有得到清理，这就需要改造国民性，需要启发民众获得人的意识，意识到人的价值与尊严，意识到个人那些不可剥夺的权利，意识到在这个新的国家，个人与国家的种种关系，从而真正站立起来，挺起腰杆做人。

启蒙包括对权威的反叛和对大众的启迪。新文学的知识分子话语因此而把自身从国家权威话语和民间大众话语中区分出来。他们是国家权威意识形态的监督者和批评者，是民众利益的守护者又是民众疾病的诊断者。他们的声音不是庙堂的声音，也不是民间大众的声音，而是新生的现代知识分子的声音。

从以上两点已经可以看到“五四”知识分子话语的基本定位，然而，更充分地显示其知识分子话语特色的还在于它的人本立场和启蒙目标。比较一下严复、康有为、梁启超这一代知识分子和鲁迅、胡适这一代知识分子，很容易发现二者大不相同。在严复们那里，人的解放还远远没有提上议事日程，而在胡适、鲁迅等人的观念中，人的地位迅速上升成为价值尺度和目的。他们的立场从神转向人，从群体转向个体。五四新文化运动的大旗上大书着科学与民主。科学意味着理性，意味着科学的思想和科学的态度，在当时的主要内容是进化论等西方新知识，这是严复时期已经获得的一种观念。它的现实功用是破除愚昧和迷信。新文化运动旗帜上的“民主”二字与我们今天的理解有点不同，它包括了天赋人权和个人自由。从陈独秀《〈新青年〉罪案之答辩书》可以看到：“要拥护那德先生（民主），便不得不反对孔教，礼法，贞节，旧伦理，旧政治。”这里与民主相对的不仅仅是专制（旧政治），还有束缚和扼杀人性的一切旧传统。民主不仅意味着专制制度的消灭，而且意味着人的解放。“五四”一代人呼唤“人的文学”，理直气壮地张扬个性，他们的思考问题的着眼点已经不是群体而是个体。鲁迅反对“爱国的自大”和“合群的自大”，而提倡“个人的自大”；胡适提倡“健全的个人主义”；周作人提倡“个人本位主义”，稍后崛起的创造社等新文化运动的追随者，在“五四”高潮中也无不高举着个性解放的大旗。清醒者接受个人主义的思想，不仅关心个人束缚的解除，而且在于社会发展依赖于个人的发展这一人本主义的基本观念。所以，人的解放与民族解放并不矛盾。新文化阵营的一个共识就是立国先立人。他们在这里找到了启蒙与救亡的统一。这是“五四”一代知识分子的一个根本特点，在他们那里，立人是根本，启蒙是必由之路，只有启蒙任务完成，实现人的解放，民族和国家才有希望。

关于启蒙与救亡的冲突，李泽厚的论述已过十年，但是，当前文坛很多人却把启蒙理解得过于宽泛，导致了许多理论和实践上的误区。包括一些否定“五四”启蒙主义的人，也往往是因为对启蒙的误解。因此，必须郑重申明：“五四”启蒙主义的核心就是人的解放。为人的解放而反抗黑暗统治，为人的解放而批判吃人的道德，为人的解放而批判国民性，为人的解放而张扬个性、表现自我。历史要进化取决于人的解放；民族要强盛取决于人的解放。在“五四”新文学中，它主要表现为两个方面：对外，反抗一切压迫和奴役，批判和否定从政治到文化各个领域、各个侧面的黑暗腐朽势力；对内，一方面表现自我、张扬个性，一方面反思国民的性格弱点以打破各种精神枷锁。不同的流派，不同的作家，致力的方向各有不同，但都统一于人的解放这一总的目标。正因为这样，“五四”文学才成为“人的文学”。那种教育人们守节、动员人们忠君、诱导人们牺牲和奉献或者意在让大众服从于某个集团需要而进行的说教，与其说是启蒙主义，不如说是愚民主义。其实，后来文学中的那些说教者本身也不承认自己是“五四”启蒙主义的继承者，他们自己已经与“五四”文学划清了界限，我们为什么一定要将其混为一谈？那些把“五四”和“文革”绑在一起进行批判的人们，如果不是国粹主义者，就是因为对“五四”一无所知，不了解“五四”启蒙主义的基本精神。因此，当前一个很重要的任务就是为“五四”正名，为“五四”新文学和新文化正名，为“五四”文学中的知识分子话语正名。

三

考察五四新文化运动中崛起的知识分子，会发现一个突出的特点：他们的政治倾向往往很不相同，独立意识却极为相似。无论选择什么道路，无论政治信仰如何，他们都不愿意放弃独立的人格和自由的思想。正是这种独立意识完成了他们先驱者的形象，也正是这种独立意识使现代知识分子话语能够独立存在。

作为新文化运动的主将和新文学的奠基者，胡适和鲁迅毫无疑问具有标本的意义。

胡适回国之初曾经声明二十年不谈政治，那时的他一心一意想从事文化教育事业。然而，一个独立的知识分子面对种种政治问题却不能不表现自己的态度，一个有责任感的知识分子面对社会问题和人生疾苦也不能不发出几声呐喊。众所周知，社会问题和人生疾苦往往与政治密切相关。因此，胡适后来没有回避对政治的关心和议论。但有一点应该注意，他虽然过问政治，却不做政治权威的幕僚。他性格温和，与人为善，广结人缘，却能做当权者的诤友。当诤友者，目的是保持自己的独立地位，不丧失平等地批评当权者的权利。考察胡适一生，他真正做的官就是出任中华民国驻美大使。然而，清楚那段历史的人决不会说胡适出任大使是卖身投靠。大战开始，国力匮乏，中美外交至关重要，环顾海内，别无良选，能担此重任者，唯一书生。因此，尽管亲朋劝阻，胡适还是慷慨赴任，去为生养自己的祖国做那永远做不完的讲演。他与蒋介石的关系的确非同一般，但他对蒋介石的态度也非同一般。他以对蒋公开批评而引起蒋的注意：大谈人权，批评政府，批评蒋介石，而且批评孙中山。这使蒋介石极为恼火，于是杂志被查封，胡适本人被教育部敕令警告。西方人本主义观念碰到了中国专制主义的铁拳，20世纪中国知识分子事实上一直面对着这种考验。当蒋介石召见“垂询政事”时，胡适却没有像一些人那样立即拜倒在权威脚下山呼万岁并且迅速铺垫上升的台阶，而是以现代知识分子的脊梁坚守了自己对政府和领袖进行批评的权利。这种权利的坚守并非易事，中国的当权者需要的是臣子的效忠而不是自由知识分子的批评。50年代，他支持雷震在台湾办《自由中国》，蒋介石政权将雷震判刑，事实上也是对胡适等自由知识分子的一种警告。考察胡适的一生，一直到死，都牢牢地坚守着“五四”精神，基本没有多少变化。在他影响下的派别和个人，介入政治者如傅斯年，不介入政治者如徐志摩、梁实秋等，也同样表现着“五四”一代知识分子的独立精神。

在政治倾向上，鲁迅与胡适明显不同，但在现代知识分子的独立意识方面，他们却流淌着同样的血液。关于鲁迅的独立人格与独立思想，大概没有多少人会有异议。就连毛泽东也赞美他没有奴颜媚骨。但是，有几个问题却是值得注意的。一是有人由于各种原因而片面地理解或片面地解释鲁迅自己所说“遵命文学”的含义。其实，鲁迅自己说得很清楚：“我所遵奉的是那时革命先驱者的命令，也是我自己所愿意遵奉的命令，决不是皇上的圣旨，也不是金元和真的指挥刀。”[①]即使是真的遵命，所遵的也是“我自己所愿意遵奉的命令”，更值得注意的是，这遵命之说本身就是一种艺术，遵谁的命令？在新文学运动的领袖集团中，陈独秀命令过鲁迅吗？胡适命令过鲁迅吗？命令过他的只有钱玄同，——请他出山为《新青年》写文章，那算什么命令?!

其次是关于鲁迅的转向以及与左联的关系。鲁迅是否有过转向，这是一个大题目，在此暂且不论。他参加左翼作家联盟，同情大众的解放事业，这是一个事实。然而，即使在左联中，我们也仍然能够看到他的独立精神和绝不盲从的各种表现。他从不参加左联搞的飞行集会，不赞成左联领导人的种种主张，不接受任何人试图强加给他的教导。当李立三要他发表文章直接骂国民党而支持共产党的时候，他的态度也是断然拒绝。他与周扬的冲突事实上也不仅仅在于两个口号的论争，而很重要的是他不愿意服从这位领导人的意志。其实，周扬对他已经算特别客气，鲁迅却仍然接受不了那种“工头”“元帅”式的作风。作为左联的成员，他的独立人格和独立精神使他不能无条件地服从组织。无论鲁迅后期的思想有什么变化，“五四”时期确立的启蒙主义立场都始终坚守着。当左联讨论文艺大众化的时候，他首先担心的是“若文艺设法俯就，就很容易流为迎合大众，媚悦大众”。他主张“应该多有为大众设想的作家，竭力来做浅显易解的作品，使大家能懂，爱看”，目的却仍然是“挤掉一些陈腐的劳什子”[②]。这与后来强调作家一定要在思想感情上与人民大众取得一致是不同的。

与胡适一样，鲁迅的嫡传弟子们继承了他的独立人格和自由思想。胡

①《鲁迅全集》第4卷，人民文学出版社1981年，第456页。

②《鲁迅全集》第7卷，人民文学出版社1981年，第349页。

风、萧军等都以自己的不幸命运为代价捍卫了自己的独立意志，昭示着现代知识分子话语的精髓。后来对“鲁迅派”作家的批判大多不得要领，但周扬在《文艺战线的一场大辩论》中将冯雪峰、丁玲们问题的根源归结为个人主义，可谓一箭中的。还是“五四”的个性主义！还是难以放弃的独立意识！还是知识分子的启蒙立场！可是，以当年鲁迅的地位和影响，“元帅”即使心中不快，也仍然要表现得客气一点，而他的弟子们在新的环境下却失掉了像他那样做人能够安然无恙的条件。知识分子都在改造中纷纷放弃自己的立场而服从权威，坚持者不过以自己的悲剧证明觉醒的知识分子并不都那么自愿自觉地放弃独立意识而重新回到依附的地位。这是后话。

四

现代知识分子话语在历史的急剧动荡中诞生。然而，它一开始就面临着各种尖锐而复杂的矛盾，这些矛盾注定了它不平坦的风雨之路。

从知识分子话语与其他话语关系的角度，可以说20世纪中国文学中存在着三种话语：除新兴的现代知识分子话语之外，还有两种话语力量：1. 国家权力话语，即国家权力所支持和倡导的以国家意识形态为核心的话语。2. 民间大众话语，即下层普通民众的话语。严格地说，真正意义上的民间大众话语在文学中是少见的，因为真正的工农兵在20世纪中国文学中仍然没有真正获得发出自己声音的空间，只有极个别的工农诗人、工农作家能够在文坛上发表他们的声音（且不管这声音是不是真正属于他们）。然而，20世纪一个重要的现象是一批知识分子以民间大众代言人自居，作为知识分子而通过所谓“深入生活”的方式努力操作民间话语。从40年代以降，大众文学创作正是这样做的一个结果。这种话语虽然并非真正的民间大众话语，但也不再是知识分子的声音。

在历史的发展中，这三种话语之间的关系在不断调整，自身也在不断发生变化，甚至这一阶段的民间话语在下一阶段可能成为国家权力话语；这一阶段的国家权力话语在下一阶段成为深隐于民间的东西。三种话语必然存在矛盾，而知识分子话语总是处于矛盾的中心。知识分子话语反传统，反权威，关心民众疾苦，揭露社会黑暗，唤醒民众反抗压迫和奴役，以争取做人的权利，因而受到国家权威话语的抵制。知识分子话语以西方文化批判传统文化，致力于民族文化的重建与民族性格的更新，揭露和批判国民的落后与愚昧，拒绝以赞美阿Q头上的秃疮而争取民众追随，因此，它必然受到民间大众的反感和拒绝。在整个20世纪文学的发展中，这三种话语在相互斗争和联合中矛盾运动着。正是这种运动造就了20世纪中国文学的各种景观。而且，在这种复杂的关系中，国家权威话语与民间大众话语的关系是极为微妙的，在政治上，由于统治与被统治的关系，它们往往是对立的，而在文化上，两者却是统一的，始终保持着高度的一致性。只有现代知识分子话语对双方都是陌生的异己。

然而，在“五四”时期，现代知识分子话语的胜利是明显的。先驱们在坎坷和泥泞中踩出了现代知识分子自己的道路，拓展了知识分子独立的话语空间。当然，对国家权力话语的胜利在很大程度上取决于制度环境。从根本上说，后来被称作“北洋军阀政府”的中华民国政府历届领导人是不怎么赞赏新文化运动的，但他们在文化领域却缺少有力的代理人，现代国家赋予公民的自由权利也使他们不能为所欲为。他们可以因煽动学生和市民闹事而逮捕陈独秀，却无力用文化的方式清除陈独秀思想的影响。他们可以查封报刊，却无力让自己的话语占领文化阵地。而且，共和的招牌在当时毕竟还没有扔掉，因而必然发挥着作用。不过，看一看当时守旧的报刊，我们也可以看到现代知识分子所走过的艰难路程。守旧的文人总是在卫道的同时与权力话语相认同，林琴南的小说《荆生》所表达的那种借助武力清除精神叛匪的愿望也不是个别的。但是，历史留给我们的光辉一幕，是政府没有满足林琴南们的愿望，而陈独秀、胡适、鲁迅等人也没有低下他们的头。

值得特别注意的是知识分子话语与民间大众话语的关系。“五四”文学革命是中国现代知识分子话语的一次大革命，但一开始就带有亲民间的色彩。考察“五四”文学运动文献，就不难发现《文学改良刍议》《文学革命论》等纲领性文件中为民间话语留下的生长空间。创作上俚语的采用，学徒、奶妈、人力车夫等题材的涌现，民歌的收集和通俗文学史的撰写，都是亲和民间的证明。然而，值得注意的是：面对民间而不走入民间，这是先驱们的共同选择。周作人最先提倡“平民文学”，但在《平民文学》一文中却特别强调：“平民文学不是专做给平民看的，乃是研究平民生活——人的生活——的文学。他的目的，并非要想将人类的思想趣味，竭力按下，同平民一样，乃是想将平民的生活提高，得到适当的一个地位。”[①]两年之后，他又特意写《贵族的与平民的》，把平民精神看作叔本华的求生意志，把贵族精神看作尼采的求胜意志。他说：“求生意志固然是生活的根据，但如没有求胜意志叫人努力地去求‘全而善美’的生活，则适应的生存容易是退化的而非进化的了。”[②]知识分子话语的开创者们清楚自己的根本立场。这种立场后来被看作是知识分子的局限，而百年风雨已经证明，它恰恰是“五四”文学的闪光之处。

“五四”高潮过后，一些知识分子开始一步步走向民族主义，走向国家政治中心，成为新的国家权威话语的追随者；一些知识分子则一步步走向民间，走向大众，谋求阶级的翻身和解放。在国家权力话语和民间大众话语的双重挤迫下，一些人放弃知识分子自己的话语，为20世纪文学留下的却是有目共睹的教训。

---

①《中国新文学大系·建设理论集》，上海良友图书公司1935年，第211—212页。

②《晨报副刊》1922年2月19日。

双重挤压中的艰难发展

——“五四”高潮过后中国文学中的知识分子话语

“五四”时期是中国现代知识分子话语的第一个辉煌时期。在新文化运动和文学革命的实践中，知识分子话语不仅得以建立，而且确立了文坛的中心地位。但是，诞生于现代与前现代交汇点上的知识分子话语一开始就注定了无法摆脱种种困境。就外部而言，由于知识分子话语的现代精神特质，注定了它必然面临着各种尖锐而复杂的矛盾：一、现代知识分子话语呼唤人的解放，坚持独立人格和自由思想，反抗传统，反抗权威，并揭露黑暗，唤醒民众去反抗压迫和奴役，因而受到没有现代化的国家权威话语的抵制。二、现代知识分子话语致力于现代化，反对旧道德，反对旧文化，揭露和批判国民的落后与愚昧，因而受到民间大众的抵制和拒绝。在整个20世纪文学的发展中，这三种话语在相互斗争和联合中矛盾运动着。

与此同时，“五四”知识分子话语自身也存在着种种潜在的矛盾和危机：一、“五四”文学革命从根本上说是中国现代知识分子为主导的一次革命，但革命本身却明显地表现了对于民间的特殊热情。就“五四”新文化阵营的领袖们来说，当时还没有意识到自己创建的现代知识分子话语与民间大众话语的矛盾。所以，陈独秀的《文学革命论》、胡适的《文学改良刍议》等文学革命纲领中，都留下了民间话语生长的广阔空间。创作中平民生活题材和白话俚语的采用，以及研究中通俗文学史的撰写和民歌的搜集，都打开了文学与民间文化的通路，为文学的发展提供了另一种可能。二、由于民族所面对的国际处境，“五四”一代知识分子不能不对国家和民族的命运给予特别的关注，在致力于思想启蒙的同时关心救亡，在致力于人的解放的同时关心民族的解放。我们习惯于把现代文学概括为“反帝反封建”的文学。如果借用这种概括，知识分子话语的核心内容是反封建（当然名实并不吻合），可是，由于民族的命运问题，它不能不同时致力于反对外来侵略和保卫国家独立的目的。这就给文学提供了发展的又一种可能。三、任何一种运动都有盲目追随者，一些人虽然参与新文学运动，却没有新文化运动的思想自觉和理论准备，甚至只因为新文化运动的某一点适应了他的需要而欣然相随，盲目地高喊几句个性解放、恋爱自由之类的口号，对新文化运动的目标并不理解。盲目的追随者自然缺少坚定的立场，所以一有风吹草动，他们就很容易叛逃而去。他们是善变的，很容易今是昨非，另觅新途。这种力量对运动成果是一种很大的威胁。

由于以上种种潜在的原因，加之社会发展的外在因素，“五四”高潮过去之后，知识分子话语开始走上了一条艰难的发展之路。

一

冲击首先来自走向民间、走向大众的倾向。由于新的社会思潮兴起，一些知识分子把目光投向民间和大众，继而纷纷从书斋走向街头，参加群众运动，或者直接到广州参加革命。这种活动使他们进一步看到了民间的力量，因而在文学活动中开始了民间大众话语空间的建立。

在这一方面，创造社的转向毫无疑问是一个有代表性的事件。在“五四”高潮中，创造社是以表现自我、张扬个性著称的。然而，在“五四”高潮过去之后，他们中的多数人却很快发生了转变。转变的开始是由表现自我到表现社会、由主张抒情到主张描写现实。但是，与关注苦难人生相伴随的，却是对自己在“五四”高潮中粗略接受的个性主义等观念的清算。清算的结果是对青年发出了新的呼唤：“青年！青年！我们现在处的环境是这样，处的时代是这样；你不为文学家则已，你们既要矢志为文学家，那你们赶快要把神经的弦索扣紧起来，赶快把时代的精神提着。我希望你们成为一个革命的文学家，不希望你们成为一个时代的落伍者。这也并不是在替你们打算，这是在替我们全体的民众打算。彻底的个人的自由，在现在的制度之下也是求不到的；你们不要以为多饮得几杯酒，便是什么浪漫的精神；多诌得几句歪诗，便是什么天才的作者。你们要把自己的生活坚实起来，你们要把文艺的主潮认定！你们应该到兵间去，民间去，工厂间去，革命的漩涡中去！你们要晓得我们所要求的文学，是表同情于无产阶级的社会主义的写实主义的文学；我们的要求已经和世界的要求是一致，他们昭告着我们，我们努力着向前猛进！”[①]郭沫若的这篇文章写于1926年春天。就在这个时候，他成为国民革命军总司令蒋介石麾下的政治部主任。他所说的“世界的要求”，也就是莫斯科的要求。如果我们考虑郭沫若的身份，很难断定他此时的话语是民间话语还是新的国家权力话语。但从文章的气势看，却不再有过去那种浪漫文人的丝毫痕迹。这种话语的变化，正是身份变化决定的。到了1928年，情况却已经发生了变化，创造社、太阳社的成员这回是真正无奈地到民间去了，他们与在南京刚刚建立的国家是对立的，但他们对国家权威话语的反抗却很少表现出来，而是纷纷发表文章，向“五四”新文学宣战。他们认定个人主义的文艺已经过时，继之而起的将是无产阶级的文艺，因此要“以农工大众作我们的对象”，“努力获得阶级意识”，并且在语言上“接近农工大众的用语”，去创造无产阶级的文学。[②]作为“五四”文坛上一个颇有影响的社团，创造社最先表现了一种背离知识分子话语而投向民间话语的倾向。

无须深入考察就可以发现，他们虽然大谈阶级斗争，但对于阶级斗争并不甚明了，虽然强调获得大众的意识，表现出来的却仍然是年轻的小知识分子浮躁的热情。经过大半个世纪的风风雨雨，我们终于清楚，知识分子要获得大众的意识从而创造真正属于大众的文学是不容易的，而这一点鲁迅当时就看得清楚。当无产阶级革命文学口号高涨之际，他说：“上海的文界今年是恭迎无产阶级文学使者，沸沸扬扬，说是要来了。问问黄包车夫，车夫说并未派遣。这车夫的本阶级意识形态不行，早被别阶级弄歪曲了罢。另外有人把握着，但不一定是工人。于是只好在大屋子里寻，在客店里寻，在洋人家里寻，在书铺子里寻，在咖啡馆里寻……”[③]显然，鲁迅讽刺的是他们并

---

①郭沫若：《革命与文学》，《创造月刊》1926年4月。

②成仿吾：《从文学革命到革命文学》，《创造月刊》1928年2月。

③《鲁迅全集》第4卷，第89页。

不能真正代表无产阶级发出声音，因为无论从大屋子里、洋人的家里、还是咖啡馆里，寻出来的都绝非无产阶级文学的全部。但是，这并不影响他们按照自己的理解去表现所谓“无产阶级意识”。其实，这正是大众文学和民间话语无法摆脱的命运，正如鲁迅所看到的，宣称代表无产阶级者往往本人并不是无产阶级；真正的无产阶级却往往被宣布不具有无产阶级意识。这很荒诞，但正是这种荒诞使得文人自命劳苦大众代言人而理直气壮。事实上，在整个20世纪文学中真正的民间大众话语都极为少见，因为劳动大众还没有能力在文坛上建立自己的话语空间。第四阶级的意识也好，民间大众话语也好，都还是别人代替表达的。但问题正在这里，既然大众的意识存在于理念之中，非大众的文人们便可以大胆地为之代言，放弃知识分子自身的话语而操作民间大众话语。

他们从个人主义走向了群体主义，从轻视大众走向崇拜大众，从人性论走向了阶级论。阶级意识在新文学中并不新鲜，工农崇拜倾向早在“五四”高潮中就已经出现，在这个问题上，创造社没有发明权，太阳社比他们早，而更早的是刘大白、沈玄庐和戴季陶等，他们多是国民党人。但创造社是值得注意的，因为他们不仅否定自我，而且否定“五四”新文学，否定新文学中的知识分子话语和启蒙精神。他们提出文学创作的“留声机器”论，要求作家做一台真实传达阶级意识的留声机，而不要表现自己的声音。这就从根本上要取消知识分子在创作中的主体地位。他们对“五四”文学革命予以全面的批判，宣判鲁迅为“文艺战线上的封建余孽”，“二重性的反革命的人物”，“不得志的Fascite（法西斯谛）”[①]，其后果就不仅仅是几个作家背离知识分子话语而走向民间大众话语的转向问题了。

这是对“五四”文学革命的一次再革命。再革命的主要内容就是对“五四”文学精神和现代知识分子话语的颠覆。从冯雪峰和周扬开始，大半个世纪的现代文学研究最不应该做的一件事就是努力抹平两者之间的裂痕。我们当然理解他们的良苦用心，这透露着他们不愿完全否定“五四”的复杂心理，但是，正是这种抹平掩盖了真相，导致了对许多问题认识模糊，反倒不如像瞿秋白等人那样把未经修补的历史留给人们，使我们看到二者之间的矛

①杜荃（郭沫若）：《文艺战线上的封建余孽》，《创造月刊》1928年8月。

盾和裂痕。

继之而起的左翼文艺运动基本保持了革命文学运动的这种倾向。左联的理论纲领宣布要“站在无产阶级的解放斗争的战线上”，“我们的艺术是反封建阶级的，反资产阶级的，又反对失掉地位的小资产阶级的倾向。我们不能不援助并且从事无产阶级艺术的产生”。[①]为此，左联要求作家向劳动大众学习，实现文艺的大众化。瞿秋白在《普罗大众文艺的现实问题》《“我们”是谁?》等一系列论文中反复强调的就是知识分子改造自我以适应大众。为此，他尖锐地批判知识分子作家轻视群众，只愿意做群众的先生而不愿意做群众的学生的态度。这种批评已经明确要求作家放弃自我，放弃真实的创作主体，放弃知识分子话语立场。当然，提倡大众文艺的人们见解并不一致。瞿秋白像创造社的革命文学运动一样，是在批判“五四”新文学的前提下倡导大众化的，而冯雪峰却在肯定“五四”新文学的前提下倡导大众化。前者对“五四”知识分子话语否定得相当彻底，后者为知识分子话语的存在留下了一定的空间，这正是在左翼文艺运动中知识分子话语因素没有完全消失的一个重要原因。然而，正因为这个狭窄空间的存在，使那些不愿意从根本上否定“五四”的人们能够接受大众化方向，从而比较顺利地瓦解着现代知识分子话语立场。

二

在面对民间大众话语挑战的同时，知识分子话语开始受到新的国家权威话语的挤压。“五四”时期那种由于民主共和的制度框架所决定的相对宽松的言论空间在20年代末终于萎缩。北伐的成功使中国出现了一个新的政权。新政权在取消三权分立和实行一党专政的同时，努力强化国家意识形态，试图以执政党的意识形态整合人们的思想，从而确立与之相适应的文化发展方向。它在文坛的主要表现就是“三民主义文艺”和“民族主义文艺”的兴起。

“三民主义文艺”无疑是党的文艺。“民族主义文艺”既有联系也有

①《中国左翼作家联盟理论纲领》，《拓荒者》1930年第3期。

根本的不同。它是一个被半个世纪以来的文学史叙述筛落的文学运动。由于阶级意识的作用，20世纪的学者对这个运动一直缺少研究。当代教科书把它作为反面材料一语带过，而研究者即使在进入新时期之后也没有表现出多少兴趣。但是，无论如何，它是一个非常值得注意的现象。它与左联一样，是30年代文坛上的一个重大事件。它的势力不小，影响也不算不广泛。它与左联同时出现于1930年，在上海出版了《前锋周报》《前锋月刊》等刊物。南京有“开展社”“流露社”“长风社”“线路社”等社团，出版了《开展》月刊、《橄榄》月刊、《流露》月刊和《长风》半月刊。《初阳》《黄钟》等刊物也在文坛不乏影响。采取视而不见或不承认的方式不仅无补于事，而且影响我们对20世纪中国文学的全面认识。把民族主义文艺运动简单地理解为国民党对左翼文艺运动的对抗和围剿之举是有背于历史真实的，把他们的成员都说成是国民党豢养的走狗也是一种过于简单的政治评价。与左翼文艺运动的发生有其历史的合理性一样，民族主义文艺运动的发生也有其历史的合理性。应该承认，20世纪中国由于民族危机，救亡是从国家权威话语到民间话语都同样重视的主题。一些成员之所以赞同并且参与民族文艺运动，并非因为被谁豢养，而是出于对民族命运的关心。他们当中不乏狭隘的民族主义者，不乏文化保守主义者，认定国家和民族的利益至上，但并不都是政府的爪牙。由于民族面临的危机，即使没有政府的支持，它的出现和发展也是必然的。

但是，民族主义文艺运动的出现的确意味着国家权力话语开始努力实现自身对文化的控制，意味着国家权力对与其意识形态不同的思想文化开始进行斗争。这大概从与之同处一条战线中的“三民主义文艺”的提倡中看得更清楚。当时的国家权威话语也是在两条战线作战，一方面要限制民间话语中政治反抗性的因素，所以它首先要应对宣扬阶级斗争并声称“武装保护苏联”而且试图以此颠覆国家政权的左翼文学运动；另一方面要防止知识分子话语对其剥夺国民自由民主权利的专制性和各种不合理现象的揭露和抨击。所以，在通缉鲁迅、打击左翼文坛的同时，他们警告胡适、查封《新月》，以国家意识形态所倚重的民族意识排斥人的意识，以主权挤压人权，以爱国主义排斥人道主义。他们竭力抢占“五四”以来由知识分子话语占有的市场，并与以阶级意识支撑的民间话语展开了激烈的争夺。从理论上讲，三民主义应该包括民主等知识分子关心的内容，但在实际的操作中，它却是一纸空话，而民族主义则成为国家权力努力倡导的并试图用以实现文化统一的思想。统治者试图在爱国主义和传统文化的旗帜下统一民众的思想，甚至毫不顾及知识分子对忠君等旧观念的批判和在这种批判中形成的以自由、民主、平等和人权为核心的现代文化传统。

民族主义文艺运动的倡导者们认为，文艺的最高使命就是弘扬民族精神。他们认为一切文学活动都应该以唤起民族意识为中心，促进民族向上发展的意志，唤起民族的情绪和斗志，鼓舞民族的自信心，而最终的目的是促进民族国家的完全独立。它体现着国家政治意识形态对文艺的倡导，同时，也表现了部分民间的愿望（因为民间话语一直是复杂的，有人追求国家富强和社会稳定，也有人致力希望打乱秩序而夺取政权）。这是一个很值得重新研究的文艺思潮，按照我们过去文学史的叙述，它好像时间不长就销声匿迹了，事实并非如此，而是作为一种话语中心，它不但没有消失，而且日益强大，迅速实现着对文坛的大面积覆盖，最终成为抗战文艺的先导。从某种意义上说，抗战文艺运动的兴起，意味着民族文艺运动的胜利。民族主义文艺运动的胜利则意味着国家权威话语的胜利。这与生活现实也是对应的，只有抗战开始之后，中华苏维埃共和国和工农红军才不复存在，蒋介石才真正成了至少在名义上被一致拥戴的国家领袖，并获得了至高无上的地位。

民族主义文艺运动的批判锋芒主要指向了左翼文学，在其宣言中就首先对左翼文艺运动进行批判，在其发展中也一直把左翼文艺作为斗争的对象。两股文艺运动的论争颇有看点，显示着当时这片国土上意识形态的分裂，也显示着国难当头之际致力于阶级斗争宣传的左翼文艺的尴尬。看一下当时民族主义文艺运动对左翼文艺运动的诘难吧："亲爱的读者，大火烧上我们的眉毛了，……在这里，我很诚意地忠告着国内的一些左翼作家，暂时且停止你们那狭仄的阶级斗争吧。用你们的全心力去创造些与民族共存亡的作品吧。在这个年头儿！第二次世界大战的前夜，只有勇敢杀敌的进行曲才能够把握得住大众的心。不管他是哪一阶级的人，凡能忠勇卫国的都是值得我们敬爱的。……请暂且养息一下你的嗓子吧，把叫黄包车夫打他的坐客的功夫抽出一点去放到那挽救国家的危亡的上头。”①大概不能不承认，在民族危机日益深重的时候，这种诘难很容易唤起一般人的认同。正因为这样，在抗战前夕，左联的生存日益艰难，最后则不得不在莫斯科改变战略之际解散。因为在国难当头之际，如果继续鼓动阶级斗争，或者像《北斗》上发表的作品那样，认为中国与日本之间的战争是中国的大地主与日本的大地主之间的战争，与无产阶级无关，显然有点不得人心。

然而，民族主义文艺运动挫伤着以阶级意识为核心的普罗文艺运动，却并不助长知识分子话语。它不仅反对表现着政治反抗情绪的民间话语，同时也排斥以唤醒人的自觉以争取人的解放的知识分子话语。让我们看一看他们的呼唤吧：

> 文艺作品应该是集团之下的生活表现，决不是个人有福独享的单独行动。中国人的文艺作品，应该为全体中国人所利用，决不容许众人皆浊我独清的自由思想。……现在，中国文坛上正充满了反民族主义的，传统思想的，以个人为中心思想的文艺作品，受了宣传的中国民众，因此还是一盘散沙，还是一堆堆不可以用的垃圾。中国民众没有集团的力量，在国际上没有地位，都是文艺作品所宣传出来的结果。起来，宣传，我们从事文艺作品的人，请以民族意识为中心思想而上前去努力吧！②

这声音与“革命文学”运动的声音非常相似。他们都把文艺当作宣传工具，都以群体否定个人，而且都反对启蒙。双方的不同之处只在于：普罗文艺运动所张扬的是阶级的群体，而民族主义文艺运动所张扬的是民族的群体。他们否定人的文学，否定知识分子话语的人的解放的目标和人本立场，在这一点上是相同的，但一方试图把文学引导到谋取阶级翻身的普罗文艺运

①沙亚：《第二次世界大战爆发前的中国文学》，《民族文艺论文集》，杭州正中书局1934年，第130—131页。

②傅彦长：《以民族意识为中心的文艺运动》，《民族文艺论文集》，杭州正中书局1934年，第88页。

动中去，而另一方试图把文学统一到国家权力所赞赏的民族主义道路上。

总之，民族主义文学所祭起的民族救亡的武器不仅打击着以阶级意识为核心的大众文艺，同时也挤迫着知识分子话语令其归顺于国家意志。因为鼓动黄包车夫打他的坐客也好，支持娜拉出走也好，在需要团结一致抵抗外侮的时候，都不合国家权威话语的要求。

站在知识分子话语的角度回顾这段历史，我们看到的是，不管左翼文艺运动与民族主义文艺运动是如何相互对立，两派都同样排斥“五四”文学的启蒙主义，排斥知识分子的独立人格和自由思想，排斥高标人的个性和权利的文学。它使知识分子话语处于两面夹攻的处境。

三

轰轰烈烈的文学运动形成强大的理论攻势，造成巨大的社会影响，却不一定有优秀的成果。站在知识分子话语立场上考察这一阶段的文学，有一个现象很值得注意：普罗文艺运动与民族文艺运动，这两大文艺运动都搞得轰轰烈烈，但在创作上却都没有取得好成绩。文学创作的硕果仍然结在知识分子话语之树上。

从“革命文学”运动到左翼文艺运动，优秀作品的确不多，而且一开始就出现了直到后来也无法克服的公式化、概念化和标语口号化。他们的理论主张是很彻底的，实践结果却并不理想。即使那些立志要为民间大众说话的人毕竟也是与大众很不相同的知识分子，他们要很好地表现大众的声音，就必须深入生活，去体会大众的思想和感情，甚至要学习他们的语言。事实上，从革命文学运动到左翼文艺运动，都没有几个作家能这样做。他们的成果往往表现着与他们的理论主张很不一致的色彩，显示着创作中真实的主体与佯装的主体之间的各种矛盾。

这意味着知识分子不大可能主动改造成“留声机器”，非无产阶级作家要表现无产阶级意识并不容易。没有真正大众化的知识分子总是自觉不自觉地表现出自己的声音。或者在这一时刻压抑了自己的声音，在另一时刻却又稍不注意就说出了自己的话。丁玲就是一个突出的例子。她的《莎菲女士的日记》显然是一种自我表现，女主人公身上明显地表现着作者的思想和心理。参加左联后，丁玲写出了表现群体生活的《水》，受到左联的赞扬。冯雪峰特意写了《关于新的小说的诞生》赞美她从自我小天地走向了社会，从个人主义走向了工农大众的革命道路。然而，丁玲到了延安之后写出的是《我在霞村的时候》《在医院中》《三八节有感》这样的带有鲜明的知识分子话语特征的作品。丁玲当然只有再一次虚心地向人民大众学习，彻底地克服自己的知识分子立场和观点。但改造来改造去，最后还是没有避免被批判的命运。既然被批判，就意味着还是没有改造好。丁玲的遭遇显示了知识分子操作大众话语的艰难。

正因为这样，左翼文艺运动搞得轰轰烈烈，创造却冷冷清清，因此而在论战中一再被嘲笑。由于鲁迅的扶持，它出现了一些作品，看左联那些到今天仍然没有被完全忘记的作品，恰恰不是那些获得了大众意识的作品，而是那些知识分子话语精髓仍在的作品。柔石的《二月》，殷夫的诗，之所以有艺术魅力，不是因为它彻底放弃了知识分子的自我，而是因为它还没有能够克服作家真实的自我；不是因为他们获得了大众的思想感情和价值观念，而是因为表现了知识分子自己真实的思想情感。60年代根据《二月》改编的电影《早春二月》受到严厉的批判，就是因为它还没有抛弃知识分子的思想感情。无论那个时代的价值尺度多么荒谬，这种事实判断是正确的。它告诉我们什么是文学艺术的生命力之所在。

民族主义文艺运动同样没有出现多少佳作。他们的作品到今天已经鲜为人知，这当然首先是因为人为的遮蔽，在过去几十年的文学史上，民族主义文艺只在讲述文艺斗争过程时才作为靶子被提及，直到今天还从来没有哪一部文学史正面讲过其作家作品。但是，如果说过去它是因为非文学因素而受冷落的话，现在它仍然不被重新发现，原因却在于它本身艺术魅力的缺乏。从80年代开始，现代文学史上那些在过去因派别原因被否定的作家和作品一个个走红，从周作人、林语堂、梁实秋，一直到张爱玲，他们的作品摆满了书摊。但直到今天，还没有人炒卖《国门之战》和《黄人之血》。原因就在于即使印出来，恐怕也没多少人喜欢看。在我们这个时代，它的命运与蒋光慈等人的命运差不多。

如果考察这个时期的创作实际，人们大概能够取得某些共识。比如：本时期最优秀的作品是周作人、林语堂等人的散文，徐志摩、戴望舒等人的诗，巴金、沈从文等人的小说，曹禺等人的戏剧。很明显，他们既不在普罗文艺阵营，也不在民族文艺阵营，要么是在时代风雨中坚守“五四”知识分子话语精神，要么是远离派别之争而沿着“五四”新文化的路默默写作，而他们的作品之所以成功，就在于仍然在创作中实践着“五四”知识分子话语的精神，显示着知识分子话语的光彩。

语丝派的作家倾向和风格各不相同，有的讲考古，有的谈风月，有的议论国家大事，但大都保持着“五四”时期形成的知识分子独立的人格和精神。鲁迅说他们大致的目标是：“催促新的产生，对于有害于新的旧物，则竭力加以排击”[①]，这正是“五四”时期《新青年》所显示的风格。《语丝》发刊词提倡的是“自由思想，独立判断”，周作人在《答伏园论“语丝文体”》中说“不用别人的钱，不说别人的话”。看来，他们对这句话相当看重，因为在《论语》出版时发表的“同人戒条”中仍然是“不拿别人的钱，不说他人的话”，“不附庸风雅，更不附庸权贵”。他们始终认为文学是个人的，无法使自己放弃自我而表现抽象的民族或阶级的意识。这一点在侍桁等介入革命文学论争时的议论中也可以看到。他们在创作上仍然追求着个性的表现，仍然坚持着对旧思想、旧道德和旧文化的批判，致力于思想启蒙工作。周作人在编自己的散文《雨天的书》时说自己发现自己原来是道德家，原因是文章写来写去，大多都在批判旧道德。而这正是“五四”新文学留下来的传统。林语堂主张“独抒性灵”，这“性灵”就是自我，就是解放了的个性。他主张写“自己见到之景，自己心头之情，自己领会之事”（《记性灵》），要求文章的“真知灼见，亲感至诚”（《论文》）。事实上在强调着自己的话语权。人们对他的幽默多有非议，但如果把它看作为保卫“五四”之后觉醒的自我而采用的一种“自卫的聪明”，那是不应该受到太多非议的。

徐志摩等人的诗不必多说。新月派的态度无论多么复杂，其知识分子话语立场是非常鲜明的。徐志摩和稍后出现的戴望舒的诗毫无疑问是知识分子话语在诗歌创作中的典范之作。他们都往往陷入痛苦和惆怅的抒写，但那正是一个觉醒的知识分子在当时氛围中的真感受和真声音。重要的是诗情之中没有掺假，没有戴了面具呼叫和歌唱。而且，如果我们深入考察他们所抒写

①鲁迅：《我和〈语丝〉的始终》，《鲁迅全集》第4卷，第167页。

的痛苦情绪的深层内涵，就不难发现，那正是“五四”时期知识分子所建立的理想不能够实现而产生的痛苦的诗化反映。他们的诗也因此而具有了文化标本的意义。论及新月派和现代派的诗作，不能不同时注意他们的批评——梁实秋与“第三种人”苏汶。他们与左翼文学阵营发生的关于人性论的论战无需多叙，捍卫人性论和批判人性论是一个根本的分野。作为人的文学的“五四”新文学基础就是人本主义，就是人性论。虽然他们的人性论已经不完全等同于“五四”时期的人性论，但这种坚持仍然显示着他们对人的一种关注。他们不同意左联所宣扬的阶级论的观点，认为文学表现的应该是普遍的人性，而不应该仅仅着眼于第四阶级；认为文学本来就不是大多数人的，对文学的大众化表示反感。从某种意义上说，正是对“五四”知识分子话语的一种捍卫。鲁迅称梁实秋为“丧家的”“乏走狗”，充分显示了他的见解之深刻，因为梁实秋们的确没有依附哪一个主子。梁实秋与鲁迅，虽然在激烈论争，但一个是“丧家的资本家的乏走狗”，一个是勉强被认可的“同路人”，之所以无论做“战士”还是做“走狗”都不完全合格，就在于他们的知识分子话语立场。

巴金的小说毫无疑问显示着作者对“五四”精神的继承。他不是“五四”文学运动的过来人，也很少发表引起轰动的宣言，他默默地工作着，却一直坚持着自己的立场而不被东西南北风吹得东倒西歪。他在《写作生活底回顾》一文中曾经说过：“我的作品无论笔调怎样不同，而那贯穿全篇的基本思想却是一致的。自从我知道执笔以来我就没有停止过对我的敌人的攻击。我的敌人是什么？一切旧的传统观念，一切阻碍社会的进化和人性的发展的人为制度，一切摧残爱的努力，它们都是我的最大的敌人。”这是对“五四”知识分子话语的一种多么坚定而执着的坚守！经过半个世纪的风雨之后，巴金在80年代出版的《随想录》中再次表现了这种精神。由此可见，“五四”知识分子启蒙话语在巴金那里是多么根深蒂固。这样的作家当然不只巴金自己。曹禺《雷雨》《日出》以民主主义和人道主义以及女性解放意识所显示的“五四”精神特色更是显而易见的。

与文学运动所显示的面貌不同，创作显示的是知识分子话语并没有失落。更重要的是，这一现象告诉我们，知识分子自己的话语对于文学的成功是多么重要，无论走向民间代大众说话，还是走向庙堂代权力立言，都不如说自己的话更容易获得艺术上的成功。

1997年7月　曲阜

硝烟中的迷失

——抗战时期中国文学中的知识分子话语

抗战之前的知识分子话语虽然已经面对着国家权力话语和民间大众话语的双重挤压，却仍然在艰难地发展着，特别是那些优秀的创作，都比较多地继承着“五四”时期知识分子话语的基本精神。抗战爆发之后，知识分子话语却更进一步陷入困境，走过了一段艰难曲折的路程。

一、民族主义旗帜下的集结与陷落

考察当时文坛实际，我们没有理由不承认：抗战文学是在民族主义旗帜下集结的。

自从80年代中期以来，国内许多学人都用启蒙与救亡这两个概念来谈论20世纪中国文学。然而，20世纪中国文学和文化的发展并不仅仅是李泽厚所论述的启蒙与救亡的二重变奏，而是由启蒙、救亡和翻身所构成的三重变奏。由于历史的境遇，中国新文学从诞生的那一天起就同时并存着三种意识：人的意识、民族意识和阶级意识。三种意识分别产生了三个中心主题：启蒙、救亡、翻身。“五四”新文学以人的意识为主导，形成了启蒙文学主潮，虽然在整个“五四”时期三种意识基本能够和谐统一而没有表现出激烈的冲突，却已经隐含了各种矛盾。知识分子话语更关心人的解放，民间话语更看重阶级的翻身，而国家权威话语无论什么时候都更青睐于民族意识和与之密切相关的爱国主义。国家权威话语与民族意识的联系并不奇怪，按照马克思主义的解释，国家就是统治机器，而且只有国家权力更有条件宣称自身代表全民族的利益。30年代初期的中国文坛非常清楚地分出了几个阵营：民族主义文艺运动以民族意识为中心，主旨在民族国家的建立和巩固，更多地体现了国家权威话语的意愿。左翼文艺运动以阶级意识为中心，旨在阶级的翻身解放，更多地体现了民间大众话语。这两种力量尖锐地对立着，但就其文化性质来说二者之间大同小异。过去的研究由于视角的问题而过分夸大了二者之间的对立性，忽略了它们之间鲜明的共同性质和产生这共同性的同一文化价值基础。事实上，民族主义文学和左翼文学在文学观念、审美意识和对文学的具体要求等方面，都表现着高度的一致性。他们都否定“五四”新文学以人的解放为中心的启蒙主义，都反对个性主义而张扬群体意识。不同只在于前者所张扬的群体是民族，而后者所张扬的群体是阶级。在抗战之前，虽然双方都向现代知识分子话语精神发出挑战，但并未能够真正动摇文学主流发展的方向。双方都把文艺运动搞得轰轰烈烈，创作的园地里却成果稀少，真正显示着创作成就的是这两大阵营之外的作家和那些虽在集团之中而未被集团吞没的坚强个体。

在抗战前夕，随着民族危机的日益严重，文学已经向民族主义靠拢。左联的解散就是一个明显的标志。“两个口号”的论争虽然进行得非常激烈，但双方都提出了新文学必须为民族的解放与独立而斗争的目标和任务。它显示着30年代以阶级意识为基本点的左翼文学向民族意识的归顺。周扬等人主张“国防文学”，目的就是要求“文学上反帝反封建的运动集中到抗敌反汉奸的总流”。[①]虽然“民族革命战争的大众文学”仍然保存了“大众”的字样，意味着仍然存在阶级意识，但是，却也承认在新的形势下文学必然地要进入一个新的阶段，“在一切救亡运动解放运动里面，抗敌战争——民族革命战争的运动是一个共同的最高的要求”。[②]人们大都认为当时的中国文学不能不接受统一战线的号召，要求一切不愿当亡国奴的作家到统一战线的阵营里来，以便最大限度地动员文艺上一切力量，以争取民族的自由与解放。“统一战线”是一个非常模糊的概念，但无论怎样解释，都无法抹杀一个事

①《关于国防文学》，1936年6月《文学界》创刊号。

②胡风：《人民大众向文学要求什么?》，1936年5月《文学丛刊》第3期。

实：统一战线并不是乌合之众，它必然统一于某种权威。在民族主义旗帜下形成的统一战线必然服从于民族权威，在爱国主义旗帜下结成的统一战线必然要强化国家权力。强调民族中心意识意味着强调民族团结，而团结仍然不可避免地要团结在国家权力周围。从根本上讲，这是民间话语中的政治因素所不愿意接受的，也是知识分子话语的独立精神所不愿意接受的。但是，在特定的时代氛围中，这种矛盾却没有表现出来。甚至恰恰相反，我们看到的是那些昨日权威话语的激烈反对者对国家权威的顺从。“国防文学”的口号就是一个鲜明的标志。

抗战开始，意识形态和审美倾向上存在的矛盾都开始转入次要地位，一切服从抗战的要求。各派作家联合起来成立“中华全国文艺界抗敌协会”，其《简章》中明确地宣布着他们的宗旨：“以联合全国文艺家共同反对日本帝国主义的侵略，完成中国民族自由解放，建设中国民族革命的文艺。”在《告全世界的文艺家书》中，他们向全世界宣告：“我们是中国人，当此祖国阽危，全民族遭逢空前浩劫的时候，我们知道什么是我们的天职。我们是中国的文艺人，我们熟知我们历史上伟大的天才每一次临到民族对外作战以求生存的时候，是怎样做的，我们知道我们的责任所在！”当时的情形确如郭沫若在《抗战与文化问题》中所说：“‘八一三’以来，所有国内的种种颉颃状态几乎完全停止了，所有一切有利于抗战的力量也渐渐地集中了起来，就已感觉着有集中的必要。就简单拿文化问题来说吧，所有以前的本位文化或全盘欧化的那些空洞的论争，似乎早已是完全停止了。而在文化的分野里面受着鼓舞的，是抗战言论，抗战诗歌，抗战音乐，抗战戏剧，抗战漫画，抗战电影，抗战木刻……”左翼作家也不再把苏联放在自己祖国之上，更不再高唱“无祖国”之论。文学全力配合抗战，民族意识成为文学的中心意识。文学集结于民族主义的旗帜之下，民族主义文艺运动终于取得全面胜利。

无论我们如何理解这种选择，文学在民族主义旗帜下的集结给文学带来的结果都是不容忽视的。从理论上讲，我们完全可以证明伟大的卫国战争应该产生伟大的文学，但历史提供给我们的现实却不能不承认：置身于伟大的卫国战争中，作家却没有生产出伟大的文学。抗战初期的创作主要是报告、特写、通讯、墙头诗、街头剧等小型作品。尽管从当时到现在半个世纪以来一直有人论述那些作品的伟大之处，但文学艺术水平的降低却是一个无法否认的事实。公式化、概念化、标语口号化，大同小异的作品形成了“抗战八股”的不良景观。那些作品告诉我们，文学为抗战付出了代价。值得思考的是，战争对文学的影响不应该是负面的。世界各民族的文学史告诉我们，战争不是导致文学水平低落的原因。半个世纪之后回顾这个时期的文学，我以为，文学水平之所以降低，重要的原因在于文学在强化民族意识的同时出现了内容和形式双重的失落：一方面是陷入国家权力话语的重围而失落着真实的主体；另一方面是俯就大众而降低了艺术水平。双重失落的原因是中国知识分子因为未能完成自身人格的现代性转化，一旦置身于某种潮流之中，就容易失掉自我。创作上普遍的水平降落启示着后来者：即使作家有真挚的感情，一旦抛弃了自己的话语立场和话语形式，就很难写出成功的艺术佳作。

从当时的创作实际考察，一个明显的现象是作家们不再有自己思想和认识的独特性。这仅仅是因为战争吗？战争并不导致作家思想的消失。在战争中，知识分子当然要为自己的国家和民族而呐喊，但它应该仍然是独立的个体的呐喊，是带有自己独特个性色彩的思想和情感表达。然而，在中国的抗日战争中，作家们一旦服务于战争，却立即失掉了自己的声音，放弃知识分子的话语立场而完全淹没于国家权威话语之中。

这是一个值得充分注意的历史现象。它说明中国知识分子独立意识的欠缺。其实，这种欠缺在此之前早已暴露。早在20年代末30年代初，一大批经历过“五四”新文化精神洗礼的作家已经转变方向，背离“五四”新文学运动中建立的知识分子话语立场而走向了不同的政治利益群体。他们缺少强大的自我和坚强的个性，虽然追随过五四新文化运动潮流，但毕竟不像新文化运动倡导者那样具有坚实的根基，新潮浸染了他们的衣衫却未能使他们生长出独立支撑自己头颅的筋骨。所以，一旦大潮退去，他们必然立即到某个群体中去寻找依靠。无论普罗文学运动，还是民族主义文艺运动，都否定“五四”新文学，都反对个性主义而强调集体意识。其中表现的正是一些没有完成现代转化的知识分子的人格弱点。他们希望自身有所依附，希望集团作战，并且希望有人为自己做主或者指挥自己的行动。这种弱点在国难当头的时候更充分地表现了出来，不再要求创作自由，不再强调人格独立，而且主动要求组织的管理和纪律的约束。一些文学史著都曾经指出这一事实：

"从各地集中到武汉的作家，一致感到缺乏严密的组织和坚强的领导，以致影响到文艺工作者积极性和创造性的发挥，甚至文艺宣传、创作和出版往往形成自流，因此迫切要求文艺界应该建立一个统一的组织。"[①]如果与"五四"先驱相比，我们不能不怀疑：这是现代知识分子的状态吗？然而，这种描述是准确的，从《抗战文艺论集》保留的材料就可以看到，以群在抗战开始写的《关于抗战文艺活动》中认为当时的文艺活动有两项急迫的任务，其中之一就是文艺应该像军队一样有"健全的组织"，他说："全国的军队必须有统一的编制，统一的指挥，然后才能做到配备恰当，进退有序的地步，文艺作家也同样，必须自身有整齐严密的组织，然后才能有系统，有计划地执行自己的工作。"[②]半个世纪之后，读着这样的文章，我们可以设想，让文学家也像军队一样按照计划执行自己的写作任务，能够创作出什么样的作品呢？这种主张竟然由处于边缘的知识分子自己提出，更充分地说明着知识分子对自己话语立场的彻底放弃和在民族主义旗帜下的自我迷失。

一些人不仅自己放弃创作自由和精神独立，而且要求他人也统统照此办理，以达到步调一致。有两件事值得在此提及，一是所谓"与抗战无关论"引起的风波；一是所谓"反对作家从政论"导致的批判。其实，梁实秋并非主张文学与抗战无关，他的原话是"与抗战有关的材料，我们最为欢迎，但是与抗战无关的材料，只要真实流畅，也是好的"[③]。结果却引发了激烈的批判。反对者从根本上否认在抗战中有与抗战无关的材料，好像写作或者发表与抗战无关的作品就是对抗战的破坏，好像梁实秋成了反对文学服务于抗战的汉奸。沈从文这个自称"乡下人"的作家在这个特殊的岁月表现了知识分子的独立性。他在1939年发表文章《一般与特殊》，对一些作家投笔从政提出批评。因为在他看来，作家从政之后满足于一般宣传，是创作质量下降的原因。他并不反对文学创作为抗战服务，却实在看不起一些文人满足于风云际会，过去没有从政的机会，现在因国难而获得一官半职，就得意扬扬弹冠相庆。这种态度并不少见，冯雪峰也曾为此而一怒之下脱离了组织。值得

①蓝海：《中国抗战文艺史》，山东文艺出版社1984年，第31页。

②《抗战文艺论集》，上海书店1986年影印，第53页。

③《编者的话》，《中央日报》1938年12月1日。

注意的是沈从文的文章一发表就受到了激烈的批评，似乎他也是在蓄意破坏抗战。由此可见，当时的文坛已经容不得不同的声音。

经过历史的风雨，这些旧账已经越来越清楚。但需要注意的是，如此积极维护民族主义中心意识的却不是老牌的国民党政府御用文人，也不是民族文艺运动阵营中的老牌批评家，而是刚刚被大赦和招安的叛逆。他们接受了国家权威话语，并且迅速用这权威话语要求和训诫不愿意放弃知识分子独立人格和立场的作家。这种批判当然有旧日积怨在起作用。它让人想起梁山好汉们一旦仗朝廷之势去打方腊，那威风自然是今非昔比。昨天自己处于江湖，与异己的争吵也只能是村野的对骂。今日既然进入庙堂，便可以从指挥刀下骂下去，指责对方不忠不孝，借国家的权威打压异己。

回顾20世纪中国文坛，可以发现一个规律，无论哪一个阶段，做出贡献的往往是默默无闻埋头苦干的作家；那些总是活跃在文学运动浪尖上的人虽然以制造风波引人注目，但其作用却往往是建设性极小而破坏性极大。他们往往反叛也激烈，投降也容易，今天是叛逆，明天就成了教训叛逆的打手。他们常常反权威，但只要从权威那里获得一点儿甜头儿，马上就会匍匐在地山呼万岁。他们常常领导新潮流，并且用鞭子驱赶不愿追随的人们。这种行为对中国文学的危害极大，并且导致了知识分子话语及其承载的现代性的失落。

二、大众化传播中的沉没

文学服务于抗战，就要首先致力于唤起千百万民众的抗战热情。要唤起民众抗战的热情，就必须适应宣传对象的要求。于是，如何使文艺创作被大众所喜闻乐见，就成为文学的当务之急。在形式上，要为大众喜闻乐见，就不能不考虑旧形式的利用。因此，如何利用民族旧形式就成了一个实践中急需解决的问题。由此引起的关于民族形式的论争是20世纪文学史上一件值得注意的大事。它在理论上没有什么建树，但产生的影响是重要的，甚至改变了20世纪文学的发展道路。从某种意义上说，国家权威向文学提出服务于抗战的要求并没有使文学丧失自身，是由此而来的旧形式的利用和所谓民族化、大众化的运动使文学走向了丧失自身的道路。换句话说，知识分子话语在与权威话语的矛盾和斗争中没有完全失落，但在迁就和迎合民间话语的过程中却陷入了难以自拔的泥沼。

抗战一开始，文坛就响起了大众化的呼声。来自文坛内外的力量都纷纷呼吁文学走向民间，走向大众，实现大众化。我们知道，文艺大众化问题不是抗战开始后才提出来的，而是早在30年代初期上海的作家就讨论过这个问题。在大众化的讨论中，鲁迅曾经发表过很好的意见，提醒人们不要因此而俯就大众，成为“新国粹”和“大众的帮闲”。然而，抗战开始之后，文艺却迅速走向了鲁迅担心的道路。茅盾说：“本来文艺大众化运动应当和国语运动联系起来的。但是目前我们讲大众化，却不能拘泥于这个理论。我们现在十万火急地需要文艺来做发动民众的武器，我们不能等待到大众学会蓝青官话那一天。”“因为在全面抗战的今日，我们的作品如果还是只能达到最少数的知识青年群中，就是文艺这武器尚未充分发挥它的力量!”[①]

为了宣传而要求文艺通俗易懂以便能够被广大民众所接受，这是必然的，也是无可非议的。我们无法想象一个民族处于危急的关头而文学不在某种程度上发生变化，也无法想象作家们会完全拒绝为战争服务，更无法想象要服务而不接受通俗的形式。但是，值得注意的并不是委员长或者他的宣传部对文艺提出的战时要求，而是一些文人对文学提出的主张。一些人甚至认为：“在抽象的理论上，非大众的抗战文艺是不能存在的。抗战的文艺同时必然是大众的文艺。”[②]“现在，面对着这样紧张的局势，我们应该严重地提出：‘大众化’是一切文艺工作的总原则，所有的文艺工作者都必须沿着‘大众化’的路线进行，在文艺工作的范围内，应该没有非大众化的文艺工作，更没有反大众化的文艺工作。”[③]

要求文学全面大众化和利用旧形式的后果已经不必细说。民间旧形式的基础上产生不出现代的文学作品，它导致的必然是文学艺术水平的退步。这种退步在宣传性的作品中不可避免，任何人都不应该对其苛求，但为宣传而粗制滥造却不应该成为艺术的标准。文学应该努力向着高水平发展，不应该

①茅盾：《文艺大众化问题》，《抗战文艺论集》，第150—151页。

②周行：《我们需要开展一个抗战文艺运动》，《抗战文艺论集》，第10页。

③以群：《关于抗战文艺活动》，《抗战文艺论集》，第54—55页。

放弃对艺术水平的追求。然而，一些很有影响的人物却干脆主张彻底放弃文学的艺术要求，彻底放弃文学的思想性和艺术性，而单纯以服务于抗战宣传为标准，甚至直接反对对艺术水平和理论深度的追求。郭沫若在《抗战与文化问题》中说："抗战所必须的是大众动员，在动员大众上用不着有好高深的理论，用不着有好卓越的艺术——否，理论愈高深，艺术愈卓越，反而愈和大众绝缘，而减弱抗战的动力。"周扬在《新的现实与文学上的新的任务》中也说："我们现在所要求于作家的就是用这种大众化的小型作品敏速地去反映当前息息变化的实际情况，而不是离开实际，关起门来去创造什么'伟大的作品'。"虽然这时候的郭沫若已经是第三厅的厅长，与权威话语的合流使他不再是一般的知识分子，正如他在1926年穿着国民革命军的军装向青年发出做革命文学家的号召一样，本身已经不是知识分子的声音。然而，由于他的身份毕竟不同于张道藩等国民党官员，其消极作用是更明显的。

民族形式的讨论涉及的不仅仅是形式问题。文学要为大众所喜闻乐见，决不仅仅是形式问题的解决所能够达到的。要实现大众喜闻乐见的目标，就必然要迎合大众的价值观念、文化心理和审美习惯。而这样做的结果是必然导致文学现代性的丧失。在20世纪中国，文学大众化的要求与现代性的目标是相互矛盾的。原因很简单，由于中国的现代化是被动的，作为一种被动的现代化，其动因不是本土新的文化因素的生长而是外来文化的冲击，最先接受外来文化的是知识分子而不是民间大众。所以，现代性主要由知识分子话语承载而不是存在于民间文化之中。而且在相当长的时间内现代性没有在民间大众中扎根生长。从这个意义上说，知识分子话语与民间大众话语在文化性质上有着本质的差别。前者是外来的，后者是本土的；前者是现代的，后者是传统的。"五四"新文化之所以新，就新在它以西方思想武器反传统，新在它的非本土的现代性质。因此，要求民族化，就不能不意味着对知识分子话语的否定，就不能不意味着对现代性的否定和对传统即前现代性的弘扬，也就不能不意味着对五四新文化运动和新文学精神的背离。民族化和大众化是相互联系的，民族化不一定导致大众化，大众化却必然带来民族化，两者都可以导致传统的复归，导致"五四"知识分子话语精神的颠覆。

这不是逻辑推论，也不是主观臆测，而是民族形式讨论中已经表现出的倾向。最有代表性的是向林冰的观点。他对“五四”文学的否定和对传统的张扬无需在此重复，需要注意的是它事实上是30年代文艺大众化讨论中瞿秋白等人观点的继续。不同的是30年代的讨论因其集团的性质而只是一种自由言论的表达，不能构成对文学的全面影响，而在抗战的新形势下，它却借国家权威话语的力量对文学发出了号令。

其实不难明白，只要从政治和军事的实用主义出发，任何批判国民性的行为都是不明智的。任何一个实用主义的政治家和军事将领都不会面对即将奔赴前线的士兵批判他们的阿Q主义。这正是启蒙主义思想家和实用主义政治家的不同所在。由于抗战的时势，文学对民众落后性的表现已经不合时宜。陈伯达在《思想的自由与自由的思想》一文中说：“我们在文化上反对独断，反对迷信，但对于那迷信任何独断，迷信任何宗教的同胞，我们不但不应反对他们，而且要尽力避免刺激他们的宗教感情。”[①]在这种情况下，“大众喜欢”成了唯一的目标。如何讨大众欢心，顺应大众心理而鼓动他们的抗战热情和慷慨赴死的精神，成了艺术的全部奥秘。为了大众喜闻乐见，文学在形式和内容上全面地迁就和适应大众，不能适应大众的东西都要受到怀疑和批评。早在抗战开始不久，就有人指出老舍发表的京戏《忠烈图》中“讲到贞操观念的部分，虽然是对的，但是却容易引起大众的反感”。[②]文学不能让大众反感，当然无法再继续“五四”启蒙主义的精神。尽管洛蚀文等还没有忘记启蒙主义，还不愿意让文艺一味地迁就和迎合大众，但文艺迁就和迎合大众的趋势，却已经无法阻挡。尽管很多人对大众化的理解还不是迎合大众，还不是在思想感情上“化”得与大众完全一致，但在大众化的含义中硬要加上化大众的内容，不过是一些不愿意彻底放弃“五四”启蒙精神的文学家的一厢情愿。事实上，当大众化这一口号提出的时候，已经注定了它后来在半个世纪中流行的解释：“变得跟广大群众一致，适合广大群众需要。”这是至今流行的《现代汉语词典》中对“大众化”的解释。我们不必怀疑词典的解释是否正确，最流行的词典采用的必然是最流行的解释。半个世纪以来，每当强调文学的大众化的时候，总是要求文学实现这种解释。就

①洛蚀文：《论抗战文艺的新启蒙意义》，《抗战文艺论集》，第61页。

②洛蚀文：《关于文学大众化问题》，《抗战文艺论集》，第173页。

从词意上说，“大众化”这一概念本身就无法包容启蒙主义的“化大众”的内容。所以，这个问题必须清楚，大众化方向与启蒙主义方向是背道而驰的。可惜直到今天有些研究者仍然把大众化与启蒙作极为有害的混淆。

作为大众化的理论前提，一个重要问题是对当时大众 / 民族精神状态的认识。我还无法断定那些赞美是出于政治家为调动群众积极性而采取的策略，还是真的由于眼睛的问题而看到了虚幻的景象。但无论如何，这是一个带有根本性的症结——由于民众表现的热情，便声称民族的精神已经在战火中得到了彻底的洗礼，因而国民性已经改善。用一种相当普遍的表述方式就是：“战争使民族得到了新生，使人民大众广泛的觉醒。”①周扬说：

> 要描写抗战，首先就要描写在抗战的具体环境下行动着的一个个的中国人。而这是一个怎样变化万端令人惊异的环境啊！在这个环境之下，人又是变化得怎样的迅速啊！昨天还是落后的，今天变成了进步的；昨天还是愚蒙的，今天变成了觉醒的；昨天还是消极的，今天变成了积极的。革命时期必然地伴以人类心灵上的深刻剧烈的变化，只适合于社会停滞期的艺术家的那种静的看法现在是完全不适用了。我们的现实中正涌现着新的人，新的抗日英雄的典型。我们不能把他写成平时的人一样，因为抗战的不平凡的环境已经使他变质；……中国新文学中可以称为不朽的典型的，只有鲁迅的阿Q。在这个可笑又可悯的人物身上，反映出了中国农民的软弱的黑暗的一面，因为中国的农民性和落后性，他又被视为中国国民性的代表者。现在，阿Q们抬起头来了。关于觉醒了的阿Q，值得写一部更大的作品。②

阿Q既然已经觉醒，并且成为时代的英雄，当然不再需要鲁迅式的启蒙，当然不再需要知识分子去揭示他们的弱点。所以，虽然在理论上有时也谈及文艺教育大众，但在实际的操作中却已经是只有赞美和迎合。而且，这时的所谓教育也不再是启蒙主义所强调的使被教育者意识到自己作为个体的

①蓝海：《中国抗战文艺史》，山东文艺出版社1984年，第29页。

②周扬：《新的现实与文学上的新任务》，《抗战文艺论集》，第18页。

人的自由、权利和主体地位，而是教育他们如何服从战争的需要，鼓励他们如何英勇战斗而不怕牺牲。这样的教育是启蒙主义还是蒙昧主义是不难识别的。这时的文学家对于大众，就像做战前动员报告的将领对于他的士兵，说的都是鼓励的话，目的是让他们热血沸腾。

在大众化和民族形式的讨论中，国家权力话语和民间话语又一次联手扼制着知识分子话语。在其开始，是战争的要求使文学走向民间为战争服务，接着就是迅速生长的民间政治力量迫使知识分子向大众认同。国家权威力量和民间政治力量同时要求文学走向传统，也同时要求文学走向民间。不过，虽然要求相同，目的却绝不相同。占据国家权力地位的政治要求走向传统，去张扬传统的“忠孝仁爱信义和平”，去弘扬民族意识和爱国主义精神，这从张道藩《我们所需要的文艺政策》中即可看到；民间的政治力量希望文学表现统治者的腐败和大众的疾苦以助长反抗情绪，这可以从大量左翼理论批评可以看到。无论目的多么不同，都要求文学走向传统的同时走向民间，这导致了民族形式的胜利。民族形式的胜利从某种意义上说既是国家权力的胜利，也是民间大众话语的胜利。抗战前期真正胜利的是国家权威话语，而抗战后期真正胜利的是民间政治话语。前期是一场更大规模的民族主义文学运动，而后期是一场更大规模的大众文艺运动。这一切并不奇怪，文学上民族化与大众化的关系，就这样与不同的政治力量纠结在一起。

有必要注意国家权威话语与民间大众话语的联手这一20世纪文学史上的重要现象。在此之前，最为对立的是这两种话语。因为在这两种话语之间存在着两种政治力量的激烈较量。它们能够迅速统一起来，原因就在于两者之间本来就具有更多的可联合性。其对立主要是政治上的，虽然阶级立场对立，进行着压迫与反压迫、翻身与反翻身的较量，但在文化基础上，却都坚持本民族的文化传统而反抗来自西方的某些文化。所以，在反对“五四”和扼制知识分子话语方面，二者很容易地统一了起来。

三、坚守者的困境

战争的环境要求文学服从民族整体利益的需要，接受国家权力话语对文学进行整合。然而，知识分子是否就应该像士兵一样以服从为天职而放弃独立的思考？为了使文学更有效地服务于动员民众的任务，文学必须走向通俗。然而，文学是否就应该与大众认同以至迎合大众的观念和趣味？这是抗战文学在其发展过程中一直面临的问题。尽管国家权威话语和民间大众话语同时对知识分子发出各种传唤，知识分子仍然不可能彻底放弃自己的话语立场和话语形式。考察抗战时期的文学，我们可以看到知识分子话语对国家权威话语整合企图的反抗，也可以看到知识分子话语在大众化潮流中所做的艰苦守卫。

我把张天翼的小说《华威先生》的发表看作在民族意识中心和国家权威话语整合过程中的一个不和谐的音符。《华威先生》的确不同于当时的抗战文学，它没有满足于鼓动人们的抗战热情，也没有表现国家权威话语所要求的英雄主义，而是讽刺和揭露了抗战阵营中的官僚。小说发表之后，立即受到一些人的指责。理由就是抗战文学的揭露和讽刺的对象应该是日本侵略者和汉奸卖国贼，如果揭露抗日阵营中的黑暗和丑恶，只能有利于敌人。这种指责所展示的观念是重要的，从抗战开始到抗战结束，从重庆到延安，文学的批判精神一直受着这种观念的制扼。这种观念抑制着民间话语中的政治反叛意识，同时也抑制着知识分子对现实的批判。所以，这个作品才那么引人注目。辩护者认为，在抗战生活和抗日阵营的内部，既有光明也有黑暗，既有民族新生力量也有腐朽的旧势力，甚至有各种卑鄙无耻的恶棍，因此，文学不能忽视对抗战队伍中的恶劣分子的揭露。这种意见既表现着民间反抗力量的话语策略，也表现着知识分子话语对旧势力的批判意志。从文化思想上解剖旧社会，揭露黑暗，抨击腐朽，这是“五四”以来知识分子一直为之努力的任务。即使在战火之中，知识分子也仍然不因为共同对敌而对民族肌体上的毒疮视而不见。它意味着知识分子话语仍然要坚持自己独立的批判权，意味着他们不愿因为战争而无条件维护国家权威。各种现象告诉我们，尽管共赴国难，但知识分子并不愿放弃自己的话语权而对权威话语全面服从。作为具体的表现，是一些作家在沉默中保持着清醒，一些作家则在一阵从戎的激情之后很快开始进行反省，由单纯的吹奏抗战号角转向对旧势力的揭露和批判，重新操起了知识分子自己的武器。沙汀的《联保主任的消遣》《在其香居茶馆里》《淘金记》等小说都以对农村的旧势力和基层政权的腐败的揭露而获得了较高的价值。这些作品虽然大多来自左翼作家，但其意义却不只在于从某种政治目的出发而瓦解政府的威信。

随着时间的推移，作家的情感态度发生的变化是值得注意的。在抗战初期，允许与抗战无关的作品存在都是大逆不道；到抗战后期，作家们却纷纷从直接配合抗战宣传的战线上撤离，茅盾、巴金、老舍、曹禺……都以自己的创作显示了同一性质的转变。《寒夜》和《北京人》等作品都不再是直接配合抗战，而是重新回到了知识分子的话语立场。这意味着一种告别和疏离，却为这个时期的文学留下了比较优秀的篇章。所以，说这个时期的文学是“救亡压倒启蒙”虽然大致不错，但启蒙被完全灭绝，却并不发生在这个救亡高于一切的时期。

值得注意的另一现象是陈铨等人的“民族文学运动”受到的广泛抵制。30年代民族主义文艺运动之所以被知识分子话语和民间话语同时反对，原因是它倡导民族意识，弘扬民族精神，自觉不自觉地服务于国家权威话语，同时也因为民族危机在当时还没有后来那么紧迫。抗战开始之后，文学事实上已经走上了民族主义文艺运动的路，抗战当中，全国作家都围绕在民族救亡的旗帜之下，努力宣扬民族意识，然而，民族主义文学运动却仍然受到了严厉的批判和打击。如果只是从表面上看，这的确是一个奇怪的现象。具体地考察，原因当然也很复杂，但主要是这一时期民间大众话语、知识分子话语与国家权威话语的复杂关系。

冷静地回顾这段历史，我们不能不承认，虽然批判者都往往通过“法西斯主义”这一词语把民族主义文学与国家权力联系在一起，但陈铨等人并非御用文人。《战国策》的《本刊启事（代发刊词）》中宣布：他们“抱定非红非白，非左非右，民族至上，国家至上之宗旨，向吾国在世界大政治角逐中取得胜利之途迈进”。它所显示的是民族危难之秋一些知识分子面对现实而做出的一种选择。但是，这种选择受到批判却是必然的，因为虽然大家都聚集在救亡的大旗之下，却并非所有人都像他们那样愿意接受民族至上和国家至上的宗旨。在陈铨发表的理论文章中，最见水平的是《民族文学运动》。在这篇文章中，他说：“过去二十几年间，中国的思想界，从个人主义到社会主义，从社会主义到民族主义。中国现在的时代是民族主义的时代。我们政治上的先知先觉，虽然早已经提倡民族主义，然而真正民族意识强烈的发展，实在是近几年来的事情。政治和文学，是互相关联的。有政治没有文学，政治运动的力量不能加强；有文学没有政治，文学运动的成绩也不能伟大。现在政治上民族主义高涨，正是民族文学运动最好的机会；同时民族政治运动，也急需民族文学来帮助他，发扬他，推动他。”他虽然宣称“民族文学运动不是复古的文学运动”，宣称“民族文学运动不是排外的文学运动”，然而，他像30年代初的民族文学运动一样，特别强调“民族意识是民族文学的根基，民族文学又可以帮助加强民族意识”，“最大的使命就是要使中国四万万五千万人，感觉他们是一个特殊的政治集团。他们的利害相同，精神相通，他们需要共同努力奋斗……”这就使它像30年代初的民族主义文学运动一样使自己靠在了国家权威身上。这就必然使不忘初衷的左翼作家反感，而且为“五四”以来的自由知识分子所不屑。

更为重要的是，陈铨把“五四”之后的文学分为三个阶段，认为第一个阶段是个人主义的，第二个阶段是社会主义的，第三个阶段是民族主义的。应该承认这种划分基本是准确的，但是，他充分描述三个阶段的对立，而对前两个阶段的文学持否定态度，就不能不引起前两方面作家的强烈反感。他没有意识到，人们虽然集合在抗日救亡的旗帜之下，但追求人的解放和阶级翻身的目的并没有因为从事民族解放的斗争而彻底忘掉。所以，我们看到的是坚守知识分子立场的作家和带有政治色彩的持民间大众话语立场的作家一起对民族文艺运动进行了批判。

而且，正因为这种试图以民族主义取代个人主义和社会主义的倾向，导致了许多文学家对“五四”文学精神的重新认同。已经在故纸堆中沉醉多年的闻一多在《新文艺与文学遗产》中大声疾呼：“‘五四’的任务并没有完成，我们还要干！我们还要科学、要民主，要打倒孔家店和封建势力……”胡风说：“我们把‘五四’的新文学叫作‘革命文学’，我们骄傲这个革命传统，正是因为它代言了一个伟大的精神：不但用被知识分子发动了的人民的反帝国主义的意志和封建、买办的奴从帝国主义的意志相对立，而且要用‘科学’和‘民主’把亚细亚的封建残余摧毁。”[①]胡风是来自左翼的一员，但他与鲁迅一样，愿意以生命和鲜血为大众解放事业而努力，却不愿意在精

①胡风：《文学上的五四》，《胡风评论集》（中），人民文学出版社1984年，第122、124页。

神上认同大众和放弃对大众落后性的批判。他更不懂得为了赢得大众的追随和拥戴就去赞美他们的愚昧。在抗战前期，胡风没有参与对“与抗战无关论”的批判，这不是偶然的，从感情上说，他不可能倾向于梁实秋，但是，他却不赞同一些人紧密配合国家权威而忘记知识分子的独立人格，也不赞同昨天还针锋相对今天就无条件逢迎的灵活态度和滑稽表演。作为一个知识分子，他关心民族的命运，但也关心人的命运，关心文化和文学本身，所以他关心如何纠正公式化、概念化和“抗战八股”的问题，密切关注着文学界的“混乱”“危机”和“逆流”，他痛苦于“五四”文学传统得不到发扬，“战斗的东西被市侩的东西所淹没”。将自己的集子定名为《在混乱里》和《逆流的日子》，可见他当时的态度。

在抵抗民族主义整合的斗争中，知识分子话语与民间话语在某种程度上取得了一致，然而，面对大众化的传唤，知识分子话语却陷入了更艰难的境地。

抗战的特定背景，使作家们不再对文学为什么服务的说法反感，也逐渐习惯了通俗化到大众化的呼喊。从这个意义上说，正是抗战卫国的伟大战争的神圣性，为要求文学工具化和大众化的做法提供了重要任务。如果在“五四”时期和30年代，任何政治力量提出这处要求都是不可能的。

面对大众化的传唤导致的知识分子话语的失落，知识分子的反抗是有限的，声音是微弱的。尽管很多人不同意对“五四”的彻底否定，也有人试图把民族形式的讨论限制在形式上，但是，所做的多是有限的守卫。在讨论中，知识分子话语的捍卫者是葛一虹和胡风。葛一虹竭力反对旧传统的继承，捍卫“五四”文学，强调民间形式的陈旧性与“五四”文学的进步性，指出“五四”文学在其普遍性上不及旧形式的根本原因是“精神劳动与体力劳动长期分家以致造成一般人民大众的知识程度低下的缘故”。强调要在“五四”文学所完成的基础上完成“表现我们新思想新感情的形式”。这是对“五四”文学传统的捍卫，也是对“五四”知识分子话语的捍卫。胡风坚决反对那种认为“五四”新文学“割断了历史的优秀传统，割断了人民大众的联系”的观点，坚决反对以“民间文艺为中国文学正宗”的企图。他清楚地看到了“五四”新文学“不但和古文相对立，而且也和民间文艺相对立”。[1]所以对民间形式保持了足够的警惕。也许在这一点上胡风的表述不是太清楚，但他接触到了一个根本性的问题，即民间文艺与“五四”所否定的旧文艺在意识形态上没有什么不同。所以他拒绝向民间文艺投降，直到最后以自己的艺术生命为代价捍卫“五四”知识分子话语。然而，这种捍卫并不能改变知识分子话语继续跌落的时代命运。

对于多数人来说，他们对知识分子的独立人格和自由思想并非没有留恋，但是，无论为了民族的利益还是为了大众的解放，他们大都努力顺从而不再抗争。但是，对一些人来说，大众化的理论接受起来比较容易，创作的实践却困难重重。即使那些立志要做大众留声机器的人，毕竟也是与大众很不相同的知识分子，他们要很好地表现大众的声音，就必须深入生活，去努力体会大众的思想和感情，甚至要学习他们的语言。这意味着知识分子要放弃自己的主体而重新获得一个外在的主体。然而，事实证明，觉醒的知识分子不大可能主动改造成留声机，非大众作家要表现大众意识并不是一件容易事。没有真正大众化的知识分子总是难以很好地表现大众的思想感情，而且总自觉不自觉地表现自己的声音。他们有时能够成功地压抑自己的声音，有时却压抑不住或者不愿压抑而使它顽强地冒了出来。丁玲、萧军、王实味等人就是突出的例子。他们的思想和创作及其命运构成了40年代文学中最值得注意的一道风景。

丁玲到延安后写出的是《我在霞村的时候》《在医院中》这样的带有强烈的个性主义色彩的作品。女青年贞贞的遭遇使我们看到了旧思想旧观念对人的摧残和扼杀。围绕陆萍的矛盾使我们看到了医院中各种落后、愚昧的旧思想和旧意识。陆萍参加了革命队伍而仍然保持着自己鲜明的个性，事实上有点像丁玲。小说受批判时，陆萍被称作反党分子，因为她看到的是延安的黑暗而不是光明。问题就在这里，经过“五四”新文化擦洗的眼睛总是能够看到黑暗，因此这目光注定是要被改造的。在《我们需要杂文》中，丁玲说：“中国所有的几千年来的根深蒂固的封建恶习，是不容易铲除的，而所谓进步的地方，又非从天而降，它与中国的旧社会是相联结着的。”因此，

①胡风：《论民族形式问题》，《胡风评论集》（中），人民文学出版社1984年，第232页。

她呼唤杂文，呼唤“五四”文学精神，呼唤学习鲁迅。她说：“鲁迅先生死了，我们大家常说纪念他要如何如何，可是我们却缺乏学习他不怕麻烦的勇气，今天我以为最好是学习他的坚定的永远的面向着真理，为真理而敢说，不怕一切。我们的时代还需要杂文，我们不要放弃这个武器。”这不仅是丁玲个人的呼唤，文艺整风中被批判的作品告诉我们，即使在某种潮流中，即使在延安，也仍然有人试图守护“五四”精神，坚持着从“五四”获得的知识分子话语立场。总有那么一些知识分子拒绝改造，或者想改造也改造不好。像萧军那样，像王实味那样，脖子很硬，不肯轻易低头听命于权威，不想从众而说违心的话。他们坚持着自己对于生活进行独立观察和判断的权力，坚持着“五四”新文学对人的关心，为人的遭遇而发出呼号。他们有感于旧势力和各种传统观念的顽固，而仍然要致力于启蒙运动，仍然要发挥杂文的作用，揭露黑暗和愚昧，建设真正的人的生活……这其中所显示的是“五四”新文学中知识分子话语本质精神的继承和发扬。

严格地说，在这些人中，萧军可以说是鲁迅的嫡传弟子，丁玲、艾青等人都算不上，也不是现代知识分子话语的自觉捍卫者。但是，一个知识分子的个性和独立精神的追求，却使丁玲不自觉地踏上了“五四”的道路。受到“五四”精神影响较深的人很难完全屈从于权威，也很难向民间大众话语认同。在这一点上，突出的例子是王实味。读一读王实味的《政治家，艺术家》吧！他的全部的不合时宜之处就在于像高尔基《不合时宜的思想》一样不愿意放弃知识分子独立的话语，对自己赞同并为之献身的阶级和集团的弱点和阴暗面也给予揭露与批判。

然而，随着形势的发展，在民族形式讨论的基础上，大众化方向得以确立。抵制西化，复归传统，放弃启蒙，迎合大众，成为一种新的时代潮流。丁玲们只有再一次虚心向大众学习，彻底地克服自己的知识分子立场和观点，从思想观念到语言形式彻底向工农大众认同。知识分子改造的核心就是克服小资产阶级个人主义的思想感情，说到底也就是克服“五四”新文化在中国知识分子身上留下的痕迹。而改造的目标就是与工农大众一致，就是“知识分子出身的文艺工作者，要使自己的作品为群众所欢迎，就得把自己的思想感情来一个变化，来一番改造。”根据领袖的教导，工农群众“尽管他们手是黑的，脚上有牛屎，还是比资产阶级和小资产阶级知识分子都干净得多”[①]。

在这种情况下，坚持知识分子话语立场，坚持独立的人格和思想，保卫自己的个性，当然再也无从谈起。生活中要求组织纪律性，思想上要求保持一致，舆论要求统一，甚至理解的要执行，不理解的也要执行。接下来是工农本位的价值取向和知识分子的思想改造，是知识分子与工农大众之间的教育关系的逆转，是“臭老九”命运以及知识青年必须上山下乡接受贫下中农的再教育。

从40年代开始，中国文化从多元状态逐渐走向一元状态。作为民间状态的文化终于战胜旧的国家权威话语而占据了统治地位。在改造旧的社会结构和国家机器的同时进一步改造知识分子。知识分子终于完全丧失了自己的话语权。我愿意如此理解这段历史中知识分子话语的命运：为了民族的解放，为了劳苦大众的解放，中国知识分子以牺牲自我的方式付出了沉重的代价。代价之所以付出，一半是形势所迫，一半是自愿的选择。然而，这不是高尚的行为，因为现代化进程也因此而付出了沉重的代价。有一点应该清楚：现代知识分子话语与专制传统势不两立，知识分子话语的失落必然伴随着专制传统的复兴。是依附还是独立，有没有独立的批判精神，这是评价一个知识分子是否是现代知识分子的标准之一。是否承认个体的价值与尊严，是否允许知识分子独立人格和批判精神存在，则是衡量一个社会是否摆脱所谓封建专制主义笼罩的试金石。

1997年8月

①《毛泽东选集》，人民出版社1967年，第808页。

“早春天气”里的突围之梦

——50年代中国文学的知识分子话语

一、并不顺利的整合

在50年代文学中考察知识分子话语，要进行清晰的描述是困难的。因为它明显地处于一种被限制和覆盖的状态。当知识分子必须接受思想改造的时候，当文学家宣布自己的一切创作活动都在某一权威思想指导之下进行的时候，当文学创作必须为政治权力服务的时候，独立的知识分子话语当然无从谈起。然而，历史发展的复杂之处却在于，现代知识分子话语因为自身的生机而很难像雨水打湿的头发那样可以随着政治运动的梳理而立即理顺，它存在着，而且表现出相当大的强度和韧性。

一方面是，历史已经形成那样一种氛围，好像整个社会的命运和前途已经系于伟大领袖和他必然英明的决策，无论文学家还是其他知识分子，只需要在正确的思想指导下准确无误地听令而行已经足够，而不需要自己有任何思考，更不能有不同意见。这种思想文化状态必然极大地限制着知识分子思维的主动性，使其不再是知识分子，并限制着社会的活力。因此，这个时期的文学活动往往是被动的，机械的，因为创作不过是按照文学写作的表面形式而进行操作，写作者只需要技巧而不需要思想。作家当然要思考，但思考的内容是如何以生动的形式表现既定的权威话语。在意识到自我与权威话语的差别时，文学家只能否定自我，而不可能怀疑权威话语的正确性。作家们像其他知识分子一样以速成的形式学习和接受权威意识形态。当作品受到批评时则往往以“不理解”“学习不够”作为自我辩护的理由。仅这一点，就可以看到文学自由表现生活和表达见解的权利已经不具有合法性。丧失了个人话语表达权的知识分子已经不需要思考人类的前途和命运，也不需要思考民族的前途和命运，因为这一切有领袖的思考就足够了。社会改造的途径更不需要知识分子操心，伟大的蓝图早已画就，认真学习并深入理解以便有效地配合施工，是一切文学创作和学术研究的任务。

然而，问题的另一面是：知识分子独立的价值标准却没有随之完全消失。无论是在文学活动中还是在学术活动中，知识分子独立的价值标准仍然在以独特的形式存在着。如果认真考察就会发现，尽管新时代以强大的力量进行着价值观念的整合，知识分子却有一种牢固的价值观念使他们很难接受社会的一般价值标准。它是被彻底边缘化的，却深植于为数不少的知识分子内心深处。在学习总结和思想汇报中，知识分子除陈寅恪等极个别者之外，几乎毫无例外地表示积极改造和顺从的态度。但是，这一切并不完全真实，人们公开的表态和内心的真实存在很大的差距。这并不是说他们都在某种压力下阳奉阴违，而是他们内心世界早已存在着他们自己也未必能够认识到的矛盾。正如在科学家心中列宁、斯大林代替不了牛顿、爱因斯坦一样，在文学家和人文知识分子的心目中，政治英雄也代替不了文化巨人。对致力于思想统一与精神一致者来说，这似乎是一种分庭抗礼的力量，因此必然要努力铲平它。一些做法虽然让后人感到大可不必，但冷静地思考，却会发现经过“五四”新文化培养的知识分子话语的确对大一统社会的建构构成威胁。

这种威胁不仅在于一些所谓旧知识分子保持旧的世界观，而且在于革命队伍所受的“腐蚀”。那些从革命队伍走来的年轻作家政治上没有任何问题，却因为从事文学创作，成了作家和诗人，精神世界就发生了巨大变化。这是50年代和60年代的政治领袖总在致力于克服的一种“变质”现象。变质现象是多层面的，其他层面在此暂且不论，单就革命战士成为知识分子之后的变质而言，这是当时政治领袖们非常关注而未能深入思考的。他们清楚地看到了其他层面上的变质往往是由于“资产阶级的糖衣炮弹”，或者是由于革命者的意志衰退，等等，却没有看到革命战士成为知识分子之后“变质”的必然性。事实上，这种变质是不可避免的，也是无法防止的，除非让革命队伍内部的文学家都永远是纯粹的宣传工具而没有对文学艺术的追求，永远只有列兵本色而不具备知识分子的独立意识。否则，只要他一旦成为作家，就产生了与政治要求不完全一致的追求。纯粹的政治家和一切局外人都很难发现这里真正的诱惑力之所在。但明白人应该知道，那是一座座由大师们构成的思想和艺术的高峰。革命战士受它的影响，就像一颗行星的卫星遇到其他恒星时一样，难免因受吸引而偏离原来的轨道。

从某种意义上说，每一个学科，每一个行业，每一个人群都可能产生自己的崇拜偶像。文学界自然有这样的偶像。人们一旦真正进入文学殿堂，就要自觉不自觉地向大师看齐，就像在官场总是向成功的上峰看齐一样。而那些高峰之所以成为高峰，大师之所以成为大师，却并非由于顺从，并非由于守纪律和听从指挥，而是由于独立的人格和自由的思想，由于有一套属于自己的话语。于是，在他们接受这些文学大师的同时，观念世界就出现了另一个价值体系。尽管这些高峰也同样可以为权威话语所操作，比如通过选择和遮蔽而只留下鲁迅和高尔基。但是，一旦真正走近他们，却仍然会导致严重的危机：鲁迅、高尔基也并不完全是为适应政治需要而描绘的那种模样。

所以，政治上完全过硬的“红小鬼”，成了作家就开始变质；响当当的贫农子弟进了大学，就有了小资产阶级思想感情，甚至成了“资产阶级”在精神上的继承人。这导致了“防腐蚀”的运动，导致了“革命传统教育”运动，最后导致了“资产阶级知识分子统治我们学校的现象再也不能继续下去了”和“知识青年到农村去，接受贫下中农的再教育”的严重后果。工人的女儿和贫农的儿子之所以同样需要再教育，就因为这样一个逻辑：虽然他们本来是红的，可以信任的，但由于上了学，读了一些书，就改变了颜色，变成不可信任的了。学校之所以具有这种“染黑”功能，原因在于无产阶级虽然在政治革命中取得了胜利，但在思想文化和教育阵地却没有能够完成占领，学校仍然是资产阶级知识分子统治的地方，培养的是资产阶级的接班人而不是无产阶级的接班人。要使青年成为无产阶级的接班人，就需要通过工人和贫下中农的“再教育”，也就是把他们再争夺回来。

这似乎很荒谬，却是当时需要解决的实际问题。我们不能不承认政治领袖们非凡的头脑及其对问题的洞察能力。可是，此事的悲剧意味在于，这个问题是注定无法解决的。因为任何一个社会都没有能力也没有勇气拒绝接受人类历史所积累的文化成果。要与人性的正常要求和文明的必然走向对着干或拧着干，无论有多么大的雄心和魄力，都往往是枉费气力。所以，即使到了“文革”时期，闹来闹去，大学还是要办的。虽然毛泽东声明说他主要说的是理工科大学还要办，但最后却是文科大学也办了起来。不办文科大学而只办理工科大学的思路很值得注意，它可以理解为接受技术层面的知识而排斥与政治要求不相一致的价值体系的一种有效策略，但是，它没有能够成为现实。文学面对的是同样的情况，为了防止不良影响，无产阶级的文学曾经被筛选到只留下《国际歌》和“样板戏”，其他都成了“封资修”，但是，即使是刚刚培养起来的青年作家，也很少有人只崇拜欧仁·鲍狄埃和江青。那些被批判的文学大师和世界名著，仍然不时在他们心中闪光。这就无法根本上解决这个矛盾：无论政治上多么坚定的革命分子，只要成为知识的信徒，只要成为艺术的崇拜者，就不可避免地被知识分子的价值体系所改造。这是50年代到60年代政治权威一直努力解决而终于没有解决的问题。

50年代中国文坛最引人注目的是一系列的批判运动。批判《武训传》，批判萧也牧，批判新红学，批判胡适，批判胡风……每一次批判运动都是为摧毁知识分子独立的价值体系而展开的，每一次都意义重大而决非小题大做，它显示着权威话语的整合意向。如果我们回到那个年代权威立场上看问题，当时的知识分子的确让人头疼，他们就像一些不懂规矩而又不好好接受训练的士兵，让指挥官为之费尽苦心。文化界已经被认定为“文化战线”，这条战线与其他战线比起来情况特别复杂，其中虽然不乏来自革命队伍的久经训练者，但也有大批刚刚接受的新成员。新成员有各自的思想信仰和人生哲学，对于统一信仰、听从口令一时难以习惯，而久经训练的老成员也常常“旧病复发”。

对萧也牧的批判从作品的“小资产阶级观念、趣味”开始[①]，到批判其歪曲和嘲笑工农兵，最后让丁玲一语挑明：“这些东西，在前年文代会时曾被坚持毛泽东的工农兵方向的口号压下去了，这两年来，他们正想复活，正在嚷叫……”[②]《我们夫妇之间》的确不仅写了知识分子，而且以知识分子

①陈涌：《萧也牧创作的一些倾向》，《人民日报》1951年6月10日。

②丁玲：《作为一种倾向来看——给萧也牧的一封信》，1951年8月《文艺报》第4卷第8期。

的观念和趣味观察生活，评价生活。这个小说的确是配合知识分子改造的，但作者自作聪明，一厢情愿地创造了一种互相妥协和磨合的模式，在那些目光敏锐的人看来，这当然是对原则的严重背离，是绝对不能允许的。而这样的问题之所以发生，的确在于作者的“小资产阶级立场”。对电影《关连长》的批判是后人很难理解的。然而，只要进入那个年代，就会明白，作品之所以受到批判，原因也在于作者站在知识分子的价值立场上理解革命和歌颂革命。从知识分子的角度来说，写一个充满人道主义精神的连长是对革命军队的赞美，但是，被赞美者的头脑却不希望接受这样的赞美。尽管这种赞美会使更多的知识分子接受革命军队，但这时的革命军队却不希望依靠穿着知识分子为其缝制的服装而被接受，因为那将意味着革命军队将被知识分子重新塑造。《我们的力量是无敌的》《战斗到明天》等作品之所以受到批判，原因也多在知识分子的话语立场所显示的“资产阶级创作倾向”。

以批判俞平伯的《红楼梦研究》为起点，对新红学的批判迅速转向对胡适的批判，万炮齐发，矛头指向却只是胡适的“资产阶级唯心论”。其实，批判什么内容并不重要，重要的是必须推倒知识分子心目中的这尊偶像。在“五四”之后的知识分子心目中，鲁迅和胡适的地位是谁都无法忽视的。对于鲁迅，经过从30年代就开始的各种解释，已经使他从个人主义到集体主义，由进化论到阶级论，由批判国民性到歌颂人民大众，由孤独的精神战士到遵命创作的作家，由新文化运动的先驱成为无产阶级革命的马前卒……完全彻底地进行了一系列的转变，因而已经能够很好地为现实政治服务。胡适却因为远走美国而失去了检讨和改造的可能。虽然胡适其时在美国非常孤独地过着他的寓公生活，但现代文化领袖的地位却仍然没有从根本上动摇。如果我们考察当时大陆知识界的人才结构，尽管胡适嫡传弟子不少都已离开大陆，但留下来的，在文史哲各界的头面人物中，他的弟子和追随者仍然是一股不可忽视的力量。也就是说，胡适是一个不在场的领袖，以无形的力量影响着知识分子，对于知识分子的改造，显然是极为不利的。

如果说批判胡适的意义在于通过批判昔日精神领袖而清除思想文化大一统事业的障碍，那么，对胡风的批判就是对坚守鲁迅启蒙阵地的知识分子的一种警告。鲁迅虽然被改写，但改写自有其局限。它在名实之间做文章，高举其名而改写其实，这就无法避免真正走近的人发现其实，也无法避免人们在"名"的旗帜之下进行"实"的恢复。具体说，既然鲁迅精神是可以继承和发扬的，那么，胡风就可以在鲁迅精神的旗帜之下进行某种坚守，就可以把鲁迅被时代遮蔽的某些东西揭示出来。胡风的悲剧就在于他坚持鲁迅的启蒙立场，这种知识分子的立场使他不可能愉快地响应召唤而接受权威话语和权威话语支配下的民间大众话语，不可能放弃启蒙立场而去老老实实地接受工农兵的再教育。胡风是老牌的左翼知识分子，对他的批判从某种意义上说有点像40年代延安对丁玲、萧军等人的批判，即使以阶级斗争的观念看问题，它也构不成阶级斗争，不存在革命与反革命的对立关系。它的意义就在于铲除革命队伍内部的知识分子话语中坚。

从表面上看，整合工程进展顺利。作家、诗人们都迅速地响应号召而走向了民间生活，到工厂农村和部队去获得工农兵的思想感情，从贫下中农的立场体会获得土地之后的幸福感，从工人阶级的立场去体会当家做主之后的自豪感，从士兵的生活去获得战斗的激情。"深入生活"是这一时期文学创作必不可缺的环节，是一个非常重要的概念。从理论上讲，一个人只要活着就不可能外在于生活，只要不把自己完全封闭起来，就不可能外在于社会生活。但是，50年代之后的文学批评却常常出现"没有生活""不熟悉生活"的问题。这是知识分子话语丢失的重要标志。它意味着知识分子自身的生活已经不是生活，或者说，知识分子自己的生活不是文学作品可以表现的生活。文学作品要表现的生活是工农兵的生活，知识分子如果不深入到工农兵的生活当中去，当然就不能熟悉他们的生活，不能获得他们的思想感情和生活感受。"深入生活"这个口号是适应新的形势出现的。它是知识分子获得工农兵的生活体验和思想感情的一种途径。它昭示着知识分子在创作中彻底放弃自己的话语立场和话语形式。

然而，需要注意的是，虽然诗坛泰斗郭沫若示范性地写出了《学科学》《学文化》《防治棉蚜歌》，高唱"学科学，学科学，科学人人都该学"和"毛主席告诉咱，咱们工人阶级当了家"，从内容到形式全面适应着权威的传唤，指示着文学发展的方向，但是，在知识分子中，文学却仍然有自身的标准。反对公式化、概念化和标语口号化，成了这个时期知识分子要求的一种曲折表达。真正与公式化、概念化、标语口号化相对立的是个性化和独创性。知识分子正是试图通过这一特点的获得而使文学保持知识分子话语的个性化表达，要求着知识分子话语的存在权和独立性。知识分子对公式化、概念化的声讨此伏彼起，非常激烈。当然，他们得到的回答是更进一步地“深入生活”。因为根据权威的解释，出现公式化、概念化的问题，并不是因为作家的创作受了限制，而是因为作家没有真正地深入生活，生活千姿百态，只要真正深入生活，忠实于生活，就可以避免公式化和概念化。但是，问题不仅在于他人的生活很难真正深入，而且在于即使你真正深入了工人或农民的生活，如果把它真实描写出来，大多要受到“歪曲生活”的批评和警告。所以，作家们最后能够做的，仍然是根据政策和文件理解生活，因为只有这样才能反映生活的“本质”与“主流”。这一切既不能让知识分子衷心认同，又不能满足知识分子的精神追求。越是被逼迫认同报纸社论中对生活的认识，知识分子获得自己话语权的愿望就越是强烈。实事求是地说，他们的努力所包含的反抗是有限的，它所反映的不过是现代知识分子对自身话语的一种留恋。

二、“早春天气”里的突围

无论文化掌控者是如何努力实现其精神一体化目的，知识分子的独立意志总是自觉不自觉地在寻找突围的机会。这个机会在1956年奇迹般地到来了。那个短暂的时光曾经被知识分子称作“早春天气”。

“早春天气”是“百花齐放，百家争鸣”的方针带来的。而这个被一再称道的“双百方针”之所以能够提出，却不是偶然的。它的出现有国际国内的各种复杂原因。当代文学研究对其原因的论述已经相当充分，但主要强调的还是国际上社会主义阵营出现的改革浪潮和国内社会主义建设的形势和要求等。如果换一个角度，大概还会发现这样两点：一是“双百方针”接受者的心理状态。这就是前面所说知识分子获得自身话语的梦想，正是这种梦想使他们为“双百方针”的提出而热烈欢呼，同时也赋予“双百方针”以更丰富的内容和意义。二是“双百方针”提出者的心理状态。这就是毛泽东当时心理上的自信。事实上，在中国这样的专制传统悠久而牢固的国家，自由言论往往出现于两种情况：一是权威话语失控；二是权威话语高度自信。在非失控的情况下，知识分子话语空间的大小往往取决于权威的自信或者不自信。当权威自信时文化环境就会宽松，当权威感觉面临某种危机而生恐惧时就特别警惕知识分子的自由言论。1956年，中国大陆社会发展情况足以使国家权威充满自信。社会主义改造的基本完成，社会主义建设高潮的掀起，肃反、镇反等一系列社会改造运动的实施，都给了政治权威以自信。大风大浪都已经过去，实在没有必要害怕知识分子文学创作上的自由发挥和学术讨论中的自由争鸣。经济建设和文化建设的需要使国家权威从实用的角度考虑调动知识分子的积极性，所以有了知识分子已经成为工人阶级一部分之说。虽然今天的年轻知识分子再也不会以成为工人阶级一分子为荣，甚至工人阶级也正在以各种方式把自己打扮成白领，但在50年代，这却意味着一种信任，一种被接纳的荣耀。国际的影响是重要的。从1956年4月《人民日报》发表的《关于无产阶级专政的历史经验》和《再论无产阶级专政的历史经验》等文章看，当时的中国权力高层对苏共二十大给予了相当高的评价，特别是反对个人迷信、反对教条主义，已经被充分注意到。这意味着要接受斯大林时代的某些教训。领导人开始以“人民内部的矛盾”的新思路来考虑问题，开始考虑以非暴力的方式处理和平建设时期的一些社会关系，从而稳定社会秩序，并在稳定中求得社会的发展。其实这是必然的，也是规律性的。一个社会不能总是轰轰烈烈地进行革命，一个新建立的政权如果总是依靠枪杆子来维持自身，那也太可悲了。尽管当时的人们还不可能从阶级斗争的思维模式中走出来，但不愿意再把一切都解释为阶级斗争，而开始思考一些并非你死我活的矛盾，却是一个新的动向。它反映着国家权威追求社会稳定和谐的一种愿望。无论什么时代，新的统治关系确立之后都必然希望稳定，任何一个自信的政权在建立自己的统治之后都会希望社会趋于安定团结。但这有一个条件，就是它必须坚信一些不和谐因素已经不足以从根本上破坏现有的秩序。1956年的国家权威已经有足够的理由建立这种自信。“双百方针”正是这种自信的体现。

“双百方针”至今缺少准确的解释。因为权威的解释有不同的版本。现在人们一般依据的是1957年5月26日中宣部部长陆定一的报告。他的讲话使我们看到它的基本点是在政治上分清敌我的同时在人民内部应该有足够的自由。这些自由包括：“有独立思考的自由，有辩论的自由，有创作和批评的自由，有发表自己的意见、坚持自己的意见和保留自己的意见的自由。”

今天我们面对“双百方针”的各种解释都可以看到，即使最理想化的解释，也决不是无限制地放松，但是，就是这样一种情况，已经使知识分子为之欣喜若狂。朱光潜曾经有过这样的表述：“在‘百家争鸣’的号召出来之前，有五六年的时间我没有写一篇学术性的文章，没有读一部像样的美学书籍，或者是就美学里的某个问题认真地作一番思考。其所以如此，并非由于我不愿，而是由于我不敢。……‘百家争鸣’的号召出来了，我就松了一大口气。不但是我一个人如此，凡是我所认识的有唯心主义烙印的旧知识分子一见面谈到这个‘福音’，没有一个不喜形于色的。”[①]大概无须通过统计数字就可以证明，“双百方针”提出之后，文艺界的思想是比较活跃的。很多人心情舒畅，不再顾忌，开始反映真实的生活，抒发自己的真实感情。甚至周扬都曾经为“双百方针”的提出而喜形于色。他看到对斯大林个人迷信的批判、对教条主义的批判和“双百方针”的提出，认为“对于我们个性的发展有很大的好处”。这大概并不奇怪，因为即使权威话语的传达者，知识分子的独立意志和自由之梦也并非能够完全消除。他们毕竟也经过新文化的一些洗礼，对自由不是没有留恋。

突围的努力主要集中于三个方面：

一、反对政治干涉和束缚，要求创作自由。大量文章对文学现状表示不满，其焦点在于政治对文学过多的干涉。文学呼唤创作自由而否定政治干预，这涉及对文学为政治服务的要求，涉及文学创作和批评中的教条主义。创作自由之所以有那么大的魅力，原因就在于可以通过它而重新获得知识分子在文学中的主体地位。在“双百方针”提出的“早春天气”里，被压抑的知识分子独立意志迅速膨胀。现代知识分子曾经拥有的一切都成为新的梦想，知识分子应该获得的一切权利都成为奋斗的目标。以“探求者”文学社为代表的同人团体和同人刊物的出现可以说是50年代文学知识分子话语突围中具有代表性的一个案例。它标志着那个时期知识分子获得独立话语空间的一种努力。同人团体和刊物这一在“五四”时期曾经那么辉煌的文学存在形态竟然让知识分子如此难以忘记！50年代这些年轻的知识分子并没有经历过那个年代，他们却试图通过自己的实践找回那种属于自己的话语阵地。

①朱光潜：《从切身的经验谈百家争鸣》，《文艺报》1957年第1期。

“探求者”文学社的《章程》和《启事》中闭口不谈文艺必须为政治服务，他们的口号是“大胆干预生活，严肃探讨人生”。这里显然隐含了某种摆脱控制的倾向。

二、争取独立的批判权。今天的文学史对“双百方针”提出之后的文学现象的描述一般都注意到现实主义精神的强化这一特点。现实主义与知识分子争取独立的批判权虽然密切关联但并不完全是一回事。在中国的历史上，无论什么时代，国家政治对批判权的问题都是敏感的，所以，对现存秩序的批判这一行为本身就具有一种精神独立的性质。但是，对现实的批判却并不一定都来自知识分子。因为权威话语自身也可能在某些方面进行自我批判。在1956年到1957年现实主义文学思潮中有两种批判话语，一种是知识分子的批判话语，一种是理想主义的少年布尔什维克的批判话语。前者更多地表现为对“五四”新文学批判传统的继承，更多地体现了对专制主义和旧传统的批判。后者多来自革命队伍内部，其根本问题是理想化的教育培养了他们的理想化的目光，他们用这种目光看待革命成功之后的现实，发现它并不像革命过程中向人们所描绘的那样美好。于是，他们就努力于这种美好理想而对不符合他们理想的现象进行揭露和批判。这种批判基本上是权威话语自身的批判，但是，过于理想化的目光却往往来自于革命队伍内部年轻幼稚的成员。所以，王蒙的《组织部新来的年轻人》引起争论的时候，就曾经有人指出：林震的目光即王蒙的目光，是小资产阶级的知识分子的目光。邵燕祥、公刘等人对现实的批判更多一些知识分子的话语立场。《贾桂香》等作品中所批判的官僚主义已经不是革命热情衰退或者满足于上传下达，而是他们身上的旧观念对人的幸福生活的破坏。这些作家和诗人差不多都来自革命队伍内部，他们的创作意味着这些本来应该一心一意服从纪律的战士不再简单地听从命令，他们重新认识战士的职责，把战士的职责与知识分子的使命结合在一起，找回了丢失的知识分子的使命意识。

三、复活文学的“人学”本性，重新确立人在文学中的中心地位，张扬人情、人性和人道主义。它的一个重要标志是重新提出了“文学是人学”的口号。“人的文学”是“五四”时期出现于中国文坛的，是中国现代知识分子话语最鲜明的标识，也是20世纪中国文学知识分子话语的一个中心命题。钱谷融在《论“文学是人学”》中强调：“人是生活的主人，是社会现实的主体”，文学“必须从人出发，必须以人为注意的中心”[①]。当时的人们还不可能重提“五四”的“人的解放”的口号，但对人的重视本身已经意味着一种突破。“人的文学”与“文学是人学”虽然并不完全一致，但都以人为主体，以人为对象，用人道主义的精神去观照社会生活和各种生活现象。巴人在《论人情》中指出当时的文学“政治味太浓，人情味太少”。根据他的解释，“人情也就是人道主义”。他认为：“文学史上最伟大的作品，总是具有最充分的人道主义的作品。这种作品大都是鼓励人要从阶级束缚中解放出来。或悲愤大多数人民过着非人的生活，或反对社会的不合理、束缚人的才能智慧的发展，或希望有合理的人的生活，足以发扬人类本性。”[②]这已经完全是“五四”式的知识分子话语。在50年代的知识分子话语的突围中，理论上的呼唤最值得注意的是巴人的这篇《论人情》，它显示着那次突围所达到的深度。像当时的所有知识分子一样，要证明一个问题的正确性当然离不开马克思主义经典的支撑。巴人引用马克思关于异化的理论说明，“本来所谓阶级性，那是人类本性的‘自我异化’。”[③]这种观点与当时的权威话语反复强调阶级性的做法是格格不入的。

1956年到1957年一年间的中国文坛出现了不少反映爱情生活题材的作品。这些作品大多可以看作是对人的关心的结果。在刚刚过去的岁月里，人们往往根据政治的要求把革命事业和个人幸福对立起来，把政治原则和感情生活对立起来，个人的感情、个人的生活像个人的思想一样没有了合法的地位。在“双百方针”提出的时代背景上，这种状态终于被冲破。《红豆》等小说之所以引起广大知识分子的喜爱，并不仅仅由于其艺术性，也决不仅仅因为它写的是爱情，而是那种知识分子的个人情感在广大知识分子读者心中所产生的共鸣。作为知识分子读者，感觉到的是一种浓郁的属于自己的气息。其实，未必有人希望强化感情上的留恋而否定恋人之间因为政治方向不同而做出的选择。但是，选择归选择，感情是感情，政治上的分道扬镳未必导致感情上的义断情绝。只有在知识分子中，才愿意作这种区别对待。如果说以《红豆》为代表的一些爱情题材的作品的意义在于把被政治要求遮蔽的

①钱谷融：《论“文学是人学”》，《文艺月报》1957年5月号。

②③巴人：《论人情》，《新港》1957年1月号。

感情生活重新捧到了读者面前的话，杨履方发表于1957年第1期《剧本》的话剧《布谷鸟又叫了》则通过一个农村青年的爱情坎坷表现了丰富的社会生活内容。活泼开朗的农村少女童亚男是一只喜欢唱歌的“布谷鸟”。但是，她却突然再也唱不出幸福的歌。原因是她把美好的爱情给了团支部委员王必好，而王必好却试图剥夺她的自由，对她进行了种种限制。经过曲折的斗争，她终于获得了应有的自由而找到了自己美好的爱情。这个作品在后来的批判中被说成是“美化了资产阶级个人主义思想，丑化了农村中的党组织”，或者是“在关心人和妇女解放的帽子下面大肆宣扬资产阶级的个性解放思想”。因为那时候的人们认定童亚男“争取婚姻自由，实质上是资产阶级个人主义思想”[①]。著名剧作家陈白尘也认为这个戏有严重错误，因为它“在关心人和妇女解放的帽子下面大肆宣扬资产阶级的个性解放思想”[②]。应该承认，那些批判文章虽然水平很不一致，但发现的问题是准确的。这个剧本的真正意义显然就在人的解放和“反封建”主题。而这种主题正是当时极力限制的知识分子话语的中心命题。所以，当时敏感的批判者已经看到，童亚男是“穿着农村姑娘服装”，“拼命追求个人幸福的资产阶级知识分子的化身”[③]。

人格的独立、个性的自由和人的解放的主题在诗歌创作中得到了比较充分的表现。在艾青的《礁石》、流沙河的《草木篇》、公刘的《禽兽篇》等作品中，我们可以看到50年代的诗人关于独立人格的梦想。他们意识到除了作为阶级的一员之外，他们还是一个应该独立的个体。用一年多后批判他们的语言来说，他们的确是个人主义思想抬头。他们意识到自己的存在，意识到除了为革命而歌唱之外还应该为自己而歌唱。他们不再满足于作阶级的、人民的、政治权威的传声筒，而是要为自己表达一点声音。只有在“双百方针”提出之后我们才能够发现，50年代原来有那么多知识分子是那样地渴望个性的解放，那样地梦想着独立人格的实现。看《礁石》中那块礁石：“一个浪，一个浪／无休止地扑过来／每一个浪都在它的脚下／被打成碎末、散

①洪洋：《也谈〈布谷鸟又叫了〉——并与陈恭敏现场商榷》，《剧本》1959年第5期。

②陈白尘：《布谷鸟为什么要歌唱》，《剧本》1959年第6期。

③覃柯：《评〈布谷鸟又叫了〉及其评论》，《戏剧报》1958年第22期。

开……/它的脸上和身上/像刀砍过一样/但它依然站在那里/含着微笑，看着海洋……”；看流沙河《草木篇》里面那棵白杨，“她，一柄绿光闪闪的长剑，孤零零地立在平原，高指蓝天。也许，一场暴风会把她连根拔去。但，纵然死了吧，她的腰也不肯向谁弯一弯！”可以说，这不是50年代知识分子生活的写照，无论艾青还是流沙河，都很难表现出礁石或白杨的这种精神，但是，它却是中国知识分子心灵深处的声音，它透露的是知识分子的一种理想和向往，是知识分子人格独立的梦想。也许正因为在那种使知识分子丧失了全部独立人格的时代文化中，知识分子才如此赞美这顽强坚守而乐观的礁石，才如此赞美那纵然死了也不肯弯腰的白杨。正是这种知识分子独立的人格理想，使流沙河赞美不愿用媚笑引诱蝴蝶的梅花，赞美不想用鲜花向主人献媚而到沙漠里开花结果的仙人掌，而看不起依附于别人身上的藤。正是这种独立的人格理想，使长风在《我对着金丝笼看了好久》中对那只失掉了自由却非常满足的金丝雀发出深深的叹息。也正是这种独立的人格理想，使傅旭在《批评家的原则》中对人云亦云而没有自己声音的批评家发出叹息，使诗人们对风向针的随风转动，对作家的鹦鹉学舌等类似的行为表示深恶痛绝。这一切表现的不过是知识分子渴望独立的愿望，甚至这种愿望并不都是多么值得称道的，因为在这种独立意识中，我们不难闻到传统的知识分子的清高气息。因为知识分子毕竟也是环境的产物，时代的思想资源的贫困也必然地造就着知识分子的思想能力的纤弱。但是，它毕竟显示着现代知识分子的一种精神追求。

这一切显示了知识分子话语突围的方向。这个方向可以一言以蔽之：人格的独立和言论的自由。其实这不过是宪法明文规定的公民的权利。从1956年春天到1957年的春天，一年多的时间，知识分子沉浸在重新获得自己话语的梦中。然而，等待他们的却是更彻底的沉没。

三、梦的破灭与最后的陆沉

要求创作自由，争取人格独立，在当时的政治权威看来就是知识分子要摆脱政治的控制。允许不允许文学摆脱政治的支配和控制？允许不允许知识分子自由地发表自己的见解？在这个问题上，政治权威最后的表现是失掉了一年前的自信。于是，一场政治斗争终于平息了知识分子争取言论自由的浪潮。文学中知识分子话语的突围也在强大的权威力量之下宣告彻底破产。

1957年6月19日，毛泽东在2月27日最高国务会议上的讲话《关于正确处理人民内部矛盾的问题》发表，但敏感的人们普遍注意到，其中关于“百花齐放，百家争鸣”的内容作了很大的修改，并且增加了原讲话所没有的与整个讲话很不协调的内容。[①]在重新做出的解释中，“双百方针”似乎成了为锄掉毒草而“引蛇出洞”的策略。当然，毛泽东即使在加上六条政治标准的时候也没有说不要自由讨论，但是，这种限制却暴露了一种不自信。可以说，直到1957年春天，毛泽东仍然是自信的，但大鸣大放引发的全国局势，知识分子和大学生们纷纷发表的各种尖锐批评，尤其是民主党派领袖们的某些言论，显然是他没有预料到的。如果说在此之前毛泽东对知识分子接受新的政治权威话语的情况估计比较乐观的话，在这种情况下，他的估计就变得过于悲观。在关于正确处理人民内部矛盾的报告中，他对知识分子的估计是比较客观的，冷静的，虽然知道拥护者和反对者都是少数，多数是中间派，但是，他看到知识分子中的一大部分在努力学习马克思主义，在接受改造。可是，到了鸣放开始出现新的局势之后，他感觉知识分子学习马克思主义都是一种假象，根本就没有改造好。“过去七年，我们形式上有主动，实际上至少有一半是假主动。反动派是假投降，中间派的许多人也不心悦诚服。”[②]他看到的是有出匈牙利事件的危险。所以有了这样一种估计：“讲到教授、副教授，那就不同一些，大概有百分之十左右的右派。左派也有百分之十左右。这两方面旗鼓相当。中间派占百分之八十左右。”[③]知识分子改造运动惨淡经营七八年，可以信任的左派却不过知识分子的百分之十左右，这虽然不可怕，却足以让人伤心。于是，有了五十五万右派分子。在“双百方针”提出之后从各个方面进行突围的作家绝大多数成了右派，他们的作品一般都成了“反党反社会主义的

①魏绍馨：《当代中国文学思潮四十年》，华龄出版社1993年，第111—113页，对此有详细的比较和对照。

②《毛泽东选集》第5卷，人民出版社1977年，第432页。

③同上书，第441页。

大毒草”。政治的力量有力地摧毁了知识分子重新建立自己的话语空间的梦想。

对于文坛的知识分子话语来说，政治运动的毁灭性打击并不是事情的结束。反右运动之后紧接而来的一个大事件是“大跃进”民歌运动。50年代文学出现的知识分子话语的突围现象是从“双百方针”提出开始，而对它的扫荡是到“大跃进”民歌运动为止。这是一个完整的过程。真正导致知识分子最后领地之陆沉的不仅是反右和“再批判”，而且包括“大跃进”民歌运动。目前当代文学的教学和研究在谈这个时期的文学思潮时往往因为将其分别划入不同时期而人为地模糊了事物发展的全过程和相互之间的联系。事实上，“大跃进”民歌运动是有意识发动起来的一场意义重大的文化运动。它的意义在于：虽然反右斗争胜利了，但问题并没有从根本上得到解决。政治斗争代替不了文化争夺，右派分子虽然已经被有效地控制了起来，但占知识分子总数百分之八十的中间派却时时都有变成右派的可能。百分之十的左派力量不能保证知识分子话语不重新泛滥。所以，文学的问题必须以文学的方式解决，“大跃进”民歌运动事实上是解决反右之后的文学问题的重大环节。它的意义是多层次的：

一、以跃进的方式迅速进行的民歌创作以铺天盖地之势直接填补着反右之后文坛的荒芜场景。只有明白这一点，我们才能明白为什么要那样追求创作的数量，为什么要制订指标，规定任务，为什么从七八岁的孩子到七八十岁的老太太都要写诗，为什么从田间地头到部队营房，都要进行轰轰烈烈的民歌运动。我们才能理解为什么要那样十万火急地培养作家和艺术家。因为它可以告诉人们，反右之后文学创作不仅没有萧条，而且出现了蓬勃发展的新气象。这证明着反右斗争的正确性，抵挡着反右导致文坛荒芜的现实。

二、捍卫和修补了在40年代开始形成、在50年代发扬光大、在“双百方针”提出之后受到冲击的当代文学规范。毫无疑问，在“双百方针”提出之后，知识分子已经对公式化、概念化表示了充分的厌恶，对反复歌唱的颂歌表现出冷淡和背弃，它事实上已经宣告着颂歌主题的落潮（艾青、公刘、邵燕祥、王蒙等人的创作就是证明）。“大跃进”民歌运动在反右之后迅速对文学园地实行占领，歌颂党，歌颂领袖，歌颂美好的新生活，颂歌主题重新高扬，在知识分子的这种声音再也高涨不起来之后，来自民间大众的颂歌填补着这一空缺。它是对走向低谷的颂歌危机的一种拯救。因为当时的农民虽然已经面临着刚刚到手的土地重新失去的问题，但还没有认识到问题的严重性。他们更多的人还处于分得土地的幸福感和合作化道路的新鲜感之中。无论如何，农民远没有知识分子对社会问题的敏感。所以，这场农村包围城市的文化运动是成功的，它使颂歌重新成为文坛的主旋律，而且延续到70年代。

三、利用民间话语的形式对知识分子盘踞的诗坛和文学园地进行全面的包围、改造和占领。中国当代文学与“五四”新文学运动是分不开的。无论谈论20世纪文学还是谈论20世纪知识分子，“五四”已经是无法绕过的一个碑柱，在整个20世纪，具有自觉意识的现代知识分子非常自觉地把自己与“五四”挂接，他们的知识系统也的确大都来自“五四”。那么，要克服知识分子牢固的自我立场，就不能不否定“五四”传统。“大跃进”民歌与“五四”传统完全不同，它来自权威话语指导下的民间，没有“五四”新诗那些来自西方的现代性因素。它所引发的关于诗歌问题的讨论，主要特征就是对“五四”新诗传统的否定和重写。有人就说新诗自从“五四”以来的主流就是民歌，洋化的新诗只能是逆流。人们纷纷谈论“五四”之后新诗建设之不成功，而它之所以不成功，就在于它是知识分子的，没有很好地与广大群众相结合。

20世纪中国文学的知识分子话语与西方文化的影响是分不开的，它从严复、梁启超开始，经由陈独秀、胡适、鲁迅之手建成，很自然地打下了与中国传统相对立的西方现代文化色彩。而“大跃进”民歌运动的创作实践及其理论讨论首先是反对西化或者欧化，以民歌作为诗歌发展的方向，认为诗歌应该向民歌学习，向民歌靠拢，在民歌基础上去提高。继承“五四”新诗传统成为一种耻辱，借鉴西方经验就是崇洋媚外，诗人们纷纷放弃自己本来的艺术追求和已经形成的风格特色，而参与民歌的创作，或者说是以民歌体写他们的新诗。形式的问题从来就不仅仅是形式的问题，而是涉及诗歌发展的方向。诗歌发展的方向是什么？虽然人们仍在讨论，而且有不同的声音，但权威的结论已经做出：“中国诗的出路，第一条民歌，第二条古典，在这个基础上产生出新诗来。”这个方向不仅仅限于诗歌，而是适用于全部文学和文化。这个不容争辩的声音强调着民歌——民间文化，强调着古典——传统文化，却唯独没有来自西方的现代文化的位置。这一诗歌发展方向的确定把现代知识分子话语从诗歌创作中彻底地驱逐了出来。

围绕着民歌运动的讨论，可以明显看到的是消除文学的知识分子话语的努力。它是方向问题，而不是小事。讨论中虽然有并不完全相同的见解，但那是因为毛泽东的讲话当时还没有传达，人们不知道那是最高的权威声音，但许多人却是知道的，所以讨论的主导方向非常明确。这场讨论的焦点被认为是“一个谁跟谁走的问题”。当有人提出不同意见的时候，有人立即指出：“关于主流之争，实际上是知识分子要在诗歌战线争正统、争领导权的问题。”①

把这各个方面联系起来，我们就能够理解为什么国家领袖要亲自关心民歌的创作和搜集；为什么民歌创作竟然成了全党全军全国人民的政治任务；为什么“大跃进”还必须完成培养多少作家和诗人的指标。一切都不是无意义的。人人能写诗，人人能画画，“村村要有李有才，社社要有王老九”，不会写字的老太太成了诗人，没上过学的农民当了作家。全民办教育，各种“大学”遍布全国，一个县就办起一百多所大学，不识字的贫农老大娘当了“教授”。这一切有什么意义呢？那就是彻底打破知识分子在文化教育领域的一统天下。这与后来工农兵管理学校的思路是一致的。同时，指导文学创作的一个口号响亮地提了出来：“领导出思想，群众出生活，作家出技巧。”这种创作方式的意义也在于防止知识分子话语在作品中获得表现，使知识分子所掌握的技巧成为纯粹的工具而不能表达自己的思想。

由此可见，“大跃进”民歌运动是一个全面地推进民族化和大众化的运动，是权威话语借助民间话语全面覆盖知识分子话语的一个运动，是彻底否定“五四”新文学传统而回到民间传统的一个运动。它意味着知识分子被迫放弃自己的话语立场和话语形式而向民间大众话语无条件归顺。从这个意义上讲，“大跃进”民歌运动是权威话语支配下的民间文化的一次

①《新诗歌的发展问题》第1集，第176页。

盛典，也是对知识分子话语的一次彻底大扫除。

在这种情况下，中国大陆文学中的知识分子话语终于全面覆没。与此同时，20世纪中国文学中的启蒙精神终于彻底消失，20世纪中国文学的现代性追求终于全面中断。当它重新出现的时候，已经是二十年之后了。

1997年8月　曲阜

沉重的回归之旅

——1980年代中国文学的知识分子话语之一

“文革”结束之后，一些作品致力于为知识分子辩护和请命，虽然大都没有获得知识分子自己的话语，但一些作品已经摆脱权威话语的全面笼罩，显示了不同于权威叙述的新特征。当时的文坛存在着知识背景很不相同的三代作家。知识分子话语复苏受益于受过“五四”新文化影响的老一代，同时也受益于50年代那些“青年右派”昙花一现即被扼杀的声音。从不同话语之间的关系看，1980年代是中国当代文学史上三种话语配合最为默契的一个时期。知识分子不仅支持了改革开放的意识形态，而且成功地充当了大众代言人。随着改革开放的深入，从根本上决定着知识分子话语发展状况的因素已经不在外部，而在知识分子的角色意识和自觉程度。

对20世纪中国文学知识分子话语的考察是一次痛苦的精神长旅，面对历史风沙中被掩埋的前辈遗骨和零乱履痕，一种穿越墓地的压抑感使我一次次喘不过气来。直到进入这一地段——1980年代，我才终于长长地舒了一口气。因为在这里，历史终于出现了转机。

虽然一场史无前例的“文化大革命”对知识分子人格的扭曲和摧残都达到了登峰造极的地步，虽然像遇罗克那样的思想罪犯被一个个处以极刑，虽然历史生活的表层世界已经不再有知识分子的声音，而那些被称作“知识分子”的文人已在不断强化的改造过程中完全丧失主体性而变成权威话语的留声机器，然而，只要进入历史生活的深层就会发现：知识分子话语并没有像改造运动的发动者所预期的那样被彻底根除。一方面，承载着“五四”遗产的少量幸存者虽然沉默如大火过后的树桩，但根须并未死去，正所谓“人还在，心不死”；另一方面，虽有政治因素的强大威胁，但普遍存在的拙劣欺骗恰恰导致了新一代的觉醒。它告诉我们，无论怎样通过闭关锁国和涂抹历史的方式制造集体遗忘，也无论对知识分子进行怎样的改造，百分之百的成功都是不可能的。于是，一旦改革开放之风结束了严冬，在黑暗中伸展的根芽便要顽强地钻出地表。

当然，知识分子话语的复苏和重建不是顺利的。在其开始，它必然面对种种问题和矛盾，必然要经历一段沉重的回归之旅。

一、知识分子的归来

知识分子话语的复苏首先有赖于知识分子的回归。知识分子问题是20世纪中国文学发展中至关重要的一个问题。从“五四”时期以新文化运动宣告对人的解放和民族命运的独立承担，到“五四”落潮之后的大分化，再到战火中的沉没与改造运动中合法性的彻底丧失，中国现代知识分子写下的是一部主体性得而复失的历史。知识分子和他们所掌握的知识一样，曾经被认为是一种有害的元素，即使洗心革面，努力改造，也难以挤入正册。“四人帮”的“知识越多越反动”可谓一语道破天机。否则，我们就无法理解为什么本来是工人的儿子或者贫农的女儿，因为上了大学就改变了自己的阶级属性，也无法理解成千上万的青年仅仅因为上过中学，就成了不可信任的，必须上山下乡去接受贫下中农的“再教育”。显然，我们经历过一个仇视知识和理性的反智的时代。然而，知识分子问题却不仅仅是占人口比例极小的知识分子自身的问题，而是现代化这一只能拖延而无法避免的历史进程的关键之一。因此，“文革”结束之后中国的现代化重新启动，知识分子的问题重新提上了历史的议事日程。尽管当时计划实现的现代化只有四个，而稍具现代化常识的人们都绝不会天真地把四个现代化等同于现代化，但是，要实现四个现代化，也必须重视科学、技术和文化知识，只靠行政命令和作为保障措施的阶级斗争，显然无法实现这一增强国力之目的。于是，广义上的“知识分子”在经历了漫长的屈辱生活之后，终于从有害的变成了有用的。“知识越多越反动”的口号连同盛行了几十年的这类观念与“四人帮”一起受到了批判，国家要“落实知识分子政策”，知识分子不但不再因为拥有文化知识而被视为异己，而且因为拥有科学技术而成为必须依靠的力量。

尽管历史前进的脚步总是缓慢得令一切对美好未来怀有热望的人们难免产生焦躁，但是，如果考虑到历史的沉重和转向运行的难度，就应该承认“文革”结束之后历史前进的脚步是快捷的。不少人描绘过那个时期的时代情景：知识分子恢复名誉，大学恢复招生考试，科学大会的召开，文代大会的召开……与知识分子相关的每一件事都层层开启着知识分子身上的重重枷锁。中国知识分子在经过几十年被打入另册接受改造的生活之后，终于迎来了一个积雪难消却又充满暖意的春天。在一个漫长的冬夜刚刚过去的时候，久违的春阳让人感觉特别灿烂。以至二十年后仍然有人动情地写道：“1977年的中国没有冬天!”①

就在这个背景上，一批歌颂知识分子的作品出现了。《地质之光》《哥德巴赫猜想》《大雁情》《丹心谱》《天云山传奇》《人到中年》《灵与肉》……这些作品一般有两个主题，一是通过对知识分子不幸遭遇的诉说而反思当代历史的迷途；二是通过对苦难遭遇中的品格揭示而肯定知识分子自身。无论前者还是后者，都往往透露着为知识分子辩护和请命的动机。正如当时的评论家所指出的：这些作品“之所以能产生那么大的影响，从客观上来讲，因为它正好配合了党的知识分子政策的调整，配合了三中全会前后党为落实知识分子政策而采取的措施，而进行的斗争；从作品本身讲，又因为它表达了广大知识分子的心声……”②

但是，为知识分子辩护和请命的主题只是知识分子话语复苏的一个铺垫，当时反映知识分子生活的作品大都没有表达知识分子自己的话语。从《哥德巴赫猜想》《大雁情》等作品可以看到，作家们努力为知识分子洗掉脸上的泥污，为其辩护和请命，但依据的价值仍然不是知识分子的。作为从1930年代过来的知识分子，徐迟并非没有现代知识分子的生活记忆，更不是没有对独立人格和创作自由的梦想，但在写《哥德巴赫猜想》时却还未敢梦

①凌志军、马立诚：《呼喊》，广州出版社1999年，第13页。

②何西来：《深情的呼吁》，《长安》1984年第3期。

想恢复知识分子的主体地位，他所做的不过是让人们看到知识分子那种书呆子气中包含的并不都是毒素，希望人们对其给予理解和认可。作为点题之笔，这篇报告文学开头抄引的是《人民日报》1978年元旦社论中的句子："为革命钻研技术，分明是又红又专，却被他们攻击为'白专道路'。"在结尾之处，写下的又是这样的话："没有一定的世界观的转变，没有科学院这样的集体和党的关怀，他不可能对哥德巴赫猜想做出这巨大贡献。正是无产阶级'文革'不可抗拒地促使他突变。被冷酷地逐出世界的人，被强烈的生命召唤了回来。帮派体系打击迫害，更显出党的恩惠温暖。冲击对于他好像是坏事；也是好事，他得到了锻炼而成长了。没有无产阶级'文化大革命'，他不可能写出如此成熟的论文……"①从《哥德巴赫猜想》《大雁情》到《天云山传奇》《祖国高于一切》，作家们所希望的不过是打破对知识分子的偏见。一直到《人到中年》出现，绝大多数作品都在以生动的事实证明知识分子不但是有用的，而且品质优良，一片赤胆忠心，因而完全能够充当革命机器上的齿轮和螺丝钉。文学的努力不过是希望知识分子被承认和接纳。

争取"被接纳"这一环节非常复杂。它显示了知识分子作为一个群体普遍存在的精神奴役创伤，但又是知识分子话语复苏不可缺少的一步。正是在知识分子归来的前提下，文学中的知识分子话语开始悄悄萌芽。70年代末到80年代初的文学清楚地展示了从血泊中站立起来的知识分子对自身独立性的追求。虽然这种追求不可能是普遍的行为，因为长时间的禁锢已经使许多人习惯了驯服，甚至精神已经僵死，即使枷锁已经打开，也难以重新伸直自己的脊骨，更不敢发出自己的声音。但是，毕竟还有经过长期改造而没有泯灭自我的人。一旦历史出现转机，他们便站立起来，试图打破各种绳索实现自身的解放，试图重新获得独立的话语权。

二、知识分子话语的复苏

在"文革"结束后的创作中，刘心武的《班主任》是一个具有多重意义

---

①徐迟：《哥德巴赫猜想》，《人民文学》1978年第1期。

的标志。考察知识分子话语的萌芽，也无法不从它谈起。因为它虽然留有许多旧时代的胎痕，却毫无疑问具有了鲜明的启蒙意味。在这里，作为班主任的张俊石面对被时代精神污染的孩子的精神病态，自觉地承担起了启蒙的角色。值得注意的正是这种启蒙角色的重新认定。这是中国知识分子已经丢失几十年的角色。以“文革”为代表的文化形态有一个鲜明的标志：工农大众不需要知识分子启蒙，知识分子却必须接受工农大众的改造。权威意识形态一直在做的是如何防止教师把孩子们引向邪路，防止学生在学校受到“资产阶级思想的侵蚀”，当然，众所周知，关键在于防止怀疑精神和独立思考能力的产生。在相当长的时间里，这一目的被认定没有很好地实现，所以才有了接二连三的“教育革命”，直到工宣队进驻学校、贫下中农管理学校，以至受过学校教育的大学生和中学生都要上山下乡接受贫下中农的再教育。在“文革”时期，工农兵大学生进入学校的任务并不只是学习，而是上大学、管大学、改造大学。改造旧学校的重要内容就是对教师的改造。然而，在刘心武的小说中，教师却不再是被改造的对象，而是理直气壮地承担起了启蒙的责任。尽管在作品中张俊石首先被赋予某种可靠的身份，其思想和语言也绝不溢出权威话语的规范，但值得注意的是，谢惠敏形象所显示的精神危机并非来自权威话语的认识，而是来自启蒙知识分子的目光。谢惠敏根正苗红，品行端正，立场坚定，旗帜鲜明，坚持原则，积极向上，认真学习“两报一刊”和上级指示精神，因而正是那个年代优秀学生的典范。她之所以能够担任团支部书记，正是这种典范性的证明。然而，在刘心武的笔下，这个形象却显示了精神的病态。这种认识只能源于知识分子的启蒙立场。这种立场和观念正是此前几十年一次次思想改造运动所要清除的。从这个意义上说，《班主任》是知识分子独立的话语萌芽在地平线上的第一次公开显示。在国家权威话语还没有否定“文革”的情况下看到了“文革”的深层危机，面对神圣的革命规范的杰作而发出“救救孩子”的声音，它所显示的批判意识同时承载了人道情怀，这使它在走出权威话语的同时提供了新的价值立场。

紧接而来的是伤痕文学的部分作者。无论自觉还是不自觉，冯骥才的《啊!》等作品都已经明显地在努力摆脱权威话语的笼罩。这些小说更多地展示着人们的精神状态。它是为控诉“文革”而展示的，意义却不仅在于控诉，而是表达了中国知识分子关于人的解放的百年之梦和自身人格独立的愿望。因为在作家眼里，无论是王晓华的迷信、卢丹枫的狂热，还是吴仲义终日胆战心惊的政治惊恐症，都是一种病态。作家所叹息的不仅是政治对人的摧残和愚弄，而且是知识分子由于政治的迫害而形成的主体虚弱和人格萎缩。告别1980年代之后，有人开始对伤痕文学进行反省，不仅认为它存在一种被夸大了的伤感，而且认为这种对伤感的夸大是伤痕文学经常使用的叙事策略。“这一策略除了自怜的心理动因之外，与主流意识形态的引导也是密切关联的。”[①]当然，无论《班主任》《伤痕》还是《啊！》《枫》，都明显表达着一个政治批判主题，与改革开放的政治意识形态的要求是一致的。但是，必须注意的是，对“四人帮”及这一符号所代表的政治文化的清算并不只是政治意识形态的要求，而且是醒来的知识分子的强烈愿望。而且，知识分子的叙述已经显示了不同于权威叙述的特征，其思想文化努力已远远超越了现实的政治反拨需求。在当时对“文革”的批判中，有两种不同指认是值得注意的：有人把“文革”指认为无政府主义，有人把“文革”指认为封建专制主义。不同的指认显示着不同的立足点，前者的指控关键词是篡党夺权、制造动乱，破坏秩序、祸国殃民；后者的指控关键词是剥夺人权、扭曲人性、肆意践踏人的价值与尊严。这两种话语虽然相互渗透，但基本的分野非常明显。上述作品所显示的话语基点显然属于后者。

在这个历史转折的时刻，中国文坛存在着知识背景很不相同的三代作家。一是经历过“五四”或30年代的老一代，二是50年代成长起来的中年，三是在“文革”背景上成长的青年。一个现象应该有目共睹：在70年代末到80年代初的思想解放运动中，人们虽然往往以年龄为标志谈论所谓“代沟”问题，但思想最僵化的并不是最老的一代。因为最老的一代知道什么是独立人格，什么是自由思想，知道作家曾经以什么样的姿态听命于自我的召唤而不必服从权力的意志。所以，当改革开放之风吹来，他们的心情是舒展的，是他们播撒了当代文坛知识分子话语的种子，并以跨代承传的方式直接影响了年轻一代的精神立场。遗憾的是，这些作家大都已入垂暮之年，由于历史的教训，他们中的大多数迟迟没有发出内心的声音。在他们当中，

①孟繁华：《激情岁月》，山东教育出版社1998年，第57页。

艾青等人是引人注目的。早在50年代，他们已经对充当权威话语的传声筒而感到厌倦，渴望复归个人的主体而且得到一片表达的空间。结果，他们为此而付出了二十年的惨重代价。然而，劳动改造并不一定能够摧毁一个知识分子独立的意志和对自由的渴望。在“文革”结束之后，他们多年的思考得到了充分的表达。艾青的《光的赞歌》《古罗马的大斗技场》《盆景》以及牛汉、曾卓等人的作品显示了独立的知识分子的归来，表现了独立的愿望和不屈的精神。而巴金、萧乾等人则在时间的推移中日益显示出自己本来的面目和掩盖多年的光彩。

但是，70年代末到80年代初最活跃的作家已经不是老一代，而是50年代出现于文坛的一代人。在这一代作家中，最活跃的是1957年的“青年右派”。这批作家的情况非常复杂。他们之所以被划为右派，主要原因在于他们对当时权威话语的突破，他们因此而具有了知识分子话语的批判色彩。然而，批判并非知识分子所特有，政治派别之间也会有相互批判。更值得注意的是，这代作家成长的环境和知识资源使他们更习惯于充当集团的战士，而与独立的人格和自由的精神相去甚远。这一切在他们复出后的创作中都充分地表现了出来。他们中许多人都关注知识分子的生活，但多数人没有获得知识分子的立场。他们表达的往往是知识分子无论如何遭遇苦难，如何受到不公正的对待，都仍然忠心耿耿没有怨言。这种关于知识分子的叙事透露的往往是一种求得政治信任的赤诚表白。因此，他们往往是极“左”的政治话语的对抗者，却并非知识分子话语的建构者。在这一代人中，只有邵燕祥、公刘、白桦、流沙河等是少有的例外。他们的作品不仅显示着强烈的批判性，而且显示了知识分子的独立人格。在冲破极“左”政治话语束缚的时刻，他们充当了解放的先锋，强调独立的思考，抨击神的偶像，勇敢地冲破禁区，进行独立的批判。他们在精神上已经结束了依附的状态，以独立的人格站立在他们的作品之中。当然，他们也体现着独立的艰难，那就是他们往往需要从“人民”那里获得勇气和力量。

成长于“文革”年代的青年作家更严重地缺少知识分子独立人格和自由思想基础。因为他们从小所接受的教育就缺少这样的精神资源。由于历史知识一再被遮蔽和由此造成的精神承传的断裂，他们除了自己从鲁迅著作中触摸到一点反抗精神和独立人格之外，与真正的现代知识分子在精神上已经没有多少联系。但是，历史常常于荒谬中显示着微妙，“文革”时期复杂的政治风云使他们在痛苦中开始了独立思考。因为受愚弄而产生的怀疑精神使他们远离了权威，甚至远离了上一代人无法克服的工农崇拜和大众依赖。从朦胧诗的代表诗人们可以看到，他们已经不愿做任何机器的一个部件，而走上了孤独的探求之路。在一片没有路标的莽原上，精神的饥渴使他们拼命读禁书，现实的苦难使他们苦苦思索。正是在这个过程中，他们使自己变成了现代知识分子，并且以《回答》《结局或开始》《阳光中的向日葵》《生命幻想曲》《永别了，墓地》以及《纪念碑》《大雁塔》等作品显示了光彩。小说《公开的情书》显示了一代青年在告别权威意识形态之后的思索和寻找。《波动》中重要的不是杨讯和肖凌的悲剧命运与爱情故事的悲剧结局，而是肖凌的思考所构成的对于权威话语的挑战。她不仅怀疑流行的权威话语所给予的判断，而且对其生存方式表示不屑，对其价值观念提出了质疑。在《晚霞消失的时候》中，我们看到的不是权威历史解读的形象演绎，而是作者自己对文明与野蛮冲突的理解。这一冲突成为小说的主题，已经足以说明作家的知识分子话语立场。

面对知识分子话语复苏的历程，需要追问的是在思想禁锢的年代成长起来的知识分子是通过什么承传了知识分子的精神？我们不能不承认，在思想上，80年代的思想解放运动仍然得益于受过五四新文化运动和30年代文学活跃气氛影响的老一代。同时，也受益于50年代那些曾经得到短暂表达而又迅速被扼杀的声音。正是几代知识分子共同为80年代中国文学知识分子话语的重新出现保留了火种。

三、坎坷路上的沉重身影

需要指出的是：70年代末到80年代初，是中国现当代文学史上三种话语配合最为默契的一个时期。

首先，从知识分子话语与权威话语的关系看，当时的知识分子话语获得了一个良好的时机。在某些特定的历史时刻，权威话语并非永久如铁板一块。各种政治斗争必然伴随着不同的政治路线和思想路线。这些不同的政治路线和思想路线必然以不同的形式表现出来。“文革”之所以发生，无论原因多么复杂，都与上层的矛盾和冲突有关。它有一个直接的后果，就是使相当大的一批领导干部也像知识分子一样陷入了被批判和改造的地位。共同的命运产生了共同的感受，导致了某种程度的相互理解，而大量的冤案和民不聊生的现实则留下了解决问题的突破口。于是，当“文革”结束之后，这些干部重新走上领导岗位，权威话语的分化就成为不可避免的。在“文革”刚刚过去的时间里，被打倒的老干部重登政治舞台无疑是一件大事。因为正是那些在“文革”中遭受打击的领导人打开了某些枷锁，为思想解放运动创造了空间。这时候，文学非常有力地配合了政治生活中否定“文革”、批判极“左”路线和拨乱反正之举，直接支持了改革开放的路线方针，对农村土地承包的赞美和肯定，对经济体制和政治体制改革的呼唤，对改革阻力的揭示，都为推动改革开放发挥了积极的作用。在许多方面，知识分子的思考与国家权力结构中改革开放力量的思考是一致的。但需要指出的是，这种一致性已经不再像过去年代里那样以自我的丧失和对权威话语的绝对服从为代价，而是表现为在特定的时代条件下形成的同盟。就知识分子来说，由于自身多年被改造的地位，特别是十年“文革”中所遭受的苦难，使他们对“文革”及其象征的专制政治深恶痛绝，对导致贫困和苦难的计划经济体制深恶痛绝，因而变革的愿望异常强烈。所以，80年代初期权威话语的分化为他们所殷切关注，从权威话语中分化出来的改革开放的意识形态受到了知识分子的热烈支持。80年代初期几乎每一项重大的改革措施都受到知识分子的积极支持。

新时期知识分子话语在支持改革这一点上是始终如一的。文学曾经探索于改革开放的航船之前，为改革开放的意识形态充当了前锋。但是，80年代的权威话语在分裂之后并没有立即完成新旧更替，而是右与左、新与旧、改革与保守同时共存。这种状态必然伴随着矛盾，导致了新时期中国的许多问题，也造成了文化空气的阴晴难料和知识分子话语空间的时大时小，甚至导致了知识分子命运的起伏不定。这种情况进一步迫使知识分子对不同的权威话语有所选择。历史的事实是清楚的，尽管当代文人是一个复杂的群体，思想僵化是这个群体的时代共相，但是，绝大多数知识分子选择了改革开放的意识形态。而且，越是独立意识强的知识分子，越是自觉地选择了改革开放，并成为其积极的支持者，即使受到沉重的打击也决不后悔。保守的权威意识形态持守者则认定知识分子之所以支持改革开放，不过是借改革开放之名而行“自由化”之实，因而总要寻找机会对其进行打击。在这种复杂的矛盾中，改革开放的意识形态在某种程度上支持和保护了知识分子，而知识分子也更进一步地走近了改革开放的意识形态。80年代初期的中国知识分子相当普遍地关心政治，甚至关心着政治意识形态的复杂矛盾和微妙变动。这种对政治的关心不仅是由于习惯，而是因为政治脉搏的每一跳动都影响着他们的命运。旧的权威意识形态对知识分子的压制更进一步地坚定了知识分子的这种选择。一大批知识分子以各种形式直接间接地参与“左”与“右”、“改革”与“保守”的斗争。严格地说，当时的“左”“右”之争应该是体制内的派别之争。但是，80年代初期的知识分子介入了体制内的斗争，而且一些在精神上能够超越政治派别的知识分子也无保留地介入了这种斗争，并积极支持了对极“左”政治的清算和对改革开放的推进。

结束80年代之后，一些人对80年代知识分子的这种表现有所非议，并且试图以此否定80年代知识分子的独立性和现代品格。但是，参与政治和介入政治斗争并不影响知识分子的本质认定，因为知识分子并不拒绝对政治问题表态，更不拒绝对现实的政治路线和具体的政治方案有所选择。而且，无论在任何时候，知识分子都没有理由拒绝支持正义。当健康的政治力量与非健康的政治力量进行较量时，当正义与邪恶进行搏斗时，真正的知识分子没有理由袖手旁观。

其次，从知识分子话语与民间大众话语的关系看，这也是一个相对和谐的阶段。就民间大众话语来说，他们的声音仍然很少得到直接的表达，无论人们多么乐观地夸大时代的变化，都无法否认工农大众仍然是“沉默的大多数”。他们仍然需要有人为之代言，为之呐喊和请命。由于长期的政治运动和经济体制方面的根本缺陷，人民大众已经饱尝了改革开放之前的指令经济之苦，物质生活的极度贫困和自由权利的彻底丧失使他们对“文革”和极“左”政治产生了强烈的不满，因而殷切希望改变旧有的一切而走上一条富足之路。因此，无论否定“文革”还是拨乱反正，无论包产到户还是取消人民公社，都的确顺应了大多数人的心愿。这从安徽小岗村的一纸承包合同足可以得到证明。在这一点上，复苏的知识分子话语重新找回了为民请命的角色。对知识分子来说，为民请命只是一种道德行为，而不是必须履行的职责，然而，它是20世纪中国现代知识分子的光荣传统。在这一点上，需要区分的是民间大众自己的声音和知识分子为民请命的声音；需要注意的一个限度是知识分子在自己的立场上为民请命还是走向大众的立场去充当留声机器。80年代中国文学不乏来自大众的声音。因为知识分子话语的长期缺席，导致了一旦权威话语失去凝聚力，从依附中脱离出来的人们便自然地走向民间，站在大众的立场上代大众呐喊。同时，由于刚刚过去的历史长期存在的对真正的大众声音的漠视和篡改，醒来的知识分子也愿意为苦难的大众代言。所以，这期间知识分子话语与民间话语的关系是和谐的。知识分子成功地履行着为大众代言的职责，大量作品在民间获得强烈的反响正是和谐关系和代言成功的证明。

因此，这时期的知识分子不仅受到改革开放的意识形态的鼓励，而且受到大众的支持和拥戴。在70年代末和80年代初的中国，三种声音正是这样走到了一起，共同生成了以伤痕文学、反思文学和改革文学为主线的文学思潮。在特定的时代条件下，改革开放的意识形态需要、民间大众愿望和知识分子的意愿在文学中合而为一，新的权威话语、民间大众话语和知识分子话语在许多方面达成了一致。就在这样一个时刻，知识分子话语开始生长起来。

然而，矛盾毕竟是存在的。80年代中国知识分子话语的复苏面对着重重困难。虽然在分化中出现的新的权威话语能够给予文学更多的宽容，但由于历史的传统和现实的需要，禁区不可能一下子打破。知识分子话语虽然在许多方面与权威话语相一致，但观察问题和思考问题有不同的角度和特色。意识形态不仅一时难以放弃步调一致的要求，而且政治运作本身也常常需要一定的步骤和策略。而知识分子的努力却常常与步调一致的要求并不协调，出现一些与权威话语指向不同或有违实践策略的东西。比如，知识分子更关心人的独立人格，关心人的个性，更喜欢从人性、人道的立场上思考问题，致力于人的尊严和权利的获得，这一切表达出来，就出现了种种不和谐。这种不和谐主要表现在以下几个方面：一是独立批判的限度。新时期文学所进行的社会批判是一步步冲破禁区的。批判林彪、“四人帮”，批判“文革”前的极“左”路线，批判个人崇拜，这一切都并不顺利，但由于与改革开放的政治力量同行，来自旧意识形态的那些阻力最终没有从根本上影响批判的展开。然而，当批判的矛头指向“文革”结束之后的社会现实，涉及一些僵化体制和意识形态原则时，知识分子话语的表达就成了问题。受责难的作品往往因为超出要求而走得太远，或者走得太快而超前表达。二是人、人性与人道主义问题。80年代文学的知识分子话语是通过与改革开放的政治力量同行而站立起来的。它适应改革的需要而揭露“文革”、批判极“左”政治，却在这种批判过程中形成了以人为中心、以人为目的的价值观。正因为这样，在拨乱反正的过程中，知识分子话语与权威话语已经产生了批判对象相同而价值指向不一的现象。当人性、人道的努力发展到一定程度，它必然要独自前行，而且要面对重重矛盾。

然而，从根本上说，这种矛盾并没有从根本上影响知识分子话语的发展。一方面，正因为主流意识形态划定的界限，知识分子更清楚地意识到了差异。这种差异意识促进了知识分子话语进一步的独立。另一方面，从80年代开始，文坛出现了一个众所周知的现象：一个作家如果受到批判，就会获得巨大的声誉；一部作品如果被查禁，就会成为畅销书。这种“越批越香”的现象包含了复杂的内容，甚至使得管理部门改变策略，不再以组织批判的方式解决问题。它透露了文学自身独立于权威之外的价值观念的形成。

更重要的是，意识形态的宽松程度已经能够允许知识分子声音的存在，而且旧的意识形态也往往难以构成对创作自由的根本危害。伴随着伤痕文学和反思文学的发展一直不乏严厉的批评，一场场批判运动都曾经紧锣密鼓地拉开大幕，但后来的事实证明，那些被批判的作家大多并没有因此而失掉言说的权利。他们仍然在写作，而且可以继续发表作品。80年代文学的环境总是时松时紧，左右摇摆，但总的趋势却是一步步走向宽松。这从根本上为知识分子话语的生长提供了条件。

因此，80年代以来，从根本上决定着知识分子话语发展状况的因素已经不只是外部的限制，而是作家的主体意识和自觉程度。不幸的是，这恰恰是经历了多年政治运动和思想改造的中国知识分子所缺少的。有一个现象值得注意：80年代作家违心发表检讨的现象仍然不断出现。这固然展示着外部环境仍然存在的压力，但与作家人格独立的程度也不无关系。那些受批判的作家大多是具有独立见解的作家，但是，一旦面对强大的压力，其承受力却显示了精神上的脆弱。而考察这种脆弱的原因，一个重要的因素是必须注意的，那就是当时中国作家在经济上的依附性。生存所依赖的饭碗是重要的。正是这一点，从根本上限制了80年代文学的独立性和知识分子话语的发展。只有在市场经济打破了饭碗垄断之后，真正的创作自由才是可能的。

艰难的主体重建

——1980年代中国文学的知识分子话语之二

进入新时期以来，中国文学的知识分子话语开始了一个艰难的主体重建的过程。首先是在批判中寻找失落的主体性。当时的创作虽仍然表现着极强的政治性，但已不是追随权威话语而图解新的政治意识形态，而是试图独立地介入、寻求自己的表达。20世纪80年代中期，文坛出现了“忏悔”与“反省”的现象，文学开始更多地揭示知识分子的人格弱点。它不同于过去对知识分子的诋毁，而是标志着一种独立人格的觉醒，反省的过程也是知识分子独立人格的修复过程。在这个过程中，历史不应忘记文学批评与研究的积极参与。文学主体性的倡导、“回到鲁迅那里去”的呼唤、现代知识分子精神资源的重新发现，都发挥了积极的作用。遗憾的是，历史没有给知识分子话语的发展提供足够的空间，20世纪80年代末开始，它不得不面对各种反叛与挑战。

一、在批判中寻找失落的主体

结束“文革”而进入新的历史时期，文学首先显示的是批判职能的强化。20世纪70年代末和80年代初那股现实主义的文学潮流透露一个新的消息：文学开始追求独立的批判权。这种独立的批判权已经丢失多年，在“文革”后终于重新成为一些作家的追求。

在中国当代文学史上，现实主义早已是一个面目全非的概念。这一概念一直具有合法地位，甚至作为文学创作和批评的唯一尺度而神圣不可侵犯。但是，真正的现实主义精神却一直被弃置，难以贯彻于创作和批评实践中。当文学说真话的品格一步步丧失的时候，当然谈不到现实主义的批判本质。思想解放运动结束了一个旧时代而开启了一个新时代，一些作家开始努力找回现实主义的批判精神，强化文学的批判职能。文学通过批判极“左”政治、批判官僚主义、批判特权思想、批判偶像崇拜以及批判各种专制主义传统而充分显示出了批判的力量。当时的作家和理论家都曾为文学的真实性而大声疾呼。人们努力摆脱文学在权威话语的统一指挥下形成的虚假性和欺骗性，并对“假大空”给予了坚决的抨击。作家们努力突破各种题材禁区而真实地反映生活，无论回顾“文革”悲剧还是表现现实变革，都以真实作为首要的准则。理论家则呼唤说真话、抒真情、真实地反映社会生活。在那个特殊的时期，“真实”意味着决不回避刚刚经历的苦难，也意味着决不为现实涂脂抹粉。这一切努力都显示着文学审美追求的变化：努力摒弃“瞒和骗”，拒绝继续充当愚弄读者的工具。但是，真实性并不是关键所在，文学理论借真实性所强调和呼唤的是文学的批判精神。

考察20世纪80年代中国文学的批判性，就会发现它与政治的密切关系。文学仍然热切地关心政治，承载着各种政治命题，甚至直接参与政治斗争。这种现象不难理解，因为在当代中国，政治生活在人民生活中占有特别重要的地位，政治脉搏的每一次跳动都影响着亿万人的生活和命运。从以政治为中心的时代刚刚走过来的中国人不能不关心政治，作家的创作也不可能不关心政治。新时期之初的文学实践告诉我们，文学在努力挣脱政治的束缚，从权威话语中解放出来后，却不得不面对一个新的困境：从旧的权威话语中叛离出来之后，是否能够跳出新的权威话语的笼罩？伤痕文学、反思文学和改革文学等思潮的中心词常常被理解为否定“文革”、拨乱反正和改革开放，而这正是新的权威话语的中心词。从这个意义上说，最初的文学所表现的独立性往往只是相对于极“左”政治而言的。从《天云山传奇》《布礼》《蝴蝶》到《开拓者》等作品表现了可贵的勇气和独立思考的精神，但是，随着改革的政治力量对极“左”政治力量的胜利，它所表现的一切往往被淹没于权威话语之中，所以，过分夸大文学的解放和知识分子话语在这一时期的独立性是不恰当的。

但是，如果对中国作家话语独立的追求视而不见，把独立的话语实践活动看作依附于权威的政治宣传和图解，同样不符合历史事实。在思想解放运动的背景下，一些作家已经开始摆脱过去那种机械配合政治的方式，逐步获得了独立批判的主体性。在此前的几十年中，文学的规范是只能被动地配合政治运动而不能主动地探讨政治问题；只能机械地图解政治概念而不能自由地表达政治见解。甚至任何思想都必须是批发来的，而不能是自己产生的。所谓“领导出思想，群众出生活，作家出技巧”的三结合创作方式鲜明地标示了当时中国作家的尴尬地位。这种情况在20世纪70年代末终于开始改变。在变革刚刚起步的岁月，对过去观念和准则的任何怀疑都带有某种危险性，然而，从苦难中走来的作家还是表现了极大的勇气。他们密切关注社会生活中发生的一系列大事件，比如：关于真理标准的讨论，关于“四五”天安门事件，关于平反冤假错案，关于当代历史的认识，关于民主与专制，关于官僚特权、官场腐败，关于人情、人性、人道主义……这一切都在创作中得到了表现。一些作品在思想解放、拨乱反正等顺应人民意愿的大事件中起到了前哨的作用，对于冲破“左”的禁锢和推进改革开放发挥了积极的影响，为推动历史前进建立了不朽的功勋。

尤其需要指出的是，一些创作已经不是配合政治宣传，而是独立地介入政治批判；不是追随权威话语而图解新的政治意识形态，而是在政治话语还因为各种原因而难以公开表达的时候率先进行文学的表达。面对20世纪80年代知识分子进行的政治批判与权威意识形态的重合，应该看到它是知识分子话语与改革开放的政治权威话语的不谋而合，是知识分子与健康的政治力量在历史转折关头为重新启动中国的现代化而走到了一起，决不应该因为知识分子的某些思考能够被新的政治权威话语所吸纳，就无视知识分子在历史转折时刻已经显示的独立性。否则，我们就无法解释知识分子话语的进一步发展及其伴随的一系列矛盾。

二、在自省中寻求独立的人格

众所周知，巴金的一声“我忏悔！”在知识分子中激起了强烈的反响。这位在半个世纪之前曾经给中国文坛带来光彩的老作家在垂暮之年再次以自己的光辉照耀了文坛，——不是以他的小说创作（非常遗憾，他的小说创作过早结束了），而是以他的散文所表达的真诚忏悔。他痛苦地面对自己过去几十年踩下的脚印，看到了自己和同代人失掉独立人格的悲剧。他为此而一再大声疾呼：要找回自己的良知，要从假面中走出来，不再违心地说话，不再自欺欺人。巴金的声音是一种象征，它标志着中国知识分子的又一次觉醒，意味着老一代知识分子对自我的重新寻找。而他的作品能够受到热烈的欢迎，也意味着新一代作家的主体人格正在复苏，标志着中国文学知识分子话语开始通过自省而寻找久已失落的主体性。

新时期文学对知识分子的表现是从其苦难命运开始的，同时也是从发掘知识分子性格的光辉开始的。无论揭示其苦难命运还是揭示其闪光性格，主要意义都在于为其呐喊请命。作家们曾经千方百计地为知识分子擦洗历史强加在他们脸上的泥污，还其本来的清白，曾经努力渲染他们生活的窘困，以博得社会的同情。考察最初描写知识分子生活的作品，不难发现知识分子形象有两个重要的系列：一是“白专典型”系列（也可以说是书呆子系列）；一是“思想先驱”系列（也可以说是文化英雄系列）。在最初的作品中，知识分子形象往往呆头呆脑，不善言谈，甚至连谈情说爱的能力也没有，只是一心一意搞科研。他们是工具型的，与现代意义上的知识分子有很大差距。但是，当时的人们很少考虑知识分子的真正内涵，为了让社会接受知识分子，文学有意无意地强化了知识分子的工具性特征，其目的不过是要说明他们虽然不“红”，却“白得像仙鹤”[①]。其实，如果知识分子都是除了专业技术之外什么都不懂的书呆子，过去几十年就不必大张旗鼓地对其进行思想改造。大概连“四人帮”也懂得，知识分子的可怕之处并不在于“白专道路”，而是在于其独立人格、自由思想和对现实的批判态度。对于中国知识分子来说，这种态度经过几十年的改造已经消失得难以寻觅，只存活于一小部分知识分子的梦中。只有到了20世纪80年代，这个梦才得以重新逐步展开。

在20世纪70年代末到80年代初的作品中，曾经出现过一批带有英雄色彩的知识分子形象。从王蒙、从维熙、张贤亮等人的作品以及《天云山传

①徐迟：《哥德巴赫猜想》，《人民文学》1978年第1期。

奇》《土壤》《人到中年》等作品可以看到，那些被称为知识分子的人物并不是书呆子，他们往往历尽苦难而赤心不改，闪耀着英雄的光芒。罗群、钟亦成、许灵均、范汉儒是其代表。这些“受难的圣者”构成了当时知识分子形象的一个重要系列。这个形象系列明显带有被美化的痕迹，然而，因为人格理想等方面的原因，作家们在美化这些人物的时候往往又恰恰使其失掉了作为知识分子的根本特征。钟亦成、许灵均等形象受到批评，正是这种美化失败的证明。当然，从某种意义上说，这也是历史的真实，因为王蒙等人所熟悉的所谓知识分子早已经历了一个退化过程，他们身上已经少有现代知识分子的特征。但是，作为那个时期文学创作的共同现象，却有另一个重要原因：为完成请命之目的而按照某种标准对知识分子进行装扮。当时的社会正在重新认识知识分子，知识分子则迫切需要恢复被败坏的名誉并改变生活处境。这就导致了文学急于为之呐喊请命。写罗群式的知识分子，主要在于说明：他们之所以被打成右派，不是因为他们有错误，而是因为他们比别人更清醒，更有历史的责任感，也更能坚持正义；写许灵均式的知识分子，关键在于一种表白：他们虽然被冤屈，但仍然无限忠诚；写陆文婷式的知识分子，目的是希望社会认识知识分子的美好品质，改善他们的生存条件，不要使之因为不堪窘困和重负而跑掉或垮掉。正因为如此，文学在描写这些形象时，往往只说“长”而不道“短”。因为“好人受难”的故事自有其动人的力量，既可以完成批判和控诉，又有益于知识分子的社会解救。作家们所要努力表现的，也许是知识分子人格的美好与崇高，但客观效果却往往真实地暴露了一代知识分子主体意识的欠缺。由于这种欠缺，文学在表现知识分子的生活和命运时呼救的呐喊和乞怜的表白以及矫情的自我美化淹没了人格的自我审视和剖析，甚至在极力表现自身具备或者并不具备的所谓美德时恰恰赞美了病态人格。

从20世纪80年代中期开始，文学对知识分子自身的表现发生了一个变化：由发掘美德以歌唱其人格光辉，转向暴露缺陷以探讨其人格弱点；由呼吁改变知识分子的生活条件，转向致力于改变知识分子自身；由哀其不幸而为之请命，转向怒其不争而促其反省。从张贤亮的《浪漫的黑炮》、谌容的《献上一束夜来香》等作品可以清楚地看到这一转变。它意味着作家们开始关注中国知识分子主体人格泯灭的悲剧，也显示着中国知识分子人格的自觉；它不同于过去对知识分子的丑化和诋毁，而是觉醒的知识分子进行的自我省视。这是一次伟大的自我反省。反省的过程也是一个自我重新设计的过程。这种重新设计目的不是别的，而是现代知识分子独立人格的修复。

正因为这样，当有人仍然赞美“是全世界最听话的、最正派的、最肯自我牺牲的知识分子”时，得到的已经不是感激，而是“好在哪里”的质疑。因为他们看到了这种赞美的目的，仍然是要中国知识分子“正派”“听话”“肯于牺牲”，而所谓肯于自我牺牲，则意味着个人的权利、独立人格都被剥夺也绝无怨言。他们意识到：“没有自由思想，没有独立思考，这样的‘知识分子’，即使‘尊重’起来，‘尊重’下去，于社会于人民于科学文化又有多少实际的用处呢?”[①]

一个值得注意的现象是：人格反省本以强化知识分子独立人格为目的，但由于一些作家缺少知识分子的精神立场，便导致了像过去一样在非知识分子的立场上嘲弄和贬低知识分子的现象。一些人轻车熟路地开始了对知识分子的解构。这种现象在进入90年代之后进一步发展，并与所谓后现代的解构合流。

三、理论与批评的介入

在现代知识分子人格重建的过程中，历史不应忘记来自理论批评的促进。与作家相比，20世纪80年代中期的一些学者和批评家有着更清醒的自觉。“文革”后的文学创作虽迅速创造了此前几十年未有的辉煌，但应该承认，作家们的知识结构和精神资源仍然存在严重的欠缺。活跃在20世纪80年代中国文坛的作家主要有两部分：一是以“右派”为主的中年作家，一是以“知青”为主体的新一代。这两代作家的知识结构和精神资源都存在严重的先天不足。进入新时期之后，他们又往往忙于写作而难以扎实地补充。与他们的情况有所不同，一些从事批评和研究的人们则往往有较丰富的知识积累，并对20世纪中国历史特别是知识分子的精神历程有更透彻的了解。他们通过文学批评而积极参与了知识分子人格的重建。

---

①邵燕祥：《邵燕祥杂文自选集》，百花文艺出版社1996年版，第257页。

考察20世纪80年代文学理论和批评的建树，首先值得注意的就是对文学创作自由空间的竭力争取。其中一个强烈的愿望，就是使文学从政治的指挥棒下解放出来，让每一个作家都可以用自己的大脑进行思考。从“向内转”的倡导到“主体性”的张扬，就是这一愿望的不同表达。特别是1985年到1986年间，刘再复陆续发表《文学研究应以人为思维中心》和《论文学的主体性》等重要文章，要求在文学活动的各个环节中恢复人的主体地位。他希望构筑一个以人为思维中心的文学理论与文学史的研究系统，把主体作为中心来思考。他痛感于在过去岁月作家“丧失了选择、追求和创造的自由”，呼吁“给作家充分的内在自由”。[①]他认为，“作家的创作应当充分地发挥自己的主体力量，实现主体价值，而不是从外加的概念出发”，希望作家从工具和附庸的地位中解放出来。他强调，要把人当作实践的主体，即把实践中的人看作历史活动的轴心，而不是看作一般的物或者政治机器中的齿轮和螺丝钉。同时，要高度重视人的精神的主体性，给人以充分的内在自由。[②]从他对对象主体、作家主体和读者主体的论述之中，我们看到的是一个文学理论家对于文学活动的独立空间建构的努力。从思想传承和精神源流看，刘再复的文学主体性理论无疑与胡风的人本主义的现实主义理论有直接的关系。如果向历史的深处回顾，还会看到主体性理论也是“五四”文学精神的继承和发扬。在他的理论世界里，我们看到了一个大写的“人”字，他所努力张扬的，是人的思想情感的大解放。

主体性的理论也许并不完善，一些具体的论述也许难以令人信服，但是，它的意义是明显的。它强调着创作主体对社会人生的独立思考，强调着创作主体对艺术形式的自由选择，所以它必然地推动文学的知识分子话语的发展和壮大。

另一个值得注意的现象是，在20世纪80年代中国文学界，现当代文学的研究显示了空前的活力，一群青年学者迅速崛起于文坛和学院之中。他们当中的一些人通过学术研究回到已经被历史积尘遮蔽的“五四”精神，并且努力寻找和确立“五四”知识分子的价值立场。一些人热情地回顾中国现代

---

①刘再复：《文学研究应以人为思维中心》，《文汇报》1985年7月8日。

②刘再复：《论文学的主体性》，《文学评论》1985年第6期。

知识分子曾经拥有的辉煌岁月，谈到“五四”，就像回忆自己的伟大节日。从这代人身上，可以明显地看到从鲁迅等现代知识分子那里继承的精神资源。

1985年，王富仁在《文学评论》发表了他的博士论文的缩写本《〈呐喊〉〈彷徨〉综论》，在文坛产生了广泛影响。他的鲁迅研究冲破过去几十年权威话语对鲁迅的解释，旨在突出鲁迅作为一个伟大知识分子的历史作用和价值。他首先致力于区分政治革命和思想革命的差异，努力把思想革命的原则作为独立的原则从当时占据统治地位的以政治革命为核心的权威话语系统中独立出来，并充分强调其重要性。他为自己找到的理论支点和突破口是一个社会的变革不仅需要经济革命和政治革命，而且需要思想意识的革命，知识分子的神圣职责主要并不在于为政治革命服务，而是在于改变民族愚昧落后的精神文化状态。在这样一种思路引导之下，他笔下的鲁迅是作为思想家的鲁迅，而不是一个政治活动家的鲁迅。经过全面而具体的研究，王富仁得出这样的结论：“《呐喊》和《彷徨》首先是中国反封建思想革命的一面镜子，它深刻地表现了中国必须有一场深刻而广泛的思想革命，这个革命的主要任务是清除封建思想在以农民群众为中心的广大社会群众中的根深蒂固的影响，而它的重点应当是以封建等级观念为基础的残酷、虚伪和陈腐的封建伦理道德观念。在这个革命中，首先觉醒的知识分子是现代社会意识的代表者，但他们处于封建传统思想的汪洋大海之中，其斗争暂不可能取得实质性的胜利。”[①]虽然由于历史提供的条件使他的研究同样保留了旧的权威话语的影子，虽然理论上的反映论思维并不能很好地完成他的命题，虽然他是那样谨慎地强调思想革命与政治革命的密切关联而有意忽略鲁迅自身对文艺与政治歧途的论述，但是，他的贡献引人注目，他把鲁迅从政治革命的队伍中区分出来，认定鲁迅的意义并不在于政治革命，而在于思想革命，而且指出在中国反封建思想革命中具有关键意义的只有地主阶级、农民阶级和其他劳动群众、知识分子阶层，而面对这两个阶级和一个阶层，他沿着鲁迅的精神方向强调了农民阶级在思想革命中的消极作用，肯定了知识分子的历史位置和伟大而艰难的承担。

①王富仁：《〈呐喊〉〈彷徨〉综论》，《文学评论》1985年第3期。

非常明显，王富仁和他的同道们更明确地找回了五四新文化运动的精神。文坛没有忽视这种研究，因为它是对中国现代知识分子精神资源的重新发现，是对中国现代知识分子伟大传统的庄严寻根。它的意义不仅在于还鲁迅以本来面目，而且在于把鲁迅从权威话语中解放出来，成为知识分子自身话语建设的一块基石。任何一个时代的知识分子都不可能拒绝前人的精神遗产，刚刚从一个思想禁锢的时代走出而严重贫血的中国知识分子更没有理由对历史的尘埃下闪闪发光的精神遗产视而不见。考察当时的情况，特别应该注意的是处于萌芽状态的知识分子话语急需一个合法的基础。面对中国现代知识分子最辉煌的“五四”时代，人们理所当然地选择了鲁迅，因为选择鲁迅比选择胡适更具有现实的可能性。因此，当王富仁喊出“回到鲁迅那里去”的时候，立即赢得了广泛的认同。

在当代文学批评界，特别引人注目的是一些青年学者在知识分子问题上表现的清醒。经过“文革”而又进入历史沉思的青年学者很难对知识分子的悲剧命运视而不见。在80年代中期，他们普遍地显示了强烈的文化参与意识。在这种参与中，知识分子问题成为他们精神活动的一个敏感点。因此，当张贤亮的《绿化树》轰动一时的时候，年轻的学者们却相当普遍地对其进行挑剔。黄子平批评小说存在着“对苦难的‘神圣化’和对农民的‘神圣化’”倾向[①]。许子东探讨中国现代知识分子的忏悔主题，认为“这种根植于启蒙意识的惭愧变成尊敬变成崇拜甚至再变成某种‘恐惧’，‘忏悔’也就由内心观照上升为反省上升为自我批判再上升为精神自杀”[②]。在这些年轻学者中，王晓明不是最活跃的，但像许多青年学人一样，穿过历史的精神废墟找到了鲁迅作为知识分子的人格参照。面对鲁迅，他曾写下这样的句子：“他比那个时代的许多知识分子都更多地承受了那种先觉者的苦痛，在某种意义上，他简直是现代中国最痛苦的灵魂。但是他没有因此就停顿不前。当理性思考不足以支撑自己的时候，他就更多地依靠自己的人格，动员起全部的感情、气质和精神习惯，以整个灵魂来铸造呐喊的文字。……正是它赋予了鲁迅不朽的光荣。那些被乐观估计鼓舞着蜂拥上阵的信徒并不

①黄子平：《沉思的老树的精灵》，浙江文艺出版社1987年版，第152页。

②许子东：《在陀思妥耶夫斯基与张贤亮之间》，《文艺理论研究》1986年第1期。

能特别赢得今天的敬意，但一个凭人格力量向黑暗突击的战士却真正令人起敬。在前一种情况下，大多数人都能够气昂昂奋然前行，但遇到后一种情况，就有不少人会退缩不前。‘绝望的抗战’——我们中间有多少人能够长期承受这样的苦斗？一想到这些，我总忍不住要对自己说，仔细看看吧，这才是伟大的鲁迅！”[①]因此，面对新时期的创作，他有了不同一般的尺度，这个尺度是鲁迅那样的独立的现代知识分子和他们的话语立场。他从高晓声与其笔下的人物陈奂生过于接近的状态感觉到一种危机，意识到历史的苦难对这一代作家的影响的多重性。“苦难对他的摧残本来就是双重的，既泯灭他知识者的觉悟，又损害他艺术家的心境。”他为长期的改造使知识分子的思想感情完全实现了与大众的一致而叹息，反复谈论高晓声与陈奂生距离的远近与作品的得失。因此，当他在高晓声的中篇小说《糊涂》中发现“在那种陈奂生式的视角边上，又添了一个知识分子的新视角”时，表现得异常兴奋，因为“惟其如此，小说对那些乡村土皇帝的揭示就显然比在陈奂生的故事中更为细致，也更为犀利。这不奇怪，知识分子的眼光总要比农民的眼光锐利一些”[②]。这种见解显示了王晓明启蒙知识分子的话语立场。而他的评论正是这种知识分子批评话语的实践。

从知识分子自身的立场出发，他为张贤亮这样的作家能够以饱满的精力重返文坛而兴奋，又为他付出的惨重代价而惋惜：“他赢得了生存的胜利，却难免要付出心理变形的代价，这不是那种不知不觉的智力退化，而是有意为之的道德松弛，不是丧失人的自觉，而是放弃人的自持。”在当时的创作中，还没有多少人考虑知识分子人格自持的问题。王晓明想到了，并以此批评高晓声，又以此批评张贤亮。他不满于张贤亮借马樱花这种圣母形象表达对“人民”的忏悔，并且一针见血地指出：“不管他在那个男人的额头上添画多少道思考的皱纹，也无论给他多少篇幅，让他滔滔不绝地谈论国家大事，他其实并非知识分子的代表，更谈不上民族良知的体现。”因为在王晓明心中，有一个知识分子的光辉人格：“譬如鲁迅，惟其把不畏独战的启蒙知识分子看作是民族良知的代表，一直以启蒙者的眼光去审视人生，他才能

①王晓明：《所罗门的瓶子》，浙江文艺出版社1989年版，第30—31页。

②同上书，第127页。

形成那样冷峻深沉的艺术风格。可惜的是，愈益严酷的时代似乎不允许后来的作家再像前辈们那样独力去体会人类和善的特性，逼得他们按照一种固定的模式去设计自己的理想寄托物。”[①]他提出，“在现代中国，往往正是那些曾经深陷地狱而又未被阎罗王收编的人，会产生深沉的忏悔意识，可另一方面，那妨碍他们深入自剖，甚至促使他们自我掩盖的力量，又恰恰来自他们身上那股从地狱里带来的‘鬼气’。”显然，在他看来，知识分子要想站立起来，要想真正修复被摧残的艺术感知能力和表现能力，必须洗净从地狱里带来的“鬼气”[②]。毫无疑问，这些批评中闪烁的光彩意味着知识分子主体性的复苏。

在这样一个背景上，中国知识分子再次开始了人格的现代转变过程。

四、历史的遗憾：文化新潮与主体性危机

遗憾的是，历史并没有给知识分子话语的发展提供足够的空间，这次转变与“五四”时期的转变一样，很不整齐也很不彻底，当历史出现新的挫折和艰难的时候，那些没有完成这种人格转变的文人依然是回到传统的老路。知识分子话语在告别80年代后很快进入了一个低谷，开始面对反叛与挑战。反叛与挑战主要来自三个方面：

第一，一些所谓先锋作家对知识分子职责的逃避。在知识分子话语发展的过程中，文学必然随着自由的逐步获得而呈现多元化态势。多元化是文坛的幸事，也是知识分子努力的结果。但是，由于一代作家精神基础的空虚，却导致了在走向多元时缺少自觉的选择，听任习惯和感觉的支配，重新走上了精神下滑的路线。知识分子的主体性是建立在人格独立和思想自由基础上的，是以批判性和探索性为标志的。知识分子需要对现实密切关注和清醒把握，需要对现代理性的坚定信念。如果不能面对现实发言，知识分子自身就已经消失。如果没有现代理性作为依托，知识分子也就消解了自身。然而，在努力摆脱权威话语笼罩的同时，一些先锋作家一方面更多地体现了个体的

①王晓明：《所罗门的瓶子》，浙江文艺出版社1989年版，第145页。

②同上书，第150页。

独立性，一方面却因为理性的欠缺和历史承担的放弃而导致精神的苍白。他们开始更多地关注叙事形式，刻意进行文体实验，甚至为创新而创新，为写作而写作。一些人从反叛开始，最后却走向了无意义的语言游戏。他们成功地实现了反叛性的突围，但突围之后却成为一群游荡者，四处漂泊而找不到精神的支点，或者干脆不再寻找这种支点。他们的现代理性精神日益淡薄，主体日益虚空，甚至曾经获得的一点现代性也在语言狂欢中遗忘了。对知识分子主体性而言，没有承担就没有重量，也就失掉了它的意义。试想，如果独立的个体都是剔了骨头抽了筋的个体，都只能随地流淌而不能独自挺立，这样的主体性还有什么意义？

第二，一些新写实小说对主体的告别。新写实小说并非一个统一的整体，其主要代表人物表现很不一致。比如刘震云，他虽然写小人物的种种无奈，却并不愿意认同这种无奈，在其作品背后还有一个知识分子面对人们被动的生存状态而发出声声叹息。然而，一些作家却很不相同，他们迅速完成了立场的转换，放弃知识分子以现代性为目标的“宏大叙事”，超越知识分子从“五四”找回的人文理想，放弃人道主义的关于人的神话，不再追求超前的现代意识的传达。他们一反知识分子话语对现实秩序的怀疑和质问，而对现实秩序报以无奈的认同；一反知识分子话语对于人生疾苦的展示，而对大众给予催眠式的抚慰；一反知识分子话语的批判和启蒙姿态，而在精神上寻求与市民一致。他们不再涉足对现实的反抗与控诉，而且劝导读者接受生存第一、知足常乐的原则。在他们看来，生活中有许多烦恼，可是生活就是这样，个人无可奈何，因此，你不能异想天开地试图改变现实，而只能是适应环境而改变自己。在他们看来，把握人生的真谛就是不要太浪漫，不要理想化，因为人不可能活得纯粹……在80年代，知识分子的创作总是发现生活中非人的因素，并为人的价值、尊严与权利难以获得而痛心疾首。先锋小说虽然更多地走向形式，但也往往以隐喻的方式对人们关于传统秩序的美好想象进行着颠覆。但是，在一些新写实小说中，那种痛苦和焦虑平复了，作家们表现得心平气和，对于理想的追求让位于对生活的无奈的诉说和知足常乐的抚慰，带着无限温情看待苦难与愚昧，成了作家的合理选择。于是，在一些小说中，传统的苟活哲学迅速地弥漫开来，生存成为唯一的人生目的，阿Q的精神胜利法成为智者的选择，最后只有“热也好冷也好活着就好”。

第三，带有后现代色彩的创作与批评对知识分子精神立场的解构。王朔的出现是一个复杂的现象。在王朔刚刚出现的时候，曾经受到知识分子的鼓励与支持。这不是偶然的，而是由于王朔小说对陈旧的权威意识形态进行的嘲弄和解构。因此，在王朔走红的时候，知识分子没有抵制，而且还为之大声叫好。然而，王朔的解构却并不只是指向权威意识形态，而是构成了对知识分子话语精神的极大威胁。尽管王朔本人充满智慧，但他的成长背景却给了他某种反智的色彩。他记住了卑贱者最聪明、高贵者最愚蠢的权威论断，对知识分子缺乏应有的认识。他感觉自己不仅受着权威意识形态的压迫，而且受着知识分子的压迫。在80年代结束之际，王朔开始用尖刻而粗俗的语言挖苦知识分子，他的小说将调侃和嘲弄对准知识分子及其追求的文化目标。他对知识分子的清高、虚伪、自我膨胀的恶劣品质和承载的传统心理给予了无情的嘲弄，这也许有助于知识分子的自我反省和自我批判，但是，他把讽刺和嘲弄的锋芒指向了知识分子的现代性，对文学的主体精神进行了消解。

在谈论80年代知识分子主体价值失落时，论者多注目于商品经济的发展对知识分子的冲击。其实，现代知识分子话语与商品经济或者后来的市场经济并不是矛盾的。知识分子致力于人的自由与权利，因此就不能不呼唤自由市场和市场经济原则。当市场化大潮到来的时候，任何人都没有权力阻挡人们满足欲望的追求。即使闸门之下的逃出者欢呼着直奔欲望的满足而很少有人加入支撑闸门的行列，即使一些本来肩负闸门的人在狂欢的诱惑之下撒手而去，使少数坚持者感觉到沉重与孤独，从道理上讲，任何人都没有权利要求被解放者加入解放者的行列，否则就是新的专制者而非解放者。然而，在闸门需要进一步打开的时候，直奔游乐场的人们如果回过头来以蔑视的目光嘲笑负重者的艰难与疲惫，当然要使一些人难以心平气和。面对这种现象，我们只能说中国自觉承担现代性使命的人们的确太少。可是，从另一角度讲，无论什么时候，知识分子的价值追求都必然是孤立的。如果清楚地意识到这一点，知识分子就不应该幻想被大众簇拥前行，也不应该害怕探索之路上的孤独。

重返“人的文学”

——1980年代中国文学的知识分子话语之三

1980年代中国文学知识分子话语回归的过程同时也是一个重返“人的文学”的过程。最先的基本内容是对极“左”政治的控诉与批判，但一些作家已开始着眼于极“左”政治对人的压抑、扭曲和摧残，并开始呼唤人的价值、尊严和权利。控诉与呼唤的潮流虽然遭遇挫折，但文学的人道主义并没有因此而消失。一些作家走向了个人，展示和肯定人的个性。一些作家走向人的生命，呼唤人的自然权利。“性大潮”的出现是人的自然权利在文学中的一次回归。文学因此而对人的表现有了新的开拓，但也意味着一种退缩性的转向。重返“人的文学”的障碍不仅来自以阶级论为中心的旧的权威话语，而且同时来自海外引进的新思潮。80年代文学对此给予了有力的回答。

1980年代文学知识分子话语回归的过程，同时也是一个重返“人的文学”的过程。一个畸形的时代结束之后，文学呈现的新光彩首先并不在于它的艺术形式和表现技巧，而是在于它以空前的热忱呼唤着人情、人性、人道主义，呼唤人的价值、尊严与权利。自“五四”以来，知识分子似乎与“人”结下了不解之缘，文学的知识分子话语也与“人的文学”结下了不解之缘。“五四”新文学之所以是新的，主要并不在于它所具有的新的语言形式，而是在于它所特有的新的价值观念系统。这个价值观念系统的中心就是“人”。正是它使新文学告别“非人的文学”而走向“人的文学”。然而，这注定了是一个漫长而充满坎坷的过程。从周作人的“人的文学”，到钱谷融的“文学是人学”，再到刘再复的“文学主体性”，真可谓一路风雨、几经沉浮。每当知识分子被告别、被批判、被改造或解构的时候，“人的文学”就不再生长；同样，每当人情、人性、人道主义遭到猛烈批判的时候，知识分子也总是处于被批判、改造和嘲弄的地位。在经历了几十年的驱逐与掩埋之后，“人的文学”终于在进入1980年代之际与知识分子话语一起钻出了地表。它的崛起象征着中国作家内心未泯的人性呻吟和权利诉求，也意味着知识分子对放弃已久的人的解放主题的再次承担。正因为这样，伴随它的也不会是一路鸟语花香。

一、控诉与呼唤

以阶级斗争为纲的历史实践有一个重要的特征，就是把人视为斗争的工具或对象，而不承认人的价值和尊严，更不承认个人的权利。新时期“人的文学”复苏有两个不可忽视的背景：一是生活中人性的扭曲和权利的剥夺；二是文学中人性的变态和形象的虚假。在“文革”时期，这两者都已达到极致。以“文革”为代表的文化最显著的特点就是对人的价值、尊严和权利的漠视。批判人性论，批判人道主义，每一次批判都是对人性和人道的进一步扫荡，也是对文学艺术的进一步扭曲。极“左”政治对个人尊严的践踏和对个人权利的侵犯达到了无以复加的程度。虽然那个时代的作家不具有言说的权利，而且久久的压抑不但使萌芽窒息，甚至使种子也不再具有发芽的能力，但是，毕竟还有良知未泯的人们，没有熄灭像人一样生活的梦想。所以，当知识分子一旦获得言说的机会，文学立即出现了一个新的潮流。

在新时期之初，文学的基本内容是对极“左”政治的控诉和批判，但是，人道主义的基本立场已经呈现。一些作家不再满足于批判林彪、“四人帮”的“篡党夺权”，而是开始揭露和批判极“左”政治对人的压抑、扭曲和摧残，并开始呼唤人的价值、尊严和权利。考察当时的创作不难发现，随着刘心武的《班主任》、卢新华的《伤痕》等一系列作品的发表，文学出现了一种久违的目光。过去那个辉煌的世界倾倒了，不仅暴露了它的虚假性，而且显示了它空前的残酷性。人们终于意识到，那个时代最突出的特征就是把人不当人，最深刻的悲剧就是人的尊严被践踏、人的权利被剥夺、人的心灵被扭曲。因此，在回顾“文革”灾难和反思当代历史的时候，文坛立即出现了关于人的叹息、哭诉和呼唤。

在70年代末到80年代初的文学潮流中，首先引人注目的是时代的精神污染导致的心灵畸变。这种畸变表现为《班主任》中谢惠敏的思想觉悟和斗争观念，也表现为《伤痕》中王晓华与母亲彻底划清界限，表现为《淡淡的晨雾》中郭立枢因为所谓政治信仰而拒绝与“右派”父亲相认，也表现为《冬》中的刘小枫为了避免自己的沉沦而不惜出卖恋人。同时，《波动》《女贼》《在社会档案里》等作品使我们看到，那些被打入社会底层而失掉正常生活的人，那些长期被侮辱、被损害的人，终于在心灵上留下无法治愈的创伤，甚至成为小偷、骗子、流氓和罪犯。在这些作品中，无论人物和故事有多么不同，但有一点是共同的：他们的性格已经在一个荒谬的时代里被扭曲。是思想解放运动使一些作家从阶级斗争观念中突围而出，开始反抗政治对人的心灵的强行扭曲，试图抓住历史的转机争取早已丧失的思想自由和人格独立，争取个性健康发展的权利。鉴于刚刚过去的岁月里文明与理性一直被野蛮和蒙昧所压抑，知识分子一旦重返人道立场，首先面对的就是要反对偶像崇拜和由此造成的准宗教文化对人的戕害。从思想禁锢中冲出的作家特别渴望精神的自由。正是这一切，为当时文学重返“人的文学”提供了动力。我们在作品中所看到的，更多的是作家们对现实的沉痛思索和对理想的热切呼唤。

人的自由应该包括经济活动的自由，人的权利应该包括自主支配自己的劳动和劳动成果的权利。然而，众所周知，刚刚过去的那段历史却以长官意志消灭了市场，并且垄断了包括劳动力在内的全部生产资料，剥夺了人们为满足生存需要而自由劳动的权利，也剥夺了人们自由交换劳动产品的权利。因此，80年代中国知识分子不能不为市场经济而呼吁。那些反映改革的作品在今天已经被很多人看作是配合改革的政治意识形态而进行的政策图解和宣传，然而，从何士光的《乡场上》开始的改革文学传统却并不仅仅在为生活中已经出现的经济改革唱赞歌，而是在人的立场上理解土地承包对于人的解放的意义。在干部面前从来不敢挺起腰杆的冯幺爸，最终之所以能够勇敢地站立起来，就因为土地承包已经使他获得了人身的解放。他已经不是人民公社制度之下无法摆脱依附关系的社员，而是成为从锁链上解放出来的自耕农。正因为对这种解放意义的清醒认识，当经济改革向着商品经济和市场化方向发展的时候，在知识分子话语中得到了热情的肯定和积极的支持。当然，在现代农业的参照之下，每一个清醒的作家都会为像补丁一样零碎的土地和原始的耕种方式而感到悲哀，但是，他们把这理解为走向健康之路的第一步，看重的是这一步与他们所努力的目标的密切联系。这不仅在何士光的小说中可以看到，而且在高晓声、张一弓等一大批反映农村生活的作家那里都可以看到。如果说从《李顺大造屋》《犯人李铜钟的故事》《被爱情遗忘的角落》等作品中看到的是中国人最基本的生存权利被剥夺的悲剧的话，从《黑娃照相》《流星在寻找失去的轨迹》《河魂》《桃花湾的娘儿们》等一系列小说中，我们可以看到在土地承包和农村经济改革的背景上人的生存权利以及价值与尊严失而复得的艰辛过程。

80年代文学中人道主义的第一个高潮以《人啊，人！》《啊，人……》《女俘》《妙清》《离离原上草》的出现为标志。在这一潮流中，最有代表性的作品是戴厚英的长篇小说《人啊，人!》。在小说的《后记》中，戴厚英叙述了自己思想的历史：二十年前，她曾以战士的身份批判她的老师宣扬的人道主义；二十年后，她却要在小说中宣扬她曾经批判过的东西。因为她看到了各种灾难，并因此而清醒：“我认识到，我一直在以喜剧的形式扮演一个悲剧的角色：一个已经被剥夺了思想自由却又自以为是最自由的人；一个把精神的枷锁当作美丽的项圈去炫耀的人；一个活了大半辈子还没有认识自己、找到自己的人。我走出角色，发现了自己。原来，我是一个有血有肉、有爱有憎，有七情六欲和思维能力的人。我应该有自己的人的价值，而不应该被贬抑为‘驯服的工具’。”[1]正因为这种认识，小说围绕人性的命运展开了各种矛盾关系的描写，通过何荆夫、孙悦、赵振环、奚流、游若水等一系列人物的刻画，使读者看到了人性被压抑、扭曲和泯灭的一段历史，同时，也展示了人性在艰难环境中的复苏。正如作者所说：“我写人的血迹和泪痕，写被扭曲了的灵魂的痛苦的呻吟，写在黑暗中爆出的心灵的火花。我大声疾呼‘魂兮归来’，无限欣喜地记录人性的复苏。”[2]小说出版之后引起了

①戴厚英：《人啊，人!》，花城出版社1980年，第353页。

②同上。

持久的争论。从对这部小说的批评可以看到人道主义在当时的处境。

控诉与呼唤的潮流在1983年以有关作家纷纷在报刊上发表检讨而落潮。然而，文学创作中的人道主义精神并没有因此而消失。在一些作家以退却和迂回的方式走进新的探索领域的时候，另一些作家的人道激情却仍然不时表现于作品之中，并且从根本上决定着作品的面貌。《古船》使我们看到张炜等人是如何无法忘记民族的苦难，是如何痛苦于现代中国历史上的鲜血，并且苦苦地思索着如何走出这血流成河的历史轨道。人道的视角在80年代中后期的作品中更多地表现出来。张正隆的长篇报告文学《雪白血红》再现了东北决战的一个个战役，在写到长春之战时开篇即告诉人们：长春和广岛，死亡人数大致相等。作家以难以抑制的悲愤描写了长春变成“白骨之城”的悲惨景象，希望这种惨绝人寰的悲剧不再在我们的土地上重演。面对历史的种种惨剧，文学执着地思考着普通老百姓的人格、尊严、价值和权利。由此可见当时人道主义思潮的力量。

二、走向个体个性

文学既然关注人的价值与尊严，就不能只是面对抽象的人而忽视具体的人，也不可能只是关注群体的存在而漠视个体的存在。人道主义的基本原则是保卫个人自由。个人的价值、尊严和权利的神圣性是人道主义的核心。人是有社会性的，个人不可能完全离开社会而生存，而是需要通过社会满足自身的各种需要。然而，不能因此否认个人的权利，个性不应因社会性而被扼杀。在专制制度下，统治者往往因为自身的合法性不足而不敢承认个人权利的神圣性，希望无论在思想上还是行为上都能万众一心、步调一致，以便实现全面的操控。雅各布·布克哈特说过：“在中世纪，人类意识的两方面——内心自省和外界观察都一样——一直在一层共同的纱幕之下，处于睡眠或半醒状态。这层纱幕是由信仰、幻想和幼稚的偏见组成的，透过它向外看，世界和历史都罩上了一层奇怪的色彩。人类只有作为一个种族、民族、党派、家族或社团的一员——只是通过某些一般的范畴，而意识到自己。”[①]

---

①雅各布·布克哈特：《意大利文艺复兴时期的文化》，商务印书馆1979年，第125页。

在80年代的门槛上，中国人不得不再次进行撕破这层纱幕的斗争。作为人的外观，奇装异服出现了，整齐一致的“灰黄国度”变成了花花世界，姑娘们穿起了各色的裙子，小伙子也穿起了喇叭裤。尽管有人摇头叹息，以为国将不国，最终却也无可奈何。与此相伴随的，是年轻人的个性迅速生长，奴隶主义的驯服工具意识受到严重挑战。这是一个文化新时期的开始，显示了个性主义文化思潮的来临。

最先的努力不过是一些作家开始提醒人们尊重独特的个性。对灾难和社会病态的反思导致一种朴素的认识：人的个性各不相同，一个健康合理的社会应该尊重人的个性，允许个性的自由发展。因此，一些作家开始为独特的个性争取社会理解，并试图开拓出一个适宜于个性发展的空间。徐怀中的《西线轶事》中的刘毛妹，蒋子龙《赤橙黄绿青蓝紫》中的刘思佳，航鹰的《金鹿儿》中的金鹿儿，这些形象的出现使人们看到的是社会流行的价值观念对人的个性的不公。作者努力使人们看到，与其说他们有什么缺点，不如说是社会评价标准存在问题。《近的云》《一个星期六的晚上》《年轻的朋友们》《迷乱的星空》等作品所描写的人物虽然常常流于浅薄，但之所以受到批评，却正因为它们那种文化异己者的挑战姿态。那些作品的主人公往往不满于现实的清规戒律，挑战权威，怀疑经典，做出与众不同的选择，并且对自我选择充满自信。从《夏》到《无雾的冬天》，可以看到张抗抗笔下的岑朗总是敢于怀疑，勇于选择，蔑视世俗，我行我素，对自己的全部行为充满自信。从《黑骏马》到《北方的河》，可以看到张承志笔下的主人公所体现的个性主义理想精神。铁凝的《没有纽扣的红衬衫》更多地关注着个体个性与传统观念的冲突，在充分展示这种冲突的同时鲜明地肯定个性的价值。到了刘索拉的《你别无选择》、徐星的《无主题变奏》以及稍后出现的刘毅然的力作《摇滚青年》，个性意识已经发展到一种空前的高度。这些作品中的年轻人开始用自己的大脑进行思考，以自己的思考支配自己的行为。他们各有特点，但共同特点是与传统的行为模式和价值观念格格不入。他们反抗世俗，不愿随波逐流；反抗权威，勇于挣脱羁绊；旧有的道德观念和荣誉观念已经很难成为他们的笼头。他们有极强的批判意识，对传统和经典表示怀疑，对习惯势力采取不合作的态度。性格的怪异不羁，心理的骚动不安，对传统的反叛，对群体的抗争，以及对自我选择的坚信，形成这一形象系列的基本特征。

无论当时的作家们是否自觉，一种新的观念已经出现，并且使时代的审美倾向发生了深刻的裂变。那些唯唯诺诺没有独立见解的人物，那些循规蹈矩安分守己的人物，在大多数作家们的笔下不再是被热情赞美的对象，而成为被嘲讽、被怜悯、被批判和否定的对象。相反，那些性格独特富于个性的人物，那些内心骚动不安、富于创造活力的人物，那些所谓“奇人”和“怪人”，却常常成为被赞美、被歌颂、被肯定的对象。时代的英雄人物精神特征也发生了根本的变化，他们从集体理性的个别载体，转变为真正具有独特个性的个人。

这种思潮的出现是革命性的。从某种意义上说，中国文化是一种伦理文化，它的核心就是“礼”。“礼”的核心是一种等级隶属关系。这种隶属关系最集中的表现就是“三纲五常”。个人在家隶属于家长，在国隶属于国君，只有在这种隶属关系中才被确认。由于这种文化传统的长期熏陶，中国人无论是在心理上还是在行为上，都习惯了逆来顺受，随遇而安，泯灭自我，依附权威，忘记了自我作为个体的存在，更谈不到个人的价值与尊严。进入现代社会，这种民族性格的惰性显而易见，觉醒的人们决不会满足于这样一种状态。从80年代文学对个人自由的诉求，可以看到一种试图建立个人主义的社会伦理和价值标准的努力。这种个人主体性的努力的确并不新鲜。它是欧洲文艺复兴以来的人文思想在中国的再次生长。80年代中国文学知识分子话语的思想资源包括了从文艺复兴以来西方的全部思想，它非常明显地从文艺复兴和启蒙运动留下的遗产中汲取营养，同时也不拒绝20世纪的思想成果。众所周知，尼采的学说与启蒙哲学是存在矛盾的，但尼采对西方近代文化传统的批判却被忽略，他的个人主义和反权威的态度被抽象了出来。面对中国反传统和反专制的努力，他们被求同存异地编进了同一支队伍，服务于打破专制枷锁和实现人的解放。需要特别指出的是，虽然西方不断有人以个人的名义对理性发起批判和挑战，但在当时的中国文坛，人们还不糊涂，因为他们知道，西方从文艺复兴到启蒙运动形成的启蒙主义传统本身就不排斥个人的价值。正如20世纪初鲁迅对尼采的接受一样，80年代中国知识分子并没有因为接受尼采而批判西方的现代理性和启蒙传统。

需要指出的是，在80年代，个人本位的价值观一直没有在社会获得广泛的认可，人道主义往往被限定在道德范围之中。然而，在文学的知识分子话语中，它的地位已经确立。从80年代初期受批判的作品，到80年代末大量同类作品的流行，可以看到它不是权威原则所能抵制的。作家们以他们的虚拟世界鼓励个体实现其自身价值，认可个体欲求的合法性。在许多作品中，损害个人、限制自由、扭曲人性等都已成为罪恶，一切对个体价值的漠视、对个人权利的剥夺都受到了指控。同时，从那些作品中可以看到：个性决不是可怕的，因为个体的自主性是与社会责任感一致的。虽然在整个80年代文学知识分子话语的运行过程中总有人对个人主义抱有极大的警惕，并且时时谴责所谓极端个人主义，然而，考察当时的文学，无论作家们如何张扬个性主义，都没有忘记问题的另一面。他们知道理性是自由的保障，因此，在清醒的作家们笔下，对自由的呼唤始终伴随着对理性的张扬。

三、为了最基本的自然权利

在返归人学的过程中，文学开始把对人的关心推向每一个领域，注目于人在各个层面的欲求。以张洁的《爱，是不能忘记的》为代表的一些作品显示着中国作家首先关注的是人的情感世界。他们开始对一些不被传统观念认可的情感表现出同情和理解，并以沉重的叹息或急切的呼唤向人们宣示：人应该有爱和被爱的权利，应该有守护内心一片情感圣地的权利。评论家曾如此写道：“它向人们表明，人的基本情感是其他东西所不能代替的。对人的尊重，最根本的是对人的情感的尊重。人的解放，最根本的是人的情感的解放。因此，我们的作家开始踏进丰富的人性世界，努力展示这个世界的丰富性和无穷的差异性，许多作品都超越了狭隘的阶级斗争观念，而多方面地对人的内心世界进行考察，甚至把人性深处那些神秘的东西揭露出来。”[①]我不认为当时文学之所以走向情感领域是因为“人的解放，最根本的是人的情感的解放”，因为80年代人学主题之所以走向人的内部世界而没有更多地走向外部世界，其实是环境制约之下的选择，因为外部自由的获得远比内部自由的获得更艰难。但是，无论如何，文学走向人的情感领域，显示着一种巨大

①刘再复：《论中国文学》，作家出版社1988年，第288页。

的进步。它意味着人性的正常要求开始获得文学的关注。人，不再只是钢铁战士，不再只是被阶级斗争的工具，而是恢复了血肉之躯。这个血肉之躯有七情六欲，需要物质和精神各个层面的满足。

这不仅是艺术的变化，也是价值观念的变化。把人的权利还给人，这是文学争取人的自然权利的第一步，也是关键的一步。在进入新时期之际，由于希望之光的呈现，文学家纷纷表达对生活的诉求，其声音充满哀怨与悲愤。舒婷说："我通过我自己深深意识到，今天，人们迫切需要尊重、信任和温暖。我愿意尽可能地用诗来表现我对'人'的一种关切。"[①]她在《风暴过去之后》中对人的价值进行过一番思索与追问之后写道："我希望，汽笛召唤我时／妈妈不必为我牵挂忧虑／我希望，我受到的待遇／不要使孩子的心灵畸曲／我希望，我活着并且劳动／为了别人也为了自己。"北岛诗中的主人公更多显示着悲剧英雄的色彩，然而，却充满着这样的诗句："我是人／我需要爱／我渴望在情人的眼睛里／度过每个宁静的黄昏／在摇篮的晃动中／等待着儿子第一声呼唤……"（《结局或开始》）做人的渴望源于人不成其为人的生活现实。生活使人变成没有七情六欲的机器部件，"我是人"的呐喊就意味着把人应有的本性统统还给人。因为那段反人情、反人性、反人道的历史，新时期文学的知识分子话语一旦回归，就找到了一种新的立场：关心人，尊重人，以人为中心，并且以人的价值、尊严和权利为目的。因此，它就不能不特别关心人的各种最基本的权利。80年代中国文学的知识分子话语对人的关心是全面的，人的社会生活与家庭生活，人的物质需求与精神需求，人的内部自由与外部自由，都已进入文学的视野。

1985年前后，文坛出现了一股引人注目的"性大潮"。无论当时还是现在，人们对这一潮流都不会取得一致的认识，然而，无论对其如何评价，都应承认，它是人的自然权利在文学中的一次回归。文学以对人的本能的关注向人们宣告：人性是不可压抑的！满足正常欲望的权利是不可剥夺的！把人应该具有的统统还给人！文学对人的表现有了新的开拓：从人的社会属性转向人的自然属性；从人的理性内容转向非理性内容；从文明的人转向自然的人。对生命的关注必然带来了对人的原始生命力的关注。文学开始通过性意

①舒婷：《人啊，理解我吧》，《诗刊》1980年第10期。

识这一焦点透视人生，穿越文化铸造的人格表层而直达原始的生命冲动。

张贤亮的中篇小说《男人的一半是女人》不仅写了章永璘对女人的渴望，而且写了这个性饥渴者面对女人活生生的裸体而产生的性欲冲动，甚至写了他性功能丧失时的窘态和性功能恢复时的兴奋。小说的主题仍然是反思文学中已多次表现的中心主题——对极“左”政治路线的控诉与批判，不同之处是它为这种控诉提供了一个新的生命视角。接着令读者惊异的是女作家王安忆。她连续发表《小城之恋》《荒山之恋》《锦绣谷之恋》《岗上的世纪》等小说，以大量的篇幅把男女性爱描写得淋漓尽致，并且充分显示了人的性欲的力量。此后，贾平凹的《黑氏》、铁凝的《麦秸垛》、乔雪竹的《荨麻崖》、魏世祥的《火船》、刘恒的《伏羲伏羲》等大量作品都不约而同地在这一新的领域里进行了探索。与此同时，翟永明、唐亚平、伊蕾等人的诗则以更直接的形式发出了强烈的呼唤：她们喊出了中国人长期压抑的欲望，于人们司空见惯之中揭示了性压抑的残酷：“像需要呼吸，需要吃饭一样／我需要身体所需要的一切／我抑制得就要枯萎了／我必须离开既定的禁地／为了健康的生存／抛弃所有的奢求／我用尽人类高于动物的所有智慧／为了追求与动物同等的权利／悲哀呀，悲哀得没有眼泪。”（伊蕾：《流浪的恒星》）

在这些作品的影响之下，文学大踏步地走向了生命本能。在作家们的笔下，人性开始裸露出全部的自然内容。因此，文学而出现了一些新的特点。比如，在此之前，文学一直在呼唤文明。这是时代的现实要求，因为我们需要从野蛮和蒙昧中解放出来。在此之后，文学不再仅仅呼唤文明，而是同时热切地呼唤人的自然属性。在爱情和婚姻生活的表现中，作家们开始认识到，无论男人还是女人，在婚姻生活中如果只被当作性工具固然是一种悲剧，但如果只有精神上的满足而没有肉体上的满足，同样是一种悲剧。人们对爱情幸福有了新的理解，生理满足成为衡量爱情和婚姻是否美满的重要尺度，而影响这种满足的因素都成了文学批判和否定的对象。再比如，在此之前，文学作品中的人都被清醒的理智所支配；在此之后，文学更多地展示人的非理性的原始冲动的力量。《小城之恋》等作品展示的是人的性欲冲动不可压抑和不可驾驭的状态。《岗上的世纪》使人们看到，性的力量不仅可以像莎士比亚的《罗密欧与朱丽叶》中那样可以超越家族宿怨，不仅可以像苏联小说《第四十一个》中那样跨越民族的和阶级的壁垒，而且可以超越自身的恩怨，仇恨着的人也可以在性生活中相互得到满足，并且因此而化解仇恨。在这样一种认识作用下，文学开始把道德、感情、性区别开来，并且向人们宣示：本能的力量是强大的，理智和情感并不能够完全驾驭它。

与此同时，人的生命活力和强度受到了文学的热情赞美，与之相关的野性和强悍成为美好的东西。在一大批作家的笔下，使道学家们惶惶不可终日的情欲之火成了健全人性中不可缺少的珍贵元素，因为它常常是与生命力的自由状态连在一起的。这种审美选择带有某种返归自然和返归原始的倾向。但是，没有几个作家真正渴望返归自然，这种审美倾向只能说是对人性异化的一种反抗。文学因此而对人的表现有所拓展，但也显示着一种退缩性的转向。

四、理论资源及其他

理论上的突破首先是从对马克思主义的重新解读开始的。在结束“文革”之际，中国出现了一种“真正的马克思主义”思潮。事实上，这种“真正的马克思主义”可以称作“人道主义的马克思主义”，因为它最突出的特征是在马克思主义中放大和凸现其人道主义内容。这种方式并非中国知识分子的独创。在斯大林时代结束前后，东欧国家发生的一系列变化往往都是在人道主义的旗帜下进行的。尽管当时的人道主义在德国和法国早已受到结构主义和后结构主义的批判和质疑，但这并没有影响东欧思想家和社会活动家使用人道主义的武器批判专制主义和各种制造灾难的力量。虽然这些运动被正统派谴责为“修正主义”，但几乎整个社会主义阵营最终都没有避免这种“修正”。修正主义者们有一个共同的特点，就是把自己称为人道主义者，并且宣布他们信奉“一切为了人”的口号。这种人道主义复兴的重要契机首先是赫鲁晓夫对斯大林主义的严厉谴责，其次就是马克思《1844年经济学—哲学手稿》和他为写作《资本论》而准备的笔记的传播。当然，中国的情况很不相同。当东欧和苏联出现马克思主义的人道主义的时候，非正统的中国马克思主义者却扮演了保卫马克思主义的角色，以强烈的激情致力于对修正主义的批判。但在“文革”结束之后，中国的历史终于出现转折。尽管中国的现实环境不可能在一夜之间为人道主义的传播提供良好的条件，但一些知识分子还是迅速地成了人道主义的马克思主义者或者马克思主义的人道主义者。于是，马克思当年用以批判资本主义生产关系的异化理论在80年代中国知识分子中成为争取人的解放和自由的武器。

这种做法实在有些勉强，其学理也未必无懈可击。因为马克思晚年的确对自己青年时代的思想有所扬弃。人们努力把马克思打扮成一个人道主义者，将其努力的目标定位于人的解放，却有意回避那个能够与斯大林主义相联系的马克思，也闭口不谈那个能够与农民革命相结合的马克思。然而，无论如何，以人道主义解释马克思主义，是80年代体制内的知识分子进行的一种很有时代特色的努力。他们认为人道主义所强调的人的价值与尊严、自由与权利，并不只属于资产阶级，而是人类文明发展的共同成果，因而同样属于马克思主义。他们认为：“当马克思开始作为一个共产主义者踏上自己的发展道路时，他最关心的也正是人的问题。他对资本主义社会里的人的处境和地位的深刻分析，以及对未来共产主义社会里的人的展望，都是贯穿着一种把人的价值放在第一位的人道主义精神。”他们认为，马克思主义“从诞生的第一天起，就把人的解放作为自己的最高目标”，作为社会主义革命的目的决不是以一个阶级的统治代替另一个阶级的统治，而是把一切人从阶级统治中解放出来。如果从马克思主义中抽掉了人道主义，它就可能走向反面，“变成目中无人的冷冰冰的僵死教条，甚至可能会成为统治人民的一种新的异化形式。”[①]1983年3月，为纪念马克思逝世100周年，一个学术报告会在北京举行，作为中宣部顾问的周扬作了一个让一些人非常恼火却使知识分子非常激动的报告。洋洋万余言的报告也许早已被人们所忘记，但论述人道主义和异化问题的一些段落却长久地留在了知识分子的记忆中：“人是我们建设社会主义物质文明和精神文明的目的，也是我们一切工作的目的。生产本身不是目的，阶级斗争，人民民主专政本身也不是目的。过去，许多同志把这一点忘了。”[②]作为中宣部的顾问，周扬的讲话也许并不恰当，但是，它使我们看到了一个文化官员发生的某些变化。

这种努力是行之有效的，它使知识分子的言说在条件还并不十分具备的情况下获得了合法性。因而成为80年代思想解放运动的一个重要构成，在

①汝信：《人道主义就是修正主义吗?》，《人民日报》1980年8月15日。

②周扬：《关于马克思主义几个理论问题的探讨》，《人民日报》1983年3月7日。

对过去年代的控诉和否定中起到了极大的作用。

更值得注意的是，一些长期以来一直在沉默中坚持人道主义和人性论的理论家，较早地表现了鲜明的立场。他们的声音在当时没有引起足够的重视，因为当时人们的目光还被一些时髦的东西所吸引。然而，历史不会忘记，当理论界以解经的方式艰难地争取人道主义的合法地位的时候，他们已经在强调以人道主义为指导去描写人性，表现人情，并且认为这才是文学的根本特征，否则就不是真正意义上的文学。他们认为文学如果不表现人性，就不会有长久的生命力。朱光潜说，如果没有对人性的深刻理解和忠实的描绘，如果对人性望而生畏，就不可能有真正的文学艺术作品，要打破长期以来形成的公式化和概念化倾向，“首先就要打破‘人性论’这个禁区”。[①]钱谷融说：“文学既以人为对象，既以影响人、教育人为目的，就应该发扬人性、提高人性，就应该以合乎人道主义的精神为原则。”[②]他们的声音更集中地代表了知识分子的声音。他们在1957年曾经发出过这种声音，因而遭到批判。然而，由于上帝厚爱，他们活了下来，成为80年代知识分子话语的火种。这是一个至今缺少研究的现象：在他们的周围，一批年轻的学者成长起来，为80年代中国文学的知识分子话语增添了光彩。

正是由于这个中介，在进入80年代的时刻，中国文学重新走上了“五四”时期“人的解放”之路，并且以高涨的热情重演了欧洲文艺复兴和思想启蒙运动的主题。经过十年“文革”之后，人们更清醒地意识到那些未完成的历史课题的重要性。80年代的人道主义思潮对十年“文革”的批判主要指向了蒙昧和专制，因为当人们分析当代中国人的悲剧命运时，看到的是几千年的专制和迷信的幽灵。在80年代，知识分子相当普遍地支持改革开放。按照他们的看法，推动历史进步是知识分子的使命，而推动历史进步的现实实践就是推动中国的现代化。但是，他们对改革开放的支持已经不像过去那样只是对路线方针的盲目配合，更不是寻求新的依附，而是源于一种认识：只有改革开放才能接近现代化目标，而只有全面的现代化才能带来人的解

①朱光潜：《关于人性、人道主义、人情味和共同美的问题》，《文艺研究》1979年第3期。

②钱谷融：《〈论“文学是人学”〉一文的自我批判提纲》，《文艺研究》1980年第3期。

放。对于他们中的清醒者而言，目标非常明确，他们所追求的现代化也决非仅仅是当时权威话语所讲的四个。80年代的中国作家热切地呼唤民主、抨击专制，因为民主更能够保障人的权利。《人到中年》这部产生过广泛影响的小说，直接提出的是当时中国面临的一个重大问题——中年知识分子的超负荷运转和由此暴露的人才危机，直接的表达方式是为知识分子呐喊请命。然而，敏感的批评家已经指出：“这部引起巨大反响的作品提醒人们：人为社会尽义务，而社会也应当为人尽义务。社会主义人道主义，应当包括人的义务和人的权利。”[①]到了80年代中后期，《世界大串连》《旅美华人录像》等不少反映了出国热潮。在对去国者进行分析的时候，不少作品表达了一个共同的倾向：为了个人的自由而离开自己的国家，在文学中得到了同情和理解，而不再只是被批判和否定。80年代的中国知识分子已经不是狭隘的民族主义者，而是把人的权利看得更为重要。正因为这样，他们以人道批判现实与历史的不人道，以健康舒展的人性衡量被扭曲的人性，努力为重重束缚下的个性寻求解放，为个人应有的权利呐喊呼吁。他们虽然没有特色鲜明的旗帜，但是，仔细考察他们的精神基点，我们会看到他们的阵营中高高飘扬的旗帜上写着一个大写的“人”字。

但是，重返“人的文学”的路不是畅通无阻的。80年代中国文学重返“人的文学”的全过程都伴随着对它的批判和否定。

这种批判和否定首先来自于以阶级斗争为纲的观念。虽然人道主义问题能够提出，人的异化问题也可以讨论，但是，人道主义主题对旧规范的突围必然引起原有秩序的某些不适。文学在进行政治上的拨乱反正时与权威话语的关系是和谐的，而当人道主义作为一种潮流涌动时，与权威话语的关系就不再那么和谐。在这种情况下，知识分子话语虽然努力摆脱权威话语的笼罩，却表现得小心翼翼。而且无论如何小心，矛盾总是不可避免。在一些人那里，人道主义之所以被接纳，仅仅因为它是批判过去历史的一种武器。当文学真正获得人道主义的立场的时候，就变得不可接受了。那些与旧话语难以切断联系的人仍然习惯于谈论人道主义的局限性。它被认为是抽象的，虚伪的，不切实际的，因而不可能改变人的命运，更不能对社会有所救助。也

①刘再复：《论中国文学》，作家出版社1988年，第270页。

许，这些见解都有其道理，因为事实很明显，与血腥的暴力相比，人道主义的确软弱无力。但是，80年代新生的知识分子话语却并不希望中国历史再以血腥的暴力作简单的重复。

同时，它还面对着新潮的冲击。因为虽然中国人正在为人的解放而努力，但世界范围内的最新思潮却已经在解构人的神话。按照一些时髦的理论，人道主义早已过时，早已被超越。然而，这并没有从根本上影响80年代中国文学对人道主义的信仰，因为他们知道不同语境差距的存在。应该说，80年代中国文学的这种选择与世界潮流保持了一定的距离，但是，这种距离正是它的价值之所在。在世界最新潮流中正在以后结构主义消解人的神话和启蒙主义以及主体性概念的时候，从血泊中站起来的中国作家和他们的文学没有追赶最新的时髦，而是守护了文艺复兴和思想启蒙运动的思想成果，为启蒙、理性、科学、民主和所谓人的神话而努力。当然，科学、民主、理性、主体也许都并非绝对可靠，但是，相对于信仰与情感而言，人们只能选择理性；相对于迷信而言，人们只能选择科学；相对于专制而言，人们只能选择民主；相对于被动的工具性，人们只能选择主体性。因此，面对来自西方的新潮理论的挑战，人们做出了这样的回答："西方现在已处后现代化时期……而我们的国家刚刚要迈入前现代化时期，我们的历史任务是要充分尊重人，创造使人发挥潜在力量的文化条件，激发人的创造性、能动性和自主性，也就是主体性，从而发展高度的科学技术和公有制基础上的商品经济。这个时候，我们倒是需要讲科学、民主、自由、人道，这不仅没有过时，反而是很适时的。"①应该说，这样的回答是有力的。

遗憾的是，在80年代结束之后，由于种种复杂因素的影响，文学开始青睐于人的被动存在状态，认同种种丑陋、渺小、卑微和无奈，告别理想主义，解构"人的神话"……于是，"活着就好"和"千万别把我当人"成为流行语和关键词，"人的文学"似乎真的成了一个过时的概念。但是，常识告诉我们：中国人并非不需要自由、尊严和权利。

①刘再复：《论中国文学》，作家出版社1988年，第273页。

崎岖的启蒙之路

——1980年代中国文学的知识分子话语之四

文学的知识分子话语以启蒙作为自身的标志之一，1980年代，一些作家回到了“五四”启蒙之路。但是，启蒙之路荒芜已久，重新开拓并非易事；启蒙精神丢失已久，重新获得也非易事。在新时期之初，作家在大众面前往往是忏悔者而不是启蒙者。最先的启蒙者来自“文革”后期的地下文学。历史逼迫一些人成了真正的知识分子。觉醒者面对苦难和蒙昧走上了启蒙之路，自我反省是80年代启蒙文学的重要特点。文化批判在80年代中期形成大潮，它是启蒙文学受挫几十年之后的一次复兴。人们做出了一个选择：回归“五四”。其主要原因有二：一是历史上启蒙运动的夭折；二是现代化呼唤一场更加广泛的启蒙。90年代以来，启蒙文学受到种种指控，但只要人类历史还没有走到尽头，文学承担启蒙的使命就决非耻辱。

文学的知识分子话语以启蒙作为自身的标志之一，因此，要考察80年代中国文学知识分子话语，这是一个无法回避的话题。进入80年代之际，清醒的作家开始寻找知识分子话语自身的根本。经过艰苦的努力，他们回到了以鲁迅为代表的启蒙之路。但是，由于历史造就和种种原因，能够走上这条道路的只是一小部分人，而且，这条道路并不平坦。90年代以来一些论著中对80年代启蒙话语的描述往往是夸大、误解或歪曲的。

一、新的开端与旧的羁绊

对于"文革"结束后的文学而言，启蒙之路荒芜已久，要重新开拓并非易事。对于当时的作家而言，接受改造的时间已长，启蒙精神丢失已久，要重新获得启蒙立场，也非易事。作为文学创作主体，中国作家经过几十年的强化训练，早已习惯于听从号令而异口同声地按照政治需要重复权威话语；也早已习惯了虚心接受大众的改造，努力使自己的思想感情与工农大众保持一致。当然，任何人都知道，这个"工农大众"并非实际生活中的工农大众，而只是根据需要制造出来的抽象的符号，但是，它的意志是不能违背的。在过去几十年的历史上，已经没有人敢于把自己凌驾于工农大众之上。虽然政治权威从来没有放弃过教育和改造农民的努力，但作为知识分子，却没有人敢于公然对工农大众启蒙。因为："尽管他们手是黑的，脚上有牛屎，还是比资产阶级和小资产阶级知识分子都干净。"知识分子出身的文艺工作者，必须"把自己的思想感情来一个变化，来一番改造"，"把立足点移过来"，走大众化的道路。而大众化并不像一些人一厢情愿理解的那样只是意味着通俗易懂，而是意味着作为知识分子的作者必须在思想感情上改变自身而向大众看齐。"许多同志爱说'大众化'，但是什么叫作大众化呢？就是我们的文艺工作者的思想感情和工农大众的思想感情打成一片。"[①]根据流行辞书的解释，就是"变得跟广大群众一致"[②]。因此，在结束"文革"而进入80年代之际，要迅速回到启蒙之路，也异常艰难。这种艰难不仅源于外部制约，同时也源自作家自身。

在其开始，走在前列的作家们显示给人们的常常是这样一种情感立场："我从土地来。／土地冰封了多少年，／我被封冻了多少年，／土地碾压了多少载，／我被碾压了多少载。／……土地哟！我只是比你多了一首急切的诗，／但这诗，也是你孕育的胚胎。"（杨牧《我从土地来》）"我长久地跪倒在这块土地上，／以一个农民的儿子血管里／固有的对泥土的爱，／久久

①《毛泽东选集》，人民出版社1967年，第808页。

②《现代汉语词典》，商务印书馆1996年，第200页。

地注视着捧在手中的黑土；／苦涩的眼泪和汗水，／带着火样的热情一起流进土里。”（雷抒雁《黑土地》）“我的诗行是／沙沙作响的相思树林／日夜向土地倾诉着／永不变质的爱情。”（舒婷《土地情诗》）这里所表现的，都是对人民大众的深情。

应该承认，这一立场的转换极为重要，因为在此之前，当代作家在写阶级之情、人民之情的要求之下实际上并没有传达出大众的声音。在大众生活苦不堪言的时候，文学却因为政治需要而制造大众的笑声；当大众因为痛苦而满怀悲愤的时候，文学却根据权威的要求而制造大众的赞颂。文学成为政治的奴仆，为政治权威代言而不能为大众代言。这是当代文学的悲剧，也是知识分子的悲剧。这使许多作家在那个岁月结束之后感觉惭愧。因此，当他们从苦难中走出之后，不仅要抒写自身经历的苦难，而且同时要找回为人民大众代言和请命的责任。于是，在拨乱反正的过程中，文学出现了一个重大的变化：无论抒情还是叙事，一些作家开始从国家权威的立场转向民间大众的立场。用诗人们的象征说法，就是从“太阳”转向了“大地”。几乎每一个诗人都曾宣称自己是大地的儿子，向大地倾诉着无限深情；几乎每一个作家都充分表达着对人民命运的关注，努力履行着“为人民鼓与呼”的崇高承担。从高晓声的《李顺大造屋》到李国文的《冬天里的春天》，从茹志鹃的《剪辑错了的故事》到张一弓的《犯人李铜钟的故事》，从叶文福的《将军，不能这样做》到熊召政的《请举起森林般的手，制止!》，大量作品表现着共同的观念：人民高于一切。从“归来”的作家到知青作家，都在反复表达着对人民的赞美和对忘恩负义者的谴责和鞭挞。正是在这个转变过程中，知识分子获得了一种“人民——上帝”的观念，并且成为人民大众的代言人。

然而，一个问题是明显的：崇高的情感遮住了理性的目光，热情的礼赞影响了冷静的审视，民间大众的出发点影响了知识分子立场的确立。在许多作家那里，甚至包括李国文的《月食》《冬天里的春天》、张贤亮的《灵与肉》《绿化树》等比较优秀的作品，都带有一种大众崇拜的倾向。他们往往把人民大众神圣化，把人民大众的形象具体化为伟大的圣母形象，而知识分子在其面前只是忏悔者，而不是启蒙者。

在90年代一些年轻学人的描述中，往往认为知识分子精英意识在80年代文学中独占了鳌头，甚至建立了话语霸权。其实，当时的知识分子话语不仅往往与权威话语纠结在一起，而且与民间大众话语的关系难舍难分。这是一个知识分子话语与权威话语携手前行的时期，也是知识分子话语与民间大众话语关系密切的时期。当时的知识分子话语最充分地体现了为民请命的精神，大量作品在大众中引起的轰动效应正是这种密切结合的证明。然而，这种密切关系却常常以牺牲知识分子自身为代价。哀其不幸的情感淹没了怒其不争的理性，深情的礼赞代替了冷峻的审视，这成为不少作家创作中存在的共同问题。特别是在鞭挞官僚主义者和各种忘恩负义者的同时，一些作家对人民大众的形象进行充分美化，使其闪耀着伟大与神圣的光彩。一些作家正是由于被笼罩于伟大与神圣的光环，才认同了大众与自身那种改造与被改造的关系。在关于《灵与肉》的通信中，张贤亮曾经如是说："和《灵与肉》中的许灵均一样，我出身资本家家庭，少年时期生活在十里洋场的上海，见过灯红酒绿的豪华场面；我文学修养的根基开始是扎在西欧古典文学和北美近代文学上的。那么，是什么使我的感情、生活习惯、幸福观和价值观念起了变化的呢？那就是体力劳动，以及作为一个普通的劳动者和劳动人民长期的相处。一个人没有多少二十二年。在这揉合着那么多辛酸、痛苦和欢乐的二十二年体力劳动中，我个人的心灵和肉体都有了深刻的、质的变化。……我接触过许多和我有同样经历的人，我们在受到不公正的待遇时是委屈的、不平的、愤懑的，但是这些幸存者中没有一个人（如果这个人是热爱生活、身体健康和意志坚强的话）不承认他在长期的体力劳动中，在大自然的怀抱里进行劳动与物质的变换中获得过某种满足和愉快，在与朴实的劳动人民的共同生活中治疗了自己精神的创伤，纠正了过去的偏见，甚至改变了旧的思想方法，从而使自己的心灵丰满起来的。"①

因为这样一种情感，便满足于赞美人民的伟大而难以对其进行冷静的审视。这也许是知识分子改造政策在其预期之外的另一种成功。它的成功就在于使一些作家由于苦难而感恩，由于感恩而彻底远离了启蒙，并且在苦难过去之后也很难获得启蒙精神。联系进入90年代之后对启蒙主义的批判，使人不能不想到这种改造力量的强大。因此，他们很难像鲁迅那样面对传统，也很难像鲁迅那样面对国民性。

①张贤亮：《心灵和肉体的变化》，《作品与争鸣》1981年第9期。

在这一代作家中，较早获得了国民性批判视角的是高晓声。他的陈奂生形象一直被作为新时期文学国民性批判的范本。然而，虽然他能够认识到中国农民如果都像陈奂生，就难免要出皇帝，但是，他与农民的感情联系却使他并没有多少自觉的启蒙精神。在《且说陈奂生》中，他曾经这样表示："我还要进一步说，我对陈奂生们的感情，决不是什么同情，而是一种敬仰，一种感激。这倒并非受过他们特殊的恩惠，也不是出于过分的钟情，而是我确确实实认识到，我能够正常地度过那么艰难困苦的二十多年岁月，主要是从他们身上得到的力量。正是他们在困难中表现出来的坚韧性和积极性成了我的精神支柱。和他们长久在一起使我常常这样想：'我有什么理由应该比他们生活得更好些呢？'是的，没有理由，没有任何理由。于是，我泰然了，觉得老天爷对我并无不公平，我也就没有什么可抱怨。于是，我就和他们融在一起，我就理解他们和我有一样丰富的精神，这精神支持了他们自己，支持了我，也支持了整个世界。"①

考察70年代末到80年代初的文坛，几乎没有一个作家理直气壮地表示自己在精神上高于大众，也没有一个作家理直气壮地显示知识分子的启蒙姿态。他们可以批判极"左"政治，批判过去的历史，批判某一个恶棍，却不曾想过可以批判以工农为主体的人民大众。当时的作家几乎都相信人民创造历史并且决定历史，却很少有人思考十年"文革"和时代的苦难到底是不是人民的选择。如果人民对历史无能为力，那么，人民的伟大与神圣何在？如果人民能够决定历史，那么，为什么自己选择了灾难？其实，这种观念不过是权威意识形态在他们头脑中刻下的一种印痕。因为那个岁月虽然使人民陷入深重的苦难，践踏其价值，剥夺其权利，却一直把抽象的"人民"大写在纸上。因此，我们不难理解那些作家对人民大众的崇拜。但是，从知识分子话语自身的发展看，这却是一个严重的制约。

二、最先的启蒙者

在"文革"结束之后的文坛上，最先显示了启蒙特色的是"文革"时期

①高晓声：《且说陈奂生》，《人民文学》1980年第6期。

的地下文学。在芒克的诗中，我们看到了由怀疑而滋长的觉醒与反叛。《阳光中的向日葵》写道："你看到了吗／你看到阳光中的那棵向日葵了吗／你看它，它没有低下头／而是把头转向身后／它把头转了过去／就好像是为了一口咬断／那套在它脖子上的／那牵在太阳手中的绳索。"在这里，我们已经看到了借反叛者的形象而进行的启蒙言说。这种精神在北岛的《回答》中转化为对历史真相的揭示和作为挑战者的自我形象对时代荒谬的质疑："冰川纪过去了，／为什么到处都是冰凌？／好望角发现了，／为什么死海里千帆相竞？／我来到这个世界上，／只带着纸、绳索和身影。／为了在宣判之前，／宣读那些被判决的声音：／告诉你吧，世界，／我——不——相——信！／如果你脚下有一千名挑战者，／那就把我算作第一千零一名。"早在1971年，他的《在扬子江上放歌》就这样写道："把我的话语传向四方吧，——长风的使者！我是那漆黑的午夜里／一把黎明的火。"应该说，这就是最先出现的启蒙姿态。

一个日子也许是不应忘记的：1978年12月23日。在这一天，《今天》诞生了。在当时人们的眼里，它是一本奇特的刊物，因为它是几个青年思想者和艺术追求者自己办的，它所显示的价值观念和艺术追求都与人们习惯的一切相去甚远。然而，它的价值正在这里。在客观上，它改变着人们的僵化思维和阅读趣味。尽管不同的作者有不同的探索，但正如赵振先在回忆文章中所说的："北岛是从自身的危机出发，把目光投向社会，投向世界，最后在诗歌之中实现了个人与他人的灵魂拯救；而多多一直扮演着一个超越者的角色，他仿佛从西方人的手里接过火炬从天而降，操起语言这把利剑在中国这块古老的土地上展开一场大批判。其实他们是殊途同归，最后唯有在语言中言说，用语言来改造中国人的言说方式，从而改造着中国人的国民性。"① 无论北岛、芒克还是多多，都不曾以知识分子自居。因为他们的学历和职业在80年代的中国已经不被看作通常意义上的知识分子。然而，历史却以苦难的方式逼迫他们在痛苦的思考中成为真正的知识分子，而且选择了启蒙主义的立场，并最先在中国文坛上发出了启蒙知识分子的声音。

在小说创作中，《公开的情书》《波动》《晚霞消失的时候》等是值得

---

①赵振先：《〈今天〉忆往》，谢泳编《思想的时代》，吉林文史出版社2000年。

注意的。《公开的情书》虽然带有那个时代的一些色彩，但是，它已经显示了“文革”中一代年轻知识分子的探索和思考。这些思考虽然由于思想资源的欠缺而呈现着各种局限，但是，他们独立了，开始用自己的眼睛判断世界，不再相信传统的结论，要通过自己的思考重新认识真理。老嘎在致老久的信中写下了这样的感受：“在这笼子似的、静静的山谷里，栖息着十多只异乡的鸟：有北大的、清华的、南开的、武大的、川大的……他们生长在20世纪70年代，却又生活在刀耕火种的桃花源里，这是怎样一种‘再教育’啊。”从这些混杂着各种因素的感情抒发和思想表白中可以看到，老久、老邪门这些思想者的形象已经不再承认对知识分子进行再教育的合法性。他们冲破传统的教义，冲破各种政治偏见，走向了知识分子的精神探索之路。他们表示：“我们深深苦恼的是为什么年轻人的思想这么混乱，似乎理论的危机已使很多人从根本上对未来丧失了信心。但我们努力探索着，希望我们的工作成为茫茫大海中的一盏灯，给年轻的朋友们指明方向。我们坚持不懈地努力，不让奋斗精神丧失，不让热情的火花熄灭。我们决心走一条和许多年轻人不同的道路——在理论上进行探索的道路。我们希望我们的思考成果能成为扎在海底岩石之中的柱石，不管风暴多么猛，浪涛多么大，那些被巨风吹散的船只能靠到这里拴住它们的缆绳。”①从这里，我们可以看到“文革”当中一代青年知识分子保持独立的思考的历史。小说发表之后，有人批评小说中的人物：“一面宣称‘冲破宗教教义、偏见和各种传统观念’，一面又用救世主的口吻说教。他自以为在宣布一种新的科学思想，却不小心地说出了早已过时的陈腐观念。他的某些思想说教带的是20世纪资产阶级思想家的色彩”，并且批评他们“看不起群众，自以为比群众高明，把群众看作庸众”。②这种批评正好证明他的确是一个能够独立思考的青年知识分子。小说作者与老久、老邪门在精神上是一致的，同属那个年代通过痛苦的思考而站立起来的青年。正是这样的知识分子带来了“文革”后知识分子自我意识的觉醒，也带来了文学中知识分子启蒙话语的复苏。

因为中国人刚刚经历过一个以偶像崇拜为特征的文化蒙昧时代，因为偶

①靳凡：《公开的情书》，《十月》1980年第1期。

②《对小说〈公开的情书〉的不同看法》，《文汇报》1980年6月26日。

像的光环对人的残暴杀戮，新时期文学的启蒙主题首先集中于对偶像崇拜的揭露与批判。这成为70年代末到80年代初中国文学的一个中心主题。这一主题充分表现着启蒙主义的最初形态。觉醒者看到了在灾难的深渊中国人所显示的蒙昧状态，从而走上了启蒙主义的道路。对于偶像崇拜的揭示有两层意义，其一是控诉性的，它的批判锋芒指向崇拜的制造者，揭示他们对人们的愚弄而展示他们的罪恶。其二是悲悯的，面对那些个人崇拜中的牺牲品，一些作家表现出极大的悲悯，这种悲悯显示了启蒙主义者的目光，因为能够看透精神悲剧者正是清醒者。杨牧的《站起来，大伯》显示了一种启蒙主义的精神和以人为目标指向的主题。诗的小序写道："一个时代有一个时代的成因。据说，在三十年前的开国大典上，当工农兵队伍浩浩荡荡经过天安门时，一位从乡下来的饱经风霜的农民，热泪纵横，纳头便拜……"诗人从这里找到了个人崇拜和各种旧传统的根源，它的批判矛头指向的是当代政治迷信，目标指向是人的精神解放。

在告别80年代之后，中国后现代主义者常常描述80年代启蒙主义文学那种居高临下的姿态。他们往往通过这种姿态而把启蒙知识分子描绘为教训者，他们总是居高临下地面对大众，教训大众，批判大众，却从来不知道反省自己和批判自己。但是，只要了解80年代启蒙主义文学的真实状态，就不会赞同那种结论。80年代中国知识分子对大众的精神弱点的揭示更多地伴随着浓厚的同情。这从以上杨牧等人的作品中已经看到。同时，如果考察当时启蒙主义文学的表现形态，还会发现自我批判和反省也是启蒙文学的一种重要表现形式。雷抒雁的《小草在歌唱》是最早启蒙主义诗歌的杰作，而它的主要价值并不在于对一个具有独立见解的人物的歌唱，而在于唱出了一首觉醒之歌；不仅在于对邪恶的揭露和控诉，而且在于对迷信和愚昧中的自我精神状态进行反思，诗中最有力量的也正是这样的句子："我恨我自己，／竟睡得那样死，／像喝过魔鬼的迷魂汤，／让辚辚囚车，／碾过我僵死的心脏！／……昏睡的生活，／比死更可悲，／愚昧的日子，／比猪更肮脏！"

这种表现方式的选择也反映着历史的真实状态。因为80年代中国文学启蒙思潮兴起的时候，历史并没有为之准备下作为启蒙主体的知识分子队伍。知识分子作为启蒙的主体，同时也是启蒙的对象。启蒙思潮的壮大事实上伴随的是知识分子不断在自省中觉醒这一基本事实。正是由于知识分子的不断觉醒，才使得启蒙主义思潮得以发展。

三、文化批判的潮流

如果知识分子具有一定的独立性，就不可能与民间大众话语完全保持一致。当鲁迅面对祥林嫂、华老栓和阿Q们的时候，如果在思想感情上能够与之保持一致，也就不再有那些闪耀着启蒙光辉的作品。知识分子话语的发展不仅有赖于摆脱权威话语的笼罩，而且有赖于对大众所体现的国民性格的审视和反思的能力。

其实，这一切在进入80年代之际就已经开始了。面对“文革”中的灾难和灾难中的人格百态，文学不可能只关注其政治层面，而且，一些问题也绝不是依靠派别基础上的善恶之辨就可以认识的。苦难发生了，亿万人民都是受害者，但导致苦难的如果只是几个人，民众本身的问题就值得考虑了。正如高晓声的判断：“李顺大在十年浩劫中受尽了磨难，但是，当我探究中国历史上为什么会发生这样的浩劫时，我不禁想起李顺大这样的人是否也应该对这一段历史负一点责任。”[①]他清楚地看到，如果中国农民都像陈奂生，中国是要出皇帝的。国民的这种“劣根性”不仅是“文革”的土壤，同时也是现代化的阻力，而且直接阻碍着国民真正站立起来去争取或维护个人的自由、尊严和权利。叶之榛的《我们建国巷》、陈建功的《辘轳把胡同9号》以及冯骥才的《高女人和她的矮丈夫》等作品都比较早地找回了鲁迅小说的叙事视角，开始揭示国民性格的弱点。而高晓声的“陈奂生系列”更是以此引起了文坛的广泛关注，并成为80年代初期揭示国民性格所取得的成就的集中代表。在陈奂生身上，我们看到了未能站立起来的中国农民的精神状态。

到了80年代中期，随着文化批判意识的普遍萌发，文坛迎来了一个文化自觉的时代。反省文化自我和批判国民性的主题在文学创作中大量涌现。一些作家的艺术批判锋芒由极“左”政治转向文化心理。陆文夫的《井》所描写的徐丽莎在重见光明之后投井自杀，迫害者已不是政治，而是她所处的

---

①高晓声：《开拓眼界》，《小说林》1983年第7期。

那个文化环境。鲁彦周的《苦竹林，苦竹溪》中的尚文芬是一个历史冤案的受害者，但小说却无意写一个平反冤假错案的故事，而是着力揭示了她由文化传统造就的悲剧性格。王蒙的《活动变人形》以批判的目光审视着父辈的文化心态。谌容的《献上一束夜来香》以一个极小的事件批判了扼制人的主体意识觉醒的文化心理。李锐的《古墙》《厚土》、王兆军的《不老佬》、韩少功的《爸爸爸》、张炜的《古船》、张石山的《仇犹遗风录》以及话剧《狗儿爷涅槃》、川剧《潘金莲》……集中显示了这一思潮的蓬勃发展。

这股批判思潮的出现是五四新文化运动没有完成的历史任务在新时期的继续，是中国启蒙文学在受阻而停滞几十年之后的发展和深化。“五四”时期，为了使国人从传统的精神枷锁中解放出来，为了结束鲁迅所说的两样时代而迎来第三样时代，一些知识分子对传统文化进行了一次全面的批判。鲁迅以他不懈的上下求索的精神拓出了一条至今闪耀着光辉的路，为我们留下了《狂人日记》《药》《孔乙己》《阿Q正传》等光辉的篇章。但是，由于历史提供的条件限制，对旧文化的清算没有能够继续下去。由于与之俱来的民族矛盾和国内阶级矛盾的加剧，导致新文化阵营的分裂和新文学运动的转向，鲁迅的路后继乏人。当一场大灾难过去之后，人们透过血迹审视灾难的根源，首先发现的当然是灾难的直接制造者。但是，随着反思的逐步深化，文化传统和国民灵魂的问题不能不被发现。从政治反思到文化反思，这是一个必然的发展过程。

与“五四”不同的是，“五四”时期的文化批判是政治革命完成之后的一场文化补课，是在现代政治制度框架之下进行的。而80年代的文化批判条件很不相同，它是伴随经济和政治体制的改革而发生的，却又是变革发展途中的一种迂回。由于文学的政治批判遭遇挫折，文学开始告别急功近利的态度，从而做出了新的选择：更多地作用于文化而不是作用于政治。一些人以逃避的姿态重新为文学定位，因此而导致文学在80年代中期发生了一次较大的变化。在这种变化中，知识分子话语不仅疏远了权威话语，而且开始疏离民间大众。他们不再满足于为民请命，而开始进一步认识到自身与民间大众的不同，更多地承担起了启蒙的使命，走上了重铸国民灵魂的路程。一些人因此而对80年代的文化批判冷嘲热讽，但只要是当年的亲历者，只要对当年的情形不是一无所知，就应该知道这条道路的崎岖与沉重，也应该知道文化批判并没有远离现实，而是承担了为改革开路的使命。

同时，这股批判思潮表现着一种新的觉悟。自19世纪末叶以来，中国进步的知识分子总是谋求社会的变革，却也尝尽了失败的灰心。在这片古老的土地上，传统的种种惰性总是以各种不同的方式制约着变革。进入80年代之后，变革已经成为时代精神，改革大业逐步展开。但是，改革并非一帆风顺，更非一切都如人愿。使人产生痛苦思考的不仅是改革困难重重，社会的久症顽疴并非都能迎刃而解，而且还有那些“成功”之处播下龙种收获跳蚤的悲剧。现实的种种问题究竟源于何处？在一段时间里，人们曾经把社会存在的一切问题简单地归于“十年动乱”和“林彪、‘四人帮’的破坏”，而当时的现实是“四人帮”早已垮台，虽然其恶劣影响不可低估，但一些新的问题无法仍然记在林彪和“四人帮”的账上。在一段时间里，人们曾经常用政治路线上的“左”或“右”来解释一些问题，揭露和批判极“左”的政治路线曾是文学的一个中心主题，随着时间的推移，左的政治路线显然已经不再占有统治地位，一些新的问题并非用“左”或“右”能够解释清楚。由于这样一种现实背景，人们逐渐认识到，中国的改革不仅需要经济体制的改革和政治体制的改革，而且需要一场思想观念上的革命。人们因此而转向“五四”，注目鲁迅奋斗过的道路，选择了文化批判。

四、“回到‘五四’”的是与非

以上各种事实表明，进入80年代，从废墟上站起来的知识分子做出的一个重要选择就是回到“五四”、回到鲁迅那里去。

在这些作家和学者中，有老一代文坛宿将，也有中青年后起之秀。老一代之所以回到“五四”，因为他们有的是新文化运动的亲历者，有的是从30年代走来，多少都接受过新文化的洗礼，回到“五四”，对他们来说，可能是禁锢解除之后的精神还乡，也可能是梦醒之后的重新选择。中青年一代没有这样的经历，他们大都从“文革”走来，其思想资源和教育背景与“五四”新文化距离甚远。但是，一个不易为后人理解的现象是：在“文革”时期，尽管鲁迅早已经被打扮得面目全非，甚至成了用以打人的棍子，但他的影响仍然是多方面的。在思想资源极度欠缺的背景上，年轻的思考者通过自己的阅读而走近了鲁迅，为他的思想和批判精神所震撼，并因此而尊真正的鲁迅为精神导师。从这个意义上说，无论怎样被歪曲利用，鲁迅和他的著作能够得以保留，都是一件幸事。因为即使在最严格的文化控制之下，人们仍然可以公开阅读鲁迅。在阅读鲁迅的过程中，人们很容易接受鲁迅的独立人格和批判精神，而不是权威给予的解释。因此，在一个特殊的背景上，鲁迅培养了一代人。当这代人经过长长的暗夜走上文坛的时候，他们又通过鲁迅而走上“五四”之路，并且像当年的鲁迅一样，试图以批判中国传统和引进现代价值扫清现代化道路上的障碍。在这个过程中，作家与学者走到了一起。以刘再复为代表的文学理论，以王富仁、钱理群为代表的现代文学研究……都在文化批判的道路上对现代化的障碍进行着清理，并试图重建现代的价值系统。

1986年，李泽厚在《走向未来》创刊号发表题为《启蒙与救亡的双重变奏》的文章，在中国文学、学术和思想界产生了广泛的影响。该文梳理了中国现代史上救亡压倒启蒙的历史过程，揭示了因为启蒙任务被搁置而导致的思想文化状态。他指出，在五四新文化运动开始之际，陈独秀等人猛烈批判中国传统、积极引进西方文化，个性解放与政治批判携手同行，揭开了中国现代史的新一页。但是，在后来的历史行进过程中，“中国革命实质上是一场以农民为主力的革命战争。这场战争经过千辛万苦胜利了，而作为这场战争的好些领导者、参加者的知识分子们，也在现实中为这场战争所征服。具有长久传统的农民小生产者的某些意识形态和心理结构，不但挤走了原有那一点可怜的民主启蒙观念，而且这种农民意识和传统的文化心理结构还自觉不自觉渗进了刚学来的马克思主义思想中。”[①] “特别是从50年代中后期到‘文化大革命’，封建主义越来越凶猛地假借着社会主义的名义来大反资本主义，高扬虚伪的道德旗帜，大讲牺牲精神，宣称‘个人主义乃万恶之源’，要求人人‘斗私批修’作舜尧，这便终于把中国意识推到封建传统全面复活的绝境。以至‘四人帮’倒台之后，‘人的发现’‘人的觉醒’‘人的哲学’的呐喊又声震一时。”[②]

---

①李泽厚：《中国现代思想史论》，东方出版社1987年，第35页。

②同上书，第36页。

他认为："马克思主义本来诞生在西方近代民主主义和个人主义高度发展了的资本主义社会中，它吸取了资本主义自由、平等、民主、人道等一切优良的传统和思想。……但是，中国近代却没有这个资本主义历史前提，漫长的封建社会和半封建半殖民地社会之后，紧接着便是社会主义。无论在社会的政治经济结构上和人们的文化心理结构上，都并没有经过资本主义的洗礼。也就是说，长久封建社会产生的社会结构和心理结构并未遭受资本社会的民主主义和个人主义的冲毁，旧的习惯势力和观念思想仍然顽固地存在着，甚至渗透了人们的意识和无意识的底层深处。这就不难怪它们可以借着社会主义的集体主义衣装，在反对资本主义自由民主和个人主义的旗帜之下，在'文化大革命'中甚至以前，轻车熟路地进行各种复辟了。于是，'文革'之后人们便空前地怀念起'五四'，纪念起'五四'来。"[①]李泽厚不仅揭示了救亡压倒启蒙的过程，而且把它看作"回到'五四'"的根本动因，以此显示了启蒙思潮重新出现的现实意义和历史合理性。既然"五四"启蒙的任务没有完成，而且出现了各种复辟，人们当然要怀念"五四"、纪念"五四"，并且要回到"五四"去完成"五四"未完成的事业。

1988年，以"回到'五四'"为标志的启蒙思潮达到了它的顶峰。这个顶峰由《新启蒙》杂志的创办、电视片《河殇》的播出和对"龙文化"的批判等一系列事件组成。聚集在《新启蒙》周围的多是"人道主义的马克思主义者"。他们大多从70年代末思想解放潮流走来，经历了80年代中国文化思潮发展的全过程。在80年代末，他们打出新启蒙的旗帜，一方面以人道主义的马克思主义反对教条主义的马克思主义，一方面以"五四"精神反对新国粹主义，同时，又以理性主义反对非理性主义。批判"左"倾教条主义是他们从70年代末一直在努力的工作，而在80年代中期之后，新的形势使他们开始面对着多条战线。他们反对新儒学，因为他们知道新儒学虽然与旧儒学形式不同，但实质却都是以共性否定个性，以群体压抑个体，用结构限制动力，用义务来压制权利。他们反对非理性主义，因为他们感觉那些什么都不相信的人已经很多，而什么都不相信可能与盲目相信一样。他们致力于批判传统文化的固有偏见与从海外传入的似是而非的理论，肯定"五四"启蒙

①李泽厚：《中国现代思想史论》，东方出版社1987年，第37—38页。

运动中提出的人的觉醒、个性解放、人格独立和人道主义思想。他们看到了“五四”启蒙运动的中断，认为在80年代的新的形势下，中国的现代化需要一场比五四运动更加深刻更加广泛的文化启蒙运动。

当然，以《新启蒙》为中心聚集的人们很不齐整。他们中的一些人因为成长的背景等各种原因而缺乏坚实的思想根基，因而缺少思想守护的能力，很容易接受时髦的影响而顿感今是昨非，甚至在后退中感觉自己又有了进步。但是，他们中的确不乏思想的清醒者和精神的坚定者。在1988年纪念“五四”之际，邵燕祥指出：“我们的民族，要跻身于富强、文明、民主的现代国家之林，如果没有群众首先是知识分子在现代意义上的公民自觉，是不可能的，怎么能够设想背负着‘精神奴役的创伤’，没能摆脱传统的依附心理，只是作为不同程度的‘驯服工具’，而不是具有独立意识的‘人’，能够在现代化事业中真正发挥积极主动的创造精神，并具有长期建设的坚韧意志呢？”[①]在《梦醒后的启蒙》一文中，邵燕祥回顾了从文艺复兴到“五四”启蒙运动的历史，又想到了中国的现实：“经过半个世纪，特别是十年动乱，谁也不否认，又从一场噩梦中醒来。胡梦颠倒的残迹未消，懂得了鲁迅的深沉的悲哀。他说最大的悲哀是醒来后无路可走。我们已经醒来，但不能说无路可走；我们正在‘摸着石头过河’，但我们悲哀地发现自己脚步趔趄，口齿嗫嚅，我们的精神还没有摆脱有形无形的束缚……在新的时期提出新的启蒙的课题，重倡民主与科学，难道不是对症下药，胜过头疼医脚、脚疼医头多多么？”他谈到了启蒙的具体内容：原有结论的审视，传统观念的更新，旧的思维模式的超越，重新认识历史和现实、中国和世界以及各种主义。面对“谁启蒙？启谁的蒙？”这样的质问，邵燕祥说：“所有意识到启蒙的意义的人，都既是启蒙者，又是被启蒙者。不是少数自称‘精英’的人充当启蒙说教者，连这些自称‘精英’其实也同整个知识界一样身上带着老传统和新传统深深浅浅的戳记的人们，也要跟‘非精英’们一起接受时代的启蒙。”面对“淡化‘五四’”的主张，他说：“想起‘五四’，想起民主与科学，想起我是这个知识界的不争气的一员，想起为中国现代思想文化启蒙披荆斩棘以至牺牲者，我深感汗颜。但我不自弃，愿在新时代接受新启蒙，

①邵燕祥：《无可羡慕》，《解放日报》1988年4月27日。

庶几不愧为一个尚未麻木的人，一个走出壅塞蒙蔽的知识分子。”[①]由此，我们可以看到当时启蒙思想的基本状态和作家们对启蒙进行的思考。

90年代以来，为了适应某种需要，一些人从后殖民理论、依附/世界体系论或文化相对主义出发，对80年代中国作家和知识界的选择提出了种种指控。这种指控至今方兴未艾。他们之所以贬斥80年代文学，主要理由就是它重新走上了“五四”启蒙之路。作为对80年代文学/文化方向的一种反动，他们不赞同对“文革”的否定，更不赞同将其剔除出“现代”历史。他们中的一些人看到了“文革”与现代性的对立，却费尽心机地把它称作“反现代性的现代性”。于是，在他们批判现代性的时候，“文革”是反现代性的；在他们不得不涉及现代与前现代历史认定的时候，“文革”又是现代性的。总之，“文革”所代表的那种文化是不容否定的，这真是“反现代性的现代性”的中国式妙用。

为了守护他们心中那段不容否定的历史，他们反对“传统/现代”的二元对立格局，对80年代文学表现文明与愚昧的冲突不以为然。在他们看来，把批判传统作为现代化的前提是错误的，因为当下中国需要的不是批判传统，而是守护传统；不是追求现代性，而是批判现代性。与此同时，他们反对“中国/世界”的二元对立格局。因为无论“五四”还是80年代，用以批判专制传统和吃人文明的武器都来自西方，所以必须反对西方话语。作为一种策略，他们着力强调“五四”和80年代知识分子话语的西方属性，指责他们在中国/西方的二元对立格局中移植现代性规范。在一些人看来，无论是“五四”时期传统吃人的叙事，还是80年代对“文革”野蛮与愚昧的揭示，都不是历史本身的面目，而是接受殖民话语的结果。似乎一切野蛮、愚昧和落后，都不是自身固有的，而是西方价值尺度的过错。因此，他们对现代化理论极为反感，对国民性批判持否定态度，因为它不仅颠倒了“工农兵文艺”中农民的主体地位，而且隐藏着产生这种话语的“地缘政治”中的权力关系，在其背后是一个“西方他者”的目光。

他们似是而非的言说影响了一代年轻人，使得启蒙与科学、理性、民主、自由、人权甚至发展、进步和知识分子本身似乎都成了有害的东西。然

---

①《邵燕祥杂文自选集》，百花文艺出版社，1996年，第270—273页。

而，常识告诉我们，一个生活于穷乡僻壤和重重压迫之下的人之所以有了改变现状和追求权利的梦想，的确常常来自外面的诱惑，但无论帮忙的文人怎样提醒人们警惕邻居的恶意，要让苦难中的人们为自己的生活骄傲和自豪，都不是一件容易事。如果在“他者”的目光之下的野蛮、落后和痛苦到了“我们”的目光之下就是文明、先进和幸福，这个“我们”就值得怀疑了。

只要文明还需要发展，只要社会还需要完善，只要人类历史还没有走到尽头，只要还有某些力量在制造和巩固蒙昧和偏见，只要人的自由、尊严和权利还需要守护，对于文学来说，启蒙就仍然是应该承担的使命。因此，80年代文字的启蒙选择就决非耻辱。

第三辑

林语堂：不只是幽默大师

林语堂的著作，已由多家出版社出版过多种版本。仅是一本*My Country and My People*，我的书架上就有《吾国与吾民》《中国人的智慧》《中国人》等不同版本。但是，在林语堂一百二十周年诞辰之际，《纪念林语堂诞辰120周年私藏本》（新世界出版社）的出版，仍是令人高兴的事。因为林语堂的书值得一读，也值得全面了解。

三十年前，在国外享有盛誉的著名作家林语堂，对于国内绝大多数读者而言，还是一个陌生的名字。直到进入20世纪90年代，也许是为了纠正和抵消80年代的激进凌厉之气，时代的主流文化在大力弘扬儒道传统的同时，对“五四”以降的精神资源重新选择，才使林语堂这种不为革命文学史所认可的人物成为人们关注的热点。然而，就是这样一个走红的背景，林语堂也常被曲解和误解。

比如，林语堂只是一个“闲适”的作家，只是把玩“小摆设”或者“幽默”一下，等等。

其实，只要面对林语堂的全部，就会知道林语堂并不只是一个“闲适”的作家，也不只是幽默大师。他常常指点江山、痛陈时弊，既有慷慨激扬，也有深切焦虑。1932年10月，他就曾在《论语》发表题为《奉旨不哭不笑》的文章，开端即写道：“本年九一八，政府严禁纪念国耻，集会游行，双十，又下令停止国庆。于是两大节日，都平静无事过去了。这可以说是政府叫人民‘哭不得，笑不得’的两大政策，其目的在维持目前表面上之治安。”这样的文字，半个世纪之后的作家有几个能写得出？

林语堂对中国人的认识，对中国传统、国民性的认识，都是深刻的。比如，中国人在成功得意之时是孔教徒，而在遭受失败之后就会成了道教徒；中国没有固定的阶级；中国人之所以消极避世，是因为没有民权保障；中国人过了四十岁就变成一个无赖，岁数越大越不要脸；二十岁的姑娘很少为钱而嫁，四十岁的女人则少有不为钱而嫁的……这些话都是林语堂最先说出的。

他还说过许多尖锐而一语中的的话。比如，“这个国家充斥了道德高唱者，宣教说道已经两千余年，却未能自救其官僚阶级的贪污和无心肝地压迫人民。”“中国就有这么一群奇怪的人，本身是最底阶层，利益每天都在被损害，却具有统治阶级的意识。在动物世界里找这么弱智的东西都几乎不可能。”在《中国人之聪明》中，他说郑板桥“难得糊涂”是绝对聪明之语，中国人之精微处世哲学就是这种“聪明糊涂合一论”，也就是把人的全部聪明用来装糊涂。林语堂幽默地说，这种“以聪明抹杀聪明之聪明”，的确是中国人的特色，“仅见之吾国，而未见之西方，此种崇拜糊涂主义，即道家思想……《道德经》五千言亦世界第一等聪明哲学，然聪明至此，已近老猾巨奸之哲学”。由此可见，林语堂对中国传统，欣赏把玩的只是一些小玩意，而在大的方面是持批判态度的。

在写《苏东坡传》时，林语堂说：“知道一个人，或不知道一个人，与他是否为同代人，没有关系。主要的倒是对他是否有同情的了解。归根结底，我们只能知道自己真正了解的人，我们只能了解我们真正喜欢的人。”林语堂之所以写苏东坡，就是因为他喜欢苏东坡，了解苏东坡。所以，他写得很精彩，写出了一个活脱脱的苏东坡，使我们感到苏东坡并不只是生活在遥远的宋代，而是与我们生活在同时代，就在我们身边。眼下关于苏东坡的传记可谓多矣，我还是更喜欢林语堂这一本。

他的《京华烟云》是一部优秀的长篇小说，从中可以看到真实的而不是被符号化的中国人。姚木兰深爱一个人，却嫁给了另一个人，所嫁并非自己所爱，却过着举案齐眉的生活。置身这样的生活中，当事人并无抵抗和怨尤，这是今天的一些读者难以理解的，却是那个年代有教养的中国人的常态。优秀的青年常常有新潮思想，但只要出身于对子女负责任的人家，面临人生的选择，还是要听从家庭的安排。反抗家庭而追求爱情自由的，只是极少数，也极少能够获得幸福。姚木兰这个形象承载了林语堂本人的诸多故事和感情投射，性格、背景、面临的选择以及最后的取舍，都带有林语堂本人的影子。

林语堂值得一读，还因为他可以使我们看到那个时代读书人的襟怀和抱负。他们无论保守还是激进，积极还是消极，始终都在思考。因为他们认为自己有权利思考国家和民族的过去、现在和未来。

名作解读：流沙河的《草木篇》

由于“双百方针”的提出，1957年春天，诗歌园地出现了一片生机，似乎前景灿烂。尽管后人面对这段历史，知道等待这片生机的绝不是艳阳高照的春天，而是不久即将降临一场足以摧毁一切生机的风暴，但它至少使我们知道，在那短暂的春光里一些诗人做过怎样的努力，使我们知道，只要禁锢松动，诗歌就要努力自由生长。回顾1957年上半年的诗坛景观，流沙河和他的《草木篇》无疑是首先需要关注的。

《草木篇》是一个组诗，由五首散文诗构成：

白　杨

她，一柄绿光闪闪的长剑，孤零零地立在平原，高指蓝天。也许，一场暴风会把它连根拔去。但，纵然死了吧，她的腰也不肯向谁弯一弯！

藤

他纠缠着丁香，往上爬，爬，爬……终于把花挂上了树梢。丁香被缠死了，砍作柴烧。他倒在地上，喘着气，窥视着另一株树……

仙人掌

她不想用鲜花向主人献媚，遍身披上刺刀。主人把她逐出花园，也不给水喝。在野地里，在沙漠中，她活着，繁殖着儿女……

梅

在姐姐妹妹里，她的爱情来得最迟。春天，百花用媚笑引诱蝴蝶的时候，她把自己悄悄地许给了冬天的白雪。轻佻的蝴蝶是不配吻她的，正如别的花不配白雪的抚爱一样。在姐姐妹妹里，她笑得最晚，笑得最美。

毒菌

在阳光照不到的河岸，他出现了。白天，用美丽的彩衣，黑夜，用暗绿的磷火，诱惑人类。然而，连三岁的孩子也不去采他。因为，妈妈说过，那是毒蛇的唾液……

诗人写了白杨、藤、仙人掌、梅、毒菌，这五种“草木”意象。很明显，诗人写的并不只是几种“草木”，而是几种不同的人格：纵然死了也不向谁弯腰的白杨；拼命攀附而往上爬的藤；不肯向主人献媚而被逐到沙漠中的仙人掌；把爱悄悄许给冬天的梅花；用各种方式诱惑人类的毒菌。作为咏物诗，它是拟人化的，写的是草木，表现的却是人格，体现着诗人强烈的主观情感。对这五种不同的人格，诗人的情感态度显而易见，有肯定也有否定，有赞美也有厌恶。

诗中被否定的形象是藤和毒菌。藤的特点是自己缺乏像树一样挺立的能力，而只有是攀附别人，拼命往上爬，“往上爬，爬，爬……”一棵树被缠死，就再“窥视着另一株树”；毒菌的特点则是“白天，用美丽的彩衣，黑夜，用暗绿的磷火”诱惑人，样子很美，却有毒。

诗中被肯定和赞美的形象是白杨、仙人掌和梅花。从三种被肯定和赞美的形象可以看到，白杨的特点是挺拔、直立，“纵然死了吧，她的腰也不肯向谁弯一弯”；仙人掌的特点是“不想用鲜花向主人献媚，遍身披上刺刀”，主人把她逐出花园，不给水喝，她在沙漠中照样繁殖着儿女；梅花的特点则是不到春天凑热闹，“百花用媚笑引诱蝴蝶的时候，她把自己悄悄地许给了冬天的白雪”。读者从中不难看出，诗人所肯定和赞美的，是某种独立、清高和孤傲。从某种意义上说，这种人格也许算不了什么，因为它是知识分子和正直之士常常具有的，甚至是一些并不正直之士也常常自诩的。但是，流沙河歌唱这种人格，却是在一个特殊的时代背景上，那就是经过知识分子改造等一系列政治运动，知识分子的独立、清高和孤傲被彻底打掉之际。所以，这种肯定和赞美就有了特定的意义：它意味着知识分子对自身某种正在被时代改造的特性的持守或留恋。用当时流行的话说，它意味着流沙河的知识分子立场还没有得到彻底改造。正因为这样，它虽然借着“双百方针”的东风而得以发表，但发表之后却必然立即受到批判。这种清高和孤傲在强调知识分子思想改造的年代是不合时宜的。

《草木篇》发表于《星星》诗刊创刊号，1957年1月出版。不到两个星期，《四川日报》就发表了批判它的文章。

值得注意的是，《草木篇》所表达的情感倾向，在“双百方针”带来的那股文艺思潮中并不是孤立的，不是个别现象，而是一个相当普遍的现象。从长风的《我对着金丝雀观看了好久》（《星星》1957年第2期）可以看到：关在笼中的金丝雀在反复歌唱自己的幸福生活，而诗人却为它的命运而感到悲哀。包括艾青的《礁石》，与《草木篇》也有相通之处。众所周知，艾青在进入1959年之后一直写不出满意的作品。他进行过种种努力，但歌唱新生活的作品几乎都没有成功。然而，他陆续写下的一些咏物抒怀的短章，当时没有发表，直到“双百方针”提出之后才发表出来。如《珠贝》《海带》《小兰花》《启明星》等。而其中最有代表性的就是《礁石》：

一个浪，一个浪
无休止地打过来
每一个浪都在它脚下
被打成碎末，散开……

它的脸上和身上
像刀砍过的一样
但它依然站在那里
含着微笑，看着海洋……

种种事实证明，艾青不是那块礁石，没有礁石的坚硬，但写出这样的诗，至少证明他仍然有这样的向往。与此同时，艾青又写了《小兰花》《启明星》《鸽哨》等。他歌唱小兰花：“小小的兰花，/是山野的微笑，/寂寞而又深情。”他歌唱启明星：“属于你的是/光明与黑暗交替/黑夜逃遁/白日追踪而至的时刻//群星已经退隐/你依然站在那儿/期待着太阳上升……”这不是轰轰烈烈的背景，也不是兴高采烈地投入大合唱的诗人。

由此看来，向往独立，向往坚强，不愿献媚，不愿趋炎附势，是深植于知识分子诗人内心深处的一种情愫。时代要求诗人毫无保留地投入到政治指挥棒之下的大合唱之中，有人却很不甘心，仍然梦想独自站立，并且发出属于自己的声音。

当然，在50年代，这种梦想只能是昙花一现。随着反右运动的到来，这些作品必然要被作为“毒草”而铲除，直到“文革”结束进入新时期，它们才又作为“重放的鲜花”与被打倒的诗人一起归来。

名作解读：郭小川的《望星空》

《望星空》发表于《人民文学》1959年第11期，发表后不到一个月，即受到严厉的批评，被认为是“个人主义”“虚无主义”的东西，“是政治性的错误，令人不能容忍的”。“文革”结束之后，“拨乱反正”，“平反昭雪”，对《望星空》的评价开始反转，它由此而成了优秀作品，被选入各种版本的诗歌选和当代文学作品选。然而，这首诗本身所存在的矛盾，以及不同评价所涉及的问题，并没有完全解决，仍然值得进一步分析和认识。

一、《望星空》及其当时的批评

新中国成立十年，举国欢庆，新落成的人民大会堂金碧辉煌，长安街灯火璀璨。然而，作为参加革命和建立新中国的战士之一，作为中国作家协会的领导人之一，郭小川在诗中塑造的诗人自我形象，却不是像更多的诗人那样处于狂欢状态，而是独自一人站在街头，仰望星空，写下了一串串与“跃进”和“欢庆”的氛围极不和谐的诗行。

诗的开头就透露了诗人内心的矛盾：“今夜呀，／我站在北京的街头上，／向星空瞭望。／明天哟，／一个紧要任务，／又要放在我的双肩上……心房啊，／不许你这般激荡！／此刻啊，／最该是我沉着镇定的时光。”接下来，诗人仰望星空，感受它的安详、壮丽、浩大和神秘，发出了由衷的赞叹，甚至写下了这样的句子：“啊，星空，／只有你，称得起万寿无疆！”

更重要的是第二章，诗人面对浩瀚星空，进入关于人生和宇宙的思考，诗的抒情自我也突破长期形成的“大我”盔甲，显示了令人惊异的风采。郭小川似乎忘记了自己的身份和久已形成的抒情自我形象，没有首先去歌颂辉煌的事业，也没有发出战斗的呼号，而是回归到有限的生命个体，去面对星空，抒发自己的感受：

我爱人间，
我在人间生长，
但比起你来，
人间还远不辉煌。
走千山，
涉万水，
登不上你的殿堂。
过大海，
越重洋，
饮不到你的酒浆。
千堆火，
万盏灯，
不如一颗小小星光亮。
千条路，
万座桥，
不如银河一节长……

诗人感受到星空的浩瀚和宇宙的伟大，感受到自身的渺小和无奈，笔下出现了这样的问答：“远方的星星啊，/你看得见地球吗?”回答是：“一片迷茫。”“远方的陆地啊，你感觉到我们的存在吗?”回答是：“怎能想象。”作为生命个体，置身于浩瀚的苍穹，有谁能依然觉得自身强大呢？这时的郭小川，显示的是诗人本色，是一般的人之常情，所以，由此发出了这样的浩叹：

在伟大的宇宙的空间，
人生不过是流星般的闪光。
在无限的时间的河流里，
人生仅仅是微小又微小的波浪……

这是一种反省，是一个置身严密集体的诗人个人意识的偶尔觉醒，也是个人与宇宙的偶尔面对。当然，这种偶尔的面对，以及由此而来的惆怅之情和个人渺小感，决不是无缘无故的。就像面对满园春色而去歌唱梅花，或者置身杨柳岸而歌唱崖壁青松，在人们兴高采烈地欢呼和歌唱的时刻，一个诗人却离开人群而去仰望星空，肯定有内心深处的原因。

仰望星空，抒发种种感受和感悟，往往都与诗人的现实感受密切相关。这感受是否折射了生活中的种种严峻？是否体现了诗人内心所经历的挫折？这需要结合诗人的生活实际进行考证之后才能得出可靠的结论，但即使不作考证，也可以断言，一个积极向上、热情奔放、一直追随时代大潮而歌唱的诗人，突然在夜空下沉思，必然有心理和情感的逻辑。换句话说，一个冲锋的战士突然停下来仰望星空，一定是有什么事严重影响了他。

然而，《望星空》没有沿着这种感情的线索继续展开，而是在第三章出现了情感基调的急转弯，由对星空的浩叹转为对辉煌事业的歌颂，由自我的渺小感转为革命者改天换地的豪情壮志。显然，诗人着意找到了一个转换的基点，作为抗拒星空和支持信念的力量，因此，“我带着惆怅的心情，走向北京的心脏——”于是，“天黑了，星小了，高空显得暗淡无光……天窄了，星低了，星空不再辉煌。”是什么造成了这种突变？是“在天安门广场，升起了一座美妙的人民会堂”，是“在长安街上，挂出了长串的灯光”，是这一切使诗人看到了“地上的天堂”。所以，诗人开始谴责自己，批判和否定第一、二章中的情绪：“是谁说的呀——／星空比人间还要辉煌？／是什么人呀——／在星空下感到忧伤？……是的，我错了……”于是，革命者的人生又伟大起来，事业又辉煌壮丽起来，满怀豪情壮志，笔下就出现了这样的抒写：“我们要把长安街上的灯光，／延伸到远方；／让万里无云的夜空，／出现千千万万个太阳。／我们要把广漠的穹窿，／变成繁华的天安门广场……”

诗发表后，很快受到了严厉批评。华夫说：“在一个不平凡的夜晚，诗人‘站在北京的街头上，向星空瞭望’。我们红色首都的沸腾的生活，欢乐的人群，还有那灯火辉煌、红光灿烂的夜景，都不曾收入他的眼底，他看到的是：宇宙伟大，人间渺小。他带着无限惆怅，写出了这样的诗句：‘在伟大的宇宙的空间，人生不过是流星般的闪光。在无限的时间的河流里，人生仅仅是微小的波浪……’劳动人民热烈庆祝我们革命事业的光辉成就，而郭小川同志却写出了这样极端荒谬的诗句；这是政治性的错误，令人不能容忍的。不错，《望星空》的后两章正是力图扭转这种极端错误、极端虚无主义的思想。可是，你既然在前面两章着力渲染了所谓‘千堆火，万盏灯，不如一颗小小星光亮。千条路，万座桥，不如银河一节长’的观点，紧接着，你来歌颂天安门广场、人民大会堂、长安街的灯光和桥梁，这如何能够扭转‘浮生若梦’的印象呢？所以，这首诗里的主导的东西，是个人主义，虚无主义的东西；它腐蚀了诗人自己的头脑，又在读者中间散发了腐蚀性的影响。”①萧三也说：“《望星空》宣扬了‘人生渺小、宇宙永恒’的意思，这完全不是马克思主义的宇宙观，而是一种资产阶级、小资产阶级的虚无主义。诗人的世界观完全脱离了马克思主义，脱离了斗争，于是既非崇高的理想主义，也非彻底的、积极的现实主义，因此唱出了一片悲观、低沉、泄气的调子。这和我们‘大跃进’的时代精神，和人民群众改造自然、改造世界的雄心壮志，和向地球宣战、征服宇宙的战斗的乐观主义，是多么相悖啊！”②

应该承认，当时的批评者是敏感的，对问题的发现和把握也是准确的，这首诗的确夹带了与当时政治要求极不合拍的东西。但问题在于，与特定时期的政治要求合拍，未必是诗的成功；与特定时期的政治要求不合拍，也未必是诗的失败。那种要求诗歌必须与当时政治一致的批评，本身就很难经得住历史的检验。

①华夫：《评郭小川的〈望星空〉》，《文艺报》1959年第23期。

②萧三：《谈〈望星空〉》，《人民文学》1960年第1期。

二、二十年后的重新评价

果然，时间到了1979年，“文革”结束，拨乱反正，一大批在历次政治运动中被打倒的作家陆续归来，一大批被判为“毒草”的作品成为“重放的鲜花”。在这个背景上，批评家纷纷为《望星空》辩污和正名，要恢复它的名誉，重新确立它的地位。

最先公开提出为《望星空》恢复名誉的是诗人公刘。他在1979年《安徽文学》第9期发表文章，题目就是《理当为〈望星空〉恢复名誉——纪念〈望星空〉发表二十周年》。该文认为《望星空》是一首优秀的诗作，当年对它的批判是极不公正的，在历史的拨乱反正之际，理当为它恢复名誉。公刘在文章中满怀激情地赞美郭小川：“果然不同凡响！在中华人民共和国建国十周年大庆的一片‘莺歌燕舞’声中，能写下如此警句的诗人，岂仅有识，而且有胆！”面对当年的批评，公刘认为那些论断难以服人。他为郭小川辩护说：“诗人没有喝醉，他是清醒的，清醒的人往往是痛苦的。面对着当时的理想与实践相对峙的巨大峡谷，面对着当时的这一部分现实与那一部分现实相分裂的巨大断层，他在那儿大声疾呼：离我们面前不远，就有一条康庄大道！他决心要用他的诗去批驳悲观的和无所作为的观点，他用诗争辩着：我们的世界应该是美好的，比星空更美好，如果眼前还不够美好，将来也一定会变得美好。我以为，这才是被某些批评家撕成了碎片的《望星空》的主题。”①

紧接着，郭久麟在1979年11月发表题为《为〈望星空〉一辩》的文章，主旨也是为该诗辩护。文章对当年的批判文章进行了这样的反驳：“难道说承认人在宇宙中只不过是流星般的闪光，是时间长河里微小的波浪，就是‘丧失斗志’、就是‘幻灭’‘绝望’了吗？……我以为，郭小川同志在诗中表达的，正是后面这种马列主义的宇宙观和方法论，抒发的正是无产阶级顶天立地的豪情壮志。”②

①公刘：《理当为〈望星空〉恢复名誉》，《安徽文学》1979年第9期。

②郭久麟：《为〈望星空〉一辩》，《长春》1979年第11期。

此后，辩护和重评的文章纷纷出现，《星星》《诗探索》和一些大学的学报，都刊发了不少此类文章。马立诚的《重评〈望星空〉》一文发表于《星星》诗刊1980年第5期。在他看来，诗中那些所谓“虚无主义”的东西很正常，并不值得大惊小怪。面对宇宙伟大，人生渺小等诗句，他质问当年的批评者说：“这难道不是现代科学提供的基本事实吗？难道我们可以不承认宇宙在空间方面的无限吗？不要说一个想象力十分丰富的诗人，即便是一个稍具常识的普通人，当他有机会面对浩瀚的星空，想到宇宙的无限广大和绵远的时候，也会不期然而然地涌起类似的感触。这怎么会是极端荒谬呢？”[①]京宁的《诗，请“超脱些”!》认为：“从绝对真理的角度看，人定胜天是一条真理，但为什么一定要用它来理解《望星空》呢？革命英雄主义是一种可贵的气概，但为什么一定要诗人简单地公式化地表现它呢？我们为什么不能允许诗人在简单具体的理念上超脱些，试图去探求人在大自然面前更深刻些、更普通些的东西呢？《望星空》的前半部中表现的一种惆怅不是对花垂泪、望月伤心的闲愁，更不是精神无所寄托的苦闷。它是一个强者对生命的追求，是要战胜大自然的理想和一颗普通心灵的斗争。在这所谓的惆怅之中，有一般诗歌所不及的深度。可惜的是，诗人被自己的情绪吓了一跳，于是后半部分又回到了自己企图超越的具体简单的观念中。”[②]尹一之在《论郭小川的创作个性》一文中认为，《望星空》是“在新中国成立十周年的时候，歌颂我们党和国家十年来辉煌成就的颂诗”，“由于他所选择的是丰富多彩的生活的一个不同侧面，这就使那些只习惯于正面直说的表达方式的人看着碍眼。”“诗人在描写人与宇宙的关系时，写了人的渺小，宇宙的永恒；在描写人类和现实的关系时，则写了人类的伟大，现实的辉煌。诗中这种前后对比，是不能割裂开来的，即使分开来看，也要采取科学的态度。……这种把人和宇宙相比产生的微小感觉恰恰是为了突出后面对人类伟大的描写。”[③]

李元洛的《诗卷长留天地间》出版于1982年，是较早出现的研究郭小

---

①马立诚：《重评〈望星空〉》，《星星》1980年第5期。

②《诗探索》1981年第1辑。

③同上书，第2辑。

川的专著之一。该书说："《望星空》应该被看作是郭小川艺术个性特别鲜明的最富于创造性的力作之一。它艺术上想落天外，生面别开，在感情的抒发上不仅没有人云亦云，人感亦感，而是着意表现了他个人的独特的感受。"作者同样为诗人辩护，他说："是的，诗人抒写了他面对星空而兴起的惆怅之情，然而，革命者难道就法定了永远不能有'惆怅'之情吗？在特殊情景下的'惆怅'难道就注定了是一种不健康的情感吗？何况诗人在诗的后两部分里，着力赞美了人间的比星光还要灿烂的灯光，神采飞扬地抒写了对未来的憧憬和希望。"[①]

与这种辩护和重评相伴随的，是《望星空》成为优秀的诗作，被写入各种版本的《中国当代文学史》，被编入各种版本的《中国当代文学作品选》和《中国当代诗歌选》，进入大学课堂，成为影响广泛的名篇。

三、无法回避的问题

《望星空》受到高度重视，进入文学史，成为具有经典性的名篇，然而，诗作本身存在的问题是无法回避的：第一、二章与第三、四章之间很不和谐，前后之间有明显的裂纹，而且包含着一系列冲突。

关于这一点，当年从极"左"政治立场上批评郭小川的批评家们是看到了的："不错，《望星空》的后两章正是力图扭转这种极端错误、极端虚无主义的思想。可是，你既然在前面两章着力渲染了所谓'千堆火，万盏灯，不如一颗小小星光亮。千条路，万座桥，不如银河一节长'的观点，紧接着，你来歌颂天安门广场、人民大会堂、长安街的灯光和桥梁，这如何能够扭转'浮生若梦'的印象呢？所以，这首诗里的主导的东西，是个人主义，虚无主义的东西……"[②]萧三也认为第一、二章"消极地抒写了个人主义的幻灭情绪"，而到了第三、四章，"诗人企图转换情绪、改变气氛已属不可能了。然而又是不能不'转换'的，——我想，诗人自己也觉得，前两段太不像话，可是这样的转换，很明显，是上气不接下气，因而三、四两段成了

①李元洛：《诗卷长留天地间》，人民文学出版社1982年，第55—56页。

②华夫：《评郭小川的〈望星空〉》，《文艺报》1959年第23期。

僵硬的、干喊的部分。从一个悲观失望的调子，从一个低音陡然变成乐观高昂的音调，在一首诗里怎么可能呢？”[①]

后来为之辩护的批评家们，一般都不认同诗的主导思想是个人主义和虚无主义，但也大都看到了诗的前后之间存在裂纹。有人力图缝补这个裂纹，却也不得不承认这种“兴起于此而意归于彼”的方式虽然是一个显著的特色，却也带来了它的不足：“诗的后半部分，即歌颂我们的斗争生活的两章，和前面比起来，气势显得弱了一些。”[②]“诗中的两种感情交接处也似乎太突然，没有一个开阔、舒缓的镶接地带，使读者的思想感情一下子难以适应。”[③]

公刘反对把全诗前后割裂开来，但他之所以这样说，主要是针对当年那些极“左”的批评，他说：“说《望星空》的前后两部分是互相割裂的，据此，又进一步作‘诛心之论’，认为第三、第四章简直是为了第一、第二章打掩护。这种论断多么难以服人！”他认为《望星空》是一个整体，但他同时也已看到，这“是一个处在特殊的时间、特殊的地点被扭曲了的整体”。这个整体的扭曲何以生成？公刘指出：“组织纪律性、敌情观念和长期形成的近乎本能的信念，使郭小川固守着当时脱离了实际的‘理论’，而生活的力量和正直的品质又执拗地命令他面向现实。”[④]而这种矛盾恰恰体现在诗的前两部分与后两部分之间。

洪子诚在《论郭小川五十年代的诗歌创作》中指出：“在实际上，郭小川对我们国家和社会在当时出现的严重问题、错误和缺陷已有察觉，在思想情绪上表现了忧郁和痛苦——这种情绪反映到《望星空》中来，在灿烂无垠的星空面前，感到大地上的生活远不是那么辉煌。这本来并不是在写一种抽象的哲学思想，而是一种现实矛盾的反射。但是，诗人或者是自愿或者是被迫地后退了，以至于丧失了对自己观察思考的自信。他怀疑自己，责备自己，把这种思绪的产生，解释为一种不健康的情绪，一种个人主义的发作，

①萧三：《谈〈望星空〉》，《人民文学》1960年第1期。

②马立诚：《重评〈望星空〉》，《星星》1980年第5期。

③周丽雅等：《〈望星空〉重评》，《南宁师范学院学报》1982年第2期。

④公刘：《理当为〈望星空〉恢复名誉》，《安徽文学》1979年第9期。

一种虚无的人生观的泄露。于是，在长诗的第三部分，便举起诗的解剖刀来剖析自己……但是，如果诗人在前一部分的显得忧郁的感情，对现实的缺陷、错误的不满的情绪是真实生活的反映，他又如何能用有力的语言和形象对前者加以否定呢？”①

在诗的前半部分，诗人感到星空的浩瀚和宇宙的伟大，感到自身的渺小和无奈，写出了“走千山，／涉万水，／登不上你的殿堂。／过大海，／越重洋，／饮不到你的酒浆”的痛苦与无奈，写出了“在伟大的宇宙的空间，／人生不过是流星般的闪光。／在无限的时间的河流里，／人生仅仅是微小又微小的波浪”的惆怅之情。这时显示的是诗人本色，是诗人的真情实感，是很有时代内涵的情绪。然而，就在诗歌的抒情渐入佳境之际，却被诗人强行截断，扭转了方向。“我带着惆怅的心情，走向北京的心脏——”这是第二章的最后一句；而第三章的开头即是：“忽然之间，壮丽的星空，一下子变了模样。天黑了，星小了，高空显得暗淡无光……天窄了，星低了，星空不再辉煌。”是什么造成了这突然的变化？原来是“在天安门广场，升起了一座美妙的人民会堂”，是“在长安街上，挂出了长串的灯光；就在那灯光之下，在北京的中心，架起了一座银河般的桥梁”。面对这“地上的天堂”，诗人开始谴责自己，批判、否定并扭转第一、二章中的情绪：“是谁说的呀——／星空比人间还要辉煌？／是什么人呀——／在星空下感到忧伤？……我错了……”值得指出的是，“文革”结束之后对《望星空》进行重评的人们，都在努力为前半部分辩护，显示了对它的喜爱，而这首诗也是因为前半部分那些所谓“个人主义”和“虚无主义”情绪的抒写而赢得了人们的喜爱，成为中国当代诗歌的名篇。可是，一个无情的事实是，诗人自己在诗的后半部分却已经无情地否定了它。

更值得注意的是，《望星空》的第三、四章因为反省自己，检讨自己，对第一、二章进行了自我批判，所以革命者的人生又伟大起来，事业又辉煌起来，人间又壮丽起来：“这是天上人间吗？／不，人间天上！／这是天堂中的大地吗？／不，大地上的天堂。／真实的世界啊，一点也不虚妄。／你朴质地描述吧，不需要半点夸张！”人们不禁要问：1959年10月的中国，真

①洪子诚：《论郭小川五十年代的诗歌创作》，《北京大学学报》1981年第6期。

是这样的吗？说那是人间天堂，真的一点也不虚妄，真的不需要半点夸张吗？众所周知的事实是，除了特殊的阶层之外，绝大多数的人正面临苦难的地狱。1959年的10月，一场持续三年多的大饥荒已经到来，千百万人已经在依靠草根和树皮与饥饿和死亡做斗争，许多人已经在死亡线上挣扎、死去。就此而言，郭小川在诗中的表现值得肯定和赞美吗？许多诗人和批评家都曾说过《望星空》是当时现实问题和矛盾的反射，从公刘那样的诗人，到洪子诚那样的批评家，都认为他看到了现实的严峻，所以才有了诗篇前半部分的痛苦和惆怅。然而，到了诗的后半部分，他却郑重地批判自己的清醒，批判自己来自现实的真情实感，并用空洞的口号把残酷的现实掩盖起来，用流行的谎言取代自己的真知灼见。看看后半部分那些句子吧——“我们要在地球与星空之间，／修建一条走廊，／把大地上的楼台殿阁，／移往辽阔的天堂。／我们要在无限的高空，／架起一座桥梁，／把人间的山珍海味，／送往迢遥的上苍。”“我们要把长安街上的灯火，／延伸到远方，／让万里无云的夜空，／出现千千万万个太阳。／我们要把广漠的穹窿，／变成繁华的天安门广场；／让满天星斗，／全成为人类的家乡。”……没有一句实在话，全是虚无缥缈的空话，就像“大跃进民歌”中那些“山也乐来水也乐”“月宫装上电话机”之类的想象一样，什么都敢想象和夸张，就是不敢触及严峻的现实。

这首诗的前后两部分之间，就是这样不同。作者虽然努力使二者和谐，但显然并未成功，因为这是办不到的。一个事实无法回避：前两章一气呵成，情真意切，真诚动人，带着诗人真实而独到的感受，带着诗人的内心的温度；后两章苍白而空洞，明显带有人为的痕迹，是多次修改的结果，而内容则是那个年代众所周知的流行口号。

在作品发表的年代，第一、二章那些真诚动人的内容，恰恰是不能被容忍的，所以遭到批判和否定；第三、四章那些空洞苍白的叫喊，才是可以肯定的。二十年后，情况发生了变化，第一、二章的真情实感被肯定了，第三、四章却也与整首诗一起被肯定下来，被广泛传播。事实上，清醒的读者所喜欢的，却只是半首诗；欣赏第一、二章的，一般不会欣赏第三、四章；喜欢第三、四章的，就不应该喜欢第一、二章。

四、必要的再认识

对于50年代到70年代的中国大陆诗人来说，要断定他们对政治的配合是否主动、要弄清他们所表现的思想感情是否发自内心，常常不太容易。因为在一种强大的时代氛围中，一代人都学会了用流行观念对自己的思想感情进行严格盘查。郭小川身为作家协会的领导，虽然有时也不能准确地把握边界，所以导致自己的作品受到批评，但一般地说，他应该比一般诗人更知道什么样的东西可以表现，什么样的东西不可以表现。不过，对于诗歌来说，如果感情是虚假的，故作热情地歌颂自己并不赞赏的事物，则无论如何都难以成功。这是从当时的许多诗人那里都可以看到的。郭小川比他们真诚，这主要得益于他从青年时代就受革命的教育，他的文学活动一开始就在新的规范之下，并且与政治密不可分，所以，他的知识结构和文学观念都使他对新时代的文学规范没有严重的不适应，也无须费心去假装忠诚。所以，他的诗能够适应那个时代。他的诗有强烈的政治性和时代色彩，并以战士的形象和斗争精神著称，像贺敬之等人一样，在那个时代有典范的意义。

然而，只要是一个真正的诗人，他就必然要遇到这些问题：小我与大我、个性与党性、诗与政治、诗与生活真实……郭小川是真正的诗人，他知道珍惜个人的风格、个人真情和个人的感受，但作为一个必须听从将令的战士，他却必须一切行动听指挥，服从抽象的阶级和组织的需要。在这个矛盾中，人们面临的事实上是非此即彼的选择：要么选择诗，却失掉发表的可能；要么选择战士，可以发声却写不出好诗。这就决定了郭小川的必然选择：限制个人思想感情的表露而努力充当工具。但是，郭小川却不死心，试图在充当工具的同时不失掉诗的品性。他说："抒情诗如果说难，就难在这里。没有情，就没有诗。可是，革命诗歌只能抒革命之情，抒人民之情，抒无产阶级之情。要抒革命之情、人民之情、无产阶级之情，就要作者自己心中有之，而且要很强烈，很丰富。"[①]要实现这一点，就必须使自己成为与"大我"完全一致的个体。

①郭小川：《谈诗》，上海文艺出版社1978年，第152页。

具有讽刺意味的是，他却常常陷入小我和大我的矛盾之中。他以听将令的战士自居，以自己的诗去抒发大我之情，努力适应政治的要求，但是，他的诗人气质，他没有丧失的感受和思考的能力，却使他的诗常常出现不合时代节拍的音响。作为战士，他常常出色地配合政治的需要而歌唱，满怀忠诚，绝无二心，但作为诗人，他自己的眼睛、自己的大脑却常常使他困惑、痛苦和惆怅。在一般情况下，他都相当成功地克服了自己不时冒出的各种“不健康”“不正确”的思想和感情。即使无法克服，也在创作中回避了它。当历史出现种种假象的时候，不是从生活实际中把握时代精神和时代的大我，而是通过报刊社论和上级文件中去把握时代的面貌和时代的大我，舍弃具体的实在而相信抽象的虚构，这就很难避免写出虚假的作品。郭小川的不少作品都存在这样的虚假，就像杨朔等人的散文一样，使后人无法通过他的作品认识历史。从这个意义上说，《一个和八个》和《望星空》都是例外。例外之所以发生，主要原因是作者的自我审查出现了偏差，或者在某些边界处的模糊地带做出了错误的判断。《望星空》是具有独特光彩的，但它的那些独特光彩，却只是诗人自我规约失败和自我审查出现偏差的结果，是他的“大我”打盹或手软而导致的“小我”的残存。它留给文学史的事实是：正是那些侥幸漏网的“小我”的感受，构成了《望星空》的特有的魅力。所以，它的成功并非来自作者的有意追求，而是由于作者的失误所致。

文章到此已经写完，我却想到了一个遗漏：《望星空》的写作背景。根据诗尾所注，该诗“1959年4月初稿，1959年8月第二次修改，1959年10月改成”，也就是说，它的创作、修改和发表都在1959年。这一年，至少有三件事非常重要：其一，1958年发动的“大跃进”和“人民公社”，恶果在这一年已经呈现，人们的异议日益增多，因而从这一年春季开始调整，但在夏季的庐山会议之后，以彭德怀为代表的持不同看法者被打倒，全国开始“反右倾”的运动。其二，1959年是中华人民共和国成立十周年，国家举行隆重的庆祝活动，按照安排，诗人们都向十年国庆献礼，纷纷奉上自己的颂歌。郭小川的这首诗，正是在这个大背景上出现的。其三，在全国农村，人民公社的大食堂在这一年陆续垮掉，持续三年的那场大饥荒已经开始，农民中“非正常死亡”的人数急剧上升。这些大事件，对官员是一种检验，对作家和诗人也是一种检验。

另外，对于这首诗，还有一个问题是我苦思而不得其解的：在诗的第一部分，诗人就写下了这样的句子："此刻啊，/最该是我沉着镇定的时光。"在诗的后半部，诗人又重复强调："今夜啊，/最该是我沉着镇定的时光。"是什么使诗人心情激荡又叮嘱自己镇定？诗中没说，诗人在别的地方也没有说，但这是很值得弄清的问题。

寻找刘明樾

一

对于一般读者来说，这大概是一个非常陌生的名字。

事实上，我对刘明樾教授同样非常陌生。我在曲阜师范大学学习工作二十年，对这位本系的前辈却几乎一无所知。由于时间的力量，年轻人当然很少有人知道他。那么，年长的先生们呢？当我到处询问关于刘明樾教授的情况时，才发现那些与他一起工作过的同事原来对他同样所知甚少。人们只知道他有些“反动言论”，知道他在“文革”中受过批判，知道他经不住批判而跑掉了，很长时间找不到下落……至于其他，则很少知道。最后，我只有让我的学生李钧到有关部门查他的档案，才知道了他的一些基本情况：

刘明樾，又名刘荣光，生于1902年，原籍吉林永吉，家庭住址北京，出身“自由职业者”，成分“教员”，1949年参加工作，从50年代中期开始，任曲阜师范学院中文系教授，社会兼职有山东省政协委员、山东省民盟常委等。1966年开始被批斗，1970年被定为“反革命”，但最后没有戴反革命分子帽子，文件上写的是：“实属反革命性质，不戴反革命分子帽子。”刘明樾于1972年退休，退休后一直住在北京。1979年平反冤假错案时，曲阜师范学院向省里送交了《关于恢复刘明樾教授政治待遇的申请报告》，报告很快得到了批复，但仍然留了一个尾巴：“反革命性质”改为

“犯有严重的政治错误”。……

注意刘明樾的诗，更是纯属偶然。从曲阜师大到吉林大学，因为搬家，也因为我的书房从三十平方米变成了十四平方米，我不得不用相当长的时间把一捆捆、一箱箱的书刊进行重新整理，以便分门别类地装箱或上架。就在重新收拾这些东西的时候，一份打印材料引起了我的注意：《刘明樾辩论材料》。印发时间是“1966年9月25日”，——正是这个时间引起了我的注意。

材料的第一页说明了印发的背景：1966年9月2日，曲阜师范学院毛泽东主义红卫兵在北京接受毛泽东接见之后，顺路抄了刘明樾教授在北京的家。看来，刘明樾已有准备，大量材料在红卫兵到来之前匆匆销毁，纸灰狼藉没有来得及打扫，被红卫兵拍照后作为刘明樾销毁罪证的证明。但是，不知是出于什么考虑，刘明樾没有销毁他的诗稿。也许是想销毁而没有来得及，也许是有点难以割舍，因为从他的诗中可以看到：“烟能耗吾财，酒能伤我身，惟有一卷诗，时时皆可亲。”对诗情深如此，不到万不得已，大概真不忍心销毁自己的诗稿。无论出于什么原因，这些诗稿留下来了，而且被查抄了出来，成为刘明樾“反革命”的罪证。

真应该感谢当年的红卫兵——他们从刘明樾的诗稿中选出一部分打印成册，供“革命师生”批判，才使这样的作品得以保留下来，让我们能够在三十多年后通过阅读而了解当年中国知识分子的一些内心秘密，看到一个知识分子的清醒、由清醒而产生的痛苦、痛苦中的思考和呻吟。

二

我们早就习惯于主流文学史的历史叙述：鲜艳的五星红旗在天安门城楼上升起，中国知识分子与全国人民一样，迎来了一个光辉灿烂的新时代。他们欢欣鼓舞，放声歌唱，并且自觉接受教育和改造……在这种叙述中，历史没有不同的声音，知识分子没有不同的感受。然而，刘明樾教授的诗告诉我们：曾经有过另一种声音，虽然没有发表的空间，却记下了一些知识分子不同于主流的精神感受。面对学习和改造，面对社会的变化和知识分子的生存状态，他们的心情并不愉快，也没有放声歌唱的豪情。

1950年10月，刘明樾写下了《赴试》一诗：

行年五十尚称童，万卷罗胸愧此生。
来赴秋闱为建设，夙将敝屏视功名。
秋风凄厉吹人冷，佳菊灿烂照眼明。
如果孙山真落第，烟波照我一舟横。

诗的注释中说："童：童生也，昔时，应童子试者称童生，尚未入学也，我今年五十尤应童子试，有感方之。"这里记录的是一个知识分子的感受：没有解放感，没有阳光下的幸福感，更没有通过接受新思想而获得新生的喜悦。

如果说1950年的刘明樾对未来生存方式还抱有"烟波照我一舟横"的传统隐士幻想的话，到了1958年，这种幻想已经破灭。因为新时代一个突出的特点就是把每一个人都编入体制，使知识分子不再有"归隐"的可能。所以，在他的诗中，知识分子的清高、孤傲和由此而来的潇洒开始为痛苦的呻吟所取代。当主人公的自豪感全面覆盖文坛的时候，刘明樾反复哀叹自己"生不逢辰"，抒写着"只为五斗米，来作折腰人"的无奈。当高音喇叭反复高唱"东方红，太阳升"的时候，在刘明樾的笔下，却是："长夜何漫漫，思之一怆神"（《烈日下，冒暑赴校，途中有作》）。

1958年，在红旗招展凯歌震天的"大跃进"高潮中，在"新民歌"齐声高唱"三面红旗"和它带来的"美好生活"的时候，刘明樾写下了一些句子显示着诗思的锐利，是我们在既有的同类文字中很少见到的。不少人都曾为当代中国知识分子的人格而叹息，因为在相当长的一段时间里（尤其是在"大跃进"运动中），他们那些不光彩的行为的确令人无法为之辩护，面对苦难而高唱赞歌，吹牛撒谎而毫不脸红，全然失掉了起码的良知。考察1958年中国文坛的声音，以诗歌的形式为人民鼓与呼的竟然是戎马一生的彭大元帅，而我们的诗人却闭着眼睛高唱"小高炉"和"大食堂"的赞歌。凡有良知的知识分子都应该承认，这是一种无法洗雪的耻辱。然而，刘明樾的诗却使我们看到，中国知识分子并非都是如此。即使在1958年"大跃进"的社会背景之下，他们也并非万众一心地追潮逐浪、随风狂奔。他们之中仍然存在清醒者，面对时代的错误和人民的真实命运而进行过思考，有过叹息也有过呼号。虽然言论自由已经失去，他们的声音得不到传播，但在他们的笔记本上，在日记中，在书信中，却写下了他们的真诚，证实着知识分子的生命存在。这些文字告诉我们，即使在那样的年代里，真正的知识分子也没有丧失自己的本性。他们的声音被扼杀了，但是，他们是被扼杀者，而不是自我迷失者。他们的精神失踪是“他杀”而不是“自杀”。

面对那个时代的知识分子，我认为有必要区分“迷失者”“无奈者”和“守望者”三个不同的群体。因为我们无论如何都无法把郭沫若、冯友兰和顾准烩到同一口锅里。所谓“当代中国知识分子”并不是一个同质的整体，但由于自由言论空间的欠缺，一些声音得不到传播，历史留下的是严重的残缺。在此基础上形成的历史叙述当然是不可靠的。但是，在当前关于知识分子的反思中，一些人却往往以这种历史叙述作为基础，进行着简单的重新评价。似乎中国知识分子真的曾经一致地做出了某种选择，今天所要做的只不过是对他们的这种选择进行重新认识和评价。比如，过去说中国知识分子的那种共同选择是追求进步，无上光荣；现在说是精神迷失，时代局限。在这种目光之下，迷失是整体的迷失，狂热是整体的狂热，局限也是整体的局限，大家彼此彼此，失误人人有份。面对刘明樾的诗，我再次感觉到这种言说的不公正。因为当代中国并非没有清醒的声音，被封上嘴巴的人们没有义务承担“迷失”的责任。同时，我认为学界应该警惕，不要在旧的遮蔽之上再盖一层新的遮蔽，不要在旧泥沙之上浇灌一层新的混凝土。当一些基本的历史事实没有清楚的时候，学者应该警惕这样的“重写”。因为这种做法不仅在再评价的同时完成了某种历史确认，把残缺的历史误认为完整的历史，在无意中为虚假的历史进行了认证。而且把一部分人的选择解释为“集体”的选择和“时代”的选择，使一部分文坛痞棍和末流文人成为“知识分子”的合法代表，使真正的知识分子为他们的无耻或无知承担全部责任。

必须注意：虽然当代中国知识分子的确大面积地丧失了知识分子的本性，成为“文化人”或“脑力劳动者”，但毕竟不是全部。在“大多数”成为主流意识形态的传声筒而不再是知识分子的时候，真正的知识分子并未消失。他们虽然发不出声音，却没有丧失自己的立场，也没有停止自己的思考。当真正的知识分子被迫处于无声状态的时候，那些借助高音喇叭传播的声音不能代表知识分子的声音。当真正的知识分子被迫退场的时候，那些丢掉知识分子本性而活跃于文坛的人不能代表知识分子。在没有言论自由的空间里，主流的声音可以通过权力而扼杀另一种声音，但是，它无权代替另一种声音签署历史记录的最后文本。

在没有言论自由的空间里，可信的历史叙述只能是由主流的声音和那些被封锁了的声音共同构成的。因此，历史没有理由忽视这种声音。

三

在当代知识分子中，精神坚守者的情况很不相同。他们有的因为偶然的机会而发出了声音，比如1957年大鸣大放中的一些右派，他们的言论大多已经载入史册，因而不会永久埋没；有的则因为特殊的地位和影响而比较容易被发现，比如陈寅恪，只要是他写下的文字，终有一天会重见天日。然而，还有另一种情况，他们是默默生活着的知识分子，没有自己的集团，没有既有的特殊地位和声望，也没有引人注目的举动。他们保持着独立的人格和自由的思想，决不追随时代的浪花泡沫而人云亦云，但是，他们的声音在当时得不到传播，他们的思考只能写在黑暗之中，遗留在某个角落。然而，历史没有理由忽视他们的声音，后来者需要倾听他们的言说。那么，从黑暗的深处打捞出他们的声音，应该是学者的神圣职责。

这项工作显然是迫切的，事实上，应该是“抢救”。因为随着时间的推移，一代当事人正在陆续离开我们。他们的声音很容易在日记和书信中默默地存在若干年之后，又默默地永远消失。中国人经历了一段充满荒谬、血腥和罪恶的历史，承受了太多太多的苦难。这一切都需要永远地记住，需要不断地反思。责任者也不应该逃避历史的追问。但是，时间是一种可怕的力量，在遮蔽与遗忘之中，它可以消灭证据，掩盖真相。当作为历史见证的一代人消失之后，历史的真相何处寻找？只能依靠文字材料。但是，这种文字材料写下来的本来就很少。一些人直到现在也不愿意把几十年前自己不同于主流的思想形诸文字。即使当时写下来的，也往往难以保存下来。

在当年的险恶环境中，很多人都有把笔记本用塑料纸包起来埋藏的经历，但能够保存到最后的实在不多。也有人在危急的时刻（比如进学习班，比如被捕）把一些文字委托给亲人或朋友收藏，却往往是被亲人和朋友悄悄销毁的居多。

从这个意义上说，应该感谢当年“供批判用”的那些印刷品，也应该感谢公安机关那些“反革命言论”和“恶攻罪”的卷宗。如果没有这些抄家抄出而印刷了供批判用的文字材料和公安机关保存的案卷，后人也许将永远无法知道当代中国曾经存在的另一种声音。正因为这样，我曾更多地寄希望于公安机关的案卷。然而，最近才知道，关于这类材料，公安机关保存的已经不多。因为各种因思想和言论而判刑的“现行反革命”大都在70年代末已经平反，平反时往往同时当面销毁材料。而在当时，获得平反者大都生怕销毁不尽。一些重要的思想成果就这样永远消失了。

另一方面是，许多千方百计保留下来的东西最后往往也被悄悄销毁了。甚至直到“文革”结束之后，这样的文字也仍然继续被悄悄销毁。在80年代，我曾接触过这样的事：一位先生去世之后，他的夫人和儿女清理他的遗物，首先烧掉了他的日记。我不知道那些本子里面究竟写了些什么，但我知道，那是一个知识分子在艰难环境中心惊胆战地写下来，并费尽苦心保存了几十年的东西。它最终在夫人和子女的手里被付之一炬，原因是他们从中看到了其中的“反动思想”，生怕有损先生的“进步”形象，更怕影响自己的“政治前途”。这种事在我们的生活中大概并不少见。一些家属在写纪念文章的时候，总在努力地证明自己的先人如何与领袖的思想一致，如何自觉改造思想，甚至不惜为此而编造谎言，也是我们所常见的。一旦独立的思想意味着危险，谁能保证它不被亲人销毁呢?

正因为这样，那些能够保留到今天的，就更加值得珍惜。

正是由于这样一种想法，我萌生了一个强烈的念头：寻找刘明樾，寻找刘明樾的遗著。我打听到了刘先生当年在北京的住址：西单绒线胡同100号。但是，这里早已不是民居，没有人知道这里曾经住过一位姓刘的教授，甚至当地派出所也不知道曾经有过这样一位居民。

我知道刘先生已经去世，但刘先生有六个女儿，该不会全都离开大陆漂流异国吧？不会全都远离人文社会科学吧？文章写到这里，我仍然存有一个梦想，希望刘先生的女儿们能够看到这篇文字，希望她们中的某一位，能够保留着父亲的某个笔记本……

周克芹小传“疑点”的背后

众所周知，周克芹是新时期中国文坛上引人注目的作家，在“文革”后历史刚刚出现转机之际，他的长篇小说《许茂和他的女儿们》曾经轰动一时，并且获得首届茅盾文学奖。获奖当然并不说明什么，但是，在首届茅盾文学奖获奖作品中，古华的《芙蓉镇》和周克芹的《许茂和他的女儿们》，应该算是不太坏的。由于讲中国当代文学这门课，为了对得住学生，就需要尽可能地理解作品、了解作家。要了解作家，首先就要读传记。然而，周克芹的传记中却一开始就让我有些疑惑。

一般都是这样说的：

> 周克芹，1936年生，四川简阳人，原名周克勤，出身于贫苦农民家庭。1958年于四川成都农业技术学校毕业后，当过农民、生产队长、农业技术员、技师。1959年在《四川文艺》发表处女作《秀云和支书》。1980年和1981年创作的短篇小说《勿忘草》《山月不知心里事》分别获得这两个年度的优秀短篇小说奖。他的长篇小说《许茂和他的女儿们》发表于1979年，描写了十年动乱四川农村一位农民和他的几个女儿在生活道路上的坎坷，真实再现了极“左”路线给农村造成的巨大灾难。作品语言朴实，刻画人物内心细致，1982年荣获首届茅盾文学奖。

我的疑惑在于：在周克芹的经历中，有相当长的一段时间身份是农民，但根据他的情况，却不该是农民。他于1953年考入成都农业技术学校，

1958年毕业，有完整的中专学历，在那个年代，这个学历是很高的，也是相当稀缺的。按照规定，当时这个层次的毕业生由国家统一分配工作，周克芹怎么会毕业后回家当了农民呢?

那是80年代，周克芹还活着。我本可以直接找他问个清楚，但一来与他不熟，二来也没有重视这回事，机会就错过了。当我从四川朋友那里听到一些相关故事时，开始意识到这个疑点背后内容的重要，但是，周克芹却得了绝症，很快就去世了。他只活了五十四岁，是1990年8月5日去世的。

一晃十几年又过去了。感谢四川的朋友们——相识的与尚不相识的朋友，是他们的努力，终于解答了我的疑惑，也使一些历史细节明朗了起来。

原来，周克芹传记中的这个“疑点”有一个大背景，包含着他的一段心酸往事，也包含着许多人的悲惨故事——

1957年11月，全国的反右运动进入尾声，四川省委发出指示：寒假期间在全省集训高中应届毕业生和中等专业学校学生，“进行一次以系统地批判资产阶级观点和资产阶级教育思想为中心内容的社会主义教育运动”，采取大鸣大放、大字报、大辩论，“对于放出来的部分反动言论或反社会主义分子，要在学生中当作典型思想认真地加以批判”。按照当时的规定，中等学校学生中是不划右派的。所以指示说，在中学生中不进行反右派斗争，而只是把他们的表现“列为操行评语内容，作为这个学生升学、就业的材料”。黄一龙先生在《粤海风》第3期发表文章，详细回忆了当时的情况:

……对于这些只有十六七岁、平时沉溺于做题背书打球跳绳踢毽子的孩子，要他们“放出反动言论”，哪有那么容易！必须施以欺骗诱惑挑逗暗示误导唆使等全套功夫，生拉活扯拖人下水。省会成都市在这方面先走一步，于1月25日起集中全部高中应届毕业生两千九百八十人，分三个学部进行为期三个多星期的集训，事先对孩子们“按进步、中间、落后、反动四类进行政治排队”（并不断在“学习”过程中调整队列），然后大会报告小会动员个别谈心，宣布“这次社会主义教育的性质，是属于人民内部矛盾，不是反右”，“不抓右派，不扣帽子，不打棍子，不抓辫子，不装档案，说错了经过争论改过来就行了”。千方百计教唆他们特别是预先排为三、四类的孩子“解除怕当右派的顾虑”，

"大胆地放，坚决地放，彻底地放"。还安排"团员带头，引导三、四类学生深入鸣放"，对后两类学生"重点培养典型，个别发动"，"对方针、政策、政治生活方面的意见加以鼓励"。培养、发动、鼓励的办法繁多，从提供方便书写和张贴大字报，编印快报传播鸣放动态和大字报摘要，一直到各学部为"典型"学生组织讲演会，让他们登台批评"方针、政策、政治生活"，还给以全场热烈鼓掌的优待。其结果是孩子们挖空心思搜索枯肠，像做课外作业那样到处查资料剪报纸，连夜赶写大字报和发言提纲，拣大人爱听的"大胆地放"，越放越高兴，越高兴越放。据当时的简报记载，几天之后就造出"黑云乱翻，邪气上升，学生思想混乱，四类分子的反动面目更加暴露"的局面，一类、二类学生也纷纷倒戈，替他们喝彩鼓掌，学习以前的"排队"发生重大变化：四类即"坚决反对党的领导、反对社会主义"的"反动学生"竟从七十五人上升到二百三十三人；三类即"对党不满，对社会主义怀疑、在重大政策问题上持有相反的观点和立场"的"落后学生"（两个学部统计）也从三百三十六人上升到五百一十九人。二、三类学生（缺一个学部三类学生的数字）竟占四分之一强！造就了这么多三、四类学生以后，大人脸色一变，召开大会小会"专题鸣放"，组织尚未倒戈的一类学生对早已记录在案的"反动言论""作典型思想批判"兼批斗"反动分子"。被批判的孩子一脸惶惑：不是说不扣帽子吗？回答说我们说的是不"乱"扣帽子；帽子有何可怕？只要扣得合适！小孩自然无法反驳，只得规规矩矩地交出自己的花样年华玫瑰美梦，去迎接历代少年从未经历过的集体灾难。中等专业学校由于按规定全校学生参加运动，受难学生的年龄就更小了。全川各地的办法与成都略同。据后来统计，划为三、四类的少年超过三千二百人，占当年全省高中和中专应届毕业生的百分之三十以上，有一个县甚至把运动扩大到初中学生，造出了全川最年幼的"反党分子"——年仅十三岁！落难的孩子们的确得到"不戴右派帽子"的待遇，却被加上更加奇怪的帽子，除"三类生""四类生"以外，还有"这那生""社会基础"，——分别是"有这样那样的问题的学生"和"反革命复辟的社会基础"的简称！所有少年"四类生"都被剥夺了升学资格，有的甚至被逮捕"劳教"，多数在社会上接受"群众专政”二十余年……

周克芹就是他们当中的一员。这位贫苦农民家庭的孩子，十五岁时走出山村来到成都，父母希望他学手艺挣钱，他却想上学读书。家中无钱供他，他就考了“不交饭钱，不收学费”的成都农业技术学校。在校期间，他学了各种农作物的栽培技艺，成绩优异，同时喜爱文学，开始写小说，并在报纸上发表过。然而，就在即将毕业之际，他遇到了上面的故事。在那场“社会主义教育运动”结束的时候，周克芹被划为“四类生”，开除团籍，回乡务农。

农村的日子很难。周克芹曾经不得不把家里的门板卸下来卖掉，因为怕见熟人，就扛着门板走小路，到偏远的集市去卖。人到了卖门板的地步，贫困和艰难就不必说了。刘锡诚曾经走访过周克芹在四川简阳乡下的住处，六平方米多点的一间房子，窗户被堵起来，室内阴暗无光，里面是一张床，一张小小的木桌，一只二十五瓦的灯泡。就是在这样的环境中，周克芹写出了《许茂和他的女儿们》。

我想，许茂和他女儿们的故事未必是周克芹最想写的。如果他能多活几年，也许能写出更好的作品！

《爱情新诗鉴赏词典》前言

大概从人成为人的那一天开始，爱情之根就早已深植于人们的心中了。因为它是生命得以绵延的根本，能给人带来幸福和快乐，所以它是顽强的，也是有力的，任何力量都难以将它所有制和铲除。

在《柏拉图文艺对话集》中，古希腊大喜剧家阿里斯多芬在谈到爱情的产生时讲了这样一个故事：人的形体本来是一个大圆团，有四只手，四只脚，头上有两个面孔朝着前后两个方向，因而可以眼观六路耳听八方，可以随意向前或向后运动。这种人体力强壮，精力旺盛，因此自高自大，连众神都不放在眼里。众神愤怒了。于是，宙斯为削弱他的力量而将他一劈两半，成了现在的样子。因为被切成了两半，人便进入这样的状态：这一半想那一半，那一半想这一半，总想寻找自己的那一半，重新合拢在一起……

这是一个美丽的神话，它却揭示了爱情在人的生命中的重要和永恒。

因为重要，所以它与诗歌结下了不解之缘。古今中外，没有哪个民族正常状态之下的诗歌不表现爱情，一代又一代诗人为爱情而写下了大量诗篇。中国是一个诗的国度，诗的长河源远流长，爱情诗同样源远流长。从《诗经》开始，几千年来，每个时代都不乏歌咏爱情的优秀篇章。但是，诗歌的历史告诉我们，随着专制制度的建立和完善，民族文化传统中禁欲的成分日益浓重。《国风》中那种热烈而自由的爱情诗逐渐消失了，取而代之的是在伦理和道德上无可挑剔的思妇诗。显然，这是由于生活中自由热烈的爱情受到了限制，或者是生活中仍然存在，而诗人们的表现受到了限制。再后来，主流诗坛表现男女之情的规矩越来越多，虽然是妓女们和宫女们都写下过一些作品，却只能是悄悄流传，而不能登大雅之堂。直到“五四”时期，新诗运动更新了诗的传统，诗歌面貌发生了深刻变化。新诗人追求自由，冲破了旧文化与旧道德的束缚，人的意识迅速觉醒，爱情在生活中得到了解放，也在诗歌中得到了解放。于是，爱情新诗如烂漫山花开放于诗歌的园地。

正如一个时代有一个时代的爱情观念和爱情方式一样，一个时代也有一个时代的爱情诗。爱情诗以表现爱情为主，但内容决不仅仅是爱情，而是从中可以看到社会的面影和时代的脚步。爱情新诗的历史从这个特殊的侧面构成了一部现代中国人的精神发展史，反映着七十年来中国人的精神发展和变迁。

五四新文化运动唤起了人的觉醒，觉醒的青年首先遇到的切身要事之一，就是爱情的自由和婚姻的自主。对爱情的大胆追求带来了对爱情的大胆歌唱。诗人们挣断枷锁，抛弃虚伪，用自己发自内心的声音真诚地歌唱爱情，表现自己对爱情的渴望和追求。“五四”时期的爱情诗是多元的，五彩纷呈的，因为“五四”时期的诗人是坦诚的，真实地表达自我，而不是按照某种套子写作，所以，对爱情的不同理解，追求爱情的不同形式，爱情中的不同表现，都形形色色地表现了出来，诗歌自然千姿百态。比如刘大白的《邮吻》：“我不是爱那一角模糊的邮印，／我不是爱那满幅精致的花纹，／只是缓缓地／轻轻地／很仔细地揭起那绿色的邮花，／我知道这邮花背后／藏着她秘密的一吻。”《邮吻》，是情之所至，也是诗之奇思，写出来即成杰作。在那个时代潮流中，出现了不少爱情诗杰作，而且出现了以写爱情诗著称的“湖畔”诗人群体。汪静之、潘漠华、应修人、冯雪峰等人的诗引人注目，因为它显示着对旧势力的批判和反抗，充满着对理想爱情的讴歌和追求，的确令人耳目一新。他们的诗充满活力，也成为对旧道德、旧文化的控诉与批判。正因为这样，他们受到旧堡垒的攻击，也得到新文化阵营的声援。“五四”时期的爱情诗，无论是胡适、鲁迅、郭沫若的作品，还是湖畔四诗人的作品，都体现着那个时代的精神。它的基本主题是呼唤爱情自由，歌唱爱情，对带有强烈禁欲色彩的旧伦理具有很大的冲击力。

30年代的爱情诗继承着“五四”的精神传统，徐志摩等人留下了大量优秀作品，但由于诗坛的分裂，民族主义文艺和普罗文艺都有点偏重于向大众呼喊，不屑于表现属于个人生活领域的爱情。所以，爱情诗调子显得低沉，成了时代角落的声音。这种变化是时代文化裂变所致，也是诗人们精神世界的一种折射。

50年代的爱情诗呈现着全新的面貌。其鲜明的特征是单纯明朗，爱情与劳动，爱情与政治理想，成为紧密结合的统一体。从闻捷等人的诗中可见，爱情都是在劳动中产生的，是劳动培育了爱情，爱情又使劳动洋溢着光辉。诗人们在歌唱爱情的时候，同时在歌唱创造新生活的劳动，歌唱理想和道德情操。这反映着那个年代的流行的美学理想和美学观念：爱情必须附丽于壮丽的事业，诗人只能在歌唱建设社会主义的劳动中谱写爱情篇章。这时期的爱情诗崇尚单纯高尚的爱情，背景阳光灿烂，洋溢着新生活的气息，没有阴云，更没有暴雨狂风。诗的风格乐观、明朗，30年代缠绵而惆怅的调子不复存在。显然，50年代的爱情诗常常为社会功利价值而忽视爱情自身，在崇尚劳动和政治理想的同时将爱情简单化。

“文革”十年，除了少量地下诗歌之外，公开发表的作品中没有爱情诗。只有到“文革”结束，进入新时期，爱情诗才又获得了长足发展，而且从表现技巧到爱情观念都发生了很大变化。林子的《给他》一部分写于50年代，但它显然不属于那个年代，而只能被新时期所选择，到新时期才得以发表。她的诗是爱的坦诚流露，不加任何伪饰和附加物，把一个真正的爱情的天国展示给人们。从舒婷的诗可以看到新时期爱情观念的发展。《致橡树》以现代的爱情观和强大的独立人格重塑了中国女性的形象。她歌唱的不是对男性的缠绵痴情，更不是奉献或攀附，而是“我必须是你近旁的一株木棉／作为树的形象和你站在一起”。这里作为女性是一个独立的个体，虽然“根，紧握在地下，／叶，相触在云里。每一阵风过／我们都相互致意”，但承认二者的差别“你有你的铜枝铁干／像刀，像剑，／也像戟；／我有我红硕的花朵／像沉重的叹息，／又像英勇的火炬”，而且决不为对方而消融自己。它无疑是现代女性人格独立的宣言。然而，舒婷并不崇尚女强人，对女性各种形式的英雄主义都没有多少兴趣，因为她知道，人更需要的是普通人实实在在的日常生活。因此，面对“神女峰”这一为世代人敬仰的忠贞爱情的象征，诗人看到的却是中国女性的悲剧：“心，真能变成石头吗？／……与其在悬崖上展览千年／不如在爱人肩头痛哭一晚。”这是一种由人的观念衍生出的新的爱情观。

总之，从爱情诗可以看到七十年来爱情观念发展的一个大体轮廓。它为我们提供一些思想和文化方面的信息。

对于爱情诗，就像对爱情本身一样，历来有各种不同的态度。真假道学先生们总以为爱情诗有伤风化，败坏道德，因而千方百计给予扼制。几千年的历史不必说了，即使在新诗的历史上，从60年代到70年代，也曾有一段时间，爱情在生活中被遗忘，在文学中被驱逐，诗歌只能承担政治的使命，而不再表现和歌唱爱情。尽管实际生活中生儿育女的事仍在继续，一些人的作风败坏和性特权也有增无减，但美好的感情却被践踏，爱情在文学中成为禁地。失掉爱情的年代是黑暗的年代，没有爱情的生活是黯淡的生活，没有爱情的诗歌也难免枯槁，最终成为人们厌弃的假大空的标语口号。在那个年代里，“爱情”几乎成了流氓或坏人的专利，在小说和电影里，也只有坏人才那样“耍流氓”，而正面人物如李玉和、郭建光、杨子荣或阿庆嫂、李铁梅、江水英等，都不可能谈情说爱。爱情成了不健康的东西，至少是小资产阶级气味十足，诗人们当然不敢作爱情诗去当“毒害青少年”的教唆犯。但是，这样做的结果却没有使社会风气变得更好，而是恰恰相反，变得更加野蛮。一方面，由于使青年不知道爱情为何物，爱欲得不到正常的疏通渠道，造成种种悲剧，有的甚至道德败坏，堕落沉沦。另一方面，不承认爱情而只承认婚姻，使许许多多的婚姻没有爱情基础，造成许多社会问题。毫无疑问，在生活中抹杀爱情，在文学中驱逐爱情，这些做法不利于文化的健康发展，也不利于青少年的正常成长。

苏霍姆林斯基在他的《论爱情》一书中说过：“爱情属于人类最高尚的感情，对正在成长的年轻一代的道德教育的实质，就是培养和建立这种感情。一般说来，培养感情是培养人的精神面貌的最困难的任务之一。任何感情本质上都是道德因素和审美因素的统一，在爱情问题上，这种统一性达到了最高的程度。爱一个人，这首先就意味着要正确地评价他；对他，同时也对自己，不仅提出审美要求，而且也要有道德要求。真正的爱情能促进自我教育和不断进行自我完善，通过自我完善，人变得更纯洁、更高尚、更勇敢、更忠于人类的崇高理想。”那么，爱情诗对于培养这种感情的作用就不言而喻了。它可以通过审美过程而净化人们的灵魂，培养美好感情，使爱情不受污染、不被庸俗化，使青年畏畏缩缩的爱情生活更丰富、更充实，更美好。

正是基于这样的认识，我们编撰了这本《爱情新诗鉴赏词典》，本书共收入从1917年到1988年这七十多年中二百二十九位诗人的爱情诗作五百二十篇，其中包括台港地区五十二位诗人的诗作一百一十四篇。本书原则上一首诗一篇鉴赏文章。文章要求尽可能地借鉴和吸收中国现代诗歌研究的成果，本着百家争鸣的方针，作者充分表达自己的见解。鉴赏文章行文力求准确而生动，一般不作注释，必要的引用语句以及背景材料，均在文章中说明。

但愿我们的努力对精神文明建设和丰富人们的精神生活有所裨益。

《中国当代诗歌潮流》导言

一

文学不断地发展流变着，它因此而形成自己的历史。对历史的研究是一种回顾，呈现为向后看的姿态。这是人类的一个特点，在自身的发展过程中，常常不断回过头去看自己一步步走来留下的脚印。它常常是一种自恋和恋旧，许多人会流连忘返，迷失于其中。但是，真正的历史学家不会迷失于历史之中，因为回头看是为了向前走。

中国是一个诗的古国，诗的长河由几千年之前曲曲折折蜿蜒而来，景观壮丽而富于魅力。为了现在和未来，我们应该以现代人坚强的自我穿过时间隧道回到过去的年代，然后跟随诗歌发展的潮流返回。但是，在这本书中，我却不准备去得太远，而只准备考察中华人民共和国建立以来诗歌发展的历程。在这四十多年中，诗歌创作出现过一连串大大小小的现象。这些现象及其内在联系构成了中国当代诗歌发展的历史，同时，也为历史提供了当代中国人精神面貌和心理流变的标本。

对于当代诗歌发展的历史，人们可以从不同的角度进行描述，从而展示出不同的发展轨迹，在此，我所关注的是相继出现的一个个创作潮流，描绘的是诗歌主流的演进线索。新中国建立之后首先席卷全国诗坛的是颂歌浪潮，它是胜利者和被解放者的声音，热情欢快而自豪；它是延安新诗风在全国的发扬光大，与政治有着非同一般的密切关系，并显示着由知识者向工农大众、由西方向民族传统的又一次位移，因而单纯明朗粗糙浅直而缺少诗的含蓄意味和高深的情思。只要配合政治宣传而把某种占时代主导地位的声音大声喊出去，使不识字的农村大娘也听得明明白白、清清楚楚，就完成了诗的最高职责。这种欢呼和歌颂随着时间的推移而逐渐疲软，一来因为对于诗人来说反复重复着一种声音未免疲倦；二来现实生活中逐渐显示出来的问题和矛盾也使诗人的热情打了折扣。因此，在“双百方针”的召唤下，一个新的潮流勃然兴起，诗歌不再满足于歌颂，而是在“干预生活”口号的引导下走向社会生活的种种问题和阴暗面，同时走向复杂的情感深处。于是，诗的情感基调由热情昂扬走向深沉冷峻，这是新中国阳光下产生的一种新的情感形式，是少数敏感的知识者的声音。这种声音与现实政治的要求不甚吻合，因为新的社会秩序并不欢迎诗人以挑剔的目光评头论足，而是更欢迎以欢呼和歌颂鼓舞人们的热情和信心。因此，它只能是昙花一现，随着1957年反右运动的到来而宣告凄惨的终结。然而，它是一个信号，宣告了新中国成立初期诗歌模式和审美规范的危机，表现了诗歌解放和自主的要求，说明了思想文化发展的新动态。

1958年由党和国家领导人亲自发动的新民歌运动事实上是对这种面临危机的诗歌模式和审美规范的巩固，是对“双百方针”唤出的新潮流的反拨和回击。“大跃进”民歌在新中国成立初期诗歌的基础上发展起了豪情壮志以及非凡的想象和大胆的夸张，成为一种新范式的胚胎，并且带来了在此后二十年时间里决定着诗歌创作面貌的“革命浪漫主义”。这个诗歌运动无论对于诗坛还是对于生活，都带有提神壮阳的作用。更值得注意的是，它有效地推动诗歌进一步大众化，完成了新诗诞生以来向民间、向传统的最彻底的回归。然而，无论理论上怎样强调民歌方向，诗人们却似乎并不满足于对民歌的模仿，诗歌艺术仍在限定的空间里寻求发展。50年代末到60年代初，诗歌出现了一种刻意追求意境美的现象，诗人们纷纷致力于寻找和创造生活的诗情画意。这是一个必然的结果，既然直面现实和直面内心的路已经难于通行，那就只好在既定的主题和内容之下经营形式。所以，严格地说，那是一股形式主义的潮流，因为对那些诗来说，主题已经失掉了意义。它以各具特色的优美意境完成着共同的主题，诗人才华的高下只表现在形式上。在意境美的追求之中，透露的常常是古典的审美意识。然而，从1963年开始，这种优美和谐而轻盈秀丽的诗风又被热烈昂扬的政治抒情所取代。诗歌开始更直接地表现重大的政治命题，写实风格让位于抒情言志，优美意境让位于豪言壮语和斗争精神，颂歌基调中出现了强烈的战歌旋律，形成了一种新的抒情范式。政治抒情诗使诗歌更紧密地贴近政治，是诗歌在为政治服务的过程中寻找到的最有力的形式。因此，这种范式在"文革"开始以后不仅保留了下来，而且得以进一步发展，颂歌成为纯粹的"红太阳颂"，战歌走向大批判，在走向顶峰的同时走向末路。1976年的"四五"天安门诗歌所呈现的也主要是政治意义。因为它产生于政治斗争，仍然是政治斗争的工具，但它的出现意味着诗歌已不仅仅是政治统治的工具，而且可以是政治反抗的工具。因此，它宣告了一种诗歌创作道路的终结，也宣告了"文革"时期社会观念整合的破产，成为一个新时代现实主义诗歌潮流的序幕。

结束十年"文革"进入新的历史时期之后，诗歌潮流的发展运动主要出现了三次浪潮：现实主义诗歌的复兴、朦胧诗的崛起和朦胧诗后新生代的涌现。这三个浪潮依次出现，使"文革"之后的中国诗歌呈现出迅速发展的"三级跳"过程。但需要注意的是，这三者之间并不是取代与被取代的关系，而是相互并存、相互渗透、共同发展的。正因为这样，诗歌出现了百花齐放、五彩纷呈的多元格局。新时期现实主义的诗潮是二十多年前被扼制的现实主义诗歌潮流的复出，起主导作用的创作力量也是二十多年前被打成右派而在70年代末又重登诗坛的"归来的诗人"们。这股诗歌潮流恢复和发扬了"五四"以降现实主义诗歌的批判传统，以说真话、抒真情、真实反映社会生活和为民众立言为宗旨，具有强烈的忧患意识和社会责任感。它使当代诗歌的社会批判职能空前强化，也使当代诗歌的感情基调转向深沉，使情绪内涵变得复杂。朦胧诗属于"文革"中长大成人的一代年轻人，它于70年代末思想解放的社会文化背景上破土而出，萌芽却是"文革"后期一代青年觉醒后无路可走的苦闷时期。对于生活的怀疑态度，不满情绪和由此而产生的变革的愿望，对人道主义理想的执着追求，对自我内心的高度重视，以及对新的表现形式的探求，使这一诗潮显示了鲜明的文化反叛色彩。它体现着中国诗歌和中国文化的又一次裂变和重新选择。新生代诗歌是改革开放背景上成长起来的最为年轻的一代人的声音。

它显示了这一代人在艺术以至在文化上选择的多向性，这一潮流旗号林立，社团众多，各有自己的理论主张，但明显表现为两大不同的团块：一部分走向远古，走向原始生命，走向古老的民族传统深处，是“寻根思潮”在诗歌中的表现；另一部分更多表现出某种后现代主义的文化色彩，或者反英雄、反崇高、反典雅，或者以漫不经心的“叙述流”表现平凡琐细的“生活流”，使诗歌远离崇高神圣和优雅的殿堂而走向世俗化。这种种价值取向不同的诗歌同时发展着，展示了80年代中国大陆多元的文化景观，显示了诗歌发展的多种可能性和几十年中未有的自由状态。

这是一个艰难曲折的发展过程，其艰难曲折不是如此简单的回顾可以描述的。

实事求是地说，当代诗歌艺术成就远不辉煌，但发展过程中的艰难曲折却使它获得了相当高的研究价值。同时，因为它历尽曲折之后终于进入比较宽阔的地带，已经成为一段完整的历史。无论当代诗歌今后怎样发展和流变，它都可以独立存在，有单独研究的价值。

面对这段历史，我为自己的研究设立了双重目标：一个目标是通过对当代诗歌发展过程中主要潮流和运动的探讨，勾画出当代诗歌四十年发展流变的轨迹，展示当代诗歌艺术的生命形态和生存状态，从中发现一些诗歌内部的和外部的规律性的东西；另一个目标是通过诗歌这种精神产品及其创作主体和接受主体审美意识的流变，勾画这四十年中国大陆精神面貌和文化心理的轮廓，从诗歌切入文化历史。当然，要揭示一个个诗歌现象的全部内涵是困难的，准确地把握现象之间的根本关联也不容易，但只要深入其中，并不断拂去眼前那些不断涌上眼帘的云雾，就不难看到一些深隐于历史表象背后的东西，从而对一些现象产生新的理解；就不难看出某种诗歌范式从发生发展到衰亡的过程所蕴含的历史奥秘；就不难发现诗歌发展深层那左右着诗歌起伏奔突、不断挣扎、于险阻之中寻找通途、拓宽道路、确立自我的力量；也就不难意识到正是这种源于人这一审美主体和历史主体最深处的力量不仅决定着诗歌必然的归宿，也决定着人类文明发展的总趋向。

二

回顾当代诗歌四十年发展的曲折历史，我们很容易发现前三十年和后十年诗歌的发展状态和艺术形态都显示着极不相同的特征。从1949年到1978年，这三十年诗歌发展的道路是狭窄的，而且异常艰难曲折。诗歌作品尽管风格、体裁、形式也各有差别，但在题材、主题、形象和整体风格特征及价值取向上却呈现着高度的一致性。1979年开始，诗歌逐步走上了比较宽广的道路，虽然曲折和艰难仍然存在，但诗歌毕竟获得了解放，找回了自身，并且出现了五彩纷呈的繁荣局面。回顾当代诗歌的长期困顿，反思其枯荣与穷通，有许多问题值得认真研究，有不少经验教训值得认真总结。就整体而言，直接严重影响着诗歌创作的根本问题有以下几个方面：

一、工具化

从40年代末到70年代，中国诗歌经历了一个政治工具化的过程。诗歌继承抗战以来特别是40年代延安诗歌的传统，在为政治服务的轨道上超常运行。诗歌被认为是鼓舞人民、教育人民、打击敌人的武器，是旗帜和炸弹，是阶级斗争的工具，因而必须无条件地服从政治的需要，配合一个个具体的政治运动，完全彻底地为其服务。在从40年代到70年代的三十年中，这种诗歌观念一步步强化，成为人们对于诗歌的共同的理解和追求，成为占统治地位的文学观念，成为无需怀疑也不容怀疑的唯一的价值目标。这种对诗歌的政治工具职能的高度重视决定了当代文学前三十年的基本面貌，导致了诗歌内容的高度政治化，几乎所有的作品都要有政治意义，没有政治意义的作品就不是好作品，诗的宣传教育职能得到了充分的发挥，诗与政治建立了超常的密切关系。

这一切都是可以理解的。诗歌职能的高度政治化有其历史的必然性。新文学诞生于中华民族多灾多难的时代，从它产生的那一天起，就注定了与政治的复杂关系。由于民族难以摆脱的苦难，由于中国知识分子浓重的民族忧患意识和社会责任感，由于政治与民族命运的密切关联，诗歌就不可能远离社会政治而进入纯审美的艺术之塔。随着现代历史的发展，中国知识分子的政治意识一步步强化，也许由于对民族苦难的深深感受，投身于政治斗争以谋求民族的解放和阶级的解放成为绝大多数知识分子的自觉追求。那么，文学成为斗争的武器，对于寄热望于通过政治斗争以拯救民族于苦难深渊的知识分子来说，绝不意味着文学自身价值的失落，而是意味着文学自身价值的充分实现。

但是，在承担政治宣传和教育使命的过程中，诗歌却一步步丧失了自身，而彻底沦为政治的工具和附庸。诗歌以诗人的独特感受和真知灼见获得生命，最忌人云亦云的概念化说教，但在长达三十年的历史上，诗人们却无法表达自己独到的情感和见解，而是必须按照统一口径发出声音。诗成为政治宣传的一种形式，成为执政者方针政策或宣传文件的情感化诠释和生动宣讲，一切独到的感受和见解都窒息于千篇一律的宣传需要之中。诗人们养成了在政治指挥棒之下齐声合唱的习惯，一方面是环境要求必须步调一致听指挥，一方面是多数诗人很快丧失了独立思考和歌唱的能力，诗的独特个性也就不存在了。由于反复强调诗人应该是阶级的、人民的代言人，应该是正确思想、先进思想的承载者和传播者，而知识分子固有的思想又是不正确、不先进、需要不断改造的，这就使绝大多数诗人对真实的自我缺乏自信，自觉或不自觉地躲避和排斥自己真实的感受和见解，而到领导讲话、文件精神、报纸社论中去寻找对生活的理解，去寻找文学作品的主题。在这种情况下，如果政治路线和方针政策是正确的，文学虽然充当其工具也限制了自身的发展，但还没有太大的社会危害，如果政治路线和方针政策出现偏差，文学机械配合的危害性就显而易见了。众所周知，从50年代到70年代，政治路线屡次出现偏差，而文学却不能表现自己可能有的正确见解而必须表现错误的东西，这种教训应该是深刻的，值得我们牢牢记取的。

二、虚假化

从理论上讲，当代诗坛一直在呼唤着诗歌的真实性，强调真实地反映现实生活、真实地表现时代、真实地抒发人民的心声。谁也不曾公开反对过诗歌对现实生活的真实反映。50年代诗歌在写法上非常鲜明地表现着写实的倾向，即使“文革”时期，基本理论也仍然是反映论。但是，一个现象却无法回避：尽管人们一再强调诗歌要真实地反映现实生活，诗人也非常普遍地接受了现实主义的反映论的诗歌观念，但诗歌的真实性却始终是一个难以实现的目标。在前三十年的诗歌中，对社会生活和人民心声的表现是很不够的。在广度上，诗歌被限制于相当狭窄的领域之中；在深度上，它的表现相当浮浅。面对丰富而复杂的社会生活，诗歌往往视而不见，反映出的社会生活往往是经过提纯和粉饰的，抒发的感情也往往是经过过滤和文饰的。从40年代到70年代，诗歌创作一步步虚假化，远离生活的真实，远离情感的真实，在一种有力的倡导之下形成了一种单纯明朗而乐观昂扬的美学风格。生活的复杂性被单纯明朗所净化，生活的艰难和沉重被乐观昂扬所掩盖，文学不能真实地反映生活，而是以虚假的想象和对生活的粉饰代替了真实的生活图景，以豪情壮志代替了悲伤和忧虑。历史上的一串串的历史事件都没有能够在文学中得到及时的反映，如反右斗争扩大化、“大跃进”、三年困难时期……一场又一场的灾难在诗人笔下表现出来却往往是艳阳高照下的十里桃花十里杨柳，是跃进的锣鼓和火红的战旗，读一下“文革”时期的那些作品，看当时那份繁荣富强和幸福欢乐，以及改天换地的革命壮志，对照生活的实际，人们都会有许多感慨。

与政治工具化不同，文学的虚假化不是文学家们自觉追求的结果，而是源于极“左”政治对文学的干预。中国知识分子有一种强烈的社会忧患意识，有在人民疾苦面前不愿闭上眼睛的社会良知，这种传统根深蒂固，当社会问题呈现于作家面前时，作家们总是要努力去表现它，“双百方针”提出后出现的“干预生活”的创作潮流正是这样出现的，但它立即被扼杀了。这一现象是必然的，因为现实主义在极“左”政治下不可能有生存和发展的空间。历史的规律证明，现实主义文学与政治的关系是复杂的，一般说来，在政治作为一种革命力量而致力于社会变革的时候，现实主义文学与政治的关系是和谐的，而且往往成为变革社会的重要力量；当政治作为一种保守力量致力于美化现实以巩固社会秩序而不思变革的时候，现实主义文学的批判性灵魂就与政治的要求不一致了，因而它往往成为政治所警惕和戒备的对象。对于自身并不完美的社会来说，现实主义文学的真实性原则必然导致把现实生活中的善恶美丑光明阴暗和盘托出，这并不是任何社会力量都承受得了的。任何社会都难免存在弊端，但政治权力的握有者却并不一定欢迎文学对其进行揭示和批评。对于一个存在弊端而不思变革甚至希望靠粉饰和欺骗实现稳定的社会来说，现实主义自然是非常讨厌的东西。当代极“左”政治一个突出的特征就是弄虚作假欺骗人民，因此，当代文学中的现实主义就常常找不到立足之地。考察当代文学的历史，不难发现这样一个规律：现实主义总是伴随着社会的变革而得以发展和前进；而弄虚作假歌舞升平的文风总是与极“左”政治结伴而行的。文学中对浪漫主义的强调开始于“左”倾思潮泛滥的“大跃进”之中，而在“文革”之中则到处都是豪迈的谎言。

由此，我们可以辨识一些政治高调的真伪。

三、民族化

在当代文学发展的过程之中，民族化一直是诗歌发展中的一个重要问题。它对诗歌的发展方向、进程及其基本面貌都发生着重大的影响。

在当今世界上，任何一个民族的任何一种艺术形式都难以仅仅靠继承本民族传统而得到大的发展。所以，“五四”先驱们借鉴外国文学而发动了新文学运动，使中国文学的历史揭开了新的一页。新文学的建设与世界文学的影响有着千丝万缕的联系，新文学的发展和繁荣也难以离开世界文学而走自我封闭的道路。但是，我们这个民族的文化自大心理是难以克服的。从新文学出现的那一天起，新文学的尝试者们就受到了来自“国粹”守卫者们的种种指责。对此，新文学阵营曾经给予坚决的反击和批驳，新文学终于在风风雨雨中成长了起来。然而，文化自大和排外心理由于历史的原因不可能在短期内消除，而且中国的现代命运极不利于这种不健康的心理的克服，抵御帝国主义军事侵略的斗争不断强化着这种文化排外心理。因此，经过抗日战争进入40年代之后，民族化成为一个响亮的口号。并且一步步成为文学创作必须遵循的方向和原则。“西化”“欧化”成为一种贬斥的用语。对外国文学尤其是西方发达国家的文学的学习借鉴在40年代之后就基本停止了。50年代末之后，文学事实上只能在民族传统和民间传统的基础上发展。到了“文革”时期，学习借鉴西方的东西就理所当然是“崇洋媚外”，甚至是“里通外国”。诗歌不能接受任何外来影响，因而完成了彻底的自我封闭。

这一现象的发生有其政治和文化的双重原因，由于40年代西方国家与中国不同政治派别之间的关系，由于50年代中国向苏联的一边倒和西方列强对新中国的封锁，由于60年代初与苏联老大哥的反目成仇，中国一步步与世界失掉联系，失掉联系的同时一步步完成着自我心理的强化。中国成为世界革命的中心，光荣而自豪地反对帝国主义、修正主义和世界各国反动派，由于意识形态方面的敌对，中国对世界主要国家和地区的文化都抱有一种高度的警惕。既然文学被理解为阶级斗争的工具，它的使命是宣传教育，既然文学属于意识形态，而国门之外大多是帝国主义、修正主义和反动派，世界文学也就自然地被看作主要是反动意识形态的载体。那么，向外国文学学习就有可能威胁到社会主义文学的纯洁性。这种政治思想和意识形态上的排外与民族文化传统中的“华夏文化中心”的自大心理一拍即合。近代中国遭受外侮的不幸命运带给中国人的心理重负使它带有了爱国主义的光荣色彩，批判“封、资、修”和反对“帝、修、反”的斗争又为它穿上了一层革命的外衣。于是，彻底的民族化成为人们自觉遵循的创作道路。

但是，这一道路的确立却极大地妨碍了文学的健康发展，它阻扼了文学对世界各民族文学的学习和借鉴，使文学长期生长于封闭的环境中而自绝于世界。它使文学失去了与世界潮流同步并在全人类高度上发展的可能。这不能不说是一个惨重的损失和巨大的教训。

四、大众化

与民族化一样，大众化在中国新文学发展中也是一个原则问题和方向问题。大众化的含义主要有两层：一是通俗易懂能够被大众所接受，这是一般人的一般理解；一是创作主体的思想感情与大众达成一致，这是它的精神主旨。

从新文学的发展历史看，大众化是五四运动落潮以后新文学运动发生逆转的产物。它萌芽于五四运动落潮以后，确立于40年代。20年代初，关于“民众文学”的讨论和“到民间去”的口号所要努力克服的主要是文学与大众隔绝的状态，它的目的是促进作品通俗易懂，从而更有效地完成启蒙的使命。正因为这样，当时不仅俞平伯等人反对“把诗思去依从一般的民众”，反对少数人跟着多数人跑，还主张“少数人领着多数人跑”（《诗底进化的还原论》），而且成仿吾等人也认为如果要艺术去“低就民众”，“不啻是艺术的自灭”（《民众的艺术》）。但是，后来的情况发生了变化，一些年轻的知识分子满怀革命的热情激烈而浮躁地寻求新的超越，开始对

“五四”开拓者们的道路进行批判和否定。他们指责“五四”以降的新诗非大众化、非民族化，而对民间旧形式表示崇拜。有些观点貌似激进，但在深处却生长在五四新文化运动所要否定的旧文化的基础上。

进入当代之后，大众化道路开始为诗人们所普遍遵循。通俗易懂、明白晓畅成为诗人们的共同追求。诗歌必须为大众所喜闻乐见，因而民歌形式和民间语言被广泛采用。对于服务于政治宣传的诗歌来说，这自然增加了它的有效性，但是，诗歌的直露浅白就不可避免了，它使诗歌失掉了诗意的含蓄，降低了艺术品位。

不仅如此，更值得注意的是大众化所包含的把诗人化为大众之意。据权威的解释：“什么叫大众化呢？就是我们的文艺工作者的思想感情和工农大众的思想感情打成一片”，而“打成一片”用后来流行的解释就是“变得跟广大群众一致，适合广大群众需要”。这就意味着作为知识分子的诗人要彻底改造自己，在思想和感情上向大众认同。从政治上讲，这是中国国情决定的中国革命在战争年代的需要。从文化心理上讲，这是中国弱小的知识阶层向大众寻求精神依归的一种必然结果。一切都是可以理解的，但由于大众化的要求本来负有启蒙使命的知识分子不能再以自己的思想教育和影响大众，而开始老老实实向大众学习，去迎合和迁就大众的思想感情、审美心理和审美习惯。这意味着知识分子与大众之间教育与被教育关系的根本颠倒。它与当代知识分子被改造的命运是分不开的。到了50年代末之后，甚至关于民歌形式的争论被认为是“一个谁跟谁走的问题”，“关于谁是主流之争，实质上是知识分子要在诗歌战线争正统、争领导权的问题”。问题如此严重，当然没有人再表示异议。

但是，知识分子地位的彻底失落却使诗歌失掉了真实而独具个性的抒情主体。诗人需要在思想感情上与大众一致，要抒发大众之情而不能抒发自己的真情实感，这就无法避免诗歌的虚假和千篇一律，它直接导致了诗歌的苍白、单调和浅薄。

以上问题是当代诗歌前三十年存在的主要问题，也是后十年诗歌努力冲破和重新思考的问题。它是前三十年诗歌发展的主要障碍，而后十年的诗歌发展也无不与这些障碍的消除有关。新时期诗歌终于摆脱了政治附庸的地位而寻找回了失落的自身，走出工具的束缚而获得了发展的自由；终于寻回了说真话、抒真情、直面真实的社会人生的权利，尽管步履艰难却一步步走出虚假，终于冲出了极端民族化的樊篱，面对广阔的世界大胆借鉴，努力置身于世界诗歌的潮流之中，终于找回了失落的抒情主体，无需再改造自己以向大众的思想感情认同。这一切大大地解放了诗歌的艺术生产力。

虽然问题和矛盾依然存在，但历史的发展是值得庆幸的。

三

纯粹客观的历史著作是不存在的，史家无需做那种枉费精神的追求。一切历史都是我们认识到的历史，它都会打着我们主观的印记。但是，这决不意味着人们可以随意编造历史。尽管不同的史学家可以写出不同的历史，而且历史可以不断地重写，但一些重要的历史现象毕竟发生了，并且有序地排列在那里，众所周知。面对这些事件和它自然生成的秩序，史家没有漠视它的权力。文学史与一切历史著作一样，无法回避史家的主体性与历史的客观存在之间的矛盾，而真正的史学著作应该是二者的完美统一。没有史家的思想作为灵魂的史著只是某种资料长编，充其量不能超过柯林武德所说的“剪刀加糨糊”式的史学；而不尊重历史基本的客观事件的史著只能是史家的抒情言志之作，因而大可不必通过治史的形式加以表达。我认为，史家的主体性大概主要表现于三个方面：选择、解释、判断。在解释和判断方面，史家应该充分发挥其主体性，而在对历史现象和历史事件的选择取舍中，却应该对自己的主观感情有足够的戒备，对主体性有所限制。只有这样，才可以避免由于史家的主观好恶而掩盖或阉割历史。

事实上，每一部文学史著作都体现着文学史家由于某种“史识”而对“史料”的选择。一代又一代重写文学史，往往首先就是对史料的重新选择。但是，这种选择却常常由于各种原因而表现出小儿游戏般的滑稽，大大破坏了文学史研究的信誉。比如，在过去相当长的一段时间里出版的中国现代当代文学史中，革命作家占有重要的位置，非革命作家则只能是陪衬，被认为是反动的作家则在文学史中没有地位。某作家被打成右派，便从文学史中删除，待平反昭雪之后，则又重新给予重要的章节。这种做法至今仍未结束。这当然是可以理解的，它是站在革命立场上，以政治的价值尺度对作家作品衡量和选择的结果。这种文学史也不失为一种文学史，只是它应该称作革命文学史，而不应冠以中国现代文学史的名目。

这里涉及文学史研究和撰写中的价值尺度问题。80年代以来，人们已经相当普遍地超越了那种政治标准第一的价值观，而把目光转向审美价值。这是文学史研究的可喜进步。但是，如果以纯审美的价值尺度衡量文学现象，因某些现象审美价值不高而闭口不谈，却也会给文学史造成新的残缺。按照我的理解，文学史属于历史学科，而不是艺术鉴赏。它应该完整地展示文学发展中的起伏消长和承转行滞，而不应该是优秀作家作品的罗列。凡历史上出现过并有影响的创作现象或文学运动，都有丰富的历史内涵，却并非都有较高的审美价值。文学史往往由这样一些价值不同的现象组成，无论它有无审美价值，都有其存在的理由，而且与其他文学现象构成不可分割的整体。

在当代诗歌史上，不少创作曾经轰动一时，但其艺术生命力却极为短暂。一些作品甚至是特别的艺术，比如以假大空为主要特征的标语口号诗、1958年的“大跃进”民歌等，如果我们为艺术鉴赏而选编一部中国当代优秀诗歌作品集，可以毫不犹豫地将其舍弃，但如果是一部中国当代诗歌史，却不应对其视而不见或有意排斥。因为我们面对的应该是完整的历史，如果只挑选某类作品，必然导致对历史的遮盖和歪曲。因为在那种种反常之中，在那简单的模式和千篇一律的空洞叫喊中，透露了丰富的社会历史内容。在那或许荒唐的审美规范中，集中地体现着时代的风尚。因为只有那些作品，才真正代表着那个时代的诗歌艺术，体现着那个时代压倒一切的精神，并体现着时代的诸因素对诗歌的制作和选择。直到今天，不少大学课堂和绝大多数的文学史著在谈到“文革”时期的文学时都一笔带过，甚至称之为“一片空白”。但我们只要尊重事实并认真思考，就会承认，历史没有留下空白，也永远不会留下空白。因为凤凰死了有山鸡，雄鹰灭绝有麻雀，无论淘汰出的是什么物种，都会各领一个时代的风骚。所以，我们必须充分认识到，那个时代那些被当下学者们不屑一顾的作品，其实是很重要的。因为离开了对“‘文革’文学”的把握，既无法把握此前的“十七年文学”，也无法把握此后的“新时期文学”。

作为文学史家，进行一定的发掘和钩沉工作是必要的，历史在制造一系列轰动效应和热点时常常像一个粗心的孩子一样有所遗漏。但是，应该首先注意的仍然是那些当时曾经轰动过的现象，并且对其做出充分的解释。因为轰动意味着当时的选择。面对历史上发生的影响重大的事件而不谈，却去发掘当时没有产生任何影响的作品写入史著，这种做法不应一概否定，但如果不加必要的说明，而把它作为那个时代的代表作品而加以论述，那就是对历史的篡改。因为被冷落的作品无法代表那个时代，它与那个时代的审美意识是另一种关系。那些产生轰动效应的作品即使非常糟糕，毫无思想价值和审美价值，也是某种时代精神、情绪和心理的嫡出产儿，血管里流淌着真正属于那个时代的精神血液，集中体现着那个时代群体的审美心理和文化精神。文学史应该老老实实地承认它的存在，尊重它的历史地位而给予分析和评判。在分析与评判的天地里，史家有充分的自由，但面对史实叙述，史家不应有过多的自由。花园里有一百朵玫瑰，九十九朵是灰暗的和畸形的，角落里有一朵是鲜艳的，面对这样的事实，如果只是以那一朵为据讲述这个花园，无论有意还是无意，都是对人们的欺骗。

无论整体的现象还是具体的作品，都常常会有虚假和荒谬，但虚假和荒谬现象本身却是历史的真实。比如，一代诗人为什么集体说谎？男男女女为什么都成了白痴？这无疑是更有意义的研究对象。因此，文学史家应该力求不留空白，展示那些现象，并对它进行力所能及的剖析。当然，这并不意味着把一切存在的看作合理的，也不意味着把它看作历史的必然，更不意味着对它没有评判。

四

文学是一种社会现象，它不仅属于创造它的个体，而且属于特定的群体。文学也是一种历史现象，审美意识总是以一定的方式与时代一起发展流变着。特定时期诗歌创作风貌的形成和流变，都与那个时期的审美理想、审美趣味直接关联。而直接影响和制约着审美理想和审美趣味的，却是那个时期政治、意识形态和经济生活所制造的精神时尚和文化心理。无论自觉还是不自觉，无论创作的自由程度如何，诗歌都是特定时空精神文化的载体，负载着属于那个特定的时空的政治信仰、道德情感、生活方式、风俗习惯和整个价值观念系统。无论处于什么样的时代环境中，诗人的声音都是有意义的标本。他的审美理想和趣味体现着他的文化心理结构。而文化心理结构的形成虽然与自身气质和个性不无关系，更主要的却来源于传统和时代的文化环境。诗人的声音往往非常集中地体现着一个时代的文化选择，体现着一个时期的精神和心理趋向。因此，我认为，探讨一个个历史时期的精神面貌和心理奥秘，把握时代现实的文化意蕴和心理内涵，是文学史研究不可推卸的责任。一方面，透过诗歌现象及其发展流变展示的文化心理状态及其裂变与重铸的轨迹，有益于中华民族现代化的进程；另一方面，只有具体而深刻地把握一个时代的文化意蕴和精神状态，才能深刻地理解那个时代群体的审美理想和审美情感方式，才能充分把握诗歌创作现象的更迭与消长。因此，本书致力的是从文化的角度探讨诗歌潮流的消长和演变，揭示文化背景、文化氛围和文化精神对诗歌潮流的影响和制约，以文化的目光对诗人诗作给以剖析，考察其在历史发展中自觉或不自觉的文化选择。当然，由于当代诗歌及它所产生的这段历史的强烈而浓郁的政治气息，我们不可能避开那一个个特定时期流行的政治概念和术语，因为政治斗争成为社会生活的中心并深入每一个普通人的日常生活，这本身就是一种文化现象。

直到今天，多数人还能信奉文学是人学的观念。既然文学是人学，文学史也就应该是人学的历史，正如勃兰兑斯所说，“研究人的灵魂，是灵魂的历史”①。那么，研究作为人学的文学，最适用的方法是什么？根据卡西尔的看法，人是文化的动物，对人的研究必须从对人类文化的研究着手，那么，从文化角度写文学史，大概不是一条死胡同。然而，我却不愿让它成为西方文化人类学的那种研究，而让它与社会学和历史学的研究保持密切关系。这也许非驴非马，但不妨称之为社会—文化—历史学研究。

从这个角度看文学，它既是社会生活的反映，又是主体的表现与创

①勃兰兑斯：《十九世纪文学主流》第一分册，人民文学出版社1980年，第2页。

造，因为这一切都不重要，从认识论意义上的反映也罢，审美心理学意义上的主观臆想也罢，它都是艺术化的社会象征符号系统，都是一定时期社会观念和社会情绪的形象编码。最客观的社会生活摹写和最荒谬的想象，都同样传递着他所隶属的那个民族和时代的文化信息。作品形象世界可以还原为社会文化形态，也可以还原为作家内心世界。作家内心世界又可以还原为社会文化形态。作品的形象世界常常出现虚假，但谎话是虚假的，说谎本身却是历史的真实，透过这种虚假中的真实更容易把握其时代的文化心理。同时，以文化历史学的方法研究文学史，可以避免内容和形式的二元分离，而使其成为一个统一的整体。因为无论作品所表现的社会观念系统，还是作品的艺术思维方式、结构模式、情感基调和语言风格，都同样是特定文化环境的产物，都同样蕴含着丰富的文化历史内容。无论艺术象征符号，还是其构成方式，都能反映出它所产生的那个时空的精神文化。

这些想法也许有助于对本书的整体把握。

《现代中国文学（1949—2008）》绪论

一

本书所讲述的，是1949年以来的中国文学，也就是长期以来一般所说的“中国当代文学”。我们之所以不再使用“中国当代文学”这个概念，主要原因有二：一是作为20世纪50年代特定背景上临时采用的一个概念，它并不适用于文学史对一个历史阶段的命名。原因众所周知，所谓当代，即当下的时代，是眼下正处其中而尚未过去的时代，但时光流逝，当代的具体时间所指无时不在更替之中，因而很快就会成为过去，而与当代渐行渐远。从这个意义上说，当代文学这个概念在开始使用时是适用的，因为它所指称的对象那时刚刚发生，不过几年的历史，的确是当下的文学，但在六十年之后的今天，仍把半个世纪之前的文学称作“当代文学”，就多少有些勉强。作为一门课程或一个研究方向，如果说这个概念现在还勉强可用的话，再过几十年，把一百年前的文学称作当代文学，就更说不通了。所以，这个命名迟早是要改变的。二是根据过去对于中国当代文学性质的规定，它已经不能容纳今天我们所必须面对的全部内容。在20世纪50年代，1949年之后的文学被定名为中国当代文学，是从它所显示的不同于现代文学的新的性质着眼的，也是与当时意识形态建构的要求相一致的，所以，所谓当代文学，也被称作“新中国文学”或“社会主义文学”，其具体特点就是文学为无产阶级政治服务、为工农兵服务，坚持民族化和大众化的方向。这种性质持续了大约三十年，但在结束“文革”而进入改革开放的新时期之后，文学自身和外部环境却已发生了很大改变，如果固守中国当代文学的性质和特点认定，改革开放三十年来的“新时期文学”大多会无处容身。而且，按照过去对中国当代文学性质的认定，它既然是“新中国”的文学或“社会主义”的文学，当然不包括台湾文学、香港文学和澳门文学在内。而在今天，虽然台湾文学和港澳文学并未改变它自身的性质，我们却已经没有理由继续把它排除在中国文学之外。根据“一国两制”的思路，既然人民不能因为处于不同制度之下而妨碍国族认同，香港和澳门可以在不改变社会性质的前提下回归，文学史也没有理由拒绝接受那里产生的文学艺术。也就是说，无论其意识形态是三民主义还是自由主义，都不妨碍它是这个时期的中国文学。时代所发生的这一系列变化，要求文学史必须做出相应的调整。

早在20世纪80年代，学界就提出了“20世纪中国文学”的概念，试图把所谓“现代文学”“当代文学”和部分“近代文学”纳入同一框架论述。这种新思路一度被广泛接受，出现了一系列冠以“20世纪”的著作和课程设置，并且出现了以此为框架的文学史著作。这是重写文学史的一个良好开端，结束了以政治标准切割文学史的做法，开始了文学史的整体化历程。但是，这个命名适用性却也存在问题：它以自然的世纪百年为基本单位为文学史分期和命名，是对历史的人为切割，而不是依据文学自身发展变化所形成的不同形态来划分。在20世纪开始之际，文学并没有显示出与19世纪末不同的面貌；在20世纪结束而进入21世纪之际，文学也未发生重大变化。那么，所谓20世纪文学，作为独立的研究对象固无不可，却不适宜于作为文学史的阶段性命名。原因众所周知：以“19世纪中国文学”“20世纪中国文学”“21世纪中国文学”作为框架编撰文学史当然没什么不可以，却已失掉了历史分期的意义。而作为试图包括并替代“现代”“当代”的概念，随着21世纪的到来，显然已不再适用。

在这种情况下，与其对文学史重新命名，或者重新解释“当代文学”这个并不科学的概念，赋予它新的性质，不如着眼长久，使已有六十年历史的“中国当代文学”尽早归位，进入中国现代文学史。正是由于这样的考虑，我们把过去所谓中国当代文学史直接续入中国现代文学史，成为继“五四”时期、30年代、抗战时期等历史阶段之后的一个新阶段。

至于“中国现代文学”的命名，虽然也要面临现代性的认定，但国内外学界已有共识，根据世界的普遍情况，除极少数国家之外，现代化都是一个漫长的过程，没有几个国家的现代史是从现代性完成之日算起的，而是多从现代化开始或现代文明在政治、经济等某个方面的重要标志出现算起。那么，就中国而言，无论从经济和技术层面的现代化（洋务运动）开始，还是从政治制度层面的现代化（百日维新、清末新政或辛亥革命）开始，还是从文化层面的现代化（五四新文化运动）开始，都是可以成立的。尽管中国的现代化步履艰难，但毫无疑问，无论哪一个不同的地区，也无论经历怎样的挫折，都处于现代化的过程之中。而且，20世纪初的一系列文学变化，尤其是“五四”新文学运动，已经开启了文学的现代化之路，以创作实绩做出了宣告。因此，把这个时期的文学作为中国“现代文学”的一个阶段，应是顺理成章的事。

二

在中国现代文学史上，这无疑是一个特殊的阶段，也是一个发展道路异常曲折的阶段。但历史上发生的一切都不是孤立的，而是相互存在着复杂的内在关联。所以一切并不突然，而是此前文学演变和分化的一个结果。

许多问题都需要从“五四”说起。对于“五四”文学，人们大多赞同“人的文学”这一基本认定。但是，在“五四”时期，文学面对的问题是复杂的：一、作为个人，正如鲁迅所说：“中国人向来就没有争到过‘人’的价格，至多不过是奴隶。”[①]二、作为国家，中国积贫积弱，不但不能并列于世界之林，而且大有国将不国之势。三、国内贫富悬殊，劳苦大众极度贫困，社会存在严重不公。不同的问题滋生着不同的意识：人的意识、民族意识、阶级意识。这三种意识产生着三种文学不同的价值追求：启蒙、救亡、革命。在“五四”文坛上，新文学的主将们以人为目标，以人为最高价值尺度，从个人权利出发参与民族救亡运动，从人道主义出发为劳苦大众鸣不平，使三个主题得到了暂时的统一。但在事实上，启蒙、救亡、革命之间是

①《鲁迅全集》第1卷，人民文学出版社1981年，第212页。

存在矛盾的：启蒙的出发点是个人，强调的是个人的自主、个性的解放，最终目的是人的解放和权利保障；救亡的出发点是国家，强调国家和民族的利益高于一切，目的是民族的独立和国家的富强；革命从阶级立场出发，目标是无产阶级或劳苦大众翻身求解放。这些不同的追求最终必然要发生矛盾。在政治上，它表现为自由主义、民族主义和社会主义，而渗透于文学，也演化为不同的派别。中国现代文学的最初的大分裂发生于20年代末，“革命文学”运动的发生是一个重要转折。根据革命文学倡导者所宣称的，它革命的对象就是“五四”新文学。创造社和太阳社的人们在当时几乎是全盘扫荡“五四”新文学的，除自己的领袖人物之外，“五四”作家大多受到了无情批判。由于国民革命和北伐战争的政治遗产，在进入30年代之际，“五四”新文学的主题逐步淡化和边缘化，随之而起的是民族文艺和普罗文艺，它虽然并未完成对“五四”新文学价值取向的取代，却带来了文坛鼎足三立的基本格局，大面积地确立了“五四”一代人所不具有的基于民族或阶级立场的集体主义。抗战开始，全国作家聚集到抗日救亡的民族主义旗帜之下，一些左翼作家的立场转换尤其引人注目，对“与抗战无关论”的批判就是突出的例子。但在事实上，统一战线的形成并没有改变各自的立场，文坛的基本矛盾依然存在。在特定的背景上，民族化和大众化成为共同的要求，追求文学的通俗易懂，能为大众喜闻乐见，以利于文学服务于大众动员。但是，同样是着眼于群众，同样是强调民族化和大众化，站在民族国家的立场还是站在阶级的立场，很难求得一致。正是在这一背景上，出现了重庆主流文学与延安文学的不同模式。

就像重庆主流文学延续着30年代民族主义文艺传统一样，延安文学与30年代的左翼文学密切相关。不过，40年代的延安文艺与30年代左翼文艺并不完全相同。除了来自上海的左翼文艺传统之外，延安文艺的形成还有两个重要因素：一是江西苏区的文艺，它产生于30年代的中华苏维埃，是一种政治化的民间文艺；二是陕北当地的民间文艺，它是千古流传的民间文艺，但在红军长征到达陕北之后迅速开始了政治化的历程。江西苏区的文艺传统与陕北当地的民间文艺相结合，加上来自上海的左翼文艺传统，三者合而为一，发展为1942年以前的延安文艺。在这其中，来自上海等地的左翼作家显然是重要的，因为创作队伍主要由他们构成。但是，对于30年代的左翼作家而言，虽然长期接受革命思想的教育和熏陶，但许多人头脑中仍然保留了“五四”的影响痕迹。他们向往新的天地，因而奔赴延安，但思想中仍保存了一些个人主义和自由主义的因素，而且保留着个人自由、社会平等、政治民主等“五四”的理想。因此，无论置身于何地，都很难完全满足于现实，更不愿放弃对现实的批判。革命队伍的现实并非完美无缺，这就带来了新的矛盾。更为重要的是，革命队伍要求思想统一、步调一致、一切行动听指挥，而不欢迎计划之外的不同声音扰乱人心。正是由于这些矛盾，最后导致了文艺整风。毛泽东在延安文艺座谈会上发表讲话，为文学确立了新的规范：文艺必须为无产阶级政治报务，必须为工农兵服务，知识分子必须改变自己，在思想感情上与工农大众取得一致。在新的规范之下，延安很快形成了新的文学范式。1949年之后，这种新的范式迅速在大陆推广和普及，完成了全面取代。

本卷所讲述正是由此开始的一个新阶段的文学。

这是一个非常特殊的文学发展时期。“秧歌扭到天安门”之后，大陆文坛呈现的是一片欢呼声。它是胜利者的声音，热情欢快而充满自豪。它是延安文学范式的发扬光大，因而与政治有着严格的从属关系，并显示着文学由知识者向工农大众、由西方向苏联和之相适应的民族传统的一次位移。文学，只要能够有效地配合政治宣传，只要把意识形态化为生动的形象，只要把占历史主导地位的声音大声喊出去，使工农大众听得明白，就是完成了最高职责，实现了最高价值。然而，这种欢呼和歌颂随着时间的推移很快出现了疲软状态。原因不难理解：一是作家们对于千篇一律的表达难免产生厌倦；二是现实生活逐渐显示的问题使作家和诗人的热情开始有所折扣。所以，在“双百方针”提出之后，一个新的潮流勃然兴起，文学不再满足于歌颂，而是在“干预生活”口号的引导下走向了社会生活的阴暗面，走向了人的内心世界的复杂深处，文学基调也由热情昂扬走向深沉冷峻。这个新的潮流与现实政治的要求距离甚远，所以只能是昙花一现，随着1957年反右运动的到来和一大批作家被划为“右派分子”，迅速风平浪息。但它是一个信号，宣告了一种文学模式和审美规范的危机，显示了文学自身追求解放和自主的要求，也透露了社会文化潜在的新动态。

1958年由党和国家领导人亲自发动的新民歌运动和文艺“大跃进”在文

学史上常常被忽略，并且在一些论著中显示着荒诞的面目。但在事实上，它在50年代文学流变中的地位非常重要，因为它是面临危机的文学模式和审美规范进行修复和巩固的一种特殊形式，也是对“双百方针”唤出的创作新潮的反拨。正是“大跃进”民歌运动，以民间大众的创作取代了知识分子的创作，以热烈的歌颂再次取代了暴露，也正是“大跃进”民歌运动，提供了以大胆的想象和夸张书写豪情壮志的新经验，从而带来了“革命浪漫主义”和“两结合创作方法”。所以，1958年的“大跃进”民歌运动和由此开始的文艺“大跃进”运动，无论对于生活还是对于文坛，都有极为重要的提神作用。

然而，无论理论上怎样强调大众化方向，真正的文学家都不会满足于直白和粗俗。在有限的空间里，文学仍在寻求发展。50年代末到60年代初，创作中出现了一种刻意追求意境美的现象；以严阵等人为代表的一些诗人纷纷致力于寻找和创造生活的诗情画意；以杨朔为代表的一些散文作家也在远离现实的抒写中建构优美的意境；小说中所出现的，则是茹志鹃的《百合花》所显示的美的探寻。这是一个必然的结果，既然直面现实和直面内心的路已经红灯闪闪，就只有在既定的主题和内容之下经营形式。所以，这是一股形式主义的潮流，因为对于这些作品而言，主题是固定的，没有任何独创性的意义。人们以各具特色的意境创造完成着共同的主题，作家才华的高下已经不在于对生活的发现和思考，而只是表现在形式上。与此同时，在意境美的追求中，透露的往往是接近古典的审美意识。这也不奇怪，因为此时的大陆文学已经断绝了与西方文学的联系，可借鉴的外来资源已经极少。当人们寻求艺术性的时候，只有把目光投向古代。

但是，这种倾向很快即停止发展，因为从1963年开始，优美和谐或轻盈秀丽的风格开始被热烈昂扬的政治抒情和斗争故事所取代。文学开始更直接地表现重大的政治命题，开始强调“千万不要忘记阶级斗争”，与此相伴随的，是写实风格让位于抒情言志，优美意境让位于豪言壮语，好人好事让位于尖锐的阶级矛盾和冲突，颂歌基调中出现了激烈的战斗旋律。文学更紧密地贴近政治，寻找为政治服务的最有力的形式。这种范式在“文革”开始以后被保留了下来，而且得到进一步发展，成为“文革”文学的基础。“文革”文学把它推向了顶峰，同时，也使它走向末路。

结束十年“文革”，大陆文学进入一个新的历史时期。作为文学的主流，首先出现的是现实主义的复兴，接着出现的是现代派文学的崛起，然后是新生代文学的涌现。这三个浪潮依次出现，使“文革”之后的中国文学呈现出迅速发展的“三级跳”。但需要注意的是，这三者之间并不是取代与被取代的关系，而是相互并存、相互渗透、共同发展的。正因为这样，80年代文学逐步出现了百花齐放、五彩纷呈的多元格局。其现实主义文学是二十多年前受挫的现实主义文学潮流的复出，起主导作用的创作力量也是二十多年前被迫离开文坛而在“文革”结束之后“归来”的作家。这股新的文学潮流努力恢复中国现代文学的批判传统，以说真话、抒真情、真实反映社会生活和为人民大众代言为宗旨，具有强烈的忧患意识和社会责任感。它使当代文学的社会批判职能迅速恢复并空前强化，也使当代文学的感情基调转向深沉，使情绪内涵变得复杂。现代主义文学最先引人注目的是朦胧诗。它产生于“文革”中长大成人的一代青年，于“文革”结束之后思想解放的背景上破土而出。对于生活的怀疑态度、不满情绪和由此而产生的变革愿望，对人道主义理想的执着追求，对自我内心的高度重视，以及对新的表现形式的探求，使这一诗潮显示了鲜明的文化反叛色彩。它体现着中国文学和中国文化的又一次裂变和重新选择。接着出现的是现代派小说和现代派戏剧。随着国门的逐步打开，中国文学开始重新建立与世界文学的联系，并且开始广泛地吸取西方现代资源。正是在这样一个背景上，以王蒙等人为代表的一些作家进行了各种新的探索，使小说和戏剧出现了各种新的现象。到80年代中期，中国文学终于迎来一个初步多元共存的景观。这种多元景观在90年代在市场经济的背景上进一步发展开来。

在这个发展过程中，中国文学与世界文学建立了密切联系。人类进入现代之后，任何一个民族的文化都不可能孤立地发展。在“文革”结束之前的近三十年，中国文学的发展是比较孤立的，“文革”前的十几年虽然向西方世界关上了大门，但毕竟还有来自苏联以及东欧国家的交流，作家可以从苏联文学获取营养。到了“文革”前夕，中国大陆文学的发展完全进入封闭状态，在全面批判“封、资、修”的背景上，只能完全封闭地“创造人类文化的新纪元”。它的结果，就是十亿人看八个样板戏。而在“文革”结束之后，改革开放，文学终于得以重新面向世界，逐步加大交流，接受世界各民族文化的滋养。80年代以来文学的发展和初步繁荣，与这种滋养无法分开。

实事求是地说，从20世纪50年代到21世纪，这半个多世纪的文学成就远不辉煌，但文学史的价值并不只是取决于优秀作品的多少。文学发展过程中的艰难曲折，经验和教训，无疑使它获得了特有的研究价值。文学历尽曲折而终于进入一个比较宽阔的地带，也给后人带来许多启示。面对这段历史，我们的研究设立了这样两个目标：一是通过对文学发展过程的探讨，勾画出六十年来文学发展流变的轨迹，展示其艺术生存状态，从中发现一些文学内部的和外部的规律；二是通过文学这种精神产品及其创作主体审美意识的流变，勾画时代的精神面貌和文化心理轮廓，由文学切入文化历史。当然，要揭示一个个文学现象的全部内涵是困难的，准确地把握现象之间的根本关联也不容易，但只要深入其中，并不断拂去积尘和云雾，就不难看到一些深隐于历史表象背后的东西，从而对文学现象产生新的理解。同时，也不难看出某种文学范式从发生发展到衰亡的过程所蕴含的历史奥秘；不难发现文学深层那左右着文学起伏奔突、不断挣扎、寻找通途、拓宽道路、确立自我的力量；也就不难意识到正是这种源于人这一审美主体和历史主体最深处的力量不仅决定着文学必然的归宿，也决定着人类文明发展的趋向。

从1949年至今，文学已走过了六十年的路程。为了清晰地显示这个发展变化过程，有必要进行必要的分期。文学史的分期需要根据几个方面：一、文学内部要素的变化，它包括文学观念、审美追求、作家关注热点等方面的变化；二、文学外部条件的变化，它包括制度影响、外力干预、传播方式、读者趣味等方面的变化。关于这个时期文学的阶段划分，过去最常见的有三种：一是“三分法”，即把六十年分为三个阶段：第一阶段（1949—1966），一般称作“十七年文学”；第二阶段（1966—1976），一般称作“‘文革’文学”；第三阶段（1976年至今），一般称作“新时期文学”。二是“二分法”，即把“三分法”的第一、二两个阶段合而为一。三是“四分法”。“四分法”又有两种：一是在“三分法”的基础上再以1957年为界把十七年分为两个时期，即第一阶段是1949—1957；第二阶段是1957—1966；二是在“三分法”的基础上再把80年代与90年代以后的文学划分为两个不同的阶段，即“新时期”与“后新时期”。在这里，我们采用的是比较简单的二分法，但不以1976年为界，而是以1978年为界，把这六十年的文学划分为前后两个三十年。1949—1978年，是政治控制之下的一元发展阶段；1978年至今，是改革开放背景上的多元发展时期。

三

我们知道，现在来撰写这个时期的文学史，可能是一件吃力不讨好的事。主要原因有二：一是写出全面、客观之史的条件尚未成熟，比如，称作中国现代文学史，就应该包括海峡两岸，而不应该把台湾和港澳舍弃，或只是作为某种点缀，但是，尽管人们正在致力于国家的统一，努力实现民族和国家认同，但写一部共同的文学史，却还面临着种种困难。其二，这六十年是一个非常复杂的阶段，文学与现实、与政治关系异常密切，形成了各种纠葛和关联，虽然人们的认识在不断深入，但只是在某些领域，而全面的认识尚有待时日。而且，由于离现实太近，所谓批评和研究无法避免各种复杂因素的干扰，社会腐败导致的廉价吹捧，市场化带来的炒作现象，都在制造种种假象。这些假象很难在短期内弄清。

尽管如此，我们还是决定编写这部文学史，原因主要在于，条件虽未成熟，但一些事情不能等待完全成熟之后开始。成熟的中国现代文学史肯定是在一代又一代不断积累的基础上形成的。与其等待最后集大成，不如及时提供几片砖瓦。更为重要的是，这是现实的教学所需要的。拿一本陈旧的教材上课，一边讲授一边增补和批驳，这对教师来说，是很方便的，更有利于显示教师的主动性，但对学生来说，却是不公正的，既然教师已经掌握一些新的材料，既然学界已经有了更为科学的结论，既然知识的更新已经向前推进，为什么不把它及时地写到教材之中以便于学生了解和掌握呢？正是基于这样的考虑，我们才决定编写这部肯定尚未成熟的文学史。

作为编写者，我们不打算立异，也不想刻意创新，而是想实实在在地为本学科的教材建设打下一个牢固的基础。为此，有几点是我们有意识追求的：

一、回到文学的历史现场，直面文学的客观存在。虽然新历史主义和各种后现代主义理论都在努力否定历史的客观真实，但我们认为，作为历史叙述，仍然应该以历史的客观存在作为基础，而且要面对历史，尊重历史，力求实现最大限度的真实。毫无疑问，我们所面对的这段历史，尤其是20世纪50年代到70年代的历史，旧有的叙述往往是不可靠的，而文学发展的真相又常常在历史的阴影之中。我们将努力走出阴影的遮蔽，回到文学的历史现场，努力面对各种复杂的存在，思考那些被遮蔽的东西，修复由于各种原因而形成的历史残缺，尽可能还原一个比较全面、客观的文学场景，以求呈现一部较少遮蔽和残缺的文学史，把历史本相和文学发展变化的真谛展示出来。因此，我们的工作首先是一个正本清源、还原和修复的基础工作。

文学史与各种专题史一样，既然是历史的一个组成部分，就有不以后人意志为转移的客观性。因此，面对并尊重这种客观性，而且进一步走近这种客观性，是文学史叙述的目标之一。换句话说，也就是要尽可能地呈现历史的真实面貌。当下学界流行一种时髦的理论，强调历史不可能复原，一切史书都是后人的叙事，所以无法避免叙事人的虚构和想象。这种说法有一定的道理，它指出了一个基本事实：史书并不可靠，因为它渗透着编撰者的趣味和意图，从《春秋》《左传》到二十四史，无一不是如此。但是，面对这样的事实，史家却有不同的选择。我们所赞同的是：正因为历史叙述的不可靠，学者才不断地探寻和发现，不断用新的材料去补充和订正它，不断用更为科学的方法和手段去获得更加贴近事实的结论，而不是因此而放弃对历史的严肃态度。换句话说，一切历史叙述都无法避免主观性，这并不等于一切历史叙述都是不可信的，也不能成为可以随意歪曲历史的口实，更不能成为替不公正的历史叙述辩护的理由。因为面对虚假的历史叙事，就把一切历史叙述都说成虚假的、不可信的，这种做法是不公道的，也是不足取的。

文学的阐释与研究是有主观性的。面对同一部作品，可能会仁者见仁，智者见智。就像《红楼梦》那样，“单是命意，就因读者的眼光而有种种：经学家看见《易》，道学家看见淫，才子看见缠绵，革命家看见排满，流言家看见宫闱秘事……”①这是无法避免的。但作为文学史家，主观随意性却是不足称道的。因为文学作品在它出世之时，就已具有其自在性。虽然作品的内涵可能是模糊的、隐晦的，也可能是复杂的，但作者的本意是无法抹杀的。文学史应该尊重作品的自在性，尊重作家的本意，而不应主观臆断或望

①《鲁迅全集》第8卷，人民文学出版社1981年，第145页。

文生义，更不应为适应某种理论而阉割作品。这就需要实事求是地解读作品，老实地走近文学生长的物质、制度和精神环境，认真考察各种关系。既然是史，其基础工作就是搜集、整理和辨析史料。因为文学史不是作品读后感，不是理论想象，而是要把文学还原到它生长的时代环境中，依据可靠的史料进行叙述和说明。文学史与其他历史一样，其最主要的特征是实证。

二、校正文学评判尺度，努力做出公正的判断。在面对全部文学存在的基础上，我们将努力保持一份清醒，不忘审视和清理我们自身评判文学的标准。这是一种调整价值尺度的工作。历史无可避讳，我们曾经有过价值颠倒的年代，真善美与假恶丑曾经出现严重的混乱和颠倒，甚至把美的看作丑的，把丑的看作美的，这种遗留至今仍然严重存在于我们的头脑中，并且严重影响了我们对于文学的认识和评价，也影响了我们的文学走向世界。在这种情况下，我们必须重新审查我们所习用的文学标准，以补正我们过去由于种种原因而导致的评价的偏颇，争取对作家、作品和文学现象做出比较公正的评价。当然，任何评价都无法避免主观性，所谓普遍共识是难以实现的。但我们将努力克服自身遗留或新生的种种褊狭，贴近人类对于文学的基本共识，贴近世界共奉的文学评价标准。在无力进行评价之时，我们宁愿只是展示而放弃评价，尽量不作苟且之论。

我们反对价值标准的褊狭化，因为它对文学的繁荣是有害的，但我们不能不重视一些基本的尺度。比如，代表“‘文革’文学”成就的“革命样板戏”和《金光大道》，本是特定历史时期的样板，它的反现代、反人性是有目共睹的，所以，随着“文革”的结束和思想文化领域的拨乱反正，必然要被否定。但是，喜欢它、留恋它、努力保卫和弘扬它的人一直存在。这原因是复杂的：其一，历史的客观存在不容忽视，它毕竟是文化贫困的年代里一代人享用过的仅有的精神食粮，所以深植于一代人的记忆，成为与青春、热血、爱情、生命结为一体的存在。加之人们的思想观念在“文革”结束之后并未清场，一般人的思想观念和审美意识很容易继续在旧轨道上滑行。其二，无论什么年代，人们都不可能生活于同一平台。面对同样的历史事物，处境不同的人会有不同的感受。一些人记忆中的“十年浩劫”，在另一些人记忆中可能是“峥嵘岁月”，即使同样吃不饱肚子，专政者与被专政者也有不同的感受。这一切都是可以理解的历史现象，但面对种种分歧，文学史却不能没有基本的判断，更不能在价值尺度上远离人类文明的共识而滑入反文明、反人道的歧途。在遥远的古代，各民族相互隔绝，文学的孤立发展或许是可能的，各执标准也是可能的。但在进入现代之后，如果一定要关起门来自成体系，孤芳自赏，当然不是不可以，却不能埋怨世界文学的排斥和歧视。众所周知，不按照一定卫生标准生产的食品，在世界市场上是不能畅销的，甚至不能进入市场。把执行卫生标准看作是排斥和歧视，也并非没有道理，但不合卫生标准的食品即使供自己人食用，也是不利于健康的。

三、高度关注生态环境对文学发展和变化的影响。任何事物都有造就它的具体环境，生态环境的变化导致物种更新和变异。这是生态学带给我们的启示。事实上，文学也是这样。有什么样的环境条件，就会产生什么样的物种，伴随着生态环境的变化，文学作品也必然要发生相应的变化。多雨的季节易生霉菌，风沙过大胡杨树变形。而且，物种之间也是相互制约的，粮田如果杂草丛生，很难保证稻麦丰收；红高粱如果密不透风，奇花异草就不会生长。事实上，每一个时期的文学面貌，都与它的生态环境有关。

因此，面对文学现象，我们必须正视它的各方面关联。“文革”结束以来，为了摆脱政治的束缚，文学界和学术界一直回响着远离政治、回到文学或学术自身的呼声。这是对多年以来政治实用主义的一种反拨，是学术与政治关系的一次调整。这种调整无疑有助于学术在某种程度上的独立，营造自己的空间，但是，这种调整却也导致了学术远离政治，远离现实，而且造成了文学研究的新的盲点。作为文学史，特别是与政治关系极为密切的一段文学史，面对作家和作品所涉及的政治内容，闭口不谈，一律回避，显然是不现实的，也是不必要的，而且很容易给历史裹上一层云雾。

其实，无论文学还是学术，在大半个世纪中，与政治的关系一直没有处理好。开始是文学和学术沦为政治的附庸，完全成为工具，唯政治的指挥棒是从；后来是远离政治，关注文学自身，而且强调文学就是文学，结果却是自我放逐。文学完全成为政治工具当然是悲剧，但完全放弃对政治的思考和参与，也未尝不是悲剧。因为人是离不开政治的，既然政治生活是人类生活的重要内容，既然政治的变动直接影响着人的生活和命运，文学和学术又怎么可能不闻不问呢？这里的关键在于文学或学术以什么样的姿态与政治发生关系，自身是否具有主体性，是否能够以独立的思考去表达对政治生活的关切。如果失掉主体性，沦为政治附庸，当然是无可称道的，但作家如果以独立的人格和自由的思想去关心政治，对政治进行批判和探讨，则未必是文学之累。作为文学史家，没有理由忽略作家这样的思考。

除此之外，涉及文学史观，还需要说明的是：

第一，文学史不是作家作品论的排列，也不是优秀和重要作品的排行榜。虽然作家作品是文学史关注的主体，但文学史的任务主要并不是选出几个重要作家进行论述。由“本纪”“世家”“列传”构成的历史叙述模式与中国几千年专制社会所形成的传统是密切相关的，也是与古代英雄史观联系在一起的，这早已是史家共识。在古代，它自有其合理性，因为无论哪一个朝代，帝王、后妃和大臣名将都是历史的主角，所谓一个朝代的历史，不过是一个帝王家族及其追随者的历史，所以首先要写的，自然是帝王的本纪，然后是后妃和王公大臣，小人物并无位置。但作为现代文学史，主要目的却不是为大人物或成功者塑像。尤其是面对从“大众化”到“大众文化”兴起这个没有巨匠、没有大师的年代，更无须人为地派定某个人做一代人或一个群体的代表。在代表合法性不足的情况下，让一个作家代表其他作家出现在文学史中，仍然是首领意识和造神传统的遗留，而且是极不公正的。因此，虽然任何叙述都无法避免挑选代表者并把目光集中在代表者身上，但文学史本身的现代性要求我们，必须把作家作品放回到他们存在的序列和环境中，通过对那种艺术形式自身的传承以及它与社会政治、经济、文化等各方面关系的揭示，显示一个现象的变化，从而总结文学发展的经验和教训。文学史需要更多地关注历史，而不是有限的作家个人。那种把一段文学史简化为几个作家论的做法，对历史是不公正的。在没有大师的时代，我们更无意于通过文学史而制造大师偶像，也无意于为各路英雄排座次。

第二，文学史不需要以补缺的方式制造虚假的繁荣景象。眼下有一种流行的做法是：“既不想承认那些在极‘左’路线下被吹得很‘红’的作品的文学价值，又不甘心面对被历史之筛筛过之后的文学史的空白、贫乏与单调，便想尽办法，另辟蹊径，多方为历史‘补缺’。”[①]于是，就要通过各式各样的发掘和重新解释，使贫乏而单调的文学史“丰富”和“多元”起来。

①董健等：《关于中国当代文学史研究的思考》，《天津社会科学》2006年第1期。

本书拒绝这种做法，面对全部的繁华和萧条，尊重一切“丰年”或“赚年”的本来面目，所以，不拿被扼于母腹的“地下文学”为不准它出生的那个年代装点门面。因为被压抑和扼杀的东西，因不准出生而被迫处于地下的东西，不应成为那个时代的光彩。这也涉及我们的文学史观：研究一个时代的文学史，首先应该关注的是那个时代最为流行的现象，是最受追捧的作家和文本，因为只有在当时最流行的作品才真正代表着那个时代，而那些被扼制于地下不准生长的东西，与那个时代的审美规范是矛盾的。它虽然能够幸存下来，被后人所知，但在性质上，却不能与那个时代相混淆。

第三，史家不是和事佬，应该正视矛盾和差别，不应致力于“调和”与“抹平”。当下中国流行各种“抹平主义”，其主要特征是混淆是非界限，抹平高低优劣；其客观效果是把历史搅成一锅粥。文学史上存在一些矛盾和差异，无论是文学思潮、创作倾向，还是作家观念、创作追求及其作品的品位，都存在着精神境界和艺术水平的高下和优劣。不同派别之间存在矛盾和冲突，有的涉及大是大非，关系到人们的命运。但在抹平主义者那里，却往往是另一种情景，要么是你好我好他也好，一厢情愿地硬把敌对的力量按到同一条板凳上就座；要么是大家都是一丘之貉，彼此都被涂抹成了三花脸。所有的理想、激情、崇高、神圣都成了破坏人们生活的坏东西。这种抹平甚至扩展到现代性，比如，给“文革”挂上现代性招牌，于是，否定“文革”者连同现代性一起否定，肯定现代性者乂会连同“文革”的罪恶一同肯定。与此同时，抹平主义者还抹杀文学史发展不同阶段的差异性，把功过是非和优劣高下通通抹平，并以此重新肯定某些已被历史否定的东西。那种把朦胧诗与样板戏装进一只筐的做法，那种把“文革”文学与80年代绑在一起的做法，都是这种抹平的表现。在这种抹平处理之下，歌颂“文革”的文学与控诉“文革”的文学是一样的，批判者与被批判者是一样的，历史不再有正义和是非。然而，历史并非一桶无是非的糨糊。

第四，史家应警惕高度抽象和超越性的概括。每一个作家、每一部作品，都是具体时空的产生，所关心的问题和做出的判断都首先是具体的、与产生它的具体环境紧密关联的。面对中国作家笔下的处于具体时间和场景中的人物，进行高度抽象的概括，比如，把林彪、“四人帮”党羽的罪恶概括为人性之恶，把极“左”政治的疯狂概括为人类理性之不可靠，把专制与恐怖之下的心理变态概括为人类的弱点，等等，看上去是在“提高认识”，发现了作品的“普遍意义”，却抽掉了具体的历史内容，歪曲了作者的原意，而且使作品本来具有的现实批判性得以消解。面对作家所表现的问题，追根溯源是必要的，但如果追到了极为抽象之处，比如人性，比如命运，就会使作家的努力面对无物之阵，使其意义化为乌有。因此，我们警惕这种超越，不把具体时空中的问题说成是全人类的问题，也不把作家所描写的某个人群的苦难说成是人类不可避免的命运。为此，我们将高度重视作品所表达的生活世界的具体规定性，对其不作过度的抽象化处理。

当然，需要说明的是，我们所追求的，未必是我们所能达到的。不足之处，只能有待于将来改正和弥补。

80年代文学历程扫描

在对新时期文学的观念形态进行专题扫描之后，有必要对这个时期文学发展的基本历程有一个基本的描述。虽然任何描述都无法避免偏颇和遗漏，但历史发生过的基本事实有其发展的基本线索，人们可以对它做出各自不同的解释，却不能无视它本身的客观存在。因此，历史学家的任务也许很多，比如发现被遮蔽的史实、对众所周知的史实做出新的解释和判断等等，但无论如何，都必须首先清楚他所面对的基本事实。

一

1976年10月，活跃于中国政治舞台十年之久的极“左”政治力量的代表“四人帮”垮台。以这一政治事件为标志，进行了十年的“文革”宣告结束，中国进入了一个新的历史时期。虽然历史的发展是艰难而缓慢的，社会生活不可能在一夜之间呈现出全新的面貌，文学也不可能立即开始一个新时期，但是，生活毕竟发生了变化，并且进一步变化着。

因此，文学也不可能在原有的轨道上靠惯性滑行太久。

这一天的到来是一年之后。1977年末，新的文学思潮开始萌动。刘心武的《班主任》是这一文学思潮的潮头作。尽管它在思想上和艺术上都明显地带有旧时代的痕迹，却仍然是一篇划时代的作品，标志着中国当代文学的一个新开端，显示了文学发展的新道路。小说描写的宋宝琦和谢惠敏这两个学生表现绝然不同：一个是屡次被拘留的小流氓，一个是被认为思想进步、品行端正的团支部书记。但在作者的笔下，他们却都是“文革”的受害者。特别是对于谢惠敏的描写，刘心武第一次在当代文学中剥开“进步”“红色”“积极”等时代外表，而揭示出她的无知、僵化和愚昧，反映了极“左”政治对青少年严重的愚弄和毒害。

1978年秋天，卢新华的小说《伤痕》带来了文学新潮的滚滚波涛。这篇发表之后立即遭到一些人严厉批判的小说写的是这样一种悲剧：在“文革”中，十五岁的女中学生王晓华因母亲被打成“叛徒”而与母亲划清界限，提前下乡接受贫下中农的再教育。小说表现了两个层面上的悲剧：从王晓华的命运看，她与母亲断绝一切关系，但“狗崽子”的命运却仍然牢牢地跟着她，使她受尽痛苦的折磨，甚至失掉了爱的权利。从王晓华的灵魂看，她是那样相信社会政治对母亲的裁定，而不相信自己母亲的诉说，弃一般伦常而不顾，拒绝给母亲回信，拒绝接收母亲寄给她的物品，展示了心灵的严重扭曲。最后，母亲带着再也见不到女儿的痛苦死去，女儿的悔恨也再无法与母亲诉说。小说通过这样的描写揭露了“文革”中残酷的“阶级斗争”和“血统论”给人们心灵上造成的重大伤痕。

在《伤痕》的带动下，这种描写“文革”伤痕的作品如雨后春笋般地出现了。小说方面影响较大的有孔捷生的《姻缘》、陈国凯的《我应该怎么办》、冯骥才的《啊!》、莫应丰的《将军吟》、周克芹的《许茂和他的女儿们》等，诗歌中出现了李发模的叙事诗《呼声》、流沙河的《故园六咏》等，戏剧创作出现了影响广泛的话剧《报春花》《权与法》《救救她》等。报告文学中出现了遇罗克、张志新等因进行不合于当时政治要求的思考而惨遭杀害的故事。这些作品被称作“伤痕文学”。它所表现的是“文革”给中华民族造成的各种创伤。伤痕文学蓬勃发展的时间是1978年到1980年。

在所谓“伤痕文学”方兴未艾的时候，一种更新的现象出现了：一些作品超越“文革”题材而对“文革”之前的社会生活进行反思，展示了极“左”政治之下各种不同的社会悲剧。这些作品仍然写“文革”，但侧重点在于对中国当代历史进行反思，所以，批评界把它称作“反思文学”。

反思文学是伤痕文学深入发展的必然结果。从政治背景看，1978年12月，中国共产党召开了第十一届三中全会。它巩固了已经进行的思想解放运动的成果，又推动了思想解放运动的深入发展。政治生活中开始拨乱反正，平反冤假错案，清理极“左”政治路线的危害。在这个背景上，一大批早在二十年前以大胆的思考和对现实生活的批评而被打成“右派”的作家重返文坛。他们的到来为文学的新突破提供了一支极有动力的生力军。文学不再满足于对十年“文革”和对林彪、“四人帮”的揭露和鞭挞，而是开始把笔锋伸到“文革”之前的岁月，对极“左”路线追根溯源，寻找十年灾难的来龙去脉，总结更长时期内的经验教训。从表现伤痕到进行反思，体现着新时期文学发展的必然逻辑。作家们面对“文革”的悲剧，不能不思考悲剧的成因。历史的大灾难是从天上突然掉下来的吗？显然不是。那么，人们很自然地就要去寻找它发生发展的过程。

反思文学最早的代表作是鲁彦周的《天云山传奇》、茹志鹃的《剪辑错了的故事》、高晓声的《李顺大造屋》、张一弓的《犯人李铜钟的故事》、张弦的《记忆》等。鲁彦周的《天云山传奇》最先对1957年的反右运动进行了反思，在“右派”问题还没有解决之前，把历来在文学中被作为反面人物处理的“右派分子”写成了英雄形象。《剪辑错了的故事》第一次在当代文学中真实地揭示了1958年的“大跃进”运动给中国农民带来的严重危害，并且提出了干部与人民的关系在革命胜利之后的变化问题。张一弓的《犯人李铜钟的故事》对“三年困难时期”做了真实的反映。小说以空前的勇气去掉了一切虚假的粉饰，把那场大灾难的惨状及其发生的根源暴露了出来。因为1960年前后那三年大饥荒在当时是没有任何报道的，后来的历史叙述也对此讳莫如深，但过来人却都有惨痛的记忆，所以，这部小说的发表一下子唤醒了人们惨痛的记忆，在社会引起了强烈反响。这部小说之所以能够发表，甚至获奖，固然与当时刊物的编辑、主编和评论家的情感共鸣有关，但同时也得益于小说在描写饥饿惨象的同时写出了一个为救民于死亡线上而甘愿自我牺牲的党的干部形象。与上述作品大致相同，高晓声的《李顺大造屋》虽然是一个短篇小说，却通过一个普通的中国农民李顺大在长达二十多年的时间里竭尽全力建造住房而总是不能成功的经历，反映了极“左”政治路线对农民利益的严重侵害和对农民心灵的严重创伤。张弦的《记忆》写的是早在“文革”之前就存在的领袖崇拜和个人迷信对人的摧残，十八岁的女放映员方丽茹因为刚刚收到一封求爱信而在心慌意乱中挂倒了片子，使伟大领袖的形象头朝下脚朝上放映了出来，只有几秒钟，却无法挽回，因而被开除公职、戴上反革命分子帽子下放农村劳动改造。而这种冤案在“文革”结束之后却仍然难以平反，只有在“文革”中也有同样遭遇的宣传部部长秦慕平为之呐喊呼吁。古华的长篇小说《芙蓉镇》、王蒙的《蝴蝶》、张贤亮的《灵与肉》和后来的《绿化树》、李国文的《月食》和《冬天里的春天》等都是反思小说中的优秀作品。

在诗歌中，反思的主题事实上比小说出现还要早一些，因为诗人对于生活更加敏感。白桦的《春潮在望》、张志民的《祖国，我对你说》、叶文福的《祖国啊，我要燃烧》、未央的《假如我重活一次》、林希的《无名河》、杨牧的《站起来，大伯》……都以深沉的感情对当代历史做了沉重的回顾。

反思文学显示了新时期文学的迅速进步。它不再像伤痕文学那样激情有余而理性不足，历史空间的开阔使内容也更为丰富，并且有了一定的纵深感。

伤痕文学与反思文学是不可分割的。因为它的区别主要是题材范围的扩大。所以，我倾向于把它们放在一起统称为反思文学，因为它们都是对当代社会生活的反思，无论回顾“文革”还是回顾反右和“大跃进”，其主题指向也是一致的。题材上的拓展虽然带来了一些新的因素，但就创作本身来看，回顾“文革”与回顾“文革”之前的十七年的社会生活也往往是紧密结合在一起的。

在对历史进行反思的同时，作家们开始思考现实生活中存在的问题。这是一个题材扩大的过程，也是一个主题开拓的过程，同时也是一个突破禁区的过程。“文革”后文学突破禁区的第一步是表现“文革”的悲剧，第二步是表现“文革”之前的问题。这两步迈出之后，一个问题必然摆在了面前：“文革”结束之后现实生活中仍然存在的问题能不能写？文学以前所未有的勇气又一次完成了突破。诗歌《将军，不能这样做》（叶文福）、《请举起森林般的手，制止！》（熊召政），剧本《假如我是真的》，小说《人到中年》（谌容）、《人生》（路遥）、《夏》（张抗抗）、《赤橙黄绿青蓝紫》（蒋子龙）、《没有纽扣的红衬衫》（铁凝）、《未亡人》（张弦）、《方舟》（张洁）等毫无疑问是这个思潮最主要的代表作品。这些作品事实上已经透露出一种信息，改革已经成为当时中国社会的一种呼声，作家们对社会问题的反映表达着一种鲜明的思变情绪和意向。

对社会问题的揭示和思考必然导致改革的呼唤。同时，现实生活中的改革也已经开始。这就为改革文学的出现提供了坚实基础。“文革”后的文学从反映伤痕开始，继而历史地反思伤痕的成因和来龙去脉，然后进入改革的呼唤和反映，这是一个自然的发展过程。因为无论对历史的反思还是对现实的考察，都必然得出一个共同的结论：我们的现实必须改革！所以，改革文学应运而生，成为80年代初期文学的主潮。开改革文学之先声的作品是蒋子龙的《乔厂长上任记》。接着出现的是柯云路的《三千万》。这两篇小说和它所代表的一些作品中描写的改革者形象，事实上还是一些整顿者，因为他们的所谓改革，只是整顿被十年浩劫破坏的生产秩序。这些作品有一个共同的特点：所有的改革者都坚定果敢，能够力挽狂澜，敢于向现状挑战，敢于大刀阔斧地进行他的改革，但是，结局却都以失败告终。改革者是现实生活中的失败者，却是道义上的胜利者。这大概是时代生活的真实所致。

接着，小说《祸起萧墙》（水运宪）、《赵镢头的遗嘱》（张一弓），话剧《灰色王国的黎明》（中杰英）、《血，总是热的》（贺国甫）等更充分地表现了改革事业的艰难。张洁的《沉重的翅膀》、李国文的《花园街五号》、柯云路的《新星》在表现改革的必要性和迫切性以及改革的目标和方向方面是突出的。《花园街五号》以历史的晓喻之法反映改革的必要性和必然性，提出改革的核心应该是把权力真正交给人民，使历史的发展不受阻挡。它显示了改革文学对于改革所进行的理论思考所达到的高度。柯云路的《新星》系统而全面地展示了中国改革的历史画面，小说虽然写了一个既有雄心也有能力而且有背景的“青天”县委书记李向南，但使我们看到的是改革步履的艰难。

在改革文学创作中，反映农村改革的作品是值得注意的。最早为改革大唱赞歌而引人注目的是何士光的短篇小说《乡场上》和《种苞谷的老人》。前者通过一个过去在干部面前从来直不起腰的小人物冯幺爸因土地承包和自由市场的开放而终于站立起来的心路历程；后者通过一个老人在土地承包之后艰辛劳作为多年前出嫁的女儿补一份嫁妆的描写，揭示了过去年代极“左”政治使农民极度贫穷留下的内心伤痛，也揭示了农村所发生的改革的伟大意义。这些作品使人们看到，土地承包不仅解放了生产力，而且有助于人的解放。

农村改革绝不只是实行生产承包责任制以调动农民的生产积极性，而是需要从传统的小农经济中走出，改变经济结构，拓宽农村发展的道路。在这一方面，张一弓的中篇小说《火神》比较早地发现了这种规律：郭亮被逼上绝路之后反而找到了农民致富之路。对农村经济的这种转变大唱赞歌并影响较大的作品是矫健的长篇小说《河魂》和蒋子龙的中篇小说《燕赵悲歌》。前者通过农村几十年的历史曲折反映了这种转变的合理性和必然性。后者写出了拓宽道路之后农民的生活条件和精神素质所发生的巨大变化，展示了一条农村发展之路，也展示了农村改革的光辉前景。

生产方式和经济结构的变革必然引起生活方式和意识形态特别是道德观念的变化。面对这种裂变，一些作品以不同的艺术形式进行了揭示。贾平凹的《小月前本》《鸡窝洼的人家》，楚良的《玛丽娜一世》等是突出的代表。与此同时，另一些作品对改革带来的一些变化表示了更多的忧虑和困惑。韩静霆的《市场角落的“皇帝”》、王润滋的《鲁班的子孙》等作品是有代表性的。

农村改革在80年代初期就顺利地推行开来。但是，改革之后农民的情况如何？矫健的《老人仓》、张炜的《秋天的思索》《秋天的愤怒》使人们看到，这两位作家显然并不像何士光以及蒋子龙等人那样乐观。因为在他们眼前出现的现实是：改革已经进行了，土地承包了，葡萄园也承包了，但人民却没有在这场改革中站立起来，而是过去的土皇帝仍然骑在群众头上作威作福，以新的形式压迫和奴役农民群众。也许正因为生活中这样的现象并非个别和偶然，所以张映泉的《桃花湾的娘儿们》所描写的改革和呈现给读者面前的改革者的形象就呈现了一种可贵的理想化：梁厚民不是为民做主的青天大老爷，不是包打天下的铁腕英雄，他所进行的改革是努力使桃花湾的娘儿们恢复人的意识，建立人的自尊，自己站立起来创造自己的美好生活。

从伤痕文学到改革文学，文学更多地表现的是一种政治经济意识和关于道德的思考。文学追求的主要还是社会功能，它的主旨所在是服务于社会变革，它的历史功绩也在这里。在这个发展过程中，有三种因素是特别值得注意的：一、现实主义精神得以恢复和发扬，文学重新走上现实主义的道路，找回了丢失已久的独立批判职能。在过去的几十年中，文学的主体性早已彻底丧失，文学从属于政治，是阶级斗争和路线斗争的工具，作家没有自己的思想和见解，只能在改造思想和深入生活的同时以艺术形象图解政治概念和来自权威的思想和观点，因此，作家的个人主体性已经不复存在，独立的批判和质疑也无从谈起。进入新时期，在反思与批判的过程中，独立批判的职能正在逐步恢复。二、以“人民——上帝”观念为标志的民本思想获得了迅速的发展，并且成为作家价值观念中重要的内容。在许多作家的思想中，人民是至高无上的，作家们非常自觉地获得了一种人民大众的立场。在共和国的传统理论中，干部与群众、人民大众与领导者是完全一致的。但是，80年代的中国文学却有意忽略了这种一致性，使官僚和特权拥有者成为与人民大众相对的一方。一大批作家把自己的立场移到了人民大众。三、人道主义思想的崛起。在中国，人道主义是“五四”时期从西方文艺复兴和启蒙运动思想资源中拿来的，“五四”时期，曾经出现过一个以人为本，张扬个性，张扬人道的时期，后来，这一切都在历史的风雨中丢失了。“文革”结束之后，文学在回归“五四”的同时找回了丢失已久的人道主义。

伴随着对灾难的反思和思想解放的深入，中国人越来越清楚地意识到，极“左”政治之所以给中国人带来如此深重的灾难，其根本原因就在于它的反人道性质。极“左”政治的一个重要表现，就是漠视人的价值，亵渎人的尊严，扭曲人性，与人道精神为敌。“文革”对人的残酷迫害并不是偶然的，是极“左”政治统治之下长期不讲人性而大批人性论，不讲人道而反其道而行之的一个必然结果。于是，一些作家在批判极“左”政治的同时，就开始了对人道主义的呼唤。这种呼唤在80年代发展成为一股人的文学的大潮。

无论从什么角度看，在新时期中国文坛上，朦胧诗都是重要的，它所具有的先锋性以及它所达到的高度使新时期文学因此而生辉。朦胧诗带有鲜明的现代主义色彩，但是，考察其价值层面，它的怀疑主义与个性主义以及强烈的人道精神使其成为人的文学潮流的最初浪潮，成为植根于人道主义的启蒙文学复苏的重要标志。

朦胧诗最早出现于民间刊物。1978年底，油印诗歌刊物《今天》在北京诞生，它虽然是一份小小的油印刊物，却拉开了一场诗歌革命的大幕。以《今天》为中心，新的诗人队伍开始集结。北岛、江河、顾城、芒克、舒婷等都以各自的艺术光彩从这里升起。与此同时，在恢复高考之后的大学校园里各种刊物如雨后春笋般出现，带来了新诗歌潮流的迅速壮大。徐敬亚、王小妮、王家新等就是从校园走向朦胧诗阵营的。1979年3月，《诗刊》发表北岛的《回答》，使这股诗潮第一次在公开刊物上正式亮相。接着，舒婷的《致橡树》《这也是一切》《祖国啊，我亲爱的祖国》，顾城的《无名的小花》（组诗），梁小斌的《雪白的墙》《中国，我的钥匙丢了》，江河的《纪念碑》等陆续在公开刊物上发表。到1980年，它已经形成一股不可遏制的潮流，席卷了大学校园和青年诗歌界。

朦胧诗是荒谬的时代生活在一代青年心灵上留下的投影和引发的回声。十年浩劫使一代青年人的心灵经历了一声特殊的洗礼，于狂热之后的冷静中萌生了强烈的悲愤和浓重的哀怨。理想被撕碎之后的失落感和不堪回首的生活使他们情感低沉、痛苦、迷惘，但是，年轻的心里却仍然有执着的追求和不可泯灭的希望。社会的动荡，人生的浮沉，生活中的悲喜剧，政界骗子的种种表演，使他们学会了用自己的头脑进行独立的思考。他们的思索、苦闷、不满和愤怒无法宣泄，于是纷纷拿起诗笔，以诗的形式抒发内心的感受。但是，一方面是前景的迷茫和思想的困惑，一方面是出于政治上的警惕与戒备，他们无法把自己全部的思想感情坦率地公之于世，而往往采用种种不确定的隐喻和象征，忐忑不安地传达着自己朦胧的内心体验，曲折隐晦地表现自己对于世界的认知。孙绍振曾经指出，他们的美学原则与传统的美学原则的分歧“实质是人的价值标准的分歧。在年轻的革新者看来，个人在社会中应该有一种更高的地位”，并且说，“当社会、阶级、时代逐渐不再成为个人的统治力量的时候，在诗歌中所谓个人的感情、个人的悲欢、个人的心灵世界便自然会提高其存在的价值。社会战胜野蛮，使人性复归，自然会导致艺术中人性的复归。”①

朦胧诗首先引人注目的是抒情个性的强化和诗人真实主体的回归。在过去相当长的一段时间里，随着诗歌为政治服务的片面强调和对诗的社会作用的褊狭理解，诗人真实的自我被一步步驱逐，以所谓阶级和人民的“大我”代替诗人真实的自我，并由此导致了诗歌创作说假话、空话、大话，堆砌标语口号，而远离真实的思想感情；千篇一律，千人一面，缺乏艺术个性。朦

①孙绍振：《新的美学原则的崛起》，《诗刊》1981年第3期。

胧诗潮的出现给当代诗歌带来了抒情个性的强化。一代年轻诗人努力凸现自我，张扬个性，强调抒情主体的独立性和独特性。年轻的诗人们自觉或不自觉地完成了具有现代意识的自我形象的塑造，展示了一代人重新找回的个体自信，展示了当代诗歌前所未有的独特风采。

由于时代的造就，朦胧诗的抒情主人公形象虽然各有不同，但却呈现着大致相同的特征。他们大都带有怀疑的精神和探索的精神，有着时代所给予的悲愤或哀怨。他们有痛苦，有迷惘，却又往往展示着英雄主义的精神。由于历史给一代人心头留下的累累创伤，由于思索和理想追求的重重艰难，朦胧诗在情感基调上不再像60年代政治抒情诗那样热烈和高昂，而是呈现着普遍的深沉化。朦胧诗强化着个体主体，努力追求着个体的高度和重量，而不是满足于抒写庸常的自我。他们有很强的历史责任感和民族忧患意识，有比较明确的理想追求和努力方向。虽然由于文化环境和各种原因使他们在表达自己的追求时往往并不十分明晰，但从他们的一些言论和创作，仍然可以看到他们的期待、寻找和选择，看到他们的批判精神和探索精神以及对自己使命选择和承担所具有的圣洁感情。因为他们认为“诗人应该通过作品建立一个自己的世界，这是一个真诚而独特的世界，正直的世界，正义和人性的世界”①。为了这个世界，他们常常表现出很强的责任感和悲壮的牺牲精神。对人的价值和尊严的关切，对人的心灵和生命的尊重，这是灾难在这一代人心中换得的最珍贵的收获。他们反抗迷信，反抗专制，反抗野蛮和愚昧，体现着中国当代诗歌已经久违的启蒙理性精神。他们往往对历史和现实进行控诉和诘问，而在这种控诉和诘问中，表现的是对自由人格的追求和对个体生命价值的高度肯定。他们为人性的泯灭和扭曲而痛苦，为自我的丧失而忧伤，对压抑人性的各种力量表示抗议。他们热切呼唤的是正义和人性。正是这种人的意识使朦胧诗与“五四”时期诗歌的人道主义和个性主义实现了遥远的对接，在当代诗坛上找回了丧失已久的人本主义精神。

在小说创作中，这种探讨是在不同层面上进行的。伤痕文学的许多作品展示的都是人生悲剧，作家所控诉的是极“左”政治对人的扼杀和践踏。在宗璞的小说《我是谁》中，备受摧残的女知识分子韦弥感觉自己和周围的知

---

①《青年诗人谈诗》，北京大学五四文学社1985年编印，第2页。

识分子都成了大大小小的毒虫，当她在夜色中投湖自尽时，在黑色的夜空发现了一个由大雁组成的“人”字。小说使人们看到，在一个人性泯灭的时代里，人们对人性和人的尊严的神往和殷切呼唤。在伤痕文学中，我们到处可以听到人性的呻吟，看到人性的血泪控诉。同时，又可以看到在黑暗的背景上不泯的人性仍然闪耀着灿烂的光辉。刘心武的《如意》以老校工石义海和一个末代格格金绮纹两人没有如意的爱情故事为线索，揭示了极“左”政治对人的压抑和摧残，开掘了存在于普通劳动者身上的美好人性与人情。在这一方面，靳凡的《公开的情书》、宗璞的《三生石》等都是优秀的代表。反思文学致力回顾历史的教训。在对历史曲折路程的回顾中，一些作家进一步把目光投向了人性，并且进一步获得了人的立场。因此，文学中出现了一股人性复苏的热潮。人们不仅重新确立了文学是人学的观念，并且以艺术形式进行了关于人性、人道主义和异化问题的探讨。

继人性悲剧的展示之后，文学开始广泛地表现人生问题。这不奇怪，因为既然文学是人学，既然文学要表现人，人生问题就必然受到普遍的关注。因此，爱情开始进入文学的视野，并且迅速成为重要的题材。刘心武的《爱情的位置》可以说是新时期文学关于爱情的第一声呼唤。虽然它所呼唤的仅仅是给爱情一点位置，却立即带来了一股不可遏制的洪流。接着，张洁的《爱，是不能忘记的》等作品出现，开始探讨更为复杂的爱情问题。继之而起的是陈可雄的《杜鹃啼归》、陆星儿的《美的结构》、尤凤伟的《因为我爱你》等反映爱情矛盾的作品。然后，张洁的《方舟》《七巧板》和《祖母绿》，张弦的《被爱情遗忘的角落》《挣不断的红丝线》《未忘人》《银杏树》等系列作品，谌容的《杨月月与萨特之研究》和《错，错，错》，航鹰的《东方女性》和《枫林晚》，问彬的《心祭》，路遥的《人生》，都以对人生问题的探讨引起了人们的注意。这些作品虽然大都具有当代政治生活背景，因而同时进行着政治反思，但是，作家思考的重点却已经不是政治，而是比政治更为丰富也更为复杂的人生。作家们往往从伦理道德和人生价值角度进行描写，关注着人的爱情与婚姻、爱情与事业、爱情与人生价值，思考着爱的自由与道德规范、婚姻的责任与义务、两性关系中的感情与理智，以及灵与肉、性与情、情欲与道德等等。这些作品大多不再以政治作为批判重点对象，而是把矛头指向了生活中那些反人道和压抑人性的观念和行为，呼唤着人们对人性的尊重和对人的正常生活欲望的认可。

对爱情婚姻和家庭生活进行思考的同时，文学开始思考更广泛的人生问题，并且更明确地呼唤人道主义。作家们或者反思历史的灾难，或者审视现实的人生，却都发出了人道主义的呼唤。在这些作品中，最引人注目的是戴厚英的《人啊，人!》。这部小说以大学生活为背景，通过男女主人公何荆夫和孙悦曲折的爱情故事以及命运的坎坷及他们周围一群知识分子的悲欢离合，控诉了极“左”政治给人们带来的深重灾难。但是，小说却没有停留于政治批判，而是进入人的内心深处，展示了从50年代的反右斗争到“文革”结束这段时间里一代知识分子的痛苦和追求。作品针对极“左”政治摧残人才、扼杀人性的事实，发出了尊重人、尊重人性的呐喊。作者在《后记》中说：“在二十年前，她曾经以‘战士’的身份批判她的老师宣扬人道主义，二十年后，她自己却在小说中宣扬人道主义。”因为各种经历使她清醒了，“一支久已被唾弃、被遗忘的歌冲出了我的喉咙：人性、人情、人道主义!”虽然作家把人道主义看作可以改善现实的良方不免显得无力，但作者对人道主义的呼唤精神是可贵的。它透露了80年代中国作家的一种理想和努力。

当作家把目光投向人生的时候，人的个性必然是无法回避的。人的解放必然首先指向个性的解放。人的文学必然包括了个性主义文学。在中国，人的个性处于压抑之中是一个不争的事实。这一事实必然作为一种动力推动着作家的创作。在这一方面，刘心武的《我爱每一片绿叶》又一次较早地提出了应该正确对待个性和个人生活的问题。与此同时，张抗抗的《夏》和《北极光》，陈建功的《迷乱的星空》与《飘逝的花头巾》，张辛欣的《在同一地平线上》与《我们这个年纪的梦》，更多地展示了一代年轻人的精神世界以及他们的个性追求。作品通过不同类型的年轻人各自不同的生活展示了他们的人生观、人生态度和人生选择，并且由此发出了尊重人的个性的呼吁。这一现象是普遍的，包括徐怀中的《西线轶事》、蒋子龙的《赤橙黄绿青蓝紫》、航鹰的《金鹿儿》等，都开始为人的个性而辩护，为个性受到不公正的对待而鸣不平。这些作品使我们看到了个性主义在“文革”留下的废墟上的增长，看到了一代年轻人对旧价值的怀疑和对自我选择的自信。

80年代的个性主义思潮在文学中有多种不同的表现，但简单概括可以划分为客观派和主观派。客观派偏重于对青年人个性及其遭遇的反映，主观派偏重于个性主义精神的直接抒写。在主观派中，需要注意的是北岛等人的诗歌和张承志等人的小说。在张承志的《黑骏马》和《北方的河》中，我们看到的是个性主义精神的高度张扬。评论家蔡翔在读过《北方的河》后曾经写道："这是一个河的世界。到处是生命的喧嚣……这个世界征服了我们，我们开始感到不安，心里总是在渴望着什么。我们想为自己的生活找到某种意义，这种意义远远高于我们在日常生活中小有成功后而体验到的那种安定感和成就感。我们想要知道自己正在走向哪里，为什么要为到达那里而艰苦奋斗。这就产生了一种渴望。因此，当我们追踪着'他'的脚步时，感受到的，正是这样一种精神漫游，一种对于他所要委身的价值的上下求索。"①这种认识是准确的。张承志的小说的确显示了一种特殊的精神特色。他笔下的人物总是处于一种无休止地寻找和追求之中，而不满足于平静的日常生活。为此，他的作品展示的环境也多是草原、大河、戈壁，正是这种环境的选择，为他的精神跋涉者提供了自由驰骋的空间。他善于把他的人物安放在这样一种环境里，在苍凉的背景上，展示着理想主义者的自信、热情和对生命终极目标的不懈求索。

二

1985年前后，文学发生了一个极大的变化。文学的主流消失，呈现出多元发展、五彩缤纷、百花齐放的新局面。在这个转换时期，文学获得了一系列新的因素：文化意识、生命意识、现代观念。这是当代中国文学空前繁荣的一个时期，一个值得骄傲的时期。

在这个狂飙突进的时期，中国文坛出现了一个个新的潮流：

一、寻根运动与文化意识

1984年开始，韩少功、阿城、郑万隆、李杭育等纷纷撰写文章发表新的文学见解，提出新的理论主张。韩少功说："文学之根应该深植于民族传统文化的土壤里，根不深，则叶难茂。""我们有民族的自我，我们的责任是

①蔡翔：《一个理想主义者的精神漫游》，浙江文艺出版社1987年，第53页。

释放现代观念的热能，来重铸和镀亮这种自我。”（《文学的根》）阿城说：“文化是一个绝大的命题。文学不认真对待这个高于自己的命题，不会有出息。”（《文化制约着人类》）郑万隆说：“独特的地理环境有着独特的文化”，“每一个作家都应该开掘自己脚下的‘文化岩层’”（《我的“根”》）。接着，李杭育等连续发表文章，认为我们民族文化之精华更多地保留在中原规范之外，规范的传统的根大都枯死，规范之外的才是我们需要的根。他说：“我们的民族个性在一天天地削弱，民族意识是愈来愈淡薄了”，所以，他强调要“重新认识自己的文化，不做假洋鬼子”（《文化的尴尬》）。《文艺报》等报刊立即就这个问题展开了讨论，在讨论中寻根文学的影响日益扩大，很快成为一个遍及全国的文学思潮。

事实上，寻根文学运动不是突然发生的。在文学经历了伤痕和反思以后，文学的历史感和文化因素以及民俗学价值已经越来越强。江河、杨炼等朦胧诗的中坚诗人在80年代初就开始由历史进入文化，去探寻生活更为深层的意蕴。从杨炼的《乌篷船》《大雁塔》到江河的《太阳和它的反光》，再到廖亦武等人的诗，我们可以看到诗人们的目光早在寻根运动发起之前已经从政治热点转向了文化。同时，邓友梅、汪曾祺、刘绍棠、陆文夫等已经较早地注意到了风俗民情和地方文化岩层的开掘。邓友梅的《那五》《烟壶》、刘绍棠的《蒲柳人家》、汪曾祺的《受戒》《大淖纪事》和陆文夫的《美食家》等都表现了对文化传统和文化心理的关注。1984年，刘心武的《钟鼓楼》发表，通过衣食住行和风俗习惯的描写反映了北京市民的种种文化心理状态。这些作品对寻根作家都有不可忽视的影响。

寻根运动显然有两个层次上的意义：一是文学的意义，为文学而寻根，认为文学应该植根于文化之中，因而为文学而走向了文化；二是文化的意义，认为民族文化传统已经断裂，或者正统文化之根已经枯死，所以要向历史或者民间寻找民族文化之根。这二者的出发点是不同的，但归宿却非常一致，都走向了文化。

文学走向文化，首先是回归文学自身和寻求超越的结果。从文学本身来看，它是文学主体意识觉醒之后的必然选择。在过去相当长的一段时间内，我们只强调文学的社会政治内容而往往忽视其文化内容。进入新时期，虽然我们在理论上力争文学不再从属于政治，但创作实践中所依恃的却仍然是一种特定的社会变革时期的政治热情。尤其是那些曾经产生广泛影响的作品，几乎无一不是政治激情与文学形式的结合。我们当然不能磨灭这些作品的价值和意义，但也无需讳言，有相当多的作品，离开特定时期读者的政治热情就失去了艺术魅力。作家们清楚地看到了这种作品的命运，努力寻求超越，很自然地会从政治进入文化。也无需讳言，我们的文学在饱满的政治激情的作用下进行创作，却也常常因为政治激情而带来麻烦，从这个意义上说，寻根又是文学对政治的一种逃避性的超越。从艺术上看，拉美作家寻根的成果也对中国作家产生了很大的诱惑。

然而，从更广阔的背景看，寻根运动是中国社会变革和中西文化撞击的产物。一方面，中国的现代化在80年代重新启动。现代化作为人类文明史上的一个概念，指代一个艰巨而复杂的系统工程，它决不仅指物质文明，无法只在某个方面实现，而必须是系统地全面推进，即包括经济结构、政治结构和文化结构的全面现代化。在一个社会内部，经济、政治和文化三者如鼎之三足，必须保持平衡和谐，社会才能稳定。否则社会就会出现危机。中国的改革是从经济开始的，经济改革的步伐虽然也很不轻松，但毕竟迈出了重要的一步，而其他方面的改革却比经济改革更加艰难，远远不能适应已经启动的经济改革带来的社会发展的要求。80年代中国的文化热在很大意义上正是这种危机面前的一种反应。从政治反思到文化反思，从历史批判到文化批判，时代的反思必然地使人们把目光投向了文化。另一方面，由于历史的教训，特别是十年“文革”对文明的破坏，在中国大地上唤起了一股文化怀旧思潮。人们由对“文革”文化的厌恶而怀念传统文化，试图以传统文化救治当下文化的各种不堪。与此同时，恰逢海外新儒学的活跃和亚洲四小龙的经济腾飞。就新儒学而言，杜维明等人对于中国文化传统的张扬在国内产生了极大影响。就四小龙而言，既然在传统的东方文化模式之下取得了经济的迅速发展，当然可以用以证明中国古老的文化传统与经济的繁荣和国家的富强并不矛盾。这使寻求出路的一些中国人对自己固有的文化产生了浓厚的兴趣，并且迅速形成了一种带有复古倾向的文化热潮。

非常明显，文化热的两个不同源头产生的力量在面对中国传统文化时形成了鲜明的对立。随着人们现代化要求的日益迫切，现代观念与传统文化之间的冲突日益尖锐。在冲突面前，作家们必然要做出他们的选择。在进行选择的过程中，由于见解的不同，作家们表现出了相当大的差距，出现了三种选择：

（一）走向传统，进行文化寻根，以文学形式推动传统文化的复归。80年代的中国开始对外开放，西方的各种思潮都在影响着中国社会。现代文明的种种弊病使得一些西方学者注目于古老的东方文化。在西方弊病和海外游子特有心态的作用下，东方文化显示出特有的光彩。国外有人预言，未来的世界，将有儒学的再次复兴。这股浪潮又以回潮的形式拍击着亚洲大陆，引起学者们对自己固有文化的重新思考，不少人试图以传统文化精华救治现代社会的弊病。这两种倾向虽然相互矛盾，但却都与我们时代的变革密切相关。

（二）回归“五四”，进行文化批判，以文学形式推动传统的变革。80年代中期，中国的改革大业已经逐步展开并且初获成效。但是，历史遗留的久症顽疴却并非都能迎刃而解。在此之前，人们常把社会存在的问题简单地归于“十年动乱”和“左”倾政治路线。随着“左”的政治路线的溃败和改革中新矛盾的出现，人们逐渐认识到，一些问题的存在，并不仅仅在于政治路线和方针政策，而是还在于文化传统。中国现代历史的变迁更容易给人以如此的启示，一次又一次的革命为什么总是难以达到预期的目的？因此，人们的目光转向了鲁迅当年曾经探索过的国民性问题，对民族文化传统和心理素质进行冷静的思考。

（三）走向原始，张扬生命，以野性对抗文化的束缚。这是走得最远的一支。他们有感于当下文化对人的压抑和窒息，有感于人的个性和生命力的萎缩，在远离都市、远离文明中心的半原始生存状态中发现了旺盛活泼的生命力，并且给予张扬。

寻根文学运动的最突出的贡献是给文学创作带来了强烈的文化意识，使在此之前还比较淡薄的文化意识空前地浓郁了起来。从此之后，作家们在表现生活时不再只满足于对生活作政治的或道德的思考，而开始以文化的目光给以观照，在理解和评判生活时，不再只是给予政治的和道德的评判，而是从文化的角度作深层的理解。这一变化是重要的，以文化的目光看问题，文学有了更多的发现，而且超越了政治视角。比如：如果用阶级论的目光看地主与贫农的关系，看到的是阶级地位的悬殊和关系的对立，看到的是二者之间绝然不同的一面，但是，如果以文化的目光去看，二者的价值观念、思维方式和心理结构却大致是相同的。也许，寻根文学运动本身并没有产生多少优秀的文本，但是，它带来的文化意识的强化对文学的影响是积极而深远的。一些作家并没有加入寻根运动，但是，由于文化意识与本来的政治反思相结合，使自己的创作呈现了新的面貌。如刘心武的《钟鼓楼》、王兆军的《拂晓前的葬礼》、张炜的《古船》、王蒙的《活动变人形》、李锐的《厚土》系列、张石山的《仇犹遗风录》、朱小平的《桑树坪纪事》、锦云的话剧《狗儿爷涅槃》等，都充分显示了在政治反思的基础上强化文化意识之后所产生的光彩。

二、性大潮与生命意识

1985年前后，随着文学对人性探索的深入，文学在表现人的时候出现了一种新的现象：从人的社会属性转向人的自然属性；从人的理性内容转向非理性内容；从文明的人转向自然的人。作家们对人的关注不再仅仅是关注政治、经济、道德等方面，而是以极大的热忱开始关注人的生命——生命力和生命状态。对生命的关注必然地带来了对人的原始生命力、人的性欲冲动的关注。在对人的描写中，文学不再回避性行为和性心理，开始表现炽烈的性欲冲动。小说开始通过性意识这一焦点透视人生，跨越文明铸造的人格表层而直达生命冲动和原始本能。这种新的潮流使中国当代文学创作发生了巨大的变化，改变了文学的整体风貌。

最先引人注目的是张贤亮，因为他的中篇小说《男人的一半是女人》不仅写了章永璘被窝里对女人的幻想，而且写了这个性饥渴者面对女人活生生的裸体而产生的性欲冲动，甚至写了他性功能丧失时的窘态和性功能恢复时的兴奋。这部小说的主题仍然是反思文学中已经多次表现的中心主题——对极“左”的政治路线的控诉与批判，但是，它第一个给新时期小说带来了大胆而生动的性心理描写。在表现性行为时，张贤亮的表现还相当含蓄而隐晦，面对男女的性行为，还很有点怀抱琵琶半遮面的姿态。接着令广大读者惊异并使整个文坛为之瞩目的是女作家王安忆，这位善于描写“雯雯的情绪天地”的年轻女作家连续发表《小城之恋》《荒山之恋》《锦绣谷之恋》三部中篇小说。这些小说与以往的作品大不相同，它以大量的篇幅淋漓尽致地描写男人和女人的性爱。那些在过去为人们所羞于谈论的两性生活内容在作品中得到了充分表现。在这股表现人的生命原欲的潮流中，女诗人表现是突出的。她们从女性生命出发，以独特的生命体验发出了中国诗坛从未出现过的陌生声音。如果说瞿永明还主要是面对女性不幸的宿命而叹息的话，唐亚平和伊蕾更充分地表现了女性以自然的生命欲望对社会的禁欲文化传统的反抗。唐亚平声称“只愿做一个浑身是肉的女人”，写出了“弄一个男人来折磨”，“女人发情的步履浪荡黑夜／只有欲望猩红”这样的句子。伊蕾的诗写出了女人生命深处的渴望。她高呼“情欲的洪水已漫过了围墙”，高声发问“我在为谁恪守戒律”，声称“这里是一片焦土”，呼唤“把你野性的风暴摔在我身上”。她在《给我的读者》一诗中说：“你是一个身体健康、精神正常的人吗？／那么你可以做我的读者／我所诉说的你一定能够知道／……我们都是被压抑了这么久／我们的悔恨和绝望重于泰山／朋友，我要告诉你／你的一切渴望都是天经地义的。”此后，贾平凹的《黑氏》、铁凝的《麦秸垛》、乔雪竹的《荨麻崖》、魏世祥的《火船》、刘恒的《伏羲伏羲》《白涡》等大量作品，都不约而同地在这一新的领域里进行了探索。

在这些作品的影响之下，文学大踏步地走向了生命本能，文明的面纱在作家们的笔下被一层层撕得粉碎，人，裸露出了全部的自然内容和属性。这些作品发表之后立即引起了强烈的反响，并且引发了热烈的争论。对于文学中的性意识，人们的看法很不相同，有人热情肯定，极力赞美，有人则竭力反对，给予贬斥。但是，就在这种讨论中，性意识迅速向着各种题材和主题的作品渗透，并完成了对整个文学创作的占领，文学创作中的性意识空前强化。

在这股性思潮的影响下，中国文学发生了一系列变化，出现了一系列新的特点。

首先是从文明走向自然。在此之前的文学一直在呼唤文明。呼唤文明是中国现代文学的一个中心主题，也是中国社会现实的迫切要求，因为我们要从野蛮和愚昧中解放出来，显然是一个艰难的过程，历史总是不断地以事实提醒人们野蛮与愚昧的顽固存在。然而，性意识高涨之后，文学的呼唤发生了逆转，不再仅仅呼唤文明，而是热切地呼唤人的自然属性。在一些作品中，人的动物本能和生理需求获得了应有的地位。作家们似乎已经认识到，中国人应该克服的不仅是愚昧和野蛮，而且也应该注意解放被愚昧和野蛮扭曲了的自然生命。大量作品都鲜明地宣告和呼唤着：把人应有的还给人！

其次是从人的理性内容走向非理性内容。在过去的文学中，人是理性的。人的行为都能够为清醒的理性所支配。在1985年以后的作品中，这种情形大大改变了。文学开始充分强调人的非理性内容，强调原始冲动的强大力量。以王安忆的“三恋”和《岗上的世纪》为代表的作品展示了人的性欲冲动的不可压抑和不可驾驭的状态。使人看到，性欲的力量不仅可以像《罗密欧与朱丽叶》中那样可以超越家族宿怨，像《第四十一个》中那样跨越民族的和阶级的壁垒，而且可以超越自身的恩怨，仇恨着的人也可以在性生活中相互得到满足，并且因此而化解仇恨。在这样一种认识作用下，文学开始把道德、感情和性区别开来，道德不再总是能够有效地驾驭性的冲动，感情也不再总是起着决定作用。理智、感情和性是不同的事物，它们各有自己的法则。一些作品比较充分地表现了女性理智支配下的行为与生命深处的欲望的复杂矛盾。这些小说都向人们宣示：本能的力量是强大的，理性并不能够时刻成功地驾驭它。

再次，文学的审美意识发生了明显的变化。人的生命活力和生命强力受到了文学的热情赞美，与之相关的野性、粗犷和强悍成为非常美好的东西。文学时时为都市文明所造就的心态弱化而叹息，处于半原始状态的粗野汉子和女人以及他们远离文明的性爱方式受到了文学家们青睐。当代文学第一次出现了强烈的酒神精神。在一大批作家的笔下，不仅使道学家们惶惶不可终日的情欲之火成了健全人性中不可缺少的珍贵元素，而且文明常常是与生命力的衰退和人性的压抑连在一起的。一些过去的恶行，如对异性的粗暴攻击和非法占有等，在作品中往往不再受到指责，而是得到审美肯定。我们习惯的表达男女之情的复杂方式也变得不合时宜，文学呈现更多的是大胆、热烈、毫无掩饰的简化方式。文学用一种新的目光去理解爱情，猛烈的不可抗拒的冲动和燃烧倍受青睐，悠悠情怀和缠绵爱意连同它的温馨和深沉都失去了它往日的光彩。文质彬彬与羞羞答答被贴上“古典式”的标签而送进了历史的陈列室。在异性面前的畏缩、怯懦和犹豫徘徊成为不可原谅的缺陷。文学的这种审美选择带有某种返归自然和返归原始的倾向。

毫无疑问，性意识在文学中的高扬和由此产生的文学面貌的变化是一个内容复杂的文化现象。它的产生显然与弗洛伊德学说在中国的广泛传播有密切的关系，也显然与西方现代文学尤其是劳伦斯等人的小说的影响不无关系。但是，如果把文学创作的这一重要现象仅仅归结为弗洛伊德与西方文学的影响是远远不够的。性意识在文学创作中的呈现是中国人在新的历史时期对于人自身认识的一种文学表现。这一现象的直接孕育者是当代中国的时代条件和文化氛围。除复杂深远的种种因素之外，一个最为明显也与文学关系最为密切的因素就是80年代中国人对人的认识的深化。随着思想解放运动的深入，社会生活发生着深刻变化，人们的观念世界也发生着深刻变化。在高扬人道主义精神的同时，人们对正常的人性要求开始给予充分的肯定。人的情感与欲望，人的价值与尊严都得到了前所未有的确认。在这样一个大背景上，“文学是人学”的观念开始为大多数作家所接受，对人性的探索开始步步深入。对人性逐步深入的探讨必然地导致了对人的性欲的关注。仅就文学对爱情的表现而言，性意识的高扬也似乎是一个必然的产物。当爱情在文学中争得了地位之后，当它对“文革”时期的极“左”政治进行一系列的血泪控诉之后，当它在道德的框架中艰难挣扎并且一步步冲破一些陈旧道德观念的束缚之后，获得了相对自由的爱情之神必然地意识到自己虽然获得了一定的位置，而自身却是残缺的、不完整的，作为男女之间相爱的生理基础的重要因素几乎被文学遗忘了。获得解放的文学不能不为其表现对象——人找回失落的内容。

因此，这一新的潮流的出现其意义是深刻的，其影响是巨大的。

首先，它毫无疑问是对使人异化的文明的一种反抗。我们不能不承认，人类在一步步走向文明的同时也在一步步失掉自身。人类迅速发展着种种技巧、智慧和心计、谋略，为自己的生存创造了良好的条件，同时却也使自己更为虚弱，失掉了本来具有的强大生命力。更为可悲的是，人类创造种种文明的本来目的都是为了自身利益，但是，人类却往往被自己的创造物所奴役，甚至让其成为沉重的枷锁而扼杀活生生的生命。从这个意义上说，小说创作中的性思潮是一股抗拒异化的潮流。80年代文学作为“人的文学”，开始寻找的是失去的人的自然本质，呼唤的是被忽略的自然本性。不过，在高扬人的自然本质的时候，产生于中国的这股文学思潮所反抗的不是工业文明，而是传统理性，特别是封建的禁欲主义的文化传统。因此，它不单是一种浪漫幻想，也不单是一种逃避方式，而是一种富于现实意义的选择和富于冲击力的进攻方式。

文学创作中性意识的觉醒毫无疑问具有不可磨灭的开拓意义。在价值观念上，它肯定了人的正常性欲，恢复了性生活在人生特别是爱情婚姻生活中的位置，并对扼杀正常人性的种种因素给予了审美的否定，有力地纠正着被颠倒的善恶观念，不再把人的自然本能看作罪恶，使这一人性的重要内容得到了解放，高扬酒神精神，给禁欲文化以有力的抨击，推动着恩格斯所期望于德国社会主义者和德国工人的“从容地谈论他们自己白天或夜间所做的事情，谈论那些自然的、必须的和非常惬意的事情”的愿望在中国的进程。在艺术上，性意识的觉醒和迅速强化给中国当代文学带来了一个新的视角，开拓了人的意识深层这一宽阔而神秘的艺术表现领域，辟出了一片新的文学疆土。对于文学深入地探讨人性有重要的积极作用。文学开始强调人的自然属性，这似乎是一种品位上的降低，但是，人性是什么？人性是人的自然属性与社会属性的统一。在人性结构中，人的自然属性是先天的、遗传的、最基础最内在的因素，而社会属性则是后天的、外加的、变化的因素。人性最本质的基础是动物性。社会性只是对动物性的某种添加和改造，却终不能彻底改变人的自然属性。探讨人的自然属性，以性意识写人，使人的形象在文学中更为完整、更为丰富、也更为真实、更为立体化。

当然，这一现象也带来了一定的不良影响和后果。首先，有些作品明显地表现出某种性崇拜的倾向，在对人的表现中片面地夸大性欲的力量，造成了新的片面表现，结果使人变成了动物，难以很好地表现人性。其次，在一些描写男女爱情生活的小说中，只一味描写性欲冲动和性行为而忽视或者有意识略掉了对人的感情的充分表现，造成了以性代情的偏颇，使文学中的爱情生活失掉了应有的完整性和美感。此外，片面追求感官刺激，迎合读者低级趣味的作品也在这一思潮中进一步泛滥，它极大地败坏了性意识的名声。这一切当然无助于小说更好地发展。

三

中国文学的“现代派”无疑是在西方现代派文学影响之下发展起来的。不管它增添了多少民族性的因素，其基本精神仍与西方现代主义文学有着不可切断的血脉。

西方现代主义思潮在长达半个多世纪的发展历程中，产生过众多的流派（如象征主义、结构主义、达达主义、荒诞派、黑色幽默等），流派与流派之间尽管互相对立，意见相左，但对传统社会的挑战姿态是一致的。现代社会的发展的确并没有把它许诺的天堂带给人间。随着社会财富的日益增长和科学技术的日益进步，人反而日益显得可怜而渺小，人与人之间关系越来越冷漠。特别是两次大战之后，一股怀疑主义思潮在西方社会弥漫开来。文学艺术的各种既定模式在怀疑反叛中被冲得七零八散。不可否认，西方社会的胜利建立在传统人道主义和理性主义的思想基础之上，而现代主义怀疑和反叛也正在这里。怀疑和反叛总要有所依托，现代主义的依托就是非理性主义和个性主义。柏格森的生命哲学、叔本华和尼采的唯意志论，弗洛伊德主义以及稍后出现的存在主义等。无疑为现代主义提供了新的理论支撑。

现代主义思潮在中国一直缺少适宜的生长土壤，但是，在80年代，却再次出现了新的涌动。这无疑和文学自身发展的需要有着内在联系。现代派小说是以反传统的姿态登上文坛的，走过了一条虽然不算漫长但也足够曲折的发展道路。

1979年到1980年，王蒙借鉴意识流表现手法连续创作了《夜的眼》《布礼》《春之声》等一批与传统现实主义小说大异其趣的作品，在文艺界引起广泛的关注。1980年，《文艺报》第9、12期开辟“文学表现手法探索笔谈”专栏，结合创作中的新探索，就一些重要的文学观念进行讨论，王蒙发表《对一些文学观念的探讨》，从人物、主题、结构等方面对传统小说观提出质疑。关于写人，他认为，文学要写人，但人不一定就等于“人物”或性格，“我们可以着重写人的命运、遭际——故事；也可以着重写人的感情、心理”。关于主题，传统理论要求主题简单明了、鲜明集中；但形象大于思想，文学通过形象反映生活，因此作品的思想“可以更含蓄、更立体化，更具有多义性一些”。关于结构，过去是单线，最多是合股线。今天生活复杂化，节奏加快了，“表现在结构上，反映这样的生活，就会有复线或者放射线的结构，表现在节奏上就会有跳跃、有切入。”李陀、宗璞、张洁等一批富有探索精神的作家也纷纷撰写文章，为现代派文学的东渐鸣锣开道。这次讨论，对于改变对现代派文学的片面观点，迈出了虽然谨慎但却是相当重要的一步。由于王蒙的探索获得一定成就，意识流开始在小说中得到广泛应用，不少作品还采用了象征、怪诞等其他现代派常用手法，从而形成现代主义全面推进的态势。与此同时，对现代派文学的介绍和研究也大大加强，1981年高行健出版《现代小说技巧初探》，受到王蒙、刘心武等一批潮头作家的热情支持，在文艺界产生了极广泛的影响。1982年，徐迟在《外国文艺》第1期发表文章《现代化与现代派》。《文艺报》于同年第11期辟“讨论会”专栏，此后一年多的时间，先后发表了大量争论文章。这些讨论无疑进一步推动了现代派文学在中国的发展。

然而，现代派文学在80年代初期一直是边缘的，非正统的。除朦胧诗等个别现象之外，其自身也往往表现为不健全的形态。

1985年文学新潮到来从某种意义上说意味着现代主义向文学的全面渗透，同时也意味着中国现代派文学走向成熟。这一年，刘索拉的《你别无选择》和徐星的《无主题变奏》相继问世，使中国小说的发展进入一个新阶段。刘索拉和徐星引起的震动还没有消逝，莫言的《透明的红萝卜》《红高粱》，残雪的荒诞小说再次引起社会震动。同时，一个现代派小说创作的青年群体开始形成，除刘索拉、徐星、残雪外，蒋子丹、陈村、陈染等都成了这个群体的重要成员。现代派小说无疑进入了它的黄金季节。《你别无选择》以蒙太奇式的快速转换和自由拼接的方式，描写了80年代中国一所音乐学院中的生活。当变革的时代已经开始，新的观念涌入大学校园，年轻的生命试图自由伸展，而学校却仍然坚守着一套固定的程式，严重压抑着学生的个性，因而矛盾和冲突是不可避免的。年轻人的自由个性及探索精神与学校的僵化体制及陈旧观念的冲突是小说的基本冲突。在变化的生活与僵化的原则之间，在旧的体制与自由的个性之间，在继承传统与探索创新之间，作者显然倾向于后者。对传统文化规范的挑战和对自我价值的寻找构成了这部小说最基本的主题。《无主题变奏》的主人公是一个追求个性自由而特立独行的青年。他考上大学而不上，偏偏到饭店去端盘子。偶然的机会与女大学生谈起了恋爱，最后却因为价值观念不同而只好分手。通过一系列的细节，小说使人看到，所谓“高雅”的圈子里的人们无一不是丑陋而可怜的。写诗的无病呻吟，唱歌的只等着分红，名作家其实是流氓，热心帮人改稿的编辑也是骗子，生活中到处是无聊和丑陋。最后，他终于与女大学生老Q分手，因为已经无法忍受她对他的人生的庸俗设计。他的反问是值得注意的："我总该有选择自己生活道路和保持自己个性的权利吧！"个性主义的价值观使他在抗拒社会对人的异化时展示了强大的个性，但是，却又使他充分地感到了现代人的孤独和空虚。莫言的《红高粱》等作品借助作者超常的感觉能力和想象能力而充分张扬了人的原始生命力，对人性中各种复杂的构成进行了生动的揭示。他对中国人"种的退化"的思考，对人性丑恶的揭示，以及某种非理性色彩，都给他的作品带来了独特性。在80年代中期的现代派小说家中，残雪是应该重视的。她的《山上的小屋》《苍老的浮云》《黄泥街》等小说展示的是一个当代中国读者非常陌生的世界。在她的作品中，我们看到的是一个阴暗而丑恶的世界，在这里，世界是丑恶的，人性也是丑恶的。生活中的人时时处于怀疑、恐惧、仇视和痛苦之中。人与人之间只有怀疑、戒备与仇视，而不可能有理解、信任与温情，甚至在亲人之间也无不如此。在她的作品中，母亲总是在窥视和算计女儿，甚至"一直打主意要弄断我的胳臂"，父亲每天夜里就变成一只狼。男女之间也没有美好的爱情，有的只是丑陋的兽性。这一切都表现着作家对世界和人生的理解，体现着某种哲学观念。

中国现代派文学是在西方现代主义思潮有影响下形成和发展起来的，无需讳言它与西方现代主义的精神联系。它又是中国土壤中成长的，所以必然显示着与西方现代派文学不同的色彩。无论如何，它的出现为中国文学的发展提供了新经验和新活力，促进了文学观念的更新和文学的现代化进程。在当今时代世界一体化的总体进程中，任何一个民族都无法闭关自守。借鉴其他民族的文学经验无疑是文学发展的必由之路。中国现代派文学显然是奉行"拿来主义"的结果，在反对陈旧僵硬的文学传统和文化观念中，一些作家借用现代主义的怀疑主义、非理性主义、个性主义，但对其虚无思想和极端个人主义观念却始终保持警惕。王蒙的意识流小说和时代的改革精神同频共振。莫言的《红高粱》小说张扬一种昂扬向上的生命精神。刘索拉、徐星、的小说在嘲讽庸俗的同时也渴望着个人价值的升华。残雪的那些荒诞小说虽然揭示着社会和人生的荒诞，却并未把荒诞看作存在的本体性特征。西方现代主义小说多以疯狂、病态、荒诞的人生世相为描写的对象，又由于其思维往往向着矛盾的极端伸展，其叙述和描写便往往向着抽象化、超验化、玄秘化、怪诞化方向发展，甚至有人主张不要任何理性控制的无意识写作。因此，其艺术表现世界更呈现一种阴暗、混乱而又令人悲观失望的状态，其叙述亦显得晦涩、滞闷。很多作品不但使一般读者望而生畏，就连专业批评家也难以解读，文学便日益向着一个封闭狭窄的个人内心世界退缩。中国现代派小说虽然都给人耳目一新之感，但与那种极端美学总是大异其趣的，怀疑主义、非理性主义虽然给人以反抗的自由，但中国作家对这种自由的运用是审慎的、节制的。以意识流小说为例，中国作家一直不主张让意识任意流淌，而主张流出情节来，流入人物性格逻辑轨道。时间的切割、重叠也都能给人以依稀可辨的痕迹或路标。这样，它既向阅读提出挑战，同时又刺激了阅读，提高了文学自身的审美品格。

在出现热潮的同时，现代派文学开始分化。有三个现象是需要注意的：一是“第三代诗歌”；二是马原、洪峰、余华、格非等人的小说；三是以王朔为代表的创作现象。

第三代诗歌是一个相当壮观又相当杂乱的诗歌浪潮。它以群体的形式和挑战的姿态崛起于诗坛，为当代诗歌带来了空前的开放景观，并透露了一种新的文化精神。在关于朦胧诗的论争激烈相持因而朦胧诗的地位尚不确定的时候，第三代诗人中相当大的一部分在大学校园里接受了朦胧诗，并且成为朦胧诗坚定的拥护者和热情的读者。他们曾经模仿朦胧诗而进行自己的创作，但是，朦胧诗人在他们心中树立的偶像只是暂时的。北岛们以反传统的英雄姿态崛起，的确充当了人道主义美学回归的先驱，并创造了以人文精神为特征的诗美的高峰。而这一切在新生代诗人看来已经过于传统、过于古典。朦胧诗人那种强烈的批判意识、忧患意识和英雄主义倾向在他们面前也无疑显示了别人难以企及的贵族化气息。更重要的是，这一代人没有朦胧诗人那种对于苦难历史的切身体验，没有那些由痛苦经历所酿造而成的诗情。因而，他们无法理解和接受朦胧诗人那种责任感，那种启蒙主义的立场和悲壮的承担。于是，他们高呼着“打倒北岛”“告别舒婷”的口号，宣告“北岛、舒婷的时代已经Pass（过去）”。他们把朦胧诗作为对立的参照，开始挣脱朦胧诗的创作程式而寻找新的艺术规范，开辟自己的艺术疆域。1986年，安徽的《诗歌报》和《深圳青年报》联合举办“中国诗坛1986现代群体大展”，全景式地展现了其流派林立的纷纭景观和前倾姿势。以此为标志，第三代诗群以不可遏制的生机和漫山遍野的气势正式完成了对诗坛的“圈地运动”式的占领。从此，朦胧诗被挤到了诗坛的一隅，而第三代诗歌成为新的主潮。

第三代诗歌以对朦胧诗的挑战显示出不同于朦胧诗的美学品格。它在创作上的主要标志表现为这样两个方面：一是“反英雄”“反崇高”的价值观念；一是“反意象”“反优雅”的艺术观念。正是这两点构成了新生代诗歌的基本内涵，同时也决定了它的基本价值。

首先，新生代诗人在题材上告别了英雄及其光辉业绩或者传奇故事，而把目光投向了普通小人物的日常生活。他们在告别英雄主义的同时也告别了崇高和神圣。这一选择必然地导致了“平民化”和“世俗化”的倾向。他们反对那种布道的教诲和高尚道德的渲染，强化平民意识而淡化英雄意识。他们以凡夫俗子的平民日常情绪取代英雄的崇高感，用一种非悲非喜无怨无愤的玩世态度来表现自我，人——连同诗人自己，在世界上不再高大无比地俯瞰一切，而是表现为对一切都无能为力和无可奈何。这从《有关大雁塔》可见一斑。他们宣称：“诗人不是先知，不是布道者，不是头上有一圈灵光的圣人。诗人是凡夫俗子，他想凡夫俗子们所想，行凡夫俗子们所行……因为我们是人。我们固然对太阳、星星、大海、青山、永恒和神圣感兴趣，但我们孜孜以求，毕竟是吃饭以前有一杯酒喝，皮鞋是最新式的，晚上亲亲一个异性的嘴，苍蝇最好是全部死光，父亲是好朋友而不是专制暴君。”（伊甸《生活流的若干招式》）

在告别英雄主义和崇高美学规范的同时，他们告别了启蒙主义的立场，不再扮演文化英雄，也不再追求作品的深度。作为对启蒙主义的反叛，年轻的诗人不再以严肃的思考者的面目出现，而是广泛地以调侃和嘲讽的语气面对读者。尤其值得注意的是他们不仅嘲弄别人、嘲弄生活，同时也嘲弄自己，抒情主体已经没有任何神圣性可言。

第三代诗歌以“反意象”和“反优雅”实现了对朦胧诗表现方式和语言风格的反叛。几十年的当代诗歌一直是通俗易懂的大白话。朦胧诗一反过去直白的议论和抒情，着意将历史内容和生活哲理化为含蓄的意象，将真挚而多层次的情感寄寓于象征与暗示之中，并以创作主体的意识流动来映现现实的时空秩序，从而创造了以繁复的意象群落的营建为中心的表现模式。第三代诗人对朦胧诗繁复的意象和晦涩的象征、隐喻表示反感。他们以漫不经心的“叙述流”写偶然琐碎的“生活流”，以冷态的生命体验展示实际的生存状态。因此，在语言操作上他们强调口语化而淡化意象，走出优雅而走向粗俗。他们广泛采用日常生活口语中那些粗野、鄙俗的语言，因为那被认为显示着一种力度，能给诗家带来阳刚之气。读他们的作品，可以感到他们再不必为寻找语言而绞尽脑汁，话怎么说诗就怎么写。地地道道的口语，朴素的叙事语言，不带任何修饰，拒绝了传统诗歌语言的诗化处理。诗歌语言在平民化、通俗化、口语化的过程中走向粗俗。粗俗的语言和调侃的语气结合形成了第三代诗歌的一大特色，并且构成了对语言规范的反叛。

80年代中后期，马原、洪峰、余华、苏童、格非、叶兆言、孙甘露、北村等连续推出一大批颇具怪异意味的小说。对这股小说潮流，评论界曾给以不同的名称，如探索小说、新潮小说、实验小说、先锋小说、后新潮小说、后现代派小说、结构主义小说等等。尽管名目繁多、着眼点不同，但在以下这点上认识却是一致的：这类小说探索的主要方向也在于小说的形式方面，追求的不是“写什么”，而是“怎么写”。其主要特点表现在以下几个方面：

首先是意义的消解。我们过去的作品注重的是价值层面，形式是为内容服务的。马原等人的作品表现了相反的态度。马原的《拉萨河女神》首先向传统阅读开了一个不小的玩笑，其中的“女神”不过就是人们用泥沙堆积的一个初具女性特征的雕像，而整篇小说也不过叙述十来位青年在拉萨河边的一天的生活和几个互不相关的故事。洪峰的《极地之侧》虽然一连叙述了七个关于死亡的故事，但每叙述完一个就立即推翻，使小说的意义不断构成又不断消解。这些年轻的作家喜欢嘲弄意义。他们认为，不但代表着理性主义和终极价值的上帝已经死去，就连由普通人所拥有的这个平凡的世界也是不确定的、混乱的、无意义的。在他们的眼里，世界不再是有序的、合理的，而是无序的、荒诞的。人在世界中不再拥有一个固定的崇高位置。因此，世界不再有深度，现象不再是纵深的“本质”或“目的”的呈现形式，而只是它本身。虽然对于中国80年代的这群年轻作家来说，消解意义并非消解所有的意义，而主要是消解那些被传统文化和意识形态赋予的虚伪而凝固的意义，捣毁被污染的历史意识，颠覆苍白的价值体系，但其结果，却往往是从根本上嘲弄了人的理想、精神和理性追求。

其次是重视现象和个人体验。“现象”是这些作家理论中的一个极其重要的范畴。从某种意义上来说，后新潮小说理论的整个大厦都建立在这块基石之上。唯物哲学中现象是作为本质的表征而存在的，对现象的描写即意味着向本质的掘进。后新潮小说家们所推崇的现象是指确证主客观关系的意识现象。在他们看来，无论是客观外在世界还是主观心理世界，都混乱不堪，没有意义，没有深度，不可确证，唯一可以确证的只有感性个体对世界的感受、体验、回忆、想象、直觉、感情。这种感觉体验就是现象，它不仅是联系主客观世界的唯一通道，而且是个体把握世界和把握自我的唯一真实。因此，他们不再热衷于宏大叙事，而热衷于个人的体验，无论这体验是多么的琐碎和平庸，他们都津津乐道，原因就在于除此之外一切都是可疑的。

再次是对艺术形式的极端化强调。任何一种新的思想观念和情感体验的表现都要寻找相应的艺术形式。这些新潮作家为了传达他们的新体验并有意造成对传统意识形态的疏离，把形式创造提升到小说本体论的地位来对待。他们的形式探索首先表现在小说虚构观念的更新。一般说来，传统小说也不讳言虚构，但它的虚构是有限的，人物性格、故事情节、小说结构秩序都必须遵循生活本身的逻辑。在马原等人看来，既然世界的确定性、统一性和必然性已不存在，小说创作又何必缩手缩脚地遵循逻辑规范？既然小说本质上就是虚构，又何不大大方方地编造？他们故意拆解事物的逻辑关系，故意使小说的文脉、文气、文意断裂、错位、短路、跳跃及前后矛盾，以造成一种叙述的迷宫和语言和魔方。他们不再恪守外界的秩序，自由地结构自己的世界，创作主体的种种感觉体验按照生命自身的节律在文本中涌现，并营造出一种神秘的氛围。形式探索的第二个特点是叙述意识的强化和叙述方式的变异。小说怎样叙述，便产生一个怎样的世界。按照他们的理论，叙述自然高于故事，叙述的过程高于叙述的结局。叙述的表达方式中，抒情和议论分别处于两极，前者偏于主观、个别，而后者偏于客观、一般，而叙述才是一种中性语言，它既摆脱了主观的干扰，又挣脱了客观的纠缠，正可以逼近联系着主观世界和客观世界的情感体验，所以叙述语言必然在小说中具有本体地位。为了保持叙述的纯粹性，小说家们总是努力保持一种平静的心态和冷静客观的语调，这就使小说的叙述呈现出一种冷漠化倾向。叙述方式的变异主要集中在以下几个方面：（一）叙述者与作者的分离，叙述人由导演化转为角色化，避免了作者的直接介入。（二）叙述视角局部化和多样化。作者们普遍抛弃了那种“叙述者>人物”的全知全能的叙述视角，而采用“叙述者≤人物”的局部视角。这当然容易造成视野狭窄和单调，为了补救这一缺陷，他们往往在采用局部视角时，又注意了叙述视角的多样化，不是由一个人而是几个人轮流任视角人物。（三）在叙述秩序的安排上，抛弃了传统小说按生活本身的秩序或认识的逻辑顺序安排结构的手法，依据感觉和体验的不确定性、瞬间性等特点，不仅把单向性叙述改为多向性叙述，把顺叙、预叙、插叙、倒叙等交织在一起，不仅使体验尽可能保持其原生状态，而且也拓展了艺术的时空。

在形式主义小说家们的心目中，体验—叙述—语言三位一体，是他们的生命世界和艺术世界在几个不同层次的展开。由于任何一种审美意识都必须经过一个物化过程才能凝定为某种审美形态，小说的种种形式实验最终也必须落实到语言实验上来。所以，形式主义小说对语言实验表现出比任何一个小说流派、小说思潮都要高涨的热情。事实上，正是在语言实验上他们表现出一个挑战者的姿态。它们的语言实验表现为互相联系的两个向度。冷漠的、心不在焉的语调叙述一次奔丧过程，目的就在于达到一种反讽效果，揭破被古老的丧仪掩盖着的人与人之间的虚伪关系，表现人的真实存在。或是无限地向对象切近，使语言与感觉处于一种临界状态。他们往往把小说写作说成是操作语言。他们不满足于语言的线性结构对复杂多样的世界的强行塑造，而试图开辟出一条使叙述主体化的道路；他们也不满足于语词的能指与所指之间的固定关系，试图通过对这种关系的拆解与重构使能指向多方扩散；他们不满足于语言本身的自为状态，而试图通过某些语言成分的强行楔入，使意义重新确定或增多。

王朔的小说是80年代末出现的一个重要现象。王朔早在70年代末就开始了创作，但作品引起人们的注意却是80年代后期。在他众多的作品中，最引人注目并且显示着独特风格的是《顽主》《玩的就是心跳》《一点正经都没有》《千万别把我当人》等作品。这些小说展示了一个独特的世界——顽主们的世界。这个世界中的化合物大多是一些城市中的“顽主”“痞子”“混混”和“多余人”。从精神特征上看，他们与徐星《无主题变奏》中的“我”等青年有着血缘关系。反抗和寻找是他们精神的起点。但是，在王朔的小说中，那些努力寻找自身位置的青年已经由于疲惫与无奈而改变了生活态度。他们对周围的一切感到不满，却对其无能为力。既然没有力量改变现实的一切，似乎反抗和追求就是自讨苦吃。于是，他们就以玩世不恭的态度对待一切。他们不再严肃地对待生活，因为生活本身非常荒诞。他们随波逐流，在荒诞的生活中寻找短暂的轻松和快乐。张承志笔下的人物为寻找某种终极价值而痛苦，刘索拉笔下的青年学生为寻找自我价值而焦躁不安。在王朔的笔下，那些青年似乎已经看透，不再为此而折磨自己，而是以混世的态度轻松而麻木地活着。他们学会了调侃和嘲弄，嘲弄社会，也嘲弄自己，的确“一点正经也没有”。这些人们不正经的故事在王朔的笔下表现出来，产生了一种特殊的艺术效果，赢得了广大读者的喜爱。

从艺术上考察，王朔小说多以第一人称叙述，即以顽主们自身作为叙述的视角。这样做的结果是一切都在顽主的视野里更加荒诞化和戏剧化。这些顽主的行为和态度构成了对社会和传统中不合理现象的否定，因为他们貌似极不认真的调侃常常是一针见血的。然而，如果把小说世界中的顽主看作王朔的化身，大概是不恰当的，因为在顽主们的表演背后，还有一个隐蔽的作者在冷漠地看着他笔下的人物，而且常常对其构成另一层次上的否定。因此，王朔小说呈现给我们的是一个充满艺术张力的世界，一个相当复杂的价值网络，任何简单的评价都会导致偏差。

值得注意的是王朔对社会、对传统、对权威意识形态进行的半真半假的调侃和嘲讽。他往往真真假假，不露声色，在油腔滑调之中表现着机智和锋利，产生一种特殊的反讽效果。王朔的嘲讽一般不指向个别的人格或品行，而是指向一些喜剧化的社会习俗或者社会观念，指向那些在生活中已经逐渐为人们所抛弃而在权威话语场中却仍然以神圣的面目存在的观念和话语。在这一方面，他很善于化神圣为滑稽。这是王朔非常重要的艺术手段。这种手段具有极强的消解力量。

不过，王朔的消解是多方面的。他不仅消解陈旧的权威意识形态，而且也极力消解知识分子的精英意识和启蒙话语。因为他对一切崇高、神圣和理性都持嘲弄的态度。作为作家，王朔拒绝充当人类灵魂的工程师，而是以“玩文学”和“码字工”自居。他拒绝一般的启蒙文学所要求的深刻。因为他认为人已活得不易，文学不应该再把人往深层引，那样太累了。他要做的，就是为人们逗乐解闷，让人活得轻松些。[①]由此，我们可以看到王朔对于文学的功能的理解和作为一个作家的自我定位。

应该注意的是上述创作现象中的后现代主义倾向。作为80年代的作家，他们是更为年轻的一代，却是更为世故的一代，他们逐步远离了理想和激情，对于一切外在于个体感性生命的东西都用怀疑的眼光去打量，牢牢守住的是人生的此在，唯一认定的是个人体验的真实。因此，建立在传统人道主义基础上的崇高、优美等审美范畴都渐渐失去了光辉，而关于个人存在的焦虑、痛苦、恐惧、烦恼等等心理体验自然也就作为新的审美范畴扩散开来。他们告别理性，告别启蒙精神，一步步告别所谓“人的神话”。这一切，在新写实文学中也同样表现着，而且在进入90年代之后迅速发展了起来。

四

作为一个创作现象，新写实主义文学出现于1987年之后，在80年代与90年代之交成为文学创作的主潮。新写实小说的出现，意味着80年代中国文学的一次大转变。80年代中叶以来，随着改革开放的深入，商品大潮的兴起，西方思潮的涌入以及社会的一系列改革，中国文坛呈现出一种价值多元的状态，统一的文学写作规范被冲破，启蒙主义文学所推崇的人的理想也已黯然失色。在这种情况下，一些作家重新调整与现实的关系及话语方式。先锋小说为守自身而遁入了形式，却因过于晦涩而疏远了读者。新写实小说以一种面对现实、入世随俗的心态选择了自己的话语。价值的多元和混乱无疑是80年代末中国文坛新现实的一个基本特征。人的生存问题在一些作家的笔下突现出来，人的光彩因为缺少现实生活的依托而逐渐暗淡。同时，由于改革的进程中的现实，各种无奈感迅速地生长着，重要的是，最大多数的普通百姓注定了不可能先富起来，他们怀着各种卑微的希望承受现实的重负，像祖祖辈辈一样韧性地生活着。面对这种新现实，一些作家感觉到了生活的

①江汛：《“顽主”王朔》，《文学报》1992年5月14日。

沉重与无奈，并且以为认识了生活的真正本质，从而做出了新的选择。新的选择形成了新写实文学潮流。

它的出现同样具有适宜于它的时代文化背景：

伴随着新写实主义文学的出现同时出现的现象是探索者的疲惫和探索精神的退却。从某种意义上说，新写实文学有点像西方的自然主义。如果参照西方文学的发展，我们可以发现，中国文学从现实主义走向现代主义的过程中缺少了自然主义这一环节。由于特定的土壤，尽管现代主义文学的探索者们的前驱位置是不容否定的，但是，他们的确还是一些孤独的探索者，他们的作品在中国还不可能得到最大的读者群体。中国人的物质生活水平和精神生活水平决定了大多数的国人还不可能关心人的终极问题。为衣食而苦苦劳作的人们很难去思考为什么活着和值得不值得活着的问题。他们也不可能苦苦地追问我从哪里来，到哪里去。他们所面对的现实是怎样吃饱穿暖而活下去。从这个意义上说，新写实小说是对现代主义文学的一种矫正，也是一种反冒进式的退缩。但需要注意的是，他们没有退到现实主义的道路上来，而是退到了自然主义。从现代主义退回到自然主义，也是一种历史的补课。

与现代主义文学相比，新写实文学有各种优势。它不回避现实生活的种种矛盾和缺陷，刻意逼近生活的真相，重视普通人的生存状态，状写芸芸众生的生活烦恼，这一切都使它获得了更多的读者。同时，它一般不涉及敏感的重大题材，所以又为自身创造了足够的生存空间。特别是在艺术表现手法上，开放性和包容性给它带来了新的生命力。新写实主义小说不是在对现代主义小说的排斥中崛起的，而是在广泛地吸收各类新潮小说之长的基础上形成的。它与新时期文学中出现的一个个潮流都存在着密切的联系。如：它不同于寻根文学，但却获得了寻根文学带来的文化意识，带有鲜明的文化反思的特点；它不是着重表现性和生命的文学，但却牢牢地占有了80年代中期性大潮所带来的性意识，在表现人的时候不回避人的性生活内容和复杂的性心理；它不是80年代初期社会问题小说的承续，却不回避一般社会问题的反映。大概正因为这样，它比较好地表现了当代中国人的生存状态和命运，具有了强烈的现实感又具有鲜明的时代色彩。

现代主义文学有两个基本特征，就是怀疑主义和个性主义。怀疑主义和个性主义促使信服者没边没际地反抗和没完没了地寻找，这不是一般人能够承受的。尤其在一个注重实惠的时代，一些人很快便在这种搏斗中耗尽了体力，显示出精神的内虚，因而也急于冲出那个怪圈似的跑道。现代派小说的反抗尽管是悲剧性的，但它为文学提供的从人的内部观察人的心理视角以及不回避的现实的勇气是可贵的。在新写实小说中，方方和池莉都曾写作过浪漫的青春故事，都曾一度往现代派领域里探头探脑，但她们却很快抽身而去。现代派的文学规范让她们望而生畏。

新写实小说带着种种新潮的审美品格而又从原有的文学话语中心逃逸出来，与它以前的小说相比，它更具有兼容并包的综合趋势和更大的开放性。新写实小说的这种综合性体现在它的诸种审美特征之中。

一、审美对象的整体性转移：远离英雄和英雄业绩，面向普通人的无奈人生。写普通人的日常生活琐事，写普通人日常生活中遇到的各种烦恼，是新写实小说的题材选择。新写实小说在告别英雄和英雄业绩的同时也告别了理想主义而变得非常实际，走向了世俗。在许多作品中，人物都非常实际，决不做浪漫的梦。他们都是现实主义者，每天为之苦恼的都是普通的日常生活琐事。《烦恼人生》中的印家厚的烦恼便代表了一部分新写实小说家的现实选择。少年的梦总是有着浓厚的理想色彩，一进入成年便无形中被瓦解了。印家厚随着整个社会流动而追求：关心中国足球队是否进军墨西哥；关心中越边境状况；关心“生物导弹”治疗癌症的效果；关心火柴几分钱一盒……他几乎从来没有想到是否该为少年的梦感叹。他只是十分明智地知道自己是个普通的男人，靠劳动拿工资而生活，没有工夫去想入非非。面对人生烦恼，拒绝虚幻的理想，承认现实的无奈，这是新写实小说的一种态度。一旦确立了这种态度，他们就自然找到了自己的话语内容：《烦恼人生》《一地鸡毛》……同时，也就找到了自己的叙述态度：《不谈爱情》《热也好冷也好活着就好》。

无论是立足于现实主义范畴的反思小说，还是立足于现代主义范畴的现代派小说，面对的其实都是一种有限的现实，它们虽然写的是人、人生、人性，却不是面对人生的整体。而是经过过滤和净化的人生。在新写实小说家看来，对生存的个体生命来说，生活是一个复杂的难以说清的整体。《烦恼人生》的主人公印家厚曾在渡船上与他的朋友们严肃地讨论过这个问题，他们的结论是：生活是网，纵横交错，密不可分；生活是梦，支离破碎，千变万化。你不能把网中的任何一根经纬当作网本身，也不能把梦中的任何片断当作梦本身。对于混沌一体的生活来说，你根本不能用是非、善恶、美丑来简单地区分和判断它。生活是一个过程，是同无数日常的身边琐事，最基本的人生问题，不可分割的。文学不应该将这些日常琐事过滤掉和净化掉。因此，新写实小说对传统的净化倾向采取了坚决的反抗态度，使用所谓“中止判断”的还原方法，生活呈现出本来的原生状态，还原其多元并存、浑然一体的本来面目。于是，小说逼近了最基本、最凡俗、最现实的人生世相。于是，衣食住行、娶妻生子、婆媳口角、邻里纠纷、住房紧张、交通拥挤等等，一齐进入了小说。那些刚刚踏进生活的门槛、承担起生活的责任、领略到生活的艰难的新婚夫妇、年轻父母成了小说的主角。作家们往往由一筐烂梨，一块馊豆腐，一堆大白菜，写出了小人物最具体的生活烦恼和人与人之间最原始的矛盾纠葛。尽管新写实小说并不以提出各种各样的社会问题为旨归，但它却并不回避诸如政治、道德、文化这些问题，因而，像婚姻、家庭、住房、交通、政治、经济、伦理、道德问题还是以极自然的方式拥进小说，使我们得以看到我们这个大时代的真实面影。

二、叙事态度的转变：告别理想、激情与诗意，走向冷静的低调叙述。新写实文学不再致力于寻找生活的诗意，不再美化生活，不再热衷于表现理想，不再在现实人生中寻找理想的天国，彻底摒弃理想化，写实实在在的人生，展示生活的原生态，而不愿再作任何提纯，这是新写实作家的叙事态度。同时，新写实小说失去了激情，变得非常冷静，呈现为一种冷叙述或“感情的0度介入”。失去激情是因为失去了方向，引导生活首先需要作家心中有个目标，而新写实作家表现出一种没有目标的状态，所以，激情就无从谈起。作家在写作时“0度介入”事实上是不可能做到的。能够做到的不过是尽量按事物本身的样式去呈现事物，按生活本身的样式理解生活。如果从这个角度看新写实小说，就可以发现，冷静客观的低调叙述，正构成它最基本的叙述态度。新写实小说所追求的客观，就是尽量剥离各种文化的政治的油彩和虚幻的理论光晕，但由于每个人的生活经历，周围环境都各不相同，叙述态度也各有不同。如池莉笔下呈现的是一种暖色调的平凡生活流程，刘震云让我们看到的是生活中那一地鸡毛似的琐碎细节；池莉更多的是无奈中的认同；刘震云却更多无奈的悲凉。

三、价值取向的转移：疏离英雄主义和理想主义，走向世俗关怀。新写实小说告别了一切他们认为是虚幻的理想，告别了一切他们认为不可企及的东西。新写实小说把忧、烦、苦、累当作人生的主旋律，将其视为主体存在的本体性特征并从中参悟出某种存在主义哲学的意味。但是这与海德格尔的存在哲学不同，它并没把存在的价值设定在理想和未来的世界，而是在这生活的真实中体验人生意义。在现实中，烦恼给人以实实在在的感觉，给人以心劲和力量。正是在这生生不息的成熟和失落、沉沦和升腾中，才实现着人生价值的转换和无数卑微的价值的不断实现。印家厚虽然失去了往日的恋人又拒绝了今日的情人，整天在烦恼人生中挣扎，但他一天天更成熟，成为一个合格的丈夫和父亲、工厂里铁骨铮铮的顶梁柱，庄建非经过一场爱情风波，终于还是接回了小市民妻子吉玲，他以个人的委屈换取的是家庭生活的和谐、出国竞争的胜利和事业的成功。在《太阳出世》中，那个取名为朝阳的婴儿，实则代表了他们的生存理想。新写实小说赋予理想以新的本质和形态。在它的艺术世界里，理想不再是脱离主体生命体验的、先在的、外加的某种理念或信仰，而是从自身生命历程、生存矛盾中生长起来的期待和向往；理想不再是和现实对立的，而是和现实融为一体的，作为直接推动力量的生命意向。

新写实文学的缺陷是明显的。首先，它把个体生存领域作为审美对象，这对于解放艺术思维无疑是具有极大的进步作用，但是，他们的艺术光圈对准的只是市民社会的平凡人生，是最基本的生存需要，对一些重大社会变革，历史事件等等则取了有意回避的态度。其次，面对生存困境时的平静达观、苦涩无奈却又乐天知命，认同以求夹缝中生存的人生哲学，这事实上显示着一种生存的困惑。在新写实文学的世界里，明天的太阳不知道在什么地方。一切预言都意味着欺骗，人们拥有的就是这样的日子。这是命运，一切都无能为力，那就只能老实地过这样的日子。这日子充满烦恼，使人窒息，简直是在地狱中煎熬，但我们除此之外别无所有，那就只有心平气和地过这无聊的日子，热也好，冷也好，活着就好。

这就是新写实小说，这就是它所代表的80年代末到90年代初的文学精神形态。80年代中国文学从血泊中站起，以痛苦的呐喊培养了理想和希望，而最后却以无奈的叹息完成了一条令人伤感的抛物线。这条线索是重要的。

因为它同时也是80年代中国文化现代之旅的运行轨迹。进入90年代之后，文坛出现的一切现象都是沿着这条抛物线的指向运行的。不同之处是文坛的矛盾运动状态更为复杂。

1993年2月

关于现代性的几点常识

在当前中国知识界，“现代性”已成为一个常用词，讨论也很热闹。但是，阅读那些论著，大概多数人都会坠入十里雾中。本来很清楚的问题，也往往被弄成了一团迷雾。为适应某种需要，一些人颇费心思，千方百计巧用外来资源，把问题搅混，把概念弄脏，从而使其不再具有本来的感召力，所以也不再有本来的除旧布新威力。对于这样一种努力，我们无话可说。但不幸的是，一些年轻学人往往并不知道理论的用意所在，误以为它是新的，而且是外来的，便轻易追随而去，最后迷失于歧途。陆续看过一些这样的文字，真让人感慨万端。中国学界跟随西方思想界进行一些讨论，与世界接轨，本不算坏事，但中国与西方毕竟不同，问题的基础和讨论的前提往往差异甚大，于是，这种讨论就不仅常常是鹦鹉学舌，而且具有特别的妙用。近几年来，一些有识之士强调普及常识。我想，面对被制造的那些“现代性”迷雾，更不要忘记基本常识。置身于现代社会的西方思想家们，不可能重视那些常识，而我们，正在向现代艰难迈进的人们，却不应该忽视那些常识。

一、关于现代、现代化、现代性的理解

首先是相关的一串概念：现代、现代化、现代性，不知从什么时候开始，它的意义已经模糊不清，成了需要反复解释的问题。其实，这不应该成为问题。

所谓现代（Modern），是人类社会的一种类型，也是人类文明史的一个

阶段，它是与前现代比较而言的，也就是与中世纪或所谓封建时代比较而言的。有人把它与传统对立，这是不恰当的，因为传统是流动的，并非固定不变。如果站在西方说话，近三百年的传统恰恰就是现代。如果站在尚未进入现代社会的地方说话，现代尚未到来，所以置身其中的传统自然是古老的前现代传统。所以，与“现代”形成对立和比较的，不是“传统”，而是“前现代”或“后现代”。说到现代，需要注意的是人类并不是同时进入现代的，各个国家和地区进入现代的时间不同，各国都有自己的“现代史”，那些不同的起点及其标志性事件是值得充分注意的。考察世界各国的现代史起点，考察那些标志性的事件，可以帮助我们明白什么是现代、什么不是现代、现代社会的根本何在。

虽然帕森斯关于传统与现代的划分受到一些批评，被看作一种二元对立的模式，但这一模式划出了一条基本界线，不仅为现代化问题的分析提供了便利，而且可以避免像当下一些人那样把各种东西一锅烩。只要我们把他的“传统社会”理解为“前现代社会”，一些问题就不容易混淆。在帕森斯的基础上，一些学者把社会的这个发展过程分为传统、现代化和现代三个阶段。正如伦纳德·宾德尔所指出的：“在历史过程中，有一个中心点，自此点后，事情始有歧异发生。此点可称为起点，它可视为一个单一事件或一大堆历史事件。透过历史，不同国家在不同的时期经过此点，有些国家迅速，有些国家缓慢，有些国家甚至倒退，有些国家似乎毫无希望地停滞不前。假如起点被视为正合时宜的一点，则将从此点划分传统与现代两个阶段，并以此种二分法原理来理解此世界。假如此点是一个历史阶段，则它提供给我们另一种理解的原理：传统、现代化和现代三分法。”①这里虽然仍然使用了并不确切的传统一词，但多数人都赞成这种三阶段的划分，因为中间这个作为过渡阶段的现代化阶段非常重要。在一些国家，它可能很快完成；在另一些国家，它可能是一个艰难曲折而漫长的过程。在一些国家，它可能全方位同时启动；在另一些国家，可能因为遇到不同阻力而只能实现某些方面的现代化。正因为这样，对于世界来说，有的国家已经进入现代，有的仍然处于前现代，有的则是处于现代化过程中，矛盾也会异常复杂。

①陈鸿瑜：《政治发展理论》，台北桂冠图书公司1982年，第34页。

所谓现代化（Modernization），就是人类文明摆脱前现代而进入现代的演化过程，也就是现代性的追求和确立过程。它是一个世界性的历史现象，是人类文明的一次全方位的变革，体现在物质基础、制度规范、价值取向、文化心理等各个领域。像人类文明史上任何一次重大的整体变迁一样，这个过程不是全世界同步的，而是首先在某个国家或地区发生，然后不断扩展，最终在全世界完成。现代化最先发生于西方，但并不只是西方的事，而是人类文明史上的一次重要变迁。就像人类直立行走、创造工具、创造文字一样，是任何民族都不可避免的一个过程。如果最后仍然有某个国家或地区能够自外于这个潮流，结果就会像进化过程中拒绝直立行走的猿，创造出一种具有差异性的特殊形态。因为现代化必然改变着人们的价值观念和生活方式，改变着人与人、人与群体、人与社会的关系，带来经济生活、政治生活和意识形态领域的深刻变革，所以，它必然是一方面受到欢迎，一方面受到抵制。这不难理解，因为生活秩序的任何变化都可能损害既得利益者的部分利益，所以欢迎和抵抗必然会同时出现。一般说来，物质和技术层面上的现代化很少受到抵抗，因为人们很容易知道电灯比油灯明亮、汽车比马车跑得快，所以专制君主也喜欢电灯和汽车。如果他尚有爱民如子的品性，就可能不愿独享现代文明，恩准百姓装电灯或买汽车。在世界的许多地方，物质层面的现代化正是这样一步步实现的。但在制度和规范层面，情况却大不相同，因为涉及集团利益，而且是涉及某些集团的子子孙孙的根本利益，比如结束集团世袭等，前现代社会资源的占有者就总是要以各种形式抵抗，以保护其非法占有的一切。所以，一些国家的现代化进程很慢，并且出现片面的、畸形的发展状态，使全面的现代化迟迟不能实现。

所谓现代性（Modernity），其实也是非常简单明了的东西。只要知道了什么是现代，知道了现代化所“化”的那些内容，还不明白什么是现代性吗？如果要下定义，大概可以这样：现代性就是人类文明在告别前现代而进入现代这一过程中所创造和衍生出来的那些新的状态和特性。布莱克说过：“从上一代人开始，‘现代性’逐渐被广泛地运用于表述那些在技术、政治、经济和社会发展诸方面处于最先进水平的国家所共有的特征。”[①]我们把

①C.E.布莱克：《现代化的动力》，周风铭等译，四川人民出版社1984年，第5页。

那些共有的特征归纳起来，也就是现代文明的特征，也就是现代性的主要内容。在这一点上，当代西方学人的一些著作很容易产生误导，因为在现代性已经基本确立的地方，常识无需言说，他们的言说已经进入一些较深的层面，或者是偏僻领域，讨论的往往是枝节的细部问题。因为普遍的、根本的问题大多已经得到解决，他们对社会的关心只有转向同性恋者的权利、精神病患者的权利、汽车排量对百合花的危害之类。而在后发达国家，值得关心的却不只是这些问题。

一般说来，现代性是不受民族、地域限制的，因为无论哪一个国家哪一个地区的人民都希望获得较好的生存状态。但是，变革会威胁到旧秩序，而任何旧秩序都有既得利益者或既得利益集团。因此，对现代性的批判、抵制和改造是必然要发生的。既然有人渴望现代性，有人部分地害怕现代性，围绕现代性的矛盾和对立也就不可避免。同时，现代性不仅意味着人的生存条件和环境的改善水平，而且意味着人的生存的新的标尺。因为标尺的改变，人们必然要有进一步的权利要求。对旧统治者而言，这常常是一种威胁。因为在前现代社会，统治者的权力并非公民选票赋予的，甚至是建立在对被统治者权利的剥夺这一基础之上的。因此，人们逐渐生长的权利要求必然要与既得利益集团维护特权的意图相冲突。这是现代性实现过程中不可避免的冲突，也是研究现代性问题不可忽视的重点。

二、关于现代性的结构和现代化的系统性

无论现代化还是现代性，都包含一系列内容。它涵盖文明的各个方面，包括物质层面、制度层面和精神层面，涉及经济、政治、社会、文化等各个领域，是一个整体结构。尽管现代性的结构可能还处于一个开放的演化过程之中。但要认识现代性，就不能不分析这个整体结构。

事实上，人们对现代性和现代化的论述早已涉及这一结构：为了分析方便，人们常常把现代化分解为经济、政治、社会、文化等几个方面。布莱克分理智、政治、经济、社会和心理方面论述。亨廷顿从心理、智力、人口、社会、经济、政治等方面来论述。美国社会学家阿力克斯·英格尔斯在《迈向现代：六个发展中国家个人的变化》一书中认为，如果没有从心理、思想

和行为方式上实现由传统人到现代人的转变，使之具备现代人的人格与品质，就不能成功地使后发展国家迈向现代化。因为现代化既是经济发展，也是政治、文化和精神发展。这些论述无论有多么大的不同，都离不开政治、经济、社会和文化几个主要方面。日本学者富永健一虽然只分“产业化”和“近代化”两个方面，但事实上也包括这些内容：“产业化”概括经济领域发生的重大变革，而主要标志是工业化；“近代化”概括了社会政治领域和思想文化领域发生的重大变革，主要内容是政治上的民主化和意识形态上的个人主义。[①]

特洛尔奇的《现代世界》的导论部分努力对现代结构的形态和品质进行全景性的描述。根据他的研究，中世纪的文化和社会形态总体上是教会权威式的文化，现代文化和社会的基本性质却恰恰相反，知识学的理性主义取代教义神学；人的自律取代超自然的他律；历史相对主义取代绝对的启示真理；世俗的国家理念取代神权国家理念；国家式的宽容取代教会式的不宽容；冲动的内在世界取代禁欲的彼岸世界；进步的乐观论取代原罪的悲观论……他把现代结构的本质归结为两个主要原则：世俗理性化的个体主义和神性的内在论。毫无疑问，个人主义对现代品格来说，是决定性的。大多数的学者都会承认，现代性的根本标志是个人权利和工具理性。在近期中国学界，工具理性也与自由、平等、科学、民主一样被涂抹得很不光彩，但根据我们的现状，却不得不承认，工具理性其实是个好东西。即使需要批判，最好也要等一些神圣之物成为个体公民的实用工具之后。

在这个结构中，可以划分为几个大的层面：一是物质供给层面，科学技术的发达和工业化，居住条件的改变，衣食住行等器物层面上的进步；二是制度层面，国家性质和功能的改变，社会组织形式、政治、经济制度方面的改变，以及这些制度所依据的理念的变化；三是文化层面，知识学、文学、艺术、哲学、道德和宗教方面的变化。现代化就是这各个层面向着现代转化。在物质供给层面，工业化当然具有重要的地位，因为它意味着人类由以体力从事劳动到用机械代替体力的过程。但是，经济领域里的现代化并不仅仅是工业化。工业化主要是指生产力的进步，经济的现代化不只是生产力的

①罗荣渠：《现代化新论》，北京大学出版社1993年，第8—15页。

现代化，同时还应该包括生产关系、产品分配和交换的现代化。它的主要标志是市场化和个人对财产的控制权。在政治方面，现代性的标志就是民主。是专制还是民主，划开了前现代与现代在政治方面的界线。所以，如果说经济的现代化就是经济活动的市场化和产权的明晰化，那么，政治的现代化就是民主化。在文化方面，现代性的标志是个体的自由选择和自由创造。思想信仰的自由选择，文化的自由创造，是现代社会文化的主要特征。社会方面的宗教裁判，舆论封锁，统一意志，个人精神方面的依附心理，奴才观念，都是尚未进入现代的表现。

在一些地方，现代化常常被描述为一个经济发展和技术进步的过程，似乎现代化就意味着经济上的增长和技术的进步，物质文明的成就成了现代化的标志。这是一种误解。只要稍微有一点现代社会理论的知识，就应该知道：现代化是一个系统工程，其内部各项因素有机关联，一方面是一个因素的变迁最终必然要引起其他因素的变迁；一方面是某些方面如果不能同时变迁，最终将影响和牵制整体的变迁。这种理论的确存在一个问题：似乎现代化的整体结构系统是不能拆解的。但历史实践已经告诉我们，它并非不能拆解。恰恰相反，在某些情况下，它是可以根据需要而取舍和组合的。比如，现代技术本来是与现代经济和现代政治体制连在一起的，但在事实上，现代技术完全可以单独被抽取，用于监控大臣和管理太监。经济发展也可以无需其他系统配合，资本并不一定属于资本主义，而是也可以使慈禧太后的生日过得更排场，为御前侍卫配备新的武器。所以，现代化的系统性和整体性和系统性必然受到怀疑，基于这种理论基础的乐观主义将遭遇强大的挑战，因此而产生的悲观也将被化解，带着胜利的喜悦松一口气。

不过，现代化一旦被强行肢解和重新组合，它必然是畸形的，后果难以设想。越来越多的经验证明，如果忽视了现代化的系统性，片面追求物质发展而忽视与之相适应的制度建设和精神建设，社会就会畸形，甚至给全人类带来灾难。纳粹德国就是突出的例子。

三、关于现代性的核心

在现代性各个方面的核心，有一个根本的东西：个人的自由、尊严和权利。其他各个因素，都是为它服务的，因它而获得价值。

任何结构都有一个核心，有一个构成这个结构的根本。毫无疑问，现代性结构的根本就是个人。学者们一般都承认，现代性无法回避个体与群体关系的设定。在传统社会，可以无视个人的权利，但在现代社会，却必须尊重个人的权利。前现代国家属于君主，属于一个家族或一个集团，并非全体国民所有，所以，百姓与国家主权无关。现代国家建立在个体公民的契约之上，在国家法理上，它只是公民为保护个人权利而创造的工具；政府只是公民雇佣来管理事务的经理，必须对作为个体的公民负责。国家如此，其他任何社会组织都需要建立在这种基础之上，不能危害个人权利。国内许多学者也都承认，“个体的生成可以视为现代性的标志”①。还应该注意的是，个人的解放程度和个人权利的保障程度是现代化程度的主要标志。所谓现代，区别于前现代的，最根本的标志就是个人的解放和权利的获得。

这个标志是现代性的根本，也是鉴别一个社会是否进入现代的主要指标。

当然，直到今天，还有一些地方不具备这些。这不奇怪，因为现代化不是在全世界范围内同时启动的，人类也不可能同时进入现代。有的国家和地区早一点，有的国家和地区晚一点，这是文明发展的正常现象。面对这一现象，需要注意的是两种不同的态度。一种是努力赶上去，争取以最快的速度改善人们的生存条件和生存状况。另一种则是以掩耳盗铃的方式拒绝承认自身与世界存在的差距，为保存某些不利于人的生存的前现代制度遗留寻找理论根据。因为自身未达到现代性的某些指标，不是努力赶上，而是采用修改指标的方式，提出“现代性是一个不确定的概念”之类的说法，或者努力论证“多元现代性”“另一种现代性”“反现代性的现代性”之类，甚至把“文革”也看作现代性的一种模式。这就不仅是自欺欺人了。因为那正是打着“现代化”或“现代性”的旗帜而阻挡一个民族真正进入现代的常用手法。所以，“现代化没有固定的路径”，或许是对的，起点不同，路径自然有异。“现代性是一个不确定的概念”，却是一种值得警惕的说法。如果后退一步，承认这种说法，就应该加以补充：无论现代性这一概念多么不确定，也无论现代性有多少不同模式，都不能偏离个人权利这个中心。凡是漠

①刘小枫：《现代性社会理论绪论》，上海三联书店1998年，第22页。

视或践踏个人权利的模式，都不得假冒现代性之名。它们所导致的一切，也不应记在现代性的账上。

四、对现代性的两种不同批判

从20世纪末开始，批判现代性在中国成了时髦，影响了一代年轻作家和学人。批判现代性有种种不同的说法，比如“反思现代性”“反省现代性”或“现代性反思”，等等，但众所周知，中国人的语言艺术本来就有这样的特点，实际的态度并不表现于字面上是否温和。所以，对批判现代的言论需要辨析，辨析也需要相关的常识。

只要不是眼睛只盯着经过主流挑选而引进的几本外国理论译著，就应该知道，对现代性的批判是伴随着现代性的萌芽开始的。关于现代性起源的时间，学界的认识很不一致，但多数人都能接受从文艺复兴或启蒙运动开始的观点。那么，历史提供的图景是：现代性最先的批判者是维护封建专制和教会特权的人们。文艺复兴运动的反对派，宗教改革中的反对派，思想启蒙运动的反对派，法国大革命中的复辟势力和极端分子，以及这一系列变革中的旧道德和旧观念的迷恋者，都是现代性的批判者。在现代性基本确立而又不断扩展和推进的过程中，也仍然伴随着批判者，以美国为例，从反对废奴的人到反对给予女性选举权的人和坚持种族歧视的人，也是现代性的局部批判者。说他们是“现代性的局部批判者”，是因为他们可能不反对个人权利的现代基本原则，却不愿意把这种权利给予奴隶；可能并不反对民主这一现代政治原则，却不愿把这种权利给予女性。不过，有点奇怪的是，从西方到东方，今天那些批判现代性的人，大多不愿引他们为自己的鼻祖或先驱，更不愿承认自己与他们之间的精神血缘关系，而是推出一些面目颇新的人们作为代表。这样的做法可以有效地淡化批判现代性的完整历史的本来面目，使人误以为批判现代性是前沿的东西。

因此，面对现代性批判的浪潮，需要有一个基本的鉴别，看它是来自旧世界的抵制，还是来自现代性自身的反省。前者可以称为抵制性的批判，后者可以称作反省性的批判，两种批判出发点不同，目的指向也不同。

根据以上所言，无论文艺复兴运动的反对派，还是宗教改革的反对派，无论启蒙运动的反对派，还是法国大革命中的复辟势力，他们对现代性的批判都谈不到“反思”或“反省”，而只能是“抵制”或“反抗”。艾恺告诉人们，最早现代化的英国和法国都出现过反现代化思潮。在被迫现代化的德国，反现代化的声音则更为强烈。从18世纪的哲学家赫德对启蒙运动的批评，到了19世纪费希特对经济现代化带来的社会变迁的憎恶，经由一系列思想和社会事件，直到纳粹的出现，都体现着对现代性的拒绝和抵抗。[①]根据金雁的研究，俄国从19世纪中期就开始了现代化历程，然而，像一些后发达国家的现代化历程一样，出现了影响巨大的曲折和反复。在从斯托雷平改革到1917年的革命之间，俄国各派力量的矛盾令人眼花缭乱。在坚持俄国的公社制度方面，极“左”与极右两种力量离奇地结合了起来，都在大力鼓吹集体主义、公社制和“共耕制”，极力抵制个人主义与财产私有，都在努力维护俄罗斯传统而反对“西方瘟疫”。所谓自由派以依附于专制统治为条件推行其经济自由主义，因而无法真正实现现代化，所谓民主派则是代表村社农民的民粹主义者，看上去坚决反对专制主义和农奴制残余，似乎是一股现代化力量，但从价值取向看，却带有浓重的专制宗法心理，习惯于依附于共同体。正因为这样，俄国现代化过程中出现了一个“西方文化东方化”的过程。正因为这个过程，俄国的历史出现了曲折。“正因为俄国革命是马克思主义、传统民主主义联盟反对自由主义、传统专制主义联盟的革命，所以从民主革命（反对专制主义）到社会主义（反对自由主义）的转变就出奇得顺利。而在这一转变中列宁主义与传统民主主义的结合后来发展到这样的程度——社会革命党根据民粹主义理论制定的、以全国村社化为主要内容的土地纲领为布尔什维克完全接受，并领导农民在十月革命中把它付诸实施，而社会革命党本身却因其自由主义（而不是民粹主义）倾向‘背叛了自己的纲领’，从而为农民所抛弃。……十月革命的胜利一方面是无产阶级、社会主义、列宁主义的胜利，另一方面也是村社制度前所未有的复兴、俄国传统文化的复兴、‘新民粹主义’（不仅作为一个学术流派，更重要的是作为一种文化心态）的复兴。”[②]

---

①艾恺：《世界范围内的反现代化思潮》，贵州人民出版社1991年，第19—86页。

②金雁：《苏俄现代化与改革研究》，广东教育出版社1999年，第135—147页。

所谓反省性的现代性批判，是适应现代性的完善、扩展和深化而发生的，目的和客观效果是现代性的改进和修正，因而在事实上不具有“反现代性”的性质。西方对现代性的反省起源于何时，学界认识并不一致，原因在于对一些现象究竟是自我“反省”还是异己“抵抗”的不同认识。从马克思、波德莱尔、尼采、海德格尔，到法兰克福学派和所谓“批判的知识分子”，构成了一个批判潮流，其中杂质不容易清晰辨认，但精神根植于新世界还是旧世界，却不难看清。反省式的批判是可能的。一是现代性自身有许多相互冲突的因素，比如自由与民主、自由与平等之间的紧张，国家权力范围的弹性，现代体制的相互制约关系导致的摩擦，等等，都必然带来批判和论争，但它是现代社会自身的矛盾，任何一方都不是反现代的。二是现代性的扩展和深化过程必然伴随着对自身的反思与批判。公共事务中性别歧视、种族歧视现象的缩小和消除，同性恋者婚姻的被尊重，监狱生活的不断改善，对弱势群体的实际帮助，都是在这种不断自我反思和批判中推进的。现代文明不是一开始就十全十美的，而是需要一个不断改进和完善的过程，这个过程依靠的就是不断反思与批判。这种批判与抵抗性批判的主要不同点在于，它来自现代性自身，目的是为了现代性更加完善，所以不带敌意。

总之，两种不同的批判来源不同：一是来自现代性自身；一是来自现代性所冲击的旧势力。其行为性质也不相同：一种是改进性的，或反思性的；一种是抵抗性的，或反扑性的。涉及“现代性批判”，不能不注意这二者的不同。一个明显的现实是：在后发现代化国家的现代化尚未完成之际，对现代性的批判往往主要不是来自现代性自身，而是更多地代表着历史的惯性力量。这并不奇怪，在现代文明取代前现代文明的过程中，前现代力量虽然步步败退，却又步步设防、步步抵抗，不甘退出历史舞台。但需要注意的是，这种抵抗带来的问题不能称作“现代性问题”，因此，对它的探讨是认识现代化障碍的问题，与“现代性反思”无涉。

在这一点上，西方许多学人都是不清醒的，这并不奇怪，因为20世纪西方知识分子的思想能力处于持续退化之中。越是后来者，就越容易犯糊涂。比如奥斯维辛，它的出现并不奇怪，更无需因此而对现代文明产生怀疑。因为文明都不可能纯粹，人类在走向善的时候总是无力摆脱恶的纠缠。何况，人类的某些精神变态是至今无力解决的，许多影响历史的大人物事实上都存在严重的心理疾患。对于他们，人类至今没有找到完全有效的应对方式，所以要加强制度建设，以防拥有核武器国家的领袖们神经失控而启动发射按钮。反民主的人喜欢强调希特勒是人民选出来的，反现代性的人喜欢把纳粹说成现代文明的产物，反启蒙的人又喜欢把希特勒说成是启蒙运动的结果，其实都是站不住脚的。因为一个问题不难明白：在希特勒与罗斯福之间，到底谁更能代表现代文明？多数人的答案肯定是后者。至于一定要把奥斯维辛、古拉格群岛、红色高棉说成是现代性的，其实不过是要把水搅混，让善与恶、美与丑、文明与野蛮变得彼此彼此，以便为后者辩护。

还有一个问题是，任何人都不会否认现代化带来了一些负效果，可是，世间哪一种新事物没有负作用呢？不谈其正面价值，专谈其负面作用，如果是在现代性已经基本确立的西方，是正常的，也是有益的；如果在现代性难以着陆的地区，这种强调的目的和功能就值得警惕了。人类的一切努力都有负效应：为吃水而挖井，导致了孩子掉到井里；为方便旅行而发明车辆，导致了车祸频频发生；为发展经济而开发资源，导致了自然生态被破坏……面对这一切，一些提醒无疑是善意的，甚至体现着智者的深谋远虑。但一些言说并非如此，面对饥饿的人们对食物的呼唤而批判美食，理由是美食导致肥胖，出发点仍然可能是善意的，但如果是为了在饥荒中帮助权势者实现食物禁运和垄断，就只能被绑在历史的耻辱柱上。

李新宇学术文集

肆

重申“五四”精神

李新宇 ———————————————— 著

山西出版传媒集团 北岳文艺出版社
BEIYUE LITERATURE & ART PUBLISHING HOUSE
·太原·

图书在版编目(CIP)数据

李新宇学术文集 / 李新宇著. —太原:
北岳文艺出版社,2020.5
ISBN 978-7-5378-6178-6

Ⅰ. ①李… Ⅱ. ①李… Ⅲ. ①中国文学-文学研究-
文集 Ⅳ. ①I206-53

中国版本图书馆CIP数据核字(2020)第057362号

李新宇学术文集·重申“五四”精神

李新宇◎著

//
项目负责人
范 戈

责任编辑
范 戈

封面设计
张永文

印装监制
郭 勇

出版发行:山西出版传媒集团·北岳文艺出版社
地址:山西省太原市并州南路57号
邮编:030012
电话:0351-5628696(发行部) 0351-5628688(总编室)
传真:0351-5628680
网址:http://www.bywy.com E-mail:bywycbs@163.com
经销商:新华书店
印刷装订:山西人民印刷有限责任公司

开本:710mm ×1000mm 1/16
总字数:2688千字
总印张:159.5
版次:2020年5月第1版
印次:2020年5月山西第1次印刷
书号:ISBN 978-7-5378-6178-6
总定价:698.00元(全6卷)

2008年，在南京大学

作者部分书影

刊载作者学术文章的部分刊物

目　录

第一辑

第二辑

第三辑

第四辑

第一辑

旧战场上的寻思

——《重申“五四”精神》导言之一

寂寞新文苑，平安旧战场。
两间余一卒，荷戟独彷徨。

当鲁迅写下这首诗的时候，那场轰轰烈烈的伟大运动刚刚过去不久。如今，八十年风吹雨洗，旧战场只能更旧，新文化营地四面楚歌：一方面是新旧炮火的轰击，一方面是轻蔑的超越与快乐的遗忘。据说，这都是智者的选择，而且顺应着世界潮流。在即将告别这个充满邪恶和灾难而又显示着正义和生机的世纪而迎接未知的21世纪的时候，我清楚地知道有许多更为重要的问题需要思考，然而，却对“五四”无法忘怀，依恋之情使我再次走入旧战场，在久久的徘徊与沉思中，我与鲁迅对话，与胡适对话，与陈独秀对话……一个念头再也无法驱赶：重申“五四”精神。

也许这是我的保守吧！面对八十年前的旧战场，我固执地认为：文化变革是中国现代化进程中一个不可或缺的决定性环节，而且是经济变革和政治变革的最后保证。因此，从文化角度来寻求社会发展和人的解放之路，对于民主共和的政治革命已经成功之后的中国人来说，毫无疑问是知识分子清醒而正确的选择。在洋务运动和辛亥革命的基础上发生的五四新文化运动把20世纪中国推向了文化革命的高潮，从而真正开始了与世界全面接轨的伟大努力。正是在这个意义上，五四新文化运动才成为中国告别前现代社会而迈向现代社会的一次庄严誓师。一代接受西方现代思想影响并获得了自身独立性的知识分子以崇高的使命感努力从各种枷锁中解放出来，草创了中国现代文化基地，勾画了一幅中国现代化的蓝图，启示了中国人生存和发展的新的可能性。回顾“五四”以来的历史，可以说，中国的全部进步和希望都与五四新文化运动给予的精神饲养密切相关；全部曲折和教训也都与“五四”新文化精神的丢失密切相关。当历史走过各种曲折而再次谋求现代化之际，歧路和坦途在历史的图表上已经得到清楚的显示，先驱们的声音在经历各种曲折之后更加发人深省。因此，在20世纪末的今天，面对全球化的新语境，虽然超越的呼叫总是具有特别的诱惑力，虽然谁也无权制止各种新旧势力对“五四”的清算和消解，但是，只要中国还处于现代化的历史进程中，只要中国人不想永远拒绝自由、平等、民主的现代社会秩序以及它所保障的个人的价值、尊严和权利，就没有理由忘记五四新文化运动留下的精神遗产。

一

重申“五四”精神，首先因为它面临挑战。在20世纪末的中国，“五四”面临各种新旧思潮的冲击和围困。这种挑战首先来自新生的保守主义。在一些人的眼里，“五四”不但很不光彩，而且罪大恶极：过激主义、民族文化虚无主义、全盘西化、矫枉过正、造成了传统的断裂、割断了中国文化的血脉……这种种指控当然一点也不新鲜，自五四新文化运动发生的那一天开始，就一直没有停止过。原因非常简单，因为重估一切价值、倡导科学与人权、鼓吹人的自由、支持女性解放、高呼“救救孩子”，这一切都与古老的传统格格不入，因而必然导致各种自觉和不自觉的抵抗和反攻。纵观“五四”高潮过后的历史，文化保守主义时起时伏，始终未曾真正消失过。如果考察其思想和理论，主要观点是从1921年梁漱溟的《东西文化及其哲学》到1935年王新命等十教授的《中国本位的文化建设宣言》，再到1958年张君劢、唐君毅、牟宗三、徐复观等《为中国文化敬告世界人士书》所展示的：西方文化的主要成就在于处理人与自然的矛盾，要解决的只是人的物质生活需求；中国文化的奥义在于解决人和人的矛盾，要解决的是人的精神的和谐和安适；二者互有长短，未来的文化建设不能离开本土传统。而“五四”打倒孔家店，全面反传统，把自己灿烂的文化弃之不顾，而从西方捡来一堆低劣的垃圾，导致后患无穷……其实，许多论点都是“五四”一代人所反复批驳过的，在鲁迅、胡适等人的笔下问题本一目了然：中国重精神，而精神文明之差、精神压抑和扭曲之惨烈，堪为世界之最；中国推崇道德，而道德水准之低也是有目共睹；一种声称致力于安顿人们的精神的文化，却制造了世界上最强大的精神枷锁。新儒学特别看重的宋明理学体系之周密的确是中国任何一种传统学说所无法比拟的，但是，只要看一看“存天理，灭人欲”和“饿死事小，失节事大”，就足以明了它的伟大与周密用于何处。然而，在一些人的眼里，似乎文化比生命更加重要，过去比未来更重要，守旧比创新更重要。只要它是传统，无论“吃人”与否，都必须保卫并发扬光大。试图从宋明理学的道德心性之“内圣”开出现代民主科学之“外王”，无疑是痴人说梦，其目的不过是使某些传统获得现实的合法性。

本来，“五四”早已被遗忘多年。但在结束十年动乱之后，在进入80年代的门槛上，一些知识分子于苦难和血污中探寻民族的出路，与改革开放相伴随，有了回归“五四”的呼声和各种实践活动，因而使80年代成了一个充满理想和激情的文化变革年代。但是，这个年代是短暂的，在进入90年代之后，保守成为时髦，各种新旧保守主义在弘扬传统的大旗之下迅速集结，尊孔的浪潮一浪高过一浪，传统与现代化的关系成为一个热闹话题，似乎中国的现代化并不需要批判传统，似乎现代社会的一切都可以从传统中得来。一些人认为，在中国现代化过程中，儒学是不可缺少的思想资源。特别是在社会失序、道德失范和心理失衡的转型期，儒学更是实现重新整合的精神力量。大力弘扬儒学传统之际，就很容易发现“五四”的罪恶：批判旧伦理，不读中国书，把儒学看作现代化的对立物而加以扫荡，甚至用白话破坏了美妙的母语……扼腕叹息之余，就要“反思”和批判“五四”，而且出现了一种新的说法：文化发展的规律是三十年河东，三十年河西，20世纪是西方文化的世纪，21世纪将是东方文化的世纪。因此，中国现在需要的不是像“五四”那样从西方拿来，而是向全球传经送宝。在未来的世纪里，全世界都将到中国朝圣，跪伏在中国圣人和皇帝的面前山呼万岁……这是一幅多么美妙的情景！如果没有“五四”，这一天也许早就到来了。于是，“五四”真是罪大恶极！

回答这样的问题也许的确没有必要，因为它只是一厢情愿的天真想象。

但是，当它作为一种潮流汇入大众文化而被广泛接受时，当一种梦呓经过多级放大而被广泛传播时，它对时代的影响就不容忽视了。

更为重要的是，20世纪末的新国粹主义获得了东亚四小龙所谓“儒家资本主义”在经济发展方面的支持。东亚社会发展的实践使儒学与现代化的关系不再仅仅是一个理论假设或价值信仰的问题，而是得到了社会实证。应该说，那种努力从古代经典中找出几句能够适应现代化的孔孟语录便认定儒学是现代化动力的做法是没有说服力的。但是，面对“儒家文化圈”现代化的社会实践证据，严肃的学者就没有理由不给予足够的重视。既然在东方传统文化的基础上照样可以建成现代社会，既然拒绝西方现代价值照样可以建设现代化，既然“社会第一，个人第二”，不要自由和民主也照样可以“现代化”，五四新文化运动就毫无疑问是多此一举。不仅如此，就连辛亥革命也是多余的，因为慈禧太后和大清帝国的王公大臣们是并不反对在某些层面现代化的。“亚洲价值”的提出毫无疑问意在宣告所谓“儒家文化圈”的现代化有其自己的价值观念和文化特色，有一条不同于西方的现代化之路，因而可以保持亚洲特色，可以拒绝“全球价值”。从李光耀的《文化即命运》，到“东方汤因比”马赫布巴尼的《太平洋之路》，都在试图证明这条道路的可行性。尽管有金大中等指出这是一种“亚洲反民主价值观的神话”[①]，但在东亚某些国家仍然大有市场，在我们这里尤其受欢迎。那么，是提倡以儒学为核心的“亚洲价值”还是提倡以自由民主为核心的“全球价值”？这是事关全球化进程的问题，涉及后发达国家现代化道路的选择，也涉及现代化是否存在不同模式和现代性概念是确定的还是不确定的等问题。对于东亚和中国来说，“文化即命运”还是“民主即命运”？如果真是“文化即命运”，我们倒是省力了，无需奋斗也无需变革，原地不动即可，充其量是把旧物找出来修补一下，或者重新镀金或油漆。如果真能那样，倒正好证明亨廷顿文明冲突理论的卓见。但是，觉醒的中国人愿意为“文化”而永居苦海吗？愿意世界因“文化”而壁垒重重吗？愿意让所谓“文化”成为腐朽的体制与规范的藏身之地吗？在中国，这一切都与“五四”密切相关：“五四”所进行的文化革命是现代化的必由之路还是多此一举的迷途？它给20世纪的中国带来

①金大中：《文化是命运吗？——答李光耀》，美国《外交》季刊1994年第11—12号。

的是什么？这些问题是需要回答也值得回答的。

回顾80年代末以来“五四”的遭遇，重要的还不只是各种保守主义的冲击，而且在于被冠以“新启蒙”的知识分子群体的复杂表现。从80年代开始，中国知识分子由于种种原因而在文化上制作了一只橡皮口袋。像政治上平反冤假错案使整人者与被整者坐到同一条板凳上一样，文化上的这只口袋使各种相互矛盾和冲突的东西并排置放在一起，而且通通贴了“现代”的标签。它反映着一种调和折中的文化时尚，起因显然与对过去年代斗争哲学的反弹有关。然而，调和意味着妥协，各种杂物统统装进现代性的口袋，也意味着对现代性的大打折扣。这种思潮严重影响了80年代末以来对“五四”的反思。在一些人那里，所谓反思已经完全成了妥协和后退的同义语，在一些人那里，则成了反戈一击的同义语。在反思中，李泽厚的观点是有代表性的。他认为“五四”是“对传统的分析批判在理论上是比较肤浅的，例如废除汉字便既不可能，也无必要。这种口号显然并不科学，尽管当时提倡科学，它反映的也是一种情绪。又例如鲁迅反对读中国书，而事实上他还是读的，他对中国文化的了解也是很渊博而深刻的。对‘五四’的许多口号要作科学的分析”[①]。由此可见，人们是如何退回到了当年鲁迅所回答过的低层次的问题。作为80年代最有影响的学者和思想家，李泽厚在很多问题上都不像一个思想者，而像一个幕僚，像一个实际操作者。他往往轻车熟路地运用着实用主义政治家的思维，首先进行的是可行性的思考而不是合理性和科学性的思考。这种思维使他从“五四”的立场上大踏步后退。他的“西体中用”说正是在“儒家资本主义”的启发之下从“五四”的立场上后退和折中的产物。如果真是“西体中用”，也许是一个不错的方案，但从他把“天地君亲师”改为“天地国亲师”的做法，却足以看到，他事实上很难走出旧“体”的羁绊。在现实前提下考虑是否可行，在矛盾中提取折中的方案，这是中国的一种传统。无论严复还是梁启超，都不是不知道自由和民主之重要，却还是不主张公民的权利和个人的自由。这并不是因为他们认为“不应该”，而是因为他们认为“不实际”，即与中国国情不符。无论孙中山还是蒋介石，阻挠民主制度的实行，拒绝把自由还给人民，其理由都不是自由民主

①李泽厚：《五四的是是非非》，《走自己的路》，安徽文艺出版社1994年，第512页。

不好，而是国民没有运用民主权力的能力。在这一点上，只有鲁迅、胡适、陈独秀等“五四”一代人，与他们的思维绝然不同。

面对从西方引进的现代社会理想与中国既有国情的矛盾，是努力克服各种障碍而使理想实现，还是因为传统造就的国情而放弃理想或调整理想？这是两种不同的态度。前者是理想主义，后者是实用主义。为被接受而修改和调整理想，结果必然使其失掉了本来的美质而成为与固有旧机器相适应的一个零部件。“五四”新文化先驱们不是国情论者。他们并非没有看到他们所追求的“人国”与“吃人”的国情之间的矛盾，但他们的选择是为了美好的理想而改造旧国情，而不是为适应国情而改变理想。他们所做的这一切，已经被我们这个时代的知识分子所遗忘。努力继承“五四”精神的人们也在自觉不自觉地背离“五四”精神中最具光辉的部分。

由于这种妥协和折中，在各种思潮对“五四”发起强大攻势的时候，中国启蒙知识分子失掉了声音。考查实际情况，启蒙知识分子并没有在流失与分化中完全消失于外洋或商海。但是，学界很少听到他们理直气壮的回答。守护“五四”的人们为“五四”做着如此的辩解：“五四”没有要打倒孔家店，没有全盘反传统，没有主张不读中国书，没有主张废除汉字，没有……“五四”的过激、片面、反传统似乎已经无法为之辩护，需要寻找的是他们并不过激的表现，是他们与传统的种种联系，是他们继承传统的功绩。于是，中国现代文学研究界也开始努力把胡适、鲁迅、陈独秀都解释为中国传统文化的继承者和发扬者，努力发现他们身上的儒家文化传统或道家文化传统。鲁迅与孔子、鲁迅与传统文化、新文学与儒家文化、新文学与道家文化……成为一时的热门话题。这些课题当然有着不可完全抹杀的意义，但值得注意的是，人们张罗着让新文化先驱与他们所否定的传统握手言和，让反传统的斗士穿起传统的服装，其作用不仅仅是为他们在长长的历代先贤之末添加几个牌位，而是从另一个方面消解“五四”精神。

二

在90年代的中国，后现代思潮已经是一个无法回避的现象。尽管中国仍然处于向现代社会艰难行进的途中，但并不排除的确已经出现后现代文化因素。20世纪末的中国在许多方面都是开放的，一些国外的新思潮能够及时在中国传播。因此，西方的“现代性问题”也成为中国的问题，而且适应中国国情而产生出具有中国特色的后现代学说。这种“中国后学”显然没有形成自己完整的思想体系和价值系统，也缺少新儒学那种雄厚的根基，但这并不影响它作为现代性的消解力量而对“五四”新文化精神构成挑战。

考察中国后学的思想资源，利奥塔、福柯、德里达等对启蒙理性、知识和权力、科学主义、知识分子转型等一系列问题的反思毫无疑问为其提供了直接的启示。同时，这些思想之所以顺利地被中国后学所接受，并在中国得以广泛传播，一个重要的原因是它与中国改革开放之前的意识形态本属同源，而且其中一些东西还是60年代从中国出口的极“左”思潮。因此，在一些人那里，就有点出口转内销的亲切感。根据所谓后现代的观点，科学是罪恶的帮凶，理性也导致了罪恶，知识是权力的同谋，现代性是万恶之源，文艺复兴以来关于人的主体的设计更是一个虚幻的梦想。在这种思潮的影响下，一些人以新时代大众文化的代言人自居，批判现代性，否定启蒙，嘲弄知识分子，抨击精英文化，于是，“五四”与80年代首当其冲，成为被攻击的靶的。他们对五四新文化运动进行全面的质疑，要揭穿“五四”启蒙主义及其科学、民主、理性和关于人的种种神话。

对“五四”的否定又分三个层次：一是否定其世界化的方法论和价值取向；二是批判其接受的西方价值观念和知识模型；三是嘲弄其知识分子的启蒙角色和社会承担。用有中国特色的后现代观点看，通过世界化而实现现代化的方法论本身就是错的，因为那是对本民族文化主体性的漠视，是一种文化的严重不自信，而且追求来自西方的现代化本身就是错的。在他们看来，理性是一种神话，启蒙理性已经由批判封建主义的思想武器变为巩固资本主义制度的意识形态，完成了由启蒙理性向国家理性的转化。在这样一种新的目光的观照之下，科学和民主由于自身蕴含的矛盾而可能导致邪恶，启蒙主义的崇高内涵因其与权力共谋而不再闪光。“五四”接受的恰恰是西方文艺复兴和思想启蒙运动以来的启蒙理性、科学民主和关于人的神话。中国后现代嘲笑“五四”的“启蒙神话”，致力于终结和解构它的宏大叙事。在他们看来，“五四”知识分子和80年代的知识分子都是狂妄的，不自量力的。所以，他们嘲笑启蒙知识分子充当“文化英雄”和“文化导师”的迷梦，并以“知识分子死了”的宣言来终结启蒙知识分子。他们的资源来自国外，在法国政府发言人号召知识分子就法国经济与社会问题发表见解时，利奥塔发表《知识分子的坟墓》一文说：那些以普遍主体自居并进而对社会进行全面指导的知识分子属于过去的时代，而不属于这个时代。这个时代高度发展的科学技术已经结束了那种历史，那种社会全能型的知识分子已经进入了坟墓，代之而起的是专业型的知识分子，他们从事自己的专业活动，而不承担人类共同体的责任。[①]中国后现代以此为依据批判启蒙知识分子，认为他们没有理由继续存在。他们的这种批判直接指向80年代的精英文化和启蒙话语，并以溯源的形式把矛头指向“五四”。任何人都不得不承认，鲁迅、胡适、陈独秀等人的确关心得太多，没有只是守在自己的专业岗位。80年代知识分子也是如此，许多人都是超出了自己的专业领域而关心种种社会问题。知识分子的这种表现也许的确讨厌，所以，反启蒙和“知识分子死了”的宣传可以得到广泛传播。

在后现代思潮中，特别需要注意的是赛义德的后殖民主义理论及其中国化的后果。作为非西方的西方学者，赛义德认为后冷战时期西方的文化策略是一种后殖民主义。这种殖民主义的特点是在东西方文化交流中对东方落后民族和国家持一种友好而温情脉脉的态度，但是，它仍然是一种文化殖民。他认为这种方式可以使东方在西方文明的快感抚摸下俯首就范，以西方文化模式改变东方文化，并由此形成全球范围内的后殖民语境。非常明显，它所反映的是西方非主流文化从民族主义和文化相对主义的立场出发而对全球化趋势的一种抵抗。赛义德在提醒那些被西方“快感抚摸”的东方国家警惕西方的文化殖民，防止它的友好所具有的和平演变功能。中国人对此应该并不陌生。但是，这种建立在文化相对主义基础上的理论却与国人的民族文化中心主义和防止和平演变的需求一拍即合。赛义德的理论在中国大陆引起了积极的响应。反抗西方中心主义，抵抗全球化过程中西方话语对东方的入侵，拒绝承认后发达国家在现代化过程中转换民族传统的必要性，反对把西方现代化模式看作一个普遍的模式……这些20世纪中国保守主义者的梦想成为90年代（特别是1993年赛义德《文化和帝国霸权主义》出版之后）中国后

---

①《后现代性与公正游戏——利奥塔访谈、书信录》，上海人民出版社1997年。

学的文化使命。按照后殖民主义的文化逻辑，中国人接受后殖民主义的思想方法，应该是站在边缘立场对汉民族中心主义进行解构，然而，中国后学拿来后殖民主义的理论，却是用于证明重返中心的可能，用于“抵抗文化侵略”、用中华性取代现代性。在这种理论观照之下，启蒙就不仅仅是一种神话，而且意味着文化买办和协助文化侵略，现代化的过程也就是确立西方霸权的过程，追求现代性则意味着接受文化殖民。那么，五四新文化运动必然成了为实现西方文化霸权而在中国展开的一场文化殖民运动，五四新文化运动的领袖们则成了西方文化的代理人和经销商，具有了文化汉奸的性质。即使善意地理解，也是鲁迅等人思想糊涂，“上了西方传教士的当”。

从质疑现代性到弘扬中华性，有中国特色的后现代终于与新保守主义合而为一，对“五四”新文化形成了前后夹攻之势。

与后现代文化思潮一起对“五四”启蒙主义构成挑战的，还有所谓“大众文化”“日常生活”和“民间—市民范式”。90年代中国发展是迅速的，在一片现代性尚未建立而且萌芽不断被铲除的土地上，却在一夜之间建立起消费社会的文化逻辑。虽然这种“建立起”的完成时态本身就具有虚假性，但生活的表象却足以证明它的客观存在。在国外社会变动和新的研究成果的影响下，“市民”和“民间”成为90年代大陆学界常用的概念。一些并不完全赞同后学理论的人也往往以此为出发点怀疑启蒙范式，而对“市民社会”和“民间”投以青睐。“市民社会”这一概念的起源可以一直追溯到苏格兰启蒙运动。亚当·弗格森等曾经用这个词指代18世纪新商业经济的来临。在黑格尔那里，它包容了资本主义市场的需求体系和体制。进入20世纪之后，葛兰西开始更多地用它标示意识形态空间。更值得注意的是，在苏联集团最后的一段时间里，一些知识分子开始把市民社会这个词作为一种抵抗现存体制的旗帜，用它包容了各种独立于当时国家权威之外的力量。按照一般的看法，今天市民社会最重要的理论来源是来自捷克的社会学家伊内斯特·格尔纳（Ernest Gellner）。他的著作《自由的状况——市民社会及其敌人们》对西方战胜苏联的原因进行探讨，不把西方的胜利归结为民主制度的胜利，而归结为市民社会的胜利，因为在80年代末的波兰、捷克和罗马尼亚等地，一般人关心的主要不是社会制度和意识形态，而是希望过上像西方百姓一样美好的生活。因此，市民社会成为经济自由和政治自由共同的容器。

因为这一发现，90年代的学界对市民社会给予了高度的重视。虽然我们完全有理由认同格尔纳的担心："那个为低效率带来死讯的要命的天使也并不总是为自由服务的。"[①]但是，这并不影响人们对市民社会和日常生活给予足够的热情。

这种热情在文学界产生了"民间—市民范式"。按照一般的解释，"民间—市民范式"其实是一个比其他范式出现更早的范式，它的标本就是鸳鸯蝴蝶派，但由于受"五四"启蒙主义的影响，却被视为不登大雅之堂的通俗文学。1949年以后，实际上形成了"阶级斗争—革命范式"独步文坛的局面。"文革"以后，人们开始反思"革命范式"给文学造成的种种盲点和误区，于是出现了"启蒙范式"的重振。"自'伤痕文学'始到'文化寻根小说'止，新时期文学始终流贯着知识精英们的'启蒙情结'。1993年开始的'人文精神'讨论，实际上仍然是'启蒙范式'在文学理论上的后续表现；不过，此时它的对手已经不是'革命范式'，而是转为王朔小说在新历史条件下加以承传的'民间—市民范式'了。"[②]按照一些人的说法，90年代应该是"民间—市民范式"的时代。这一范式最值得注意的思想依据之一是启蒙与革命一样，都破坏了市民社会，破坏了民间文化空间。这种思想除了受上述历史巨变的影响之外，还与法国学者白吉尔的著作《1911—1937：中国资产阶级的黄金时代》有关。应该承认，该书在研究中国城市文化和现代城市资产阶级方面是卓有成就的。然而，通过中国现代化进程的研究，白吉尔批判了"启蒙"的范式和"革命"的范式，提出了"市场"和"民间"等新范式。该书使人看到的是：启蒙和革命打乱了清末以来一直向前发展着的现代化进程。她的着眼点显然主要是经济指标，经济的发展需要市场，而革命和启蒙却破坏了市场，也破坏了市民社会及其文化空间。这一论点是90年代中国学界有关清末民初历史重新认识的一个基本理论前提，也是文化界"民间社会"思考的前提。按照白吉尔的见解，启蒙、革命和国家不仅阻碍了中国经济的迅速增长，而且扼杀了民主化的萌芽。白吉尔的研究是严肃而认真的，她占有大量能够说明自己论点的材料。然而，值得思考的是：中国现代

①佩里·安德森：《文明及其内涵》，《读书》1997第11期。

②《编者的话》，《上海文学》1995年第10期。

化的进程只要有曾国藩和李鸿章们的努力就已经足够了吗？康有为、梁启超、袁世凯、黎元洪、宋教仁、陈独秀、胡适和鲁迅们的努力都是有害无益的吗？致力于政治现代化和文化现代化的努力都是有害无利的吗？这些问题如果得不到回答，“五四”将被悬置在历史的被告席上。

三

在相当长的一段时间里，“五四”在外表上一直闪闪发光，但是，发光之处却不一定是其真正价值之所在。在“五四”过后漫长的时代风雨中，它往往被解释为民族主义的，也常被解释为民粹主义的，而且被解释为俄国十月革命在中国的延伸。它的面目日益模糊，半个世纪之后，我们所面对的已经是一个承载了过多的积垢和油漆因而不易辨认的“五四”，也是一个被反复曲解和误解的“五四”。

20世纪末中国人对80年前的新文化运动已经缺乏了解。历史的遮蔽效果显著，非常态文化环境中成长的一代人在不可靠的历史叙述基础上形成的对“五四”的认识，在今日已经结出苦涩的果实。正如一些人并不了解鲁迅而凭历史给予的印象而对鲁迅极为反感一样，许多人并不了解“五四”，却对“五四”极为反感。原因不难理解，由于历史给“五四”披上种种外套，当人们对某种外套反感时，就难免对披这外套者施以攻击。既然充满罪恶和灾难的历史被挂接到“五四”身上，“五四”就成了罪恶之源。在20世纪末的中国，“五四”遭受种种责难，其实是在代人受过。原因就在于人们相当普遍地对五四新文化运动、五四学生运动都同样缺乏了解。

在一些学者眼里，“五四”应该为20世纪中国的一系列灾难负责。他们往往没有进行深入的思考，就在“五四”与“五四”之后的各种悲剧之间建立了因果关系。在20世纪末各种复杂的潮流中，人们对于整个20世纪中国的激进主义神话开始了反思和批判。这些反思与批判者往往把激进主义与“五四”启蒙精神画了等号，并且忽略了文化激进主义与政治激进主义的区别，把与专制传统紧密结合的政治激进主义与“五四”及其现代性追求作一体化处理。包括十年“文化大革命”，也被看作“五四”的继续。似乎一切悲剧都是因为“五四”和现代化导致的。这里显然存在着严重的误解。事实上，没有什么证据可以证明20世纪的各种问题都是现代性问题，也没有什么可以证明一切问题都源自现代化焦虑，更没有什么可以证明各种悲剧与五四新文化运动有必然联系。反现代化的思想和抵抗现代化的运动在20世纪的东方和西方比比皆是。从德国到俄国，从俄国到朝鲜，从俄国到中国，从中国到红色高棉，都出现过对全面现代化的大规模的抵抗，并且导致了悲剧性结果。把希特勒当作启蒙运动的结果，把“文革”当作“五四”的结果，显然都是同样的误解。法兰克福学派的某些人反思二战，把希特勒看作启蒙运动的结果，却不曾想一想，罗斯福与丘吉尔是否也是启蒙运动的结果，空间是前者能代表启蒙运动的结果还是后者更能代表思想启蒙运动的结果？对中国而言，更应该清楚的是，悲剧的发生并非别无选择，走向死谷之时并不是没有清醒的警告。当问题发生的时候，我们不去倾听清醒的声音；在悲剧酿成之后，却从根本上怀疑人类的理性，把罪责归之于启蒙和现代性，归之于现代知识分子，这看上去是在反思现代性，事实上却是在给邪恶披上合法化外衣。其实，人们应该清楚，一些问题的发生并不是因为有了“五四”，而是因为丢掉了“五四”的精神！因此，一些历史事件不能简单地归之于“五四”，“五四”不能为自身被放逐之后的历史悲剧负责。

把“五四”拿来与“文革”陪绑，从80年代中期的寻根运动已经开始。一些寻根文学的倡导者认为正是从五四运动到“文化大革命”这一历史过程全面地批判传统文化，造成了中国文化传统的断裂。他们把五四新文化运动与60年代的“文革”看作同样性质的事件。①这暴露了一些青年作家历史知识的欠缺，也透露了思维方式的局限。他们有感于亲身经历的历史对文化的破坏，追根溯源而指向了“五四”，把“文革”看作“五四”的产物，看作反传统和西化的，而没有对“五四”文化与当代文化的复杂关系做深入的思考。

这种误识之所以在80年代中期之后的中国普遍存在，与海外学者的影响密切相关。从80年代开始，由于本土资源的缺乏，学界对西方汉学表现了足够的重视。但是，海外汉学对中国的问题的研究却往往因为没有切身的感受而更多停留于表面现象。在80年代，林毓生的《中国意识的危机》对

①阿城：《文化制约着人类》，《文艺报》1985年7月6日。

中国大陆的影响不可低估。杜维明等海外新儒学家的影响也不能低估。然而，他们无论有多么大的不同，在把“五四”与“文革”联系在一起这一点上，他们是共同的。林毓生认为“这两次文化革命的特点，都是要对传统观念和传统价值采取疾恶如仇、全盘否定的立场”[①]。杜维明等更是把“五四”和“文革”一样看作是中国传统文明的摧毁力量。他们都注目于二者之间共有的表象，而没有能够对“五四”和“文革”的关系进行深入的考察。这就影响了因为长期贫血而失掉了思想能力的大陆思想界对“五四”与“文革”关系的认识，导致一些人把“五四”与“五四”之后的文化看作一个同质的整体。

然而，这两场“文化大革命”的性质是相同的吗？问题不难回答：前者革命的对象是专制主义和与专制制度相匹配的文化传统，武器是从西方拿来的科学与人权，目标是巩固民主共和制度和实现人的解放，让中国人也能获得人的价值、尊严与权利；后者虽然在表面上也在激烈反传统，但主要扫荡的恰恰不是旧文化而是新文化，巩固的恰恰是“五四”所批判的专制主义的意识形态。从根本上说，前者是现代的，后者是前现代的，二者之间，尖锐对立而难以相容。

必须注意的是，20年代后期开始的文化新潮已经不是五四新文化运动的继续，而是对五四新文化运动的一次再革命。无论是“革命文学运动”还是“民族文艺运动”，都显示着“五四”过后旧文化的回潮，其直接结果是干扰和冲击了五四新文化运动的发展，导致了新文化的边缘化和旧文化的回归。新文化在“五四”高潮过后的这种命运几乎是注定的。因为就文化选择来说，“五四”的选择与孙中山及其继承者的选择大相径庭，与以农民为主体的劳动大众的意识也相去甚远，因此，矛盾和冲突不可避免。胡适曾经站在新文化的立场思考“新文化运动与国民党”，看到的是国民党的反动。鲁迅南下广州而又很快离开，看到的也是革命策源地的文化旧而不新。新文化运动最显著之处就在于认为中国传统不能适应现代化的要求，所以要对其进行彻底批判。国民党却一直高唱着“抵抗文化侵略”的民族主义调子，强调民族固有的道德和光辉灿烂的精神文明，试图以“忠孝仁爱信义和平”的传统

①林毓生：《中国意识的危机》，贵州人民出版社1986年，第2页。

来整合人们的思想。事实上，孙中山对新文化运动的态度一直是矛盾的。对于“五四”，他所看重的只是宣传动员的经验，对于新文化运动的方向，却一直持否定态度。孙中山的文化思想更接近鲁迅、胡适们所反复批判的国粹主义。在他的著作中，到处可见这样的见解：“我们中国四万万人不但是很和平的民族，并且是很文明的民族。近来欧洲盛行的新文化，和所讲的无政府主义与共产主义，都是我们中国几千年以前的旧东西。”[①]获得政权以后的蒋介石等人更充分地发挥了这种立场。正因为这样，才引起了胡适的强烈反感，在继鲁迅与创造社的论战之后打响了又一场“五四”新文化的保卫战。胡适对国民党文化立场的指控证据充分：国民党不仅高谈“王道”、高谈“精神文明”、恢复“孔子纪念日”，而且标榜三民主义“继承尧舜以至孔孟而中绝的仁义道德”，“以中国固有的伦理哲学和政治哲学的思想为基础”[②]，而且大搞偶像崇拜，试图以三民主义统一人们的思想，这一切都与五四新文化运动的方向背道而驰。

“五四”新文化至此已成为涓涓细流，不再占有主流地位。到了抗日战争时期，救亡压倒启蒙，大众化代替化大众，“五四”精神已经难有立足之地。正如十年前钱谷融先生说的：“当时的先驱者们，是那样的意气风发，斗志昂扬，眼看着在他们的努力下，一个前所未有的伟大时代就要降临到沉睡多年、死气沉沉的中华大地上来了。但不幸的是，由于种种原因，先驱者的努力，并没有能长久持续下去。过了不多久，《新青年》团体就解体了，新文化战线发生了分化，战友们的目标不一致了。‘五四’新文化和新文学运动的灿烂之花，还没有结成丰硕之果，就忽然凋零了。”[③]

四

在种种新学和后学看来，“五四”早已失掉意义，需要的只是批判和解构。但是，摆在我们面前的现实是：“五四”提出的问题并没有解决，“五

①《孙中山选集》，人民出版社1956年，第666页。

②戴季陶：《孙文主义之哲学的基础》，民智书局1925年。

③钱谷融：《个性、启蒙、政治》，《社会科学家》1989年第1期。

四”的任务并没有完成，我们还处于现代化的进程中。在这种情况下，“五四”精神是否已经到了寿终正寝的时候？

由于各种原因，20世纪末的中国学界到处可见这样的描述：在过去的年代里，知识分子曾经以“启蒙”“主体”为旗帜，以启蒙导师自居，拥有话语霸权；而在今天，主体已经丧失了价值根基，启蒙成了一个过时的“神话”，知识分子已经边缘化，而且已经死了，文化的溃败和幻灭似乎已是不争的事实。作家们纷纷告别知识分子的启蒙话语立场，而以“平常心”“世俗情怀”相标榜，好像启蒙很丑恶，因而避之唯恐不及；知识分子很不光彩，因而赶紧以嘲弄知识分子表明自己并非知识分子的同伙。启蒙立人曾经是以鲁迅为代表的“五四”知识分子的神圣使命，但在世纪之交的大陆文坛，启蒙已被涂抹得荒唐可笑。时髦的批评家在反复强调：知识分子必须放弃启蒙主义立场，改变居高临下的导师姿态，必须进行自我反省和角色自我调整。在一些人的观念中，以“五四”为标志的启蒙主义已经失去思想的活力，失掉了现实的针对性。因为中国已经不需要现代性，中国大众已经不需要知识分子启蒙，中国的未来已经不需要知识分子。

这一切都建立在对当前时代和中国社会的认识基础上。冷战时代基本结束之后，世界的确发生了巨大的变化。福山乐观地宣告历史已经终结，亨廷顿充满忧虑地提醒人们关注文明的冲突。在大陆学人的笔下，近来也常常看到这样的表述：“在今天这个资本主义全球化的时代，商品化的问题更加突出。特别是资本主义全球市场化、商品化，已经全面渗透到第三世界和地球的每个角落……”[①]“1989年，一个历史性的界标。将近一个世纪的社会主义实践告一段落。两个世界变成了一个世界：一个全球化的资本主义世界。……中国的启蒙主义面对的已经是一个资本化的社会：市场经济已经日益成为主要的经济形态，中国的社会主义经济改革已经把中国带入全球资本主义的生产关系之中。在资本主义化的过程中，国家及其功能也相应地发生了虽然不是彻底的，但却是极为重要的变化。资本主义的生产关系已经造就了它自己的代言人，启蒙知识分子作为价值创造者的角色正面对深刻的挑战。……中国的现代化或资本主义的市场经济是以启蒙主义作为它的意识形

①刘康等：《后殖民主义批评：从西方到中国》，《中外文化与文论》1997年第4期。

态基础和文化先锋的。正由于此，启蒙主义的抽象的主体性概念和人的自由解放的命题在批判过去的社会主义尝试时曾经显示出巨大的历史能动性，但是面对资本主义市场和现代化过程本身的社会危机却显得如此苍白无力。”①

这是近年来国内学界的一种认识。告别启蒙立场和呼唤知识分子角色转型也大多由此而来。因为中国已经纳入全球化，启蒙已经不再需要，启蒙知识分子就该寿终正寝。但是，这种见解起码有两点值得怀疑：一、中国是否真的已经纳入全球化体系之中，全球化程度究竟如何？二、是否只要建立了市场经济，别的就不再需要了？中国人是否应该满足于吃饱穿暖，是否被宰割无需多想？

面对学界对于中国全球化程度的认识，我总有几分怀疑：中国的市场化已经完成了吗？中国已经进入全球化体系之中了吗？众所周知，由于各种复杂的原因，中国的市场化进程是困难的。由于政治和文化等各方面的因素制约，市场规则难以推行，市场的畸形和病态难以克服。不错，中国已经开始努力发展市场经济，但是，市场经济进入正常轨道却仍然非常艰难，而且，因为不被限制的权力之手，市场经济的出现并不意味着市场社会的建成；中国的确开始日益深入地加入到世界市场的竞争之中，从而使得内部的生产和社会机制的改造也必须在市场制度的规约之下进行，但是，这一切都还是极为有限的，市场规则并没有规约中国的整个社会生活，它离真正进入世界还有一段相当艰难的路程。

在一些人的描述下，启蒙知识分子退出历史舞台是必然的，因为启蒙主义的主体性概念和人的自由解放在批判前现代的意识形态时是有威力的，面对市场经济和现代化过程本身的危机，它却无能为力。这种分析是不能让人信服的。因为市场化并不导致启蒙必要性的丧失，恰恰相反，中国特殊的现代化过程使启蒙的任务更为迫切。当前中国现代化的问题当然不仅仅是“人文精神的失落”能够概括得了的，更不仅仅是所谓道德危机和精神文明的危机，而是社会转型期政治与经济、文化协调发展所遇到的问题和障碍。必须清楚：现代化不只是一个经济和技术的指标，更不只是市场经济，它是一个包括经济、政治、文化在内的系统工程。如果各方面不能协调发展，就不可

①汪晖：《当代中国的思想状况与现代性问题》，《文艺争鸣》1998年第6期。

能有真正意义上的现代化，因而也就不能避免种种问题的出现。从某种意义上说，一些所谓“现代性问题”并不是现代性自身的问题，而是现代性遭遇抵抗和扭曲而导致的问题。在这个问题上，国内外普遍存在着一个误解，似乎现代化是可以打折扣的，现代性是可以随意解释和修改的，事实上，现代性应该是确定的，否则，我们就可以宣布中国在秦王嬴政手里已经完成了现代化，标志就是万里长城的修建。众所周知，那样做的结果只能是对现代性意义的取消。

常识告诉我们，有了市场经济并不意味着现代化的实现。人们应该能够认识到，在国有或公有资产股份化或私有化等经济体制改革的同时，政治体制的改革是必需的，没有政治体制的保障，就无法保障公平的竞争，也无法避免不公平的再分配现象。仅仅依靠市场自身的发展并不能保证这些问题的解决。在这个意义上，我们不能不重视关于“文化即命运”与“民主即命运”的争论，而在我看来，无论文化即命运还是民主即命运，都明确地昭示着人们：在经济正大踏步现代化而政治和文化却不能协调发展的情况下，不是不再需要启蒙知识分子，而是特别需要启蒙知识分子。

在中国后学看来，“五四”之所以过时，启蒙主义之所以可笑，原因就在于已经置身于市场和大众传媒支配之下的消费主义社会，而在这样的社会里，大众不需要启蒙导师。然而，正因为传媒可以随时制造着大众的声音，社会才更需要启蒙知识分子清醒的声音。尽管众声喧哗给声音的传播增加了困难，但困难并不意味着不需要，而是对启蒙知识分子提出了更高的要求。

有人嘲笑“‘五四’神话”，有人讽刺“说不完的‘五四’”。是的，“五四”的确还没有说完，因为中国还没有发展到“五四”已经不必提起的时候。无论作为一种方法论还是一种价值体系，“五四”可能不是最好的，但是，在20世纪中国的历史和现实中，还没有更好的。所以，在结束这个世纪而进入下一个世纪之际，我为自己选择了这样一项工作：重申“五四”精神。

何谓“知识分子”？

论及“五四”，无法回避“中国现代知识分子”。要谈“现代知识分子”，首先要弄清什么是“知识分子”。

在当代中国，“知识分子”是一个常用概念，但是，很少有人认真思考它的内涵。在世纪之交中国学界关于知识分子的讨论中，有人对“知识分子”深恶痛绝，有人对“知识分子”一往情深，其原因比较复杂，但也常常透露出这样的现象：冲突双方所说的“知识分子”并非同一类人。

所以，在讨论知识分子问题之前，有必要先对我们社会提供的常识有一个基本的认识。

这是最流行的《现代汉语词典》对“知识分子”的解释：

> 具有较高文化水平、从事脑力劳动的人，如科学工作者、教师、医生、记者、工程师等。

值得说明的是，这个定义从《现代汉语词典》最初的1965年试用本，到1978年的第1版、1983年的第2版、一直到1996年的修订本，几百次印刷，都没有任何改变。《汉语大词典》中多了一点内容，是以“有一定的科学文化知识”替代“具有较高的文化水平”，意思大致相同。这代表着中国大陆的流行观点。在这里，知识分子是根据知识水平和职业特征划分出来的一个群体。“有知识”和“从事脑力劳动”是其突出的特征。

但是，这一解释显然存在一些问题。“有一定的科学文化知识”或“具有较高文化水平”都是非常模糊的标准。谁没有“一定的科学文化知识”呢？中学生没有吗？小学生没有吗？正因为这样，50年代把上过中学甚至上过小学的都算知识分子，而现在的组织人事部门掌握的标准是具有大专以上学历。到底文化水平到达什么程度算是知识分子呢？教育日益普及，是不是标准也要日益提高？同时，“从事脑力劳动”也很难作为一条界线使用。严格地说，单纯的体力劳动和单纯的脑力劳动都是极为少见的。众所周知，工人和农民被看作体力劳动者，但无论做工还是种田，都显然离不开脑力，离不开一定的科学文化知识。随着高等教育的普及和科学技术的发展，传统意义上的体力劳动者日益被机械（包括机器人）代替，劳动更多地依靠脑力而不是体力。如果人们都具有了较高的学历，并且都成了脑力劳动者，大家就都成了知识分子吗？

学界关心的显然并非如此意义上的知识分子。在“文革”后的中国语境中，谈论“落实知识分子政策”或“提高知识分子地位”时，所指一般是上述意义的“知识分子”，但在谈论“知识分子人格”或“知识分子的精神立场”时，在宣称“知识分子死了”时，所指却已发生了变化。从后者的意义上说，高学历的脑力劳动者不一定就是知识分子；而工农当中也并非没有知识分子。

那么，什么是知识分子呢？

人们一般认为知识分子有两个起源。一个是19世纪的俄罗斯。尼·别尔嘉耶夫在《俄罗斯思想》一书中说：“知识分子是一个不切实际的阶级，这个阶级的人们整个地迷恋于理想，并准备为了自己的理想去坐牢、服苦役以至于被处死。”[①]他认为俄罗斯知识分子的始祖是拉吉舍夫，当拉吉舍夫在《从彼得堡到莫斯科的旅行》中说“看看我的周围——我的灵魂由于人类的苦难而受伤”时，俄罗斯知识分子就诞生了。从俄罗斯知识分子看，公共关怀显然是重要的特征，关心人民的疾苦，关心国家的命运，关心社会的公平和正义，而且为理想而甘愿付出牺牲。从某种意义上说，它显示的是某种贵族精神，因为终日为衣食奔波的人们是很难那样去思考、那样去行动的。从十二月党人到民粹派的优秀分子，都显示了这种品质。包括十二月党人的妻

①尼·别尔嘉耶夫：《俄罗斯思想》，生活·读书·新知三联书店1995年，第25页。

子们，那种为理想、为爱情而勇往直前的精神令人肃然起敬。

另一个起源是法国的德雷福斯案件。1894年，弗莱德·德雷福斯无辜被捕，在毫无证据的情况下被判无期徒刑，这件事使富有正义感的人们感到无法容忍，奋起展开了一场斗争。1898年1月，著名作家左拉在《震旦报》（亦译《黎明报》）发表致共和国总统的公开信，报纸主编克雷孟梭给它冠以大字标题《我控诉!》，猛烈抨击军方出于某种政治目的而公然侵犯人权和亵渎法律的行为。左拉的文章激励了千千万万有良知的人们，纷纷加入了主持正义的行列。这一事件被看作法国知识分子诞生的标志。

无论俄罗斯还是法国，“知识分子”都不仅仅意味着“具有一定的文化水平”和“从事脑力劳动”。他们强调的是公共关怀，是对文明、正义、公道和自由的承担。中国大陆之外的学者对此也早有类似的认识。殷海光在《中国文化的展望》中说：“一个真正的知识分子必须‘只问是非，不管一切’。他只对他的思想和见解负责。他根本不考虑一个时候流行的意见，当然更不考虑时尚的口头禅；不考虑别人对他的思想言论的好恶情绪反应；必要时也不考虑他的思想言论所引起的结果是否对他有利。一个知识分子为了真理而与整个时代背离不算稀奇。旁人对他的恭维，他不当作‘精神食粮’。旁人对他的诽谤，也不足以动摇他的见解。世间的荣华富贵，不足以夺去他对真理追求的热爱。世间对他的侮辱迫害，他知道这是人间难免的事。依这推论，凡属说话务求迎合流俗的读书人，凡属立言存心哗众取宠的读书人，凡属因不耐寂寞而不能抱真理到底的读书人，充其量只是读书的人，并非知识分子。”①

从中不难看出，学者着重强调的是正义、良知和公共关怀。然而，这些表述仍然是不够的。鲁迅在《关于知识阶级》中曾经这样谈论知识分子：“先前俄国皇帝杀革命党，他们反对皇帝；后来革命党杀皇族，他们也起来反对。问他怎么好呢？他们也没办法。所以在皇帝时代他们吃苦，在革命时代他们也吃苦。”对这一现象的原因，鲁迅解释说：“知识和强有力是冲突的，不能并立的；强有力不许人民有自由思想。”知识破坏着“强有力”的权威，瓦解着人们的顺从和迷信。因而与“强有力”是矛盾的。在这种矛盾

①殷海光：《中国文化的展望》，中国和平出版社1988年，第583—584页。

中，知识阶级将如何选择？鲁迅回答说，“要是发表意见，就要想到什么就说什么。真的知识阶级是不顾利害的，如想到各种利害，就是假的，冒充的知识阶级”。他认为知识阶级“对于社会永不会满意的，所感受的永远是痛苦，所看到的永远是缺点，他们预备着将来的牺牲，社会也因为有了他们而热闹，不过他的本身——心身方面总是痛苦的”①。在《文艺与政治的歧途》一文中，他又说：“文艺和革命原不是相反的，两者之间，倒有不安于现状的同一。”但是，文艺与政治却必然处于冲突的状态，原因是“政治家最不喜欢人家反抗他的意见，最不喜欢人家要想，要开口”，而文艺家却偏偏喜欢思想，而且喜欢开口。他说：“政治想维系现状使它统一，文艺催促社会进化使它渐渐分离；文艺虽使社会分裂，但是社会这样才进步起来。”②需要注意的是，这里所说的文艺不是一般意义上的文艺，而是启蒙的文艺；这里所说的文学家也不是一般意义上的文学家，而是知识分子。鲁迅对知识阶级颇有微词。然而，他的不满正因为心目中有一种知识分子标准。

从文明发展中的角色位置确认知识分子是非常重要的。正是文明前驱的这一角色决定了知识分子的本质，也决定了知识分子的命运。

知识分子需要具备几个前提条件：一、占有较丰富的知识资源；二、具有独立的人格而不依附于权势；三、具有自由的思想而不迷信传统与权威；四、有公共关怀，具有道德勇气和社会良知。但是，这还不够，知识分子的独特性并不在于他们掌握的知识和运用知识和符号的能力，也不在于他们的道德人格，而是在于他们在文明发展中的功能。知识分子最根本的特征还在于两点：一、对既有秩序、规范和知识体系的质疑和批判；二、对未知领域和新的可能性的探索。

人类不断地创造文明，却也常常创造出禁锢自身的锁链。人类文明是不断发展的，然而，文化的惰性也是明显而可怕的。一般人总是不自觉地接受着社会已经形成的生活方式、思维方式和价值观念。因此，文明的发展就需要一种力量，它不断地掀动传统的积淀，不断对既有的规范进行质疑，并提供新的可能性。这种力量只能来自一小部分人。他们不仅是知识的拥有者和

---

①《鲁迅全集》第8卷，人民文学出版社1981年，第187—191页。

②《鲁迅全集》第7卷，人民文学出版社1981年，第118—119页。

运用者，不仅是继承者和传播者，而且是批判者与创造者。文明需要发展，发展需要批判既有和探索未知。这些不断批判和探索并因此为人类提供前沿文化的人就是真正意义上的知识分子。

人们常常不自觉地对一些事物做出判断，却不曾考虑用以进行判断的价值尺度是否合理。因为一般人只是被动地生活于传统和习俗之中，通过个人社会化而接受既有的一切，却没有反省的习惯，也没有反省的能力。只有一少部分人不同，他们有清醒的自我意识，能够对一切进行反省。他们是价值的审视者，是行动的自觉者，是有能力对自身的全部行为做出解释并进行评判的人，因而也是能够对自己的思想进行思想，对自己的判断做出判断的人。因此，他们不像一般人那样被习俗、规范和社会意识形态所淹没，而是能够对其进行审查、质疑和扬弃，因而能够脱离传统、教条和权威去设计更为合理的标准。这些人就是知识分子。

正因为这样，知识分子不可能全盘接受任何权威，也不可能全盘接受任何传统。即使一些规范必须遵守，在他们那里，也不被认为是神圣不可改变的。

因为批判者和探索者的位置，知识分子必然是非主流的，因而与现实秩序总是存在着某种紧张关系。应该正视这种紧张关系，因为正是它证明着知识分子自身的存在。当然，这种紧张关系在不同的环境中也有不同的情况：在自由的空间里，因为批判和探索的自由已有法律保障，所以不构成与权力的对抗，而且批判本身成为社会不断优化过程中不可缺少的机制，知识分子所面临的主要问题是前倾观念难以被大众和社会接受；而在缺少思想和言论自由的空间里，知识分子的批判和探索则往往直接威胁着权力行为的合法性，威胁着权势者对民众的奴役和愚弄，所以，知识分子往往首先面临着权力的压制和扼杀。

然而，对于知识分子而言，仅有批判是不够的。一味强调知识分子的批判职能和反体制特征也是一种误区。20世纪中国现代知识分子的不成熟就常常表现为只知道批判而不知道有所守护，流于盲目反抗而失于目标的选择。因此，知识分子并不意味着时时处处与体制对立，也不意味着拒绝支持政府。

知识分子并不能保证自己判断的正确，也不能保证提供美好的前景，更不一定有能力在批判现实的时候拿出建设未来的可行性方案。知识分子常常存在乌托邦倾向，这是其本质特征决定的。从这个意义上说，知识分子的自由思想并不能保证对人类社会无害，但是，因为有自由的批评，健康的社会有能力制约乌托邦的有害实践。

何谓“现代知识分子”？

本来，知识分子也许不应该有现代与非现代之分。它本来就是现代的产物，古代并没有“知识分子”这一称谓。但是，中国人有个习惯，一旦接受一个新的概念，总会沿着“古已有之”的思路去寻找目标，并且为之重新命名。于是，就有了“中国古代知识分子”这样的称谓，并且非常流行。既然如此，就需要对“现代知识分子”进行必要的界定。

什么是“现代知识分子”？既然我们已经讨论过什么是“知识分子”，剩下的关键词就是“现代”。“现代”一词常被滥用，它的含义常常模糊不清。从常用的情况看，它常被用来指“现时代”，也就是眼下的时代，但更多的时候用于历史分期，表示与“古代”“前现代”具有不同时代属性和特征的时代。可是，作为历史分期所使用的“现代”也伴随着一些问题：

首先，不同的国家和地区并非同时进入现代，而是不同的国家有不同的现代起点。考察各国的现代史可以发现，英国的现代从1688年的光荣革命开始，美国是从1776年《独立宣言》发表开始，法国是从1789年大革命爆发算起，日本是从1868年明治维新算起……这种情况告诉我们，在英国进入现代一百多年之后，法国才进入现代，而在美国人建成现代国家一百年的时候，日本人才刚刚跨入现代的门槛。有的国家早已进入现代，有的国家刚刚进入现代，有的国家则迟迟不能进入现代，有的国家现代化进行得顺利，有的国家步履艰难，有时前进了还会倒回来，这是很长一段时间里世界整体现代化的基本图景。所以，当我们使用现代社会、现代国家、现代体制、现代文化和现代知识分子等概念时，不能不注意名实是否相符，不能不注意我们谈论的对象是否真的具有现代的属性。

其次，具体到中国的现代史和现代化进程，也有一些值得注意的问题。比如，中国的现代从何算起？众所周知的标准答案是从1919年的五四运动算起。1840年前是古代；1840年至1919年是所谓近代；1919年至1949年是所谓现代。但是，考察不同时期不同著作的表述，却会发现人们并未严格遵守这种划分。原因不仅是不同学科的人们关注着不同的事件，而且在于各学科的人们都常常不免有些困惑。因为就中国现代化的历程而言，1919年的五四运动并不是多么大的事件，一群学生上午游行，向政府提出拒绝在巴黎和约上签字的要求，政府最终倾听民众呼声，顺应学生的意愿而没有在和约上签字，它有什么理由成为历史的界碑呢？它的划时代意义的确需要费力气进行复杂的论证。中国的现代史从何算起更为合适？如果考察中国现代化的起点，社会学家相当普遍地认定1840年，即鸦片战争，即李鸿章所谓“三千年未有之变局”的开始。从起点算起显然太早，因为社会还不具备多少现代性因素。如果考察现代化的终点，也就是现代化完成的时间，中国的现代化还在路途上，远远没有完成。不仅中国如此，即使是现代化程度最高的欧美国家，按照哈贝马斯的说法，也还是“未完成的现代性”，那么，以现代化的终点作为现代史的起点显然是不可能的。那么，现代史的起点只能是现代化进程中的某个重要的标志性事件，也就是像英国光荣革命、美国独立、法国大革命、日本明治维新那样的事件。如果那样的话，中国1840年以来的历史上没有哪个事件比辛亥革命更重要，如果是以1911年10月10日作为中国现代史的起点，学者们大概没有多少异议。但是，流行的说法却是以“五四”作为标志，这就出现了种种问题。

无论表述有多少问题，都不影响简单的命名和称谓。在一般情况下，人们往往把活动于中国现代历史场景中的知识分子称作“中国现代知识分子”。也就是说，“五四”时期、30年代、40年代的知识分子都是现代知识分子。然而，因为现代化仍在进程中，知识分子作为群体与仍在这个进程中，不同个体的面貌与质地大不相同，虽然同样生活于现代，但这些“有一定科学文化知识”并“从事脑力劳动”的人并不一定都具有现代意识和现代人格特征。所以，就有了一个问题：某某是真正的现代知识分子，某人还算不上现代知识分子。这是当前学界常见的一种表述。也就是说，现代知识分子不仅是生活在现代，还需要具有现代的特征。那些借住在现代的前现代人士是不能被称为现代知识分子的。

这样一来，“现代知识分子”就成了一个严格的概念，它的标识不只是活动的时间，而且是本身的性质。那么，“现代知识分子”的“现代”意味着什么？或者说，是什么决定着一个知识分子“现代”或者不“现代”？

李慎之先生在《什么是中国的现代学术经典》一文中曾经指出，中国传统学术与现代学术有个清晰的“界标”。他认为这个界标就是“梁启超与严复诸先贤之后的‘五四’先贤为我们找出来的‘民主’与‘科学’”。他说：“科学思想是我们中国学术自从轴心时代起就缺乏或者极不发达的，经清末的诸位先驱发现之后亟需补课的；民主思想也可以说是我们自古以来所没有的（从孟子到黄宗羲的民本主义毕竟不是民主主义），然而它却是培养科学思想之所必需，因此两者缺一而不可。自从清末逐渐酝酿，到‘五四’时期经陈独秀提出要拥护德先生（德谟克拉西，即民主）与赛先生（赛因斯，即科学）的大声疾呼而成为不刊之论。从此以后，凡是朝这个大方向努力的，就是现代学术，与这个大方向相违背的，就不是现代学术。”[①]我认为，这同样可以作为识别知识分子是否“现代”的识别标准。

根据这样一个标准，一些人虽然生活在现代，但只要思想观念停留在古代，缺乏最基本的现代观念，他们就只能是“生活于现代的旧文人”，而不能算是“现代知识分子”。比如，一个人如果支持专制而反对民主，致力于愚民政策的推行而抵制科学思想的传播，他就不是现代知识分子。

根据这样一个标准，一些人可能曾经是现代知识分子，但随着时间的发展，后来不再是现代知识分子；有的人可能本来不是知识分子而因为种种原因而成了知识分子。因为历史和个人都不是直线发展的，常常会从现代大踏步后退。尽管它只是暂时的，不可能长久，但在后退的时间里，一些人却会追随时代而失掉曾经具有的现代知识分子特征。这时候，如果仍然把他们称作现代知识分子，就会搞乱了思想文化的一些界限。

论及这个问题，我们不能不面对20世纪末的中国学界相当流行的一种观点：现代性是一个不确定的概念。这句话还有它的另一半：现代化没有固

①李慎之、何家栋：《中国的道路》，南方日报出版社2000年，第197页。

定的模式。我愿意承认现代化没有固定的模式，因为也许真的可以“条条大路通罗马”。但是，目标应当是确定的，否则，我们将不知道什么是“现代”。因此，无论现代性的概念有多少不确定的内容，其最基本的东西应该是确定的。这个基本的东西常常被概括为“民主”和“科学”，人们对五四新文化运动的精神也大都如此概括。但我认为这种概括仍然不够。因为“民主”与“科学”仍然不是最终目的。“五四”一代人之所以追求民主与科学，原因是它能够带来人的解放，带来人的自由、尊严和权利保障。在五四新文化运动中，陈独秀最先提出的口号并非“科学与民主”，而是“科学与人权”，后来由他自己改为“科学与民主”。做此改动的原因尚待考证，但简单推测也不会有大错：一是二者并不矛盾，民主正是人权的基本保障；二是人权与科学是不对称的，而科学和民主却分别相对于迷信与专制，都是人的解放和人权保障的手段。

当前学界对现代性的讨论存在着一个值得注意的问题：似乎现代性是一个可以无限扩大的橡皮口袋，什么东西都可以装进去，甚至以抵抗现代化为目的的历史运动都被当作现代性问题。所谓“反现代性的现代化思想”就是突出的例子。之所以出现这样的问题，原因就在于忽略了“人”这一现代性的基本点。忘记了现代性是以个人权利为核心的。

因此，谈论“现代”的历史必须注意：世界现代化运动是在文艺复兴运动以来的人学基础上产生的。现代性也是在文艺复兴和思想启蒙运动形成的人学思想基础上形成的。离开了这一基础，就根本谈不到现代性。现代化也是如此，它是在人的自由和权利这一基本出发点上开始的一个系统工程，包括经济的市场化、政治的民主化和文化的开放性等各方面的具体内容，但是，只要离开了人的自由、尊严和权利保障，无论工业化程度多高，无论经济发展多快，无论建成多少万里长城、阿房宫那样的伟大工程，都不能说是已经建成了现代文明。无论是木牛流马还是人造卫星、核武器，都不能证明其文明已经属于现代。

中国学界在这个问题上有各种误区。因为离开了人的根本立场，现代化往往被简单地理解为工业化、经济增长、先进的技术或者民族国家，甚至像数苹果一样一个一个论个数，似乎现代化可以割裂开来，只要某几个方面，而不要另一些方面。这种错误在于不清楚现代化是一个相互联系而不可分割的系统工程这一常识。按照现代化的基本理论，现代化是一种社会整体变迁，它以经济为中心，但决不仅仅是经济运动，而是涉及政治、法律、道德、文化、社会组织结构、人的心理结构等多领域的全面发展过程。现代化是多角度的，全方位的社会变迁，涉及人类活动的一切领域。人们对现代化的叙述当然是不同的，布莱克在《现代化的动力》一书中是分理智、政治、经济、社会和心理来阐述的。亨廷顿则从心理、智力、人口、社会、经济、政治六个方面进行阐述。但一般来说，它应该包括经济上的市场化、政治上的民主化、宗教信仰的自由化、文化发展的多元化、生活方式上的世俗化等主要内容。那种仅仅把现代化理解为经济发展的观点是片面的，因为它是社会结构整体性的变迁，其内部各项因素有机关联，相互牵制，并不是可以分解的。现代化过程中的任何一项内容遭到忽视，或者由于某种原因而不能同步发展，都必然要拖住其他因素的后腿，影响现代化的整体推进。许多国家改革的艰难都已经证明了这一点。那种试图在前现代的文化基础或者政治基础上建成现代化的企图都必然以失败告终。

走向现代化的道路可以是不同的，因为不同的国家和民族有不同的基础和起点。但是，现代化的目标是相同的，衡量是否“现代”的指标必然是一个普适指标。比如：经济关系的市场化，政治制度的民主化，文化规范的人性化，以及教育的普及，人权的保障等等。这些毫无疑问是共同的标准。如果没有一个共同的标准，就无法避免有人会在没有固定模式和概念不确定的口号下弄出“奴隶主义现代化”或“封建主义现代性”。

必须强调的是：人类现代文明是以人为目的为最高价值尺度的文明，它的根本标志是一切服从人权的保障。无论是社会，还是知识分子，如果离开了这一点，就还不具备现代的特征。

什么是“新文化运动”？

什么是“新文化运动”？这是“五四”当时就已经引起讨论的问题，但是，当时的人们心知肚明，今天的人们却并不明晰。究其原因，除了后来的种种遮蔽和遗忘之外，也与新文化运动的当事人有关，他们从不同的角度解释过这场运动，却没有对其历史意义和基本性质做出明确的回答。这就难免给远距离了解历史的后来者造成认识的困难，导致各式各样的误解，同时，也给根据需要而曲解这一运动留下了可乘之机。在时间的隧道里，这笔注定要被长期征引的遗产离我们越来越远，但历史已经证明，遮蔽和误解并不能随着岁月流逝而自行脱落。因此，对这个问题的回答不应该继续拖延。本文不打算追求全面与完整，仅从三个不同的角度进行必要的考察。这三个角度是：中国的现代化历史，中国与世界文明主流，新文化运动的价值选择与努力方向。

一

五四新文化运动究竟在中国历史上占有一个什么样的位置？应该如何为之准确定位？要回答这个问题，考察它对历史的影响固然重要，但我以为，考察它发生的动因更为重要。新文化运动究竟因何而发生？发动者的动机是什么？目的又是什么？不弄清这些问题，就很难为新文化运动准确定位。

基本的历史事实应该是不难理清的：五四新文化运动不是政治变革的舆论前奏，而是政治变革之后的文化补课。由于种种原因，这段历史虽然远去不过八十年，但人们对它的认识却早已模糊不清。人们谈到“五四”，习惯于把它与其后的历史联系在一起，而忽视了它与此前历史的紧密联系，但无法否认的基本事实是，它与此前历史的联系更为密切。从这个意义上说，与其说它是一段历史的开端或前奏，不如说它是一段历史的完成环节。

众所周知，中国现代化的道路是从器物和经济层面开始的，它的第一步就是以洋务运动为代表的经济和技术层面的变革。其主要成果是修铁路，开矿山，办工厂，开启了中国的工业化进程，带来了经济发展的现代模式。第二个阶段是以戊戌变法和辛亥革命为代表的政治变革。和平改革的戊戌变法以失败告终，却促使更多的人走向了革命，辛亥革命终于终结了几千年的帝制，为中国带来了一个全新的民主共和国。但是，从某种意义上说，辛亥革命的确是一场条件不甚成熟的革命，中华民国这个亚洲最先出现的民主共和国也的确是一个早产的婴儿。革命在缺少充分准备的情况下忽然到来，匆匆催生了一个现代国家，却不可能为这个崭新的国家准备下新型的管理者和合格的现代公民。所以，虽然在民主共和的体制之下，人们的行为模式却远非共和国公务员和公民的关系模式，而是不可避免地继续上演着帝制时代“为王牧民”的官员与千百万草民的旧戏。

换句话说，当时中国的情形是：一场政治革命成功了，民主共和国的体制在革命风雨中诞生，但是，从上到下都不习惯这种新的国体和政体。一方面，作为共和国的总统、总理、总长和各级管理者们，大都刚刚摘去大清帝国的顶戴，很难迅速由皇帝的臣子转变成为现代国家的管理者。包括那些作为清王朝专制统治反抗者的革命党人，也大多不熟悉现代国家的政治规则。因此，共和国很难迅速走上国家管理的现代轨道，而是不自觉地就会按照专制王朝的旧例行事。另一方面，作为理论上已经享有国家主权的国民，绝大多数并不知道自己已经由皇家的子民变成国家的主人，因而既不清楚公民的权利，也不清楚公民的义务，更不知道应该如何对待自己选举并花钱雇佣的国家领导人和各级政府的官员。他们仍然以草民自居，习惯于自居奴隶的地位。就像鲁迅笔下的阿Q走上大堂时一样，官员们并不让他下跪，但他还是跪下了。总之，当时的中国已经建立起现代的政治体制，而人们的思想观念、行为规范和行为方式却与之相去甚远。

新文化运动正是在这样一个历史背景下发生的。它适应时代的要求而发生，进行的是一场思想文化方面的补课运动。

关于这一点，可以从两个方面清楚地看到：一是陈独秀和《新青年》集团对当时国情的认识；二是他们面对现实而选择的位置和承担的职责。

新文化运动是如何认识当时中国国情的呢？陈独秀在《旧思想与国体问题》中说：

> 自从辛亥年革命以来，我国行了共和政体好几年，前年筹安会忽然想起讨论国体问题，在寻常道理上看起来，虽然是很奇怪，鄙人当时却不以为奇怪。袁氏病殁，帝制取消，在寻常道理上看起来，大家都觉得中国以后帝制应该不再发生，共和国体算得安稳了，鄙人却又不以为然。鄙人怀着此种意见，不是故意与人不同，更不是倾心帝制舍不得抛弃，也并不是说中国宜于帝制不宜于共和。只因为此时，我们中国多数国民口里虽然是不反对共和，脑子里实在装满了帝制时代的旧思想，欧美社会国家的文明制度，连影儿也没有。所以口一张，手一伸，不知不觉都带君主专制臭味；不过胆儿小，不敢像筹安会的人，堂堂正正地说将出来，其实心中见解，都是一样。袁世凯要做皇帝，也不是妄想；他实在见得多数民意相信帝制，不相信共和，就是反对帝制的人，大半是反对袁世凯做皇帝，不是真心从根本上反对帝制。[①]

他还指出：即使那些创造共和、再造共和的人物，也往往并不知道共和是什么，而是满脑子装的都是帝制时代的旧思想。因此，中国很难避免帝制再次复辟，也很难保证民主共和的健康发展。这就是当时中国的国情。

李大钊在《新的！旧的！》一文中指出：“中国人今日的生活全是矛盾生活，中国今日的现象全是矛盾现象。”他举了一系列例子：过年了，刚过新年，又过旧年；贺年的人，有的鞠躬，有的跪拜；黄昏走在北京的街头，既有旧时代的更夫，又有新时代的巡警；制定宪法，一面规定信仰自由，一面规定“孔教为修身大本”；关于婚姻，一方面订立禁止重婚的刑律，一方面却保留纳妾的习俗……李大钊认为，这种矛盾现象的原因是“新旧之间，

---

①陈独秀：《旧思想与国体问题》，《新青年》第3卷第3号。

纵的距离太远，横的距离太近，时间的性质差得太多，空间的接触逼得太紧”[①]。

高一涵在《非“君师主义”》中也说：

> 共和政治，不是推翻皇帝，便算了事。国体改革，一切学术思想亦必同时改革；单换一块共和国招牌，而店中所卖的，还是那些皇帝“御用”的旧货，绝不得谓为革命成功。法国当未革命之前，就有卢梭、福禄特尔、孟德斯鸠诸人，各以天赋人权平等自由之说，灌入人民脑中；所以打破帝制，共和思想，即深入于一般人心。美国当属英的时候，平等自由民约诸说，已深印于人心，所以甫脱英国的范围，即能建设平民政治。中国革命是以种族思想争来的，不是以共和思想争来的；所以皇帝虽退位，而人人脑中的皇帝尚未退位。所以入民国以来，总统之行为，几无一处不摹仿皇帝。皇帝祀天，总统也礼天；皇帝尊孔，总统也尊孔；皇帝出来地下敷黄土，总统出来地下也敷黄土；皇帝正心，总统也要正心；皇帝身兼“天地君亲师之众责”，总统也想“身兼天地君亲师之众责”。这就是制度革命思想不革命的铁证。[②]

按照现代的国家理念，政府官员与普通百姓是平等的，政府官员是百姓雇佣来为他们管理国家公共事务的。百姓拿钱养活了他们，他们当然应该为百姓做事。但是，新生的共和国却从上到下都缺少这样的现代国家理念。吴景超写过一篇《平等谈》，揭示了当时社会的实际状况。文章写到，辛亥革命那一年他才十岁，满耳朵听到的都是推翻清室、创造共和。他问他的老师：“我们为什么要推翻清室，创造共和呢?”面对一个十岁孩子的问题，他的老师做了很好的回答：“清朝是个专制政体，那些王公大人，都要仗他的势力来欺压平民，平民受他的欺负，谁也不敢作声。共和国却不然，以前那些什么阶级，什么贵族，都完全消灭了，凡是中国的国民，在法律上个个都是平等，没有什么我比你尊，你比我卑的。”吴景超说他因此而欢迎共

---

①李大钊：《新的！旧的!》，《新青年》第4卷第5号。

②高一涵：《非“君师主义”》，《新青年》第5卷第6号。

和。然而，若干年后，他作为北京大学学生，却发现那个理想远远没有实现。他在文章中列举了几件事：一次是他坐车到东城拜访朋友，路上遇到警察命令他停车，原来是大总统从那条路上经过，就禁止一般人通行。又一次是他在上海火车站，看到站台上有军乐队，还有五六十个戴礼帽穿马褂的人，原来是县长要到南京去见省长，县里的头面人物都到车站去送行。面对如此种种，吴景超说：“都是前清的规矩，不过现在没有更改就是了。”[①]

正是在这种情况下，《新青年》选择了启蒙，开始进行新文化运动。

新文化运动是从《新青年》的创办开始的，之所以一开始就面对青年而不是其他群体，目的就在于为中华民国培养现代公民。在陈独秀看来，头脑僵化的老年人已经无法指望，而青年毕竟思想活跃，有着较强的可塑性，即使无法避免旧思想的污染，也还有刷新的希望。他对青年提出了六条要求，显然是试图重新塑造青年的人格。

新文化运动初期，陈独秀不谈政治，胡适也打定主意二十年不谈政治，钱玄同、刘半农、鲁迅、周作人等都不过问政治，这一切不是偶然的。不谈政治并非因为这些人对政治不感兴趣，更不是因为他们不关心政治，而是因为在他们看来，政治问题不是当时的首要问题。虽然他们清楚地看到共和国的政治生活有种种弊端，但他们知道，问题不在政治制度，也不是单靠更换官员所能够解决的。正因为这样，他们才不参与当时政治上的斗争，一心致力于解决思想文化上的问题。

从新文化运动发生的原因以及陈独秀等人的言论看，作为一场思想文化补课，新文化运动是为维护辛亥革命的成果而进行的。论及辛亥革命，一些人开口就是辛亥革命的“失败”，其实，辛亥革命说不上“失败”。终结帝制，创建共和，什么革命能够取得如此的成功？至于新生共和国必然面对的艰难和曲折，本不足为怪，因为全新的政治制度不可能一蹴而就。一个新生儿诞生于肮脏而险恶的环境之中，因为营养不良而多灾多病，是应该加倍爱护他，还是冷言诋毁他，或试图扼杀他？新文化运动选择了前者，《新青年》集团是民主共和国的补天派，他们爱惜这个来之不易的共和体制，不愿看到它因为不合国情而夭亡，因而要改变中国文化以适应新生的民主共和国。

①吴景超：《平等谈》，《新潮》第1卷第5号。

从这个意义上说，判断新文化运动的激进与保守也并非简单的事，它在文化上显然是激进的，但在政治上却是保守的。因为他们的动机和目的都是维护已经建立的政治体制，是补台而不是拆台，是建设而不是破坏。对于已经建立的共和体制而言，曾经要以革命的方式对其进行改造的是杨度、康有为、辜鸿铭、张勋等人；而陈独秀等人却一心捍卫既有的体制，充当了民主共和国的卫士。当他们发现中国传统与共和国体冲突时，他们选择了保卫共和的立场。他们思考的不是民主共和是否适应中国国情，而是中国国情是否适应民主共和，所以，他们不像康有为、杨度、辜鸿铭、张勋那样试图改变现代政治体制以适应中国国情，而是要努力改变中国国情以适应现代政治体制。他们守护的是刚刚出现在世界东方的民主政治婴儿，维护的是民主共和的政治理想。说到底，《新青年》集团都是理想主义者。理想主义者与实用主义者大不相同的是，实用主义者总是顺应国情而改变理想，而理想主义者却是为了理想而改造国情。他们要通过自己的努力避免共和国因为文化传统的强大而扭曲本来的品格。正因为这样，陈独秀一再表示："我们要诚心巩固共和国体，非将这班反对共和的伦理文学等等旧思想，完全洗刷得干干净净不可。否则不但共和政治不能进行，就是这块共和招牌，也是挂不住的。"①

鲁迅也曾一再感叹：中华民国已经不再是中华民国了。因为在他的心中，有一个真正的中华民国。改造国民性，就是要创造一种与真正的民国相适应的文化。在1925年写给许广平的信中，鲁迅说过："说起民元的事来，那时确是光明得多，当时我也在南京教育部，觉得中国将来很有希望。自然，那时恶劣分子固然也有的，然而他总失败。一到二年二次革命失败之后，即渐渐坏下去，坏而又坏，遂成了现在的情形。其实这也不是新添的坏，乃是涂饰的新漆剥落已尽，于是旧相又显了出来。使奴才主持家政，哪里会有好样子。最初的革命是排满，容易做到的，其次的改革是要国民改革自己的坏根性，于是就不肯了。所以此后最要紧的是改革国民性，否则，无论是专制，是共和，是什么什么，招牌虽换，货色照旧，全不行的。"②

①陈独秀：《旧思想与国体问题》，《新青年》第3卷第3号。

②《鲁迅全集》第11卷，人民文学出版社1981年，第31页。

这段话有两层意思值得注意：一是显示了鲁迅的启蒙立场：认定只要国民性不改，就难免“招牌虽换，货色照旧”。二是它显示了鲁迅对新生共和国的深情。民国元年的光明记忆在鲁迅作品中多次出现，并非因为个人情感而产生的错觉，而是的确曾经呈现过一个美好的开端。仅从《临时约法》看，也是中国最现代的一份宪法草案，不仅宣布“中华民国主权属于国民全体”，而且把人民的种种权利写入宪法，明文规定不受侵犯。面对这样一个新国家，无论鲁迅还是胡适、陈独秀，考虑的都是如何进行一场思想文化补课，去捍卫她，巩固她，而不是颠覆她。

作为政治革命之后的一场思想文化补课，新文化运动是中国现代化全过程中的一个重要环节，也是从经济改革（洋务运动）到政治改革（从百日维新到辛亥革命）再到文化改革的全过程的最后一个环节。这个环节不可缺少，却需要漫长的过程和艰苦的努力，因而也需要特别的耐心。

遗憾的是，人们常常缺少这样的耐心。

二

五四新文化运动的一个显著标志是对本土传统的批判。对于传统而言，这种批判无疑是有破坏性的，但五四新文化运动的目标却不是破坏，而是建设。因此，在否定旧文化的同时，必然要致力于新文化的建设。当批判者对传统发起批判的时候，心中已经有一种设计：世界化。从这个意义上说，五四新文化运动是中国与世界文明主流全面接轨的运动，也是一场中国文化的世界化运动。

新文化运动一开始就是主张世界化的。《新青年》创办伊始，陈独秀就对青年提出了“世界的而非锁国的”要求。他竭力倡导世界化，强调世界潮流不可抗拒的大势，指出抗拒世界潮流的危险，努力使中国进入世界潮流之中。在东西两种文明的冲突中，是让中国传统适应世界潮流，还是让世界潮流适应中国国情，这是冲突的一个焦点。一些人要拒绝接受西方文明，理由常常是它不适合中国国情。陈独秀批判中国传统，理由却常常是它不适合世界潮流。他批评一些人的“闭户造车”行为是“欲以周礼考工之制，行之欧美康庄，其患将不止不合辙已也”[①]。在陈独秀那里，“行之欧美康庄”已经是无需讨论的前提。正因为这样，新文化运动从发生到轰轰烈烈的高潮形成，都在努力推进中国文化的世界化。1919年1月，《新潮》在新文化运动高潮中创刊，《发刊旨趣书》中明确把“导引此‘块然独存’之中国同溶于世界文化之流”作为“第一责任”。[②]

考察新文化运动主要成员的言论，可以发现一个突出的特点：他们的言说往往是在比较中进行的，一方面是批判中国传统文明，一方面是赞美西方现代文明。透过这种比较，不难发现他们对西方现代文明的衷心向往，也不难发现其比较的动机：希望中国文化变得像西方现代文明一样。因为他们意识到，要摆脱中国固有的非人的生活状态，就要学习西方，除此之外别无出路。在开放的背景上，他们确立了一系列新的观念，这些观念源自西方，与中国传统观念大不相同。他们以这些观念衡量并要求中国现实，就是要中国与现代世界接轨。他们的这种要求可以说贯彻于新文化运动的方方面面。陈独秀说：“自西洋文明输入吾国，最初促吾人之觉悟者为学术，相形见绌，举国所知矣；其次为政治，年来政象所证明，已有不克守缺抱残之势。继今以往，国人所怀疑莫决者，当为伦理问题。此而不能觉悟，则前之所谓觉悟者，非彻底之觉悟，盖犹在惝恍迷离之境。”西化的政治体制需要西化的价值观念和伦理原则，这是陈独秀等人的一种基本认识。他说：“吾人果欲于政治上采用共和立宪制，复于伦理上保守纲常阶级制，以收新旧调和之效，自家冲撞，此绝对不可能之事。盖共和立宪制，以独立平等自由为原则，与纲常阶级制为绝对不可相容之物，存其一必废其一。”[③]胡适认为中国人需要一种新的觉悟，这种新觉悟就是要学会照镜子，学会反省，学会认错。“今日的第一要务是要造一种新的心理：要肯认错。要大彻大悟地承认自己百不如人。第二步便是死心塌地地去学人家。”[④]在近半个世纪的历史上，鲁迅的西化色彩是常常被努力遮盖或抹淡的。其用意非常明显，作为革命文化旗手

①陈独秀：《敬告青年》，《青年杂志》第1卷第1号。

②傅斯年：《发刊旨趣书》，《新潮》创刊号。

③陈独秀：《吾人最后之觉悟》，《青年杂志》第1卷第5号。

④《胡适文集》第4卷，北京大学出版社1998年，第28页。

的鲁迅不能有西化之嫌。其实，鲁迅与陈独秀、胡适等人一样，选择的是西化之路。之所以这样，原因也在于本土文化中缺少他想要的东西，建设现代文明需要模仿西方。鲁迅关于“青年必读书”的主张为许多人所无法理解，其实很简单：告别中国固有的文明，接受西方的现代文明。鲁迅从来不隐瞒自己认为西方文化胜过中国文化的观点。他说：“与其崇拜孔丘、关羽，还不如崇拜达尔文、易卜生；与其牺牲于瘟将军、五道神，还不如牺牲于Apollo。”[①]钱玄同在《随感录二十八》中说：“既在二十世纪建立民国，便该把法国、美国做榜样。一切‘圣功’‘王道’，‘修、齐、治、平’的鬼话，断断用不着再说。”[②]由此可见，世界化可谓新文化运动的共识。

对于《新青年》集团而言，世界化就是西化。因为尽管谁都知道非洲也是世界的一部分，朝鲜、缅甸、阿富汗也是世界的一部分，但对20世纪的中国人来说，世界化决不意味着非洲化或朝鲜化，走向世界也决不意味着走向阿富汗或伊拉克。1919年5月4日，在学生爱国运动爆发的当天，陈独秀以《公同管理》为题在《每周评论》20号上发表文章说：“我们中国若免不得亡国的运命，宁可亡在欧美列国手里，不愿亡在日本手里。联合亚洲的黄人，抵抗欧美的白人的鬼话，我们绝对不相信。因为黄人待黄人，比白人待黄人还要残狠十倍。”由此可见，虽然日本是东方现代化的排头兵，但在陈独秀等人的眼里，仍不是文明发展的榜样。因为在《新青年》集团看来，只有西化才是真正的现代化。陈独秀说：“世界各国，无东西今古，但有教化之国，即不得谓之无文明；惟地阻时更，其质量遂至相越。古代文明，语其大要，不外宗教以止残杀，法禁以制黔首，文学以扬神武。此万国之所同，未可自矜其特异者也。近世文明，东西洋绝别为二。代表东洋文明者，曰印度，曰中国。此二种文明虽不无相异之点，而大体相同，其质量举未能脱古代文明之窠臼，名为‘近世’，其实犹古之遗也。可称曰‘近世文明’者，乃欧罗巴人之所独有，即西洋文明也，亦谓之欧罗巴文明。移植亚美利加，风靡亚细亚者，皆此物也。”[③]在这里，我们可以看到新文化运动的领袖们的

①《鲁迅全集》第1卷，人民文学出版社1981年，第333页。

②钱玄同：《随感录二十八》，《新青年》第5卷第3号。

③陈独秀：《法兰西人与近世文明》，《青年杂志》第1卷第1号。

一种基本认识：无论东方还是西方，古代文明是基本相同的，但近代以来形成了巨大的差别，西方文明发生变化而进入“近世文明”；东方文明却仍然没有走出古代的窠臼。因此，文明的东西差异在历史的坐标上就是古今差异，所以，西化就是现代化。

在西方现代文化与中国传统文化的冲突中，抵抗西化的力量曾经打出“保存国粹”的旗号。事实上，“保存国粹”是一个妥协后的口号，它的意义已经不在抵抗西化，而是在西化已经无法抵抗的情况下试图保留某些中国特有的东西。换句话说，它所抵抗的已经不是一般的西化，而只是全盘西化。因此，对国粹派的批判就意味着不给旧国粹留有任何残存的空间，也就意味着中国文化必须充分世界化。在对国粹派的批判中，鲁迅是最为引人注目的。面对国粹派的主张，他说：“什么叫‘国粹’？照字面看来，必是一国独有，他国所无的事物了。换一句话说，便是特别的东西。但特别未必定是好，何以应该保存？譬如一个人，脸上长了一个瘤，额上肿出一颗疮，的确是与众不同，显出他特别的样子，可以算他的‘粹’。然而，据我看来，还不如把这‘粹’割去了，同别人一样的好。”[①]拒绝世界化的人们有一种论调是这样的：“我们要特别生长；不然，何以为中国人！”这种论调是以民族性抵抗世界性的重要理路，从“五四”至今一直存在。鲁迅认为这是要自绝于世界。他说：“许多人所怕的，是‘中国人’这名目要消灭；我所怕的，是中国人要从‘世界人’中挤出。”[②]

另一个现象是：五四新文化运动的领袖人物大多反对调和折中，反对中西融合之说。在东西方文化冲突中，一些人提出了“撷精取粹”“熔于一炉”、中外结合、中西合璧的主张。新文化运动的领袖们却坚决反对这种主张，而且表现非常决绝。陈独秀说：“记者非谓孔教一无可取，惟以其根本的伦理道德，适与欧化背道而驰，势难并行不悖。吾人倘以新输入之欧化为是，则不得不以旧有之孔教为非。倘以旧有之孔教为是，则不得不以新输入之欧化为非。新旧之间，绝无调和两存之余地。吾人只得任取其一。”[③]面对

①《鲁迅全集》第1卷，人民文学出版社1981年，第305页。

②同上书，第307页。

③陈独秀：《答佩剑青年》，《新青年》第3卷第1号。

调和折中的论调，鲁迅揭示说：“‘西哲’的本领虽然要学，‘子曰诗云’也要昌明。换几句话，便是学了外国本领，保存中国旧习。本领要新，思想要旧。要新本领旧思想的新人物，驮了旧本领旧思想的旧人物，请他发挥多年经验的老本领。一言以蔽之：前几年谓之‘中学为体，西学为用’，这几年谓之‘因时制宜，折中至当’。”鲁迅认为“世界上决没有这样如意的事”。他的态度是“All or Nothing!”[①]胡适说：“为什么要反对调和呢？因为评判的态度只认得一个是与不是，一个好与不好，一个适与不适，——不认得什么古今中外的调和。调和是社会的一种天然趋势。人类社会有一种守旧的惰性，少数人只管趋向极端的革新，大多数人至多只能跟你走半程路。这就是调和。调和是人类懒病天然趋势，用不着我们来提倡。”[②]

“五四”之所以反对调和折中，首先出于策略性的考虑。陈独秀做过一个比喻：“譬如货物买卖，讨价十元，还价三元，最后结果是五元。讨价若是五元，最后的结果，不过二元五角。社会上的惰性作用也是如此。”[③]鲁迅也说过：“中国人的性情是总喜欢调和，折中的，譬如你说，这屋子太暗，须在这里开一个窗，大家一定不允许的。但如果你主张拆掉屋顶，他们就会来调和，愿意开窗了。没有更激烈的主张，他们总连平和的改革也不肯行。”[④]胡适是这样说的：“我是主张全盘西化的。……古人说：‘取法乎上，仅得其中；取法乎中，风斯下矣。’这是最可玩味的真理。”[⑤]他们的策略不过是要充分世界化。既然发现了更优越的文明，就应该努力更多地接受，即使最终也不能与世界全面接轨，至少不应预先就打折扣。

其实，任何人都知道，“百分之百”意义上的全盘西化是不可能的，与世界全面接轨的努力也并非方方面面都要西化。无论现代化、西化还是世界化或今日所说的全球化，其实有其根本与关键之处。进入20世纪之后，尤其是到了“五四”时期，要全面拒绝西方文明已经不可能。无论生活的哪一个层面，

①《鲁迅全集》第1卷，人民文学出版社1981年，第336页。

②胡适：《新思潮的意义》，《新青年》第7卷第1号。

③陈独秀：《调和论与旧道德》，《新青年》第7卷第1号。

④《鲁迅全集》第4卷，人民文学出版社1981年，第13—14页。

⑤胡适：《编辑后记》，《独立评论》第142期。

中国都在迅速西化。电灯代替蜡烛，汽车代替轿子，西装代替了长袍马褂……这种变化应该说是相当普遍的，已经很少有人拒绝，因为就连慈禧太后也喜欢一些洋玩意儿，普通百姓也知道电灯比豆油灯亮得多。但是，一个现象出现了：一些领域的西化非常容易，一些领域的西化非常困难。困难之处往往并非因为人们不接受，而是因为人为的阻挠。如果考察那些受到阻挠的领域，就会发现一般不是日常生活领域，而是一些人的特权之所在，同时也是关系到国民个人的自由、尊严和权利的关键。如果与世界接轨，一些人可能失掉特权；如果按照传统办，特权就可以保留下去。涉及这些领域，世界化就要遭到拒绝，理由是中国的特殊国情。对此，陈独秀曾经悲愤地写道："呜呼！欧洲自力抗自由新思潮之梅特涅挫败以来，文明进化，一日千里，吾人狂奔追之，犹恐不及。乃袁世凯以特别国情之说，阻之五年，不使前进，国人不惜流血以除此障碍矣；不图袁世凯二世，又以国粹礼教之说，阻吾前进，且强拽之逆向后行。国人将何以处之？法律上之平等人权，伦理上之独立人格，学术上之破除迷信，思想自由，此三者为欧美文明进化之根本原因，而皆为尊重国粹国情之袁世凯一世、二世所不许。长此黑暗，其何以求适二十世纪之生存？"[①]尽管袁世凯们总是以中国国情特别为由拒绝接受真正的民主共和，但新文化运动却仍然要极力推进，在这些根本之处实现世界化。

三

论及五四新文化运动的根本特性，人们往往首先想到的是民主与科学。之所以如此，源自陈独秀的《本志罪案之答辩书》。陈独秀说："本志同仁本来无罪，只因为拥护那德谟克拉西（Democracy）和赛因斯（Science）两位先生，才犯了这几条滔天的大罪。要拥护那德先生，便不得不反对孔教、礼法、贞节、旧伦理、旧政治。要拥护那赛先生，便不得不反对旧艺术、旧宗教。要拥护德先生，又要拥护赛先生，便不得不反对国粹和旧文学。"[②]据此，可以说五四新文化运动是倡导民主与科学的运动。

---

①陈独秀：《袁世凯复活》，《新青年》第2卷第4号。

②陈独秀：《本志罪案之答辩书》，《新青年》第6卷第1号。

然而，这一解释虽然在“五四”之后的历史上被广泛接受，但显然并不令人满意。胡适说过：“这话虽然很简明，但是还嫌太笼统了一点。假使有人问：‘何以“要拥护德先生，又要拥护赛先生，便不得不反对国粹和旧文学”呢？’答案自然是：‘因为国粹和旧文学是同德赛两先生反对的。’又问：‘何以凡同德赛两先生反对的东西都该反对呢？’这个问题可就不是几句笼统简单的话所能回答的了。”[①]胡适的思考展开了一个值得认真讨论的话题。因为民主与科学本身并不具有先验的神圣性，它的合法性也是需要论证的。而且，民主与科学只是新文化运动为实现其目的而选择的途径，并非最终目的。无论作为一种主义、制度还是思想方法，民主与科学都只是手段，陈独秀也是把它作为手段来看的：“我们现在认定，只有这两位先生，可以救治中国政治上、道德上、学术上、思想上一切的黑暗。”[②]这本身就是一种合法性论证。只有对其进行这样的论证，才能回答为什么选择民主与科学而不选择专制与蒙昧的问题。

可是，胡适并没有沿着这个方向去回答“何以同德赛两先生反对的东西都该反对”这一提问，而是在另一个层面上展开了论述。他说：“据我个人的观察，新思潮的根本意义只是一种新态度。这种新态度可叫作‘评判的态度’。”而评判的态度就是“凡事要重新分别一个好与不好”。他告诉人们：对于世俗相传下来的制度风俗，要问“这种制度现在还有存在的价值吗？”对于古代遗传下来的圣贤教训，要问“这句话在今日还是不错的吗？”对于社会上公认的行为与信仰，要问“大家公认的，就不会错了吗？人家这样做，我也该这样做吗？难道没有别样做法比这个更好，更有理，更有益的吗？”在胡适看来，新思潮的意义就在于这种“评判的态度”，而“评判的态度”就是尼采所说的“重新估定一切价值”。[③]如果沿着这个思路，本可以直接进入对民主与科学及其与之相对抗的中国传统的评判，但胡适只是提供了一种方法，并没有接着进行论证。胡适把新思潮的意义概括为“研究问题，输入学理，整理国故，再造文明”。在这里，前面三项都是手段，目的是

---

①胡适：《新思潮的意义》，《新青年》第7卷第1号。

②陈独秀：《本志罪案之答辩书》，《新青年》第6卷第1号。

③胡适：《新思潮的意义》，《新青年》第7卷第1号。

“再造文明”。因此，新文化运动也可以说是一场再造文明的运动。

倡导民主与科学的运动与再造文明的运动，二者并不矛盾，因为提倡科学和民主正是要“再造文明”，而再造的新文明则以民主与科学作为显著标识。

在文明重建运动中，目的标识非常重要，否则就容易失掉本质的规定性，甚至因为失掉明确的目标而走向歧途。比如把新文化的性质定义为反帝反封建，就抽掉了积极的建设目标，使结果无法预料。因为慈禧太后和义和团都反对帝国主义，奴隶主也是反封建的。如果只是高举反帝的旗帜，就无法避免闭关锁国和拒绝先进文化的可能；如果只是高举反封建的旗帜，也无法排除实现奴隶制的可能；同时高举反帝反封建的旗帜，也无法避免关起门来搞奴隶制的可能。只有把民主和科学写在旗帜上，才可以避免专制主义和蒙昧主义。所以，我们完全可以把两者合并，说五四新文化运动是再造以民主与科学为主要标志的新文明的运动。

然而，进一步的问题仍然需要回答：为什么要“再造文明”？因为人们完全可以反问：中华民族有五千年的历史，传统文明光辉灿烂，为什么需要“再造”？新文明并不能因其“新”而自然获得合法性，旧文明也并不能因为其“旧”而自然丧失合法性。新的并不一定就是好的，“再造文明”的合法性并非无需证明。

那么，为什么要“再造文明”呢？回答当然是旧文明不好。旧文明怎么不好？新文化运动的明确回答是：“吃人。”新文化运动系统审视了传统文明，对其方方面面进行了重估，如：孔教问题、伦理问题、贞操问题、婚姻问题、父子问题、教育问题，等等。在这种重新估价中，新文化运动对传统文明做出了否定的结论，并且认定传统文明犯有“吃人”的罪恶。借助人类健康文明的参照，他们发现了中国人几千年生存秩序中的血腥，发现了传统文明对人的自由、尊严与权利的剥夺，发现了种种传统的枷锁对人性的扭曲和扼杀。于是，他们要掀翻几千年的“人肉筵宴”，结束“暂做稳了奴隶”和“想做奴隶而不得”两样时代循环的历史。他们要让每一个人都能意识到自己的自由、尊严与权利，让中国人也能像人一样自由而尊严地活着。

新文化运动要以西方近代文明作为建设的蓝本。那么，西方近代文明有什么好？根据陈独秀在《敬告青年》中的回答，欧洲近代历史是一部“解放的历史”，“破坏君权，求政治之解放也；否认教权，求宗教之解放也；均产说兴，求经济之解放也；女子参政运动，求男权之解放也。”“解放云者，脱离夫奴隶之羁绊，以完其自主自由之人格之谓也。我有手足，自谋温饱；我有口舌，自陈好恶；我有心思，自崇所信；绝不认他人之越俎，亦不应主我而奴他人。盖自认为独立自主之人格以上，一切操行，一切权利，一切信仰，唯有听命各自固有之智能，断无盲从隶属他人之理。”①在这篇文章中，陈独秀提出“科学与人权并重”。人们大多只记得陈独秀说过民主与科学，其实，在创办《新青年》之际，他提出的是人权与科学。在《法兰西人与近世文明》中，他认为“近代文明之特征，最足以变古之道，而使人心社会划然一新者”，首先是“人权说”。②他对东方文化与西方文化进行比较，结论是肯定西方文化而否定东方文化，肯定的内容是：“举一切伦理、道德、政治、法律、社会之所向往，国家之所祈求，拥护个人之自由权利与幸福而已。思想言论之自由，谋个性之发展也。法律之前，个人平等也。个人之自由权利，载诸宪章，国法不得而剥夺之，所谓人权是也。人权者，成人以往，自非奴隶，悉享此权，无有差别。……国家利益，社会利益，名与个人主义相冲突，实以巩固个人利益为本因也。”③正因为这样，告别中国东洋传统而走向西方文明，就可以给人带来自由、尊严和权利的保障。

从这个意义上说，五四新文化运动既是一场人的解放运动，也是一场争取个人权利的运动。

1920年4月1日，陈独秀曾经写下这样一段话：“新文化运动影响到军事上，最好能令战争止住，其次也要叫他做新文化运动的朋友不是敌人。新文化运动影响到产业上，应该令劳动者觉悟他们自己的地位，令资本家要把劳动者当作同类的‘人’看待，不要当作机器、牛马、奴隶看待。新文化运动影响到政治上，是要创造新的政治理想，不要受现实政治的羁绊。譬如中国的现实政治，什么护法，什么统一，都是一班没有饭吃的无聊政客在那里造谣生事，和人民生活、政治理想都无关系，不过是各派的政客拥有各派的

①陈独秀：《敬告青年》，《青年杂志》第1卷第1号。

②陈独秀：《法兰西人与近世文明》，《青年杂志》第1卷第1号。

③陈独秀：《东西民族根本思想之差异》，《青年杂志》第1卷第4号。

军人争权夺利，好像狗争骨头一般罢了。他们的争夺是狗的运动。新文化运动是人的运动；我们只应该拿人的运动来轰散那狗的运动，不应该抛弃我们人的运动去加入他们狗的运动！”[①]这段话内容指涉相当复杂，但中心结论却掷地有声：“新文化运动是人的运动！”人的运动，既是人的解放运动，也是争取个人价值、尊严和权利的运动。

①陈独秀：《新文化运动是什么?》，《新青年》第7卷第5号。

从“新民”到“立人”

——“五四”启蒙思潮的形成

由于新保守主义与后现代主义思潮的影响，批判启蒙理性和告别启蒙立场成为20世纪末中国思想文化界的一种时髦，五四新文化运动因其启蒙主义而受到了来自各方面的指控。考察批判者和告别者对启蒙的指控，主要表现在两个方面：一、在一些人眼里，启蒙即文化殖民，是在帮助西方进行文化侵略，破坏民族的文化传统，使中国沦为西方文化的殖民地；二、在另一些人眼里，启蒙等同于政治动员和社会教化，因而成为20世纪种种苦难和罪恶的根源。要回答如此指控，就不能不对“五四”启蒙主义的形成及其本来面目进行认真的清理。

一

从19世纪中期开始，无情的事实已经宣告了以专制政治为核心构成的中国主体文明的失败。尽管许多人仍然沉浸于中央大国的美梦中发出种种梦呓，但政治、经济、军事、外交等各方面的全面失败却已无情地唤醒着不愿沉迷到底的人们。如何摆脱现实的困境，成为觉醒者思考和探索的中心问题。于是，有了一系列社会变革和思想文化嬗变。“五四”启蒙思潮显然无法离开这一历史大背景。因此，国内学界对思想启蒙运动的讨论往往从西学东渐开始，甚至追溯到明末中国思想的某些裂变[①]，但是，无论是中国传统思想框架中的某些不和谐音响，还是洋务派“师夷之长技以制夷”的富国强兵战略，都显然与“五四”启蒙思潮相去甚远。一般说来，在思想上与“五四”新文化派关系密切的是维新派。因为从严复的“开民智”和梁启超的“新民说”，到五四新文化运动的“改造国民性”，至少在表面上一脉相承。所以，本章的讨论从维新派“新民”思想开始。

面对甲午海战暴露的一系列问题，严复等人终于认识到，只是依靠坚船利炮并不能解决中国的问题，强国之途需要标本并治，进行经济、政治、文化的全面变革。在对西方社会深入研究的基础上，严复指出：“是以今日要政，统于三端，一曰鼓民力，二曰开民智，三曰新民德。”[②]几年之后，戊戌变法的失败使维新派思想家进一步认识到了开发民智、改造国民精神的重要性。流亡中的梁启超把“新民”当作中国社会变革的当务之急，开始了一场引人注目而且意义深远的“新民”运动。

如果我们以中国传统思想为参照去考察“新民”学说的异质因素，可以比较清楚地看到，在寻求走出困境之路时，梁启超等人已经触及自由、民主和人权这一现代社会的根本。严复在《辟韩》中就曾以“天赋人权”的学说张扬自由思想，鼓吹“民之自由，天之所畀也”。他已经看到西方国家的富强与人的自由意志之间的联系，感觉到人的自由对于历史发展的重大意义。康有为也曾接触过西方的自由观念，赞美“人人自立，不复待人”的独立人格[③]。梁启超等人已经意识到，中国的灾难并非因为礼崩乐坏或对传统权威的背叛，而是恰恰由于中国人对于传统权威的迷信，在于失掉了人格的独立和思想的自由。变法运动中的梁启超已经部分地接受了自由、民主和平等的思想，变法失败之后，他的言论中更是不时出现自由和权利的概念。他曾接受穆勒的思想影响，思考关于自由的问题，也曾接受卢梭的民主学说，认为民主不仅可以用以改变中国的政治专制，而且可以改造国民精神。因为变法

---

①丁守和主编的《中国近代启蒙思潮》即从1840年开始，萧蓬父与许苏民的《明清启蒙学术流变》则从16世纪30年代开始。

②《严复集》第1卷，中华书局1986年，第27页。

③《康有为全集》第2卷，上海古籍出版社1987年，第802页。

失败之后对大多数人麻木不仁和随风倒伏的深切感受，他一步步走向西方思想主流，以至在1900年给康有为的信中写道：“中国数千年之腐败，其祸及于今日，推其大源，皆必自奴隶性而来，不除此性，中国万不能立于世界万国之间。而自由云者，正使人自知其本性，而不受钳制于他人。今日非施此药，万不能愈此病。”在这里，我们看到了梁启超对自由的高度重视。在《新民说》中，他承认人格的独立、思想的自由和平等权利对于社会进步的重要性，对个人权利进行过精彩的辩护：“一部分之权利，合之即为全体之权利，一私人之权利思想，积之即为一国家之权利思想。故欲养成此思想，必自个人始。”“国民者一私人之集结也，国权者一私人之权利所团成也。……其民强者谓之强国，其民弱者谓之弱国。”[①]并且深深感叹中国权利思想之薄弱。

这些学说已经与“五四”启蒙主义者的努力在表面上呈现着某种相似性。然而，需要注意的是：在梁启超那里，“新民”还只是手段，强国才是目的。他虽然思考关于人的自由和权利等一系列问题，但这只是他思考国家命运的副产品。他的新民思想是从国家本位出发的，而不是从个人本位出发的。他的“新民”活动的目的是国家而不是个人。因此，在他的全部论述中，被反复强调的是“民”而不是“人”；被高度重视的是“民权”而不是“自由”。而且，他谈民主，是把民主看作强化国家的手段，而不是把它看作保护个人自由和公民权利的制度；他谈自由，极力强调的是民族国家的自由，而很少涉及个人的自由。他“极言新民之为当务之急”，原因是“苟有新民，何患无新制度，无新国家”。[②]从这个意义上说，梁启超还没有从个体立场上关心过个人自由、人格尊严、人权平等等现代思想命题。由于传统思维的拘牵，他们关心的是国家的利益，批判的是民众对国家的冷漠，希望的是民众对于国家责任的自觉。正因为这样，他虽然看到了破除奴隶性和个人自由对于增强民族活力的重要，却对自由一直抱有警惕。这种警惕往往表现为两个方面：一是强调国家的自由而抑制个体的自由；二是强调中国的国情而拒绝西方的自由与民主。他说：“自由云者，团体之自由，非个人之自由

①《新民说》，《饮冰室合集·专集之四》，中华书局1989年影印版。

②同上。

也。”为了证明自己的论点，他甚至把自由看作中国早已有之的东西，并且总结出这样的规律：“野蛮时代，个人之自由胜，而团体之自由亡；文明时代，团体之自由强，而个体之自由减。”[①]为了拒绝西方的自由和民主，他千方百计证明的是自由与民主之不适合中国国情：“自由云，立宪云，共和云，如冬之葛，如夏之裘，美非不美，其如与我不适何！……一言以蔽之，则今日中国国民，只可以受专制，不可以享自由。”[②]西方的自由民主制度为什么“与我不适”？中国国民为什么“只可以受专制，不可以享自由”？理由是中国有几千年的君主专制社会，它是历史形成的，老百姓习惯于这种专制制度而没有行施民主权利的能力，如果实行民主共和制度，必将导致秩序混乱、国将不国。考察维新派反对民主共和而主张君主立宪的言论，其理由并不是民主共和制度不好，而是它不适合中国国情。在这一点上，维新派与他们的前后反对派显示着共同的思维逻辑。他们关于改革的思考是在维护既有国情的前提下进行的，而国情的根本就是既有的统治秩序。他们之所以像慈禧太后预备变法的做法一样，主张必须经过开明专制之后，才可以实行民主制度，理由是“凡国必风气已开，文学已盛，民智已成，乃可设议院。今日而开议院，取乱之道也”[③]。

也就是说，他们可以在某种程度上接受自由与民主，也可以在某种限度中谈论公民的权利，但是，这一切只能是为国家这一根本目的所用，一旦自由、民主和人权有可能成为“取乱之道”，他们就会视之若洪水猛兽，像专制统治者一样拒绝承认个人自由和公民权利的合法性。由此，我们能够进一步认识到，梁启超们“新民”的意义只是为国家制造更合格的建设者和保卫者，而不是造就人格独立、精神自由、个性全面发展的人。他们终日忧虑于“国将不国”的危机，却很少正视“人已非人”的历史和现实，其根本原因就在于人的自由和权利在他们的思想中从来没有成为目的。

因此，梁启超的“新民说”与现代意义上的启蒙主义存在着质的不同，是否可以把它作为启蒙进行讨论，是值得怀疑的。我以为，虽然“启蒙”一

---

①《新民说》，《饮冰室合集·专集之四》，中华书局1989年影印版。

②《新大陆游记节录》，《饮冰室合集·专集之二十二》，中华书局1989年影印版，第124页。

③《古议院考》，《饮冰室合集·文集之一》，中华书局1989年影印版，第96页。

词在中国早已有之，但是，学界谈论"启蒙思潮""启蒙哲学""启蒙主义"，使用的显然不是少儿入学开蒙之意，而是借用于17世纪到18世纪的欧洲思想启蒙运动。因此，对这一概念的使用应该以西方思想启蒙运动为参照。

那么，欧洲思想启蒙运动之"启蒙"本质何在？毫无疑问，是人的解放和人权的确认。正是这一点，使它尽管本身也存在着各种不和谐音响，却成为人类文明健康主流的里程碑，成为人类在现代化历程中战胜各种腐朽与邪恶的思想武器，而且成为走出种种迷雾的灯塔。思想启蒙运动是文艺复兴运动的继续和发展，二者之间是不可割断的。文艺复兴时期的新思潮冲破中世纪神学的束缚，继承古希腊和罗马文化重视"人的尊严"的古典模式，以人为旗帜反对一切扼杀人的力量，肯定人的自然本性和世俗生活，强调人的中心地位和自由意志，以各种不同的形式歌颂人的价值，维护人的尊严，呼唤个体的主体地位。它使人们终于意识到每个人都有上帝赋予的自由权利，是任何人都无权剥夺的。因此，尊重人，爱护人，承认个人的权利，成为文艺复兴以来人类健康思想的一大特征。17世纪到18世纪的思想启蒙运动继承文艺复兴运动的任务，用自由对抗专制暴政和宗教压迫，用天赋人权对抗君主和贵族特权，把人的解放运动推向了一个新的阶段。他们寻找"永恒的真理"和"永恒的正义"，要保护的是"基于自然的平等和不可剥夺的人权"。他们呼唤一个理性的王国，是要以理性作为人的解放的武器和人的权利的保证，即以理性秩序维护人的天赋之权。从文艺复兴运动到思想启蒙运动的全过程是：从人的自由和解放入手，把在封建神学和专制政治束缚下丧失了生命力的人还原为富有生命力和自由意志的人，然后努力以理性建立一种社会秩序以保障自由、平等和个人权利不被侵害。文艺复兴时代的人是从神学束缚下解放出来的人，他们对自由的追求是单纯意义上的个人自由和世俗欲望的解放；而启蒙运动中的人则不再满足于个人的叛逃和解放，而要求法律保护之下的个人权利。

这一基本过程决定了启蒙运动的基本特征：从人的立场出发，以人为目的，为人的自由和权利而努力。启蒙主义因此而获得了鲜明的思想标识，使其他一切非以人为目的的思想文化运动都不能与它相混淆。一切立足于民族、阶级、集团、宗族的政治动员和社会教化都不能盗用启蒙之名，因为那一切政治动员和社会教化都往往是以愚弄的手段达到使人们顺从和效忠的目的，而这正是与启蒙主义相对立的蒙昧主义。

从这个意义上说，中国近代的所谓“启蒙思潮”不应无限扩大，梁启超和他的同道们不是启蒙主义者。

二

从维新派的思想文化运动到五四新文化运动，其中有一个重要的环节：辛亥革命前夕活跃的思想界和革命派思想家的思想和主张。正是一些革命派思想家和倾向于革命的思想家开始真正走近了启蒙主义，并且成为“五四”启蒙运动的先导。

戊戌变法的失败使中国的现代化进程失掉了一次机会，也基本堵死了中国政治效法英国和日本而走君主立宪的道路。尽管清廷在维新志士血迹未干之时就预约变法以图重新获得新派士大夫的支持和国际社会的认可，尽管康有为们也仍然在呼唤还政于光绪并且与革命派展开激烈的论战，但是，历史已经翻开了新的一页，清廷因为手上的鲜血而注定失掉了历史机遇。虽然20世纪90年代以来新保守主义潮流使得辛亥革命的合法性受到了质疑，然而，在19世纪结束的时候，中国的革命已是必然。这不仅在于让改革者在刽子手面前俯首称臣已经不易，而且在于统治者即使到了最后的时刻，也决不愿意放弃特权。从这个意义上说，正是清王朝自己培养了革命，并把革命一步步推向高潮。在革命的酝酿过程中，中国的新思潮开始真正接受了西方现代主流文化最可贵的传统，开始了与世界文化接轨的伟大尝试。

在20世纪最初的一年，革命派的《中国日报》等报刊已经使我们看到，革命党人已经举起了人权的旗帜以反抗神权，拿起民权的武器对抗君权，努力唤起国民争取民主和自由。在革命派的思想成果中，邹容的《革命军》虽然多有狭隘的民族主义浮薄激情，但欧洲思想启蒙运动对作者的积极影响显而易见。邹容们不像梁启超们那样害怕自由对秩序的危害，也不担心本土传统被西方文明所取代，甚至被取代正是他们所希望的。他们从世界文明的健康主流吸取了思想的力量：“闻之1688年英国之革命，1775年美国之革命，1870年法国之革命，为世界应乎天而顺乎人之革命，去腐败而存良善之革命，由野蛮而进文明之革命，除奴隶而为主人之革命。”他悲叹中国几千年历史上发生的一次次“野蛮之革命”，而庆幸世界革命为中国革命所提供的一切：“吾幸夫吾同胞之得与今世界列强遇也；吾幸夫吾同胞之得闻文明之政体、文明之革命也；吾幸夫吾同胞之得卢梭《民约论》、孟德斯鸠《万法精理》、弥勒约翰《自由之理》、《法国革命史》、《美国独立檄文》等书译而读之也。是非吾同胞大幸也夫!”他已经认识到革命的意义是由野蛮而进入文明，结束奴隶状态而获得人的自由。所以，他高喊的是“扫除数千年之专制政体，收回我天赋之权利，换回我生来之自由”。他向往的革命是“为国民购自由平等独立自主之一切权利”[①]。显然，他提倡自由和平等，强调个人的权利和人格的尊严，已不是作为救亡图存的手段，而是标志着走向成熟的现代知识分子开始站在人的立场上对生存于中国这块土地上的人的命运进行思考。

由于新的思想基点的出现，一代知识分子开始向几千年的传统挑战。虽然辛亥革命还没有到来，清醒的人们已经意识到，仅仅进行政治上的革命是不够的，在进行政治革命的同时必须辅之以伦理道德革命。他们开始了对纲常名教的全面讨伐，开始了对新道德规范的引进和介绍。考察他们介绍的新的道德规范和伦理原则，其中心是个体本位的政治哲学和伦理哲学，强调的重点是个人权利的神圣地位。他们已经认识到传统伦理与传统政治的一致性，因而对纲常和传统道德替代规范施以猛烈的攻击。面对“君为臣纲”的信条，他们说：“君亦人也，何彼独享特权特利？曰因其生而为君，是天子也。此乃迷信，有背科学。若因其有势力固然，此乃强权，有背真理。”面对“父为子纲”的信条，他们说：“人各有自，非他人之属物。”“父人也，子亦人也，故父子平等。”面对“夫为妻纲”的信条，他们说：“夫人也，妇亦人也，……人生于世间，各有自立之资格，非属于甲，亦非属于乙，妇不属于夫，夫不属于妇，此自由也。”[②]

在对传统伦理进行批判和讨伐的同时，他们把批判的矛头指向了中国传统伦理的思想文化根基儒家学说。一篇题为《排孔征言》的文章说：“支那者，政教混合之国也，亦恐惧，亦迷信，故至今日始梦呓立宪。……呜呼，

①《猛回头——陈天华邹容集》，辽宁人民出版社1994年。

②《三纲革命》，《新世纪》第11期，1907年8月出版。

孔丘砌专制政府之基，以荼毒吾同胞者，二千余年矣。……欲世界人进于幸福，必先破迷信；欲支那人之进于幸福，必先以孔丘之革命。”[①]在此基础上，他们热烈呼唤自由平等和人权。而且开始呼唤男女平等，主张妇女解放，认为男女同生于天地之间，因而同有天赋之权。《中国女报》《女子世界》《中国新女界杂志》等妇女报刊的出现，是妇女解放运动作为人权运动在中国展开的一个标志。丁初我在《女子家庭革命说》一文中说：“君主之权力，人奉之，家长之权力，半人为之，半天赋之，其剥夺权利一耳，其禁削自由一耳。苟无权利，即为人奴；苟非自由，即为天囚。悲哉！悲哉！人禽之界，判此几希。论家国革命之先后，并无秩序之可言；论男女革命之重轻，则女子实急于男子万倍。”[②]

由此不难发现，辛亥革命之前，中国思想运动的前驱已与维新派思想家们有很大的不同。而最大的不同是突出了人权观念。一些觉醒的人们已经认识到专制制度的种种罪恶归根到底是剥夺人权和践踏人权，因而开始为争取个人的基本权利而呐喊和鼓吹。人权意识在一代知识分子中迅速强化，他们强调人权天赋，肯定人们追求个人幸福和快乐的权利，强调个人的自主和道德的自律，呼唤个人自由和人格平等，从政治领域到道德领域，全面地确立人的最高价值。

但是，这种启蒙思想在当时只表现于极少数知识分子的言论之中，而革命派的领袖人物孙中山等却像维新派一样把人的自由和权利视为洪水猛兽。他们更多地显示了民族主义思想，而缺少对自由、民主和人权的热情。孙中山这位被称作“资产阶级革命家”的领袖，在思想上却恰恰缺少资产阶级思想成果中最具有永久光辉的那些元素，恰恰没有获得资产阶级思想家的思想精华。为了完成他的革命大业，他像保皇党一样害怕自由和权利的学说，而且试图通过强调自由的非个体性而剥夺人们的自由。在他的三民主义中，民权主义包括了民主、自由和人权等一系列命题。但是，孙中山却一再强调：“我们革命党向来主张三民主义去革命，而不主张以革命去争自由。”[③]他痛

①绝圣：《新世纪》第52期，1908年6月出版。

②《女子世界》第4期，1904年4月出版。

③《孙中山选集》，人民出版社1956年，第717页。

心于中国人的“一片散沙”状态，在他看来，这种状态是因为中国人享有的自由太多。他甚至认为：“到底中国为什么要革命呢？直截了当说，是和欧洲革命的目的相反。欧洲从前因为太没有自由，所以革命，要去争自由。我们是因为自由太多，没有团体，没有抵抗力，成一片散沙，所以受外国帝国主义的侵略，受列强经济商战的压迫……”他所希望的是：“打破各人的自由，结成很坚固的团体，像把水和士敏土参加到散沙里头，结成一块坚固石头一样。”[①]他认为推倒满清之后社会之所以出现那么多的混乱，也是因为自由太多。因此，他的主张是：“在今天，自由这个名词究竟要怎么应用呢？如果用到个人，就成一片散沙。万不可再用到个人上去，要用到国家上去。个人不可太过自由，国家要得完全自由。到了国家能够行动自由，中国便是强盛的国家。要这样做去，便要大家牺牲自由。”[②]他一再讲的都是服从命令，牺牲奉献，忠心报国，并且因此而对青年学生高喊自由的口号深恶痛绝。历史没有给孙中山掌握国家权力的机会，从某种意义上说，也许是他的幸运。从他的三民主义思想看，可以说样样合于中国的专制传统，而且从来就没准备给人民以自由，也从来没有考虑如何保护公民的权利不受国家和政府的侵害。在孙中山的眼里，卢梭的天赋人权说是有害的。因为他宣扬天赋人权，并且因此而导致了法国革命。而孙中山对法国大革命的不满是：“人民拿了充分的民权，便不要领袖，把许多有知识有本事的领袖都杀死了，只剩得一班暴徒……”[③]正是这种认识使这位华盛顿的崇拜者最终没有成为华盛顿，使这位革命领袖没有走在现代思想文化建设的前沿。

在辛亥革命前夕中国思想界的转化过程中，鲁迅是值得注意的。通过鲁迅的思想，既可以看到他与梁启超、孙中山等人的思想联系，也可以看到他拓展和蜕变的轨迹，以及全部的复杂性。

1907年前后，面对当时中国的现实，鲁迅的言论与梁启超的“新民说”保持了明显的联系。他说：“是故将生存两间，角逐列国是务，其首在立

①《孙中山选集》，人民出版社1956年，第721页。

②同上书，第722页。

③同上书，第749页。

人，人立而后凡事举，若其道术，乃必尊个性而张精神。”[①]这与当时许多人的表述是一致的，“尊个性而张精神”的目的指向，仍然是一个大写的“国”字。“角逐列国是务，其首在立人”，“人既发扬踔厉矣，则邦国亦以兴起”。这些表述使人们看到鲁迅当时“立人”的目的仍然是为了“邦国”之“兴起”。然而，值得注意的是，鲁迅从梁启超的思想出发，却常常游离强国之目的，而流连于个人自由的主题。他处处为人的个性而辩护，为个性自由而呐喊，抨击中国人在西方文化冲击之下出现的两种选择：一是“辁才小慧之徒，于是竞言武事……谓钩爪锯牙，为国家首事”，这是对富国强兵论者的不屑；一是“痛乎外侮迭来，不可终日，自既荒陋，则不得已，姑拾他人之余绪，思纠大群以抗御，而又飞扬其性，善能攘扰，见异己者兴，必借众以陵寡，托言众治，压制乃尤烈于暴君”。他甚至对民主制度表示不信任，生怕民主压抑了自由。他把“掊物质而张灵明，任个人而排众数”作为当务之急，努力鼓吹个人自由，张扬人格独立和个性尊严。他赞美克尔凯郭尔，赞美易卜生，张扬那个曾经宣布“我是国家死敌”的斯蒂纳尔，对其思想津津乐道：“人必发挥自性，而脱观念世界之执持。惟此自性，即造物主。惟有此我，本属自由；既本有矣，而更外求也，是曰矛盾。自由之得以力，而力即在乎个人，亦即资财，亦即权利。故苟有外力来被，则无间出于寡人，或出于众庶，皆专制也。”“凡一个人，其思想行为，必以己为中枢，亦以己为终极：即立我性为绝对之自由者也。”

是否尊重个人的自由和权利，是欧洲现代与中世纪的一个分水岭，也是识别和确认一种文明是否进入现代或者是否具有现代性的重要标志。无论20世纪西方的一些学者是如何把明明白白的现代性涂抹得模糊不清，现代性都仍然应该是明明白白的：它以文艺复兴和思想启蒙运动为基础，所以无论是经济的市场化、政治的民主化、思想和信仰的自由化、生活方式的城市化等何种因素，都以人的解放、生活的幸福和人权的保障为基础。因此，现代性的基本点就是以人为中心，以人为目的和出发点，以人的自由和权利为最高价值尺度。1907年前后的鲁迅已经接近了这一基本点。在对中国文化深刻的生命体验和理性认识的基础上，在中国人和西方人不同生存状态的对比之

①《鲁迅全集》第1卷，人民文学出版社1981年，第57页。

下，鲁迅看到了生为中国人的多重悲剧：缺乏人格独立的合法性，缺乏个人权利的合法性，缺乏自由发展的合法性。因此，当他面对西方现代思想时，不仅心向往之，而且找到了自己朦胧思想的语言表达。他强烈地意识到，中国人应该从纲常名教和各种奴役关系中解放出来，使自己成为自己的主人。

总而言之，鲁迅从国家目的出发，为“强国”而走向“立人”，但一旦发现了个人自由之后，却立即受到了人权思想的强烈吸引。他虽然一腿仍然处于梁启超的新民学说之中，没有与梁启超为国家富强而维新、又为维新而新民的基本思路划清界限，但另一腿却已经跨出，开始以人作为思考问题的中心和进行判断的价值尺度。

三

经过辛亥革命之后的痛苦思索，陈独秀、胡适、鲁迅等人终于告别梁启超们的“新民说”和孙中山的“三民主义”而走上了现代启蒙主义：从人的立场出发，以人为目的，为中国人像人一样活着而进行思想文化上的努力。在他们那里，人，成了最高价值尺度，人格的独立，思想的自由，个人的权利，成为神圣不可侵犯的事物。个人的自由和权利不必再通过其他神圣的东西而获得合法性，而是恰恰相反，无论政治制度、经济制度还是道德规范、生活方式和风俗习惯，都需要通过人的自由和权利保障而获得合法性。国家的合法性不再是无需证明的，而是也需要通过保护个人的自由和权利而获得。从“五四”一代人的言论中，可以看到一系列相互对立的范畴：人的生活与非人的生活、人的文学与非人的文学、人的道德与吃人的道德……而区分这一切的尺度正是“五四”启蒙运动的最高价值尺度。

新文化运动的中心主题是人的解放，何谓解放？陈独秀的回答是：“解放云者，脱离夫奴隶之羁绊，以完成其自由自主之人格之谓也。”①而具体的解释是：“我有手足，自谋温饱；我有口舌，自陈好恶；我有心思，自崇所信；绝不认他人之越俎，亦不应主我而奴他人。盖自认为独立自主之人格以上，一切操行，一切权利，一切信仰，唯有听命各自固有之智能，断无言从

①陈独秀：《敬告青年》，《青年杂志》创刊号，1915年9月出版。

隶属他人之理。”“五四”启蒙运动的主要意义就在于实现这种现代人格。

新文化运动的领袖们以空前的态度确立了对人的自信。他们鼓吹个性自由，为孩子而呼唤，为妇女而呐喊，为平民而鸣不平，努力创建一个与过去历史极不相同的世界，这个世界被他们称作“人国”或“人的世界”。他们坚信：“信任天不如信任人，靠上帝不如靠自己。我们现在不妄想什么天堂天国了，我们要在这个世界上建造‘人的乐园’。我们不妄想做不死的神仙了，我们要在这个世界上做个活泼健全的人。……我们也许不信灵魂的不灭了，我们却信人格是神圣的，人权是神圣的。”①

按照陈独秀的说法，当时的中国人需要实现“最后的觉悟”，而“最后的觉悟”是伦理的觉悟。因此，“五四”启蒙主义者首先着力抨击的是传统的纲常伦理。他们一齐对“三纲”展开了猛烈的抨击，对传统的伦理秩序进行颠覆。胡适的《易卜生主义》《贞操问题》《慈幼问题》、鲁迅的《我之节烈观》《我们现在怎样做父亲》等一系列论文所论都是伦理问题，显示的最突出的特点就是人的立场。中国传统的伦理学说都是从群体本位出发的，因而致力于统治秩序，而不考虑个体生命的价值。为了君主的权威和他们的江山社稷，为了家长和祖宗，个体生命被扭曲和扼杀被认为是天经地义的。胡适、鲁迅和陈独秀们的伦理学说却从个体生命出发，以个体生命为中心。在他们看来，无论家庭秩序还是社会秩序，都应该建立在有利于个体生命的生存和发展这一标准之上。他们揭示中国女人的不幸，指出节烈观的吃人本质，同情幼者的境遇，批判长者本位和家庭对个人的扼杀，充分显示了个体生命本位的道德论立场。

从个体生命本位出发，道德规范的建立只能从人的生命和自由意志出发，目的只能是保障人的幸福和自由权利。判断道德与不道德的标准只有一个：能够给人带来幸福、有利于人的生存和发展。如果一种道德规范给人带来的不是幸福而是痛苦，其功能不是保障人的自由权利而是剥夺人的自由权利，那么，这道德本身就是不道德的。面对传统的节烈观，鲁迅一再诘问：节烈难吗？答道，很难。节烈苦吗？答道，很苦。女子自己愿意节烈吗？答道，不愿。既然如此，社会有什么理由要求女人节烈？所以，鲁迅宣布传统

①《胡适文集》第4卷，北京大学出版社1998年，第9页。

的节烈观再没有继续留存的必要，提出要开一个追悼大会，“追悼了过去的人，还要发愿：要除去于人生毫无意义的苦痛。要除去制造并赏玩别人苦痛的昏迷和强暴。我们还要发愿：要人类都受正当的幸福。”①

“要人类都受正当的幸福。”这是“五四”一代人的呼声。人的生命是第一位的，人的自由发展是最高价值尺度。在“五四”一代人看来，是否承认这一点，正是“人的道德”与“吃人的道德”的根本区别，也是新文化与旧文化的根本区别。无论对于政治制度、经济制度、道德规范、文化传统，他们都以这一根本尺度确定取舍存废。用鲁迅的话说，就是：“一要生存，二要温饱，三要发展。苟有阻碍这前途者，无论是古是今，是人是鬼，是《三坟》《五典》，百宋千元，天球河图，金人玉佛，祖传丸散，秘制膏丹，全都踏倒他。”②这正是五四新文化运动的斗争纲领和行动路线。反礼教，反专制，反迷信，反奴性，非孔，非孝，整体反传统，张扬个性自由，鼓吹妇女解放……都可以在这一纲领中得到解释。

新文化运动的领袖们不遗余力地批判旧文明，整体地否定传统文化，至今为世人所诟病。然而，考察他们与反对者的主要分歧，关键在于出发点与价值尺度的不同。民族文化本位主义者为了民族文化的主体性可以不顾一切，而“五四”启蒙主义者却决不愿意为了文化而牺牲人的生存和发展。他们要重新估定一切价值，而判断优劣和决定存废的唯一尺度就是人。在20世纪初的中国，对传统文化的批判已不罕见。有人指控其阻碍经济发展，有人指控其不利于国家富强，而在“五四”启蒙主义者的集体指控中，传统文化的根本罪状只有一条：“吃人。”即漠视人的价值，扼杀人的生命，剥夺人的权利。

陈独秀认定中国传统社会是宗法社会，认为“自游牧社会，进而为宗法社会，至今无以异焉；自酋长政治，进而为封建政治，至今无以异焉。……宗法制度之恶果，盖有四焉：一曰损坏个人独立自尊之人格；一曰窒碍个人意思之自由；一曰剥夺个人法律上平等之权利；一曰养成依赖性，戕贼个人之生产力”③。胡适提醒人们，要看一个国家的文明，需要考察三件事：第

①《鲁迅全集》第1卷，人民文学出版社1981年，第125页。

②《鲁迅全集》第3卷，人民文学出版社1981年，第45页。

③《陈独秀文章选编》上，生活·读书·新知三联书店1984年，第98页。

一，看他们怎样对待小孩子；第二，看他们怎样对待女人；第三，看他们怎样利用闲暇时间。他认为“可惜我们中国禁不起这三层考察。这三点之中，无论哪一点都可以宣告我们这个国家是最野蛮的国家”[①]。面对中国女性的命运，他说：“‘把女人当牛马’，这句话还不够形容我们中国人待女人的残忍与惨酷。我们把女人当牛马，套了牛轭，上了鞍辔，还不放心，还要砍去一只牛蹄，剁去两只马脚，然后赶她们去做苦工！”因此，他得出的结论是：“全世界的人类里，寻不出第二国有这样的野蛮制度！”[②]

鲁迅的概括是集中而有力的：“所谓中国的文明者，其实不过是安排给阔人享用的人肉的筵宴。所谓中国者，其实不过是安排这人肉的筵宴的厨房。”[③]“中国人向来就没有争到过‘人’的价格，至多不过是奴隶，到现在还如此，然而下于奴隶的时候，却是数见不鲜的。……任凭你爱排场的学者们怎样铺张，修史时候设些什么‘汉族发祥时代’‘汉族发达时代’‘汉族中兴时代’的好题目，好意诚然是可感的，但措辞太绕弯子了。有更其直截了当的说法在这里——一、想做奴隶而不得的时代；二、暂时做稳了奴隶的时代。”[④]“人肉筵宴论”是对中国社会静态的考察和概括，“两种时代论”是对中国既往全部文明动态的考察和概括。无论对于历史还是对于现实，鲁迅的指控都在于这种文明把人不当人，在于它践踏和剥夺人的权利。在这里，人，成为鲁迅批判传统文化的唯一价值尺度。正是在这一价值尺度的衡量之下，中国传统文明才显示了其“吃人”的野蛮和残暴。这也是“五四”一代人整体反传统的理由。

由于这种立场的获得，“五四”启蒙主义者终于彻底超越了维新派思想家的新民思想，走上了现代启蒙主义的道路。

长期以来，一些人往往错误地理解启蒙与救亡的关系，把五四新文化运动的启蒙立人看作手段，而把救亡和强国看作目的。这是对“五四”启蒙主义的严重曲解。考察其原因，主要在于没有看到五四新文化运动与梁启超的

---

①《胡适文集》第4卷，北京大学出版社1998年，第643页。

②同上书，第641页。

③《鲁迅全集》第1卷，人民文学出版社1981年，第216页。

④同上书，第216、213页。

“新民”学说和孙中山的“三民主义”的根本区别。包括“五四”时期新文化运动的一些追随者，后来之所以背叛新文化方向而走上别的道路，也大都因为他们没有获得新文化运动领袖集团所获得的那种坚定的立场，甚至对其没有起码的认识。只要正视新文化运动的历史场景，对其目的和立场进行考察，就会发现，“五四”启蒙主义者已经把人的解放和权利的保障作为根本目的，而决不是像维新派思想家一样为强国而新民，也不像孙中山们一样为革命而动员民众。当然，新文化运动的领袖们没有因为“立人”而排斥“强国”，但是，他们决不是民族主义者，更不是国家主义者。在他那里，人是目的，是一切思考的出发点和价值核心，因而总是第一位的。按照他们的思想逻辑，国家只能以保障个人的自由和公民的权利而获得合法性。因为人们之所以需要国家，是因为国家能够保障个人的权利不受侵犯，如果一个国家不能保障这一切，或者国家本身就成了个人权利的侵犯者，这个国家就失掉了存在的价值。

因此，在他们那里，国家不是可以凌驾于个人之上的目的，更不是可以剥夺个人权利的借口。陈独秀说：“要问我们应当不应当爱国，先要问国家是什么。……我们爱的是国家为人谋幸福的国家，不是人民为国家做牺牲的国家。”[①]他又说：“国家者，保障人民之权利，谋益人民之幸福者也。不此之务，其国也存之无所荣，亡之无所惜。……盖保民之国家，爱之宜也；残民之国家，爱之也何居？”[②]李大钊在《“少年中国”的“少年运动”》中认为“我们应该承认爱人的运动比爱国的运动更重要。”按照胡适的说法：“现在有人对你们说：‘牺牲你们个人的自由，去救国家的自由！’我对你们说：‘争你们个人的自由，便是为国家争自由！争你们自己的人格，便是为国家争人格！’”[③]按照鲁迅的表述：“要我们保存国粹，也须国粹能保存我们。”“保存我们，的确是第一义。”[④]

直到晚年，鲁迅在《半夏小集》中仍然表现着对以国家和民族的名义剥

①陈独秀：《我们究竟应当不应当爱国》，《每周评论》第25号。

②《陈独秀文章选编》上，生活·读书·新知三联书店1984年，第71页。

③《胡适文集》第5卷，北京大学出版社1998年，第511页。

④《鲁迅全集》第1卷，人民文学出版社1981年，第306页。

夺个人权利和侵害个人利益的行为的愤怒，并且提醒人们："用笔和舌，将沦为异族的奴隶之苦告诉大家，自然是不错的，但要十分小心，不可使大家得着这样的结论：'那么，到底还不如我们似的做自己人的奴隶好。'"

由此可见，"五四"一代启蒙思想家借助西方社会契约理论确立了一种国家与个人的新型关系原则。这一关系原则是与平等交换的市场原则相一致的，无论个人与个人之间，还是个人与群体之间，都必须是自愿的平等交换，而不是野蛮的占有和掠夺。这种关系准则，正是现代社会关系最本质的标志。

从维新派的"新民"到新文化运动的"立人"，是20世纪中国思想的一个重大发展，也是近代思想史上的一个重要分水岭。从"五四"时期开始，中国文学和思想文化中就存在着三个主题：救亡、启蒙、翻身。三个主题往往伴随着三种思想文化运动。启蒙运动区别于救亡和翻身运动的主要标志就是以人为目的，以人生存和发展的自由和权利作为评判一切的价值尺度。

“启蒙”五题

回顾中国现代化的曲折历程，思考文化的发展与变革，“启蒙”及其是非功过是一个无法回避的问题。无论过去还是今天，围绕“启蒙”都存在一系列复杂的矛盾，一方面是一些知识分子为之不懈努力，一方面是种种阻力与之紧密相随。时至今日，“启蒙”仍然被广泛使用，而且常被论及，在这个世纪之交的思想文化论争中，它又成为冲突的一个重要焦点。只要做一点简单的考察就会发现，一些分歧往往源于不同的理解。正是有感于争论中对话南辕北辙的现象，本文试图对有关“启蒙”的几个基本问题做一点澄清。

一、何谓“启蒙”

“启蒙”既是一个外来的概念，又是中国固有的词语。在英文中，“启蒙”（enlightenment）的词根就是“光”（light），作为形容词有“明亮”之意，作为动词有“点燃”“使发光”之意。“lighten”作为动词的一般意义就是“使……明亮”。而“enlighten”则意味着人通过开导而摆脱无知、偏见与迷信。在汉语中，“启”即打开，“蒙”即蒙昧。所以，如果从一般意义上说，以“启蒙”一词翻译“enlightenment”是比较贴切的。然而，用中国固有的词语翻译外来词语常常出现的一个问题就是两个词语的内涵并不完全重合，因而很容易造成表达的偏差。在中国，“启蒙”一词固有含义的要点是“使初学的人得到基本的、入门的知识”[①]。它的适用范围显然比外来的

①《现代汉语词典》，商务印书馆1996年，第889页。

“启蒙”（enlightenment）要大得多。任何领域都有一些“基本的、入门的知识”，初次接受这些知识，或者传授这些初步的知识，在中国便被称作“启蒙”。因此，在中国的使用中便出现了从“性启蒙”“计算机启蒙”到“革命启蒙”“民主启蒙”之类的宽泛用法。

然而，面对这种情况，人们不能不产生疑问：教臣子尽忠，教儿女尽孝，教百姓遵纪守法……这算不算启蒙？大太监训导新来的小太监，妓院老板开导不愿接客的少女，黑社会老大教训手软的打手，这一切算不算启蒙？任何人都不能不承认，这其中有许多“基本的、入门的知识”，而且一些道理的确能使接受者“豁然开朗”。但是，这就是“启蒙”吗？如果把这种意义上的“启蒙”放在由启蒙、救亡、革命等词构成的语义场中使用，或者以这样的意义去理解“启蒙思想”“启蒙运动”和“知识分子的启蒙立场”，那将会出现什么后果？

因此，要准确使用“启蒙”一词，需要注意以下几个方面：首先，必须注意区分“使初学的人得到基本的、入门的知识”与“使人们摆脱愚昧和迷信”的不同含义。学界一般谈论的是后者，而不是前者。其次，必须注意区分“启蒙”与“宣传”、“动员”和“教化”的差别，把启蒙与一般的“宣传教育”区别开来。因为宣传教育并不一定意味着启蒙。历史告诉我们，“教化”“动员”或“宣传”不仅不是启蒙，而且常常意在制造蒙昧。皇帝对臣子们的教导，寨主对喽啰的鼓动，江湖骗子们街头的叫喊，目标往往是制造对他们的迷信和顺从。启蒙的根本标志就在于以人自身为目的。它的目的是人自身而不是其他任何非人的目标。它以人的解放与权利的保障为指归，与此背道而驰的一切说教、动员、煽动、唆使都不能视之为启蒙。

关于这个问题，有两方面的依据特别值得注意：

一是启蒙思想家的经典论述。面对一个外来概念，我们必须考察它本来的含义，而不应根据中国译文的固有词意进行想当然的泛化理解，也不能依据西方当代那些退化了的解释去理解。作为经典性的论述，康德在《回答一个问题：什么是启蒙？》一文中说过：“启蒙就是人从他自己造成的未成年状态中走出。”他的进一步解释是：“未成年状态就是没有他人的指导就不能使用自己的知性。倘若未成年状态的原因不在于缺乏知性，而在于缺乏无需他人指导就使用自己知性的决心和勇气，那么，这种状态就是自己造成的。Sapere Aude！（要敢于认识！）要有勇气使用自己的知性！这就是启蒙的格言。"[①]康德指出，一些人在自然已经使他们不再需要他人指导之后，却仍然停留在未成年状态，其原因在于"懒惰"和"胆怯"。因为走向成年这一步是艰辛的，绝大多数人往往把这一步看作是危险的。于是那些"监护人"便承担起了替他们做主并指挥他们的责任。康德告诉我们，"监护人"总是利用人们的懒惰和胆怯，使人安于精神上的未成年状态，因而总需要别人的监护，需要别人为他做主。在这种情况下，就需要启蒙帮助人们修正自己的精神，走出未成年状态，建立自我的自信。很明显，启蒙的指向是人的思想解放，而不是思想禁锢；是被启蒙者自身而不是其他什么非个人的目的。那些试图以教化、动员或种种精神催眠而把人们置于自己"监护"之下的做法，显然不能被认作"启蒙"。

二是启蒙运动本身。要深入理解启蒙这一概念的含义，辞书的解释是远远不够的，必须对欧洲思想启蒙运动的历史本身进行考察。欧洲启蒙运动的根本精神是人的解放和人权的确认。但是，当时的思想家们对此论述并不充分。这不难理解，因为对于文艺复兴运动之后的西方思想家而言，一些基本观念是不言自明的。但对于缺少这一精神背景的人来说，如果孤立地面对一些言论，却有可能对启蒙运动产生误解。因此，要准确把握思想启蒙运动，就必须注意它与文艺复兴运动不可割断的联系。文艺复兴时期的新思潮冲破中世纪神学的束缚，继承古希腊和罗马文化重视"人的尊严"的古典模式，以人为旗帜反对一切扼杀人的力量，肯定人的自然本性和世俗生活，强调人的中心地位和自由意志，以各种不同的形式歌颂人的价值，维护人的尊严，呼唤个体的主体地位。17世纪到18世纪的思想启蒙运动继承文艺复兴运动的任务，用自由对抗专制暴政，用自然神论和无神论对抗宗教偶像，用天赋人权对抗君主和贵族特权，把人的解放运动推向了一个新的阶段。他们寻找"永恒的真理"和"永恒的正义"，要保护的就是基于自然的平等和不可剥夺的人权。他们呼唤一个理性的王国，是要以理性作为人的解放的武器和人权的保证。从文艺复兴运动到思想启蒙运动的全过程是：从人的自由和解放入手，把在蒙昧主义与专制主义束缚下丧失了生命力的人还原为富有生命力和

①李秋零编译《康德书信百封》，上海人民出版社1992年，第271页。

自由意志的人，然后以理性建立一种社会秩序，以保障自由、平等和人权不被侵害。文艺复兴时代对自由的追求是单纯意义上的个人自由和世俗欲望的解放；而启蒙运动中的人则不再满足于个人的叛逃和解放，而要求法律保护之下的个人权利。这一基本过程决定了启蒙运动的基本特征，也为启蒙主义提供了鲜明的标识。因此，一切远离人的立场而进行的宣传和教化，一切以人的顺从、效忠和牺牲为目的的宣传和教育，都没有资格盗用启蒙之名。

二、西方学人对启蒙的反省

关于启蒙运动及其启蒙哲学，西方思想家的理解也很不一致。从启蒙运动开始之日，非议之声就不曾停止过。尤其是进入20世纪之后，否定启蒙的声音可谓日益响亮。一些人开始站在大众或平民主义的立场上指责启蒙思想家的精神上的自负，抨击他们那种居高临下的精神姿态。加之两次世界大战的影响，一些西方学者对启蒙运动以来的西方思想主流产生了深深的怀疑。他们从对纳粹制度根源的追寻走向了对启蒙的批判，认为启蒙是一种对权力的追求，这种追求试图对一切进行支配和征服，即以各种知识的形式把主体的暴力施加于人类社会和自然界。在他们看来，正是启蒙导致了法西斯主义，科学和理性导致了极权主义，因而启蒙的结果是对群众的蒙蔽与欺骗。

在这些见解中，霍克海默与阿多尔诺合写的《启蒙辩证法》是突出的代表。该书写于1940年至1944年，1947年正式出版。作者要回答的问题是："为什么人类不是进入到真正符合人性的状态，而是堕落到一种新的野蛮状态。"①他们在书中揭露和批判了法西斯主义的罪行，指出了当时极权主义增长的趋势，但是，它把对法西斯主义的批判追溯到启蒙精神，把极权主义归结到科学和理性，进而对西方近代以来的主流思想进行了激烈的批判。在该书的作者看来，启蒙的目的是使人们摆脱恐惧，成为主人，但是，受到启蒙的世界却充满着巨大的不幸。启蒙的理想是消除神话，用知识和理性使人清醒，结果却是启蒙自身退化为神话，成了社会统治的工具。该书从各方面有

①霍克海默、阿多尔诺：《启蒙辩证法》，重庆出版社1990年，第1页。

意无意地曲解启蒙，把启蒙弄得面目全非。他们甚至认为神话就是启蒙，启蒙最后又必然是神话。他们认为“启蒙精神首先概括地体现在生产和宣传的活动以及技术中”；“启蒙精神与事物的关系，就像独裁者与人们的关系一样。独裁者只是在能操纵人们时才知道人们。科学家只是在能制造事物时才知道事物。”“在整个自由主义发展阶段，启蒙精神都始终是赞同社会强迫手段的。”[①]“启蒙精神为了效力于现存制度而疯狂欺骗群众。”“启蒙向来都是‘伟大政治家（例如中国的孔夫子、罗马帝国的皇帝、拿破仑和权力威慑世界的教皇）的手段’。”[②]

在法兰克福的这一基础上，一些“后现代”思想家进一步对启蒙进行了各种质疑。后现代的根本特征是对既有的主流、中心和权威的解构。它对一切既有的设计表示怀疑，而且常常是在健康肌体上吹毛求疵。这并不奇怪，作为批判的知识分子，即使是面对成熟的制度和健康的文明，也不应放弃批判的精神。但是，人类并不能保证批判没有误伤，也不能保证探索不误入歧途。当后现代的批判把矛头指向人类文明的健康主流时，必然地指向了这种文明的价值基础和核心概念：人、科学、理性、启蒙。他们高呼“人死了”，致力于解构“人的神话”，于是一切建立在人性、人的价值、尊严与权利基础上的思想和实践便都变得可疑起来，一切对人类美好未来的探求和设计都失掉了意义。一旦不承认历史是人的历史，不承认人的尊严和神圣不可侵犯的权利，启蒙除了它的批判性之外，其他意义就无从谈起了。正因为这样，福柯对康德回答的问题重新做了回答。他说：“可以连接我们与启蒙的绳索不是忠实于某些教条，而是一种态度的永恒的复活……这种态度是一种哲学的气质，它可以被描述为对我们的历史时代的永恒的批判。”[③]福柯批评启蒙“并不在人的自己的存在中解放人”，而是“强制人完成制作自身的任务”。他看到了“20世纪最糟糕的政治制度老调重弹什么新人的诺言”，但

①霍克海默、阿多尔诺：《启蒙辩证法》，重庆出版社1990年，第5—6页、第7页、第10页。

②同上书，第37、39页。

③福柯：《什么是启蒙?》，《文化与公共性》，生活·读书·新知三联书店1998年，第433—434页。

是，他与他的法兰克福前辈一样，都犯了一个认识错误：把最糟糕的政治制度这一反启蒙的结果看作启蒙的结果。他在文章的最后说："我不知道我们有朝一日是否会变得'成年'。我们所经历的许多事情使我们确信，'启蒙'这一历史事件并没有使我们变成'成年'，而且，我们现在仍未'成年'。……我们自身的批判的本体论。绝不应视为一种理论、一种学说，也不应被视为积累中的知识的永久载体。它应被看作是态度、'气质'、哲学生活。"福柯接受了启蒙的批判性，却把它与人文主义分离开来。因为在他看来，人不过是一个神话。

除此之外，利奥塔等人从质疑启蒙叙事入手，质疑一切现代知识形式及其法则；杰姆逊和萨义德等人则把启蒙看作西方中心主义所衍生的文化霸权和文化侵略形式，把后发达国家的启蒙运动看作对西方文化的臣属。

对于西方思想界来说，这一切并非全无意义，但在中国语境中却很容易导致对中国问题的遮蔽和对现代化进程的侵害。如果对启蒙没有全面的了解而片面接受这些见解，就会对与之相关的科学、理性、现代性和全球化等一系列问题做出错误的判断。因为对于中国人来说，现在还远远不是批判和否定人类健康文明所形成的基本价值的时候。如果像西方后现代思想家那样怀疑我们的追求，进而放弃现代化的努力，结果是可想而知的。

三、中国现代启蒙运动的浮沉

中国的启蒙运动是在帝国的黄昏中酝酿的。从19世纪中期开始，无情的事实已经宣告了以专制政治、小农经济和儒家文化相互适应而构成的中国传统文明的失败。政治、经济、军事、外交等各方面的事实唤醒了不愿沉迷到底的人们，为摆脱现实困境而寻找新的出路。于是，社会生活状态发生了一系列变革，思想文化传统也发生了一系列嬗变。

面对甲午海战暴露的危机，严复等人终于认识到，只是依靠坚船利炮并不能解决中国的问题，强国需要标本并治，进行经济、政治、文化的全面变革。在对西方社会深入研究的基础上，严复指出："是以今日要政，统于三端，一曰鼓民力，二曰开民智，三曰新民德。”[①]几年之后，戊戌变法的失败使维新派思想家进一步认识到了开发民智、改造国民精神的重要性。流亡中的梁启超把“新民”当作中国社会变革的当务之急，开始了一场引人注目而且意义深远的“新民”运动。梁启超等人意识到，中国的灾难并非因为礼崩乐坏或对传统权威的背叛，而是恰恰由于中国人对于传统权威的迷信，在于失掉了人格的独立和思想的自由。

然而，在梁启超那里，“新民”只是手段，强国才是目的。他虽然思考关于人的自由和权利等一系列问题，但这些思考的目标指向是国家富强。他的新民思想是从国家本位出发的，而不是从个人本位出发的。他的“新民”活动的目的是国家而不是个人。所以，他虽然看到了自由对于增强民族活力的重要，却对自由一直抱有警惕，强调国家的自由而防范个人的自由，而且认为自由、宪政、民主、共和都不适合中国国情。“自由云，立宪云，共和云，如冬之葛，如夏之裘，美非不美，其如与我不适何！……一言以蔽之，则今日中国国民，只可以受专制，不可以享自由。”[②]由此可见，梁启超们“新民”的意义只是为国家制造更合格的建设者和保卫者，而不是造就人格独立、精神自由、个性全面发展的个人。

随着19世纪的结束和20世纪的到来，“新民”的时代逐渐过去，一些活跃的思想者在革命的高潮中开始走向真正的启蒙。戊戌变法的失败使中国的现代化失掉了一次和平推进的机会。尽管清王朝在维新志士血迹未干之时就预约变法，以图重新获得新派士大夫的支持和国际社会的认可，但是，当他们把六君子推向菜市口的时候，这个王朝已经自己堵死了和平演变之路，并把自己推向了被革命的结局。就在革命的酝酿过程中，中国思想界开始更多地接受西方现代文明的健康主流，开始了与世界文化全面接轨的尝试。新一代思想者不再仅仅为中国“国将不国”而忧虑，而是更多地开始为中国人“人已非人”而痛心。因此，他们不再像“中体西用”论者一样为了国家而害怕自由和民主对旧秩序的危害，也不再无条件守护本土传统。他们鼓吹革命，也是要以革命的方式使中国由野蛮进入文明，从而使中国人结束奴隶状

---

①《严复集》第1册，中华书局1986年，第27页。

②《新大陆游记节录》，《饮冰室合集·专集之二十二》，第124页。

态而获得自由权利。之所以要扫除数千年之专制政体，目的就是收回天赋之权利，换回生来之自由。觉醒的人们已经认识到传统专制制度的种种罪恶归根到底是剥夺和践踏人权，因而开始为争取个人权利而呐喊。他们强调人权天赋，呼唤人格平等，强调公民与奴隶的区别，开始致力于从政治领域和道德领域全面地确立人的最高价值。

正是在这个基础上，形成了中国现代启蒙运动的高潮——五四新文化运动。在对中国人生存的深刻体验基础上，在与近代西方主流文明的强烈对比之下，新文化运动的领袖们看到了生为中国人的悲哀：缺乏人格独立的合法性，缺乏个人权利的合法性，缺乏自由发展的合法性。简单一句话：中国人活得不像人。但他们不认为历来如此就是合理的，也不承认它是中国人不可改变的宿命。他们希望中国人能够从各种奴役关系中解放出来，获得应有的权利。正因为这样，他们开始了启蒙的努力。在他们那里，人是出发点和根本目的，是评判一切的最高价值尺度。个人的自由、尊严和权利是神圣不可侵犯的。无论国家、民族、家庭还是社会团体，都必须有利于这一根本目的。如果不然，则必须进行改造和重建。以《新青年》为核心的新潮报刊讨论了一系列问题：孔教问题、伦理问题、女子解放问题、贞操问题、婚姻问题、教育改良、文学改革、语言改革……这些问题的出发点和目标指向都是人。从“五四”启蒙言论中可以看到一系列相互对立的词语：“人的生活”与“非人的生活”，“人的文学”与“非人的文学”，“人的道德”与“吃人的道德”，“人国”与“奴隶的国度”……这正是“五四”启蒙运动的标志。它鲜明地昭示着“五四”启蒙运动的目标：人的自由、尊严和权利。

然而，中国现代启蒙运动可谓生不逢时，时代没有为它提供一个良好的发展环境。它一开始就面临着一系列复杂的矛盾，因而不可避免地要陷入种种困境。

从当时的时代条件看，启蒙固然重要，但中国同时存在着两个不容忽视的主题：民族救亡和阶级翻身。20世纪的中国人从19世纪继承的是一个危机四伏的残局和极为不良的国际处境。被迫开始现代化进程的中国在与发达国家的对抗中一败再败。割地赔款和不平等条约不仅使爱面子的中国人丢尽了面子，而且深刻感受到民族的危机。于是，捍卫民族独立、不做亡国奴的愿望和民族主义情绪迅速增长。一方面是，启蒙强调的是个人的自由、尊严和权利，救亡却要求步调一致和统一的意志；另一方面是，强烈的民族主义情绪使人们往往像抵抗列强的枪炮一样抵抗西方的思想和文化，而新文化运动所要实现的恰恰是从西方拿来的那些现代价值。因此，启蒙与救亡的矛盾不可避免。这种矛盾从孙中山及国民党对新文化运动的态度中可以清楚地看到，从一些激进的热血青年的言论中也可以看到。与此同时，阶级翻身的主题也是不容忽视的。朴素的阶级意识和社会下层的翻身愿望在任何时代都是存在的。因为只要社会存在不平等，处于社会下层的人们就会有翻身的愿望。“帝王将相宁有种乎”的质问和“彼可取而代也”的豪言集中显示着中国传统的翻身意愿。这种翻身的意愿经常处于被压制状态，但一旦社会失控，就会强烈地表现出来。中国是一个专制主义传统悠久的国家，专制制度必然导致政治上的不平等和经济上分配与交易的不公正，而且必然导致贫困。越是贫穷和落后，社会不公的现象就越是触目惊心地助长着人们的不满和反抗。尤其重要的是，十月革命一声炮响，使人们看到了通过阶级的力量和阶级斗争的方式实现翻身的途径，这就必然导致了阶级翻身主题的迅速强化。像致力于民族救亡的人们一样，致力于阶级翻身的人们也不愿让个人的自由、尊严和权利干扰其推翻旧世界的构想和行动上的步调一致。

尖锐的冲突是从20年代中后期开始的。众所周知，“五四”高潮过后紧接而来的是国民革命的高潮。国民革命以孙中山的三民主义作为指导思想，而三民主义与新文化运动的启蒙目标很不一致。五四新文化运动以人为基本出发点和最高价值尺度，其努力目标是个人自由与权利保障；孙中山反复强调的是民族和国家。他认为中国人的自由已经太多，以致国家成了一盘散沙，所以为了国家的自由，必须牺牲个人自由。当他依靠党的力量进行革命的时候，他又反复强调：“只全党有自由，个人不能有自由。然后我们的革命才可以望成功。”[①]再如，新文化运动的领袖们认为中国传统文化与专制政治是相互适应的，在儒家学说基础上形成的君君臣臣父父子子的旧伦理是中国专制政治的文化基础，因此，要在中国实现民主和自由，就必须彻底批判旧文化。孙中山却盛赞中国旧文化，认为欧洲的物质文明虽然先进，政治和伦理却远远不如中国的好，“至于讲到政治哲学的真谛，欧洲人还要求之

①《黄埔军校史料》，广东人民出版社1985年，第223页。

于中国。”他盛赞传统的忠孝仁爱信义和平，认为应该发扬这些旧道德，甚至把新文化看作西方的文化侵略：“现在受外来的民族的压迫，侵入了新文化，那些新文化的势力此刻横行中国……”①更重要的是，由于孙中山的联俄政策，国民革命显然受到了鲍罗廷等政治顾问和军事顾问们带来的俄式极权主义思想和体制的影响。这样，就使得国民革命的意识形态与“五四”启蒙精神明显背道而驰。因此，国民革命高潮掀起之日，也就成了启蒙运动落潮之时。

同时值得注意的是，国民革命的高潮同时助长了阶级意识的觉醒和民粹主义的膨胀。改组后的国民党对工农运动的支持和国民革命高潮中对大众力量的利用，使工农大众追求翻身的运动得以轰轰烈烈地开展起来。尤其是广东、江西、湖南等地，平时被人看不起的下层民众开始翻身做主人，“土豪劣绅家里，一群人涌进去，杀猪出谷。土豪劣绅的小姐少奶奶的牙床上，也可以踏上去滚一滚。”②当然，在国民革命高潮中，这种翻身的节日没有持续太久，就与城市的工人运动一起在一场镇压中风平浪息了。但是，血腥的镇压并不能消灭翻身做主人的愿望。当以阶级斗争的方式谋求翻身解放的运动不再合法的时候，一些文人不得不转向文化运动。他们要张扬阶级翻身的主题，要一切文化努力都服务于这一目标。正因为这样，他们一齐拿五四新文化运动的主将们开刀，试图彻底扫荡新文学和新文化。他们嘲弄胡适、否定鲁迅、批判陈独秀，对《新青年》集团进行全面扫荡，猛烈批判“五四”新文化的价值观念体系。在他们看来，启蒙是浅薄的，新文化运动是不合时宜的，知识分子必须做出新的选择。他们认为阿Q时代已经死去，阿Q已经觉悟并且投入斗争，因此大众不再需要启蒙，知识分子必须放弃启蒙立场，努力获得大众意识，做大众的“留声机器”。

这种观点经过抗日战争而在40年代之后逐步成为主流。中国现代启蒙之路逐渐荒芜。作为不合时宜的坚守者，胡风是一个象征。其实，胡风对“五四”启蒙思想的继承早已大打折扣。但是，他毕竟不赞同知识分子在思想感情上与工农大众全面认同，不赞同全面取消知识分子精神主体的合法

①《孙中山选集》，人民出版社1956年，第666—667页、第680页。

②《毛泽东选集》，人民出版社1967年，第16页。

性。他的文艺思想之所以不合时宜，说到底不过是要保留了一点儿启蒙精神。然而，胡风和他的朋友们为此付出了惨重代价，现代启蒙运动也由此中断。当阶级分析的观点覆盖思想界时，启蒙主义成了资产阶级的腐朽思想。当鲁迅笔下的阿Q被认定"尽管有千条缺点、万条缺点，只要有了'要革命'这一条，就当作同志对待，是阿Q同志"[①]时，启蒙精神早已无从谈起。

"文革"结束之后，随着改革开放时代的到来，启蒙运动曾在80年代中后期再度兴起。然而，好景不长，正如学者指出的，"在80年代末，文化热骤然降温，启蒙话语大受阻击。一些'后学'家对此兴高采烈，以为用'后主义'话语取代启蒙话语的时候终于来到了。"[②]从后现代主义、后殖民主义、第三世界文化理论等西方时髦理论衍生出来的"后现代"对中国近代以来的启蒙思想进行了猛烈的攻击。像西方后现代思想家一样，他们认为启蒙是中国知识分子在西方文化霸权面前臣服的表现，对中国知识分子引进西方话语大不以为然。但是，中国的所谓"后现代"批评家竭力反对的并非西方话语（他们自身所使用的也是西方话语），而只是不符合"后现代"标准的那些现代性价值观，比如文明、进步、科学、理性、民主、自由、人道，等等。

尽管如此，在20世纪与21世纪之交，仍有一些知识分子坚守启蒙立场，致力于思想启蒙和文化现代性的建构。因为在他们看来，启蒙是中国人从根本上获得自由、尊严与权利的必由之路。

四、启蒙的障碍与难题

在20世纪中国的历史语境中，启蒙之路曲折而艰难，几经浮沉而总是难以顺利推进。其实，这是必然的。启蒙不可能一帆风顺而没有阻力，启蒙者更不可能像得民心的领袖们一样登高一呼应者云集。启蒙必然要面对强大的阻力，而且要面对一些难以解决的问题。

①周扬：《和电影〈鲁迅传〉摄制组创作人员的谈话》，《鲁迅思想研究资料》上册，国家出版事业管理局版本图书馆研究室1977年编印，第432—433页。

②徐友渔：《"后主义"与启蒙》，《天涯》1998年第6期。

首先，专制统治者及其一切候补者都要反对启蒙。他们常常希望人们越愚蠢越好，最好永远意识不到个人的价值与尊严，意识不到个人的权利，因而可以永远在统治者的“监护”之下驯服地生活。而启蒙的呐喊能使奴隶意识到自己的价值、尊严与权利，产生独立与自由的要求，不愿无条件地为主子牺牲和奉献。即使鲁迅所说的铁屋子非常坚固，醒来的人们在铁屋中的挣扎与撞击也会搅了铁屋看守者的好梦。尤其是在人类文明的主流已经认定吃人和囚禁都不光彩的时候，启蒙的呐喊常常会威胁着专制与残暴的最后领地，或者使试图偷偷摸摸继续人肉筵宴者感觉有点尴尬。因此，他们最怕启蒙的呐喊。在人类构成的社会中，一些人是依靠奴役他人或占有他人劳动成果而生存的。为了他们的荣华或伟业，总需要有人为之奉献和牺牲。几千年的经验告诉人们，让人奉献和牺牲的最好办法不是强迫，而是通过教化而使之成为自觉。所以，一切试图通过欺骗而奴役别人的人，都必然要反对和阻挠启蒙。

其次，大众也不喜欢启蒙。人类文明的发展需要个体的思想对群体意识的突破，正是这种突破的连续过程构成了文明发展的历史。但是，在文明发展的过程中，任何新思想在刚刚出现的时候都往往是异端，都会因其与众不同和离经叛道而不被接受。传统是有力量的，因为它为社会成员的大多数所共有。人们通过个人社会化的途径接受了传统观念，接受了善与恶、是与非、美与丑的一系列标准。无论这标准是否合理、是否符合人道，只要历来如此，在没有比较和参照的情况下，多数人总是要不自觉地维护着它。启蒙要对这一切提出质疑，努力摆脱对这一切的依赖和迷信，而且要反省自身“未成年”的弱点。这从某种意义上说的确是与社会为敌、与大众为敌。正因为这样，知识分子与大众在精神上的距离是必然的。他们一旦选择了启蒙立场，就不会在精神上与大众一致。他们既不愿为权势者大唱颂歌，也不愿赞美阿Q头上的癞疮以讨他的欢心。不仅如此，启蒙话语往往直言大众的愚昧，这会使爱面子的中国人感觉很丢脸面。更重要的是，启蒙只是启发人们成为自己的主人，意识到个人应有的权利，却并不包打天下，更没有与穷弟兄大秤分银两的壮举。因此，启蒙不仅注定了没有吸引力，而且必然要更多地遭到抵制和拒绝。鲁迅曾说过这样的话：“社会没有知道我在攻击，倘一知道，我早已死无葬身之所了。……我之得以偷生者，因为他们大多数不识字，不知道，并且我的话也无效力，如一箭之入大海。否则，几条杂感，就可以送命的。民众的罚恶之心，并不下于学者和军阀。”①

其三，对于启蒙者而言，最大的难题还在于化大众与大众化的怪圈。启蒙需要接受，但任何接受者对思想文化的接受都不是一个完全被动的过程。一种东西是否能被接受，常常取决于接受者的接受机制。而接受机制主要是由传统形成的。因此，对于一般人来说，接受旧东西是容易的，接受新东西是不容易的；接受与传统相符的东西是容易的，接受与传统不符的东西是不容易的。在文化发展的一般情况下，这个问题不是太大，因为本土生长的新思想总是带有某些与传统接受机制相适应的东西。可是，20世纪中国的启蒙运动却不是这样。由于本土思想资源的缺乏，启蒙者不能不向西方拿来，这就使这些新思想因其全面的异质性而更不容易被大众接受。从某种意义上说，20世纪中国的启蒙运动的确是一次民族的精神换血运动。换血往往遇到抵抗与排斥，成功并非容易事。

当然，办法是有的，20世纪曾经出现的方案是：为了让大众接受，或者选择适合国情者输入，或者进行本土化的处理（也就是所谓“民族化”与“大众化”）。但是，这就出现了一个问题：为适应旧机制而进行的选择往往有利于巩固旧机制而不能改革旧机制。因为外来思想一旦为适应国情而选择和改写，就要失掉本来的功能。以文学作品为例，凡是大众喜闻乐见的，必然是符合传统的、思想观念和审美意识比较陈旧的；凡是意识超前的作品，一般不会受到广大读者的欢迎。这是无法改变的规律。因此，启蒙陷入了一种困境：若要化大众，必须大众化；但是，一旦大众化，就往往不再能够化大众。

如何解决这个问题？20世纪有足够的教训。胡适和鲁迅提供的启示是：形式尽可能通俗，使大众易于接受；精神立场和价值观念却不应妥协。为了启蒙，需要拥有更多的接受者，但决不为获得追随者而放弃精神原则。当二者之间矛盾难以解决的时候，首先考虑的是启蒙主体的自我强化和基本价值立场的坚守。

---

①《鲁迅全集》第3卷，人民文学出版社1981年，第457页。

五、当下中国是否需要启蒙

在告别20世纪而进入21世纪之际，中国思想界对启蒙有截然相反的看法。有人历数启蒙的罪状，劝告知识分子放弃启蒙立场；有人则回顾启蒙被压倒的悲剧，希望在中国“重新点燃启蒙的火炬”。[①]面对思想界的矛盾和种种困惑，有一个问题必须回答：今日中国是否需要启蒙？

这应该是一个无需回答的问题。因为人类文明的健康发展必然要伴随着不断的启蒙。然而，事情却并非如此简单。因为在20世纪，先是有人在阶级论的立场上宣判启蒙思想因其资产阶级属性而“过时”或“腐朽”，接着又有人从后现代的立场上通过对现代性的批判和解构而告别启蒙。这就使启蒙是否需要成为一个必须回答的问题。那么，启蒙是否需要？就今日中国现实而言，启蒙无疑是一个迫切的任务。就中国历史而言，它是一个没有完成就被打断的历史任务。五四新文化运动的启蒙精神虽然长期被湮没和遗忘，但这并不证明中国不需要启蒙。现代化的种种挫折都在提醒着我们：在现代化进程中，启蒙的任务是不可逾越的。因为人的解放这一目标没有什么东西可以将其超越，只要这一目标还没有实现，历史就必须进行补课。

众所周知，世界上许多国家在历史上都曾有过专制主义与蒙昧主义，但中国的这种传统特别悠久而深厚。一些人认为20世纪中国的悲剧在于激进主义，但必须注意的是，在这段历史上，无论出现过多少过激事件，也无论它激进到何种程度，都没有冲破传统的模式。尤其是秦代开创的专制传统，更显示了长久不衰的生命力。激烈的批判往往只是伤其皮毛而不能动其筋骨，因而能够在冲击过后起死回生。“文化大革命”的发生就是突出的证明。虽然传统的确在发生变化，年轻人身上已经很少见到“父为子纲、夫为妻纲”之类的礼教影响，但以政治伦理为中心的传统文化阴影却依然笼罩着中国人的精神。面对刚刚过去的历史，我们无法否认中国传统中的专制主义与蒙昧主义仍然根深蒂固。在这种情况下，正如有识之士所指出的：“如果我们不能继承‘五四’先贤的志业，进行持久的、全面的、认真的启蒙，历

①李慎之、何家栋：《中国的道路》，南方日报出版社2000年，第268页。

史不但已经重复了，而且还不是没有可能再重复，至少至今还没有能看到足以防止的保证。”①

一些人否定启蒙的理由是大众的拒绝。不可否认，这是一个事实。但是面对同样的事实，却也可以做出另一种回答：正因为大众拒绝，启蒙更是必需的。

有人认为，近百年来中国的灾难都源于“启蒙”，因为它明显违反了自然演进理论，破坏了文化发展的自然进程，甚至破坏了正常生长的日常生活和市民社会。事实上，这种认识是不可靠的。在20世纪的中国历史上，破坏了人们日常生活的并非启蒙，破坏了市民社会发展的也并非启蒙。一些论者把各种历史灾难算到启蒙的账上，就像把“文化大革命”那样的反启蒙的灾难算到启蒙的账上一样，是很不公正的。我们应该承认，启蒙的确破坏着文化的自然演化，但是，有一个问题需要指出：中国社会几千年分久必合合久必分，由乱入治由治入乱，是否符合这种文化自然演进的规律？即使有“五四”那样的启蒙努力，也仍然难以改变其循环往复，其力量是有目共睹的。如果拒绝启蒙，致力于维护它自然演进的秩序，那将会是什么样的结果？事实上，几千年的历史已经提供了证明，自然演进只能在专制与蒙昧的路上滑行。在启蒙打破常规之前，也未见中国向着健康的方向演进。与其说是启蒙导致了20世纪中国人的苦难，不如说是专制和蒙昧导致了20世纪中国人的苦难。而且，如果自然演进能够解决一切问题，社会就不需思想者操心了，任何人都无须为人的生存状态废话。可惜，人类文明发展的历史并非如此。

在西方，启蒙运动把人们从中世纪引向了现代社会，这一过程难道不适应于中国？

另一个问题是：谁有资格进行启蒙？

一些“后现代”批评家常常以这种方式发出诘难：“什么是启蒙，启谁的蒙，谁有资格启蒙？”这似乎很平民化，使一切反对者都似乎站在大众的对立面，或曰“精英立场”。其实，这样的问题不难回答，而且应该理直气

①李慎之：《重新点燃启蒙的火炬——〈中国启蒙文萃〉序》，《世纪中国》2001年12月17日。

壮。康德认为，启蒙的关键在于敢不敢运用自己的理性和是否允许人们公开运用自己的理性。他认为自我启蒙是可能的，只要让他们享有自由。我们承认自我启蒙是重要的途径，却不必讳言启蒙与被启蒙的角色差别。就《启蒙辩证法》的基本理论结构而言，它也仍然承认进步与衰退、野蛮与文明、大众与精英这样一些范畴。这在后现代主义者看来可能是未能超出启蒙主义的世界图式，但是，世界真的没有差距吗？那些差别是可以通过解构抹平的吗？就思想解放和冲破愚昧和迷信而言，不同的个体无疑有先后与深浅之分，闻道有先后，智愚有差别，一些人必然获得了对另一些人启蒙的资格。思想上和精神上的平等主义对大众并非有益的，否认鲁迅对阿Q启蒙的资格也是徒劳的。

需要警惕的倒是福柯对启蒙的定位：批判。启蒙当然包含批判，但启蒙并不仅仅是批判。当人们将启蒙狭窄地理解为批判时，启蒙者与被启蒙者之间的关系就会受到伤害。因为它使后者似乎完全处于被动的地位，出现了所谓启蒙的不平等。

有学者指出：中国要实现现代化，启蒙是必不可少的。对此，还应补充一句：中国人要获得人的自由、尊严和权利，启蒙是必不可少的。

“革命”五题

回顾百年中国，思考现代社会的建设，不能不涉及社会变革的形式和途径。在20世纪的中国，“革命”是一个响亮的词语，也是一个持续多年的实践过程。它显示了破坏旧世界的巨大威力，同时也显示了各种复杂性。面对20世纪的风风雨雨和是是非非，面对种种经验与教训，有必要对一些基本问题进行认真的思考。

一、“革命”词义考释

考察“革命”一词，像许多概念一样，有中国和西方两个不同的来源。

一方面，“革命”是中国固有的词语。根据中国固有的解释，“革”，即变革；“命”，即天命。朱熹对《周易》“革”卦之象的解释是：“革，变革也。兑泽在上，离火在下。火燃则水干，水决则火灭。”①由此可见，“革”的含义就是矛盾冲突水火不容，以暴力形式相互取代。“革命”二字联用最早也见于《周易》：“汤武革命，顺乎天而应乎人。”汤、武都是以暴力推翻旧的统治而实现了改朝换代。中国固有的“革命”之义便由此得以确立。

这一切显然与历史提供的社会事实有关。在中国历史上，得“天下”者虽然可以占有和支配一切，但这种占有和支配并未经过合法的授权。无论百姓、国土还是财富，都既非他们自己的创造物，也不是市场交易所得，所以

①朱熹：《周易本义》，见《四书五经》，中国书店1984年影印本。

占有和支配的合法性显然不足。既然统治者对天下的统治不具有真正的合法性，天下就成了供强者争夺的东西。无论是谁，只要有能力击败对手，就是合法的天下之主。因此，以暴易暴的改朝换代便成为历史更替的主要形式。然而，在中国的传统观念中，权力的取代却又不是完全不需要合法性论证。任何统治者都不愿戴一顶“窃国”的帽子，更不愿让人将其夺取天下的行为视作强盗行径。那么，夺取天下的合法依据何在？回答是“顺乎天而应乎人”。这当然有很大的欺骗性：顺天，“天意”最终往往只能由“天子”解释；应人，凡胜利者都会以胜利本身证明得到了人民的拥护。正因为这样，在中国古老的历史上，“成王败寇”便成了革命合法性的一贯逻辑。无论揭竿而起，还是伏兵宫闱，只要推翻了旧王朝，即可堂而皇之地称之为“顺乎天应乎人”的“革命”。

另一方面，“革命”也是一个外来词语，即英文中的“revolution”。在西方，它的本意是天文学上的，主要指行星的旋转。当时的人们相信命运的轮回与时间的轮回，认为国家的命运也与旋转的行星有关，或者也像行星一样按照周期运转。在16世纪和17世纪早期的文献中，“revolution”有两种不同的含义：其一是周期性的循环或周期性不太严格的涨落；其二是翻转、推翻，指王朝更替或政治体制的重大变化。在《大英百科全书》第一版中，它被用来表示1688年英格兰国家事务的重大变更，即后人所说的“光荣革命”。到了1810年的第四版中，列举了四场政治革命：光荣革命、美国革命、波兰革命和法国革命。此时，“revolution”一词在用于社会变革时已意味着彻底改变和全面更新，而不再具有循环往复的含义。与此同时，17世纪后期有人把血液循环论称为医学领域的伟大革命，开启了“科学革命”等类似的新用法。在此基础上，“工业革命”（或“产业革命”）这个术语开始在欧洲出现并流行开来。①今天，我们从任何一部英文辞典都可以看到，“revolution”有两个含义：一是“旋转，周转”；二是“彻底的改变”。

今日中国所使用的“革命”一词是中国固有的“革命”和外来的“revolution”两个词的混合物。首先完成这种混合的是日本学者。据专家研究，“汤武革命”传入日本之后没有保持它的原义，经过江户时代“尊王攘

① I.伯纳德·科恩：《科学革命史》，军事科学出版社1992年，第349页。

夷”运动的融化，日文中的“革命”已不再只是改朝换代的暴力行为，而是与“改革”或“维新”相近。所以，当“revolution”传入日本时，日本人很自然地用“革命”一词翻译了它。中国又从日文引进了这一词语。1890年，王韬的《重订法国志略》首次引进了“法国革命”的概念。该书有关法国大革命的章节沿袭了日人冈本监辅《万国史记》的叙述结构和基本语汇。冈本的叙述基本反映了明治时代的日本学者对法国革命的评判：一方面在具体描写巴黎市民的暴动及整个革命经过时把革命者称之为“叛党”“暴徒”，避免使用“革命”一词；另一方面，作为The French Revolution的译语，“法国革命”一词的使用又意味着对其历史地位的肯定。[①]戊戌新政期间，康有为等人对法国革命的态度与此基本相同，一方面是对革命的恐惧和贬斥，一方面却把革命看作难以抗拒的世界潮流，认为中国如不及时改革，就难免出现这样的革命。

在中国人对“革命”一词的接受和运用过程中，一个不可忽视的环节是梁启超。戊戌变法失败之后，梁启超流亡日本，发现日本人将英语revolution译成“革命”，其意义并非仅指通过暴力进行的政权交替，而是也指“淘汰”或“变革”。这一发现影响了他对“革命”的认识。他接受了“革命”的新义，希望中国能以日本明治维新为榜样，以和平方式实现革新。他提出的“诗界革命”“文界革命”，也是在这个意义上使用“革命”的。

梁启超的用法推动了“革命”一词的广泛使用。因为它意味着发展和进化，不再让人感到恐惧。人们希望社会进步和革新，自然要拥护“革命”。然而，从后来的实际情况看，来自中国古代与来自西方的两个概念并没有真正结合，而是混合并存的，有人接受了经由梁启超解释的革命概念，而更多的人却仍然在“汤武革命”的意义上理解革命。对于后者而言，重要的不是“革命”被赋予的新义，而是因其获得新义而可以理直气壮地言说，使革命从语言到行动都得以广泛流行。

①陈建华：《“革命”及其流传——王韬与“法国革命”东渐》，《读书》1998年第6期。

二、社会变迁的三种形式

社会总是在一定秩序下运行，并且处于不断的变化之中。然而，历史如何发展，社会如何进步，却有不同的形式。它有时发展缓慢，让人感觉不到有什么变化；有时又像疾风暴雨，使一切都在震荡中改观。无论渐变还是激变，都是社会变迁的形式。按照一般的看法，社会变迁的形式主要有三种：一是演变（evolution），二是改革（reform或译改良），三是革命（revolution）。

自然演进是社会变迁的一种基本形式。它是长期的、缓慢的、从局部到整体的一个渐进过程。在人类生活中，新事物总是不断出现，旧事物总是不断消亡，就像大自然一样有一个新陈代谢的过程。在一般情况下，这个过程有一个显著特征，就是缓慢而持续不断。在不知不觉之中，社会已经变化，文明已经发展，生活已呈现不同形态。人类社会从愚昧到文明，由低级走向高级，多由这种演变而来。例如：从马车到汽车，从弓箭到导弹，从泥土路到水泥路，中间都有一个漫长的变化过程。人们服饰、饮食和生活习俗，也大都是在这个自然过程中一步步完善。演变是自然界的规律，也是人类社会的规律。只要不人为地设置障碍，社会就会在演变中不断发展。甚至在人为的控制之下，在那些控制薄弱的领域也会发生演变。

一般来说，社会的演变都是正向的运动，总是落后被先进取代，低级让位于高级。原因就在于人们为了自身的生活，总要进行优化选择。只要没有客观条件或人为的限制，在电灯发明之后，人们就会放弃蜡烛；在汽车出现之后，马车就会逐渐被取代；有了更好的生活方式，人们就会放弃陈规陋习；有了先进的社会组织形式，人们就会放弃野蛮和专制的制度。正因为这样，通过演变，先进的文明总是要向落后的文明渗透和扩张，甚至无论在什么样的社会制度和统治方式之下，人们都会逐渐拥有一些新的东西，如缝纫机、自行车、电灯、电话、冰箱、彩电、计算机，等等。

但是，自然演变过于缓慢，每一点进步都常常是一个漫长的过程，而且往往遇到人为的制度和习俗阻挡。因此，为了社会得以较快发展，就有了社会变迁的第二种形式：改革。

改革是人们有意识对社会进行的调整和改造。既然社会是不断发展的，一些制度、规范和习惯做法必然会不再适应新的需要，甚至会严重阻碍文明的发展。在这种情况下，常常会有两种不同的选择：一是为了维护旧有的一切而拒绝改革，坚持腐朽的原则，强调“祖宗之法不可废”，拼命抵抗新事物。这样做的结果往往是矛盾越来越多，问题越来越大，直到一切都不可收拾。许多王朝的崩溃都源自这种拒绝改革的强硬策略。另一种选择是主动改革。改革是人力作用之下的社会变迁。面对新因素的增长所提出的必然要求，适应新陈代谢的规律，根据人们不断变化的生活需要而随时革除一切陈规和制度弊端，这就是改革的要义。事实上，没有一个社会不主动进行一些改革，完全拒绝改良的社会和完全拒绝改革的统治者都是不存在的。正因为这样，一些重要的社会进步都是通过改革而实现的。但是，既有的体制、规范和组织形式往往与某些个人和集团的利益密切相关，权势者和既得利益集团由于自身利益的考虑，往往不愿革除某些制度弊端。在非民主的国家，情况更是如此。有时候勉强进行一些改革，也常常只是为了缓解某种危机，或者是迫于无奈而做一些让步。比如，清王朝最后的改革就只是为了稳定已经腐朽的统治秩序，使他们的统治能够继续维持下去。所以，先是祖宗之法不可废，维新就要掉脑袋，最后却是不顾祖宗之法而“预备立宪”。在走投无路的时候，为了避免彻底崩溃而改革。但是，改革的进程如果与人民的愿望距离太大，就不可能解决危机。改革是救治社会危机的良药，但如果改革的步伐太慢，革命就难免要发生。

众所周知，健全的现代民主制度之下很少发生暴力革命。民主制度之下也有很多问题，但无论发生什么样的问题，无论出现什么样的混乱局面，革命都难以爆发。其原因就在于民主制度为改革提供了绿色通道，或者说它本身就是一种不断改革的制度。这种制度具有自我纠错的功能，因而社会问题不会因长期积聚而导致恶性爆发。

第三种形式就是革命。革命是对社会进行根本改造的变革形式。它是因社会演进和改革的意志受阻而爆发的，是矛盾不可调和而且失掉妥协的余地而出现的一种变革形式。但是，革命仍有两种不同的形式：和平的与暴力的。

中国人更习惯的是暴力革命。毛泽东说过：“革命不是请客吃饭，不是做文章，不是绘画绣花，不能那样雅致，那样从容不迫，文质彬彬，那样温良恭俭让。革命是暴力，是一个阶级推翻一个阶级的暴烈的行动。”关于革命的情景，毛泽东有过生动的描述：“很短的时间内，将有几百万农民从中国中部、南部和北部各省起来，其势如暴风骤雨，迅猛异常，无论多么大的力量都将压抑不住。……其结果是，把几千年封建地主的特权，打得落花流水。地主的体面威风，扫地以尽。……土豪劣绅的家里，一群人涌进去，杀猪出谷。土豪劣绅的小姐少奶奶的牙床上，也可以踏上去滚一滚。”①

革命的威力众所周知，它可以像洪水一样冲决阻挡历史前进的堤坝，使长期难以解决的问题在一夜之间得到解决。但是，作为社会变迁的形式，它也存在一些问题。首先，它往往无法避免残酷性。无论多么伟大的革命，只要使用暴力，都难免沾染无辜者的鲜血。其次，它常常具有破坏性。当革命风暴到来的时候，扫除的并非只是旧世界的污泥浊水，而是往往同时摧毁了无需摧毁的建筑。其三，革命的结果常常具有虚假性。革命往往是为了迎接一个美好的新社会，但是，当革命的硝烟退尽之后，人们常常会发现：新世界并未到来。这是让一切真正的革命家痛心的事。革命虽然能以强大的力量打开道路，但与改革相比，需要做的具体工作仍然一点也不能省略。因此，一些缺少建设耐心的革命家和追求完美的理想主义者往往对革命很不满意。这就有可能带来另一个危险，革命会不停地进行下去，导致长期的社会动荡。更为不幸的是，当革命风暴到来的时候，千年古墓里的幽灵也会披上革命的斗篷，聚集社会的各种破坏力量，呼风唤雨，兴风作浪。这样的革命过后，人们往往发现历史不仅没有进步，而是回到了更糟糕的地步。这样的结果一旦出现，往往需要很长的时间才能再回到原来的起点。总而言之，仅就暴力革命而言，它可以带来社会的进步，也可能带来倒退。

三、美国革命与法国革命：两种不同的模式

在人类文明的发展史上，最值得注意的有两场革命，一场是美国革命，一场是法国革命。两场革命，两种模式，情形与结果都大不相同。

---

①《毛泽东选集》第1卷，人民出版社1971年，第13—16页。

美国革命的起因众所周知：反抗英国的束缚和盘剥，维护北美人民的权利。在反抗斗争中，马萨诸塞人民开始备战了。他们的活动引起了英军当局的注意，总督盖治将军派兵前往没收私藏的大量军火，结果却被民兵打败。这支民兵队伍在几天中壮大到几万人，并且乘胜包围了波士顿。反抗的枪声在北美点燃起争自由的烈火，各地人民争先恐后地向英军当局发起了进攻。为了适应新的局面，第二届大陆会议在1775年6月任命乔治·华盛顿为总司令，美国大陆军由此诞生。但在其开始，北美十三州人民并没有要求独立，军事行动也仅仅是迫使英国让步的手段。一旦英国放松对殖民地的压迫，大陆会议愿意放下武器。殖民地上绝大多数人也没有想到脱离英国统治。但随着战争的进展，人们开始意识到，北美人民要想永远摆脱压迫，实现自由，就必须脱离英国的统治，建立自己的政府。于是，大陆会议指定托马斯·杰弗逊等人组成一个委员会，负责起草《独立宣言》。宣言在1776年7月4日获得通过，北美人民才真正走上了争取独立之路。

《独立宣言》是美国革命留给人类的光辉遗产。它明确地表达了人民主权的思想，从理论上阐明了革命和独立的正当性：“我们认为下述真理是不言而喻的：人人生而平等，造物主赋予了他们若干不可让渡的权利，其中包括生命权、自由权和追求幸福的权利。为了保障这些权利，人们才在他们中间建立了政府，而政府的正当权利，则来自被统治者的同意。任何形式的政府一旦对这些目标的实现起破坏作用时，人民便有权予以更换或废除，以建立一个新的政府。”宣言最后庄严宣布：“我们这些联合起来的殖民地现在是，而且按公理也应该是，独立自由的国家；我们对英国王室效忠的全部义务，我们与大不列颠王国之间的一切政治联系，从此全部断绝，而且必须断绝。”《独立宣言》是人类文明史上划时代的光辉文献，它宣告了人民自主选择或脱离一种统治的合法性，开启了人类历史的一个新纪元。经过八年的艰苦斗争，美国人民终于迎来了胜利——1783年9月3日，英国终于承认美国独立。

但是，面对美国革命，如果只看到它的独立战争是远远不够的。美国革命的内容不只是独立，而是包括新制度的创造。由于对革命的理解不同，中国人讲美国革命往往只讲1775—1783年的独立战争，而忽略1787年费城会议的制宪。事实上，独立战争是革命，宪法的制定则是更为重要的革命。

早在1776年，大陆会议就成立了一个宪法起草委员会，并于1777年11月15日通过了一个《邦联和永久联合条例》。然后用了三年的时间，各州才在1781年最后批准了这个条例。但在几年之后，面对独立后的北美局势，人们感到有必要制订新的宪法。于是，1787年5月25日，制宪会议在费城召开。会议持续了近四个月，一直开到9月17日。代表们反复讨论各种复杂的问题：个人权利与国家权力，地方权力与国家权力，自由与民主，君主制与共和制……面对一系列矛盾，他们努力寻求妥善的解决方案。尤其值得注意的是，面对革命过后尚不稳定的社会现实，有人提议建立君主制，并且希望华盛顿成为美国国王，但是，华盛顿坚决拒绝，并且坚定地反对君主制。经过几个月的讨论，这些革命家终于制定了一部联邦宪法，确立了民主共和制度，为美国人民选择了两院制和总统制，规定了政府的权限，在一系列矛盾和冲突中找到了比较适当的制约方法和平衡点。比如，宪法贯穿了三权分立的原则，使立法、行政及司法三个权力机构互相制约、互相均衡，这就可以防止任何一个权力机构专权，从而防止独裁，保障民主。美国建国之后从未发生军事政变，权力交替总是在稳定中顺利进行，与宪法所确立的这一原则不无关系。

更值得指出的是，宪法颁布之后，曾经出现不少尖锐的批评意见，有人认为它给联邦政府的权力太大，而剥夺了公民权利，有人担心在这部宪法之下总统将会“一步登上美国王位”。尽管宪法因得到多数的拥护而顺利获得各州的批准，但国会还是倾听不同的声音，在1790年通过了十条修正案，规定了一系列保证公民权利的条款。

联邦宪法是美国革命的一个伟大创举，也是它对人类文明的巨大贡献。作为世界近代史上第一部成文宪法，它为世界各国的现代宪法提供了蓝本。

法国革命是一场更为复杂的革命。它也是从维护人民权利开始的。为了解决财政危机，国王路易十六企图对第三等级增税。第三等级则要求制定宪法以限制国王的权力，并进行制度改革。因为关于改革的讨论长时间没有结果，第三等级代表毅然单独组成了国民议会，并把制订宪法作为自己的主要任务（它因此而很快改为制宪会议）。由于国王调集军队准备镇压，结果导致了武装起义，1789年7月14日，起义者攻占了巴士底狱。武装起义的成功使国王屈服，不得不承认制宪会议的合法地位。制宪会议通过了一系列决议，改革旧的制度，废除教会和贵族的各种特权。尤其重要的是，这场革命诞生了《人权宣言》。它宣布：“在权利方面，人们生来而且始终是自由平等的”；“一切政治结合的目的都在于保存人的天赋的和不可侵犯的权利。这些权利是：自由、财产、安全和反抗压迫”；“国民是一切主权之源”；“法律是公共意志的体现。凡属公民都有权以个人的名义或通过他们的代表协助制订法律。不论保护还是处罚，法律对全体公民应一视同仁”；“无拘束地交流思想和意见是人类最宝贵的权利之一，每个公民都有言论、著述和出版的自由……”[①]法国革命因《人权宣言》而永垂青史。

革命开始是顺利的，虽然国王在开始时拒绝批准关于废除封建特权的一系列法令，也不肯在《人权宣言》上签字，但10月5日的市民暴动迫使国王不得不批准了制宪会议的各项法令及《人权宣言》。1790年6月19日，制宪会议通过法令，废除世袭贵族以及亲王、公爵、侯爵、伯爵等头衔，取消了等级制度；废除了内地关卡及地方的苛捐杂税，消除了工商业发展的障碍；并且实现了司法的改革，建立了陪审制度，消除了革命前国王独揽司法大权的各种弊病。制宪会议成功地制定了宪法。宪法宣布“一切政权由全民产生”，并且确立国家政治组织建立在三权分立的原则上：行政权属于世袭的国王，立法权属于立法议会，司法权属于法院。在18世纪末欧洲大多数国家保留封建专制制度的情况下，它宣布在法国建立了君主立宪制度。1791年9月30日，制宪会议解散，10月1日，按照宪法选出的立法议会开幕。如果到此为止，法国就是一个君主立宪的国家。

遗憾的是，对外战争打乱了革命的进程；国王的逃亡带来了反对君主制的运动。结果是1792年8月10日革命再次爆发，迫使立法议会不得不宣布废除1791年宪法，国王退位并且被逮捕，君主立宪制度被推翻，法兰西第一共和国于1792年9月诞生。如果到此为止，法国就可以开始共和国的建设。

然而，革命并未结束，1793年1月路易十六被送上断头台之后，由于欧洲各国“反法同盟”的进攻，在严重的危机中，雅各宾派利用群众运动控制了国民大会，经过1793年6月2日的革命，执政的吉伦特派又被推翻，雅各

①《潘恩选集》，商务印书馆1981年，第183—185页。

宾派走上了统治地位。雅各宾派执政之后，使政权成为专政机构，进一步实行革命恐怖，王后被送上断头台；二十一位吉伦特派首领也被押赴刑场处决；雅各宾派中持不同政见者埃贝尔派和丹东派的主要成员也都被统统杀掉。他们还于1794年6月10日通过关于改组革命法庭的法律。根据这个法律，审判的程序大大简化，取消了预审制，而且在证据不足时可以按“意识上的根据”做出判决。与此同时，惩罚罪犯的办法一律定为死刑。他们嫌用断头机杀人太慢，辅之以炮轰和集体枪杀。但是，屠杀没能巩固雅各宾党的专政，1794年7月27日，国民大会突然通过决议逮捕了罗伯斯庇尔等人，雅各宾党人的专政又被推翻了……法国革命就这样出现了可怕的反复性和连续性。共和国与帝国、革命与复辟、以牙还牙、以暴易暴，使动荡延续了近百年。

比较这两场革命，都源于启蒙运动带来的社会理想：自由、民主、平等与人道。他们的目的基本一致，都要建立一个以公民意志为基础的民主政府。但是，在革命的过程中，两者却走上了不同的道路。首先，美国革命在达到基本目的之后便适可而止，而且“胜利者要的是道歉而不是人头”，因而在英国承认其独立地位之后，迅速转向制度建设。而法国革命却没完没了，君主立宪之后又要共和，共和之后还要革命，结果是陷入了悲剧性的反复。其次，美国尊重选择的多样性，容忍非暴力政治冲突和异议者的存在，华盛顿对被俘的英国将军都以上宾相待。而法国却追求一致，残酷打击一切持不同政见者，而且总是要把失败者押上断头台。进一步考察还会发现，美国革命强调个人自由和个人权利，目标非常明确；法国革命者却在革命过程中忘记了自由和平等的初衷，而以专政剥夺人们的自由，以国家利益和公共秩序和名义剥夺个人的权利。对于制度建设，美国人寻求有限政府，认为只有通过限制政府的权力，公民才能获得宪政权利；法国人却似乎顾不上这些，而总是通过反对个人来维护政府的权威。《人权宣言》所确立的原则很快就被革命者遗忘了。

当然，这一切都不难理解。在客观上，美国拥有更多的有利条件，它没有被压迫的市民，没有特权阶层，没有牢固的旧制度，也没有沉重的传统，因而不必与千年的旧秩序和旧规范斗争，而且，它没有国外势力的威胁，也没有经济崩溃之虑。而这一切，却都是法国必须面对的。在几千年的旧制度基础上，革命要比在新大陆艰难得多。

相比之下，法国革命中一些思想和行为的失误是值得记取的。比如，罗伯斯庇尔等被卢梭的社会理想所吸引。而卢梭认为最终权威在于公意。所以，公民为了更高的利益和道德生活，必须抑制个人意志，牺牲个人利益，放弃自治而服从公意。因为公意是至高无上的，所以就很容易剥夺不同政见存在的权利。因为公意是不可分割的，因此就必须建立一个统一意志的国家。这就很容易为了虚幻的集体而牺牲个人。由此，也就很容易导致对个人生命的不尊重和容忍精神的缺乏。同时，法国革命者为了目的的实现，往往不择手段调动底层群众的力量，因而不得不顺从底层的意志。然而，历史的规律无法改变：最底层的意愿是任何社会都难以满足的。只要依靠底层力量，革命就永远不会结束，社会就会长期动荡不安。

美国革命的成功之处在于，他们对人性的局限有充分的理解，不抱太大的期望。因此，他们不认为哪个人的设计能够完全正确，能够容忍不同意见作为必要的补充。同时，他们知道“人若是天使，就无需政府”（麦迪逊语），也知道即使是大多数选出的政府也不能对其过于信任。他们不指望执政者高尚无私，而是通过立法为权力戴上笼头。他们相信制度而不依靠哪一个人。他们要求政府代表大多数，也要求政府能最大限度地保护少数人的权利。他们千方百计保障下层的利益，却并不无限顺从“均贫富”式的平等愿望。

正因为这样，国内外多有学者对这两场革命进行比较，赞美美国革命而贬低法国革命。但值得注意的是，一些西方学者不了解东方古老的革命传统的力量，因而容易把后来发生的一系列革命都算在法国革命的账上，中国学者也常把法国大革命与“文化大革命”之类相提并论。其实，无论是中国的“文化大革命”，还是波尔布特的红色高棉，与法国革命都不可同日而语。法国革命无论存在多少问题，毕竟为人类文明留下了一部《人权宣言》，而且在经过长期动荡之后毕竟建成了真正的共和制度。而发生在东方的革命却少有这样的建设。此外，有人把20世纪发生的革命与法国革命一起统统称作乌托邦，并且因此而对乌托邦展开了批判。其实，一些革命并不存在乌托邦，其理想目标原本实际而并不新鲜。中国学者如果面对中国问题而把批判的矛头指向遥远的法国，这种批判就不仅是隔靴搔痒了。

四、现代中国的革命与改良

当代中国大陆主流话语对革命的讲述是从太平天国开始的，高校通用的中国革命史教材也是从大清帝国的黄昏讲起，第一场革命就是太平天国的革命。由此，可以看到某种血缘和谱系。然而，我们这里的叙述从20世纪门槛上开始，因为革命与改良之争恰好由此展开。

（一）变法失败后的革命与改良之争

众所周知，1898年，维新运动失败，光绪皇帝被软禁，谭嗣同等六君子被杀，康有为、梁启超等流亡海外。改良的失败使革命迅速登上历史舞台。历史就是这样，当社会出现严重危机的时候，补天者是必然要出现的。如果他们遭到残酷镇压，就会出现两种情况：一方面是一些人悲观绝望、一蹶不振，再也不敢以天下为己任；另一方面是一些人会做出新的选择：既然补天不成，那就干脆把天掀翻重建。改良派被镇压之后，一些人必然要走上革命之路。比如蔡元培等人，本是清王朝的官员，却从此辞官而去。作为一代儒林之秀，竟为暗杀而去亲手制造炸弹。从这个意义上说，正是满清统治者对改良派的镇压把补天者逼上了革命之路，亲手制造了革命的高潮。

在20世纪最初的几年，有两件事促使更多的人从改良走向了革命：一是1900年唐才常领导的自立军运动。它的态度本来是矛盾的，一方面选择了武装起义，一方面仍然效忠于皇帝。结果却非常悲惨，不仅唐才常等领导人被杀，而且数千人受株连而丢掉了性命。自立军的成员在自己的领袖和同伴的灵前鞠躬或叩拜之后，大多告别改良而走向了革命。二是1903年的“拒俄义勇队”事件。由留日学生组成的“拒俄义勇队”明确宣布他们的组织在政府统治之下，并且致电袁世凯希望能“隶其麾下”。它所表现的是青年学子的一片爱国热忱，并不一定别有用心。但是，末日的虚弱使统治者不敢相信自己的臣民，认为留学生“托拒俄以谋革命”，因而密令一旦抓获，即可就地正法。这种愚蠢的做法把一大批留学生送上了革命之路。1903年之后，留学生报刊纷纷打出了革命的旗帜。孙中山在海外鼓吹革命多年而很少有人理睬，此后却得到了留学生的支持和拥戴，革命的高潮因之兴起。

当革命高潮兴起的时候，以康有为为代表的改良派一再告诉人们，中国人应该维护皇帝的地位与尊严，不应犯上作乱；中国问题的解决要走渐进的道路，不能骤然进行革命，所以，君主立宪是中国唯一的正确选择。面对康有为的言论，以章太炎等为代表的革命派则努力论述革命的合理性。章太炎在《驳康有为论革命书》中认为：“公理之未明，即以革命明之；旧俗之俱在，即以革命去之。革命非天雄大黄之猛剂，而实补泻兼备之良药矣。”

当日暮西山的清王朝为了维护自己的统治地位而宣布预备立宪时，社会出现了两种不同的态度，改良派为之欢欣鼓舞，革命派则对其展开了猛烈的揭露和批判。从1906年到1907年，革命派与改良派进行了一场空前的论战。一方以《民报》为主要阵地，一方以《新民丛报》为主要阵地。论战的焦点是：中国需要革命还是改良？是保留皇室实行君主立宪还是推倒皇帝而实现民主共和？改良派不希望国体有所改变，而只求政体改革，也就是在皇帝统治的基础上制定宪法，召开议会，建立政府。因此，他们努力宣扬光绪皇帝的圣德，主张忠君保皇。他们认为中国人“民智不逮”，还没有实行民主共和的能力，因而只能改良而不能进行革命，只能实行君主立宪而不能实行民主共和。革命派的认识恰恰相反，他们认为中国社会必需进行革命，因为中国人没有理由继续保留一个满洲皇帝，也没有理由保存一个专制制度。他们认为中国人并不比美国人和欧洲人低劣，民主共和是可以实行的，中国的希望应该寄托于人民，而不应该寄托于腐朽的统治者。他们认为革命虽然难以避免血腥，但要解决中国的问题，却只有革命一途。

在革命与改良的大论战中，“革命”思潮迅速发展，并且带来了实践上的革命洪流。其最后的结果是辛亥革命的发生和清王朝的垮台，是帝制的终结和民主共和制度的创建。

（二）辛亥革命之后的三种选择

辛亥革命完成了权力转移，也带来了现代政治体制。然而，一方面是从传统中走来的政府官员尚不习惯现代民主制度，一方面是各路军人政客都无心去维护那个画在纸上的国体和政体。于是，政府的统治的确令人无法满意。更为重要的是，纸上的现代政治体制并不能制约旧统治崩溃之后的群雄逐鹿。中国历来如此，旧的统治崩溃之后，必然是各路英雄互相残杀，为做“新天子”而进行一场更残酷的角逐。与历史上一次次逐鹿表现不同的是，由于革命的胜利带来的合法性，新的角逐都以革命的名义进行。

面对革命之后的不良现状，中国出现了三种不同的选择：一是回到君主制；二是再来一次革命；三是在既有的基础上进行改革。袁世凯在他的美国顾问古德诺和筹安会杨度等人的指导之下最后选择了前者，做了八十三天的皇帝梦，最后以失败告终。孙中山选择了再次革命，屡遭失败，却在他死后终于由其继承者取得胜利。袁世凯的复辟和孙中山的继续革命可谓众所周知。这里需要说明的是，在这二者之间，一些人曾经选择了和平改革，在一系列事件中试图通过议会和法律、通过协商和谈判解决问题。

在宋教仁案发生之后，孙中山主张二次革命，黄兴等人就曾坚决反对，许多将领都曾拒绝举兵，国民党人也大多希望通过法律解决。最后，二次革命没有被阻止，但孙中山没有得到广泛支持，这也正是二次革命失败的原因。它透露着人们对于革命和战乱的厌烦。经过帝制运动和张勋的清皇帝复辟运动带来的战乱，中国出现了南北对立，孙中山谋求武力北伐夺取政权，但在此时，革命与改良仍然是两种不同的选择。从民国初到北伐战争爆发，在长达十几年的时间里，改良主义者一直没有放弃他们的努力。

在知识分子中，最值得注意的人物是胡适。他在留美时期就明确选择了渐进和改良的道路。他在1916年写的《论革命》中说："吾不赞成早熟之革命，因为，它通常是徒劳的，因而是一事无成的。"[①]20年代初，他开始公开议政，提出"工具主义的政府观"，认为"政府是社会用来谋最大多数的最大福利的工具"。工具是需要时时修理的，政府更需要监督和修理。因为人都有揽权的天性，无论怎样的好人，若手握大权，又无监督，就难免滥用他的权力。所以政府就有严格监督和随时改组的必要。胡适说："工具不良，修好它。修不好时，另换一件。政府不良，监督它，修正它；它不受监督，不受修正时，换掉它。一部分的不良，去了这部分；全部不良，拆开了，打倒了，重新造一个。"[②]在此基础上，他执笔写成了"好政府主义"的政治宣言《我们的政治主张》，于1922年5月14日公开发表。在这份文件上签名的有蔡元培、王宠惠、陶行知、李大钊、高一涵、丁文江、梁漱溟等十六人。他们认为中国的现状不能没有政府，但必须要一个"好政府"，这个

①《胡适日记全编》第2卷，安徽教育出版社2001年，第335—336页。

②同上书，第415—417页。

好政府就是"宪政的政府"。面对南北武装对立的局面，他们反对武力统一，主张南北议和，使国家走上现代民主政治的轨道。

在握有重兵的军事领袖中，陈炯明是表现突出的一个。他曾经支持孙中山进行革命，但在1922年与孙中山公开决裂。决裂的重要原因就是陈炯明认为国事应当"和平解决"，而不赞成孙中山所热衷的武力北伐。直到蒋介石挥军北伐并且节节胜利之际，他仍然坚持自己的主张。在《中国统一刍议》一书中认为"现在南北两政府，已成对峙之局。未尝不各执一是，以图中国之统一。但双方手段，均采取武力征服。……北之军治，南之党治，皆违反共和原则"。他说："吾人为国努力，唯有根据约法之精神，希望以自由代替压制，以秩序代替紊乱，以公平代替强暴，建设民权无限下的良民政治，乃为可久而可通也！"他告诫北方政府说："国民主权，在民不在军，民国内乱，在军不在民。"解决国家纷乱的办法是"以主权还之于民，军权还之于国"。他告诫南方政府："夫一党专政，实与民主政治，根本不能相容。"他希望通过和平谈判解决纷争，以联省自治进行国家建设。陈炯明有一套考虑相当成熟的和平统一和社会改良方案。

历史没有按照改良主义者的设计行进，而是屈服于武力的征服。蒋介石领导的北伐打败了各路军阀，以武力完成了对中国的统一。影响所及，是革命的风潮愈演愈烈，改良的声音再也无法阻止的滚滚而来的革命潮流。甚至在革命成功之后，在自己建立的统治秩序之下，也仍然要继续革命。

社会的进步往往是一个相当长的改革和演化过程。只有经过一个完整的过程，才会有真正的全面进步。然而，在晚清以降的中国，却常常缺少从容改革的环境。一方面是统治者往往拒绝或拖延改革，结果是亲手制造了革命。一方面是渴望进步的人们往往对革命过于理想化，意识不到一个全新的世界不是一夜之间可以创造出来的，因而常常对革命失望，又因失望而发动新一轮革命。与此同时，各种不满现状者和有政治野心的人们乘机取利，结果是严重破坏了历史进程。

五、关于革命反思的几个问题

革命狂潮在中国滚动了近百年，但在20世纪末的中国，反思和告别的声音却成为时代的潮流。饱受革命之苦的人们要告别革命，一生追随革命的人也要告别革命，革命成果的享受者更要告别革命。这一切都不难理解，回首百年沧桑，人们不能不有所反思；基于现实的考虑，人们也不能不有所选择。但是，面对革命反思的浪潮，一些问题却值得认真思考。

毫无疑问，20世纪的中国发展了一种革命崇拜。凡“革命的”就是好的，凡“反革命”，必是坏的。它甚至导致“革命”与“反革命”的位置错乱和关系颠倒。比如，自国民革命开始，“革命”与“反革命”的关系就成了一笔糊涂账。按照一般的道理，革命者应该是现存社会秩序的破坏者，反革命则是现存社会秩序的维护者。而20世纪的中国却出现了这样的奇观：无论现存秩序的守护者还是破坏者，都以“革命”自居。这里透露着一种观念：革命，是进步的标志。似乎只要挂一块革命的招牌，其行为就因推动历史进步而获得了正义性。因此，20世纪末学界对线性史观和进步崇拜的反思虽然有各种不足称道之处，但有一点是应该肯定的，那就是有助于打破对“革命”的迷信。历史告诉我们，对革命进行反思，消除对革命的崇拜，都是非常必要的。

只要正视历史，就很容易发现革命的破坏性、残酷性和成果的虚假性。根据伯克的见解：在革命的时候，人们一般都对旧制度不满。他们相信人的理性，认为可以把制度改造好，因此，在革命过程中往往把许多有效制度也破坏了。他认为，一些制度也许看上去有不少弊端，但当革命冲破了这些机制时，才发现结果更糟糕。于是，革命之后还不得不去恢复它。托克维尔也说：“它必然使旧制度所包含的坏东西和好东西同归于尽。”[①]它的残酷性不但表现于被送上断头台的往往是相对开明而且着手改革的统治者，与最残暴的盛世统治者得以寿终的下场相比，这种“父债子还”的方式很不公平，而且表现于鲁迅所指出的：“革命的被杀于反革命的。反革命的被杀于革命的。不革命的或当作革命的而被杀于反革命的，或当作反革命的而被杀于革命的，或并不当作什么而被杀于革命的或反革命的。革命，革革命，革革革命，革革……”[②]尤其是以夺权为目的的暴力革命，很容易因血腥而种下仇

①夏中义主编《大学人文读本·人与国家》，广西师范大学出版社2002年，第111页。
②《鲁迅全集》第3卷，人民文学出版社1981年，第532页。

恨，仇恨又使暴力走上不归路，因而防止反扑就成了革命与反革命之间永远算不清的血泪账。更值得注意的是，革命旗帜上写的，与革命领袖想的，往往大不一样。如果革命的真实目的只是改朝换代，无论它举了什么样的旗帜，都不能带来社会的进步。当胜利的欢呼过后，却发现遇到了"鬼打墙"，这是革命常见的悲剧。

因此，告别革命，自有其合理的逻辑。

但是，革命不是凭空发生的，也不是知识分子能够告别的。如果人们处于一个监狱般的社会，而统治者又拒绝改革，那么，革命是很难避免的。托克维尔在《旧制度与大革命》中明确指出，大革命来源于旧制度，革命的规模和手段其实都是旧制度的预设。美国《独立宣言》首先说明的公理是人民有权重新选择自己的统治者："当政府长期倒行逆施，一贯实行专政，一意孤行地把人民压制在绝对的君主专制统治之下的时候，人民就有权利有义务推翻这样的政府，并为其未来的安全建立新的保障。"①法国《人权宣言》列述各项受保障的人权，其中之一就是"对压迫的反抗"。根据现代政治理念，人民的权利是天赋的，而政府的权力是人民给的。如果一种统治使人民难以忍受，人民就有权做出重新选择。革命就是人民主权在得不到落实的情况下不得已而采取的方式，是最后的抗争形式。尤其是在那些没有进入现代政治轨道的国家，它常常是对统治者的一种威胁。如果没有这种威胁，统治者更可能为所欲为，肆无忌惮。正因为这样，林肯在第一次就职演说中说："这个国家连同它的一切机构，都属于居住在这片土地上的人民。一旦他们对现存的政府感到厌倦，他们便可以行施他们的宪法权利去改革它，或行施他们的革命权利去解散它或推翻它。"②

因此，我们可以谴责一切借"革命"之名而行的种种反文明、反人道的行为，但对于革命本身，对于人民革命的权利，不应简单否定。

回顾20世纪的中国，的确为革命付出了惨重的代价。但是，把这一切归罪于"革命"，却未免有些武断。笼统地否定一切革命，也有点不分青红皂白。不问面对的具体情势，就断言改良一定成功，革命一定失败，同样缺

---

①《美国法典·宪法行政法卷》，中国社会科学出版社1993年，第5页。

②《美国历届总统就职演说辞鉴赏》，中国人事出版社1996年，第156页。

乏历史依据。革命，作为一种社会变迁形式，在必要时可以发挥无以替代的力量。只有当世界已经告别了专制、独裁和一切的不民主、不人道的统治，只有政治进入了现代轨道，人权保障、社会变革和历史进步不再因权力而受阻，革命才可能成为无需重复的往事。

作为一种态度，中国当代学人有很好的表述："革命之所以不能避免，除了革命者的急性子，还有另一方的慢性子，这两者往往是天生一对，而且总是同时出现，革命成了双方的共同作品。满清从1898年镇压戊戌变法以后，就面临着革命与改良赛跑的十年。清末新政已经在执行戊戌变法的遗嘱，但它还是不够快，没有及时将revolution（革命）提速为refolution（快速改革），终于被revolution从后面扑倒。"①

①朱学勤：《这一千年的革命》，《南方周末》1999年12月29日。

第二辑

反传统的理由

一

五四新文化运动以反传统著称。在此以前的中国历史上，虽然也出现过一些反传统的人物，出现过一些反传统的现象，但从未有过像五四新文化运动那样的阵势，也从未有过那样激烈的态度。正因为这样，五四新文化运动对传统的批判一直是个有争议的问题。在20世纪、21世纪之交的中国思想文化界，民族主义和文化保守主义成为一种时髦。人们在大力弘扬传统之际，就很容易发现“五四”的罪恶：整体反传统，全盘西化，割断了民族文化的血脉，造成了传统的断裂，葬送了民族文化自我……因此，在很多人眼里，反传统已经是五四新文化运动无可饶恕的罪行。那些最响亮的批判之声人们大概耳熟能详：新文化运动的选择是错误的；新文化运动带来了“秩序危机”；白话文运动是“弑母行为”，“无异于要埋葬几千年中华民族的存在”；等等。

在这种情况下，一些试图守护“五四”新文化的人为新文化运动进行了辩护，其精神让一切认同“五四”新文化的人为之感动。然而，这些辩护常常是这样进行的：“五四”没有打倒孔家店，没有全盘反传统，鲁迅决非真的提倡不读中国书，胡适决不主张全盘西化，新文化运动是对传统文化最好的继承和发扬……人们试图否认新文化运动对传统的否定，努力把“五四”解释为中国传统文化内部分化出来的一种反主流力量，并因此断定“五四”是“真正的国粹”。

面对这种现象，我们有理由怀疑：这是历史的事实吗？五四新文化运动的意义究竟在于反传统还是在于继承和发扬传统？只要正视历史的事实，大概应该承认，五四新文化运动的领袖们——至少是陈独秀、胡适、鲁迅、李大钊、钱玄同等人，对传统文化的批判和否定是激烈的、决绝的、整体性的。他们的行为使上述的辩护者无法为之有效地辩护，结果是让人感到像当年章士钊为陈独秀所作的法庭辩护一样，好心好意要为陈独秀做无罪辩护，结果却让陈独秀无法接受，不得不当场反驳。

今天，五四新文化运动的当事人都已作古，当然不可能从坟墓里爬出来进行申辩，但是，只要面对历史的真实，我们就应该承认，无论“全盘反传统”还是“整体反传统”，作为一种基本判断，决非是对“五四”的诬陷。它没有冤枉“五四”，而是对“五四”精神相当准确的一种概括。五四新文化运动对中国传统的否定是激烈的，也是整体性的。它轰向传统的炮火并没有对目标进行一分为二的处理，在进行批判的时候也很少想到继承。至于是否“全盘”或是否“彻底”，争辩实无多大意义，因为作为一种文化运动，即使在理论上主张全盘反传统，事实上也无法做到，正如人们无论怎样主张全盘西化，全盘西化都是不可能的。但是，作为一种倾向性的描述，“全盘反传统”“彻底反传统”“整体性反传统”应该都没有多少问题。

我想说明的是：对于“五四”新文化的守护者而言，需要进行的不是这样的辩白。因为一旦陷于上述辩白，就意味着新文化运动只有不全盘反传统才是合法的，而一旦被证明是全盘反传统的，或者说是全盘西化的，它就失掉了合法性。这就意味着承认了一个前提：传统是不可否定的。可是，有什么东西能赋予传统以不容否定的神圣地位？新文化运动的先驱们没有承认这一前提，新文化的守护者同样没有必要认可这一前提。

因此，值得争辩的问题不是“五四”是否全盘反传统，而是全盘反传统这一文化选择是否具有合法性。那么，一个关键问题是：新文化运动为什么反传统？反传统的理由是什么？

二

在《本志罪案之答辩书》中，陈独秀说：“本志同仁本来无罪，只因为拥护那德谟克拉西（Democracy）和赛因斯（Science）两位先生，才犯了这几条滔天的大罪。要拥护那德先生，便不得不反对孔教、礼法、贞节、旧伦理、旧政治。要拥护那赛先生，便不得不反对旧艺术、旧宗教。要拥护德先生，又要拥护赛先生，便不得不反对国粹和旧文学。”[①]也就是说，他们之所以要反传统，是因为拥护民主与科学。

这一解释虽然在“五四”之后的历史上被普遍接受并广泛传播，但显然并不令人满意。胡适认为：“这话虽然很简明，但是还嫌太笼统了一点。假使有人问：‘何以“要拥护德先生，又要拥护赛先生，便不得不反对国粹和旧文学”呢?’答案自然是：‘因为国粹和旧文学是同德赛两先生反对的。’又问：‘何以凡同德赛两先生反对的东西都该反对呢?’这个问题可就不是几句笼统简单的话所能回答的了。”[②]的确，民主与科学本身的合法性并非无需论证的。面对传统与科学民主的对立，人们完全可以做出相反的选择：要传统而不要民主！要传统而不要科学！事实上，在20世纪的中国历史上，这么做的一直不乏其人。

所以应该承认，胡适的思考展开了一个重要的深入点。因为民主和科学毕竟只是新文化运动的旗帜，或者说是新文化运动的途径，而不是新文化运动的最终目的。就像各种主义、制度和思想方法一样，它只能是手段和途径，是为目的服务的，而本身并非目的。可是，胡适没有沿着这个方向去回答“何以同德赛两先生反对的东西都该反对”这一问题，没有去解释选择德先生和赛先生的理由，而是转了一个弯，在另一层面上展开了自己的论述。他说：“据我个人的观察，新思潮的根本意义只是一种新态度。这种新态度可叫作‘评判的态度’。”“评判的态度，简单说来，只是凡事要重新分别一个好与不好。”他告诉人们：对于世俗相传下来的制度风俗，要问“这种制度现在还有存在的价值吗?”对于古代遗传下来的圣贤教训，要问“这句话在今日还是不错的吗?”对于社会上公认的行为与信仰，要问“大家公认的，就不会错了吗?人家这样做，我也该这样做吗?难道没有别样做法比这个更好，更有理，更有益的吗?”在胡适看来，这种对传统的质疑即“评判

---

①陈独秀：《本志罪案之答辩书》，《新青年》第6卷第1号。

②胡适：《新思潮的意义》，《新青年》第7卷第1号。

的态度”。他认为新思潮的意义就在于这种“评判的态度”，即尼采说的“重新估定一切价值”。胡适把新思潮的意义概括为“研究问题，输入学理，整理国故，再造文明”。在这四者中，前三者都是手段，“再造文明”是目的。[①]

胡适的回答向前推进了一步，给科学与民主找到了一个落脚之处：提倡科学和民主也罢，重新估定一切价值也罢，目的都是“再造文明”。而且，科学与民主正是蓝图中的新文明的重要标识。对于一个运动来说，目的标识是重要的。否则就容易失掉质的规定性，甚至因为失掉明确目标而走向歧途。正如有人把新文化规定为反帝反封建的文化，就抽掉了建设的目标，使其结果成为无法预料的未知数。因为慈禧太后和义和团都反帝，奴隶制度的迷恋者也要反封建。如果一种文化运动只是强调反帝反封建，就无法排除包括回到奴隶制时代在内的多种可能性。然而，像陈独秀一样，胡适仍然没有触及根本。

进一步的问题必须回答：为什么要“再造文明”？因为人们完全可以反问：中华民族有五千年光辉灿烂的文明，为什么需要“再造”？

把创造新文明当作无需论证的目的，从中可见那一代人思想中的进化论影子和发展主义的文明史观。在20世纪初特定的思想背景上，再造文明也许本身就已经具有了合法性。然而，从根本上说，这种回答是不够的。因为新文明并不能因其“新”而获得合法性，旧文明也并不因其“旧”而丧失合法性。“再造文明”的合法性并非无需论证的。

之所以需要“再造文明”，显然是因为旧文明不好。那么，旧文明到底好不好？它的不好在哪里？这是新文化运动必须回答的问题。因为正是对这个问题的回答决定着反传统是否具有合理性和必要性。

三

事实上，新文化运动的实践已经做出了回答：中国的旧文明不好，因为它“吃人”。

①胡适：《新思潮的意义》，《新青年》第7卷第1号。

新文化运动的领袖们系统审视了传统文明，对其方方面面进行了重估，如：孔教问题、伦理问题、文学改革问题、戏剧改良问题、国语统一问题、女子解放问题、贞操问题、婚姻问题、父子问题、教育改良问题，等等。在人类健康文明的比照之下，他们发现了中国人的生存惨状，发现了几千年传统文明的血腥，发现了人的尊严被践踏、人的权利被剥夺、人性被扭曲的千年悲剧。于是，他们试图改变这样的现状，梦想结束这样的历史，让中国人也像人一样生活。

在发表于《新青年》创刊号的《敬告青年》中，陈独秀对青年提出了六个方面的要求。第一点就是“自主的而非奴隶的”。他认为人应该“各有自主之权，绝对无奴隶他人之权利，亦绝无以奴隶自处之义务”。他说：“奴隶云者，古之昏弱对于强暴之横夺，而失其自由权利者之称也。自人权平等之说兴，奴隶之名，非血气所忍受。”“解放云者，脱离夫奴隶之羁绊，以完其自主自由之人格之谓也。”这些观念当然不属于中国传统，而是属于西方近代文明。透过这样的观念看中国，陈独秀发现国人都处于奴隶状态。他甚至指出：“忠孝节义，奴隶之道德也；轻刑薄赋，奴隶之幸福也；称颂功德，奴隶之文章也；拜爵赐第，奴隶之光荣也；丰碑高墓，奴隶之纪念物也。”也就是说，即使是高官厚禄的仕途通达者，也仍然是可悲的奴隶。因为“个人独立平等之人格，消灭无存，其一切善恶行为，势不能诉之自身意志而课以功过”。陈独秀对传统文明的指控是因为它扼杀了人独立自主的人格，剥夺了人的自由权利，使人成为奴隶。在《东西民族根本思想之差异》中，陈独秀把中国传统社会认定为宗法社会，认为东方社会“自游牧社会，进而为宗法社会，至今无以异焉；自酋长政治，进而为封建政治，至今亦无以异焉”。他对这种宗法社会提出了四点指控：“一曰损坏个人独立自尊之人格；一曰窒碍个人意思之自由；一曰剥夺个人法律上平等之权利；一曰养成依赖性，戕贼个人之生产力。”

新文化运动最引人注目也最为人诟病的行为就是批判孔子之道。因为孔子的学说的确是中国文化的精髓和根本，否定孔子之道，无异于抽掉中国文化传统的筋骨。中国传统的核心是由帝王的政治专制和孔子的思想专制共同构成的，如果抽掉此二者，所谓中国传统文化，就只剩下了一堆皮毛。所以，从根本上维护中国传统者无论自觉还是不自觉，都必然要拼命维护此二者；而反传统者也必然要紧紧抓住此二者给予轰击。新文化运动对“孔子之道”进行了猛烈的批判，许多人都发表了文章，就连一向温和的胡适在给《吴虞文录》作的序言中也以激烈姿态称吴虞是“只手打孔家店的老英雄”，并且质问：“何以那种种吃人的礼教制度都不挂别的牌，偏爱挂孔老先生的招牌呢？正因为二千年吃人的礼教法制都挂着孔丘的招牌，故这块孔丘的招牌——无论是老店、是冒牌——不能不拿下来，捶碎，烧去！”[①]考察新文化运动中的批孔之役，要点有二：一是反对以孔教为国教。其用意在于捍卫现代政治体制之下公民享有的思想自由和宗教信仰自由的权利。正如陈独秀在《宪法与孔教》文中所说：“盖宪法者，全国人民权利之保证书也，决不可杂以优待一族、一教、一党、一派人之作用。”“今效汉武之术，罢黜百家，独尊孔氏，则学术思想之专制，其湮塞人智，为祸之烈，远在政界帝王之上。”二是批判和否定孔子之道，特别是儒家的伦理原则。陈独秀曾反复申明批判孔子之道的理由：不适于自由民主的现代理念，不适于现代生活。他说：“现代生活，以经济为之命脉，而个人独立主义，乃为经济学生产之大则，其影响遂及于伦理学。故现代伦理学上之个人人格之独立，与经济学上之个人财产独立，互相证明，其说遂不可动摇；而社会风纪，物质文明，因此大进。中土儒者，以纲常立教。为人子为人妻者，既失个人独立之人格，复无个人独立之财产。父兄畜其子弟，子弟养其父兄。《坊记》曰：‘父母在，不敢有其身，不敢私其财。’此甚非个人之道也。”[②]也就是说，他们之所以反对孔子之道，不是因为别的，而是因为孔子之道“非个人之道”，不是维护个人的权利而是剥夺个人的权利。

在这里，他用以比较和判断文明优劣的价值标准非常明确，即是否有利于人的独立、自由、平等和权利。一种文明如果有利于个人的独立和自由，有利于个人权利的保障，就是好的，如果本土没有，就从外面拿来；反之，如果把人变成奴隶，扼制人的独立和自由，剥夺人的权利，就是坏的，无论它是什么样的祖宗牌位，也应该毫不留情地将其推倒。陈独秀和他的追随者们反传统的理由正在这里。

①《胡适文集》第2卷，北京大学出版社1998年，第610页。

②《陈独秀文章选编》上，生活·读书·新知三联书店1984年，第153页。

反传统的另一个重点是反对旧伦理。陈独秀称伦理的觉悟是“吾人之最后觉悟”，新文化运动的反对者对“五四”最猛烈的指责也是“铲伦常”“禽兽行”。五四新文化运动对旧伦理、旧道德的批判是从各个方面进行的，男女问题，鼓吹妇女解放，抨击节烈观，讨论贞操问题、长幼问题；非孝，讨论“我们现在怎样做父亲”，都构成了对旧道德的否定。陈独秀说：“旧社会之道德不适于今世者，莫如尊上抑下，尊长抑幼，尊男抑女。旧社会所谓不道德者，乃不尊其所尊，抑其所抑者耳，未必有何罪恶可言。吾人今日所应尊行之真理，即在废弃此不平等不道德之尊抑，而以个人人格之自觉及人群利害互助之自觉为新道德，为真道德。”[①]在这里，个体生命之间的平等权利显然是问题的核心。对此，鲁迅有过精彩的说明：“有贵贱，有大小，有上下。自己被人凌虐，但也可以凌虐别人；自己被人吃，但也可以吃别人。一级一级地制驭着，不能动弹，也不想动弹了。”他从古代经典引出一套完整的等级制度作为证据：“天有十日，人有十等。下所以事上，上所以共神也。故王臣公，公臣大夫，大夫臣士，士臣皂，皂臣舆，舆臣隶，隶臣僚，僚臣仆，仆臣台。”又从现实的实践运行揭示出它的巩固机制：最底层的台也仍然可以凌虐别人，因为“有比他更卑的妻，更弱的子在。而且其子也很有希望，他日长大，升而为‘台’，便又有更卑更弱的妻子，供他驱使了”。“因为自己各有奴使别人，吃掉别人的希望，便也就忘却自己同有被奴使被吃掉的将来。于是大小无数的人肉的筵宴，即从有文明以来一直排到现在，人们就在这会场中吃人，被吃，以凶人的愚妄的欢呼，将悲惨的弱者的呼号掩饰”。[②]

胡适认为，要看一个国家的文明，首先需要考察几件事：第一，看他们怎样对待小孩子；第二，看他们怎样对待女人。经过考察，他说：“无论哪一点都可以宣告我们这个国家是最野蛮的国家。”[③]面对中国女性的命运，他说：“‘把女人当牛马’，这句话还不够形容我们中国人待女人的残忍与惨酷。我们把女人当牛马，套了牛轭，上了鞍辔，还不放心，还要砍去一只牛

①《陈独秀文章选编》上，生活·读书·新知三联书店1984年，第204页。

②《鲁迅全集》第1卷，人民文学出版社1981年，第216页。

③《胡适文集》第4卷，北京大学出版社1998年，第643页。

蹄，剁去两只马脚，然后赶她们去做苦工!”因此，他得出的结论是：“全世界的人类里，寻不出第二国有这样的野蛮制度!”而且指出：“圣贤经传，全没有拯救的功用。一千年的理学大儒，天天谈仁说义，却不曾看见他们的母妻姊妹受的惨无人道的痛苦。”[①]面对中国文明对女人的残害，胡适写了《贞操问题》《论贞操问题》《再论贞操问题》《论女子为强暴所污》《美国的妇人》《女人解放从哪里做起》《大学开放女禁问题》《女子问题》等一系列文章，中心主题是为妇女争取做人的权利和人格的尊严，为此，却不能不批判传统。他列举了一系列报纸新闻：唐烈妇在丈夫去世之后的三个月中九次自杀；一个未出嫁的姑娘因为未婚夫死亡而绝食七日；一个上海姑娘在听到未婚夫死讯几小时后吞了砒霜……按照中国传统的观念，她们都是女人的楷模，是学习的榜样。胡适却为此而无法压抑内心的痛苦和愤怒，挥笔哀悼这些无辜的死者，批判仍在流行的“全无心肝的贞操论”。他指出，俞氏女不过是信了荒谬的贞操迷信，所以要为未结婚的丈夫绝食而死，而那位在报纸上赞美这种迷信的人，却是早已丧失了人性。他惊异于共和国家竟然有褒扬节妇烈女的条例，因为以人道主义的眼光看来，褒扬节烈殉夫正是与杀人一样的罪恶。他说：“我以为我们今日若要作具体的贞操论，第一步就该反对这种忍心害理的烈女论，要渐渐养成一种舆论，不但永不把这种行为看作‘猗欤盛矣’可旌表褒扬的事，还要公认这是不合人情，不合天理的罪恶，还要公认劝人做烈女，罪等于故意杀人。”[②]

在“五四”一代人中，鲁迅反传统的态度最为激烈，也最具整体性。原因在于他对传统文明的感受更深，因而更能抽象地把握它的实质，而不会被一些温馨的皮毛所欺瞒。在《狂人日记》中，鲁迅借狂人之口说：“我翻开历史一查，这历史没有年代，歪歪斜斜的每页上都写着‘仁义道德’几个字。我横竖睡不着，仔细看了半夜，才从字缝里看出来，满本都写着两个字是‘吃人’。”这并不是一时的愤激之语，而是一个从传统中滚爬跌打走来的思想者严肃而认真的结论。因为在那些清楚表达思想的论述文字中，鲁迅也做了同样的表达：“所谓中国的文明者，其实不过是安排给阔人享用的人肉

①《胡适文集》第4卷，北京大学出版社1998年，第641页。

②《胡适文集》第2卷，北京大学出版社1998年，第504页。

的筵宴。所谓中国者，其实不过是安排这人肉的筵宴的厨房。”他又说，“中国人向来就没有争到过‘人’的价格，至多不过是奴隶，到现在还如此，然而下于奴隶的时候，却是数见不鲜的。……任凭你爱排场的学者们怎样铺张，修史时候设些什么‘汉族发祥时代’‘汉族发达时代’‘汉族中兴时代’的好题目，好意诚然是可感的，但措辞太绕弯子了。有更其直截了当的说法在这里——一、想做奴隶而不得的时代；二、暂时做稳了奴隶的时代。”[①]无论对于历史还是对于现实，鲁迅的指控是：这种文明不把人当人，它践踏人的尊严，剥夺人的自由和权利。

由此可见，新文化运动之所以反传统，根本理由就是中国传统“吃人”。因为传统“吃人”，觉醒的知识分子当然要激烈地反传统。而反传统的目的不过是梦想中国人能够逃离几千年的“人肉筵宴”，结束“暂时做稳了奴隶”和“想做奴隶而不得”的“两种时代”的循环，进入前所未有的第三样时代，像人一样地生活。

四

一般情况下，问题至此已经解决，无需进一步讨论。然而，在中国语境中，问题到此并未解决。因为最高价值尺度的问题没有得到解决，以人为目的和最高价值尺度的思想没有确立，人的价值与尊严、个人权利的神圣性，这些在鲁迅、胡适、陈独秀等人那里早已确立的现代价值，在当下中国仍未形成共识。一些人总是自觉或不自觉地固守着一种逻辑：传统是不可否定的，彻底反传统自然是罪大恶极。他们拒绝考虑这样的问题：如果一种传统不把人当人，压抑人的自由，践踏人的尊严，剥夺人的权利，使人生活在地狱之中，这种传统也必须守护吗？如果一个民族的文化自我就是习惯于吃人和被吃，把野蛮和残暴当作天经地义，这种民族的文化自我也是不能丢掉的吗？

所以，关于五四新文化运动对传统的态度，无需停留于无意义的纠缠，而是应该从两个最基本的层面上予以解决：

---

①《鲁迅全集》第1卷，人民文学出版社1981年，第213页。

一、事实的确认：五四新文化运动对传统的指控是否属实，即中国传统是否“吃人”。在这一方面，新文化的守护者似乎可以省一些力气，因为只要不忘五四新文化运动的遗产，取证的工作先驱们已经做过，证据非常充分。传统的守护者如果要有效地守护，首先应该做的是推翻五四新文化运动对传统的指控，证明中国传统没有“吃人”的罪行，证明它有利于人的生存、发展和自由权利。只要能够证明这些，新文化运动对传统的指控就是诬陷，当然应该彻底否定，陈独秀、胡适、鲁迅和一切反传统的人就都应该以诬陷中国传统的罪名钉在历史的耻辱柱上。

二、尺度的确认：五四新文化运动的价值尺度是否正确，即“吃人”是否非法。如果没有价值共识，即使面对同样的事实，也仍然会有不同的结论。比如一个法庭，如果没有“杀人有罪”的法律准绳，即使面对大量的证据，杀人者仍然可以理直气壮。所以，必须解决“吃人”合法还是非法的问题。传统的捍卫者如果无法推翻新文化运动对传统的指控，仍然要为传统辩护，就需要在价值层面上证明“吃人”的合法性。如果“吃人”的确有理，而且光荣正确，传统当然要继续弘扬，胡适、鲁迅、陈独秀们自然罪不可赦，自然是民族历史的罪人。

然而，传统价值的守护者和弘扬者常常回避传统是否吃人的事实取证，而直接言说传统之伟大。好像吃人与否并不值得关注，好像值得关注的应该是枷锁和镣铐如何坚固、刽子手如何威武雄壮、烹调工艺如何精良、吃人者如何红光满面。更有甚者，为屠刀的锋利而自豪，为杀人魔王的威武所倾倒。这常常透露着一种非人道的野蛮时代的价值观。

新文化与旧文化的冲突说到底是两种价值观的冲突，同时也是两种基本立足点的冲突。一些传统价值的守护者也并非自觉地为专制主义或三纲五常张目，而是因为缺少人的基本立场。他们往往成为民族主义者或文化本位主义者，因而民族文化传统的神圣性成为不证自明的，甚至自觉不自觉地赋予它“吃人”的特权。为了传统，为了秩序，可以不顾人的生存和发展，可以不顾人的自由和权利。而新文化却不能认同任何力量阻碍个人的生存和发展，也不能容忍任何力量剥夺个人的自由和权利。鲁迅说：“一要生存，二要温饱，三要发展。苟有阻碍这前途者，无论是古是今，是人是鬼，是《三坟》《五典》，百宋千元，天球河图，金人玉佛，祖传丸散，秘制膏丹，全都踏倒他。”[①]面对五四新文化运动，无论赞同还是反对，都必须首先注意这种根本的立场。

---

①《鲁迅全集》第3卷，人民文学出版社1981年，第45页。

世界化的根据

五四新文化运动的一个显著标志是对本土传统的批判。对于中国传统文化而言，这种批判无疑是有破坏性的，但五四新文化运动的目标并非破坏而是建设。因此，在批判和否定旧文化的同时，新文化运动必然要指出一条新文化的建设之路。事实上，对于抱残守缺的旧事物而言，对比往往是最大的威胁。虽然我们至今难以断言那一代人究竟是先发现了中国传统之弊才要创造新文化，还是先发现了世界近代文明之利才要否定中国传统，但历史提供的材料显然更多地证明了后者。因为在一般情况下，无论人们所处环境多么恶劣，也无论人们过的是怎样一种非人的生活，只要没有比较，就往往无法意识到自己的可悲境地。而新的参照却容易使人产生一种比较，从而看到自身所属文化传统存在的问题，并同时产生新的向往。因此，当传统的批判者对传统发起批判的时候，事实上已经做出了选择：世界化。所谓世界化，也就是改变中国固有文明中与现代文明不相适应的部分而使之溶入世界文明发展的主流。这是五四新文化运动的一个重要特征，也是一直存在争议的一个问题。尤其是“全盘西化”，至少在半个世纪以来的中国几乎成为一种恶谥，以致不愿放弃“五四”精神的人们也要千方百计为此而辩解。然而，对于五四新文化运动来说，这是无法回避的，因为如果遮蔽了充分世界化或“全盘西化”的选择，“五四”将面目全非。在此，我所要做的不是在一些否定性结论的前提下讨论问题，而是回到历史现场，考察当时人们的具体主张，并探寻其思想逻辑和现实依据。

一、世界化的选择

毫无疑问，新文化运动一开始就是主张世界化的。《新青年》创办伊始，陈独秀就对青年提出了“世界的而非锁国的”要求。他说：“吾国自通海以来，自悲观者言之，失地偿金，国力索矣；自乐观者言之，倘无甲午庚子两次之福音，至今犹在八股垂发时代。居今日而言锁国闭关之策，匪独力所不能，亦且势所不利。万邦并立，动辄相关，无论其国若何富强，亦不能漠视外情，自为风气。各国之制度文物，形式虽不必尽同，但不思驱其国于危亡者，其遵循共同原则之精神，渐趋一致，潮流所及莫之能违。于此而执特别历史国情之说，以冀抗此潮流，是犹有锁国之精神，而无世界之智识。国民而无世界智识，其国将何以图存于世界之中？”从这段话，已经可见陈独秀对于世界化的竭力倡导。他思考的是如何使中国进入世界潮流之中，而不是如何抵抗世界潮流以保持中国特色。一些人拒绝接受西方文明，理由是它不适合中国国情；陈独秀批判中国传统，理由是它不适合世界潮流。是让中国传统适应世界潮流，还是让世界潮流适应中国国情，这是当时文化冲突的一个焦点。陈独秀的态度代表了新文化运动的基本态度。在同一篇文章中，陈独秀批评一些人的“闭户造车”行为，“欲以周礼考工之制，行之欧美康庄，其患将不止不合辙已也。”①在《新青年》集团，“行之欧美康庄”已经是无需讨论的前提。

1919年1月，《新潮》在新文化运动高潮中创刊，傅斯年在《发刊旨趣书》中写道：“今试问当代思想之潮流如何？中国在此思想潮流位置如何？国人正复茫然昧然，未辨天之高、地之厚也。其敢于自用者，竟谓本国学术可以离世界趋势而独立。夫学术原无所谓国别，更不以方土易其性质。今外中国于世界思想潮流，直不啻自绝于人世。既不于现在有所不满，自不能于未来者努力获求。长此因循，何时达旦？……同人等以为国人所宜最先知者有四事：第一，今日世界文化至于若何阶级？第二，现代思潮本何趋向而行？第三，中国情状去现代思潮辽阔之度如何？第四，以何方术纳中国于思

①陈独秀：《敬告青年》，1915年9月15日《青年杂志》第1卷第1号。

潮之轨。持此四者刻刻在心，然后可云对于本国学术之地位有自觉心，然后可以渐渐导引此‘块然独存’之中国同溶于世界文化之流也。此本志之第一责任也。”[①]由此可见，傅斯年等北大学生已明确把“导引此‘块然独存’之中国同溶于世界文化之流”作为自己创办杂志参与新文化运动的“第一责任”。

这一点也不奇怪，因为众所周知，新文化运动并不是偶然发生的，而是中国走向现代这一过程中的必然。如果从鸦片战争算起，到五四新文化运动，中国的现代化经历了三个大的阶段：第一个阶段是以洋务运动为代表的经济和技术层面上的变革；第二个阶段是从百日维新到辛亥革命为代表的政治体制层面上的变革；第三个阶段就是五四新文化运动所代表的文化变革。这三个阶段分别是现代化的三个重要方面，又构成一个完整的世界化过程。从新文化运动发生的动因看，它是政治革命之后的一次思想文化补课。辛亥革命所建立的政治体制是世界上最先进的民主共和体制，为其进行思想文化补课的文化运动自然不能不具有同样的性质，也不能不沿着同一方向进行。如果说洋务运动是经济和技术层面上的世界化运动，百日维新和辛亥革命是政治层面上的世界化运动，五四新文化运动则是一场思想文化上的世界化运动。正是这一点决定着五四新文化运动的意义，也决定了它的历史地位。因此，世界化必然成为新文化阵营主要成员的共识。

考察新文化运动主要成员的言论，很容易发现一个特点：他们的言说往往是在比较中进行的，一方面是批判中国传统文明，一方面是赞美西方现代文明。透过这种比较，不难发现他们对西方现代文明的认同和向往。在他们看来，无论是要中国繁荣富强，还是要中国人摆脱固有的非人的生活状态，都必须走西方的路。中国传统阻碍着人们全面接受西方文明，就要破除中国传统。他们确立了一系列新的观念。这些观念产自西方，与中国传统观念大不相同。他们不是根据中国国情而修正他们的观念，而是以这些观念评判和要求中国现实。这与后来历史上引进外来文化时的“中国化”是大不相同的。这种要求可谓从政治到文化，贯彻于他们所关注的方方面面。

比如，根据现代国家理念，国家的职能是保障公民的权利，使个人的生命财产以及自由和尊严不受侵害。公民纳税养活官员并维持国家机器的运

①《新潮》1919年1月创刊号。

转，国家就必须为公民提供相应的服务。否则，国家就成了强盗一样的掠夺者，就不是现代的合法国家。然而，中国的国情显然不是这样。陈独秀写道："吾国伊古以来，号为建设国家者，凡数十次，皆未尝为吾人谋福利，且为戕害吾人福利之蟊贼；吾人数千年以来所积贮之财产，所造作之事物，悉为此数十次建设国家者破坏无余；凡百施政，皆以谋一姓之兴亡，非计及国民之忧乐，即有圣君贤相，发政施仁，亦为其福祚攸长之计，决非以国民之幸福与权利为准的也。若而国家，实无立国之必要，更无爱国之可言。"[①]陈独秀一再申明现代国家的性质："国家者，保障人民之权利，谋益人民之幸福者也。不此之务，其国也存之无所荣，亡之无所惜。"并一再以此观照中国"外无以御侮，内无以保民，不独无以保民，且适以残民"的现实。比较之下，他甚至写下了这样的文字："不暇远征，且观域内，以各土地之广，惟租界居民，得以安宁自由，是以辛亥京津之变，癸丑南京之役，人民咸以其地不立化夷场为憾。"[②]对中国现状的不满来自一种参照，这个参照就是西方现代国家。陈独秀把国家分作"民主国家"和"民奴国家"两种："民主国家，真国家也，国民之公产也，以人民为主人，以执政为公仆者也。民奴国家，伪国家也，以执政为主人，以国民为奴隶者也。"[③]心中有这样一种对比，自然难以忍受中国的状态，也难以拒绝西方的诱惑。要把自己这个"民奴国家"变成"民主国家"，只有取法于西方。于是，实现政治民主的过程也就是一个政治上的世界化过程。

在《吾人最后之觉悟》中，陈独秀说："古今万国，政体不齐，治乱各别。其拨乱为治者，罔不舍旧谋新，由专制政治，趋于自由政治；由个人政治，趋于国民政治；由官僚政治，趋于自治政治。此所谓立宪制之潮流，此所谓世界系之轨道也。吾国既不克闭关自守，即万无越此轨道逆此潮流之理。进化公例，适者生存。凡不能应四周情况之需求而自处于适宜之境者，当然不免于灭亡。日之与韩，殷鉴不远。吾国欲图世界的生存，必弃数千年相传之官僚的专制的个人政治，而易以自由的自治的国民政治也。"如果只

①《陈独秀文章选编》上，生活·读书·新知三联书店1984年，第68页。

②同上书，第72页。

③陈独秀：《今日之教育方针》，《青年杂志》第1卷第2号。

是着眼于体制形式，这种体制在辛亥革命后已经建成。陈独秀之所以反复重申民主共和的政治原则，因为在他看来，“共和立宪而不出于多数国民之自觉与自动，皆伪共和也，伪立宪也，政治之装饰品也，与欧美各国之共和立宪绝非一物。”[①]陈独秀所希望的，是与欧美一样的共和国，而不是被中国传统改造或扭曲了的东西。

着眼于东西文化差异的要点，陈独秀特别赞美西方社会对独立人格的尊重，赞美西方人为争取个人权利而奋斗的精神。相比之下，必然对中国漠视个人自由、尊严与权利的传统和个人毫无权利意识的现状而痛心疾首。在《东西民族根本思想之差异》一文中，他这样描述西洋民族：“举一切伦理、道德、政治、法律、社会之所向往，国家之所祈求，拥护个人之自由权利与幸福而已。思想言论之自由，谋个性之发展也。法律之前，个人平等也。个人之自由权利，载诸宪章，国法不得而剥夺之，所谓人权是也。人权者，成人以往，自非奴隶，悉享此权，无有差别。此纯粹个人主义之大精神也。……国家利益，社会利益，名与个人主义相冲突，实以巩固个人利益为本因也。”接着是这样描述东方民族：“东洋社会，自游牧社会，进而为宗法社会，至今无以异焉；自酋长政治，进而为封建政治，至今亦无以异焉。宗法社会，以家族为本位，而个人无权利，一家之人听命于家长。……自古忠孝美谈，未尝无可歌可泣之事，然律以今日文明社会之组织，宗法制度之恶果，盖有四焉：一曰损坏个人独立自尊之人格；一曰窒碍个人意思之自由；一曰剥夺个人法律上平等之权利；一曰养成依赖性，戕贼个人之生产力。”[②]既然如此，有什么理由不学习和模仿西洋民族呢？这就是陈独秀的基本思路。

胡适的倾向似乎不必考察，因为众所周知，他是西化代表人物，而且长期被作为全盘西化的代表受到批判。尤其是在“五四”高潮过后，面对旧文化的回潮和新文化的危机，胡适进一步表明了他的文化立场。在当下的中国，有一股批判鲁迅并赞美胡适的思潮，一些保守主义者也在反感鲁迅的同时把胡适拉进自己的队伍。其实，在文化上，胡适并不比鲁迅保守。胡适在

①陈独秀：《吾人最后之觉悟》，《青年杂志》第1卷第6号。

②陈独秀：《东西方民族根本思想之差异》，《青年杂志》第1卷第4号。

政治上是保守主义者，但在文化上却是激进主义者。当中国现代历史因政治上的一步步激进而在文化上趋于保守的时候，胡适却成为文化激进主义最突出的代表。他努力抵制由于世界大战而导致的对于西方文明的怀疑，竭力帮助人们坚定对西方现代文明的信仰。面对“西方文明是物质文明而东方文明是精神文明”的论调，胡适告诉人们：“我们可以大胆地宣言：西洋近代文明绝不轻视人类的精神上的要求。我们还可以大胆地进一步说：西洋近代文明能够满足人类心灵上的要求的程度，远非东洋旧文明所能梦见。”[①]面对一些人阿Q式的自大，胡适认为中国人需要一种新的觉悟，要学会照镜子，学会反省，学会认错。“今日的第一要务是要造一种新的心理：要肯认错。要大彻大悟地承认自己百不如人。第二步便是死心塌地地去学人家。”[②]回顾中国走过的道路，他写下了这样的句子：“我们深深感谢帝国主义者，把我们从这种黑暗的迷梦里惊醒起来。我们焚香顶礼感谢基督教的传教士带来了一点点的西方新文明和新人道主义，叫我们知道我们这样待小孩子是残忍的，不人道的，野蛮的。我们十分感谢这班所谓‘文化侵略者’提倡‘天足会’‘不缠足会’、开设新学堂、开设医院、开设妇婴医院。”[③]

在近半个世纪的历史上，鲁迅的西化色彩是常常被努力遮盖或抹淡的。其用意非常明显，作为红色文化旗手的鲁迅不能有西化之嫌。其实，历史无可避讳，也不是避讳就掩盖得了的。鲁迅与陈独秀等人一样，在五四新文化运动中做出了自己的选择。一方面激烈反传统，一方面努力推进西化。之所以这样做，原因在于本土文化中缺少他想要的东西，既然理想的形态在西方，就只有从西方拿来。关于“青年必读书”的主张是鲁迅文化态度的集中证明。为此，有人攻击鲁迅“卖国”，也有人把鲁迅称作“买办”，但鲁迅从来不隐瞒自己认为西方文化胜过中国文化的观点。他说：“我辈即使才力不及，不能创作，也该当学习；即使所崇拜的仍然是新偶像，也总比中国陈旧的好。与其崇拜孔丘、关羽，还不如崇拜达尔文、易卜生；与其牺牲于瘟将

①《胡适文集》第4卷，北京大学出版社1998年，第6页。

②同上书，第28页。

③同上书，第645页。

军、五道神，还不如牺牲于Apollo。”[1]

世界化、西化、现代化，常常是同一内容的不同表述。在文明演进的纵向坐标上，批判传统是为了实现现代化；在文明共存的横向坐标上，批判本土所要实现的是世界化。世界化就是西化，虽然说法不同，意义并无多少差别。因为尽管谁都知道非洲也是世界的一部分，亚洲也是世界的一部分，但对20世纪的中国人来说，世界化决不意味着非洲化，走向世界也决不意味着走向朝鲜或红色高棉。因为在现代化的意义上言说，世界化就是西化，西化则意味着欧美化。1919年5月4日，在学生运动爆发的当天，陈独秀以《公同管理》为题在《每周评论》20号上发表文章说：“我们中国若免不得亡国的运命，宁可亡在欧美列国手里，不愿亡在日本手里。联合亚洲的黄人，抵抗欧美的白人的鬼话，我们绝对不相信。因为黄人待黄人，比白人待黄人还要残狠十倍。”由此可见，尽管日本也是西化的，但至少在陈独秀等人眼里，世界化仍然要以欧美为中心。在亚洲各国世界化的进程中，一直有一种阻力，从“东亚共荣圈”到“亚洲价值观”，都在试图以区域文化抵抗西化。由陈独秀的言论可见，新文化运动对此绝不认同。

在《法兰西人与近世文明》中，陈独秀说：“文明云者，异于蒙昧未开化者之称也。Lacivilization，汉译为文明、开化、教化诸义。世界各国，无东西今古，但有教化之国，即不得谓之无文明；惟地阻时更，其质量遂至相越。古代文明，语其大要，不外宗教以止残杀，法禁以制黔首，文学以扬神武。此万国之所同，未可自矜其特异者也。近世文明，东西洋绝别为二。代表东洋文明者，曰印度，曰中国。此二种文明虽不无相异之点，而大体相同，其质量举未能脱古代文明之窠臼，名为‘近世’，其实犹古之遗也。可称曰‘近世文明’者，乃欧罗巴人之所独有，即西洋文明也，亦谓之欧罗巴文明。移植亚美利加，风靡亚细亚者，皆此物也。”[2]把东西方文化摆在了历史发展的坐标上，看到了二者新与旧、先进与落后、文明与野蛮之间的差异。他慨叹道：“固有之伦理、法律、学术、礼俗，无一非封建制度之遗，持较皙种之所为，以并世之人，而思想差迟，几及千载；尊重廿四朝之历史

①《鲁迅全集》第1卷，人民文学出版社1981年，第333页。

②陈独秀：《法兰西人与近世文明》，《青年杂志》第1卷第1号。

性，而不作改进之图；则驱吾民于二十世纪之世界以外，纳之奴隶牛马黑暗沟中而已，复何说哉！”①正因为这样，面对来自西方的现代文明与中国传统伦理之间的冲突，他们毫不犹豫地站在了西方现代文明一边，力主改变中国传统以适应现代文明。因为他们知道，西方文明因为几百年来的发展，已经形成了一种现代文明（即“近世文明”）；而东方却仍然没有走出古代文明的窠臼。因此，西化也就是现代化。或者说：要现代化就需要西化。

正因为这样，胡适才在《文化的冲突》一文中不自觉地同时使用了“wholesale westernization”和“wholehearted modernization”两个不同的词语。正如潘光旦所指出的，“wholesale westernization”可译为“全盘西化”；“wholehearted modernization”可译为“一心一意现代化”。因为在胡适那里，这本是一个意思。

二、“五四”是否主张“全盘西化”

论及新文化运动的世界化选择，就无法回避这一问题：“五四”是否主张全盘西化?

作为一个汉语词语，“全盘西化”是30年代才开始广泛使用的，“五四”当时并没有这样的口号。但是，没有这样的口号并不意味着没有这样的主张。早在陈序经提出全盘西化的主张之前，胡适已经表达过同样的意思。在胡适看来，中国文化的问题是应当怎样自我调整才能适应已经成为世界文明的现代西方文明。面对文化的冲突，胡适认为有三种解决的方式：一是拒绝承认西方现代文明而抵制它的侵入；二是一心一意接受这个新文明；三是有选择地采纳一部分。胡适认为“中国之所以未能在这个现代化世界中实现自我调整，主要是因为她的领袖们未能对现代文明采取唯一可行的态度，即一心一意接受的态度”②。他所希望的就是这种“一心一意接受的态度”。虽然陈序经不承认陈独秀主张全盘西化，并且认为胡适是折中派，但事实上，陈独秀和胡适都是主张全盘西化的。就胡适而言，态度上的温和并不影响他

①陈独秀：《敬告青年》，《青年杂志》第1卷第1号。

②《胡适文集》第11卷，北京大学出版社1998年，第169页。

思想主张的坚定和明确。胡适自己曾经声明："我是主张全盘西化的。"①

新文化运动本身就是一场充分世界化的运动，所以，如果"全盘西化"像胡适所说的那样并不意味着"百分之百"的话，它一开始就存在全盘西化的鲜明倾向。历史非常清楚，虽然"五四"时期没有出现全盘西化的口号，但作为理论主张和努力方向，五四新文化运动的领袖们努力推动各方面的西化，唯恐不够彻底和全面，这是无法否认的。

从某种意义上说，新文化运动是中国整个西化过程中的重要一环，而且是最后的一环，它的出现本身就意味着中国要全面接受西方现代文明，也就是所谓"全盘西化"。鸦片战争之前，中国人还处于中央帝国的梦幻之中，自然想不到西化的必要。鸦片战争之后，中国人终于知道自己并不强大，甚至已经虚弱得不堪一击，于是有了曾国藩、李鸿章等人的改革。这是西化的开始，但这时的西化不过是注目于西洋的机器制造和坚船利炮，即所谓"富国之道"和"强兵之道"，这还只是有限的西化。张之洞的"中学为体，西学为用"可以说是这个过程的总结和概括。也就是说，"用"的层面可以西化，而"体"是不能西化的。但是，经济和技术层面上的西化显然不能解决中国的问题，而且部分的西化必然引起全面西化的要求。戊戌变法是西化过程的一次重要推进，它所要求的是政治制度上的西化。为了维护统治集团的利益和特权，清王朝拒绝了政治上西化的要求，康、梁被迫走上了流亡的道路，六君子为此付出了生命的代价。由于和平渐进的政治西化要求被拒绝，暴力革命的政治西化必然要启动，并且终于获得成功。与康、梁的制度西化方案不同的是，康、梁的方案还保留了君主的地位，而孙中山等人的方案却没有给皇帝保留这样的位置。如果清王室能预见这样的结局，大概不会拒绝前者的方案。革命胜利之后，制度的框架已经西化，但人们不幸地发现，传统的文化却与西化的政治体制很不适应。民主共和的现代国体需要与之相适应的文化提供保证，而当时中国的问题是：已经西化的共和制度因为缺少文化基础而处于风雨飘摇之中，随时都有被破坏的危险。一方面是执政者因为长期形成的观念和习惯而不能以现代政治的规则执政，自觉不自觉地就要按照传统的专制规则行事；一方面是民众也因为观念和习惯而仍然以专制制度

①胡适：《编辑后记》，《独立评论》第142号。

之下的草民自居，在已经不需要跪拜的共和国，却总是要在“公仆”们面前自动地跪下。新文化运动正是在这种背景之下产生的。面对新制度与旧文化的冲突，陈独秀等人意识到：“这腐旧思想布满国中，所以我们要诚心巩固共和国体，非将这班反对共和的伦理文学等等旧思想，完全洗刷得干干净净不可。否则，不但共和政治不能进行，就是这块共和招牌，也是挂不住的。”[①]所以发动了一场在思想上弃旧迎新的文化运动。而思想上的弃旧迎新主要就是破除传统的旧思想而接受适应民主共和体制的西方新思想。

值得注意的首先是新文化运动对“国粹派”和“特殊国情论”的批判。在西方现代文化与中国传统文化的冲突中，传统的维护者打出了“保存国粹”的旗号。事实上，这是一个妥协之后的口号，它的意义已经不在于全面排外，而是在西化已经无法抵抗的情况下试图保留某些中国传统。也就是说，它所抵制的已经不是西化，而只是全盘西化。因此，对国粹派的批判就带有了全盘西化的意味。鲁迅说：“什么叫‘国粹’？照字面看来，必是一国独有，他国所无的事物了。换一句话说，便是特别的东西。但特别未必定是好，何以应该保存？譬如一个人，脸上长了一个瘤，额上肿出一颗疮，的确是与众不同，显出他特别的样子，可以算他的‘粹’。然而，据我看来，还不如把这‘粹’割去了，同别人一样的好。”[②]与西方相同的东西当然不需要改变，需要改变的就是与西方不同的东西。割掉脸上的瘤子以与西方相同，也就是要完全西化。国粹派有这样一种论调：“我们要特别生长；不然，何以为中国人！”这是以民族性抵抗世界化的重要理路，从“五四”至今一直沿用着。新文化运动的主将们却认为这是要自绝于世界。鲁迅说：“许多人所怕的，是‘中国人’这名目要消灭；我所怕的，是中国人要从‘世界人’中挤出。”[③]新文化运动的主要成员都不担心中国人失掉自身的特色，而是担心因为自身的特色太多而无法融入世界。

更为重要的是，五四新文化运动的领袖人物大多反对调和折中，拒绝接受中西融合的主张。在近几年的新保守主义潮流中，“五四”因此而受到了

---

①陈独秀：《旧思想与国体问题》，《新青年》第3卷第3号。

②《鲁迅全集》第1卷，人民文学出版社1981年，第305页。

③同上书，第307页。

更多的指责。应该承认，“五四”的主张的确是极端和绝对的，但这并不意味着当下批判“五四”极端化和绝对化的人就比陈独秀、胡适和鲁迅高明。事实也许恰恰相反，只证明他们无法企及那一代人的高度。因为反对绝对、极端和片面的思维对于中国人来说实在算不了什么，孩子们读书伊始就学中庸之道，至于既这样又那样的庸人思维是一般人都会的。如果站在民族文化本位寻找可以自豪的东西，倒是完全可以自豪地宣称：即使是中国的弱智者，也比西方人精通“辩证法”!

正因为这样，在东西文化冲突中，必然会出现“撷精取粹”“熔于一炉”与“土洋结合”“中西合璧”的主张。新文化运动的领袖们坚决反对这种主张，态度激烈而决绝。究其原因，他们知道自己想要的是什么，也知道经过调和折中之后出现的会是什么。那样的结果他们不能接受。

在陈独秀们的眼里，欧化之路已经是无需讨论的选择，而中国传统与西方近代文化则是不可调和的，所以必须一心一意走西化之路。他说：“无论政治学术道德文章，西洋的法子和中国的法子，绝对是两样，断断不可调和迁就的。……或是仍旧用中国的老法子，或是改用西洋的新法子，这个国是，不可不首先决定。若是决计守旧，一切都应该采用中国的老法子，不必白费金钱派什么留学生，办什么学校，来研究西洋学问。若是决计革新，一切都应该采用西洋的新法子，不必拿什么国粹，什么国情的鬼话来捣乱。譬如既然想改用立宪共和制度，就应该尊重民权、法治、平等的精神；什么大权政治，什么天神，什么圣王，都应该抛弃。若觉得神权君权为无上治术，那共和立宪，便不值一文。又如相信世间万事有神灵主宰，那西洋科学，便根本破坏，一无足取。若相信科学是发明真理的指南针，像那和科学相反的鬼神、灵魂、炼丹、符咒、算命、卜卦、扶乩、风水、阴阳五行，都是一派妖言胡说，万万不足相信的。因为新旧两种法子，好像水火冰炭，断然不能相容，要想两样并行，必至弄得非牛非马，一样不成。中国目下一方面采用立宪共和政体，一方面又采倡尊君的孔教，梦想大权政治，反对民权；一方面设立科学的教育，一方面又提倡非科学的祀天、信鬼、修仙、扶乩的邪说；一方面提倡西洋实验的医学，一方面又相信三焦、丹田、静坐、运气的卫生；我国民的神经颠倒错乱，怎样到了这等地步！我敢说：守旧或革新的国是，倘不早早决定，政治上社会上的矛盾、紊乱、退化，终久不可挽回！”[①]他又说，“记者非谓孔教一无可取，惟以其根本的伦理道德，适与欧化背道而驰，势难并行不悖。吾人倘以新输入之欧化为是，则不得不以旧有之孔教为非。倘以旧有之孔教为是，则不得不以新输入之欧化为非。新旧之间，绝无调和两存之余地。吾人只得任取其一。”[②]在这个问题上，陈独秀是清醒的，他问道：“德谟克拉西是什么？纲常名教是什么？两下里折中调和起来是个什么？”[③]

面对调和折中的论调和陈独秀的问题，鲁迅揭示说：“‘西哲’的本领虽然要学，‘子曰诗云’也要昌明。换几句话，便是学了外国本领，保存中国旧习。本领要新，思想要旧。要新本领旧思想的新人物，驮了旧本领旧思想的旧人物，请他发挥多年经验的老本领。一言以蔽之：前几年谓之‘中学为体，西学为用’，这几年谓之‘因时制宜，折中至当’。”然而，鲁迅认为“世界上决没有这样如意的事”[④]。他借易卜生之口表达了自己的态度：“All or Nothing！”[⑤]这种态度也许有点理想化，对于文化来说尤其难以实现，但这是“五四”新文化先驱们的理想。他们希望中国走上一条新的道路，结束不堪的历史。他们不愿接受打了折扣的理想，更不愿看到一些人在折中调和的名义之下继续供奉吃人的幽灵。胡适说：“为什么要反对调和呢？因为评判的态度只认得一个是与不是，一个好与不好，一个适与不适，——不认得什么古今中外的调和。调和是社会的一种天然趋势。人类社会有一种守旧的惰性，少数人只管趋向极端的革新，大多数人至多只能跟你走半程路。这就是调和。调和是人类懒病天然趋势，用不着我们来提倡。……革新家的责任只是认定‘是’的一个方向走去，不要回头讲调和。社会上自然有无数懒人懦夫出来调和。”[⑥]几年之后，他又说，“时髦的人当然不肯老老实实地主张复古，所以他们的保守心理都托庇于折中调和的烟幕弹之下。对于固有文

---

①陈独秀：《今日中国之政治问题》，《新青年》第5卷第1号。

②陈独秀：《答佩剑青年》，《新青年》第3卷第1号。

③陈独秀：《不可思议的新旧思潮》，《每周评论》第17号。

④《鲁迅全集》第1卷，人民文学出版社1981年，第336页。

⑤同上书，第337页。

⑥《胡适文集》第2卷，北京大学出版社1998年，第557页。

化，他们主张‘去其渣滓，存其精英’；对于世界新文化，他们主张‘取长舍短，择善而从’；这都是最时髦的折中论调。”“妄谈折中也是适足为顽固势力添一种时髦的烟幕弹。”[①]正因为这样，无论对哪一种折中论调，他都是坚决反对的。

因为几千年的传统根深蒂固，“搬动一张桌子也要流血”，所以反对调和折中往往首先出于策略性的考虑。陈独秀在《调和论与旧道德》中做过一个比喻：“譬如货物买卖，讨价十元，还价三元，最后结果是五元。讨价若是五元，最后的结果，不过二元五角。社会上的惰性作用也是如此。”[②]鲁迅也说过：“中国人的性情是总喜欢调和，折中的，譬如你说，这屋子太暗，须在这里开一个窗，大家一定不允许的。但如果你主张拆掉屋顶，他们就会来调和，愿意开窗了。没有更激烈的主张，他们总连平和的改革也不肯行。”[③]胡适是这样说的：“我是主张全盘西化的。但我同时指出，文化自有一种‘惰性’，全盘西化的结果自然会有一种折中的倾向。……古人说：‘取法乎上，仅得其中；取法乎中，风斯下矣。’这是最可玩味的真理。”[④]从这种策略性的考虑，也可以看到他们的努力方向。

在20世纪的中国，一直不乏关于文化“融会”和“合璧”的理论想象：既引进外来文化，又保存本土文化，二者融会贯通，中西合璧。在物质文化方面，这种想象是比较容易实现的。旗袍和高跟鞋的结合早已成功，西装和瓜皮帽也未必不可，至于沙发和太师椅同置一室、满汉全席外加面包牛油，早已没有人反对了。可是，这种宽容精神固然伟大，在一些根本问题上却无法实现，而且难以进行调和与折中。因为无论怎样批判胡适、鲁迅、陈独秀，只要面对文化冲突的实际，都会承认在许多方面调和折中是困难的。不信就试一试：民主与专制、科学与迷信、男女平等与夫为妻纲、一夫一妻与妻妾成群、言论自由与文字狱……折中的结果是什么？融合之后又是什么形态？对于20世纪的中国人来说，或许已经见过这种结果，但陈独秀们却

①《胡适文集》第5卷，北京大学出版社1998年，第449、452页。

②陈独秀：《调和论与旧道德》，《新青年》第7卷第1号。

③《鲁迅全集》第4卷，人民文学出版社1981年，第13—14页。

④胡适：《编辑后记》，《独立评论》第142号。

还缺少那样的创造力，而且不愿接受那样的杂烩。

三、为什么要“全盘”西化

为什么要世界化，而且要“充分”或“全盘”，其根本理由是什么？这是面对新文化运动不能不回答的又一个问题。

“五四”当时只做过一些零星的回答，没有人进行过系统而全面的论述。第一个试图全面回答这个问题的是陈序经。1933年12月29日，他在中山大学做过题为“中国文化之出路”的演讲，反响强烈并引发了一场论争。第二年，陈序经出版了他的专著，书名就是《全盘西化的理由》。他认为关于中国文化的主张大约可以分为三派：一是复古派——主张保存中国固有文化；二是折中派——提倡调和办法中西合璧；三是西化派——主张全盘接受西洋文明。陈序经说：“现在世界的趋势，既不容许我们复返古代的文化，也不容许我们应用折中调和的办法；那么，今后中国文化的出路，唯有努力去跑彻底西化的途径。”[①]在谈到全盘西化的理由时，陈序经提出两点：一是西洋文化的确比我们进步得多。二是西洋现代文化是世界文化的趋势。为了突出自己全盘西化的观点，陈序经不承认五四新文化运动的领袖人物是全盘西化的，但在事实上，他的思想观点与《新青年》集团相比并无多少超越。

关于第一个理由，《新青年》集团已经说得比较透彻。钱玄同说：“适用于现在世界的一切科学、哲学、文学、政治、道德，都是西洋人发明的。我们该虚心去学他，才是正办。若说科学是墨老爹发明的，哲学是我国固有的，无待外求；我国的文学，既有《文选》，又有‘八家’，为世界之冠；周公作《周礼》是极好的政治；中国道德，又是天下第一；那便是发昏做梦。请问如此好法，何以会有什么‘甲午一败于东邻，庚子再创于八国’的把戏出现？何以还要讲什么‘中学为体，西学为用’的说话？何以还要造船制械，用‘以夷制夷’的办法？”[②]陈序经的论述所增加的是事例的具体和语言的明澈。比如，在谈到中西文化的优劣时，他说：“没有到外国的人，也许

①罗荣渠编《从“西化”到现代化》，北京大学出版社1992年，第363页。

②钱玄同：《随感录三十》，《新青年》第5卷第3号。

不觉得我们的生活的简陋，然一到外国的人，总免不得要觉到我们自己的生活，若不客气来说一句，还是未完全开化的生活。‘欧洲没有穷人’，……欧人所谓穷，是没有舒服，中国人的穷，是穷到非人的生活。我们不要远跑，只在上海、北京、广州，附近的地方看看，便能了然，这些的人，一天二餐还没法子去弄好，说什么来和欧洲人比较？”[①]作为结论，陈序经说：“西方文化既比我们的好，我们为什么不全盘彻底地采纳？”[②]这样明白而到位的表达，是“五四”时期所少见的。

关于第二个理由，也是五四新文化运动中常见的。而且，陈独秀等人的阐述已经不仅是顺应“世界潮流”。1917年7月1日，陈独秀在天津南开学校做题为“近代西洋教育”的演讲，主要内容是中国的教育“何以必须取法西洋”。南开学校校长张伯苓认为中国之所以必须取法欧美，理由是：“此时西洋各国学术思想潮流，居世界之大部分，吾国不过居一小部分，只合一小部分随从大部分，不能够强教大部分随从一小部分，所以我们中国必须舍旧维新。”陈独秀不同意他的见解，他说：“其实吾国文明若果在西洋之上，西洋各国部分虽大，吾人亦不肯盲从，舍长取短。正因西洋文明远在中国之上，就是中国居世界之大部分，西洋各国居世界之最小一部分，这大部分的人也应当取法这一小部分。所以鄙人之意，我们中国教育必须取法西洋的缘故，不是势力的大小问题，正是道理的是非问题。”也就是说，之所以必须取法西洋，并非因为不得已而随大流或服从多数，而是因为它的确优于东方文明。从“五四”到今天，一些人在接受西方文明时还仍然有一种大势之下的勉强和无奈，而陈独秀却早已意识到这种选择的“道理的是非问题”[③]。

因此，从陈独秀到陈序经，所谈理由其实只有一个，它是比较之后的判断：西方文明比中国文明好。

那么，它好在哪里呢？回答涉及方方面面，但要点是突出的。新文化运动的领袖们之所以特别青睐于西洋近代文明，因为它是进步的、文明的；之所以说它是进步的、文明的，因为它是自由的、民主的、平等的、人道的，

①罗荣渠编《从“西化”到现代化》，第381页。

②陈序经：《中国文化之出路》，原载广州《民国日报》1934年1月15日。

③陈独秀：《近代西洋教育》，《新青年》第3卷第5号。

归根到底，它可以给人带来人的自由、尊严和权利的保障。陈独秀一开始就抓住了一个根本。他的论述大多不是从虚幻的群体概念出发，而是从个人的自由、尊严和权利出发的。在《敬告青年》中，陈独秀提出了新青年的六条标准，第一条就是“自主的而非奴隶的”。他说：“奴隶云者，古之昏弱对于强暴之横夺，而失其自由权利者之称也。自人权平等之说兴，奴隶之名，非血气所忍受。”他认为西方近代以来的历史是一部“解放的历史”，他说：“解放云者，脱离夫奴隶之羁绊，以完其自主自由之人格之谓也。我有手足，自谋温饱；我有口舌，自陈好恶；我有心思，自崇所信；绝不认他人之越俎，亦不应主我而奴他人。盖自认为独立自主之人格以上，一切操行，一切权利，一切信仰，唯有听命各自固有之智能，断无盲从隶属他人之理。”“破坏君权，求政治之解放也；否认教权，求宗教之解放也；均产说兴，求经济之解放也；女子参政运动，求男权之解放也。”[①]在《法兰西人与近世文明》中，他又指出“近代文明之特征，最足以变古之道，而使人心社会划然一新者”，首先是“人权说”。[②]他对人权的认识是从法国启蒙运动和由此而来的大革命而来的。在他看来，人的解放的历史就是争人权的历史。所以，他所发动的新文化运动首先看重的是人权问题。在强调科学的重要性的时候，说的也是“科学与人权并重”。后人谈“五四”多说民主与科学，而新文化运动开始时的口号却是人权与科学。当然，民主与人权在这里并不矛盾，因为民主正是能够保障人权的政治制度。在东西方文明的比较中，陈独秀向往的是：“举一切伦理、道德、政治、法律、社会之所向往，国家之所祈求，拥护个人之自由权利与幸福而已。思想言论之自由，谋个性之发展也。法律之前，个人平等也。个人之自由权利，载诸宪章，国法不得而剥夺之，所谓人权是也。人权者，成人以往，自非奴隶，悉享此权，无有差别。”因此，世界化的根本理由不是别的，而是它可以使中国人也可以获得人格的独立、人权的平等和思想的自由，也可以享有人的自由、尊严和权利的保障。

为此，当然值得为之奋斗。

---

①陈独秀：《敬告青年》，《青年杂志》第1卷第1号。

②陈独秀：《法兰西人与近世文明》，《青年杂志》第1卷第1号。

在进入20世纪之后，尤其是到了“五四”前后，虽然西方文明在中国扎根艰难，但要全面拒绝西方文明已经不可能。无论思想层面还是生活层面，中国都在迅速西化。汽车代替了轿子，西装代替了长袍，鞠躬代替了跪拜……这种变化应该说是相当普遍的。但是，一个现象出现了：一些领域的西化非常容易，一些领域的西化非常困难。西化在某些领域受到了普遍欢迎，在另一些领域受到了阻挠和抵制。从某种意义上说，在20世纪的中国已经没有人一般地反对西化，就连慈禧太后都要努力引进洋玩意儿，普通老百姓也知道电灯比豆油灯亮得多，但是，一些人却反对全面的西化和从根本上的西化。他们赞同在一些领域西化，而反对在另一些领域西化。如果考察那些坚决拒绝西化的领域，就会发现，那往往都是一些人的特权之所在，如果西化了，他们就失掉了特权，只要按老规矩办，特权就可以保留下去。而且，那些决不允许西化之处一般都不是日常生活领域，而是关系到政治体制和伦理原则、关系到公民是否能够获得自由、尊严和权利。如果借用鲁迅所说的人肉筵宴来看，提供西洋餐具或烹饪方式是不被拒绝的，但如果危及宴席的秩序或者要从根本不准吃人方面看，就要遇到反对。其理由是西方文明不合中国国情。对此，陈独秀曾经悲愤地写道：“法律上之平等人权，伦理上之独立人格，学术上之破除迷信，思想自由，此三者为欧美文明进化之根本原因，而皆为尊重国粹国情之袁世凯一世、二世所不许。长此暗黑，其何以求适二十世纪之生存?”①

一些盲目排外的人往往不明白这一点，他们以为充分世界化将危及他们喜欢吃饺子的习惯而被迫吃面包，或者要被迫脱掉长袍而换西装领带。其实，主张全盘西化的人从来没有在这些领域要求人们西化，他们自身也常常穿中式长袍，吃中国菜，按中国的习俗与亲朋来往。胡适说过：“我们理想中的‘充分世界化’，是用理智来认清我们的大方向，用理智来教人信仰我们认清的大方向，用全力来战胜一切守旧恋古的情感，用全力来领导全国朝着那几个大方向走，——如此而已。至于一两个私人在他们的私生活上爱读仁在堂的八股文，或爱做李义山的无题诗，或爱吃蛇肉，或爱听《二进

①陈独秀：《袁世凯复活》，《新青年》第2卷第4号。

宫》，那才是我们的理智‘无所施其技’的。”[①]而所谓大方向，也就是陈独秀所反复强调的三点：人权的平等、人格的独立和思想的自由。

①《胡适文集》第11卷，北京大学出版社1998年，第608页。

价值重估的尺度

——论“五四”人学思想及其现代意义

一

在《新思潮的意义》一文中，胡适说：“据我个人的观察，新思潮的根本意义只是一种新态度。这种新态度可叫作‘评判的态度’。”“评判的态度，简单说来，只是凡事要重新分别一个好与不好。”他告诉人们：对于世俗相传的制度风俗，要问：这种制度现在还有存在的价值吗？对于古代圣贤的教训，要问：这句话在今日还是不错的吗？对于社会公认的行为与信仰，要问：大家公认的，就不会错了吗？人家这样做，我也应该这样做吗？难道没有别样做法比这个更好、更有理、更有益的吗？……在胡适看来，这种对传统的质疑即“评判的态度”，而“评判的态度”就是尼采所说的“重新估定一切价值”。五四新文化运动就是一场价值重估运动。

新文化运动系统审视了中国传统文明，对其方方面面进行了重估，如：孔教问题、伦理问题、女子解放问题、贞操问题、婚姻问题、父子问题、教育改良问题、戏剧改良问题、文学改革问题，等等。胡适说：“孔教的讨论只是要重新估定孔教的价值。文学的评论只是要重新估定旧文学的价值。贞操的讨论只是要重新估定贞操的道德在现代社会的价值。旧戏的评论只是要重新估定旧戏在今日文学上的价值。礼教的讨论只是要重新估定古代的纲常礼教在今日还有什么价值。女子问题只是要重新估定女子在社会上的价值。

政府与无政府的讨论，财产私有与公有的讨论，也只是要重新估定政府与财产等等制度在今日社会的价值……”[①]正是在这种重新估价中，新文化运动对传统文明做出了否定性的结论，而且给予了猛烈的批判。

值得注意的是：中国传统早已形成而且延续了几千年，问题也罢，罪恶也罢，并非到“五四”时期才出现的。比如，性别秩序中的女子问题，长幼秩序中的儿童问题，君臣秩序中的民权问题，各种旧伦理之下的生活方式和心理状态……都是中国上千年的存在，它在过去的岁月里并未成为问题。一代代先贤都目睹过女人缠脚的痛苦，却都没有感到这是个问题，究其原因，并不都是因为本性残忍，也不全是出于男人的私利而有意让女人做此牺牲，而是因为身处传统之中，对问题便熟视无睹。传统的力量是巨大的。通过反复的个人社会化过程，人们形成了种种习惯，习惯了压迫，也习惯了被压迫；习惯了施虐，也习惯了受虐；于是，一种文化特色或特殊国情得以形成，使人因司空见惯而见怪不怪，甚至把苦难视为理所当然，把罪恶看作天经地义。正因为这样，在过去的几千年中，虽然也不乏少数挑战者，但人们并没有感到中国文化问题的严重性，更没有感到它必须进行“再造”。唯独到了陈独秀、胡适、鲁迅、钱玄同等人的眼里，才变得问题严重，难以容忍，必欲彻底推倒而后快。

对世世代代习以为常的传统文明表示厌弃，进行态度决绝的批判，这显示着价值尺度的重大变化。一切价值重估都需要价值尺度。离开了价值尺度便无所谓长短和优劣。因此，正是价值尺度的变化使新文化运动的领袖们对中国传统做出了不同于前辈的判断。

那么，五四新文化运动价值重估的尺度是什么？在这个问题上，中国学界一直缺乏必要的认识，因而导致了对新文化运动阐释的许多混乱。其实，先驱者们的实践早已证明：人，是五四新文化运动中重估一切价值的根本尺度。

二

在《敬告青年》中，陈独秀对青年提出了六条要求，第一条就是“自主

①《胡适文集》第2卷，北京大学出版社1998年，第552—553页。

的而非奴隶的”。他认为人“各有自主之权，绝对无奴隶他人之权利，亦绝无以奴隶自处之义务”。他希望中国青年能够摆脱奴隶状态，实现个性的解放和人格的独立。他说：“奴隶云者，古之昏弱对于强暴之横夺，而失其自由权利者之称也。自人权平等之说兴，奴隶之名，非血气所忍受。”“解放云者，脱离夫奴隶之羁绊，以完其自主自由之人格之谓也。我有手足，自谋温饱；我有口舌，自陈好恶；我有心思，自崇所信；绝不认他人之越俎，亦不应主我而奴他人。”在他看来，“忠孝节义，奴隶之道德也，轻刑薄赋，奴隶之幸福也；称颂功德，奴隶之文章也；拜爵赐第，奴隶之光荣也；丰碑高墓，奴隶之纪念物也。”原因是“以其是非荣辱，听命他人，不以自身为本位”，“个人独立平等之人格，消灭无存，其一切善恶行为，势不能诉之自身意志而课以功过”。在这里，个人的“自主自由之人格”已经成为明确的目的。也正是在这篇文章中，陈独秀提出了新文化运动最先的纲领性口号：科学与人权。后人谈到“五四”，首先想到的是科学与民主。这是陈独秀自己后来为《新青年》辩护时对新文化运动精神的概括，但在最先的时候，他说的不是科学与民主，而是“科学与人权并重”。

在《东西民族根本思想之差异》中，陈独秀指出东西民族根本思想的三大差异，其中之一就是“西洋民族以个人为本位，东洋民族以家族为本位”。他赞美西洋民族：“举一切伦理、道德、政治、法律、社会之所向往，国家之所祈求，拥护个人之自由权利与幸福而已。思想言论之自由，谋个性之发展也。法律之前，个人平等也。个人之自由权利，载诸宪章，国法不得而剥夺之，所谓人权是也。人权者，成人以往，自非奴隶，悉享此权，无有差别。此纯粹个人主义之大精神也。自唯心论言之，人间者，性灵之主体也；自由者，性灵之活动力也。自心理学言之，人间者，意思之主体；自由者，意思之实现力也。自法律言之，人间者，权利之主体；自由者，权利之实行力也。所谓性灵，所谓意思，所谓权利，皆非个人以外之物。国家利益，社会利益，名与个人主义相冲突，实以巩固个人利益为本因也。”他批判东方社会：“自游牧社会，进而为宗法社会，至今无以异焉；自酋长政治，进而为封建政治，至今亦无以异焉。宗法社会，以家族为本位，而个人无权利，一家之人听命于家长。……自古忠孝美谈，未尝无可歌可泣之事，然律以今日文明社会之组织，宗法制度之恶果，盖有四焉：一曰损坏个人独立自尊之人格；一曰窒碍个人意思之自由；一曰剥夺个人法律上平等之权利；一曰养成依赖性，戕贼个人之生产力。东洋民族社会中种种卑劣不法惨酷衰微之象，皆以此四者为之因。”因此，他提出了鲜明的主张：“以个人本位主义，易家族本位主义。”①

在这里，他用以比较和判断东西方文明优劣的价值标准不是别的，就是个人的独立、自由和权利。一种文明如果有利于个人的独立和自由，有利于个人权利的保障，就是好的，如果本土没有，就从外面拿来；反之，如果把人变成奴隶，扼制人的独立和自由，剥夺人的权利，就是坏的，无论它是什么样的祖宗牌位，也应该毫不留情地将其推倒。

这是新文化运动的基本态度，也决定了新文化运动的根本性质。关于新文化运动，陈独秀做过如此解释：“新文化运动影响到军事上，最好能令战争止住，其次也要叫他做新文化运动的朋友不是敌人。新文化运动影响到产业上，应该令劳动者觉悟他们自己的地位，令资本家要把劳动者当作同类的‘人’看待，不要当作机器、牛马、奴隶看待。新文化运动影响到政治上，是要创造新的政治理想，不要受现实政治的羁绊。譬如中国的现实政治，什么护法，什么统一，都是一班没有饭吃的无聊政客在那里造谣生事，和人民生活、政治理想都无关系，不过是各派的政客拥有各派的军人争权夺利，好像狗争骨头一般罢了。他们的争夺是狗的运动。新文化运动是人的运动。我们只应该拿人的运动来轰散那狗的运动，不应该抛弃我们人的运动去加入他们狗的运动！”②

只要牢牢把握这一点，就不至于对五四新文化运动有太多的曲解和误解。

三

遗憾的是，恰恰是在这个问题上，长期以来一直存在着曲解和误解。一些人有意无意地认定新文化运动的目的是救亡，所以价值重估也似乎自然要

①《陈独秀文章选编》上，生活·读书·新知三联书店1984年，第98页。

②同上书，第517页。

以是否有利于民族救亡和国家富强为尺度。根据流行的观点，新文化运动之所以发生，原因在于中国传统已无法解决中华民族面临的危机，在西方文化的冲击之下，它不仅节节败退，而且日益显示着落后，显然不能适应国家富强的需要，因此便有了新文化运动的发生。然而，这种解释是依据晚清洋务派到维新派的思路进行的，所以只适合于解释晚清的改革，而不适合于解释五四新文化运动。新文化运动虽然与洋务运动和维新运动一样与救亡有关，但它之所以发生，已经不只是国家和民族的危机以及救亡的冲动，因而再造文明的目的也不只是国家的强盛，价值重估的尺度也不再是民族和国家的利益。一个必须注意的事实是：在西方现代意识的烛照之下，本来致力于寻求救国之路的中国知识分子终于走上了救人之路。因为在人类健康文明的对比之下，他们终于发现了中国的问题不仅是国家因贫弱而被列强所欺，更为触目惊心的是人的生存惨状和几千年天经地义的血腥秩序。他们发现了传统文明对人的自由、尊严与权利的剥夺，发现了人性被扭曲和扼杀的千年一贯的悲剧。他们终于意识到，这样的国家即使繁荣富强，也只是一个好监狱、好屠宰场、“人肉筵宴”的华丽餐厅，而不是“人国”，更不是人的乐园。于是，他们梦想掀翻几千年的“人肉筵宴”，结束“吃”与“被吃”的命运，让中国人也能像人一样生活。

正因为这样，新文化运动关心的问题大都不是国家和民族的问题。他们关心的是人，因而常用的语句也是“吃人的礼教”“奴隶的国度”“非人的道德”，他们努力创造的新文学也定位于“人的文学”。他们的最终目的已经不是像康有为、梁启超、严复、孙中山那样设定在国家和民族，而是定位于人的解放和权利的保障。他们不是民族主义者，不是立于庙堂之上的帮忙文人，在人与国家之间，他们更关心的是人的生存、发展和自由，是个人的自由和权利的保障。

在陈独秀看来，“人民何故必建设国家？其目的在保障权利，共谋幸福”，然而，“吾国伊古以来，号为建设国家者，凡数十次，皆未尝为吾人谋福利，且为戕害吾人福利之蟊贼；吾人数千年以来所积贮之财产，所造作之事物，悉为此数十次建设国家者破坏无余；凡百施政，皆以谋一姓之兴亡，非计及国民之忧乐，即有圣君贤相，发政施仁，亦为其福祚攸长之计，决非以国民之幸福与权利为准的也。”因此，他的结论掷地有声，“若而国家，实无立国之必要，更无爱国之可言。过昵感情，侈言爱国，而其智识首不足理解国家为何物者，其爱之也愈殷，其愚也益甚。”归根到底：爱国不应是盲目的、无条件的。正因为这样，才有了他的如此之论：“平情论之，亡国为奴，岂国人所愿，惟详察政情，在急激者即亡国瓜分，亦以为非可恐可悲之事。国家者，保障人民之权利，谋益人民之幸福者也。不此之务，其国也存之无所荣，亡之无所惜。若中国之为国，外无以御侮，内无以保民，不独无以保民，且适以残民，朝野同科，人民绝望。如此国家，一日不亡，外债一日不止；滥用国家威权，敛钱杀人，杀人敛钱，亦未能一日获已，拥众攘权，民罹锋镝，党同伐异，诛及妇孺，吾民何辜，遭此荼毒，奚我后，后来其苏。海外之师至，吾民必且有垂涕而迎之者矣。……或谓恶国家胜于无国家？予则云，残民之祸，恶国家甚于无国家。失国之民诚苦矣，然其托庇于法治主权之下，权利虽不与主人等，视彼乱国之孑遗，尚若天上焉。”在考察了失掉国家的犹太人之后，他说，“不暇远征，且观域内，以各土地之广，惟租界居民，得以安宁自由，是以辛亥京津之变，癸丑南京之役，人民咸以其地不立化夷场为憾。”并且为这些人民辩护：“此非京津江南人无爱国心也，国家实不能保民而致其爱，其爱国心遂为其自觉心所排而去尔！呜呼！国家国家！尔行尔法！吾人诚无之不为忧！有之不为喜！”①

在辛亥革命前后，陈独秀曾经是一个热烈的爱国主义者，并于1905年组织过“岳王会”。但在创办《新青年》前夕，他却不再是一个盲目的爱国主义者，他的思想基点由国家和民族本位转向了个人本位。声称“国人唯一之希望”乃“外人之分割”②当然是愤激之语，但其中却包含了一种现代国家理念：国家不是目的，它的合法性只能以保障公民权利而获得。如果一个国家不能保护公民的权利，如果外国人的统治比本国人的统治能给公民更多的自由和权利，那么，被外国人瓜分也没有什么不好。

值得注意的是，这不只是陈独秀个人的见解，而是为新文化运动领袖集团所共有。

胡适赞美易卜生主义，在《易卜生主义》一文中特意引用了这样一段

①《陈独秀文章选编》上，生活·读书·新知三联书店1984年，第68—72页。

②同上书，第66页。

话："个人绝无做国民的需要。不但如此，国家简直是个人的大害。请看普鲁士的国力，不是牺牲了个人的个性去买来的吗？国民都成了酒馆里跑堂的了，自然个人是好兵了。再看犹太民族：岂不是最高贵的人类吗？无论受了何种野蛮的待遇，那犹太民族还能保存本来的面目。这都因为他们没有国家的缘故。国家总得毁去。这种毁除国家的革命，我也情愿加入。毁去国家观念，单靠个人的情愿和精神上的团结做人类社会的基本，——若能做到这步田地，这可算得有价值的自由的起点。"他赞美易卜生的"为我主义"，主张在世界陆沉的时候最要紧的是"救出自己"。他认为"社会最大的罪恶莫过于摧折个人的个性，不使他自由发展"。若干年后，当新生的国家权威努力教育青年为了国家利益而牺牲个人自由的时候，胡适在《介绍我自己的思想》中告诫青年："现在有人对你们说：'牺牲你们个人的自由，去救国家的自由！'我对你们说：'争你们个人的自由，便是为国家争自由！争你们自己的人格，便是为国家争人格！'"

鲁迅说过："要我们保存国粹，也需国粹能保存我们。……保存我们，的确是第一义。"[①]这是他对传统的态度，也是对国家和民族的态度。它是一种以个人为本位的可以讨价还价的市场规则，也是卢梭以来现代国家理念中的契约原则。直到晚年，在抗日救亡高潮到来之际，鲁迅仍不忘告诫人们："用笔和舌，将沦为异族的奴隶之苦告诉大家，自然是不错的，但要十分小心，不可使大家得着这样的结论：'那么，到底还不如我们似的做自己人的奴隶好。'"[②]

四

根据陈独秀的见解，伦理的觉悟是"最后的觉悟"。所以，从某种意义上说，新文化运动最核心的内容就是伦理的觉悟。由于中国传统文化中政治的伦理化和伦理的政治化，伦理的觉悟最集中的表现就是"三纲革命"。用胡适的语言表达，即对三纲的价值重估。在此，我想选择对三纲的重估作为

① 《鲁迅全集》第1卷，人民文学出版社1981年，第305—306页。

② 《鲁迅全集》第6卷，人民文学出版社1981年，第595页。

考察的对象，看“五四”一代人是如何对其进行了重估，在重估活动中使用的是什么样的价值尺度。

新文化运动发生之际，“君为臣纲”的传统统治秩序早已随着辛亥革命的成功而失掉了理论上的合法性。虽然作为一种传统观念，它会继续留存于人们的头脑之中，而且随时可能被统治者所利用，但在理论上，问题已在辛亥革命前后基本解决。所以，在五四新文化运动中，我们看到的主要已经不是对君权的抨击，而是对民权的捍卫。总统发布训令，陈独秀发现了问题：“古时专制国，皇帝是家长，百姓就是弟子。此时共和国，总统算是公仆，国民算是主人。家长式的皇帝下一道上谕，拿那道德不道德的话来教训百姓，原不算稀奇。现在公仆式的总统也要下一道命令来教训国民，这是怎么一回事？”[①]政府下达命令，开头就说“道以得众为先，政以养民为本”，陈独秀立即写道：“共和国没有皇帝，不是家天下，不知什么人想得众做什么？共和国人民是靠自己养自己，不靠人养的，更不要官养的，不但不要官养，并且出租税养了官”，因此，“用不着什么‘抚育元元’‘加惠黎庶’的恩诏”！[②]这一切，直接捍卫的是公民的个人权利。

面对长与幼、男与女的传统伦理秩序，新文化运动付出了更多的努力。在对传统的父子、长幼秩序重估中，他们非常一致地站在“子”的立场上，对父亲权威提出了挑战，以激烈的姿态颠覆了父与子、长与幼的传统秩序。中国传统讲究孝道，而且“不孝有三，无后为大”。胡适却公然主张“无后主义”，对传统的孝道不以为然。他反复声称：做父亲的对儿子只有教养的义务而没有索取的权利。他在诗中对自己的儿子说“我要你做一个堂堂的人，不要你做我的孝顺儿子”[③]。这首诗因此引起争论。有人指责胡适“竟把一般做儿子的抬举起来，看作一个‘白吃不回账’的主顾”。面对这种指责，胡适无论是在日记中还是在文章中都仍然继续强调：父母教养子女是必尽的义务，但决无资格示恩，子女对父母的爱和敬应该是有条件的。他问道：“假如我染着花柳病，生下儿子又聋又瞎，终身残废，他应该爱敬我

①《陈独秀文章选编》上，生活·读书·新知三联书店1984年，第306页。

②同上书，第314页。

③《胡适文集》第2卷，北京大学出版社1998年，第521页。

吗？又假如我把儿子应得的遗产都拿去赌输了，使他衣食不能完全，教育不能得着，他应该爱敬我吗？”[①]他似乎执意要破坏传统的长幼秩序，对中国人历来引为骄傲的孝道进行攻击，认为中国家庭父母视子女如养老存款，以为子女必须养亲，子女则视父母遗产为自己固有，甚至兄弟之间也要相互依靠，这就养成了一种多重的依赖性，使人不能成为独立的人。

鲁迅考察中国人怎样做父亲，看到的是：“中国的孩子，只要生，不管他好不好，只要多，不管他才不才。生他的人，不负教他的责任。虽然‘人口众多’这一句话，很可以闭了眼睛自负，然而这许多人口，便只在尘土中辗转，小的时候，不把他当人，大了以后，也做不了人。”“所有小孩，只是他父母福气的材料，并非将来的‘人’的萌芽，……大了以后，幸而生存，也不过‘仍旧贯如之何’，照例是制造孩子的家伙，不是‘人’的父亲，他生了孩子，便仍然不是‘人’的萌芽。”“因为我们中国所多的是孩子之父；所以以后是只要‘人’之父！”[②]在《我们现在怎样做父亲》中，鲁迅说：“中国的‘圣人之徒’，最恨人动摇他的两样东西。一样不必说，也与我辈绝不相干；一样便是他的伦常，我辈却不免偶然发几句议论，所以株连牵扯，很得了许多‘铲伦常’‘禽兽行’之类的恶名。他们以为父对于子，有绝对的权力和威严；若是老子说话，当然无所不可，儿子有话，却在未说之前早已错了。”他认为“后起的生命，总比以前的更有意义，更近完全，因此也更有价值，更可宝贵；前者的生命，应该牺牲于他。但可惜的是中国的旧见解，又恰恰与这道理完全相反。本位应在幼者，却反在长者；置重应在将来，却反在过去。前者做了更前者的牺牲，自己无力生存，却苛责后者又来专做他的牺牲，毁灭了一切发展本身的能力”[③]。他对传统长幼秩序的批判重点在于对年轻生命的扼杀，对于幼者权利的剥夺。他所希望的是无论长幼，都能成为“人”。

夫为妻纲的原则形成了传统家庭中的夫妻关系秩序，并且由此生成男尊女卑的社会等级秩序。在这一秩序之下，种种制度和观念使女性陷入了不幸

①《胡适文集》第2卷，北京大学出版社1998年，第524页。

②《鲁迅全集》第1卷，人民文学出版社1981年，第295—296页。

③同上书，第132页。

的命运。新文化运动对传统秩序下的女性命运给予密切的关注，对关涉女性命运的一系列传统观念进行了重估。胡适写了《贞操问题》《论贞操问题》《再论贞操问题》《论女子为强暴所污》《美国的妇人》《女人解放从哪里做起》《大学开放女禁问题》《女子问题》等一系列文章，中心主题就是为妇女获得做人的权利和人格的尊严而呐喊呼吁。他从报纸上看到一些报道：唐烈妇在丈夫去世之后的三个月中九次自杀；一个未出嫁的姑娘因未婚夫死亡而绝食七日；一个上海姑娘在听到未婚夫死讯几小时后吞了砒霜……按照中国传统的观念，她们都是女人的楷模，是学习的榜样。胡适却为此而无法压抑内心的痛苦和愤怒，挥笔哀悼这些无辜的死者，痛斥仍在流行的“全无心肝的贞操论”。他指出，俞氏女不过是信了荒谬的贞操迷信，所以要为未结婚的丈夫绝食而死，而那位在报纸上赞美这种迷信的人，却是早已丧失了人性。他惊异于共和国家竟然有褒扬节妇烈女的条例，因为以人道主义的眼光看来，鼓励女人殉夫正是与杀人一样的罪恶。他说：“在文明的国度里，男女由自由意志，由高尚的恋爱，订了婚约，有时男的或者女的不幸死了，剩下的那一个因为生时爱情太深，故情愿不再婚嫁。这是合情理的事。若在婚姻不自由之国，男女订婚之后，女的还不知道男的面长面短，有何情爱可言？不料竟有一种陋儒，用‘青史上留名的事’来鼓励无知女儿做烈女，……我以为我们今日若要作具体的贞操论，第一步就该反对这种忍心害理的烈女论，要渐渐养成一种舆论，不但永不把这种行为看作‘猗欤盛矣’可旌表褒扬的事，还要公认这是不合人情，不合天理的罪恶，还要公认劝人做烈女，罪等于故意杀人。”①

鲁迅如此描述了中国女人的不幸：“死了丈夫，便守着，或者死掉；遇了强暴，便死掉；将这类人物，称赞一通，世道人心便好，中国便得救了。”②他认为，“道德这事，必须普遍，人人应做，人人能行，又于自他两利，才有存在的价值。”由此可见，鲁迅是个体生命本位的道德论者。这与中国传统的道德论完全不同。中国的旧道德维护江山社稷的稳固、社会家庭的稳定、君主家长的安康，等等，却从不考虑个人的生命是如何被秩序吞

①《胡适文集》第2卷，北京大学出版社1998年，第504页。

②《鲁迅全集》第1卷，人民文学出版社1981年，第117页。

没。鲁迅的道德观是从人出发的，什么是道德的，什么是不道德的，对于鲁迅来说，很容易做出结论：凡是能够使人幸福，给人带来益处的行为就是道德的，否则，就是不道德的。一种道德如果给人带来的不是幸福而是痛苦，它本身就是不道德的。所以，鲁迅一再追问：节烈难吗？答道，很难。节烈苦吗？答道，很苦。女子自己愿意节烈吗？答道，不愿。既然如此，节烈的价值就无需多说了。鲁迅号召要为那些无辜的牺牲者开一个追悼大会，"我们追悼了过去的人，还要发愿：要除去于人生毫无意义的苦痛。要除去制造并赏玩别人苦痛的昏迷和强暴。我们还要发愿：要人类都受正当的幸福。"[①]

由此，我们不难得出结论：人，是五四新文化运动的基本出发点和最终目的，也是重估一切价值的最高价值尺度。无论对于政治制度、经济制度、道德规范、文化传统，他们都以这一根本尺度确定取舍存废。用鲁迅的话说，就是："一要生存，二要温饱，三要发展。苟有阻碍这前途者，无论是古是今，是人是鬼，是《三坟》《五典》，百宋千元，天球河图，金人玉佛，祖传丸散，秘制膏丹，全都踏倒他。"[②]他们之所以对旧伦理做出否定性的评价，原因就在于它压抑人性，剥夺人的自由、尊严和权利，阻碍人的自由发展。

五

新旧文化冲突的焦点就在这里：站在新文化的立场上，人是主体，以人的生命和个人权利为本位，一切文化传统和社会规范都只能为人所用，于人有益则取之，于人有害则废之；站在旧文化的立场上，却不以人的生命和个人权利为本位，而是以社会秩序和既定传统为本位，就很容易把制度、规范这些人们创造出来的东西当成不可动摇的神圣之物，甚至为了维护风化，就可以扼杀人的生命；为了维护传统，就不顾人的死活；等等。

需要注意的是，一切传统都是人的创造物。文化是人自觉或不自觉地创造出来的，而人的行为并不总是正确，人类也无法根除邪恶。那些成为传统

①《鲁迅全集》第1卷，人民文学出版社1981年，第125页。

②《鲁迅全集》第3卷，人民文学出版社1981年，第45页。

的东西有的曾经能够满足一时之需，却未必是最好的选择，有的即使在当时也是邪恶的产物。因此，任何历史形成的东西都不应成为人的生存和自由发展的障碍，更不应成为剥夺人的权利的理由。人不能成为自己的创造物的奴隶，更不能忘记人类文明的最高价值尺度只能是人。新文化运动的领袖们坚决地揭露和反抗宗法制度和专制主义，彻底批判旧伦理和旧道德，表现出的正是他们对摧残人的个性、压制人的自由、剥夺人的权利的恶劣传统的反叛。在他们那里，人成为全部文化活动的基本出发点，也成为价值重估的尺度。正因为这样，新文化运动才在中国文化史上具有了划时代的意义。

高一涵与现代国家理念的传播

说起五四新文化运动，人们都会想到《新青年》，想到陈独秀、胡适、鲁迅等这些响亮的名字，却不一定想到高一涵。其实，高一涵是不该被忽略的。只要翻开新文化运动初期那些有影响的刊物，比如《新青年》《甲寅》《新中国》《太平洋》等，随处可见他的名字。尤其是《新青年》创刊初期，高一涵的地位和作用是无人可以替代的。《新青年》杂志的创办目的是培养和造就新青年。这个培养和造就工程需要两路并进：一是破除旧观念；一是播撒新观念。新观念的重点之一是现代国家理念。作为政法学者的高一涵承担了这项使命，做出了不可磨灭的贡献。可是，在后来的岁月里，高一涵却逐渐被淡忘，直到今天，各色历史人物都被重新发现，而对他的研究却仍然很少。从屈指可数的几篇研究文章可见，他显然仍未引起人们的重视。然而，要研究五四新文化运动中对现代国家理念的传播，其代表人物却不是陈独秀，更不是其他什么人，而是高一涵。在现代政治文明建设再次提上议事日程的今天，他当年的努力是不该遗忘的。大半个世纪以来对他的忽略，不仅影响了我们对五四新文化运动的整体认识，也显示了中国政治文明建设所遭遇的挫折。正是基于这样的考虑，本文对五四新文化运动中国家理念的考察以高一涵为例。

一

以《青年杂志》（第二卷改为《新青年》）创刊作为标志，新文化运动拉开了大幕。陈独秀在创刊号的“社告”中写道：“一、国势陵夷，道衰学弊，后来责任，端在青年。本志之作，盖欲与青年诸君商榷将来所以修身治国之道。二、今后时会，一举一措，皆有世界关系。我国青年虽处蛰伏研求之时，然不可不放眼以观世界。本志于各国事情、学术、思潮，尽心灌输，可备攻错……”这是《青年杂志》的创刊宗旨，也是新文化运动的初衷。

杂志创刊之初，主要作者不过那么几个人：陈独秀、高一涵、李亦民、汪叔潜、彭德尊、陈嘏，但陈嘏只是在连载小说《春潮》和《初恋》，而彭德尊后来也很少发表文章。第二期增加了易白沙，第三期来了刘叔雅，第四期又来了高语罕，到了第二卷，吴稚晖、马君武、吴虞等人加盟，阵容有所壮大，但在迁往北京之前，作者队伍仍是一个小团体。在这个小团体中，高一涵无疑是一根台柱子，是第二号人物。1917年1月，陈独秀就任北京大学文科学长，《新青年》随之迁到北京，作者队伍迅速壮大，高一涵的文章也随之减少，但是，他的地位仍然很重要。后来《新青年》实行轮流主编制，他曾是主编之一，与陈独秀、胡适、钱玄同、沈尹默、李大钊轮流担负主编之责，地位仍然比鲁迅、周作人等重要。同时，他还参与了《每周评论》《现代评论》《努力》等刊物的工作。

参与《青年杂志》之时，高一涵仍在日本留学，但杂志几乎每一期都有他的文章，而且常常一期就有两篇。第一卷六期刊物，高一涵发表九篇文章，分别是：《共和国家与青年之自觉》《近世国家观念与古相异之概略》《民约与邦本》《国家非人生归宿论》《自治与自由》……从文章的题目可以看到，他的文章内容比较集中，体现着他在日本所学专业的特色，讲述的主要是现代国家理念。而这正是《青年杂志》的努力方向之一，显示着新文化运动的基本诉求。辛亥革命之后，古老的帝国变成了民国，一个新的国家诞生了，但陈独秀等人痛苦地看到，上至总统总理等国家领导人，下至士农工商普通百姓，多数人并不清楚这片土地上发生的变化，不明白民国与帝国不同的性质，所以，共和国的政治一时难入正轨。其实，这一切不难理解，因为作为亚洲第一个民主共和国的中华民国的诞生的确有些仓促，历史的准备显然不足。人们可以迅速完成共和国的制度设计和宪法草案，却无法迅速造就合格的现代国家公务员和合格的现代公民。面对中华民族走向共和的第一步遭遇的挫折，后来的人们往往满足于抨击当日的时政，满足于指责袁世凯。但当时那些清醒的人们知道，发生的一切都不奇怪：一方面，袁世凯和他的同僚们，几天前还是帝国的臣子，转眼就成了民国的总统，这个总统怎么做，他们既不清楚，更不习惯。他们更习惯于按照传统的规矩行事，而传统的规矩就是专制君主制度之下的那一套。另一方面，作为刚刚诞生的共和国的公民，人们更没有意识到自己由帝国子民到民国主人这种身份的转变，进衙门去见自己花钱聘用的政府官员，仍然要像鲁迅所描写的阿Q那样，不自觉地就要跪下。鉴于这种情况，陈独秀等人做出了与袁世凯、孙中山等不同的选择，要培养青年的公民意识，造就现代公民，从而为共和国造就一个稳固的基础。而要培养现代公民意识，首先就要播撒现代国家理念。在这一方面，陈独秀虽然有足够的自觉，而且在《爱国心与自觉心》中有集中的表述，但是，他毕竟缺少专业训练，对现代国家法理的方方面面，难有全面而准确的把握。就在这种情况下，高一涵出场了，他连续发表文章，致力于现代国家理念的传播。如果说新文化运动有"破"与"立"两条战线的话，从吴虞、钱玄同到鲁迅，做的主要是"破"的工作，而在"立"的工作上，高一涵无疑是当时的主将。

当时的高一涵与陈独秀基本见解一致，对陈独秀的努力给予了全面的配合。陈独秀发表《敬告青年》，选定青年作为言说的对象，与青年探讨"修身治国之道"[①]，高一涵的文章谈的是"共和国家与青年的自觉"；陈独秀发起伦理的革命，高一涵论述的是现代国家伦理；陈独秀致力于唤醒个人，高一涵论述"国家非人生之归宿"……总之，新文化运动初期的那些主题，大多由陈独秀提出，而在高一涵那里得到深入的阐发。可以说，正是高一涵使《新青年》一开始就充分显示了同仁刊物思想上的一致性和团体作战的特色，并且为《新青年》增添了现代思想的光彩。

二

综观高一涵在《新青年》上发表的文章，其中心是传播现代国家理念。他论述共和国家与专制国家的不同性质，论述个人与国家、国家与政府、民主与自由等一系列关系，论述自由的复杂内涵，目的是让人们明白自己与国

①陈独秀：《社告》，《青年杂志》1915年第1卷第1号。

家应有的关系，进而明白应该如何对待国家和政府，如何做一个共和国公民。这对于当时的中国而言，无疑是非常必要的。

众所周知，晚清思想者大多有很强的救亡意识。他们也谈议会、民权和自由，但出发点是国家，因而对自由、民主和人权的思考也像对军舰、大炮和铁路的思考一样，目的是国家富强，而没有把个人放到最高位置上。这种思想状况的改变最初表现在海外留学生中，但对国内的影响非常有限。与前代人相比，《新青年》集团最突出的特点之一，就是思考问题的出发点也不再只是救亡。他们更多地从个人权利出发，试图根据自由主义理念重构国家和社会伦理秩序，因此，首先需要唤醒个人，重新确立个人与国家、社会的关系。在这一方面，高一涵的贡献是巨大的。他一系列文章的核心内容就是个人与国家关系的论述。

要弄清个人与国家的关系，就不能不面对不同国家的不同性质。众所周知，古代的帝国或王国，与现代国家性质完全不同。在帝国或王国，国家是帝王的私产，是他们自身或祖先为子孙打下的家业，人民和土地不过是他们的占有物。在这样的国家，“普天之下，莫非王土，率土之滨，莫非王臣”，表述的都是基本事实，子女玉帛皆属帝王所有，人民权利当然无从说起。但是，在英国革命、法国革命和美国建国之后，世界上却出现了一种新的国家，即现代国家。在这种现代国家，情况完全变了：国家是全体公民的，主权在民；政权出自选票，执政者只是人民选聘的管理者；宪法是人民制定的，用以限定政府的权限，并防止执政者僭越或违背人民的意志。这种现代国家首先出现于西方，但在辛亥革命之后，中国却也开始了这场伟大的历史转换，国家从帝王手中转移到人民手中，不再是帝王或某个集团的占有物。这是一个划时代的转换，从道理上讲，一般的中国人在这时候才有了自己的国家。正如钱玄同后来所说：“若从中华民国自身说，他是公历1911年10月10日产生的，那一日才是中华民国的真纪元。就中国而论，这日是国民做‘人’的第一日；就世界而论，这日是人类全体中有四万万人脱离奴籍，独立做‘人’的一个纪念日。”[①]但是，对于这个道理，当时的多数人并不清楚。人们不是把昔日的帝国当成了“吾国”，就是把民国混同于昔日的

①沈永宝编《钱玄同五四时期言论集》，东方出版中心1998年，第135—136页。

帝国。因此，高一涵需要讲述的内容之一，就是两种国家的不同性质，以及共和国的立国原则。

在《共和国家与青年之自觉》这篇长文中，高一涵首先说明的是共和国与专制国的不同："专制国家，其兴衰隆替之责专在主权者之一身；共和国家，其兴衰隆替之责则在国民之全体。专制国本建筑于主权者独裁之上，故国家之盛衰随君主之一身为转移；共和国本建筑于人民舆论之上，故国基安如泰山，而不虞退转。为专制时代之人民，其第一天职，在格君心之非，与谏止人主之过，以君心一正，国与民皆蒙其庥也。至共和国之政治，每视人民舆论之为运施，故生此时代之人民，其第一天职，则在本自由意志（Free Will）造成国民总意（General Will），为引导国政之先驰。"[①]在《近世国家观念与古相异之概略》中，高一涵介绍了伯伦智理（Bluntschli）的学说："向也国家剥夺人权，因亦讳言小己之自由。国民多为无权利之奴隶，所谓自由公民，仅少数耳。……今也国家一视同仁，凡属人类，均享人权。"这里的"小己"就是"个人"。在这段话后面，高一涵批注道："人民为国家之牺牲品，若主人之豢畜犬豕麋鹿然，视人若物，剥尽其权，此太古国家之盛衰兴废所以……今者国本在民之理，大阐明于西方。举国家全力，保护人民之权利。人智日启，即国家之文化日高。国家文明，因人演进。自今以往，日新月盛，将永绝一治一乱、突兴突败之局，而立不退转之文明。"他为此而奋笔写道："保障人权，其今日立国之神髓也欤！"[②]在《民约与邦本》中，他又着眼于人民与国家的关系，写下了这样的内容："往古政治思想，以人民为国家而生，近世政治思想，以国家为人民而设。""宪法由国家主权而生，非以限制国家自身之权力，乃以限制国家机关之权力。即规划政府对于人民布政运权之范围者也。"他告诉人们，现代国家的宪法来自人民，是限制国家机关的，不是限制人民的。国家主权在民，如果政府不能很好地履行职责，人民就可以更换政府。他强调说："古今国家观念之根本差异，即在此主权所在之一点。"[③]也就是说，古代国家主权在君，现代国家主

①高一涵：《共和国家与青年之自觉》，《青年杂志》1915年第1卷第1号。

②高一涵：《近世国家观念与古相异之概略》，《青年杂志》1915年第1卷第2号。

③高一涵：《民约与邦本》，《青年杂志》1915年第1卷第3号。

权在民，这是根本差异。这种论述，从根本上说明了什么是国家的现代性。这是当时和后来的人们都常常模糊不清的。

在论述共和国的性质时，高一涵是这样提出问题的：共和国为何物？他告诉人们，共和国有其形式，又有其精神。形式是什么？他讲了两点：一是国家主权在民。二是共和国元首权力来自公民选票。“主权在民”是高一涵反复论述的一个重点。在他翻译的伯伦智理的《近世国家观念与古相异之概略》一文中，他点评道：“今世国家原理，在以国家为全体人民之国家，非为主政者一人之私产。无间君主共和，皆取惟民主义。”在《民约与邦本》一文中，他介绍了霍布斯、洛克、卢梭等人的学说，强调人民的权利和国家的职能：“国家之存，专以保护人民权利为职务。治权之运行，终不能超民权而独立。”关于共和国执政者，高一涵说：“其得位也，由于选举，其在任也，制有定期，非如君主之由于世袭终身也。”

关于共和国的精神，高一涵解释说：“共和原文，谓之Republic。考其字义，含有大同福祉之意于其中，所以表明大同团体之性质与蕲向者也。就法律言，则共和国家，毕竟一律平等，一切自由，无上下贵贱之分，无束缚驰骤之力，凡具独立意见，皆得自由发表，人人所怀之意向，蕲求感情利害，苟合于名学之律，皆得尽量流施，而无所于惧，无所于阻。就政治言，使各方之情感思虑相剂相调，互底于相得相安之域，而无屈此伸彼之弊，致国家意思为一党一派一流一系所垄断。故民情舒放，活泼自如，绝不虞抑郁沉沦，以销磨其特性而拘梏其天机。”高一涵还强调了共和国的法理秩序：“人民创造国家，国家创造政府，政府者立于国家之下，同与全体人民受制于国家宪法规条者也。执行国家意思，为政府之责。而发表国家意思，则为人民之任。”人民如何发表个人的意思而使之成为国家意思呢？私下议论当然不够，而是要诉诸舆论，所以共和国必须有言论自由和出版自由作为保障；要通过议会，所以要有自己选举的议员作为代言者。[①]

在《共和国家与青年之自觉》第三篇中，他引用了美国人对国家的解释：“国家者乃自由人民，为公益而结为一体，以享其所自有，而布公道于他人者也。”然后总结说，“国家创造之主曰自由人民，所以创立之因曰为

①高一涵：《共和国家与青年之自觉》，《青年杂志》1915年第1卷第1号。

公益，所以永存不灭之理曰主公道，曰适宜于人群兼备，此四种要素而后国家方可巍然存乎于天地之间，反乎此者，皆谓之违反今世国家成立之原则。”他讲述法国大革命的成就说：“人权宣言之大旨：一曰自由平等，根于天生。二曰国家主权，完全在民。三曰法律主于人民总意，一视同仁。至其赋税，不得人民许诺，即不得增加一钱。”①

论及现代国家的性质，高一涵反复强调的是：国家是人创造出来的，是保障人民权利的工具，个人与国家的本末关系不能颠倒。在《国家非人生归宿论》中，他批评一些以国家为目的的人，“殊不知国家为人类所创造之一物，其实有体质，即为人类所部勒之一制度，用为凭借，以求人生之归宿者也。”一事之起，必有因由，人为什么要建立国家？高一涵回答说，人们之所以需要国家，并且愿意付出代价养活国家，说到底是为了保障个人的权利。因此，如果国家不能满足人民需要，或违背了人民的愿望，就失掉了存在的合法性。“制度而不适于人群，斯直无可存之资格，终亦必亡而已矣。”他反复强调说，“盖先有小己后有国家，非先有国家后有小己。为利小己而创造国家，则有之矣；为利国家而创造小己，未之闻也。”“国家为人而设，非人为国家而生。离外国家，尚得为人类；离外人类，则无所谓国家。”②

在《民约与邦本》中，他介绍了洛克的学说，认为洛克的一个重要贡献，就是对国家与政府的区别，“其第一要义，即在限制主权之行使。彼以为太初天下，人民之自由平等，得自天然。及相约为国，乃画定权力，若者托诸政府，若者仍留于人民。国家之存，专以保护人民权利为职务。治权运行，终不能超民权而独立。政府行使权力，设有所过，人民得收而反之。”他认为洛克的学说有三个重要之点：一、最高主权为人民所保留；二、政府权力来自委托而非固有；三、政府行动只有在宪法规定范围之中。然而，他对洛克的学说似乎并不满意，认为他的学说“升堂矣，而犹未入于室也”，真正入室者是卢梭。他认为，是卢梭确立了人民主权观念，“国家主权，几与人民之主权同视。政府为奉行国家意思之公仆，而绝不能发表国家之意

①高一涵：《共和国家与青年之自觉》，《青年杂志》1915年第1卷第3号。

②高一涵：《国家非人生归宿论》，《青年杂志》1915年第1卷第4号。

思。立法之权永存于人民之手。……真正主权之人，惟属于人民全体。主权既在人民，断无自挟主权以迫胁人民自身之事。于是凡为政府，即为奉行人民总意之仆。选仆易仆，无容动其声色。”

众所周知，前现代国家与现代国家的重要不同，不仅表现于主权所在，而且表现于权力的范围。前现代国家有无限的权力，不仅是“君叫臣死臣不敢不死”，而且国家支配和控制一切，从宗教、典章、道德、习俗，到技艺、学术和文化，君主都有权横加干涉。当然，古代君主之所以在法理上有权干涉一切，主要原因就是国家是他自家的，所以从耕田织布到思想学术和文化娱乐，事无巨细他都有权过问。一般百姓只是被占有物，置身于别人的国家，只能被动地接受管理，生产国家之所需。但人类文明开始进入现代之后，情况不同了，现代国家主权在民，政府只是人民聘来的经理，因而权力有限。人民为防止国家权力损害人民权利，就要进行相关的制约，规定国家的权限，使其在宗教信仰、科学、技术、文艺、学术等方面都不得直接染指。高一涵对此有深入了解，也有精彩论述。概括起来，他关于国家权力有限性的论述主要集中在两个方面：一方面是，国家权力的适用范围仅限于人的外在行动，而不能涉及人的内心。“盖国家蕲向，有实行、理想之别。……凡人为之发见于外者，国家可加以制裁。至蕴于心意中之思想、感情、信仰，虽国家亦无如之何。以国家之权力，仅及于形式，而不能及于精神。”[①]另一方面，国家权力只限于保障人民自我选择、自我行动的权利，而不能越俎代庖，替他们行动。在这一方面，他在多篇文章中都有明确的表达。在《近世国家观念与古相异之概略》中，他说：“立宪国家之第一要义，即在限制其政权，而范围之于法律之中。国家违法，与人民违法，厥责维均。盖国家人民，互相对立，国家权力，仅能监护人民之举动，防其互相侵害，无间于物质精神，国家均不能以自力举行之。国家可高悬奖励学术技艺之典章，而不能以其权力自图其发展；国家可颁布奖励生产企事业之命令，而不能自任勤劳、自冒危险。其所能立者，则立于人民之后，赞助人民自为之耳。”在《国家非人生归宿论》中，他又强调了这样几点：一、“国家可赞助人民，使求终极之蕲向，而不能自代人民以求之”；二、“国家可

①高一涵：《国家非人生归宿论》，《青年杂志》1915年第1卷第4号。

颁布一切制度，以奖励人民之行为，不能代人民自行、自为之”；三、“国家可以权力鼓舞文化、学术之动机，不能自行进展文化、学术之事”；四、“国家但能颁布善良政策，助起产业之昌盛，鼓励勤劳者之心神。至生产企业投资、服役之事，亦非国家所能自行也”。他认为：“国家职务，在立于亿兆之间，以裁判其相侵、相害之事实，调和其相需、相待之机宜。奖励其自由，所以发其自治之动因；保护其人格，所以期其独立之结果。人民求其归宿，必取径于权利之一途。国家惟立于人民之后，持其权力鼓舞而振起之，以杜其害，以启其机，足矣！”他还引用了管子的话告诫政府：“‘毋代马走，使尽其力。毋代鸟飞，使弊其羽翼。’此则保护权利说之真正价值也。”[①]强调国家权力的边界，目的是保障公民权利。他所向往的，正是我们今天所说的“小政府、大社会”的国家政治格局。由此可见，高一涵深得自由主义真谛。

综上所述，关于现代国家理念，高一涵着重强调了三点：一是主权在民；二是国家是人民为保障个人权利而创造的工具；三是国家权力有限，不能侵害个人权利。这一切，都是当时处于摇篮中的共和国急需的文化补课内容。高一涵关于现代国家理念的这种言说，不仅可以唤起人们对民主共和的向往，而且可以与中国现实形成某种比照，使人们看到中国与真正的共和国家的差距，唤起人们把民主共和落到实处的热情。对于高一涵来说，这一切都是自觉的。面对中国的现状，他不无感叹地指出：“回顾吾邦，事事返古，出死力以排除近世国家原理。似惟民主义能行万方者，独不能行于吾国。……各国皆循进化大势以前趋，独吾一国必遥立于天演公例而外，逆进化之大势而退转。自由平等人格权利，在他国视为天经地义，倾国家全力以保护之者，在吾国必视为离经叛道，倾国家全力以铲除之。他国已入于一治不乱之时者，吾国必永罹一治一乱之劫。犹曰：此吾国历史之特征也，此先王之微言大义深入人心也，此亚洲民俗不能强合欧美也。囚心于虞夏商周，定睛在三皇五帝，迷身于一朝一代历史现象之中，举其比例参勘观察会通之官能，屏而不用，则迷于一国史迹，更何待言。”[②]与中国现实的这种联系，

---

①高一涵：《国家非人生归宿论》，《青年杂志》1915年第1卷第4号。

②高一涵：《共和国家与青年之自觉》，《青年杂志》1915年第1卷第1号。

进一步突显了言说的意义。

三

共和国的建国理念和基本规则明确之后，作为共和国公民，就应该自觉摆脱专制统治之下那种被动的状态，自觉维护个人的权利。共和国虽然主权在民，但政府侵权或僭越仍是可能的。尤其是在专制传统根深蒂固的中国，虽然民国建立了，但帝国的政治文化不可能迅速退出历史舞台，专制传统必然要以各种形式顽固存在，因此，共和国政治也就不可能很快步入正轨。面对这种状况，不仅需要立法限制执政者以防止其侵犯公民权利，还需要公民自觉维权。而要维护个人的权利，就需要了解个人在共和国家的地位，清楚个人与国家的关系。

《共和国家与青年之自觉》第二篇主要讨论的就是个人与社会、国家的关系。高一涵在写作这篇文章时，国内已开始了国体问题的讨论。他知道，也许共和国很快就不存在了，向青年讲述这些共和国法理，有点不合时宜。但他还是要讲，因为他认为政治实质的变化，最终要取决于多数国民的心理所向，共和最终是否能够实现，是否能够巩固，说到底取决于国民是否有坚定的信仰和执着的追求。如果国人有坚定的信仰和执着的追求，专制暴力对民主共和就只能阻扼于一时，而不能阻扼于永久。高一涵梦想着："人人本其独立自由之良心，以证公同，以造舆论。公同舆论之所归，即是真正国体之基础。"大变革时期进步的思想者都是理想主义者，高一涵像陈独秀一样，不承认中国的"特别国情"是不可改变的，而是认定一个目标之后，就要努力向前推进。他告知青年："政治之事反诸物理，乃可以理想变事实，不可以事实拘理想者，惟其可以理想变事实也，故吾人须先立当然之理论以排去不然之事情，惟其不可以事实拘理想也，故吾人应超出已然之现象，而别启将然之新机。"[①]他鼓励青年要"耸起双肩，自负此责"，担当起中国文明进化的重任。

高一涵指出，在古代，人们自耕自食，自织自衣，可以老死不相往来。

---

①高一涵：《共和国家与青年之自觉》，《青年杂志》1915年第1卷第2号。

但到了今天，生产需要分工合作，生活需要互通有无，人们已经无法孤立生存。所以，个人需要社会服务，也需要服务于社会。这就决定了现代生活中个人与社会的关系。但是，因为这种关系，个人的自由和权利往往要受到侵害，如何理解和认识个人与社会、国家的关系，是现代人面对的一个重要课题。高一涵说："闭门自守之生活，既非今世之所能，则吾辈青年，即应以谋社会之公益者，谋一己之私益，亦以谋一己之私益者，谋社会之公益。二者循环，莫之或脱，损社会以利一己者固非，损一己以利社会者亦谬。必二者交益交利，互相维持，各得其域，各衡其平者，乃为得之。故今之为社会谋公益者，第一须取自利利他主义。自利利他主义，即以小己主义为之基，而与牺牲主义及慈惠主义至相反背者也。"[①]这段话包含了他对个人与社会、国家关系的主要观点。

首先值得注意的是他对"个人主义"的认知。在高一涵的文章中，个人主义常被称作"小己主义"，也被称作"自利利他主义"。后者非常明确地把自由主义的个人主义与人们通常所理解的"自私自利""损人利己"区别开来，近乎后来胡适等人所说的"健全的个人主义"[②]。他告诉人们，自由主义的"个人主义"主要是一个与"政治"和"法权"相关的理论范畴，不能等同于一般意义上的道德判断。个人主义的核心不是别的，而是这样一种理念：个人是构成社会的基本单元，先于国家和一切人为的社会组织而存在，因此，在个人、社会、国家体系中，个人是第一位的。高一涵认为，在理想的政治建构中，个人、社会、国家的利益应该是一致的，"社会利益，乃根基于小己利益之上积合而成者。欲谋社会之公益，必先使一己私益著著落实。"他又说，"共和国家，乃合人人之利益以成社会之利益者。人己交际之间，必俱益俱利，乃不违乎社会公益之原则。设损一己之利益以利他人，则一己之利益既丧，即社会公益之一部缺而不完，而所谓利他者，未必即能为他人之利。"[③]

高一涵主张"自利利他主义"，而且明确指出要以"小己主义"为基

①高一涵：《共和国家与青年之自觉》，《青年杂志》1915年第1卷第2号。

②《胡适文集》第5卷，北京大学出版社1998年，第501页。

③高一涵：《共和国家与青年之自觉》，《青年杂志》1915年第1卷第2号。

础。他解释说："何言乎自利利他主义，必以小己主义为始基也？共和国民其蕲向之所归，不在国家，乃在以国家为凭借之资，由之以求小己之归宿者也。国家为达小己之蕲向而设，乃人类创造物之一种。以之保护小己之自由权利，俾得以自力发展其天性，进求夫人道之完全。质言之，盖先有小己后有国家，非先有国家后有小己。为利小己而创造国家，则有之矣；为利国家而创造小己，未之闻也。"他知道，欧洲晚近个人主义风靡，也带来了一些弊端，但他更清楚："然其文明之所以日进不息者，即人各尊重一己，发挥小己之才猷以图人生之归宿。而其社会国家之价值，即合此小己之价值为要素，所积而成。"他还指出，中国数千年文明停滞之大原因，就在于"小己主义"不发达。"在上者持伪国家主义，以刍狗吾民。吾民复匿于家族主义之下而避之……卒致国家、社会、小己交受其害。"[①]他鼓励青年努力与旧习俗相战，以独立自重之精神，发扬个人之能力，追求个人的自由，维护个人的权利。因为他坚信，即使从国家与社会着眼，现代的国家与社会也都是建立在小己主义基础之上的。

高一涵主张"小己主义"是相当彻底的，所以反对"牺牲主义"与"慈惠主义"。他认为，人各有所欲，各有所求，就应该各自满足自己的欲求。牺牲之事，违反自利利他主义的原则，偶尔为之尚可，但决非"相安相得、各适其宜之道"。"慈惠主义"也是这样，发慈悲心，怜悯他人，救助弱小，似是美德，但利益应由勤劳而得，不劳而获很容易养成恶习。"使之不劳而得财，既反乎生计之原则，其终也必养成被惠者之依赖心，挑动其侥幸之念，而败坏其勤劳之力。且己既以慈惠为仁为善而行之矣，则被惠者必为不仁不善。以仁善自居，而以不仁不善之事转加他人。一方受道德之美誉，一方犯不道德之恶名，已非一视同仁者所忍出。"因此，他告诫青年，"共和国家之青年，他日立身之计，惟以勤劳易利益，自保其人格，并以保他人之人格；不以慈惠之名，诱起社会之恶德，斯为中庸之正道矣。"[②]

在《国家非人生归宿论》中，高一涵指出："今吾国之主张国家主义者，多宗数千年前之古义，而以损己利国为主。以为苟利于国，虽尽损其权

---

①高一涵：《共和国家与青年之自觉》，《青年杂志》1915年第1卷第2号。

②同上。

利以至于零而不惜。推厥旨归，盖以国家为人生之蕲向，人生为国家之凭借，易词言之，即人为国家而生，人生之归宿，即在国家。是也，人生离外国家，绝无毫黍之价值；国家行为，茫然无限制之标准；小己对于国家，绝无并立之资格；而国家万能主义，实为此种思想所酿成。”他广征博引，讲述了一系列西方先哲的观点：“陆克谓国家之蕲向，在保护人民之生命财产及自由。康德谓国家以发扬光大人类之权利为主旨。韩鲍德谓人类最高之祈求，即在完全发扬其能力。斯宾塞尔之说略与韩同，要皆借国家之力，为一种方法，以发扬鼓舞群伦之权利者也。”最后，高一涵说：“国家者非人生之归宿，乃求得归宿之途径也。人民与国家有互相对立之资格。国家对于人民有权利，人民对于国家亦有权利。人民对于国家有义务，国家对于人民亦有义务。……人格为权利之主，无人格则权利无所寄，无权利则为禽兽为皂隶，而不得为公民。”面对一些盲目爱国言论，他说：“吾人爱国之行为，在扩张一己之权利。”“小己人格与国家资格在法律上互相平等，逾限妄侵显违法纪。”他认为，不明白这一点，不明白个人与国家的关系，“美其名曰爱国，乃自剥其人格，自侪于禽兽皂隶，不独自污，兼以污国。”他指出，如果个人权利得不到保障，国家权力就根本无从谈起。所以，爱国的正确方式不是牺牲个人的权利，而是扩张个人的权利。如果为国家而损害个人的权利，就是损害了国家。

论述个人与国家的关系，无法回避“自由”这一现代政治命题。在《共和国家与青年之自觉》中，高一涵以很大的篇幅论述了自由，并且介绍了各种不同的自由学说。作为政治学者，他对佛老所谓的自由当然不感兴趣，论述更多的是西方现代自由观。同时，他对18世纪法国革命派之所谓自由似乎存有异议，但对否定法国革命自由观的人们也并不完全认同。他的思想介于洛克与卢梭之间，汲取的大多是他们共同的东西。根据西方政治学说，高一涵把自由分为天然自由和法定自由，他说：“前者为卢梭氏之所主张，谓‘人生而自由者也，及相约而为国，则牺牲其自由之一部’。是谓自由之性，出于天生，非国家所能赐，即精神上之自由，而不为法律所拘束者。”而后者正是柏哲士所说：自由源自国家，如果没有国家，个人的自由就无法保障。所以，“定自由之范围，建自由之境界，而又为之保护其享受自由之乐，皆国家之责。”高一涵说：“共和国家，其第一要义，即在致人民之心思才力，各得其所。所谓各得其所者，即人人各适己事，而不碍他人之各适己事也。”他告诫青年：“青年之戒，第一在扶墙摸壁，依傍他人。第二在明知违性，姑息瞻依，自贼天才。”“古之人，首贵取法先儒；今之人，首贵自我作圣。古之人，在守和光同尘之训；今之人，在冲同风一道之藩。乡愿乃道德之贼。尚同实蠹性之虫。”他鼓励青年：“要当纵横一世，独立不羁，而以移风易俗自任。”①

作为一个政治学者，他没有忘记自由的有限性，更没有忘记保卫个人权利与尊重他人权利的关系。他说：“顾自由要义，首当自重其品格。所谓品格，即尊重严正，高洁其情，予人以凛然不可犯之威仪也。然欲尊重一己之自由，亦必尊重他人之自由，以尊重一己之心，推而施诸人人，以养成互相尊重自由权利之习惯。此谓之平等的自由也。发扬共和精神，根本赖此。”讲自由，先讲个人的品格修养，可见高一涵周全之处。因为如果不以个人的品格修养作基础，自由秩序就无法形成，个人自由就无法保障。

他告诉人们，人之所以为人，在于“自主自用之资格”，“惟具有此资格也，故能发表独立之意见。此人品之第一义也，亦即舆论正当之源泉。”他认为共和国之本在舆论。“舆论在共和国家，实为指道政府引诱社会之具。”“欲造成真正舆论，惟有本独立者之自由意见，发挥讨论，以感召同情者之声应气求。”舆论表现着民意，所以舆论是自由的。他引用孟德斯鸠的话说：“自由人民，其一己之推论，果为正当与否，往往不成问题。所当考究者，其所推论，确为人民自主足已。此即言论之所以自由也。”也就是说，所谓言论自由，就是人民可以自由发表意见，而不管正确还是错误，只要是自己的见解，即是对国家负责。

高一涵认为，共和国家所依赖的，也正是这种“小己之言论自由”。因为正是它形成舆论，并成为国家意志。因此，他问道：“逡巡嗫嚅，不露圭角，宁非摇动国本之媒欤?”他又说，“专制国家之舆论，在附和当朝。共和国家之舆论，在唤醒当道。专制时代之舆论，在服从习惯。共和时代之舆论，在本诸良心，以造成风气。”他对舆论的这种区分也抓住了专制国家与民主国家的根本不同。既然民主共和国的舆论在于唤醒当道和造成风气，那

①高一涵：《共和国家与青年之自觉》，《青年杂志》1915年第1卷第1号。

么，发表个人见解，无论正确还是错误，都是公民对国家应负的责任，也正是公民对主权的捍卫。

关于舆论，高一涵讲了三点“金科玉律”：“(一）须有敬重少数意见与独立意见之雅量，不得恃多数之威势，抹杀异己者之主张。（二）多数舆论之起，必人人于其中明白讨论一番，不得违性从众，以欺性灵。（三）凡所主张，须按名学之律，以名学之律为主，不得以一般好恶为凭。”他认为，共和国家之所以能使人人心思才力各得其所，就因为这些金科玉律。“政府抹杀他人之自由言论，固属巨谬。即人民互相抹杀自由言论，亦为厉禁。”之所以如此，因为“不尊重他人之言论自由权，则一己之言论自由权已失其根据；迫挟他人以伸己说，则暴论而已矣，非公论也；屈从他人，违反己性，则自杀而已矣，非自卫也”[①]。

四

考察高一涵的这些言说，与陈独秀当时的努力方向极为一致，目的都是唤醒个人，为共和国培养新一代公民。为培养新一代公民，他们首先强调的就是权利意识，首先阐明的是个人与国家的关系。这正是新文化运动最初的着力点。不过，高一涵的言说所具有的学理上的系统性和严密性，是当时一般人所没有的，也是陈独秀、胡适、鲁迅等人所未能企及的。这一切并不奇怪。因为在《新青年》创办之际，高一涵正就读于日本明治大学政法系，学的是政治和法律，而且即将毕业。正是因为这样的基础，使高一涵的国家理念不仅与前代人康有为、梁启超等大不相同，而且比鲁迅、胡适、陈独秀等人全面和周密。因此，在五四新文化运动中，高一涵的意义是多方面的。

首先，不少人都赞同把“五四”时期的《新青年》集团归类于自由主义知识分子范畴，因为他们的确是那个年代最具有自由主义色彩的一群人。但必须注意的是，他们中的大部分人只是具有自由主义思想的某些因素，以及与自由主义相通的某种精神气质和对自由的向往与追求，却并未形成自由主义的思想体系。他们对自由主义的接纳，主要是富于经验理性色彩的思想方

①高一涵：《共和国家与青年之自觉》，《青年杂志》1915年第1卷第1号。

法、开放的道德伦理观念。对于大多数作家和诗人来说，则更主要的是个性的解放和个人的自由，而对个人自由的理解又常常是顾名思义的，只是摆脱约束、我行我素，而缺乏对自由主义政治理论的深入了解。在这种情况下，高一涵的努力就显得尤其重要。

其次，五四新文化运动中后来名噪一时的人物大多以批判著称，而很少致力于新文化的建构。这种历史叙述导致了一种误解，似乎五四新文化运动就是致力于破坏而无心建设的。其实，新文化运动本来就是“破”与“立”同时并举的，如果说吴虞、钱玄同、鲁迅等人更多地致力于“破”的话，高一涵则主要致力于“立”。只是由于旧势力的强大，“破”的工程特别引人注目，因而吸引了更多的人，甚至成为一种传统，许多人都以批判为满足。高一涵致力于新的国家理念的建构，成绩是显著的，只是因为后来政治风潮的转向，他的工作越到后来越是无以为继。然而，九十多年过去之后，现代政治文明建设却再次提上了议事日程。人们再次意识到，现代公民意识的培养是现代国家建设无法绕过的一个环节。缺少了这个环节，就无法建成真正的现代国家。从这个角度看，高一涵的意义就更为重要了。他与陈独秀一样，无疑曾是民主共和的捍卫者，也是中国现代政治文明建设的先驱。

再次，按照国内学界一般的见解，“五四”知识分子的自由主义思想主要源自欧洲大陆，来自法国传统而非英美传统。这种结论如果放在陈独秀与李大钊身上是对的，但放在高一涵身上，就明显不对了。很明显，在高一涵发表于《新青年》杂志的论文和译作中，涉及最多的是西方思想家，其中英国人最多，然后是美国人和德国人，而法国人只涉及卢梭等。他所引证的英国古典自由主义思想家，上自霍布斯、洛克、亚当·斯密，下至约翰·密尔和斯宾塞。很显然，高一涵是推崇古典自由主义的。在他的思想主张中，时时可以看到“社会契约论”的影响，但他对“社会契约论”的阐释和论证却主要基于英国19世纪的功利主义思想，而不是18世纪法国的“天赋人权”观念。他把“自由”“民主”“个人”放到自由主义的国家政治理论中论说，表达了一系列比较准确的见解，比如，“个人主义主要是一个政治法律概念，而非一个单纯的道德伦理概念”“自由是受到法律保障的权利”“民主既要贯彻‘多数原则’，又要注意保护‘少数人的权利’”“违反社会公意的专断意志不能称为‘法律’”……都不只来自法国传统，而是更多地源自英美传统，与文学界那些望文生义的个人主义和自由主义主张更是大不相同。

公道地说，在当时的新文化阵营中，没有几个人对于现代国家的性质、个人与国家的关系、国家的权限、自由、民主、人权等这一系列问题有系统而全面的见解。从这个意义上说，是高一涵的文章为《新青年》集团弥补了诸多不足，也使新文化运动具有了坚实的学理基础，而且留下了更经得起时间检验的价值。

高一涵在新文化运动初期的五六年间，发表了大量时评、政论和学术文章，成为民国初期中国学术界、思想界的一颗明星。然而，随着“五四”的落潮，思想界和学术界却很难再见到他的踪迹。他的全部著作都出版于20年代和30年代初，主要著作有《欧洲政治思想史》《中国御史制度的沿革》《中国内阁制度的沿革》《政治学纲要》等；翻译有《杜威的实用主义》《杜威哲学》等。我无缘看到他的《政治学纲要》，只是粗略翻过《民国丛书》收入的《中国内阁制度的沿革》《中国御史制度的沿革》和《欧洲政治思想史》的上、中两卷，感觉他对中国传统政治的分析与我们熟知的见解大不相同，很有独到之处。究其根底，与他头脑中那些现代国家政治观念所给予的目光是分不开的。

文化论战，为何而战？

在五四新文化运动高潮中，陈独秀与杜亚泉发生了一场关于东西方文明的论战。对这场论战的评价在过去相当长的时间里往往失之于简单化，但1990年代之后从保守主义立场上进行的再估价也非常可疑。因此，这页旧账很有重新清理的必要。他们究竟在争什么？新文化阵营为何而战？论战开始之前，双方都在进行文明比较，但一方志在文化革新，一方意在文化保守，冲突可谓不可避免。论战中的分歧主要在于：一、陈独秀致力于批判专制主义和呼唤思想自由，杜亚泉却习惯于大一统的思想文化秩序，不喜欢思想的自由状态，因而主张“统整”。二、陈独秀致力于批判中国固有文明和引进西方现代文明，杜亚泉却留恋中国固有文明而不满于西方文明的输入。三、杜亚泉致力于维护固有文明之“国基”，陈独秀则为这“国基”阻碍民主共和的健康成长而痛苦。作为共和国的卫士，陈独秀在当时的努力与蔡锷的护国壮举有同样的意义。任何再评价都需要首先尊重这一历史事实。

东西方文化论战是新文化运动以来中国思想文化界时断时续的一场马拉松论战。1918年发生的与杜亚泉的那场论战无疑是新文化运动发生之后出现的第一个高潮。对于新文化运动来说，这场论战与其他论战略有不同，因为对手杜亚泉并不是一般意义上的守旧派。他创办过科学杂志《亚泉杂志》，发行过《中外算报》，主编过《植物学大辞典》，对科学知识的传播多有贡献。他在政治上并不反对民主共和，不像康有为那样盼望皇帝复辟，而且，他在一定程度上具有现代国家理念，对个人的权利、政府的权限都有比较清醒的认识。在思想文化上，他主张调和折中，也很容易得到一般人的认同。这一切，都为这场论争增加了复杂性，也使新文化阵营对他的批判显得过于“激进”。正因为这样，在进入1990年代之后，在保守主义成为时髦的背景上，在反省激进主义和强调宽容成为时尚的时候，这场论争的是非曲直似乎重新成了问题。一些人为中国学界对杜亚泉“毁多誉少”大鸣不平，认为“现在是应该对他作心平气和的再认识、再估价的时候了”。[①]与此同时，对批判杜亚泉的主将陈独秀则给予更多的质疑和否定。毫无疑问，对这场论战的评价在过去相当长的一段时间里往往失之于简单化，但从保守主义立场上做出的再认识和再估价却也非常可疑。因此，“五四”时期的这页旧账就很有重新考察和清理的必要。本文关心的主要问题是：那场论战究竟在争什么？陈、杜之间的分歧何在？新文化阵营到底为何而战？

一

论战开始之前，双方都在进行东西方两种文明的比较。1915年12月，陈独秀在《青年杂志》发表了《东西民族根本思想之差异》；1916年10月，杜亚泉在《东方杂志》发表了《动的文明与静的文明》。这两篇论文都是“五四”时期东西方文明比较方面的重要文章。众所周知，他们都不是无所事事的学者，所以不会为比较而比较，而是必然要指向各自的目标，显示出各自的努力方向。

陈独秀所做的，首先是对两种文化进行辨析，认识二者之间的差异。在《东西民族根本思想之差异》中，他认为东西民族根本思想存在三方面的差异：一、西洋民族以战争为本位，东洋民族以安息为本位；二、西洋民族以个人为本位，东洋民族以家族为本位；三、西洋民族以法治为本位，以实力为本位，东洋民族以感情为本位，以虚文为本位。在比较和分析中，陈独秀高度赞扬了西方人的竞争精神和创造活力，而对东方人的苟安和懒惰进行了抨击；高度赞扬了西方的个人本位主义原则，而对中国的家族本位主义进行了抨击；高度赞扬了西方社会的法治精神及其对个人权利的维护，而对中国

①王元化：《九十年代反思录》，上海古籍出版社2000年，第47页。

种种温情之下对个人权利的践踏和漠视进行了抨击。[①]对他来说，比较是为了选择，所以，不仅要指出差异，而且要做出判断，也就是要回答孰优孰劣的问题。因此，他的异同论事实上是优劣论。指明优劣，目的在于选择。陈独秀的努力方向非常明确：摆脱中国固有文明，走向西方现代文明。他进行了三个方面的比较，事实上是希望中国人告别苟安的惰性而培养竞争意识，告别家族本位而走向个人本位，告别以人情为基础的人际关系而建立保障个人权利的法治秩序。

无论比较还是判断，思维框架和评判尺度都是重要的。不同的思维框架和评判尺度必然会导致不同的结果。考察陈独秀的东西方文化比较，值得充分注意的一点是他对东西方文明差异的整体认识。在《法兰西人与近世文明》中，陈独秀一开头就写下了这样一段话："文明云者，异于蒙昧未开化者之称也。Lacivilization，汉译为文明、开化、教化诸义。世界各国，无东西今古，但有教化之国，即不得谓之无文明。惟地阻时更，其质量遂至相越。古代文明，语其大要，不外宗教以止残杀，法禁以制黔首，文学以扬神武。此万国之所同，未可自矜其特异者也。近世文明，东西洋绝别为二。代表东洋文明者，曰印度，曰中国。此二种文明虽不无相异之点，而大体相同，其质量举未能脱古代文明之窠臼，名为'近世'，其实犹古之遗也。可称曰'近世文明'者，乃欧罗巴人之所独有，即西洋文明也，亦谓之欧罗巴文明。移植亚美利加，风靡亚细亚者，皆此物也。"[②]也就是说，在古代，各国文明大致相同，并无根本差异；到了近代，东方与西方才"绝别为二"，出现了完全不同的性质。之所以如此，是因为西洋文明走出中世纪而进入了现代，而东洋文明却仍然停留在古代而尚未实现从古代到现代的转化。显然，他把东西方文化置于文明发展历史的坐标上，于是，当下时空中所呈现的文化差异就不只是民族性和区域性的不同，而是旧与新、落后与先进、古代与近世的不同。因此，西方文明的今天也就是东方文明的明天。东方要走向现代，就要向西方学习，而所谓西化，也就是现代化。这是一种以西方现代文明为蓝本的现代化设计，是"五四"新文化阵营在分裂之前的基本共

①陈独秀：《东西民族根本思想之差异》，1915年12月《青年杂志》第1卷第4号。

②陈独秀：《法兰西人与近世文明》，《青年杂志》1915年创刊号。

识。

对于新文化阵营的这种认识和选择，必然有人不赞同。在20世纪的中国，公开拒绝现代化的人比较少，但拒绝西化的人比较多。这种情况比较复杂，因为人们的出发点大不相同。比如，喜欢纳妾的男人要抵抗一夫一妻制，习惯打老婆的男人要拒绝男女平等，迷恋专制传统的统治者则要抵抗自由和民主。他们是清醒的，目的也很明确，所以决不全面拒绝现代化，而只是要抵抗现代化在某些方面的实现。但是，他们的话往往并不直截了当，而是采用一种策略：不反对现代文明，而是把现代文明归之于西方，把落后与先进之间的程度差异置换为东方与西方之间的国族差异，然后借用国族情感抵抗某些方面的西化。有的人与上述清醒者不同，他们不赞同新文化阵营的选择，并非因为新文化运动所张扬的现代性会损害他的特权和利益，而是往往出于某种自尊——中国文明比西方文明落后了一个时代，这使素来自大的人们心理上难以接受；或者只是由于传统观念和习惯的制约——幼时所学，世代所尊，自然都是天经地义的。但是，这些人却很容易与上述别具用心的清醒者走到一起，而且不自觉地成为前者在思想学术上的代言者。

杜亚泉也对两种文明进行了比较，但比较的结果与陈独秀的比较大不相同。在《动的文明与静的文明》中，杜亚泉认为，发源于地中海的西方商业文明是一种“动的文明”；而产生于东亚内陆的中国文明是一种“静的文明”。动的社会产生动的文明，静的社会产生静的文明。两种文明的性质完全不同，西洋重人为，中国重自然；西洋人生活是外向的，中国人生活是内向的；西洋社会多团体，中国社会无团体；西洋人重竞争，而中国人重和平。他认为两种文明各有其长短，比如，动的文明带来的物质生活的富裕，却也带来了精神的紧张；静的文明导致了物质生活的贫乏，却也有精神安闲的长处。而精神的安闲与物质的富裕，对人的幸福来说都是有价值的，所以需要的是互相调剂和补正。因此，他认为“东西文化乃性质之异，而非程度之差”，而且，两种文明是各有利弊的。由于第一次世界大战的发生，杜亚泉还认为，自欧战发生以来，西洋诸国日以其科学所发明之利器戕杀其同类，悲惨剧烈之状态，为古今中外所未有。所以，他认为应该改变对西洋文明的“盲从之态度”，以中国固有之文明“救西洋文明之弊，济西洋文明之穷”。其理由是：“西洋文明浓郁如酒，吾国文明淡泊如水，西洋文明腴美如肉，吾国文明粗粝如蔬，而中酒与肉这毒者则当以水及蔬疗之也。”[①]

陈独秀与杜亚泉都在进行文化比较，但视角与方法大不相同，努力方向完全相反：一方志在文化革新，一方意在文化保守。双方存在着深刻的分歧，冲突可谓不可避免。

二

1918年4月，杜亚泉在《东方杂志》发表《迷乱之现代人心》，对新文化的兴起深表不满，对过去的“君道臣节，名教纲常”表示了赞叹与留恋，并且希望以强有力的方式“统整”迷乱的思想文化。[②]接着，他又在《东方杂志》第15卷第6号同时发表了钱智修的《功利主义与学术》和译自日本《东亚之光》的《中西文明之评判》。因为《东方杂志》的这种举动，陈独秀于1918年9月15日在《新青年》发表长文《质问〈东方杂志〉记者》，对《东方杂志》的三篇文章提出了一系列质问。文章写法比较独特，只提出问题，而不进行正面论说，但中心突出，即“《东方杂志》与复辟问题”。因为《中西文明之评判》中引用并赞同辜鸿铭的观点，认为中国的固有伦理比西方现代伦理优越、德国的政体比美国政体优越，陈独秀质问杜亚泉是否是辜鸿铭的同志，是否赞同辜鸿铭、康有为、张勋等人的见解。因为《功利主义与学术》一文对新文化运动追随欧美不以为然，陈独秀质问：“诚如‘东方’记者之言，岂主张国人反对民权自由，反对立宪共和，不欲比隆欧美不享盛强之幸福耶?”对于功利主义，陈独秀为之辩护，并且认定“自广义言之，人世间去功利主义无善行”。陈独秀的批评洋洋洒洒，但中心非常明确：无论借用外国人的言论赞美中国固有文明，还是以传统纲常为“国基”和“国是”，或者试图以固有文明“统整”共和以来的文化“迷乱”，都意味着对民主共和的危害。[③]陈独秀之所以言辞激烈，因为他从《东方杂志》的言论中看到的是复辟的危险。

---

①伧父（杜亚泉）：《动的文明与静的文明》，1916年《东方杂志》第13卷第10号。

②伧父（杜亚泉）：《迷乱之现代人心》，1918年《东方杂志》第15卷第4号。

③陈独秀：《质问〈东方杂志〉记者》，1918年《新青年》第5卷第3号。

1918年12月，杜亚泉在《东方杂志》发表《答〈新青年〉杂志记者之质问》。这篇文章对陈独秀提出的许多问题避而未答，却对君道臣节名教纲常直言不讳："君道臣节名教纲常诸大端，记者确认为我国固有文明之基础。"[①]既然如此，杜亚泉虽然反对说"态度"，却无法逃避人们对他的态度进行考察：要建设民主共和，应该如何对待这个"固有文明之基础"？既然承认君道臣节名教纲常是固有的"国基"，又要维护这个"国基"，是否意味着维护君主专制而反对共和？事实上，杜亚泉并非有意识反对共和，而是不清楚政治制度与思想文化之间的关联。在这一点上，当时不少人都缺少清醒的认识，包括袁世凯，发布祀孔命令、维护礼教纲常，也未必是有意识对抗共和，而是没有意识到它与共和之间的矛盾。

于是，陈独秀于1919年2月15日发表《再质问〈东方杂志〉记者》。在这里，他首先声明自己的动机："记者信仰共和政体之人也，见人有鼓吹君政时代不合共和之旧思想，若康有为、辜鸿铭等，赏词而辟之，虑其谬说流行于社会，使我呱呱坠地之共和，根本动摇也。"他说，他之所以写文章质问《东方杂志》记者，是因为《东方杂志》"载有足使共和政体根本动摇之论文"。所以，"无论'东方'记者对于前次之质问如何非笑，如何责难，即驳得身无完肤，一文不值，记者亦至满意。盖以'东方'记者既不认与辜鸿铭为同志，自认非反对民权自由，自认非反对立宪共和，倘系由衷之言，他日不作与此冲突之言论，则记者质问当时之根本疑点，涣然冰释，欣慰为何如乎！"可是，杜亚泉的辩解却使他不满，因而进行了进一步的批评：杜亚泉不承认自己是辜鸿铭的同志，陈独秀指出，征引并赞同辜鸿铭的言论，自然就是辜鸿铭的同志。杜亚泉不承认自己反对民主共和，陈独秀指出，"德国政体，君主政体也；孔子伦理，尊君之伦理也"，尊孔，尊君，赞美德国政体，当然有违共和精神。杜亚泉认为，"至于文明之统整，思想之统一，决非如黑暗时代之禁遏学术，阻碍文化之谓，亦非附和雷同之谓。"陈独秀说："'东方'记者意谓：吾人在西洋学说尚未输入之时，本有圣经、贤传、名教、纲常之统一的国是，今以西洋学说之输入，乃陷入混乱矛盾，

①伧父（杜亚泉）：《答〈新青年〉杂志记者之质问》，1918年《东方杂志》第15卷第12号。

乃至国是丧失，乃至精神破产，遂至希此‘强有力主义，果能压倒一切主义主张，以暂定一时之局’。此非禁遏学术阻碍文化而何?”①

考察陈独秀与杜亚泉的论争，主要分歧集中于以下几点：

一、众所周知，新文化阵营破坏偶像，打破教条，反对文化专制主义，呼唤学术独立和思想自由。而杜亚泉却对学术独立和思想自由不感兴趣，也不喜欢思想文化的多元与自由状态。他把西方文艺复兴之后的活跃状态看作混乱，认为儒家思想统一之后的汉魏唐宋比儒家思想统一之前的春秋战国时期更好，把西方学说输入之后的思想自由和文化多元看作人心迷乱，并且留恋圣人统治下的大一统思想文化秩序，反对“创异说”，主张对思想文化进行“统整”。他说：“周公之兼三王，孔子之集大成，孟子之拒邪说，皆致力于统整者，后世大儒都绍述前资，未闻独创异说。”他认为西学输入导致了人心迷乱和精神界破产，因而希望“以强力压倒一切之主义主张”，认为“快刀斩乱麻，亦不失痛快之举”。对于所谓“强有力主义”，他说：“古人有引之者，秦始皇是也。战国时百家竞起，异说争鸣情况，殆与今日无异。焚书坑儒之暴举，虽非今日所能重演，而如此之强有力主义，实令后人有望尘莫及之叹。”②在这里，杜亚泉的思想显露了中国传统的文化专制色彩。

杜亚泉的文章涉及对思想自由的看法，涉及要不要思想文化的自由与多元。陈独秀对此当然不能认同，因而针对他的见解提出了一系列质问：“中国学术文化之发达，果以儒家统一以后之汉、魏、唐、宋为盛乎？抑以儒家统一以前之晚周为盛乎？儒家不过学术之一种，倘以儒术统一为国是、为文明，在逻辑上学术与儒术之内包外延何以定之？倘以未有独创异说为国是、为文明，将以附和雷同为文明、为国是乎？则人间思想界与留声机器有何区别？欧洲中世，史家所称黑暗时代也，此时代中耶教思想统一全欧千有余年，大与中土秦汉以来儒家统一相类。文艺复兴后之文明，诚混乱矛盾，然比之中土，比之欧洲中世，优劣如何?”③杜亚泉以维护学术统一为名，提出“统整”说。陈独秀的看法都与杜亚泉完全相反，他认为学术自由比学术统

①陈独秀：《再质问〈东方杂志〉记者》，1919年《新青年》第6卷第2号。

②同上。

③陈独秀：《质问〈东方杂志〉记者》，1918年《新青年》第5卷第3号。

一更重要，所以需要的是自由和解放而不是“统整”。

在《答〈新青年〉杂志记者之质问》中，杜亚泉为统整说进行了辩解：“至于文明之统整，思想之统一，决非如欧洲之黑暗时代之禁遏学术，阻碍文化之谓，亦非附和雷同之谓。”陈独秀指出：“所谓学术思想之统一者，乃黜百家而独尊一说，如中国汉后独尊儒术罢黜百家，欧洲中世独扬宗教遏抑学术是也。”他认为，欧洲中世纪之所以黑暗，是因为思想和学术受到了禁遏，而思想和学术之所以受到禁遏，原因就在于要求文明之统整和思想之统一。①

二、新文化运动在文化选择上的最突出的特征就是批判中国固有传统和引进西方现代文明。杜亚泉却留恋固有文明，不满于西方文明的输入。尤其是对于名教纲常，新文化阵营持激烈的否定态度，鲁迅直斥其“吃人”，吴虞说它要把中国弄成“制造顺民的大工厂”。而在杜亚泉的文章中，却对其充满留恋，把它当作天经地义的教条，并以此拒绝西方文明。他说：“吾人在西洋学说尚未输入之时，读圣贤之书，审事物之理，出而论事，则君道若何，臣节若何，仁暴贤奸，了如指掌；退而修己，则所以处伦常者如何，所以励品学者如何，亦若有规矩之可循。虽论事者有经常权变之殊，讲学者有门户异同之辨，而关于名教纲常诸大端，则吾人所以为是者，国人亦皆以为是，虽有智者不能以为非也，虽有强者不敢以为非也。”他认为西方文化的输入破坏了中国固有文明，甚至认为一些西方文化的输入“直与猩红热、梅毒等之输入无异”，是“犹望魔鬼之接引以入天堂”，为此，他发出如此诅咒：“魔鬼乎，魔鬼乎，汝其速灭！”作为一个调和主义者，他并不一般地反对文化引进，但他的设计是使外来文化融汇于中国固有文明之中。“西洋之断片的文明如满地散钱，以吾国固有文明为绳索，一以贯之。”那么，这固有文明是什么？杜亚泉念念不忘的仍然是“君道、臣节、名教、纲常”。②说到底，杜亚泉的文化主张没有超出“中体西用”。对此，陈独秀当然不能认同。

三、杜亚泉认为君道、臣节、名教、纲常是我国固有之文明，并且把它

①陈独秀：《再质问〈东方杂志〉记者》，1919年《新青年》第6卷第2号。

②伧父（杜亚泉）：《迷乱之现代人心》，1918年《东方杂志》第15卷第4号。

视为中国的“国基”。他痛心于西学的输入破坏了固有的是非标准，导致了国基丧失。所以认定“吾人今日迷途之救济，决不希望陷入混乱矛盾之西洋文明，而当希望于己国固有之文明”[①]。面对杜亚泉这种以固有纲常为国基并努力保守的选择，陈独秀无法赞同。他质问道：“请问此种文明，此种国基，倘忧其丧失，忧其破产，而力图保存之，则共和政体之下，所谓君道、臣节、名教、纲常，当作何解？为时之迷乱，谓之谋叛共和民国，不亦宜乎？”面对杜亚泉排斥西方现代文明而弘扬中国固有文明的主张，陈独秀质问道：“今后果不采用西洋文明，而以固有之文明与国基治理中国，他事之进化与否且不论，即此现行无君之共和国体，如何处置？”[②]毫无疑问，陈独秀不赞同杜亚泉把西洋现代文明视为“魔鬼”，而是把杜亚泉所推崇的固有文明看作危害共和的“魔鬼”。双方分歧的关键在于：杜亚泉担心来自西方的现代文明导致中国的“国基”丧失，因而要维护固有的“国基”；而陈独秀却恰恰为这样的“国基”阻碍民主共和的健康成长而痛苦。他要全力破坏的，正是这几千年专制政治得以维系的思想文化基础。

在当时的中国，思想文化态度如杜亚泉者是相当普遍的。他们并不完全排外，而且尽力输入西洋学说，但输入西洋的学说，是要使之融入中国固有文明。用鲁迅的话说：“换几句话，便是学了外国本领，保存中国旧习。本领要新，思想要旧。要新本领旧思想的新人物，驮了旧本领旧思想的旧人物，请他发挥多年经验的老本领。一言以蔽之：前几年谓之‘中学为体，西学为用’，这几年谓之‘因时制宜，折中至当’。”[③]这涉及是用中国固有文明去统整来自西方的现代文明，还是用现代文明去改造固有文明的问题。对于致力于中国现代化的陈独秀等人来说，当然要抵抗与现代化背道而驰的一切努力。

①伧父（杜亚泉）：《迷乱之现代人心》，1918年《东方杂志》第15卷第4号。

②陈独秀：《质问〈东方杂志〉记者》，1918年《新青年》第5卷第3号。

③《鲁迅全集》第1卷，人民文学出版社1981年，第336页。

三

考察这场论战，不难发现双方在认识上的一个重要分歧：固有文明与共和政治是否可以共存？陈独秀的基本认识是：政治制度与思想文化密切关联，要共和政治，就不能不清理专制思想。中国的固有文明在根本上是与专制传统骨肉相连的，因此，只要真心拥护民主共和，就应该批判中国的固有文明。这是新文化阵营的一种基本见解，新文化运动之所以发生，正是缘于这样一种思路，即以思想文化上的革命保卫民主共和这一政治革命的伟大成果。在杜亚泉那里，二者却似乎可以共存，并无互不相容的矛盾。

一场划时代的政治革命过去之后，必然会有思想文化上的新旧争夺。辛亥革命之后，中国的思想文化领域事实上进行着一场新旧争夺战。在最初的争夺中，新势力并不占有主动地位。原因很简单，政治上的失败者在思想文化上往往更加主动。比如康有为，本来的目标是保皇，但革命已经发生，民国已经建立，保皇成了一种梦想，但是，他没有因为理想的破灭而放弃努力，而是一方面决不放弃保皇之梦，一有机会就把皇帝重新扶出来；一方面退而求其次：保皇不成，坚持保教。正因为这样，从辛亥革命成功到袁世凯复辟，思想文化领域出现的主要潮流不是与新生的共和国同步前进，而是与民主共和精神背道而驰的守旧潮流。直到新文化运动兴起，才出现了与之抗衡的力量。在这一点上，陈独秀是清醒而自觉的。

1917年5月1日，陈独秀在北京神州学会演讲。在他之前演讲的是李石曾，讲的题目是《学术之进化》。李石曾认为由君主到民主，是政治进化的趋势，所以，对此可以抱乐观态度。陈独秀认为，李石曾未免过于乐观了，中国的共和国体是否还要经历波动，实在不敢乐观。他说："我们中国多数国民口里虽然是不反对共和，脑子里实在装满了帝制时代的旧思想，欧美社会国家的文明制度，连影儿也没有。所以口一张，手一伸，不知不觉都带君主专制臭味；不过胆儿小，不敢像筹安会的人，堂堂正正地说将出来，其实心中见解，都是一样。"因此，他甚至认为袁世凯要做皇帝并不是妄想，因为袁世凯知道多数人还是相信帝制而不相信共和。他说："数年以来，创造共和、再造共和的人物，也算不少。说良心话，真心知道共和是什么，脑子里不装着帝制时代旧思想的，能有几人？……现在袁世凯虽然死了，袁世凯所利用的倾向君主专制的旧思想，依然如故。要帝制不再发生，民主共和可以安稳，我看比登天还难！如今要巩固共和，非先将国民脑子里所有反对共和的旧思想，一一洗刷干净不可。因为民主共和的国家组织、社会制度、伦理观念，和君主专制的国家组织、社会制度、伦理观念全然相反，一个是重在平等精神，一个是重在尊卑阶级，万万不能调和的。若是一面要行共和政治，一面又要保存君主时代的旧思想，那是万万不成。而且此种'脚踏两只船'的办法，必至非驴非马，既不共和，又不专制，国家无组织，社会无制度，一塌糊涂而后已！"①

他的这些话并非没有根据。因为生活中到处都是这样的事：政府考试文官，出的居然是这样的题目："上天下泽，履君子以辨上下，定民志"；"百姓足，君孰与不足"；"学则三代共之，皆所以明人伦也，人伦明于上，小民亲于下"。陈独秀说："不知道辨的是什么上下？定的是什么民志？不知道共和国家何以有君？又不知道共和国民是如何小法？孟子所谓人伦，是指忠君、孝父、从夫为人之大伦。试问民主共和的国家组织、社会制度、伦理观念，是否能容这'以君统民，以父统子，以夫统妻'不平等的学说？"国会议员居然大声疾呼，主张孔教入宪。陈独秀说："按孔教的教义，乃是教人忠君、孝父、从夫。无论政治伦理，都不外这种重阶级尊卑三纲主义。……若是用此种道理做国民的修身大本，不是教他拿孔教修身的道理来破坏共和，就是教他修身修不好，终久要做乱臣贼子。我想主张孔教加入宪法的议员，他必定忘记了自己是共和民国的议员，所议的是共和民国的宪法。"虽然是革命已经发生，共和国已经建立，但在社会生活中，到处都是君主专制时代的恶习。"城里人家大门对联，用那'恩承北阙''皇恩浩荡'字样的，不在少处。乡里人家厅堂上，照例贴一张'天地君亲师'的红纸条，讲究的还有一座'天地君亲师'的牌位。"正因为这样，陈独秀说："我们要诚心巩固共和国体，非将这班反对共和的伦理文学等等旧思想，完全洗刷得干干净净不可。否则不但共和政治不能进行，就是这块共和

①陈独秀：《旧思想与国体问题》，1917年《新青年》第3卷第3号。

的招牌，也是挂不住的。”①

共和国建立之后，中国社会存在的重大冲突之一就是新制度与旧文化的冲突。在这种冲突面前，一直存在两种不同的态度：一些人试图改变新制度而使之适应旧文化，甚至不惜恢复帝制；一些人努力改变旧文化而使之适应新制度，为此而不惜反传统。前者的代表是袁世凯、张勋、康有为和筹安会诸人，后者的代表就是陈独秀、胡适、鲁迅、钱玄同等构成的新文化阵营。杜亚泉是调和主义者，置身于二者之间。这使他事实上面对一个难题：现代政体与固有文明是否能够并存？民主共和制度是否能够在几千年专制传统的“国基”上健康生长？在陈独秀等人看来，名教纲常是中国专制统治的基础，只要这样的“国基”不破，新的统治者就仍然是皇帝，民主共和就不会真正实现。所以，为了共和国健康成长，他们致力于思想文化和所谓“国基”的改造。而杜亚泉所处的调和立场，却使他必然要另辟途径，不承认现代国体与固有文明之间的矛盾。

于是，“古已有之”这种常见的思路被派上了用场。杜亚泉说：“共和政体，决非与固有文明不相容者，民视民听，民贵君轻，伊古以来之政治原理，本以民主主义为基础，政体虽改，而政治原理不变，故以君道臣节名教纲常为基础之固有文明，与现时之国体，融合而会通之，乃为统整文明之所有事。”②杜亚泉如果明白，就应该知道这样的回答的确是错了。由此暴露的，是他对民主政治的确所知甚少，基本不清楚民主是什么，因而把“民视民听”“民贵君轻”当成了民主，而且一厢情愿地认为自古以来的政治原理就是民主主义。这当然有点贻笑大方。面对杜亚泉的如此言论，陈独秀指出：“呜呼！是何言耶？夫西洋之民主主义（Democracy）乃以人民为主体，林肯所谓‘由民（by people）而非为民（for people）’者，是也。所谓民视民听，民贵君轻，所谓民为邦本，皆以君主之社稷——即君主祖遗之家产——为本位。此等仁民爱民为民之民本主义，皆自根本上取消国民之人格，而与以人民为主体，由民主主义之民主政治，绝非一物。倘由‘东方’

①陈独秀：《旧思想与国体问题》，1917年《新青年》第3卷第3号。

②伧父（杜亚泉）：《答〈新青年〉杂志记者之质问》，1918年《东方杂志》第15卷第12号。

记者之说，政体虽改而政治原理不变，则仍以古时之民本主义为现代之民主主义，是所谓蒙马以虎皮耳，换汤不换药耳。毋怪乎今日之中国，名为共和而实不至也。”①

在中国古代典籍中，的确有民本思想，但绝无民主思想，更没有“民主主义”。所谓中国古代的民本思想，主要有三句话：第一句出自《尚书·五子之歌》：“民惟邦本，本固邦宁。”第二句出自《尚书·泰誓》：“天视自我民视，天听自我民听。”第三句出自《孟子·尽心下》：“民为贵，社稷次之，君为轻，是故得乎丘，民而为天子。”这都说明民之重要，但都与民主无关。民之重要，在于《尚书·五子之歌》所说“予临兆民，懔乎若朽索之驭六马，奈何不敬”；在于民者水也，可载舟，亦可覆舟；在于得民心者可能得天下，而失民心者可能失天下；在于君主离不开百姓的供养。将民本与民主相混淆，直到今天也仍然是我们周围常见的现象。对于杜亚泉来说，出现这样的问题不难理解，因为他的政治学知识毕竟有限。但是，作为一种学术见解，这大概是那些极力为杜亚泉鸣不平的人也无法为之辩护的。如果有意要把“民主”置换为“为民做主”，那就是另外的问题了。

陈独秀与杜亚泉的论争已经过去半个多世纪。在论战中，陈独秀的言论并非句句恰当，一些说法的确让人不敢恭维。但是，关于这场论争，是非曲直却不难判断。作为共和国的卫士，陈独秀在当时的努力与蔡锷将军的护国壮举具有同样的意义。无论怎样反省激进主义，都必须首先承认这一历史事实。

①陈独秀：《再质问〈东方杂志〉记者》，1919年《新青年》第6卷第2号。

新文化运动为何“覆孔孟”？

五四新文化运动因“覆孔孟”而常受非议，但他们为什么要激烈地反孔？却一直缺少认真的清理。本文认为，新文化阵营反对孔教入宪，旨在捍卫思想和信仰的自由，维护公民的平等权利。他们认为孔教与帝制不可分割，而与共和绝不相容，尊孔涉及要民主共和还是要君主专制的问题。他认为孔子之道不适于现代生活，有违个人独立和人权平等的原则。陈独秀等人并不否认孔子之道在历史上的功能，也不否认它能维系世道人心，但他不能容忍这种维系继续下去，因为他所向往的是不同于传统的世道人心和不打折扣的现代社会秩序。

对于五四新文化运动的反孔之举，无论过去还是今天，都有人不以为然，甚至极为反感。在20、21世纪之交，孔子的香火灭而复燃，越来越旺，大成殿年年举行隆重的祭典，峨冠博带，三叩九拜，加上新编的仿古乐舞，在吸引着外国游人的同时也对新一代进行着教育和引导。五四新文化运动的倡导者们曾经痛心于思想文化变化之慢，但新的经验证明，思想文化的变化有时也快，有一句流行的话是“三十年河东，三十年河西”，其实用不了三十年，只要有足够的舆论力量，一代大脑的流行色很快就可以制造出来。在这种背景上成长的一些年轻学者已经很难理解五四新文化运动。在一些人那里，尊孔似乎是天经地义，而反孔简直不可思议，陈独秀、胡适、鲁迅、钱玄同和吴虞等人都成了怪物。面对五四新文化运动，虽然断然否定者至今仍然是极少数，一般的表达都用“虽然……但是……”的句式，但面对当年批孔的行为，人们似乎已经无需思索，就可以扔下一个断语：“过激。”

然而，接下来的问题却无法回避：陈独秀、胡适、鲁迅等人都疯了吗？精神不正常吗？如果不然，他们为什么要那样激烈地反孔？事实上，只有认真回答这个问题，并弄清他们的思想逻辑，才可以避免做出轻率的判断。

一

从道理上讲，“覆孔孟”是新文化运动的题内之义。当时的中国正处于一个特殊的历史阶段，一场伟大的革命使中国的政治制度从前现代跨入现代，而文化的变革却不可能随着政治变革的脚步同时完成。从一般意义上说，政治上的变革并不要求文化也与之同时变革，但辛亥革命所进行的政治变革却远远不同于此前中国两千多年历史上的改朝换代，而是意味着中国社会要从帝国进入民国，从帝王专制的前现代社会进入民主共和的现代社会。这是一次真正具有划时代意义的社会变迁。这种变迁不仅要求政治制度的改变，而且要求思想观念和价值系统的全面变革。对于一个古老的民族来说，建构新的价值系统不是一件容易事，因为建设需要空间。虽然人的头脑空间很大，被开发利用的只是极小一部分。但作为经过个人社会化而生活于某种传统中的人，即使知识少得可怜，其头脑都已被某种系统占据，形成了它的构架和运行路径。在这种情况下，新思想如果只是碎片，是容易被吸纳的；但如果作为整体，却没有场地可以着陆。这就像电脑，它是经过格式化的。对于外来的系统，它可能兼容，也可能不兼容，只要不兼容，就无法正常运行。如果要装入新的系统，就需要重新格式化。辛亥革命之后，新生的共和国面对种种问题，其根本就在于现代的政治制度与前现代的文化传统“不兼容”。在这种情况下，可以有两种不同的选择：一是以中国传统为本位改造民主共和制度；一是以共和制度为本位改造中国传统。新文化阵营选择了后者，立足于保卫民主共和，致力于思想文化革命。所谓新文化运动，也就是要对中国人的精神重新进行格式化。因此，孔子之道不能不首当其冲。

然而，尽管辛亥革命前就有人对孔子之道开始了批判，但辛亥革命之后的“反孔”运动并非新文化阵营主动发起的。众所周知，革命之后中国展开了一场文化上的争夺战，主动出击的是政治较量中的失败者。比如康有为，随着革命的发生，他的政治理想破灭了，因而退而求其次，守卫文化阵地。在其开始，革命者反应非常迟钝，完全处于被动地位。直到复辟的闹剧上演，人们才意识到这场文化争夺的重要性。更引人注目的是，复辟失败之后，其政治上的势力已经如过街老鼠，而文化上的势力却仍然大行其道，没有放弃他们的努力。袁世凯准备称帝时曾下祀孔令，并在宪法中加进了尊孔的条文。袁氏称帝失败之后，国会提出删除宪法中的尊孔条文，内务部也决定取消跪拜礼。一些人却仍然要维护尊孔条文和跪拜礼。康有为在1916年9月20日在《时报》发表致总统总理书，主张“以孔子为大教，编入宪法，复祀孔子之跪拜明令”。这封信引起了陈独秀的重视，因而写了《驳康有为致总统总理书》。文章开头写道：“南海康有为先生，为吾国近代先觉之士，天下所认同。吾辈少时，读八股，讲旧学，每疾视士大夫习欧文谈新学者，以为皆洋奴，名教所不容也；前读康先生及其徒梁任公之文章，始恍然于域外之政教学术，粲然可观，茅塞顿开，觉昨非而今是。吾辈今日得稍有世界知识，其源泉乃康梁二先生之赐。是二先生维新觉世之功，吾国近代文明史所应大书特书者矣。”在这里，我们可以看到陈独秀对康、梁的感情。作为曾因替康有为辩护而被视作“孔教罪人”的昔日学子，并没有忘记当年的精神导师，可是，面对康有为眼下的表现，陈独秀却无法认同，他不能不发起批判了。他说：“中国帝制思想，经袁氏之试验，或不至死灰复燃矣，而康先生复于别尊卑、重阶级、事天尊君、历代民贼所利用之孔教，锐意提倡，一若唯恐中国人之‘帝制根本思想’或至变异者。”[①]陈独秀首先反对的，是康有为欲尊孔教为国教的企图。孔子学说与“教”相联，最先称为“儒教”。“儒教”一词出现于东汉，但在相当长的时间里，中国文人并没有深究这个“教”应该解释为“教化”，还是应该解释为“宗教”。近代以来，西方宗教的传播对中国本土文化形成有力冲击，为了抵制西方宗教，“孔教”一词开始流行。康有为意识到西方宗教对中国传统的威胁，因而努力把儒学变为宗教。这种做法正如他把孔子学说解释为变法哲学一样勉强，但他一直为之努力。就此而言，康有为可谓用心良苦。但是，他的大一统思想却使他不满足于设教于民间，而是要立孔教为国教。这就不能不引起陈独秀们

①陈独秀：《驳康有为致总统总理书》，1916年《新青年》第2卷第2号。

的反击了。

陈独秀首先否认孔教是宗教。他说：“孔教绝无宗教之实质与仪式，是教化之教，非宗教之教。”如果一定要立孔教为国教，则是“平地生波，惑民诬孔”。根据他的看法，“宗教实质，重在灵魂之救济，出世之宗也。孔子不事鬼，不知死，文行忠信，皆入世之教，所谓性与天道，乃哲学，非宗教。”在答俞颂华的信中，他曾进一步申明：“宗教之根本作用，重在出世间，使人生扰攘之精神有所寄托耳。倘以规定人生之行为为义，则属入世间教，与伦理道德为枝骈，宗教之为物，将于根本上失其独立存在之价值矣。”①

进一步的问题是：即使孔教是宗教，是否就可以写入宪法？事实上，这是陈独秀更为关心的问题。因为它涉及现代社会信仰自由和思想自由的原则。按照现代社会信仰自由的原则，有人信仰孔教，正如有人信仰佛教或基督教一样，也应该受到宪法保护。但是，如果把孔教写入宪法，情况就不同了，正如陈独秀所指出的：在中国人中，佛教信徒最多，除此之外，还有耶、回二教，信徒遍布国中。在这种情况之下，如果说不尊孔即是无教，显然忽略了其他宗教的存在；如果立孔教为国教，则无异是对其他宗教的歧视和压迫，有违现代国家信仰自由和人权平等的原则。因此，陈独秀对康有为的论调进行了反复批驳。在《驳康有为致总统总理书》中，他强调指出：“信教自由，已为近代政治之原则。……康先生蔑视佛道耶回之信仰，欲以孔教专制于国中，吾故知其得于近世文明史政治史之知识必甚少也。”②在《宪法与孔教》一文中，陈独秀又质问道：“蔑视他宗，独尊一孔，岂非侵犯宗教信仰之自由乎?”陈独秀所反对的，是孔教通过宪法而获得独尊的地位；他所捍卫的，是公民信仰自由的权利。陈独秀指出：即使外来宗教不算，在中国固有的三教九流中，儒教也只是其中一种。如果宪法蔑视其他宗教而独尊孔教，“效汉武之术，罢黜百家，独尊孔氏，则学术思想之专制，其湮塞人智，为祸之烈，远在政界帝王之上。”他进一步指出，如果孔教会仅是私人团体，立教于社会，国家当然应该像尊重其他宗教一样尊重信仰自

①陈独秀：《答俞颂华》，1917年《新青年》第3卷第1号。

②陈独秀：《驳康有为致总统总理书》，1916年《新青年》第2卷第2号。

由，但是，“今乃专横跋扈，竟欲以四万万人各教信徒共有之国家，独尊祀孔氏，竟欲以四万万人各教信徒共有之宪法，独规定以孔子之道为修身大本。呜呼！以国家之力强迫信教，欧洲宗教战争，殷鉴不远。”当然，以国家之力强迫信仰某种信教，也未必导致宗教战争，因为战争的发生需要双方都有相当的力量，只要一方力量足够强大，异教徒无论受何种压制，战争也无从发生。尤其是在中国，并不存在为信仰而战的传统。从这个意义上说，陈独秀的说法未免有点言过其实。但是，民主共和国的宪法独尊某教，其他教派的确有理由不满和反抗。陈独秀的警告并非没有意义。陈独秀提醒人们：“盖宪法者，全国人民权利之保证书也，决不可杂以优待一族、一教、一党、一派之作用。……况挟堂堂国宪，强全国之从同，以阻思想信仰之自由，其无理取闹，宁非奇谈！”①

陈独秀还特别强调指出了尊孔教为国教的后果：一、“假令定孔教为国教，则总统选举法及官吏任用法，必增加异教徒不获当选一条。否则，异教徒之为总统官吏者，不祀孔则违法，祀孔则叛教，无一是处。又如学校生徒之信奉佛、道、耶、回各教者，不祀孔则违背教规，祀孔则毁坏其信仰，亦无一是处。”二、“以宪法而有尊孔条文，则其余条文，无不可废；盖今之宪法，无非采用欧制，而欧洲法制之精神，无不以平等人权为基础。吾见民国宪法草案百余条，其不与孔子之道相抵触者，盖几稀矣，其将何以并存之?”也就是说，孔子之道与共和国宪法是冲突的，只要加入尊孔的条文，宪法就可能成为一张废纸。

在新制度尚未扎根之际，破坏它非常容易。把孔教写入宪法，很容易使许多涉及现代国家原则的条文都成为空话。为此，致力于中国现代化的新文化阵营当然要竭力反对。他们反对孔教入宪，也就是反对孔教通过宪法而获得独尊的地位，维护现代社会的平等原则，反对国家以国教侵犯人权。他们所捍卫的，是思想的自由和信仰的自由，是不同信仰的公民在一个现代国家应该拥有的平等权利。

---

①陈独秀：《宪法与孔教》，1916年《新青年》第2卷第3号。

二

陈独秀等反对立孔教为国教，反对在宪法中保留尊孔的条文，不仅因为它有违信仰自由的原则，同时也因为孔教与帝制的关系。

陈独秀认为：“儒者三纲之说，为一切道德政治之大源。君为臣纲，则民于君为附属品，而无独立自主之人格矣；父为子纲，则子于父为附属品，而无独立自主之人格矣；夫为妻纲，则妻于夫为附属品，而无独立自主之人格矣。率天下之男女，为臣，为子，为妻，而不见有一独立自主之人者，三纲之说为之也。缘此而生金科玉律之道德名词，曰忠，曰孝，曰节，皆非推己及人之主人道德，而为以己属人之奴隶道德也。”①他认定孔子之道的特点是“别尊卑，重阶级，主张人治”，儒家三纲是“制造专制帝王之根本恶因”，并由此得出结论：“孔教与帝制，有不可离散之因缘；……主张民国之祀孔，不啻主张专制国之祀华盛顿与卢梭!”②“吾国思想界不将此根本恶因铲除净尽，则有因必有果，无数废共和复帝制之袁世凯，当然接踵应运而生。”③

在他看来，孔教与帝制是紧密结合的，而与共和却无法相容。在张勋和康有为倡导尊孔之时，国内少有公开反对者，陈独秀却通过种种迹象而感到共和制度已经不稳。事实被他不幸而言中，复辟闹剧终于上演。当张勋复辟失败之后，人们为之欢欣鼓舞。陈独秀却忧心忡忡，因为他感到张勋复辟虽然失败，而共和国却未必能够久存，原因是尊孔论依旧盛行于中国。他说：“孔教与共和乃绝对两不相容之物，存其一必废其一，此意愚屡言之。张、康亦知之，故其提倡孔教必掊共和，亦犹愚之信仰共和必排孔教。盖以孔子之道治国家，非立君不足以言治。”他认为：“孔子之道，以伦理政治忠孝一贯，为其大本，其他则枝叶也。故国必尊君，如家之有父。荀、董以后所述尊君之义，世或以为过当，非真孔道，而孟轲所言，不得谓真孔道也。

①陈独秀：《一九一六年》，1916年《新青年》第1卷第5号。

②陈独秀：《驳康有为致总统总理书》，1916年《新青年》第2卷第2号。

③陈独秀：《袁世凯复活》，1916年《新青年》第2卷第4号。

孔、孟论政，纯以君主贤否卜政治之隆污，故曰：‘君仁莫不仁，君义莫不义，君正莫不正，一正君而国定矣。’……”他引经据典，从孔门弟子的学说到孔子尊崇的典籍，以大量证据说明孔教与帝制的关系。在他看来，儒家经典之中，无论孔孟语录，还是《尚书》《易经》《春秋》，都在宣扬着“抑民尊君”，巩固着尊卑秩序。他由此得出结论：“主张尊孔，势必立君；主张立君，势必复辟，理之自然，无足怪者。”“若尊孔而不主张复辟，则妄人也，是不知孔子之道者也。去君臣之大伦，而谬言尊孔，张、康闻之，必字之曰‘逆’。”①

这就是陈独秀关于孔教与帝制的言论，其要点有三：一、孔教与帝制，有不可离散之因缘；二、孔教与共和乃绝不相容之物；三、主张尊孔，势必立君；主张立君，势必复辟。他说：“吾人倘以为中国之法，孔子之道，足以组织吾之国家，支配吾之社会，使适于今日竞争世界之生存，则不徒共和宪法为可废，凡十余年来之变法维新，流血革命，设国会，改法律，（民国以前所行之大清律，无一条非孔子之道）及一切新政治，新教育，无一非多事，且无一非谬误，应悉废罢，仍守旧法，以免泛滥吾人之财力。”否则，“欲建设西洋式之新国家，组织西洋式之新社会，以求适今世之生存，则根本问题，不可不首先输入西洋式社会国家之基础，所谓平等人权之新信仰，对于与此新社会新国家新信仰不可相容之孔教，不可不有彻底之觉悟，猛勇之决心；否则不塞不流，不止不行！”②

这里的问题是：我们究竟要一个什么样的国家，要一个什么样的社会？是要民主共和还是要君主专制？陈独秀不愿看到君主专制的复辟，不愿看到民主共和的流产。因此，他所领导的新文化运动别无选择，当然要推倒孔子这尊偶像。

三

新文化运动对孔子之道进行重估，另一个关键点是孔子之道是否适宜于

①陈独秀：《复辟与尊孔》，1917年《新青年》第3卷第6号。

②陈独秀：《宪法与孔教》，1916年《新青年》第2卷第3号。

现代生活？他们的回答非常明确：孔子之道不适于现代生活。

他们首先思考的是孔子之道与社会平等之间的关系。现代文明的标志之一是法律面前人人平等，而孔教却是别尊卑、明贵贱、重阶级，剥夺一部分人的权利而保障另一部分人的特权。对此，陈独秀有比较清晰的揭示。在《宪法与孔教》中，他说：“西洋所谓法制国者，其最大精神，乃为法律之前，人人平等，绝无尊卑贵贱之殊。虽君主国亦以此为立宪之正轨，民主共和，益无论矣。”孔教却与此相去甚远，它教“忠”，教“孝”，教“从”，所培养和造就的，“皆片面之义务，不平等之道德，阶级尊卑之制度”。

有人认为三纲五常并非孔子原意。对此，陈独秀进行了认真的辨析。他认为“儒教之精华曰礼”，“礼”是什么？他从儒家经典中找出了一系列依据：“夫礼者，所以章疑别微，以为民坊者也，故贵贱有等，衣服有别。”“天无二日，土无二王，家无二主，尊无二上，示民有君臣之别也。”“非礼无以节事天地之神也，非礼无以辨君臣上下长幼之位也。”“夫礼者，所以定亲疏，决嫌疑，别同异，明是非也。”“君臣上下，父子兄弟，非礼不定。”……他说：“孔子生长封建时代，所提倡之道德，封建时代之道德也；所垂示之礼教，即生活状态，封建时代之礼教，封建时代之生活状态也；所主张之政治，封建时代之政治也。封建时代之道德、礼教、生活、政治，所心营目注，其范围不越少数君主贵族之权利与名誉，于多数国民之幸福无与焉。何以明之？儒家之言：社会道德与生活，莫大于礼；古代政治，莫重于刑。而《曲礼》曰：‘礼不下庶人，刑不上大夫。’此非孔子之道及封建时代精神之铁证也耶?”[①]他告诉人们，“礼”的根本就在于别尊卑，明贵贱，维护宗法社会的等级秩序。因此，若尊孔教，社会就无法平等。

除此之外，他们还认为孔子之道有碍个人的独立。对此，陈独秀从不同的角度进行了论述。他说：“现代生活，以经济为之命脉，而个人独立主义，乃为经济学生产之大则，其影响遂及于伦理学。故现代伦理学上之个人人格独立，与经济学上之个人财产独立，互相证明，其说遂至不可摇动；而社会风纪，物质文明，因此大进。中土儒者，以纲常立教。为人子为人妻者，既失个人独立之人格，复无个人独立之财产。父兄畜其子弟，子弟养其父兄。《坊

①陈独秀：《孔子之道与现代生活》，1916年《新青年》第2卷第4号。

记》曰：‘父母在，不敢有其身，不敢私其财。’此甚非个人之道也。”[①]

保障个人的自由、尊严和权利，是现代文明的又一重要标志。无论国家、社会还是家庭，都必须保障个人的权利。而个人权利的获得，首先需要尊重人格的独立。如果遵循孔教纲常，个人独立就无法实现。陈独秀指出：妇女参政是现代社会妇女生活的重要内容，律以孔教，则“妇人者，伏于人也”，“女不言外”，参政显然有失妇道；男女交际为现代社会生活所必需，律以孔教，则“男女不杂坐”，“嫂叔不通问”，“男女不同席，不共食”，男女社交，岂不有违礼教？……无论是为子者还是为妻者，要独立自主，都与孔教的要求大相径庭。

一方面是孔子所倡导的礼教秩序，一方面是个人的独立、自由和权利，现代人应该选择什么？众所周知，《新青年》集团选择了后者。新文化运动的目标是个人的独立、自由、尊严和权利。为了这个目标，他们无法让孔子之道干扰和延缓现代生活的实现。

四

一些人之所以主张尊孔，是因为他们认为孔子之道可以维持世道人心，防止社会失序和道德失范。他们认为，两千多年来，中国的社会秩序一直依靠孔子之道在维系，若不尊孔，必致大乱，甚至国将不国。最先发表如此言论的是康有为。面对共和之后的社会现实，他的看法是道德堕落、世风日下；而之所以如此，回答是皆因不尊孔子之故。这涉及几个相互联系的问题：一是对革命之后社会现实的基本评价；二是对于社会混乱的认识；三是应该用什么来维系世道人心。

面对“世风日下”的看法，陈独秀表达了不同的见解。他说：“吾国民德之不隆，乃以比较欧美而言。若以古代风俗人心，善于今日，则妄言也。”[②]在陈独秀的思想中，这是一个重要的见解，体现了他对固有文明历史的认识。在他看来，当时中国的世道人心虽然不好，但并没有比过去变得更

①陈独秀：《孔子之道与现代生活》，1916年《新青年》第2卷第4号。

②同上。

坏。他争辩说："风俗人心之坏，莫大于淫杀。此二者古今皆不免，而古甚于今。……古之宫廷秽乱，史不绝书，防范之策，至用腐刑。此等惨无人道之事，今日尚有之乎?"与康有为的看法相反，他认为中国社会非但没有世风日下，而且自"共和思想流入以来，民德犹为大进"。他提出的证据首先是黄花岗七十二烈士："为国就义，扶老助幼，举止从容。至今思之，令人垂泪！中国前史，有此美谈乎?"然后是纷乱中的民国政要："袁氏称帝，冯、段诸公，竟不以私交废公义；唐、蔡、岑、陆，均功成不居。此事在欧美日本为寻常，而为中国古代军人所罕有。"[①]

评价世道人心的好与坏，关键在于价值尺度。由于价值尺度不同，面对同样的事实，评价却截然不同。比如，面对议会的激烈争论，具有现代政治意识的人们会认为那是自由和民主的体现，习惯于专制和独裁的人们却会嘲笑它的混乱；面对男女同校和恋爱自由，有人为之欢欣鼓舞，有人则认为伤风败俗；面对娜拉的出走，有人赞美她的觉醒和勇气，有人也会认为有失妇道，应该被抓回来沉塘。在新旧交替的变革时期，人们的分歧常常是不同价值尺度的分歧。面对同样的社会现实，康有为为之痛心，陈独秀却要为之欢呼。因为双方所要的大不相同，康有为眼里的所谓礼崩乐坏，在陈独秀等人看来，正是文明的发展和道德的进步。陈独秀在《孔子之道与现代生活》的结尾写道："浅人所目为今日风俗人心之最坏者，莫过于臣不忠，子不孝，男不尊经，女不守节。然是等谓之不尊孔则可，谓之为风俗人心之大坏，盖未知道德之为何物。"[②]

社会需要秩序，这是任何人都不会否认的。但是，秩序与秩序不同，混乱也与混乱不同。如果本来是一个良好而合理的秩序，被打乱之后走向不合理，那是可悲的；如果本来是一个不合理的秩序，比如残暴统治之下的秩序，被打乱之后走向民主，那是可喜的。这里的关键在于固有的秩序怎么样，打乱之后向着什么方向走。而且，民主共和国所要求的秩序不同于专制帝国的秩序。所谓历史的大变革，说到底就是社会生活秩序的变革。在新旧转换之际，旧秩序已经崩溃，新秩序尚未建立，必然出现秩序的混乱。对于

①陈独秀：《孔子之道与现代生活》，1916年《新青年》第2卷第4号。

②同上。

过渡时期的秩序混乱，站在不同的立场上会有不同的认识，也会有不同的重整方向，用什么东西维系世道人心，便有不同的选择。陈独秀的态度非常明确："吾人宁取共和民政之乱，而不取王者仁政之治。"[①]

正因为这样，他不会赞同让孔孟之道继续维系世道人心。他认为："宗法社会之奴隶道德，病在分别尊卑，课卑者以片面之义务，于是君虐臣，父虐子，姑虐媳，夫虐妻，主虐奴，长虐幼。社会上种种之不道德，种种罪恶，施之者以为当然之权利，受之者皆服从于奴隶道德下而莫之能违，弱者多衔怨以殁世，强者则激而倒行逆施矣。以此种道德，支配今日之社会，维系今日之人心，欲其不浇漓堕落也，是扬汤止沸耳，岂但南辕北辙而已哉！"[②]他认为，道德是随着历史的发展而发展的，是随着时代的变化而变化的。"旧社会之道德不适于今世者，莫如尊上抑下，尊长抑幼，尊男抑女。旧社会所谓不道德者，乃不尊其所尊，抑其所抑者耳，未必有何罪恶可言(如妇人再醮之类)。吾人今日所应尊行之真理，即在废弃此不平等不道德之尊抑，而以个人人格之自觉及人群利害互助之自觉为新道德，为真道德。"[③]

值得指出的是，陈独秀并不否认孔教是国粹，也不否认它能够维系世道人心，而是他不能容忍这种维系继续下去。这涉及对固有文明的认识，在陈独秀、胡适、鲁迅等人看来，无论"想做奴隶而不得的时代"还是"暂时做稳了奴隶的时代"，都是不值得维系的；无论"狼子村文明""未庄社会秩序"，还是阿Q精神所显示的道德和人心，也都是不需要维系的。他们向往的是不同于固有传统的新的社会秩序和世道人心。陈独秀曾反复说明："夫孔教之为国粹之一，而影响于数千年来之社会心理及政治者最大，且为当时社会之名产，此均吾人所应绝对承认者。惟吾人今日之研究，乃孔教果能实行于今世而有益与否之问题。果能实行而有益于今之社会，则数千年之国粹，吾人亦何忍无故废弃之？"[④]也就是说，反对孔教，不是因为它古老，也不是因为它陈旧和腐朽，恰恰相反，而是由于它仍然富于生机，对国人的精

①陈独秀：《答常乃德》，1916年《新青年》第2卷第4号。

②陈独秀：《答傅桂馨》，1917年《新青年》第3卷第1号。

③陈独秀：《答I.T.M》，1917年《新青年》第3卷第2号。

④陈独秀：《答常乃德》，1917年《新青年》第3卷第2号。

神仍然具有巨大影响力，因而有碍于现代生活。

对于历史事物，人们很容易走向两个相反的误区：一是因为“老”与“旧”而盲目否定之，好像后人就一定超过前人，古老就意味着落后；二是因为“老”与“旧”而盲目守护之，好像历史悠久就是资本，无论好坏，只要是历史形成的，就神圣不可侵犯了。传统的中国人倾向于后者。孔子之道的确影响深远，已经化入民族的血脉，但是，因此就不可改变吗？在答俞颂华的信中，陈独秀说：“来书意谓数千年历史上有力之孔教，为吾国精神上无形统一人心之具，不必汲汲提倡废弃。是说也，乃保存孔教者所持最能动人之理由，亦即鄙人所以主张孔教必当废弃之理由。”①在这里，他承认孔教的确是几千年来统一人心之具，但是，在康有为等人那里孔教应该尊崇的理由，在他这里恰恰是必须废弃的理由。这是陈独秀对问题的集中回答：

> 孔教为吾国历史上有力之学说，为吾人精神上无形统一人心之具，鄙人皆绝对承认之，而不怀丝毫疑义。盖秦火以远，百家学绝，汉武独尊儒家，厥后支配中国人心而统一者，惟孔子而已。以此原因，二千年来讫于今日，政治上、社会上、学术思想上，遂造成如此之果。设若中国自秦汉以来，或墨教不废，或百家并立而竞进，则晚周即当欧洲之希腊，吾国历史必与已成者不同。好学深思之士，谅不河汉斯言。及今不图根本之革新，仍欲以封建时代宗法社会之孔教统一全国之人心，据以往之成绩，推方来之效果，将何以适应生存于二十世纪之世界乎？吾人爱国心尚不为爱孔心所排而去，正应以其为历史上有力之学说，正应以其为吾人精神上无形统一人心之具，而发愤废弃之也。②

任何人都知道，已形成的历史是任何人都无能为力的存在。但是，过去的一切无法改变，就意味着它天然合理吗？用鲁迅的话说，就是“从来如此，就对吗？”③在古老的制度、规范、习惯和精神产品中，一些东西可能很

---

①陈独秀：《答俞颂华》，1917年《新青年》第3卷第1号。

②同上。

③《鲁迅全集》第1卷，人民文学出版社1981年，第428页。

好，一些东西可能不好；一些东西可能在产生的时候是好的、有益的，而后来却成了不好的、有害的；而一些东西可能在产生的时候就源自邪恶。历史承载着这许许多多在延续，像一条河，从过去流向我们，再由我们流向未来。历史是人创造的吗？它行进的曲线有时是自然造成的，比如，天灾可以改变历史，但历史的更多变化却是人的异动造成的。如果人具有历史的主体意识，面对正在走向未来的传统，就有理由考虑是否让过去的一切都照旧发展，就有理由考虑是否可以改变，也就有理由对未来重新设计。如果有了更好的设计，就有理由面对流经眼下的传统有所作为：中止某些因素，加入某些因素。在历史面前，人可以是主动的。否则，便没有改革，没有创新，更没有革命。

客观地说，中国两千年传统社会的成功是不可否认的。成功的原因其实并不复杂：一是政治上的君主专制；二是经济上生产资料的家长垄断；三是思想上的大一统。君主手中的生杀大权，家长手中的土地，都很有力量，足以让人顺从。孔教的力量无需高估，但它是润滑剂，也是缓冲器，可以避免许多紧张。说儒家思想与专制政治没有关系，大概难以令人信服，不过，说儒家是专制政治的帮凶，也似乎失之太过。因为孔孟之徒实在不是帮忙的打手，而是紧张关系的缓解者。他们的作用足以使专制秩序不再锐利和冰冷，而是呈现出某种仁慈和温情。从这个意义上说，孔子之道也许为中国的专制政治带来了些许温和，因而显示了它的优越性。不过，这只是就前现代文明而言。如果放在人类告别专制制度而走向民主的时候，它的优越性就不存在了。因为温和的专制也依然是专制。如果会进入自由、民主和平等的新秩序，那些功能自然要失掉用武之地。陈独秀们之所以激烈反孔，正因为他们所渴望的，是不打折扣的现代秩序。

“五四”启蒙运动三题

一、“借思想文化以解决问题”的是与非

“五四”启蒙运动一直遭到各种误解和非议。其中之一是面对中国复杂的问题而选择了思想文化革命。几十年前的主流意识形态否定这种选择，原因不仅在于启蒙思想属于资产阶级的意识形态，而且在于认定了思想启蒙与教育救国、科学救国等口号一样，不能解决中国的问题。按照当时的理论，只有工农革命才是解决问题的唯一出路，像陈独秀、胡适、鲁迅那样把思想启蒙看作解决问题的根本，不仅荒唐可笑，而且近乎反动。“文革”结束之后，一些人终于再次认识到启蒙的必要，重新致力于思想启蒙运动，因而也必然要重新认识五四新文化运动这笔遗产。但是，从80年代开始，就又遇到了新的质疑：“五四”是“借思想文化以解决问题”，作为一种思想方法是错误的，其结果是进一步加重了“中国意识的危机”。[①]进入90年代之后，伴随着保守主义思潮的兴起，这种认识开始被更多的人接受。他们认为“五四”批判传统文化、改造国民性都是错误的选择，“‘五四’的选择虽然是当时知识精英深思熟虑的结果，然其问题的焦点似乎找错了方向”，“并没有抓住中国问题的关键”。[②]

新文化运动关注的重点的确是思想文化而不是政治或经济，这是任何人

---

①林毓生：《中国意识的危机》，贵州人民出版社1986年。

②丁守和主编《中国现代启蒙思潮》中，社会科学文献出版社1999年，第3—5页。

都无法否认的。但是，究竟应该如何认识这种选择，却有必要进行进一步讨论。如果不带成见地回到历史现场，就很容易看到，五四新文化运动要解决的就是思想文化问题，而不是“借思想文化以解决问题”，解决思想文化问题是中国社会发展的迫切需要，对它的各种指责都是不恰当的。

应该注意的是，“五四”启蒙运动首先不是一场社会大变革的舆论前奏，而是一场大变革之后的文化补课。人们往往把它与后来的历史联系在一起，而忽视了它与此前历史的密切联系，这就很容易对它产生误解。

众所周知，中国现代化的历程是从器物层面开始的。它的第一步是以洋务运动为代表的经济和技术层面的变革，其主要成果是修铁路、开矿山、办工厂，开启了中国的工业化进程，带来了经济发展的现代模式。第二个阶段是以戊戌变法和辛亥革命为代表的政治变革，从和平的改革到武装革命，最后终于推翻了帝制，为中国带来了一个全新的民主共和的现代政治体制。但是，从某种意义上说，辛亥革命的确是一场条件不甚成熟的革命，中华民国这个亚洲最先出现的民主共和国也的确是一个早产的婴儿。革命在缺少准备的情况下忽然到来，并且催生了最为先进的民主共和体制，却没有为这个体制准备下新型的管理者和具有相应素质的公民。人们虽然在共和国的体制之下，思想观念和行为模式却往往停留在皇帝时代。甚至可以说，从上到下都不习惯这种现代的政治体制。一方面，作为共和国的总统、总理和各级管理者们，大都刚刚摘去清王朝的顶戴，很难迅速由“为王牧民”的臣子转变为现代国家的管理者，包括那些作为清王朝专制统治反抗者的革命党人，也并不熟悉现代国家的政治游戏规则，因此，就很难迅速走上现代政治文明的轨道，而是不自觉地就会按照专制王朝的旧例行事。另一方面，作为理论上已经享有国家主权的人民，大多数并不知道自己已经是国家的主人，因而既不清楚公民的权利，也不清楚公民的义务，更不知道应该如何对待自己纳税雇佣的政府官员。他们仍然以草民自居，习惯于奴隶地位，就像鲁迅笔下的阿Q走上大堂时一样，官员们并不要他下跪，但他还是自觉地跪下了。总之，当时的中国已经建立起现代的国家政治体制，而人们的思想观念和行为方式却远远不能适应。

启蒙运动就是在这个背景上发生的。他们把目光投向思想文化问题，并非他们的兴之所至，而是当时的中国现实所决定的。我们不妨看一看陈独秀等人对当时中国国情的认识。

陈独秀在《旧思想与国体问题》中说："我们中国多数国民口里虽然是不反对共和，脑子里实在装满了帝制时代的旧思想，欧美社会国家的文明制度，连影儿也没有。所以口一张，手一伸，不知不觉都带君主专制臭味；不过胆儿小，不敢像筹安会的人，堂堂正正地说将出来，其实心中见解，都是一样。袁世凯要做皇帝，也不是妄想；他实在见得多数民意相信帝制，不相信共和，就是反对帝制的人，大半是反对袁世凯做皇帝，不是真心从根本上反对帝制。"①他甚至认为，那些创造共和、再造共和的人物也往往不知道共和是什么，而是满脑子装的都是帝制时代的旧思想。正因为这样，民主共和就很难真正实现。

李大钊在《新的！旧的！》一文中曾经指出："中国人今日的生活全是矛盾生活，中国今日的现象全是矛盾现象。"他列举了一系列例子：过年了，刚过新年，又过旧年；贺年的人，有的鞠躬，有的跪拜；黄昏走在北京的街头，既有旧时代的更夫，又有新时代的巡警；制定宪法，一面规定信仰自由，一面规定"孔教为修身大本"，以法律强迫人们尊孔；关于婚姻，一方面订立禁止重婚的刑律，一方面却保留纳妾的习俗。李大钊说："矛盾的生活，就是新旧不调和的生活，就是一个新的，一个旧的，其间相去不知几千万里的东西，偏偏凑在一处，分立对抗的生活。这种生活，最是苦痛，最无趣味，最容易起冲突。"②

高一涵在《非"君师主义"》中说："共和政治，不是推翻皇帝，便算了事。国体改革，一切学术思想亦必同时改革；单换一块共和国招牌，而店中所卖的，还是那些皇帝'御用'的旧货，绝不得谓为革命成功。法国当未革命之前，就有卢梭、福禄特尔、孟德斯鸠诸人，各以天赋人权平等自由之说，灌入人民脑中；所以打破帝制，共和思想，即深入于一般人心。美国当属英的时候，平等自由民约诸说，已深印于人心，所以甫脱英国的范围，即能建设平民政治。中国革命是以种族思想争来的，不是以共和思想争来的；所以皇帝虽退位，而人人脑中的皇帝尚未退位。所以人民国以来，总统之行

①《陈独秀著作选》第1卷，上海人民出版社1984年，第295—296页。

②《李大钊文集》上，人民出版社1984年，第537页。

为，几无一处不摹仿皇帝。皇帝祀天，总统也礼天；皇帝尊孔，总统也尊孔；皇帝出来地下敷黄土，总统出来地下也敷黄土；皇帝正心，总统也要正心；皇帝身兼‘天地君亲师之众责’，总统也想‘身兼天地君亲师之众责’。这就是制度革命思想不革命的铁证。”①

吴景超写过一篇《平等谈》，透露了当时社会的实际情况。他说，辛亥革命那一年他十岁，满耳朵所听的都是推翻清室，创造共和。他问他的老师：“我们为什么要推翻清室，创造共和呢?”面对一个十岁的孩子，他的老师做了很好的回答：“清朝是个专制政体，那些王公大人，都要仗他的势力来欺压平民，平民受他的欺负，谁也不敢作声。共和国却不然，以前那些什么阶级，什么贵族，都完全消灭了，凡是中国的国民，在法律上个个都是平等，没有什么我比你尊，你比我卑的。”吴景超说他因此而欢迎共和。然而，共和国建立了，八年之后，作为北京大学学生的他，却发现远远没有实现那个理想。他在文章中列举了几件事：一次他坐车到东城拜访朋友，路上遇到警察命令他停下来，因为那条路正禁止通行，原来是大总统正要从那条路上经过。又一次他在上海火车站，看到站台上有军乐队，有一排兵，还有五六十个戴礼帽穿马褂的人，原来是县知事要到南京去见省长，那些人是到火车站送行的。原来一个小小县知事就如此威风。他又说到听差的见到上司低头弯腰。如此种种，往往都是“前清的规矩，不过现在没有更改就是了”②。

在这种情况下，中国究竟需要什么？是政治革命吗？如果是政治革命，革命的对象是谁？追求的目标是什么？结果又会是什么？历史已经证明，在当时情况下，任何革命都意味着破坏刚刚产生的共和国体制和《临时约法》所规定的秩序框架，不是导致战乱，就是导致复辟，而不可能带来建设性的成果。事实上，革命不止一次地发生了。孙中山发动了“二次革命”，结果是失败的，也是破坏性的；对于共和国体而言，袁世凯称帝也是一种“革命”，张勋把宣统皇帝重新扶上宝座也是一种革命，但结果众所周知，只能导致历史的倒退。总之，在已经具有现代政治体制框架的前提下，任何一种

①高一涵：《非“君师主义”》，《新青年》1919年第5卷第6号。

②吴景超：《平等谈》，《新潮》1919年第1卷第5号。

政治革命都只能导致政治上的大倒退，所以当时中国需要解决的是思想文化的问题，而不是政治的问题。也就是说，就当时情形看，中国所需要的不是革命，而是以既有的现代政治体制前提进行一场现代思想文化补课。

新文化运动正是这样一场补课。它是中国现代化全过程的一个重要环节，也是从经济改革（洋务运动）到政治改革（从百日维新到辛亥革命）再到文化改革这个全过程的最后一个环节。前面两个环节分别解决的是经济问题和政治问题，这一环所要解决的是思想文化问题。所以，五四新文化运动并非"借思想文化解决问题"，而是所要解决的就是思想文化问题。

在当时的中国，面临现代政治体制与中国文化传统的矛盾，出现了两种不同的思路：一是顺应中国传统而改造民主共和国体，它以袁世凯、古德诺、筹安会和张勋为代表；一是适应民主共和国体而改变中国传统，它以陈独秀和《新青年》集团为代表。在新生的现代政治体制与根深蒂固的中国传统之间，他们选择的是现代政治体制。他们是民主共和的捍卫者，他们爱惜那个来之不易的现代政治体制，不愿看到它因为与中国国情不合而夭亡，所以，他们思考的问题不是民主共和制度是否适应中国传统，而是中国传统是否适应民主共和。他们要做的不是改变现代政治体制以适应中国传统，而是要改变中国传统以适应现代政治体制。正如陈独秀所说："我们要诚心巩固共和国体，非将这班反对共和的伦理文学等等旧思想，完全洗刷得干干净净不可。"①

在这种情况下，致力于解决思想文化问题，这一选择是错误还是正确，应该不难断定。

二、为什么反对"调和折中"

五四新文化运动的领袖人物大多反对调和折中，拒绝接受中西融合的主张。在近几年的新保守主义潮流中，"五四"因此而受到了更多的指责。应该承认，"五四"的主张的确是极端和绝对的，但这并不意味着当下批评"五四"极端化和绝对化的人就比陈独秀、胡适和鲁迅高明。事实也许恰恰

①《陈独秀著作选》第1卷，上海人民出版社1993年，第297页。

证明精神的退化已经使人们无法企及那一代人的高度。反对绝对、极端和片面的思维对于中国人来说实在算不了什么，孩子们读书伊始就学中庸之道，至于既这样又那样的庸人思维是一般人都会的。如果站在民族文化本位寻找可以自豪的东西，倒是完全可以自豪地宣称：即使是中国的弱智者，也比西方人精通“辩证法”！正因为这样，在世界化过程所引进的文化冲突中，必然会出现“撷精取粹”“熔于一炉”“土洋结合”“中西合璧”之类的主张。

新文化运动的领袖们坚决反对这种主张，态度激烈而决绝。究其原因，他们知道自己想要的是什么，所以全力推进世界化，也知道经过调和折中之后出现的会是什么，而那样的结果他们不能接受。

在陈独秀们的眼里，欧化之路已经是无需讨论的选择，而中国传统与西方近代文化则是不可调和的，所以必须一心一意走西化之路。他说：“无论政治学术道德文章，西洋的法子和中国的法子，绝对是两样，断断不可调和迁就的。……或是仍旧用中国的老法子，或是改用西洋的新法子，这个国是，不可不首先决定。若是决计守旧，一切都应该采用中国的老法子，不必白费金钱派什么留学生，办什么学校，来研究西洋学问。若是决计革新，一切都应该采用西洋的新法子，不必拿什么国粹，什么国情的鬼话来捣乱。譬如既然想改用立宪共和制度，就应该尊重民权、法治、平等的精神；什么大权政治，什么天神，什么圣王，都应该抛弃。若觉得神权君权为无上治术，那共和立宪，便不值一文。又如相信世间万事有神灵主宰，那西洋科学，便根本破坏，一无足取。若相信科学是发明真理的指南针，像那和科学相反的鬼神、灵魂、炼丹、符咒、算命、卜卦、扶乩、风水、阴阳五行，都是一派妖言胡说，万万不足相信的。因为新旧两种法子，好像水火冰炭，断然不能相容，要想两样并行，必至弄得非牛非马，一样不成。中国目下一方面采用立宪共和政体，一方面又采倡尊君的孔教，梦想大权政治，反对民权；一方面设立科学的教育，一方面又提倡非科学的祀天、信鬼、修仙、扶乩的邪说；一方面提倡西洋实验的医学，一方面又相信三焦、丹田、静坐、运气的卫生；我国民的神经颠倒错乱，怎样到了这等地步！我敢说：守旧或革新的国是，倘不早早决定，政治上社会上的矛盾、紊乱、退化，终久不可挽回!”[①]他又说，“记者非谓孔教一无可取，惟以其根本的伦理道德，适与欧化背道而驰，势难并行不悖。吾人倘以新输入之欧化为是，则不得不以旧有之孔教为非。倘以旧有之孔教为是，则不得不以新输入之欧化为非。新旧之间，绝无调和两存之余地。吾人只得任取其一。”[②]在这个问题上，陈独秀是清醒的，他问道：“德谟克拉西是什么？纲常名教是什么？两下里折中调和起来是个什么?”[③]

面对调和折中的论调和陈独秀的问题，鲁迅揭示说：“‘西哲’的本领虽然要学，‘子曰诗云’也要昌明。换几句话，便是学了外国本领，保存中国旧习。本领要新，思想要旧。要新本领旧思想的新人物，驮了旧本领旧思想的旧人物，请他发挥多年经验的老本领。一言以蔽之：前几年谓之‘中学为体，西学为用’，这几年谓之‘因时制宜，折中至当’。”然而，鲁迅认为“世界上决没有这样如意的事”。他借易卜生之口表达了自己的态度：“All or Nothing!”[④]这种态度也许有点理想化，对于文化来说尤其难以实现，但这是新文化运动主要成员共同的理想。他们希望中国走上一条新的道路，结束不堪的历史。他们不愿接受打了折扣的理想，更不愿看到在折中调和的名义下继续供奉吃人的幽灵。胡适说：“为什么要反对调和呢？因为评判的态度只认得一个是与不是，一个好与不好，一个适与不适，——不认得什么古今中外的调和。调和是社会的一种天然趋势。人类社会有一种守旧的惰性，少数人只管趋向极端的革新，大多数人至多只能跟你走半程路。这就是调和。调和是人类懒病天然趋势，用不着我们来提倡。……革新家的责任只是认定‘是’的一个方向走去，不要回头讲调和。社会上自然有无数懒人懦夫出来调和。”[⑤]几年之后，他又说，“时髦的人当然不肯老老实实地主张复古，所以他们的保守心理都托庇于折中调和的烟幕弹之下。对于固有文化，他们主张‘去其渣滓，存其精英’；对于世界新文化，他们主张‘取长舍短，择善

①《陈独秀著作选》第1卷，上海人民出版社1993年，第386—387页。

②同上书，第281页。

③同上书，第518页。

④《鲁迅全集》第1卷，人民文学出版社1981年，第333页。

⑤《胡适文集》第2卷，北京大学出版社1998年，第557页。

而从'；这都是最时髦的折中论调。"[①]正因为这样，无论对哪一种折中论调，他都是坚决反对的。

新文化运动之所以反对调和折中，往往首先出于策略性的考虑。陈独秀在《调和论与旧道德》中做过一个比喻："譬如货物买卖，讨价十元，还价三元，最后结果是五元。讨价若是五元，最后的结果，不过二元五角。社会上的惰性作用也是如此。"[②]鲁迅也说过："中国人的性情是总喜欢调和，折中的，譬如你说，这屋子太暗，须在这里开一个窗，大家一定不允许的。但如果你主张拆掉屋顶，他们就会来调和，愿意开窗了。没有更激烈的主张，他们总连平和的改革也不肯行。"[③]胡适是这样说的："我是主张全盘西化的。但我同时指出，文化自有一种'惰性'，全盘西化的结果自然会有一种折中的倾向。……古人说：'取法乎上，仅得其中；取法乎中，风斯下矣。'这是最可玩味的真理。"[④]从这种策略性的考虑，也可以看到他们的努力方向。因为他们希望的是充分世界化，所以不愿自己先打折扣。

在20世纪的中国，一直不乏关于文化"融会"与"合璧"的想象：既引进外来文化，又保存本土文化，二者融会贯通，中西合璧。在物质文化和日常生活层面，这种想象是比较容易实现的。旗袍和高跟鞋的结合早已成功，西装和瓜皮帽也未尝不可，至于沙发和太师椅同置一室、满汉全席外加面包牛油，早已没人反对了。可是，在一些根本问题上，调和与折中却难以进行。因为只要面对文化冲突的实际，就会承认在许多方面是难以调和折中的。比如，民主与专制、科学与迷信、男女平等与夫为妻纲、一夫一妻与妻妾成群、言论自由与文字狱……折中的结果是什么？融合之后又是什么形态？对于后来的中国人而言，或许已经见过，但陈独秀、胡适、鲁迅等人却还缺少那样的想象力，而且不愿接受那样的杂烩。

---

①《胡适文集》第5卷，北京大学出版社1998年，第449页。

②《陈独秀著作选》第2卷，上海人民出版社1993年，第46页。

③《鲁迅全集》第4卷，人民文学出版社1981年，第13—14页。

④《胡适文集》第11卷，北京大学出版社1998年，第671页。

三、“五四”启蒙运动的目标指向

在国家、民族或阶级至上的群体主义观念之下，要肯定一种事物的价值，就必须冠之以某种群体的名义，将其称之为爱国的、为民族的、为大众的……似乎不这样就无法证明它的意义。由于这种思维定式的作用，一些人想当然地认为“五四”启蒙运动的目标指向只能是国家和民族，因而无论反传统还是引进新文化，其目的都是国家的独立和民族的富强。然而，只要进入“五四”的历史现场，就会发现事情并非如此。

李泽厚“救亡压倒启蒙”的观点在80年代的中国学界产生了极大的影响，包括笔者本人，也是沿着他的思路开始思考这段历史的。遗憾的是，当时的李泽厚虽然提出了这一命题，却对它并未深究，对自己使用的概念也未做认真清理。所以，他一方面揭示着启蒙与救亡的冲突，并为救亡压倒启蒙而惋惜；一方面却写下了这样的结论：“尽管新文化运动的自我意识并非政治，而是文化。它的目的是国民性的改造，是旧传统的摧毁。它把社会进步的基础放在意识形态的思想改造上，放在民主启蒙工作上。但从一开头，其中便明确包含着或暗中潜埋着政治的因素和要素。如上引陈独秀的话，这个‘最后觉悟之觉悟’仍然是指向国家、社会和群体的改造和进步。即是说，启蒙的目标，文化的改造，传统的扔弃，仍是为了国家、民族，仍是为了改变中国的政局和社会的面貌。它仍然既没有脱离中国士大夫‘以天下为己任’的固有传统，也没有脱离中国近代的反抗外侮，追求富强的救亡主线。”[①]这不能不让人疑惑：既然启蒙的目标就是救亡，何谈启蒙与救亡的“双重变奏”？手段自然要服从目的，“压倒”之说又从何谈起？一些问题李泽厚朦胧地感觉到了，却没有把不同的思潮及其不同的目标指向做细致的梳理，而是按照50年代赋予他的思维习惯而把各自运行的不同思想系统纳入到同一个堂皇轨道之中。因此，他一方面感到救亡压倒了启蒙，一方面却仍然把启蒙看作救亡的手段。作为80年代的学界巨子，李泽厚的见解影响了一代人。许多学者都在这个问题上承袭了他所留下的矛盾，却很少有人对他发现

---

①李泽厚：《中国现代思想史论》，东方出版社1987年，第11—12页。

的问题继续思考。

在当时的年轻学者中，汪晖对这一问题进行了思考，但遗憾的是，在李泽厚停步的地方，他没有继续往前走，而是详细论述了启蒙之所以被压倒的必然原因，结果，就成了对救亡压倒启蒙这一“历史的必然结果”的合理性论证。而且，在李泽厚犹豫徘徊的地方，汪晖干脆做出了这样的结论：“从基本的方面说，中国启蒙思想始终是中国民族主义主旋律的‘副部主题’，它无力构成所谓‘双重变奏’中的一个平等和独立的主题。”[①]于是，由李泽厚打开一角的一个问题，就这样又被抚平，恢复了过去叙述的原状。

但是，启蒙与救亡到底是什么关系？启蒙的目标指向究竟是什么？我认为，把启蒙看作救亡的手段，把启蒙思想看作民族主义的副部主题，都是对“五四”启蒙运动的严重误解。启蒙与救亡是两个不同的思潮，也是两个不同的运动，各有其独立的思想体系和运行轨道，二者可能相遇、相交，但启蒙并不从属于救亡，更不是民族主义的副部主题。

考察“五四”以降的中国，应该注意同时并存的三个主题：启蒙、救亡、翻身（或曰革命）。三个主题虽然存在着复杂的关联，却各有其不同的思想基础、出发点、目标指向和逻辑理路。它是相互关联而又各自独立的三个体系，也可以说是三个不同的思潮或运动。三个主题产生于三种不同的意识：启蒙主题产生于人的意识；救亡主题产生于民族意识；翻身主题产生于阶级意识。三个主题又指向三个不同的目标：启蒙的目标是人的解放；救亡的目标是民族的解放；翻身的目标是阶级的解放。在启蒙的体系内，人的解放是根本目标，无论民族解放还是阶级解放，只要有利于人的解放，都可以被接纳，反之，则要受到排斥。也就是说，它可以接受任何思想，但前提是必须成为人的解放和人权保障的手段。在其他体系内，情况也是如此：在翻身体系内，阶级解放是根本目标，无论人的解放还是民族解放，都必须服从于它，如果不能为它服务，则必然受到排斥和打击。这一点，我们从马克思“无产者无祖国”的名言和列宁对于爱国主义的批判，从30年代左翼作家在中苏战争中“保卫苏联”的立场，从大半个世纪中对人道主义和人性论的态

①汪晖：《预言与危机——中国现代历史中的“五四”启蒙运动》下，《文学评论》1989年第4期。

度变化，都可以看得清楚。在救亡的体系内，民族的解放和国家的富强是根本目标，无论人的解放还是阶级的解放，都只能与这一目标相一致，而不能与之相冲突。救亡要求全民族的大团结，要求全国上下一致对外，所以，它不欢迎启蒙对个人尊严和权利的强调，也不喜欢阶级斗争的鼓吹。这一点，我们从慈禧太后和光绪皇帝的圣谕，从张之洞等人的“中体西用”，从孙中山要求人们为了国家的自由而放弃个人自由的讲话，从国民党政府在30年代的一系列政策，也都可以看得清楚。所以，这三个体系常常处于矛盾之中，除了形势所迫，很少为“主旋律”所统一。所谓“正”与“副”，所谓目的与手段，只是单方面的一厢情愿，并非双方形成的共识。

其实，从新文化运动足可以看到他们努力的目标。“五四”启蒙运动到底做了些什么？考察它关注的主要问题，大多与救亡无关，更与“反帝”无涉。翻一翻《新青年》《新潮》《每周评论》等刊物，就可以大致看到它涉及的一系列问题：孔教问题、伦理问题、女子解放问题、贞操问题、婚姻问题、父子问题、教育改良、戏剧改良、文学改革、语言改革……这些问题当然并非完全与国家无关，但是，它的解决与否并不直接关系民族和国家的存亡。恋爱是否自由，婚姻是否自主，贞操观念是否应该革除，孝道是否需要，独身主义和无后主义是否可行，如果经过学者的论证，当然都与救亡有关，但是，它首先是人生问题。人们可以把它纳入国家、民族的大话题之下谈论，但它本身并不必然指向国家和民族。新文化运动的领袖们之所以主张恋爱自由，不是因为恋爱可以救国；之所以反对传统的贞操观念，不是因为节妇烈女牺牲了国家的什么资源；之所以主张妇女解放，更不是要煽动娜拉们离开家庭而投身于民族解放的战场。从《新青年》集团的言论中，可以看到一系列相互对立的词语：“人的生活”与“非人的生活”，“人的文学”与“非人的文学”，“人的道德”与“吃人的道德”，“人国”与“奴隶的国度”……这正是“五四”启蒙运动的标志。它鲜明地昭示着人们：“五四”启蒙运动的目标是人，是人的解放，是人的自由和权利。

有人说，虽然“五四”启蒙运动直接关心的是人，但“立人”仍然是“强国”的手段，所以目的仍然是国家。在当下中国学界，这种说法是流行的。其潜在逻辑是：因为要救国，所以立人；因为要立人，所以启蒙。于是，启蒙为了立人，立人为了救国。启蒙就这样被编入了救亡体系。在这个体系中，人不是目的，而只是救国的工具。

所以，启蒙服务于救亡的观点若要成立，必须建立于两个基础之上：一是启蒙运动的领袖们是民族主义者或国家主义者；二是启蒙运动是适应救亡的需要而发生的。然而，这两点都只是理论上的假设，并非历史事实。

首先，“五四”启蒙运动的领袖们不是民族主义者，也不是国家主义者，甚至不是一般意义上的爱国者。他们大多具有鲜明的个人主义倾向和世界主义倾向，并不看重国家和民族这些介于个人与世界之间的概念。他们已经具有现代国家观念，懂得国家与公民应有的关系，因而知道爱国应该是有条件的，只有国家能够保障人的权利，这个国家才值得爱，否则，爱国就是愚昧的表现。早在发动新文化运动的前夕，陈独秀就说：“国家者，保障人民之权利，谋益人民之幸福者也。不此之务，其国也存之无所荣，亡之无所惜。”“或谓恶国家胜于无国家？予则云，残民之祸，恶国家甚于无国家。”有感于国家“不足以保民，而足以残民”的中国现实，他甚至写下了这样的文字：“不暇远征，且观域内，以吾土地之广，惟租界居民，得以安宁自由，是以辛亥京津之变，癸丑南京之役，人民咸以其地不立化夷场为憾。”[1]胡适在《易卜生主义》中介绍过易卜生的思想：“个人绝无做国民的需要。不但如此，国家简直是个人的大害。请看普鲁士的国力，不是牺牲了个人的个性去买来的吗？国民都成了酒馆里跑堂的了，自然个人是好兵了。再看犹太民族：岂不是最高贵的人类吗？无论受了何种野蛮的待遇，那犹太民族还能保存本来的面目。这都因为他们没有国家的缘故。国家总得毁去。这种毁除国家的革命，我也情愿加入。毁去国家观念，单靠个人的情愿和精神上的团结做人类社会的基本，——若能做到这步田地，这可算得有价值的自由起点。”[2]李大钊曾有一个理想：“只要和平会议变成了世界的议会，仲裁裁判变成了世界的法庭，国际警察如能实现，再变成了世界的行政机关，那时世界的联合政府，就正式成立了。”他所要焚香祝祷的就是“合世界人类组织一个人类的联合，把种界国界完全打破”[3]。在《我与世界》一文中，他又

①《陈独秀著作选》第1卷，上海人民出版社1993年，第118—119页。

②《胡适文集》第2卷，北京大学出版社1998年，第484页。

③《李大钊文集》上，人民出版社1984年，第625—626页。

写道：“我们现在所要求的，是个解放自由的我，和一个人人相爱的世界。介在我与世界中间的家国、阶级、族界，都是进化的障碍，生活的烦累，应该逐渐废除。”[①]其次，关于“五四”启蒙运动的缘起，过去的叙述大都把它解释为救亡运动的派生物，因而把人的解放纳入到民族解放的主题之下。这种解释只是一种非常勉强的逻辑推论，并非根据历史事实而做出的结论。面对鸦片战争之后中国的处境，皇帝及其官员们的确是从救亡和强国这个中心出发考虑问题的。最先的留学生们也往往是为救国而远渡重洋的。但是，在当时的中国，“国将不国”是众所周知的事实；“人已非人”也是一个事实。两个事实都是中国的真问题。人们可以产生“国将不国”的忧虑，也可以产生“人已非人”的痛感。“国将不国”的忧虑产生了救亡运动，而“人已非人”的痛感造就了启蒙运动。

中国的启蒙主义者有着大致相同的精神背景。他们广泛地接受了西方现代知识，而且大都有留学的生活经历。他们远渡重洋，本来也许是一心为了国家，立志学成之后回国为皇上和他的国家效劳，但国外生活却不仅使他们学到了富国强兵的技术，而且使他们看到了另一种人生。对他们来说，这是痛苦的一击，也是伟大的觉醒。因为他们本来也是麻木群体中的分子，生活历来如此，早已司空见惯，并未感到生活在中国多么无法忍受，所以，他们也是开口闭口“我大清”，一心一意要为皇上重圆强国梦。但是，两种生活的比较使他们看到了一个现实：中国人活得不像人！早在王韬等人的言论中，我们就已听到了不平和叹息。在严复等人的文章中，我们已看到令人痛心的比较。至谭嗣同的《仁学》，则直言中国是“人间地狱”，发出了如此慨叹：“幸而中国之兵不强也，向使海军如英法，陆军如俄德，恃以逞其残贼，岂直君主之祸愈不可思议，……故东西各国之压制中国，天实使之，所以曲用其仁爱，至于极致也。”[②]

对于一个专制王朝来说，两种生活的对比是可怕的。当人们借助外国人的生活而发现自己和同胞生活在“人间地狱”时，当人们意识到这种可怜的生存状况并非源自外国侵略而是源于自己国家的压榨时，当人们意识到旧有

①《李大钊文集》下，人民出版社1984年，第23页。

②丁守和主编《中国现代启蒙思潮》上，第256—257页。

基础上的民族独立和国家富强并不能改变自身命运时，一种思想就产生了：如果一个国家不能保障人的权利，而且剥夺人的权利，它的独立和强盛还有意义吗？如果一个国家像监狱，囚徒们有义务学好本领以加固监狱的高墙或制造新式刑具吗？对于留学生中的多数人来说，尽管并非来自苦难的阶层，但在西方人的生活面前，他们同样没有优越感。或者说，在西方公民的权利面前，原来或许有的“皇恩浩荡”之感很快就黯然无光了。这是大清王朝的不幸：为了强国，不得不派留学生“师夷长技以制夷”，却又无法使他们只学习外国的技术而有效抵抗其社会制度和意识形态的诱惑，专制制度优越性的宣传也注定了不能掩盖事实的真相。结果，派遣留学生本是为了使自身强盛，到头来却为自己培养了成群的掘墓人。从制度维新的酝酿，到排满革命的宣传，其中一大批人的最终目标已经不再是救亡，而是使中国人也应该像人一样生活。到“五四”启蒙运动开始之时，其领袖集团的主要成员大都已经完成了一个根本转变：他们不再以救亡为目的，而是以人的自由、独立、尊严与权利为目的。

胡适：新文化园地里的孤独守望

不记得从什么时候开始，一首歌开始在大陆广泛传唱：

我从山中来，带得兰花草。
种在小园中，希望开花好。
一日望三回，望到花时过。
急坏看花人，苞也无一个。

它被称作“台湾校园歌曲”，很少有人过问它的作者是谁。不久前，我与友人前往绩溪胡适故居。导游讲到这支歌，说它是胡适50年代在台湾写成的。其实，这首诗并非写于台湾，而是写于北京；时间不是50年代，而是20年代。只要翻开胡适的《尝试集》，就会看到这首《希望》，写作时间是1921年10月4日。然而，且不说一般的民众，就是大学中文系的毕业生，有多少人读过《尝试集》呢？一部现代文学史大写着一些文坛混混的名字，而新文学和白话文的开山祖师，新文化运动的一代领袖，却被遮盖于历史的尘污之下，其精神遗产只在有限的学者心中发酵。历史如斯，真让人不知该说什么！

此时，我由这首诗想到的，不是历史的遮盖与遗忘，而是它本身的意蕴。“诗无达诂”，面对同一首作品，不同的读者会从中读出不同的含义。无论胡适在这首诗中是否有所寄托，作为读者，我从最初读到它开始，二十多年过去了，每当读到或者听到，就总是看到一个孤独的守望者的身影：他从山中带回“兰花”植于故土，“一日望三回”，盼它开花，最后却是“苞也无一个”。这很像胡适一生的写照。直到他离开这个世界，“满盆花”也仍然只是一个希望。胡适就这样孤独而执着地守望终生。

作为新文化的播种者，胡适播下了什么样的种子？苦苦守望的又是什么？这个问题决非一篇短文所能一一说清。白话文的倡导，新文学的尝试，现代学术的开创……这些都无需多说。重要的是他在中国文化转型和文明重建中所做出的选择：在保守与变革之间，他选择了变革；在个人主义与各种群体主义之间，他选择了个人主义；在世界主义与国家主义之间，他选择了世界主义；在向东与向西之间，他选择了向西；在民主与专制之间，他选择了民主……在五四新文化运动的领袖集团中，胡适是最温和的，但历史证明，他也是最坚定的。对于选定的路，他很少犹豫，不因新的诱惑而见异思迁，不因乱云飞渡而迷失方向，也不会被所谓时代潮流裹挟而去。在新旧难分、前后难辨的洄流中，这常常使他显得保守，因而失掉号召力。但是，当历史走过许多弯路之后，人们从谷底返回，看到他那孤独的身影，却不能不承认，在中国新文化走过的路途中，在每一个迷失的路口，胡适都曾提醒过；在每一个面临挑战的时刻，胡适都曾顽强抵抗和守护过。

一

中国的新文化运动的确生不逢时。它刚刚开始，就遇到了国际形式的大逆转。大战破坏了现代文明主流的自信，也使一些追随者产生了怀疑。它给迷恋旧文化的人带来了种种幻想，也给拒绝现代文明的人提供了新的理由。于是，一时之间，文化保守主义如同服用了还魂金丹，东方文明似乎重新获得了胜利，西化的道路仿佛真的错了。与此同时，随着国民革命高潮的到来，一心想以武力夺取全国政权的国民党在鲍罗廷等人影响下高举起民族主义的旗帜，它与群众运动所固有的义和团情结相汇合，借着大革命的影响迅速形成一股文化复古和排外的潮流。

面对这一潮流，胡适进行了坚决的抵抗。1926年，他在《现代评论》和《东方杂志》同时发表了《我们对于西洋近代文明的态度》。文章开头就说：“今日最没有根据而又最有毒害的妖言是讥贬西洋文明为唯物的（Materialistic)，而尊东方文明为精神的（Spiritual)。这本是很老的见解，在今日却有新兴的气象。从前东方民族受了西洋民族的压迫，往往用这种见解来解嘲，来安慰自己。近几年来，欧洲大战的影响使一部分的西洋人对于近世科学的文化起了一种厌倦的反感，所以我们时时听见西洋学者有崇拜东方的精神文明的议论。这种议论，本来只是一时的病态的心理，却正投合东方民族的夸大狂；东方的旧势力就因此增加了不少的气焰。”他说：“我们不愿‘开倒车’的少年人，对于这个问题不能没有一种彻底的见解，不能没有一种鲜明的表示。”他的文章是一个明确的表示，也是一个全面的回答。他认为，那种灵肉分离的成见是完全错误的。因为“没有一种文明是精神的，也没有一种文明单是物质的”。“精神的文明必须建筑在物质的基础之上”。他指出：“人世的大悲剧是无数的人们终身做血汗的生活，而不能得着最低限度的人生幸福，不能避免冻与饿。人世的更大悲剧是人类的先知先觉者眼看无数人们的冻饿，不能增进他们的幸福，却把‘乐天’‘安命’‘知足’‘安贫’种种催眠药给他们吃，叫他们自己欺骗自己，安慰自己。”而在这一点上，东方固有文明表现最为突出，因为自己不能创造优越的物质生活，就说物质生活不足羡慕。胡适认为这是一种自欺，而这种自欺等于自残和自杀，因为它无视人的生命和维持这生命所必需满足的基本欲望。如果一种文明连人的基本的物质需要都不能满足，还谈什么精神文明？胡适指出，西洋近代文明不是这样，“这一系的文明建筑在‘求人生幸福’的基础之上，确然替人类增进了不少的物质上的享受；然而他也确然很能满足人类的精神上的要求。他在理智的方面，用精密的方法，继续不断地寻求真理，探索自然界无穷的秘密。他在宗教道德的方面，推翻了迷信的宗教，建立合理的信仰；打倒了神权，建立人化的宗教；抛弃了不可知的天堂净土，努力建设‘人的乐园’‘人世的天堂’；丢开了那自称的个人灵魂的超拔，尽量用人的新想象力和新智力去推行那充分社会化了的新宗教与新道德，努力谋人类最大多数的最大幸福。”胡适对于文明的评判和取舍都是以人作为出发点和价值尺度的。这是他在“五四”时期早已形成的基本价值立场。这篇文章进一步明确表达了以人为出发点和最高价值的基本观念。

1928年6月，胡适写了《请大家来照镜子》。文章从美国使馆商务参赞的三张图表说起，展示了中国与美国的巨大差距。他告诉人们，中国人的吃亏在于不肯老实学习，因此，必须学会反省，学会认错，学会死心塌地向人学习。“我们必须承认自己百事不如人，不但物质上不如人，不但机械上不如人，并且政治社会道德都不如人。”面对国民革命带来的社会文化空气，他说：“现在中国全部弥漫着一股夸大狂的空气：义和团都成了应该崇拜的英雄志士，而西洋文明只需‘帝国主义’四个字便可轻轻抹杀！政府下令提倡旧礼教，而新少年高呼‘打倒文化侵略’！……”他告诫人们：“不要尽说是帝国主义害了我们。那是我们自己欺骗自己的话！我们要睁开眼睛看看日本近六十年的历史。试想想何以帝国主义的侵略压不住日本的发愤自强？何以不平等条约捆不住日本的自由发展？”[①]他强调民族的自我反省与批判，竭力守护的正是与西方现代文明全面接轨的文化理想。

二

20年代末，一场北伐战争带来了一个新的政权。像中国历史上每一次政权交替一样，一些人为胜利而欢呼，一些人为失败而痛苦。此时的胡适却忧心忡忡，担心国民党在政治上走向独裁，在文化上走向保守，从而危害新文化的发展。

胡适的担心显示着他的清醒。因为从文化上看，一个事实无法否认：国民革命与新政权的建立不但没有推进新文化的发展，而且直接和间接地带来了旧文化的回潮。这一切决非偶然，而是由国民党的指导思想和革命的依靠力量及其革命实践所决定的。国民党以孙中山的三民主义为其指导思想，但孙中山这位资产阶级革命家却没有完整地接受西方现代思想体系，思想中保留了许多非现代的观念，因而与五四新文化运动相去甚远。五四新文化运动的领袖们无法容忍中国的政治传统对共和国体的侵蚀，因而努力引进西方现代政治理念。孙中山却说：“欧洲之所以驾乎我们中国之上的，不是政治哲学，完全是物质文明。……至于讲到政治哲学的真谛，欧洲人还要求之于中国。”[②]五四新文化运动的领袖们发现了旧道德“吃人”的罪恶，因而猛烈批判旧道德。孙中山却努力张扬与专制政治相适应的道德观念，并且抱怨“一

---

① 《胡适文集》第4卷，北京大学出版社1998年，第27页。

②《孙中山选集》，人民出版社1956年，第666—667页。

般醉心新文化的人”破坏了传统道德。[①]尤其重要的是，五四新文化运动以人为目的和最高价值尺度，努力争取个人的自由和权利的保障。孙中山却以民族和国家的名义要求人们放弃个人自由。在国民党重组和举兵北伐的过程中，孙中山的这些思想由于受到鲍罗廷等人带来的俄式极权主义思想和体制的影响而得到进一步的强化，并且随着北伐战争的胜利而成为占统治地位的思想。获得权力之后，国民党的所作所为与新文化运动的目标在许多方面进一步背道而驰。

此情此景，使胡适不能不努力抵抗文化的大后退，以避免乔装归来的旧文化对新文化的全面吞没。他赞扬吴稚晖，意在以国民党元老的言论抵消国民党的意识形态。他反复提及孙中山在“五四”过后写给海外国民党同志的信，意在以孙中山的力量保卫“五四”新文化成果。他反对党化教育，反对统一思想，反对设立劳动大学，原因都在于这一切与科学、民主、自由、人权的新文化理想极不一致。1928年6月15日，大学委员会开会，胡适终于在教育问题上与国民党的党化教育发生了尖锐的冲突。吴稚晖也当面痛斥他：“你就是反革命！”

1929年，面对国家权力的种种倒行逆施，胡适终于忍无可忍，发表了《人权与约法》《我们什么时候才可有宪法》《知难行亦不易》《新文化运动与国民党》等文章，对新生的政权及其意识形态进行了尖锐的批判。此举展开了胡适与新生的国家权力及其意识形态的激烈冲突。这场“人权运动”充分显示了20世纪中国知识分子的光彩，具有丰富的历史意蕴，但是，从新文化的立场上看，争人权本是新文化运动的题内之义。新文化运动的初期，陈独秀就明确表示：“科学与人权并重。”从这个意义上说，胡适所做的，不过是新文化运动面对新生国家政权的威胁而进行的一场抵抗和守护。

考察胡适在人权运动中与国民党的冲突，其要点有三：一、国民党政府沿袭中国传统的统治习惯，同时模仿斯大林极权主义的做法，因而无视个人权利的保障；胡适却坚持五四新文化运动的理想，坚决捍卫个人的权利。国民政府发布保障人权的命令，胡适却发现命令所禁止的只是“个人或团体”对人权的侵害，而没有提及党和政府机关。他说：“个人或团体固然不得以

①《孙中山选集》，人民出版社1956年，第680页。

非法行为侵害他人身体自由及财产，但今日我们最感觉痛苦的是种种政府机关或假借政府与党部的机关侵害人民的身体自由及财产。”他呼吁要有一个约法来规定政府的权限，过此权限，便是非法行为。“无论是一百五十二旅的连长或国民政府的主席，人民都可以控告，都得受法律的制裁。”[①]二、新政权试图以三民主义统一人们的思想，使人们的思想都纳入同一主义之中，而无视现代社会思想自由和信仰自由的原则。胡适则坚持新文化运动的理想，坚决捍卫人格的独立和思想的自由，不能容忍以某种主义奴役人们思想的非现代行为，更不能容忍一个党派通过学校对青年进行奴化教育，从而把他们制造成党派的工具。三、新政权为了巩固自己的统治而努力弘扬民族传统文化，致力于恢复所谓“传统美德”。胡适坚持新文化运动对传统的批判态度，决不容许通过弘扬传统而使专制统治获得合法性。他明确指出：“新文化运动的根本意义是承认中国旧文化不适宜于现代的环境，而提倡充分接受世界的新文明。但国民党至今日还在那里高唱‘抵抗文化侵略’！还在那里高谈‘王道’和‘精神文明’！”他由此做出宣判：“国民政府所代表的国民党是反动的。”[②]

为此，胡适遭到国民党宣传机器和党的笔杆子们的围攻，并且丢掉了中国公学校长的职位。但是，打击和压力都没有改变他的立场。

三

30年代是中国文化乱云飞渡的一个年代，相对于“五四”时期而言，旧文化的回潮是严重的问题。继国民党为巩固自己的统治而努力弘扬传统之后，一些人提出了建国需要专制和独裁的主张；一些人则大谈民族自信心，并且将自信心建立于中国固有文明之上。面对这一切，胡适始终保持着清醒的头脑，连续发表了《建国与专制》《再论建国与专制》《答丁在君论民主与独裁》《信心与反省》《再论信心与反省》《三论信心与反省》等一系列文章，抵挡着来自各个方面的守旧和倒退。

① 《人权与约法》，《新月》第2卷第2期。

② 《新文化运动与国民党》，《新月》第2卷第10期。

1935年初，王新命等十教授发表《中国本位文化宣言》，一场关于中国文化何去何从的论战再次掀起高潮。面对十教授宣言，胡适写了《试评所谓“中国本位的文化建设”》[①]，指出十教授所谓的中国本位文化建设不过是洋务派“中体西用”的翻版。他说：“时髦的人当然不肯老老实实地主张复古，所以他们的保守心理都庇托于折中调和的烟幕弹之下。”他认为，那些“去其渣滓，存其精英”“取长舍短，择善而从”之类的口号都是“时髦的折中论调”，其实质仍是守旧。胡适告诉人们，“中国本位”是无需任何人操心的。在每一次大动荡中，总有一些人害怕“中国本位”会被冲击，但事实是任何一次动荡都不曾打破“中国本位”。关于文化的“本位”，胡适认为：“那无数无数的人民，那才是文化的本位。那个本位是没有毁灭的危险的。物质生活无论如何骤变，思想学术无论如何改观，政治制度无论如何翻造，日本人还只是日本人，中国人还只是中国人。”他担心的不是中国本位的动摇，而是文化惰性的强大：“今日的大患并不在十教授们所痛心的‘中国政治的形态、社会的组织，和思想的内容与形式，已经失去它的特征’。我们的观察，恰恰和他们相反。中国今日最可令人焦虑的，是政治的形态，社会的组织，和思想的内容与形式，处处都保持中国旧有的种种罪孽的特征……”

在由此展开的论争中，胡适更充分地显示了坚持西化道路的观点。因此，在后来的历史上，他常被当作“全盘西化”的代表人物，并且在大陆和台湾都受到批判。应该说，主张“全盘西化”的代表人物应是陈序经，但是，说胡适“全盘西化”，却也不算冤枉他。因为正是他在为《基督教年鉴》写的《中国今日的文化冲突》（*The Cultural Conflict in China*）中明确反对折中论，而主张wholesale westernization和wholehearted modernization，前者可译为“全盘西化”；后者可译为“一心一意现代化”或“充分的现代化”。尽管胡适后来为了避免不必要的争论而主张使用“充分世界化”，但“全盘西化”与“充分世界化”的原意并无不同。按照胡适的说法，“‘全盘’的意义不过是‘充分’而已。”[②]

---

①《独立评论》第145期。

②《充分世界化与全盘西化》，《大公报》1935年6月30日。

许多人对“全盘西化”都存有误解。作为文明重建的方案，创新与复古，向西与向东，世界化与民族化，全球化与多元化……这一切如果说存在尖锐冲突的话，焦点并不在于是否“全盘”（即百分之百）。因为任何人都知道，“百分之百”西化是不可能的，也是不必要的。在答陈序经的文章中，胡适明确指出：“我们不可滥用理智来规定女人袖子的长短或鞋底的高低，但我们必须充分用理智来倡导那几个根本大方向、大趋势、大原则。”[①]事实上，20世纪的文化冲突焦点常常正是集中于这个“大方向”。弘扬中国传统或坚持中国特色的人们从来不拒绝西方的物质文明和高级消费，而主张全盘西化的人也从未要求中国人穿西装或用刀叉进餐。胡适本人就常常是一身中式的长袍大褂。围绕“全盘西化”的冲突，表面上似乎在于百分之百地舍弃民族传统和实行西化，但冲突的焦点却往往在于是否接受西方的现代国家理念和伦理原则，是否接受现代文明的普世价值。换句话说，也就是要不要以西方民主制度取代中国的专制传统，要不要像西方一样尊重个人的自由和权利。

在这个根本问题上，胡适是清醒的。他强调向西方学习，总是强调着这个大方向。在20年代，他就明确指出：“我们必须学人家怎样用种种防弊的制度来经营商业，办理工业，整理国家政治。”[②]在40年代，他演讲《眼前世界文化的趋向》，指出的理想目标仍然是：“第一，用科学的成绩解除人类的痛苦，增进人生的幸福。第二，用社会化的经济制度来提高人类的生活，提高人类的生活程度。第三，用民主的政治制度来解放人类思想，发展人类的才能，造成自由的独立的人格。”面对当时的世界潮流，他认为，“从历史上来看世界文化的趋向，那是民主自由的趋向，是三四百年来的一个最大目标，一个明白的方向。最近三十年的反自由，反民主的集体专制的潮流，在我个人看来，不过是一个小小的波折，一个小小的逆流。”[③]由此，可以看到他的坚定和自信。

胡适的这种文化态度终生没有改变。直到去世前的几个月，还因此而遭

---

①《答陈序经先生》，《独立评论》第160期。

②《胡适文集》第4卷，北京大学出版社1998年，第28页。

③《胡适精品集》第14卷，光明日报出版社1998年，第66页。

受官员和学者的联合围攻。但无论多少风风雨雨，在新文化的防线上，他始终如中流砥柱。尽管他的声音常常如旷野上的呼喊，应者的确寥寥无几，但是，无论多么孤独，他都不曾动摇过。

1999年1月初稿于曲阜，2002年10月修改于长春

第三辑

蔡元培与新文化运动

说起中国现代教育，不能不说蔡元培；要说新文化运动，也不能不说蔡元培。因为他是中国新文化的先驱，早在陈独秀创办《新青年》之前，他就已经做过许多努力。从某种意义上说，陈独秀、胡适、鲁迅、钱玄同等人所做的，正是蔡元培等人早已开始的事业，只是他们没有形成轰轰烈烈的运动而已。正因为这样，到了“五四”时期，蔡元培才那样支持陈独秀、胡适、钱玄同、刘半农等人，才使自己成为新文化的保护神。

一、新文化运动的先驱

面对五四新文化运动，只要视野稍微放开一点，就会看到，蔡元培其实是文化革命的老将，是先驱人物。在“五四”之前十几年，他已经致力于旧文化的革除和新文化的创建。

考察蔡元培所走过的路，他虽然同样是致力于颠覆满清帝国的革命领袖，却与孙文、黄兴等人有明显不同：孙文致力于筹钱，然后雇人在边远省份举行武装起义，蔡元培却是从文化教育入手，培养旧时代的破坏者，也培养新时代的建设者。在这一点上，他与章太炎、吴稚晖、李石曾比较接近，主要活动于思想文化领域。

众所周知，蔡元培是科举路上的成功者，乡试、会试一路走来，举人、进士、翰林，进入帝国文化的顶端，但是，他却似乎注定不是帝国文化的继承者和修补者，而是要成为革命者。在翰林院时，他就曾“诋贵胄昏庸不解事，唱排满之论，声至激烈”，因而被掌院学士斥之为“乱臣贼子”[①]。吴稚晖回忆说，在他尚未知道世间有孙文之前五六年，就知道世间有蔡元培。之所以如此，是因为当时浙江有三篇“怪八股”广泛流传，而其中之一就是蔡元培的手笔。吴稚晖说：“其实所谓‘怪八股’，仅仅多用周秦子书典故，为读书人吐气，打倒高头讲章而已。是亦所谓新文化运动，抛一香烟罐粗制之炸药也。”[②]那时当然没有新文化运动之说，但吴稚晖如此比拟，却并非信口开河，因为那“怪八股”已经是当时思想文化的先锋。

1898年百日维新之际，康、梁等人曾经辉煌一时，蔡元培支持维新，“于六君子中，尤默契嗣同学识”，但在谭嗣同受皇帝青睐而军机处行走时，他却“避趋炎势，不往结交”。他之所以没有参与那场运动，是因为不看好康有为那种“小臣架空术”。但在政变发生之后，他却“深致惋惜，叹其寡助致败，谓欲革新排旧，必先培养人才”。于是，“观清廷政治窳败无可挽救，遂弃职南归，绝意仕进，从事教育，其思想革命自此始”[③]。

带着对体制内改革的深度绝望，他弃官南下，回家乡去了。在绍兴，他已显示出革命的倾向。据他的学生蒋梦麟回忆，早在1899年，在绍兴中西学堂时，蔡元培就曾公开表示自己的革命态度，那是在中西学堂的一次宴会上，他高举酒杯大声说：“康有为、梁启超，变法不彻底……”[④]我们无从知道蔡元培当时具体说了些什么，但认为康、梁的变法不彻底，怎样才是彻底？答案却不言自明。有这样的想法，必然要一步步走向革命。

1900年3月，他曾写过一份《上皇帝书》，其中引经据典，讲的道理却实在是“大逆不道”。他说：

> 国者，公司也；民者，出资本之股主也；天子者，总办也；诸侯也，官也，皆总办所自辟之分办也。彼股主者出资本以为公司办事之费，而总办之支应，分办之薪水，皆于是取给焉……[⑤]

---

①甘簃：《睇向斋逞肊谈》，《申报》1931年12月15日。

②吴敬恒：《四十年前的小故事》，重庆《中央日报》1940年3月24日。

③夏敬观：《蔡元培传》，陈平原、郑勇编《追忆蔡元培》，三联书店2009年，第1页。

④蒋梦麟：《试为蔡先生写一笔简照》，《中央日报》1940年3月14日。

⑤蔡元培：《上皇帝书》，《蔡元培全集》第1卷，中华书局1984年，第99页。

在这份《上皇帝书》中，他对皇帝说自己有三事大惑不解：其一是皇帝既总办，却遇事请示母亲，如果他的母亲明白总办之职，倒也可以请示，但这母亲却是“不知有公司也，知有家业而已；并不知有家业也，知一身之娱乐而已”。“以总办之贤若此，而忽欲借剑以杀人，此何为者也?”二是总办乃全体国人之托命，所以，谋杀总办者，就是“欲绝人人之命”，自当“人人得而诛之”，但“总办之母”却显然并非如此。然而，戊戌杀害和追捕的，罪名却“谋围颐和园”。蔡元培说：颐和园并非公司的机密之地，而只是“总办之母”居住之地，那么，即使“入其居，杀其人”，也应该“治以人与人相杀之律”。“未杀也而围，未围也而谋，杀之，放之，锢之，追捕之，虽人与总办交涉之律，未有如此者也，而悍然为之，此何为者也?”三是朝廷立大阿哥，蔡元培说：“总办之父子相嬗，自夏以来，学禹而失之者也；虽不合公理，然而股主不责也者，曰总办之子，必其习惯于总办之事者也。”如今总办无子，要立继承者，“择之于兄弟，如挚之于尧可也；或择之于人人，如尧之于舜、舜之于禹，亦可也”，为什么要选一个九岁童子，让他来当总办，“择其不胜任总办者而立之”，究竟为了什么?

这样的上书，自然是鸡对鸭讲，但蔡元培的国家理念和政治思想却暴露无遗。陈独秀创办《新青年》之际，请在日本学习政法的高一涵连续写文章，他自己也一写再写，就是要普及现代国家法理，让人知道现代国家与固有的专制国家的不同，让人们知道个人与国家、国家管理者的关系。那些基本思想，蔡元培早在十五年前就有了，而且要向皇帝宣讲。

在“五四”时期，胡适等人对婚丧习俗进行过改革，而蔡元培早在二十年前就进行过类似的改革。中国传统纲常中有夫为妻纲一条，它意味着夫妻之间的不平等。蔡元培却在1900年3月就与妻子订立《夫妇公约》，不仅写进了许多离经叛道的条文，而且写进了一些让卫道士们瞠目结舌的文字，比如：

> 夫妇之伦，因齐家而起。齐者何？同心办事者是也，是谓心交。若乃见美色而悦者，若小儿见彩画而把玩之，文士见佳作而赞叹之，是谓目交。心动而淫者，如饥者食，寒者衣耳，是谓体交。男子见美男，女子见美女，皆有目交也。两男之相悦，如娈童，两女之相悦，如粤东之

> 十姊妹，皆有体交也，非限于男与女者也。然而，统计全球之例，溥通也而无所禁。如握手，接吻之属，皆目交之推也。而体交之事，限于男与女者何也？曰男子之欲，阳电也；女子之欲，阴电也。电理同则相驱，异则相吸。其相驱也，妨于其体也大矣；其相吸也，益于其体也厚矣。相吸之益，极之生子，而关乎保家，且与保国保种之事相关矣……世间夫妇，体交而已耳。目交而惬者，固已不多得矣。呜呼！家道之所以仳离，人种之所以愚弱也。男子之宿娼也，女子之偷期也，皆以目交始，而亦间有心交者也。野合之子，所以智于家生者，此理也……①

这份公约虽然也认为家庭须有“主臣之职”，但在具体条文中却写进了大量不合传统的内容，如：“男子而胜总办欤？则女人之能任帮办者嫁之可也；女子而能胜总办欤？则男之可任帮办者嫁之亦可也”；“主之不能总办而以压制其臣为事者，当治以暴君之律；臣之不能帮办而以容悦为事者，当治以佞臣之律”；“夫妇之事，由男女自择，不得由父母以家产丰俭、门第高卑悬定”；“臣之见去与自去者，皆得仕于他国。家臣之见去与自去者，皆得嫁于他家”；“保家之术，以保身为第一……保身之术，第一禁缠足”……②

1900年，夫人王昭去世。蔡元培三十三岁，自然有媒人纷至沓来。他很不耐烦，贴出了五个条件：（一）天足，（二）识字，（三）男子不娶妾，（四）夫妇意见不合，可以解约，（五）夫死后，女可再嫁。这样的条件，就把许多媒人挡在了门外。尤其是第一条和第四条，前者符合条件者甚少，后者愿意接受者甚少。绍兴城里有一位老前辈，科第比蔡元培早，年纪比蔡元培大，听说此事之后，特地坐了大轿来教导蔡元培，最后见他“执迷不悟”，只能叹着气上轿告辞。

蔡元培的择偶条件为大多数人所难以接受，但符合条件的却并非没有。黄仲玉就是这样的女子，天足、识字、能书、善画，能接受全部条件，所以两人很快喜结良缘。结婚那天，蔡元培再次向传统习俗挑战：拜天地改变了

---

①蔡元培：《夫妇公约》，《蔡元培全集》第1卷，中华书局1984年，第102—103页。

②同上书，第103页。

形式，闹新房改变了内容，婚礼成了演说会，一时成为奇谈。[①]与此同时，他把六岁的儿子打扮起来参加婚礼，据马叙伦回忆，蔡元培为儿子特制的礼服，竟然是一品大员的衣冠。[②]

1901年夏天，蔡元培离开故乡去上海，先是做澄衷学堂的校长，旋即被聘为南洋公学经济特科班的总教习。据蒋维乔回忆："戊戌政变后，先生知清廷之不足为，革命之不可以已，乃浩然弃官归里，主持教育，以启发民智。既而来海上，主持南洋公学特班讲习……时适汉口唐才常事败之后，清政府钳制集会结社甚厉，先生于壬寅夏秋之交，与上海同志谋立一会，违远时忌，乃定名为中国教育会，默输民族主义。众议教育之根本在女学，乃先创立爱国女学校。"[③]他在南洋公学的时间不长，却又做出了引人注目的事，而且名垂青史。因为著名的"墨水瓶事件"，由于学校当局的固执，学生由请愿到抗议，由抗议到宣言全体退学。在学潮中，蔡元培开始并没有完全站在学生一边，但在最后，当他为学生去向当局求情而遭到拒绝之后，却选择了与学生共进退：学生退学，他也辞职，与学生一起离开了学校。由此可见，蔡元培1919年在北大的表现，与在南洋公学的表现可谓一脉相承。

在此后的时间里，他与蒋智由等创办中国教育会，并任会长，同时创办爱国女学，任校长；南洋公学退学的学生无处可去，他建立爱国学社，任总理。正是在这时候，蔡元培逐步成为革命者。他后来说过："我在南洋公学时，所评改之日记及月课，本已倾向于民权女权的提倡，及到学社，受激烈环境的影响，遂亦公言革命无所忌。"[④]

在此期间，特别值得一说的是影响了中国近代历史的张园演说。张园，是上海市中心的一个公园，坐落在与南京路毗邻的静安寺路，园内绿化甚

---

①林文铮：《蔡孑民先生二三事》，陈平原、郑勇编《追忆蔡元培》，三联书店2009年，第425页。

②马叙伦：《蔡元培逸事》，陈平原、郑勇编《追忆蔡元培》，三联书店2009年，第67页。

③蒋维乔：《民国教育总长蔡元培》，陈平原、郑勇编《追忆蔡元培》，三联书店2009年，第5页。

④蔡元培：《我在教育界的经验》，1937年12月《宇宙风》第55期。

好，而且有广场、小楼、凉亭、会场等。张园演说是由中国教育会主办的，发起者和主持者就是蔡元培和吴稚晖。据俞子夷回忆："从此学社风气大变，倡言革命已经胜过求学。上课时谈，课余时亦谈，社内谈不过瘾，每星期总有一二个政策在张园公开演讲。除预定演讲者一二人之外，任何人随时可上台讲，所讲问题不同，但中心思想总离不开排满革命……从泥城桥福源里至张园有相当距离，学员数十人，穿上操衣，成双行队伍沿静安寺路开正步走去走回，认真，热烈，大家的心目中，演讲会是一件大事，比功课不知重多少倍。"[①]就是这样一所学校，培养了大量杰出人才。

首次演说是1903年2月15日（旧历光绪二十九年一月十八日），此后不断举行。演说的内容随着社会热点的变化而不断变化，到了拒俄事起，中心话题就集中于"拒俄运动"。其实，当时不只是"拒俄"，而是"抗俄拒法"，因为当时的形势是南北两端都出了问题，南面是报载广西巡抚王之春为镇压境内的哥老会叛乱而奏请借法国兵进行镇压，并向亨利洋行借款，答应事平之后以广西的路矿权作为酬谢。留日学生闻之愤怒，于4月24日集会，并致电朝廷要求惩办王之春。北面的情况起因是俄国在1900年乘八国联军进北京之机派兵进入东三省，在欧美各国撤兵之后仍然拒不撤兵。到1902年，中俄两国签订了条约，规定在条约签署后的一年内分三期全部撤离。然而，到1903年的4月18日，第二期撤兵的时间已过，俄国却不但不撤兵，而且提出了七点新的要求。消息传出，知识界掀起了声势浩大的拒俄运动。

4月27日，4月30日，张园连续举行拒俄集会，蔡元培带领中国教育会和爱国学社的成员参加，而且在30日的大会上首先发表演说，认为上海应该设立"国民公会"以议国事。与会者高唱《爱国歌》，并且高喊"中国万岁"的口号。喊"中国万岁"，在今天似乎已经没有特别的含义，但在当时，却属别有用心，因为它与"大清国万岁！"显然不同。国家的现实存在只有"大清国"，历史上也是"大汉""大唐"到"大明"，不称大清国而称中国，什么意思？这是1903年前后中国知识界出现的一个重要现象：首先是1902年章太炎在日本倡议进行的"支那亡国二百四十二年纪念"，而且在

①俞子夷：《回忆蔡元培先生和草创时的光复会》，《文史资料选辑》第77辑，中国文史出版社1981年。

日本警察面前拒绝承认自己是清国人，而宣称自己的国家已亡，是遗民。这使一些人意识到自己早已亡国，大清国并非自己的国家，也使人意识到自己的国土已被人占领，自己事实上是眼前这个国家的俘虏，是被征服者。以前只是盲目爱国的人们，也开始思考大清国是不是自己的国家。如果不是，自己应该如何爱国？所以，从那时开始，爱国就不再是糊里糊涂的事。正因为有了这种意识，从1903年开始，许多报刊不再使用大清皇帝纪元，而是改用黄帝纪元。这种情况就连慈禧太后也知道，所以后来有人对她说某些人是爱国的，她回答说：他们爱的是中国，而不是大清！

就在4月30日大会的前一天，4月29日，在东京的留日中国学生集会，组成了拒俄义勇队，准备回国到前线作战，并派代表汤尔和、钮永建回国请愿。所以，30日大会正在进行的时候，收到了来自日本的电报。电报由蔡元培当场宣读："俄祸日急，留学生已电北洋请战，结义勇队，愿赴前敌。望协助。"人们被留日学生感动了，蔡元培与一千二百多人转身朝东，遥望日本，向留学生鞠躬致敬。同时，他们形成决议：成立上海拒俄义勇队。

张园演说必然引起当局的注意。5月，驻沪商约大臣吕海寰接连致函江苏巡抚恩寿，指出上海租界有"所谓热心少年"在张园聚众议事，"名为拒法拒俄，实则希图作乱"，要求"即将为首之人密拿严办"。需要严办的名单开了多次，第一次是四人：蔡元培、吴稚晖、钮永建、汤尔和。第二次是六人：蔡元培、陈范、吴稚晖、冯镜如、章炳麟、黄宗仰。5月26日，外务部致电沿海各省督抚，说上海有人"创立爱国学社，招集不逞之徒，倡演革命诸邪说"，应该"查禁密拿"。湖广总督端方接外务部电后于5月28日致电军机处，说"上海有爱国学社诸生借俄事为名，在张园演说，议论狂悖，即经电江宁查禁拿办"。正在这时，《苏报》顶风而上，于是《苏报》案发生，章太炎、邹容进了监狱。

《苏报》案发生之前十天，蔡元培已经去了青岛，因而躲过一劫。风波过后，他又返回上海，以女校为据点，继续从事活动。首先是创办《俄事警闻》日报。接受《苏报》的教训，不再直接倡言革命，而是选了"俄患"这个题材，在政府外交失败、任由俄国占领东北的事上做文章。像当时一些报纸一样，该报也不再使用清朝皇帝纪元，而是用干支纪年，下面注以西历。该报出了七十三期，到1904年2月26日，改为《警钟日报》，篇幅也增加了一倍。这时的蔡元培工作十分繁忙，不但要承担编务，过问印刷，还要撰写稿件。据回忆，他当时剪了短发，穿着德国装，外罩棉大衣，编辑部没有火炉，他却每晚撰写两篇文章，一篇文言文，一篇白话文，以致手上生了冻疮，带了只露出手指的半截手套。马叙伦去看他，发现他隆冬之日“仅服薄棉袍，长才蔽膝，受寒，流涕不绝”。①

蔡元培一生中最激烈的岁月是1904年到1905年。留日学生组织的抗俄义勇队受阻，改为军国民教育会，却仍遭压制，于是由公开转入秘密，由地上转入地下。该会决定“鼓吹、起义、暗杀”三项并举，因而组织了暗杀团。暗杀团以杨笃生为首，主要成员有何海樵、苏凤初等，都是蔡元培的朋友。蔡元培成了暗杀团在上海的负责人，从他后来的自述可见：“自三十六岁以后，我已决意参加革命工作。觉得革命只有两途：一是暴动，一是暗杀。”②蔡元培领导暗杀，亲手制造炸弹，而且请章士钊、陈独秀等人帮忙，这一切都似乎不可思议，却是历史事实，是蔡元培履历中重要的环节。

然而，蔡元培毕竟是文人，其贡献注定不是在血与火的战场上。所以，当帝制终结、民国建立之际，谁也想不到让他去当陆军总长或实业总长之类，而是请他当教育总长。这并不只是革命党人的选择，而是孙文做临时大总统请他做教育总长，袁世凯做临时大总统依然请他做教育总长。袁世凯称帝失败，黎元洪继任大总统，又请他来做北京大学的校长。直到南京国民政府成立，请他做监察院长，他坚决不干，但请他做大学院院长、中央研究院院长，他都愉快接受了③。因为他知道自己适宜担任何种工作。所以，当年他参加暗杀团并亲手制造炸弹，实属书生无奈之举。是什么使得谦谦君子做出如此选择？抱着必死的决心去充当刺客？是现实对美好理想的野蛮扼制，是文明进步的脚步被既得利益集团死死绊住，是由此而生的焦急和无奈，是血和泪，终于逼迫那个时代的文弱书生一个个拿起了枪，怀里揣上了炸弹。从蔡元培制造炸弹，到汪精卫刺杀摄政王，历史留下的是一个时代读书人的无奈，也留下了热血男儿的悲壮。但值得注意的是，他们的悲壮虽然带有荆

①马叙伦：《蔡元培逸事》，陈平原、郑勇编《追忆蔡元培》，三联书店2009年，第67页。

②蔡元培：《我在教育界的经验》，1937年12月《宇宙风》第55期。

③吴敬恒：《蔡先生的志愿》，《中央日报》1944年1月11日。

轲的余韵，却与荆轲有根本的不同。他们从容赴死，不是为了报答知遇者的一顿酒饭，而是为了心中的一个理想：结束异族统治，光复祖宗河山，创建民主共和，让这片土地上的每一个人都能像人一样生活。

革命低潮中，蔡元培带着倦意赴欧洲留学，没有忘记自己的初衷。众所周知，吴稚晖、李石曾、张静江主持的《新世纪》是辛亥革命之前中国文化革命的旗帜和重镇，而蔡元培正是与李石曾、张静江同船到巴黎去的，而且一直与吴稚晖保持着联系。据李石曾回忆，《新世纪》创刊之际，“吴、张两先生与余负责，孙、蔡二公作精神之呼应。”①时至今日，说到新文化运动，人们一般是从《新青年》说起，其实，文化革命早在辛亥革命之前就开始了。五四新文化运动的重要内容之一是伦理革命，也就是陈独秀所说的“吾人最后之觉悟”。伦理革命的主要对象是“三纲”。而在1907年，《新世纪》已经发表过《三纲革命》，对旧伦理发起了全面的进攻。《新世纪》提出的是“去迷信”与“去强权”；相隔十年，思路大致相同。《新青年》以批孔著称，而《新世纪》早已发表过《排孔征言》。

中华民国建立之后，新文化建设必然要两次提上议事日程。

1912年1月，蔡元培出任教育总长，面对清朝学部所定的教育宗旨，首先废除的是“忠君”和“尊孔”两项。他的理由是：“忠君与共和政体不合，尊孔与信仰自由相违。”然后他加进了“公民道德”一项，又加进了“美育”一项。他解释说：“何谓公民道德？曰法兰西之革命也，所揭示者，曰自由、平等、亲爱。道德之要旨，尽于是矣。”他清楚地知道，公民道德教育与政治是相关的。他说：“世所谓最良政治者，不外乎以最大多数之最大幸福为鹄的。最大多数者，积最少数之一人而成者也。一人之幸福，丰衣足食也，无灾无害也，不外乎现世之幸福。积一人幸福而为最大多数，其鹄的犹是。立法部之所评议，行政部之所执行，司法部之所保护，如是而已矣……一切隶属政法之教育，充其量亦如是而已矣。”②增加美育，理由是

①李石曾：《百年八期忆蔡公》，陈平原、郑勇编《追忆蔡元培》，三联书店2009年，第24页。

②蔡元培：《对于新教育的意见》，《蔡元培全集》第2卷，浙江教育出版社1997年，第16—17页。

美育更超越，可以超越政治之上，造成完美之人格。

1912年2月，他与唐绍仪、宋教仁、汪精卫等发起成立社会改良会。社会改良会的《宣言》说：

> 自吾人企画共和政体以来，外人之觇吾国者，动曰程度不及。今共和政体定矣，吾人之程度果及与否，立将昭揭于世界。从之多言，于吾无加损也，而吾人不可以不自省。盖所谓共和国民之程度，固不必有一定级数，而共和思想之要素，则不可以不具。尚公德，尊人权，贵贱平等，而无所谓骄谄，意志自由而无所谓徼幸，不以法律所不及而自恣，不以势力所能达而妄行，是皆共和思想之要素而人人所当自勉者也。我国素以道德为教义，故风俗之厚，轶于殊域，而数千年君权之影响，迄今未沫，其与共和思想抵触者颇多。同人以此建设此会，以人道主义去君权之专制，以科学知识去神权之迷信，条举若干事，互相策励，期以保持共和国民人格，而力求进步，以渐达于大道为公之盛，则斯会其嚆矢矣。[①]

鉴于数千年君权之影响之下的国民文化素质状况，抱定“以人道主义去君权之专制，以科学知识去神权之迷信”之宗旨，这与陈独秀创办《新青年》时的情况几乎完全相同。蔡元培和汪精卫等人看重的，也是“人权”与“科学”。在他们所订立的章程中可以看到：“成年之后有财产独立权”“个人自立不依赖亲朋”“实行男女平等”“提倡自主结婚”“承认离婚自由”……由此可见，《新青年》所做的，只是对现代国家理念和社会伦理规范的重申，并不是全新的创举，陈独秀、胡适、鲁迅等人所致力的，是蔡元培等人曾经进行而没有完成的文化革新事业。

二、一次历史性的拜访

无论对于中国文化发展的历史还是对于中国现代知识分子的历史，这都

①《民视报》1912年3月19日。

是一个意义深远的日子：1916年12月26日。

这一天，蔡元培到客店拜访了陈独秀。

一个月前，也就是11月26日，为了“群益”与“亚东”合并之事，陈独秀与汪孟邹一起到北京筹股，住进了前门外一家客店。这时的蔡元培刚刚接受中华民国政府的委任，即将出任北京大学校长。他正在考虑如何改革北大的不良状况，如何制订北大的教学方针，如何把北京大学办成真正的现代大学。为此，他要为北京大学聘任新的教员，引进更多的人才。历史，就这样让两个人再次走到了一起。

至于究竟是谁向蔡元培引荐了陈独秀，人们的说法略有差异。沈尹默在《我和北大》一文中说：

> 1917年，蔡先生来北大后，有一天，我从琉璃厂经过，忽遇陈独秀，故友重逢，大喜。我问他：“你什么时候来的?”他说：“我在上海办《新青年》杂志，又和亚东图书馆汪原放合编一部辞典，到北京募款来的。”我问了他的旅馆地址后，要他暂时不要返沪，过天去拜访。
>
> 我回北大，即告诉蔡先生，陈独秀到北京来了，并向蔡推荐陈独秀任北大文科学长。蔡先生甚喜，要我去找陈独秀征其同意。不料，独秀拒绝，他说要回上海办《新青年》。我再告蔡先生，蔡云：“你和他说吧，要他把《新青年》杂志搬到北京来办吧。”我把蔡先生的殷勤之意告诉独秀，他慨然应允，就把《新青年》搬到北京，他自己就到北大来担任文科学长了。
>
> 我遇见陈独秀后，也即刻告诉了汤尔和，尔和很同意推荐独秀到北大，他大概也向蔡先生进过言。①

按照这种说法，似乎是沈尹默首先向蔡元培推荐了陈独秀，而且是他与陈独秀联系的。但是，蔡元培自己却是这样说的：

> 民国五年冬，我在法国，接教育部电，促回国，任北大校长。我回

①沈尹默：《我和北大》，《五四运动回忆录》（续），中国社会科学出版社1979年。

来，初到上海，友人中劝不必就职的颇多，说北大太腐败，进去了，若不能整顿，反于自己的声名有碍，这当然是出于爱我的意思。但也有少数的说，既然知道他腐败，更应进去整顿，就是失败，也算尽了心；这也是爱人以德的说法。我到底服从后说，进北京。

我到京后，先访医专校长汤尔和君，问北大情形。他说："文科预科的情形，可问沈尹默君；理工科的情形，可问夏浮筠君。"汤君又说，"文科学长如未定，可请陈仲甫君；陈君现改名独秀，主编《新青年》杂志，确可为青年的指导者。"因取《新青年》十余本示我。我对于陈君，本来有一种不忘的印象，就是我与刘申叔君同在《警钟日报》服务时，刘君语我："有一种在芜湖发行之白话报，发起的若干人，都因困苦及危险而散去了，陈仲甫一个人又支持了好几个月。"现在听汤君话，又翻阅了《新青年》，决意聘他。从汤君处探知陈君寓在前门外一旅馆，我即往访，与之订定；于是陈君来北大任文科学长……[①]

在这里，蔡元培说到汤尔和的推荐，而没有提到沈尹默的推荐。蔡元培这篇文字写于1933年年底，发表于1934年年初，当时陈独秀尚在狱中。

在这篇文章中，有一件事蔡元培没有提起：其实，他与陈独秀是共过事的，那是在1904年，为刺杀慈禧太后和满清大员，蔡元培曾经带领一些人制造炸弹。他在上海找了房子，弄来原料，一群人分成几个组，分工合作，反复试验。因为人手不够而找来了章士钊，章士钊又找来了陈独秀。陈独秀后来曾经回忆说："我初次和蔡先生共事，是在清朝光绪末年，那时杨笃生、何海樵、章行严等，在上海发起一个学习炸药以图暗杀的组织，行严写信招我，我由安徽一到上海就加入了这个组织，住上海月余，天天从杨笃生、钟宪鬯等试验炸药。这时孑民先生也常常来试验室练习、聚谈。"[②]蔡元培自己也曾说过："自三十六岁以后，我已决意参加革命工作。觉得革命止有两途：一是暴动，一是暗杀。在爱国学社中竭力助成军事训练，算是下暴

①蔡元培：《我在北京大学的经历》，1934年1月《东方杂志》第31卷第1号。

②陈独秀：《蔡孑民先生逝世后感言》，《陈独秀著作选编》第5卷，上海人民出版社2009年，第347页。

动的种子。又以暗杀于女子更为相宜，于爱国女学，预备下暗杀的种子。一方面受苏凤初君的指导，秘密赁屋，试造炸药，并约钟宪鬯先生相助，因钟先生可向科学仪器馆采办仪器与药料。又约王小徐君试制弹壳，并接受黄克强、蒯若木诸君自东京送来的弹壳，试填炸药，由孙少侯君携往南京僻地试验……”在这里，他没有提到章士钊，也没有提到陈独秀，就连他的学生俞子夷也没有提到，但十多年前就有这样一段共事的历史，关系自然不比寻常。

从汤尔和那里知道了陈独秀的住处，蔡元培立即前往拜访。

根据汪原放等人的日记和回忆，沈尹默说到的陈独秀不愿为北大而放弃《新青年》，这是真的。众所周知，陈独秀于1915年9月在上海创办了《新青年》，可谓惨淡经营，此时刚刚出到第2卷的第4期。说到陈独秀放不下这份杂志，我倒想把话说得远一点，结合当时情形，看看陈独秀究竟为什么要办这份杂志，为什么对它那么看重。

当时的中国是革命已经过去，大清帝国变成了中华民国，但以袁世凯为代表的旧官僚不可能迅速成为现代国家合格的管理者，广大民众也不可能一夜之间成为合格的现代公民。由于思想观念和传统习惯，执政者往往以旧的方式执政，民众也往往因旧的习惯而以草民自居。

后来的历史叙述总是对袁世凯给予种种指责，但一些指责显然并不完全恰当。比如，说他一心复辟做皇帝，说他蓄意破坏共和，阻挡历史进步，大概就并不完全符合事实。只要客观地看问题，答案事实上比较清楚：这个旧体制培养起来的官僚，还不习惯在现代国家执政；这个昨日帝国的内阁总理大臣，还不太清楚民国的总统怎么当。对于现代政治体制，他很难迅速适应，在进退两难之际做出了错误的选择。这并不奇怪，因为历史的惯性是无法忽视的存在，它必然成为革命之后相当长的时间内存在的问题。且不说袁世凯本身就是刚刚摘掉大清顶戴的旧官僚，即使革命党人登上总统的宝座，也很难保证不在历史的惯性作用下出现同样的结果。虽然他们已经是总统或者什么别的称谓，但传统的力量很容易使他们成为事实上的皇帝。

与此同时，国民的状况也是重要的。共和国诞生了，但历史不可能预先为她准备下合格的共和国公民。对于他们的大多数来说，还没有意识到历史发生的重大变化，也没有意识到自己已经是这个国家的主人。他们像过去一样，仍然习惯于被奴役的地位。因为从来不曾拥有过公民的权利，自然不会维护自己的权利。有的甚至很不习惯这个礼崩乐坏的新时代，因为官员不像过去的官员，百姓不像过去的百姓，县大老爷面前竟然不下跪了，真让一些人手足无措。1915年，袁世凯上演复辟帝制的丑剧，各地各界纷纷劝进。而在文化界，一些人极力鼓吹尊孔读经，并且要把孔教奉为“国教”。这一切反映了中国国情，反映了传统的力量。

正是在这种情况下，陈独秀产生了新的觉悟，从政治革命走向了文化革命。他要改变人们的思想观念，他要进行现代公民教育，为民主共和国培养合格的现代公民。

《新青年》出现于中国，很快引起了知识界的注意。但是，在其开始，陈独秀的同道寥寥无几，翻看最先的《青年杂志》，只有高一涵、刘文典、李亦民等几人，后来又加入了吴虞等，也仍然不成阵势。我们可以设想，一个没有几个作者也没有多少读者的杂志，要在这样一个大国进行启蒙事业，那是多么艰难而遥远的事！

然而，历史的机缘出现了：蔡元培走进了北京前门外那家客店！

在那里，蔡元培与陈独秀谈定了两件事：一、聘任陈独秀出任北京大学文科学长；二、陈独秀把《新青年》带到北京来办。

无论对于北京大学，还是对于《新青年》，这都是一个重大的开端，一个难得的机会。就《新青年》而言，此时第2卷第5号已经在上海印出，只准备在1917年1月1日发行。也正是在这一期上，刊登了胡适的《文学改良刍议》。它是文学革命的第一枪。此时的《新青年》到北京来办，意味着文学革命将与当时中国的最高学府联系在一起，也意味着《新青年》竭力倡导的新文化运动将获得北京大学这个平台，获得更多的作者和读者，并在这里形成新文化的阵营。而就北京大学来说，因为陈独秀和《新青年》的到来，它将从此不再是默默无闻的学府，而是成为举世瞩目的文化新潮焦点，成为中国新文化运动的中心。而且，由于蔡元培与陈独秀的这一决定，全国各地的现代知识分子，将以《新青年》和北京大学为中心集结。

1917年1月4日，蔡元培就任北京大学校长。1月13日，陈独秀就任北大文科学长。从此，《新青年》开始在北京编辑出版。到1918年1月，《新青年》成为同仁刊物，不再由陈独秀一人主编，而由六人轮流主编：他们依次是：陈独秀、钱玄同、高一涵、胡适、李大钊、沈尹默。同时，鲁迅、周作人、刘半农等也参加了编辑工作。在此，中国现代知识分子的领袖集团已经形成。而作为后起之秀的傅斯年、罗家伦等正在他们的影响之下迅速成长起来。

在蔡元培的主持之下，北京大学迅速从腐朽的旧躯壳中获得新生。由改造北京大学作为起点，中国教育开始走上现代的轨道。现代社会最显著的标志就是政府民选、司法独立、军队国有、新闻自由和教育独立。革命之后的中国没有完成真正的军队国有，所以导致了军阀混战的局面，但教育独立曾经成为现实。随着民国建立，教育独立成为知识阶层的共识。蔡元培致力于高等学校在制度上与国际公认的标准接轨，推动了教育独立和学术自由的实现。他认为，“教育事业当完全交与教育家，保持独立的资格，毫不受各派政党或各派教会影响。”因为“教育是要个性与群性平均发达的，政党是要制造一种特别的群性，抹杀个性”。[①]他主张教育的根本目的在于发展学生能力，完成学生人格，而不是要学生成为供人驱使的工具。他曾反复强调：隶属于政治的教育与超越于政治的教育，根本目的是不同的，前者使受教育者服从，易受政府驱使；而后者则是从受教育者着想，实现其健全的人格。他把教授治校视为保障教育独立的根本措施。在推动教育独立和教授治校的同时，蔡元培倡导思想自由，主张兼容并包。他不赞成董仲舒罢黜百家，独尊儒术的主张，认为在现代国家，“言论自由与思想自由，尤为绝对之原则”[②]，而大学更应贯彻实现。他指出：“以思想自由之通则，而大学之所以为大也。”[③]

因为蔡元培等人的努力，不仅北京大学成为现代知识分子的摇篮，而且对全国产生了广泛的影响。带动中国当时的大学，迅速培养着中国的现代知识分子。

正是在这样一种新的氛围之中，新文化运动轰轰烈烈地进入了高潮。一代大学生的独立人格和自主意识迅速形成，怀疑的精神、批判的态度以及对

①《蔡元培全集》第4卷，中华书局1984年，第177页。

②《蔡元培全集》第5卷，浙江教育出版社1997年，第59页。

③《蔡元培全集》第3卷，中华书局1984年，第211页。

于社会的责任感也进一步强化。正是在这一基础上，当巴黎和会的消息传来的时候，才爆发了1919年5月4日的学生运动。这一运动标志着年轻一代知识分子对于国家事务的介入。它使政府最终拒绝在合约上签字，在世界面前刷新了中国人尤其是知识分子的形象，同时也进一步助长了青年知识分子关心社会政治和国家大事的热情。

与此同时，各种报刊纷纷问世，“1917年到1921年间，全国新出的报刊有一千种以上。”[①]除《新青年》之外，《每周评论》《新潮》《国民》《少年中国》《星期评论》《建设》《解放与改造》（后改名《改造》）《少年世界》以及三大副刊（《晨报》的《晨报副刊》，《时事新报》的《学灯》，《民国日报》副刊《觉悟》）都显示了一个文化创新时代的光彩。考察当时的情况，虽然也发生过封报馆和抓记者之类的事件，但因为有现代的制度框架，不仅言论自由，结社也是自由的，所以知识界社团林立，知识分子可以自由发表自己的见解，提出自己的主张，表现了空前的积极性。正因为这样，“五四”时期成为中国现代知识分子辉煌的成年礼。

而这一切，都要从那一天蔡元培对陈独秀的拜访说起。

三、新文化的保护神

蔡元培请陈独秀、胡适等人到北京大学任教并非偶然，支持新文化运动也是顺理成章。所以，当新文化的萌芽在北大校园出现，蔡元培总是小心呵护；当这萌芽面临摧残之际，他又及时给予护卫，挺身而出为之辩污，或把责任揽到自己身上。

1919年元旦过后，北京大学进入多事之秋，教授们已经传播着令人担忧的消息：陈衍、林纾等人因为大学革新的事求大总统徐世昌出面干涉。徐世昌因此而找教育总长傅增湘商量，要驱逐陈独秀、撤换学长、整顿文科。1月5日，上海的《时事新报》发表两条“敢问录”，问的是钱玄同和刘半农。此外还发表一幅骂钱玄同的画，说他要废除汉字用西文，却苦于讲话不能完全像西人，就请医生把他的心挖了，换上一个外国狗的心，于是讲出话

①周策纵：《五四运动：现代中国的思想革命》，江苏人民出版社1996年，第247页。

来与外国狗叫一样。接着是林纾发表小说《荆生》《妖梦》等，对《新青年》集团和北京大学进行丑化和攻击……

这一切并不奇怪，文学革命轰轰烈烈地展开，旧阵营必然有所反应。但对蔡元培来说，一切的麻烦，都因为他支持新思潮，因为他聘请了陈独秀那样的学长，因为他聘请了胡适、钱玄同、刘半农这样一群教授，因为他支持傅斯年、罗家伦等思想活跃的学生办《新潮》。因此，在激烈的新旧冲突中，蔡元培无法置身事外，就成了新思潮、新文化的保护神。1919年的春天，“五四”学生运动前夕，他已经做了许多事。

首先是回答林纾的来信，为北大和新文化辩护。

中国文人大多谨慎，喜欢中庸自守，而不为天下先。所以，面对新文学阵营对旧文学的挑战，事实上是摇头叹息者多，而奋起捍卫者少；背后反对者多，而公开抵抗者少。两军对垒之际，缺乏冲锋陷阵的勇士。这种情况，甚至使文学革命的阵营感到寂寞，所以才有了《新青年》上的双簧信。但是，中国文人也并不全都保守和中庸，比如林琴南，文学革命的口号一喊，他就冲出来了。

林琴南之所以出战，一是因为他的性格，不会耍滑头，而且好辩；二是文学革命兴起，他似乎首当其冲。尽管最初的矛头并没有指向他，但当时有一种说法：“天下文章数严林。”在清末文坛上，文章影响之大，的确首数他和严复。后来的《清史稿》也反映了这一点，文人值得立传的，首先是严复和林琴南。这样的文坛领袖，面对文学革命的声浪，自然比一般人更加敏感。

后来的人们叙述新旧文学之争，往往从林琴南的《论古文之不宜废》开始。原因是胡适的《文学改良刍议》发表于1917年1月1日，林纾的文章刊于2月1日的《大公报》（2月8日由《民国日报》两次刊登），时间相差一个月，看上去真像迎战而来。但事实上，林琴南该文只有六百余字，从问题的提起和论述的重点看，未必是针对胡适的文章。但它恰恰在这个时候发表了，而且论证粗疏，论据严重不足。其中有这样一段说：“知腊丁之不可废，则马、班、韩、柳亦自有其不宜废者。吾识其理，乃不能道其所以然，此则嗜古者之痼也。”此话被《新青年》的人们抓住反复嘲笑，进一步加深了林琴南与新文化运动的对立。

林琴南虽以翻译外国名家小说见称于世，但他尊崇中国传统，并且身体力行，维护礼教，认定西方思想的影响将导致世风日下、人心不古。他自认是孔孟的信徒，无法容忍新文化阵营对孔子之道的批判。在文学方面，林琴南信奉桐城派，以左丘明、司马迁、班固、韩愈等人的文章为天下楷模，认为取义于经，取材于史，多读儒书，留心天下事，才能做出好文章。在政治上，林琴南的态度有点奇怪：他没有做过大清帝国的官，所以在民国建立之初，并无亡国之痛，曾经打算做共和国国民，但很快就改变了主意，决定做大清帝国的遗民，而且心志日益坚定，留下了“十哭皇帝陵”的绝唱。白话初兴之际，他的表现一点都不保守，曾在林白水等人创办的《杭州白话报》上开辟专栏，作“白话道情”，在此后很长一段时间里没有反对白话文运动，直到文学革命兴起之后，他还在为《公言报》写“劝世白话新乐府”专栏。

然而，他不反对白话文的存在，却反对白话取代文言。

他的看法受到新文化阵营的抨击和嘲笑，这使他痛苦而愤怒，加之友人与弟子的鼓励和怂恿，他终于披挂上阵了。

2月17日，林琴南在《新申报》发表小说《荆生》，痛诋新文化运动。小说写“皖人田其美”“浙人金心异”和“新归自美洲”的“狄莫”三人同游陶然亭，“温酒陈肴，坐而笑语，田生叹曰：‘中国亡矣，误者均孔氏之学’……狄莫大笑曰：‘惟文字误人，所以致此。’田生以手抵几曰：‘死文字，安能生活学术，吾非去孔子、灭伦常不可。’狄莫曰：‘吾意宜先废文字，以白话行之。’……金生笑曰：‘正欲阐白话以佐君。’于是三人大欢，坚约为兄弟，力掊孔子。忽闻有巨声，板壁倾矣。”原来是隔壁一个携带十八斤重铜锏的伟丈夫荆生，终于被他们的言论激怒。他破壁而入，怒斥三人：“中国四千余年，以伦纪立国，汝何为而坏之？”田生欲抗辩，“伟丈夫骈二指按其首，脑痛如被锥刺。更以足践狄莫，狄腰痛欲断。金生短视，丈夫取其眼镜掷之，则怕死如猬，泥首不已。丈夫笑曰：‘尔之发狂似李贽，直人间之怪物。今日吾当以香水沐吾手足，不应触尔背天反常之禽兽之躯干。尔可鼠窜下山，勿污吾锏……’”当时的圈内人都明白，“皖人田其美”指陈独秀；“浙人金心异”指钱玄同；“狄莫”是留学归来的胡适。至于伟丈夫荆生，则是卫道英雄的化身。当时的人们以为那是徐树铮。

发表《荆生》，出了一口恶气，但林琴南仍未罢休。3月19日至23日，又在《新申报》发表第二篇影射小说《妖梦》。小说写一个叫郑思康的人梦游阴曹地府，见到一所白话学堂，大门有楹联一副："白话通神，《红楼梦》《水浒》真不可思议；古文讨厌，欧阳修、韩愈是什么东西。"入二门，匾上大书"毙孔堂"，堂前也有一副楹联："禽兽真自由，要这伦常何用？仁义太坏事，须从根本打消。"学堂内有三个"鬼中之杰出者"：校长叫"元绪"，影射蔡元培；教务长叫"田恒"，影射陈独秀；副教务长叫"秦二世"，影射胡适之。对于"鬼中三杰"，作者显然痛恨无比，所以极尽丑化："已而元绪出见，则谦谦一书生也。田恒二目如猫头鹰，长喙如狗。秦二世似欧西之种，深目而高鼻。左右元绪而出。谈次问名未竟，二世曰：'足下思康，思郑康成耶？孔丘尚是废物，何况郑玄。'田恒曰：'郑玄作死文字，治不了活文学，非吾辈出而提倡，则中华将被此腐儒弄坏矣。而五伦五常，尤属可恨，束缚至于无转旋地步。'"郑思康问："伦常既不可用，将用何人为师？"田恒的回答是："武则天，圣王也。冯道，贤相也。卓文君，贤女也。无冯道，则世无通权达变之人；无文君，则女子无自由之权利。且不读《水浒》，世界无英雄；不读《红楼梦》，则家庭无乐事。汝以为如何者？元绪点首称赏不已。"小说结尾处，作者让阴曹地府中的"阿修罗王"出场，把白话学堂中的这些"禽兽"通通吃掉，化为一堆大粪……这种做法，凭一时之愤而图一时之快，不但有失分寸，而且大丢一代文豪的脸面。

帮林琴南发表这些小说的是张厚载，当时是北京大学法科政治系学生，1918年在《新青年》上与胡适、钱玄同、傅斯年、刘半农等就旧戏评价问题有过争论，所以对文学革命很不喜欢。林琴南是他在五城中学堂读书时的老师，此时心中正有闷气，他就鼓动老师上阵了。

可是，林琴南刚刚把《妖梦》交张厚载寄往上海，就收到了蔡元培的信，说有一个叫赵体孟的人想出版明遗老刘应秋的遗著，拜托蔡元培请梁启超、章太炎、严复、林琴南等名家为之题词。蔡元培的信感动了林琴南，他们本是熟人，只是多年不曾联系，于是觉得自己写那样的小说影射蔡元培不是太好，所以嘱张厚载将《妖梦》一稿追回，同时给蔡元培回信。回信如果只叙友情，说几句客气话，也许这事就过去了。但林琴南比较较真，认为大学应该是全国师表，"五常"之所系属，而最近外间谣言纷集，说得太不像话。因而便要跟蔡元培好好说一说。信中表示，他最不满意的，一是“覆孔孟，铲伦常”，二是“废古文，行白话”。对于前者，他说，晚清以来，人们相信去科举，停资格，废八股，复天足，逐满人，扑专制，整军备，则中国就会富强，现在民国将近十年，上述期待都成为现实，但国家富强了吗？现在所谓的新思想又要覆孔孟，铲伦常，西方不也有伦理吗？林琴南认为所谓新道德就是无君无父，“表彰武则天为圣王，卓文君为名媛，尊严嵩为忠臣”，总之一切都颠倒了。对于后者，他指出：“若尽废古书，改用土语为文字，则都下引车卖浆之徒，所操之语，按之皆有文法，不类闽广人无为文法之啁啾。据此则凡京津之稗贩，均可用为教授矣。若《水浒》《红楼》皆白话之圣，并足为教科之书……”林琴南这封信发表于《公言报》1919年3月18日。

蔡元培虽然温和，但此时显然有些愤怒。他公开回信，就林琴南对北京大学的攻击进行回答，并且为陈独秀、胡适等人辩护。他逐一驳斥了林纾对北京大学的指责，列举大量事实，说明林纾是把谣言当成了事实，北大并没有覆孔孟、铲伦常、尽废古书之事，声明外间传言并无根据。同时，蔡元培重申了他掌北大的两大主张：

> （一）对于学说，仿世界各大学通例，循“思想自由”原则，取兼容并包主义……无论有何种学派，苟其言之成理，持之有故，尚不达自然淘汰之运命者，虽彼此相反，而悉听其自由发展。
>
> （二）对于教员，以学诣为主；在校讲授，以无背于第一种之主张（思想自由、兼容并包）为界限。其在校外之言动，悉听自由。学校从不过问，亦不能代负责任。例如复辟主义，民国所排斥也，本校教员中，有拖着长辫而持复辟论者，以其所授为英国文学，与政治无涉，则听之。筹安会之发起人，清议所指为罪人者也，本校教员中有其人，以其所授为古代文学，与政治无涉，则听之。嫖赌娶妾等事，本校进德会所戒也，教员中间有喜作侧艳之诗词，以纳妾狎妓为韵事，以赌为消遣者，苟其功课不荒，并不诱学生与之堕落，则姑听之。夫人才至为难得，若求全责备，则学校殆难成立。且公私之间，自有天然界限……

蔡元培的复信产生了很大影响，国家最高学府的校长为新文化保驾护航，新派人物乘势前行，林琴南显然难以对垒。最后，这位自称有“顽皮憨力”的“老廉颇”终于公开在报纸上认错道歉，并在回复蔡元培的信中说：“弟辞大学九年矣，然甚盼大学之得人。公来主持甚善，顾比年以来，恶声盈耳，至使人难忍，因于答书中孟浪进言。至于传闻失实，弟施以为言，不无过听，幸公恕之。”

接着，蔡元培做的另一件事，是为《新潮》辩护。

《新潮》是北大学生傅斯年、罗家伦、徐彦之、康白情等人办的一份综合刊物，创刊号于1919年1月1日出版。刊物的英文名字是*The Renaissance*，意为“文艺复兴”。他们为刊物提出了三个口号：“（一）批评的精神，（二）科学的主义，（三）革新的文词。”在《新潮发刊旨趣书》中，他们明确指出：“去遗传的科举思想，进于现世的科学思想；去主观的武断思想，进于客观的怀疑思想；为未来社会之人，不为现代社会之人；造成战胜社会之人格，不为社会所战胜之人格。”创刊号问世后不到一个月，就连印了三版，深受读者欢迎。

蔡元培为刊物题写了封面上的“新潮”二字，而且决定从学校经费中每月拨出两千元作为杂志的出版费用。

《新潮》在社会上产生了影响，自然被人关注，也必然会有人对其西化倾向和批判锋芒看不惯。一般人看不惯也就罢了，一些有来头的人看不惯，就会施加影响。于是，他们找总统，找总理，找国会，找教育部，让他们出面干涉。客观地说，总统和部长们也未必喜欢他们多事，但他们既然找来，就需要应付过去。更重要的是，当时的大总统徐世昌虽然是个明白人，也很宽容，但从知识结构到价值观念系统，却是典型的正派旧文人。教育总长傅增湘也是比较开明的人，他在“五四”学生运动中的表现即可为证。但是，面对人们对北大的种种议论，面对种种压力，却不能不来管一管。总长没有下达什么指示和命令，而是以极谦逊的口气给蔡元培写了一封信，告诉他外界对大学“不无微词”，希望他约束和引导学生。

教育总长傅增湘这封信是3月26日写的，主要内容是表示两点担心：一是“因批评而起辨难，因辨难而涉意气。倘稍逾学术之外，将益启党派新旧之争”；二是“吾国伦理道义，人群纪纲，镌于人心，濡于学说，阅数百千年。其间节目条教，习惯蜕衍，或不适于现代，亦属在所不免。然而改革救正，自有其道。以积渐整理之功，行平实通利之策，斯乃为适。凡事过于锐进，或大反乎恒情之所习，未有不立蹶者。时论纠纷，喜为抨击，设有悠悠之辞，波及全体，尤为演进新机之累”[①]。

因为事关《新潮》，蔡元培把信拿给傅斯年，让他起草回信稿，然后于4月2日回复傅增湘。回信中首先解释说：北大不但有倡导新学的《新潮》，还有《国故》，“新旧共张，无所缺畸”。“在学生则随其好尚，各尊所闻。当事之员，亦甚愿百虑殊途，不拘一格以容纳之。局外人每于大学内情有误会之处，然若持《新潮》《国故》两相比拟，则知大学中笃念往昔，为匡掖废坠者，实亦不弱于外间耆贤也”。信中写道：

> 至于持论，间有殊于旧贯者，容为外间误会之所集。然苟能守学理范围内之研究，为细密平心之讨议，不涉意气之论，少为逆俗之言，当亦有益而无弊。《新潮》持论，或有易致骇怪之处。元培自必勉以敬慎将事，以副盛情。
>
> 事之方始，真相未明，辗转相传，易滋误解。历日稍久，情实自见。大学兼容并包之旨，实为国学发展之资。正赖大德如公，为之消弭局外失实之言。元培亦必勉励诸生，为学问之竞进，不为逾越轨物之行也……[②]

关于蔡元培，人们常常称赞他的兼包并容。其实，他虽兼包并容，却并非没有自己的立场。他是站在新文化一边的，所谓兼包并容，只是一种容纳异己的雅量。而且，在新旧变革时期，兼包并容的方针，事实上对新思潮更有利。因为旧文化无需谁来宽容，就早已占据着主流地位，新文化却需要生存的空间。陈独秀、胡适等人有幸，新文化运动有幸，遇到了这样一个校长。他的表现是那样平和，那样中庸，但内心里却那样热切地渴望思想文化上的除旧布新。“五四”学生运动发生之后，他辞职南下，一份宣言展示了

---

①《蔡元培全集》第3卷，中华书局1984年，第286页。

②同上书，第285页。

他的内心。他说他不愿再做政府任命的校长，因为那样的校长是“半官僚性质”；他不愿继续在北京当校长，因为北京是“臭虫窠”，更重要的是他不愿做不自由的校长，其中这样写道：

> 北京大学，向来受旧思想的拘束，是很不自由的。我进去了，想稍稍开点风气，请了几个比较有点新思想的人，提倡点新的学理，发布点新的印刷品，用世界的新思想来比较，用我的理想来批评，还算是半新的。在新的一方面偶有点儿沾沾自喜的，我还觉得好笑。哪知道旧的一方面，看了这点半新的，就算“洪水猛兽”一样了。又不能用正当的辩论法来干涉了，国务院来干涉了，甚而什么参议院也来干涉了，世界哪有这种不自由的大学么？还要我去充这种大学的校长么？[①]

他在五四运动中的作用说来话长，暂且不谈，从一些不太重要的事也可以看到他的态度和做法。比如，“性博士”张竞生出版《性史》，提倡“情人制”“外婚制”和“新女性中心论”，言论可谓惊世骇俗，所以被一些人称作“文妖”，但他仍在北大任教，因为有蔡元培为他充当保护伞。否则，在中国传统的文化场域，那种文化很难有生存余地。

再比如男女同校。这是一件大事，蔡元培却不声不响，稳健从事，先让女生进北大旁听，一段时间之后，才开始招收女生。他把握时势，察看社会舆论，不请示，不汇报，不向教育部呈文。因为所谓汇报与请示，常常是把责任推到上面，上面愿意承担责任吗？好事当然谁都愿意参与，有风险的事哪个上司愿意揽到自己身上？所以，凡开拓创新冒风险的事，报批一般都难以获得批准。众所周知，万一呈报被驳回，就不好办了。蔡元培做过教育总长，知道教育部的全部文件中并无禁止大学招收女生的条款，所以，招收女生并不违规，待到木已成舟，人们也就只有接受这一既成事实。

所以，谈论“五四”，谈论新文化运动，当事人都没有忘记蔡元培。

①《蔡元培全集》第3卷，中华书局1984年，第298页。

新文化运动中的钱玄同

在我们这个年代，钱玄同是注定要受冷落的，不会被出版界热炒，也不会成为学术研究的热门话题。究其原因，主要在于他的文化态度不合时宜，一些主张不仅令这个时代的人难以接受，而且觉得匪夷所思。然而，只要回到“五四”时期，他却是一个无法回避的人物。

钱玄同主要研究小学和经学，成就主要也在文字学、音韵学方面。在他的专业领域，历史已经深深地刻下了他的名字，因为他的成就是多方面的：中国现代音韵学的奠基人；中国白话语体的倡导者；第一批简体汉字的起草人；第一次汉语拼音方案的拟定人；汉字横排和自左至右书写形式的发起者；白话国语教科书最早的创编者；标点符号、阿拉伯数字、公元纪元的倡导者……他的一生时间不长，从1887年到1939年，只活了四十二岁，竟然做了如此之多的大事！还有他没有做成的“废除汉文”和“废除汉字”！

关于他的文字学和音韵学，因为笔者不懂而难以置喙，本文仅对他在新文化运动中的作为进行考察。回到“五四”现场，就可以看到，钱玄同的确是一员骁将，打过一些真正的硬仗。我说“真正的硬仗”，是因为鲁迅说刘半农“打过几场硬仗”，但如果与钱玄同相比，刘半农打的那些硬仗就容易多了。钱玄同真是敢破敢立，冲锋在前，说过一些振聋发聩的话，提出过一些让人惊骇的主张，也留下了持久争议的话题。他有坚实的旧学根基，对传统文化了若指掌，又由于站到了时代的制高点上，对一些问题一目了然。所以，他的言说就常常抓住根本，能够一针见血。按照一般的看法，他是偏激的，因为他说话直，而且狠，一语到位，不留余地。有些话说得也许未免过分，比如“桐城谬种”“选学妖孽”之类的判语，有些话也许未免夸张，比如“四十不死就该枪毙”之类的玩笑话，但在破旧立新的时代，如果没有这样的人物，大家都按照中国传统而吞吞吐吐，或者“今天天气……哈哈哈……”，大概会什么问题也不能提出，什么问题也不会解决的。考察钱玄同在“五四”时期所作的努力，有的成功了，有的失败了，但无论成功还是失败，都显示着那个时代所特有的精神光彩。

一、对中国已有文学的评估

钱玄同是文学革命最早的响应者。胡适在1917年1月发表《文学改良刍议》，钱玄同看到之后，立即给陈独秀写信，表示对胡适的文章“极为佩服”，“其斥骈文不通之句，及主张白话体文学说，最精辟。”①从此之后，就不断地给陈独秀写信，给胡适写信，给刘半农写信，给鲁迅和周作人写信……他似乎不喜欢写文章，而喜欢以书信的形式发表见解。翻开《新青年》即可看到，自从1917年《新青年》迁至北京，几乎每期都有他的书信。他的信大多写得很长，动不动就是四五千字。就凭那些信，他成为继胡适、陈独秀之后的文学革命主将，在他之后，才又有了刘半农、鲁迅、周作人等。

写第一封信时，陈独秀刚到北大就任文科学长，也是第一次为北大文科拟定课程表。所以，钱玄同不但与他讨论胡适的文学改良主张，而且讨论了中国文学的历史分期问题，提出了与陈独秀不同的看法：“日前见公所拟大学文科中国文学门课程表，似以魏晋至唐宋为第二期，元明清为第三期。鄙意宋世文学，实为启后，非是承前。词开曲先，固不待言，即欧苏之文，实启归方。其与昌黎柳州，谅为貌同而心异。又如说理之文，以语录为大宗。以白话说理，尤前此所无。小说是近世文学中之杰构，亦自宋始。”这是他关于中国文学史分期的见解，与流行的观点大不相同。如此分期，他的理由是：“以前小说如《虞初世说》，为野史而非文学作品。唐代小说，描画淫亵，称道鬼怪，乃轻薄文人浮艳之作，与纪昀蒲松龄所著相同，于文学上无

①钱玄同：《致陈独秀》，1917年2月1日《新青年》第2卷第6号。

大价值，断不能与《水浒》《红楼》《儒林外史》诸书相提并论也。”[①]在这里，已经显示着一种新的文学价值观。

钱玄同出身诗书世家，又是章太炎高足，其时早已是北大教授、学界名流。加之他本来属于“国粹派”，此时反戈一击，加入《新青年》行列，影响自然非同一般。所以，陈独秀回信说：“以先生之声韵训诂学大家而提倡通俗的新文学，何忧全国不景从也！可为文学界浮一大白！”[②]

2月25日，他又给陈独秀写长信，首先肯定胡适文章：“胡君‘不用典’之论最精，实足去千年来腐臭文学之积弊。”然后，他以自己的学识为“不用典”补充了历史依据：“齐梁以前之文学，如诗经、楚辞，及汉魏之诗歌、乐府等，从无用典者。”“古代文学，白描体外，只有比兴。”他赞赏《孔雀东南飞》：“皆纯为白描，不用一典。而作诗者之情感，诗中人之状况，皆如一一活现于纸上。焦仲卿妻诗，尤与白话之体无殊，至今已越千七百年，读之，犹如作诗之人与我面谈。此等优美文学，岂后世用典者所能梦见。”他又说，后世文人竞相用典，是因为缺乏铸造新词的能力，“不学者从而惊之，以渊博相称誉，于是习非成是，一若文不用典，即为俭学之征，此实文学窳败之一大原因。”与此同时，他对胡适的一些说法提出了批评。比如，关于“不用典”，胡适说“工者偶一用之，未为不可”；他认为这是“犹未免依违于俗论”，应该更坚决、更彻底一些：“凡用典者，无论工拙，皆为行文之疵病。”再比如，胡适对苏东坡的诗句“岂意青州六从事，化为乌有一先生”有“此虽工而近于纤巧矣”的批评；钱玄同认为苏轼此诗“其实索然无味，只觉可厌，直是用典之拙者耳”。胡适认为长短句比律诗自由，所以不反对填词，并且认为工于填词者并不觉得不自由；他反驳说：“惟我之不赞成填词，正与先生之主张废律诗同意无非因其束缚自由耳。先生谓‘工词者相题而择调，并无不自由’。然则工律诗者所作律诗，又何尝不自然？不过未‘工’之时，做律诗勉强对对子，填词硬扣字数，硬填平仄，实在觉得劳苦而无谓耳。总而言之，今后当以‘白话诗’为正体，其他古体之诗，及词、曲偶一为之，固无不可，然不可以为韵文正宗也。”他的

①钱玄同：《致陈独秀》，1917年2月1日《新青年》第2卷第6号。

②陈独秀：《答钱玄同》，1917年2月1日《新青年》第2卷第6号。

主张显然比胡适更激烈，也更进一步。正因为有更高的标准，他批评胡适的白话诗“未能脱尽文言窠臼”[①]。

值得一提的是，面对钱玄同的批评，胡适说：“适之改良文学一论虽积思于数年，而文成于半日，故其中多可指摘之处。今得钱先生一一指出之，适受赐多矣。中如论用典一段，适所举五例，久知其不当。所举江君二典，尤为失检。钱先生之言是也。”尤其是对他的白话诗“未能脱尽文言窠臼”的批评，胡适表示：“此等铮言，最不易得。”[②]

考察钱玄同的中国文学整体观，可以看到他的一个重要观点：中国文学原本是朴实真挚的，而在后来却一步步堕落而走下坡路。按照他的描述：“始坏于东汉，以其浮词多而真意少也。弊盛于齐梁，以其渐多用典也。唐宋四六，除用典外，别无他事……戏曲小说，为近代文学之正宗。”[③]这是“五四”新文学阵营对中国古代文学发展历史的一次集中评价：肯定远古那些自然质朴的作品，否定后世雕琢粉饰和低级趣味，在近代文学中认戏曲和小说为文学正宗。

众所周知，文学革命是从形式入手的，即变文言为白话，但钱玄同却一开始就关心文学的思想内涵，因而成为较早以现代思想价值观评判中国古代文学作品的批评家。他肯定宋代以来的语录以白话说理，肯定词曲以白话为文，肯定《红楼梦》《水浒传》《儒林外史》等白话小说，认为它代表着文学的进化，但他同时提醒人们，并不是以白话创作的就是好文学。他认为《西厢记》《长生殿》《牡丹亭》《燕子笺》等作品虽然词句可观，但缺少高尚思想和真挚感情。至于小说，则大量存在的是“诲淫诲盗之作”和“神怪不经之谈”，以及“以迂谬之见解，造前代之野史”的作品。他认为最低劣的，是“所谓‘小姐后花园赠衣物’‘落难公子中状元’之类”。他认为词曲和小说虽然是文学正宗，但有价值的作品却极少。之所以如此，他的解释是：“前此所谓文学家者，类皆喜描写男女情爱。然此等笔墨，若用写实派文学家之眼光去做，自有最高之价值，若出于一己之儇薄思想，以秽亵之

①钱玄同：《致胡适》，1918年1月15日《新青年》第4卷第1号。

②胡适：《答钱玄同书》，1918年1月15日《新青年》第4卷第1号。

③钱玄同：《致陈独秀》，1917年2月1日《新青年》第2卷第6号。

文笔，表示其肉麻之风流，则无丝毫价值之可言。”可惜的是，中国前代文人“属于前者殆绝无，属于后者则滔滔皆是”。在古代小说中，他对《红楼梦》《水浒传》《儒林外史》评价较高，并且为《红楼梦》和《水浒传》作了辩护。他说：“《红楼梦》断非诲淫，实是写骄侈家庭，浇漓薄俗，腐败官僚，纨袴公子耳。《水浒》尤非诲盗之作，其全书主脑所在，不外‘官逼民反’一义。施耐庵实有社会党人之思想也。”①

钱玄同本来对《西游记》评价不高，把它与《封神传》归为同类。但胡适看好《西游记》，认为“神怪不经之谈，在文字中自有一种位置。其功用在于启发读者之理想。如《西游记》一书，全属无中生有，读之使人忘倦。其妙处，在于荒唐而有情思，诙谐而有庄意”。他特别赞赏开卷八回对孙悟空历史的描写，认为“在世界神话小说中，实为不可多得之作”，而且对猪八戒性格的描写也大加赞赏。②钱玄同对此表示赞同，并且承认自己“疏于鉴别”③，最后他们共同认定《红楼梦》《水浒传》《儒林外史》《西游记》为中国小说的四部第一流作品。

对于近代小说，钱玄同最初看好的是李伯元的《官场现形记》、吴趼人的《二十年目睹之怪现状》和曾朴的《孽海花》。胡适认为《孽海花》不能与前面几部作品相比，只能算是二流作品。钱玄同欣然接受胡适的意见。而胡适本来对《老残游记》评价甚高，钱玄同则认为《老残游记》并非佳作：“书中唯写毓贤残民以逞一段为佳，其他所论，大抵皆老新党头脑不甚清晰之见解，黄龙子论‘北拳南革’一段信口雌黄，尤足令人忍俊不禁。”④胡适也欣然接受钱玄同的批评，并对自己的误判进行解释：“适客中无书，所举诸书皆七年前在上海时所见。文成思之，甚悔以《老残游记》与吴趼人、李伯元并列。今读钱先生之论，甚感激也。”⑤

至于新文学建设可借鉴的资源，钱玄同特别说到了梁启超，强调梁启超

①钱玄同：《致陈独秀》，1917年3月1日《新青年》第3卷第1号。

②胡适：《再寄陈独秀答钱玄同》，1917年6月1日《新青年》第3卷第4号。

③钱玄同：《致胡适》，1917年8月1日《新青年》第3卷第6号。

④钱玄同：《致陈独秀》，1917年3月1日《新青年》第3卷第1号。

⑤胡适：《再寄陈独秀答钱玄同》，1917年6月1日《新青年》第3卷第4号。

的价值。众所周知，钱玄同是章太炎的弟子，与梁启超既非同党，亦非同道，但他却能抛开宗派之见，公正地看待梁启超的事业，奉他为新文学的先驱。他说："梁任公实为创造新文学之一人，虽其政论著作，因时变迁，不能得国人全体之赞同，即其文章，亦未能尽脱帖括蹊径，然输入日本新体文学，以新名词及俗语入文，视戏曲小说与论记之文平等……此皆其识力过人处。鄙意论现代文学之革新，必数梁君。"[①]

发表于《新青年》第3卷第4号的《致陈独秀》四千多字，在批评旧文学的同时，更多地表现了作者自己的文学价值观：反对陈词滥调，反对套话空话，反对为敷衍成文而用典故，反对故弄玄虚而让人不知所云。他的一些话掷地有声："文学之真价值，本在内容，不在形式。""呜呼！公等所谓美文，我知之矣，说得客气一点，像个泥美人；说得不客气一点，简直像个金漆马桶。"[②]发表于《新青年》第3卷第6号的《致陈独秀》，又是四千多字，重要内容之一是讨论中国小说。他说：

> 以前我写信给先生和适之先生说，《水浒》《红楼梦》《儒林外史》《西游记》《金瓶梅》和近人李伯元、吴趼人两家的著作，都是中国有价值的小说。这原是短中取长的意思……其实若是拿十九、二十世纪的西洋新文学眼光去评判，就是施耐庵、曹雪芹、吴敬梓也还不能算作第一等。因为他们三位的著作，虽然配得上称"写实体小说"，但是笔墨总嫌不干净。若是和西洋的Goncourt兄弟、Maupassant、Tolstoi、Turgenev诸人相比，便有些比不上。

关于中国小说与外国小说的差别，他不仅指出了因为中国小说家喜欢做长篇，面面俱到，写一大堆人物，却不能深入细致的问题，而且指出一个更为重要的差别：外国那些著名作家都有自己的思想和见解，而且把写小说看作神圣的事业，所以他们能够严肃地观察和思考，是用自己的眼光去看社会，用小说的笔墨去暴露真相，而作家自己却立在第三者的客观位置，"写

①钱玄同：《致陈独秀》，1917年3月1日《新青年》第3卷第1号。

②钱玄同：《致陈独秀》，1917年6月1日《新青年》第3卷第4号。

到那男女的恋爱奸私，和武人强盗显他特殊势力那些地方，决没有自己忽然动心，写上许多肉麻得意的句子。所以意境既很高超，文笔也极干净。”“中国小说则不然，就是施、曹两公，也未能免俗（像武松打虎、贾宝玉初试云雨之类）。这一层，是中国小说更远不及外国小说的地方。”他又说，“施、曹、吴三人之外，《西游记》虽说诙诡别有情致，究竟是‘理想主义派’里的名产，拿新文学的眼光去看，实在是过去时代的东西，和施、曹的‘写实派’去比，便有新旧的不同。《金瓶梅》虽具刻画恶社会的本领，然后描写淫亵，太不成话；若是勉强为他辩护，说做书的人下笔的时候自己没有存着肉麻的冥想，恐怕这话总是说不通的。《野叟曝言》里的文素臣，《老残游记》里的铁补残，《九尾龟》里的章秋谷，写得全智全能，都是作者自道，叫人看了，实在替他肉麻！”还是在这封信中，钱玄同又写道，“至于文学革命，先生和适之先生虽也竭力提倡新文学，但是对于元明以来的中国文学，似乎有和西洋现代文学看得平等的意思。”他认为元明以来的词曲和小说虽然必须在中国文学史中详详细细地讲，认作有价值的文学，但这只因为它是“开新的”，而且其内容与社会生活日渐接近，并非因为它没有问题。①

1920年9月，他在给周作人的信中再次论及《水浒传》，他说：

> 思想似乎不能算他没有。但他的思想，却亦不能认为合理。因为他的命意，实在是表明“官逼民反”。不过“民”是怎样“反”法呢？——就是“做强盗”而已。此等思想，正与《庄子·盗跖篇》意思一样。做《盗跖篇》的人，痛恨圣人作怪，是有思想的；可是请盗跖来对付盗丘，却不能认为合理。做《水浒》的人，痛恨狗官之可恶，是有思想的；可是请宋江来对付宋朝，却不能认为合理。②

他的这种认识，直到今天，对中国古代文学的研究仍有指导意义。

①钱玄同：《致陈独秀》，1917年8月1日《新青年》第3卷第6号。

②钱玄同：《致周作人》，沈永宝编《钱玄同五四时期言论集》，东方出版中心1998年，第206页。

考察钱玄同对中国古代小说的评论，特别值得注意的是他对《三国演义》和《金瓶梅》的评论，因为从中可见新文学阵营对中国古代小说的看法，看到其使用的现代价值尺度，也可以看到他们在某些问题上的困惑和犹豫不决。

在当代中国，《三国演义》是被尊为“四大名著”的。但在钱玄同和鲁迅、胡适、陈独秀眼里，它却算不上好小说。钱玄同对《三国演义》的评论是深刻的，也是严苛的，许多话都是一针见血。比如：

> 《三国演义》一书，玄同实未知其佳处。谓其有文学上之价值乎？——则思想太迂谬。谓其为通俗之历史乎？——则如“诸葛亮气死周瑜”之类，全篇捏造。且作者写其书中所崇拜之人，往往费尽气力，仍无丝毫是处：如写刘备，成了一个庸懦无用的人；写诸葛亮，成了一个阴险诈伪的人；写鲁肃，简直成了一个没有脑筋的人。故谓其思想既迂谬，文才亦笨拙。①

对此，胡适似乎不那么严苛。他看到了《三国演义》的艺术感染力，认为“其书谬处在于过推蜀汉君臣而过抑曹孟德。然其书能使今之妇人女子皆痛恨曹孟德，亦可见其魔力之大”。钱玄同则认为，正因为这样，它就更不足取：“曹孟德固然是坏人，然刘备亦何尝是好人？论学，论才，论识，刘备远不及曹操；论居心之不良，刘备曹操正是半斤八两。帝蜀寇魏之论，原极可笑……持此等见解，甚且欲作小说以正人心，害得一班愚夫愚妇无端替刘备落了许多眼泪，大骂曹贼该千刀万剐，而戏台上做‘捉放曹’‘华容道’‘黄鹤楼’……这真正可发大笑了。”②

胡适不赞同他的意见，写信为《三国演义》辩护。他说：“平心而论，《三国演义》之褒刘而贬曹，不过是承习凿齿、朱熹的议论，替他推波助澜，并非独抒己见。况此书对曹孟德，亦非一味丑诋。如白门楼杀吕布一段，写曹操人品实高于刘备百倍。此外写曹操用人之明，御将之能，皆远过于刘

①钱玄同：《致胡适》，1917年8月1日《新青年》第3卷第6号。

②同上。

备、诸葛亮。无奈中国人早中了朱熹一流人的毒，所以一味痛骂曹操。戏台上所演《三国演义》的戏，不是《逼宫》，便是《战宛城》，凡是曹操的好处，一概不编成戏。此则由于编戏者之不会读书，而《三国演义》之罪实不如是之甚也。先生又谓此书‘写刘备成一庸懦无用的人，写诸葛亮成一阴险诈伪的人’，此则非关作者‘文才笨拙’，乃其所处时代之影响也。彼所处之时代，固以庸懦无能为贤，以阴险诈伪为能，故其写刘备、诸葛亮，亦只如此。此如古人以‘杀人不眨眼’‘喝酒三四十大碗’为英雄，今人如张春帆之徒以能‘吊膀子’为风流。故《水浒传》之武松，自西人观之，必诋为无人道；《九尾龟》之章秋谷，自吾与先生观之，必诋为淫人。此与我前书所言《品花宝鉴》不知男色为恶事，同一道理。”[①]面对胡适的说法，钱玄同说：

> 我个人的意见：以为《三国演义》所以具这样的大魔力者，并不在乎文笔之优，实为社会心理迂谬所致。因为社会上有这种“忠孝节义”“正统”“闰统”的谬见，所以这种书才能迎合社会，乘机而入。我因为要祛除国人的迂谬心理，所以排斥《三国演义》……[②]

值得一提的是，胡适虽然为《三国演义》辩护，最终却没有把它看作第一流的小说。他所认定的四部一流小说，也是《红楼梦》《水浒传》《儒林外史》和《西游记》。

钱玄同对《金瓶梅》评价甚高。在他看来，这部小说应该与《红楼梦》一样居于一流地位。但胡适极不赞成，理由之一是“今日中国人所谓男女情爱，尚全是兽性的肉欲”，因而应该力排《金瓶梅》之类的书，翻译和创作高尚的言情之作，扭转不良的社会风气；二是文学应该美，《金瓶梅》的性行为描写缺乏美感。面对胡适的见解，钱玄同不再坚持为《金瓶梅》争取一流的地位，并且承认它的流弊，但似乎仍不甘心，所以沿着胡适的思路，继续为之辩护。因为胡适说《品花宝鉴》的历史价值“正在其不知男色为可鄙薄之事，正如《孽海花》《官场现形记》诸书不知嫖妓纳妾为可鄙薄之

①胡适：《答钱玄同》，1918年1月15日《新青年》第4卷第1号。

②钱玄同：《致胡适》，1918年1月15日《新青年》第4卷第1号。

事”[①]。钱玄同接过这种“历史价值”说，用以评价《金瓶梅》：

> 推此论而言之，则知《金瓶梅》一书，断不可与一切专谈淫猥之书同日而语。此书为骄奢淫泆不知礼义廉耻之腐败社会写照。观其书中所叙之人，无论官绅男女，面子上是老爷太太小姐，而一开口，一动作，无一非极下作极无耻之语言之行事，正是今之积蓄不义钱财而专事“打扑克”“逛窑子”“讨小老婆”者之真相。语其作意，实与《红楼梦》相同。……徒以描写淫亵太甚，终不免有“淫书”之目。即我亦未敢直截痛快，迳以此书与《红楼》《水浒》等齐列。然仔细想来，其实喜描淫亵，为中国古人之一种通病。远之如《左传》，详述上烝、下报、旁淫、悖礼逆伦，极人世野蛮之奇观；而叙陈灵公淫乱之事，君臣相谑之言，尤为淫亵之尤。近之如唐诗、宋词，说淫话处亦不为少。至于元明之曲，则有直叙肉欲者矣（如《西厢》之《酬简》，《牡丹亭》之《惊梦》。即《水浒》《红楼》中，又何尝无描写此类语言，特不如《金瓶梅》之甚耳）。故若抛弃一切世俗见解，专用文学的眼光去观察，则《金瓶梅》之位置，固亦在第一流也。[②]

钱玄同没有坚持把《金瓶梅》划入“一流”，但他对《金瓶梅》的看法并未改变，只是考虑到对青年的影响而作了让步。但他同时又说：“从青年良好读物上面着想，实在可以说，中国小说没有一部好的，没有一部应该读的。”[③]从这种苛刻的评价，可以看到一种不同于前人的现代价值尺度，用周作人的话说，它就是“人的文学”。

二、反传统与“立人”

说起钱玄同，无法回避他反传统的激烈态度。

---

①钱玄同：《致胡适》，1917年8月1日《新青年》第3卷第6号。

②同上。

③钱玄同：《致胡适》，1918年1月15日《新青年》第4卷第1号。

无需讳言，钱玄同是彻底反传统的，也是主张充分世界化的。被历代文人视为经典的那些东西，无论是三坟五典，还是旧诗、旧戏、旧小说，在钱玄同眼里，都已是散发着臭味的垃圾，需要的是清理，而不是继承。

与陈独秀等人一样，钱玄同对文化的关心是与他的政治意识联系在一起的。在“五四”时期，他发表过许多与政治相关的言论。这些言论谈论的是文化，却又涉及国体、行政等政治问题，表现着他对政治现实的变革愿望。之所以对现实有所不满，又因为理想的比照。比如，他曾这样提醒人们：

> 既然叫作共和政体，既然叫作中华民国，那么有几句简单的话要奉告我国民。
>
> 民国的主体是国民，决不是官，决不是总统。……
>
> 国民既是主体，则国民的利益须要自己在社会上费了脑筋、费了体力去换来。公仆固然不该殃民残民，却也不该“仁民”“爱民”。公仆就是有时僭妄起来，不自揣量，施其“仁爱”；但是做国民的决不该受他的“仁爱”。……
>
> 既在二十世纪建立民国，便该把法国、美国做榜样。一切“圣功”“王道”，“修、齐、治、平”的鬼话，断断用不着再说。
>
> 中华民国既然推翻了自五帝以迄满清四千年的帝制，便该把四千年的“国粹”同时推翻。因为这都是与帝制有关系的东西。①

他认为严重影响中国人的，一是孔学，二是道教。对于孔学，因为陈独秀等人多有批判，他表示赞同，没有多作重复。对于道教，他说：“汉晋以来之所谓道教，实演上古极野蛮时代‘生殖器崇拜’之思想。二千年来民智日衰，道德日坏，虽由于民贼之利用儒学以愚民；而大多数之心理举不出道教之范围，实为一大原因。1900年，竟演出拳匪之惨剧。吾人方以为自经此创以后，国人当能生觉悟之心，道教毒焰，或可渐渐澌灭。岂知近年以来，此等‘拳匪’余孽，竟公然于光天化日之下，大施其妖术：某也提倡‘丹田’，某也提倡‘灵学’。照此做去，非再闹一次‘拳匪’不止，非使中

①钱玄同：《随感录·二八》，1918年9月15日《新青年》第5卷第3号。

国国民沦于万劫不复的地位不止。”①

他本来属于“国粹派”，但一旦觉悟，对“国粹”的警惕性却特别高。他在《新青年》的《随感录·二十九》中写道：“中华民国成立之后，有一班‘大清国’的‘伯夷叔齐’在中华民国的‘首阳山’里做那‘义不食周粟’……的‘遗老’。这原是列朝‘鼎革’以后的‘谱’上写明白的，当然应该如此，本不足怪。但是此外又有一班二三十岁的‘遗少’，大倡‘保存国粹’之说。”那么，这些遗老遗少们要保存什么样的国粹呢，钱玄同为他们列出了清单：垂辫、缠脚、吸鸦片、叉麻雀、打扑克、磕头、打拱、请安、迎神、赛会，以及“提倡男人纳妾”“提倡女人贞节”……他分析保存国粹者的理论，发现他们之所以要保存国粹，是因为认定国粹是一国的命脉之所在，一个国家如果没有自己的国粹，也就没有文化根基，必将“国将不国”。遗老遗少们所哀叹的，就是民国以来新学流行，处处拿来西方文化，使得中国的国粹消亡，世风日下，国将不国。对此，钱玄同说：“那么，我要请问先生们……在贵国‘宣统三年’之前，先生们一定也是很保存国粹的了。但是中华民国元年二月十二日那一天，先生们为什么‘独使至尊忧社稷’，忍令贵国大皇帝做那‘唐虞禅让’的‘盛德大业’，不应用这国粹来挽回贵国的‘天命’呢?”这种辩论方式，体现着当时新文化阵营的共识。守旧者攻击新时代的新文化导致世风日下、国将不国，他们则反问：辛亥革命之前，没有新学盛行，没有礼崩乐坏和世风日下，那旧时代的旧文化为什么没保住你们的大清帝国?

一些人竭力美化传统，把辛亥革命之前的中国文化说得伟大而辉煌，似乎一切都是革命和民主共和搞坏了，钱玄同接过他们的话说：“我们的文学既有《文选》，又有‘八家’，为世界之冠。周公作周礼，是极好的政治；中国道德又是天下第一……请问如此好法，何以会有什么‘甲午一败于东邻；庚子再创于八国’的把戏呢?何以还要讲什么‘中学为体，本学为用’?”②

有孙少荆给《新青年》来信，认为首先要弄清“人”的问题，反对动不动就说“爱国救国”。钱玄同说：“先生所说的‘不要人还没有弄清楚，便

---

①钱玄同：《随感录·八》，1918年5月15日《新青年》第4卷第5号。

②钱玄同：《随感录·三十》，1918年9月15日《新青年》第5卷第3号。

去胡乱谈政治、法律、爱国、救国'，这实在是极精当的议论，我佩服得很。那些圣人贤人，要是专门吃饭，我们尽可任他去。所可恨的，他于吃饭之外，还要逼住我们去做那先王的留声机器。我们要是偶然良知发现，想要做'人'，他们便说我们大逆不道，'宜正两观之诛'，那我们自然不能不竭力地反抗他了。"①由此可以看到他思想的出发点和目的地。他思考问题的出发点不是爱国、救国之类，而是人；而人的价值与尊严，人的自由与权利，却又离不开现代政治，离不开新生的民主共和国的宪法和政治理念的落实。由于种种群体主义思想的影响，在一般人那里，无论任何事物，好像只有与爱国、救国有关才有意义，但在钱玄同和《新青年》集团看来，事情不能这样颠倒，而是国家因为能够保障个人的自由和权利才获得意义。

面对新学的流行与外文的大量应用，一些人沿袭晚清洋务运动时的某种认识，以为中国人如果说洋话，就是为洋人办事的，就是洋奴。钱玄同说："若说中国人用了外国文做第二国语，便不免要做洋奴，将为印度波兰朝鲜之续。这种议论，是二十年前的老新党发的，实际上初不如此。要知道人而肯做洋奴，一定是脑筋简单，知识卑下的缘故。据我看来，有了第二国语，才可以多看'做人的好书'；知道该做'人'了，难道还肯做'洋奴'吗？"②

陈百年提出，要把每年1月1日的新年废止，把10月10日作为中国人做"人"的纪念日来庆祝。钱玄同表示赞同，他说：

> 若从中华民国自身说，他是公历1911年10月10日产生的，那一日才是中华民国的真纪元。就中国而论，这日是国民做"人"的第一日；就世界而论，这日是人类全体中有四万万人脱离奴籍，独立做"人"的一个纪念日。这真是我们应该欢喜，应该庆贺的日子。③

钱玄同的思考和言说，常常围绕着这个根本目标：脱离奴籍，独立做

①钱玄同：《致孙少荆》，1918年11月15日《新青年》第5卷第5号。

②同上。

③钱玄同：《陈百年〈恭贺新禧〉的附志》，1919年1月15日《新青年》第6卷第1号。

人，就要有独立人格和思想，而不能在思想上和观念上做任何人、任何势力的奴隶。

在《新青年》的《随感录·四十四》中，他写道："我要敬告青年学生：诸君是二十世纪的'人'，不是古人的'话匣子'。"他告诉学生，我们做文章，是要把我们的意思写出来，所以就应该用我们自己的话，写成我们自己的文章。我们的话是怎么说的，这文章就该怎么做。我们读古人的文章，不过是拿来做参考，决不能"句摹字拟"，把文章做得与古人的文章一模一样。[①]"五四"那一代人，无论钱玄同还是鲁迅，感受最深的，就是在古文中耳濡目染，只要稍不注意，一开口就是古文经典，而没有自己的话，也不会说自己的话。旧思想、旧观念就是这样被承袭着，这是变革时代的一个大问题。它严重影响着时代的进步，也严重影响着中华民国成为真正的民主共和国，从而严重影响着人们的生活。这是钱玄同们所不愿看到的。

1919年10月，钱玄同在《致步陶》中说："现在中国人的脑子，实在可怜：不是挨饿没得吃，就是吃日子搁久的臭鱼烂肉，再不然，就拿漏脯酖酒来充饥。你想，这样办法，不是饿死，就是毒死。所以用现在的语言来做书办报，把二十世纪的人类应有的知识一件一件写将出来，救救他们的脑子，真是'功德无量'的事。"从这样的话，我们可以看到"五四"一代启蒙主义者的根本动机，也可以明白他们为什么那样攻击"国粹"，那样激烈地反传统。

步陶在信中说钱玄同是"最激烈的文学革命者"，这话应该不错。在文学革命的阵营中，虽然整体都是激进的，但最激进的大概还是要数陈独秀、吴稚晖、鲁迅和钱玄同。但是，钱玄同在回复步陶的信中却故意说自己是个"研究古董的老废物"，因为受了二十多年的腐败教育，缺乏新的知识，"我的讲文学革命，和胡适之、周启明、刘半农、陈独秀诸公真懂得新文学的，其观念完全不同"。"我是因为自己受旧学之毒害几及二十年，现在良心发现，不忍使今之青年再堕此陷阱，只因自己是过来人，故于此中之害知之较悉，于是常常在《新青年》空白的地方，用不雅训的文笔，发几句极浅薄的议论，虽然要竭力摆脱古文的句调，顽旧的议论，究竟陷溺太深……"

---

①钱玄同：《随感录·四十四》，1919年1月15日《新青年》第6卷第1号。

步陶还有一个观点，认为当时思想文化界是“新的太新，旧的太旧”。钱玄同对此不能认可，因为在他看来，当时的中国最多的是两种人：一种是“僵尸相的旧人”，一种是“半死半活，不死不活，似死似活的‘折中派’”。真正的新人极少，也就谈不到“太新”的问题。一般人看了《新青年》和《新潮》这样的杂志，以为很新，但在钱玄同眼里，这些杂志的所谓新人，却也与“半路出家的和尚”一样，“旧气总是洗涤不尽”。在他看来，完全没有旧污染的新人，只能寄希望于小学生，但也不敢担保他们在成长的过程中不受旧思想和旧文化的污染。至于他自己这一代，他认为应该做的，就是趁着大脑还没有完全陈腐的时候，“赶紧把身上背着的二十四部‘相斫书’‘民贼家谱’里的黑暗旧道理尽力抛弃，对于现在已经渐发曙光的进化真理，尽力赶上去研究，千万不要疑心它太新”。他还语重心长地对步陶介绍西方文明，并且说：“我们应该知道，人家的学问、道德、知识，都是现代的，我们实在太古了，还和春秋以前一样。急起直追，犹恐不及，万不可再‘徘徊歧路’了！”[①]

由此可见，钱玄同是有世界眼光的。他的世界眼光在许多文章中都体现着。他说过：“现在以后的中国，是世界的一部分；现在以后的中国人，是世界上人类的一部分。所以无论讲时事，讲古事，都和世界各国相关联。”所以，研究历史，也不能只是像过去那样只是讲尧舜如何仁爱，桀纣如何残暴，刘备是正统，曹丕、孙权都是僭伪，岳飞是忠臣，秦桧是奸臣之类，而是要“用治社会学的方法，去研究自古至今中国民族文化变迁的真相。那么，一定有和别国历史比较的地方”[②]。

钱玄同极力推进中国文化的现代化，而且认定现代化就是西化，西化就是世界化。他反复说过：“一般人所谓‘西洋文化’，实在是现代的世界文化，并非西洋人的私产，不过是西洋人作了先知先觉罢了。中国人要是不甘于‘自外生成’，则应该急起直追，研究现代的科学、哲学等等。若要研究‘国学’，尤其非懂得科学方法不行……我们今后对于‘国学’，只应该做‘整理国故’的事业，绝对地不应该再讲那什么‘保存国粹’‘宣扬国光’

①钱玄同：《致步陶》，1919年11月1日《新青年》第6卷第6号。

②钱玄同：《论中国当用世界公历纪年》，1919年11月1日《新青年》第6卷第6号。

这类废话了。我们要使中国人都受现代世界文化的洗礼，要使现代世界文化之光普照于中国……”他的文字改革，也是服务于这一大目标的，因为“要使中国人都可以看现代的科学、哲学、文学等等书籍，则非将它们用国语翻译或编述不可”①。

除此之外，钱玄同还有一个特点：无论什么，想到了就说，说了就做。他在1917年7月1日发表的《致陈独秀》中提出竖行改横行的问题，到8月1日发表的《致陈独秀》中就说：“我以前所说要把右行直下的汉文改用左行横迤，先生回答道：‘极以为然。’现在我想：这个意思先生既然赞成，何妨把《新青年》从第4卷第1号起，就改用横式？”

刊物改为横行，并非没有先例，《科学》杂志和《观象丛报》就已经是横行，原因是那些文章中有大量公式，而且大量引用外文，用竖行实在不方便。但在纯粹的中文杂志中，却没有人迈出这一步。钱玄同认为应该改，而且希望马上就改。他说：“《新青年》杂志拿除旧布新做宗旨，则自己便须实行除旧布新。所有认作‘合理’的新法，说了就做得到的，总宜赶紧实行去做，以为社会先导才是。这改直式为横式，虽然是形式上的事情，然而于看写二层，都极有便利，所以我总想先生早日实行。”②

也是在这封信中，钱玄同郑重宣布：从这封信开始，以后他无论写信还是写文章，都改用白话。他不仅自己说做就做，而且请陈独秀、胡适、刘半农都来用白话写作。刊物改用白话，当然会有阻力。钱玄同想到了各方面的诘难，比如，“标准国语”没有确定之前，就改用白话，没有统一标准，必然是各自说各自的白话，结果就必然是不三不四半文半俗的白话。可是，没有白话的实验，如何来定“标准国语”呢？钱玄同说：“试问‘标准国语’，请谁来定？难道我们便没有这个责任吗？……这个‘标准国语’，一定是要由我们提倡白话的人实地研究尝试，才能制定。我们正好借这《新青年》杂志来做白话文章的实验场。”③《新青年》改用白话，正是钱玄同督促的结果。

---

①钱玄同：《汉字革命》，1922年8月20日《国语月刊》第1卷第7期。

②钱玄同：《致陈独秀》，1917年8月1日《新青年》第3卷第6号。

③同上。

三、文字革命的是非

钱玄同是主张废除汉字的。开始的说法是“废除汉文”，后来改说“废除汉字”。两种说法不同，意思完全一致，都是要废除汉文字。为了表述方便，这里采用他后来的说法“废除汉字”。

作为语言学家，研究文字，研究音韵，竟然提出要废除汉文字，连几千年流传下来的文字都不要了。因此，对他的评价就成了问题：有人直言他的“挖祖坟”和“断根”之罪；有人吞吞吐吐，说要历史地、辩证地看；有人似乎是在为他辩护，说矫枉过正乃是那个时代的需要，应该在那个特定背景上理解他，意思是说，钱玄同虽然是错的，但还是有意义的……这样一来，钱玄同事实上已经被弄到了被告席上，即使那些为他辩护的人，也不过是在考虑给他减罪，而不是做无罪辩护。

之所以如此，是因为钱玄同的主张让今天的一般人惊诧，感到难以理解，是因为我们的时代离那个时代已经太远了，我们对那种大破大立的创造精神已经十分陌生。可是，在“五四”时期，这实在算不了什么。那是一个除旧布新的时代，试想，至高无上的皇帝都可以赶下台，还有多少不可以做的？许多事物的改变最初看上去都是不可思议的，比如汉字的横行书写，几千年都是竖行写，怎么可以横行写呢？当时的一些人就曾惊诧莫名，并且认定这种新写法有崇洋媚外之嫌。但在今天，谁还为横行书写而惊诧呢？更不会有人再把横行写汉字的人和印刷横行书报的人看作汉奸。再比如造字，今天的学者谁会因为对某个字不满意就另造一个呢？“五四”时期的人们却是这样干的，众所周知的“她”字就是刘半农造出来的，后来人们都跟着用了，自然不再令人惊诧。只有那些未完成的事，因为至今没有变，当初那些要改变它的想法，在今日的国人眼里就匪夷所思了。

查钱玄同废除汉字的主张，最先是出现于他的日记中。不过，他的日记同时暴露了几个同谋：陈独秀、刘文典、鲁迅。

1918年1月2日，钱玄同在陈独秀家中晚餐，在座的还有刘叔雅夫妇。他们一起谈论文学革命，谈论中国文化的出路。钱玄同在当天的日记中写道：“独秀、叔雅二人皆谓中国文化已成僵死之物，诚欲保种救国，非废灭汉文及中国历史不可。此说与豫才主张相同，吾亦甚然之。我意现在中国只有用杂种文字之一法，对于自己的历史，旧有的学术及普通之常语仍用汉文，但改文言为白话，至于新事、新物、新理，老实用西人名字、西字……断不必白废心思，闹什么译音、译义。”①

两个月之后，1918年3月4日，他又在日记中写道：“我近日想这汉文实在是要不得的东西。论其本质，为象形字之末流，为单音语之记号。其难易巧拙已不可与欧洲文字同年而语矣。而二千年来孔门忠孝干禄之书居百分之五十五；参拜□牝之道家及不明人身组织，说什么阴阳五行、三焦这些屁话，狠毒过于刽子手的医生，其书又占百分之二十；诲淫诲盗，说鬼谈狐，满纸发昏梦疯之书又居百分之二十五。此等书籍断不可给青年阅看，一看即终身陷溺而不可救拔。……此等文字亦实在不可以记载新文明之事物，故吾谓新书尽可不译了，原文读原书，最为不错。”②同一天，他给陈独秀写信，这封信到4月15日就印在了《新青年》上。

从思想文化演进留下的历史痕迹可见，最先有这种想法的并不是钱玄同，而是国民党大佬吴稚晖。早在十年之前，吴稚晖就在《新世纪》周刊提出过这样的主张。从他的日记可见，即使在新文化运动当中，最先有这种想法的也未必是钱玄同，而是陈独秀、刘文典、鲁迅等人都有这样的想法。不过，在钱玄同之前，他们却谁都没有提出这个问题。究其原因，或许是他们比钱玄同世故一些？知道此事的难度，知道提出这样的主张将如何冒天下之大不韪。

然而，钱玄同把问题提出来了，而且把话讲得明确而到位。他说：“欲废孔学，不可不先废汉文；欲祛除一般人之幼稚的野蛮的顽固的思想，尤不可不先废汉文。”“欲使中国不亡，欲使中国民族为二十世纪文明之民族，必以废孔学、灭道教为根本之解决，而废记载孔门学说及道教妖言之汉文，尤为根本解决之根本解决。”③他提出的具体理由是：

---

①《钱玄同日记》（整理本）上，北京大学出版社2014年，第326页。

②同上书，第334—335页。

③钱玄同：《致陈独秀》，1918年4月15日《新青年》第4卷第4号。

玄同之意，以为汉字虽发生于黄帝之世；然春秋战国以前，本无所谓学问，文字之用甚少。自诸子之学兴，而后汉字始为发挥学术之用。但儒家以外之学，自汉即被罢黜；二千年来所谓学问，所谓道德，所谓政治，无非推衍孔二先生一家之学说。所谓“四库全书”者，除晚周几部非儒家的子书外，其余则十分之八都是教忠教孝之书；“经”不待论；所谓“史”者，不是大民贼的家谱，就是小民贼杀人放火的账簿，——如所谓“平定什么方略之类”；——“子”“集”的书，大多数都是些“王道圣功”“文以载道”的妄谈。还有那十分之二，更荒谬绝伦：说什么“关帝显圣”“纯阳降坛”“九天玄女”“黎山老母”的鬼话……所以二千年来用汉字写的书籍，无论哪一部，打开一看，不到半页，必有发昏做梦的话。此等书籍，若使知识正确，头脑清晰的人看了，自然不至堕其玄中；若令初学之童子读之，必致终身蒙其大害而不可救药。

欲祛除三纲五伦之奴隶道德，当然以废孔学为唯一之办法；祛除妖精鬼怪、炼丹画符的野蛮思想，当然以剿灭道教——是道士的道，不是老庄的道——为唯一之办法。欲废孔学，欲剿灭道教，惟有将中国书籍一概束之高阁之一法……①

钱玄同在文章中不定期征引了吴稚晖十年前“中国文字，迟早必废”的说法。

对于钱玄同的主张，陈独秀说：“吴先生‘中国文字，迟早必废’之说，浅人闻之虽必骇怪，而循之进化公例恐终无可逃。……各国反对废国文者，皆以破灭累世文学为最大理由。然中国文字，既难传载新事新理，且为腐毒思想之巢窟，废之诚不足惜。”不过，陈独秀看到了废除之难，因为文字与语言联系在一起，是废除国文，还是连同国语一起废除？如果废除国语，难度就会更大。最后，陈独秀的意见是：“当此过渡时期，惟有先废汉文，且存汉语，而改用罗马字母书之。”②

①钱玄同：《致陈独秀》，1918年4月15日《新青年》第4卷第4号。

②陈独秀：《答钱玄同》，1918年4月15日《新青年》第4卷第4号。

鲁迅也是赞同废除汉字的，只是他的主张当时还没有公开发表。而只是在给许寿裳的信中有所透露："中国古书，页页害人，而新出诸书亦多妄人所为，毫无是处。为今之计，只能读其记天然物之文，而略其故事，因记述天物，弊止于陋，而说故事，则大抵谬妄，陋易医，谬则难治也。汉字终将废去，盖人存则文必废，文存则人当亡。在此时代，已无幸存之道。但我辈以及孺子生当此时，须以若干精力牺牲于此，实为可惜。"[①]鲁迅的这种认识是牢固的，直到1934年，他仍有这样的表示："不错，汉字是古代传下来的宝贝，但我们的祖先，比汉字还要古，所以我们更是古代传下来的宝贝。为汉字而牺牲我们，还是为我们而牺牲汉字呢？这是只要还没有丧心病狂的人，都能够马上回答的。"[②]

因为"废除汉字"的主张是钱玄同正式提出的，人们自然认为钱玄同激进。其实，在这个问题上，他倒是常常表现得比较矛盾，也比较保守。

1920年，陈独秀曾对钱玄同说："表中国国语的文字，非废去汉字、改用拼音不可。"钱玄同却在想：拼音文字不是朝夕之间就可以制造成功的，再加上中国人的守旧，拼音文字制成之后，"恐怕还要经过许多波折，费上无数口舌，才能通行"，所以，汉字临时还要使用。既然还要使用汉字，就要想一些补救的办法。钱玄同做过中学教师，民国建立后又到北京做大学教授，因而深知学生抄讲义之苦，更深知中国人为了那些难写而难读的汉字多费多少时间和精力。学一门拼音语言，与学一门汉语这样的方块字，所费的时间和精力不知要差多少倍！当学拼音文字的孩子们把精力用于创造和发明的时候，学方块汉字的孩子们却还在对付那些难认又难写的字。人生几何，时光有限，为什么要在认字和写字上费此时间？难道仅仅因为是祖先创造的，就一代代吃此苦吗？为此，他提出了"第二国语"的方案，他说："与其改华文为拼音，不如老实提倡一种外国文为第二国语，叫人家学上三五年，就可以看'现在世界上做人的好书'。"[③]但"第二国语"还是远水解不了近渴。于是，他拿出了解决临时问题的两套方案：一、为解决汉字难读的

①《鲁迅全集》第11卷，人民文学出版社2005年，第369页。

②《鲁迅全集》第5卷，人民文学出版社2005年，第586页。

③钱玄同：《致孙少荆》，1918年11月5日《新青年》第5卷第5号。

问题，他与朋友们拿出了注音字母；二、为了解决难写的问题，他提出限制汉字的数量，最先提出的是把汉字限制在五千字以内，后来又说多则三千，少则两千。他不是随便说的，而是经过认真研究，认为只要能掌握三千字，就不影响表达和交流。

汉字是如此难写，曾让钱玄同大费苦心。汉字那么多，需要减少；一些字的笔画又那么多，就需要简化。当下人们所使用的简化字，许多都是当年钱玄同拟定的，比如，“執”简化为“执”，“聲”简化为“声”，“體”简化为“体”，“厲”简化为“厉”，“蟲”简化为“蛊”，“襲”简化为“袭”，以及“寿”“龟”“实”“关”“会”“称”“当”“宝”“独”“虽”“观”“凤”“边”“兰”……都在他当年制定的简化方案中。还有一些他拟定了而后来的简化字没做到的：比如把“圍”简化为“口”，把“集”简化为“亼”，以及“錢”“腦”等字的简化方案[①]。他知道这样做必然要受到“国故家”的攻击，但他认定文字不是祖宗牌位，而是工具，制造出来是为了使用的；发现它不适用时，就应该进行改造，而不必因为是祖宗制造的，就只能守着，一成不变，让孩子们一代一代永远受苦。

他说过这样一段话：

> 我们是主张废除汉字的，尤其主张对于以后的儿童，应该使他们逐渐减轻识汉字之苦痛。我们自己都是被葬送在“廿载芸窗”中的人。即以我钱玄同而论，我当“志学之年”，曾经做过八股、试贴、经义、策论，研究过《字学举隅》，临写过“臣对臣闻”……才勉强算是少写几个白字，少做几句不通的文章。可是到了现在，年纪还不满四十，而神经已经异常衰弱，学识却是极其浅薄（老实说，竟是等于零），何莫非拜汉字之赐！因为自己是过来人，所以对于后辈，更觉得非用全力来拯救他们不可！这便是我们主张改革小学国文教科的唯一的理由。我们确认这是我们唯一的天职。这案如此修正，固然甚好。但即使通不过，或

①钱玄同：《简少汉字笔画的提议》，1920年2月1日《新青年》第7卷第3号；钱玄同：《国语统一筹备会第四次大会两个重要的议案》，1922年8月20日《国语月刊》第1卷第7期。

通过而官厅不肯采用，我们还是这样主张的！[①]

1923年1月19日，吴稚晖到国语讲习所讲演，午宴后与钱玄同有一次长谈。吴稚晖一直反对为汉字注音，而主张在英语、法语、德语中选出一种，作为中国的第二国语，待到第二国语膨胀起来，用的人多了，就成为中国的应用文字。因此，他反对为汉字注音，也反对把外文书刊翻译为汉文，而主张让人们直接学“第二国语”，去读原文。因此，作为过渡时期的补救，他也只主张以“注疏”的办法为西文原书作注。钱玄同表示：“我对于第二国语和注疏西籍之法极为赞同，但以为第一国语仍应竭力改良……”[②]相比之下，钱玄同比吴稚晖保守，他还在致力于过渡时期的临时办法。吴稚晖说汉语拼音是“三汉七洋的怪物”，原因正如钱玄同所说：“他是主张根本不要汉语，采一种外国语作国语的，故有此论。”而当时钱玄同却想渐进，所以认为“三汉七洋”也好，可以由“三汉七洋”到“二汉八洋”“一汉九洋”……直至“无汉全洋”。由此可见，当时的钱玄同走的还是渐进的路线。

但是，钱玄同毕竟是探索者。1923年8月，他在致周作人的信中说：“我近来废汉文汉语的心又起了，明知废汉文或有希望，而废汉语则不可能的。但我总想去做。”这时他的想法又进了一步，不仅废汉字，而且要废汉语。这是他最为激进的想法。因为有了这样的想法，他便特别赞赏吴稚晖。他说：“我近来觉得这几年来的真正优秀分子之中，思想最明白的人却只有二人：一、吴敬恒，二、陈独秀。”他并不完全赞同他们二人其他方面的主张，比如关于未来的政治设计，但在文化上，却对他们的主张极为佩服。而他最佩服的主张是：“将东方化连根拔去，将西方化全盘采用。”[③]关于这句话，他在不同的地方有不同的表述，日记中的表述是他自己的话，应该更为确切：“将东方文化连根拔去，将西方文化全盘承受。”[④]因为有吴稚晖和陈

①钱玄同：《国语统一筹备会第四次大会两个重要的议案》，1922年8月20日《国语月刊》第1卷第7期。

②《钱玄同日记》（整理本）中，北京大学出版社2014年，第501页。

③钱玄同：《致周作人》，沈永宝编《钱玄同五四时期言论集》，东方出版中心1998年，第282—283页。

④《钱玄同日记》（整理本）中，北京大学出版社2014年，第580页。

独秀作为比照，别的人就黯然失色了。他说："关于这一点上，梁启超固然最昏乱，蔡元培也欠高明，胡适比较地明白，但思想虽清楚，而态度则不逮吴、陈二公之坚决明了，故也还略逊一筹。"①

关于钱玄同废除汉字的主张，从不同的角度会有不同的评价。当时那些否定者的评价自不必说，支持者的观点也不必说，值得一提的是1927年鲁迅在香港演讲时所作的一种评价。鲁迅说："刚刚提起文学革新，就有反动了。不过白话文却渐渐风行起来，不大受阻碍。这是怎么一回事呢？就因为当时又有钱玄同先生提倡废止汉字，用罗马字母来替代。这本也不过是一种文字革新，很平常的，但被不喜欢改革的中国人听见，就大不得了了，于是便放过了比较的平和的文学革命，而竭力来骂钱玄同。白话乘了这一个机会，居然减去了许多敌人，反而没有阻碍，能够流行了。中国人的性情是总喜欢调和，折中的。譬如你说，这屋子太暗，须在这里开一个窗，大家一定不允许的。但如果你主张拆掉屋顶，他们就会来调和，愿意开窗了……"②

这或许真是"废除汉字"在文学革命中所发挥的实际作用，但就钱玄同而言，当时提出这个主张，却决不是要以猛烈的炮火掩护文学革命的抢滩登陆。

尽管钱玄同们的设想未能实现，今日中国也不会再有钱玄同，但为了世世代代的孩子少受折磨，为了中国人在识字过程中省力一些，自己不惜冒天下之大不韪，这种精神还是令人感动的。也只有在从辛亥革命到五四运动那个时期，中国才出现了许多那样的人。失败的努力，也常常是值得纪念的。

四、"五四"落潮之际

五四新文化运动的主将们大多有一个共同特点，无论谈论文学，还是谈论文化，都忘不了"人"这一根本出发点。又因为他们从"家天下"的专制帝国走来，见识过专制的政治制度和伦理规范，深知它的"吃人"本质，所

①钱玄同：《致周作人》，沈永宝编《钱玄同五四时期言论集》，东方出版中心1998年，第282—283页。

②《鲁迅全集》第4卷，人民文学出版社2005年，第13页。

以，他们热爱辛亥革命所带来的这个新国家，热爱民主共和制度。他们之所以要"铲伦常""覆孔孟"，进行文学革命，说到底都是为了保卫民主共和，生怕共和国的招牌挂不下去，所以要在一场政治革命成功之后，再来进行一场文化革命。从这个意义上说，新文化运动的主将们大多是共和国卫士，是民主共和的保卫者。无论他们后来走上什么样的道路，都无法否认他们的这一初衷。

因此，在五四新文化运动落潮之际，在旧文化借着新的民族主义口号而回潮的时刻，他们中的许多人都坚持新文化的立场，对种种新旧潮流进行了抵抗。

面对旧文化的回潮，钱玄同说：

> 我明明白白地告诉你们：在共和国体之下而说什么"君为臣纲"，什么"君臣之伦"，什么"忠君"的话，的的确确是鼓吹造反!!! 至于父子夫妇等等，仅仅是名称的不同，而人权彼此完全一样，在共和国体之下而说什么"父为子纲"，什么"夫者妻之天"的话，也是等于造反!!! 你们用专制时代的旧道德来束缚压迫共和时代的国民，你们未见得因此而得到什么好处，而我民国被你们这一捣乱，岂独国体动摇，简直成了"率兽食人，人将相食"的世界。①

字里行间，明显透露一种焦躁。这焦躁之所以产生，就因为民主共和的新文化遭遇危机。熟悉《新青年》的人们一看即知，钱玄同的这些思想并不新鲜，大多是陈独秀在1917年反复说过的。但在此时，陈独秀却早已发现了新的蓝图，不再顾及新文化建设。于是，在新文化的阵地上，便有了鲁迅曾写过的那种情景："寂寞新文苑，平安旧战场。两间余一卒，荷戟独彷徨。"

钱玄同也是旧战场上的荷戟者，当某种旧文化或貌新实旧的文化呼啸而来时，尽管新文化阵营已经不成阵势，但他们进行过抵抗。在1925年到1926年的阻击中，钱玄同是坚定的一员，而且激情满怀。

---

①《告遗老》，1924年12月8日《语丝》第4期。

1925年1月28日，刘半农从欧洲给周作人写信，流露出某种对西方现代文明的怀疑和置身于异国更容易产生的民族主义倾向。在《语丝》发表刘半农这封信时，钱玄同在信的后面写下了洋洋五千言。他表示赞同“打破大同的迷信”，但同时补充说，也要“打破国家的迷信”。在他看来，当时国内最时髦的议论有三种：一是整天嚷着要“赶走直脚鬼”的一些人。所谓直脚鬼，也就是“洋鬼子”，因为按照中英战争时一些人的说法，洋鬼子没有膝盖，所以两腿不会弯曲，并且曾经以此为据采用过特别的战术。不过，钱玄同说这话时，“赶走直脚鬼”的口号已经变成“打倒帝国主义”。钱玄同清楚地看到，“他们很赞美拳匪；他们说，中国的财匮，匪多，兵横，都是‘直脚鬼’闹出来的。”二是大喊“爱国”者。钱玄同说承认自己对此了解不多，但有一件事却引起了他的注意：一些人以“爱国”的名义要弹劾蔡元培，理由是“蔡元培提倡美育教育，应该弹劾，因为艺术是没有国界的，所以提倡艺术即是不爱国，况且美术是‘古已有之’的，便是礼乐，蔡氏‘数典忘祖’，可见不爱国，故应受弹劾”。三是所谓“国民文学”的主张者。当时正在兴起的文化新潮，其政治背景是国民革命，国民革命自然派生出“国民文学”。钱玄同看到，“他们要夸我们民族历史的浩浩荡荡，澎澎鼓动，放浪汪洋，要歌颂盘古、轩辕、项羽、仲尼……并且还要复古精美的古文古语。”

他注意到这三派虽然各有不同，有些意见甚至相反，但有一点是相同的：他们都痛恨“洋鬼子”，都要保存或复活“国故”。原因很简单，他们要获得大众。既然要获得大众，自然要利用大众所习惯的旧思想和旧文化，所以，他们不会反传统，更不会改造国民性。这一切，钱玄同都感觉到了：

> 二十年前的老新党盲目赞美德国和日本那种血腥气的爱国主义，不自知其丑的“保存国粹”“宣扬国光”主义，现在复活了！站在青年导师地位者倡之，于是一群青年学子和之。这些青年学子的血管中本潜藏着他们祖传的老病的种子……现在他们又饱聆这些爱国的明训，于是奇谈更日见其多……所以鲁迅说了青年“要少——或者竟不——看中国书，多看外国书”的话，便几乎——实在已经——蒙上“卖国贼”之名……而研究教育的报纸上，竟有中学学校的外国文一科应减少时间或改

为随意科等等的荒谬主张发现了！据实说来，现在的古怪思想，比二十年前的老新党还要古怪些。那时无论青年的指导者或青年，都还知道自惭形秽，应该“去其旧染之污而自新”，就是那主张保存国粹者，也还没有因为吃了外国人的亏而赞美拳匪的……

我的谬见：对于帝国主义的压迫是绝对应该抗拒的，但同时更绝对应该“要针砭民族（咱们的）卑怯的瘫痪，要消除民族淫猥的淋毒，要切开民族昏聩的痈疽，要阉割民族自大的疯狂”!! 亡清末年，鼓吹排满的两派报纸：一派是痛骂满清政府而讴歌汉族化（如《民报》《国粹学报》）；一派是痛骂满清政府而同时并排斥汉族文化（如《新世纪》）。现在抗拒帝国主义，与十几年前排满有些相类，这时候对于“国故”（最广义的），我主张取后一派的态度。

我也很爱国，但我所爱的中国，恐怕也和大同世界一样，……至于有些人要“歌颂”要“夸”的那中国，我不但不爱它，老实说，我对于它极想做一个“卖国贼”。卖给谁呢？卖给遗老（广义的）。他们爱磕头，请安，打拱，拖辫子，裹小脚，拜祖宗，拜菩萨，拜孔丘，拜关羽，求仙，学佛，扶乩，做古文，用“夏历”，说“中国道德为世界之冠”，说“科学足以杀人”……爽性划出一块龌龊土来，好像“皇宫”那样，请他们攒聚在那边咬干屎橛去。腾出这边来，用“外国药水”消了毒，由头脑清晰的人来根本改造，另建“欧化的中国”，岂不干脆！

讲到救国，我极愿意——也只愿意——“救救孩子”，救救那“没有吃过人的孩子”而已，其他则不敢闻命。[①]

在民族主义潮流兴起之际，他重申个人主义，在文章中大段抄引易卜生的话：“我最期望于你的是一种真正纯粹的为我主义。要使你有时觉得天下只有关于我的事最要紧，其余的都算不得什么。”“你要想有益于社会，最好的法子莫如把你自己这块材料铸造成器。”“有时候我真觉得全世界都像海上撞沉了船，最要紧的还是救出自己。”他又大段抄引阿尔志跋绥夫的话：“为什么我应该爱你们人类呢？因为他们猪一般地互相吞噬，或者因为

①钱玄同：《写在半农给启明的信的后面》，1925年3月《语丝》第20期。

他们这样不幸，怯懦，昏迷，自己千千万万地听人赶到桌子底下去，给那凶残的棍徒们来嚼吃他们的肉吗？我不愿意爱他们，我憎恶他们……”①抄写这些，透露的是钱玄同自己对社会的感受。

钱玄同的这些话，可以提醒当时的一些人，让他们知道时代的潮流中到底裹挟了什么东西，使他们不要忘掉五四新文化运动的目标。“救救孩子”，也就是“救人”，也就是让百姓意识到自己是人，而不应该是奴隶。反对帝国主义也罢，爱国也罢，都不能离开这一目标。

正因为时代出现了文化回潮，钱玄同反传统的态度更加坚定，也更加激烈。他反对调和折中，反对以种种方式掩盖和调和文化矛盾。包括婚礼这样的事，他也容不得“中西结合”。他说：“统而言之，旧则旧，新则新，两者调和实在没有道理，制度是有机体，牵一发而全身动摇也。我以为真应该将东方文化连根拔去，西方文化全盘承受才是。”②为夫人写扇子，扇子的另一面是侄子和侄媳合作的一幅画，由侄媳画了花卉，侄子钱稻孙题款。只因钱稻孙用了“甲子孟夏”的字样，钱玄同竟然大怒，在落款时故意写成“民国十三年五月三十一日”。其实，他写扇子的时间是五月十三日，故意写成旧历所没有的三十一日，为的是突出阳历特色。

刘半农留学欧洲归来，也许是因为在欧洲经历了生活的贫困和艰辛，对欧洲多有批评和否定，而爱国之情却大大增强。钱玄同与之舌战，希望他能够坚定对西方现代文明的信仰，不要像一些人那样成为民族主义者。

1925年4月13日，钱玄同给林语堂回信说：

> 您说中国人是根本败类的民族，有根本改造之必要，真是一针见血之论。我的朋友中，以前只有吴稚晖、鲁迅、陈独秀三位先生讲过这样的话。这三位先生的论著言论中，充满了这个意思，所以常被“十足之中国人”所不高兴。我觉得三十年前“中学为体，本学为用”这个老主意，现在并没有什么改变，不过将用的材料加多一些而已。他们以为“用”虽然可以加多，而“体”则断不容动摇。

---

①钱玄同：《写在半农给启明的信的后面》，1925年3月《语丝》第20期。

②《钱玄同日记》（整理本）中，北京大学出版社2014年，第580页。

值得注意的是，“根本败类的民族”这样的愤激之语，在《新青年》时代并未出现过。是什么使林语堂和钱玄同如此绝望而激愤。面对社会上兴起的弘扬中国传统、张扬传统道德的浪潮，钱玄同赞成林语堂的说法：“这种种糟糕的道德与思想，可用一言以蔽之曰，‘不拿人当人’。他们不拿别人当人，也不拿自己当人。先生所反对的‘中庸，乐天知命，让，悲观，怕洋习气，不谈政治’，这一类都是不拿自己当人的。”不谈政治，也是不把自己当人的表现，这也是新的时代条件下重新出现的说法。

说到中国人的中庸，钱玄同引用了鲁迅的话：“遇见强者，不敢反抗，便以‘中庸’这些话来粉饰，聊以自慰。所以中国人倘有权力，看见别人奈何他不得，或者有‘多数’做他的护符的时候，多是凶残横恣，宛然一个暴君，做事并不中庸；待到满口‘中庸’时，乃是势力已失，早非‘中庸’不可的时候了。一到全败，则又有‘命运’来做话柄，纵为奴隶，也处之泰然，但又无往而不合圣道。”钱玄同认为鲁迅的论说是确切而精到的。

面对社会上出现的新的救亡浪潮，钱玄同说：“救亡固然是极应该的，但革命的目的决不在此。以此为革命的目的，实在是根本大错误。若因救亡而革命，则转亡为存以后便可以不革命吗？假使中国现在国势还是很强，武力足以御外，便可以不革命吗？假使中国国势虽弱，武力虽不足以御外，而别国也与我们同样的不济，或他们没有侵略我们的野心，我们便可以不革命吗？我以为现在的中国，无论国强国弱，国危国安，国存国亡，革命总是不可以已。吾人一息尚存，革命之志总不容少懈。何以故？以中国人为根本败类的民族，有根本改造之必要故。至于一时的国势危殆，算不得什么大不了的事，以此为革命的目的，直所谓目光如豆，宁有是处！”①他说的革命，当然是思想上和文化上的革命。

在《关于反抗帝国主义》一文中，他强调的也是民族自省，反对的是文化自大，担心的是人们走向愚昧而盲目的爱国主义。他希望人们保国，但保国保的是民主共和的国家，而不是保存千年帝国留下的国粹。他告诉人们，反对帝国主义，不能成为拒绝西方文明的理由。在新文化运动退潮之际，他

①钱玄同：《回语堂的信》，1925年4月《语丝》第23期。

坚持启蒙，对反对帝国主义等口号进行思考，对救亡和革命进行思考。他说："编'内除国贼'这句口号的人所谓'国贼'，当是指军阀政蠹而言。军阀政蠹自然是国贼，但我觉得不值得特别去提他们，因为他们非由天降，非由他出，固来自田间也。军阀政蠹一旦倒了运，与普通国人固无以异；普通国人一旦走了运，还不是十足道地的军阀政蠹吗？那么，不唤醒国人，不改良国人，而徒沾沾焉惟军阀政蠹之是詈，真舍本逐末之论也！"这样的话，对刚刚兴起的"打倒军阀"的口号，显然是一种消解剂。

在这篇文章的最后，钱玄同写下了这样一段话：

> 不爱中华民国，国必亡！甘愿托庇于"洋大人"之胯下，国必亡！守住已死的"鸟国粹"，国必亡！拒绝现代文化，国必亡！要不亡国，除非由有脑筋的人们尽力去做"唤醒国人"的工作，使国人把这种亡国的心理反过来。①

在《赋得国庆》一文中，他又说："民国与帝国，虽然只差了一个字，可是因为这一个字的不同，它们俩的政治、法律、道德、文章，不但相差甚远，简直是背道而驰的。帝国的政治是皇帝管百姓，民国的政治是国民相互的一种组织；帝国的法律是拥护君上而箝制臣下的，民国的法律是保障全体平民的；帝国的道德是'父慈、子孝、兄良、弟悌、夫义、妇听、长惠、幼顺、君仁、臣忠'，民国的道德是'兼爱'；帝国的文章是贵族的装饰品，讲究屁款式，鸟义法，民国的文章是平民抒情达意的工具，应该贵活泼，尚自由。总而言之，统而言之，帝国民国一切文物制度，可以说是无不相反。要民国，唯有将帝国的一切扔下茅厕；要帝国，惟有将民国的一切打入死牢：这才是很干脆很正当的办法。"②

他感到可笑又可气的，是中华民国已经成立了十四年，"居然还有人来提倡国粹，鼓吹东方文化，他们竟没有想到'民国'这东西，压根儿就为国粹之所无，压根儿就为东方文化所未有。"他觉得提倡国粹者、鼓吹东方文

---

①钱玄同：《关于反抗帝国主义》，1925年6月《语丝》第31期。

②钱玄同：《赋得国庆》，《京报副刊》1925年10月10日。

化者如果是康有为、罗振玉、王国维等人，那不奇怪，因为他们是要皇帝的；奇怪的是一些赞成中华民国的人，竟然热衷于东方文化，可见“他们压根儿就不知道民国共和是怎么一回事”，“他们大概以为除了皇帝改称总统以外，其他都不必——而且又是不该——改动的”。[①]他痛感于“文化轨道上开倒车的运动”[②]，由此可见，他仍然坚守在“五四”新文化的阵地上。

遗憾的是，在钱玄同说这些话时，民主共和之路已经即将走到尽头，民主共和的新文化正在失掉它的成长空间。几年后，民国易旗帜，国体改变，国民党人建立了自己的国家。钱玄同在政治上并不敏感，所以没有效仿他的老师章太炎，也没有学习他所尊敬的梁启超，没有与他的朋友胡适或鲁迅同步，他与刘半农、周作人等人一起，从此努力沉默，甚至日记里也不记政治人物和政治事件，因而成为隐士式的学者。不过，对时代文化发展的趋向，却与胡适、鲁迅等人一样难以接受。1928年10月21日，中南海组织弘扬传统的国术活动，钱玄同在日记里写道：“所谓‘国术联欢会’皆拳匪也。”一句话，就暴露了他的文化立场。

①钱玄同：《赋得国庆》，《京报副刊》1925年10月10日。

②钱玄同：《赋得几分之几》，《京报副刊》1925年12月5日。

“五四”前后的刘半农

说起“五四”时期的文学革命，不能不说刘半农。

说起刘半农，这个名字可谓众所周知，因为即使是中学教材讲“五四”，也会提到他。然而，他到底做过什么，有哪些重要成就和贡献，却往往是大学中文系的学生，也未必有清晰的认识。这当然不奇怪，历史上的许多所谓名人，就是这样留下了名字。

然而，要比较全面地梳理“五四”，要展示那一代知识分子的面貌，却至少要看清他们的眉眼。我因此而走近了刘半农。

关于刘半农的小传，似乎无需重复，因为他终生没有涉足政治，所以被遮蔽和改写之处甚少。不过，有几点需要重提和补充：一、他生于1891年，与胡适同龄。辛亥革命发生那年二十岁，曾赴清江参加革命，但很快就辞职返乡，不久就到上海卖文为生。因此，他从事文学活动很早，而且年纪轻轻就成了有名的作家和翻译家。同时需要注意的是：他本来属于通俗作家，是“鸳鸯蝴蝶派”的新秀。二、他的学历本来不高，被蔡元培聘为北大教授时，他连中学文凭也没有，——因为他中学没毕业就退学了。直到做了三年教授之后，才到欧洲留学，拿了一个货真价实的博士学位。三、他虽然曾经西装革履，油头粉面，甚至穿的是鱼皮鞋，一副风流阔少相，而且嘴上屡屡艳羡“红袖添香夜读书”，但在爱情和婚姻上却是一见钟情，始终如一，因而夫妻恩爱，家庭和睦，是个好丈夫、好父亲。考察文化转型时期的人物，尤其是置身于恋爱自由婚姻自主新浪潮中的青年，我觉得这一点与政治选择一样值得关注。因为它往往显示着一个人的基本道德和人品。

关于他在“五四”时期的活动和贡献，我认为最重要的是以下三点：文学革命猛将，新诗开路先锋，“杂家”与“专家”相结合的治学风格。

一、文学革命的猛将

胡适提出文学改良倡议，陈独秀扬起文学革命的大旗，谁是最先的响应者？第一个出来的是钱玄同，第二个就是刘半农。

此前的刘半农，还是“半侬”，是上海通俗文学界引人注目的新秀，但他遇到了《新青年》，开始为《新青年》写稿，从1916年《新青年》第2卷第2号起，在该刊连载他的《灵霞馆笔记》，并发表了《爱尔兰爱国诗人》《欧洲花园》《拜伦遗事》《磁狗》《阿尔萨斯之重光》《马赛曲》等作品。在看过陈独秀等人的一些文章之后，深受影响，因而痛感自己以往以辞藻取悦大众的道路之非，因而逐步远离“鸳鸯蝴蝶”旧阵营，走向《新青年》。在《新青年》举起文学革命旗帜之后，他立即挺身而出，跨入了文学革命的前列。1917年的春天，他写了《我之文学改良观》，发表于《新青年》第3卷第3号；接着又写了《诗与小说精神上之革新》，发表于1917年《新青年》第3卷第5号；到1918年，又与钱玄同唱“双簧”，写了著名的《复王敬轩书》。按照鲁迅的说法，刘半农是“战士”，“他活泼，勇敢，很打了几次大仗”。①

（一）攻坚时期的革命理论

《我之文学改良观》是文学革命初期重要的理论建设文章，与胡适的《文学改良刍议》、陈独秀的《文学革命论》一样有着开山辟路和设计的作用。由此，也奠定了刘半农在文学革命上的地位。

文章题目温和，开篇也很谦虚。作者首先说明：文学改良之议由胡适提出之后，已由陈独秀、钱玄同表示赞成，自己虽然学识浅陋，却也立志研究文学，所以，除赞同胡、陈、钱三人的意见之外，也想把自己“平时意中所欲言者”写出来，以求留意文学改良者指正。

在这篇文章中，刘半农首先用了很大篇幅来讨论“什么是文学”。道理

①《鲁迅全集》第5卷，人民文学出版社2005年，第564页。

显而易见，进行文学革命，先要清楚文学是什么，澄清人们对文学的认识。刘半农的努力是可贵的，无论他给出的答案是否确当，都可以引起人们对这个问题的思考。他列举关于文学的种种固有说法，首先把矛头指向了“文以载道”说：“若必如八股家之奉四书五经为文学宝库，而生吞活剥孔孟之言，尽举一切‘先王后世禹汤文武’种种可厌之名词，而堆砌之于纸上，始可称之为文，则‘文’之一字，何妨付诸消灭？即若辈自奉为神圣无上之五经之一之《诗经》，恐三百首中，必无一首足当‘文’字之名者。”①然后，他又批判了“文章有饰美之意，当作彣彰”的说法，反对文学家终日把精力浪费于骈四俪六和平平仄仄。

在胡适对形式进行探讨的基础上，刘半农的文学直指文学的内在品质，提出了非同一般的见解：“夫文学为美术之一，固已为世界文人所公认。然欲判定一物之美丑，当求诸骨底，不当求诸皮相。譬如美人，必具有天然可以动人之处，始可当一美字而无愧。若丑妇浓妆，横施脂粉，适成其为怪物。故研究文学而不从性灵中意识中讲求好处，徒欲于字句上声韵上卖力，直如劣等优伶……”②

众所周知，“五四”时期的文学革命有两个重要的关键词：一个“活的文学”，一是“人的文学”。前者主要指向语言形式层面，后者主要指向思想内容和价值层面。胡适的“刍议”虽然也涉及内容，但主要关注的是形式层面，也就是要创造“活的文学”。陈独秀提出三大主义，形式与内容兼顾，从整体上向前推进一步，但推倒“贵族文学”“古典文学”“山林文学”而建设“国民文学”“写实文学”“社会文学”的主张，依然比较笼统。所以，文学革命对内容和价值的追求，是以周作人提出“思想革命”和创建“人的文学”为标志的。而在从“活的文学”到“人的文学”之间，有一个过渡和连接，就是钱玄同与刘半农。《我的文学改良观》就是重要的文章。陈独秀曾说：“刘君此文，最足以唤起文学界注意者二事：一曰改造新韵，一曰以今语作曲。至于刘君所定文字与文学之界说，似与鄙见不甚相远。鄙意凡百文字之共名，皆谓之文。文之大别有二：一曰应用文，二曰文学之

①刘半农：《我之文学改良观》，1917年《新青年》第3卷第3号。

②同上。

文。刘君以诗歌戏曲小说等列入文学范围，是即余所谓文学之文也。以评论文告日记信札等列入文字范围，是即余所谓应用之文也。‘文字’与‘应用之文’名词不同，而实质似无差异。”[①]然而，本文的贡献不止于此，而是还有许多闪光点。比如，文章谈论文学，不是从是否用典、是否骈四俪六等形式着眼，而是常常着眼于美的根本，显示着他对文学的理解之深。这大概也是蔡元培和陈独秀能够对他特别欣赏的原因。

他赞成章实斋分别文史之说，但不赞同把记事文都归入史的范围，也不赞同把信札文告归于文学。他说：“欲定文学之界说，当取法于西文，分一切作物为文字 Language 与文学 Literature 二类。西文释 Language 一字曰，‘Any means of conveying or communicating ideas’，是只取其传达意思，不必于传达意思之外，更用何等工夫也。又 Language 一字，往往可与语言 Speech 口语 Tongue 通用。”“文字之用，本与语言无殊，仅取其人人都能了解、可以布诸远方、以补语言之不足，与吾国所谓‘言之无文，行而不远’正相符合。”至于 Literature，自与普通语言文字有别，如何是文字，如何才是文学，这是必需研究的。他赞同陈独秀文章中“文学之文”与“应用之文”的称谓，但又指出：文学并非不能应用，而应用文也未必不能成为文学。他认为固有的一些所谓文学，如“酬世之文（如颂辞、寿序、祭文、挽联、墓志之属），一时虽不能尽废，将来崇实主义发达后，此种文学废物，必在自然淘汰之列”。在文学上，他认为“有永久存在之资格与价值者，只诗歌戏曲、小说杂文二种也”。他把诗歌和戏曲看作一种，而把小说和杂文看作一种。

一边在讨论文学的定义，一边不忘除旧布新，因而不断指出旧文学的弊端。他说：“幼时初习算学，一部《九数通考》，不半月即已毕业。而开首一段河图洛书说，及周髀图说，直至三年之后始能了解。此外作医书者，虽立论极浅，亦必引证内经及内经之说，务使他人不能明白为快。蚕桑之书，本取其妇孺多解，而作者必用古文笔法。卜策之书，本为瞽者留一噉饭地（星学家自言如此），而必参入似通非通之易理以自重。诸如此类，无非卖才

①陈独秀：《我之文学改良观》编者按语，1917年《新青年》第3卷第3号。

使气，欺人自欺。吾国原有学术之所以不能发达与普及，实此等自命渊博之假名士有以致之。”

他看重文学的精神内质，所以，文字与文学的界定标准也设定在这里：“文字为无精神之物，非无精神也，精神在其所记之事物，而不在文字之本身也。故作文字如记账，只需应有尽有，将所记之事物，一一记完便了，不必矫揉造作、自为增损。文学为有精神之物，其精神即发生于作者脑海之中。故必须作者能运用其精神，使自己之意识、情感、怀抱，一一藏纳于文中，而后所为之文，始有真正之价值……否则精神既失，措辞虽工，亦不过说上一大番空话，实未曾做得半句文章也。”由此可见，刘半农是真正懂文学的，在文学革命初期，能这样深入文学内部讨论问题，就更为可贵。

同样可贵的是，刘半农一再强调文学革命要“破除迷信”：“尝谓吾辈做事，当处处不忘有一个我。作文亦然。如不顾自己，只是学着古人，便是古人的子孙。如学今人，便是今人的奴隶。若欲不做他人之子孙与奴隶，非从破除迷信做起不可。”他的“破除迷信”之说，无疑比胡适的“不摹仿古人”向前推进了一步，胡适说不摹仿古人，他却强调连今人也不要摹仿。这就增加了一层意思，意味着新文学家必需有独立的人格和自由的思想，必需有鲜明的个性和强大的自我。刘半农意识到形式对作家创造性的束缚，所以接着胡适的话题进行发挥，认为“非将古人作文之死格式推翻，新文学决不能脱离老文学之窠臼”。他又说，“吾辈心灵所至，尽可随意发挥。万不宜以至灵活之一物，受此至无谓之死格式之束缚。”显然，刘半农已经触及作家心灵和创作自由的某些规律。

然而，1917年的刘半农并不激进，他的表现非常温和。他不仅在词语上仍然使用胡适的“改良”而没有使用陈独秀的“革命”，而且表现出某种保守性。比如，他认为文言与白话可以共存，理由是“二者各有所长、各有不相及处”。他当然不反对“白话为文学之正宗”的宣言，也不反对“白话为文章之进化”的说法，但根据他自己平时写作和翻译的经验，认为二者的确各有优长：“往往同一语句，用文言则一语即明，用白话则二三句犹不能了解……亦有同是一句，用文言竭力做之，终觉其呆板无趣，一改白话，即有神情流露，‘呼之欲出’之妙。”

刘半农精通韵律，深知旧韵的弊端，所以主张“破坏旧韵、重造新韵”。他说：“吾辈意想中之新文学，既标明其宗旨曰，‘作自己的诗文，不作古人的诗文’，则古人所认为叶音之韵，尚未必可用，何况此古人之所不认，按诸如今音又不能相合之四声谱，乃可视为文学中一种规律，举无数文人之心思脑血，而受制于沈约一人之武断耶。”他指出旧韵的种种不合理之处：“试观东冬二部所收之字，无论以何处方言读之，决不能异韵。而谱中乃分之为二。‘规眉危悲’等字，无论以何处方言读之，决不能与‘支之诗时’等字同韵，而谱中乃合之为一。”这种不合理的东西竟然成了诗文的金科玉律，他认为实在荒谬。因此，他呼吁“国语研究会”应该调查研究，编一部新谱，而且解释说：“语音时有变迁。今日之定谱，将来必更有不能适用之一日。余谓沈约既无能力预为吾辈设想，吾辈亦决无能力为将来设想。将来果属不能适用，何妨更废之而更造新谱。即吾辈主张之白话新文学，依进化之名，亦决不能视为文学之止境……”

关于诗歌的革新，他不仅支持解放形式，而且希望增多诗体。理由来自世界文学的目光。他告诉人们，英国诗体极多，而且有不限音节、不限押韵的散文诗，所以英国诗人辈出。而法国之诗戒律极严，浏览诗人们的诗集，“决无敢变化其一定之音节，或作一无韵诗者”，所以，法国文学史中诗人的成绩无法与英国比。“此非因法国诗人之本领魄力不及英人也，以戒律械其手足，虽有本领魄力，终无所发展也”。

刘半农重视戏曲，呼吁提高戏曲的地位。他说：“无论南词北曲，皆须用当代方言之白描笔墨为之，使合于‘场中之曲’之规定。”“从事现代文学之人，均宜移其心力于皮黄之改良”。他又说，“吾所谓改良皮黄者，不仅钱君所举‘戏子打脸之离奇，舞台设备之幼稚’，与‘理想既无，文章又极恶劣不通’，……凡‘一人独唱、二人对唱，二人对打、多人乱打’，（中国文戏武戏之编制，不外此十六字）与一切‘报名’‘唱引’‘绕场上下’‘摆对相迎’‘兵卒绕场’‘大小起霸’等种种恶腔死套，均当一扫而空。另以合于情理，富于美感之事代之。”

除此之外，他有感于中国旧书不分段落，希望新文学像西方文学那样分段；由此自然又想起要有新式标点符号……如此等等，提出了一系列主张。

这篇文章受到了新文学阵营的普遍重视，陈独秀为其写了“编后语”，钱玄同则认为《我之文学改良观》与胡适的《文学改良刍议》“正如车之两轮，鸟之双翼，相辅而行，废一不可”[①]。

（二）对诗与小说的期待

发表《我之文学改良观》之后，他又写了《诗与小说精神上之革新》，发表于1917年《新青年》第3卷第5号。

在这篇文章中，他强调思想和感情的真，认为作诗的本意，“只需将思想中最真的一点，用自然音响节奏写将出来”[②]。对于中国古代诗歌，他认为《国风》最好，因为它是“中国最真的诗”，《小雅》也还勉强可以，他之所以做出这样的评价，“以其能为野老征夫游女怨妇写照，描摹得十分真切也”。在后来的诗人中，他看好的是陶渊明和白居易，认为他们是“真正诗家”他感叹中国文坛“现在已成假诗世界”。对于那些专讲声调格律，致力于平平仄仄的人，对于那些专注于效仿古人，而自己已经不会说话的人，刘半农表示懒得与他们讨论。他认为值得注意的，是一些在性情上用功夫却也走错了路的人。他举例说：“明明是贪名爱利的荒伧，却偏喜做山林村野的诗。明明是自己没甚本领，却偏喜大发牢骚，似乎这世界害了他什么。明明是处于青年有为的地位，却偏喜写些颓唐老境。明明是感情淡薄，却偏喜做出许多极恳挚的‘怀旧’或‘送别’的诗来。明明是欲障未曾打破，却喜在空阔幽渺之处立论，说上许多可解不解的话，弄得诗不像诗，偈不像偈。诸如此类，无非是‘不真’二字，在那儿捣鬼。自有这种虚伪文学，他就不知不觉，与虚伪道德互相推波助澜，造出个不可收拾的虚伪社会来。”他认为诗歌一定要真，如果不真，就一钱不值。

为此，他向读者介绍了英国18世纪诗人约翰生（Samuel Johnson），约翰生认为诗人首先要观察自然界的形形色色，其次要观察社会人生。在他看来，“诗人观察自然，还只是下了一半功夫，其又一半，即需娴习人生现象。凡种种社会种种人物之乐处苦处，需精密调查，而估计其实量。情感的势力，及其相交相并之结果，需设身处地以观察之。人心的变化，及其受外界种种影响后所呈之异象，与夫因天时及习俗的势力，所生的临时变化，自人人活泼康健的儿童时代起，直至其颓唐衰老之日止，均需循其必经之轨

①钱玄同：《新文学与今韵问题》，1918年1月《新青年》第4卷第1号。

②刘半农：《诗与小说精神上之革新》，1917年7月《新青年》第3卷第5号。

道，穷迹其去来之踪。能如是，其诗人之资格犹未尽备。必需自能剥夺其时代上及国界上牢不可破之偏见，而从抽象的及不变的事理中判一是非。尤需不为一时的法律与舆论所羁累，而超然高举，与至精无上、圆妙无极、万古同一的真理相接触。如此，则心中不特不急急以求名，且以时人的推誉为可厌，只把一生欲得之报酬，委之于将来真理彰明之后。于是所做的诗，对于自然界是个天人联络的译员，对于人类是个灵魂中的立法家。他本人也脱离了时代与地方的关系，独立太空之中，对于后世一切思想与状况，有控御统辖之权。”约翰生的这种境界也许难以企及，也许被看作贵族化，甚至是诗人的自高自大，因为它的确不是一般诗人所敢于追求的。但刘半农把他介绍给读者，介绍给中国的诗人，在文学革命大破大立的时刻，其用意是不言自明的。他为新诗人设定了一个很高的标准。

与此同时，他介绍了小说家樊戴克（Henry van Dyke）。

同样是作家，同样有两只手和一个脑袋，同样使用着纸和笔，为什么写出的作品优劣相差那么大？刘半农认为：这首先取决于头脑是否清醒。只要头脑清醒，对于社会，对于人生，对于世间万象，就会有认识的能力，也就会有判断的能力和表现的能力。在这个基础上写出来的东西，就不会满纸呓语和昏话。那么，如何才能有清醒的头脑？这就需要小说家有自觉的追求，认真，虔诚，有使命感，而且严格要求自己。为了给小说家找一个榜样，刘半农抄引了樊戴克的一段祈祷辞：

> 愿上帝保佑我，永远勿任我贸然以道德问题与小说相牵涉，且永远勿任我叙述一无意义之故事。愿汝督察我，令我敬重我之材料，俾不敢轻视自己之著述。愿汝助我以诚实之心对待文字与人类，因此皆有生命之物也。愿汝示我以至清明之途径，因著书如泅水。少许之澄清，胜于多许之混浊也。愿汝导我观察事物之色相，而不昧我心中潜蓄之灵光。愿汝以理想赐我，俾我得立足于纺机之线，循序织入人类之锦，然后于蒙昧不明之一大疑团中，探得其真际所在。愿汝管束我，勿令我注意书籍有过于人类，注意技术有过于人生。愿汝保持我，使我尽其心力，作此一节之功课，至于圆满充足而后止。既毕事，则止我。且给我以酬，

如汝之意。更愿汝助我，从我安静之心中，说一感谢汝恩之亚门。[①]

刘半农认为，不仅是诗与小说，而是“一切确有文学的价值之作物，似亦未必不可以此等思想绳之”。

这篇文章较少有人关心，也许因为它对文学的要求的确太高，很难得到响应，但是，当文学创作普遍粗制滥造的时候，作者对自己失掉要求和约束的时候，刘半农对于诗人和小说家的这种期望，就显得尤为可贵。

（三）“骂倒王敬轩”

刘半农是1917年9月进入北大任教的。进入北大之后，与陈独秀、胡适、钱玄同等人成为《新青年》集团的核心，自然更加关心文学革命。然而，文学革命的旗帜虽然已经举起，却并无多少的理睬。不但赞同而追随者不多，就是反对者也没有前来应战。这种情况使刘半农和钱玄同有些焦虑。

10月16日，刘半农进入北大的第二个月，他在给钱玄同的回信中就写下了这样一段话：“文学改良的话，我们已锣鼓喧天地闹了一闹；若从此阴干，恐怕不但人家要说我们是程咬金的三大斧，便是自己问问自己，也有些说不过去罢！先生说的积极进行，又从这里面说出‘造新洋房’的建设，和‘打鸡骂狗’的破坏两种方法来，都与我的意思吻合……这种事，说是容易，做就很难；比如做戏，你、我、独秀、适之，四人，当自认为‘台柱’，另外再多请名角帮忙，方能‘压得住座’；‘当仁不让’，是毁是誉，也不管他，你说对不对呢？”[②]

从这封信中，还可以得到另一信息：当时的陈独秀“颇不起劲”。因此，刚刚烧起的文学革命这把火，也许会因为没人添柴而熄灭。

刘半农和钱玄同的忧心，终于化作二人在《新青年》上演的“双簧戏”：由钱玄同以旧文人的口吻对《新青年》提出种种指责，由刘半农进行回答和批驳。

这种做法当时不为一些人所赞赏，在后人眼里，也是并不十分光彩的炒

①刘半农：《诗与小说精神上之革新》，1917年《新青年》第3卷第5号。

②《刘半农致钱玄同》，《中国现代文艺资料丛刊》第5辑，上海文艺出版社1980年，第303页。

作。但仔细想来，发起一场运动而无人理睬，寂寞之际敲敲锣鼓，引人前来关注，却也很正常。何况，虽然“王敬轩”是假的，并不存在这个人，但他说的话却是真的，是当时社会的客观存在。文学革命的反对者心中有而没有说出的话，由钱玄同梳理归纳代之说出，化为王敬轩的信，刘半农对其进行回答，面对的并非假想敌，更不是对空作战。因此，他们两人的工作，并非没有意义。

面对“王敬轩”的信，刘半农进行了逐段批驳。

鉴于当时现实的考虑，钱玄同所冒名的王敬轩并非纯粹的腐儒，也不是极端保守派，而是到日本留学归来的爱国青年，在当时的知识界更有代表性。他曾经“有感于朝政不纲，强邻虎视，以为非采用西法，不足以救亡。尝负笈扶桑，就梅谦博士讲习法政之学”。然而，“归国以后，见士气嚣张，人心浮动。道德败坏，一落千丈。青年学子，动辄诋毁先圣，蔑弃儒书。倡家庭革命之邪说，驯至父子伦亡，夫妇道苦。其在妇女，则一入学堂，尤喜摭拾新学之口头禅语，以贤母良妻为不足学，以自由恋爱为正理，以再嫁失节为当然，甚至剪发髻，曳革履，高视阔步，恬不知耻。鄙人观此，乃知提倡新学，流弊甚多。”辛亥革命之后，情况变得更坏，“纪纲扫地，名教沦胥，率兽食人，人将相食”。他在这时看到了《新青年》，以为“或有扶持大教、昌明圣道之论，能拯青年于陷溺，回狂澜于既倒”，但在读过之后，知道与自己的期待恰恰相反，“贵报诸子，岂犹以青年之沦于夷狄为未足，必欲使之达禽兽不远乎？贵报排斥孔子，废灭纲常之论，稍有识者虑无不指发。”他还看出《新青年》从不排斥西教，由此断定“贵报诸子殆多西教信徒”。

刘半农的回答首先针对的是“提倡新学，流弊甚多”的说法。他没有为新学辩护，没有论述旧伦常应该废除，更没有质问女子“剪发髻，曳革履，高视阔步”有什么不好，甚至没有反驳王敬轩对民主共和国进行的丑化和污蔑，而是抓住一点：对方认为新学带来了道德堕落和国将不国，那么，没有新学之前怎么样？“辛丑壬寅以前，‘扶持大教，昌明圣道’的那套老曲子，已唱了二千多年，始终没有什么‘洋鬼子’的‘新法’去打搅他，为什么要弄到‘朝政不纲，强邻虎视’呢？”然后，面对“排斥孔子，废灭纲常”的指控，刘半农作了如此回答：“本志排斥孔丘，自有排斥孔丘的理由，先生如有正当的理由，尽可切切实实写封信来，与本志辩驳。”希望他不要只是说一些“孔子之道，如日月经天，江河行地”的空话，也不要只是用“岂犹以青年之沦于夷狄为未足，必欲使之达禽兽不远乎”这样的口吻骂人。然后郑重说明：“本志记者并非西教信徒”，之所以对于西教不加排斥，是因为“西教之在中国，不若孔教之流毒无穷”。

王敬轩的信显示的是中国传统，没有分段，亦无标点，却加了许多圈点。刘半农为之分段，一段段进行回答。在第二段中，王敬轩指责《新青年》：“工于媚外，惟强是从，常谓西洋文明胜于中国，中国宜亟起效法。”但举出的例子却只是文字形式：“用种种奇形怪状之钩挑以代圈点”，并且认定“就此形式而论，其不逮中国圈点之美观”。刘半农首先认定“浓圈密点，本科场恶习”，并对来信上的圈点进行了嘲弄。同时指出：“先生不知‘钩挑’有辨别句读的功用，却说他是代替圈点的，又说引号（“”）是表示‘句中重要之处’，不尽号（……）是把‘密点’移在‘一句之后’。知识如此鄙陋，记者惟有敬请先生去读三年外国书……”

王敬轩的来信指责《新青年》颠覆传统，对中国的文豪缺乏尊重，“于古人，则神圣施耐庵、曹雪芹而土芥归震川、方望溪。于近人，则崇拜李伯元、吴趼人而排斥林琴南、陈伯严。甚至用一网打尽之计，目桐城为谬种、选学为妖孽。对于易哭庵、樊云门诸公之诗文，竟曰烂污笔墨，曰斯文奴隶，曰丧却人格，半钱不值……”根据这一切，王敬轩做出一个结论：《新青年》诸子是“小人而无忌惮”。刘半农对把《新青年》集团称之为“小人”并不回应，而是把力量用于王敬轩所崇拜的那些文豪：“目桐城为谬种，选学为妖孽，本志早将理由披露，不必再辩。”至于樊、易二人的笔墨是否“烂污”，刘半农却下功夫举出了他们作品中的大量“淫词”，然后写道：“敬轩先生！你看这等著作怎么样？你是‘扶持名教’的，却‘摇身一变’，替这两个淫棍辩护起来，究竟是什么道理呢？”

王敬轩认为林琴南是当代文豪，“善能以唐代小说之神韵，迻译外洋小说。所叙者皆西人之事也，而用笔措词，全是国文风度，使阅者几忘其为西事，是岂寻常文人所能企及”。刘半农说，林琴南译的那些小说，若以看“闲书”的眼光去看，似乎不必攻击，因为他的“哈氏丛书”之类，比“眉语莺花杂志”还要好一些。可是，若用文学的眼光去评论，就无法给予高评价。至于“能以唐代小说之神韵译外洋小说”，恰恰不是优点，而“实在是林先生最大的病根”。刘半农说：“著书以本身为主体，译书应以原本为主体，所以译书的文笔，只能把本国文字去凑就外国文，决不能把外国文字的意义神韵硬改了来凑就本国文。”林琴南把外国小说译得与中国固有的小说没有差别，有什么可以称道的？其实，刘半农的关于翻译的主张也是值得注意的。

王敬轩盛赞林琴南所译《香钩情眼》，认为这书名本身就是妙语。刘半农说：“外国小说虽然也有淫荡的，恐怕还未必把这等肉麻字样来做书名。”他指出：“外国女人并不缠脚，‘钩’于何有，而‘钩’之香与不香，尤非林先生所能知道。”王敬轩信中说到“陀思之小说”，刘半农说：“先生又闹了笑话了。因为陀思妥夫斯奇是此人的姓，在俄文只有一个字，并不是他尊姓是陀，雅篆是思；也不是复姓陀思，大名妥夫，表字斯奇。”像这样的一些内容，很容易让一些人觉得无聊，但考察当时的情况，以高尔基姓高，托尔斯泰姓托，并非罕见，所以这种知识的普及虽然过于ABC，却也并非没有必要。

王敬轩指责《新青年》中的文章“什九皆嵌入西洋字句”。刘半农说：“文字是一种表示思想学术的符号，是世界的公器，并没有国籍，也决不能彼此互分界限。”王敬轩赞美赋、颂、箴、铭、楹联、挽联之类，并且认为“西字长短无定，其楹联恐未能逮我”。刘半农却认为那些东西“半钱不值”，理由是“这些东西都在字面上用功夫，骨子里半点好处没有，若把他用来敷陈独夫民贼的功德，或把胁肩谄笑的功夫用到死人的枯骨上去，‘是乃荡妇所为’”。而且，西方作家并不作楹联。

综观刘半农的这封复信，有些话说得也许尖刻，有些话或许因逞语言之快而有失轻薄。但是，它旗帜鲜明，生动活泼，简明扼要，对当时守旧的思想观点给予了比较全面的批驳，进一步申明了文学革命的方向和《新青年》的立场，较好地实现了他与钱玄同预期的效果，有效地扩大了新文化运动的影响。

（四）作为“战士”的刘半农

关于刘半农在文学革命中的作为，同代人有许多共识。

周作人曾经称赞他“作文十分勇健，最能吓破绅士派的苦胆”[①]，又曾说他“不装假，肯说话，不投机，不怕骂，一方面却是天真烂漫，对什么人都无恶意”[②]。刘半农逝世时，他与鲁迅的友情已经由于种种原因而大受损伤。所以鲁迅坦言两人之间发生过“彼此心照的不快活”，甚至“几乎已经无话可谈”，但仍然为他写了两篇文章。在《忆刘半农君》中把他称作“战士”，并且说：“他活泼，勇敢，很打了几次大仗。譬如罢，答王敬轩的双簧信，‘她’字和‘牠’字的创造，就都是的。这两件现在看起来，自然是琐屑得很，但那是十多年前，单是提倡新式标点，就会有一大群人‘若丧考妣’，恨不得‘食肉寝皮’的时候，所以的确是‘大仗’。”[③]与此同时，他还在《趋时与复古》中评价刘半农“跳出鸳蝴派，骂倒王敬轩”，是“一个‘文学革命’阵中的战斗者”[④]。

他写过一首题为《老牛》的散文诗，全文如下：

> 秋田岸上，有一只老牛戽水，一连戽了多天，酷热的太阳，直射在它背上。淋淋的汗，把它满身的毛，浸成毡也似的一片。它虽然极疲乏，却不肯休息。树荫里坐着一只小狗，很凉快，很清闲，摇着它的小耳朵，用清脆的声音向牛说：“笨牛！你天天绕着圈子乱走，何尝向前一步，不要说你吃力了，我看也看厌了！”牛说：“我不管得我自己能不能向前，也管不得你看厌不看厌，只要我车下的水，平衡流动，浸润着我一片可爱的秧田。”狗说：“到秧田成熟了，你早就跑死了！”牛说：“这件事，我从来没有功夫想到……”

这头牛的形象，很可以看作“五四”时期的刘半农，为了文学革命，为了新诗建设，他的确像这头牛一样，埋头苦干，默默地探索和尝试。“五四”高潮过后，许多开拓者都搁笔了，他却依然在默默车水，灌溉这块“可

①周作人：《知堂回想录》，三育图书有限公司1980年，第359页。

②同上。

③《鲁迅全集》第6卷，人民文学出版社2005年，第73页。

④《鲁迅全集》第5卷，人民文学出版社2005年，第564页。

爱的秧田”。

既然是运动，就难免会有奋不顾身的闯将和勇士，也有明哲保身的世故老人。在中国，总是后者居多。在刘半农的诗中，有一首《E弦》，是这样写的：

> 提琴上的C弦，一天向E弦说：“小兄弟，你声音真好，真漂亮，真清，真高，可是我劝你要有些分寸儿，不要多噪。当心着，力量最单薄，最容易断的，是你！”E弦说：“多谢老阿哥的忠告。但是，既然做了弦，就应该响亮，应该清高，应该不怕断。你说我容易断，世界上却也并没有永远不断的你！”

这显然是一首托物抒情言志的诗，诗人的代言者不是C弦，而是E弦。刘半农自己就是那根E弦。这首诗或许反映了文学革命中新文化阵营的某种客观存在，或者说，是刘半农的某种真实感受。同处文学革命的战壕之中，同属新文化阵营，大家都是战友和兄弟，但刘半农也许感受到了：自己就像那根E弦，是力量最单薄，也最容易断的。然而，面对C弦的忠告，他没有学会世故，没有学会明哲保身，甚至很不客气地进行了反击。这就是文学革命中的刘半农！

鲁迅说刘半农打过几次大仗，是连创造“她”和“牠”字都算在内的。的确，使用一个字，看上去不算大事，但从中也可以看到一个时代的精神和风气。那是一个革命的年代，一个除旧立新的年代。在那一代知识分子心目中，没有什么是神圣不可侵犯的。现在的年轻人，看到鲁迅和钱玄同要废除汉字的主张，惊得目瞪口呆，感觉不可思议。可是，对那一代人而言，却实在算不了什么。因为在他们的手中，许多东西都改变了。在传统中国人那里，皇帝是可以打倒的吗？那一代人真的就使中国人没了皇帝；老百姓见了官员怎能不磕头？那一代人就硬是把这旧规矩改了过来。中国人写文章，历来是竖行书写，从右向左；那代人却认为不合理，要学习西方文字的排列方式，说改就改了，变成了横行书写，由左向右……改了的就改了，人们已经习以为常，那些当时未能完成的，在半个世纪之后，却成了不可思议的想法。由此可以看到时代精神的某种演变。而“她”和“牠”的创造，正是在那个背景上很平常的事。

今天的人们，都已用惯了“她”这个字，但是，“她”并非历来如此的常用字，而是五四新文化运动的产物。造这个字的，就是刘半农。

为什么要新造一个字？简单地说，开始只是翻译的需要。稍微通点英文的人都知道，在英文中有He和She分别指代男女不同的第三人称，在译成中文的时候，却没有相应的字，所以最初的译者只好统统译作“他”。事实上，写作也是如此。从鲁迅的文章可见，直到“五四”时期，他在《我之节烈观》中谈论的是女人的命运，通篇却是“他”和“他们”；在《药》中写夏瑜的母亲和华小栓的母亲，在《明天》中写单四嫂子，用的也是“他”。面对这种情况，自然有人试图区分，终于就找到了“伊”。所以，从1920年开始，鲁迅写《风波》中的九斤老太，写《故乡》中的“豆腐西施”，写《阿Q正传》中的小尼姑和老尼姑，直到1922年12月在《〈呐喊〉自序》中写到自己的母亲，用的都是“伊”。

但是，到了1923年，《娜拉走后怎样》中说到娜拉，却出现了这样的句子：“但是她竟觉悟了：自己是丈夫的傀儡，孩子们又是她的傀儡。她于是走了……”“伊”变成了“她”。

这个过程正是“她”字被接受的过程。鲁迅使用“她”字，其实比较晚，是在大多数人都开始使用之后。

刘半农思考这个问题是比较早的。这不奇怪，因为他一直在翻译西方小说，很容易意识到英文中He、She、It在汉语中如何对译的问题。1918年初，他对周作人说起此事，并提出应该在“他”之外再用“女”“也”造一个“她”，专门指代女性第三人称，用“牛”“也”造一个“牠”专指人之外的第三人称。当时的周作人对此并不完全赞同，因为他想到的办法是效法日文，给“他”加一个“女”字旁。然而，就在这年8月，周作人在《新青年》第5卷第2号发表译文《改革》，在按语中却透露了刘半农的这一想法。

此事引起了人们的注意。1920年初，上海《新人》杂志刊登寒冰的文章《这是刘半农的错》，认为创造“她”字大可不必。而且“她”和“他”如果读音相同，说话时仍然无法分别。寒冰的文章发表不久，《时事新报》的《学灯》副刊又发表孙祖基的《她字的研究》，支持刘半农“她”字的创造，接着又有人发表《驳她字的研究》，于是展开了一场争论，“她”字引起人们的注意。

此时刘半农已到英国留学。他在伦敦读到了《时事新报》上的文章，这促使他对此进一步研究，并写了《“她”字问题》。对于这个“她”字，刘半农从两个方面进行了讨论：一、中国文字中，需要不需要有一个第三人称阴性代词；回答是需要。二、假如需要，能不能用这个“她”字？回答是能。刘半农说：“我们因为事实上的需要，又因为这一个符号，形式和‘他’字极像，容易辨认，而又有显然的分别，不至于误认，所以尽可以用得。”说到这里，刘半农又说，“要是这个符号是从前没有的，就算我们造的；要是以前有的，现在却不甚习用，变作废字了，就算我们借的。”

刘半农说对了，这个符号是早已存在的，南朝梁太学士顾野王的《玉篇》中就有这个字，不过，读音是“姐”，意思是“母亲”。这个字湮灭已久，所以成了一个早已被遗忘的废字。刘半农没有注意，他造的这个字古已有之，严格说来是借用。

面对许多人已经在使用的“伊”字，刘半农提出了几点：一是口语中用“伊”字当第三位代词的地域很小，不利于推广；二是从字型上说，“伊”字用来表示女性，没有“她”字明白；三是“伊”字偏文言，在白话文中不甚协调。最后，为解决该字只能区别字形而难以区分字音的问题，刘半农也做了探讨。他说：“‘他’字在普通语区域中，本有两读：一为Ta用于口语；一为Tuo，用于书面语。我们不妨定‘他’为Ta，定‘她’为Tuo……”①

刘半农的看法很快获得广泛认同。不过，人们还是把“她”读作“Ta”，就连刘半农自己也没有坚持。1920年9月，刘半农在伦敦写了歌词《教我如何不想她》，由赵元任谱曲，百代唱片公司灌制发行，无疑为“她”字的普及起到了很大的作用。于是，由北京大学学生康白情等人带头，许多人都开始使用这个字，接着是印刷厂为之铸铅字，新出的字典将其收入，终于流行开来。

---

①刘半农：《“她”字问题》，1920年8月9日《时事新报·学灯》。

二、新诗开路先锋

除了文学革命理论上的倡导和对保守派阵营的抨击之外，刘半农在文学革命中的贡献首先在于新诗。他是中国新诗最先的尝试者之一，也是新诗道路的开拓者之一，在多方面做出了历史性的贡献。

回顾中国新诗的开端，虽然胡适在1917年发出文学改良的倡议，陈独秀紧接着高扬起文学革命的大旗，但革命的口号喊出了，新诗创作的园地里却只有胡适一人。他在《新青年》第2卷第6号发表了《白话诗八首》，在第3卷第4号上又发表了《白话词四首》，形影孤单，实在是寂寞得很。直到《新青年》第4卷第1号出版，同时发表九首白话新诗，尝试者胡适才算有了同道。这同道是两个人：一个是沈尹默，另一个就是刘半农。

接着来的是鲁迅，他是第四个新诗尝试者。用鲁迅自己的说法，是看到新诗坛的寂寞而来敲敲边鼓。然后出现的参与者是李大钊、李剑农、周作人、陈衡哲和北京大学的学生俞平伯、康白情、傅斯年、罗家伦、杨振声……这就是1919年的事了。新诗创作队伍在1919年迅速壮大，北京有了《新潮》和《少年中国》，上海有了《星期评论》和《时事新报》的副刊《学灯》，诗作者除了北京的诗人之外，还出现了沈玄庐、刘大白、戴季陶等，《时事新报》从4月份开始发表新诗，最初的作者是黄仲苏、左舜生、张闻天、康白情等，几个月后又出现了郭沫若……这是中国新诗开端的基本情形。

在这个发展过程中，刘半农和沈尹默是最先跟随胡适尝试新诗的，两人的诗作同时出现于《新青年》第4卷第1号。所以，他无疑是新诗的先驱。此后，刘半农写了大量新诗，从各个方面为新诗开拓了道路。但是，刘半农的诗却不急于出版，而是直到1926年，才结集为《扬鞭集》上、中两卷，由北新书局出版发行。上卷收的是1917年至1920年的作品，中卷收的是1921年至1925年的作品。

学界对刘半农的诗歌研究已经不少，但是，他的独特之处，他在诗歌形式和艺术表现手法上的尝试，他对诗歌道路的开拓，却一直没有引起足够的重视。其实，刘半农是中国新诗史上第一个对诗歌艺术进行了广泛探索的人，是最先涉猎国外诗歌理论和诗歌创作经验的人，也是第一个自觉地在新诗处女地上开垦、耕耘、移植、嫁接的人。简单说来，他的努力主要表现在以下几点：

（一）形式的革新与创造

在新诗形式方面，刘半农做了许多可贵的尝试，进行了多方面探索。无论是旧形式的革新，还是新形式的创造，他都是自觉的，而且取得了突出的成就。他自己说过：“我在诗的体裁上是最会翻新花样的，当初的无韵诗、散文诗，后来的用方言拟民歌，拟‘拟曲’，都是我首先尝试，至于白话的音节问题，乃是我自从1920年以来无日不在心头的事。”①刘半农的这些话符合历史事实。因为在他尝试这一切之前，中国新诗坛上诗人甚少，更少自觉的诗歌形式探索者。

偏偏刘半农很早就有了理论上的自觉。早在1917年春天，他就提出了“破坏旧韵，重造新韵”和“增多诗体”的主张。他认为“诗律愈严，诗体愈少，则诗之精神所受的束缚愈甚，诗学决无发达之望”。他还说过这样的话：“彼汉人既有自造五言诗之本领，唐人既有造七言诗之本领。吾辈岂无五言七言之外，更造他种诗体之本领耶?”②

他的这些主张受到陈独秀、钱玄同等《新青年》同仁的赞赏和鼓励，刘半农便开始实践自己的主张。他写短句，也写长句，写有格律的诗，也写散文诗，尝试各种押韵形式，也写无韵诗，而且拟民歌，拟儿歌……在诗的排列形式上，有《相隔一层纸》那样四行一节，两节基本整齐的诗，也有《题小蕙周岁造像》那样不分节的诗，有《游香山纪事》那样的白话五古，也有《学徒苦》那种改造过的乐府民歌，有《晓》那样的散文诗和《卖萝卜人》那样的无韵诗，也有《教我如何不想她》和《呜呼三月一十八》那样形式整齐、声调铿锵的新格律诗。在用韵上，他的诗有的一韵到底，有的各节用不同的韵，有的错落用韵，有的全诗没有押韵之处。在“诗体大解放”的道路上，刘半农无疑是闯将，是开路先锋。

既然是探索和尝试，自然会有成功也有失败。但值得庆幸的是，刘半农

①刘半农：《自序》，《扬鞭集》，北新书局1926年，第1页。

②刘半农：《我之文学改良观》，1917年5月《新青年》第3卷第3号。

的探索显然获得了许多成功，而且留下了不少佳作。如《教我如何不想她》，显然是从七言诗中脱胎出来的，只是几经蜕变，便不再有旧形式的痕迹。全诗四段，每段基本都是四行，每行基本是七个字。但如果真是这样，可能就显得比较一般，甚至有些呆板，形式上的创造就谈不到了。但刘半农的确是高手，他在每段的七言四行中间加了一个感叹词“啊”，就使四行变成了五行；又在本来的第三行中多出一个字，就成了八个字。如此一改，再加之用字虚实和韵律形式的改变，就再也不是呆板的豆腐块了：

天上飘着些微云，
地上吹着些微风。
啊！
微风吹动了我头发，
教我如何不想她？

月光恋爱着海洋，
海洋恋爱着月光。
啊！
这般蜜也似的银夜，
教我如何不想她？

而且，这首诗可以有多种排列形式，怎么排都不会有大的影响。比如，可以排成三行：

水面落花慢慢流，水底鱼儿慢慢游。
啊！
燕子你说些什么话？教我如何不想她？

也可以排成两行：

枯树在冷风里摇，野火在暮色中烧。

啊！西天还有些儿残霞，教我如何不想她？

对诗的美都不会有大的损伤。再比如《在墨蓝的海洋深处》：

在墨蓝的海洋深处，暗礁的底里，起了一些些的微波，我们永世也看不见。但若推算它的来因与去果，它可直远到世界的边际啊！

在星光死尽的夜，荒村破屋之中，有什么人呜呜地哭着，我们也永世听不见。但若推算它的来因与去果，一颗颗的泪珠，都可挥洒到人间的边际啊！

他，或她，只偶然做了个悲哀的中点。这悲哀的来去聚散，都经过了，穿透了我的，你的，一切幸运的，不幸运者的心，可是我们竟全然不知道！

这若不是人间的耻辱么？可免不了是人间最大的伤心啊！

它完全是散文的排列，但不同于一般的散文诗，因为如果把它分行排列，同样是一首不错的诗。

与此同时，刘半农深谙韵律，凡押韵的诗，就很讲究节奏和韵脚的音乐效果，比如《铁匠》：

叮当！叮当！
清脆的打铁声，
激动夜间沉默的空气。
小门里时时闪出红光，
愈显得外间黑漆漆地。
我从门前经过，
看见门里的铁匠。

叮当！叮当！
他锤子一下一上，
砧上的铁，

闪着血也似的光，
照见他额上淋淋的汗，
和他裸着的，宽阔的胸膛，
我走得远了，
还隐隐地听见
叮当！叮当！

第一节“当”“光”“匠”构成诗韵的主韵部，又由“气”和“地”形成副韵部，第二节由“当”“上”“光”“膛”构成主韵部，又由“汗”和“见”形成副韵部，全诗构成一种重协奏。每一节都是二重奏，而四节合起来，却是多重奏。这是刘半农的创造，后来在徐志摩手里得到了发展，如《海韵》等诗，朗诵起来的确很美，但我们不能忘记，这种形式的第一个尝试者是刘半农。

（二）表现手法的探索

在尝试各种形式的同时，刘半农在诗歌艺术的表现手法上也进行了多方面的探索。他广泛借鉴中国古代诗歌的手法，从赋、比、兴，到托物言志，到绘画艺术中的白描和渲染，到留白和烘托，都常常恰到好处。包括中国文人画那种取其一枝一叶的简略取材手法，在他的诗中都可以看到。但对传统技法的化用不是重要的，因为“五四”时期的刘半农志不在继承传统，而是在反叛传统，所以他更关注的是创新，是借鉴和拿来外国诗歌的艺术技巧。

在他的诗中，可以看到雪莱和拜伦，也可以看到波特莱尔，可以看到印象派、象征派等西方现代诗歌的多种技巧。许多东西，对中国诗歌而言，都是第一次出现。比如发表于《新青年》第5卷第1号的《窗纸》：

看！这是落日的余辉，映着一片平地，却没有人影。
这是两个金字塔，三五株棕榈，几个骑着骆驼、拿着长矛的。
不好！是满地的鲜血，是无数骷髅，是赤色的毒蛇，是金色的夜叉！
看！乱轰轰的是什么？——是拍卖场，正万头攒动，人人想出廉价，收买他邻人的破产物。

错了，是只老虎，怒汹汹地坐在树林里，想是饿了！……

还不是的；是个美人——美极了。

看！美人为什么哭？眼泪太多了——看——

一滴——两滴——一斛——两斛——竟是波浪滔滔，化作洪水！

看！满地球是洪水，Noah的方舟也沉没了——水中还有妖怪，吞吃他的尸首！

看！好光明！天边来了个明星！——唉！——是个彗星！

诗人所描写的，其实不过是被雨水浸渍过的窗纸，面对斑驳陆离的窗纸，诗人想象的意识流就像电影中的蒙太奇，不断地闪动和变幻。诗人把这些写下来，却成为内涵丰富的作品，不仅显示着某种童趣，而且反映着社会生活在诗人心中打下的烙印，反映了生活中所具有的阴暗、恐怖，以及诗人的苦闷和希望。这首诗使人想起当下某些青年诗人在表现形式上的探索，以及由此引起的争论。其实有什么大惊小怪的呢？“五四”时期，刘半农已经这样写，写自我，写内心，写主观，其实又是社会生活投影。只要环境是开放的，诗人们就会广泛探索，自觉或不自觉地拓宽诗歌发展的道路。

拟别人的语气写诗，古今中外都不少见。这种方法也被“五四”一代诗人所采用，并且产生了一些好作品。不过，用得最早而且成果显著的，还是刘半农。他生活面广，视野开阔，熟悉各种下层人物，所以能够设身处地，能够进入各种角色，托出他们细微的内心世界，能够用不同的语言惟妙惟肖地表现出他们的性格，发出他们各自心中的声音。翻开刘半农的诗集可以看到，工匠、农夫、老人、小孩、男人、女人，各有自己的语言，各有自己的思想感情和个性。刘半农深知：“我们要说谁某的话，就非用谁某的语言和声调不可。”[①]在生活中观察各色人等的语言，包括他们的用语和声调，用于诗中，所传达的就不再是文人的调子。比如《面包与盐》：

老哥今天吃的什么饭？

吓！还不是老样子！——

①《瓦釜集·代自序》，北新书局1926年，第1—2页。

两子儿的面，
一个镚子的盐，
搁上半喇子儿的大葱。
这就很好啦！
咱们是彼此彼此，
咱们是老哥儿们，
咱们是好弟兄。
咱们要的是这们一点儿，
咱们少不了的可也是这们一点儿。
……

刘半农是江阴人，这里说的却是地道的北京胡同里百姓的话。这种尝试，不但丰富了他的创作，而且也为新诗创作提出了一个问题：诗人怎样才能更好地传递民众声音。值得注意的是，刘半农致力于传递各种声音，却没有在代言的过程中迷失自我。

（三）歌谣体的尝试

刘半农是中国现代诗歌史上歌谣体新诗的最早尝试者。在“五四”时期，他与刘大白等人共同构成了向民间歌谣学习的诗界景观，推动诗歌在通俗化的道路上向前迈出了第一步。

刘半农尝试歌谣体，是从对古典民歌的模仿开始的。他最初发表的新诗，常见古典民歌的格调。我们如果把他的《学徒苦》和汉乐府民歌中的《孤儿行》对照一下，就不难发现二者的命题立意、构思谋篇、遣词造句，都有许多相似之处。这种模仿，在新诗刚刚诞生的“五四”之前，是不足为怪的。但是，如果只是模仿，就创造不出真正的艺术品，所以在模仿乐府民歌的同时，刘半农向民间口语学习，努力寻觅他所说的“野花香”。

他的这种努力得到了北京大学这个好环境的助力。1918年1月的一天，他与沈尹默一起散步，想到诗经国风、乐府民歌中的一些好诗，于是对沈尹默说：歌谣中也有很好的作品，我们何妨征集一下呢？沈尹默觉得这是个好主意，马上表示赞同，并且建议他拟个方案，请校长用北京大学的名义征集。刘半农回家之后，马上拟了《北京大学征集歌谣简章》，然后拿去请蔡元培看，蔡元培看后立即让文牍处印刷多份，分寄各省官厅、学校。1918年2月1日，《北京大学日刊》同时刊登了蔡元培的“校长启事”和《北京大学征集歌谣简章》。这是中国现代史上第一次民间歌谣征集活动，也是中国现代民间文学和民间文化研究的开始。

北京大学成立了歌谣征集处，由刘半农负责，直到两年之后，刘半农赴欧留学，才交给周作人负责。在这两年之中，他们收集了大量歌谣，胡适、李大钊、沈兼士、徐宝璜、罗家伦等许多教授和学生都曾记录了歌谣应征。在教育部工作的鲁迅也把自己所熟悉的歌谣抄了出来。从1918年5月20日开始，《北京大学日刊》开辟了一个《歌谣选》专栏，每天发表一首歌谣，并由提供者对其中的土音土字加注解。这些工作，都由刘半农主持。

这对有志尝试歌谣体新诗的刘半农来说，无疑是巧遇春风，与大量民间歌谣的接触，使他进一步认识到民间文学的价值，坚定了尝试歌谣体的决心。特别使他兴奋的是，那些优秀的民间歌谣，都是用最自然的词语，用最自然的声调，把最自然的感情抒发出来的。这对他是一个重要的启发。他从歌谣中得到两点启示：一是自然，二是朴素，对于真正美的事物而言，一切华丽的修饰都是多余的，甚至适得其反。正是在这种情况下，他反复尝试，写出了歌谣体新诗集《瓦釜集》。

更可贵的是，刘半农尝试民间歌谣，不同于一些文人的猎奇赏艳，而是出于对下层民众的深厚同情。他在《瓦釜集》自序中曾经说过他的目的：“要试验一下，能不能尽我的力，把数千年来受尽侮辱与蔑视，打在地狱底下而没有呻吟的机会的瓦釜的声音，表现出一部分来。”这种精神无疑是可贵的。

刘半农对民间歌谣的研究，不仅帮助他写出了一些歌谣体新诗，而且帮助他把民间歌谣的精华与传统诗歌、外国诗歌结合起来，融为一体，去发展中国新诗艺术。这种探索，比起单纯模仿民歌，或者单纯去填写十四行，显然更为困难。然而，刘半农毕竟取得了收获，《教我如何不想她》等诗作，就融合了古今中外各种元素。

（四）“真”与“写实主义”

在“五四”诗坛上，刘半农虽然在艺术形式上进行种种探索，但他的创作走的却是一条现实主义道路。

在理论上，刘半农特别强调“真”，认为“真”是诗歌的精髓。因此，他要求诗歌说真话，抒真情，真实反映生活，表现时代生活的真面目。他说，诗人应该“在自然界及社会现象中放些本领去探出一个‘真’字来”①。因此，他极力反对矫揉造作和言不由衷的虚伪文学，竭力抨击模仿古人、无病呻吟的浮靡文风，看重汉乐府以来“感于哀乐，缘事而发”的传统，努力把诗歌创作与现实人生紧密地联系在一起，与民生疾苦紧密联系在一起。

与此同时，刘半农强调写诗必须有感而发，必须忠实于内心的真实感受。他说：“我可以一年半年不做诗，也可以十天八天之内无日不做诗，所以不做，为的是没有感想，所以要做，为的是有了感想肚子里关熬不住。”②这些话看上去很自我，很任性，但他的作品却多是反映社会现实的，很少当时已经成为时髦的“自我表现”或者“为艺术而艺术”。刘半农坚持艺术与人生的关联，所以社会的黑暗，国家的命运，百姓的疾苦，都能进入他的视野，拨动他的心弦，弹奏出他心底的声音。他的《诗神》是这样写的：

诗神！
你也许我做个诗人么？
你用什么写你的诗？
用我的血，
用我的泪。
写在什么上面呢？
写在嫣红的花上面，
早已是春残花落了。
写在银光的月上面，
早已是乌啼月落了。
写在水上面，
水自悠悠地流去了。

---

①刘半农：《诗与小说精神上之革新》，1917年7月《新青年》第3卷第5号。

②刘半农：《扬鞭集·自序》，北新书局1926年。

写在云上面，
云自悠悠地浮去了。
那么用我的泪，写在我的泪珠上；
用我的血，写在我的血球上。
哦！小子，
诗人之门给你敲开了，
诗人之家许你长眠了。

在这里，我们可以看到诗人对于自己使命的认识。刘半农所看重的，是血与泪的文字。它所显示的，是“五四”时期那股为人生的现实主义潮流。而在诗歌领域，最早也最主要的代表人物就是刘半农。在他看来，诗人如果不能面对社会现实，不能以血和泪书写这种现实，如果在民众的疾苦面前闭上眼睛，就敲不了诗神的大门，也配不上诗人的称号。

（五）关注社会下层

从题材上看，刘半农的诗歌取材广泛，显示着比较开阔的视野。这种比较开阔的视野给他的诗带来了社会生活的广度。在他的诗中，有城市，有乡村，有店铺，有作坊，行业涉及工农兵学商，地域从江南到北国。尤其值得注意的，是刘半农还表现了第一次世界大战结束后欧洲各国的社会面貌。《拟装木脚者语》《耻辱的门》《战败了归来》《柏林》等诗都反映了战争给人们带来的灾难，从人道主义立场上对战争进行了控诉和谴责。这种题材，在“五四”新诗中是稀有的，是刘半农的一个贡献，具有独特价值。同时，他还在诗歌中第一次写进了献身于科学事业的化学家，写进了卖稿谋生的作家，写进了一些过去诗歌中所没有出现过的事物。题材的广阔，不仅前人所未有，而且同代诗人所难以比肩。

然而，再进一步观察，就会发现他更关注的是下层社会。社会是分层的，平等只是一个美好的理想，而客观存在的社会是既有“上流社会”，也有“下层社会”，甚至下层中还有“底层”。基于人道主义的立场，刘半农不平于社会的不平，反对压迫，反对剥削，反对奴役，站在下层民众的立场上，揭示社会问题，给弱者以同情，向社会提出质疑。《相隔一层纸》《学徒苦》《卖萝卜人》《游香山纪事》《奶妈》等篇什都体现着这种倾向。

《相隔一层纸》是他发表的第一首新诗，也是“五四”诗歌名篇之一，诗人用了对比的手法，使不同阶级的生活形成鲜明的对照：屋里屋外，相隔只有一层薄薄的窗纸，里面是老爷怕被炉火烤坏；外面是叫花子在凛冽的寒风中发出死亡的呼叫。它使人看到社会的不平，唤起人们对贫困者的同情。在深打着汉乐府印记的《学徒苦》中，诗人表现了“食则残羹不饱，夏则无衣，冬衣败絮”的学徒的生活，不仅寄予同情，而且让他喊出了“生我者，亦父母”的呼喊。这是对不平的反抗，是“人”的呼声，深打着“五四”时期人道主义的印记。《游香山纪事》则描绘出一种现代社会制度下不应有的现象：“公差捕老农，牵人如牵狗。老农喘且嘘，负病不能走。公差勃然怒，叫嚣如虎吼。农或求稍停，挥鞭击其手。问农犯何罪，欠租才五斗。”富人和官府相勾结，欺凌下层农民，这现象使诗人愤怒而又悲哀。

注视着下层社会，关心民众疾苦，这使他的诗呈现出一个显著的特点：更多下层民众形象，更多社会生活阴暗。从社会生活的广度看，有贫富悬殊的对比，有工人与资本家的矛盾，有手工业者的忧愁，有现代工厂职工的辛酸，有破产农民的惨象……在刘半农的笔下，社会下层民众的形象云集。在这一点上，无论是杜甫还是白居易，都无法与刘半农相比。因为在刘半农诗歌的人物画廊里，有叫花子、学徒、车夫、铁匠、木匠、女工、渔夫、小贩、农夫、牧羊儿、奶妈、士兵、妓女、挨饿的儿童、穷困的作家、悲苦的寡妇……真可谓各式各样的人物都有。通过这些人物，他的诗多角度、多侧面地反映出社会生活的面影，提出了种种社会问题。写出这些意欲何为？“五四”时期的作家们有共同的思路：引起疗救者的注意。

由于清醒的现实主义，刘半农留学欧洲，置身于发达的西方都市，游走于繁华的大街，听讲于古老的学府，静读于安静的图书馆，漫游于徐志摩所恋恋不舍的康桥……但这一切很少出现在他的诗中。在他诗中出现的，依然是欧洲下层的人们，是英国寡妇挨冻受饿的悲苦，是法国妓女辛酸的眼泪，是德国穿不上鞋子的儿童和依靠卖乐谱生存的老人，是战败了归来的士兵……在一家印度餐馆里，他念念不忘的是：“你平原上的野草花，可还是自在地红着？你的船歌，你村姑牧子们唱的歌，可还在树丛的中间，清流的底里，回响着些自在的欢愉，自在的痛楚？”这种现象不是偶然的，它取决于诗人的思想感情对五彩生活的取舍。

由于清醒的现实主义，刘半农不仅能够看到中国社会的阴暗和丑陋，而且也能看到西方社会所存在的阴暗和丑陋。他留学英国时所写的《伦敦》，是中国新诗中最早描写西方社会丑恶的诗篇。那时的伦敦，仍然是《雾都孤儿》中所呈现过的雾都。在刘半农眼里，则是昏天黑地，“是这样墨黑的一个黑雾窟，是这样一窟墨黑的黑雾”。在这里，人们为追逐金钱而在黑雾中“钻”，“钻着！钻着！”在这里，哭，是为了钱，笑，是为了钱，生，为了钱，死，为了钱，人生的幸福，生活的乐趣，灵的归宿，都在钱眼里。他甚至做了这样的比喻：“嗅黄金的猎狗，哪儿有金味，就往哪儿走！钻着！钻着！幸运地竟钻到了‘金山’下，哼！狠命地吞一口……”他告诉人们，西方社会也有不如人意之处，发达国家也有许多社会问题。没必要把刘半农说成资本主义文明的批判者，但诗人的眼睛不放过任何一个地方的阴暗，显示的是现实主义的光辉。

（六）先驱者的创造精神

刘半农的诗有不少带有乐观昂扬的斗争精神，积极向上，鼓励奋斗，带有那个时代的理想与激情。这一切，体现着时代文化，也显示着诗人的内心。《D——！》一诗写于1919年陈独秀被捕之后。因为陈独秀被捕，人们感到言论自由的空间在缩小，文字狱的黑影向新文化阵营压来。刘半农心情沉重，但他没有退缩，没有消沉，而是在诗中一边安慰陈独秀，一边安慰和鼓励自己：

那“自由”“解放”的好名词，只在报纸上露着一露，
在“威尔逊炮”中响着一响！
千万斤的压力，不依然在我头上？
手铐脚镣，不依然在我手上脚上？
听！
我摇一摇头，颈上有些什么，响得“声调铿锵”！
D——！
唯其这样，所以我们的责任是这样！

这责任是什么？他说：“要有光，应该自己做工，自己造光——要造太

阳的光，不造萤火的光。”这里所体现的，是一个时代向上的精神和开拓、创造的精神。他为陈独秀唱了一首《牺牲的赞歌》：

牺牲的神！牺牲的神！
你是救济人类的福星！
奋斗与你结合着，
才能造成我们的人生，
超度我们的灵魂！

《敲冰》是一首闪耀着乐观精神的歌颂开拓和奋斗的长诗，写于1919年的冬天。它以打破坚冰、开拓航道为象征，描写了新文化运动的进程，抒发了勇往直前的奋斗精神。诗中反复吟唱着：“敲冰！敲冰！敲一尺，进一尺，敲一程，进一程！”写了破冰前行的艰难，却洋溢着昂扬的激情。诗中对懒怠者、怯懦者、缓进者和消极等待者都进行了否定和批判，歌颂了不怕寒冷、不怕疲劳、夜以继日的奋斗：“从正午敲起，直敲到漆黑的深夜。漆黑的深夜，还是点着灯笼敲冰。”“刺刺的北风，吹动两岸的大树，化作一片怒涛似的声响。那便是威权么？手掌麻木了，皮也挫破了；臂中的筋肉，伸缩渐渐不自由了”，但这一切都不能阻止敲冰。“冬冬不绝的木槌声，便是精神进行的鼓号么？豁刺豁刺的冰块挫船声，便是反抗者的冲锋队么？是失败者最后的奋斗么？旷野中的回声，便是响应么？”这一切也不必管它，诗人和他的朋友们还是敲冰，直敲到“黑暗已死，光明复活”：

直敲到野犬吠声渐渐稀了，
直敲到深树中的猫头鹰
不唱他的《死的圣曲》了，
直敲到雄鸡醒了，
百鸟鸣了，
直敲到草原中，
有了牧羊儿的歌声……

当然，刘半农的诗也有苦闷情绪的抒发。像当时许多知识分子一样，他看到了社会的问题，却没有改造的力量；他渴望自由、平等，梦想所有的人都过上"人的生活"，却找不到实现的路径；所以苦闷和彷徨自然而生。一些人看到某种希望之光就欢呼起来，歌唱美好的明天；一些人远远望见一片白帆，就以为是诺亚方舟，于是追随而去。然而，清醒的现实主义者很难如此，他们对未来的"黄金世界"持怀疑态度。在《窗纸》中，面对被风雨污染得斑驳陆离的窗纸，他知道解决的办法是"扯去旧的，换上新的"，但他马上悲哀地想到："换上新的，怕不久又变成了旧的。"这是理想碰壁的印痕。刘半农曾经在《梦》中感叹十年前的旧梦，说"要忘是忘不了，要寻是没法儿寻"，表现的也是这种理想受挫之后的苦闷。

总之，作为"五四"新诗运动的开路先锋，刘半农的贡献是不应忘记的，他思考过的许多问题，都仍然值得后人思考。

三、"杂家"与"专家"

（一）"杂家"刘半农

对刘半农进行全面考察，不能不承认，他首先是一个"杂家"。

他才华横溢，头脑太好用，视野开阔，知识丰富，兴趣又异常广泛，这就使得他不可能像老实孩子那样长时间只玩一种玩具，更难长时间只做一件事。所以，他就成了一个多面手。这一点，他的同代人是看得清楚的。在他逝世之后的追悼会上，周作人就说刘半农有两大特点："其一是他的真，他不装假，肯说话，不投机，不怕骂……却是天真烂漫，对什么人都无恶意。其二是他的杂学，他的专门是语音学，但他的兴趣很广博，文学美术他都喜欢，做诗，写字，照相，搜书，谈文法，谈音乐，有人或者嫌他杂，我觉得这正是好处，方面广，理解多，于处世和治学都有用。"①

我赞同周作人的这种说法，杂，正是好处。一个人如果没有自己的专业特长，大概不算优点，但在专业之外没有另外的兴趣，就很可能生活太无趣。专业之外的兴趣，不仅可以丰富生活，而且对专业也常有帮助。刘半农

①周作人：《知堂回想录》，三育图书有限公司1980年，第359页。

在许多方面都有建树，先来看一看他的成果吧！今天的人们求职，大都要写“个人简介”，这简介中除姓名年龄和毕业院校之外，必定列出已有的成果。那么，让我们先来看一看刘半农有哪些成果：

1. 著、译作品：

《欧陆纵横秘史》（外交小说），中华书局1915年。

《黑肩巾》（国事小说）上、下册，中华书局1917年。

《猫探》（侦探小说），中华书局1917年。

《乾隆英使觐见记》（笔记），中华书局1917年。

《帐中说法》（滑稽小说），中华书局1918年。

《茶花女》（戏剧集），北新书局1926年。

《瓦釜集》（诗集），北新书局1926年。

《扬鞭集》（诗集），上卷，北新书局1926年。

《扬鞭集》（诗集），中卷，北新书局1926年。

《国外民歌译》第一集，北新书局1927年。

《法国短篇小说集》第一册，北新书局1927年。

《失业》（法华对译短篇小说集），北新书局1927年。

《猫的天堂》（法华对译短篇小说集），北新书局1927年。

《半农杂文》一集，北平星云堂书店1934年。

《半农杂文》二集，上海良友图书印刷公司1935年。

《苏莱曼东游记》，中华书局1937年。

2. 学术研究：

《中国文法通论》，上海群益书社1920年。

《四声实验录》，上海群益书社1924年。

《汉语字声实验录》（法文），法国巴黎大学1925年。

《国语运动略史》（法文），法国巴黎大学1925年。

《半农谈影》，北京真光摄影社1927年。

《比较语音学概要》，商务印书馆1930年。

《宋元以来俗字谱》，国立中央研究院历史语言研究所1930年。

《从五音六律说到三百六十律》，国立中央研究院历史评议研究所1930年。

《中国俗曲总目稿》上、下册，国立中央研究院历史语言研究所1932年。

《中国文法讲话》上册，上海北新书局1932年。

3. 校点、辑录：

《何典》（小说），［清］张南庄著，北京北新书局1926年。

《香奁集》（诗），［唐］韩致尧著，北京北新书局1926年。

《西游补》（小说），［清］董若雨著，上海北新书局1929年。

《印度寓言》，刘北茂原译，1930年。

《朝鲜民间故事》，刘育厚原译，1932年。

《太平天国有趣文件十六种》，北京北新书局1926年。

《敦煌掇琐》上卷，国立中央研究院1925年。

《敦煌掇琐》中卷，国立中央研究院1934年。

《敦煌掇琐》下卷，国立中央研究院1945年。

这只是结集出版的著作，不包括单篇的论文和未结集的其他文章。他有一些专业论文很重要，比如《声调之推断及“声调推断尺”之制造与用法》（国立中央研究院历史语言研究所集刊，1930年），《天坛所藏编钟编磬音律之鉴定》（国立北京大学《国学季刊》，1932年），《十二等律的发明者朱载堉》（国立北京大学《国学季刊》，1932年），《莽权价值之重新考订》（国立中央研究院历史语言研究所集刊，1933年），《乙二声调推断尺》（国立中央研究院历史语言研究所集刊，1934年），做的都是开创性的工作。此外，如《读〈海上花列传〉》《〈西游补〉作者董若雨传》等中国古典文学的论文，表达的也是自己独到的见解。

由此可见，刘半农的确是集许多“家”于一身。如果用今天的话说，或许就是“一专多能”。他的专业暂且不谈，而且以笔者的知识结构而言，也没有谈论的能力。因为刘半农的专业是实验语音学，学术门槛很高，不像中国现代文学等低门槛的专业那样谁都可以抬腿跨入。他同时从事文法、语法研究，从事词书编纂，参与文物考古，又致力于乐律研究。而更为广大读者所知道的是，他是诗人，有《瓦釜集》和《扬鞭集》上下两集；他是散文家，有《半农杂文》和《半农杂文二集》；他从事民间文学和文化研究，搜集了大量民间歌谣，出版过《宋元以来俗字谱》；他喜欢戏曲，编了《中国俗曲总目稿》；他从事古籍整理，校点过《香奁集》《西游补》和《何典》，辑录过洋洋三卷《敦煌掇琐》；他是翻译家，出版过《茶花女》《国外民歌译》《法国短篇小说集》等多种译作，是他第一个把高尔基的作品介绍到中国，也是他最先把狄更斯、托尔斯泰、安徒生的作品翻译成中文，而且最先翻译外国散文诗的，也是他。今天我们所熟悉的一些法国地名，如“枫丹白露”“香榭丽舍”等，也出自刘半农译笔。

征集民间歌谣，收集民间俗字俗语，是他做过的大事，由此开启了中国民间文学和民间文化的研究。他为此甚至不惜“以身试骂”，“到处找骂”。他为了研究“国骂”，曾在报纸上刊登启事，征求各地的“骂人语言”。于是，朋友们乐了，既来帮忙又是开开玩笑，纷纷前去用自己所熟悉的评议把他骂一顿，赵元任、周作人都去骂过，他的学生们也骂过。后来他去拜访章太炎，章太炎也来凑热闹，用汉朝骂人的话骂一阵，又用唐朝骂人的话骂一阵。当面听那些骂人的话，的确难免尴尬，但刘半农却由此广泛地收集了材料。尤其是章太炎那样的学界泰斗，用汉朝骂人的话骂过之后，马上告诉他这些话出自哪部书；用唐朝骂人的话骂过之后，即告诉他此话出自哪部典籍。

（二）从“杂家”到“专家”

刘半农本来是上海“鸳鸯蝴蝶”派文学新秀。他于1912年来到上海，经朋友介绍，在《时事新报》找到一份工作，又在中华书局谋到一份差事，都是编辑工作。与此同时，开始在《小说月报》《时事新报》《中华小说界》和《礼拜六》等报刊上发表小说，有创作，也有译作。为了迎合市民读者，他给自己起了“半侬”“寒星”“范瑞奴”这样的笔名，让人疑心这作者是女性。天资、勤奋，加上运气，刘半农很快成为上海文坛活跃的新秀。五年时间里，他发表了《失魂药》《最后之跳舞》等四十多篇艳情小说。他的名字经常出现在《小说月报》《小说大观》《礼拜六》等杂志上，受到许多读者的追捧，被称为“江阴才子”“文坛新星”，约稿者越来越多，就连赫赫有名的严独鹤也来向他组稿。

总之，在走向《新青年》之前，刘半农就已经用一支笔为自己在上海闯出了一片天地。

然而，刘半农并不满足。从1916年开始，他的思想中出现了矛盾，对自己的人生道路开始怀疑。因为他遇到了《新青年》，陈独秀等人的文章为他打开了另一个天地。这使他置身人生的一个十字路口。进入1917年，他的一条腿已追随陈独秀等人走去，而另一条腿却还在鸳鸯蝴蝶派的路上。

这年夏天，他从上海返回江阴，一面休息，一面思考自己的未来。由于没有固定收入，离开了上海就没有了钱，生活一天天困难起来。就在这时，他忽然接到一封北京大学的信，里面是一张聘书，蔡元培聘请他担任北京大学预科教授！

一个连中学都没有毕业的青年，突然成了全国最高学府的教授，这让所有人都难以置信。但一切都有成因：陈独秀带着他的《新青年》到北京大学做了文科学长，刘半农是《新青年》的作者，而且刚刚发表了两篇很有分量的文章。陈独秀可谓独具慧眼，而且敢做敢当，大概也只有他才敢向蔡元培推荐一个中学生来当教授。蔡元培见识更加不凡，他聘请陈独秀当文科学长，就是不顾学历而破格任用的；这时聘请刘半农，也不是陈独秀顺水人情，而是他读过刘半农的文章，认定他可以胜任。

就这样，刘半农来到北京大学，与陈独秀、钱玄同、胡适、周作人等成为同事。

置身北京大学，自知学历不够，所以他讲课很卖力，写作很勤奋，生怕出差错葬送这大好机会，也生怕给蔡元培和陈独秀丢脸。因此，他的成绩是显著的，但无论课上得多么好，也无论文章发表多么多，刘半农仍然有个心病：在这个最高学府，教授们大多有海外留学经历，而且不少人都是博士，这在无形中对刘半农形成一种压力。所以，两年之后，刘半农决定去欧洲留学。

关于刘半农为什么出国留学的事，有种种不同的说法。

鲁迅曾经说过：几乎一年多，刘半农没有去掉从上海带来的一些习惯，比如对“红袖添香夜读书”的向往，最后才被鲁迅等人骂掉，“但他好像到处都这么地乱说，使有些‘学者’皱眉。有时候，连到《新青年》投稿都被排斥。他很勇于写稿，但试去看旧报去，很有几期是没有他的。那些人们批评他的为人，是：浅。”鲁迅认为是“这些背后的批评，大约是很伤了半农的心的，他的到法国留学，我疑心大半就为此”[①]。

在鲁迅笔下，使刘半农伤心而去留学的，是《新青年》中的“那些人

①《鲁迅全集》第6卷，人民文学出版社2005年，第73页。

们”，没说是谁。

到了周作人笔下，一切逐渐坐实。刘半农去世多年之后，周作人在回忆北京大学的文章中写道：“英美派的绅士很看他不起，明嘲暗讽，使他不安于位，遂想往外国留学，民九乃以公费赴法国。”[①]在这里，使刘半农“不安于位”的，是“英美派的绅士”，没有提名。但在胡适逝世之后，周作人又写回忆文章，“英美派绅士”就具体化了：“刘半农因为没有正式的学历，为胡博士他们看不起，虽然同是‘文学革命’一队伍里的人，半农受了这个刺激，所以发愤去挣他一个博士头衔回来，以出心头的一股闷气。”[②]

因此，一些研究成果说到刘半农之所以出国留学，都说是因为胡适看不起他。

这似乎已是定论，但我总觉得这话似乎说重了。理由有二：一是根据胡适的为人，似乎不应该在刘半农面前表露“看不起”。二是刘半农没有认为胡适看不起他。众所周知，刘半农是个活泼而直爽的人，如果知道谁看不起他，就很难装得若无其事，更不会继续做朋友。而考察他们两人的关系，却似乎没有什么大的过节。比如，1918年胡适写《你莫忘记》，写完后送朋友指正，这朋友就是陈独秀、沈尹默、钱玄同和刘半农；1919年教育部“国语统一筹备委员会”成立，胡适、钱玄同等提出《国语统一进行方法的议案》，是由刘半农向大会提交并获得通过的，这个过程中他与胡适配合默契；1920年，胡适推荐刘半农任“国语辞典委员会”委员；1921年，刘半农在英国留学，胡适还给他寄《新青年》；1921年9月，刘半农给胡适的回信，其中说到许多重要的事：

> 近来看报，说你到上海考查商务印书馆的编辑部，知道是病好了，这是个可喜的消息……你何以不努力作诗？我老实警告你：你要把白话诗坛的第一把交椅让给别人，这是你的自由；但白话诗从此不再进步，听着《凤凰涅槃》的郭沫若辈闹得稀糟百烂，你却不得不负些责任……我近来的情形，真是不得了！天天闹的是断炊！北大的钱，已三月没寄

---

①周作人：《知堂回想录》，三育图书有限公司1980年，第358页。

②同上书，第503页。

来，电报去催，也是不寄；留学费也欠了三个月不发……有一件事要请你出力帮忙。我今天向蔡先生提出一个《创设中国语音学实验室的计划书》，想来你不久就可以看见。这是我万分希望他成功的一件事，曾向蔡先生当面说过，他很赞成。但他虽赞成，还要经过种种的会。所以我要恳求你，也替我卖些气力，使他早日有些成议，我真感激不尽了。

你能写个信给我吗？我给你请安。

夫人公子等均问好。[①]

从信的内容到语气，都看不出刘半农对胡适憋着气。

然而，无论鲁迅还是周作人，都没有理由编造胡适看不起刘半农这样的谣言。那么，问题出在哪里？考察他们交往的历史，只有一件事曾经伤感情：1918年《新青年》双簧信事件发生，胡适很不满。当时的《新青年》轮流主编，那一期正是刘半农编的，胡适在气头上，说过刘半农不配编《新青年》，而且表示以后由他一个人编。鲁迅和周作人都未进入《新青年》集团核心，没资格参加那样的讨论，但钱玄同是参与者，而且明确反驳了胡适，所以胡适才作罢。按道理讲，这事没有几个人知道，但那时钱玄同与周氏兄弟关系密切，或许告诉过他们，他们就把这事记住了。但是，记忆有时并不可靠，表达也常常并不准确。胡适当时只是就事论事，并没有真的看不起刘半农。虽然当时刘半农曾经生气，并且宣布与《新青年》脱离关系，但事情很快就过去了，并未影响二人的友情。

不过，如果说刘半农是受胡适等人的"刺激"而出国留学，或许是对的。试想，他只有中学学历，而胡适等博士们在身边晃来晃去，无需表示看不起，就会给刘半农带来压力。最后终于撑不住，留学拿博士学位去了，一切都合情合理。

无论如何，刘半农留学去了。在蔡元培的支持下，他由北京大学公费派往英国留学，1920年2月乘日本货轮奔赴英国。

然而，伦敦生活费用很高，刘半农是带着妻子和女儿一起去的，一家三口吃公费，实在不够宽裕。而且，到伦敦半年后，妻子又生下一对龙凤胎，

①《胡适来往书信选》上册，中华书局1979年，第131—132页。

这当然是令人高兴的事，刘半农用“伦敦”为孩子命名，男孩儿名育伦，女孩儿名育敦，来自英国城市名，却又很合中国传统。但是，增加了两个孩子，经济压力就更大了。听说法国生活费用比英国低，而且法国国家图书馆藏书也很丰富，就决定离开伦敦去巴黎，1921年6月，一家五口移居巴黎。

巴黎的生活费比伦敦便宜，但刘半农的生活仍然困难。前面所引他写给胡适的信，一个重要的内容就是诉说自己“天天闹的是断炊！……留学费也欠了数月不发”。刘半农没有夸张，因为那是大战之后，欧洲经济萧条，物价飞涨，中国学生的留学公费却没有跟着长。所以，当时在欧洲的留学生，包括后来大名鼎鼎的赵元任、陈寅恪、徐悲鸿等，都曾生活很紧张。

然而，刘半农坚持了下来，历时五年，终于拿到了博士学位。刘半农在巴黎学的是“语音实验”，这是一个新学科，而且含有在当时相当高的科技成分。刘半农成了专家，成了中国语音学实验研究的开山鼻祖，做出了许多贡献。不过，一些专门的学科就是如此，注定鲜为人知。刘半农“造”个“她”字和“牠”字，人人皆知，但他对语音的实验，却很少有人明白，也很少有人关注。不过，通过一些事，外行人也不难对他的学术窥见一二。比如，刘半农还在法国的时候，就经巴黎大学语音学院院长提名，成为巴黎语音学会会员；他的博士论文荣获“康士坦丁·伏尔内语言学专奖”。回国之后，北京大学为他成立了中国第一个语音实验室。刘半农则制订了一个宏大的研究计划：编一部《四声新谱》；编一部《中国大字典》；还要编一部《中国方言地图》。

（三）专业之外的业余爱好

“杂家”成了“专家”，刘半农有了自己的专业领域，却没有改变“杂家”的品质。他没有聚精会神地专心做他的专业研究，而是仍然兴趣广泛，手边总有“玩”的东西，总是不断做一些自己专业之外的事。

比如，他爱好摄影，成了中国最早的摄影家之一。

早在1905年，刘半农考入常州府中学堂，在那里就学会了摄影。到1909年，他终于有了一台柯达相机，于是开始拍照片。1923年，他在巴黎看到了更好的相机，尽管经济不宽裕，还是咬牙买了一台，有机会就为夫人和三个孩子拍照，大街上发现有意思的景物，也抓紧拍回来。做博士论文，没有影响他照相。照相，似乎也不影响做博士论文。

回国之后，他加入了中国最早的摄影艺术团体——“光社”。

“光社”是北京的摄影爱好者们发起的一个业余摄影组织。每年举办摄影展，而且出版《光社年鉴》。刘半农和光社同人一起摄影，一块儿切磋技艺，在此期间，他展出和发表过《舞》《夕照》《垂条》《泪珠中的光明》《在野》《人与天》《着墨无多》《静》《山雨欲来风满楼》等摄影作品。

据徐瑞岳的《刘半农评传》介绍，光社的摄影展每年在秋季举办。展前都要在刘半农家的客厅里举行评点。大家一边喝茶，一边讨论作品。刘半农总是一边踱步，一边眯着双眼看作品，然后直言不讳地发表意见。展览开馆的前几天，他就带着夫人、孩子一起去参加布展。每一幅作品摆在哪里，他都要亲自过问。刘半农还先后两次为《北平光社年鉴》写序。

与其他摄影爱好者不同，刘半农不仅拍摄，而且研究，提出种种理论主张。1927年，他出版的《半农谈影》，这是中国第一本系统阐述摄影创作艺术理论的书。

在这本书中，他批驳了贬低摄影艺术的观点，从哲学、美学等方面讲述了摄影的技法与技巧。他认为照相馆是“把照相当作一件死东西，无论是谁的‘脸谱’到了他们手里，男的必定肥头胖耳，女的必定粉妆玉琢”。看来，当时的照相馆或许像现在的影楼拍婚纱照一样，多么漂亮的新娘子都能拍得一样丑陋。刘半农认为，艺术摄影不应该那样，而是应该讲究“艺”与“术”，应该有美的追求。怎么实现这一切？就应该从景物的选取等各个方面动心思，而且，照片的水平，不仅取决于被拍的景物，也取决于拍摄者的境界。他认为，摄影要像画家一样，作品要有画的元素。因此，他倡导写意摄影。在《北平光社年鉴》的序言中，他曾写道：“我以为照相这东西，无论别人尊之为艺术也好，卑之为狗屁也好，我们既在玩着，总不该忘记了一个我，更不该忘记了我们是中国人……必须能把我们自己的个性，能把我们中国人特有的情趣与韵调，借着镜箱充分地表现出来，使我们的作品，于世界别国人的作品之外另成一种气息，夫然后我们的工作才不算枉做，我们送给柯达克、爱克发的钱才不算白费。”

刘半农的这本专著对中国摄影艺术产生了深远的影响，堪称中国摄影艺术理论的奠基之作。但正如他自己所说，他搞摄影，只是玩，是爱好，既不想做艺术家，也不准备开照相馆，而是消遣。他说：“所谓消遣，乃是吃饱了饭，或者说吃不饱饭，寻些事做，把宝贵的光阴在不宝贵中消磨。”

再比如，调查和收集民歌。

“五四”时期，他是北大民间歌谣征集活动的负责人，也是歌谣体新诗的开拓者，那时候他曾征集和整理过许多民歌。1925年留学归来之后，建立了语音实验室，有了自己的专业，而这专业又是胡适、周作人等都不懂的独家绝活儿，但刘半农似乎不想埋头于此，而是只要喜欢，不管有用还是没用，都会非常投入地干。首先，他把语音实验与收集民歌结合起来，继续收集民歌。直到中年，仍是这样。外出旅游，忘不了收集民歌；回家探亲，忘不了收集民歌。1934年赴西北调查，也就是他最后的岁月，更是收集了大量民歌。这时他有了录音设备，就用最新的方法记录歌谣。而这些歌谣又同时是他研究语音的材料。据当事人回忆，6月19日，刘半农带助手白涤洲、沈仲章、周殿福一行四人前往包头。到达包头之后，即对八个点的方言进行了调查，但在乌拉特前旗，他听到老乡们唱爬山歌，就马上决定录音。于是，就留下了当地百姓所唱的原汁原味的蒙古族民歌旋律。那时的人们收集歌谣，一般只能记录歌词，懂音乐的人可以记下曲谱，但唱的声音却无法记录。因为刘半农有现代技术和设备，就把那些民歌录了下来。

在包头的五天时间里，刘半农录了歌谣七筒。24日到达呼和浩特，调查了武川等地的方言，又录了民歌五筒。一天在黄河边，刘半农看到河上满载的货船正逆流而上，船夫们赤身裸体，号子声嘶力竭，似乎在撕裂人们的心肺，他被打动了，为了记录下那令人惊心动魄的声音，他让助手沈仲章随船而行，跟踪三天之久。7月5日到大同，调查了雁北十三个县的方言，又录下大量歌谣。

这样的活动，对刘半农来说真是最愉快的工作，因为一方面是他的专业，进行语音实验研究，一方面又是他的爱好，留下大量歌谣。

在刘半农后期那些专业之外的活动中，最受非议的一件事，是采访名妓赛金花。北大著名教授，去采访一个老妓女，这事成为奇谈。但刘半农做了，因为赛金花唤起了他的兴趣。当然，这兴趣不像齐白石，没有那种要死后与她同穴的浪漫，而是在于赛金花身上的一些谜团：有人说她是无情无义、连一句真话也没有，天生是下贱女人；有人说她讲义气、有担当，是庚子事变中拯救了北京人的英雄；她几次从良又几次下海，反反复复，一辈子是怎么走过来的？她与瓦德西的关系到底怎样？庚子年她到底做过什么……这一切都在雾中，不如趁她还活着，让她亲口说一说。即使她说的未必都是真话，也能提供一些可供分析的材料。从这个意义上说，刘半农又是历史学家，成了口述实录史学的先驱。他带着学生去为赛金花做了十次访谈，整理成《赛金花本事》。

谁说“妓女无情、戏子无义”呢？刘半农逝世之后，赛金花一身黑纱前去吊唁，并且送一挽联：

君是帝旁星宿，下扫浊世秕糠，又腾身骑龙云汉；
侬乃江上琵琶，还惹后人挥泪，谨拜手司马文章。

值得一提的是，《赛金花本事》于1934年出版，当时只卖出两千本，但在后来的岁月里，却一版再版，海内外屡印不止。

“五四”前后的周作人

周作人的一生，最后是个悲剧。然而，历史的账簿留下的不应该是“将功补过”之类抵消之后的结余，而是功就是功，过就是过，光荣就是光荣，耻辱就是耻辱。在“五四”时期，他曾是中国文坛上的灿烂明星，为新文学的创建做出了辉煌贡献。所以，当我们回望“五四”，这是一个无法回避的人物。

1917年，蔡元培就任北京大学校长，周作人赴北大任教，同时开始参与文学革命活动，1918年年底，连续写出了《人的文学》《思想革命》《平民文学》等重要的理论文章，发表后即与胡适的《文学改良刍议》、陈独秀的《文学革命论》等一起成为文学革命的纲领性文件。因此，周作人也继胡适、陈独秀、钱玄同、刘半农之后，成为新文学运动的主将。在思考和规划新文学发展路线的同时，周作人积极进行创作实践，其创作主要表现于散文和诗歌，思想和文化贡献主要在于“辟人荒”。

一、新文学的领航者

对于文学革命而言，周作人的《思想革命》《人的文学》《平民文学》标志着革命的深化，是陈独秀“三大主义”的具体化和进一步发展，是新文学性质在“活的文学”之后的又一次定位。

文学革命开始之初，胡适提出“八事”，主要关心的是艺术形式，也就是如何把“死文学”变成“活的文学”。而周作人较早地注意到了旧思想的根深蒂固，认识到文学革命决不仅仅是形式和方法的革命，应该追求的也决不应该只是“我手写我口”式的语言变革，或者不用典、不用韵之类的形式解放，而是还应该进行思想内容和价值观念系统的变革。因此，他写了《思想革命》一文，指出文学作品思想内容层面革新的重要性。在这篇文章中，周作人指出，文学是“合文字与思想两者而成的”，“表现思想的文字不良，固然足以阻碍文学的发达，若思想本质不良，徒有文字，也有什么用处呢?”“我们反对古文，大半原为他晦涩难解，养成国民笼统的心思，使得表现力与理解力都不发达，但别一方面，实又因为他内中的思想荒谬，于人有害的缘故。”

他告诉人们，旧思想寄寓在古文中间，几千年根深蒂固，“随手翻开古文一看，大抵总有一种荒谬思想出现”；现代人做古文，因为引经据典，种种荒谬思想也会渗进文章中去。所以，他赞成钱玄同等“废除古文”的主张，认为“将这表现荒谬思想的专用器具撤去，也是一种有效的办法”。但是，他认为只是如此还不够，因为人们的思想如果不变，只是用白话写出来，“话虽容易懂了，思想却仍然荒谬，仍然有害”。也就是说，白话文照样可以宣扬旧思想。他举例说，不说“三纲”而说“三条索子”，说“老子是儿子的索子，丈夫是妻子的索子”，不称“复辟”而叫“皇帝回任”，意思是一样的。他指出：“中国人如不真是‘洗心革面’的改悔，将旧有的荒谬思想弃去，无论用古文或白话文，都说不出好东西来。……从前的荒谬思想，尚是寄寓在晦涩的古文中间，看了中毒的人，还是少数，若变成白话，便通行更广，流毒无穷了。”

所以，他认为文学革命的事业，“文字改革是第一步，思想改革是第二步，却比第一步更为重要。”①

正是在这种认识的基础上，周作人写了《人的文学》一文，提出了“人的文学”这个概念，提倡“个人主义的人间本位主义”。

在这篇文章中，周作人开宗明义写下了一句话：“我们现在应该提倡的新文学，简单地说一句，是‘人的文学’。应该排斥的，便是反对的非人的文学。”

①周作人：《思想革命》，1919年3月《每周评论》第11期。

当时的人们往往只是把文学革命看作新旧之争，而对新与旧的性质缺少思考，周作人认为问题并不在于新与旧，他说："新旧这名称，本来很不妥当，其实'太阳底下何尝有新的东西？'思想道理，只有是非，并无新旧。"他认为，文学革命应该关注的，是思想和道理的是与非；要创建的新文学，意义也在于体现新的性质。那么，新文学新在哪里？周作人认为应该是人道主义。

他如此回顾了"人的发现"的过程："世上生了人，便同时生了人道。无奈世人无知，偏不肯体人类的意志，走这正路，却迷入兽道鬼道里去，彷徨了多年，才得出来。正如人在白昼时候，闭着眼乱闯，末后睁开眼睛，才晓得世上有这样好阳光；其实太阳照临，早已如此，已有了许多年代了。"他又说，"欧洲关于这'人'的真理的发现，第一次是在15世纪，于是出了宗教改革与文艺复兴两个结果。第二次成了法国大革命……女人与小儿的发现，却迟至19世纪，才有萌芽。古来女人的位置，不过是男子的器具与奴隶。中古时代，教会里还曾讨论女子有无灵魂，算不算得一个人呢。小儿也只是父母的所有品，又不认他是一个未长成的人，却当他作具体而微的成人，因此又不知演了多少家庭的与教育的悲剧。自从弗罗培尔（Froebel）与戈特文（Godwin）夫人以后，才有光明出现。到了现在，造成儿童学与女子问题这两大研究，可望长出极好的结果来。中国讲到这类问题，却须从头做起，人的问题，从来未经解决，女人小儿更不必说了。"所以，他认为中国需要"辟人荒"，从文学开始提倡人道主义。

倡导人的文学，那么，这"人"是什么？周作人特别强调说："我们所说的人，不是世间所谓'天地之性最贵'，或'圆颅方趾'的人"，而是"从动物进化的人"。他特别强调了人的动物性和进化性。面对前者，他主张要"相信人的一切生活本能，都是美的善的，应得完全满足。凡有违反人性不自然的习惯制度，都应该排斥改正"。面对后者，他认为要承认人比别的动物更复杂、更高级，有向上的意志，有改造生活的力量，所以不论什么礼法和制度，凡是阻碍人性向上发展者，都应该排斥和改正。这就是周作人对人道主义的理解。

结合人类文明的历史，周作人说："古人的思想，以为人性有灵肉二元，同时并存，永相冲突。肉的一面，是兽性的遗传；灵的一面，是神性的发端。人生的目的，便偏重在发展这神性；其手段，便在灭了体质以救灵魂。所以古来宗教，大都厉行禁欲主义……一方面却别有不顾灵魂的快乐派。"其实两者都是走极端，都不是人的正当生活。什么是正当生活呢？他认为就是"灵肉一致的生活"。为此就要改良人类的关系，营建一种"利己而又利他，利他即是利己"的生活，就要"革除一切人道以下或人力以上的因袭的礼法，使人人能享自由真实的幸福生活"。

他特别强调说："我所说的人道主义，并非世间所谓'悲天悯人'或'博施济众'的慈善主义，乃是一种个人主义的人间本位主义。"而所谓"人的文学"，就是以这种人道主义为本，对于人生诸问题进行记录和研究的文学。

道理非常明白：与"人的文学"相对的是"非人的文学"，与"人的生活"相对的是"非人的生活"，与"人的道德"相对的是"非人的道德"，与"人的文化"相对的是"非人的文化"……一个"人的"定语，划开了新文学"新"之所在。

周作人指出，在人尚没有人的生活的状态之下，并非只有描写"人的生活"的作品才是人的文学，而是那些描写"非人的生活"的作品也可能是人的文学。为了把问题说得更清楚，他举例进行分析：法国莫泊桑的小说《一生》，是写人间兽欲的，却是人的文学；中国的《肉蒲团》却是非人的文学。俄国库普林的小说《坑》，是写娼妓生活的，却是人的文学；中国的《九尾龟》却是非人的文学。"这区别就只在著作的态度不同。一个严肃，一个游戏。一个希望人的生活，所以对于非人的生活，怀着悲哀或愤怒；一个安于非人的生活，所以对于非人的生活，感着满足，又多带些玩弄与挑拨的形迹。简明说一句，人的文学与非人的文学的区别，便在著作的态度，是以人的生活为是呢，非人的生活为是呢这一点上。"

带着这样一种目光看中国固有的文学，周作人做出一个结论："中国文学中，人的文学本来极少。从儒教道教出来的文章，几乎都不合格。"正因为这样，才需要文学革命，需要一种新的文学来帮助人们"养成人的道德，实现人的生活"。

《平民文学》发表于1919年1月《每周评论》第5号。这是一篇很容易被只看标题而下结论的人们产生误解的文章。该文承接陈独秀"三大主义"

中推倒贵族文学的论题，对它作了展开和深化。他说：“平民的文学正与贵族的文学相反。但这两样名词，也不可十分拘泥，我们说贵族的平民的，并非说这种文学是专做给贵族，或平民看，专讲贵族或平民的生活，或是贵族或平民自己做的。不过说文学的精神的区别，指他普遍与否，真挚与否的区别。”他不承认中国有贵族和平民的阶级差别。因为就当下而言，中国已经成了民国，大家都是公民，并无贵族阶级；而就从前而言，“率土之滨，莫非王臣”，大家都是奴隶，“虽然大奴隶对于小奴隶，上等社会对于下等社会，大有高下，但根本上原是一样的东西”。因此，中国人的思想和趣味，原没多少差别。

他深入地考察所谓贵族文学和平民文学的区别，认为“古文多是贵族的文学，白话多是平民的文学。但这也不尽如此”。他认为古文大抵偏于修饰、享乐或游戏，所以确有贵族文学的性质，但“白话也未尝不可雕琢，造成一种部分的修饰的享乐的游戏的文学……那便是虽用白话也仍然是贵族的文学”。所以，他认为形式上的文言或白话，并不能区别贵族文学和平民文学，二者之间的区别主要还是在内容上。所以，他认为平民文学的建设应该着重与贵族文学相反，要内容充实，关键是“普遍与真挚”。他解释说：“第一，平民文学应以普通的文体，记普遍的思想与事情。我们不必记英雄豪杰的事业，才子佳人的幸福，只应记载世间普通男女的悲欢成败。因为英雄豪杰才子佳人，是世上不常见的人。普通男女是大多数，我们也便是其中的一人，所以其事更为普遍，也更为切己。我们不必讲偏重一面的畸形道德，只应讲说人间交互的实行道德。因为真的道德，一定普遍，决不偏枯……第二，平民文学应以真挚的文体，记真挚的思想与事实。既不坐在上面，自命为才子佳人，又不立在下风，颂扬英雄豪杰。只自认是人类中的一个单体，混在人类中间，人类的事，便也是我的事。我们说及切己的事，那时心急口忙，只想表出我的真意实感，自然不暇顾及那些雕章琢句了。”

与此同时，他提出了“最怕被人误会的两件事”：

> 第一，平民文学决不单是通俗文学。白话的平民文学比古文原是更为通俗，但并非单以通俗为唯一之目的。因为平民文学不是专做给平民看的，乃是研究平民生活——人的生活——的文学。他的目的，并非要

想将人类的思想趣味，竭力按下，同平民一样，乃是想将平民的生活提高，得到适当的一个地位。凡是先知或引路的人的话，本非全数的人尽能懂得，所以平民的文学，现在也不必个个“田夫野老”都可领会……

第二，平民文学决不是慈善主义的文学。在现在平民时代，所有的人都只应守着自立与互助两种道德，没有什么叫慈善。慈善这句话，乃是富贵人对贫贱人所说，正同皇帝的行仁政一样是一种极侮辱人类的话。平民文学所说，是在研究全体的人的生活，如何能够改进到正当的方向，决不是说施粥施棉衣的事。

关于这篇文章的观点，周作人后来进行过补充。他在《贵族的与平民的》一文中说：“关于文艺上贵族的与平民的精神这个问题，已经有许多人讨论过，大都以为平民的最好，贵族的是全坏的。我自己以前也是这样想，现在却觉得有点怀疑。……我们看见史诗的歌咏神人英雄的事迹，容易误解以为‘歌功颂德’，是贵族文学的滥觞，其实他正是平民的文学的真鼎呢。所以拿了社会阶级上的贵族与平民这两个称号，照着本义移用到文学上来，想划分两种阶级的作品，当然是不可能的事。即使如我先前在《平民的文学》一篇文里，用普遍与真挚两个条件，去做区分平民的与贵族的文学的标准，也觉得不很妥当。我觉得古代的贵族文学里并不缺乏真挚的作品，而真挚的作品便自有普遍的可能性，不论思想与形式如何。我现在的意见，以为在文艺上可以假定有贵族的与平民的这两种精神，但只是对于人生的两样态度，是人类共通的，并不专属于某一阶级……”

他注意到平民的意志更侧重于求生，而贵族的意志更侧重求胜，从而做出了这样的结论：“我相信真正的文学发达的时代必须多少含有贵族的精神”，因为“求生意志固然是生活的根据，但如没有求胜意志叫人努力地去求‘全而善美’的生活，则适应的生存容易是退化的而非进化的了”，所以，他认为文学“当以平民的精神为基调，再加以贵族的洗礼，这才能够造成真正的人的文学。倘若把社会上一时的阶级争斗硬移到艺术上来，要实行劳农专政，他的结果一定与经济政治上的相反，是一种退化的现象……”[①]

①周作人：《贵族的与平民的》，《晨报副刊》1922年2月19日。

1920年1月，他在少年学会演讲，题目是《新文学的要求》。演讲稿发表于1月8日的《晨报》，内容与《人的文学》一脉相承，对新文学有很大的指导意义。他把历来的文学主张分为两派：一是艺术派，一是人生派。他对两派都进行了批评："艺术派的主张，是说艺术有独立的价值，不必与实用有关，可以超越一切功利而存在。艺术家的全心只在制作艺术品上，不必顾及人世的种种问题……重技工而轻情思，妨碍自己表现的目的，甚至于以人生为艺术而存在，所以觉得不妥当。人生派说艺术要与人生相关，不承认有与人生脱离关系的艺术。这派的流弊，是容易讲到功利里边去，以文艺为伦理的工具，变成一种坛上的说教。"而他主张的，是"为人生的艺术"。他说："背着过去的历史，生在现今的境地，自然与唯美及快乐主义不能多有同情。这感情上的原因，能使理性的批判更为坚实，所以我相信人生的文学实在是现今中国唯一的需要。"

什么是"为人生的艺术"呢？周作人讲了两点：一、"这文学是人生的；不是兽性的，也不是神性的"。二、"这文学是人类的，也是个人的，却不是种族的，国家的，乡土及家族的"。关于第一点，他重申了《人的文学》中的主张，而且表达更加清晰："因为原来是动物，故所有共通的生活本能，都是正当的，美的善的；凡是人情以外人力以上的，神的属性，不是我们的要求。但又因为是进化的，故所有已经淘汰，或不适于人的生活的，兽的属性，也不愿他复活或保留，妨害人类向上的进程。"

他所讲的"为人生的艺术"，其实还是人道主义的文学。同时，也是理想主义的文学。

二、新诗道路的拓宽者

"我对中国新诗曾经摇旗呐喊过。"——1926年周作人给刘半农的《扬鞭集》写序，曾经如是说。

何止是呐喊，他其实做得很多，简单梳理就可以发现，至少有如下四个方面：一、理论上的指导；二、创作上的实践；三、以外国诗歌的翻译和民间歌谣的研究为新诗提供借鉴；四、对新诗的保护和对青年诗人的扶持。

与鲁迅不同，周作人是以理论指导者的姿态进入文学革命阵地的。所以，他带给新诗的，首先也是他的理论主张。他写了许多专门探讨诗歌问题的文章，如《论小诗》《情诗》《歌谣》《诗的效用》《丑的字句》以及《〈旧梦〉序》和稍后的《〈扬鞭集〉序》等。这些文章从理论上直接指导和影响了新诗创作。

对于诗歌，周作人主张完全的自由，主张从诗人的自我出发，抒写自我的真实感受，抒写自己的真性情。他说：“我始终承认文学是个人的，但因‘他能叫出人人所要说而苦于说不出的话’，所以我又说那是人类的。然而在他说的时候，只是主观地叫出他自己所要说的话，并不是客观地去体察了大众的心情，有意识地为他们做通事”；“真的艺术家，本了他的本性与外缘的总合，诚实地表现他的情思，自然地成为有价值的文艺。”①

他并不否认功利主义批评的合理性，但更重视诗歌创作的艺术规律，主张给诗人以广阔的天地。他始终认为诗是属于个人的，“最好任各人自由去做他们自己的诗，做得好了，由个人的诗人而成为国民的诗人，由一时的诗，而成为永久的诗，固然是最所希望的，即使不然，让各人抒发情思，满足自己的要求也是很好的事情。……做诗的人要做怎样的诗，什么形式，什么内容，什么方法，只能听他自己完全的自由，但有一个限制条件，便是需用自己的话来写自己的情思。”②

在诗歌美学上，他强调真，主张写真实，真实地反映生活，真实地抒发情思。在题材上，他认为世间一切事物都可以入诗，没有什么不可以写的。俞平伯的《诗的进化的还原论》引起梁实秋的批评。梁实秋列举无产阶级、共产主义、革命、电报、社会改造、基督教青年会、北京电灯公司、军警弹压处、蓝二太太、如厕以及小洋楼、小火轮等为例说：“世界上的事物，有许多许多——无论是多数人的或少数人的所习闻的事物——是绝对不能入诗的。”与此同时，他还告诉诗人应该“向没有人的地方求仙去”。面对梁实秋的这种主张，周作人说：“我很怀疑诗人自己既然是人，为什么不能在人间求出诗来，而且仙人何以又是诗的源泉。……或以同是一件东西，我们可以说可以用或可以做，却不准我们写进诗里去，难道新诗也需守‘雅手而俗口’的规

①周作人：《诗的效用》，《晨报副刊》1922年2月26日。

②周作人：《论小诗》，《晨报副刊》1922年6月30日。

则吗?”[①]

在继承、借鉴和创新问题上，他反对从本国传统中继承那些非人的东西，而鼓励模仿和独创，因为“进化是在于模仿与独创之消长”，他不反对继承或者中西结合，但特别指出：“把中国文学固有的特质因了外来影响而益美化，不可只披上一件呢外套就了事。”在诗的表现手法上，他“不很佩服白描”，也不喜欢叙事，而是认为“抒情是诗的本分”。他像鲁迅一样推崇“兴”的手法，认为这就是西方的“象征”，并且认为诗歌不宜过于晶莹透彻，要有一点朦胧，“没有一点儿朦胧，因此也似乎缺少了一种余香与回味。”他重视现实主义的真实，把它看作文学的灵魂，另一方面，又认为“凡诗差不多无不是浪漫主义的，而象征实在是其精意”[②]。

在“五四”时期，周作人还是一个著名的诗歌翻译家，因而也是一个外国诗歌的介绍者。他又是民间歌谣的收集整理者和研究者。这一切都为早期新诗的发展提供了滋养。从1918年开始，他先后翻译介绍了日本、法国、英国、俄国、保加利亚、波兰、希腊、南非等各国的诗歌。在他翻译的诗歌中，既有鲁迅所称颂的“摩罗诗人”的作品，又有波特莱尔等现代派作品，既有古代希腊的诗歌，又有英国民间叙事诗，还有日本的俳句等，这一切都为新诗的发展提供了借鉴。

周作人对民歌的研究起步很早，辛亥革命之后不久，他就开始了儿童文学和民谣的研究，1914年就发表过《儿歌之研究》，并在绍兴发表过征集儿歌和童话的启事。所以，当他到北大任教，刘半农发起征集民谣的运动，他自然成了积极分子，参与了整理和选编的工作，而且能够比较深刻地认识这工作的意义。他说：“民歌与新诗的关系，或者有人怀疑，其实是很自然的，因为民歌的最强烈最有价值的特色是他的真挚与诚信，这是艺术品的共通的精魂，于文艺趣味的养成，极是有益的。吉特生说：‘民歌作者并不因职业上的理由而创作；他唱歌，因为他是不能不唱，而且有时候他还是不甚适于这个工作。但是他的作品，因为是真挚地做成的，所以有那一种感人的力，不但适合于同阶级，并且能感及较高文化的社会。’这个力便是最足供

①周作人：《丑的字句》，《晨报副刊》1922年6月2日。

②周作人：《〈扬鞭集〉序》，北新书局1926年，第1—2页。

新诗汲取的。”[1]他还引用意大利人威大列的话说：“根于这些歌谣和人民的真的感情，新的一种国民的诗或者可以发生出来。”为此，他亲自动手尝试，一次次写儿歌。同时值得注意的是，虽然处于革命当中，他却较早地注意到新诗应该从古典诗歌中汲取营养。他说：“我想新诗的节调，有许多地方可以参考古诗乐府与词曲，而俗歌——民歌与儿歌——是现在还有生命的东西，他的调子可以拿来利用。”[2]他的这些见解和主张，对刚刚起步的中国新诗产生了积极的影响。

在新诗运动中，周作人发表新诗并不算早，他的第一首新诗写于1919年1月，发表于1919年2月出版的《新青年》第6卷第2号，比刘半农、沈尹默等人晚了一年多，比鲁迅晚八个月，但仍然比郭沫若早八个月。值得注意的是，他虽然正式发表新诗比较晚，却在此之前已经关注着新诗，而且有所参与。这从许多事都可以看到：一、《新青年》从第4卷第1号改为白话，并刊登新诗，第4卷第2号就刊有他的《古诗今译》，内容是古希腊谛阿克列多思的《牧歌》之十。从该诗“题记”看，当时“诗体解放后的新诗还没有出现”。但他当时就说，对于外国诗歌，“相信中国只有口语可以译它”，而且认为“口语作诗不能用五七言，也不必定要押韵，只要照呼吸的长短作句便好”。二、1918年2月10日，是旧历年的除夕，这年刘半农与周氏兄弟一起过年，喝酒吃饭之间对文学革命颇多议论。刘半农写成一首《除夕》，与陈独秀等人的除夕诗一起刊登于一个月后的《新青年》。三、1918年5月15日出版的《新青年》第4卷第5号有一“补白”，其中有周作人和刘半农的游戏诗。刘半农的原诗是：“苍天万丈高，翠柏千年古。我身高几何？我寿长几许？以此问夕阳，夕阳黯无语。”还是半文半白的五言诗。而周作人的和诗却已经是白话：

苍天不知几丈高，
翠柏也不知几年古。
我身用尺量，

---

①周作人：《歌谣》，《晨报副刊》1922年4月13日。

②周作人：《儿歌·跋》，1920年12月《新青年》第8卷第4号。

就知高几何。
我寿到死时，
就知长几许。
你去问夕阳，
他本无嘴无耳朵，
自然是黯无语。

此后，《新青年》第5卷第2号还有一“补白”，说7月31日收到周作人自绍兴写来的信，抄来一首五言白话诗：“有个王秀才，笑我诗多失；云不识蜂腰，仍不会鹤膝；平仄不解压，凡言取此出；我笑你作诗，如盲徒咏日。”周作人信中说，抄录这首诗是“代《新青年》新体诗的作者答人批评之用”。

以上都是1918年的事。周作人开始正式发表新诗是在1919年2月。他发表的第一首新诗就是《小河》，此后连续在《新青年》《每周评论》和《晨报副刊》等发表《两个扫雪的人》《微明》《所见》等。但是，他个人的诗集却是十年之后才出版，名为《过去的生命》。周作人在自序中说：“这里所收集的三十多篇东西，是我所写的诗的一切……其中二十六篇，曾收在《雪朝》第二集中，末尾七篇是新加入的。”二十六首，加七首，应该是三十三首。但《过去的生命》的实际情况却与此不符。因为从目录上看，只有二十七篇，而其中《山居杂诗》是七首，两首《小孩》都是二首，这样就多出八首，事实上是三十五首。同时，他说《过去的生命》是他“所写的诗的一切”，也与事实不符，因为他在“五四”时期所写的新诗，有十几首没有收入《过去的生命》。

周作人的诗很平实，平，就是平平常常，不炫奇作怪；实，就是实实在在，不故作惊人。但他的诗又很清新，因为它形式自由，情真意切，表现自然而细致，能道常人所未能道。周作人态度温和，诗的内容也比较冲淡。他对现实生活有比较清醒的认识，并非看不到问题的严重和生活的严峻，但他有平静的理性态度，极少冲动，很少凭激情对待生活，写下的诗也极少冲动之下的激情抒发，而是大多处于平心静气的状态。

《两个扫雪的人》赞美的是北京环卫工人在大雪天里坚持扫雪的精神：

“一边尽扫，一边尽下，扫净了东边，又下满了西边，……粗麻布的外套上已经积了一层雪，他们两人还只是扫个不歇。”最后表达的是诗人的感谢和祝福：“祝福你，扫雪的人，我从清早起，在雪地里行走，不得不谢谢你。”诗是写实的，但这大雪天里扫雪的情景，又具有某种象征意味，给人以想象的空间。

《背枪的人》情况大致相同，诗完全是描写实景，早起出门，在马路上看到一个背枪的人。周作人倾向于“卖剑买牛卖刀买犊”，不喜欢兵器，但看到军警指点道路，维持秩序，辛辛苦苦为民众服务，便觉得不再憎恶军警。事实上，这也反映出国家本身的变化，因为毕竟国家已经由帝国变为民国，军警不再是皇家和官府镇压民众的工具，而成为全体国民的武装，身负民众委托。

在周作人的新诗创作中，影响最大的是《小河》。它是中国新诗早期诗坛上的第一首长诗，一发表就赢得了普遍的重视和好评。这首诗以象征的手法，通过一个农夫筑堰拦水以致小河不能自由流淌的情节，反映了生活中的某种现实，说明了“水滥于壅”的哲理，而且表达了诗人深切的忧虑和悲悯。在周作人看来，河水总是要流动的，筑堰堵截的结果必然导致河水的意志受阻，而最终的结果则是决堤和泛滥。对于中国人而言，这应该是一个古老的道理，从大禹治水时代已经明白。然而，在社会生活中，却总是有人不明白，或者即使明白也要为一己之私而不惜洪水滔天，试图用筑堰的方式阻止社会前进的力量。周作人有感于此，以诗的形式进行了思考。在诗中，因为筑堰拦截，水的能量聚集，水与堰的矛盾加剧，而筑堰者又在土堰外面加筑了石堰，但流水总要寻找出口，所以总在“乱转”。诗人以稻苗、桑树等周围事物的口吻，表现了他的忧虑：

> 我是一株稻，是一株可怜的小草，
> 我喜欢水来润泽我，
> 却怕他在我身上流过。
> 小河的水是我的好朋友，
> 他曾经稳稳地流过我面前，
> 我对他点头，他向我微笑。

我愿他能够放出了石堰，
仍然稳稳地流着，
向我们微笑，
曲曲折折地尽量向前流着，
经过的两面地方，都变成一片锦绣。
他本是我的好朋友，
只怕他如今不认识我了，
他在地底里呻吟，
听去虽然微细，却又如何可怕！
这不像我朋友平时的声音，
被轻风挽着走上河滩来时，
快活的声音。
我只怕他这回出来的时候，
不认识从前的朋友了，——
便在我身上大踏步过去。

诗的最后是：水还在“乱转”，石堰“毫不动摇”，只是“筑堰的人，不知到哪里去了”。

这正是诗人的忧虑。面对社会矛盾的聚集和冲突的加剧，他对阻挡河水前行的力量不满，担心拦截导致的必然结果。他知道唯一的办法是开堰放水，但“坚固的水堰还是一丝不摇动”；他知道任何对历史进行阻挡的力量最后都是必然的崩溃，但他的确害怕那样的结果。诗人很忧虑，也很无奈。这透露着周作人当时的真实思想和情感状态：他不是保守派，希望社会进步，希望历史进步的力量能够自由发展；他又不是革命派，面对前行的障碍所导致的社会矛盾，他希望缓解，不希望看到堤坝的崩溃和洪水泛滥的破坏性结果。这种温和的改良态度，在当时的知识分子中有很大的典型性。

“五四”时期的中国知识界是多姿多彩的，也是复杂多变的。各派学说齐放，各种主义并存，互相斗争又相互影响。周作人虽然受种种思潮的影响，但根基还是人道主义。他所追求和向往的，是自由、平等、民主的生活，用他的话说，也就是“人的生活”。在最新的思潮中，他受的主要影响来自日本作家武者小路和他的新村运动。武者小路在他的《新村的生活》一文中说过，新时代要来了，无论迟早，革命总要发生。不愿发生革命的人，除了努力使人渐渐实行人的生活以外，没有别的办法。他的新村运动正是为此而进行的一种乌托邦实验。周作人的《小河》显然受着他的影响。

除此之外，这种忧虑也来自中国传统的某些因素。周作人自己后来写道：“孔子说，仁者不忧，勇者不惧。吾侪小人诚不足与语仁勇，唯忧生悯乱，正是人情之常，而能惧思之人亦复为君子所取，然则知忧惧或与知惭愧相类，未始非人生入德之门乎……大抵忧惧的分子在我的诗文里由来已久，最好的例是那篇《小河》。”他又说，“至于内容那实在是很旧的，假如说明了的时候，简直可以说这是新诗人所大抵不屑为的，一句话就是那种古老的忧惧。这本是中国旧诗人的传统，不过不幸他们多是事后的哀伤，我们还算好一点的是将来的忧虑。……鄙人是中国东南水乡的人民，对于水很有情分，可是也十分知道水的利害，《小河》的题材即由此而出，古人云，民犹水也，水能载舟，亦能覆舟。法国路易十四云，朕死之后有洪水来。其一戒惧如周公，其一放肆如隋炀，但二者的话其归趋则一，是一样的可怕。把这类意思装到诗里去，是做不出好诗来的，但这是我诚恳的意思，所以随时得有机会便想发表……”①

《小河》被胡适称作“五四”新诗中的“第一首杰作”（《谈新诗》），并且受到广泛的肯定和赞美。之所以如此，首先在于它在形式上的创新。用周作人自己的话说，就是“摆脱了诗词歌赋的规律，完全用语体散文来写”②。这在当时的确是破天荒的新表现。用朱自清的话说，就是当时的诗体解放，“只有鲁迅兄弟全然摆脱了旧镣铐，周启明氏简直不大用韵。他们另走上欧化一路。”③郑振铎在《中国新文学大系·文学论争集》导言中写道：“在这短短的十年间，无论在诗、小说、戏曲以及散文方面都有了长足的进步。朱自清的《踪迹》是远远地超过《尝试集》里的任何最好的一首，功力的深厚，已绝不是尝试之作，而是用全力来写的。——周作人的《小河》却终于不易超

①周作人：《知堂回想录》，三育图书有限公司1980年，第388—389页。

②同上。

③朱自清：《中国新文学大系·诗集》，良友图书公司1935年，第3页。

过。”[①]由此，我们可以看到同代人对这首诗的地位的认识。

周作人的诗中有几首特别值得注意：首先是《歧路》，其次是《爱与憎》和《苍蝇》，后两首表现的是同样的思想。这些诗显示了周作人思想上的矛盾，以及思考之后的选择。在《歧路》中，周作人写出了他的矛盾：

我爱耶稣，
但我也爱摩西。
耶稣说：“有人打你右脸，连左脸也转过来由他打！”
摩西说：“以眼还眼，以牙还牙！”
吾师乎？吾师乎？

这的确是个问题，而且是个难以选择的问题。人们的确应该爱，应该容忍，应该化解仇恨，时时处处以眼还眼、以牙还牙，肯定不是应该赞美的；不过，打左脸就连右脸也给他，这种对施暴者的宽容和迁就，后果会是什么？除非相信冥冥之中有一个公正的裁判，已经承诺“申冤在我，我必报应”，否则就无法做到。众所周知，鲁迅基本上选择了“以眼还眼，以牙还牙”，周作人却拿不定主意。他说：“我如果有力量，我必然跟耶稣背十字架去了。我如果有较小的力量，我也跟摩西做士师去了。但是懦弱的人，你能做什么事呢？”

在《爱与憎》中，他说：“师只教我爱，不教我憎，但我虽然不会全憎，也不能尽爱。”之所以不能一切都爱，他的理由是：“爱了可憎的，岂不薄待了可爱的？”他举出的例子是“蔷薇上的青虫”和“稻苗上的飞蝗”，只要爱蔷薇和稻苗，就不能爱青虫和飞蝗，包括“换上美丽的衣服翩翩飞去”的蝴蝶。所以，他虽然宣扬爱，但并非没有憎，而且爱憎分明。在《苍蝇》中，他延续了《爱与憎》的思考，明确表示说：“我们说爱，爱一切众生，但是我——却觉得不能全爱。”他甚至写道：

我不能爱那苍蝇，

①郑振铎：《中国新文学大系·文学论争集》，良友图书公司1935年，第16页。

我憎恶他们，我诅咒他们，
大小一切的苍蝇们，
美与生命的破坏者，
中国人的好朋友的苍蝇们呵！
我诅咒你们全灭，
用了人力以外的，
最黑最黑的魔术的力。

这是周作人的一个侧面。虽然他的许多作品都用了极其平和冲淡的笔墨，像冷静的画家一样不动声色地描绘景物和风情，但也有不少作品在平和与冲淡中透露出另外的元素。比如，《所见》只是客观地描了两幅画：一幅是成年人，两个押着一个，意味着成人世界的矛盾冲突及其解决的方式；另一幅是儿童，游戏是互相“骑马”，骑者与被骑者，最后却是笑嘻嘻地说一声“再会”。用画面说话，展示了成人世界的严峻，赞美了儿童世界的美好。

作为生活于现实社会中的人，而且关心社会人生，周作人虽然富有理性的平和，却也不能没有愤怒的时候。诗是诗人情感状态的直接投射，所以，只要翻阅诗人全部诗作，就可以看到生活留下的情感起伏变化踪迹。周作人看到了社会存在的问题，希望社会变得更好，但现实却与他的理想和希望距离遥远，这就必然产生不满和期待。一旦更为糟糕的事情发生，忧虑也会变为愤怒。不过，周作人即使愤怒，也有自己的表达方式。比如，《偶然》写于1919年“六·三”事件之后，政府对学生和市民的态度使他激动，他无法容忍政府残暴地对待自己的公民，因而写出了这样的句子：“我告诉你，踏了冰，踹了雪，一直往西北，在那里的旧账簿上，即可看到许多这样的事——用通红的火一般的横行字，都在那旧账簿末页上记着。”激愤之情，溢于言表。那是在以俄国革命为例对自己的政府提出警告。

周作人的几首爱情诗影响不大，但很耐读，艺术水平不低。与同时代的胡适、徐志摩、郁达夫等人相比，周作人一点儿也不浪漫。但是，他的内心却也有极柔软之处，珍藏着他曾经有过的爱，安放着他的少年之恋。“五四”时期，伴随着爱的解放，许多诗人都在写爱情，这对周作人有所触动，他连续写了《她们》《高楼》《饮酒》《花》《昼梦》等若干首爱情诗。

《她们》写道："我有过三个恋人，虽然她们都不知道。她们无意地却给了我许多：有的教我爱恋，有的教我妒忌，我都感谢她们，谢她给我这苦甜的杯。"但非常遗憾的是，这三个女孩儿"一个未嫁而死，一个既嫁而死，一个不知流落在什么地方"。多年过去了，诗人不想再去寻找她们，却把她们"养活在我的心窝里"，好像三个恋人都还活着。最后一节看似仍然很冷静，其实很动情：

她的照相在母亲那里，
我不敢去要了来看。
她俩的面庞都忘记了，
只留下一个朦胧的姿态，
但是这朦胧的却最牵引我的情思。

通过其他材料，我们可以知道他的这三个恋人的情况："未嫁而死"的是他的初恋，杭州的一个杨姓女孩儿；"既嫁而死"的是他的姨家表姐平姑娘，周作人与她同龄，很喜欢她，但平姑娘自幼就许给了车家公子，而且出嫁不久就去世了；"不知流落在什么地方"的"她"则是周作人留学日本时居住的伏见馆主人的妹妹乾荣子。

艺术上更成熟的是《高楼》：

那高楼上的半年，
她给我的多少烦恼。
只如无心的春风，
吹过一棵青青的小草。

她飘然地过去了，
却吹开了我的花朵。
我不怨她的无情，——
长怀抱着她那神秘的痴笑。

诗中所写是他在杭州陪爷爷坐牢时遇到的那个十三岁的女孩儿，也就是《她们》中"未嫁而死"的那一个。那是一对少年朦朦胧胧的爱，没有任何表白，没有任何承诺，有的只是相视无语而"神秘的痴笑"，却种在一个少年的心里，让他几十年后想起来心中隐隐作痛，因而为她而一写再写。周作人写过一篇散文《初恋》，写的也是这个女孩儿。从那里可以知道，那时周作人十四岁，她十三岁。她经常去周作人住的地方玩，看周作人临帖写字。"我不曾和她谈过一句话，也不曾仔细地看过她的面貌与姿态。大约我在那时已经很是近视，但是还有一层缘故，虽然非意识地对于她很是感到亲近，一面却似乎为她的光辉所掩，开不起眼来去端详她了。"这是他喜欢的第一个女孩儿，"我在那时候当然是'丑小鸭'，自己也是知道的，但是终不以此而减灭我的热情。每逢她抱着猫来看我写字，我便不自觉地振作起来，用了平常所无的努力去映写，感着一种无所希求的迷蒙的喜乐。并不问她是否爱我，或者也还不知道自己是爱着她，总之对于她的存在感到亲近喜悦，并且愿为她有所尽力……"①

《花》虽然声称是"仿某调，学做情诗"，但所仿的原本却未必这样精致和成熟，而且抒发的感情是真挚的，并不存在讽刺和嘲弄：

> 我爱这百合花，
> 她的香气薰得使人醉了，
> 我愿两手捧住了她，
> 便在这里睡了。
>
> 我爱这蔷薇花，
> 爱她那酽酒似的滋味，
> 我便埋头在她中间，
> 让我就此死罢。

无疑，它应该是"五四"时期爱情诗中的杰作之一。

---

①周作人：《初恋》，《晨报副刊》1922年9月1日。

周作人非常重视自我感情的书写。他的新诗创作有很大一部分是写自我的，这些诗不仅反映了作者当时的思想状况，而且具有某种典型性。像“五四”时期许多知识分子一样，周作人的思想中充满矛盾。他的思想与鲁迅有许多共同之处，但比鲁迅更活跃，却没有鲁迅深沉。他接受外界的影响比鲁迅快，美好的梦比鲁迅多，因而失望的痛苦也多，矛盾也显得尖锐。写于1921年春夏之间的《病中的诗》体现了诗人的真情实感，非常充分地反映了他当时的思想矛盾和精神苦闷。他感叹自己“梦太多了”，“力太小了”，向着黑夜发问“曙光在哪里”，渴望曙光而不见曙光，他觉得自己怕要在黑夜里发狂，并且告知“穿入室内的寒风”：“不要吹动我的火吧。灯火吹熄了，心里的火焰却终于不灭，——只怕在风中发火，定将我的心烧尽了。”此时的周作人不乏热情，却不愿任其燃烧，因为他没有找到寄托。只能感叹过去的生命，感叹自己是个懦弱的人，感叹自己是个没有力量的人。

他写过几首关于孩子的诗，同样反映着他的苦闷与彷徨。对于出生在不良社会环境中的孩子，他充满同情，为了孩子，他要感谢“种种主义的人的好意”，却又体谅了富翁的种种哀愁。他把孩子比作荆棘丛中的小花，却矛盾于是砍掉荆棘还是把小花移入花盆。接着却是感叹自己既没有花盆，也没有除掉荆棘的锄头，最后则只能陷入空洞的祝福。到了1923年7月写的《寻路的人》，则更加无可奈何：“我日日走着路寻路，终于还未知道这路的方向。现在才知道了，在悲哀中挣扎着正是自然之路。”“路的终点是死，我们便挣扎着往那里去，也就是到那里之前不得不挣扎着。”

无论是语言、形式还是表现手法，他的诗都曾以自己鲜明的特色对初创期的新诗产生过很大影响。周作人认为，“所谓‘兴’最有意思，用新名词来讲或可以说是象征。”他深知兴的手法在诗中的效用，认为“桃之夭夭”：“既未必是将桃子去比新娘子，也不是指定桃花开时或是种桃子的家里有女儿出嫁，实在只因为桃花的浓艳的气氛与婚姻有点共通的地方，所以用来起兴，但起兴者并不是陪衬，乃是也在发表正意，不过用别一说法罢了。”[①]

他较早地从外国引进了诗歌形式。《小河》最初在《新青年》发表时有一小序写道：“有人问我，这诗是什么体，连自己也回答不出，法国波特莱尔

①周作人：《〈扬鞭集〉序》，北新书局1926年。

(Baudelaire)提倡起来的散文诗，略略相像，不过，他是用散文格式，现在却一行一行地分写了，内容大致仿那欧洲的俗歌。"这是中国新诗史上第一个声称学习外国诗歌的人。从《北风》等诗篇可以看出，周作人在诗的排列形式和韵脚的安排上都受着外国诗歌的影响。他的诗常常出现三行的单元，而且一、三行押韵，这种情况在古代民歌中也有，但很少见。中国诗歌基本上是偶数，偶句押韵。周作人熟悉外国诗歌艺术，所以当他创作自己的诗歌时，想离旧体诗词远一点，想避免那种整齐的形式和单调的音韵，便自觉不自觉地运用了外来诗歌的因素。从《微明》可以看到意大利三韵句式的影子。这种形式是每节三行，一、三行押韵。而第二行又是下一节中一、三行的韵。以此递进，它的韵脚的排列次序是：ABA BCB CDC……这种借鉴，不同于有意识的模仿，它并不受其束缚，而是随便取其某一部分，为我所用。《山居杂诗》也是如此。这种形式与美国的七行诗相近，但美国七行诗的韵脚是"ABABBCC"，而《山居杂诗》后两行韵尾的改动，使它与中国传统的偶句相押的习惯结合了，很像一首八行律诗抽去了第七行。这正是周作人式的中西结合。

在"五四"诗坛上，周作人还是青年诗人的扶持者，是新诗园地的护花使者。他对青年诗人总是热情帮助，大力扶持，为其提供各种方便，帮助他们迅速成长。仅举湖畔诗人为例，汪静之、潘漠华、应修人等写出新诗常常是先寄给他，让他看后转到报刊发表。为了这些青年诗人艺术水平的提高，他不仅逐字逐句地看诗改诗，甚至连他们的读书学习都要过问。应修人要学习外语，不知道是先学英语还是先学日语，这样的事也写信去问周作人。《湖畔》出版之后，周作人为之在报上登广告，写文章介绍，联系书店销售。当汪静之的诗受到攻击时，他立即撰文反击，以新的道德观念批驳陈旧的道德观念。《什么是不道德的文学》《情诗》等文章就是这样写出来的。更让今天的师长们惭愧的是，当年汪静之没钱花了，给北京的周作人、胡适等写信，他们竟然每人寄给汪静之十块大洋。这就是"五四"文坛上的前辈与晚辈的关系，那时的先生们，对年轻人的帮助，真是无私的。

三、"文艺复兴"的鼓手

批判"吃人"的传统，呼唤个人的自由和权利，致力于人的解放，尤其是女子和儿童的解放，为人的本性正名，呼吁人性的解放，这是“五四”时期的周作人所努力的。而这种努力，可以视为中国的“文艺复兴”。

许多人都曾把五四新文化运动看作中国的“文艺复兴”运动，北大学生刊物《新潮》的英文名字就是*The Renaissance*，意为“文艺复兴”；胡适后来也把“五四”时期的新思潮解释为中国的文艺复兴。而把文学革命和新文化运动与西方的文艺复兴运动连在一起的人物，首先要数周作人。周作人走向“重新发现人”的文化革新路线，并不是偶然的。重要的原因是他早就对希腊文化极感兴趣，对其后来的走向也非常关心；文学革命兴起之际，他又恰恰来到北京大学教授欧洲文学。

回顾周作人进北大之际的小挫折，可以发现似乎冥冥之中有一种力量，执意要把周作人摆在某个位置。蔡元培就任北大校长不几天，鲁迅即向他推荐周作人。得到应允之后，鲁迅即给周作人寄了路费，让他马上动身北上。周作人是1917年4月1日到达北京的，3日即去拜访校长，可惜因蔡元培不在学校。但没等周作人回到他所住的绍兴会馆，蔡元培的信已经到了，约他第二天在会馆等候，他要前来回访。这是周作人第一次与蔡元培见面，谈话内容主要是关于周作人的工作安排。鲁迅向蔡元培推荐时，蔡元培曾准备让周作人教授语言学和美学课程，但鲁迅知道周作人对此没有准备，而且不是兴趣之所在，所以代他作了说明。蔡元培只好重新考虑，想到了预科的国文课。但让蔡元培没有想到的是，周作人听了很不愉快。他后来回忆说：“这使我听了大为丧气，并不是因为教不到本科的功课，实在觉得国文非我能力所及，但说的人非常诚恳，也不好一口拒绝，只能含混地回答考虑后再说。”[①]五天之后，周作人拜访蔡元培，辞掉了预科国文课程，并且声明准备回绍兴。蔡元培当时没说什么，但在第二天，周作人就收到了他的来信，劝他不要离京，请他暂时到北大附设的国史编纂处任编纂。周作人不等鲁迅下班，即跑到教育部与鲁迅商量，鲁迅认为应该接受这个职务，于是周作人跑到北大，接受了蔡元培的安排。在编纂处工作五个月后，1917年9月，他终于得到北京大学聘书：“敬聘周作人先生为文科教授，兼国史编纂处编辑员。”蔡元培为他安排的课程是“欧洲文学史”。尽管周作人的演讲才能和讲

①周作人：《知堂回想录》，三育图书有限公司1980年，第314页。

课效果都不是很好，但这门课对于周作人，对于北大，对于文学革命，都有重要的意义。如果不是蔡元培及时挽留，而且为他安排这样一个位置，周作人的人生可能就是另一个样子。如果周作人担任的是国文课，就很难对希腊文学和文艺复兴投入太多的精力，北京大学的学生们如傅斯年、罗家伦、康白情等，也就不一定能够对希腊文学和文艺复兴运动那么关注。

周作人开始在北大授课了。他在晚年回忆说："其时我才从地方中学出来，一下子就进到最高学府，不知道如何是好，也只好照着中学的规矩，敷衍做去。点名划到，还是中学的那一套；但是教课，中学是有教科书的，现在却要用讲义，这须得自己来编，那便是很繁重的工作了。课程上规定，我所担任的欧洲文学史是三单位，计一星期只要上六小时的课，可是预先却须得预备六小时的讲义，这大概需要写稿纸至少二十张；再加上看参考书的时间，实在是够忙的了。于是在白天里把草稿起好，到晚上等鲁迅修正字句之后，第二天再来誊正，如是继续下去，在六天里总可以完成所需要的稿件，交到学校里油印备用。这样经过一年的光阴，计草成希腊文学要略一卷，罗马一卷，欧洲中古到18世纪一卷，合成一册欧洲文学史，作为北京大学丛书之三，由商务印书馆出版。"①

周作人说过，世界上有几种文明值得注意，其中首先就是希腊文明。而他最喜欢的文化，也是希腊文化和日本文化。考察"五四"时期新文化诸子的言论和著作，一般人谈论西方文明，大都是凭借欧美几个主要现代国家立论，而周作人对西方文明的了解，却是得益于对西方文明源头的考察。他走向了希腊，又从希腊走向了文艺复兴。所以，当他走向《新青年》之际，就有更多的自觉，知道自己所从事的文化运动在世界文明历史上所处的位置。他写的第一篇白话文，也就是在《新青年》发表的第一篇文章，是《古诗今译》，内容是古希腊谛阿克列多思的《牧歌》之十。把文学革命和新文化运动看作中国的文艺复兴，周作人自然更加自觉。因为他正在讲授的课程的中心线索，就是从希腊文学到文艺复兴。

古希腊文学对周作人产生了深远的影响，这从价值取向和审美倾向都可以看出。

①周作人：《知堂回想录》，三育图书有限公司1980年，第371—372页。

从留下的讲稿看，周作人在北大讲授的并非一部完整的欧洲文学史，也不是一部客观的欧洲文学史。他所做的，不是四平八稳的学术研究。他的讲义思想性远远大于学术性，在讲授过程中体现着主观性极强的选择和批判。他的讲义总共十万字左右，分为三卷：第一卷讲的是希腊文学；第二卷讲的是罗马文学；第三卷是从中古到18世纪，重点是文艺复兴。他以希腊精神为基点，认为希腊精神主要有三：一、现世主义；二、尚美精神；三、中和原则。在他的描述下，罗马文明崇实而不再尚美，是一个大变化；希伯来文明张扬出世思想，以天国为寄托，背离了希腊文明的现世主义，也是一个大变化。二者都是对希腊文明的反动。文艺复兴起于自然人性，重现世，尊文艺，崇尚美，是希腊精神的回归。17、18世纪思想巨子寄情人道，所以时代文化笼罩着理性的光辉，得中和之致而不偏枯。他的这部文学史，对希腊讲得很翔实，对罗马之后则多有取舍。对于中世纪，他详细讲的是“骑士文学”与“浪游之歌”，认为“骑士文学”起于信仰，终于尚美，为希腊精神的回归埋下了伏笔；“浪游之歌”享受人生，关爱现世，则是对希伯来信仰的反叛和突破。文艺复兴以后，他主要讲的是卢梭和歌德，因为这二人都倡导人性自然，卢梭倡导回归自然，即使是政治学著作，《社会契约论》重点思考的也是个人自由与社会要求之间的协调，歌德的《浮士德》则张扬着生命不息、追求不止的精神。总之，从这本书可以看到周作人面对欧洲文学史所做的选择，可以看到他在希腊文明和文艺复兴运动基础上形成的自然人性论立场。尽管他自己对这本书并不满意，但它无疑是周作人思想和学术的重要基础。

从希腊精神和文艺复兴运动走来，走入《新青年》，走入文学革命和新文化运动，他的装备自然不同一般。所以，提出“人的文学”，主张“伦理的自然化”，就一点儿也不奇怪了。由此出发，关心女子，关心儿童，解放人性，解放身体，正视欲望，正视性爱，一切都顺理成章。头脑中有了希腊文明，又有了文艺复兴运动，再来看中国的伦理，看中国人的生活状态，自然产生一种悲悯，也就很自然地要致力于人性的解放，力图把人应该具有的重新还给人。尽管道理众所周知，“自然的”并不一定就是“好”的，放纵更非人的福音，但作为20世纪初的中国人，不能不首先注意面对的现实：上千年思想的专制、道德的禁锢对人性扭曲与扼杀的惨状。所以，解放人，解放人性，就成了新文化运动的主战场。

因为立足于希腊文明和文艺复兴运动，周作人的思想和认识自然会有独到之处。比如，康有为等人认为西方之所以强盛，原因在于有宗教，所以中国要强大，也需要有宗教，所以他要把儒学宗教化。周作人从文艺复兴运动走来，当然不赞同这种方案。他崇尚自然，希望人性得到舒展，希望一切都呈现自然状态。这是他的社会理想，也是文化理想，包括他自己的写作，也努力追求自然。因为自然，所以平实，这大概是周作人文学风格的根本特征。

他的弟子废名在《知堂先生》一文中说：“‘渐近自然’四个字大约能以形容知堂先生，然而这里一点神秘也没有，他好像拿了一本《自然教科书》做参考。中国的圣经贤传，自上而下以及如今，都是以治国平天下为己任的，这以外大约没有别的事情可做，唯女子与小孩的问题，又烦恼了不少的风雅之士，……而知堂先生之修身齐家，直是以自然为怀，虽欲赞叹而之不可得也。”[①]康嗣群在《周作人先生》一文中说：“中国的旧社会旧礼教，经过几千年的培养灌溉，无形中成功了大家的‘生之意义’和‘道德律’。没有人敢彰明较著地反抗，更不用说揭竿而起了。可是它到底遇着一个最强的劲敌，便是五四运动。五四运动是开了自由思想者的先路，以科学方法来整理评价旧的一切，以艺术的光辉来洁化来付以新的意义于人生，那么它第一便不能不反抗旧社会和旧礼教。当时努力的人是有，可是终久有许多免不了错误，在这里我们便不能不提到启明先生了。他不用一种突然的反应的狂呼，也不是以诅咒和愤怒，却是以明澈的思想，事实的证据来驳斥来矫正，以社会人类学的天秤来估计这些破铜烂铁，是旧社会旧礼教的致命伤，他提倡‘净观’，这正是跟旧社会旧礼教针锋相对的强敌，因而他赞美日本近代奇人废姓外骨，意大利文艺复兴时代的波加屈和法国拉勃来(Rabelais)。……他不仅告诉了中国人生命之重，他更教给了中国人什么是美化的生活，生活之艺术。”[②]

①废名：《知堂先生》，1934年10月5日《人世间》第13期。

②康嗣群：《周作人先生》，向弓主编《在家和尚周作人》，四川文艺出版社1995年，第32—33页。

读周作人的文章可以看到，他知识非常渊博。因为他通日语、英语和希腊语，阅读面广，知识结构自然不同于一般的“专家”。不过，考察他的知识结构，也可以看出他最熟悉或最关注的领域。比如他常常提到蔼理斯，据他的学生张中行说，他有蔼理斯的著作二十六册，“其中最大的一种是《性心理研究》，连补编共七厚册，总不少于三百万字吧，他都读了”，而且向张中行借过《蔼理斯传》[①]。由此可见，他对性心理学的确有研究。在这个基础上，他当然很难成为“存天理，灭人欲”的道学家，而是能够直面自然人生，容纳饮食男女。甚至从他的言论可以发现，如果把他放到儒家的“修齐治平”框架中看，他对饮食男女的关注远远胜过“治国平天下”的“大学问”。所以，在“五四”诸子中，周作人又似乎是最没有远大抱负的一个，他不会去组党，不会去组阁，也不会去发动群众。甚至蔡元培、胡适、李大钊等联合发表《我们的政治主张》而呼唤好政府之际，他也躲得远远的。他对政治的确没有热情，而只是站在人性的立场上，关心人欲和文化，关心人欲的解放与节制。

与鲁迅一样，周作人走入《新青年》集团，起于钱玄同的约稿。从1917年8月开始，钱玄同频频去绍兴会馆拜访周氏兄弟。关于当时的情况，鲁迅在《〈呐喊〉自序》中有过描述，在此不赘。据钱玄同后来回忆：“我十分赞同仲甫所办的《新青年》杂志，愿意给它当一名摇旗呐喊的小卒，我认为周氏兄弟的思想是海内数一数二的，所以竭力怂恿他们给《新青年》写文章。民国七年一月起，就有启明的文章……”[②]事实的确如此，尽管鲁迅早就关注《新青年》，而且1917年1月就给周作人邮寄刊物，但首先走入《新青年》的，却不是鲁迅而是周作人。

在其开始，周作人发表的是译作。但周作人的译作有一个特点：他所翻译的东西，都是他赞同或基本赞同的，可以代表他的观点。看一看那些译作，我们就可以知道周作人关心的是什么。1918年1月，他在《新青年》第4卷第1号发表《陀斯妥耶夫斯奇之小说》，3月，他在《北京大学日刊》连

①张中行：《再谈苦雨斋》，向弓主编《在家和尚周作人》，四川文艺出版社1995年，第47页。

②钱玄同：《我对于周豫才君之追忆与略评》，1936年《师大月刊》第30期。

载《废娼问题之中心人物》，在《新青年》发表《童子Lin之奇迹》，4月，在《新青年》发表《皇帝之公园》，5月，他在《新青年》发表《贞操论》，在《译后记》中写道："女子问题，究竟是件重大事情，须得切实研究。女子自己不管，男子也不得不先来研究。一般男子不肯过问，总有极少数觉了的男子可以研究。我译这篇文章，便是供这极少数男子的参考。"[①]10月，他在《新青年》发表《随感录·三十四》，介绍了英国凯本德著的《爱的成年》，着重介绍的是其中关于女子解放和女子自由的论述……周作人关心的问题很多，但最引人注目的是他对女子和儿童的关心。

回顾中国关于女子解放的议题，开创之功并不属于《新青年》，但新文化运动的兴起无疑为辛亥革命后一度沉寂的女子解放话题注入了兴奋剂。因为《新青年》从第2卷第6号开始，设了"女子问题"专栏，发表了《女子教育》（梁华兰，第3卷第1号）、《女子问题之大解决》（高素素，第3卷第3号）、《女权平议》（吴曾兰，第3卷第4号）等文章，对"三纲五常""三从四德""男尊女卑"等旧伦理进行了抨击。接着，"易卜生专号"推出了女子问题的标志性符号"娜拉"，娜拉之出走，娜拉走后怎样，引起了社会的广泛关注。

周作人关心人的解放。沿着这种思路，女子的解放自然是不可回避的问题。与世界先进国家相比，中国人活得不像人，但在这个不像人的人群中，男子固然也是奴隶，但更悲惨的还是女人。当人们开始思考人的解放问题，女性作为最受压抑的人群，精神上、经济上以及身体上的极端不自由状态必然进入视野。也就是说，"五四"时期的女子解放话题，是人的解放的一部分。新文化运动从科学和人权出发，提倡人格独立、人身自由、人权平等，看到了被压在最底层的女人，意识到女人也是人，于是，作为人道主义者，就必然要为之呐喊请命。

所以，周作人在《人的文学》中说到了"女人与小儿的发见"。他说："古来女人的位置，不过是男子的器具与奴隶。中古时代，教会里还曾讨论女子有无灵魂，算不算得一个人呢。小儿也只是父母的所有品，又不认他是一个未长成的人，却当他作具体而微的成人，因此又不知演了多少家庭的与

①周作人：《贞操论》，《新青年》第4卷第5号，1918年5月。

教育的悲剧。自从弗罗培尔（Froebel）与戈特文（Godwin）夫人以后，才有光明出现。到了现在，造成儿童学与女子问题这两大研究，可望长出极好的结果来。中国讲到这类问题，却需从头做起，人的问题，从来未经解决，女人小儿更不必说了。”

周作人关心道德问题，首先想到的却是祖先崇拜的不合理，以及“殉节”“节烈”的残酷，他关心“两性的爱”，强调“男女两本位的平等”和“恋爱的结婚”，认为印度女子的“撒提”和中国女子的“殉节”等都是“畸形的所谓道德”。“五四”时期是一个大解放的时期，但古老的中国，前进总是十分艰难，旧的观念总是非常顽固。比如，叶绍钧的《女子人格问题》在《新潮》第1卷第2号发表，就引来了一场风波，据罗家伦回忆：“这篇东西，被江瀚看见了，拿去给徐世昌看，说是近代的青年思想至此，那还得了。于是徐世昌拿这本《新潮》交给傅增湘，傅示意于蔡孑民，要他辞退两个教员，开除两个学生，就是当时所谓四凶，这两个是《新青年》的编辑，两个是《新潮》的编辑。蔡孑民先生当时坚持不肯，他复林琴南的那一封信，不只是对林琴南说话，并且是对徐世昌而发的……而徐世昌也是所谓北洋文治派的领袖，当时北大同时受文武两派之反对，其情形之危险也可想而知了。”①

所以，周作人所从事的工作，事实上是新文化运动的一个攻坚部位。道理不难明白，比如反对“三纲”，因为帝制已经终结，共和已经创建，反对“君为臣纲”已经不会遇到多少阻力，但要破除“夫为妻纲”和“父为子纲”的观念，却会触动作为“夫”和“父”的男人们的利益，所以就会遇到更多的障碍。更为重要的是，“女性的发见”对传统伦理构成激烈的反叛，尤其是对女性身体欲望的发现和肯定，必然引起强烈反响。

在这一点上，周作人的贡献是显著的。他接受了西方学者凯本德（Edward Carpenter）和蔼理斯的观点，痛斥传统性道德，努力打破性禁忌、性不净等观念。1918年，他在《新青年》发表《随感录·三十四》，介绍了凯本德的著作《爱的成年》，并表达了自己的认识。他说：“第一章论性欲，极多精义。他先肯定人生，承认人类的身体和一切本能欲求，无一不美善洁

①罗家伦：《北京大学与五四运动》，1978年5月《传记文学》第54卷第5期。

净","世间唯一不洁的物，便只是那相信不洁的念"。他高度认同凯本德的见解："对于人身那种不洁的思想，如不去掉，难望世间有自由优美的公共生活。"周作人认同蔼理斯在《新精神》中对女性"不净观"的反对意见："把女子当作性的象征，说物事经她接触，就要污秽，布列纽思说：'世上无物比月经更丑。'到现在这句话还有势力。为什么不放科学的光，到这地方，使我们也得自由与信实呢?"[①]

通过对凯本德、蔼理斯等人的研究，周作人形成了自己的女性观。在他看来，女子问题实际只有两件事：一是"经济的解放"，一是"性的解放"，而后者比前者更困难，也更重要。

在《上下身》中，他以诙谐的语言进一步批判"性不洁"的观念："人的肉体明明是一整个……中间并无可以卸拆之处，而吾乡（别处的市民听了不必多心）的贤人必强分割之为上下身，——大约是以肚脐为界。……于是上下变而为尊卑，邪正，净不净之分了：上身是体面绅士，下身是'该办的'下流社会。这种说法既合于圣道，那么当然是不会错的了，只是实行起来却有点为难。……平常沐浴时候，要备两条手巾两只盆两桶水，分洗两个阶级，稍一疏忽，不是连上就是犯下，紊了尊卑之序，深于德化有妨。"他又说，"有些人把生活也分作片段，仅想选取其中的几节，将不中意的梢头弃去。这种办法可以称之曰抽刀断水，挥剑斩云。生活中大抵包括饮食、恋爱、生育、工作、老死这几样事情，但是联络在一起，不是可以随便选取一二的。有人希望长生而不死，有人主张生存而禁欲，有人专为饮食而工作，有人又为工作而饮食，这都有点像齐肚脐锯断，钉上一块底板，单把上半身保留起来。"[②]

在《结婚的爱》中，他表达了自己对于两性关系的看法："性教育的重要，现在更无需重说了。……半开化的社会的两性关系是男子本位的，所以在这样的社会里，正如晏殊君曾在《妇女杂志》（三月号）上所说，女子'被看作没有性欲的'，这个错误当然不言而喻了。文明社会既然是男女平等的，又有了性的指示，理论应该是对的了，但是却又将女性的性欲看作同男

①周作人：《随感录·三十四》，1918年10月《新青年》第5卷第4号。

②周作人：《上下身》，1925年2月《语丝》第12期。

性一样的，——这能说是合于事理么?”他很具体地介绍了这本书，赞同女性应该在两性生活中占据性主体地位。介绍完第四章《根本的冲动》，又介绍第五章《相互的调节》，他说：“有些人知道两性要求的差异，以为不能两全，只好牺牲了一方面……但若如此，这决不是爱了，因为在爱里只有完成，决没有牺牲的。要实现这个结婚的爱，便只有这相互的调节一法，即改正两性关系，以女性为本位。这虽然在男子是一种束缚，但并非牺牲，或者倒是祝福。我们不喜那宗教的禁欲主义，至于合理的禁欲原是可能，不但因此可以养活纯爱，而且又能孕育梦想，成为文艺的种子。我想，欲是本能，爱不是本能，却是艺术，即本于本能而加以调节者。”①时代虽然已经到了20世纪20年代，中国也已经是民主共和国，但这种说法，却让一些男人们觉得惊讶。

周作人在《净观》一文中说：“我最爱欧洲文艺复兴时代的文人，因为他们有一种非礼法主义显现于艺术之中。”他举意大利的卜卡丘和法国的拉伯雷为例，赞美《十日谈》“满飘着现世思想的空气”，而拉伯雷“不但‘有伤风化’，还有‘得罪名教’之嫌，要比波加屈更为危险了。他不是狂信的殉道者，也异于冷酷的清教徒，他笑着，闹着，披着猥亵的衣，出入于礼法之阵，终于没有损伤，实在是他的本领”②。

在《北沟沿通信》中，他说：“我不很赞成女子参政运动，我觉得这只在有些宪政国里可以号召，即使成就也没有多大意思，若在中国无非养成多少女政客女猪仔罢了。想来想去，妇女问题的实际只有两件事，即经济的解放与性的解放。”更具体地阐明说，“我固然不喜欢像古代教徒之说女人是恶魔，但尤不喜欢有些女性崇拜家，硬颂扬女人是圣母，这实在与老流氓之要求贞女有同样的可恶”，“对于妇女的狂荡之攻击与圣洁的要求，结果都是老流氓的变态心理的表现”。他认为女人本是“圣母与淫女”的结合体。他说：

现代的大谬误是在一切以男子为标准，即妇女运动也逃不出这个圈

①周作人：《结婚的爱》，《晨报副刊》1923年4月18日。

②周作人：《净观》，1925年2月《语丝》第15期。

子，故有女子以男性化为解放之现象，甚至关于性的事情也以男子观点为依据，赞扬女子之被动性，而以有些女子性心理上的事实为有失尊严，连女子自己也都不肯承认了。其实，女子的这种屈服于男性标准下的性生活之损害决不下于经济方面的束缚，……相信在文明世界里这性的解放实是必要，虽比经济的解放或者要更难也未可知：社会文化愈高，性道德愈宽大，性生活也愈健全。①

这样的见解，使周作人远远走在了同代人的前面。因为他是“女子本位”的，不仅强调“女人是人”，具有与男人一样的独立性与尊严，而且知道“女人是女人”，在许多方面与男人并不相同。正是在这样的理论言说的影响和鼓励之下，“五四”文学中才有了初步摆脱传统性观念而表现出的女性身体发出的声音，才使得女性身体的某些品质，如性感、性欲等浮出历史地表。

周作人所钟情的希腊文化当然不只是现世主义的自然人性。希腊文化的精神是什么呢？根据周作人的介绍，莫里斯·克莱因说过：“对于希腊人来说，维护理性的纯粹性，比什么都重要。这种精神，从来不曾在其他文化中出现。”古希腊哲学家德谟克利特曾说：“我宁愿（在几何学上）发现一项证明，而不要波斯的王座。”希腊的科学、哲学著作中，处处表现着这样一种独立的理性精神。与这种理性精神相伴随的，必然是反思和怀疑，必然是求真的意志，这正是西方文明发展的动力，也是最值得东方学习的东西。周作人引日本学者部丘的话说：“自从有史以来，知这件事在希腊人看来似乎它本身就是一件好物事，不问它的所有的结果。他们有一种眼光锐利的、超越利益的好奇心，要知道大自然的事实、人的行为与工作、希腊人与外邦人的事情、别国的法律与制度。他们有那旅人的心，永远注意着观察记录一切人类的发明与发现。”周作人说：“这样为知识而求知识的态度甚可尊重，为纯粹的学问之根源，差不多为古希腊所特有，而在中国又正是缺少，我们读了更特别觉得是有意义的事。”（《希腊之余光》）

古希腊令人向往的，还有它那强烈的自由意识。希腊人最先争取到了自

①周作人：《北沟沿通信》，1927年12月《蔷薇》。

由民的身份，重视个体的精神自由。这是一个众所周知的故事：狄奥根尼住在一个木桶里，拥有的全部财产包括木桶、斗篷、一根棍子和一个面包袋。亚历山大大帝去拜访他，问他需要什么，并且保证兑现他的愿望。狄奥根尼回答道："我希望你闪到一边去，不要遮住我的阳光。"亚历山大后来说："我愿不是亚历山大，我愿是狄奥根尼。"由此可见古希腊的自由观念是多么深入人心，尊重个体、发展个体，已经是神圣的信念。

回顾从希腊精神到文艺复兴运动的过程，与中国的历史相比照，似乎颇有相似之处。中国古老的文化本来并不禁欲，但经过存天理灭人欲的"道学"反动，"文艺复兴"就有了特别的意义。周作人生逢其时，站到了"反道学"和"辟人荒"的前沿，成了中国文艺复兴运动的重要一员。

四、战士、隐士及其他

按照一般的看法，周作人在"五四"时期是战士，而在后来成为隐士。其实，问题并不那么简单，在"战士"与"隐士"之间，有些内容很有意味。

"五四"时期他作为战士的情况已有许多论述，因而不必再说，在此只考察一下他在民国易帜前后的状态。这段时间的开始是1925年，结束是1928年，包括了国民革命兴起和成功的基本过程。

（一）"战士"的变化

在这个时期的开始，是鲁迅所谓"寂寞新文苑，平安旧战场"的特殊时期，也是旧战场上的一些老战士变得异常焦急的一个时期。考察鲁迅、钱玄同等人，最激进的文章往往并非写于文学革命初期，而是写于1925年到1926年前后。究其原因，是这时的中国社会思潮已经发生变化，五四新文化运动已经落潮，继之而起的是经过国民党人大力宣扬和鼓动而兴起的民族主义，伴随着"打倒帝国主义"的标语口号，思想文化界的新趋势是抵抗西化、回归传统、反对帝国主义文化侵略。另一方面，是民主共和制度被不断破坏，民国更加不像民国，导致人们对社会现实的不满与日俱增。而在此时，陈独秀已经从文化战场重返政治战场，不再关心他所开创的文化革新事业；胡适也忙于整理国故和庚子赔款等事，心思不在思想文化领域的争战。

正因为这种情况，使守望于旧战场上的鲁迅等人感到了孤独和寂寞。然而，他们并不只是荷戟彷徨于旧战场，而是一次次进行激烈的反击。鲁迅的《灯下漫笔》《春末闲谈》《忽然想到》等文章都是写于这一时期。钱玄同的《废话》《写在半农给启明信的后面》《回语堂的信》《关于反抗帝国主义》等作品也都是写于这个时候。这一切其实很自然，眼睁睁看着国家和社会的日益败坏，看着自己几年前所否定的东西卷土重来，而且往往是在革命和救国的旗帜之下，他们自然不甘心。但是，他们当中的许多人头脑并不清醒，眼见逆流滚滚，却不知源自何处，所以常常是一方面与逆流搏斗，一方面又赞美那逆流之源。

这时的周作人表现如何？1925年元旦，他在《元旦试笔》中说：“我的思想，到今年又回到民族主义上来了。”他说他坚持民族主义曾达十年之久，那是辛亥革命前夕，到了民国元年才有所改变。“‘五四’时代我正梦想着世界主义，讲过许多迂远的话，去年春间收小范围，修改为亚洲主义，及清室废号迁宫以后，遗老遗少以及日英帝国的浪人兴风作浪，诡计阴谋至今未已，我于是又悟出自己之迂腐，觉得民国根基还未稳固，现在需得实事求是，从民族主义做起才好。”[①]值得注意的是，鲁迅、胡适等人都没有成为民族主义者，而周作人成了民族主义者，与国民党人的国民革命取得了某种程度上的一致。

2月5日，他写《托尔斯泰的事情》，特别引了这样一句话：“我觉得中国人的大病在于喜欢服从与压制，最缺乏的是对于一切专制之憎恶。”接着，他写《再说林琴南》，认为“林琴南的作品我总以为没有价值，无论它如何的风行一时，在现今尊重国粹的青年心目中有如何要紧的位置”。他承认译本中不是没有原作的精魂，但“他的著作没有性格，都是门房传话似的表现古人的思想文章”。更为重要的是，林琴南“始终拥护他所尊重的中国旧礼教”，这在周作人看来，“无疑是提倡卑怯”。[②]3月6日，他在《京报》发表《论国民文学的信》，认为在鼓吹民族思想之外，还要做几项工作：“我们要针砭民族卑怯的瘫痪，我们要消除民族淫猥的淋毒，我们要切开民

①周作人：《元旦试笔》，1925年1月12日《语丝》第9期。

②周作人：《再说林琴南》，1925年3月30日《语丝》第20期。

族昏聩的疤痕，我们要阉割民族自大的疯狂。”直到1925年的年底，他在为张定璜发表于12月28日《语丝》上的信写的按语中说：“日本所希望的事是中国复辟、读经、内乱、马贼……所最看重的人，文的是辜鸿铭，武的是张作霖。”“我是爱日本的，我重复地说。但我也爱中国，这是命运指定给我住的地方……只可惜中国太不长进，太多无耻的正人君子，弄得中国渐像猪圈，使我们不得不切齿于这些不肖子孙，诅咒这混沌的中国。有所爱便不能无所恨。”[①]由此可见，他对中国传统的反思与批判没有变，对自由的向往没有变。

1926年1月14日，他在《京报副刊》发表《中日文化事业委员会为何还不解散》，其中写道：“我们现在要正告中国国民曰：千万不要相信日本。他对于中国是幸灾乐祸的，他所提倡所赞许的事一定于中国有害，我们不但不当相信，还要加以反对。我们也可以对日本老实地说：‘敝国与贵国决不能共存共荣。’”为此，他要求解散中日文化事业委员会。一贯喜爱日本文化并与日本保持良好关系的周作人，此时却成了反日的激烈派，甚至说“日本是真正帝国主义的帝国”，这看上去有点奇怪。但只要回到那个年代的思想文化现场，却很容易看到，以广州为中心的国民党人正在大力宣传“打倒帝国主义”，而当时的所谓帝国主义，主要是指日本和英国。女师大风潮中的学生反对校长杨荫榆与教育总长章士钊，也是把他们说成“日英帝国主义的走狗”。由此可见，此时的周作人思想上已经深受国民党人掀起的国民革命思潮的影响。在南北两个政府之间，他虽然身处北方，但在思想上却倾向南方。

2月9日，他写了《外行的按语》（收入《谈虎集》）。针对的是蔡元培从欧洲归来发表的谈话。蔡元培谈话中有这样的内容：“对共产，赞成其主义，但主采取克鲁泡特金之互助手段，反对马克思之阶级争斗。”周作人说：“我不知怎的不很相信无政府主义者那种乐观的性善说。阶级争斗已是千真万确的事实，并不是马克思捏造出来的……这一阶级即使不争斗过去，那一阶级早已争斗过来，这个情形随处都可以看出，不容我们有什么赞成或反对的余地。”由此可见，周作人此时已经远离了新村主义，而更接近阶级

①周作人：《神户通信——按张定璜信》，1925年12月28日《语丝》第59期。

斗争和共产革命的学说。

“三一八”惨案发生之后，他的态度异常激烈，写了《对于大残杀的感想》《可哀与可怕》《死法》等一系列文章，同情遇难学生，谴责政府，立场与徐谦、李大钊比较接近。6月，他写《奴才礼赞》，对奴才与奴隶进行了区分，感叹中国是“最富于奴才的国”。“甘心情愿替你做狗腿，无论你怎样待他，不要他，给他可以逃脱的机会，他总是非请安叩头或打屁股不行，一定要戴一顶空梁帽直站在门口，听候吩咐，总之，他是有奴瘾的，或说是奴性奴气，亦无不可。”[①]这时候，周作人的文章常有批判锋芒，指向则是北京政府。

（二）“谢本师”考略

关于周作人的研究成果已经颇多，但粗略一翻，感觉却是重复处大家都在重复，忽略处仍然常被忽略。

因此，我想到了他的“谢本师”。对周作人而言，这是一个特别事件，也是一个标志性的事件，但并不是标志着他的辉煌，而是暴露着他的问题。

那是1926年8月，周作人发表《谢本师》一文，公开断绝与章太炎的师生关系。周作人是章门弟子，而且正如他自己所说：“虽然有些先哲做过我思想的导师，但真是授过业、启发过我的思想，可以称作是我的师者，实在只有先生一人。”然而，1926年的8月21日，他却不愿再认这位老师，发表文章，公开断绝关系。众所周知，在周作人身边，黄侃、钱玄同、许寿裳、刘文典、鲁迅等人都是章门弟子，他们没有如此举动，倒是平日里温和而且谦恭的周作人做出这事，是章太炎特别得罪周作人吗？答案清清楚楚：没有。周作人此举并非为私，而是为公。人们都知道周作人不关心政治，而且不懂政治，但他与老师断绝关系，却恰恰是因为政治。

原因何在？周作人文章中首先指出的是“先生好作不大高明的政治活动”，“轻学问而重经济”，“自己以为政治是其专长，学问文艺只是失意时的消遣”，但周作人又说，“有好些学者都如此，不能单怪先生”，所以这不是断绝师生关系的根本理由。然后周作人指出的是章太炎回国之后便不再讲学，“出书斋而赴朝市，虽是旧弟子也没有力量止得他住，至于空口非难，

①周作人：《奴才礼赞》，1926年6月21日《语丝》第84期。

既是无用，都也可以不必了。”也就是说，作为弟子，无力阻止他，也就不再劝说，只有不再追随。

认真想来，这都不是理由。因为十八年前拜到章太炎门下，那时不知道他热衷于政治活动吗？他那时的政治活动就“高明”吗？章太炎固然是大学者，但他更是革命家，“轻学问而重经济”如果说是毛病的话，也是他十八年前的老毛病，而不是刚刚出现的新毛病。所以，真正使周作人对老师无法容忍的并非这些，而是文章最后一段所说的事：

> “讨赤”军兴，先生又猛烈地作起政治活动来了。我坐在萧斋里，不及尽见先生所发的函电，但是见到一个，见到两个，总不仅为我们的“老夫子”（这是我同疑古君私下称他的名字）惜。到得近日看见第三个电报把“剿平发逆”的“曾文正”奉作“人伦模范”，我于是觉得不能不来说一句话了。先生现在似乎已将四十余年来所主张的光复大义抛诸脑后了。我相信我的师不当这样，这样也就不是我的师。先生昔日曾作《谢本师》一文，对于俞曲园先生表示脱离，不意我现今亦不得不谢先生，殊非始料所及。此后先生有何言论，本已与我无复相关，惟本临别赠言之义，敢进忠告，以尽寸心：先生老矣，来日无多，愿善自爱惜令名。①

由此可知，让周作人无法容忍的，是他公开发表的函电。而其中最为重要的，是函电中“把‘剿灭发逆’的‘曾文正’奉作人伦模范”。

查章太炎在那段时间里所发表的众多函电，涉及“讨赤”者甚多，重要者有三：一是4月7日作为“反赤大同盟”主席发表的《反赤救国大联合通电》，其中说：“赤祸日炽，汉奸公行，以改革经济为虚名，而召致外患为事实，不亟剪除，国将不国。”②二是4月28日“反赤救国大联合”开会通过的宣言和《致加拉罕电》。宣言说：“自赤俄假社会革命之名，行对外侵略之实，一见屏于欧，再见斥于美，易其凶焰东向，吾国适当其冲。勾结野心

①周作人：《谢本师》，1926年8月28日《语丝》第94期。

②《申报》1926年4月11日。

之军阀，煽惑无识之青年，啖以金钱，授以利器，于是盲众争趋，为虎作伥。居今之世，反对赤化，实为救国要图。"致苏俄驻中国大使加拉罕的通电则谴责加拉罕"阻挠中俄会议，侵害中东铁路"，"一意宣传赤化，鼓动敝国战事"，"且使敝国与国际间之关系，发生无穷之障碍"，因而希望他立即电请苏俄政府批准而辞职回国。[①]

第三次是8月13日的通电，最先载于《申报》1926年8月15日。周作人的《谢本师》写于8月21日，此前一周的时间里，章太炎没有其他函电发表。同时，查这份电报的内容，符合周作人所指出的全部条件。由此可以断定，使周作人最终忍无可忍而"谢本师"的，就是这份通电。

通电的主题是反对蒋介石北伐，其中对蒋介石有这样的斥责：

> 借外兵以侵宗国者谓之叛，奉外国以为共主者谓之奴，此二事唯仆固怀恩、石敬瑭、张邦昌、吴三桂为之。粤东自蒋中正得政，尊事赤俄，奉鲍罗廷为统监，而外以反对帝国主义为口实，致少年军士受其蛊惑。究观其实，惟有内催粤军，外扰湘境，以为赤俄辟土。……是其所谓革命者，非革他人之命，而革中华民国之命也。

后来周作人在《知堂回想录》中对他的"谢本师"之举有所解释，但说法略有不同："后来又看见论大局的电报，主张北方交给张镇威，南方交给吴孚威，我就写了《谢本师》那篇东西，在《语丝》上发表，不免有点大不敬了。但在那文章中，不说镇威孚威，却用了曾文正李文忠字样来责备他，与实在情形是不相符合的。"

查看那份通电的内容，其实与实在情形并无不符，章太炎的确提到了曾文正，倒是《知堂回想录》中的说法与事实略有不符，因为章太炎没有提到李文忠；章太炎提到了奉系和直系，但使用的不是"张镇威"与"吴孚威"。章太炎通电中是这样说的：

> 夫冯、蒋二酋，同为俄属，冯渐受创，蒋更恣睢，宜以北事付以奉

---

①《申报》1926年5月2日。

晋，而直军南下以保江上，开诚布公，解除宿衅，与南省诸军共同讨伐，志在卫国，不为权利，虽有小愤，待事定而后论之，庶几叛人寡助，中华洗辱。

“以北事付以奉晋，而直军南下以保江上”，这大概就是周作人所说的“主张北方交给张镇威，南方交给吴孚威”。为了给将士们鼓气，章太炎说了这样的话：

且兵之成败，实朝气暮气之分使然，昔卢循必待刘裕而后灭，洪杨必待曾国藩而后破……今世虽无刘裕，而曾国藩则为老生逮见之人，非不可勉而企也。师其勤诲，效其节制，有志者何必不成。且以顺制逆，以夏攘夷，则名义必可齐于刘裕，而远视曾国藩为贞正，于是干盅之功保民济国，此则不佞所望于群帅与在野之豪杰者也。[①]

这就是周作人所说的“把‘剿灭发逆’的‘曾文正’奉作人伦模范”。章太炎的确希望有志将帅能像曾国藩那样平息蒋介石的北伐军。因为在他看来，蒋介石和冯玉祥都是在为苏俄打仗，“蒋中正为赤俄之顺民，奉赤俄之政策，叛国反常”，所以，无论军中将帅还是在野豪杰，只要能平息来自广州的叛乱，就是“保民济国”。[②]

周作人的宽容似乎众所周知，对人彬彬有礼，说话细声慢语，从不发火，从不指责别人。但这时的周作人却一反常态，表现了另一种性格。章太炎的通电，鲁迅能够容忍，钱玄同能够容忍，这些不甚宽容的人能容忍的，唯有周作人不能容忍了。周作人一直声称不关心政治，而且素来缺乏政治激情，这次的表现却是另一种情况：谢本师并非因为个人恩怨，而是因为政治激情。因为此时的周作人对北京政府严重不满，又因为身边有李大钊等几个懂政治的朋友，所以他突然有了政治激情，明确地站到了广州一边。此时的他正盼望北伐军打进北京，至于蒋介石是在为谁打仗，以及北伐成功会带来

①《章炳麟通电》，《申报》1926年8月15日。

②同上。

什么，他根本没有去想。偏偏就在这时候，看到章太炎通电反对北伐，而且鼓励将帅像曾国藩一样起来平息叛乱，政治立场上的对立，使他觉得实在不能继承做章太炎的弟子。

所以，“谢本师”是周作人破天荒的一次政治激情大爆发。

接下来，北伐军势如破竹，很快攻下了江西、湖南等地。所到之处，废五色国旗而升青天白日旗。这在北京知识界引起震动，1926年12月29日，六十多个群众团体在中央公园集会，成立“北京各团体拥护五色国旗大同盟”，并且通过宣言。这些组织并不一定拥护北京政府，更不一定喜欢张作霖，但他们维护那面象征着民主共和的国旗，希望无论哪一派力量掌握政权，都不要废除民国的国号，不要更换民国的国旗。他们不愿看到一党党徽高悬于国旗之上。

对此，周作人是什么态度呢？他写了《国旗之拥护》，宣称自己不喜欢五色旗，并且认为那些拥护五色旗的人实在无聊，简直是无事生非。从这件事可以进一步看出他与章太炎的差距。章太炎为捍卫民主共和，至死不承认象征一党专政的青天白日旗，而在周作人那里，却显然没有如此思考。直到真正置身于青天白日旗帜之下，他才知道失掉的已经找不回来，而自己只能闭门读书，写《哑巴礼赞》，写《麻醉礼赞》，然后，才由“战士”成了“隐士”。

周作人是真的不懂政治，因为他不愿思考，不愿去弄清种种主义的是非曲直。他一辈子少有政治激情，偶尔爆发就断绝了与老师的关系。对此，他从来没有公开表示后悔，因为他到老也不知道问题出在哪里。但当他被迫“闭户读书”之际，当他学哑巴、找麻醉之际，大概不会想不到老师曾经如何狂呼作提醒。

我一直没有看到周作人向章太炎谢罪的细节，但那应该是五年之后。1932年的春天，章太炎来到北平，众弟子这个洗尘，那个宴请。周作人开始还不好意思，3月7日第一次宴请章太炎，他没有参加，但后来终于撑不住。据他本人日记，直到4月18日，才由马幼渔相约去见老师。见面的情景日记没有记录，但隔了一天，即去听章太炎的讲座，听完讲座又去陪他参加宴会，隔一天又去听讲。到5月15日，他终于把老师请到了家里。据日记记载，这天下午他托马幼渔用汽车去迎接章太炎，而自己在家里磨墨以待。章太炎来到之后，先在院子里照了一张合影，然后他请老师写字，章太炎为他写了陶渊明的《饮酒》之十八。“晚饭用的是日本料理生鱼片等五品，绍兴菜三品，外加常馔，十时半，仍以汽车由玄同送太炎先生回去。”[①]章太炎回南方去了，北平的弟子们接下来做的，是每人一百块大洋，为先生刻印《章氏丛书续编》。

周作人与章太炎的师生关系，就在这个过程中得以恢复。章太炎亲手写的《同门录》，没有写进鲁迅和许寿裳，却写上了周作人的名字。

于是，周作人“谢本师”之举，算是一笔勾销，白白忙活一场。

周作人的学生张中行在《苦雨斋一二》中说周作人与吕端相反：“大事糊涂，小事不糊涂。”[②]所谓大事，其实不只是出任伪职。

（三）民国易帜之际的无奈

1927年4月，周作人在《命运》中写道：“历史的用处并非如巴枯宁所说，叫我们以前事为鉴戒，不要再这样；乃是在于告诉我们，现在又要这样了。”发这样的议论，是因为在报上看到国民党内讧的新闻。他说：“我们不必说明对于所谓左右派是什么意见，但总之觉得‘太平天国’的影戏似乎在演起头了。”

由此可见，周作人毕竟不是太糊涂，因为他有文化的目光，所以能够看到眼前的一切都是历史的重演。但是，这文化的目光又阻碍了他对现实政治作切实的考察和深入思考，所以似乎真不知道国民党和它的领袖们本来就不止一次地宣称是在继承太平军的事业。所以，他还是一厢情愿地希望眼前的革命不要像太平军。他对李守常、张挹兰等人的死充满同情，对杀人者充满愤怒，但他关心的只是李守常去世后家人的日子怎么过，以及张挹兰抛下的老母亲。这仍然是他的思路，充满人情味儿，不问政治。面对国民党的“清党”，他谴责的是中国人“杀乱党”的嗜好，依然是不管杀者与被杀者的是非。1927年10月，他在《诅咒》中说：“我常说中国人的天性是最好淫杀，最凶残而卑怯的。——这个，我不愿外国流氓来冷嘲明骂，我自己却愿

①周作人：《知堂回想录》，三育图书有限公司1980年，第551页。

②张中行：《苦雨斋一二》，向弓编《在家和尚周作人》，四川文艺出版社1995年，第36页。

承认；我不愿帝国主义者说支那因此应该给他们分去吃，但我承认中国民族是亡有余辜，这实在是一个奴性天成的族类，凶残而卑怯。他们所需要者是压制与被压制，他们只知道奉能杀人及杀人给他们看的强人为主子。”对于文化，对于国民性，认识仍然深刻，但对于时代问题所发的议论，却已是隔靴搔痒。

这年的双十节，北京的庆祝特别隆重，带着某种特别的感情，也许知道挂五色国旗是最后一次吧，家家户户挂国旗。周作人对此仍然没有什么感受，在文章中说：“也不知什么缘故，从8日起就挂旗，一直挂了三天，虽然仍旧是些肮脏破烂的五色旗，究竟也表示得郑重，比平常的国庆日热闹得多了。”在这篇《双十节的感想》中，他最后的评论，竟然也是公园里散发的那些宣传材料写得没水平。与梁启超、章太炎、胡适、徐志摩相比，周作人的政治神经有点麻木。

到了1928年7月，北京已经易帜，他写《北京的近事》，开头第一段写的是：“北京现在已挂了青天白日旗了，但一切还都是从前的样子，什么都没有变革。有人问，不知究竟是北京的革命化呢，还是革命的北京化？据不佞的观察，自然是后者为近——本来这革命也就只是招牌，拿到北京来之后必然要加上一层油漆了。”从这样的话，可以看到周作人的清醒，他看到了文化的惰性力量；却又不清醒，北京真的没有变化吗？北京固然是保守的，旧文化固然很顽固，但能抵挡革命的冲击和影响吗？国体、政体都变了，北京能够抵挡吗？而且很快，北京就不再是北京，而成为北平，北京大学也不存在了，成为北平大学。教育秩序与社会秩序同时调整，到那时候，周作人才真正感觉到了北京的变化。

而在此时，他看到的是另一类景观：“北京市党部成立好久，花了好几天找官产房屋，到处碰钉子，知识阶级的市民拍手称快，说‘国民党’被轰跑了。他们想占某衙门，却给军队赶走了。你想，以堂堂市党部，在北京东奔西走，找不到房子，这岂不是怪事……”对此，他只是感觉北京变化太慢，不满于旧人物投机革命，而对变化视若无睹，对将来的变化完全没有当年《小河》中曾有过的那种忧虑。

更有意思的是，他还有点愤愤不平，而且因此而发牢骚：“我因为从前不谨口过，冲撞了新国家主义者，反对过拥护五色旗，到现在翻了一个身，拥护五色旗的成了忠实同志，那么反对拥护五色旗的岂不也就翻过来成为反革命了么？我觉得我辈的病根在于不善变……”似乎他曾经反对过拥护五色旗，应该是新时代的功臣。但当年那些拥护五色旗的人们已经聚集到青天白日旗下，成了“忠实同志”，自己这个真正的“忠实同志”就要成为反革命了。

他不满于“拥护五色旗者改成拥护青天白日的要人”，指责一些人的善变，是可贵的。但那种以青天白日旗之功臣自居的心态，却可怜又可笑。不过，他触及这段历史上知识界领袖们的一个重大问题：蔡元培、胡适、汤尔和等当年曾发表《我们的政治主张》，时间刚刚过去几年，就一个个都变了，及时投靠新政权。周作人为此而又发牢骚：“愚笨的人不知变通之真义，不能临机应变，结果是永无出山之日，实属活该……”[①]

1928年11月，周作人作《闭户读书论》，他说：

“此刻现在”，无论在相信唯物或是有鬼论者都是一个危险时期。除非你是在做官，你对于现时的中国一定会有好些不满或是不平。这些不满和不平积在你的心里，正如噎膈患者肚里的“痞块”一样，你如没有法子把它除掉，总有一天会断送你的性命。那么，有什么法子可以除掉这个痞块呢？我可以答说，没有好法子。假如激烈一点的人，且不要说动，单是乱叫乱嚷起来，想出出一口鸟气，那就容易有共党朋友的嫌疑，说不定会同逃兵之流一起去正了法。有鬼论者还不过白折了二十年光阴，只有一副性命的就大上其当了。忍耐着不说呢，恐怕也要变成忧郁病，倘若生在上海，迟早总跳进黄浦江里去，也不管公安局钉立的木牌说什么死得死不得。结局是一样，医好了烦闷就丢掉了性命，正如门板夹直了驼背。那么怎么办好呢？我看，苟全性命于乱世是第一要紧，所以最好是从头就不烦闷。不过这如不是圣贤，只有做官的才能够，如上文所述，所以平常下级人民是不能仿效的。其次是有了烦闷去用方法消遣。抽大烟，讨姨太太，赌钱，住温泉场等，都是一种消遣法，但是有些很要用钱，有些很要用力，寒士没有力量去做。我想了一天才算想

①周作人：《北京的近事二》，1928年7月16日《语丝》第4卷第29期。

到了一个方法，这就是“闭户读书”。

读什么书呢？周作人告诉人们：读史。“历史所告诉我们的在表面的确只是过去，但现在与将来也就在这里面了：正史好似人家祖先的神像，画得特别庄严点，从这上面却总还看得出子孙的面影，至于野史等更有意思，那是行乐图小照之流，更充足地保存真相，往往令观者拍案叫绝，叹遗传之神妙。正如獐头鼠目再生于十世之后一样，历史的人物亦常重现于当世的舞台，恍如夺舍重来，慑人心目，此可怖的悦乐为不知历史者所不能得者也。通历史的人如太乙真人目能见鬼，无论自称为什么，他都能知道这是谁的化身，在古卷上找得他的原形。”“浅学者流妄生分别，或以20世纪，或以北伐成功，或以农军起事划分时期，以为从此是另一世界，将大有改变，与以前绝对不同，仿佛是旧人霎时死绝，新人自天落下，自地涌出，或从空桑中跳出来，完全是两种生物的样子：此正是不学之过也。宜趁现在不甚适宜于说话做事的时候，关起门来努力读书，翻开故纸，与活人对照，死书就变成活书，可以得道，可以养生，岂不懿欤?”

其实，这都是牢骚。此时的周作人一肚子牢骚。12月6日，在《新中华报》副刊发表《论可谈的》说：“革命告成，训政开始，吾侪小民久苦压制，彼此而后，庶几可以叹一口气而稍得舒服矣。小民中之只拿得动笔杆者另外有一种喜悦，则以可有一点儿‘言论自由’云。”然而，没想到在革命告成之后，却是“关于官的”“关于兵的”“关于学生的”种种话题都不可多谈，“何者可谈还不曾想出”。如此言说，如果出现在别人笔下，或许是反话，意在讽刺。而对于周作人来说，却是真的，因为他曾真的以为国民革命会带来言论自由。否则他也就不必为拥护国民党北伐而“谢本师”了。

半月后为民间故事集《大黑狼的故事》写序，本与政治无关，却又发起了政治牢骚：“本来能革命的自然最好还是革命，无如现今革命已经截止，而且我又是不革命的人，不能自己浸在温泉里却用传声筒发命令，叫大家快步走，冲锋！我以对于万川还只好照着自己的例劝他转来弄那不革命的文学。我这样说，列位且莫误会，以为我自认是在弄文学，这个我早已不敢弄了，我现在只是不革命罢了……”[①]北京刚刚易帜，周作人并不知道将到来的是一种什么政治，因为他不曾想过国体政体发生的变化，只是感觉不舒服，于是这个不懂政治的人大谈政治，面对现实而发出这样的疑问：“中国现在到底不知道还是什么时候，至少总还不像民国，连人权都没有，何论女权?”[②]

接下来他能做的，就是写《娼女礼赞》《哑巴礼赞》《麻醉礼赞》了。他知道“病从口入，祸从口出”。所以不再多说话，他也知道了如何麻醉自己，因而写道：“我们的生活恐怕还是醉生梦死最好吧。——所苦者我只会喝几口酒，而又不能麻醉，还是清醒地都看见听见，又无力高声大喊，此乃是凡人之悲哀，实为无可如何者耳。”[③]

从此之后，他就真成了“隐士”，一直隐到日本人占领了北平之后。而不再“隐”的结果，自然是更加糟糕。

五、也说周作人的散文

近些年来，周作人已经由冷变热，作品重版甚多，研究者也已不少。尤其是进入1990年代以来，他的散文小品似乎交了好运，因为平和与冲淡，因为花鸟鱼虫和茶酒点心，既远离社会问题，又适合一般市民口味，所以被出版界竞相热炒，几乎成为当下文学发展的范本。所以，他的一些文本和事迹都已不必重复。在此不得不说的，只是以往忽略的某些内容，以及值得重新翻看的内容。

周作人的散文写得好，有其鲜明的个性特色，这是公认的。张中行说过：“我由上学时期读新文学作品起，其后若干年，常听人说，我自己也承认，散文，最上乘的是周氏弟兄，一刚劲，一冲淡，平分了天下。这不是吹捧，有一微末的事可以为证，是不管不署名还是署生僻的笔名，熟悉的人看

①谷万川：《大黑狼的故事》，北新书局1929年，第1页。

②周作人：《杀奸》，《永日集》，北新书局1929年。

③《益世报》1929年12月5日。

三行两行就可以断定：这是鲁迅，这是周作人。”[①]不过，周作人散文的根本特征倒不一定是冲淡，他的作品的艺术魅力之所在，也不一定是近来一些学者所称赞的超越社会问题而流连于花鸟鱼虫，更不在于他的隐士心态，而是源泉自他知识的渊博、独到的见识、细致的描写和含而不露的内心情感。

今日人们看好的是《乌篷船》《菱角》《故乡的野菜》《北京的茶食》之类。但这些文章是如何产生的？它的魅力究竟何在？却似乎一直缺少回答。

《乌篷船》表现的是故乡风土景物，隐含的是浓郁的乡情，是远离故乡的游子再也回不去的一份苍凉，是无奈之中的自言自语自安慰。在我看来，这大概是它的精魂所在。好的散文常常是自言自语，或者向着某个特定的对象倾诉，而很少是向着众人宣讲的演讲稿或宣传材料。周作人的散文多有自言自语，《乌篷船》就是突出的代表作。它采用了书信体，看上去是写给友人的一封信，但这个收信人“子荣”却是周作人用过的笔名。自己给自己写信，介绍自己的故乡，到底是怎么回事？回答很简单：他想家了。想起自己的家乡，想起故园的旧人旧事旧景物，某种感情油然而生，就想说一说；没有听众，只有自己说给自己听。这种心态，有点孤独，有点寂寞，有点淡淡的凄苦。这是写作的最佳状态，这时无论写什么，文字都会有韵味。

《故乡的野菜》写的也是记忆中的旧事，清明扫墓顺便挖野菜，一边是悼亡的习俗，一边是妇女儿童的日常生活，断断续续，一并写出来，其实没什么技巧，想到什么写什么。如果像中学课堂上分析课文那样分段归纳段落大意，作为范文学写作，肯定学不到什么东西。因为如果让作家自己重写一遍，可能许多东西都变了，语句和段落的次序也变了。关于这一点，周作人的学生废名曾经说过：“他作文向来不打稿子，一遍写起来了，看一看有错别字没有，便不再看，算是完卷，因为据他说起稿便不免于重抄，重抄便觉得多无是处，想修改也修改不好，不如一遍写起倒也算了。他对于自己是如此宽容……然而文章毕竟是天下之事，从开始以迄现在，据好些人的闲谈，知堂先生是最耐读的了。”[②]

---

①张中行：《再谈苦雨斋》，向弓主编《在家和尚周作人》，四川文艺出版社1995年，第58页。

②废名：《知堂先生》，1934年10月5日《人世间》第13期。

许多人的作品是改出来的，周作人的散文不是改出来的。这就涉及他的散文的一个突出特点：自然。他的散文不矜持，不做作，就像与人说家常，不需要装腔作势；不粉饰，不浮夸，不为谁服务也不讨好什么人。写作时唯一做的，就是调节自己的情绪，不让愤怒或悲哀无节制地泛滥。所以，他的文章没有气势，也不追求以情动人，感叹词和感叹号都极少用。至少从表面上看，他似乎就是一个没有激情的人。但正因为这一点，使得他的散文格外平实。平实，与自然一样，应该是周作人散文的根本特征。平实，自然，其实很难得，尤其是在20世纪下半叶之后，这种散文是极少见的。

与《乌篷船》等相似的作品，是《菱角》《初恋》等。它真正的动人之处并非景物描写，而是隐隐的情思。生死两茫茫的心上人，找不回来的旧时景物，本来也许很轻很淡，甚至若有若无，但一旦忆及，却原来是缠绕在心上的丝线，一扯就会隐隐作痛。

与此相关的是他的闲情逸致，是那种心态。花鸟鱼虫，鬼狐古董，品点心，忆旧事，诸如此类，是一种生活，也是一种心态。而这种心态背后似乎有一种难以把握的东西，有时是悲悯，可怜众生，有时却是在可怜自己。

他的《喝茶》写得很细致：

> 喝茶当于瓦屋纸窗之下，清泉绿茶，用素雅的陶瓷茶具，同二三人共饮，得半日之闲，可抵十年的尘梦。喝茶之后，再去继续修各人的胜业，无论为名为利，都无不可，但偶然的片刻优游乃正亦断不可少，中国喝茶时多吃瓜子，我觉得不很适宜，喝茶时可吃的东西应当是轻淡的“茶食”。中国的茶食却变了“满汉饽饽”，其性质与“阿阿兜”相差无几，不是喝茶时所吃的东西了……江南茶馆中有一种“干丝”，用豆腐干切成细丝，加姜丝酱油，重汤燉热，上浇麻油，出以供客，其利益为“堂倌”所独有。豆腐干中本有一种“茶干”，今变而为丝，亦颇与茶相宜。在南京时常食此品，据云有某寺方丈所制为最，虽也曾尝试，却已忘记，所记得者乃只是下关的江天阁而已。学生们的习惯，平常“干丝”既出，大抵不即食，等到麻油再加，开水重换之后，始行举箸，最为合适，因为一到即罄，次碗继至，不遑应酬，否则麻油三浇，旋即撤

去，怒形于色，未免使客不欢而散，茶意都消了……[①]

津津有味地写这些，不厌其烦，其实与给自己写信介绍乌篷船一样，是因为对某种文化的怀念，思乡，怀旧，想到生活的诗意。好文章常常是这样写出来的。

他在《鸟声》中写道：“现在已过了春分，正是鸟声的时节了，但我觉得不大能够听到……我所听见的鸟鸣只有檐头麻雀的啾啁，以及槐树上每天早来的啄木的干笑，——这似乎都不能报春……”对于北京的鸟鸣，已经很不满足，而在执笔为文之时，却连这几样鸣声都没有，而是只有乌鸦：“老鸹，乡间称云乌老鸦，在北京是每天可以听到的，但是一点风雅气也没有，而且是通年噪聒，不知道他是哪一季的鸟。麻雀和啄木鸟虽然唱不出好的歌来，在那琐碎和干枯之中到底还含一些春气：唉唉，听那不讨人欢喜的乌老鸦叫也已够了，且让我们欢迎这些鸣春的小鸟，倾听他们的谈笑罢。”[②]最后似乎是勉强乐观起来，但仍然透着无奈。

他在《北京的茶食》中写道：“我对于20世纪的中国货色，有点不大喜欢，粗恶的模仿品，美其名曰国货，要卖得比外国货更贵些。新房子里卖的东西，便不免都有点怀疑，虽然这样说好像遗老的口吻，但总之关于风流享乐的事我是颇迷信传统的。我在西四牌楼以南走过，望着异馥斋的丈许高的独木招牌，不禁神往，因为这不但表示他是义和团以前的老店，那模糊阴暗的字迹又引起我一种焚香静坐的安闲而丰腴的生活的幻想。我不曾焚过什么香，却对于这件事很有趣味，然而终于不敢进香店去，因为怕他们在香盒上已放着花露水与日光皂了。我们于日用必需的东西以外，必须还有一点无用的游戏与享乐，生活才觉得有意思。我们看夕阳，看秋河，看花，听雨，闻香，喝不求解渴的酒，吃不求饱的点心，都是生活上必要的——虽然是无用的装点，而且是愈精炼愈好。可怜现在的中国生活，却是极端地干燥粗鄙，别的不说，我在北京彷徨了十年，终未曾吃到好点心。”[③]

---

①周作人：《喝茶》，1924年12月29日《语丝》第7期。

②周作人：《鸟声》，1925年4月6日《语丝》第21期。

③周作人：《北京的茶食》，《晨报副刊》1924年3月18日。

对于这份淡淡的委屈，也许实在不值得同情，因为若与街头的乞丐与苦工相比，这实在不算什么，甚至是太贵族化了。可是，周作人作品的独特之处恰恰就在这里，就在这点儿贵族化，在这点儿有钱而又有闲之后才有的闲情逸致。北京的春天没有报春的鸟鸣，没有乌篷船，没有菱角，甚至没有好点心……但为什么要到北京来呢？说到底还是有它的优长之处。那时代的人们有迁徙的自由，周作人到北京并非有谁强迫。可是，人就是这样矛盾，为了饭碗，或者为了理想，就要告别好点心；留恋乌篷船，就可能错过人生的辉煌。可是，人的情绪却并非得失账目可以安慰的，像皇帝那样每日享受山珍海味，照样可以怀念故乡的野菜。得不到的，或失掉的，才更加挂肚牵肠。这其实是人之常情，只不过平日里也许无暇体会，或者因被苦难磨砺的粗糙心灵无力体会罢了。在捡煤渣的老婆子看来，林黛玉的那份忧伤也许是"吃饱了撑的"，如果每天到建筑工地搬砖头，也许真能治好黛玉的病，但那份本属于有钱有闲阶级的忧伤，却也有超越阶级的力量。

周作人赞赏"生活的艺术"，向往"美的生活"。喝酒，应该是"一口一口地吸，这的确是中国仅存的饮酒的艺术：干杯者不能知酒味，泥醉者不能知微醺之味"。酩酊大醉，当然也是一种境界，但微醺，则是另一种境界。适可而止，点到为止，才有中庸之美。周作人反对祖先崇拜、厌恶三从四德，却从未排斥生活中的中庸之道。这是他"半是儒家半释家"的注解，也是他心中两个鬼的注解。他抨击礼教，抨击中国人的野蛮与愚昧，却赞赏中国人在生活上的讲究，庆幸"中国人对于饮食还知道一点享用之术"，同时为"一般的生活之艺术却早已失传了"而遗憾。

在他看来，"生活不是很容易的事。动物那样的，自然地简易地生活，是其一法；把生活当作一种艺术，微妙地美地生活，又是一法：二者之外别无道路，有之则是禽兽之下的乱调的生活了。"他认为生活的艺术就在于禁欲与纵欲之间的调和，在于既不禁欲又不纵欲，找到恰到好处的那个点。从个人生活谈到新文明的创造，他说："中国现在所切要的是一种新的自由与新的节制，去建造中国的新文明，也就是复兴千年前的旧文明，也就是与西方文化的基础之希腊文明相合一了。这些话或者说得太大太高了，但据我想舍此中国别无得救之道，宋以来的道学家的禁欲主义总是无用的了，因为这只足以助成纵欲而不能收调节之功。”①因为受希腊文化精神与文艺复兴运动的影响，他与陈独秀等“五四”诸子在文化的见解上略有差异，他回顾的目光更遥远，所以看到了某些可以复兴的东西，作为新文化建设的基础。

对一个作家而言，文化的有无和根基的深浅，无需特意标榜，是怎么也装不了也掩饰不了的。由于家庭出身和文化熏陶，因为成长环境和教育背景，自然形成一些东西，一言一动，举手投足，都会表现出来。如果表现在写作中，就成了别人无法模仿的个人特色。

周作人在《志摩纪念》中曾说：“中国散文中现有几派，适之、仲甫一派的文章清新明白，长于说理讲学，好像西瓜之有口皆甜；平伯、废名一派涩如青果；志摩可以与冰心女士归在一派，仿佛是鸭儿梨的样子，流丽轻脆，在白话的基本上加入古文、方言、欧化种种成分，使引车卖浆之徒的话进而为一种富有表现力的文章，这就是单从文体变迁上讲也是很大的一个贡献了。”用三种水果比喻，清新又别致。他自己属于哪一派？自然是平伯、废名一派。

所以，他的散文其实有点“涩”，说他平淡，往往是因为自己口重。

①周作人：《生活的艺术》，1924年11月17日《语丝》第1期。

新文化危机中的鲁迅

众所周知，五四新文化运动开启了中国文化的一个新时代。遗憾的是，这一指向现代文化目标的伟大尝试并没有持续太久，就开始受到来自各方面的冲击，因而由主流进入边缘，又由边缘成为地底的潜流。这一过程使真正的现代知识分子每当念及就惭愧得无地自容。因为面对20世纪中国文化流变的历史，一种诘问无法回避：当新文化面临危机的时候，承载着“五四”新文化精神的现代知识分子究竟哪里去了？他们做了些什么？有没有尽到自己的责任？这个问题严重影响着中国现代知识分子的形象，影响着人们对20世纪中国文人的整体认识和估价。值得欣慰的是，只要穿越种种屏障回到七十多年前的历史现场。人们就不难看到，当“五四”新文化面临危机的时候，那些真正的现代知识分子并没有放弃自己的责任，他们虽然面对着大面积的背叛而势单力薄，却进行过艰难的守护和抵抗。20年代末的中国文坛发生过几件大事，比如：鲁迅与“革命文学”倡导者之间的论争；胡适与新生的国家权力之间的冲突。由于长期以来历史叙述的狭隘视角，胡适和鲁迅往往被分别置入两个不同的阵营，因而这些大事在新文化运动史上的意义被弄得模糊不清。但是，只要超越唯阶级论的狭隘视角，就会清楚地看到，那是新文化运动的主将们在不同的战场上为保卫新文化而进行的艰苦努力。当“五四”新文化面临严重危机的时候，他们被迫进行一场保卫战。在这场保卫战中，正是鲁迅打响了奋起抵抗的第一枪。

一

“五四”新文化的危机首先来自国民革命高潮的兴起。虽然国民革命的领导核心国民党中不乏五四新文化运动的参与者，但是，国民党的指导思想却与五四新文化运动的方向存在着矛盾。国民党以孙中山的三民主义为其指导思想，而孙中山的三民主义与五四新文化运动精神是不一致的。人们一般把孙中山称作资产阶级革命家，但是，这位所谓资产阶级革命家并未完整接受西方资产阶级的思想体系，而是更多地继承了本土的传统遗产。而且，作为一个志在行动的革命鼓动家和组织者，他要努力使自己的思想纲领能够为更多的国人所接受，就不能不在思想和言论上迎合大众所承载的传统。

正因为这样，孙中山支持学生爱国运动，也看重新文化运动的社会影响力，却并不赞同新文化运动的精神取向和价值选择。在论及五四新文化运动的反对力量时，人们往往更多地注目于文化界的保守派，但是，只要认真面对历史，就应该承认，对五四新文化运动的最大威胁不是来自辜鸿铭、林琴南或梁漱溟，而是来自孙中山和他的国民党。“五四”新文化精神与孙中山思想的主要分歧表现在两个方面：

一、五四新文化运动以人为基本出发点和最高价值尺度，新文化的意识核心是人，其努力目标是个人自由与权利的保障；孙中山反复强调的是民族和国家，对新文化运动的价值核心不仅没有兴趣，而且竭力抵制。特别是对个人自由，他的态度可谓深恶痛绝。他认为中国人的自由已经太多，所以不必再争取个人自由。他说：“自由这个名词究竟要怎么样应用呢？如果用到个人，就成一片散沙。万不可再用到个人上去，要用到国家上去。个人不可太过自由，国家要得到完全自由。到了国家能够行动自由，中国便是强盛国家，要这样做，便要大家牺牲自由……我们的革命主义，便是集合起来的士敏土，能够把四万万人都用革命主义集合起来，成一个大团体。”[①]直到去世前夕，他在一次次演讲和训话中反复强调的仍然是：“只全党有自由，个人

①《孙中山选集》，人民出版社1956年，第722—723页。

不能有自由。然后我们的革命才可以有望成功。”①

二、五四新文化运动作为辛亥革命成功之后的一次思想文化补课，其主要手段之一就是通过反传统以铲除几千年专制政体的文化根基。新文化运动的领袖们已经认识到，作为中国文化核心部分的儒学传统与专制政治是相互适应的，在儒家学说基础上形成的君君臣臣父父子子的伦理观念是中国专制政治的文化基础，因此，要在中国实现民主、自由、平等、人权等普世价值，就必须彻底批判旧文化。孙中山的思想却与此恰恰相反。他认为：“我们中国四万万人不但是很和平的民族，并且是很文明的民族。近来欧洲盛行的新文化，和所讲的无政府主义与共产主义，都是我们中国几千年以前的旧东西。……我们中国的新青年，未曾过细考究中国的旧学说，便以为这些学说就是世界顶新的了，殊不知道在欧洲是最新的，在中国就有了几千年了。”②五四新文化运动的领袖们无法容忍中国的政治传统，因而在呼唤科学的同时呼唤民主、自由和人权。孙中山却说：“欧洲之所以驾乎我们中国之上的，不是政治哲学，完全是物质文明。……我们现在要学欧洲，是要学中国没有的东西。中国没有的东西是科学，不是政治哲学。至于讲到政治哲学的真谛，欧洲人还要求之于中国。”③五四新文化运动的领袖们竭力批判旧道德，因为正是它以强大的力量扭曲着一个个活生生的生命，制造着一具具僵尸。孙中山却几乎全盘接受了与专制政治相适应的道德观念。他说：“讲到中国固有的道德，中国人至今不能忘的，首先是忠孝，次是仁爱，其次是信义，其次是和平。这些旧道德，中国人至今还是常讲的。但是现在受外来的民族的压迫，侵入了新文化，那些新文化的势力此刻横行中国。一般醉心新文化的人，便排斥旧道德，以为有了新文化便可以不要旧道德。”④

由此可见，孙中山的思想在许多方面与“五四”新文化的精神是背道而驰的。如果只是思想和学术上的一家之言，也许并不值得特别关注，但作为一个革命领袖，这些思想却在指导中国革命的过程中产生了不同寻常的影

①《黄埔军校史料》，广东人民出版社1985年，第223页。

②《孙中山选集》，人民出版社1956年，第666页。

③同上书，第666—667页。

④同上书，第680页。

响。随着革命高潮的掀起，孙中山的思想家喻户晓，并直接影响着一代青年不自觉地背离新文化。

同时，重组后的国民党在北伐过程中显然受到了鲍罗廷等政治顾问和军事顾问们带来的俄式极权主义思想和体制的影响。这样，就使得国民革命的意识形态与“五四”新文化精神日益背道而驰。

因此，1927年蒋介石在政治和军事上的胜利后果非常复杂。对于北伐的胜利，任何否定都可能有失偏颇，但是，从文化上看，一个事实却无法否认：新政权的建立没有推进新文化的发展，而是直接和间接地带来了旧文化的复辟。因为伴随着新政权的建立，在政治上出现的不是现代民主政体，而是一党专政的非现代政体。为了巩固其政治上的一党专政，国民党不得不努力强化意识形态方面的控制。这就导致了一个结果：新政权不是努力发展与民主制度相适应的新文化，而是努力弘扬与专制制度相适应的旧传统。

也许，1927年之后中国的传统文化回潮与蒋介石个人的儒家思想和民族主义倾向不无关系。大概无需进行详细的考察就可以发现，蒋介石像孙中山一样支持“五四”学生运动，却对新文化运动不感兴趣。原因非常简单，“五四”学生运动可以被轻易地引向某种统治需要，而新文化运动却与一切旨在统治的需要冲突甚多。作为政治领袖和军事领袖，蒋介石反复强调的是国民的自信心，是爱国主义精神和民族主义情绪。作为曾国藩的真诚崇拜者，他信奉儒家传统，心仪宋明理学。因此，他一直埋怨五四新文化运动对中国传统文化没有给予足够的尊重，不赞成新文化运动领袖们的西化态度。他认为新文化运动盲目崇拜西方而丢失了民族的自信，认为新文化运动所倡导的那一套不适合中国国情，而且使青年背离传统、反抗权威、张扬个性、不讲纪律，产生了极为不良的影响。蒋介石是从根本上不赞同新文化运动的。他后来曾经这样说过：“我们试看当时所谓新文化运动，究竟是指什么？就当时一般实际情形来观察，我们实在看不出它具体的内容。是不是提倡白话文就是新文化运动！是不是零星介绍一些西洋文艺就是新文化运动！是不是推翻礼教否定本国历史就是新文化运动！是不是打破一切纪律，扩张个人自由就是新文化运动！是不是盲目崇拜外国，毫无抉择地介绍和接受外来文化，就是新文化运动！如果是这样，那我们所要的新文化，实在是太幼稚、太便宜、而且是太危险了。”[①]因为这种认识，他一生中都无心推动新文化而有志弘扬旧传统。

在没有获得统治权的时候，国民党对新文化运动破坏偶像、反对权威、要求民主和自由的精神尚能部分容忍，然而，当他们通过军事手段获得统治权之后，就难以容忍并要严加防范了。在20世纪的中国，一切在骨子里与科学、民主、自由、人权等普世价值背道而驰的力量都对“五四”新文化抱有警惕，因而总是努力消灭它，或者巧妙地改写它。新政权为了巩固一党专政的非现代统治秩序，试图用三民主义统一人们的思想，用传统道德整合人们的精神，并且梦想通过弘扬传统文化而在爱国主义的旗帜下实现思想和舆论的一致，而毫不顾及现代知识分子以人权为核心的现代文化理想。当然，南京国民政府对知识分子是重视的，新政权建立之后很快对教育部门给予了一系列优惠，比如，不再拖欠薪水，提高教师工资，使大学教授的实际生活收入随着币制的改革等一系列措施而得到了大幅度提高。但是，伴随着物质生活待遇的提高，同时出现的却是自由空间的萎缩。虽然国民党没有能够把知识分子完全纳入体制枷锁，却曾经试图通过政治思想工作而对其思想和言论进行限制，并且试图通过学校教育灌输党派的私货，使国家的教育事业为党派的利益服务。

为了新的统治秩序的建立和巩固，新政权在意识形态领域采取了一系列措施：一、开动宣传机器，拼命制造舆论，在全社会强化新的政治意识形态。甚至利用群众大会、游行示威、喊口号、贴标语等方式发动群众，大造声势。党的宣传成为压倒一切的声音和不容置疑的东西。在党的控制之下，报刊受到控制，人们的言论自由空间急剧萎缩。二、实行党化教育，强行灌输某种思想和主义。机关学校都要做纪念周，学习“总理遗嘱”。三民主义成了不容批评的金科玉律，虽然没有写进宪法要求国民必须坚持，却借用国家政权的力量强行灌输，在公立的学校中培养三民主义的忠实信徒。三、努力向传统文化寻找资源，弘扬旧传统，重振旧道德。中央宣传部长亲自撰文，要“由党的力量来挽回风气”，并且声称“中国本来是一个由美德筑成

①《哲学与教育对于青年的关系》，见周策纵《五四运动》，江苏人民出版社1996年，第474页。

的黄金世界”。[①]

这一切，不能不使处于萌芽状态的中国新文化面临严重危机。

二

正当国民革命处于高潮的时候，鲁迅来到广州。他在北京受到压迫，在厦门受到排挤，在革命的策源地广州，却受到热烈欢迎，不仅文化教育界热烈欢迎，而且国民党要员纷纷拜访和宴请，可谓热闹非常。这种情况极易使人产生好感并因之产生更多的认同。这对鲁迅是一场严峻的考验。初到广州之时，鲁迅的确也曾在某种程度上受到革命热潮的影响，并对革命抱有热望。但是，作为“五四”新文化的主将之一，他没有成为国民革命的狂热追随者。因为他毕竟不是那些激情有余而理性不足的青年，更重要的是，革命策源地广州的思想文化是他不能认同的。虽然鲁迅对孙中山一直怀有敬重之情，但是，他们之间在思想上距离甚远。鲁迅从来没有正面批判过孙中山的思想，也没有直接与国民革命的意识形态相对立，但是，从他到广州之后的言行考察，便不难发现，他并没有因为身处革命高潮之中就认同革命的意识形态，而是仍然坚持着新文化运动的方向。

首先，仍然坚持反传统的文化立场，致力于旧文化的批判和改造。他对革命的广州在文化上的守旧深感不满，因而开始在南方传播新文化的火种。在《无声的中国》中，他首先把批判的矛头指向了中国文字，认为正是它造就了一个无声的中国：“将文章当作古董，以不能使人认识，使人懂为好，也许是有趣的事罢。但是，结果怎样呢？是我们已经不能将我们想说的话说出来。”在革命的广州，人们都熟悉孙中山的“一盘散沙”论，但是，对于这“一盘散沙”的形成，鲁迅的解释却完全不合于孙氏学说。孙中山认为是自由太多导致了中国人成为一盘散沙，鲁迅却认为原因在于“用的是难懂的古文，讲的是陈旧的古意思，所有的声音，都是过去的，那就是只等于零的。所以，大家不能互相了解，正像一大盘散沙”。而且，正是在这篇演讲中，他再次反对调和折中论。“中国人的性情是总喜欢调和，折中的。譬如

①胡适：《新文化运动与国民党》，《新月》第2卷第10号。

你说，这屋子太暗，须在这里开一个窗，大家一定不允许的。但如果你主张拆掉屋顶，他们就会来调和，愿意开窗了。没有更激烈的主张，他们总连平和的改革也不肯行。”在《老调子已经唱完》中，他说：“中国的文章是最没有变化的，调子是最老的，里面的思想是最旧的。但是，很奇怪，却和别国不一样。那些老调子，还是没有唱完。这是什么缘故呢？有人说，我们中国是有一种‘特别国情’。”直到今天，包括《鲁迅全集》的注释，都注明所谓“特别国情”是袁世凯的论调，其实，特别国情论也是孙中山、蒋介石等人的论调。鲁迅却继续坚持对特别国情论的攻击，并且一如既往地强调：“中国的文化，都是侍奉主子的文化，是用很多人的痛苦换来的。无论中国人，外国人，凡是称赞中国文化的，都只是以主子自居的一部分。……保存旧文化，是要中国人永远做侍奉主子的材料，苦下去，苦下去。”

其次，没有迎合广州的革命口号，没有唱革命的高调，更没有为革命策源地献上动听的赞歌。既是名人，他不能不参加各种活动，不能不到处演讲，甚至无法拒绝种种革命桂冠。然而，他却常常说一些煞风景的话，甚至因此而使一些革命者大失所望。他对革命口号和革命桂冠的确不感兴趣，甚至声称自己从来不革命，而且害怕革命。这一切都显然不合时宜，因为广州作为革命的中心，正依靠狂热情绪进行着革命的动员。在一次次演讲中，他反复强调的是：现在的一切还是旧的，人们的思想还是旧的，文学也是旧的。他说，对于军阀，已有黄埔军官学校同学去打倒他了，但对于一切旧制度，宗法社会的旧习惯，封建社会的旧思想，还没有人向他们开火。他批评广州：“旧文学仍然很多，报纸上的文章，几乎全是旧式。我想这足见中国革命对于社会没有多大的改变，对于守旧的人没有多大的影响，所以旧人仍然能超然物外。广东报纸所讲的文学，都是旧的，新的很少，也可以证明广东社会没有受革命影响；没有对新的讴歌，也没有对旧的挽歌，广东仍然是十年前的广东。不但如此，并且也没有叫苦，没有鸣不平；止看见工会参加游行，但这是政府允许的，不是因压迫而反抗的，也不过是奉旨革命。”①

其三，在当时的广州，那些穿上了军装或挎上了军刀的文学家们正在大讲“革命文学”，鲁迅对此没有给予热情的支持，而是常常泼一点冷水。鲁

①《鲁迅全集》第3卷，人民文学出版社1981年，第421页。

迅反复讲的仍然是文艺自身的特性，是创作的自由和自主。他讲文学的“无用”和“无力”，甚至断定革命的时代是没有文学的。在黄埔军校的演讲中，他说了这样一段话：“革命地方的文学家，恐怕总喜欢说文学和革命是大有关系的，例如可以用这来宣传、鼓吹、煽动、促进革命和完成革命。不过我想，这样的文章是无力的，因为好的文艺作品，向来多是不受别人命令，不顾利害，自然而然地从心中流露的东西；如果先挂起一个题目，做起文章来，那又何异于八股，在文学中并无价值，更说不到能否感动人了。”[①]

更值得注意的是，随着时间的推移，鲁迅对革命的认识更加清楚。以独裁代替民主，以专制压制自由，以群体压抑个体，以所谓革命的主义代替自由的思想，这一切是一个坚持“五四”新文化立场的人所能容忍的吗？考察当时鲁迅的言论，可谓谨慎非常。但是，精神立场却不难发现。他的确看了很多，也感触甚多。比如，在K委员的眼里，“写长信，就是反革命的”；在革命策源地，连白话都视为异端；报刊成了宣传工具，人的言论要符合革命的尺寸，否则就不能发表……如此情况下，谈什么思想自由？谈什么文学建设？鲁迅对思想禁锢当然不能认同，因为他所向往的革命是推动文明向前发展，而不是让人失掉思想的自由。在革命的广州，鲁迅没有找到他所向往的自由权利。

他曾经这样叙述过自己的遭遇：“到后来，却有些改变了，往往斗胆说几句坏话。然而有什么用呢？在一处演讲时，我说广州的人民并无力量，所以这里可以做‘革命的策源地’，也可以做反革命的策源地……当译成广东话时，我觉得这几句话似乎被删掉了。给一处做文章时，我说青天白日旗插远去，信徒一定加多。但有如大乘佛教一般，待到居士也算佛子的时候，往往戒律荡然，不知道是佛教的弘通，还是佛教的败坏？……然而终于没有印出，不知所往了……”[②]在革命的广州，一切都要服从革命的需要，所以文学“是要直截痛快，‘革命！革命！’的，这才是‘革命文学’”[③]。对此，鲁迅曾经形象地描述道：“现在在南边，只剩了一条‘革命文学’的独木小

①《鲁迅全集》第3卷，人民文学出版社1981年，第418页。

②《鲁迅全集》第4卷，人民文学出版社1981年，第33页。

③《鲁迅全集》第3卷，人民文学出版社1981年，第485页。

桥，所以外来的许多刊物，便通不过，扑通！扑通！都掉下去了。”在这种唯“革命文学”独尊的文化氛围中，鲁迅看到，孙中山“革命尚未成功”的语录虽然是常见的标语，但仿佛已经成了一句谦虚话，在大部分的人们的心里，是“革命已经成功”或“将近成功”了。“既然已经成功或将近成功，自己又是革命家，也就是中国的主人翁，则对于一切，当然有管理的权利和义务。刊物虽小事，自然也在看管之列。”[①]刊物既然被主人翁看管，新闻出版的自由当然难以出现。

在革命之前，鲁迅自己有一种解释：在革命的时候，是没有什么文学的。他大概也同样认为，在革命的时候，是没有自由思想的。但革命成功之后呢？鲁迅看见了，也经历过了。1929年5月，他在燕京大学演讲，开头就说：“这一年多，我不很向青年诸君说什么话了，因为革命以来，言论的路很窄小，不是过激，就是反动……”[②]至于革命之后的文化走向，则是“革命成功之后，‘国术’‘国技’‘国花’‘国医’闹得乌烟瘴气”[③]。

然而，对于鲁迅来说，重大的收获还在于他又一次看清了中国的革命原来不过如此：“革命的被杀于反革命的。反革命的被杀于革命的。不革命的或当作革命的而被杀于反革命的，或当作反革命的而被杀于革命的，或并不当作什么而被杀于革命的或反革命的。革命，革革命，革革革命，革革……”[④]这显然不是五四新文化运动所希望的结果。鲁迅曾经为参加革命的青年而痛苦，甚至怀疑自己参与了制作“醉虾”的勾当，然而，现实也使他更进一步明白了什么是革命家：“这也因为我天生的不是革命家的缘故，倘是革命巨子，看这一点牺牲，是不算一回事的。第一是自己活着，能永远做指导，因为没有指导，革命便不成功了。”[⑤]

---

①《鲁迅全集》第3卷，人民文学出版社1981年，第488页。

②《鲁迅全集》第4卷，人民文学出版社1981年，第133页。

③同上书，第140页。

④《鲁迅全集》第3卷，人民文学出版社1981年，第532页。

⑤《鲁迅全集》第4卷，人民文学出版社1981年，第98页。

三

新文化的危机还来自国民革命的另一个结果。

20年代的中国社会已经存在着严重的阶级矛盾。下层民众的生活苦难可以说是几千年一贯的历史事实，但在一般情况下，由于中国文化传统的制约，苦难的大众并不一定有足够的“阶级觉悟”，也不一定能够导致农民起义那样的翻身之举。但是，国民革命的高潮却像助长民族主义情绪一样助长了阶级意识的觉醒。

在此之前，一些知识分子因为接受西方观念而深刻认识了社会的不公，开始站在人道主义的立场上为大众鸣不平，并试图改变不平的现状。比如早在“五四”时期，陈独秀就在《贫民的哭声》中写道：“今天这样捐，明天那样税，弄得民穷财尽，钱用到哪里去了？替人民办了什么事？……养了议员去嫖赌，恭维督军；养了文官去刮地皮，借外债卖路矿得回扣；养了武官去杀人，抢劫，贩卖烟土；养了法官警官去捉拿那贫苦的烟犯赌犯来罚钱。现在的时代，还无人敢说政府官吏没有什么用处。可惜他们的功效，只造成一片贫民的哭声！”[①]刘半农的《相隔一层纸》《学徒苦》，刘大白的《卖布谣》《田主来》，都鲜明地体现着阶级意识，反映着贫富悬殊和阶级差别。而它的目的显然是指向社会平等，“生我者亦父母”的呼声就是一种典型的声音。在刘大白的《红色的新年》等赞美俄国十月革命的作品中，大声呼叫的也是：“不公！不公!！不平！不平!!”

革命高潮到来之际，情况完全不同了。由于俄国十月革命的影响，孙中山等国民革命领袖们看到了工农力量的重要性。因而在国民党第一次全国代表大会发表的宣言中明确宣称民族的解放事业“其所恃为后盾者，实为多数之民众”。并且做出允诺：“吾人欲证实民族主义实为健全之反帝国主义，则当努力于赞助国内各种平民阶级之组织，以发扬国民之能力。”[②]这就在国民革命中为追求阶级翻身的革命运动留有了广阔的空间，使下层工农大众追

①《每周评论》第19号。

②《孙中山选集》，人民出版社1956年，第591—592页。

求翻身解放的运动得以轰轰烈烈地开展起来。尤其是广东、江西、湖南等地，借着国民革命之势，穷人进行了翻身的尝试：“一切从前为绅士们看不起的人，一切被绅士们打在泥沟里，在社会上没有了立足地位，没有了发言权的人，现在居然伸起头来了。……他们发号施令，指挥一切。他们站在一切人之上。”“土豪劣绅家里，一群人涌进去，杀猪出谷。土豪劣绅的小姐少奶奶的牙床上，也可以踏上去滚一滚。”[①]

就在毛泽东为农民运动大声叫好之时，国民党的大多数却对此不以为然，作为军事最高统帅的蒋介石也不愿承认这种翻身的合法性。更为重要的是，那些出身富裕家庭的军官们已经无法忍受自己家中被抢、亲人被杀的事实。他们的态度正如毛泽东在《湖南农民运动考察报告》中所嘲弄的：“嘴里天天说‘唤起民众’，民众起来了又害怕得要死。”然而，抱怨并不能改变当时的革命现实。他们既然害怕得要死，就要采取措施。于是，无论是乡村的农民运动还是城市的工人运动，都转眼间风平浪息了。手段当然是残酷的，工农运动的组织发动者们也受到了清洗和镇压。

当清党运动使以阶级斗争的方式谋求翻身解放的行动失掉合法性的时候，一些从业文人不得不转向文学运动。

在重返文坛的文人团体中，创造社的举动尤其引人注目。当然，创造社的举动并不值得大惊小怪。因为对于他们来说，“转向”本是家常便饭。他们的转向早就开始了，最先的转变主要是从表现自我到表现社会、由主张抒情到主张写实，也就是创作上从浪漫主义走向写实主义。这在当时实在算不了什么，因为“五四”文学革命的倡导者们及其最先的主力军一直进行着这样的努力。值得注意的是他们在走向社会现实的同时纷纷投身于国民革命，而且在穿上军装之后就立即开始高喊“革命文学”的口号，号召文学青年“到兵间去，民间去，工厂间去，革命的漩涡中去！”[②]其表现与“五四”时期截然不同。但仔细想来，这仍然一点也不奇怪。因为在“五四”高潮中，创造社的人们并没有进入新文化运动的中心，其主要人物甚至没有读过《新青年》。他们只是凭着朦胧的感觉和本能的冲动从感性的层面上应和了五四

①《毛泽东选集》，人民出版社1967年，第14—16页。

② 郭沫若：《革命与文学》，1926年4月《创造月刊》。

新文化运动，以破坏与创造的精神高扬起了个性反抗的旗帜，却对五四新文化运动缺少足够的认识。盲目的追随者在高潮过后转身而去，本是非常自然的事。他们的转向适应了国民革命的政治要求。然而，随着1927年南京国民政府的建立，他们却成了鲁迅所说的“革命已经成功的文学家”和“革命尚未成功的文学家”之中的后者，被迫回到了文坛。

重返文坛的他们不但没有走上“五四”新文学的道路，而是恰恰相反：一齐拿“五四”新文学和新文化主将们开刀，要彻底扫荡新文学和新文化。值得注意的是，他们在政治上应该是反对国民党统治的，但在文化上却与国民党统治者保持着高度的一致，——都把“五四”新文化作为批判和否定的对象。他们否定鲁迅，嘲弄胡适，扫荡几乎所有的“五四”作家。他们竭力否定文学革命的成就，猛烈批判“五四”新文学的价值观念和意识形态，对《新青年》集团和文学革命的开创者进行猛烈攻击。在他们看来，启蒙是浅薄的，新文化运动是不合时宜的，“胡适之流”的叫喊“力竭声嘶”，“其余一些半死不活的大妖小怪”不过是“跟着一齐乱喊”，新文化运动的“这些‘名流’完全不认识他们的时代，完全不了解他们的读者，也完全不了解自己的货色”。“他们不知道那时候的觉悟的青年已经拒绝了他们的迷药”。……面对“五四”新文学的中心北京文坛，他们认为是“一片乌烟瘴气”，所以需要“十万两无烟火药”。[①]他们认为一般的文学家大多数是反革命的，他们的文艺都是不革命或者反革命的文艺。

他们发现了新的文学道路，认定五四新文化运动的价值选择和“五四”新文学的精神取向已经过时，继之而起的将是无产阶级的文艺。他们认为“资本主义已经到了他的最后的一日，世界形成了两个战垒”，在这种形势下，“谁也不许站在中间。你到这边来，或者到那边去！……克服自己的小资产阶级的根性，把你的背对向那将被‘奥伏赫变’的阶级，开步走，向着那龌龊的大众！”[②]如果有人不愿接受他们的命令，或者坚守“五四”新文化的价值立场，他们就要“替他们打包，打发他们去”，或者“踢他们出去”。[③]他们宣

①成仿吾：《从文学革命到革命文学》，1928年2月1日《创造月刊》第1卷第9期。

②同上。

③成仿吾：《打发他们去》，1928年2月《文化战线》。

布："不能和我们联合战线的就是我们的敌人！""必须先把这些敌人打倒！"[①]他们从个人主义走向了群体主义，从轻视大众走向崇拜大众，因而不仅否定自我，而且否定知识分子的启蒙立场，要求作家做一台"留声机器"。如果不愿响应他们的号召，他们的态度就异常蛮横，正如郭沫若在《英雄树》中的回答："那没有同你说话的余地，只好敦请你们上断头台！"

作为"五四"文坛上一个有影响的社团，创造社与太阳社一起，以这样一种姿态开始对"五四"新文学进行一次再革命，对"五四"新文化进行猛烈的反叛与颠覆。毫无疑问，它从另一方面加剧了新文化的危机。

四

面对创造社和太阳社对"五四"新文学和新文化的挑战，鲁迅进行了反击。他因此成为众矢之的，成了"中国的Don Quixote"，"为布尔乔亚汜当了一条忠实的看家狗！"[②]甚至是"文艺战线上的封建余孽""二重的反革命人物"和"不得志的Fascist（法西斯蒂）"。[③]面对围攻，鲁迅没有退却。他不断迎战和反击，与之展开了长期的论战。

在过去的历史叙述中，人们往往从阶级阵线着眼而努力抹杀他们之间的矛盾，或者由于思维方式的局限而看不到冲突的实质，结果是使这场激烈论争性质模糊不清，焦点隐晦不明。直到今天，即使在一些"重写"的现代文学史上，也仍然是一笔糊涂账。那么，这场冲突的焦点究竟何在？其实，后人为适应某种需要或在种种限制之下做出的解释远不如当事人的感觉和认识更为可靠。郑伯奇在《文坛的五月》中曾经声明："这不是我们和鲁迅的冲突，也不是创造社和语丝派的冲突，这是思想和思想的冲突，文坛上倾向和倾向的冲突。我们所批评的不是鲁迅个人，也不是语丝派几个人，乃是鲁迅

---

①王独清：《祝词》，1928年5月《我们月刊》创刊号。

②李初梨：《请看我们中国的Don Quixote的乱舞》，1928年4月15日《文化批判》第4号。

③杜荃（郭沫若）：《文艺战线上的封建余孽》，1928年8月10日《创造月刊》第2卷第1期。

与语丝派诸君所代表的一种倾向。”郭沫若在《“眼中钉”》一文中也曾辩解：“他们批判鲁迅先生，也决不是对于‘鲁迅’这一个人的攻击。他们的批判对象是文化的整体，所批判的鲁迅先生是以前的‘鲁迅’所代表，乃至所认为代表着的文化的一个部门，或一部分的社会意识。”应该承认，这些话是不错的。他们的确不是批判鲁迅个人，而是批判一种文化倾向，这倾向就是“五四”新文化的倾向。同时，鲁迅的抵抗和还击也并非仅仅出自私怨，而是守护一种文化倾向，这倾向也是“五四”新文化的倾向。考察其矛盾冲突，挑战者的进攻和守护者的抵抗都紧紧围绕着“五四”新文学和新文化。交锋之点主要集中于以下几个：一是人道主义和个人主义，亦即“五四”文学以人为中心的人道意识；二是现代启蒙主义，即以改造国民性为标志的现代启蒙立场；三是五四新文化运动中诞生的知识分子话语的独立性。

挑战者们否定鲁迅，首先因为鲁迅是一个人道主义者。他们在鲁迅的文章中看到的是“人道主义者怎样地防卫着自己”，看到的是“人道主义者的裸体照相”[①]。他们说鲁迅的文章“暴露了知识阶级的厚颜，暴露了人道主义的丑恶”[②]。由此可见，在他们眼里，人道主义不仅是浅薄的，而且是丑恶的。站在“五四”新文化的立场上，这种观点当然难以接受。鲁迅并不赞成托尔斯泰的不抵抗主义，但是，他不能容忍对人道主义的简单否定。所以，当挑战者称托尔斯泰是“卑污的说教人”时，鲁迅在《“醉眼”中的朦胧》中说：“惟有在中国特别，知道跟着人称托尔斯泰为‘卑污的说教人’了，而对于中国‘目前的情状’，却只觉得‘在事实上，社会各方面亦正受着乌云密布的势力的支配’，连他的‘剥去政府的暴力，裁判行政的喜剧的假面’的勇气的几分之一也没有；知道人道主义不彻底了，但当‘杀人如草不闻声’的时候，连人道主义式的抗争也没有。”

挑战者们反对个人主义，强调一切必须服从组织，听从“时代”的命令。他们认为个人主义早已是一种腐朽的思想，像自由、民主一样属于腐朽阶级的意识形态，而鲁迅却“始终是一个个人主义者”，而不愿接受集体

①冯乃超：《人道主义者怎样地防卫着自己?》，1928年4月15日《文化批判》第4号。

②成仿吾：《毕竟是“醉眼陶然”罢了》，《创造月刊》1928年5月。

化："'因为我喜欢'，所以我要反抗，这不是革命党人的态度，这是个人主义的小资产阶级者的丑态。……他的出发点，不是集体，而是个人，他的反抗，只是为他个人的反抗。虽然有时也为着别人说几句话，我们若果细细地考察起来，究竟是抛不开'我'的成分的。"[①]他们说鲁迅倔强，任性，固守己见而不认错；说鲁迅沉迷于自由思想，说鲁迅仍然固执于浅薄的人道主义，等等，应该说都是不错的。问题在于这正是鲁迅坚持五四新文化运动的方向。作为新文化的承载者，他不能不高度重视个人的自由，执着于把人从各种迷信和依附中解放出来的启蒙工程。因此，他对依靠某种政治势力或者军事势力而大喊革命文学口号不以为然，对以群体的名义剥夺个人的权利的确有点害怕。他一方面提醒人们注意"笔下雄赳赳，对大家显英雄"的人们与"指挥刀"的关系，一方面发出如此的感叹："中国却有此例，竟会将个性，共同的人性（即林氏之所谓个人性），个人主义即利己主义混为一谈，来加以自以为唯物史观的申斥，倘再有人据此来论唯物史观，那真是糟糕透顶了。"[②]

挑战者们反对自由思想，批判知识阶级或是小资产阶级。他们指出："鲁迅把自己的小资产阶级的恶习性完全暴露了出来，小资产阶级的任性，小资产阶级的不愿认错，小资产阶级的疑忌……鲁迅所以陷于这样的状态之中，我们也可以说完全是所谓自由思想害了他，自由思想的结果只有矛盾，自由思想的结果只有徘徊，所谓自由思想在这个世界上只是一个骗人的名词，鲁迅便是被骗的一个。"[③]在他们的眼里，独立人格和自由思想都是应该批判和否定的。鲁迅却仍然坚持自由的思想，反对任何思想专制，守护着现代知识分子独立地自由表达思想的权利。即使翻译苏俄文艺理论的主张，也是"只希望有切实的人，肯译几部世界上已有定评的关于唯物史观的书——至少，是一部简单浅显的，两部精密的——还要一两本反对的著作。那么，论争起来，可以省说许多话"[④]。关于挑战者们反复攻击的所谓"小资产阶

①钱杏邨：《朦胧以后》，1928年5月20日《我们月刊》创刊号。

②《鲁迅全集》第4卷，人民文学出版社1981年，第126—127页。

③钱杏邨：《死去了的阿Q时代》，1928年3月《太阳月刊》。

④《鲁迅全集》第4卷，人民文学出版社1981年，第127页。

级”，鲁迅说：“中国，据说，自然是已经革了命，——政治上也许如此罢，但在文艺上，却并没有改变。有人说，‘小资产阶级文学之抬头’了，其实是，小资产阶级文学在哪里呢，连‘头’也没有，哪里说得到是‘抬’。”[①]

挑战者们认为阿Q时代已经死去，大众已经不需要启蒙，所以强调作家放弃知识分子的启蒙主体地位而充当大众的留声机器。他们认为时代已经进入了一个新的时代，“资本主义已到了它最后的一日，世界形成了两个战垒，一边是资本主义的余毒‘法西斯蒂’的孤城，一边是全世界农工大众的联合战线。”[②]中国也不是过去的中国，“农村零落了，都市普罗列塔利亚特(Proletariat)发生了。谁人能说中国依然是（封建的）文明之邦，礼教之国？”[③]与此同时，他们认为：“现在的中国农民第一是不像阿Q时代的幼稚，他们大都有了很严密的组织，而且对于政治也有了相当的认识；第二是中国农民的革命性已经充分地表现了出来，他们反抗地主，参加革命，近且表现了原始的Baudon（暴动）的形式，自己实行革起命来，决没有像阿Q那样屈服于豪绅的精神；第三是中国的农民知识已不像阿Q时代农民的单弱，他们不是莫名其妙的阿Q式的蠢动，他们是有意义，有目的的，不是泄愤的，而是一种政治的斗争了。”[④]那么，《阿Q正传》当然过时了，它“是写给愚蒙看的，那么就请它到愚蒙那里去吧，我们这儿已不再要它。我们这儿要革命文学了，要无产阶级的文学了”[⑤]。既然阿Q时代已经过去，而且阿Q已经觉悟，当然不再需要启蒙主义。所以，按照钱杏邨的说法：“鲁迅他自己也已走到了尽头，再不彻底觉悟去找一条生路，也是无可救济了。”[⑥]鲁迅却不承认阿Q时代已经过去，而是一如既往地坚持启蒙立人之路。他在同

---

①《鲁迅全集》第4卷，人民文学出版社1981年，第135页。

②成仿吾：《从文学革命到革命文学》，1928年2月《创造月刊》第1卷第9期。

③冯乃超：《艺术与社会生活》，1928年1月《文化批判》创刊号。

④钱杏邨：《死去了的阿Q时代》，1928年3月《太阳月刊》。

⑤朱彦：《阿Q与鲁迅》，1928年10月《新宇宙》创刊号。

⑥钱杏邨：《死去了的鲁迅》，原载《现代中国文学作家》第1卷，上海泰东图书局1928年7月初版，此处引自《鲁迅和他的论敌论文选》，今日中国出版社1996年，第466页。

一期《语丝》上同时发表《扁》《路》《头》《通信》《太平歌诀》《铲共大观》等一系列文章，其显著的主题是揭露现实的黑暗和民众的愚昧，提醒人们：阿Q的时代真的过去了吗？阿Q真的已经觉悟？在《铲共大观》中，他说："我们中国现在（现在！不是超时代的）的民众，其实还不很管什么党，只要看'头'和'女尸'。只要有，无论谁的都有人看。拳匪之乱、清末党狱、民二，去年和今年，在这短短的二十年中，我已经目睹或耳闻了好几次了。"在《太平歌诀》中，他说："看看有些人们的文字，似乎硬要说现在是'黎明之前'。然而市民是这样的市民，黎明也好，黄昏也好，革命者们总不能不背着这一伙市民进行。鸡肋，弃之不甘，食之无味，就要这样地牵缠下去。五十一年后能否就有出路，是毫无把握的。"在《文艺与革命》中，他说："现在所号称革命文学家者，是斗争和所谓超时代。""超时代其实就是逃避，倘自己没有正视现实的勇气，又要挂革命的招牌，便自觉地或不自觉地必然地要走入那一条路的。身在现世，怎么离去？这是和说自己用手提着耳朵，就可以离开地球者一样地欺人。"

挑战者们以无产阶级的文学使者自居，自以为代表着新的时代，并且完成了对五四新文化运动和文学革命的超越，鲁迅却看到了假冒伪劣，看到了新商标下的旧货色，毫不留情地揪出了他们新制服下面的老辫子。在《路》中，他曾尖锐地讽刺说："上海的文界今年是恭迎无产阶级文学使者，沸沸扬扬，说是要来了。问问黄包车夫，车夫说并未派遣。这车夫的本阶级意识形态不行，早被别阶级弄歪曲了罢。另外有人把握着，但不一定是工人。于是只好在大屋子里寻，在客店里寻，在洋人家里寻，在书铺子里寻，在咖啡馆里寻……"因为在他看来，在这些地方寻找出来的决不是无产阶级的文学使者。在《文坛的掌故》中，他又说："向'革命的知识阶级'叫打倒旧东西，又拉旧东西来保护自己，要有革命者的名声，却不肯吃一点革命者往往难免的辛苦，于是不但笑啼俱伪，并且左右不同，连叶灵凤所抄袭来的'阴阳脸'，也还不足以淋漓尽致地为他们自己写照……"在《我的态度气量和年纪》中，因为对方提到了林琴南，鲁迅写道："旧的和新的，往往有极其相同之点——如个人主义者和社会主义者往往都反对资产阶级，保守者和改革者往往都主张为人生的艺术，都讳言黑暗，棒喝主义者与共产主义者都厌恶人道主义等——林琴南先生的事也正是一个证明。至于所以不行之故，其关键就全在他生得更早，不知道这一阶级将被‘奥伏赫变’，及早变计，于是归根结蒂，分明现出Fascist本相了。但我以为‘老头子’如此，是不足虑的。他总比青年先死。林琴南先生就早已死去了。可怕的是将为将来柱石的青年，还像他的东拉西扯。”

关于鲁迅对创造社、太阳社的态度，后来的评论也远不如当事人当时的感觉更为准确。在《创造十年》中，郭沫若这样写道：“在这儿鲁迅先生又不费力地把创造社来和《论衡》派、鸳鸯蝴蝶派归为了一类，而使文学研究会承继着《新青年》和《终身大事》的正统。似乎创造社之成为文学研究会的‘新敌’，是因为该研究会声援了《新青年》。”“我们的鲁迅先生自始至终是要把创造社的几个流氓打进阿鼻地狱里去的。在未革命之前他们是流氓痞棍，在既革命以后他们还是流氓痞棍!”①

考察这场冲突，我们不难看到，虽然矛盾复杂，但的确带有新旧文化冲突的性质。挑战者以最激进的面貌出现，似乎实现了对五四新文化运动的超越，要把文学运动推进到一个新的阶段，即所谓“从文学革命到革命文学”。事实上，他们却陷入了一种貌新而实旧的境地：他们反对的所谓“旧式的作家”，正是以鲁迅为代表的新文学先驱；他们所反对的所谓“旧思想”，正是五四新文化运动中出现的新思想。这些激情满怀的年轻人自以为超越了“五四”新文学和新文化，却没有意识到他们以最激进的面貌出现，努力复活的却是旧传统。

进入30年代之后，鲁迅参加了左联，但是，并没有因此而放弃对“五四”新文化的守护。他加入左联之后的矛盾和痛苦，与左联领导人之间的矛盾，其根本原因都在于他虽然置身于左联之中，却仍然不愿放弃新文化运动中确立的现代性的文化目标。就整个新文化阵营的格局看，30年代的鲁迅已经站在一个极地之侧，但是，正是在这个边缘之处，鲁迅以短兵相接的方式抵抗了各种对新文化的侵袭，顽强地守护着新文化运动的成果和来之不易的现代知识分子话语空间。

---

①郭沫若：《创造十年》，现代书局1932年9月初版。

新文化危机中的胡适

一

20年代末，是中国历史的一个重要转折时期。北伐战争的胜利给中国带来了一个新的政权，但是，从文化上看，一个事实无法否认：新政权建立之后，不但没有推进新文化的发展，而且直接或间接地带来了旧文化的回潮和新文化的危机。

这一切绝非偶然，而是由国民党的指导思想和革命实践所决定的。国民党以孙中山的三民主义为其指导思想，但孙中山这位资产阶级革命家却没有完整地接受西方资产阶级的先进思想体系，因而在其三民主义中保留了许多非现代的因素。正因为这样，它与新文化运动的精神相去甚远。新文化运动的领袖们认为中国传统文化与专制政治是相互适应的，因此，要在中国实现真正的民主共和，就必须引进民主、自由、平等、人权等普世价值，彻底批判旧文化。孙中山却高度赞扬中国传统文化，认为西方的一切新文化在中国都“古已有之”，“殊不知道在欧洲是最新的，在中国就有了几千年了。”[①] 五四新文化运动的领袖们无法容忍中国的政治传统对共和国政体的侵蚀，因而努力引进西方现代政治理念。孙中山却说：“欧洲之所以驾乎我们中国之上的，不是政治哲学，完全是物质文明。……至于讲到政治哲学的真谛，欧

①《孙中山选集》，人民出版社1956年，第666页。

洲人还要求之于中国。”[①]五四新文化运动的领袖们发现了旧道德“吃人”的罪恶，因而猛烈批判旧道德。孙中山却努力张扬与专制政治相适应的道德观念，并且抱怨“一般醉心新文化的人”对传统道德的破坏。[②]尤其重要的是，五四新文化运动以人为最终目的和最高价值尺度，因而努力争取个人的自由和人权的保障。孙中山却片面强调民族和国家，而且总以民族和国家的名义要求人们放弃个人自由。他认为中国人的自由已经太多，以致中国成了“一片散沙”，所以当务之急是“打破各人的自由，结成很坚固的团体，像把水和士敏土参加到散沙里头，结成一块坚固石头一样”[③]。他主张自由“万不可再用到个人上去，要用到国家上去。……到了国家能够行动自由，中国便是强盛国家，要这样做，便要大家牺牲自由”[④]。五四新文化运动高举民主的大旗。孙中山却很少有民主观念，因而总是不自觉地就要剥夺公民的民主权利。从《中华革命党总章》的规定，到1924年改组国民党，他一直没有克服那些反民主的观念，有时甚至变本加厉。《中国国民党第一次全国代表大会宣言》中明确写道：“国民党之民权主义，与所谓‘天赋人权’者殊异，而唯求所以适合于现在中国革命之需要，盖民国之民权，唯民国之国民乃能享之，必不轻授此权于反对民国之人，使得借以破坏民国。”[⑤]即使在党内，他一再强化的也是党员对领袖的绝对服从。

在国民党重组和举兵北伐的过程中，由于受到鲍罗廷等人带来的俄式极权主义思想和体制的影响，孙中山的这些思想局限得到了进一步的强化，迅速扩张开来，并且随着北伐战争的胜利而成为占统治地位的思想。因此，无论北伐过程之中，还是北伐胜利之后，国民党的所作所为都在很多方面与新文化运动的目标背道而驰。最为明显的是，以蒋介石为核心的新政权虽然没有完全否定辛亥革命之后出现的民主政治框架，但在这个框架之中，却通过训政的名义建立了一党专制的政权。这种新的统治形式显示着中国政治的一

①《孙中山选集》，人民出版社1956年，第667页。

②同上书，第680页。

③同上书，第721页。

④同上书，第722页。

⑤程思远主编《中国国民党百年风云录》，延边大学出版社1995年，第3405页。

次倒退。因为民国初年的中国政治虽然一直没有走上正轨，但国会和议员的存在却毕竟标志着一种现代政体的形式。国民党一党专制政体的建立，却使执政者成为一个不受制约的集团，这种集团专制与帝王专制距离并不太远，可以说是帝王专制与民主之间的一个中间物，但其本质却依然是专制。在当时的知识分子中，对此不乏清醒的认识。据胡适1929年4月26日日记，马君武曾经这样说："当日有国会时，我们只见其恶，现在回想起来，无论国会怎样腐败，总比没有国会好。"而胡适接着说的是："当日袁世凯能出钱买议员，便是怕议会的一票；曹锟肯出钱买一票，也只是看重那一票，他们至少还承认那一票所代表的权力。这便是民治的起点。现在的政治才是无法无天的政治了。"

因为政府不是民选的结果，而是一个集团的权力自授，合法性存在严重不足。所以，新政权为巩固自身的统治而采取了一系列措施：首先是开动宣传机器，拼命制造舆论，宣扬偶像崇拜，在全社会强化党的意识形态。他们喊口号，贴标语，召开大会，组织游行，发动群众，使党的宣传成为压倒一切的声音，使三民主义成了不容批评的金科玉律，并且试图用以统一人们的思想。他们把孙中山当成偶像，不但不能批评，而且直呼其名也意味着不恭，党的"忠实同志"开口闭口必是"先总理"或"国父"。更重要的是，作为一党专政的执政党，国民党努力把思想文化各领域都置于党的控制之下，使思想和言论的自由空间迅速萎缩，新闻自由受到严重威胁，甚至成为一句空话。其次是实行党化教育，限制自由思想。新政权比较重视教育，并且努力提高教师的薪水，使大学教授的实际生活收入随着币制的改革等一系列措施得到了大幅度提高，但是，与之同时出现的却是党派思想对学校的入侵和教育独立这一现代教育原则的破坏。国民党没有把知识分子完全纳入体制枷锁，却试图通过政治思想工作而对教师和学生的思想自由进行限制。他们要求学校做纪念周，学习"总理遗嘱"，试图通过学校教育灌输党派的信仰，使党的意识形态占领学校，使教育为党派的利益服务。其三是弘扬旧传统，重振旧道德，为向传统寻找资源而大开文化倒车。中央宣传部长叶楚伧就曾亲自撰文，声称"中国本来是一个由美德筑成的黄金世界"，而且要

“由党的力量来挽回风气”。[①]在中国历史上，已经形成一种规律，当统治者致力于巩固自身的统治地位时，总是要努力弘扬传统。这当然并不奇怪，原因正如新文化运动领袖们所一再指出的：中国的传统与专制主义相互适应。

这一切，导致了20世纪中国文化的第一次大幅度后退，使“五四”时期刚刚诞生的新文化面临严重的生存危机。

二

面对国家权力及其意识形态的种种倒行逆施，胡适终于忍无可忍。1929年，他连续发表了《人权与约法》《我们什么时候才可有宪法》《知难行亦不易》《新文化运动与国民党》等文章，展开了全面的抵抗和守护。

胡适与国民党的思想分歧可谓由来已久。早在1922年，胡适就对孙中山进行过公开批评。面对陈炯明的“叛变”，胡适曾说“孙文与陈炯明的冲突是一种主张的冲突。陈氏主张广东自治，造成一个模范的新广东。孙氏主张用广东作根据，做到统一的中华民国”，并且批评孙中山“不惜倒行逆施以求达到他的目的”，“远处失了全国的人心，近处失了广东的人心。孙氏还要依靠海军，用炮击广州城的话来威吓广州的人民，遂不能免这一次的失败”。他还批评国民党人在这一事件中暴露出的旧观念：“极力攻击陈炯明，说他‘悖主’，说他‘叛逆’，说他‘犯上’。我们试问：在一个共和的国家里，什么叫作‘悖主’？什么叫作‘犯上’？至于叛逆，究竟怎样的行为是革命，怎样的行为是叛逆？蔡锷推倒袁世凯，是不是叛逆？”胡适并不是为陈炯明辩护，而是反对抬出“旧道德的僵尸”作为武器。他因此受到国民党的攻击，被称作北洋军阀的走狗，然而，却没有因此而退却，而是对国民党进行了进一步的分析。他说：“在一个公开的政党里，党员为政见上的结合，合则留，不合则散，本是常事。”而国民党却要党员宣誓，带有秘密结社的性质。言外之意，国民党还算不上是现代政党。他质问道：“秘密结社用来维系党员的法子在现代的社会里是否可以持久？”[②]

①胡适：《新文化运动与国民党》，1929年《新月》第2卷第6、7期合刊。

②《胡适文集》第3卷，北京大学出版社1998年，第427—428页。

同时，在南北对立时期，胡适的政治主张也与国民党存在很大的矛盾。国民党一直坚持武力统一，反对联省自治。他们像历史上那些意在夺取天下的英雄们一样，总想以武力打败对手，建立自己的铁打江山。胡适恰恰相反，他从人道出发，希望避免战争，所以主张通过谈判谋求和平统一，而且支持联省自治，甚至指责主张武力统一者是“中国的公贼!”认为“大革命——民主主义的大革命——是一时不会实现的”[①]。

1927年回国之际，胡适虽然选择了南方，却一直担心国民党以军事手段夺取政权之后会在政治上走向独裁和专制，从而文化上走向守旧和倒退。因为这样一种担心，他曾在《几个反理学的思想家》一文中有意把吴稚晖与顾炎武、戴震等人放在一起加以赞美，高度评价吴稚晖对东方文明的激烈否定，并且反复引用孙中山在1920年1月写给同志的信中肯定五四新文化运动的只言片语，如“吾党欲收革命之成功，必有赖于思想之变化”，“此种新文化运动实为最有价值之事”，等等。这不过是企图用国民党元老反传统的行为来堵住国民党思想文化的后退之路，用孙中山对新文化运动的肯定性评价捍卫新文化运动的成果。此举可谓用心良苦，但注定不会有什么效果。因为只言片语毕竟不能代表孙中山的基本思想，吴稚晖在国民党中也只是一个异数。当孙中山的思想被公然与孔孟之道相挂接的时候，这种努力失掉了全部意义。1927年年末，胡适接受蔡元培的邀请出任大学院大学委员会委员。但是，有两项政策使胡适无法与之和谐相处：一是设立劳动大学；二是推行党化教育。因此，在大学委员会，胡适与国民党的党化教育方针发生了尖锐的冲突，甚至连老朋友吴稚晖也当面斥责胡适是“反革命”。[②]但是，站在新文化的立场上，胡适不能容忍以某个党派的意识形态统治人们的思想，更不能容忍通过大学强行灌输党派的政治信仰，从而对青年进行精神奴役。

同时，胡适无法不为新的文化走向而担忧。新国家、新政权、新社会，一切都让人眼花缭乱，但在新的面貌底下，却不难发现腐朽的气息：党的宣传正在以极大的力量谋求思想统一；北京被改为北平，孙文的名字不能喊了；到处是游行、集会、标语、口号，激昂中透露着虚假，狂热中表现着迷

①《胡适文集》第3卷，北京大学出版社1998年，第427—428、437页。

②胡明：《胡适传论》，人民文学出版社1997年，第690页。

信。这一切显然都不是新文化运动希望看到的结果。于是，在1928年，他就写了《名教》一文，揭示新的政治文化面貌之下的迷信和愚昧。他说："试问墙上贴一张'打倒帝国主义'，同墙上贴一张'对我生财'或'抬头见喜'，有什么分别？是不是一个师父传授的衣钵？试问贴一张'活埋田中义一'，同小孩贴一张'雷打王阿毛'，有什么分别？"他甚至毫不客气地指出："墙上贴一张'国民政府是为全民谋幸福的政府'正等于门上写一条'姜太公在此'，有灵则两者都应该有灵，无效则两者同为废纸而已。"

正因为这样，当1929年4月20日国民政府发布保障人权的命令时，胡适终于忍无可忍地暴发了。他在《新月》发表《人权与约法》一文，向新生的国家权威发起了挑战。政府发布保障人权的命令，本应是一件好事，然而，胡适却对这纸命令感到深深的失望。因为政府命令禁止"任何个人或团体"侵犯人权，而事实上正在严重侵犯人权的却正是党和政府机关。胡适认为："个人或团体固然不得以非法行为侵害他人身体自由及财产，但今日我们最感觉痛苦的是种种政府机关或假借政府与党部的机关侵害人民的身体自由及财产。如今日言论出版自由之受干涉，如各地私人财产之被没收，如近日各地电器工业之被没收，都是以政府机关的名义执行的。四月二十日的命令对于这一方面完全没有给人民什么保障。"文章列举了三件事：一、1929年3月，国民党三全大会上，上海党代表陈德征提出一个"严厉处置反革命分子案"的提案。提案认为法律程序过于烦琐，法院受证据束缚，因而使许多现行反革命分子逍遥法外，因此应该"凡经省党部及特别市党部书面证明为反革命分子者，法院或其他法定之受理机关应以反革命罪处分之，如不服得上诉，惟上级法院或其他上级法定之受理机关，如得中央党部之书面证明，即当驳斥之"。二、安徽大学的校长刘文典因为当面顶撞蒋介石而被拘禁。他的家人朋友只能到处奔走求情，决不能到任何法院去控告蒋主席。三、驻唐山的军队随意拘禁商人，严审致残，商会只能求情，求情无效，只能罢市。胡适指出，正是不受约束的权力在严重侵犯着人权。因此，他呼吁中国至少应该有一部训政时期的约法："我们要一个约法来规定政府的权限：过此权限，便是'非法行为'。我们要一个约法来规定人民的'身体、自由及财产'的保障：有侵犯这规定的人权的，无论是一百五十二旅的连长或国民政府的主席，人民都可以控告，都得受法律的制裁。"

接着，胡适又写了《我们什么时候才可有宪法》和《知难行亦不易》，对孙中山的思想提出了挑战。在《我们什么时候才可有宪法》一文中，胡适追究了孙中山在《建国大纲》中只讲训政而不讲约法的错误。按照孙中山的思想，“大多数人民久经束缚，虽骤被解放，初不了知其活动之方式，非墨守其放弃责任之故习，即为人利用，陷于反革命而不自知。”“我中国人民久处于专制之下，奴心已深，牢不可破。不有一度之训政时期，以洗除其旧染之污，奚能享民国主人之权利？”在这一点上，中国政治家的思路如出一辙，在发动革命的时候，往往以热情的赞美和曲意的迎合获取民心，并以“当家做主”相许诺，但在成功之后，却往往以老百姓没有参政能力为借口而剥夺他们参政的权利。对此，胡适说：“民主政治的本身便是一种教育，人民初参政的时候，错误总不能免的，但我们不可因人民程度不够便不许他们参政。人民参政并不需多大的专门知识，他们需要的是参政的经验。”当年袁世凯曾经借口中国人民知识程度太低而反对民主共和，孙中山批判说：“袁世凯之流必以为中国人民知识程度如此，必不能共和。曲学之士亦曰非专制不可也。呜呼，牛也尚能教之耕，马也尚能教之乘，而况于人呼？今使有见幼童将欲入塾读书者，而语其父曰，‘此童子不识字，不可使之入塾读书也’，于理通乎？惟其不识字，故须急于读书也。”到了国民党执政，却原来也是如此。而且思想的根源就在孙中山。胡适把孙中山批判袁世凯的话还给了孙中山和他的国民党，对其以国情为由剥夺公民权利的思想给予了毫不留情的批判。

面对胡适的挑战，国民党立即组织了反击。上海《民国日报》连续刊出批判胡适“反动谬论”的文章；上海市第三区党部全体代表大会形成决议，要求教育部对胡适予以撤职并提请中央与上海市党部严厉制裁；北平、上海、天津、青岛、江苏、南京等省市党部要求查办胡适、严惩胡适甚至缉拿胡适；其罪名是“污辱本党总理，诋毁本党主义，背叛国民政府，阴谋煽惑民众”；“毒害党国人才培养，阻碍三民主义推进”……最后，教育部果然于10月4日发出训令，并且革掉了胡适中国公学校长的职务。同时，国民党中常会于1929年10月21日通过了《各级学校教职员研究党义暂行条例》，规定：“全国各级学校教职员，应依照本条例之规定，对于本党党义作系统的研究，求深切的认识。”甚至规定：“以学期为限，平均每日至少需有半小时之自修研究，每周至少需有一次之集合研究。”①

就在这种情况下，胡适又在《新月》发表了《新文化运动与国民党》，旗帜鲜明地指出：“从新文化运动的立场看来，国民党是反动的。”他分析了国民党在文化上的反动立场，深入揭示了这种反动立场的根源。他认为：“国民党的运动是一种极端的民族主义运动，自始便含有保守的性质，故起了一些保守的理论。这种理论便是后来当国时种种反动行为和反动思想的根据了。”“一个当国专政的政党的思想若含有不合时代的反动倾向，他的影响可以阻碍一个文化的进步。”在《人权论集》的《小序》中，他又写道：“我们要建立的是批评国民党的自由和批评孙中山的自由。上帝我们尚且可以批评，何况国民党与孙中山！”

三

面对胡适与新政权及其意识形态的冲突，一个问题值得思考：冲突的焦点何在？根本的分歧是什么？其实不难发现，胡适的全部努力都在于保卫新文化运动的成果，守护新文化运动的方向。双方的分歧集中于以下几点：

一、新政权沿袭中国传统的统治习惯，无视人权的保障，甚至公然侵犯人权；胡适却坚持五四新文化运动的理想，“以科学和人权并重”，坚决捍卫并努力争取人权。公正地说，政府发布保障人权的命令，动机也许是好的。但是，一群缺少现代政治意识的革命家或政客却没有想到法律不仅是约束老百姓的，更应该是约束执政者的。因为中国的政治传统历来是统治者制订法律对付老百姓，而不是公民制订法律限制统治者的。然而，胡适却无法不感到失望，因为按照现代民主政治理念，保障人权首先就是要对执政者的权力进行限制和约束。而在当时，党和政府机关正在严重地侵犯着人权。正如胡适在《人权与约法》中所指出的：“无论什么人，只需贴上‘反动分子’‘土豪劣绅’‘反革命’‘共党嫌疑’等等招牌，便都没有人权的保障。身体可以受侮辱，自由可以完全被剥夺，财产可以任意

①引自《新月》第2卷第6、7期合刊。此文件作为罗隆基《告压迫言论自由者》的《附录》刊出。

宰割，都不是‘非法行为’了。无论什么书报，只需贴上‘反动刊物’的字样，都在禁止之列，都不算侵害自由了。无论什么学校，外国人办的只需贴上‘文化侵略’字样，中国人办的只需贴上‘学阀’‘反动势力’等等字样，也就都可以封禁没收，都不算非法侵害了。”为了说明当时中国的人权状况，他在文章中列举了三件事，都说明党和政府对人权的侵犯：陈德征“严厉处置反革命分子案”的提案如果获得通过，将导致彻底的以党代法，“法院对于这种案子，不需审问，只凭党部的一纸证明，便需定罪处刑。”刘文典因顶撞蒋介石而被拘禁。他的家人朋友只能到处求情，却不能到法院去控告，胡适说：“只能求情而不能控诉，这是人治，不是法治。”唐山驻军随意拘禁商人，而商会只能求情和罢市。胡适说：“在法治之下，国民政府的主席与唐山一百五十二旅的军官都同样的不得逾越法律规定的权限。”胡适所强调的，正是人权平等的真谛。他清楚地看到了专制主义的政治传统是如何笼罩着新的统治者，所以他强烈呼吁，要有一部约法来规定党和政府的权限，以防止执政者滥用权力而侵犯人权。

二、新政权无视信仰自由和思想自由的原则，试图以三民主义统一人们的思想，让全国人民坚持一种主义；胡适却坚持五四新文化运动的理想，反对偶像崇拜，坚持思想解放，捍卫思想自由，反对以某种主义束缚人们的思想和扼杀人们的精神。为了新的统治秩序，新政权开动宣传机器，拼命制造舆论，学习，开会，贴标语，喊口号，以各种手段进行政治教育，并且试图在学校推行党化教育。他们这样做的目的是制造个人迷信，使孙中山成为偶像，使三民主义成为不容怀疑的金科玉律，用以统一全国的思想，使亿万颗大脑僵化于一种主义。这一切都与五四新文化运动争取思想解放的目标背道而驰。站在新文化的立场上，胡适当然不能容忍以某种主义剥夺人们的思想自由，更不能容忍一个党派通过学校对青年进行奴化教育。在《新文化运动与国民党》中，胡适说：“新文化运动的一件大事业就是思想的解放。我们当日批评孔孟，弹劾程朱，反对孔教，否认上帝，为的是要打倒一尊的门户，解放中国的思想。”所以，他不能忍受这样的现实：“思想言论完全失去了自由。上帝可以否认，而孙中山不许批评。礼拜可以不做，而总理遗嘱不可不读，纪念周不可不做。”“我们花了钱买报纸看，却不准看一点确实的新闻，不准读一点负责任的评论。一个负责任的学者说几句负责任的话，讨论一个中国国民应该讨论的问题，便惹起了五六个省市党部出来呈请政府通缉他。”他进一步指出：“今日的国民党到处念诵‘革命尚未成功’，却全不想促进‘思想之变化’！所以他们天天摧残思想自由，压迫言论自由，妄想做到思想统一。殊不知统一的思想只是思想的僵化，不是谋思想的变化。用一个人的言论思想来统一思想，只可以供给一些不思想的人的党义考试夹带品，只可以供给一些党八股的材料，决不能变化思想，决不能靠此‘收革命之成功’。”

三、为了巩固刚刚建立的虽然“新生”却不“现代”的统治秩序，新政权自然要努力从传统中寻找精神资源，所以，必然的选择就是弘扬民族传统；胡适却坚持五四新文化运动的方向，坚持对传统的批判态度，坚决反对通过弘扬传统文化而使传统的专制统治获得现实的合法性。如果说孙中山还保留了许多中国传统的专制主义文化因子的话，蒋介石思想中的传统成分大概更多。众所周知，蒋介石对儒学特别是宋明理学很感兴趣，对曾国藩十分崇拜，而对五四新文化运动一直持有否定性的看法。作为儒家文化的传人，他反复宣讲的是忠孝、仁爱、信义、和平，而不是现代的自由、平等、民主、人权。所以，从孙中山到蒋介石，可谓一脉相承，中宣部长叶楚伧在《由党的力行来挽回风气》中公然宣称“中国本来是一个由美德筑成的黄金世界”，绝非偶然，而是意味着国家权威意识形态对文化发展方向的引导。站在五四新文化运动的立场上，胡适当然无法保持沉默。首先，如果听任这种声音继续扩张，中国文化必然产生更加严重的后退。其次，如果中国本来是一个美德筑成的黄金世界，就根本不需要新文化运动。正因为这样，胡适不顾国民党人的围攻，不顾六省市发出的通缉他的威胁，又发表了《新文化运动与国民党》。面对一个正在获得全面胜利的政党及其强大的国家政权，他坚定地站在新文化运动的立场上，明确指出：“新文化运动的根本意义是承认中国旧文化不适宜于现代的环境，而提倡充分接受世界的新文明。但国民党至今日还在那里高唱‘抵抗文化侵略’！还在那里高谈‘王道’和‘精神文明’！还在那里提倡‘国术’和‘打擂台’！”因此，“国民政府所代表的国民党是反动的。”作为一个无党无派的知识分子，他要以自己的努力，拼命抵抗由于国家政权及其意识形态的力量而导致的文化大倒退。

胡适的斗争算不上胜利，他为此丢掉了上海公学校长职务，《新月》和

《人权论集》也曾被查封，最后只好离开上海到北平。但是，他的抗争在中国知识分子的历史上写下了重重的一笔：当大群知识分子在风暴中如衰草一样东倒西歪的时候，新文化的阵地上还有高高挺立的树。它告诉人们：在五四新文化运动之后，文化上的倒行逆施并非畅行无阻。

1999年1月初稿

第四辑

“借思想文化解决问题”的是与非

一

“五四”启蒙运动一直受到各种误解和非议。其中重要的一点就是它面对时代的复杂问题而选择了思想文化上的革命，试图“借思想文化解决问题”。

改革开放之前的主流意识形态之所以否定启蒙的选择，其主要理由有三：一是启蒙思想属于资产阶级的意识形态，早已失掉了进步意义；二是启蒙运动关注传统的批判与国民性的改造，不但模糊了阶级阵线，而且有轻视群众的倾向；三是思想启蒙与教育救国、科学救国等口号一样，忽视革命斗争，所以不能解决中国的问题。按照当时的主流观点，只有在无产阶级政党的领导下进行革命，才是解决中国问题的唯一正确道路。启蒙运动关注的是思想文化问题，进行的是文化传统的批判和国民性的改造，当然没有抓住“阶级斗争”这一所谓“根本”。从1950年代到1970年代，无论教科书还是学术论著，到处可见对这些基本观点的阐释。在对鲁迅、陈独秀等人的论述中，也随时可见这样的评判：“在处理思想解放与政治革命的关系上，鲁迅虽然也有变革现实的要求，但对于思想解放强调得比较过分，却是不妥当的。从无产阶级观点看来，在民主革命斗争之前，需要有思想启蒙运动，但群众思想的彻底解放，不是单纯的启蒙运动所能奏效的，它必须在革命斗争中，甚至在社会革命取得胜利以后，才能逐步得到彻底的解决。”[①]“陈独秀是把以往中国民主革命的失败，归根于多数国民的觉悟不足；在这里，多少透露了他轻视群众的观点，……把距离基础越远的上层建筑越发看作更根本的东西。这是唯心史观的见解。”[②]

这种认识至今没有根本的改变。论及五四新文化运动，人们仍然常常要进行这样的批评：“新文化运动没有普及到群众中去，没有同广大人民对军阀统治的不满和反抗结合起来，这就限制了它的实际效果。”[③]“《新青年》的作者们以为思想革命能够为新国家打下可靠的基础，这种想法是不符合实际的。”[④]“改造‘国民性’并不是鲁迅个人独有的想法，这是较为普遍地存在于当时先进知识分子中间启蒙主义思想的表现。‘国民性’是一个笼统的概念，把社会革命寄托于精神改造，往往又是启蒙主义者难免的弱点。”[⑤]“陈独秀在创办《青年》杂志时，把自己的事业孤立地放在思想文化方面，而和当时的政治斗争脱节。”[⑥]

但是，“文革”结束之后，毕竟有一些人（仅仅是一小部分）由于“文革”悲剧的提醒而认识到启蒙的必要性，因而重新走上了五四新文化运动的道路。然而，无论是对五四新文化运动的重新认识还是面对现实的文化努力，都刚刚开始就又遇到了新的质疑。这种质疑不仅来自保守的意识形态，而且来自海外汉学界。一种貌似新颖的学说从80年代中期即开始在大陆流行：五四新文化运动是“借思想文化以解决问题”，而“借思想文化作为解决问题的途径，是一种强调必先进行思想和文化改革然后才能实现社会和政治改革的研究问题的基本设定”，这样做的结果是进一步加重了“中国意识

①林志浩：《论鲁迅前期思想的个性主义和进化论思想》，《北京日报》1961年9月21日。

②孙思白：《陈独秀前期思想的解剖》，王树棣等编《陈独秀评论选编》上卷，河南人民出版社1982年，第166—167页。

③王桧林主编《中国现代史》上册，北京师范大学出版社1991年，第14页。

④胡绳：《从鸦片战争到五四运动》，人民出版社1981年，第955页。

⑤唐弢：《中国现代文学史》第1册，人民文学出版社1979年，第83页。

⑥彭明：《五四运动史》，人民出版社1998年，第136页。

的危机”。[1]与上述批评不同的是，这种批评不是指责启蒙运动的改良主义倾向，而是指责它以过于激进的态度对待传统文化。提出这一观点的林毓生先生据说是哈耶克的高足，应是自由主义者，但面对以专制为突出特征的中国传统，却表现出了鲜明的保守倾向。进入90年代之后，在各种保守主义思潮兴起和汇聚的背景上，反省激进主义成为一种新的时髦，五四新文化运动遭到来自各方面的清算。有人认为它全面反传统，导致了中国传统文化的断裂；有人认为它开创了激进主义的传统，给中国带来了悲剧性的后果；有人则断言：“‘五四’的选择虽然是当时知识精英深思熟虑的结果，然其问题的焦点似乎找错了方向。”“‘五四’的选择虽然极为重要，但并没有抓住中国问题的关键。”[2]

基本事实任何人都无法否认：五四新文化运动关心的问题的确是文化而不是政治，所做的工作的确是思想启蒙而不是革命宣传。那么，面对这一切，一个问题不得不思考：五四新文化运动的选择究竟是对还是错？致力于启蒙是否犯了方向性的错误？

二

首先需要重新思考的是五四新文化运动的历史定位。长期以来，人们往往把五四新文化运动看作一场政治变革的舆论前奏，史学界的历史分期也把它作为一个新的起点。但是，只要正视历史的事实，就应该承认，与其说五四新文化运动是一段历史的开场锣鼓，不如说是一段历史的收尾工程。虽然它带来了一系列复杂的后果，但它并非一场社会变革的舆论前奏，而是一场大变革之后的文化补课。虽然这场补课没有完成就被打断，但这并不能改变它的性质，也不能改变它的历史地位。五四新文化运动所要解决的问题就是思想文化问题，而不是什么“借思想文化以解决问题”。

众所周知，中国的现代化经历了一个曲折的过程，但就其开始，向前推

①林毓生：《中国意识的危机》，贵州人民出版社1986年，第45页。

②丁守和主编《中国现代启蒙思潮》中册，社会科学文献出版社1999年，第4—5页。

进的线索是清晰的。它的第一个阶段是以洋务运动为代表的经济和技术层面的变革。其主要内容是修铁路、开矿山、办工厂、开启了中国的工业化，带来了经济发展的现代模式。第二个阶段是以戊戌变法和辛亥革命为代表的政治变革。和平渐进的戊戌变法以失败告终，促使更多的人走向了暴力革命，结果是辛亥革命终于推翻了几千年的帝制，为中国带来了一个全新的民主共和体制。只要公正地对待辛亥革命，就应该承认它是一个伟大的奇迹。但正因如此，它也的确是一场条件不甚成熟的革命，这个亚洲最先出现的民主共和国也的确是一个早产婴儿。革命在缺少准备的情况下忽然到来，并且匆匆带来了最为先进的民主共和国体，却没有为这个体制准备下新型的官员和具有新素质的国民。所以，虽然在共和国的体制之下，人们的行为模式却远非共和国国家公务员和公民的模式，而仍然是皇帝时代“为王牧民”的官员与百万草民的模式。当时中国的情形是，革命胜利了，一个现代政治体制建立了，公民的权利已经写进了宪法，然而，从上到下却都不习惯这种新的国体与政体。

作为具体的表现，一方面是作为共和国的总统、总理和各级管理者们，大都刚刚摘去清王朝的顶戴，很难迅速由皇帝的臣民转变成为现代国家的管理者。包括那些作为清王朝专制统治反抗者的革命党人，也并不熟悉现代国家的管理规则，因此，就很难迅速走上国家管理的现代化轨道，而是不自觉地就会按照专制王朝的旧例行事。另一方面是作为理论上已经成为国家主人的人民，绝大多数并不知道自己与国家之间关系的变化，因而既不清楚公民的权利，也不了解公民的义务，更不知道应该如何对待自己的权力代理者——官员。他们仍然以草民自居，习惯性地自居于奴隶地位。就像鲁迅笔下的阿Q走上大堂时一样，官员们并不让他下跪，但他还是自觉地跪下了。也就是说，当时的中国已经建立起现代的国家政治体制，而人们的思想观念和行为方式却远远不能适应。

正是在这种情况下，新文化运动发生了。它致力于旧思想和旧文化的批判，致力于新思想和新文化的引进，要革除陈规陋习，造就新的国民性格。《新青年》的办刊宗旨正如其名字所显示的，就是要培养一代新的青年。他们选择了青年，目的不是煽动他们的政治热情。“批评时政，非其旨也”，这并非陈独秀等人的虚伪，而是他们当初真的不打算讨论政治。考察《新青年》所讨论的问题，它所关心的是孔教问题、伦理问题、贞操问题、婚姻问题、父子问题、教育改良、文学改革……的确离政治甚远。因为他们非常清楚，自己所要做的，是为刚刚完成的政治革命进行一场文化革命的补课。

从中国现代化过程的逻辑图式看，它是从经济改革（洋务运动）到政治改革（从百日维新到辛亥革命）再到文化改革的全过程中的最后一个环节。这个环节并非可有可无。《新青年》集团虽然思想并不完全一致，但在这个问题上，他们基本达成了共识。他们认为：“共和政治，不是推翻皇帝，便算了事。国体改革，一切学术思想亦必同时改革；单换一块共和国招牌，而店中所卖的，还是那些皇帝‘御用’的旧货，绝不得谓为革命成功。法国当未革命之前，就有卢梭、福禄特尔、孟德斯鸠诸人，各以天赋人权平等自由之说，灌入人民脑中；所以打破帝制，共和思想，即深入于一般人心。美国当属英的时候，平等自由民约诸说，已深印于人心，所以甫脱英国的范围，即能建设平民政治。中国革命是以种族思想争来的，不是以共和思想争来的；所以皇帝虽退位，而人人脑中的皇帝尚未退位。所以入民国以来，总统之行为，几无一处不摹仿皇帝。皇帝祀天，总统也礼天；皇帝尊孔，总统也尊孔；皇帝出来地下敷黄土，总统出来地下也敷黄土；皇帝正心，总统也要正心；皇帝身兼‘天地君亲师之众责’总统也想‘身兼天地君亲师之众责’。这就是制度革命思想不革命的铁证。”①

需要特别指出的是：新文化运动是为维护刚刚建立的共和制度而发生的，所以，它的目的不是破坏既有的政治体制，而是维护既有的政治体制。《新青年》集团的主要成员都是共和制度的追求者与维护者。他们非常爱惜来之不易的共和体制，不愿看到它因与中国国情不合而夭亡，所以要改变文化传统以适应共和国体。他们与文化保守主义者的不同在于，他们思考的不是民主共和是否适应中国国情，而是中国国情是否适应民主共和。在现代政治体制与中国文化传统之间，他们选择的是现代政治体制。所以，他们不是像袁世凯和古德诺那样试图去改变政治体制以适应中国国情，而是要改变中国国情以适应政治体制。他们的选择很有点理想主义色彩。这并不奇怪，因为启蒙主义者本来就是理想主义者，如果不是抱定一个理想，就不会从事启

①高一涵：《非“君师主义”》，《新青年》第5卷第6号。

蒙的事业。这种理想主义与实用主义大不相同，实用主义往往顺应国情而选择行动方案，不惜修改甚至放弃或许有过的理想；启蒙主义者却总是为理想的实现而致力于改变现实。他们要通过自己的文化努力去维护民主宪政的本来品格，不愿新生的共和国被文化传统所扭曲或扼杀。正如陈独秀所说："我们要诚心巩固共和国体，非将这班反对共和的伦理文学等等旧思想，完全洗刷得干干净净不可。否则不但共和政治不能进行，就是这块共和招牌，也是挂不住的。"[①]

鲁迅说过："说起民元的事来，那时确是光明得多，当时我也在南京教育部，觉得中国将来很有希望。自然，那时恶劣分子固然也有的，然而他总失败。一到二年二次革命失败之后，即渐渐坏下去，坏而又坏，遂成了现在的情形。……最初的革命是排满，容易做到的，其次的改革是要国民改革自己的坏根性，于是就不肯了。所以此后最要紧的是改革国民性，否则，无论是专制，是共和，是什么什么，招牌虽换，货色照旧，全不行的。"[②]民元的光明记忆在鲁迅笔下多次出现，这并非鲁迅因为个人情感而产生的错觉，而是历史曾经展示在人们面前一个美好的开端。作为那场历史变革的参与者，鲁迅等人都无法不珍视那个开端。在新文化运动的高潮中，有人提出要废除新年的庆贺，改10月10日为庆祝中国人开始做"人"的纪念日。钱玄同表示赞同说："若从中华民国自身说，他是公历1911年10月10日产生的，那一日才是中华民国的真纪元。就中国而论，这日是国民做'人'的第一日；就世界而论，这日是人类全体中有四万万人脱离奴籍，独立做'人'的一个纪念日。这真是我们应该欢喜，应该庆贺的日子。"[③]作为亚洲第一个民主共和国的公民，中国人有理由为之骄傲。尽管它的成长困难重重，但哪一个新生儿是生下来就会飞跑的呢？从文化方面为其清除障碍、保驾护航，正是革命成功之后必要的工作。

新文化运动所从事的正是这样一种工作，它是政治革命完成之后的一场文化补课，要解决的问题就是思想文化问题，而不是"借思想文化以解

①《陈独秀文章选编》上，生活·读书·新知三联书店1984年，第207页。

②《鲁迅全集》第11卷，人民文学出版社1981年，第31页。

③《钱玄同五四时期言论集》，东方出版中心1998年，第135—136页。

决问题”。

三

致力于解决思想文化问题，这是不是新文化运动的局限？面对这个问题，首先需要弄清的是当时的中国究竟需要什么。只有深入了解当时中国的历史进程和实际需要，才能对那一代人的选择做出准确的判断。

众所周知，无论陈独秀、胡适还是鲁迅，都不是不关心政治的人。当他们投身于思想启蒙运动的时候，也并非完全不关心政治。但在当时，他们却从政治转向了思想和文化，从政治革命走向了思想和文化的革命。他们之所以选择思想文化问题作为他们的努力方向，并非是对政治的逃避，而是缘自他们面对的现实。他们的选择是当时中国的现实决定的。当时摆在他们面前的现实是：政治制度方面的问题已经基本解决，迫切需要解决的问题已经不在政治制度层面。虽然共和国的政治生活中有种种荒诞，但已不是单靠政治革命所能够解决的。这是新文化运动倡导者们对当时中国国情的认识，也是他们由政治转向文化并致力于解决思想文化问题的根本原因。

陈独秀在《旧思想与国体问题》中说：“自从辛亥年革命以来，我国行了共和政体好几年，前年筹安会忽然想起讨论国体问题，在寻常道理上看起来，虽然是很奇怪，鄙人当时却不以为奇怪。袁氏病殁，帝制取消，在寻常道理上看起来，大家都觉得中国以后帝制应该不再发生，共和国体算得安稳了，鄙人却又不以为然。鄙人怀着此种意见，不是故意与人不同，更不是倾心帝制舍不得抛弃，也并不是说中国宜于帝制不宜于共和。只因为此时，我们中国多数国民口里虽然是不反对共和，脑子里实在装满了帝制时代的旧思想，欧美社会国家的文明制度，连影儿也没有。所以口一张，手一伸，不知不觉都带君主专制臭味；不过胆儿小，不敢像筹安会的人，堂堂正正地说将出来，其实心中见解，都是一样。袁世凯要做皇帝，也不是妄想；他实在见得多数民意相信帝制，不相信共和，就是反对帝制的人，大半是反对袁世凯做皇帝，不是真心从根本上反对帝制。”①他甚至认为，那些创造共和、再造

---

①《陈独秀文章选编》上，生活·读书·新知三联书店1984年，第205页。

共和的人物也往往不知道共和是什么，而是满脑子装的都是帝制时代的旧思想。当时的情况是，袁世凯虽然死了，他所利用的旧思想却依然存在。

李大钊指出："中国人今日的生活全是矛盾生活，中国今日的现象全是矛盾现象。……矛盾生活，就是新旧不调和的生活，就是一个新的，一个旧的，其间相去不知几千万里的东西，偏偏凑在一起，分立对抗的生活。"他列举了一系列现象：过年了，刚过新年，又过旧年；贺年的人，有的鞠躬，有的跪拜；黄昏走在北京的街头，既有旧时代的更夫，又有新时代的巡警；中国已经成为民国，却仍然保留着清室，百姓要负担政府的经费，又要提供清室的费用；制定宪法，一面规定信仰自由，一面规定"孔教为修身大本"，以法律强迫人们尊孔；关于婚姻，一方面订立禁止重婚的刑律，一方面却保留纳妾的习俗……李大钊说："新旧之间，纵的距离太远，横的距离太近，时间的性质差得太多，空间的接触逼得太紧。同时同地不容并有的人物、事实、思想、议论，走来走去，竟不能走到一路来碰头，呈现出两两配映、两两对立的奇观。这就是新的气力太薄，不能努力创造新生活，以征服旧的过处了。"①

在这种情况下，中国需要什么？如果是政治革命，革命的对象是什么？结果又是什么？历史已经证明，在当时情况下，任何革命都往往要破坏刚刚产生的现代国家体制和《临时约法》所设计的基本秩序框架，不是导致战乱，就是导致君主专制制度的复辟，而不可能带来建设性的成果。事实上，从民国诞生到五四新文化运动，革命不止一次地发生了。孙中山发动了"二次革命"，结果众所周知，不仅失败了，而且带来了一系列不良后果。对于民主共和国体而言，袁世凯称帝也是一种"革命"，但结果只能是倒退和混乱。在当时情况下，还有一种革命的可能，就是把溥仪重新扶上皇帝宝座，这种革命张勋尝试过，但也不过是开历史的倒车为社会添乱而已。在已经建立现代政治体制的情况下，新的政治革命只能导致政治上的倒退，而不可能推进历史的进步。一句话，当时的中国需要解决的是思想文化层面上的问题，而不是政治制度层面上的问题。中国所迫切需要的，就是以既有的现代政治体制和经济体制为前提，进行一场现代思想文化的补课。

---

①《李大钊选集》，人民出版社1962年，第97—99页。

新文化运动正是这样一场补课。它适应了时代的要求，从巩固民主共和制度入手，抓住当时最为迫切的问题，以批判传统和改造国民性为手段，致力于培养现代公民，推进人的独立与解放。现代民主政体有许多内在的和外在的标志，其中重要的一点，就是公民是否独立、自由的个体。如果人们还因为种种束缚而不是一个个独立的个体，仅在体制层面上建立起来的民主共和国就缺少坚实的基础。当然，这两者是互为因果的，一方面，如果没有现代民主体制，公民个体的自由就没有保障，自然难以全面养成独立的人格；另一方面，如果只有政治体制框架而没有人格独立的公民作为支撑，共和国的民主就可能是虚假的。原因不难理解，如果国民仍然是低头弯腰的奴才，不仅会重新出现皇帝，而且即使不出现皇帝，最高权力拥有者也会与皇帝相去不远。一旦国家的真正主人难以摆脱奴才的姿态和奴才意识，公仆就自然会成为主子。从这个意义上说，袁世凯的确是中国政治从前现代向现代过渡时期的必然产物。如果历史能够良性运行，这种过渡可能在和平中尽快完成。但可惜的是，国民的状态却为袁世凯们的复辟提供了理由：中国国情特别，国民不适应民主，而适应领导者“为民做主”。正因为这样，新文化运动一方面要造就具有独立人格和自由思想的个人，培养公民的权利意识；一方面必须破除“特别国情”和民族文化传统的神圣性，使人知道传统并非神圣不可改变的，中国人虽然做了几千年的奴隶，但并非命里注定要永远做奴隶。他们以不同的方式告诉人们，在这个新生的国家里，无论男女之间还是长幼之间，人与人之间都应该是平等的，都有自己不可剥夺的权利。大总统不是皇帝，而是国民纳税雇佣的管理者，是人民公仆。“公仆固然不该殃民残民，却也不该‘仁民’‘爱民’。公仆就是有时僭妄起来，不自揣量，施其‘仁爱’；但是做国民的决不该受他的‘仁爱’。”[①]他们提醒人们要学会尊重自己，要知道维护自己的权利，要自觉地冲破传统观念的束缚，成为真正的现代国民，等等。这一切努力所要解决的都是当时中国的现实问题。

新文化运动承担这样的使命，无疑是正确的选择。

①《钱玄同五四时期言论集》，东方出版中心1998年，第95页。

四

近几年来，五四新文化运动面临一种新的批评：新文化运动犯了文化决定论的错误。有人认为，“五四”一代人不关心制度的建设和积累，而全心扑在文化上，未免有点舍本而逐末。反对文化决定论，这应该是不错的。如果遇到政治问题而绕道走，的确不值得称道。但是，这种批判与五四新文化运动的实际情况并不符合。

有人说：“其他东西都可以成为讨论与改革的对象，唯有文化除外。被人们称作‘文化’的那样东西不能说没有，但是它太大而且太空，始终在我们的身后，人们向前伸出无数双手，试图抓住它，每一双手抓回来却都是空的。文化确实像空气，人们每天都在呼吸它，却无从把握它。因此我始终弄不懂的是，人们怎么能向空气宣战，有什么必要向空气宣战？如果确实有某种主体宣称他能改造文化，而且是在一代人的时间里重建了一种新文化或摧毁了一种旧文化，那么他非神即兽，肯定不是人能干的事业。从思想史范围说，我近年来产生一个怀疑，难以释怀：从严复、胡适以来的文化讨论，很可能是个百年假问题？”由于这样的基本见解，胡适等人受到了如此指责：“三百年前黄宗羲说‘有治法方有治人’，表面看来不深刻，缺乏哲理深度，属常识性思维，实际上是壁立千仞，顶破了几千年中国文人的习惯思维。他已经摸到了今天只有制度学派才摸到的一个关键点：制度本身能释放出强大的学习功能，能使整个社会行为模式卷入其中而不自觉。可惜这一突破性想法，太不合喜弄文艺、文化的中国文人的习性。到近代，在治法层面稍有挫折，就被胡适等改成‘先有治人再有治法’，实际是先有治‘文’再有治法，去搞文化改造去了。”[①]

这里涉及文化是否可以改造的问题，涉及“有治法方有治人”还是“先有治人才有治法”的问题，问题复杂而且都是大问题，不是三言两语可以说清，因而暂且不论。在此需要说明的是，无论陈独秀还是胡适、鲁迅、李大钊、钱玄同，《新青年》集团的主要成员都不是文化决定论者。他们重视思

---

①朱学勤：《在文化的脂肪上搔痒》，《读书》1997年第11期。

想文化的变革，但并不忽视政治制度的建设，而且，他们之所以重视思想文化的变革，正是为了维护民主共和制度。

由于对当下现实的关注，人们比以往任何时候都更看重制度建设的积累，这是中国学界的一种新觉悟。但是，在文化与制度的问题上，显然也有一些误识，甚至一些优秀的学者也常常难以幸免。比如，秦晖提出了“文化不可比，制度有优劣”的论点。把文化与制度区别开来，用意无疑是可贵的，但是，一些问题却应该注意；一、如果不从过于狭窄的意义上使用文化这一概念，就应该承认，制度本身就是一种文化。要把制度从文化中区别出来，是非常困难的。二、即使使用狭义的文化概念把制度与文化区别开来，也仍然无法忽视这样的关联：人们长期置身于某种制度之下，就会形成某种与之相适应的文化传统。这种传统显然不利于新制度的建立，甚至在制度变化之后，某些思想观念和行为方式还会成为新的制度建设的阻力。需要特别指出的是，在历史发展的不同时期，情况常常大不相同。一种情况是由于制度制约，人们渴望现代制度而不得，制度便成为历史前进的关键问题。另一种情况是制度框架已经建立，而人们的思想观念和行为方式不能适应新的制度，制度便不再是问题的关键。五四新文化运动所面对的情况属于后一种。在前一种情况下，只要制度的缺口打开，问题就可能迎刃而解；而在后一种情况下，需要解决的却是思想文化方面的问题。

关于二者的关系，陈独秀说得很清楚：“人民程度与政治之进化，乃互为因果，未可徒责一方者也。多数人民程度去共和过远，则共和政体固万无成立之理由。然吾人论政若不以促进共和为鹄的，则上之所教，下之所学，日日背道而驰，将何由而使其民尽成共和之民哉？今日无论何国政治，去完全真正共和尚远。吾闻有已行共和政体，而其民尚未尽成共和之民者，未闻其民皆共和之民，而始行共和政体者。盖共和无止境，非一行共和政体，即共和政治完全告成者。惟其民适于共和者之数加多，则政治上所行共和之量亦自加广耳。以此为的，则日进有功。若虑其民尚未尽成共和之民，遂惮言共和政体，则共和将永无希望。良以非共和政体之下，欲其民尽成共和之民，是南辕北辙，万无达到之理也。”由此可见，新文化运动的领导者决非文化决定论者，他们的文化努力也决不与制度建设相冲突。

“五四”的“反帝反封建”辨析

只要谈到“五四”，人们就会想到“反帝反封建”。因为从中学课本到大学的相关教材，都是这么讲的：“五四”是一场“反帝反封建”的运动，其最主要的特点之一就是“彻底地不妥协地反帝国主义和彻底地不妥协地反封建主义”①。从专业的工具书到面对大众的一般词典，也多是这样讲的：“我国人民在十月革命的影响下，在具有初步共产主义思想的革命知识分子领导下所进行的反帝反封建的伟大的政治运动和文化运动。”②

这一切都形成于20世纪50年代。但在其开始，说法并不那么肯定，也不那么一致，而且还有一些论证。比如，当时的中国现代文学史教材已经这样认定：“中国现代文学运动是无产阶级领导的，统一战线的，人民大众的，反对帝国主义，反对封建主义，反对官僚资本主义的文学运动。”但对每一点都有说明，对反帝反封建的说明是：“在初期文学运动中，虽说并没有明确提出反帝反封建的口号，但在鲁迅、钱玄同以及后来的茅盾、郭沫若的许多论文中也都充满了这一精神。”③1956年由人民文学出版社出版的刘绶松的《中国新文学史初稿》第一章就是《彻底的不妥协的反帝反封建的文化革命》，但论述也颇费周折：一是首先说明新民主主义革命的彻底反帝反封建性质，其次确定新文学的政治归属，然后进行这样的强调：“从‘五四’时期开始的中国新文学运动，从来就是中国新民主主义革命的一部分，以彻

①《中国革命史》，高等教育出版社1993年，第107页。

②《现代汉语词典》，商务印书馆1996年，第1209页。

③丁易：《中国现代文学史略》，作家出版社1955年，第4—9页。

底的不妥协的反帝反封建的英勇姿态出现在中国革命思想战线上的。"二是承认五四新文化运动本身并无反对帝国主义的主题，所以进行了这样的推论："它是以反对封建主义为其主要内容的；而在中国，由于历史的特殊规定，反对封建主义与反对帝国主义是没有办法可以分割开来的，所以实际上，它又是以反对帝国主义和反对封建主义为其主要内容的。"①但到后来，人们就不再这样费力了，直接陈述，似乎一切都是无需证明的事实。

"文革"过后，解放思想，拨乱反正，学界发生了一系列变化。比如，"无产阶级领导"这一性质受到质疑，"人民大众的"也逐渐让位于"知识分子"，但"反帝反封建"却虽经近三十年的"重写"而未有多少改观。变化是有的，比如多数人不愿重复那些耳熟能详的权威语句，所以费尽心机另寻新词语，但实际内容大多一如既往。再比如，不再勉强把新文化运动说成是反帝的，而是把它与学生运动分开来说：新文化运动是"反封建"的，学生运动是"反帝"的，但合起来仍然是"反帝反封建"。正因为这样，无论是报刊上的文章，还是大学生、硕士生、博士生的论文和考卷，论及"五四"，都要大谈"反帝反封建"。

然而，这个结论真的不存在问题或无需审查吗？显然不是。作为"五四"过去之后的一种概括，它与实际情况有很大的差距。本文无意于判断此类结论的对与错，只是对相关史实和这种说法本身的形成过程做一些考察和辨析。

一、"五四"的"反帝"史实考

首先面对的问题是："五四"是"反帝"的吗？

众所周知，所谓"五四"，事实上有两个概念：一是狭义的"五四"，即1919年5月4日的学生运动；一是广义的"五四"，包括从1915年开始的以《新青年》为中心的新文化运动。所以应该分开考察。已有学者告诉我们：找遍1915年—1921年新文化运动领袖们的文章和言论，没有发现"反帝"

①刘绶松：《中国新文学史初稿》上，人民文学出版社1956年，第18—19页。

一词，也没有“打倒帝国主义”的口号[1]。老实说，我一直有这样的猜想，却未敢做出这样的结论，因为我没有读遍全部相关文献。我不知道该文作者的考察是否绝无遗漏，但我相信这个结论是比较可靠的。这不只因为我对文章作者的信任，而是基于对时代精神状况的把握和推断：新文化运动的领袖们对西方文化崇慕有加，把西方列强作为学习的榜样，所以是不会轻易反帝的。虽然“帝国主义”一词早已引进，陈独秀等人在《新青年》创刊之前已开始使用，但他们所说的帝国主义与后来的概念有所不同。更为重要的是，他们当时缺乏反帝的动机。因为辛亥革命推翻帝制建立民国之后，中国进入一个更为开放的时期，与西方列强保持了良好的关系，与来华投资、经商、传教和从事卫生、教育事业的外国人没有多少冲突。作为一个新生的国家，外交事务进展比较顺利，唯一不和谐的音符来自日本提出的“二十一条”，这个事件刺痛了国人，引发了国民的反日情绪，但反日目标非常明确，没有人因此迁怒于列强。新文化运动兴起于这样的时刻，陈独秀等人缺乏反帝的意识和动力，这是不难理解的。

正因为这样，五四新文化运动从开始到高潮，都致力于唤醒个人。他们的唤醒个人不同于后来出现的“唤醒民众”或“唤醒大众”。后来的“唤醒”往往是要带领他们完成某种事业，比如“反帝”或“反封建”，而陈独秀、胡适、鲁迅等人的“唤醒”却只是让他们意识到自己是人，应该有自己的价值、尊严和权利。他们从事的是一种“立人”的事业，虽然与“强国”或“救国”并不矛盾，但最终目的却在人而不在国。这是当今学界许多人都不明白或不愿明白的，但在新文化运动领袖们那里，这种关系非常明确：国家是为人而存在的，救国的目的是为了人，这种关系不能颠倒。另一方面，新文化运动是在辛亥革命这场政治革命胜利之后进行的一场文化补课，尽管一开始就不能不面对“二十一条”等事件的干扰，却没有影响陈独秀等人的既定方针，且不说反帝反列强，就是反日也没提上议事日程。所以，考察《新青年》等刊物当时的文章，不见“反帝”的内容和字样，是正常的。即使采用当代学界处理这个问题的主流做法，把列强等同于帝国主义，反列强就是反帝，结论大概仍然一样：新文化运动并不反对列强，也没有“打倒列

①商昌宝：《五四是否“反帝”考》，《粤海风》2007年第2期。

强”之类的口号。

那么，“五四”学生运动是否“反帝”呢？不错，“五四”学生运动是一场爱国运动，按照某种逻辑，似乎爱国就应该“反帝”。一些论者也正是这样把二者联系起来，称“五四”为“反帝爱国运动”的。但历史提供的事实是：“五四”学生运动是爱国的，但爱国并不一定“反帝”；“五四”学生运动是反日的，但“反日”与“反帝”显然有别。对于“五四”学生来说，反日情绪由来已久，却只是就事论事，并未上升为“反对帝国主义”，更没有把反抗的目标扩展到其他所谓帝国主义国家。

考查学生的行动，各种原始材料告诉我们，在去赵家楼之前，各校的学生队伍秩序井然，面对外国人和西方列强使馆，学生的举动是彬彬有礼的。尽管不少人对美国总统威尔逊夸下海口而未能兑现心怀不满，对英、法等国为各自的利益而支持日本有所非议，但他们集会游行的目的仍然是“请求”而不是“抗议”。这在他们的宣言和说帖中都表现得非常清楚。《北京学界全体宣言》说：“我们学界今天排队到各公使馆去要求各国出来维持公理。”正因为这样，他们才那样彬彬有礼地向各国使馆递交说帖，而且说帖的语言是那样谦恭而委婉：“大美国公使阁下：吾人闻和平会议传来消息，关于吾中国与日本国际间之处置，有甚悖和平正义者，以最真挚最诚恳之意，陈辞于阁下：……吾人念贵国与我中国素敦睦谊，为此直率陈词，请求贵公使转达此意于本国政府，于和平会议予吾中国以同情之援助。”[①]从这份说帖，可见学生对所谓“帝国主义头子”的基本态度。面对列强，他们不是抗议和声讨，而是请求他们对中国伸出援助之手，在和会上主持公道。只有理解这一点，我们才能理解学生们为什么在东交民巷遇到拦截时没有愤怒，而是高呼“大美国万岁！威大总统万岁！”《每周评论》5月11日的报道说：“到了东交民巷西口，使馆界巡警不放行。先是打电话给美、英、法三国使署，他们都说很欢迎的。到西口的时节，美国兵营的军官也放行了，并且还要让我们从美兵营和美使馆的里面经过。只有巡捕房坚不让走，大家只好在美使署前连呼‘大美国万岁！威大总统万岁！大中华民国万岁！世界永

①《五四爱国运动》上，中国社会科学出版社1979年，第169页。

久和平万岁！’四声，递上说帖。”[①]也只有理解这一点，我们才能理解他们为什么没有以暴力攻击使馆，而把全部的愤怒发泄到了赵家楼。这一切足以说明，“五四”学生爱国运动只是“反日”，并未“反帝”。后人可以批评他们缺少反帝的自觉，但不能改写历史的事实。

考查当时学生的言论，无论是宣言、口号或通电、演讲，都未表现出“反帝”或“反列强”之意。宣言主要是两份：一份是罗家伦临时挥就的《北京学界全体宣言》，正是它提出了“五四”学生运动“外争主权，内除国贼”的纲领，准确有力，旗帜鲜明，具有高度概括性。另一份是许德珩精心撰写的《天安门大会宣言》，爱国之情溢于言表，其中出现了“手枪炸弹”，但所要对付的却不是列强，而是“甘心卖国，肆意通奸”的中国官员。两份宣言都没有反帝的词语，也没有反列强的内容。细查保存下来的全部口号，对外的主题是“外争国权”，但“争”的手段不是“反”，而是这样的“还我青岛”，“头可断，青岛不可失”，“拒绝签字巴黎和约”之类的呼叫。即使对日本，学生的态度也并不激烈。从对内的口号可见，学生们并非不会使用“语言暴力”，如“卖国贼宜判死刑”，“诛卖国贼曹汝霖、陆宗舆、章宗祥”等都出现了，但这种语言暴力只用在卖国贼身上，没有对外使用。考察今天仍能见到的学生演讲内容，情况与口号大致相同，“外争国权”并没有引申为打倒列强。

那么，在学生运动演化为工人和市民参加的运动之后，是不是情况有所变化呢？进入6月，工人、商人和广大市民开始参加这场运动，但运动的性质并没有变，斗争目标也没有变。从上海商业团体的通告、电报等可以看到，他们强调这次举动只是表达爱国热诚，对本国政府有所要求，并无排外之意，希望外国人能够谅解，不要产生误会。上海市学联与各社会团体集会演讲，也都强调罢市不是排外运动，甚至也不是排日，要求与会者劝说他们的朋友协助维护和平和秩序。在上海等地的罢工中，没有出现学生和工人冲击外国工厂的行为。在上海，大学生甚至劝说在外资工厂上班的工人不要罢工，因为中国在巴黎和会的失败与外国企业主关系不大。尽管经历了一系列

① 亿万：《一周中北京的公民大活动》，《每周评论》第21号，1919年5月11日出版。

挫折，学生的目的仍然非常明确：一是希望以美国为首的列强主持公道；二是希望本国政府不要在丧权辱国的合约上签字。所以，面对在华外国人，他们表现了足够的尊重。这是当时美国驻华大使芮施恩的文字可以证明的。

无论是学生还是市民，他们的态度都不是没有根据的。事实众所周知，后来被称作帝国主义的西方列强在“五四”时期没有给中国人留下坏印象。尤其是美国，在和会上并未偏袒日本，也不是没为中国尽力。在这一点上，当时的人们是清楚的，因为当时中国的民主政治虽不成熟，但国事大多透明，政府没有垄断和封锁巴黎和会的消息，所以“和会暂收”“五国共管”等方案的提出也是众所周知的。各种努力之所以失败，主要原因在于中日两国之间早有换文，威尔逊总统才表示爱莫能助。即使如此，威尔逊也没有放弃帮助中国的努力。如此情形之下，中国学生自然没理由对列强怀恨。游行队伍高喊“大美国万岁”“威大总统万岁”的口号也就不奇怪了。

关于五四运动并不反帝这一点，当时的人们是清楚的。瞿秋白、张太雷等人后来都对“五四”提出过这样的批评：“五四运动是纯粹排日的性质而不是反对一般的帝国主义，所以反被英美帝国主义利用以进行他们与日本在中国势力的竞争。”[①]这种批评也从侧面说明了当时的情形。

“五四”学生运动缺乏反帝意识，在许多当事人的回忆中都可以得到证明。虽然1949年之后的回忆大多是按照已经形成的权威结论写的，但仍有不少真实情况的透露。比如，邓颖超说：“‘五四’爱国运动和新文化运动本身是反帝反封建的性质。但在当时，在我们的思想上还没有弄明确。直到1921年中国共产党成立以后，才明确地指出中国革命是反帝反封建的资产阶级民主革命。我们的认识也才逐渐明确起来。”[②]王统照也说：“那时还没用‘打倒帝国主义’的口号，集会的主要目的集中在收回山东主权，收回青岛，反抗日本以及惩办卖国的军阀官僚。”[③]张国焘则说：“当时一般中国人

①太雷：《五四运动的意义与价值》，《中国青年》第4集第77—78期，1925年5月2日。

②邓颖超：《五四运动的回忆》，《五四运动回忆录》上，中国社会科学出版社1979年，第70页。

③王统照：《回忆北京学生五四爱国运动》，《五四运动回忆录》上，中国社会科学出版社1979年，第246页。

还不知道帝国主义为何物，甚至像胡适这样著名学者也还认为反帝国主义是海外奇谈。”①

由此可见，在“五四”当时，无论是新文化运动的领袖们，还是学生运动的头面人物，都没有“反帝”意识，运动中也没有出现反帝的口号。

“反帝”或“反对帝国主义”是在1922年进入中国的，作为一个思潮的形成，是在1925年。那是“五四”过后的事了。

二、“五四”的“反封建”概念辨析

与“反帝”一样，“反封建”也来自事后的追认。而“五四”当时的人们，无论是学生运动的领袖还是新文化运动的领袖，都没有这种说法。关于“五四”反封建之说，首先需要注意的是概念本身。“封建”一词有两个来源：一是本土；二是西方。

作为中国本土的“封建”，是古代的一种政治制度，即“封土建国”，天子把土地分给宗室或功臣，授予爵位，使其在各自的领地上建国。《礼记·王制》记载：“王者之制禄爵，公、侯、伯、子、男凡五等……公、侯田方百里，伯七十里，子、男五十里。”说的就是这种制度。关于这种制度，有人认为自尧舜时代已经存在，但有据可考的基本形态主要在西周。战国时期的齐、楚、燕、韩、赵、魏、秦等国，正是在西周封建基础上形成的。在“封建制度”之下，诸侯拥有封国的土地、人民以及一切资源和收益，同时对周王室承担义务。这种封建制度类似于当代人容易理解的逐级承包，周天子把土地分封给诸侯，诸侯还可以继续分封。

秦统一中国之后，“废封建，立郡县”，建立了皇帝集权的专制制度，封建制度就基本退出了历史舞台。虽然汉代之后仍有某些遗留，但“百代皆行秦政法”，皇帝无论把土地和爵位赐予儿子还是功臣，都常常是“封而不建”“建而不主”，并未改变皇权专制的基本性质。所以，在秦朝之后，中国古义的“封建社会”已不存在。

作为西方的“封建”，由《大英百科全书》可知，封建主义

①张国焘：《我的回忆》，东方出版社2004年，第195页。

(feudalism)一词最早出现在17世纪，用于描述中世纪的西欧社会。在各种著作中，它的含义不尽相同，最宽泛的定义涵盖西欧中世纪全部的政治、经济、法律和社会关系体系，最狭义的用法是指封君和封臣之间的契约关系。马克思所说的封建社会(feudal society)指的是实行封建制度的社会，其最根本之处，就是封君和封臣以土地为依托的契约关系：封君给封臣一份土地，为封臣提供保护；作为交换，封臣宣誓对封君忠诚，并承诺进贡和武装保卫的义务。在这种制度中，土地是封建关系赖以建立的纽带。在封君把土地给予某人之前，先要让他成为封臣。这需要一个象征性的仪式，称为“commendation ceremony(嘉奖仪式)”。在誓言中，封臣承诺为封君而战斗，并且对其忠诚。这种仪式完成之后，双方就建立了封建关系，确定了各自的权利和义务。封君不仅给予封臣土地，还必须保护封臣不受伤害。封臣的回报主要有二：一是进贡，二是应召作战。很明显，这是一种契约关系，通过交换，封君得到了保卫者，封臣得到了土地收益，彼此承认应有的权利。正因为这种契约关系的存在，封建社会是很容易进化为以“社会契约”为基础的现代社会的。

中国的情况显然与此不同。尤其是秦汉以后，不但统治者与被统治者之间并无契约，即使是朝廷大臣，说到底不过是皇帝的奴仆；所谓封疆大吏，也是“君叫臣死，臣不得不死”。与西方封建制度比较接近的是西周，但也并不完全相同。正因为这样，对于中国是否存在封建社会、中国的封建社会起止何时，学界一直存在争议。一些史学家认为中国不曾有过严格意义上的封建社会。承认中国有封建社会的学者中，也大多倾向于把中国的封建社会限定于商周。胡适把殷商和西周称作封建时代，把秦汉以后称作专制一尊主义时代(《中国哲学史大纲》，1926)。周谷城认为从周武王灭商到秦统一之前是封建制，秦之后是统于一尊的郡县制(《中国社会之结构》，1930)。瞿同祖从土地、宗法、阶级和政治制度进行研究，也认为封建社会是由周武王建立而由秦始皇结束的(《中国封建社会》，1936)。钱穆在其《国史大纲》序言中说：“中国自秦以下，即为中央统一之局，其下郡县相递辖，更无世袭之封君，此不足以言‘封建’。”(《国史大纲》，1939)梁漱溟也认为封建制度仅存于周朝，秦汉之后则是官僚政治(《中国文化要义》，1949)。总之，多数学者并不认为中国有西方那样的封建社会，更不认为自秦至清都是封建社会。

但是，根据马克思的看法，人类社会经历了“五个阶段”，表现为“五种形态”。这被一些人认为是人类历史的普遍模式，于是就要在中国历史中找出相应的阶段。其实，相对于奴隶社会而言，寻找封建时代并不难，因为早有西周“封建”之说，如果确定西周为封建时代，是容易被接受的。但是，那样会带来一个问题：按照“五阶段”模式，封建社会之后是资本主义社会，我们能说秦始皇建立的是资本主义制度吗？要证明中国已有两千多年的资本主义社会，显然非常困难。那么，就要为它重新命名，但重新命名就会有违“五阶段”模式。所以，这个断代工程并不顺利。更为重要的是，中国革命的任务已经被确定为“反帝反封建”，如果承认中国的封建社会已经在两千年前结束，反封建就失掉了现实依据。因此，既要符合“五阶段”模式，又要证明反封建的必要，就必须让“封建社会”延伸到当下，在现实中找出“封建”或者是“半封建”。在一些人那里，学术观点是可变的，中国的社会性质也是可变的，但“反封建”任务的正确性却不能怀疑。在这种情况下，所谓学术，只有“削足适履”一途。理解这一点，我们就不难理解当时史学界论争中的种种难解之谜。

适应了这种要求的学者首先是郭沫若。他与多数学者的不同在于，他能够彻底抛开中国固有的“封建”本义，也不拘泥西方“封建”的本义，全力建构中国历史的“五阶段”模式。他把商周看作“奴隶制”，把秦汉以后看作“封建制”，把“土地私有”“地主阶层出现”“专制帝制确立”等与“封建”本义相反的要素作为“封建”的特点，认为秦始皇是开创“封建制度”的“元勋”（《中国古代社会研究》，1930）。翦伯赞等人本来是持西周封建说的，后来也改变观点，称秦孝公“废井田，开阡陌”确立了封建社会。

就在这个基础上，毛泽东于1939年发表了他的见解：“中华民族的发展（这里说的主要是汉族的发展），和世界上许多别的民族同样，曾经经过了若干万年的无阶级的原始公社的生活。而从原始公社崩溃，社会生活转入阶级生活那个时代开始，经过奴隶社会、封建社会，直到现在，已有大约四千年之久。……如果说，秦以前的一个时代是诸侯割据称雄的封建国家，那么，自秦始皇统一中国以后，就建立了专制主义的中央集权的封建国家；同时，在某种程度上仍旧保留着封建割据的状态。”[①]有了这个论断，左翼学者的论争逐渐消失，秦以前和秦以后的两千多年就都成了封建时代。到1949年前后，持不同见解的学者纷纷修改自己的观点，到知识分子思想改造运动之后，学界终于形成“共识”，大、中、小学教科书都以统一口径叙述，造就了当代中国的基本历史知识。

可是，只要真正进入历史，却不能不感到奇怪：真正实行“封建”制度的周朝偏偏被说成是“奴隶社会”，而“废封建”之后的秦汉至明清，反而成了“封建时代”！它导致了“封建”一词的严重混乱。在当代中国，“反封建”的口号一直喊得很响，但“封建”二字却所指不明，既不能按照中国古义理解，又不能按照西方词义理解，而是可以随意泛化。比如，把通过自由买卖而获得土地的地主称作“封建地主”，把不愿加入人民公社的贫农称作“封建势力”，把求神拜佛称作“封建迷信”……在此背景上，“五四”所反对的专制主义也必须与“封建”联在一起，于是出现了“封建专制”“封建专制主义”等“五四”那代人从来不曾用过的离奇概念。

我之所以说它离奇，因为稍有历史知识的人们都明白，封建与专制是对立的。关于这一点，近年来已有学者指出：“在马恩那里，封建主义和专制主义，这是两个不相兼容的概念”，“专制主义只存在于没有封建主义的东方社会”，“西欧中世纪是典型的封建主义，因此没有专制主义”。[②]“通览马克思论著，尤其是晚年的古代社会史笔记即可发现，他反对历史单线进化论，一贯致力于对中古世界多途演进的研究，不同意以西欧模式套用东方，批评滥用‘封建’，认为土地自由买卖的非贵族式土地所有制与封建主义不相兼容，中央集权君主专制与封建主义不相兼容”[③]。

然而，在我们多数人的笔下，在我们的教科书和学术论著中，却仍然大量使用着这些概念。结果是使“五四”反对的东西裹进了“封建”的迷雾之下，很难为一般人知晓。

---

①《毛泽东选集》，人民出版社1967年，第585—587页。

② 北成：《关于“专制君主制”的译名》，《史学理论研究》1996年第2期。

③ 冯天瑜：《“封建”概念辨析》，《社会科学战线》2006年第5期。

三、“五四”的“反帝反封建”的认定过程

“反帝反封建”口号提出的时候，“五四”已经过去几年，所以不可能直接指导“五四”，也无法穿越时间隧道而跻身于“五四”口号之中。“五四”成为“反帝反封建”的运动，经历了一个相当长的追认过程。

根据容易看到的材料，最先把“五四”与反帝反封建联系在一起的是李大钊。1924年5月1日，他在《这一周》中写道：“‘五四’纪念日。这是中国全国学生膺惩中国卖国贼的纪念日，是中国全国学生对于帝国主义行总攻击的纪念日，亦即被压迫的民众向压迫的国家抗争自由的纪念日。”[①]这是关于“五四”反帝反卖国贼的最早论述。接着是瞿秋白。1925年，他在《五四纪念与民族革命运动》中认为五四运动是“辛亥革命以后第二次的民族革命”。“五四运动，一方面反对爱国亲日的官僚和军阀——安福系曹、章、陆等，以革命的群众的直接行动袭击这些反动派；别方面很明显地提出废除二十一条，收回青岛等要求。于是便把辛亥以来反动派与革命派争相‘保障外人的生命财产尊重条约权利’，而求帝国主义者之援助的局面更变了，换句话说，便是把义和团失败之后之‘尊洋主义’的天经地义打破了。这是‘五四’在中国民族运动史上最值得纪念的一点。”[②]在这里，“卖国贼”已开始向“官僚和军阀”转换，反帝的意义被特别强调。

进入30年代，在进行新的文化革命时，瞿秋白对“五四”进行了这样的评价：“‘五四’是中国的资产阶级的文化革命运动。但是，现在中国的资产阶级早已投降了封建残余，作了帝国主义的新走狗，背叛了革命，实行着最残酷的反动政策。”他仍然承认“五四”有“光荣的遗产”，但做出了新的选择：“‘五四’的遗产是什么？是对于封建残余的极端的痛恨，是对于帝国主义的反抗，是主张科学和民权。虽然所有这些抵抗的革命的倾向，都还是模糊的和笼统的，都包含着资产阶级的个人主义，一切种种资产阶级性的自由主义和人道主义。”“因为无产阶级是唯一的彻底反抗封建残余和帝

---

①《李大钊选集》，人民出版社1962年，第502页。

②瞿秋白：《五四纪念与民族革命运动》，《向导》第113期，1925年5月3日。

国资本主义的阶级，只有它能够反对着资产阶级，批判一切个人主义、人道主义和自由主义等类的腐化的意识，而继承那种极端的深刻的对于封建残余的痛恨。”[1]从中可见，瞿秋白一方面赋予“五四”反帝反封建的性质，将其纳入民族革命的范围，一方面又看到了它的个人主义、自由主义和人道主义，对它进行了否定。有时把自己与“五四”挂接在一起，有时则宣布与“五四”决裂，这是当时多数左翼知识分子对“五四”的矛盾心态。承认“五四”还是不承认“五四”，如何处理左翼文化与“五四”文化的关系，当时尚未定论。所以，包括茅盾等人在内，都有这样的认定：“‘五四’是中国新兴资产阶级企图组织民众意识的资产阶级的‘文化运动’，‘五四’的口号完全是资产阶级性，所以无产阶级争取政权的现阶段，虽然同时仍须注力于铲除封建势力，但‘五四’在现今却只能发生了反革命的作用。”[2]重要的是，30年代的左翼不能接受“五四”的“爱国”，却能接受“反帝”，因为按照当时的认识，蒋介石的国家是属于帝国主义的。正因为这样，在因中东路事件而引发的中苏冲突中，他们才高喊“武装保卫苏联”和“打倒国民党帝国主义”的口号。然而，这种情况在抗战前夕有所改变，陈伯达、艾思奇等人发起的“新启蒙”运动抛弃了“五四”的个人主义和自由主义，却声称要继承和发展“五四”启蒙运动。他们既反对国民党的专制统治，又强调抗日救亡。如果把蒋介石看作“封建军阀”，“新启蒙”正好适合“反帝反封建”的帽子。

在这个基础上，权威的结论出现了。1939年5月1日，毛泽东发表《五四运动》一文，认为“二十年前的五四运动，表现中国反帝反封建的资产阶级民主革命已经发展到一个新阶段。五四运动成为文化革新运动，不过是中国反帝反封建的资产阶级民主革命的一种表现形式”[3]。三天之后，他又发表题为《青年运动的方向》的讲话，强调“五四”的“反对卖国政府”的精神，肯定五四运动“是为着反帝反封建”的。[4]又过了半年多，1940年1月

①瞿秋白：《五四和新的文化革命》，《北斗》第2卷第2期，1932年5月20日出版。

②茅盾：《“五四”运动的检讨》，《文学导报》第1卷第2期，1931年3月5日出版。

③瞿秋白：《五四和新的文化革命》，《北斗》第2卷第2期，1932年5月20日出版。

④《毛泽东选集》，人民出版社1967年，第528页。

15日，毛泽东发表《新民主主义论》，对中国文化革命的历史特点进行总结，涉及“五四”，他集中强调了几点：一、“五四运动是反帝国主义的运动，又是反封建的运动。五四运动的杰出的历史意义，在于它带着为辛亥革命还不曾有的姿态，这就是彻底地不妥协地反帝国主义和彻底地不妥协地反封建主义。”二、“五四运动是在当时世界革命号召之下，是在俄国革命号召之下，是在列宁号召之下发生的。五四运动是当时无产阶级世界革命的一部分。”①

至此，关于“五四”的“反帝反封建”的认定全部完成。剩下的就是学者们的具体论证了。

四、“五四”领袖们的异议

“五四”的“反帝反封建”之说在当年的领袖人物中显然未能达成共识。把《新青年》集团和学生领袖放在一起考察可见，多数人没有把“五四”的努力看作反帝反封建，也没有使用这个词语。在他们当中，有人表示坚决反对，有人不予理睬，却没有人接受并使用这一词语。

在反对者中，胡适是有代表性的，他明确表示不赞同，并且对“反帝反封建”本身一再质疑。在反帝运动进入高潮的时候，胡适坚持批判中国传统，并且为所谓“帝国主义文化侵略”而辩护。他列举中国人对女人和孩子的不人道，然后对西方传教士表示感谢：“他们传教之外，还带来了一点新风俗，几个新观点。他们给我们不少的教训，其中最大的一点是教我们把女人当人看待。”②“我们深深感谢帝国主义者，把我们从这种黑暗的迷梦里惊醒起来。我们焚香顶礼感谢基督教的传教士带来了一点点的西方新文明和新人道主义，叫我们知道我们这样待小孩子是残忍的，不人道的，野蛮的。”③他提倡民族反省，对排外浪潮表示不满：“不要尽说是帝国主义害了我们。那是我们自己欺骗自己的话！我们要睁开眼睛看看日本近六十年的历史。试

①《毛泽东选集》，人民出版社1967年，第659—660页。

②《胡适文集》第4卷，北京大学出版社1998年，第641页。

③同上书，第646页。

想何以帝国主义的侵略压不住日本的发愤自强？何以不平等条约捆不住日本的自由发展？何以我们跌倒了便再也爬不起来？因为我们从不曾悔祸，从不曾彻底痛责自己，从不曾彻底认错。”面对反帝运动中出现的现象，他非常反感地说：“义和团成了应该崇拜的英雄志士，而西洋文明只需‘帝国主义’四个字便可轻轻抹杀！政府下令提倡旧礼教，而新少年高呼‘打倒文化侵略’！”①

在胡适认定的“五大仇敌”中，是没有“帝国主义”的，他的理由是“帝国主义不能侵害五鬼不入之国”。面对“贫穷源泉于帝国主义侵略”之说，胡适问道：“难道八十年前的中国真不贫穷吗？”面对“扰乱由于帝国主义操纵”之说，胡适问道：“张献忠、洪秀全又是受了何国的操纵？”面对“帝国主义以鸦片亡我中国”的说法，胡适说：“鸦片固是外国进来，然吸鸦片者究竟是什么人？何以世界的有长进民族都不蒙此害，而此害独钟情于我神州民族？而今满田满地的罂粟，难道都是外国的帝国主义者强迫我们种下的吗？”②他认为，把中国的问题推到洋鬼子身上，是一种偷懒的办法，却也是自欺欺人的办法，最终并不能解决中国的问题。

在胡适认定的五大仇敌中，也没有“封建主义”。他的理由是“封建制度早已在二千年前崩坏了”③。他说：“有一班人天天对我们说：‘中国革命的对象是封建阶级。’又有一班人天天说：‘中国革命的对象是封建势力。’我们孤陋寡闻的人，就不知道今日中国有些什么封建阶级和封建势力。我们研究这些高喊打倒封建势力的先生们的著作和言论，也寻不着一个明了清楚的指示。”他密切关注关于中国“封建社会”的讨论，举出一个例子：有人在两个月之前发表文章说：中国的封建时代历经黄帝和尧舜禹汤，至周武王完成，到秦毁坏了。两个月之后就完全变了说法，认为封建国家是在秦始皇确立的。中国的“封建社会”是如此让人捉摸不定，那么，作为革命对象的“封建势力”是什么呢？胡适感觉同样摸不着头脑：“去年《大公报》上登着一位天津市党部的某先生的演说，说封建势力是军阀，是官僚，

①《胡适文集》第4卷，北京大学出版社1998年，第27页。
②《胡适文集》第5卷，北京大学出版社1998年，第373页。
③《胡适文集》第4卷，北京大学出版社1998年，第27页。

是留学生。去年某省党部提出一个铲除封建势力的计划，里面所举的封建势力包括一切把持包办以及含有占有性的东西，故祠堂、同乡会、同学会都是封建势力。然而现代的把持包办最含有占有性的政党却不在内。所以我们直到今天还不明白究竟什么东西是封建势力。"①

因此，对于反帝反封建的说法，胡适曾经讽刺说："好像捉妖的道士，先造出狐狸精山魈木怪等等名目，然后画符念咒用桃木宝剑去捉妖。妖怪是收进葫芦里去了，然而床上的病人仍旧在那儿呻吟痛苦。"②胡适的说法真是不幸而言中，"反封建"是在1950年代就宣布完成的，但五四新文化运动所反对的那些东西，却不但没有打倒，反而迅速发展起来，就连在"五四"时期已经成了过街老鼠的一些东西，也得以东山再起并招摇过市。

在反帝高潮兴起之际，钱玄同也曾多次表达自己的不同见解。他在《关于反抗帝国主义》一文中说："咱们被人家侵略，绝对的不应该投降，绝对的应该反抗。这是天经地义，不容丝毫疑惑的。"但他认为重要的问题并不在于外国。他认为重要的是"唤醒国人"，但唤醒国人不是让他们去喊打倒帝国主义，而是反省自身。像胡适一样，钱玄同强调的是反省。他说："'人必自侮然后人侮之，家必自毁而后人毁之，国必自伐而后人伐之'；孟老爹这三句话，是颠扑不破的至理名言。帝国主义者侵略咱们，咱们固然应该反抗他们，但断不可一味地愤恨他们……是个国民，才有抵御外侮之义务，奴才配有吗？二千余年以来之中国人既束身于《婢仆须知》之中，则受帝国主义的侵略，固其所也。"③他又说，"反抗帝国主义是反抗侵略咱们的强权，绝对不是'排外'。向咱们施行帝国主义的外国的文化，都比咱们高得多多，咱们不但不应该'排'它，而且有赶紧将它'全盘承受'之必要，因为这是现代的世界文化，咱们中华民国也应该受这文化的支配。"④

从逻辑上讲，对于"五四"的"反帝反封建"之说，陈独秀和李大钊应该是赞同的，因为那正是他们所建立并领导的政党宣传的，体现着他们所承

---

①《胡适文集》第5卷，北京大学出版社1998年，第360页。

②同上书，第361页。

③沈永宝编《钱玄同五四时期言论集》，东方出版中心1998年，第344页。

④同上书，第347页。

担的革命任务。可是，情况并不这样简单。尽管陈独秀早在1915年就把传统的弊端称作“封建之遗”，而且在1922年之后积极推动反帝运动，却拒绝把秦以后的时代认作封建时代。在他的言论中，很少出现“反帝反封建”连用的现象，更未说过五四运动是“反帝反封建”。陈独秀表示：“说中国现在还是封建社会和封建势力的统治，把资产阶级的反动性及一切反动行为都归到封建，这不但是说梦话，不但是对于资产阶级的幻想，简直是有意的为资产阶级的辩护士！其实在经济上，中国封建制度之毁坏，土地权归了自由地主与自由农民，政权归了国家，比欧洲任何国家都早。”[①]他的见解显然也有问题，把革命对象确定为资产阶级也未必正确，但由此可见，作为五四新文化运动的领袖，他并不赞同把针对现实的斗争称作“反封建”。李大钊的情况与陈独秀大致相同，在“五四”过后积极鼓动反帝运动，笔下不乏打倒帝国主义和打倒军阀的口号，并且强调过“五四”学生运动的反帝意义，却从未说过“五四”的“反封建”。他对中国农村经济有过细致的研究，也没有使用“封建”二字。

鲁迅等人则对“反帝反封建”始终未赞一语，所有著作中都不见这个词汇，更没有用它概括过“五四”。

---

①《陈独秀著作选》第3卷，上海人民出版社1993年，第117页。

是谁发动和领导了五四运动?

这似乎已经是众所周知的“常识”，从教科书到工具书，再到一般的历史著作，都讲得非常清楚，《现代汉语词典》对“五四运动”是这样说的：

> 我国人民在俄国十月革命的影响下，在具有初步共产主义思想的革命知识分子领导下所进行的反帝、反封建的伟大的政治运动和文化运动。1919年5月4日北京学生游行示威，抗议巴黎和会承认日本接管德国侵占我国山东的各种特权的无理决定，运动很快扩大到全国。在五四运动中无产阶级作为觉悟了的独立政治力量登上政治舞台，马克思列宁主义在全国广泛传播，为中国共产党的成立做了准备。[①]

词条文字不多，却把诸要点都写了进去。大半个世纪以来，教科书和权威史家一直如是说：五四运动是在俄国十月革命的影响之下发生的，是无产阶级领导的（或者是初步具有共产主义思想的革命知识分子领导的），是反帝反封建的。用胡绳在《从鸦片战争到五四运动》中的说法，也就是“1919年的五四群众爱国运动是为反对帝国主义对中国的侵略，反对卖国的北洋军阀政府而爆发起来的”[②]。教科书要把这些内容逐个展开，首先从“北洋军阀政府的黑暗统治”讲起，再讲“十月革命对中国的影响”，主要内容是共产主义者李大钊对马克思主义的接受和传播，这就为五四运动的领导者做了

---

①《现代汉语词典》，商务印书馆1981年，第1209页。

②胡绳：《从鸦片战争到五四运动》，人民出版社1981年，第958页。

铺垫。然后才讲巴黎和会，而对和会的认定必然是帝国主义的“分赃会议”，而中国在巴黎和会上的失败则是帝国主义分赃和军阀政府卖国所致。所以，学生的爱国运动也就有了“反帝”和“反封建”的意义。讲到运动本身，则要遮蔽学生与政府的一致而放大学生与政府的对立，把学生向西方国家的请求改写为“抗议”或“反抗”；对于运动过程的描述，则是努力缩小“五四”而放大“六三”，因为6月3日开始的市民（重要核心力量是商绅，即城市资产阶级）对学生的支援，可以从中抽取出“工人阶级”，作为无产阶级登上历史舞台的证明。这样一来，五四运动这场北京几千名学生的请愿活动，就成了中国现代史的辉煌起点。

我曾呼吁人们回到常情、常理和常识，并且把它作为拨正颠倒的价值观念的一条途径，然而，近来却觉得这途径并不完全可靠，原因是所谓“常情”“常理”和“常识”，都是可以造就的，只要有压倒一切的高音传播，只要有足够长的时间，就可以造就一代或几代人，使“病情”成为“常情”，使“歪理”成为“常理”，使谎言成为“常识”。

五四运动是如何发生的？无论是学生运动还是工人运动，完全自发的情况并不多见，一般都有它的发动者、组织者和领导者。那么，五四运动是谁发动和领导的？当“五四”纵火的嫌犯不再被追究，而日益显示出它的光彩之后，各派力量就开始争夺对它的领导之功。做过国民党中央宣传部长的叶楚伧写过一篇《总理鉴临下的“五四”运动》，认定五四运动是孙中山和国民党领导的①，但与事实相去太远，没有几人认可。当然，原因还在于国民党政府没有以此强行统一教科书，以致此说很快成了过眼烟云。1949年之后，台湾的教科书淡化“五四”，自然不再争它的领导权，而大陆的教科书往往致力于争夺阶级或主义的领导权，而不愿落实到个人，有时推出李大钊和陈独秀，讲的却都是他们在文化运动中的作为，而不是他们对学生爱国运动的发动和领导。1919年5月4日的学生爱国运动到底是谁发动和领导的？教科书和权威史著采用的方式是闭口不谈。

然而，五四运动并不完全是自发的，而是有它的发动者，也有它的组织

①《“五四运动”资料特辑》，时代出版社1947年，第13页。

者和领导者。弄清这些，才能更清楚地认识这场运动。

作为五四运动的发动者，事实上是一个小群体，按照出场并发挥作用的先后顺序，应该是以下这四个名字：梁启超、林长民、汪大燮、蔡元培。

先说梁启超。1918年11月，第一次世界大战结束，梁启超即以在野之身，为中国参加即将召开的巴黎和会作了策划。他向大总统徐世昌建议，成立了总统府外交委员会。这个委员会以政界元老、前外交总长并代理过国务总理的汪大燮为委员长，以进步党领导人、前司法总长林长民为事务长，职责主要是处理这一特定时期的外交事务。然后，梁启超带着一批著名专家——政治张君劢、军事蒋百里、经济徐新六、工业丁文江、外交刘崇杰等，于年底动身前往欧洲，目的是“想拿私人资格将我们的冤苦向世界舆论申诉申诉，也算尽一二分国民责任”[①]。1919年2月11日，梁启超一行抵达伦敦，开始了他在欧洲的国民外交活动。

本来，中国人对收回山东主权满怀希望，美国总统也是支持中国的。1919年2月4日《申报》7版《巴黎会议之中国问题》报道说：“美国无线电云，中国赴欧代表提出和议大会修改一千九百十五年中日之条约二十一款，据称中国国民决定将一千九百十五年中日条约提出欧洲和议大会修正，实属最重要之问题……更与美国对于中国主持开放门户之主义亦属矛盾，故美政府对此条约首先声明反对，并将反对之理由照会日本政府，谓于欧洲和议时提出修改云云……”

然而，到了会议进程中，中国愿望的实现却遇到了严重的障碍。梁启超等人是2月18日到达巴黎的，作为中国参加和会代表的会外顾问，他先后会见了美国总统威尔逊及英法等国的代表，请他们支持中国收回德国在山东权益的立场。然而，他不幸地发现，西方对中国的支持同样遇到了障碍，中日交涉的许多内情，连他自己也一直被蒙在鼓里，比如，1918年9月段祺瑞政府与日本签订的秘密借款合同和关于山东问题的换文。3月6日，梁启超致电北京政府总统府外交委员会委员长汪大燮、事务长林长民：“交还青岛，中日对德同此要求，而孰为主体，实为目下竞争之点，查自日本据胶济铁路，数年以来，中国纯取抗议方针，以不承认日本继德国权利为限。本去年

①《欧游心影录·欧行途中》，《饮冰室合集·专集之二十三》，第38页。

九月间，德军垂败，政府究用何意，乃于此时对日换文订约以自缚，此种秘约，有背威尔逊十四条宗旨，可望取消，尚乞政府勿再授人口实。不然千载一时良会，不啻为一二订约之人所败坏，实堪惋惜。超漫游之身，除襄助鼓吹外，于和会实际进行，未尝过问，惟既有所闻，不敢不告，以备当轴参考，乞转呈大总统。”①

巴黎和会议定将原来德国在山东的权益全部交给日本。面对这种情形，北京政府派出的中国出席和会首席代表陆征祥准备签字。②紧急关头，梁启超于4月24日再次致电汪大燮、林长民，建议他们警醒国民和政府，拒绝在和约上签字。其电文如下：

“汪、林二总长转外协会：对德国事，闻将以青岛直接交还，因日使力争，结果英、法为所动，吾若认此，不啻加绳自缚，请警告政府及国民严责各全权，万勿署名，以示决心。”③

国民外交协会1919年4月30日收到的梁启超要求拒绝签字的来电。可以说，正是梁启超的这份电报，点燃了五四运动的导火索。

接着出场的是林长民。

林长民何许人也？今天的一般读者对这个名字也许陌生，但可能熟悉一些与他相关的名字，比如，黄花岗七十二烈士中的林觉民，是他的堂弟；再比如，著名的才女林徽因，是他的女儿。而他自己，其实应该名声更响：1911年辛亥革命爆发，福建独立之后，他以福建省代表到上海参加独立各省代表会议，无论是孙中山十六票当选临时大总统，还是袁世凯十七票当选临时大总统，都有他投出的庄严一票。稍后参议院成立，他不仅是参议员，而且做了秘书长，参与草拟《中华民国临时约法》。1913年任众议院议员，并于4月任秘书长。1917年，张勋复辟被平息之后，出任司法总长……五四运动爆发之际，林长民是总统府外交委员会的事务长，同时又是民间团体“国民外交协会”的理事。国民外交协会是1919年2月16日是成立的。这个协会之所以成立，也像总统府的外交委员会一样，主要原因就是巴黎和会。协

①《梁启超年谱长编》，第879页。

②王芸生编《六十年来的中国与日本》，第7卷，第318—321页。

③《梁启超年谱长编》，第880页。

会推举出熊希龄、汪大燮、梁启超、林长民、范源濂、蔡元培、王宠惠、严修、张謇、庄蕴宽十位理事。从这个名单可见，这个民间组织的主要理事，正是总统府外交委员会的主要领导人。正是这种情况，实现了五四运动中官方与民间的互动。2月21日，在熊希龄、汪大燮和林长民等人的主持下，该会通电发表七点外交主张：“一、促进国际联盟之实行；二、撤废势力范围并订定实行方法；三、废弃一切不平等条约及以威迫利诱或秘密缔结之条约、合同及其他国际文件；四、定期撤去领事裁判权；五、力争关税自由；六、取消庚子赔款余额；七、收回租界地域，改为公共通商。”①

4月30日，林长民接到梁启超的电报，5月1日写成《外交警报敬告国人》，当晚间送到《晨报》报馆，总编辑陈博生马上将其刊载于第二天的《晨报》上。

这一天，政府也接到了陆征祥的电报，称如不签约，则对撤废领事裁判权、取消庚子赔款、关税自主、赔偿损失等等有所不利。为此，外交委员会紧急会议，决议拒绝在和约上签字，并拟定一个通知陆征祥拒绝签字的电报稿，由委员长汪大燮和事务长林长民面呈徐世昌签发，徐世昌表示同意，令国务院拍发。

5月2日这一天有两件重要的事：

一是林长民在《晨报》发表《外交警报敬告国民》，文中写道：

> 胶州亡矣！山东亡矣！国不国矣！此噩耗前两日仆即闻之，今得梁任公电乃证实矣！闻前次四国会议时，本已决定德人在远东所得权益，交由五国交还我国，不知如何形势巨变。更闻日本力争之理由无他，但执一九一五年之二十一条条约，及一九一八年之胶济换文，及诸铁路草约为口实。呜呼！二十一条条约，出于协逼；胶济换文，以该约确定为前提，不得径为应属日本之据。济顺、高徐条约，仅属草约，正式合同，并未成立，此皆国民所不能承认者也。国亡无日，愿合四万万民众誓死图之！

①张允侯、张友坤：《在五四运动爆发的一年里》，武汉出版社1989年，第10页。

此文虽短，仅有三百余字，却像一枚重磅炸弹，使国人震惊。从某种意义上说，点燃五四运动这把火的，首先是林长民的这篇文章。

二是得知总理钱能训给巴黎和会代表发密电命令签约的消息。5月1日外交委员会形成拒绝签约的决议，而且经过总统同意而由国务院给代表团发了电报，然而，5月2日，国务总理钱能训却又给代表团又发一密电，让他们在和约上签字。因为林长民有一位同乡在电报处工作，晚间把此事告诉了林长民。得知这个消息已经是夜里，等到第二天，也就是5月3日，林长民到外交委员会报告此事。

听取林长民报告的是外交委员会的委员长汪大燮。于是，点燃五四运动火种的接力棒到了汪大燮手上。

汪大燮得知这个消息，失望而且愤怒，感到事已至此，外交委员会还有什么用？于是愤而辞职，并命令结束外交委员会事务。然而，回家之后，这位外交元老却不能释怀，仍在苦苦思考以什么办法能够阻止签字。最后，经叶景莘提醒，决定去找蔡元培，让学生起来督责政府。

这样一来，发动五四运动的任务就到了蔡元培肩上。关于蔡元培发动学生运动，有人不以为然，理由是蔡元培一直反对学生运动，所以是不可能发动学生上街的。然而，持此说者只注意到蔡元培反对学生运动的一面，没注意他推动学生运动的一面。许多当年北大学生的回忆证明，蔡元培的确参与了运动的发动。据何思源、许德珩等人回忆，5月2日蔡元培即曾在北大饭厅召集学生代表开会，“讲述了巴黎和会帝国主义互相勾结，牺牲中国主权的情况，指出这是国家存亡的关键时刻，号召大家奋起救国。”[①]许多回忆都曾提及，5月3日外交委员会委员长汪大燮向蔡元培透露政府准备同意签字的情况，蔡元培闻讯立即通知罗家伦、傅斯年、康白情、段锡朋等，把拒签和约的希望寄托在爱国青年学生身上[②]。“五四”学生运动发生时胡适不在北京，是多年后才弄清了情况。1929年1月16日，他在日记中写下了这样的话：“巴黎和会中国代表团失败的消息传来，徐世昌主张签字，陆征祥、王正廷、伍朝枢皆主张签字。汪大燮其时为外交委员会主席，他于五月二夜

---

① 何思源：《五四运动回忆》，《北京文史资料选编》第4辑，第67页。

② 田炯锦：《五四的回忆与平议》，《传记文学》第15卷第3期。

(三夜？)去看蔡元培，告以此时形势，说学生不可不有点表示。蔡赞成其说，故四日有大游行……"[①]

当时任职于外交委员会的叶景莘在回忆中有更具体叙述："外交委员会已开会决议，拒绝在巴黎和约上签字，报徐世昌核夺。但五月三日，林长民获悉：国务院已发出密电，令代表团签字。汪大燮焦急，叶景莘建议速告蔡校长。汪大燮即坐马车到东堂子胡同蔡孑民先生家。蔡先生召北大学生代表罗家伦、傅斯年、康白情、段锡朋等，告此消息。"[②]

当天晚上，北京大学学生和十几所其他学校学生在法科大礼堂召开大会，议决办法四项："一、联合各界一致力争；二、通电巴黎专使，坚持不签字；三、通电各省，于五月七日国耻纪念举行游街示威运动；四、定于星期(即四日)齐集天安门，举行学界之大示威。"[③]

五四运动就这样爆发了。

关于"五四"学生运动的发动，对当时的人们来说，并非秘密。这从几个不同侧面的细节可以看到：一、学生运动发生之后，大总统徐世昌曾把林长民召到总统府，对他严加训斥。二、学生运动发生几天之后，陈独秀、李大钊等人主编的《每周评论》曾有这样的报道："这回北京市民的公愤，全是外交协会林长民等煽动起来的。"[④]三、日本人认定"五四"反日风潮是有人煽动的，这煽动者首先是林长民和汪大燮。为此，他们向中国政府提出抗议。林长民为了不使政府为难，辞去了外交委员会职务。

①《胡适日记全编》第5卷，安徽教育出版社2001年，第350—351页。

②叶景莘：《五四运动何以爆发于民八之五月四日》，天津《大公报》1948年5月4日。

③《在五四运动爆发的一年里》，第28页。

④《一周中北京的公民大活动》，《每周评论》第21号。

五四运动中学生与政府的关系再考察

翻阅教科书和工具书可以发现，几乎所有的著作都在强调五四运动是一场“反帝反封建”的运动。所谓反帝，是指学生爱国运动中维护国家主权的行为；所谓反封建，既指新文化运动中对传统的批判，又指学生运动中的“反对军阀政府”。权威著作和流行教科书、工具书一直是这样讲的：“1919年的五四群众爱国运动是为反对帝国主义对中国的侵略，反对卖国的北洋军阀政府而爆发的。”[①]“五四运动（May Fourth Movement）1919年5月4日中国发生的一次群众运动，其宗旨在反对帝国主义和北洋军阀政府。”[②]“学生们集合天安门的目的主要是游行示威，向‘总统府’及英、美等帝国主义使馆抗议……”[③]这样一来，五四运动就被描述为与政府对立的革命性的群众运动。然而，只要走近历史现场，就会发现事实完全是另一回事。

一

首先一个事实是：“五四”学生运动之所以发生，不是为了反对“北洋军阀政府”。学生没有把政府作为反对的目标，政府也没有“残酷镇压”或“严厉镇压”，学生与政府的关系并非对立的。

天安门集合之际，面对记者的采访，学生对运动的说明是：“等大家到

①胡绳：《从鸦片战争到五四运动》，人民出版社1981年，第958页。

②《简明不列颠百科全书》，中国大百科全书出版社1986年。

③彭明：《五四运动史》，人民出版社1998年，第274页。

齐，我们就要游街示众，叫我们国民也知道有这种事体。游街后再到东交民巷英、美、法、意各国使馆提出说帖，表示我们的意思。完后还要转到这里，开会商议善后办法。”[①]教育部派一位司长到北大劝阻，希望学生不要游行。学生据理力争，坚持要集会游行，司长最后无话可说，也就不再阻止。步军统领李长泰奉大总统徐世昌之命到集会现场，表示希望学生不要去使馆区，以免引起外交纠纷。学生代表向李统领保证：“我们今天到公使馆，不过是表示我们爱国的意思，一切的行动定要谨慎，老前辈可以放心的。”由此可见，当时学生态度温和，对政府代表非常尊重。而政府也只是劝阻和提醒，并没有坚决制止。当时记者对步军统领李长泰的描述是：“李统领亦无言，旋取下眼镜，细读传单，半晌后对群众曰：那么，任凭汝们走么。可是，千万必要谨慎，别弄起国际交涉来了。言毕，嘱咐警吏数语，即乘汽车而去。”[②]从这些细节看，双方都彬彬有礼，没有争执，没有对抗。

“火烧赵家楼”事件发生，使事件变得复杂起来，并且给“严惩”和“镇压”提供了足够的理由，但是，学生与政府的良好关系仍然没有从根本上遭到破坏，因为学生的不满只是发泄到个别官员的头上，而没有发泄到政府头上，他们烧的是他们认定的“卖国贼”曹汝霖的住宅，而不是总统府或国务院。

大半个世纪以来，教科书总是着力渲染政府对学生的镇压，一些教科书的章节标题就是“五四爱国运动的爆发和反动政府的镇压”[③]然而，事实果真如此吗？三十二人被捕是事实，但军警之所以抓人，并不是因为学生集会和游行，更不是因为他们反对在和约上签字，而是因为有人放火，涉及刑事犯罪。所以，当时的学生作为纵火嫌疑人被拘捕，并无多少怨言，因为他们知道，事实澄清之后他们自然会被释放。

“火烧赵家楼”后来似乎成了“五四”的闪光点，但在当时，无论学生还是先生，都未把它看作是光彩的事。学生领袖傅斯年、罗家伦、段锡朋等，本来计划的是一场文明的游行，并且一直在致力维护良好的秩序。当游

---

①《山东问题中之学生界行动》，《晨报》1919年5月5日。

②同上。

③王桧林主编《中国现代史》，北京师范大学出版社2002年，第19页。

行队伍在东交民巷递交完说帖，有人提议转向赵家楼时，“负总指挥的责任的傅斯年，恐发生意外，极力阻止勿去”[1]学生队伍到达赵家楼时，仍然没有失控，据《字林西报周刊》1919年5月10日的报道：“学生们排着整齐的队伍来到曹汝霖的住宅，很配称作文明国家的学生。”在赵家楼，当匡互生主张放火之际，段锡朋也曾坚决阻止。群众运动出现失控现象，学生领袖无力有效地指挥所参与者，这是可以理解的，个别人的表现并不代表学生整体。

放火事件发生之后，无论学生还是他们的先生，都知道事属违法，没有哪个人像革命造反运动中常常出现的那样蔑视法律、“无法无天”。一个值得注意的事实是：绝大多数学生一见起火就赶紧离开了现场。周予同的回忆透露，“有些同学，尤其是法政专门学校的学生，他们认为放火殴人是超出理性的行动，是违反大会议决案的精神，颇有些非议。”[2]先生们与学生的看法大致相同。北大教师梁漱溟在5月18日《每周评论》上发表《论学生事件》，谴责学生火烧赵家楼、痛打章宗祥的行为，认为不管动机是否正义，本身都触犯了法律，因而不赞成保释，而主张将学生交付法庭，由检察厅提起公诉，审判厅进行审判。他还希望放火的学生前去自首。因为从道理上讲，无论曹汝霖、章宗祥有多少罪恶，学生都不能侵犯他们的自由。时至今日，有人以为梁漱溟太另类，其实，当时他所代表的并非少数人的看法。就连以激进著称的陈独秀，早在梁漱溟发表上述言论之前十天，就在5月7日写给胡适的信中认为“京中舆论，颇袒护学生”，“聚众打人放火，难免违法”。[3]

放火事件发生之后，政府对学生仍然没有镇压。学生火烧赵家楼，有人试图乘机打击一下大学的气焰，所以劝大总统严办学生，并有解散北京大学之说。但大总统没找到严办的法律依据，而且知道那是司法部门的事，并非

①匡互生：《五四运动纪实》，《五四运动回忆录》上，中国社会科学出版社1979年，第307页。

②周予同：《五四回忆片断》，《五四运动回忆录》上，中国社会科学出版社1979年，第268页。

③《陈独秀著作选编》第2卷，上海人民出版社2009年，第94页。

总统权力所能及，加上教育部坚决反对，总统尊重教育部的意见，不但没有严办，而且很快让司法部门释放了全部被捕的学生。教育部长傅增湘、外交委员会委员长汪大燮以及林长民、熊希龄、王宠惠等人，都是当时的政要，却一开始就千方百计保护学生。他们知道放火是违法的，任何人都难以为之辩护，于是就散布消息，说火并不是学生放的，而是赵家楼的电灯出了问题。他们这么做，显然是在为司法部门释放学生提供借口。如果政府存心镇压学生，就不会这样为学生开脱，学生也不会那么轻易地被释放。

而且，学生被捕之后被关押的情况也是值得注意的。5月6日，《晨报》刊有一篇题为《学生界事件昨闻》的文章，其中写到“学生被捕后之况状”：“各学生被捕入警厅后，前夕即由该厅略加讯问，未有结果。闻厅中对于学生尚不苛待，前夕共腾出房子三间，使三十二人者分居之。而学生不愿分居，仍在一处住。昨日由该厅备饭，每餐分为五桌，每桌坐六人或七人。有前往看视者，学生皆告以我辈在此尚未所苦，惟外交问题如何则极为关念。中有托人带信，勉勖同学仍以国家为重者，并谓在厅阅报等尚颇自由云。”5月8日，《晨报》的《北京警察之爱国》中写道：“此次逮捕学生一事，警厅举动极为文明，待遇亦佳，逮诸人释放后，北京全体学生联合会特派代表一人，持函前往致谢。”5月11日，《每周评论》发表《一周中北京的公民大活动》，也报道了被捕学生的情况：“到警厅的第一天，很受罪，行动言语都不自由。第二天早晨吴炳湘去看，待遇就好些，可以在院子里自由活动。第三天给了一份《益世报》。从他们警厅方面看来，也算优待……”被捕学生的伙食，与警厅科员相同。

总之，学生们起来行动，是督促政府而不是反对政府，更不是图谋颠覆政府。政府对学生也没有“残酷镇压”或“严厉镇压”。

二

对于是否在和约上签字，大总统徐世昌本来犹豫不决，但最终的结果，他还是顺应民意，满足了学生运动的全部要求。

五四运动中的主要矛盾，首先表现于主张签约与拒绝签约。这两种不同的主张，源自两种不同的认识，并无根本立场或利益的冲突。无论外交总长陆征祥，还是国务总理钱能训，之所以主张在和约上签字，并非他们不爱国，恰恰相反，正因为他们爱国，为国深思，才有这样的主张，否则，像那些老奸巨猾的官僚，完全可以等待指示而不表达个人见解。他们之所以主张签字，是因为他们认为签字可以确保国家得到庚子赔款等一系列实际利益，而拒绝签字却有极大的风险，弄好了当然可以争回山东权益，但弄不好却可能会把到手的利益也丢掉。所以，一些著作中对他们的批判和否定是很不公正的。

正因为这样，在是否签约问题上，大总统徐世昌一个多月中一直犹豫不决。共和国的总统遇到这样的大事，自然要尊重民意。然而，民意很不一致：一方面是外交总长、国务总理和部分官员倾向于签字；一方面是大学生和梁启超、汪大燮、林长民、蔡元培以及熊希龄、张謇等名流政要反对签字。一方面是资深外交官的审慎思虑；一方面是民众的爱国激情。是同意签字好，还是拒绝签字好，大总统拿不定主意了。5月1日，接受外交委员会的建议命国务院发电报通知代表团拒绝签字；第二天却又默认国务总理钱能训发密电让代表团同意签字；然后是电令代表团签字，几天后却又改为让代表团“相机行事”，直到6月25日，面对国民日益高涨的拒签呼声，才终于下定决心，通知代表团拒签。

当时矛盾的另一焦点，在于是否罢免曹汝霖、陆宗舆、章宗祥。学生认定他们是“卖国贼”，因而要求罢免他们的职务。但在总统和总理看来，他们却没有卖国之罪。当时的陈独秀也说：“况且曹、陆、章等未必真有卖国的行为，他们如果卖国，政府怎肯让他们都站在重要的地位？”[①]所以，火烧赵家楼、殴打章宗祥的事发生之后，曹汝霖立即递交辞呈，大总统徐世昌好言挽留，不但表示安慰，而且给钱重修房子。这在学生看来，当然是偏袒“卖国贼”，但在大总统看来，这些“卖国贼”却像清末的李鸿章一样，不过是“为国事所累”，因为参与签订《民四中日条约》（即所谓“二十一条”，但中国政府从来没有接受和签订过“二十一条”，而是只接受和签订了“二十一条”中的十条）也罢，主持借款也罢，都是国家委派的。这样的官员，若因有人指控“卖国”，政府就轻易将他们免职，于情于理都有点说不过去。

①陈独秀：《对日外交的根本罪恶》，《每周评论》第21号，1919年5月11日。

然而，面对学生和市民日益高涨的呼声，政府还是顺应民意，罢免了曹、陆、章的职务——大总统下令允许他们辞职。这里所显示的，是政府的妥协和让步，是总统和政府不愿与学生和市民对立的态度。

曹、陆、章三人被罢官的确有点冤枉，但由此引起的连带反应却极有意思：6月10日三人辞职，接着是总理钱能训递交辞呈，然后是大总统徐世昌递交辞呈。它告诉我们，当时的总统和总理实在无奈，作为民主共和国的领导人，他们不能像专制国家的君主那样为所欲为，而是必需倾听民众的呼声，必需尊重民意，但是，民众并不了解情况，三位官员并未卖国，总统为了平息事端而让他们辞职，难免有愧对部下之感。所以，总理和总统同时辞职，并不是面对签约难题而试图逃避，而是安慰被免职者的一种方式。由此可以看到当时的总统和总理是多么为难、多么无奈，但他们毕竟做了，一切都是为了顺应民意，满足学生运动的要求。

总理真的辞职了，总统辞职却未获批准。参、众两院议长接到总统辞呈，马上开会走程序，并亲自登门，把辞呈给总统送了回去。就连此前对徐世昌极为不满的段祺瑞，也亲自登门，殷切表示挽留，希望大总统以国事为重。第二天，全国各地挽留大总统的电报像雪片一样飞往北京。值得注意的是，在挽留大总统的事件中，学生与参众两院、各省政府、各群众团体是一致的，没有出现不同的声音。由此可见当时学生对大总统徐世昌的拥护和爱戴。

到6月28日，徐世昌在总统府接见群众代表，表明了政府的态度：中国将不在和约上签字。至此，“五四”学生运动的目标全部实现。无论如何，五四运动的最终结局，是大总统倾听国民的呼声，政府满足了学生的愿望。

三

学生运动没有反对政府，也没有推翻政府的图谋。但考察当时的中国社会，反政府力量是存在的，企图推倒政府者也大有人在。他们曾试图影响和引导学生。

作为反政府的力量，首先是一些前清遗老。自辛亥革命成功之后，他们就一直在诅咒民主共和国，感叹世道败坏，唯恐天下不乱，一有风吹草动，就梦想让民国垮掉，奉溥仪重登皇位。其次是孙中山，自“二次革命”开始，他就开始了讨伐总统、推翻政府的事业，虽然中华民国在袁世凯去世后取消了对他的通缉，回国后的孙中山却仍然致力于推倒“不良政府”或“非法政府”，遇到学生运动的机会，当然不愿放过。

在五四运动中，孙中山多次会见学生，表示他对学生运动的不满，鼓动他们改变方式，停止演讲和游行，直接进行武装暴动。据朱仲华《孙中山和上海五四运动》回忆，五四运动爆发不久，孙中山在上海会见学生代表，就说了这样一番话：“你们搞学生运动，慢吞吞，没用的。应该再大胆一些！不要怕这怕那的，要有牺牲的精神，要有突击的行动，要设法激起群众的怒潮。我已经帮你们请好律师了，是一个很出名的法国律师。你们放胆地干去吧。”①据张国焘回忆，1920年1月的一个中午，他与康白情、许德珩、刘清扬一起拜访孙中山。孙中山说：“你们学生反抗北京政府的行动是好的；你们的革命精神也是可佩服的。但你们无非是写文章、开大会、游行请愿、奔走呼号。你们最大的成绩也不过是集合几万人示威游行，罢课、罢工、罢市几天而已。北京政府只要几挺机关枪就可以把几万示威的学生解决掉。现在，我愿意给你们五百条枪，如果你们能找到五百个不怕死的同学托起来，去打北京的那些败类，才算是真正革命。”②

然而，当时最激进的学生代表张国焘等也拒绝了孙中山的建议，没有拿起枪去推翻民国政府。因为五四运动的初衷本来就不是推倒政府，而是要以督促的方式帮助政府。他们有不满，但只是不满于政府中的某些官员，要求政府罢免他们，而没有想推翻政府，更不想改变新生的民主共和制度。

不仅学生如此，就连陈独秀等人也是如此。众所周知，陈独秀后来与孙中山走到了一起，共同致力于推翻“北洋军阀政府”，完成苏联人为中国革命规定的“反帝反封建”这一“根本任务”，然而，在五四运动中，他还没有走上这条路。陈独秀在运动中参加过许多活动，写过《北京市民宣言》，提出过一系列民众自决和“平民征服政府”的主张，但他说的征服并非推翻，而是让政府服从平民的意志。五四运动中的陈独秀仍然是维护政府的。

①《20世纪上海文史资料文库》第1辑，上海书店出版社1999年，第67页。

②张国焘：《我的回忆》上，东方出版社2004年，第68—69页。

他曾明确告诉人们："我们只要想法子指导政府，不要想法子推倒政府，指导政府不是说空话，是叫他们要明白非遵照人民的公共意见办事不可，是叫他们不敢贪赃枉法卖国殃民。推倒一个政府若是再建一个政府，张王李赵无论谁来组织政府，都是'鲁卫之政'，指导政府是根本的、永久的办法，若是不能指导政府，徒然推倒政府，不过升官图上改换了几个姓名，于实际上并没有什么变化，只添上一些无谓的扰乱罢了。"[①]

总之，在五四运动中，学生自始至终没有喊过推翻政府、打倒大总统之类的口号，他们所做的，只是要求政府和大总统拒绝在和约上签字，并严惩曹汝霖、陆宗舆、章宗祥这三个他们所认定的"卖国贼"。就此而言，学生运动与1915年开始的新文化运动是一致的。创办《新青年》之际，陈独秀就说："批评时政，非其旨也。"所以，新文化运动批判旧伦理，批判旧道德，反孔教，反三纲五常，却不反对政府，不反对新生的民主制度。学生运动也是如此，走上街头，游行示威，呼吁"外争主权，内除国贼"，对日本侵犯中国主权表示愤慨，对"卖国贼"表示愤慨，但并不反对政府，更没有颠覆政府的意图，而且始终没有人把政府称作"反动政府"或"北洋军阀政府"。由此可见，学生爱国运动与新文化运动一样，是为新生的民主共和国补台的，而非拆台的。学生没有站在政府的敌对面，而是正如陈独秀所说，是"做政府的后援"[②]。

从5月4日，到6月28日，五十五天的努力，最后的结果是大总统、外交官、社会名流、海外华人都与学生达成了广泛共识，获得了圆满成功，使五四运动成为中国现代史上最最成功的学生运动。这是学生运动的一个奇迹。究其原因，就是学生所想、所急，事实上也是总统、总理、外交官和一切爱国的人们之所思、所急，学生与政府形成了一种良性互动：学生爱国，在国家危急之际起来做政府的后盾，督责政府维护国家主权；大总统倾听民众的呼声，政府顺应民意，尽管犹豫再三，最后还是罢免了学生所不认可的官员，拒绝在和约上签字。所以，五四运动的光彩，不仅是学生的光彩，不

①陈独秀：《对于国民大会的感想》，《晨报》1919年12月11日。

②陈独秀：《对日外交的根本罪恶》，《每周评论》第21号，1919年5月11日出版。

仅是市民、商会和工人的光彩，同时也是政府的光彩，大总统的光彩，更是民主共和制度的光彩。它显示了群众的力量，同时也显示了制度的力量，应该说，没有民主共和制度，就没有五四运动，更不可能有运动的成功。

因此，五四运动与后来以推翻政府为目标的政治革命无涉。

后来的历史叙述片面夸大学生与政府的对立，抹杀学生与政府的良性互动，开始只是为了适应与“北洋军阀政府”对立的“国民政府”的政治需要，抹黑民国政府，后来则被海峡两岸继承了下来，似乎成了历史的定论。时至今日，一些事实应该澄清了，学界也没必要继续沿袭党国史家为一派之私而建构的历史叙述。

关于“五四”与知识分子的几个问题

——答《吉大先锋》刘洋

刘洋（以下简称刘）：从五四新文化运动开始，中国有了真正现代意义上的知识分子。他们以一种集体的方式呈现了知识分子的“独立之精神，自由之思想”的精神特质。但是，知识分子的这种精神特质却逐渐消失了，直到今天。您如何看待从“五四”以来中国知识分子所走过的道路及其命运？而当代中国没有出现思想、学术巨匠是否与此有关呢？

李新宇（以下简称李）：这是一个很大的问题，“五四”时期中国出现了一群真正的知识分子，后来却一步步消失。描述这条道路大概需要一本书。简单地说，这是中国现代知识分子的悲剧，也是中国现代化进程的悲剧。因为与知识分子的消失相伴随的是逆现代化的历史行进。如果考察其主要原因，大概在于中国现代知识分子的力量太弱小，而传统的力量太强大。一方是从国外留学回来的屈指可数的那么几个人和一小部分追随他们的学生；一方是亿万之众——从工农大众到总统、部长、军阀、党派领袖。力量对比悬殊。本来知识分子可以通过启蒙改变这种状况，但历史没有提供好的机会，所以很快出现的是救亡压倒启蒙和翻身压倒启蒙。最后，他们不能不被吞没。这是一个文化上“农村包围城市”的过程，也是一个民族性战胜世界性、前现代性战胜现代性的过程。当然，知识分子并没有完全被吞没，在大陆也有顾准、张中晓、陈寅恪等，坚守着独立的人格和自由的思想，但是太少了。当代中国没有出现思想、学术上的巨匠，当然与此有关。独立的人格和思想都没有了，何谈“巨匠”！

刘：批判性是知识分子的本质，这种批判性在“五四”知识分子身上则体现为一种强烈的介入社会的精神；而今天，知识分子的批判性却在减弱，从“广场”退回“书斋”，潜心学术。您如何看待知识分子与社会的关系？您认为知识分子角色的转换是一种发展，还是倒退？可否说是在特定时代中知识分子职能的转化？

李：首先我想说的是，人们在谈论知识分子特征的时候都在谈其批判性，我本人过去对知识分子特征的概括也是“批判性”与“探索性”。但是，现在我越来越觉得，仅有批判性是不够的，知识分子在坚持批判的同时还必须懂得“价值守护”。回顾历史，我们会发现，你刚才说的知识分子的消失并非全都源自外力，而是同时源自知识分子自身的叛逃。他们随风跑了，没有坚守在“五四”的精神阵地上。而在随风跑的时候，他们仍然在批判，只是把批判的矛头指向了“五四”新文化，比如创造社对鲁迅和胡适的批判，他们在批判中回到了旧营垒，自己却以为实现了对“五四”的越超。其次，一些人退回“书斋”，潜心学术，我以为是正常的，无可指责。无论什么时候，知识分子也不可能都在“广场”上。但是，如果一个时代的知识分子都回到书斋，而且全然没有一点儿公共关怀，那肯定是出问题了。如果那样，肯定不是发展，也不是“职能转化”所能解释的。因为转化不应该是“集体变性”。

刘：90年代出现否定“五四”的思潮，甚至完全否定其对中国现代化进程的价值和意义。您如何看待这样一种思潮？

李：其实并不奇怪。每当历史到了一个路口，人们总会有不同的选择。90年代有几个重要的思潮都是与“五四”相矛盾的。一是民族主义思潮。面对世界主流文化的压力，一些人要抵抗所谓“西方中心话语”，而“五四”却主张与世界全面接轨，也就是我们今天说的全球化。二是保守主义思潮。一些人以为中国的问题在于激进主义，于是要坚决反对激进主义，“五四”被说成了激进主义的代表。三是所谓“后现代主义”。一些人追随西方后现代思想家，在中国也开始反思现代化，批判现代性，“五四”因为它的现代性而成了罪魁祸首。我对这些思潮基本持批判态度。如果你有兴趣的话，可以看一看我前年写的《面对世纪末文化思潮对鲁迅的挑战——兼及“五四”

新文化的现实合法性问题》，是由《鲁迅研究月刊》连载的，从2000年第11期到2001年第1期。有些人反对“五四”，是由于对“五四”的误解，所以我认为需要“重申‘五四’精神”。

刘：五四新文化运动是一次新的文化选择，是中国传统文化在外来文化压力下做出的“选择”。而一种“文化选择”可以是自我更新，可以是自我否定从而移植外来文化，可以是与外来文化的融合……您认为“五四”是一种怎样的“选择”？而这种“选择”对中国现代化进程又有哪些影响？

李：我认为五四新文化运动是主张全力世界化的。按照胡适的说法就是“充分世界化”，或“一心一意地现代化”。之所以如此，因为他们认定中国的旧文化是“吃人”的文化，是“侍奉主子”的文化，是“暂时做稳了奴隶”和“想做奴隶而不得”的两个时代轮回的文化。为了中国人能够像人一样生活，必须改变它。新文化运动的几个主要领袖人物都反对“融合”之说，反对调和折中。他们认为中国固有的文化是一个“酱缸”，这个“酱缸”如果得不到清理，任何新东西加进去都要被“同化”，无法实现更新。正因为看到了这一点，他们认为“中西合璧”“熔于一炉”等口号的本质都是守旧的，因而不能表示赞同。“五四”的选择没有对中国产生多少影响。后来中国文化的发展实际是“融合”和“杂凑”。它的结果是一些很不好的东西都被保护了下来，比如皇权崇拜和奴才意识。所谓“中体西用”常常是为皇宫添置几套沙发；所谓“融合”也常常是小脚女人加上高跟鞋的点缀。

刘：从某种程度上说，“五四”是个“思想的‘五四’，精神的‘五四’”；今天则是个经济的时代，物质的时代，人们精神领域呈现一种沙漠化的趋势，一片“旷野的废墟”。对于我们当代大学生，如何延续“五四”种种精神“谱系”呢？

李：我很高兴你有这样的认识，这样的想法，但如何延续呢？很难回答。我想，应该先了解它，穿越教科书的遮蔽，回到历史现场，回到那些领袖人物的著作。如果能够认同的话，就去守护它，就接过他们的问题继续思考，继续他们未竟的事业。

李新宇学术文集

伍

还原鲁迅

李新宇 ——————————— 著

山西出版传媒集团 北岳文艺出版社
BEIYUE LITERATURE & ART PUBLISHING HOUSE
· 太原 ·

图书在版编目(CIP)数据

李新宇学术文集 / 李新宇著. 一太原:
北岳文艺出版社,2020.5
ISBN 978-7-5378-6178-6

Ⅰ. ①李… Ⅱ. ①李… Ⅲ. ①中国文学 - 文学研究 -
文集 Ⅳ. ①I206-53

中国版本图书馆CIP数据核字(2020)第057362号

李新宇学术文集·还原鲁迅

李新宇◎著

//

项目负责人
范　戈

责任编辑
韩玉峰

封面设计
张永文

印装监制
郭　勇

出版发行:山西出版传媒集团·北岳文艺出版社
地址:山西省太原市并州南路57号
邮编:030012
电话:0351-5628696(发行部)　0351-5628688(总编室)
传真:0351-5628680
网址:http://www.bywy.com　E-mail:bywycbs@163.com
经销商:新华书店
印刷装订:山西人民印刷有限责任公司

开本:710mm ×1000mm　1/16
总字数:2688千字
总印张:159.5
版次:2020年5月第1版
印次:2020年5月山西第1次印刷
书号:ISBN 978-7-5378-6178-6
总定价:698.00元(全6卷)

1996年，在曲阜师范大学

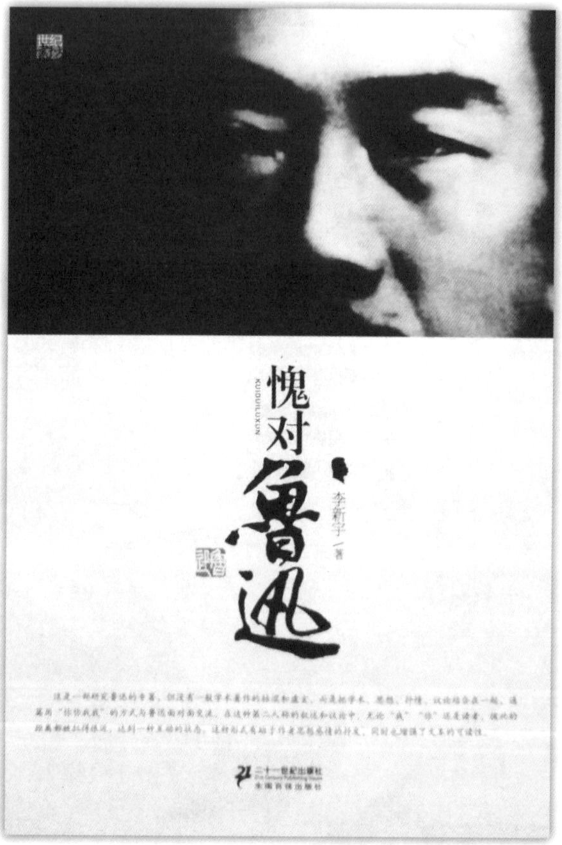

作者书影之一

目　录

第一辑

第二辑

第三辑

第四辑

第一辑

鲁迅人学思想论纲

作为中国现代启蒙主义思想家和文学家，作为中国现代知识分子话语的奠基者和现代文化的立法者，鲁迅对中国现代化历史最伟大的贡献是他的人学思想。因此，不准确地把握鲁迅的人学思想体系，就不能正确地理解鲁迅。然而，关于鲁迅的人学思想，多年来却一直缺少深入研究。在一段时间里，它甚至被作为鲁迅思想的局限而加以否定或遮蔽。在当下的中国，由于各种新潮后学的冲击，鲁迅似乎已经不合时宜，人学思想更成了一个过时的神话。可喜的是，在寂寞的边缘，却有一些学人对这一课题开始给予空前热切的关注。受师长和友人的鼓励，我试图进入这一课题，以自己的目光对其进行考察和梳理。本文仅就鲁迅人学思想的文化生成、内部结构和历史命运三个方面做简要论述。

一、鲁迅人学思想的文化生成

毫无疑问，人是鲁迅思想的核心，“立人”是鲁迅思想的逻辑起点和最终价值指向。他从1907年在《文化偏至论》中提出“立人”的命题开始，直到生命的最后一刻，几十年如一日，都为这一目标而奋斗着，其间虽然也有彷徨，但彷徨过后是更执着的坚守。他以卓越而独特的文化实践，建构了自己的人学思想体系。正是这一人学思想体系成为他卓然不群的标志，成为中国现代知识分子话语的核心和中国文化现代性的最根本特征。然而，鲁迅的人学思想有一个生成的过程。在其生成过程的不同阶段，融汇着不同的思想资源，吸纳着不同的文化因素。因此，要准确地把握鲁迅思想，就必须对这个过程进行认真的清理。这种清理不仅是为了寻找其知识谱系和思想源流，而且可以进一步认识他对各种思想资源的取舍和淘汰，从而真正确认他最后择定并持久坚守的基点和核心。

（一）日本留学时期：人学思想的初建

考察鲁迅人学思想的生成可以一直追溯到南京时期对进化论的接受，但是，鲁迅人学思想的自觉建构毫无疑问是从日本留学时期开始的。正是在那个时期，鲁迅提出了他的“立人”思想，也正是在那个时期，鲁迅开始思考中国人的国民性问题，作为一种成果标志，就是《摩罗诗力说》和《文化偏至论》等文章的发表。

考察那一时期中国思想界的状况，可以明确地看到当时思想界的热点是政治的变革，以孙中山为代表的革命党人正在积极地准备以武装斗争的方式推翻清王朝的统治，而以康有为为代表的维新派仍然梦想着走君主立宪的道路。不同的认识在进行着激烈的斗争，政治革命进入新的高潮。但是，鲁迅关心的已经不是变法维新或排满革命的问题，也不是君主立宪或民主共和的问题，而是启蒙立人。因为在鲁迅看来，欧美之强，根底在人，中国之衰，根底也在人。只要国民性不变，中国人即使身体强壮，也不过是杀头示众的材料；即使掌握了先进的武器，也只能去欺压弱小；即使进行政治革命，也不过是在同样的舞台上重复演出一场陈旧的历史剧。因此，振兴国家和民族的关键不在坚船利炮，也不在变法维新或者暴力革命，而在于启蒙“立人”。

考察鲁迅1907年前后的“立人”思想，我们很容易发现它与梁启超新民思想的内在联系。尽管鲁迅没有谈过他与梁启超在思想上的继承关系，但他的“立人”思想毫无疑问是从梁启超的新民思想发展而来的，梁氏的“新民说”是鲁迅“立人说”的起点。

在鲁迅建立自己的人学思想的20世纪初，无情的事实已经宣告了以儒家文化、专制政治和小农经济相互适应而构成的中国文明的失败。中华民族正面临着如何摆脱困境和寻找出路的问题。在鲁迅之前，严复、梁启超等人都已思考过新民的问题。严复认为强国需要标本并治，最重要的是“鼓民力、开民智、新民德”①。梁启超认为只有新民，才能保证政治维新的胜

① 严复：《原强》，《直报》1895年3月4—9日。

利，才有新制度和新国家。[①]而且，他们已经触及人的自由这一现代社会变迁的根本问题。严复在《辟韩》中就曾以“天赋人权”的学说张扬自由思想，鼓吹“民之自由，天之所界也[②]”。他已经看到了西方国家的富强与人的自由意志之间的联系，感觉到了自由对于历史进步的重大意义。康有为也曾经以托古改制的形式偷运过西方的自由观念，赞美“人人自立，不复待人”的独立人格。[③]在维新派思想家中，梁启超对中国文化的思考是比较全面的，也是比较深刻的。他发现中国的灾难并非因为中国人对自己本土文化的背叛，而恰恰是由于中国人对于传统权威的迷信，失掉了个人思想的自由和个性的自由发挥。因此，他承认社会进步的首要条件是人格的独立和思想的自由，承认中国数千年之腐败根源皆自奴隶性，而且知道不拔除奴隶之根性，中国就不能立于世界万国之间。这一切都与鲁迅《文化偏至论》等文章中的见解非常相似。立国先立人的思路显示了两代思想家之间的继承关系。可以说，正是在中国已经获得初步传播的西方近代人学思想为鲁迅人学思想提供了基础。而这一基础更多的不是直接来源于西方思想家，而是来源于维新派思想家这一中介。

然而，一个必须注意的问题是：在“梁启超”们那里，人的问题只是国家和民族命运问题的一个子课题，关于人的思考只是关于国家和民族问题思考的一种副产品，开出“新民”药方的目的仍然是医治国家和民族衰弱之疾。他们还没有能够获得人的价值立场，所以，他们虽然看到了破除奴隶性和个人自由对于新民的重要，却对自由抱有非常警惕的态度：“自由云，立宪云，共和云，如冬之葛，如夏之裘，美非不美，其如与我不适何！……一言以蔽之，则今日中国国民，只可以受专制，不可以享自由。”[④]梁启超由此而走向了“开明专制论”。他反对民主共和而主张君主立宪，理由并不是西方现代政治制度不好，而是它不适合中国国情。在这一点上，梁启超与他的前后反对派都是一样的国情论者。他们关于改革的思考是在认可中国既有国

① 梁启超：《新民说》，《饮冰室合集·专集之四》，中华书局1989年，第4页。

②《直报》1895年3月13—14日。

③《康有为全集》（第二集），上海古籍出版社1990年，第802页。

④《新大陆游记节录》，《饮冰室合集·专集之二十二》，第124页。

情的前提下进行的，是在承认既有基本国情的合理性和不可更改性的前提下进行的。在他看来，必须经过十年开明专制之后，才可以实行民主制度。之所以如此，是为了避免各种纷乱。“凡国必风气已开，文学已盛，民智已成，乃可设议院。今日而开议院，取乱之道也。”[①]他的“新民”即为“开民智”所用，一旦自由和人权有可能成为“取乱之道”，他就不会赞同了。在梁启超那里，新民只是手段而不是目的，目的是“国”而不是“民”，更不是单数的“人”。所以，为了国家和社会的安定，不惜牺牲人的自由权利。

在鲁迅的思想中，我们却感觉到一种明显的不同。面对当时中国的现实，他的结论是：“是故将生存两间，角逐列国是务，其首在立人，人立而后凡事举，若其道术，乃必尊个性而张精神。”[②]“人既发扬踔厉矣，则邦国亦以兴起。”考察其目的指向，虽然仍是“角逐列国是务”，是为了“邦国”之“兴起”。然而，值得注意的是他在论述中从目的“溢出”的现象：他从梁启超的思想出发，沿着为强国而寻求真理的路径走来，却常常游离本来之目的而直奔个人自由的主题。他衷情于人的自由和个性，处处为人的个性而辩护，为自由而呐喊。他抨击中国人在西方文化冲击之下出现的两种选择：一是“辁才小慧之徒，于是竞言武事……谓钩爪锯牙，为国家首事”；二是一些人“诚痛乎外侮迭来，不可终日，自既荒陋，则不得已，姑拾他人之余绪，思纠大群以抗御，而又飞扬其性，善能攘扰，见异已者兴，必借众以陵寡，托言众治，压制乃尤烈于暴君”。他充分注意到了个人自由的意义和价值，把“掊物质而张灵明，任个人而排众数”作为当务之急，努力鼓吹个人自由，张扬人格独立和个性的尊严。他赞美那个曾经宣布“我是国家的死敌”的斯蒂纳尔，对其思想津津乐道：“人必发挥自性，而脱观念世界之执持。惟此自性，即造物主。惟有此我，本属自由；既本有矣，而更外求也，是曰矛盾。自由之得以力，而力即在乎个人，亦即资财，亦即权利。故苟有外力来被，则无间出于寡人，或出于众庶，皆专制也。”“凡一个人，其思想行为，必以己为中枢，亦以己为终极：即立我性为绝对之自

①《古议院考》，《饮冰室合集·文集之一》，第96页。

②《文化偏至论》，《鲁迅全集》（第1卷），人民文学出版社1981年，第57页。本段以下引文皆出自此文。

由者也。”他赞美克尔凯郭尔，赞美易卜生，也都是为其对个人价值和尊严的强调。

是否尊重人的价值和个体生命的自由，这是近代以来文化思想的一个重要分水岭。一切现代思考都是以此为中心的，一切现代性努力都是以此为出发点的，否则，无论披上怎样的伪装，都无法掩盖其中世纪的本质。虽然20世纪欧洲思想也相当混乱，但是，文艺复兴运动以来形成并经过思想启蒙运动基本确立的人学传统却始终是无法摧毁的主流。借助西方的人权观念，在对中国文化深刻的生命体验和理性认识的基础上，鲁迅看到了中国人精神上缺乏个性发展、现实中缺乏个体存在的合法性，因而人的个性被伦理吞没的悲剧现实。敌视权力和束缚，反抗压迫和奴役，渴望独立和解放，早已是青年鲁迅内心深处的倾向。因此，当他面对尼采等西方的“偶像破坏者”的时候，不仅心向往之，而且找到了自己朦胧思想的语言表达，丰富和完善着自己的思想。尼采那样惊世骇俗地宣布：上帝死了，从此我们自己就是上帝。鲁迅不信上帝，但是，却能够由此意识到中国人应该从纲常名教和各种奴役关系中解放出来，使自己成为自己的主人。鲁迅对尼采的认同正是那种自己做自己的上帝而绝不做他人奴隶的个性主义。

这是1907年前后鲁迅的一种思想状况。他从国家出发，以强国的公船运载着个人自由。他从国家目的走向立人，一旦发现了个人自由之后，就立即受到了人权的强烈吸引。此时的鲁迅处于作为目的的“人”与“国”之间的矛盾中。这个矛盾证明着他一腿仍然处于梁启超的新民学说之中，而另一腿却已经跨出。他与梁启超的思想有了分歧：梁启超认为，为了国家的稳定可以不要个人的权利和自由；鲁迅认为，为了国家的富强必须首先张扬个性，给个人以自由。

为了个人的权利，鲁迅反对专制独裁，同时也反对“众治”。应该申明的是，他所反对的“众治”并不仅仅是借人民的名义而行的“众治”，而是包括在真正意义上的多数原则基础上建立起来的民主政治。因此可以说，1907年的鲁迅是一个自由主义者而不是一个民主主义者。这是一个值得重视的问题，因为这是鲁迅思想中真正的可争议之处。独裁的专制制度与民主的“众治”是对立的，所以，中国的统治者是不会乐于接受“众治”观念的。鲁迅对“众治”的批判和否定表现着许多与专制主义传统维护者相似的面貌。但需要注意的是，他们的出发点是根本不相同的。旧的统治者反对“众治”，是因为这种新的政治模式如果成为改革的目标，就会动摇他们的独裁专制；梁启超反对“众治”，是因为中国人还没有享受自由的资格，他担心议会政治会带来秩序的混乱；孙中山反对“众治”，是因为担心它会使国人进一步成为一盘散沙，难以在他的统一指挥下形成政治革命的合力……他们的出发点都是群体。鲁迅之所以反对“众治”这一现代政治模式，却是因为担心“众治”的多数原则不能保证个人自由，担心党同伐异、“以众虐独”“以众陵寡”，以“庸众”扼杀英哲和天才。他不能容忍的是群体以多数的优势对少数人权利的剥夺。站在人的价值的立场上，他反抗君主专制对个人的压迫，也反抗民众对个人的压迫。

关于鲁迅的个人主义思想，一个重要的来源是不能忽视的。鲁迅的个人主义并非完全直接来自尼采等人，而是受着章太炎思想的影响。章太炎对留日时期鲁迅的思想影响是不可低估的。正是章太炎的思想强化着鲁迅思想的个人主义，同时也给鲁迅思想带来了各种矛盾。章太炎反对资本主义文明，主张“用国粹激动种性”。这些做法的确使他在思想的很多方面远远不如维新派思想家深刻和明晰。但是，章太炎的思想是一个复杂的集合体。他张扬国粹，却坚决而激烈地反抗权威和一切束缚。他的确是一个道德主义者，强调道德的力量，却反对社会对个人的压抑，主张个性的绝对自由。他的这些思想绝不是中华之国粹，而是从西方拿来的。章太炎有很多思想近于卢梭，而且对拜伦和尼采大为推崇。因此，从某种意义上说，章太炎可以算作西方从卢梭经拜伦到尼采的浪漫主义哲学在中国的传人。在这些方面，鲁迅明显与章太炎如出一辙。从《文化偏至论》和《摩罗诗力说》等文章可以看到，他的很多观点都与章太炎的思想基本相同。

然而，章太炎对鲁迅的思想影响是复杂的，而且直接决定了他1907年前后的思想面貌。考察鲁迅当时的文章，会发现文章明显地带有浓重的国粹主义色彩。《文化偏至论》的开篇首先回顾了中国文化历史的悠久与辉煌，《破恶声论》更明显地以“昌明国粹”为宗旨。鲁迅在“五四”之后编第一本集子时弃《破恶声论》而不收，大概也与这篇“昌明国粹”的论文已经与“五四”之后鲁迅的思想相去甚远有关。

总之，在日本留学时期，鲁迅的人学思想还是不完整的，也是不成熟的。

他以“尊个性”超越了新民思想，却仍然没有与梁启超为国家富强而维新、又为维新而新民的基本思路划清界限。章太炎以个人的绝对自由与尼采一起帮助鲁迅在某种程度上超越了梁启超的新民说，却又以民族主义和国粹主义给鲁迅思想留下了各种矛盾。梁启超的思想给他留下了最终价值指向是“人”还是“国”的矛盾，章太炎的思想给他留下了复古与彻底反传统的矛盾。

（二）五四时期：思想建构的完成

经过十年多的沉默之后，鲁迅走上了中国思想文化的前沿。在新文化运动实践中，鲁迅终于走出了章氏国粹主义的阴影，走上了彻底反传统的道路；同时，也与梁启超的新民思想从根本上划清了界限，他不再以强国的意义来证明“立人”的合法性，而开始把人作为一切思考的基本出发点和最终归宿，作为评判一切的价值尺度。个人权利的合法性已经无须任何他者证明。

按照胡适等人的看法，新文化运动就是要“重新估定一切价值”[①]。那么，价值重估的尺度是什么？鲁迅以他久经思考的答案给出了最具现代性本质的回答：人。正是这一回答使他与新文化运动的领袖们不谋而合，使他与新文化运动再也无法分离。人是重新估价一切的根本价值尺度，这一价值尺度给五四新文化运动带来了特殊的光辉，使它真正成为具有现代性质的新文化运动，并且真正拉开了中国全面现代化的帷幕。

在五四新文化运动中，鲁迅主要致力于旧文明的批判，而批判旧文明的目的就是人的解放。判断旧文明优劣和决定旧文明存废的尺度只有一个：看其是否有利于人的解放，是否有利于人的生存与发展。

翻开鲁迅最早的杂文集《坟》，其中五四时期的文章首先被收入的是两个演讲：《我之节烈观》和《我们现在怎样做父亲》。用陈独秀的话说，新文化运动最重要的任务就是促使人们完成“伦理的觉悟”[②]。要实现这一觉悟，就不能不对旧道德进行彻底的批判。这是新文化运动主将们的共识，也是鲁迅当时的努力方向。《我之节烈观》从两性秩序的角度对旧道德进行了颠覆，《我们现在怎样做父亲》从长幼秩序的角度对旧道德进行了颠覆。两

① 胡适：《新思潮的意义》，《新青年》7卷1号。

② 陈独秀：《吾人最后之觉悟》，《新青年》1卷6号。

篇文章所论都是道德，其道德论和由此显示的伦理思想最突出的特点就是鲜明的人学立场。中国传统的伦理学说都是从群体本位出发而建立的，它致力于秩序和统治，而不考虑个体生命的价值。为了君主的权威和他们的江山社稷，为了家长和祖宗，个体生命被扭曲和扼杀被认为是天经地义的。鲁迅的伦理学说却是从个体生命出发的，是以个体生命为中心而建立的。在鲁迅那里，无论是家庭秩序还是社会秩序，都应该是建立在人的生命价值基础上的，都应该是以有利于个体生命的生存和发展为标准的。他揭示了中国女人的不幸和传统节烈观的荒谬，指出“道德这事，必须普遍，人人应做，人人能行，又于自他两利，才有存在的价值”[①]。由此可见此时的鲁迅已经是个体生命本位的道德论者。从个体生命本位出发，道德规范的建立应该是从人的生命和自由意志出发的，目的只能是保障人的幸福和自由权利。只有为了人更美好地生活而形成的规范才是合法的。判断道德与不道德的标准只有一个：能否给人带来利益和幸福、是否有利于人的生存和发展。如果一种道德规范给人带来的不是幸福而是痛苦，其功能不是保障人的自由权利而是剥夺人的自由权利，那么，这道德本身就是不道德的。面对传统的节烈观，鲁迅一再诘问：节烈难吗？答道，很难。节烈苦吗？答道，很苦。女子自己愿意节烈吗？答道，不愿。既然如此，社会有什么理由要求女人节烈？所以，鲁迅宣布传统的节烈观再没有继续留存的必要，提出要开一个追悼大会，“追悼了过去的人，还要发愿：要除去于人生毫无意义的苦痛。要除去制造并赏玩别人苦痛的昏迷和强暴。我们还要发愿：要人类都受正当的幸福”[②]。

“要人类都受正当的幸福。”这是鲁迅和五四新文化运动的呼声。人的生命是第一位的，其他都在其次。满足人的生命正当需求的一切行为都是最道德的行为。是否承认这一点，正是“人的道德”与“吃人的道德”的根本区别，也是现代道德观与传统道德观的根本区别。鲁迅说：“一要生存，二要温饱，三要发展。苟有阻碍这前途者，无论是古是今，是人是鬼，是《三坟》《五典》，百宋千元，天球河图，金人玉佛，祖传丸散，秘制膏丹，全都踏倒他。”[③]这是鲁迅“五四”时期的斗争纲领和行动路线。他的整体反传

①②《鲁迅全集》（第1卷），人民文学出版社1981年，第119页，第125页。

③《鲁迅全集》（第3卷），第45页。

统和批判国民性都可以在这里找到一个总的解释。

鲁迅对中国传统的批判是激烈而彻底的，否定是整体性的。这种全盘反传统的态度常受时人之讥。然而，需要考察的是鲁迅为什么如此激烈而彻底地反传统，应该看到，鲁迅是在对传统文化的具体内容做过一系列具体思考的基础上对其进行整体指控的。20世纪初的中国，对传统文化的批判并不罕见。但是，人们对传统文化的指控却来自不同的立场和角度。有人指控其阻碍经济的发展，有人指控其不利于国家的富强，有人指控其不能适应世界的潮流，而在鲁迅的指控中，传统文化的根本罪状只有两个字："吃人。""这历史没有年代，歪歪斜斜的每页上都写着'仁义道德'几个字。我横竖睡不着，仔细看了半夜，才从字缝里看出字来，满本都写着两个字是'吃人'。"这是鲁迅对传统文化的整体概括和基本评价。无论以艺术形象进行象征性揭示，还是以直白的叙述和议论表达，他都反复地表达着这种见解："中国人向来就没有争到过'人'的价格，至多不过是奴隶，到现在还如此，然而下于奴隶的时候，却是数见不鲜的。"① "任凭你爱排场的学者们怎样铺张，修史时候设些什么'汉族发祥时代''汉族发达时代''汉族中兴时代'的好题目，好意诚然是可感的，但措辞太绕弯子了。有更其直捷了当的说法在这里——一，想做奴隶而不得的时代；二，暂时做稳了奴隶的时代。"② "所谓中国的文明者，其实不过是安排给阔人享用的人肉的筵宴。所谓中国者，其实不过是安排这人肉的筵宴的厨房。"③ "人肉筵宴论"是对中国社会静态的考察和概括，"两种时代论"是对中国既往历史动态的考察和概括。无论对于历史还是对于现实，鲁迅的指控都在于这种文明把人不当人，在于它践踏和剥夺人的权利。在这里，人，成为鲁迅批判传统文化的唯一价值尺度。正是在这一价值尺度的衡量之下，中国传统文明才显示了其"吃人"的野蛮和残暴。

从以上种种表现，可以看到鲁迅人学思想在"五四"时期的一个发展：

第一，在日本留学时期，鲁迅受章太炎的思想影响，对于中国传统文明的态度是暧昧的，他一方面张扬来自西方的个性主义，一方面却仍然努力光复旧物、"昌明国粹"，不自觉地自豪于民族历史文化的悠久和辉煌。在

①②③《鲁迅全集》（第1卷），第212页，第213页，第216页。

“五四”时期，他终于从章太炎的思想笼罩下彻底走了出来，清楚了张扬国粹与追求个性解放的矛盾的不可调和性，放弃了对旧有传统文化的幻想，从而排除了在传统文化与西方文化之间的思想矛盾，确立了彻底反传统的文化态度。这种文化态度的确立，本身就意味着人的立场和出发点的唯一性的确立。

第二，在日本留学时期，鲁迅立人思想的主要内容是“掊物质而张灵明，任个人而排众数”，在物质与精神之间主要强调的是精神，而没有注意到人的个人权利的更多的层面（如人的自然本能的满足和个人利益的保障等）。五四时期的鲁迅不再局限于关注人的精神，而将目光投向被礼教束缚的肉体生命和自然本能。而且，人的肉体生命的解放必然指涉人的物质需要，因而不可避免地要对“掊物质”有所调整。这从他的《娜拉走后怎样》以及小说《伤逝》中都可以得到印证。这是一个重要的发展，因为人毕竟不能只是靠精神上的自由而生活，关心人的问题，就不能不关心人的肉体生命的问题；谈人的权利，就不能不考虑个人利益的合法性和个人财产的保障。

第三，在日本留学时期，鲁迅关于“立人”的表述往往是以强国为由确认“立人”的合法性，这就使“立人”往往表现为手段而不是目的。在“五四”时期，“立人”的伟业不再以“角逐列国是务”和重圆大国梦为目标指向，而是确立了人的核心地位，从根本上调整了“立人”与强国的主从关系，确立了以人为出发点和最终价值尺度的思想基点。

从梁启超的新民思想到鲁迅的“立人”思想，这是20世纪中国思想的一个重大发展，也是中国近代思想和现代思想的一个重大分水岭。这是一个非常重要的问题，也是一个长期被忽视因而需要特别指出并澄清的问题。因为梁启超为国家富强而维新、为维新而新民的思路直到五四时期仍然被不少人所承袭，许多人在谈论“立人”命题的时候不能与强国划清界限；所以，直到今天，学界仍然没有能够充分注意维新派启蒙思想家与五四启蒙思想家的区别，因而以梁启超的思路理解鲁迅和胡适，错误地把新文化运动看作是服务于民族救亡的文化运动。事实上，鲁迅在新文化运动中已经超越了梁氏思路而形成了以人为中心的思想体系，开始真正从人出发思考一切，以人为价值尺度来评判一切。这种终极价值标准和根本出发点的确立显示着鲁迅人学思想的成熟，同时也标志着五四新文化运动的现代性高度。换句话说，正是这种人的立场和价值尺度的确立使鲁迅的思想获得了现代性的本质意义，并成为20世纪中国文化现代性的本质标识。近几年来，一种观点正在学界流行：现代性是一个不确定的概念。对此，需要指出的是，无论现代性的概念有多少不确定的内容，其最基本的精神仍然是确定的。这个基本精神不是别的，就是人的自由的合法性和人权的保障。目前国内外学界对现代性的讨论都存在着一个值得注意的问题：似乎现代性是一个可以无限扩大的橡皮口袋，什么东西都可以装进去，甚至以抵抗现代化为目的的历史运动（如纳粹主义、斯大林主义和十年“文革”）都可以被当作现代性问题。之所以出现这样的问题，就因为忽略了“人”这一现代性的基点。我们必须注意：世界现代化运动是在文艺复兴运动以来的人学基础上产生的。现代性也是在文艺复兴和思想启蒙运动形成的人学思想基础上形成的，离开了这一基础，就根本谈不到现代性。现代化也是如此，它是在人的自由和权利这一基本出发点上开始的一个系统工程，包括经济的市场化、政治的民主化和文化的开放性等各方面的具体内容。但是，只要离开了人的自由和权利的保障，无论工业文明还是市场经济，无论城市化还是高科技，都不能构成真正的现代化社会。国内外学界在这个问题上有各种误区，导致了现代性反思中的一系列混乱。如果站在人的立场上理解现代性，就应该明确判定希特勒绝不是现代性的产物，苏联绝不是现代化社会，因为在其根本之处是逆现代化方向而行的。卫星和核武器并不能证明其社会已经是现代化的，部分内容的实现只能说是具备了某些现代因素。正是在这个意义上，鲁迅的人学思想是值得为现代化而努力的中国人特别珍视的。

（三）鲁迅人学思想与西方人学传统

考察鲁迅人学思想的文化生成，无法回避它与西方近现代思想资源的密切联系。学界在谈到鲁迅人学思想与西方哲学思想的联系时，往往首先想到的是尼采等现代思想家，甚至不少人断言鲁迅在对西方文化进行选择时选择了20世纪的西方文化，而没有接受19世纪之前的西方文化。当然应该承认尼采等思想家对鲁迅的影响，但是，我想指出的是：片面地强调鲁迅与尼采等人的继承关系而忽略鲁迅与整个西方人学传统的联系是不恰当的。鲁迅的人学思想特别是他对个体自由的关注并不仅仅来自尼采等个性主义者，而是与他所接受的整个西方文艺复兴以来的主流文化传统密切相关。

这也许涉及一个方法问题。我认为，我们的研究不应该只是局限于鲁迅自己谈论过的思想家，而应该把目光投向鲁迅思想生成的更为广阔的背景和这个背景中占主导地位的西方近代人学思想传统。只要关注这一传统对鲁迅的思想浸染，就能够意识到，西方文艺复兴运动以来的文化遗产本身足以使鲁迅获得对人的个体生命和自由意志的充分尊重。因为个体的自由意志和权利是文艺复兴运动以来西方人学思想的固有之义。从鲁迅的思想情况看，固然尼采等鲁迅反复谈论过的思想家的影响是重要的，但文艺复兴运动和思想启蒙运动以来的人学思想传统对他的影响也同样重要。天赋人权说、社会契约论，都在鲁迅思想中占有很重要的地位。他阅读过孟德斯鸠等人的著作，接触过斯宾塞等现代社会学家的思想。可以说，鲁迅接受的是文艺复兴运动和思想启蒙运动的全部遗产。来自西方文艺复兴运动和思想启蒙运动的人本观念是他整个人学思想的基础。因此，研究鲁迅的人学思想，就不能不高度重视西方人学思想传统这一大背景，不能不注意这一大背景之下形成的中国近代的进步思想对鲁迅的笼罩。

文艺复兴运动是一场反对封建、反对神学的新文化运动。在某种意义上说，它连接了整个人类文明的历史。中世纪的神学统治把人与自然和科学隔离开来，人成了神学教义下没有生命的存在物，人的自由权利被剥夺，人的生命被扭曲。文艺复兴时期，随着自然科学的重大突破，人文科学也发生了巨大的变化，新的思潮终于冲破了神学的束缚，继承古希腊和罗马文化重视“人的尊严”的古典模式，以人为新文艺革命的旗帜反对以神为中心的世界观，从而将人从神的束缚中解放出来，强调以人为本，强调人的自然本性和世俗生活，强调人的中心地位和自由意志，以各种不同的形式歌颂人的价值，维护人的尊严，大力张扬自由意志，呼唤个体的主体地位。文艺复兴运动使人从神的束缚中解放了出来，终于意识到是人创造了上帝而不是上帝创造了人，每个人都有上帝赋予的自由权利，这是最可宝贵的，也是任何人都没有权力剥夺的。因此，尊重人，爱护人，把人当人看，承认个人的自然权利，成为西方近代思想的一大特征。

如果说文艺复兴唤起的是人的觉醒，那么，18世纪的启蒙运动则旨在寻求人类赖以生存的理性秩序。它事实上是文艺复兴运动的继续。启蒙思想家继承了文艺复兴运动反对封建专制、反对教会压迫的任务，进一步把矛头直接指向了封建社会的全部上层建筑，从理论上证明封建制度的不合理。他们用自由对抗专制暴政和宗教压迫，用自然神论和无神论对抗宗教偶像，用天赋人权对抗贵族特权。正如恩格斯在《反杜林论》中说的："他们不承认任何外界的权威，不管这种权威是什么样的。宗教、自然观、社会、国家制度，一切都受到了最无情的批判。"[①]他们寻找"永恒的真理"和"永恒的正义"，要保护的是"基于自然的平等和不可剥夺的人权"。启蒙主义者的理想是一个理性的王国，但理性不是人的枷锁，而是人的解放的武器和保证。因为它的目标是以理性秩序维护人的天赋之权。正因为这样，它成为一股强大的时代潮流，催生了开创人类生存新纪元的《独立宣言》和《人权宣言》，使人的自由权利开始得到法律的保障。

要解释中国近现代知识分子的精神努力，就不能不追寻这一重要的精神背景。在中国，经过洋务派和维新派以及革命派几代人有意无意的努力，他们已经为这一异域文化传统开辟了落脚的思想文化空间。

鲁迅对西方文化的接受早在南京时期已经开始了。他曾经回忆在南京求学时的情景："看新书的风气便流行起来，我也知道了中国有一部书叫《天演论》。……哦！原来世界上竟还有一个赫胥黎坐在书房里那么想，而且想得那么新鲜？一口气读下去，'物竞''天择'也出来了，苏格拉第、柏拉图也出来了，斯多噶也出来了。学堂里又设了一个阅报处，《时务报》不待言，还有《译学汇编》……"[②]根据周作人的回忆，严复译著每出一部，"鲁迅一定设法买来，自甄克思的《社会通诠》，斯宾塞的《群学肄言》，孟德斯鸠的《法意》，以至读不懂的《穆勒名学部甲》，也都购求到手"[③]。通过严复的翻译，鲁迅了解到了与中国传统不同的西方政治、伦理和法律观念，认识了另外一种世界观和认识论。到日本之后，除海克尔的生物哲学外，穆勒、斯宾塞和梅契尼可夫的人类文明进化观也进一步对他产生了影响。值得注意的是，与革命党人特别是章太炎等的接触，也同样使他间接地接受着广泛而复杂的西方文化。鲁迅一生对邹容评价甚高，在《坟·杂忆》

①《马克思恩格斯选集》（第3卷），人民出版社1972年，第56页。

②《鲁迅全集》（第2卷），第296页。

③ 周启明：《鲁迅的青年时代》，中国青年出版社1957年，第77页。

中，他说："倘说影响，则别的千言万语，大概都抵不过浅近直截的'革命军马前卒邹容'所做的《革命军》。"[①]《革命军》对天赋人权观念的宣讲，对自由民主的向往，对专制政体的批判以及对中华民族奴隶根性的批判，都与鲁迅思想存在着密切的内在联系。而《革命军》之所以光芒四射，也因为它所表现的自由、民主和人权的思想。

要解释"五四"一代人的精神努力，更无法忽视文艺复兴运动和思想启蒙运动以来的西方文化背景。从某种意义上说，五四新文化运动正是西方人学传统在古老的中国大地上传播而引发的结果。有人把"五四"称作"中国的文艺复兴"，有人把"五四"称作"中国的思想启蒙运动"，都是有道理的。就我个人的看法，应该说，五四新文化运动是文艺复兴运动和思想启蒙运动两次伟大运动的任务在中国的一次性进行。西方文艺复兴运动到思想启蒙运动的全过程是：从人的自由和解放入手，把在封建神学和专制政治束缚下丧失了生命力的人，还原为富有生命力和自由意志的人，然后努力以理性建立一种社会秩序以保障自由、平等、民主和人权不被侵害。文艺复兴时代的人是从神学束缚下解放出来的人，他们对自由的追求是单纯意义上的个人自由和世俗欲望的解放；而启蒙运动中的人则不再满足于个人的叛逃和解放，而是要求法律保护之下的个人权利。为了建立理性的王国，启蒙思想家们要解开两根"拴在人类脖子上的绳索"（狄德罗语）。这两根绳索一是宗教迷信，二是专制制度。五四新文化运动所面对的首先是文艺复兴时期的任务，即解放各种束缚之下的人。中国人缺少宗教信仰，因而不在神的束缚之下，却在纲常名教的束缚之下。所以，五四启蒙运动的两个批判目标一是纲常名教，二是专制制度。五四新文化运动的思想家们由于非常清楚自己所面对的力量，因而提出了"科学"和"民主"两个口号。"科学"主要是用于对迷信和愚昧的解决，而"民主"则主要是对专制制度的解决。"科学"和"民主"都是工具，而目的是人的解放。所以，从严格意义上说，五四新文化运动就是一场人的解放运动，其他一切活动都因为从属于人的解放而获得意义。在五四运动中，"天赋人权"的观念日益成为人们不可动摇的信念，个人的自由成为至高无上和天经地义的，独立的人格和自由的思想成为一代

①《鲁迅全集》（第1卷），第221页。

人的共同信念。在他们看来，个人若丧失了自由，就不再具有人的意义。从这个意义上说，是五四新文化运动第一次在中国把个体的人作为历史的主体。这种文化态度顺应了人类文明发展的趋势，使中国人第一次爬上了向人发展的阶梯，使中国文化开始了与世界接轨的长途跋涉。

鲁迅是新文化运动的主将，也是新文化运动的产儿。他的人学思想就是在这样一个背景下生成的。谈到这个问题，我认为应该充分注意五四新文化阵营对鲁迅人学思想体系的建构所起的重要作用。在这个问题上，我们过去存在着严重的忽视。因为“五四”过后，鲁迅的影响逐步增大而且成为旗帜和领袖，人们往往忽视当时鲁迅在新文化阵营中与其他同仁的思想关系。事实上，鲁迅的很多思想都是在《新青年》同仁们的影响之下形成的，是与新文化阵营的共同思考密切相关的。他的很多思想也是通过同仁们的思想间接地从西方获得的。陈独秀、胡适、钱玄同、吴虞等都对鲁迅思想的形成产生了积极的影响。比如，以人为本、张扬个性，呼唤人的自由权利，在五四时期并不是鲁迅独特的行为和特有的思想特征，而是《新青年》团体基本一致的思想。陈独秀并不崇拜尼采，但他在《敬告青年》一文中就要求青年养成“独立自主之人格”，提出新的道德原则是：“一切操行，一切权利，一切信仰，唯有听命各自固有之智能，断无盲从隶属他人之理。”①在《东西民族根本思想之差异》一文中，他又提出必须“以个人本位主义，易家族本位主义”②。胡适倡导易生主义，其主要精神就是对人的个体生命和精神自由的尊重。在《我们对于西洋近代文明的态度》中，他又明确指出：“信任天不如信任人，靠上帝不如靠自己。”“人格是神圣的，人权是神圣的。”③周作人张扬的是“个人主义的人间本位主义”④。他们都不是尼采的信徒，但都像鲁迅一样走向了个人本位主义。五四时期个人主义思想主要来自易卜生，而从西方思想史的发展脉络看，易卜生是文艺复兴和启蒙运动的人文主义思想的典型继承者。

---

①《陈独秀文章选编》（上），生活·读书·新知三联书店1984年，第74页。

②《陈独秀文章选编》（上），第98页。

③《我们对于西近文明的态度》，《现代评论》第4卷83期。

④《人的文学》，《新青年》第5卷6号。

正是五四新文化运动的群体氛围，使鲁迅告别了强国的出发点而走向了个人本位的出发点，并完成了他的人学思想建构。所以，他的人学思想更多地来自于西方人学思想，即人文主义传统。正是在这种基础上形成的人学思想，为中国现代知识分子话语提供了基本立场和出发点，为中国现代文化提供了最本质的标识，并且成为中国文化与世界文化主流接轨的一个根本标志。

二、鲁迅人学思想的内部构成

（一）人：一个完整的核心概念

正如前文所说，经过五四新文化运动，鲁迅终于完成了他的人学思想建构。人，成为鲁迅思想的核心和基本出发点。有人认为鲁迅的思想是杂乱的，不成体系的。其实，这都是因为不清楚鲁迅思想的核心和基本点所致。鲁迅的一切思想都是从人出发的，一切思想和文化实践都指向他为自己确立的“立人”目标。他的思想体系正是围绕着“人”这一核心概念构成的。

鲁迅对传统文化的批判素以激烈著称。他对传统的否定是整体性的、不妥协的。这一切的批判都是从“人”出发的。他之所以彻底否定传统文化，原因就在于他看到了传统文化的“吃人”本质。他说：“东方发白，人类向各民族所要的是‘人’。”①是人，就不是可以任他人随意驱使的奴隶，就不是任他人随意宰割的羔羊。“但实际上，中国人向来就没有争到过‘人’的价格，至多不过是奴隶，到现在还如此，然而下于奴隶的时候，却是数见不鲜的。”②正是在这种对比中，鲁迅清楚地看到了中国文化的罪恶，也更清楚地决定了自己的选择。

他之所以批判儒家文化，是因为儒家文化是几千年专制主义的“吃人”秩序的维护者，正是君君臣臣、父父子子的纲常伦理成为“吃人”秩序的精神警察。在他看来，孔夫子的确曾经有些出色的治国方法，但那都是为了治民，是为权势者设想的，为民众的，却一点也没有。他之所以反对读经，是因为他没有看到读经对于人的任何积极意义。他说：“我看不见读经之徒的良心怎样，但我觉得他们大抵是聪明人，而这聪明，就是从读经和古文得来

①②《鲁迅全集》（第1卷），第322页，第212页。

的。我们这曾经文明过而后来奉迎过蒙古人满洲人大驾了的国度里，古书实在太多，倘不是笨牛，读一点就可以知道，怎样敷衍，偷生，献媚，弄权，自私，然而能够假借大义，窃取美名。再进一步，并可以悟出中国人是健忘的，无论怎样言行不符，名实不副，前后矛盾，撒谎造谣，蝇营狗苟，都不要紧。”①

他之所以批判道家文化，是因为在他看来，道家文化是教人如何做奴隶的哲学，而不是教人怎样做人的哲学。“老子书五千语，要在不撄人心；以不撄人心故，则必先自致槁木之心，立无为之治。……有人撄人，或有人得撄者，为帝大禁，其意在保位，使子孙王千万世，无有底止，故性解（天才——引者注）之出，必竭全力死之；有人撄我，或有能撄人者，为民大禁，其意在安生，宁蜷伏堕落而恶进取，故性解之出，亦必竭全力死之。”②

他考察中国人怎样做父亲，看到的是：“中国的孩子，只要生，不管他好不好，只要多，不管他才不才。生他的人，不负教他的责任。虽然‘人口众多’这一句话，很可以闭了眼睛自负，然而这许多人口，便只在尘土中辗转，小的时候，不把他当人，大了以后，也做不了人。”“所有小孩，只是他父母福气的材料，并非将来的‘人’的萌芽……大了以后，幸而生存，也不过‘仍旧贯如之何’，照例是制造孩子的家伙，不是‘人’的父亲，他生了孩子，便仍然不是‘人’的萌芽。”“因为我们中国所多的是孩子之父，所以以后是只要‘人’之父！”③

他考察中国人的节烈观，想的是它的残酷和荒谬：“女子死了丈夫，便守着，或者死掉；遇了强暴，便死掉；将这类人物，称赞一通，世道人心便好，中国便得救了。”他指出了节烈本身的不道德：“道德这事，必须普遍，人人应做，人人能行，又于自他两利，才有存在的价值。”④

在这里，人是鲁迅思考问题的基本出发点和最后的归宿，是衡量一个社会、一种道德、一种文化、一切是非善恶的唯一价值尺度。而且，鲁迅为自己的全部文化活动确立了一个根本的目标：“一要生存，二要温饱，三要发

①《鲁迅全集》（第3卷），第129页。

②③④《鲁迅全集》（第1卷），第67页，第295—296页，第117页、第119页。

展。有敢来阻碍这三事者，无论是谁，我们都反抗他……”①

作为中国新文学的奠基者，鲁迅的文学创作活动为人的文学提供了光辉的范本。按照五四新文化运动先驱们共同的认识，新文学应该是“人的文学”。那么，“人的文学”应该是什么样的文学？据周作人的解释：“这区别就只在著作的态度不同。……一个希望人的生活，所以对于非人的生活，怀着悲哀或愤怒。一个安于非人的生活，所以对于非人的生活，感着满足，又多带着玩弄与挑拨的形迹。简明说一句，人的文学与非人的文学的区别，便在著作的态度，是以人的生活为是呢？非人的生活为是呢？这一点上，材料方法，别无关系。即如提倡女人殉葬——即殉节——的文章，表面上岂不说是‘维持风教’，但强迫人自杀，正是非人的道德，所以也是非人的文学。中国文学中，人的文学，本来极少。从儒教、道教出来的文章，几乎都不合格。”②鲁迅正是以这样一种文学观，从事文学革命和创作实践活动的，新文化运动也是以这样一种精神进行文化革命的。鲁迅“立人”的选择正是五四启蒙主义的精神核心，它最深刻的意义之一是以现代人的价值观念观照一切，目标直接指向文化的现代性和人的解放及自由发展。这是鲁迅的选择，也是五四新文化阵营中主将们的选择。五四新文化的精神是什么？五四启蒙主义的本质内涵是什么？这就是最准确的回答。特别值得注意的是五四时期这种以人的生命价值为第一要义的价值观，真正的现代启蒙主义正是建立在这一价值核心基础之上的。正是这一价值观，决定了五四启蒙主义的现代性质。当前许多人对五四启蒙主义的误解也正因为忽视了这一核心。因此，新文化运动带给中国20世纪的冲突不是别的，而是“人”与“非人”“吃人”与“立人”的冲突。在中国现代化全面启动的五四时期，这一冲突是最根本的冲突。至于国家是否富强，民族是否独立，阶级是否翻身，只有在这一主题之下才能获得意义。

---

①《北京通信》，《鲁迅全集》（第3卷），第50页。对此，鲁迅有过多次大致相同的表述。在《忽然想到（六）》，见《鲁迅全集》（第3卷），第45页，他的说法是：“一要生存，二要温饱，三要发展。苟有阻碍这前途者，无论是古是今，是人是鬼，是《三坟》《五典》，百宋千元，天球河图，金人玉佛，祖传丸散，秘制膏丹，全都踏倒他。”

② 周作人：《人的文学》，《新青年》第5卷6号。

鲁迅的思想既然是一种以人为核心的思想建构，那么，人是什么？鲁迅关心的是什么意义上的人？这是必须回答的。要完成“立人”的使命，首先需要对人有一种现代的认识。

中国传统文化中并不是没有关于人的思想，“人”这个字在中国语言中的使用率相当高。但是，以儒学为中心的正统文化出于社会控制的目的而不愿意正视人的全部内容。虽然他们也能够认识到“食色性也”，却不愿承认关于人的全部内涵的合法性，因而也不可能提供关于人的完整认识。归根到底，这并不是一个理论问题，而是为了维护非人化的社会秩序，所以不愿意给人的全部内容以应有的地位。

在鲁迅那里，人的概念终于获得了现代意义。人是精神的，也是肉体的。鲁迅所关注的不是抽象的人，不是理念存在的人，而是具体的、活生生的生命个体。

在《文化偏至论》等早期著作中，我们看到他对人的精神价值的强调，他说：“知精神现象实人类生活之极颠，非发挥其辉光，于人生为无当；而张大个人之人格，又人生之第一义也。”[①]然而，人的解放，并不仅仅是人的精神的解放，也包括人的肉体需要和人的自然本能的解放。所谓人的自由，更不仅仅是精神的自由，而是包括了内部和外部、精神和肉体的全部自由。所以，在五四时期的鲁迅的言论中，我们更多地看到鲁迅对整体的人的关注。他认为，对于个人来说，生命是最重要的。个体生命中所具有的一切自然的欲望都是天然合理的。任何个人和群体都没有权力剥夺人的生命需求。于是，传统道德对人生命欲望的扼杀，对人的生存、爱情、个性自由的扼杀，统统显示了它的残酷性和非法性。在人的价值面前，禁欲主义的文化充分显示了它的荒谬。鲁迅通过一系列文章告诉人们：把人应该具有的统统还给人。

在五四时期，鲁迅和周作人的思想是大致相同的，在某些情况下，鲁迅的思想也就是周作人的思想，周作人的思想也就是鲁迅的思想，因为许多重要文稿都是他们互相讨论的结果。在建构人学思想的过程中，鲁迅把生物进化学说引进人学领域，对生命本体做了深入的探讨，建构了独特的个体生命人性观念。这种观念在周作人发表的《人的文学》中得到了最充分的表现。

---

①《鲁迅全集》（第1卷），第54页。

《人的文学》开宗明义就指出："我们现在应该提倡的新文学，简单的说一句，是'人的文学'。应该排斥的，便是反对的非人的文学。"他写道："我们要说人的文学，须得先将这个人字，略加说明。我们所说的人，不是世间所谓'天地之性最贵'，或'圆颅方趾'的人。乃是说，'从动物进化的人类'。其中有两个要点，（一）'从动物'进化的，（二）从动物'进化'的。"[①]周作人认为，应该首先承认人是一种生物，所以其生活现象与别的动物并无不同，应该承认人的一切生活本能都是善的、美的，应该得到满足而不应该遭到扼杀。凡是违背人性的习惯和制度都应该加以改造。同时，人又是一种从动物进化来的生物。人的精神生活比动物要复杂得多，而且人类具有改造生活的力量。古代礼法凡阻碍人性向上发展者，都应该排斥。周作人重视人的灵与肉的二重性。他批判了古代思想中灵肉二元冲突的观点，认为人生的目的并不仅仅是发展神性而扼杀本能，更不在于忽视肉体而求得灵魂的救赎。他接受文艺复兴运动的观念，高度重视人的本能，认为兽性与神性合起来便是人性。正是在这样一种人性论的基础上，他提出了人的文学的命题。

鲁迅人学思想中的人，正是这种从动物进化的人。他首先承认人是动物，承认人的自然本能和生命冲动都与动物没有什么不同，这是人的自然属性。也就是说，人是高级动物，但是，人毕竟还是动物。如果人不具备高于一般动物的特征，人将不成其为人。同样，如果没有一般动物的本能，只有其高于一般动物的部分，人也将不成其为人。其次，他承认人是一种从动物进化的生物，人的精神追求比动物毕竟高深，有更多的精神的自由要求。人，不仅能够适应环境，而且能够改造环境。因此，人既是本能的个体，又是精神的个体，是个人自我选择和自我创造的产物。他们都注意到了人的自然性与社会性，注意到人的灵与肉的两个层面。人的文学是建立在人性论基础上的。这种人性论是建立在生物进化论基础上的。马克思说过："任何人类历史上的第一个前提无疑是有生命的个人的存在。因此第一个需要确定的具体事实就是这些个人的肉体组织，以及受肉体组织制约的他们与自然界的关系。"[②]人是自然性与社会性的统一，是灵与肉的统一，是自然与文化的统一。

---

①《新青年》第5卷6号。

②《马克思恩格斯选集》（第1卷），人民出版社1972年，第24页。

鲁迅五四时期的人学思想，既有源于生物进化论的生存竞争意识，又有取自叔本华、尼采、柏格森的生命意志学说。各种外来的思想经过鲁迅的消化和综合，形成了他的人学思想体系。鲁迅认为，人既然是生物，生命便是第一义的。人的生命是各个独立的生命，就不能不尊重个人的独特性。个体生命有生的本能，社会群体没有权力否定和扼杀这种生的本能。在鲁迅看来，人的生命本身就蕴含着一种向上的和竞争的生命力。虽然由于各种限制，作为个体的生命总是难以摆脱悲剧的命运，但人的生命力总是向上的，总是在个人孤独的抗争中创造和显示着生命的辉煌。

既然需要注意个体的存在权利和精神自由，那么，鲁迅"立人"的工程就不能不分为两个重要方面。我把这两个方面分为内部工程和外部工程。

（二）立人：内部工程与外部工程

人有灵的一面，也有肉的一面，因此，需要灵的解放，也需要肉的解放。人有精神生活，也有物质生活，因此，需要精神生活的自由，也需要物质生活的自由。在人的内心世界，有各种观念的制约，在人的外部世界，有各种制度和规范的制约，所以，"立人"就不能不同时关注这多层次的制约。因为如此种种，鲁迅的"立人"伟业必然是一个复杂的系统工程。

鲁迅"立人"工程的逻辑起点是中国人非人的生活状况和存在状态。简言之，是人性扭曲和扼杀之后的奴隶状态。考察中国既往历史上人性扭曲和扼杀的原因，不难发现使人不能获得"做人的价格"的力量是多方面的。它是一个结构复杂的"吃人"网络。这个网络既有社会组织制度从外部对生命的压迫和残害，也有各种非人化的价值观念进入个体生命内部之后造成种种精神枷锁对生命的扼杀。"吃人"的凶手一方面来自社会，另一方面来自社会化的自我内心。前者是以专制政治和纲常伦理构成的，建立在非人基础上的以物质因素为保障的社会组织体系和规范体系，是一系列实现社会控制的强制性手段。后者是同样建立在非人基础上并与前者相适应的价值观念体系，是一系列社会规范通过内化过程而成为内在控制力量的非强制性的手段。前者是硬件系统，它是一系列外在的枷锁，它通过政治权力、宗法制度和行为规范实现对人的自由的扼制。后者是软件系统，它通过个人社会化的过程实现对个体的控制，通过种种愚化教育而把社会规范内化为人们内心深处的无形枷锁，造成思想的僵化和生命的萎缩。因此，人的解放就需要进行两个方面的努力：不仅指向人的内部世界——唤醒主体意识和解除精神枷锁，而且指向人的外部世界——改造社会环境和解除社会规范的枷锁。

正因为这样，鲁迅的“立人”工程包括两大层面：一是指向精神的，它意味着观念层面上自由的获得和精神的提升运动；二是指向生存环境的，它意味着社会生活层面上自由的获得和生存环境的改良。前者是对内的，要解决的是价值观念、心理结构和文化性格的问题。后者是对外的，要解决的是社会组织结构和行为规范体系的问题。对内的途径主要是通过价值重估和批判国民性，以打破各种精神枷锁；对外的途径主要是反对压迫和奴役，使人获得独立存在的合法性。前者可以称作“内部工程”，后者可以称作“外部工程”。“内部工程”与“外部工程”是密切关联的，要把人从枷锁中解放出来，不仅需要从精神的压迫中解放出来，而且需要从制度和规范的压迫中解放出来。为了实现前者，必须批判国民性；为了实现后者，必须反抗一切压迫和奴役，反抗一切非人的社会规范。

对于内部工程，鲁迅的实践主要表现为国民性批判。批判国民性主要在于揭示国民的灵魂以引起国民的警醒，从而去掉自己身上的奴隶性和各种因袭的精神枷锁，产生人的觉悟和做人的追求。这就是把人从“铁屋子”里唤醒的工作。

“立人”的目标是人的解放和人格的健全发展。从日本留学时期开始，鲁迅就一直关心着中国人的人格问题。他清楚地意识到，在各种精神奴役之下的中国人在人格上必然是病态的，人性是扭曲而畸形的。但是，鲁迅并不因此而彻底绝望。他有著名的“铁屋”之论：“假如一间铁屋子，是绝无窗户而万难破毁的，里面有许多熟睡的人们，不久都要闷死了，然而是从昏睡入死灭，并不感到就死的悲哀。现在你大嚷起来，惊起了较为清醒的几个人，使这不幸的少数者来受无可挽救的临终的苦楚，你倒以为对得起他们吗?”然而，鲁迅没有因为这种悲观的认识而放弃铁屋中的呐喊。原因之一是他无法回答这样一个疑问：“然而几个人既然起来，你不能说决没有毁坏这铁屋的希望。”[①]同时，还因为鲁迅既不承认人的本性是善的，也不认为本性是恶的。在他看来，善与恶都是后天的，是文化造就的产物，因而它是可

①《鲁迅全集》（第1卷），第419页。

以改造和更新的。他说过："昏乱的祖先，养出昏乱的子孙，正是遗传的定理。民族根性造成之后，无论好坏，改变都不容易的。……但我总希望这昏乱思想遗传的祸害，不至于有梅毒那样猛烈，竟至百无一免。即使同梅毒一样，现在发明了六百零六，肉体上的病，既可医治；我希望也有一种七百零七的药，可以医治思想上的病。这药原来也已发明，就是'科学'一味。只希望那班精神上掉了鼻子的朋友，不要又打着'祖传老病'的旗号来反对吃药，中国的昏乱病，便也总有痊愈的一天。祖先的势力虽大，但如从现代起，立意改变：扫除了昏乱的心思，和助成昏乱的物事（儒道两派的文书），再用了对症的药，即使不能立刻奏效，也可把那病毒略略羼淡。"①

对于外部工程，鲁迅的实践主要表现于社会文化批判。鲁迅不仅关注灵魂的再造工程，同时，也致力于社会规范与制度的再造工程，这是鲁迅思想推延的必然逻辑。面对"铁屋"中的昏睡者，他既然选择了唤其觉醒的呐喊，就不能不赞助醒来的人们打破铁屋的努力。而打破铁屋已经属于"立人"的外部工程。因为铁屋不仅闷死沉睡着的人们，不仅使觉醒者更加痛苦，而且必然地限制着昏睡者的觉醒。为了"立人"工程的最后完成，就必须同时进行外部工程——社会批判。

鲁迅的社会批判指向构成"铁屋"的各个部件。他不仅看到了各种势力组成的"食人"集团：压迫者、剥削者、奴隶主、元帅、工头、让女人守节的男人、让儿子牺牲的老子……而且看到了"食人者"借以"食人"的工具：纲常伦理、制度规范和各种习以为常的惯例。他冷峻地揭露着封建宗法制度的虚伪、残暴和"吃人"的本质，揭露传统道德规范对人的压抑、扭曲和扼杀。他以其他文化先驱难以企及的独特感受和体验，展示这种"吃人"的规范压抑之下生命的惨状和灵魂的惨状。中国人自称道德天下第一，鲁迅却发现了中国道德的虚伪和非人化。中国人自豪于悠久的文明，鲁迅却发现了它不仅是畸形的、荒唐的，而且是"吃人"的。他在"郭巨埋儿"和"曹娥投江"等故事中发现其非人的因素，在人们津津乐道的美德中发现"吃人"的罪恶。他一再把投枪掷向统治者，揭露其非人道的统治和他们之间"你方唱罢我登场"的悲剧轮回给人造成的灾难。在中国历史上，是鲁迅第

①《鲁迅全集》（第1卷），第313页。

一次深刻认识到中国人常常做奴隶而不得、幸运时也不过是做稳了奴隶的可怜命运。鲁迅对一切阻碍人的解放和扼杀人性的外部因素都给予猛烈的抨击，对一切压迫者和“食人”集团发出愤怒的断喝。在努力启发人们从内心的无形绳索中解放出来的同时，他也致力于使人们从社会组织结构的有形绳索中解放出来。

外部工程是值得重视的，因为如果不理解鲁迅“立人”工程的外部结构，就无法理解鲁迅投身于社会斗争的动力。他参加自由大同盟，走向左翼，支持工农革命斗争，都因为对其抱有通过改造社会而完成外部工程的希望。

在“立人”的伟大使命中，内部工程与外部工程是相互关联而相辅相成的，无论内部工程还是外部工程，都很难单独完成“立人”的使命。没有内部工程，人们处于昏睡状态当然不可能打破“铁屋”，结果是于铁屋中安静地闷死。没有外部工程，醒来的人也只有徒增清醒的痛苦，结果只是在“铁屋”中挣扎。一方面是，只有打破“铁屋”，才可能完成人的解放，呐喊才有意义。一方面是，只有唤醒了昏睡的人们，才有可能打破“铁屋”。这是紧密连接的两个半圆，缺少任何一处都不可能完成整个“立人”工程。非常明显，作为知识分子、思想家和文学家，鲁迅特别看重的是内部工程，主要从事的也是内部工程。他说过：“凡是愚弱的国民，即使体格如何健全，如何茁壮，也只能做毫无意义的示众的材料和看客，病死多少是不必以为不幸的。所以我们的第一要著，是在改变他们的精神……”[①]他的弃医从文正是重视内部工程的证明。可是，随着对这一选择的进一步认识，鲁迅不能不面对这个问题：没有外部工程，人就不可能获得真正的自由。因为仅仅有精神上的自由是远远不够的，它不能实现“立人”的根本目标。鲁迅非常清楚，在中国，不指涉外部的精神自由是一直存在的。庄子的超然物外和“庖丁解牛”式的“游刃有余”是中国人获得精神自由的方式，这种方式显示着中国人的自由观。“既在矮檐下，不能不低头”“后退一步天地宽”，如果空间太小，缩小自身就会变得宽松；如果枷锁太硬，骨头变软就会减少疼痛。这种夹缝中求生存的苟活哲学最终导致的是对生命的取消，并不能把人从“铁

①《鲁迅全集》（第1卷），第417页。

屋子”里解放出来。现代意义上的个人自由绝不是那种庖丁解牛式的自由。鲁迅所厌恶的正是这种阿Q式的内心自我调节。他所希望的不是消灭自我而获得自由，而是建立在人的主体性前提之下的自由的获得。因此，“立人”就不仅仅是纯粹精神层面上的问题，而是涉及社会变革的层面。这就必然要关注生存环境的改造。但是，知识分子是不可能独力进行社会改造工程的，知识分子所能够做的只是造成一种舆论而促使社会的改造。社会改造工程的最后完成不可能是由知识分子实施的，这就使得知识分子必然要支持能够有助于外部工程的政治力量和经济力量，甚至包括军事力量。鲁迅与政治的关联正是在这样一种思想逻辑中必然出现的。一些致力于知识分子人格独立的学人从非常可贵的目的出发，常常指责鲁迅的政治活动，指责胡适对政治的热情，并且常常有各种误解。其实，只要理解了“立人”工程的这种复杂性，就不能不承认支持健康的政治力量是一种必然选择。

“立人”工程需要内部和外部同时进行，只有外部或者只有内部都是远远不够的。因此，鲁迅把对国民性的批判和对专制制度、传统伦理及行为规范的批判紧密地结合在一起，一方面努力把人们从各种扼杀人的社会规范中解放出来，另一方面努力把人的精神从非人的价值观念束缚中解放出来。《阿Q正传》就是这种结合的典范之作。通过阿Q，我们可以看到鲁迅写出了人的解放事业在中国必须面对的一系列问题。鲁迅发现了阿Q，这是20世纪中国思想史的一大发现，也是中国人对自己形象的重大发现。从外部环境而言，阿Q是可怜的，他处处受着压迫和奴役，生命的欲望得不到满足，人格得不到尊重，没有人把他当人看，最后不明不白送掉了性命。他的命运是值得同情的。作品通过他的命运揭示的是一个非人的生存环境。然而，这个形象的意义绝不仅仅在于唤起人们对阿Q的同情。鲁迅更多地关注着阿Q的灵魂。阿Q的灵魂是可鄙的，面目是可憎的。他自己虽然受着他人的欺凌，却乐于欺凌更弱者，在狼面前是羊，在羊面前是狼，向往革命，积极追随革命，但革命的目的却只是杀掉王胡、小D和未庄的鸟男女，把秀才娘子的宁式床搬进土谷祠，占有未庄的子女玉帛。换句话说，也就是改变一下人肉筵宴的座次。这种革命当然不能改变“吃人”的历史，更不可能使人获得做人的资格。鲁迅描写阿Q的麻木和愚昧、狭隘和自私，为的是让中国人自己照一照镜子。他知道中国人是不喜欢照镜子的，但是，他仍然希望中国人通过镜子中丑陋的形象而认识自己的人格和精神状态。因为如果这种人格和精神状态不改变，人的解放就只能是一句空话。

（三）“立人”与其关系网络

20世纪的中国知识分子面对着一系列复杂的矛盾。鲁迅的“立人”思想也不得不面对着这些矛盾：启蒙“立人”与经济变革、启蒙“立人”与政治革命、人的解放与大众的解放、“立人”与兴国……这些问题增加着人们选择的困难，而且常常导致困惑和迷失。然而，在鲁迅的人学结构中，这些矛盾都在人的终极价值这一中心实现了统一。

1. 立人与经济革命

既然人的解放包括内部世界的解放和外部世界的解放，既然个人的权利不仅意味着精神的自由，而且意味着个人利益和财产的保障，那么，我们就须要关心人的物质生活，就须要考虑个体生命的经济保障，就须要争取人们所应该获得的经济权利。在鲁迅的人学思想结构中，这是不可忽视的重要一环。事实上，人的解放和自由不能不建立在一定的物质基础上。在已有的社会形态中，财富及其表现形式——金钱仍然是能够帮助人实现自身解放的力量中最可靠的力量。在《娜拉走后怎样》中，鲁迅说过：“钱这个字很难听，或者要被高尚的君子们所非笑，但我总觉得人们的议论是不但昨天和今天，即使饭前和饭后，也往往有些差别。凡承认饭需钱买，而以说钱为卑鄙者，倘能按一按他的胃，那里面怕总还有鱼肉没有消化完，须得饿他一天之后，再来听他发议论。”“所以为娜拉计，钱，——高雅的说罢，就是经济，是最要紧的了。自由固不是钱所能买到的，但能够为钱而卖掉。”①既然自由可以为钱卖掉。如果有钱，就能保留那本来可能卖掉的自由。这是钱的力量，也是钱对自由的贡献。非常明显，如果有足够的钱，就无须为一个饭碗而违背自己自由的意志，就可以选择更适宜于自己生存和发展的空间。鲁迅深知生命是第一位的，为了保持和发展生命，首先需要满足的就是物质生活需求。

因此，要确定个体的地位，就必须确认个人利益的地位，肯定个人权利就必须肯定个人欲望的合法性和满足个人欲望的行为的合法性。在否定个人

①《鲁迅全集》（第1卷），第160—161页。

利益的前提下谈个人的解放，那不过是虚伪的空话。一切对于奉献的强调都往往不过是剥夺个人权利的借口。

一些人认为鲁迅在小说《伤逝》和杂文《娜拉走后怎样》中对个人主义进行了批判。其理由就是鲁迅虽然肯定娜拉出走是觉醒的表现，但鲁迅更关心的是娜拉的生计问题，也就是争取经济权的问题。他们把争取经济权与个性解放对立起来，认为《伤逝》写的是一个反映个性解放失败的故事。事实上，在鲁迅思想中争取经济权与个人解放是不矛盾的。人的解放本身就包括了争取经济权的内容，因而决不应该排除经济制度的改造等能够推动人的解放的措施。鲁迅关心经济问题，是从人的立场出发的，而不是有了什么新思想之后就批判和否定个性解放和个人主义。

一些人在谈到个人主义时总是小心翼翼地把它与利己主义区分开来，其实，这是大可不必的。离开了利己的原则，个人主义就不再是完整的，并且失去了它的进步价值。因为中国人“被吃”的一个重要的表现，就是个人的价值和尊严被剥夺的同时个人的利益也被剥夺着，个人的物质欲望和个人的财产都得不到合法的存在地位。陈独秀说：“现代生活，以经济为之命脉，而个人独立主义，乃为经济学生产之大则，其影响遂及于伦理学。故现代伦理学上之个人人格独立，与经济学上之个人财产独立，互相证明，其说遂至不可动摇；而社会风纪，物质文明，因此大进。中土儒者，以纲常立教。为人子为人妻者，既失个人独立之人格，复无个人独立之财产。父兄畜其子弟……子弟养其父兄。……《坊记》曰：‘父母在，不敢有其身，不敢私其财。’此甚非个人独立之道也。”[①]像陈独秀一样，鲁迅看到了现代生活原则与传统伦理精神的差别，看到了“独立之人格”与“独立之财产”的关系，因而告别了传统的义利观而对个人利益给予高度的重视。

必须充分重视鲁迅人学思想中争取经济权的内容，因为离开了这一角度，就不能很好地解释鲁迅生命中出现的困惑和使他产生痛苦的选择。他之所以做出一些与启蒙初衷似乎相去甚远的选择，原因就在于一些主义和口号从理论上看似乎是可以提供人的解放的物质保障和社会保障的。值得注意的是，无论鲁迅曾经有过多少彷徨，他始终没有离开以人为本的思想轨道。当

① 陈独秀：《孔子之道与现代生活》，《新青年》2卷4号。

他看到一些闪光的道路其实并不通往他的人国的时候，当他发现借助某种同路的车马可能把他拉向另一条道路的时候，他的选择是跳下马车，回到自己孤独的“立人”之路。

2．“立人”与政治革命

19世纪末的中国学界关于思想启蒙与政治革命的关系存在着许多模糊的认识。20世纪中国的历史更多显示着二者之间的矛盾。这种历史的事实进一步模糊了人们的认识，甚至造成了知识分子对政治的厌倦。一些人之所以极力贬低鲁迅，也往往因为在各种误解的基础上认为鲁迅在20世纪30年代发生了转变，从思想启蒙走向政治革命，开始自觉地为政治服务，充当政治斗争的工具。然而，只要了解鲁迅人学思想的整体结构，就会看到，在鲁迅的人学思想建构中，思想启蒙与政治革命的关系并不是对立的。他的“立人”工程本来就不拒绝政治革命。

鲁迅的启蒙主义指向人的解放。所谓人的解放，在鲁迅那里包括内部工程和外部工程。内部工程主要是摆脱奴隶的精神状态，因而是可以通过启蒙本身直接解决的。外部工程要摆脱奴隶的生存状态和生存环境，就不是启蒙所能够独自完成的了。对于“食人者”，态度当然可以是多样的：第一，通过启蒙而使其改过自新，从此不再食人；第二，如果那些占据着人肉宴席主位的食人者拒不放弃食人的权力，当然就有必要掀翻宴席的桌子。鲁迅说的掀翻桌子和捣毁厨房之举，已经包含了政治革命和社会革命的内容。

但是，政治革命只能是“立人”的手段之一。手段和目的的关系是不能颠倒的。手段只有服从于目的才具有合法性。鲁迅希望一种中国从未有过的政治革命带来人的解放，希望通过政治革命掀翻人肉宴席，而不是掀翻旧桌子后再摆上一张新桌子，或者只是调整一下享用这宴席的食客的座次。因此，鲁迅决不一般地支持或否定革命。政治革命的意义就在于它可能推动人的解放而对“立人”发挥积极的影响。政治革命是为“立人”工程服务的，正如道德革命、经济革命、女子解放等都是因其对“立人”相关而获得意义一样。那种以政治革命为由剥夺个人自由和权利的做法也必然为鲁迅所不能赞同。

从这个角度看问题，我们就不难明白鲁迅与一系列政治运动的关系，就不难理解他在一系列政治运动中的态度，也不难理解他对一些政治集团的希望和失望。他往往从人的解放这一角度赞同和支持政治革命，甚至对其抱有极大希望，然而，一旦发现那种革命不过是赶走一批老爷又迎来一批老爷，革命之后自己不过是成了先前的奴隶的奴隶，他就不能不对这样的政治革命表示失望。当他满怀希望而投身于某种政治性的团体，却发现个个都想当工头，领导人像奴隶总管，他就无法再对这种团体表示好感。从鲁迅与光复会、鲁迅与国民党、鲁迅与左联的关系，可以清楚地看到这一点。鲁迅参加光复会，本是支持其政治革命的，但革命领导者却根本不尊重人的生命，在剥夺个人生命的时候更不考虑你是否还有老母亲。鲁迅南下广州也是投奔革命而去的，革命的事实却使他只有逃走。鲁迅与左联领导人的紧张关系在很大程度上取决于他们对于人与革命的本末关系的不同理解。鲁迅从“立人”的目的出发，希望通过政治革命实现人的解放，而左联却要求为政治革命而放弃个人自由。如果政治革命不能推动人的解放和人性的完善，如果它本身就扼杀人的个性、剥夺人的自由，它就不是鲁迅所希望的革命了。鲁迅在《辱骂和恐吓决不是战斗》中说过：“无产者的革命，乃是为了自己的解放和消灭阶级，并非因为要杀人……现在虽然很有什么‘杀人放火’的传闻，但这只是一种诬陷。中国的报纸上看不出实话，然而只要一看别国的例子也就可以恍然，德国的无产阶级革命（虽然没有成功），并没有乱杀人；俄国不是连皇帝的宫殿都没有烧掉么？而我们的作者，却将革命的工农用笔涂成一个吓人的鬼脸，由我看来，真是卤莽之极了。”[①]在此之前，他也早就说过一句话：“其实革命是并非教人死而是教人活的。”[②]由此我们可以看到鲁迅对于革命的理解。然而，在一些人那里，所谓革命却并不是叫人活的，或者是只要自己活而不叫别人活。鲁迅对这样的革命当然是不支持的。但是，他却从来不反对真正能够带来人的解放的政治革命。按照鲁迅的思想逻辑，为了人的解放，他可以一次次对“革命”失望，却不会告别革命。

3. 人的解放与大众的解放

人的解放与大众的解放，是20世纪中国文学和文化中的一个重要问题，也是摆在知识分子面前的一个重要问题。严格地说，“大众”的含义是非常模糊的。它在20世纪的中国至少获得了两层含义：对于个人来说，大众意味着群体；对于人类来说，大众意味着只是人类的一部分——下层劳动

①②《鲁迅全集》（第4卷），第452页，第297页。

者群体。因此，就出现了面对大众的复杂关系。“五四”一代人强调人的文学须要关心普通老百姓的生活，因为人力车夫、学徒、奶妈都是人，都应该获得人的生活。这是一种平等的道德，也是一种博爱的道德，是一种最一般的人道主义精神，是18世纪欧洲自由平等和人权中的自然之义。“五四”一代人同时具备了两种新的品质，它表现为自爱——个人尊严和个人价值的强调，个人独立自由权利的获得和争取，又表现为博爱——对人类特别是劳苦大众的深刻同情，以及为他们的生存权利而呐喊请命。但是，众所周知，在20世纪的中国，旨在个体自由的个人解放工程与旨在大众翻身的阶级解放工程是有矛盾的。

在鲁迅的思想中，下层大众的地位是重要的。在统治者与大众之间，他总是别无选择地站在大众一边，不仅对他们的生活表示深刻的同情，而且努力为他们的命运而呐喊，努力争取他们的解放。这一思想是不容忽视的。正是这种人道主义使他关心大众的解放事业。然而，一个问题是，如果人的觉醒没有完成，那解放的结果是并不美妙的。如果解放的结果是阶级的首领可以为所欲为，而其他人则仍然是奴隶，这样的解放又有什么意义呢？事实上，受本阶级的压迫并不比受其他阶级的压迫更幸福，受本阶级的奴役也并不比受其他阶级的奴役更轻松。鲁迅对大众的状态是清楚的，他知道中国大众活得不像人，知道一个个生命都处于“吃人”和被吃的怪圈当中，越是下层就越是悲惨。他知道社会存在各种不公，因此而支持大众的解放事业。然而，鲁迅思想的中心是人。大众解放的意义在于人的解放，阶级解放的意义在于人的解放。鲁迅关心大众的解放，同情大众的斗争。因为在他看来，那是一种追求人的解放的努力。他接受阶级意识，是因为他反抗人对人的压迫和奴役。在他的思想中，阶级论是符合人道主义精神的，也是隶属于人道主义的。他为人的解放而接受阶级论，为人的解放而接受暴力革命。他是从“人本”立场上接受这一切的。这种接受当然有其保留，那就是一旦阶级斗争越出了人道主义的轨道，一旦追求大众解放的努力在其发展过程中扼杀人的个性和人的独立自由，他就与之背道而驰了。即使以要实现人的解放就必须暂且失掉做人的权利这样的理由来说服他，也是无济于事的。

总之，有良知的中国知识分子无法不关心民众，无法不首先关心最广大的劳动大众。但是，鲁迅与人格没有完成现代性转化的文人不同，他没有因为对民众的同情就放弃自己的精神立场而去认同大众的意识，没有因为支持大众的解放就放弃对人的解放的努力。

4.立人与兴国之间

长期以来，人们往往把鲁迅的“立人”看作手段，而把“兴国”看作目的。直到现在，许多有关著作中的观点也依然如此。这是对鲁迅的一种严重曲解。今天的鲁迅研究应该恢复鲁迅思想的本来面目。当然，鲁迅没有因为“立人”而排斥兴国，但是，鲁迅绝不是一个民族主义者，在他那里，“立人”是根本目的。按照鲁迅的思想逻辑，国家的根本目的应该是人，国家与人的关系也不应该是本末倒置的。

在人们强调兴国的时候，鲁迅关注的是“立人”，这其中的原因值得注意：这不仅因为他意识到立国必先“立人”，没有个体生命的觉醒和解放就没有繁荣富强的现代国家，同时还因为他能够深刻地意识到，如果人得不到解放，对于奴隶来说，国家的强和弱与他有什么关系呢？如果人不能摆脱被食的传统，厨房的豪华与简陋，餐具是银质的还是泥陶，其实无关紧要。被放进一个银盘子端上餐桌就比被盛在泥碗里更幸福吗？鲁迅当然不是国家取消主义者。但是，在他那里，国家不是可以凌驾于人之上的，更不应该成为剥夺个人权利的借口。鉴于历史的教训，他特别警惕在人的主体意识没有充分觉醒的前提下，强化民族意识和群体意识而导致奴隶关系的巩固。

按照鲁迅的思路，国家的合法性取决于它是否能够有利于人的生存、温饱和发展，是否能够保障个人的自由权利。如果国家给人带来的不是个人自由和权利的保障，而是压迫和奴役，那么，这个国家就是不合法的。这是“五四”当时一代先驱们共同的见解。按照陈独秀的说法：“要问我们应当不应当爱国，先要问国家是什么。……我们爱的是国家为人谋幸福的国家，不是人民为国家做牺牲的国家。”[①]李大钊在《“少年中国”的“少年运动”》中说：“我们既然是二十世纪的少年，就该把眼光放的远些，不要受腐败家庭的束缚，不要受狭隘爱国心的拘牵。……我们应该拿世界的生活作家庭的生活，我们应该承认爱人的运动比爱国的运动更重。”[②]按照胡适的说法：“现在有人对你们说：

---

① 陈独秀：《我们究竟应当不应当爱国》，《每周评论》第25号。

②《李大钊选集》，人民出版社1959年，第237—238页。

'牺牲你们个人的自由，去求国家的自由！'我对你们说：'争你们个人的自由，便是为国家争自由！争你们自己的人格，便是为国家争人格！'"[①]按照鲁迅借一个朋友之口的表述："要我们保存国粹，也须国粹能保存我们。"他认为，"保存我们，的确是第一义"[②]。总之，"五四"一代启蒙思想家的出发点是人，目的也是人。"五四"精神的精髓就是这种人本精神。

在此基础上，他们确立了一种新型的国家与个人的关系原则。这一现代的关系原则是一种市场化的原则，它是现代社会关系最本质的标志。无论个人与个人之间，还是个人与群体之间，都必须是自愿的平等交换，而不是野蛮的占有和掠夺。当纳税人依法纳税的时候，当公民被要求承担对于国家的义务的时候，他们有理由向国家提出条件：国家对我的回报是什么？因为公民没有理由用自己的血汗养活与自己的利益无关的人，更没有理由养活危害自己利益的压迫者和奴役者。在鲁迅那里，国家不是可以凌驾于个人的利益之上的东西。直到晚年，鲁迅在《半夏小集》中仍然写下了这样一段对话：

A：你们大家来品评一下罢，B竟蛮不讲理的把我的大衫剥去了！

B：因为A还是不穿大衫好看。我剥它掉，是提拔他；要不然，我还不屑剥呢。

A：不过我自己却以为还是穿着好……

C：现在东北四省失掉了，你漫不管，只嚷你自己的大衫，你这利己主义者，你这猪猡！[③]

由此可见，鲁迅对以国家和民族的名义剥夺个人权利和侵害个人利益的行为是持一种什么样的态度。

20世纪中国有两种不同的启蒙主义。一种是以严复和梁启超为代表的近代启蒙主义；他们启蒙的目的指向是国家和民族。在民族危机面前，在经济

① 胡适：《介绍我自己的思想》，《胡适文集》（第5卷），北京大学出版社1998年，第511页。

②《鲁迅全集》（第1卷），第306页。

③《鲁迅全集》（第6卷），第595页。

发展和政治改良都困难重重难以奏效的情况下，他们比较清醒地认识到了人的问题，并且试图通过启蒙而提高国民的素质，但目的仍然是解决民族的危机和国家的困窘。他们的启蒙主义只是实现国家富强的途径。在他们那里，人只是手段而不是目的。

另一种是以鲁迅为代表的现代启蒙主义。与“梁启超们”不同，鲁迅所思考的不是江山社稷问题，不是某种虚幻的整体利益问题，而是具体生存的人的自由和权利问题。他所要解决的不是民族的危机，而是人的危机，是中国人几千年从来没有得到过做人资格的问题，是中国人如何摆脱奴隶的生活而获得人的生活的问题，也就是如何掀翻“吃人”的宴席和结束“两样时代”的问题，如何意识到自己的奴隶处境而摆脱各种精神枷锁，从而获得人的精神自由的问题。在鲁迅这里，国家只是手段而不是目的。

需要特别强调的是鲁迅所强调过的本末之别。在鲁迅的思想中，世间只有人具有哲学上的绝对终极意义和价值，其他一切都只能为这一目的而存在。国家的独立也好，民族的富强也好，阶级的翻身也好，一切政治“经济”文化活动，一切革命和改革，都必须以人的个体生命的生存发展和精神的自由为前提。以牺牲个体生存和个体利益为代价换得民族的独立和国家的繁荣是不合法的。这也是“五四”一代人的文化追求，在他们那里，人的解放就是一切。无论政治制度的变革、经济制度的变革，还是文化上的变革，唯一的目的就是结束奴隶的时代而创造一种以人为最高价值准则的新文明，使人成为人。

三、鲁迅人学思想的历史境遇

鲁迅的人学思想是20世纪中国最高思想成就之一。然而，这一思想成就却生不逢时，没有获得良好的生存和生长空间。回顾20世纪中国文化的发展，关于人的自由观念一如既往地没有得到广泛认可，鲁迅的“立人”思想不但没有被发扬光大，而且不断地受到各种思潮的冲击。

（一）时代矛盾与沉重使命

鲁迅选择的“立人”之路注定十分艰难。这种艰难来自中华民族的历史命运所必然面临的一系列问题的干扰，来自传统造就的各方面力量对启蒙

“立人”工程的排拒，也来自文化冲突中新文化势力的弱小。非常明显，像鲁迅和胡适一样清醒的思想者在20世纪的中国毕竟不是太多。

当鲁迅做出“立人”的伟大选择时，中国人面临着多重矛盾。没有获得做人的价格，活得不像人而像奴隶，生命个体处于“吃人”和被吃的怪圈当中，等等，这是鲁迅所特别关注的。正是由这种关注而产生了启蒙“立人”的主题。然而，除此之外，20世纪的中国人不能不面对两个重大主题：

一是民族救亡的主题。20世纪的中国人从上一世纪继承的是一个危机四伏的残局和极为不良的国际处境。面对外族的入侵，抵抗一败再败，一个自大的民族终于暴露了不堪一击的真实面目。割地赔款和不平等条约使国人一步步深刻地感受到民族危机的严重，于是，争取民族独立而不做亡国奴的呼声响彻四面八方。文学界和思想界普遍燃烧着火热的民族激情。虽然新文化运动的中心问题不是政治而是文化，它的目的是旧文明的批判和新文明的创造，是价值的重估和国民性的重铸，但是，在这样一种氛围中，它却一开始就必然包含了国家自强和民族自救的主题。在许多人的意识中，新文化运动的目的指向仍然是国家和民族而不是人。在许多人的思想中，无论思想启蒙还是文化批判，仍然是为了国家和民族的现实命运，目的指向仍然是民族的独立和国家的富强。而且，强烈的民族意识强化着排外心理，排外心理又以各种复杂的形式强化着民族意识。虽然中国人已经知道文明必然沿着优胜劣汰的逻辑演进，一种文明由于自身的弱点而衰弱的时候，任何心理上的不平衡都无济于事。然而，有着悠久历史传统的民族却往往很难以轻松的态度接受外来文明，更难接受外族统治。在1840年之后的中国历史上，每一次外族的侵略都进一步刺激着爱国者的民族自尊心，强化着人们的民族意识。第一次世界大战的胜利几乎使中国人忘记了自己的世界地位，巴黎和会却毫不留情地给了一个提醒。这一提醒造成了民族意识的激烈反弹，并导致了“五四”学生运动。看一看当时学生的口号，读一读罗家伦起草的宣言，就可以感觉到民族救亡在一般青年学生心中的分量。

二是阶级翻身的主题。文明的衰弱必然导致经济的贫困，专制制度必然伴随着社会分配不公。越是贫困，这种不公越是触目惊心。新文化运动带来了人的觉醒，这种觉醒当然还不可能使被压迫阶级清楚地意识到自己的非人生活和不平等地位，因为他们与新文化距离遥远，听不到关于自由和平等的声音。但是，一些知识分子却因为更多地接受了西方观念而深刻认识到了社会的不公。他们从一般人道主义立场出发，必然要为大众的苦难而鸣不平，并试图改变不平等的现状。翻开《新青年》就可以看到，在1918年的春节，新文化运动的主将们纷纷创作除夕诗，其中最引人注目的主题就是对劳苦大众的同情和对社会不平的抗议。1919年五四运动爆发之时，《每周评论》正刊刊载了陈独秀的《贫民的哭声》。文章展示了贫民可怜的生存状况之后写道："这十几万人何以到了这样苦恼的境遇？懒惰、没有能力，并不是他们人人造成苦恼的唯一原因。有些享福的老爷太太，能力不比他们高，而且比有些贫苦的人还要懒惰十倍。那么到底是什么缘故呢？"[①]陈独秀看到中国的问题不是资本家的剥削，而是官僚的疯狂掠夺："今天这样捐，明天那样税，弄得民穷财尽，钱用到哪里去了？替人民办了什么事？……养了议员去嫖赌，恭维督军；养了文官去刮地皮，借外债卖路矿得回扣；养了武官去杀人，抢劫，贩卖烟土；养了法官警官去捉拿那贫苦的烟犯赌犯来罚钱。现在的时代，还无人敢说政府官吏没有什么用处。可惜他们的功效，只造成一片贫民的哭声！"[②]20世纪上半叶的中国文学和思想的历史上，这种"不平之鸣"一直是能够得以表达的。虽然这种"不平之鸣"的出发点和目的指向都极为不同，但无论是源于人的意识而要实现社会的平等和人的解放，还是源于"彼可取而代也"的传统习惯而要实现简单的翻身欲望，其客观结果都是强化着阶级翻身的主题。

1987年，李泽厚在《中国现代思想史论》中提出了启蒙与救亡的命题。这一命题对中国现代思想史的研究和中国现代文学的研究产生了很大的影响。但是，不知李泽厚先生当时是没有意识到还是意识到了而有意回避，他的二重变奏论忽略和掩盖了一些严重的问题。事实上，"五四"和中国现代历史的主题并不仅仅是启蒙与救亡的二重变奏，而是启蒙、救亡和翻身的三重变奏。五四时期的中国，事实上已经存在着三种相互纠结的意识：人的意识、民族意识和阶级意识。三种意识分别导致三种主题：启蒙主题、救亡主题和翻身主题。李泽厚的二重变奏论掩盖了许多问题，使一些非启蒙的思想被看作启蒙的思想，使一些非救亡的运动被混同于救亡运动。在其影响下，

---

①②《每周评论》1919年第19期。

一些人使用启蒙与救亡的思想框架叙述历史，常常为一些非救亡力量披上救亡的外衣而使其获得某种合理性，又常常把一些愚民教育称作启蒙而大大败坏了启蒙的名声。

三重主题不是可以截然分开的，它们之间相互关联，相互作用，但矛盾冲突也是明显的。考察五四时期的中国知识分子，尽管程度不同，但大多知识分子思想中同时存在着这三大主题。然而，其存在的结构方式在不同的人那里是不同的。鲁迅的思想是以人为中心选择和接纳其他两个主题的。而不同的思想派别往往是以另外一个主题为中心来接纳或排拒其他主题。

一般来说，专制的国家权威既不赞同阶级意识也不赞同人的意识，因为它既不希望下层阶级谋求翻身，也不希望个人要求自由。因此，他们总喜欢以民族主义作为旗帜，号召全民族服从统一的意志，步调一致地维护国家的利益。尤其值得注意的是，民族意识一旦与排外情绪相结合，就会导致人们意识不到鲁迅所指出的中国人的历史和现实，也就意识不到“立人”的重要性。因此，许多人都不自觉地以民族激情抵消着鲁迅的“立人”工程。包括新文化运动的大本营北京大学的学生也不乏这种表现：“外人自侵入中国之后，做了不少的宣传，说中国人是野蛮民族，是贱种，性质如何卑劣，习惯如何腐败，道德如何堕落，自经‘拳匪之乱’，他们更振振有词认为这是中华民族性不良的铁证了。一般吃洋饭放洋屁的留学生和西崽，更是推波助浪，说中华民族性果然如洋大人所云。中国人民因知识不如人，机器不如人，政制不如人，经种种失败，受种种苦痛，也不期然而然的自视实有不如洋族的地方，于是颓然的自暴自弃起来了。古人说：‘哀莫大于心死’，一个民族的心死了，而欲图民族之自存，行得吗？况且洋族的民族性，不见得比我们高尚或且比我们还低下，本刊已经屡次指出。所以我们要做新诗人的青年们，关于表现民族伟大精神的作品，要特别多做，儆醒已死的人心，抬高民族的地位，鼓励人民的奋斗，使人民有为国效死的精神。”[①]因为反抗帝国主义的侵略，就要弘扬民族精神。既然民族精神原来是那样伟大，鲁迅的“立人”就失掉了合理依据。既然一切文化努力都应该集中于使人民为国效死，人的价值和启蒙主义当然无从谈起了。

---

① 邓中夏：《贡献于新诗人之前》，1923年12月《中国青年》第10期。

严格地说，大众没有自己的声音，正像鲁迅所说的，即使到了20世纪，大众也仍然发不出声音。但是，20世纪的中国却总有声称自己代表大众的文人，总有或真或假为大众代言的声音。致力于阶级翻身的思潮一般来说，在政治上是与国家权威对立的，表现着极强的反抗性。因此，阶级意识与民族意识的冲突不可避免，翻身与救亡的矛盾也不易调和。20世纪30年代初期，普罗文艺运动与民族文艺运动的冲突正是这样一种冲突。一般说来，知识分子是同情劳苦大众的，如果阶级翻身只是意味着压迫的解除和社会平等的实现，那么，它与人的解放并不矛盾。但是，如果翻身意味着颠倒压迫与被压迫的关系而并不拒绝制造新的压迫，如果阶级翻身的运动本身就要求人们放弃个人的自由而服从群体的需要，与人的解放的目标就不再一致了。传统文化对于下层阶级的制约是同样严重的，反抗者与压迫者在文化观念上往往没有什么不同，考察试图领导大众翻身的文人的文化观念，也与他们反抗的政治权威一样努力强化手中的权力，制造集体的力量，而绝对不欢迎个人的自由。为了完成某种大业，他们同样希望思想统一和动作一致。这不难理解，因为无论如何，指挥一盘散沙的确不如指挥一架机器更轻松。专制的土壤里培养的反抗者，也依然习惯于专制而不愿接受民主和自由。

这就造成了20世纪中国一个非常重要的现象：压迫者和反抗者都不赞同人的自由。也就是说，不仅仅是李泽厚所说的救亡压倒启蒙，而是翻身与救亡同时压倒启蒙，权威与大众合力阻断了鲁迅的“立人”工程。

这是一个不幸的事实：20世纪中国的一些政治精英们一直没有接受自由和民主的观念，对人权更是视若洪水猛兽。他们从内心深处惧怕人格的独立和精神的自由，总是千方百计地干扰人的解放和“立人”系统工程的实施。他们有时候也喊“启蒙”，但是，他们的启蒙目的往往不是使人的主体意识觉醒从而成为独立的现代个体，而是努力把人教育成可以为某种目标而牺牲个体利益的工具。其实，那种愚民教化与启蒙主义是背道而驰的。20世纪中国的现代化始终被各种强大的传统力量所阻隔。依靠强大的国家机器和强权人物，进行全民族的总动员以实现某种集团目标的路线一直存在并占据着主导地位。它往往要求个体牺牲自由而维护所谓的“国家利益”和“民族利益”。在根深蒂固的群体意识作用之下，个人主义难以获得合法的地位。鲁迅在《文化偏至论》中说过：“个人一语，入中国未三四年，号称识时之士，多引以为大诟，苟被其谥，与民贼同。”[①]鲁迅的认识是准确的。让我们看一看这些思想和政治精英的言论吧——

梁启超说：“自由云者，团体之自由，非个人之自由也。野蛮时代个人之自由胜，而团体之自由亡。文明时代团体之自由强，而个人之自由减，斯二者盖有一定之比例，而分毫不容忒者焉。……嗟夫，今世少年，莫不嚣嚣言自由矣。其言之者，固自谓有文明思想矣，曾不审夫泰西之所谓自由者，在前此之诸大问题，无一役非为团体公益计，而决非一私人之放恣桀骜者所可托以藏身也。今不用之向上以求宪法，不用之排外以伸国权，而徒耳食一二学说之半面，取便私图，破坏公德，自返于野蛮之野蛮，有规语之者，犹敢……‘吾自由，吾自由。’吾甚惧乎自由二字，不徒为专制党之口实，而实为中国前途之公敌也。”[②]

孙中山说：“在今天，自由这个名词究竟要怎么样应用呢？如果用到个人，就成一片散沙。万不可再用到个人上去，要用到国家上去。个人不可太过自由，国家要得到完全自由。到了国家能够行动自由，中国便是强盛国家，要这样做，便要大家牺牲自由……我们的革命主义，便是集合起来的士敏土，能够把四万万人都用革命主义集合起来，成一个大团体。这一个大团体能够自由，中国国家当然是自由，中国民族才真能自由。”[③]

他们的见解基本一致。冷静地考察，我们应该承认，无论梁启超还是孙中山，都是有一定的民主、自由和人权观念的，但是，他们都是国情论者，是在现实前提下考虑问题的。他们不从根本上反对民主和自由，却不主张给人民以民主，更不主张给个人以自由。这并不是因为他们认为民主和自由不应该实行，而是因为他们认为民主和自由不适合中国国情。无论北洋政府还是国民政府，当他们阻挠民主制度的实行和剥夺公民的自由权利时，理由都不是民主和自由不好，而是中国国情还不具备——国民还没有使用民主的能力，还不配享有自由。面对从西方引进的现代理想与中国国情的矛盾，是努力克服障碍以争取理想的实现，还是适应传统造就的国情而放弃理想或修改

①《鲁迅全集》（第1卷），第50页。

②《饮冰室合集·专集之四》，第44—45页。

③《孙中山选集》，人民出版社1956年，第722—723页。

理想？鲁迅不是国情论者，他的一切思考都是从“人国”的理想与“吃人”的国情之间的矛盾开始的。他的选择是为了“立人”而努力摧毁“吃人”的国情。然而，中国的政治家大都是国情论者。中国的知识分子也因为实用理性的影响，而习惯于在承认现有的一切都是合理的这一前提下思考问题。一旦在承认或者迁就国情的基础上思考问题，也就把“吃人”当成了一个合理前提，那么，“立人”工程自然遥遥无期了。

这也是一个不幸的事实：20世纪中国的大众没有接受自由民主的人学观念，与政治权威一样拒绝鲁迅的启蒙“立人”工程。大众的拒绝并不奇怪。一方面的原因是鲁迅在选择“立人”使命的时候就清楚意识到的。在他的笔下，大众往往是麻木的、冷漠的、不觉悟的，并且有着合群的自大，有着消灭异端和扼杀天才的传统。他充分意识到了启蒙者与被启蒙者的紧张关系。他甚至这样说过：“我先前的攻击社会，其实也是无聊的。社会没有知道我在攻击，倘一知道，我早已死无葬身之所了。……我之得以偷生者，因为他们大多数不识字，不知道，并且我的话也无效力，如一箭之入大海。否则，几条杂感，就可以送命的。民众的罚恶之心，并不下于学者和军阀。近来我悟到凡带一点改革性的主张，倘于社会无涉，才可以作为‘废话’而存留，万一见效，提倡者即大概不免吃苦或杀身之祸。”[①]他所面对的，却正是这样一群国民，他所要通过启蒙而改造的，就是这样一群人。

另一方面是启蒙“立人”工程无法回避的现实矛盾带来的困难。启蒙主体与启蒙对象的矛盾是客观存在的。以怒其不争的态度批评阿Q们的各种性格弱点，显然不如为调动大众的积极性而热情赞美其伟大、勤劳和善良的美德更受欢迎。改造国民性的工作必然受到广大国民心理上的排斥和拒绝，启蒙话语不可能是大众所喜闻乐见的。五四新文化运动的领袖们对大众的状态基本清楚，所以大都与鲁迅一样能够意识到他们的落后性，因而艰难地致力于国民灵魂的改造，以便民众从传统的束缚和奴役中得到觉醒和解放。但是，一旦致力于救亡或翻身所需要的群体行动，最需要的就不再是对国民性的批判，而是如何把现实的民众组织起来并调动起他们的斗争积极性。因此，就往往要否定鲁迅“立人”内部工程的必要性，并且拒绝承认阿Q性格

①《鲁迅全集》（第3卷），第457页。

的普遍意义，急切地宣告阿Q的时代已经死去。这是从创造社、太阳社的表现中可以看到的。高度地评价人民群众，在其名词前面加以伟大、善良、勤劳、勇敢等等最光辉的词汇，这当然并不意味着说话者就如此认识人民大众。但是，有一点是清楚的：大众其实也与君主一样，喜欢曲意奉迎而不喜欢揭露其自身的弱点。“立人”需要启蒙，启蒙需要被启蒙者有相应的接受机制。而中国大众存在的是一种什么样的接受机制呢？越是落后的小生产农民，越是没有思想能力的人，他们对传统价值的信仰越是坚定。20世纪中国的启蒙武器显然来自西方文化，无论科学还是民主，都显然不是大众所喜闻乐见的中国国粹，而是西方“文化侵略”的结果。对于一般民众来说，外国文化与外国货及洋人的大炮一样可怕而且可恶。

更重要的是，吃饭的问题对于一般饥寒交迫的大众来说总是头等大事。人的价值与尊严，个性的自由和人格的独立，这对大众来说的确还是奢侈品，远不如肚子的饥饿更为迫切。用鲁迅的话说，自由是可以为钱卖掉的。裴多菲认为自由比生命和爱情更重要，那是已经摆脱了奴隶的精神状态之后的人的声音。但对习惯于苟活的一般中国大众来说，裴多菲为了自由可以抛弃生命和爱情的价值观念是不可思议的。为了活着，中国人可以接受任何一种生存方式。鲁迅的呐喊并没有唤醒多少人。

正因为这样，“五四”过后不久，刚刚建立的个体本位的价值观就开始受到猛烈的冲击。中国传统的群体主义历来以向庸众宣战为罪恶，虽然人民或者大众在中国历来只是一个虚幻的抽象存在，作为具体存在的个体人民从来也没有做人的资格，但是，作为抽象的群体存在却一直伟大而神圣不可侵犯。因此，一般人可能反抗各种邪恶势力，但一旦这势力来自“众数”，却往往立即失掉了反抗的勇气。一旦以大众的名义发出某种传唤，中国的读书人往往立即应征而去。

（二）“立人”之路的荒芜

如果考察20世纪20年代末30年代初的中国文坛，我们可以看到鲁迅的人学思想与五四新文化精神一起遭遇的双重挤压。

五四新文化运动高潮过后，很快出现的是民族意识和阶级意识的高涨。随着五卅惨案的发生，民族意识被进一步激发起来。反抗帝国主义的暴行成为压倒一切的时代主潮，其他一切都被淹没于民族救亡这一主潮之中。民族情绪影响着知识界也刺激着文学家。只要看一看五卅之后出现的文学作品，就可以看到那是一种什么情形。叶圣陶的散文出现了这样的句子："满腔的愤怒，头颅似乎戴着紧紧的铁箍。我走，我奋疾地走。路人少极了，店铺里仿佛也很少见人影。哪里去了！哪里去了！怕听昨天那样的排枪声，怕吃昨天那样的急射弹，所以如小鼠如蜗牛般蜷伏在家里，躲藏在柜台底下吗？这有什么用！你蜷伏，你躲藏，枪声会来找你的耳朵，子弹会来找你的肉体，你看有什么用？……这块土是血的土，血是我们伙伴的血。还不够是一课严重的功课么？"（《五月卅一日急雨中》）朱自清写下了这样的诗行："中国人的血！中国人的血！都是兄弟们，都是好兄弟们！破了天灵盖，断了肚肠子！……我们的头还在颈上！我们的心还在腔里！我们的血呢？我们的血呢？起哟！起哟！"（《血歌》）众所周知，这些作家都不是趋新弄潮的，也不是容易激动的。他们的作品有如此表现，时代情绪可想而知。

相比之下，鲁迅的确没有那样的激情。在惨案发生之后的一个多月里，鲁迅没有什么表示。直到一个多月之后，他在《莽原》做了一篇《补白》，也仍然没有表现出对帝国主义的愤慨之情，而是继续揭示着国人的劣根性。面对鲁迅的这种表现，一些人表示不解，一些人表现不满，甚至有人说："他不是站于中国人的地位上说话的。他是来挖苦中国人的。他是来讥刺嘲笑中国人的。他是一个日本化的'皮肉屋'。"[①]由此可见一个旨在"立人"的启蒙主义者与民族主义者的不同，也可以看到二者之间尖锐的对立和冲突。

与此同时，由于新的社会思潮的兴起，一些文化人在学生运动和工人运动的影响下把目光投向社会底层。他们中的一些人在民众的反抗热情中激动起来，于是纷纷从书斋走向十字街头，参加了群众运动甚至是到广州参加国民革命。革命使他们看到了大众破坏一个旧世界的力量，看到了大众的力量和热情，因而认为阿Q的时代已经过去，生活中的大众已经不是昨日的阿Q。他们要走向民间，走向大众，要获得大众意识，做大众的留声机器。为此，他们与鲁迅展开激烈的论战，说鲁迅"暴露了知识阶级的厚颜，暴露了

① 李猛：《五卅惨案在文艺上的影响》，《民族文艺论文集》，杭州正中书局1934年，第394—395页。

人道主义的丑恶"[1]。甚至把鲁迅称作"文艺战线上的封建余孽""二重的反革命人物"和"不得志的Fascite（法西斯谛）"[2]。

各种力量形成一种合力，共同抵抗和消解五四新文化运动精神的影响，共同向鲁迅的"立人"思想赖以建立的人道主义和个人主义发起了挑战。他们以更先进和更时髦的面目出现，要对鲁迅与"五四"一代先驱实现超越。让我们看看超越者的态度吧！看他们是如何向"立人"的现代工程施以爆破：

> 旧式的作家因为受了旧思想的支配，成为了个人主义者，因之他们所写出来的作品，也就充分地表现出个人主义的倾向。他们以个人为创作的中心，以个人生活为描写的目标，而忽视了群众的生活，他们心目中只知道有英雄，而不知道有群众，只知道有个人，而不知道有集体。……但是现代革命的潮流，很显然地指示了我们，就是群众已登上了政治舞台，集体的生活已将个人的生活送到不重要的地位了。……革命文学应当是反个人主义的文学，它的主人翁应当是群众，而不是个人；它的倾向应当是集体主义，而不是个人主义。[3]
>
> 青年！青年！……我希望你们成为一个革命的文学家，不希望你们成为一个时代的落伍者，这也并不是替你们打算，这是在替我们全体的民众打算。彻底的个人的自由，在现代的制度之下也是求不到的，你们不要以为多饮得两杯酒便是什么浪漫的精神，多诌得几句歪诗便是什么天才的作者。你们要把自己的生活坚实起来，你们要把文艺的主潮认定！你们应该到兵间去，民间去，工厂间去，革命的旋涡中去……[4]
>
> 五四时代的思想，是自己从新来创造一切，旧的一切从新来估值。概括的说，是推翻封建社会宗法社会的羁绊，而发现了"人"，发现了

---

① 成仿吾：《毕竟是"醉眼陶然"罢了》，1928年5月《创造月刊》第1卷第9期。

② 杜荃（即郭沫若）：《文艺战上的封建余孽——批评鲁迅的〈我的态度气量和年纪〉》，1928年8月《创造月刊》第2卷第1期。

③ 蒋光慈：《关于革命文学》，1928年2月《太阳月刊》第2期。

④ 郭沫若：《革命与文学》，1926年4月《创造月刊》第1卷第3期。

"自我";"我"是"人","人"不是封建主子和宗法家庭的奴隶。它的法宝,一个是"民治",一个是"科学"。……封建隶属的关系摧毁了,但只有个个独立的人,而没有发现积人而成的民族社会,所以发生个人主义的思想,与个人主义的文学。而在新的创造方面,思想的法式是只谈问题,不谈主义,各依个人所感受到的问题,以自己的臆断来解决社会,表现自我。……归结来说一句,是个人主义的文学对封建文学的革命。封建文学原应淘汰,但梦幻的表现自我的个人主义的文学,又何尝能适应民族生存与生活改善的企求?①

文艺不是无目标,改进人生就是她的目标,而在此目标下的文艺作品,不应只是呼号个人的痛苦,应该代表群众来呼号。本来社会现象是太矛盾了。其给予人们的痛苦是太难受了。然而这决不是某一个人所独受,只有集合全体的人们共同走上新的生活之途径,个人才有出路。如果仅是个人内心生活的描写,个性发达的表现。结果会中下个人主义的流毒,而且违反了文艺的目标。②

以上引文前两段出自左翼文人笔下,后两段出自右翼文人笔下。值得注意的是,左翼文人与右翼文人是一致的,革命文学运动与民族文艺运动是一致的。他们都以群体主义来否定个人主义,都以群体利益压制个人利益,都试图用一种思想来统一人们的思想而不希望看到自由和人权。他们的见解与鲁迅的人学思想格格不入。因此,在20年代末到30年代初,中国新文学的发展历史完成了一次否定的否定,否定了五四新文化运动的努力,转变了五四运动的方向。接着,民族危机日益深重的时期到来了。于是,鲁迅的"立人"伟业被搁置下来。20世纪40年代之后,"立人"路上终于不见人迹。

鲁迅人学思想的丢失与五四精神的丢失一样,本身说明着传统力量的沉重和启蒙"立人"工程的艰难。然而,我认为应该注意这样一个现象:最先退下来的都不是"五四"的主将,而是那些缺少根基而仅仅凭借一种浮躁的激情参加新文化运动的人。他们没有经过深入的思考,因而没有形成牢固的

①《初阳旬刊发刊辞》,《民族文艺论文集》,杭州正中书局1934年,第414页。

② 金平欧:《文艺与三民主义》,《民族文艺论文集》,第228页。

精神立场。他们之所以追随新文化运动，往往只因为自己对于生活的某些方面有所不满。比如恋爱自由所面对的道德压力，个人地位与期望值之间的差距，等等。所以，当一个反抗的潮流兴起之时，他们理所当然地成为追随者。这样的力量是非常不可靠的，一有风吹草动，就会改变行动方向；一有新潮兴起，就会立即改换门庭，成为另一新潮的弄潮儿。这本来是并不值得惊奇的，然而，五四新文化运动的阵营太小了，在很大程度上依靠这样一群人制造了一种虚假的轰轰烈烈之势。特别是在文学界，情况更是如此。新文化运动从文学运动开始，而且主要依靠文学运动发生影响，这就使新文化运动更多地容纳了一些并不知道新文化为何物的所谓“文学家”和“文学运动健将”。当历史的事件冲击着人们的时候，他们的转向导致了知识分子队伍的溃散。他们对新文化阵营反戈一击的作用是守旧派无论如何难以达到的。更为严重的是，当他们把鲁迅的人学思想彻底扫荡的时候，却打扮出一个新的鲁迅。正如那些一生把鲁迅当作敌人的人，在鲁迅死后通通成为鲁迅战友的情形一样，他们是以继承和超越鲁迅的面目出现的。这就造成了一种假象，似乎鲁迅自己也否定了自己的人学思想。所以，必须清楚，淹没了“立人”思想的绝不是能够超越现代性的新势力，而是传统力量借尸还魂阻碍了鲁迅“立人”工程的进行。

有一个问题需要继续思考：传统借什么力量扼杀了鲁迅的人学思想并阻断了鲁迅“立人”工程的实施？今天的一些年轻学者将此归之于知识分子的社会责任感。但是，问题大概不在责任感，而在这责任感的具体内容。如果是责任感太强，为什么偏偏没有人承担起鲁迅“立人”的责任而让鲁迅的道路荒无人烟？中国知识分子的社会责任感是强烈的，当民族面临危机的时候他们无法在书斋里当看客。中国知识分子对民众的同情也是强烈的，在民众的苦难面前他们无法闭上眼睛而悠然于花间月下。这一切都不应该被否定。问题在于中国传统知识分子太软弱，缺少精神持守，难以孤独奋战。由于软弱，他们很容易颓废和伤感，发出各种叹息和呻吟；由于软弱，他们最需要寻找依靠，最希望力量支持；由于软弱，他们最怕长期的艰苦奋斗，最希望找到一种根本解决的方式。正因为这样，一旦发现一种可以依靠的群体，他们就很容易兴奋地投身其中，一旦有什么力量以群体的名义发出传唤，就立即狂奔而追随。

相比之下，鲁迅孤独的身影是多么伟大！他特立独行的人格毫无疑问是20世纪中国最伟大的成就，是20世纪现代知识分子的骄傲。那么，鲁迅何以获得这种独立的精神？何以能够投身于群体的利益而时时不忘“立人”的目的？何以在群体和时势形成的潮流中能够保持独立的头脑而不为潮流所裹挟？原因只能是他比较彻底地完成了中国传统文人向现代知识分子的转变。我把这种转变称作知识分子人格的现代性转变。回顾20世纪“立人”工程的坎坷和教训，应该充分重视的正是这种知识分子人格的现代性转变。如何摆脱传统人格的束缚，如何走出传统人格的阴影，对于世纪末的中国知识分子来说，仍然是一个艰难的过程。

（三）全球化背景下的遭遇

十年“文革”结束之后，在灾难的教训中觉醒的知识分子再次想起了鲁迅，想起了他那被废弃的“立人”工程。在拨乱反正和改革开放的背景下，鲁迅的人学思想开始被一些知识分子重新发现，于是，启蒙主义潮流从地底渗出，“立人”的工地上结束了昔日的荒芜。但是，告别20世纪80年代之后，中国的一切都在迅速发生新的变化，各种后学新潮滚滚而来。在种种新潮和后学的关照下，“五四”已是明日黄花，鲁迅的人学思想成了老爷爷那一代的神话。20世纪90年代，中国文坛又一次重演20世纪20年代末所谓新潮对鲁迅人学思想的“超越”。

20世纪末的中国文坛和学界到处可见这样的描述：在过去的年代里，知识分子曾经以“启蒙”“主体”为旗帜，以启蒙导师自居，拥有话语霸权；而在今天，主体已经丧失了价值根基，人死了，知识分子死了，启蒙主义已经过时。鲁迅思想以人为出发点，人已经死了，还谈什么“立人”？“立人”的主体是知识分子，知识分子已经死了，还如何“立人”？“立人”的途径是启蒙，启蒙却已经成了一种过时的神话，而且启蒙理性在20世纪产生的只是罪恶。也就是说，“立人”的工具导致的正是“吃人”的结果。于是，文化的溃败和幻灭似乎已是不争的事实。作家们纷纷告别知识分子的启蒙话语立场，而以“平常心”“世俗情怀”相标榜。启蒙“立人”曾经是以鲁迅为代表的五四知识分子的神圣使命，但在新一代作家笔下，却成了一件十分荒唐可笑的事。时髦的批评家在反复强调：知识分子必须放弃启蒙主义立场，改变居高临下的导师姿态，必须进行自我反省和批判，进行角色的自我调整。在一些人的观念中，以“五四”为标志的启蒙主义在迅速变迁的历史语境中，已经逐渐失去思想的活力，失掉了现实的针对性。因为中国已经不需要现代性，中国大众已经不需要知识分子启蒙，中国的未来已经不需要知识分子……

一个重要的原因在于中国已经不需要“立人”。在20世纪90年代的中国，一个引人注目的现象是阿Q再次摘掉了不光彩的国民性帽子而呈现出本来的性格光辉。阿Q的生存方式正在被今日大众和大众的文学家所认同，精神胜利法成为民族文化最具光辉之处。因为它显示着中华民族的聪明和智慧，显示了中国人生存的韧性，无论在多么大的挫折面前，也能够以“儿子打了老子”的自我安慰而获得解脱。还有比这更伟大的精神吗？鲁迅却错误地把这看作民族的劣根性，真是罪不可赦！而且，还有一种暧昧的声音随时可闻：鲁迅，你不赞同阿Q们如此活着，是要让他们自杀吗？……面对时代文化的这种质问，鲁迅该何言以对？

20世纪末中国文化对鲁迅的挑战是多方面的：国外后现代主义与中国具体国情相结合而产生了具有中国特色的后现代主义，具有中国特色的后现代主义与以新儒学为思想基础的各种新国粹主义一拍即合，对鲁迅和他代表的五四新文化运动精神形成了前后夹攻之势。但是，新国粹主义无论有多么大的声势，无论受到什么样的支持，都是无须从理论上批驳的，因为虽然有李光耀等“文化即命运”的理论和东亚四小龙的社会实践依据，也仍然抵挡不了“五四”一代人早已做出的判决。值得注意的挑战是鲁迅的思想与五四精神已经过时的论断。这种过时论的挑战建立在对当前全球局势和中国社会的认识的基础上。冷战时代结束之后，世界的确发生了巨大的变化，福山因此乐观地宣告历史已经终结。在大陆学人的笔下，近来也常常看到这样的表述：“在今天这个资本主义全球化的时代，商品化的问题更加突出。特别是资本主义全球市场化，商品化，已经全面渗透到第三世界和地球的每个角落……”[①]“中国的启蒙主义面对的已经是一个资本化的社会：市场经济已经日益成为主要的经济形态，中国的社会主义经济改革已

① 刘康、金衡山：《后殖民主义批评：从西方到中国》，《中外文化与文论》1997年第2期。

经把中国带入全球资本主义的生产关系之中。在资本主义化的过程中，国家及其功能也相应地发生了虽然不是彻底的，但却是极为重要的变化。资本主义的生产关系已经造就了它自己的代言人，启蒙知识分子作为价值创造者的角色正面对深刻的挑战。……中国的现代化或资本主义的市场经济是以启蒙主义作为它的意识形态基础和文化先锋的。正由于此，启蒙主义的抽象的主体性概念和人的自由解放的命题在批判毛的社会主义尝试时曾经显示出巨大的历史能动性，但是面对资本主义市场和现代化过程本身的社会危机却显得如此苍白无力。”①

在中国已经全球化的描述之下，启蒙主义知识分子失掉自身位置而退出历史舞台成为一种必然。因为中国的现代化是以启蒙主义为其文化先锋的，启蒙主义的主体性概念和人的自由解放的理想在批判前现代的意识形态时是有威力的，面对市场经济和现代化过程本身的危机，它却理所当然地无能为力了。在这种描述下，似乎启蒙主义在中国的目的已经实现，任务已经完成，所以，启蒙知识分子及其启蒙思想如鲁迅人学思想，就应该寿终正寝了。然而，面对这种描述，我却总有几分怀疑：

1. 中国的市场化已经完成了吗？中国已经进入全球化体系之中了吗？众所周知，由于各种复杂的原因，中国的市场化进程是困难的。由于政治和文化等各方面的因素制约，市场规则难以推行，市场的畸形和病态难以克服。中国的确开始日益深入地加入到世界市场的竞争之中，从而使得内部的生产和社会机制的改造也必须在市场制度的规约之下进行，但是，这一切都还是极为有限的，市场规则并没有规约中国的整个社会生活，它离真正进入世界还有一段相当艰难的路程。

2. 市场化必然导致启蒙必要性的丧失吗？大概恰恰相反，中国特殊的现代化过程使鲁迅启蒙“立人”的任务显得更为重要和迫切。必须清楚，现代化不只是一个经济和技术的指标，现代化的内涵更不只是市场经济。现代化是一个包括经济、政治、文化在内的系统工程。如果各方面不能协

① 汪晖：《当代中国的思想状况与现代性问题》，该文在国内首先发表于《天涯》1997年第5期，后经作者补充重发于《文艺争鸣》1998年第6期，两个版本有出入，此处引自《文艺争鸣》。

调发展，就不可能实现真正意义上的现代化，因而也就不能避免所谓的“现代性问题”。从这个意义上说，所谓“现代性问题”并不是现代性自身的问题。在这个问题上，国内外普遍存在着一个极大的疏忽和误解，似乎现代化是一个可以修改的工程，可以制造出各种在某些方面打折扣的“现代化模式”，事实上，那种做法无论出于什么动机，都只能导致现代化多走许多弯路。现代性应该是一个确定的概念，否则就是对现代性的取消。

一个根本问题是知识分子永远不能忽视的：人的解放和人性的完善的任务是否已经彻底完成？人的自由和解放不是一件批判的武器，而是人类奋斗的目标。市场经济的实现并不能代替人的解放的全部内容，而只意味着人的部分自由的实现。在一些人看来，鲁迅之所以过时，启蒙主义之所以可笑，原因在于已经置身于市场和大众传媒支配之下的消费主义的后现代社会，而在这样的社会里，大众不需要启蒙导师。然而，正因为传媒可以随时制造大众的声音，社会才更需要鲁迅式的启蒙知识分子独立的思考和清醒的声音。尽管知识分子已经的确不可能像历史上曾经有过的那样高高处于讲坛之上，并且各种喧哗会干扰声音的传播，但是，困难并不意味着不需要，这不过是新的时代对启蒙知识分子提出了更高的要求。

只要人的解放的进程没有完成，在中国，鲁迅的人学思想就永远闪闪发光，只要不相信人已经死了或者不希望这一宣告成为事实的人，就不会忽视鲁迅留给我们的这笔最珍贵的遗产。

鲁迅启蒙之路再思考

在谈到自己为什么写小说时，鲁迅说过："我仍抱着十多年前的'启蒙主义'，以为必须是'为人生'，而且要改良这人生。我深恶先前的称小说为'闲书'，而且将'为艺术而艺术'，看作不过是'消闲'的新式的别号。所以我的取材，多采自病态社会的不幸的人们中，意思是在揭出病苦，引起疗救的注意。"[①]这是鲁迅对其文学活动最清楚的说明，也是启蒙文学最明确的解释。启蒙是中国人走向现代文明的必经之途。作为20世纪最杰出的知识分子之一，鲁迅在复杂的时代矛盾中选择了启蒙，并以自己的文化实践开拓了一条独具特色的启蒙"立人"之路。关于这一点，我在论及鲁迅的人学思想时已经论及，但是，对于鲁迅的启蒙之路，却仍有必要进行事实清理和价值认定。对于其中的一些问题，也有必要进行梳理和辨析。

一、何谓"启蒙"？

谈到鲁迅的启蒙之路，不能不从"何谓启蒙"这样一个问题开始。因为在当下中国学界，"启蒙"一词虽然使用率颇高，但人们对它的理解却很不相同，而且多有误解和滥用。为了避免概念的混乱，有必要首先做一些考察。

按照《现代汉语词典》的解释："启蒙 1. 使初学的人得到基本的、入门的知识。2. 普及新知识，使人们摆脱愚昧和迷信：～运动。"[②]第一个解释显

①《鲁迅全集》（第4卷），第512页。

②《现代汉语词典》，商务印书馆1978年，第889页。

然是中国古已有之的教育蒙童、开发蒙昧之意；第二个解释针对从西方引进的“启蒙”一词，而且举例就是“启蒙运动”。《辞海》的解释是“开发蒙昧”，具体的解释却略有不同，它对两层含义的表述是“使初学的人得到基本的、入门的知识”和“通过宣传教育，使之接受新事物”①。

在英文中，“启蒙”（enlightenment）的词根就是“光”（light），作为形容词有“明亮”之意，作为动词有“点燃”“使发光”之意。“lighten”作为动词的一般意义就是“使……明亮”。而“enlighten”则意味着人通过对自身的开导而摆脱无知、偏见与迷信。在汉语中，“启”即打开，“蒙”即蒙昧，所以，以“启蒙”一词翻译“enlightenment”应该说相当准确。“启蒙”就是“开发蒙昧”或“使人们摆脱愚昧和迷信”，《现代汉语词典》的第二个解释是比较准确的。

但是，用中国固有的词汇翻译外来的概念，常常出现的问题就是两个词汇的内涵并不完全重合。在中国，“启蒙”一词固有的含义之一是“使初学的人得到基本的、入门的知识”。它的适用范围显然比舶来的“启蒙”（enlightenment）一词要大得多。任何领域都有一些“基本的、入门的知识”，甚至强盗有“基本的、入门的知识“，小偷也有“基本的、入门的知识”。按照中国固有的“启蒙”含义去理解，初学者接受这些知识便是接受“启蒙”，传授这些知识便是进行“启蒙教育”。考察中国目前“启蒙”一词的使用情况，更多的正是中国固有的“启蒙”之义。比如，“性启蒙”“政治启蒙”“计算机启蒙”，等等。把“启蒙”定义为“通过宣传教育，使之接受新事物”，与这种情况非常吻合。在一般情况下，流行的辞书总是表现着流行的见解。

面对这种情况，不能不产生疑问：教新上任的官员如何讨得上司的欢心，教新娶的媳妇如何侍候公婆，教臣子尽忠，教儿女尽孝，教百姓守纪守法……这算不算启蒙？将军对即将出征的士兵们说：“勇士们，人生自古谁无死？考验你们的时候到了！你们将名垂青史！”——这算不算启蒙？寨主对喽啰们说：“没有我的英明领导，就没有大家的好日子，弟兄们，跟我走，去抢！”——这算不算启蒙？妓院老板开导不愿接客的少女，黑社会老

① 《辞海》，上海辞书出版社1979年，第1672页。

大教训手软的打手，这一切算不算启蒙？

我们不能不承认，这里有许多“基本的、入门的知识”，而且一些道理能够使接受者“豁然开朗”。但是，这就是“启蒙”吗？如果把这种意义上的“启蒙”放在由启蒙、救亡、革命等词构成的语义场中使用，将会出现什么后果？

因此，要准确使用“启蒙”一词，首先必须注意区分“使初学的人得到基本的、入门的知识”与“普及新知识，使人们摆脱愚昧和迷信”的不同含义。我们所谈论的“启蒙”是后者，而不是前者。其次，对于后者，还必须区分“启蒙”与“教化”“动员”的不同含义。也就是说，要把启蒙与一般的“宣传教育”区别开来。宣传教育并不一定意味着启蒙。“使之接受新事物”，也不一定意味着启蒙。我们在谈论“启蒙运动”“启蒙主义”“启蒙立场”等问题的时候，不能把“启蒙”混同于“教化”和“动员”。理由很简单，“教化”“动员”或“宣传教育”往往意在蒙蔽，不仅不是启蒙主义，而且常常是愚民主义；不仅不是“使人们摆脱愚昧和迷信”，而是制造愚昧和迷信。皇帝对臣子们的教导、寨主对喽啰的鼓动，目标指向往往是对皇帝和寨主的迷信和顺从。因此，它不但不是启蒙，而且往往是与启蒙截然对立的。

然而，一个疑问随之而来：为什么教人服从帝王的意志、听从长官的召唤、恪守古训、无条件牺牲自己就不是启蒙？启蒙与制造蒙昧的界限在哪里？区分二者的标志何在？

我认为，启蒙的根本标志在于以人自身为目的。也就是说，启蒙的目的必须是人自身，而不应该是其他任何东西。它以人的解放与权利的保障为指归，与此背道而驰的一切说教、动员、煽动、唆使都不能视之为启蒙。

关于这个问题，有几个方面值得注意：

1. 面对一个外来概念，我们必须考察它本来的含义，而不应根据中国译文的固有词意进行想当然的泛化理解。要理解“启蒙”一词，康德的回答是值得注意的。在《回答一个问题：什么是启蒙？》一文中，康德说：“启蒙就是人从他自己造成的未成年状态中走出。”他的进一步解释是：“未成年状态就是没有他人的指导就不能使用自己的知性。倘若未成年状态的原因不在于缺乏知性，而在于缺乏无须他人指导就使用自己知性的决心和勇气，那么，这种状态就是自己造成的。Sapereaude！（要敢于认识！）要有勇气使用自己的知性！这就是启蒙的格言。”①

康德指出，一些人在自然已经使他们不再需要他人指导之后却仍然停留在未成年状态，其原因在于“懒惰”和“胆怯”。“走向成年这一步是艰辛的，此外，绝大部分人（其中包括整个女性）还把这一步看作是非常危险的。于是那些监护人也就为此而操心劳神。他们友善地肩负起指挥这些人的任务。他们首先使自己的家畜（Hausvieh）变得愚蠢，小心翼翼地提防这些安静的造物胆敢从禁锢他们的婴儿车哪怕走出一步，在这之后，向他们指出如果他们试图独自行走所面临的危险。本来，这种危险并不那么严重，因为在摔几次跤之后，他们总能学会走路的。但是，这样一种例证却会使他们变得胆怯，吓得他们一般来说再也不敢作其它任何尝试了。”②康德告诉我们，“监护人”总是利用人们的懒惰和胆怯，使人安于精神上的未成年状态，因而总需要别人的监护，需要别人为他做主。在这种情况下，就需要“启蒙”帮助人们修正自己的精神，走出未成年状态，建立自我的自信。

很明显，“启蒙”的指向是人的思想解放，而不是思想禁锢，是被启蒙者自身，而不是其他什么目的。那些试图以教化、动员或种种精神催眠而把人们置于自己“监护”之下的做法，显然不能被认作“启蒙”。

2. 要深入理解启蒙这一概念的含义，辞书的解释是远远不够的，因而必须对欧洲思想启蒙运动的根本精神进行考察，而且需要对启蒙运动与文艺复兴运动作一体化的考察。毫无疑问，欧洲思想启蒙运动的根本精神是人的解放和人权的确认。正是这一点，使它尽管本身存在着各种不合谐的声音，却能成为人类文明健康主流的行进的灯塔，成为人类在现代化过程中战胜各种邪恶的思想武器和价值依靠。但是，思想启蒙运动中的思想家们对此论述并不充分。这不难理解，因为对置身于文艺复兴运动之后的西方思想家而言，一些基本观念是不言自明的。但是，对于缺少这一精神背景的人来说，如果孤立地面对一些言论，却有可能对启蒙运动产生误解。因此，要准确把握启蒙运动的思想，就必须注意它与文艺复兴运动的联系。思想启蒙运动是文艺复兴运动的继续和发展，二者不可割断。文艺复兴时期的新思潮冲破中世纪

①② 李秋零编译《康德书信百封》，上海人民出版社1992年，第271页，第271—272页

神学的束缚，继承古希腊和罗马文化重视“人的尊严”的古典模式，以人为旗帜反对一切扼杀人的力量，肯定人的自然本性和世俗生活，强调人的中心地位和自由意志，以各种不同的形式歌颂人的价值、维护人的尊严、呼唤个体的主体地位。它使人们终于意识到每个人都有上帝赋予的自由权利，是任何人都没有权力剥夺的。因此，尊重人、爱护人、承认个人的权利，成为文艺复兴以来人类健康思想的一大特征。17世纪到18世纪的思想启蒙运动继承文艺复兴运动的任务，用自由对抗专制暴政，用自然神论和无神论对抗宗教偶像，用天赋人权对抗君主和贵族特权，把人的解放运动推向了一个新的阶段。他们寻找“永恒的真理”和“永恒的正义”，要保护的是“基于自然的平等和不可剥夺的人权”。他们呼唤一个理性的王国，要以理性作为人的解放的武器和人权的保证。从文艺复兴运动到思想启蒙运动的全过程是：从人的自由和解放入手，把在封建神学和专制政治束缚下丧失了生命力的人还原为富有生命力和自由意志的人，然后努力以理性建立一种社会秩序以保障自由、平等、民主和人权不被侵害。文艺复兴时代的人是从神学的束缚下解放出来的人，他们对自由的追求是单纯意义上的个人自由和世俗欲望的解放；而启蒙运动中的人则不再满足于个人的叛逃和解放，而要求法律保护之下的个人权利。

这一基本过程决定了启蒙运动的基本特征：从人的立场出发，以人为目的，为人的自由和权利而努力。启蒙主义因此而获得了鲜明的思想标识。

因此，一切远离人的立场而进行的宣传、动员和教化，都不应该被视为“启蒙”。一切以人的顺从、效忠和牺牲为目的的愚民主义的教育都没有资格盗用“启蒙”之名。

二、五四启蒙运动的目标指向

（一）从“启蒙”与“救亡”说起

谈到鲁迅的启蒙主义，有一个问题必须理清：五四启蒙运动的目标指向是什么？

长期以来，因为种种复杂的原因，五四启蒙运动一直未能得到清晰而准确的阐释。一些人想当然地认为五四启蒙运动的目标指向只能是国家和民族，因而无论是新文化的引进还是旧文化的批判，其目的都是国家的独立和民族的富强。也就是说，“启蒙”的目标就是“救亡”（或者革命，在当下中国学界，救亡与革命也常被混为一谈）。在国家、民族或阶级至上的群体主义观念影响之下，要肯定一种事物的价值，就必须冠之以某种群体的名义，将其称之为爱国的、为民族的、为大众的，等等，似乎不这样解释，就无法证明它的意义。这是20世纪中国思想界一个显著的特色。由于这种思维定式和习惯的作用，一些人要确认鲁迅的意义，就自觉或不自觉地把他启蒙活动的目的解释为救亡。

“启蒙”与“救亡”的冲突是李泽厚在20世纪80年代最先正式提出的。能够提出这一问题，意味着李泽厚对此有比较深入的思考。然而，遗憾的是，当时的李泽厚对此并未深究，对他使用的概念也未作清理。所以，他一方面揭示着“启蒙”与“救亡”的冲突，并为“救亡”压倒“启蒙”而惋惜；一方面却写下了这样的结论：“尽管新文化运动的自我意识并非政治，而是文化。它的目的是国民性的改造，是旧传统的摧毁。它把社会进步的基础放在意识形态的思想改造上，放在民主启蒙工作上。但从一开头，其中便明确包含着或暗中潜埋着政治的因素和要素。如上引陈独秀的话，这个通过‘最后觉悟之觉悟’所要达到的目标，仍然是指向国家、社会和群体的改造和进步。即是说，启蒙的目标，文化的改造，传统的扔弃，仍是为了国家、民族，仍是为了改变中国的政局和社会的面貌。它仍然既没有脱离中国士大夫‘以天下为己任’的固有传统，也没有脱离中国近代的反抗外侮，追求富强的救亡主线。”[①]这不能不让人疑惑：既然“启蒙”的目标就是“救亡”，何谈“启蒙”与“救亡”的“双重变奏”？手段自然要服从目的，“压倒”之说又从何谈起？一些问题李泽厚朦胧地感觉到了。尽管他的“启蒙与救亡的双重变奏”有时让人感觉不过是“反帝反封建”的另一种说法，但他毕竟看到了启蒙自身的品质，所以不断言说着个人自由、个性解放等命题。然而，他却没有把不同的思潮及其不同的目标作细致的梳理，而是按照20世纪50年代赋予他的思维习惯将各自运行的不同思想系统纳入到同一个堂皇轨道之中。因此，他一方面感到“救亡”压倒了“启蒙”，一方面却仍然把

① 李泽厚：《中国现代思想史论》，东方出版社1987年，第11—12页。

“启蒙”看作“救亡”的手段。也就是说，他一只脚试探性地迈出了半步，整个身体却被巨大的传送带裹挟而去。作为20世纪80年代的学界巨子，李泽厚的见解影响了一代人。许多学者都在这个问题上承袭了他所留下的矛盾，却很少有人对他发现的问题继续思考。一些人对李泽厚的观点提出批评，但大多来自他的身后，指责他那横斜迈出的半只脚。

在当时的一代年轻学者中，汪晖对这一问题进行了比较严肃而认真的思考。但遗憾的是，年轻的汪晖同样没有继续往前走，而是详细论述了“启蒙”之所以被压倒的必然原因，结果，就成了对“救亡”压倒“启蒙”这一“历史的必然结果”的合理性论证。而且，在李泽厚止步的地方，汪晖干脆做出了这样的结论：“从基本的方面说，中国启蒙思想始终是中国民族主义主旋律的‘副部主题’，它无力构成所谓‘双重变奏’中的一个平等和独立的主题。”[①]进入20世纪90年代之后，这种结论在民族主义的凯歌声中当然要进一步大行其道。

但是，这是一个必须重新探讨的问题。“启蒙”与“救亡”到底是什么关系？“启蒙”的目标指向究竟何在？我认为，把“启蒙”看作“救亡”的手段，把启蒙思想看作民族主义的副部主题，都是对五四启蒙运动的严重误解。“启蒙”与“救亡”是两个不同的思潮，也是两个不同的运动，各有其独立的思想体系和运行轨道，二者可能相遇、相交，但“启蒙”并不从属于“救亡”，也不是民族主义的副部主题。

考察“五四”以降的中国，应该注意同时并存的三个主题：启蒙、救亡、翻身（或曰革命）。三个主题虽然存在着复杂的关联，却各有其不同的思想基础、出发点、目标指向和逻辑理路。他们是相互关联而又各自独立的三个体系，也可以说是三个不同的思潮或运动。三个主题产生于三种不同的意识：启蒙主题产生于人的意识，救亡主题产生于民族意识，翻身主题产生于阶级意识。三个主题又指向三个不同的目标：启蒙的目标是人的解放，救亡的目标是民族的解放（包括国家富强），翻身的目标是阶级的解放。在“启蒙”的体系内，人的解放是根本目标，无论民族解放还是阶级解放，只

---

① 汪晖：《预言与危机（下篇）——中国现代历史中的“五四”启蒙运动》，《文学评论》1989年第4期。

要有利于人的解放，都可以被接纳，反之，则要受到排斥。也就是说，它可以接受任何思想，但前提是必须成为人的解放和人权保障的手段。在其他体系内，情况也是如此：在翻身体系内，阶级解放是根本目标，无论人的解放还是民族解放，都必须服从于它，如果不能为它服务，则必然受到排斥和打击。这一点，我们从马克思“无产者无祖国”的名言和列宁对于爱国主义的批判，从20世纪30年代左翼作家在中苏战争中要“武装保卫苏联”的立场，从大半个世纪中对人道主义和人性论的态度变化，可以看得清清楚楚。在救亡的体系内，民族的解放和国家的富强是根本目标，无论人的解放还是阶级的解放，都只能与这一目标相一致，而不能与之相冲突。救亡要求全民族的大团结，要求全国上下一致对外，所以，它不欢迎“启蒙”对个人尊严和权利的强调，也不喜欢阶级斗争的鼓吹。这一点，我们从慈禧太后和光绪皇帝的圣谕，从张之洞等人的“中体西用”，从孙中山要求人们为了国家的自由而放弃个人自由的讲话，从国民党政府在20世纪30年代的一系列政策，也都可以看得清清楚楚。所以，这三个体系常常处于矛盾之中，除了形势所迫，很少为“主旋律”所统一。所谓“正”与“副”，所谓目的与手段，只是单方面的一厢情愿，并非双方形成的共识。

就鲁迅与五四新文化运动的领袖们而言，虽然这三种意识在各自的思想中形成的结构并不完全相同，但人的意识都是第一位的、根本的。其他因素都处于从属的位置。他们有民族意识，关心着民族的解放。他们有阶级意识，对被压迫阶级充满同情，甚至直接为之奋斗。但是，他们最关心的不是中国，而是生活在中国这片土地上的人。他们努力的目标是人的解放和权利的获得。也正因为这样，他们才算得上真正的启蒙主义者，五四新文化运动才算得上是一场启蒙运动。否则，它就只能是一场救亡运动或翻身运动了。

（二）从“新民”到“立人”的主题演变

人们之所以把“启蒙”看作救亡的手段，重要原因之一是没有充分注意五四启蒙运动与洋务派的富国强兵和维新派的制度变革之间的区别。站在国家和民族的立场上，沿着鸦片战争之后形成的救国思路理解五四启蒙运动，就很容易把它看作救亡和强国的一个环节。一般说来，作为中国现代化过程中的重大环节，洋务运动进行的是经济方面的变革，戊戌变法和辛亥革命进行的是政治变革，五四启蒙运动进行的是文化变革，这是不错的。在这个过程中，一些人的确是从国家和民族的立场上出发的。但是，这个过程中发生的一些变化是必须注意的。洋务派和维新派的思想和实践都基本以国家作为目标，但五四启蒙运动的目标却并不在此。

无论是洋务派“师夷长技以制夷”的富国强兵战略，还是维新派的“变法”和“新民”战略，考察其目标指向，显然都在国家。虽然严复的“开民智”和梁启超的“新民说”在表面上与五四新文化运动“改造国民性”非常相似，虽然他们早在上个世纪末就曾以“天赋人权”的学说张扬自由思想，鼓吹民众的权利，并且知道中国数千年之腐败皆自奴隶性而来，也知道人格的独立、人权的平等和个人的自由多么重要，然而在他们那里，“开民智”和“新民”只是手段，救国才是目的。他们是从国家本位出发的，目的是国家而不是人。换句话说，梁启超他们“新民”的意义在于为国家培养更合格的建设者和保卫者，而不是造就人格独立、精神自由、个性全面发展的人。

随着19世纪的结束和20世纪的到来，“新民”的时代逐渐过去。一些活跃的思想者在革命的前夜开始走向真正的“启蒙”。变法的失败使中国的现代化失掉了一次机会，也堵死了中国通过渐进的改良而成为英国和日本那样的现代国家的道路。尽管清廷在维新志士血迹未干之时就预约变法，以图重新获得新派士大夫的支持和国际社会的认可，尽管康有为他们也仍然在呼唤还政于光绪并且与革命派展开激烈的论战，但是，历史已经翻开了新的一页，清廷注定失掉了历史的机会。可以说，当他们把六君子推向菜市口的时候，这个王朝已经自己堵死了和平演变之路，而把自己推向了被革命推翻的结局。就在革命的酝酿过程中，中国的新思潮开始真正接受了西方现代文明的健康主流，开始了与世界文化全面接轨的伟大尝试。在革命派的思想成果中，邹容的《革命军》虽然多有民族主义的浮薄激情，但其欧洲思想启蒙运动的积极影响显而易见。他不像梁启超他们那样害怕自由对秩序的危害，也不为本土传统而抵抗西方文明，而是从世界文明的健康主流吸取了思想的力量，认识到革命应该是由野蛮进入文明，结束奴隶状态而获得人的自由。所以，他高喊的是“扫除数千年种种之专制政体”“收回我天赋之权利，以挽回我有生以来之自由”，是“为国民购自由平等独立自主之一切权利”[①]。显然，他提倡自由和平等，强调个人的权利和人格的尊严，已不是作为救亡图存的手段，而是显示着走向成熟的现代知识分子已开始站在人的立场上对中国问题进行思考。

由此可见，辛亥革命前后的中国思想运动已与维新派思想家们有很大的不同。而最大的不同是突出了人权观念。一些觉醒的人们已经认识到传统专制制度的种种罪恶归根到底是剥夺人权和践踏人权，因而开始为争取个人的基本权利而呐喊和鼓吹。人权意识在这一代知识分子中迅速强化。人们强调人权天赋，肯定人们追求个人幸福和快乐的权利，强调个人的自主和道德的自律，呼唤个人自由和人格平等，从政治领域到道德领域，全面地确立人的最高价值。正是在这个背景下，鲁迅走上了启蒙道路。尽管开始时并未立即超越梁启超的“新民”思想，因而以“角逐列国是务”和有利于“邦国之兴起”证明“立人”的合法性，但是，他已一步步走向个人主义。因此，他的“改造国民性”和“立人”已不同于梁启超的“新民”。

到了新文化运动时期，在对中国文化深刻体验和理性认识的基础上，在中国人和西方人不同生存状态的强烈对比之下，新文化运动的领袖们看到了生为中国人的多重悲剧：缺乏人格独立的合法性，缺乏个人权利的合法性，缺乏自由发展的合法性，简单一句话：人已非人。他们强烈地意识到，中国人应该从各种奴役关系中解放出来，使自己成为自己的主人。正因为这样，他们开始了启蒙主义的文化实践。在他们那里，人是思想启蒙的出发点和根本目的，是评判一切的最高价值尺度。个人的自由和权利不必再通过其他神圣的东西获得合法性，而是恰恰相反，无论国家、民族，还是社会、团体，都须要通过是否有利于人的解放和权利保障而获得合法性。

考察历史的变化，任何抽象概括都不能离开基本的事实。只要简单考察一下五四新文化运动，就可以看到，它所关心的问题大多与“救亡”无关，更与“反帝”无涉。

---

①《猛回头：陈天华 邹容集》，辽宁人民出版社1994年。

新文化运动到底做了些什么？翻一翻《新青年》《新潮》《每周评论》等刊物就可以大致看到它涉及的一系列问题：孔教问题、伦理问题、女子解放问题、贞操问题、婚姻问题、父子问题、教育改良、戏剧改良、文学改革、语言改革……这些问题当然并非完全与国家无关，但是，他们的解决与否并不直接关系民族和国家的存亡。恋爱是否自由，婚姻是否自主，贞操观念是否应该革除，孝道是否需要，独身主义和无后主义是否可行，如果经过学者的论证，当然都与"救亡"有关，但是，这些首先是人生问题。人们可以把它们纳入国家、民族的大话题之下谈论，但它们本身并不必然指向国家和民族。新文化运动的领袖们之所以主张恋爱自由，不是因为恋爱可以救国；之所以反对传统的贞操观念，不是因为节妇烈女牺牲了国家的人力资源；之所以主张妇女解放，更不是要煽动娜拉们离开家庭而走上民族解放的战场。

在五四时期的文学中，爱情题材的创作曾经显示着文坛的辉煌。青年人反抗包办婚姻，争取爱情自由，冲破传统道德观念的束缚而张扬个体的生命欲求。作家们揭示旧道德的罪恶，歌唱爱情的美好，张扬爱的权利。这一切的启蒙意义显而易见，目标指向也显而易见：是救人而非救国。许多作家和诗人对爱情的描写都带有"为爱情而爱情"的倾向，并不是以情爱、婚恋去表示对国家命运的关心，而是真实地表达着从传统观念和礼教禁锢中解放出来的人的生命感受，表现醒来的人的真声音。娜拉是否出走，是她自己的事，并不影响中国与列强之间的关系。但是，作家们仍然给予关心，因为这件事虽然与国家命运无涉，却关系到她是否为一个独立的个体。冯沅君《隔绝》的女主人公宣言："生命可以牺牲，意志自由不可以牺牲，不得自由我宁死。"这自由绝不是孙中山们所竭力张扬的"国家的自由"。因此，它的意义只能是"人"的主体性的实现。汪静之们有没有"瞟我意中人"的权利，对于国家和民族都不算什么事，但对于个人却是大事，因此，它是新文学的大事，也是新文化的大事，胡适、周作人都要为他辩护。他们并不是要以爱情的自由或婚姻的自主调动年轻人的爱国热情或革命积极性，而是要把人本来应该具有的权利还给人，这本身就是目的。人们情感的不满足和生命的压抑状态或许与国家不无关系，但解决这些问题的意义却并不指向救国。人们因为这些问题的提出而重新审视社会，产生改变社会规范的愿望，根本目的仍然是为了人。以人为目的，这才是五四启蒙运动的主旋律。否则，我们就不应该将之称为“启蒙”运动。

就鲁迅而言，他在五四启蒙运动中关心的是什么？我们不妨以时间为序对他的作品逐一考察。他在《新青年》发表的第一篇小说是《狂人日记》，揭示的问题是“吃人”，发出的呼声是：“救救孩子！”此后，《孔乙己》《药》……所关心的都是国人可怜的生存状态及其令人痛心的愚昧和麻木，却唯独不见所谓“反帝”的呼号和救国的呐喊。作为思想的直接表达，他在《新青年》连续发表“随感录”，所关心的也是中国的孩子“小的时候，不把他当人，大了以后，也做不了人”[①]，“我是一个可怜的中国人。爱情！我不知道你是什么”[②]。许多人害怕的是“中国人”这个名目的消失，所以要保存国粹，而他所担心的却是中国人因为国粹太多，不能融入世界，“难与种种人协同生长”。所以，他所批判的是“保存国粹”“爱国的自大”之盲目排外和“学了外国本领，保存中国旧习”的“中体西用”论。而持论的根本理由之一就是“要我们保存国粹，也须国粹能保存我们”[③]。他做的演讲是《我之节烈观》《我们现在怎样做父亲》《娜拉走后怎样》……在这里，我们可以看到他所关心的是人的命运，而不是国家或民族的命运。

从五四启蒙言论中，可以看到一系列相互对立的词语：“人的生活”与“非人的生活”，“人的文学”与“非人的文学”，“人的道德”与“吃人的道德”，“人国”与“奴隶的国度”……这正是五四启蒙运动的标志。它鲜明地昭示着人们：五四启蒙运动的目标是人而不是别的什么东西。

（三）“立人”与“强国”之间

有人说，虽然五四启蒙运动直接关心的是人，但“立人”仍然是“强国”的手段，所以目的仍然是国家。

在当下中国学界，这种说法是流行的。其潜在逻辑是：因为要救国，所以“立人”；因为要“立人”，所以“启蒙”。于是，“启蒙”为了“立人”，“立人”为了救国。“启蒙”就这样被编入了救亡体系。在这个体系中，人不是目的，而只是救国的工具。

---

①②③《鲁迅全集》（第1卷），第295页，第321页，第307页、第306页。

“启蒙”服务于“救亡”的观点建立于两个潜在的假设之上：一是启蒙运动的领袖们都是民族主义者或国家主义者，二是启蒙运动源自“救亡”的需求。但是，只要进行简单的考察，就会发现这两点都不可靠。

首先，五四启蒙运动的领袖们不是民族主义者，也不是国家主义者，甚至不是一般意义上的爱国主义者，恰恰相反，他们大多具有鲜明的个人主义倾向和世界主义倾向，并不看重国家和民族这些介于个人与世界之间的概念。作为先驱，他们已经具有现代国家观念，懂得国家的合法性之所在，懂得国家与公民应有的关系，因而知道爱国应该是有条件的，只有国家能够保障人的权利，这个国家才值得爱，否则，爱国就是愚昧的表现。就个人与国家的关系而言，无政府主义与五四启蒙运动的联系是密切的。由于无政府主义在其乌托邦世界中已经消除了“国家”和“政府”，使世界成了“自由人的联盟”，因而为五四启蒙运动以个体自由人为中心重建国家观念提供了基础。考察“五四”的主要代表人物对个人与国家的思考是非常必要的。

胡适不是无政府主义者。他的理性使他不赞同破坏一切国家。但是，他的现代理性却使他不会把国家作为目的。他在《易卜生主义》中特别引用了这样一段话：“个人绝无做国民的需要。不但如此，国家简直是个人的大害。请看普鲁士的国力，不是牺牲了个人的个性去买来的吗？国民都成了酒馆里跑堂的了，自然个个是好兵了。再看犹太民族，岂不是最高贵的人类吗？无论受了何种野蛮的待遇，那犹太民族还能保存本来的面目，这都因为他们没有国家的原故。国家总得毁去。这种毁除国家的革命，我也情愿加入。毁去国家观念，单靠个人的情愿和精神上的团结做人类社会的基本，——若能做到这步田地，这可算得有价值的自由起点。”[①]胡适赞美易卜生的个人主义，称赞易卜生从来就不是“狭义的爱国者”，这都有点夫子自道。其实，五四新文化运动核心集团都不是狭隘的爱国者。胡适在他的新诗《你莫忘记》中以一个父亲的临终遗言写道：“我的儿，我二十年教你爱国，——/这国如何爱得！/你莫忘记：这是我们国家的大兵，/强奸了三姨，逼死了阿馨，/逼死了你妻子，枪毙了高升！……/你莫忘记：是谁砍掉了你的手指，/是谁打死你的老子！/是谁烧了这一村……/你莫忘

① 胡适：《易卜生主义》，《新青年》4卷6号。

记：／你老子临死时，只指望快快亡国：／亡给‘哥萨克’，亡给‘普鲁士’——／都可以，——总该不至——如此……”①

李大钊曾有一个这样的理想：“只要和平会议变成了世界的议会，仲裁裁判变成了世界的法庭，国际警察如能实现，再变成了世界的行政机关，那时世界的联合政府，就正式成立了。”他要焚香祝祷的就是“合世界人类组织一个人类的联合，把种界国界完全打破”②。他在《我与世界》一文中又写道：“我们现在所要求的，是个解放自由的我，和一个人人相爱的世界。介在我与世界中间的家国、阶级、族界，都是进化的障碍，生活的烦累，应该逐渐废除。”③

陈独秀的表现最为突出。他不仅明确把国家列为应予破坏的对象，而且早在发动新文化运动的前夕就写了《爱国心与自觉心》，提醒人们不要盲目爱国。在他那里，个人和国家的关系已经完成了现代性调整。在传统观念中，国家高于一切，爱国是无条件的，统治者以国家的名义可以剥夺民众的一切权利，个人却不可能平等地与国家对话；在现代观念中，个人权利高于一切，个人与国家的关系是一种契约关系，国家因能够保护个人权利而获得合法性，个人因需要国家提供服务而承认国家权威并承担对于国家的义务，如果一个国家不能保护个人权利，它的继续存在就是不合法的，公民有权通过投票进行重新选择。一句话，必须是国家为人而存在，而不是人为国家而存在。当时的陈独秀已经具备了这样的现代国家理念。他在《爱国心与自觉心》中指出：“人民何故必建设国家？其目的在保障权利，共谋幸福，斯为成立国家之精神。”然而，“吾国伊古以来，号为建设国家者，凡数十次，皆未尝为吾人谋福利，且为戕害吾人福利之蟊贼；吾人数千年以来所积贮之财产，所造作之事物，悉为此数十次建设国家者破坏无余；凡百施政，皆以谋一姓之兴亡，非计及国民之忧乐，即有圣君贤相，发政施仁，亦为其福祚攸长之计，决非以国民之幸福与权利为准的也”。因此，他的结论掷地有声：“若而国家，实无立国之必要，更无爱国之可言。过昵感情，侈言爱

① 胡适：《你莫忘记》，《新青年》第5卷3号。

② 李大钊：《联治主义与世界组织》，1919年《新潮》第1卷2号。

③《李大钊选集》，人民出版社1962年，第221页。

国，而其智识首不足理解国家为何物者，其爱之也愈殷，其愚也益甚。”[①]有感于中国人生存的现状，陈独秀进一步解释说：“国家者，保障人民之权利，谋益人民之幸福者也。不此之务，其国也存之无所荣，亡之无所惜。”“盖保民之国家，爱之宜也；残民之国家，爱之也何居？”“或谓恶国家胜于无国家？予则云，残民之祸，恶国家甚于无国家。失国之民诚苦矣，然其托庇于法治主权之下，权利虽不与主人等，视彼乱国之孑遗，尚若天上焉。”在考察了失掉国家的犹太人之后，他说：“不暇远征，且观域内，以吾土地之广，惟租界居民，得以安宁自由，是以辛亥京津之变，癸丑南京之役，人民咸以其地不立化夷场为憾。此非京津江南人无爱国心也，国家实不能保民而致其爱，其爱国心遂为其自觉心所排而去尔！”[②]

其次，关于五四启蒙运动的缘起，过去的一般叙述大都把它解释为救亡运动的派生物。比如有的论者所说：“中国近代启蒙思想不是在固有文化中衍生的，不是在‘人’和‘上帝’的关系中萌发的，也不是科学知识进化的自然结果，而是在民族的危机、民族文化的危机中发展起来的。所谓‘伦理的觉悟’来自对民族生存问题的思考：从鸦片战争时代地理学的发现起，经历了洋务运动对西方技术的发现，戊戌运动对西方行政制度的发现，辛亥革命对西方政治制度的尝试，然而这一切不仅仍然使‘吾人于共和国体之下，备受专制政治之痛苦’，而且民族危机日益深重，‘人’的启蒙问题才应运而生。”[③]把人的觉醒纳入到民族危机的背景之下解释，这是早已经流行的说法，但是，这种解释是可疑的，因为它是从国家和民族立场上推论的结果，而不是在全面考察的基础上形成的科学结论。

面对鸦片战争之后中国的处境，皇帝及其官员们的确是从“救亡”和强国考虑问题的。最先的留学生们也往往是为救国而远渡重洋的。但是，启蒙“立人”的运动之所以发生，并非因为它是“救亡”或强国的有力手段，而是因为人们在致力于“救亡”的过程中产生了新的思想和要求。在当时的中

①《陈独秀文章选编》（上），第68页。

②《陈独秀文章选编》（上），第72页。

③ 汪晖：《预言与危机（上篇）——中国现代历史中的“五四”启蒙运动》，《文学评论》1989年第3期。

国，“国将不国”是一个重要的事实，但是，“人已非人”也是一个重要的事实。两个事实都是中国的真问题。人们可以产生“国将不国”的忧虑，也可以产生“人已非人”的痛感。事实上，正是“国将不国”的忧虑产生了救亡运动，而“人已非人”的痛感造就了启蒙运动。

中国最先的启蒙主义者几乎有着共同的生成背景。他们都广泛地接受了西方现代知识，而且大都有留学外国的生活经历。他们远渡重洋，也许本来是一心为了国家，立志学成之后回国为皇上和他的国家效劳，并由此像前辈一样建功立业。但是，国外生活却不仅使他们学到了富国强兵的技术，而且使他们看到了另一种人生。对他们来说，这是痛苦的一击，也是伟大的觉醒。因为他们本来也是麻木群体中的分子，而且生活历来如此，早已司空见惯，并未感到生活在中国多么无法忍受，所以，他们也会开口闭口“我大清”，一心为皇上重圆强国梦。但是，两种生活的比较使他们看到了一个现实：中国人活得不像人！

其实，早在王韬等人的言论中，我们已听到了各种不平和叹息。在严复等人的文章中，我们已看到令人痛心的比较。至谭嗣同的《仁学》，则直言中国作为“人间地狱”的种种惨状，使我们看到了如此言论：“幸而中国之兵不强也，向使海军如英法，陆军如俄德，恃以逞其残贼，岂直君主之祸愈不可思议……故东西各国之压制中国，天实使之，所以曲用其仁爱，至于极致也。”[①]

对于一个专制王朝来说，两种生活的对比是可怕的。当人们借助外国人的生活而发现自己和同胞们生活得十分可怜时，当人们意识到这种可怜的生存状况并非源自外国侵略而是源于自己的国家时，当人们意识到在旧有基础上的民族独立和国家富强并不能改变人的奴隶地位时，一种思想就在痛苦中产生了：如果一个国家不能保障人的权利，而是剥夺人的权利，它的独立和强盛还有什么意义？如果一个国家像监狱，狱中囚徒们有义务学好本领以加固监狱的高墙或制造新式刑具吗？对于他们中的多数人来说，尽管并非来自苦难的阶层，但他们的国家却没有给他们幸福的感受。或者，原来“皇恩浩

① 丁守和主编《中国近代启蒙思潮》（上卷），社会科学文献出版社1999年，第256—257页。

荡”的感觉在西方公民权利面前很快黯然无光了。这是大清王朝的不幸：为了强国，不得不派留学生“师夷长技以制夷”，却又无法使他们只学习外国的技术而有效抵抗其社会制度和意识形态的诱惑，专制制度优越性的宣传也注定了不能掩盖事实的真相。结果，派遣留学生本是为了使自身强盛，到头来却为自己培养了成群的掘墓人。从制度维新的酝酿，到排满革命的宣传，其中一大批人的最终目标已经不再是“救亡”，而是使中国人也应该像人一样生活。用鲁迅的话说，就是要争得“人的价格”。

到五四启蒙运动开始之时，其领袖集团的主要成员大都已经完成了一个根本转变：获得了“人是目的”的基本立场。李大钊的《大哀篇》开头就写下了这样的句子：“嗟呼！斯民何辜！天胡扼之数千年而至今犹未苏也！暴秦以降，民贼迭起，虐焰日腾，陵轧黔首，残毁学术，范于一尊，护持元恶，抑塞士气，摧折人权，莫敢谁何！”[①]在其结尾，又发出了这样的质问：“呜呼！国家至此而穷于用，则吾民之所以牺牲其天秩自由，而屈其一部以就范于国家者，果何为乎？”[②]陈独秀在《爱国心与自觉心》中写道：“若中国之为国，外无以御侮，内无以保民，不独无以保民，且适以残民，朝野同科，人民绝望。如此国家，一日不亡，外债一日不止；滥用国家权威，敛钱杀人……海外之师至，吾民必且有垂涕而迎之者矣。”[③]读胡适、鲁迅的文字，也可以清楚看到他们在西方文明的比照之下对中国人生存状态的关注。也正是这一点，使他们成了真正的启蒙主义者。

（四）人与国家：现代关系的确立

当然，谁也无法否认五四启蒙运动与国家、民族命运的关系。启蒙运动的领袖们常常论及国家和民族，而且常以是否有利于“救亡”而对问题进行评判。但必须注意的是，无论他们怎样以“救亡”为由说明启蒙的合法性，其真正的目标都已不是“救亡”。

从逻辑上讲，人的解放与民族的解放并不矛盾。如果被异族统治就要陷入奴隶的地位，而民族独立则能带来自由、民主和公民权利的保障，那么，追求人的解放与追求民族解放就能够统一，人们就会为了人的解放而谋求民

①②《李大钊选集》，人民出版社1962年，第1页，第3页。

③《陈独秀文章选编》（上），第71页。

族的解放，为了个人的权利而维护国家主权，为了个人的富裕而希望国家富裕。但是，中国的救亡强国实践并未提供这样的美景，而是常常以民族的解放压制人的解放，以国家利益剥夺个人利益，以国家主权的名义限制公民权利。无论慈禧太后还是袁世凯，无论孙中山还是蒋介石，一切不愿放弃专制传统的在职统治者和候补统治者都是这么做的。国家往往只属于控制国家机器的个人或团体，只有他们才是国家的主人。在这种情况下，国家主权（国家主人之权），不仅与一般国民无关，而且成了压迫、剥削和奴役的工具，使生活其中的人们无地可逃，感觉“简直不像活在人间”。在这样的国家，一个矛盾必然出现了：统治者努力维护国家主权，抵抗政治干涉和文化侵略，为此而要求民众爱国，甚至要求他们为了国家而放弃个人权利；而对于国民来说，却往往因为没有获得应有的权利而感到自己不过是奴隶，奴隶有什么爱国的义务呢？而且，对于水深火热之中的奴隶来说，侵略者也许并不可怕，亡国也不可怕，因为侵略者可能意味着拯救，亡国可能意味着监狱大墙倒掉。一旦到了这种地步，“启蒙”和“救亡”就无法统一了。而这一切，我们不仅在陈独秀的《爱国心与自觉心》中可以看到，在胡适的《你莫忘记》中可以看到，在李剑农的《一个湖南小儿的话》中可以看到，而且在许多作家的作品中都可以看到。因为启蒙本身就是要让人产生自觉心，意识到自己的权利。

如此情况下，等待列强的瓜分，或盼望自己的居住地成为香港那样的租界，当然是消极的。积极的选择不是盼望中国沦为殖民地，而是根据现代国家理念重建中国。所以，当陈独秀的《爱国心与自觉心》发表之后，李大钊写了《厌世心与自觉心》，一方面赞同陈独秀的看法，认为“我需国家，必有其的，苟中其的，则国家者，方为可爱。设与背驰，爱将何起？必欲爱之，非愚则妄”；另一方面认为陈独秀的文章“厌世之辞，嫌其太多；自觉之义，嫌其太少”。他指出：“自觉之义，即在改进立国之精神，求一可爱之国家而爱之，不宜因其国家之不足爱，遂致断念于国家而不爱。更不宜以吾民从未享有可爱之国家，遂乃自暴自弃，以侪于无国之民，自居为无建可爱之国之能力者也。”[①]这是一种积极的态度。但是，改进了立国精神之后的

①《李大钊选集》，第28—29页。

这个“可爱之国”是为人而设的，是保障公民权利的工具，它本身已经不能成为目的。因此，这个意义上的爱国者已经不是立足于民族主义，而是立足于人道主义；在这个意义上谈救亡，救亡本身就不是目的，而是成为人的解放和权利保障的手段。

其实，在鲁迅他们那里，国家早已有了不同的内涵。在《文化偏至论》中，鲁迅就说：“国人之自觉至，个性张，沙聚之邦，由是转为人国。”[①]这里有两点值得注意：一是“国民之自觉”，二是“人国”。关于鲁迅的“立人”思想，人们往往只注重它的国民性批判，而没有意识到“立人”的内容还包括培养“国民的自觉”——即培养国民的权利意识。因此，它本身就是一种改写个人与国家关系的努力。对五四启蒙运动，只注意其对国民性的批判是不够的，还应注意它对国民性的改造。因为“改造”并不仅仅是“批判”，而是包括在国民性中植入现代公民意识，使之成为具有独立人格和现代国家理念的“国民”。“国民”是当时进步思想界使用的概念，它的含义相当于现在我们说的“公民”，是与“臣民”“子民”和“奴隶”相对的。在20世纪的第一年，就有人发表题为《论国民》的文章，进行了这样的界说：“奴隶无权利，而国民有权利；奴隶无责任，而国民有责任；奴隶甘压制，而国民喜自由；奴隶尚尊卑，而国民言平等；奴隶好依傍，而国民尚独立。此奴隶与国民之别也。”[②]“国民之自觉至”也就是意识到自己作为国家公民应有的一切权利和责任，在精神上摆脱了奴隶状态，有了健全的公民意识。这个理想是很高的，中国人用了一个世纪的时间也没有实现。“人国”更是一个全新的概念。它意味着国家不再是“帝国”或“王国”，而是成为“人”的国家。从某种意义上说，使一个专制“帝国”成为“人国”，正是国家现代化的根本之所在。所谓“人国”，应该是一种在个人自由基础上产生的联合体，是由解放了的自由人组成的联盟。这个“人国”最显著的特征首先是人的自由与权利的保障。在这个前提之下，国家当然是需要的，因为它的功能是保障人的权利而不是相反。必须注意，五四新文化运动所呼唤的国家与欧洲思想启蒙运动所呼唤的国家一样，是保障人的自由和权利的。他们

---

①《鲁迅全集》(第1卷)，第56页。

② 佚名：《说国民》，《国民报》1901年第2期。

的“立国”主张已包含了对国家的改写，使“立国”与“立人”不再矛盾，而解决这种矛盾的途径不是让“立人”服务于“立国”，而是让“立国”服务于人的解放和人权的保障。在这里，人与国的关系是不能颠倒的。

三、鲁迅启蒙路径的确立

（一）思想革命及其历史位置

在《〈呐喊〉自序》中，鲁迅曾经这样回顾他弃医从文走上启蒙之路的过程：

> 有一回，我竟在画片上忽然会见我久违的许多中国人了，一个绑在中间，许多站在左右，一样是强壮的体格，而显出麻木的神情。据解说，则绑着的是替俄国做了军事上的侦探，正要被日军砍下头颅来示众，而围着的便是来赏鉴这示众的盛举的人们。
>
> 这一学年没有完毕，我已经到了东京了，因为从那一回以后，我便觉得医学并非一件紧要事，凡是愚弱的国民，即使体格如何健全，如何茁壮，也只能做毫无意义的示众的材料和看客，病死多少是不必以为不幸的。所以我们的第一要著，是在改变他们的精神，而善于改变精神的是，我那时以为当然要推文艺，于是想提倡文艺运动了。[①]

由此开始，鲁迅走上了启蒙的道路。然而，他的文学启蒙活动一开始就受到挫折。几个人一起要办一份杂志，结果却既少作者又无资本，筹划中的《新生》自然难以诞生。他所能做的，只是给《河南》杂志投稿，给我们留下了《人之历史》《科学史教篇》《摩罗诗力说》《文化偏至论》等论文。同时，与周作人一起翻译国外小说，留下了两册《域外小说集》。而这一切在当时都没有产生多大影响。鲁迅曾如此描写他的感受：“凡有一人的主张，得了赞和，是促其前进的，得了反对，是促其奋斗的，独有叫喊于生人中，而生人并无反应，既非赞同，也无反对，如置身毫无边际的荒原，无可措手的了，这是怎样的悲哀呵，我于是以我所感到者为寂寞。”[②]这寂寞笼罩

①②《鲁迅全集》（第1卷），第416—417页，第417页。

了鲁迅，一晃就是十年。

重新投入启蒙运动是在1918年。当时的鲁迅正在以“钞古碑”打发时光，消磨自己的生命。《新青年》的约稿改变了他的生活，使他投入到一场伟大的启蒙运动之中。在《〈呐喊〉自序》中，鲁迅写下了当时的情景：

> 那时偶或来谈的是一个老朋友金心异，将手提的大皮夹放在破桌上，脱下长衫，对面坐下了，因为怕狗，似乎心房还在怦怦的跳动。
>
> “你钞了这些有什么用？”有一夜，他翻着我那古碑的钞本，发了研究的质问了。
>
> “没有什么用。”
>
> “那么，你钞他是什么意思呢？”
>
> “没有什么意思。”
>
> “我想，你可以做点文章……”
>
> 我懂得他的意思了，他们正办《新青年》，然而那时仿佛不特没有人来赞同，并且也还没有人来反对，我想，他们许是感到寂寞了，但是说：
>
> “假如一间铁屋子，是绝无窗户而万难破毁的，里面有许多熟睡的人们，不久都要闷死了，然而是从昏睡入死灭，并不感到就死的悲哀。现在你大嚷起来，惊起了较为清醒的几个人，使这不幸的少数者来受无可挽救的临终的苦楚，你倒以为对得起他们么？”
>
> “然而几个人既然起来，你不能说决没有毁坏这铁屋的希望。”
>
> 是的，我虽然自有我的确信，然而说到希望是在于将来，决不能以我之必无的证明，来折服了他之所谓可有，于是我终于答应他也做文章了，这便是最初的一篇《狂人日记》。
>
> 从此以后，便一发而不可收……[①]

鲁迅就这样重新走上了他的文学启蒙之路，并且迅速成为新文化运动的主将和中国现代启蒙文学道路的开拓者。

---

①《鲁迅全集》（第1卷），第418—419页。

那么，鲁迅选择了什么样的启蒙路径？面对鲁迅的文学生涯，这是必须回答的。

五四启蒙运动一直遭受着各种误解和非议。其中最为重要的，是面对中国复杂的问题而选择了思想文化革命。几十年前的主流意识形态否定启蒙主义，原因不仅在于启蒙思想属于资产阶级的意识形态，而且在于认定了思想启蒙与教育救国、科学救国、实业救国等口号一样，不能解决中国的问题。按照当时的理论，只有在先进政党的领导之下，依靠工农进行武装革命，才是光荣而正确的道路。在这种思路的笼罩之下，像鲁迅那样把启蒙看作解决问题的根本，不仅荒唐可笑，而且不合时宜。“文革”结束之后，从苦难中醒来的一代人终于再次认识到启蒙的必要，于是，他们中的一些人（仅仅是一小部分）重新走上了鲁迅的道路，致力于思想启蒙运动。但是，从20世纪80年代开始，就从海外汉学界传来了对鲁迅等人的新的质疑：“五四”一代人“借思想文化以解决问题”，结果是进一步导致了“中国意识的危机”。①

鲁迅等人在五四时期的选择的确是依靠思想文化解决问题。但是，究竟应该如何认识和评价这种选择，却有必要进行进一步讨论。

我想提醒人们注意的是，五四启蒙运动有一个独特之处：它不是一场社会大变革的舆论前奏，而是一场大变革之后的文化补课。这段历史虽然过去不过八十多年，但绝大多数中国人对它的认识似乎早已模糊不清，因而五四启蒙运动的历史地位也难以确定。然而，这并非什么难题，只要回到那段历史就能够看到，当时中国的情形是政治上的变革已经基本完成，公民的权利已经写进了宪法，然而，一个现代政治体制建立了，却从上到下都不习惯这种新政体。一方面，作为共和国的总统、总理和各级管理者们，大都刚刚摘去清王朝的顶戴，很难迅速由皇帝的臣民转变成为现代国家的管理者。包括那些作为清王朝专制统治反抗者的革命党人，也并不熟悉现代国家的管理规则，因此，就很难迅速走上国家管理的现代化轨道，而是不自觉地就会按照专制王朝的旧例行事。另一方面，作为理论上已经享有国家主权的人民，绝大多数人并不知道自己已经是国家的主人，因而既不清楚公民的权利，也不

① ［美］林毓生：《中国意识的危机》，穆善培译，贵州人民出版社1986年。

清楚公民的义务，更不知道应该如何对待自己的权力代理者——官员。他们仍然以草民自居，习惯性地自居于奴隶地位。就像鲁迅笔下的阿Q走上大堂时一样，官员们并不让他下跪，但他还是自觉地跪下了。

也就是说，当时的中国已经建立起现代的国家政治体制，而人们的思想观念和行为方式却远远不能适应。在这种情况下，中国究竟需要什么？是政治革命吗？革命就是从根本上改变现有体制，那么，就要推翻《临时约法》，破坏民主体制，结果可能是恢复君主专制。事实上，这样的革命袁世凯进行过，但也失败了。当然，还有一种革命的可能，就是把宣统皇帝重新扶上皇帝宝座，以恢复清王朝的统治。这种革命张勋尝试过，也失败了。在已经具有现代政治体制的情况下，新的政治革命只能导致政治上的大倒退。所以，就当时的历史情形看，以既有的现代政治体制和经济体制为前提，进行一场现代思想文化的“补课”，“借思想文化解决问题”或者干脆就是只解决思想文化层面上的问题，毫无疑问是正确的选择。

新文化运动正是这样一场“补课”。它是中国现代化全过程的一个重要环节，也是从经济改革（洋务运动）到政治改革（从百日维新到辛亥革命）再到文化改革的全过程中的最后一环。它是中国现代化的最后一环，却是不可缺少的一环。

一些人之所以指责五四启蒙运动的选择，把重视思想文化变革而轻视政治经济变革看作五四启蒙思想家的局限，问题在于对新文化运动在中国现代化过程中的历史地位认识不清，对当时中国社会的真问题缺少清醒的把握。其实，无论是陈独秀、胡适还是鲁迅，都不是不关心政治的人。当他们进行思想启蒙运动的时候，也并非不关心政治。但是，他们所面对的现实是这些问题已经基本解决，社会迫切需要解决的问题是在思想文化方面。也可以说，他们并非“借思想文化解决问题”，而是要解决的问题就在思想文化本身。

在1925年写给许广平的信中，鲁迅说过：“说起民元的事来，那时确是光明得多，当时我也在南京教育部，觉得中国将来很有希望。自然，那时恶劣分子固然也有的，然而他总失败。一到二年二次革命失败之后，即渐渐坏下去，坏而又坏，遂成了现在的情形。其实这也不是新添的坏，乃是涂饰的新漆剥落已尽，于是旧相又显了出来。使奴才主持家政，那里会有好样子。最初的革命是排满，容易做到的，其次的改革是要国民改革自己的坏根性，于是就不肯了。所以此后最要紧的是改革国民性，否则，无论是专制，是共和，是什么什么，招牌虽换，货色照旧，全不行的。”[①]这段话有两层意思值得注意：第一，它显示了鲁迅的启蒙立场。他认定只要国民性得不到改革，一切革命都不过是“招牌虽换，货色照旧”。第二，它显示了鲁迅对中华民国初建时的深情。民元的光明记忆在鲁迅作品中多次出现，那是一个崭新时代的开始，一切都充满生机。这并非鲁迅因为个人情感而产生的错觉，而是当时中国展示在人们面前的一个美好的开端。仅从《临时约法》看，它也是20世纪中国最现代的一份宪法草案。在这种情况下，无论鲁迅还是胡适、陈独秀，当然都无须考虑政治体制的根本变革。摆在他们面前的迫切任务，就是解决思想文化方面的问题。

（二）路径之一：穿越传统的笼罩

正因为这样，中国的启蒙运动与西方的启蒙运动有所不同。在西方，启蒙运动有两大任务，一是冲破神权的束缚，二是冲破封建专制政权的束缚。在中国，一方面是本来就没有严格意义上的宗教，神对人的控制力本来不大；另一方面是君主专制政体已被推翻，并且建起了先进的民主政体框架。所以，中国启蒙运动的首要任务不是把人从神的束缚中解放出来，也不是从专制政治压迫中解放出来，而是把人从传统的思想文化枷锁中解放出来。

因此，中国的启蒙运动就不能不首先面对支配着人们思想和行为的文化传统。

所谓传统，就是活在现实中的历史文化。如果一种古老的文化只是存在于历史上，在现实中并无生命力，它就只是已经死了的文化化石，可以陈列在博物馆里，而没有批判和扫荡的必要。但是，如果一种古老的文化仍然生活于现实当中，并且影响和支配着人们的思想和行为，那就意味着它已成为一种传统。传统的力量是巨大的，它使置身其中的人们对一切都习以为常，沿着固有的轨道运行，把一切都视为理所当然而不生疑义，因而很难对其进行审视；甚至某种观念已经严重地危害着自身，也会不自觉地遵守和维护。当然，传统的作用不可一概而论，因为传统本身是复杂的。真善美可以形成传统，假恶丑也可以形成传统；文明与正义可以形成传统，野蛮与邪恶也可

①《鲁迅全集》（第11卷），第31页。

以形成传统；甚至是强盗有强盗的传统，奴隶也有奴隶的传统。传统的质量取决于特定人群历史生活的质量。但无论什么样的传统，只要置身其中，属于那个传统，就会把固有的一切看作天经地义，而很难发现其丑恶与荒谬。这就是传统的惰性力量。

但是，人类文明须要发展，因为人类生存须要不断改善。要发展和改善，就必须冲破传统的规范。事实上，人类文明也正是这样发展的。先进的思想最初只是发生在个别人的头脑之中，因而它是异端的、叛逆的、不合于传统的。但随着时间的推移和条件的变化，却可能会被社会接受。不过，当它被大众接受而成为社会流行思想的时候，已经转化为传统，自然不再具有先锋意义。而在这时候，新的异端或叛逆又在个别人的头脑中产生了。这就是人类思想文化发展的历史。大众社会就是这样守护着传统，而先驱者（也就是真正意义上的知识分子）就是这样发展着传统。从这个意义上说，反传统正是文明发展的题内之义，一种文明若想不处于僵死状态，就必须不断地批判传统。反传统也是知识分子最根本的特征，一个人如果不能对传统持批判态度，不能对新的可能性进行探索，就无法成为真正意义上的知识分子。所以，启蒙立场是知识分子的根本特征，而反传统则是启蒙的必由之路。摆脱被监护状态，摆脱愚昧，在一般情况下，也就是从传统的笼罩中摆脱出来。

鲁迅选择的正是这样一条道路。像陈独秀、胡适等人一样，当他确立自己的启蒙路径时，就首先毅然走上了反传统之路。若要唤醒在传统笼罩之下沉睡的人们，需要振聋发聩的异质的声音。鲁迅提供的就是这样一种声音。通过他独具个性的言说，人们可以认识中国人的生存处境和生存状况，从而知道我们原来生活于这样一种文化环境之中，我们原来是如此可怜与可憎，于是开始我们的反省。

面对中国古老的传统，鲁迅的启蒙呐喊是惊人的。他的第一篇小说《狂人日记》就发出了不同寻常的呐喊。小说借狂人口吻写道："我翻开历史一查，这历史没有年代，歪歪斜斜的每页上都写着'仁义道德'几个字。我横竖睡不着，仔细看了半夜，才从字缝里看出字来，满本都写着两个字是'吃人'！"就在《狂人日记》发表不久的1918年8月20日，鲁迅给好友许寿裳的信中说到了创作这篇小说的动机："后以偶阅《通鉴》，乃悟中国人尚是食人民族，因成此篇。此种发现，关系亦甚大，而知者尚寥寥也。”[①]正因为“知者尚寥寥”，鲁迅要通过自己的呐喊让更多的人知道：我们深处其中的，是一个“吃人”的环境。我们随时都有被吞噬的危险。而且，这个食人群体有自己的文化，不像一般食肉动物那样要吃就公开痛快地吃，而是鬼鬼祟祟，以“狮子似的凶心，兔子的怯弱，狐狸的狡猾”创造各种名目。正如狂人所想：“我晓得他们的办法，直捷杀了，是不肯的，而且也不敢，怕有祸祟。所以他们大家联络，布满了罗网，逼我自戕。”在这个“吃人”的环境中，“自己想吃人，又怕被别人吃了，都用着疑心极深的眼光，面面相觑”。按照狂人的想法，“去了这心思，放心做事走路吃饭睡觉，何等舒服”。然而，“他们可是父子兄弟夫妇朋友师生仇敌和各不相识的人，都结成一伙，互相劝勉，互相牵掣，死也不肯跨过这一步”。狂人要劝转那些吃人的人，使他们从此不再吃人，但他发现难以奏效。因为“从来如此”，人们早已司空见惯。但是，狂人问道：“从来如此，便对吗?”他仍然要劝说他的大哥：

> 大约当初野蛮的人，都吃过一点人。后来因为心思不同，有的不吃人了，一味要好，便变了人，变了真的人。有的却还吃，——也同虫子一样，有的变了鱼鸟猴子，一直变到人。有的不要好，至今还是虫子。这吃人的人比不吃人的人，何等惭愧。怕比虫子的惭愧猴子，还差得很远很远。
>
> 易牙蒸了他儿子，给桀纣吃，还是一直从前的事。谁晓得从盘古开天辟地以后，一直吃到易牙的儿子；从易牙的儿子，一直吃到徐锡林；从徐锡林，又一直吃到狼子村捉住的人。去年城里杀了犯人，还有一个生痨病的人，用馒头蘸血舐。
>
> 他们要吃我，你一个人，原也无法可想；然而又何必去入伙。吃人的人，什么事做不出；他们会吃我，也会吃你，一伙里面，也会自吃。但只要转一步，只要立刻改了，也就人人太平。虽然从来如此，我们今天也可以格外要好……

①《鲁迅全集》（第11卷），第353页。

可是，大哥开始还只是冷笑，随后眼光便凶狠起来，脸色也立即变青，最后，他朝着看热闹的人喊："都出去！疯子有什么好看！"在这里，鲁迅又发现了中国人的一种妙法："他们岂但不肯改，而且早已布置；预备下一个疯子的名目罩上我。将来吃了，不但太平无事，怕还会有人见情。佃户说的大家吃了一个恶人，正是这方法。这是他们的老谱！"

尽管如此，狂人却仍然要呐喊："你们立刻改了，从真心改起！你们要晓得将来是容不得吃人的人……没有吃过人的孩子，或者还有？救救孩子……"

"吃人"，是鲁迅对中国传统文明的一种形象概括，也是一种基本认识。它不仅表现于小说，也表现于直接的议论。鲁迅有两个著名的观点：一是"两个时代论"，一是"人肉筵宴论"。第一章中已有论述，在此不赘。要进一步说明的是，通过形象的展示和简明的概括，鲁迅使人看到了中国专制制度伸向社会各个角落的网络结构。他的分析不仅暴露了中国社会组织结构和伦理观念对人的扼杀，而且告诉人们，中国专制主义渗透在社会的各个层面，直至最基本的社会细胞——家庭。因此，中国的专制社会形态不会随着皇帝的退位而消亡。要彻底告别专制社会，还需要在道德规范和文化心理积淀的各个方面进行全面的告别。这也正是陈独秀呼唤伦理觉悟的重要原因。

（三）启蒙路径之二：揭示精神的病态

作为一场思想文化方面的现代性补课，首先须要确立的就是与现代政治经济体制相适应的一系列观念。在这其中，最重要的是使中国人意识到个人应该享有的权利，意识到自己是现代公民而不再是权势者任意宰割的奴隶。然而，作为几千年专制主义统治下的中国人，早已习惯了奴隶的生活，一年又一年、一代又一代，逆来顺受，无可奈何。因为天长日久，历来如此，而且别无参照，专制统治下的行为规范已化为自觉的行为方式和思维方式。因此，要唤醒人的意识，就必须让国人认识到生存的真相，认识到国人灵魂的扭曲和人格的病态。只有看清楚这一切，才有可能因反省而产生换一种活法的动力。

因此，鲁迅的启蒙必然走向了对国民性的批判。

传统不是抽象的存在。它既然活在现实之中，就必然以"人"作为载体，并且塑造着人的性格。鲁迅把这种性格称作“国民性”。传统“吃人”也主要不是以外在的形式进行的，而是像病菌一样潜入人的内心，通过支配人的思想和行为使人处于“吃人”或“被吃”的境地。因此，要掀翻几千年的“人肉的筵宴”，要结束“两样时代”的循环往复，就必须改变人们的精神，也就是改造国民性。鲁迅把这称作“第一要著”。早在日本留学时期，他就开始研究国民性改造问题，在后来的岁月中，他始终关注着病态社会中的病态人们，致力于精神病态的深入开掘，并以各种形式生动表现出来。

《阿Q正传》毫无疑问是一个范本。阿Q的形象所展示的正是中国国民病态的灵魂。他的性格相当复杂，绝非没有传统的民族所能够产生。没有土地、没有房屋，住在土谷祠里，靠做短工生活，这是阿Q穷困潦倒的生活现实。然而，面对这样的生活现实，阿Q却总是能够保持一个胜利者的姿态。他不仅先前比别人阔得多，而且将来也阔——“我的儿子会阔多啦!”所以现在并不重要。阿Q时时表现着自轻自贱的精神特征，但是，骨子里却是一种无法克服的自高自大，他因此而处处要维护他的尊严。面对自己头上的癞疮之类的丑陋，阿Q是历来不准说的。谁只要一说，就犯了讳，阿Q就会发怒，遇到口讷的他便骂，遇到力气小的他便打。可惜阿Q总是力不从心，他很想教训别人，最后却往往被别人教训。阿Q是聪明人，他的一切行为策略都无不适合未庄的“庄情”，在不敢打的时候，他骂；在不敢骂的时候，他“怒目而视”；在“怒目而视”也要被抓住往墙上碰头的时候，阿Q也有新的对策，或者在心里说一句“你还不配!”，或者在挨打之后说“总算被儿子打了”。他还有最后的办法：“他擎起右手，用力地在自己脸上连打了两个嘴巴，热刺刺的有些痛；打完之后，便心平气和起来，似乎打的是自己，被打的是别一个自己，不久也就仿佛是自己打了别个一般。”就这样，现实生活中的阿Q时时处处失败，而在精神上却总能转败为胜。

它事实上是一种失败者的精神记录。由于面对种种压迫，一败再败，无力反抗，他只有寻找一切可能的精神退路。它来自失败者的奴隶生活，是奴隶心态的一种表现。

但是，必须注意的是，阿Q并非只是弱者，他是实际生存中的弱者，但骨子里是争强好胜的，带有中国历史上无数英雄豪杰的性格基因。他因为无法忍受王胡捉虱子的表现比自己优秀，而对王胡大打出手；被王胡打败后，又想当然地恃着众势去骂“异端”假洋鬼子；挨了假洋鬼子的“哭丧棒”之后又去欺负更弱小的小尼姑。而且，不准小D革命，维护传统，教训异端，这一切都非真正的弱者所为。所以，他不仅是一个被压迫者，更是一个习惯压迫别人的人。他的特色是显著的：欺软怕硬，在狼面前是羊，在羊面前是狼。这是鲁迅对中国国民性的一种基本认识，正如他说过的：“他们是羊，同时也是凶兽；但遇见比他更凶的凶兽时便现羊样，遇见比他更弱的羊时便现凶兽样。”[①]“勇者愤怒，抽刃向更强者；怯者愤怒，却抽刃向更弱者。不可救药的民族中，一定有许多英雄，专向孩子们瞪眼。……孩子们在瞪眼中长大了，又向别的孩子们瞪眼。”[②]在这一点上，阿Q与英雄们并无不同。他是中国传统的造就，一切无不合于传统。

在鲁迅笔下，阿Q的一切都“无不合于圣贤经传”，包括他的“恋爱悲剧”，也突出表现着中国特色。作为中国文化传人的阿Q，虽然观念中深知女人是魔鬼和祸水，却因为小尼姑“断子绝孙”的诅咒而有所觉悟，因而终于无力抵抗女人的诱惑，跪倒在吴妈面前表示：“我和你困觉！”如果说中国文化有什么特色的话，这种求爱方式，显示的就是情爱文化方面的民族自我，它是未被所谓西方殖民话语浸染的纯正中国货，只是我们却同样看不出它有多少伟大和值得护卫之处。

小说最后几章写了阿Q的革命。生存的困境和长期失败所形成的心理不平使阿Q必然要革命。但是，鲁迅使我们看到，阿Q的革命是可怕的：只要阿Q成了革命党，未庄人便都是他的俘虏。他的革命理想是“要什么就是什么，喜欢谁就是谁”。他的革命可以概括为三件事，一是报复性的杀戮：“这时，未庄的一伙鸟男女才好笑哩，跪下叫道：‘阿Q，饶命！’谁听他！第一个该死的是小D和赵太爷，还有秀才，还有假洋鬼子……留几条吗？王胡本来还可留，但也不要了。”第二是掠夺财物：“直走进去打开箱子来：元宝，洋钱，洋纱衫，……秀才娘子的一张宁式床先搬到土谷祠，此外便摆了钱家的桌椅，——或者也就用赵家的罢。自己是不动手的了，叫小D来搬，要搬得快，搬得不快打嘴巴。”第三是占有女人：“赵司晨的妹子真丑。邹七嫂的女儿过几年再说。假洋鬼子的老婆会和没有辫子的男人睡觉，

①②《鲁迅全集》（第3卷），第60页，第49页。

吓，不是好东西！秀才的老婆是眼胞上有疤的。……吴妈长久不见了，不知道在哪里，——可惜脚太大。”这样的革命只是几千年“吃人”历史的循环，不会带来鲁迅所希望的“第三样时代”。

当阿Q糊里糊涂被枪决的时候，鲁迅写下这样的一个结尾：“至于舆论，在未庄是无异议，自然都说阿Q坏，被枪毙便是他的坏的证据，不坏又何至于被枪毙呢？而城里的舆论却不佳，他们多半不满足，以为枪毙并无杀头这般好看。而且是那样的一个可笑的死囚呵，游了那么久的街，竟没有唱一句戏，他们白跑一趟了。”这是更广阔的文化景观。阿Q如果不是自己被杀，也自然是人群中的看客。

阿Q性格所代表的国民性首先是专制主义的产物。对于专制压迫之下的人们而言，因为无力改变现实，为了苟且生存，便会于无奈中自我安慰和自我欺骗。这是阿Q精神胜利法的主要根源。精神胜利法的重要特征是自欺欺人，但是，自欺欺人者并非没有改变生存状况的愿望，在压迫者榜样力量的作用下，他们往往既自私又贪婪，因而有很强的革命要求。可惜的是，他们的革命要求只是历史的悲剧性循环中的一环。奴才做了主子，绝不废弃老爷的称号。他们正因为长期受压迫，才更渴望成为压迫者；正因为长期被剥夺，才更渴望成为剥夺者；正因为长期受欺凌，才更渴望成为欺凌者。即使在无法真正实现这种翻身愿望时，他们也要寻找更弱者以满足心理平衡的需求。阿Q欺软怕硬的主奴根性正由此而生。中国历史的悲剧也就通过阿Q所体现的国民性格得到了体现。

作为一个启蒙主义者，鲁迅揭开了种种伪装和遮蔽，直面现实，正视人心，展示现实的惨状和国民性格的病态，从而使人能够有所觉悟，有所反省，改变既往的人生，谋求另一种活法。这种创作提供的不是娱乐和消遣，所以不会迎合读者的趣味。它的价值在于引导人们正视现实和自身存在的种种丑陋，所以读者的阅读不仅是进行一种审美的愉悦，而且是承受一种灵魂的拷问，经受一种精神上的洗礼。启蒙正是在这个过程中得以实现的。

四、启蒙的难题与鲁迅的回答

（一）面对启蒙的困境

在20世纪中国的历史语境中，启蒙的道路注定面临许多难题，且异常艰难。

首先，专制统治者和一切准备变成专制统治者的人们，都希望人们越愚蠢越好，最好永远不知道个人的价值与尊严，不知道个人权利的神圣不可侵犯，因而永远在他们的“监护”之下像奴隶一样生活。他们最怕启蒙的呐喊，因为启蒙的呐喊能使奴隶意识到自己的权利，不愿意继续无条件地侍奉主子；因为即使“铁屋子”非常坚固，醒来的人们在“铁屋”中的挣扎与撞击也会破坏他们的好梦；因为在人类文明主流已经认定“吃人”并不光彩的时候，启蒙的呐喊常常会使人肉筵宴的食客感觉有点尴尬。所以，一切试图维护人肉宴筵者都必然要反对“启蒙”，包括那些感觉有希望成为老爷的奴才，那些眼睛盯着人肉筵宴主席位置的反抗者和现实秩序破坏者，都必然要反对“启蒙”。

其次，大众也不喜欢有人说他们的坏话。知识分子一旦选择了“启蒙”立场，就不会再与他们一起做看客，既不愿帮赵太爷敲阿Q的竹杠，也不愿替阿Q去搬秀才娘子的宁式床，更不愿赞美阿Q们头上的癞疮。因此，启蒙者必然不被大众欢迎。启蒙话语直言大众的愚昧，必然使爱面子的中国人感觉很丢脸面，因而遭到抵制和拒绝是必然的。1927年，鲁迅在《答有恒先生》中说过：“我先前的攻击社会，其实也是无聊的。社会没有知道我在攻击，倘一知道，我早已死无葬身之所了。试一攻击社会的一分子的陈源之类，看如何？而况四万万也哉？我之得以偷生者，因为他们大多数不识字，不知道，并且我的话也无效力，如一箭之入大海。否则，几条杂感，就可以送命的。民众的罚恶之心，并不下于学者和军阀。近来我悟到凡带一点改革性的主张，倘于社会无涉，才可以作为‘废话’而存留，万一见效，提倡者即大概不免吃苦或杀身之祸。”[①]可是，有一点鲁迅没有想到，他们虽然大多

①《鲁迅全集》（第3卷），第457页。

数不识字，但毕竟有识字的人做他们的代表。他们需要获得大众，必然要讨大众的欢心；他们需要大众的力量，自然不愿大众醒来。所以，他们必然与大众一起抵抗启蒙，并对启蒙者施以惩罚。

然而，对于20世纪初期的启蒙者来说，重要的问题还不在这里。当鲁迅进行启蒙呐喊的时候，面对还不是死死卡住他喉咙不让发声的权力之手，也不是以众虐独的群众专制和对启蒙者的强行改造，而是一片茫茫无际不见人烟的荒原。置身于旷野之中，无论你呐喊还是不呐喊，都失去了对话沟通的可能。对于启蒙者来说，这是一种可怕的困境，因为它是一种“无物之阵”，使战斗者找不到对手。这种现象在鲁迅的作品中随处可见。

在《故乡》中，作为现代知识分子的“我”与乡民之间的思想感情已经难以沟通。传统笼罩之下的人们继续着古老的生存，启蒙者无法与之认同，却又对其无能为力。豆腐西施认定“我”已经“阔了”，必然“有三房姨太太”，“出门便是八抬大轿”。面对这样的杨二嫂，作为知识分子的“我”却无话可说。记忆中的小英雄闰土现在已是另一种模样：“态度终于恭敬起来了，分明的叫道：‘老爷！……’”当母亲叫他还像小时候一样兄弟相称的时候，他说：“阿呀，老太太真是……这成什么规矩。那时是孩子，不懂事……”他懂事了，当然要根据传统的规范行事。作为现代知识分子的“我”也同样无可奈何，只有为此而感到悲哀。

《祝福》更具有讽刺意味：作为一个接受了科学思想的现代知识分子，“我”回到故乡，自然与鲁四老爷这样的旧文化的代表“谈话总不投机”，然而，面对充满腐朽气息的故土文化环境，“我”却除了“决计离开”便无所作为。引人注目之处还不在于强大的传统使现代知识者无法开口，而是“我”竟无法回答祥林嫂的疑问：“一个人死了之后，究竟有没有灵魂？”对于高举科学旗帜的知识分子来说，这本不成什么问题，但是，面对祥林嫂，却是无论如何回答都是一种伤害，于是，“我”只能吞吞吐吐，最后落荒而逃。

《在酒楼上》中的吕纬甫年轻时候“看见蜂子或蝇子停在一个地方，给什么来一吓，即刻飞去了，但是飞了一个小圈子，便又回来停在原地点，便以为这实在很可笑，也可怜。可不料现在我自己也飞回来了，不过绕了一点小圈子”。这个圈子不仅是地理上的，也是精神上的。当年的吕纬甫曾经“到城隍庙里拔掉神像的胡子”，“连日议论那些改革中国的方法以至于打起来”，而现在却是处处敷衍，无论是为弟弟迁葬还是给阿顺送花，最后都是以欺骗的方式敷衍。而且，他为了生存被迫去做塾师，教孩子们读《孟子》和《女儿经》。

这一切使我们看到，鲁迅在不断地思考着“启蒙”的困境。在这些作品中，他的叹息多于呐喊。但是，这一切说明什么?

一些人据此得出结论：现代知识分子的“启蒙”选择是可疑的。他们虽然选择了“启蒙”的重任，却与大众距离太远，脱离群众，因而与群众无法沟通。这样，知识分子自我认定的启蒙者角色就陷入一种尴尬的境地，“启蒙”就成了一句空话，“启蒙”的价值就成了一个疑问。一些人反复强调知识分子在这些作品中地位的“尴尬”，试图说明鲁迅一直在质疑“启蒙”和启蒙知识分子自身。他们认为：鲁迅为自己选择了启蒙者的角色，但面对现实，他却痛苦地感到思想启蒙在根深蒂固的传统面前的无力；“启蒙”需要沟通，但在这里，作为启蒙者的知识分子与被启蒙者的大众之间却无法沟通；启蒙主义者相信理性的力量，但在这里，他们的理性却根本没有用武之地。他们据此认定鲁迅在五四时期已对“启蒙”的作用表示怀疑，不再相信“启蒙”的力量。也就是说，鲁迅已经“抛弃”或“超越”了启蒙主义。于是，中国现代知识分子放弃“启蒙”而另寻他途就似乎顺理成章了。

持此论者虽然情况大不相同，但是，无论是20世纪50年代的权威批评家还是20世纪90年代的后学新秀，目的大都在于证明鲁迅的“进步”。对于20世纪50年代的批评家来说，“启蒙”属于资产阶级的反动思想，鲁迅是无产阶级的文化旗手，怎么可能是启蒙主义者呢？要维护鲁迅的现实合法性，就必须证明他已经抛弃进化论而转向阶级论，抛弃个人主义而走向集体主义，抛弃思想启蒙而转向暴力革命，而且要证明他的思想即使在早期也与资产阶级思想大不相同。因此，对“启蒙”的怀疑就成了非常有用的证据，成为鲁迅走向革命的思想基础和之所以发生“转变”的合理解释。对于20世纪90年代的新秀而言，虽然不再使用20世纪50年代的语言符号，思想却往往殊途同归。他们要反思现代性，要批判启蒙理性，于是，在一些人彻底否定启蒙运动的同时，另一些人却发现了鲁迅“质疑现代性”“质疑启蒙”这一中国现代的“后现代”思想资源。就这样，20世纪50年代的阶级论者与20世纪90年代的后现代主义者终于在解构鲁迅的启蒙主义这一问题上显示了根本上的一致性。

但是，这些解释并不可靠。我以为，鲁迅通过“启蒙”的困境和启蒙者的尴尬所要表达的，其实只是“启蒙”的艰难，而非他对启蒙的质疑或否定。

启蒙者以文学的形式唤醒人们，而大众并不识字，因而无法听到“启蒙”的呐喊。这一点，是鲁迅在走向启蒙之路时就已经清楚的。启蒙者不可能登高一呼而应者云集，这一点也是他在走向启蒙之路时已经清楚的。鲁迅知道，“启蒙”不仅是铁屋中的呐喊，而且是荒原上的呼唤。酣睡的人们不可能随着“启蒙”的呐喊而应声醒来，因为他们沉睡已久，而且往往没有接收呐喊之声的器官。启蒙者犹如置身于旷野，不仅与对象距离遥远，而且使用着不同的语言。沉睡的人们听得懂各种催眠曲，而不能听懂唤醒的声音。“启蒙”的过程是一种由精神刺激带来的反省过程，而精神的刺激与物质的刺激一样，不仅取决于器械的尖锐，而且取决于被刺者的感觉能力。如果没有起码的接受机制，刺激便无法形成。就像钢针扎在木头上，木头不会有什么反应。所以，当鲁迅选择了启蒙者角色的时候，已经同时选择了精神的孤独，选择了艰难的漫漫长旅。他之所以一再展示这种“启蒙”的困境，除了表达的需要之外，主要是告诉他的读者，要丢掉浪漫的幻想，正视“启蒙”的艰难。

“启蒙”的艰难是必然的。因为在文明的过程中，任何新思想在刚刚出现的时候都往往是异端，都会因其离经叛道而不被接受。人类文明发展的永恒动力是个体意识对群体意识的突破，正是这种突破的连续过程构成了人类文明发展的历史。但是，一种思想意识从被视为异端到被社会接受，是一个非常复杂的过程。在这个过程中，新思想的承载者常常是孤独的，在没有思想自由的社会里，甚至常有被绞杀的危险。在20世纪中国的历史上，一切清醒的启蒙主义者都会知道自己精神的孤独和处境的危险。鲁迅对此非常清楚。这从《文艺与政治的歧途》《关于知识阶级》等文章中可以清楚地看到。

总之，鲁迅写“启蒙”的困境和启蒙者的尴尬，目的只是让知识者认识这片荒原，认识自身的力量局限，并在此基础上寻找穿越荒原的途径。这种思路与革命家的思路不同。对于革命家来说，重要的是鼓舞大众的斗志，面临绝境也要鼓动起必胜的信念。对于思想家来说，却不能如此。所以鲁迅一边进行着“启蒙”的呐喊，一边展示着“启蒙”的艰难。但说到底，鲁迅仍然是一个长途跋涉的“过客”，始终听从前面的召唤，即使清楚地知道前面是坟，也还是要继续走下去。

启蒙主义者注定了不会在大众的簇拥之下走自己的人生之路，而是要走一条精神上的孤独长旅，因此，他尤其需要精神上的坚定与执着。意识到启蒙者孤独的使命，正视“启蒙”的全部困境，在绝望的废墟上积极努力，无论多么艰难，都要坚定地走下去，这正是鲁迅提供的一个伟大的启蒙主义者的风范。

（二）绝望中的韧性战斗

在《〈呐喊〉自序》中，鲁迅写下了他与金心异（钱玄同）的这段对话：

> 假如一间铁屋子，是绝无窗户而万难破毁的，里面有许多熟睡的人们，不久都要闷死了，然而是从昏睡入死灭，并不感到就死的悲哀。现在你大嚷起来，惊起了较为清醒的几个人，使这不幸的少数者来受无可挽救的临终的苦楚，你倒以为对得起他们么？
>
> 然而几个人既然起来，你不能说决没有毁坏这铁屋的希望。

由此可以得出结论：鲁迅的确很悲观，对打破铁屋子的可能几乎不抱幻想，对铁屋中呐喊的意义深表怀疑。

这是启蒙主义者必须面对的一个矛盾。在蒙昧中走向死灭，固然可悲，但因为麻木，即使被“吃”也并不感觉到疼痛。启蒙者将其唤醒，却不能承诺未来，于是，他们就要承受清醒者的恐惧和无路可走的痛苦。

在投入启蒙运动之前，鲁迅首先对启蒙进行了这样的质疑。

一些人因此而得出结论：鲁迅一开始就对“启蒙”抱有怀疑态度，一开始就不是坚定的启蒙主义者，并且以此证明鲁迅走向革命的必然性。

但是，事实非常清楚，鲁迅尽管对“启蒙”的意义进行质疑，却还是毅然走上了启蒙道路，而且从此矢志不移。在中国现代史上，还没有几个人对启蒙道路有他那样坚定的持守。

因此，在看到鲁迅的“铁屋子论”的悲观色彩的同时，应看到另一个事实：鲁迅给《新青年》写稿，并积极投身于启蒙运动，已经证明他对“启蒙”意义的肯定。在那场辩论中，他事实上已经赞同对方的说法——“然而几个人既然起来，你不能说决没有毁坏这铁屋的希望。”因为在这个问题上，只要不放弃那一线希望，就别无选择。

关于这种态度，鲁迅在随感录《三十八》中曾有清楚的表达：“但我总希望这昏乱思想遗传的祸害，不至于有梅毒那样猛烈，竟至百无一免。即使同梅毒一样，现在发明了六百零六，肉体上的病，既可医治；我希望也有一种七百零七的药，可以医治思想上的病。这药原来也已发明，就是‘科学’一味。只希望那般精神上掉了鼻子的朋友，不要又打着‘祖传老病’的旗号来反对吃药，中国的昏乱病，便也总有全愈的一天。祖先的势力虽大，但如从现代起，立意改变：扫除了昏乱的心思，和助成昏乱的事物（儒道两派的文书），再用了对症的药，即使不能立刻奏效，也可把那病毒略略羼淡。”①

由于对历史的深刻了解，鲁迅常常发出这样的感叹：“难道所谓国民性者，真是这样地难于改变吗?”然而，他同时想到：“幸而谁也不敢十分决定说：国民性是决不会改变的。在这‘不可知’中，虽可有破例——即其情形为从来所未有——的灭亡的恐怖，也可以有破例的复生的希望，这或者可作改革者的一点慰藉罢。”②在写给许广平的信中，他表达过大致相同的意思：“我常觉得惟‘黑暗与虚无’乃是‘实有’，却偏要向这些作绝望的抗战。”同时又说：“其实这或者是年龄和经历的关系，也许未必一定的确的，因为我终于不能证实：惟黑暗与虚无乃是实有。”③

当青年学生为国家的命运而高呼“同胞，同胞!”的时候，鲁迅提醒青年：“你们可知道你们所有的是怎样的‘同胞’，这些‘同胞’是怎样的心么?”“我敢于说，中国人中，仇视那真诚的青年的眼光，有的比英国人或日本人还凶险。为‘排货’复仇的，倒不一定是外国人!”他认为“要中国好起来，还得做别样的工作”。而这别样的工作，首先就是揭示同胞的魂灵：“这回在北京的演讲和募捐之后，学生们和社会上各色人物接触的机会已经很不少了，我希望有若干留心各方面的人，将所见、所受、所感的都写

①《鲁迅全集》（第1卷），第313页。

②《鲁迅全集》（第3卷），第17—18页。

③《鲁迅全集》（第11卷），第21页。

出来，无论是好的，坏的，像样的，丢脸的，可耻的，可悲的，全给它发表，给大家看看我们究竟有着怎样的‘同胞’。”鲁迅对同胞的估计当然不会乐观，然而，他并不因此而绝望。他说：“即使所发见的并无所谓同胞，也可以从头创造的；即使所发见的不过完全黑暗，也可以和黑暗战斗的。”①

这就是鲁迅对现实的态度。

“启蒙”本来就是一个缓慢的思想文化变革工程，其艰难性是一切启蒙主义者都能认识到的。如果认识不到“启蒙”的艰难性、长期性和缓慢性，就不是清醒的启蒙主义者。鲁迅一开始就清楚地知道“启蒙”的艰难，但还是别无选择地走上了“启蒙”的道路。他清楚地知道“启蒙”的效果之微弱，却始终坚守“启蒙”的立场。谈到中国国民性的病根，他说：“我对于攻打这些病根的工作，倘有可为，现在还不想放手，但即使有效，也恐很迟，我自己看不见了。”②虽然知道自己可能看不到“启蒙”的结果，但是，他仍然做出了如此选择：“但我总还想对于根深蒂固的所谓旧文明，施行袭击，令其动摇，冀将来有万一之希望。”③

以积极的态度面对绝望，在绝望的废墟上不懈地努力，以韧性的精神作持久的战斗，这是鲁迅清醒的“启蒙”态度。

（三）大众化与化大众之间

“启蒙”面对许多难题。最大的难题之一就是“化大众”与“大众化”的矛盾。“启蒙”需要接受者的接受。但是，任何接受者对思想文化的接受都不是一个完全被动的过程。一种东西被接受，需要相应的接受机制，而接受机制大都是历史形成的。因此，对于接受者来说，接受陈旧的东西是容易的，接受新的东西不容易；接受与传统相符的东西是容易的，接受与传统不同的东西不容易。在文化发展的一般情况下，这个问题或许不是太大，因为本土生长的新思想总是带有某些与传统的接受机制相适应的部分。可是，20世纪中国的启蒙运动却不是这样。由于本土思想资源的缺乏，启蒙者不得不向西方拿来，这就使得这些新思想因其全面的异质性而更不容易被大众接受。从某种意义上说，20世纪的思想启蒙的确是一次民族的精神换血。众所

①《鲁迅全集》（第3卷），第92—93页。

②③《鲁迅全集》（第11卷），第40页，第32页。

周知，“换血”当然要遇到抵抗与排斥。如何成功的确是一个严重的问题。

当然，解决的办法是有的：为了让大众接受，或者选择适合者进行输入，或者进行某种本土化的处理（也就是所谓“民族化”与“大众化”）。但是，这就出现了一个问题：以适应旧机制的方式进行的输入往往不能实现精神再造的功能。因为外来思想一旦为适应国情而选择和改写，就往往失掉了本来的精神。对于作品来说，凡是大众喜闻乐见的，必然是思想观念和审美意识比较陈旧的；凡是具有先锋意义的，一般不会受到广大读者的欢迎。这是无法改变的规律。

因此，“启蒙”陷入了一种困境：若要“化大众”，必须大众化；一旦“大众化”，就要失掉化大众的功能。鲁迅对此看得清清楚楚，他说：“我有几个学生在军中，倘不同化，怕终不能占得势力，但若同化，则占得势力又于将来何益?”①

于是，一个问题需要解决：既要大众接受，又不迎合大众。这个问题不易解决。鲁迅的启示是：艺术形式可以通俗，使大众易于接受，精神立场和价值观念却不应妥协。鲁迅最突出的特点就是精神上拒绝媚俗，拒绝以读者的喜闻乐见为艺术评价的尺度。为了“启蒙”，当然希望拥有更多的读者，但是，决不为获得读者而放弃精神原则。当二者之间的矛盾难以解决的时候，首先考虑的是启蒙主体的自我强化和基本价值立场的坚守。

1925年，徐炳昶写信与鲁迅商量办一份通俗小日报，鲁迅回信说：“通俗的小日报，自然也紧要的；但此事看去似易，做起来却很难。我们只要将《第一小报》与《群强报》之类一比，即知道实与民意相去太远，要收获失败无疑。民众要看皇帝何在，太妃安否，而《第一小报》却向他们去讲‘常识’，岂非悖谬。……假如一定要做，就得存学者的良心，有市侩的手段，但这类人才，怕教员中间是未必会有的。我想，现在没奈何，也只好从智识阶级——其实中国并没有俄国之所谓智识阶级，此事说起来话太长，姑且从众这样说——一面先行设法，民众俟将来再谈。”②他所关心的，是首先造就思想革命的战士。他说：“我想，现在的办法，首先还得用那几年以前

①《鲁迅全集》（第11卷），第31页。

②《鲁迅全集》（第3卷），第24—25页。

《新青年》上已经说过的‘思想革命’。还是这一句话，虽然未免可悲，但我以为除此没有别的法。而且还是准备‘思想革命’的战士，和目下的社会无关。待到战士养成了，于是再决胜负。我这种迂远而且渺茫的意见，自己也觉得是可叹的，但我希望于《猛进》的，也终于还是‘思想革命’。”[①]

五、启蒙路上的艰难持守

毫无疑问，鲁迅是20世纪中国最具代表性的启蒙主义者。他的文学创作用任何一种主义进行概括都不如用“启蒙”主义更为准确。从1907年开始，直到晚年，他一直执着于启蒙“立人”的伟业。然而，这是一条无比艰难的路。因为在20世纪的中国文学和文化中，正是启蒙主义把知识分子话语与权力话语和民间话语区分开来，使知识分子话语既独立于国家权威，又独立于民间大众，因而既无权威可靠，又无大众可依，注定了长路的孤独与寂寞。孤独与寂寞容易导致绝望，借助同路又容易导致方向的偏离。考察鲁迅的道路，可以清楚地看到他有过彷徨，有过游移，但仍然守护着五四新文化运动的“启蒙”立场和以此为基础建成的现代知识分子话语。从他所面临的一系列矛盾中，我们可以看到中国现代启蒙主义所面对的威胁，同时也可以看到启蒙主义者的艰难持守。

（一）在国民革命高潮中

鲁迅最先面临的考验来自国民革命高潮。众所周知，在国民革命的高潮中，鲁迅来到了革命的策源地广州。但是，广州的革命文化与五四新文化的方向并不一致，而是存在各种矛盾。虽然国民革命的领导核心国民党中不乏五四新文化运动的支持者和参与者，但是，国民党的指导思想却与五四新文化运动的方向相去甚远。人们一般把孙中山称作“资产阶级革命家”，但是，这位所谓的“资产阶级革命家”并未完整接受西方近代文明主流，而是更多地继承了本土的传统遗产。所以，他支持学生爱国运动，却并不赞同新文化运动的价值取向。考察五四新文化精神与孙中山思想的分歧，主要表现在两个方面：第一，五四新文化运动以人为基本出发点和最高价值尺度，其

---

①《鲁迅全集》（第3卷），第22页。

努力目标是个人自由与人权的保障；孙中山反复强调的是民族和国家，对个人的自由权利不感兴趣。他甚至认为中国人的自由已经太多，所以争自由“如果用到个人，就成一片散沙。万不可再用到个人上去，要用到国家上去。个人不可太过自由，国家要得到完全自由。到了国家能够行动自由，中国便是强盛国家，要这样做，便要大家牺牲自由。[①]”直到去世前夕，他在一次次演讲和训话中反复强调的仍然是：“只全党有自由，个人不能有自由。然后我们的革命才可以望成功。”[②]第二，新文化运动的领袖们认为中国传统文化与专制政治是相互适应的，在儒家学说基础上形成的君君臣臣父父子子的旧伦理是中国专制政治的文化基础，因此，要在中国实现民主、自由、平等、人权等，就必须彻底批判旧文化。孙中山的思想却与此恰恰相反，他盛赞中国的旧文化，认为：“近来欧洲盛行的新文化，和所讲的无政府主义与共产主义，都是我们中国几千年以前的旧东西。”“欧洲之所以驾乎我们中国之上的，不是政治哲学，完全是物质文明。……至于讲到政治哲学的真谛，欧洲人还要求之于中国。”[③]他盛赞传统的“忠孝仁爱信义和平”，站在新文化的对立面发出叹息：“这些旧道德，中国人至今还是常讲的。但是现在受外来的民族的压迫，侵入了新文化，那些新文化的势力此刻横行中国……”[④]同时，由于孙中山联俄的政策，国民革命显然受到了鲍罗廷等政治顾问和军事顾问们带来的俄式极权主义思想和体制的影响，这样就使得国民革命的意识形态与五四新文化精神明显背道而驰。

在北京受到压迫的鲁迅从厦门来到广州，包括国民党要员在内的广州各界的热烈欢迎极易使他对革命的策源地产生好感，并因此而产生更多的认同。这对鲁迅毫无疑问是一场考验。初到广州之时，鲁迅的确也曾在某种程度上受到革命热潮的影响，但是，作为五四新文化的主将之一，他没有因为身处革命高潮之中就认同革命的意识形态，而是仍然坚持着新文化运动的方向。他的表现至少有几个方面值得注意：

第一，坚持反传统的文化立场，继续致力于旧文化的批判和改造。他对

①《孙中山选集》，人民出版社1956年，第722—723页。

②《黄埔军校史料（1924—1927)》，广东人民出版社1985年，第223页。

③④《孙中山选集》，第666-667页，第680页。

革命的广州在文化上的守旧深感不满，因而开始在南方传播新文化的火种。在一系列的文章和演讲中，他都一如既往地把批判的矛头指向中国文化，甚至指责中国的文字造就了一个无声的中国。正是在国民革命的高潮中，鲁迅在《无声的中国》中再次反对调和折中论："中国人的性情是总喜欢调和，折中的。譬如你说，这屋子太暗，须在这里开一个窗，大家一定不允许的。但如果你主张拆掉屋顶，他们就会来调和，愿意开窗了。没有更激烈的主张，他们总连平和的改革也不肯行。"①在《老调子已经唱完》中，他继续整体性地激烈抨击传统文化："中国的文化，都是侍奉主子的文化，是用很多的人的痛苦换来的。无论中国人，外国人，凡是称赞中国文化的，都只是以主子自居的一部份。……保存旧文化，是要中国人永远做侍奉主子的材料，苦下去，苦下去。"②

第二，坚守独立的人格，拒绝革命高调，没有为革命策源地献上动听的赞歌。他积极参加各种活动，到处演讲，甚至无法拒绝种种革命桂冠，然而，却不愿迎合革命的口号，甚至常常说一些煞风景的话，不惜因此而使一些革命者大失所望。在一次次演讲中，他反复强调的是：广州的一切还是旧的，人们的思想还是旧的，文学也是旧的。他甚至这样批评广州："报纸上的文章，几乎全是旧式。我想，这足见中国革命对于社会没有多大的改变，对于守旧的人没有多大的影响，所以旧人仍能超然物外。广东报纸所讲的文学，都是旧的，新的很少，也可以证明广东社会没有受革命影响；没有对新的讴歌，也没有对旧的挽歌，广东仍然是十年前底广东。不但如此，并且也没有叫苦，没有鸣不平；止看见工会参加游行，但这是政府允许的，不是因压迫而反抗的，也不过是奉旨革命。"③这些话都非常不合时宜。

第三，作为著名作家，鲁迅没有支持那些穿上军装或挎上军刀的文学家们正在大讲特讲的"革命文学"，而是反复讲述文艺自身的特性，强调创作的自由和自主。他讲文学的"无用"和"无力"，断定革命时代没有文学。他在黄埔军官学校的演讲中说："在这革命地方的文学家，恐怕总喜欢说文

①《鲁迅全集》（第4卷），第13页。

②《鲁迅全集》（第7卷），第312页。

③《鲁迅全集》（第3卷），第421页。

学和革命是大有关系的，例如可以用这来宣传，鼓吹，煽动，促进革命和完成革命。不过我想，这样的文章是无力的，因为好的文艺作品，向来多是不受别人命令，不顾利害，自然而然地从心中流露的东西；如果先挂起一个题目，做起文章来，那又何异于八股，在文学中并无价值，更说不到能否感动人了。”①

这一切，都使我们看到了一个启蒙主义者的独立品格。更值得注意的是，随着时间的推移，鲁迅对革命的认识更加清楚。以独裁代替民主，以专制压制自由，以群体压抑个体，以所谓“革命”的主义代替自由的思想，这一切不是一个坚持五四新文化立场的人所能容忍的。鲁迅当时的言论非常谨慎，但是，他的确看了很多，比如，在K委员的眼里，写长信，就是反革命的；在革命策源地，连白话都视为异端；报刊成了宣传工具，人的言论要符合革命的尺寸，否则就不能发表……鲁迅对思想禁锢当然不能认同，因为他所向往的革命是推动文明向前发展，而不是让人失掉思想和言论的自由。

（二）面对“革命文学”运动

从广州到上海，鲁迅遭遇了革命文学倡导者的围攻。其实，这是国民革命的另一个结果。国民革命的高潮不仅助长了民族主义情绪，同时也助长了阶级意识的觉醒和民粹主义的膨胀。改组后的国民党对工农运动的支持和国民革命高潮中对大众力量的利用，使工农大众追求翻身的运动得以轰轰烈烈地开展起来。尤其是广东、江西、湖南等地，“土豪劣绅的家里，一群人涌进去，杀猪出谷。土豪劣绅的小姐少奶奶的牙床上，也可以踏上去滚一滚”②。“一切从前为绅士们看不起的人，一切被绅士们打在泥沟里，在社会上没有了立足地位，没有了发言权的人，现在居然伸起头来了……他们发号施令，指挥一切。他们站在一切人之上。”③然而，就在毛泽东为农民运动大声叫好之际，国民党的大多数人却对此不以为然，那些家庭富裕的军官们已经无法忍受家中财产被抢、亲人被杀的现实，作为军事最高统帅的蒋介石也不愿承认这种翻身的合法性。于是，乡村的农民运动和城市的工人运动都在一场残酷的镇压中风平浪息。那些阶级斗争组织发动者也受到了清洗和镇压。当以

①《鲁迅全集》（第3卷），第418页。

②③《毛泽东选集》（卷一），人民出版社1967年，第16页，第18页。

阶级斗争的方式谋求翻身解放的运动不再合法的时候，一些从业文人不得不转向文学运动，成了鲁迅所说的“革命已经成功的文学家”和“革命尚未成功的文学家”之中的后者。

这些重返文坛的文学家以创造社和太阳社为代表。他们重返文坛之后没有沿着五四新文学的道路前行，而是一起拿五四新文学和新文化主将们开刀，要彻底扫荡新文学和新文化。他们否定鲁迅，嘲弄胡适，扫荡几乎所有的“五四”作家。他们竭力否定文学革命的成就，猛烈批判五四新文学的价值观念和意识形态，对《新青年》团体和文学革命的开创者进行扫荡。在他们看来，“启蒙”是浅薄的，新文化运动是不合时宜的，“胡适之流”的叫喊“力竭声嘶”，“其余一些半死不活的大妖小怪”不过是“跟着一齐乱喊”，新文化运动的“这些‘名流’完全不认识他们的时代，完全不了解他们的读者，也完全不了解自己的货色”。“他们不知道那时候的觉悟的青年已经拒绝了他们的迷药。”面对五四新文学的中心北京文坛，他们认为是“一片乌烟瘴气”，所以需要“十万两无烟火药”[①]。他们认为“资本主义已经到了他的最后的一日，世界形成了两个战垒”，因而向文学家发出了传唤：“谁也不许站在中间。你到这边来，或者到那边去！……克服自己的小资产阶级的根性，把你的背对向那将被‘奥伏赫变’的阶级，开步走，向着那龌龊的农工大众！”[②]如果有人不愿服从，他们就要“替他们打包，打发他们去”，或者“踢他们出去”[③]。他们从个人主义走向群体主义，从轻视大众走向崇拜大众，因而不仅否定自我，而且否定知识分子的启蒙立场，要求作家放弃自我而做大众的“留声机器”。这一切，对五四新文化和知识分子的启蒙立场构成了极大的威胁。

首先迎接这场挑战的是鲁迅。他因此而成为众矢之的。但是，面对围攻，鲁迅没有退却，而是不断迎战和反击，与之展开了一场长期的论战。

对于这场论战，过去的历史叙述往往从阶级阵线着眼努力抹杀双方的矛盾，或者由于思维方式的局限而看不到冲突的实质，结果是使其论争的性质

① 成仿吾：《从文学革命到革命文学》，《创造月刊》1927年第1卷第9期。

② 成仿吾：《从文学革命到革命文学》，《创造月刊》1927年第1卷第9期。

③《打发他们去》，《文化批判》1928年第2期。

模糊不清，冲突的焦点隐晦不明。其实，后人为适应某种需要或在种种限制之下做出的解释，远不如当事人的感觉和认识更为可靠。郑伯奇在《文坛的五月》中曾经声明：“这不是我们和鲁迅的冲突，也不是创造社和语丝派的冲突，这是思想和思想的冲突，文坛上倾向和倾向的冲突。我们所批评的不是鲁迅个人，也不是语丝派几个人，乃是鲁迅与语丝派诸君所代表的一种倾向。”①郭沫若在《“眼中钉”》中也说：“他们批判鲁迅先生，也决不是对于‘鲁迅’这一个人的攻击。他们的批判对象是文化的整体，所批判的鲁迅先生是以前的‘鲁迅’所代表，乃至所认为代表着的文化的一个部门，或一部分的社会意识。”②应该承认，这些话是不错的。他们的确不是批判鲁迅个人，而是批判一种文化倾向。

那么，这种倾向是什么呢？它就是五四新文化的倾向。考察鲁迅与革命文学倡导者的矛盾冲突，交锋的焦点之一就是如何对待启蒙主义，即以改造国民性为标志的现代启蒙立场，以及与此紧密相连的知识分子的独立人格和自由思想。革命文学倡导者们认为阿Q时代已经死去，大众已经不需要“启蒙”，所以强调作家放弃知识分子的启蒙立场而充当大众的“留声机器”。他们认为时代已经进入了一个新的时代，中国也不是过去的中国，“农村零落了，都市普罗列塔利亚特（Proletariat）发生了。谁人能说中国依然是（封建的）文明之邦，礼教之国？”③与此同时，他们认为“现在的中国农民第一是不像阿Q时代的幼稚，他们大都有了很严密的组织，而且对于政治也有了相当的认识；第二是中国农民的革命性已经充分的表现了出来，他们反抗地主，参加革命，近且表现了原始的Baudon的形式，自己实行革起命来，绝没有像阿Q那样屈服于豪绅的精神；第三是中国的农民知识已不像阿Q时代农民的单弱，他们不是莫名其妙的阿Q式的蠢动，他们是有意义，有目的的，不是泄愤的，而是一种政治的斗争了”④。因此，启蒙主义过时了，按照钱杏邨的说法：“鲁迅他自己也已走到了尽头，再不彻底觉悟去找一条生

① 1928年8月10日《创造月刊》第2卷第1期。

② 1930年5月《拓荒者》第4—5期合刊。

③ 冯乃超：《艺术与社会生活》，1928年1月《文化批判》创刊号。

④ 钱杏邨：《死去了的阿Q时代》，《太阳月刊》1928年3月号。

路，也是无可救济了。”[①]鲁迅却不承认阿Q时代已经过去，而是一如既往地坚持“启蒙立人”之路。他在同一期《语丝》上发表《扁》《路》《头》《通信》《太平歌诀》《铲共大观》等一系列文章，揭露现实的黑暗和民众的愚昧，提醒人们注意阿Q的时代是否真的已经过去。在《文艺与革命》中，他说：“现在所号称革命文学家者，是斗争和所谓超时代。超时代其实就是逃避，倘自己没有正视现实的勇气，又要挂革命的招牌，便自觉地或不自觉地必然地要走入那一条路的。身在现世，怎么离去？这是和说自己用手提着耳朵，就可以离开地球者一样地欺人。”[②]

文学革命的倡导者反对自由思想，批判知识阶级或是小资产阶级。他们指出，“鲁迅把自己的小资产阶级的恶习性完全暴露了出来”，“鲁迅之所以陷于这样的状态之中，我们也可以说完全是所谓自由思想害了他，自由思想的结果只有矛盾，自由思想的结果只有徘徊，所谓自由思想在这个世界上只是一个骗人的名词，鲁迅便是被骗的一个”[③]。鲁迅却仍然坚持自由的思想，反对任何思想专制，守护着现代知识分子独立、自由地表达思想的权利。

革命文学倡导者以最激进的面貌出现，事实上却陷入了一种貌新而实旧的境地：他们反对的所谓“旧式的作家”，正是以鲁迅为代表的新文学先驱；他们所反对的所谓“旧思想”，正是五四新文化运动中出现的新思想。这些激情满怀的年轻人自以为超越了五四新文学和新文化，却没有意识到他们以最激进的面貌出现，努力复活的却是旧传统。在这场冲突中，鲁迅守护的正是五四新文化和现代知识分子的启蒙立场。

（三）困惑中的清醒

进入20世纪30年代之后，鲁迅参加了左联，这是无法改写的事实。有人为此而赞美鲁迅，因为他进入战斗集体去从事遵命文学活动；有人为此而攻击鲁迅，因为他在经过一场论战之后似乎向论敌投降了。来自不同方面的

---

①钱杏邨：《死去了的鲁迅》，《现代中国文学作家》（第1卷），上海泰东图书局1928年7月初版。此处引自《恩怨录—鲁迅和他的论敌论文选》（上卷），今日中国出版社1996年，第466页。

②《鲁迅全集》（第4卷），第83页。

③钱杏邨：《死去了的阿Q时代》，《太阳月刊》1928年3月号。

褒贬都否定着鲁迅的独立人格和知识分子的启蒙立场。但是，深入考察30年代的鲁迅，我们可以看到，他的确有许多变化、许多痛苦和困惑，而且也被愚弄而陷入盲目的言说，但是，他却没有放弃五四新文化的启蒙立场。

鲁迅不是神，在历史的乱云飞渡中，并不能对一切都有清醒的洞察。在20世纪30年代，他也曾像左联其他成员一样为保卫苏联而努力，甚至不能容忍人们对苏联问题的揭露和批评。最明显的例子是写于1932年的《我们不再受骗了》。在这篇文章中，他说："我们被帝国主义及其侍从们真是骗得长久了。十月革命之后，我们说苏联怎么穷下去，怎么凶恶，怎么破坏文化。但现在的事实怎样？小麦和煤油的输出，不是使世界吃惊了么？正面之敌的实业党的首领，不是也只判了十年的监禁么？列宁格勒，墨斯科的图书馆和博物馆，不是都没有被炸掉么？"[①]他认为即使苏联人购物仍然须要排长队，也是在建设的途中，而中国人却正在"排着长串而进向死亡"。这种比较的意义也许主要在于对中国现实的批判。然而，宣称"不再受骗了"的鲁迅恰恰受骗了，而且受骗之深使他面对提醒也不愿承认。当一位有名的记者提醒他注意阶级专政的残酷性时，他说："是的，这倒恐怕要使我也有些睡不着了。但无产阶级专政，不是为了将来的无阶级社会么？只要你不去谋害它，自然成功就早，阶级的消灭也就早，那时就谁也不会'饿死'了。"[②]由此，我们可以看到以"深刻"著称的鲁迅有时也很天真，以理论的推论和自己的想当然去理解苏联。他毕竟不是身处苏联，没有到苏联进行过考察，对苏联的真相了解太少。他不可能想到，所谓"实业党"是一个什么样的骗局，更没有想到斯大林是如何处置他党内的对手和人民，即使不去谋害他，屠杀和流放也会降临。他没有想到，所谓无产阶级专政事实上与工农大众的解放并无关系，所谓苏维埃并非真的人民当家做主，而只不过是斯大林专制统治的一件外衣。他更不知道，那些声称代表无产阶级利益的人，权力一旦到手，决不愿意放弃对人民的统治，马克思所谓无阶级的社会理想自然难以实现。几年之后，鲁迅对此再也不发一言，他大概难以面对自己曾经有过的言说。

鲁迅虽然参加了左联，但与左联的关系却一直并不和谐。对于一般人来

---

①②《鲁迅全集》（第4卷），第429页，第430—431页。

说，组织意味着一种依靠，可以摆脱可怕的孤独。然而，鲁迅加入左联之后却不但没有消解内心的孤独和焦虑，而且背起了更为沉重的十字架。更多的痛苦来自现代知识分子的独立人格与集团的矛盾，因为他虽然参加了一个否定知识分子自身立场而要求获得大众立场的集团，却不愿意因此而放弃现代知识分子的独立性，更不愿放弃“启蒙”立场。面对鲁迅与左联的矛盾，人们往往简单地指责周扬等左联领导人，但只要客观而冷静地考察，就会发现，无论何人做这样一个集团的领导，都不会容忍鲁迅的所作所为。他不参加左联的飞行集会，不赞成左联领导人的主张，不接受来自组织的批评和教导，拒绝改造自己的思想，甚至另立山头，分裂组织，称领导为“元帅”“工头”“奴隶总管”……如果在江西或者延安，会被怎么样？

而且，参加左联之初，鲁迅就在信中告诉友人：“此次又应青年之请，除自由同盟外，又加入左翼作家联盟，于会场中，一览了荟萃于上海的革命作家，然而以我看来，皆茄花色，于是不佞势又不得不有作梯子之险，但还怕他们尚未必能爬梯子也。哀哉！”[①]参加之后，与创造社、太阳社的论敌也从来没有真正成为战友，而是仍然一如既往地给予抨击。当他在《上海文艺界一瞥》中抨击那些“流氓加才子”的时候，谁能想到他们已经是一个战壕里的战友？无论思想上、文化上还是人格追求上，他与革命文学倡导者们的矛盾并没有消除。也正因为这样，鲁迅最后才与左联闹得不欢而散。

他对自己参加左联没有直接说过后悔的话，但是，当萧军要加入左联的时候，他却由于自身的痛苦经验和对年轻人的爱护而坚决不同意：“三郎的事情，我几乎可以无须思索，说出我的意见来，是：现在不必进去。最初的事，说起来话长了，不论它；就是近几年，我觉得还是在外围的人们里，出几个新作家，有一些新鲜的成绩，一到里面去，即酱在无聊的纠纷中，无声无息。以我自己而论，总觉得缚了一条铁索，有一个工头在背后用鞭子打我，无论我怎样起劲的做，也是打。”[②]他对萧军说：“至于我的先前受人愚弄呢，那自然；但也不是第一次了，不过在他们还未露出原形，他们做事好像还于中国有益的时候，我是出力的……但自然，得了真赃实据之后，又是

① 1930年3月27日致章廷谦信，《鲁迅全集》（第12卷），第8页。

② 1935年9月12日致胡风信，《鲁迅全集》（第13卷），第226页。

一回事了。”[①]正因为这种痛苦的体验，他最后宁愿被打击，被在集会上宣布罪状，也坚决不再加入左联解散之后新成立的组织。

鲁迅与左联的矛盾何在？其实很简单，他和那些为政治斗争服务的左翼文学战士的相同点仅仅是对大众的同情和对权威话语的反抗，但由于思想认识和基础的不同，他不像别人那样可以放弃自己的见解而无条件地服从命令；他无法放弃独立的人格和自由的思想，而与组织的要求绝对保持一致；他拒绝像其他投身于政治革命的文艺战士一样自觉地改造自己，克服自己的所谓“小资产阶级思想”；他更不愿放弃五四新文化运动的启蒙立场去做大众意识的“留声机器”。在支持大众解放事业的同时，鲁迅没有忘记作为一个现代知识分子应该承担的启蒙使命。他不赞成降低艺术水准去适应大众的水平，更不同意放弃现代意识去迎合大众的习惯心理。

总而言之，鲁迅的思想无论怎样发展变化，现代知识分子的独立性和五四新文化运动的启蒙立场是始终坚守的。我们从中可以看到持守的艰难，却也看到了艰难的持守。正因为这样，鲁迅才在20世纪中国现代知识分子心中树起了不朽的雕像。他的光辉不属于跻身于庙堂之侧的文人，也不属于走向民间的鼓动家或隐居者，而是属于获得了独立人格并意识到自己的先驱者使命的中国现代知识分子。

六、关于“启蒙”的“局限”

在鲁迅去世之后的岁月里，“启蒙”日益不合时宜。作为鲁迅启蒙思想的继承者，胡风的命运就是象征。只要稍作考察就会发现，胡风对鲁迅启蒙思想的继承早已大打折扣。但是，胡风毕竟不赞同知识分子在思想感情上与工农大众全面认同，不赞同由于政治需要而改写五四新文化运动的精神。他的文艺思想不同于其他左翼文人之处，说到底不过是要保留那么一丁点儿启蒙精神。然而，胡风和他的朋友们为此付出了惨重的代价。

在对胡风的批判中，一个未出场的批判对象就是鲁迅。当时的批判者接受了创造社和周扬等人的教训，借鉴了瞿秋白和冯雪峰的经验，对死去的鲁

① 1935年9月12日致胡风信，《鲁迅全集》（第13卷），第211页。

迅采用了团结与改造的政策。具体策略是强调其“转变”和“前进”，将其思想划分为前期与后期，对后期的鲁迅给予高度评价，使之一步步成为神；对前期的鲁迅却谨慎地进行着批判与否定。在20世纪40年代末，对鲁迅的启蒙思想就已有了这样的评价：“用个人的自觉力量击退传统的重压，在守旧和虚伪的‘庸众’中保持个性的发扬是鲁迅当时所可能到达的战斗方针。因此，欧洲资产阶级没落中的反动思想，转过来却成了20世纪初年中国的小资产阶级的启蒙思想者开始他的向前追求的武器了。”[①]而胡风等人的罪行之一就是“企图用新的字眼来复写在实质上同《文化偏至论》中的内容相似的思想，其客观的趋向却只能是资产阶级、小资产阶级，对于人民大众的自觉的、集体的进取和改革的抵制”[②]。进入20世纪50年代之后，他们通过对胡风反革命集团的批判和知识分子改造运动，终于完成了对鲁迅启蒙道路的否定。

这一切并不奇怪，考察当时的思想文化变化大势，问题本来很简单：既然鲁迅在五四时期仍然是进化论而不是阶级论，是个人主义而不是集体主义，既然走的是思想启蒙的道路而不是工农革命的道路，当然应该否定，什么《呐喊》《彷徨》，什么《坟》和《热风》，干脆扫荡掉算了。这并不困难，充其量像对待胡适那样，进行一场大规模的批判运动以肃清流毒。事实上，在左翼文人中，希望如此者大概不乏其人。

然而，毛泽东对鲁迅的崇高评价，使问题复杂化了。鲁迅已经顶了“革命家、思想家、文学家”的桂冠，对他的批判当然无法正面展开。它给文化界带来了一系列的难题，并且带来了文坛派别斗争的复杂性。一方面，它使那些在鲁迅生前一贯反对鲁迅的人也被迫在口头上赞美鲁迅，承认他是无产阶级的文化旗手。但是，由于内心深处压抑的不平，他们总要努力把鲁迅的思想“落后”及其与革命不一致的真相揭示出来。另一方面，它使一些人能够在新形势下抱有幻想，试图通过宣传鲁迅而保存五四新文化，在鲁迅的旗帜下张扬自己不愿放弃的启蒙主义。在很多问题上，当时的批判者并没有说错，胡风的确试图在鲁迅的旗帜下保卫启蒙主义，并抵抗以知识分子向工农认同为主要特征的“反启蒙”的文化运动。然而，胡风似乎没有意识到自己

①② 胡绳：《鲁迅思想发展的道路》，见《胡风文艺思想批判论文汇集》（一集），作家出版社1955年。

思想的危险之处，似乎不清楚自己思想的对立面究竟何在。他更没有意识到鲁迅之所以仍然伟大，在于他已经死去。死去的人只剩了一块牌位，牌位的色彩可以根据需要而随时涂抹。鲁迅虽然顶着“革命家、思想家、文学家”的桂冠，前期思想却注定了无法逃脱批判和淘汰。

（一）阶级观点之下的国民性

用阶级分析的目光研究问题，鲁迅的启蒙主义有一个重要缺陷：笼统地谈论“国民性”，把统治阶级的罪恶和人民因黑暗统治而沾染的缺点混为一谈，缺乏明确的阶级观点。

1954年，周扬在《发扬“五四”文学革命的战斗传统》一文中已经指出：

> 几千年来，农民被封建的经济剥削和政治压迫、宗法制度和宗法思想、迷信观念以及农村的各种保守落后习惯所层层束缚，不解脱这些束缚，农民是不能够彻底翻身的。而作为启蒙主义者的鲁迅所最感痛心的是封建统治者对农民的精神上的奴役，正是这种奴役造成了农民的精神麻木状态或行动起来时的盲目性和自发性。他在他的关于农民的小说，特别是杰出的、著名的《阿Q正传》中，最深刻地、集中地批判了农民的消极的、落后的、不觉悟的方面。辛亥革命没有给农民以真正的利益，没有依靠农民，启发他们的觉悟性和积极性，引导他们走上革命的道路，这就注定了辛亥革命的必然失败。在这里，鲁迅对于农民弱点方面的批评，同时也正是对于辛亥革命的一个严正的历史的评判。鲁迅把占我国人口最大多数农民的精神上的弱点，也是当作国民性的弱点来批判的，他要求国民性的改革。当然这些弱点是不能代表我们民族性格的真正的特点的。当我们讲到国民性或民族性格的时候，我们不能不区别哪些是代表广大劳动人民的根本利益，反映他们的勤劳、勇敢的本质的真正民族共同的精神状态，哪些不过是从剥削阶级狭小集团利益出发，由他们所强迫灌输到劳动人民意识中去的偏见和恶习。农民不觉悟，不团结，都是封建统治者所造成的。[①]

①《人民日报》1954年5月4日。

这种见解被经常引用，见于各种版本的大学教材，也见于各种评论文章。刘绶松在1956年出版的《中国新文学史初稿》中说：“在他的早期创作里，社会的病苦是被揭露了的，但是指出怎样来疗救这个病苦，也就是在作品里更明确具体地指示中国社会向前迈进的方向，他的进化论的宇宙观是给予了他以很大限制的。这是一种情况。此外，离开了正确的科学的阶级观点，而来抽象地进行对于所谓‘国民性’的批判和改造的工作，也不可避免地会陷入这样的结果——往往把统治阶级的罪恶和被统治的人民因黑暗腐朽的社会制度而形成的某些病态和缺点，统统都归纳在‘国民性’的问题上来，因此，反不容易看见在新的历史条件下所可能掀起甚至于已经掀起来了的人民群众的‘转移乾坤’的伟大力量，而产生一种‘怀疑群众的倾向’，认为自己是在‘孤军作战’，使思想上蒙上一层苦闷、彷徨的暗影。”①当然，人们的具体认识是有差异的，但无论有什么样的差异，都不能不赞同这样一种基本思想方法：“所谓‘国民性’问题以及对于这一问题的态度，在另一种意义上，也就是如何认识群众以及如何看待群众运动的问题。对于‘国民性’问题，必须加以科学的分析，只有用马克思主义的阶级分析观点加以剖析，才能理解这一问题的实质。从早期的鲁迅的作品看来，他对于‘国民’这一个概念，似乎并没有经过具体的分析。……没有把封建统治阶级的代言人和被压迫的人民群众的意见区别开来。”②

用阶级观点分析阿Q形象，当然要确认他的阶级属性。阿Q生活于社会底层，没有自己的生产资料，靠给人打短工谋生，按照阶级的观点，显然属于无产阶级。既然是无产阶级，当然是革命依靠的力量。即使他有种种弱点，其革命要求也是必须肯定的。所以，面对阿Q的“土谷祠革命畅想”，批评家们开始给予肯定的评价，认为“虽然混杂着农民原始的报复性，但他终究认识了革命是暴力”，“毫不犹豫地要把地主的私有财产变为农民的私有财产”③。周扬的话表达得更为明确：

---

① 刘绶松：《中国新文学史初稿》（上卷），人民文学出版社1956年，第87页。

② 王士菁：《关于“国民性”问题——读鲁迅杂文札记》，《光明日报》1961年10月16日。

③ 陈涌：《论鲁迅小说的现实主义》，见《六十年来鲁迅研究论文选》（下），中国社会科学出版社1982年，第94页。

鲁迅写农民写得很深刻，但他的确也只写了农民的一个方面。他偏重地写了农民的消极面，没有写农民的革命面。农民革命的一面他没有看到，所以他不随便写，他是一个热情而严格的现实主义者。闰土有没有革命性？祥林嫂有没有革命性？都没有。阿Q写了一点，但阿Q的革命太糊涂了，太盲目了。最后为革命而死，被敌人枪毙了。

反映在阿Q身上……虽然犯了这许多毛病，但他有一条："要革命！"所以应该得到肯定。阿Q想投革命，最后被反革命所杀。因此尽管有千条缺点、万条缺点，只要有了"要革命"这一条，就当作同志对待，是阿Q同志，不是阿Q混蛋。……

阿Q还有没有别的优点？（陈白尘回答："阿Q真能做，劳动好。"）

很好，还有一条劳动好。这两条很重要，一条要革命；一条肯劳动。有了这两条，阿Q就站住了。其他都是缺点。

毛主席对阿Q的估价，还是当他革命的。[①]

既然是"阿Q同志"，站在同志的立场上，人们自然要批判假洋鬼子不准革命的罪行，也必然要指责辛亥革命脱离群众，没有给农民带来实际利益。直到"文革"结束之后，我们仍然常常看到这样的表述："阿Q对革命的认识固然十分幼稚，十分糊涂，但由于这种想法里充满着农民式的均分思想和复仇情绪，却又的确反映了农民阿Q具有改变自己生活地位的迫切要求。鲁迅看到农民是一个被剥削的阶级，他们本身存在着许多缺点，不觉悟，不团结；同时也看到农民是一个要革命的阶级，不管在什么情况下，他们都是中国革命的重要力量；阿Q真心向往革命，在他身上始终潜藏着革命的可能性。"[②]"资产阶级领导的民主革命忽视了农民的要求，没有把农民自

① 周扬：《和电影〈鲁迅传〉摄制组创作人员的谈话》，见《鲁迅思想研究资料》（上册），国家出版事业管理局版本图书馆研究室编印1977年，第432—433页。

② 唐弢：《中国现代文学史》（一），人民文学出版社1979年，第116页。

发的革命热情加以发扬和引导，相反地，却让封建地主篡夺了革命的果实，扼杀了农民的要求。它把皇帝赶下龙廷，却没有给广大人民以任何实际利益。对这种‘换汤不换药’的情形，小说也有真实的描写。革命党进了城，却不见得有什么大异样：知县大老爷还是原官，举人老爷当了民政帮办，带兵的还是先前的老把总。在未庄，赵秀才便同出过洋的地主阶级里资产阶级化了的假洋鬼子串通一起，抢先向革命投机，挂出了‘咸与维新’的招牌；而真正倾向革命的阿Q，曾经鼓起勇气去结识假洋鬼子，假洋鬼子却扬起了‘哭丧棒’，不准阿Q革命。”“辛亥革命的命运是和阿Q的命运紧密地联系着的，阿Q被送上法场，辛亥革命也同时被送上了法场，枪声一响，这个革命的生命便和阿Q的生命一起结束了。”①一切描述都使人感觉到，似乎只要准许阿Q革命，辛亥革命就可以不失败。可惜鲁迅并不这么看。

可是，阿Q自身的弱点毕竟不能全部解释为光辉的品质，鲁迅所揭示出的精神丑陋是无法用他阶级成分的金字招牌掩盖的。一些人大概意识到了这一点，于是有了另一种处理：阿Q是“落后农民”。既然是“落后农民”，当然不能代表“先进农民”。中国农民绝不像阿Q一样，他们是伟大、勤劳、正直、善良的，阿Q没有代表性。如果把阿Q看作他们的代表，那是对人民群众的诬蔑。其实，即使承认阿Q是农民，也没有多少危害，正如邵荃麟等人所反复强调的，没有必要强调阿Q的革命者身份，完全可以承认他的不觉悟。因为他毕竟是农民而不是先进的工人阶级。工人阶级是伟大的、先进的，而农民阶级是落后的、不觉悟的。正因为这样，农民革命理想的实现才需要工人阶级的领导。而且，那些先进的农民都可以被解释为工人阶级。

无论怎样说明鲁迅启蒙思想的落后性，都无法消除这样的疑问：国民劣根性真的只属于反动阶级？革命的阶级真的没有国民的劣根性？阶级性与民族性是一种什么关系？鲁迅的作品和后来的事实都为人们做出了回答：从国民中划出某个阶级，认定它是先进的，而其他阶级则是落后的，正是一种自欺欺人的做法。到头来，这种做法只能是在先进阶级的旗帜下保护和助长了国民的劣根性。

---

① 唐弢：《中国现代文学史》（一），人民文学出版社1979年，第116—117页。

（二）脱离群众：启蒙的失败的教训?

鲁迅启蒙主义的另一个“局限”是：脱离群众，脱离革命实践，所以必然失败。从20世纪40年代至今，这种观点长盛不衰。20世纪90年代以来，又受到了后现代主义的理论支持。

从20世纪50年代到70年代，人们努力把鲁迅说成是暴力革命的支持者和无产阶级的革命战士，不仅关心大众的命运，而且为大众而战斗。但是，却也无法完全否认这样一种事实：在个人与群众的关系上，鲁迅更重视个人，对于群众，他看到的主要是其落后性。这当然不合时宜，因为按照当时全国上下表达出的一致认识，只有人民才是创造历史的动力，只有阶级斗争才是历史前进的火车头，只有武装斗争才能从根本上解决问题，而革命是在无产阶级的领导之下进行的，是要依靠广大人民群众的。鲁迅的启蒙思想没有看到武装革命的伟大意义，而是把思想启蒙看作解决问题的根本，而且认为历史的前进是从个人到群众，通过改造国民的灵魂实现的。这就让知识分子成了群众的领路人。事实上，从20世纪50年代到70年代，这种观点是不被容忍的。具有这种观点的知识分子必须学习历史唯物主义，投身于群众的革命斗争中，做群众的“小学生”，进行思想改造。因此，对鲁迅的思想必然要提出批评，指出其历史局限性，比如，因为历史没有为他提供参加实际的革命斗争的机会，没有让他及时读到毛泽东的《湖南农民运动考察报告》，等等。周扬说：

> 对于农民运动的认识问题是个很大的问题。鲁迅比其他作家对农民有更多的了解，但是不是已经真正看清楚农民的基本问题了呢？那还没有。在辛亥革命以前他是启蒙主义者，他认为根本问题是要启蒙，要农民起来，“怒其不争”，是怒其还不觉悟。他看到了农民被几千年的封建礼教统治，“蒙”么，不觉悟么，要启蒙，强调知识，知识启蒙，“精神界之战士”，鲁迅的伟大在此。至于要真正认识农民问题的根本是要解决土地问题，推翻地主的统治，武装起来等等，不是容易的。只有真正的革命家深入到农民中去了才能认识的。当然，并不是每一个革命家一到农民中去了就能把农民问题提到理论的高度。彭湃去了，但他还没有能把农民问题提到理论的高度。真正把农民问题提到理论高度的是

> 毛主席。所以鲁迅看《湖南农民运动考察报告》就不要写。鲁迅在当时很少可能看到这篇文章，即使看了也不一定能认识它的意义。[①]

于是，无论教科书还是研究文章，这种见解随处可见："在处理思想解放与政治革命的关系上，鲁迅虽然也有变革现实的要求，但对于思想解放强调得比较过分，却是不妥当的。从无产阶级观点看来，在民主革命斗争之前，需要有思想启蒙运动，但群众思想的彻底解放，不是单纯的启蒙运动所能奏效的，它必须在革命斗争中，甚至在社会革命取得胜利以后，才能逐步得到彻底的解决。"[②]

直到今天，仍然有不少论著进行着同样的表述："如同孙中山搞的武装起义远离人民大众、缺乏社会基础一样，鲁迅搞的思想启蒙，也是远离人民大众，远离中国现代革命的实践的。"所以，他的努力必然要被现实击得粉碎："从1907年到1927年，全力启蒙二十年，竟落得个——如鲁迅自己所说'如一箭之入大海'，'箭'（文化启蒙）虽有力，但无奈大海何，'大海'（社会）依然故我，安然无恙。所以然的原因很简单：鲁迅的文化启蒙完全脱离启蒙对象。"[③]在20世纪末的研究成果中，这段话是值得注意的：

> 早年，留日时期，他曾把文化启蒙的作用看得很大甚至过大，视为救国之道，视为民族复兴之路，好像一经启蒙，国民便会自觉，便会战斗，中国便一切变好。（老实说，这种想法不能算错。只是简单了点，在中国，尤其简单了点。因为，启蒙，不仅有一个启蒙主体，一个启蒙对象，还有一个启蒙方式的问题，启蒙方式不解决，找不到一个好的适合中国国情的启蒙方式，一切关于启蒙的种种设想，永远只是设想，永远不会成为现实。鲁迅的问题，鲁迅的启蒙主义的设想和启蒙主义的实

---

① 周扬：《和电影〈鲁迅传〉摄制组创作人员的谈话》，《鲁迅思想研究资料》(上册)，第433页。

② 林志浩：《论鲁迅前期思想的个性主义和进化论思想》，《北京日报》1961年9月21日。

③ 解洪祥：《近代理性·现代孤独·科学理性——鲁迅的精神历程及其他》，山东大学出版社1998年，第4—6页。

践的问题，正在这里。但当时的鲁迅，正沉醉在激情的理想中的鲁迅，受多种条件——比如马克思主义的传播，中国革命的发展程度，中国无产阶级的成熟程度等等——的限制，鲁迅没有、也不可能认识到这一点。就是中国现代革命的领导者中国共产党，对于启蒙方式的问题，也有一个探索和认识的过程。直到毛泽东，这个问题才在土地革命中得到了较好的解决。一句话，离开土地问题，中国农民很难接受革命启蒙。这里，我们丝毫没有责备鲁迅的意思，一点也没有；我们只是说明问题，只是给问题一个历史的说明。）①

由此可见，一个重要的问题是人们对“启蒙”缺少理解。把“启蒙”看作鼓动革命热情的手段，把“启蒙”的目标定位于“唤起民众”“唤起工农千百万”，鲁迅所从事的思想启蒙当然苍白无力。所以说它脱离群众、脱离革命斗争实际、不解决任何问题，都符合历史的事实。把鲁迅与毛泽东进行比较，毛泽东的成功更鲜明地衬托出鲁迅的失败。毛泽东的伟大在于他在唤起农民的时候，注意关心农民的切身利益。农民的切身利益是什么？是土地问题。于是，毛泽东就紧紧抓住土地革命这一关键，打土豪，分田地，发动穷人闹翻身。因此，他得到了广大农民的拥护，群众唤起了，革命就胜利了。“要说特色，这才是最大的特色，最根本的特色；要说成功的秘密，这才是最大、最根本的成功的秘密。毛泽东、中国共产党‘唤起民众’，‘唤起’农民的启蒙活动，启蒙理论的根本处、特异处，真正的价值，正在此，全在此。不了解这一点，不承认这一点，不肯定这一点，那就是缺乏起码的科学态度，那就是完全脱离了中国革命的实际。”②

相比之下，鲁迅的确苍白无力。他没有土地分农民，也没有浮财给农民，又不去领导农民打土豪，所以群众自然不听他的呼唤，无论他怎样呐喊，都只能是空谈，是知识分子的“启蒙乌托邦”，是注定要失败的。

可是，一个问题必须注意：这样的“唤起”与鲁迅的“启蒙”有可比性吗？鲁迅的“启蒙”是要“改变他们的精神”，而以这种方式唤起的民众，

---

① ②解洪祥：《近代理性 现代孤独 科学理性》，山东大学出版社1998年，第106—107页，第154页。

精神上有什么改变吗？毫无疑问，这样唤起的民众，也许的确有改天换地的能量，却并不能够实现鲁迅追求的目标。鲁迅所要的不是改朝换代，不是让人跟他打江山，所以也不需要唤起民众。“启蒙”与革命本来就是两条道上的跑车，各有其目标与轨道。把“启蒙”纳入革命的轨道，自然无法解释“启蒙”，也无法认识“启蒙”的意义。

（三）怀疑群众：忽视群众的革命积极性？

鲁迅启蒙主义的又一个问题是：怀疑群众，没有看到群众的革命积极性和伟大力量。

用胡绳的话说，就是“只看到了中国人民在历史上由专制淫威所压榨成的驯服的奴隶性，却不能看出在新的历史条件下人民大众自觉地奋起的可能性”[①]。

用冯雪峰的话说，就是“对于人民大众——主要是农民群众的革命性和革命力量，也是怀疑的、估计不足的”[②]。

周扬的话仍然值得特别注意：

> 鲁迅关于人民讲过两句话，“哀其不幸，怒其不争”。我很欣赏这两句话。这两句话一面说明了鲁迅的伟大，一面也表现了鲁迅的局限性。
>
> “哀其不幸”是他同情闰土、祥林嫂、阿Q……
>
> “怒其不争”则不尽然，人民在“争”。太平天国、义和团在“争”了，包括历代的农民起义。因为他没有看见这一点，因此他也没有能够表现这个方面。[③]

这几乎成为定论：鲁迅更多地表现了群众的愚昧和落后，却没有看到他们的革命性，没有看到他们身上蕴藏的巨大革命力量。

关于这个问题，胡风派的人们曾经努力为之辩护。他们反对冯雪峰为代

---

① 胡绳：《鲁迅思想发展的道路》，《鲁迅思想研究资料》（下册），第165—166页。

② 冯雪峰：《鲁迅生平及他思想发展的梗概》，1951年10月《文艺报》第4卷第11、12号。

③ 周扬：《和电影〈鲁迅传〉摄制组创作人员的谈话》，《鲁迅思想研究资料》（上册），第428—429页。

表的“机械论者”对鲁迅世界的割裂，不赞成以前期和后期的划分抛弃鲁迅的前期思想，为此，他们甚至试图证明鲁迅早期也不存在怀疑群众的倾向。他们努力的动机或许是可贵的，但是，他们的结论却并不符合鲁迅思想和创作的事实。因为通过鲁迅的作品，任何人都可以看到那些怀疑群众的言论。

在《我之节烈观》中，他说：“这表彰节烈，却是全权都在人民……我又认定这节烈救世说，是多数国民的意思；主张的人，只是喉舌。虽然是他发声，却和四肢五官神经内脏，都有关系。所以我这疑问和解答，便是提出于这群多数国民之前。”①

在写给徐炳昶的信中，他说：“看看报章上的论坛，‘反改革’的空气浓厚透顶了，满车的‘祖传’‘老例’‘国粹’等等，都想来堆在道路上，将所有的人家完全活埋下去。……二十七年了，还是这样，岂不可怕。大约国民如此，是决不会有好的政府的；好的政府，或者反而容易倒。也不会有好议员的；现在常有人骂议员，说他们收贿，无特操，趋炎附势，自私自利，但大多数的国民，岂非正是如此的吗？这类的议员，其实确是国民的代表。”②

在《娜拉走后怎样》中，他仍然这样说：“群众，——尤其是中国的，——永远是戏剧的看客。”③

面对这一切，我们应该承认鲁迅的确有“怀疑群众的倾向”。这是无须讳言的。然而，须要指出的是，鲁迅的伟大之处正在于这种“怀疑群众的倾向”。试想，如果对大众没有怀疑，而只有无限崇拜和信仰，虚心接受他们的再教育，或者一边赞美他们的勤劳伟大，一边利用他们的愚昧而谋取私利，鲁迅还是一个伟大的启蒙主义者吗？所以，胡风派的辩护虽然意在保卫鲁迅思想，却改写了鲁迅的形象，使其思想的光辉遮掩于时代的政治口号之下。

鲁迅的确具有怀疑群众的倾向。但是，说鲁迅没有看到群众的革命性却不符合鲁迅创作的事实。鲁迅并非没有看到群众的革命性。以阿Q为例，鲁迅对其革命性看得清清楚楚，而且做了生动的表现——

因为向吴妈求爱而丢了饭碗，与小D之间的斗争也没有胜利，阿Q只有

①②③《鲁迅全集》（第1卷），第117—118页，第21—22页，第163页。

另谋出路，决计出门求食去了。事实上，这时的阿Q已经走向了革命。小说写他在路上走着，看见熟悉的酒店，看见熟识的馒头，但他都走过了，不但没有暂停，而且并不想要。最后还是去尼姑庵偷了四个萝卜。其实，酒和馒头并非不想要，只是他单枪匹马没有组织，所以暂且去对付毫无抵抗力的尼姑。如果“阿Q们”组织起来，有了足够的力量，他是不会放弃酒和馒头而取萝卜的。中国一代又一代的揭竿而起者，大都是如此起步的。他们只有在有了足够的力量时，才会把目标指向富户、官府，直至“打天下”，即夺取一切财物、洋钱和女人的占有权。阿Q此时的作为实在不够体面，但是，无论取天下还是取萝卜，其精神是相通的。当老尼姑闻讯出来试图保卫她的萝卜时，阿Q的回答便有点儿革命的气派：“这是你的？你能叫得他答应你吗？”从静修庵到城里，阿Q一步步走向了革命。

当然，小说写了阿Q的另一面，即“有一种不知从那里来的意见，以为革命党便是造反，造反便是与他为难，所以一向是‘深恶而痛绝之’的”。这倒真是统治阶级思想影响的结果。但是，革命来临之际，他的这种与革命性相矛盾的思想早已消失。因为革命竟使百里闻名的举人老爷害怕，使未庄的“鸟男女”神情慌张，这就使阿Q兴奋，不能不神往革命。加之“阿Q近来用度窘，大约略略有些不平”，革命便成为阿Q的必然选择。他得意之余大喊“造反了！”，未庄人的害怕神态使他“舒服得如六月里喝了雪水”，赵太爷也改口称呼他为“老Q”，赵白眼也惴惴地喊他“Q哥”，这一切使他尝到了革命的甜头，并且引发了土谷祠里的“革命畅想”：

> 造反？有趣，……来了一阵白盔白甲的革命党，都拿着板刀，钢鞭，炸弹，洋炮，三尖两刃刀，钩镰枪，走过土谷祠，叫道，‘阿Q，同去同去！’于是一同去。……
>
> 这时，未庄的一伙鸟男女才好笑哩，跪下叫道，‘阿Q，饶命！’谁听他！第一个该死的是小D和赵太爷，还有秀才，还有假洋鬼子……留几条吗？王胡本来还可留，但也不要了。……
>
> 东西，……直走进去打开箱子来：元宝，洋钱，洋纱衫……秀才娘子的一张宁式床先搬到土谷祠，此外便摆了钱家的桌椅，——或者也就用赵家的罢。自己是不动手的了，叫小D来搬，要搬得快，搬得不快打

嘴巴。……

赵司晨的妹子真丑。邹七嫂的女儿过几年再说。假洋鬼子的老婆会和没有辫子的男人睡觉，吓，不是好东西！秀才的老婆是眼胞上有疤的。……吴妈长久不见了，不知道在哪里，——可惜脚太大。

专制和虐杀、掠夺和奴役、贪婪的占有，鲁迅清楚地看到了阿Q的革命要求，清楚地看到了阿Q的革命理想，也清楚地看到了阿Q的革命积极性。他知道，阿Q永远是革命的积极参与者。他也说过：“中国倘不革命，阿Q便不做，既然革命，就会做的。我的阿Q的运命，也只能如此，人格也恐怕并不是两个。民国元年已经过去，无可追踪了，但此后倘再有改革，我相信还会有阿Q似的革命党出现。我也很愿意如人们所说，我只写出了现在以前的或一时期，但我还恐怕我所看见的并非现代的前身，而是其后，或者竟是二三十年之后。”①

关于阿Q的革命，过去的评论常常借了假洋鬼子不准阿Q革命而大谈《阿Q正传》对辛亥革命的批判。似乎是假洋鬼子不准阿Q革命，才导致了辛亥革命的“失败”。然而，面对鲁迅的描写，我们应该想到，如果准许阿Q革命，调动起阿Q的革命积极性，将会出现什么情景？阿Q曾经在秀才和假洋鬼子之后去过尼姑庵，而且在老尼姑关门之后又用力打门。看来，他是的确要革命的。但是，如果他能够进去，会进行一场怎样的革命呢？如果说秀才和假洋鬼子的革命只是砸了一块“皇帝万岁万万岁”的龙牌并顺手拿走了“宣德炉”的话，阿Q如果再来，将会做些什么？

总之，鲁迅并非没有看到阿Q的革命性，只是他不知道这种革命性能给人们带来什么好结果。

①《鲁迅全集》（第3卷），第379页。

鲁迅：中国现代知识分子话语的基石

写下这个题目，我的心中涌上一丝悲哀，因为鲁迅去世已经60多年，20世纪之初，他以自己的文化生产实践为中国现代知识分子话语铺下基石，到了世纪之末，他仍然是最高成就的体现者和最具典范意义的作家。这说明本世纪知识分子话语建设的荒废，同时，也恰恰证明他的价值。他与传统实行最彻底的决裂，挣脱羁绊而创建现代启蒙文学范式，达到了本世纪中国人再也没有企及的高度。他站立于荒野笑傲庙堂，以尖利的笔锋剥落伪装，瓦解偶像，使权威话语在文学园地里彻底萎弃于污泥。在压迫者与被压迫者之间，他别无选择地倾向于劳苦大众，为他们的不幸而呼叫，为他们的解放而呐喊，但绝不与他们站在同一地平线上，更不为某种私利而迁就和迎合。他"立人"目标的设置，启蒙主义的选择，决定了他与权威话语和民间大众话语的关系，避免了许多人未能避免的沉沦。因此，要寻找20世纪中国文学的知识分子话语，要探寻20世纪中国文学的现代性，鲁迅不能不成为首先关注的范本。

在为写这篇文章而阅读前人研究成果的过程中，我的感受非常复杂：一方面感激多年来前辈学者对资料的收集，使一切后来者都可以顺利地直接进入研究而免去收集资料之苦；一方面却深感资料与成果之间的沟堑，凿凿之据并不证明展览大厅的开场介绍。十多年来虽然有王富仁、钱理群、汪晖等人的成果显示着大踏步地迈进，却仍然没有改变大量新成果为一些早被超越的旧结论反复诠注的现状。王富仁先生呼喊"回到鲁迅那里去"已经多年，但回去的途径却是重要的问题，如果隔着价值和思维方式的樊篱，人们又怎么能够回到鲁迅那里去！我无意于创造新的研究范式，因为我知道它绝非轻而易举之事，我所做的，仅仅是回到知识分子自己的话语立场，以所处文化语境仍然大致相同的一颗知识分子之心去贴近作为知识分子的鲁迅。因为无论给鲁迅多少伟大的称号，也无论鲁迅本人对知识分子有何看法，他的质的规定性首先是一个现代知识分子。

一、在对传统的彻底反叛中寻求现代性

（一）对传统文明的无情宣判

鲁迅的文学活动引起人们的广泛注意是从反叛传统开始的。他出现于中国文坛，首先显示给人们的就是他对中国传统文化决绝的批判态度。他揭露封建礼教的罪恶，反对尊孔读经，对于儒家文化，对于道家文化，对于从《三坟》《五典》到风俗习惯的整个文化结构，都持以彻底批判的态度。是他用两个字概括了中国古老的传统："吃人！"中国人历来以仁义道德作为骄傲的资本，然而，在《狂人日记》中，鲁迅通过狂人之口做出了这样的判断："我翻开历史一查，这历史没有年代，歪歪斜斜的每页上都写着'仁义道德'几个字。我横竖睡不着，仔细看了半夜，才从字缝里看出字来，满本都写着两个字是'吃人'！"[①]

从《狂人日记》开始，《孔乙己》《药》《祥林嫂》《阿Q正传》《我之节烈观》《我们现在怎样做父亲》《春末闲谈》《灯下漫笔》……这些光辉篇章无不揭示着中国文化的"吃人"真相。

"吃人"是鲁迅对中国文化本质的形象化概括。尽管一些人由于文化爱国主义情感而不愿意承认这个基本判断，但是，我以为，那种试图把鲁迅这一概括限制于某一个方面的做法是徒劳而有害的。如果我们以科学的态度走近鲁迅，就应该承认这是鲁迅对传统文化的整体概括和基本评价。无论以艺术形象进行象征性揭示，还是以直白的叙述和议论进行表达，他都反复地表现着他的基本见解。这是人们熟悉的句子——

"所谓中国的文明者，其实不过是安排给阔人享用的人肉的筵宴。所谓

①《鲁迅全集》（第1卷），第425页。

中国者，其实不过是安排这人肉的筵宴的厨房。”①

这种总体评价使一些人不以为然，但主要是感情上难以接受，而没有人能够以令人信服的理由反驳鲁迅的结论。有些人试图把它看作是鲁迅对某个具体问题而作的愤激之语和偏激之论。作为一个活生生的人，鲁迅虽然也难免愤激，而且也有因愤怒而难以自持的时候，但唯独此论却是经过缜密的思考和论证的结果。它是直觉的，也是逻辑的。鲁迅深入分析中国传统社会，对这筵宴的布置有生动而学理化的解说：“有贵贱，有大小，有上下。自己被人凌虐，但也可以凌虐别人；自己被人吃，但也可以吃别人。一级一级的制驭着，不能动弹，也不想动弹了。”②他从古代经典引出一套完整的等级制度作为证据：“天有十日，人有十等。下所以事上，上所以共神也。故王臣公，公臣大夫，大夫臣士，士臣皁，皁臣舆，舆臣隶，隶臣僚，僚臣仆，仆臣台。”又从现实的实践运行揭示出它的巩固机制：最底层的台也仍然可以凌虐别人，因为“有比他更卑的妻，更弱的子在。而且其子也很有希望，他日长大，升而为‘台’，便又有更卑更弱的妻子，供他驱使了”③。“因为自己各有奴使别人，吃掉别人的希望，便也就忘却自己同有被奴使被吃掉的将来。于是大小无数的人肉的筵宴，即从有文明以来一直排到现在，人们就在这会场中吃人，被吃，以凶人的愚妄的欢呼，将悲惨的弱者的呼号遮掩，更不消说女人和小儿。”④

中国近代的衰弱是任何人都不能不承认的，但光辉灿烂的古代文明却在很多人心中闪闪发光。历史上曾经有过的辉煌成为一些人逃避现实败落的精神避难所，甚至成为“打肿脸充胖子”的资本。善于捣毁一切臆造的温柔富贵乡的鲁迅却告诉人们：“中国人向来就没有争到过‘人’的价格，至多不过是奴隶，到现在还如此，然而下于奴隶的时候，却是数见不鲜的。”⑤他无情地撕破各种伪装，使堂皇的历史叙述暴露出虚妄：

> 任凭你爱排场的学者们怎样铺张，修史时候设些什么“汉族发祥时代”“汉族发达时代”“汉族中兴时代”的好题目，好意诚然是可感

---

①②③④⑤《鲁迅全集》（第1卷），第216页，第215页，第215—216页，第217页，第212页。

的，但措辞太绕弯子了。有更其直捷了当的说法在这里——

一，想做奴隶而不得的时代；

二，暂时做稳了奴隶的时代。[①]

如果说“人肉筵宴”论是对中国社会的一种概括，那么，这里的历史分期则是对中国既往文明史的概括。一纵一横，概括了中国文明的全部。一网打尽，不给恋旧的国粹家和辩证的庸人留有任何余地。

面对几千年一直排下来的“吃人”的筵宴，鲁迅说：“扫荡这些食人者，掀掉这筵席，毁坏这厨房，则是现在的青年的使命！”[②]

他对中国传统文化的否定态度是中国历史上没有出现过的。我当然不否认他与严复、梁启超们精神上的联系，他的路正是他们的路的延伸。然而，他以最坚决的态度反传统，自觉地与传统文化建立起一种势不两立的关系，这是严复和梁启超不可能做到的，鲁迅因此而成为中国传统文化的“末日宣判者”。

今日国内外学界嘲笑鲁迅过激的人正在多起来。因为鲁迅的确没有能够“辩证地”对待传统文化，因为他竟然不自量力地与整个传统为敌。然而，文明的发展虽也有偶然，铁的逻辑却往往不可更改。居于中国土地上的中国人要走出鲁迅所说的两样时代，要挣脱那人肉筵宴的网络束缚，彻底反传统是必须的。中国的知识分子之所以前仆后继为现代化泣血呐喊，也不过是看到了这唯一可能摆脱绝望的希望之路。鲁迅他们的选择并非轻率之举。物质文化可以沙发和太师椅共存，西餐和满汉全席并用，穿西装套马褂顶多有点不伦不类，却也并无大害。精神方面的情况却大不相同，只要留下一点空隙，就会成为逃避和再生的场所。鲁迅如此彻底反传统，都仍然没有意识到，仅仅因为晚年偶然一个“脊梁”之说，就导致了无论赵太爷还是阿Q，都以民族的“脊梁”自居，一点也不心虚地面对鲁迅的“呐喊”而发扬光大固有的精神。

告别20世纪80年代之后的鲁迅研究出现了一种现象，研究者努力寻找鲁迅与传统文化的联系。我不知道这是为寻找新的课题走向偏僻的角落，还是出于好心要让鲁迅与传统握手言和，或者是奉旨对鲁迅实行“招安”。但

①②《鲁迅全集》（第1卷），第213页，第217页。

现象却能看得清楚：很多人在忙着让这个“叛逆者”与传统接轨。

其实无须论证，任何人都无法拒绝传统的影响，或者说无法拒绝对传统的承载。自觉的反叛也只能是部分地挣脱。因此，在鲁迅身上找到道家、儒家、墨家以及中国传统中所有的“家”和算不上什么“家”的影响痕迹，是理所当然的。正如不必考证就会发现他的黄皮肤和黑眼睛，甚至连牙齿都半黄半黑很合于传统，显示着鲜明的中国特色。即使他文化启蒙的历史承担，也可以解释为传统知识分子的“以天下为己任”。然而，他一生努力的却是为这传统掘一座坟墓，而绝不是努力于继承和发扬，或者什么“儒学的现代性转化”。

当鲁迅结束他抄古碑的生活而走向新文化阵营的时候，他一定能够意识到他所参与的反传统的行为将导致什么，大概也能够意识到他们所面对的是什么样的对手。但是，鲁迅和胡适、陈独秀们，都未必意识到他们所从事的事业在他们身后的命运。他们的进化论思想使他们很难想象在世纪末的今天竟然有这么多人在指责他们的文化努力——不是从更进化的方面，而是从他们攻击的旧营垒中，尽管他们也常常打了“新”的和“后”的旗帜。历史的悲剧还不仅在于有人站在传统的立场上批判鲁迅，更可悲的是一些人从继承和发扬传统文化精神方面对鲁迅的肯定和对其反传统行为的辩解。我想，鲁迅如果活着，绝不愿意接受这种辩护。他大概又会说，攻击者并不可怕，可怕的是貌似爱护和尊敬的辩护者。因为辩护者和攻击者的评价虽然不同，所持价值尺度却是相同的。鲁迅的文化生产造成了中国传统文化的断裂还是造成了中国传统文化的转化？“五四”之后的文化是一种新质还是从旧质中发展出来的？这些问题考察起来很复杂，但中国文化的未来依靠新质还是依靠旧胎却应该不难回答。鲁迅最痛恨的就是古已有之的老思路，然而，在一些人的充满敬意的解释中，鲁迅不过是传统的造就，虽然竭力反传统，却正因为对传统的继承才有光辉。我强调鲁迅彻底反传统的精神，是因为鲁迅并不希望自己终生努力的结果只是在孔庙的配殿里，继程朱甚至康有为之后为自己安放一把椅子。

（二）中西比较中的文化选择

在向传统文化发起全面批判的时候，鲁迅选择了什么？毫无疑问，鲁迅选择了西方文化。任何人的思想都不可能百分之百属于自己原创，选择和认同是不可避免的。鲁迅倾向于西方，或者说是倾洋的。他选择的是西化之路，或者说是洋化之路。

但是，几十年来对鲁迅的阐释却总是努力淡化他的西化色彩。用意非常明显，作为文化伟人的鲁迅不能是崇洋的，不能有“全盘西化”的嫌疑。然而，历史的存在无可避讳，需要确认的恰恰是鲁迅文化选择的现代性。因为历史已经证明，中国传统文化中没有现代性基因，“现代”需要从西方拿来。这一点鲁迅比任何人都清楚，所以他从来没有强调过中国文化的特殊性，更不承认这特殊性是神圣不可侵犯的。因此，他不可能站在本土文化立场上拒绝现代性的普遍范式。目前，国外学人在后现代思潮的影响下往往把第三世界文化看作是偏离现代化普遍性的文化实践。这种描述对大多数第三世界国家来说或许是正确的，但对五四时期的中国现代知识分子而言，却显然不符合实际情形。把鲁迅描述为一个西方文化中心主义的抵抗者，更是对他的一种误解。无论胡适还是鲁迅，他们都超越了狭隘的民族主义，而具有明显的世界主义倾向。不过，我以为不应指责国外学者，他们的研究毕竟大多建立在国内提供的基础之上。多年来，国内的研究没有提供正确的说明，甚至努力把鲁迅打扮成民族主义者，海外一些学者也很难保证不受影响。所以，必须确认这样一种事实：鲁迅是中国20世纪20年代到30年代的现代化进程中普世价值的积极推动者和国情特殊论的坚决批判者。

鲁迅对国粹派的无情批判是有目共睹的，那些张扬国粹、鼓吹复古的人物在他的笔下尽现其丑恶、虚伪与腐朽：把肉麻当有趣，把丑恶当美德，毒疮红肿却说艳若桃花，死死抱住腐朽的传统，同时也拖住民族前行的脚步。他曾经总结“爱国的自大”的五种表现：

> 甲云：“中国地大物博，开化最早；道德天下第一。”这是完全自负。
>
> 乙云：“外国物质文明虽高，中国精神文明更好。”
>
> 丙云：“外国的东西，中国都已有过……”
>
> 丁云：“外国也有叫化子，——（或云）也有草舍，——娼妓，——臭虫。”这是消极的反抗。
>
> 戊云：“中国便是野蛮的好。”又云：“你说中国思想昏乱，那正

是我民族所造成的事业的结晶。从祖先昏乱起，直要昏乱到子孙……（我们是四万万人，）你能把我们灭绝吗？”[①]

鲁迅感觉“最令人寒心”的是“戊”，因为他们“以自己的丑恶骄人；至于口气的强硬，却很有《水浒传》中牛二的态度”[②]。其实，20世纪中国这五种表现任何一种都没有消失。在鲁迅逝世之后，牛二们的繁殖能力大增，其子孙也青出于蓝而胜于蓝，不仅仍然以丑恶骄人，而且有了更周密的理论支撑。用今天的话说，戊的观点也就是所谓“特殊主义”。它强调特殊国情，强调本土文化的传统习惯而拒绝接受现代化的普遍规范。然而，鲁迅在五四时期已经对这些特殊论者进行了猛烈的批判：“譬如一个人，脸上长了一个瘤，额上肿出一颗疮，的确是与众不同，显出他特别的样子，可以算他的‘粹’。然而据我看来，还不如将这‘粹’割去了，同别人一样的好。”[③]“有人说：‘我们要特别生长；不然，何以为中国人！’于是乎，要从‘世界人’中挤出。于是乎中国人失去了世界，却暂仍要在这世界上住！——这便是我的大恐惧。”[④]“‘狗有狗道理，鬼有鬼道理，中国与众不同，也自有中国道理。道理各各不同，一味理想，殊堪痛恨。’……但这与众不同的中国，却依然不是理想的住家。”[⑤]

鲁迅是继严复之后出现的中西文化比较研究大师。他的一切立场观点都是在比较中形成的，但他的文化比较中没有运用文化相对论为本土文化辩护的影子。鲁迅从不隐瞒自己认为西方文化胜过中国文化的观点，他总是大力张扬西方文化而批判和否定中国传统文化。在《随感录四十六》中，他说：“与其崇拜孔丘关羽，还不如崇拜达尔文易卜生；与其牺牲于瘟将军五道神，还不如牺牲于Apollo。”[⑥]这些话往往被看作是偏激的，但它是鲁迅在五四时期所做的毫不犹豫的文化选择。

他甚至对赞美中国文化的外国人非常反感，而认同于那些对中国文化持批判态度者。即使那批判看上去是对中华民族的侮辱，他也同样能够接受。他说：“我常常想，凡有来到中国的，倘能疾首蹙额而憎恶中国，我敢诚意地捧献我的感谢，因为他一定是不愿意吃中国人的肉的！”[⑦]杭州英国教会里

①②③④⑤⑥⑦《鲁迅全集》（第1卷），第312页，第312页，第305页，第307页，第317—318页，第333页，第214页。

一个医生在一本书里称中国人为“土人”，一些中国人感觉受了侮辱。鲁迅说：“他们以此称中国人，原不免有侮辱的意思；但我们现在，却除承受这个名号以外，实是别无方法。因为这类是非，都凭事实，并非单用口舌可以争得的。试看中国的社会里，吃人，劫掠，残杀，人身卖买，生殖器崇拜，灵学，一夫多妻，凡有所谓国粹，没一件不与蛮人的文化（？）恰合。”[①]

1935年，他在给日本内山完造的《活中国的姿态》写序的时候，对该书提的缺点第一条就是：“有多说中国的优点的倾向，这是和我的意见相反的。”[②]他不像国粹主义者那样以浮肿的脸去冒充胖子，不因为外国人指出自己真实存在的弱点而感觉特别丢脸，更不会像阿Q忌讳“光”和“亮”一样维护民族的尊严。因为他清楚无论个人还是民族，要发展就不能讳疾忌医。一个民族需要的是真正的强大而不是病态的自尊。

在20世纪20年代末之后的中国文坛，反欧化成为一种新的时髦，鲁迅却始终没有改变他的倾向。1933年，他在《上海的儿童》中概括了中国孩子的两种类型：一是“带着横暴冥顽气味”的“顽童”，二是“低眉顺眼，一副死板的脸相”的“好孩子”。他认为无论是哪一种，发展下去，“都足以使人没落，灭亡”。他对各国孩子的比较很有点崇洋意味：“英国沉着，德国粗豪，俄国雄厚，法国漂亮，日本聪明，都没有一点中国似的衰惫的气象。”[③]1934年，他在《从孩子的照相说起》中说：“但中国一般的趋势，却只在向驯良之类——‘静’的一方面发展，低眉顺眼，唯唯诺诺，才算一个好孩子，名之曰‘有趣’。活泼，健康，顽强，挺胸仰面……凡是属于‘动’的，那就未免有人摇头了，甚至于称之为‘洋气’。又因为多年受着侵略，就和这‘洋气’为仇；更进一步，则故意和这‘洋气’反一调：他们活动，我偏静坐；他们讲科学，我偏扶乩；他们穿短衣，我偏着长衫；他们重卫生，我偏吃苍蝇；他们壮健，我偏生病……这才是保存中国固有文化，这才是爱国，这才不是奴隶性。”[④]直到1936年，逝世前的最后的时日，他仍然说，“不看‘辱华影片’，于自己是并无益处的，不过自己不看见，闭了

①《鲁迅全集》（第1卷），第327页。

②④《鲁迅全集》（第6卷），第267页，第81—82页。

③《鲁迅全集》（第4卷），第565—566页。

眼睛浮肿着而已”，并且表示希望有人能够翻译出斯密斯的《支那人气质》。[1]虽然我至今没有读过这本书，但知道敦煌出版社已经出版，据说那本书是没有考虑到中国人的自尊心而给中国人留面子的。

更可以说明鲁迅的文化态度的还是他1925年对《京报副刊》征求青年必读书目时做的答复：“我以为要少——或者竟不——看中国书，多看外国书。”理由是：“我看中国书时，总觉得就沉静下去，与实人生离开，读外国书——但除了印度——时，往往就与人生接触，想做点事。中国书虽有劝人入世的话，也多是僵尸的乐观；外国书即使是颓唐和厌世的，但却是活人的颓唐和厌世。”[2]

一些人对此大惑不解。从《集外集拾遗》中，我们可以看到当时引起的争议，有人说鲁迅“浅薄”，有人说鲁迅的经验是“偏见”，甚至有卖国之嫌。直到今天，鲁迅的这一观点也仍然被认为是偏激的，因而不少人试图从各方面为之辩解。我要说的是，有些人认为偏激是必然的，为之辩解者却应该注意：鲁迅曾经多次写文章捍卫他的这一观点，并且特别反对拿他自己作为读中国书的成功例证。在《写在〈坟〉后面》中，鲁迅说过：“新近看见一种上海出版的期刊，也说起要做好白话须读好古文，而举例为证的人名中，其一却是我。这实在使我打了一个寒噤。别人我不论，若是自己，则曾经看过许多旧书，是的确的，为了教书，至今也还在看。因此耳濡目染，影响到所做的白话上，常不免流露出它的字句，体格来。但自己却正苦于背了这些古老的鬼魂，摆脱不开，时常感到一种使人气闷的沉重。就是思想上，也何尝不中些庄周韩非的毒，时而很随便，时而很峻急。孔孟的书我读得最早，最熟，然而倒似乎与我不相干。……我主张青年少读，或者简直不读中国书，乃是用许多苦痛换来的真话，决不是聊且快意，或什么玩笑，愤激之辞。”[3]

鲁迅的这种态度的确不是一时冲动，也不是针对具体问题而发，而是表达了鲁迅一贯的看法。在1919年1月16日写给许寿裳的信中，他说：

---

①《鲁迅全集》（第6卷），第626页。

②《鲁迅全集》（第3卷），第12页。

③《鲁迅全集》（第1卷），第285—286页。

"来书问童子所诵习，仆实未能答。缘中国古书，叶叶害人，而新出诸书亦多妄人所为，毫无是处。为今之计，只能读其记天然物之文，而略其故事，因记述天物，弊止于陋，而说故事，则大抵谬妄，陋易医，谬则难治也。汉文终当废去，盖人存则文必废，文存则人当亡，在此时代，已无幸存之道。但我辈以及孺子生当此时，须以若干精力牺牲于此，实为可惜。仆意君教诗英，但以适应时代之思想为第一谊，文体似不必十分决择，且此刻颂习，未必于将来大有效力，只须思想能自由，则将来无论大潮如何，必能与为沆瀣矣。少年可读之书，中国极少……"[①]

如果一条条罗列出来，足可以构成"十大罪状"，以证明鲁迅即使不是汉奸也至少是"崇洋媚外"。鲁迅在世时就曾经一再受此诘问，被称作"汉奸"或者"买办"，他甚至为此而故意使用过"康伯度"的笔名。1934年，当反对欧化的白话形成高潮时，鲁迅表示"欧化文法的侵入中国白话中的大原因，并非因为好奇，乃是为了必要"[②]。为此，立即有人写文章指责他是"为西人侵略张目的急先锋（汉奸)""十足加二的表现'买办心理'"，并且警告他说："先生要做买办尽管做，只求不必将全个民族出卖。"[③]但是，鲁迅崇拜洋而决不媚外。崇，因为这"洋"有可崇之处；媚，无论对内对外都是奴性的表现。鲁迅与奴性无缘。他之所以崇洋，是因为在他看来，西方文化代表着未来，是可以把中国人引向"第三样时代"的方舟，他看到了现代化才是中国的出路。

在鲁迅的眼里，反对外族侵略和奴役是与反对全部的"吃人"势力分不开的。因为"立人"是根本，传统文明使人失掉人应该享有的权利，那就批判传统文明，列强侵略使人不成为人，那就反对列强侵略。一切与"吃人"有关的，都在被反对之列。因此，反对外国势力的压迫和反对本国势力的压迫同样重要。因此，他决不赞同为了反抗外族侵略就甘心做本国主子的奴隶。在民族面临生死存亡的时刻，他责无旁贷地加入到民族抗日统一战线之中，为反抗异族侵略而奋斗，可是，他告诫人

①《鲁迅全集》（第11卷)，第357页。

②《鲁迅全集》（第5卷)，第520页。

③《文公直给康伯度的信》，见《鲁迅全集》（第5卷)，第521页。

们："用笔和舌，将沦为异族的奴隶之苦告诉大家，自然是不错的，但要十分小心，不可使大家得着这样的结论：'那么，到底还不如我们似的做自己人的奴隶好。'"[①]

鲁迅的选择是以批判传统实现旧文化的摧毁和新文化的创造，而新文化的创造需要以西方文化为蓝本。当然，对于西方文化，作为现代知识分子的鲁迅不可能是完全接受的，因为人类文明发展的过程中，任何一种文明都不可能是完美的。但是，人类文明发展的历程已经证明成功的东西是不应该拒绝的。尽管文化相对主义有其存在的理由，西方文化中心主义的确容易造成目光的偏狭和对一些不同文化现象的误解。但是，文明发展的高下和优劣，是有一般标准的。鲁迅是永远的探索者，用他自己的话说是"中间物"，但是，这并不影响他在人类文明发展的这个特定的阶段选择最近于"人国"和"第三样时代"的文明。这是探索者的现实选择，这种选择毫无疑问是现代性的。所以，"国粹"也好，"特殊主义"也好，对他的攻击是非常正常的，如果不攻击才是怪事。应该说，文化保守主义者对鲁迅的理解是准确的，从传统的立场上对鲁迅进行否定的人们对鲁迅的理解往往要比某些颂扬鲁迅的人对他的理解要准确得多，因为他们准确地感觉到了鲁迅与他们所保卫的文化难以两立。

必须强调的是，中国现代知识分子话语的确并不源于中国文化传统，而是源于西方现代思想资源。当前对鲁迅的解读已经出现很多有意或无意的误解，如努力把鲁迅解释为中国传统文化的继承发扬者。在某种特定的情况下，这虽然不是一种科学的态度，但也是可以理解的。为了让一种不正常的语境接受一个正常的人物，有时往往需要为其化装，但是，这样做的时候，却应该注意，化装混入的角色履行的只能是另一种功能而不再有他本来的力量。鲁迅之路是一条从强调本土文化的特殊性中挣脱出来而走向普遍主义的文化认同之路，是一条通过自我否定而走向民族文化更新的路。鲁迅的意义就在这里，中国现代知识分子话语的定位也在这里，背离这种定位即意味着对中国现代知识分子话语和现代化进程的背离。

①《鲁迅全集》（第6卷），第595页。

（三）个人：传统与现代的界标

对传统的彻底否定堵死了回头之岸。回头就是那“吃人”的世界，就是暂时做稳奴隶或者想做奴隶而不得的时代。因此，必须探寻“第三样时代”。当鲁迅在对本土文化的彻底绝望中把寻求的目光投向西方时，他找到的是什么？对于当时别求新声于异帮的一代人来说，不同的人有不同的发现，而鲁迅首先发现的是：“人！”这一发现与他的文化批判互为因果，互相促进。正是因为“人”的发现，他才能够看到中国文化的“吃人”性质，而中国文化“吃人”性质的发现更进一步地使他倾心于西方文化的人本主义。

在他的新时代文明设计中，人是根本，占有中心位置。他说：“东方发白，人类向各民族所要的是‘人’。”[①]这句话至少有两层意思：一层意思是新时代人类向各民族要的不是“牲口”或者奴隶；另一层意思是人类向各民族所要的，首先是人而不是民族或国家。民族与国家当然重要，但它不是第一位的。立国先“立人”，“立人”是根本。

鲁迅说：“我们目下的当务之急，是：一要生存，二要温饱，三要发展。苟有阻碍这前途者，无论是古是今，是人是鬼，是《三坟》《五典》，百宋千元，天球河图，金人玉佛，祖传丸散，秘制膏丹，全都踏倒他。”[②]这是在《忽然想到》中说的，但“忽然想到”事实上并非忽然想到，而是深思熟虑的结果，他在《北京通信》中也有过同样的表达。相同的文字，显示着思考的成熟和语言上反复推敲的痕迹，它是鲁迅一生的斗争纲领和行动路线。如果说有鲁迅主义的话，这就是鲁迅主义的核心，是鲁迅主义最简洁的宣言和大纲。它的出发点是“人”，一切的一切都是为了“人”而不是别的。

传统与现代之间，最重要的标志就在于是否承认人的主体地位，是否承认人的个性的天然合法性。鲁迅在1907年到1908年之间，写作和发表的几篇论文就非常鲜明地体现了他初步建立的以人为中心的现代观念。在民族革命的高潮中，他所关心的已经不是排满的问题，而是国民性的问题。在他看来，振兴国家和民族的关键不在坚船利炮，也不在通过立宪而进行政治改革，而首先在于“启人智”。对一系列问题的思考使他形成了自己的见解：

---

①《鲁迅全集》（第1卷），第321—322页。

②《鲁迅全集》（第3卷），第45页。

欧美之强，根底在人；中国之衰，根底也在人。国民性不变，中国人即使身体再强，也不过是杀头示众的材料。

考察鲁迅当时的思想状态、思想结构和占有的思想资源，我们能够发现，鲁迅接受了西方文艺复兴运动以来的人文主义传统，包括欧洲自由主义传统和法国大革命的精神，这些资源在鲁迅思想中表现为“人本主义”。“人本主义”对掀翻“吃人宴席”的历史使命是不可缺少的。无论什么时候，只要是反对封建主义，反对奴隶主义，反对剥削压迫和奴役，人道主义就是天然的武器。一切声称比人道主义更进步的学说，在这种斗争面前都往往立即暴露出它的落后性和欺骗性。

鲁迅的“人本主义”思想当然是复杂的。刘半农说他“托尼思想，魏晋文章”，是大致不错的。考察鲁迅思想的源头，以托尔斯泰所代表的人道主义，以尼采为代表的个性主义，的确是鲁迅这架马车的两个轮子。这已有鲁迅在《两地书》中关于人道主义和个人主义起伏消长的言论为证。正是借助尼采，鲁迅看到了中国人缺乏个性的现实和人的个性被文化所吞没的悲剧。尼采宣布：上帝死了，从此我们自己就是上帝。中国人不信上帝，鲁迅意识到的是应该把个人从社会的各种关系中解放出来，给个人以自由发展的权利。

因此，他主张“尊个性，张精神”，反复强调“人各有己”。“人各有己，万事才能立举。”“人各有己，群之大觉近矣。”“人各有己，不随风波，而中国亦以立。”面对中国的问题，一些人感叹其“一盘散沙”。至于医治这“散沙”的办法，来自权威的认识一直是倡导群体精神。鲁迅给出的却是不同的答案：“国人之自觉至，个性张，沙聚之邦，由是转为人国。”①

他感叹中国人向来有点自大，但只有“合群的爱国的自大”而缺少“个人的自大”。“‘个人的自大’就是独异，是对庸众宣战”②，但是中国传统的群体主义却历来以向庸众宣战为罪恶，虽然人民或者大众在中国历来只是一个虚幻的抽象存在，作为具体存在的个体人民从来也没有做人的资格，但是，作为抽象的群体存在却一直伟大而神圣到不可侵犯。因此，一般人可能反抗各种邪恶势力，但一旦这势力来自“众数”，却往往立即失掉了反抗的

①②《鲁迅全集》（第1卷），第56页，第311—312页。

勇气；一旦以大众的名义发出某种传唤，中国的读书人往往立即应征而去。20世纪50年代的知识分子改造运动也好，20世纪60年代的知识青年上山下乡运动也好，之所以顺利实行，不仅仅是政治之力，其深层的心理基础正是这种对于众数的顺从。鲁迅恰恰活动在一个没有什么力量能够强迫他改造自己的时代，他清醒地认识了传统，以尼采向庸众宣战的精神武装了自己。

当然，与尼采有所不同，他一开始就对尼采的强者立场有所警惕，对弱者表示了足够的同情。为孩子而呼，为女人而叫，为被迫害的弱小而斗争，正是他不蔑视弱者而同情弱者的人道主义的表现。这种人道主义有托尔斯泰的影子，但在这一点上，还应该感谢拜伦。是拜伦使鲁迅找到了托尔斯泰和尼采的结合点。他曾经热烈地称赞拜伦的强者精神："故其平生，如狂涛如厉风，举一切伪饰陋习，悉与荡涤，瞻顾前后，素所不知；精神郁勃，莫可抑制，力战而毙，亦必自救其精神；不克厥敌，战则不止。"[①]他在尼采与拜伦的比较中看到，尼采的强者精神是"欲自强，并颂强者"，拜伦的强者精神却是"欲自强，而力抗强者"。鲁迅一生走的正是拜伦的路，以对强者的反抗完成着自己的强者形象。他推崇拜伦："重独立而爱自由，苟奴隶立于前，必衷悲而疾视，衷悲所以哀其不幸，疾视所以怒其不争。"[②]鲁迅一生对民众所持的正是这样一种态度。

因此，鲁迅鼓吹个性解放，但绝不希望人们都逃离社会而躲进个人的小天地，成为与社会无关的人。在鲁迅那里，个人主义和群体主义，个人意志与社会责任，都是不矛盾的。他的统一形式是人必须首先完成个体的解放，任何力量都不能以任何理由剥夺个人的自由权利。同时，解放之后的个体不应该成为游离的飞尘，而应该承担起继续解放和建立合理的社会关系的责任，不过这一切都必须是自觉的、自愿的。鲁迅就是这样一个完成个性的解放之后自觉承担起民族历史责任的知识分子。"我以我血荐轩辕"是他这种责任感和使命意识的生动体现。但必须注意，这荐轩辕之血是自愿流的，是没有任何命令催迫情况下的自我选择，而不是由奴隶主的号召或者为了哪家江山社稷而被绑上祭坛。考察鲁迅一生，他一直在为群体的利益而思考和斗争，却也一直在警惕着是否有人利用他的同情心和责任感而把他缚上祭坛。

①②《鲁迅全集》（第1卷），第82页，第80页。

一些人把鲁迅的“立人”看作手段，而把目的规定为“立国”，因为鲁迅明确表达过“立国先立人”的思路，而最后又赢得了一面“民族魂”的旗帜。但是，须要注意这两种目的指向的结构关系。在鲁迅那里，立国和“立人”是不矛盾的，他没有因为“立人”而排斥立国，而是两者自然统一。鲁迅却绝不像有些论者所描述的那样总是强调民族性、阶级性或者国家性。在他看来，个人本身就是目的，国家和社会的根本目的应该是人。如果不是从人出发，人就没有理由需要社会和国家。如果国家和社会带来的不是个人的生活幸福和安全的保障，这国家和社会就是多余的。如果国家和社会给人带来的是压迫和奴役，它就是应该被破坏掉的。抽象的阶级或者民族是不存在的。它只能由个体组成，如果民族的解放或者阶级的解放结果只是解放了一个虚幻的群体，对于具体的个体来说，又有什么意义？如果获得解放的不过是民族或者阶级的首领，个体做这个首领的奴隶和做那个首领的奴隶又有什么不同？按照鲁迅的说法：“要我们保存国粹，还得国粹保存我们。”这正是一种现代的关系原则。这一市场化的原则是现代性社会关系最本质的标志，无论是个人与个人之间，还是个人与群体之间，它都必须是自愿的公平交换，而不是无条件地服从和野蛮地掠夺。正是这一原则保护着个人的权利不受他者的侵犯。从人出发，一切规范都应该是为了人生活得更美好，如果道德规范成为剥夺人的生命权利的借口，那这道德本身就是不道德的。“五四”一代人之所以对三纲五常进行批判，就因为它不符合人的价值标准。

雅各布·布克哈特说过：“在中世纪，人类意识的两方面——内心自省和外界观察都一样—— 一直是在一层共同的纱幕之下，处于睡眠或者半醒状态。这层纱幕是由信仰、幻想和幼稚的偏见织成的，透过它向外看，世界和历史都罩上了一层奇怪的色彩。人类只是作为一个种族、民族、党派、家族或社团的一员——只是通过某些一般的范畴，而意识到自己。”[①]在欧洲，这层纱幕在文艺复兴运动中被打破，而在中国，这层纱幕却由铁丝织成，而且由权力护卫。鲁迅和他的同道们所进行的就是撕破这层纱幕的第一场搏斗。它的目标是人的解放，方式是借用西方现代文化价值而掀翻传统的人肉

---

① 〔瑞士〕雅各布·布克哈特：《意大利文艺复兴时期的文化》，商务印书馆1979年，第125页。

筵席，这就形成了他的启蒙主义文学精神的主体结构，这也正是五四时期中国文学的现代性的主体结构。

二、在对权威话语的反抗中确立现代独立性

（一）拒绝“帮忙”与“帮闲”

鲁迅主张掀翻这“吃人”的筵席，捣毁安排这筵席的厨房，但是，这筵席的一切享有者都必然要保卫这盛宴免遭扰乱。这就决定了鲁迅与权威话语之间的对立关系。看鲁迅的一生，直接干预政治的行为不多，发表政治时评极少，而总是守在文化阵地上，从事他的文学活动。政治权威却对他视若洪水猛兽，原因大半在此。但是，鲁迅与权威话语的冲突还不仅在于他对古老传统的无情批判，而是在于他虽然很少谈政治，却从骨子里与政治权威格格不入。作为独立的现代知识分子，他不可能重新回到依附权威的旧路。他获得了现代独立性，也为这独立性付出了代价，那就是要孤独地承受来自权威的各种压迫。而鲁迅的性格又使他越是在压迫之中，越是要坚守阵地。他顽强地坚守着知识分子独立的话语立场，捍卫着知识分子独立的话语空间，无论有什么样的压迫，也决不放弃知识分子对现实社会和文化传统的独立批判权。正是在对权威话语的反抗中，鲁迅以自己的话语实践确立了中国现代知识分子话语最基本的独立性。

大概应该承认，中国古代知识分子也有自己的某种独立性。而且，几千年历史上一再出现的“道”与“势”的冲突往往显示着他们的骨气。但是，“道”与“势”的冲突是有限的、暂时的。从理论上讲，只有遇到“无道昏君”，这种冲突才会发生。如果皇帝宝座上坐的是“有道明君”，这“道”与“势”就是统一的。这种统一之所以是常态而不是偶然，是因为古代帝王不仅多是圣人之徒，与读书人本是同门弟子，而且即使不是儒家信徒，在统治国家时也决不拒绝孔孟之道。儒家学说的命运历来如此：所有旧秩序的破坏者都要反孔，到旧秩序破坏之后，要建设自己的新秩序时就转眼变成尊孔的表率。其原因在于儒家学说是一种有利于安定团结的学说，有助于使人做稳了奴隶。正因为这样，在古代中国，“道”与“势”没有根本的冲突。同时，科举制也在有效地弥合着“道”与“势”的裂缝。“天不变，道亦不

变”的观念使古代文人没有承担知识分子的使命从而去探寻新“道”，这就避免了许多冲突。然而，正因为这样，中国古代知识分子没有形成自己独立的话语，中国文学也同样没有知识分子独立的话语空间。

鲁迅说：“中国文学从我看起来，可以分为两大类：（一）廊庙文学，这就是已经走进主人家中，非帮主人的忙，就得帮主人的闲；与这相对的是（二）山林文学。……后面这一种虽然暂时无忙可帮，无闲可帮，但身在山林，而‘心存魏阙’。”[①] 这一区分一直没有引起文学研究界作为一种方法论而给予足够的重视，正如他的历史分期的两段论没有引起足够重视一样。但是，这种划分是重要的，它不仅划开了鲁迅与历代宫廷文人的界限，也划开了他与历代山野文人的界限。过去的中国不帮忙也不帮闲的文学真不太多，即使不帮忙也不帮闲的隐士们的文学也往往不是知识分子的独立话语。原因就在于“中国是隐士和官僚最接近的”[②]。鲁迅开始寻求不帮忙、不帮闲、同时也不通“魏阙”的道路，这就是现代知识分子话语独立之路。

须要提及的是，鲁迅在这里没有提到民间文学或大众文学。这大概不是疏忽，而是在他看来中国文学史上还没有出现所谓民间文学和大众文学。他多次说过工人农民自己还没有开口，知识分子描写他们生活的作品不能算平民文学，当然也不能算是民间大众自己的话语。鲁迅关于平民文学或民间文学的看法在几十年中没有得到广泛的认可。我想，这原因大概主要在于他不承认“民间”与他所说的“廊庙”的本质差异。在他看来，一方面是真正的大众还没有开口，知识分子传达不出大众真实的声音；二是即使大众有了开口的能力，其话语也不一定真正来自民间。这个问题后面还将详细论及。

大概不难注意到，鲁迅对文人的帮忙与帮闲是很不以为然的。从他对民族主义文艺运动的批判可以清楚地看到这种态度。具体情况无须多说，需要注意的是，半个世纪以来文学史对民族主义文艺运动的介绍缺少起码的客观态度，把民族主义文艺运动完全看作官方努力的结果，将其成员都看作是国民党政府豢养的走狗，即使从政治批判的角度去看，也是一种屠城的做法。其实，应该注意其中不乏国难面前为民族救亡而真诚地投身于民族主义文艺

---

①《鲁迅全集》（第7卷），第383页。

②《鲁迅全集》（第1卷），第383页。

运动的人们。尽管如此，民族主义文艺运动以民族意识为中心，反对五四新文学运动及其个性主义，都无疑适应了统治者的需要，有助于实现国家权威的意图，因而为国家权威所欢迎和支持。因此，鲁迅的憎恶是必然的。他称那些依附于权力的文艺家为“宠犬”，虽然口号和旗帜有种种不同，却都在“尽宠犬的职分”①。其批评的苛刻有目共睹，因为他憎恶那种“为王前驱”的奴性。

众所周知，鲁迅是很早就对“革命文学”持有疑义的。1927年，当广州的文学界大喊“革命文学”口号的时候，他就在《革命文学》一文中指出：“世间往往误以两种文学为革命文学：一是在一方的指挥刀的掩护之下，斥骂他的敌手的；一是纸面上写着许多‘打，打’，‘杀，杀’或‘血，血’的。如果这是‘革命文学’，则做‘革命文学家’，实在是最痛快而安全的事。”因为在他看来，“从指挥刀下骂出去，从裁判席上骂下去，从官营的报上骂开去，真是伟哉一世之雄，妙在被骂者不敢开口”②。然而，在鲁迅看来，这种仗势而逞威风者，不过是狗一样的文人。

他反对“帮忙”，也不放过“帮闲”。他多次嘲弄帮闲文人，写他们的生存之道，写他们的揩油之举，写他们的得意与不得意，等等。在《从帮忙到扯淡》中，他说，“帮闲”是“清客”，因为他们帮官消了“闲”，官对他们也就“俳优蓄之”。他们的文章不谈国事，所以是帮闲；一谈国事，就上升为帮忙了。他认为帮忙与帮闲是无法截然分开的，“帮闲的盛世是帮忙”，帮闲是帮忙衍化过来的。从《二丑艺术》中可以看到，在鲁迅眼里，“二丑”也是“清客”，尽管他“装得与贵公子不是一伙”，也毕竟“受着豢养，分着余炎”。这些都显示着鲁迅的独立人格和作为现代知识分子的特有态度。在《隐士》中，他告诉人们，文人归隐往往以清高自命，“隐士历来算是一个美名”，但是，那些清高的隐士，却常常是“翩然一只云中鹤，飞来飞去宰相衙”③，说到底并未真有独立的风骨。鲁迅正是这样为现代知识分子话语与传统的山林文学划清了界限。

①《鲁迅全集》（第4卷），第311页。

②《鲁迅全集》（第3卷），第543页。

③《鲁迅全集》（第6卷），第223页。

他最反感的是受豢养的文人，因而一再对“叭儿”式的文人进行讽刺和嘲弄，笔下毫不留情。因为在他看来，这种“动物”没有一点雄风，躲躲闪闪，乱钻乱咬，摇尾乞怜，自己没有生存能力，全靠主子豢养，是奴性十足的孬种。所以，他对“叭儿狗”一向很不宽容。仔细想来，同样是狗，“叭儿”也没有多少特别可恶之处，但鲁迅似乎对其更为厌恶，只因为它更显奴性。他对“叭儿”的抨击源于他的人格理想，因为“叭儿”们没有他所希望的知识分子的独立人格，更谈不上独立的话语立场。有人总是很狭隘地理解鲁迅对“叭儿”的打击，事实上鲁迅笔下的“叭儿”的确是泛指。他反对一切“叭儿”，并不在于这“叭儿”是属于哪一派、哪一翼。他打击的是他们对权威的迎合，是卖身投靠和帮忙帮闲的立场。鲁迅对帮闲的反感甚至让人感觉过分，的确不够宽容。只要感觉到有一点粉饰生活、歌舞升平的迹象，只要有一点向权贵弯腰献媚之嫌，甚至是“外硬内软”，他都要给予猛烈的抨击。有人感觉他太不宽容，我以为鲁迅厌恶的是奴性，这与他对现代知识分子话语独立性的追求和捍卫相关，至于他所抨击的人和事是否帮闲之举那是另一回事。

当然，鲁迅这种指责和打击有一种语境作为前提，那就是“五四”之后，中国知识界所已经形成的知识分子价值场。鲁迅的假设读者是已经接受了知识分子独立精神的人，是基本确立了知识分子价值立场的人。如果是在辛亥革命之前的清宫，或者在后来的“文革”时期，忠顺和驯服都是美德，叩头和摇尾都是人生必修课，是晋升官职和评选模范所必备的条件，人们自我标榜尚嫌不足，鲁迅式的讽刺和打击就成了表扬和赞美。由此也可看到，鲁迅对“叭儿”的讽刺还是因为把他们当作知识分子。如果面对真正忠实于党国的官僚，鲁迅这种攻击就成了他们的光荣，他们也许会抬了重礼去鲁迅府上道谢，因为鲁迅为他们说了好话，十分有利于他们升迁。

鲁迅对屈原及其《离骚》这样的作品并不完全否定，但是，唯独不屑屈原那种想帮忙而不得的奴性心态。对于《红楼梦》中的焦大，他抱的也是嘲弄的态度。虽然他对焦大或许也有同情，但对其被塞一嘴马粪的结局却从心里认为活该。因为鲁迅是不会像焦大那样为贾府的腐败而尽其“文死谏”之职的。他评《水浒传》，最反感的是宋江替天行道，只反贪官而不反皇帝，大军一到就受招安，成为皇帝的鹰犬，去打别的强盗去了。因此，这些造反起家的英雄“终于是奴才”[①]。

有所厌恶，也有所赞美。厌恶和赞美都能透露出一个人的精神选择。那么，我们再看一看鲁迅所赞美的。在《我观北大》中，他所称道于北大的，第一是“为新的，改进的运动的先锋”，第二是“常与黑暗势力抗战的，即使只有自己”[②]。对于他的老师章太炎，鲁迅多有非议之处。但是，在《章太炎先生二三事》中，他却独独赞扬他这样的行为：“考其生平，以大勋章作扇坠，临总统府之门，大诟袁世凯的包藏祸心者，并世无第二人；七被追捕，三入牢狱，而革命之志，终不屈挠者，并世亦无第二人：这才是先哲的精神，后生的楷范。”[③]这已经成为他看人论事的标准。他赞美西方的思想家，如卢梭、尼采、拜伦、托尔斯泰、易卜生，因为他们都是偶像的破坏者，是轨道的破坏者，他们有很强的反抗性和叛逆精神。爱罗先珂没有被日本人驱逐之前，鲁迅对他没有注意，但一旦被驱逐之后，鲁迅却对他表示了大量的同情和支持。鲁迅翻译他的作品，介绍他的思想，原因只有一个：“传播被虐待者的苦痛的呼声和激发国人对于强权者的憎恶和愤怒。”[④]鲁迅自己的作品事实上也正是如此。它是鲁迅启蒙主义的中心内容之一。

他无法与权威意识形态保持一致，无法听从权威的指挥。他的文章的确富有煽动性，对权威的揭露和批判助长着人们的反抗。也许正因为这样，他的确成了青年叛徒的领袖。他对既往的国家权威统统没有好感，一生不曾为皇帝和官府说过好话。梁启超说“二十四史”是“二十四姓之家谱”，到了鲁迅笔下，则成了“相斫书”和“独夫的家谱”。[⑤]他总是与历史上的所有统治者划清界限，眼里没有开明盛世，也没有贤明君主，统统都是“独夫”。他批判中国文化，因为“中国的文化，都是侍奉主子的文化，是用很多的人的痛苦换来的”。“保存旧文化，是要中国人永远做侍奉主子的材料”[⑥]。他要创立的是一种新的文化，新文化的重要特征就是不再侍奉主子。

①④《鲁迅全集》（第3卷），第157—158页，第17页。

②《鲁迅全集》（第6卷），第547页。

③《鲁迅全集》（第1卷），第224页。

⑤《鲁迅全集》（第7卷），第312页。

⑥《鲁迅全集》（第4卷），第156页。

知识分子往往都很敏感，但有鲁迅那种感觉的大概不多。他总有一种压迫感，感觉自己是奴隶。仔细想想，社会并未与鲁迅特别过不去。压迫放在别人身上，也许根本没有感觉，放在鲁迅身上，他却为之痛心疾首。正是这种感觉分出了觉醒和麻木，分出了甘于做奴隶和不甘做奴隶。这种感觉使他与权势者格格不入，总是把批判的矛头指向统治者。无论是新的统治还是旧的统治，都很难对他实行招安。“我觉得革命以前，我是做奴隶；革命以后不多久，就受了奴隶的骗，变成他们的奴隶了。”①奴隶本来是能够与权威和谐相处的，但是，一个能够意识到自己奴隶地位和奴隶身份的人在精神上已经不是奴隶，这种反抗的态度和立场已经使他与权威形成了一种紧张的对立关系，使他感叹“正当可诅咒的时候，活在可诅咒的地方”②。这一切，鲜明地显示着他与权威格格不入的叛逆精神和独立人格。

反复抨击奴才，反对奴性，反对奴隶道德，显示了鲁迅对奴隶制度和奴隶主义的彻底反叛。这与鲁迅对权威的反抗是一致的，是他反抗权威话语的一种表现。反对奴性之举与统治者制造奴隶的愿望背道而驰。中国历代统治者都希望知识分子帮忙制造好的奴隶。鲁迅却坚决拒绝这种合作，背离了传统的康庄大道而走上了孤独的险途。这是一切有奴隶主思想的人都不欢迎的。然而，没有这一点，就没有知识分子话语的独立性。

（二）1927：面对新的权威

在鲁迅的精神历程中，女师大风潮和“三一八”惨案是重要的。在这两个事件中，他支持和声援学生，开始直接与统治者对垒。正是在这种实际的斗争中，他表现得比以往更为激烈，不仅直接抨击“屠伯们”，而且抨击一切调和论者。关于这一切，过去的研究在论述鲁迅的转变时都做得相当细致，在此不必再说。

更重要的是1927年，鲁迅目睹了更多的屠杀和更多的青年的鲜血，甚至“吓得目瞪口呆”③。过去的研究一般把这一切作为鲁迅思想转变的直接原因。然而，我所看到的只是一个独立的现代知识分子日益增长的痛苦、愤怒，和随时都可能燃烧的血液。毫无疑问，1927年后的鲁迅与占据了国家权

①②《鲁迅全集》（第3卷），第16页，第43页。

③《鲁迅全集》（第4卷），第4页。

威话语位置的新的政治是对立的。这使他无法与权威话语合作，在持不同政见式的不合作中，鲁迅进一步完成着自己独立的话语空间。

有一个问题不能不注意。鲁迅对“中华民国”有着非常复杂的特别感情。那种感情大概非亲历者难以体会。鲁迅没有像胡适那样发誓多少年不谈政治，但是，在五四新文化运动中真正不谈政治的却是鲁迅。他与政治权威没有发生直接的对抗，这并不是因为胆小或者别的原因，而是他对当时政治的复杂态度。尽管他的铁屋之论显示着他的绝望，但他之所以接受钱玄同的约请而投身于新文化运动，是因为他感觉到这希望也许并非绝对没有。他反对尊孔读经，反对帝制复辟，抨击迷信与蒙昧，直接的目的就是捍卫辛亥革命的成果。新文化运动是一场政治革命完成之后的文化革命补课，却并未打算为一场新的政治革命进行舆论准备。这是一个应该非常明确的重要问题。当代学者研究这段历史往往喜欢不加思索地开口就是辛亥革命“失败”之后如何如何，其实，失败只是从某种意义而言，公正地说，辛亥革命在当时并未失败，它创造的制度和带来的各方面的新景观不应被抹杀。在参与这场革命的战士们心中，它更是不能被抹杀的。鲁迅多次发出“中华民国已经不像中华民国了”的感叹，正说明他心中一直有一个希望中的中华民国。他曾对中华民国留有不错的印象。在说到他和他的同代人复仇和反抗的思想减退的时候，鲁迅说：“这大半是因为大家已经抱着成功的希望，又服了‘文明’的药。”他又解释说：“但那时的所谓文明，却确是洋文明，并不是国粹；所谓共和，也是美国法国式的共和，不是周召共和的共和。革命党人也大概竭力想给本族增光，所以兵队倒不大抢掠。”他还讲了因为士兵小有抢掠而导致黄兴先生勃然大怒、枪毙士兵的往事。①

事实上，从1911年到1927年，有几种人都在混乱中等待。我不了解王国维的思想和心理，也许容易误解这位大师。但是，如果把他看作与一个时代和一种文化共存亡的人物，他在1911年没有死而到1927年才自杀，说明他等待了十几年，且1927年的结果使他绝望了。从1911年到1927年，鲁迅也在等待，到1927年，他也失望了。不同的是，一个是绝望于旧的再

①《鲁迅全集》（第1卷），第221—222页。

也不能复活，一个是绝望于新的终于没有存活。1927年的结果使鲁迅难以接受。他感情上没有承认这个新的国家权威的合法性。胡适等人开始也不首肯，但经过很长一段时日之后，确认现代民主政治理想不可能一下子顺利实现，无可奈何，他们转而认可这个或有可能通向未来之路的国家权威，从而改变了坚决彻底的批判态度，而试图推动它向着健康的方向发展。胡适相信西方式的民主监督机制的力量，所以试图以批评的力量扭着权威的胳膊走向现代政治之路，在遇到铁拳后也仍然试图亲切地挽住，连扶带拖把他牵上现代民主政治之路。胡适的立场是坚定的，但他骨子里的坚定却与行为方式上的温和结合在一起，这就导致了他与政治权威能够神离而貌合。然而，鲁迅却不相信这种可能。因为屠杀，鲁迅已经对它不抱任何希望。他总是忘不了屠杀者手上的鲜血，因而无法在感情上承认一个依靠屠杀而建立和维持的统治是合法的。因为任何依靠屠杀而维持的政权都不可能是“五四”一代人的政治理想。“五四”一代人的政治理想虽然复杂而且很不一致，但有一点是一致的，那就是政治的民主化。他们反对的是独裁、专制，不希望看到各种真的或者穿了现代服装的皇帝。这是他们现代性选择的一个重要构成。现在学界相当普遍地关心现代性问题，20世纪新文化的现代性成分复杂，但是，政治的民主化是重要内容。我想提醒大家在使用现代性这个概念时，不要忽视这个内容。如果缺少这个内容，所谓“现代性”就是虚假的，现代化就是病态的。学者们应该切记不要给各种非现代的力量发放现代性的证书，更不要让现代性替反现代性的力量背黑锅。以现代性为目标的知识分子与反现代的任何权威力量都无法妥协。鲁迅对新权威的拒绝正是捍卫现代性的一种表现。在保卫现代性这一点上，他与胡适是真正的同道，但对新权威的现代性质的认识却有很大的不同，这不同决定了对其怀有希望和对其彻底绝望。而不同的认识又导致了与现实权威的不同态度和不同关系。

1927年之后，鲁迅有很多杂文表现了对蒋介石政权的强烈谴责。文章总是带有无法抑制的愤怒。他描写各种社会现象，都忘不了对统治者顺手给予致命的一击。他的立场是坚定的，在压迫者与被压迫者之间，别无选择地站在被压迫者的一边，甚至为此而对试图在这之间表示公允的知识分子也给予无情的批评。他把国民“一盘散沙”的状况归之于权威的教育，把大敌当前的逃跑现象归之于权威的统治：“施以狮虎式的教育，他们就能用爪牙，施以牛羊式的教育，他们到万分危急时还会用一对可怜的角。然而我们所施的是什么式的教育呢，连小小的角也不能有，则大难临头，惟有兔子似的逃跑而已。”[①]从“三一八”之后到左联五烈士死后的文章，可见鲁迅与当时国家权威的尖锐对立。

政治的黑暗和文化的黑暗总是联手压迫着现代先觉者，使他无法与政治权威握手言欢。不时通缉他，删改他的文字，查封他的著作，使他感觉不像活在人间。他承受了太多的痛苦。痛苦并不可怕，只要有解除之地。然而，鲁迅的痛苦却是无地解除。现代知识分子看重的是自由，他们坚持的原则是自由。政治权威话语与知识分子话语并非没有可通之处，这个可通之处除了政治道德等方面的共同语言之外，一个更重要的原则就是思想和言论的自由。越是不给知识分子思想和言论的自由，知识分子就越是积聚起强烈的情感。从本质上说，知识分子总是探求人类更美好的生活，因而也是不断改革论者，但知识分子却也并非故意与现实权威构成的现实秩序过不去，他们是能够合法地进行各种探索的。但是，中国的专制主义传统却使政治权威总是把对人类前途的探索，把社会改革的思考，统统看成是蓄谋打破他们的饭碗。这就使鲁迅这样的现代知识分子无法与之和平共处了。他们压迫他，他也就无法对他们以礼相待。

是太多的鲜血使鲁迅最终同情和支持以暴易暴的革命方式，是权威的压迫助成了鲁迅与权威话语的界限的划分。

（三）文艺与政治的歧途：知识分子位置的确立

鲁迅的选择不仅仅是现实的造就，而且与他对知识分子的性质的认识有关。走近1927年到1928年的鲁迅，很容易发现他在痛苦中那些深入的思考。有些思考未必没有矛盾和困惑，但正是在这个时期，他更清楚地意识到了自己作为一个真正的知识分子的职责，也更清楚地意识到了自己所选择的启蒙主义道路与革命、政治，特别是当下权威话语的关系。

《文艺与政治的歧途》是在过去很多年中一直被遮蔽的重要文章。在很长的一段时间里，人们几乎很少谈及，但是，不正视该文就不能正确理解这

①《鲁迅全集》（第4卷），第474页。

个时期的鲁迅，更不能把握鲁迅对文学功能的基本认识。在这篇文章中，鲁迅指出，文艺和革命是并不矛盾的，因为两者都不安于现状。文艺与政治却常常处于冲突的状态，原因是政治要维持现状，而文艺却不安于现状。“惟政治是要维持现状，自然和不安于现状的处在不同的方向”，“政治家最不喜欢人家反抗他的意见，最不喜欢人家要想，要开口”，而文艺家却偏偏喜欢思想，而且喜欢开口。于是，文艺家就成了政治家的“眼中钉”。在文艺与政治的矛盾中，鲁迅显然站在文艺的立场上。他说：“政治想维系现状使它统一，文艺催促社会进化使它渐渐分离；文艺虽使社会分裂，但是社会这样才进步进来。”他强调着文学家的超前性，并且举例证明文学家生前往往得不到同情，但死后多年，却往往被社会所认识。他说：“政治家既永远怪文艺家破坏他们的统一，偏见如此，所以我从来不肯和政治家去说。”[①]

需要注意的是，这里所说的文学不是一般意义上的文学，更不是为人们提供娱乐和消闲的文学，而是启蒙主义的文学。这是鲁迅对文学的一种理解和认定。从这种理解和认定，可以看到鲁迅文学创作的方向和道路，理解什么是鲁迅的启蒙主义精神。这里集中表现了他的精英知识分子立场。因为他对文学的这种理解，与他对知识分子的理解是一致的。鲁迅在很多地方对知识阶级颇有微词。然而，从他的一些作品中，我们却可以看到，这种不满正是因为他心目中有一个关于知识分子的标准。在这种标准的衡量之下，中国的知识分子太不像知识分子。为此，他甚至避免使用知识阶级的概念，因为他知道中国还没有俄国那样的知识阶级。鲁迅知道，真正的知识分子与传统文人是极为不同的。在1927年10月所做的《关于知识阶级》的报告中，他对当时国内对知识阶级的反感表示了不满。他说：“中国人于是也骂起知识阶级来了；后来便要打倒知识阶级，再利害一点，甚至于要杀知识阶级了。知识仿佛就是罪恶……这种情形是中国特有的，所谓俄国的知识阶级，其实与中国的不同。”他看到的知识阶级是走在时代前面的先驱，有责任，有良知，“能替平民抱不平，把平民的苦痛告诉大众”。他对俄国知识分子有比较深刻的了解，清楚地看到了他们的特点：“知识阶级对于别人的行动，往往以为这样也不好，那样也不好。先前俄国皇帝杀革命党，他们反对皇帝；

①《鲁迅全集》（第7卷），第113—117页。

后来革命党杀后族，他们也起来反对。问他怎么好呢？他们也没办法。所以在皇帝时代他们吃苦，在革命时代他们也吃苦，这实在是他们本身的缺点。”事实上，鲁迅并不认为这是他们的缺点。因为他接着说：“所以我想，知识阶级能否存在还是个问题。知识和强有力是冲突的，不能并立；强有力不许人民有自由思想，因为这能使能力分散。”他举动物界的猴子为例，猴子的世界是专制的，猴王说一声走，猴子都走了，而知识分子启发人们思考，威胁着猴王的权威，因而与猴王是矛盾的。最后，鲁迅提出的疑问是：“知识阶级将怎么样呢？还是在指挥刀下听令行动，还是发表倾向民众的思想呢？”他回答说：“要是发表意见，就要想到什么就说什么。真的知识阶级是不顾利害的，如想到各种利害，就是假的，冒充的知识阶级。”他认为知识阶级“对于社会永不会满意的，所感受的永远是痛苦，所看到的永远是缺点，他们预备着将来的牺牲，社会也因为有了他们而热闹，不过他的本身——心身方面总是痛苦的”①。既然这样，他作为现代知识分子，就必然处于与权威的矛盾和冲突之中。

他对很多人的批评都源自他对知识分子和文学的这种理解和他所持的这种知识分子的价值标准。他说：“革命成功以后，闲空了一点；有人恭维革命，有人颂扬革命，这已不是革命文学。他们恭维革命颂扬革命，就是颂扬有权力者，和革命有什么关系？”②对于鲁迅来说，那不仅与革命无关，而且根本就不是什么文学。他心目中的文学家不是这样的弄臣，而是永远不满于现状的探索者。“所谓革命，那不安于现在，不满意于现状的都是。文艺催促旧的渐渐消灭的也是革命（旧的消灭，新的才能产生），而文学家的命运并不因自己参加过革命而有一样改变，还是处处碰钉子。……在革命的时候，文学家都在做一个梦，以为革命成功将有怎样怎样一个世界；革命以后，他看看现实全不是那么一回事，于是他又要吃苦了。……所以以革命文学自命的，一定不是革命文学，世间那有满意现状的革命文学？除了吃麻醉药！”③

叶遂宁（即俄国诗人叶赛宁）和梭波里在鲁迅的心里是一个难以抹去的

①《鲁迅全集》（第8卷），第187—188页、第190—191页。

②③《鲁迅全集》（第7卷），第118页，第118—119页。

影子。他总是记着他们，不断地提到他们，但并不是否定他们的。这与他对“同路人”的文学表现的热情大概是一致的。

鲁迅这两篇文章可以看作是鲁迅的文明进化论大纲。按照一般的解释，此时正是鲁迅抛弃进化论而接受阶级论的时候，然而，读着《文艺与政治的歧途》，却总感觉鲁迅不仅坚持着进化论的思想，而且发展了进化论的思想，形成了他的文明进化论。在这个思想框架中，知识分子是进化的先导。他永远是探索的、前进的、批判现实的，承担着引导人类文明发展的使命。他的这些特点使他永远不会与既成的秩序相一致，不可能承认现实的一切都是合理的。它的文明进化的本质使他们与要求秩序稳定的国家权威形成不可避免的矛盾。正是这种关系知识分子本质的认识坚定着鲁迅的道路，使他以自身的反抗和追求显示了知识分子话语的独立性，成为20世纪中国文学的光彩之所在。

三、“怒其不争”：与民间话语的分野

（一）对庙堂与民间的双重拒绝

多年来，学界对鲁迅的阐释总是努力强调其民间大众话语性质，努力把他描绘成大众群体中的一员、人民大众的牛，好像鲁迅只是统治者的叛逆，而对大众只有俯首听命充当马前卒。直到20世纪90年代，还有一些新出版的研究著作在努力把鲁迅打扮成一个自愿自觉遵从工农大众意志的小兵。但是，如果我们走近鲁迅，就不难发现他的话语绝不是民间大众的话语。当然，他的确与民间话语存在着千丝万缕的联系，的确对民间文化有浓厚的兴趣，也的确密切关注着民间大众的生活，并且对大众怀有深刻的同情。然而，这一切都不能证明他的民间大众话语性质。他以现代启蒙主义与民间大众划清了界限，“怒其不争”的情感态度使他与阿Q、华老栓、七斤和祥林嫂这些大众的代表站到了不同的地平线上。

中国传统知识分子总是以能跻身庙堂为人生价值实现的目标，一旦仕途阻塞，则往往又有两条道路可供选择：一是隐者之路，归隐山林，超然物外，或者并不真的超然物外而是获得隐者美名走上终南捷径；二是既然不能当魏徵，就到梁山当吴用。吴用的前途不可限量，或者通过“要做官，杀人

放火受招安”的途径走进庙堂，或者通过协助“夺了鸟位”而成为新的魏徵。鲁迅与这两条道路都做了彻底的告别。因为他既不愿“为王前驱”，又清楚宋江们往往不过是贪官污吏的候补。对中国历史的透彻理解和对国民性的深入研究，使他比任何人都清楚中国的主奴之道。于是，不从众，不媚俗，不怯于众势，不淹没于民间，成为鲁迅的一大特色。鲁迅对大众的态度是值得注意的。总的来说，他的态度可用“哀其不幸，怒其不争”概括。这种拜伦式的态度显示的正是现代知识分子的立场。而且，这种态度是衡量一个知识分子是否获得了现代知识分子话语立场的标志。只有“怒其不争”而无“哀其不幸”是非人道的立场，只有“哀其不幸”而无“怒其不争”则是民间大众自己的立场。只有这两者的结合才显示了中国现代知识分子话语的立场。现代精英知识分子不可能像隐士那样超脱，他们关心和同情大众，为大众的苦难而痛苦，但是，他们绝不是与大众站在同一地平线上的大众代言人，绝不是大众意识的“留声机器”，也绝不是利用大众之力而满足私欲的宣传家和煽动者。这种态度最突出的代表者就是鲁迅。这种态度与大众保持了一定距离。这距离并不意味着他对民众的轻视，而是因为他知道大众发出的往往并不是他们自己的声音，知道只有大众真正觉醒并成为真正的“人”之后，真正属于大众自己的声音才能得到表达。

鲁迅前期对民众的态度众所周知，他之所以弃医学文，是因为看到了中国民众的落后与愚昧。“凡是愚弱的国民，即使体格如何健全，如何茁壮，也只能做毫无意义的示众的材料和看客，病死多少是不必以为不幸的。”[①]《文化偏至论》《摩罗诗力说》等文章显示的对庸众的态度，人们已多有论及。在五四时期，因为雷峰塔的倒掉，他一面批判中国人的“十景病”，一面斥责着愚昧民众的“奴才式的破坏”。他赞美卢梭、尼采、托尔斯泰、易卜生等“轨道破坏者”，叹息“中国很少这一类人，即使有之，也会被大众的唾沫淹死”[②]。他感叹：“群众，——尤其是中国的，——永远是戏剧的看客。”[③]他的现代启蒙主义立场使他不可能与大众在思想感情上保持一致或者打成一片。因为他知道，“暴君治下的臣民，大抵比暴君更暴；暴君的暴政，时常还不能餍足暴君治下的臣民的欲望。……暴君的臣民，只愿暴政暴

①②③《鲁迅全集》（第1卷），第417页，第192页、193页，第163页。

在他人的头上，他却看着高兴，拿‘残酷’做娱乐，拿‘他人的苦’做赏玩，做慰安”①。他悲哀于大众的冷漠，竟将烈士的鲜血吞食，竟把革命家逝世的日子作为欢乐的时光。

按照过去的认识，这一切都显示着鲁迅前期思想的局限，说明鲁迅这一时期存在着“对人民力量认识不足的弱点”②。然而，半个多世纪过去之后，我却强烈地感觉到这正是鲁迅之所以成为鲁迅、鲁迅之所以比他人伟大之处；并且，这种态度贯穿着他的一生，是他一生都没有改变的基本观念。按照一般的看法，鲁迅在1927年到1928年之间思想发生了根本转变，然而，就在这个时期，我们仍然能够看到他对大众弱点的论述。面对中山陵合龙口之际南京流传的“太平歌诀”，鲁迅说：“看看有些人们的文字，似乎硬要说现在是‘黎明之前’。然而市民是这样的市民，黎明也好，黄昏也好，革命者们总不能不背着这一伙市民进行。鸡肋，弃之不甘，食之无味，就要这样地牵缠下去。五十一百年后能否就有出路，是毫无把握的。”③面对国民党的屠杀，他说：“我们中国现在（现在！不是超时代的）的民众，其实还不很管什么党，只要看‘头’和‘女尸’。”④

他虽然同情大众，却不像那些自封的无产阶级作家那样面对大众做出或真或假的信任和崇拜的模样。他继续走着他从日本留学时期就确定的批判国民性的道路，并不因为有人宣布“阿Q时代”已经过去就跪倒于据说已经提高觉悟的阿Q面前，或者帮他去抬秀才娘子的宁式床。他到处看到中国民众的奴性，不时地在文章中揭示这种奴性。他说故乡绍兴的“堕民”是一种“已经解放了的奴才”，他们的奴才身份事实上早已经获释，但“就是为了一点点犒赏，不但安于做奴才，而且还要做更广泛的奴才，还得出钱去买做奴才的权利”⑤。鲁迅对中国大众的奴性思之甚深，悲之甚切。他一生对麻木的看客不曾有过好感，一再地指出中国大众往往都是看客。到了20世纪30年代，他也仍然一直关注并反复思考着这一问题。鲁迅写过这样一种发现的

①《鲁迅全集》（第1卷），第366页。

② 唐弢：《中国现代文学史》（一），人民文学出版社1979年，第88页。

③④《鲁迅全集》（第4卷），第103页，第106页。

⑤《鲁迅全集》（第5卷），第216—217页。

现象："假使有一个人，在路旁吐一口唾沫，自己蹲下去，看着，不久准可以围满一堆人；又假使又有一个人，无端大叫一声，拔步便跑，同时准可以大家都逃散。"[①]中国大众的这种无主见、随大流的精神特征，在鲁迅的小说和散文中都得到了充分的表现。在《南腔北调集·经验》中，他揭示中国大众自私、冷漠的灵魂："在中国，尤其是在都市里，倘使路上有暴病倒地，或翻车摔伤的人，路人围观或甚至于高兴的人尽有，肯伸手来扶助一下的人却是极少的。"[②]这种现象在今天的中国大概是有新的发展了。

鲁迅终生对大众没有什么好看法，所以他的批判锋芒不单单指向权威，而且指向民众，因为他清楚："大约国民如此，是决不会有好的政府的；好的政府，或者反而容易倒。也不会有好议员的；现在常有人骂议员，说他们收贿，无特操，趋炎附势，自私自利，但大多数的国民，岂非正是如此的么？这类的议员，其实确是国民的代表。"[③]这时的鲁迅已经接受了阶级论的观点，但是，阶级论的观点并没有使他从此便简单地认为被压迫者比压迫者人格伟大。他清楚地知道奴才和主子的精神联系，写下了让人读之难忘的名言："奴才做了主人，是决不肯废去'老爷'的称呼的，他的摆架子，恐怕比他的主人还十足，还可笑。这正如上海的工人赚了几文钱，开起小小的工厂来，对待工人反而凶到绝顶一样。"[④]

这种选择使鲁迅走上了异常孤独的道路。中国现代历史上这样的孤独者为数仍然不多。一些人有权威可以依附，一些人有大众可以凭靠。鲁迅却既无权威可依，也无大众可靠。作为中国现代知识分子话语的奠基者，作为20世纪中国的启蒙思想家，他为自己选择了一条孤独而艰难的道路。自由需要代价，独立需要代价，知识分子话语的独立需要坚强的意志，需要能够承受孤独的强大自我。否则，背靠大众，卧于传统，人云亦云，随风摇摆，还有什么知识分子的独立话语可言？历史选择了鲁迅，或者说，鲁迅选择了历史，是他为把中国引向现代而自觉地承担起了现代知识分子话语空间的创建。在现代知识分子话语的两个奠基人中，胡适在人格的独立和思想的自由

①《鲁迅全集》（第5卷），第474页。

②④《鲁迅全集》（第4卷），第540页，第302页。

③《鲁迅全集》（第3卷），第21—22页。

等方面无疑也是一面精神旗帜，但是，与鲁迅不同，他精神立场的坚定伴随着行为上的随和。他们都是传统势力最坚决的反抗者和批判者，但是，同样的坚决，却不仅有温和与激烈之分，而且有方向上的差异。胡适的可贵在于身近廊庙而不被权威话语淹没，努力改造权威而拒绝被权威所改造。鲁迅的可贵在于与大众同行而不陷入民间的沼泽，努力启发大众而不被大众同化。这都是启蒙主义者所选择的孤独的人生之路。

与民众同行又保持距离，这是鲁迅的选择。这选择不是由于对民众的冷漠，而是由于对民众的热爱。正因为爱之深切，才对其弱点不能容忍，发出毫不留情的猛烈批判。但是，值得注意的是，鲁迅对民众的态度没有完全走向尼采。他没有表现出尼采式的对民众的蔑视甚或敌视。之所以如此，一个重要的因素是在鲁迅的思想源中，除了尼采之外还有托尔斯泰。正因为人道主义精神，使鲁迅没有像尼采那样走向敌视大众、蔑视女人、厌恶弱者的立场。鲁迅对弱者充满同情，对孩子、对女性，对受压迫和欺凌的大众，都有足够的同情。正是这种人道主义的精神，使中国现代知识分子话语在强调个性主义的同时，留下了通往大众的道路。所以，“哀其不幸”和“怒其不争”是必须联系在一起的，如果没有“哀其不幸”，就失掉了人道主义的博大情怀，就背离了五四新文化运动的方向。如果失掉了“怒其不争”，这种同情就容易使知识分子滑入民间大众的话语立场。创造社和太阳社在20世纪末的转变虽然原因复杂，但很重要的一点就是由于他们是五四运动成果的坐享者而不是在旧文化的一统天下里开创新文化的奋战者，因而缺少五四新文化运动所确立的那种牢固的现代知识分子话语立场。

因为历史没有为大众提供发音器官，所以他们发不出声音，在20世纪20年代到30年代的中国，鲁迅承担起了为其喊出痛苦之声的使命。但是，他不是一般的代言人（在文学中，大众代言人绝不应该是一个美称），而是同时承担着大众精神疾病诊断者的使命。而这两者的结合才是真正的知识分子的使命。鲁迅一生所做的，一是引导大众改变奴隶的地位，二是引导大众改变奴隶的精神状态。这也正是他的“立人”思想在指向大众时的基本内涵。鲁迅终其一生为这一目标而努力，他一边向奴隶主发出愤怒的断喝，一边向奴隶发出站起来的呼声，并且让奴隶们认识自己身上的各种劣根性，以求将来能够从根本上消灭奴隶和奴隶主的历史循环。

（二）大众化运动中的清醒态度

冯雪峰在《关于鲁迅在文学上的地位》中对“鲁迅主义”的概括有这样四点：一是创造了诗与政论凝结为一体的杂感，二是为民族和大众而战斗的意志和博大的爱，三是大众化，四是对古代传统的批判继承。如果说前两点还不算太错的话，后两点却可以用于左翼的其他作家而唯独安不到鲁迅的头上。第四条与此处所论无关，所以尽管说鲁迅“师法‘儒派’中的某些可贵精神”和继承“中国旧有的好的文学传统”与鲁迅对待传统的态度很不一致，在此仍然暂且不管它。在此须要讨论的是第三点——鲁迅的大众化。我以为，鲁迅的文学创作所走的是一条“化大众”的道路，与20世纪30年代开始倡导的大众化道路是背道而驰的。

首先须要指出，鲁迅绝不赞同我们一般所说的大众化。按照流行的解释，大众化就是“变得跟广大群众一致；适合广大群众需要”。[①]关于“大众化”这个词，人们有不同的理解和认识，但是，这是目前仍然最流行的《现代汉语词典》里的解释。可能有人会指责辞典对这个词的解释不准确，因为当年大众化的讨论中它的内涵远不如此简单。但是，我们不应该指责辞典，特别是20世纪50年代至70年代的辞典，代表的更是流行的权威认识。我以为，不仅不应该指责辞典，而且应该时时注意，在使用一个词语的时候首先不要忘了先去查一下最流行的辞典。因为只有这样，提出的口号才不至于被他人接去而引向反面；同时也可避免接过一个口号大加赞美，到后来却发现那口号中装的并不是自己要赞美的东西。无论什么时候，普及性的辞典所代表的总是最流行的解释。事实上，大众化的口号从提出的那一天，就是向这个方向努力的：变得跟广大群众一致，适应广大群众需要。它意味着知识分子向工农大众学习，意味着迁就和迎合大众而彻底改造自己，同时，它也预示着知识分子主体性的丧失和“臭老九”的命运，预示着知识青年上山下乡接受贫下中农的再教育。那种把大众化作另外解释的努力不过是一些知识分子的一厢情愿。这一点，看后来毛泽东的《讲话》精神会更容易清楚：“虽然大众的手是黑的，脚上有牛屎，但仍然比知识分子要干净得多。”要理解大众化，这才是它的精义之所在。鲁迅当然不会赞同这样一条道路，他不会

①《现代汉语词典》，商务印书馆1981年，第200页。1996年版仍如此。

愿意好好接受看客们或者阿Q们的再教育。他自我认定的角色是大众的改造者而不可能成为被改造者。尽管鲁迅也有个别表现工农大众朴素品质的作品，尽管早在20世纪40年代就出现了把《一件小事》作为鲁迅小说代表作的现象。但是，鲁迅自己绝不会认为《一件小事》比《狂人日记》《药》和《阿Q正传》更为重要。

有必要考察一下大众化运动的过程和鲁迅在整个过程中的表现。我以为，要考察大众化运动的全过程不能只是从这个口号的提出开始，而应该考察它的全过程。大众化的倾向是从五四运动落潮之后“到民间去”的口号开始，经过“革命文学”运动，然后在20世纪30年代形成并提出的。没有前面的基础，就没有大众化问题的提出。而在这个全过程中，鲁迅的态度一直是明朗的。

早在1925年，他就对“到民间去”的口号表示怀疑。“但从此也可以知道：我们的‘民间’怎样；青年单独到民间时，自己的力量和心情，较之在北京一同大叫这一个标语时又怎样？”①当时大概没有多少人怀疑到民间去的必要，但鲁迅表示怀疑，因为他能意识到即使是进步的青年知识分子，单独到民间去之后，面对落后的民间汪洋，他们的力量是多么渺小。许多人都兴奋地高叫，却想不到知识分子到民间去面对的多种可能。只有长期研究国民性问题的鲁迅能够意识到，民间大众的力量是巨大的，足以吞掉几个刚刚觉醒的青年。事实上，五四时期的鲁迅与20世纪30年代的鲁迅在这一方面没有多大的变化，他不反对知识分子去接触大众，更不反对为大众做事，但是，他时刻警惕着觉醒的知识分子被大众淹没这一致命危险。

由于历史提供的条件，20世纪20年代末开始，中国现代知识分子话语受到了来自两个方面的压迫。一方面，随着北伐战争的结束和统一的国家政权的建立，政治权威试图以自己的意志整合文化，建立新的文化秩序。另一方面是来自一些年轻的作家向民间话语倾斜而发动的攻势。面对权威话语的挤压，鲁迅的反抗已在上一部分中提及。面对后一方面的挤压，鲁迅也进行了他的斗争。来自民间方面的挤压有一个漫长的过程，先是1926年郭沫若身着国民革命军的军装向青年作家发出了号召：“到兵间去，民间去，工厂

①《鲁迅全集》（第3卷），第94—95页。

间去，革命的漩涡中去！”[①]接着是1928年创造社和太阳社的成员们纷纷认定个人主义的文艺早已过去，继之而起的将是民众的文艺。他们提出：“革命文学应当是反个人主义的文学，它的主人翁应是群众，而不是个人，它的倾向应当是集体主义，而不是个人主义。”[②]他们要向着大众“开步走”，以大众为表现对象，“努力获得阶级意识”，并且在语言上“接近农工大众的用语”[③]。作为五四新文学及其个人主义和人道主义的代表，鲁迅被拿来为“革命文学”的兴师祭刀。他们对以鲁迅为代表的现代知识分子话语不以为然，因而对鲁迅发起了猛烈的进攻。他们说鲁迅“暴露了知识阶级的厚颜，暴露了人道主义的丑恶”[④]。他们严厉批判鲁迅的所谓“小资产阶级的恶习性”，批判鲁迅的个人主义倾向，否定鲁迅作为现代知识分子的独立人格和自由思想。他们指出：“鲁迅所以陷于这样的状态之中，我们也可以说完全是所谓自由思想害了他。”[⑤]更有甚者，则像郭沫若那样干脆宣判鲁迅为“封建余孽”和“二重反革命”[⑥]。

他们以最激进的面貌批判和否定“五四”，否定现代知识分子的启蒙话语。其改造旧社会的迫切之情可以理解，但为了寻找改造旧社会的力量而建立的对群众的认识，却使他们陷入了一种貌新而实旧的境地。他们反对的所谓“旧式的作家”，是以鲁迅为代表的五四新文学先驱。他们所反对的所谓“旧思想”，正是五四新文化运动中出现的新思想。他们用以批判和否定个人主义的所谓新思想，也不全是国外引进的新货色，而往往是在五四新文化运中受到冲击的中国几千年专制主义传统之下形成的群体意识。这些激情满怀却缺乏深刻认识的年轻人自以为找到了新的价值而超越了五四新文化精神，却没有意识到他们以最激进的面貌出现，承载的却是传统的惯性。如果我们

① 郭沫若：《革命与文学》，1926年4月《创造月刊》第1卷第3期。

② 蒋光慈：《关于革命文学》，1928年2月《太阳月刊》第2期。

③ 成仿吾：《从文学革命到革命文学》，1928年2月《创造月刊》第1卷第9期。

④ 成仿吾：《毕竟是“醉眼陶然”罢了》，1928年5月《创造月刊》第1卷第11期。

⑤ 钱杏邨：《死去了的阿Q时代》，1928年3月《太阳月刊》第3期。

⑥ 杜荃（郭沫若）：《文艺战上的封建余孽——批评鲁迅的〈我的态度气量和年纪〉》，1928年8月《创造月刊》第2卷第1期。

比较一下20世纪20年代末和30年代初的革命文学运动和代表国家权威话语的民族主义文学运动，就会发现他们虽然在政治上存在严重的对立，但在文化上却高度一致。他们都一样反对五四新文学和新文化，反对欧化，反对个性主义，而努力张扬群体意识。他们虽然有分歧，但背后站立的是同一个传统。只有现代知识分子话语是这个传统的异己。

20世纪30年代的文坛就在这样一个基础上迎来了大众化的讨论。大众化运动的一个突出特点就是反对欧化。尽管瞿秋白等人有时也在理论上表示不一般地反对欧化，但批判的锋芒所向却往往是五四新文学的“欧化倾向”。他们认为五四新文学运动“产生了一种新式的欧化的‘文艺上的贵族主义’”①。所以，文艺大众化的中心任务之一就是“在知识青年小资产阶级群众之中进行反对一切反动的欧化文艺的斗争”②。在大众化的讨论中，倡导者高声呼唤文艺“向着大众飞跃”，认为：“什么只应该提高群众的程度来欣赏艺术，而不应当降低艺术的程度去迁就群众，——这一类话是‘大文学家’的妄自尊大！”③当有人提出文艺大众化的第一重困难在于大众自己的时候，瞿秋白立即严厉指责作者和他代表的知识分子“还没有决心走进工人阶级的队伍，还自己以为是大众的教师，而根本不肯向大众去学习”，是“企图站在大众之上去教训大众”，并且指出：“这种病根必须完全铲除。”④本来肩负着启蒙使命的知识分子，从这时开始，不能再理直气壮地“站在大众头上教训大众”。他们开始被引导去向大众学习，去迁就和迎合大众的思想感情和审美心理。知识分子开始放弃自己的话语权，放弃自己的历史主体地位，向工农大众认同。

尽管大众化的倡导者所代表的并非真正的民间文化，他们的声音也不是真正的大众的声音。但是，因为本世纪民间话语仍然是依靠代言，而且积极充当大众代言人正是本世纪一些知识分子的自觉选择，所以，这种代言的结果不妨看作一种民间大众话语。

面对民间话语的挤压，鲁迅是坚韧的。他与革命文学论者展开了激烈的论战。他在《路》《上海文艺之一瞥》等文章中对工农大众的文艺代表们的

①④《瞿秋白文集（二）》，人民文学出版社1953年，第881页，第875页、878页。

②③ 瞿秋白：《大众文艺的问题》，《文学月报》1932年创刊号。

嘲弄是一针见血的。他不相信那些在咖啡馆里的留学生能够发出大众的声音，只相信血管里流出来的是血，而水管里流出来的是水。他当然不反对文艺为大众的命运而呐喊，因为他一直就是这么做的，但他不同意去做大众的留声机器，更不接受为了获得大众意识而向大众学习并改造自我的做法。他坚持启蒙主义的文学方向，从来没有否认知识分子的先知先觉作用，没有否认知识分子应该有的先驱性。正是这种立场使他坚守了知识分子的话语立场。

启蒙主义的目的是“立人”。为“立人”必须批判国民性，必须否定奴隶性。所以，是否承认大众的落后性，是否坚持启蒙主义立场，是否承认个人的权利和地位，是20世纪20年代后期之后中国文学中现代知识分子话语与民间话语和权威话语的重要分界线。

鲁迅不赞成牺牲文艺的艺术性去适应大众的水平，更不同意放弃现代意识而去迎合大众陈旧的习惯心理。无论鲁迅后期的思想有什么变化，五四时期确立的启蒙主义立场始终坚守着。当左联讨论文艺大众化的时候，他首先担心的是“若文艺设法俯就，就很容易流为迎合大众，媚悦大众。迎合和媚悦，是不会于大众有益的”。他主张“应该多有为大众设想的作家，竭力来作浅显易解的作品，使大家能懂，爱看”，目的却仍然是“挤掉一些陈腐的劳什子”[①]。而这种意识却正是瞿秋白们要铲除的“病根”。

关于大众文艺和大众语的问题，开始鲁迅没有发表多少意见。但是，因为见到一些“高论”，还是忍不住说了一些话。他曾经讽刺那些学习大众语言者：“如果也照样的写着‘这妈的天气真是妈的，妈的再这样，什么都要妈的了’，那么于大众有什么益处呢？”[②]在《门外文谈》中，他写下了这样一些句子：“这一回，大众语文刚一提出，就有些猛将趁势出现了，来路是并不一样的，可是都向白话，翻译，欧化语法，新字眼进攻。他们都打着‘大众’的旗，说这些东西，都为大众所不懂，所以要不得。其中有的是原是文言余孽，借此先来打击当面的白话和翻译的，就是祖传的‘远交近攻’的老法术；有的是本是懒惰分子……其实也还是文言文的好朋友，我都不想

①《鲁迅全集》（第7卷），第349页。

②《鲁迅全集》（第6卷），第77页。

在这里多谈。现在要说的只是那些好意的，然而错误的人，因为他们不是看轻了大众，就是看轻了自己，仍旧犯着古之读书人的老毛病。”他不同意大众不懂就要不得的观点，更不赞同不能为大众所喜闻乐见就不是好作品的价值观。他认为，那些打着大众的旗号反对“五四”白话的人，那些主张“说话作文，越俗，就越好”的人，发展开来，“就要不自觉的成为新国粹派”[①]。而对于国粹派，鲁迅是永远不能认可的。这一切都证明他仍然在保卫着五四新文化运动的成果，保卫着启蒙主义文学的方向，坚守着知识分子的话语立场。

大众化和“化大众”的矛盾主要表现在是批判国民性还是迎合大众。对于迎合大众的观点，鲁迅曾经严肃地指出：“主张什么都要配大众的胃口，甚至于说要‘迎合大众’，故意多骂几句，以博大众的欢心。这当然自有他的苦心孤诣，但这样下去，可要成为大众的新帮闲的。”[②]这个问题很值得注意，我们过去只认为鲁迅反对做统治者的帮闲，却未必注意到鲁迅同时也反对做大众的帮闲。他知道与他在一个阵营里的那些作家虽然也有背叛，但是，从大多数来看，对统治者的态度是没有多大问题的。然而，帮大众的闲，而没有自己作为现代知识分子的独立性，却是一个相当普遍的问题。鲁迅对这个问题终于表达了清楚的意见：“所以，新国粹派的主张，虽然好像为大众设想，实际上倒尽了拖住的任务。”[③]他明确地告诉人们，为大众着想，文学家不能去适应大众的胃口，“因为有些见识，他们究竟还在觉悟的读书人之下，如果不给他们随时拣选，也许会误拿了无益的，甚而至于有害的东西。所以，‘迎合大众’的新帮闲，是绝对的要不得的”[④]。长期以来，在谈论文学的民族化和大众化的时候，这些话是从来不被引用的。

鲁迅一直没有接受知识分子可以成为大众文学家从而去表现大众意识的观点。他说：“在现在，有人以平民——工人农民——为材料，做小说做诗，我们也称之为平民文学，其实这不是平民文学，因为平民还没有开口。这是另外的人从旁看见平民的生活，假托平民底口吻而说的。眼前的文人有些虽然穷，但总比工人农民富足些，这才能有钱去读书，才能有文章；一看

①②③④《鲁迅全集》（第6卷），第101页，第101页，第102页，第102页。

好像是平民所说的，其实不是；这不是真的平民小说。平民所唱的山歌野曲，现在也有人写下来，以为是平民之音了，因为是老百姓所唱。但他们间接受古书的影响很大，他们对乡下的绅士有田三千亩，佩服得不得了，每每拿绅士的思想，做自己的思想，绅士们惯吟五言诗，七言诗，因此他们所唱的山歌野曲，大半也是五言或七言。这是就格律而言，还有构思取意，也是很陈腐的，不能称是真正的平民文学。……如果工人农民不解放，工人农民的思想，仍然是读书人的思想，必待工人农民得到真正的解放，然后才有真正的平民文学。"①对于革命文学，他的看法也是这样："我以为根本问题是在作者可是一个'革命人'，倘是的，则无论写的是什么事件，用的是什么材料，即都是'革命文学'。从喷泉里出来的都是水，从血管里出来的都是血。"②

许多人对鲁迅都有一种错觉，或者人云亦云并无自觉，或者被流行的观念阻碍了目光，他们往往只看到鲁迅对知识分子的批判，而没有注意到这批判并不意味着他倾向于大众的传统。鲁迅之所以更多地批判知识分子，因为他知道自己的话只有知识分子能够听得懂。由于对大众的认识，他甚至曾经暂不准备与大众说话。在写给旭生的信中，他说："我想，现在没奈何，也只好从智识阶级——其实中国并没有俄国之所谓智识阶级，此事说起来话太长，姑且从众这样说—— 一面先行设法，民众俟将来再谈。而且他们也不是区区文字所能改革的。"③后来的鲁迅主张走向民众，但他却仍然是带着"化大众"的目的而走近的。《二心集》中的《习惯与改革》是一篇非常重要的文章，它明确地表现了鲁迅进入20世纪30年代之后的文学思想。在这篇文章中，他说："体质和精神都已硬化了的人民，对于极小的一点改革，也无不加以阻挠。"这是他对大众的基本看法。他接着说："梁实秋先生们虽然很讨厌多数，但多数的力量是伟大的，要紧的，有志于改革者倘不深知民众的心，设法利导，改进，则无论怎样的高文宏义，浪漫古典，都和他们无干，仅止于几个人在书房中互相叹赏，得些自己的满足。假如竟有'好人政府'，出令改革乎，不多久，就早被他们拉回旧道上去了。"他认为，如果

①②③《鲁迅全集》（第3卷），第422页，第544页，第25页。

不改变大众的旧习惯，则无论什么样的革命，都将是“沙上建塔，顷刻倒坏”[①]。而他所希望的是能够深入民众之中，“于他们的风俗习惯，加以研究，解剖，分别好坏，立存废的标准”[②]。这正是他自己的言行的一种说明，是对知识分子表明他走向多数的原因。这与他的初衷的确并无二致。

四、现代独立性的坚守

（一）关于“遵命文学”

关于鲁迅的独立人格与独立思想，大概没有多少异议。但是，有几个问题是值得注意的。首先就是长期以来有人由于各种原因而片面地理解或片面地解释鲁迅自己所说“遵命文学”的含义。遵奉“革命的无产阶级”之命是广泛流行的结论。然而，我却怎么也弄不明白他到底是怎么遵奉无产阶级之命的。查鲁迅的生活，在他参加五四新文化运动之前没有一个能够影响他思想的无产阶级分子出现在他的身边。在五四新文化运动中，被认定为无产阶级知识分子的一般是陈独秀和李大钊，但我却找不到任何材料证明他们曾经命令鲁迅，也看不到鲁迅遵奉他们的命令。

“命令”过他的只有钱玄同。全部的过程正如《〈呐喊〉自序》中所讲的，鲁迅正在抄古碑，钱玄同来请他写文章。鲁迅的态度是：“假如一间铁屋子，是绝无窗户而万难破毁的，里面有许多熟睡的人们，不久都要闷死了，然而是从昏睡入死灭，并不感到就死的悲哀。现在你大嚷起来，惊起了较为清醒的几个人，使这不幸的少数者来受无可挽救的临终的苦楚，你倒以为对得起他们么?”他得到的回答是：“然而几个人既然起来，你不能说决没有毁坏这铁屋的希望。”于是，鲁迅被说服，承认“我虽然自有我的确信，然而说到希望，却是不能抹杀的，因为希望是在于将来，决不能以我之必无的证明，来折服了他之所谓可有”。鲁迅答应给《新青年》写文章，考虑到“既然是呐喊，则当然须听将令的了，所以我往往不恤用了曲笔，在《药》的瑜儿的坟上凭空添上一个花环，在《明天》里也不叙单四嫂子竟没有做到看见儿子的梦，因为那时的主将是不主张消极的。至于自己，却也并

---

①②《鲁迅全集》（第4卷），第223—224页，第224页。

不愿将自以为苦的寂寞，再来传染给也如我那年轻时候似的正做着好梦的青年”[①]。这是一个说服的过程。

鲁迅之所以被说服，决定的因素在鲁迅自身，他本人虽然因为思之甚深而对中国这间铁屋子几乎绝望，但是，他却早有更深处不甘绝望的反抗意志。正因为这样，当新文化运动到来时他已经不是彻底的悲观主义者，他看到了曙光，有了一点希望。在《随感录三十八》中，他说：“昏乱的祖先，养出昏乱的子孙，正是遗传的定理。民族根性造成之后，无论好坏，改变都不容易的。……但我总希望这昏乱思想遗传的祸害，不至于有梅毒那样猛烈，竟至百无一免。即使同梅毒一样，现在发明了六百零六，肉体上的病，既可医治；我希望也有一种七百零七的药，可以医治思想上的病。这药原来也已发明，就是‘科学’一味。只希望那班精神上掉了鼻子的朋友，不要又打着‘祖传老病’的旗号来反对吃药，中国的昏乱病，便也总有全愈的一天。祖先的势力虽大，但如从现代起，立意改变：扫除了昏乱的心思，和助成昏乱的物事（儒道两派的文书），再用了对症的药，即使不能立刻奏效，也可把那病毒略略羼淡。”[②]这已经是与新文化运动领袖集团的主要人物非常一致的认识了。

其实，鲁迅自己解释得很清楚：“我所遵奉的，是那时革命的前驱者的命令，也是我自己所愿意遵奉的命令，决不是皇上的圣旨，也不是金元和真的指挥刀。”[③]首先，这“命令”是“自己愿意遵奉的”，同时，命令主体实际上是新文化运动对积极向上精神的必然要求。对于这种要求，鲁迅的确遵从了，为了五四新文化阵营共同的目标，他努力在作品中表现出希望的亮色。但这同时也是他自愿的选择，而不是对什么权威的服从。作为一个独立的思想者，他的一切都是自主选择的结果，而不是遵命的结果。

（二）集团中的异数

另一个问题是他与左联的关系。鲁迅参加了左联，这是无法改写也不必改写的事实。有人为此而赞美他，因为他进入战斗集体去从事遵命文学活动；有人为此而攻击他，认为他终于向论敌投降。来自不同方面的褒贬都否

---

①②《鲁迅全集》（第1卷），第419—420页，第313页。

③《鲁迅全集》（第4卷），第455页。

定着他的独立人格和知识分子独立的话语立场。

事实上，只要不为某种纱幕所遮蔽，就不难看到，鲁迅虽然参加了左联，但与左联却是一种非常复杂的关系。从他与左联的复杂关系，可以看到他绝不盲从的各种表现和无法改变的个人主义。

对于一般人来说，组织意味着一种依靠。缺少自我的人或者用鲁迅的话说缺少“个人的自大”的人尤其需要组织。鲁迅是孤独的，加入左联本可以是解脱之途，即使主体的独立性丧失，也可以换得逃避自主的轻松，因为自主与自由都需要代价。然而，鲁迅注定了是悲剧式的，加入集团不但没有消解精神的孤独和焦虑，而且背起了更为沉重的十字架。一方面，作为一种自觉选择，他努力相信通过阶级斗争的方式可以解放劳苦大众，因为他知道在中国现实的土地上他的国民性改造工程路途是多么漫长。另一方面，他更知道，在中国现实的基础上对民众的迁就意味着什么，作为五四新文化精神的承载者，他不愿意看到与现代性目标相背离的结果。同时，他又很清楚地知道：“孤独的精神战士，虽然为民众战斗，却往往反为这‘所为’而灭亡。”[①]所以，在投身于左翼文学运动的时候，他没有因此而变得更轻松，而是承受了更多的痛苦。给他带来更多痛苦的是现代知识分子的独立人格与集团的矛盾。因为他虽然参加了一个否定知识分子自身立场而获得大众立场的集团，却没有因此而放弃他现代知识分子的独立性。

鲁迅往往被看作左联领袖和左翼文坛的盟主。其实，他的左翼文坛旗帜和盟主的地位不过是因为他的影响和成就所致。他一直不是合格的左联盟员。他从不参加左联搞的飞行集会，不赞成左联领导人的种种主张，不接受任何人试图强加给他的教导，很少参加左联的会议，不尊重领导，不团结同志，称领导为“元帅”“工头”“奴隶总管”……如果不是情况特殊，中国的任何集团、帮会都不允许这种成员存在。

在左翼文艺的领导者和批评家中，冯雪峰是比较接近鲁迅也比较了解鲁迅的。他公开对创造社提出批评，主张团结鲁迅而不是把鲁迅打倒。但是，正是他曾把鲁迅称作“同路人”。因为他清楚地知道鲁迅与自己的巨大差

①《鲁迅全集》（第3卷），第140页。

距，也知道鲁迅的“同路人”属性。[①]对于左联，鲁迅的确只是一个“同路人”。无论后来冯雪峰如何根据需要而修正自己的观点，都不会影响他本来看法的正确性。过去鲁迅研究界由于各种原因而否定这种看法，其中一些人出于对鲁迅的爱而把鲁迅与左联紧紧地捆在一起，或者抹平矛盾，你好我好大家都好；或者立鲁迅为左联正宗，指责鲁迅的论敌极“左”而让他们蒙受不白之冤。学术研究应该尊重事实依据，应该看到鲁迅从来就不是左联集团中合格的列兵，更难占据正宗之位。这主要还不在于他不守纪律，而在于一个更重要的原因：他不会像别人那样放弃自己的见解，克服自己的头脑而无条件地服从集团的要求。他和那些为政治斗争服务的左翼文学战士的相同点仅仅是对大众的同情和对权威话语的反抗。但由于思想认识和基础的不同，他无法与他们步调一致，而且，他也没有像其他的投身于政治革命的文艺战士一样自觉地改造自己，克服自己的非无产阶级思想意识，因而即使向着大众“开步走”，也不能去做大众意识的“留声机器”。

正因为这样，虽然文坛都以鲁迅为左联领袖，但事实上左联自有其真正的领导，一切都无须鲁迅来指挥。行动方针和重要的决定都无须他过问，形成决定之后能够通知他就是礼貌。像郁达夫被开除这样的事，鲁迅没有权力过问，事后才被通知，表示反对也不起作用。甚至左联解散这样的大事，鲁迅也并不清楚。左联1935年年底解散，次年4月24日，鲁迅给何家槐的信中却说：“现在竟不知道这集团是否还在，也不能看见最末的《文学生活》。”[②]5月2日致徐懋庸的信中又说：“集团要解散，我是听到了的，此后即无下文，亦无通知，似乎守着秘密。这也有必要。但这是同人所决定，还是别人参加了意见呢，倘是前者，是解散，若是后者，那是溃散。这并不很小的关系，我确是一无所知。”[③]阅历甚深的鲁迅有时也很天真，竟以为这样的大事应该与他商量。

不仅左联没有把他看作自己人，而且鲁迅也没有把左联看作自己的依靠，更别说有那种终于找到了母亲的感觉。参加左联之初，鲁迅就曾在信中告诉友人：“此次又应青年之请，除自由同盟外，又加入左翼作家联盟，于

① 冯雪峰：《回忆鲁迅》，人民文学出版社1981年，第46页。

②③《鲁迅全集》（第13卷），第363页，第365页。

会场中，一览了荟萃于上海的革命作家，然而以我看来，皆茄花色，于是不佞势又不得不有作梯子之险，但还怕他们尚未必能爬梯子也。哀哉！”[①]参加之后，与创造社、太阳社的论敌也从来没有因为成为战友而实现过联合，而是仍然一如既往地毫不掩饰心中的厌恶。他扶持柔石等青年作家，并非因为同属一个组织。一些左翼青年追随他，也并不能证明他在左联的地位。正如萧军、萧红等人一样，一些人接近左翼，是奔鲁迅去的，往往取决于私人感情。

鲁迅与左联，最后的结局更是不欢而散，双方冤愤难平。

让我们看一看鲁迅对左联的印象吧！看这个集团是如何使他陷入无法摆脱的苦恼；是如何使他在生命的最后都无法安静，无法忘却，并决定“一个也不宽恕”。看鲁迅在1935年到1936年，生命最后的一年多时间里，给朋友的信件中关于左联的感受——

“敌人不足惧，最令人寒心而且灰心的，是友军中的从背后来的暗箭；受伤之后，同一营垒中的快意的笑脸。因此，倘受了伤，就得躲入深林，自己舐干，扎好，给谁也不知道。我以为这境遇，是可怕的。”[②]

“我本是常常出门的，不过近来知道了我们的元帅深居简出，只令别人出外奔跑，所以我也不如只在家里坐了。记得托尔斯泰的什么小说说过，小兵打仗，是不想到危险的，但一看见大将面前防弹的铁板，却就也想到了自己，心跳得不敢上前了。但如元帅以为生命价值，彼此不同，那我也无话可说，只好被打军棍。”[③]

“我在这里，有些英雄责我不做事，而我实日日译作不息，几乎无生人之乐，但还要受许多闲气，有时真令人愤怒……我们×××里，我觉得实做的少，监督的太多，个个想做‘工头’，所以苦工就更加吃苦。现此翼已经解散，别组什么协会之类，我是决不进去了。”[④]

……

①《鲁迅全集》（第12卷），第8页。

② 1935年4月23日致萧军萧红信，见《鲁迅全集》（第13卷），第116页。

③ 1935年6月28日致胡风信，见《鲁迅全集》（第13卷），第160页。

④ 1936年4月5日致王冶秋信，见《鲁迅全集》（第13卷），第350页。

鲁迅反复向朋友诉说心中的闷气，开始是只向几个密友，后来却忍不住到处诉说。他曾计划身体稍好一点之后“做一篇文章，至少五六万字，把历来所受的闷气，都说出来”[①]。但是，生命苦短，他就这样带着满腔闷气离开了人间，只能在最后的时刻表示“一个也不宽恕”。鲁迅对自己参加左联没有直接说过后悔的话，表示后悔不符合鲁迅的性格。但是，有两件事是应该注意的：第一，萧军要加入左联，鲁迅不同意，并明确地表达了自己的想法：“三郎的事情，我几乎可以无须思索，说出我的意见来，是：现在不必进去。最初的事，说起来话长了，不论它；就是近几年，我觉得还是在外围的人们里，出几个新作家，有一些新鲜的成绩，一到里面去，即酱在无聊的纠纷中，无声无息。以我自己而论，总觉得缚了一条铁索，有一个工头在背后用鞭子打我，无论我怎样起劲的做，也是打，而我回头去问自己的错处时，他却拱手客气的说，我做得好极了，他和我感情好极了，今天天气哈哈哈……真常常令我手足无措，我不敢对别人说关于我们的话，对于外国人，我避而不谈，不得已时，就撒谎。你看这是怎样的苦境？我的这意见，从元帅看来，一定是罪状……”[②]第二，左联解散之后，鲁迅宁愿承担各种罪名，而坚决不再加入以左联为基础建立的新的组织。之所以如此，正是由于“鉴于前车”[③]。

冷静地看问题，我不愿意只是站在鲁迅的立场上指责元帅和工头们，因为他们没有错。按照中国传统，他们的做法才是正常的，问题是鲁迅对于中国传统来说太反常。左联像中国的一切集团一样不可能因为鲁迅而改变做法，那就只怪鲁迅对它不适应。鲁迅之所以不能适应左联，根本原因是个性主义和他的独立人格。因为无论工头如何，没有获得独立意识的人们本不以为怪，一切都不是不可以忍受的，只是鞭子抽在鲁迅身上，感受与抽在阿Q、祥林嫂们身上很不相同而已。

---

① 1936年5月23日致曹靖华信，见《鲁迅全集》（第13卷），第383页。

② 1935年9月12日致胡风信，见《鲁迅全集》（第13卷），第211页。

③ 在《360405 致王冶秋》《360423 致曹靖华》《360424致何家槐》《360502 致徐懋庸》《360504 致王冶秋》等多封书信中，鲁迅都有如此表示，可见这个集团给鲁迅心灵上造成的伤害之深。

（三）关于后期的“转变”

一个重要的问题是鲁迅思想转变的问题。半个多世纪以来，鲁迅研究中一个权威的观点是把鲁迅分为前期和后期，前期是个人主义而后期是集体主义，前期是进化论而后期是阶级论。可是，应该注意的是，虽然鲁迅参加了集团，却仍然坚守着他的知识分子话语立场，他有发展和变化，但正如许寿裳所说：“思想只管向前迈进，而主义却是始终一贯的。”①

对鲁迅转变和前后期的划分始于20世纪30年代瞿秋白的《〈鲁迅杂感选集〉序言》。在这篇序言中，瞿秋白把个性主义界定为鲁迅前期的思想，并且进行了否定，并代他宣布了这一转变：“从进化论最终的走到了阶级论，从进取的争求解放的个性主义进到了战斗的改造世界的集体主义。”“从进化论进到阶级论，从绅士阶级的逆子二臣进到无产阶级和劳动群众的真正的友人，以至于战士。”②后来的人们就不再用“友人”之类的词汇，而是让他直接成了劳动群众的一员，一个小兵，一头人民大众的牛。这里的集体主义与大众是等义的。于是，鲁迅似乎成了大众文学的代表，似乎已经不是一个启蒙主义文学家，而是大众意识的表现者。

瞿秋白说：“这些早期的革命作家，反映着封建宗法社会崩溃的过程，时常不是立刻就能够脱离个性主义——怀疑群众的倾向的；他们看得见群众——农民小私有者的群众的自私、盲目、迷信、自欺，甚至于驯服的奴隶性，可是，往往看不见这种群众的‘革命可能性’，看不见他们的笨拙的守旧的口号背后隐藏着革命的价值。鲁迅的一些杂感里面，往往有这一类的缺点，引起他对于革命失败的一时的失望和悲观。”③瞿秋白的评论显示的是20世纪30年代中国的民间大众话语立场。他把个性主义定义为“怀疑群众的倾向”，并且反对这种倾向；谈到群众的自私、盲目等缺点的时候，把“群众”限定为“农民小私有者”，因为在他看来，工人阶级是不可能有这落

---

①［日］北冈正子：《我对〈我所认识的鲁迅〉的异议》，黄英哲译，《鲁迅研究月刊》1997年第4期。据该文比较，这句话在大陆出版的《我所认识的鲁迅》一书中被删掉了。这种删除原因难以确证，但有一点是明显的，那就是它与从进化论转向阶级论、从个人主义转向集体主义这一权威解释是不一致的。

②③《瞿秋白文集（二）》，人民文学出版社1953年，第992—997页，第995页。

后性的。他指责鲁迅的启蒙主义立场，只看到群众的奴隶性而看不到群众的“革命可能性”。其实，对于群众的革命可能性，鲁迅是充分看到了的，只可惜他不太信任。他曾经说过，“中国倘不革命，阿Q便不做，既然革命，就会做的。……其实这也不算辱没了革命党”[①]。一个很重要的分歧不是别的，而是无论钱杏邨还是瞿秋白、冯雪峰、周扬，都不愿意承认阿Q性格的普遍性，都根据愿望而相信阿Q的时代已经过去。从瞿秋白的序言，我们可以看到他与鲁迅思想的巨大差距。瞿秋白虽然也批评创造社、太阳社的人们，但他与创造社、太阳社对鲁迅的批评并没有什么根本的不同。

因此，瞿秋白对鲁迅的评论虽有很多值得称道之处，但一些结论却只能是他从政治角度而进行的一种简化读解。比如说鲁迅“从自己的道路回到了狼的怀抱”，这“狼的怀抱”显然是指大众。而我以为，鲁迅根本没有回到“狼的怀抱”。20世纪20年代最后几年，一些知识分子开始从自己的道路上回到了“狼的怀抱”，但鲁迅没有。鲁迅孤独地走着现代知识分子的独立之路。瞿秋白无力解释鲁迅，因为他自己的高度尚无法对鲁迅深入理解，只能是根据自己的需要而解释鲁迅，甚至使用的语言，比如“帝国主义的战神强奸了东方文明公主”之类，无论在何种意义上使用，都很难与解释鲁迅相和谐。

从瞿秋白开始，鲁迅研究非常一致地接受了“鲁迅有两个时期”的结论。直到目前为止，几乎所有的新版、旧版的大学教材还都基本沿用着这个发展线索：从进化论最终走到了阶级论，从进取的争求解放的个性主义走到了战斗的改造世界的集体主义。事实上，这个结论并不准确，至少是简单化的。

首先让我们看一看进化论和阶级论的问题。有一句话被反复使用，那就是鲁迅在《三闲集·序言》中所说的：“我有一件事要感谢创造社的，是他们‘挤’我看了几种科学底文艺论，明白了先前的文学史家说了一大堆，还是纠缠不清的疑问。并且因此译了一本蒲力汗诺夫的《艺术论》，以救正我——还因我而及于别人——的只信进化论的偏颇。”人们往往以此作为从进化论转向阶级论的根据。由于各种原因，当然有不少人喜欢拿出这句话印

①《鲁迅全集》（第3卷），第379页。

证瞿秋白没有论证的结论。但是，我以为应该看一看胡风的解释："这是说他读了一些马列主义文艺理论，解决了一些文学史上的问题，并没有说他的全部思想'转变'。"[①]鲁迅此后的确不再只信进化论，但也并没有否定进化论。他接受了阶级论，但并不只信阶级论。他说过："在我自己，是以为若据性格感情等，都受'支配于经济'（也可以说根据于经济组织或依存于经济组织）之说，则这些就一定都带着阶级性。但是'都带'，而非'只有'。"[②]鲁迅是超越于阶级论之上的，作为一个独立的现代知识分子，不是哪一种理论所能够装得下或者覆盖得了的，他的思想当然能够容纳阶级论。何况，阶级论与进化论并不矛盾，进化论帮助人们认识历史的纵向发展和演变，阶级论帮助人们认识社会的阶级和阶层的构成及其矛盾，二者并不形成非此即彼的矛盾冲突。因此，任何一个清醒的知识分子都不会完全拒绝阶级论，因为一些社会问题用阶级论的观点会看得更清楚，正如有一些问题用阶级论的观点只能看得更模糊一样。从鲁迅对农民起义领袖们的看法，就可以看出他没有用阶级斗争的学说解释历史。现代知识分子话语不盲目拒绝任何一种学说，鲁迅接受阶级论而没有抛弃进化论。20世纪30年代，他还为进化论"连队名目也奄奄一息了"而叹息就是证明。[③]

他不再只信进化论的结果，是因为他不再相信所有的青年都胜过老年。这里一个重要的原因是他在向他射来的冷箭中发现，那些言必称大众和革命的青年往往比封建的遗老们还卑鄙下流。有必要看一看《三闲集·序言》中这段原文："我一向是相信进化论的，总以为将来必胜于过去，青年必胜于老人，对于青年，我敬重之不暇，往往给我十刀，我只还他一箭。然而后来我明白我倒是错了。这并非唯物史观的理论或革命文艺的作品蛊惑我的，我在广东，就目睹了同是青年，而分成两大阵营，或则投书告密，或则助官捕人的事实！我的思路因此轰毁，后来便时常用了怀疑的眼光去看青年，不再无条件的敬畏了。"认为青年胜过老年，的确只是鲁迅的美好愿望，他经历的历史没有提供这样的佐证，认为新出现的思潮比旧的思想文化成果更有价值，也是把进化论机械化的偏颇，这是鲁迅的经历所能够证明的。但这不应

①《胡风晚年作品选》，漓江出版社1987年，第26—27页。

②③《鲁迅全集》（第4卷），第127页，第250页。

成为否定进化论的口实，因为进化论也承认进化过程中有退化的现象。而且，进化不会是同步的，在一些生命进化的时候另一些生命未必能够同时进化，在“五四”之后中国思想文化界的各种现实既有退化现象，也有本来就没有完成进化的年轻人貌似进化的退化现象。

其次，让我们看一看个人主义与集体主义的问题。这一论断虽然长期被广泛引用，但是，瞿秋白并没有说明他是如何完成这种转变的，也没有举出事例证明他抛弃个人主义而转向集体主义。我们能够非常清楚地看到创造社成员在革命文学的倡导中表现出对个性主义的告别和对大众集体的崇拜，也可以看到民族主义文艺理论家关于五四时期是个性主义的阶段，而他们将要以民族这样的大集体取代个人主义的宣言，却没有足够的证据说明鲁迅也完成了这样一个转变。在20世纪20年代末和30年代初，鲁迅腹背受敌，两面作战，既要抵挡拿了大众委任状的民间大众话语的攻击，又要迎战来自持了民族命运大旗的民族主义文学的讨伐。我们看到的是他不想屈从于任何一个集体，无论这个集体是打着阶级的旗号还是打着民族的旗号。

唯一的事实是他加入了左联这个集体。但正如前面所说的，他并不是这个集体的一个合格成员。即使没有与左联的矛盾，加入一个集体也并不意味着思想上转入集体主义。再退一步讲，即使他有过否定个人主义而赞成集体主义的言论，事实上也没有放弃他早已根深蒂固的个人主义。尽管他与创造社的人们一起进入了左联，但是，他始终没有接受他们对五四文学及其个人主义的否定。为了某种共同的事业，鲁迅当然能够顾全大局，但是，进入一个集团，却并不意味着放弃了自己对于个性的坚守，更不意味着放弃了自己固有的与集团不相符合的思想。我们从他参加左联之后的那一系列的表现，以及他与左联的关系，就可以看到他是如何在集团中坚守他的个性立场的。在20世纪50年代和“文革”时期，我们常常把因个性很强而往往与领导意志不一致的人称作“个人主义”，把向组织闹个人独立性的人称作“个人主义”。其实，那正是鲁迅在左联中一直没有克服的“错误”：个性主义。

从逝世之前不久写的《半夏小集》中A与B、C以及C太太的对话也可以看到鲁迅当时的思想。那对话与其说是表现了鲁迅对托言公义以营私的反感，不如说是鲁迅对借大义而剥夺个人权利的抗议。它与五四时期鲁迅的个性主义思想是完全一致的。

此外，鲁迅接受阶级论之后，也没有抛弃人道主义。在鲁迅那里，没有人道主义就没有对大众解放事业的同情，就没有对奴隶们的反抗斗争的支持，是人道主义使他关心和同情劳苦大众和一切弱小者，也是人道主义使他同情可能带来大众解放和美好生活的阶级斗争实践。鲁迅的这种情况在20世纪中国知识分子中是有代表性的。很多知识分子之所以同情大众革命，参加阶级斗争，不是由于自身无法生存被逼上梁山，而是由于对劳苦大众的深厚同情。从这个意义上说，阶级论之所以被鲁迅接受，不是因为它与人道主义对立，而是因为它在实现人道主义理想过程中的工具价值。他没有把阶级论与他的人道主义对立起来，因为人道主义并不限于哪一个阶级，在它的前面加任何限制性的定语都是无意义的。鲁迅的人道主义大概也不是阶级的概念所能概括和限制得了的。

尽管如此，接受阶级论之后，鲁迅思想中还是存在着人道主义与阶级斗争的矛盾。他曾经试图接受阶级论者的“非人道主义”，从《〈农夫〉译者附记》中可以看到：“我们由这短短的一篇，也可以领悟苏联所以要排斥人道主义之故，因为如此厚道，是无论在革命，在反革命，总要失败无疑，别人并不如此厚道，肯当你熟睡时，就不奉赠一枪刺。所以‘非人道主义’的高唱起来，正是必然之势。但这‘非人道主义’，是也如大炮一样，大家都会用的。”由此，我们可以看到他对“非人道主义”的理解和认识。然而，他对斯大林主义的阶级论者的阶级斗争的残酷性大概是并非没有保留。查鲁迅对苏联文学理论的翻译，最后一篇是1932年8月翻译的日本上田进的《苏联文学理论及文学批评的现状》，此后，他没有再翻译过苏联文学理论。该文的内容介绍了1931年斯大林直接控制意识形态之后出现的比拉普更专制的文坛局面。鲁迅译完这样的文章之后对苏联文坛的感想不能随意推测，也不能由此断定他从此不再翻译苏联文艺理论的原因，但是，有一点是肯定的，他不会是愉快的。亲历“元帅”们的所作所为，他也许会有可怕的预感，也许由此而更加警惕。鲁迅喜欢为译文写一点前言后记，而这篇译文没有写下任何文字。结论不敢妄断，只是一点思考。

在投身于大众革命事业的同时，鲁迅并没有忘记作为一个现代知识分子应该承担的启蒙使命。关于大众化运动中坚持化大众立场的情况前面已有论述，对传统文化的批判也没有因此而止步，而是仍然坚决反传统，在“国难声中”，他看到的是“恰如用棍子搅了一下停滞多年的池塘，各种古的沉滓，新的沉滓，就都翻着筋斗漂上来”①。关于《庄子》和《文选》的争论，其原因也在于他不满于文化上的后退，与他少读或不读中国书的立场是一致的。

总而言之，无论鲁迅思想怎样发展变化，现代知识分子的现代独立性是始终坚守的。正因为这样，他才在20世纪中国现代知识分子心中树起了永远不倒的雕像。

①《鲁迅全集》（第4卷），第323页。

鲁迅：启蒙路上的艰难持守

毫无疑问，鲁迅是20世纪中国最具代表性的启蒙主义者。他的文学创作用任何一种主义进行概括都不如用启蒙主义更为准确。从1907年开始，直到晚年，他一直执着于启蒙立人的伟业。然而，这是一条无比艰难的路。因为在20世纪的中国文学和文化中，正是启蒙主义把知识分子话语与权力话语和民间话语区分开来，使知识分子话语既独立于国家权威，也独立于民间大众，因而既无权威可靠，又无大众可依，注定了长路的孤独与寂寞。孤独与寂寞容易导致绝望，借助同路又容易导致方向的偏离。考察鲁迅的道路，可以清楚地看到他有过彷徨，有过游移，但仍然守护着五四新文化运动的启蒙立场和以此为基础建成的现代知识分子话语。我们从他所面临的一系列矛盾，可以看到中国现代启蒙主义所面对的威胁，同时也可以看到启蒙主义者的艰难持守。

一

鲁迅最先面临的考验来自国民革命高潮。众所周知，在国民革命的高潮中，鲁迅来到了革命的策源地广州。但是，广州的革命文化与五四新文化的方向并不一致。虽然国民革命的领导核心国民党中不乏五四新文化运动的支持者和参与者，但是，国民党的指导思想却与五四新文化运动的方向相去甚远。人们一般把孙中山称作资产阶级革命家，但是，这位所谓的资产阶级革命家并未完整接受西方近代文明主流，而是更多地继承了本土的传统遗产。

所以，他支持学生爱国运动，却并不赞同新文化运动的价值取向。考察五四新文化精神与孙中山思想的主要分歧，主要表现在两个方面：第一，五四新文化运动以人为基本出发点和最高价值尺度，其努力目标是个人自由与人权的保障；孙中山反复强调的是民族和国家，对个人的自由权利不感兴趣。他甚至认为中国人的自由已经太多，所以争自由“如果用到个人，就成一片散沙。万不可再用到个人上去，要用到国家上去。个人不可太过自由，国家要得到完全自由。到了国家能够行动自由，中国便是强盛国家，要这样做，便要大家牺牲自由”①。直到去世前夕，他在一次次演讲和训话中反复强调的仍然是：“只全党有自由，个人不能有自由。然后我们的革命才可以望成功。”②第二，新文化运动的领袖们认为中国传统文化与专制政治是相互适应的，在儒家学说基础上形成的君君臣臣父父子子的旧伦理是中国专制政治的文化基础，因此，要在中国实现民主、自由、平等、人权等，就必须彻底批判旧文化。孙中山的思想却与此相反，他盛赞中国的旧文化，认为：“近来欧洲盛行的新文化，和所讲的无政府主义与共产主义，都是我们中国几千年以前的旧东西。”“欧洲之所以驾乎我们中国之上的，不是政治哲学，完全是物质文明。……至于讲到政治哲学的真谛，欧洲人还要求之于中国。”③他盛赞传统的忠孝仁爱信义和平，站在新文化的对立面发出叹息：“这些旧道德，中国人至今还是常讲的。但是现在受外来的民族的压迫，侵入了新文化，那些新文化的势力此刻横行中国。”④同时，由于孙中山联俄的政策，国民革命显然受到了鲍罗廷等政治顾问和军事顾问们带来的俄式极权主义思想和体制的影响。这样，就使得国民革命的意识形态与五四新文化精神明显背道而驰。

在北京受到压迫的鲁迅从厦门来到广州，包括国民党要员在内的广州各界的热烈欢迎极易使他对革命的策源地产生好感，并因此而产生更多的认同。这对鲁迅毫无疑问是一场考验。初到广州之时，鲁迅也的确曾在某种程度上受到革命热潮的影响，但是，作为五四新文化的主将之一，他没有因为

①《孙中山选集》，人民出版社1956年，第722—723页。

②《黄埔军校史料（1924—1927)》，广东人民出版社1985年，第223页。

③④《孙中山选集》，人民出版社1956年，第666－667页，第680页。

身处革命高潮之中就认同革命的意识形态，而是仍然坚持着新文化运动的方向。他的表现至少有几个方面值得注意：

第一，坚持反传统的文化立场，继续致力于旧文化的批判和改造。他对革命的广州在文化上的守旧深感不满，因而开始在南方传播新文化的火种。在一系列的文章和演讲中，他都一如既往地把批判的矛头指向中国旧文化，甚至指责中国的文字造就了一个无声的中国。正是在国民革命的高潮中，鲁迅在《无声的中国》中再次反对调和折中论："譬如你说，这屋子太暗，须在这里开一个窗，大家一定不允许的。但如果你主张拆掉屋顶，他们就会来调和，愿意开窗了。没有更激烈的主张，他们总连平和的改革也不肯行。"在《老调子已经唱完》中，他继续整体性地激烈抨击传统文化："中国的文化，都是侍奉主子的文化，是用很多人的痛苦换来的。无论中国人，外国人，凡是称赞中国文化的，都只是以主子自居的一部分。……保存旧文化，是要中国人永远做侍奉主子的材料，苦下去，苦下去。"

第二，坚守独立的人格，拒绝革命高调，没有为革命策源地献上动听的赞歌。他积极参加各种活动，到处演讲，甚至无法拒绝种种革命桂冠，然而，却不愿迎合革命的口号，甚至常常说一些煞风景的话，因此而使一些革命者大失所望。在一次次演讲中，他反复强调的是：广州的一切还是旧的，人们的思想还是旧的，文学也是旧的。他批评广州"旧文学仍然很多，报纸上的文章，几乎全是旧式。我想，这足见中国革命对于社会没有多大的改变，对于守旧的人没有多大的影响，所以旧人仍然能超然物外。广东报纸所讲的文学，都是旧的，新的很少，也可以证明广东社会没有受革命影响；没有对新的讴歌，也没有对旧的挽歌，广东仍是十年前底广东"。他甚至认为，"没有叫苦，没有鸣不平；止看见工会参加游行，但这是政府允许的，不是因压迫而反抗的，也不过是奉旨革命。"①这些话都非常不合时宜。

第三，作为著名作家，鲁迅没有支持那些穿着高筒军靴、挎着军刀的文学家们正在大讲特讲的"革命文学"，而是反复讲述文艺自身的特性，强调创作的自由和自主。他讲文学的"无用"和"无力"，断定革命时代没有文学。他在黄埔军官学校的演讲中说："革命地方的文学家，恐怕总喜欢说文

①《鲁迅全集》（第3卷），第421页。

学和革命是大有关系的，例如可以用这来宣传，鼓吹，煽动，促进革命和完成革命。不过我想，这样的文章是无力的，因为好的文艺作品，向来多是不受别人命令，不顾利害，自然而然地从心中流露的东西：如果先挂起一个题目，做起文章来，那又何异于八股，在文学中并无价值，更说不到能否感动人了。”①

这一切，都使我们看到了一个启蒙主义者的独立品格。更值得注意的是，随着时间的推移，鲁迅对革命的认识更加清楚。以独裁代替民主，以专制压制自由，以群体压抑个体，以所谓革命的主义代替自由的思想，这一切不是一个坚持五四新文化立场的人所能容忍的。鲁迅当时的言论非常谨慎，但是，他的确看了很多，比如，在K委员的眼里，写长信，就是反革命的；在革命策源地，连白话都视为异端；报刊成了宣传工具，人的言论要符合革命的尺寸，否则就不能发表……鲁迅对思想禁锢当然不能认同，因为他所向往的革命是推动文明向前发展，而不是让人失掉思想和言论的自由。

二

从广州到上海，鲁迅遭遇了革命文学倡导者的围攻。其实，这是国民革命的另一个结果。国民革命的高潮不仅助长了民族主义情绪，同时也助长了阶级意识的觉醒和民粹主义的膨胀。改组后的国民党对工农运动的支持和国民革命高潮中对大众力量的利用，使工农大众追求翻身的运动得以轰轰烈烈地开展起来。尤其是江西、湖南等地，借着国民革命之势，“一切从前为绅士们看不起的人，一切被绅士们打在泥沟里，在社会上没有了立足地位，没有了发言权的人，现在居然伸起头来了……他们发号施令，指挥一切。他们站在一切人之上”。“土豪劣绅的家里，一群人涌进去，杀猪出谷。土豪劣绅的小姐少奶奶的牙床上，也可以踏上去滚一滚。”②然而，就在毛泽东为农民运动大声叫好之际，国民党的大多数人却对此不以为然，那些家庭富裕的军官们已经无法忍受家中财产被抢、亲人被杀的现实，作为军事最高统帅的

①《鲁迅全集》（第3卷），第418页。

②《毛泽东选集》（第一卷），人民出版社1967年，第14—16页。

蒋介石也不愿承认这种翻身的合法性。于是，乡村的农民运动和城市的工人运动都在一场残酷的镇压中风平浪息。那些阶级斗争的组织发动者也受到了清洗和镇压。当以阶级斗争的方式谋求翻身解放的运动不再合法的时候，一些从业文人不得不转向文学运动，成了鲁迅所说的“革命已经成功的文学家”和“革命尚未成功的文学家”之中的后者。

这些重返文坛的文学家以创造社和太阳社为代表。他们重返文坛之后没有沿着五四新文学的道路前行，而是一起拿五四新文学和新文化主将们开刀，要彻底扫荡新文学和新文化。他们否定鲁迅，嘲弄胡适，扫荡几乎所有的“五四”作家。他们竭力否定文学革命的成就，猛烈批判五四新文学的价值观念和意识形态，对《新青年》集团和文学革命的开创者进行扫荡。在他们看来，启蒙是浅薄的，新文化运动是不合时宜的，“胡适之流”的叫喊“力竭声嘶”，“其余一些半死不活的大妖小怪”不过是“跟着一齐乱喊”，新文化运动的“这些‘名流’完全不认识他们的时代，完全不了解他们的读者，也完全不了解自己的货色”。“他们不知道那时候的觉悟的青年已经拒绝了他们的迷药。”面对五四新文学的中心北京文坛，他们认为是“一片乌烟瘴气”，所以需要“十万两无烟火药”①。他们认为“资本主义已经到了他的最后的一日，世界形成了两个战垒”，因而向文学家发出了传唤：“谁也不许站在中间。你到这边来，或者到那边去！……克服自己的小资产阶级的根性，把你的背对向那将被‘奥伏赫变’的阶级，开步走，向着那龌龊的大众！”②如果有人不愿服从，他们就要“替他们打包，打发他们去”，或者“踢他们出去”③。他们从个人主义走向群体主义，从轻视大众走向崇拜大众，因而不仅否定自我，而且否定知识分子的启蒙立场，要求作家放弃自我而做大众的“留声机器”。这一切，对五四新文化和知识分子的启蒙立场构成了极大的威胁。首先迎接这场挑战的是鲁迅，他因此而成为众矢之的，成了“中国的Don Quixote”和资产阶级的“一条忠实的看家狗！”④，甚至是

①② 成仿吾：《从文学革命到革命文学》，1928年2月《创造月刊》第1卷第9期。

③《打发他们去》，1928年5月《我们月刊》创刊号。

④ 李初梨：《请看我们中国的Don Quixote的乱舞》，1928年4月《文化批判》第2期。

"文艺战线上的封建余孽""二重的反革命人物"和"不得志的Fascite(法西斯谛)"[①]。但是,面对围攻,鲁迅没有退却,反而不断迎战和反击,与之展开了一场长期的论战。

对于这场论战,过去的历史叙述往往从阶级阵线着眼努力抹杀双方的矛盾,或者由于思维方式的局限而看不到冲突的实质,结果是使其论争的性质模糊不清,冲突的焦点隐晦不明。其实,后人为适应某种需要或在种种限制之下做出的解释远不如当事人的感觉和认识更为可靠。郑伯奇在《文坛的五月》中曾经声明:"这不是我们和鲁迅的冲突,也不是创造社和语丝派的冲突,这是思想和思想的冲突,文坛上倾向和倾向的冲突。我们所批评的不是鲁迅个人,也不是语丝派几个人,乃是鲁迅与语丝派诸君所代表的一种倾向。"郭沫若在《"眼中钉"》一文中也说:"他们批判鲁迅先生,也决不是对于'鲁迅'这一个人的攻击。他们的批判对象是文化的整体,所批判的鲁迅先生是以前的'鲁迅'所代表,乃至所认为代表着的文化的一个部门,或一部分的社会意识。"应该承认,这些话是不错的。他们的确不是批判鲁迅个人,而是批判一种文化倾向。那么,这种倾向是什么呢?这种倾向正是五四新文化的倾向。考察其矛盾冲突,交锋的焦点主要集中于几个方面:一是人道主义和个人主义,即五四文学以人为中心的人道意识。二是现代启蒙主义,即以改造国民性为标志的启蒙立场。三是独立的人格、自由的思想和知识分子话语的独立性。

文学革命的倡导者否定鲁迅,首先因为鲁迅是一个人道主义者。他们在鲁迅的文章中看到的是"人道主义者的裸体照相"[②],说鲁迅的文章"暴露了知识阶级的厚颜,暴露了人道主义的丑恶"[③]。在他们眼里,人道主义不仅是浅薄的,而且是丑恶的。站在五四新文化的立场上,这种观点当然难以接受。当他们称托尔斯泰是"卑污的说教人"时,鲁迅在《"醉眼"中的朦胧》中说:"惟有在中国特别,知道跟着人称托尔斯泰为'卑污的说教人'

① 杜荃(郭沫若):《文艺战上的封建余孽——批评鲁迅的〈我的态度气量和年纪〉》,1928年8月《创造月刊》第2卷第1期。

② 冯乃超:《人道主义者怎样地防卫着自己?》,1928年4月《文化批判》第4期。

③ 成仿吾:《毕竟是"醉眼陶然"罢了》,1928年5月《创造月刊》第1卷第11期。

了，而对于中国‘目前的情状’，却只觉得‘在事实上，社会各方面亦正受着乌云密布的势力的支配’，连他的‘剥去政府的暴力，裁判行政的喜剧的假面’的勇气的几分之一也没有；知道人道主义不彻底了，但当‘杀人如草不闻声’的时候，连人道主义式的抗争也没有。”文学革命的倡导者反对个人主义，认为个人主义早已是一种腐朽的思想，像自由、民主一样属于腐朽阶级的意识形态。而鲁迅却“始终是一个个人主义者”，“他的出发点，不是集体，而是个人，他的反抗，只是为他个人的反抗”[①]。因此，革命文学倡导者们拼命攻击鲁迅。鲁迅却高度重视个人的自由，对依靠某种政治势力或者军事势力而大喊革命文学口号不以为然，对以群体的名义剥夺个人的权利深恶痛绝。他一方面提醒人们注意“笔下雄纠纠，对大家显英雄”的人们与“指挥刀”的关系，一方面感叹：“中国却有此例，竟会将个性，共同的人性（即林氏之所谓个人性），个人主义即利己主义混为一谈……真是糟糕透顶了。”[②]

革命文学倡导者们认为阿Q时代已经死去，大众已经不需要启蒙，所以强调作家放弃知识分子的启蒙立场而充当大众的留声机器。他们认为时代已经进入了一个新的时代，中国也不是过去的中国，“农村零落了，都市普罗列塔利亚特（Proletariat）发生了。谁人能说中国依然是（封建的）文明之邦，礼教之国”[③]？与此同时，他们认为“现在的中国农民第一是不像阿Q时代的幼稚，他们大都有了很严密的组织，而且对于政治也有了相当的认识；第二是中国农民的革命性已经充分的表现了出来，他们反抗地主，参加革命，近且表现了原始的Baudon的形式，自己实行革起命来，决没有像阿Q那样屈服于豪绅的精神；第三是中国的农民知识已不像阿Q时代农民的单弱，他们不是莫名其妙的阿Q式的蠢动，他们是有意义，有目的的，不是泄愤的，而是一种政治的斗争了”[④]。因此，启蒙主义当然过时，按照钱杏邨的说法：“鲁迅他自己也已走到了尽头，再不彻底觉悟去找一条生路，也是

---

① 钱杏邨：《朦胧以后——三论鲁迅》，1928年5月《我们月刊》创刊号。

②《鲁迅全集》（第4卷），第126—127页。

③ 冯乃超：《艺术与社会生活》，1928年1月《文化批判》创刊号。

④ 钱杏邨：《死去了的阿Q时代》，1928年3月《太阳月刊》第3期。

无可救济了。”[①]鲁迅却不承认阿Q时代已经过去，而是一如既往地坚持启蒙立人之路。他在同一期《语丝》上发表《扁》《路》《头》《通信》《太平歌诀》《铲共大观》等一系列文章，揭露现实的黑暗和民众的愚昧，提醒人们注意阿Q的时代是否真的已经过去。在《文艺与革命》中，他说：“现在所号称革命文学家者，是斗争和所谓超时代。超时代其实就是逃避，倘自己没有正视现实的勇气，又要挂革命的招牌，便自觉地或不自觉地必然地要走入那一条路的。身在现世，怎么离去？这是和说自己用手提着耳朵，就可以离开地球者一样地欺人。”

而且，透过各种新的旗号，鲁迅看到了新商标下面的旧货色：“旧的和新的，往往有极其相同之点……林琴南先生的事也正是一个证明。至于所以不行之故，其关键就全在他生得更早，不知道这一阶级将被‘奥伏赫变’，及早变计，于是归根结蒂，分明现出Fascist本相了。……林琴南先生就早已死去了。可怕的是将为将来柱石的青年，还像他的东拉西扯。”[②]

文学革命的倡导者反对自由思想，批判知识阶级或是小资产阶级。他们指出：“鲁迅把自己的小资产阶级的恶习性完全暴露了出来……鲁迅所以陷于这样的状态之中，我们也可以说完全是所谓自由思想害了他，自由思想的结果只有矛盾，自由思想的结果只有徘徊，所谓自由思想在这个世界上只是一个骗人的名词，鲁迅便是被骗的一个。”[③]鲁迅却仍然坚持自由的思想，反对任何思想专制，守护着现代知识分子独立地自由表达思想的权利。

革命文学倡导者以最激进的面貌出现，事实上却陷入了一种貌新而实旧的境地：他们反对的所谓“旧式的作家”，正是以鲁迅为代表的新文学先驱；他们所反对的所谓“旧思想”，正是五四新文化运动中出现的新思想。这些激情满怀的年轻人自以为超越了五四新文学和新文化，却没有意识到他们以最激进的面貌出现，努力复活的却是旧传统。在这场冲突中，鲁迅守护的正是五四新文化和现代知识分子的启蒙立场。

---

① 钱杏邨：《死去了的鲁迅》，引自《鲁迅和他的论敌论文选》，今日中国出版社1996年，第466页。

②《鲁迅全集》（第4卷），第111—112页。

③ 钱杏邨：《死去了的阿Q时代》，1928年3月《太阳月刊》第3期。

三

进入20世纪30年代之后，鲁迅参加了左联，这是无法改写的事实。有人为此而赞美鲁迅，因为他进入集体去从事遵命文学活动；有人为此而攻击鲁迅，因为他在经过一场论战之后似乎向论敌投降了。来自不同方面的褒贬都否定着鲁迅的独立人格和知识分子的启蒙立场。但是，深入考察20世纪30年代的鲁迅，我们可以看到，他的确有许多变化，许多痛苦和困惑，而且也被愚弄而陷入盲目的言说，但是，却没有放弃五四新文化的启蒙立场。

鲁迅不是神，在历史的乱云飞渡中，并不能对一切都有清醒的洞察。在20世纪30年代，他也曾像左联其他成员一样为保卫苏联而努力，甚至不能容忍人们对苏联的揭露和批评。最明显的例子是写于1932年的《我们不再受骗了》。在这篇文章中，他说："我们被帝国主义及其侍从们真是骗得长久了。十月革命之后，我们说苏联总是怎么穷下去，怎么凶恶，怎么破坏文化。但现在的事实怎样？小麦和煤油的输出，不是使世界吃惊了么？正面之敌的实业党的首领，不是也只判了十年的监禁么？列宁格勒，墨斯科的图书馆和博物馆，不是都没有被炸掉么？"当然，鲁迅的主要抨击对象是"帝国主义的奴才们"，所以，他认为即使苏联人购物仍然需要排长队，也是在建设的途中，而中国人却正在"排着长串而进向死亡"。然而，宣称"不再受骗了"的鲁迅恰恰受骗了，而且受骗之深使他面对提醒也不愿承认。当"一位有名的记者"提醒他注意无产阶级专政的残酷性时，他说："是的，这倒恐怕要使我也有些睡不着了。但无产阶级专政，不是为了将来的无阶级社会吗？只要你不去谋害它，自然成功就早，阶级的消灭也就早，那时就谁也不会饿死了。"由此，我们可以看到以深刻著称的鲁迅有时也很天真，以理论的推论和自己的想当然去理解苏联。他毕竟不是身处苏联，没有到苏联进行过考察，对苏联的真相了解太少。他不可能想到，所谓"实业党"是一个什么样的骗局，更没有想到斯大林的大屠杀和克格伯政治是如何处置他党内的对手和人民，即使不去谋害他，屠杀和流放也会降临。他没有想到，所谓无产阶级专政事实上与工农大众的解放并无关系，所谓苏维埃并非真的人民当家做主，而只不过是斯大林专制统治的一件外衣。他更不知道，那些声称代表无产阶级利益的人，权力一旦到手，决不愿意放弃对人民的统治，马克思所谓无阶级的社会理想自然难以实现。几年之后，鲁迅对此再也不发一言，他大概难以面对自己曾经有过的言说。

鲁迅虽然参加了左联，但与左联的关系却一直并不和谐。对于一般人来说，组织意味着一种依靠，可以摆脱可怕的孤独。然而，鲁迅加入左联之后却不但没有消解内心的孤独和焦虑，而且背起了更为沉重的十字架。更多的痛苦来自现代知识分子的独立人格与集团的矛盾，因为他虽然参加了一个否定知识分子自身立场而要求获得大众立场的集团，却不愿意因此而放弃现代知识分子的独立性，更不愿放弃启蒙立场。面对鲁迅与左联的矛盾，人们往往简单地指责周扬等左联领导人，但只要客观而冷静地考察，就会发现，无论何人做这样一个集团的领导，都不会容忍鲁迅的所作所为。他不参加左联的飞行集会，不赞成左联领导人的主张，不接受来自组织的批评和教导，拒绝改造自己的思想，甚至另立山头，分裂组织，称领导为“元帅”“工头”“奴隶总管”……如果是在江西或者延安，会被怎么样？

而且，参加左联之初，鲁迅就在信中告诉友人：“此次又应青年之请，除自由同盟外，又加入左翼作家联盟，于会场中，一览了荟萃于上海的革命作家，然而以我看来，皆茄花色，于是不佞势又不得不有作梯子之险，但还怕他们尚未必能爬梯子也。哀哉！”①参加左联之后，他与创造社、太阳社的论敌也从来没有真正成为战友，而是仍然一如既往地给予抨击。当他在《上海文艺界一瞥》中抨击那些“流氓加才子”的时候，谁能想到他们已经是一个战壕里的战友？无论思想上、文化上还是人格追求上，他与革命文学倡导者们的矛盾并没有消除，也正因为这样，最后才与左联闹得不欢而散。

他对自己参加左联没有直接说过后悔的话，但是，当萧军要加入左联的时候，他却由于自身的痛苦经验和对年轻人的爱护而坚决不同意：“三郎的事情，我几乎可以无须思索，说出我的意见来，是：现在不必进去。最初的事，说起来话长了，不论它；就是近几年，我觉得还是在外围的人们里，出几个新作家，有一些新鲜的成绩，一到里面去，即酱在无聊的纠纷中，无声无息。以我自己而论，总觉得缚了一条铁索，有一个工头在背后用鞭子打

①《鲁迅全集》（第12卷），第8页。

我，无论我怎样起劲的做，也是打……真常常令我手足无措，我不敢对别人说关于我们的话，对于外国人，我避而不谈，不得已时，就撒谎。你看这是怎样的苦境？我的这意见，从元帅看来，一定是罪状。"[①]他对萧军说："至于我的先前受人愚弄呢，那自然；但也不是第一次了，不过在他们还未露出原形，他们做事好像还于中国有益的时候，我是出力的……但自然，得了真赃实据之后，又是一回事了。"[②]正因为这种痛苦的体验，他最后宁愿被打击，被在集会上宣布罪状，也坚决不再加入左联解散之后新成立的组织。直到生命的最后时刻，他仍然表示"一个也不饶恕"。

鲁迅与左联的矛盾何在？其实很简单，他和那些为政治斗争服务的左翼文学战士的相同点仅仅是对大众的同情和对权威话语的反抗，但由于思想认识和基础的不同，他不像别人那样可以放弃自己的见解而无条件地服从命令；他无法放弃独立的人格和自由的思想，而与组织的要求绝对保持一致；他拒绝像其他投身于政治革命的文艺战士一样自觉地改造自己，克服自己的所谓"小资产阶级思想"；他更不愿放弃五四新文化运动的启蒙的立场而向着大众"开步走"，去做大众意识的"留声机器"。这一切告诉我们，即使如鲁迅者，要坚守现代知识分子的立场，又要向非现代知识分子的力量寻求依靠或寻找同盟，也非常艰难。

四

长期以来，关于鲁迅的叙述往往把鲁迅划分为前期和后期，前期是个人主义而后期是集体主义，前期是进化论而后期是阶级论。这种划分始于20世纪30年代瞿秋白的《〈鲁迅杂感选集〉序言》。瞿秋白认定鲁迅"从进化论最终的走到了阶级论，从进取的争求解放的个性主义进到了战斗的改造世界的集体主义"；"从绅士阶级的逆子二臣进到无产阶级和劳动群众的真正的友人，以至于战士"[③]。这个论断被普遍接受下来，直到目前为止，几乎所有的新版旧版教科书沿用着这个基本论断。全面分析这个论断存在的问题

---

①②《鲁迅全集》（第13卷），第211页，第226页。

③《瞿秋白文集（二）》，人民文学出版社1953年，第992页、997页。

不是本文的任务，在这里，我想指出的是，鲁迅后期即使接受了阶级论，也没有放弃进化论；即使委曲求全地服从过集团的需要，也没有放弃个人主义。他本来就是无产阶级和劳动大众的友人和战士，但他决不放弃改造国民性的启蒙立场，决不因为阿Q已经参加革命就对他放弃批判而去赞美和迎合。一句话，无论他发生了什么转变，都没有放弃五四新文化运动中确立的基本立场和价值尺度。

关于进化论与阶级论，鲁迅在《三闲集·序言》中的一句话被反复使用："我有一件事要感谢创造社的，是他们'挤'我看了几种科学底文艺论，明白了先前的文学史家们说了一大堆，还是纠缠不清的疑问。并且因此译了一本蒲力汗诺夫的《艺术论》，以救正我——还因我而及于别人——的只信进化论的偏颇。"人们往往以此作为从进化论转向阶级论的根据。但是，正如胡风所指出的："这是说他读了一些马列主义文艺理论，解决了一些文学史上的问题，并没有说他的全部思想'转变'。"[①]鲁迅自己也曾说过："在我自己，是以为若据性格感情等，都受'支配于经济'（也可以说根据于经济组织或依存于经济组织）之说，则这些就一定都带着阶级性。但是'都带'，而非'只有'。"[②]在20世纪30年代，鲁迅仍然为进化论"连名目也奄奄一息了"[③]而发出过叹息。

关于个人主义与集体主义，瞿秋白没有说明鲁迅是如何完成这种转变的，也没有举出鲁迅抛弃个人主义而转向集体主义的证明。我们能够非常清楚地看到创造社成员在革命文学的倡导中表现出对个性主义的告别和对大众集体的崇拜，也可以看到民族主义文学理论家对个人主义的批判和对民族主义的宣扬，却没有足够的证据说明鲁迅和他们一样完成了这一转变。尽管鲁迅与创造社、太阳社的人们一起进入了左联，但是，关于革命文学的论争中的思想分歧并未解决，联盟的成立并不是以鲁迅改变自己为前提的，鲁迅始终没有接受他们对个人主义的否定。在20世纪30年代初，鲁迅腹背受敌，两面作战，既要抵挡拿了大众委任状的民间大众话语的攻击，又要迎战挟了

① 胡风：《关于鲁迅"转变"论的一点意见》，《胡风晚年作品选》，漓江出版社1987年，第26—27页。

②③《鲁迅全集》（第4卷），第126—127页，第250页。

民族命运大旗的民族主义文学的攻击，但是，他最终没有屈从于任何一个集团。无论这个集团是打着阶级的旗号还是打着民族的旗号。

在《半夏小集》中，鲁迅写道：

> A：你们大家来品评一下罢，B竟蛮不讲理的把我的大衫剥去了！
>
> B：因为A还是不穿大衫好看。我剥它掉，是提拔他；要不然，我还不屑剥呢。
>
> A：不过我自己却以为还是穿着好……
>
> C：现在东北四省失掉了，你漫不管，只嚷你自己的大衫，你这利己主义者，你这猪猡！
>
> C太太：他竟毫不知道B先生是合作的好伴侣，这昏蛋！

鲁迅不能容忍这种以群体利益为名对个人利益的剥夺，他仍然要维护个人的权利，争取个人的自由。1931年，在《答中学生杂志社问》中，记者问："假如先生面前站着一个中学生，处此内忧外患交迫的非常时代，将对他讲怎样的话，作努力的方针？"鲁迅的回答是："请先生也许我回问一句，就是：我们现在有言论的自由吗？假如先生说'不'，那么我知道一定也不会怪我不作声的。假如先生竟以'面前站着一个中学生'之名，一定要逼我说一点，那么，我说，第一步要努力争取言论的自由。"把争取言论的自由当作高于内忧外患的一切，仍然是五四新文化的精神，是当时的国家权威所不认可的，也是左联所难以容忍的。

在支持大众解放事业的同时，他没有忘记作为一个现代知识分子应该承担的启蒙使命。他不赞成降低艺术水准去适应大众的水平，更不同意放弃现代意识去迎合大众的心理。当左联讨论文艺大众化的时候，他首先担心的是："若文艺设法俯就，就很容易流为迎合大众，媚悦大众。迎合和媚悦，是不会于大众有益的。"[①]在《门外文谈》中，他说："这一回，大众语文刚一提出，就有些猛将趁势出现了，来路是并不一样的，可是都向白话，翻译，欧化语法，新字眼进攻。他们都打着'大众'的旗，说这些东西，都为

---

①《鲁迅全集》（第7卷），第349页。

大众所不懂，所以要不得。其中有的是原是文言余孽，借此先来打击当面的白话和翻译的，就是祖传的‘远交近攻’的老法术；有的是本是懒惰分子……其实也还是文言文的好朋友。”他认为那些打着大众的旗号反对“五四”白话的人，发展开来，就要成为“新国粹派”，而“新国粹派的主张，虽然好像为大众设想，实际上倒进了拖住的任务”。他明确地告诉人们，真为大众着想，文学家就能去适应大众的胃口，不能做大众的“新帮闲”。

总而言之，鲁迅的思想无论怎样发展变化，现代知识分子的独立性和五四新文化运动的启蒙立场是始终坚守的。我们从中可以看到持守的艰难，却也看到了艰难的持守。正因为这样，鲁迅才在20世纪中国现代知识分子心中树起了不倒的雕像。他的光辉不属于跻身于庙堂之侧的文人，也不属于走向民间的鼓动家或隐居者，而是属于获得了独立人格并意识到自己的先驱者使命的中国现代知识分子。

鲁迅与陈西滢：令人遗憾的笔墨官司

1925年，面对愈演愈烈的女师大风潮，鲁迅与陈西滢表现了决然不同的看法和态度。二人因此发生了持续的论争，最后终于弄到矛盾无法化解的地步，从此构怨，直到老死不相往来。这是中国现代文学史上一件众所周知的公案。在纷争不断的文坛上，文人相轻，相碰相撞，这几乎算不上什么事。在论敌甚多的鲁迅身上，这也只是众多论战中的一个并不精彩的回合。然而，当我们透过历史的长河作相互联系的观察时，却很容易发现，一件小事也会发生一系列影响，导致非常严重的后果。鲁迅与陈西滢的论争实在是中国现代文化史上不该发生的一大憾事。它对鲁迅本人的人生轨迹和整个新文化事业都产生了难以估量的影响。

一

事情的起因并不复杂。1924年底，北京女子师范大学校长杨荫榆因为开除学生而引发学潮，成为不被学生承认的校长。次年5月，杨氏试图借“五七”国耻纪念日的机会，以校长的身份主持演讲会。结果，在杨荫榆领着几位演讲者走进会场时，许广平、刘和珍等学生会成员坚决不许她上主席台，而且要求她退出会场。长时间的僵持导致会场秩序大乱，最后杨荫榆只得妥协退出了会场。如果放在民主意识较强的人身上，校长当到这种地步，也许早就辞职了。但杨荫榆是个很有中国特色的校长，面对一片反对之声，她想的不是自己如何引咎辞职，而是如何以更强有力的手段维护校长的权威。1925年5月9日，学校贴出了开除许广平等六名学生的布告。然而，学生会再次做出决定：学校开除许广平等六名学生的布告无效。于是，学生与校长的冲突又掀起新的波澜。

在女师大学生与校长的冲突中，鲁迅站在了学生一边，并且执笔代学生呈文教育部，要求撤换校长。同时，他执笔代表七位教授写了《对于北京女子师范大学风潮宣言》，在报纸上公开发表。在学生需要教师支持的时候，鲁迅站出来了，这无疑显示着经过五四新文化运动洗礼的一代现代知识分子的人格光彩。然而，面对同一个事件，人们从不同的角度观察也可以得出不同的结论，并因此采取不同的态度。就在鲁迅等人的宣言发表后，1925年5月30日，陈西滢在《闲话》中表达了不同的看法。他说："以前学校闹风潮，学生几乎没有对的，现在学校闹风潮，学生几乎没有错的。这可以说是今昔言论界的一种信条。在我这种喜欢怀疑的人看来，这两种观念都无非是迷信。女师大的风潮，究竟学生是对的还是错的，反对校长的是少数还是多数，我们没有调查详细的事实，无从知道。我们只觉得这次闹得太不像样了。"他认为，"教育当局应当切实的调查这次风潮的内容，如果过在校长，自应立即更换，如果过在学生，也少不得加以相当的惩罚，万不可再敷衍姑息下去，以至将来要整顿也没有了办法"。单看这几句，他是很公允的。然而，其中一段话涉及鲁迅："闲话正要付印的时候，我们在报纸上看见女师大七教员的宣言。以前我们常常听说女师大的风潮，有在北京教育界占最大势力的某籍某系的人在暗中鼓励，可是我们总不敢相信。这个宣言语气措辞，我们看来，未免过于偏袒一方，不大平允……这是很可惜的。我们自然还是不信我们平素所很尊敬的人会暗中挑剔风潮，但是这篇宣言一出，免不了流言更加传布得厉害了。"[①]显然，陈西滢认为鲁迅等人过于偏袒学生，而且暗示鲁迅"挑剔风潮"，但态度相当温和，言辞也不激烈。

面对陈西滢的文章，鲁迅当天（1925年5月30日）就写下了《并非闲话》一文，发表于1925年6月1日《京报副刊》，6月2日又写下了《我的"籍"和"系"》。鲁迅的文章有辩白也有反击，辩白主要是不承认自己"挑剔风潮"，反击则主要是揭露陈西滢并不公允。在《并非闲话》一文中，鲁迅说："清朝的县官坐堂，往往两边各责小板五百完案，'偏袒'之嫌是没

① 1925年5月30日《现代评论》第1卷第25期。

有了，可是终于不免为糊涂虫。假使一个人还有是非之心，倒不如直说的好；否则，虽然吞吞吐吐，明眼人也会看出他暗中‘偏袒’那一方，所表白的不过是自己的阴险和卑劣。”[①]在《我的“籍”和“系”》中，鲁迅主要说明两点：一是自己不怕流言，“如果流言说我正在钻营，我就得自己锁在房里了；如果流言说我想做皇帝，我就得连忙自称奴才了。……可惜我总不耐烦敬步后尘”。二是奉还所谓的“尊敬”，“我们的乏的古人想了几千年，得到一个制驭别人的巧法：可压服的将他压服，否则将他抬高。而抬高也就是一种压服的手段，常常微微示意说，你应该这样，倘不，我要将你摔下来了”。“我本来也无可尊敬；也不愿受人尊敬，免得不如人意的时候，又被人摔下来。”[②]

考察最初的论战，矛盾的焦点主要在于：陈西滢指责鲁迅偏袒学生，暗示鲁迅“挑剔风潮”；鲁迅则指责陈西滢“替暴君奔走，却以局外人自居，满肚子怀着鬼胎，而装出公允的笑脸”[③]。如果到此为止，或许矛盾还不至于激化。

可是，事情没有就此完结。几个月后，教育总长章士钊决定解散女子师范大学，在原址建立女子大学。冷静想来，这未尝不是一个解决问题的办法，但的确并不高明。于是，问题又出现了：一部分学生和教师组成了女师大校务维持会，坚决反对解散女师大。而且，鲁迅被推举为维持会的成员。如果鲁迅仅仅是女师大的教员，问题也可能是另一个样子，但鲁迅是教育部的佥事，作为教育部官员，反对总长的决定，自然会有更多的麻烦。8月12日，章士钊呈请段祺瑞，于13日罢免了鲁迅的教育部佥事之职。为了维护自身的利益，鲁迅于8月22日提起诉讼。

偏偏就在这时候，陈西滢在8月29日出版的《现代评论》上再次发表《走马灯》，继续讨论女师大风潮，并为章士钊鸣不平。面对学生把章士钊称作“英日帝国主义走狗”的现象，他说：“英日帝国主义者也实在是瞎了眼，怎样会选中了章士钊做他们的走狗？你看他有了英国日本两大帝国做靠

---

①②③《鲁迅全集》（第3卷），第77页，第82—83页，第77页。

山，还险些弄不过二三十个‘毛丫头’。”[1]显然，在陈西滢看来，章士钊并非英日帝国主义的走狗，也非强有力的压迫者。但是，此时的鲁迅正受到章氏的压迫，并且因此而丢了饭碗，感觉自然大不相同。因此，这很容易使他把陈西滢看作章士钊的帮凶，此后对陈西滢文章的挑剔就更加严厉。同时，陈西滢也不示弱，几乎是变着法儿刺激鲁迅。双方你来我往，互相讽刺、嘲弄和攻击。陈西滢的许多文章（如《多数与少数》《参战》和《利害》等）主要观点与鲁迅并无矛盾，鲁迅也要找出漏洞对其进行攻击。陈西滢在《闲话（参战）》中描写了中国人的卑怯：两个美国士兵打了中国人，百余中国人追着喊打，却没有一个人真敢动手。其实，中国人的此类弱点是鲁迅经常揭露的。但是，面对陈西滢文章结尾的句子："这样的中国人，呸!"鲁迅却立即写了《并非闲话（二）》（1925年9月19日），针锋相对地告诉人们：陈西滢比那些卑怯的国人更加卑劣。陈西滢写《创作的动机与态度》，写《版权论》，本与论争无涉，鲁迅却在《并非闲话（三）》（1925年11月22日）中紧紧揪住他进行挖苦。至于中国人是否"重男轻女"，对女性的尊重是否意在某一个女性，陈西滢是否看到了鲁迅支持女师大学生的"底细"，虽然鲁迅表现敏感，但实在是些无聊的话题，即使鲁迅热心女师大的事纯粹是因为许广平，也应是人之常情。同样，陈西滢是否为杨荫榆的同乡，两个人到底是什么关系，李四光究竟与杨荫榆见过几次面，每月从图书馆领取的工资到底是五百元还是二百五十元，等等，虽然在双方的文章中多次出现，却根本没有争辩的必要。

考察鲁迅在女师大问题上的态度，个人的情感因素不应被忽视：第一，杨荫榆是取代许寿裳而做女师大校长的，所以鲁迅对她缺少好感；第二，杨荫榆开除的六位学生中，第一个就是鲁迅喜欢的许广平。这些因素有可能起着决定性的作用。因为作为活生生的生命个体，鲁迅不可能完全超越个人感情。但是，在思想文化的视野里，这不是最重要的。鲁迅与陈西滢冲突的焦点非常清楚：从反对校长开除六位学生，到抵抗撤消女师大，鲁迅都毫不含糊地支持学生，即使在被免职的日子里，也没有放弃维持会的工作，坚持与无助的学生站在一起。由此我们可以清楚地看到鲁迅一贯的风格：他不会站

① 1925年8月29日《现代评论》第2卷第38期。

在权势者一边，而是必然选择被伤害的弱者。而陈西滢恰恰相反，既维护校长，又维护章士钊。这很容易给人造成误解：陈西滢是权势者的走狗。但是，考察陈西滢一贯的表现，他并非投机钻营之人，更非向权势者献媚之辈。他与鲁迅的态度不同，主要在于他更看重秩序，希望公平，不赞同校长压迫学生，也不希望人们过于偏袒学生。在他看来，如果学生无论如何都对，校长无论如何都错，那是不公平的。在五四运动之后形成的文化氛围中，一个人如果站在权势者一边说话，往往是很不光彩的。陈西滢不是不明白这一点，但他仍然要表明这种态度，守护他所认定的公平和公正，维护他所看重的理性和秩序。就这一点而言，应该是可贵的。

虽然教育司长刘百昭带人强行占领了女师大，使女子大学在女师大原址上建了起来，但是，章士钊并没有能够使女师大消失，所以冲突也不可能结束。在维持会的维持之下，几十名学生在校外租房，教师照常上课，顽强地维持了下来。到了1925年11月底，政局的动荡带来了机会，章士钊逃往天津，女师大学生终于复校，并且在复校之后立即取消了女子大学。这一切必然带来了新的问题：女子师大与女子大学，哪一方更具有合法性？

1925年12月26日，陈西滢在《闲话》中写下了这样一段话："女大和女师大的争，实在是不容易了解的。我们一向信了某种报纸的话，以为女师大的学生比女大的多。直到女大学生报告，才知道女大有三百五十人，女师大只有四十余人。可是，我们还是受了某种报纸的催眠，以为女大的学生大半是招来的新生，女师大的学生转入女大的少。今天看到女大学生第二次宣言，他们说女师大的旧学生不满二百人，却有一百八十人转入女大，让几位外界名流维持的'不过二十人'。这是以前谁也不会知道的。谁也没有想到的。足见我们的报纸是怎样的可靠了。如此说来，女大和女师大之争，还是这一百八十人和二十人之争。就以女师大论女师大，究竟谁应该算主体呢；如说一百八十人已入他校便不能算女师大学生，那么我们试问，要是二百人中有一百九十九人入了女大会怎样？要是二百人都入了女大便怎样？难道女师大校务维持会招了几个新生也去恢复吗？我们不免要奇怪那维持会维持的究竟是谁呢？他们的目的究竟是什么呢？"①

① 1925年12月26日《现代评论》第3卷第55期。

在陈西滢看来，既然女师大的绝大多数学生已经转入女大，自然女大是主体，如果合并，也应该是只有二十人的女师大合入三百五十人的女大，而不应该是取消三百五十人的女大而恢复只有二十人的女师大。虽然最后一问显得有失大度，但从多数出发，的确为自己找到了“理”。鲁迅这回不再旁敲侧击，而是急忙直接作答：“‘要是’帝国主义者抢去了中国的大部分，只剩了一二省，我们便怎样？别的都归了强国了，少数的土地，还要维持么?！明亡以后，一点土地也没有了，却还有窜身海外，志在恢复的人。”[①]鲁迅的反驳同样显示着思想的力度，但用以证明维持女师大的合理性，却并不容易令人信服。

如果仅仅是这样的争论，还不至于把问题弄得更复杂，也不至于把矛盾复杂化。然而，最不应该发生的事发生了。1926年1月30日，陈西滢发表了《致志摩》的信，指责鲁迅剽窃和抄袭：“他常常挖苦别人家抄袭。有一个学生抄了沫若的几句诗，他老先生骂得刻骨镂心的痛快。可是他自己的《中国小说史略》却就是根据日本人盐谷温的《支那文学概论讲话》里面的《小说》一部分。其实拿人家的著述做你自己的蓝本，本可以原谅，只要你书中有那样的声明。可是鲁迅先生就没有那样的声明。”同时，也许是有感于鲁迅在他与权势者关系上大做文章，陈西滢又说：“他那种一见官僚便回头欲呕的神情，活现在纸上。可是啊，可是他现任教育部的佥事。据他自己的自传，他从民国元年便做了教育部的官，从没脱离过。所以袁世凯称帝，他在教育部，曹锟贿选，他在教育部，‘代表无耻的彭允彝’做总长，他也在教育部，甚而至于‘代表无耻的章士钊’免了他的职后，他还大嚷‘佥事这一个官儿倒也并不算怎样的‘区区’，怎么有人在那里钻谋补他的缺……这像‘青年叛徒的领袖’吗？其实一个人做官也不大要紧，做了官再装出这样的面孔来可叫人有些恶心了。”[②]

至此，矛盾已经无法解决。徐志摩意识到问题的严重性，急忙高喊：“带住！让我们对着混斗的双方猛喝一声。带住！让我们对着我们自己不十分上流的根性猛喝一声。假如我们觉得胳膊里有余力，身体里有余勇要求必

①《鲁迅全集》（第3卷），第174页。

②《晨报副刊》1926年1月30日。

泄时，让我们往升华的道上走，现在需要勇士的战场正多着哪，为国家，为人道，为真正的正义——别再死捧着显微镜，无限的放大你私人的意气！"他甚至宣布："本刊此后再不登载对人攻击的文字。"[①]我们没有理由怀疑徐志摩的真诚，但是，已经晚了。受到严重伤害的鲁迅表示："我还不能带住。"[②]事情到了这种地步，即使是胡适给双方写信试图调解，也已无济于事了。

考察这场论争，开始不过是面对女师大风潮的不同认识，然后是猜疑和误解，最后则是人格上的互相攻击，矛盾终于无法调和。

二

如果进一步考察，鲁迅与陈西滢的论争实在是一场令人遗憾的笔墨官司。对于中国现代文坛，对于中国现代文化建设，它的消极作用都无法估量。因为它影响了鲁迅与现代评论派的关系，影响了鲁迅与胡适这两位新文化运动主将之间的关系，直接导致了新文化阵营的进一步分裂。

在中国现代思想文化史上，"东吉祥胡同的正人君子"显然是一支重要的力量。他们曾集结于《现代评论》，也曾集结于《新月》，因此，在不同的时期，又以"现代评论派"或"新月派"为世人注目。鲁迅与这一派关系的恶化就是从与陈西滢的论争开始的。因为鲁迅对这一派中的陈西滢等不少人进行过各种讽刺、挖苦、嘲弄和批判，所以在20世纪50年代之后的历史叙述中，这一派常常被看作鲁迅的敌人。但是，只要认真考察他们之间的关系，就会发现事情并非如此。20世纪50年代之后的叙述以单纯的政治观点划线，往往把现代评论派和新月派看作"反动文人"，而把鲁迅看作伟大的革命家和无产阶级的文化旗手，于是他们之间的论争就成了敌对阵营之间的斗争。然而，只要超越狭隘的政治视角，以20世纪中国现代化过程中更具根本性的文化冲突作为思考的参照，就不难发现，鲁迅与"正人君子"之间的矛盾其实并不那么严重。无论陈西滢还是梁实秋、徐志摩，直至他们的精

① 徐志摩：《结束闲话，结束废话》，《晨报副刊》1926年2月3日。

②《鲁迅全集》（第3卷），第242页。

神领袖胡适，他们大都更多地接受了西方现代文明的熏陶，自觉地致力于旧文明的批判和新文明的创造，是当时新文化运动的中坚力量。他们拒绝做旧的专制统治的帮凶，也拒绝为新的专制政治鸣锣开道，显示着现代知识分子的独立人格。他们向往自由，追求民主，抨击当局，批判国民性，高举民主与科学的旗帜，努力倡导现代文明，坚持了新文化运动的方向。这一切，使他们与鲁迅站在了同一文化立场，成为新文化阵营中的战友。即使他们之间存在一些分歧，也仍然是新文化阵营内部的分歧。关于这一点，即使考察论争留下的那些激烈的文字，也很容易发现一个事实：属于个人感情好恶和具体事件、具体问题上的不同见解居多，而精神立场、文化选择和价值观念的冲突较少。他们同为“五四”新文化运动的主力，价值观念、精神立场和文化目标大同小异。在鲁迅与之发生过论争的三大主要群体（“遗老遗少”“流氓加才子”和“正人君子”）中，在精神结构和文化立场上，鲁迅与“正人君子”是最接近的。因此，作为新文化运动的主力，他们本来不应发展到老死不相往来的地步。

然而，一场笔墨官司发生了，而且愈演愈烈，双方大动肝火，都以击中对方软肋为快意，尤其是陈西滢，把道听途说的“抄袭”之说不负责任地公开发表，对鲁迅造成了深深的伤害。人们常说“爱屋及乌”，而被深深伤害了的鲁迅则很有些“恨乌及屋”。因为对陈西滢、顾颉刚以及与论战有涉的李四光、徐志摩等的厌恶，鲁迅对这一派从此再也没有好感，这直接导致了新文化阵营的一次大分裂。

尤其是鲁迅与胡适这两位新文化运动主将之间的关系，从此日益疏远，直至不再往来，其消极后果是难以估量的。

鲁迅与胡适的交往始于1918年，从1918年到1924年，两人有过长期的密切交往。在五四新文化运动中，他们方向一致，关系密切，无论是批判旧文化，还是倡导新文学，都曾经有过默契的配合和紧密的呼应。白话文运动、文学革命，都是胡适首先发难，鲁迅紧紧跟上；而面对鲁迅的成就，胡适则立即给予肯定和赞美。两人常常从不同的角度和侧面对同一问题进行探讨，见解往往高度一致。比如，胡适写《贞操问题》《再论贞操问题》，鲁迅作《我之节烈观》；胡适写《我的儿子》，鲁迅作《我们现在怎样做父亲》，配合都相当默契。

在文学革命开始时，胡适第一个尝试白话诗，作为孤独的先驱者，没有几个人追随。鲁迅与刘半农、沈尹默是最早的响应者。他在《新青年》连续发表了《梦》《爱之神》《桃花》等一系列新诗。对此，鲁迅说过："我其实是不喜欢做新诗的——但也不喜欢做古诗——只因为那时诗坛寂寞，所以打打边鼓，凑些热闹。"[①]当中国第一本新诗集《尝试集》修订的时候，胡适征求鲁迅的意见，鲁迅认真参与了修订。当胡适遭到学衡派与甲寅派的围攻时，是鲁迅挺身而出，撰写《估学衡》等文，给予回击。

胡适对鲁迅则一直评价甚高。鲁迅发表《狂人日记》以后，胡适便给予热烈的赞美与高度的评价，称誉鲁迅是"白话文学运动的健将"。在1922年所写的《五十年来中国之文学》一文中，他在回顾五四运动前后的小说创作情况时指出："这一年多（1921年以后）的《小说月报》已成了一个提倡'创作'的小说的重要机关，内中也曾有几篇很好的创作。但成绩最大的却是一名托名'鲁迅'的。他的短篇小说，从四年前的《狂人日记》到最近的《阿Q正传》，虽然不多，差不多没有不好的。"[②]1922年8月11日，胡适在日记中还写道："周氏兄弟最可爱，他们的天才都很高。豫才兼有赏鉴力与创作力。"[③]

在学术研究方面，他们也是相互支持、相互配合，并且有过密切的合作。胡适1919年就想做一部《中国小说史》，可惜没有时间做。事隔三年，鲁迅的《中国小说史略》出版，胡适对此报以热情的赞扬。几年之后，在《白话文学史》自序中仍然认为"这是一部开山的创作，搜集甚勤，取材甚精，断制也甚严，可以替我们研究文学史的人节省无数精力"[④]。《中国小说史略》出书前后，鲁迅曾反复征求过胡适的意见。在写作《中国章回小说考证》的过程中，胡适也曾多次向鲁迅请教。他们互相帮助、互相支持，从资料和信息的互相提供，到思想见解的相互切磋，记下了中国现代文化史上的一段美好情景。

---

①《鲁迅全集》（第7卷），第4页。

②《胡适全集》（第2卷），安徽教育出版社2003年，第342—343页。

③《胡适日记》（第3卷），安徽教育出版社2001年，第755页。

④《胡适全集》（第11卷），安徽教育出版社2003，第210页。

这一切都发生在"《新青年》集团"因政治见解而发生分裂之后，对于新文化运动来说，这尤其值得珍惜。

在陈西滢与鲁迅发生激烈论战之时，胡适没有介入争论，而是致信鲁迅、周作人和陈西滢，试图居中调解。他说："你们三位都是我很敬爱的朋友，所以我感觉你们三位这八九个月的深仇也似的笔战是朋友中最可惋惜的事。我深知你们三位都自信这回打的是一场正义之战；所以我不愿意追溯这战争的原因与历史，更不愿评论此事的是非曲直，我最惋惜的是，当日各本良心的争论之中，不免都夹杂着一点对于对方动机上的猜疑；由这一点动机上的猜疑，发生了不少笔锋上的情感；由这些笔锋上的情感，更引起了层层猜疑，层层误解；猜疑愈深，误解更甚。结果便是友谊上的破裂，而当日各本良心之主张就渐渐变成了对骂的笔战。"胡适说："我们现在有许多事业要做，而国内就是这么几个可以做事的人，即使大家努力，有一分热，发一分光，也还怕干不了万分之一，为什么要把力量消耗在相互猜疑和自相残害呢?"[①]值得注意的是，胡适希望不要"大水冲了龙王庙，一家人不认得一家人"。他总是把鲁迅看作自己人，直至鲁迅去世之后，甚至鲁迅已经被神化之后，胡适仍然不把鲁迅当作对立面。作为并肩战斗过的新文化战友，胡适对鲁迅的这份坚定认识足以发人深省，其中深含的情义也令人思之动容。

但是，与陈西滢的笔墨官司发生之后，由于对陈西滢等人的反感，鲁迅与胡适越来越疏远。鲁迅所厌恶的人都是胡适的朋友，他们紧紧围绕在胡适周围。他们离胡适越近，鲁迅就离胡适越远。胡适的确无意结党，却很自然地成了思想文化界的领袖。鲁迅不喜欢攀附领袖，尤其不愿意与自己所厌恶的人并肩而立。在他们形成的群体面前，鲁迅感到一种精神上的压迫，缺少良好的自我感觉，因而也难以平和公允地面对他们。他们一个个成了学者、教授、名流，鲁迅甚至因此而反感"学者""教授"这些称谓。他们占据了大学和文化界，无论是在北京，还是在厦门、广州，鲁迅都感到无处可逃。鲁迅最后定居于上海而不回北京，并且永远告别了教育界，这一切都与此不无关系。

1919年3月26日，蔡元培召集相关人员在汤尔和处讨论处理陈独秀的

---

①《胡适书信集》（上），北京大学出版社1996年，第374—375页。

事，最后决定撤销陈独秀北京大学文科学长的职务。那个会议给陈独秀留足了面子，但结果还是把陈独秀赶出了北京大学，改变了他的人生轨迹。十六年后，胡适读到了汤尔和当时的日记，写信对汤尔和进行了严厉的指责："是夜先生之议论风生，不但决定了北大的命运，实开后来十余年的政治与思想的分野。此会之重要，也许不是这十六年的短历史所能论定。"[①]从这个意义上说，我们也有理由指责陈西滢，正是他不负责任的攻击，把鲁迅推入更为孤独的境地，改变了他最后十年的人生轨迹。

①《胡适书信集》（中），北京大学出版社1996年，第667页。

1928：新文化危机中的鲁迅

众所周知，五四新文化运动开启了中国文化的一个新时代。遗憾的是，这一指向现代文化目标的伟大尝试并没有持续太久，就开始受到来自各方面的冲击，因而由主流进入边缘，又由边缘成为地底的潜流。这一过程使真正的现代知识分子每当念及就惭愧得无地自容。因为面对20世纪中国文化流变的历史，一种诘问无法回避：当新文化面临危机的时候，承载着五四新文化精神的现代知识分子究竟哪里去了？他们做了些什么？有没有尽到自己的责任？这个问题严重影响着中国现代知识分子的形象，影响着人们对20世纪中国文人的整体认识和估价。值得欣慰的是，只要穿越种种屏障回到七十多年前的历史现场，人们就不难看到，当五四新文化面临危机的时候，那些真正的现代知识分子并没有放弃自己的责任，他们虽然面对着大面积的背叛而势单力薄，却进行过艰难的守护和抵抗。20年代末的中国文坛发生过几件大事，比如鲁迅与“革命文学”倡导者之间的论争，胡适与新生的国家权力之间的冲突。由于长期以来历史叙述的狭隘视角，胡适和鲁迅往往被分别置入两个不同的阵营，因而这些大事在新文化运动史上的意义被弄得模糊不清。但是，只要超越唯阶级论的狭隘视角，就会清楚地看到，那是新文化运动的主将们在不同的战场上为保卫新文化而进行的艰苦努力。当五四新文化面临严重危机的时候，他们被迫进行一场保卫战。在这场保卫战中，正是鲁迅打响了奋起抵抗的第一枪。

一

五四新文化的危机首先来自国民革命高潮的兴起。虽然国民革命的领导核心国民党中不乏五四新文化运动的参与者，但是，国民党的指导思想却与五四新文化运动的方向存在着矛盾。国民党以孙中山的三民主义为其指导思想，而孙中山的三民主义与五四新文化运动精神是不一致的。人们一般把孙中山称作资产阶级革命家，但是，这位所谓的资产阶级革命家并未完整接受西方资产阶级的思想体系，而是更多地继承了本土的传统遗产。而且，作为一个志在行动的革命鼓动家和组织者，他要努力使自己的思想纲领能够为更多的国人所接受，就不能不在思想和言论上迎合大众所承载的传统。

正因为这样，孙中山支持学生爱国运动，也看重新文化运动的社会影响力，却并不赞同新文化运动的精神取向和价值选择。在论及五四新文化运动的反对力量时，人们往往更多地注目于文化界的保守派，但是，只要认真面对历史，就应该承认，对五四新文化运动的最大威胁不是来自辜鸿铭、林琴南或梁漱溟，而是来自孙中山和他的国民党。五四新文化精神与孙中山思想的主要分歧表现在两个方面：

第一，五四新文化运动以人为基本出发点和最高价值尺度，新文化的意识核心是人，其努力目标是个人自由与权利的保障；孙中山反复强调的是民族和国家，对新文化运动的价值核心不仅没有兴趣，而且竭力抵制。特别是对个人自由，他的态度可谓深恶痛绝。他认为中国人的自由已经太多，所以不必再争取个人自由。他说：“自由这个名词究竟要怎么样应用呢？如果用到个人，就成一片散沙。万不可再用到个人上去，要用到国家上去。个人不可太过自由，国家要得到完全自由。到了国家能够行动自由，中国便是强盛国家，要这样做，便要大家牺牲自由……我们的革命主义，便是集合起来的士敏土，能够把四万万人都用革命主义集合起来，成一个大团体。”[①]直到去世前夕，他在一次次演讲和训话中反复强调的仍然是：“只全党有自由，个

①《孙中山选集》，人民出版社1956年，第722—723页。

人不能有自由。然后我们的革命才可以望成功。”①

第二，五四新文化运动作为辛亥革命成功之后的一次思想文化补课，其主要手段之一就是通过反传统以铲除几千年专制政体的文化根基。新文化运动的领袖们已经认识到，作为中国文化核心部分的儒学传统与专制政治是相互适应的，在儒家学说基础上形成的君君臣臣父父子子的伦理观念是中国专制政治的文化基础，因此，要在中国实现民主、自由、平等、人权等普世价值，就必须彻底批判旧文化。孙中山的思想却与此恰恰相反。他认为：“我们中国四万万人不但是很和平的民族，并且是很文明的民族。近来欧洲盛行的新文化，和所讲的无政府主义与共产主义，都是我们中国几千年以前的旧东西。……我们中国的新青年，未曾过细考究中国的旧学说，便以为这些学说就是世界顶新的了，殊不知道在欧洲是最新的，在中国就有了几千年了。”②五四新文化运动的领袖们无法容忍中国的政治传统，因而在呼唤科学的同时呼唤民主、自由和人权。孙中山却说：“欧洲之所以驾乎我们中国之上的，不是政治哲学，完全是物质文明。……我们现在要学欧洲，是要学中国没有的东西。中国没有的东西是科学，不是政治哲学。至于讲到政治哲学的真谛，欧洲人还要求之于中国。”③五四新文化运动的领袖们竭力批判旧道德，因为正是它以强大的力量扭曲着一个个活生生的生命，制造着一具具僵尸。孙中山却几乎全盘接受了与专制政治相适应的道德观念。他说：“讲到中国固有的道德，中国人至今不能忘的，首先是忠孝，次是仁爱，其次是信义，其次是和平。这些旧道德，中国人至今还是常讲的。但是现在受外来的民族的压迫，侵入了新文化，那些新文化的势力此刻横行中国。一般醉心新文化的人，便排斥旧道德，以为有了新文化便可以不要旧道德。”④

由此可见，孙中山的思想在许多方面与五四新文化的精神是背道而驰的。如果只是思想和学术上的一家之言，也许并不值得特别关注，但作为一个革命领袖，这些思想却在指导中国革命的过程中产生了不同寻常的影响。随着革命高潮的掀起，孙中山的思想家喻户晓，并直接影响着一代青年不自觉地背离新文化。

---

①《黄埔军校史料（1924—1927）》，广东人民出版社1985年，第223页。

②③④《孙中山选集》，人民出版社1956年，第666页，第666－667页，第680页。

同时，重组后的国民党在北伐过程中显然受到了鲍罗廷等政治顾问和军事顾问们带来的俄式极权主义思想和体制的影响。这样，就使得国民革命的意识形态与五四新文化精神日益背道而驰。

因此，1927年蒋介石在政治和军事上的胜利后果非常复杂。对于北伐的胜利，任何否定都可能有失偏颇，但是，从文化上看，一个事实却无法否认：新政权的建立没有推进新文化的发展，而是直接和间接地带来了旧文化的复辟。因为伴随着新政权的建立，在政治上出现的不是现代民主政体，而是一党专政的非现代政体。为了巩固其政治上的一党专政，国民党不得不努力强化意识形态方面的控制。这就导致了一个结果：新政权不是努力发展与民主制度相适应的新文化，而是努力弘扬与专制制度相适应的旧传统。

也许，1927年之后中国的传统文化回潮与蒋介石个人的儒家思想和民族主义倾向不无关系。大概无须进行详细的考察就可以发现，蒋介石像孙中山一样支持五四学生运动，却对新文化运动不感兴趣。原因非常简单，五四学生运动可以被轻易地引向某种统治需要，而新文化运动却与一切旨在统治的需要冲突甚多。作为政治领袖和军事领袖，蒋介石反复强调的是国民的自信心，是爱国主义精神和民族主义情绪。作为曾国藩的真诚崇拜者，他信奉儒家传统，心仪宋明理学。因此，他一直埋怨五四新文化运动对中国传统文化没有给予足够的尊重，不赞成新文化运动领袖们的西化态度。他认为新文化运动盲目崇拜西方而丢失了民族的自信，认为新文化运动所倡导的那一套不适合中国国情，而且使青年背离传统、反抗权威，张扬个性，不讲纪律，产生了极为不良的影响。蒋介石是从根本上不赞同新文化运动的。他后来曾经这样说过："我们试看当时所谓新文化运动，究竟是指什么？就当时一般实际情形来观察，我们实在看不出它具体的内容。是不是提倡白话文就是新文化运动！是不是零星介绍一些西洋文艺就是新文化运动！是不是推翻礼教否定本国历史就是新文化运动！是不是打破一切纪律，扩张个人自由就是新文化运动！是不是盲目崇拜外国，毫无抉择的介绍和接受外来文化，就是新文化运动！如果是这样，那我们所要的新文化，实在是太幼稚、太便宜、而且是太危险了。"①因为这种认识，他一

①《哲学与教育对于青年的关系》，见周策纵：《五四运动：现代中国的思想革命》，周子平等译，江苏人民出版社1996年，第474页。

生中都无心推动新文化而有志弘扬旧传统。

在没有获得统治权的时候，国民党对新文化运动破坏偶像、反对权威、要求民主和自由的精神尚能部分容忍，然而，当他们通过军事手段获得统治权之后，就难以容忍并要严加防范了。在20世纪的中国，一切在骨子里与科学、民主、自由、人权等普世价值背道而驰的力量都对五四新文化抱有警惕，因而总是努力消灭它，或者巧妙地改写它。新政权为了巩固一党专政的非现代统治秩序，试图用三民主义统一人们的思想，用传统道德整合人们的精神，并且梦想通过弘扬传统文化而在爱国主义的旗帜下实现思想和舆论的一致，却毫不顾及现代知识分子以人权为核心的现代文化理想。当然，南京国民政府对知识分子是重视的，新政权建立之后很快对教育部门给予了一系列优惠，比如不再拖欠薪水，提高教师工资，使大学教授的实际生活收入随着币制的改革等一系列措施而得到了大幅度提高。但是，伴随着物质生活待遇的提高，同时出现的却是自由空间的萎缩。虽然国民党没有能够把知识分子完全纳入体制枷锁，却曾经试图通过政治思想工作而对其思想和言论进行限制，并且试图通过学校教育灌输党派的“私货”，使国家的教育事业为党派的利益服务。

为了新的统治秩序的建立和巩固，新政权在意识形态领域采取了一系列措施：第一，开动宣传机器，拼命制造舆论，在全社会强化新的政治意识形态，甚至利用群众大会、游行示威、喊口号、贴标语等方式运动群众，大造声势。党的宣传成为压倒一切的声音和不容质疑的东西。在党的控制之下，报刊受到控制，人们的言论自由空间急剧萎缩。第二，实行党化教育，强行灌输某种思想和主义。机关学校都要做纪念周，学习“总理遗嘱”。三民主义成了不容批评的金科玉律，虽然没有写进宪法要求国民必须坚持，却借党用国家政权的力量强行灌输，在公立的学校中培养三民主义的忠实信徒。第三，努力向传统文化寻找资源，弘扬旧传统，重振旧道德。中央宣传部长亲自撰文，要“由党的力量来挽回风气”，并且声称“中国本来是一个由美德筑成的黄金世界”①。

这一切，不能不使处于萌芽状态的中国新文化面临严重危机。

① 胡适：《新文化运动与国民党》，《新月》第2卷第67号合刊。

二

正当国民革命处于高潮的时候，鲁迅来到广州。他在北京受到压迫，在厦门受到排挤，在革命的策源地广州，却受到热烈欢迎，不仅文化教育界热烈欢迎他，而且国民党要员纷纷拜访和宴请他，可谓热闹非常。这种情况极易使人产生好感并因之产生更多的认同。这对鲁迅不能不是一场严峻的考验。初到广州之时，鲁迅的确也曾在某种程度上受到革命热潮的影响，并对革命抱有热望。但是，作为五四新文化的主将之一，他没有成为国民革命的狂热追随者。因为他毕竟不是那些激情有余而理性不足的青年，更重要的是，革命策源地广州的思想文化是他不能认同的。虽然鲁迅对孙中山一直怀有敬重之情，但是，他们之间在思想上距离甚远。鲁迅从来没有正面批判过孙中山的思想，也没有直接与国民革命的意识形态相对立，但是，从他到广州之后的言行考察，便不难发现，他并没有因为身处革命高潮之中就认同革命的意识形态，而是仍然坚持着新文化运动的方向。

首先，仍然坚持反传统的文化立场，致力于旧文化的批判和改造。他对革命的广州在文化上的守旧深感不满，因而开始在南方传播新文化的火种。在《无声的中国》中，他首先把批判的矛头指向了中国文字，认为正是它造就了一个无声的中国："将文章当作古董，以不能使人认识，使人懂得为好，也许是有趣的事罢。但是，结果怎样呢？是我们已经不能将我们想说的话说出来。"在革命的广州，人们都熟悉孙中山的"一盘散沙"论，但是，对于这"一盘散沙"的形成，鲁迅的解释却完全不合于孙氏学说。孙中山认为是自由太多导致了中国人成为一盘散沙，鲁迅却认为原因在于"用的是难懂的古文，讲的是陈旧的古意思，所有的声音，都是过去的，那就是只等于零的。所以，大家不能互相了解，正像一大盘散沙"。而且，正是在这篇演讲中，他再次反对调和折中论。"中国人的性情是总喜欢调和，折中的。譬如你说，这屋子太暗，须在这里开一个窗，大家一定不允许的。但如果你主张拆掉屋顶，他们就会来调和，愿意开窗了。没有更激烈的主张，他们总连平和的改革也不肯行。"在《老调子已经唱完》中，他说："中国的文章是最没有变化的，调子是最老的，里面的思想是最旧的。但是，很奇怪，却和别国不一样。那些老调子，还是没有唱完。这是什么缘故呢？有人说，我们中国是有一种‘特别国情’。”直到今天，包括《鲁迅全集》的注释，都注明所谓“特别国情”是袁世凯的论调，其实，特别国情论也是孙中山、蒋介石等人的论调。鲁迅却继续坚持对特别国情论的攻击，并且一如既往地强调：“中国的文化，都是侍奉主子的文化，是用很多人的痛苦换来的。无论中国人，外国人，凡是称赞中国文化的，都只是以主子自居的一部分。……保存旧文化，是要中国人永远做侍奉主子的材料，苦下去，苦下去。”

其次，没有迎合广州的革命口号，没有唱革命的高调，更没有为革命策源地献上动听的赞歌。既是名人，他不能不参加各种活动，不能不到处演讲，甚至无法拒绝种种革命桂冠。然而，他却常常说一些煞风景的话，甚至因此而使一些革命者大失所望。他对革命口号和革命桂冠的确不感兴趣，甚至声称自己从来不革命，而且害怕革命。这一切都显然不合时宜，因为广州作为革命的中心，正依靠狂热情绪进行着革命的动员。在一次次演讲中，他反复强调的是：现在的一切还是旧的，人们的思想还是旧的，文学也是旧的。他说：“对于军阀，已有黄埔军官学校同学去打倒他了，但对于一切旧制度，宗法社会的旧习惯，封建社会的旧思想，还没有人向他们开火。”他批评广州：“旧文学仍然很多，报纸上的文章，几乎全是旧式。我想这足见中国革命对于社会没有多大的改变，对于守旧的人没有多大的影响，所以旧人仍能超然物外。广东报纸所讲的文学，都是旧的，新的很少，也可以证明广东社会没有受革命影响；没有对新的讴歌，也没有对旧的挽歌，广东仍然是十年前底广东。不但如此，并且也没有叫苦，没有鸣不平；止看见工会参加游行，但这是政府允许的，不是因压迫而反抗的，也不过是奉旨革命。”[①]

其三，在当时的广州，那些穿上了军装或挎上了军刀的文学家们正在大讲“革命文学”，鲁迅对此没有给予热情的支持，而是常常泼一点冷水。鲁迅反复讲的仍然是文艺自身的特性，是创作的自由和自主。他讲文学的“无用”和“无力”，甚至断定革命的时代是没有文学的。在黄埔军校的演讲中，他说了这样一段话：“革命地方的文学家，恐怕总喜欢说文学和革命是大有关系的，例如可以用这来宣传，鼓吹，煽动，促进革命和完成革命。不

①《鲁迅全集》（第3卷），第421页。

过我想，这样的文章是无力的，因为好的文艺作品，向来多是不受别人命令，不顾利害，自然而然地从心中流露的东西；如果先挂起一个题目，做起文章来，那又何异于八股，在文学中并无价值，更说不到能否感动人了。”①

更值得注意的是，随着时间的推移，鲁迅对革命的认识更加清楚。以独裁代替民主，以专制压制自由，以群体压抑个体，以所谓革命的主义代替自由的思想，这一切是一个坚持五四新文化立场的人所能容忍的吗？考察当时鲁迅的言论，可谓谨慎非常。但是，精神立场却不难发现。他的确看了很多，也感触甚多。比如，在K委员的眼里，“写长信，就是反革命的”；在革命策源地，连白话都视为异端；报刊成了宣传工具，人的言论要符合革命的尺寸；否则就不能发表……如此情况下，谈什么思想自由？谈什么文学建设？鲁迅对思想禁锢当然不能认同，因为他所向往的革命是推动文明向前发展，而不是让人失掉思想的自由。在革命的广州，鲁迅没有找到他所向往的自由权利。

他曾经这样叙述过自己的遭遇：“到后来，却有些改变了，往往斗胆说几句坏话。然而有什么用呢？在一处演讲时，我说广州的人民并无力量，所以这里可以做‘革命的策源地’，也可以做反革命的策源地……当译成广东话时，我觉得这几句话似乎被删掉了。给一处做文章时，我说青天白日旗插远去，信徒一定加多。但有如大乘佛教一般，待到居士也算佛子的时候，往往戒律荡然，不知道是佛教的弘通，还是佛教的败坏？……然而终于没有印出，不知所往了……”②在革命的广州，一切都要服从革命的需要，所以文学“是要直截痛快，‘革命！革命！’的，这才是‘革命文学’”③。对此，鲁迅曾经形象地描述道：“现在在南边，只剩了一条‘革命文学’的独木小桥，所以外来的许多刊物，便通不过，扑通！扑通！都掉下去了。”在这种唯“革命文学”独尊的文化氛围中，鲁迅看到，孙中山“革命尚未成功”的语录虽然是常见的标语，但仿佛已经成了一句谦虚话，在大部分的人们的心里，是“革命已经成功”或“将近成功”了。“既然已经成功或将近成功，自己又是革命家，也就是中国的主人翁，则对于一切，当然有管理的权利和

①③《鲁迅全集》（第3卷），第418页，第485页。

②《鲁迅全集》（第4卷），第33页。

义务。刊物虽小事，自然也在看管之列。”[①]刊物既然被主人翁看管，新闻出版的自由当然难以出现。

在革命之前，鲁迅自己有一种解释：在革命的时候，是没有什么文学的。他大概也同样认为，在革命的时候，是没有自由思想的。但革命成功之后呢？鲁迅看见了，也经历过了。1929年5月，他在燕京大学演讲，开头就说：“这一年多，我不很向青年诸君说什么话了，因为革命以来，言论的路很窄小，不是过激，就是反动……”[②]至于革命之后的文化走向，则是“革命成功之后，‘国术’‘国技’‘国花’‘国医’闹得乌烟瘴气之时”[③]。

然而，对于鲁迅来说，重大的收获还在于他又一次看清了中国的革命原来不过如此：“革命的被杀于反革命的。反革命的被杀于革命的。不革命的或当作革命的而被杀于反革命的，或当作反革命的而被杀于革命的，或并不当作什么而被杀于革命的或反革命的。革命，革革命，革革革命，革革。”[④]……这显然不是五四新文化运动所希望的结果。鲁迅曾经为参加革命的青年而痛苦，甚至怀疑自己参与了制作“醉虾”的勾当，然而，现实也使他更进一步明白了什么是革命家：“这也因为我天生的不是革命家的缘故，倘是革命巨子，看这一点牺牲，是不算一回事的。第一是自己活着，能永远做指导，因为没有指导，革命便不成功了。”[⑤]

三

新文化的危机还来自国民革命的另一个结果。

20世纪20年代的中国社会已经存在着严重的阶级矛盾。下层民众的生活苦难可以说是几千年一贯的历史事实，但在一般情况下，由于中国文化传统的制约，苦难的大众并不一定有足够的“阶级觉悟”，也不一定能够导致农民起义那样的翻身之举。但是，国民革命的高潮却像助长民族主义情绪一样助长了阶级意识的觉醒。

在此之前，一些知识分子因为接受西方观念而深刻认识了社会的不公，

①④《鲁迅全集》（第3卷），第488页，第532页。

②③⑤《鲁迅全集》（第4卷），第133页，第140页，第98页。

开始站在人道主义的立场上为大众鸣不平，并试图改变不平的现状。比如早在五四时期，陈独秀就在《贫民的哭声》中写道："今天这样捐，明天那样税，弄得民穷财尽，钱用到哪里去了？替人民办了什么事？……养了议员去嫖赌，恭维督军；养了文官去刮地皮，借外债卖路矿得回扣；养了武官去杀人，抢劫，贩卖烟土；养了法官警官去捉拿那贫苦的烟犯赌犯来罚钱。现在的时代，还无人敢说政府官吏没有什么用处。可惜他们的功效，只造成一片贫民的哭声！"①刘半农的《相隔一层纸》《学徒苦》，刘大白的《卖布谣》《田主来》，都鲜明地体现着阶级意识，反映着贫富悬殊和阶级差别。而它的目的显然是指向社会平等，"生我者亦父母"的呼声就是一种典型的声音。在刘大白的《红色的新年》等赞美俄国十月革命的作品中，大声呼叫的也是："不公！不公!! 不平！不平!!"

革命高潮到来之际，情况完全不同了。由于俄国十月革命的影响，孙中山等国民革命领袖们看到了工农力量的重要性。因而在国民党第一次全国代表大会发表的《宣言》中明确宣称民族的解放事业"其所恃为后盾者，实为多数之民众"，并且做出允诺："吾人欲证实民族主义实为健全之反帝国主义，则当努力于赞助国内各种平民阶级之组织，以发扬国民之能力。"②这就在国民革命中为追求阶级翻身的革命运动留有了广阔的空间，使下层工农大众追求翻身解放的运动得以轰轰烈烈地开展起来。尤其是广东、江西、湖南等地，借着国民革命之势，穷人进行了翻身的尝试："一切从前为绅士们看不起的人，一切被绅士们打在泥沟里，在社会上没有了立足地位，没有了发言权的人，现在居然伸起头来了。……他们发号施令，指挥一切。他们站在一切人之上。""土豪劣绅的家里，一群人涌进去，杀猪出谷。土豪劣绅的小姐少奶奶的牙床上，也可以踏上去滚一滚。"③

就在毛泽东为农民运动大声叫好之时，国民党的大多数人对此不以为然，作为军事最高统帅的蒋介石也不愿承认这种翻身的合法性。更为重要的是，那些出身富裕家庭的军官们已经无法忍受自己家中被抢、亲人被杀的事

①1929年4月27日《每周评论》第19号。

②《孙中山选集》，人民出版社1956年，第591－592页。

③《毛泽东选集》，人民出版社1967年，第14—16页。

实。他们的态度正如毛泽东在《湖南农民运动考察报告》中所嘲弄的："嘴里天天说'唤起民众'，民众起来了又害怕得要死。"然而，抱怨并不能改变当时的革命现实。他们既然害怕得要死，就要采取措施。于是，无论是乡村的农民运动还是城市的工人运动，都转眼间风平浪息了。手段当然是残酷的，工农运动的组织发动者们也受到了清洗和镇压。

当清党运动使以阶级斗争的方式谋求翻身解放的行动失掉合法性的时候，一些从业文人不得不转向文学运动。

在重返文坛的文人团体中，创造社的举动尤其引人注目。当然，创造社的举动并不值得大惊小怪。因为对于他们来说，"转向"本是家常便饭。他们的转向早就开始了，最先的转变主要是从表现自我到表现社会、由主张抒情到主张写实，也就是创作上从浪漫主义走向写实主义。这在当时实在算不了什么，因为五四文学革命的倡导者们及其最先的主力军一直进行着这样的努力。值得注意的是，他们在走向社会现实的同时纷纷投身于国民革命，而且在穿上军装之后就立即开始高喊"革命文学"的口号，号召文学青年"到兵间去，民间去，工厂间去，革命的漩涡中去"[①]。其表现与五四时期截然不同。但仔细想来，这仍然一点也不奇怪。因为在"五四"高潮中，创造社的人们并没有进入新文化运动的中心，其主要人物甚至没有读过《新青年》。他们只是凭着朦胧的感觉和本能的冲动从感性的层面上应和了五四新文化运动，以破坏与创造的精神高扬起了个性反抗的旗帜，却对五四新文化运动缺少足够的认识。盲目的追随者在高潮过后转身而去，本是非常自然的事。他们的转向适应了国民革命的政治要求。然而，随着1927年南京国民政府的建立，他们却成了鲁迅所说的"革命已经成功的文学家"和"革命尚未成功的文学家"之中的后者，被迫回到了文坛。

重返文坛的他们不但没有走上五四新文学的道路，而是恰恰相反：一起拿五四新文学和新文化主将们开刀，要彻底扫荡新文学和新文化。值得注意的是，他们在政治上应该是反对国民党统治的，但在文化上却与国民党统治者保持着高度的一致——都把五四新文化作为批判和否定的对象。他们否定鲁迅，嘲弄胡适，扫荡几乎所有的五四作家。他们竭力否定文学革命的成

① 郭沫若：《革命与文学》，1926年4月《创造月刊》第1卷第3期。

就，猛烈批判五四新文学的价值观念和意识形态，对《新青年》集团和文学革命的开创者进行猛烈攻击。在他们看来，启蒙是浅薄的，新文化运动是不合时宜的，“胡适之流”的叫喊“力竭声嘶”，“其余一些半死不活的大妖小怪”不过是“跟着一齐乱喊”，新文化运动的“这些‘名流’完全不认识他们的时代，完全不了解他们的读者，也完全不了解自己的货色”。“他们不知道那时候的觉悟的青年已经拒绝了他们的迷药。”……面对五四新文学的中心北京文坛，他们认为是“一片乌烟瘴气”，所以需要“十万两无烟火药”[①]。他们认为一般的文学家大多数是反革命的，他们的文艺都是不革命或者反革命的文艺。

他们发现了新的文学道路，认定五四新文化运动的价值选择和五四新文学的精神取向已经过时，继之而起的将是无产阶级的文艺。他们认为“资本主义已经到了他的最后的一日，世界形成了两个战垒”，在这种形势下，“谁也不许站在中间。你到这边来，或者到那边去！……克服自己的小资产阶级的根性，把你的背对向那将被‘奥伏赫变’的阶级，开步走，向着那龌龊的大众”[②]。如果有人不愿接受他们的命令，或者坚守五四新文化的价值立场，他们就要“替他们打包，打发他们去”，或者“踢他们出去”[③]。他们宣布：“不能和我们联合战线的就是我们的敌人！”“必须先把这些敌人打倒！”[④]他们从个人主义走向了群体主义，从轻视大众走向崇拜大众，因而不仅否定自我，而且否定知识分子的启蒙立场，要求作家做一台“留声机器”。如果不愿响应他们的号召，他们的态度异常蛮横，正如郭沫若在《英雄树》中的回答：“那没有同你说话的余地，只好敦请你们上断头台！”

作为五四文坛上一个有影响的社团，创造社与太阳社一起，以这样一种姿态开始对五四新文学进行一次再革命，对五四新文化进行猛烈的反叛与颠覆。毫无疑问，它从另一方面加剧了新文化的危机。

①② 成仿吾：《从文学革命到革命文学》，1928年2月《创造月刊》第1卷第9期。

③ 仿吾：《打发他们去》，1928年2月《文化批判》第2期。

④ 王独清：《祝词》，1928年5月《我们月刊》创刊号。

四

面对创造社和太阳社对五四新文学和新文化的挑战，鲁迅进行了反击。他因此成为众矢之的，成了“中国的Don Quixote”，“为布尔乔亚汜当了一条忠实的看家狗!”[①]，甚至是“文艺战线上的封建余孽”“二重的反革命人物”和“不得志的Fascite（法西斯谛）”[②]。面对围攻，鲁迅没有退却。他不断迎战和反击，与之展开了长期的论战。

在过去的历史叙述中，人们往往从阶级阵线着眼而努力抹杀他们之间的矛盾，或者由于思维方式的局限而看不到冲突的实质，结果是使这场激烈论争性质模糊不清，焦点隐晦不明。直到今天，即使在一些“重写”的现代文学史上，也仍然是一笔糊涂账。那么，这场冲突的焦点究竟何在？其实，后人为适应某种需要或在种种限制之下做出的解释远不如当事人的感觉和认识更为可靠。郑伯奇在《文坛的五月》中曾经声明：“这不是我们和鲁迅的冲突，也不是创造社和语丝派的冲突，这是思想和思想的冲突，文坛上倾向和倾向的冲突。我们所批评的不是鲁迅个人，也不是语丝派几个人，乃是鲁迅与语丝派诸君所代表的一种倾向。”郭沫若在《“眼中钉”》一文中也曾辩解：“他们批判鲁迅先生，也决不是对于‘鲁迅’这一个人的攻击。他们的批判对象是文化的整体，所批判的鲁迅先生是以前的‘鲁迅’所代表，乃至所认为代表着的文化的一个部门，或一部分的社会意识。”应该承认，这些话是不错的。他们的确不是批判鲁迅个人，而是批判一种文化倾向，这倾向就是五四新文化的倾向。同时，鲁迅的抵抗和还击也并非仅仅出自私怨，而是守护一种文化倾向，这倾向也是五四新文化的倾向。考察其矛盾冲突，挑战者的进攻和守护者的抵抗都紧紧围绕着五四新文学和新文化。交锋之点主要集中于以下几个：一是人道主义和个人主义，亦即五四文学以人为中心的

---

① 李初梨：《请看我们中国的Don Quixote的乱舞：答鲁迅‘醉眼中的朦胧’》，1928年4月《文化批判》第4号。

② 杜荃（郭沫若）：《文艺战上的封建余孽——批评鲁迅的〈我的态度气量和年纪〉》，1928年8月《创造月刊》第2卷第1期。

人道意识。二是现代启蒙主义，即以改造国民性为标志的现代启蒙立场。三是五四新文化运动中诞生的知识分子话语的独立性。

挑战者们否定鲁迅，首先因为鲁迅是一个人道主义者。他们在鲁迅的文章中看到的是“人道主义者怎样地防卫着自己”，看到的是“人道主义者的裸体照相”①。他们说鲁迅的文章“暴露了知识阶级的厚颜，暴露了人道主义的丑恶”②。由此可见，在他们眼里，人道主义不仅是浅薄的，而且是丑恶的。站在五四新文化的立场上，这种观点当然难以接受。鲁迅并不赞成托尔斯泰的不抵抗主义，但是，他不能容忍对人道主义的简单否定。所以，当挑战者称托尔斯泰是“卑污的说教人”时，鲁迅在《“醉眼”中的朦胧》中说：“惟有在中国特别，知道跟着人称托尔斯泰为‘卑污的说教人’了，而对于中国‘目前的情状’，却只觉得‘在事实上，社会各方面亦正受着乌云密布的势力的支配’，连他的‘剥去政府的暴力，裁判行政的喜剧的假面’的勇气的几分之一也没有；知道人道主义不彻底了，但当‘杀人如草不闻声’的时候，连人道主义式的抗争也没有。”

挑战者们反对个人主义，强调一切必须服从组织，听从“时代”的命令。他们认为个人主义早已是一种腐朽的思想，像自由、民主一样属于腐朽阶级的意识形态，而鲁迅却“始终是一个个人主义者”，而不愿接受集体化：“‘因为我喜欢’，所以我要反抗，这不是革命党人的态度，这是个人主义的小资产阶级者的丑态。……他的出发点，不是集体，而是个人，他的反抗，只是为他个人的反抗。虽然有时也为着别人说几句话，我们若果细细地考察起来，究竟是抛不开‘我’的成分的。”③他们说鲁迅倔强、任性，固守己见而不认错；说鲁迅沉迷于自由思想，说鲁迅仍然固执于浅薄的人道主义，等等，应该说都是不错的。问题在于，这正是鲁迅坚持五四新文化运动的方向。作为新文化的承载者，他不能不高度重视个人的自由，执着于把人从各种迷信和依附中解放出来的启蒙工程。因此，他对依靠某种政治势力或者军事势力而大喊革命文学口号不以为然，对以群体的名义剥夺个人的权利

① 冯乃超：《人道主义者怎样地防卫着自己?》，1928年4月《文化批判》第4号。

② 成仿吾：《毕竟是“醉眼陶然”罢了》，1928年5月《创造月刊》第1卷第11期。

③ 钱杏邨：《朦胧以后》，1928年5月《我们月刊》创刊号。

的确有点害怕。他一方面提醒人们注意“笔下雄纠纠，对大家显英雄”的人们与“指挥刀”的关系，一方面发出如此的感叹：“中国却有此例，竟会将个性，共同的人性（即林氏之所谓个人性），个人主义即利己主义混为一谈，来加以自以为唯物史观底申斥，倘再有人据此来论唯物史观，那真是糟糕透顶了。”①

挑战者们反对自由思想，批判知识阶级或是小资产阶级。他们指出：“鲁迅把自己的小资产阶级的恶习性完全暴露了出来，小资产阶级的任性，小资产阶级的不愿认错，小资产阶级的疑忌……鲁迅所以陷于这样的状态之中，我们也可以说完全是所谓自由思想害了他，自由思想的结果只有矛盾，自由思想的结果只有徘徊，所谓自由思想在这个世界上只是一个骗人的名词，鲁迅便是被骗的一个。”②在他们的眼里，独立人格和自由思想都是应该批判和否定的。鲁迅却仍然坚持自由的思想，反对任何思想专制，守护着现代知识分子独立地自由表达思想的权利。即使翻译苏俄文艺理论的主张，也是“只希望有切实的人，肯译几部世界上已有定评的关于唯物史观的书——至少，是一部简单浅显的，两部精密的——还要一两本反对的著作。那么，论争起来，可以省说许多话”③。关于挑战者们反复攻击的所谓“小资产阶级”，鲁迅说：“中国，据说，自然是已经革了命，——政治上也许如此罢，但在文艺上，却并没有改变。有人说，‘小资产阶级文学之抬头’了，其实是，小资产阶级文学在哪里呢，连‘头’也没有，哪里说得到‘抬’。”④

挑战者们认为阿Q时代已经死去，大众已经不需要启蒙，所以强调作家放弃知识分子的启蒙主体地位而充当大众的“留声机器”。他们认为时代已经进入了一个新的时代，“资本主义已到了它最后的一日，世界形成了两个战垒，一边是资本主义的余毒‘法西斯蒂’的孤城，一边是全世界农工大众的联合战线”⑤。中国也不是过去的中国，“农村零落了，都市普罗列塔利亚特（Proletariat）发生了。谁人能说中国依然是（封建的）文明之邦，礼教

①③④《鲁迅全集》（第4卷），第126—127页，第127页，第135页。

② 钱杏邨：《死去了的阿Q时代》，1928年3月《太阳月刊》第3期。

⑤ 成仿吾：《从文学革命到革命文学》，1928年2月《创造月刊》第1卷第9期。

之国”[①]？与此同时，他们认为“现在的中国农民第一是不像阿Q时代的幼稚，他们大都有了很严密的组织，而且对于政治也有了相当的认识；第二是中国农民的革命性已经充分的表现了出来，他们反抗地主，参加革命，近且表现了原始的Baudon的形式，自己实行革起命来，决没有像阿Q那样屈服于豪绅的精神；第三是中国的农民知识已不像阿Q时代农民的单弱，他们不是莫名其妙的阿Q式的蠢动，他们是有意义，有目的的，不是泄愤的，而是一种政治的斗争了”[②]。那么，《阿Q正传》当然过时了，它“是写给愚蒙看的，那么就请它到愚蒙那里去吧，我们这儿已不再要它。我们这儿要革命文学了，要无产阶级的文学了”[③]。既然阿Q时代已经过去，而且阿Q已经觉悟，当然不再需要启蒙主义。所以，按照钱杏邨的说法：“鲁迅他自己也已走到了尽头，再不彻底觉悟去找一条生路，也是无可救济了。”[④]鲁迅却不承认阿Q时代已经过去，而是一如既往地坚持启蒙立人之路。他在同一期《语丝》上同时发表《扁》《路》《头》《通信》《太平歌诀》《铲共大观》等一系列文章，其显著的主题是揭露现实的黑暗和民众的愚昧，提醒人们：阿Q的时代真的过去了吗？阿Q真的已经觉悟？在《铲共大观》中，他说：“我们中国现在（现在！不是超时代的）的民众，其实还不很管什么党，只要看‘头’和‘女尸’。只要有，无论谁的都有人看。拳匪之乱，清末党狱，民二，去年和今年，在这短短的二十年中，我已经目睹或耳闻了好几次了。”在《太平歌诀》中，他说：“看看有些人们的文字，似乎硬要说现在是‘黎明之前’。然而市民是这样的市民，黎明也好，黄昏也好，革命者们总不能不背着这一伙市民进行。鸡肋，弃之不甘，食之无味，就要这样地牵缠下去。五十一百年后能否就有出路，是毫无把握的。”在《文艺与革命》中，他说：“现在所号称革命文学家者，是斗争和所谓超时代。超时代

---

① 冯乃超：《艺术与社会生活》，1928年1月《文化批判》创刊号。

② 钱杏邨：《死去了的阿Q时代》，1928年3月《太阳月刊》第3期。

③ 朱彦：《阿Q与鲁迅》，1928年10月《新宇宙》创刊号。

④ 钱杏邨：《死去了的鲁迅》，原载《现代中国文学作家》（第一卷），上海泰东图书局1928年7月初版，此处引自《鲁迅和他的论敌论文选》，今日中国出版社1996年，第466页。

其实就是逃避，倘自己没有正视现实的勇气，又要挂革命的招牌，便自觉地或不自觉地必然地要走入那一条路的。身在现世，怎么离去？这是和说自己用手提着耳朵，就可以离开地球者一样地欺人。”

挑战者们以无产阶级的文学使者自居，自以为代表着新的时代，并且完成了对五四新文化运动和文学革命的超越，鲁迅却看到了假冒伪劣，看到了新商标下的旧货色，毫不留情地揪出了他们新制服下面的老辫子。在《路》中，他曾尖锐地讽刺说：“上海的文界今年是恭迎无产阶级文学使者，沸沸扬扬，说是要来了。问问黄包车夫，车夫说并未派遣。这车夫的本阶级意识形态不行，早被别阶级弄歪曲了罢。另外有人把握着，但不一定是工人。于是只好在大屋子里寻，在客店里寻，在洋人家里寻，在书铺子里寻，在咖啡馆里寻……”因为在他看来，在这些地方寻找出来的绝不是无产阶级的文学使者。在《文坛的掌故》中，他又说：“向‘革命的智识阶级’叫打倒旧东西，又拉旧东西来保护自己，要有革命者的名声，却不肯吃一点革命者往往难免的辛苦，于是不但笑啼俱伪，并且左右不同，连叶灵凤所抄袭来的‘阴阳脸’，也还不足以淋漓尽致地为他们自己写照……”在《我的态度气量和年纪》中，因为对方提到了林琴南，鲁迅写道：“旧的和新的，往往有极其相同之点——如个人主义者和社会主义者往往都反对资产阶级，保守者和改革者往往都主张为人生的艺术，都讳言黑暗，棒喝主义者与共产主义者都厌恶人道主义等——林琴南先生的事也正是一个证明。至于所以不行之故，其关键就全在他生得更早，不知道这一阶级将被‘奥伏赫变’，及早变计，于是归根结蒂，分明现出Fascist本相了。但我以为‘老头子’如此，是不足虑的。他总比青年先死。林琴南先生就早已死去了。可怕的是将为将来柱石的青年，还像他的东拉西扯。”

关于鲁迅对创造社、太阳社的态度，后来的评论也远不如当事人当时的感觉更为准确。在《创造十年》中，郭沫若这样写道：“在这儿鲁迅先生又不费力地把创造社来和《论衡》派、鸳鸯蝴蝶派归为了一类，而使文学研究会承继着《新青年》和《终身大事》的正统。似乎创造社之成为文学研究会的‘新敌’，是因为该研究会声援了《新青年》。”“我们的鲁迅先生自始至终是要把创造社的几个流氓打进阿鼻地狱里去的。在未革命之前他们是流氓痞棍，在既革命以后他们还是流氓痞棍！”①

考察这场冲突，我们不难看到，虽然矛盾复杂，但的确带有新旧文化冲突的性质。挑战者以最激进的面貌出现，似乎实现了对五四新文化运动的超越，要把文学运动推进到一个新的阶段，即所谓“从文学革命到革命文学”。事实上，他们却陷入了一种貌新而实旧的境地：他们反对的所谓“旧式的作家”，正是以鲁迅为代表的新文学先驱；他们所反对的所谓“旧思想”，正是五四新文化运动中出现的新思想。这些激情满怀的年轻人自以为超越了五四新文学和新文化，却没有意识到他们以最激进的面貌出现，努力复活的却是旧传统。

进入20世纪30年代之后，鲁迅参加了左联，但是，并没有因此而放弃对五四新文化的守护。他加入左联之后的矛盾和痛苦，与左联领导人之间的矛盾，其根本原因都在于他虽然置身于左联之中，却仍然不愿放弃新文化运动中确立的现代性的文化目标。就整个新文化阵营的格局看，20世纪30年代的鲁迅已经站在一个极地之侧，但是，正是在这个边缘之处，鲁迅以短兵相接的方式抵抗了各种对新文化的侵袭，顽强地守护着新文化运动的成果和来之不易的现代知识分子话语空间。

① 郭沫若：《创造十年》，现代书局1932年。

第二辑

铁屋中的呐喊
——《呐喊》导读

《呐喊》是鲁迅的第一部小说集，也是中国现代文学史上最重要的一部小说集。它最先由新潮社于1923年8月出版，共收小说15篇，1926年起改由北新书局出版，也仍然是15篇，到1930年1月第13次印刷时，作者抽去了最后一篇《不周山》（后改名为《补天》收入《故事新编》），成为14篇。此后国内外出版的《呐喊》大都以此为准。我们这里采用的也是这个版本。

关于本书作者的生平，读者大概已经有所了解：鲁迅，原名周树人，中国现代最著名的文学家和思想家，1881年生于浙江绍兴，1936年逝世于上海……在这个过程中，有几个重要的环节值得特别注意：首先，鲁迅生于浙江绍兴一个大户人家，13岁时祖父因科场舞弊而被判刑，接着父亲也一病不起，家庭“从小康人家而坠入困顿”，因而较早地感受到人情冷暖和世态炎凉，认识了世人的真面目。其次，鲁迅于1902年东渡日本留学，先是在仙台学医，后来却弃医从文，是由于看到中国人的麻木和愚昧而意识到一个问题：“凡是愚弱的国民，即使体格如何健全，如何茁壮，也只能做毫无意义的示众的材料和看客。”他因此认为更重要的是改变人们的精神，而改变人们精神的利器就是文学。这是他在《〈呐喊〉自序》中清楚说明过的。其三，鲁迅弃医从文，但他的文学之路开始并不顺利，与人一起办刊物，失败了；与弟弟周作人一起翻译成《域外小说集》，出版后却只销出了二十余册。在《〈呐喊〉自序》中，鲁迅曾经如此描写他当时的感受：“凡有一人的主张，得了赞和，是促其前进的，得了反对，是促其奋斗的，独有叫喊于生人中，而生人并无反应，既非赞同，也无反对，如置身毫无边际的荒原，无可措手的了，这是怎样的悲哀呵，我于是以我所感到者为寂寞。”这寂寞笼罩了鲁迅，一晃就是十多年。这期间，鲁迅于1909年从日本回国，开始在绍兴等地教书，1911年辛亥革命后被任命为绍兴师范学校校长，次年应蔡元培之邀到北京中华民国教育部任职。1918年，他开始为《新青年》撰稿，才真正开始了文学创作，并很快成为文学革命和新文化运动的一名主将。所以，鲁迅与五四新文化运动是紧密联系在一起的。

在《呐喊》所收的14篇小说中，最早的一篇是《狂人日记》，写于1918年，最晚的一篇是《阿Q正传》，写于1922年，时间正处五四新文化运动的高潮。要深入理解鲁迅的《呐喊》，不能不了解它的写作背景，不能不注意当时中国的特定形势和由此而发生的新文化运动。众所周知，辛亥革命之后，中国人已经推翻了帝制，并且在亚洲创建了第一个共和国。然而，中国虽然有了宪法，有了国会，有了现代政治体制的基本框架，社会和人的生存状态却没有发生根本的改变，中国人从上到下都不习惯共和国的现代政治体制。一方面是上层，共和国的总统、总理和各级管理者们大都刚刚摘去清王朝的顶戴，仍然习惯于沿着专制制度的惯性运行，即使那些反抗清王朝专制统治的革命党人，也并不习惯现代国家的管理规则，因而不自觉地就会按照专制的旧例行事。另一方面是下层，人民在理论上已经成为国家主人，但绝大多数人并不清楚时代发生的这种变化，更没有意识到自己作为一个公民享有的自由、尊严和权利，他们仍然像君主专制时代一样自居于奴隶地位，在“公仆”面前总是要不由自主地跪下。也就是说，当时的中国已经建立了民主共和制度，而人们的思想观念和行为方式却远远不能适应。因此，时代面临的一个重要课题就是进行思想文化上的革命。以陈独秀、胡适等人为领袖，以《新青年》和北京大学为中心的新文化运动正是这样一场革命。他们要使中国人从君君臣臣父父子子的传统伦理秩序中走出来，克服传统的奴性而作为独立的个人站立起来，在精神上告别“臣民”和“草民”而成为真正的现代“公民”。而这正是鲁迅早在日本留学时期就为自己确立的使命。早在1907年，他就提出了“立人”的主张，认为中国的根本问题是人的问题，“人立而后凡事举”。坚船利炮也罢，发展实业也罢，制订宪法也罢，召开国会也罢，如果国民性得不到改造，中国的问题就不会得到根本的解决。这是鲁迅的一贯主张，后来他在写给许广平的信中也说过："最初的革命是排满，容易做到的，其次的改革是要国民改革自己的坏根性，于是就不肯了。所以此后最要紧的是改革国民性，否则，无论是专制，是共和，是什么什么，招牌虽换，货色照旧，全不行的。"所以，当新文化运动兴起之时，他终于找到了同道，因而立即参与其中，并且成为重要的一员。

当然，在参加新文化运动之际，鲁迅也曾有过犹豫，而且不抱乐观态度。这从《〈呐喊〉自序》中可以看到。鲁迅说："假如一间铁屋子，是绝无窗户而万难破毁的，里面有许多熟睡的人们，不久都要闷死了，然而是从昏睡入死灭，并不感到就死的悲哀。现在你大嚷起来，惊起了较为清醒的几个人，使这不幸的少数者来受无可挽救的临终的苦楚，你倒以为对得起他们么?"如果仅仅就此做结论，鲁迅的确很悲观，对打破铁屋子的可能几乎不抱幻想，对铁屋中呐喊的意义也深表怀疑。但是，事实却是鲁迅毅然走上了在铁屋中呐喊的启蒙道路，而且从此矢志不移。因此，我们在注意鲁迅"铁屋子论"的悲观色彩时应该看到，鲁迅开始给《新青年》写稿，并积极投身于启蒙运动，已经显示了他的选择。在那场辩论中，他事实上已经接受了金心异（即钱玄同）的说法："然而几个人既然起来，你不能说决没有毁坏这铁屋的希望。"在这个问题上，只要不放弃最后一线希望，的确别无选择。对此，鲁迅想的是："我虽然自有我的确信，然而说到希望，却是不能抹杀的，因为希望是在于将来，决不能以我之必无的证明，来折服了他之所谓可有。"也可以说，鲁迅充分看到了改造国民性的困难，但并不绝望。鲁迅在随感录《三十八》中曾经这样说过："但我总希望这昏乱思想遗传的祸害，不至于有梅毒那样猛烈，竟至百无一免。即使同梅毒一样，现在发明了六百零六，肉体上的病，既可医治；我希望也有一种七百零七的药，可以医治思想上的病。这药原来也已发明，就是'科学'一味。只希望那班精神上掉了鼻子的朋友，不要又打着'祖传老病'的旗号来反对吃药，中国的昏乱病，便也总有全愈的一天。祖先的势力虽大，但如从现代起，立意改变：扫除了昏乱的心思，和助成昏乱的物事（儒道两派的文书），再用了对症的药，即使不能立刻奏效，也可把那病毒略略羼淡。"

正是基于这样一种认识，鲁迅才开始"呐喊"，写出了这些小说。他的小说不仅充分显示了五四文学革命的实绩，而且集中体现了新文化运动的精神，显示了五四一代启蒙知识分子的价值取向和文化选择。鲁迅的作品提供的不是娱乐和消遣，而是引导人们正视现实的一切，包括自身存在的种种丑陋与卑污。他反对“瞒和骗”的文艺，因为他经清楚地意识到“瞒和骗”常常是为维护旧秩序而采用的一种愚民手段。它可以使人处于蒙昧状态，不知道维护自己的权利，甚至被“吃掉”而不自知。因此，作为启蒙主义者，首要的任务就是揭开种种伪装和遮蔽，直面现实的惨状和国民性的病态，以真相使人们看到自己处于怎样的环境，过着怎样的生活，带有怎样的精神病态，从而使人有所觉悟和反省，谋求另一种活法。

从艺术形式上看，《呐喊》是丰富多样的，或通过心理刻画而着重表现思想和心理，或通过故事叙述揭示人物命运，或以白描手法勾勒人物形象，或以浓墨重彩刻画人物性格，无论是故事的组织还是人物形象的刻画，无论是行为动作的描写还是心理的揭示，都有独到而令人叫绝之处。但是，鲁迅小说的主要意义并不在于作品所显示的形式与技巧，更不在于独特的语言风格和遣词造句的手段。鲁迅的《呐喊》所提供给我们的，主要是一个启蒙主义文学大师面对中国人的生存状态而进行的艺术思考。《呐喊》描绘的是从辛亥革命到五四时期的中国社会和人文面貌，人物多是农民和知识者。这些小说最值得称道之处在于作者特别善于从中国人司空见惯的日常生活中发现社会和人的病态，并以高度的艺术概括将其突现出来，以达到振聋发聩、催人猛醒的效果。作家不必都是思想家，但伟大的作家一定是思想家。《呐喊》因鲁迅的启蒙主义立场和对社会人生特别是中国国民性的深刻洞察而独具光辉。关于这些小说的写作，他自己曾经这样说过：“我仍抱着十多年前的‘启蒙主义’，以为必须是‘为人生’，而且要改良这人生。……我的取材，多采自病态社会的不幸的人们中，意思是在揭示出病苦，引起疗救的注意。”（《南腔北调集·我怎么做起小说来》）。

打开这部小说集，第一篇就是作为中国现代小说伟大开端的《狂人日记》。这篇小说由13段日记组成，写的是一个“迫害狂”的思想和心理活动。它没有完整的故事叙述，而是以杂感式的议论倾吐“狂人”对生活的感受，展示他的痛苦观察和思考。需要注意的是，小说虽然以狂人的视角观照生活，表达的却是作者对生活和历史的感受和思考。

在狂人的全部生活感受和思考中，一个处于核心地位的关键词是“吃人”。他说：“我翻开历史一查，这历史没有年代，歪歪斜斜的每页上都写着‘仁义道德’几个字。我横竖睡不着，仔细看了半夜，才从字缝里看出字来，满本都写着两个字是‘吃人’！”狂人看到了“四千年时时吃人”的历史，希望人们“立刻改了，从真心改起”，并且告诉人们：“将来容不得吃人的人。”但是，没有人听从他的劝告，周围仍然到处是“吃人”的密谋，每一个人都有“被吃”的危险，同时，每一个人都可能参与“吃人”。在一种深深的怀疑和恐惧中，狂人只有把希望寄托于年轻一代：“没有吃过人的孩子，或者还有？”而最后的呼声是“救救孩子”。小说表现了鲁迅对中国传统社会和文化的整体感受与基本认识，也表明了他最基本的文化态度。鲁迅的这种认识不只表现于他的小说，同时也表现于他的杂文。对于中国的文明，他说过：“所谓中国的文明者，其实不过是安排给阔人享用的人肉的筵宴。所谓中国者，其实不过是安排这人肉的筵宴的厨房。”对于中国的文明史，他有著名的划分法：“一，想做奴隶而不得的时代；二，暂时做稳了奴隶的时代。”（《坟·灯下漫笔》）

鲁迅这种关于中国文明“吃人”的认识往往得不到人们的足够正视，而且常受非议。在过去的几十年中，权威的解释是把这种揭示与批判的针对性限定在“封建性”的范围，也就是说，鲁迅所批判和否定的是封建的礼教、制度和文化，但是，鲁迅所关心的问题却并非“封建”二字所能概括，他的批判和否定也没有专指封建主义。“吃人”是鲁迅对中国几千年文明史的整体宣判。在这个问题上，人们的认识分歧甚深。维护中国传统的人不愿承认鲁迅对中国文化的指控，他们认为中国文明历史悠久，中国文化光辉灿烂，鲁迅指控中国传统文明“吃人”，是历史的虚无主义，是接受了西方中心主义的话语霸权，甚至有“卖国”之嫌。关于这个问题，需要注意两点：一是历史事实。就客观实指而言，“吃人”事件在中国是屡见不鲜的，的确是“四千年时时吃人”，《狂人日记》涉及的大量史料即可作证。就象征意义而言，中国传统文化对人性的压抑、扭曲和扼杀是有目共睹的，所以，喻之为“吃人”并不为过。我们从阿Q、孔乙己、陈士成等各色人物的命运，都可以看到一种被“吃”的状态。鲁迅写出这种生存状态，正是希望中国人能够通过这种描写而认识自己，反省自己，从而结束这种非人的生活。二是价值尺度。“吃人”的历史事实客观存在，但中国人却没有因此而反省和批判自己的文化，即使在《三国演义》和《水浒传》那样的优秀小说中，作家一再描写杀人“吃人”的细节，却并未感觉到它的残忍和野蛮。面对“吃人”的现实而仍赞美其光辉灿烂，把罪恶当作理所当然或天经地义，透露的是价值观方面的严重问题：没有把人作为最高价值。这一问题在中国至今尚未解决。然而，鲁迅却在五四时期已经确立了新的价值观念。在他那里，人是目的，是最高价值尺度。因此，他再也无法容忍持续了几千年的残忍与野蛮。鲁迅的这种价值尺度的确来源于西方文明，但它并不是什么话语霸权，而是人类健康文明发展的成果，是现代文明的核心和主要标志。告别病态和野蛮而接受健康的文明，是无论哪个民族都应该做出的明智选择。

《阿Q正传》毫无疑问是《呐喊》中最优秀的代表作之一。鲁迅的许多作品都在努力写出国民的灵魂，致力于国民性的改造。《阿Q正传》比较全面也比较集中地表现了鲁迅当时对国民性的思考。一方面，鲁迅充分展示了阿Q的不幸命运：他是一个穷苦的下层农民，受着重重压迫而没有改变命运的机会。生活造就了他的性格：夸耀过去、幻想未来，但就是不敢正视自己生活的现实，于是走向了精神上的自我安慰和自我欺骗。面对阿Q的命运，鲁迅当然是同情的，但是另一方面，鲁迅也深刻地揭示了阿Q性格的弱点。鲁迅清楚地认识到，生活于病态环境中的人们的人格不可能是健康的，等级制度长期压迫之下的人格必然被扭曲，污浊的环境中培养出的人生理想也是病态的。所以，鲁迅不仅把批判的锋芒指向赵太爷等压迫者，而且同时指向了阿Q这样的被压迫者。通过鲁迅的描写我们可以看到，这个因为受压迫而应该获得人们同情的阿Q，却沾染了各种传统的恶习，例如，他总是受人欺负，却也欺负别人；他在赵太爷面前连姓赵的权利也没有，在王胡面前却像赵太爷一样，不允许王胡学他的样子在辫子里插一根竹筷，等等。一方面是作为奴隶而不能正视其奴隶地位，一方面是在狼面前是羊，在羊面前是狼；一方面是总受别人压迫，一方面是总想压迫别人；一方面是被人掠夺，另一方面又总梦想掠夺别人。从这个意义上说，阿Q的革命是一个值得注意的内容。关于革命，阿Q是矛盾的。他处于社会最底层，却受着统治者的意识形态影响，认为革命就是造反，造反就是跟他过不去，因而对革命深恶痛绝。但是，作为社会最底层的受压迫者，现实利益却使他必然拥护革命并走向革命。但鲁迅却毫不留情地揭示了他的革命行为和革命理想。他的革命行为不过是去欺负作为弱者的尼姑，而革命理想是一个可怕的完整系统：首先是一场清除异己的大屠杀，“这时未庄的一伙鸟男女才好笑哩，跪下叫道，‘阿Q，饶命！’谁听他！第一个该死的就是小D和赵太爷，还有秀才，还有假洋鬼子，……留几条么？王胡本来还可留，但也不要了”。其次是财富的大掠夺。“元宝，洋钱，洋纱衫，……秀才娘子的宁式床先搬到土谷祠。此外便摆了钱家的桌椅，——或者也就用赵家的罢。”再次就是占有女人，在赵司晨的妹子、邹七嫂的女儿、假洋鬼子的老婆和秀才娘子中反复挑选。在小说中，阿Q的革命理想没有实现，他最后不明不白地被抓去杀掉了。但是，鲁迅的揭示提醒我们，即使阿Q不被杀掉，而且他的革命成功了，会给中国带来什么呢？阿Q的形象是20世纪中国文学留下的一个不朽的艺术典型，通过这一形象，我们不仅可以认识下层大众的命运，而且可以认识国民性格的种种弱点。

《孔乙己》《明天》《药》《故乡》等小说都很耐读。读这些小说，应该注意鲁迅对中国传统的整体认识和把握，注意他的理想和努力目标。“吃人”，是他对过去历史的否定性宣判；“立人”，是他的根本出发点和行为目的。关心人的命运，审视人格弱点，致力于思想启蒙，目的只有一个：希望中国人也能真正像人一样生活。这是鲁迅的伟大理想，也是他文学创作的目标指向。

追忆似水年华

——《朝花夕拾》导读

这是鲁迅的一本散文集，最先由北京未名社于1928年9月出版。

读者大概已经了解，作者鲁迅是中国现代最著名的作家。关于他的传记，在各种“文学家辞典”和“世界名人传记”之类的工具书中都可以看到，但是，在所有传记材料中，我以为鲁迅自己为《阿Q正传》俄译本写的自传是应该首先注意的。全文不长，是这样写的：

> 鲁迅，以1881年生于浙江之绍兴城内姓周的一个大家族里。父亲是秀才；母亲姓鲁，乡下人，她以自修到能看文学作品的程度。家里原有祖遗的四五十亩田，但在父亲死掉之前，已经卖完了。这时我大约十三四岁，但还勉强读了三四年多的中国书。
>
> 因为没有钱，就得寻不用学费的学校，于是去到南京，住了大半年，考进了水师学堂。不久，分在管轮班，我想，那就上不了舱面了，便走出，另考进了矿路学堂，在那里毕业，就被送往日本留学。但我又变计，改而学医，学了两年，又变计，要弄文学了。于是看些文学书，一面翻译，也作些论文，设法在刊物上发表。直到1910年，我的母亲无法生活，这才回国，在杭州师范学校做助教，次年在绍兴中学作学监。1912年革命后，被任命为绍兴师范学校校长。
>
> 但绍兴革命军的首领是强盗出身，我不满意他的行为，他说要杀死我了，我就到南京，在教育部办事，由此进北京，做到社会教育司的第

二科科长。1918年“文学革命”运动起，我始用“鲁迅”的笔名作小说，登在《新青年》上，以后就时时作些短篇小说和短评；一面也做北京大学，师范大学，女子师范大学的讲师。因为做评论，敌人就多起来，北京大学教授陈源开始发表这“鲁迅”就是我，由此弄到段祺瑞将我撤职，并且要逮捕我。我只好离开北京，到厦门大学做教授；约有半年，和校长以及别的几个教授冲突了，便到广州，在中山大学做了教务长兼文科教授。

又约半年，国民党北伐分明很顺利，厦门的有些教授就也到广州来了，不久就清党，我一生从未见过有这么杀人的，我就辞了职，回到上海，想以译作谋生。但因加入自由大同盟，听说国民党在通缉我了，我便躲起来。此后又加入了左翼作家联盟，民权同盟。到今年，我的1926年以后出版的译作，几乎全被国民党所禁止。

我的工作，除翻译及编辑的不算外，创作的有短篇小说集二本，散文诗一本，回忆记一本，论文集一本，短评八本，中国小说史略一本。

需要补充说明的是：第一，鲁迅读中国书并非如他所说只有“三四年多”，他七岁入学，十岁读到《论语》，十二岁入三味书屋，“几乎读过十三经”，到十八岁离开故乡时，可以说已接受过系统而严格的传统教育。第二，鲁迅东渡日本留学，先是学医，后来“变计”弄文学，其原因在《呐喊》自序中可以看到：有一次看幻灯片，“我竟在画片上忽然会见我久违的许多中国人了，一个绑在中间，许多站在左右，一样是强壮的体格，而显出麻木的神情。据解说，这绑着的是替俄国做了军事上的侦探，正要被日军砍下头颅来示众，而围着的便是来赏鉴这示众的盛举的人们”。他由此想到：“凡是愚弱的国民，即使体格如何健全，如何茁壮，也只能做毫无意义的示众的材料和看客，病死多少是不必以为不幸的。所以我们的第一要著，是在改变他们的精神，而善于改变精神的是，我那时以为当然要推文艺，于是想提倡文艺运动了。”

《朝花夕拾》收入10篇散文，都写于1926年。对于鲁迅来说，这是很不平静的一年。因为鲁迅在女子师范大学的学潮中支持学生，有人攻击他煽动学生闹事，从1925年开始，他就陷入一场论战中，到1926年初，矛盾再次升级，北京大学教授陈源在《晨报副刊》发表文章说鲁迅的《中国小说史略》抄袭了一位日本学者的著作。这使鲁迅精神上受到了严重的伤害。与此同时，因为在学潮中支持学生，鲁迅还被教育总长呈请国务院批准开除了公职。为了维护自己的合法权益，他不得不向法院提起诉讼，虽然官司后来打赢了，他在教育部的职务得以恢复，但这事对鲁迅的打击也不小。接着是“三一八”事件的发生，更进一步打破了鲁迅生活的平静。1926年3月18日，北京学生和各界人士到执政府门前请愿，却遭到军警的镇压，一百多人受伤，四十多名学生死在军警的枪弹之下，其中就有鲁迅教过的学生刘和珍等。鲁迅为此沉痛万分，称“三一八”是“民国以来最黑暗的一天”。为了死去的学生，他写下了《记念刘和珍君》《淡淡的血痕中》《无花的蔷薇之二》《死地》等文章。从那些文章可以感觉到，鲁迅的悲痛与愤怒是难以抑制的。然后是鲁迅与一些进步人士一起被通缉，开始是四处避难，躲进外国人开的医院如山本医院、德国医院、法国医院等处，最后却不得不离开北京逃往厦门。在厦门，工作和生活都使他感觉很不愉快，因而不到半年时间就又离开厦门到了广州。整个这一年，可以说鲁迅是烦恼重重、很不顺利的。

这十篇散文就写于这样一个背景上，前五篇写于北京，后五篇写于厦门。

十篇散文都是回忆文章，所写都是作者青少年时代的往事。鲁迅在《小引》中说：“我常想在纷扰中寻出一点闲静来，然而委实不容易。”面对现实的纷扰，他想寻出一些清静来，到哪里去寻找呢？他想到了自己的童年，想到了过去的时光。人常常这样，当现实使人烦恼的时候，便容易回忆往事。童年也许并不都是欢乐的时光，但回忆起来，却比现实美好得多，些许温馨，些许欢乐，即使是辛酸往事，都可能成为某种心灵的安慰。

那么，在这些散文中，鲁迅写了些什么？可以说，他首先以优美的笔调和深沉的感情记叙了一些生活片段，这些生活片段贯穿了他从童年到青年生活的漫长过程，从中可以看到鲁迅青少年时代的经历，看到他的生活和学习情况，看到他记忆中的亲人、老师和朋友，了解他家乡那个时代的风土人情。同时，鲁迅无论回忆什么，总是在不断地发表自己的看法，追怀中有议论，回忆中有评说，因而从中可以看到他不同时期的思想和感情。

在这些散文中，对往事的追怀是主要内容。在作者的回忆中，我们可以看到鲁迅少年时代生活情景。比如，夏天的夜晚，躺在一株大桂树下的小板桌上，祖母摇着芭蕉扇坐在旁边，给他猜谜或讲故事。比如，鲁迅救过一只受伤的小隐鼠，它只有拇指那么大，而且不怕人，恢复健康之后就不再逃走，“给放在饭桌上，便捡吃些菜渣，舐舐碗沿；放在我的书桌上，则从容地游行，看见砚台便舐吃了研着的墨汁”。在回忆中，我们也可以看到鲁迅家中的百草园和他在百草园里玩耍的情形：“不必说碧绿的菜畦，光滑的石井栏，高大的皂荚树，紫红的桑椹；也不必说鸣蝉在树叶里长吟，肥胖的黄蜂伏在菜花上，轻捷的叫天子（云雀）忽然从草间直窜向云霄里去了。单是周围的短短的泥墙根一带，就有无限趣味。油蛉在这里低唱，蟋蟀们在这里弹琴。翻开断砖来，有时会遇见蜈蚣；还有斑蝥，倘若用手指按住它的脊梁，便会拍的一声，从后窍喷出一阵烟雾。”到了冬天，还可以捕鸟：“扫开一块雪，露出地面，用一支短棒支起一面大的竹筛来，下面撒些秕谷，棒上系一条长绳，人远远地牵着，看鸟雀下来啄食，走到竹筛底下的时候，将绳子一拉，便罩住了。”我们可以看到鲁迅小时候也像一般孩子一样好奇，一样爱玩，盼望过年，盼望过节，盼望迎神赛会，为了能去看五猖会而高兴地笑着，跳着，但是，在去看赛会之前必须先背书，如果背不出来，就不能去看庙会。

由此，我们也可以看到当时的孩子们是怎样学习的，在学校里，老师一声令下：读书！孩子们就扯开嗓子朗读；回到家里，仍然要在父亲的监督之下背诵。鲁迅读过很多书，不仅是作为科举教材的经书，而且也喜欢读野史和小说。在那个时代，一般家庭是禁止孩子读小说的，因为读小说于功名无益，而且有可能会使孩子“学坏”，同时，半文半白的小说也不合于当时科举考试的语言规范，于考试不利。从鲁迅的回忆看，他们家对孩子的要求是不算严格的，因为他们毕竟能偷看小说，而且允许描图。如果在非常严格的家庭，这也是不可能的。鲁迅在文章中一次次提出疑问：“我不知道为什么家里的人要将我送进书塾里去了，而且还是全城中称为最严厉的书塾。”“我至今一想起，还诧异我的父亲何以要在那时候叫我来背书。”这是他以童年的视角写的，其实并不难理解，严格要求孩子，无非是望子成龙。即使在今天，我们一般家长不也是要求孩子在出去玩之前先要完成作业吗？不也是要把孩子送进一所管理严格的学校吗？也正因为这样，鲁迅虽然写了自己当时的不满，但对父亲并无怨恨。

在往事的回忆中，这些散文生动地展示了鲁迅故乡的民间文化。民间文化是文学作品的重要因素，风土人情、故事传说，都常常为作品带来特殊的艺术魅力。在这一方面，《朝花夕拾》中的描写是非常生动的，比如“猫是老虎的师傅”的传说，“老鼠成亲”的传说，“美女蛇”与“飞蜈蚣”的传说，通过童年的视角叙述出来，都非常有趣。因为据说正月十四是老鼠成亲的日子，它们也有新郎、新娘、宾相和仪仗。为了看老鼠成亲，童年的鲁迅就常常不肯睡觉，等候老鼠的仪仗从床下出来。还有关于美女蛇的传说：人首蛇身，喜欢隔着墙叫人的名字，倘若答应了，夜间就会被它吃掉。这些描写都为文章增添了民间的生活气息和趣味。在《阿长和〈山海经〉》中，我们可以看到关于过年的描写：“一年中最高兴的时节，自然要数除夕了。辞岁之后，从长辈得到压岁钱，红纸包着，放在枕边，只要过一宵，便可以随意使用。睡在枕上，看着红包，想到明天买来的小鼓，刀枪，泥人，糖菩萨。”还有长妈妈那些礼节：人死了，不能说死掉，必须说“老掉了”；死了人或生了孩子的屋里，不能走进去；饭粒掉了地下，必须捡起来，最好是吃下去；晒裤子用的竹竿底下，是万不可钻过去的……这种风俗其实是全国各地差不多都有，直到今天，许多人仍然遵守着。用这些要求孩子，一般也都是为了孩子的健康和平安。当然，其中有一些迷信的东西，是没有道理的，也是不可信以为真的。

回忆往事，必然要想起一些人。在《阿长与〈山海经〉》中，我们可以看到鲁迅的保姆长妈妈。她是一个纯朴的劳动妇女，不认识字，满肚子烦琐的礼节，而且举止难免粗俗，但她心地善良，爱护孩子，知道满足孩子的愿望。鲁迅在文章中对阿长的描写在感情上是先抑后扬的。开始是对她很不喜欢，而且厌烦，因为她不仅“切切察察”搬弄是非，搅起家里的一些小风波，还对鲁迅管得很严，动不动就去报告母亲，而且睡觉也很不雅观：“伸开两脚两手，在床中间摆成一个‘大’字，挤得我没有余地翻身。”更重要的是，竟然是她弄死了可爱的小隐鼠。因此，鲁迅对她非常不满，甚至不喊“阿妈”而当面喊她“阿长”。然而，保姆的爱事实上是一种母爱，在过去的大户人家，孩子从小跟着保姆，受着保姆的关怀和呵护，而保姆也在长期的抚养过程中对孩子产生深厚的感情。阿长不认识字，甚至把《山海经》说成

“三哼经”，但见孩子对一本书那样念念不忘，便悄悄给他买了回来，这使鲁迅非常感激。多少年过去之后，中年的鲁迅回忆起来，在文章的最后用的是抒情的笔调：“我的保姆，长妈妈即阿长，辞了这人世，大概也有了三十年了罢。我终于不知道她的姓名，她的经历；仅知道有一个过继的儿子，她大约是青年守寡的孤孀。仁厚而黑暗的地母呵，愿在你怀里永安她的魂灵！”对长妈妈的怀念之情溢于笔端。

《藤野先生》写的是作者在日本仙台留学时的一位老师。鲁迅的作品常常呈现着一种深沉严肃、横眉冷对的面貌，但在回忆老师时却流露出无限深情。他想起老师给他订正过的笔记，为那些笔记在搬家时丢失而深感遗憾；他想到离别时老师送他写了“惜别”字样的照片，为自己因为种种情况而没有给老师写信而惭愧，文章的结尾写道：“只有他的照相至今还挂在我北京寓居的东墙上，书桌对面。每当夜间疲倦，正想偷懒时，仰面在灯光中瞥见他黑瘦的面貌，似乎正要说出抑扬顿挫的话来，便使我忽又良心发现，而且增加勇气了，于是点上一支烟，再继续写些为‘正人君子’之流所深恶痛疾的文字。”鲁迅的确一直没有忘记他的这位老师，直到逝世前一年，病中仍然给日本友人写信打听藤野先生的消息：“藤野先生是大约三十年前仙台医学专门学校的解剖学教授，是真名实姓。该校现在已成为大学了，三四年前曾托友人去打听过，他已经不在那里了。是否还在世，也不得知。倘仍健在，已七十左右了。”心灵深处的师生之情由此可见一斑。鲁迅逝世之后，藤野先生得知这一切，曾经写过题为《谨忆周树人君》的文章。

作为五四新文化运动的主将之一，鲁迅无论写什么都必然要对中国旧传统进行批判。因此，这部散文集也留下了新文化运动的鲜明特征。在这里，我们可以看到他对传统孝道的批判。鲁迅早就在许多文章中批判过中国传统的“长者本位”，他曾这样揭示中国传统的长幼秩序：“他们以为父对于子，有绝对的权力和威严；若是老子说话，当然无所不可，儿子有话，却在未说之前早已错了。”《二十四孝图》通过作者自己的切身感受揭示了中国传统的儿童读物承载的所谓孝道中反人道、反人性的内容。鲁迅说，他在很小的时候是极愿意做孝子的，因为他当时认为孝顺不过是听话、从命，长大之后好好地给父母吃饭。但自从有了一本《二十四孝图》，才知道事情并非如此简单。其中有些是可以仿效的，有些却学不来，比如“卧冰求鲤”，

“我乡的天气是温和的，严冬中，水面也只结一层薄冰，即使孩子的重量怎样小，躺上去，也一定哗喇一声，冰破落水”。他最厌恶和害怕的还是“老莱娱亲”和“郭巨埋儿”。老莱子七十多岁了，为了逗父母开心，却拿了小孩子玩的“摇咕咚”，躺在父母面前像婴儿一样啼哭。鲁迅认为这是“把肉麻当作有趣”。郭巨的儿子正在母亲的怀里高兴地笑着，但他的父亲却正在挖坑准备把他活活埋掉，原因是孩子要分食老母的食物。鲁迅写了自己当年的心情：“我最初实在替这孩子捏一把汗，待到掘出黄金一釜，这才觉得轻松。然而我已经不但自己不敢再想做孝子，并且怕我父亲去做孝子了。家景正在坏下去，常听到母亲愁柴米；祖母又老了，倘使我的父亲竟学了郭巨，那么，该埋的不正是我么？如果一丝不走样，也掘出一釜黄金来，那自然是如天之福，但是，那时我虽然年纪小，似乎也明白天下未必有这样的巧事。”对此，鲁迅认为是“以不情为伦纪，诬蔑了古人，教坏了后人”。

在《父亲的病》中，我们可以看到鲁迅对中医的反感。中医是中国的国粹，也许并非完全没有道理，对于救治人的病痛，也并非完全没有作用。但在鲁迅眼里，父亲是被中医所误才死去的。他十几岁就为父亲求医抓药，对中医产生了极为不好的印象。在他的笔下，我们看到了“医者，意也”的神秘理论和“医生治得了病，治不了命”的遁词，看到了那些药引和药方的荒唐：成对的蟋蟀做药引，还必须是原配的。鲁迅讽刺说：“似乎昆虫也要贞节，续弦或再醮，连做药资格也丧失了。”治疗鼓胀，就用打破的鼓皮做成的“败鼓皮丸”，就像清朝官员为了打败“洋鬼子”而创建“虎神营”一样。鲁迅因为切身经历而不再相信中医，他去日本留学时选择了医学，原本就是要学好西医回国救治像他父亲一样的病人。与此同时，鲁迅还发现中国的孝道其实往往是很不人道的。鲁迅深爱自己的父亲，但到了最后，“父亲的喘气颇长久，连我也听得很吃力，然而谁也不能帮助他。我有时竟至于电光一闪似的想到：‘还是快一点喘完了罢……’”。但是，这种想法是不符合中国传统孝道的。后来的西医老师告诉他：可医的应该给他医治，不可医的应该让他死得没有痛苦。但这是西医的道德，中国却不同，人在即将死去的时候，儿女必须大声叫喊。鲁迅也曾在长辈的指挥下大声喊叫垂死的父亲，让他徒增痛苦。《父亲的病》的结尾写道：“我现在还听到那时的自己的这声音，每听到时，就觉得这却是我对于父亲的最大的错处。”对中国传统的批判是为了使中国人的行为更合于人道，更有利于人的生存和幸福。

回忆往事，并不能完全忘记现实的困扰。因此，往事与现实便常常穿插在一起，对往事的叙述常常夹杂了对现实的评论。鲁迅的这些散文中常常夹杂着对“正人君子”“名人名教授”的讽刺和抨击。如果不加注释，一些话便不知从何说起，所以，还应该借助注释了解一些具体的背景情况。

《狂人日记》阅读札记

一

作为启蒙的呐喊，《狂人日记》面对传统发出了最为惊人的声音：中国的历史是“吃人”的历史。

它是通过狂人之口喊出的。

《狂人日记》有两个叙事者。日记中的叙事者是狂人，但在日记之前有个序，它的叙事人是以作者的面目出现的。序中说，狂人是他的朋友，日记是朋友在生病时写下的。而现在朋友已经痊愈，“赴某地候补”去了。在这个叙事者看来，日记“语无伦次”，而且颇多“荒唐”之处。他说朋友的病是“迫害狂”，而他写出这些日记，只是“供医家研究”。这是一个正常人的语气。

然而，这个正常的作者的正常叙事，却是一个烟幕弹。而在实际上，作者的话是通过那个似乎不正常的狂人说出的。

让狂人代替作者说了许多话，而作者又写那样的序，这个现象可以有各种不同的解释。

二

小说的主人公，也就是小说正文的叙述者，是一个“狂人”。它是一篇“狂人的日记”。狂人，也就是疯子，精神不正常的人。一个疯子的日记，可以当真吗？鲁迅要表达自己的一些见解，为什么要借一个疯子说话？

事实上，正常人与疯子，正常与不正常，往往是根据具体的环境确立的。尼采就说过这样的话：“我恐怕，动物视人类为同乎它们的存在者，然而最危险的失去了动物的健康的理性的——视人类为癫狂的动物，为笑的动物，为哭的动物，为不幸的动物。”（尼采：《快乐的知识·动物的批评》）。也就是说，在动物看来，人可能是疯狂的动物。如果在一个不正常的环境中，正常的人就成为不正常。

在这里，狂人之所以被称作“狂人”，是因为他在那个环境中是不正常的。他不同于常人，所以他是狂人。然而，这个狂人所显示的，却是一种新的目光，一种新的理性，是对于自身生存环境和历史传统的怀疑和批判。

那么，这就显示了一种矛盾：狂人与他生存环境的矛盾。如果他所处的环境是正常的，他就是不正常的；如果他是正常的，他所处的环境就有问题。

小说通过这种人物设置，已经把一个怀疑者和批判者与他的生存处境的矛盾展示出来。小说中的狂人之所以是“狂人”，是因为他对自己的环境产生了完全不同于常人的感受，有了新的目光，因而揭穿了他所处的那个人群从古到今的“吃人”秘密。

三

小说所写的具体环境常被人们忽视，其实，这是不应该的。

狂人生活在哪里？回答是：“四千年来时时吃人的地方。”小说中出现的唯一村子，是“狼子村”。它不是“文明村”，不是“人道庄”，也不是“慈悲店”，而是“狼子村”。这个地名的设置很重要。因为它是“狼子村”，人类理性自然没有位置。事实上，小说所写的整个环境，不妨都称作“狼子村”。

狂人生活的环境如何？它使狂人恐惧：“然而须十分小心。不然，那赵家的狗，何以看我两眼呢？我怕得有理。”“今天全没月光，我知道不妙。”在小说中，我们可以看到他对这个环境的观察和体验：到处是古怪的眼色，交头接耳的议论，藏刀的笑，铁青的脸色，路人“似乎怕我，似乎想害我”。这个村让狂人充满恐惧，时时感觉到有被吃掉的危险。

因为有怀疑，所以他看到了仁义道德之下的“吃人”真相。“凡事总须研究，才会明白。古来时常‘吃人’，我也还记得，可是不甚清楚。我翻开历史一查，这历史没有年代，歪歪斜斜的每页上都写着‘仁义道德’几个字。我横竖睡不着，仔细看了半夜，才从字缝里看出字来，满本都写着两个字是‘吃人’!”

狂人不认为“吃人”是合理的，他与这个环境已经格格不入。“他们会吃人，就未必不会吃我。”他最先的恐惧只是怕自己被人吃掉。因为他感觉到从赵家的狗各色人等，都怀有“吃人”的心思。同时，又有一套“吃人”的理论：“易子而食”“食肉寝皮”……

然而，这个食人的民族有自己的文化。他们不像食肉动物那样，要吃就公开痛快地吃，而是鬼鬼祟祟，以“狮子似的凶心，兔子的怯弱，狐狸的狡猾”创造各种名目。狂人想：“我晓得他们的方法，直捷杀了，是不肯的，而且也不敢，怕有祸祟。所以他们大家连络，布满了罗网，逼我自戕。”这里说的，也就是鲁迅多次说过的中国文化的软刀子杀人不见血，不担杀人的罪名，而又趁了心愿。

在这里，每一个人都有“被吃”的可能。“自己想吃人，又怕被别人吃了，都用着疑心极深的眼光，面面相觑。”每一个人都会生活于恐惧之中。

四

狂人不仅是一个觉醒者和批判者，也是一个反思者。他的批判是与反思一起进行的。面对“吃人”的历史，在一个“四千年时时吃人”的地方，他一方面有被吃的恐惧，一方面有对自身的怀疑：既然是人人都可能被吃，也人人都在吃人，那么，我吃过人吗?

> 吃人的是我哥哥!
> 我是吃人的人的兄弟!
> 我自己被人吃了，可仍然是吃人的人的兄弟!

再进一步，我是否也吃过人？“大哥正管着家务，妹子恰恰死了，他未必不和在饭菜里，暗暗给我们吃。”“我未必无意之中，不吃了我妹子的几片肉，现在也轮到我自己……”因此，他自称“有了四千年吃人履历”，而且为此而羞愧。

这是一种深刻的自我反思。这种自我反思使狂人没有置身于那个野蛮环境之外。他是“狼子村文明”的反省者。

五

狂人的行动和理想是非常值得注意的内容。从这个角度看，狂人是一个启蒙者。他一旦觉醒，看到了“狼子村文明”的秘密，就开始了他的启蒙活动。

按照狂人的想法，“去了这心思，放心做事走路吃饭睡觉，何等舒服”。所以，他要劝转那些“吃人”的人，使他们从此不再“吃人”。但他的努力难以有效，因为“他们可是父子兄弟夫妇朋友师生仇敌和各不相识的人，都结成一伙，互相劝勉，互相牵掣，死也不肯跨过这一步”。日记第八则写道：

> 忽然来了一个人；年纪不过二十左右，相貌是不很看得清楚，满面笑容，对了我点头，他的笑也不像真笑。我便问他，“吃人的事，对么？”他仍然笑着说，“不是荒年，怎么会吃人。”我立刻就晓得，他也是一伙，喜欢吃人的；便自勇气百倍，偏要问他。
>
> “对么？”
>
> “这等事问他什么。你真会……说笑话。……今天天气很好。”
>
> 天气是好，月色也很亮了。可是我要问你，“对么？”
>
> 他不以为然了。含含胡胡的答道，“不……”
>
> “不对？他们何以竟吃?!”
>
> “没有的事……”
>
> “没有的事？狼子村现吃；还有书上都写着，通红崭新！”
>
> 他便变了脸，铁一般青。睁着眼说，“有许有的，这是从来如此……”

“从来如此，便对么？”

狂人的重要精神特征就是偏要追问吃人的事对不对。得到的回答是：“从来如此。”那么，“从来如此，便对吗？”这种怀疑精神正是启蒙者的特征。

他要用新的思想使他的哥哥告别“吃人”的传统。他的思维和参照是值得注意的。他知道这种“吃人”的传统并非“狼子村”所特有，而是人类本来共有的。但在进化的道路上，有的要学好，不吃了；有的却不知悔改，不思进步，更多地保留了野蛮的习俗。在日记第十则中，他这样劝说大哥：

> 大哥，大约当初野蛮的人，都吃过一点人。后来因为心思不同，有的不吃人了，一味要好，便变了人，变了真的人。有的却还吃，——也同虫子一样，有的变了鱼鸟猴子，一直变到人。有的不要好，至今还是虫子。这吃人的人比不吃人的人，何等惭愧。怕比虫子的惭愧猴子，还差得很远很远。
>
> 易牙蒸了他儿子，给桀纣吃，还是一直从前的事。谁晓得从盘古开辟天地以后，一直吃到易牙的儿子；从易牙的儿子，一直吃到徐锡林；从徐锡林，又一直吃到狼子村捉住的人。去年城里杀了犯人，还有一个生痨病的人，用馒头蘸血舐。
>
> 他们要吃我，你一个人，原也无法可想；然而又何必去入伙。吃人的人，什么事做不出；他们会吃我，也会吃你，一伙里面，也会自吃。但只要转一步，只要立刻改了，也就是人人太平。虽然从来如此，我们今天也可以格外要好……

可是，这种启蒙是无效的。这位大哥开始还只是冷笑，随后眼光便凶狠起来，脸色也立即变青，最后，他朝着看热闹的人喊：“都出去！疯子有什么好看！”

在这里，狂人又发现了中国人的一种妙法：“他们岂但不肯改，而且早已布置；预备下一个疯子的名目罩上我。将来吃了，不但太平无事，怕还会有人见情。佃户说大家吃了一个恶人，正是这方法。这是他们的老谱！”

狂人却仍然要喊："你们立刻改了，从真心改起！你们要晓得将来是容不得吃人的人……"

"将来容不得吃人的人"，小说表现的主要是一种情绪化的反应，但它包含着对历史和现实的理性认识，包含着一种新的社会理想。这个理想就是不能吃人。这正是鲁迅在1907年前后已经确立的"立人"目标。

最后，他的呼声一点也不激越，一点也不洪亮，是一个被吃者最后的呼叫，是一个启蒙者的微弱希望："没有吃过人的孩子，或者还有？救救孩子……"

六

这里所表现的，是鲁迅对中国传统文明的一种认识。1918年8月20日，鲁迅给好友许寿裳的信中说到创作这篇小说的动机："偶阅《通鉴》，乃悟中国人尚是食人民族，因成此篇。此种发现，关系亦甚大，而知者尚寥寥也。"

正因为"知者尚寥寥"，鲁迅要让更多的人知道。他要通过自己的呐喊而告诉国人：我们深处其中的，是一个"吃人"的环境。鲁迅借狂人之口，对这个"食人民族"的食人历史进行了揭露。

几年之后，鲁迅在杂文中曾经对他的这一思想进行过补充说明。他不仅认为中国传统"吃人"，而且发现了"吃人"传统的结构，以及它赖以存在和巩固的机制。在《灯下漫笔》一文中，鲁迅以他特有的清醒和深刻揭示了中国人的生存状态：

> 假如有一种暴力，"将人不当人"，不但不当人，还不及牛马，不算什么东西；待到人们羡慕牛马，发生"乱离人，不及太平犬"的叹息的时候，然后给与他略等于牛马的价格，有如元朝定律，打死别人的奴隶，赔一头牛，则人们便要心悦诚服，恭颂太平的盛世。
>
> ……
>
> 但实际上，中国人向来就没有争到过"人"的价格，至多不过是奴隶，到现在还如此，然而下于奴隶的时候，却是数见不鲜的。中国的百

姓是中立的，战时连自己也不知道属于那一面，但又属于无论那一面。强盗来了，就属于官，当然该被杀掠；官兵既到，该是自家人了罢，但仍然要被杀掠，仿佛又属于强盗似的。这时候，百姓就希望有一个一定的主子，拿他们去做百姓，——不敢，是拿他们去做牛马，情愿自己寻草吃，只求他决定他们怎样跑。

假使真有谁能够替他们决定，定下什么奴隶规则来，自然就“皇恩浩荡”了。可惜的是往往暂时没有谁能定。举其大者，则如五胡十六国的时候，黄巢的时候，五代时候，宋末元末时候，除了老例的服役纳粮以外，都还要受意外的灾殃。张献忠的脾气更古怪了，不服役纳粮的要杀，服役纳粮的也要杀，敌他的要杀，降他的也要杀：将奴隶规则毁得粉碎。这时候，百姓就希望来一个另外的主子，较为顾及他们的奴隶规则的，无论仍旧，或者新颁，总之是有一种规则，使他们可上奴隶的轨道。

对于中国的文明，鲁迅有两个重要的概括：一是“两个时代论”，一是“人肉筵宴论”。

当历史教科书大谈中国历史的悠久与辉煌的时候，鲁迅告诉人们：“任凭你爱排场的学者们怎样铺张，修史时候设些什么‘汉族发祥时代’‘汉族发达时代’‘汉族中兴时代’的好题目，好意诚然是可感的，但措辞太绕弯子了。有更其直捷了当的说法在这里—— 一，想做奴隶而不得的时代；二，暂时做稳了奴隶的时代。”

当一些人赞美中国文明时，鲁迅告诉人们：“所谓中国的文明者，其实不过是安排给阔人享用的人肉的筵宴。所谓中国者，其实不过是安排这人肉的筵宴的厨房。”

这绝非随便的言说，亦非激愤之辞，而是有着深入的考察作为依据。他发现了一个形成和巩固的机制：“有贵贱，有大小，有上下。自己被人凌虐，但也可以凌虐别人；自己被人吃，但也可以吃别人。一级一级的制驭着，不能动弹，也不想动弹了。”

作为历史的证据，鲁迅引了《左传》中的说法：“天有十日，人有十等。下所以事上，上所以共神也。故王臣公，公臣大夫，大夫臣士，士臣皂，皂臣舆，舆臣隶，隶臣僚，僚臣仆，仆臣台。”如果只是单纯的压迫，或许因为反抗而改变。但中国的尊卑上下却并非绝对的，它给弱小者留有希望。鲁迅说：“‘台’没有臣，不是太苦了么？无须担心的，有比他更卑的妻，更弱的子在。而且其子也很有希望，他日长大，升而为‘台’，便又有更卑更弱的妻子，供他驱使了。”因为每一个人都有奴役别人的希望，这种等级制度便得以长存。“因为古代传来而至今还在的许多差别，使人们各各分离，遂不能再感到别人的痛苦；并且因为自己各有奴使别人，吃掉别人的希望，便也就忘却自己同有被奴使被吃掉的将来。于是大小无数的人肉的筵宴，即从有文明以来一直排到现在，人们就在这会场中吃人，被吃，以凶人的愚妄的欢呼，将悲惨的弱者的呼号遮掩，更不消说女人和小儿。”

读《狂人日记》，最好同时阅读《灯下漫笔》。

《阿Q正传》备课札记

一

早在日本留学时期，鲁迅就开始关心国民性的改造。在此后的全部岁月中，他始终关注着中国病态社会中病态的人们，致力于对人的精神病态做深入的开掘，以生动的形象表现出来，以引起人们的注意，引起人们对自身的反思。

中国文化像中国的文艺一样，重要特点就是“瞒和骗”。“瞒和骗”是为固有秩序服务的一种愚民手段。正是通过这种愚民手段，才使国人处于蒙昧状态，处于种种“被吃”的惨剧中而不自知。因此，作为一个启蒙主义者，首要的任务就是揭开种种伪装和遮蔽，让欺骗难以继续得逞。就是要直面现实，正视人心，决不回避现实的惨状和国民性的病态。就是要以现实的真相昭示人们，使人们看到自己生活于什么样的环境，过着怎样的生活，带有怎样的精神病态。从而使人有所觉悟，有所反省，改变既往的人生，谋求另一种活法。

因此，这种文学提供的不是娱乐和消遣，这种创作不会去迎合读者的趣味。它引导人们正视现实的一切，包括自身存在的种种丑陋与卑污，因此，读者就要承受一种折磨，经受一种精神上的洗礼。从这个意义上说，这种作品不仅是对生活现实的揭露，而且是对人的灵魂的一种拷问。因为启蒙的意义往往是在这种拷问中实现的。

启蒙文学最突出的特点就是拒绝媚俗，拒绝以读者的喜闻乐见为艺术评价的尺度。为了启蒙意义的实现，它当然希望为更多的读者所接受，但是，却不会为获得读者喝彩而放弃精神原则迎合大众。

启蒙文学当然面对许多难题。最大的难题就是既要大众接受而又不能迎合大众趣味。鲁迅的启示是：艺术形式可以是通俗的、大众能够接受的，但精神立场和价值观念却是不妥协的。在这里，重要的是主体精神的存在。为此，鲁迅不能不使用一些典型化的手法，使人物的精神病态得以突现。

《阿Q正传》毫无疑问是启蒙文学最具典范意义的文本。

二

打开这篇小说，我们立即会被阿Q的性格所吸引。他的性格相当复杂。绝非没有文化传统的民族所能够产生。“我们先前——比你阔的多啦！你算是什么东西！”这似乎显示着他的自大，完全有资格不把对手放在眼里。然而，通过作者的描写我们已经看到：阿Q没有土地，没有房屋，没有固定的职业，住在土谷祠里，靠做短工谋生，这是阿Q的生活现实。面对这样的生活现实，阿Q却很善于寻求精神上的安慰，而且总是能够保持一个胜利者的姿态。他不仅“先前阔”，而且“将来阔”——“我的儿子会阔得多啦！”过去与未来都无比辉煌。所以，现在的不阔，已经无关紧要。这是一种逃避现实的最好的方法。然而，我们看了鲁迅的描写，却不能不为阿Q而痛心。

阿Q进过几次城，因而相比之下很有见识。但是，他的见识却只是给他提供了一些自大的资本。而且他的自大也有点怪。首先，他很看不起城里人，因为未庄人长板凳叫“长凳”，城里人却叫“条凳”，未庄人煎大头鱼的时候都加半寸长的葱叶，城里人却加切细的葱丝，实在可笑；可是，面对未庄人，阿Q却感觉他们更可笑，因为他们没有见过世面，不知道城里人把“长凳”叫“条凳”，也没有见过城里人煎大头鱼。

这一切都使阿Q有足够的资本自高自大。一个人只要高大了，就往往特别维护自己的尊严。一般是不准人们揭示他的阴暗面的。

可惜，阿Q的头上有癞疮，这实在有损他的伟大形象。阿Q因此而讳说“癞”以及一切近于“癞”的音，而且推而广之，“光”也讳，“亮”也讳，甚至连“灯”“烛”也不能在他面前说了。世间的禁区，大多是这样形成的。面对自己的丑陋，阿Q们是历来不准说的，只要一说，就犯了讳，一犯讳，阿Q就会发怒，一发怒，就要惩罚。他的惩罚有不同的方式："口讷的他便骂，气力小的他便打。"由此可见，阿Q虽然很厉害，却已透露出欺软怕硬的卑怯。欺软怕硬，是中国人的生存艺术。它的关键就是既要逞强，又能懂得"好汉不吃眼前亏"。

然而阿Q总是吃亏。他总想教训别人，却总是被别人所教训。实在没有面子，却死要面子，只有打肿了脸硬充胖子，但最后往往仍然充不下去，被人抓着辫子往墙上碰头。阿Q是聪明人，他的一切行为和策略都是根据未庄的庄情做出的。在不敢打的时候，他骂，在不敢骂了的时候，他改为"怒目而视"。未庄的人当然与阿Q一样，如果阿Q很有势力，他们肯定是怕的。但是，阿Q没有，连反抗也改为"怒目而视"了，他们便不再怕他，随便拿他取笑，最后是连"怒目而视"也有可能被抓住往墙上碰头。阿Q自然有新的对策，他的办法是在心里说一句："你还不配！"好像他头上长的不是一般的癞疮，好像这癞疮不仅是他的特色，而且是他的光荣。挨打之后，打他的人胜利地走了，很快，阿Q也会胜利地离开。他就这样使自己永远立于不败之地。挨打是会很憋气的，但阿Q想："我总算被儿子打了，现在的世界真不像样……"于是，他就成了胜利者。

阿Q很善于审时度势，当人们揪住他的辫子，不准他说"儿子打老子"时，他会主动把自己说成虫豸："我是虫豸——还不放么？"承认了自己是虫豸，而且仍然免不了在墙上碰几个响头，阿Q真是不幸。可是，不过十秒钟，阿Q也心满意足，胜利地走了。因为他成了第一个自轻自贱的人。"状元不也是'第一个'吗？"于是，又成了胜利者。

当自己赢来的钱被人抢走的时候，阿Q真正心痛了。然而，最后仍然有自己解决的办法："他擎起右手，用力的在自己脸上连打了两个嘴巴，热剌剌的有些痛；打完之后，便心平气和起来，似乎打的是自己，被打的是别一个自己，不久也就仿佛是自己打了别个一般。"

阿Q处处失败，时时失败，然而却总能化失败为胜利。

三

阿Q是被压迫者，在生活中处于弱者的地位。但是，阿Q的性格却并非弱者的性格。在鲁迅的眼里，阿Q也并非只是弱者。

认真考察，阿Q骨子里是争强好胜的。比如，王胡坐在墙根捉虱子，并未招他惹他。他也来到墙根坐下捉起了虱子。王胡捉虱子是“一个又一个，两个又三个，放在嘴里毕毕剥剥的响”。阿Q却捉得又少，咬得又不响，于是就很不平，最后终于无法忍受，对王胡大打出手，却万万没有想到，竟让王胡打败，拉到墙上去碰头，最后只有高叫“君子动口不动手”。这时候，他大概早就忘了，先动手的正是他自己。

当连王胡这样的人也欺负不了的时候，他只有欺负更弱者。因为靠着众势，阿Q想当然地认为异端是好欺负的，所以他敢骂没了辫子的假洋鬼子。结果却是假洋鬼子也不怕他，而且狠狠揍了他。

最后，他只有欺负更弱小的小尼姑，拧了小尼姑的脸，并且说：“和尚动得，我动不得?”

所以，阿Q并非弱者，而是一个恃强凌弱的人；他也并非被压迫者，而是一个习惯于压迫别人的人。

欺软怕硬，在狼面前是羊，在羊面前是狼；寻求报复，抽刀向更弱者；寻找心理平衡，只能欺负更弱者。鲁迅认为这是“中国精神文明冠于全球的一个证据”。

四

在鲁迅的眼里，阿Q的一切表现都“无不合于圣贤经传”。

因为扭了小尼姑的脸，因为小尼姑一句“断子绝孙”的诅咒，阿Q开始想女人。对于一个男人来说，想女人是正常的，但阿Q的表现却很特别。而全部的特别无不来自中国传统，展示了中国人关于女人和性爱的观念。关于阿Q的性意识，小说有如此描写：

“女人，女人！……”他想。

“……和尚动得……女人，女人！……女人！”他又想。

我们不能知道这晚上阿Q在什么时候才打鼾。但大约他从此总觉得指头有些滑腻，所以他从此总有些飘飘然；“女……”他想。

即此一端，我们便可以知道女人是害人的东西。

中国的男人，本来大半都可以做圣贤，可惜全被女人毁掉了。商是妲己闹亡的；周是褒姒弄坏的；秦……虽然史无明文，我们也假定他因为女人，大约未必十分错；而董卓可是的确给貂蝉害死了。

阿Q本来也是正人，我们虽然不知道他曾蒙什么明师指授过，但他对于“男女之大防”却历来非常严；也很有排斥异端——如小尼姑及假洋鬼子之类——的正气。他的学说是：凡尼姑，一定与和尚私通；一个女人在外面走，一定想引诱野男人；一男一女在那里讲话，一定是要有勾当了。为惩治他们起见，所以他往往怒目而视，或者大声说几句“诛心”的话，或者在冷僻处，便从后面掷一块小石头。

谁知道他将到“而立”之年，竟被小尼姑害得飘飘然了。这飘飘然的精神，在礼教上是不应该有的，——所以女人真可恶，假使小尼姑的脸上不滑腻，阿Q便不至于被蛊，又假使小尼姑的脸上盖一层布，阿Q便也不至于被蛊了，——他五六年前，曾在戏台下的人丛中拧过一个女人的大腿，但因为隔一层裤，所以此后并不飘飘然，——而小尼姑并不然，这也足见异端之可恶。

“女……”阿Q想。

他对于以为“一定想引诱野男人”的女人，时常留心看，然而伊并不对他笑。他对于和他讲话的女人，也时常留心听，然而伊又并不提起关于什么勾当的话来。哦，这也是女人可恶之一节：伊们全都要装“假正经”的。

由此可见，阿Q的关于女人和两性的观念的确无不合于经传。他的确是中国文化的传人。然而，作为中国文化传人的阿Q，却也终于无力抵抗女人的诱惑。作为一种文化的被动承受者，他的行动别无选择，只有跪倒在吴妈面前：“我和你困觉，我和你困觉！”

“我和你困觉!”这是典型的具有中国特色的求爱方式。在一种文化中，爱被扼杀了，动物的本能却无法被扼杀。

对于阿Q来说，“恋爱悲剧”也许不算一件大事。然而，因为这件事的影响，却使阿Q丢了饭碗。人们不敢再用他到家里帮工。丢掉饭碗之后，阿Q将做出如何选择？危机之中，阿Q的行为仍然值得注意。

第一，他留心打听，终于知道是小D抢了他的饭碗。他不考虑人们为什么不再雇佣他，不考虑自己如何找回自己的饭碗，而是把仇恨发泄在取代他的雇佣者身上。在阿Q眼里，小D的位置比王胡还要低，饭碗竟被这样的人抢了去，真是忍无可忍。所以，仇人相见，扑上去就打。

第二，他没有打败小D，所以只有另谋出路，“决计出门求食去了”。小说写他在路上走着，“看见熟识的酒店，看见熟识的馒头，但他都走过了，不但没有暂停，而且并不想要”。最后还是去尼姑庵偷了四个萝卜。这很有意思。其实，酒和馒头阿Q并非不想要，只是他非常清楚，他单枪匹马，没有组织，是无力抢劫酒店的，只能暂且抢劫毫无抵抗力的尼姑。如果阿Q们组织起来，有了足够的力量，他们是肯定要抢劫酒店的，甚至要抢劫一切富户和官府。中国一代又一代的强盗正是这么做的，他们力量小时绝不会抢劫官府，只有力量大时，才会打出劫富济贫的旗号，不仅抢劫官府，而且抢劫天下——即一切财物、洋钱和女人的占有权。但无论大抢还是小抢，其蛮横态度是一致的。当老尼姑闻讯出来，人赃俱获的时候，阿Q的回答非常传神：“这是你的？你能叫得他答应你么?”这种无赖气的确有点革命家风度了。

阿Q的盗窃行为从静修庵做到城里，因而一步步走向了革命。

五

在过去相当长的一段时间里，启蒙成了鲁迅思想的局限。对于《阿Q正传》这样的小说，我们也不再看重它的启蒙意义，而是从中寻找阶级意识和它对辛亥革命教训的总结。比如，邵荃麟在《关于“五四”文学的历史评价问题》中说：“我以为《阿Q正传》在客观上所达到的更大的意义，倒是在于通过这个形象彻底批判了辛亥革命的妥协性和提出了农民问题这两点上。

阿Q是在资产阶级和封建阶级妥协下牺牲的，即在赵太爷、钱秀才和假洋鬼子的‘联合战线’下牺牲的中国农民。中国农民从辛亥革命中没有得到一点好处，反而遭受了更多的迫害，反映到政治上就是辛亥革命以后更残暴的军阀统治。”①

人们用阶级分析的目光看阿Q，阿Q应该是农村无产者，是革命依靠的阶级。所以，他的弱点只是精神胜利法，而革命要求则是合理的。面对阿Q的“土谷祠革命畅想”，批评家们开始给予肯定的评价，认为“虽然混杂着农民原始的报复性，但他终究认识了革命是暴力……毫不犹豫地要把地主的私有财产变为农民的私有财产”②。人们站在阿Q的立场上思考问题，批判假洋鬼子不准革命的罪行，总结辛亥革命脱离农民群众的教训。直到“文革”结束之后，我们仍然常常看到这样的表述：“阿Q对革命的认识固然十分幼稚，十分糊涂，但由于这种想法里充满着农民式的均分思想和复仇情绪，却又的确反映了农民阿Q具有改变自己生活地位的迫切要求。鲁迅看到农民是一个被剥削的阶级，他们本身存在着许多缺点，不觉悟，不团结；同时也看到农民是一个要革命的阶级，不管在什么情况下，他们都是中国革命的重要力量；阿Q真心向往革命，在他身上始终潜藏着革命的可能性。”“资产阶级领导的民主革命忽视了农民的要求，没有把农民自发的革命热情加以发扬和引导，相反地，却让封建地主篡夺了革命的果实，扼杀了农民的要求。它把皇帝赶下龙廷，却没有给广大人民以任何实际利益。……在未庄，赵秀才便同出过洋的地主阶级里资产阶级化了的假洋鬼子串通一起，抢先向革命投机，挂出了‘咸与维新’的招牌；而真正倾向革命的阿Q，曾经鼓起勇气去结识假洋鬼子，假洋鬼子却扬起了‘哭丧棒’，不准阿Q革命。”“辛亥革命的命运是和阿Q的命运紧密地联系着的，阿Q被送上法场，辛亥革命也同时被送上了法场，枪声一响，这个革命的生命便和阿Q的生命一起结束了。”③一切描述都使人感觉到，似乎只要准许阿Q革命，辛亥革命就可

① 邵荃麟：《关于“五四”文学的历史评价问题》，《人民文学》1959年第5期。

② 陈涌：《论鲁迅小说的现实主义》，《六十年来鲁迅研究论文选》（下），中国社会科学出版社1982年，第94页。

③ 唐弢：《中国现代文学史》（一），人民文学出版社1979年，第116—117页。

以不失败。可惜鲁迅并不这么看。

阿Q革命是小说中的一个重要的内容。在小说中，阿Q“有一种不知从那里来的意见，以为革命党便是造反，造反便是与他为难，所以一向是‘深恶而痛绝之’的”。这是阿Q本色的一个方面。但是，革命来临之际，一个现象提醒了他：革命竟使百里闻名的举人老爷害怕，使未庄的“鸟男女”神情慌张，这就使阿Q快意，而且开始神往革命。更重要的是，“阿Q近来用度窘，大约略略有些不平”，所以革命成为阿Q的必然选择。

在阿Q的感觉中，“忽而似乎革命党便是自己，未庄人却都是他的俘虏了”。也就是说，只要阿Q成了革命党，未庄人便都是他的俘虏。他得意之余大喊“造反了！”，未庄人的害怕神态使他“舒服得如六月里喝了雪水”，赵太爷也改口称呼他为“老Q”，赵白眼也惴惴地喊他“Q哥”，这一切都使他尝到了革命的甜头，带来了前所未有的翻身的梦想和机会。从人下人到人上人，“我要什么就是什么，我喜欢谁就是谁”，如此简单的句子，概括的内容却有极大的诱惑力。它集中概括了阿Q的革命理想。作为这种革命理想的形象展开，鲁迅写了阿Q的“革命畅想”：

“造反？有趣，……来了一阵白盔白甲的革命党，都拿着板刀，钢鞭，炸弹，洋炮，三尖两刃刀，钩镰枪，走过土谷祠，叫道，‘阿Q，同去同去！’于是一同去。……

“这时未庄的一伙鸟男女才好笑哩，跪下叫道，‘阿Q，饶命！’谁听他！第一个该死的是小D和赵太爷，还有秀才，还有假洋鬼子……留几条么？王胡本来还可留，但也不要了。……

“东西……直走进去打开箱子来：元宝，洋钱，洋纱衫……秀才娘子的一张宁式床先搬到土谷祠，此外便摆了钱家的桌椅，——或者也就用赵家的罢。自己是不动手的了，叫小D来搬，要搬得快，搬得不快打嘴巴。……

“赵司晨的妹子真丑。邹七嫂的女儿过几年再说。假洋鬼子的老婆会和没有辫子的男人睡觉，吓，不是好东西！秀才的老婆是眼胞上有疤的。……吴妈长久不见了，不知道在那里，——可惜脚太大。”

这种革命能够给中国带来什么？一样的专制，一样的虐杀，一样的疯狂掠夺，一样的压迫和奴役，一样的贪婪占有。如果说秀才和假洋鬼子的革命不过是到尼姑庵砸了一块“皇帝万岁万万岁”的龙牌，顺便拿走一个宣德炉的话，阿Q的革命如果实行，要比他们的革命更为可怕。在他身上，鲁迅的确没有看到健康力量，没有看到真正的革命发生的可能。但是，他看到了阿Q本能的革命要求，他的自发的革命性。他永远是革命的积极参与者。然而，他的革命却不会带来社会的进步和鲁迅所希望的第三样时代。

六

小说中有专门的一章“不准革命”。

“不准革命”，到底是谁不准谁革命？长期以来，人们的回答往往是：假洋鬼子不准阿Q革命。其实，这个回答是不准确的，也是不完整的。

人们强调阿Q的革命性，强调假洋鬼子不准阿Q革命，并且以此论述鲁迅对辛亥革命的批判，论述辛亥革命的局限性。好像是因为假洋鬼子不准阿Q这样的农民群众革命，所以才导致了辛亥革命的“失败”。在中国学界，“辛亥革命失败之后”如何如何，已经是常见的语言。然而，辛亥革命是否失败，在何种意义上谈失败，在这里且不说，它之所以没有达到理想的目的，大概决不是因为没有阿Q的参加。

按照流行的说法，好像是假洋鬼子们不准阿Q革命，所以才导致了革命失败。面对鲁迅的描写，我们却不能不想到，如果准许他革命，会出现什么情景。阿Q曾经又去尼姑庵，而且在老尼姑关门之后再次打门，他没有打开，但是他的确想要进去再“革一次命”。然而，他会进行一次怎样的“革命”呢？“皇帝万岁万万岁”的龙牌已经由假洋鬼子们的革命完成了，“宣德炉”也顺手拿走了，阿Q仍然要革命，他要革什么？他的革命对象是不是那一畦萝卜？他的革命肯定与物质利益相联系，也肯定是非常具体的革命。

假洋鬼子不准阿Q革命，这是事实。当阿Q去找假洋鬼子“投降革命”的时候，假洋鬼子把他赶了出来，而且让他“滚出去”。因此，阿Q没有能够参加革命。然而，必须注意的是，鲁迅在写假洋鬼子不准阿Q革命之前，却先写了另一个事实：阿Q不准小D革命。革命之后，阿Q紧跟时代潮流，把辫子盘在了头顶上。尽管他有些不平，但人们对他很客气，酒店也不说要现钱。但是，当他看见小D也像他一样的时候，却气破了肚皮：

> 小D也将辫子盘在头顶上了，而且也居然用一支竹筷。阿Q万料不到他也敢这样做，自己也决不准他这样做！小D是什么东西呢？他很想即刻揪住他，拗断他的竹筷，放下他的辫子，并且批他几个嘴巴，聊且惩罚他忘了生辰八字，也敢来做革命党的罪。

也就是说，阿Q并非只是“不准革命”的受害者，而且也是“不准革命”的实施者。是他先不准小D革命，然后才是假洋鬼子不准他革命。在这一点上，他与假洋鬼子并无不同，或者说，决不比假洋鬼子更好。

第三辑

1949：进入新时代的鲁迅

在当代中国，鲁迅是一个无法忽视的存在。作为国家领导人毛泽东所推崇的伟大的文学家、思想家和革命家，作为“新中国的圣人”和“现代圣人”，他的名字一直大写在旗帜上，与当代文化难舍难分。即使在“文化大革命”时期，几乎所有作家、学者、思想家都纷纷遭遇批判而退场的时候，鲁迅也依然被供奉在神坛上。从某种意义上说，这是鲁迅的幸运，也是他的不幸。历史总是在前进的过程中不时地回头打量形形色色的人和事。正因为鲁迅在那个年代的特殊际遇，当知识界在这个世纪之交获得了一定的言论空间之后，一些人开始否定和清算鲁迅。这是必然的，也是合乎情理的。随着改革开放的深入，昔日的思想文化权威不能不面临挑战或清理。但是，考察对鲁迅的否定和清算，虽然用力方向各不相同，但有一点是相同的：都把鲁迅与“文革”文化绑在一起，把鲁迅与历史的种种荒谬混为一谈，让鲁迅为荒谬的历史陪葬。正是鉴于这种情况，我打算对鲁迅在当代中国的实际境遇进行一些考察，对鲁迅与当代中国的关系进行一些力所能及的分析。我想，这不仅关系到对鲁迅的评价，而且关系到当代文化的发展，关系到如何总结历史的教训，如何对待中国的现代文化资源。

作为开始，首先吸引我的问题是：鲁迅是如何进入新时代的？或者说：进入新时代的鲁迅究竟是什么形象，处于何种状态？

一

先从一个现象说起——

2001年9月，周海婴的《鲁迅与我七十年》一书由南海出版公司出版。在这本书的最后，周海婴透露了1957年毛泽东与罗稷南的那些段对话，也就是如今众所周知的“毛罗对话”。他的叙述是：“罗稷南老先生抽个空隙，向毛主席提出了一个大胆的设想疑问：要是今天鲁迅还活着，他可能会怎样？这是一个悬浮在半空中的大胆的假设题，具有潜在的威胁性。其他文化界朋友若有同感，绝不敢如此冒昧，罗先生却直率地讲了出来。不料毛主席对此却非常认真，沉思了片刻，回答说：以我的估计，（鲁迅）要么是关在牢里还是要写，要么他识大体不做声。一个近乎悬念的询问，得到的竟是如此严峻的回答。罗稷南先生顿时惊出一身冷汗，不敢再做声。”[①]事实已经证明，他的叙述不够准确，而且带有自己的想象。但这无关紧要，重要的是他披露了一件人们认为非常重要的事。在写下这段话的时候，周海婴怀有疑虑，对于是不是应该写下来，心里没有把握。据该书的责任编辑萧关鸿表示，这个内容是在编完校样之后，最后才决定编入的，原因就是周海婴一直犹豫不决，而最后是王元化促其下了决心。

该书出版之后，这段文字引起了强烈的反响，而且引发了一场讨论。最后，由当时的在场者黄宗英著文作证，才终于一锤定音，为争论和考证画上了句号，而且在“毛罗对话”的几种转述中有了一个比较权威的版本：“毛主席对照名单扫视会场，欣喜地发现了罗稷南，罗稷南迎上一步与主席握手，就像久别重逢的老朋友。他俩一个湘音一个滇腔，我只听出‘苏区一别’的意思。”然后，毛泽东一般性地询问，而罗稷南却提出了问题。毛泽东略微思考即爽朗地回答：“鲁迅么——要么被关在牢里继续写他的，要么一句话也不说。”[②]

值得注意的是人们面对这个事件的反应和表现。周海婴听贺圣谟说到此

① 周海婴：《鲁迅与我七十年》，南海出版公司2001年，第370—371页。

② 黄宗英：《我亲聆罗稷南与毛泽东对话》，《南方周末》2002年12月5日。

事，最先的反应是不大愿意相信。他显然有些吃惊，因为他没有想过自己的父亲如果活到1957年会被关进监狱。因此，在他的“情景想象”中，罗稷南听到毛泽东的回答后就“惊出了一身冷汗”。其实，“罗稷南的性格，耿直倔强，与在座的人相比，辈分高、资历长，他若会‘出冷汗’就不会问这个问题；他敢于问这个问题，他就决不会‘出冷汗’”①。不仅是周海婴，就连黄宗英在回忆当时情景时也这样写道：“我的心猛一激灵，啊，若闪电驰过，我感觉空气仿佛顿时凝固了。这问题，文化人二三知己谈心时早就嘀咕过，‘反胡风’时就嘀咕过；可又有哪个人公开提出？还当着毛主席的面在‘反右’的节骨眼上提出？我手心冒汗了，天晓得将会发生什么，我尖起耳朵倾听……”当听到毛泽东的回答时，黄宗英又写道：“呀，不发脾气的脾气，真仿佛巨雷就在眼前炸裂。我懵懂中瞥见罗稷南和赵丹对了对默契的眼神，他俩倒坦然理解了，我却吓得肚里娃娃险些蹦出来。”②面对这件事，许多人都感到惊讶。一些人则干脆不承认会有这样的事。因为在他们看来，鲁迅在当代中国的地位那么高，毛泽东是那样尊崇鲁迅，怎么可能把鲁迅关进监狱呢？

其实，这件事并不奇怪，也无须惊讶。人们之所以感到惊讶，是因为长期以来只是遥望那个神坛上的鲁迅，以为他真是新时代的圣人，与新时代是完全一体化的，对于鲁迅与新时代的关系，也是着眼于历史的表象，而对表象之下的真实关系缺少认识。事实上，只要冷静地面对那段历史，关注一些细节，就不会认为鲁迅是神圣的，也不会对“毛罗对话”感到惊奇。

首先，当时一些文化部门的负责人是知道鲁迅“思想有问题”的，而且鲁迅作品已经因为思想有问题被从教科书中抽掉。据宋云彬1950年7月4日日记记载：“第三册语文课本付排，灿然谓所选鲁迅之《聪明人和傻子和奴才》乃鲁迅早期作品，思想有问题，其言甚是，为另选一课。”这里的灿然就是金灿然，当时与宋云彬一起做中学教科书编审委员会委员，他们都由教育部和编审局共同领导。经他们审查，初中二年级第一学期的语文课本中抽

① 贺圣谟：《“孤证”提供人的补正——对周海婴先生所记述的毛泽东同罗稷南关于鲁迅的谈话的若干补正》，《宁波教育报》2001年11月2日。

② 黄宗英：《我亲聆罗稷南与毛泽东对话》，《南方周末》2002年12月5日。

掉了“思想有问题”的《聪明人和傻子和奴才》。[①]

其次，当时知识界高层人物的态度也很明确：鲁迅如果活着，也须要接受思想改造，然后根据表现安排他的工作。1950年，一位读者致信《人民日报》，提出这样的疑问：“鲁迅若是活着，现在该安排什么工作?”报社无力回答这样的问题，把信转呈当时的政务院副总理、负责文教工作的郭沫若。郭沫若的回答是：“从旧社会过来的知识分子，首先不是考虑安排工作，而是要看思想改造的表现。如果鲁迅思想改造得好，也可以安排适当的工作。”[②]

对此，一些人同样感到吃惊。有人提出过“到底是谁思想有问题”的问题，有人认为郭沫若的这种说法未免太狂妄。其实，教材编选者是有道理的，因为用新时代的标准去衡量，鲁迅的思想的确有问题。郭沫若的回答也完全符合新时代的方针政策，因为新时代不会轻易接纳一个从旧时代过来而未经改造的知识分子。鲁迅如果活着，当然要接受思想改造。至于工作安排，当然要看他的思想是否改造得好。

由此看来，鲁迅在当时的地位似乎毫无神圣性可言。其实，只要认真面对那段历史，就很容易看到，新时代对鲁迅的接纳是有保留的。尽管毛泽东对鲁迅有很高的评价，但新时代的思想理论权威并不像毛泽东那样推崇鲁迅。在他们的论述中，鲁迅的处境早已明明白白。

1949年7月，中华全国文学艺术工作者代表大会在北京召开，周扬在会上做了关于解放区文艺运动的报告，题目是《新的人民的文艺》，其中说到鲁迅时是这样讲的：“中国新文化运动的最伟大的启蒙主义者鲁迅曾经痛切地鞭挞了我们民族的所谓‘国民性’，这种‘国民性’正是帝国主义、封建主义在中国长期统治在人民身上所造成的一种落后精神状态。他批判地描写了中国人民性格的这个消极的、阴暗的、悲惨的方面，期望一种新的国民性的诞生。现在中国人民经过了三十年的斗争，已经开始挣脱了帝国主义、封建主义所加在我们身上的精神枷锁，发展了中国民族固有的勤劳勇敢及其他一切的优良品性，新的国民性正在形成之中。我们的作品就反映着与推进着新的

---

① 文超：《鲁迅“思想有问题”》，《鲁迅研究月刊》1999年第12期。

② 田海音：《拾遗补缺——“鲁迅如果还活着”的其他答案》，陈明远编《假如鲁迅活着》，工人出版社2001年，第301页。

国民性的成长过程。对人民的缺点，我们是有批评的，但我们是抱着如毛主席所指示的‘保护人民，教育人民’的热情态度去批评的。我们不应当夸大人民的缺点，比起他们在战争与生产中的伟大贡献来，他们的缺点甚至是不算什么的，我们应当更多地在人民身上看到新的光明。”[①]这也就是说，在过去的年代里，鲁迅是伟大的，但在经历了三十年的斗争之后，中国人已经挣脱了精神枷锁，新的国民性正在形成，因而鲁迅的方向已经不适应时代的需要了。他事实上在告诉人们，鲁迅已经过时，新时代的文艺不能走鲁迅的道路。

蓝棣之在《毛泽东心中的鲁迅》一文中透露，解放初期，江青出席文艺界一个会议时说，新中国文艺的指导思想是毛泽东文艺思想。胡风当场表示，在文艺上的指导思想应当是鲁迅的文艺思想。江青回去向毛泽东汇报，毛泽东听了很不高兴。[②]胡风的确耿直而天真。他似乎没有感觉到时代的变化——中华全国文学艺术工作者代表大会刚刚开过，作为文艺的指导思想和发展方向，周扬的讲话非常明确：“毛主席的《在延安文艺座谈会上的讲话》规定了新中国的文艺方向……除此之外再没有第二个方向了，如果有，那就是错误的方向。”[③]因此，鲁迅虽然被抬得很高，但他的文学创作不可能对新时代的文学有根本的影响，他的思想和人格也不可能得到发扬。这并不是哪一个人的问题，而是他的思想的确不符合新时代的要求。

二

对于一部分鲁迅崇拜者而言，说鲁迅的思想不符合新时代的要求，可能是难以接受的。但是，只要认真考察鲁迅的思想、人格和文化方向，就不能不承认这个事实。全面考察鲁迅的思想与新时代的要求之间的关系，不是本文的篇幅所能够胜任的。但只要选取几个要点，将二者进行比照，就可以看到鲁迅与新时代意识形态的要求距离是多么遥远。

第一，新时代对文学的要求首先就是政治工具化。它要求文学必须为政治服务，甚至成为政治机器的一部分，因而要求文学家统一思想、步调一

---

①③《周扬文集》（第一卷），人民文学出版社1984年，第517—518页，第513页。

② 蓝棣之：《毛泽东心中的鲁迅》，《南方文坛》2001年第2期。

致，无条件地服从政治的需要，根据政治的要求进行写作。鲁迅的文学思想显然与此相去甚远。他心目中的文学是独立的，作家的创作是自由的，不听命于任何外在的力量。尤其是文学与政治的关系，是新时代文学理论的核心，也是作为新时代文艺宪法的《讲话》所强调的主要内容之一。鲁迅的见解却与此恰恰相反，反复强调的是文艺与政治的矛盾和冲突。他认为："政治家最不喜欢人家反抗他的意见，最不喜欢人家要想，要开口。""政治想维系现状使它统一，文艺催促社会进化使它渐渐分离；文艺虽使社会分裂，但是社会这样才进步起来。"[①]这是鲁迅对文艺功能的一种理解。他认为文艺与革命有统一的一面，那就是"不满于现状"，但他同时又说："革命成功以后，闲空了一点；有人恭维革命，有人颂扬革命，这已不是革命文学。他们恭维革命颂扬革命，就是颂扬有权力者，和革命有什么关系？""所以以革命文学自命的，一定不是革命文学，世间哪有满意现状的革命文学？除了吃麻醉药！"[②]这种话如果在20世纪50年代说，将会是什么效果？当然，20世纪50年代的人们是不会引用这种话的。

在鲁迅的心目中，文学家不是俳优，也不是弄臣。他对"帮忙"与"帮闲"都不以为然。这从他对民族主义文艺运动的批判可以看到，从他对新月派的嘲讽可以看到，从他对"革命文学"的论述也可以看到。虽然把民族主义文艺家完全看作权势者的走狗也许有些过分，但民族主义者站在民族和国家的立场上反对个人的解放和阶级的解放，显然体现了国家权威的意志。在鲁迅看来，那就是奴才为主子效力，就是在尽"宠犬"的职分。他在谈论"革命文学"时说过："从指挥刀下骂出去，从裁判席上骂下去，从官营的报上骂开去，真是伟哉一世之雄，妙在被骂者不敢开口。"[③]他敬佩孤独的战士，厌恶仗势示威者，因为仗势示威者在他看来不过是"狗一样的文人"。

进入新时代之后，鲁迅这种见解显然已经不合时宜。有一个现象是值得提及的：鲁迅受到的尊崇，给一些鲁迅追随者提供了方便，使他们可以公开继续追随鲁迅；同时，也使他们产生了某种错觉，以为鲁迅精神是可以随便继承的。他们不明白对鲁迅精神的继承必须根据权威的阐释，可以继承的只

---

①②《鲁迅全集》（第7卷），第113—114页，第118—119页。

③《鲁迅全集》（第3卷），第543页。

是时代宣扬的那些精神，而不是鲁迅实有的那些精神。从萧军到胡风，问题都出在这里。当然，更主要的问题还在于他们的思想没有得到彻底的改造，因而对文学创作的自由和文学家的独立人格不无留恋。可是，对于这种不合时宜的留恋，时代早已做出了回答。早在1942年的延安文艺座谈会上，萧军就因此而碰了壁。他似乎不知道召开文艺座谈会的目的，因而在发言中仍然强调作家的“独立”和“自由”，并且以鲁迅为例，说他在广州就不受哪一个党哪一个组织的指挥。面对萧军的发言，胡乔木当即进行了反驳：文艺界需要组织，鲁迅当年没有受到组织的领导是他的不足，不是他的光荣。毛泽东对此非常欣赏，开完会就叫胡乔木到他那里吃饭，庆祝开展了斗争。

第二，新时代对文学的又一个要求是大众化。在毛泽东《在延安文艺座谈会上的讲话》精神的指引下，新时代文学走的是大众化的道路，而鲁迅所走的却是一条“化大众”的道路。大众化与“化大众”本来并不截然对立，在一些具有启蒙主义底色的文学家那里，大众化的含义往往只是努力使作品通俗易懂，以便大众容易接受，而之所以要让大众接受，目的仍然是“化大众”。但在新的时代，大众化的含义已经完全不同，而且具有了严肃的政治内涵。毛泽东《在延安文艺座谈会上的讲话》中说得更清楚：“许多同志爱说‘大众化’，但是什么叫做大众化呢？就是我们的文艺工作者的思想感情和工农大众的思想感情打成一片。”[①]那么，什么叫思想感情“打成一片”呢？当代辞书的解释是：“变得跟广大群众一致；适合广大群众需要。”[②]至于如何实现这个“打成一片”和“变得跟广大群众一致”的目标，答案就是知识分子必须进行改造，放弃自己的思想感情而接受工农大众的思想感情。毛泽东认为，小资产阶级知识分子总是通过文学艺术顽强地表现他们自己，宣传他们自己的主张，要求人们按照小资产阶级知识分子的面貌来改造世界。“在这种情形下，我们的工作，就是要向他们大喝一声，说：‘同志’们，你们那一套是不行的，无产阶级是不能迁就你们的，依了你们，实际上就是依了大地主大资产阶级，就有亡党亡国的危险。”正因为这样，知识分子与大众的启蒙关系必须颠倒过来。按照他的说法，“最干净的还是工人农

①《毛泽东选集》（第一卷），人民出版社1967年，第808页。

②《现代汉语词典》，商务印书馆1981年，第200页。

民，尽管他们手是黑的，脚上有牛屎，还是比资产阶级和小资产阶级知识分子都干净。……知识分子出身的文艺工作者，要使自己的作品为群众所欢迎，就得把自己的思想感情来一个变化，来一番改造”[①]。因此，大众化的道路就不再只是为大众能够接受而采用通俗形式的问题，而是意味着知识分子必须改造自己，彻底放弃启蒙立场，向工农大众学习，使自己在思想感情上变得与工农大众完全一致。从20世纪50年代初期的知识分子思想改造运动，到“文革”当中的知识青年接受贫下中农的“再教育”，所体现的正是当代文化的这一发展方向。

那么，鲁迅是否能够符合这种要求？答案可谓不言而喻。鲁迅是一个启蒙主义者，他的文学道路是一条化大众的道路。他一直反对文艺迎合大众，终生致力于批判国民性。人们满足于以伟大、勤劳和善良等词汇来描绘人民大众的品质，但在鲁迅那里，这所有的美好词汇都必须加上它的反义词，因为他更关注大众的弱点。他说：“群众，——尤其是中国的，——永远是戏剧的看客。”[②]他深知大众的苦难命运，同时也清楚历史造就的二重性：一方面是奴才，一方面是暴君；一方面是羊，一方面是狼。“对于羊显凶兽相，而对于凶兽则显羊相。”[③]他更清楚奴才和主子的精神联系：“奴才做了主人，是决不废弃‘老爷’的称号的，他的摆架子，恐怕比他的主人还十足，还可笑。这正如上海的工人赚了几文钱，开起小小的工厂来，对待工人反而凶到绝顶一样。”[④]因此，对于大众，鲁迅的态度是“哀其不幸”和“怒其不争”，并且坚决反对文学家做“大众的帮闲”。他明确地告诉人们：如果真为大众着想，文学家不能去适应大众的胃口，“‘迎合大众’的新帮闲，是绝对的要不得的”[⑤]。这种立场使他在思想感情上不可能与大众“打成一片”，更不能与大众“保持一致”。在新时代，这显然不合时宜。

更为重要的是，鲁迅的启蒙立场隐含了一种重要的文明发展观念：社会

---

①《毛泽东选集》（第一卷），人民出版社1967年，第808页。

②《鲁迅全集》（第1卷），第272页。

③《鲁迅全集》（第3卷），第61页。

④《鲁迅全集》（第4卷），第302页。

⑤《鲁迅全集》（第6卷），第102页。

的大多数人往往是文化的被动接受者，因而往往是蒙昧的，因而是需要先觉的知识分子启蒙的。这种观念是新时代不能承认的。根据新时代的逻辑，在知识分子与工农大众之间，只能是知识分子接受工农兵的改造，只能是知识分子把屁股移到工农兵一边，而绝不能让知识分子对大众进行启蒙。这种关系往往被理解为谁领导谁、谁战胜谁的问题，所以绝对不容颠倒。因此，鲁迅式的启蒙主义是新时代所不能接受的。

除此之外，新时代的文学风尚是竭尽全力唱颂歌，而鲁迅的精神却是致力于揭露和批判；鲁迅自己说过他是个人主义者，而新时代正在全力扫荡个人主义；鲁迅自己说过他是人道主义者，而新时代把人情、人性、人道主义都判给了资产阶级，一直进行着坚决的批判；鲁迅的思想核心是“立人”，而根据新时代的见解，它与启蒙一样，完全是过时的资产阶级思想……这样的比较可以从方方面面进行，它足以说明，鲁迅并不符合新时代的要求。

三

根据以上分析，我们不难得出这样的结论：鲁迅被新时代接受并非必然。根据鲁迅的思想实际，衡之于新时代的路线和原则，如果没有特别的因素，鲁迅是很难被接受的。同时，如果考察新时代文坛直接主宰者的好恶，以及他们与鲁迅的历史恩怨，也不难做出这样的结论：如果没有特别因素，鲁迅是很难进入新时代的。

考察新时代的文学泰斗、文化艺术掌管者、意识形态官员，不少人都曾与鲁迅发生过激烈的冲突，相互之间有过很深的伤害。因此，鲁迅临死坚持“一个也不宽恕”，而他的对手们心中的怨恨也终生未能化解。按照一般的规律，他们都可能是鲁迅进入新时代的障碍。这一点，我们从几个重要的人物身上就可以得到证明。

首先是郭沫若与当年的创造社成员。众所周知，从20世纪20年代倡导革命文学开始，郭沫若、成仿吾等创造社成员为了扫荡“五四”文坛，就把矛头指向了“五四”作家，并且首先拿鲁迅开刀，因而导致了鲁迅与创造社的尖锐对立。在对鲁迅的围攻中，来自郭沫若的攻击是最为严重的。正是他曾把鲁迅称为“封建余孽”“二重反革命”“不得志的法西斯蒂”。当然，鲁迅对郭沫若和创造社的才子们也有种种尖锐的嘲讽，而且言辞间流露着无法掩饰的厌恶，比如把他们称作“才子加流氓”等。关于这一切，郭沫若在中华人民共和国成立之后虽然闭口不谈，甚至不愿认账，却始终未能忘怀。他清楚地知道鲁迅及其著作的存在对他的威胁。郭沫若不是宽容的人，这从1948年就倚恃政治力量开始整肃文坛异己就可以看到。1949年之后，郭沫若成了新时代的文化旗帜，中国文学的泰斗，官至政务院副总理，位居国家领导人之列。

与此同时，当年创造社的班底大都成为新时代文坛的主宰者。这些人与鲁迅的隔阂很难化解。正如有人所说：“鲁迅当年的论敌，都七老八十了，仇恨情结之历久不解，也真令人惊愕。碍于毛泽东曾经对鲁迅作过肯定性评价，不敢公开唱反调，除了叽叽喳喳之外，甚至将一肚子的怨气向后人发泄。”①周海婴在《鲁迅与我七十年》中记下了这样的情节，在中国文联第三届全委会扩大会议近代组的会议上，当年的创造社成员说：“鲁迅算什么！郭沫若提出革命文学的时候，他还在喊虚无主义呢！”②由此可见，鲁迅的对手并没有因为领袖的评价而改变对鲁迅的看法。他们对鲁迅仍然心怀怨恨，只要有机会，他们是不会放过鲁迅的。如果没有特别的原因，他们是不会容忍鲁迅的名字高高凌驾于他们之上的。

其次是周扬和所谓“四条汉子”。周扬长期处于当代中国文艺长官的地位，对于“文革”前十七年的中国思想文化界，他的作用非同一般。鲁迅被称作新文化运动的“旗手”，但这位“旗手”早已去世。新的时代的文化“旗手”事实上另有其人。如果说“文革”时期的“旗手”是江青的话，“文革”前的“旗手”就是周扬。他是毛泽东文艺思想的权威阐释者，又是文艺界的直接领导和控制者。因此，鲁迅要进入新时代，无法绕过周扬。但是，同样众所周知，鲁迅与周扬在20世纪30年代有过尖锐的矛盾，发生过严重冲突。本来，鲁迅是一个无党无派的作家，因为成就和影响而为左联所看重，成了左联的招牌。但鲁迅坚持独立的人格和自由的思想，坚持知识分子的启蒙立场，这与左联的要求很不一致。周扬是左联的领导人，又是文艺

① 何满子：《周海婴写鲁迅书·读得二三事》，《文学自由谈》2002年第1期。

② 周海婴：《鲁迅与我七十年》，南海出版公司2001年，第294页。

理论家，鲁迅与他的矛盾不可避免地发生了。客观地讲，周扬没有错。作为左联的实际领导者，他不能容忍任何一个士兵“横站”，也不能允许他固执己见、不服从领导、随便批评别人。因为在革命队伍中，鲁迅的那种个人主义和自由主义都是不能允许的。鉴于特定的环境，周扬对鲁迅应该说足够客气。如果是在革命根据地，他大概不会让鲁迅那样破坏纪律、分裂组织、为所欲为。然而，鲁迅却从来没有意识到自己应该服从领导，更没有意识到应该老老实实地听从指挥。他依然故我，而且对周扬极为不满，称周扬为“元帅”“工头”“奴隶总管”，说他“以指导者自居，却所知甚少”“借革命以营私”“拉大旗作为虎皮”“以鸣鞭为唯一的业绩”，而且“狼狈为奸，把持着文学界，弄得乌烟瘴气”……鲁迅去世之后，周扬在公开讲话中多次称道鲁迅，但事实证明，他与鲁迅的矛盾并未化解。从上海到延安再到北京，对于左联时代的恩怨，他不但没有忘记，而且耿耿于怀。这从各个方面都可以看到。比如，对于胡风、冯雪峰等当年与鲁迅站在一起的人，他决不宽容。在他们一个个被打翻在地时，他可谓穷追猛打毫不手软。再比如，他利用手中的权力，使鲁迅的某些手迹长期不得公开，大量的书信不能编入鲁迅全集。由此可见，他清楚地知道鲁迅对他构成的威胁。

与此同时，鲁迅批评过的所谓“四条汉子”等，在新时代也都成为文坛和知识界的掌控者。从后来的各种事实看，他们不但不会真正尊崇鲁迅，而且对鲁迅及其追随者一直耿耿于怀。这些人成为思想文化界的支配力量，文坛和知识界的格局由他们直接控制。

在这种情况下，如果根据他们的意志，鲁迅能够进入新时代吗？据梅志的回忆，有人问她，你们反对周扬吗？她说是的。你们知道周扬是代表党的吗？知道。那么你们反周扬不是反党吗？梅志不敢吱声了。这种推理法使她知道了问题的严重。事实上，我们完全可以套用这一模式问一问鲁迅：你反对周扬吗？是你把周扬称作“工头”“元帅”和“奴隶总管”吗？鲁迅无法否认。接下来是：你知道周扬代表党吗？知道。那么，鲁迅反周扬不是反党吗？因此，如果没有特别因素，鲁迅的命运不会比胡风更好。

一个是郭沫若和当年的创造社构成的群体，一个是周扬和当年的左联领导层构成的群体，这两个群体基本控制了新时代的中国文坛。如果按照一般的规律，在这种情况下，鲁迅在新时代本该在被批判和扫荡之列。

然而，这一切没有成为鲁迅走入新时代的障碍。历史的事实恰恰相反：进入新时代之后，几乎所有曾经猛烈攻击过鲁迅的人都成了鲁迅的“同志”和“战友”，有的甚至成了“好学生”。这一切都是因为毛泽东对鲁迅的评价。

早在1937年鲁迅去世一年之际，毛泽东就做了《论鲁迅》的报告，称鲁迅为“中国第一等的圣人”，认为“孔子是封建社会的圣人，鲁迅是新中国的圣人”[①]。到了《新民主主义论》中，他不但称鲁迅是“五四”以来文化新军的“最伟大的最英勇的旗手”，是“中国文化革命的伟人”，而且写下了这段包含了三个“伟大”和七个“最”话：“鲁迅是中国文化革命的主将，他不但是伟大的文学家，而且是伟大的思想家和革命家。鲁迅的骨头是最硬的，他没有丝毫的奴颜和媚骨，这是殖民地半殖民地最可宝贵的性格。鲁迅是在文化战线上，代表全民族的大多数，向着敌人冲锋陷阵的最正确、最勇敢、最坚决、最忠实、最热忱的空前的民族英雄。鲁迅的方向，就是中华民族新文化的方向。”[②]正是毛泽东的高度评价和极力推崇，使得鲁迅的敌人也不敢继续攻击鲁迅，而对鲁迅做出毕恭毕敬的样子。

不过，考察毛泽东对鲁迅的尊崇，有几点是不得不注意的：

第一，毛泽东虽然极力推崇鲁迅，并对他给予高度评价，但他的推崇除了个人思想感情上的共鸣和对鲁迅人格的欣赏之外，无疑带有政治实用的目的。把鲁迅竖为文化上的旗帜，可谓非常成功的策略。它以极大的力量吸引了当时不满于现实的青年知识分子。不少参加革命的知识分子都说过，他们之所以走向革命，是因为崇拜和追随鲁迅。对于鲁迅来说，这种尊崇也不是没有意义的，它以政治的力量极大地加大了鲁迅的影响。然而，这种出于政治需要而进行的阐释和评价是取其所需而不计其余的，并非源自对鲁迅的思想、人格和追求的切实考察和全面研究。因此，他的推崇和宣扬往往是片面的。比如，在《论鲁迅》中，毛泽东概括了鲁迅的三个特点：第一是政治远见，第二是斗争精神，第三是牺牲精神。而用以证明鲁迅具有“政治远见”的例子却是“他在1936年就大胆地指出托派匪徒的危险倾向，现在的事实完全证明了他的见解是那样的稳定，那样的清楚。托派成为汉奸组织而直接拿日本特务机关

① 毛泽东：《论鲁迅》，《七月》1938年第3期。

②《毛泽东选集》（第一卷），人民出版社1967年，第657—658页。

的津贴，已是很明显的事了”[①]。大半个世纪之后，学界早已清楚，所谓托派成为汉奸而且拿日本人津贴，纯粹是无中生有。如果把这一点坐实到鲁迅身上，结果恰恰证明鲁迅并无政治远见。也就是说，鲁迅通过政治的力量而迅速家喻户晓，但家喻户晓的鲁迅却不是真实而完整的鲁迅。为配合政治运动而阐释鲁迅的做法成为后来几十年的一个传统，在那些纪念鲁迅的文字中，人们看到的往往是当时的政治斗争风云，而不是鲁迅的实际。

第二，毛泽东虽然在公开的讲话中对鲁迅极力推崇，但事实上他对鲁迅并非完全认同。1933年，他与冯雪峰谈到《阿Q正传》，就对鲁迅提出了批评。他认为鲁迅虽然看到了农民的革命要求，却对群众的力量估计不足。由此可见，在鲁迅活着的时候，毛泽东对鲁迅是有所批评的，对他的思想并不完全认可。而他的见解与当年的创造社、太阳社成员比较接近。鲁迅逝世之后，他虽然给予了高度的评价，但对鲁迅的这些看法并没有改变。1939年11月7日，他在给周扬的信中明确地指出："鲁迅表现农民看重黑暗面、封建主义的一面，忽略其英勇斗争、反抗地主，即民主主义的一面，这是因为他未曾经验过农民斗争之故。"[②]毛泽东坚持这样的看法，当然很好理解。作为一个依靠农民的力量进行革命斗争的领袖，与一个启蒙思想家，思想上不可能没有差距和分歧。对此，周扬当然是乐于接受的，他在讲话中一次次讲到鲁迅，赞美的话讲得很响，而批评的话讲得很含蓄，然而，细心的读者不难看出，无论他怎样高喊发扬鲁迅精神，事实上对鲁迅精神都有所保留。20世纪50年代的学者大都认为鲁迅不如毛泽东深刻，关于这一点，张梦阳曾经评论说："对农民、特别是阿Q这类游民'黑暗面、封建主义的一面'的思考与揭露，是贯穿鲁迅毕生的，是鲁迅最深刻的思想，怎么能说成是什么'不足之处'呢？毛泽东和周扬把鲁迅最深刻的思想当成'不足之处'，恰恰证明他们身上农民的甚至游民的影响还是很深的，而且对此并无察觉，更无警惕，以至反而当成了好东西。"[③]事实上，这正是农民革命领袖与启蒙思

① 毛泽东：《论鲁迅》，《七月》1938年第3期。

② 郁之：《大书小识又四则》，《读书》1992年第5期。

③ 张梦阳：《中国鲁迅学通史——20世纪中国一种精神文化现象的宏观描述与理性反思》（宏观反思卷），广东教育出版社2001年，第316页。

想家的不同。

第三，毛泽东虽然极力推崇鲁迅，但他的推崇和赞扬不是无限的，而是以具体时空为条件的。比如，毛泽东曾经高度赞美鲁迅的硬骨头精神和斗争精神。但非常明显的是，当这种硬骨头精神和斗争精神用于面对国民党统治时，毛泽东是赞赏的；而当这种硬骨头精神和斗争精神面对的是革命队伍时，毛泽东就未必赞赏了。再比如，鲁迅致力于揭露和批判，致力于国民性的揭露和改造。那么，面对新的统治秩序，是否可以继续进行揭露和批判？领袖们费尽心机使革命队伍万众一心、步调一致，是否允许启蒙思想家在革命队伍中去唤醒人格的独立、思想的自由、个人尊严和权利的神圣不可侵犯？……

正因为这样，鲁迅虽然被竖为旗帜，并不意味着他的思想真正被接受，也不意味着他的人格可以成为时代的楷模，更不意味着他所开拓的文化道路可以得到延伸。

四

毛泽东对鲁迅的尊崇带来了一系列复杂的后果。

首先，它使鲁迅成为高高在上的神，必须供奉而不得亵渎。这就使那些反对鲁迅的人不能畅所欲言。无论他们对鲁迅怎样怀恨在心，即使暗中把牙齿咬得格格响，在大庭广众之下，也必须做出尊崇鲁迅的模样。但是，一些人口服心不服，而且对此并不甘心。他们的确有理由感到委屈，因为当年与鲁迅为敌，并非因为个人的私怨，而是革命工作的需要。他们也有理由坚信自己是正确的。因为根据新时代的意识形态，无论是关于革命文学的论争，还是左联时代的种种矛盾，他们都是正确的一方，而鲁迅毕竟是“外人”或“同路人”。他们的委屈在于，他们根据革命的需要而批判鲁迅，结果却是远离革命队伍的鲁迅成了新时代的文化旗帜，成了革命者必须敬奉的神明。这口气实在让他们咽不下，然而，有最高统帅的评价，却是咽不下也得咽。

其次，鲁迅的形象被供奉于神坛，但真实的鲁迅并不符合新时代的要求。这给当代文化带来了一系列难题：一方面是鲁迅的旗帜必须高举，不可亵渎；另一方面是这个旗帜本身不符合现实要求的那些东西必须得到解决。

也就是说，既不能伤害旗帜，又不能让旗帜危害新的秩序。领袖只管竖旗，至于这旗帜上那些与时代政治不适应的东西，却并不负责处理，那是思想文化界的责任。新时代的文化领导者和理论家们当然知道，鲁迅的许多思想都不能任其自由传播，更不能让它影响一代新人。因此，一方面是高度评价和极力推崇，另一方面却要对鲁迅采取一些措施，根据时代的要求重塑一个鲁迅的形象。

其实，这是非常自然的事。众所周知，20世纪50年代初，在全国范围内开展了一场知识分子思想改造运动。它主要是针对从旧时代过来的知识分子的。按照当时的逻辑，从旧时代过来的知识分子必须经过改造，在思想感情和整个世界观上来一次脱胎换骨，才能为新的时代服务。新时代思想文化界的主宰力量是从延安来的，从表面上看，他们是征服者和改造者，而新接收的国民党统治区的知识分子是则是被征服者和被改造者。但是，这只是历史过程中的小小局部呈现的现象。如果把目光向前延伸到20世纪40年代初期的延安，就会看到知识分子改造运动的全过程。这个全过程告诉我们，事实上是一切知识分子都必须经过改造。延安的知识分子先行一步，在1942年就经过了这样的改造和淘汰。在这个过程中，以王实味为代表的一些人被淘汰掉了，以丁玲为代表的一些人被改造了过来。所以，20世纪40年代初发生在延安的那场整风和抢救运动，与20世纪50年代全国范围内的知识分子改造运动是连在一起的，前者是后者的预演，而后者是前者的继续。尽管在革命战争年代主动投奔革命的左翼知识分子与战争结束之后被动迎接新时代的知识分子思想情况大不相同，但对于思想改造来说，无论左翼还是右翼，无论先进还是落后，都是不可逃避的。一句话：未经改造的知识分子不能进入新时代。

鲁迅死得太早，1936年就死去了，当然没有来得及接受思想改造。那么，从逻辑上讲，他的思想就不可能符合新时代要求。何况，这并不只是逻辑推论，而是鲁迅思想的基本事实。既然不符合要求，就必须改造，但鲁迅已经去世，不可能自己来“洗澡”，不可能发表文章表示痛改前非的决心，也不可能像一些作家那样对自己的作品进行改头换面的修改。怎么办？历史告诉我们的是，新时代不会为任何人改变自身，也不会为谁发放特别通行证。于是，唯一可行的方法就是对鲁迅的遗产进行选择，对鲁迅的形象进行再造。那么多作家都在修改自己过去的著作，而鲁迅的著作没有被删节。但是，宣传哪些，抬高哪些，放大哪些，却必然要做出选择。

这是一个极其复杂的鲁迅再造工程，包含了方方面面的工作，其中最为重要的首先是两项：一是努力把鲁迅与革命拉近，二是努力使鲁迅思想与毛泽东思想完全一致。

鲁迅与革命的关系本来比较复杂。一方面，他参加了左联，支持无产阶级革命，在作为统治者的国民党和作为反抗者的共产党之间，他选择了后者。但另一方面，他对革命有自己的理解，对农民革命有自己的看法，因此，对革命的认识不像追求革命的年轻人那样单纯和乐观。1934年4月30日，在给曹聚仁的信里，他曾写道："倘当崩溃之际，竟尚幸存，当乞红背心扫上海马路耳。"1936年11月11日，李霁野写过一篇《忆鲁迅先生》，其中提到他曾经亲耳听到鲁迅与F君（即冯雪峰）的一次谈话。鲁迅对F君说："你们来到时，我要逃亡，因为首先要杀的恐怕是我。"F君连连摇头摆手地说："那弗会，那弗会！"[①]李霁野的文章写于鲁迅刚刚去世之时，记下这一切并无特别用意，所以应该是比较可靠的。

正因为这样，重新塑造鲁迅的形象，建立鲁迅与革命的密切关系，无疑是当时的重要任务。而且，这也是热爱鲁迅的人们应对鲁迅宿敌的唯一方法。方法取决于环境，进入新时代之后，如果想维护鲁迅，唯一的办法就是用时代的涂料把鲁迅抹红。为此，不仅要把鲁迅描绘成革命的一贯支持者，而且要把他写成积极的追随者和忠诚的"小兵"。在这一方面，冯雪峰的《回忆鲁迅》和《党给鲁迅以力量》可谓是代表作。通过回忆而重构鲁迅与革命的关系，冯雪峰无疑是最佳人选。在20世纪30年代，冯雪峰一直充当了共产党与鲁迅之间的联系者，因而他的回忆自然具有权威性。但是，冯雪峰的回忆显然打着新时代的政治印记。他的回忆不是像萧红那样的回忆，不是感情的抒发，不是生活细节的回忆，而是重点放在鲁迅思想的分析和叙述，着重讲述鲁迅如何走向马克思主义，如何走近中国共产党，如何走向对毛泽东的钦佩和热爱——"对于这个年龄比他轻的伟大的革命天才和导师的认识，使他的精神变成更快乐，且更年轻而谦虚。"在冯雪峰的回忆中，一些重要的细节是耐人寻味的。比如，在听冯雪峰讲述党和毛主席之后，鲁迅

① 李霁野：《忆鲁迅先生》，《文季月刊》1936年第1期。

有了这样的表现："他半向着窗子，一手横在胸前托另一只拿着纸烟的手的手肘，只是那么柔和地默默地微笑着，然后怡然自得地又好像忘我地、缓缓平静地说：'我想，我做一个小兵是还胜任的，用笔！'"①由于缺少旁证，我们无法判断这样的描写是否真实，但这种描写的目的是明显的，为的是形成这样的结论：鲁迅毫无保留地接受党的领导，他的思想是和党的方向一致的。"为毛泽东同志所肯定和赞扬的鲁迅思想，就是概括或统一在毛泽东思想的范畴之内的……鲁迅先生后期的战斗及其思想，是毛泽东思想非胜利不可的一个证明。"②总而言之，一切解释都必须把鲁迅与毛泽东联系在一起，要把鲁迅思想与毛泽东思想联系在一起，而且使之完全一致。这样，鲁迅就成了无产阶级文艺的旗手，成了与党和毛主席的战略方针保持一致的文化战士。然而，到了冯雪峰受批判的时候，他对鲁迅的回忆却成了罪状，罪名是歪曲鲁迅。而所谓歪曲鲁迅形象，也就是仍然不符合时代的要求。冯雪峰对鲁迅个人魅力和个人影响的强调，成了"否定党的领导"的证据。

在这种情况下，即使是鲁迅的亲人撰写的回忆，也在全力适应时代的要求，而不顾忌它与事实之间的距离。许广平1959年完成的《鲁迅回忆录》，几乎是在全力塑造一个"党的一名小兵"的形象。整部回忆录在努力说明的是：鲁迅在上海是在党人领导下工作的，是完全服从党的领导的，是坚决跟党走并维护党的原则的，鲁迅做的一切都是在为党增加力量。由于当时胡风和冯雪峰等都被打倒，所以在这样的回忆中，他们也成了鲁迅的敌人。于是，冯雪峰歪曲了鲁迅，胡风使鲁迅受了蒙蔽，这些新时代的说法都通过回忆而进入了当年的历史。

为了证明鲁迅思想与毛泽东思想的一致性，学者们根据时代的要求对鲁迅进行阐释，做了大量的工作。钱理群指出，即使是当时最引人注目的成果，如陈涌的《论鲁迅小说的现实主义》一文，通篇论述也不过是要证明鲁迅的结论与毛泽东的结论是完全一致的。"鲁迅小说的主要价值与意义就在于'以他的艺术的表现'来'证实'毛泽东的'科学分析'。"③朱正也说过："我们五十年代写鲁迅传，的确是把鲁迅放进那样一个模式当中去的。

①②《雪峰文集》（第4卷），人民文学出版社1985年，第251、253页，第252—253页。

③ 钱理群：《鲁迅：远行以后（1949—2001）［之一］》，《文艺争鸣》2002年第1期。

我当时是怎么写鲁迅传的呢？所有公开发表的毛泽东著作中提到鲁迅的地方，我一句不落地全部引用了，我就以此作为立论的基础来发挥。那时，《毛泽东选集》第四卷还没有出版，但我听说当年评白皮书的几篇社论是毛泽东写的，他在《别了，司徒雷登》一文中说伯夷对自己国家的人民不负责任，开小差逃跑，又反对武王领导的人民解放战争。我就按照这个意思来分析鲁迅的小说《采薇》。总之，凡是毛泽东说的，我是不敢遗漏一处。”①

不过，对于鲁迅再造工程而言，这是远远不够的。同时，对其不符合时代要求的思想只是闭口不谈也是不够的。因为不谈只是对于那些不读鲁迅书的人有效，对于有能力读鲁迅著作的人们来说，只要鲁迅的著作在，就会制造出思想上的矛盾和困惑，就会瓦解时代宣传的功效，甚至会培养出新的独立的人格和自由的思想。这个问题的解决真该感谢瞿秋白，因为正是他对鲁迅的论述提供了一种有效的模式：把鲁迅分为前期和后期，前期是个人主义的，后期是集体主义的；前期是进化论，后期是阶级论……把一切不符合时代要求的内容都放到前期，断定鲁迅已经转变，放弃或超越了前期思想，然后充分肯定他的后期。

1951年，在知识分子思想改造运动中，茅盾写过一篇题为《学习鲁迅与自我改造》的文章，特别向读者介绍了两篇文章：一篇是瞿秋白的《〈鲁迅杂感选集〉序言》，一篇是胡绳的《鲁迅思想的发展道路》。这两篇文章恰恰在这个方面提供了榜样。茅盾强调说：“在知识分子特别需要自我改造之时，鲁迅所经历的从进化论到阶级论、从个性主义到集体主义的过程，尤其值得学习。”这样，鲁迅的思想改造问题似乎已经不是问题，因为他在1928年前后已经完成了这个改造，并实现了思想的转变。

这一切都是20世纪50年代鲁迅形象工程的一部分，在此略陈一二，这一工程的整体及其复杂性，笔者将另文论述。

① 林贤治等：《人间鲁迅》，《读书》1998第9期。

鲁迅的遗产与胡风的悲剧

作为20世纪中国的一个思想文化事件，胡风及其“反革命集团案”有极为丰富的内涵，对于认识20世纪中国文学发展的迷途和误区，对于认识中国现代知识分子的坎坷道路，对于认识百年中国历史的沉重，都具有无可取代的意义。本文只是从鲁迅精神的传承入手，对胡风悲剧与鲁迅遗产之间的关系略做考察。

一、鲁迅的恩怨：一笔沉重的遗产

事实告诉我们，鲁迅留下了一笔沉重的遗产。这份遗产没有几个人能够继承，也没有几个人敢于继承。之所以不能，是因为后来的几代知识分子都难以达到那一代人的高度；之所以不敢，是因为鲁迅生前树敌太多，恩恩怨怨让人望而生畏。按照一般的规律，谁继承遗产，谁就要承担相关债务；谁继承遗志，谁就要面对过去的恩怨；谁高举大旗，谁就要准备承受射向大旗的枪弹。所以，继承、发扬、坚守之类的话，如果只是嘴上说说，是容易的，但如果真要实行，却不能不面对严峻的问题：债主会找上门来，复仇之剑会时时高悬于头上。正因为这样，鲁迅逝世之后，昔日追随者中的那些聪明人大多知道随时调整自己，即使不发布改换门庭的声明，也向鲁迅宣称决不饶恕的那些人赔足了笑脸，以表明自己无意继承鲁迅的恩怨。这是聪明的做法，可以因此而获得谅解和宽容，从而避免灾难。然而，胡风没有这样做。他的确太耿直，硬是承载了鲁迅的恩怨，甚至以鲁迅之敌为敌，以鲁迅之友为友，坚持“一个也不饶恕”。既然如此，为此付出代价就不足为怪了。

对于胡风来说，继承鲁迅的恩怨也并非偶然。在鲁迅生前，他已介入左联内部的一些矛盾和是非，别无选择地与鲁迅站到了一起。只要面对历史的真实，任何人都不能否认，左联的基础是不牢固的。无论对于鲁迅，还是对于创造社和太阳社，实现联合都有点勉强。双方在革命文学论争中的矛盾和隔阂并未消除，理想和追求并不一致，见解和主张也不相同。在这样一个基础上形成的左联，从成立之日起就不是一个同质的整体。它至少包括这样两类人：一类是组织化的成员，他们首先是战士，然后才是作家，善于服从命令，能够自觉地充当革命机器上的齿轮和螺丝钉，我把他们称作"组织化的左翼教条派"；另一类是尚未组织化和教条化的人们，他们认同左翼的某些理想，赞同革命，却仍然崇尚个人的独立和自由，不习惯整齐的步伐，即使加入组织，也往往是"横站"，可以称之为"个人化的左翼自由派"。在左联中，周扬代表了前者，鲁迅代表了后者，他们各自身边聚集了两个不同的群体。从某种意义上说，左翼教条派是左翼的主流和领导者，而左翼自由派虽然呈现着很强的革命性，却基本都是同路人。冯雪峰当年把鲁迅称作"同路人"，这使一些站在特定立场上热爱鲁迅的人难以接受，冯雪峰后来也为此做过检讨，但他说的是一个事实。20世纪50年代，胡乔木又把胡风称作"同路人"，也使胡风难以接受，但他指出的同样是一个事实。历史证明，那些没有放弃个人立场和自由思想的人，无论主观上多么积极地追求革命，都只能是革命的"同路人"。因为他们与组织的目标并不完全一致，潜在的矛盾是必然要爆发的。鲁迅与周扬的矛盾正是这种矛盾的表现。一些热爱鲁迅的人往往对周扬多有苛责，其实，如果换位思考，就会看到周扬的委屈。事实是，无论谁来坐周扬的位子，都无法避免与鲁迅的冲突。

考察当时的情况，周扬等人有组织作为依托，自然处于强势地位。而鲁迅虽然戴了盟主的桂冠，却处于被架空的状态，在左联中相当孤独。就在这个时候，胡风从日本回来，走到了鲁迅身边。他性格倔强，却对鲁迅非常尊重，而且表现得异常亲近。对于鲁迅来说，这是一种安慰，因而胡风很快成了鲁迅信赖的朋友和助手。鲁迅曾经多次不无埋怨地说到自己是一头卖苦力的牛，无论怎么卖力干，"工头""元帅"们还是不住地用鞭子抽。胡风却不是这样，他总是想为这头"牛"减轻一些负担，对鲁迅所求甚少，分担甚多。他曾有半年时间义务为日本人鹿地亘口译、解释鲁迅作品。梅志说：

"胡风帮鹿地译《鲁迅杂文选》，进行了很久。因为是先生交给的任务，他不好推辞，也不能拖延，甚至把它看得比自己的工作还重要，往往是丢下自己正写的文章，按时赶到虹口区为鹿地当翻译和解说。"[①]正因为这样，鲁迅对胡风也表现出非同一般的信任。无论人们如何污蔑、攻击和诽谤胡风，鲁迅对胡风都绝不怀疑，而且在关键时刻要亲自站出来为胡风说话。这不仅使周扬等人大惑不解，就连茅盾在生命的最后几年还非常纳闷："我真不理解，胡风何以有这样的魅力，竟使鲁迅听不进一句讲胡风可疑的话。"[②]

无论胡风的魅力源于何处，都不影响这两个没有奴颜媚骨的人的确走到了一起，进入了同一条战壕。左联的解散和"两个口号"论争，使他们更加紧密地连在了一起。关于左联的解散，一些论著习惯于模糊处理，其实，这是一个大事件，不仅标志着左翼文学的一次转向，也显示着革命策略的一次改变。1935年8月，共产国际第七次代表大会在莫斯科召开，季米特洛夫作长篇报告，提出建立反法西斯主义统一战线的新战略，根据这个新的战略，王明起草了《为抗日救国告全体同胞书》（即"八一宣言"）。在当时的斯大林眼中，中国的抗战只能依靠蒋介石，中共作为"共产国际"的一个支部，使命就是促成蒋介石抵抗日本，从而减轻日本对苏联的威胁。为了实现这个目标，就要停止无产阶级革命的宣传鼓动，转而推动联合抗日。也就是说，要暂时收起阶级斗争的旗帜，而高举起民族救亡的旗帜。所以，王明在发表"八一宣言"之后做的第一件事就是让萧三通知上海，解散"左联"。鲁迅对"左联"的感情非常复杂，虽然这个组织对他有许多伤害，常常使他痛苦，使他对这个组织甚为不满，但真要解散的时候，他却充满留恋之情。这也许不难理解，那么多人奋斗了那么长时间，其间还有那么多青年的血，如今一声令下就散了，想起来难免怅然。鲁迅提出，即使要解散，也应该发表一个宣言。茅盾把鲁迅的意见转达给周扬等人，但宣言一直没有发表，"左联"就不存在了。在解散"左联"的过程中，鲁迅与周扬的关系进一步恶化，与胡风的关系更加密切。他的强烈不满首先就是在给胡风的信中明确表达的。

就在"左联"解散之际，爆发了"两个口号"的论争。"国防文学"这

---

① 梅志：《胡风传》，十月文艺出版社1998年，第333页。

② 茅盾：《需要澄清一些事实》，《新文学史料》1979年第2期。

个口号是周扬等人根据新的形势和任务提出的。但可悲的是，他们当时与中共中央失掉了联系，得不到上级指示，只能从各种报纸新闻中揣摩新的形势，捕捉路线和方向。国际“七大”召开、“八一宣言”发表、“停止内战、共同抗日”的新主张，他们也是从街头旧报纸中得知的。对此，周扬曾在“文革”结束时写给中央的一份材料中回忆说：“当时由于和党中央失去了联系，我们得不到党的指示，看不到党的文件。党内思想相当混乱，我自己也茫然如在黑夜行路，暗中摸索，苦闷得很。我们只有靠从上海租界上一家名叫‘Zietgeist’（时代精神）的有‘共产国际’背景的德国书店去买英文版的‘国际通讯’（共产国际的机关刊物）和其它有关书刊来看，作为我们工作的指南。一九三五年秋，我在一期‘国际通讯’上看到了‘共产国际第七次代表大会’的文件，其中有季米特洛夫的总报告，也有王明的发言。不久，我又在巴黎出版的中文版‘救国时报’上看到了党中央的‘八一宣言’。我们当时把‘共产国际’看作是党的最高领导和最大权威，对它是无限信赖和崇敬的。现在回忆当时的情景，我得到了这些文件，如获至宝，内心的兴奋真是无法形容呵。我马上在同志们中间进行翻译和传达。这次国际大会提出了在全世界范围内建立反法西斯统一战线的战略任务，批判了国际共产主义运动中‘左’倾错误的危害性。‘八一宣言’上提出了成立‘国防政府’的口号。……正是在这种思想情况下，我们提出了‘国防文学’的口号。”①

然而，就在周扬等人按照从莫斯科和巴黎间接得来的精神喊响这个口号之际，来自陕北的中央特派员冯雪峰到了上海。冯雪峰到上海之后没有与文艺界的党组织联系，而是按照张闻天的指示直接到了鲁迅家中，他因此很快见到了胡风。他们都对“国防文学”感到不满，因而一起提出了“民族革命战争的大众文学”的新口号。在征得鲁迅的认可后，胡风写了《人民大众向文学要求什么？》一文。胡风的文章并未涉及“国防文学”的口号，却引来了一片围攻，使胡风成为众矢之的。论争的最后，是鲁迅抱病写了《答徐懋庸并关于抗日统一战线问题》，声明口号不是胡风个人的主张，文章“是我

① 周扬：《关于三十年代“两个口号”论争问题》，《鲁迅研究月刊》2004年第10期。

请他做的”。鲁迅不仅为胡风开脱，而且强有力地支持了胡风。他写道：“去年的有一天，一位名人约我谈话了，到得那里，却见驶来了一辆汽车，从中跳出四条汉子：田汉，周起应，还有另两个，一律洋服，态度轩昂，说是特来通知我：胡风乃是内奸，官方派来的。我问凭据，则说是得自转向以后的穆木天口中。转向者的言谈，到左联就奉为圣旨，这真使我口呆目瞪。再经几度问答之后，我的回答是：证据薄弱之极，我不相信！当时自然不欢而散，但后来也不再听人说胡风是‘内奸’了。然而奇怪，此后的小报，每当攻击胡风时，便往往不免拉上我，或由我而涉及胡风。……最阴险的则是同报在去年冬或今年春罢，登过一则花边的重要新闻：说我就要投降南京，从中出力的是胡风，或快或慢，要看他的办法。”针对徐懋庸信中对胡风的攻击，鲁迅回答说：“胡风并不‘左得可爱’，但我以为他的私敌，却实在是‘左得可怕’的。”①

鲁迅支持了胡风，也使胡风陷入更深的矛盾中。鲁迅去世后，左翼的两个不同群体进一步分化，胡风成了鲁迅的嫡系传人。这个地位不是谁封的，是胡风以自己的实践确立的。他团结鲁迅生前弟子和追随者，为继承和发扬鲁迅精神进行了不懈的努力，也与背离鲁迅精神和五四新文化方向的倾向进行着坚决的斗争。可是，胡风必然要为此付出代价。最先是1938年，胡风来到武汉，周恩来原想安排他一项工作，却被时任长江局书记的王明一口否决，理由是胡风属于“鲁迅派”，是反对“国防文学”的。②从此之后，胡风一路坎坷，1955年的遭遇是最后的结局。

二、鲁迅的精神：更加沉重的遗产

鲁迅去世之后，胡风以继承鲁迅为己任，高举鲁迅的旗帜，坚持鲁迅的道路。胡风的理论谈不上完整和周密，但它有一个突出的特点：无论从哪一个命题切入，都会集中于创作主体的精神品格和文学发展的方向。因此，胡风的悲剧不只是一个集团的悲剧，而是一个方向、一条道路的悲剧。而这个

---

①《鲁迅全集》（第6卷），第534—535页。

② 晓风主编《我与胡风——胡风事件三十七人回忆》，宁夏人民出版社1993年，第21页。

方向、这条道路及其理论体系的源头，无疑是鲁迅。“现实主义的路”“主观战斗精神”“精神奴役的创伤”等有机结合起来，形成了胡风文艺思想的显著标志，而这一切无不打着鲁迅的印记。所谓“胡风集团”，基础是《七月》。考察它的主要成员，无论是创刊时的萧军、萧红、邱东平、吴奚如，还是后来的路翎、阿垅、彭燕郊等，都对鲁迅怀有无限崇敬之情，把鲁迅作为精神上的父亲。所以完全可以说，“七月派”的产生与成长，除了胡风的努力之外，鲁迅精神的感召是重要的。尽管他们与鲁迅已经有不小的差距，但在鲁迅去世之后的中国文坛上，他们却无疑是鲁迅遗产的主要继承者。

但是，他们的选择不合时宜。因为五四时代已经过去，历史的车轮已经进入新的轨道，左翼文化建设面临着新的任务。当革命力量还不够强大、缺少文化旗帜的时候，把一个非党知识分子作为左翼文化的旗帜，这无疑是英明的。但当革命力量强大到一定程度的时候，特别是在建立了自己的政权之后，这种借来的旗帜就不一定适用了。一切都不难理解，要实现意识形态的全面整合，依靠鲁迅是无法完成的。鲁迅的遗产中包含了太多不利于这种整合的因素，所以要让它有益而无害，就要对它进行必要的选择和改写。这种选择和改写的原则是：旗帜仍然是旗帜，道路却要重新开拓。

就在高举鲁迅旗帜而离开鲁迅道路的进程中，左翼文化遭遇了胡风。从20世纪30年代末，到20世纪50年代初，胡风进行了持续的抵抗，引发了一次次论战，每一次都与鲁迅的道路密切相关。

1938年10月，毛泽东在中共六届六中全会上做题为《中国共产党在民族战争中的地位》的报告，同年11月25日以《论新阶段》为题在《解放》周刊发表。报告中提出：“我们这个民族有数千年的历史，有它的特点，有它的许多珍贵品。对于这些，我们还是小学生。今天的中国是历史的中国的一个发展；我们是马克思主义的历史主义者，我们不应当割断历史。从孔夫子到孙中山，我们应当给以总结，承继这一份珍贵的遗产。这对于指导当前的伟大运动，是有重要的帮助的。共产党员是国际主义的马克思主义者，但是马克思主义必须和我国的具体特点相结合并通过一定的民族形式才能实现。……因此，使马克思主义在中国具体化，使之在其每一表现中带着必须有的中国特性，即是说，按照中国的特点去应用它，成为全党亟待了解并亟须解决的问题。洋八股必须废止，空洞抽象的调头必须少唱，教条主义必须休息，而代之以新鲜活泼的、为中国老百姓所喜闻乐见的中国作风和中国气派。”[①]

于是，从1939年初开始，左翼文艺界展开了有关“民族形式”的讨论。在讨论中，一个问题提出了：“这种更中国化的民族形式的文学的基础应该是五四运动以来的还在生长着的新文学呢，还是旧文学和民间文学呢?”[②]尽管也有不同的意见，但否定五四新文学、主张回归传统、回归民间，已经是主导倾向。左翼理论家的观点基本一致：五四新文学存在欧化和脱离大众的倾向，新文学和新文化需要在民族传统和民间形式的基础上发展。

面对这股民族化和民间化的潮流，胡风费三个月时间写成五万字的《论民族形式问题》。他针对参与论争的各种观点提出了批评，认为各种“民族形式”理论都是“农民主义，民粹主义的死尸”，提醒人们注意民间文艺所承载的毒素，警惕文化复辟的倾向。在20世纪50年代批判胡风时，周扬曾经指责胡风的《论民族形式问题》是为那场讨论作结论，把左翼作家批评尽了。胡风的文章的确对那场讨论做了鸟瞰式的总结，对延安与重庆两地的论争参与者郭沫若、潘梓年、葛一虹、光未然、叶以群、胡绳、罗荪、巴人、周扬、何其芳、陈伯达、艾思奇、张庚、向林冰等一一提出了批评。他之所以四面树敌，是因为他悲哀地发现，在这场讨论中，看似相互对立的观点竟然同样远离了“五四”传统，远离了鲁迅的方向。他认为，新文学的发展必须警惕传统中封建主义的毒素，必须大胆吸收外来形式。而以鲁迅为代表的五四新文学正是这么做的，所以他认为“五四”传统才是新文学最值得珍惜的传统，文学的发展不能离开五四新文学而回到传统中去寻找民族形式。在如此发言之时，胡风是自觉的。对于他所抵抗的潮流，胡风有许多不甚清楚之处，但对它的政治源头却并非没有看到。历史留给我们的图景是，胡风站立在一个尴尬的位置上，却做着一个捍卫鲁迅传统的梦。他从鲁迅对传统文化的态度出发，在内容和形式两个方面捍卫“五四”传统。胡风指出，封建时代的文艺（包括民间文化）在内容上都不可避免地反映了封建意识，或为

①《毛泽东选集》，人民出版社1967年，第499—500页。

② 何其芳：《论文学上的民族形式》，《文艺战线》1939年第5期。

封建意识所禁锢，其中虽然也表现着人民的梦想，但由于封建传统的强大和民主基础的缺乏，这些梦想都没有发展起来。因此，胡风不赞成用列宁关于每个民族都有两种文化的理论来掩盖传统文艺和民间文艺的腐朽性质，不赞成把民间文艺作为新文艺的基础。一句话，胡风坚持用五四新文化去“化”传统，而反对用传统来“化”“五四”以来的新文化。

胡风的主张被一些人认为是“主张欧化”“轻视群众”“民族虚无主义”。这些判词基本不错，问题在于如何看待这些判词底下的具体内容。所谓“主张欧化”，也就是坚持“五四”新文学的世界化道路，一心一意现代化；所谓“轻视群众”，也就是像鲁迅那样坚持批判国民性，不与大众意识认同；所谓“民族虚无主义”，也就是坚持像鲁迅那样批判传统，反对重新回归传统。胡风的立场和观点无疑源自鲁迅，源自“五四”新传统。但遗憾的是，这一切在当时已经不合时宜。革命正需要宣传鼓动以农民为主体的人民大众献身于战争，而且需要以群众喜欢的民间形式进行宣传和鼓动。为了有效地完成使命，文艺就需要在内容和形式上都为大众喜闻乐见。如此情况下，胡风坚持“五四”的方向，坚持鲁迅的启蒙立场，当然不受欢迎。

在重庆，贯彻《在延安文艺座谈会上的讲话》精神是从1943年开始的。第一次会议在重庆乡下召开，是一个小型的座谈会，由“文工会”党的负责人冯乃超主持。这个会却一开始就遇到了胡风的“干扰”，无法讨论下去，只好不了了之。胡风没有公开反对《讲话》，但他对《讲话》精神的几个基本点显然并不认同。因为对于沿着鲁迅的方向前行的胡风来说，如果接受这个精神，需要来一个180度的转弯，这很困难。在鲁迅反对“瞒和骗”的文学思想影响之下，胡风坚持认为文学应该“写真实”。他认为现实主义的中心问题就是“写真实”。他所说的“写真实”包括两个相互联系的层面：一是真实的生活写照；二是真实的体验传达，是主观与客观的双重真实。在鲁迅改造国民性思想的影响下，胡风主张关注人民群众的“精神奴役创伤”，认为“精神奴役创伤”是历史遗留给中国社会和中国民众的普遍真实，是现实主义作家不应回避的。明白这些，我们就能明白胡风为什么既反对“主观公式主义”又反对“客观主义”，为什么要强调作家的“主观战斗精神”。而这一切，与《讲话》精神是不一致的。胡风的情况惊动了延安。1943年11月22日，中共中央宣传部就重庆《新华日报》和《群众》杂志的工作问题致电董必武，说这些刊物没有认真研究和宣传毛泽东思想，发表了许多错误百出的东西。在错误百出的东西中，首先提到的就是“ＸＸ论民族形式”。据当时在延安任《解放日报》副刊编辑的黎辛回忆，大约是1943年冬，周恩来在边区大礼堂东北角的会议室作报告，报告的主要内容是关于重庆几个文化人的错误思想，而这几个人中就有胡风。“周在报告中讲到胡风对‘讲话’有些不同意见，还强调说：‘我们当然不是要求国民党统治区的作家像解放区的作家那样深入生活，但是与人民大众相结合的改造思想与立场的原则是一样的。’”①1944年4月，延安派何其芳和刘白羽到重庆，向大后方传达毛泽东的《讲话》，并调查文艺思想与活动情况。胡风以“文协”研究部的名义召开了欢迎会，但对于作家的思想改造却显然缺少足够的热情。1945年1月，胡风主编的《希望》杂志在重庆创刊。第1期发表了舒芜的长文《论主观》。明眼人不难看出，文章力图从哲学史的角度强调主观精神的作用，其核心仍然是强调独立人格，呼唤个性解放。胡风对《论主观》感兴趣，也因为它所强调的“主观精神”“战斗要求”和“人格力量”。在这期刊物上，胡风发表了他的《置身在为民主的斗争里面》。他没有反对知识分子与大众结合，也没有反对思想改造，但他提醒作家：要注意大众身上潜伏着并扩展着的几千年的精神奴役创伤，在深入他们的时候也不要被它淹没。

1945年1月25日，冯乃超主持召开一个座谈会。与会者有来自延安的何其芳、刘白羽、林默涵，还有在重庆的茅盾、邵荃麟、蔡仪和胡风等。会议的主题就是批评刚刚出版的《希望》。在会上，尽管茅盾表现了强烈的愤怒，称《希望》是“卖野人头”。但这样的批判实在不得要领，接下来的批评更让胡风感到厌恶。1月25日的批判会没有成功，问题摆放在了周恩来面前。周恩来于2月初亲自出面召开座谈会，与会者有茅盾、冯乃超、冯雪峰、徐冰、乔冠华、陈家康、胡绳、刘白羽和胡风等。会议一开始就明确提出了《论主观》的问题，以免会议再次离题而去。不料胡风说，发表该文就是希望用“无情的批判”来分析它。结果是人们无法再说什么，批判《希望》的会再次泡汤。第二天，周恩来找胡风谈话，直截了当地向胡风指出了

① 胡学常：《胡风事件的起源》，《百年潮》2004年第11期。

两点：第一，理论问题只有毛主席的教导才是正确的；第二，要改变对党的态度。对此，胡风应该心中有数，但他仍然一如既往。在第2期的《希望》上，他又刊发了舒芜的长文《论中庸》。这仍是一篇战斗性的文字，其主旨还是倡导个性解放，反对以种种借口扼杀人的个性。

1945年8月28日，毛泽东到重庆与蒋介石谈判。这期间，胡风曾三次见到毛泽东：一次是9月4日，胡风和冯雪峰由徐冰带领，前往红岩村的八路军办事处。那里正在举行舞会，徐冰好不容易才找到一个机会，将胡风和冯雪峰引到毛泽东的身边。毛泽东同他们握手，但未进行谈话。第二次是10月8日，在张治中欢送毛泽东的大型鸡尾酒会上，胡风参加了，但与毛泽东似乎没有接触。第三次是10月11日，毛泽东离开重庆回延安，许多人一起到九龙坡机场送行。在毛泽东登机的时候，徐冰从背后推了胡风一下，让他上前握手话别，但胡风没有做出任何反应。众所周知，早在1938年3月，胡风在武汉主编的《七月》第10期上发表过《毛泽东论鲁迅》。毛泽东在收到胡风托人转交的刊物之后，还写信向胡风表示过感谢。但在重庆相见，两人却连一句客套话都没有，这是耐人寻味的。胡风不够热情主动，究竟是因为矜持还是另有原因，当然不好臆测。但对毛泽东而言，“与其说是疏忽、不在意，不如说是有意的冷淡。因为这次会晤之前，毛对胡产生的芥蒂早已深藏心底了”[①]。随同毛泽东一起到重庆的胡乔木负有一项使命，就是解决胡风问题。他曾专门约了胡风谈话，并且一谈就是三个小时。10月11日，胡乔木陪同毛泽东回延安，第二天即奉命返回重庆，解决左翼文化界的问题。胡乔木又约胡风谈了两次，但始终无法谈到一起。正因为这样，才有了1948年的大批判，几位党内专家在香港出版《大众文艺丛刊》，开始对文坛异己进行扫荡。在左翼内部，则把矛头对准了胡风。面对这种集体进行的批判，胡风仍然毫不示弱，用了几个月的时间，于1948年9月写完了《论现实主义的路》一书，对批评者进行了回答和批驳。他没有意识到，“历史的潮流”已经不可抵挡，他的抵抗只能给他增添罪证。

更为重要的是，胡风被称为“中国的别林斯基”“东方的卢卡契”和“鲁迅绝顶忠实的传人”。这些桂冠是胡风的荣耀，也意味着某种危险。尤其

① 周正章：《胡风事件五十年祭》，《粤海风》2005年第3期。

是“鲁迅传人”的称号，很容易招引“雷电”。因为鲁迅已经是左翼文化的旗帜，鲁迅精神的阐释权就不再是任何人都可以随意获得的。苏联的高尔基，中国的鲁迅，情况大致相同，他们虽然被尊为“圣人”，但他们的思想并不符合政治意识形态的要求，因而只能是有选择地接受。这就必须控制对于鲁迅的阐释权。在这种情况下，对“鲁迅的忠实传人”是必须严肃对待的。如果胡风能够顺从权威的意志，做一做“鲁迅传人”也许未尝不可，但胡风却要真正发扬鲁迅的精神，这就成了棘手的问题。胡风似乎不清楚自己的身份和处境，常常忘记自己是尚未经过“改造”的“同路人”，在新的时代，仍然要坚持下去，并且要寻找机会进行抵抗，这就不能不更加严肃地对待了。

总之，胡风对鲁迅精神的守护构成了对当代文化整合的威胁，这是胡风悲剧的根本原因。因此，从某种意义上说，胡风的悲剧也是鲁迅精神和鲁迅文学方向的悲剧。

三、鲁迅的姿态对胡风的误导

如果暂且悬置胡风悲剧的外在因素，而把目光投向胡风自身，那么，一个结论很容易得出：胡风的悲剧与他的个性有关。面对同样的悲剧，谴责悲剧制造者还是谴责悲剧遭受者，历来是两种不同的思路。鸡蛋在石头上碰碎了，中国人是习惯于嘲笑鸡蛋的。是的，胡风如果脊骨软一点，遇事圆滑一点，悲剧即使不可避免，也可能不那么惨重。但胡风偏偏用鸡蛋去碰石头，而且连累了一大群人……我不赞成这种思路，但考察他自身的问题，却也非常必要，因为着眼于鲁迅遗产与胡风命运之间的关系，有一点不难发现：因为胡风对鲁迅生前死后的际遇理解不够深入，事实上是鲁迅的姿态误导了他。鲁迅早已去世，当然无须为此承担责任，但胡风“视力不够”，只看到了鲁迅的姿态，却没看清鲁迅的真实处境，也就看不到自己面临的险境，这却是很值得注意的问题。

鲁迅逝世之后，左翼文艺界发生了一系列变化。鲁迅活着的时候，他是左翼自由派的领袖，也是左翼教条派斗争的主要对象，但在逝世之后，却由于最高层的推崇而成了左翼文化的共同旗帜，使得昔日的论敌也不再公开反对他。但是，这并不意味着鲁迅精神可以得到大发扬，更不意味着“鲁迅派”会成为左翼文化的主流。鲁迅虽然被大写在文化旗帜上，但事实证明，根据地文化有自身的发展逻辑，并没有沿着鲁迅的方向前进。那些试图追随鲁迅的人，那些真正接受了鲁迅精神的人，在进入根据地之后，都不可避免地要面临淘汰和改造。

与此同时，两派的去向大不相同。左翼教条派大都去了延安，直接加入了革命队伍，因而逐步成为根据地文化的掌控者。他们中的一些人与鲁迅隔阂甚深，虽然由于领袖对鲁迅的推崇而不再公开反对鲁迅，但对鲁迅的看法并没有改变，过去的恩怨也没有忘却。每当面对鲁迅这面旗帜的时候，他们的感觉和表现都非常复杂。仔细考察周扬讲话中涉及鲁迅的那些内容，有一点不难发现：对于鲁迅，他从来不敢直接批评，却也很少给予真诚的赞美。吞吞吐吐地兜圈子，小心翼翼地明褒暗贬，显示的正是他复杂心态。这是很窝心的，也是很憋气的。这种窝心和憋气很容易成为某种动力，在适宜的时候威胁着鲁迅和他的追随者。左翼自由派的人们只有极少数去了根据地。他们中的大多数都以鲁迅为榜样，追求革命，与黑暗势力作斗争，但这斗争常常是个人化的，因而仍然是散兵游勇。团结这些人，把他们纳入组织中来，或者纳入到统一指挥之下，这是一项重要的工作。无论什么时候，只要存在两大阵营的对垒，散兵游勇就是双方争夺的对象。左翼自由派因其左翼倾向，当然要被争取，但因其自由化倾向，却又往往不适应组织的要求。根据工具化的要求，无论党内还是党外、根据地还是大后方，都应该实现组织化。然而，这个过程并不顺利，容易组织化的往往是距离鲁迅较远的一般左翼青年，而鲁迅的“嫡系传人”往往不容易组织化。这其中一个重要原因，就是他们没有放弃个人的独立性，没有放弃启蒙立场，没有放弃五四新文化运动的理想。只要不放弃这些，他们的姿态就仍然是“横站”，就很难经由组织化而实现工具化。作为鲁迅的嫡系传人，胡风成为这一派的代表，这就不能不承担这个位置和这种姿态的全部后果。

由于不同的选择，到1942年之后，胡风与周扬的位置已经重新排序：周扬是革命队伍内部的人，胡风仍然是同路人。秩序的调整常常使一些人难以接受。比如，根据胡风回忆，1944年4月，何其芳到重庆宣讲《讲话》精神，就有很多人不服气，有的讥讽道：“好快！他们已经改造好了，现在来改造我们了！”冯雪峰甚至说：“他妈的！我们革命的时候他在哪里？”冯雪峰有足够的资格不服气，因为他在革命队伍中的资格毕竟是何其芳无法比拟的。但是，胡风没有这样的资格，他连组织都没加入，有什么理由不接受组织化的等级秩序呢？组织化的逻辑使周扬等人取得了主流地位。他们当然有理由、有责任帮助和改造追随革命却尚处边缘状态的胡风们。在周扬进入延安的时候，在郭沫若被确定为鲁迅之后的文化旗帜的时候，胡风所代表的“鲁迅派”的命运已经注定。

谈到胡风，一些爱护他的人往往喜欢强调他对党、对革命忠诚的一面。但问题是无法回避的：胡风没有加入党组织，而且一再拒绝去延安。董必武邀请过他，周恩来邀请过他，他都婉言拒绝了。皖南事变之后，左翼文化人大疏散，梅志主张去延安，胡风却仍然不想去。这一切究竟因为什么？一般的回答是他爱自由，想保持知识分子的独立性。如果这么说，胡风的确是继承了鲁迅的精神，但同时也说明胡风仍然是个人主义者。如果是这样，也就谈不到对党、对革命的忠诚。

不少论者都曾谈到这样的事例：胡风迫于生计，曾到国民党国际宣传处工作，却没有向周恩来汇报，直到有一天两人谈到一位日本政论家对中国抗日民族统一战线的看法，胡风说那篇文章是他翻译的，周恩来才知道他在国际宣传处做事。蒋介石接见胡风，单独谈话，这么大的事，胡风事后向周恩来提起，却只说了一句不知所云的话：“我觉得蒋介石的表情像老太婆。”胡风办《七月》，坚持独立自主，即使后来做了“文工会”的专任委员，也仍然视刊物是自己的，完全由他说了算。面对这些事例，人们往往得出胡风政治上幼稚、没有组织观念、不能及时向组织请示和汇报等结论。这种结论是不错的，但有一个问题却往往被忽视：胡风不在组织内，向党的领导请示汇报的事并非必需。因为胡风的左翼身份，人们常常产生误解，以为他的行为也应该像组织化的左翼成员一样，按照组织的指示办事。而当时的事实是，胡风仍然是独立的个体，虽然周恩来的身份和地位众所周知，但与胡风不存在上下级的隶属关系。这一点，胡风和周恩来都是明白的，所以周恩来从来没有像要求内部成员那样要求过胡风。当然，也正因为这种关系，使得周恩来得出了“胡风和共产党并不完全一条心”的结论，而且把这个结论报告延安。①

这种情况使胡风的处境非常艰难。在政府眼里，他是左翼，是反政府的力量；在革命队伍眼里，他却是游离于队伍之外的异己。更为可悲的是，胡风不是真正的第三种力量，所以没有进退的空间。他与组织保持了距离，因而不能得到信任；他与组织又距离太近，因而不能不面对它的压力。胡风应该清楚自己的文艺思想与毛泽东《讲话》的矛盾，但他一直未能把《讲话》作为辩论的对象。当人们指责他与《讲话》精神相对立的时候，他既不能理直气壮地宣布自己的立场，也不能有效地为自己辩护。这反映的正是他的尴尬处境。

这种尴尬境地源于他思想中的矛盾，同时也源自鲁迅。胡风信仰马克思主义，相信自己与组织化的左翼追求的目标没有什么不同。他对左翼革命的政治权威从来没有质疑过。也许由于鲁迅去世时延安的态度，也许由于毛泽东关于鲁迅的言说，在胡风那里，毛泽东的文化思想与鲁迅的文化思想之间的巨大差异被模糊了。他面对一系列文章进行论战，却没有考虑过文章背后的力量。他对所有人的批判都似乎只是对个人的批判，好像没有意识到这一切都不是孤立的。他没有意识到自己所挑战的是一个多么强大的集团，也没有意识到自己所触犯的是什么样的权威。直到20世纪50年代初，他仍然把问题看成是周扬等人的问题，似乎从来没有把这一切联系起来，没有对他们的思想理论根源进行考察。他批评对手是宗派主义，而从来没有考察一下他们所属的是哪个宗派。

之所以如此，主要原因有三：一是他对“五四”并没有全面地深入理解，二是他对中国革命和左翼文化主流缺少全面的深入了解，三是他对鲁迅也缺乏全面的深入理解。胡风以他独特的方式整合了五四新文学和20世纪30年代左翼文学的传统。他是五四新文化运动的产儿，又是左翼文学的健将，这种身份使他的整合成为可能。在这种整合中，关键的联结点是鲁迅。如果离开了鲁迅，五四新文化与左翼文化就失掉了联系，正是鲁迅给胡风的这种整合提供了基石。但是，胡风一直不清楚鲁迅在左翼文化中的真实地位。他本人把鲁迅看作左翼文化的中心和代表，并不意味着别人也把鲁迅看

① 胡学常：《胡风事件的起源》，《百年潮》2004年第11期。

作中心和代表，更不意味着鲁迅真能代表左翼文化。因为一厢情愿，胡风没有看到左翼文化与鲁迅精神、五四理想之间的矛盾，也就看不清自己所处的位置。贾植芳曾不止一次提醒过胡风："我们和鲁迅不同，鲁迅懂得中国的历史，我们却不懂。"[①]胡风的确缺乏鲁迅因洞察历史而特有的清醒。鲁迅能够清楚地意识到自己与冯雪峰们之间的差异，因而有冯雪峰们夺取天下之后自己可能要去扫马路的思想准备，而胡风却没有意识到这些。从这一点看，胡风的悲剧又在于对鲁迅遗产的某些遗漏。

进入1950年，积怨甚深的人们纷纷成为文化界的掌控者，胡风已经在劫难逃。但他不但没有逃，而且试图以上书的形式扳倒周扬等人。后来的人们不难看出他实在是异想天开，用句俗话说：他太不把自己当外人了。组织化的逻辑是铁的逻辑，外人就是外人，自认和冒充无济于事。胡风不把自己当外人，这与鲁迅有关。因为历史的经验很容易给人以误导：按照组织化的逻辑，在20世纪30年代的左联，周扬无疑是自己人，而鲁迅是外人；但在最高领袖那里，鲁迅没有因为是外人而被排斥，周扬也没有因为代表组织而被袒护。明白人应该知道这是不足效法的特例，胡风却错误地以为自己可以像鲁迅那样与组织相处。他显然错了，因为他活动的年代已经不是鲁迅的年代，舞台也不是鲁迅的舞台。如果他早一点知道郭沫若关于假如鲁迅活着如何安排工作的意见，如果他知道鲁迅的文章因为思想有问题而被从学生课本中抽掉，如果毛泽东与罗稷南的对话早几年发生，也许能够帮助胡风及早有所醒悟。

---

① 李辉：《胡风集团冤案始末》，人民日报出版社1989年，第124页。

1955：胡风案中的鲁迅

众所周知，胡风对鲁迅的继承早已大打折扣，但无论如何，他毕竟不赞同为政治需要而改写“五四”传统，不赞同文学为大众喜闻乐见而在价值和形式上全面迎合大众，也不赞同以民族风格和民间形式复活“五四”所竭力抨击的旧传统。他的文艺思想不同于左翼文艺主流之处，说到底就是要保留一点儿鲁迅所代表的“五四”传统，保留一点儿启蒙精神。所以，胡风与鲁迅是连在一起的，从某种意义上说，胡风的命运也就是鲁迅精神的命运。但是，如果从时代的文化表层考察，情况却完全不同：胡风被反复批判，最后作为“反革命集团”的首犯而被扫进了“历史的垃圾堆”；鲁迅却依然大写在新时代的文化旗帜上，作为偶像被顶礼膜拜。这一现象显然包含了许多复杂的历史内容。考察胡风案中的鲁迅，不仅可以看到鲁迅在当时的真实处境，也可以发现时代文化整合过程中的一些奥秘。

一、一个缺席的被批判者

考察当年对胡风的批判，很容易发现这样一个事实：鲁迅是一个缺席的被批判者。

根据批判中的指控，胡风的罪名是：反党、反人民、反社会主义、反马克思主义。当然，罪名有一个发展演变的过程：开始时只是“小资产阶级个人主义”“唯心论”“轻视人民群众”和“宗派主义”，而在批判的过程中，问题却日益严重起来，先是“反马克思主义”，后是“反党”“反人民”“反社会主义”，而且有“反民族”“反爱国主义”之说，最后是最高领导人大笔一挥，成了“反革命”——“胡风反革命集团”。

这是当年权威人物的判词：“多年来，胡风在文艺领域内系统地宣传资产阶级唯心主义，反对马克思主义，并形成了他自己的一个小集团。解放前，在他的全部文艺活动中，他的主要锋芒总是针对着那时候共产党的或党外的进步文艺家。解放后，他和他的小集团的大部仍坚持他们一贯的错误的观点立场，顽强地和党所领导的文艺事业对抗。……胡风以肉搏的姿态向当前的文艺政策进行猛打猛攻，并端出了他自己的反党、反人民的文艺纲领。这个纲领共有六条：反对作家掌握共产主义世界观；反对作家和工农兵相结合；反对作家进行思想改造；反对在文艺中运用民族形式；反对文艺为当前的政治任务服务……”①1955年1月26日，中共中央宣传部在《关于开展批判胡风思想的报告》中说：“胡风的文艺思想，是彻头彻尾资产阶级唯心论的，是反党反人民的文艺思想。他的活动是宗派主义小集团的活动，其目的就是要为他的资产阶级文艺思想争取领导地位，反对和抵制党的文艺思想和党所领导的文艺运动，企图按照他自己的面貌来改造社会和我们的国家，反对社会主义建设和社会主义改造。他的这种思想是代表反动的资产阶级的思想，他对党领导的文艺运动所进行的攻击，是反映目前社会上激烈的阶级斗争。”②

这些罪名非常抽象，像大多数权威论断一样，并不能显示具体的问题。要弄清问题之所在，还要把抽象罪名与具体罪状结合起来。胡风反党、反社会主义的证据是什么？反人民的证据是什么？反马克思主义的证据又是什么？只有进入证据的考察，才能看到实际的问题。

所谓反党反社会主义，是那个年代非常严重却又常见的罪名。对于胡风来说，赢得这样的帽子可谓顺理成章、不足为怪。他坚持人格的独立，顽固地运用自己的大脑，无论对文艺界领导的要求，还是对最高领袖的方针，都没有及时地表示顺从。在反复“帮助”和施加压力之后，他的检讨仍然似乎很不情愿。根据这样的表现，当然可以认定为反党。至于反社会主义，则是

---

① 郭沫若：《反社会主义的胡风纲领》，《人民日报》1955年4月1日。

② 中共中央文献研究室编《建国以来重要文献选编》（第六册），中央文献出版社1993年。

难以讨论的罪名，因为它似乎随时随地都可以安在任何人的头上，证据确凿，铁板钉钉；不过，又随时随地都可以推翻，平反的结论也有理有据。那么多人曾被认定反党、反社会主义，后来都得以平反昭雪，这本身就证明了事情的荒诞。正因为这样，此类是非本不是我所关心的。然而，胡风“反人民”“仇恨中国人民”等罪状却引起了我的兴趣。多年来我一直没写过关于胡风的文章，原因是不愿为一些集团内部的是非耗费精力。当我注意到胡风的罪状时，却猛然意识到，一些集团内部的是非并不是全无意义，比如胡风，之所以为集团所不容，就因为他虽然一脚深陷，而另一脚却经由鲁迅而连接着现代知识分子的许多大问题。也正因为这样，对胡风的批判才牵连到鲁迅，而且有了更复杂的内涵。

胡风的罪状之一是拒绝承认人民的伟大，看不到人民的革命精神，眼睛盯着“精神奴役的创伤”，竭力侮蔑人民群众，这是几乎所有文章都曾指控的罪行。开始的说法比较温和，只是“轻视人民群众”“夸大人民群众的落后性”，后来则不再那么温和，成了“侮蔑人民群众”“仇视中国人”，于是，“反人民”的罪名就成立了。胡风被打倒之前的两年，林默涵指控胡风反对马克思主义，证据之一是：“他在农民身上所看到的，几乎只是一些封建的落后的东西，用他的术语来说，就是一种‘精神奴役创伤’的东西。”[①]“精神奴役的创伤”之所以成为问题，重要的原因在于它抹杀了阶级性，没有站在阶级的立场上看问题。在胡风被打倒之后，周扬对胡风进行了这样的批判：“他把人民看成历史惰性的力量或者看成盲目破坏的力量。他特别地仇视中国人民。他认为中国人民身上尽是‘精神奴役创伤’。在胡风眼中，人民群众就是一片‘创伤’的海洋。正当我们党号召一切进步作家应该认识和表现人民的劳动和斗争的伟大，作家应当和劳动人民在思想感情上打成一片的时候，胡风却要作家‘一鞭一血痕’地去鞭打人民身上的‘创伤’，并且警告作家不要被人民的‘汪洋’所淹没。因此，不是偶然的，胡风派的作家，特别是他们的代表作家路翎总是把人民表现为不是麻木到连人的感觉都失去的蠢猪，就是充满了‘原始野性’，充满了神经质的疯狂性、痉挛性的怪物……胡风集团的人们对民族文化遗产的虚无主义态度和对西方资本主义

① 邵荃麟：《胡风的唯心主义世界观》，《人民日报》1955年3月20日。

文化的盲目崇拜，正是同他们的轻视和仇视中国人民，不相信中国人民有任何创造力这种反动的立场观点相联系的。”[①]众所周知，胡风的“精神奴役创伤”之说源自鲁迅的“国民性”思想，而胡风揭示精神奴役创伤的倡导，也正是鲁迅批判国民性的继续。阶级立场模糊不清，满眼都是群众的落后性，也正是鲁迅存在的“问题”。阿Q是贫雇农，而且有强烈的革命愿望，鲁迅却对他冷嘲热讽，这是什么立场观点？对胡风的这种批判，就是这样指向了鲁迅。

在对胡风的批判中，民族虚无主义、主张西化、否定民族传统也是被反复声讨的罪状。在《我们必须战斗》中，周扬指控说：“胡风对于民族文化遗产历来也是采取虚无主义的态度的。他把‘五四’以前的中国文学一律看成‘封建文学’，而且在‘封建文学’和‘民间文学’两者之间画下等号。因此他认为，在过去中国文艺作品中‘得不到民主主义观点的反映，甚至略略带有民主主义观点底要素反映也很难被我们发现’。就是在《水浒传》里面，他也认为决没有‘发自二心的叛逆之音’，这就是说，他也仍然是一部拥护封建的书罢了。”[②]在《反社会主义的胡风纲领》中，郭沫若也说：“胡风历来否定民族遗产，主张把西方资产阶级文艺形式不加区别不加改变地‘移入’中国来，其结果难道不是必然地要把自己民族的独立的文艺变成西方资产阶级文艺的附庸吗?”他列举了胡风的一系列罪证：“他认为‘五四’以前，全部中国文学，包括民间文学在内，都是‘封建文学’；他说：‘五四’以前的一部中国文学史没有写人，没有写人的心理和性格。他认为，我们重视民间文艺是‘拜物情绪’，探求群众喜闻乐见的民族形式是使文艺‘降低’。”郭沫若由此认定：“胡风所以要反对文艺的民族形式，盲目鼓吹外国形式，正是企图削弱和毁灭民族自尊心和自信心，以便拉着人们和他一道滚进世界主义的泥坑里去！”[③]事实上，胡风对民族文化遗产的态度、对“五四”以前文学的认识、对“封建文学”与“民间文学”关系的看法、对《水浒传》等小说的评价，全都来自鲁迅的见解。至于所谓“世界主义的泥

① 周扬：《建设社会主义文学的任务》，《文艺报》1956年5—6期。

② 周扬：《我们必须战斗》，《人民日报》1954年12月10日。

③ 郭沫若：《反社会主义的胡风纲领》，《人民日报》1955年4月1日。

坑”，鲁迅更是早已理直气壮地跳了进去。这一点，郭沫若、周扬等人应该早就清楚，所以，这种批判的炮弹落到哪里，其实是在他们的预料和设计之中的。

在大量的批判文章中，有代表性的首先是林默涵的《胡风的反马克思主义的文艺思想》。它指控胡风“在实质上是反马克思主义的，是和毛泽东同志所指示的文艺方针背道而驰的”，而错误的根源“在于他一贯采取了非阶级的观点来对待文艺问题”。胡风强调和捍卫现实主义，林默涵指出，在胡风的理论中旧现实主义与社会主义的现实主义是界限不清的。胡风认为现实主义的根本问题是作家的“主观战斗精神”与客观现实的结合，林默涵指出：“胡风所说的主观战斗精神是没有阶级内容的抽象的东西。”胡风强调继承世界现代文艺和五四新文艺的现实主义传统，林默涵认为，旧的批判现实主义虽然由于揭露了资产阶级的丑恶而有进步作用，“但它的反映现实和批判现实，却不能不受它所依据的阶级立场和世界观所限制，因此不可能充分反映工人阶级和劳动人民的斗争”。众所周知，作为五四新文学的代表，鲁迅的现实主义正是所谓旧现实主义。这是林默涵等非常清楚的，因为胡风试图为鲁迅五四时期的作品贴上社会主义、现实主义的标签，以避免被抛弃的命运，这“阴谋”正是由林默涵等人识破并给予猛烈批判的。就是在这篇文章中，林默涵也指出：“胡风始终不承认鲁迅在思想上经历过一个飞跃的变化，其实际用意，无非企图证明小资产阶级知识分子作家本来就在人民中，用不着经过什么思想改造，用不着站到工人阶级的立场上去。”在林默涵那里，胡风的重要问题就是拒绝用阶级的观点看问题。正因为缺少阶级的观点，胡风不仅错误地强调“主观战斗精神”，而且错误地强调人民“精神奴役的创伤”，还对五四新文艺产生了错误认识，把它看作完全正确的，而看不到它所具有的“严重缺点”。在他看来，胡风赞美五四新文艺，但他所赞美的新文艺却存在盲目否定民族传统的倾向。“这个缺点，发展起来，就是‘五四’以后新文艺中的有些作品脱离了民族的形式，缺乏‘新鲜活泼的、为中国老百姓所喜闻乐见的中国作风和中国气派’。”因为胡风说过中国的民间文艺也是封建文艺，说过在《水浒传》中也找不到民主性，林默涵写道：“这是完全违反马克思列宁主义对于民族文化的观点的。列宁说过：‘在每一个民族文化里面，都有着即使是没有发展出来的民主主义和社会主义的文化成分；因为在每一个民族里面，都有劳动和被剥削的群众，这些群众的生活条件，不可避免地会滋生出民主主义和社会主义的意识形态来。’毛泽东同志也说过：‘中国的长期封建社会中，创造了灿烂的古代文化。……必须将古代封建统治阶级的一切腐朽的东西和古代优秀的人民文化即多少带有民主性和革命性的东西区别开来。’胡风的错误，就是不了解在阶级社会中存在着两种不同的文化。”[①]只要读过一点鲁迅著作的人们都知道，违反马克思列宁主义对于民族文化的观点的大概不仅是胡风，同时也包括鲁迅；不了解在阶级社会中存在着两种不同的文化的大概也不仅是胡风，同时也包括鲁迅。

在当时的批判文章中，邵荃麟的《胡风的唯心主义世界观》也是有代表性的。该文认为：“胡风的唯心主义世界观的主要特征，就是片面地强调人的主观精神的作用，抹煞它对于客观世界的依赖关系；而在他对于历史的看法上，就是片面地强调个人的作用，抹煞阶级和阶级斗争的作用，把人民群众看作消极力量，抹煞人民群众作为历史创造者的作用；强调人民斗争中的自发性，抹煞革命理论的作用。这些都是和马克思主义绝不相容的。”在论述胡风“否认唯物主义”时，邵荃麟指出：“照胡风看来，封建奴役剥削之所以可能，似乎并不是因为封建阶级掌握了土地和其他生产资料，掌握了政治和经济的权力，而只是因为人民自己身上有这种‘安命精神’，甘心做牛做马；人民的解放要求之所以不能实现，也并不是因为统治阶级的残酷压迫以及新的生产力还没有产生，而只是因为这种要求被人民自己的‘安命精神’所闷死。这样一来，就把一切历史责任都推在人民身上，把封建统治阶级压迫人民剥削人民的罪恶轻轻地一笔勾销了。”在批判者那里，胡风之所以是唯心主义的，就因为他看重的是人民的精神状态，要解决的是人民的精神问题，而不是解决人民的物质问题，不是帮助人民夺得生产和生活资料。而胡风这样做的结果，又必然导致人们对阶级斗争及其结果持怀疑态度。邵荃麟对“精神奴役创伤”分析道：“什么是‘精神奴役的创伤’呢？据他自己解释说，‘在科学的分析上，可以用缺点去指明’，那末就是指人民中间的缺点了。说得明白一点，就是长期以来封建统治阶级遗留给人民的

---

① 林默涵：《胡风的反马克思主义的文艺思想》，《文艺报》1953年第2期。

愚昧、无知、麻木、庸俗等等，和‘安命精神’实际上是同一类的东西。胡风认为要解放人民，首先必须‘一层一层的’去剥掉人民身上的那些‘创伤’，必须‘一鞭一血痕’的去批判那些‘创伤’，然后才能从密密层层的‘创伤’下面去寻找出‘支配历史命运的潜在力量’。而这也就是胡风所认识的五四运动的基本内容。”通过这样的分析，在胡风的学说中的确看不到阶级斗争的影子，而且看不到阶级立场。然而，众所周知，胡风对五四新文化内容的把握是通过鲁迅而完成的。所以，邵荃麟对胡风的批判就在事实上成了对鲁迅的批判：“胡风实际上完全看不到阶级压迫的力量，看不见人民的英勇和智慧，只看到人民满身都是所谓‘精神奴役的创伤’。……他把人民群众看成了什么，把人民的缺点夸张到了什么程度？……历史唯物主义者认为历史是人民创造的，而人民是有无限前途的。新的东西是一天天在生长，旧的东西是一天天在衰老；新的东西即使微小，但终究不可克服地要成长起来。所以我们必须向前看，善于辨别出生活中新的东西、革命的东西，才能使我们具有生气勃勃的乐观主义的战斗精神，看到革命的光明前途。只有那些脱离群众的反动的个人主义者，才把人民群众看作是愚昧、无知、庸俗、自私的芸芸众生，仿佛只有他自己才是背着十字架的救世主。这正是没落时期资产阶级的唯心主义世界观的特点之一。”[①]读着这样的文章，所有对鲁迅有所了解的人们都会明显感觉到，如果把胡风的名字换成鲁迅，这种批判才更为贴切。

客观地说，在事实取证层面，批判者并未冤枉胡风。根据当时的逻辑，他们的推论也是不错的。但是，只要读一读鲁迅著作，任何人都会发现，这些批判已把矛头指向了鲁迅。因为在这些问题上，胡风与鲁迅相比，不过是小巫见大巫，他继承了基本的文化立场，却早已没有鲁迅的激烈，从鲁迅的立场上后退了许多。作为一种立场和观点，作为一种文化倾向，真正的代表人物应该是鲁迅。众所周知，是鲁迅宣告了中国几千年历史是“吃人”的历史，是鲁迅把中国历史划分为“暂时做稳了奴隶”和“想做奴隶而不得”这样两个时代，是鲁迅做出了这样的宣判：“所谓中国的文明者，其实不过是安排给阔人享用的人肉的筵宴。所谓中国者，其实不过是安排这人肉的筵宴

① 邵荃麟：《胡风的唯心主义世界观》，《人民日报》1955年3月20日。

的厨房。”[①]也正是鲁迅，开创了批判国民性——即“精神奴役创伤”的启蒙之路。所以，对胡风的这种批判，投枪也罢，猛烈炮火也罢，事实上都落到了鲁迅身上。也就是说，对胡风的批判已经是对鲁迅的批判，对胡风文艺思想整肃也成了对鲁迅思想和文学方向的整肃。

二、一个问题的解决方式

在没有充分的证据之前，我们无法断定究竟是胡风连累了鲁迅，还是鲁迅连累了胡风，也无法断定凭空搞出一个“胡风反革命集团”，到底是为了解决胡风的问题，还是为了解决鲁迅的问题。但这并不重要，因为着眼于现实政治需要，胡风的问题与鲁迅的问题其实是同一个问题。对于新时代的文化掌控者而言，这是不能不面对的问题，也是必须解决的问题。至于问题的解决将涉及哪些人，对他们将如何处置，那是第二步才需要考虑的。第一步的问题是方向性的，因而不可更改；第二步的问题是技术性的，所以需要智慧和策略。

胡风与鲁迅在精神上紧密相连，只要批判胡风，就必然要牵连到鲁迅。一般情况下，遇到这种相互牵连的案子，最简单的处理方式有两种：第一，为了鲁迅而放弃对胡风的惩处。这是胡风和他的朋友们所希望的。胡风言必称鲁迅，除了他的精神资源大多来自鲁迅之外，未尝不是因为有这样的梦想：与鲁迅紧贴在一起，或许能逃避清剿的炮火。因为对方如果真的珍惜鲁迅，就有可能爱屋及乌。第二，连同鲁迅一起批判，从根本上解决问题。客观地说，这是最简单、最省事，也最能适应时代文化建设需要的方式，是一些人所盼望的。当年创造社、太阳社的一些人，20世纪30年代左联的一些领导者，还有一些因为种种原因而对鲁迅耿耿于怀的人，他们并不愿意忍气吞声地匍匐在鲁迅这面文化旗帜脚下，而更愿意掀翻压在自己头上的这座大山。历史的宿怨使他们更愿意看到后一种结果。

考察当时思想文化整合的需要，问题本来很简单：既然鲁迅在五四时期是进化论而不是阶级论，是个人主义而不是集体主义；既然他走的道路是思

①《鲁迅全集》（第1卷），第213—216页。

想启蒙而不是武装革命，当然应该否定，什么《呐喊》《彷徨》，什么《坟》和《热风》，都应该在查禁之列。要肃清鲁迅的影响并不难，充其量像对胡适那样，开展一场大规模的批判运动，让鲁迅的弟子和那些尊崇鲁迅、追随鲁迅的人再来一次“洗澡”，再割一次“尾巴”，登报声明与鲁迅划清界限……这一切并不困难，有强大的国家机器，没有解决不了的问题。

然而，由于毛泽东对鲁迅的态度，问题复杂化了。鲁迅顶了伟大的“文学家、思想家、革命家”的桂冠，被毛泽东紧紧拉在身边，对他的批判无法正面施以猛烈的炮火。这给文化界带来了一系列难题，也增加了矛盾的复杂性。一方面，它使那些在鲁迅生前反对鲁迅的人也被迫在口头上赞美鲁迅，但由于内心深处压抑的不平，却又要不时挖一挖这尊偶像的基座，或者拆一拆这座神庙的墙角。另一方面，它使一些人能够继续抱有幻想，试图通过鲁迅而保存五四新文化，梦想在鲁迅的旗帜下张扬一些自己不愿放弃的东西，比如个人自由、人格独立、启蒙立场等等。在很多问题上，当时的批判者并没有说错，胡风的确试图在鲁迅的旗帜下保卫启蒙主义，并抵抗以知识分子向工农认同为主要特征的改造运动。然而，胡风似乎没有意识到自己思想的危险之处，也不清楚自己对立面究竟何在。他没有意识到鲁迅之所以仍然伟大的真正原因，也没有意识到他作为鲁迅嫡系传人所必然面临的险境。鲁迅已经死去，扔掉牌位有害无益，而且大可不必，因为死人的牌位无论多么高大，色彩都可以根据需要而随时涂抹；活着的人却必须严肃对待，尤其是那些“嫡系传人”，无论是鲁迅的还是马克思的，都注定了没有存在的空间。

因此，时代没有做出一般的简单选择，既没有满足胡风和他的朋友们的梦想，也没有满足鲁迅夙敌的愿望。时代做出的是更富有智慧、更讲策略、也更合于中国传统的选择：鲁迅的旗帜不能扔，胡风必须彻底打倒，把鲁迅与胡风区别开来，高举鲁迅的旗帜批判胡风。也就是说，对胡风的批判只能到胡风为止，任何人都不能把对胡风的批判直接引向对鲁迅的批判。至于射向胡风的枪弹如何在鲁迅头上开花，那效果或许正在设计之中。

三、“不许胡风歪曲鲁迅”

这就给当时的理论界和学术界提出了一个任务：划清胡风与鲁迅的界

线。用今天的话说，这是那个年代“文化建设”中的重大课题。

面对这个课题，一些人显然不感兴趣。比如鲁迅生前的一些论敌，他们更愿意把鲁迅与胡风绑在一起同时扫荡。因为有领袖的态度，他们知道这是不可能的，但由于感情的作用，仍然乐于看到射向胡风的炮弹落到鲁迅的头上。所以，他们不但不会为此而卖力，而且更愿意用巧妙的方式把二者拉得更近。只要看一看郭沫若、周扬等人的文章和讲话，就不难发现这种态度。

对这一课题更有积极性的是另一些人。他们是鲁迅的崇拜者、追随者或亲朋故旧。他们并非不清楚鲁迅与胡风的关系，也并非不明白胡风与鲁迅在精神上的联系，但是，既然胡风已经落水，为了爱护鲁迅，就要斩断他与胡风的牵连。他们是爱鲁迅的，但主要是爱这个名字，而对鲁迅精神和他所显示的文化方向却并不特别珍惜。所以，他们愿意根据时代的需要而把胡风与鲁迅区别开来，哪怕是为保护鲁迅的名字而必须舍弃鲁迅的精神，也在所不惜。应该说，正是这些人的工作进一步适应了政治的需要。因为种种复杂的心理，这种工作无须特别号召和安排，就进行得相当顺利。在举国声讨胡风的浪潮中，人们自觉地开始这么做了。巴金在上海主持批判胡风的会议，有人提出鲁迅信任胡风，巴金马上反驳道：那是先生受了胡风的骗！在北京的批判会上，许广平说：“鲁迅爱党爱人民，胡风反党反人民，胡风是鲁迅的叛徒。”

在这项工作中，唐弢的《不许胡风歪曲鲁迅》可谓代表。该文开头就说：“鲁迅是我们大家尊敬的思想界的巨人。胡风曾经接近过鲁迅，并且以鲁迅精神的继承者自命，从这一点渊源出发，他就常常以鲁迅为武器，让鲁迅出来替他打仗，引用了马克思主义者鲁迅的言论，暗暗地寄生着他自己的资产阶级唯心主义的思想。正如寄生虫会妨碍人体的健康一样，胡风为了要维护自己，就不惜歪曲鲁迅，割裂鲁迅……批判胡风，必须在马克思列宁主义和资产阶级唯心主义之间划清界限，必须在鲁迅与胡风之间划清界限，不这样做，将会引起对胡风思想批判的混乱，也将会引起对鲁迅思想研究的混乱。”[①]这段话透露了一个问题，就是在批判胡风的时候，鲁迅已经面临威

①《鲁迅思想研究资料》（下册），国家出版事业管理局版本图书馆研究室编印1977年，第1页。

胁，鲁迅研究已经不能不受到影响。

按照唐弢的说法，胡风歪曲鲁迅，首先表现在他“对鲁迅思想发展和跃进过程的反马克思主义的理解”。唐弢指出，胡风的意见很混乱，曾经在著作中接受瞿秋白的观点，承认鲁迅走过一个从进化论到阶级论的阶段，也就是承认前后期之分，承认鲁迅思想有发展和跃进的过程，但到了《关于文艺问题的意见》中，却不再承认鲁迅思想的发展和飞跃。唐弢指出的是一个事实，胡风的确有一种幻想，以为既然毛泽东已经指出社会主义现实主义是从“五四”开始的，就可以名正言顺地肯定前期鲁迅了。尽管时势的发展使他很难再有抵抗思想改造的幻想，却仍然幻想用毛泽东的言论使鲁迅前期思想逃避时代的淘汰。但是，时代没有让胡风抓住这根稻草。唐弢认为，胡风不承认鲁迅思想发展和飞跃的过程，把前期作品《狂人日记》看作是社会主义现实主义的作品，“表面上似乎是抬高鲁迅，实质上却是歪曲鲁迅，抹杀了鲁迅对世界观的重视，抹煞了鲁迅艰苦的自我改造过程，也抹煞了鲁迅一生战斗不息的现实主义文学的阶级性。[①]”这里提出的三点是非常重要的：世界观、思想改造、文学的阶级性。这是时代所强调的，所以必须加到鲁迅的身上。由此，我们可以看到唐弢等人的努力：在知识分子改造的背景上，要努力把鲁迅打扮成一个通过艰苦的自我改造而最终成为马克思主义者的鲁迅。时代不能容许鲁迅成为作家无须改造的范例，更不能容许胡风等人通过对鲁迅前期思想的捍卫而使个人主义、人道主义、启蒙精神大行其道。因此，就要努力强化鲁迅自我改造的过程。唐弢为此找了种种证据，比如，鲁迅说过：“我的确时时解剖别人，然而更多的是更无情地解剖我自己。”比如，鲁迅进行自我批评：“我时时说些自己的事情，怎样地在碰壁，怎样地在做蜗牛，好像全世界的苦恼，萃于一身，在替大众受罪似的，也正是中产的知识阶级分子的坏脾气。”这些例子用于说明鲁迅赞同知识分子改造，说明鲁迅自觉地进行改造，实在有点勉强；由此得出的结论“鲁迅向‘主观’作斗争，胡风却是为‘主观’而斗争”[②]，更有点勉强；但无论多么勉强，都必须把鲁迅与胡风区别开来，把鲁迅打扮成知识分子改造运动的支持者和实践者。

①②《鲁迅思想研究资料》（下册），国家出版事业管理局版本图书馆研究室编印1977年，第5页，第13页。

为了让鲁迅成为知识分子思想改造运动的支持者，鲁迅小说中那些知识分子形象受到了特别的重视。因为他们不是随着新文化而站立起来的现代知识分子，鲁迅表现的也不是他们的历史风采和人格光辉，而是他们自身的弱点。鲁迅对知识分子弱点的揭示，因为能够适应知识分子改造运动的需要，而成了伟大的成就，受到特别的关注。因为这种揭示可以告诉人们：小资产阶级知识分子是多么软弱！如果没有党的领导，不仅无力改造社会，就连自己的出路也找不到！研究者说："'五四'许多作家的作品中，都描写了这种具有民主倾向的新式的男女知识分子形象，他们就代替了中国历来封建旧文学中公子小姐、才子佳人的地位而成为时代的主人。这些知识分子很多是有思想、有才能、有自己的抱负和理想的，并且也常常是有良心的、正直的人。但是在旧中国，他们的命运如何呢？他们对旧社会极端不满和仇视，他们具有强烈的反抗精神；但当他们没有和群众结合而只是孤军奋斗的时候，他们的反抗总是失败的。鲁迅在《在酒楼上》《孤独者》《伤逝》等作品中就深刻地描写了这类知识分子的遭遇和命运。知识分子，不管他们具有多么热忱的民主主义的理想，也不管他们的性格是多么坚强、优美，在他们没有与广大群众结合的时候，他们是不能有所作为的，他们的命运只能落到悲惨的结果。个性解放，如果没有民族解放和社会解放作前提，个人如果不与群众相结合，那末，所谓个性解放，往往不过是造成个人悲剧而已。知识分子的唯一正确出路，就是和广大群众结合，把个人的奋斗和人民的斗争、人民的事业相结合。"①于是，鲁迅的这些作品，就成了否定个性解放、肯定知识分子改造的依据。

按照唐弢的说法，"胡风歪曲鲁迅，更表现在他截取鲁迅在向封建文化、庙堂文学、国粹主义等作斗争时所写下的片言只字，来辩护他自己对全部民族遗产的虚无主义的观点，否定民族传统、民族形式、民间文艺的反人民的立场上"②。胡风的重要的罪名之一，就是否定民族传统、民间形式，对历史持虚无主义态度。应该说，这罪名不是凭空罗织的，而是胡风的确对传统有更多的否定。但众所周知，这种对传统的态度是从鲁迅那里继承来

①②《鲁迅思想研究资料》（下册），国家出版事业管理局版本图书馆研究室编印1977年，第13页，第14页。

的。如果依据这些事实可以认定胡风“反人民”，那么鲁迅同样“反人民”。把鲁迅与胡风区别开来，就要证明鲁迅并不反传统，并不否定文化遗产，努力把鲁迅打扮成民族文化的继承者。于是，人们反复使用鲁迅的那个比方：如果一个穷青年得了一所大宅子，不能不敢进去，也不能放火烧掉，更不能一住进去就大吸剩下的鸦片烟。鲁迅的一句话特别讨人喜欢：“主人是新主人，宅子也就会成为新宅子。”历史留给人们的事实是：因为主人是新的了，不但旧宅子变得无比可爱，旧主人剩下的鸦片烟、迷魂药等也成了宝贝。但这一切都必须说：鲁迅的本意就是如此。要做得圆满，还必须对鲁迅的一些话重新解释，比如，鲁迅“吃人”的判断被限定在统治阶级和“封建礼教”，而不是像小说中所描写的那样是对几千年历史做出的；提出少读或不读中国书的主张，也成了对胡适诱导青年“整理国故”的行为进行斗争，而不表现鲁迅对传统的态度。研究者们要努力说明鲁迅如何继承了民族的遗产，如何在拿来的同时与中国的具体实践相结合，这成了一个公式，一个套子，鲁迅的一切都要被套进去解释，因而无不合于时代的要求，甚至“完全符合于毛主席‘推陈出新’的精神，也正是我们今天正在推行的对待民族遗产、民间艺术的政策”①。

总之，鲁迅的言行无不符合时代的政治要求，胡风对鲁迅的言说无一不是对鲁迅的歪曲。通过这样的努力，在把胡风打入地狱的时候，鲁迅似乎被解脱了出来。但结果是可悲的：鲁迅思想和创作中那些不符合时代要求的东西都被判给了胡风，那个真实而完整的鲁迅在遭到粗暴的阉割之后不再进入传播。这一后果非常严重，它使鲁迅的许多遗产在此后相当长的一段时间里与胡风一起被监禁。

四、关于鲁迅命运的一点感想

关于胡风案涉及的问题，各方当事人都有自己的认识，见解很难一致。但是，有一点可以形成共识：无论周扬等人如何公报私仇，胡风的悲剧都不

---

①《鲁迅思想研究资料》（下册），国家出版事业管理局版本图书馆研究室编印1977年，第17页。

取决于个人的恩怨。究其实质，胡风的悲剧源自历史发展过程中不同努力之间的碰撞，因为双方力量悬殊，因为缺少现代社会的竞争规则和制度保障，最后以不公平的结局告终。它意味着一代知识分子的失败，意味着一个现代梦想的破灭。胡风为什么失败？他本人后来的认识是：毛泽东不愿意听不同意见，不喜欢别人不佩服他。把根本原因归于最高领袖，应该是不错的。因为在那个时代，只要毛泽东不想打倒，胡风是倒不了的。批判胡风是毛泽东亲自布置和领导的，他多次听取汇报，做出指示，亲自修改批判文章，最后又亲自撰写关于胡风集团材料的序言和按语，直到胡风如何处置，是杀还是不杀，都由他亲自说了算。进一步说，鲁迅的命运最终也取决于最高领袖。

冯雪峰在“文革”时期曾经郑重地告诉牛汉：鲁迅的文艺思想与毛泽东的文艺思想是对立的。其实，这实在算不了什么发现，因为读过双方文字的人都可以看到二者背道而驰之处。胡风的文艺思想更多地来自鲁迅，他与毛泽东文艺思想之间的冲突事实上也是鲁迅文艺思想与毛泽东文艺思想的冲突。如果从时代的思想文化整合方案考察，鲁迅遗产大多不适应时代的要求。在这种情况下，否定鲁迅是必然的，也是正常的。新时代本应把鲁迅扫进历史的垃圾堆，却没有这样做，而是把他作为偶像供了起来。这一切都源自毛泽东“法外施恩”。然而，鲁迅的“嫡系传人”被打翻在地，却是必然的命运。

鲁迅之所以被保留下来，除了最高领袖的赏识之外，还有更多的原因。其中重要的原因是革命者对自身文化资源的留恋。革命拥有一些资源，无论人力资源还是精神资源，都常常要被带入革命之后的时代。那些资源在革命的年代也许是有力的武器，但对于建立新的秩序，对于新秩序之下的新统治，却常常有害而无益。由于革命伦理、现实需要和感情的作用，胜利者对一些革命资源常常非常矛盾：一方面是珍惜，一方面是警惕。根据历史的规律，新秩序建立之际常常要论功行赏，这是必然的，因为这是革命的道义；同时也常常要刀枪入库、放马南山，这也是必然的，因为保留一些利器常常是给自己添乱。在历史上，起义领袖在革命胜利之后常有“炮打庆功楼”之类的举动，原因并非只是争权夺利，而是在于新秩序的建立要求消灭革命遗产中那些不利于稳定的因素。在从乱到治的过程中，革命哲学与执政逻辑存在着不可调和的矛盾。对于新秩序来说，一些革命时期非常珍贵的资源往往不仅要放弃，而且要对它百倍警惕。鲁迅留下的遗产，不幸属于这样的资源。从破坏旧秩序到建立新秩序，必然要伴随着资源的更新；但与此同时，话语的一致性和道义资源又必须顾及。这是一个很难处理的矛盾，正是这个矛盾，决定了鲁迅与胡风的不同命运。

《鲁迅全集》：一条注释的沉重历史

2005年版《鲁迅全集》第6卷第559页，在《答徐懋庸并关于抗日统一战线问题》一文后面，有这样一条注释：

> 本篇最初发表于1936年8月《作家》月刊第一卷第五期。
>
> 鲁迅当时在病中，本文由冯雪峰根据鲁迅的意见拟稿，经鲁迅补充、修改而成。
>
> 1935年后半年，中国共产党确定了建立抗日民族统一战线的政策，得到全国人民的热烈拥护，促进了抗日高潮的到来。当时上海左翼文化运动的党内领导者（以周扬、夏衍等为主）受中国共产党驻共产国际代表团一些人委托萧三写信建议的影响，认识到左翼作家联盟工作中确实存在着“左”的关门主义和宗派主义倾向，认为“左联”这个组织已不能适应新的形势，在这年年底决定“左联”自动解散，并筹备成立以抗日救亡为宗旨的“文艺家协会”。“左联”的解散曾经由茅盾征求过鲁迅的意见，鲁迅曾表示同意，但是对于决定和实行这一重要步骤的方式比较简单，不够郑重，他是不满意的。其后周扬等提出“国防文学”的口号，号召各阶层、各派别的作家参加抗日民族统一战线，努力创作抗日救亡的文艺作品。但在“国防文学”口号的宣传中，有的作者片面强调必须以“国防文学”作为共同的创作口号；有的作者忽视了无产阶级在统一战线中的领导作用。鲁迅注意到这些情况，提出了“民族革命战争的大众文学”的口号，作为对于左翼作家的要求和对于其他作家的希望。革命文艺界围绕这两个口号的问题进行了尖锐的争论。鲁迅在6月

间发表的《答托洛斯基派的信》和《论现在我们的文学运动》中，已经表明了他对于抗日民族统一战线政策和当时文学运动的态度，在本文中进一步说明了他的见解。

经核对，除年月由原来的汉字改为阿拉伯数字之外，其他与1981年版的注释完全相同。

众所周知，《鲁迅全集》2005年版的注释在1981年版基础上做了不小的修改，尤其是在“去意识形态化”方面，取得了可喜的进步。可是，这条注释的意识形态色彩不谓不浓，却只字未改。为考察个中原因，我走向了这条注释的历史，才发现它虽然不尽人意，却真是来之不易。它包含着不同派别、不同人群的泪水，涉及许多重要人物的坎坷命运，从中可以看到当代文化所走过的曲折道路。

一、1958年版的注释

在1958年版的《鲁迅全集》中，这条注释是这样的：

徐懋庸给鲁迅写那封信，完全是他个人的错误行动，当时处于地下状态的中国共产党在上海文化界的组织事前并不知道。鲁迅当时在病中，他的答复是冯雪峰执笔拟稿的，他在这篇文章中对于当时领导“左联”工作的一些党员作家采取了宗派主义的态度，做了一些不符合事实的指责。由于当时环境关系，鲁迅在定稿时不可能对那些事实进行调查和对证。

面对这样一条注释，一般读者往往不甚留意。但这条注释包含了许多内容，也包含了许多故事。而且，许多人为它费尽心机，许多人为它而倒霉。

只要了解20世纪30年代左翼文艺运动的历史和《答徐懋庸并关于抗日统一战线问题》这封信的重要性，就会看出这条注释的功能：它把鲁迅这封信否定掉了。众所周知，这封信是鲁迅与周扬矛盾的最后爆发和集中体现，所涉及的是鲁迅与周扬之间的是非。但在这版的注释中，历史的全部责任由冯雪峰和徐懋庸承担了起来。冯雪峰的问题是严重的，因为信是他“执笔拟稿”，而且“他在这篇文章中对于当时领导‘左联’工作的一些党员作家采取了宗派主义的态度，做了一些不符合事实的指责”。徐懋庸也有问题，因为正是他给鲁迅写信，才引来了这封回信，导致了左翼文艺界的分裂。注释特别强调，徐懋庸的错误行动完全是个人的，周扬等人并不知情。注释没有直接否定鲁迅，但鲁迅已经很不光彩，因为他显然是认人不清、对事失察。在这里，唯一没有错误的就是周扬，他是被误解和冤枉的。这样，让两个“右派分子”承担了历史的责任之后，周扬等人就成了正确一方的代表。

从此之后，中国现代文学史就以这样的口径讲述“两个口号”的论争。

更值得注意的是，这样的注释竟是出自冯雪峰自己之手！如果追究起来，责任只能由他承担，因为他是名义上的作者，注释原稿留下的是他的笔迹。

有必要看一看这条注释形成的过程。

1957年，经过夏衍的“爆炸性发言”，冯雪峰被揭露和批判，等待他的是一顶“右派分子”帽子和开除党籍、撤销人民文学出版社社长和总编辑职务的处分。就在这时，周扬却派邵荃麟前来看望冯雪峰，表示对他的关心。之所以要关心他，是因为还需要他。在周扬看来，一件重要的事还没有办完。是的，在关键性的较量中，由于夏衍的冲锋陷阵，他已胜利了，但战场尚须打扫，善后工作还须要做。这需要做的工作之一，就是鲁迅全集的这条注释。

冯雪峰已于1957年10月离开了人民文学出版社的领导岗位，也离开了编辑《鲁迅全集》的工作岗位，但邵荃麟却奉周扬之命交给他一项任务：为《鲁迅全集》第六卷的《答徐懋庸并关于抗日民族统一战线问题》撰写题注。据邵荃麟的一份材料，周扬曾经对他说：“鲁迅答徐懋庸信的注释问题……所说的哪些事实不符合真相，就应由冯雪峰自己来更正。”邵荃麟按照周扬指示找到冯雪峰说：“还是由你先拟一个稿吧，你熟一点。”冯雪峰不敢违抗，便根据作协党组扩大会议批判他的口径，也是他被迫做的检查中的口径，写出了第一稿。由于他写得太琐碎，也太直白，竟然把会上“周扬、夏衍的对证”都写上了，因而需要修改。几天之后，冯雪峰看到了邵荃麟送来的修改稿：

> 徐懋庸给鲁迅写那封信，完全是他个人的错误行动，当时处于地下状态的中国共产党在上海文化界的组织，事前并不知道。鲁迅的答复是冯雪峰执笔代写的，他在这篇文章中对于当时领导“左联”工作的一些党员作家采取了宗派主义的态度，做了一些不符合事实的指责。由于当时环境关系，鲁迅不可能对那些事实进行调查和对证。[①]

看了这条注文，冯雪峰说：“既然是别人写的文章，又何必编进全集里去呢！”邵荃麟送来文稿，本来只是叫他“一阅”，他却拿起铅笔，把“代写”两字改为“拟稿”；又在“鲁迅”后面加了“当时在病中，他”六个字，以说明由他“拟稿”的原因；在最后一句中，加了“在定稿时”四个字，说明文章是鲁迅自己定稿的。尽管冯雪峰费尽苦心做了这些改动，但基调并未改变。而且，经过他的这番改动，这条注释无疑就成了他的作品，至少是他同意而且亲自由他定稿的。

这条歪曲史实的注释成了经典，从此之后，中国现代文学史教科书、学术论文和专著，涉及这个问题，都由它统一口径。冯雪峰的问题公布之后，中国现代文学史要重写，就像胡风集团案、丁陈集团案出现之后一样。

邵荃麟是冯雪峰的老朋友，周扬安排他来做冯雪峰的工作，的确是英明之举。冯雪峰据理力争，指出对他的批判存在种种荒谬之处；邵荃麟则“晓之以理，动之以情”，最终还是完成了周扬安排的任务。

1986年3月12日，牛汉在冯雪峰逝世十周年学术讨论会上有一段重要的回忆：

> 大约是1959年下半年，我已从拘禁地回到人民文学出版社一年了。……有一次，我问他：“听说你自杀过，有这回事吗？”雪峰坦率地承认：“有过自杀的念头。”我问他：“为了什么事？”他沉默了好一阵子，对我说：“反右后期。有一天，荃麟来找我，向我透露了中央对我的关怀。我很感激，激动地流出了眼泪。我不愿离开党。荃麟对我

① 史索，万家骥：《在政治大批判旋涡中的冯雪峰》，《新文学史料》1992年第2期。

说，‘中央希望你跟中央保持一致。’向我提了一个忠告：‘你要想留在党内，必须有所表现，具体说，《答徐懋庸并关于抗日统一战线问题》所引起的问题，你应当出来澄清，承认自己的责任，承认自己当时有宗派情绪，是在鲁迅重病和不了解情况之下，你为鲁迅起草了答徐懋庸的信。’我对荃麟说：‘这个问题有人早已向我质问过，我都严词拒绝，我决不能背离历史事实。’之后我痛苦地考虑了好几天才答复。我意识到这中间的复杂性，荃麟是我多年的朋友，过去多次帮助我渡过难关，这次又在危难中指出了一条活路。上面选定荃麟来规劝我是很费了番心机的，他们晓得我与荃麟之间的交情，换了别人行不通。他们摸透了我的执拗脾气。当时我的右派性质已确定无疑，党籍肯定开除。面对这个天大的难题，我真正地作难了。我深知党内斗争的复杂性，但也相信历史是公正的，事情的真相迟早会弄明白的。但是这个曲折而严酷的过程可能是很漫长的，对我来说是难以忍受的屈辱。我对荃麟诚恳地谈了我内心的痛苦。荃麟说，先留在党内再慢慢地解决，被开除了就更难办。但我知道荃麟传达的是周扬等人的话。实际上是对我威胁。荃麟不过是个传话的人，他作不了主。我清楚，荃麟说的中央或上边，毫无疑问是周扬。在万般无奈之下，最后我同意照办。这是一件令我一生悔恨的违心的事。我有好多天整夜睡不着，胃痛得很厉害，我按他们的指点，起草了《答徐懋庸并关于抗日统一战线问题》的有关注释。我以为党籍可以保留了。但是，我上当了。我最终被活活地欺骗和愚弄了。为了自己的人格和尊严，最后只有一死，以证明自己的清白。我几次下决心到颐和园投水自杀。但我真的下不了这个狠心。我的几个孩子还小，需要我照料。妻子没有独自为生的条件，再痛苦也得活下去，等到那天的到来：历史最后为我澄清一切。”雪峰眼睛里噙满了泪水。我也哭了。我的党籍早两年已宣布被开除，当时我的心情与雪峰完全一样。

以上雪峰的自述，以及当时谈话的情景，我永远不会淡忘。[①]

① 牛汉：《为冯雪峰辩证》，转引自邓九平编《谈友谊》，大众文艺出版社2000年，第743—744页。

为了鲁迅的这封信，周扬费尽心机，冯雪峰饱受磨难。周扬要把这封信解释为鲁迅受冯雪峰蒙蔽的结果，要让《鲁迅全集》承担为自己洗刷恶名的任务，所以亲自过问《鲁迅全集》的编辑和注释工作。这个注释他完全可以自己动笔，也可以让他的得意下属去写，但周扬没有这样做，而是硬要冯雪峰写。由此可见，周扬的确非同一般。利用手中的权力为自己文过饰非，实在算不了什么，但涉及鲁迅，周扬异常谨慎。由冯雪峰来写，既有说服力，又可以使自己立于不败之地。从心理上说，由当年与鲁迅一道写这封信打击自己的人亲自纠正当年的“错误”，周扬更能感受胜利的喜悦。同时，也只有这样，才能给冯雪峰这样的人更有力的打击。让一个意志坚强的人屈服于自己的意志，胜过千百万奴才的顺从。周扬赢了，温柔地轻轻出手，就使得冯雪峰痛苦得差一点儿自杀。

冯雪峰违心地按照周扬的旨意写注释，颠倒是非，伪造历史，在丑化自己的同时也损害了鲁迅，这一切都是为了保住所谓的政治生命。可是，他上当了，最终仍然丢掉了一切。如此情况下，倔强自尊如冯雪峰者，的确痛不欲生，只因为牵挂弱妻幼子的生活，才含辱苟活到1976年。

1977年10月，鲁迅博物馆的陈漱渝访问周扬，问到对1958年版《鲁迅全集》有关答徐懋庸信的注释问题，周扬说：“写这条注释的事我事前并不知道，但写成以后给我看了。当时觉得鲁迅注释工作一贯是雪峰主持的，而《答徐懋庸……》这篇文章又是雪峰代笔的，他为了交代自己的问题写了这条注释。《答徐懋庸》信虽然是雪峰执笔的，但代表的是鲁迅的观点，信里还有鲁迅亲笔加上的许多话。鲁迅署名就是鲁迅的嘛。这个注释是雪峰检讨自己，实际上是批评鲁迅。我同意发表这条注释是不对的。”[①]

原来如此！那条注释的撰写周扬并不知情，是冯雪峰“为了交代自己的问题”而写了这条注释，而且“实际上是批评鲁迅”！如果冯雪峰还活着，看到周扬的如此言论，不知是该自杀还是去找周扬拼命。

对于我们而言，周扬的这段话却说明了一个重要问题：写这个注释，不仅是为周扬等人洗刷恶名，而“实际上是批评鲁迅”。至于是谁要批评鲁迅，当然不是冯雪峰。

---

① 陈漱渝：《周扬谈鲁迅和三十年代文艺问题》，《百年潮》1998年第2期。

从某种意义上说，周扬等人的努力是成功的。经过种种努力，鲁迅的形象事实上已经不再高大到对他们构成威胁。南京大学董建教授在几篇文章中都曾提到他在1958年参与学生编写《中国现代文学史》教材的事，“有人主张，鲁迅在文学史上的地位不应高于瞿秋白，因为他不是中共党员而瞿秋白是党员”[①]。

二、“文革”时期：这条注释与周扬的命运

时代的车轮驶入“文革”年代，各种文化遗产大都成了“封资修黑货”，被扫进“历史的垃圾堆”，中国现代的文学、思想和学术成果大都难以幸免。就连有“文坛常青树”之称的郭沫若，也预感到危险，在运动来临之际就宣布自己的著作应统统烧掉。鲁迅再次成为奇迹，不仅没有被扫荡，而且成了革命的旗帜、成了偶像，被高高地供上了神坛。一些在历史上反对过鲁迅的人，则大多成了神坛上的牺牲者。

1966年2月2日到29日，江青召开部队文艺座谈会，形成了一份在后来十年中发挥了重大作用的文件——《林彪同志委托江青同志召开的部队文艺工作座谈会纪要》。这份文件经毛泽东数次审阅、修改，于1966年4月10日以中发（66）211号文件下达全党。4月18日，《解放军报》以社论的形式公布了《纪要》的主要内容。《纪要》提出，文艺界在建国之后“被一条与毛主席思想相对立的反党反社会主义的黑线专了我们的政，这条黑线就是资产阶级的文艺思想、现代修正主义的文艺思想和所谓三十年代文艺的结合”。说到20世纪30年代左翼文坛的矛盾，《纪要》做出了这样的论断：

> 要破除对所谓三十年代文艺的迷信。那时，左翼文艺运动政治上是王明的“左倾”机会主义路线，组织上是关门主义和宗派主义，文艺思想实际上是俄国资产阶级文艺评论家别林斯基、车尔尼雪夫斯基、杜勃罗留波夫以及戏剧方面的斯坦尼斯拉夫斯基的思想……三十年代也有好的，那就是以鲁迅为首的战斗的左翼文艺运动。到了三十年代的中期，

① 董健：《告别“评论缺位的时代”——我与文艺评论》，《文艺争鸣》2003年第1期。

那时左翼的某些领导人在王明的右倾投降主义路线的影响下，背离马克思列宁主义的阶级观点，提出了“国防文学”的口号。这个口号，就是资产阶级的口号，而“民族革命战争的大众文学”这个无产阶级的口号，却是鲁迅提出的。①

“两个口号”的论争在这里成了两条路线的斗争，“国防文学”成了资产阶级的口号，“民族革命战争的大众文学”则成了无产阶级的口号。这与十几年中逐步形成的主流叙述（周扬派的叙述）恰恰相反。

这一次，轮到周扬等人倒霉了。

1966年7月1日，《红旗》杂志第9期发表阮铭、阮若瑛的《周扬颠倒历史的一支暗箭——评〈鲁迅全集〉第六卷的一条注释》。文章指出：“一九五八年出版的《鲁迅全集》第六卷第六一四页上，有一条对鲁迅所作《答徐懋庸并关于抗日统一战线问题》的注释。这条注释，是周扬同志和林默涵、邵荃麟一些人制作的。它公然同毛泽东同志对三十年代文艺运动的历史总结唱反调，攻击左翼文艺运动的伟大旗手鲁迅，把一条资产阶级、修正主义的文艺黑线说成是马克思列宁主义的文艺路线，把一个资产阶级投降主义的‘国防文学’口号说成是无产阶级的口号。他们制作这条注释的目的，是为了公开打出‘三十年代’文艺黑线的旗号，反对党和毛泽东同志的文艺路线。”②

文章对1957年批判冯雪峰的事进行了回顾，对周扬等人的所作所为进行了揭露：

1957年7月到9月，在中国作家协会党组扩大会议上，“三十年代”文艺黑线的主帅周扬，借反对右派分子冯雪峰的机会，颠倒文艺战线上两条路线斗争的历史，放出了一批毒草。周扬等人放肆地攻击鲁迅

① 《高举毛泽东思想伟大红旗，积极参加社会主义“文化大革命”》，《解放军报》1966年4月18日。

② 阮铭，阮若瑛：《周扬颠倒历史的一支暗箭——评〈鲁迅全集〉第六卷的一条注释》，《红旗》1966年第9期。

提出的“民族革命战争的大众文学”这一无产阶级口号，攻击鲁迅的《答托洛斯基派的信》《论现在我们的文学运动》《答徐懋庸并关于抗日统一战线问题》等重要文章。但他们做贼心虚，不敢直接把矛头指向鲁迅，就造谣说，“民族革命战争的大众文学”这个口号是“冯雪峰，胡风共谋”提出的；这几篇文章是冯雪峰写的，“是在鲁迅病重甚至连话都说不出来的情况下通过发出的”。乍看起来，似乎矛头指向右派分子冯雪峰，反革命分子胡风，实际上是恶毒攻击鲁迅，大反鲁迅所代表的无产阶级革命文艺路线，抛出了周扬所代表的“三十年代”文艺黑线。

文章说，从注释修改稿可以看到，原稿上删去了一段，又改写了一段。“删去那一段，看来有两个原因：一是对鲁迅的攻击太露骨，而且抬出周扬的名字，公开把他放在鲁迅对立面的地位，这样对周扬不利；二是仍肯定文章是鲁迅写的，只是‘同冯雪峰商量过以后发表的’。改写的一段，钢笔字是林默涵的笔迹，铅笔字是周扬亲笔。这一段妙文，确是煞费苦心制作出来的。”为什么要费尽心机制作这样一条注释？文章指出：周扬他们的目的是要证明自己是正确的，而鲁迅是错误的，而且是宗派主义。

文章回顾了20世纪30年代左翼文艺界的问题和矛盾，认定它是“两个阶级、两条路线的斗争”，并且做出了这样的判断：“在这个历史时期，周扬等人执行了一条与毛泽东思想相对抗的机会主义路线。在前期，是王明的‘左’倾机会主义路线。在后期，是王明的右倾投降主义路线。”文章认定“国防文学”这个口号是周扬根据王明的右倾机会主义路线制定的，其特点是取消阶级斗争，放弃无产阶级的领导，所以是“彻头彻尾的资产阶级口号”。而鲁迅所提出的“民族革命战争的大众文学”口号强调了阶级性，没有放弃无产阶级在文化统一战线中的领导权。对于当时的矛盾，文章做出了这样的概括：

一条无产阶级的文艺路线，是以鲁迅为代表的。

一条资产阶级的文艺路线，是以周扬为代表的。

一个无产阶级口号：民族革命战争的大众文学。

一个资产阶级口号：国防文学。

《答徐懋庸并关于抗日统一战线问题》的注释，同毛泽东同志的历史总结相对抗，把错误路线说成正确路线，把正确路线说成错误路线，把资产阶级口号说成无产阶级口号，把无产阶级口号说成资产阶级口号。

《红旗》杂志的“编者按”说：“以周扬为代表的三十年代资产阶级的文艺路线，在政治上，是王明的右倾投降主义和‘左’倾机会主义的产物；在思想上，是资产阶级小资产阶级世界观的表现；在组织上，是为了个人或小集团利益的宗派主义。二十四年来，周扬等人始终拒绝执行毛泽东同志的文艺路线，顽固地坚持资产阶级、修正主义的文艺路线。”

就在《红旗》发表文章的同一天，《人民日报》发表新华社的电讯稿，报道了文章的主要内容。接着，《人民日报》和《解放军报》又对文章进行了转载。从此，“两报一刊”开始连篇累牍地发表批判周扬的文章，批判的重点之一就是“攻击、诬蔑鲁迅”，重要罪证就是这条注释。周扬在“文革”之前所费的一切苦心，至此尽付东流。此时等待他的，只有秦城监狱。

就在批判进入高潮之际，1966年9月出版的《红旗》杂志第12期发表了许广平的《不许周扬攻击和诬蔑鲁迅》。文章在回顾了20世纪30年代周扬等人与鲁迅之间的斗争之后，写到了1957年的一幕：夏衍1957年8月14日发言，被称作一个“爆炸事件”。许广平表示，那的确是一个“爆炸事件”，“他们想炸掉鲁迅这面革命的、战斗的旗帜，为实现他们复辟资本主义的阴谋开辟道路”。“‘民族革命战争的大众文学’这个无产阶级的革命口号，是鲁迅根据党中央和毛主席的抗日统一战线政策提出的。把这个口号说成是冯雪峰‘授意胡风提出’的，这纯粹是恶意的造谣，是为了打倒鲁迅而采用的阴险的障眼法。”回顾当年周扬等人把鲁迅答徐懋庸信按在冯雪峰头上进行批判的做法，许广平说：

这真是欺人太甚了！我忍不住，当时在会上就说，你们“把一切不符合事实的情况，完全压到鲁迅头上”！我还说明：“这篇文章我已送到鲁迅博物馆，同志们可以找来看看，在原稿上有鲁迅的亲笔，鲁迅不同意怎么发表了？发表以后鲁迅有没有登报声明说‘这篇文章是冯雪峰

> 写的，不是我写的'？"可是，在后来印发的全文发言集中，周扬们为了欺骗党，欺骗群众，把他们造谣攻击鲁迅的发言都收了进去，而我在八月十四日作的辟谣的发言却不给收进去！

从"文革"开始到"文革"结束，对周扬的批判几乎没有停止过。直到周扬获得"解放"，审查结论中依然保留了"攻击、诽谤鲁迅"和"推行王明的右倾投降主义路线"[①]的尾巴。而且，与当年的冯雪峰一样，这一切都是周扬自己承认的。

据陈晋的《文人毛泽东》透露，把周扬等人的"国防文学"与王明的右倾机会主义联系起来，是康生的发明。"1966年3月，在杭州的时候，康生告诉毛泽东：'鲁迅反对国防文学，鲁迅的大众文学与党的国防文学是两条路线。'而当时领导'国防文学'的那条线的'党'，是谁的'党'呢？康生言下之意，当然不是正在长征的党，而是王明路线的那个'党'。这样，同中央失去联系在上海主持文化工作的周扬等代表人物便属于王明线上的人了。而毛泽东当时最敏感的恰恰是'路线斗争'，康生此招，可谓击中'要害'。"[②]

周扬等人本来的软肋，就是他们与鲁迅发生冲突的时候恰巧与中央失掉了联系，无论解散"左联"，还是提出"国防文学"的口号，都并非来自中央的指示，而是与远在莫斯科的王明有更为直接的关联。后来，冯雪峰作为中央特派员到达上海，却一头钻进了鲁迅的家里，找党外人士，找地下党员，致力于统战工作和重建上海党组织，而对周扬等人很不信任。面对周扬与鲁迅的矛盾，冯雪峰站到了鲁迅一边。这让周扬无法理解，因为周扬等人自认是为党工作的，中央来人却"先党外后党内"，不找他们而找鲁迅，不支持他们而支持鲁迅，真是岂有此理！他们为此而愤怒，也为此而委屈。但是，有什么办法呢？他们毕竟在与党失掉联系的时候把自己挂到了王明的线上，而在后来，两条路线斗争结果又是毛泽东战胜了王明。在这种情况下，周扬真是有冤无处诉。

---

① 徐庆全：《周扬与冯雪峰》，湖北人民出版社2005年，第205页。

② 陈晋：《文人毛泽东》，上海人民出版社1997年，第576页。

正因为这样，周扬到延安之后没有向毛泽东诉苦，也没有要求中央在他与冯雪峰之间做出谁是谁非的结论。这是周扬的聪明之处，他知道自己当时的实际处境，尽管冯雪峰不在延安，不会争辩，但周扬心中有数，知道自己是无力战胜冯雪峰的。原因就在于冯雪峰是中央特派员，他的背后就是中央。周扬不像胡风那么傻，是不会在与人打架之后跑到对方的亲娘那里讨公道的。在一段时间里，他大概更希望人们忘记他与冯雪峰之间的事。仔细想一想，周扬实在很委屈。正因为这样，在1957年批判冯雪峰的时候，他才那样动感情，以致放声大哭。

周扬等人以为，经过1957年的努力，事情总算过去了，却没有想到，当“文革”到来的时候，他们还是毁在了这件事上。

三、1981年版：注释者的一次抗争

1981年是鲁迅诞辰一百周年，新版《鲁迅全集》的编辑工作快马加鞭，以期在百年诞辰之前出齐，但有一个难题却迟迟得不到解决。这难题仍然是《答徐懋庸关于抗日统一战线问题》的注释。那场论争无法回避，注释怎么写，最后必须由中央批准。

尽管不少人都在作“回归十七年”的努力，但《鲁迅全集》的编辑者却不愿沿用1958年版的说法。新的注释该如何说？为了回避矛盾，编辑者的意见是，只是客观交代一下文章发表的情况和有关背景，而不涉及那些矛盾和问题。

当这个回避矛盾的注释送交胡乔木时，胡表示赞同，只是做了一点小小的修改。但到后来，胡的态度却突然发生了变化。朱正回忆说：“不久之后，不知道他是出于什么考虑，又给这条注释做了第二次修订。这个第二次修订稿，在倾向上，有点向1958年版的旧注靠拢，个别提法甚至超过了旧注。如旧注说，写信是徐的个人行动，而这回的修订稿则说是他个人的意见了。更加使我感到为难的是，这次修订稿提出参看《新文学史料》所载茅盾作《需要澄清一些事实》和《文学评论》所载夏衍作《一些早该忘却而未能忘却的事》这两篇文章。当时参加这一编注工作的人员都觉得有必要请乔木

同志收回成命。”[①]

在编辑组反复商量之后，他们以参加编注工作的全体工作人员的名义，给胡乔木写了一封信。这封信较长，但从这信中，我们可以看到当时鲁迅全集编注人员与文化管理者不同的思路：

> 我们参加《鲁迅全集》注释编辑工作的全体人员开了一次会，仔细研究了您关于鲁迅答徐懋庸信题注的再次修订稿，一致认为其中一些提法未尽完善，希望您能重新考虑一下。
>
> 一、徐懋庸同志生前在文章和谈话中反复申述过：他给鲁迅先生的这信虽是他个人自发地写的，但其中表达的意见除了有关巴金部分是他个人的意见之外，其余部分，都是他经常与周扬等同志谈论的题目。所以，人们可以说徐写这信是他个人的行动，却不好说信中所表达的只是他个人的意见。在鲁迅方面，也是从一开始就并不认为这是徐懋庸个人的意见，所以他在复信中不仅针对徐的来信，同时还涉及了当时周扬同志、何家槐同志等在《文学界》发表的论文。所以，我们以为，似无必要强调徐的这信是否个人意见这一点。
>
> 二、关于参看茅盾同志和夏衍同志文章的事。这在注释的体例上就有困难，因为不好叫读者去参看期刊上的文章。再说，《新文学史料》第二辑还是一本内部发行的刊物，一般读者不易看到。而且，针对茅盾同志的这篇《需要澄清一些事实》，《鲁迅研究资料》编辑部在该刊第四辑（1980年1月出版）上发表了一篇《也来澄清一些事实》，对茅盾同志的“澄清”做了再“澄清”。此外，针对夏衍同志的《一些早该忘却而未能忘却的事》一文，楼适夷同志也写了一篇文章，大约也将会在某个刊物上发表。当我们明知道有了不同意见之后，却只是提请读者参看一种意见的文章，恐怕是不很恰当的。据我们所知，夏衍同志的这篇文章发表后，在读者中引起的反响颇为强烈。听荒煤同志说，《文学评论》编辑部收到了不少论难性质的文章。一些读者认为夏衍同志此文的态度不够客观。如果我们还要在注释中提请读者参看，那就不是爱护夏

① 朱正：《关于一条注释和一篇附录》，《鲁迅研究月刊》1999年第10期。

衍同志。

三、说“鲁迅在复信中所涉及的事实，他在当时情况下不可能核对，所以难免与实际情况有些出入”，是以提请读者参看的两篇文章为依据的。现在既已出现另外的文章公开指出这两篇本身也不尽客观不尽符合事实，是否宜于参看还有待重新考虑，那么，如果仍要保留这几句，似宜提出另外的依据，或具体说明文中何处“与实际情况有些出入”才好。

四、关于“民族革命战争的大众文学”这口号是谁提出的，说“鲁迅注意到这些情况，采纳了胡风、冯雪峰提议的‘民族革命战争的大众文学’的口号”，似乎也有难处。鲁迅在本文中明说了“这口号不是胡风提的”，而是“几个人大家经过一番商议的”，参加商议的人们中，无疑的是包括胡风和冯雪峰同志的，此外，据鲁迅说，“茅盾先生就是参加商议的一个”。茅盾同志本人在《我和鲁迅的接触》（《鲁迅研究资料》第一辑第71页）中谈了一点当时鲁迅先生和他商议这口号的情形，正好和鲁迅本人的文章相印证。我们认为，不论有谁参加了商议，也不论他们在商议中发表了多少意见，这新口号毕竟是经过鲁迅加以肯定才提出来的。所以，我们固然没有必要一口咬定说这就是鲁迅一个人提出来的口号，同样，也没有必要说成这完全是别人首先提出来的口号，似乎与鲁迅关系并不大。鲁迅自己说得好：“问题不在这口号由谁提出，只在它有没有错误。”

如果我们冷静地回过头来看历史，两个口号的拥护者都不能说自己是毫无错误和缺点的，但是，比较地说，当时鲁迅本人恐怕要算是错误少些，态度正确些的一个。即以本篇而论，例如，尽管他提出了新的口号，但他依然认为“国防文学”口号“仍应当存在，因为存在对于抗日运动有利益”。尽管他在信中对周扬同志表示了明显的不满，但他依然怀有希望，“也许别有他的优点。也许后来不复如此，仍将成为一个真的革命者”。尽管他自己是“民族革命战争的大众文学”这一口号的提出者，但他在批评徐懋庸错误的同时，也批评了聂绀弩错误地解释这口号。应该认为，在当时参加争论双方中，鲁迅的态度是当时比较最好的，真不愧是左翼文坛的领袖。我们这样说，并不是神化鲁迅，而只是为了尊重历史事实。其实，在注文中，我们仅仅希望客观地说明有关史实，完全不必涉及是非褒贬的问题。

周扬同志和夏衍同志等后来为革命文艺运动做了大量的工作，有巨大的功绩，这是世所公认的。即使在《鲁迅全集》中的正文和注释中涉及“左联”时期的一些往事，也不过是一段往事罢了，并不会损伤读者对他们的尊敬。例如周扬同志1978年初在《人民文学》编辑部座谈会上的发言（见《人民文学》1978年第1期），那态度比起夏衍同志的这篇文章来，就使读者认为更加实事求是一些。

我们现在担心的是怕在注释工作中不够忠实于历史事实，因而遭到读者的谴责，甚至扩大争论。这就违背我们维护安定团结的初衷。

我们的意见已如上述。我们希望这一条注文仍能按您上次的修订稿发排。第一稿甚好。如果您以为这样不好，那么，仅仅保留注文的开始几句，即简单说明一下该文的发表情况，其他一概从略也行。对一些情况一时不加说明似乎也没有什么不好。

由于出版社已和上海印刷公司订有合同，发稿期日益迫近，不能推迟，我们希望您能早日批复。①

事情的结局是胡乔木接受了编辑组的意见。由此可以看到，进入20世纪80年代，事情毕竟发生了变化，权威意识形态表现出某种弹性，学术空间的边界也不再那样僵硬，它为回到鲁迅本身提供了某些可能性。

① 朱正：《关于一条注释和一篇附录》，《鲁迅研究月刊》1999年第10期。

1961：周扬与流产的电影《鲁迅传》

在“文革”前十七年的鲁迅形象工程中，一个重要课题是把鲁迅拍成电影。学术研究当然是需要的，但学术著作的影响毕竟有限，要在一代人中造就一个符合时代要求的鲁迅形象，还要调动各种形式。当时采用的手段主要有二：一是通过媒体进行宣传，在鲁迅诞辰、忌日等纪念日发表有现实针对性的纪念文章，塑造一个符合时代需要的鲁迅；二是通过学校教育，根据需要选择鲁迅的文章编入课本，通过体制化的普遍灌输，造就一代人关于鲁迅的知识基础。除此之外，就是文艺形式，电影的覆盖面和影响力当然会被首先想到。因此，把鲁迅拍成电影，就必然要提上议事日程。早在1956年，有人就拍过一部《鲁迅的生平》，但那是纪录片，拍的只是一些实物，并没有把鲁迅的形象搬上银幕。从宣传教育的效果看，当然需要拍出更受观众欢迎的故事片。正因为这样，从1960年初开始，电影《鲁迅传》的拍摄工作开始启动。经过精心的准备，花费了大量人力物力，最后，电影却以流产告终，留给历史的，只是反复修改的电影文学剧本、一次次的修改记录，和各方面的修改意见。面对这样一堆材料，就像面对一个半途而废的建筑工地，难免让人叹息。不过，就是这堆废弃的材料，却包含了丰富的历史文化密码，为我们认识那个年代的文化，认识鲁迅在当时的命运，认识文化掌控者内心的奥秘，提供了宝贵的材料。本文所进行的，只是一些粗浅的清理。

一、可观的阵容与充分的准备

电影是在1960年初由上海电影局、上海天马电影制片厂开始筹备的。

作为第一部鲁迅传记电影，它被国务院文化部、上海电影局确定为重点片，受到了高度重视。所以，一经获得批准，很快就组成了一个实力可观的队伍：陈白尘、叶以群、柯灵、杜宣等集体编剧，陈白尘执笔，于伶担任历史顾问，陈鲤庭执导，赵丹饰鲁迅，于蓝饰许广平，孙道临饰瞿秋白，蓝马饰李大钊，于是之饰范爱农，石羽饰胡适，谢添扮演阿Q……

为了拍摄《鲁迅传》，剧组曾走遍全国各地，进行访谈，召开座谈讨论会，广泛征求意见。2004年，就在丁荫楠执导的《鲁迅传》即将开拍的消息传出不久，上海作家陈村公布：他在网上购得一册1960年上海天马电影厂内部资料《〈鲁迅传〉创作组访谈记录》。在这本油印的资料中，汇集了茅盾、巴金、夏衍、沈从文、许广平等数十位文化名人的访谈记录，是1960年3月至6月间创作组在北京、上海、广州等地走访和座谈的结果。从中可见当时各界的高度关注和创作者的严肃认真态度。

作为鲁迅的饰演者，赵丹曾经回忆说："听说文化部计划中要拍摄影片《鲁迅传》，预定在1961年9月鲁迅诞辰80周年时公映。前期筹备的任务交给了陈鲤庭，而且叶以群已经写出了剧本的初稿。于是，1960年我先在北京毛遂自荐地向陈鲤庭提出，我要演《鲁迅传》里的鲁迅！回上海，更进一步地向组织硬要下这个任务。文化部、上海电影局确定建立重点片《鲁迅传》筹备组，由陈白尘、叶以群、柯灵、陈鲤庭等编写剧本上下集，于伶担任历史顾问，并明确宣布由我主演鲁迅。我得到了自己最倾心的角色演，浑身经脉都舒畅，兴奋得不得了，就像换了个人似的。"[①]为了演好鲁迅，赵丹曾多次到与鲁迅有关的绍兴、北京、广州等地深入生活，甚至完全沉浸于鲁迅的生活情景之中，体验鲁迅的日常生活习惯和趣味。比如用"金不换"毛笔写字，抽烟抽到根，用小酒盅喝绍兴黄酒。他还把家里变成了"鲁迅的书房"，一张写字台不但被鲁迅当年使用的那种毛笔、墨盒、八行红格纸占据，还挤满了糨糊、竹条、瓦片等。他还学着像鲁迅那样亲自动手装订图书和画册、补裱残旧古书……

关于这部电影，高层领导人也非常关心。周恩来亲自过问，发表过原则性的意见。由陈村购得的油印材料可见，柯灵、陈鲤庭传达过周恩来的指

① 赵丹：《我与〈鲁迅传〉》，《新闻午报》2005年9月4日。

示："总理首先指示：鲁迅传影片应以毛主席在'新民主主义论'中对鲁迅的评价为纲……关于党的领导，总理指示应该写瞿秋白同志和鲁迅的战斗友谊；总理还提到内山，他说，这个人至今我们还没有完全弄清楚。"①

经过一段时间的努力，演员早已进入角色，导演和摄影也都做好了一切准备，剧本却迟迟不能定稿。剧本由陈白尘、叶以群、柯灵、杜宣、陈鲤庭集体创作，陈白尘执笔。这是一个由著名作家和著名理论家组成的班子，水平无须怀疑。但是，从现在我们能够看到的半部剧本的多种修改本的情况看，却实在不敢恭维。一遍又一遍，没完没了地修改，却不是越改越好，而是常常相反，越改越糟糕。最先发表于《人民文学》1961年第1–2期的稿本是第三稿。这一稿发表后，又经过两次修改，第五稿发表于同年的《电影创作》第6期。然后又经过多次修改，才于1963年3月由上海文艺出版社出版单行本。然而，直到最后，它也是只有上集而没有下集，只是半部《鲁迅传》。

二、关于剧本的内容

电影文学剧本《鲁迅传》的上集，反映的是鲁迅从1909年到1927年这十八年的经历。我掌握的材料不全，不知道电影为什么不写鲁迅童年在绍兴的生活，也不知道电影为什么不表现鲁迅在南京接受新思想的过程，更不明白为什么不去表现鲁迅在日本留学期间的人生选择和思想探索。这半部《鲁迅传》只表现了鲁迅在辛亥革命、五四运动、"三一八"惨案、"四一五"广州清党这几件大事件中的表现。其中反映五四时期的情节最多，比如新文化运动、五四学生爱国运动、鲁迅与李大钊、鲁迅与北京大学学生……都写到了。之所以写这些，大概因为这些事实比较清楚，也较少争议，是比较容易写的。回避不写的地方，都是比较难写的。后半部之所以一直没有出现，大概主要原因就在于鲁迅在上海那一段时间所必然要涉及的那些矛盾。尽管创作组的成员都是著名作家，具有很高的写作技术，但面对"左联"的解散、"两个口号"的论争、答徐懋庸信等重大问题，大概仍然难以落笔。尤

① 彭伦：《40年前〈鲁迅传〉访谈记录惊现》，《文汇读书周报》2004年7月12日。

其值得注意的是：此时的周扬虽然已经大获全胜，成了“文艺沙皇”，“左联”的历史可以按照他的意志书写，鲁迅的形象也可以任他打扮，在萧军、胡风、冯雪峰等都相继倒下之后，这已经不成问题，但是，因为最高领袖对鲁迅总是那么关注，他还是保持了足够的谨慎，所以，关于鲁迅的上海岁月，最好的办法还是暂且不写。

透过剧本的描写，我们可以看到那个年代在艺术处理上的一些特点。为了迎合政治的需要，剧本不能不对历史事实有所选择、有所遮蔽和改造，因而对鲁迅的活动也不能不有所选择和改写。在经历过1958年“文艺大跃进”并接受了“两结合创作方法”的作家那里，事实似乎并不重要，一切历史细节都可以通过所谓革命的浪漫主义得以实现。这种情况从各个方面都可以看到——

要写鲁迅在五四时期的活动，不能不写到一些人：同事、学生、朋友等。而这些人在后来有的跟了国民党，有的一直远离革命，鲁迅却与他们关系密切，怎么写呢？比如钱玄同，是他把鲁迅拉进了《新青年》集团，是他一次次去找鲁迅约稿，督促鲁迅写出了《狂人日记》，一步步成为新文学的主将。可是，钱玄同没有走向革命，而是“消沉了”。这种情况该如何处理？执笔者陈白尘也认为他应该在电影中出现，却不让他以真名出现，而用了鲁迅在《〈呐喊〉自序》中使用的名字：“金心异”。倒是周扬显得比较宽松，也比较通情理，发表了这样的意见：“这个人没有大问题，介绍一点知识给青年，用钱玄同真名也没有关系。他是五四时代的人么，不要丑化，也不是坏人。”对于那些国民党人和后来跟随了国民党的人，名字就不能在电影中出现了。从傅斯年、罗家伦这样的北大学生领袖，到戴季陶、朱家骅这样的人物，都要想办法处理。傅斯年与罗家伦合成一个，成为一个类型化的人物；戴季陶与朱家骅合成一个，也是类型化的，名字就叫“戴家骅”。

与此同时，剧本极力突出了革命者和共产党人的作用。众所周知，鲁迅在1926年离开北京南下，虽然与“三一八”之后的北京局势有关，但主要原因却是爱情——为了与许广平的关系，他选择了离开北京，摆脱与朱安形式上的婚姻。但在当时，这样的事实却不能写，因为那不但没有意义，而且似乎贬低了鲁迅的形象，所以必须为他离京南下寻找政治理由。于是，一些细节被虚构了出来：李大钊到西三条拜访鲁迅，催促鲁迅“到南方看看”，体验一下那里的革命。同样，鲁迅1927年离开广州去上海，虽然与那里的鲜血有关，但主要还是个人的原因。但在当时，同样不能照实写，因为那似乎有损鲁迅的形象，所以必须处理为政治上的选择。剧本还虚构了这样的情节：共产党人敦促并护送鲁迅和许广平登上了前往上海的轮船。了解情况的人们都知道，鲁迅离开广州时非常孤单，只有一个名叫廖立峨的学生前去送行，而廖立峨不是共产党员。

在电影剧本中，鲁迅个人生活的一些内容没有出现。对于一般的人物和情节，作品当然可以取舍，但有一点让今天的人们看来大概说不过去：表现鲁迅在北京的生活，常常出现鲁迅家中的镜头。我们知道，鲁迅家里不仅有他的母亲，还有他的妻子朱安，在许多情节中，还应该有他的弟弟周作人。朱安的存在是无法忽视的，无论他们之间的感情如何，都是鲁迅那段生活无法回避的一个背景。然而，在这个剧本中，自始至终没有出现过朱安的影子。众所周知，在兄弟失和之前，鲁迅与周作人不仅住在一起，而且兄弟之间不是一般的亲密，许多事是一起做的，许多文章是一起写的。而在这个剧本中，也自始至终没有出现周作人。这样，鲁迅的生活就被阉割了。在这种不完整的生活基础上，很难再现一个完整的鲁迅形象。

这种情况的出现并非偶然，而是时代风尚的集中反映。在剧组进行访谈的时候，就连巴金也发表了这样的意见："有些人物可以取消，如许寿裳作用不大，可以略。凡是合乎鲁迅性格的，可以创造一些，不必完全拘泥于事实。对反派人物，可以夸张一下，可以加一些东西进去。有些人物可以集中概括。有些人物，与戏关系不大的，可以不要。写鲁迅主要是写他的思想发展，私人生活可以精练一点……"①

众所周知，鲁迅的性格和思想都是存在矛盾的。但在当时，电影文学剧本却不能表现人物的丰富性和复杂性，而是极力淡化那些矛盾，努力把鲁迅塑造成时代所需要的伟大的文学家、思想家和革命家。表现人的思想，电影的形式本来就受很大的限制，仅仅依靠画面是不够的。电影为了使鲁迅高大，干脆采取了回避的方式，思想感情中的矛盾都不存在了。

与此同时，剧本原稿虚构了一系列情节，比如，写了李大钊向鲁迅讲革

---

① 彭伦：《40年前〈鲁迅传〉访谈记录惊现》，《文汇读书周报》2004年7月12日。

命道理，写了鲁迅在“三一八”的幕后活动，写了他与许广平一起参加学生运动，写了他在广州与陈延年的来往，写了他阅读毛泽东的《湖南农民运动考察报告》，写了他在船上听到毛泽东领导秋收起义的消息……事实上，这一切都毫无根据。多年来鲁迅研究的成果证明，鲁迅谴责惨案的制造者，却并没有参与“三一八”的幕后活动；鲁迅与党的领导人陈独秀是老朋友，但与他的儿子陈延年在广州是否有交往，却没有史料证明；至于鲁迅读《湖南农民运动考察报告》，完全没有任何根据。但是，在当时的风气中，电影编剧已经习惯了向着革命的方向虚构，正在形成之中的“高、大、全”和“假、大、空”模式在电影剧本中得到了充分体现。

所以，那部《鲁迅传》如果当时拍了出来，给予观众的，也是一个片面而虚假的鲁迅。

三、关于周扬的修改意见

在剧本的修改中，周扬曾经多次谈话，进行具体的指导。他的意见本身的内涵丰富而复杂，放在特定的背景下，更显示着特别的意味。

在1961年3月17日的谈话中，周扬说：“鲁迅的道路有他的特殊性，他是从民主主义到共产主义的，确实有他自己的道路，经过了很长的摸索。他自己引了屈原的两句话：‘路漫漫其修远兮，吾将上下而求索。’上下求索，道路很长，他是深刻的思想家。写鲁迅找到革命道路容易了，看起来就不够真实。现在有个倾向，写历史人物写得过分的革命化了。鲁迅当然是革命的了。但过分革命化的结果，就会不真实。”①

让后人惊奇的是，竟然是周扬在强调艺术的真实性！竟然是他在反对拔高人物，反对把人物写得“过分革命化”！如果单从字面上看，真应该为周扬叫好。那个年代的文艺的确有这样的倾向，把历史人物写得过分革命化，无论什么情节，总要努力向革命引申，结果是导致了不真实。从周扬的批评，可以看到电影文学剧本存在的问题，即使在他提过批评意见之后的修改

---

① 周扬：《和电影《鲁迅传》摄制组创作人员的谈话》，《电影艺术参考材料》1961年第4期。

本中，也仍然存在把鲁迅过分革命化的问题。这是那个时期文艺作品共同的毛病，也是一直难以克服的毛病。周扬反对把人物过分革命化，反对把人物拔高，真是非常难得。

但是，面对周扬这种意见，任何熟悉周扬与鲁迅关系的人都不能不注意到一个问题：周扬是在反对所谓革命浪漫主义的弄虚作假和拔高人物吗？他是反对文艺把历史人物过分革命化，还是单单反对把鲁迅过分革命化？他不愿意看到电影拔高鲁迅，背后的原因是否仍然是历史的恩怨？在“文革”时期，有人抓住这一点，说周扬恶毒攻击和污蔑鲁迅、妄图贬低鲁迅的形象，固然是欲加之罪，但是由周扬出面反对拔高鲁迅，的确难逃这种嫌疑。

还是在这次谈话中，周扬又说：

> 鲁迅关于人民讲过两句话，“哀其不幸，怒其不争”。我很欣赏这两句话。这两句话一面说明了鲁迅的伟大，一面也表现了鲁迅的局限性。
>
> “哀其不幸”是他同情闰土、祥林嫂、阿Q……
>
> “怒其不争”则不尽然，人民在“争”。太平天国、义和团在“争”了，包括历代的农民起义。因为他没有看见这一点，因此他也没有能够表现这个方面。
>
> ……
>
> 《摩罗诗力说》《文化偏至论》是启蒙主义的杰作。当时主要是想搞思想革命。农民革命问题他还没有看到。他就是认为农民还没有起来，还没有斗争，因此——“怒其不争”……
>
> 有些人写古代人物，用了现代人的思想感情。“古为今用”，这一点用意很好，但决不是把古人变成今人。如果把古人写得那么好，我们现在亦不过如此，不是反而贬低了现在吗？……①

这段话的最后一小段，看上去拐了个弯，离题说古代人物去了，其实并

① 周扬：《和电影〈鲁迅传〉摄制组创作人员的谈话》，《电影艺术参考材料》1961年第4期。

未离题，前后意思是连在一起的。他反复叮咛的是：写鲁迅对革命的认识，不要超过当时的实际，不要无限拔高；鲁迅也上过当，受过骗，后来在上海就被胡风骗了；写鲁迅，要写出他摸索的艰难，写出他的发展。关于鲁迅性格，他强调了两点："一个要写出他性格中的丰富性；一个要写出他性格的发展。这样才能写出鲁迅的真正面貌，真正伟大之处。"[①]但明眼人不难看出，写出鲁迅的"真正伟大之处"是虚的，而不能把鲁迅写得太高才是实的，关键在于"如果把古人写得那么好，我们现在亦不过如此，不是反而贬低了现在吗?"，这里的"现在"也就是"我们"。这"我们"当然不能具体化为"周扬"，但可以具体化为"毛主席"和"我们党"，而后者当然包括周扬。说到底，鲁迅不能高于"我们"。而鲁迅最重要的问题，就在于"怒其不争"。周扬举出足够的证据说：人民不是不"争"，而是"争"了，鲁迅没有看到，是他自身的局限性。他写了农民的消极面，没有写出农民的革命性。周扬还特别谈到了阿Q：

> 阿Q想投革命，最后被反革命所杀。因此尽管有千条缺点、万条缺点，只要有了"要革命"这一条，就当作同志对待，是阿Q同志，不是阿Q混蛋。[②]

周扬在发言过程中问："阿Q还有没有别的优点?"陈白尘回答说："阿Q真能做，劳动好。"周扬说："很好，还有一条劳动好。这两条很重要，一条要革命；一条肯劳动。有了这两条，阿Q就站住了。其他都是缺点。毛主席对阿Q的估价，还是当他革命的。在电影上阿Q的确很难表现，我看把阿Q搞得引人同情好一些，不要使人有厌恶之感。"[③]

这段话非常重要，它所透露的，是当时的意识形态对于阿Q阶级身份的认定，是权威对于阿Q的态度。无论阿Q有多少弱点，只要有"要革命"这一条，又"肯劳动"，那么就是"阿Q同志"。既然是"阿Q同志"，人们就应该首先考虑自己的立场和态度。那么，就只能批判假洋鬼子不准阿Q革

---

①②③ 周扬：《和电影〈鲁迅传〉摄制组创作人员的谈话》，《电影艺术参考材料》1961年第4期。

命，而不能批判阿Q不准小D革命；就要批判辛亥革命脱离群众，没有让阿Q走上革命道路，而不能批判阿Q和革命理想。否则，就是轻视群众、污蔑群众、打击群众的革命精神。按照那个年代的见解，资产阶级领导的革命忽视了农民的要求，把皇帝赶下龙廷，却没有给人民带来利益。赵秀才与假洋鬼子串通一气挂出了革命的招牌，而要革命的阿Q却被拒绝在革命的门外。如果讽刺和打击阿Q，也就站到了赵秀才和假洋鬼子的立场上。

在1961年3月19日的第二次谈话中，周扬讲了这样一个重要内容："民主主义者、革命的民主主义者和共产主义者的区别也在这里。能'哀其不幸'的，是民主主义者，同情不幸的人，同情下层人，人道主义；'哀其不幸'再加'怒其不争'的是革命民主主义者，如鲁迅就是这样，主张要起来反抗；而发现农民的斗争力量的，那就是共产主义者了。当时已经有农民在斗争了，民主主义者、人道主义者没有看到，包括革命的民主主义者和革命的人道主义者都没有看到。唯一能看到这一点的是共产主义者，真正的马克思主义者，毛主席就是这样的人。"在当天晚上的谈话中，周扬又说："对于农民运动的认识问题是个很大的问题。鲁迅比其他作家对农民有更多的了解，但是不是已经真正看清楚农民的基本问题了呢？那还没有。在辛亥革命以前他是启蒙主义者，他认为根本问题是要启蒙，要农民起来，'怒其不争'，是怒其还不觉悟。他看到了农民被几千年的封建礼教统治，'蒙'么，不觉悟么，要启蒙，强调知识，知识启蒙，'精神界之战士'，鲁迅的伟大在此。至于要真正认识农民问题的根本是要解决土地问题，推翻地主的统治，武装起来等等，不是容易的。只有真正的革命家深入到农民中去了才能认识的。……真正把农民问题提到理论高度的是毛主席。"[①]

周扬这两段话讲得很巧妙，他在歌颂毛泽东的同时把鲁迅与毛泽东进行比较，含蓄而明确地指明了鲁迅的位置：他只是革命的民主主义者，无论多么伟大，都比共产主义者和真正的马克思主义者低了一个层次。鲁迅没有认识到农民问题的根本是解决土地问题，因而没有能够参加打土豪、分田地的事业，这是人们不能不承认的。

---

① 周扬：《和电影〈鲁迅传〉摄制组创作人员的谈话》，《电影艺术参考材料》1961年第4期。

仔细品读周扬的谈话，既可以感受到那个时代的意识形态力量，又可以体会到周扬个人面对鲁迅时的复杂心理。周扬的意见主要集中在两点：第一，不要把鲁迅写得太高，要写出他摸索的过程；第二，不要把鲁迅写成革命家，应该主要写他的作家身份。应该承认，他的意见非常合理，所以演员赵丹也非常赞成。赵丹在1961年为《人民中国》杂志写过一篇题为《艺术家要用自己的语言说话》的文章，其中就删节毛泽东对鲁迅的三个“家”五个“最”的评价。他当时还在笔记本上写道：“无论如何不能抱着主席夸赞鲁迅的几个伟大去创造角色，那就糟了，必须忘掉那几个伟大。”[①]需要注意的是，这正是周扬等人所要的。

然而，接下来的事实是：电影《鲁迅传》一直没有上演。关于电影的流产，一般的说法是遭到了无法抗拒的政治压力：“当时江青开始访问中国有名的京剧团，劝他们多演现代戏、适合社会主义阶段的戏。同时在上海文艺界元旦联欢会上，市长柯庆施提出‘不要写古人、死人，要大力提倡写十三年——大写十三年’。所谓十三年就是1949年建国以来的十三年。样板戏的时代即将到来。在文艺依附政治而生的那个年代，在‘大写十三年，大演十三年’的政治压力下，《鲁迅传》摄制组被迫解散了。”[②]

其实，事情并不这么简单。江青也罢，柯庆施也罢，虽然提倡“大写十三年”，但并未排斥现代历史，这是样板戏的取材可以说明的，《红灯记》《沙家浜》《智取威虎山》等写的都不是“十三年”。应该说，《鲁迅传》的流产原因复杂，周扬派的鲁迅形象是否能被普遍接受是重要原因。对于周扬来说，最好的时机错过之后，气运由盈转亏，开始失掉领袖的信任，按照他的意志塑造鲁迅形象的年代已经过去了。取代周扬的意识形态掌控者当然需要自己的鲁迅形象，但拍电影的条件却一时难以成熟。而且，历史最终也没给他们机会。

① 黄宗英：《痴迷二十年，赵丹只为演鲁迅》，《文汇影视》2004年3月6日。

② 徐海屏：《濮存昕：电影〈鲁迅〉是我的天赐之福》，《时代人物周报》2005年4月14日。

1978：“拨乱反正”中围绕鲁迅的纷争

“文革”结束之后，平反昭雪，拨乱反正，“文艺黑线”不再成立，文艺界领导人陆续“归来”，文坛再次经历历史性的大转换。就在这时，围绕鲁迅发生了一场纷争，从前台到幕后，曾经闹得沸沸扬扬。关于这场纷争，有人曾斥之为意气之争，有人则在僵化与保守的框架中进行分析，都与事实距离甚远。事实上，它既包含历史的恩怨，又体现着新的时代矛盾和不同的道义承担，有丰富的时代文化内涵，所以，对其进行回顾和探索，对于认识我们走过的道路，显然不是多余的。

一、重评“两个口号”

重评“两个口号”的活动是1978年初正式开始的。文艺界推倒“文艺黑线专政论”，必然要涉及20世纪30年代文艺的重新评价，也必然要涉及“两个口号”的论争。1977年末到1978年春，北京连续举行了三个相互关联的讨论会，一个是“革命文学论争”讨论会，一个是“左翼作家联盟”讨论会，还有一个就是关于“两个口号”的讨论会。关于“两个口号”的讨论会以北京大学、北京师范大学和北京师范学院的名义发起，1978年4月在北京大学举行。据朱容回忆：“在会上发言的人，大多是四十多岁的年轻学者。为什么呢？因为我们都年轻，思想稍稍解放一些；还有一点是，我们都没有挨整的经历，也没有像老同志那样在等待结论。所以，有些创见。参加会议的老同志，对我们的做法是很欢迎的。老作家沙汀同志对我说：‘我们都老了，你们很年轻，有思想，说出了我们不能说或不敢说的话。’”[①]其实，会上更引人注意的，并不是学者的发言，而是夏衍、沙汀等老一代的发言及其态度。

当时的沙汀是中国社科院文学所的所长，荒煤是副所长，他们都是“左联”的成员，在两个口号的论争中都是“国防文学”的支持者。1978年初，这些人大多还顶着“反鲁迅”的帽子。洁泯在关于荒煤的回忆中曾经说过：“1978年我遇见他时，没几句寒暄，他就憋不住地讲了自己结论中还有尾巴，说是有反鲁迅的错误。他大声说，我什么时候反过鲁迅？哪篇文章哪次讲话有过反鲁迅的话？毫无根据地给我留下了这尾巴。”[②]正因为这样，面对重评“两个口号”的讨论会，他们不仅积极支持，并且会后立即把几份发言拿到他们主编的《文学评论》上发表。

1978年5月9日，陈荒煤为发表会议发言而给周扬写信：“送上有关两个口号论争的文章三篇，都是北大等三校座谈会上的发言……我们准备在《文学评论》三期发表两三篇。夏衍、沙汀同志是当事人，他们的文章可放在后一些发表，夏衍同志说他的文章还要送你看。这些发言，已在各地传播，而且还存在分歧。这些问题不澄清，现代文学史无法写，课也无法讲……”周扬读过之后立即做了“同意发表”的批示。于是，《文学评论》一次发表了三篇文章：朱容的《还历史的本来面目——学习鲁迅关于“国防文学”的论述》、杨占升的《评两个口号的论争》、唐沅的《关于一九三六年两个口号论争的性质问题》。这些文章都在努力推倒“文革”当中对周扬等人的认定和评判，重新肯定“国防文学”的口号。它所面对的，是“文革”时期流行的叙述正是因为那种叙述，把周扬和他的追随者划入“王明右倾机会主义路线”，进而送进了地狱；因此，在结束“文革”之际，重新评价“两个口号”，应是平反昭雪和拨乱反正的题中之义。

论及对“两个口号”的重新评价，与之同时发生的几件事是值得注意的。

其一是王韦的信。1978年4月，就在重评“两个口号”的会议在北京大

---

① 徐庆全：《新时期“两个口号”论争评价的争论述实（一）》，《鲁迅研究月刊》2003年第8期。

② 洁泯：《荒煤乘风而去》，《忆荒煤》，中国电影出版社1997年，第16—17页。

学召开之际，徐懋庸的夫人王韦写了一封信。王韦当时在中国社会科学院文学研究所工作，因而信是写给文学研究所领导人沙汀和陈荒煤的，但要求他们转给周扬。王韦的信中说：1977年12月28日中央专案审查小组给徐懋庸的政治历史问题做出了第二次结论，其中仍然保留了“徐懋庸在三十年代，积极执行右倾投降主义路线，鼓吹‘国防文学’，攻击鲁迅”的说法。她不能接受这个结论。为了让中央了解情况，她从徐懋庸1972年写的关于延安生活的回忆录中找到了毛泽东对“两个口号”论争的看法。徐懋庸在回忆中说，他于1938年3月到延安，5月中旬写信给毛泽东请求接见。毛泽东第二天就回了信，并且很快派秘书先来初步了解了情况，然后于5月23日左右的一个下午在住处听取了徐懋庸的汇报。毛泽东听完汇报后发表了自己的看法。根据徐懋庸所记，毛泽东谈了六点，其中重要的是三点：“二、我认为，首先应当肯定，这次争论的性质，是革命阵营内部的争论，不是革命与反革命之间的争论。你们这边不是反革命，鲁迅那边也不是。”“三、这个争论，是在路线、政策转变关头发生的。从内战到抗日民族统一战线，是一个重大的转变。在这样的转变过程中，由于革命阵营内部理论水平、政策水平的不平衡，认识有分歧，就要发生争论，这是不可避免的。”“五、但是你们是有错误的，就是对鲁迅不尊重。鲁迅是中国无产阶级革命文艺运动的旗手，你们应该尊重他。但是你们不尊重他，你的那封信，写得很不好。当然，如你所说，在某些具体问题上，鲁迅可能有误会，有些话也说得不一定恰当。但是，你今天也说，那是因为他当时处境不自由，不能广泛联系群众的缘故。既然如此，你们为什么不对他谅解呢？”[①]徐懋庸回忆说，毛泽东还让他去找陈云汇报，陈云又让他去找李富春汇报。他们的看法与毛泽东的指示是一致的。其实，这种说法与“文革”之前的调子基本相符：“两个口号”都是革命的，是内部的争论，同时，双方都有缺点，比如宗派主义等。因此，徐懋庸记下的几点很适合“回归十七年”的需要。

1978年9月5日，王韦的这封信到了中央组织部。因为信中要求请陈云证明徐懋庸回忆的真伪，工作人员把信转给了陈云。9月11日，陈云致信胡耀邦，认可徐懋庸的回忆，并建议组织部对20世纪30年代上海文艺界的问

① 徐懋庸：《我和毛主席的一些接触》，《新文学史料》1981年第1期。

题做出经得住历史检验的结论。胡耀邦把陈云的信转给中宣部，中宣部立即执行，调查的对象首先就是周扬。当时在中宣部文艺局工作的荣天屿在回忆周扬的文章中说：“听我们传达了陈云同志关心上海文艺界三十年代的问题的意见后，很兴奋也很激动，立即深有感触地说，陈云同志的意见很重要，要把这些问题放到当时历史环境中去考察。我们这些人当时主要是对鲁迅的伟大不够认识，对鲁迅不够尊重。认识一个伟大的人物，伟大的思想，伟大的真理是有过程的。‘四人帮’最大的颠倒是非，就是把我们和鲁迅先生在两个口号问题争论这种人民内部的争论，说成是敌我矛盾，说成是阴谋。”①

其二是沙汀和荒煤主持编辑的《“两个口号”论争资料集》和《左联回忆录》。陈荒煤于1978年3月到文学研究所，4月份出任副所长，9月即编成了《“两个口号”论争资料集》。如此高效率工作，可见内在的积极性。涉及鲁迅，他们的态度是谨慎的。在编辑《“两个口号”论争资料集》的时候，编者进行了广泛的搜集，但在交付出版社时，并没有保留历史的全貌。从陈荒煤给周扬的请示信中，可以看到这样的话：“关于两个口号论争的资料，已收集整理，准备交人民文学出版社出版，经我最后查阅，有几篇文章，我觉得不编进为好。虽是事实、史料，但容易引起误会。特别是涉及鲁迅的，暂时还难以被人了解。因此，送你一阅，请你考虑是否删去？”②与此同时，他们成立了《左联回忆录》编辑组，开始向当年的“左联”成员广泛征稿。荒煤、沙汀联名的约稿信说：“‘左联’在中国现代文学史上有着不可磨灭的功绩。然而，在‘四人帮’专横时期，出于篡党夺权的需要，恣意抹杀它的功绩，大肆攻击、陷害经过长期革命斗争锻炼而幸存下来的‘左联’同志。为了彻底澄清‘四人帮’制造的混乱，恢复历史本来面目，给‘左联’以科学的历史地位；为了继承‘左联’的光荣传统，以利于我国社会主义文艺事业的繁荣和发展，我们认为在纪念‘左联’成立五十周年的时日，参加‘左联’的同志能将自己的亲身经历和所见所闻，写成回忆录，是十分必要的，有意义的。”③

---

① 荣天屿：《他的一个未了心愿》，《忆周扬》，内蒙古人民出版社1998年，第497页。

② 徐庆全：《新时期“两个口号”论争评价的争论述实（一）》，《鲁迅研究月刊》2003年第8期。

③ 林焕平：《荒煤不荒，永放光芒》，《忆荒煤》，中国电影出版社1997年，第21—22页。

显然，他们所进行的，是20世纪30年代文学史的再造工程。这个工程的重点是重新确立“左联”及其领导人的地位。在这个工程的实施过程中，大多数人当然不会直接去碰鲁迅，但面对鲁迅和周扬等人的矛盾，出于为周扬平反的需要，却很少有人站在鲁迅的立场上思考问题。这就使当年论争的另一方——鲁迅、胡风、冯雪峰处于非常不利的地位。在历史的舞台上，常常出现这种不在同一起跑线上的竞争。当周扬和他的追随者们重返主流、占据中心、重写历史的时候，作为论敌的另一方，鲁迅早已作古，冯雪峰也已去世，活着的只有胡风，冤案尚未昭雪。很明显，历史上矛盾的双方，离去的时间不同，归来的时间也不同，一方迟迟不能归来，一方捷足先登，时间差造就了优势与劣势。捷足先登者自然要按照自己的意志“拨乱反正”，重写文学史。这是公平的吗？是鲁迅、胡风、冯雪峰的追随者和同情者能够认可的吗？潜在的矛盾是必然要爆发的。

二、冯雪峰的“材料”与茅盾、夏衍的文章

“拨乱反正”，重写历史，让鲁迅和20世纪30年代的文学史都恢复“文革”之前的状态，这似乎不成问题。可是，周扬和他的追随者们没有想到，他们的努力遇到了麻烦，进展很不顺利。最先引发纠纷的还不是鲁迅派的追随者，而是冯雪峰“文革”时期写下的一份“交代材料”。冯雪峰已经去世，这份材料本应默默沉睡在某个角落，但因为重评“两个口号”的努力正在向着更不利于鲁迅、胡风、冯雪峰的方向发展，这份本来不应为一般人知晓的材料开始流传。

“文革”时期，由于《纪要》对20世纪30年代文艺的评价，周扬等人及其“国防文学”成了批判的对象。适应运动的需要，一个“工作团”以上级需要的名义要求冯雪峰把周扬等人在1936年的表现和鲁迅提出“民族革命战争的大众文学”口号的经过写一写。冯雪峰于1966年8月10日写了这份材料，并于1972年做了修订，成为后来流传的《有关1936年周扬等人的行动以及鲁迅提出“民族革命战争的大众文学”口号的经过》。

1978年夏天，这份材料传到了茅盾的手上。作为20世纪30年代上海左翼文艺界矛盾的当事人，茅盾看后大吃一惊：原来“民族革命战争的大众文

学”这个口号最先是由胡风提出的！这使茅盾有一种受了欺骗和侮辱的感觉，因为在过去的几十年中，他一直以为这个口号是鲁迅提出的，所以才表示赞同，并且在矛盾中徘徊摇摆。如果早知道是胡风提出的，他也许是另一种态度。①带着激动、气愤和复杂的情绪，茅盾写了《需要澄清一些事实》。此文有几点是容易引发争议的：第一，文章提到鲁迅博物馆访问他的谈话记录有错误，对其中的某些内容不再承认；第二，对冯雪峰表示了极大不满；第三，对胡风的看法仍然沿袭着1955年批判“胡风反革命集团”时的论调；第四，认为鲁迅受胡风蒙蔽，缺乏“知人之明”。

这样的文章本是周扬等人应该欢迎的，但在事实上却使他们非常为难，而且引来了很大的麻烦。茅盾把文章交给《文学评论》，陈荒煤把茅盾的文章和冯雪峰的材料一并交给周扬，请示是否可以发表，并且提出了这样几点：第一，冯雪峰的材料“还不宜公开发表”；第二，“公开说鲁迅被胡风利用，总不大好！有些人难以接受”。“关于民族革命战争的大众文学的口号为胡风先提，而现在仍认为两个口号并存，又是主席肯定两个口号都对，也不好。这一点也不宜公开说出去。”第三，“茅公文对民族革命战争的大众文学过去也写过拥护文章，现在又揭发早已知道胡风可疑，也对茅公不好”②。信的最后，荒煤建议把茅盾的文章交人民文学出版社准备出版的内部刊物《新文学史料》发表。周扬表示同意，于是稿子转给了人民文学出版社的负责人严文井，最后在《新文学史料》1979年第2期发表了出来。

1979年10月17日，茅盾又在《人民日报》发表文章提出：“鲁迅研究中也有‘两个凡是’的问题。”客观地说，在那个思想解放的时刻，反对神化历史人物，是有积极意义的，但面对“两个口号”的论争和它遗留的历史问题，茅盾的举动却使一些人非常反感：在20世纪30年代，你是鲁迅派的支持者，尽管有点摇摆不定；而在当前，鲁迅去世了，冯雪峰、胡风似乎都有问题，周扬等人又坐到了台上，你就这样去迎合权势者吗？

面对冯雪峰的材料，另一个做出激烈反应的是夏衍。他看到材料后很快

---

① 韦韬、陈小曼：《父亲茅盾的晚年》，上海书店出版社1998年，第298—299页。

② 徐庆全：《新时期“两个口号”论争评价的争论述实（一）》，《鲁迅研究月刊》2003年第8期。

写了《一些应该忘却而未能忘却的事》，对冯雪峰的材料进行了反驳，并为自己和“四条汉子”申冤，指出鲁迅的说法不符合事实。他认为“国防文学”这一口号是正确的，而“民族革命战争中的大众文学”这一口号的提出是胡风的阴谋，导致了左翼作家阵营的分裂。楼适夷曾经回忆说，这篇文章本来准备继续在《新文学史料》上发表，是他提出，《史料》是个资料性刊物，不是论争性刊物，所以不要发表夏衍的文章。上级也同意了他的意见。但是，夏衍的文章最后还是在1980年第1期的《文学评论》上发表了出来。[①]关于这件事，聂绀弩在1979年9月写给胡风的信中说：“夏衍的文章送到《新文学史料》，编者不能作主，报中宣部请示，胡乔木说暂不发表，夏衍质问并力争，胡说可以发表。经副部长廖井丹批示：可以发表，但其他意见也可以发表。原稿发还人民文学出版社，社长交《新文学史料》，编者说，如果要发表，就要同时发表李何林回答茅盾的文章和吴奚如写的关于胡风的文章。社长表示同意。不过，几天之后，陈荒煤来把夏衍的文章要了去，要发表在《文学评论》上。”[②]

众所周知，夏衍与冯雪峰积怨太深，他对冯雪峰材料的反驳很难客观公正，因而引起了同情冯雪峰的人们的强烈反感。同时，夏衍的文章像茅盾的文章一样，谈及胡风仍然是1955年的调子，他和茅盾一样，都忽略了胡风的存在，他们似乎没有想到胡风也是可以平反的。这就导致了胡风同情者的强烈反感。

三、李何林等人的声音

茅盾和夏衍的文章引起了一连串反响。在此之前，对“两个口号”的重新评价虽然已经发生了矛盾，但矛盾并未激化，更没有在全国范围内形成对立。茅盾、夏衍的几篇文章发表之后，一场论争立即爆发了。

聂绀弩在致胡风的信中曾经这样描述对立双方的情况：鲁迅研究室李何林与文学研究所沙汀、荒煤对立，鲁研室拥有某种不利于文研所的材料；《新文学史料》牛汉也不赞同沙汀和荒煤的做法，也有某些材料；吴奚如已

① 楼适夷：《在一次作家座谈会上的发言》，《新文学史料》2002年第3期。

②《胡风与聂绀弩间的十封书信》，《武汉文史资料》2000年第10期。

经写了文章，就在牛汉手上。聂绀弩还说："口号问题起自教学。大学教现代文学史交代不了这个问题，于是就追究这个问题。有人回答：我们真不知是鲁迅提的所以反对，后来知道了就不反对了。这显然不解决问题，因为没有理论。人们要知道的是谁对，而不是谁提。谁提就反对，谁提就不反对，是建立于'国防'正确基础上的。如果人们以为'国防'正确，这个问题早就消灭了。听说夏公在某篇文或材料里有一句'鲁迅、冯雪峰、胡风'之类，后来又勾掉了。这事给我很多启发。二三十年代有些人读了几本与马列有关的文艺理论书，甚至于和党有了某种程度的联系，猛然趾高气扬目空一切反对既成权威，而鲁迅就是最大的权威，所以他们围攻鲁迅。这是口号以前差不多十年的事。……这些人中后来有的参与了党的工作，但围攻鲁迅一事并没有启发他们什么，反而认为是鲁迅常常在反党，其中包括冯胡，不知包括秋白否?"①

正如聂绀弩向胡风汇报的那样，首先站出来为鲁迅、冯雪峰辩护的是李何林。李何林并不反对重新评价"两个口号"，但对于重评过程中对鲁迅、冯雪峰、胡风等人的不公，感到难以接受。据袁良骏回忆，在1978年4月北京大学举行的会议上，就曾经发生过一件事：按照计划，最后一天下午发言的次序是：夏衍、冯乃超、沙汀、李何林、王瑶、川岛。夏衍的发言火药味十足："说来说去是胡风串通冯雪峰蒙蔽鲁迅，提出了'民族革命战争的大众文学'这一分裂主义的口号，否定'国防文学'的正确口号，挑起了'两个口号'的论争。"接下来是冯乃超和沙汀发言，观点与夏衍完全相同。就在沙汀发言的时候，主持会议的袁良骏接到通知：会议必须在沙汀讲完之后立即宣布散会。下一个发言者应该是李何林。众所周知，前面几位观点是一致的，只有到李何林这里，才会出现另一种声音。但在最后，大会还是在沙汀讲完之后就宣布散会了，李何林和他代表的那一派没有得到发言的机会。袁良骏在多年后回忆说："呜呼！事情这样了结了！一个好端端的学术讨论会被搅得不欢而散，百家争鸣、尊重不同意见的优良学风遭到了粗暴践踏！而我，却正是一名'行刑'的刽子手!"②由此可见，在1978年4月，新的主流

①《胡风与聂绀弩间的十封书信》，《武汉文史资料》2000年第10期。

②袁良骏：《对不住李先生的一桩往事》，《文学自由谈》2000年第2期。

是如何压制和防范另一种声音。

正是面对如此一系列新的问题，李何林站出来了。他写了《也来澄清一些事实》等一系列文章，为冯雪峰辩护，并以保卫鲁迅为己任。他指出这样一个事实："民族革命战争中的大众文学"这个口号并不是鲁迅提出的，而是胡风提出与冯雪峰商量之后由鲁迅认可的；胡风是"反革命分子"；冯雪峰是"右派"；鲁迅与"反革命"和"右派"站在一起。面对这样的事实，说鲁迅受蒙蔽，看上去是爱护鲁迅的，但它有一种杀伤力："你受坏人的蒙蔽，你没有'知人之明'，你'失察'。有人告诉你'胡风是内奸'，你不相信，你不是失察吗？所以有人就到处演讲，说这个'失察'的说法好得很！"[①]

对于茅盾的文章，李何林集中批驳的是以下几点：一是冯雪峰和鲁迅都被胡风所利用，鲁迅受胡风、冯雪峰蒙蔽；二是鲁迅缺乏"知人之明"；三是鲁迅研究中也存在"两个凡是"。在《需要澄清一些事实》中，茅盾说："那时候，鲁迅对'左联'一些人的作风也是不满的。暗藏的反革命分子胡风正是利用了鲁迅的这些不满。胡风之所以不迟不早，恰恰在冯雪峰到上海后的第三天就炮制了这个口号，是料想冯一定会赞成（冯与周扬的对立，胡风早已熟知），而且料想鲁迅一定尊重这位新从陕北来的特派员的意见。这样，胡风就达到了用这个口号来制造混乱、分裂当时左翼与进步文艺界的罪恶目的。我们现在根据这些事实，不能不坦率地说，当时不但冯雪峰为胡风所利用，鲁迅亦为胡风所利用。"与此同时，茅盾还提出了鲁迅缺乏"知人之明"的问题。他说："即使事情牵扯到鲁迅的知人之明，我们也应当实事求是。"茅盾用以说明鲁迅无知人之明的主要证据是他相信胡风，茅盾说："胡风之为暗藏的反革命分子，当时真个没有人指出来过吗？事实并不如此。鲁迅《答徐懋庸》信中，已经说，大约一年前，'四条汉子'约鲁迅在内山书店谈话时，就告诉鲁迅，胡风是国民党派来的，消息来源是被捕自首后释放的穆木天。鲁迅因其出于自首者之口，故断然不信……1935年下半年，我也对鲁迅说过胡风形迹可疑，与国民党有关系，而且告诉鲁迅，这消息是从陈望道、郑振铎方面来的，他们又是从他们在南京的熟人方面听来

①《李何林全集》（第1卷），河北教育出版社2003年，第104页。

的。但是鲁迅当时听了我的话，脸色一变就顾左右而言它。从此以后，我就无法与鲁迅深谈了，即鲁迅所谓对他‘疏远’了。我真不理解，胡风何以有这样的魅力，竟使鲁迅听不进一句讲胡风可疑的话。”①

针对鲁迅受胡风、冯雪峰蒙蔽和利用，鲁迅无知人之明的问题，李何林说：“鲁迅当时相信这两个人是有根据的，怎么是受蒙蔽和无‘知人之明’呢？想用无‘知人之明’来取消鲁迅对很多人的批评，是取消不了的！”②他又说：“我们要问：既有‘知人之明’又不‘失察’的同志们，为什么不早告诉党组织把胡风揪出来，而要等到二十年后的1955年才揭发呢？胡风既然被疑为内奸，为什么有‘知人之明’又不‘失察’的同志们在二十年中一直不把胡风当内奸对待呢？为什么在1955年以前对胡风只限于文艺思想的批判呢？为什么解放以后还要给胡风以较高的政治地位呢？”③

值得注意的是，李何林的文章于1979年3月15日送交《新文学史料》编辑部，曾经计划在第四期发表，但到了5月底，却接到通知说不能发表。最后，文章只能编入鲁迅研究室自己的刊物《鲁迅研究资料》第四辑，到1980年才得以印出。

面对茅盾提出的“鲁迅研究中也有‘两个凡是’”的问题，李何林也多次予以反驳。他认为这个问题根本不存在。“谁说鲁迅骂过的人就一定糟糕？鲁迅骂过章士钊，批评过李四光，他们的情况怎样？谁说过鲁迅赏识的人就一定好到底？鲁迅赏识胡风和冯雪峰，他们两人一个是‘反革命’，一个是‘右派分子’，谁保证他们好到底了？”他说：“借反对‘神化鲁迅’之名来贬低鲁迅，或在鲁迅这个光辉的名字上抹黑，是徒劳的！”④“贬低、伤害一个死去四十多年、不能再写《答徐懋庸并关于抗日统一战线问题》那样的反驳信的鲁迅，我看他们不是英雄。”⑤

尤其值得注意的是，李何林还于1979年11月12日直接给周扬写信，坦率地指出：“对30年代文艺问题，尤其是对‘两个口号之争’，你还承认有缺点错误，‘不敢要领导权是右倾’‘有右倾问题’。而有些人就把‘国防

① 茅盾：《需要澄清一些事实》，《新文学史料》1979年第2期。

②③④⑤《李何林全集》（第1卷），河北教育出版社2003年，第83页，第190页，第150页，第79页。

文学’说得很好，毫无缺点错误，那么鲁迅的批评就错了。……反对神化鲁迅，实际是想贬低鲁迅。”[①]他毫不掩饰自己的立场，似乎是决意要为“鲁迅派”鸣冤，甚至是新账老账一起算，向周扬质问道：“粗略计算一下：30年代的所谓‘鲁迅派’青年作家和鲁迅接近的人，在延安，在五六十年代，被批被整的不少，而30年代和你们接近的‘国防文学派’的同志，被整的很少，而且大多得到较好的地位和待遇，是什么原因？早有人这样议论了。在这次小组会上有不少人说，单是轻描淡写地说：反右斗争时，对有些人批判错了，对有些人批得重了一些（大意），是不够的！不少人在未‘改正’前被迫害死了，其余的则非常艰难地度过了历经精神折磨和物质痛苦的二十多年岁月，比你我在‘文化大革命’中所受的远远重得多！自然，1957年的事，你是迫于情势，不能由你完全负责，但为什么其中有些人是和你在30年代有矛盾或‘鲁迅派’呢？你是领导文艺界的反右的，不能在这次报告中作一点较深刻的、触一触痛处的自我批评吗？你和大家的疙瘩今后怎么解开呢？”[②]在给友人的信中，李何林也多次说：“《文学评论》夏公之文……直接搞雪峰，间接搞鲁迅……对两位死人何以如此仇恨？”[③]

就在李何林发起反击的时候，楼适夷、吴奚如也不再保持沉默，楼为冯雪峰辩护，吴为胡风说话了。

楼适夷曾经一厢情愿地做过息事宁人的工作，比如在冯雪峰病危之际试图促使他与周扬和解，比如怕扩大事态而反对发表茅盾的文章和冯雪峰的材料。但是，他与冯雪峰有很深的感情，当茅盾和夏衍的文章发表之后，他开始为冯雪峰不平。他一边给周扬写信，希望周扬能够忘掉过去的恩怨，见没有效果之后，他写了《为了忘却，为了团结》，为冯雪峰辩护。见夏衍文章在《文学评论》发表，他也把文章寄给了《文学评论》，但他的文章没能发表，编辑部提出了修改意见，并且告诉他：胡风的问题中央正在研究解决，在这期间不要公开讨论。楼适夷拒绝修改，只有把文章交给鲁迅博物馆鲁迅研究室编的内部刊物《鲁迅研究动态》。

---

①②《李何林全集》（第5卷），河北教育出版社2003年，第354—355页，第356—357页。

③ 李何林：《李何林致王仰晨信（1981年3月1日）》，《鲁迅研究月刊》2007年第4期。

楼适夷后来说，他的文章发表之后，曾经有五个刊物来找他，想要转载，最后是《现代文学研究丛刊》拿去公开发表。而在《现代文学研究丛刊》准备发表这篇文章的时候，有人到编辑部说不能发表这篇文章，编辑问为什么，来人不说，只是要求不要发表。编辑认为既然没有理由，还是坚持要发表。可是，上级机关下令，出版社还是将已经排好的稿子抽掉了，同样不讲什么理由。楼适夷说：“命令是上级机关来的，这个时候就是周扬同志刚回到中央宣传部任副部长原职的时候。当时，出了一个中央宣传部八号文件，文件里说，凡是有关胡风的问题，中央正在研究，调查，解决过程当中，不拟公开谈论。我研究了一下这个文件，它的理由，它的语气是同《文学评论》编辑部的退稿信差不多，几乎是一样的。为什么退稿信变成了宣传部文件?”楼适夷还谈道：“七月份，我从青岛回来，中宣部文艺局副局长李英敏同志特地跑到我家里来对我说：‘中宣部、书记处都关心革命文学运动若干历史问题的一些情况，希望在党的统一领导下，经过调查研究，各方面提供材料，用开座谈会、办内部刊物的方式来解决这些问题，而不要现在以公开的方式互相辩论。’我完全拥护这个精神。本来，我也不主张公开。这对安定团结有什么好处呢？我拥护这一点，只是先有了夏衍同志公开发表的那篇文章，才不能不公开表示不同意见。我问他，为什么夏衍同志的文章发表据说是得到中宣部同意的。他说，我们不知道。我说，为什么我的文章还没有发表就处处受阻。他说，我不知道。”①

吴奚如是胡风的同乡，对胡风有很深的了解。他本人1925年加入中国共产党，20世纪30年代曾在中央特科工作。正是他在中央特科时，让胡风成了中央特科与鲁迅之间的联络员。因为他在历史上对胡风的了解，所以在1955年胡风案件发生之后，他虽然不得不被迫批判胡风，但心里却怎么也想不明白，胡风怎么会成了反革命？茅盾的文章发表之时，吴奚如听说胡风早已不在人世。带着缅怀故人的伤痛之情，他在1979年4至5月间连续写下了《鲁迅和党的关系》《关于胡风这个人》两篇文章，为胡风进行辩解。他的文章是为《新文学史料》写的，写完之后，却与李何林、楼适夷的文章一样不能发表。后来，前文发表在武汉的《芳草》，后文改题为《我所认识的胡

① 楼适夷：《在一次作家座谈会上的发言》，《新文学史料》2002年第3期。

风》，编入《鲁迅研究资料》第九辑，两年以后才得以印出。

1980年5月22日，吴奚如在给周扬的信中说：“据这次参加文艺刊物编辑会议的人传说：武汉市出版的《芳草》因登我那篇《鲁迅和党的关系》，受到了批评。这是冤枉。我这篇文章原是去年为《新文学史料》写的。因茅盾和雪峰的文章发表后引起了大争论，中宣部特做出决定，以后一律不登此类文章，待中央以后做出全面的结论。我和李何林都当然服从中宣部决定，不发表与争论有关的文章。而夏衍老兄则如何呢？他拒不接受中宣部决定，把他写的一篇《本应忘却……的往事》送《文学评论》发表了（就更引起许多人的不满和争论）。中宣部大概认为夏衍这样做不对，为公平起见，批准我和李何林的文章也可发表。《芳草》编者一月间要我写文章，我写不出，就把《鲁迅和党的关系》的打印稿交他们发表了。现在回头来看，到底错误的责任应由谁负呢？”说到他写这两篇文章的原因，吴奚如说：“去年四月间，有人告诉我：‘胡风已经死了。’同时，我又看到茅盾先生在《人民日报》及《新文学史料》发表的文章……因为我以为胡风真的死了，当看到茅公发表的这两篇文章后，反感极大！觉得茅公过分地丧失了长者风度，何必鞭打雪峰和胡风的死尸呢？！”①

四、一个简单的结语

综上所述，矛盾的发生是必然的：一段荒谬的历史结束了，适应新的时代要求，思想文化界也需要“拨乱反正”。但是，“正”在哪里？人们的认识并不一致。“文革”时期蒙受冤屈的“十七年时期”文坛领导人从监狱、农场、五七干校中归来，重新走上了领导岗位，自然要重写文学史，恢复十七年惨淡经营所造就的那个鲁迅。但“十七年时期”的鲁迅形象是在胡风、冯雪峰的冤案基础上形成的，是严重扭曲而且有失公道的。换句话说，它只能在胡风、冯雪峰被迫不在场的情况下才能产生。而“文革”结束之后的情况却有所不同：不仅周扬等人可以“归来”，而且冯雪峰的冤案也可以昭

① 徐庆全：《新时期“两个口号”论争评价的争论述实（一）》，《鲁迅研究月刊》2003年第8期。

雪，胡风的冤案也可以平反。众所周知，冯雪峰、胡风的追随者和同情者是不能接受周扬等人关于鲁迅的历史叙述的。如果关于鲁迅的"拨乱反正"只是回到"十七年时期"，他们当然不会同意。虽然他们的言说阻力重重，得不到及时的传播，但毕竟为我们留下了时代矛盾的面影。20世纪80年代中国学界的许多矛盾都源自不同的理想目标，关于鲁迅的纷争也体现了同样的问题。

雾海中的灯塔

一

众所周知，21世纪之交的中国文坛出现了一种告别鲁迅、否定鲁迅、甚至猛烈攻击鲁迅的现象。它的热闹景观当然与媒体的炒作有关，但事实并非由媒体制造出来的，而是时代文化的客观存在。年轻的有中国特色的“后现代”、年老的固有传统守护者、民族主义者与各种保守主义者，在一个特别的交汇点上终于走到了一起，共同反思激进主义。他们反思“五四”，批判启蒙，质疑新文化运动，因而自然要否定鲁迅。一些年轻人的出发点也许仅仅是要推倒偶像和挣脱一切精神羁绊，但因为鲁迅在过去半个多世纪中的特殊地位，很容易成为“推倒”的对象。一些严肃的学者也许仅仅是要指出鲁迅的某些局限与失误，却也无形中助长了这一潮流。因此，从20世纪90年代开始，对鲁迅的否定一步步形成高潮。一些人认为鲁迅彻底反传统，切断了中国文化的血脉，遗患无穷。一些人认为鲁迅会“诱发地震”[①]，甚至高呼：“我们的作家都像鲁迅一样就太好了吗？完全不见得。文坛上有一个鲁迅那是非常伟大的事。如果有五十个鲁迅呢？我的天！”[②]一些人说：“鲁迅是一块老石头……他的反动性也不证自明。”[③]有人认为鲁迅充当了帝国主义

---

① 王蒙语，见王若谷：《鲁迅诱发地震》，《中国青年报》1995年2月5日。

② 王蒙：《人文精神问题偶感》，《东方》1994年第5期。

③ 朱文：《断裂：一份问卷和五十六份答卷》，《北京文学》1998年第10期。

的文化买办，是为西方文化殖民服务的。其温和者认为，鲁迅的国民性批判来源于西方人的东方观，他拿来运用，却没有看到国民性批判中的西方霸权话语。“又由于他对封建文化的残忍与顽固痛之太切，便恨不得将一切传统文化打翻在地，故而他对传统文化的批判往往不分青红皂白。”[①]其激烈者则说：“我一想到这位导师说什么‘只读外国书，不读中国书’‘五千年只看见吃人’，我就觉得他正是‘乌烟瘴气的鸟导师’，误人子弟啊！”[②]这一切，的确构成一股颇为强大的潮流，使鲁迅面临空前的挑战。

但是，就世纪之交中国文化的整体图景而言，这只是一个侧面。在这一切发生的同时，文坛还存在另一侧面：在一些人那里，鲁迅不但没有被告别和否定，而且受到了空前的尊崇。一些人带着前所未有的情感凝望鲁迅，把他当作精神的灯塔，不约而同地向他聚集。他们追寻鲁迅的足迹，走上鲁迅的道路，倾听鲁迅的声音，张扬鲁迅的精神，对鲁迅表现出一种前所未有的深情。他们往往以鲁迅的弟子自居，甚至在文章中不称名号而直呼“先生”，表现了一种空前的亲近感。谁能说这不是世纪之交中国思想文化的一大景观？

最先的表现是从张承志开始的。无论张承志与鲁迅存在多么大的距离，也无论他思想的基础有多少可争议之处，但至少在主观上，张承志把鲁迅看作自己的同道和先驱，因而在感到孤独和需要精神支援的时候，写下了《致先生书》。“先生”就是鲁迅，而文章的最后一句是：“怀念你，我的先生。”这篇文章的写作时间是1991年4月，那份怀念之情绝非作秀，而是来自生命的深处，带着血肉与灵魂的伤痛。1999年初，张承志又写了《再致鲁迅先生》。文章说：“喧嚣又一次沉静了。……而我们仍然如同盲目，围着先生聚散。读你的人，应该说不是少了，而是愈来愈显多了。”为什么会是这样？张承志的理解是：“不知是幻觉还是错觉，受到压抑的人、流了鲜血的人、得不到知识分子正义支援的人、不能容忍麻木的国民性的中国人——都可能自认感到了鲁迅的亲切。”[③]

---

① 冯骥才：《鲁迅的功与“过”》，《收获》2000年第2期。

② 朱文：《断裂：一份问卷和五十六份答卷》，《北京文学》1998年第10期。

③ 张承志：《再致鲁迅先生》，《读书》1999第7期。

紧跟着走来的是张炜、李锐、韩少功、章德益以及批评家王彬彬、萧夏林等。在这个群体中，山西作家李锐是特别值得注意的。他在1994年写过一篇《虚无之海，精神之塔——对鲁迅先生的自白》。正如他在该文开头所说："既非先生生日又非先生忌日，我以先生为题来做文章是因为自己，是想把自己的话说给自己听听。明知先生去世已有58年；明知滔滔忘川无船可渡；明知先生的铜像下青草黄了又绿，绿了又黄；明知今天的中国已不是昨天的中国，先生或许根本就不想听一个陌生人说什么。可我禁不住想说。"在回忆过鲁迅被神化和利用的历史和人世沧桑之后，李锐说："有人死了之后，又有人出生，长大，成熟。终于，又有人劈［披］荆斩棘，九死而不悔地向先生走来。""因为有先生在，他们时时会感到那灯塔的亮光；因为有先生在，他们时时会听到那虚无之海的阵阵涛声，先生留下的遗产不是学位和奖学金，不是暖人的鼓励和保护。先生留下的是冰冷不屈的怀疑，是至死不移的燃烧。"①

这种情感大概不难体会。它代表了不少人的精神状态，显示了一种精神现象。在精神的荒原上，在悲凉的雾海中，鲁迅，这个已经去世半个多世纪的人，成了人们精神上的一种安慰、一种支撑，成了虚无之海里的一座灯塔。面对虚无之海，许多人不约而同地把目光投向鲁迅。有人说："我虽然做不成鲁迅，但我还愿意以一个人的姿态在这个世界上生活下去！"②也就是说，要以人的姿态有尊严地活下去，人们总要想到鲁迅。

就在那股最初的抵抗潮流出现之际，萧夏林编了"抵抗投降书系"。根据他自己的说法，之所以编这样一套书，是为了表示一种支援："就像鲁迅先生当年说的，给在寂寞之中不惮于前驱的奔驰的猛士以慰藉，给精神的战士以心灵上的抚慰，这是一种别无选择的内在愿望。现在不是精神上的知识分子太多了，而是游戏的文人太多了，他们活得太聪明太机智，商潮汹涌，欲海浮沉，他们在快乐而智慧的游戏中唯独忘记了作为一个知识分子应该承

---

① 李锐：《虚无之海，精神之塔——对鲁迅先生的自白》，贺雄飞编《守望灵魂》，中华工商联合出版社2000年，第211—214页。

② 王敦洲：《大哲与大洁》，愚士选编《以笔为旗——世纪末文化批判》，湖南文艺出版社1997年，第153页。

担并且难以逃避的责任和使命。不仅如此，提倡理想精神和人文情怀的人们还受到了他们的嘲弄，我觉得这是一个国家中任何正义之士所难以容忍的，如果此时再没有人站起来抗争和呼号，这不仅是知识分子的堕落，也是民族的悲哀。”[①]萧夏林也是以鲁迅的精神传人自居的，他的话所代表的也是不少人共有的认识。

在20世纪的最后几年，随着对鲁迅的挑战掀起高潮，走向鲁迅的人事实上也在增多。世纪末中国文坛的散文创作显示了特别的光彩，而那些光彩与鲁迅存在着千丝万缕的联系。除老一代的邵燕祥、朱正等人光彩依旧之外，特别引人注目的是筱敏、刘烨园、摩罗、余杰、王开岭等人。用钱理群的话说，他们的光彩在于显示了“精神界战士谱系的自觉承续”。[②]众所周知，摩罗的名字源自鲁迅的《摩罗诗力说》，在经历了绝望的生存体验之后，摩罗与鲁迅相遇，在鲁迅那里得到了精神的支撑。余杰把自己的文集定名为“铁屋中的呐喊”，在中国，凡上过中学的人都知道这个意象来自鲁迅的《〈呐喊〉自序》。余杰的书是经过鲁迅研究专家孙郁推荐出版的。孙郁在最初读到余杰这些“抽屉文学”时，立即想到的就是鲁迅。王开岭的也是鲁迅的追随者，从《激动的舌头》到《追随勇敢的心》，读者不难看到他是如何以鲁迅作为自己的先导，在精神上是如何与鲁迅一脉相承。他所要追随的“勇敢的心”，不仅包括奥威尔、索尔仁尼琴等，同时也包括鲁迅。

在世纪暮色中，一些人不约而同地把目光投向鲁迅，这大概并不奇怪。“有他，我们并不孤独。”——这是20世纪90年代最年轻的批评家谢有顺说的。说这话时，他只有二十多岁。他的话道出了许多人的心声，也道出了人们走向鲁迅的部分奥秘。王富仁说过，当年他走向鲁迅，鲁迅没有给他带来好命运，但他们并不后悔，因为鲁迅给了他做人的勇气和做人的骄傲，“是鲁迅及其作品给了我生命的力量。我经历过困难，但困难没有压倒我。我是

---

① 萧夏林、尹昌龙：《抵抗的姿态与理想的精神》，愚士选编《以笔为旗——世纪末文化批判》，湖南文艺出版社1997年，第279页。

② 摩罗：《耻辱者手记：一个民间思想者的生命体验》，内蒙古教育出版社1998年，第4页。

站着走过来的，不是跪着、爬着走过来的。我愿像鲁迅那样生活”[①]。在这个世纪之交，向鲁迅聚集的人们情况与此大致相同。

二

在《致先生书》中，张承志认为鲁迅的文章和为人都太特殊，“对于江南以及中国，他的一切都太显得格格不入”。由于特定的背景，张承志对《铸剑》中的眉间尺产生了共鸣。他说：“他的文章是多么不可思议呵，眉间尺行刺不成，人变怨鬼，两颗头颅在沸腾的鼎镬中进跳追咬，最后大王和贱民两颗头颅都安静下来，安静成一对不能区别的白骨……这才是短篇小说，有哪一位小说家创造过这样的文章画呢?”他认为，鲁迅之所以没有写出长篇，是因为“既然小作品已经道破深机，便无心再写大作品”。

在《再致先生书》中，张承志说：“其实，研究鲁迅最有力的参考，并不如考证的那么遥远。参考就近在眼前。它就是不变的中国、不平的世间，和不义的智识阶级——是他们的步数姿态、眉眼嘴脸。”张承志认为鲁迅不仅体现在《新青年》，而且体现在“三·一八”。对于鲁迅，他首先看到的是其独立人格和斗士风骨。他为鲁迅写《记念刘和珍君》时的心情而激动，因为他知道，“在历史流血的关头，并非每个中国作家，都这么不能忍受”。在他看来，鲁迅“虽然难忍一个以义士鲜血去‘蘸馒头’的民族形象；但他更不能容忍轻薄为文，无视民生，以文章学问自慰自娱的知识分子道路”。他痛苦于自己的周围“伪士”太多，以鲁迅对“伪士”的态度为榜样，痛斥眼下的“伪士”贫血、无节和种种卑鄙下流的表现。他认为，这种“伪士”只能导致一个结果：“一种病态的传统会稳定长存。一种实用、冷漠、毫无大义的气质，会稳定地统治中国人。”在他看来，“胡风的招祸，仅仅因为一种气质——骄傲的气质。那正是鲁迅呼唤的气质，奴隶没有的气质”。总之，张承志首先看重的是鲁迅那种不依附于任何权势的独立人格，首先敬仰的是鲁迅直面现实、毫不妥协的批判和斗争精神。用他的话说：“鲁迅象征着一种不签订和约的、与权力的不休争斗。”

①王富仁：《我和鲁迅研究》，《鲁迅研究月刊》2000年第7期。

在这一点上，许多人的表现都是一致的。王敦洲呼唤人们“重读鲁迅”。他对鲁迅的描述是：“把自己化作一把剑，一团火，一块磐石，自觉置身于历史与现实的十字路口，成心与黑暗、邪恶过不去。他也讲究壕堑，迂回，也在身上裹一片甲，但这一切都是为了战。而只要战，危险就在。以他的睿智与‘世故’，怎么会不知道只有刀不出鞘珠不出椟龙藏于云豹隐于雾才是最安全的道理呢？他是清楚地知道讲废厄泼赖，做闲适小品，当名流，玩古董，是最保险的。……然而，他把这一切又统统放弃了，包括名誉与地位，安逸与享受，连同健康与生命——先生只活了55岁。”他所赞赏的，也是鲁迅的斗士风骨。他认为：“鲁迅还活着，不是作为单纯的文学欣赏，而是在病毒抗体的意义上活着，在人性自救的意义上活着。”他说：“我真诚地感谢先生，或许鲁迅有这样那样的不足，但毕竟，先生是我国第一个思想切入时代前沿，孤独无伴，即使成了散兵游勇也不撤退的思想家。”[①]他知道，鲁迅是从看透一切之后的绝望起步的。他的超常之处不在于没有绝望，而在于能够直面虚无而走出绝望。他所心仪于鲁迅的，是这种面对虚无而执着前行的精神：“鲁迅永不回头，即使荆天棘地也要在荆棘丛中走走，即使遇到穷途也决不学阮籍恸哭而返，即使前面是峡谷、火坑，是坟。”他知道，鲁迅把中国的一切都看得很透：“我想，对人间看到这个份上，下者固成坏种，中者玩世不恭，其上者也不过是洁身自好吧？然而，先生超越了这三者。……他明明知道自己的命运，包括最终的结局，而他仍然不遗余力地耕作，在中国这块板结的土地上。”[②]

在《虚无之海，精神之塔》中，李锐曾经写道：“先生以一人之勇和整个中国作对。先生以一人之识和五千年的传统作对。……承当了中国五千年第一伤心人的悲剧。大哉斯人！”他认为鲁迅的力量并不来自理想，并不来自乐观主义。因为在鲁迅的脚下和四周，是一片虚无之海。但是，鲁迅决不屈服，决不放弃他的抗争。他的《为了不再忘却的纪念》写于鲁迅去世60

① 王敦洲：《重读鲁迅》，愚士选编《以笔为旗——世纪末文化批判》，湖南文艺出版社1997年，第149—151页。

② 王敦洲：《大哲与大洁》，愚士选编《以笔为旗——世纪末文化批判》，湖南文艺出版社1997年，第154—155页。

年纪念日前夕。在这篇文章中，他说：“据有人说如今的中国已经是‘后现代’的中国了。更有人以不屑的‘后现代’的‘先锋’口气，谈到今天那些还以鲁迅的思想为精神资源的‘落伍者’。甚至有人为了证明自己的‘宽容’已经在拿鲁迅打哈哈了……”面对这种现象，李锐想到的是1933年春节之际鲁迅写《为了忘却的记念》时的情景：“先生悲感于‘许多青年的血，层层淤积起来，将我埋得不能呼吸’；先生悲感于自己‘在悲愤中沉静下去’……按说，时隔两年，已不能算短。两年时间对于一个长年抱病的五十三岁的人，对于一个三年之后自己也将撒手人寰的人，就更不能算短。如果先生能够‘宽容’一点，能够‘现代’一点、‘先锋’一点，也许就真的不至于被往日的而且是他人的血埋得这样深；如果先生能够沉静下来，‘回到个人’和‘世俗’，多考虑一点自己的身心健康，也许先生就真的可以再多活几年。可是先生却不。先生一丝一缕一点一滴把别人的、社会的、民族的、国家的、历史的、世界的，所有的苦难所有的鲜血都记在自己心里，而且是刻骨铭心地记在自己的心里，一任自己被这些苦难煎熬到只能借着‘忘却’的‘小孔’‘延口残喘’。”在回顾20世纪90年代中国文坛的一些新现象、新理论之后，李锐写道：

> 以我的粗疏和浅陋真没有多少理论可以谈出来。我只是想不通，以鲁迅先生写下《为了忘却的记念》的时代，知识分子们难道可以大谈自己的中心位置吗？枪声响处尸体倒地。骨头硬如鲁迅也不得不躲到租界里去。那岂止是边缘？那纯粹就是肉体和精神的双重消灭！但是，鲁迅先生并没有因为屠杀的枪声而停止自己的抗争；鲁迅先生也并没有因为自己出了文集成了“名人”而就故意遗忘这个世界的鲜血和苦难。……如果说有什么东西可以被称作是“坚持人文精神”，那么鲁迅先生早已经以自己的热血和生命为我们做出了榜样。[①]

他在鲁迅身上看到了什么是人文精神。正因为这样，对那场人文精神讨

① 李锐：《为了不再忘却的纪念》，愚士选编《以笔为旗——世纪末文化批判》，湖南文艺出版社1997年，第158—161页。

论的结局，他不能不感到失望。因为讨论的结果，显然与正题越来越远，或者说，与李锐等人的期待越来越远。知识分子进一步侏儒化，获得了某种自由的个体进一步液体化，这不是他们希望看到的。之所以不能接受大潮之下的随波逐流，正因为有鲁迅的人格和精神作为参照。李锐等人从鲁迅那里所获得的，主要就是人格力量和精神支撑，是直面现实而决不麻醉自己的勇气，是孤独的个体对历史的悲壮承担。

钱理群指出，鲁迅之后，“在荒原中毕竟走出了第一批精神界战士，而且在焦虑的期待中，陆续有了后继者，经历了“五四”直至抗战的千锤百炼，中国终于有了一个以鲁迅为先驱的‘精神界战士’的谱系。但是，接着出现的，却是精神界战士被惩罚、被改造，以至导致肉体与精神死亡的大悲剧。……到了摩罗这一代，开始独立地面对世界，并要从前辈那里寻求精神资源时，他们所面临的，竟是一片精神废墟”。但是，通过自身的绝望和孤独体验，他们还是“终于与鲁迅所开创的，已经中断了的精神界战士的谱系承续上了”[①]。那么，他们所传递和承续的主要内容是什么？

在摩罗的作品中，读者很容易看到时时闪动着鲁迅的影子。由于个人对于痛苦和绝望的体验，他走近了鲁迅的出发点，真正读懂了鲁迅笔下的狂人，也真正读懂了鲁迅。读懂鲁迅并非一件容易事，但摩罗读懂了。他对鲁迅的论述不多，不像一些所谓学者那样热衷于去辨析皮毛，作隔靴搔痒之论。他带着自己的生存体验，以自己的心灵贴近鲁迅，所以对鲁迅有比较深刻的把握。他在一篇题为《鲁迅比我们多出什么》的文章中说：“最近20年来，为什么鲁迅研究空前繁荣、空前深刻？为什么人们毫不犹豫地将鲁迅视为标准、视为至高无上的坚强与高贵？就因为历史的对比太鲜明了。知识分子全体溃灭的丑恶而又痛苦的历史将鲁迅烘托得格外高大，一代惨遭失败与羞辱的知识分子需要鲁迅的光辉来修复自己的伤残形象，并从鲁迅的光辉中寻找铁肩担道义的崇高感和奋力挣扎的力量感。”他又说：“现在我们知道，鲁迅也不是十全十美的，他也有软弱的一面，也有困惑的时刻，也有矛盾与苦闷，有朝一日他也要受到历史的批判。但与我们比起来，他毕竟多出

---

① 摩罗：《耻辱者手记：一个民间思想者的生命体验》，内蒙古教育出版社1998年，第2—4页。

了许多东西。他凭着那多出我们的东西，足可以做我们的先知，做我们的导师。”[①]那么，鲁迅比我们多出的东西是什么？摩罗认为有两点：一是“确定的体验”，也就是“非人的体验”和由此而来的“耻辱感”。“他强烈地感到这是一个非人的世界。一个非人的世界必是仇视人、仇视一切生命的，而且必将以对人的蹂躏、摧残、凌辱为其基本职能。”这一切，人们往往因为麻木而感觉不到，鲁迅感觉到了。为了抗拒这种摧残，他希望人们在精神上强大起来，但人的觉醒并不容易，“立人”更非易事，鲁迅终生都在这种痛苦中煎熬。由此我们可以看到，摩罗走近的是那个痛感自身非人的觉醒者和执着于“立人”之梦的启蒙主义者。二是“稳定的性格”。关于“稳定的性格”，摩罗解释说：“这就是对一切非人因素的高度敏感，与一切非人因素势不两立并奋起批判之反抗之，拼尽全力维护人格之尊严、人性之尊严、个性之尊严、思想之尊严。”由此可见，摩罗所走近的又是那个坚定、执着地为人的价值、尊严与权力而奋斗的鲁迅。在这篇文章的最后，摩罗说：

检讨一下半个多世纪以来的鲁迅的后代，我们这些不肖后代最大的悲剧之一就在于没有自己的确定体验和稳定性格。我们老是按照外部权威的暗示来体验自己、体验世界。外部权威说这个世界一片光明，我们立即就忘了鲁迅关于铁屋子的隐喻，马上相信这个世界一片光明。外部权威说我们是坏蛋，是牛鬼蛇神，就立刻跪下来认罪讨饶。更荒唐的是，并立刻按着外部权威的要求来改造自己——我们不是对这非人的力量奋起反抗，而是帮助这非人的力量斫伤自己、扼杀自己。久而久之，我们对于世界完全失去了正常的感觉，完全把握不住自己的存在，最后落到了任人宰割的地步。我们在精神上的贫乏与软弱到了令人不可思议的地步。我们对于丑恶、对于耻辱、对于一切非人因素的容忍与承受都是违背生命道德的。这真是没有灵魂的一代人，或者说是几代人。我们离鲁迅的思想与人格是如此遥远。我们且先在鲁迅面前打几个寒颤、流

① 摩罗：《耻辱者手记：一个民间思想者的生命体验》，内蒙古教育出版社1998年，第78页。

几身冷汗，然后再来细细思量自救的办法吧。[①]

王开岭的文章也时时闪动着鲁迅的影子，评人论事，常以鲁迅为参照。在痛苦与困惑中，他常常是“想起了鲁迅”。他之所以想起鲁迅，是因为许多事情鲁迅都看穿了，许多问题鲁迅都说过，而我们时代的人却对它熟视无睹，同时，也因为这个时代的知识分子与鲁迅形成了鲜明对照。他在鲁迅的文字中读到的是“孤独、尖锐的战斗情绪”，看到的是“昂首挺立”的傲然姿态。他说：“在中国失去了鲁迅之后，谎称鲁迅和伪承鲁迅衣钵的人络绎不绝。但这个‘鲁迅’不是那个鲁迅……”[②]他在寻找那个令他敬仰的鲁迅，而且将其作为一个标杆，考察当代作家，同时也反省自己。在《痛感“不自由”之后的两种走向》中，他对胡适与鲁迅进行了比较。他对胡适也非常敬佩，但认为鲁迅是无法取代的。而且，他有一个独特的认识：胡适的努力离不开鲁迅这个前提。理由是温和的改良离不开激烈的战斗，积极的建设常常需要鲁迅们“去把长夜过完，把黑暗熬干，把牢底坐穿，把阴霾刺破，把恶鬼打尽”。他赞美鲁迅思想的清醒、意志的顽强和不妥协的斗争精神，以及“生命正义和英雄绝响”[③]。王开岭心仪俄罗斯知识分子，在他看来，在中国知识分子中，只有鲁迅有点像俄罗斯的知识分子。

谢有顺认为，作为一个孤独的个体，鲁迅对现实苦痛的承担、对自身生存环境的自省，已经成了我们今天“最缺乏的精神资源”。他痛感当下文坛“以抽空痛楚性为代价”，使写作变成了“轻松的事业”和“巨大的苦难消解机制”。这种创作的特点是玩弄语言，然而，在词语的滚动中，生活的尊严丧失了，人的尊严丧失了，现实的敌人也悄然隐匿。他认为，鲁迅可以提醒人们“回到自己的内心，重新注视自己脚下所站立的位置，重新省察来自存在领域的精神消息。让无病呻吟或熟视无睹退场，让每一双睁着的眼睛都来发现，生活的屈辱与沉重，到了需要为之垂泪的地步”。以鲁迅作为参照，

---

① 摩罗：《耻辱者手记：一个民间思想者的生命体验》，内蒙古教育出版社1998年，第80—81页。

②③ 王开岭：《激动的舌头》，中国电影出版社2000年，第13页，第250页。

他指出，“鲁迅说这话距今已有七十五年，但许多中国作家的精神状况似乎没有任何的改变，依然是‘不敢正视人生’，依然是被‘瞒和骗’所奴役”。他称鲁迅的写作是“有勇气的写作”，“而任何真实的、有勇气的写作都起源于作家对此时此地的存在境遇的热烈关怀，并坚持用自己的心灵说出对这个世界的正义判词”。他认为鲁迅的可贵品格是“愤怒”，而当下的作家却失去了愤怒，剩下的只有麻木与冷漠。面对20世纪末中国文坛出现的“个人化写作”，他提醒说：“为什么强调自我承担，声称‘我自己负责’的鲁迅，他的写作并没有滑向私密话语的后花园而孤芳自赏，也没有当下写作界所盛行的建基于身体经验的自渎精神。”[①]这涉及鲁迅的个人主义。在五四时期，健全的个人主义曾是基本共识。包括20世纪80年代，它所张扬的“个人”是向上的，“我是人”的呼喊意味着我不是奴隶、不是牲口，不可任意蹂躏和宰割；进入20世纪90年代之后，“个人”却往往是下滑的，“我是人”的强调往往意味着我不是神，对一切都无能为力，只能无奈地随波逐流。谢有顺通过他的文学批评，抨击的是“个人化”名义下的精神萎缩，张扬的是鲁迅式的“个人化”。

三

需要指出的是，在这个世纪之交，尽管有许多人向鲁迅云集，但并非鲁迅留下的遗产都得到了继承。由于种种原因，某些具有独特价值的遗产仍然没有得到足够的重视。比如，由于受民族主义思潮、文化保守主义思潮和后现代主义思潮的影响，人们对批判国民性往往存有误解，对反传统的态度也常常存有疑惑，对鲁迅的启蒙立场也常常有所回避。然而，民族文化的自我反省和国民性的批判是鲁迅之所以成为鲁迅的重要内容，也是鲁迅遗产的独特性所在。如果说鲁迅“立人”的理想源自西方的话，他“立人”的手段和途径则是独创的。在西方，可以通过文艺复兴而实现人的解放和人的尊严与权利的确认。而在中国，因为缺少这样的传统，“立人”的理想就不可能通过传统的复兴来实现，而是必须通过对民族文化和由此铸造的民族性格的反

① 谢有顺：《有他，我们并不孤单》，《花城》2000年第3期。

省和转换来完成。鲁迅所做的，正是对自身及其文化传统的反省和批判。他是作为一个“狼子村”居民在认识了自身生存环境和文化传统之后开始反省和批判的，他的途径就是努力劝说他的“大哥”和乡邻，希望结束“吃人”的传统而进入一种新的文明。他批判的是“狼子村文明”和“未庄社会”所未能摆脱的野蛮和蒙昧，进行的是一种文明批判，指向社会，也指向人心，指向现实，也指向传统。他的体验和认识以及所取的态度，是大多数人不愿正视的。但是，这种直面的勇气和反省的精神，对于文明的发展是非常必要的。

鲁迅的这条路径——对民族性格和民族文化传统进行自我反省和批判的路径，可谓意义深远。对于中国来说，它可能是一个长期的任务。因为只要没有足够的力量，这种反省和批判不但收效甚微，而且很容易迅速修复，所以需要有更多的人为之持续不断地努力。对于世界来说，民族文化的自我反省也是一个很有意义的课题。因为世界各民族往往都有美化自我、美化本民族传统的倾向，并由此产生民族的自大。民族自大导致的问题显而易见，它使强势者往往不自觉地歧视弱小，又使弱势者很容易扭曲心态。如何克服对本民族传统的迷信，如何养成健康的民族意识，是世界各国都需要面对的问题。在狭隘的民族主义已经给人类带来灾难并威胁着世界安全的时候，在某些力量往往以民族文化传统之名维护自身特权而抵抗文明潮流的时候，鲁迅的文化努力对各民族都有启示意义。

直面真正的挑战者

面对一个历史人物，出现不同看法是正常的。我们可以坚决捍卫鲁迅，同时，也应该坚决捍卫他人批判鲁迅的权利。这是正常的学术讨论应该具有的氛围。从某种意义上说，非议鲁迅这一现象的出现，也许是学界环境正常化的一种表现。

而且，考察对鲁迅的非议，一些批评并非完全没有道理，甚至一些见解很值得我们认真思考。当然，具体情况很不一样。有人因为他是一块挡路的“石头”，所以发誓要踢开他，这也是20世纪中国文坛常见的现象，不值得大惊小怪。对于一些并不了解鲁迅又要信口开河的人，更没有必要与之计较。

这个现象本身算不了什么，背后的东西却很值得重视。

首先必须思考的问题是：一些年轻人为什么对鲁迅如此反感？他们反感的是一个什么样的鲁迅？那个鲁迅是不是真正的鲁迅？事实上，一些人并不了解鲁迅，既没有系统地读过鲁迅的书，也谈不上了解鲁迅的为人。显然，他们所反感的并不是那个真实的鲁迅，而是那个被歪曲、神化和利用的鲁迅。鲁迅在代人受过。需要考虑的是：鲁迅为什么会代人受过？鲁迅在代谁受过？既然鲁迅曾经被神化和妖魔化，既然鲁迅曾经被当作旗帜和棍子挥舞，人们怎能只是对他充满敬和爱？这个问题应该引起鲁迅研究界的反思：我们给了一般青年读者一个什么样的鲁迅？我们的研究是弘扬了鲁迅还是危害了鲁迅？毫无疑问，近二十年的鲁迅研究成绩是不可抹杀的，但也无须讳言，我们至今仍然常常在几十年前制造的鲁迅神像上涂抹新油漆，仍然习惯于把鲁迅与一些历史罪恶纠结在一起，仍然常常把鲁迅牢牢地捆绑在某些帮派的战车上。这怎么能不导致年轻人的反感？王富仁先生说，他是那样地深爱鲁迅，努力通过他的讲课而使他的学生也爱鲁迅，如果他的学生在听他的课后仍然不爱鲁迅，只能说是他自己的失败。那么，一群年轻的作家和批评家那么反感鲁迅，是谁的失败呢？不能只是强调非学术的外力作用，应该想一想我们自己的责任。

值得重视的不是几个年轻作家或评论家对鲁迅的非议，而是几乎席卷了20世纪末中国文坛和学界的文化潮流。可以说，正是这种文化潮流真正构成了对鲁迅的挑战，真正导致了鲁迅精神的合法性危机。如果我们要捍卫鲁迅的话，就必须正视20世纪末中国文化思潮的种种挑战，并且回答这些挑战。

一是新保守主义的挑战。告别20世纪80年代之后，中国大陆最响亮的声音似乎不是别的，而是弘扬民族传统。弘扬民族传统成了时代的强音，民族主义思潮一浪高过一浪，新国学成为热门，旧传统闪闪发光。与此同时，一些本来以鲁迅精神传人自居的所谓启蒙知识分子也开始反思激进主义，像李泽厚、王元化这些曾经努力张扬五四精神的学者也纷纷指责激进主义思潮。它与形形色色的新老国粹派形成一种合力，影响着世纪末的文化走向。“五四”切断了文化血脉，造成了民族文化的断裂，导致了20世纪中国的一系列灾难……似乎成为某种时代的共识。

在这样一种文化背景上，鲁迅如何逃避审判？尽管一些人用心良苦地为鲁迅辩护，说他决不彻底反传统，决不主张西化，并且努力寻找他身上的传统因素，把他打扮成传统的继承者和经扬者，但是，这种辩护事实上已经从根本上否定了鲁迅。因为离开了对传统的批判就没有鲁迅，离开了激进主义就没有鲁迅。

所以，鲁迅已经很幸运，如果不是神化鲁迅的历史惯性仍然发挥着作用，他大概早已被弘扬传统的大军扫进了历史的垃圾堆，或者作为文化买办而被驱逐出境。

另一种威胁来自有中国特色的后现代主义。鲁迅是启蒙主义者，他的全部的思想以人为核心，他的全部努力以人的解放为目的，他是中国文化现代性的立法者之一，也是努力使中国文化与世界全面接轨的思想家之一。鲁迅因此而获得光辉。但是，在20世纪90年代中国式的后现代主义者眼里，这一切是荒唐可笑的。因为按照后现代主义逻辑，鲁迅是启蒙主义者，而启蒙主义本身就充满罪恶；鲁迅以人为目的，而人本身就是一个神话，人已经死了，还成什么目的？鲁迅努力于现代性，而现代性早已过时，正需要深入的反思和批判。在这种情况下，再加之赛义德的后殖民主义理论、杰姆逊的第三世界文化理论以及实为“文革”土产而打了法兰克福商标的各种理论的影响，人们戴了最时髦的眼镜看鲁迅，他往往是一个他者化了的文化典型，一个地地道道的文化臣属者，一个帝国主义文化侵略的代理人，一个专门出中国人的洋相而讨好洋人的角儿。这是不可原谅的。

鲁迅已经四面楚歌，无处可逃。因此，要保卫鲁迅，要继承鲁迅精神，就必须正视这一时代的文化潮流对鲁迅构成的挑战和潜挑战。与几个年轻人的非议和嘲弄相比，它更能构成对鲁迅的威胁和颠覆。所以，我希望有更多的朋友关心当下文化思潮中鲁迅的合法性危机。

面对世纪末文化思潮对鲁迅的挑战

——兼及五四新文化运动的现实合法性问题

世纪之交，一些关于鲁迅的言论引起了人们的广泛关注。这些言论从不同侧面对鲁迅进行了批判和否定。从某种意义上说，这是不值得大惊小怪的。因为任何一个历史人物，都没有理由逃避后人在选择过程中的审视与批判。对权威的挑战是文明发展的前提，如果世纪之交的中国人仍然没有向权威挑战的勇气，那就真的太可悲了。然而，并非一切挑战都是等值的，因为人类文明的发展并非一条直线，在时间的链子上延伸出来的新环往往有进化也有退化。这一切取决于一代人精神生成的资源和背景。

20世纪是人类充满矛盾、困惑和迷失自我的一个世纪。在这个世纪中，基于人性深处的非健康因子因为各种问题而膨胀，最后产生了法西斯主义、极权主义、大规模的战争和各种空前的灾难。虽然一个世纪的历史最终证明人性的善必将战胜恶，健康必将战胜疾病，但是，邪恶和灾难留下的精神上的创伤和污染绝不是短时间内可以消除的。正因为这样，世纪末的中国人面对着一个复杂的全球文化背景，也面对着一种复杂的国内文化现实。就全球背景而言，一方面是全球化进程随着冷战时代的基本结束而迅速加快，现代化在全球范围内得以高速推进；一方面是相对主义和文化多元主义的口号仍持续回响，反思或反抗现代性的思潮此起彼伏。就国内而言，一方面是市场经济的发展迅速扩大着现代文化基础，另一方面是各种复杂的因素仍然守护和滋生着现代性的阻碍力量。这一切在特定的背景上形成了当代文化的复杂结构。在这一结构中，前现代与后现代再次成功地对现代文化实行包围，从前后不同的方向联手对现代性发起了进攻。因此，鲁迅及其文化选择事实上早已面临着严重的挑战。那些公开的言论只是冰山浮出海面的一角，或者是潮流涌动而掀起的几缕波纹。

认识这种挑战并做出必要的回答，毫无疑问是一个重要的课题，其意义决不仅仅在于如何评价一个思想文化巨人和他留下的精神遗产，而是涉及当下的选择和新世纪的文化发展之路。面对这一课题，我深感自己力量的薄弱和学养的不足。然而，这不应该成为逃避的理由。

一、世纪末的文化民族主义与鲁迅的文化选择

（一）

告别20世纪80年代之后，中国文化流变的一个重要特征就是向着民族传统回归。在“抵抗外来压力”的特定背景上，弘扬传统成为中国大陆的一种文化导向和战略举措，并且成为一种最为广泛的文化实践活动。由于一系列阶级性的概念已经普遍受到冷落，民族性的概念成为一时的热门：“炎黄子孙”和“龙的传人”代替“贫下中农”和“革命同志”而成为群体认同的标志；“民族意识”和“我的中国心”代替“阶级感情”和“革命理想”而成为实现凝聚力的希望之所在。于是，国学热、儒学热、孔子热、庄子热……学者们纷纷加入弘扬传统的行列，引经据典论述民族文化传统之辉煌。据说，“在世界上所有的国家中，中国古代的典籍，在数量和质量两个方面，都是世界的绝对冠军。这是一个铁一般的事实，任何人也否定不了的。这是我们中华民族的瑰宝。这是我们中华民族的骄傲。我们决不能忽视，更不能忘记。否则就是上对不起祖宗，下对不起子孙”①。传统文化似乎真的具有超时代的品质，将永远具有旺盛的生命力；似乎真的博大精深，包罗一切，可以放之四海而皆准；似乎真的不仅是治理中国社会不可缺少的法宝，而且是医治西方社会现代病的良药，可以担负起拯救世界的使命。于是，悲观者为现实社会的礼崩乐坏而顿足捶胸，哀叹古老的礼仪之邦如今实在不成样子：物欲横流，人心不古，纲常失序，四维不振。“中国固有的伦理道

① 季羡林：《〈传世藏书〉的意义和价值》，《中华读书报》1996年9月11日。

德，以及孝悌忠信、礼义廉耻等，虽未禁绝，大都束之高阁。偶尔有人提到，也不受欢迎。所以出现这种情况，当是过去革新人物大力宣传‘礼教吃人’的结果。”[①]乐观者奔走相告：文化发展的规律是三十年河东，三十年河西，20世纪是西方文化的世纪，21世纪将是东方文化的世纪。因此，中国现在需要的不是像鲁迅那样从西方拿来，而是像郑和下西洋一样向世界传经送宝。一种设想非常美妙：在未来的世纪里，西方文化彻底衰弱了，中国重新成为世界文化的中心，全世界都将到中国朝圣取经，啧啧赞叹而且山呼万岁。

与此同时，一种冠冕堂皇的理论开始流行：民族文化传统不但不是现代化的障碍，而且是现代化不可缺少的动力和资源。现代化已经给中国带来了社会失序、道德失范和心理失衡。在这种情况下，儒家思想是实现文化整合的精神力量，道家思想可以调节人们的心理失衡并化解人们的内心焦虑。于是，让传统与现代接轨成为一些人致力的伟业。儒学与现代化、道学与现代化、孔子与现代化、孟子与现代化……直到鬼谷子与现代化的关系都成为热闹话题。政府立项的研究项目充满了“儒学与现代化”“孔子与现代管理”等重大课题。民间学术团体的各种活动都以弘扬传统命名，甚至鲁迅研究的时髦话题也成了鲁迅与孔子、鲁迅与儒家文化、鲁迅与中国传统……研究五四新文化与新文学的人们也开始努力寻找那些反传统斗士们身上的传统因素，似乎他们之所以成为新文化的巨人，并不是因为他们对传统的挣脱和叛离，而是因为他们仍然是黑眼睛、黄皮肤、说汉语、读经书；似乎新文化运动之所以有价值，不是因为它对传统的重估，而是因为它在反传统的时候仍然继承了传统。

传统是如此的伟大而辉煌，当然应该恢复和弘扬。一切传统习俗都得以发扬光大，一切历史遗迹都得以修复如故，一切古老的殿堂都得以粉刷一新。虽然阿房宫、颐和园和万里长城实在无力重建，但重建的呼声却不绝于耳。就连在“五四”过后倒掉的雷峰塔，不也已经搞出了十套重建方案而将付诸实施吗？这可以算是一个象征。与此同时，文学界出现的是旧文人的审美情趣和种种所谓民族传统的登场。作家们沿着老庄的精神路线徘徊于历史

---

①《文明比较研究》2000年创刊号。

长河，或忘我于自然山水、沉醉于花鸟鱼虫。作为大众的文学和艺术，几乎每一个历史故事都成了一部新的通俗小说，每一个历史人物都成了一部电视连续剧的主人公，帝王将相的荒淫无耻都作为民族文化遗产而成为被肯定和赞美的对象。至于出版界，奇门遁甲、阴阳八卦、命相风水、炼丹采补……还有什么陈年旧簿子没有再版？而且，一切都出师有名，因为“弘扬的目的是让我们实事求是地认识我们的过去，认识我们自己，认识我们确是一个伟大的民族，从而加强我们的自尊心、自傲心，加强我们的爱国主义，又从而增强我们的凝聚力，真正达到安定团结的目的”①。

大力弘扬传统之际，就很容易发现“五四”的罪恶：整体反传统，民族文化虚无主义，主张全盘西化，割断了民族文化的血脉，造成了传统的断裂。“五四”因此而受到了全面的清算。

谈到这个问题，不能不注意海外汉学界对大陆的影响。杜维明、林毓生、余英时等人的观点从20世纪80年代就为大陆学界所熟知，但是，只有进入20世纪90年代之后，才在知识分子当中产生了更为广泛的呼应。特别是余英时的文章在《二十一世纪》杂志发表之后，立即引发了一股批判激进主义的潮流。在这股潮流中，“五四”成为重要的批判对象，受到了来自各方面的批判。众所周知，五四新文化运动高举科学和民主的旗帜。一些人认为：“以科学民主判断文化价值的基本坐标，一方面表现了近代知识分子追求科学民主的渴望，另一方面也表现了近代中国知识分子对文明发展和文化近代化过程的误解。”②五四新文化运动以反传统著称，一些人认为：“对传统的反叛是五四文化运动留给知识阶层的最有特色的遗产，同时也开始了激进主义横决天下的历史”，并且带来了此后中国的一系列悲剧。③他们认为“‘五四’的选择虽然是当时知识精英深思熟虑的结果，然其问题的焦点似乎找错了方向”，因为“中国历史上的意识危机和社会危机并不是到了近代才有，然而近代之前的中国基本上都能顺利地解决这些危机，从而使中国社会不断地变化与前进。如果不是西方列强以炮舰撞开了中国大门，中国社会依

① 季羡林：《〈传世藏书〉的意义和价值》，《中华读书报》1996年9月11日。

②③ 陈来：《20世纪文化运动中的激进主义》，引自《知识分子立场：激进与保守之间的动荡》，时代文艺出版社2000年，第297页，第298页。

其内在的规律似乎应该能够完成其向现代社会的转变”。正因为这样，解决问题的方向应该是树立民族自信心以抵抗西方侵略，而五四新文化运动的选择却恰恰相反：批判传统道德，批判国民性，“使国人对中国旧的秩序与文化传统的怀疑达到了登峰造极的地步”。因此，与洋务运动和辛亥革命相比，“‘五四’的破坏性更为严重”，因为“它触及了中国传统秩序的根基，使‘秩序危机’达到近代以来空前的程度”，“使意识形态不是为社会稳定与有序服务，而是加剧了社会秩序的混乱与失范”[①]。在一些人看来，甚至白话文运动也是错的。因为在他们看来，“五四”一代人主张白话而反对文言，是“强行改变一个民族的语言传统”，是“自绝于古典文学”，而且“无异是一次对母语的弑母行为”，“如果站在语言的这个制高点回顾陈独秀要推倒古典文学，无异于要埋葬几千年中华民族的存在”[②]。

在批判或反思“五四”的过程中，鲁迅当然首当其冲。因为正是鲁迅对传统做了“吃人”的整体指控，并且号召青年少读或不读中国书，对中国传统表示了最坚决的否定。尽管有人努力说明鲁迅决不全盘反传统，决不主张西化，但这种努力是无效的。因为只要自己读一读鲁迅的作品，就不会把鲁迅看作民族文化传统的卫士。只要在中国寻找反传统的代表人物，鲁迅无论如何都难以逃脱。当然，聪明人一般不会硬碰鲁迅，因为历史的经验证明，像创造社和太阳社那样去硬碰鲁迅和新文化运动是很不策略的，只要在弘扬传统上大做文章就已经足够了。这是一种巧妙的方式，强化一种观念，造就一种目光，鲁迅自然要被消解掉。在20世纪90年代，这种观念和目光已经大面积形成。在这种目光的审视之下，鲁迅否定中国传统，丑化中国人民，瓦解民族自信心，助长崇洋媚外心理，大长外国人的志气，大灭中国人的威风，当然其错无法为之辩护。因此，他不仅不是文化巨人，而且是崇洋媚外充分“他者化”了的文化买办，是帝国主义文化殖民的吹鼓手！20世纪末的青年人开始走出权威的束缚而用自己的眼睛读鲁迅，但是，因为文化民族主

① 马勇选编《中国近代启蒙思潮》（中卷），丁守和主编《中国近代启蒙思潮》（上、中、下），社会科学文献出版社1999年，第5－7页。

② 郑敏：《世纪末的回顾：汉语语言变革与中国新诗创作》，《文学评论》1993年第3期。

义思潮的影响，独立思考却产生了一种特别的后果：他们通过自己的阅读和思考看到了鲁迅对传统的否定态度，弘扬传统的文化背景所形成的思想基础却使他们对这种态度不能认同。青年诗人于坚的一段话很有代表性。他在谈到鲁迅时是这样说的："我年轻时，读过他的书，在为人上受他影响。但后来，我一想到这位导师说什么'只读外国书，不读中国书'，'五千年只看见吃人'，我就觉得他正是'乌烟瘴气鸟导师'，误人子弟呵！"[①]在一代年轻人中，有相当大的一部分是因为鲁迅的文化选择而对其表示失望的。因为一旦把民族文化看作神圣不可侵犯的主体，一旦把文化输入理解为帝国主义的文化侵略，一切对外国文化的赞美就都成了罪恶，一切对本国文化传统的批判都会成为洋奴或汉奸的标志，鲁迅如何能够逃脱？

（二）

世纪末的中国，文化民族主义倾向之所以行情一直看好，还因为受到了各种最时髦的理论支持。

在这些支持中，首先值得提及的是"亚洲价值论"。与五四时期的传统文化保卫者不同，20世纪末的传统本位主义者获得了东亚四小龙所谓"儒家资本主义"在经济方面迅速发展的有力支持。东亚社会发展的实践使儒学与现代化的关系似乎不再仅仅是一种理论想象，也不再只是一个价值信仰问题，而是似乎得到了社会发展的实证。那种努力从古代经典中找出几句能够适应现代化的语录便认定儒学是现代化动力的做法是没有说服力的。但是，面对"儒家文化圈"现代化的社会实践证据，严肃的学者就没有理由不给予足够的重视。既然在东方传统文化的基础上照样可以实现现代化，既然"社会第一，个人第二"，不要自由、民主和人权也照样实现"现代化"，五四新文化运动就毫无疑问是多此一举。"亚洲价值"的提出毫无疑问意在宣告"儒家文化圈"的现代化有其自己的价值观念和文化方向，可以是一条完全不同于西方的现代化之路，可以拒绝和排斥"全球价值"。从李光耀的《文化即命运》，到"东方汤因比"马赫布巴尼的《太平洋之路》，都在试图证明这条道路的可行性，中国的学者自然也要追随其后进行更加周密的解释和证明。因此，尽管有金大中等早就指出这是一种"亚洲反民主价值观的神

① 朱文：《断裂：一份问卷与五十六份答卷》，《北京文学》1998年第10期。

话”[①]，但在东亚各国仍然大有市场。对20世纪末中国的文化民族主义来说，这是一个有力的支持。在这种支持之下，民族文化特别是儒家文化传统无碍于现代化的观点似乎是毫无疑问了。因此，五四新文化运动真是多此一举。鲁迅的选择即使在当时可以原谅，也只能证明他在当时认识的局限，是应该接受历史淘汰的。

其次是萨义德的后殖民主义理论。早在1978年，萨义德就出版了《东方主义》（*Orientalism*）一书，但是，其20世纪80年代却没有在中国产生多少影响。1993年，他的《文化和帝国霸权主义》（*Culture and Imperialism*）出版之后，却立即在中国产生了强烈的反响，并且成为一些年轻学人的理论旗帜。按照萨伊德的看法，西方人对东方的认识有一个殖民主义扩张和侵略的背景，因而它不是平视的产物，而是站在帝国主义、霸权主义和西方中心主义的立场上居高临下地俯视东方的结果。他们总是以自己的话语对东方作文化渗透，而且以自己的文化去规范东方文化，以自己的价值尺度去评判东方文化。因此，西方人眼中的东方形象是扭曲的，关于东方的结论是带有偏见的。在西方价值的观照之下，东方呈现的是落后、愚昧、专制、野蛮、不文明和不人道。它给西方读者以奇异的审美刺激，并且使他们进一步获得文化上的优越感。萨伊德认为，冷战结束之后的文化交流并没有改变殖民主义和霸权主义的性质，温情脉脉的形式更容易使东方在西方文明的快感抚摸下俯首就范，接受西方文化模式而改变本民族的文化，并由此形成全球范围内的后殖民语境。

非常明显，它所反映的是西方非主流文化从文化相对主义的立场出发而对全球一体化趋势的一种抵抗。但是，这种建立在文化相对主义基础上的理论却在20世纪末与国人的民族文化中心主义一拍即合，而且与权威意识形态反“和平演变”的努力不谋而合，因而更容易得到广泛传播。

再次是杰姆逊的第三世界文化理论。与萨义德在中国遇到的情况大致相同，杰姆逊在20世纪80年代中期已到北京大学做过讲座，并且在中国大陆出版了《后现代主义与文化理论》，但是，他在中国产生比较大的影响是在

---

① 金大中：《文化是命运吗？——亚洲反民主价值观的神话——答李先耀》，《外交》季刊1994年11—12月号。

进入20世纪90年代之后。由于杰姆逊在思想上与毛泽东思想的密切关联，他的“第三世界文化理论”对于一部分中国人来说就更容易接受，并且很容易地使一些人在文化上走上毛泽东的思想路径，站在第三世界的立场上反对西方帝国主义的文化霸权。与后殖民主义理论被接受的情况非常相像，积极接受这种理论的人很多是在西方文化背景下成长起来的，但是，由于种种原因，他们在海外的生活中更多地体验了人与人之间的不平等。由于本土文化培养起来的一种特别的群体意识，他们常常不自觉地把由于各种具体原因导致的不平等归结为国家和民族之间的不平等，甚至统统归结为民族歧视，并且为此而愤愤不平。在这种情况下，三个世界的划分使他们找到了某种群体归属感，而且为他们带来了反抗的支撑点。由于这种理论支撑，他们甚至认为第一世界的知识分子之所以具有人类意识，原因是他们把自己想象为人类的中心，而第三世界国家的知识分子则不可能像他们那样，而是必然地有一种很强烈的民族意识。这种民族意识是处于“边缘”的被压迫民族反抗霸权主义的武器。因此，在他们眼里，现代化成为应该坚决抵抗的东西，因为它意味着第一世界强势文化的扩张，意味着第三世界民族文化主体性的丧失，意味着弱小民族失掉自己的文化个性而接受强势文化。根据这样一种思路，第三世界国家必须抵抗西方帝国主义的文化侵略。于是，他们一方面积极寻找反抗西方文化的精神资源，一方面试图发起一场民族文化复兴运动以在文化上与西方争夺霸权。因为的确没有什么别的武器可用，所以他们只有高举民族传统的旗帜，张扬民族文化个性和特殊国情的不可侵犯性。在复杂的国际关系中，这种把矛头指向第一世界的做法因为可以成为一种国际政治斗争的砝码而获得了某种支持，因而使其具有了更广泛的影响。在中国，第三世界文化理论与文化民族主义合流，对五四新文化构成了极大的冲击。

在萨伊德和杰姆逊的帮助之下，中国的新一代国粹派迅速成长，并且与老国粹携手保卫民族文化传统。反抗西方中心主义，抵抗全球化过程中的西方文化入侵，拒绝承认后发达国家在现代化过程中转换本民族文化传统的必要性，反对把西方现代化模式看作普遍的模式，成为他们共同的文化使命。在这种思想的支持下，一些人做足了反抗西方文化侵略的姿态，并且建构了一个东方文化的乌托邦，重温了中国重返世界中心之梦。这一现象最醒目的标志就是以“中华性”反抗“现代性”。他们不仅一厢情愿地反复宣传21世纪是中国文化的世纪，而且像未出茅庐的卧龙先生一样为世界设计出三分天下，一厢情愿地把日本、韩国和东南亚划入了自己的势力范围，宣称“世界正在向多集团多中心的方向滚动。由于欧洲的一体化进程，北美自由贸易区的建立，阿拉伯集团、东南亚集团的存在，因此人们谈论着东亚联合体的可能性，它不但可以包括日本，也可以包括东南亚。在这个联合体中，中国最有可能成为中心”①。

在后殖民主义理论和第三世界文化理论的观照之下，启蒙只是一种文化侵略的方式，是西方话语霸权的表现，现代化的过程也就是确立西方霸权的过程，追求现代性则意味着接受文化殖民而甘当洋奴。于是，五四新文化运动成了西方文化霸权主义在中国展开的一场文化殖民运动，是中国现代知识分子对西方话语霸权的一次臣服。五四新文化运动的领袖们则成了西方文化跨国公司的代理人和经销商，成了地地道道的帝国主义的文化买办。于是，科学、民主、自由、人权，以及启蒙主义、现代化目标都成了西方文化殖民的标志。一些人认为，本世纪的中国文学一直在追求现代性，但无论现代性还是世界性，都是西方中心主义的产物，因而这种追求本身就是对西方话语霸权的臣服，就是一个“他者化”的过程。在他们看来，“五四”一代人和20世纪80年代的启蒙知识分子一样，在认识和研究本土文化时已经丧失了本土立场，而站到了西方文化霸权的立场上，以西方的审美趣味为自己的审美趣味，以西方的价值标准为自己的价值标准，全面地接受了西方话语。

因此，鲁迅批判国民性的行为开始受到质疑。因为按照后殖民主义的观点看，阿Q们的弱点并非他们所固有，而是用西方价值标准去观察和评价的结果。20世纪90年代的挑战者与20世纪20年代的太阳社和创造社的人们相比，的确有了很大的进步。创造社和太阳社的人们反对批判国民性的理由主要是“阿Q的时代已经死去”，阿Q们已经觉悟并且参加了革命斗争，而中国后殖民主义和第三世界文化理论的信奉者却已经能够从根本上否定批判国民性的意义。他们认为启蒙的姿态本身就不是一种平等的姿态，自以为是的鲁迅们并不比阿Q高明。按照后殖民主义和第三世界文化理论所依据的文化

① 张法、张颐武、王一川：《从“现代性”到“中华性”：新知识型的探寻》，《文艺争鸣》1994年第2期。

相对论的观点，鲁迅们认为阿Q落后和愚昧，那是因为鲁迅们的目光有问题，而鲁迅们的目光之所以出现问题，就因为他们已经不是与阿Q一起站在本土的立场上，不能与阿Q保持思想感情上的一致。他们的目光已经“他者化”了。他们对阿Q的批判不过是西方文化霸权主义的文化扩张。在他们看来，20世纪那些批判国民性的作品“与中国人的真实生存状态没有多大关系，它跟中国现实是脱节的，和中国本土的整体文化素质和特色是隔膜的、貌合神离的，因此它展示的只能是奇观。……它往往显得不切实际，激进而脱离‘国情’，而且有着‘西化’的嫌疑。从世界文化的多元性和多元文化的共存发展观看，它也越来越没有市场了”①。

这种理论对中国文坛和学界的影响是巨大的，就连一些优秀的学人和作家都难以幸免。冯骥才对鲁迅非常尊敬，却也在这一点上表示了异议。他说：“鲁迅的国民性批判本源于西方人的东方观。他的民族自省得益于西方人的旁观。”这是不错的，因为正是西方人的东方观促进了中国现代知识分子的觉醒。然而，他又说：“鲁迅在他那个时代，并没有看到西方人的国民性里所埋伏着的西方霸权的话语。传教士们在世界所有贫穷的异域里传教，都免不了居高临下，傲视一切；在宣传救世主耶稣之时，他们自己也进入救世主的角色。……他们的国民性分析，不仅是片面的，还是贬意或非难的。”冯骥才并不否认中国人的国民性存在问题，而且决不否定鲁迅的国民性批判，但是，他却认定鲁迅受西方传教士影响而批判国民性决不是一件光彩的事。中国人的国民性不是没有问题，但这种批判的目光一旦是从西方获得的，便因其“西方中心主义”而不证自明地成了过错。因此，他这样批评鲁迅：“他那些非常出色的小说，却不自觉地把国民性话语中所包藏的西方中心主义严严实实遮盖了。我们太折服他的国民性批判了，太钦佩他那些独有‘文化人’形象的创造了，以致长久以来，竟没有人去看一看国民性后边那些传教士们陈旧又高傲的面孔。”“由于他对封建文化的残忍与顽固痛之太切，便恨不得将一切传统文化打翻在地，故而对传统文化的批判不分青红皂白。”②

① 王干、张颐斌、张未民：《“新状态文学”三人谈》，《文艺争鸣》1994年第3期。

② 冯骥才：《鲁迅的功与“过”》，《收获》2000年第2期。

（三）

面对文化民族主义对鲁迅和五四新文化运动的指责，站在鲁迅和五四新文化立场上的人们不应该试图否定那些基本思想事实，而是应该承认，他们对事实的指认往往是准确的。比如反传统、力主西化、全力追求现代性等等。必须在这一基础上认识五四新文化运动和鲁迅的文化选择的合理性。因为反传统和主张西化、现代性和启蒙主义，都不能成为否定鲁迅和五四新文化运动的理由，而是恰恰相反，新文化因此才成为新文化，五四新文化运动因此才在中国文化史上具有了划时代的意义。所以，一些问题毫无疑问需要进一步澄清：

1. 关于民族文化传统

一般而言，对自身文化传统的偏爱是一种常见的心理现象。自己的祖国，自己的故乡，自己的民族，自己的家族，自己创造或拥有的一切往往都是美好的，人们不愿正视它的缺陷，也不愿听到对它批评。而且，当旧有的一切面临淘汰的时候，人们往往充满留恋。即使是一只咸菜坛子，一个农村老太太在城市化的过程中也是不愿丢掉的。这是一种难以克服的感情。所以，如果有足够的空间，我不反对把咸菜坛子等一切旧物陈列在博古架上，以满足人们的情感需要。但是，如果以为自己有一只咸菜坛子就可以满足现代生活的需要而拒绝市场，那就未免欺人而且自欺了。

来自乡村的老太太们一般都能满足于感情需要，不会因为热爱自己的咸菜坛子而拒绝菜市场。学者们却往往很不相同，他们要把自己的感情需要转化为虚玄的理论和文化发展构想，而且说得煞有介事。好像自己那点旧东西真有什么了不起，而大市场上的东西什么都不行。面对两次世界大战以及战后西方一些人精神上的持续困惑，中国的文化民族主义者重新找回了文化上的优越感。他们认为西方文明已经陷入严重的危机，而且正需要中国文化的拯救。因为整个世界都在西化，所以这个危机也就是世界文化的危机。因此，中国文化不再是滞后的，而成了超前的。它不再仅仅显示着过去的辉煌，而且代表了世界文化的未来。它虽然眼下受到现代化的冷落，但西方文明最终也要走到这里来。由于这样一种思路，一些天真的人们产生了一种“抄近路”的设想：既然我们的传统文化代表着人类文化的未来，有什么必要苦苦学习西方舍近而求远？既然有捷径可以实现超越，为什么要跟在别人后面爬行？抄近路，由追随者成为领导者，当然是后发达者求之不得的。由于这样一种思路，中国文化不再是滞后的，而是超前的，不再是过去的，而是未来的，是可以直接超越现代性的。因此，对民族文化的批判和否定不仅上对不起祖宗，下对不起子孙，而且对不起嗷嗷待哺的世界各民族。西化论者不仅非常愚蠢，而且简直是犯罪。以此观照鲁迅和五四新文化运动的选择，他们当然罪责难逃。

但是，这只是站在民族文化本位立场上一厢情愿的美好想象，人类文明的发展并没有按照这种想象运行。梁启超们在世纪初所做的“西方人正在等待中国文化的拯救”的宣告显然已经破产，因为20世纪西方文明的发展并没有像施宾格勒和汤因比所说的那样没落，而是更进一步走向完善，并有力地战胜着人类文明发展中的种种邪恶力量。一些人在世纪末所做的“21世纪的世界将是东方文化的世界”的乐观宣布也只能是一种文化自大者的梦呓，因为它没有任何可靠的根据。

一些人津津乐道中国传统文化的优势。那么，它的优势何在？从1921年梁漱溟的《东西文化及其哲学》到1935年王新命等十位教授所写的《中国本位的文化建设宣言》，经过1958年张君劢、唐君毅、牟宗三、徐复观等《为中国文化敬告世界人士书》，再到20世纪末的新儒学，对中国文化优势的认识主要观点仍然没有变：西方文化的主要成就在于处理人与自然的矛盾，要解决的只是人的物质生活需求；中国文化的奥义在于解决人与人的矛盾，要解决的是人的精神的和谐和安适。西方文化重视物质，所以，其物质文明迅速发展，精神文明却陷入了危机；中国文化重视精神，所以，物质文明虽不发达，道德文明却是世界第一。

可是，一个事实大概无法否认：中国重精神，但精神文明之差、人的精神压抑和扭曲之惨烈，堪为世界之最。中国道德第一，但道德水准之低也是有目共睹。早在五四时期，胡适就指出，一个号称道德第一的民族怎么可能眼睁睁看着一代代女人为缠足而哭号？一个号称精神文明的国度怎么可能残酷地对待妇女和儿童？时至今日，面对弘扬传统过程中的社会现象，我们仍然无法回避思考：一个道德第一的民族怎么可能在大街上围观恶棍强奸少女？怎么可能让腐败渗透到社会的每一个角落？又怎么可能让种种罪恶横行而一个个苟且偷生作壁上观？哪一个民族还能比这更堕落？中国文化致力于安顿人们的精神，但历史提供的事实是什么？是制造了世界上最强大的压抑和扭曲精神的工具，因而能够把人的精神牢牢地安顿在枷锁之中。它的好处不过是使人没有怀疑、没有反叛，乐天知命做奴隶。在两千年的精神文明成果中，最辉煌的是程朱理学，它也是所谓“现代新儒学”最感兴趣的。作为一种思想体系，它的建构在各方面都使人叹为观止，然而，却正是它高扬着“存天理而灭人欲”“饿死事小，失节事大”的非人观念。

2. 关于“西化”之路

在“五四”的罪证之中似乎最无法辩护的就是“西化”，或者“全盘西化”，也就是向西方学习，或者一心一意地走西方的道路。在20世纪末的中国，这一点似乎早已是无法辩护的罪证。然而，一个问题却不能不重新思考：主张西化究竟错在何处？

从民族救亡的角度考察，落后就要挨打是不可改变的事实。那么，为了改变挨打的命运而向强者学习以获得强健自身的良方，正是不想继续挨打者的正确选择。回顾中国现代化的历史，国家富强程度的每一次推进都与开放和接受西方文化有关；现代化事业的每一次受挫都与对西化的抵抗有关。中国20世纪的历史进程之所以曲折坎坷，不是因为西化，而是因为对西化的抵抗和对现代性的扭曲。

作为后发达者，必须向发达者学习，这是无法改变的规律。自己落后而不愿向别人学习，自己不发达而仇视发达者，不得已而学习时仍然要念念不忘民族文化主体性，都是一种不老实的态度。可惜的是，中国人一旦涉及文化传统，总是难以虚心和老实。面对人类文明的健康主流和先进的文化模式，或者以不适合中国特别国情而拒绝之，或者自作聪明地进行本土化改造，或者只拿来皮毛以做旧体制的装饰，是中国现代化进程屡屡受挫的主要原因。当然，对于一些人来说，这种做法并非愚蠢之举，因为它可以成为保护在传统体制中所享有的特权而拒绝民主自由等现代规则的理由。强调特殊性而反对普遍原则，是他们一贯做法，也是维护其私利的唯一选择。对于一般人来说，这种做法却往往源自一种非理性的民族自大心理和民族文化本位立场。

站在民族文化本位的立场上，人们总是担心全球化冲击了民族文化的主体性，因而总是以各种理由进行抵抗。他们共同的选择是强调民族文化的特殊性，抵抗现代化的普遍模式。尽管在萨义德等人看来现代化的构想是以单线性的、阶段式的演化论为基础的，认为把现代社会看作传统社会的未来图景是一种西方的东方学的偏见，是西方中心主义的结果。可是，这位反西方文化的学者虽然反对在现代化过程中转换本民族固有的文化传统，却没有提供通往现代文明的其他通路，更没有能力证明传统社会优于现代社会或者东方社会优于西方社会，而且他们自己更不愿意放弃他们所批判的文化环境而到他们所赞美和努力保护的文化环境中生存。因此，最终必须承认：现代性是人类社会发展的某个阶段所达到的某种水平的标志，现代化是人类文明发展的必经阶段。它不属于任何国家和地区，也是任何国家和地区都无法垄断的（也从来没有一个国家和民族试图垄断过它），但是，我们无法否认，现代化首先在西方出现，西方人最先创造了它，因而拥有了成功的经验。后发达国家既然无法拒绝现代化，成功者的经验既然可以使其避免许多弯路，西方既然已有成功的经验，为什么一定要拒绝呢？

一些人总是强调现代化有不同的道路，现代性是一个不确定的概念。强调者的出发点当然很不相同，但都在为特殊性寻找理由，同时为拒绝人类健康文明主流寻找一种借口。现代化可能有不同的道路，但是，必须清楚，尽管条条道路通罗马，但有的路曲曲折折而且充满坎坷，有的路绕了一圈还必须回到原来的起点，有的道路注定了与现代化目标背道而驰。在这种情况下，我们不应为了所谓文化主体性而拒绝成功的路径。必须清楚，现代化没有不同的标准，现代性的概念从根本上说是确定的。如果现代化可以有不同的模式，现代化就会成为一句空话。因为我们完全可以宣布：中国的“现代化”早在秦始皇时代已经实现了。

一些人总是强调民族化和本土化的改造。他们并不直接反对向西方学习，但更强调进行民族化的改造而使之适合于中国国情。对此，必须清楚的是，现代化是不可假冒的，也是不可扭曲的。一切假冒伪劣最终坑害的都是我们自己，一切扭曲最终都要付出沉重的代价。我们应当清楚，在进口的精密机器上硬是砸进一个钉子或者拆掉一个部件，其后果会是什么！

我们当然应该承认西方文化有自我中心的倾向。但是，这并不值得大惊小怪，因为任何一种文化都把自己作为中心，而把对方作为自己的客体和意识的对象。任何一种文化都非常自然地从自己的角度观察认识和理解另一种文化。而且，在事实上达不到平等水平的现实条件下，所谓平等对话只是一种自欺欺人的幻想。任何打肿脸充胖子的做法都是没有用处的。比如，中国的学校普遍开设英语课，绝大多数具有专业职称的人员都要通过外语考试。用后殖民主义的观点看，这应该是已经被殖民化的铁证。用第三世界文化理论看，这也是霸权主义制造的不平等。但是，我们需要与世界交流，又没有能力让全世界都来学习汉语，不学习英语又有什么办法呢？拒绝当然是容易的，但是，世界不会因为中国人拒绝讲英语而都学汉语。对此，当然也可以说“不”，但是，非常不幸，要想有效地说“不”，还需要首先把“不”说成“no”。

现代化的普遍性与特殊性不仅仅是一个国际的问题。中心与边缘，乡村与城市，先发达地区和后发达地区，这个问题无处不在。如果强调特殊性，我们是否可以尊重某个村子的习惯而放弃扫盲或计划生育的努力？是否可以尊重某个地区的文化传统而听任父母剥夺年轻人的恋爱自由？是否可以放弃在一些方言区推行普通话？一个事实是，无论多么偏僻的村寨，明智的人们都不会拒绝使用普通话，都不会拒绝人类文明的健康主流。

3. 究竟应该以什么为最高价值尺度

考察文化民族主义对传统的弘扬和对五四新文化的否定，可以发现许多理由。考察其全部的理由，很容易发现他们与鲁迅及五四新文化持守者之间的许多重要分歧。这些分歧之所以发生，主要在于双方的出发点、理想目标和价值尺度不一致。

文化民族主义者站在民族文化的立场上，以民族文化为本位，强调的是民族文化的主体性。他们的一切思考往往都是从文化出发，从社会秩序出发的，因而有着很强的传统文化危机感，却很少看到民族传统的残酷和非人道。

五四新文化的代表鲁迅们最显著的特点是站在人的立场上，以人为本位，强调的是人的生存和发展，追求的是人的解放与人权的保障。他们从人的解放和公民的权利出发思考问题，所以看到的是传统秩序“吃人”的本质。为了人的解放和自由权利的获得，他们选择了整体反传统的态度。考察他们反传统的理由，事实上用一句话即可概括：“吃人”。他们反传统的全部作为，都是为了把人从“人肉宴筵”中抢救出来。

由此可见，人与文化，正是鲁迅们与文化民族主义者之间的根本差异。

那么，究竟是文化重要还是人更重要？应该以民族文化为本位还是以人为本位？是以文化主体性为不可动摇的神圣事物而不顾人的生存境况，还是以人为价值尺度而对文化进行取舍？这是双方冲突的最终问题。

事实上，时代已经到了21世纪，这些问题应该是无须回答的。然而，在一些人的眼里，却似乎文化比生命更加重要，过去比未来更重要。只要它是传统文化，无论“吃人”与否都必须发扬光大。面对这一切，我们没有理由忘记鲁迅的话：“一要生存，二要温饱，三要发展。苟有阻碍这前途者，无论是古是今，是人是鬼，是《三坟》《五典》，百宋千元，天球河图，金人玉佛，祖传丸散，秘制膏丹，全都踏倒他。”[①]因为文化不是高于生命的东西，不是高于生活需要的东西。一旦它不适应新的生活需要，就应该接受淘汰和更新。人没有理由以自身的生命为代价而保留传统，无论这传统曾经多么辉煌，也无论这传统有多么伟大！

二、中国的“后现代”与鲁迅的“现代性”

尽管20世纪90年代的中国仍然处于向现代社会艰难行进的途中，但是，后现代文化却已是一种无法回避的存在。20世纪世纪末的中国是开放的，国外的任何新思潮都会及时得到传播。中国文化的惰性之一是守旧而排斥新的事物，但面对20世纪中国文化的发展历程，却很容易发现问题往往并不在于简单的守旧，而在于趋新与守旧相结合，以趋新的形式守旧。人们往往对经过实践检验的健康文明不感兴趣，而对时髦的理论想象寄以热望。在20世纪世纪末的中国，这种旧病再次复发，人们纷纷追随后现代思潮而对现代性进行反省和批判，似乎发达国家的“现代性问题”也已成为中国的问题，似乎中国最迫切的问题已经不是追求现代性而是批判现代性。

后现代文化精神是难以概括的，然而，大概仍然可以在其“不确定性”中发现其比较确定的特点，如反抗权威、解构中心、反对一切形式的话语霸权、努力破坏话语等级秩序而创造一种彼此平等的多元文化等等。从某种意义上说，作为一种话语反抗运动，后现代主义并非没有它的积极意义。但

①《鲁迅全集》（第3卷），第45页。

是，后现代主义批判启蒙理性、解构人的神话、否定知识分子的现代人文叙事，所导致的精神后果却值得特别警惕。从霍克海姆和阿多诺等人开始，西方学者从对纳粹制度根源的追寻而走向了对启蒙的批判。他们在历史领域里反省哲学问题，认为启蒙是一种对权力的追求，这种追求试图对一切进行支配和征服，即以各种知识的形式把主体的暴力施加于人类社会和自然界。在他们看来，正是科学和理性导致了极权主义，启蒙主义导致了对群众的蒙蔽与欺骗。福柯通过对知识、权力、语言三方面因素构成的“话语形成”来消解主体观念支配下的认知传统，通过把真理的规范相对化和条件化消解启蒙的权威，并且通过监狱及其监控技术的考察而发现其中知识—机构—主体之间的制约关系，并把它发展为对西方社会制度的质疑。利奥塔等人的理论从质疑启蒙叙事入手，质疑一切现代知识形式及其法则，因而现代性危机被确认为知识合法性的危机。除此之外，杰姆逊和萨义德都把启蒙看作文化侵略，把启蒙主义理解为对西方文化霸权的确认，认为现代化伴随着文化征服，也意味着弱小民族的文化归属……对于西方思想界来说，这一切都不值得大惊小怪，然而，它在20世纪90年代的中国却经过一系列复杂的本土化过程而产生了具有中国特色的后现代主义。

在20世纪的黄昏，充分中国化了的后现代思潮与文化民族主义思潮一起，把鲁迅和五四新文化运动的领袖们统统推上了被告席。

（一）

具有中国特色的后现代主义把主要力量用于对现代性的批判，而且一切运作都把矛头对准了现代启蒙知识分子。他们通过各种方式努力使人相信：理性充满罪恶，知识是权力的同谋，文艺复兴以来关于人的主体的设计是一个虚幻的梦想，现代知识分子的启蒙立场对人类有害无益。他们以最先进的文化代表自居，以大众文化的代言人自居，致力于批判启蒙主义，解构人道理想，嘲弄知识分子的现代性承担。

当然，中国后现代直接攻击和消解的对象并不是鲁迅和五四新文化，作为告别20世纪80年代之后的文化新潮，他们的直接批判对象是20世纪80年代中国知识分子及其价值选择。但是，众所周知，20世纪80年代中国知识分子在“文革”的血污中复活之后所做的一个重要文化选择就是“回到‘五四’”“回到鲁迅那里去”，努力找回丢失已久的现代精神和人道理想。既然二者是如此血脉相连，对20世纪80年代中国知识分子的批判就很容易演变为对鲁迅和五四新文化的清算。何况，五四新文化运动所接受的恰恰是后现代所厌恶的西方文艺复兴和思想启蒙运动以来的启蒙理性和“人的神话”。于是，中国后现代必然地把五四新文化运动及其文化选择作为攻击的主要目标。

他们对五四新文化运动进行全面的质疑，这种质疑分三个层次：一是否定其全盘西化的方法论和价值取向，二是批判其接受的西方价值观念和知识模型，三是嘲弄其知识分子的启蒙导师角色和社会承担。20世纪90年代的中国文化最引人注目的现象就是最新潮的东西与最守旧的东西所呈现的一致性。当弘扬传统的高潮到来时，“五四”所受到的攻击不仅来自形形色色的国粹派，而且来自以先锋面貌出现的后现代。当然，中国后现代并无意于守护中国传统，他们努力的是对西方现代文化主流的批判。因此，在他们那里，鲁迅们的罪恶也许并不在于批判和否定传统，而是在于对西方现代文化的追求。因此，他们坚决反对新文化运动对西方文化的态度，反对其对西方价值的“迷信”。正是在这一点上，中国的后现代终于与前现代合流，对现代文化展开了前后夹击。“五四”一代人张扬科学和民主，在中国后现代看来，科学与民主早已过时，而且可能导致罪恶；“五四”一代人高扬启蒙理性，在中国后现代看来，启蒙理性已经由批判封建主义的思想武器摇身一变为巩固资本主义制度的意识形态，成为权力的同谋；“五四”一代人渴望人的解放和人权的保障，在中国后现代看来，这也是极为可笑的，因为大师们已经宣布了“人之死”，还谈什么人的解放和人权的保障？通过后现代的描述，现代知识分子面目非常可憎。他们总是以启蒙导师自居，试图教训大众，总是充当文化英雄，事实上却往往是权力的帮凶。因此，中国后现代依照利奥塔在《知识分子的坟墓》中的一个说法，认为那些以普遍主体自居并进而对社会进行全面指导的知识分子属于过去的时代，而不属于这个时代。这个时代高度发展的科学技术已经结束了那种历史，那种社会全能型的知识分子已经进入了坟墓，代之而起的是专业型的知识分子，他们从事自己的专业活动，而不承担人类共同体的责任。[①]他们用这种观点看“五四”启蒙型

① 参见《后现代性与公正游戏——利奥塔访谈、书信录》，上海人民出版社1997年。

的知识分子，认为他们的人格和精神都没有理由继续得以传承，因而祭起“知识分子死了”的后现代法器，来终结知识分子的启蒙导师角色。鲁迅无法逃避，因为鲁迅正是这种社会全能型的启蒙导师。

中国后现代批判现代性的重要策略之一是首先宣布现代性神话的破产，中国语境已经是一种后现代语境。他们认为“精英主义式的控制不再能驾驭文化生产和传播，新的文化控制网络正趋形成”，在这种情况下，知识分子如果仍然坚持精英文化立场，是非常荒谬的，其言论就像“堂吉诃德的狂吼”，但无法改变文化发展的方向。[①]浏览20世纪90年代的期刊，经常看到这样的表述：“世俗形象与人文英雄的换场，表明了市民接管了属于自己的话语权。在思想启蒙时期被瓦解的市民自信，在被弥漫着实利交换气息的都市经济中得以修复。他们在拥抱世俗欢乐时，叙述着自己的生活理解。”[②]“虽然未能发育健全，但‘现代性’神话的破产，也就如同一个发育不健全的孩子同样要面对死亡一样，或许由于其不健全，死亡也比发育正常的人来得要迅疾。”[③]作为一种对于20世纪80年代现代性的颠覆策略，他们常常通过对某种局部现象的夸大描述而虚构了在中国告别现代性的时代大势。

中国后现代批判现代性的另一策略是突出强调现代知识分子与大众的对立状态，从而代表大众声讨知识分子及其精英话语。他们突出强调知识分子对大众的批判，设计出启蒙者与被启蒙者、批判者与被批判者的对立关系，制造出知识分子与大众的对立，然后打出大众至上的旗帜，奉大众为唯一的上帝，并以大众解放者的姿态出现，代表大众宣布不需要知识分子的启蒙。他们刻意夸大大众的觉悟，宣布大众已经成为这个时代的中心，质问知识分子有什么资格对大众启蒙。后现代理论家们曾经反问：“为什么不能媚‘俗’？”因为在他们看来，“‘媚俗’这个提法，是一种启蒙主义的说法，它认为人民大众是十分愚昧的，你不能混同于他们，你要引导他们，教育他们，这是很荒谬的。我们凭什么要去教育人民？我们在哪方面比人民更

① 陈晓明、张颐斌、戴锦华：《文化控制与文化大众》，《钟山》1994年第2期。

②苏晓：《世俗形象与市民理想》，《上海文学》1995年第6期。

③ 王干：《文化断桥之畔的书写：“新状态”文学漫论之二》，《文艺争鸣》1994年第6期。

高明”[①]？他们努力把启蒙说成是一种知识分子高高在上对大众的教训。在一些人的描述之下，现代知识分子总是以启蒙导师的姿态站在广场上，俯瞰着芸芸众生，对大众进行训导。他们以真理的化身出现，全知全能，是“知识”与“权力”的握有者和执行人。他们以文学作品向大众宣喻大众无法了解的真理，又以文学作品代表大众说出他们的意愿。他们认为20世纪中国文学表面上似乎存在着精英与大众的对话，但事实上精英是主导，而大众不过是被动的受话者。因为精英们总是居高临下地按自己的意志下达指令，大众则总是被动地被要求去领会和实行。有人在批评20世纪80年代中国文学中作者的位置时说：“这种‘作者’的位置就如鲁迅的《〈呐喊〉自序》中所给定的那样，他是话语和知识的发出者，是真理与民众意愿的执行人。这种知识分子在‘现代性’话语中的中心位置，贯穿于‘五四’到‘新时期’的整个文学发展过程之中。……这种位置有一个来自‘现代性’的西方话语的大背景，这个背景使‘作者’有可能将西方式的‘主体’的视点‘内在化’为自身的视点，使他有可能以外在的超越的视点观看‘中国’，也就可以获得一种对中国人及其文化的‘他性’的表述。”[②]毫无疑问，鲁迅在这里已经受到了指控，成为应该批判和超越的对象。

同时，他们虚构了20世纪中国现代知识分子的话语霸权，并且虚构了知识分子话语与权力的共谋。他们把精英知识分子与政治意识形态捆绑在一起，认为知识分子背靠权威意识形态而面向大众，从而为声讨知识分子的话语霸权找到了理由。在声讨这种霸权时，胡适和鲁迅又是首当其冲，因为胡适与政治权威的确距离不远，鲁迅活着的时候虽然一直是一个反抗者，但死后却一直受到政治权威的肯定，甚至在“文革”时期也仍然是被高高供奉于神坛上。由于“知识分子”和“现代知识分子”等概念的模糊不清和使用混乱，又由于历史的遮蔽形成的必然后果，一些人没有认真地想过什么是知识分子，也没有想过谁是现代知识分子，而是把活跃于现代庙堂之上的文人看作现代知识分子，因而认为20世纪以来知识分子一直占有统治地位，始终处于话语的中心，以背靠权威而向大众发号施令。当然，只要对20世纪中

① 陈晓明语，见《“新体验小说”研讨会纪要》，《北京文学》1994年第6期。

② 张颐武：《论“新状态”文学——90年代文学新取向》，《文艺争鸣》1994年第3期。

国历史稍有一点了解，就不会承认中国现代知识分子一直处于中心地位，更不会承认所谓知识分子的话语霸权。可是，中国后现代却不愿正视这一事实，而让现代知识分子为历史的各种罪恶背起了黑锅，甚至让鲁迅承担文化专制和思想专制责任。

（二）

以鲁迅为代表的五四新文学归根到底是“人的文学”。这种“人的文学”与西方现代人学思想是分不开的。五四新文化运动被称作中国的文艺复兴运动，而文艺复兴带来的思想归根到底在于两点：第一，人的本性是不受任何束缚的；第二，人是自由而至上的设计者。米兰多拉借上帝的喻示而说的那段话永远须要铭记：“亚当，我既没有给予你预定的地位，也没有给予你特殊的外观和任何专有的特权，以便让你能通过自己的决定和选择来得到和拥有这些。我颁行的律令中规定了其他创造物的本性。而你将借助我已托付于你的自由的力量，不受任何束缚地决定你自己的本性。我已将你置于世界的中心，好让你能更好地看清世间的事物。我已让你既不在天国，也不在尘世，既不是凡人，也不是神灵，好让你能像一个自由而至上的设计者，把你塑造成你自己所选择的那种形式。”[①]在20世纪80年代，中国文学重新找回了“五四”的主题，继续在中国推进人的解放的事业。然而，进入20世纪90年代，这个事业受到了各种冲击，时髦的作家和学人已经致力于消解“人的神话”。

作为这种现象的知识背景，西方反人道主义的思潮特别值得注意。也许人类应该为此而悲哀：在人道主义的发源地欧洲竟然产生了哲学上的反人道主义。尽管有些人把这种哲学上的反人道主义看作一种新启蒙，但它直接的影响显然已经在消解着人类对自身的信仰，消解着人类生活自身。

反人道主义的思想也许由来已久，因为在人类行进的过程中总是难以消除邪恶的念头，但是，反人道主义形成大潮却是20世纪的事。从某种意义上说，20世纪是一个充满罪恶的世纪，法西斯主义和极权主义给人类文明留下的创伤在短时间内大概难以愈合，并且必将继续产生出各种精神的变态产

① ［英］凯蒂·索珀：《人道主义与反人道主义》，廖申白、杨清荣译，华夏出版社1999年版，第10—11页。

儿。作为反人道主义思潮的代表，海德格尔率先对人道主义的人类中心主义发难。他的理由是人道主义者借助“动物”和“自然”来定义的人只是力图表现一种特殊性：“我们真的只要把人作为生物的一种，作为一种区别于植物、动物和神的生命存在，就能正确地探讨人的本质吗？我们可以以此方式开始研究，可以用这种方式在存在的范围内把人规定为存在者中的一种。借此我们将能够陈述出某种关于人的正确见解。但是在这点上我们必须清楚：当我们这样做时，我们并没有把人放到真正的生命（animalitas）王国中，而只赋予了他一种特殊性。”他辩解说：“《存在与时间》中的思想是反人道主义的。但这种对立并不意味着这种思想在反对人道并鼓吹非人道，不意味着它在吹捧非人道而贬斥人的尊严。人道主义受到反对是因为它没有把人置于充分的高度之上。”那么，海德格尔所理解的尊严是什么呢？如何才能置于充分的高度之上呢？他认为不应该依靠把人作为存在的主体或者至高无上的中心，而是要承认人的命运是出窍（ek-sist）的，应该承认它所包含的本质远远多于“单纯的人”，多于“理性存在物”。海德格尔将人生视为向死而生的本真存在，所以将人生的命运喻为离家而寻家的流离状态。他认为人道主义从根本上歪曲了人与存在者的关系，他说：“人并不是诸存在者的主人，人是一种存在的牧人，人在这种‘逊让’中没有失去任何东西；毋宁说他因达到了存在的真理而有所获。他获得了牧人特有的贫乏；这牧人的尊严就在于，他正在被存在本身召唤来看护存在的真理。”[①]对于海德格尔来说，人对历史不可能有客观的认识，做相反的假设则意味着接受“非本真性”，无异于公然舍弃存在的真正性质。

与海德格尔几乎同时，法国一些思想家发现了主体的消亡。阿尔都塞以结构主义诠解马克思的学说，提出了他的著名的命题：个人不是社会过程的基本要素，而只是它的“承担者”或“效应”。他认为历史进程和社会发展的真正主体不是这些承担者，也不是“真正的人”，而是“这些位置与功能的规定及分配”，也就是生产关系。阿尔都塞指出：作为承担者与效应的人的主体性是由意识形态建构的，因而现实的个人并不是影响社会进程的主

① [德] 海德格尔：《关于人道主义的书信》，见孙周兴选编《海德格尔选集》，上海三联书店1996年。

体。这种见解当然并不新鲜，把人消解于社会关系，是19世纪到20世纪左翼思想的一大特点。然而，在后结构主义者拉康、福柯和德里达等人看来，阿尔都塞仍然没有走出“人道主义启蒙结构”，因为他仍然承认主体与社会进程。拉康认为一个人并不是生来就是人，而是通过步入一个文化序列而成为人的，所以，人的主体性是通过从属于一个“他物”序列而实现的。所谓“本我”是一个不知在什么地方思考着的东西。福柯也认为主体形成的过程是屈从于某个文化序列的过程。他指出，权力的约束形式是重要的，现代社会是权力通过人文科学技术、分隔技术和性行为控制技术而运作的过程。在这一过程中，权力借助于主体化而运作，被运用于自由的主体。人正是在不断地服从这个文化序列的过程中丧失了自由。所以，在福柯看来，“主体化”也就是“从属化”。

在20世纪末，尼采提出“上帝死了”，也就是说，人要依靠自己站立于天地之间。在这个世纪，后现代思想家宣布人也死了，导致的后果却是放弃一切向上的努力。

当然，有些问题的确是值得我们思考的：我们有意识的生命过程是否能够在社会生活过程中成为主体？是否能够有意义地影响我们生活于其中的结构？是否能够有意义地影响历史？如果我们不能成为主体并影响我们生活于其中的那些结构，我们也就不能影响历史，从而也就没有历史的可理解性。在这个问题上，结构主义者与后结构主义者的回答是一致的。因为他们认为人并不能了解和把握自身，也不能把握经验的根源，因而我们也不可能认识历史。有些问题也是我们应该承认的，比如我们应该承认主体的实现的确需要诉诸一定的文化序列，但是，必须注意的是，人并没有完全从属于这些结构，而是不断成功地反抗这些结构，并从而推进了这些结构的变革和文明的发展。我们应该承认个人所受的必然制约，但是，无论处于何种制约之下，我们都应该对我们所造成的境况负有责任。因为人能够成为有意识的主体，可以做出不同的选择，从而改变我们的境况。我们应该承认，人类长期以来苦苦追寻“人的本质”，答案却五花八门而难以形成共识，但是，即使将来仍然如此，也决不意味着“人是目的”这一现代性核心观念已经过时，决不意味着“人的死亡”已经降临，更不意味着我们可以放弃人道主义理想。

遗憾的是，在20世纪末的中国，“人死了”的宣示成了一种努力方向。特别是在文学中，从创作到理论，都在强化着人的被动性和从属性，并对其苟活态度表示充分的理解和认同。当人们因为对现实的无能为力而增长着一种无可奈何的情绪时，这种对人在现实和历史中的无奈的强化给人的消极逃避提供借口，从而进一步消解人的主体力量。因此，值得注意的是，“人死了”的判断无论与事实有多么遥远，它都可能直接推动人的消亡。特别是对于铁屋子里的人，后现代言说显然有一种“安乐死效应”。

（三）

20世纪90年代文学的一个带有普遍性的倾向是面对“民间社会”和“日常生活”，表现“世俗关怀”和“平常心”。作家们纷纷躲避崇高，直面世俗，拒绝一切理想和神圣。那些走红的作品的确不再有启蒙的姿态，不再居高临下地俯瞰大众。在评论这些作品时，评论家总喜欢重复着这样一些话：他们从高高的审判台上走了下来，他们放弃了启蒙导师的位置，他们不再满足于说教，他们与读者站在同一平面上进行对话，他们完全放弃了法官、救世主和启蒙导师的习惯姿态，平等地说出他们真实的自己，他们不再像鲁迅……当然，人们很容易发现，那些作者根本不是什么“放弃启蒙导师的位置”，更不是“放弃了法官和救世主的姿态”，而是他们根本没有能力获得那种姿态。要获得启蒙导师和历史审判者的姿态并不是一件容易的事。

在20世纪末的中国，承担历史很不潇洒，批判现实太不轻松，奋斗和探索都实在太累，只有顺世活着而且随时找乐是唯一正确的选择。这是一个崇尚轻松的时代，是一个努力遗忘而及时游乐的时代。在这样一个时代，鲁迅似乎非常不合时宜：人们不愿活得太累，鲁迅却活得太累；人们需要潇洒，鲁迅却太不潇洒；人们需要轻松愉快，鲁迅却总是煞风景，让人感到太沉重。所以，有人含蓄地批评鲁迅“太沉重”，认为鲁迅作品作为教材，无论对于教师备课还是学生接受，都过于沉重。[①]有人坦率地承认：“可能我的历史是颓废的历史，激情的肉体史，是南朝臣民的裸宴，是罗马的狂欢……因此，川端康成的样子远比鲁迅清晰。”[②]有人甚至写道：“哲学家喜欢

① 董桥：《文字是肉做的》，文汇出版社1997年。

② 朱文：《断裂：一份问卷与五十六份答卷》，《北京文学》1998年第10期。

做人，无非是吹皱一池春水，为世间平添烦恼。只要人人是猪，天下自然太平。”“做猪有什么不好？轻轻松松，才算真正懂得享受人生。”[①]在这样一种文化氛围中，鲁迅的姿态即使不是不食人间烟火，也至少让人感到难以接近。

在20世纪末的中国，阿Q精神已经成为生存的法宝。在许多作家笔下，阿Q们得到了正面的解读，怒目而视可以调节心理的平衡，精神胜利可以给人活下去的力量。鲁迅以批判的笔调描写阿Q，批判他的精神胜利，批判他的革命畅想，居高临下，指手画脚，这也不行，那也不行，没有一点“平常心”。弱小者如阿Q，他不那样活着，你能让他怎样活？这已经成为20世纪末的“平常心”对鲁迅的有力诘问。照此看来，说鲁迅的怒其不争是“贵族式的”，说他和胡适、陈独秀等人的文化启蒙运动，是“与全民为敌”，自有其完整而严密的逻辑理路。

在20世纪末的中国，强调宽容是时代的强音，似乎主流的理想就是你好我好他也好。其原因当然非常复杂，既有对过去年代斗争哲学的厌倦，也有对现实生活问题和矛盾的消解，更有制造遗忘但愿相逢一笑的愿望。和气生财，稳定高于一切。在这种情况下，鲁迅顺理成章地成了值得警惕的人物。他被认为是有害无益的，甚至能够诱发地震。王蒙一再表示：“世人都成了王朔不好，但都成了鲁迅也不好——那会引发地震！”[②]“我们的作家都像鲁迅一样就太好了吗？完全不见得。文坛上有一个鲁迅那是非常伟大的事。如果有五十个鲁迅呢？我的天！”在王蒙等人看来，“一个国家生活愈正常气氛愈祥和作家就会愈多写一点日常生活，多写一点和平温馨，多写一点闲暇趣味。到了人人蔑视日常生活，文学拒绝日常生活，作品都在呼风唤雨，作家都在声色俱厉，人人都在气冲霄汉歌声冲天肝胆俱裂刺刀见红的时候，这个国家只怕是又大大地不太平了”[③]。20世纪末的中国气氛祥和，鲁迅当然不合时宜。

更重要的是，这并不是个别的现象。在20世纪90年代，一种苟活的顺

① 愚士选编《以笔为旗——世纪末文化批判》，湖南文艺出版社1997年，第531页。

② 王若谷：《鲁迅诱发地震》，《中国青年报》1995年2月5日。

③ 王蒙：《沪上思絮录》，《上海文学》1995年第1期。

世哲学开始大面积地覆盖了文学创作。20世纪90年代的许多小说关注的是普通小人物琐碎的日常生活和人生烦恼，是真正来自民间的生活故事。但是，题材并不重要，重要的是创作主体所给予题材的精神融入。作家们的确不再居高临下地俯视芸芸众生，而是完全与芸芸众生站在同一地平线上；不再自以为高明地对生活进行评判，而是对笔下那些小人物琐碎的人生烦恼和价值追求表示充分理解；他们放弃了知识分子的精英立场，放弃了理想主义的奋斗和追求，对小人物无奈的生存及其人生哲学表示认同。一切都与气候难以分开，适者生存是自然的铁律。新写实小说虽然最早出现于20世纪80年代末，但在进入20世纪90年代之后才获得了长足的发展。这种发展就是更进一步地告别了现代启蒙主义立场，彻底与现代知识分子话语划清了界限。池莉的《热也好冷也好活着就好》中有一个寓言式的情节：作为知识分子的作家试图以"你的名字叫做人"的命名方式对猫子进行启蒙，以为他的一个构思准把猫子聊得痛哭流涕，但是，事实却是故事讲到一半的时候猫子已经睡着了。这个情节展示出知识分子启蒙的失败。这种失败并不值得大惊小怪，但是，20世纪90年代的作家却非常喜欢通过这种故事嘲弄启蒙知识分子而认同"活着就好"的市民哲学。在不少作品中，我们都可以看到对知识分子的嘲弄。知识分子往往是"与小市民一样吃饭拉屎和老婆睡觉，却每每总需要找到崇高的借口才能进行实际生活"①。

在告别20世纪80年代而进入20世纪末之际，中国的先锋文学发生了引人注目的转向。在先锋小说中，余华无疑是最有代表性的。他后来声称非常尊重鲁迅，但是，在进入20世纪90年代之际，他的转变却与鲁迅道路南辕北辙。在20世纪80年代，他的《世事如烟》《现实一种》《一九八六年》《十八岁出门远行》等以真实而冷酷的笔锋深入人性的深处，撕破灿烂的表象而拷问着人的灵魂，从而显示了独树一帜的先锋风格。这种风格显示的精神与"五四"的努力是相通的。然而，到了20世纪90年代，《活着》和《许三观卖血记》显示了明显的变化，由对人生终极的关怀和对人性的拷问转变为对日常生活的平静叙说，由现实生存的怀疑与批判转向对无奈人生的无奈认同。"父亲"曾是先锋作家反抗的主要对象。在余华等人20世纪80

① 池莉：《你以为你是谁》，《中篇小说选刊》1995年第2期。

年代的作品中，父亲大多卑鄙龌龊、狡诈阴险，是扼杀儿子的魔鬼或帮凶。这种文本比较鲜明地体现着一种“弑父”情结。我们知道，掀翻长者本位的“吃人筵席”是五四新文化运动的一个重要内容，“救救孩子”是中国新文学先驱共同的呼声，但“五四”高潮过后，知识分子话语的启蒙精神很快淹没在民族救亡与阶级翻身的洪流之中。从这一意义上说，余华们对长者本位的反抗是“五四”以来时断时续的思想革命的延伸。但是，这种延伸在20世纪90年代再次中止，先锋小说更多地开始“玩”历史，在以边缘话语证明着自己也有历史解读权的同时，告别了批判和探索的激情。余华在《〈活着〉前言》中说：“人是为活着本身而活着，而不是为活着之外的事物而活着。”活着被他看成是人生唯一的目的和唯一的实在。这种态度以另一种形式复写着“冷也好，热也好，活着就好”的哲学。对于这种变化，余华自己曾经如此解释：“过去我的理想是给世界一拳，其实世界这么大，我那么小的一拳头，击出去就像打在空气上一样，有屁用。”这种转变反映了这个时代精神的变迁：从反抗现实到认同现实，从主体自信到主体的自嘲，从批判国民性到赞美阿Q的生活及其生活态度。

在现代知识分子话语大势已去的时刻，王朔开始用最尖刻而粗俗的语言挖苦知识分子，将调侃和嘲弄对准知识分子及其追求的文化目标。无论人们是否喜欢王朔，都不能无视他在20世纪末中国文坛的影响。王朔的小说给人们提供的是一种轻松，缓解了社会问题文学带给人们的紧张和沉重，也缓解了先锋文学带给人们的绝望。它是一种“找乐”的文学。生活很艰难，人生充满烦恼，王朔的小说给人带来了“乐子”。其实，“找乐”正是世俗百姓世世代代最常见的活法，是无奈中的选择。你既然没有力量改变生活，自己不找乐就天天被烦恼所折磨。鲁迅的作品不是“找乐子”的，它带给人的是沉重。按照新的文艺观念，人活着很不容易，看文学作品还是找难受吗？文艺家应该给人以轻松和快乐，文学就是要超越现实的苦难，以虚构的方式实现人们的种种梦想，解除现实中给人的种种压力。同时，王朔在解构神圣，但王朔的解构并不只是指向权威意识形态，而是同时指向了知识分子所信奉的价值。尽管王朔本人充满智慧，但他的基本立场显然带有一种反智主义倾向。这种立场来自他所嘲弄的旧的意识形态的培养，也来自中国古老的文化传统。他对知识分子的清高、虚伪、自我膨胀和恶劣品质，以及承载的传统心理给予了不留情的嘲弄，这也许有助于知识分子的自我反省和自我批判，但是，因为他并不清楚中国现代知识分子的弱点和价值，因而也无从区分，结果使现代知识分子悲壮的承担也成为他炮火之下的牺牲品。

（四）

面对具有中国特色的后现代主义的挑战，有几个问题是必须回答的。

首先，当下中国是否需要启蒙，启蒙知识分子是否还有存在的合法性?

20世纪末的中国后现代反对五四启蒙主义的重要理由之一是，大众已经不需要启蒙，启蒙已经没有用武之地。这很有点像20世纪20年代末创造社、太阳社的人们对胡适和鲁迅的批判。早在20世纪20年代，钱杏邨就曾经宣布：阿Q时代已经死去，阿Q已经不是过去的阿Q。在他们看来，“十年来的中国农民是早已不像那时的农村民众的幼稚了。所以根据文艺思潮的变迁的形式去看，阿Q是不能放在五四时代的，也不能放在五卅时代的，更不能放在大革命的现在的时代的，现在的中国农民第一是不像阿Q时代的幼稚，他们大都有了很严密的组织，而且对于政治也有了相当的认识；第二是中国农民的革命性已经充分的表现了出来，他们反抗地主，参加革命，近且表现了原始的Baudon的形式，自己实行革起命来，决没有像阿Q那样屈服于豪绅的精神”[①]。周扬在抗战时期又有大致相同的表述：“这是一个怎样变化万端令人惊异的环境呵！在这个环境之下，人又是变化得怎样的迅速呵！昨天还是落后的，今天变成了进步的；昨天还是愚蒙的，今天变成了觉醒的；昨天还是消极的，今天变成了积极的。革命时期必然地伴以人类心灵上的深刻剧烈的变化，只适合于社会停滞期的艺术家的那种静的看法现在是完全不适用了。我们的现实中正涌现着新的人，新的抗日英雄的典型。……中国新文学中可以称为不朽的典型的，只有鲁迅的阿Q。在这个可笑又可悯的人物身上，反映出了中国农民的软弱的黑暗的一面，因为中国的农民性和落后性，他又被视为中国国民性的代表者。现在，阿Q们抬起头来了。关于觉醒了的阿Q，值得写一部更大的作品。”[②]对于阿Q的认识，关系到中国文学是否需要启蒙精神。既然阿Q已经觉醒，启蒙文学自然成为多余。既然阿Q

① 钱杏邨：《死去了的阿Q时代》，1928年3月《太阳月刊》第3期。

②《周扬文集》（第1卷），人民文学出版社1984年，第248—249页。

已经成为时代的英雄，当然不容知识分子去对他们指手画脚。

20世纪90年代的新潮批评已经普遍地对启蒙这个词表示厌恶。有人指责知识分子“都把大众视为‘迷途的羔羊’，它们仿佛等待智者指点迷津。拯救的姿态所以滑稽，就在于它好像生活在桃花源，‘不知有汉，无论魏、晋’。90年代的‘大众’，在语义上已经同往昔发生了质的变化，它们已经拥有自己的话语形态即大众文化，大众文化与知识分子文化或者宗教文化，根本无以构成拯救与被救的关系，它们有机并存，各行其道。因此拯救的姿态不仅是徒劳的；相反，固守这种姿态，自以为天下皆醉我独醒，全不问时代、对象与自我的巨大变化，唯以拯救他者为己任：这其实是知识分子自身迷途的一种表现[①]”。这是20世纪90年代文化在一些知识分子心中唤起的一种认识。它不是个别的，很多人都曾经发表过类似的议论。

那么，大众真的不需要启蒙了吗？20世纪历史的发展早已证明创造社和太阳社那些乐观的宣告的虚假性。今日的中国大众的文化素质也仍然难以使乐观的宣告获得坚实的现实支撑。一些人提供的重要的理由是大众对知识分子启蒙话语的拒绝。不错，在中国现代历史上，农民对现代知识分子文化的拒绝是一个不可否认的事实。它是必然的，因为他们分别承载着两种不同的文化，接受者由于文化传统的作用而缺少必要的接受机制。但是，这不能成为否定启蒙主义的理由。恰恰相反，正因为传统力量的强大，启蒙才成为重要的历史任务，知识分了精英文化的重新振作才成为历史的迫切任务。认识历史前进的艰难，知识分子应该更清楚自己使命的重大，而不应该是由于失败而放弃。

其次，在20世纪的中国，知识分子的话语霸权是否破坏了市民社会和日常生活?

对五四启蒙主义构成严重挑战的，还有“市民社会”“日常生活”和“民间——市民范式”。在国外社会变动和研究成果的影响下，“市民社会”和“民间”成为20世纪90年代大陆学界常用的概念。不少人对“市民社会”“日常生活”和“民间”投以青睐。按照英国社会学家厄内斯特·盖尔纳（Ernest Gellner）《自由的状况——市民社会及其敌人们》的看法，东欧

① 邵建：《知识分子写作：世纪末的“新状态”》，《钟山》1995年第3期。

的历史巨变并非西方民主制度的胜利，也不是意识形态斗争的结果，而是市民社会的胜利，因为在20世纪80年代末的波兰、捷克和罗马尼亚等地，一般人关心的主要不是社会制度和意识形态，而是希望过上像西方百姓一样美好的生活。根据法国学者白吉尔在其著作《1911—1937：中国资产阶级的黄金时代》中的研究结论，在中国现代化的过程中，启蒙的作用是值得怀疑的，因为正是启蒙和革命一起打乱了清末以来一直向前发展着的现代化进程。她的着眼点显然主要是经济，经济的发展需要市场，而革命和启蒙却破坏了市场，也破坏了市民社会及其文化空间。因此，20世纪90年代的中国学界对市民社会给予了高度的热情。这种热情导致了“民间——市民范式”的重振。按照一般的解释，“民间——市民范式”是五四文学革命之前已经出现的范式，它的标本就是鸳鸯蝴蝶派。但是，由于受五四启蒙主义的影响，那些代表市民文化的作品却被视为不登大雅之堂的通俗文学，受到了不应有的冲击。

对市民社会和民间的强调源于上海。这绝非偶然，因为只要熟悉20世纪30年代的大都市上海，就会知道历史曾经如何把一个不夜城变成了大村庄，也就知道与此同时市民社会和日常生活受到了什么样的伤害。然而，必须清楚的是，这一切不应该由知识分子来承担，也不应该由启蒙来承担。因为我们没有理由把这一切罪恶都通通强加在知识分子身上。在市民社会和日常生活遭到破坏的时候，也是知识分子被迫进行思想改造并彻底丧失精神存在合法性的时候。在强大的压力之下，知识分子早已丧失了话语权，又哪来的什么话语霸权？当启蒙话语已经被翻身话语彻底取代的时候，它怎么可能伤害市民社会？这一点必须清楚，当知识分子话语已经在强大的压力之下彻底退场的时候，罪恶无法归结到知识分子的话语霸权。用反现代性的力量制造的罪恶来指控现代性，用反知识分子的力量制造出来的丑恶来声讨知识分子，都是非常荒唐的。

因此，我要说的是，中国知识分子对自身的反省是必要的，只有不断地反省才能使知识分子的努力更行之有效。但是，第一，不应该在反省知识分子自身的旗帜下否定真正的现代知识分子对于历史所做的努力，不应该因此告诫他们放弃自己的立场而向大众的传统价值认同，更不能像20世纪20年代末的那些革命文学倡导者一样，因为看到了现代性实现的艰难，就干脆放弃现代而回到传统，因为看到个性自由不易实现，就干脆皈依集体并对坚守个性独立和人道理想的鲁迅等人施以炮火。第二，很多人对现代知识分子的否定并非要否定真正意义上的现代知识分子，而是要否定那些生活在现代的御用文人。在20世纪的历史上，他们的确很不光彩，不但帮忙、帮闲而且帮凶。但是，一个问题是必须注意的：那些帮忙或者帮闲的文人，那些没有独立人格而习惯于依附某种权威力量的文人，那些没有人格操守而专事摇尾献媚的文人，他们没有资格代表中国现代知识分子，也没有资格盗用“现代知识分子”这一称谓。因为他们的一切表现都告诉我们，他们没有完成知识分子人格的现代转化。他们是生活在现代的传统文人而不是现代知识分子。

因此，对于现代中国而言，对市民社会和日常生活造成危害的并非现代知识分子，而是经过非知识分子形态的文化蚕食和改造而重新成为旧文人的一些文化人。20世纪中国对知识分子进行改造的一个重要功能就是把现代知识分子改造成传统农民或者传统文人。他们最显著的特征就是不再有“五四”知识分子的独立人格、自由思想和现代价值观念。

第三，面对中国的现实，是否需要以后现代取代现代性？

按照哈贝马斯的说法，现代性在西方也仍未完成。在中国，现代性处于一种什么状态呢？按照杰姆逊的说法，后现代是晚期资本主义的文化逻辑，是高度发达的资本主义世界的文化产物。在中国，后现代对现代性的取代有多少现实的合理性？一些事实应该是有目共睹的：后现代主义解构主体性，而中国缺少的正是人的主体性；后现代批判知识分子的话语霸权，中国知识分子却长期接受教育和改造，一直难以建立自己的话语；后现代反对理性，中国人恰恰没有理性；后现代否定人的神话，中国人却谈不到起码的价值与尊严；后现代批判科学主义，而中国人却习惯于迷信；后现代反对现代性话语，而中国的现代性还只是缺少水分和阳光的弱芽……

如此情况下，新文化应该“下课”，鲁迅应该“休息”吗？

三、新保守主义与知识分子的精神退却

回顾鲁迅以及五四新文化在世纪末的遭遇，值得注意的不仅是新旧潮流的前后夹击，而且是潮流所到之处的一片白旗。在各种力量的冲击面前，20

世纪80年代聚集在五四新文化营地上的人们做出的反应不是反抗和坚守，而是迅速大面积后退。新文化的阵地上守军罕见，人们或者反戈一击，或者闭户反思。无论反戈还是反思，都以不同的形式瓦解着鲁迅精神和“五四”所奠基的现代文化的建筑基础。

（一）

由于各种原因，从20世纪80年代开始，中国知识界自觉不自觉地制作了一只橡皮口袋。这只口袋有极大的弹性，可以容纳各种不同的事物。像政治上平反冤假错案使打人者与被打者坐到同一条板凳上一样，文化上的这只橡皮口袋使各种相互矛盾的思想和学术都置放在一起，而且通通贴了“现代”的标签。它反映着一种调和折中的文化时尚，起因显然与对过去年代斗争哲学的反感有关。然而，调和意味着妥协，各种杂物统统装进“现代”的口袋也意味着对现代性的折扣。人们往往认为这是中国知识分子的成熟，却没有注意到这成熟中的后退。

20世纪80年代以一个历史大事件而终结，知识界的反思和调整不可避免。在反思的过程中，对“浮躁”和“激进”的反省成了一项重要内容。由于各种原因，这一思潮最先并不表现于中国大陆，而是首先在海外汉学界表现出来。1991年7月，在美国纽约召开的题为“中国重要转型期知识分子的角色和贡献”的学术会议上，中心议题就是对中国知识界激进主义的反思。学者们关注的现象是“近代中国知识分子的乌托邦理想不断激烈化的过程，以及这一倾向埋下的自我毁灭的种子”。1992年4月，香港《二十一世纪》杂志就余英时《中国思想史上的激进与保守》一文展开讨论，而主导倾向是对20世纪中国激进主义思潮进行回顾与批判。一方面，海外汉学界对待中国传统文化的态度有着鲜明的特点，特别是那些海外游子，大多对中国传统文化有着特别的感情。这种感情可以称作海外游子的“文化思乡病”。因为这种特殊的感情，他们的反思必然更多地呈现着文化保守主义的倾向。另一方面，作为海外学者，他们对“文革”和“文革”文化没有切身的体验，进行研究时依据的材料往往是《红旗》杂志和《人民日报》等当时的官方文字，因而他们看到的只是表面的言辞，而对中国大陆复杂的政治文化背景缺少足够的了解，对大陆提供的书面知识的有限性和虚假性都缺少足够的洞察。因此，他们无法对中国大陆的政治文化做出准确的判断，而往往错误地把从“五四”到“文革”的历史看作一个统一的连续整体。他们认为这个整体最突出的问题就是“激进主义”，因而对激进主义的反思形成了一股波及面极为广泛的保守主义潮流，并且迅速影响着大陆学界。

保守主义的阵营非常复杂，因为出发点和思想路径的不同，可谓派别纷纭，其与五四新文化的关系本文无意一一考察。我所关注的是那些在20世纪80年代相当激进的人们在20世纪90年代的自我调整。由于对激进主义的反思，一些人迅速转向保守主义，并且纷纷发表宣言，告别了20世纪80年代，告别五四新文化运动的启蒙姿态，告别知识分子的精英立场。他们的保守主义主要不表现为对民族文化传统的保卫或留恋，而是表现为对激进主义的批判和告别。他们反思的结果是激进主义的不断革命只能给民族和国家带来灾难，只能破坏正常的变革进程。因此，他们的选择是“告别革命”。“告别革命”这个口号产生的精神根源与现实指向都非常复杂。它是对20世纪中国以及其他前社会主义国家的革命神话进行反思的结果，同时，又意味着一种现实态度。因此，从权威意识形态的立场上看，它否定革命历史，解构革命的合法性，当然是不能赞同的。但是，它主张渐进，支持改良，强调秩序，反对继续革命，却显然有益于现存秩序的稳定。他们认为中国这么大，能前进一步就很不容易，所以他们珍惜历史前进的每一步，致力于保护改革取得的每一点成果。特别是改革在经过短暂的停顿而重新启动之后，他们似乎很满足，因为他们在20世纪80年代最激进的年代里，未敢预期的市场化竟然一夜之间迅速冲过了一切防线。他们生怕激进的改革姿态再次葬送这些成果，所以反对任何形式的激进姿态。

这一切都可以理解，而且都有其逻辑的合理性和更为可贵的现实实践层面的思考。但是，问题不仅在于林毓生所批评的“放马后炮”，也不仅在于谢泳等人所质问过的“谁曾说过要革命”，而是在于他们对政治激进主义的反省导致了对文化激进主义的反省，他们的政治保守主义选择导致了文化保守主义的选择。而文化保守主义的选择使五四新文化运动不能不面对着真正的挑战。

在20世纪90年代中国知识分子保守化的转变趋向中，李泽厚和王元化的表现是不能不特别关注的，因为作为20世纪80年代中国学术思想的重镇，他们的影响至关重要。无论人们对李泽厚的思想是否赞同，大概都不能不承认，他的思想影响了20世纪80年代的一代人，而且有诸多方面推进了中国思想文化领域的变革。尽管在20世纪80年代他已经透露着某种保守倾向，比如他在纪念“五四”七十周年时的谈话，就已经在“五四”的基点上大步后撤，认为“五四”“对传统的分析批判在理论上是比较肤浅的，例如废除汉字便既不可能，也无必要。这种口号显然并不科学，尽管当时提倡科学，它反映的也是一种情绪。又例如鲁迅反对读中国书，而事实上他还是读的，他对中国文化的了解也是很渊博而深刻的，对‘五四’的许多口号要作科学的分析”[①]。表面上看，这种见解似乎超越了“五四”，但事实上，却退回到了当年鲁迅所回答过的低层次问题。但是，从他的《中国近代思想史论》和《中国现代思想史论》看，无论对“五四”还是对更早的激进主义者谭嗣同，他都是基本肯定的。然而，在20世纪90年代，李泽厚说：“我的看法是，谭嗣同是近代激进主义的开头。以前我曾专门研究过谭嗣同，我当时对他是百分之百的肯定。现在看来，他所带来的负面效应也相当大，这一效应从谭嗣同影响到革命派，甚至可以说一直影响到现在。对于辛亥革命，我从‘文革’起开始怀疑，但没有发表文章，海峡两岸都会反对。我认为，辛亥革命是搞糟了，是激进主义思潮的结果：清朝的确是已经腐朽的王朝，但这个形式存在仍有很大的意义，宁可慢慢来，通过当时立宪派所主张的改良来逼着它迈上现代化和‘救亡’的道路；而一下子痛快地把它搞掉，反而糟了，必然军阀混战。所以，自辛亥革命以后，就是不断革命，‘二次革命’‘护国、护法’‘大革命’，最后就是1949年的革命，并且此后毛泽东还要不断革命。直到现在，‘革命’还是一个好名词、褒词，而‘改良’则成为一个贬词，现在应该把这个观念明确地倒过来：‘革命’在中国并不一定是好事情。我觉得，通过20世纪80年代末的剧变，中国有了一个很好的反思对象，是改变话语的时候了。”他开始盛赞康有为，认为康有为是近代以来最伟大的思想家，而其他人都无法与之比肩，比如，胡适太浅，鲁迅不成体系，等等。他甚至认为在中国可以重新竖起“天地君亲师”的牌子，只不过需要把“君”改成“国”；认为虽然不可以恢复“三纲”，但可以恢复“五

---

① 李泽厚：《走我自己的路》，《李泽厚十年集》（第四卷），安徽文艺出版社1994年，第512页。

常”。[1]我至今没有看到李泽厚对五四新文化运动的直接否定，但是，在这样一种思想状态下，李泽厚曾经殷切关注的五四启蒙主题将如何处置？我由此看到的是一代宗师的矛盾。在20世纪90年代中国的新状态面前，李泽厚产生的许多思考自己也难以理顺。

在20世纪80年代，王元化曾经以激进的姿态举起过“新启蒙”旗帜。人们不会忘记在纪念五四运动七十周年的时候，他曾经努力为“五四”辩护而写下了影响甚大的《为五四精神一辩》。然而，进入20世纪90年代之后，他却调整了自己的观点。原因大概不仅是反省激进主义，而且与20世纪80年代已经形成的那只橡皮口袋有关。特定的历史背景使学术思想界在求同存异的基础上形成了某种“统一战线”，鉴于过去的残酷斗争而强调着宽容，鉴于历史上激化矛盾的教训而走向调和，在一种良好的意愿驱使下抹平裂痕，存异而求同。特别是面对20世纪精神收获的不景气，一切没有纳入体制的思考都显得特别珍贵。于是，无论“学衡派”还是“新理学”，都因其某种独立性而大放光彩。因此，人们试图以一种开放的心态，超越历史上的某些派别之见而寻找能够共同接受的契合点。王元化找到了，在他看来，五四时代的精神遗产是个性解放、人道主义、独立的精神和自由的思想。这些不仅体现在胡适等自由主义者身上，而且体现在杜亚泉、陈寅恪等文化保守主义者身上。应该说，王元化对这些共性的发现是没有问题的，而且寻找到的绝对是这个世纪留下的最珍贵的遗产，但是，把文化保守主义与文化激进主义同置于五四精神之中，鲁迅、胡适、陈独秀们对传统文化的批判却成了一种意义暧昧的行为。王元化说：“对激进主义的批判是我近几年的反思之一。……过去我并未接触这方面的问题，也许无形中对激进主义倒是同情的。仔细分析，这也是由于受到‘五四’以来进化论思潮的影响。”[2]在另一篇文章中他又说：“我不认为五四时期对待西学的态度及吸收西学的方式都是天经地义不可更改的。我认为那时以西学为坐标（不是为参照系）来衡量中国文化，是和国外那时盛行的西方文化中心论有着密切关系的（五四时期陈独秀即称西学为‘人类公有之文明’）。二战后西方批判了西方文化中心

① 李泽厚、王德胜：《关于文化现状、道德重建的对话》，《东方》1994年第5、6期。

② 王元化：《关于近几年的反思答问》，《文汇读书周报》1994年12月3日。

论，而提出多元化的主张。其实就在当时西方有些人已经对中国的文化传统采取了尊重态度，比如五四时期来华讲学的罗素、杜威就是如此。”“我认为，今天仍需继承‘五四’的启蒙任务；但是‘五四’以来（不是‘五四’时才有的）启蒙心态，却需要克服。我所说的启蒙心态是指对于人的力量和理性的能力的过分信赖。人的觉醒，人的尊严，人的力量，使人类走出了黑暗的中世纪。但是一旦人把自己的力量和理性的能力视为万能，以为可以无坚不摧，不会受到任何局限，而将它绝对化起来，那就会产生意识形态化的启蒙心态。”[①]由此可见，老先生们也很容易受新潮和“后学”的影响。正像李泽厚使用“知识/权力”等后现代语汇一样，王元化的思想也打上了法兰克福印痕。当然，从某种意义上说，王元化仍然是一个启蒙主义者，他仍然守护着独立的人格、自由的思想等现代人格信念，但是，在文化态度上，却毫无疑问出现了从五四文化立场上的后退。这从20世纪80年代的《新启蒙》到20世纪90年代的《学术集林》所显示的变化可以清楚看到。

保守主义思潮当然有其合理性，但是，在反省激进主义带来的破坏性的同时，却否定着“五四”以来知识分子的思想启蒙努力。这种反思的批判对象当然常常有相当具体的所指，但是，却难以避免在整体上把批判的矛头指向了“五四”和“现代知识分子”，使知识分子为一些历史错误背起了黑锅，使“五四”成了罪恶的源头；因而使一些现代性立场不坚定者背离五四精神，放弃启蒙立场。

（二）

在各种思潮对五四新文化发起强大攻势的时候，知识分子并非没有不同的声音。然而，一个事是很有意味的：人们只能听到怯怯的辩解，而很少看到理直气壮的抵抗。守护“五四”的人们可怜地为“五四”做着如此的辩解和掩饰：“五四”没有要打倒孔家店，没有全盘反传统，没有主张不读中国书，没有主张废除汉字，没有……“五四”的过激、片面、反传统似乎已经无法为之辩护，需要寻找的是他们并不过激的表现和他们与传统的联系。似乎不如此辩护，鲁迅和“五四”一代人就无法获得现实的合法性。

---

① 王元化、李光军：《对于“五四”的再认识答客问》，李世涛主编《知识分子立场：激进与保守之间的动荡》，时代文艺出版社2000年。

面对把“五四”与“文革”相提并论的现象，严家炎做了很好的回答，他准确地指出：“‘文革’表面上是对封、资、修大批判，实际上是封建主义大回潮，是传统文化中的糟粕在起作用。所以，‘文革’与五四新文化运动在根本方向上是相反的。”说真的，我在当时是怀着一种激动的心情拜读严先生大作的，因为自20世纪80年代林毓生的《中国意识的危机》在大陆出版之后，学界还一直没有如此切中要点的回答。然而，读完之后，却也有相当失望之处。在回答新保守主义的挑战之时，严先生首先进行的是这样的辩护：“《新青年》的主体思潮当然是激进的。问题在于‘五四’这场文化运动能不能叫作全盘否定传统文化？……我觉得，‘五四’有‘五四’的问题，但是不能把五四文化运动的性质判定为全盘反传统，更不能跟后来的‘文革’相提并论。”通过材料翔实的论证，他使我们看到的是五四新文化运动并没有提出“打倒孔家店”的口号等一系列事实，而且把“五四”解释为中国传统文化内部分化出来的反主流的思想，认为“‘五四’并不是与传统文化断裂，它本身就是这种‘真正的国粹’的一种发展”[①]。这种解释的重要之点在于使“五四”与西方文化分离开来，使其获得了民族文化的主体性，既可以洗刷“五四”全盘反传统之污，又可以抵挡“五四”他者化之陷。

当郑敏在《世纪末的回顾：汉语语言变革与中国新诗创作》中对五四白话文运动进行激烈否定的时候，也有人发表了与之不同的看法。他们往往是努力为“五四”辩护的，但是，即使在新文化立场比较坚定的文章中，也总是很容易看到这样的句子：“其实在那场文白之争中，白话运动的先驱者并没绝对摒弃文言中的有益成分。”[②]大多数人的表现正如袁伟时在《新文化运动与“激进主义”》一文中所作的概括：“新文化运动没有‘全盘否定中国传统文化’。古代文学艺术大部分都受到推崇，特别是小说、白话文学等更得到前所未有的很高的评价。诸子和佛学的研究在深化，恢复了他们应有的地位。就以儒学来说，指出其价值观念不适应现代生活的同时，也没有全盘

---

① 严家炎：《五四·文革·传统文化》，李世涛主编《知识分子立场：激进与保守之间的动荡》，时代文艺出版社2000年，第231—240页。

② 范钦林：《如何评价“五四”白话文运动——与郑敏先生商榷》，《文学评论》1994年第2期。

否定其在历史上的作用。陈独秀等人严厉批判三纲，但对儒家一些道德观念仍有所肯定。……说他们‘全盘反传统’有过于武断之嫌。”

应该注意的是，要为五四新文化运动辩护，为什么一定要证明“五四”决不“全盘反传统”？为什么一定要把“五四”说成是“真正的国粹”？对于“五四”是否“全盘反传统”以及它的精神资源和思想谱系，可以进行纯粹的学术考证。但是，这里进行的并不是纯粹的考证，而是为回答对“五四”的指责而进行辩护时寻找的理由。这种辩护方式透露着一个潜在的前提：只有证明“五四”决不全盘反传统，或者证明“五四”是真正的国粹，才能为其争得合法性。一旦承认五四新文化运动全盘反传统，似乎就无法为其辩护了。事实上，为“五四”而作的这种辩护往往从另一个方面解构着“五四”，解构着鲁迅精神。这不仅因为鲁迅那样不遗余力地批判新老国粹派，到头来自己却成了真正的国粹派，争到了中国文化继承人的身份，而且因为，这种辩护自觉不自觉地承认了文化保守主义者的前提：传统文化是神圣不可否定的。但是，一个事实是：鲁迅们决不承认这一前提。因此，即使我们能够以足够的证据证明“五四”的确没有全盘反传统或者反传统而不够全盘，也无法否认“五四”反传统的基本事实。因而，依靠并不反传统来证明五四新文化运动的合法性，最终的结果是并不能证明鲁迅与五四新文化运动的合法性。因为应该承认，离开了对传统文化的全面而彻底的批判，就没有五四新文化运动，也没有鲁迅、胡适和陈独秀的文化历史价值。至于这些反传统的战士身上的传统，那是必然的，并不值得大惊小怪，无论他们读过多少子曰诗云，也无论他们的眼睛多么黑、皮肤多么黄，都不能决定他们的文化本质。他们是新文化运动的斗士，如果没有对传统文化的批判，就没有他们在思想文化史上的位置。

与此相一致的是，中国现代史和现代文学研究界对新文化运动和新文学运动与传统关系的研究。人们开始努力把胡适、鲁迅、陈独秀都解释为中国传统文化的承载者和发扬者，努力发现他们身上的儒家文化传统或道家文化传统。鲁迅与孔子、鲁迅与传统文化、鲁迅与儒家文化、鲁迅与道家文化等成为一时的热门话题。这些课题当然有意义，但值得注意的是，一些人在张罗着让新文化先驱与他们所否定的传统握手言和，让反传统的斗士穿起传统的服装，其作用不仅仅是为他们在长长的历代先贤之末为鲁迅争取一个牌位，而是遮蔽了他们本来具有的现代光彩。

当然，我不愿指责学界师友的这种做法，而且，其中不难发现其良苦用心。但是，面对一些用心良苦的辩护，使我想到的是：如果在一个以看家狗作为最佳动物的环境中，要为千里马争取存在的合法性，也许需要努力寻找马与狗的共同之处，比如说都有四条腿、一只尾巴等等，你无法说这不是真话；如果说它如何会摇尾巴，如何会看家，而且会“汪！汪！”地叫，虽然决不是真正的学术，但也可以理解。可是，一个后果是严重的：它遮盖了马的特性，甚至让千里马承担看家的职能。在20世纪的中国，这种代价已经付出太多了，它不仅一层层制造着历史的遮蔽，使历史的面目更加模糊，而且导致对事物的扭曲，后遗症一个接着一个。人们在“文革”刚刚结束之际为提高知识分子的地位而为知识分子所作的辩护就是一例。

（三）

在新保守主义的潮流中，五四新文化运动被认定是极端化、绝对化和片面化的。大量对“五四”的反思和批判给人的印象是五四新文化运动的人们不懂辩证法，既不懂得一分为二，也不善于合二而一。

应该承认，这种看法是准确的。“五四”的确是激进的，而且并不讳言自身的极端化与绝对化。但是，这并不意味着反对过激和极端化、绝对化的人，比胡适、陈独秀和鲁迅高明。其实，反对绝对化、极端化和片面化的思维对于中国人来说的确不过是小儿科，是一般人自然都会的。甚至不妨站在民族文化本位上自豪地说：“在中国，即使一个弱智者，也比西方人精通‘辩证法’！”

在20世纪初的东西方文化冲突中，有人早已貌似公允地要“撷精取粹”“熔于一炉”，中西结合，中西合璧。当然，这已经是独尊无望而求共处的时候了。在这种态度面前，新文化运动的领袖们坚决反对调和折中，不做中西结合之梦，表现的确很决绝，也很极端、片面和偏激。究其原因，因为他们知道，中国迫切需要的是异质的文化因素，是补充健康的文明基因，而不是保留本土的特色或者什么民族文化的主体性。

在陈独秀们的眼里，中国传统文化与西方近代文化是不可调和的，守旧和革新是不可调和的。他认为“无论政治、学术、道德、文章，西洋的法子和中国的法子，绝对是两样，断不可调和牵就的。……若是决计革新，一切都应该采用西洋的新法子，不必拿什么国粹，什么国情的鬼话来捣乱……因为新旧两种法子，好像水火冰炭，断然不能相容；要想两样并行，必至弄得非牛非马，一样不成”[①]。从“五四”到今天，陈独秀的话都被认作是极端的、片面的。人们能够承认他对传统的抨击是有意义的，却不能承认他所认识的规律。因为20世纪中国人文素质的持续下降，此后没有人达到他们那一代人的精神高度。历史并不总是进化的，有时候也会退化。退化的过程中很难产生思想的巨人，也很难产生超越前人的思想。这不能不说是一个民族的悲剧。可是，20世纪的中国有一种简单思维：好像后起的思潮必定超过前面的思潮，后一代人必定超过前辈，而且常常产生错觉，以为自己已经实现了对前人的超越。其实，精神文化决不像电脑升级，新产品不一定比旧产品好。在这一点上，我们也许的确应该反对庸俗进化论和机械进化论。

面对调和折中的论调，新文化运动的领袖们认识是一致的。其实，人格独立而思想自由的他们，在很多问题上常常并不一致。但在这个问题上，他们表现着高度的一致。因为他们都清楚地知道所谓调和折中的来龙去脉，知道它将导致什么。胡适说：“一面学科学，一面恢复我们固有的文化，还只是张之洞一辈人说的‘中学为体，西学为用’的方案。老实说，这条路是走不通的。如果过去的文化是值得恢复的，我们今天不至于糟到这步田地了。”[②]几年之后，他又说：“时髦的人当然不肯老老实实的主张复古，所以他们的保守心理都托庇于折中调和的烟幕弹之下。对于固有文化，他们主张‘去其渣滓，存其精英’；对于世界新文化，他们主张‘取长舍短，择善而从’；这都是最时髦的折中论调。”[③]鲁迅说：“‘西哲’的本领虽然要学，‘子曰诗云’也更要昌明。换几句话，便是学了外国本领，保存中国旧习。本领要新，思想要旧。要新本领旧思想的新人物，驼了旧本领旧思想的旧人物，请他发挥多年经验的老本领。一言以蔽之：前几年谓之‘中学为体，西学为用’，这几年谓之‘因时制宜，折衷至当’。”[④]

“五四”之所以反对调和折中，主要原因当然是传统势力的强大。几千

① 陈独秀：《今日中国之政治问题》，《陈独秀文章选编》（上），生活·读书·新知三联书店1984年，第270页。

②③《胡适文集》（第5卷），北京大学出版社1998年，第394页，第449页。

④《鲁迅全集》（第1卷），第336页。

年的传统根深蒂固，“搬动一张桌子也要流血”。不以猛烈的方式对其进行批判和否定，而要调和折中，调和折中所需要的另一极在哪里呢？因此，他们反对调和折中，往往出于策略性的考虑。陈独秀在《调和论与旧道德》中曾做过一个比喻：“譬如货物买卖，讨价十元，还价三元，最后结果是五元。讨价若是五元，最后的结果，不过二元五角。社会上的惰性作用也是如此。”鲁迅也说：“中国人的性情是总喜欢调和，折中的，譬如你说，这屋子太暗，须在这里开一个窗，大家一定不允许的。但如果你主张拆掉屋顶，他们就会来调和，愿意开窗了。没有更激烈的主张，他们总连平和的改革也不肯行。”[①]在这一点上，胡适的说法是：“我是主张全盘西化的，但我同时指出文化自有一种惰性，全盘西化的结果自然会有一种折中的倾向。……旧文化的惰性自然会使他成为一个折中调和的中国本位文化。”[②]他还说：“古人说：‘取法乎上，仅得其中；取法乎中，风斯下矣。’这是最可玩味的真理。我们不妨拼命走极端，文化的惰性自然会把我们拖向调和上去的。”

20世纪90年代的折中主义者对他们的言论进行了猛烈的批判，而且很少有人为他们的极端化和绝对化进行辩护。但是，时代的文化潮流却改变不了一个基本的事实：调和与折中并非广泛适用。有些东西可以调和，有些东西可以折中，有些东西却注定没有调和和折中的余地。在20世纪的中国，一直不乏关于文化“融汇”和“合璧”的理论想象：既要引进外来文化，又要保存本土文化，二者融会贯通，优势互补，强强联合，服务于一。其实说穿了，融汇、合璧、折中、调和，意义都在于保留。在物质文化方面，这种想象是比较容易实现的。旗袍和高跟鞋的结合早已成功，西装和瓜皮帽也未必不可，至于沙发和太师椅同置一室、满汉全席加一只烤鹅，也可以说是“古已有之”了。可是，这种海纳百川的宽容精神固然伟大，在一些根本问题上，结合的设想却注定了无法实现，而且难以进行调和与折中。因为无论怎样批判胡适、鲁迅、陈独秀，只要面对文化交流与碰撞的实际，都会承认在许多方面硬要折中和调和不会带来好结果。不信就试一试：民主与专制、科学与迷信、文明与野蛮、男女平等与男尊女卑……无论调和折中还是中西

---

①《鲁迅全集》（第4卷），第13—14页。

② 胡适：《编辑后记》，1935年3月《独立评论》第142期。

合璧，其结果会是什么！当然，可以像调颜料一样按照比例调和，比如一点民主加一点专制，一点科学加一点迷信，要几分文明也保留几分野蛮……也可以像做馅饼一样使其表里结合，比如以科学为表以迷信为里、以民主为表以独裁为里……这种结合其实比极端化和绝对化容易得多。对于20世纪的中国人来说，这一切并不陌生，可惜它并不是一个好结果。如果要绝对折中，也可以拿来50%的“人是目的”和“人权宣言”，保留50%的“存天理，灭人欲”和“饿死事小，失节事大”，然而，那又能做出一锅什么样的文化杂烩呢？

（四）

在保守主义的潮流中，对五四新文化运动最普遍也最有力量的指责之一就是“五四”一代人的想法“不实际”，不合中国国情。20世纪末的文化保守主义者与洋务运动以来的大多数保守主义者一样，突出的特点是反抗西方文化侵略而并不拒绝从西方拿来。他们决不以守旧派自居，决不在理论上反对科学、民主、自由和人权等，甚至不在乎“中体西用”还是“西体中用”。他们甚至也像梁漱溟等人一样承认中国文化非变不可。但是，在他们看来，无论科学还是民主，无论维新还是改革，都必须适应中国的现状，适应中国固有的文化状态。一句话：适应中国国情。

从20世纪初到世纪末，中国的国情论者在理论上并无多少发展。所以，20世纪末的国情论者在批判五四新文化运动的理想选择不能适应中国国情时，常用的武器往往仍然来自康有为的保皇理论。他们认为“五四”一代人虽然充满改革的热情，却远远不如康有为们思考更深刻，因为康有为们更了解国情。“按照康有为一班人的理解，民主共和也罢，君主立宪也好，中国人的理想追求和未来设计都不应脱离中国国情和现实条件。中国人千百年来一成不变的农业耕作方式、社会组织形式决定了‘中国不可一日无君’，决定了中国民主政治的艰难性。在传统社会条件不发生根本转变的条件下，绝大多数中国人渴望的不是建立一个无君的社会，而是寄希望于一个开明君主的开明专制。这样，政府既有整合社会的权威，人民也较容易获得真正的自由，并受到政府强有力的保护。平心而论，康有为等人对中国国情的认识与把握也甚有独到之处。”[①]

他们指责“五四”一代的思想家在分析民主政治何以在中国不能顺利实现时，无视康有为们做出的结论，不肯承认民主与自由不适应中国国情这一事实，执意鼓吹民主与自由，上不能通情达理地对待执政者的苦衷，下不能设身处地地想普通百姓之所想，“在精神上的追求远远超过社会的实际承受能力”，一切设计都不符合中国国情。

应该承认，康有为对国情的分析是不错的，中国具有几千年的宗法社会和专制主义传统，这种传统使得“国不可一日无君”，大多数国人并不渴望无君主的社会，而是需要一个好皇帝，一个开明君主。也应该承认，20世纪末的国情主义者对“五四”一代人的指责也是不错的，胡适、鲁迅、陈独秀们的确没有像康有为们一样认识国情并努力顺应国情。他们知道中国的专制主义传统而不去顺应专制主义传统，知道自由多了国将不国却偏偏呼唤自由，知道民主导致群龙无首而呼唤民主，知道中国人还习惯于各种迷信而难以接受科学却偏偏呼唤科学，因而导致了国家权威的失落和社会意识形态的分裂，导致了传统秩序的危机和全国上下不能协调一致……这一切都是事实。胡适、鲁迅、陈独秀们的主张的确不适应国情，而且他们根本就没有准备去适应国情。用陈独秀的说法就是：“若是决计革新，一切都应该采用西洋的新法子，不必拿什么国粹，什么国情的鬼话来捣乱。”[②]

他们并不否认康有为对基本国情的分析。新文化派与保皇派的分歧不在于对国情的认识，而在于对国情的态度。保皇派认识国情而努力适应国情，新文化派认识国情而努力改造国情。与康有为等人相比，胡适、鲁迅、陈独秀最突出的特点就是不承认国情的神圣性，因而要把社会变革推向国情的全面变革。新文化运动的领袖们知道，只要适应国情，就意味着适应专制主义传统，就意味着适应落后的国民性，就意味着适应君君臣臣父父子子的伦理秩序，因此，也就意味着承认一切存在的就是合理的，也就从根本上取消了改革的合法性。

---

① 马勇选编《中国近代启蒙思潮》（中卷），丁守和主编《中国近代启蒙思潮》（上、中、下），社会科学文献出版社1999年，第16—17页。

②《陈独秀文章选编》（上），第270页。

之所以如此，还因为他们知道，所谓适应特别国情，早已成为一些权贵们抵抗变革、拒绝把民主和自由还给人民和抵抗现代化的有力武器。在袁世凯准备称帝之时，理由就是共和不适合中国国情，筹安会一再申明的主张也是中国的国情还不宜实行共和，人民的程度还不适宜实行民主，民主选举容易导致不安定。中国的统治者似乎想不出什么好的理由阻挡民主自由的进程，而拿国情作为借口。陈独秀们却要揭穿这层画皮。因此，当景耀月发布他在国民制宪倡导会上的演说，主张“宪法要按照一国的历史、习惯、民情、风俗，特别制定，而不应模仿欧美的成法”时，陈独秀立即反驳说：“什么共和，什么宪法，都是欧美人特有的制度。按照我们中国的历史、习惯、民情、风俗，都不必勉强学他。我劝景某还是拿古德诺‘特别国情’的话头，去鼓吹帝制罢，何苦谈什么共和国的宪法呢?”[①]

在此，我们必须思考的是：面对从西方引进的现代社会理想和中国既有的特别国情的矛盾，是努力克服各种坚固的障碍而使理想实现，还是因为传统造就的国情而放弃理想或者修改理想？这是两种不同的态度。选择前者的确困难重重，新文化的萌芽往往因为水土不服而难以成活，顽强活着的也因为种种摧折而生长缓慢，20世纪中国的现象已经充分证明了这一点。但是，后者的选择问题更大，为适应国情而放弃现代文明追求，显然只能一切如故，什么问题都不能解决；为适应国情而扭曲现代文明追求，其结果也往往是巩固了旧国情，而且使引进的新文化仅仅成为旧机器上的一个部件或装饰。

尤其需要指出的是，新文化运动的思想家们关注的是人，他们的目的是人，他们用以评判一切的最高价值尺度是人。然而，中国的国情却野蛮地剥夺人的权利，无视人的价值与尊严。他们的理想与现实的确差距甚远，换句话说，也就是“不实际”“不合国情”。然而，面对理想与现实的巨大落差和矛盾，他们没有放弃理想而适应现实，而是选择了整体反传统的立场。整体反传统，也就意味着不承认国情的不可动摇性而要从根本上改变国情。考察他们反传统的理由，可以用一句话概括：传统“吃人”。这并不仅是鲁迅夸张的说法，而是新文化运动领袖集团多数人的共识。为了把人从“人肉宴

①《陈独秀文章选编》（上），第345页。

筵”中抢救出来，他们不仅要与这宴会捣乱，而且要捣毁制造“人肉宴筵”的厨房，也就是要改变国情。因为不破坏这个秩序，中国人就无法真正像人一样生活。新文化运动的意义就在于从深层改变中国的国情。如果从国情出发，就不会有五四新文化运动。如果适应国情，就只有放弃人的理想而安于“吃人”和“被吃”的地位。这是新文化运动的领袖们所做不到的。

事实上，在他们之后，一些人这么做了。他们放弃被认为不切实际的人道理想而适应中国国情，不再批判国民性而处处迎合大众。这样做的结果是一些事情的确容易成功，但是，成功的却并不是原来的理想。因为历史的发展证明，适应国情必然巩固国情，在适应国情的前提下进行革新，其成功也是大打折扣的。因此，不承认国情的不可改变性，致力于改变特殊国情以利于人的生存和发展，正是五四新文化运动的闪光之处。

遗憾的是，这一切已经被我们这个时代的知识分子所遗忘。口口声声继承五四精神的人们却在津津乐道适应中国国情，甚至指责鲁迅们的新文化运动激进而不适合中国国情，由此可见，我们的妥协是如何背离了五四新文化运动的基本立场！

鲁迅在他身后的中国

鲁迅去世已经八十年。在这八十年的时间里，从肉体上说，鲁迅已不在场，但从精神上说，他却是一个无法忽略的存在，对国人的精神生活发生着复杂的影响。年代不同，鲁迅的形象往往很不同，人们对他的态度也不同。从这个意义上说，他又是时代文化的某种晴雨表，不仅可见他自身的际遇，也反映着时尚的变迁。本文所设定的任务，就是梳理、揭示这个过程。因为篇幅所限，我的工作极为简略，管中窥豹，挂一漏万，还请读者原谅。

一、去世之初十三年

与他活着的时候已是左翼文坛名义上的盟主有关，也与复杂的政治斗争有关，从1936年到1949年，鲁迅在左翼文化界的地位持续上升，最终达到了无以复加的地位。

鲁迅去世三天之后，中国共产党中央委员会、中华苏维埃人民共和国中央政府于1936年10月22日发布了三份文件：一是《致许广平女士的唁电》，二是《为追悼鲁迅先生告全国同胞和全世界人士书》，三是《为追悼与纪念鲁迅先生致中国国民党中央委员会与南京国民党政府电》。后两份文件内容基本相同，一是表示中国共产党和中华苏维埃共和国要进行一系列隆重的纪念活动；二是对国民党政府提出了八条要求："(一)鲁迅先生遗体进行国葬，并付国史馆列传；(二)改浙江省绍兴县为鲁迅县；(三)改北平大学为鲁迅大学；(四)设立鲁迅文学奖金，奖励革命文学；(五)设立鲁迅研究院，搜集鲁迅遗著，出版鲁迅全集；(六)在上海、北平、南京、广州、杭州建立鲁迅铜像；（七）鲁迅家属与先烈家属同样待遇；（八）废止鲁迅先生生前贵党贵政府所颁布的一切禁止言论、出版自由之法令。”[①]显然，这些要求是不可能被接受的，但正因为不接受，必然要引起热爱鲁迅的青年们强烈不满。因此，鲁迅也就成了具有某种特定政治意义的文化符号。

一年之后，毛泽东在延安发表演讲，对鲁迅做出了这样的评价：“鲁迅在中国的价值，据我看要算是中国第一等的圣人，孔子是封建社会的圣人，鲁迅是新中国的圣人。”[②]

此后，毛泽东对鲁迅的评价日益增高，终于在《新民主主义论》中写下了一段包含几个“伟大”和若干“最”的话：“鲁迅是中国文化革命的主将，他不但是伟大的文学家，而且是伟大的思想家和革命家。鲁迅的骨头是最硬的，他没有丝毫的奴颜和媚骨，这是殖民地半殖民地最可宝贵的性格。鲁迅是在文化战线上，代表全民族的大多数，向着敌人冲锋陷阵的最正确、最勇敢、最坚决、最忠实、最热忱的空前的民族英雄。鲁迅的方向，就是中华民族新文化的方向。”[③]就像孔子被尊为“大成至圣”之后后来的帝王无法继续加封一样，此后非左翼力量即使想尊崇鲁迅，也已经抢不到尊崇鲁迅的头牌。鲁迅的政治归属也就进一步确定了。

1949年7月，第一次文代会在北平召开。当代文学和文化的史书都在大讲这次会议，但很少有人谈及会标。我想提醒读者注意的是：那次大会是有会标的，不仅高高悬挂在主席台后面的中央，而且印在大会文件的封面上。它由两个侧面头像组成：一个是毛泽东，一个是鲁迅。

从这个会标，可以看到鲁迅进入新时代之际的崇高地位。

二、尴尬而微妙的十七年

从1949年到“文革”前夕，鲁迅被大写在文学史上，大写在中小学语

---

① 张梦阳：《中国鲁迅学通史——20世纪中国一种精神文化现象的宏观描述与理性反思》（宏观反思卷），广东教育出版社2001年，第234页。

② 毛泽东：《论鲁迅》，《七月》1938年第3期。

③《毛泽东选集》（合订本），人民出版社1967年，第657—658页。

文课本中，被研究、被纪念，成为家喻户晓的伟人，地位无人与之比肩。这是一个奇迹，也隐含了一系列问题和矛盾。

首先，鲁迅不是党内同志，在新时代掌控文坛的大员们中极缺人缘。他与创造社长期论战，与其某些元老积怨甚深；他与左联领导人闹翻，与“四条汉子”的矛盾无法化解。但在进入新时代之后，恰恰是这些人掌控了文化界，有的成为副总理，进入国家领导人行列；有的成为“文艺沙皇”，握有制订政策和阐释最高意志的大权。他们对鲁迅的看法没有变，情感态度也没有变，但是，他们可以把鲁迅的弟子、门人一个个打倒，萧军、胡风、冯雪峰等无一幸免，却对鲁迅无可奈何。无论他们内心多么不情愿，公开场合都要尊敬他，甚至要把自己打扮成忠诚的学生，这是当时很有意思的文化景观。

这并不奇怪，原因就是毛泽东对鲁迅的高度推崇。然而，领袖的推崇并不能化解历史遗留的种种恩怨，所以，鲁迅虽然借助这种推崇而获得了极高的地位，却也因此进入了一个复杂而微妙的矛盾场。

更为严重的是，鲁迅的精神遗产并不符合新时代文化建设的需要。他的个人主义、人道主义、启蒙思想、西化主张，他对传统的判断、对国民性的看法、对文学的要求和期待，以及以暴露和批判为显著特征的文学实践和反对瞒和骗、反对歌功颂德的一系列主张，与新时代强调为政治服务、强调大众化和民族化、强调一切行动听从指挥、鼓励歌颂而容不得暴露等种种新规范，是难以相容的。虽然这种不相容并不影响鲁迅的地位，但作为新时代的文化旗帜，鲁迅如果活着，一定感到非常尴尬。

2001年9月，周海婴的《鲁迅与我七十年》由南海出版公司出版，透露了1957年反右背景上的“毛罗对话”。许多人为此惊讶，怀疑鲁迅“关在牢里”之说的真实性，但亲历者黄宗英著文证实：罗稷南向毛泽东提出“鲁迅如果活着”的问题，毛泽东的确做了这样的回答：“要么被关在牢里继续写他的，要么一句话也不说。”[①]其实，只要不是只看到高居于神坛的鲁迅而不关注鲁迅的真实际遇，就不该为此惊讶。我们不妨来看几件小事。

第一，1950年7月4日，宋云彬在日记中写道：“第三册语文课本付排，灿烂谓所选鲁迅之《聪明人和傻子和奴才》乃鲁迅早期作品，思想有问

① 黄宗英：《我亲聆罗稷南与毛泽东对话》，《南方周末》2002年12月5日。

题。”[1]灿烂，即金灿烂，当时与宋云彬一起任职于中学教科书编审委员会。这个编审委员会由教育部和编审局共同领导。审查的结果是，初二第一学期语文课本中的《聪明人和傻子和奴才》被抽掉。

第二，仍然是1950年，一位读者致信《人民日报》询问：“鲁迅若是活着，现在该安排什么工作?”报社把信转给政务院副总理郭沫若。郭沫若的答复是：“如果鲁迅思想改造得好，也可以安排适当的工作。”[2]意思很明确，可以给鲁迅安排工作，但前提是他“思想改造得好”。

总之，新时代对鲁迅的接纳不是无保留的。毛泽东对鲁迅的确非常推崇，但是，他也像一般人一样，推崇某个人，却未必容忍他的全部；赞赏已故的某个人，却未必愿意让他在自己身边复活。蓝棣之在《毛泽东心中的鲁迅》一文中写到这样一件事，中华人民共和国成立初期，江青在一个会议上说：新中国文艺的指导思想是毛泽东文艺思想；胡风反驳说：文艺上的指导思想应当是鲁迅的文艺思想。听完江青的汇报，毛泽东很不高兴。[3]

其实，只要细心一点，从第一次文代会报告中就可以看出：鲁迅时代已经过去，因为鲁迅的伟大在于启蒙，在于暴露和批判，在于揭示国民性，而新时代的中国人民已经不需要启蒙，新中国更不需要暴露和批判。周扬明确转达过毛泽东对阿Q的看法：“是阿Q同志，不是阿Q混蛋!”[4]既然是同志，就应该献上赞歌，而不能像鲁迅那样冷嘲热讽，甚至连他的革命积极性也否定掉。这是立场问题，在那年代很严重。

鲁迅的思想有问题，但这面旗帜却不可更替，怎么办?这就需要一个鲁迅形象再造工程。从20世纪50年代到60年代，为这个工程投入甚多，进程却曲曲折折，并不顺利。

再造鲁迅，首先要重构鲁迅与革命的关系。在这个项目中，冯雪峰、许

---

① 文超：《鲁迅“思想有问题”》，《鲁迅研究月刊》1999年第12期。

② 田海音：《拾遗补缺——“鲁迅如果还活着”的其他答案》，陈明远编《假如鲁迅活着》，工人出版社2001年，第301页。

③ 蓝棣之：《毛泽东心中的鲁迅》，《南方文坛》2001年第2期。

④ 周扬：《和电影〈鲁迅传〉摄制组创作人员的谈话》，《电影艺术参考材料》1961年第4期。

广平等自然成了主要承担者。他们的回忆不像当年萧红等人的回忆那样满足于感情抒发和生活细节再现，而是着重讲述鲁迅如何走向马克思主义，如何走近中国共产党，如何对毛泽东无限热爱，如何愿意做党的“一名小兵”。不仅如此，鲁迅托人给毛泽东捎金华火腿、鲁迅和茅盾联名祝贺红军长征胜利等一系列故事开始传播，并且进入鲁迅传记。可惜的是，那火腿似乎不翼而飞，至今下落不明。至于祝贺长征胜利的电报，虽曾有茅盾著文作证，但几十年后文本被发现，却原来与鲁迅和茅盾都没有关系。因为据专家研究，那文本是别人代写的，而且“代写者不在上海，很可能就在瓦窑堡。很显然，信也是在鲁迅、茅盾都不知情的情况下发表的”[①]。

形象再造工程最先遇到的障碍，是胡风和他的朋友们。客观地说，胡风等人对鲁迅的理解并不准确，但他们不赞成鲁迅“由进化论变为阶级论”“由个人主义变为集体主义”的“转变说”，不赞成否定鲁迅的启蒙道路而让作家在思想感情上与工农大众保持一致。最后的结果众所周知，“胡风反革命集团案”株连上万人。

胡风的问题解决了，新的问题又出现了：在批判胡风之际，那些射向“胡风反革命思想”的炮弹，大多落在了鲁迅头上。这并不奇怪，因为胡风的思想大都来自鲁迅。对一些人来说，这也许是值得高兴的事，因为鲁迅与胡风一起被扫除，也是“大快人心”的事。可惜的是，有伟大领袖的推崇，鲁迅仍然不能倒。于是，学者们为此大做文章，努力把鲁迅与胡风区分开来。同样的话，出自鲁迅之口，就是革命的；出自胡风之口，就是反革命的别有用心。

批胡风的效果是：鲁迅仍然受到尊崇，鲁迅的路上却后继无人。聪明的作家和学者，都在精神上远离了鲁迅。

20世纪60年代，国家曾经投入极大的人力物力，准备拍摄电影《鲁迅传》。一流的编剧、导演和演员，忙来忙去好几年，饰演鲁迅的赵丹胡子留起来又刮掉，刮掉又留起来，电影最后却没有拍成。从周扬的几次指导性谈话看，再造一个什么样的鲁迅，实在是个问题，周扬与时尚竟然不一致。他不支持“拔高”和“神化”，但是，不“拔高”和“神化”，也不像1958年

① 倪墨炎：《破解鲁迅茅盾“电贺”红军之谜》，《档案春秋》2006年第7期。

版《鲁迅全集》那样遮蔽和改写，鲁迅能有存在的空间吗？《鲁迅传》的流产，正是鲁迅尴尬境遇的一个证明。

三、“文革”时期的鲁迅

1966年7月1日，《红旗》杂志发表长文《周扬颠倒历史的一支暗箭》。文章指出1958年出版的《鲁迅全集》第6卷对鲁迅《答徐懋庸并关于抗日统一战线问题》的注释是周扬和林默涵、邵荃麟等制作的。“它公然同毛泽东同志对三十年代文艺运动的历史总结唱反调，攻击左翼文艺运动的伟大旗手鲁迅，把一条资产阶级、修正主义的文艺黑线说成是马克思列宁主义的文艺路线，把一个资产阶级投降主义的‘国防文学’口号说成是无产阶级的口号。”

在这里，“攻击鲁迅”成了周扬的罪名，而鲁迅则成了无产阶级革命文艺路线的代表。文章对20世纪30年代上海文艺界的斗争给出了新的结论：“一条无产阶级的文艺路线，是以鲁迅为代表的。一条资产阶级的文艺路线，是以周扬为代表的。一个无产阶级口号：民族革命战争的大众文学。一个资产阶级口号：国防文学。”

同一期《红旗》杂志还发表了穆欣的文章《“国防文学”是王明右倾机会主义路线的口号》，论证了“国防文学”是如何服务于王明路线，如何放弃了无产阶级立场。如此一来，鲁迅与周扬的斗争就成了坚持无产阶级立场和反对右倾机会主义的壮举。

周扬倒霉了，被关进了秦城监狱；鲁迅更加光彩起来。

1966年的鲁迅逝世纪念活动盛况空前，主题是把鲁迅装扮成忠于毛泽东思想、敢于造反、敢于砸烂旧世界的英雄。1966年10月19日，《人民日报》社论题为《学习鲁迅的革命硬骨头精神》，《解放军报》社论题为《学习鲁迅，永远忠于毛泽东思想》。这些社论指出：“鲁迅是旧世界的批判者和造反者。他对半封建半殖民地的旧社会刻骨仇恨，对维护旧制度的旧思想、旧文化深恶痛绝。一切压迫人民，愚弄人民，毒害人民的反动势力和反动文化，他都憎恶之，暴露之，鞭挞之，扫荡之。”此时，红卫兵运动正蓬勃发展，社论号召说：“在无产阶级‘文化大革命’中，我们要学习鲁迅的敢于斗争、敢于革命的精神……要发扬鲁迅这种‘打落水狗’的精神，对待敌人决不心软，决不留情。我们要坚决把一小撮党内走资本主义道路的当权派，把那些反革命修正主义分子，把一切牛鬼蛇神，统统斗倒、斗垮、斗臭，让他们永世不得翻身。”

此后十年间，鲁迅总是不断地这样被改写。无论什么运动，都要到鲁迅言论中寻找支持，于是，鲁迅成了一系列运动的主要战将。其中有两场运动是与鲁迅思想比较贴近的：一是“批林批孔”，二是“评《水浒》、批宋江”。

林彪灭亡之后，稀里糊涂成了“尊孔派”和“复辟派”，于是“批林”与“批孔”戏剧性地连在了一起。批孔借助鲁迅，可谓顺理成章，于是鲁迅成了“批林批孔”的旗手。他对儒家传统和孔孟之道的批判被强调出来，成了打倒孔家店、揭露孔孟之道、识破“圣人假面”的战士。就连《在现代中国的孔夫子》也成了“当时激烈的阶级斗争的产物”，“戳穿了反动派尊孔崇儒的反动政治目的”；《十四年的读经》则“深刻揭露了鼓吹读经者的反动本质，狠狠地打击了反动统治者”。

“评《水浒》、批宋江”的起因非常偶然。1975年8月，为毛泽东读书的一位北京大学女教师与毛泽东谈起了《水浒传》。毛泽东称道鲁迅对《水浒传》的评论，赞赏鲁迅对金圣叹的批评，并对《水浒传》研究中长期没有贯彻鲁迅精神表示不满，指示《水浒传》的三种主要版本都要出，要把鲁迅的话印在前面，等等。女老师对谈话做了记录，并交毛泽东亲自审订，然后根据通常的做法，把记录稿发给了宣传口。于是，从1975年8月23日开始，《人民日报》《红旗》杂志、《光明日报》等纷纷发表文章，评《水浒》，批宋江，批判“投降派”。有人统计，短短的两个月里，全国就发表文章两千多篇。①

其实，对于《水浒》，毛泽东与鲁迅的分歧是明显的。毛泽东所引鲁迅的话，出自《流氓的变迁》，鲁迅原话是：“‘侠’家渐消，强盗起了，但也是侠之流，他们的旗帜是‘替天行道’。他们所反对的是奸臣，不是天子，他们所打劫的是平民，不是将相。李逵劫法场时，抡起板斧来排头砍去，而所砍的是看客。一部《水浒》，说得很分明：因为不反对天子，所以大军一到，便受招安，替国家打别的强盗——不‘替天行道’的强盗去了。终于是奴才。”②毛泽东截

① 方厚枢：《“文革”后期出版工作纪事（下）》，《出版科学》2005年第2期。

②《鲁迅全集》（第4卷），第155页。

取了后半段。对李逵等“强盗”，鲁迅并不看好，毛泽东却认为是好的。对于宋江，鲁迅揭示的是他们的奴才本质，而毛泽东关心的是他与晁盖的关系以及最后的“投降”。如果再进一步，在鲁迅的眼里，宋江们不投降又怎样呢？杀上东京，夺了鸟位，“奴才做了主子，是决不废弃老爷的称号的”。毛泽东对此类思想显然不赞赏。

论及“文革”时期的鲁迅，还有一点值得提及，就是他推动了一代人的觉醒，为那个年代培养了叛逆者和掘墓人。

“文革”后期，中国社会出现了一个持续时间甚久的“读点鲁迅”的高潮，直接原因是毛泽东的号召。他劝他的同志们读点鲁迅，“鲁迅的书不大好读，要读四五次，今年读一遍，明年读一遍，读几年就懂了。……鲁迅是中国的第一等圣人，中国的第一等圣人不是孔夫子，也不是我，我是圣人的学生”[①]。这个谈话作为中央文件向全国传达，就掀起了“读点鲁迅”的高潮。奉命读鲁迅，读什么，不读什么，当然要听从指挥。但就在这个背景上，一些人却走近了鲁迅，在鲁迅的启发下开始独立思考。

王富仁曾经谈到，他在“文革”时期读鲁迅杂文，有一种“刻骨铭心的快感”。他说：“鲁迅没有使我的命运好起来，但我不后悔。因为他也给了我做人的勇气和做人的骄傲。在我最困难的时候，是鲁迅及其作品给了我生命的力量。我经历过困难，但困难没有压倒我。我是站着走过来的，不是跪着、爬着走过来的。”[②]我本人至今感激鲁迅，因为是他在“文革”后期给了我最大的思想支持。当建立在自己人生体验基础上的思想因不合时宜而“危险”的时候，当各种真实的想法不能公开表达的时候，如果发现一些能够表达自己思想的语句，而且这些语句是不犯禁的，那是一种什么样的兴奋！这一切，我从阅读鲁迅中得到过。

对此现象，钱理群注意到了，他说：“成长于中华人民共和国的几代人主要是通过国家的正式教育来接触与认识鲁迅的，由此产生的影响与作用有两个方面：一方面，他们对鲁迅的接受确实从一开始就受到了国家意识形态的引导与控制；另一方面他们却因此得到了某种自由阅读鲁迅的保护，而鲁

① 陈晋：《文人毛泽东》，上海人民出版社2005年，第656页、658页。

② 王富仁：《我和鲁迅研究》，《鲁迅研究月刊》2000年第7期。

迅其人其文都自有独立的力量，不是意识形态所能完全控制得了的。”①

四、20世纪80年代的鲁迅

20世纪80年代，是鲁迅走下神坛、回到人间的一个时期。林贤治的一本书就叫《人间鲁迅》。然而，一方面被请下神坛，一方面却是鲁迅精神得到了空前的大发扬。

“文革”结束了，随着对“四人帮”的清算，拨乱反正，平反昭雪，“十七年文艺”领导者陆续归来，文艺界首先的动作是推倒“文艺黑线专政论”。这必然要涉及对“十七年文艺”和“三十年代文艺”的重新评价。1977年末到1978年，北京连续举行讨论会，关于“革命文学论争”讨论会，关于“左翼作家联盟”的讨论会，关于“两个口号论争”的讨论会……用当时的话说，就是要“把被林彪四人帮颠倒的历史再颠倒回来”。

值得注意的是对“两个口号”的重新评价，不仅文章得以及时在权威刊物发表，而且很快编成了《“两个口号”论争资料集》。这是一个20世纪30年代文学史的再造工程。工程的重点之一是重新树立“左联”及其领导人的形象。在这个过程中，鲁迅会不会受影响？当时的人们已经注意到，重评的意义并不只是为周扬等人平反，而是消除鲁迅的“神圣光环”。多数人当然是在肯定周扬等人的时候谨慎地不碰鲁迅，但面对鲁迅和周扬的矛盾，很少有人再为鲁迅说话。这是历史提供的客观条件：当周扬等人重新走上文艺界领导岗位的时候，冯雪峰已经死去，胡风的冤案仍然没有昭雪。历史上激烈斗争的两派，离去的时间不同，归来的时间也不同。这种时间差造就了优势与劣势：一方捷足先登，一方迟迟未归；捷足先登者要按照自己的意志“拨乱反正”，重新建构20世纪30年代文学的历史。

与此同时，一份冯雪峰在“文革”时期写下的“交代材料”开始在国内流传。这份材料让茅盾大吃一惊：原来“民族革命战争的大众文学”这个口号不是鲁迅提出的，而是胡风提出的，与冯雪峰商量之后，征得了鲁迅认可！这使茅盾有一种受了欺骗和侮辱的感觉，因为在几十年中，他一直以为

① 钱理群：《鲁迅：远行以后（1949—2001）［之一］》，《文艺争鸣》2002年第1期。

这个口号是鲁迅提出的，才不得不赞同，而事实上是左右为难。如果知道是胡风提出的，他可能是另一种态度。[①]带着激动和气愤的情绪，茅盾写了《需要澄清一些事实》[②]，文章把批判的锋芒指向“右派分子”冯雪峰和“反革命分子”胡风，同时带上了鲁迅，认为鲁迅受人蒙蔽，缺乏“知人之明”。不久，茅盾又在1979年10月17日的《人民日报》发表文章，提出“鲁迅研究中也有‘两个凡是’”。在那个思想解放的时刻，反对神化历史人物，很有积极意义。但是，面对“两个口号”的论争和它遗留的矛盾，茅盾的做法使一些人反感：在过去，你支持鲁迅一派，现在鲁迅和冯雪峰去世了，胡风没有发言权，周扬等人又掌握了权力，你的态度就这样转变吗?

首先站出来的是李何林。针对茅盾的《澄清一些事实》，他写了《也来澄清一些事实》[③]等文章，并且直接给周扬写信，提出了种种质疑。李何林指出，说鲁迅受蒙蔽，看上去是爱护鲁迅，但它有一种杀伤力。这种杀伤力在于：冯雪峰是“右派”，胡风是“反革命”，鲁迅偏偏与他们站在一起，受他们蒙蔽，这是什么问题？至少是鲁迅并不高明。

尽管有人在维护鲁迅，但此时的鲁迅已经失去了由最高权力支撑的神圣不可侵犯的地位。历史再次进入一个打破偶像的时代，鲁迅的一些见解和主张开始受到质疑。比如，鲁迅对中医中药的评价是否有失公允？鲁迅对人是否不够宽容？等等。鲁迅曾说“费厄泼赖应该缓行”，有人写了《论“费厄泼赖”应该实行》[④]，不但没有受批评，而且文章很快被收入中学语文课本。

不过，在文学艺术界，在整个知识界，鲁迅的精神却开始真正被继承，许多人走上了鲁迅的路。

在长期以来的当代文坛上，鲁迅的旗帜虽然一直高高飘扬，鲁迅的路却得不到延伸。“现实主义”一直具有合法地位，甚至是独尊的地位，但因为前面加了种种定语，说真话的品格和批判职能已经完全丧失。到“文革”时期，“瞒和骗”的把戏极度发扬，文学只剩了“假、大、空”叙事和“高、

---

① 韦韬、陈小曼：《父亲茅盾的晚年》，上海书店出版社1998年，第298—299页。

②《新文学史料》，1979年第2期。

③ 北京鲁迅博物馆鲁迅研究室编《鲁迅研究资料（4)》，天津人民出版社1980年。

④ 王蒙：《论“费厄泼赖”应该实行》，《读书》1980年1期。

大、全”形象。生活现实已经是瞒也瞒不住、骗也骗不了，唯一的办法是依靠恐惧使人不敢开口。一场浩劫过去之后，一些作家“睁了眼看”，面对满目疮痍，找回了现实主义的批判精神。人们努力摆脱在权威话语统一指挥下形成的虚假性和欺骗性，对“假、大、空”给予了坚决的抨击，为真实性而大声疾呼。一些作家突破禁区而直面现实生活，无论回顾历史还是反映现实，都试图以真实作为首要准则，说真话、抒真情、真实地反映社会生活。在那个特殊的时期，“真实”意味着不回避刚刚经历的苦难，意味着不为现实涂脂抹粉。

这些努力显示着文学追求的变化：努力摒弃“瞒和骗”，拒绝继续充当愚弄读者的工具，恢复暴露与批判的传统。在这条路上，作家们找到的榜样是鲁迅。

正是沿着直面现实的暴露和批判之路，一些作家逐渐走上了鲁迅的启蒙之路。一些学者也喊出了“回归五四”“回到鲁迅那里去”的口号。之所以要回到鲁迅那里去，因为人们日益深刻地体会到，文学和思想文化领域的所谓拨乱反正，“乱”是众所周知的，“正”在哪里，却认识极不相同。什么叫拨乱反正？从“八个样板戏”回到“三红一创”？从浩然回到赵树理？这显然是不够的。当时的人们还没有可能提出回到胡适之类的口号。而回到鲁迅那里去，却是有益而可行的。

陈丹青说过：“醒悟的学术界，针对1949年以来一直到‘十年浩劫’期间对鲁迅的严重歪曲和误解，发出了‘还我鲁迅’的呼声。全民族处于空前幻灭与求索的1970—1980年代，鲁迅的‘反伪求真’精神，逐步渗透到我国文化人与知识青年的内心深处，并直接参与新的思想解放运动的准备，获得了新的生命力。”①

简单地说，从睁了眼看，暴露黑暗，到文化批判和国民性批判，从恢复文学的批判职能到修复知识分子的独立人格，20世纪80年代走过了一段艰难的路程。在这段路程中，鲁迅无疑是引航的灯。

---

① 陈丹青：《要继承什么样的鲁迅遗产——黄宗江先生访谈录》，陈明远编《假如鲁迅活着》，文汇出版社2003年，第297页。

五、世纪之交的遭遇

告别20世纪80年代之后，首先引人注目的现象是一些人对鲁迅的远离和贬损。

任何一个历史人物都没有理由逃避后人在选择过程中的评头论足。而且，对权威的挑战是文明发展的前提。但是，20世纪90年代以来对鲁迅的挑战情况却比较复杂，既包含了自由和解放的愿望，又反映着思想和认识的误区，又有一只巨大的手在不动声色地操控着。

因为鲁迅曾被披上大红袈裟，在一次次运动中充当先锋，所以，一些人对鲁迅极为反感。这些人常常以叛逆自居，却对鲁迅缺少了解。他们只是根据过去年代鲁迅高居神坛的记忆，把鲁迅当作某种令人讨厌的文化权威，因而也就成了自由的敌人。所以，他们要自由，要解放自己，就要搬掉鲁迅这块“老石头”。

还有一些人对鲁迅反感，是因为民族情感和爱国主义。在“抵抗外来压力”“反对西方中心主义”的特定背景上，弘扬传统成为一种文化导向。传统是神圣的，民族和国家是神圣的，很快成为一代人头脑中牢固的观念，并且成为一种价值尺度。这种价值观念一旦确立，鲁迅的形象就改变了。他反传统，说中国文明“吃人”，要青年少读或不读中国书，甚至要废除汉字……如此否定中国传统、丑化中国人民、瓦解民族自信、助长崇洋心理、长外国人的志气、灭中国人的威风，算哪一家的“民族魂”？因此，连以叛逆自居、标榜独立思考的一些人也说：“我一想到这位导师说什么‘只读外国书，不读中国书’，‘五千年只看见吃人’，我就觉得他正是‘乌烟瘴气鸟导师’，误人子弟呵！”[①]

更为重要的是，这是一个“躲避崇高”“融入世俗”“活着就好”的时代，也是一个努力遗忘和及时行乐的时代。在这样一个时代，鲁迅的确有点讨人嫌。人们活得太累，想轻松一下，鲁迅却不叫人轻松；人们需要安慰、需要麻醉，鲁迅却总是撕破幻象煞风景。在这样一种文化氛围中，鲁迅自然

①朱文：《断裂：一份问卷与五十六份答卷》，《北京文学》1998年第10期。

不招人喜欢。

在一种新的目光下，从思想到人格，鲁迅都有许多缺陷。比如，理解和宽容，是新的时尚。这时尚的成因既有对斗争哲学的厌倦，也有消解现实矛盾的愿望。要建设和谐社会，稳定高于一切；鲁迅却那样好斗，不妥协、不宽容，“一个都不宽恕”。于是，一位身居高位的作家说：“世人都成了王朔不好，但都成了鲁迅也不好——那会引发地震！”①说鲁迅是不稳定因素，也许并非全无道理。这位作家还说：“文坛上有一个鲁迅是非常伟大的事，如果有50个鲁迅呢？我的天！”②

在21世纪之交，知识界发生分裂，自由主义者中一部分人不喜欢鲁迅的左翼色彩，因而有了“胡适还是鲁迅”的选择；新左派中一部分人则坚持把鲁迅打扮成他们心目中的战士，结果却是像歌剧《鲁迅先生》那样努力美化和拔高，最终导致妖魔化。

当然，直到今天，仍有不少人尊崇鲁迅，把他当作雾海的灯塔，甚至在他面前感到羞愧。所以，鲁迅仍然是未来文化和知识分子人格建设的重要资源之一。

① 王若谷：《鲁迅诱发地震》，《中国青年报》1995年2月5日。

② 王蒙：《人文精神问题偶感》，《东方》1994年第5期。

第四辑

鲁迅选择了什么？

——关于《鲁迅的选择》答高元

高元（以下简称高）：李老师，您的《鲁迅的选择》出版之后，我和几个朋友都看了，有些问题想请您谈一下。我们注意到，您在《鲁迅研究月刊》上还发表过一篇长文，题为《面对世纪末文化思潮对鲁迅的挑战》，我个人很喜欢那篇文章，而且张梦阳先生在他的《中国鲁迅学通史》中称这篇长文"作为中国鲁迅学史的一篇绝唱，将永远留在史册上"，但不知为什么您这本书没有收入。

李新宇（以下简称李）：本来放进去了，后来又拿了出来。一是出版社方面感觉它不很协调，二是我也另有考虑。我想写一本《鲁迅与当代中国》，主要就是清理一下1949年之后鲁迅在不同时期的遭遇，以及他与当代中国思想文化的复杂关系。无论是被神化、被当作工具，还是被遮蔽和改写，还是直接批判，都应清理一下。那篇文章谈的是世纪末文化思潮对鲁迅的挑战，所以就决定算作那本书的最后一章。这本《鲁迅的选择》主要是想把一些最基本的东西梳理一下。现在一些人谈鲁迅谈得很玄，云里雾里，最基本的东西却偏偏不说，让一般读者不知道鲁迅到底想了些什么，做了些什么，在一些基本面上做了什么样的选择。我就想把最基本的东西先说清楚。

高：这一点我注意到了，《鲁迅的选择》只有四章，前三章分别是现代知识分子话语、人学思想、启蒙道路，第四章则是鲁迅与他的论敌。如果我的理解不错的话，前三章就是您所概括的鲁迅的基本选择，是吗？

李：可以这么说。当然，“现代知识分子话语”“人学思想”“启蒙道路”是联系在一起的。只要选择了其中之一，就自然选择了其他。这三个方面过去都是不被肯定的，也是常被淡化处理的，因为它被认为是鲁迅的“局限”。但在我看来，这恰恰是鲁迅精神中最基本的东西。比如知识分子话语，在国家权力话语、民间话语与知识分子话语之间，鲁迅选择的显然是知识分子话语。他与传统决裂，全面地批判传统；他反抗权威，拒绝帮忙与帮闲；他同情劳苦大众，为他们的不幸而呼叫，为他们的解放而呐喊，但绝不与他们站在同一地平线上，更不为某种私利而曲意奉迎说人民群众如何伟大。凡歌颂人民伟大的，居心往往很可疑，这是规律。真正爱人民的一般都不给人民戴高帽。对传统的反叛、对权威的反抗、对大众的“哀其不幸，怒其不争”，这三方面的态度使鲁迅真正获得了一个现代知识分子的话语立场。不知我在书中的表达是否清楚。

高：应该是清楚的。我发现，您不仅是在谈论鲁迅，而且是通过鲁迅的这三个方面在为中国现代知识分子定位：只有这样，才算是现代知识分子，其言说才是现代知识分子话语。

李：是这样。如果与专制传统划不清界限，就很难说是一个现代知识分子；如果与权力话语划不清界限，就只能是御用文人；如果像一些人号召的那样深入民间，与大众在思想感情上获得一致，或者像“文革”时期那样去接受贫下中农的再教育，教育和改造好了，也就不是知识分子了。

高：鲁迅的一些基本选择是很重要的，也是需要重申的。我以为您做的就是这样的工作。在您看来，鲁迅是反传统的，是认同西方现代文明主流的，这应该是一个事实。进入20世纪90年代以来，出现了一种现象：一方面是一些人攻击鲁迅，认为他的反传统造成了中国文化的断裂，他对国民性的批判是对西方话语霸权的臣服，也就是接受了西方殖民主义话语，因此，他们要否定鲁迅。另一方面，是一些人似乎要为鲁迅辩护，结果就说鲁迅不反传统，而且很好地继承和发扬了传统。您对这两种做法都不赞同。

李：这是一个非常重要的问题。而且，不知你注意没有，这双方看上去是对立的，但价值尺度非常一致：只要反传统、接受西方价值观，就不伟大。所以，如果鲁迅反传统、接受西方价值，就很坏，如果要说他好，就说他不反传统、不认同西方价值。这是20世纪末中国文化思潮的一种“反动”，是对“五四”的反动，也是对20世纪80年代的反动。因鲁迅反传统而否定鲁迅，这不奇怪。这么强大的传统，几千年的惯性，面对鲁迅和五四新文化运动对传统的批判和否定，抵抗和反扑是必然的。奇怪的是把鲁迅解释成传统继承者。这不仅不符合事实，而且极为有害。因为如果要继承鲁迅的思想资源的话，就完全违背了鲁迅和五四新文化运动的基本精神。可以设想：如果把鲁迅说成是专制传统的继承者，是抵抗西方民主、自由等价值观念的斗士，然后再来学习鲁迅，那将是什么后果?

高：所以，你特别强调他的反传统和“崇洋而不媚外”。鲁迅对中国传统的态度，我觉得您抓得很准：“人肉宴筵论”和“两样时代论”。所谓中国的文明，不过是“人肉的宴筵”；所谓中国历史，不过是“暂时做稳了奴隶的时代”和“想做奴隶而不得的时代”的循环。抓住这两点，就能充分说明问题。鲁迅对传统持这样的态度，还能说他不反传统?就这样的传统，还不该反吗?

李：重要的还在于鲁迅与西方现代文明主流的关系。在批判和否定传统的同时，鲁迅选择了什么?现在一些人拼命把鲁迅打扮成抵抗西方话语的英雄，不说鲁迅信仰共产主义了，就说鲁迅是彻底绝望，什么都不信，中间物，没有选择，等等，总而言之，是要切断鲁迅与西方现代文化主流的关联，即使不能把他打扮成一个民族主义者，也要把他打扮成“第三世界文化”的代表。这样，鲁迅就又可以为反抗所谓西方话语霸权服务了，就像在“文革”时期让他为反帝反修服务一样。可是，事实是无法改变的，在东方文明与西方现代文明之间，鲁迅选择了西方现代文明。他的文化努力是告别中世纪、与西方现代文明主流接轨的一种努力。他的努力不是孤立的，是五四新文化阵营共同的大方向。

高：您的那些论证似乎特别强调他的中西比较，尤其是他对“国情特殊论”的批判。

李：不是这样吗?鲁迅说：“譬如一个人，脸上长了一个瘤，额上肿出一颗疮，的确是与众不同，显出他特别的样子，可以算他的‘粹’。然而，据我看来，还不如把这‘粹’割去了，同别人一样的好。”可是现在有人就是要保住那个瘤，护住那个疮，好像那就是中国特色，特殊国情，如果割掉了，就不是中国人了。谁要说割，就是不爱国。鲁迅说他的“大恐惧”就是因此而“从‘世界人’中挤出”，也就是自绝于世界。现在有些人拼命反对全球化，他们的理论也仍然是鲁迅早已批判过的“狗有狗道理，鬼有鬼道理，中国与众不同，也自有中国道理”。鲁迅把这种“以自己的丑恶骄人”的态度称作《水浒传》中牛二的态度。“牛二”的子孙太多，未必是中国的福音。

高：您在《鲁迅的选择》一书中，认为鲁迅选择了西化之路。这是一个事实，却很少有人这么说。据我个人的印象，无论在中学还是大学，还是后来读研究生，都没有听人像您这样直接说他选择了“西化”。

李：长期以来，对鲁迅的阐释总是努力抹淡他的西化色彩，用意非常明显，作为文化伟人的鲁迅不能有“全盘西化”的嫌疑，即使不“全盘”，西化也不行。然而，历史已经证明，中国传统文化中缺少现代性基因，要现代化就必须从西方拿来。这一点鲁迅比任何人都清楚，所以他从来没有强调过中国文化的特殊性，从来没有站在本土文化立场上拒绝普世价值。对于五四新文化的倡导者来说，无论是陈独秀还是胡适，还是鲁迅，都已经超越了狭隘的民族主义，带有鲜明的世界主义倾向。所以，他们不承认特殊国情是什么神圣不可侵犯的东西，更不赞同拿特殊国情来抵抗自由、民主等普世价值。中国现代知识分子话语的确并不源于中国文化传统，而是源于西方现代思想资源。鲁迅的路是一条通过自我否定而走向民族文化更新的路，也是一条从本土文化的特殊性中挣脱出来走向现代文明普世价值的文化认同之路。

高：您在书中说，鲁迅的立场观点是在比较中形成的，但他的文化比较没有运用文化相对论为本土文化辩护，而是从不隐瞒自己对西方文化的崇尚和赞美。我觉得这是必须申明的。鲁迅说：“与其崇拜孔丘、关羽，还不如崇拜达尔文、易卜生；与其牺牲于瘟将军五道神，还不如牺牲于Apollo。”这些话往往被看作是偏激的，但它是鲁迅在五四时期所做的毫不犹豫的文化选择。当年，杭州英国教会里一个医生在一本书里称中国人为“土人”，一些中国人感觉受了侮辱。鲁迅说：“他们以此称中国人，原不免有侮辱的意思；但我们现在，却除承受这个名号以外，实是别无方法。因为这类是非，都凭事实，并非单用口舌可以争得的。试看中国的社会里，吃人，劫掠，残杀，人身买卖，生殖器崇拜，灵学，一夫多妻，凡有所谓国粹，没一件不与蛮人的文化恰合。”他的确不像文化民族主义者那样以浮肿的脸去充胖子，落后就是落后，野蛮就在于野蛮，像阿Q忌讳“光”和“亮”一样维护所谓民族尊严，是没有用的。当然，在今天的一些人看来，如果承认这一点，鲁迅就成文化买办了。

李：其实，早在20世纪30年代，鲁迅就受到这样的攻击，被称作“汉奸”或者“买办”。为此，鲁迅甚至故意使用过“康伯度”的笔名。“康伯度”（comprador）就是买办的意思。1934年，当反欧化形成高潮时，鲁迅表示白话文之所以欧化，“并非因为好奇，乃是为了必要”。为此，有人写文章指责他是“为西人侵略张目”，是“十足加二的‘买办心理’”。其实，“买办”这个词不应该是个贬义词，要紧的是买办什么货色。如果买办来的东西对中国有利，“买办”就是爱国。痛斥“买办”，是闭关锁国的心理表现。

高：一些东西应该是常识。比如，新文化的创造需要以西方文化为蓝本。可是，直到现在，对于很多人来说，都还是一个不愿意承认的问题。

李：对于五四新文化运动那一代人来说，这不成什么问题的，是后来它才成了问题。因为一些历史泡沫的出现，西方现代文明主流似乎不先进了。当然，任何一种文明都不可能是完美的，但人类文明发展的历程已经证明成功的东西是不应该拒绝的。不老实地接受成功的经验，而一定要异想天开，抄近路，寻求超越，或者寻找什么“第三条道路”，结果往往是走一些弯路，到头来还要从头开始。尽管文化相对主义有其存在的理由，但文明发展的高下和优劣，是有一般标准的。无论怎么说，“吃人”总是野蛮而不是文明吧？

高：还有一个问题是，面对西方，鲁迅拿来了什么？或者说，被鲁迅看中的西方现代文化主要是什么？是不是您说的“人学思想”？

李：不同的人会有不同的发现，但鲁迅首先发现的是“人”。这一发现与他的文化批判互为因果。正是因为“人”的发现，他才能够看到中国传统的“吃人”性质；而对中国传统“吃人”性质的发现更进一步使他倾心于西方现代文化，因为西方现代文化是尊重个人的。人们常常谈论传统与现代，什么是“传统”的？什么是“现代”的？最重要的标志不在别的，正在于是否承认个人的自由、价值与尊严，是否承认个人权利的合法性。考察鲁迅的思想构成和占有的思想资源，可以发现鲁迅接受了西方文艺复兴运动以来的人文主义传统。这个传统是以个人主义为其核心的，因此，他才清楚地看到了中国人缺乏个人权利和个性被吞没的悲剧，鼓吹个性解放，关注个人权利。

高：一些人认为，鲁迅的“立人”只是手段，“强国”或者“救亡”才是目的，您不同意这种看法，能以最简单的话说一说吗？

李：这种观点是随意推出来的，而不是实证的结果。因为它有两个假设，一是鲁迅等人都是民族主义者或国家主义者，二是致力于“立人”的启蒙运动是救亡运动的附属物，“立人”的目的是为国家制造工具。但历史事实并非如此，无论鲁迅还是胡适、陈独秀，都有鲜明的世界主义倾向和个人主义倾向，唯独不是国家至上主义者。“启蒙立人”与“救亡强国”各有自己的体系结构和运行轨迹，并不存在从属关系。救亡的起点是“国将不国”的忧虑，启蒙立人的起点是“人已非人”的痛感。在鲁迅那里，立国和立人是不矛盾的，他没有因为立人而排斥立国。鲁迅决不是国家主义者或者民族主义者，因为他是从人出发的，在他看来，国家和社会的根本目的是人。这是一种现代国家观念，如果国家和社会带来的不是个人的幸福和安全，国家和社会就是多余的。如果国家和社会给人带来的是压迫和奴役，它就应该改造和更新了。按照鲁迅的说法：“要我们保存国粹，还得国粹保存我们”。这是一种现代的关系原则。这一市场化的原则是现代社会关系最本质的标志，无论是个人与个人之间，还是个人与群体之间，都必须是自愿的公平交换，而不是无条件地服从和野蛮的掠夺。“五四”一代人对“三纲”等传统伦理进行批判，就因为它不讲道理，不是公平交换，而是要求服从和奉献。

我们如何面对鲁迅？

——就《愧对鲁迅》答朱献贞

近来，鲁迅再次成为文化争议的焦点。有人因为维护中国传统而清算鲁迅，有人因为批判现代性而批判鲁迅，有人要“搬掉这块老石头”，有人认定鲁迅已经没有现实意义……上海三联书店新近出版了李新宇先生的《愧对鲁迅》，显示了一种独特的姿态。为此，笔者在南开大学拜访了李新宇先生。以下是访谈记录。

朱献贞（以下简称朱）：李老师，您的《愧对鲁迅》出版之后，引起了读者广泛的关注。这本书采用了一种独特的方式，用第二人称，通篇都以“你你我我”的方式与鲁迅交谈。在这种交谈中，作者与鲁迅距离很近，而作为读者的我们，不是在听讲，而是旁听对话，却无形中也被拉得很近。这种方式确实让人耳目一新，在众多鲁迅研究的文本中可谓独辟蹊径。再加上言说中的追根溯源，旁征博引，晓之以理，动之以情，将叙述和论证有机结合，使文本话语流畅，极具亲和力。我想知道的是，您怎么会想到采用这种形式，有什么用意吗？

李新宇（以下简称李）：我没有想到这种形式会受到读者的欢迎。开始完全是无意的。我在后记中提到了，这几本书（《愧对鲁迅》《走近胡适》《叩问陈独秀》）都是十几年前开始写的。我是一个比较愚钝的人，容易认死理儿，缺少灵活性，所以不愿掺和时就关起门来读书，读鲁迅、胡适、陈独秀和《新青年》杂志。我一边读他们的书，一边写下一些感受，这些感受常带感情，不愿当众演讲，就成了对鲁迅等人的诉说。我真的没想到这种方式会有人喜欢。不过，现在我也感觉这种形式是不错的，它为我提供了自我表达的充足空间，虽然有点喧宾夺主，却突出了研究者的主体性。对于读者来说，它可能比一般的学术著作好读一些。

朱：20世纪90年代以来，您一直在清理20世纪中国文学的知识分子话语，并举起了“重申五四精神”和“守护现代文化基地”的旗帜。您把现代中国的话语系统分作国家权力话语、民间大众话语和知识分子话语，并在这个框架中为鲁迅定位，将鲁迅视为中国现代知识分子话语的基石，而对于鲁迅，您特别强调的是他的人学思想和启蒙之路。这一切都与今日知识分子的自身建设密切相关。比如，在传统与现代之间，在本土与世界之间，鲁迅做出了怎样的选择？在权威面前，在大众面前，鲁迅是什么姿态？……通过对这一切的回答，读者也不难看到您的姿态。不知您是否意识到，这种姿态在当下中国大概是不多的，因为既非主流，又不时髦。

李：是的，当前的时髦应该是对鲁迅进行批判。我所做的不是批判，而是清理与守护，因为我不愿舍弃鲁迅的精神遗产。要继承这笔遗产，就需要重新认识鲁迅，在一些基本面上重新确认鲁迅精神。因为鲁迅研究的成果确实已经太多了，所以专业内的学者们常常为避免重复言说而走向偏僻和细微之处，或者用一些新理论去操练老话题。这样做的结果一是使研究走向琐细；二是使研究走向虚玄，把简单的问题复杂化，越说越玄，直到把那些与我们的生存息息相关的问题扯到法兰克福的云雾之中。这样，一些研究看上去很深入，却不能帮助人们认识鲁迅，也不能传达鲁迅的思想。我所做的，就是回到那个最基本的鲁迅，实实在在做点解释。这当然包括发现他的真价值，也包括为他去掉脸上的金粉和油漆。金粉和油漆是造神时涂上去的，现在的结果却是导致了鲁迅的妖魔化。说到我的姿态，守护现代性，坚持启蒙立场，我是自觉的。我不赞同那些中国化的后现代言说，更不认同他们的所谓现代性批判。现代性在中国是稀罕物，在五四新文化运动中出现过一些，后来却经历了一个在挤压中萎缩和丢失的过程。因此，它需要的不是批判和超越，而是守护和张扬。可惜的是，不仅一些年轻学人从西方拿来了反现代性的时髦学说，而且一些老人也赶时髦。这也难怪，从“五四”过后到“文革”，中国的思想学术是一个持续下滑的过程，学人一代不如一代。眼下健在的老人无论人格多么令人尊敬，青少年时代接受的资源和信念都多少有点问题。所以，即使他们晚年有所反省，也常常因为缺少必要的基础而不知要一个跟头翻到哪里去。

朱：现在国内受后现代影响的人很多，一般认为后现代是前沿的、先锋的，您总是对后现代持批判态度，会不会被认为是保守的呢？

李：从某种意义上说，我的确是保守的。不过，在今日中国，关键是批判什么、守护什么。我反感的不是后现代，就像现代取代前现代一样，如果后现代来了，取代了现代，我大概不会拒绝。可是，在中国当下，后现代来了吗？我反感的是在一个现代与前现代正在交锋的境域里拼命鼓吹后现代思想的做法，因为正是他们打着“后”的旗帜，事实上已经与前现代联手，服务于抵抗现代化和守护前现代。因此，就像我不得不左右开弓一样，也无法避免前后树敌。前面是前现代，后面是后现代，我却抱着现代不放手，所以前后不讨好。试图守住前现代秩序的人不会喜欢鲁迅，努力消解现代性的人们也不会喜欢鲁迅，当然也不会喜欢我对鲁迅的阐释。说到“前”与“后”，有人可能又要批评我的“线性历史观”和“进步主义”了。现在有一种时髦，反对时间，强调空间，“不以优劣论文明”，也就是不承认文明是可以发展进步的。这很合中国一些人的胃口，因为只要否定了“进化论”和“线性历史观”，就不再有文明与野蛮、先进与落后之分，不把人当人的一切旧传统就可以作为多元文化中的“一元”而大行其道了。

朱：目前，有一股“褒胡贬鲁”的现象，不知您对此怎么看。

李：我首先要说的是，鲁迅也是人，不能没有思想上的迷惑与行为上的失误。他说过那么多话，不可能每一句都对。在过去相当长的一段历史上，对鲁迅与其同时代人关系的评判是在一种政治框架中进行的，把某些冲突看作是“内部的”，而把另一些冲突看作是“敌对的”，依据的都是政治派别的划分。在这种划分的基础上，鲁迅被打扮了起来，而且与那些“战友”绑在了一起。但是，那种打扮在今天已经很不可爱，与他绑在一起的也早已有点面目可憎。在这种情况下，一些人要进行重新评价，又对鲁迅缺少深入的认识，就很容易把过去的结论简单地翻过来。这是可以理解的，但对鲁迅很不公正。鲁迅的确说过一些错话，比如他对苏联的认识，但这不是不可原谅的。在这一点上，胡适是清醒的。他始终没有因为鲁迅与自己的分歧而把鲁迅看作敌人。因为从文化的角度看，鲁迅、胡适、陈独秀，他们之间无论发生过多少思想上的分歧，最终都是新文化阵营里真正的战友。因为鲁迅脚上沾了污泥（有些还不是他自己沾的，而是别人给贴上去的），就干脆不要了，让他去殉葬，这是不公正的。我们应该珍惜胡适的遗产，但不能因此而舍弃鲁迅。

《鲁迅大全集》新在何处?

——答《光明日报》记者谭华

最近在北京大学举办的《鲁迅大全集》出版座谈会上，专家和学者一致认为，出版《鲁迅大全集》不仅是纪念鲁迅诞辰130周年的最好礼物，也是中国文化界、思想界、教育界的大事。《鲁迅大全集》是四十多位鲁迅研究专家和学者历时数年、辛勤耕耘的成果。记者就出版《鲁迅大全集》的背景和书的特点等，采访了本书的主编李新宇。

谭华（以下简称谭）：1938年出版的“鲁迅先生纪念委员会编”的《鲁迅全集》很权威，也很有影响，后来又有不同版本的全集出版。与以前的版本相比，此次出版的《鲁迅大全集》有什么不同，各有什么特色?

李新宇（以下简称李）：从1938年鲁迅先生纪念委员会编辑出版的第一种全集，到人民文学出版社的1958年版、1981年版、2005年版全集，鲁迅全集已出过多种版本。1938年版可谓第一代，它是鲁迅逝世不久就开始编纂的，编委会由蔡元培、许寿裳、周作人、茅盾等人组成，许广平具体负责，确实很有权威性。在抗战烽火中出版，很不容易。出版的速度、编校人员的工作状态，都是出版史上的奇迹。它收录了鲁迅大多数著作，但没有书信和日记，所以不完整。1958年版可以看作第二代，是1950年就着手编的，由冯雪峰负责。这套带注释的全集自1956年开始出，1958年出齐，所以被称作1958年版。这套全集编入了部分书信，当时收集到的鲁迅书信已经很多，但多数没有编入，翻译、古籍辑校、美术作品也没有编入。这是受当时政治和派系斗争影响最严重的一版，甚至连一条注释都会涉及许多人的命运。比如，冯雪峰未完成这项工作就被打倒了，却又被迫按照别人的意志完成一条注释。由于违心地写下这条注释，冯雪峰痛苦得几次要自杀。而到了“文革”开始，打倒周扬，最先揭露的“罪行”正是这条注释。同时值得指出的是，从这一版开始，鲁迅全集的编辑出版是在计划体制之下进行的，一大群学者，包括一些令人敬佩的学者，都是默默地劳作，比如搜集、整理、校勘、翻译、注释等，但是读者却不知道他们的名字。正是他们的劳作，才有了后来的1981年版和2005年版。这两版情况相近，增补了内容，修订了注释，而且显示了编者走出极“左”政治影响的努力。就创作部分而言，2005年版，已经显示了比较完备的形态，但翻译、辑校、美术等作品仍未编入。《鲁迅大全集》可以说是第三代鲁迅全集。作为这套全集的编者，我想特别强调的是：它虽然出版于21世纪，却是七十年来一代又一代研究者和出版者持续努力的结果，凝聚着无数前辈的心血，这是后来者不能遗忘的。

说到这套《大全集》的特点，主要有这样几个方面：第一，它编入了鲁迅的创作、翻译、学术、古籍整理、绘画、书法、画册编纂等，所以比前几代全集都更完整。虽然可能仍有遗漏，但不再有结构性的残缺。第二，在编排方式上采用了编年体。第三，注释力求简练、客观、公正。首先是注释不再那么多。20世纪50年代开始注释《鲁迅全集》的时候，编者们设想读者是“中学以上文化水平”，所以，需要加注的内容就特别多，人名、地名、书名、事件、中外历史典故等都要注。现在读者水平提高了，《大全集》的注释不再承担一般工具书的职能。同时，注释也不再致力于索引，“L女士”，不再考证是“李女士”还是“刘女士”；“正人君子”“叭儿”，也不再一定指出“此处指胡适”或“此处指陈西滢”。而对历史上各派人物的评价，注释也力求客观公正。

谭：请您谈谈《鲁迅大全集》从哪些方面体现了“收录最全、编法最新”的特点？

李：收录齐全，是我们努力追求的。但现在还不敢说已经收录齐全，所以只能说是在已有版本中是“收录最全”的。翻译、辑校等类作品的编入不说了，过去的全集多未收；仅就原创的文字而言，《鲁迅大全集》也做了增补，依据学界的研究成果，收录了以前全集未收的近百个文本。除此之外，还以附录的形式收入了两类内容：一是鲁迅的一些演讲记录稿，二是同代人回忆中转述的鲁迅的话。一些演讲记录，发表在当时的报刊上，因为未经鲁迅审定，过去全集都未收，有的是经过鲁迅审定的，也没有收。未经本人审定，可能不可靠，但对于了解鲁迅，也是一份参考。《论语》是孔子弟子的笔记，未经孔子审定，我们不同样作为经典吗？不过，毕竟未经本人审定，可能与鲁迅的原意有出入，所以作为附录编入。

至于编年体这种编法，其实并不新，只是过去的《鲁迅全集》没有采用这种编法而已。众所周知，编集子有两种不同的办法，一是分类，二是编年。分类便于专题研究，编年便于把握线索。过去的全集主要是以鲁迅著作的单行本为单位，加书信、日记等集合而成的，而这次采用了编年体。不过，《鲁迅大全集》不是彻底的编年体，而是有两点变通：一是分类编年。因为如果无论什么作品都以时间为序统一编排，势必会创作、翻译、学术著作、古籍辑录、石刻拓片等间杂出现，多数读者会感觉不便。二是在具体的编排中，充分照顾了作品本身的完整性。比如译文集《壁下译丛》等都是拆开编入的；《爱罗先珂童话集》等整本著作，则像对待长篇作品一样放在一起，而不按照鲁迅翻译它的时间插得到处都是。

谭：新收入的演讲记录和同代人回忆文章中的鲁迅语录有哪些具体内容？

李：内容相当丰富。举例说吧，1926年在厦门大学的演讲《少读中国书，做好事之徒》，在集美学校的演讲《聪明人不能做事，世界是属于傻子的》，1927年在中山大学开学典礼上的演讲《读书与革命》，1931年在上海东亚同文书院讲的《流氓与文学》，从标题就可以大致看到内容。几个关于美术、版画的演讲也很有意思。更有意思的是，这些演讲虽然未经鲁迅审阅，却比较生动地再现了鲁迅当年演讲的风貌。比如，1932年12月24日他在北平大学女子文理学院讲《革命文学与遵命文学》，其中讲道："我国自革命策源地广东倡导革命以来，处处皆有革命，即文学亦然，故沪上之革命文学，风行一时，其文章多为'前进，往前走哇！'之类，而官人对此革命文学家则嚷'扫荡扫荡，杀掉杀掉'，于是此类革命文学家遂愈杀愈少，愈扫愈少矣。盖一部分被杀，一部分被拘，一部分逃亡，且有许多怕压迫而走入民族主义文学路上去，故此革命的文学一变而为遵命文学矣。”其中语气倒是更接近鲁迅演讲的原生态。

同时代人回忆中的鲁迅语录，对于理解鲁迅很有帮助。一些话为鲁迅某些文章做了注脚，一些话则是文章和著作中少见的。其中一些话说得很精彩，比如：“真理的数目和鞋店里的鞋子一样多。”“学生读死书，只配做人家的奴隶。”“中国人没有孙悟空主义，都是猪八戒主义。”“爱不爱林黛玉？我不爱，因为她老是哭哭啼啼。”“青年多几个像我一样做的，中国就好得多，不是这样了。”这是在公开发表的文章中很少直接表达的。

谭：我们了解到，周海婴生前将鲁迅当年赠送给妻子许广平的手迹文物二十多件，一并交给《鲁迅大全集》编委会辑录出版。这些赠书扉页上题赠的话有很多是首次披露，对吗？

李：鲁迅把自己新出的书送许广平，要在书的扉页上题字，虽然很简短，却既可以看到鲁迅的幽默，也可以感受到他对许广平的深情。比如在一些题字中，鲁迅使用的是“广平兄”，有时则戏称“害马”，因为在女师大事件中校长杨荫榆曾把许广平等称作“害群之马”。而且有时不是“赠”或“送”，而是“颁给”。但在有的扉页上，却端端正正地写着这样的话：“给我的爱人：广平。”

采访手记

求自由光明时的努力、彷徨和奋进，字里行间，充满着对旧时代的愤懑和控诉，对新时代的渴望。无论是杂文还是小说，无论是学术还是美术，无论是对传统的梳理，还是对人性的挖掘，鲁迅的作品都是教育当代、泽被后世的生动教材，是中华民族珍贵的精神资源和文化宝藏。这本采用编年体编成的《鲁迅大全集》更清晰地展示了鲁迅的思想和创作发展的轨迹。正如李新宇主编所说：“我们可以直接看到鲁迅每天在想什么、写什么，看到他某些思想的萌生、发展、变化过程。我们相信，这种‘心迹’的直接展示，将有助于读者更直观、更清晰地把握鲁迅。”

李新宇学术文集

陆

触摸历史

李新宇 —— 著

山西出版传媒集团 北岳文艺出版社
BEIYUE LITERATURE & ART PUBLISHING HOUSE
·太原·

图书在版编目(CIP)数据

李新宇学术文集 / 李新宇著. —太原：
北岳文艺出版社,2020.5
ISBN 978-7-5378-6178-6

Ⅰ. ①李… Ⅱ. ①李… Ⅲ. ①中国文学－文学研究－
文集 Ⅳ. ①I206-53

中国版本图书馆CIP数据核字(2020)第057362号

李新宇学术文集·触摸历史

李新宇◎著

//

项目负责人
范 戈

责任编辑
韩玉峰

封面设计
张永文

印装监制
郭 勇

出版发行:山西出版传媒集团· 北岳文艺出版社
地址:山西省太原市并州南路57 号
邮编:030012
电话:0351-5628696(发行部) 0351-5628688(总编室)
传真:0351-5628680
网址:http://www.bywy.com E－mail:bywycbs@163.com
经销商:新华书店
印刷装订:山西人民印刷有限责任公司

开本:710mm ×1000mm 1/16
总字数:2688 千字
总印张:159.5
版次:2020 年5月第1版
印次:2020 年5月山西第1次印刷
书号:ISBN 978-7-5378-6178-6
总定价:698.00 元(全6卷)

2013年，在南开大学

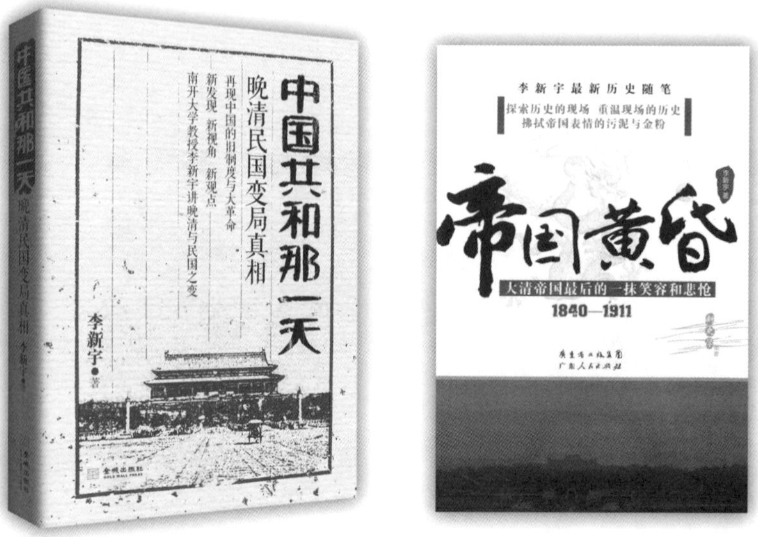

作者部分书影

刊载作者学术文章的部分刊物

目　录

第一辑

第二辑

第三辑

第四辑

附录

第一辑

容闳其人其事

说起中国最初的留学生，说到清末开始的留学史，就不能不说到容闳，因为他是“中国留学第一人”。说到容闳，就不能不说到他的事业，因为他为此付出了长达27年的艰辛努力，终于促成了120名少年被官派赴美留学，开创了中国官费留学的先河。所以，他被称作“中国留学生之父”，应该是当之无愧的。

容闳（1828—1912），字达萌，号纯甫，生于广东香山县南屏镇（今属珠海市）。幼年家境贫寒无钱读书，只得到澳门英国传教士古特拉夫的夫人办的教会学堂就读，受到这位洋夫人的特别照顾。1841年入美国人勃朗（Rev.S.R.Brown）主持的玛礼逊学校（Morrison School）。1842年该校迁往香港，容闳又跟随学校到了香港。正是这样的经历，容闳接受的教育与中国传统教育大不相同，而且有机会最先走上了留学之路。

1846年冬，勃朗因健康原因要归国休假。临行之前，他向学生宣布：愿意带三至五名学生赴美留学。与此同时，他已经与香港基督教会的几名教友谈妥，由他们为学生提供两年的留学经费，并为学生的父母提供赡养费。让勃朗没有想到的是，宣布这个消息之后，四十多名中国学生竟然全都默然无声，最后只有容闳、黄胜和黄宽三人表示愿意跟随校长到美国留学。容闳的父母开始也忧心忡忡，后来是在容闳的说服之下才同意的。之所以如此，其实并不奇怪。当时国人对海外几乎茫然无知，民间广泛流传着有关外国人的种种骇人传说，比如，中国小孩到了海外，要被剥皮，换上狗皮或者猴子皮，然后拿去展览和表演，等等。

容闳等人之所以有勇气，一是因为他们毕竟已经在洋人的学校里学习多年，知道民间关于洋人虐待孩子或拿孩子做实验的说法实属荒诞不经。二是为了学点新的技艺，以便将来养家糊口。尽管他们知道，那是一个完全陌生的世界，但他们还是决定远赴美利坚。容闳后来回忆说："予等留美期内，不独经费有着，即父母等亦至少得二年之养赡。既惠我身，又及我族，仁人君子之用心，可谓至矣。"[①]直到晚年，容闳仍然牢牢记着那些资助他留学的外国人的名字。

1847年1月4日，容闳他们乘坐的轮船从黄浦江起航，经过三个多月的航行，于4月12日到达纽约。容闳、黄胜、黄宽，他们成了中国最早的留美学生。

一年后，黄胜因病回国。两年后，容闳、黄宽学完了美国中学的全部课程。黄宽接受了香港教会继续资助的条件，到英国爱丁堡大学学习医学。容闳拒绝了这项以必须学医为条件的资助，同时拒绝了孟松学校以毕业后必须做传教士为条件的资助，坚持报考耶鲁大学。他的想法是："予虽贫，自由所固有。假日竟学，无论何业，将择其最有益于中国者为之。纵政府不录用，不必遂大有为，要亦不难造一新时势，以竟吾素志。若限于一业，则范围甚狭，有用之身，必致无用。且传道固佳，未必即为造福中国独一无二之事业。"[②]最后，容闳得到了美国一个妇女团体的资助，得以进入著名的耶鲁大学。这是1850年。

1854年，容闳毕业了，获得文学学士学位，成为中国第一个在美国毕业的大学生。此时，容闳已经立正一个志愿：把西方现代学术文明引入中国。关于这个志愿，他后来回忆说：

> 予当修业期内，中国之腐败情形，时触予怀，迨末年而尤甚。每一念及，辄为之怏怏不乐，转愿不受此良教育为愈。盖既受教育，则予心中之理想既高，而道德之范围亦广，遂觉此身负荷极重，若在毫无知识时代，转不之觉也。更念中国国民，身受无限痛苦，无限压制。此痛苦与压制，在彼未受教育之人，亦转毫无感觉，初不知其为痛苦与压制

①②容闳：《我在中国和美国的生活》，恽铁樵、许凤石等译，东方出版社2006年，第11页，第24页。

也。故予尝谓知识益高者，痛苦亦多，而快乐益少。反之，愈无知识，则痛苦愈少，而快乐乃愈多。快乐与知识，殆天然成一反比例也。

虽然，持此观念以论人生之苦乐，则其所见亦甚卑，惟怯懦者为之耳。此其人必不足以成伟大之事业，而趋于高尚之境域也。在予个人而论，尤不应存此悲观。何也？予既远涉重洋，身受文明之教育，且以辛勤刻苦，幸遂予求学之志，虽未能事事如愿以偿，然律以普通教育之资格，予固大可自命为已受教育之人矣。既自命为已受教育之人，则当日夕图维，以冀生平所学，得以见诸实用。此种观念，予无时不耿耿于心。盖当第四学年尚未毕业时，已预计将来应行之事，规划大略于胸中矣。予意以为予之一身，既受文明之教育，则当使后予之人，亦享此同等之利益。以西方之学术，灌输于中国，使中国日趋于文明富强之境。予后来之事业，盖皆以此为标准，专心致志以为之……[①]

这是第一个因为接受西方教育而发现中国人所受的痛苦与压制的中国人，也是第一个因为受了西方教育而决心以教育的方式改变中国人生存现状的中国人。他来自一个饱受痛苦与压制的人群，而置身于现代文明之中，故国同胞的可悲处境时时折磨着他，使他努力要有所作为。当他意志消沉的时候，虽然也抱怨自己不该接受文明教育，因为只要不受文明教育，对千年固有的生存处境就不会有刻骨的痛感，但他知道这种消极的人生观是卑微的。一个真男儿，一个品德高尚的人，一个受过文明教育的人，不能为了那种昏睡中的所谓幸福而放弃求知，更不应该放弃改造生存环境的努力。容闳没有选择政治、经济或军事，而是选择了更为基础的层面——教育。

为了这个志愿，容闳谢绝了美国老师、同学和朋友们的挽留，回到了阔别七年的祖国。那时候，从美国到中国，旅途非常漫长。容闳自1854年11月12日启程之后，经过五个多月一百五十四天的航行，于1855年的4月16日回到香港。他首先回家探望母亲，母亲问他：受了如此高等的教育，回来能挣多少钱？容闳回答说，对我来说，受教育的目的不是金钱，但请母亲放心，我自信能够挣到很多钱。

①容闳：《我在中国和美国的生活》，第27—28页。

为了适应祖国的环境，“洋进士”容闳不得不重新留起大清国的辫子，脱掉西装穿起长袍马褂，并且重新补习汉语，练习用骈四骊六的文言写信。但是，在大清王朝的官僚体制中，这个世界名牌大学的毕业生却得不到承认，更不会受到重用。他的志向是推动中国的留学事业，选派学生到美国去接受与他同样的教育。可是，如何操作呢？他只能先在香港谋生，盼着有朝一日能遇到某位高官，通过他们来实现梦想。在中国，一切权力归于官府，而最终归于皇帝。容闳的理想显然需要大臣的支持和皇帝的恩准。可是，他怎么走近那些权力拥有者呢？容闳只能等待。

回故乡不久，祖国就送给他一件让他想起来心惊肉跳的“见面礼”。1855年6月至8月，容闳目睹了一次惨绝人寰的大屠杀。因为有民众暴乱，官府不问青红皂白，对当地百姓大开杀戒，一举杀掉了七万五千多人，造成一幅尸横遍野、血流成河的景象。从美国归来的容闳无法接受这一切。他似乎已经不习惯如此的中国传统，所以感受异常强烈：“似此不分良莠之屠戮，不独今世纪中无事可与比拟，即古昔尼禄（Nero）王之残暴，及法国革命时代之惨剧，杀人亦不如是之多。”①他回忆当时的感受说：从刑场回家，感到浑身一点气力也没有了，心胸烦闷，食欲全无，夜不能寐。白天所见景象，总是挥之不去。他甚至因此而想投入太平军的行列，去反抗这种残暴的统治，但转念一想，他放弃了以屠杀反抗屠杀的道路，还是回到了自己的原定计划，以灌输新知改变这个国家，改变这个人群的命运。②

1856年8月，容闳来到上海。他在上海做过许多工作：当过翻译，译过书，经过商，办过茶叶公司……这一切都不容易，但他不愿为了待遇而做有损人格的事。面对朋友的不解，容闳说：“也许我这个人太富于幻想，不切实际，或是太高傲难以发迹。但是在紧张的生活中，一个人必须有幻想，才可以使可能的事情成为现实。人到世界上来，不单单是为活着而劳碌。我曾为求学而不得不努力工作，因而就觉得应该使所学到的微薄知识发挥其最大作用，造福全民，而不是仅为自身利益着想。这样三番五次地调换职业，只是为了试试看我究竟能干什么。”在一般中国人看来，他的确有点不实际。中国的成功人士都是善于适应环境的，而容闳不是，他的思维和行为方式都

①②容闳：《我在中国和美国的生活》，第37页，第38页。

的确“美国化”了。

在上海，面对国人与外国人交往中的问题，容闳说：“中国人的性格一向是那么温和谦让，既不怨恨也不反抗地容忍了侮辱和无礼行为。这无疑助长了一部分无知的外国人的傲慢和专横。”他相信：“总有一天教育会启发中国人，使他们明白什么是他们的权利，无论在任何时候，只要公权或个人权利受到侵犯，他们都将会有勇气来维护。”

1860年11月，容闳与两位传教士一起考察了太平天国，见到了洪仁玕。容闳与洪仁玕早在四年前就在香港相识，而且曾经相约在南京再相见。但是，当洪仁玕邀请他“共举大业”时，容闳的态度却极不热情。为了拉拢容闳，洪仁玕以加官晋爵相诱，容闳最终却没有接受太平天国颁赠的印绶。在回上海的途中，容闳根据所见所闻，对太平军的起源、性质及其历史地位进行了全面的思考。在他看来，“革命之在中国，固数见不鲜。闻者疑吾言乎，则试一翻中国历史，其所谓二十四朝，非即二十四次革命写真耶？顾虽如此，战国而外，中国之所谓革命，类不过一姓之废兴，于国体及政治上，无重大改革之效果。以故中国二千年历史，如其文化，常陈陈相因，乏新颖趣味。亦无英雄豪杰，创立不世伟业，以增历史精神。太平军战争之起，则视中国前此鼎革，有特异之点，非谓彼果英雄豪杰，以含有宗教性质耳”。容闳认为，正是这种宗教性质，使得太平军能够迅速壮大，并成燎原之势。但是，他同时看到，洪秀全在兴事之前，曾“醉心科举之虚荣”，是因为屡试不第，才有了聚众革命的念头。而他的所谓拜上帝会，又是“以拜上帝之事，蹈狐鸣篝火之嫌”，而在革命兴起之后，“由其所招抚，皆无业游民，为社会中最无知识之人”，“盖此等无赖之尤，既无军人纪律，复无宗教信仰，即使齐之以刑，不足禁其抢掠杀人之过恶”[①]。所以，这样的革命，即使胜利，也只是政权的更迭，文明仍是旧的文明，社会仍是旧的社会，人的命运也依然如故。南京的实际状况却告诉容闳，即使它胜利了，中国也不会受益。

幸运的是，经过七八年的闯荡，容闳终于颇有了名气。

1863年，机会终于到来。这年2月，容闳的朋友、曾国藩的幕僚张斯佳

①容闳：《我在中国和美国的生活》，第79—80页。

写信给容闳，转达曾国藩很想见他的意思，请他到安庆去。因为容闳曾到太平天国考察过，与其首领有来往，所以对曾国藩的邀请心存疑虑，没有动身。两个月后，容闳又连续接到了张氏和著名数学家李善兰的信，说明了邀请他去安庆的目的，催促他立即动身去见曾国藩。

容闳敏锐地意识到：这是实现自己教育计划的良机。于是在1863年9月，容闳来到安庆。此时的曾国藩正计划在中国建立一座西洋机械厂，需要容闳办洋务。容闳关心的是派留学生，但为了实现这个目的，他必须先做别的事。容闳答应到美国采购机器，这年10月从上海出发，次年春天到了纽约。虽然他直到1865年才完成任务回国，但还是被认为出色地完成了任务，不仅成了正五品的候补官员，而且赢得了曾国藩的信任。正是后一点，为他实现自己的计划创造了条件。

1870年，天津发生教案，曾国藩奉调直隶总督，与丁日昌等人负责处理教案。容闳借机提出了他的教育计划，立即得到了曾国藩、丁日昌等人的一致赞同。他们与李鸿章联名上奏，并且迅速得到了批准。

前后奋斗十六年，容闳的理想终于要变成现实。朝廷决定：招收十至十六岁幼童一百二十名，从1872年开始，每年三十名，分四批派往美国学习，时间十五年。为了做好这件事，朝廷在上海专门成立幼童出洋肄业局，在美国成立留学生事务所。陈兰彬任留美事务所监督，容闳被任命为副监督。

用今天的目光看，官费留学，应是极好的机会。但让容闳没有想到的是，情况竟与他当年跟随勃朗博士出国时同学们报名的情况一样，生源奇缺，很少有人报名。原因很简单：美国是个非常遥远的地方，而且野蛮而不开化，让人望而生畏。在当时的中国，对于海外，对于洋人，有种种妖魔化的传说，如洋人会把孩子的皮剥下换上狗皮，还会把孩子拿去做各种实验。鲁迅曾写到他的故乡当年的情形：

> 我幼小时候，在S城……常常旁听大大小小男男女女谈论洋鬼子挖眼睛。曾有一个女人，原在洋鬼子家里佣工，后来出来了，据说她所以出来的原因，就因为亲见一坛盐渍的眼睛，小鲫鱼似的一层一层积叠着，快要和坛沿齐平了。她为远避危险起见，所以赶紧走。

S城有一种习惯，就是凡是小康之家，到冬天一定用盐来腌一缸白菜，以供一年之需，其用意是否和四川的榨菜相同，我不知道。但洋鬼子之腌眼睛，则用意当然别有所在，惟独方法却大受了S城腌白菜法的影响，相传中国对外富于同化力，这也就是一个证据罢。然而状如小鲫鱼者何？答曰：此确为S城人之眼睛也。S城庙宇中常有一种菩萨，号曰眼光娘娘。……所挂的眼睛，则正是两头尖尖，如小鲫鱼，要寻一对和洋鬼子生理图上所画似的圆球形者，决不可得……

然而洋鬼子是吃腌眼睛来代腌菜的么？是不然，据说是应用的。一，用于电线，这是根据别一个乡下人的话，如何用法，他没有谈，但云用于电线罢了；至于电线的用意，他却说过，就是每年加添铁丝，将来鬼兵到时，使中国人无处逃走。二，用于照相，则道理分明，不必多赘，因为我们只要和别人对立，他的瞳子里一定有我的一个小照相的。

而且洋鬼子又挖心肝，那用意，也是应用。我曾旁听过一位念佛的老太太说明理由：他们挖了去，熬成油，点了灯，向地下各处去照去。人心总是贪财的，所以照到埋着宝贝的地方，火头便弯下去了。他们当即掘开来，取了宝贝去，所以洋鬼子都这样的有钱……[1]

在同一篇文章中，鲁迅还说到，在闹“义和拳民”时，在某个省里，人们还把罐头牛肉说成是洋鬼子所杀的中国孩子的肉。

更让百姓难以接受的是，把十来岁的儿童送出国，一别就是十五年，家长还要签字画押，“生死各安天命”。由此，也可以看到中国官府做事的传统。

所以，容闳使出全身解数，还是招不到这三十名幼童。最后，他不得不返回离租界很近的老家，去动员乡亲们报名，最后才凑够了三十名。

1872年8月11日，首批留美幼童詹天佑等三十人由上海启程赴美，中国公派留学由此开始。此后，中国又连续派出了三批少年留美学生。

容闳的梦想终于实现了。

1872年8月11日，一艘客轮从上海启航驶往美国。在船上，有三十名中

①《鲁迅全集》（第1卷），人民文学出版社1981年，第181—182页。

国少年。他们被称作“留美幼童”，是大清帝国派出的第一批留美学生。随着这艘轮船的启航，中国的官派留学正式开始。

到达美国之后，孩子们的学习任务非常繁重，因为他们不仅要学英文，还要学中文。当时美国学制是小学八年，中学四年，大学四年。他们需要用十五年的时间完成美国的大学学业。这或许不难，但他们同时不能远离了中国教化，因而不能荒废了传统的学习。他们必须读经，背诵“子曰学而时习之”和“天命之谓性”，而且每周要写一篇汉语作文，如果写不出，就要打屁股。虽然是在美国，但他们仍在清朝官员的管理之下，所以要守传统规矩。每次学汉文，首先必须面向中国方向整齐地跪了，给皇帝叩头；然后转过身，给孔子叩头，给师长叩头。只要稍不听话，就会受体罚。这种管理直到他们结束了补习的阶段进入美国的学校，朝廷官员才因为美国学校“不懂礼法”而无奈作罢。

幼童们学习刻苦认真，大多进步很快。

问题是难以避免的。中国幼童被三五人一组分到美国人家里，与美国人一起生活。这对他们学习美国语言和了解美国生活是非常有益的，但与之俱来的也有一些问题。比如，热情的美国女主人出于爱怜，常常见面就抱起他们亲吻，中国孩子没有这样的习惯，一个个羞得满脸通红，不知所措。再比如，同样是出于关心和爱护，主人礼拜天去教堂，也带他们一起去，他们不好意思开口拒绝，有人却偷偷从教堂溜走，这就常常伤害到房东对他们的友好感情。对孩子们来说，本是愿意跟随房东外出过礼拜天的，但朝廷对他们有明确规定，不许他们信洋教。这是必须坚持的一项基本原则。

刚到美国时，幼童们一身中国打扮，瓜皮帽，蓝色缎褂，崭新的白底黑布鞋，油亮乌黑的大辫子。这使美国人感到好奇，所以幼童们一上街，就会招来一群美国孩子围观，有的还把他们称作“中国女孩”。这让幼童们非常难堪，但辫子和服饰都是不能随便更改的。尤其是辫子，那是否爱国——爱大清的标志。如果剪掉辫子，就意味着叛国——成为大清王朝的叛徒。

可是，孩子们置身于美国社会，受影响是必然的，一些对比也必然要在孩子们的内心发生。比如，幼童们很快感觉到，学中文的课堂与学英文的课堂不一样，教汉文的先生与教英文的先生对学生的态度也不一样。在中文课堂上，先生很严厉，动不动就要体罚学生；在英文课堂上，孩子们可以随便说话，作业做不出也不必担心打屁股。美国人尊敬他们的总统，但不用给总统叩头，而且可以批评总统；中国人对于皇帝，却必须叩头，只能恭维而不能说他的坏话。这一切，都使孩子们意识到他们真是来到了一个全新的天地。

经过一段时间的英文补习，他们可以进美国的学校了。在学校里，他们不仅受到全新的教育，而且开始接受全新的文化。新的生活使他们享受到一种国内学校所没有的自由和舒展，但一旦进入两种社会、两种生活的比较，他们就会黯然神伤，为自己的祖国而叹息。这一点，他们的大多数与他们的导师容闳当年的感觉并无两样。

尽管他们也有先入为主的见解，但他们毕竟年轻，容易接受新事物，所以能够很快适应美国学校，并且融入美国社会。不仅是一些美国学生，而且包括一些美国同学的家长，都喜欢和他们交朋友。他们是“可爱的中国男孩儿”。让美国人惊奇的是，这些来自遥远国度的孩子几乎一个个都聪明好学、刻苦认真，因而学习成绩优良。

当时的《纽约时报》评论说，中国幼童聪明、好学、充满智慧，他们学习的刻苦和取得的成就都是美国孩子所难以达到的。当时的美国社会对来自中国的这些孩子评价甚高，态度也非常友好。1876年，全体幼童应邀出席在费城举办的美国开国一百周年世界博览会，他们的作业在博览会上展览，美国总统格兰特亲切接见了这些黄皮肤黑眼睛的孩子，并与每一位亲切握手。

到1881年，他们大多已经完成了中学学业，一些人已经进入大学。其中一些年龄稍大的，进程自然比较快，比如詹天佑，这年已经大学毕业。詹天佑从高中到大学，成绩一直名列前茅，进入耶鲁大学后多次获得奖学金。他从到达美国至大学毕业，总共用了九年时间。除此之外，唐绍仪、梁敦彦、蔡绍基、欧阳庚等六十多人已考入耶鲁大学、哥伦比亚大学等世界名校。

可是，出人意料的是，朝廷一道命令，他们的学业就被迫中断了。朝廷派幼童到美国留学，目的是把美国先进的技术学到手，回来为大清帝国服务。因此，他们必然要对幼童有严格要求，必然要通过种种努力以使他们在政治和思想上坚持中国传统，与专制统治的要求保持一致。为了保证这一点，他们采取了一系列措施，包括“读经明理”，包括在遥远的美国给皇帝叩头、给孔子叩头、给派去管理他们的官员叩头，等等。他们原以为，只要有圣贤的经书在，只要坚持礼制秩序，孩子们就会成为既掌握现代科学技术又对皇上忠心耿耿的人才，传统纲常是不会被丢掉了。然而，事实证明，让孩子们置身于美国社会，又要让他们坚持中国政治与伦理传统，让他们亲睹自由和民主的社会，又让他们对大清帝国的制度和文化不生二心，这几乎是不可能的。幼童们在美国接受的是西方现代教育，过的是美国式的生活，对十来岁的孩子来说，“美国化”几乎是无法防止的。很快，这些幼童不愿再穿中式服装，不愿再拖着那条辫子，而是经常一身美式打扮出现在学校和街头。尤其是那根招人围观的辫子，既没用，又要梳理费时间。一些幼童索性把它剪掉了。到见朝廷官员时，就弄一条假的临时装上。众所周知，辛亥革命前夕的留日学生就是这样，他们回国后在国内也是这样，但这种做法的发明权却是比他们早了三十年的留美幼童。他们不愿让一条辫子影响他们走向世界，更不愿让服饰阻碍他们融入美国的社会生活。然而，作为大清帝国的子民，辫子却不是简单的装束问题，而是汉人对大清帝国的统治是否表示臣服的标志。当朝廷官吏发现幼童对辫子、叩拜、传统纲常的叛逆态度时，当然不能坐视不管。

考察当时的具体情况，让大清帝国和它的官员们不能容忍的主要有以下几点：第一，一些幼童对传统信仰失掉了兴趣，对皇上和孔子的崇拜大打折扣，甚至开始信奉基督教，成了虔诚的基督徒。第二，一些幼童对大清帝国和皇帝的效忠与献身精神已经淡化，开始像美国人一样重视自由、民主和个人权利，甚至羡慕美国公民，产生了明显的“崇洋媚外”的倾向。第三，一些幼童的道德品行出现了问题，有人竟然不顾礼义廉耻，和美国的女孩子暗中约会，像美国青年一样自由恋爱了。从现存的几位留美幼童所写的情书看，那种缠绵悱恻的炽热情感，本是少年应该有的美好情感和青春见证，但遗憾的是，它是大清这个东方帝国所不能容许的。

在容闳眼里，孩子们的变化都是自然的，但在陈兰彬等官员眼里，事情却完全不同。对此，容闳后来写道：

盖陈之为人，当未至美国以前，足迹不出国门一步。故揣度物情，评衡事理，心中所依据为标准者，仍完全为中国人之见解。即其毕生所见所闻，亦以久处专制压力之下，习于服从性质，故绝无自由之精神与活泼之思想。而此多数青年之学生，既至新英格兰，日受新英格兰教育之陶熔，且习与美人交际，故学识乃随年龄而俱长。其一切言行举止，受美人之同化而渐改其故态。……况彼等既离去故国而来此，终日饱吸自由空气，其平昔性灵上所受极重之压力，一旦排空飞去，言论思想，悉与旧教育不侔，好为种种健身之运动，跳踯驰骋，不复安行矩步，此皆必然之势，何足深怪。但在陈兰彬辈眼光观之，则又目为不当矣。[①]

与容闳一起管理留美幼童的官员，从开始的陈兰彬，到后来的吴子登，都视幼童的这种新变化为大逆不道，如临洪水猛兽，一定要对幼童加强思想和道德教育，彻底扭转他们的西化倾向。于是，一场围绕留美幼童所产生变化的冲突不可避免地发生了。

尤其是在1876年吴子登接任留学生监督之后，事情变得更为复杂。他对容闳管理之下形成的规则和习惯处处吹毛求疵，但并不与容闳正面冲突，而是采用了不断向北京打小报告的方式，说容闳不尽职责，“若何纵容学生，任其放荡淫佚，并授学生以种种不应得之权利”。他认为：“此等学生，若更令其久居美国，必致全失其爱国之心，他日纵能学成回国，非特无益于国家，亦且有害于社会；欲为中国国家谋幸福计，当从速解散留学事务所，撤回留美学生。”[②]这是一个非常重要的问题。应该承认，吴子登是敏感的，看法也相当准确，这些学生注定要成才，却不一定是维护帝国制度和陈规陋习的人才。

既然不能培养出大清帝国所需要的人才，何必花费钱物让他们出国留学？于是，朝廷最后做出决定：撤回留美幼童。

此时，曾国藩已死，李鸿章态度暧昧，奕䜣也不再坚持。这一切都不难理解，因为清廷支持留学的根本目的，乃是实现富国强兵之梦，以保证大清江山千秋万代不要落到别人手中。他们对西方文化、资本主义和西方现代政治文明，本来就视若仇敌。当他们怀疑派出的留学生已经西化的时候，自然要采取措施。一些论著写到类似的事件，常常要说清廷闭关锁

①②容闳：《我在中国和美国的生活》，第138页，第139页。

国、愚昧透顶，其实，清廷是聪明的，他们的一切打算，只能是从他们的江山社稷着想。

对于官员中出现的冲突，容闳似乎早有预料。他知道，因为他的这个教育计划的原则和宗旨与中国原有的教育理论是相抵触的，在美国教育出来的孩子也不可能与传统教育的结果一模一样。所以，一旦有人提出反对，他的教育计划就很容易破灭。

今天回顾这段历史，我们很容易看到，吴子登并非守旧派。他支持洋务运动，而且有一定的英语水平，但对派学生到外国学习，却持反对态度。主要原因就是担心把人送到外国，思想上可能要受影响，难保对皇上一片忠心。所以，他一上任，就把幼童们招来严加训斥，教导他们恪守纲常礼教。他对一些幼童信奉基督教不满，下令开除了两名信教的留学生，并勒令二人回国。这两名幼童知道自己回国后的命运，所以都没有回国，而是宁愿终生流落异国他乡，转往别的地方求学去了。当然，他们后来的成就足以为华人增光。为了对留学生进行思想道德教育，吴子登增加了幼童们的中文课程，突出了道德教育和礼仪教育，以极大的力度重振纲常，甚至对剪辫子者实施杖责。客观地说，他真是大清帝国的忠臣，而且这一切与他支持洋务运动并不矛盾。因为洋务运动的宗旨正是富国强兵，无论发展经济还是引进科学技术，目的都是维护帝国的统治秩序。只要明白这一点，也就不难明白在撤回留美幼童时李鸿章和奕䜣的暧昧态度。因为事情已经涉及基本原则问题，他们也无法说话。

吴子登爱国，爱他的大清国，所以要加强留美幼童的教育，在他们心中重振传统纲常。其结果，却是幼童们无不恨他。因为容闳的开放与宽容态度，孩子们对他非常爱戴，更加密切地围绕在他的周围。这种情况更加激怒了吴子登，结果是把容闳视为仇敌。他频频向北京奏报，给李鸿章写信，讲留美幼童如何不遵礼法，容闳如何放纵幼童。最后的结果，就是朝廷决定从1881年8月21日起，分三批撤回全部幼童。

留美幼童被撤回，无论对容闳，还是对这些孩子，都是一件不幸的事。辛辛苦苦学习那么多年，再过几年就要大学毕业了，中断他们的学业，真是非常可惜。对于美国的学校和老师们，这也是一件让他们目瞪口呆的事。

耶鲁大学校长朴德（Porter）曾经联合一批美国友人致信清朝总理各国

事务衙门，有理有据地指明了撤回留学生的错误，并要求改正。容闳的回忆录中保留了这份由耶鲁大学校长执笔写成的文件：

总理衙门（即外务部）鉴：

予等与贵国留美学生之关系，或师或友，或则为其保人。今闻其将被召回国，且闻贵国政府即欲解散留学事务所，予等咸规规自失，且为贵国忧之。今请以某等观察所及，及得之外界评论者，为贵衙门一陈之。

贵国派遣之青年学生，自抵美以来，人人能善用其光阴，以研究学术。以故于各种科学之进步，成绩极佳。即文学、品行、技术，以及平日与美人往来一切之交际，亦咸能令人满意无间言。论其道德，尤无一人不优美高尚。其礼貌之周至，持躬之谦抑，尤为外人所乐道。职是之故，贵国学生无论在校内肄业，或赴乡村游历，所至之处，咸受美人之欢迎，而引为良友。凡此诸生言行之尽善尽美，实不愧为大国国民之代表，足为贵国增荣誉也。盖诸生年虽幼稚，然已能知彼等在美国之一举一动，皆与祖国国家之名誉极有关系，故能谨言慎行，过于成人。学生既有此良好之行为，遂亦收良好之效果。美国少数无识之人，其平日对于贵国人之偏见，至此逐渐消灭。而美国国人对华之感情，已日趋于欢洽之地位。今乃忽有召令回国之举，不亦重可惜耶。夫在学生方面，今日正为最关重要时期，曩之所受者，犹不过为预备教育，今则将进而求学问之精华矣。譬之于物，学生犹树也，教育学生之人为犹农也。农人之辛勤灌溉，胼手胝足，固将以求后日之收获。今学生如树木之久受灌溉培养，发芽滋长，行将开花结果矣，顾欲摧残于一旦而尽弃前功耶？

至某等授予贵国学生之学问，与授予敝国学生者不少异，绝无歧视之心。某等因身为师保，故常请贵国所派之监督或其代表来校参观，使恍然于某等教授中国学生之方法。惜贵国所派之监督轻视其事，每遇此种邀请，或不亲临，或竟无代表派来也。贵衙门须知此等学生，乃当日由贵政府请求美国国务卿，特别咨送至予等校中，欲其学习美国之语言、文字、学术、技艺，以及善良之礼俗，以冀将来有益于祖国。今学生于科学、文艺等，皆未受有完全教育，是所学未成。予等对于贵国之责任，犹未尽也。乃贵政府不加详细调查，亦无正式照会，遽由予等校中召之返国，此等举动，于贵国国体，无乃有亏乎？

某等对于贵国深望其日跻富强。即美国国人平日待遇贵国学生，亦未尝失礼。贵政府乃出此种态度以为酬报，揆之情理，亦当有所不安。至于他人之造谣污蔑，谓中国学生在校中肄业，未得其益反受其损等言，此则某等绝对不能承认。何也？苟所谓无益有损者，指其荒芜中学而言，则某等固不任咎。以某等对于此事，从未负丝毫职务也。况贵政府当日送学生来美时，原期其得受美国教育，岂欲其缘木求鱼，至美国习中学？今某等所希望之教育虽未告成，然已大有机会可竟全功。当此事业未竟、功过未定之日，乃预作种种谣言以为诬蔑，是亦某等所不乐闻也。某等因对于素所敬爱之贵国学生，见其忽受此极大之损失，既不能不代为戚戚；且敝国无端蒙受此教育不良恶名，遂使美利坚大国之名誉亦受莫大之影响，此某等所以不能安缄默也。愿贵衙门三复此言，于未解散留学事务所之前，简派诚实可靠、声望素著之人，将此关于学生智育德育上诬蔑之言，更从实地调查，以期水落石出，则幸甚幸甚。①

当时的美国总统是格兰特，他也曾专为此事致书李鸿章，请他为了这些年轻人而劝说朝廷收回成命。

但是，清帝国自有自己的主张，从政治着眼，他们还是坚决地把幼童撤回来了。除了病故的和设法留美不归的，九十四名幼童奉命回国。

对此，容闳只有无奈。

孩子们回国了，迎接他们的没有祖国的温暖，没有笑脸和鲜花，因为他们已经是“问题少年”。这些孩子被送上海关道台衙门雇来的独轮车，由一队水兵押往道台后面的“求知学院”，像犯人一样关在里面，连中秋节都不许外出。数天之后，有长官来训话，然后是审查和随意分派工作。梁普照的孙子回忆说：

我的祖父梁普照（时年十三岁）和二叔祖父梁普时（十一岁）于

①容闳：《我在中国和美国的生活》，第143—146页。

> 1873年旧历5月18日在第二批离开上海，经横滨、旧金山到麻州斯普林菲尔德，祖父学习矿冶，就读于哥伦比亚大学矿业学院，二叔祖父学习电信，留美八年，也在这时同全体“幼童”一起，于1881年秋回到上海。
>
> 他们被冠以“洋化”的罪名，回国后备受歧视和冷遇，还饱受舆论的冷嘲热讽。船到黄埔码头，亲人不能去接；中秋节日不能与家人团聚。住所“求知书院”是个关闭了十年的院落，门窗腐烂，霉气熏人，青苔满阶，到处是蜘蛛网。可以想见，出国时的豪情与回国后的境遇相对比，不能不使人感到神伤和沮丧。[①]

但是，不能不提及的是，这些少年留美学生的学业被中断，回国后仍然高人一等。有人统计过，到20世纪初，他们已成为中国各行各业现代化的中坚。辛亥革命之后，他们中有人当过总理，多人当过部长，充分显示了在现代化建设方面的优势。

①梁赞勋：《中国留美幼童的遗产》，《炎黄春秋》2004年11期。

郭嵩焘：帝国黄昏的醒者

我是因研究严复而走近郭嵩焘的。严复科举无缘，所以没有座师。在他的一生中，堪称导师的，只有郭嵩焘。研究严复的思想，应该以郭嵩焘为起点。如此说来，郭嵩焘的思想，也就是现代思想史的重要起点之一。

郭嵩焘，字伯琛，号筠仙，长沙府湘阴县人。幼年从父读书，十一岁入湘阴仰高书院，十八岁入长沙岳麓书院，曾与曾国藩等义结金兰，但他与曾国藩等人不同，有见识和才华，却并不急于建功立业。用曾国藩的话说，他是“著述之才，非繁剧之才也”。

说起郭嵩焘，人们往往说他仕途坎坷。但考其实际，也应该算是比较顺利的：1837年，他二十岁考中举人，这个年龄亦算少年得志；其后两次会试都名落孙山，因而以游幕寻找出路，在当时也算正常；1847年考中进士，这一年他三十岁，正式步入仕途也不算太晚。可惜的是，郭嵩焘的双亲去世，按照当年定制，他只能回家居丧。在这期间，郭嵩焘参与了平定“发捻之乱”，是他激发了曾国藩的雄心，然后又促成了避居山中的左宗棠出山与曾联手。而且，他的才能是多方面的：在军事上，他还能统兵作战，有筹建水师之功；在经济上，他推行“厘捐”“盐捐”“劝捐”，被誉为“湘军财神”；在文字上，他更是一流的，当时湘军集团的许多文件都出自他的手笔。

他所表现出的才能终于引起了人们的重视。1856年，他应召进京做了翰林院编修。郭嵩焘是幸运的，他得到了户部尚书肃顺的赏识。由于肃顺的推举，他又被咸丰皇帝数次召见，得到了皇帝的赏识。咸丰帝命他进入南书房，明言不用他操心笔墨之事，而是要他“多读有用书，勉力为有用人，他日仍当出办军务”。他是被皇帝当作帅才培养的。这一年郭嵩焘三十九岁，正是一个人干事业的时候。

1858年，咸丰皇帝派他到天津随僧格林沁帮办防务。这本来是让他去锻炼一下，可是，他却与僧格林沁由矛盾而生积怨。他的想法与僧格林沁的想法总是格格不入，他又不肯顺从。最后，他终于因用人失误而被抓住把柄，降职三级，仍回南书房行走。皇帝对他仍然不错，但他自己觉得没意思，以病为由，辞职还乡了。

赋闲两年，他应李鸿章之邀再度出山，1862年出任苏松粮道，后又升任两淮盐运使。由于曾国藩、李鸿章的全力支持，郭嵩焘在两淮理财顺利。1863年秋，他又升任广东巡抚，有了一个三品顶戴。郭嵩焘在广东的政绩乏善可陈，但他在这个洋务繁剧的省份任职，却对西方有了进一步的了解，并且开始了新的思考。可惜的是，在任职期间，他与前后两任两广总督矛盾重重，最后不得不再次归乡隐居。这次赋闲长达八年之久。

1875年初，闲居的郭嵩焘又被想了起来，奉诏进京，并被慈安、慈禧两太后召见。不久，他被授福建按察使，却没有到任，改在总理衙门行走。

就在这时，云南边境发生了英国教士马嘉理被中国居民杀掉的事。这事件影响了郭嵩焘晚年的命运。

在此之前，大清帝国没有外交。今天的人们常说“弱国无外交”，而当年的大清帝国没有外交却不是因为弱，而是因为强——自我感觉中的“强”。这是古老帝国的传统：外国人来，必然是来朝贡、受封或领赏的，作为处于世界中心的天朝大国，如果与各国平等交往，岂不乱了礼法？所以，在此之前，尽管西方列强一再要求与大清帝国建立外交关系，结果还是被拒绝了。

“马嘉理案”之后，情况不同了。朝廷自知理屈，不知该如何应对，手足无措，便答应了英国的种种要求。这要求之一就是派钦差大臣到英国道歉，并任驻英公使。

中国与世界各国建立外交关系自此开始，它是被迫的、“屈辱”的。而第一个承受这“屈辱”使命的就是郭嵩焘。

当时，大清朝野都不清楚驻外大使所担负的使命，满腹经纶的大臣们也只能按照中国传统进行理解，他们见过属国派来的使臣，那是要下跪的，皇帝居高临下，对使臣褒奖、安慰或训斥，使臣都只能俯首称是。他们更清楚春秋战国时期各国之间互派王子做人质，洋人要求派常驻大使，是否与此有些相似？在人们的观念中，外国都是蛮夷之邦，是“藩属”，定期来朝贡是可以的，但绝无朝廷派人驻外之理。从鸦片战争开始，虽然屡屡战败，但这种观念并未改变。朝廷上下都认为，接受外国使节住在京城已是极大的宽容和让步，再派大员到外国常驻，简直是奇耻大辱。

仔细想来，这并不奇怪。因为互派大使的确意味着“天朝上国”地位的改变，意味着大清帝国与“夷狄”成了平等关系，再不能居高临下地给英吉利或美利坚下“恩诏”了。如果那样，大清帝国的世界中心地位就崩溃了。当然，今天的人们都知道，大清帝国从来就不是世界的中心，西方列强也从来不是大清的属国，但从未有过与各国平等交往经验的大清，却建构了自我中心的世界想象，形成了一种“清帝国中心主义”。与西方中心主义不同的是，大清帝国不仅以自己的价值观去评判西方事物，而且把自我想象误认为现实，所以总是不能放下架子。因此，在第二次鸦片战争签订的条约中，为咸丰皇帝和王公大臣们最为痛心疾首的不是割地赔款，而是接受外国大使住在京城。

1858年，中英天津谈判，中方代表表示：皇帝宁可一战，绝不接受外国使馆。但英国代表说：与其让北京挤满外国军队，不如让大使住在北京。咸丰皇帝反复权衡，最后才勉强同意，批准了《天津条约》。但允许外国使馆驻京的消息传来，朝廷一片痛苦和愤怒之声，大臣们认为：“岂有贡使不走之理?”面对众议，咸丰皇帝表示：外国公使在北京只准暂住，“一切跪拜礼节，悉遵中国制度，不得携带眷属”；如果英、法两国以条约为据，坚持让公使常驻北京，则“必须更易中国衣冠”。为此，咸丰皇帝要求改变部分条款，英、法两国却拒绝改订，声称要派军队将其公使送入北京。1860年，英法联军果然攻入北京，咸丰皇帝仓皇出逃，才接受要求，允许外国公使常驻北京。

此后的十几年中，大清帝国一直满怀委屈，忍受了外国在北京驻公使的现实，却一直拒绝向外国派大使。对此，西方列强表示强烈不满，要求大清能平等地对待他们，不要把他们当成属国，也不要向他们下什么“恩诏”。但对大清的官员来说，那仍然是洋人“不识礼法”的表现。对这群不识礼法的“西夷”，现在居然要派大臣去做公使，吾大清帝国的脸面往哪里放？所以，没人把出任大使看作美差，而是普遍认为是一件既危险又丢脸面的事。

郭嵩焘将出使英国的消息传出，亲朋好友多认为他根本就不应该接这个差。因为根据历史经验，大使类似于人质，而做人质是危险的，如果人家一不高兴，也许就被杀掉了。同时，郭嵩焘此行不是去“宣威”，而是去“道歉”，实在是“有辱名节”。所以，得知消息，湖南籍京官纷纷劝他辞职，不要有辱湘人的名声。他们见郭嵩焘不为所动，则群起而攻之。有人为郭嵩焘编了一副对联：

> 出乎其类，拔乎其萃，不容于尧舜之世；
> 未能事人，焉能事鬼，何必去父母之邦。

又因为郭嵩焘曾经上疏建议朝廷将对马嘉理一案负有责任的岑毓英议处，因而他又被人认为“媚洋辱国”。参加湖南乡试的秀才们甚至在玉泉山集会，要捣毁郭氏住宅，并宣布开除郭嵩焘的湖南省籍。

但在郭嵩焘看来，一时一地的名誉固然重要，但出使也很重要，一是了结道歉之案，二是可以了解夷情，探究西洋政教之理。于是，1876年12月1日正午，英国邮船Travancore号自上海虹口码头启航。作为中国第一任驻外公使，郭嵩焘的外交生涯开始了。

临行前，朝廷命他把沿途见闻记下来，送交总理衙门，所以郭嵩焘开始写他的《使西纪程》。这份日记很详细，从沿途所历国家的风土民情、宗教信仰，到土耳其开始设立议会、制定宪法的改革，苏伊士运河巨大的挖河机器，“重商”对西方富强的作用等全都做了介绍。但郭嵩涛没有想到，他的书立即引来了口诛笔伐。朝野上下痛斥他对外国“极意夸饰”，美化了西方蛮夷。有人认为郭嵩焘“殆已中洋毒，无可采者”；有人认为郭嵩焘“有二心于英国，欲中国臣事之”；有人认为不能用这样一个崇洋媚外的大使，应该立即召回。可惜的是，大清帝国虽然“人才济济”，却一时难以找到替换他的人，所以还是让他继续在英国待了下去。不过，美化西方“蛮夷”的书是不容继续传播的，清廷一声令下，《使西纪程》毁版，“妖言永禁流传”。

郭嵩焘的思想的确与众不同。

早在1875年，郭嵩焘就在《条议海防事宜》中对洋务派“富国强兵”的战略进行了批驳，提出了“循行西洋政教”的主张。当时的开明之士为了使西洋文明进入中国，多采用“中本西末”“中道西器”等种种妥协的方法。郭嵩焘却指出：“西洋立国，有本有末。其本在朝廷政教，其末在商贾；造船制器，相辅以益其强，又末中之一节也。”从这个“本末之论”，可以看到郭嵩焘早在19世纪70年代中期就已经超越了一般的“洋务派”，不再满足于在器物和技术层面学习西洋文明，而主张要在制度和意识形态层面上学习西方。从这个意义上说，郭嵩焘不仅是洋务派的中坚，也是维新派的先驱。

到英国之后，郭嵩焘开始了进一步的思考。他的思考是多个层面的，既有政治体制问题，又有经济方针问题，还有教育和文化（即“心性”）层面的问题。他是带着自己的见解赴欧的。实地考察进一步巩固了他的见解，帮助他形成了系统的认识。他认为，洋人叩关，“惟其意在通商为利而已，亦望中国富强，而后利源可以不匮，无致害中国之心”。所以，“要在应付得法，使不致有所要挟。……先审度事理，随机以应之，不可先存猜嫌之心”[①]。面对西人叩关，当时朝廷的大多数人总是充满警惕，必欲拒之门外而后已。郭嵩焘却对西方没有敌意，在奏折、书信和日记中，反复说明自己的认识：“西洋立国二千年，政教修明，具有本末……其至中国，惟务通商而已。”[②]“西洋以智力相胜，垂两千年。近年英、法、俄、美、德诸大国角立争雄，创为万国公法，以信义相先，尤重邦交之谊。致情尽礼，质有其文，视春秋列国殆远胜之。”他看到西方的强盛决不在于器物和技术，而是在于立国的“本”和“道”，因而提醒人们：“其构兵中国，犹展转据理争辩，持重而后发。此岂中国高谈阔论，虚骄以自张大之时哉?”他反对与洋人为敌，提倡学习西洋之“道”：“西洋立国自有本末，诚得其道，则相辅以致富强，由此而保国千年可也。不得其道，其道亦反是。”[③]

在欧洲，郭嵩焘对西方社会的经济进行了观察，发现它与中国的不同点就在于西方国家偏重于“富民”，而中国传统孜孜于“富国”。为探究其中道理，他对西方的经济理论产生了兴趣，虚心向洋人请教，知道了“阿达格斯

①②③郭嵩焘：《伦敦与巴黎日记》，岳麓书社1984年，第3页，第23页，第39页。

密斯之《威罗士痾弗呢顺士》”（即亚当·斯密的《国富论》）等经典著作。为了一些理论问题，他与英、日等官员反复讨论，形成了自己的一系列看法。从他的日记可见这样的记载：“中国要务在生财，宜以开采制造等事委之于民，而官征其税”；“英国行政务求便民，而因取民之有余以济国用。故其所设各官，皆以为民治事也，而委曲繁密；所以利国者，即寓于便民之中。此专为便民也，而其实国家之利即具于是。此西洋之所以日致富强也”[①]。“西洋所以享国长久，君民兼主国政故也。”[②]

为了弄清这“君民兼主国政”的奥秘，郭嵩焘考察了西方现代政治。在日记中，他把议会（parliament）翻译为“巴力门”，把市政厅（mayor）翻译成“买阿尔”，写下了对它的观感和深思。光绪三年二月三十日，他“赴下议院听会议事件”，看到了“国政公之臣民，其君不以为私”的情况，并且联想到中国政治，认为这比中国政治传统中的仰仗“君德”的做法更有保障。他研究了英国从君权到民权的历史，看到了民主制度的优势。作为对中国政治传统了如指掌的读书人，他知道，这一切都是中国历来没有的。在中国两千余年的家天下和专制政体中，统治者只是让百姓接受他们的意志，官员习惯于为民做主，而民众从来不能成为国家的主人。面对与中国完全不同的西方现代政治，他说：“推原其国本末，所以持久而国势益张者，则在巴力门议政院有维持国是之义，设买阿尔治民有顺从民愿之情。二者相持，是以君与民交相维系，迭盛迭衰，而立国千余年终以不敝。人才学问相承以起，而皆有以自效，此其立国之本也。”[③]

在欧洲，郭嵩焘对社会生活等方面进行了考察。他考察英国教育，参观了英国的各类学校，认为英国的教育“一皆致之实用，不为虚文”。相比之下，他发现中国的教育其实是“收召虚浮不根之子弟，习为诗文无实之言”，甚至是“悉取天下之人才败坏灭裂之”。

他还考察了英国的工业和技术。抵达伦敦不久，他就于1877年10月16日应工厂主的邀请访问了伦敦附近的一家电力厂。在参观时，主人特意请郭嵩焘参观了刚刚发明不久的电话。这是郭嵩焘第一次接触电话，也是中国人第一次接触电话。电话安装在楼内，郭嵩焘让随从张德彝到楼下接听，自己

①②③郭嵩焘：《伦敦与巴黎日记》，第197页，第156页，第407页。

在楼上与其通话。郭问："听到了吗?"张答："听到了。"郭又让张数数字，张依言而数：一、二、三、四、五、六、七……郭嵩焘回到住处，马上把这一切写进了日记。从郭嵩焘的日记得知，当时英国电话的传音效果尚不佳，一些字的语音不是很清晰。

经过这样的全面考察，郭嵩焘对英国有了比较深入的了解，进一步坚定了向西方学习的观念。他认为："虽使尧舜生于今日，必急取泰西之法而推行之，不可一日缓也。"

经过在英国的实地考察，他对西方的政教有了更确切的认识，对中国的传统教化也有了深刻的认识："三代以前，独中国有教化耳，故有要服、荒服之名，一皆远之于中国而名曰夷狄。自汉以来，中国教化日益微灭，而政教风俗，欧洲各国乃独擅其胜，其视中国，亦犹三代盛时之夷狄也。中国士大夫知此义者尚无其人，伤哉!"[①]郭嵩焘认识到，中国不仅在器物制度上不如西洋，而且伦理教化也远远落后于西洋。过去是中国人把四方看作蛮夷，现在是西方人把中国看作蛮夷。对于这个问题，郭嵩焘进行了反复思考，日记中写下了这样的话："三代以前，皆以中国之有道制夷狄之无道。秦汉而后，专以强弱相制，中国强则兼并夷狄，夷狄强则侵陵中国，相与为无道而已。自西洋通商三十余年，乃似以其有道攻中国之无道，故可危矣。"[②]

这一认识是值得特别注意的。在中国传统文化的概念中，道是文明教化的核心。从"夷夏之辨"到"中体西用"，所要维护的不仅是传统的国体与政体，同时也包括传统的"道"。郭嵩焘却冒天下之大不韪，认为大清帝国在世界的新格局中已处"无道"，因而它与西方的冲突成了无道与有道之间的冲突。中国人都知道"得道多助，失道寡助"的古语，也知道无道者必败的道理。郭嵩焘把自己的国家看作"无道"，而把西方列强看作"有道"，要大清帝国接受西方列强的"道"，自然无法逃避"以夷变夏"之嫌。在大多数人看来，大清帝国的政教是不能变的，与洋人相遇，只能是"以夏变夷"，而绝不能"以夷变夏"。郭嵩焘却要以夷人之道变大清之道，以夷人之法改大清之法，这使他处于异常孤立的境地。正如研究者所指出的："郭嵩焘对于西方文明的认识应该说是远远超越了同时代所有人，其始以经世派的

①②《郭嵩焘日记》（第三卷），湖南人民出版社1982年，第439页，第548页。

‘后劲’示人，再成为洋务派的‘中坚’，最后成为他自己也不知道，康、梁也不曾承认的维新派‘先驱’，特立独行，与时俱进。虽与世不容，但他就如同中国近现代史的一个缩微影像，将中国近现代化进程中，由器物而制度而心性的艰辛历程汇集一身，以自身的悲凉处境照亮了那个集体蒙昧的时代，使得当时看起来似乎已经陷入无尽暗夜的中国传统文化还是露出了一丝希望的光芒。”①

郭嵩焘的见解注定不被接受，而且直接影响到了他晚年的命运。郭嵩焘在一片非议和攻击声中离职。1878年8月，朝廷下诏任命曾纪泽为新任驻英大使。

1879年1月，郭嵩焘离开欧洲回国。朝廷连正常的回京述职也没有让他进行，就下诏准他退休了。1879年5月，他乘船抵达故乡，作为二品大员，竟被七品知县所阻，不准入境，而且遭到百姓的侮辱。

这就是一个醒者的命运。但在此时，他的思想已经作为种子，在严复的心中生根发芽，等待着出土的机会。

一个人的成长不是偶然的，而是需要条件，思想家也是如此。

在伦敦，严复结识了大清帝国驻英公使郭嵩焘，并且得到他的青睐，与之建立了非同一般的关系。

严复与郭嵩焘，年龄、身份和地位都相差甚远。严复生于1854年，当时还是一个二十三岁的毛头小伙子；郭嵩焘生于1818年，当时已是六十岁的老人，朝廷二品官员。但他们二人一见如故，而且越走越近，成为“忘年交”。严复后来把郭嵩焘称作“生平第一知己”。

严复受到郭嵩焘的赏识，开始自然是取决于他的表现，比如学习勤奋，知识渊博，思维敏捷等。但更重要的，还是他对世界、对时势的见解。换句话说，是年轻的严复口无遮拦的谈吐，让思想上高度孤独的郭嵩焘感到欣慰，因而把他看作同道。

当时清朝驻英使馆刚刚设立，郭嵩焘的外交事务并不太多，严复和他的同学们到达伦敦之后，节假日无处可去，便成了使馆的常客。郭嵩焘也喜欢与年轻人交谈。

---

①车玉铸：《忍辱负重青山留——孤独的思想者郭嵩焘》，《书屋》2006年第3期。

关于严复与郭嵩焘的交往，早先的记述都很简略。

《清史稿》说："侍郎郭嵩焘使英，赏其才，时引与论析中西学术同异。"

严璩的《侯官严先生年谱》说："湘阴郭侍郎嵩焘为出使英国大臣，见府君而异之，引为忘年交。每值休沐之日，府君辄至使署，与郭公论述中西学术政制之异同。"

郭廷以先生编《郭嵩焘先生年谱》，写下了这样的话："先生尝与严宗光（复）论析中西学术政治之异同，往往日夜不休。……究在何时，不详。"①

在郭嵩焘日记被发现之后，细节就不难看到了。根据郭嵩焘日记，他们的交往应该是从1877年5月13日开始的，也就是严复到达英国的第三天。这群留学生跟随李凤苞到使馆拜见郭嵩焘。当时，郭焘嵩对严复并无特别印象，日记只是记下了"李凤苞带学生十二人来见"。此后的几个月，他们并无来往，但郭嵩焘显然已经知道这个名字，因为他在与英国方面交涉的文件中，多次写下了"严宗光等"。根据钟叔河先生的研究，郭嵩焘此时对严复已有初步了解。

二人之间的直接接触是从1878年2月2日开始的。这一天是光绪四年正月初一。进入格林尼治皇家海军学院的六名中国学生一道来到坡兰坊（Portland Place）四十五号的使馆给郭嵩焘拜年。郭嵩焘亲切接见了他们，并设宴款待。席间，郭嵩焘详细询问了他们的学习情况，他们认真做了回答。严复的谈吐引起了郭嵩焘的注意，是因为他讲到了自己上课时发现的情况：在英国教官上的"野战筑城"课上，他们所有的学生都要为自己挖一个单人掩体，"人执一锄，排列以进，限一点钟筑成一垒，约通下坡凡三尺，可以屏身自蔽。至一点钟而教师之垒先成，余皆及半，惟中国学生工程最少，而精力已衰竭极矣"。严复认为，中国学生之所以挖得特别慢，原因就是从小不锻炼，所以身体素质特别差。从这样的上课情况，严复发现了中国教育的差距。郭嵩焘一边聆听，一边赞叹，把严复的谈话写进了日记，并且评论道："严又陵谈最畅……其言多可听者。"

---

①郭廷以编《郭嵩焘先生年谱》，"中央研究院"近代史研究所1971年。

1878年3月12日，郭嵩焘在日记中记下了严复对张自枚（字力臣）《瀛海论》的批驳。张在文章中认为中国不宜修铁路，也不应造机器，理由是铁路和机器都会导致人的懒惰和淫侈，败坏民风。严复反对这种观点，认为“西方有，中国不必傲以无；西方巧，中国不必傲以拙；人既跨骏，则我不得骑驴；人既操舟，则我不得结筏”。郭嵩焘对此大为赞赏，认为“只此数语，掉磬已尽”。郭大使的确很兴奋，因为面对这样的青年，他似乎找到了同道。

1878年4月9日，是郭嵩焘六十一岁生日。严复等六人前往使馆祝寿，郭嵩焘留他们一起吃饭。严复滔滔不绝，向郭嵩焘讲述了许多自然科学知识。因为受到赞赏，第二天严复又独自一人到使馆与郭继续谈。两人论及国事，严复认为：“中国切要之义有三：一曰除忌讳，二曰便人情，三曰专趋向。”郭嵩焘把这话写进了日记，并且评论说：“可谓深切著明，鄙人生平所守，亦不去此三义，而以是犯一时大忌，朝廷亦加之贱简，谁与知之而谁与言之！”[①]由此可见，郭嵩焘至此已把严复引为后生知己。

几番往来，两人成了忘年交。严复常到使馆去，而郭嵩焘无不接见。

1878年5月30日，郭嵩焘亲自到格林尼治看望留学生，“先至严又陵寓所，又陵出示测量机器数种”。严复还给郭嵩焘讲了牛顿见苹果落地而悟出地心吸力的事。郭嵩焘这天的日记很长，写了两千多字。

郭嵩焘对严复的好学非常欣赏，并嘱咐他把所见所闻写进日记。严复三天后就向郭嵩焘出示了自己的《沤舸纪经》，郭嵩焘认真批阅，并且做了节录，如《论扬子江沙线》《英医言养生》《铁船之弊》《论炸药力》等。这应该算是严复早年著作，但没有留存下来，却因郭嵩焘的节录而保存了一些片段。

1878年6月，严复等人通过皇家学院的考试，结束了课堂学习。按照计划，下一学年将上军舰实习。郭嵩焘照会英国方面，方伯谦、何心川、叶祖圭、林永升、萨镇冰五人按原计划上军舰实习，而严复则在海军学院继续学习。

那个假期是轻松而愉快的，严复和他的同学们游览了欧洲不少地方。

①《郭嵩焘日记》（第三卷），第473页。

1878年7月初，郭嵩焘应邀参观法国巴黎举行的世界博览会。他又把严复等人带了去。

7月8日，郭嵩焘在日记中记下了与严复的谈话。严复从博览会带回了一份《修路机器图说》，根据资料向郭嵩焘介绍了西方修建立交桥和改善道路交通的情况。其中说道："火轮车、马车道路，交互上下，不相悖害。城镇行者如织，并出车路两旁，铺石高寸许以示别。长途因火轮车之利，无担负者。"由严复的介绍，郭嵩焘立即想到了立交桥背后的政治制度，他在日记中感慨地写道："西洋于此穷极推求，而国家不敢擅其威福，百官有司亦不敢求便其家。即平治道途一节观之，而知天维地络、纵横疆理，中国任其坏乱者，由周以来二千余年无知讨论，此亦天地之无如何者也！"[①]

郭嵩焘也曾详细考察英国的政治、经济、教育、卫生各领域，对英国的"君民兼主国政"、民选市长、政府办事要顺从民意等特别感兴趣。他希望把这些先进的政治制度引进中国，自己却年事已高，而且仕途坎坷。看到这个二十四岁的年轻人有非同一般的清醒和过人识见，郭嵩焘在内心深处，不能不怀有厚望。

可是，郭氏担任公使的时间太短了。

郭嵩焘到职后不久，按照朝廷规定把自己从上海到伦敦五十一天的日记《使西纪程》寄送总理衙门。可是，书刚印出，就引起了一场风波。编修何金寿弹劾郭嵩焘"有二心于英国，欲中国臣事之"，《使西纪程》因此被毁版。郭嵩焘是8月18日得知这一消息的，心情郁闷而气愤。

更让郭嵩焘气愤的是，他的副手刘锡鸿也乘机落井下石。他这位副使，本是郭嵩焘自己挑选的，但郭嵩焘不知道，这位副使另有使命：随时监督和揭发郭嵩焘。得知朝中有人发难，刘锡鸿马上为之补充"罪状"。比如，有一次参观炮台，天气突然变冷，一个英国人把自己的大衣披在了郭嵩焘的身上。这本是英国人对大清国使节的爱护，而且由此可见郭嵩焘跟英国人所处的良好关系；但刘锡鸿认为这是有辱国格的事："即令冻死，亦不当披。"再比如，巴西国王访英，巴西驻英使馆举行茶会，郭嵩焘应邀参加。当巴西国王入场时，郭嵩焘随大家一同起立。这本是外交事务中的起码礼节，但刘

①《郭嵩焘日记》（第三卷），第564—565页。

锡鸿却愤怒地表示："堂堂天朝，何至为小国国主致敬!"再比如，出席白金汉宫的音乐会，郭嵩焘也像洋人一样频频翻阅手中的节目单。身为大清国公使，怎能与洋人一样呢?

面对北京的弹劾和自己副手的发难，郭嵩焘决定辞职。9月11日，他向北京提出辞职。朝廷一时找不到合适的人选，让他又延长了一年。到1878年8月，朝廷任命曾纪泽驻英法公使。此后的时间里，郭嵩焘只是在等待新任公使到来移交，但因为曾纪泽迟迟未到，他仍然要处理一些事，包括对留学生的考察、鉴定和安置事宜。

1878年底，他在驻法使馆接见留学生，向他们询问各方面的情况，对每个人的才能进行讨论。郭嵩焘日记中还详细记录了他所询问的几个人的具体情况：

> 问："林泰曾如何?"
>
> 答："林泰曾、林永升、叶祖圭办事精细，而胆略不及刘步蟾等。大约主兵以刘步蟾为良；专守海口，布置于平时，林泰曾等三人亦为胜。"
>
> 问："萨镇冰年最轻，体气亦瘦，能任将耶?"
>
> 答："体瘦而精力甚强，心思亦能锐入，能比他人透过一层。"
>
> 问："严宗光宜何用之?"
>
> 答："以之管带一船，实为枉其材。"
>
> 问："何宜?"
>
> 答："交涉事务，可以胜任。"
>
> 问："陈季同酬应明干，能胜公使否?"
>
> 答："其识解远不逮严宗光。"①

郭嵩焘对严复非常欣赏。多次表示："又陵才分，吾甚爱之。"②虽然郭嵩焘也知道严复的缺点，比如孤高自傲，"气性太涉狂易"，并且担心："负气主盛者，其终必无成，即古人亦皆然也。"①但他仍然要为严复一争，

①②《郭嵩焘日记》（第三卷），第715—716页，第570页。

千方百计推荐严复。他向留学生监督推荐，但留学生监督李凤苞不喜欢严复，对此推荐自然不予理睬。新任公使曾纪泽抵达伦敦，在解职之际，他仍然没忘记推荐严复。他还致函朝廷某权要，推荐严复出任大使。但是，郭嵩焘的推荐未被理睬，严复的路仍然要由他自己慢慢走。

郭嵩焘于1879年1月31日启程回国。严复继续他的留学生涯。

半年之后，严复学成回国，却与郭嵩焘天各一方。他们只能靠书信来往。十二年后，郭嵩焘去世，严复的挽联是：

平生蒙国士之知，而今鹤翅童毛，激赏深惭羊叔子；

惟公负独醒之累，在昔蛾眉谣诼，离忧岂仅屈灵均。

挽联感怀郭氏知遇之恩，叹息自己有负郭氏厚望，同时也感叹郭氏作独醒的命运。

郭嵩焘去世了，但他影响了严复。在严复思想中，至少有以下几点是与郭嵩焘有关的：第一，超越洋务派，坚持西方文明“本”与“末”、“体”与“用”的一体观，主张整体引进。维新运动前后严复批判“中体西用”论，显然受到郭嵩焘西学本末一体论的影响。第二，对经济制度和国民个人利益的重视，维新运动中严复开始翻译《国富论》，显然与二十年前郭嵩焘对《国富论》的重视有关。严复后来的著作，许多地方都晃动着郭嵩焘的影子。第三，严复对西方政治制度的肯定与赞美，也多与郭嵩焘的见解相关联。

在当时，郭嵩焘的思想没有出版，却植于一个年轻朋友的心中，而在二十年后生长了起来，影响了一代人。

①《郭嵩焘日记》（第三卷），第570页。

严复与一份学生考卷

1907年，严复在安徽高等学堂做监督。按照现在的说法，也就是校长。

严复到任之前，这所学校管理有点混乱，学生不好好学习，教员不好好教书，都把学校当成了混“功名”的地方。这当然并不奇怪，中国的学校从一开始就与官场相连，与衙门相通，不能不受污染。所以，这并非安庆的特殊现象，而是当时中国大多数学堂的通病。严复当时也是新官上任三把火，再加上安徽巡抚恩铭对他的敬重，于是大刀阔斧进行了改革。众所周知，严复后来当过北大校长，没表现出改革的劲头，所以要等几年后蔡元培去进行改革。但在安徽高等学堂时，严复却还不那么保守，他是从英国归来的留学生，知道学校应该是什么样子，又做过北洋水师学堂的校长，有足够的管理经验，所以他的改革力度很大，一次考试就淘汰了38人，其中有的已经在校学习了六七年，现在卷铺盖走人，的确让人同情。所以从学校的师生，到安庆的士绅，都说严复手辣。严复知道人们在骂他，但在他看来：“食人之禄，不能不任怨也。”既然安徽人把他请来，他就要把学校办好，那才对得住安徽人。

对那三十八个被淘汰者来说，严复的确太严，但也有学生觉得严复不严，而且可爱。他就是王恺銮。

就是在那次大考中，王恺銮因为遇到了严复这个校长，不仅本来的四十分变成了九十分，而且受到了特别奖励。

考试的题目是《张巡论》。张巡其人众所周知，无论正史还是野史，都有他的不少故事。其中最突出的事迹，就是军中缺粮之际他杀爱妾为将士充饥。他的事迹被写入《唐书·忠义传》，一代又一代广为流传，只要翻开《唐书》，就可以读到这样的记载："尹子奇攻围既久，城中粮尽，易子而食，析骸而爨。巡乃出其妾，对三军杀之，以飨军士。曰：'诸公为国家戮力守城，一心无二，经年乏食，忠义不衰。巡不能自割肌肤，以啖将士，岂可惜此妇人……'将士皆泣下，不忍食，巡强令食之。乃括城中妇人，既尽，以男夫老小继之，所食人口二三万，人心终不离变。"也就是说，张巡守城，城中粮绝，百姓易子而食，折出骨头当柴烧，军队自然也没粮食。这时张巡领出他的小妾，当众把她杀掉，让士兵们都来吃。吃完之后，就让士兵们去搜捕城里的女人，女人吃完之后，就吃老人和孩子，就这样，他的军队吃掉了城里的二三万人，坚守战斗岗位，直到最后也没有投降。

安史之乱平定之后，张巡自然成为烈士。朝廷为了表彰他忠君爱国的英雄事迹，为之加官晋爵，树碑立传，修坟建庙。文人也纷纷舞文弄墨，对他大力表彰。韩愈说："守一城，捍天下，以千百就尽之卒，战百万日滋之师，蔽遮江淮，沮遏其势。天下之不亡，其谁之功也？"后来的司马光和文天祥，也都留下了对张巡的赞扬。正因为这样，此类事迹在中国层出不穷，翻翻二十六史，类似的英雄大都冠以"忠义"。统治者之所以赞扬他们，就是要为人们树立榜样，不忘忠君报国之义。一些仁慈君主不提倡臣子杀妻烹子献君王，却也要让百姓"事不必法，心必效之"，学习他们那份忠心。正因为这样，张巡庙不断重修，而且香火甚旺。中国的百姓是很有意思的，给他个神他就拜，在一些地方，张巡竟然成了"保护神"。

这次考试题目就是论述这位大英雄。试卷上附有张巡的事迹介绍："张巡是河南南阳人，于唐朝开元末年考中进士曾任真源令。唐玄宗重用杨国忠执政，以外戚得势，权倾朝野。有人劝张巡晋谒杨国忠以表崇敬，求取高官，但张巡坚决拒绝。当安禄山起兵叛唐，会合史思明作乱，张巡以地方官忠于职守，与部下共同坚守睢阳，抵抗安史的围攻。他的英勇行为受到唐朝廷的表彰，提升为御史中丞。守城苦战，历数月之久，后弹尽粮绝，他杀妻妾以餐军士，最后城被攻破，壮烈殉职。"

面对这些事迹，年轻的学子王恺銮却产生了不同的想法。因为他读过一些西方的书，思想中有了一些男女平等、天赋人权之类不合中国传统的道理。因此，他不愿再去表彰张巡那种为了给皇帝守住一个城而吃掉城里两三万人的行为。尤其重要的是，王恺銮那年十七岁，正是对女性充满爱恋的年龄，更不情愿赞美一个把自己喜欢的女子拿去让士兵吃掉的将军。于是，他在答卷中写道："张巡杀妻妾，属野蛮行径，忍心害理，而无益于兵，也违男女并重之道……"他想到的是平等、博爱之道。这在大清统治者和他们的卫道士看来，都是"西夷歪理"，王恺銮却大讲特讲，认为没有食物就应该一起挨饿，而不该先吃掉女人，再吃掉百姓。杀掉妻妾给士兵充饥，固然爱国，固然能稳定军心，却不是应该称道的英雄。王恺銮猛烈抨击了张巡，认为他简直像豺狼一样，在这种将军统帅之下，善良的士兵也会变成野兽。

这份考卷到了阅卷先生那里，自然难有好命运。因为它离经叛道，有违纲常。否定张巡，也就是挑战几千年的君臣大义，弃传统纲常伦理于不顾，那后果必将是君不君、臣不臣、国不国！也就是说，这份考卷涉及政教原则问题，所以无论词句多么好，逻辑多么严密，都不能给予好成绩。作文满分是一百分，阅卷先生最后给这份卷子批了四十分。

考试结束之后，严复要亲自检查卷子，于是就发现了这篇四十分的作文。严复从头到尾仔细看一遍，兴奋得连声赞叹。他甚至没想到这里的学生能写出这样好的文章！阅卷先生认为答卷见解荒谬，严复却认为一点也不荒谬。看完之后，他在考卷上亲笔改动了几个字，然后让人把王恺銮叫来，仔细询问一番，给予热情的鼓励，并自掏腰包当场奖励了十块银圆。

那位评卷的汉文教习把这一切看在眼里，走过来把考卷上的四十分改成了九十分。

更有意思的是，严复做完这事就去写信，把这事告诉了他的外甥女，并且写道："可惜吾女尚小，不然，真可妻也。"

遇到这样一个学生，就动了嫁女儿的念头，由此可见当时像王恺銮这样的男人是多么稀罕。严复想把女儿嫁给王恺銮这样的学生，也就意味着他不会愿意把女儿嫁给张巡那样的英雄。这里体现的，是一个父亲对女儿的真爱。

从王恺銮考卷的命运，我们可以看到严复与那位阅卷先生在观念上的差距。在当时，严复所代表的只是少数思想被西方演变了的人，而汉文教习代表的是几千年传统，是大多数。正因为这样，这个古老帝国才一定要抵抗西方文化，安庆也不会真正欢迎严复这样的校长。

附记

文章写完之后，突然很想知道这个王恺銮后来哪里去了。查遍辞书均不见，于是就担心他后来或许并未成器，或许不幸早夭。几天后翻阅民国丛书目录，发现其中有1934年商务印书馆出版的《尹文子校正》，其校正者正是王恺銮。这个王恺銮就是那个王恺銮吗？于是继续寻找，终于在《含山县志》发现了这样的内容："王恺銮（1888—1938），字怡臣，环峰镇人。早年以官费考入北京师范学堂。学习期间，撰写《邓析子校正》，由商务印书馆编纂出版。民国六年（1917）毕业后，先后执教于五河、英山等中学，后回家乡任教。恺銮博学多才，教授国文、英语、数学三科，属'全能式'教授。……民国二十六年（1937），抗日战争爆发，面对家国沦丧，山河破碎，恺銮痛心疾首，感慨系之，曾赋诗明志：'五十韶华逐逝波，家亡国破继无庐；生难杀敌非夫也，力不从心奈老何。'民国二十七年（1938），含城被日本侵略军占领，王恺銮耻于做刺刀下'良民'，携全家老小，避难骆集。闻听家中藏书及其所著《文心雕龙补注》原稿等著作被焚烧、撕毁、丢弃、散失，斯时，恺銮捶胸顿足，涕泪俱下。此后，郁郁寡欢，愤懑不已，进而水米不进，卧床不起。是年秋，殁于骆集韦庄。"

这无疑就是那个王恺銮。

严复和他的朋友们

一、郑孝胥

考察严复晚年思想状况，还应该注意他的朋友们。人们大多在一定的人群中生活，“朋友圈”的思想状况很容易对人产生潜移默化的影响。

在严复的朋友中，首先值得注意的是郑孝胥。

众所周知，郑孝胥是晚清政治舞台上的活跃人物，曾经担任过大清帝国驻神户大阪领事，做过张之洞的幕僚。他与严复是同乡，都是福建侯官人。他们于1885年6月在天津相识，从此成为好友。严复陪母亲南归并参加乡试，孩子无人照料，也是交给郑孝胥。郑孝胥去日本，去武汉，到处奔走，回到天津就到严复处。1897年，《时务报》转载严复《辟韩》一文，张之洞看后非常反感，严复差一点因此罹祸，也是郑孝胥为严复解围。百日维新期间，郑孝胥与严复差不多同时被光绪皇帝召见，许多问题都在一起切磋。

可是，他们两个的见解事实上很不一致。严复虽然不赞同康有为等人的激进，却也极力推动变法，因为他看到不变法只有绝路一条，所以希望光绪皇帝有所作为，坚定变法的决心。在这些方面，严复与康有为等人的态度是一致的，但郑孝胥就不同了。他虽然开明，不属于保守派，但对变法更加担心，认为当时的中国并不具有变法条件。他的看法与张之洞比较接近。在入京面见皇帝之前，郑孝胥还专门见了张之洞，谈了自己的见解。从他的日记可见：“余极论宜及时破斶积习以作天下之志气，因言：‘举世方共保护积弊，非变法之世也。今京师元黄颠沛，是非溷淆，观朝中士夫皆不足有成；两湖天下之中，亟当养士、劝商、兴工、励吏，以待北方之变。'"他认为当时当政者"皆不足有成"，而且朝廷吏治混乱，是非不清，在这种情况下，变法是很难成功的。郑孝胥对康有为等有所了解，对于他们的激进态度很不赞成。他的立场和观点没有超出洋务派，关心的是"养士、劝商、兴丁、励吏"，坚持中体西用。而严复却已经超越了那种思路。

然而，两人日夜谈论，友谊并没有因为见解的分歧而受影响。那么，在他们的谈话中，是郑孝胥妥协迁就严复呢，还是严复妥协而迁就郑孝胥？限于材料，我们不得而知，但郑孝胥的坚决态度却是被后来证明了的。

戊戌变法失败之后，郑孝胥与严复一样，未被捕杀，无须逃亡，而是继续做他们的官。对于变法失败，他们并不觉得突然，但对六君子之被杀，总是不能释怀。得知六君子被杀的消息，他们都不避嫌疑，到清慈寺哭林旭、杨锐，几天之后，又参加了林旭的殡葬仪式。郑孝胥作《感事》诗三首、《哀林敦谷》三首。严复离开北京回到天津，已经受到弹劾，但还是作了《戊戌八月感事》，写下了自己的感受："求治翻为罪，明时误爱才。伏尸名士贱，称疾诏书哀。燕市天如晦，宣南雨又来。临河呜犊叹，莫遣寸心灰。"同时，严复在《国闻报》上以《视死如归》为题对谭嗣同被捕前大义凛然的态度做了报道，表达了对他的敬意。此外，《国闻报》还发表了指斥朝政的评论。严复的活动曾经让郑孝胥非常担心，他在日记中写道："闻前数日或劾严复……军机大臣为力救乃免。……日来《国闻报》指斥朝政，略无忌惮，意在挑衅。彼必有待之者，惟幼陵当益危耳。"

严复的译书，郑孝胥每部必读，《原富》出版之后，他曾购买十部送朋友，为之广为宣传。两人共处上海期间，更是常常把酒共饮，相互唱和，他们两人的日记都记下了这些友谊。

立宪运动期间，他们又都是积极鼓动者。1906年12月，预备立宪公会选举结果产生，郑孝胥被选为预备立宪公会的会长，并连任三年，直到1910年1月辞职。清政府欲实行新政，奏派严复、郑孝胥等为头等咨议官。学部咨议官的任务是"在学务上充当各省和学部之间的枢纽，上情下达，下情上报，备参考顾问"。虽说咨议官只是虚职，却意味着朝廷的认可。在这段时间里，他们的友谊真如蜜月。

但是，他们的关系没能维持下去，破裂的原因仍然是思想分歧。随着辛亥革命的到来和袁世凯当政，两人关系迅速恶化。革命胜利，皇帝退位，对郑孝胥来说是一场亡国之痛。作为大清的臣子，就要从一而终，因而他归隐上海以遗民自居，拒绝出任中华民国的公职。

从郑孝胥日记，可以看到严复不少的信息。比如，辛亥十一月初二日："严又陵来，谈甚久。又陵不剪辫，以示不主共和之意。""经此事变，士君子之真面目可以见矣。南方学者，果不值一钱也。"郑孝胥此时的确错认了同志，对于革命，对于共和，严复虽然反对，却与郑孝胥立场不同。对于辛亥革命，对于袁世凯在辛亥革命中的表现，郑孝胥深恶痛绝。他对革命党人的议论和攻击并不太多，但对背叛的大清臣子却不能容忍，攻击起来不留情面。他认为自己不能自欺良知，宁可让世人讥笑，也不能不忠不义。自己既然是大清国的臣子，就不能做中华民国的官，更不能与革命党人一起颠覆故国。所以，在辛亥革命之后，郑孝胥对袁世凯充满厌恶。尽管袁世凯曾经有恩于他，但在他眼里，袁氏不忠于清室，存心篡位，大节已亏，自然不齿于君子。在日记中，他先是称袁世凯是"妖狐之露尾"，后是为皇室的不争气而哀叹："闻满洲皇族所争者，优待条款而已，是已甘心亡国，孰能助之，哀哉！"在他看来，是孝钦后（慈禧）和袁世凯一起葬送了大清国，一个甘心亡国，一个吃里爬外，两人都是大清国的罪人。

与郑孝胥相比，严复平和得多。他反对革命，但革命到来了，清皇室无奈放弃了政权，他并不为之叹息。在郑孝胥看来，袁世凯是"窃国大盗"，但在严复看来，袁世凯做总统也罢，做皇帝也罢，并不比宣统更少合法性。所以，严复支持袁世凯，而郑孝胥则拒绝与袁世凯合作。

更有意思的是，严复一再与郑孝胥套近乎，而郑孝胥对严复却不再理睬，因为在郑孝胥眼里，严复已经是一个不忠不义之人，所以不再与之往来。1914年3月5日，严复作《寄苏戡》一诗，郑孝胥没有回应，甚至日记中也未记载。1918年11月27日，严复在日记中写道："菊生请晚饭，坐有梦旦、伯训，独苏戡不至，想持高节，以我为污耳。"郑孝胥同一天的日记写道："张菊生宴严又陵及其子叔夏，约余作陪，辞之。"道不同不相与谋，因为严复不忠于大清，因为严复追随"窃取大清天下"的袁世凯，郑孝胥已经不屑与严复为伍。

可是，严复很珍惜两人之间的友谊。一首《寄太夷》写道：“世乱怜樗散，家贫仰鬻书。相看六年别，白了几茎须。脉脉望江南，吴淞秋水深。殷勤二十字，为寄万重心。”而郑孝胥的《答严几道》二绝中竟然是这样写的：“群盗如毛国若狂，佳人作贼亦寻常。六年不答东华字，惭愧清诗到海藏。”“湘水才人老失身，桐城学者拜车尘。侯官严叟颓唐甚，可是遗山一辈人?”

对于严复列名筹安会之事，郑孝胥永远无法释怀。潘静超在《郑孝胥与严复交往始末》一文中说：“六年里，不回复其信件也不见面，真是够顽固的!”[①]其实，之所以顽固，是因为这涉及郑孝胥的原则。如果说革命之后就成为新朝顺民还可以原谅的话，大清皇帝仍在宫中，就拥戴袁世凯做皇帝，是无论如何不能谅解的，因为这种“卖国”行为比革命更可恶。所以，郑孝胥对严复列名筹安会的态度与革命党人不同。他不是反对复辟帝制，而是反对由袁世凯称帝。如果严复他们是请出宣统重登皇位，实行真正的复辟，郑孝胥等人不但不会反对，而且会积极充当马前卒。可惜，严复他们早已忘了君臣之义，有奶便是娘，竟然要把大清的江山社稷交到袁世凯的手里。按照郑孝胥等人的看法，还有比这更不仁不义的吗?这种“卖国贼”比“叛贼”更加可恶百倍。

所以，研究中国现代化过程中的矛盾和冲突，不了解各派的想法，只是盯着几个主要的领袖人物，是不能真正理解其中奥秘的。袁世凯称帝之际，反对最激烈的，不只是坚定的革命派，还有坚定的保皇派。后者因为对大清帝国的忠诚，更不能容忍袁世凯称帝。“窃国大盗”这个称谓，也是遗老们更喜欢用的。革命党人说袁世凯“窃国”其实没道理，因为孙中山辞职和袁世凯当选，一切都光明正大，是在履行政治承诺。而站在大清皇室的立场上看，袁世凯才真正是“窃国大盗”。

郑孝胥对严复的“背叛”一直耿耿于怀。他自认为一生爱国，一生追随皇帝，他的爱国与忠君是不可分割的。革命后他不再出任任何公职，因为他事实上并未承认这个国家。他的国家仍然是大清帝国，而不是中华民国。当时有不少这样的人，他们以“遗老”自居，心中的“故国”仍是大清，江山

①刘瑞琳主编《温故（十一)》，广西师大出版社2008年版。

虽然被人夺走了，但作为大清的臣子，仍然要忠于故主，如果像严复那样再到别人的国家去服务，那就是为人不齿的“二臣”。

正因为对大清帝国的忠心，郑孝胥才在20世纪30年代追随溥仪到东北，并且出任“伪满洲国”的总理大臣。这一切，其实也是他那种思想观念的必然。其实“伪满洲国”的许多官员都像郑孝胥一样，并不一定是政治投机，也不是为了利益，而是为了他们所理解的国家，为了他们所理解的伦常纲纪和为人之道，为了他们自幼所学的忠君即爱国、爱国即忠君的传统。在他们看来，虽然在日本人支配之下并不体面，但皇帝跑到哪里建国，哪里就是他们的国家，这一点却是没有疑问的。面对人们的唾骂，他们埋怨人心不古、道德堕落、社会完全没了是非，却不愿进行自我反省。郑孝胥所代表的，是中国传统爱国主义的一种，后来为什么成了卖国，他大概最后也没想明白。

对于大清帝国的忠臣们，人们往往不屑于理解。其实，不理解他们，就不理解中国传统的忠君爱国思想，也不了解中国现代化进程的艰难。

严复没有因观念分歧而远离郑孝胥，恰恰相反，他为此而承受了很重的压力，好像郑孝胥道德高尚，而他自己在道德上有亏似的。

二、陈宝琛

在严复的朋友中，陈宝琛又是重要的一位。他与严复同乡，比严复年长五岁，是严复最为信任的好友。严复当年从福州到北洋，是陈宝琛向李鸿章推荐的；严复去世之后，墓志铭又是陈宝琛写的。

陈宝琛是严复敬佩的人物，甚至是崇拜的偶像。因为他是著名的才子，科场上的成功者。他十三岁中秀才，十八岁中举，二十一岁中进士，选翰林庶吉士，随即授编修，后来是翰林侍读，陪伴在皇帝身边，而且被慈禧看好，升内阁学士兼礼部侍郎。这一切，都是终生奋斗而未得科举功名的严复所羡慕的。尽管陈宝琛后来因与张佩纶（张爱玲的祖父）力荐唐炯、徐廷旭任军职，而两位受重用却招致兵败，连累陈宝琛降职回家赋闲，但他在严复心里的地位却不受影响。而且正因为赋闲，才给了严复与之亲密来往的机会。

1909年，陈宝琛奉召入京，总理礼学馆事宜。这时严复也开始受到朝廷重视，他们一起成了资政院议员。而且，陈宝琛奏请为“戊戌六君子”平反昭雪，也为严复所深深佩服，因为他是没有这份勇气的。

总之一句话，无论是学问还是人格，陈宝琛都令严复折服。

在这种情况下，陈宝琛就很容易对严复产生影响。

那么，陈宝琛的思想状况如何呢？众所周知，清帝逊位之后，大清臣子纷纷另寻高枝，而陈宝琛却对溥仪忠贞如故，终生追随。

溥仪六岁开始读书，教汉文的师傅有陈宝琛、陆润庠、徐坊、朱益藩、梁鼎芬诸人，陈宝琛最为忠心耿耿。他对溥仪要求很严，除读经书、讲圣训之外，还时时勉励溥仪好好读书，发奋有为，以备有一番帝王事业。为此，他不断对溥仪灌输“卧薪尝胆”“遵时养晦”“静观待变”的思想，让皇帝为复辟做好准备。溥仪一天天长大，逐渐懂得这位师傅的良苦用心，因而从心里感恩戴德。溥仪后来在《我的前半生》中回忆说：“在我身边的遗老中，他是最称稳健谨慎的一个。”“他是最忠实于我，最忠实于大清的……他是我唯一的智囊。”

陈宝琛对大清的忠心从一些小事中也可以看到。

徐世昌过生日，显贵与名流聚集东四六条徐府祝寿，陈宝琛也来了。北京名角唱堂会，合演《大登殿》。最后一场是百官请皇上登龙座，扮演皇帝的孙菊仙却忽然改变戏文，连说“不敢，不敢”。为了讽刺当时正在筹备的复辟帝制之举，陈菊仙借机自编了一段台词：“自从清室退位，从前皇帝已经没有了。现在民国，并无皇帝。将来皇帝，并无出现。我，我何人？我何人？我何敢？”他指着徐世昌说：“现在谁个是你的皇帝？”又指着陈宝琛问：“现在谁个又是你的皇帝？”然后将髯口一掀，大声道：“哈！我又是谁个的皇帝？”由此可见，当时像孙菊仙这样的演员已经具有公民意识，而且非常关心国事。但这出戏却触动了陈宝琛，使他非常愤怒。因为在他看来，皇帝只有一个，就是溥仪，怎能不知道谁是自己的皇帝了呢！如今戏子们都敢拿皇帝乱说，真是乾坤颠倒！想到这里，他悲从中来，回到家就写了一首感伤的诗。

元宵节他陪溥仪微服到灯市口观灯，偏偏有人舞龙灯。龙灯乱舞，流光晃眼，身为废帝之师的陈宝琛陪着静静的皇帝，置身人山灯海之中，心中顿时无限悲凉。看罢回家，他写下了长长的《龙灯诗》，诗中每句都有“龙”

字，末尾写道："人间一任痴龙闹，天上真龙故晏然。"意思很明确：让你们闹吧，等你们这些"痴龙"折腾完了，天下还是要真龙天子出来收拾。

为了表彰陈宝琛的忠心，溥仪曾将中南海钓鱼台的"养源斋"作为私产赐给他。陈宝琛当然喜之不尽，设宴狂欢数日，却没想到激怒了北京的大学生，他们为此游行请愿：国家公产，溥仪凭什么送人!？并且迫使陈宝琛交出行宫。如此遭遇，陈宝琛不会认为民国比帝国好。因为道理非常明白，如果中国仍是皇帝的，他就可以在钓鱼台安度晚年。因为帝国成了民国，皇帝说了竟然不算。

1925年，冯玉祥废除对清廷的优待，把皇室逐出皇宫，溥仪跑到天津，陈宝琛也跟着去了天津。

1931年"九一八"事变后，罗振玉带日本关东军坂垣大佐的代表上角利一来到天津见宣统，要把他弄到东北建立"伪满洲国"。陈宝琛极力反对："天与人归，势属必然，光复故物非臣终身之愿？唯局势混沌不分，贸然从事，只怕去时容易回时难。"宣统听他的话，迟迟未敢出关。后来日本关东军土肥原到静园劝说，宣统开始动摇，陈宝琛仍然坚决反对。在静园的"御前会议"上，他声泪俱下，与郑孝胥激烈争论。从溥仪记下的这些话，可以看到二人的思想：

陈："当前大局未定，轻举妄动有损无益。罗振玉迎驾之举是躁进，现在启驾的主意何尝不是躁进!"

郑："彼一时，此一时。时机错过，外失友邦之热心，内失国人之欢心，不识时务，并非持重!"

陈："日本军部即使热心，可是日本内阁还无此意。事情不是儿戏，还请皇上三思而定。"

郑："日本内阁不足道，日本军部有帷幄上奏之权。三思再思，如此而已!"

陈："我说的请皇上三思，不是请你三思!"

郑："三思！三思！等日本人把溥伟扶上去，我们为臣子的将陷皇上于何地?"

陈："溥伟弄好弄坏，左不过还是个溥伟。皇上出来只能成，不能败。倘若不成，更陷皇上于何地？更何以对得起列祖列宗？”

郑：“眼看已经山穷水尽了！到了关外，又恢复了祖业，又不再愁生活，有什么对不起祖宗的？”

陈：“你，有你的打算，你的热衷。你，有何成败，那是毫无价值可言……”

最后，宣统还是执意要走。1931年11月10日，溥仪背着陈宝琛，与郑孝胥等人悄悄离开天津，潜往东北。陈宝琛老泪纵横，不顾严寒，只身前往东北，见到溥仪后跪倒在地，泣不成声，临别前又叮咛溥仪“静以观变，等待时机”：“若非复辟以正统系，何以对待列祖列宗在天之灵？”

他并不反对复辟，而是认为那样复辟太不体面，建立“伪满洲国”，不仅受外国人支配，而且意味着放弃了关内河山和帝国的正统。

陈宝琛常常感叹自己“求为陆秀夫而不可得”，意思是说：他很想像南宋陆秀夫那样不做元军的俘虏，可惜做不到了，因为他的国家已亡，他已经是中华民国的俘虏。为此，他常常感到悲伤和屈辱。

陈宝琛死后，溥仪给他的谥号是“文忠”，并晋“太师”。那是臣子能够得到的最高头衔。

这就是陈宝琛的情况。严复与他关系密切，并且对他非常崇敬，无法不受他的影响。

三、林琴南

在严复的好友中，值得注意的还有林纾。

谈到那个时代的翻译，曾经流行这样的话：“译才并世数严林。”严与林是好友。袁世凯称帝失败之后，政府根据民意惩办“帝制祸首”，最为严复担忧的就是林纾。为了严复的安全，他曾一把鼻涕一把泪地劝严复逃离北京。可是，林纾也是一个特殊的“遗老”。

林纾生于1852年，比严复大一岁，福建闽县（今福州）人，也是严复同乡。他的情况也令严复羡慕。因为他是光绪八年（1882）的举人，而在好多年之后，严复还在为考举人而犯愁。林纾多才多艺，工于诗文，善于书画，按照清史稿的说法，“山水浑厚，冶南北于一炉，时皆宝之”。他年轻时家贫，爱读书而无书，依靠借书而读，自十三岁到二十岁，杂收断简零篇，整理校阅古籍不下两千余卷。三十一岁时结识李宗言，见其积书甚多，陆续借来尽读。他博览群书，连他同小说家言也无不搜集。考中举人之后，林纾在摆脱困窘的同时，开始广结师友、饱读诗书，由博览至精读，特别崇尚程朱理学。

林纾思想非常复杂，而且充满矛盾。他维护礼教，指责青年人“欲废黜三纲，夷君臣，平父子，广其自由之途辙”，还说“荡子人含禽兽性，吾曹岂可与同群”。可是，他又翻译过与礼教极不相容的《茶花女》等小说。他在《甲辰出都呈同里诸公》中写道：“孤山处士音琅琅，皂袍演说常登堂。可怜一卷茶花女，断尽支那荡子肠。”至于文章，林纾宗信桐城派提倡的义法，认为左、马、班、韩之文是“天下文章之祖庭”，认为写文章应该“取义于经，取材于史，多读儒先之书，留心天下之事”。

林纾似乎命中注定功名到举人为止，与进士无缘。他一次又一次，先后七次赴京会试，却是“七上春官，屡试屡败”，最后在无限绝望之中，才放弃仕途，走上文学之路。1897年，他以《巴黎茶花女遗事》译本开始了著译生涯。那时林纾先是丧母，又是丧妻。魏翰、王寿昌等几位好友为了帮他走出消沉，邀他一同译书。开始林纾并不愿意，后来才勉强接受这一要求。但没想到的是，《巴黎茶花女遗事》一炮打响，一时洛阳纸贵。于是，从1897年开始，他与朋友王寿昌、魏易、王庆骥、王庆通等人合作翻译外国小说，先后译述了英、法、美、比、俄、挪威、瑞士、希腊、日本和西班牙等十几个国家的作品近二百种。

辛亥革命之后，他在《畏庐诗存·自序》中说：“革命军起，皇帝让政。闻闻见见，均弗适于余心。”事实上，林纾虽然中过举，却没做官，与朝廷并无多少关系。所以，刚刚进入民国之初，他似乎并没有坚决反对。这也许并不奇怪，因为皇帝虽然“逊位”了，但皇帝和太后、嫔妃以及整个皇室仍然安住紫禁城。民国是清室“让政”的产物，反对革命的人在革命后也无须改变自己的立场，更无须与皇室划清界限。因此，林纾在1912年曾一度表示：“生平弗仕，不算为满州遗民，将来自食其力，扶杖为共和之老民足矣。”[1]但是，在此后的日子里，他却开始对一切都看不惯，最后的选择是“与吾清共终始”。因为社会太混乱，一切秩序和规矩都打乱了，林纾感到无法容忍。他不能容忍革命思想，攻击章炳麟为“庸妄巨子，剽袭汉人余唾”，“意境义法，概置弗讲”（《与姚永概书》）。他不能容忍新的社会风气，看不惯女子满街乱跑。林纾就是这样矛盾，他能翻译《茶花女》那样的小说故事，同情风尘女子，却不能接受他身边的女孩子满大街招摇。

在《共和实在好》一诗中，他讽刺说：“共和实在好，人伦道德一起扫！入手去了孔先生，五教扑地四维倒。”他又说：“男也说自由，女也说自由，青天白日卖风流。如此瞎闹何时休，怕有瓜分在后头。”面对社会的混乱，他无法理解其真正根源，而把它看作是共和的结果。因为习惯于皇帝专制之下的秩序，对于百姓和子女“犯上作乱”实在看不惯。他曾倡女学，讲女权，但面对妇女解放和男女平等的萌芽却无法接受，担心为夫者纲维尽坠，再也管不了老婆。

林纾最引人注目的事是“十谒光绪皇帝陵”。所谓“十谒”，其实是十一次。从1913年开始，到1922年七十一岁无力再去为止，他一共去了十一次。每年光绪皇帝忌日，他都要独自赶往河北易县，在光绪皇帝陵前叩头流泪，抒发怀念“故国”和“故主”之情。“故国”“皇恩”及其生活秩序与道德准则在他那里是神圣不可改变的，此时也成为他的精神支柱。在1918年八谒光绪皇帝陵时，他写道：“又到丹墀伏哭时，山风飒飒欲砭肌。扪心赖有纲常热，恋主能云犬马痴？陵早尚斑前度泪，殿门真忍百回悲。可怜八度崇陵拜，剩得归装数行诗。”（《谒陵礼成志悲》）如果康有为或张謇这样做，人们不会报以嘲笑，因为光绪皇帝毕竟对他们有知遇之恩。而林纾这样做，却缺少足够的理由，因为光绪皇帝并不知道林纾是谁。因此，郑孝胥曾经嘲笑他“窃效亭林”，“一学即非亭林”。为此，林纾曾经申辩说，他“本无取法亭林之心”，而只是“古今之事有暗合”，并且声明：“弟自始至终，为我大清之举人。谓我好名，听之；谓我做伪，听之；谓为中落之家奴，念念不忘故主，则吾心也。”[2]因为他是大清国的举人，就找到了忠于大清的理

①张俊才：《林纾评传》，南开大学出版社1992年，第165页。

②《答郑孝胥书》。

由，决心终生做大清的“家奴”。

林纾哭崇陵的行为感动了宫中正在长大的小皇帝溥仪。林纾二次谒陵不久，溥仪便写了“四季平安”的条幅相赠。林纾如获至宝，因为到这时，他才与皇室有了直接关系。皇帝怎么知道林纾拜谒光绪皇帝陵呢？这牵线人还是陈宝琛。他不仅向皇帝报告林纾一次次谒陵的情况，而且把林纾编撰的《左传撷华》拿给溥仪看。溥仪是否读过不得而知，陈宝琛却告诉林纾：皇帝读过全书，而且颇为满意。这一下又激起了林纾的表现欲，自绘扇面一幅，托陈宝琛呈送皇上。这次溥仪认真看了，知道林纾还有画画的才华，于是手书“烟云供养”一幅相赠，并让陈宝琛将内府名画带给林纾鉴赏。小皇帝一时高兴的事，林纾却看作“三公不与易”的恩典，为此而将他在北京的住所春觉斋改名“烟云楼”，并且写了《少帝颁御书烟云供养春条，纪恩一首》，其中写道：“从来天语不轻赐，自问布衣无此荣。”1918年春，一些议员因为张勋复辟事件的发生，提出削减对清室的优待，林纾以“六十七岁老民”名义投书参、众两院，曲意为“少帝”开脱，力争仍如其旧，一切从优。这一“忠义之举”，又博得溥仪第三次向其颁赐春条，这次写的是“有秩斯祜”。事实上，也正是溥仪一次又一次的鼓励，才让林纾把戏继续演下去，往河北易县跑了十一次。

1922年底，溥仪大婚，七十一岁的林纾特绘四镜屏呈进。溥仪深感其诚，又书“贞不绝俗”匾额赐赠。林大为感激，撰成《御书记》，内云：“呜呼！布衣之荣，至此云极。一日不死，一日不忘大清。死必表于道曰：‘清处士林纾墓’，示臣之死生，固与吾清相终始也。”而且，这篇文章的最后，日期仍然是“宣统十四年三月十五日”。既然他是大清帝国的臣子，自然不用中华民国的年号。[①]

从他的《七十自寿诗》可以看到他那遗民的心绪：

崇陵九度哭先皇，雪虐风饕梁格庄。
百口人争识越分，一心我止解尊王。
世无信史谁公论，老作孤臣亦国殇。

---

①《林琴南文集·畏庐三集》（影印本），中国书店1985年，第68页。

留得光宣真士气，任他地老与天荒。

在这样一群朋友之中，严复能不受影响吗？

他早年那些西化的思想，在这些朋友中不但找不到共鸣，而且常常让他精神上承受不小的压力。有一次，他们一帮朋友聚会，辜鸿铭曾经当面痛斥严复和林纾是大清和孔教的罪人。关于这件事，各种版本说法略有不同，但主要内容基本一致。一次宴会上，严复、林纾、马其昶等都在，辜鸿铭突然大声说道："恨不能杀二人以谢天下！"林纾问他何出此言，辜鸿铭回答说："自严复译《天演论》出，国人知有物竞而不知有公理，于是兵连祸接矣。自林纾译《茶花女》出，学子知有男女而不知有礼义，于是人欲横流矣。以学说杀天下者非严、林而何？"有的记述中辜鸿铭还说了这样的话："假若不杀此二人，天下安得太平？"①

考察严复的朋友圈不难发现，在那个小环境中，严复前期的思想是没有市场的。严复知道什么先进，什么落后，也知道什么代表着过去，什么代表着未来，但固有的传统即使不占天时，却占地利，而且掌握着人心。改变人心是一个艰巨的工程，道路艰难而漫长，而未改变的一切都表现着顽强的生命力。而且，如果简单地理解进化论，面对这一切也容易产生困惑：既然适者生存是进化的规律，那么，凡能生存的就是适宜的，中国的专制制度和纲常礼教，经受了几千年的淘汰，顽强生存了下来，这是不是可以证明它的"优胜"？

无论在什么地方，群体的力量总是大的。脱离群体需要力量，也需要勇气。孤独的先行者也许有独自走一段的勇气和力量，但在疲惫而胆怯之时，也可能双腿抖抖地回到群体中。在这一点上，严复也未能幸免。

①林英穆编著《崇古好辩的辜鸿铭》，见《学术名家别传》，名望出版社1988年，第103页。

铁路史“趣事”

我读关于中国铁路史的资料，发现一些让人啼笑皆非的“趣事”。它为一般教科书所不取，也为一般研究者所不顾，却是中国铁路史的一个重要方面，是与进步和成就结伴而行的。如果把它打扫得干干净净，脸面固然光堂，却有点不像中国的铁路史。原因众所周知：在我们这里，一些事不能那么容易。

本想写一篇“中国铁路的辉煌开端”，边抄边议，却写成了这样一篇随笔——

一

中国修铁路的开始，应该从同治初年算起。英美等国洋行两次郑重建议，但均遭拒绝。

英美两国，苦口婆心劝这个国家修铁路，当然不是学雷锋，更不会“毫不利己，专门利人”，洋人与华人一样，活雷锋比较少见。他们是看好了这个潜力极大而未开发的市场，目的是赚钱。世界的现代化本来就离不开全球市场化。

美国人和英国人都认定铁路是利国利民之道，所以认为这事是大清帝国定能欣然接受的。他们这样做，还真是很有点讨好的意思。他们没有想到的是，等到的是一口回绝：中国不需要铁路，连商量的余地都没有。这让洋人百思不得其解：送上门的好事，他们怎么会拒绝呢？中国人在想什么？

人们对事物的认识和判断所凭借的都是自己直接或间接的经验。此时美国人的经验是：他们把轮船、铁路等现代化设施的模型附上说明书送给日本。日本人热烈欢迎，一边鞠躬一边“哈衣”，从此积极引入西方文明，从器物到制度，于是有了明治维新，蕞尔小国迅速实现富强。同样是东方人，清帝国与日本不一样吗？他们得出的结论是：大清国官员没有听懂他们的意思，不明白火车的益处。

那就再试试吧！同治四年（1865），为了让大清国了解铁路的先进性，美国人干脆不远万里运来一辆火车，并在北京宣武门外修了一段铁路。这铁路不长，只有几百米，但作为示范表演已经够了。到了表演的那一天，达官贵人来看热闹的倒是不少，可惜火车开动时发出的声音太大，那是牛和驴的声音所均可比拟的，让文武官员都不自觉地捂起了耳朵。

大清的官员们被吓坏了，火车的命运自然好不了。美国人的计划泡汤了，朝廷指示：会吼叫之钢铁怪物岂宜存于吾天朝上国？即令拆除！没几天，步军统领衙门就派人把它拆除了。

与华人相比，洋人总是缺心眼，也许正如当时的大学者俞正燮所记下的，洋人虽然比中国人多了两个肾（所以他们多好色），心脏上却少了三个窟窿眼：华人心有七窍，而西夷仅四窍也。一部中国现代化的历史，也真是证明了洋人的愚笨。尤其是美国人，到现在也没有多少长进，二三十岁的成年人，做事总像天真的孩子。其实，这也不难明白：智慧是在艰难环境中造就的，生活于自由舒展的环境中，没有“吃一堑长一智”的机会，也就很难有早熟的心计。就是那些“狡猾的政客”，也缺少中国官员那些权术。商人就更不用说了，他们本以为“吃一堑长一智”，而且相信展示实物、让事实说话是最硬的道理，结果还是弄巧成拙。

美国人丧气而归，轮到英国人来碰运气了。

光绪元年（1875），英国人在上海至吴淞之间修了一条铁路。火车在铁路上行驶，吓坏了一些人，也吸引了一些人。中国人是不迷信规章制度的。管理者一再声明不准任何人到铁轨上去，但人们还是偏要挤上去看个究竟。洋人急得来回跑，大声吆喝，挥舞旗子，百姓不敢靠近了，但官兵却不怕。因为根据中国经验，百姓不敢靠近，官兵还不敢吗？章程是控制老百姓的，怎能管到官兵头上？可惜，这个铁家伙真的不认人，一个官兵被轧死了。真是岂有此理！国威何在？皇家脸面何在？不过，这次没有喊“血债要用血来还”的口号，只是铁路奉命停止运营。

外国企业家到中国来投资修铁路，目的是赚钱。现在强行停运，成本如何回收？这时的朝廷已经学会了讲道理，所以派李鸿章等去谈判，花28万两银子把铁路买了下来。

买下来自己运营，或许是划算的。可是，帝国一般不算经济账。因为民众是如此之多，土地是如此之广，特产是如此之丰富，尽管慈禧太后每天的日常生活就要花费四万两白银，摊到每个百姓身上，却是捏不着的一粒粉末。所以，钱历来不成问题，即使割地赔款，也并不怎么心疼。

铁路买下来了，却并未使用，也没打算使用。后来的做法更绝：花银子雇人拆了，最后扔在海里。

这一回，轮到英国人目瞪口呆了，从此不嘲笑美国人。

二

在反对修铁路的人中，有一位刘锡鸿。这是一个恪守圣人之教的正人君子，真正的忠君爱国之士。他做过驻英副使和驻法公使，因而见多识广，很像现在的一些“海龟”，常有精彩异常的见解。比如他说：

> 英人无事不与中国相反。论国政则由民以及君，论家规则尊妻以卑夫（家事皆妻倡夫随，座位皆妻上夫下，出外赴宴亦然。平时，夫事其妻如中国孝子之事父母，否则众訾之），论生育则重女而轻男，论宴会则贵主而贱客（主人居中客夹之），论文字则自右而之左（语言文字皆颠倒其先后，如伦敦的套儿，则曰套儿的伦敦；父亲的花园，则曰花园的父亲，此翻译之所以难也），论书卷则始底而终面(凡书自末一页读起)，论饮食则先饭而后酒。盖其国居于地轴下，所戴者地下之天，故风俗制度咸颠而倒之也。昼夜亦然，伦敦时刻，较诸中国迟八点钟，阿尔兰又较伦敦迟二十五分。其晚也，乃吾中国之午也；其晓也，乃吾中国之夕也。英人每息于昼，忙于夜，毋亦夜时

始阳盛欤。[①]

他一眼就能洞穿西方文化的“荒谬绝伦”，比如历法“不应天象”，月份“名实不符”，说话“语无伦次”等。而且他的警惕性很高，能够认识到西方修铁路、造轮船、创电报都是为了用兵；建公园则是因为住高楼容易生病，需要下来透透气。

英国公使威妥玛对他说起中国应该修铁路的事，他回答说：“中国立教尚义不尚利、宜民不扰民。”见到英国人所献铁路图，他马上想到了英国人的阴谋：“始知其心非犹占埠通商之故智矣。当轴若不立意坚拒之，则海疆办事诸人喜新悦奇，将中其阴谋而不知悟。（商贾图利，播散其说以惑官，官吏喜功又张大其说以惑朝廷，其祸遂以不可遏。然而无足惑也，市道不足以治天下，技巧不足以臻上理，今岂遽异于古所云邪？）铁路一成，全局安危变于俄顷，非细故也……窃谓吾人持论，当直言铁路之造，不惟有害于中国，并有害于英。盖百姓此时愤心未平，一旦创造铁路，复毁其田庐坟墓，则众怒益甚。则伏莽之贼，遂得借共杀英人为名，因众心以作乱。……吾中国历代圣君贤相，才智非逊于西洋，而卒无有刳天剖地，妄矜巧力，与造化争能，以图富强者，盖见理深而虑祸远，非如英人之徒知计利，一往而不复返顾也。”[②]

他断定火车不能行于中国，理由是铁路和火车都不合中国国情，不合历史形成的文化传统。他想得很周到，而且是为下层弱势群体说话的：如果有了火车，必然导致成千上万的挑夫和纤夫失业。为了他们的利益，铁路万万不能修。而且，失业者如果多了，社会就会不稳定。因为他断定铁路不合国情，所以对铁路的前景也不看好：成本太高，即使建成了，也不会有人坐。刘氏知道中国人爱看热闹，但不过是图个新鲜，谁会去坐第二次呢？“不及半载，势将乘坐寥寥。”他的结论是：“火车之不能行于中国，犹清静之治不能行于欧洲，道未可强同也。”[③]他很开明，并不要求欧洲必须像中国一样。

反对修铁路者绝非一个刘锡鸿。他所代表的，是当时的大多数。

---

①②③刘锡鸿：《英轺私记》，湖南人民出版社1981年，第189页，第25—26页，第41页。

三

第一条投入使用的铁路是国人自己修的。据《清史稿·交通志》记载，光绪三年（1877），“有商人筑唐山至胥各庄铁路八十里，是为中国自筑铁路之始”。

这条铁路的故事就更有趣了。

就在花钱买了铁路扔进大海的第二年，光绪二年（1876），为满足“开平矿物局”的运煤需要，李鸿章奏请建一条铁路。看来，李鸿章也有做出错误判断的时候。他显然没有充分估计修铁路的难度，结果是因满朝文武反对而作罢。四年之后，李鸿章再次奏请。这次他把一切阻力都考虑到了，所以为了能够通过，真是煞费苦心。如何使铁路这个外来之物合于中国国情呢？奏折特别声明：只要火车，不要火车头，套上毛驴和骡马拉火车。

这个方案是中国化的，土洋结合，所以被批准了。光绪七年（1881），中国人自己修建的第一条铁路建成通车。可惜，它算是“火车”吗？一群驴马拉着列车，在铁道上缓缓前行，因为马粪很快掩埋了铁路，所以要安排许多人背了粪筐拾马粪。

这就是著名的唐胥铁路，全长只有几十华里。我曾找遍书报，想找一幅驴子在铁道上拉火车的照片，却一直没有找到。那真是一大奇观，可惜当时报业尚不发达，相机也还是稀罕物。不过，也许国外的报上能找到，因为中国人建造的第一条铁路通车大典，外国的新闻记者应该有兴趣。

又过了若干年，中国人终于接受了蒸汽机车，铁路上的毛驴失业了。但官府规定，火车仍然不要动力大的，所以，唐胥铁路上的第一辆蒸汽机车引力只有一百多吨，每小时行驶五公里，比毛驴快不了多少。

据说这样的火车很好，优点是既采西人火车之长，又持中国毛驴之速度，人步行就能追上，宜于控制。

唐胥铁路，真是中国现代化的象征。

四

又过了若干年，朝廷终于宣布：火车适合中国国情。李鸿章也公然坐镇“中国铁路公司”，建成了从唐山到天津的铁路。

这应该归功于谁呢？功臣应该是刘铭传。

光绪六年（1880），刘铭传上《筹造铁路以图自强折》。他分析当时国情，把铁路在各方面的重要性都说得清清楚楚。但能够打动最高当局的，主要还是铁路在国防事业中的作用。他说：“铁路之利于漕务，赈商务、矿物、厘捐、行旅者，不可殚述。而于用兵尤不可缓。中国幅员辽阔，北边绵亘万里，毗连俄界，通商各海口有与各国共之，划疆而守则防不胜防。驰逐往来则鞭长莫及。惟铁路一开则东西南北呼吸相通。视敌所趋，相机策应。万里之遥，数日可至。百万之众，一呼而集。且兵合则强，分则弱。以中国十八省计，兵非不多，饷非不足，然此疆彼界各具一心，遇有兵端，自顾不暇。征饷调兵，无力应承。若铁路告成，则声势联络，血脉贯通，裁兵节饷，并成劲旅。防边防海，转运枪炮，朝发夕至。……十八省合为一气，一兵可抵十数兵之用。将来兵权、饷权俱在朝廷，内重外轻，不为疆臣所牵制矣。”①

刘铭传的奏折被批转各地大臣传阅讨论，虽有不同意见，却使朝廷对铁路有了新的认识：过去想的只是洋鬼子会乘铁路迅速占据全国，现在知道自己的军队也可以坐火车快速集结。所以，铁路还是有用的！

因此，大清几年后就开始在全国修铁路。当时的大臣们齐声颂扬太后“仁泽天下，爱民如子”。今天的史学家亦云：太后锐意改革，从善如流。

---

①《清史稿·交通志》。

论中国现代知识分子的诞生

一、帝国黄昏的蜕变

作为一个群体，中国现代知识分子是由中国传统文人蜕变而来的。从蜕变的开始，到最先的现代知识分子出现，这个过程持续了半个多世纪。因此，要谈论中国现代知识分子的出现，就不能不回顾中国文人固有的传统与19世纪中期之后中国所面对的新变局及由此而发生的一系列变化。

中国传统文人继承的传统并不单一，但毫无疑问，占主导地位的是儒家文化系统。关于儒家的学说，一些学者喜欢强调其“仁”的内容，但事实上，“仁”在儒家学说中并不是目的，而是为“礼”所用的，目的是实现一种理想的君君臣臣父父子子的礼制秩序。所以，儒家学说的历代传人都很少像西方学者那样去思考宇宙本源、生命本体、终极目标以及彼岸世界的问题，而是主要致力于如何把生活着的人们安排在某种秩序之中，以保持社会的稳定。从这个意义上说，儒家文化无疑是一种稳定秩序的文化，也是一种一厢情愿地追求安定团结的文化。

如果深入追究，一切传统都有其历史成因，任何思想都打着它所产生和形成的那个时代的印记。儒家文化之所以致力于稳定社会秩序，其原因在于儒家文化形成时期（也就是中国文化奠基时期）社会的动荡不安。每一个时代的思想者都无法离开他所直接面对的问题。面对周王朝礼制秩序的崩溃，文人也许不必那样痛心于“礼崩乐坏”，但是，有一点是值得注意的：尽管秩序稳定并不意味着百姓生活的状态良好，“国泰”也并不意味着“民安”，但是，“国泰民安”并非毫无意义的词语组合，而是体现着全部既有经验基础上的朴素认识。在古代历史上，社会秩序的动荡总是严重地破坏着人们的生活，给人们带来各种痛苦。尽管社会稳定不过是使人“暂时做稳了奴隶”，但它毕竟比“想做奴隶而不得”要好得多。因此，富于责任感的文人理所当然地要把稳定或重建社会秩序作为自己的使命。仅从这一点上说，我们就有理由对儒家文化的创始人充满敬意。然而，儒家学说和整个中国文化就在这样一个时代背景上奠基了，基础决定了思想体系的整个建构，也决定了它的基本特色和功能。人们很容易发现儒家学说在中国几千年历史上的特殊命运：每一种政治力量在致力于推翻旧统治的时候，几乎都要“反孔”；而在建立自己的统治之后，又几乎都要“尊孔”。儒家学说与一代又一代统治者一拍即合，而与“革命”却总有点格格不入。客观地说，这种稳定秩序的努力不可磨灭，因为它致力于和谐社会秩序的建构而不赞成以杀戮维持的暴政。尽管他们的设计与实际的历史实践相去甚远，但作为一种设计和导向，总比那些煽动人们相互仇杀的学说要好得多。

但是，这种稳定高于一切的保守主义的文化传统与专制主义的政治相结合，对文人人格的影响是消极的，所起的作用是负面的。它使中国文人（可以成为知识分子的人）形成了一种与现代知识分子完全不同的特点——致力于维持秩序而不是致力于变革现实。从历史发展中各种力量构成的功能系统看，知识分子的使命主要不在于维修旧秩序，也不在于装饰新秩序，而在于对现实的批判和对未来的探索，并以防止文明的僵死和老化，保持发展和进步的活力。因为历史是在不断打破旧的平衡和稳定中发展的，文明是在不断扬弃既有文化中进步的。所以，知识分子对于历史的主要使命不是简单地继承和传播，而是以批判的方式掀动积淀、激活历史，并寻找更美好的生存可能。儒家学说培养起来的传统文人却与这种使命背道而驰。自从西汉“独尊儒术”以来，先秦时代那种百家争鸣的景观再也没有出现。在长达几千年的历史上，中国并不是没有天才，但一代又一代天才的学者都满足于注释经典，却很少有人去写出新的经典。他们往往只考虑继承和弘扬，而不考虑发展和更新。因为在他们看来，“天不变，道亦不变”，社会并不需要发展。何况，帝国是那样强大，四周皆是落后的蛮夷，没有危机，没有挑战，自然不需要考虑变革。

但是，鸦片战争的炮火终于惊醒了这个古老帝国的千年好梦。无论国人以怎样的义愤谴责列强不仁不义，都不能改变中国已经远远落后的事实。在这种事实面前，一些有识之士开始睁开眼睛看世界，意识到这是千年未有之变局。他们被迫开始思考，从而开始了向西方学习的艰难历程。他们翻译西方资料，了解世界大势，试图“师夷长技以制夷”。虽然这时的中国士大夫文人觉悟相当有限，但“睁开眼看”的意义是重要的，从《海国图志》《环瀛志略》《海国四说》等著作对西方国家物质文明和制度文明的赞美，可以看到一个观念深处的变化：“天不变，道亦不变”的信条已被打破，承载中国道统的士大夫文人在两千年中形成的自信已经动摇。面对来自西方的挑战和中国前所未有的危机，他们终于认识到，“半部《论语》治天下”的时代彻底过去了，至圣留下的经书和传统武库中的库存已经不足以应对这个世界。对于中国传统来说，这是一个真正的危机；对于中国文人来说，这是一个蜕变的起点。

从19世纪60年代开始，清王朝中的有识之士开始倡导“借法富强”的道路，开始了所谓“洋务运动”。处于体制中心的曾国藩、左宗棠和李鸿章们，更关心的当然是清王朝的兴衰和安危，但作为一种直接后果，他们设立新式学堂，设立编译馆，译介外国科学和技术，可以说影响了一代人，也培养了一代人。而且，正是由于“洋务运动”的发展，人们进一步与西方文明接触，进一步认识到中国传统体制的种种弊端，在比较之下，产生了制度变革的要求。郑观应、王韬、郭嵩涛等都对中国传统体制有了比较清醒的认识，因而开始揭露专制制度的种种弊病，提出了“君民共主”“君民共治”以及开设议院和立宪的主张。更为重要的是，从“师夷长技以制夷”到“中体西用”，药方开了一大堆，然而，等待大清帝国的却仍然是一次次的惨败。甲午海战的惨败和《马关条约》的签订使大清王朝的忠实臣民心头流血，也更坚定了一些士大夫文人变法图存的决心。要救国必须维新，要维新必须学外国，学外国不能只是学其技术，向西方拿来不能只是拿来其坚船利炮，而是必须同时学习西方的政治制度和理念。于是，清王朝被迫开始的改革终于从经济层面进入政治层面，以西方文化改造中国传统文化的现代化进程开始了一个新的阶段。正是在这一阶段中，中国文人有了新的觉醒，而中国现代知识分子的萌芽开始钻出地面。

在这个过程中，维新派的地位非常重要。与洋务运动的领袖们相比，康有为、梁启超们的努力已不再只是为一个衰老的体制进补。他们的思想行为和改革方案事实上已经动摇着传统。他们的活动方式也已与历代士大夫文人不同。在主流意识形态虽然面临危机却依然坚守的情况下，在顽固派坚持“天不变，道亦不变”“祖宗之法不可废”的情况下，他们在思想上已经离经叛道，在行为上已经违背祖制。

尽管康有为本人最终也难以成为真正的现代知识分子，但在中国文人的蜕变史上，他的影响不可低估。1890年，他开始在万木草堂向他的学生系统地表述他对儒家学说的新解释。而在此时，他的手中已经有一部早在六年前（光绪十年，1884年）就开始写作的书稿《人类公理》，也就是后来的《大同书》。此书虽然写成之后一直秘不示人，但在他的学生中却并非秘密。《大同书》的理想无疑是离经叛道的。它对于未来社会的设计，比如全世界只有一个总政府，政府皆由民选，以及没有国家、没有家族、没有婚姻的设想，事实上已经是“无君无父”。

虽然康有为本人并不主张立即实行，但对长期处于思想禁锢中的中国文人，无疑是一种很大的冲击。1891年，康有为写成《新学伪经考》并立即刊行。在儒学的历史上，古文经典的真实性早就受到怀疑，但从来没有人像他那样系统地陈述，也没有人像他那样要把古文经学彻底送入坟墓。康有为指出：整个古文经学派所依据的经典都是刘歆伪造的。这些伪造的东西被东汉的一些著名学者接受下来，使一代又一代学者成为刘歆的牺牲品。第二年（1892），在他的学生陈千秋、梁启超的协助下，康有为完成了《孔子改制考》。虽然这本书直到1898年才刊行，但在刊行之前，在其弟子中已有广泛影响。该书指出，中国有记录的历史开始于东周，关于东周之前的历史是不可靠的。东周时期的一些人开始创办学校，宣讲他们自己的思想，但他们总是用想象的历史论证他们的理想，或以虚构的古代圣贤作为自己的依据。康有为认为，六经都是孔子做的，体现着他的改革蓝图，然而，孔子却要声称六经继承了尧、舜和周公的传统。同时，康有为引用公羊学说的三统三世理论，认为每一世都有与它相适应的政治制度：君主专制适合于据乱世，君主立宪适合于升平世，共和政府适合于太平世。经过这样一番努力，孔子就成了一位伟大的制度革新者，而不再是制度变革的障碍。

关于康有为的学说，梁启超做过如此评价：“《伪经考》既以诸经中一大部分为刘歆伪造，《改制考》复以真经之全部分为孔子托古之作，则数千年来共认为神圣不可侵犯之经典，根本发生疑问，引起学者怀疑批评的态度。”①

几乎与此同时，严复引起了人们的广泛关注，并且开始对中国思想界产生重大影响。面对甲午之败，体察中国的沉疴，严复连续发表《论世变之亟》《原强》《救亡决论》等一系列文章，通过中国和西方政治制度等各方面的比较，向国人介绍西方的政治体制，介绍西方保护公民权利的法律，介绍西方“侵人自由，虽国君不能”的人权意识。严复发现，西方政治经济制度的根本是人的自由。他说：“夫与华人言西治，常苦于难言其真。……其命脉云何？苟扼要而谈，不外于学术则黜伪而崇真，于刑政则屈私以为公而已。斯二者，与中国理道初无异也。顾被行之而常通，吾行之而常病者，则自由不自由异耳。”②他清楚地认识到，西方富强的原因在制度，而制度的真谛在“自由”。“夫所谓富强云者，质而言之，不外利民云尔，然政欲利民，必自民各能自利始；民各能自利，又必自皆得自由始；欲听其皆得自由，尤必自其各能自治始，反是则乱。顾彼民之能自治而自由者，皆其力、其智、其德诚优者也。是以今日要政，统于三端：一曰鼓民力，二曰开民智，三曰新民德。”③严复已经意识到个人是现代伦理的出发点。为了开民智，他主张大力引进西学，在教育体制上废科举、设学堂，在教学思想上则要像西方那样：“其教子弟也，必使自竭其耳目，自致其心思，贵自得而贱因人，喜善疑而慎信古。”④他主张改变国民的不自由状态，还要确立个人利益的神圣性，确立以国民之私为本的治国之道。他写道：“顾处士（炎武）曰：‘民不能无私也，圣人之制治也，在合天下之私以为公。’然则使各私中国奈何？曰：设议院于京师，而令天下郡县各举其守宰。是道也，欲民之忠爱必由此，欲教化之兴必由此，欲地利之尽必由此……欲民各束身自好而争濯磨于善必由此。呜呼！圣人复起，不易吾言矣！”⑤由此可见，当时的严复已经知道议会民主和地方

①梁启超：《清代学术概论》，《中国现代学术经典》（梁启超卷），河北教育出版社1996年，第190页。

②严复：《论世变之亟》，王栻主编《严复集》（第一册），中华书局1986年，第2页。

③④⑤严复：《原强修订稿》，王栻主编《严复集》（第一册），第27页，第29页，第31—32页。

自治是救治中国的唯一出路，而且要用来自西方的个人自由和个人权利取代中国的传统价值观。无论如何，这些思想对中国知识分子人格的现代性转化作用不可低估。这种种思想的传播以极大的力量动摇着中国几千年专制主义的意识形态，也奠定了新世纪思想启蒙运动的基础。

考察1898年变法之前的维新派挣脱传统束缚并走向自由思想的程度，谭嗣同和梁启超也是不可忽视的。戊戌变法失败之后，谭嗣同慷慨就义，留下了他的遗著《仁学》。在这部著作中，谭嗣同发出了冲决一切网罗的呐喊。他的思想已经危及专制制度和儒家学说的一些根本。他一改尊古之风，对传统给予猛烈的批判，对中国历史下了这样的总评语："二千年来之政，秦政也，皆大盗也；二千年来之学，荀学也，皆乡愿也；惟大盗利用乡愿，惟乡愿工媚大盗。"他向名教宣战，向纲常宣战，要打破一切传统的束缚；他反对虚伪的道德，力主人欲的解放；他不但反对君主专制而崇尚民治，而且认为天地之间不应该有国家存在，梦想着世界大同。

作为康有为的弟子，梁启超追随其师研究经学，认为"孔门之学，后衍为孟子荀卿两派，荀传小康，孟传大同。汉代经师，不问为今文家古文家，皆出荀卿，二千年间，宗派屡变，壹皆盘旋荀学肘下；孟学绝而孔学亦衰"①。也就是说，过去两千年里人们所接受的孔子学说并不是真正的孔子学说，而是荀子的学说。在康有为那里，古文经是刘歆伪造的，非孔子之学；在梁启超这里，古文今文皆荀子之学，都非孔子之学。从这个意义上说，对于传统学问的瓦解梁启超比康有为更彻底。在对中国传统的认识、对君主专制的批判等各个方面，梁启超都远远超出了康有为的思想。尤其值得指出的是，1897年秋，梁启超离开上海来到湖南长沙时务学堂。他的教学情况很值得注意。关于这些情况，梁启超自己有过回忆：

已而嗣同与黄遵宪、熊希龄等，设时务学堂于长沙，聘启超主讲席，唐才常等为助教。启超至，以《公羊》《孟子》教，课以札记；学生仅四十人，而李炳寰、林圭、蔡锷称高才生焉。启超每日讲课四小时，夜则批答诸生札记，每条或至千言，往往彻夜不寐；所言皆当时一

①梁启超：《清代学术概论》，《中国现代学术经典》（梁启超卷），第193页。

> 派之民权论，又多言清代故实，胪举失政，盛倡革命；其论学术，则自荀卿以下汉唐宋明清学者，掊击无完肤。时学生皆住舍，不与外通，堂内空气日日激变，外间莫或知之，及年假，诸生归省，出札记示亲友，全湘大哗。[①]

由此可见，当时的梁启超的确已经走得很远。他甚至曾经上书巡抚陈宝箴，认为如果不能鼓动朝廷实行改革，就脱离中央而宣布湖南独立，重建一个新湖南。这时的梁启超，与革命派并无太大的差别。由此可见，严复、谭嗣同、梁启超等人，虽然没有离开旧的体制，但思想已经不受其拘牵。

关于维新派在中国现代知识分子诞生过程中的影响，值得注意的不仅是他们的思想言论，还有他们的活动方式。在一次次给皇帝上书难以上达的情况下，他们产生了一种新的思路，以开报馆、组学会、办学堂的方式宣传自己的主张，有力地扩大了影响。他们创办强学会，一些大臣都参加或支持：翰林院侍读学士文廷式列名发起人之一；户部尚书翁同龢答应拨给经费；张之洞、刘坤一都捐资资助；李鸿章要捐二千银圆加入，结果还因其甲午战败之后的名声不好被拒绝。除强学会外，他们还先后组织过粤学会、蜀学会、关学会、保浙会、保滇会、保川会、知耻会……北京强学会成立后就创办了《中外纪闻》，每月一册，随《京报》分送在京的官员。《中外纪闻》和《强学报》停刊之后，又在上海创办《时务报》，在澳门创办《新知报》，在天津创办《国闻报》，在长沙创办《湘报》和《湘学报》。《时务报》曾发行17000份，以极大的力量扩大了维新变法运动的影响。这是文人社会参与的一种新形式，它以特别的力量推进着新思潮，为知识分子开辟了一个新的空间。当时的反对派曾经如此描述它的影响："虽以僻寂荒城，独无分局，而皆辗转丐托，千里递寄，数人得共阅一编，资为课程。"[②]正因为这样，"至戊戌春康君入都，变法之事，遂如春雷之启蛰，海上志士，欢声雷动，虽谨厚者亦如饮狂药"[③]。

---

①梁启超：《清代学术概论》，《中国现代学术经典》（梁启超卷），第194页。

②《翼教丛编》（卷三），光绪二十四年刊本，第26页。

③罗振玉：《贞松老人遗稿》，中国史学会主编《中国近代史资料丛刊第八种：戊戌变法》（第四册），神州国光社1953年，第249—250页。

然而，19世纪末的中国现实使维新派的志士们很难摇身一变即成为现代知识分子。因为现代知识分子的成长需要相应的环境，当一个国家的文明发展离现代还相当遥远的时候，当社会的思想文化和制度因素都还远远没有进入现代的时候，现代知识分子的出现是困难的。中国走向现代的关键是走出专制主义的传统，然而，对于维新志士们来说，改变专制传统的活动却必然要受制于专制制度。就像洋务派的经济改革事实上成为专制体制的经济保障一样，维新派虽然触及体制问题，但在体制内所能做的，也只是旧框架下的修修补补。他们提出过一些新的口号，但常常就连他们自己也没有打算实行。之所以如此，不仅因为几千年的观念重负，而且在于他们当时还不可能完全离开传统文人几千年一贯的人生道路。千年的环境造就了中国传统文人的人格，在环境没有彻底改变之前，个人人格的彻底改变是困难的。

现代知识分子需要人格的独立和思想的自由。没有获得独立地位的知识分子不可能完全获得独立意识。考察中国知识分子独立地位的获得，我们不能不注意20世纪之初那些影响知识分子生存并改变知识分子命运的大事：废科举、兴学堂、派遣留学生和接踵而来的辛亥革命对国家体制的冲击和改变。

二、从戊戌到辛亥：中国现代知识分子的诞生

（一）百日维新惨败之后

1898年9月21日，是戊戌变法失败的日子。在这一清晨，慈禧太后果断采取措施，软禁了光绪皇帝，下令逮捕康有为等。康有为等在列强的帮助之下逃离大清国土，走上了流亡之路。一个星期之后，被捕的谭嗣同等“六君子”血染菜市口。这标志着清王朝一次变法的失败，也宣告了一次历史机遇的丧失。

百日维新惨败之后，中国历史出现了一个短暂的倒退时期。除京师大学堂得以保留之外，戊戌新政几乎全部废除。维新运动中的活跃分子有的被杀，有的被关，幸存的漏网之鱼也往往胆战心惊，在恐惧中闭上了嘴。在这种情况下，聪明的士大夫往往以柔顺取容，由维新转向守旧，社会文化的大潮在一夜之间转向保守。正如有人所描述的：“杀才六人，已寒支那之胆；

变甫数月，咸死衿缨之心。北京士夫，戒谈国事；膠庠学子，群咏太平。”①然而，考察清末知识分子成长的历史，这却是一个具有决定性的时刻。因为在这一背景上，至少有几件事值得注意：

第一，抓捕与屠杀使一些维新派人士成了流亡者，被迫走上了独立之路。众所周知，现代知识分子的重要标志之一是独立的人格。独立的人格需要独立的地位为依托，如果匍匐于君主脚下，寄身于庙堂之中，依附于专制制度，它是很难实现的。如果维新派诸君子不是遭此惨败，如果他们的维新事业一帆风顺，试想，他们将是何种状态？大概不难想象，他们会是得志的臣子，飞黄腾达，却仍然依附于皇权，全部理想都通过皇帝得以实现。变法的惨败却使这一切都不再可能。尽管康有为仍然紧抱着皇帝的牌位不放，但流亡的现实却清楚地昭示着：他们的确成了“丧家之犬”，而且被搜捕追杀，只有依靠外国人的帮助才得以幸存。流亡，使他们与清王朝的依附关系断裂了。这是一种痛苦的断裂，也是被迫的独立。就像被父母遗弃的孩子，他们在不情愿的情况下独立了。在异国的文化环境中，他们中的一些人完成了从传统文人到现代知识分子的蜕变。

第二，清王朝最终未能逃过变法维新，被迫开始了一系列改革，为现代知识分子的成长提供了新的文化环境。以慈禧为代表的保守派残酷镇压戊戌变法，本以为便可保持大清江山的稳定，却未想到西方列强会以各种方式干预大清内政。一些西方国家不仅公然站在“维新乱党”一边，甚至要干预皇帝的废立。朝廷杀的是中国人，要废的是中国皇帝，需要外国人说三道四吗？这就加剧了清王朝与列强的矛盾，最终导致了慈禧向列强宣战，也必然导致了八国联军进北京。经过庚子之乱这一戏剧化的过程，让人意想不到的是，慈禧太后一下子变成了改革者。维新派因为改革而被杀、被关或者逃亡海外，而他们的改革计划却在慈禧手中一项项得到实现。1901年，慈禧就下了“罪己诏”，摇身一变成为变法的领袖，开始推行一系列的改革。其中与鼓励私人企业、改革军制一起提出的重要内容就是废除科举、设立学堂、鼓励出国留学。他们实行改革的目的当然不过是为了缓和矛盾、延长旧统治的寿命。当康有为们以和平渐进的方式进行改良的时候，他们是无法容忍的；

①《八月六日朝变十大可痛说》，《知新报》1898年第74期。

当人们因为和平渐进的路径已被阻塞而不得不走向暴力革命的时候，他们却愿意进行改革了。这大概是一个规律，不到最后的关头，统治者总是不愿意妥协，而当他们决心做出妥协的时候，却常常为时已晚。但无论如何，清末新政造就了思想文化上的新环境。在这其中，废科举、兴学堂、派遣留学生，都与现代知识分子的出现关系重大。

（二）科举制度的废除与读书人的新状态

如果放在前现代的历史上考察，应该说科举制是一个不错的制度。它至少在形式上提供了一个相对公平的竞争平台，使平民子弟也有可能进入上流社会，因而打破了社会阶级之间不可跨越的鸿沟。但是，它的消极作用也是明显的：

首先，它把读书人紧紧系于仕途，在科举指挥棒的引导之下，读书人不再只是一般意义上的文人，而是成了官僚阶层的预备队。对他们中的大多数人来说，学问不过是敲门砖，读书不过是进入仕途的手段，而目的是做官。所以，读书人思想和行为都要适合于官场的规范，养成了对官场和经典的双重依附。

其次，作为一种选拔人才的形式，科举考试的内容和形式严重限制了人们思想的活力。清代科举考试的主要内容是八股文和试帖诗。童试首场、乡试首场、会试首场的八股文都是在四书中抽取词句为题，乡试和会试第二场的八股文则以五经的词句为题。考生必须顺着两千多年之前讲这些话的人的思路，模仿他们的语气写作，这就是所谓“代圣贤立言”。代古人说话，就只能讲古人知道的事，八股文不能涉及孔孟以后的情况。因而，“但八股清通，楷法圆美，即可为巍科进士、翰苑清才；而竟有不知司马迁、范仲淹为何代人，汉祖、唐宗为何朝帝者。若问以亚非之舆地、欧美之政学，张口瞪目，不知何语矣”[①]。在明代，八股文末尾还有“大结”，允许考生自由发挥，触及现实，字数从几十到一百不等。到清朝康熙年间，八股文的“大结”被取消，更失去了唯一有可能稍作自由发挥之处。[②]试帖诗是清代乾隆二十二年（1757）增加的考试内容。它的特点是完全脱离现实，高度形式

①汤志钧编《康有为政论集》（上册），中华书局1981年，第271页。

②商衍鎏：《清代科举考试述录》，三联书店1958年，第232—234页。

化，一般都是从前代的经、史、子、集中抽取一些词语为题。音韵和用典都有严格要求，动辄犯忌。作者不能议论褒贬，抒发己见。这种考试有利于培养思想僵化的卫道官员，却不可能培养出现代意义上的知识分子。这并不奇怪，因为应试教育的目的本来就不只是选拔人才，而是同时扼杀那些注定不能被选拔重用的人的聪明才智。

众所周知，并非所有的读书人都能敲开官场的大门，但值得注意的是，那些被淘汰的读书人因为这种训练，也很难成为现代意义上的知识分子。落第的考生像失意的官员一样虽然常常表现出某种批判意识，但那往往不过是想帮忙而不得的委屈和牢骚。对于被淘汰者而言，他们的出路不外两种：一是躲进山林，成为超脱世俗的“隐者”；二是设馆授徒，从事基础教育。对于前者而言，出世又有真假之别，真出世者已经无须谈起，因为他们事实上已从社会消失；假出世者的“终南捷径”最后仍然直指庙堂。对于后者而言，读书以科举为目的，教育与官场紧密连接。在政教合一的科举教育体制之下，塾师所能做的，不过是机械地传授规定的知识。科举杠杆限制了教育的独立性，教育者的独立性和创造性也不可能获得发展，即使偶尔有些萌芽，其思想成果也得不到传播。在这种情况下，真正的知识分子是难以诞生的。

废除科举制本是维新运动的重要议题，但这一议题并未因维新运动的失败而长期拖延。就在1901年1月清廷宣布改革并且号召大臣提出建议时，湖广总督张之洞就会同两江总督刘坤一连续上奏章，建议重新推行戊戌变法时期兴办新学和改革考试的措施，要求逐渐废除科举。1901年8月，朝廷命令废除八股考试，科举、岁科试和童试基本按戊戌变法时颁布的制度进行。9月，朝廷又命令切实整顿京师大学堂，并按戊戌变法时的规定将书院改为学堂。此后几年中，经过张之洞、刘坤一、袁世凯等一再请求，朝廷于1904年1月宣布，从1906年起逐年减少科举名额，到1912年将所有名额都拨归新式学校毕业生。在重重危机面前，张之洞、袁世凯等深感逐步废除科举的方案为时已晚，因而强烈要求立即停止科举考试。朝廷最后终于接受了他们的意见，在1905年9月宣布所有乡试、会试、岁试和科试一律停止。于是，科举制终于寿终正寝。

科举制的废除对现代知识分子的成长可谓意义重大：首先，它切断了读书人与八股—经典—国家体制的必然联系，使读书人的前途不再系于经书和官场。当然，一些读书人的确为此后的道路感到茫然，为十年寒窗的奋斗目标突然消失而无比痛苦，但是，失落和痛苦却伴随着某种解放。他们不必再进行八股文的训练，不必再死守经典，不必再为生存而拥挤于科举这座独木桥，摆在他们面前的是非常陌生的新道路。其次，它改变了教育状况，使中国教育开始向现代转化。在科举时代，即使是"私塾"，也只具有一个私人性的办学形式，而教学内容必须是国家指定的。四书五经是固定的教材，教师的讲解不能离经叛道，因而不可能通过教学培养独立的人格和自由的思想。科举制废除之后，情形就不同了，学校的培养目标不再只是官员预备队，而是各方面的人才；教学内容自然不再只是经书，而是包括了来自西方的许多学科。办学堂以西方为榜样，而西方的教育是独立的，教学内容丰富而自由。中国的学堂虽然不可能一下子获得这种独立，但它毕竟不同于以往的科举，因而使教育者在某种程度上获得了独立创造和传播的空间。

然而，仅仅废除科举是不够的，看一看科举制废除之后中国学堂的情景，我们就会看到，国家规定大学堂毕业相当于进士，中学堂毕业相当于举人，使学堂成了变相的科举。于是，过去读书是为了功名，现在上学堂依然是为了功名，国家权力的介入使学堂不可能像西方那样成为独立自主地培养人才的地方。因此，学堂对科举的取代并未从根本上使中国文人获得解放，也不可能因此而使中国传统文人蜕变成现代知识分子。最先的中国现代知识分子成长于异国的土地上，国内知识分子的大面积成长需要等待专制制度的铲除。

（三）留学生在海外的成长

讨论中国现代知识分子的出现，不能不论及留学生群体。如果说国内读书人的蜕变是在清末新政废科举、兴学堂的背景上开始的，那么，国外的留学生就具有更多的条件获得思想上的自由和人格的独立。

世纪之交，清王朝开始大量派遣留学生。由于种种原因，日本成为中国留学生的主要聚集地。据统计，1901年，在日本的中国留学生只有三百人，到1905年就达到了八千人，到1906年达到一万三千人。[①]之所以大量聚集于

---

①李良玉：《动荡时代的知识分子》，浙江人民出版社1990年，第63页。

日本，一来由于日本是变法成功的榜样，二来也由于日本是中国近邻，而且留学费用较低。据当时的人说，每年只需三百两银子。[①]这些留学生并不都是为了崇高的理想而来，而是与政府提倡留学并给予留学生的待遇有关。尤其是新政开始之后，朝廷已经明确宣布，科举三届裁完，出国留学显然是新的出路。对于清政府而言，派出留学生，目的本是为王朝培养具有现代文化知识的服务人才，以巩固王朝的统治。但是，他们万万没有想到，留学归来的绝大多数不是专制帝国的维护者，而是它的掘墓人。

留学生到国外，完全进入了一个新的世界。在新的环境中，他们受到完全不同于中国传统的思想文化冲击，而且直接面对完全不同的政治制度、社会生活和价值理念。这一切与他们熟悉的中国传统不同，但他们往往无法抵抗诱惑，因为比较是不可避免的，比较之后更难免要重新选择。因此，他们不仅开阔了眼界，而且必然产生了新的理想和追求。这从他们翻译和印行的著作就可以看到，比如卢骚（即卢梭）的《民约论》，约翰·穆勒的《自由原理》，孟德斯鸠的《万法精意》，斯宾塞的《代议政体》《社会学原理》《女权篇》，达尔文的《天择篇》《物竞篇》，赫胥黎的《天演论》，以及《美国独立战史》《佛国革命战史》《苏格兰独立史》《意大利独立战史》《华盛顿》《林肯》《近世社会主义》《无政府主义》《社会党》《虚无党》……在这样一些著作的影响下，无论他们本来具有什么样的基础，无论曾经如何打定主意只学习西方的科学技术而不受其意识形态和社会制度的影响，最终都不能不接受一些现代的政治学说和文化思想，形成一些新的理想和价值观念。

他们中的一些人本来也许曾经有过中央大国子民的自豪，也许曾经有过皇恩浩荡的感觉，但在现代思想的影响下，在现代国家公民个人权利和自由状态的比照下，那些自豪与恩典早已黯淡无光。他们中的一些人开始形成新的抱负，甚至以孟德斯鸠和卢梭自居，以罗伯斯庇尔和华盛顿自居，立志改变中国的社会，使自己的同胞也过上人的生活。一切都无可挽回地发生了，衰败的清王朝为了挽救自身的衰败而向外国派遣留学生，回来的却不是自身命运的挽救者，而是与自身完全不同的一个新时代所需要的人才。西方现代

---

①胡绳：《从鸦片战争到五四运动》（下册），人民出版社1981年，第687页。

思想影响了他们，使他们告别古老传统，开始了新的追求。

在世纪之交的特定背景上，奔赴海外的留学生不仅面对不同文化的冲击和先进文明的诱惑，同时还面对两个特殊的因素：一是流亡海外的维新人士的思想影响。变法失败之后，维新运动的活跃分子有的被杀，有的被关，有的被罢官或流放，留在国内的漏网之鱼也往往胆战心惊，在恐怖之中闭上了嘴。但是，他们中的一些人如康有为、梁启超等逃到了国外，成为在列强帮助下得以幸存的“叛国者”。因为遭遇捕杀和驱赶，他们的确成了“丧家之犬”，与清王朝的依附关系被迫断裂。因此，在流亡过程中，他们中的一些人在思想上也开始获得了真正的独立，终于在异国的文化环境中完成了传统文人到现代知识分子的蜕变。他们继续宣传自己的主张，而华侨和留学生是他们的主要宣传对象。二是以孙中山为代表的革命派，他们自1894年之后就在海外活动，进行反满革命的宣传。当留学生大量出现时，孙中山也及时开始了在留学生中的宣传和组织工作。

一代学子在这样的背景下来到国外，不能不受他们的影响。这两种力量的主要成员本身就是正在醒来的知识分子，而他们的宣传又进一步唤醒更多的人，使他们在异国自由的环境中从故国传统的禁锢中挣脱出来，形成独立的人格与自由的思想，从传统的读书人向着现代知识分子转化。

尤其值得提及的是，由于变法的惨败，一些维新派的人士开始转向革命。比如，章太炎、蔡元培、吴稚晖、秦力山等，本来都属维新派，而在这个时期，他们已经对清王朝不抱幻想，毅然走上了革命之路。

回顾这段历史，也许那一代人绝望之下的不合作态度未必是理智的，但对于谭嗣同们的追随者和同情者来说，清王朝表示愿意改良固然可喜，但跨过六君子的尸体而与刽子手们握手言和，继续维护他们的统治，却的确并非容易事。和平改革需要条件，如果统治者手上还滴着鲜血，道义感就会驱使一些人拒绝接受“相逢一笑泯恩仇”的美好建议。正因为这样，一些维新派成员面对清王朝实行新政的诚恳姿态而仍然纷纷走向了革命。当历史过去之后，人们当然可以在反思中发现革命代价惨重，甚至因此而提出“告别革命”，但是，革命往往不是人为呼唤的结果，也不是说告别就能告别的。在上一个世纪之交，正是顽固的统治者对维新派的镇压把中国逼上了革命之路。可以说，当六君子被杀于菜市口的时候，清王朝已经自己决定了自己最后被革命的命运。那些自立军的成员，那些拒俄义勇队的成员，本来多是改良派，但当他们在战友的新坟前鞠躬告别，登上逃往日本的客船时，大多成了革命派。今天那些指责他们过激的人，是否应该想一想他们的感受？跪地求饶也许并非没有活路，但并不是所有人都愿意跪着活的。

对于专制制度之下的臣民来说，走向革命，意味着从王朝体制内彻底独立了出来。这是中国现代知识分子成长过程中关键的一步。

1903年前后，留学生中的革命思潮开始波浪翻涌。他们不仅通过书报制造革命舆论，而且组织革命团体从事实际的革命活动。作为重要的思想事件，最先以响亮的声音引人注目的是邹容。邹容于1902年赴日本留学，同年开始了《革命军》[①]的写作，当时他只有十七岁。因为不满于清政府派往日本的监督，他与张继等人剪掉了这位监督的辫子，被迫于1903年逃回上海。《革命军》在上海完成，由章太炎作序，于1903年5月在上海出版。此书曾经风靡一时，章太炎说："凡摹印二十有余反，远道不能致者，或以白金十两购之，置笼中，杂衣履餈饼以入，清关邮不能禁。"[②]因此，有人认为此书"适合当时社会需要，几于人手一编，卒赖其言为驱胡建国之本，功不在孙、黄、章诸公下"[③]。在《革命军》中，邹容猛烈抨击制度，热情鼓吹革命，而且指出："有野蛮之革命，有文明之革命。野蛮之革命，有破坏，无建设，横暴恣睢，适足以造成恐怖之时代，如庚子之义和团，意大利之加坡拿里，为国民增祸乱。文明之革命，有破坏，有建设。为建设而破坏，为国民购自由平等独立自主之一切权利；为国民增幸福。"他揭露了清统治者的腐朽、落后和残暴，主张以革命的手段推翻清王朝的统治，使中国人摆脱奴隶状态，而成为国民。"国民者，有自治之才力，有独立之性质，有参政之公权，有自由之幸福，无论所执何业，而皆得为完全无缺之人。曰奴隶也，则既无自治之力，亦无独立之心，举凡饮食、男女、衣服、居处，莫不待命于主人，而天赋之人权，应享之幸福，亦莫不奉之主人之手。"他赞美

---

①《辛亥革命前十年间时论选集》（第一卷，下册），三联书店1960年，第649—677页。

②章太炎：《赠大将军邹军墓表》，《辛亥革命》（第一册），神州国光社1953年，第365页。

③冯自由：《〈革命军〉作者邹容》，《革命逸史》（第二集），中华书局1981年，第49页。

西方民主革命的成就，宣传自由、平等和人权的观念，展示了一个根据现代国家理念建立起来的中华共和国的蓝图："一、凡为国人，男女一律平等，无上下贵贱之分。一、各人不可夺之权利，皆由天授。一、生命，自由，及一切利益之事，皆属天赋之权利。一、不得侵人自由，如言论、思想、出版等事。一、各人权利必要保护。须经人民公许，建设政府，而各假以权，专掌保护人民权利之事。一、无论何时，政府所为，有干犯人民权利之事，人民即可革命，推倒旧日政府，而求遂其安全康乐之心。"虽然正如蔡元培等所指出的存在过于强烈的民族情绪，但它对一代人的觉醒的确具有振聋发聩的作用。它标志着年轻一代知识分子的出现，并且显示了他们的思想高度。

与邹容同时引人注目的还有陈天华。陈天华常常被认为是一个民族主义者，但世纪初的民族主义者与后来的民族主义大不相同。他的《猛回头》和《警世钟》[①]不仅指出中国在列强的侵略下的危亡局势，唤起人们为改变这种局势而斗争，而且告诉人们："国家譬如一只船。皇帝是一个舵工，官府是船上的水手，百姓是出资本的东家。……倘若舵工水手不能办事，东家一定要把这些舵工水手换了，另用一班人，才是道理。"由此可见，他同样已经具有现代的国家理念。

就在革命形成高潮之际，思想界爆发了改良与革命的论战，论战是由章太炎对康有为的批判开始的。在维新运动中，章太炎支持康、梁的活动，并寄会费参加强学会。1897年春天，他还在上海担任过《时务报》撰述，后来又先后担任过《经世报》《实学报》《译书公会报》主笔或撰述，但他比较早地产生了反对大清统治的思想。1899年秋天，梁启超致函邀请章太炎赴日，"梁引章同访孙总理、孙少白于横滨，相与谈论救国大计，极为相得"[②]，从此与孙中山相识。1900年，唐才常在上海组织国会，会章中提出"务合海内仁人志士共讲忠君救国之实"之语，他立即表示反对，并且愤然剪辫以示决绝，从此坚定地走向了革命。1903年，康有为发表《与南北美洲诸华商书》，认为"中国只可立宪，不可革命"。章太炎针锋相对地写了《驳康有为书》，论证了革命的必要性。康有为认为，中国之人心

①《辛亥革命》（第二册），第112—170页。

②冯自由：《章太炎事略》，《革命逸史》（初集），第54页。

公理未明，民智未开，旧俗俱在，革命只能导致混乱，不会有好结果。章太炎说："今日之民智，不必恃它事以开之，而但恃革命以开之。""以合众共和结人心者，事成之后，必为民主。民主之兴，实由时势迫之，而亦由竞争以生此智慧者也。"他把革命看作开民智的手段，认为不是因为民智未开而拒绝革命，而是因为民智未开更要革命。他说："公理之未明，即以革命明之，旧俗之俱在，即以革命去之。革命非天雄太黄之猛剂，而实补泻兼备之良药矣。"①

在革命派与改良派的论战中，一些问题的讨论已经相当深入，比如，梁启超提出："今日之中国万不能行共和立宪制；而所以下此断案者，曰，未有共和国民之资格。"②陈天华的回答是："欧美可以言民权，中国不可以言民权，欧美可以行民主，中国不可以行民主"，这是对中国国民的侮辱。"一若吾民族万古不能有能力，惟宜永世为牛为马为奴隶者，何其厚诬吾民族也！"③

这场论争的过程有力地促进了中国知识分子的思想解放，使他们开始思考一些过去从未思考过的问题，从而一步步获得了独立的人格和自由思想的能力。保皇派与革命派的争论意义不只在于弄清是非，还在于使一代知识分子意识到，国家的命运是可以这样讨论的，人们可以通过自己的思考选择国家和民族的命运，包括面对最高统治者，也可以考虑它是否合法、是否必要、如何改变它，等等。这种讨论非同小可，因为它使统治者的合法性开始接受批判和论证。

正因为这样，随着这场论争的深入发展，一个革命派的知识分子阵营开始形成。在这个阵营中，有从维新派中分化出来的老一代，他们是章太炎、蔡元培、吴稚晖、秦力山等；有成长起来的新一代，他们是邹容、黄兴、陈天华、秦毓鎏、章士钊、张继、宋教仁等。在他们的影响之下，更多的留学

---

①《辛亥革命前十年时论选集》（第一卷，下册），第760页。

②梁启超：《答某报第四号对于本报之驳论》，《辛亥革命前十年间时论选集》（第二卷，上册），第240页。

③陈天华：《论中国宜改创民主政体》，《辛亥革命前十年间时论选集》（第二卷，上册），第121页、第124页。

生正在走向革命，并在走向革命的过程中成为真正的现代知识分子。

（四）君主制度的废除与知识分子的独立

在辛亥革命之前，中国现代知识分子群体的形成是有限的。科举制度的废除并没有使知识分子完全解放出来，因为皇帝依然端坐龙庭，两千年的君主专制制度虽然已经腐朽得斑驳陆离，却仍然足以限制人们的自由。海外留学生中现代知识分子的成长虽然迅速，但风云际会多是在异国的土地上。他们一旦回国，置身于专制制度之下，却大都陷入痛苦、寂寞或沉沦。现代知识分子的成长需要一定的制度环境。这个环境是辛亥革命带来的。

1912年元旦，是中国历史上一个划时代的日子。这个日子使延续几千年的专制政体从此成为非法，翻开了民主共和的崭新一页，使几千年专制制度下的中国人看到了现代国家的萌芽破土而出。晚上十点，中华民国宣告成立，孙中山在南京就任中华民国临时大总统。这是亚洲第一个民主共和国，值得中国人为之自豪。在那个庄严的时刻，无数志士为之热泪盈眶。新生的共和国象征着一片新的天地，国体变了，政体变了，国家不再是一家一姓的国家，不再是某个集团的国家，而是全体国民的国家，国民成为主人，而总统不过是国民的公仆。这一天的《申报》发表《新祝词》写道："我四万万同胞如新婴儿新出于母胎，从今日起为新国民，道德一新，学术一新，冠裳一新，前途种种新事业，国民之新责任也。"①中国人告别专制而走入共和，人们热情地欢呼并祝祷着这一变化："专制与共和之别，专制皇帝为民之至尊，而共和总统为民之公仆。专制为一私人之国，共和为众百姓之国。故专制国不可一日无君，而共和国则不然，譬一公司，百姓股东也，总统者犹股东，推一谁某为总理，乃公司之代表也，公司之草章犹约法，董事会犹参议院，总统之遵守约法，听从参议员，犹公司之总理听从董事，遵守草章。"②

带来这个伟大转折的是辛亥革命。多年之后，钱玄同仍然充满深情地写道："若从中华民国自身说，他是公历一九一一年十月十日产生的，那一日才是中华民国的真纪元。就中国而论，这日是国民做'人'的第一日；就世界而论，这日是人类全体中有四万万人脱离奴籍，独立做'人'的一个纪念

①《申报》1912年1月1日。

②民谊：《中华民国与大清帝国》，《民国新闻》1912年7月31日。

日。这真是我们应该欢喜，应该庆贺的日子。”①

辛亥革命之后，虽然专制传统不可能在短时期内消除，官员们自觉不自觉地沿袭着专制时代的习惯，文人们也往往因为“礼崩乐坏”而很不适应，但是，毕竟有一些人，因为帝制的崩溃而不再依附权力，因为新时代无须跪拜而开始学习站着说话。在开始时，他们也许站立不直，摇摇晃晃，但他们与那些没有主子就无法活命因而到处寻找新主子的人们不同，在旧体制崩溃的条件下，他们慢慢地成长起来，成为现代知识分子。

今天的中国人已经习惯于大谈辛亥革命的“失败”，其实，辛亥革命的成功是不应忘记的，它结束了中国几千年的专制制度，使后来的一切专制主义者都不得不披上伪装。它所带来的自由和民主虽然没有得到巩固，但历史进程中的复辟和倒退并不奇怪，在专制传统根深蒂固的中国，这一切更不奇怪。鲁迅等人都对民国元年充满深情，并非没有根据。仅举一事为例：当年，湖北有一个叫向岩的人，发表声明毛遂自荐，要做中华民国的大总统。他在通告中批评了已经离任的临时大总统孙中山和在任的临时大总统袁世凯，认为自己比他们远胜一筹。且不说他对孙中山和袁世凯的批评是否得当，也不必深究他是否真有当总统的能力，作为一个公民，他敢于公开声称要当总统，而且对现任总统和前任总统都公开提出批评，已经说明当时中国社会开始出现自由的空气。在皇帝时代，除非已经揭竿而起，有谁敢说让皇帝下台？有谁敢宣布自己要取而代之？又有谁能把这一切看作是自己合法的权利？②所以，无论人们如何强调北洋军阀统治时期的黑暗，都不能否认，由于君主专制制度的废除，时代已经为现代知识分子群体的形成提供了比较宽松的条件。即使在后来出现的一些黑暗现象中，也仍然显示着现代制度的威力。比如，宋教仁被杀，江苏地方法院可以传讯总理，而总理要逃避审讯只能称病，不敢公开拒绝出庭。全国报刊自由报道各种消息，即使是袁世凯也对报纸和记者无能为力。新闻自由和言论自由对于知识分子群体的生成是重要的。由于革命的发生和新制度的建立，中国知识分子已经开始享有这种自由。这种情况甚至一直延续到“五四”之后，直到“三一八”惨案发生，

①钱玄同：《陈百年〈恭贺新禧〉的附志》，1919年1月《新青年》第6卷第1号。

②向岩：《新中华民国》，《追寻》，南京印刷局1913年。

我们仍然可以看到舆论的力量。正是舆论的压力，导致向学生开枪的政府以集体辞职向国民谢罪。而在此之前，无论发生什么样的事故，慈禧太后们也想不到应该引咎辞职。这一切，显示的是制度的力量，在现代政治制度框架之下，知识分子才有力量。同样，也只有在现代政治制度框架之下，知识分子才能发展和壮大。

同时，革命的结果使成长中的知识分子真正获得了人身的解放，从对权力的依附关系中解脱了出来。从某种意义上说，任何依附都必然制约着人的独立，真正独立的知识分子不可能是国家、集团或个人豢养的。从道理上讲，国家公费派出的留学生理所当然要服从国家的需要，他的独立和自由就有可能受到限制。革命却使一代人获得了独立和自由的可能。清王朝派出了大量的留学生，如果清王朝不亡，他们回国之后就需要拿着王朝的俸禄按照王朝的意志行事。但是，当他们学成归来之时，派遣他们的老板已经垮台，他们因此而获得了自由。他们当中有许多人供职于新政府管理之下的机关、部门或学校，但是，新国家毕竟不是专制政体，它具有一个现代国家的政治框架。在这种框架之下，个人与国家的关系是契约关系，个人与政府是平等的。国家无意于剥夺个人的权利，更无意于进行思想文化和意识形态方面的控制，结果是政府及其文化教育部门容纳了大量人格独立、思想自由、信仰各不相同的人。后来新文化阵营的主将们就是这样一群在历史变革中获得独立的知识分子，如陈独秀、胡适、李大钊、高一涵、鲁迅、周作人、钱玄同、刘半农……用一句当代中国人大都熟知的话说，他们不再是依附于哪个阶级或哪个集团的“皮”上的“毛”。他们在学校任教，在报馆主笔，自由地在市场上出卖自己的劳动，不再被权力豢养，也没有被统购统销。

胡适在谈到辛亥革命时曾说：“这个政治大革命虽然不算大成功，但是它是后来种种革新事业的总出发点，因为那个顽固腐败势力的大本营若不颠覆，一切新人物与新思想都不容易出头。戊戌（1898）的百日维新，当不起一个顽固老太婆的一道谕旨，就全盘推翻了。”[①]陈独秀也说过：“常有人

①胡适编《建设理论集》，赵家壁主编《中国新文学大系》（第一集），良友图书公司1935年，第16页。

说，白话文的局面是胡适之、陈独秀一班人闹出来的。其实这是我们的不虞之誉。……适之等若在三十年前提倡白话文，只需章行严一篇文章便驳得烟消灰灭。”[①]陈独秀把这原因归之于“产业发达人口集中”，其实，重要的原因是辛亥革命给中国带来的制度环境。

三、“五四”：中国现代知识分子的成年礼

（一）《新青年》与新文化运动

在中国现代知识分子的成长过程中，历史不应忘记1915年的陈独秀。这年9月，他在上海创办了一份杂志——《青年杂志》。当时的人们大概无法预料到，就是这份杂志的诞生，把中国现代知识分子带入一个辉煌的新阶段。

革命已经过去，中国由大清帝国变成了中华民国。但是，以袁世凯为代表的旧官僚却不可能迅速成为这个现代国家合格的管理者。由于思想观念和传统习惯，他们只能以旧的方式执政。后来的历史叙述谈到袁世凯时总要给予种种指责，但一些指责显然并不完全确切。比如，说他一心要复辟倒退做皇帝。其实，如果客观地看问题，答案大概是：这个旧体制培养起来的官僚和军阀，还不习惯在现代国家执政，对于现代政治体制，他很难一下子适应，在进退两难之际做出了错误的选择。这并不奇怪，因为历史的惯性是无法忽视的存在，它必然成为革命之后相当长的时间内都存在的问题。且不说袁世凯本身就是刚刚摘掉大清顶戴的旧官僚，即使革命党人不把总统的宝座让出，也很难保证不在历史的惯性作用下出现不良的结果。虽然他们已经是总统或者什么别的称谓，但传统的力量很容易使他们成为事实上的皇帝。与此同时，国民的状况也是重要的。共和国诞生了，但历史不可能预先为她准备下合格的公民。他们中的大多数还没有意识到历史发生的重大变化，也没有意识到自己已经是这个国家的主人。他们像过去一样，仍然习惯于被奴役的地位，因为从来不曾拥有过公民的权利，自然不会维护自己的权利。有的甚至很不习惯这个礼崩乐坏的新时代，因为的确是官员不像过去的官员，百姓也不像过去的百姓，县大老爷面前竟然都不下跪

①陈独秀：《答适之》，《陈独秀文章选编》（中），三联书店1984年，第379页。

了。1915年，袁世凯上演复辟帝制的丑剧，各地各界纷纷劝进。而在文化界，一些人极力鼓吹尊孔读经，并且要把孔教奉为"国教"。这一切反映了中国国情，反映了传统的力量。

正因为这样，陈独秀产生了新的觉悟，从政治革命走向了文化革命。在《青年杂志》创刊号上，陈独秀发表了《敬告青年》，向青年提出了六点希望：第一，自主的而非奴隶的；第二，进步的而非保守的；第三，进取的而非退隐的；第四，世界的而非锁国的；第五，实利的而非虚文的；第六，科学的而非想象的。这是一篇号召思想革命的宣言。他告诉青年："国人而欲脱蒙昧时代，羞为浅化之民也，则急起直追，当以科学与人权并重。"在同一期杂志上，他还发表了《法兰西人与近世文明》，向读者介绍西方现代文明。接着，他连续发表《今日之教育方针》《东西民族根本思想之差异》《吾人最后之觉悟》《我之爱国主义》《驳康有为致总统总理书》《宪法与孔教》《孔子之道与现代生活》等文章，抨击专制主义的思想文化和伦理观念，呼唤个体的人格独立和思想解放。鉴于旧体制的留恋者对孔子的尊崇和利用，陈独秀指出孔教与帝制的紧密联系，揭示三纲五常等传统伦理与现代国家和社会理念的冲突，从而告诉人们："孔子之道不合现代生活。"陈独秀极力鼓吹科学、民主和人权学说，要以西方现代伦理观念取代中国的旧道德，并为来之不易的现代政治体制提供思想观念的支撑。

在其开始，陈独秀的同志只有高一涵、李亦民等几人，但《新青年》以新的面貌出现于中国，无疑是一面旗帜，很快引起了知识界的广泛注意。于是，最具有现代观念的知识分子开始向《新青年》聚集。比如，四川"只手打孔家店"的吴虞来了，在《新青年》发表《家庭制度为专制主义之根据论》《儒家主张阶级制度之害》等文章，激烈地批判封建制度和旧礼教。比如，李大钊在《甲寅》给予热烈的回应，他发表了《孔子与宪法》《自然的伦理观与孔子》，反对把孔教列入宪法，并认定孔子学说是"历代帝王专制之护符"和"专制政治之灵魂"。他像陈独秀一样，把反孔与对整个伦理观念的批判结合起来，并且说明：道德的内涵不是永恒不变的，道德观念应该与时俱进。于是，一场以批判旧伦理为中心的文化革命逐步开展起来。

（二）1917：中国现代知识分子的集结

1916年12月26日，无论对于中国文化发展的历史还是对于中国现代知识分子的历史，都是一个意义深远的日子。

这一天，蔡元培到客店拜访了从上海到北京办事的陈独秀。据汪孟邹日记：“十二月二十六日，早九时，蔡孑民先生来访仲甫，道貌温言，令人起敬，吾国唯一之人物也。”一个月前，也就是1916年11月26日，为了“群益”与“亚东”合并之事，陈独秀与汪孟邹一起到北京筹股，住进了前门外一家旅馆。这时的蔡元培刚刚受命中华民国政府的委任，即将出任北京大学校长。他正在考虑如何改革北大的不良状况，如何制订北大的教学方针，如何把北京大学办成真正的现代大学。为此，他需要为北京大学聘任新的教员。经汤尔和的推荐，蔡元培立即前往拜访。其实，陈独秀与蔡元培应算旧交，在辛亥革命之前，他们曾为刺杀满清官员而一起制造过炸弹。在旅馆里，蔡元培与陈独秀谈定了两件事：第一，聘任陈独秀出任北京大学文科学长；第二，陈独秀把《新青年》带到北京来办。

无论对于北京大学，还是对于《新青年》，这都是一个重大的开端。此时，《新青年》第2卷第5号已经在上海印出，只准备在1917年1月1日发行。也正是这一期，刊登了胡适的《文学改良刍议》。它是文学革命的第一枪。此时的《新青年》到北京来办，意味着文学革命将与当时中国的最高学府联系在一起，也意味着《新青年》竭力倡导的新文化运动将获得北京大学这个阵地，并在这里形成新文化的阵营。而就北京大学来说，它将因陈独秀和《新青年》的到来而成为中国新文化运动的中心。它将从此不再是默默无闻的高等学府，而是举世瞩目的焦点和文化新潮的发源地。而且，由于蔡元培与陈独秀的这一决定，全国各地的中国现代知识分子，将以《新青年》和北京大学为中心集结。

于是，1917年1月4日，蔡元培就任北京大学校长。1月13日，陈独秀就任北大文科学长。从此，《新青年》开始在北京编辑出版。到1918年1月，《新青年》成为同仁刊物，不再由陈独秀一人主编，而由六人轮流主编，他们依次是陈独秀、钱玄同、高一涵、胡适、李大钊、沈尹默。同时，鲁迅、周作人、刘半农等也参加了编辑工作。在此，中国现代知识分子的领袖集团已经形成。而作为后起之秀的傅斯年、罗家伦等正在他们的影响之下迅速成长起来。

在蔡元培的主持之下，北京大学迅速从腐朽的旧躯壳中获得新生。由改造北京大学作为起点，中国教育开始走上现代的轨道。现代社会最显著的标志就是政府民选、司法独立、军队国有、新闻自由和教育独立。革命之后的中国没有完成真正的军队国有，所以导致了军阀混战的局面，但教育独立曾经成为现实。随着民国建立，教育独立成为知识阶层的共识。蔡元培致力于高等学校在制度上与国际公认的标准接轨，推动了教育独立和学术自由的实现。他认为，“教育事业当完全交与教育家，保持独立的资格，毫不受各派政党或各派教会影响”，因为“教育是要个性与群性平均发达的，政党是要制造一种特别的群性，抹杀个性”①。他主张教育的根本目的在于发展学生能力，完成学生人格，而不是要学生成为供人驱使的工具。他曾反复强调：隶属于政治的教育与超越于政治的教育，根本目的是不同的，前者使受教育者服从，易受政府驱使；而后者则是从受教育者着想，实现其健全的人格。他把教授治校视为保障教育独立的根本措施。在推动教育独立和教授治校的同时，蔡元培倡导思想自由，主张兼容并包。他不赞成董仲舒罢黜百家、独尊儒术的主张，认为在现代国家，“言论自由与思想自由，尤为绝对之原则”②，而大学更应贯彻实现。他指出：“以思想自由之通则，而大学之所以为大也。”③

因为蔡元培等人的努力，不仅北京大学成为现代知识分子的摇篮，而且对全国产生了广泛的影响，带动中国当时的大学，迅速培养着中国的现代知识分子。

正是在这样一种新的氛围之中，新文化运动轰轰烈烈地进入了高潮。一代大学生的独立人格和自主意识迅速形成，怀疑的精神、批判的态度以及对于社会的责任感也进一步强化。正是在这一基础上，当巴黎和会的消息传来的时候，才爆发了1919年5月4日的学生运动。这一运动标志着年轻一代知识分子对于国家事务的独立介入。它使政府最终拒绝在合约上签字，在世界面前刷新了中国人尤其是知识分子的形象，同时也进一步助长了青年知识分子关心社会政治和国家大事的热情。

与此同时，各种报刊纷纷问世：“1917年到1921年间，全国新出的报

---

①②③《蔡元培全集》（第4卷），中华书局1984年，第177页；《蔡元培全集》（第5卷），第59页；《蔡元培全集》（第3卷），第211页。

刊有一千种以上。”[①]除《新青年》之外，《每周评论》《新潮》《少年中国》《国民》《星期评论》《建设》《少年世界》《解放与改造》（后改名《改造》），以及四大副刊《晨报副刊》《京报副刊》《时事新报·学灯》《民国日报·觉悟》）都显示了一个文化创新时代的光彩。考察当时的情况，虽然也发生过封报馆和抓记者之类的事件，但因为有现代的政治制度框架，不仅言论自由，结社也是自由的，所以知识界社团林立，知识分子可以自由发表自己的见解，提出自己的主张，表现了空前的积极性。正因为这样，五四时期成为中国现代知识分子辉煌的成年礼。

四、五四知识分子的自我定位

五四知识分子像他们的前辈一样，关心时政，忧国忧民，但是，他们的关心与传统士大夫文人的庙堂之忧有根本的不同，他们不再把委身权威去充当奴仆作为达到目标的途径，而是以知识分子角色去独立承担。在他们身上，人们不难看到一种巨大的政治热情。这并不奇怪，因为置身于一场历史性的政治变革进程之中，面对传统政治体制向现代政治体制的艰难转型，任何政治上的风云变幻都会直接影响着人们的生活，甚至决定着人们的命运。在这种情况下，一个真正的知识分子不可能不关心政治。然而，这种关心已经不再是千方百计挤进庙堂去跪倒在权力面前宣读奏章，而是以现代知识分子的方式直接面对社会发言。

五四知识分子像历代有良知和责任感的文人一样，同情人民疾苦，为下层劳苦大众而呐喊，在精神上却绝不与大众站在同一地平线上，而是在为民请命的同时以现代观念烛照其落后与愚昧，以“哀其不幸，怒其不争”的态度进行思想文化启蒙。新文化运动的主将们关心各类弱势群体的苦难，然而，对其苦难的同情并没有代替对其国民性格弱点的揭示和批判。他们不像那些农民起义领袖那样为了自己打天下的需要而煽动民众的狂热和利用民众的愚昧，而是致力于国民性格的改造。因为这种态度，新文学有了阿Q、华老栓、祥林嫂等一

①［美］周策纵：《五四运动：现代中国的思想革命》，周子平等译，江苏人民出版社1996年，第247页。

系列承载着同情和批判双重情感的形象。正是这一点，使他们不仅不再是为旧秩序鞠躬尽瘁的诸葛亮，而且不再是为反抗者出谋划策的吴用。

以陈独秀、鲁迅和胡适为代表的知识分子认为：在专制体制崩溃之后，国民性格中的专制传统积淀却没有得到清理。这就需要一方面揭露和抨击专制主义传统，一方面启发人们意识到个人的价值、尊严和权利，克服奴隶性而培养现代公民意识。面对新生的共和国艰难的脚步，他们以进行文化革命的形式独立担负起这一使命，走上了思想启蒙的道路。

这条道路并非陈独秀等人的新发现。在此之前，严复、梁启超等人已有与之相近的“新民”的努力。但与维新派的“新民”不同，以《新青年》集团为核心的中国现代知识分子为自己的全部努力确立了一个全新的目标：人。新文化运动一开始就确立了自己的努力方向：“科学与人权并重。”五四新文化运动是在这样一种精神指导下进行的。所谓“伦理的觉悟”，所要完成的全部内容就是“人的解放”；文学革命在价值层面上就是要变“非人的文学”为“人的文学”；新文化运动不遗余力地攻击旧传统，因为他们认定中国几千年的传统是“吃人”；他们介绍西方文明并主张西化，因为现代西方的自由、民主、平等体现了对人的尊重，更有利于人的生存和发展；新思潮最深刻的意义在于再造新的文明，而梦想中的新文明就是能够保障个人自由、尊严与权利的文明。

这是五四新文化阵营的共同选择。正是这一价值观，体现了五四新文化的现代性。也正是这一价值观，使以《新青年》为核心的知识分子成为真正意义上的现代知识分子。因为他们不仅获得了独立的人格和自由的思想，而且获得了现代社会最具根本性的价值观念。

是否尊重人的价值和个体自由，是欧洲现代与中世纪的一个分水岭，也是识别和确认一种文明是否进入现代或者是否具有现代性的重要标志。无论20世纪西方的一些学者是如何把现代性涂抹得模糊不清，也无论一些后发现代化国家的人们如何为维护特权而利用那些可以把水搅混的学说，现代性仍然应该明明白白：它以文艺复兴和思想启蒙运动为基础，其初衷永远鲜明而不模糊，经济上的工业化和市场化、政治的民主化、思想和宗教信仰的自由化、生活方式的城市化等等一切，都以人的解放、幸福和权利保障为指归。因此，现代性的基本特征就是一切以人为中心，以人为目的，而在国家和社会组织建构中，则以保障个人的自由、尊严和权利为最基本的原则。

1907年前后，留学海外的一些留学生已经接近了这一基本原则。作为在古老的中国传统中成长起来的青年，他们本来或许像国人一样习惯于几千年的专制，甚至为悠久的历史而自豪，远涉重洋，要学习的也是使自己的国家富强的各种技术。但是，在异国的土地上，中国人和西方人不同的生存状态形成了强烈的对比，这使他们看到了身为中国人的多重悲剧，从而对西方现代的制度和文化心向往之。他强烈地意识到，中国人应该从专制制度中解放出来，应该从纲常名教和各种奴役关系中解放出来，应该从各种腐朽的思想和观念中解放出来，使自己真正成为自己的主人。在关于改良与革命的论争中，一些人已经认识到专制制度的种种罪恶归根到底是剥夺人权和践踏人权，因而开始为争取个人的权利而呐喊。他们强调人权天赋，肯定人们追求个人幸福和快乐的权利，强调个人的自主和道德的自律，呼唤个人自由和人格平等，从政治领域到道德领域，全面地确立人的最高价值。为此，他们提醒人们国民与奴隶之间做出区分，提醒人们注意个人与国家的关系，认为无论是在国家、社会还是家庭生活中，都应该保障个人的权利。一些人由此走向无政府主义，这是一种不值得赞美的选择，其影响和后果也不值得肯定，但是，它意味着一种觉醒。因为他们感到一切政府都可能对个人构成威胁，即使是自由国家的政府也不值得信任，为了个人的权利，他们宁愿不要政府。一些人甚至主张不要家庭，提出了“三无主义”“四无主义”等主张。在革命到来之前，作为一种对未来的设计，他们已经在倡导男女平等，主张“三纲革命”，要把君权、父权、夫权等一切不平等的权力统统破除。

这些主张在革命之后有所淡化，但在经过了共和国艰难发展的启示和帝制复辟的教训之后，被《新青年》集团有选择地继承和发展了起来。陈独秀、胡适、鲁迅等人从人的立场出发，以人为目的，引进西方自由、民主、平等和人权的价值理念，试图打破传统中一切禁锢人扼杀人的枷锁，以求中国人也能告别奴隶状态，过上像人一样的生活。他们不是无政府主义者，不主张无政府，因为他们知道，个人的权利是需要强大的力量保障的，而西方自由国家的经验证明，国家可以成为这样的力量，政府应该以保障个人的权利为目的。在他们那里，人，成了最高价值尺度；人格的独立、思想的自由、个人的权利，成为神圣不可侵犯的事物。它不必再通过其他神圣的东西而获得合法性，而是恰恰相反，无论政治制度、经济制度，还是道德规范、生活方式和风俗习惯，都需要通过它而获得合法性。国家的合法性不再是无须证明的，而是同样需要通过保护个人的自由和公民的权利而获得。从“五四”一代人的言论中，我们可以看到一系列相互对立的范畴：人的生活与非人的生活、人的文学与非人的文学、人的道德与吃人的道德……而区分这一切的尺度正是五四启蒙运动的最高价值尺度。

新文化运动的领袖们以空前的态度确立了对人的自信。他们鼓吹个性自由，为孩子而呼唤，为妇女而呐喊，为平民而鸣不平，努力创建一个与过去的历史极不相同的世界，这个世界被他们称作“人国”或“人的世界”。他们坚信：“信任天不如信任人，靠上帝不如靠自己。我们现在不妄想什么天堂天国了，我们要在这个世界上建造‘人的乐园’。我们不妄想做不死的神仙了，我们要在这个世界上做个活泼健全的人。……我们也许不信灵魂的不灭了，我们却信人格是神圣的，人权是神圣的。”①

正是为了人的解放，他们向传统发起了猛烈的攻击。陈独秀把中国传统社会认定为宗法社会，认为“自游牧社会，进而为宗法社会，至今无以异焉；自酋长政治，进而为封建政治，至今无以异焉。……宗法制度之恶果，盖有四焉：一曰损坏个人独立自尊之人格；一曰窒碍个人意思之自由；一曰剥夺个人法律上平等之权利；一曰养成依赖性，戕贼个人之生产力”②。胡适提醒人们，要看一个国家的文明，需要考察三件事：第一，看他们怎样对待小孩子；第二，看他们怎样对待女人；第三，看他们怎样利用闲暇时间。他认为“可惜我们中国禁不起这三层考察。这三点之中，无论哪一点都可以宣告我们这个国家是最野蛮的国家”③。面对中国女性的命运，他说：“‘把女人当牛马’，这句话还不够形容我们中国人待女人的残忍与惨酷。我们把女人当牛马，套了牛轭，上了鞍辔，还不放心，还要砍去一只牛蹄，剁去两

①胡适：《我们对于西洋近代文明的态度》，《胡适全集》（第3卷），安徽教育出版社2003年，第8—9页。

②陈独秀：《东西民族根本思想之差异》，《陈独秀文章选编》（上），第98页。

③胡适：《慈幼的问题》，《胡适全集》（第3卷），第838页。

只马脚，然后赶他们去做苦工!”因此，他得出的结论是：“全世界的人类里，寻不出第二国有这样的野蛮制度!”[①]鲁迅的概括是集中而有力的：“中国人向来就没有争到过‘人’的价格，至多不过是奴隶，到现在还如此，然而下于奴隶的时候，却是数见不鲜的。……任凭你爱排场的学者们怎样铺张，修史时候设些什么‘汉族发祥时代’‘汉族发达时代’‘汉族中兴时代’的好题目，好意诚然是可感的，但措辞太绕湾［弯］子了。有更其直捷了当的说法在这里——一，想做奴隶而不得的时代；二，暂时做稳了奴隶的时代。”“所谓中国的文明者，其实不过是安排给阔人享用的人肉的筵宴。所谓中国者，其实不过是安排这人肉的筵宴的厨房。”[②]“两种时代论”是对中国既往文明历史的动态考察和概括，“人肉筵宴论”是对中国社会静态的考察和概括。无论对于历史还是对于现实，他们的指控都在于这种文明把人不当人，在于它践踏和剥夺人的权利。在这里，人，成为他们批判传统文化的唯一价值尺度。正是在这一价值尺度的衡量之下，中国传统文明才显示了其“吃人”的野蛮和残暴。这就是“五四”一代人整体反传统的理由。

新文化运动的中心内容是伦理革命。按照陈独秀的说法，伦理的觉悟是“最后的觉悟”。他说：“儒者三纲之说，为吾伦理政治之大原，共贯同条，莫可偏废。三纲之本义，阶级制度是也。所谓名教，皆以拥护此别尊卑、明贵贱制度者也。”“吾人果欲于政治上采用共和立宪制，复欲于伦理上保守纲常阶级制，以收新旧调和之效，自家冲撞，此绝对不可能之事。盖共和立宪，以独立、平等、自由为原则，与纲常阶级制为绝对不可相容之物，存其一必废其一。倘于政治否认专制，于家族社会仍保守旧有之特权，则法律上权利平等、经济上独立生产之原则，破坏无余，焉有并行之余地?”[③]伦理革命集中表现为“三纲”革命。之所以要矛头直指“三纲”，理由是以“三纲”为核心的旧伦理的确压抑了人性，剥夺了人的权利，阻碍了人的自由发展。

他们重新审视传统的国家伦理，发现以“君为臣纲”为核心的统治秩序

①胡适：《祝贺女青年会》，《胡适全集》（第3卷），第836页。

②鲁迅：《灯下漫笔》，《鲁迅全集》（第1卷），第212—213页、第216页。

③陈独秀：《吾人最后之觉悟》，《陈独秀文章选编》（上），第108页。

虽然随着辛亥革命而失掉了理论上的合法性，但作为一种文化积淀却仍然留存于人们的头脑中。新文化运动的领袖们要为辛亥革命进行的政治体制变革进行一场思想文化上的补课，因而不能不在辛亥革命的思想基础上对传统政治观念进行深入思考，并大力宣传现代民主政治理念。在张扬现代政治理念的时候，他们准确地抓住了人权这一现代政治理念的核心。陈独秀认为，在法国大革命之前，欧洲国家也没有政治上的平等，能够获得自由独立之人格的只是贵族阶层，而大多数国民不过是特权者的奴隶，人权是得不到保障的。但是，“自千七百八十九年，法兰西拉飞耶特之《人权宣言》刊布中外，欧罗巴之人心，若梦之觉，若醉之醒，晓然于人权之可贵，群起而抗其君主，仆其贵族，列国宪章，赖以成立”①。对于西方政治学说，陈独秀并未全面掌握，却非常有幸地直抵现代性的核心。高一涵等人却以深厚的专业学识围绕这一核心进行了系统而全面的言说。

他们重新审视家庭伦理，审视父与子、长与幼的传统秩序，以幼者为本位对长者本位和父亲权威进行了批判，以激烈的姿态颠覆了传统的父／子、长／幼秩序。中国传统讲究孝道，而新文化运动却对孝道进行了激烈的挑战。为了给子辈以应有的权利，胡适反复宣称：做父亲的对儿子只有教养的义务而没有索取回报的权利。他在诗中写道：“我要你做一个堂堂的人，不要你做我的孝顺儿子。”这首诗曾经引起争论。面对种种指责，胡适强调的仍然是父母对子女不应该有任何特权，儿子对父母爱和敬都应该是有条件的。面对子女应该敬爱父母的传统，胡适问道：“假如我染着花柳病，生下儿子又聋又瞎，终身残废，他应该爱敬我吗？又假如我把儿子应得的遗产都拿去赌输了，使他衣食不能完全，教育不能得着，他应该爱敬我吗？”②他所要求的是无论父亲还是儿子，都应该享有独立和自由的权利。鲁迅考察中国人怎样做父亲，看到的是：“中国的孩子，只要生，不管他好不好，只要多，不管他才不才。生他的人，不负教他的责任。虽然‘人口众多’这一句话，很可以闭了眼睛自负，然而这许多人口，便只在尘土中辗转，小的时候，不把他当人，大了以后，也做不了人。”“因为我们中国所多的是孩子

---

①陈独秀：《法兰西人与近世文明》，《陈独秀文章选编》（上），第79页。

②胡适：《“我的儿子”》，《胡适全集》（第1卷），第657—658页。

之父；所以以后是只要‘人’之父！”①面对这种千年难以改变的传统，鲁迅认为没有别的办法，“便只能先从觉醒的人开手，各自解放了自己的孩子。自己背着因袭的重担，肩住了黑暗的闸门，放他们到宽阔光明的地方去；此后幸福的度日，合理地做人”②。

他们重新审视涉及家庭伦理与社会伦理的两性关系，批判几千年历史上形成的夫为妻纲和男尊女卑的等级秩序，开始为女性的平等地位和自由权利而呐喊。为此，胡适写了《贞操问题》《论贞操问题》《再论贞操问题》《论女子为强暴所污》《美国的妇人》等一系列文章，为妇女的权利和尊严而大声呼吁。他在报纸上看到一系列消息：一个女人在丈夫去世之后的三个月中九次自杀，一个未出嫁的姑娘因为未婚夫死亡而绝食七日，一个上海姑娘在听到她未婚夫死讯几小时后吞了砒霜……这些事实使他痛心，而他更为痛心的是这些文章的作者竟然热烈地赞美这些节妇烈女，地方政府竟然也要表彰她们。他的文章使人们看到，按照中国传统的观念，她们都是妇女的榜样，但是，现代社会却不应该容忍这种“全无心肝的贞操论”。在他看来，那些在报纸上赞美烈女的人早已丧失了人性，而共和国的地方政府竟然“表彰节烈”更是令人无法容忍。原因很简单，因为以人道主义的眼光看来，褒扬烈妇殉夫是与杀人吃人一样的罪恶。他说：“在文明的国度里，男女由自由意志、由高尚的恋爱，订了婚约，有时男的或者妇的不幸死了，剩下的那一个因为生时爱情太深，故情愿不再婚嫁。这是合情理的事。若在婚姻不自由之国，男女订婚之后，女的还不知道男的面长面短，有何情爱可言？不料竟有一种陋儒，用‘青史上留名的事’来鼓励无知女儿做烈女……我以为我们今日若要作具体的贞操论，第一步就该反对这种忍心害理的烈女论，要渐渐养成一种舆论，不但永不把这种行为看作‘猗欤盛矣’可旌表褒扬的事，还要公认这是不合人情，不合天理的罪恶，还要公认劝人做烈女，罪等于故意杀人。”③

由此可见，新文化阵营之所以反传统，根本理由就是中国传统“吃

①鲁迅：《随感录二十五》，《鲁迅全集》（第1卷），第195—196页。

②鲁迅：《我们现在怎样做父亲》，《鲁迅全集》（第1卷），第130页。

③胡适：《贞操问题》，《胡适全集》（第1卷），第635页。

人”。其目的不过是梦想中国人能够从“人肉筵宴”的餐桌上逃离，结束“暂时做稳了奴隶”和“想做奴隶而不得”的两种时代的循环，进入中国历史上从未有过的第三样时代，过上人的生活。

在重估传统的同时，新文化运动主张世界化。《新青年》创办伊始，陈独秀就对青年提出了“世界的而非锁国的”要求。他说：“吾国自通海以来，自悲观者言之，失地偿金，国力索矣；自乐观者言之，倘无甲午庚子两次之福音，至今犹在八股垂发时代。居今日而言锁国闭关之策，匪独力所不能，亦且势所不利。万邦并立，动辄相关，无论其国若何富强，亦不能漠视外情，自为风气。各国之制度文物，形式虽不必尽同，但不思驱其国于危亡者，其遵循共同原则之精神，渐趋一致，潮流所及莫之能违。”[①]1919年1月，《新潮》在新文化运动高潮中创刊，《发刊旨趣书》明确宣称，要把“导引此‘块然独存’之中国同溶于世界文化之流”作为自己创办杂志参与新文化运动的“第一责任”。[②]当一些人为抵抗世界化而致力于保存国粹的时候，鲁迅说：“什么叫‘国粹’？照字面看来，必是一国独有，他国所无的事物了。换一句话说，便是特别的东西。但特别未必定是好，何以应该保存？譬如一个人，脸上长了一个瘤，额上肿出一颗疮，的确是与众不同，显出他特别的样子，可以算他的‘粹’。然而，据我看来，还不如把这‘粹’割去了，同别人一样的好。”[③]鲁迅后来“不读中国书”的主张受到种种非议，使一些人大惑不解，其实并不奇怪，因为正如他自己所说：“许多人所怕的，是‘中国人’这名目要消灭；我所怕的，是中国人要从‘世界人’中挤出。”[④]

他们之所以主张西化，原因大于他们所向往的东西中国没有。比如，国家的职能是保障公民的权利，使个人的生命、财产、自由和尊严不受侵害。公民纳税养活官员并维持国家机器的运转，国家就必须为公民提供相应的服务。比如，每一个人都有独立的人格，有个人的价值、尊严与权利。这一切都不见于中国传统。因此，他们向往西方现代文明，希望中国人从传统中走

---

①《青年杂志》创刊号，1915年9月15日。

②《新潮》创刊号，1919年1月。

③④《鲁迅全集》（第1卷），第305页，第307页。

出而化人这种新的文明。在《东西民族根本思想之差异》一文中，陈独秀这样描述西洋民族："举一切伦理，道德、政治、法律，社会之所向往，国家之所祈求，拥护个人之自由权利与幸福而已。思想言论之自由，谋个性之发展也。法律之前，个人平等也。个人之自由权利，载诸宪章，国法不得而剥夺之，所谓人权是也。……国家利益，社会利益，名与个人主义相冲突，实以巩固个人利益为本因也。"[①]他们之所以向往西方现代文明，归根到底，就在于这种文明能够带来人的自由、尊严和权利的保障。

"五四"一代知识分子不仅从对权力体制的依附中独立了出来，不仅从民间大众中独立了出来，而且从传统中独立了出来。到此为止，一个真正的现代知识分子群体已经形成。关于他们的反传统和西化主张，从某种意义上说，也是现代知识分子的必然选择。一方面，知识分子最基本的特征不仅是独立的人格和自由的思想，同时还表现为批判精神和探索精神。如果一个人对既有的传统只是被动地接受而没有批判，他就不是一个真正的知识分子。如果一个人满脑子都是传统给予的神圣教条，那么，他的思想也就不可能是自由的，也就不可能在传承文明的同时推动文明的发展和更新。另一方面，一个事实无法否认：在人类文明从前现代到现代的发展过程中，各个国家和地区没有同步发展。西方最先开始了走向现代的进程，因而现代性最先出现于西方。使社会进入现代的那些主要特点来自西方，使知识分子成为现代知识分子的那些主要特点也来自西方。从这个意义上说，对中国传统的反叛和对西方现代文明的追求，正是"五四"一代对自身现代知识分子这一身份的进一步证明。

五、复杂的矛盾与命定的风雨之路

中国现代知识分子在历史的急剧动荡中诞生，在五四时期充分显示了它的辉煌。然而，它一开始就面临着各种尖锐而复杂的矛盾，这些矛盾注定了它不平坦的风雨之路。

从知识分子与其他力量关系的角度，可以把全部社会力量分为三个板

①陈独秀：《东西方民族根本思想之差异》，《青年》1915年第1卷第4号。

块：国家权威、民间大众、知识分子。在20世纪的中国，国家权威力量一直难以走上现代轨道，因而它与知识分子的追求常常是矛盾的。同时，真正的民间大众虽然很难发出自己的声音，但20世纪一个重要的现象就是一些文人喜欢以民间大众代言人自居，他们与现代知识分子的追求也常常发生矛盾。在历史的发展中，权威与民间常常处于矛盾之中，但同时又在不断调整，比如，某一阶段的民间力量在另一阶段可能占据权威地位，而某一阶段的王公大臣及其意识形态在另一阶段又恰恰进入了民间。在三种力量的矛盾冲突中，知识分子常常受到权威与民间的双重挤压。知识分子反传统，反权威，关心民众疾苦，揭露社会黑暗，唤醒民众反抗压迫和奴役，以争取做人的权力，因而受到尚未现代化的国家权威的抵制。知识分子以西方文化批判传统文化，致力于民族文化的重建与民族性格的更新，揭露和批判国民的落后与愚昧，拒绝以赞美阿Q头上的秃疮讨好民众，因而受到民间大众的反感和拒绝。

而且，一种深层的关系值得注意，在这种复杂的关系中，权威与民间的关系是极为微妙的，在政治上，由于一种统治与被统治的关系，它往往是对立的；而在文化上，两者却是统一的，始终保持着高度的一致性。只有现代知识分子是少数异己。因此，他们所信守的价值和追求的目标往往不合时宜，或者不合中国国情。因此，在某些关键时刻，他们对历史的影响是有限的。

同时需要指出的是，即使在五四时期，真正的现代知识分子也只是文人中的一小部分。虽然帝制已经难以恢复，历史已经向着现代迈进，但文人并没有一起成为现代知识分子。在《新青年》集团为中国文明的现代化努力奋斗时，文人们有的仍然在皇宫中按照习惯自称“奴才”；有的则苦苦地寻找新的依附；有的虽然也曾随着时代的潮流进行过反叛的表演，但一旦遇到新的主子，就立即恢复了奴才相。他们离现代知识分子距离甚远，甚至终其一生也没有成为现代知识分子。而且，随着时代条件的变化，更年轻的一代并不一定胜过老一代，他们出生虽晚，没有盘过辫子，未受八股训练，但不少人在精神上却远离现代，成了年轻的旧文人。这种旧文人在此后的历史上长期存在着，并且适应古老国情而发挥着重大影响。

第二辑

是谁领导了辛亥革命？

在“中国现代思想文化史”的课堂上，有同学曾提出这样的问题：是谁领导了辛亥革命？有同学立即回答：孙中山。又有同学补充说：孙中山和他的同盟会。

提问的同学把目光转向我，我却不知道该点头还是摇头。回答者显然没明白提问者的用意，回答的几乎是“标准答案”，而提问的那位同学大概不是因为不知道那“标准答案”才提问的。有一些爱动脑子的同学，真是让人高兴。作为一个老师，我常常是在这样的同学的推动之下才去思考问题。

那么，这个问题该如何回答？我是下课之后又来翻阅工具书的。与一些近代史教材不同，《辞海》历史分册没有直接讲这场革命是谁领导的。它讲了许多内容，包括资产阶级的软弱性、妥协性，没有给农民利益，不能充分发动群众，未能完成反帝反封建任务等等，而开头是这样写的：

> 【辛亥革命】1911年（宣统三年，辛亥年）10月10日爆发的中国资产阶级民主主义革命。1894年（光绪二十年）孙中山建立第一个资产阶级革命团体——兴中会。1904年华兴会、光复会相继组成。1905年联合组成中国同盟会，以“驱除鞑虏，恢复中华，建立民国，平均地权”为纲领，同资产阶级改良派作尖锐的斗争，并在各省和海外建立革命组织，多次发动武装起义，为辛亥革命准备了条件。1911年（宣统三年）清政府出卖铁路修筑权，激起全国人民的反对。10月10日武昌起义爆发，各省纷纷响应，两个月内即有鄂、湘、陕、赣、晋、滇、黔、苏、

浙、桂、皖、粤、闽、川等省先后宣布独立。清政府迅速解体。孙中山12月回国，经十七省代表会议推举为临时大总统。1912年1月1日在南京成立中华民国临时政府，2月12日，清帝被迫宣告退位，结束了清朝政府的统治……①

要讲1911年（辛亥）发生的那场革命，却兜了一个圈子，先讲1894年兴中会的成立，接着讲同盟会的成立、同盟会的政纲、同盟会领导的历次起义等，说它为辛亥革命提供了条件，对武昌起义、各省独立的介绍却极为简单，接下来就是孙中山回国、就任临时大总统、皇帝退位……在这里，没有直说是谁领导了辛亥革命，也没有说谁领导了武昌起义，更没有说是谁领导了各省的独立，但读者凭这样的介绍，自然会得出业已形成的标准答案。

辞书如此，教科书亦如此；短篇介绍如此，长篇史著也是如此。讲辛亥革命，就要先讲孙中山在海外如何组织革命团体，如何鼓吹革命，如何发动一次次起义，然后才是武昌起义和各省独立，而最后又是孙中山就任临时大总统。继续往下讲，当然要讲孙中山辞职和袁世凯就职，但到这里，辛亥革命就"失败"了。所以，这种讲述很艺术，不用直说，就能给人一种印象：孙中山和他领导的同盟会是辛亥革命的主角，而孙中山是理所当然的领导者。

一切光荣归于皇上，归于领袖，这是我们的传统。在一般人的思维中，传统是不容易改变的。

但需要注意的是，在辛亥革命之后相当长的一段时间里，人们并不这样讲，包括革命党人和同盟会的元老们也没这样讲。这种讲法是后来根据国民党的意识形态建构的，而国民党的意识形态又是在与"北洋军阀政府"的对抗中形成的。

一些常识应该是众所周知，辛亥革命的主要成就是结束了帝制，具体表现是推翻了大清帝国，创建了中华民国，使古老的中国完成了从"帝国"到"民国"这一现代性转换。那个中华民国创建于1912年，国体是民主共和，国旗是五色旗，政府名称是"中华民国政府"。它是辛亥革命的成果。但这

①《辞海·历史分册·中国近代史》，上海辞书出版社1979年，第78页。

个成果在十五年后发生的变化是值得注意的：所谓“北洋军阀政府”被推倒了，新的政府在南京建立。国号没变，仍叫“中华民国”；但国旗变了，五色旗变成青天白日旗；政府名称也变了，由“中华民国政府”变成“中华民国国民政府”；国体事实上也变了，由“民国”变成“党国”。此前的军政要人喜欢说“忠于民国”；此后的军政要人喜欢说“效忠党国”，这是在今天的电视剧里也仍能偶尔看到的。这是中国政治现代化进程中的一件大事。辛亥革命使“帝国”变成了“民国”，北伐战争使“民国”变成了“党国”。帝国——民国——党国，这是中国国体变化的一条线索。党国试图以自己的意识形态统一全国，要使国民万众一心，步调一致，为此想了许多办法，其中之一是教育国人崇拜孙中山。具体的措施包括机关学校都在做“总理纪念周”、学习“总理遗嘱”；在南京大兴土木，以皇陵的规格修建宏伟的陵墓，并为孙中山举行隆重的葬礼；孙中山这个名字不能叫了，革命同志必须称孙中山为“国父”。

既然是“国父”，一切革命建国的功劳就都应归于他。从1928年到1930年，尤其是蒋介石亲自兼任教育部长之后，这种历史叙事逐渐完成，只要讲辛亥革命，就以孙中山的活动为主线。

当然，孙中山和同盟会的功绩是不容抹杀的。革命之前，宣传、鼓动、起义、暗杀，对后来的革命自然有影响；革命爆发之后，黄兴、宋教仁等人也是四处联络，努力以同盟会的方针指导革命和新政权的建设，这一切，也在客观上把独立各省有效地联系了起来。但是，把辛亥革命归于孙中山的领导，却不符合历史事实。

革命开始于武昌，所以有“武昌首义”之称。如果要寻找首义的领导者，只要面对历史现场，就不能不承认文学社和共进会是筹划者。

文学社的源流清晰可见，一路走来的线索是：自立军——花园山聚会——科学补习所——日知会——群治学社——振武学社——文学社。在这个过程中，文学社形成了一贯的传统，活动重点始终在新军中，前赴后继，脚踏实地，默默地发展组织，进行革命活动。与孙中山从事的革命活动不同，他们的工作重点不在学堂和会党，更不在海外。而且，文学社成员小心谨慎，埋头工作，无意于领导全国，也无意于拉大旗以张声势，所以对外联系很少。“因为文学社鉴于日知会失败，由学界无赖分子贪赏告密所致，所以他们的组织专争取同伍之人，埋头苦干，意欲将新军中除满人与官兵外，全体运动成熟，一举而拔赵易汉，所谓‘抬营主义’，是不欢喜与外界周旋的。”[①]对于当时努力领导全国的同盟会，他们基本没有来往。他们的经费沿袭群治学社、振武学社的做法，社员每月捐献本人薪饷的十分之一。

由于文学社的这种沉实低调，甚至中部同盟会的领导者都不清楚他们的情况。1911年初，为了策动湖北响应广州起义，谭人凤来到湖北。他以为武汉的革命党人都在居正的领导之下，所以把经费给了居正，惹得共进会的领导人孙武大不高兴。至于文学社，谭人凤见都没见，当然更谈不上给经费了。

共进会与同盟会关系密切，却也是一个独立的组织。1907年，湖北的刘公、居正、孙武等人与四川的张百祥、湖南的焦达峰、江西的邓文辉等人一起在日本成立共进会。因为置身日本，他们大都参加过同盟会，或者与同盟会有联系，但由于当时同盟会分裂，光复会重新独立，孙中山远走南洋，加上这些人对孙中山的政治纲领有所保留，所以另建了自己的组织。后来国民党人常常把共进会说成是同盟会的下属或外围组织，但在事实上，它并不隶属于同盟会。共进会成立时，黄兴就曾指责焦达峰另立山头。焦达峰理直气壮地回答说：殊途同归，有何不可？黄兴问同盟会与共进会“二统谁将为正”，焦达峰回答：“异日公功盛，我则附公；我功盛，公亦当附我。”[②]由此可见，他们自认与同盟会是平等的。他们与黄兴、宋教仁等保持着密切关系，却不赞成同盟会的纲领。在共进会的纲领中，同盟会纲领的“平均地权”被改为“平均人权”。虽然只是一字之改，意义却相去甚远。而且，共进会有自己的旗帜，就是武昌起义之后升起的“铁血十八星”旗。

而且，武昌起义谋划多日，同盟会的领导人却毫无所知。即使后来受国民党影响的史家也不得不承认，孙中山从来没想过在中部起义，他关注的一直是两广。后来，一些人成立了中部同盟会，但他们还没有来得及筹划，文学社和共进会筹划的武昌起义就爆发了。

这让黄兴、宋教仁等十分懊恼。因为他们辛辛苦苦发动革命，革命爆发

①杨玉如：《辛亥革命先著记》，科学出版社1958年，第39页。

②《焦达峰传》，张难先：《湖北革命知之录》，商务印书馆1945年，第232页。

了，他们却不在场，未能充当领导者。他们之所以估计不到，不只是因为孙中山只关心广东、广西，更重要的是，黄花冈起义失败之后，同盟会主要领导人对革命已经不抱希望。因为黄花岗之役集中了同盟会的大量精英，黄兴等人亲上前线，简直是破釜沉舟，但结果却以失败告终。这次失败使同盟会元气大伤，不少会员认为至少需要五年才能重整旗鼓。就连孙中山也觉得革命事业恐怕“不能及身以见其成”[①]。

文学社与共进会筹划了武昌起义，但众所周知，真正指挥了起义的却不是两个团体的领导人。1911年10月10日，革命党人群龙无首，实际领着干起来的是新军中的小班长（棚目）熊秉坤。从起义爆发前半天的联络和计划，到打响第一枪，再到占领军械库，直到晚上十点多，一天的时间，起义的领导者是熊秉坤。十点半之后，因为熊秉坤感觉自己职位太低，指挥吃力，请出了地位比他略高的连长（队长）吴兆麟，请他做了总指挥。攻打督署、吓跑清吏，直到天亮武昌光复，都是在吴兆麟的指挥下完成的。熊秉坤和吴兆麟都是小人物，自知缺乏号召力，所以在初步胜利之后，就请出了黎元洪，求他做了都督。从此之后，武昌革命的领袖就是黎元洪。

综上所述，筹划了武昌起义的是文学社和共进会，而直接领导武昌起义的，按出场顺序是：熊秉坤——吴兆麟——黎元洪。他们是首义者，是真正的辛亥革命元勋。他们的身份也是值得注意的：熊秉坤不是同盟会员；吴兆麟连文学社和共进会都没有加入；至于黎元洪，是加入过同盟会的，而且做过同盟会的副总裁，但那是革命成功之后的事了。

同盟会领导人的参与，是革命成功之后的事。起义成功之后，他们才纷纷从上海等地跑到武昌来。15日，谭人凤、居正到达武昌。28日，黄兴和宋教仁到达武昌。他们曾经试图领导革命，让黄兴做“两湖大都督”，把黎元洪和谭延闿都置于黄兴领导之下，但达到武汉之后，却发现同盟会的力量微乎其微，计划根本不可能实现。所以黄兴接受黎元洪的任命，做了革命军的总司令。黄兴为首义做出了贡献，但在武汉，却是黎元洪领导他，而不是他领导了黎元洪。

至于各省的独立，是谁领导和发动的，一个个不难查清。可以说，只有

---

①陶菊隐：《袁世凯真相》，线装书局2008年，第82页。

少量几个省份是同盟会领导和发动的。

在一般叙述中，讲到各省独立，总是要在那里找出几个同盟会员。似乎只要在那里有几个同盟会员，这革命就可以记到同盟会的账上。更有甚者，只有见到同盟会员的踪迹，才算是真正的革命，否则就是立宪党人“投机革命”，或者旧官僚“破坏革命”。可是，如果没有立宪党人和“旧官僚”的“投机”，也许就没有那些省份的独立。

过去的历史叙述，总是竭力贬低立宪派。但需要注意的是，辛亥革命爆发之际，一些原立宪派成员早已不是立宪派，而是成了革命派。无论是湖北的汤化龙、湖南的谭延闿，还是四川的蒲殿俊、浙江的汤寿潜，经过一系列事件和三次大请愿的失败，在思想上已经转向革命。就连比较保守的张謇也不再排斥革命和共和。在革命当中，正是这些人发挥了重大作用，保证了革命的成功。所以，中华民国成立之后，孙中山组建第一届临时政府，对立宪派不但没有歧视和排斥，而且给予足够的尊重：临时政府的九位总长，有六位是立宪派，只有三位是革命党人。事实上，就孙中山和黄兴的个人感情而言，他们更愿意重用同盟会的骨干，但他们知道，不能不尊重革命中的贡献和已经形成的社会舆论。既然如此，后人对立宪派的那种排斥，虽然高举孙中山，却在事实上否定了孙中山。

革命发生了，实际的领导者和参与者就是那样一群人，他们并非清一色，而是分属不同的派别。无论承认还是不承认，历史的事实难以改变：正是他们终结了帝制，建立了民国，开创了历史新纪元。如果张三领导就是革命，李四领导就是投机；孙中山被选为总统就是革命成功，别人被选为总统就是革命失败；一切辉煌归功于革命领袖，小人物和非嫡系则被遮蔽，这种说法是很不公正的。那种党国的意识形态叙事，是经不住后人审视的。

辛亥革命“失败”辨析

说起辛亥革命，多年来的历史叙述一直在强调它的“失败”。无论大中学校的课堂讨论，还是专家学者的学术论著，常见“辛亥革命失败的教训”“辛亥革命失败的原因”之类的论题，似乎“失败”已是无须论证的前提。但是，辛亥革命真的失败了吗？应该如何认识它的“失败”？带着这样的问题回到历史现场，却很容易发现一些结论事实上经不住推敲。

一

翻阅一部又一部的教科书与工具书，可谓异口同声，都在强调辛亥革命的“失败”。各种版本的《中国近代史》和《中国革命史》大多是这样说的：“辛亥革命无可挽回地最后失败了。革命虽然取得了推翻清朝、结束帝制的伟大胜利，从而为中国人民实现彻底的民主革命开辟了道路；但是反帝反封建的任务没有完成，历史进入了袁世凯北洋军阀的黑暗统治时期。”[①]“辛亥革命最终还是没有逃脱失败的命运，资产阶级共和国存活了不到一百天就夭折了。……辛亥革命的失败留给人们的教训是十分深刻的。”[②]工具书也告诉人们：“这次革命是经过资产阶级和农民、工人及城市小资产阶级的同盟而取得了胜利。但由于资产阶级的软弱性、妥协性，没有给农民以真正利益，没有充分发动广大人民群众，在帝国主义和封建势力的压力下，1912

①李侃等：《中国近代史》，中华书局1994年，第410页。

②国家教委社科司组编《中国革命史》，高等教育出版社1993年，第84页。

年4月孙中山被迫辞职，代表地主买办阶级利益的袁世凯窃据了政权，革命遂告失败。”①

然而，人们只要从历史事实出发，而不是从某些个人或集团的需要出发，只要不把后来才有的革命任务强加给前人，只要不要求革命一夜之间就带来一个成熟的共和国，就应该承认，辛亥革命是成功的，而不是失败的。而且，如果计算革命成本的话，辛亥革命以小代价获得大成功，可谓革命史上的奇迹。

判断一场革命是否成功，应该有一个客观标准，而不应依据个别人或个别团体的主观感受。这个客观标准可以是一个比较复杂的系统，也可以是一个简明的标志。这个简明标志是：革命目标是否实现。

辛亥革命的目标是什么？谈到这个问题，人们会马上想到孙中山制订的革命纲领。同盟会在日本东京成立之际，孙中山就明确提出了“驱除鞑虏，恢复中华，建立民国，平均地权”②的革命纲领。研究这个纲领不难发现，四句十六个字，主要是两个内容：一是“驱除鞑虏”，即推翻大清王朝的统治；二是“创立民国”，即结束帝制，创建民主共和的现代国家。前者是民族革命，后者是民权革命，这是一些革命理论家如胡汉民等都详细阐明过的。至于“恢复中华”和“平均地权”，前者是推翻大清的附带结果，后者则是未来的蓝图，需要在革命成功之后去实现。

众所周知，辛亥革命虽然常被说成是以孙中山为代表的资产阶级通过其革命组织同盟会领导的，但考察革命的事实，从武昌首义到各省独立，同盟会领导的地方并不多。所以，十六字纲领也罢，三民主义也罢，并不是发动起义的新军或宣布独立的咨议局所共同遵循的。同盟会之外的其他革命团体，如光复会、共进会、文学社等，大多没有接受“平均地权”的纲领。革命之际，即使是同盟会领导的地方，如上海等地，也没有把“民生”或“平均地权”作为革命目标。综观各省独立的情况，其革命目标集中表现为两个：一是民族主义目标——推翻大清统治；二是民权主义目标——结束帝制，建立民主共和国。在个别的地方，则只有“一民主义”：推翻大清统

①《辞海·历史分册·中国近代史》，上海辞书出版社1979年，第78页。

②《孙中山选集》，人民出版社1981年，第78页。

治。除此之外，辛亥革命没有其他目标，也没有其他必须完成的任务。

既然如此，帝制终结了，民国建立了，就应该是革命已经成功。一定要称之为“失败”，是说不过去的。

辛亥革命之前，孙中山发动了十次起义，都失败了。那是真正的失败，标志很明显：革命不但没有实现预期的目标，而且被革命对象所打败，革命者或者牺牲，或者逃亡，而革命的对象岿然如故。但武昌起义不同，它不仅打败了清军，赶跑了清吏，还守住了武昌，建立了全国革命的中心根据地。各省的独立运动除山东之外也都是成功的。正因为各省革命的成功，才有了最后的清帝退位和专制帝制的终结。从1911年10月10日革命爆发，到1912年2月12日清帝退位，没有血流成河，就在短短四个多月的时间里推翻了清王朝268年的统治，而且结束了秦王朝之后2120年的君主专制，创建了东方第一个民主共和国，实现了革命的基本目标。这样的革命还不算成功吗?

按照当代中国人熟悉的说法，革命的根本问题是政权问题。那么，辛亥革命推翻了专制制度，建立了民主共和制度，“帝国”变为“民国”，国家主权已经从皇家手里转移到了国民手里。无论孙中山做临时大总统还是袁世凯做临时大总统，是否真正代表全体国民的意志，那是另一个层面的问题。但从法律形式上讲，他们都是经过选举产生的，也就是说，他们的权力来自代表民意的票箱，而不是来自暴力掠取或政变劫夺。这就是国家政权性质已经改变的根本标志，是民权革命取得胜利的根本标志，也是人类社会之现代与前现代的分水岭。

至于革命之后是否能够进一步完善民主共和制度，历史进程是否会出现波折，那已经不属于辛亥革命的范畴。根据通例，即使革命胜利后出现波折，甚至是复辟和倒退，也不应该影响对革命本身成败的认定。法国大革命之后出现了“热月政变”，反反复复好多年，没有人因此而说法国大革命是失败的，历史学家论及那段历史，也从来未见“法国大革命失败之后……”这样的说法。

二

几乎所有的教科书都在重复着这样的意思：辛亥革命成功了，又失败了。赶跑了皇帝，是辛亥革命的成功；孙中山辞职，政权落到袁世凯手里，是辛亥革命的失败。

只要认真思考，就不能不对这种论断有所质疑。革命实现了其基本目标，但临时大总统由孙中山做就是革命成功，孙中山辞职，袁世凯接任就是革命失败。这“成功”与“失败”的标准是什么？两个临时大总统，都是选举产生的，这一个就职就是革命成功，那一个就职就是革命失败，其中道理何在？

不错，在中国过去几千年的改朝换代中，所谓成败都是这样论定的，推倒旧王朝不算成功，只有某一家夺得了天下才是成功。如果天下被别家夺走，这一家就失败了，就要再革命。所以，在中国几千年的历史上，推倒旧王朝往往并不困难，更多的战乱发生于各路英雄的中原逐鹿。可是，对一场并非为某一家夺取天下的现代革命来说，这种成功与失败的判定标准就值得怀疑了。

这里有两个问题需要进一步辨析：

一、孙中山的失败是否应该等同于辛亥革命的失败？

熟悉历史事实的人们都应该知道，孙中山辞职，袁世凯继任，是革命党人和独立各省的一致承诺，也是辛亥革命实现其革命目标的重要环节。在革命过程中，虚位以待袁世凯，是早在孙中山回国之前各省代表会议在汉口已经形成的决议。孙中山回国之后，这一决议并未变更。正因为这样，孙中山被选为临时大总统是有条件的：必须声明承认“暂代”，一旦袁世凯完成终结帝制的任务，就仍然由袁世凯任中华民国大总统。而且，各省代表之所以接受黄兴的提议选举临时大总统，而且大多投了孙中山的票，重要原因是要以此督促袁世凯加快推倒大清、结束帝制的工作进程。从这个意义上说，他们只是要拿孙中山临时充当一下激励袁世凯的工具，而没有打算真让孙中山做中华民国的大总统。如果不是这样，而是正式选举大总统，孙中山也许未必当选。正因为这样，孙中山当选的当天，就必须致电袁世凯，声明自己只是“暂代”；在就职之时，又必须宣誓承诺到清帝退位之后就把位子让出来。所以，在袁世凯完成终结帝制的任务之后，孙中山必须兑现承诺。

面对这种情况，把孙中山辞职看作革命失败的标志，是没道理的。事实恰恰相反，因为帝制终结与孙中山辞职注定要同时发生，所以，孙中山向参议院提出辞呈，恰恰是辛亥革命成功的标志。如果与孙中山辞职相伴随的是皇帝复辟，“失败”当然说得通。但事实却是与孙中山辞职相伴随的是清帝退位和帝制的终结，将其称之为辛亥革命失败的标志，实在不合情理。两任临时大总统都是各省代表选举的，一个辞职，另一个继任，成了革命失败的标志，实在难以令人信服。因为它只是某个派别的感受，并非全体革命党人的认识，更不是作为辛亥革命主体力量的独立各省的共同认识。从某一狭隘的派别立场出发，一定要把它说成失败，结果是抹杀了当年的参议院，抹杀了独立各省的意志，抹杀了当年的舆论和民意，并且把革命本身弄得面目全非。

追寻这种说法的源头，可以发现它来自二次革命失败之后孙中山追随者们的失败感，形成于国民党通过北伐战争建成自己的“党国”之后。因为与“北洋军阀政府”的对立，因为要寻找二次革命的合法性依据，也为了以党国意识形态宣传和教育民众，统一全国之后的国民党展开了一系列思想文化方面的工作：机关、学校都要做总理纪念周，学习总理遗嘱；国民政府大兴土木，在南京修建中山陵，为孙中山举行隆重葬礼；孙中山的名字不能喊了，开始被称为“国父”。在这个背景上，党国史家不顾辛亥革命的复杂性，一厢情愿地把革命领导权统统归于孙中山。无论民国史还是辛亥革命史，都以孙中山的活动为主线，以孙中山的是非为革命的是非，以孙中山的成败为革命的成败；那些与孙中山没有关系的革命者统统都被忽略或淡化，那些思想观点与孙中山相左的人们统统被贬抑；包括同盟会的领袖人物黄兴、宋教仁等，包括革命元老章炳麟等，都被人为地矮化；凡与孙中山存在分歧和争论之处，都不能得到公正评价。参与革命的前立宪派等，被遮蔽、被贬低就更不在话下了。沿着这样一种思路回顾辛亥革命的历史，革命胜利之后当然应该由“国父”掌权，否则还算什么“国父”！所以，“国父”就任临时大总统，自然是革命成功；“国父”被迫下野，革命自然就失败了。

可是，时至今日，我们却必须明白：把孙中山的失败看作辛亥革命的失败，那只是一党一派的意识形态，而不是史家应有的客观态度。

二、袁世凯就任临时大总统是否标志着革命的失败?

首先需要明确的是，辛亥革命的主体力量是由各种不同的政治派别和团体构成的。他们在推倒大清、结束帝制这一点上走到了一起，但政治理念、思想基础和革命风格大不相同，在革命中的作用和影响也不相同。简单说来，影响最大的是两股力量：一是以孙中山、黄兴、宋教仁、章炳麟等为代表的革命党人，二是以汤化龙、谭延闿、汤寿潜、张謇等为代表的立宪派。前者一直坚持激进的暴力革命道路，本部在海外，在国内的活动主要是在边远省份组织起义，但都以失败告终；同时进行暗杀活动，给朝廷官员制造了恐怖，打击了统治者的气焰。后者则本来致力于立宪，因为清廷竭力拖延，才绝望而在革命爆发时转而支持革命、赞成共和，但在革命中仍然属于稳健派。“革命派之外，立宪派是唯一最进步的民主力量，他们在呼吁救亡图存，反对封建专制制度，要求人民的民主权利，挽回利权，保路斗争，发展资本主义工商业，兴办近代教育文化事业，建立各种社会团体，启迪人民政治思想等问题上，均走在社会的前头。”①辛亥革命的成功，革命党人固然起了重要作用，但以各省咨议局为代表的原立宪派举足重轻。这两派之间虽然有差异，有矛盾，但在革命中常常是相互支持、相互依存的。让汤化龙打响第一枪是不可能的，让状元张謇、会元谭延闿去引爆第一颗炸弹也不可能，但在革命党人打响第一枪之后，他们却愿助一臂之力推倒帝国大厦。这一臂之力是决定性的。正因为有了他们，各省独立才大多那样顺利，革命成果才得以巩固。也正因为这个原因，孙中山与黄兴组建南京临时政府时，各部总长九个席位，原立宪派占了六个。其实，孙中山与黄兴更愿意使用自己的同志，同盟会那些青年领袖也不乏才干，但在最后，还是不得不尊重革命的功绩和影响，只好让原立宪党人占了多数席位。

从某种意义上说，袁世凯出任大总统，主要代表了他们的意愿。因为在孙中山与袁世凯之间，立宪派更了解袁世凯，也更信任袁世凯。无论是独立各省的都督们，还是他们派驻南京的代表们，在革命之前，很少有人见过孙中山，也很少有人了解孙中山。对于袁世凯，他们却无不知晓。所以，袁世凯当选临时大总统，是参议院全票通过的。一个多月之前孙中山当选，并未获此殊荣。参议院公告称袁世凯是“中国第一华盛顿，世界第二华盛顿”。他们并非没有想到孙中山是中华民国的第一任临时大总统，但在他们眼里，孙中山只是“暂代”，当然不是“中国的华盛顿”。而袁世凯虽是继任，却仍

①侯宜杰：《20世纪初中国政治改革风潮——清末立宪运动史》，人民出版社1993年，第472页。

然是“中国第一华盛顿”。国民党的史家常常为此愤愤不平，但在当时，同盟会议员却也没有反对。

历史的现场是需要尊重的，史家应面临历史现场。袁世凯在后来臭名昭著，但在辛亥革命时却如东方红日。在辛亥革命的过程中，袁世凯的身份有一个变化过程。出山之初，他的身份是革命的镇压者，但并未真心用力镇压。南北议和开始之后，在国人的眼里，他已不是革命的对立面，而是成为革命阵营的另一个方面军。他虽然没有像黎元洪、黄兴等革命领袖最初期待的那样反戈一击、直捣黄龙，却在最后与黎元洪、孙中山等一起完成了终结帝制、创建共和的历史任务。正因为这样，包括同盟会领袖在内，当时的人们都把他看作“共和元勋”。革命党人庆祝革命成功的那些传单，印了“共和三元勋”或“共和四元勋”的画像，其中都有袁世凯。所谓“三元勋”，是黎元洪、孙中山、袁世凯。所谓“四元勋”，加上了黄兴，是因为有人为他抱不平。对于袁世凯的贡献，当时的人们并无异议。袁世凯后来恢复帝制，为千夫所指，但史家面对历史，却不应以后非而抹杀前是。

查看当年的文献和报刊，袁世凯做总统可谓众望所归，并不像后来的教科书所说的那样是“篡夺”或“窃取”。说袁世凯“窃国”的人是有的，但那是清皇室的人、坚决反对清帝退位的宗社党人，还有几个在进入民国之后拒绝与民国合作的顽固遗老。至于革命党人和立宪派，是没人说袁世凯“窃国”的。当时的人们知道，宗社党和遗老们说袁世凯“窃国”是有道理的，因为他的确连哄带吓，才说服隆裕做出了最后的决定；清帝退位，政权又落到了他袁世凯手里，这的确有“窃国”之嫌。但对于革命者而言，袁世凯“窃国”，是从清皇室手里“窃”的，而不是从革命党人手里“窃”的，而且是革命党人和立宪派一起督促他“窃”的。正因为他“窃国”成功，革命党人才为他欢呼，参议院才全票选举他出任中华民国临时大总统。

孙中山就任临时大总统之际，虽然宣布了民国成立，但革命并未成功，因为清帝尚未退位，帝制尚未终结。辛亥革命的成功以1912年2月12日清帝退位为标志。如果因为使清帝退位的是袁世凯而不是孙中山，就不愿直面这一事实，像对待武昌首义一样，因为它不是同盟会领导的就努力贬低它，是不应该的。讲辛亥革命必须以孙中山的活动为主线，那是1927年后国民党的党国意识形态的产物，时至今日，不应让它继续遮蔽历史。

三

翻阅一部又一部关于辛亥革命的史著，查看一本又一本中学历史教科书，归纳起来，“失败论”的经典论据除了革命成果被袁世凯篡夺之外，另一点就是“未能完成反帝反封建的历史任务”。

辛亥革命的确没有完成反帝反封建的任务，甚至根本就没有进行反帝反封建的斗争。然而，这同样不能成为辛亥革命失败的证据。因为辛亥革命本来就没有把反帝反封建作为革命目标，也没有把它作为必须完成的历史任务。

无论是孙中山领导的同盟会还是其他革命团体，无论是武昌首义将士，还是各省独立后的都督们，也无论是革命党人还是原立宪党人，当时都没提到过“反帝反封建”，更没有把“反帝反封建”作为自己的使命。这并不奇怪，因为当时在中国人的语汇中，还没有“反帝反封建”这个说法，更不可能以此作为革命的历史任务。反帝反封建作为中国革命的任务，是七八年之后才由苏联人提出的，而把这个任务交给中国人，则是在辛亥革命十年之后在莫斯科召开的远东大会上。苏联的十月革命比中国的辛亥革命晚了六年，而列宁和斯大林提出“中国革命的历史任务是反帝反封建”这个论断又晚了两年，所以，辛亥革命中的革命者无法跨时空去接受这个历史任务，当然也不可能完成这个任务。后人要求前人完成后来的任务，实在是强人所难。因为没有完成这个任务，就说革命失败了，更没道理。

辛亥革命中的革命者大多不知道“帝国主义”这个名词，这个名词当时已经有了，但与后来反对帝国主义时的“帝国主义”含义有所不同。所以，尽管革命派与立宪派都不乏学识渊博之士，却没有人明确知道帝国主义与中国的关系。他们当时没有把列强看作帝国主义，即使有人知道某些列强应该算是帝国主义国家，也没有人把列强当作中国革命的对象。因为当时的中国正在努力与西方列强和平相处，而且列强正是革命者要学习的榜样。为此，无论革命党人还是原立宪党人，都在努力与义和团划清界限。在宣布独立的地方，军政府发布的布告中，首先要声明保护外国人的安全。在这种情况下，辛亥革命当然不可能打倒帝国主义。回顾历史，不仅是辛亥革命那代人不懂反对帝国主义，即使到了五四时期，青年学生也仍然不熟悉这个口号。王统照曾经说过：“那时还没用‘打倒帝国主义’的口号，集会的主要目的集中在收回山东主权，收回青岛，反抗日本以及惩办卖国的军阀官僚。”①这样的话邓颖超也说过。张国焘则说：“当时一般中国人还不知道帝国主义为何物，甚至像胡适这样著名学者也还认为反帝国主义是海外奇谈。”②辛亥革命比“五四”早了八年，没有完成反对帝国主义的历史任务就不奇怪了。

至于“反封建”，当时的人们也没有见过这样连在一起的词语。革命者当中不乏读书人，“封建”二字是熟悉的，但如果让他们反封建，他们就会觉得莫名其妙。因为他们知道，中国的封建制度在两千多年前已经被秦始皇反掉了，接下来的两千多年是被称作郡县制的君主集权专制制度。对于那代人来说，没有几个人愿意再步秦始皇之后尘，追随他去反对两千多年前的封建制。在当时，即使是张謇、谭延闿那样饱读诗书的状元、会元，也不知道与封建不相容的专制制度可以被命名为“封建”。这种情况不仅表现在他们身上，而且直到20世纪30年代反帝反封建的任务已经是知识界众所周知的话题之时，多数学者也不赞成把从秦到清的两千多年称作封建时代。

面对这种情况，指责辛亥革命没有完成反帝反封建的任务，并且以此证明革命是失败的，无法令人信服。而且那任务是应该完成的吧！况且也没有人因为美国革命没有带来女性的选举权而说它是失败的。

四

说辛亥革命是“失败”的，还有一个潜在的理由，是革命理想并未实现。其典型的说法就是革命后创立的民国是“假共和”。

参加武昌首义的革命党人蔡济民有两句诗：“无量金钱无量血，可怜购得假共和。”因为这种失败感出自革命党人笔下，自然成了革命失败的证据，被广泛引用和传播。——如果革命不是失败的，武昌首义的元老为什么

①王统照：《回忆北京学生五四爱国运动》，见中国社会科学院近代史研究所编《五四运动回忆录》（上），中国社会科学出版社1979年，第246页。

②张国焘：《我的回忆》，东方出版社2004年，第195页。

如此失望？

其实，革命党人在革命之后的种种感慨，是需要分析的。革命元老吴稚晖曾经说过，革命党人开始时是真心真意想把中国人从井中救出的，但最后的结果却是许多人自己掉到井里，恢复了祖宗的原形，所以才使得中国在原地踏步。革命之后，许多人自觉或不自觉地放弃了理想，甚至后悔起来，对自己的革命追求进行否定。原因不难理解，旧秩序打破了，新秩序不可能迅速建立起来，种种“乱象”让人失望。他们没有想到，革命只能开启一个“民治”的时代，而不可能一夜之间实现“民治”的时代。沿袭数千年的帝制虽然废除，但它已经是一种传统，要彻底告别，绝非一朝一夕的事。一些革命者却把事情想得太简单，开始时是对历史前进的艰难缺少思想准备；面对乱象又见异思迁，自我否定，甚至轻易放弃自己手中的金苹果。

在这一方面，蔡济民就是一个例子。他的《书愤六律》充满了“但凭拍马博封侯”“屠狗不如烹狗贵”之类对官场现象的不平，也充满了对新时代“无分上下皆平等，莫辨公私是自由”之类现象的看不惯，同时也明显表达了作为革命者的某种悔意：“为除虏政挽神州，翻不如前更可羞”；“铁血铸成真大错，头颅拼却反无光”；“早知结束如斯苦，翻悔当年种恶因”……他甚至写下了“回忆满清惭愧死”的句子，觉得自己从事推翻满清的革命事业，实在是错了，早知如此，悔不当初。[①]

自我反省的精神是可贵的，但这样的反省却暴露了一些革命党人思想基础的薄弱。他们虽然参加了革命，但并不理解革命的意义，对帝国向民国转型的艰难更缺少思想准备。

这不是个别现象，而是表现在当时许多人身上，恢复帝制的呼声也正是在这种背景下出现的。革命之后，社会失序，道德失范，新旧交杂，让人无所适从。一些人继续往前走，一些人则试图退回去。当年的不少革命党人选择了退回去。“筹安会六君子”众所周知，多数本是革命党，却竭力鼓动袁世凯恢复帝制，原因也是觉得革命后不如革命前，民主共和不如君主立宪。

那么，辛亥革命带来的共和国当时到底怎么样？只要尊重历史事实，就应该承认，制度建设的效率和成就都是不应抹杀的。中国是一个有几千年专

---

①蔡济民：《书愤六律》，《中华民国公报》1912年7月18日。

制传统的国家。在君主专制制度下，国家是皇家的，百姓只是皇家的"子民"。皇家对子民的管理和支配，可以随意而为。尽管明智的皇帝为了自己的长远利益而常常要约束自己，但最终只能靠他的自律。至于如何管理国家，如何对待子民，大臣虽有权建议，但最终还是皇家说了算。因为作为臣子，即使官至宰相，也仍然是为皇家办事的，并不分享皇家独有的国家主权。民国建立之后，这一切改变了。虽然民主共和还有点名不符实，所以常被称作招牌，但即使是招牌，有这块招牌与没有这块招牌，却是天壤之别。《临时约法》被一些人说成是纸上的约法，意思是未能落到实处，但即使未能完全落实，有这张纸与没这张纸，也大不一样。《临时约法》明文规定："中华民国主权属于国民全体。"政府官员称作"公仆"，国民被看作主人，这是中国前所未有的。行政、立法、司法三权分立，相互制约，使得执政者难以为所欲为。尽管民国初建，官员和民众大多依然故我，但因为有了制度保障，变化也在迅速发生。比如，官员不敢继续以"老爷"自居，一些民众也开始意识到自己是国家的主人。正因为这样，即使是政治强人袁世凯，想扩大自己的权力，也不敢放手去做，而是不得不偷偷摸摸，做出守法的样子，从修改《约法》做起。即使在宋教仁案发生之后，上海地方法庭传讯国务总理，赵秉钧不愿出庭受审，也只能装病推脱，而不敢公然违法。由此可见，民国这块招牌，约法这张纸，并非全无作用。

正因为这样，民众的政治热情空前高涨，政党和民众团体迅速发展。建国不到一年时间，在民政部注册的政党和团体就有了一百多个。各派代表发表自己的政治纲领，竞选国会席位，通过国会争取自己所代表的国民的利益。这是现代国家应有的政治景象，说明辛亥革命创造的国家的确是一个主权在民的新国家；革命的确带来了一种新制度——民主共和制度。中国从此有了国会，有了参议院和众议院，开始建立一整套的现代国家体制。民众在报刊上纷纷议论国事，在行动上为国分忧，包括后来五四运动那样的事，也只有在民主共和制度下才能发生。

因为有了制度和法律的保障，舆论监督的力量迅速发展。不过一年多的时间，民间的报纸就有了五百多种。从1913年宋教仁案发生之后报刊与执政者完全不同的声音，到1915年袁世凯称帝时全国各大报同时开天窗，都可以看到当时舆论界的健康发展状况。新文化运动、文学革命、白话取代文言，也只有在民主共和制度之下才可能成为现实。正如当年胡适所说：“专制政治的根本推翻，中华民国的成立，这个政治大革命虽然不算大成功，然而它是后来种种革新事业的总出发点，因为那个顽固腐败势力的大本营若不颠覆，一切新人物与新思想都不容易出头。戊戌的百日维新，当不起一个顽固老太婆的一道谕旨，就全盘推翻了。独秀说：适之若在三十年前提倡白话文，只需章行严一篇文章就驳得烟消灰灭。这话是很有理的。”①

作为一个新生的民主共和政权，存在缺陷是必然的。但因为有民主共和的法律和制度保障，即使执政者不习惯共和制度之下的公务员规范，不自觉地就要按照帝国的规矩办事，也仍然受到约束。直至袁世凯宣布恢复帝制之前，总统、总理和总长们虽然不时犯错，却也在努力适应新制度。因为有国会，有约法，他们不敢为所欲为。袁世凯最后想改变制度，也是犹豫再三，一再试探，直到坚信帝制符合国情、顺应民意之后，才做出决定。但他估计错了，没想到共和已经深入民心，国民的力量已经很大，所以陷入灭顶之灾。帝制运动失败这一事件本身，也告诉人们：共和不是假的。

所以，忽略或贬低辛亥革命的积极成果，抹黑所谓“北洋军阀政府”，丑化摇篮里的共和国，都是不应该的。东方第一个民主共和国的确是个早产儿，先天不足。又因为各方面缺少必要的准备，历史没有为她准备下合格的国家公务员，也不可能为她准备下合格的现代公民，所以营养不良，身体瘦弱，但她曾经一天天长大，而且焕发光彩。如果懂得珍惜，养护得法，她未必不能健康成长。遗憾的是，当时的许多人都没有珍惜，认定她是假的，就连为缔造她而流过血的革命党人，也对她弃置不顾了。

关于民初的政治景观，在后来的权威学者笔下真是糟糕透了：照搬西方模式，未能顾及中国国情；普选徒具形式，与广大群众无关；多党制导致拉帮结派，党同伐异；议会里吵吵嚷嚷，政客们争权夺利；最后是袁世凯恢复帝制……

其实，这种指责早在革命之后不久就出现了。翻看大清遗老们的书信、日记和言论，可以发现后来的指责一点也不新鲜。因为只要习惯于专制秩序，就不欢迎自由、民主和个人权利追求。就是当年曾经拥护新政、鼓吹过

①《胡适文集》（第1卷），北京大学出版社1998年，第122页。

科学的新派人物，也不习惯共和制度之下的元首频繁更迭、政党你争我吵的景象。但究其实质，所谓“民初乱象”，却是传统政治权威崩溃和权力重心下移的必然结果，昭示的恰恰是辛亥革命带来的社会进步。初级阶段的民主共和也许并不规范，却是变革的必经阶段，反映着当时国民政治意识的活跃状态。即使是当时就备受指责的“八百罗汉”之朝秦暮楚，即使是今人一再嘲弄的今天脱甲党，明天入乙党，一人跨数党的组党现象，也是中国政治不再被垄断的象征。那种“乱哄哄”的现象，在习惯于专制秩序的人们看来，当然不如皇上一言九鼎、臣子唯命是从更和谐。但只要不以专制帝国之是为是，就应该承认，民主化的过程是无法避免“乱哄哄”的。它不仅显示着不同于专制政治的新景观，而且进一步孕育着国民的民主意识和政治热情。总之一句话，政治上的乱哄哄不但不是革命的失败，反而是革命成功的标志。

作为诗人的袁世凯

早就知道袁克文是诗人，而且记住了他的名句："绝怜高处多风雨，莫到琼楼最上层。"

那是在袁世凯接受谋士的建议，倾听人民的呼声，适应中国的国情，而准备由民国总统改做帝国皇帝的时候，这位在政治上没出息的儿子对父亲的含蓄规劝。袁克文因此而青史留名，与袁克定形成了鲜明对照。

然而，关注袁克文，更主要的原因还在于袁氏家族以他这一支形成的发展线索：袁世凯——袁克文——袁家骝，政治家——诗人——科学家，都很杰出。我有一种固执的看法：面对一个大人物，看他后人的状况，大致可以知道他的品行。如果伤天害理，人神共愤，真是"天网恢恢，疏而不漏"。所以，面对袁氏后人的状况，无论别人怎么说，我都不相信被妖魔化的袁世凯真是妖魔。

开始的时候，我对袁克文之成为诗人，多少有点误解，以为他是袁家的叛逆。后来读袁世凯的诗，才知道袁氏家族不仅克文是诗人，袁世凯也是诗人。儿子们的不同，实是继承了父亲的不同侧面。

事实上，袁世凯的诗才不同凡响。他主要的时间用心于政界军界，写诗只是偶尔为之，集中在青少年时代和洹上隐居时代，总共不过写了几年。但细读那些作品，却不能不承认，高手偶尔一试，就胜过庸才吟咏一生。

袁世凯所存最早的作品是他十三岁时写的一副春联："大泽龙方蛰，中原鹿正肥。"曾被帮闲文人赞为英雄大气出年少，也曾被"帮忙"文人解释为野心家自胎里来。其实，野心与壮志，本来就难以区分。

袁世凯最早的诗，据说是他十四岁时写的《言志》："眼前龙虎斗不了，杀气直上干云霄。我欲向天张巨口，一口吞尽胡天骄。"所见依然是雄心或野心，与"我花开后百花杀""哪个蛙儿敢出声"其实同属一流。英雄与庸常之辈，往往是少年时代尤显不同。只是专制传统之下的英雄少年，也像成年的英雄一样，喜欢称王称霸，不许别人出声。这是文化所致，不是个人的事。

以英雄豪杰自许，在孩子中是常见的，尤其是男孩子；在某种文化中，不想当将军，不想当皇帝，是有点不正常的。但多数人在长大之后，雄心和抱负就会隐而不露。因为露，就意味着危险，甚至是掉脑袋。

袁世凯在诗中表现雄心壮志，表现伟大抱负，那都是少年时代的事。

1878年，十九岁的袁世凯还是一个文学爱好者。他曾经组织过两个文社，茶水点心加酒饭，招文友相聚，论文吟诗，听风赏月，那时的袁世凯，风雅不是假的。

那段生活留下了一些诗，《咏怀诗》十几首，仍在抒发壮士情怀。我所喜欢的，却只有两句："长歌咏志登高阁，万里江山眼底横。"其他那些句子都未免失之直露。

据说，袁世凯是因为乡试屡试不中，才焚毁诗稿，投笔从戎的。一晃就是三十年，拼搏于官场，他没有写诗。

三十年后重拿诗笔，已经是经历了大浮沉，于政治角斗场上败北归乡之后。两年多的时间，袁世凯写了不少诗。后来袁克文辑录《圭塘倡和诗》，其中收了一部分，另有《洹村逸兴》，是袁世凯亲笔抄的，袁氏死后由袁克定影印传世。

读那些诗，总感觉此时的袁世凯是真隐士。"曾来引地作劳人，满目林泉气势新。墙外太行横若障，门前洹水喜为邻。风烟万里苍茫绕，波浪千层激荡频。寄语长安诸旧侣，素衣蚤浣帝京尘。"诗中稍微有点政治牢骚，但归隐是真的。他不仅自己归隐，还呼唤老朋友都把帝京灰尘洗净。再如："背郭园成别有天，盘飧尊酒共群贤。移山绕岸遮苔径，汲水盈池放钓船。满院莳花媚风日，十年树木拂云烟。劝君莫负春光好，带醉楼头抱月眠。"读这样的诗，谁能说作者是野心家？此时，他真的并无野心。对他来说，慈禧去世之后，载沣摄政监国，自己能保住命已属万幸。妻妾一大帮，孩子一大群，得享天伦之乐；新朋旧友，饮酒作诗，他真的很知足。

我很喜欢那首《登楼》：

> 楼小能容膝，高檐老树齐。
> 开轩平北斗，翻觉太行低。

曾经几次抄写，品读其中滋味。豪杰就是豪杰，大家就是大家，心胸，境界，都不是善雕虫者所能模仿。这是一种自然的大气，不是锋芒毕露，没有躁厉之气，绝非少年时代那些作品所能相比。

还有《病足》二首："采药入名山，愧余非健步。良医不可求，莫使庸夫误。""行人跛而登，曾惹齐宫笑。扶病乐观鱼，渔翁莫相诮。"被朝廷以"足病"为由开缺回乡，这病足自然常常想起，但化为诗句，却无须把怨言写出。

当然，豪杰之心可以置之山野，也可以忘情于山水之间，却不会化为死灰。因为有了某种高度，自然是睁眼即见江山风雨，闭目还是历史沧桑，虽隐于乡野，却依然是仰观高天云影，卧听大地涛声，是否参与是另一回事，感触却要留在纸上："人生难得到仙洲，咫尺桃源任我求。白首论交思鲍叔，赤松未遇愧留侯。远天风雨三春老，大地江河几派流。日暮浮云君莫问，愿闻强饭似初不?"心，显然未死。

韬光养晦，展示隐者的样子，是必须的。所以，袁世凯在《东方杂志》上发表了几幅披蓑垂钓的照片。所披蓑衣编得很好，上等品，至于那钓鱼的样子，却不怎么样。看来袁世凯当时还过于在意照相，拍照之际，就有些不自然。如果他完全无视摄影师的存在，专心钓他的鱼，那效果可能更好。但那《自题渔舟写真二首》，却大有值得圈点之处。第一首：

> 身世萧然百不愁，烟蓑雨笠一渔舟。
> 钓丝终日牵红蓼，好友同盟只白鸥。
> 投饵我非关得失，吞钓鱼却有恩仇。
> 回头多少中原事，老子掀须一笑休。

我喜欢第二联，虽然并非写实，因为袁世凯即使归田园，也仍有众多好友，朝野上下，势力甚大，说“好友同盟只白鸥”，未免太假；但从诗的艺术讲，却是佳句，而且真实传达了诗人当时的感受。他毕竟是政坛失意之人，世态炎凉不会感觉不到。

第二首暴露真情更多：

百年心事总悠悠，壮志当时苦未酬。
野老胸中负兵甲，钓翁眼底小王侯。
思量天下无磐石，叹息神州变缺瓯。
散发天涯从此去，烟蓑雨笠一渔舟。

这才是真正的袁世凯，百年心事，壮志未酬，如今虽是归田园，成野老，却依然是胸有甲兵。而且，别看我袁某只是一钓叟，但什么摄政王之类，我就是看不起你！国无柱石，金瓯残缺，这一切已经不是我的事，由它去吧，蓑衣斗笠，烟雨茫茫，我还是钓我的鱼。这一首仍是第二联好。最后两句，转变太急，欲盖弥彰了。

政治人物，往往一失足成千古恨。袁大总统，“中国的华盛顿”，第一任正式选举的总统，当年被无耻文人误导，又被“国情”和“民意”所蒙，自己给自己抹了满脸污泥。他的诗才，与他的政治军事才能一样，被掩盖，真是可惜。（2011年1月20日）

附：袁世凯诗钞

言志（十四岁作）

眼前龙虎斗不了，杀气直上干云霄。
我欲向天张巨口，一口吞尽胡天骄。

怀古（十五岁作）

我今独上雨花台，万古英雄付劫灰。
谓是孙策破刘处，相传梅锅屯兵来。

大江滚滚向东去，寸心郁郁何时开。
只等毛羽一丰满，飞下九天拯鸿哀。

咏怀诗二首（十九岁作）

人生在世如乱麻，谁为圣贤谁奸邪？
霜雪临头凋蒲柳，风云满地起龙蛇。
治丝乱者一刀斩，所志成时万口夸。
郁郁壮怀无人识，侧身天地长咨嗟。

不爱金钱不爱名，大权在手世人钦。
千古英雄曹孟德，百年毁誉太史公。
风云际会终有日，是非黑白不能明。
长歌咏志登高阁，万里江山眼底横。

次王介艇丈养寿园韵

乍赋归来句，林栖旧雨存。
卅年醒尘梦，半亩辟荒园。
雕倦青云路，鱼浮绿水源。
漳源犹觉浅，何处问江村。

春日养寿园

背郭园成别有天，盘飧尊酒共群贤。
移山绕岸遮苔径，汲水盈池放钓船。
满院莳花媚风日，十年树木拂云烟。
劝君莫负春光好，带醉楼头抱月眠。

咏海棠

海棠带雨湿红妆，乞护重阴昼正长。
蛱蝶不知花欲睡，飞来飞去闹春光。

落花

落花窗外舞，疑是雪飞时。
刚欲呼童扫，风来去不知。

病足二首

采药入名山，愧余非健步。
良医不可求，莫使庸夫误。

行人跛而登，曾惹齐宫笑。
扶病乐观鱼，渔翁莫相诮。

雨后游园

昨夜听春雨，披蓑踏翠苔。
人来花已谢，借问为谁开。

啸竹精舍

烹茶檐下坐，竹影压精庐。
不去窗前草，非关乐读书。

晚阴看月

棹艇捞明月，逃蟾沉水底。
搔头欲问天，月隐烟云里。

和子希塾师游园韵

老去诗篇手自删，兴来扶病强登山。
一池花雨鱼情乐，满院松风鹤梦闲。
玉宇新词忆天上，春盘乡味采田间。
魏公北第奚堪比，却喜家园早放还。

和景泉塾师游园韵

池上吟成一倚栏，老梅晴雪不知寒。
年来了却和羹事，自向山厨捡食单。

清明偕叔兄游养寿园

昆季偕游养寿园，清明雪尽草粗蕃。
苍松绕屋添春色，绿柳垂池破钓痕。
画舫疑通桃叶渡，酒家仍在杏花村。
莺歌燕语无心听，笑把埙篪对坐喧。

春雪

连天雨雪玉兰开，琼树瑶林掩翠苔。
数点飞鸿迷处所，一行猎马疾归来。
袁安踪迹流风渺，裴度心期忍事灰。
二月春寒花信晚，且随野鹤去寻梅。

次张馨庵都转赋怀见示韵

人生难得到仙洲，咫尺桃源任我求。
白首论交思鲍叔，赤松未遇愧留侯。
远天风雨三春老，大地江河几派流。
日暮浮云君莫问，愿闻强饭似初不？

寄陈筱石制军二首

武卫同袍忆十年，光阴变幻若云烟。
敏中早已推留守，彦博真堪代镇边。
笑我驱车循覆辙，愿公决策着先鞭。
传闻凤阁方虚席，那许西湖理钓船。

北门锁钥寄良臣，沧海无波万国宾。
湘鄂山川讴未已，幽燕壁垒喜从新。
鸣春一鹦方求侣，点水群蜂漫趁人。
旭日悬空光宇宙，劝君且莫爱鲈莼。

忆庚子旧事

八方烽举古来无，稚子操刀建远谟。
惭对齐疆披枳棘，还临燕水补桑榆。
奔鲸风起惊魂梦，归马云屯感画图。
海不扬波天地肃，共瞻日月耀康衢。

登楼

楼小能容膝，高檐老树齐。
开轩平北斗，翻觉太行低。

自题渔舟写真二首

身世萧然百不愁，烟蓑雨笠一渔舟。
钓丝终日牵红蓼，好友同盟只白鸥。
投饵我非关得失，吞钓鱼却有恩仇。
回头多少中原事，老子掀须一笑休。

百年心事总悠悠，壮志当时苦未酬。
野老胸中负兵甲，钓翁眼底小王侯。
思量天下无磐石，叹息神州变缺瓯。
散发天涯从此去，烟蓑雨笠一渔舟。

走近袁世凯

现代中国这一百多年的历史，就像中国当下的天气，某些时段，某些区域，常被裹在重重雾霾之中。民国初期那十六年，就是这样的时段；许许多多的政治人物，都在这样的区域。

由于当时一任又一任的领袖们，都与孙中山及其追随者“暴烈派”矛盾难以调和，又由于后来恰恰是“暴烈派”竞选无望而另辟蹊径，以武力夺取了政权。所以民国易帜，党国建立，教科书也要“符合党义”，那十六年中世界公认的合法政府就成了“北洋军阀政府”，那十六年就成了“北洋军阀政府统治时期”。党国的史家与他们的革命领袖一样，并不顾惜辛亥革命的成果，面对亚洲第一个民主共和国这个新生儿，极尽摧残和抹黑之能事。于是，那些在民国初期担任过领导职务的人们，包括终结帝制开创共和的元勋和历任大总统们，在党国的教科书和历史叙述中就都成了反面人物。直至今日，这种情况仍然难以改变。台湾的中国现代史研究卓有成就，但从郭廷以等人开始，到现在的张玉法等人，材料的梳理不算不详，但党派偏见却未能挣脱，因而留下了诸多遗憾。

由于意识形态的差异，大陆与台湾对现代中国的叙述有诸多不同，比如对北伐战争的叙述，对1927年“四一二”“清党”或“大屠杀”的叙述，对蒋介石领导抗日战争还是毛泽东领导抗日战争的叙述，对1949年“解放”或“沦陷”的叙述，对“旧社会”与“新中国”的叙述，说法终难一致。但是，面对民国初期的“北洋军阀”，却是异口同声。之所以如此，原因并不复杂：后来敌对的双方，当时还是革命同志，共同在苏俄指导下致力于推翻当时的政府，共同的履历决定了共同的话语。

海峡两岸教科书和历史叙述的这种一致性，留下了严重的后果。因为在“文革”结束之后的中国大陆，意识形态的整体笼罩被撕破之后，来自台港和海外的声音成为人们寻求真相的重要参照。试想，当人们带着对谎言的怀疑去求证于另一种言说时，遇到的却是同样的谎言，这对求真的步履是一种怎样的障碍！一些反叛者艰难地突破了第一层谎言，却在第二层谎言面前止步了。当下中国的一些年轻叛逆者成了“孙粉”和“蒋粉”，正是这种状况的产物。在多年流行的某主义能够救中国的口号失去号召力之后，有人相信只有孔孟之道能够救中国，有人则坚信只有三民主义能够救中国。思想界和学术界带着来自现实的痛感回顾历史，导致了持续的“民国热”。但从出版界显示的情况即可看到，在许多人那里，所谓民国却往往是青天白日之下的党国，而对被党国所取代的那个民国，常常所知甚少。先贤曾经告诉我们，秦始皇之所以吃亏，在于秦帝国二世而亡，如果它有几百年天下，后人记得的，就只是始皇帝的伟大和英明。

在被涂抹和丑化的民国元勋和领袖人物中，第一个就是袁世凯。根据流行的教科书，讲到袁世凯，总要突出以下三点：一是“窃国”——“窃取了辛亥革命的胜利果实”；二是“卖国”——“接受日本人的二十一条”；三是“复辟帝制”——千方百计做皇帝。

然而，只要我们穿越党派之见的雾霾，回到历史现场，事实向我们展示的，却是另一种场景，另一种形象——

一、“窃国大盗”还是“共和元勋”

我与我的同代人一样，早已习惯了把袁世凯称作“窃国大盗”。因为由教科书所造就的那些先入为主的基本知识，人们一般不会怀疑，自然不去审视它。产生疑问，往往是遇到了问题，或者遇到了不同知识的挑战。我之所以关注这个问题，是因为看到了收藏家手中的两张图片。革命成功了，终结帝制，创建共和，这自然值得庆祝，开国元勋也要被广泛宣传。1912年的中国，为了庆祝帝制的终结和民国的诞生，有各种形式的庆祝活动。一些宣传画就产生于庆祝活动中，有的还被印到了某些商品的包装袋或包装盒上。

两张画片都是套色彩印，一张标题是《共和三杰》，三个人物头像呈A字形排列，中间高的是袁世凯，两边是孙中山和黎元洪，略矮一些。另一张标题是《中华民国共和四杰》，四个人物头像呈菱形排列，中间上面是孙中山，下面是黄兴，左边是袁世凯，右边是黎元洪。

显然，这两张图片透露着不同的派别倾向：一张以孙中山为中心，大概是孙氏的追随者所印；一张以袁世凯为中心，可能是袁氏的拥戴者所为。

初次看到时，我多少有点吃惊。因为它与教科书所给予我的知识相差太远。但更让我开眼界的是，无论“四杰”还是“三杰”，竟然都有袁世凯！如果说以袁世凯为中心的那一张“三杰”是当时的袁派所印，那算不了什么，自己人吹捧自己的领袖，是不算数的；可是，以孙中山为中心的“四杰”，应该是亲孙的革命党人所印，竟然也没有忘记袁世凯。这就足以说明，袁世凯作为共和元勋，是当时的人们所公认的。

于是，一个问题出现了：我们一直说袁世凯是“窃国大盗”，但民国初年的人们却把他看作“共和元勋”，他到底是“窃国大盗”还是“共和元勋”？这就不得不回到历史现场进行考察。

（一）受命于危难之时

革命爆发，大清帝国处于严重危急之中，哪个能臣良将能够为朝廷解危？朝野上下加上外国人，同时想到了袁世凯。

当然，摄政王载沣并不情愿，但奕劻、徐世昌、那桐等大臣竭力保举，他也只好同意，于是于1911年10月14日任命袁世凯为湖广总督，令其担负平乱的使命。

上谕一出，许多人都松了一口气，似乎变乱立即可以平息。外国人也普遍认为：“袁世凯是一具强有力的人物……在这个国家碰到空前困难的时期，如果还有人能够出来挽回局势，我们相信，也只有袁世凯了。”①

袁世凯真有这个能力吗？真的能扶大清国于既倒吗？清朝朝野看得不错，外国人看得也不错，他的确有这个能力。

①中国近代经济史资料丛刊编辑委员会主编《中国海关与辛亥革命》，《帝国主义与中国海关》（第十三编），中华书局1964年，第363页。

袁世凯不是一般人物。此时的他虽然已经归隐三年，却仍然是朝野皆知、家喻户晓。

当年李鸿章去世之际，也是大清国的一个危亡之秋。李鸿章是忠臣，临终之际，要为朝廷选一擎天柱。环顾宇内，他选择了袁世凯。于是，袁世凯成为直隶总督兼北洋大臣，接替了李鸿章当年的位置。正是在这个位置上，袁世凯苦心经营，扩充实力，编练新军，掌握了帝国的命脉。

可是，清廷对汉人的使用一直处在一种心理矛盾之中。自己的子弟是那么不中用，所以不能不用汉人，但对汉人却是从来不曾放心。慈禧太后看到了袁世凯的能力，也看到了他的忠心，但他能力越大，太后的心中就越是不安。她希望袁世凯是又一个曾国藩，可是谁能保证呢？于是，1906年，她趁官制改革之机，设立陆军部，以铁良为尚书，一统全国军权。太后知道，铁良与袁世凯是对头，可以制约袁世凯。

袁世凯深知太后的忧虑之所在，立即上奏，主动把北洋六镇中的四镇划归陆军部。接下来，慈禧命袁世凯为军机大臣兼外交部尚书。这看上去像是提升，实际上却是让袁世凯离开他的根据地，成为架空的军机大臣。朝廷当时还没有想到问题竟是如此严重：北洋军无论划归哪里，都仍然是袁世凯的队伍。而且，正因为划归陆军部，才使它进一步膨胀开来，控制了北方大部。

慈禧对袁世凯有所警惕，但她懂得，对于这种足以决定国家兴亡的能臣，特别需要“优礼”。即使控制他，也要使用温柔的笼头。但是，慈禧一咽气，情况就变了，年轻的摄政王无法容忍袁世凯。

按照一般的说法，当年袁世凯背叛了光绪，作为光绪的弟弟，载沣自然要为哥哥报仇。但究其实际，摄政王除掉袁世凯的动机，并不仅仅是兄弟情义，而是袁世凯对皇室权力构成的威胁。袁世凯越是有实力，年轻的执政者就越是睡不踏实。这样一来，袁世凯的日子就注定不好过了。

1908年12月2日，溥仪登基，照例对大臣示“恩泽”，赐庆亲王奕劻“亲王世袭罔替”，赏袁世凯、张之洞太子太保衔、用紫缰。御史江春霖上奏折称袁世凯不配得此优赏。载泽等人乘机进言，建议设法除掉袁世凯。这很对载沣的心思，马上让人拟了一道把袁世凯革职治罪的谕旨，然后找庆亲王奕劻、张之洞商量。庆亲王一听就摇头，并且提醒载沣：杀袁世凯以什么罪名？北洋军造反怎么办？张之洞也提醒载沣，不可轻易诛戮大臣。作为刚刚上任的摄政王，载沣还没有力量抛开军机处独断专行。不过，袁世凯可以活命，但权力必须剥夺。所以，谕旨修改多次之后，最终是让袁世凯“回籍养疴”。没有罪行，也没有过错，唯一能找到的理由是“现患足疾，步履艰难”。

袁世凯心里明白，所以什么话也不说，赶紧逃命，离京回家去了。

后来的人们谈到袁世凯回家隐居的日子，常常说他伺机而出，因为这样才更容易把他打扮成一个阴谋家。其实，考察袁世凯当时的情况，能够全身而退，已经是万幸，妻妾儿女一大群，得享天伦之乐，他很知足。当然，与朝廷大臣、社会名流的交往是不可避免的。《袁世凯未刊书信稿》存了他748封信，收信者包括亲王、督抚、州县官员多人。但信中的内容无不在宣告自己政治生命的终结，而且绝无再起的野心。此时他做的，也是经营实业，修建宅第，书写《家训》，教子读书，与文人墨客往来，吟风赏月，诗酒唱和。这不是附庸风雅，而是真实地享受生活。

武昌起义的消息传至洹上村时，袁世凯正在做寿。消息传来，他马上让人撤去酒宴，赶走戏子。他知道，自己清闲的日子又结束了。果然，两天之后，朝廷电谕到了：起用袁世凯任湖广总督。

手下人兴高采烈前来道贺，袁世凯却一脸木然，头都不抬。他知道，朝廷已经任命荫昌负责武昌平叛，他去做湖广总督，无形中就成了荫昌的副手。就这样起用吗？袁世凯当然不愿上任。既然当年朝廷以“足疾”为由将他罢官，现在这“足疾”就不能好得这么快，袁世凯上折称：臣旧患足疾，迄今尚未大愈。去冬又牵及左臂，时作剧痛……他没有彻底拒绝，但“足疾”未愈，手臂又有了毛病，一时无法上任。

这时荫昌已经赴任，开始品味带兵之难。有人说过：“中国之军人，只知有主将，而不知有国，何君之与有！”①说北洋军只知有袁世凯而不知皇帝，这话未免过分，但北洋将领愿意为袁世凯效命，而不愿听从别人指挥，却是事实。前线征剿不利，朝廷自然又想到袁世凯，千方百计要他复出。袁世凯提出了六个条件：1. 明年即开国会；2. 组织责任内阁；3. 宽容参与此次事变诸人；4. 解除党禁；5. 须授予指挥水陆各军及关于军队编制的全权；6.

①钱基博：《辛亥南北议和别纪》，《中国近代史资料丛刊·辛亥革命》（八），第105页。

须予以十分充足的军费。

面对这些条件，朝廷当天就下了一道上谕，对“从乱者”一概既往不咎，此后各地若查获党人名册，一律予以销毁。然而，对其他条件却没有做出反应。袁世凯当然不着急，等着就是了。

形势急转直下，几年新政所经营的太平盛世，因武昌的一把火而原形毕现，忠臣良将原来不多，人心所向也是假的，帝国早已分崩离析。虽然是“瘦死的骆驼比马大”，但这只骆驼已经腐败透顶，骨架也已朽坏，平日里民众和大臣迫于淫威而三缄其口，让它披了虎皮立在那里，奴才们不去碰它，它就自以为仍然强大。谁也没想到，武昌的士兵轻轻一碰，它就一节节断裂倒塌，大清帝国的灭亡竟然那么快!

袁世凯已是全部希望之所在，不仅清廷官员普遍认为只有他能够收拾残局，而且洋人也这样认为。莫理循在他的私人信件中说，袁世凯“是唯一可望从目前动乱中恢复秩序的一个人”①。朱尔典多次拜访庆亲王奕劻，建议清廷起用袁世凯。各国公使也纷纷附和，对朝廷施加影响。他们宣称，清国的目前情形，非袁世凯不足以稳定局势。内阁总理大臣奕劻说：“当前这种局面，我是想不出好办法。袁世凯的识见、气魄，加上他一手督练的北洋军队，如果调度得法，一面剿一面抚，确实有挽回大局的希望。”②

载沣等人清楚地知道，用袁世凯等于玩火，但眼下的问题是：如果不用袁世凯，大清国马上就要亡在黎元洪等人手里。1911年10月27日，朝廷发电谕，任命袁世凯为钦差大臣，授他指挥军队的全权，并且特别说明，陆军部、军咨府不能对他“遥制”。紧接着，11月1日，摄政王被迫解散内阁，任命袁世凯为内阁总理大臣，负责重组内阁。

袁世凯出山了，11月2日就攻下了汉口，然后把前线部署停当，13日进京，三天后即组成了新内阁。

1911年10月27日，在写给《泰晤士报》总编的信中，莫理循转述了日本

---

①［澳］骆惠敏：《清末民初政情内幕》（上册），刘桂梁等译，知识出[illegible]86年，第767页。

②冯耿光：《荫昌督师南下与南北议和》，中国人民政治协商会议全国委员会文史资料研究委员会编《辛亥革命回忆录》（第六集），中华书局1963年第353页。

驻华武官青木宣纯的评论："如果这场革命或许不是清王朝的结束的话，它肯定是中国长期为之受苦的无道的暴政的结束。袁世凯的权力时时刻刻在增长。他会拥有独裁权力。他能得到他所要求的任何条件。他是皇室的唯一希望，他在中国有信誉，在外国有好名声，是唯一可望从目前的动乱中恢复秩序的一个人。"1911年11月7日，袁世凯抵达北京就任内阁总理大臣，莫理循在写给伦敦的信中说："袁世凯到北京以来表现十分好。他显示出上乘的政治家品质，并且逐渐成为局势的主宰者。所有的事情均取决于他。万一他被暗杀，则将出现混乱。然而他被刺的危险总是存在的。"1911年12月13日，因为停战，莫理循得以南下汉口采访。这次南下使莫理循坚信："一定会出现一个共和国，而袁世凯只要在此期间不被炸死，会成为共和国的第一任总统。"

（二）"养寇"不只为"自重"

袁世凯出山之后所做的事，是当时的人们所关心的，也是后来的史家所关心的，但站在不同的立场上，人们的看法大不相同。

许多评价都已形成简练的词语，"养寇自重"就是其中之一。很显然，用这个词语评价袁世凯，是从清廷立场上说的，但如果不计较"寇"的政治派别色彩，所说倒也是基本事实。因为袁世凯在出山之后，并没有全力平叛灭"寇"，而是选择了议和之路。

仔细想来，"养寇自重"本是中国历代王朝的将军们保全自己地位的法宝，因为"兔死狗烹"是中国历史上一再上演的传统剧目。试想，如果国家没有贼寇的威胁，怎么舍得拿出大把的军费？这一切，袁世凯当然明白。更为重要的是，他知道这个王朝的腐败与愚顽，知道朝廷已是扶不起的阿斗，也知道世界大势的必然走向。历史经验和世界文明的走向告诉他，无论为自己还是为这片土地上生活的人群，都不能致力于剿灭民军。袁世凯曾是清末新政的推行者，深知宪政是文明进步和富强的必由之路，又深感在愚顽的专制统治之下改行宪政之难，所以，他不会错过眼下这个难得的机会。对于自己的地位和处境，他也清楚，知道此时他拥有的资源是民心所向，大多数国人认为大清国"非袁不可"，洋人也认为"非袁不可"，他的出山又证明就连他的敌人也不得不承认"非袁不可"。这个国家的确离不开他袁世凯，国人的命运也系于他袁世凯。那么，利用这次机会，至少可以推进宪政的实行。这一切，在他出山前向朝廷提出的条件可以清楚地看到。

他不愿做第二个曾国藩。他相信自己有力量扑灭革命，但他却不想扑灭革命。中国的专制统治者历来如此，没有外部的强大压力，是不会妥协和让步的，甚至不愿丢掉一点点儿特权。只有在外敌或内乱的强大压力之下，才可能被迫改变点什么。出山之际，袁世凯并没有想到自己会与黎元洪等人联手完成中国历史上一场划时代的革命，更没有建立民主共和国的设想。他所设想的，只是结束专制而实行宪政，使国家成为立宪国家。他知道如果没有革命的压力，他即使身为内阁总理大臣，说到底也是皇家的奴才，因为不姓爱新觉罗，就没有资格分享大清帝国的主权。在这样一种家天下的专制体制之下，要结束那种由王爷贝勒们操控的统治，是极为困难的，因为凡是重大的改革，不能不有损皇家的利益。而皇家所设想的改革，却是改革给他们带来更多的利益，使他们的统治更加稳固。所以，作为皇权体制中的改革派领袖，作为竭力推行新政的主将，袁世凯当然要珍惜这个机会，珍惜革命给旧体制带来的压力。

从这个意义上说，袁世凯要感谢黎元洪，因为正是他领导的辛亥革命，为袁世凯提供了一个逼迫朝廷妥协的机会，给实行宪政带来了曙光。当然，黎元洪和独立各省的都督们也要感谢袁世凯，因为正是他的出山，为革命带来了福音，可以不必付出太多的鲜血和生命，就可以获得成功。辛亥革命之所以那么容易地获得成功，是因为这样两位杰出人物相遇，他们不是洪秀全、张献忠、李自成那样的领袖，也不是曾国藩那样的领袖，不是中国历史上屡见不鲜的那种革命狂或镇压狂，他们都具有现代理想，具有浓浓的人道精神。所以，仗还是能不打就不打。而这一切，又更多地取决于袁世凯，因为无论兵力还是财力，民军都是弱势的一方。革命者有幸，这位大清帝国的钦差大臣和内阁总理大臣，以他特有的谋略，没有扑灭革命，而是与革命相配合，走出了一条终结帝制、创建共和的特别道路。这条特别道路，是一个奇迹，也是中国革命历史上最为光辉的一章。

一切都是从议和开始的。袁世凯尚未正式出山之时，已经致力于铺设与革命军的议和之路。早在1911年10月19日，袁世凯就把他的旧部刘承恩召到彰德，请他与黎元洪联系。刘承恩是湖北人，而且在湖北练过兵，与黎元洪算是旧交。秉承袁世凯的旨意，刘承恩捎信向黎元洪传递了袁世凯可以与革命军议和的信息。但是，黎元洪没有反应。刘承恩又以“乡愚弟”的名义给黎元洪写信，黎元洪仍然没有回复。1911年11月1日，也就是清廷任命袁世凯为内阁总理大臣的当天，刘承恩又给黎元洪写信，因为信中带有劝降色彩，黎元洪很不高兴。东方一个民主共和国的开国都督黎元洪，虽然为人厚道，说话温和，但毕竟是可以一肩担起一个国家的杰出军人，有勇有谋有风度，以区区一个协统对阵大清帝国的三军统帅，却不曾被吓住，不卑不亢，充分显示了革命领袖的气派和风度。正因为这样，袁世凯可以看不起孙中山，可以看不起黄兴，却始终没有小看黎元洪。当时采访黎元洪的英国记者埃德温报道说，黎元洪看了这封信，笑了笑，随即扔在地上。他对记者说，他个人对袁世凯表达友好的问候，对他出任内阁总理大臣表示祝贺，但要革命军与他讲和，显然还不是时候，什么时候呢？要等革命军挺进北京之时！

1911年11月2日，黎元洪给袁世凯写了一封长长的信，语气相当强硬，但并未把议和之路封死。他在信中呼吁袁世凯站到革命一边来，共同改变国家的现状，共谋中华历史的伟业："公果能来归乎？与吾侪共扶大义，将见四万兆之人，皆皈心于公，将来总统选举时，第一任之中华共和大总统，公固不难从容猎取也。"①

与一些革命领袖的唯我独尊不同，黎元洪是理性的，知彼知己。他与袁世凯，作为敌对的双方可以对垒，但如果袁世凯能站到革命一边来，他就会拱手让出领袖的位置。这是革命阵营中首次透露可以请袁世凯做未来大总统的信息。

就在这一天，清军攻下了汉口。对袁世凯来说，此举是必需的，因为它既可以作为对清廷任命他做内阁总理大臣的回报，证明他的力量，又可以灭一灭黎元洪的气焰。然而，攻下汉口之后，他没有乘胜攻取武昌，而是适可而止了。冯国璋立功心切，不愿如此坐失战机，袁世凯为此把电话打到前线，下死令不准继续进攻。史家大多承认，如果冯国璋继续进攻，武昌诸将撑不住，黄兴更撑不住，辛亥革命的第一块革命根据地不存在了，全国的局势将是另一种态势。所以，革命之所以没有被扑灭，一个重要的原因，是袁世凯手下留情。

也许与屡屡战败实在撑不住有关，对于议和，时任民军总司令的黄兴似乎比黎元洪更主动，对袁世凯的态度也更谦和。1911年11月9日，黄兴致函

①张国淦编著《辛亥革命史料》，龙门联合书局1958年，第279页。

袁世凯，信中说道："人才原有高下之分，起义断无先后之别。明公之才能，高出兴等万万，以拿破仑、华盛顿之资格出，而建拿破仑、华盛顿之事功，直捣黄龙，灭此虏而朝食，非但湘、鄂人民戴明公为拿破仑、华盛顿，即南北各省，当亦无有不拱手听命者。苍生霖雨，群仰明公。千载一时，祈毋坐失！"①

袁世凯接到黎元洪的信，又接到黄兴的信，即派刘承恩、蔡廷干以他私人代表的名义，过江议和。黎元洪热情迎接，以礼相待，与刘承恩进行了会谈，表明了军政府的基本立场和态度。明智的领袖们图大业而不争权，要和平而不要战争，于是，议和之路铺平，这正是辛亥革命一开始就显示的光辉之处。这当然也是列强们所愿意促成的。

从宗社党和一部分遗老的立场来看，袁世凯或许算不上忠臣，因为他们盼望袁世凯出山，本指望他能把革命扑灭，永保大清江山万万年，袁世凯却与叛军勾勾搭搭，狼狈为奸，养寇自重，出卖朝廷，导致爱新觉罗家族失掉了江山。所以，一些大清遗老对袁世凯恨之入骨。但是，从革命的立场上看，从中华历史发展进步的角度看，从中华民国的立场上看，他的贡献极大，而且是开创了一条因独具特色而光照千秋的政治转型之路。无论嗜血的暴力狂们怎样批评它的软弱和妥协，都无法抹杀它的光辉。

（三）终结帝制的使命

身为大清帝国的内阁总理大臣，袁世凯却承担起了终结帝制的使命。

设法让清帝退位，把帝国变为民国，把皇权专制变为民主共和，说到底，就是设法让人家把国家交出来，把祖辈打下的江山交出来。这是容易的事吗？试翻古今中外的历史，几人有过如此创举?!

有句话叫"与虎谋皮"，这不仅是与虎谋皮，而且是与虎谋骨谋肉谋心肝，对于专制帝国来说，是要它的命。所以，要完成这个任务，的确莽撞不得，需要勇气，需要智慧，也需要时间。因为稍有不慎，不仅前功尽弃，而且连脑袋也要搬家。

然而，对于革命阵营来说，自然是越快越好，但袁世凯的速度却有点慢。加之革命党人中的一部分对袁世凯缺乏信任，尤其是同盟会的某些成

①湖南省社会科学院编《黄兴集》，中华书局1981年，第82页。

员，只是关心由谁来摘桃子的问题，尽管无力扭转革命已经形成的局势，无力改写未能领导辛亥革命的事实，却一直在打自己的算盘，所以，就有了在南京提前组建临时政府的事。

这件事之所以发生，原因是复杂的，就革命的参与者而言，首先是上海集团与武昌集团的不同算计，加之黄兴与武昌诸将的矛盾，尤其是大元帅选举给黄兴、宋教仁等带来的不快。而孙中山之所以能够当选，除了他从国外带回军舰、枪支和大量军费这些有意制造的舆论影响之外，还有重要的一点，就是独立各省对袁世凯的行动速度不满。就各省代表会议而言，他们自认并没有违背在武汉已经做出的决议：中华民国的大总统要虚位以待袁世凯。孙中山从海外归来，同盟会的几个人一鼓噪，他们就顺水推舟另选了一个临时大总统，并不只是因为他们相信孙中山带回了七艘军舰、几万条枪和大把的钞票，如果那样，这些代表们就成了言而无信的势利小人。事实上，大多数代表并非因为几艘军舰和多少军费就抛弃袁世凯，更不是因为孙中山一到上海就“七拉八扯宴议员”。同盟会元老谭人凤回忆说，最初各省代表会议讨论临时大总统人选时，是“主黎者十之六，主黄者十之三，主孙者十之一二”，“迨中山到沪，大开宴会，侈谈清廷借款已被破坏，民军方面如何可望列强投资。而其代为吹拍者，又谓业带款项若干，且有外国兵船许与帮助。各议员闻而信之，遂于十一月八（十）日开选举会”[①]。孙中山和他的追随者的确为此做了大量工作，但这并不是孙中山当选的主要原因。各省代表之所以同意另选一个临时大总统，并且选了孙中山来充任，事实上是一种激将法，以此督促袁世凯加快终结帝制的速度，并且告诉他：我们并不是非你不可。但他们都很清楚，无论选谁来做这个临时大总统，都只是临时的替代品，并不妨碍大总统的人选。从这个意义上说，选谁都有点无所谓。事实上，如果不是这种无所谓的态度，只靠几个人的活动和军舰军费之类的谎言，孙是不一定能够当选的。看过南京博物馆那枚中华民国临时大总统印章的人，一见之下，大概会像我一样有点惊讶，因为根据设想，大总统的印章应该是金的或是玉的，但你无论怎么想象，都很难想象它是半截木头。之所以如此，就因为当时筹办此事的人根本不重视。这个临时的替代品，还不知

①文明国编《谭人凤自述》，人民日报出版社2011年，第88页。

用几天，只要袁世凯的使命完成，就扔掉了，何必为此破费？到袁世凯就职的时候，印章当然就正规化了。这枚木头印章，正是当时孙中山处境的绝妙象征。而且，当时的孙中山很好说话，只要让他做，不管几天，不管什么条件，他都无异议。他建议去掉“临时”二字，但人们告诉他，必须是“临时”的，于是他就做临时的。人们告诉他，当选之后必须给袁世凯发一电报，说明自己只是暂代，他也老老实实发了电报。就连宣誓就职时必须说明清帝退位就把位子让出来这样的内容，他也只好接受，写进了誓词。因为这一切没有讨价还价的余地，如果他拒绝，就与临时大总统无缘了。对此，有人曾经说得很清楚：“孙中山回国前，同盟会已经同意立宪派的主张，不以武力夺取政权，把推翻清政府的希望寄托在袁世凯身上。只等袁世凯压迫清帝退位，即推他做临时总统。孙中山回国后，革命军各省代表会议虽然选举他为临时总统，但这不过是一种‘激将法’，刺激袁世凯早日表明态度，以免夜长梦多。所以在选举会上又一次做出决定：‘如袁君世凯反正来归，则临时总统当选人即当让位于袁，以符本会议之诺言。’”①

在如此督促之下，袁世凯加快了步伐，终于不负所望，以和平的方式终结了帝制。谁是帝制终结者？如果宽泛地说，当然应该把孙中山、黄兴、章太炎都算上，把邹容、吴樾、秋瑾、徐锡麟等都算上，把1911年10月10日打响第一枪的武昌士兵都算上，否则，只讲哪一个都不公平，但若具体地讲，直接终结帝制的，无疑还是袁世凯。

所以，新生的共和国没有忘了他。就是以最简单的办法论功行赏，大概也应该是他做大总统，黎元洪做副总统，这是那个时代的公正。

在短短的两个月内，使具有两千年传统的帝制和平转换，避免了玉石俱焚，避免了千百万人流血牺牲，这样的奇迹，如果是在今天，是一定会获得诺贝尔和平奖的！

（四）关于“逼宫”

为了让清帝退位，袁世凯的确用了些手段，其中既有对实情的隐瞒，也有对革命党实力的夸张；既曾通过军费施压，又曾利用将领们的通电。正因为这样，所以素有袁世凯“逼宫”之说。说这话的人多是清廷遗老，他们带

①陶菊隐：《袁世凯真相》，线装书局2008年，第150页。

着对袁世凯“葬送大清江山”的愤恨，竭力渲染其“逼宫”的恶行。革命党人中的“暴烈派”本来是不反对“逼宫”的，恰恰相反，他们认为逼得还不够，不应该给清廷什么优待。如果以武力攻下北京，就没有这些麻烦，而且政权也不会落到袁世凯手里。所以，在南京临时政府时期，就有人竭力鼓吹北伐而干扰和破坏和谈。但是，到了1928年之后，党国史家为了歌颂自己的国父和丑化当年的政敌，却接过这种渲染，通过国家权威和意识形态的力量传播，产生了极大的影响。

袁世凯让皇帝退位，之所以做得不快，一个重要的原因就是他不够狠。就算是逼宫吧，他逼的方式也很温和，很柔软。如果换了别人，快刀斩乱麻，以非常手段处置，事情就简单得多，中外历史上都不乏这种宫廷政变的先例。但是，袁世凯不是那样的人，他也争权夺利，他也杀人，但他顾惜自己的名声，不愿突破某些底线。比如，恃强凌弱，残害无辜，都不是他愿意干的。他不乏手段，但做事却不愿做得太过。面对强敌，他未必没有狠手，但面对此时皇宫里的孤儿寡母，他有种种不忍。面对时代的大变局，一代豪杰也曾心里很纠结，因为在他那里，还有做人的基本道德。

隆裕虽然贵为太后，一生的命运却实在可怜。她十五岁嫁入深宫，面对的是严厉的婆婆和不得志的丈夫。而且那不得志的丈夫爱的是珍妃，自然让她饱受冷落。婆婆希望她能管住丈夫和皇宫嫔妃，包括那个珍妃，她却实在不能。她被夹在中间，结果是婆婆不疼、丈夫不爱，只有在寂寞中打发时光。后来婆婆死了，但在婆婆死的前一天丈夫先被毒死，她成了年轻的寡妇。六岁的小皇帝虽然身后还有摄政王，却同样无力镇压叛乱，也无力对付袁世凯。名义上的大事需要太后“懿旨”，但太后能有多少主意？自从袁世凯就任内阁总理大臣，主意其实主要来自袁世凯。有时候看上去是庆亲王提议，而庆亲王的主意往往也是来自袁世凯。在这样的格局之下，袁世凯已是事实上的主宰，做事主要靠自律。

袁世凯虽然有时候也很专横，却不愿做《三国演义》里威逼献帝的那个曹操。太后虽然无能，他却要做出臣子的样子。他可以苦口婆心地劝说太后，却不能替太后做主，更不能写好诏书后硬抓着太后的手腕子去盖印。那样的做法在中国历史上并不少见，袁世凯却做不出。他希望皇帝退位，却只能跪在太后面前，晓以利害，费尽心机让她明白，最终做出退位的决定。让人把江山社稷交出来，显然比把妻子儿女交出来还要难。何况，大清帝国并不只属于皇帝和太后，而是属于皇室一大群人，哪个贵胄愿意轻易放弃这份家业？所以，隆裕太后很难下定决心。

可是，孙中山就任临时大总统之后，袁世凯知道，事情不能再拖下去了。因此，就需要用一点手段。

四十八位将领联名通电拥护君主立宪，当然是袁世凯操纵的，目的是做给南方看，让革命党人知道，袁世凯并不是好惹的。然后，袁世凯进宫面奏这份电报的内容，同时检讨自己上任以来的诸多失误，提出要引咎辞职。如果在平时，辞职实在算不了什么，但在此时，却是他对太后施加的压力。如果袁世凯不干了，她依靠谁去？隆裕没有别的办法安慰这位老臣，只有从内库拨出八万两黄金，为袁世凯补贴军费。

军饷的确是大问题，但仍然有人强烈地主战。这好像早已成为中国传统，似乎只有主战才是忠臣，主和就是对朝廷不忠。面对这种情况，袁世凯想了一个办法，不用他来说话。1912年1月11日，北洋全体将领由直隶总督姜桂题领衔发出通电：请求皇帝令王公大臣捐献私财，毁家纾难，共济时艰。

太后正为军费发愁，对此建议当然同意。因为太后知道，王公大臣们几乎个个家财万贯，非常时刻，来点“爱国捐”也没什么不可以。话又说回来，他们的财产无论怎么来的，贪污受贿，巧取豪夺，事实上不都是靠着朝廷而获得的吗？客观地说，王公大臣都是爱国的，因为他们与国家有更多的共同利益。但是，真要让他们从自己的口袋里掏钱去打仗，却不能不觉得肉疼。所以，这仗最好还是不要打了。

袁世凯所要的正是这个结果：王公大臣们再也不敢轻言作战。

1912年1月12日，庆亲王奕劻提出了皇帝退位和民国政府优待的问题。大臣们面面相觑，一部分少年亲贵激烈反对，太后一时拿不定主意。

太后对天下情形并不深知，消息都靠大臣们汇报。在这些大臣中，最有见识也最有能力的就是袁世凯，当然就多听他的话。唐德刚研究这段历史，认为袁世凯当年对隆裕太后的策略是分几步走的：“第一步便是以军费无着为借口，把这对可怜小寡妇母子的私房钱，一举花光。其实她母子的私房钱，也花不光。但是这对可怜的寡妇孤儿，哪里知道呢？等到太后的

'内帑'花光了，寡妇自觉前途茫茫，衣食堪虞，乞怜于宰相之时，老袁又可以告诉她，兵凶战危，胜败难卜，太后如赞成共和，将来的民国政府会优待皇室，'优待费'可多至四百万两一年，足可安度晚年。这一来太后就彻底动摇了，一切也就以袁世凯的意志为意志了。""说穿了，袁某是在'欺君妄上'，但是欺君以方，比弑君砍头，究竟还要文明多矣。后来小皇帝溥仪长大了，回忆起这时的情况，他记得太后在哭，跪在她面前的一个老头子，也泪流满面。这时'太后'的确在哭；'老头子'泪流满面，就在演戏了。"①

其实，唐德刚错了，何以见得"老头子"泪流满面就是在演戏？设身处地，将心比心，想一想袁世凯当时的感受，只要他不是特殊材料造成的钢铁战士，此时此刻，就不能不动情。正如他自己所说，袁氏世受皇恩，而自己所受皇恩尤重，一人之下，万人之上，如果只为个人打算，人生一世，还求什么？虽然曾经被罢官，但那是载沣的事，未必是隆裕主谋。如果皇位上坐的是载沣，袁世凯也许用不着这样费周折，但事实上不是，此时的皇帝很可爱，隆裕太后好脾气，他们的手上没有鲜血。维新派和革命党之所以能够接受议和，并优待皇室，也恰恰因为这一点，而不是他们忘了复仇。所以，告别革命而以和平演变的方式实现统治者的新旧交替，是需要条件的，那就是统治者手上没有鲜血。否则，血债最终还是要用血来还。对袁世凯而言，隆裕太后的眼泪未必不能打动他。史料证明，袁世凯缺少的，恰恰是铁石心肠。

即使袁世凯无心为太后分忧，也无心为皇家打算，心中全是私欲，作为一人之下万人之上的内阁总理大臣，要告别这段历史，奔赴未卜的风雨路，只要是正常的人，也应该有一捧辛酸泪。此时陪太后一哭，可谓正是时候，而且不算不真诚。

哭是要哭的，但大事还要办。

1912年1月16日，他以全体国务大臣的名义，上奏隆裕太后，奏折讲了许多，诸如议和不顺，军饷无着，海军皆叛，强邻虎视，辽东告急，人心惶惶……最后说道："环球各国，不外君主、民主两端，民主如尧舜禅让，乃

①陶菊隐：《袁世凯真相》，线装书局2008年，第41—42页。

察民心之所归，迥非历代亡国可比……且民军亦不欲以改民主而减皇室之尊荣。……读法兰西革命之史，如能早顺舆情，何至路易之子孙，靡有孑遗也。民军所争者政体，而非君位。所欲者共和，而非宗社。我皇太后、皇上何忍九庙之震惊，何忍乘舆之出狩，必能俯鉴大势，以顺民心。”①

袁世凯对太后说：革命军兵精饷足，遍地都是，而朝廷缺人少饷，这仗怎么打？将士不乏忠勇之士，打，也许还能撑一阵子，但是，打赢了固然好；如果打不赢，“优待”就得不到了。面对流泪不止的太后，他甚至表达了这样的意思：“自古无不亡之国，亡国之君，身受杀戮之惨，古今中外历史，斑斑可考。今天大清皇帝退位，仍能保持其尊号，并可享受岁费，这是古往今来绝无仅有的创举。我们在谈判中大费唇舌，好不容易才争得这个优待条例，总算尽了做臣子的一片苦心。”②

面对袁世凯的如此表现，党国史家往往指责他要两面派手段，遗老们也说他是装模作样威胁太后。其实，袁世凯对太后说的，实在是掏心窝子的话。中国历史告诉人们，改朝换代之际，亡国之君大多没有好下场，皇族子孙没有几个能够活下来。袁世凯为大清争得这样的结果，的确是尽了做臣子的苦心。

说到底，对于大清帝国，袁世凯没有为保卫它而拼尽最后一滴血，没有表现出与之共存亡的那份忠烈，但是，作为一个注定要埋葬一个旧时代并开创一个新时代的过渡人物，他在历史的转换之际，能够不忘为旧主着想，却也不算不忠。

此时的袁世凯运气不错，一些偶然事件帮助了他。太后说服得差不多了，“宗社党”却仍然要誓死保卫大清，而且指责袁世凯与革命党人相勾结，在为革命党服务。应该说，良弼等人看得不错，他们的谋略也不错，如果他们能够战胜袁世凯，辛亥革命的成功将会遥遥无期。而且，即使不能战胜民军，也可以退回关外以待时机。如果那样，中国大地上的战火不知将要燃烧多少年。然而，1912年1月16日和26日，北京发生的两次暗杀事件帮

①张国淦编著《辛亥革命史料》，第299—300页；杨玉如：《辛亥革命先著记》，第271—272页。

②陶菊隐：《袁世凯真相》，线装书局2008年，第151页。

助了袁世凯。

1912年1月16日，也就是袁世凯对隆裕太后痛陈利弊的那一天，袁世凯退朝回家。作为内阁总理，他坐的是一辆金漆朱轮马车，车前车后有人马簇拥。在经过丁家街三义茶馆门口时，一颗炸弹从茶馆楼上扔了下来，但马车疾驶穿过爆炸的烟尘，可谓有惊无险。可是，刚刚来到祥宜坊酒楼，又一颗炸弹从酒楼里飞出。这回击中了，卫队营管带袁金标等十多人，还有两匹马，登时倒毙在血泊中。幸运的是，袁世凯乘坐的马车却在硝烟中飞腾而去。

这场刺杀是专门针对袁世凯的。他们之所以要刺杀袁世凯，主要是反对议和，反对把大总统的职位留给袁世凯。他们认定，只要杀死袁世凯，就可以斩断妥协议和之路，革命之后的权力，就不会再落入袁世凯手中。他们周密计划，分为三组，一组在三义茶馆装作茶客，一组在祥宜酒坊装作酒徒，还有一组在东安市场附近。有此三关，他们以为袁世凯必死无疑。可惜的是，炸弹偏偏有眼，炸死十多人而恰恰躲开了袁世凯。

事实上，刺客帮了袁世凯的大忙。在此之前，朝廷的主战派骂他是奸臣，在与革命党联手颠覆大清国。这次刺杀为他洗清了嫌疑，使太后对他更加信任，庆亲王等也可以为他辩护了：你们说袁世凯与革命党里应外合，革命党为什么还要刺杀他？同时，北京已经遍布革命党刺客的谣言也得到了证实，主战派也不再说那是袁世凯编出来吓唬人的把戏。

隆裕太后身为女人，虽然没有生孩子，却是一个好母亲。她没有完全被权力和斗争所异化，知道亡国的可怕，也知道生命的可贵。这时的她已经顾不得皇位，只求母子平安，生活无虞。汉人非要革命不可，大清已经气息奄奄，冤有头，债有主，清算的时候到了。在这种时候，袁爱卿不但能保全她们母子的性命，避免历朝历代的血腥交替，而且仍有皇宫可住，生活一切照旧。看看几千年的历史，一个个王朝交替，哪一家有这样的好运气？所以，此时的隆裕太后，已经不愿再过胆战心惊的日子，不愿再在皇位上苦撑，一心准备退位了。

唯一的障碍就是宗社党。可是，不过十天，1912年1月26日良弼遇刺了。刺客彭家珍的一颗炸弹，除掉了宗社党的核心良弼。彭家珍再次帮了袁世凯的忙。他的炸弹吓破了王公大臣的胆，扫清了清王室最后的主战派。据当事人梁士诒的年谱记述：“良弼被炸之日，京师风云至急，入朝行礼后，隆裕皇太后掩出泣云：梁士诒啊！赵秉钧啊！胡惟德啊！我母子二人性命，都在你三人手中，你们回去好好对袁世凯说，备要保全我们母子二人性命！”①

在良弼被刺的同一天，四十七位将领联名奏请皇帝逊位。

到了1912年1月29日的御前会议上，已经没有了主战者。接下来讨论的，只是争取更多的优待。

终结帝制的任务，就这样完成了。

南京，孙中山提交辞呈，参议院开会，选举袁世凯为中华民国临时大总统。参议院致袁世凯的电报中称袁世凯为“世界之第二华盛顿，中国之第一华盛顿”②。在全世界选举总统的历史上，第一个全票当选的是华盛顿，第二个就是袁世凯。

这就是袁世凯“窃国”的全过程。

根据常理，有人行窃，就要有人看守，当时的国人竟然是如此拱手送上，而且举国为之欢呼。可见，窃国之说，实在是对当时全体国民智慧的侮辱。

所以，当年指责袁世凯窃国的，不是革命党人，而是以宗社党为代表的部分遗老。参与革命的人们不说袁世凯“窃国”，因为无论是首义都督黎元洪，还是相继举义的各省都督，都知道袁氏并没有从他们手里窃取什么，当选临时大总统和正式大总统，一切都光明正大。正如有研究者所指出的：“南北议和，是辛亥革命的重要转折。议和的结局是清帝退位，这是中国历史上第一次通过和平谈判实现政权更迭的重大事件。清帝退位后，孙中山辞职，南京参议院依法选举袁世凯为中华民国临时大总统，只是兑现政治承诺而已。于孙无所谓让，于袁无所谓夺。”③所以，如果遗老们说袁氏窃国，多少还有点道理。因为袁世凯用种种手段让清帝退位，并不十分光明正大，站在大清帝国的立场上，未尝不可以说他“窃国”。但必须明确的是，袁世凯“窃”的是大清帝国，而不是中华民国。所以，站在大清帝国的立场上这样说是可以的，站在中华民国的立场上这样说就实属不可。

①②岑学吕编《三水梁燕孙先生年谱》（上），文海出版社1966年，第111页，第113页。

③范福潮：《袁世凯当选临时大总统前的南北博弈》，《南方周末》2008年9月24日。

二、“二十一条”与大总统的眼泪

在过去的历史叙述中，袁世凯一直背着“卖国”的骂名。而“卖国”的主要证据，就是接受日本人提出的“二十一条”。

因为研究过辛亥革命的一些材料，所以我知道袁世凯是终结帝制、创建共和的元勋，出任大总统也是人心所向，理所当然，并不存在什么“窃夺”革命成果的问题。但在“二十一条”问题上却一直没有生疑，因而也曾沿袭流行的说法，说过“袁世凯接受二十一条之后”这样的话。所以，在这篇文章的开始，我想首先对故大总统表示歉意！这份歉意虽然来得太迟，虽然只是个人行为而不能代表任何群体，但我觉得仍然很有必要。

同时我又想到，这是一个非常无奈的问题。这不是为我自己的无知而开脱，而是考虑到这样的现实：人们的历史知识主要来自教科书，然而，中国的教科书从20世纪20年代末民国易帜成为“党国”之后就以“党义”为指针，以立场掩盖史实，以党派领袖的是非为是非，对民初执政者的评价极不公正。这种不公正至今在海峡两岸延续着，甚至影响到海外学者。在这种情况下，人们只要不遇到某些问题而产生疑问，就很难去对历史重新考察，头脑就仍然被那些先入为主的说法所盘踞。好在当年的某些材料还在，只要走近它，后来的遮蔽和改写便会失效。说到这里，我要感谢王芸生的《六十年来中国与日本》，以及《梁燕孙先生年谱》等，这些书材料翔实，“二十一条”是怎么提出的，政府是怎么与日本人谈判的，大总统的态度是如何，外交官怎样与日本人斗智斗勇，一切都写得非常详细。此外还有梁士诒的年谱、曹汝霖的回忆录、顾维钧的回忆录，以及曾叔度《我所经历的“二十一条”内幕》等当事人留下的材料。回忆自然有不尽可靠之处，但结合档案材料读，却可以使背景和细节都丰富起来。感谢这些材料使我知道了各种具体情况，纠正了多年的认识，于是就想写出来奉献给读者。

（一）袁世凯“接受”和“签订”过《二十一条》吗?

“二十一条”的提出众所周知，1915年1月18日，日本驻华公使日置益觐见大总统袁世凯，当面递交了一份文件，希望大总统“赐以接受，迅速商议解决”[①]。该文件共有五号二十一款，所以史称“二十一条”。

“二十一条”的具体内容是：第一号四款，要求中国政府承认日本继承德国在山东享有的一切权利。第二号七款，要求中国政府承认日本在南满及东部内蒙古的特权，并将旅顺、大连的租借期限及南满、安奉铁路期限延长为99年。第三号二款，要求汉冶萍公司改为中日合办，附近矿山不准公司以外的人开采。第四号只有一款，要求中国政府承诺沿岸所有港湾和岛屿一概不割让或租借给他国。第五号七款，涉及内容最多，也最为严重。第一款要求中国政府聘用日本人充当政治、财政、军事等各方面的顾问；第二款要求中国政府对日本在中国内地所设的病院、寺院、学校等“概允其土地所有权”；第三款要求某些地方的警察由中日合办，或多数聘用日本人；第四款要求中国向日本采办军械，或在中国设立中日合办之军械厂，并聘用日本技师、采买日本材料；第五款要求中国政府将连接武昌与九江、南昌路线之铁路，以及武昌到杭州、南昌到潮州各路铁路建造权许与日本；第六款要求福建省内筹办铁路、矿山、海口、船厂如需外国资本时，先与日本协议；第七款要求日本人在中国有布教之权。

考察这些条款所提出的要求，有的已是既成事实，只是要求中国政府的承认；有的则是新的扩张图谋。回顾历史，不难看到某些要求的历史缘由。甲午中日战争之后，清廷把台湾割让给日本，福建成为日本的势力范围。1905年日俄战争之后，日本势力进入“南满”。1907年到1912年，通过三次日俄密约，日本势力进入内蒙古东部。1911年至1913年间，湖北汉冶萍公司三次向日本人借款，数额远远超过该公司总资金，因而公司产权被日本人控制。1914年8月，日本向德国宣战，占据了青岛和胶济铁路沿线。所以，福建、“南满”、东内蒙古、山东的权益成为二十一条的主要内容。新增加的要求主要是中国政府聘用日本顾问、合办警务、购买日本军械、限制中国与欧美国家的交往等，目标显然是破坏中国与西方各国的关系，由日本全面控制中国。

毫无疑问，“二十一条”是对中国主权的严重蔑视和践踏。政府如果接受这些要求，就意味着把国家的许多权力交给了日本，甚至使中国成为日本

①王芸生：《六十年来中国与日本》（第六卷），三联书店1980年，第73页。

的保护国。大总统如果接受这样的条约，自然有卖国之嫌；如果为了个人利益而签订这样的条约，更是货真价实的卖国贼。

然而，说袁世凯接受“二十一条”而“卖国”，却实在有点冤枉。

长期以来，教科书和主流历史著作几乎异口同声地在说袁世凯“接受二十一条”[①]，甚至说“称帝心切的袁世凯令其代表对日本的要求做了完全的承认”[②]，或者在行文中如此表述：“袁世凯接受‘二十一条’，公开上演帝制丑剧”[③]，“‘二十一条’的谈判与签订，在全国激起了强烈的愤恨”[④]，“‘二十一条件’签订后”[⑤]如何如何。似乎“接受”和“签订”《二十一条》都是毫无疑问的事实。作为工具书的《辞海·历史分册》提供的也是这样的知识。“五九国耻”词条下说：“1915年5月9日，袁世凯承认日本帝国主义提出的二十一条……后以5月9日为国耻纪念日。”[⑥]“袁世凯”词条下如此写道：“袁世凯……1915年5月接受日本提出的企图灭亡中国的《二十一条》。”[⑦]

这些说法已经流行六十多年或八十多年，影响了几代人，然而，袁世凯和中华民国政府“承认”“接受”“签订”过《二十一条》吗？历史的事实摆在那里：日本人的确提出了“二十一条”，但袁世凯从未承认和接受过“二十一条”，民国政府也没有与日本人签订过《二十一条》。关于“二十一条”的交涉进行了四个月。在那四个月里，日本方面千方百计逼迫中国政府承认和接受，尽快签字，而中国政府则费尽心机，软缠硬磨，竭力拒绝。虽然后来日本人发出最后通牒，中国政府只能无奈地接受，但这时所接受的已经不是“二十一条”，而是其中的部分条款。

面对日本人提出的“二十一条”，袁世凯和中国政府接受了多少条呢？

查1915年5月25日由外交总长陆徵祥与日本人签订的《民四中日条

---

①胡绳：《从鸦片战争到五四运动》，人民出版社1981年，第922页。

②彭明：《五四运动史》，人民出版社1998年，第20页。

③国家教委社科司组编《中国革命史》，高等教育出版社1993年，第90页。

④李侃等：《中国近代史》，中华书局2002年，第434页。

⑤来新夏等：《北洋军阀史》（上），东方出版中心2011年，第352、353页。

⑥⑦《辞海·历史分册·中国近代史》，上海辞书出版社1982年，第105页，第108页。

约》，一是《关于山东省之条约》，四条；二是《关于南满洲及东部内蒙古之条约》，九条；加起来是十三条。而且两份条约中都有一条“本条约自盖章之日起即生效力”，所以从实际内容看，一份是三条，一份是八条，共计只有十一条。

然而，曹汝霖在他的《一生之回忆》中反复强调说，面对“二十一条”，中国政府接受并最后签约的“不满十条”。他说：“日本所提之《二十一条》，议结者不满十条”；“二十一条中之第五项各条，不但辱国，且有亡国可能，已坚拒撤回不议。而所议定者，不满十条”①。

明明是十一条，曹汝霖为什么说“不满十条”？对照《二十一条》可以发现，《关于南满洲及东部内蒙古之条约》中的第八条是“关于东三省中日现行各条约，除本条约另有规定外，一概仍照旧实行”，与“二十一条”要求无关，所以“二十一条”就只剩了十条。对照《二十一条》核查这十条，可见多处打了折扣。因此，曹汝霖的说法与事实相符。

所以，正确的说法应该是：日本人向中国政府提出的是“二十一条”，袁世凯和中国政府所接受的却“不满十条”，最后签订的《民四中日条约》是“十三条”，其中有三条是与“二十一条”要求无关的“虚文”。所以，要说“签订”，可以说是“十三条”，要说“承认”和“接受”，却应该是曹汝霖所说的“不满十条”。

无论如何，袁世凯和民国政府从未接受、承认、签订过“二十一条”。

（二）艰难的交涉过程

从“二十一条”到“不满十条”，这个结果来之不易。回顾那个过程，可以看到中华民国的大总统和外交官们为国家尽心竭力，看到他们的责任感和浓浓爱国情。

整个谈判都是在大总统的直接指导之下进行的。

根据曹汝霖回忆，日本人提出“二十一条”的具体情形是这样的：当时的日本总理大隈重信、外相加藤高明都对中国有野心。他们忽然令驻华公使日置益回国述职，然后让他带着《二十一条》回任。日置益回到北京，即求见大总统，总统以为是公使回任而进行礼节性拜访，于是令外交部次长曹汝

①曹汝霖：《一生之回忆》，春秋杂志社1966年，第127页。

霖一同会见。寒暄之后，日置益即拿出《二十一条》，并要求总统迅速裁决实施。袁世凯说交涉事宜应由外交部管，当交曹次长带回，由外交总长与之交涉，说完就把文件放在桌子上，没有翻开。然而，等日本公使告辞之后，袁世凯却没有让曹汝霖把文件带走，而是留下来进行了认真的研究。第二天早晨，袁世凯召见外交总长孙宝琦、次长曹汝霖、总统府秘书长梁士诒、政事堂左丞杨士琦四人，对他们说："日本这次提出的觉书，意义很深，他们趁欧战方酣，各国无暇东顾，见我国是已定，隐怀疑忌，故提此觉书，意在控制我国，不可轻视。至觉书第五项，意以朝鲜视我国，万万不可与他商议。"①

这是袁世凯最初的意见。然而，这一天总统仍然没把文件交给外交部，而是说他还要再仔细看看。又隔了一天，他才让曹汝霖去总统府取文件，而且已逐条做了详细而具体的批示。比如，对第一号，袁世凯批道："此本于前清中俄协定东三省会议时，已允继续俄国未满之年限，由日本展续满期，今又要重新更定。但将来若能收回，对于年限没有多大关系，此条不必争论。"对于山东问题，总统批道："应双方合议，何能由日本议定，由我承认？这是将来之事，不必先行商议，可从缓议。"对于合办矿业，袁世凯批道："可答应一二处，须照矿业条例办理，愈少愈好，可留予国人自办。"对于建造铁路，他的批示是："须与他国借款造路相同，铁路行政权须由中国人自行管理，日本只可允以管理借款之会计审核权，惟须斟酌慎重。"针对开商埠，他的批示是："须用自开办法，并应限制，免日本人充斥而来，反客为主。"针对汉冶萍矿厂："这是商办公司，政府不能代谋。"对于闽浙铁路："须查卷，似与英国有关。"针对福建让与："荒唐、荒唐，领土怎能让与第三国。"针对内地杂居："治外法权没有收回之前，不能允许杂居。"针对限制中国主权的第五号条款："限制我国主权，简直似以朝鲜视我，这种条件岂平等国所应提出，实堪痛恨。……不理可也，万万不可开议，切记切记。"②

天津市历史档案馆现存的袁世凯对《二十一条》的朱批原件，可以为曹汝霖的回忆提供佐证。在这份原件上，可以看到更多的字斟句酌和锱铢必

①②曹汝霖：《一生之回忆》，春秋杂志社1966年，第116页，第116—117页。

较。比如，在日本政府提出的许多要求后面，袁世凯都批了“办不到”。日本政府提出日本臣民在“伪满州”可租赁或购买土地，袁世凯圈出“或购买”三字批道：“购买有碍完全领土。”全文的最后，袁世凯的朱批是：“各条内多有干涉内政侵犯主权之处，实难同意。”

为了更好地与日本谈判，袁世凯临阵换将，撤换了外交总长。《二十一条》送交袁世凯几天之后，日本人打电话给曹汝霖，催问何时开议。曹汝霖对他们越过外交部而直接送文件给总统的超常做法不满，所以故意回答说：总长还没见到文件，如何开议？日置益即到外交部递交《二十一条》。总长孙宝琦接过文件略加翻阅，即对各条进行驳斥。孙宝琦把他与日置益的谈话记录送呈总统，袁世凯看了非常失望，觉得孙宝琦与日本人初次交涉即发表意见，糊涂而粗率，不能当此谈判重任，于是马上换将，当晚征得陆徵祥的同意，次日即任命陆为外长，把孙宝琦换了下来。

据曹汝霖回忆，在谈判期间，“总统又随时指示，余每晨入府报告，七时到府，总统已在公事厅等着同进早膳，报告昨日会议情形，讨论下次应付方针，有时议毕又入府请示。……陆外长确能恪遵总统批示，绝不越出批示范围”①。

袁世凯审时度势，确定了这样一个原则：日本人实际已经得到的，可以让步；日本人尚未得到的，绝不轻给。比如满洲问题，日俄战争后满洲早已是日本的口中之食，让他吐出来绝非易事，所以可以答应。他对第五号中的七条特别看重，始终表示拒绝。因为在他看来，那些条款有些是“制我死命最要之点”，所以绝不相让。

谈判是从1915年2月2日开始的，地点是外交部迎宾馆，参加谈判的是中国外交总长陆徵祥、次长曹汝霖、秘书施履本，日本公使日置益、一等书记官小幡酉吉、翻译高尾亨。

第一次会议可谓顺利，日本公使先致辞，说的是两国永久亲善，然后中国外长致辞，说的是两国唇齿相依，而且说他和中国政府都一直在致力于中日亲善。日本公使称颂陆总长誉满欧美，表示能与之商谈十分荣幸。客套过后，商定谈判安排和程序，然后根据陆总长提议依照原文一条条商谈，议决

①曹汝霖：《一生之回忆》，春秋杂志社1966年，第127页。

一条再一条。日方表示同意，于是开议第一条。双方略加辩论，陆徵祥即表示同意，使得日方代表高兴异常，说陆总长办事真是痛快！

令日本人没有想到的是，从第二次会议开始，这位誉满欧美的总长就再也没有让他们痛快。第二次会议讨论的是德国在山东之权益转与日本的问题。日本方面强调的是在致德国最后通牒时已有声明，德国战败后则已是既成事实，只是为尊重中国主权，才希望得到中国承认。陆总长却以种种理由拒绝，使谈判无休止地重复，却没有任何进展。他的主要理由是："贵国占领青岛，将来仍还我国，这自绝无变更。至其他权益，我尚未调查明白，即在将来开和会时，我国对于德国取得之权益，何去何从，尚未由政府决定，现在何能先议。"①日方强调德国在青岛之权益由日本继承，将来开和会也不会有异议。双方争论了几天，陆氏坚持不谈这一条款，日置益也只好表示留待将来和会讨论。

讨论到闽浙铁路问题，中方告以此案涉及与英国的关系，需要告知英国之后再议。日方马上表示：既与英国有关，我方自可撤回。于是这一条不再讨论。

日方提出福建不能让租他国问题。陆徵祥正色道："福建为我国行省，何能与它国有让与行为？贵国提出此案，深为遗憾。"日置益笑着说："贵国有例在先，故请注意。"意思是说台湾曾割让给日本。陆总长回答说："前政府有此糊涂行为，本政府绝无此事。"②

日方提出汉冶萍合办的问题，陆徵祥回答说：民间商营公司，政府不能越俎代谋，你们应去与该公司商议。

整个谈判过程中，中国外交官和颜悦色，却是有礼有节，不卑不亢，展示的是一个古老民族的智慧和一个新生共和国的姿态。

对于第五项，中国代表一开始就坚持不议。日置益再三要求，陆徵祥严肃地说："此等条件不应对于对等友邦提出，本席无论如何，不能商议，应请贵公使撤回。"③谈判因此陷入僵局。一周过去了，日方提议恢复谈判，外交部根据大总统的指示不予理睬。也就是说，只要涉及这一条，没有商量的余地。

---

①②③曹汝霖：《一生之回忆》，春秋杂志社1966年，第122页，第125页。

日方代表的目的是速战速决，逼迫中方尽快接受他们提出的条款；中方代表的目标是尽量拖延签字时间，竭力拒绝更多的条款，争取日方让步。

为了实现这个目标，中国代表采用了种种方法，首先是拖延时间。根据顾维钧回忆，袁世凯总统曾指示陆徵祥，要他尽量拖延时间，陆徵祥很好地执行了总统的指示。他想出了许多办法来拖延谈判。日本要求每周谈五次，陆徵祥以身体欠佳和事务繁忙为由，提议每周一次，最后双方妥协，每周会谈三次。每次会谈，陆外长总是说完开场白即命献茶，日本公使虽然很不高兴，却因为这是东方礼节，无法加以拒绝。这样一来，就大大缩短了谈判的有效时间，使签约拖延了下去。

其次是有意识地把消息泄露出去，寻求国际支援。“二十一条”是日本秘密提出的，要求中国政府保密。中国许诺保守秘密，但年轻的秘书顾维钧对总统和外长说，这种许诺是在威胁之下做出的，我们没有义务遵守。总统与部员一起分析形势，知道唯一能给中国外交和道义支持的是美国，所以要让华盛顿知道；“二十一条”涉及英国在长江流域的利益，所以也要让英国知道。政府马上以巧妙的方式把消息传递给了英、美等国驻华使馆。这一招没有白费，美国闻讯马上表示了态度，英、法两国的驻日大使也与美国大使一起去向日本政府提出质询。面对美、英、法三国的质询，日本外务省不便公然抵赖，又不敢全部公开，只承认了第一号和第二号的十一条。因为日本的参战，欧洲各国对日本的态度变得复杂起来，英国与日本有同盟关系，法国与日本有协约关系，俄国与日本签有密约，这些国家都不可能为了中国而与日本撕破脸。所以，只有美国的态度比较强硬。在美国的压力之下，日本外相加藤于1915年2月9日向美国驻日大使格思类承认了第三、四号的存在，却仍然隐瞒了第五号。因为美国已经从中国方面得知详情，所以继续追问，加藤才于2月21日向格思类承认了第五号的存在。不过，他辩称这只是日本的“希望”，而非“要求”。这样一来，就更加坚定了袁世凯拒绝第五号的决心。

在把消息泄露给西方各国的同时，政府有意识地把消息泄露给民众，因为从法理上讲，民主共和国，发生如此大事，百姓自有知情权；从策略上讲，此时的政府也需要来自民众的外交支援。通过报纸，国民得知日本的无理要求，因而迅速行动起来，成为政府的后盾，整个社会反日情绪高涨，形成强大的舆论压力，使中国代表在谈判桌上有了更充分的拒绝理由，使日本进一步陷入被动。

与此同时，将军们虽然深知中国的实力不足以与日本对抗，但也不甘示弱，段祺瑞、冯国璋等最高层军事将领适时地表达了强硬态度。[①]

当谈判因第五项而陷入僵局时，袁世凯还派他的顾问有贺回国探听消息，并向元老陈情。当时的日本元老松方正义很关心与中国的关系，有贺对松方说，中国政府在尽力满足日本的要求，但第五项未免欺人太甚。松方从未听说过第五项，因而随即召见加藤外相，诘问他为什么没有报告。加藤说那只是希望条件。松方说，既然只是希望，就不要逼迫对方开议，如果导致交涉决裂，你将何以处置？加藤说："不惜使用武力，不出三个月中国可完全征服。"松方笑说："莫要把中国看得太轻，若用武力，恐三年未必成功，遑说三月，应速自行善处。"[②]有贺把这些情况报告北京，进一步坚定了袁世凯的决心。

正因为这样，谈判一步步向着对中国有利的方向发展。1915年4月10日，中国代表拒绝第五号要求；4月17日，中国代表不同意把东内蒙古与"南满"相提并论，使得谈判无法继续进行；4月26日，日本代表提出最后修正案，做出一些让步；5月1日，中国代表提出修正案，仍坚持拒绝某些条款……最后，日本方面删去对中国最为不利的第五号要求，中国代表仍然继续争取。弱国外交，不容任性，不能图一时之快，谈判中所能做的，只能是尽量少地丧权辱国，能少一分是一分，能少一点是一点。中国代表巧与周旋，据理力争，一次次拒绝日本的要求，甚至不惜数次中断会议，最后终于把"二十一条"谈成了"不满十条"，真的不容易！

人们常说弱国无外交，但刚刚诞生的东方第一个民主共和国的外交官们，却不辱使命，迫使日本做出了一系列让步。历史应该记住他们的名字：陆徵祥、曹汝霖、顾维钧……尽管其中有人几年后被称作"卖国贼"，但他们就像大清帝国的李鸿章一样，实在是为国事所累。

---

①张忠绂编著《中华民国外交史》，正中书局1961年，第133—159页。

②曹汝霖：《一生之回忆》，春秋杂志社1966年，第126页。

（三）最后通牒与大总统的眼泪

谈判桌上的失利，使日本人的忍耐终于到了极限，恼羞成怒，于1915月7日向中国政府发出最后通牒，限1915年5月9日下午六点前答复，否则将执行“必要之手段”。

所谓“必要之手段”，就是动武。此时的日本摆出一副发动战争的姿态，山东、奉天兵力增加，关东戒严，日侨纷纷回国，军舰在渤海一带游弋，东京舆论界一片战争的叫嚣。

如此情况之下，中国的希望何在？人们自然希望国际社会出来主持公道，但不幸的是，此时的欧洲各国的确是无暇东顾，所以最友好的国家也只能劝中国政府委曲求全。

1915年5月8日午后，总统召集会议，时间到了，外长陆徵祥却迟迟未到，电话催请，原来是会见英国公使朱尔典，半个小时之后，陆外长才匆匆赶来，向总统和与会人员报告朱尔典的态度。据曹汝霖回忆，陆外长是这样说的：

> 朱使云，今日大会，关系重大，我因关心，特于会前来见。日本因各国忙于欧战，不遑东顾，提出最后通牒，意在挑衅，并非恫吓，袁总统明白内外情势，不至中他诡计。闻陆军段总长主张强硬对待，我知他已秘密动员，晚间运输彻夜不停，已三星期，这明明是在备战。设若开衅，不堪设想，我与袁总统是三十年老友，不愿见他遭此惨运。目前只能暂时忍辱，只要力图自强，埋头苦干，十年以后，即可与日本一较高下。今日之会，重在外交，贵总长应负起责任力争，不可听陆军总长轻率之行动。我这次与贵总长会晤，不比寻常会晤，贵总长若不与我以确实答复，我不告辞，言时声泪俱下。我答以今日之会，由总统亲自主持，必能慎重将事。朱使又重申前言，相持很久。我见他坚定诚恳，遂答称，我必以贵使之忠告，报告总统与大会，若不照贵使之忠告，我必以去就力争。朱使方辞去，故到会已迟，请大家原谅。①

同一情节，在《梁燕孙先生年谱》中有这样的记载：

①曹汝霖：《一生之回忆》，春秋杂志社1966年，第128页。

八日，大总统召集会议，讨论中日问题。先是外部接到日本最后通牒，即呈袁总统。袁总统定八日午后召集会议。是日正午，英使朱尔典（Sir John Jordan）访陆部长于外交部，曰："中日交涉，竟至决裂，深为可惜！贵总长知哀的美敦书只有诺与否之答复，目前中国情形，至为危险，各国不暇东顾，为目前计，只有忍辱负重，接受要求，以避危机。从此整军修政，切实预备，埋头十年，或可抬头与日本相见。我想大总统明白大势，知己知彼，绝不轻自启衅。惟闻陆军总长段祺瑞主张强硬，据我所知，已秘密动员。今日府中会议，决定大计，关系中国存亡，贵总长应力排众议，负起责任，辅佐总统，以支危局。故特来请贵总长注意，此次之来，非寻常会晤可比。我在中国四十年，与袁总统有三十年交情，不愿目睹贵国与袁总统遭此不幸，请贵总长务将鄙见报告袁总统及大会！"言时声泪俱下。①

1915年5月8日午后的会议是在中南海召开的，出席者有副总统黎元洪、国务卿徐世昌、左右丞、参谋总长、各部总长、各院院长、参政院议长和参政、总统府秘书长，还有外交部次长。经过讨论，袁世凯决定接受日本人的最后通牒。

据曹汝霖回忆，会议开始，袁世凯先发言，讲到日本人的第五项各条足以灭亡中国，好在外交部尽最大的努力，坚决拒绝开议，最后使日本在通牒中已将第五项撤回，为国家挽回了不少。但是，"最后通牒之答复，只有诺与否两字，我受国民付托之重，度德量力，不敢冒昧从事，愿听诸君之意见"。陆军总长段祺瑞当即表示反对，他说："这样迁就，何能立国？宁为玉碎，不为瓦全。"袁世凯说："段总长之说自是正办，然亦应审度情势，量力而行，倘若第五项不撤回，我亦与段总长同一意见。现在既已撤回，议决各条，虽有损利益，尚不是亡国条件，只望大家记住此次承认是屈于最后通牒，认为奇耻大辱，从此各尽各职，力图自强，此后或可有为，如朱使所

①岑学吕编《三水梁燕孙先生年谱》（上），文海出版社1966年，第255—256页。

言。若事过辄忘，不事振作，朝鲜殷鉴不远，我固责无旁贷，诸君亦与有责也。”段祺瑞仍持异议：“民国肇兴，即承认此案，倘各国效尤，如何应付?”袁世凯让他想想两国力量之比较，段祺瑞才不再说话。[①]

袁世凯的那次讲话，在梁士诒年谱中留下了更多的内容。袁世凯说：

> 此次日人乘欧战方殷，欺我国积弱之时，提出苛酷条款，经外部与日使交涉，历时三月有余，会议至二十余次，始终委曲求全，冀达和平解决之目的。但日本不谅，强词夺理，终以最后通牒，迫我承认。我国虽弱，苟侵及我主权，束缚我内政，如第五号所列者，我必誓死力拒。今日本最后通牒将第五号撤回不议，凡侵主权及自居优越地位各条，亦经力争修改，并正式声明将来胶州湾交还中国，其在南满内地虽有居住权，但须服从我警察法令及课税，与中国人一律。以上各节，比初案挽回已多，于我之主权，内政及列国成约，虽尚能保全，然旅大、南满、安奉之展期，南满方面之利权损失已巨。我国国力未充，目前尚难以兵戎相见。……为权衡利害，而至不得已接受日本通牒之要求，是何等痛心！何等耻辱！无敌国外患国恒亡，经此大难以后，大家务必认此次接受日本要求为奇耻大辱，本卧薪尝胆之精神，做奋发有为之事业，举凡军事、政治、外交、财政，力求刷新，预定计划，定年限，下决心，群策群力，期达目的，则朱使所谓埋头十年与日本抬头相见，或可尚有希望，若事过境迁，因循忘耻，则不特今日之屈服奇耻无报复之时，恐十年以后，中国之危险更甚于今日，亡国之痛，即在目前。我负国民付托之重，决不为亡国之民。但国之兴，诸君与有责，国之亡，诸君与有责也。[②]

于是，1915年5月9日23时，中华民国外交部向全世界宣布，接受日本的最后通牒。1915年5月25日，中日双方在北京签署《关于山东省之条约》《关于南满洲及东部内蒙古之条约》两个条约和13件换文。这些文件总称

---

①曹汝霖：《一生之回忆》，春秋杂志社1966年，第128—129页。

②岑学吕编《三水梁燕孙先生年谱》（上），文海出版社1966年，第256页。

《中日民四条约》。

《中日民四条约》仍然是丧权辱国的条约，但与“二十一条”相比，袁世凯努力了！民国的外交官们努力了！后人不应忘记他们！他们深知弱国无外交，但还是依靠他们的智慧，把国家的损失降到了最低程度。

所以，时人曾有比较公正的评价：“就事论事，吾国最后所允，较最初日方提案已减轻不少损害，外交当局曾尽最大之努力。”[①]

所以，结果宣布之后，报纸上出现了不少庆祝的文字，甚至有人提议组织提灯游行向总统表示祝贺。

当时远在美国留学的年轻学子胡适，也在日记中写道：“吾国此次对日交涉，可谓知己知彼，既知持重，又能有所不挠，能柔亦能刚，此则历来外交史所未见。吾国外交，其将有开明之望乎？”[②]

在日本方面看来，关于“二十一条”的交涉则是完全失败了。交涉结束之后，外相加藤高明即引咎辞职。

然而，袁世凯却高兴不起来。因为在他看来，面对最后通牒而签订《中日民四条约》，实在是奇耻大辱。就是在1915年5月8日的会上，决定接受最后通牒之际，袁世凯流下了眼泪。

从大清帝国的满朝文武，到中华民国的大小官员，很少有人见过袁世凯流泪，但此时此刻，他流泪了。亚洲第一个民主共和国的第一任大总统，面对自己国家的幼弱和恶邻的强大，面对外交的屈辱，止不住老泪夺眶而出，令在场官员们动容。参加会议的梁士诒记下了当时的情景：“会议席上，决定签订承诺条件时，袁总统悲愤陈词，衣沾涕泪……”[③]

袁世凯不可以拒绝吗？不可以向日本宣战吗？人们当然可以指责袁世凯软弱，可是，强硬需要本钱，明知国家贫弱而宣战，前提是领袖把国民的生命视若草芥，袁世凯和他的政府还没有为了自己的脸面而不顾国民的死活。他能做的，只是让人们勿忘国耻，“本卧薪尝胆之精神，做奋发有为之事业”，以期将来能够抬头与日本相见。

---

①岑学吕编《三水梁燕孙先生年谱》（上），文海出版社1966年，第258页。

②《胡适全集》（第28卷），安徽教育出版社2003年，第129页。

③岑学吕编《三水梁燕孙先生年谱》（上），文海出版社1966年，第257页。

据时任国务院参议兼总统府秘书的曾叔度回忆，条约签订之后，袁世凯曾让秘书考虑应对方案。曾叔度搞出一个方案：第一，针对日本要求中日国民杂居的要求，制定一个外侨内地杂居条例；第二，针对日本人租地、购地的要求，制定一个外侨永租地权条例；第三，针对聘请日本人担任中国警察顾问的约定，制定一个聘雇外人的条例。曾叔度的意思是通过立法进行限制，破坏条约的有效性。当他向袁世凯汇报时，袁世凯认为这办法有点笨。他说："我已筹画好了：（一）购地租地，我叫他一寸地都买不到手；（二）杂居，我叫他一走出附属地，就遇到生命危险；（三）至于警察顾问用日本人，我虽用他，每月给他几个钱罢了，至于顾不顾，问不问，权却在我……"①后来的事实是，根据条约，日本人可以在"南满"买地，但是，中国百姓却没人敢把土地卖给他们，因为民间传说政府有条例，卖土地给外国人，必须经政府批准，否则就以国贼论处。查民国立法，没有这样的条例，但"南满"百姓却人人皆知。至于与中国人杂居的约定，后来的事实是日本人自己终于选择了不与华人杂居。

袁世凯去世之前，为自己撰写了一副挽联，其上联是"为日本去一大敌"。的确不错，他从来不是亲日派，而是日本的宿敌。1884年，日本在朝鲜发动宫廷政变，作为大清帝国驻朝鲜代表的袁世凯带兵入宫救驾，平定了日本人操纵的"开化党"之乱。1908年，汉冶萍煤矿公司向日本借款，日本要求管理权，袁世凯主张将公司收归国有，挫败了日本人掌控汉冶萍公司的好梦。辛亥革命前后，日本千方百计插手中国，试图掌控中国的命运，袁世凯和黎元洪却与英美建立了良好关系，使得日本人借某些革命党人之手操控中国的谋划落空。正因为这样，袁世凯早已是日本人的眼中钉。在他就任中华民国大总统之际，西方各国都给予热情支持，日本却非常失望，致力于扶持反袁力量。

事实证明，袁世凯虽然被迫签订了丧权辱国的条约，却从来不曾卖国。为了做皇帝而与日本人签订"二十一条"的说法，虽然已经流行了大半个世纪，见于各种教科书，却至今未找到任何证据。

---

①曾叔度：《我所经手二十一条的内幕》，荣孟源、章伯锋主编《近代稗海》，四川人民出版社1985年，第281—283页。

三、帝制运动中的袁世凯

袁世凯是个聪明人，但遗憾的是，像许多领袖人物一样，在到达权力顶峰之后，就容易变得不聪明。他一生中办得最糟糕、最不聪明的事，就是把“中华民国”变为“中华帝国”，自己不好好做“总统”，而要改做“皇帝”。这实在是中国政治转型的一个大不幸。然而，回顾这段历史，真正需要做的，却并非像过去那样一味抹黑之后再谴责他，因为在这其中，有许多东西需要澄清，也有许多东西需要冷静思考。

（一）帝位面前的犹豫不决

对于恢复帝制的历史事件，过去流行的说法是：袁世凯“利令智昏”，“梦想恢复帝制”[①]，或者是“急于一过皇帝瘾”[②]，或者是“一心复辟当皇帝”。各种版本的中国近代史大同小异，都在告诉人们：袁世凯虽然已是事实上的终身总统，却仍然一心要圆他的皇帝梦。其实，这种说法是把袁世凯向坏处想、向坏处说的结果。因为袁世凯与政坛某些派别的恩怨，自然有人竭力把他往坏处说；又因为恢复帝制的确大失人心，凡抹黑的事都进行得很顺利；又因为这往坏处说后来成为党国权力和意识形态的需要，所以就成为权力支撑的主流话语，覆盖了宣传和教育，所以成为社会的普遍知识。

然而，袁世凯真的一心要当皇帝吗？只要我们面对史实，就可以看到袁世凯并没有那么坚定，也没有那么执着。在帝制运动中，他事实上很纠结，举棋不定，长时间犹豫不决。

根据他自己执政的历史经验和现实感受，他很容易认同民主不合中国国情的说法，因而在心里不反对帝制；鉴于对国民素质的体认，他也会认同中国人离不开皇帝的说法；如果真要恢复帝制，袁世凯也有理由产生舍我其谁的感觉，觉得自己可以做皇帝。但是一觉醒来，他又觉得皇帝万万当不得，于是赶紧踩刹车，甚至让鼓吹帝制的人们碰得灰头土脸。所以，在整个帝制

①李侃等：《中国近代史》，中华书局1994年，第432页。

②白蕉：《袁世凯与中华民国》，文海出版社1967年，第313页。

运动中，他摇摇摆摆，令反对帝制的人很不满意，也令鼓吹帝制的人很不满意，甚至身边人都丈二和尚摸不着头脑。史家唐德刚说：“余曾于袁大总统的起居注中，按日细计之，老乘客在后座刹车减速，盖不下十余次之多也。”[①]党国史家出于抹黑袁世凯的需要，把他的这种表现一概解释为虚伪和阴谋，其实，在我看来，他只是犹豫不决而已。

筹安会于1915年8月14日成立，杨度拉大旗作虎皮，但是否出自袁世凯授意，实在难以证明。一块“旷世逸才”的金匾并不能说明什么。据1915年8月17日《申报》北京电，有人去见袁总统，问是否应该干涉筹安会，袁世凯回答说：“此项言论，耳闻已熟……予所居地位，只知民主政体之组织，不应别有主张。……余及国人均有身家产业子孙亲族，人情切己，自当研究所以永保安全之法，予既受国民付托，何敢以非所愿非所恋二者之嫌疑，而强加干涉？”8月27日，《申报》又载北京电报道说，政府接到各省来电，询问对于筹安会的态度，政府回电说，筹安会只是学者们的一个组织，研究民主制与君主制的优劣，不涉及政治，“苟不扰乱国家治安，则政府未便干涉”。这是袁世凯最先的态度。

更改国家，毕竟是一件大事，必然引起人们的广泛关注，赞成者有，反对者也不少。筹安会成立当天，贺振雄就上书肃政厅，指出筹安会“扰乱国政，亡灭中华，流毒苍生，遗祸元首”，并恳请肃政厅长代呈大总统，要求把杨度等人“严拿正法，以救灭亡而谢天下”[②]。第二天，李诲又呈文检察厅，认为杨度等人“倡导邪说，紊乱国宪，未经呈报内务部核准，公然在石驸马大街，设立筹安会事务所，传布种种印刷物，实属弁髦法纪，罪不容诛”，恳请检察厅“遵照民国三年十一月二十四日申令，立将杨度、孙毓筠等按照内乱罪，从严惩治，以弭大患”。

于是，肃政厅呈请取消筹安会，其理由是：“自筹安会成立以来，虽宣言为学理之研究，然各地谣言蜂起，大有不可扼抑之势。杨度身为参政，孙毓筠曾任约法议长，彼等唱此异说，加以函电交驰，号召各省军政两界，各派代表加入讨论，无怪人民惊异。虽经大总统派员在参政院代行立法院发表

①唐德刚：《袁氏当国》，远流出版事业股份有限公司2002年，第289—290页。

②白蕉：《袁世凯与中华民国》，文海出版社版1967年，第255页。

意见，剀切声明，维持共和，为大总统应尽之职分，并认急剧变更国体为不合宜，然日来人心，并不因之稍安。揆厥所由，无非以筹安会依然存在之故。应恳大总统迅予取消，以靖人心。”①

肃政厅呈文之后，袁世凯的态度是：“世界各国有君主民主之分，要不外乎本国情为建设，以达其巩固国家保全种族之宗旨。中国当君主时代，厉禁讨论民主政体，而秘密结社，煽惑不绝，实于共和原理，毫无识解；迨潮流所至，一旦爆发，更无研究之余地。迄至今日，不但人民无共和之智识，即居议政行政之地位者，真能透彻共和之原理，百不一见；而一部分人民，主张君主之说，暗潮鼓荡，已非一日，前车之鉴可谓寒心。恐其于君主原理，犹之初创共和时代之茫昧隔膜，讲学家研究学理，本可自由讨论，但具有界说，不可逾越范围。着内务部确切考查，明定范围，示以限制，通饬遵照。”②

袁世凯的立场的确不鲜明，但允许对国家政体以及中国适合什么政体进行讨论，却不宜看作为复辟帝制做准备。何况，接下来他所做的，也是一再拒绝和推让。

1915年9月6日，参政院已经表决通过，要他黄袍加身，他却派杨士琦到参政院发表宣言，表示“维持共和国体尤为本大总统当尽之职分”，认为改革国体“于本大总统现居之地位似难相容”。他虽然说了“本大总统现居之地位本为国民所公举，自应仍听之国民”这样的话，又表示自己不应该有所主张，但还是非常明确地表示：“以本大总统所见，改革国体，经纬万端，极应审慎，如急遽轻举，恐多窒碍，本大总统有保持大局之责，认为不合时宜。”③

1915年12月12日百官聚集于大礼堂，袁世凯宣布接受帝位，明年元旦登基。值得注意的是，在接受帝位之际，袁世凯没有成功感，没有兴奋，而是情绪很低沉，没有任何庆祝活动，而且他的讲话也诧异。据曹汝霖回忆，袁世凯说：“当今国事艰难，全国人民代表恳请更定国体，并推戴予即帝位，既是万众一心，予亦义不容辞。惟时局艰难，当此大任，无异跳入火

---

①②③白蕉：《袁世凯与中华民国》，文海出版社版1967年，第258页，第259页，第270—272页。

坑，予为国民，亦不能不跳，尔百僚当共济时艰，建立新中国，以副人民之望。”曹汝霖还写道：“百官听了跳火坑的话，都窃窃私语，何以新皇帝第一声，即说此不祥之语。”[①]这里显示的，仍然是袁世凯很复杂、很矛盾的心情。他知道自己是在跳火坑，可是，事已至此，已经没有不跳的自由。

过去的历史叙述总是说他装样子，老部下冯国璋等也认定他不够真诚。帝制运动之初，冯国璋就曾直接问他是否真要做皇帝。他因此而对冯国璋发了火，然后对冯说：“袁家没有过六十岁的人。我今年五十八，就做皇帝能有几年？况且皇帝传子。我的大儿子克定残废，二儿子克文假名士，三儿子克良土匪。哪一个能承继大业？你尽管放心。”[②]

曹汝霖也说，在袁世凯决定恢复帝制之前，他曾“冒昧直陈”，袁世凯听了默然不答，少顷才说：“我本无此意，你看历代王朝，有几个得到好结果的？我即年老不足惜，独不为子孙想吗？外人问及此事，你应该为我辩白。”[③]

机要局长张一麐也是袁世凯十多年的心腹幕友，帝制运动兴起，张氏反对帝制，也曾对袁有所告诫。袁世凯说：“论起名誉及道德上的关系，我绝不做皇帝，请你放心。”

但到最后，袁世凯接受帝位，这些人都认为是被袁世凯骗了。冯国璋认定袁世凯要了他，因而一肚子不满。曹汝霖也认定袁世凯在他面前装样子，太不真诚。其实，袁世凯未必存心耍他们，当时所说的，未必不是掏心窝子的话，只是他当时并没有拿定主意，后来的想法变了。

袁世凯之所以犹豫不决，原因大致有二：

首先，权力对人的诱惑极大，人性深处有一种普遍的权力欲，越是杰出人物，这种权力欲就越强烈。不想当将军的士兵不是好士兵，政坛要人的成功离不开权力欲这一内在基础，否则就没有上进的动力。原因并不复杂，因为人在群体中生活，听别人指挥远不如指挥别人更舒心。对中国人来说，当皇帝的诱惑极大，太平盛世，皇位与一般人无缘，那种欲望只能被包藏得严

①③曹汝霖：《一生之回忆》，中国大百科全书出版社2009年，第161页，第145页。

②张国淦：《洪宪遗闻》，《文史资料选辑》第1辑，中国文史出版社1986年，第136页。

严实实，但一旦有了争夺的机会，哪一个豪杰不想做皇帝？所以，如果说袁世凯完全不想当，那是睁着眼睛说瞎话，历史为他提供了机会，为什么不想当？有想法才是正常的。可是，袁世凯是个明白人，虽然偶尔也会犯糊涂，但糊涂的时候极少，走过的成功之路就是他明白的证明。明白人自然能把事情想得比较周全，各方面都想到了，所以想当又不敢当。他知道这事风险太大，一旦失败，将会很悲惨；即使成功，后代也会很悲惨。

其次，作为民国初建时期的执政者，袁世凯对民主制度的感觉很不好，这就决定了他虽然不敢贸然选择帝制，却也不能坚定地捍卫共和。众所周知，袁世凯是君主专制制度下官场的成功者，就感受和习惯而言，更习惯做专制国家的统治者，而不习惯做共和国家的公务员。在他个人的感受中，做中华民国的大总统，远不如当年做大清帝国的内阁总理大臣更舒服，因为做帝国的内阁总理大臣，是一人之下万人之上，只要把太后伺候好，做事就可能一顺百顺；做民国的总统却不同，人人都是国家主人，实在难伺候。而且，民主共和国的权力是关在笼子里的，执政者即使是孙悟空，也只能在笼子里施展，这让当了半辈子帝国官员而刚刚变成民国总统的袁世凯感觉很不舒服。政党和国会更是袁世凯所厌烦的。尤其是国会，议员们在代表国民行使国家主权，但不仅因为那么多人难伺候，而且总是处于纷争之中。在袁世凯眼里，那些人实在不过尔尔，有的头脑愚笨，有的目光短浅，有的激情有余而理智不足，有的成事不足而败事有余，然而，他们代表的是国家主权，国家大事都要他们批准。一些事明明是利国利民该办的，在他们那里却扯来扯去通不过。如此等等，民主共和的优越性在哪里？曾是专制帝国大管家的袁世凯的确没有感觉到。在这种情况下，即使他明白民主共和的大道理，让他迁就那群乱哄哄的平庸之辈，心里也会觉得别扭。

只要我们公正一些，就应该承认，袁世凯虽然对这一切感觉别扭，但他仍然在努力守法，努力适应民主共和国体，让自己学会在笼子里使用权力。有一点是人们不该忽视而容易忽视的：东方第一个民主共和国虽然诞生了，但它是一个早产的婴儿。革命发生了，各省纷纷独立，帝制顺利终结，新国家呱呱坠地，但历史并没有为她准备下合格的现代国家公民，也没有为她准备下合格的现代国家公务员。就袁世凯而言，昨天还是专制帝国的大臣，今天就成了民主国家总统，要求他百分之百完全合格，这不大现实。我曾设想，如果把袁世凯送到美国去做代理副总统，跟着总统见习几年，回来再做中华民国的大总统，情况大概很不同。我也曾设想，孙中山如果当年不是在国外瞎逛，而是在美国做一任州长，大概就是一个合格的总统候选人，而不是他后来的样子。可是，这样的设想只是想想而已，也许对未来有用，却无法改变过去的历史，我们那位在专制文化土壤里土生土长的大总统，与他的选民一样，对民主制度很不习惯。因此，他对民主共和制度没有感情，也就没有捍卫它的动力。

当总统，袁世凯有点厌烦；当皇帝，却是又想又怕。到最后，却是怕也必须当，而且觉得义不容辞。之所以说义不容辞，并不只是为了追随者和拥戴者，而是包括对国家的责任：如果这个国家真的不适宜民主共和，如果中国人真的不能没皇帝，你袁世凯死活不当，还像个负责任的领导人吗?

在他拿不定主意的时候，身边人使劲推一把，他的车终于刹不住，滑到历史的泥坑里去了。

（二）“国情”和“民意”的陷阱

袁世凯最后之所以接受帝位，是因为所谓“国情”和“民意”。袁世凯不是一意孤行的人，是否恢复帝制，是否做皇帝，并不只是听从自己内心的召唤，而是一直在考虑自身之外的环境和现实，其中最重要的有两点：一是国情，二是民意。遗憾的是，这二者并不容易把握，袁世凯上当受骗犯糊涂，一失足成千古恨，这陷阱主要就是“国情”和“民意”。

在推拥袁世凯步入陷阱的人中，有他的美国顾问，也有他的下属和亲属，但最关键的是杨度和他的长子袁克定。

杨度素有才名，很自负，但实际上并没有多少真才实学，属于成事不足败事有余的花架子一个。不过，他倒是真有一门别人没有的“绝学”，可惜他生不逢时，辛亥革命之后，那“绝学”没有了用武之地。关于那门学问，现在的人们知者甚少，但它实在是前现代中国最大的学问。它是“帝王之学”，也就是专门教人做皇帝的学问。这门学问到了清末，得衣钵者是王闿运，最后一代传人就是杨度。说起帝王之学的功夫，关键在于相人，但同一个相字，却有两层意思：一是“麻衣相法”之“相”，也就是在人群之中寻找堪成霸业之才；二是“帝国将相”之“相”，也就是辅佐那堪成霸业的人物成就帝王伟业。一个人手里有了这样的绝活儿，就想派上用场，这是人之常情。何况，这事只要成功，自己就是帝王师，可做一朝宰辅，这诱惑不算不大。所以，虽然辛亥革命已经发生，帝制已经终结，但杨度并不死心，总想找个有能力的人，实现自己的帝师之梦。他第一个相中的就是袁世凯，后来又相中了孙中山，孙中山死后又相中了蒋介石，但蒋介石没有理睬他。他曾经感叹：蒋中正这么有本事，不做皇帝真可惜！因而他对蒋介石大为失望，才由周恩来介绍加入了中国共产党[①]，这是后话。而在当时，杨度是一心要让袁世凯做皇帝。

他善于寻找时机，《君宪救国论》其实早就写好了，却要等到“二十一条”的交涉使袁世凯内心严重受挫之后，又利用古德诺的文章破题，才开始为恢复帝制大造舆论。根据杨度的说法，中华民国的现状真是糟透了，若不改弦易辙，未来将会更糟。糟到什么境地呢？他的回答是：“欲为强国无望也，欲为富国无望也，欲为立宪国，亦无望也，终归于亡国而已矣！”如此危言耸听，就是要恐吓大总统和各界国人，接受他所推销的帝制。杨度说：“共和国民习于平等自由之说，影响于一切政治，而以军事为最重。军事教育，绝对服从，极重阶级。德意志、日本之军队，节制谨严，故能称雄于世界；法美等国则不然，能富而不能强，此无他，一为君主，一为共和故也。……故共和必无强国，已成世界之通例。”以这样的方法证明“共和必无强国”是世界通例，今天的人们可以一眼看出杨度学说的虚妄，但在当时美国尚未证明自己也是军事强国的情况下，又拿军队说事，虽然包藏了反自由、反民主的祸心，但对那些自由民主立场不坚定的人，却有很大的欺骗性。他认定中国国情特殊，不能没有皇帝，其理由是：“中国人民，程度甚低，当君主时代，当兵者之常语曰：‘食皇家饷，为皇家出力耳。’今忽去有形之皇室，代以无形之国家，彼不知国家为何物，无可指实，以维系其心。”他认定国家最高领导人不应该有任期，几年一次的大选，必然导致天下大乱。而且，“其枭杰者，则以为人人可为大总统，即我亦应享此权利，选举不可得，则举兵以争之耳，二次革命其明证也”。所举例子，无一不打中袁世凯的疼处。国家如此糟糕，前途如此黯淡，怎么办呢？杨度拿出了他

①王冶秋：《难忘的记忆》，《人民日报》1978年7月30日。

的药方："今欲救亡，先去共和。"[①]首先要抛弃共和制度！然后恢复帝制。这是一个虽然也去日本留学，却没有接受自由、民主、人权等观念的人。他开口闭口都是强国，而所谓强国的楷模，在他的心里就是中国的秦皇汉武，加上德国和日本的军国主义。早在清末于日本留学时期，他就鼓吹铁血主义，遭到清醒者如鲁迅等人的厌恶。他心里只有强权，没有博爱；只有国家，没有国民；只有统治者的权力，没有个人的平等权利。这种思想状况，其实与他一切都为帝国着想的帝王学有关。他认定大选必然导致大乱，所以坚决反对竞选制度，主张一定要"使一国元首，立于绝对不可竞争之地位"。他说："孟子言定战国之乱曰：'定于一'，予言定中国之乱亦曰：'定于一'。彼所谓一者，列国并为一统；予所谓一者，元首有一定之人也。元首有一定之人，则国内更无竞争之余地。国本既立，人心乃安。拨乱之后，始言致治，然后立宪乃可得也。"[②]在这里，他连孟子的民本思想都不要，改"民为邦本"为"君为国本"。而他把这一切解释为中国的国情，因为中国国情特殊，就不能照搬西方的制度。

"筹安会"号称"六君子"，其实主要就是他一人在忙活，但他雄心勃勃，志在必得。

根据曹汝霖的回忆，"有一次国务会议，内务朱总长（启钤）司法章总长（宗祥）提议，谓外间有筹安会之设，发起者都是名流，昌言中国应改君主立宪政体，实属淆惑人心，且与现行法抵触，应如何处置？总统说，应由两总长警告该会主持人，只应在学理上讨论，若出了范围即为触犯现行法，应加以制止"[③]。可是，当两位总长去警告杨度时，杨度说这是奉命行事，若要制止，请找袁克定，两位总长只好"无言而别"。这是中国官场的恶习在作怪，两位总长竟然没有去找袁克定，结果是总统发话制止，却到这里就不了了之，没有贯彻执行。在整个帝制运动中，此类拉大旗作虎皮的事屡见不鲜。

在帝制运动中，袁世凯一次次拒绝，一次次推辞和拖延，人们往往把这看成了袁世凯的虚伪，党国史家更是认定那是为做皇帝而欲擒故纵，有意欺

---

①②白蕉：《袁世凯与中华民国》，文海出版社版1967年，第192—196页，第200页。

③曹汝霖：《一生之回忆》，中国大百科全书出版社2009年，第141页。

骗人民。其实，袁世凯也是受骗者，杨度和袁克定就不止一次欺骗袁世凯。比如，杨度为了让袁世凯相信他的主张，曾经冒名且代替他的老师王闿运给袁世凯发了一份电报，电报中一边危言耸听地说“共和病国，烈于虎狼，纲纪荡然，国亡无日”，一方面拿出历代帝王学者惯用的手段，说：“窃谓汉语有云：代汉者当途高。汉谓汉族，当途高即今之元首也。又明谶云：终有异人自楚归，项城即楚故邑也。其应在公，历数如此，人事如彼，当决不决，危于积薪。伏愿速定大计，默运渊衷，勿诿过于邦交，勿怀情于偏论，勿蹈匹夫遁守之节，勿失兆民归命之诚，使衰年余生，重睹开日，闿运幸甚！天下幸甚！”那个年代的人们，唯物主义者尚不太多，袁世凯对此未必全信，却也肯定不会全不信。各省劝进，袁世凯都没有回应，接到这份“王闿运”的电报，却马上做了回复。

有人反对恢复帝制，他就说“奉命而行”，让人去问袁克定，结果人们就以为是袁世凯的意思，这真把袁世凯害苦了。唐德刚在《袁氏当国》一书中说过这样一段话：“袁世凯之失足，则由于他身边那个才德不称，也做其宰相大梦，对现代政治知识实无所知而恃才傲物的杨度，联合袁氏那位浑球‘太子’、欺父误国的袁克定，把老头子拖下粪坑。”[①]此语真是知人论世，入木三分。

如果说杨度是恢复帝制的第一推手，筹安会做的是舆论工作，那么，通电各省军民两长及各团体派代表来京讨论国体问题，并且各省代表“一致主张君主立宪”的结论做出之后，接下来的就已不是讨论，也不是民意测验，而是恢复帝制的行动：恳请总统当皇帝。

梁士诒等人成了活跃人物，他们与杨度一道，推着袁世凯做皇帝。一系列准备做好之后，1915年9月6日，袁世凯却宣言改变国体“不合时宜”，“于本大总统现居之地位似难相容”，因为“本大总统现居之地位本为国民所公举，自应仍听之国民”。无论多么困难的事，都难不倒聪明的中国人。总统要遵从民意，民意很快就在总统面前展示了出来，让你躲也没处躲。

1915年9月19日，“全国请愿联合会”建立，马上占据了帝制运动的中心。他们声称：“民国肇建，于今四年，风雨飘摇，不可终日，父老子弟，

①唐德刚：《袁氏当国》，远流出版事业股份有限公司2002年，第228页。

皆苦共和而望君宪，非一日矣！”[1]在他们的鼓捣之下，五花八门的请愿团闻风而起。除商会请愿团、教育会请愿团、孔社请愿团、人力车夫请愿团等等之外，还出现了乞丐请愿团。他们以此向帝制反对者施加压力，要求代行立法院顺应民意而制定“国民代表大会组织法”，于是，国民代表大会启动，从1915年10月25日起，各省选举代表，至10月28日开始投票表决，到11月28日，全国投票结束。12月11日，参政院查票，结果是国民代表1993人，赞成君主立宪的票是1993张，既无反对票，也无弃权票。

这就是中国的民意！全国人民一致恳请大总统即皇帝位！这样的民意，袁世凯是信还是不信？袁世凯不傻，也许压根儿就不信，但民意一旦被制造出来，且不说袁世凯内心愿意相信，就是不愿相信，行吗？它是一致投票的结果，你用什么方式反驳？

于是，参政院代表全体国民，于12月11日上推戴书，袁世凯就只能是例行推让了。多少年来，党国史家写到这里，总是要再次痛骂袁世凯之伪，退回推戴书等都是在做样子骗人，却很少有人认真细读帝制运动中出自袁世凯的那一系列文本。我以为，此时的推辞虽然已经是例行公事，不可能改变事情的进程，但是，袁世凯退回推戴书的咨文仍然流露着袁世凯此时的真实心情。看看这份文本吧，无论是谁替他起草的，都是大手笔，因为他写出了袁世凯的心声：

“追怀故君，已多惭疚。今若骤跻大位，于心何安？”

“本大总统曾向参议院宣誓：愿竭能力发扬共和，今若帝制自为，则是背弃誓词，此于信义无可自解者也。”

“爱我之国民代表，当亦不忍强我以所难也。”

为什么不可以把这些话理解为肺腑之言呢？尤其是最后一句，简直是向国民代表乞求了。我知道你们爱我，却为什么要强我所难呢？

遗憾的是，没有人认为袁世凯的推让是真诚的。在一个争夺才是正常、推让必是虚伪的环境里，人们自然把一切的推让和不情愿当作假象。代行立法院早有准备，知道必有推让，准备二次推戴就是了。当天下午又开会，15分钟就完成了二千余字的第二次推戴书，歌功颂德，为袁世凯解除道德上的

---

①白蕉：《袁世凯与中华民国》，文海出版社1967年，第269页。

愧疚和心理上的不安。“爱新觉罗之政权早失，自无故宫禾黍之悲。”至于宣誓，“当日之誓词，根于元首之地位。而元首之地位，根于民国之国体，国体实定于国民之意向，元首当视乎民意为从违，民意共和，则誓词随国体为有效；民意君宪，则誓词亦随国体为变迁。今日者，国民厌弃共和，趋向君宪。则是民意已改，国体已变，民国元首之地位，已不复保存，民国元首之誓词，当然消灭。凡此皆国民之所自为，固于皇帝渺不相涉者也”。这些话的确能解除这特别的内心压力，袁世凯还有何话可说？1915年12月12日，宣布承认帝位。

最终降服袁世凯的，是民意。所以，在第二天接受帝位时，才有那番“跳火坑”的话。只要不是存一个先入为主的见解，努力把袁世凯往坏处想，面对原始资料，读到“跳火坑”的那番话，是很容易掉眼泪的！一个杰出的领袖人物，东方第一个民主共和国的缔造者，其实更喜欢垂钓于洹上，但因为民意，却明知帝位是个火坑，也不得不跳了！

如果跳下去就是英雄，就是烈士，倒也罢了，人生自古谁无死？可是，袁世凯跳下去，却是毁了一世英名！那些竭力制造民意的人，多是袁氏故旧，面对后来在痛苦中去世的袁世凯，能心安吗!?

糟糕就糟糕在身边的人们所习惯的那些官场恶习。比如，有意见不敢明说，不敢直接去问，不把人的真话当真话，而是习惯于隔着肚皮猜。更有甚者，上峰一个眼神，一个表情，或者几句牢骚话，他们就纷纷揣度，而且自以为心领神会，为讨好上峰，积极行动去了。人与人之间，多是卑下的猜度，少有坦率的沟通。

前文说到，据曹汝霖回忆，在袁世凯决定恢复帝制之前，“公府人员，已对总统称之谓‘上’，外省呈文，都改奏折，但我仍不改其称谓，总统亦无见怪之意”①。这是多么好的现象！可是，当曹汝霖把这种情况告诉同事，得到的回答却是“你太忠厚了”之类的嘲讽。而曹汝霖本人的表现也有意思：袁世凯让唐在礼把各省劝进名册拿给曹汝霖看，劝进者竟有数万人，其中不少知名人士。袁世凯此举是什么意思？也许仅仅是让曹汝霖了解情

①曹汝霖：《一生之回忆》，中国大百科全书出版社2009年，第145页。

况，但曹汝霖把名册交还唐在礼时却说："请回总统，我明白了。"[①]他明白了什么？从此不再反对帝制。可是，这是总统的意愿吗？实在是个疑问。因为你是一个有见解的人，总统把劝进的情况告诉你，就是要你赞成称帝吗？人处高位，没有几个能推心置腹说话的人，下面人自作聪明，隔着肚皮猜度上意，然后就顺"上意"而行，所行的却未必真是上意。人与人之间的这种不真诚和不坦率，遮盖了民意，又欺骗了上峰。

更为严重的是，连他的儿子也欺骗他。袁克定努力推动帝制，主要是私心在起作用。因为父亲如果做了皇帝，按照旧规矩，他就可以当太子，将来或许能做皇帝。当然，这也是推测，而且是往坏处想，很容易"以小人之心度君子之腹"。不过，袁克定的确是很早就希望父亲做皇帝。早在1911年11月，袁世凯约就任内阁总理大臣之后，曾经约见莫理循。袁克定悄悄请求莫理循督促他的父亲不要固执，赶紧趁这个机会当总统或者当皇帝。莫理循评论道："袁世凯之子有野心，但是愚蠢之极。"为了让父亲称帝，袁克定什么招儿都用了。据袁世凯的女儿回忆，为了欺骗父亲，袁克定甚至为父亲印了一份假报。袁世凯爱看《顺天时报》，从中了解舆论。袁克定就专门给他印了一份，舆论全是拥护帝制。直到有一天，女儿从街上带回一张报纸，袁世凯见与他看的完全不同，先是大惑不解，后是大惊、大怒，把袁克定叫来痛打一顿，骂他不仅欺父，而且误国。可惜此时已经晚了，一切无法挽回。直到袁世凯死后，袁克定才为此痛不欲生。

所谓"国情"和"民意"，真把袁世凯坑得不浅。

（三）帝制的取消

袁世凯称帝，至少在他自己看来，是为了适应国情、顺应民意。但最后的结果却让他困惑：那么多人劝进，一致投票赞成改变国体，拥护恢复帝制，这是国情和民意；为什么蔡锷振臂一呼，这国情和民意就变了，转眼之间那么多人反对帝制呢？这到底是怎么回事？

其实，袁世凯应该明白，这是专制传统下的政治文化特有的现象。专制传统之下，统治者往往习惯于制造民意、强奸民意，民众则不敢说真话，而以说谎为正常，结果，就常常弄得任何人都不知道真正的民意之所在。谎言

①曹汝霖：《一生之回忆》，中国大百科全书出版社2009年，第145—146页。

之国，就是这样害人也害己。

云南独立之后，另一种国情和民意的确迅速显示了出来：1916年1月27日，刘显世宣布贵州独立；3月15日，陆荣廷宣布广西独立；4月6日，广东独立；4月12日，浙江独立；5月9日，陕西独立；5月22日，四川独立；5月29日，湖南独立……尤其是四川和湖南的独立，对袁世凯打击甚大，因为掌管那里的是他的亲信。

而且，亲信、好友，甚至亲人，也纷纷弃他而去。先是几个老成练达的人物，对帝制前途不看好，先后递交辞呈，离京而去。他们是李经羲、赵尔巽等。张謇是农商总长，本是请假回原籍探亲，到家后却立即递来辞呈。副总统兼参政院院长黎元洪，托病请假，不再出席会议。就连他的老友徐世昌等人也躲得远远的。接受帝位时，王士珍就请假，说是伤风感冒了；段祺瑞称病隐居于北京郊外；教育总长汤化龙，辞职躲到上海去了；做过总理的熊希龄，以省亲为由离京回湖南……就连弟弟袁世彤、妹妹袁书贞，也都登报声明，因为他称帝而与他脱离兄弟姊妹关系。

那么得人心的事，怎么会如此失人心!？在这种情况下，袁世凯才真正知道杨度等人弄出来的“国情”和“民意”多么不可靠!

此后的事是后来的党国史家和教科书不愿讲的，因为它不能强化袁世凯的罪行，而是让人看到他原来真的愿意顺从民意，而且是一个知错能改的人。看到人们并不真心赞成他做皇帝，袁世凯尽管觉得有些丢脸，却没有像一些领袖人物那样为了自己的脸面而坚持错误。公道地说，如果袁世凯坚持下去，一错到底，就是要做皇帝，可能真的谁也拿他没办法，因为护国军的兵力并不足以推翻他。

而且，如果他态度强硬，那些观望的人也可能不会追随蔡锷。中国历史上的许多领袖人物都是那样做的，错了可以自己偷偷改，却不允许别人说三道四；如果有人提出批评，那就偏把错误坚持到底，以证明自己的伟大光荣与正确。袁世凯却没有这样，见有人反对，他就犹豫了；见反对的人越来越多，他就不再坚持，而且准备纠正错误。

按原计划，洪宪皇帝应该在1916年元旦登基，如果那样，袁世凯就真的成了皇帝。可是，离登基只差六天，蔡锷起兵了。此时的袁世凯如果执意要做皇帝，仍然可以按计划登基，有人也曾劝他这样做，因为蔡锷的军队在云南，短时间内打不到北京来。历史上许许多多皇帝都是在反对力量还非常强大的情况下就登基的，甚至是打下某个城市就宣布建国的。一心想当皇帝的人，从来不在乎有人反对，在一片反对声中登基的，可谓比比皆是。而且，这样的统治者还有一个特点，无论民众怎样反对和抗议，都不会退位。可是，袁世凯却没有那么不要脸，蔡锷一反对，元旦那天他就没有按计划登基。

据说，在云南宣布起义当天的国务会议上，袁世凯报告此事时竟然语无伦次："云南自称政府，照会英法领事，脱离中央。此事余本不主张，尔等逼余为之。"①这时，他首先想到的不是派兵镇压，不是维护自己的皇帝地位，而是后悔自己接受帝位。做错了事，他不喜欢埋怨身边人，因为说到底还要怪他自己，心慌之际，他还是有点埋怨，因为他有理由埋怨，整个帝制运动过程中他都很被动。他曾经很矛盾，很犹豫，是别人推拥着他走到了这个地步。

作为国家元首，乱子出来了，当然要打起精神维护中央的权威。此时的他还没有意识到问题有多么严重，所以仍然理直气壮。他说："君主立宪既以国民公决，铁案如山，无可稍易，举国上下皆无反对之余地！若以一二人私意，遂可任意违反，推翻不认，此后国家将凭何者以为是非取舍之标准？无可为准，任听人人各逞其私，更复何能成国？"同时，他为自己进行辩护："共和元首之即位，例有守法之誓词，载在《约法》。所誓者何？誓遵民意所定者也。以共和国之元首，一切应以民意从违，此义推之古今中外，无可不通。设民意欲共和，而元首欲帝制，是谓叛民。反之而民意欲帝制，元首仍欲共和，亦为叛民。"②

他虽然强调恢复帝制是遵从民意，却终于没有登基。

1916年2月23日，他又宣布暂缓登基。如果真有皇帝瘾，他此时的选择应该是抓紧登基。

暂缓登基，一缓就到了3月15日，广西宣布独立。消息传来，袁世凯就打消了做皇帝的念头。

---

①刘成禺，张伯驹：《洪宪纪事诗三种》，上海古籍出版社1983年，第89页。

②白蕉：《袁世凯与中华民国》，文海出版社1967年，第332—333页。

为此，他请黎元洪、徐世昌、段祺瑞等人，前来商议大事。会议是在1916年3月21日开的。老朋友讲交情，差不多都来了，但一个个心情沉重，不知该说什么好。袁世凯开宗明义：各位说说看，帝制是该继续还是该取消？见大家不愿说话，袁世凯表示：我看还是取消了好。大家表示同意，于是就决定撤销帝制案。

据丁中江所述，1916年3月24日，袁世凯请一直不赞成帝制的张一麐入见，对他说："我真糊涂，没有听你的话，以至于此。今欲下撤销帝制令，非你起草不可。"一边说着一边把王式通起草的稿子给张看，并说："我觉得应该直截了当地下令取消帝制，并将推戴书焚毁。"张一麐黯然叹息说："这全是总统受小人的蒙蔽。"袁说："全是我自己不好，不能怪他人。"

站在国民党立场上的沈云龙在《徐世昌评传》中述及此事，写下了这样一句话："袁氏虽濒于失败，仍不肯诿过于群小，较之明于责人昧于责己者，毕竟不失其倔强之本色。"[①]

最后改定的这份总统令说明了帝制运动的起因，叙述了帝制运动的过程，也叙述了自己的一再辞让而人们"不谅其辞让之诚"的情况，最后终于酿成帝制之祸。作为一份事实上的"罪己诏"，自责也不为不重，比如："诚不足以感人，明不足以烛物，予实不德，于人何尤？苦我生灵，劳我将士，以致群情惶惑，商业凋零，抚衷内省，良用矍然……总之万方有罪，在予一人。"[②]

此时的袁世凯知道自己犯了一个极大的过错，但他还是把事情看得太轻了，似乎取消帝制，不当皇帝，他就可以回头继续当总统。可是，世间哪有如此好事？既然接受帝位，也就意味着背叛了民国，那些起兵保卫共和的人们能让你让你当总统吗？大错铸成，常常没有改正错误的机会。

（四）也许严复是对的

写到这里，我想到了著名的翻译家、影响了几代人的思想家严复。

众所周知，在帝制运动中，严复的形象很不光彩——他是"筹安六君子"之一，而所谓"六君子"，在人们心目中事实上已是"六小人"。无论严

---

①沈云龙口述《徐世昌评传》(上)，中国大百科全书出版社2013年，第336页。

②白蕉：《袁世凯与中华民国》，文海出版社1967年，第346页。

复列名筹安会是否情愿，也无论他有没有参加活动，既然允许杨度使用自己的名字，护国战争胜利之后，被作为罪魁追究，是必然的，也是应当的。最后的结果，严复虽然没有被起诉和通缉，但从此更加边缘化，很少有人再倾听他的声音。

然而，被忽略的声音，未必没有价值。

护国战争胜利了，在一片要袁世凯下台的呼声中，严复的想法与众不同。他认为，弄出这样的乱子，袁世凯当然有责任，但他的过错是可以原谅的。他说："彼项城固不得为无咎，而所以使项城日趋于专，驯致握此大权者，夫非辛壬党人？参众两院之捣乱，靡所不为，致国民寒心，以为宁设强硬中央，驱除洪猛，而后元元有息肩喘喙之地故耶。不幸项城不悟，以为天下戴己，遂占亢龙，遽取大物，一着既差，威信扫地。呜呼！亦可谓大哀也已。"①

也就是说，他认为责任并不只在袁世凯，而是也在革命党人。如果不是他们捣乱，使国民寒心，就不会回过头来盼望强有力的中央，也不会接受帝制。后来史家讲帝制运动，只强调袁世凯一心要做皇帝，却忽视了特定的民意基础及其成因。

更重要的是，面对称帝失败之后的国家局势，严复认为袁世凯万万不可下台。他说：如果袁世凯还有良心，就不能辞职下野；如果袁世凯还能为国家和百姓着想，就不能辞职下野。他承认袁世凯犯下了过错，在正常情况下是应该下台的，但此时却必须留在台上，因为他若下台，中国的秩序将会大乱。所以，袁世凯要等全国秩序稳定之后，再下台谢罪，而且那时候他必须下台。严复说：

> 盖使项城今日而去，则前者既为其不义，而今日又为其不仁；使项城他日而留，则前者既为其寡廉，而他日又为其鲜耻。……今日必不可去，他日必不可留。②

在他看来，袁世凯如果因为犯了过错就引咎辞职，虽然看上去品格高尚，其实是对国家不负责任。国家因他而陷入混乱之际，他就应该负责维持

①②严复：《与熊纯如书》，王栻主编《严复集》（第三册），中华书局1986年，第631页。

大局，而在将来稳定之后再离开总统之位。

严复的另一段话也值得注意：

> 值此袁氏孤危戒惧之时，正可与之为约，公选稳健之人，修约法，损其政权，以为立宪之基础，使他日国势奠安，国民进化，进则可终于共和，退则可为其复辟，此时亦不相宜。①

也就是说，面对一个强大的独裁领袖，与虎谋皮要民主，是很难的，要求他守法而不越权，也是很难的。但在他犯下过错的时候，却可以乘机立法限制他的权力，为宪政打下基础。

可惜的是，1916年的夏天，没有多少人能如此宽容地对待袁世凯。作为有影响的人物，做过民国首任总理的唐绍仪斥责袁世凯不顾廉耻，建议他立即退位；伍廷芳也建议袁世凯退位，以求“灵魂的安乐”；张謇也劝袁世凯退位，否则难平民愤。就连冯国璋也召集奉天、吉林、黑龙江、直隶、山东、河南、江西、安徽、湖南、湖北、福建、山西、察哈尔、热河、绥远等代表到南京开会，讨论袁世凯的去留问题。

蔡锷、梁启超等人的态度更容易理解：如果让袁世凯继续做总统，谁能保证他不秋后算账？为护国领袖们的安全和命运计，自然不宜再让袁世凯继续当总统。但是，百年之后回头看，严复的确看到了一个推进宪政建设的机会。如果蔡锷和梁启超当时也能与严复想到一起，因而对袁世凯宽容一些，为国家的稳定而更多一些克己和牺牲的精神，说服国民，让袁世凯继续做总统，民主共和国的命运，也许会好一些。

不幸的是，这个机会被错过了。更加不幸的是，不仅未能留住袁世凯，而且蔡锷、黄兴也相继去世。于是，群雄不再有威慑，一些善于破坏而不善于建设的人物，一些为争夺权力而不择手段的人物，终于渐成气候。人们所担心的乱局，不幸成为事实，中国人与民主宪政，终于“牛郎与织女”，天各一方。

---

①王栻主编《严复集》（第三册），第632页。

勿忘隆裕太后

一

在一般人的眼里，大清帝国这位最后的太后似乎无可称道，因为与她前面的慈禧太后相比，她似乎太无能，没有做过多少事，所以就连赵尔巽主编的《清史稿》，对她也似乎无话可说，只是写了这样几行字：

> 德宗孝定景皇后，叶赫那拉氏，都统桂祥女，孝钦显皇后侄女也。光绪十四年十月，孝钦显皇后为德宗聘焉。十五年正月，立为皇后。二十七年，从幸西安。二十八年，还京师。三十四年，宣统皇帝即位。称“兼祧母后”，尊为皇太后。上徽号曰隆裕。宣统三年十二月戊午，以太后命逊位。越二年正月甲戌，崩，年四十六。上谥曰孝定隆裕宽惠慎哲协天保圣景皇后，合葬崇陵。

在这里，除出身背景、被册立为后的经过之外，关于她的所作所为只写了两件：一是做皇后时跟随太后和皇帝到西安，二是做太后时率皇帝下诏逊国。仔细想来，第一件事实在算不上什么。老佛爷心血来潮，依靠义和团而向列强宣战，而这宣战又不是光明正大地两军对垒，而是包围东交民巷，攻打各国驻华使馆。国威也许真的因此而在国内大振吧？外国使节被杀了一两个，各国大使就被吓得不轻。可是，结果不难预料：哪个国家能眼睁睁看着自己的外交官被杀、使馆被围攻而无动于衷呢？八国联军来了，那位敢向列强同时宣战而震惊世界的大英雄慈禧，这时却只知道逃跑。“逃跑”这个词不体面，所以要说“圣驾西巡”。太后带着皇上西巡，皇后自然跟随，所以在隆裕履历中，这实在是一件无关紧要的事。

另一件事却非同小可：拱手交出了帝国江山，也结束了中国几千年的帝制。隆裕太后以此而成就了她的伟大，应该名垂青史。可惜的是，赵尔巽等人无力认识她的伟大，所以在《清史稿》中只能轻描淡写。后来的教科书编者看不到或不愿看她的伟大，所以让各类打打杀杀的英雄占据历史，而让这位伟大的女性淡化再淡化，直至被遗忘。

但是，当我穿越历史，再次审视那个年代、那些人物的时候，却觉得许多神像都已黯淡无光，而隆裕太后，却透过历史的层层灰尘而闪闪发光。

二

说起隆裕太后，我想直接称呼她的名字：叶赫那拉·静芬。这个名字其实很美，只要懂得欣赏汉字的意蕴，就会承认它的美。从照片上看，叶赫那拉家的这位小姐长得不算漂亮，但她的八字显示着大富大贵。算命先生算得真准，试想，一个将做皇后的少女，天下谁人能与她比富贵？

可是，无论命运多么好的人，也是不如意事十有八九。静芬小姐的实际生活也有几分可怜。大选时，光绪皇帝看上的并不是她。按照宫中规矩，最后一轮决赛，太后把一个金镶玉如意和几个绣花荷包交给光绪，让他自己做最后的选择，选中谁做皇后，就把如意给她；选中哪个妃子，就给她一个荷包。慈禧太后拒绝包办，要光绪自己做主。光绪皇帝一眼就看中了德馨之女，正要把如意交给她，太后却大喊了一声：“皇帝！”皇帝看着太后脸色，最后才不情愿地把如意交给了静芬。

大婚的时候，意外又发生了。婚礼定于光绪十五年（1889）正月二十七日。可是在婚礼之前四十天，光绪十四年（1888）十二月十五日，紫禁城突然失火，把太和门烧掉了。尽管官兵抗火救灾，英勇奋战多时，最后它还是不幸化为灰烬。按照大清祖制，皇帝大婚，皇后迎娶的花轿要从正门进入皇宫，午门和太和门是必然要经过的。太和门毁了，皇后从哪里走？走偏门有失正宫娘娘的尊严，也有失皇家尊严，走废墟太不吉利，怎么办？重修当然可以，但时间来不及，而按照中国传统，改婚期是大不吉利的事，普通百姓都知道图吉利，不会因事而改婚期，皇家当然更不会改。最后还是慈禧有办法，她让人夜以继日地工作，在废墟上建起了一座高大的建筑，与太和门一模一样，但人们知道，那是由搭棚、裱糊、扎彩等工艺做成的。说句不好听的话，那是“纸糊的”。慈禧没有想到，那样做本身就大不吉利。

钦天监选定的吉辰是午正三刻。光绪身着龙袍升坐太和殿，文武百官三跪九叩之后，礼部官员宣读册封皇后的诏书。然后皇帝回宫，奉迎正使和副使率奉迎大臣前去迎接皇后入宫。与此同时，瑾、珍两嫔则由神武门入宫。一切都很隆重，可惜只是体面，纸糊的太和门，似乎已经注定了这位皇后以及帝国的命运。

因为光绪与珍妃的哀婉故事，人们同情光绪和珍妃，就常常自觉不自觉地丑化了皇后。在一些人的笔下，她成了一个愚蠢的妒妇，因失宠而生妒忌，因妒忌而生怨恨，因此而告珍妃的状，这一切看上去很合逻辑。因为与慈禧的姑侄关系，她在帝后之争中自然属于后党，所以监视光绪，反对维新，这一切听上去也合情合理。但是，这一切并非真实，因为皇后事实上是温厚善良、端庄贤淑，甚至有点儿与世无争。如果说她有什么缺点的话，就是她的思想和行为都禁锢在传统规范中，没有冲破传统伦理和祖宗家法的勇气。她太守规矩，知道皇后应该如何母仪天下，却不知道如何哄皇帝玩，如何玩出新花样，以拴住皇帝的心。因为她自己从小被训练得端庄、正派，却不懂得皇帝也是顽皮孩子，有时想越轨，有时需要新鲜刺激。

作为皇后，在帝后矛盾之中，她只能是努力调和，不可能旗帜鲜明地站在哪一边。这让光绪很不满意，也让慈禧很不满意。而且，她的性格也似乎不像珍妃那样热衷参与政治，所以不关心帝党、后党的政治是非。

虽然贵为皇后，她却得不到皇帝的宠爱，开始时是与皇帝相敬如宾，后来发展为恶语相向，甚至光绪还曾经对她拳脚相加。光绪眼睛里只有珍妃，不愿搭理皇后。其实这也并不可怕，皇帝不理睬，自己图个清静，许多皇后都是这样生活的。可是，隆裕的位置使得许多事她无法逃避。比如，珍妃卖官，被人告了，慈禧在珍妃的寝宫搜到了收受贿赂的账本。慈禧杖责珍妃，她必须为之求情，未被恩准，珍妃受刑，她竟然吓得晕了过去。慈禧对此很不满意。因为这事本来责任就在她，是她没有管理好后宫，珍妃才这样胆大妄为，事情出了，她又如此，真是有损皇后威严。

再比如，珍妃仗着光绪的宠爱，做事常常肆无忌惮，有一次竟然穿上了光绪的龙袍。光绪贪玩，忘乎所以，也就让她穿了。可是众所周知，穿龙袍、坐龙座，意味着犯上作乱甚至篡位，如果发生在大臣身上，该是灭门之罪。嫔妃竟敢如此，太后闻知当然要责罚。嫔妃胡闹，太后当然要怪皇后没有管好后宫。太后是怎么知道的呢？光绪和珍妃则认为是皇后告密。静芬小姐做皇后，真是左也不是，右也不是。面对珍妃，她如果管理太严，会惹皇帝不高兴，认为她在吃醋。但如果纵容，太后又嫌她没尽责，认为她这个皇后有点不够格。

直到戊戌变法失败，光绪皇帝被禁瀛台，失意与孤独中，才与隆裕有了一点儿和谐生活。其实皇帝也可怜，当初喜欢珍妃，并不只是因为珍妃漂亮，而是珍妃很会玩，不守规矩。皇后吃亏就在于太守规矩，端庄过度，不能放任自己的情趣，不能陪皇帝玩点新花样。在瀛台，皇后为寂寞而养蚕，这过程竟然吸引了皇帝，由此对皇后刮目相看，并且亲近起来。因为养蚕这事，对皇帝来说太新鲜，太了不起。皇后如果早明白这一点，稍微来点新花样，也许就不会输得那样惨。

三

慈禧终于死了，可是光绪也死了，她成了寡妇。好在张之洞等人为她争得了太后的地位，从此之后不再是风箱夹道里的猫。可是，就在这时，大清帝国的末日也到了。武昌起义引发遍地旌旗，起义，独立，如火如荼，载沣无奈起用袁世凯，袁世凯掌握了帝国的命运，经过南北和谈，隆裕太后最后决定：放弃帝位，把大清江山交出来。

1912年2月12日，隆裕太后带着六岁的宣统皇帝，在养心殿里举行最后一次朝见礼。袁世凯没来参加这个仪式，代表他的是外务大臣胡惟德、民政大臣赵秉钧、邮传大臣梁士诒和另外几个内阁大臣。清帝尚未退位，这些臣子们却已经改变了礼仪——这次上朝没有跪拜，更没有山呼“吾皇万岁”，而是改行鞠躬礼。我想，如果袁世凯去，此时此刻，他是愿意跪下给太后和皇上叩个头的。而且，他会再次陪着太后流泪。可是，他不忍再来参加这种仪式。

太后拿起诏书看了几行，就流着泪把它交给了胡惟德，让他布告全国。然后太后双手掩面，泣不成声。大清帝国二百六十八年的统治宣告结束。中国两千多年的帝制宣告结束。

谁是帝国终结者？历史当然忘不了熊秉坤、吴兆麟、黎元洪等一串首义领袖，忘不了孙中山、章炳麟等革命鼓吹者，也忘不了袁世凯的深沉智勇运筹帷幄，甚至忘不了扔出最后一颗决定性炸弹的彭家珍。但是，作为象征性的仪式，帝国最后的终结者，无疑是隆裕太后。

有人会说，她之所以选择退位，只是为了她们母子的生存。其实，作为一个女人，她不愿让溥仪为历史殉葬，这就很伟大。光绪未能让她作为一个女人的生命完整起来，溥仪不是她生的，但她所表现的母性，却说明她是一个好母亲。她知道亡国的可怕，知道生命的可贵。她现在顾不得皇位了，只要母子平平安安，生活无虞，她就心满意足。何况，“袁爱卿”还能替她母子争到“优待”，可保富足安康。汉人非要革命不可，大清已经气息奄奄，冤有头，债有主，清算的时候到了。在这种时候，能够活着，而且衣食无忧，她还求什么？她的想法很实际，很人性化。倒是那些因此而鄙薄她的人，常常缺乏起码的人性。

隆裕太后也是皇室的好媳妇，对得起皇室，对得起爱新觉罗家族。她曾为自己下诏逊位而犹豫再三，因为她知道，这对不起打江山、夺天下的列祖列宗。江山断送在自己手里，她真的又愧又痛，因而为此一次次失声痛哭，甚至在大臣面前大哭不止。但是，当她看到的确是大势已去，江山到底保不住的时候，她没有听从主战派权贵的建议，而是接受优待条件，宣布退位，换来了皇室和许许多多人的生存。因为她知道，打也许能保卫大清江山，也许不能撑一阵子，但打赢了固然好，如果打不赢，千百万生命白白送掉，优待也没有了。她更知道等待皇室的命运是什么，历史斑斑可考，自古无不亡之国，亡国之日，血流成河，有几个朝代的皇室能够幸存？大清帝国能够平安收场，体面地谢幕，爱新觉罗的先祖们面对这样的媳妇，应该是感激，而不是责备。

也许有人会嘲笑她软弱。是的，当时的隆裕太后可以做不软弱的选择：

与民军血战到底，拼掉最后一个铜板，流尽最后一滴血。即使不能扑灭革命，最后还可以退回东北，占据东北三省和内蒙古，就像当时主战派王公所说，割地而治，外结强邻，常年征战，未必没有再度入主中原的一天。说真的，如果清室拒不退位，退归“满洲”，并非不能支撑下去。当时清廷还掌握一支袁世凯无力控制的由满族士兵组成的禁卫军，东三省总督赵尔巽仍忠于清室。从国外情况看，中国的强邻日、俄两国都仇视民主共和，而且乐于中国分裂。日本军阀甚至已经有所准备，要在清廷北逃的途中“劫夺宣统皇帝，以他为中心搞满蒙独立”。大清帝国并没有真的到了山穷水尽的地步。

然而，隆裕不想打了，条件成熟，慨然下诏退位，避免了多少生命和鲜血，是不难计算的。

设身处地地考虑，隆裕做这样的决定，是需要魅力和胆量的。在统治集团内部，选择破釜沉舟拼到底是容易的；选择一把火把故宫点上，让自己与大清皇位同在，也会受到奴才们敬仰，唯独选择交出江山不容易。因为江山不只属于她们母子，而是有一个庞大的既得利益集团。如果有人坚决不交，也可能把主张交出者杀掉，而自己以保卫大清江山的名义夺得权位，可谓名正言顺。这种风险她不难想到，所以，她犹豫过，而且不乏应对的策略。然而，最后她还是做了，在袁世凯等人的配合下，她勇敢地走出了光辉的一步。

走出这一步是艰难的，也是伟大的。溥仪应该感谢她，爱新觉罗家族应该感谢她，中华民族也应该感谢她。因为正是她的这一选择，创造了中国历史上的一个奇迹：结束两千年帝制竟然能以和平的方式，没有血流成河。如果在今天，隆裕太后是应该获得诺贝尔和平奖的。

四

对于隆裕太后的历史功勋，民国初年的人们是知道的，所以很少有人不尊敬她。

1913年2月22日，隆裕太后病逝。中华民国大总统袁世凯闻讯立即派人前往宫内料理治丧事务。国务院立即发出通告，其中如此评价：“大清隆裕皇太后，外观大势，内审舆情，以大公无我之心，成亘古共和之局，方冀宽闲退处，优礼长膺，岂图调摄无灵，宫车宴驾？追思至德，莫可名言。凡我国民，同深痛悼。”

国务院通告规定：各官署一律下半旗27天，官员需左腕围黑纱，自1913年2月22日始，至3月20日止，以志哀悼。

1913年2月28日为祭奠之期。那一天，民国总统袁世凯臂戴黑纱，亲往举哀致祭。副总统黎元洪为隆裕太后写下了这样八个字：“德至功高，女中尧舜。”

山西都督阎锡山在唁电中说：“皇太后贤明淑慎，洞达时机，垂悯苍生，主持逊位。视天下不私一姓，俾五族克建共和，盛德隆恩，道高千古。”

参议院议长吴景濂说：“隆裕太后以尧舜禅让之心，赞周召共和之美，值中国帝运之末，开东亚民主之基。顺天应人，超今迈古。佥谓美利坚之独立，受战祸者或七八年；法兰西之革命，演惨剧者将数十载，虽伸民气，实苦生灵。前清隆裕皇太后，默审潮流，深鉴大势，见机独早，宸断无疑。诏书一下，化干戈为坛坫，合五族为一家，大道为公，纷争立解。盖宁可以敝屣天下，断不忍涂炭生民，所谓能以私让国。”

民国政府则将祭堂设于太和殿内，顶端正中挂一大匾：“女中尧舜。”从政府要员，到社会名流，纷纷前来致祭，挽联如海，纷纷扬扬。从黎元洪的挽联可以看到，革命领袖是如何看待隆裕太后的：“片语息兵戈，民国酬恩应第一；全军为墨绖，深宫弭乱更何人？”由此可见，黎元洪、袁世凯，都不是忘恩负义之辈。

据说，1913年（民国二年）3月出版过一部线装石印的《国民哀悼纪事录》，书前收入了隆裕太后的照片，然后是清帝逊位的谕旨，同时收了太和殿内外哀悼大会的摄影12幅，还有唁电、挽联、祭文、哀悼词、皇室答词、外宾名单等。我至今没有看到这本书，却觉得像这样的书，应该找来重印一下。

一个民族，像一个人一样，要想有出息，是不能忘恩负义的。

总统徐世昌的文人本色

民国初年的大总统们，大多有比较好的文化修养，但文化底蕴最深厚而且文人色彩最浓的，还是徐世昌。徐大总统翰林出身，曾获得法国的博士学位，不仅有学问，而且诗、书、画俱佳，骨子里透着儒雅之气。

作为科举路上的成功人士，徐世昌从秀才到举人再到进士，然后入翰林，而且在翰林院一待就是近十年，半辈子形成的生活习惯，使得诗、书、画成为他日常生活的一部分。他虽然长期置身官场，而且做官做得很成功，却一直保持着文人的生活习惯，对诗、书、画不能忘怀。

他留下了许多诗作。这些诗作在当年曾经广泛流传，只是后来“北洋军阀政府”成为教科书中的定论，作为“军阀政府”的总统，当然是反面人物，他们的作品才一概不再被传播，时间一久，也就少为人知了。徐世昌喜欢诗，不但读诗、选诗、编诗、研究诗，而且自己大量写诗，还曾与林琴南、严范孙、赵湘帆、华世奎等当时名士组建诗社，共同探讨诗歌创作。

他留下的诗多是写景咏物之作，清新自然之物，宏阔悠远之境，清静恬淡的心态，简约古朴的笔墨，构成其基本特色。“秋风老屋隐松萝，江上青山似点螺。鸿雁不来芦荻老，碧天无际渺烟波。”这种意境常常出现在他的笔下，清静悠远而略带苍凉。他的诗大多闲适恬淡，少有口号和壮怀激烈之语，却又不是一味消极，而是偶尔也透露出积极和自信，比如：“万顷孤蒲万柳条，前山催送雨潇潇。扁舟稳荡中流去，不管滩头上下潮。”这诗中的自我，就不仅积极向上，而且有点儿勇往直前了。事实上，徐世昌无论表现得怎样恬淡无为，怎样闲散和少数派名利，也无论怎样羡慕农人和隐者的生活，人们都不会相信他胸无大志。因为事实摆在那里：果真如此，他怎么可能在官场一路顺风做到总督又做到大总统?！说他不为官场之事费心思是没人信的，但他历尽官场的风风雨雨却始终对官场习气保持警惕，保持文人本色，却是一个事实。

1922年，徐世昌辞职离开总统府，从此结束了四年的总统生涯，也结束了四十余年的政坛生涯。对于民国政治，这也许是一个损失，但对他个人的诗文书画，却是一件好事。曾达琼楼最高处，眼界自然不是矮檐之下长成的目光所能相比。官场归来，退耕田园，徐世昌选择了天津。民国年间的天津是现代化都市，还不是后来所说的“大村子”。徐世昌住在天津，过得却是乡野文人诗酒田园的日子。他有一个六亩地的院子，辟出一亩做菜园，亲自种果种菜，与家人一起打辘轳提水，一起摘瓜、摘豆、割韭菜，这日子确实比坐在中南海批公文更加舒服。他不喜欢养花，却喜欢钓鱼、捕鱼和种菜。种菜也不容易，需要技术，不懂就求教于田舍翁，这就使退休的大总统更接地气，更知道劳农的疾苦忧乐，所以也就能写出柏梁体《种菜》那样的诗，出现“忧黎民”的旋律。自己丰衣足食，却不忘底层劳农的忧与乐，不沉溺于远离民间疾苦的闲情逸致之中，这才是真正的诗人。

徐世昌是书法家，也是画家。画面常常需要题诗。徐世昌很少题写前人诗句，而是习惯于自己随时作诗而题之。这样一来，画多诗也多，留下了许多题画诗。那些诗大多是急就章，不太用心，才更容易看出作者真面目。徐世昌的题画诗富有古意，多见前贤身影。画竹题诗，常常出现苏东坡；画梅题诗，屡屡招来林和靖。“淡月疏星小院东，寒梅一树倚春风。幽香入梦殊清绝，况与孤山放鹤翁。”淡月疏星，寒梅一树，这意境已经绝美，再加上孤山放鹤翁那样的高士，画外的东西自然更多。

徐世昌是政坛上少有的成功者，但他厌恶烦琐事务，喜爱读书、静坐、吟诗、画画。在他的心目中，理想的生活不是做总督或做总统，而是陪伴红梅白鹤，优游于山水之间。即使不得不做官，也要像苏东坡那样，能进能退，不失自己的天地，不丢情趣，不忘自我。他仰慕苏东坡，曾自称是“苏门种竹人”。全身心投入官场，一心一意做官，他觉得很累。所以，在他的题画诗中常可见夫子自道：“浪走江湖五十年，乌纱脱去更求仙。青山绿水从吾写，身在白云天外天。”他在赠严修的诗中写道：“诗坛酒垒厌江湖，眼底纵横见此图；花月多情如梦幻，川原有恨入榛芜；客来关辅三霄路，臣本烟波一钓徒。”

久久的官场浸染，却没有使他失掉本性，失掉人之常情。他常常思念家乡，写下了一些“春来亦自多乡思”之类的句子。他思念去世的母亲，屡屡画母亲曾经梦见的“堂前双桂”。他看重兄弟亲情，有许多诗、画是送给弟弟们的。徐世昌的书画作品常常落款“水竹村人”“石门山人”。考察他的祖籍应该是宁波，但祖上已经离开宁波到了天津，所以又可以说是天津人，但徐世昌生于河南并在河南长大，所以他思念的家乡是河南。他想家了，想他少年游玩的地方，想他的石门山，就画一幅画，山水或松菊，在上面题写：“石门山畔结茅茨，苔径崎岖界竹篱。回首六年未归去，松寒菊瘦系我思。”

官场政务，对于智商较高的人来说，只要用心就能做好。徐世昌的智商就连他的政敌也不得不承认，所以一般总是能游刃有余。而他自己心中所系，更多的是文事。即使是当总统的四年，也是那么热衷于编书、画画、写诗、写字、建诗社、立画社、办篆刻学校。只要政务有闲，就吟诗写诗，画画写字。与同僚的来往也习惯于“秀才人情”，送幅字，送套书，送把扇子，而不像土豪官僚那样动不动就是黄金白银。

他的书法作品编辑印行的有《水竹村人临帖》三册、《石门山人临帖图》一册，选入的是他1919年至1926年的作品。未结集出版的，民间流传甚多。去过北京中山公园的都知道来今雨轩，“来今雨轩”这四个字，就是徐世昌写的。因为晚年寓居天津，天津的许多老字号都是他的笔迹，如“正兴德茶庄”“成兴茶庄”“直隶书局”等。直至今天，全国各地旧书画市场上都不难见到他的真迹。之所以如此，因为他写得多，送人亦多。尤其是1918年就任大总统之后，六十四岁，写字已近六十年，这时的他自信已得书法三昧，所以，几乎每日临池挥毫，写下了大量作品。这些作品大都送了部下，送给了议员，被保存了下来。

1934年，徐世昌八十寿辰，在家中举行寿庆，宾客盈门，可谓络绎不绝，新朋旧友，诸流各派，从大清帝国的官员和贵胄，到昔日民国政府的官员，再到工商界、教育界的名流，还有外国友人等，一下子到了几百人。徐世昌的回礼竟然是每人一幅字，一下子送出几百幅。原来早在几个月之前，他就开始准备，写下了足够的对联和条幅。这些作品，大多在民间流传。

徐世昌六岁开始学画，后来步入仕途，为不误正学而很少作画，但对画画的兴趣始终未减，所以常有作品问世。任大总统期间，他曾经努力扶持国画，于1920年成立“国画研究社”，聘请国画大家周肇祥主事，社址就设在他的家里，由此可见他的热衷。他又成立北京艺术篆刻学校，请陈师曾任校长，齐白石、王梦白等执掌教席，一时名流荟萃，他本人也热心参与交流和研讨。忙于政界之时，徐世昌的绘画作品较少，现在能见到的，多是松竹，偶尔有山水，而且较多是扇面。他这时的松竹已经独具一格。1922年从大总统的位置上退下来，同时告别了四十多年的政坛生涯，于是书画就更成了他的日常生活。他晚年几乎天天临池，无一日懈怠。有朋友来，他当然也喜欢听人们称颂他过去的政绩，但更大的兴趣还在于听人们品评他的诗、书、画，他也喜欢与人探讨这些。

他的画没有编印的集子，但民间流传甚多，常见的是花卉和山水，尤其是松、竹、梅、兰、菊，笔墨简约，设色造型别有神韵，而且大多写诗自题，显示着中国传统文人的雅趣，在当时的画坛享有较高的声誉。

无论在大清帝国，还是在中华民国，徐世昌都是政坛上的成功者，但他又是地地道道的文人。置身官场四十多年，在其开始，他的住处写的是“谈风月馆”，后来则是“半日读书半日静坐之斋”，再后来，则是“退耕堂”“韬养斋”。他从政多年，做过总督，做过相国，做过总统，政坛经验比谁都丰富，但如果你只是读他的诗，看他的画，却丝毫看不出他是官场中人，看不到一丝官气。因为只要拿起诗笔画笔，他就不再是总督或总统，而是变得悠然闲适，淡泊清远，毫无身份之累。这是一般官员所做不到的，尤其是后来的官员，他们整天装严肃，装出日理万机的样子，结果退休后无事可干，仍然是一副日理万机的样子。而徐世昌当年做总统，真是日理万机，像五四运动等事件发生时，也真是焦头烂额，但一旦铺纸挥毫，他就可以马上把总统的行头卸下，回到文人的本色。在这一点上，徐世昌是值得称道的。

同时值得称道的是，他是总统，却从不对家人和亲友议政，退出政坛之后，更是彻底告别，不看新闻报纸，闭口不再谈国事，甚至不准孩子们在他面前谈论国事。一个政坛要人、国家领导人，营建的家庭却只有诗书翰墨，没有政治气息。

一些人认为徐世昌城府太深，老谋深算。混迹官场几十年，有这些并不奇怪，但他为人德行不亏。他为人谦和，平易近人，儒雅而矜持，平时说话严谨，绝不妄下断语，更不作愤激之语。这显示着他的政坛经验，也显示着他的睿智。他从来没有暗杀或谋害过别人，所以也从来不担心有人会暗杀或谋害他。他活到八十多岁，身体依然强健，所以喜欢吟诵这样的古诗句："八十老翁顽似铁，三更风雨采菱归。"

身体强健，与他的生活方式和精神状态有关。徐世昌身居高位，从不缺钱，但生活俭朴，不贪美食，衣着不求华贵，全部剩余精力用于诗文书画，没有任何不良嗜好。他工作认真，一切按部就班。据他的秘书谢宗陶回忆，"起居有常规，以朝班待漏之习惯，黎明即起，每日按时进入办公室，批阅公文。午间小睡，晚寝亦早。凡书简，不论公务、私事，多一一作复，秘书、僚属代拟者，亦必亲自推敲字句而后批发"。而且他每天起床之后，都要静坐。因为他与弟弟一起参加乡试时曾经许愿并问卜于吕洞宾，所以考中之后，家中即设吕祖像，每天给吕祖磕一百个头，天天如此，直至晚年。进入民国之后，破除"迷信"成为时髦，他就说自己以此活动身体。

能诗能文，善写善画，同时又有学问，趋善拒恶，能进能退，对于人情世事，看得明白想得开，这就是所谓的"通"。做人只要通，常常是一通百通，诗文书画皆有境界，人也活得潇洒。这样的人当然能长寿，徐大总统生于1855年，直到1939年6月6日才去世，享年八十五岁。

关于民国国旗

众所周知，北伐战争之后，中华民国的名称还是中华民国，但国旗变了，五色旗被青天白日满地红所取代。

国家易帜是一件大事，那么，1927年至1928年间国家的变换，算不算一次改朝换代？无论是1949年之前还是之后，也无论大陆还是台湾，说起中华民国的成立，仍然是1912年，国庆仍然是辛亥革命爆发的纪念日——10月10日。由此看来，北伐战争似乎不算改朝换代。不过，从今日台湾地区的官方文件看，马英九被称作“中华民国”第X任总统，我们只要一个个往前数上去，就会发现它是从蒋介石算起的，没有把袁世凯、黎元洪、冯国璋、徐世昌等易帜之前的总统算在里面。

这到底是为什么？承认中华民国而不承认民国初期的那些总统？果真如此，国旗的变化就更值得关注了。

一

其实，民国国旗之争本是同盟会内部的一个老问题，早在同盟会刚刚成立不久，争执就发生了。

1907年2月28日，宋教仁在日记中写下了这样一段文字：

> 七时至《民报》社与黄庆午言余辞职事，庆午不应。良久，庆午忽言，欲退会，断绝关系，其原因则以□□□以己意制一新国旗，而庆午

以为不善，请其改之，逸仙固执不改，并出不逊之言，故庆午怒而退会。时诸人均在，皆劝之。余则细思庆午不快之原因，其远者当另有一种不可推测之恶感情渐积于心，以致借是而发，实则此犹小问题。盖逸仙素日不能开诚布公，虚心坦怀以待人，作事近于专制跋扈，有令人难堪处故也。今既如是，则两者感情万难调和，且无益耳，遂不劝止之。又思□会自成立以来，会员多疑心疑德，余久厌之，今又如是，则将来之不能有所为，或亦意中事，不如另外早自为计，以免烧炭党人之讥，遂决明日即向逸仙辞职，庆午事亦听之。①

这里的黄庆午，即黄兴；“□□□”即孙逸仙，即孙中山；“□会”即同盟会。

当时孙中山提出未来的新国旗用青天白日旗，黄兴不赞同，认为青天白日旗不好看，而且与日本旗相似，主张用井字旗。孙中山不容异议，断然否定了黄兴的意见，导致黄兴“怒而退会”。从宋教仁的日记还可以看到，宋从那时已不看好孙中山。就在写这段日记的第二天，宋教仁就到孙逸仙寓所辞职，并移交文件。孙逸仙开始不允，但宋教仁固辞，把工作交代清楚就离去了。②

因为后来对孙中山的神化，此事少见叙述。较早对此事叙述比较详细的，是冯自由《革命逸史》中的《中华民国旗之历史》。不过，冯氏写该文，是在青天白日满地红已经成为中华民国国旗之后，而且，在辛亥革命之前同盟会的矛盾中，冯自由一直是站在孙中山一边的。所以，在他的叙述中，青天白日满地红似乎理所当然应该成为中华民国国旗。

不过，一些事情的来龙去脉，却只有冯自由交代得清楚。据冯氏回忆，同盟会成立的第二年冬天，同盟会干事会在东京讨论未来国旗式样，“总理主张沿用兴中会之青天白日旗，谓乃陆皓东所发明，兴中会诸先烈及惠州革命军将士先后为此旗流血，不可不留作纪念。各党员亦提出各种方式，有提议用五色，以顺中国历史上之习惯者；有提议用十八星，以代表十八行省者；有提议用金瓜钺斧，以发扬汉族之精神者；有提议用井字，以表示井田

①②《宋教仁集》，中华书局2011年，第718页。

之义者。黄克强对于青天白日，颇持异议，谓形式不美，且与日本旭旗相近。总理争之甚力，且增加红色于上，改作红蓝白三色以符合世界上自由、平等、博爱之真义。仍因意见分歧，迄未解决，后经章太炎、刘揆一设法调解，暂搁其议。于是各种方式均由庶务干事刘揆一保存，作为悬案。”①

由此可见，孙文虽然有专断作风，但同盟会的干事会却是民主的，意见不统一，就作为悬案搁置，并不由他一人说了算。

二

此后，同盟会又发动过若干次起义，如惠州起义、镇南关起义等，直到黄花岗起义，凡孙中山亲自过问的，所用都是青天白日旗。而在这些起义中，黄兴屡任主帅，却从未表示反对。因此，冯自由说：“故在革命历史上，青天白日旗之为中华民国国旗，实无疑义。”②

黄兴任主帅指挥起义，使用的是青天白日旗，他并没有要求改换旗帜，或因为此旗而拒绝参与。这显示的是黄兴的性格，为人厚道，善于委曲求全，在流血牺牲之际，不为旗帜而制造矛盾、引发纷争，但并不意味着他对青天白日旗的认同。所以，冯自由的话反映的并非革命史的事实。

意见未统一，分歧仍存在，这在辛亥革命爆发之后集中表现出来。武昌首义，各省纷纷响应，使用的旗子可谓五花八门：武昌使用的旗帜是铁血十八星旗，那是共进会的旗帜，是焦达峰、孙武等人设计的；上海、江苏、浙江等地独立，使用的是五色旗，那是宋教仁等设计的，黄兴赞同的；广东军政府胡汉民任都督，使用了孙中山倾心的青天白日旗；但同在广东，并且做了副都督的陈炯明，在惠州起兵时用的却是井字旗，直到他到了广州，为统一计，才改用青天白日旗。

南京临时政府成立之际，国旗式样并未确定。孙中山任临时大总统，办公室里自作主张挂起了青天白日满地红，但这旗帜并不是他过去主张的图样，也不是历次起义所使用的式样，而是在青天白日满地红的红色上面加了十八条白色的横线，每条线代表一个省。不过，这面旗虽然挂着，“总统府

①②冯自由：《革命逸史》（上），新星出版社2009年，第26—27页，第27页。

职员及宾客多见之，惟此新旗式尚备而不用，总理始终未向政府提出之”①。

1912年1月9日，武昌方面电请临时政府颁发国旗式样。各省代表会行使临时参议院职权，开会对国旗式样进行讨论。广东等地的代表主张用青天白日旗，湖北、湖南等地的代表主张用铁血十八星旗，江苏、上海、浙江等地代表主张用五色旗。代表们为此争论不休，直到1912年2月20日，参议院投票表决，结果是五色旗得票最多，于是确定以五色旗作为中华民国国旗，请临时大总统通告全国。

孙中山不同意，坚持要用青天白日旗。他提请复议，但临时参议院决定维持原议，并且做出了说明：青天白日旗为同盟会一党所用，不能代表各方面；五色旗象征五族共和，取义完美。

根据规定，总统只有一次要求复议的权力，孙中山依法不能再有异议。

国旗确定之后，临时参议院考虑到孙中山的意愿，也考虑到武昌首义将士的意愿，决定在公布五色旗为国旗的同时，确定十八星旗为陆军旗，青天白日满地红旗为海军旗。

国旗确定了，孙中山虽然不同意，却必须以临时大总统的名义通告全国。就在全国各地挂满五色国旗的时候，在他的临时大总统办公室里，挂的却是青天白日旗。按理，国家元首办公室不悬挂国旗而悬挂另一种旗帜，是有理由受弹劾的。参议院没有追究，也许因为此时新的临时大总统已经选出，只要袁世凯就职，孙中山马上就要离职。

面对当时孙中山的一系列提议被否决的情况，后来的国民党史家以及受国民党意识形态影响的人们往往认为：“这个问题反映出非同盟会议员反对同盟会的领导，以武昌起义为民主革命的起点，否定同盟会在武昌起义前领导多次革命的功绩。”②

这的确是一个问题，因为同盟会和后来的国民党所要争的，正是如何看待辛亥革命，如何看待同盟会在辛亥革命中的作用。

而且从中可以看到当时的参议院可钦可敬。议员们没有成为临时大总统的应声虫，他们知道自己从事建立的是什么样的国家，充满真挚的建国热情。

---

①冯自由：《革命逸史》（上），第29页。

②陶菊隐：《袁世凯真相》，第134页。

三

孙中山是固执的，他在此后的若干年中，对他所钟情的旗帜一直念念不忘。

二次革命之后，他在日本组织中华革命党，因为黄兴等同盟会元老没有加入，党内一切都由他一人说了算，中华革命党的党证上印了交叉的两面旗：一面是青天白日党旗，一面是青天白日满地红国旗。

1921年，孙中山在广州由非常国会选为大总统，首先做的就是废止五色旗和十八星旗，改用青天白日旗。

后来几经反复：

1922年，陈炯明的部下用大炮吓跑了孙中山，广州恢复了中华民国的五色国旗。

1923年1月，孙中山卷土重来，在广州重新组织大元帅府，就职之日，再次废止五色旗而改用青天白日旗。

冯自由讲到一个细节：那年全国学生会在广州召开大会，特请孙中山到会指导。会议开始，照例是升旗行礼，孙中山见飘扬的是五色国旗，拒绝行礼。

在这种情况下，“革命策源地”广州才开始飘扬起青天白日旗帜。

再后来，在蒋介石领导下，国民革命军开始北伐，北伐军攻克之处，国旗即由五色改为青天白日。至张学良宣布东北易帜，五色旗终于成为历史。

与之相伴随的，是“民国”成了“党国”。

第三辑

蔡锷的情和义

无情未必真豪杰。真正的豪杰往往是重情重义的，在中国现代史上，蔡锷可谓代表之一。

蔡锷是个道德感极强的人，重情义，知恩图报。这一点又与他的人道精神无法分开。他虽身为军人，手握利器，却人情味极浓，不是那种机械化了的钢铁战士。

最突出的表现是重九起义之际他对云贵总督李经羲的做法。李对蔡锷有恩：是李把蔡锷弄到广西，给了他良好的发展机会；受广西革命党人排斥之际，又是李把他召到了云南，并且顶住种种压力，请朝廷任命他做了协统。要革命了，这样的恩人却在敌对阵营，怎么办？

蔡锷首先想到的是动员李总督参加起义，请他做云南都督。但是，李经羲坚决拒绝。在这种情况下，蔡锷如果杀掉李经羲，后来的教科书可能会称赞他的“革命大义”，人们也不会说他什么。但是，蔡锷却不忘总督大人对他的恩情。因为革命就与恩人刀兵相见？蔡锷做不到。但是，总督府必须攻打，怎么办？发动攻势之前，蔡锷先请人去把总督带到法国领事馆避难，总督离开之后，才向总督府开炮。起义成功之后，蔡锷再次请李经羲出来主持云南大政。李经羲顾念皇恩，不肯改变立场。蔡锷只好把李经羲全家送出云南。据当事人回忆，李经羲是坐着轿子去车站的。蔡锷当时已经是云南军政府的都督，却跟着轿子步行，一直把总督送到车站。为了防止路上出现意外，他又派了一连士兵随车护送。

在过去那种只强调革命性、斗争性，似乎只有大义灭亲才算立场坚定的历史叙事中，蔡锷的这种做法自然不被肯定。但只要不再囿于那样的观念，就不难看到这是一个多么有情有义的人！而且，蔡锷把革命立场和私人情义分得很清，既不忘个人情义，又不因此而损害革命。

蔡锷做人的另一闪光之处，是能设身处地为别人着想。比如他与唐继尧的关系，蔡锷到昆明，借唐继尧的人马和地盘起兵护国。在他未去之前，梁启超就曾嘱咐他：到云南之后，首先要把兵权夺过来。蔡锷到云南之后，却没有听老师的话，唐继尧请他做都督，他坚辞不受，一定要请唐继尧做，自己宁愿屈居唐继尧之下，带兵入川。

从这种做法，可以看到蔡锷的厚道，也可以看到他的明智。借别人的地盘做根据地，鸠占鹊巢，反客为主，甚至把旧主人赶尽杀绝，这在历史上是常见的。蔡锷却绝不这样，因为他知道，自己在云南虽是老资格，唐继尧虽然是自己过去的部下，但这次自己前来兴兵护国，却没有带来一兵一卒，从地盘到兵力，都要依靠唐继尧。站在唐继尧的角度想，他虽然是蔡锷的老部下，但此时是云南将军，滇军统帅，又刚刚受封一等侯，袁世凯待他不薄，他凭什么一定要跟你蔡锷去冒险？同意把地盘和人马给你用，已经够意思了，如果得寸进尺，让人家不痛快，人家还愿意跟你合作吗？蔡锷入川之后，为了援军和军饷问题，两人也曾不愉快，但蔡锷能够理解唐的苦衷。他知道人不可能没有私心，地方官有地方主义是正常的。自己一个湖南人，跑到云南来，用云南做根据地，做根据地必然要付出太多，牺牲太多，唐继尧作为地方官，自然舍不得云南那点血本。

正因为蔡锷能够为别人着想，所以，他与唐继尧的合作，没有像之后孙文与陈炯明的合作那样成为仇敌。

蔡锷与袁世凯

今年是袁世凯“帝制运动”一百周年，也是蔡锷“护国战争”一百周年。百年之后回头望，让我想起了袁世凯与蔡锷的关系。因为教科书的讲述，在一般人的印象里，袁世凯与蔡锷自然是敌对的，然而，只要走近历史现场，却很容易看到事情并不那么简单。

一

首先需要说明的是，在帝制运动兴起之前，袁世凯非常器重蔡锷，蔡锷也竭力维护袁世凯，两人的关系非同一般。

在门户之见主导之下的历史叙述中，一个并非“自己人”的历史人物，要想不被遮蔽，就需要有足够的影响。因为有了足够的影响，遮蔽就非常困难。蔡锷有足够的影响，无法完全遮蔽，所以，从国民党的史家开始，就致力于另一工作：努力把蔡锷说成是自己的同道——也是孙中山的追随者。蔡锷在辛亥革命和护国战争中的作为，为这种改写提供了方便，所以一些人就把云南起义记到同盟会的账上，把护国战争也纳入孙中山领导的“反袁斗争”。然而，蔡锷在“二次革命”中的表现，却使这种叙述有点为难，因为事实摆在那里：蔡锷在“二次革命”中支持的是袁世凯，而不是孙中山。

众所周知，“二次革命”源自宋教仁案。1913年3月20日晚十点，宋教仁要从上海乘火车赴北京，因为大总统已经几次催促，要他进京共商大事。按照当时人们的估计，这大事主要就是要由宋教仁出任内阁总理。时间到了，黄兴、廖仲恺、于右任等一帮国民党要人陪他走向检票处，这时却突然有人开枪，宋教仁中弹被送往医院，抢救无效，至1913年3月22日凌晨去世。

关于宋教仁之死，当时可谓众说纷纭，但从20世纪30年代初国民党人主导编撰的历史教科书开始，就一直认定是袁世凯主使的。直到今天，海峡两岸的主流史书依然如此。为了增强这种说法的逻辑力量，在讲宋教仁被刺之前，总要讲国民党在国会选举中的胜利，因为这胜利构成了对袁世凯的威胁，才会有刺杀宋教仁的动机。然而，一百多年过去了，这个结论却仍然停留于推测，而没有确凿的证据。与此同时，从宋教仁被杀当时，就一直有另一种说法，认为杀宋教仁的不是袁世凯，而是国民党的高层。当年宋教仁的秘书北一辉，在案发当时就认定孙中山脱不了干系；近几年来，张永东的《百年之冤》、张耀杰的《百年悬案》，以及台湾作家张大春、大陆作家叶曙明等都把暗杀宋教仁的元凶锁定在孙中山的亲信陈其美。不过，这种说法同样多是逻辑推论，没有提供可靠的证据。所以，宋案元凶到底是谁，客观地说，至今仍是悬案。然而，回到1913年的现场，事情却是这样：宋教仁去世三天，孙中山即从日本回到上海，当天晚上在黄兴住处召开国民党高层会议，就咬定袁世凯是刺宋元凶，并且主张武力讨袁。虽然黄兴等革命元老都反对动武，但袁世凯是宋案元凶的说法却传播开来。

面对这种说法，蔡锷于1913年4月14日致电大总统和各省都督："宋案发生，浮言纷起，现在凶犯就获，一经交涉索还归案讯办，自有水落石出之日。克强诸公对于此案极力维持，用心尤苦。乃奸人乐架造蜚语，破坏大局，以大总统之明察，各都督之忠诚，必不为所荧惑。"①蔡锷在提醒人们不要为谣言所惑，这显然是在维护袁世凯。

半个月之后，国民党人在上海召开全国公民大会，声讨袁世凯杀宋教仁和大借款的罪行，并且通过了要求袁世凯去职、剥夺袁世凯候选总统资格、各省不再奉行袁世凯命令等五项决议。对此，蔡锷联合广西都督陆荣廷、四川都督胡景伊、贵州都督唐继尧致电参众两院和各省都督，认为五条决议"陷国家于至危极险之境地"。电文严厉谴责大会组织者"假托全国公民名

①曾业英编《蔡锷集》（全2册），湖南人民出版社2008年，第840页。

义，意在借此大题，以为扰乱破坏之计”，并且要求江苏都督程德全“查究该会主名，按法惩办”。“万一有人发难，当视为全国公敌，锷等才力纵薄，必不忍艰难缔造之民国，破坏于少数佥壬之手也。”[①]

蔡锷与黄兴是多年的好友。为了武力讨袁，黄兴于1913年6月间派密使去见蔡锷，并且写了“寄字远从千里外，论交深在十年前”一联相赠，但蔡锷不为所动，坚决反对讨袁。他认为，宋案应待法庭审判，借款应由国会裁决，对总统用兵，不仅出师无名，而且是拿国家的命运开玩笑，如果爱护辛亥革命的成果，就不应该这样做。所以，在“二次革命”爆发之前，他一直在努力调停，竭力避免战乱的发生。

然而，由于孙中山的坚持，“二次革命”还是爆发了。此时的蔡锷满怀忧愤，一面致电独立各省的将领，劝他们顾全大局、罢兵休战；一面致电袁世凯、国务院和参谋部，希望迅速出兵平乱。在1913年7月17日的电报中，他甚至说了这样的话：“积年痈毒，趁此一决，未始非福。第恐战事延长，蔓延太广，此后殊难收拾。……惟恳分饬皖宁，严防分窜，一面分重兵驰赴战地，分头截剿，早日扑灭，以免星火燎原。”[②]两天之后，7月19日，在与四川都督胡景伊、广西都督陆荣廷、贵州都督唐继尧等人的联合通电中，他表示了一系列担忧：第一，“统一之局破，则几人称帝，几人称王，纵不必有此名义，要未必不有此事实。”“统一以来，号称五族共和，而蒙藏问题旋未解决。内地兵兴，而蒙藏之沉沦，万不可避。”第二，战火蔓延，“需索劫夺，独苦吾民”，“以一部分枭杰者之政争，陷我四万万同胞于水火，天道灭绝，人道何存”？第三，“以国家为儿戏，视革命为故常。今日甲革乙，明日丙又革甲，革之不已，人将相食”。电文的最后，蔡锷表达了为维护国家稳定不惜决一死战的鲜明态度：

> 锷等岩疆孤寄，未知死所，然一息尚存，对于国家前途，惟有以保土安民，巩固统一为第一义。苟反于此意，力所能至，歼除不遗。[③]

①②③曾业英编《蔡锷集》（全2册），湖南人民出版社2008年，第852—853页，第1071—1072页，第1074—1075页。

由此可见，在二次革命爆发之际，蔡锷做出了明确的选择：反对“二次革命”，支持袁世凯。

二

蔡锷在“二次革命”中站到了袁世凯一边，使得后来的主流史家很为难。

从20世纪20年代末国民党人建立了自己的统治开始，教科书要以是否“符合党义”为标准，面对现代历史人物和历史事件，要以孙中山的是非为是非，以拥孙还是反孙、拥袁还是反袁划线。这样一来，凡是反对“二次革命”的，甚至在“二次革命”中不积极的，就都是错的。而蔡锷却是像当时的大多数人一样，从根本上不认可“二次革命”。因为在蔡锷看来，无论以宋教仁案为理由，还是以大借款为理由，兴兵作乱都是对新生的民主共和国的危害，是对辛亥革命成果的不珍惜。尤其是法院的审理还没有开始，就做出总统是元凶的结论；法院审理刚刚开始，就急不可待地兴兵，这更让蔡锷无法理解。蔡锷的这种态度，当然对南京政府为巩固自己的政权而神化“国父”是不利的。所以，此后的史书基本只讲蔡锷兴兵讨袁，而闭口不谈他在“二次革命”中对袁世凯的支持。

蔡锷曾经支持袁世凯，这一史实是不应回避的。同时，另一个问题也不应该回避：蔡锷为什么支持袁世凯？考察其原因，蔡锷的表现在当时具有很大的代表性。

首先，蔡锷认为袁世凯是当时中国政坛人物中最有魄力和声望的人物，是有能力稳定大局、创建共和的领袖。1912年1月，中华民国在南京宣布成立，孙中山做了临时大总统，蔡锷在致黎元洪的电报中就说袁世凯“闳才伟略，实近代伟人……中国有必为共和之时机，而项城亦自有被举总统之资望”。虽然袁世凯终结帝制的工作进度缓慢，引起革命党人的不满，蔡锷也有过不满，但基本看法并未改变。南北和议成功，清帝退位，袁世凯出任临时大总统，却出现了“定都之争”。在这次争论中，蔡锷多次通电，都是支持袁世凯建都北京，反对孙中山建都南京的主张。袁世凯就职之后，蔡锷在给各报馆的电文中称袁世凯是“闳才伟略，群望所归”，“一代伟人，中外钦仰”。

蔡锷钦佩袁世凯，还因为袁世凯有做大事的才略，能以智慧和勇气终结帝制，使得这个古老帝国不动刀兵而和平地创建民国。正是这个基础，使他建立了对袁世凯才干的信任，也决定了他对袁世凯的拥戴。

其次，蔡锷是辛亥革命元勋，他爱他亲自参与创建的民主共和国，而当时的袁世凯是大总统，是共和国的象征。大总统是选举产生的，代表着民意。这时候反对总统，是对辛亥革命成果的不尊重，也是对国民意志的不尊重。在蔡锷看来，这么大一个国家，国体政体新变，亟需一个强有力的领袖，而袁世凯正是这样的领袖。此时推翻袁世凯，意味着要使国家陷入战乱。此外，推翻大总统不是不可以，但理由是什么？1913年的袁世凯没有背叛宪法，没有背叛国家，废除约法、变更国体都是后来的事。说他杀了宋教仁，只是猜测而已，没有证据。所以，在蔡锷看来，逞一时意气，动辄兴兵，只能是摧残东方第一个民主共和国这个“初生婴儿”。

客观地说，“二次革命”中的蔡锷拥护袁世凯，不是出于私情，也不是出于党派利益。事实上，他反对的不是哪个人或哪个党派，而是危害民国的力量；他拥护的也不是哪个人或哪个派别，而是有利于民主共和国的力量。他的敌友之分，在国事而不在私怨，谁背叛和破坏民主共和，谁就是他的敌人。只要袁世凯拥护共和，做共和国的大总统，他就支持袁世凯。后来袁世凯要恢复帝制，不再做中华民国的总统，而要做中华帝国的皇帝，蔡锷就反对他。同样是拥袁或反袁，是在1913年，还是在1915年，不可同日而语。

三

蔡锷与袁世凯关系的密切，是在他进京之际。

“二次革命”平息不久，蔡锷进京了。关于蔡锷进京，长期以来流行这样一种说法：蔡锷被袁世凯夺去兵权，弄到北京，软禁了起来。

这种说法很流行，各种通俗读物和文艺作品都沿袭并演绎着。但是，回到历史现场，回到当时留下的材料，却很容易发现事实并非如此。

蔡锷进京是自愿的，而且是主动争取的。

从当时的情况看，蔡锷没有失职，没有犯错，袁世凯没理由夺他的兵权。退一步讲，即使袁世凯想以调走的方式剥夺他的兵权，只要蔡锷不想走，袁世凯也未必调得动。考察1913年各省的军事首脑们，凡是中央调的，都是他自己愿意，何况是云南？蔡锷在那里有政绩，有声望，有基础，如果他不愿离开，只要一句话，全省军民就会一同挽留，他就可以拒绝进京。此外，蔡锷一直是袁世凯的支持者，用人之际，袁世凯没有理由先来收拾蔡锷。

那么，蔡锷为什么要离开他的根据地而只身前往北京呢？我们从梁启超与他的来往电函中或许可以得到一些回答。1913年6月，梁启超给蔡锷的电报中有这样一段话："总理一席，人望在君，时事艰难，何不来京一行，共商大政。"①也就是说，有人想让蔡锷进京来做总理。蔡锷回电表示，他早就想到北京与袁大总统面商政事，也想到北京接洽一下各方面人士，只是因为公务繁忙，未能成行。关于当总理的事，他当然忘不了谦虚一番："锷一介武夫，未谙政治，国务重任，非所敢承。"②

客气归客气，有总理的席位在等着，这对蔡锷不能没有吸引力。云南毕竟地处边陲，远离中央，舞台没有北京大。一个杰出人物，只要有理想、有追求，就不会拒绝更大的舞台。所以，蔡锷进京，首先是为了自己有更大的作为。

于是，经过一番运作，蔡锷向总统打报告，袁世凯正式批准，蔡锷就辞掉云南的职务而进京去了。

更值得注意的是，在告别云南之际，营以上军官为他送行，蔡锷讲过这样一段话："现在的总统袁世凯，原是我们的政敌，戊戌那一年因为他临时告密，我们的师友，有的死，有的逃，现在想起来，犹有余痛。但衡量中国现在的情势，又非他不能维持。我此次入京，只有蠲除前嫌，帮助袁世凯渡过这一难关。"他甚至表示：

> 袁是中国的一个人才，能把中国治理好。……如果他愿意，就让他

---

①《亚细亚日报》1913年6月17日。

②曾业英编《蔡锷集》（全2册），湖南人民出版社2008年，第932—933页。

做一个终身总统。①

这样的话，过去的历史教科书不讲，原因是不愿把蔡锷与袁世凯扯得太近。可是，这段话使我们看到，蔡锷进京，一个很重要的目的，就是帮助袁世凯！

与此相关，蔡锷入京被软禁，也不是历史事实。

袁世凯为什么要软禁蔡锷？最早的论断是说蔡锷是革命党，加入过同盟会，支持“二次革命”，所以袁世凯对他有所戒备。但随着大量历史材料公之于世，事实摆在那里：蔡锷没有加入过同盟会，没有追随过孙中山，更没支持“二次革命”，而是支持袁世凯。怎么办呢？另一种分析出现了：蔡锷虽然对袁世凯存有幻想，但袁世凯一心复辟帝制，自然要把他视为危险人物，软禁起来。

事实上，袁世凯很喜欢蔡锷。蔡锷进京，袁世凯对其生活等方面做了很好的安排。蔡锷过生日，袁世凯送了一万元。工作上，袁世凯给了蔡锷一系列职务，薪水加起来比袁世凯本人高得多。袁世凯经常见蔡锷，有时甚至是天天见，大事小事与他磋商。从大总统起居录可以看到，袁世凯有时候是天天见蔡锷，隔上几天，又是天天见蔡锷。在这段时间里，袁世凯还让他的长子袁克定与蔡锷拜了结义兄弟。

因此，袁世凯与蔡锷的关系就又近了一步。

在过去的历史叙述中，袁世凯对蔡锷的全部热情都被解释为收买，解释为监视，总之没安好心。但是，这种做法犯了一个大毛病：先把人设定为坏人，然后拼命把他往坏处想。事实却不是那样，而是袁世凯真的喜欢蔡锷，想重用蔡锷。袁世凯说过这样一句话：

孙氏志气高尚，见解亦超卓，但非实行家，徒居发起人之列而已。黄氏性质直，果于行事，然不免胆小识短，易受小人之欺。蔡锷远在黄兴及诸民党之上，此人之精悍即宋教仁或亦非所能匹。

①赵钟奇：《云南护国前后回忆》，《云南文史资料选辑》（第十辑），中国人民政治协商会议云南省委员会文史资料委员会编印，1979年，第105页。

这里论及四个人物：孙中山、黄兴、宋教仁、蔡锷。袁世凯器重宋教仁，认为他高于孙、黄，但在蔡锷面前，宋教仁也未必能够与之相比。

袁世凯把蔡锷调到北京，是准备重用的，当陆军总长，当总参谋长，重建国家军队。这些都在袁世凯的计划之中，只是付诸实践的条件尚未成熟。事情不难理解，即使像袁世凯这样的人物，有些事也会力不从心，不能随心所欲。即使为蔡锷计，也不能让他一到北京就与段祺瑞等成为对手。然而，袁世凯对蔡锷的欣赏和器重显而易见，接二连三地委以重任：先是任命他为陆军部编译处副总裁（总裁是段祺瑞），后又让他做了政治会议议员、参政院参政，又让他做了陆海军大元帅统率办事处成员。这个办事处成员只有六人，其他五人是：陆军总长段祺瑞、海军总长刘冠雄、海军上将萨镇冰，加上王士珍和陈宧。这是中华民国的最高军事指挥部，相当于今日中央军委，蔡锷置身其中，你说袁世凯对蔡锷是重用还是不重用？此外，蔡锷还有一个自己说了算的部级单位——全国经界局。

对袁世凯的赏识和重用，蔡锷心中有数，而且给予积极的回报，费心费力，积极工作，并且召集一批当时最优秀的军官组成军事研究会，编撰了《军事计划》。从蔡锷留下的那些文件，可以看到他为政府很卖力，实实在在地为之出谋划策。

四

然而，到1915年，袁世凯与蔡锷之间的关系却变得非常微妙。

袁世凯准备改变国体，当然想知道一些重量级人物的看法。他器重蔡锷，应该也想知道蔡锷的看法。遗憾的是，袁世凯没有明问，蔡锷也没有直说。历史力量的巨大分野就发生于如此细微之处！

袁、蔡二人进行的是一场无言的对话，双方表现都不够坦诚。他们相互关心，相互尊重，却没有真正走近，关系有点夹生。究其原因，主要责任在于蔡锷。

蔡锷进京之后，袁世凯一直努力亲近他，但蔡锷的态度却让袁世凯摸不着头脑。

比如，蔡锷进京之后，袁世凯热情相迎，从生活到工作都对他非常关心，不仅送钱送物，连生日都记着。蔡锷有许多兼职，任何人都明白，那是大总统的特别关爱，因为一个兼职一份薪水，蔡锷的月薪竟然高达每月5000大洋。然而，蔡锷却在五份薪水中选了一份较少的领取，其余都没领。这让袁世凯怎么想？不领情吗？

再比如，蔡锷进京后第一次觐见袁世凯，身为将军，自然是一身戎装，一丝不苟。袁世凯送给他一件做工考究的大氅，并且亲切地跟他说：以后见面不必拘礼，穿便装就行。第二次召见，袁世凯却穿起了大元帅服，而且通知许多将官参加，大家提前到达，只等蔡锷到来。蔡锷正点到达，并没有按总统的吩咐穿便装，而是依旧着装整齐，马靴、手套、勋章一样不少。袁世凯的这一招，曾经在浙江的朱瑞身上用过，朱瑞真的身着马褂去见大总统，结果是尴尬得汗流浃背，而袁世凯也从此不把朱瑞放在眼里。袁世凯所用的，是考察人的常用方法，可以一下子看到许多方面，知道一个人是否有自知之明，是否知礼节，是否宜于亲近。有些人不宜亲近，给个鼻子就上脸，居高位者是不喜欢的。袁世凯努力亲近蔡锷，蔡锷却清楚地知道自己的身份和位置，半点不敢僭越。知分守分，显示的是一个人的自尊与自重。蔡锷谦谨自重，使袁世凯对他敬重有加。

然而，与这种谦谨自重的人交往，自身也必须谦谨自重。所以，面对年龄上是晚辈、职务上是下属的蔡锷，袁世凯一方面极力表示亲近，一方面却谦恭地称他“先生”。这种关系，很难说是蔡锷的成功还是失败。用句俗话说：他们把关系搞生分了。

根据中国传统，用人就要先收服。要收服人，无非几种办法：一是投其所好，满足他；二是乘人之危，救助他。投其所好，就要施恩，要官给官，要钱给钱，要什么给什么，凡能给的都给。这样一来，一般人就扛不住，接受了。拿人的手短，吃人的嘴软，受谁之恩，在谁面前矮半截。乘人之危，典型的例子是英雄救美：美女遭遇流氓纠缠，只要挺身而出打退流氓，把美女送回家，美女感激不尽，也就很容易被征服。此外，如果一个人有把柄被人攥住，很担心，很害怕，这时如果遇到宽恕或庇护，一般都会五体投地，难免被人收入麾下。

这些办法，袁世凯大都用过，而且非常成功。可是，蔡锷的情况却不同：他不爱钱，不好色，没什么可以投其所好；他谨言慎行，不惹事，不犯错，你想在他困难的时候帮助他、庇护他，他不给你这个机会。面对蔡锷这样的人，袁世凯这个有办法的人没了办法。蔡锷的表现，让袁世凯不敢轻视，却只能尊敬，不敢贸然视为亲信。

在帝制运动中，袁世凯弄不清蔡锷的内心，蔡锷也弄不清袁世凯的内心。如果是好朋友，蔡锷就应该对袁世凯有所劝诫。可是，蔡锷没有劝。因为他不知道袁世凯的真实想法，却知道做皇帝对一般人的吸引力。所以，他只是看，什么也不说，而且开始沉迷于女色，似乎玩得什么都顾不上了。有人说蔡锷用这一手迷惑了袁世凯，使之放松了对他的戒备，这有点小看袁世凯。试想，制造假象那点小伎俩，连一般人都骗不了，怎能骗得了袁世凯？何况，蔡锷进京两年多，一直规规矩矩，兢兢业业，为什么帝制运动一来，他就钻进了八大胡同？蔡锷会玩物丧志吗？袁世凯未必相信。

他们此时进行的是一种特殊对话。蔡传递的意思袁能读懂：你称帝也罢，不称帝也罢，我不关心。可是，蔡锷真不关心吗？袁世凯不敢轻信。所以，就有了刺探之举，但派人监视是很晚的事，更具体地说，是袁克定做的。

恢复帝制的列车加速，蔡锷做出了一个判断：复辟帝制势在必行。既然如此，需要的就不是一般的反对，而是行之有效的阻击。谁来承担这个重任？蔡锷有理由产生舍我其谁的使命感。英雄之所以是英雄，就在于置身历史的关键时刻，对自己有准确的估计，而且有足够的自信。这时的蔡锷已经是责无旁贷，把东方第一个民主共和国的命运放在了自己肩上。既然如此，他就需要有所准备，不能暴露自己，在袁世凯面前，就更不能说真话了。

1915年8月14日，杨度等六人联名通电全国，发表筹组筹安会宣言。第二天蔡锷就到了天津，与梁启超讨论了一夜。蔡锷说："眼看着不久便是盈千累万的人颂王莽功德，上劝进表，袁世凯便安然登其大宝，叫世界看着中国人是什么东西呢？国内怀着义愤的人虽然很多，但没有凭借，或者地位不宜，也难发手。我们明知力量有限，未必抗他得过。但为四万万人争人格起见，非拼着命去干这一回不可。"①此后，蔡锷每隔几天就要到天津找一次梁

①《饮冰室合集·文集之三十九》，中华书局1989年，第89页。

启超。护国战争胜利之后，蔡锷曾经回忆说：“当去岁秋冬之交，帝焰炙手可热。锷在京师，间数日一诣天津，造先生之庐，咨受大计，及部署略定，先后南下……”[①]由此可见，当时蔡锷没有受到监视。

他们议定，由梁启超写文章公开反对帝制，然后蔡锷离京回云南，袁世凯什么时候称帝，云南就什么时候独立。

1915年8月20日，蔡锷开始与西南各省联络，告诉他们帝制势在必行，北京叫干什么就干什么。8月23日，筹安会宣布正式成立，做的第一件事就是通电全国，要各地文武官员和社会团体派代表进京讨论国体问题。此时的蔡锷需要伪装，而且被动不如主动。所以，在8月25日的军界要人会议上，蔡锷在一张纸上挥笔写下了“主张中国国体宜用君主制者署名于后”，然后带头签了“昭威将军蔡锷”，跟着他签名的是十二位将军。

蔡锷一边制造假象，一边准备离京，最后终于去云南竖起了讨袁护国的大旗。

面对这段历史，我总在想，如果蔡锷与袁世凯的交往更坦率一些，如果他在关键时刻能与袁世凯推心置腹，直言反对帝制，帝制运动的列车会开出那么远吗？遗憾的是，他们都不喜欢直言，而喜欢隔着肚皮猜。

①曾业英编《蔡锷集》（全2册），第1481页。

蔡锷视共和为生命

——答《大众日报》逄春阶

逄春阶（以下简称“逄”）：李老师，蔡锷三十四岁死了，说起来，这还是有点青涩的年龄。我感觉，20世纪初的年轻人，都那么早熟，都在想大事，谋大事，干大事。像蔡锷，一个文弱书生拿起枪来“为四万万人争人格”，太伟大了。而现在年轻人（包括不年轻的人，如我）则普遍“晚熟”，幼稚得很。是什么原因呢？

李新宇（以下简称“李”）：蔡锷生于1882年12月，逝世于1916年11月，按中国传统，算虚岁，是三十五岁，但按周岁算，只活了不到三十四年。然而，他做了那么多事，创造了那样的辉煌，与我们这个时代三十多岁还硬是充“男孩子”“女孩子”的“晚熟”现象相比，的确显得“早熟”。至于原因，可能主要有两个方面：一是时代，二是个人的经历。从时代来说，蔡锷赶上了一个伟大的变革时代，那是一个向上的、前进的、努力让自己的国家走向现代文明的时代，人们的视野开阔，思维活跃，充满理想和激情。历史上不乏充满理想和激情的时代，但如果方向错了，理想会把人引入苦难的深渊，激情也会成为摧残人性、毁灭文明的力量。蔡锷很幸运，那个时代的理想方向不错，激情也没用错。正因为这样，那是一个天才辈出的时代、英雄辈出的时代，蔡锷只是那一代人中的一个。人的生命潜力很大，可塑性也很强，有什么样的时代环境，就容易出什么样的人才。至于各方面的晚熟，更是必然现象。说到这一点，我们不能不关注一个可悲的事实：20世纪中国的人文素质并不是持续发展和提升的，而是在很长时间里出现了持续下降，这使得后来的人们常常在人格和精神上无法达到前人的高度，甚至出现侏儒化现象。这当然取决于环境，一片森林，突然只见灌木丛生，而长不出高大的乔木，肯定是气候、土壤等环境方面出现了问题。

就个人经历而言，蔡锷的辉煌是由幸运和不幸共同造就的。说他幸运，是因为他遇到了一连串的好老师，十多岁就遇到了名士加狂士樊锥，不仅教他弄懂了《老子》和《韩非子》，而且打开了他的眼界；同时又受到湖南学政江标的赏识，使他十三岁就中了秀才；然后又在戊戌变法那一年进入时务学堂，成了梁启超、谭嗣同、熊希龄、唐才常等人的学生，开始思考大问题。这的确很幸运。可是，众所周知，维新运动很快失败了，光绪皇帝被囚，谭嗣同等六君子被杀于菜市口，康有为、梁启超等被迫流亡海外。蔡锷的老师们，可谓死的死，逃的逃，罢官的罢官，时务学堂停办，蔡锷连上学的地方也没有了。他曾到湖北求学，因为是时务学堂的学生，人家不要他。那一年蔡锷十六岁，一个十六岁的孩子，经历了痛失师友的心灵重创。隔了一年，唐才常组织自立军起义，蔡锷参加了。可是，起义失败，唐才常被杀，蔡锷的同学参加起义的有十一人，八人被杀。被梁启超赞扬的时务学堂“三大高材生”，其他两个都被杀掉了，只剩下蔡锷。书生变成战士，成为将军，成为承重之材，不是容易事，需要经历大磨难。对蔡锷来说，使他变得坚毅，要肩起国家的命运，并最终成为英雄，首先是这两次心灵的重创。具体地说，就是师友的血，自己的泪。师友遇难，自己活着，凡是有志气、有道义感的人，必然要在自己肩上放点什么，否则，如此血仇都能遗忘，还算什么男儿！正是这一切，使一个文弱书生走上了英雄之路。这一年，蔡锷十八岁，他决定投笔从戎，改学军事。因此，本来的“蔡艮寅”就变成了“蔡锷”。锷，刀剑之锋也。

逢：看完您的《共和将军蔡锷》最后一集，心潮澎湃。我脑海里浮现出著名山水诗人孔孚的《戈壁落日》：“很辉煌/又有些悒郁//一颗心/燃尽。”蔡锷的一生是激情燃烧的一生，最后燃尽了。您同意我的评价吗？

李：说得很好。我与孔孚先生是两代人，但我们从1981年开始来往，直到他去世。孔孚的诗与书法都在努力做减法，凝练到极致。你用这几行诗形容蔡锷，很确切，简直可以刻在蔡锷墓碑上。

逢：现在电视上很多讲坛充斥着后妃争宠、兄弟夺位等尔虞我诈的肮脏故事，而电视剧的长辫子戏，表扬皇帝“宵衣旰食”“廉洁勤政”什么的，也让人作呕。看到您讲的蔡锷，传播的是现代理念，见解独到，像刮来一股清风，让人清醒。您原来是搞现当代文学研究的，换句话说，也就是研究文人的，怎么突然对拿枪的武将感兴趣呢？

李：我是搞中国现当代文学研究的，现在也依然没有放弃，而且是靠此糊口。文学、文化、文人，本是一体的，研究文学，不能不研究文人。为什么对武人产生了兴趣？其实，蔡锷也应算是文人，或者说，他本来是文人，是拿起枪的文人。有一个词叫“现代知识分子”，当下中国，算得上“现代知识分子”的人其实很少，但在一百年前，蔡锷就是现代知识分子，那是历史前进过程中第一批从旧文人中蜕变出来的知识分子。我与蔡锷，似乎是必然要相遇的。因为我相信，不了解中国现代历史就无法研究中国现代文学。研究文学的人不一定要什么都懂，但如果不了解作家生活的时代，不了解作家笔下所涉及的时代，能对作家作品做出准确的理解和判断吗？所以，要研究中国现代文学，就必须了解中国现代历史。可是，要了解中国现代历史，我们却无所依傍，原因众所周知，过去的教科书和历史叙述不可靠。这就需要从原始资料入手，自己重新摸一遍。这一摸，就不知道什么东西会吸引你。其实，我遇到蔡锷，就是为了文学史和文人史而去摸历史。在对1912—1927年那段历史的清理中，我发现了两个将军：一个是蔡锷，一个是陈炯明。他们都不仅是军人，同时也是知识分子、思想者，与那些只知道抓枪杆子的军人不同。他们有理想，不像一些浮薄之辈那样容易见异思迁。所以，他们是真正的现代军人，也是真正的现代知识分子。

至于你说的辫子戏，从内容到创作，应该说比较全面地体现了我们的历史文化，也体现了我们的时尚。弘扬传统，当下中国能弘扬的，大概就是这些。它成功的秘诀就在于一方面“表扬皇帝”，另一方面“表扬奴才”，这是很讨巧的，皇帝派喜欢，奴才派也喜欢。那种离了皇帝就没法活的状态，那种开口闭口“奴才该死”的行为方式，通过现代传媒的强大力量，可以进一步普及到千家万户，使人习惯成自然。所以，这是重要现象，是当下中国文艺独有的特色。

逢：著名作家聂绀弩在《从沈从文笔下看鲁迅》中说："怎样的人物笔下，只能写出怎样的鲁迅来。"套用这句话，怎样的人物笔下，只能写出怎样的蔡锷来。您的讲述，让人耳目一新。如果换个人讲，可能是另一番风景。请您推荐几个研究蔡锷的专家，也推荐几本研究蔡锷的著作。

李：很遗憾，我很想推荐，却没能力推荐。当下中国学者的普遍情况，是往往不自觉地处于陈旧的主流话语的笼罩之下。现在有一些学者基于对大陆过去那些历史叙述的不信任，就去参考台湾、香港和海外的，可惜，关于蔡锷，台湾等地的叙述与大陆差别不大，因为大陆流行的关于清末民初的许多话语都源自国民党人的建构，并不是1949年之后的发明创造。我的讲述其实没什么。你知道，我这个人一直比较保守，没有多少新观点，而且很不喜欢创新，对各种带"新"字的名词都抱警惕态度。因为一些东西本来很好，但前面加一个"新"，可能就不是好东西了。我讲蔡锷，如果说与你所熟悉的过去的讲法有所不同的话，归根到底，在于我所依据的是原始材料，而不是这大半个世纪以来各党派指导或影响下编写的那些书。

逢：听了您的讲座后，想起郁达夫先生的话，一个没有英雄的民族是可悲的奴隶之邦，一个有英雄而不知尊重英雄的民族则是不可救药的生物之群。您对英雄怎么看？

李：这个问题不简单。首先需要解决一个问题，什么是英雄？他与恶魔有什么差别？根据中国传统，英雄往往"很厉害"。这从《三国演义》《水浒传》等文学经典可以看到，能杀人，挥起板斧，"砍瓜切菜一般"，连眼也不眨一下，那就是英雄。从经典的历史记述也可以看到，像张巡那样，为了守住一座城，而让士兵把城中的女人和孩子全吃光，甚至把自己的老婆也牵出来亲手杀了，分给士兵吃，这就是英雄，被写入历史，千年传诵，张巡庙至今香火不断。像张巡这样的英雄，对大唐帝国来说的确是英雄，但对他所守护的那个城市的百姓呢？是真正的"吃人恶魔"。人们长期处于这样一种英雄审美观念的影响之下，就会美丑不分，善恶不辨，把残暴当勇敢，把恶魔当英雄。这样，我们的文化也就难以真正进入现代，我们也就很难与世界和平共处，也就很难保证像人一样生活。蔡锷这样的英雄就不一样了。他是将军，手中握有利器，却绝不轻易杀人，而是要用它争取民主共和，保卫民主共和，以便让中国人也能像人一样生活。

说到英雄的作用，当然很重要。英雄与民众的关系，是值得关心的一种关系。民心所向，的确会影响历史的选择。可是，有两个方面是需要注意的：一是民心有时也很虚，难以把握，尤其是在缺少一人一票机制的情况下，所谓民心和民意都是可以制造的；二是下层民心即使很一致，也常常很无奈，尤其是在政治没有现代化之前，即使民众怨声载道，也常常对权势者没办法。这时候，英雄的作用就明显了：登高一呼，就能给徒唤无奈的人们带来希望，并使那些制造出来的假民意宣告破产。当年袁世凯恢复帝制，是适应国情、顺应民意的，就连妓女请愿团和乞丐请愿团也上街游行，要求大总统改做皇帝。事实当然清楚，那是“奉旨请愿”，与“奉旨示威”“奉旨造反”一样滑稽。事实是许多人都不赞成，却因为专制传统的影响，很少有人敢于公开反对。这种时候，就特别需要有见识、有勇气、有能力、敢担当的英雄。蔡锷就充当了这样的英雄，他站出来振臂一呼，那些反对者就敢于跟着站出来了，“国情”和“民意”的谎言就揭穿了。

历史发展的曲折过程中，常常呼唤英雄，也为英雄提供机遇。那些有理想、有抱负、有能力的人，知道真正的民心所向，知道世界文明大势，就可以成就一番伟业。作为英雄，蔡锷的光辉首先在于他对理想的执着，在于他超人的胆识、责任感和道义感。蔡锷的精神，也首先是这种敢于担当的精神，敢于挺身而出，力挽狂澜，敢于承担起国家和民族的命运，用自己的行动扭转历史航船。当革命到来的时候，他挺身而出，领导起义，光复云南；当共和国面临危机的时候，他敢于立马当阳，力挽狂澜，以几千弱兵挑战拥有几十万大军的洪宪皇帝，就是不允许你恢复帝制！什么叫好男儿？什么叫顶天立地的男子汉？蔡锷就是典范。

逢：从蔡锷的性格看，他是不事张扬的，更不是那种乐于拿生命赌博的武夫。他是职业军人，但并不喜欢战争，因为他知道武力只是不得已的手段，它的每一次动用都要付出很重的代价。所以，在复辟帝制的狂潮到来之前，他一直反对武力讨袁。这颠覆了我以前接受的理念，穿上军装，就是要杀敌的。

李：不杀敌，养兵干什么？这是一种古老的观念。可是，辛亥革命之后，这种观念有所变化，出现了一种新的战争文化。中国过去的改朝换代，一般都要血流成河，死好多人。辛亥革命不同，结束两千多年的帝制，创建东方第一个民主共和国，却没有死太多的人，有些省份的光复真是兵不血刃。而且，我们都知道“军阀混战”，但你查查当年的报纸报道和战地记录，看看伤亡有多少？北京几易其手，炮弹从天空飞过，当年北大教授们都有过这样的回忆。但炮弹落到哪里去了？落到郊外空地里去了，什么也没有炸着。两军开战，枪口不是朝人，而是朝天放枪。而且许多军人都认定“中国人不打中国人”，要想真打，需要等到与外国交战的时候。蔡锷就认为在内战中立功的将士不应受到嘉奖，更不应授勋。在蔡锷的军中遗墨中，还有一份不准虐待俘虏的文件，其中说：根据国际公法，对俘虏应严加管束，剥夺战斗力，但禁止杀戮；国际交战尚且如此，何况对吾国内同胞？他下令对俘虏只是缴械，不能侮辱。这都是一种新的战争文明。

战争胜利之后，是否庆祝，怎样庆祝，这也显示着一种文明。辛亥革命云南起义成功之后，蔡锷写了《祭战死将士文》。此类文章各个时代都有，当时各省都有，只要比较一下，就会看到蔡锷的不同之处。在祭文中，他不是张扬英雄精神以鼓励更多的人敢于牺牲，而是想到了“谁无父母”“谁无夫妇”“谁无兄弟”“谁无婚姻”。护国战争胜利之后，他也高兴不起来，不愿欢呼和庆祝。他更看重的是祭悼死者，但说到自己牺牲的部下，他不忍说死得光荣，说到敌人伤亡，也不忍说下场，而是满怀恻隐之心，充分显示了一个现代英雄的人道情怀。

逢：鲁迅跟蔡锷是同时代人，鲁迅生于1881年，比蔡锷大一岁。他们两人都曾东渡日本。后来，鲁迅可以说是思想上的战士，而蔡锷是行动上的战士。鲁迅对邹容和《革命军》有过评价，不知他对蔡锷有没有评价？那个时代，造就了许多杰出人物。

李：那的确是一个神奇的时代，中华民族一下子涌现了那么多天才和英杰。蔡锷是一个，其实还有很多，比如你说到的鲁迅、邹容，都应该是。邹容生于1885年，比蔡锷还小三岁，18岁写成《革命军》，去世时才刚刚20岁。一个18岁的青年，如何能够写出那样的著作？对清朝统治的批判，对中国的未来的建构，包括“中华共和国”这样的名称，都设计好了。开始时，我也觉得这是一个奇迹，不可思议，后来才知道，《革命军》并非邹容个人的作品，而是一群留日同学共同写的。蔡锷是一个，还有蒋百里、胡景伊等。他们一起围炉夜话，一边烤着腊肠喝酒，一边讨论，邹容把它写了下来，就有了这本书。所以，《革命军》最初由蔡锷题写书名的抄写本，叫《腊肠书》，后来才改为《革命军》。

至于鲁迅与蔡锷，思想上的联系很值得一说。在中国现代史上，说到批判国民性，人们首先会想到鲁迅，因为他较早地思考国民性问题，并以文学的形式帮助国人认识自己，克服自身的奴隶性，以便像人一样站立起来生活。过去我们研究鲁迅，对此往往孤立地看，所以造成一种印象，似乎反思国民性是鲁迅的专利。其实，在这一点上，蔡锷是鲁迅的先驱，比鲁迅早了五年。鲁迅是在1907年走上这条思想道路的，而蔡锷在1902年到1903年之间，就已经在思考国民性问题。只是因为蔡锷后来作为军人的光辉太耀眼，他作为学者、思想者、翻译家的光彩就不引人注目。

逄：可不可这样说，鲁迅是用笔在启蒙，而蔡锷是在用剑启蒙？正应了这样的话，“一个民族被遗忘了的，或者至今缄默的，可能是构成一个传统最优秀的成分”。

李：也可以这么说。不过，需要注意的是，蔡锷最初也是用笔启蒙，后来才转向用剑。用剑，当然就不只是启蒙，而是更直接地争取和捍卫启蒙的那个目标。“启蒙”这个词，在中国用得有点乱。作为一个汉语词，这两个字有它本来的意思，那就是“接受入门的、初步的知识”，比如把孩子五六岁入学时的第一个老师称“启蒙老师”，把第一次接触性知识叫作“性启蒙”。因此，启蒙一词在大多数人那里已经失掉了它本来的意义，甚至被混同于宣传和教化。所以，要理解这个词，必须回到欧洲从文艺复兴到启蒙运动那个过程本身，回到启蒙思想家的经典著作，只有这样，我们才知道什么是启蒙。启蒙，是为了被启蒙者自身，启发他们意识到自己是人，意识到自己的价值、尊严和权利，从而建立起对自我的自信，摆脱奴役和监护，按照自己的意志生活。这个目标如何才能成为事实并有所保障，这就需要一种新的制度和法律，所以，启蒙运动与法国大革命、美国革命又是无法分开的。

蔡锷生活的时代，使他看到了现代文明，从而产生了对这种文明的追求，后来他领导云南起义，可以说是用剑在云南告别前现代的政治文明，并为这种新文明奠基。1915年，当这种新的政治文明受到威胁的时候，他又挥剑捍卫了这种文明。他所护卫的，是启蒙所要争取的那个目的。因为民主宪政是人的价值、尊严和权利的最有力的保障。

逢：您讲到，蔡锷一生做了两件大事。一件是1911年响应武昌起义而在云南组织起义。武昌起义爆发，时任新军协统的蔡锷在昆明响应，于10月30日夜举行起义，次日昆明光复。“大中华国云南军都督府”成立，蔡锷众望所归，被推举为威震一方的云南都督。另一件就是1915年组织护国军讨袁护国。我觉得把蔡锷当人来分析，很有人情味。您认为在做人上，蔡锷的可敬之处是什么？

李：就做人而言，可说之处很多，这里简单说两点：

首先，蔡锷是个道德感极强的人，重情义，知恩图报。这一点又与他的人道精神无法分开。他虽然身为军人，手握利器，却人情味极浓，不是那种机械化了的钢铁战士。最突出的是他对云贵总督李经羲的做法。李对蔡锷有恩：是李把他弄到广西，给了他良好的发展机会；受广西革命党人排斥之际，又是李把他召到了云南，并且顶住种种压力，请朝廷任命他做了协统。要革命了，这样的恩人在敌对阵营，怎么办？蔡锷首先想到的，是动员李总督参加起义，请他做云南都督。但是，李经羲认为自己是大清臣子，那样做不忠不义，所以坚决拒绝。在这种情况下，蔡锷如果杀掉李经羲，教科书可能会称赞他的“革命大义”，人们也不会说他什么。但是，蔡锷却不忘总督大人对他的恩情。滴水之恩，当涌泉相报，岂能因为革命就与恩人刀兵相见？总督府必须攻打，怎么办？发动攻势之前，蔡锷先写了一封信，请人去总督府带总督到法国领馆避难。起义成功之后，蔡锷又劝李经羲主持云南大政。李经羲顾念皇恩，不肯改变立场。蔡锷尊重李的选择，不再勉强。最后，蔡锷把李经羲和家属送出云南。据当事人回忆，李经羲是坐着轿子去车站的。蔡锷当时已经是云南军政府的都督，却跟着轿子步行，一直把总督送到车站。为了防止路上出现意外，他还派了一连士兵随车护送。在过去那种只强调革命性、斗争性，似乎只有大义灭亲才算立场坚定的历史叙事中，蔡锷的这种做法自然不被肯定。但我们只要不再囿于那样的观念，就不难看到，这是一个多么好的人！而且，蔡锷把革命立场和私人情义分得很清。他既不忘个人情义，又没有因为这份情义而放弃革命。

其次，是他能够设身处地为别人着想，比如他与唐继尧的关系。蔡锷到昆明，借唐继尧的人马和地盘起兵护国。在他未去之前，梁启超就曾嘱咐他：到云南之后，首先要把唐继尧的兵权夺过来。蔡锷到云南之后，却没有听老师的话，唐继尧请他做都督，他坚辞不受，一定要请唐继尧做，自己宁愿带兵入川。从这种做法，我们可以看到蔡锷的厚道，也可以看到他的明智，他对别人内心的理解。借别人的地盘做根据地，却鸠占鹊巢，反客为主，甚至把旧主人赶尽杀绝，这在历史上是常见的。蔡锷不这样做，而是宁愿屈居唐继尧之下，因为他知道，自己在云南虽是老资格，但并未带来一兵一卒，从地盘到兵力，都要依靠唐继尧。从唐继尧的角度想，他虽然是蔡锷的老部下，但此时是云南将军，滇军统帅，又刚刚被袁世凯封为一等侯，袁世凯待他不薄，他凭什么一定要跟你去冒险？同意一起冒险，同意把地盘和人马给你用，已经够意思了，如果得寸进尺，让人家不痛快，人家就可以不跟你走。蔡锷入川之后，为了援军和军饷问题，两人也曾不愉快，但蔡锷虽然也有恼火，却能够理解唐的苦衷。人不可能没有私心，地方官有地方主义是正常的。蔡锷一个湖南人，跑到云南来，用云南的兵力财力讨袁，把云南作为根据地。做根据地，必然要付出太多，牺牲太多。因为没有哪个革命领袖会自带干粮出来革命，官多兵多，根据地的地皮也就刮得越多。唐继尧不是不支持讨袁，但他实在舍不得云南那点血本。所以，唐继尧不希望护国军规模太大，也不希望战线拉得太长。为了拒绝蔡锷的要求，他在给蔡锷的电报中甚至引用了“一将功成万骨枯”这句话。这一切，蔡锷都能理解，正是这一点，保证了他与唐继尧的合作。相比之下，孙中山与陈炯明的合作就不那么成功。这里成功与不成功的关键，就在于是否能够设身处地地为别人想，理解别人的想法。

逢：还有他博大的胸襟，功成身退，这是一般人所做不到的。假若他活到43岁，也就是1926年，他会是什么样子？国家会是什么样子？再假如，他活到53岁？也就是1936年，他会是什么样子？再假如，他活到63岁，也就是1946年……历史当然不好假设。但你有句话说得太好了：蔡锷发动的护国战争，让后来想做皇帝的人，再也不敢公然加冕，无论多么想，也只能偷偷摸摸，只敢行皇帝之实，而不敢有皇帝之名。

李：是这样。誓死保卫民主共和，为国民争人格，功成身退，这都是蔡锷的光彩。可惜他死得太早了，如果他活着，对那些割据的人、称霸的人、另立中央的人，都会是一种威慑。

逢：新年开始，您有什么新的创作计划、研究计划？

李：没什么具体计划。我的研究和写作一直很随意，兴之所至，随便干点什么。或者别人约我做点什么，我愿意做的，就接受了，比如到湖湘讲堂去讲蔡锷，也完全是计划之外。大的电视台无论怎么约，我都能拒绝，但湖南几个朋友一约，却觉得没有理由拒绝，于是就去讲了。总是这种状态，计划中的东西总是年复一年完不成，也就不奇怪了，所以不说也罢。

逢：谢谢您接受我们的采访。

共和将军蔡锷

引 言

蔡锷这个名字，可谓众所周知。在辛亥革命中，他领导了云南重九起义，并且出任云南都督；几年之后，袁世凯复辟帝制，他又起兵护国讨袁。这些，历史教科书都讲到了。然而，由于长期以来历史叙述中的某些遮蔽，蔡锷的形象非常模糊，而且有所扭曲。比如，直到今天，人们仍然把他视为“北洋军阀”“西南军阀”，而对其人格和理想则语焉不详。

事实上，蔡锷是个了不起的人，是一个有理想，有担当，敢于立马当阳、力挽狂澜的男子汉，一个真正的现代军人；同时又是一个真正意义上的知识分子，一个优秀的学者，一个有独立人格和精神立场的思想者。他最突出的功业是“护国”，因而被称作“护国军神”，但简单地说他“护国”是不够的，因为这容易与历史上那些“忠心保国”的人物相混淆。历史上那些忠心保国的人物保的是什么国？大家知道，是刘家的“大汉”、李家的“大唐”、赵家的“大宋”或朱家的“大明”、爱新觉罗家的“大清”……那都是“帝国”“家天下”，是皇帝的国家。而蔡锷所护卫的，却不是这样的国家，是值得中国人为之骄傲的东方第一个民主共和国。当时，新生的共和国刚刚三岁，却面临被扼杀的危险。共和国面临危机！是蔡锷挺身而出护卫了她。从这个意义上说，蔡锷是真正的共和国卫士。军人与知识分子、行政管理人员等一样，在现代化的过程中，也有一个从前现代向现代转化的过程。在蔡锷的时代，这种转化刚刚开始，大多数军人（包括那些著名的将领）还不可能完成这种转换，而蔡锷最早完成了这个转换，这就使得他绝不会去为某家某派看家护院，而是一切听命于国家，而这国家又必须是全民拥有主权的国家——民主共和国。从这个意义上说，他是中国最早的现代军人，是现代军人的楷模。

作为后人，我们一起来看一看他走过的路，考察一下他的历程，领略一下他的风采，探索一下他的精神世界，显然很有必要。

一、英雄来路

1895年，也就是甲午中日战争结束、大清帝国全面战败的那一年，在湖南宝庆府，也就是现在的邵阳，发生了一件被人们广为传扬的事：一个不满十三岁的孩子中了秀才！人们说，这孩子聪颖无比，天生一个神童！

这个神童就是我们要讲的蔡锷。

据说，蔡锷到宝庆府考试，是父亲背着他入场的。主考是刚刚上任的湖南学政江标，见此情景，他开口说了一句："儿将父作马。"一个十多岁的孩子，被父亲背着，很正常，主考并无责怪的意思。但是，"儿将父作马"，对儿子来说，毕竟不是孝行，是不能认账的，必须做出解释。蔡锷的回答是："父愿子成龙。"也就是说，并不是他不孝，而是父亲的爱子之意和对儿子的期待让他如此。

考试正当春三月，庭院百花盛开，蔡锷顺手摘了一朵拿在手里。一会儿主考来了，考生们立即屏息而立，蔡锷也赶紧把花藏入袖中。但江标还是看见了，指着蔡锷说："小学生暗藏春色。"蔡锷恭敬地答道："大主考明察秋毫。"字字偶合，可谓绝对。江标对这个年龄、个头都最小的孩子又多了几分喜爱。当然，这对子我们似曾相识，因为别的故事中也曾出现，不同地方都往往把它安在本地杰出人物身上。我们由此可以看到主人公在当地的才名，至于是否属实，难以查考，也许不必查考。

蔡锷考中了，父亲带他到店里买纸笔。店主已经听说有位十三岁的孩子考中，见他来到自己店里，就想亲自考考他。作为生意人，老板很会说话，出的上联是："小相公三元及第。"蔡锷答道："大老板四季发财。"以祝福回报祝福，真是再恰当不过。

其实，这时的蔡锷早已名满宝庆，到处流传着他对对子的传说。

科举时代的基础教育，一般是先读“三、百、千”，也就是《三字经》《百家姓》和《千字文》，认识一些字之后，就开始背诵“四书五经”。蔡锷十岁时就读完了四书五经，也就是说，全能背了。作为基本功训练，有两项内容很受重视：一是习字，二是对子。蔡锷的字写得很好，我们今天仍然不难看到他的书法作品，笔力、结构、风采，都是从小练出来的。

不过，蔡锷更擅长的还是对对子。我们不妨从流传甚广的那些对子中挑几联来欣赏一下。

蔡锷十岁时，中秋佳节云遮月。宝庆知府做好了赏月的准备，却没有看到月亮，遗憾中灵机一动，在衙前挂了一盏灯，并且写了一个上联贴在府衙门口征对。他的上联是：“中秋月不明，挂一盏灯，替乾坤增色。”宝庆文人纷纷前来应对，最终却一个个摇头叹气而归。几个月过去，没人能对。这事让蔡锷知道了，记在心里，等到第二年的惊蛰，他到府衙擂鼓应对。他的下联是：“惊蛰雷未动，擂三通鼓，代天地回春。”知府惊叹奇才、神童、大志气！因为知府自己挂一盏灯，不过是“替乾坤增色”，而蔡锷前来擂鼓，却是“代天地回春”，比他更大气。

1893年，蔡锷第一次参加童子试，考官见他最小，于是出一上联：“宝庆考生八十名，唯汝最小。”蔡锷答道：“孔门弟子三千众，数回居先。”敢以颜回自居，确非等闲之辈。

由此可见，蔡锷从小就思维活跃，反应敏捷，胸有大志。成大事者，的确需要条件，天生愚笨，自然难以成事；有小聪明而无大志，也注定没有出息。

一些传说可能经过后人演绎，带有神话色彩。比如，一次父亲带他去河水中推船玩耍，沿着大路来了一个老人，站在桥上出联考蔡锷，出了好多，蔡锷对答如流，最后老人说：“桥上过仙人。”蔡锷答：“梁下游神龙。”老人道：“神童也！来日国家栋梁！”说完就不见了。按照当地传说，那是神仙前来考察……

后来，蔡锷果真成了国家栋梁，共和国的擎天柱。

有一句话是这样说的：英雄不问来路。意思是说，只要是英雄，不管什么出身。这很有道理，但问也罢，不问也罢，事实上“英雄自有来路”。古往今来，天下英杰，无论立德、立功、立言，凡有大成就者，来路都值得追问。

蔡锷来自哪里？是什么造就了他？这不能不从他的出身和教育说起。

蔡锷生于1882年12月，湖南宝庆（今属邵阳市）人。感谢邵阳，为中国贡献了如此英杰！如今的邵阳市在清代属宝庆府，宝庆府是个热闹的地方，下辖现在的新宁、冷水江、新化、邵阳、武冈等若干县市。关于蔡锷的出生地，有两种说法。一是出生在宝庆府邵阳县亲睦乡，这是蔡锷成人后自己填写的籍贯，属今天的邵阳市大祥区。按照这种说法，是蔡锷六岁时，蔡正陵带着全家迁到了武冈州黄家桥（今天的洞口县山门镇)。另一种说法是蔡锷出生前全家已从邵阳县迁至武冈州，所以蔡锷出生就在山门。对于这两种说法，我在此暂不考辨。湖南有两处蔡锷故里，现在争得很厉害，其实，大可不必争，两处都很重要，因为在进时务学堂之前，蔡锷一直游走于邵阳县、武岗州、宝庆府之间。

过去的中国人，有姓，有名，有字，还常常有号。蔡锷原名艮寅，字松坡。关于这名字有一个传说：蔡锷的母亲在生蔡锷的前一天夜里，梦见一只白虎从长有青松的山坡上向她跑来，温驯地偎到了她的怀里，醒来之后就生了蔡锷。中国历史上有很多这样的传说，中国百姓也相信这些，比如，梦日月入怀，必生贵子；而梦虎、梦熊则生将军。这当然有点迷信，有些甚至不可信，是成了大人物之后才编造出来的。但蔡锷的情况却不是后来编造出来的，因为有他的名字为据。他的乳名叫“虎儿”，学名“艮寅”。“艮寅”，意思也就是“山坡上的虎”。字由名起，“松坡”也由此而来。

蔡锷出身寒微，是从底层站起来的精英。从他的爷爷、奶奶，到他的父亲、母亲，都是底层农民。然而，蔡家虽不富裕，却是善良正派之家，而且以勤劳著称。一个人的出身，穷富关系不大，但是否正派，是否善良，是吃苦耐劳还是游手好闲，对孩子的影响很大。

蔡锷的父亲蔡正陵是一个农民，兼做裁缝，大概同时还做贩布的生意。因为从不同的回忆材料看，有的说他是裁缝，有的说他卖布。做裁缝与卖布容易兼顾，蔡正陵大概同时做着。由此，我们可以获得一个信息：蔡正陵心灵手巧。因为做裁缝，是必须心灵手巧的。同时，这个男人很爱自己的儿子，而且有远见，他没有让儿子长大就帮他干活，而是倾尽全力供他读书。

蔡锷的母亲王氏，是一般农村妇女。她的出身有点模糊，说起来很可怜。据蔡锷长子蔡端回忆，太夫人生前曾与家人谈过：她是一个弃儿，两三岁的时候，跟着全家一起外出逃荒，最后家里人却把她捆在一棵大树上，丢弃了她。是一位姓王的老人发现了她，把她带回家，并抚养成人。因此她就姓了王，本来姓什么，她自己也不知道。邵阳民间还有另一种说法：蔡锷的母亲是童养媳。有一年邵阳大旱，饿死很多人。一天，蔡锷的祖父外出，看到一个小女孩吊在树上自杀了。这个善良的汉子把女孩抱下来准备安葬，却发现还有气息，于是背回家，几口水，一碗粥，小女孩活下来了。女孩和蔡家的男孩正陵年龄差不多，蔡家便收留了她，养大做了自家的媳妇。

到底是被王家所收养，还是直接被蔡家所收养，尚待考证。蔡家有幸，这媳妇孝顺、能干，跟丈夫一样心灵手巧，还会蒸酒、做豆腐。

我之所以要说这些，是因为正是这对心灵手巧的夫妇的基因，造就了才智超群的蔡锷。我们不能不承认遗传的力量，知识和观念可以来自老师，来自学校，天才的大脑却真是爹妈给的。

蔡锷的父母为蔡锷付出很多。蔡锷从小聪慧异常，学习刻苦，但身体瘦弱。这也是一个规律：聪明孩子少有肥胖的。然而，因为瘦弱，就需要父母多费力。蔡锷六岁开始读书，从家中到学堂，父亲背着；稍大之后，从武岗州到邵阳县，到宝庆府，几百里山路，父亲背着他翻山越岭。可以说，蔡锷是在父亲背上成长起来的英雄。

关于蔡锷读书的传说很多：迢迢山路，父亲背着儿子，儿子背书给父亲听。晚上，蔡锷常常读书到深夜。父亲担心这样会影响他的身体，就每晚添一点点油，油尽灯熄就睡觉。蔡锷为了灯亮得时间长一点，就把灯火拨得很小。蔡锷读书很快，家里无钱买书，为了满足儿子的要求，蔡正陵到处借书。亲戚朋友，乡里乡亲，知道谁家有书，他就去为儿子借。

就这样，一对普通的农家夫妇，造就了一个天才。蔡锷能够成为在历史的紧要关头顶天立地、力挽狂澜的英雄，离不开这个基础。

蔡锷在成长的道路上，还遇到了几个重要人物。

第一个是当地秀才刘辉阁。蔡锷幼时即天资聪颖、有胆有识。刘辉阁认定“此儿非池中物”，免费招他入自己开办的私塾读书，并且提供食宿。待到蔡锷八岁时，他又将自己的侄女刘森英许配给蔡锷为妻——也就是蔡锷的原配夫人刘侠贞。刘侠贞这个名字，是结婚后蔡锷为她改的。正是在刘辉阁那里，蔡锷读完了四书五经，打下了良好的基础。

蔡锷遇到的第二个人物是樊锥。这个人很有特点，而且对蔡锷的影响甚大。

樊锥是蔡锷的同乡，生于1872年，自幼好学，有才气，也有点狂，是当地有名的“狂生”。1895年，江标到湖南任学政，一下子就发现了他，非常欣赏。1897年时务学堂创立，他又上书陈宝箴，建议用人不要求全责备，要宽容，“其通者取之，其不通者容之”。1898年正月，南学会在长沙开讲，樊锥马上在邵阳组织分会，批判旧观念，提倡“民权平等”之说。他的老同学苏舆见了，写文章攻击他“倡平等邪说”，呼吁对他予以“处治”。樊锥则坚持己见，表示：“生死不能夺其志，贵贱不能换其帜。”同时，他还与熊希龄、谭嗣同等发起组织湖南不缠足会，提倡革除缠足旧俗。

同年二月十五日，《湘报》创刊，樊锥是主要撰稿人之一。他先后在《湘报》上发表《开诚篇》《发锢篇》《劝湘工》等文，被传诵一时。他主张立宪，要求将“一切用人行政，付之国会议院”，“使人人有自主之权，人人以救亡为事”。他认为维新不能只靠少数人，要公之于众，要启迪民智。“天下之理，天下公之，天下之事，天下公之。”在《开诚篇》中，他提出了非常激烈的变革主张，发出了这样的呼吁：“洗旧习，从公道，则一切繁礼细故、猥尊鄙贵、文武名场、恶例劣范、诠选档册、谬条乱章、大政鸿法、普宪均律、四民学校，风情土俗，一革从前，搜索无剩，唯泰西者是效。”如果要为所谓“全盘西化论”寻源，这是最早的表达。

他还怒斥“傲然自大，顽冥不灵”的顽固派，认为他们是维新的障碍，因而主张不要让此类“死人”继续控制“生人”。

因此，樊锥遭到守旧派忌恨。王先谦、叶德辉等顽固士绅及其追随者对他进行了讨伐，并且将之驱逐出境。《翼教丛编》卷五收有《邵阳士民驱逐乱民樊锥告白》，其中声讨了樊锥主张“民权”和“平等”的罪行：“治天下者，大权不可以旁落，况下移于民乎？樊锥谓人人有自主之权，将人人各以其心为心，是使我亿万人民散无统纪也。”他们指控樊锥“首倡邪说，背叛圣教，败灭伦常，惑世诬民，直欲邑中人士尽变禽兽而后快”。因此，他们最后议决“立将乱民樊锥驱逐出境，永不容其在籍再行倡乱”。

戊戌变法失败，他藏到山里才得以幸免。1900年秋，唐才常组织自立军起义，樊锥参与其事，失败后流亡外省。后来，樊锥在上海参与办《苏报》。《苏报》案发，他又逃往日本求学，先入成城学校学军事，因体弱不适，改习法政。在日本期间，他与黄兴、陈天华过从甚密，回国后参加了华兴会长沙起义，在南京、广西等地做过军校的教师。这个人死得太早，1905年就去世了，年仅三十五岁。

蔡锷是什么时候跟随樊锥的？又是怎样跟随樊锥的？这也有不同的说法。一种说法是：蔡锷十岁左右（有人说九岁，有人说十一岁），家中实在无力支持他继续学习，因而辍学在家。为了不荒废儿子的学业，蔡正陵只好借书让儿子自学，有读不懂的地方，就带着儿子去向樊锥求教。蔡锷第一次见到樊锥，提出的问题就令樊锥吃惊：“研读之深，见解之高，非一般幼童所为。”于是樊锥心中暗称“奇才”，当即表示愿收蔡锷为弟子，免费提供食宿。另一种说法是：蔡锷考中秀才，入县学，樊锥一见，惊异非常，立刻收他为学生，带到家里悉心教导。事实大概是1892年蔡锷回邵阳县第一次应童子试，樊锥正在县城设馆授徒，见到蔡锷，欣赏他的才华，收为弟子。

樊锥对蔡锷的主要影响有二：一是在樊锥的指导下熟读了先秦诸子，尤其是《老子》《韩非子》，打下了坚实的功底。二是从樊锥那里受到新思想的熏陶，小小年纪，就开始关心时局，致力于经世致用之学。

蔡锷遇到的第三个人物是江标。

江标生于1860年，江苏吴县人。1889年的进士，授翰林，做过翰林院编修。1895年参与北京强学会活动，是维新运动的重要人物。后被派到湖南主持学政，在维新期间帮助湖南巡抚陈宝箴做了许多事，并与谭嗣同、黄遵宪、唐才常等一起创办时务学堂。百日维新期间，他赴京受命四品京堂、总署章京上行走，可惜尚未就职，政变发生，六君子被杀，康、梁逃亡，他被革职永不叙用，并交地方官严加管束。第二年——1899年，江标就在家乡去世了。江标多才多艺，诗词文章、书画金石，可谓无不精通。而且，他熟悉青铜器铸造方法，是重要的青铜鼎彝收藏家。

在湖南学政任上，江标做了许多好事，其中之一就是发现人才。江标可谓独具慧眼，一到湖南，就连续发现了几个大才。首先是发现了谭延闿，马上收他为徒（1895年）。谭延闿后来差一点中了状元，只因为他姓谭，与谭嗣同同姓，犯慈禧太后忌，而与他同时参加考试的有一个刘春霖，太后认为这名字吉利，所以刘春霖成了状元。谭延闿后来做过湖南都督，还做过国民党的中央主席、中华民国政府主席。

就在发现谭氏的同一年，江标发现了蔡锷。那年蔡锷还不到十三岁，父亲背着他到宝庆府参加院试。当时江标是湖南学政，做主考，看了卷子非常欣赏，让十三岁的蔡锷中了秀才。蔡锷对对子的许多故事，都发生在他与江标之间。

父亲把蔡锷从家乡背到宝庆，蔡锷却注定不属于宝庆，他要走得更远。此后的路，就要他自己走了。

十五岁那年，蔡锷参加了乡试，没中。这不奇怪，他太小了。十五岁的举人老爷，难以想象，也难以被接受，主考不愿冒这个险。如果蔡锷回去继续准备，几年后再来一次，大概就是举人了。可是，蔡锷没有沿着这条路继续走下去，而是在维新运动的高潮到来之际进入了时务学堂。正是在那里，他遇到了梁启超。

二、时务少年

考入时务学堂，是蔡锷人生中的一件大事。

无论是谁，一生都要走过一些重要的节点，但影响一生命运的，往往就是那么几步。在蔡锷的一生中，遇到刘秀才，遇到樊锥，遇到江标，都是重要的节点；而考入时务学堂，则在某种程度上决定了他的命运和一生功业。因为后来的一切，都离不开这个起点。

在这里，蔡锷成了梁启超的得意弟子，此后师生情谊终生不渝，而且成就了一番大事业，是中国教育史上的一段佳话。

考时务学堂并不容易，按照一般的说法，是四千多名报考者，最后只招四十名。时务学堂两年间集中招考三次，还有两次补招，共取学生至少二百五十多名。蔡艮寅是年龄最小的学生之一，却是成绩最好的“三大高材生”之一。

时务学堂是维新运动的产物，存在时间很短，却是中国教育史上一个闪光的亮点。

众所周知，1894年爆发的甲午中日战争是帝国黄昏的一件大事。因为正是它，以小国战胜大国、弱国战胜强国的事实，无情地撕破了大清帝国这只纸老虎，使其彻底威风扫地。日本何以迅速强盛，原因就是变法维新。因此，帝国朝野开始出现变革的呼声，从1895年到1898年，这三年可以说是大清帝国维新呼声日益高涨的三年。

对湖南来说，1895年真是一个好年头。这一年，历史似乎特别青睐湖南。陈宝箴来了，做湖南巡抚。大家可能知道当代最著名的历史学家陈寅恪，陈宝箴就是陈寅恪的祖父。大家可能也知道著名的"维新四公子"之一陈三立，陈三立是陈寅恪的父亲、陈宝箴的儿子。他们家几代都是名人。陈宝箴的名声，多半来自支持维新。"百日维新"期间，光绪皇帝充满改革热情，朝廷官员和地方大吏却大都在观望。皇帝一天几道诏书，各地督抚少有落实。在全国地方官中，陈宝箴是最积极的支持者。陈宝箴之所以如此，是因为他的思想比较开放。而他的思想之所以比较开放，据陈寅恪回忆，是因为与思想超前的前辈郭嵩焘来往密切。郭嵩焘是大清帝国的一位驻外大使，也是近代最了不起的思想家，晚年闲居长沙，失意而孤独，陈宝箴常去看他。根据陈寅恪的说法，他祖父陈宝箴与郭嵩焘在思想上一脉相承。

陈宝箴到湖南之后，江标又来了，主持湖南学政。他在同文馆学习过，而且是强学会的骨干分子，正是他发现了蔡锷，让他中了秀才。接着，黄遵宪又来了，做湖南按察使。黄遵宪大家都知道，也是著名的维新派。在这种情况下，湖南本地倾向于变革维新的士绅们也活跃了起来，比如谭嗣同、唐才常、熊希龄、皮锡瑞等。谭嗣同当时还在南京候补知府，也开始关心家乡的变革维新，给在浏阳的老师欧阳中鹄写了一封万言长信，建议设立算学馆。到了1897年10月，陈宝箴干脆把他请了回来，襄助湖南新政。

这些人相聚湖南，创造了一个有利于维新的环境，使湖南成了维新变法的根据地。

时务学堂正是在这样一个背景上创建的。谭嗣同等是董事，熊希龄任校长，梁启超被请来做中文总教习。当时梁启超正做《时务报》主笔，谭嗣同给汪康年写信，说如果不放梁启超，他就要亲往上海把梁抢走，汪康年如果明白，就不如干脆放人。汪康年见此决心，于是同意放人。而梁启超之所以到湖南来，更重要的还是前来开辟维新变法的根据地。当时的梁氏只有二十四岁，却已经是举国闻名的才子、维新鼓动家。

进入一个学校读书，幸运与否，首先要看遇到一些什么样的老师。在时务学堂，蔡锷遇到了这样一群老师：熊希龄、谭嗣同、梁启超、欧榘甲、韩文举、唐才常。还有一些没有教习名分的老师：陈三立、黄遵宪、江标……他们对蔡锷等人的影响同样很大。比如，陈三立、江标等人都为蔡锷监过考。黄遵宪身为按察使，当时已经五十岁，却一点架子也没有，常邀十六岁的蔡锷和同学们去叙谈。

时务学堂于1897年9月24日（旧历八月二十八日）第一次招考。开学日期则是11月29日（旧历十一月六日）。按照一般的说法，第一班录取学生四十人，梁启超在回忆中也是这样说的。然而，有学者根据中华书局影印版《湘报》有关时务学堂的各次报道统计，录取人数至少是五十八人。无论多少人，蔡锷是其中之一。

时务学堂的教学方式值得称道。

梁启超后来回忆说："除上堂讲授外，最主要者为令诸生作札记，师长则批答而指导之，发还札记时，师生相与坐论。时吾侪方醉心民权革命论，日夕以此相鼓吹。""启超每日在讲堂四小时，夜则批答诸生札记，每条或至千言，往往彻夜不寐。所言皆当时一派之民权论，又多言清代故实，胪举失政，盛倡革命。其论学术，则自荀卿以下汉、唐、宋、明、清学者，掊击无完肤。时学生皆住舍，不与外通，堂内空气日日激变，外间莫或知之……"

首先值得注意的是时务学堂的读书笔记以及教师批阅制度。

学生每人有两本读书笔记，不管是对所读内容的理解，还是不同看法，都可以写上去。学校规定学生每天必须在读书笔记上记两条以上的疑问，提问多而且有意义的，可以加分。笔记五天交一次，这本发下来，另一本交上去，由老师批阅、计分并回答疑问。这是一种很好的方法，以读书笔记的方式，培养学生的问题意识和思考能力。

学堂规定：如果初学者少有心得，准其抄录书中要义，以及师友的观点，但必须注明抄自何书、何人之言，不得掠美。这就包括了学术规范和学术道德的训练。

学堂还有一种特别的问答方式：教室设一"问匭"。"匭"，就是匣子。"问匭"，就是学生提问的匣子。学生读书有疑义，如果不好意思提问，用纸写了，投入其中，由老师按时开匣回答。

这些制度没有被继承下来，但的确很好，尤其适用于培养研究生。

从这个意义上说，蔡锷当年在时务学堂所受的教育，相当于今天的研究生教育，更重要的是思想影响。梁启超等时务学堂的老师，当时一心想着变法维新。

因此，无论是课堂授课，还是回答提问，往往都与政治和教化密切相关，有很强的现实针对性。比如，有学生问："孟子曰：'无罪而杀士，则大夫可以去；无罪而戮民，则士可以徒。'读书至此，不免有疑。夫委贽为臣，当临难无苟免，何得不谏君于过，而竟以去云乎哉？虽曰当时人主不足以有为，而臣道之不可不尽也明矣。孟子之意究竟何如？"（杨树谷）梁启超回答说，不仅君主能选择臣子，臣子也可选择君主。"夫臣也者，与君同办民事者也。如开一铺子，君则其铺之总管，臣则其铺之掌柜等也，有何不可以去国之义？六经之中，言此等道理者极多，绝不为怪异也。自秦以后君权日尊，而臣之自视，以为我实君之奴隶。凡国事之应兴应革，民事之应损应益，君之所为应直谏犯颜者，而皆缄默阿谀为能，奴颜婢膝以容悦于其君，而'名节'二字扫地尽矣。"

再比如，有学生提问涉及议院，韩文举回答说："美国总统犯法，众议院起诉到参议院，参议院审讯后，能够罢免其职务。英国虽是君民共治的国家，但议院也曾废黜过国王。"

根据梁启超回忆，他们当时把世界国家分为三等：头等国是共和国家，二等国是君民共主国家，三等国是君主专制国。在这样的教育下，学生懂得了世间存在不同的国家，而中国的政治制度是最糟糕的一种。中国须要急起直追，除旧布新。

梁启超的教学可谓竭尽全力。他不仅高谈民权、平等，而且向学生指出：中国历史上的二十四个朝代，统治者没有一个是孔子所说"以仁义治天下"的，除了凭借武力和刑法进行统治的"霸者"，就是对百姓犯下滔天罪行的"民贼"。所谓二十四史，不过是二十四家相互砍杀的历史。中国再也不能这样继续下去了。

与此同时，梁启超、谭嗣同等人还印刷了《扬州十日记》，不仅在学生中传播，而且到社会上秘密散发，使人看到了满人统治建立过程中的残暴，认识到这个政权的非法。这时的梁启超，事实上是一个革命者。他的革命宣传比孙中山等革命党人的同类宣传早了若干年。

还有一件事值得一提：梁启超等人还试图搞运动让湖南独立。要想让湖南独立，当然首先要说服巡抚大人，怎样说服他？办法竟然来自他的儿子陈三立。根据他的办法，梁启超给巡抚大人写了一封长信，这就是我们今天能够看到的《上陈中丞书》，信中说：变法在全国难以进行，“欲以变法之事，望政府诸贤，南山之可移，东海之可固，而法终不可得变”。怎么办呢？“为今日计，必有腹地一二省可以自立，然后中国有一线之生路”。

在讲课中，梁启超还要求学生弃绝禄位，不为衣食所累。他说：若志在科第，则成为学究；若志在衣食，则成为市侩。有这种志趣的人，不可教诲。高尚的人不应是学究，更不应是市侩，而应该关心现实，承担起全国百姓的重任……

我们可以想象当时那种情景：一群血气方刚的青年，整天在一起大谈政治和学术，所议都是当朝弊端，向往的则是另一种制度。这种教育，对学生会有怎样的影响？在这种引导下，学生的思想起了很大变化，成长起一批既关心现实又放眼世界的有理想、有情操、有激情和热血的人才。

时务学堂开民智、伸民权的活动，必然要引起顽固守旧分子的抵制和攻击。开始时他们不了解情况，但随着影响的深入，他们就知道了。尤其是时务学堂放假之后，学生们把作业带回家，结果是“全湘哗然”，士绅们纷纷指责时务学堂离经叛道。宾凤阳在给叶德辉的信中说：“梁启超以平等民权之说，乖悖伦常，背戾圣教……坐拥皋比，专以异说邪教陷溺士类，且其党与蕃众，盘踞各省，吾湘若仍听其主讲时务学堂，是不啻聚百十俊秀之子，焚而坑之。”王先谦等也说梁启超的教学是“离经叛道，惑世诬民”。

在百日维新尚未失败之际，有光绪皇帝这棵大树，有陈宝箴这样的巡抚，时务学堂还能勉强撑下去。不过，危险也是有的。比如，王先谦、叶德辉等保守派名流指责时务学堂为“乱党巢窟”，建议官府对其教材和教学情况进行突袭检查。陈宝箴连夜派人通知梁启超，第二天临时撤换课本，才躲过一劫。1898年夏，长沙实学书局将流传到社会上的时务学堂讲义印刷出版。校长熊希龄知道后，立即予以制止。不久，长沙叔记新学书局印刷了时务学堂的讲义。陈宝箴得知后，让黄遵宪登报声明，说该讲义是假的。

在这样的环境中，蔡锷迅速成长，思想和学识大进。梁启超后来在《清代学术概论》里说："学生仅四十人，而李炳寰、林圭、蔡锷称高才生焉。"

梁启超欣赏蔡锷，蔡锷敬佩梁启超，师生间建立了深厚的感情。时至今日，我们还能看到当年蔡锷写下的札记，以及梁启超在札记后面写下的批语。从那些札记和批评可见看到，蔡锷读书，勤于思考。而梁启超的批语则有批评，有鼓励，也有教导。

比如，作为一个少年，他开始时接受不了康、梁坚持的"孔子改制说"，在札记中写道："《春秋》非改制度之书，用制度之书也。……如视其书为改制度之书，视其人为改制度之人，则孔子不能逃僭越之罪矣。"梁启超批道："此论似是而非。"他告诉蔡锷：孔子是主张改制的，制度是可以随时改的，西方时时改，所以富强；中国终古不改，所以贫弱。[①]

在另一则札记中，蔡锷说：这种情况如果继续下去，再过百年，黄种人将成为猪和马，成为木头和石头，任人玩弄而不自知。梁启超批道：不必再过百年，今日中国人已经是猪和马、木头和石头。我们几个人日日为此而呼号，可惜只有一二人之口，无济于事。所以，"愿诸君之学速成，更学辩才，以发其热肠，则此义或可不绝于天壤也"。梁启超的批语，表达了他对蔡锷等人的期待。

在此影响之下，蔡锷有了独立的人格和自由思想的能力，曾著文指斥孔子伸君权"流弊无穷"，主张中国应该学"西人之法"，中国政治应该仿效西方"议院之制"。[②]

他还在《湘报》上发表《〈后汉书·党锢传〉书后》《秦始皇功罪论》等文，批判历代独夫民贼以及与之相适应的所谓学问造成的"无面无祸，无地不祸，无日不祸，其剥愈甚，其受祸更不可拯"的局面，认为秦始皇的罪在"不智民而愚民而已"。

---

①鲁业英编《蔡锷集》（全2册），第4–5页。

②唐才质：《追忆蔡松坡先生》，《文史资料》第一辑《纪念辛亥革命五十周年专辑（一）》，中国人民政治协商会议湖南省委员会编印1961年。

时务学堂培养了蔡锷，它也因蔡锷而更加光彩。它从创办到停办，历时不到一年，却“影响了半部中国近代史”。在中国政治现代化的过程中，几件大事都与它密切相关：1898年百日维新，梁、谭是最耀眼的参与者，时务学堂本身就是这场维新的重要成果；1900年自立军起义，唐、梁为主要领导者，时务学堂学生参与者十余人，多半牺牲；1911年辛亥革命，蔡锷直接领导云南重九起义，并建立了当时国内最具民主雏形的省级政权；1915年袁世凯复辟帝制，蔡锷与梁启超奋起护国……

1898年8月，湖南选拔学生出洋留学，应试者5000人，蔡锷以第二名入选。

可惜，维新运动很快失败了。蔡锷的老师们，死的死，逃的逃，罢官的罢官。

那一年，蔡锷十六岁。书生成为战士，成为将军，成为承重之材，绝非没有成因。对蔡锷而言，使他变得坚毅，变得以天下为己任，并最终走向革命的，首先是这次心理上的重创，是师长们的血，是他自己的泪。后来，蔡锷曾经写下过这样的诗句：

“前后谭唐殉公义，国民终古哭浏阳。”

谭，指谭嗣同；唐，指唐才常。他们都是蔡锷的老师，他们都死在统治者的屠刀下。正是他们的死，使蔡锷经历了两次心灵的剧痛，使一个文弱书生走上了英雄之路。

三、劫后余生

1898年9月，慈禧太后发动政变，百日维新宣告失败，光绪皇帝被幽禁，谭嗣同等“六君子”被杀，康有为、梁启超等在外国人帮助下逃亡海外，陈宝箴等维新派官员被罢官免职，时务学堂停办，樊锥躲到山里去了……

这一切都与蔡锷关系极大，因为谭嗣同是他的老师，梁启超是他的老师，樊锥也是他的老师，学堂停办，师友星散，公派留学成为泡影，蔡锷第一次感觉到孤独无依。

他与唐才质、范源濂等几位同学一起来到武昌，打算入两湖书院求学，可是，因为他们是从时务学堂出来的学生，遭到拒绝。

最后，他们来到上海，到了1899年的夏天，才进了一所学校——南洋公学。

进入南洋公学时间不久，就到了暑假。这时他们接到梁启超从日本写来的信，呼唤他们到日本去。于是，在唐才常等人的资助之下，蔡锷和同学们东渡日本，投奔他们的老师梁启超去了。

梁启超后来回忆说："他们来了之后，我在日本小石川区久坚町租了三间房子，我们十几个人打地铺，晚上同在地板上睡，早上卷起被窝，每人一张小桌念书。那时的生活，物质方面虽然很苦，但是我们精神方面异常快乐，觉得比在长沙时还好。"①梁启超多次回忆过当时的情况。1922年，蔡锷已经去世多年，梁启超到湖南长沙，在一次演讲中又情不自禁地回忆说，戊戌之后，他亡命日本，时务学堂十几个学生后来也到了日本，"继续讲时务学堂的功课外，又学学日本文，晚间共同睡在一个大帐子内。过了八个月，唐拂尘先生在汉口图谋革命，十余同学，回汉帮助，竟不幸死难者八人，余三人，一人后来病死"。剩下的两个人，一个是蔡锷，一个是范静生，也就是范源廉，后来做过中华民国的教育总长。

从梁启超的回忆我们可以知道，蔡锷到日本后又跟随梁启超读了八个月的书，除了学习日语之外，继续的是时务学堂的教育。学习方式也仍然是时务学堂时的那种方式：先生讲课，学生听；学生读书思考做笔记，先生看，写批语。批语长长短短，有的几百字，有的上千字，从中可以看到他们当时到底在想什么，在思考一些什么问题。

就在这时，蔡锷开始在《清议报》上发表文章。那时蔡锷才多大？不难算出，1899年，十七岁。十七岁的蔡锷，已经能够写出很好的文章。蔡锷文章写得好，书法也不错。当时的蔡锷已经有了很深的思考，对中国历史，对世界文明，对过去，对现在，对未来，开始有系统地进行思考。

如果这样发展下去，不发生别的事，任何人都能看出，蔡锷很有可能像他的老师梁启超一样，以文章学术立身，成为一名学者、政论家。但是，一

①梁启超：《蔡松坡遗事》，转引自丁文江、赵丰田编，《梁启超年谱长编》，上海人民出版社2009年，第122页。

个人的发展道路，往往不是由自己决定的，也不是老师能够为之设计的。蔡锷的路不是他自己一开始就能决定的，不是预先设计的，也不是他的老师为他设计的。

就在蔡锷于文章学术方面迅速发展、渐入佳境的时候，一件事最终改变了他的人生路途。

当时流亡海外的维新派领袖们，无论康有为还是梁启超，都在做着一件事：希望借助外国的力量推翻慈禧太后的统治，营救光绪皇帝。为此，康有为曾经动员英国议会，希望英国向清帝国出兵，但在最后的表决中缺了几票，没有通过。此事不难理解，不是英国人没有正义感，而是无论哪一个国家，都不愿意多管别国的事。梁启超去日本，也曾为此做过努力，为了让日本人设法营救光绪，他曾与日本大臣秘密会谈，也是无果而终。国外的力量指望不上，就只有把力量用在国内。

在国内，谭嗣同、梁启超等人的朋友，蔡锷的老师，唐才常经过一系列准备，要起义了，也就是众所周知的1900年发生的“自立军起义”。

说起自立军，它的全称应该是“中国国会自立军”。说到“中国国会”，也叫“中国议会”，因为一开始称作“中国国会”，后来改称“中国议会”。关于这个“国会”，在这里有必要交代一下，因为教科书一般不讲，《辞海》也未收，学界少有研究。有著作偶尔提及，也往往是对义和团进行正面论述，而把它作为反面材料。其实这是一件不小的事，长期以来，人们之所以不谈，是因为它与义和团运动是矛盾的、对立的。而大半个世纪以来的历史教科书叙述是站在义和团一边的。不过，只要超越某些派别之见，就可以看到，1900年的“国会”是中国政治制度现代化过程中的一件大事，是中国最早仿效西方议会而成立的国家议会，是民间自发地以民主形式决定国家命运的一次尝试。

中国国会的产生有一个特殊的背景：义和团运动及其带来的后果。义和团运动是怎样发展起来的？为什么能够那样轰轰烈烈？它到底是一场怎样的运动？事实上，那是慈禧太后发动群众、利用群众、依靠群众的力量抵抗外来压力的一场运动。应该说，从某种意义上说，慈禧是成功的，她成功地发动了群众，成功地利用了群众，用群众组织的力量抵抗西方列强。她觉得有义和团为她撑腰，有义和团这样的群众基础，就可以大胆地向列强宣战了。

可是，它又注定不可能成功，只能是一场大混乱，乱了敌人，也乱了自己。那一年，从夏天到秋天，整个中国都被折腾得不成样子。

先是义和团进北京，在最高统治者的支持之下打砸抢烧。大栅栏等繁华商业区被一把火点了，火势蔓延，一烧就是三天三夜；信教的百姓被杀掉，用洋货的百姓被钉掉，街头到处都是尸体。当时人们留下的记录反映了这一切。翰林院侍讲学士恽毓鼎在他的《崇陵传信录》中写道，拳民在右安门外焚烧教民的住宅，“无论男女老幼皆杀之，继焚顺治门内教堂……前门外商场，为京师最繁盛处，义和团纵火焚四千余家……火延城阙，三日不灭”。仲芳氏的《庚子记事》写道：“义和团焚烧顺治门大街耶酥堂，又烧同和当铺奉教之房，又烧顺治门天主堂，并烧医院两处，连四周群芳约有三百余间俱皆烧尽，烧死教民不计其数。”大栅栏被烧的情景是：“火光又复大作，烟焰弊日，作黄色。盖大栅栏有老德记药店房，为西人所开者，拳匪往焚之矣。已而西南风大作，以致延烧四处，东尽前门大街，西尽煤市南河沿，又逾河而至月墙两荷包巷，正阳门城楼亦被焚延及。是日，共计被焚店铺不下四千余家。”（《西巡回銮始末记》）一般群众习惯于响应统治者号召，更难抵抗利益的诱惑。于是，车夫小工，都不再干那辛苦的本行，纷纷参加义和团。游手好闲的流氓无赖，必然成为积极分子。“平素有私仇的，就在这时指为教民，于是杀掉全家；死者数十万人。”“杀人刀矛并下，肢体分裂。被害之家，婴儿未满月，亦毙之。”材料不再引了。值得注意的是，为烧杀抢做靠山的，不仅有军队和官员，而且有帝国的王公贵族，载漪、载澜、载濂、载勋……一群“载”字辈，都是皇帝的叔伯兄弟，大清帝国的主人。人们沿着熊熊燃烧的大火和血腥的杀人现场追踪作案者的踪迹，不难发现，他们中的许多人都进出于端王府、庄王府，进京之后先去王府报到，领取奖赏，然后上街行动。慈禧太后也下诏褒奖义和团为“义民”，并且奖给两万担米面、十万两银子。

这是怪事吗？出现在中国历史上却不止一次，由最高层亲自发动和领导，在自己的京城打砸抢烧杀，此谓“奉旨造反”。“奉旨造反”，攻击的对象自然有所选择。成片的店铺被烧，是因为那里有“洋布”“洋药”或“洋货”；成群的中国民众被杀，是因为他们信了基督教、天主教，或者家中有时钟、铅笔、火柴等洋人制造的东西。

"奉旨造反"，真是造反者的幸运，再痛快不过的事，被害者绝对不敢还手。

然而，千不该万不该，慈禧仗着她的"义民"撑腰，向西方列强宣战了。而且这宣战也怪，不是派兵去攻打英国的伦敦、法国的巴黎或美国的华盛顿，而是烧教堂，杀传教士，杀外交官，攻打大使馆。这样一来，祸就闯大了，导致八国联军进驻北京，慈禧太后携光绪皇帝弃京城而逃窜，一直跑到西安。外国人进了北京，太后和皇帝跑了，全国自然是一片混乱。

中国国会就是在这时召集的。唐才常等人以"挽救时局"为号召，召集国内名流在上海开会，并以无记名投票的方式选举容闳为会长，严复为副会长，并通过了"保全中国自主之权""促进文明""联邦交、靖匪乱"以及"不承认通匪矫诏之伪政府"等纲领性文件。这是民间自发进行的一场政治现代化的尝试。中国什么时候有了国会？将来如果往前追溯的话，应该追到1900年。

鉴于当时的局势，国会还讨论过建立新国、选举总统、实行各省自治、组成联邦政府等问题。就是在这个国会闭幕之后，唐才常到汉口组织起义，起义军队就称作"中国国会自立军"。当然，如果仔细考虑，当时的唐才常是很矛盾的：一方面宣称起义，要革命；一方面又打着勤王的旗号。为此，在国会召开期间，章太炎、毕永年等人就展开了激烈的争论。

因为起义是唐才常领导的，所以蔡锷在东京的时务学堂的同学大都回国参加。这些孩子当中，蔡锷年龄最小，所以大家坚决不准他回来。蔡锷答应了。但是，同学们走了之后，他却越想心里越不安，最后还是回国了。

唐才常见蔡锷回来，心情非常复杂。一方面当然很高兴，觉得这真是一个好学生；另一方面，他又觉得蔡锷年龄太小，学业又那么优异，最适宜做的不是去打仗。他认为蔡锷应该是一个学者，一个思想家，应该从事的是知识分子的事业，所以，唐才常也舍不得让蔡锷去为这次武装冒险而牺牲。想来想去，唐才常想出了一个办法：让蔡锷到湖南去见黄忠浩。黄是清军将领，但与唐才常关系密切，唐才常让蔡锷去与他联络，让他在武汉发动之后立即在湖南响应。

黄忠浩事实上并不赞同唐才常的举动，他当然不能出卖老朋友唐才常，但他不赞成这样的起义，因为在他看来，这不过是盲目冒险，白白牺牲许多青年志士的生命。

由于这样一种认识，在蔡锷到达长沙之后，黄忠浩便把他留在寓中，拖延时日，就是不给唐才常写回信。蔡锷就一天天在长沙等着，没过几天就传来消息：自立军起义失败，唐才常被捕就义。临刑，唐才常写下了“七尺微躯酬故友，一腔热血溅荒丘”的绝笔诗。

同时被杀掉的，还有蔡锷的一些同学，从日本回来的十几个人，只剩三个。

蔡锷为此失声痛哭。这是他内心深处经历的第二次巨大的创痛。第一次是谭嗣同等被杀，梁启超流亡，时务学堂被关闭；这一次是又一个老师的血，还有许多同学的血。

说到这里，还要再次提到黄忠浩，那位大清帝国的湖南将领。那个年代的将领，好多人都可钦可敬。黄忠浩服务于大清帝国，也明明知道蔡锷是什么人，却保护了他的生命。唐才常被杀之后，湖南湖北到处搜捕起义余党，黄忠浩又悄悄把蔡锷送回了日本。

回到日本之后，蔡锷的心态与过去不一样了。师友遇难，自己活着，蔡锷之痛可想而知。凡是有志气、有道义感的人，也必然要在自己肩头加一副重担，担起师友未竟的事业。否则，如此血仇若能遗忘，枉为男儿！

蔡锷的一生可谓多灾多难。从十六岁到十八岁，连遭两次师友被屠杀的惨剧。这两次惨剧，对他的刺激很大，影响也很大。也正是这两次惨剧，促成了一个英雄的成长。蔡锷日后能够舍生忘死，一方面是理想的召唤，一方面是作为劫后余生，他总是不能忘记那些慷慨赴死的老师和同学。

四、铸剑东瀛

一起回国起义的老师和同学大都牺牲了。蔡锷何去何从？回到日本之后，蔡锷的心态变了。在此之前，他是一心一意读书，那种读尽天下书、把天下道理都弄明白的志向，虽然没有动摇，但经过这次血的教训之后，痛定思痛，他却认识到中国最缺少的不是学者，不是奋笔疾呼的文人，不是宣传鼓动家，而是训练有素的优秀军人、足智多谋的军事领袖。于是，他做出了一个决定：投笔从戎，改学军事。

这个十八岁的青年，因为历史给予的巨大创痛，决定弃文从武。为此，他把名字也改了："蔡艮寅"变成了"蔡锷"。锷，刀剑之锋也。

这年，也就是1900年10月，蔡锷作《杂感》诗十首，其中有云：

前后谭唐殉公义，国民终古哭浏阳。

……

流血救民吾辈事，千秋肝胆自轮菌。

蔡锷写诗不多，但写得很好。在这首诗中，他先是悼念自己的老师，然后就接过了"流血救民"的重任。如果一帆风顺，人的思想感情不会有大的波动。经过大事就不一样了，尤其是自己的老师、同学都那样死去了，谁来完成他们未竟的事业？蔡锷把一切担在了自己的肩上。

英雄就是这样成长的，很残酷。而且，蔡锷本是一个真正的文弱书生。

他的老师梁启超回忆说："松坡弱不胜衣……永远是瘦瘦的，后来早死，身体弱是主要的原因。"他的学生朱德说蔡锷"是个典型的知识分子——体弱面白"。他少时的玩伴孙祖芳老人回忆：蔡锷从小又矮又瘦。然而，蔡锷的同学和挚友、中国现代军事思想家蒋百里说："公身不魁伟，而绝有力。"身体瘦弱，却"绝有力"，当然不是天生的，而是凭着顽强的意志练出来的。这种练习，是在他决定投笔从戎之后。

为了一个志向，他必须把自己这个文弱书生变成钢铁战士。因为他明白，要成为优秀的军人，必须拥有强健的体魄。

最先，蔡锷的主要健身方法就是海水浴。他的朋友赵曰生回忆说："余与松坡居横滨，日赴海边沐浴，以为一门功课。松坡曰：'凡作海水浴者，原为锻炼身体，非仅为水上游乐也。须以烈日晒之，海水浸之，时晒时浸，日久不怠。久之，皮肤焦黑，便成铜筋铁骨矣。'约余日日赴海滨习之，余不能耐，或作或辍，而松坡则未尝一日间断也。"

蔡锷的意志力，由此可见一斑。

蔡锷决定投笔从戎时，梁启超曾经表示反对。因为他知道蔡锷天资聪颖，却身体瘦弱，更适宜做学问，学军事并非扬长避短。他说：你一个文弱书生，担得起军事重任吗？蔡锷的回答掷地有声，让梁启超无法再反对。他说的是："只须先生为我想方法，得学陆军，将来不做一个有名之军人，不算先生之门生。"

梁启超被他的决心所感动，转而支持他的选择。梁启超也是一个存心干大事的人，他当然明白，弟子中出一位能领兵打仗的，也未尝不是好事。

当时大清国的子民到日本留学，多数学科都可以自由选择，但学军事必须是官派公费生。也就是说，统治者为自身考虑，不准百姓自己到国外去学军事。所以，蔡锷要学陆军，首先要过这一关。好在梁启超有办法，通过一系列运作，蔡锷入军校的路打通了，他于1901年11月进入成城学校。

值得注意的是，蔡锷虽然进了军校学军事，精力和兴趣却没有一下子就完全转入军事领域。从1901年到1903年，他既是一个军人，又是一个知识分子，又是一个学者，又是一个翻译家。而且，他在思想家这条路上走得也不近。那两年，他把各方面的才华展示得淋漓尽致。

蔡锷后来的表现与一般军人不同，我想，可能主要原因就在于那几年他所形成的知识结构和思想准备与别人大不相同。对文、史、政、法等各个领域的关注和深入思考，使他不是一般的军人，而是有独立思想的军人、有自己的理想和信仰的军人、对中国和世界都有清晰认识的军人。有了这一点，无论从军还是从政，都不可能成为没有头脑的工具，更不会盲目地为别人看家护院。

蔡锷初到日本时，梁启超正在主持《清议报》。蔡锷曾在该报发表了大量文章，并一度是该报的专栏作者。从《清议报》等留下的那些文章看，他当时思考的问题已经很多。

比如，他思考过人的个性以及独创性的问题。蔡锷到日本不久，1899年10月5日《清议报》就发表了《东京大同高等学校课卷》。这时候，他与从时务学堂跑到日本去的学生一起，仍然继续着时务学堂的方式跟随梁启超学习。这份课卷包括蔡锷写的四篇札记和梁启超的四则批语。蔡锷在札记中说，"古今之大患，莫甚于不敢卓立绝出"，"相率因循，以仰人之鼻息，承人之耳目，自窒其脑筋，束其手足，此贱丈夫之所为，甘愿为人之奴隶者也"。他写道："夫千万人之所非者是之，是者非之，闭者开之，梦之所不及言者吾言之，冒险也。一人冒险，而遂开千古文明之境界……冒险者，进化之大原因也。"

再比如，那时蔡锷已经在用进化的观点考察和思考社会问题，并且在思考阶级和阶级斗争的问题。在他看来，是制造阶级差别和阶级之见，还是消除阶级差别和阶级之见，“优劣判若天渊”。也就是说，是煽动阶级矛盾和斗争，还是调和阶级矛盾和斗争，这里显示着善恶。他又认为，无论人们怎样致力于消除阶级差别，“天演之阶级”仍然存在。“欲胜天演之力，非平世界之智慧不可”。解决的办法，只能是“大发其原动力”，也就是发挥人的积极性，而不能是“均平”“铲平”等削高就低的办法。他认为“进化之关键，舍此无由”。只有这样，“天演之力”才能转而成为“铸文明之具”。蔡锷看到的是一个事实：无论人们怎样努力，社会差别都会仍然存在，人类社会是不可能绝对平等的。如果一定要以均平、铲平的方式制造绝对平等，铲高就低，抑优就劣，让智者向愚者看齐，那样的平等，必然是对人类文明的扼杀。

一个不到二十岁的青年，在进行这样的思考，而且走的是正路而不是邪路。思想家有时也走邪路，那些给人类指出通往灾难之路的思想家，常常是思路本身就错了。

蔡锷也思考古代社会与现代社会的差别。他在一则札记中把欧美的现代文明与我们今天所说的前现代文明进行比较，看到的是这样的差别：野蛮之世，是以尚武者为主，以农工商供兵役；现代欧美社会则是以农工商为主，养兵用以自卫。他清楚地看到，在野蛮之世，谁拥有了足够的暴力，谁就可以建国，谁就可以统治社会，所以兵是重要的，农工商都要为统治者和他的统治工具服务。而现代文明却不是这样，它以农工商为中心，它也需要军队，也有官员，也有暴力手段，但这一切都是为保护农工商自身。这也涉及国家主权归谁所有的问题。

关于未来，当时的蔡锷认为：“进化之极，必人人能伸自由之权，识自由之理，人人自为保卫，且无所侵争，则无所谓保卫，又何以兵力为哉。”他甚至认为，因为有国界，所以有战事；来日合地球为一大群，就不会再有兵争。

在写下这些札记的时候，蔡锷只有十七岁。从十七岁到二十多岁，他一直在进行一些这样的思考。当时的蔡锷已经广泛地接收了西方现代思想成果，而且很看重思想和学问的力量。他崇拜孟德斯鸠、伏尔泰、卢梭等启蒙思想家，把他们称作法兰西之魂，认为正是他们造就了法国革命大事业，推动了人类历史的发展。现在我们所熟悉的那些思想启蒙运动中的西方思想家、哲学家的著作，蔡锷都读过。对法国大革命的历史，对美国的历史，对世界各国法律，蔡锷都有所研究。

蔡锷虽然选择了军事，但他为自己所做的准备、对自己进行的训练，却是一个思想家必须具备的。他对许多问题都进行过思考，而且致力于思想启蒙。面对中国的落后，面对庚子事变之后的现实，他认为问题不只在清廷，而是在于“吾国民之不自奋”。1900年12月，他写《开智会序》，认为当务之急是“图国民之自立”，而要国民自立，就必须开民智，“吾国之沦亡，沦亡于国民之智不开”。他认为中国的问题不仅出在官府，而且出在民众，所以不仅需要革命，而且需要去除蒙蔽，开启民智，也就是思想启蒙。因此，他曾经像梁启超一样关心文学，关心小说，并且批判旧小说，赞美和倡导西方19世纪那些关心社会现实的小说。

蔡锷的与众不同之处，就在于他虽然学习军事，思考的问题却不止于军事；虽然存心于革命，思考的问题又不只是革命。过去研究蔡锷的人一般只把蔡锷作为一个军事将领来研究，忽略了他的许多贡献。其实，蔡锷是一个思想家、一个学者、一个知识分子。他思考的一些问题，在当时还很少有人研究，往往很超前。

比如，中国人的国民性，现在一提到这个问题，人们马上就会想到五四时期的鲁迅、胡适、陈独秀、钱玄同等。尤其是鲁迅，因为阿Q等形象的创造，成了国民性批判的主要代表人物。

但是，需要说明的是，早在1900年至1901年，鲁迅还没有去日本的时候，蔡锷已经在思考。只因为蔡锷后来成了著名的将军，政治上、军事上的光辉耀眼，人们就忽略了他的思想。应该说，蔡锷比较清醒地看到了中国人性格中的弱点，比如奴隶性、驯服、顺从，不敢为天下先，不敢独自站出来对抗周围的环境，等等。蔡锷当时就看到，与西方民族相比，甚至与日本人相比，中国人缺少的太多了。当他看到中国人这些缺陷的时候，就感觉到国家的衰败、民族的不幸，不仅与统治者有关，同时也与民众有关。正因为有了这种认识，他超越了他的同学们，包括黄兴、宋教仁等。黄兴、宋教仁都是蔡锷的同学，黄兴还是他的好朋友。但黄兴等人当时是一心一意地只考虑革命，而蔡锷比他们多考虑了一些，那就是：中国的国民性如果就是这个样子的话，革命成功了，情况会怎么样？

蔡锷与那些单纯的爱国者不同，与那样简单的民族主义者不同。那些人一听外国人说中国人不好，马上就会大动肝火，认为西方人歧视我们，日本人也歧视我们，总是为此而不满，而且愤怒。蔡没有这种愤怒。因为在他看来，外国人看不起我们，是我们自己“赚”的，如果我们自己争气，外国人怎么会看不起我们？他较早地具有了开放的思想，冲破了狭隘的国家民族观念，所以能够认识自己国家和民众的弱点。在《毁誉》一文中，蔡锷转引他的朋友傅良弼的话说：“外人骂我邦之处皆实，至其称誉我邦之处或不免有张大之词。”这是多么冷静的大度！它所显示的，是思想家的品质，而那种愚昧的狂热，则是愚民的品质。

大家可能看过一本书——《支那人的气质》，它早就翻译到中国来了，一般的图书馆也能找到。蔡锷在日本留学时，那本书刚刚在日本的报纸上发表。蔡锷看到了，立即把它的摘要翻译了出来，发表在《清议报》上，并且介绍说：“吾邦人廉耻扫地言之痛心之处，吾邦人不自知，而外人知之。吾邦人所不敢言，而外人言之。吾邦人所不耻，而外人深为耻之。吾邦人不自责，而外人责之……”他认为外国人说的都是事实，对中国人大有好处，可以促进中国人反省，所以介绍给中国读者。

从这个意义上说，蔡锷也是反思国民性、批判国民性的先驱。他在鲁迅未到日本之前，已经在思考着鲁迅后来思考的问题，做着后来鲁迅做的事。他走在鲁迅等人的前面。

从1900年到1902年，蔡锷发表了大量文章，译著了许多著作。他在军校学习的是军事，同时却在思考着政治与文化。1901年3月至12月，他在《清议报》连载译作《支那现势论》，那是厚厚的一本书，论述的是中国当时的形势。1902年8月，上海广智书局出版了他编译的《国际公法志》，又是一本厚厚的书。那些专门学习政法的人都没有做这些事，蔡锷做了。同一年，他还与人合译了《东西洋教育史》，于1903年2月由上海开明书店发行。大家想，从对中国现实形势的分析，到国际公法的研究，再到东西方教育史的比较，蔡锷具有了怎样的知识结构！

在他发表的那些文章中，影响最大的要数《军国民篇》，发表于《新民丛报》第1号，于1902年2月出版。在这篇文章中，蔡锷大声疾呼："国魂者，国家建立之大纲，国民自尊自立之种子。"那么如何陶铸呢？重要手段便是扭转国民从精神到肉体的虚弱现状。回顾甲午中日战争，蔡锷认为症结在于中国人的文化传统和精神气质，即国魂出了问题。所以，中国人必须重铸国魂，在精神和肉体上都强健起来。《军国民篇》刊出后，日本人河边半五郎把它和刊登在《民报》上的蒋方震的《军国民之教育》合编为《军事篇》出版，十年间再版了六次，甚至被日本人用作教科书。

除此之外，蔡锷还参与了邹容《革命军》一书的撰写。

《革命军》的确是一部了不起的书。辛亥革命之后，邹容被追认为陆军大将军，可是众所周知，邹容死时才二十岁，一个兵也没带过，一天兵也没当过。他被追认为大将军，就因为他的一篇《革命军》。这本小册子，的确在革命中发挥了重要作用，可比千军万马。

我常常想，那真是一个神奇的时代，中华民族一下子涌现了那么多天才，那么年轻，就那么有见解，那么有勇气。龚自珍曾经感叹大清没有人才，可是，到了清末，大清要灭亡的时候，却出现了那么多天才。邹容就是一个。邹容生于1885年，十八岁写成《革命军》，去世时才二十岁。一个十八岁的年轻人，怎么会写出那样的著作？对大清统治的控诉，对中国历史的反思，对未来的社会的建构，想得那么多，那么深入！包括"中华共和国"这个名字的拟定，多么简洁而响亮的名字呵！革命之后，中国就应该叫这个名字，它比中华民国好听多了。在很长一段时间里，我觉得邹容的天才简直不可思议！

后来看了一些材料，才知道《革命军》并非邹容一个人的作品，而是来自当时在日本留学的一群人。参与撰写的，有蔡锷，还有蒋百里、胡景伊等，都是中国一流的人才。当年他们一起在日本留学，白天上课，跑图书馆，去训练场，晚上就在宿舍里围炉夜话。日本的冬天很长，他们温上酒，烤上腊肠，边吃边喝边聊天，《革命军》就是这样聊出来的。

聊一阵子，他们就让年龄最小的邹容执笔去写，一天又一天，于是就有了《革命军》。《革命军》最初的抄本，正文是邹容写的，封面是蔡锷写的，书名就叫《腊肠书》。之所以叫这个名字，是因为它是吃着腊肠写出来的。到后来在上海出版，书名才改为《革命军》。

蔡锷的著述活动到1903年初告一段落，此后，他进入日本陆军士官学校，专心学习军事去了。

经过成城学校的学习，又经过陆军士官学校的学习，蔡锷从一个文弱书生，变成了一名优秀的军人。

日本陆军士官学校是日本陆军的最高学府，对学员要求很严，训练甚至可谓残酷。日本男人以坚忍著称，但一些人却因为吃不了那份苦而无法坚持到底。有人说，日本陆军士官学校的教官似乎不把学生累死就不甘心。明白人当然知道，这才是好军校，因为只有严格的训练，才能造就好的军人。军事院校，越是要求严格，越是对学生未来的生命和前途负责。蔡锷以超常的毅力战胜一切困难，虽然身体瘦弱，却在各科训练和考试中都取得了好成绩。他学的是骑兵，与步兵科的蒋百里、工兵科的张孝准并称为“士官三杰”。

1904年10月，蔡锷以优异的成绩毕业回国，那时的“海龟”比今天稀缺，各方竞相争聘，蔡锷从此开始了戎马生涯。

五、军界新秀

回国之后，蔡锷在很短的时间内换了几个地方，很快成为军界新秀。

（一）从江西到广西

毕业回国之际，江苏、湖南、江西等几省都要他。他觉得江西巡抚夏之时对他不错，很热情，很有诚意，于是到江西担任了续备左军随营学堂监督。

可是，他在那里干的时间很短，因为请他去的夏之时在他到任之后就被调到了陕西。夏巡抚一走，他就辞职去了日本，处理了一些事务，然后回湖南老家省亲去了。

湖南方面知道蔡锷回来了，就想留住蔡锷。当时的湖南巡抚是著名的端方，一个很能干的官员，大清帝国少有的人才。他读书甚多，知识丰富，而且很爱才。他留下了蔡锷，让他做了湖南兵备处帮办，并且兼任武备、兵目两个学堂的教官。

这是1905年年初的事。到了夏天，东北三省总督赵尔巽向蔡锷发出邀请，希望他到东北去，答应委以重任。

吸引优秀人才，从古到今都是这个办法，要吸引人家去，就得给人家好处，要么是更多的钱，要么是更高的职位，要么是更好的发展环境。蔡锷有点拿不定主意，他对湖南不甚满意，但对东北很陌生。就在这时，广西巡抚李经羲表示希望他到广西去。蔡锷对这几个地方进行了比较，最后决定去广西。1905年8月，他到了广西。

蔡锷在广西干了五年，职务是广西军队的总参谋官兼总教练官，而且是随营学堂总理官、新军常备总教练官、广西测绘学堂堂长、广西陆军小学堂总办。注意，在他的这些职务中，都是“总”。做老总和做职员，感觉不一样。

蔡锷在广西干得很好，上司对他很满意，他自己也很尽心尽力，兢兢业业，忠于职守。

在广西陆军小学堂，蔡锷最为人称道的是纪律严明、不徇私情。他的一个老同学的孩子，听说他做了校长，就来投考，但路途遥远来晚了，想通过蔡锷运动一下，进学堂附读。蔡锷坚决不开这个后门，让他一直等到第二期招生，才把他录取。

与此相似的事还有一件：著名的李宗仁将军是蔡锷的学生。他的回忆录中写到蔡锷，充满崇敬之情。但是，蔡锷曾经严厉地对待过他，那种严厉，甚至有点不近人情。李宗仁是广西陆军小学第三期的学生，其实他本该是第二期，已经考上了，只因为开学报到时迟到了十分钟，就被取消了入学资格。说好话，求情，都白搭，只好等到第二年重考，结果李宗仁就成了第三期的学生。李宗仁忆及此事，一点儿也不抱怨自己的校长，因为他后来戎马生涯一辈子，作为带兵打仗的将军，知道十分钟意味着什么。军校是培养军人的，将来要上战场，在战场上，允许你迟到十分钟吗？那后果自然不难明白。

李宗仁在回忆录中还写道：“我们的总办蔡锷将军有时来校视察，我们对他更是敬若神明。……他骑马时，不一定自马的侧面攀鞍而上。他常喜欢用皮鞭向马身一扬，当马跑出十数步时，蔡氏始从马后飞步追上，两脚在地上一蹬，两手向前按着马臀，一纵而上。这匹昂首大马，看来已够威风，而蔡氏纵身而上的轻松矫捷，尤足惊人。我们当时仰看马上的蔡将军，真有

‘人中吕布，马中赤兔’之感。”

在学生们的记忆中，蔡锷率领学生练习器械体操，精湛的技艺让学生惊叹；夏天带学生去游泳，蔡锷擅长长距离游泳，又擅长水下长时间潜伏，没人比得过他。他们知道，蔡锷这些特别的本事，都是以惊人的意志力苦练的结果，所以他们也一个个勤学苦练。正因为这样，蔡锷在广西培养了一批杰出的军事人才，后来的“桂系三巨头”李宗仁、黄绍竑、白崇禧，都是他的学生。他们后来都成为中华民国顶尖级的高级将领。

蔡锷在广西期间，还做了一件事：骑马巡行边塞，完成了《越南重塞图说》和《桂边要塞图说》。这两本是属于用兵计划方面的书。无论走到哪里，无论从事哪一方面的工作，蔡锷都留下了一些著作，这得益于开始时的学术训练给他留下的好习惯。公务之余，他也是手不释卷，不是读，就是写，累了，消遣的方式就是下棋。

蔡锷喜欢下棋。从他的下棋也可以看到他的性格：如果下输了，他会一盘接一盘地继续下，没完没了，不赢决不结束。那些棋艺比他高的对手，最后都会被他拖得筋疲力尽，只有输给他。

就在考察广西边塞期间，有一次他得了热病，吃药就是不见好，他干脆从床上爬起来，纵身上马，一口气飞奔了数十里，出了一身大汗，结果病就好了。这也是他的性格。

蔡锷平时温文尔雅，沉默寡言，在日常生活中，甚至连一句多余的话都不说。他说话简明精确，如铁板钉钉；与人相处决不多事，更不做无意义的事。但一到他认为该管的时候，就会管到底。他很温和，但面对一些无知而顽劣的学生，也曾狠狠地抽过他们的嘴巴。他一动怒，无论多么顽劣的学生，都会服服帖帖。他的外表是地地道道的文弱书生，骨子里却有一份勇猛刚烈，否则，无法成为大将军！

（二）彰德会操

蔡锷第一次为全国军界所注意，是在1906年的彰德会操。

晚清新政期间，大清帝国为检阅新式陆军编练成果，举行过几次大规模的军事演习。第一次是在河间，第二次是在彰德。

章德会操不同寻常，可谓当时军界精英的一次大集会。袁世凯和铁良担任检阅大臣，王士珍是演习总参议，冯国璋是南军审判长，良弼是北军审判长，徐世昌主掌会操参谋处。对阵的南北两军指挥分别是黎元洪和段祺瑞。据统计，参与这次演习的人当中，光是后来做过大总统的就有五位：袁世凯、黎元洪、冯国璋、徐世昌、曹锟。还有一位段祺瑞，段执政，其实也是国家元首。至于后来做过总理、部长的，成为著名将领的，简直数不胜数。

这是中国第一次现代意义上的阅兵，包括军事演习和阅兵典礼。为了显示一下“新政”的成就，为了让全世界看看大清帝国的军事力量，慈禧太后命袁世凯为阅兵大臣兼会办练兵大臣，全力操办此事。参加的军队是当时装备最好、素质最高的北洋新军、湖北新军和河南新军。其中，北洋新军各军一镇一混成协一万六千一百七十二人组成北军，以段祺瑞为总统官；湖北新军一镇和河南新军一混成协共一万七千七百八十六人合编成南军，总统官是湖广总督张之洞的手下张彪。演习项目包括骑兵冲击战、主力遭遇战、攻防大战等。各国驻华使馆和各地新军的教官都来观摩。演习完毕后举行了盛大的阅兵式，慈禧太后和光绪皇帝亲自到场检阅了参加演习的新军。

在这次演习中，最幸运的人物应该是黎元洪。南北两军对抗，南军总统官本来是张彪。可是，这个张彪的确上不了台面。进行的第一个项目是由总统官背诵演习方略。北军总统官段祺瑞声音洪亮，内容清晰。轮到南军总统官张彪背诵，他却没有准备，只能靠参谋在他背后提词，因而结结巴巴断断续续。这张彪很窘，于是举荐部下黎元洪代替自己指挥南军。结果，黎元洪指挥南军，演习井井有条，发挥精彩，令袁世凯等大为赞赏。据说，武昌起义爆发后，荫昌率军南下平乱，路过安阳时去看袁世凯，谈及战事，乐观地说：乱匪不过是乌合之众，无人主持，不难扑灭。袁世凯说：有黎元洪，何谓无人？有此人为帅，不可谓之匪。结果是吓得荫昌处处谨慎小心，不敢轻进了。这就是彰德会操产生的影响。

另一个就是蔡锷。蔡锷到彰德，本来只是观摩——像各地新军的教官一样来观摩学习。然而，幸运之星却正照他的头顶——袁世凯召见，一见之下就非常赏识，让他做中央审判官。那时候，蔡锷还不到二十四岁。

这是蔡锷第一次见到袁世凯，袁世凯也是第一次见到这位青年军人。袁世凯第一眼就看出蔡锷不同寻常，因而非常喜欢他，并且很想把他弄到自己身边。从那时开始，袁世凯一生都非常喜欢蔡锷，器重蔡锷。

（三）遭遇驱逐

在桂林，蔡锷遇到一些孙中山领导的同盟会成员，并与他们发生了冲突。

蔡锷进入教科书，是从20世纪20年代末开始的。不久，教科书的编写就有了一个要求："符合党义"。也就是说，教科书首先考虑的不是历史真实，而是要符合国民党的意识形态。在这种情况下，大凡历史人物，只要不是本党同志，要想不被遮蔽，就需要足够的光辉。蔡锷有足够的光辉，所以很难完全被遮蔽，但被改写却不可避免。如何改写？首先是努力把他打扮成自己人。蔡锷在辛亥革命中的作为，在护国战争中的作为，都为这种改写提供了方便。于是，人们就试图把他写成孙中山和国民党的追随者，而对他与孙中山、同盟会、国民党的隔阂和矛盾，则淡化处理。然而，在蔡锷的一生中，却不止一次与孙中山和他的党人闹得不愉快。

在广西是第一次。蔡锷任职桂林之际，广西就有同盟会成员在活动。巡抚张鸣岐等人想办法把他们赶走，但仍有人潜伏了下来。

1910年7月，蔡锷做了广西兵备处总办。同时，他还是陆军干部学堂监督、学兵营营长等等。也就是说，广西练新军的大权都到了蔡锷手上。

对此，同盟会成员何遂、耿毅等人深感忧虑。因为他们认定蔡锷并非革命者，由他掌控广西新军，对革命不利。乘进行边防调查之机，何遂、耿毅等人到了香港，找到了同盟会的主持者黄兴。黄兴了解蔡锷，所以要求他们与蔡锷多联系，并写了一封信，让何、耿等人带给蔡锷。但何遂、耿毅等人还是心存疑虑，因为在他们眼里，蔡锷满嘴官话，一身官气，一点不像革命党。更为重要的是，在蔡锷手下，同盟会的人没有受到重用。

何遂、耿毅等人从香港回来之后，决心试一试蔡锷。他们写信给蔡锷说：我们从香港路过，遇到了你的好友黄君，带来一封信，并有要事相商，请于某日晚9点，到江南会馆前门一叙。他们把这封信和黄兴写的信一起放在蔡锷办公桌上。到了约定的那天，何遂、耿毅等人来到江南会馆等候，从8点一直等到11点，蔡锷没有去。他们由此断定：蔡锷根本不是革命党。而且他们知道，蔡锷是梁启超的学生，应该是立宪派。按照同盟会的理解，立宪派是敌人而不是同志。

于是，他们决定把这个敌人从广西赶走。

正好，一个机会送上门来。为了巩固边防，大清帝国本来打算在广西编练新军一个师，可是广西是个穷省，一年的税收仅有三百零五万两，连行政经费都不够。新军一个师，需要白银一百三十万两。广西没钱，只好缩减规模，原定的一个师缩编为一个混成旅。

为建新军兴办的陆军干部学堂，原是按照一个师的人员招生，缩为一个旅后，学堂培养的二百多名军官就用不上了，只好择优选用。学生中多半是湖南人。蔡锷用考试的方式择优录取，结果是录取的一百二十人中，有九十多个是湖南人，而广西人有七十多名落选。这引起广西籍学生的不满，认为蔡锷偏袒湖南同乡。

何遂等人看到这种情况，认为这是一个好机会，于是马上发动会员，四处宣传：蔡锷任用同乡，排斥广西学生，广西学生要行动起来，驱逐蔡锷。他们发动未被录取的学生闹事，发动学堂罢课，学兵罢操，并且写文章抨击蔡锷："广西省，广西人之广西，岂容蔡某排斥广西人……"

事情闹得轰轰烈烈，蔡锷却既不回应，也不走人，稳坐钓鱼台，冷眼观看。

这些人一计不成又生一计。爱地方与爱国一样，是一种容易被煽动的情感。广西的同盟会成员为打倒蔡锷，充分利用了地方感情。在他们的鼓动下，师范学堂和法政学堂的学生也罢课了，咨议局也弹劾蔡锷。蔡锷仍然跟没事人似的。

同盟会员们一不做二不休，又组织商会罢市，并联络《梧州日报》主笔陈太龙等打电报向巡抚请愿，要求蔡锷离开广西。

在这种情况下，广西按察使王芝祥怕乱子闹大，向巡抚提议：还是让蔡锷走吧。上司一说话，蔡锷二话没说就走了。因为这时云南总督李经羲已经来电邀请，让他到云南去。

临走之前，蔡锷请何遂等同盟会员吃饭，告诉他们：你们是革命党，我早就知道。但你们太年轻，一不小心就会招来杀身之祸。我在这里，还可以为你们遮挡；我走之后，你们必须收敛。树，要长大才能成为可用之材。蔡锷还说："成大事的人都要有个修养，你们念过苏东坡的《留侯论》吗？所谓'骤然临之而不惊，无故加之而不怒'，你们能做到这点，就可成大事。"

蔡锷到云南之后，有一段等待任命的时间。我们前面说过，蔡锷是学者，这时候，他又做起了研究。在此期间，他编撰了一部重要的军事著作：

《曾胡治兵语录》。中国有所谓“十大兵书”，最后一部就是蔡锷编的《曾胡治兵语录》。

蔡锷在《曾胡治兵语录》的序中写道：“乃者统制钟公有嘱编精神讲话之命，余不得不有以应。”钟麟同让他做这件事，是对他的一种考察，既考察他的军事素养，又考察他的政治倾向。蔡锷决不授人以柄，所以不选西方近代军事家的著作，而是从曾国藩、胡林翼两位大清帝国中兴名臣的著作中精选军事方面的言论，编成了此书。

全书分为十二章：将才、用人、尚志、诚实、勇敢、严明、公正、仁爱、勤劳、和辑、兵机、战守。前十章论述如何建设和治理军队，后两章论述战略战术。每章蔡锷都写了评语，阐述他的见解。在这部著作中，蔡锷有许多独到的发现和概括。比如，“持久战”的思想就是他在该书中首次概括出来的。多年之后，抗日战争爆发，蔡锷的同学蒋百里早已是中国军界泰斗，他继承蔡锷的思想，提出了以空间换取时间的“持久战”战略，成为当时中国政府领导抗战的指导思想。

说起《曾胡治兵语录》这部书，还有一点值得提及：不仅蒋百里重视它，许多军事领袖都重视它。1924年，黄埔军校校长蒋介石规定此书为军校教材，并且亲自对该书进行了增补。1943年，在延安的朱德高度重视这本书，《军政杂志》曾经把它翻译成白话文发表。

1911年7月，云贵总督李经羲奏准朝廷，任命蔡锷为新军第十九镇第三十七协协统。

这是一个及时的任命，有了这个任命，蔡锷才有条件在三个月后干出一番轰轰烈烈的大事业。

六、云南都督

蔡锷到了云南，1911年7月被任命为新军第三十七协的协统。辛亥革命前夕，云南有新军一个镇（第十九镇），下辖两个协。那时的镇，相当于后来的师，协相当于后来的旅。一个协的编制为六千人左右。众所周知，武昌首义时，后来被称为开国都督的黎无洪也是协统。

（一）重九起义

武昌首义爆发之后，湖南、陕西、江西、山西等地纷纷响应。1911年10月30日，昆明爆发了起义，那一天是旧历的九月九日，所以称作“重九起义”。“重九起义”是蔡锷领导的。1911年11月1日，“大中华国云南军都督府”成立，蔡锷被推举为都督，时年二十九岁。

蔡锷到云南，可谓恰逢其时。云南为了培养军事人才，于1909年重开讲武堂。革命党人李根源被任命为讲武堂监督，接着又做了总办。这时恰巧日本陆军士官学校第六届中国留学生毕业，云南便大量聘来，有的进讲武堂做了教官，有的进了新军。于是，昆明就聚集了一大帮从日本回来的革命者，如李根源、李烈钧、方声涛、赵康时、唐继尧、张开儒、罗佩金等。

蔡锷任协统之后，有意识地安排了一些思想进步的人做军官，在他手下，营以上干部大多有革命倾向。大家虽是大清帝国的军官，拿着朝廷的薪水，却都想推翻大清。在这种特别的历史转换之际，做官真不容易。大家知道，无论在军队还是地方，做官要想升迁，就要看长官的脸色，察长官的好恶，投其所好。这样的人遇到蔡锷，就有点麻烦。因为蔡锷本人看上去没有任何革命倾向，平时也不与革命党人来往。但是，在他的手下，那些忠于大清的人却不被重用，反大清的人却被提拔了起来。这样的领导，让那些看上级脸色行事的人很不走运。

前面已经说过，蔡锷不是同盟会员。他和黄兴等人是朋友，一起在日本留学，一起做过许多事，但黄兴与孙中山等一起成立同盟会，蔡锷却没有加盟。他对孙中山敬而远之，与章太炎等人也拒绝走近。在日本留学时，章太炎等人发起“支那亡国纪念”大会，有人代他签了名字，他却坚决不同意，最终还是把名字抹掉了。大家都知道他是革命者，但他的革命是从另一条路上走过来的，没有被孙中山收入麾下。可是，时务学堂的熏陶，留学期间的洗礼，给了他宽阔的视野和前瞻的目光。自由，平等，民主，共和，中国人也像人一样活着，早已是蔡锷多年来的向往。当争取这一切的机会到来时，蔡锷当然不会放过。

这个机会终于来了。

武昌起义爆发，消息传到云南，革命者一个个跃跃欲试。从1911年10月16日至28日，十二天之中连续开了五次会，每三天开一次秘密会议。第一次会议是在刘存厚家召开的，参加者有唐继尧、刘存厚、沈汪度等人。他们准备发动起义，哪些人是可以联络的力量呢？他们首先想到了蔡锷。于是，第二次会议蔡锷就被请来，一起商讨起义计划。此后，蔡锷每一次会议都参加，而且成了会议的主导者。到第四次会议，准备工作已经成熟，蔡锷与唐继尧、刘存厚、沈汪度、张子贞、雷飚等歃血为盟。他们在一张纸上写了十六个字的誓言："协力同心，恢复汉室。有渝此盟，天人共殛。"然后，他们把纸烧成灰，搅入酒中，与会者每人一杯，一饮而尽。这次会议决定：1911年10月30日深夜起义，蔡锷为总司令。

需要说明的是，云贵总督李经羲是大清帝国的忠臣，他手下几个主要军官也是忠臣。比如第十九镇统制钟麟同，兵备处总办王振畿，都忠于大清。为大清考虑，武昌起义爆发之后，他们就格外上心，生怕在自己的地盘里也发生革命。他们知道哪些军官有革命倾向，分别采取了一些措施。比如，陆军小学堂总办李烈钧平时革命倾向明显，让他赴北洋观操；罗佩金的革命倾向也是显而易见的，让他去越南接运军火；还有李鸿祥，让他外出招募新兵……但是，他们防的都是平时思想倾向外露的人，尤其是那些不安分的同盟会员。他们却没有想到，在关键时刻，真能做成大事的，竟是蔡锷这种平时不动声色的人物。

根据第五次秘密会议的决定，蔡锷1911年10月29日就赶往总司令的指挥位置——七十四标驻扎的巫家坝。10月30日晚七点，蔡锷下令：给士兵发放子弹，准备演习。八时左右，蔡锷召集刘存厚、雷飚、罗佩金等人开会，决定午夜十二时鸣号集合，宣布起义。可是，他们的会议尚未结束，就看见城内大火冲天，显然是情况发生了变化。就在这时，总督北校场发生士兵叛乱，总督让他火速带人前去镇压。

总督给蔡锷打来电话，告诉他北校场驻扎的是七十三标。按照最后一次秘密会议的决定，七十三标应该在午夜与巫家坝的七十四军一起举事。他们与七十四标一样，也是在8点左右就开始准备。可是，就在排长黄毓英给士兵发子弹时，被值日队官唐元良发现了，因而痛斥士兵，并且挥鞭大耍威风。有些人就是这样不知死活，看不清形势，也看不清自己的处境：此时士兵手里已有子弹，还能容忍你这样威风吗？当唐元良举起鞭子时，大家一齐举枪，唐队官立即就被打成了蜂窝。七十三标的起义就这样提前打响了。

所以，总督打电话给蔡锷，让他前去"平叛"。

既然七十三标的行动已经提前，巫家坝的七十四标也必须提前行动。放下总督的电话，蔡锷马上集合队伍，但他不是准备“平叛”，而是宣布起义。简单地誓师动员之后，一声令下，革命士兵呼啸着冲向督署和各军政机构。

重九起义中有这样一个小插曲：刚刚发起进攻不久，有一个见习排长前来报告。这个见习排长叫朱德，就是后来的中国人民解放军总司令朱德，那个与毛泽东并称“朱毛”的朱德。重九起义之前，他刚从讲武堂毕业，分到七十四标做见习排长。就在发动起义之后，他发现他的上司二营左队队长带着两个排的士兵逃跑，他带着他那一排去把士兵追了回来，但队官却没有回来。朱德就是前来报告此事。蔡锷立即命令：从现在开始，你就是二营左队队官。队官，相当于连长。朱德在辛亥革命中从购买排长一下子成了连长。

云南起义，战斗进行得很激烈。在辛亥革命中，有些地方的独立很轻松，比如江苏，革命士兵和咨议局一起要求独立，巡抚程德全点头同意，把大清的顶戴一扔，就变成了军政府的都督。江苏独立了，从此不再听命于朝廷。独立之后，都督回头一想，一点破坏都没有，像革命吗？于是让人拿竿子把衙门上的瓦捣掉几块，算是留下了破坏的痕迹。

云南没有那么容易，它虽然没有西安那样大量的伤亡，却也打得很艰难。究其原因，主要是因为起义提前发动，打乱了计划。按照原计划，蔡锷坐镇巫家坝，指挥七十四标；李根源到北校场，指挥七十三标。由于起义提前了四个小时，李根源没有赶到现场，起义只能由几个下级军官指挥，临时决策，难免手忙脚乱。按照原计划，北校场的起义发动之后，由城内讲武堂的师生负责打开城门，迎他们进城。可是，起义提前爆发，城门当然打不开，只有攻城。所以，一直到第二天中午，起义军才攻上城内制高点五华山，占领了总督衙门。

战斗结束，革命军牺牲一百五十人，伤三百多人。云贵总督李经羲被俘，第十九镇统制钟麟同、兵备处总办王振畿都被杀死，总参谋靳云鹏化装逃走。

按照中国传统，旧统治推翻了，接下来就是参与推翻旧统治的英雄们争夺那把椅子，坐上去成为新的统治者。辛亥革命不同于历史上的改朝换代，所以，各省独立之后，并不一定是打天下者坐天下。打天下者坐天下，论军功赏官职，那是前现代的政治规则，而辛亥革命是一场现代革命，遵循的是新规则，执政者需要选举产生。查阅云南起义的文件，最早的是1911年10月31日的两份。一份是《大汉云南军政府告示》，只有这样几句：“大局已定，举动文明。保我同胞，鸡犬不惊。其各贸易，其各营生。凡我军队，不准扰民。”这是蔡锷写的。另一份是《致云南省咨议局函》，也是蔡锷写的，主要内容是：“破坏之责，锷等已尽，而建设之任，专在诸公。”所以请咨议局诸公到司令部开会，“会商善后办法”，建立新政权。

11月1日，“大中华国云南军都督府”成立（又称“大汉云南军政府”），蔡锷被推为都督。

（二）慈者掌兵

讲到重九起义，我还想说的是，蔡锷是个道德感极强的人，重情义，知恩图报，虽身为军人，手握利器，却充满宽容和人道精神。云南起义时，有两件事值得一说。

一是他对云贵总督李经羲的做法。李对蔡锷有恩：是李把他弄到广西，给了他良好的发展机会；受广西革命党人排斥之际，又是李把他召到了云南，并且顶住种种压力，请朝廷任命他做了协统。现在革命了，李所代表的正是蔡锷要推翻的清帝国。恩人在敌对阵营，怎么办？蔡锷有个想法，动员李总督起义，然后请他做云南都督。这从云南起义的一些文件中都可以看到。

但是，李经羲认为自己是大清臣子，那样做不忠不义，所以坚决拒绝。在这种情况下，蔡锷如果杀掉李经羲，教科书一定会称赞他的“革命大义”，人们也不会说他什么。但是，蔡锷不这样，他不能忘掉总督大人对他的恩情。滴水之恩，当涌泉相报，这是君子做人的原则，岂能因为自己参与革命就与恩人刀兵相见？可是，总督府是必须攻打的，怎么办？在发动攻势时，蔡锷写了一封信，请人火速去总督府带总督大人到法国领馆避难。

起义成功之后，蔡锷又劝李经羲加入革命阵营，仍然要请他来主持云南大政。李经羲顾念皇恩，不肯改变立场。蔡锷尊重李的选择，不再勉强。为了他的安全，蔡锷把李经羲和家属都接到临时军政府，最后把他送出云南。据当事人回忆，李经羲是坐着轿子去车站的。蔡锷这位云南军政府的都督，却跟着轿子步行，一直把总督送到车站。为了防止路上出现意外，蔡锷还派了一连士兵随车护送。

在过去那种只强调革命性、斗争性，似乎只有大义灭亲才算立场坚定的历史叙事中，蔡锷的这种做法自然不被肯定。但我们只要不再囿于那样的观念，就不难看到，这是一个多么好的人！20世纪的中国是拒绝讲个人情义的，但事实上，忘恩负义绝对不是美德。而且，蔡锷把革命立场和私人情义分得很清。他既不忘个人情义，又没有因为这份情义而放弃革命。一方面是私情，一方面是公义，蔡锷的处理使他更加光彩照人。

另一件事，是起义誓师时，蔡锷做完动员报告，他的部下抓来了两个满人军官，准备杀掉祭旗。杀人祭旗，这是中国传统的做法。大家看《三国演义》等小说，不难看到具体的情节：抓几个人来，把他们的头颅砍掉，把血洒到军旗上。蔡锷的部下没有想到，蔡锷制止了这种做法。他告诉人们，我们起义是为了推翻大清统治，不能随意杀人。汉、满、蒙、回、藏都是同胞，应该一样看待。他下令把二人暂时关起来，待起义成功后释放。

战争，尤其是夺取政权的战争，最简单的处理方法就是把原来的统治者抓起来杀掉，那是一了百了、最省事的办法。中国历代政权更替中大多是这样干的，亡国之际，帝王之家很少有人能活下来。然而，蔡锷决不这么干。后来的教科书往往把这种行为说成是“资产阶级的软弱性”。是软弱性还是现代文明，其实不难明白。

辛亥革命成功之后，蔡锷写了《祭战死将士文》。此类文章当时各地都有，革命胜利了，追悼和缅怀烈士，这是一般都要做的。但是，只要我们比较一下这一百年中类似的文章，就会看到蔡锷的不同寻常之处。在这篇祭文中，他不是像一般人那样张扬英雄精神以鼓励更多的人敢于牺牲和奉献，而是带着普通人的日常之心，写出了一个领袖难得的人情味。他写道：“谁无父母，曰吾有子；谁无夫妇，曰祈战死；谁无兄弟，曰有外御；谁无婚姻，曰光吾里。”联系五年之后护国战争的胜利，我们可以看到，战争胜利，革命成功，功成名就，他却总是高兴不起来，不愿欢呼，不愿庆祝胜利。悼念自己的烈士，他不忍说他们死得光荣，说到敌人伤亡，也不忍说那是他们应有的下场，而是满怀恻隐之心。

古人说：慈不掌兵。蔡锷却偏偏以仁慈之心掌兵。他的人道精神，使他与传统的武人区别了开来。

（三）治理云南

蔡锷就职后，建立制度，革除弊政，整顿财政，兴办教育，开发实业，使云南呈现出一派生气勃勃的景象。

战争尚未结束之际，军政府是最高权力机关；只有等战争结束之后，才能进入正轨，按照现代规则选举议员，召开议会，选举领导人。因此，军政时期常常无法避免专制，公民的权利往往要被剥夺。如果一个地方遇到一个只知道中国传统的都督，那么，那个地方就难免陷入专制统治，因为胜利者总是难以避免耀武扬威，发号施令，显示一下威风。云南人比较幸运，蔡锷脑子里装的不是中国传统的政治文明，而是西方现代政治文明。所以，军政府成立之后，云南很快建立了立法、司法机关，确定了三权分立的原则。史家公认，革命之后，云南的组织比较完备，政策比较稳妥，所以秩序比较稳定。

这不像湖南。辛亥革命之后，湖南人却不那么幸运。焦达峰做了都督，与他相熟的那些会党首领一个个都到长沙来了，要官，要钱。焦都督讲义气，有求必应；都督府摆开流水宴，从早吃到晚；任命官员太费力气，干脆自己想当什么官写根布条佩在胸前就是了……闹了许多笑话。所以有人忍无可忍，把他杀掉，把谭延闿请出来做了都督，湖南才稳定下来。云南有蔡锷，没有出现湖南那种情况，也没有像安徽那样走马灯似的换都督。

任云南都督期间，蔡锷被人称道的首先是处事公正，决不以权谋私。我们不妨来看几件事：

一、蔡锷将军任云南都督时，云、贵两省的士绅打算为他铸造一尊高大威武的铜像。蔡锷感谢大家的好意，却拒绝为自己铸铜像，而是用这笔款救济了饥民。

二、蔡锷执政之后，常常微服私访。一次他微服出了都督府，回去时却遇到了麻烦：守门的士兵不认识他，不让他进门。蔡锷只好要求他为之通报，说要会见都督夫人。这是一个好办法，夫人来了，自然能为他解围。可是，这士兵非常认真，他考虑到都督夫人的安全，反而更加盘问起来，甚至动手打了蔡锷。传达室的参谋闻声赶来，斥责士兵竟敢打都督！蔡锷却下令破格提拔这个士兵。可惜的是，参谋前去宣布命令时，那士兵已经跑掉了。

三、蔡锷的弟弟蔡钟，从湖南到云南，千里迢迢找来了，想要份工作。

都督府的办事人员也想好好安排，但蔡锷制止了，给了二十块大洋，打发他回家好好过日子，伺候父母。因为他知道，只要把弟弟留在身边，早晚会被惯坏。他弟弟隐居终生，没进官场。

七、进京之谜

蔡锷在云南都督的位子上坐了接近两年——从1911年11月到1913年10月，此后，就离开云南，到北京去了。

从历史留下的官方资料看，应该是蔡锷请求到北京养病，总统批准了。这有袁世凯签发的大总统令为据："云南都督蔡锷叠电因病请假，着给假三个月，来京调养。"

获得总统批准之后，蔡锷于1913年10月7日致电袁世凯及各省都督，辞去云南都督职，10月9日即动身进京。第二天是10月10日，中华民国的第一个国庆节，也是袁世凯就任大总统的日子。

关于蔡锷进京这件事，长期以来，从历史教科书，到史家著作，都持这样一种说法：蔡锷奉调入京，被袁世凯夺去兵权，软禁了起来。这种说法很流行，各种读物和电视剧等文艺作品都沿袭这种说法，但是，如果我们回到历史现场，回到当时留下的材料，却很容易发现它经不起推敲。

（一）蔡锷进京是自愿的

蔡锷离开云南，到北京去，是自愿的，并非被迫。如果蔡锷不想走，袁世凯不会调他走，也不会削他兵权。

根据可以找出一大堆，从当时的情况和一般逻辑看：第一点，蔡锷没有失职，没有犯错，没有把柄落在别人手里，袁世凯没理由免他的职，夺他的兵权。第二点，即使袁世凯想以调走的方式剥夺他的兵权，只要蔡锷不想走，袁世凯也未必调得动。考察1913年各省的军政首脑们，凡是中央能调动的，都是他自己愿意，何况是云南？蔡锷在那里有政绩，有声望，有基础，如果他不愿离开，只要一句话，全省军民就会一起挽留，他就可以以此为由拒绝进京。第三点，蔡锷一直是袁世凯的支持者，袁世凯没有理由这样做。当时的袁世凯面对许多反对者，比如孙中山系的革命党人，正值用人之际，没有理由先来收拾蔡锷。

那么，蔡锷为什么要离开云南？有一种说法，是说云南的一些军官倒蔡，令蔡锷有点心灰意冷，所以萌生去意。这种说法看上去有点道理，因为无论哪个地方，都会有矛盾和斗争，云南军官未必全都拥护蔡锷。不过，考察蔡锷在云南的情况，以上说法却站不住脚，因为蔡锷显然不是被赶走的，也不是被挤走的。云南的大多数军官拥护蔡锷，倒蔡势力不足以让他离开云南。

一系列事实都可以证明，蔡锷在云南的威信很高，势力很大，基础很稳，即使在他离开云南之后，云南军队依然唯他马首是瞻。有两件事足以说明他在云南的根基之深，基础之稳：一是他要进京，身边当然有人想接任云南都督，蔡锷却从贵州调回了唐继尧。唐继尧从贵州回云南做都督，靠的就是蔡锷。试想，蔡锷要走了，还能保唐继尧做都督，怎么会保不住自己的都督职位？二是后来要起兵护国，蔡锷还是回到云南。由此可见他对云南的信任，他是自信能够指挥云南军队的。如果是因为闹得不愉快而离开的，或者是被赶走的，他敢回去做这样的事吗？

历史的事实是：蔡锷离开云南而去北京，完全是主动的。

那么，他为什么要离开他的根据地云南，只身前往北京呢？有一个人物不得不提，那就是他的恩师梁启超。

1913年6月，梁启超致电蔡锷，其中有这样一段话：

> 总理一席，人望在君，时速艰难，何不来京一行，共商大政。[①]

梁启超告诉蔡锷，人们想让他来做国家总理。蔡锷回电表示，他早就想到北京与袁大总统面商政事，也想到北京接洽一下各方面人士，只是因为公务繁忙，未能成行。现在如果有要事需要他进京，他也未尝不可以把事情放下，进京一次。当然，关于当总理的事，蔡锷忘不了谦虚一番——如果老师告诉你一个总理职务在等着你，你马上就跑来了，这不符合蔡锷的性格，也不符合蔡锷的修养。蔡锷给梁启超回信说："锷一介武夫，未谙政治，国务重任，非所敢承。虽急思来京侍承大教，奈羁于职守，未敢擅离。"[②]

①《亚细亚日报》1913年6月17日。

②曾业英编《蔡锷集》（全2册），湖南人民出版社2008年，第932—933页。

客气归客气，大家想一下，有个总理的席位在等着，这对蔡锷没有吸引力吗？当然，蔡锷后来没有当上总理。他到北京之后，这事似乎无声无息了。到底哪些人曾想让蔡锷当总理，我们不得而知，也许这只是梁启超等人的打算。

然而，就蔡锷而言，云南毕竟地处边陲，远离中央，舞台没有北京大。人就是这样，只要你有理想，有追求，就不会拒绝更大的舞台。对于百姓来讲，可能在哪里都差不多，做北京市民与做昆明市民，能有多大差别？但是，如果想做总理，却必须去北京。想做总理而去北京的人当然不可能都当总理，但不去北京就注定当不了总理。蔡锷的个人理想并不只是一个云南都督，否则，他也不会管那么多的事，云南、贵州、四川、西藏，西南各省的事他都要管，显然是想有更大的作为。要对国家发挥更大的作用，就要到北京去。

关于这件事，梁启超的记述是："蔡公意思一来因为怕军人揽政权，弄成藩镇割据局面，自己要以身作则来矫正他，二来因为他对外有一种怀抱，想重新训练一班军官，对付我们理想的敌国，三来也因为在云南两年太劳苦了，身子有点衰弱，要稍为休息休息。他前后写了十几封信和我商量，要我帮他忙把官辞掉……"这些话也是对外讲的，不可不信，也不可全信，但由此可见，蔡锷离开云南去北京，是自愿的，袁世凯夺去兵权云云，实属史家想当然。

蔡锷此举，显然是为了做更大的事业。至于具体的理由，在离开云南的时候，营以上军官为他送行，他讲过这样一段冠冕堂皇的话："现在的总统袁世凯，原是我们的政敌，戊戌那一年因为他临时告密，我们的师友，有的死，有的逃，现在想起来，犹有余痛。但衡量中国现在的情势，又非他不能维持。我此次入京，只有蠲除前嫌，帮助袁世凯渡过这一难关。"他甚至表示："袁是中国的一个人才，能把中国治理好。……如果他愿意，就让他做一个终身总统。"①

以上这样的话，过去的历史教科书不愿讲，原因是不愿把蔡锷与袁世凯扯得太近。因为蔡锷的光彩，教科书总想把他与孙中山拉近一点，可是，当

①赵钟奇：《云南护国前后回忆》，《云南文史资料选辑》（第十辑），中国人民政治协商会议云南省委员会文史资料委员会编印1979年，第105页。

时的蔡锷就是离孙中山很远，离袁世凯很近，这是无法改变的。他甚至表示，如果袁世凯愿意，他会帮助他做终身大总统。一个愿意帮助袁世凯做终身大总统的蔡锷，让后来的教科书不愿讲他。

从公私两方面考察，蔡锷进京，于公，是要帮助袁世凯渡过难关，也就是帮助新生的共和国渡过难关；于私，就他自己而言，也是寻求施展自己抱负的更大舞台，寻求更好的发展。

（二）蔡锷入京并未被软禁。

直到现在，教科书和各种史著还总是说袁世凯软禁了蔡锷，各种文艺作品也在那里进行这样的演义。其实，这种说法很可疑，基本不是事实。一个常识性的问题是：袁世凯为什么要软禁蔡锷？

早期的论断是说蔡锷属于革命党，支持"二次革命"，所以袁世凯对他有所戒备。随着大量历史材料公之于世，事实摆在那里：蔡锷在"二次革命"中支持的是袁世凯，而不是孙中山。这让党派的史家怎么办呢？鉴于蔡锷的声望，即使不能把他打扮成孙中山的追随者，也不能让他与袁世凯站在一起。于是，一种分析出现了：蔡锷虽然曾对袁世凯存有幻想，但袁世凯既然一心复辟帝制，自然要把他视为危险人物，软禁起来，严加看管。

事实上，袁世凯很喜欢蔡锷。从彰德会操，第一次见蔡锷，就喜欢得不得了。后来，蔡锷作为军界新星升起，他就更想把他弄到身边来。凡是领袖人物，无论品质如何，都有一个共同的特点：爱才。因为有才才有用。好领袖和坏领袖的差别主要在于：前者爱才、敬才、珍惜人才；后者只知道为我所用，用完之后可能是兔死狗烹。袁世凯不是坏领袖，何况，他当时的确很需要蔡锷这样的人才。

所以，蔡锷来了，他很高兴，对蔡锷非常热情，从生活到工作各方面，都给了很好的条件。这里举一个例子，蔡锷到北京不久，就到了他的生日，12月19日。消息传出，袁世凯派人送来了一万元。注意：不是公款，是袁世凯自己的钱。那时的大总统并没有公私不分，随意支配国家的钱。接下来，袁世凯给了蔡锷一系列兼职，那些兼职加起来，蔡锷的工资是多少呢？每月可以领五千块大洋！蔡锷不愿不干活就领那么多钱，所以有些工资没有领，是事实。但袁世凯给了，我们可以说他以权谋私，笼络官员，但他对蔡锷怎么样？已经无须多说。

还有一点值得注意：大总统无论公务多么繁忙，都经常见蔡锷，有时甚至是天天见，大事小事与他磋商。查一查大总统起居录，就会看到，有时候是连续若干天，天天见蔡锷，隔上几天，又是天天见蔡锷。蔡锷与袁世凯是这样一种亲密关系，袁世凯许多事都与他商量。当然，后来有一件重要的事没有与他商量，恰恰出了问题。——那就是恢复帝制的事。

袁世凯还让他的长子袁克定与蔡锷拜了把子，成为结义兄弟。这样一来，他与蔡锷的关系就又近了一步。

在过去的历史叙述中，袁世凯对蔡锷的全部热情，都被解释为收买、监视，是困虎于笼中，总之袁世凯没安好心。但是，史家的这种做法，事实上犯了一个大毛病：把人往坏处想，想得太坏，尤其是对那些后来犯了错的人，再去解读他的时候，就总是把他往坏处想。这事实上是一种不健康的心理。因为我们知道，即使一个人后来成了坏人，他原先就那么坏吗？那种坏人推定，很不实事求是。根据那样的解释，好像袁世凯一直是在警惕蔡锷、监视蔡锷，把蔡锷当成敌人。事实不是那样，而是袁世凯真的喜欢蔡锷，想重用蔡锷。没有找到机会，事情没有办成，那是另一回事。

袁世凯之所以想重用蔡锷，是因为在当时的风云人物中，他最看重的就是蔡锷。

那么，在袁世凯的眼里，蔡锷处于怎样的地位呢？他说过这样一段话，我们不妨来看一看：

> 孙氏志气高尚，见解亦超卓，但非实行家，徒居发起人之列而已。黄氏性质直，果于行事，然不免胆小识短，易受小人之欺。蔡锷远在黄兴及诸民党之上，此人之精悍即宋教仁或亦非所能匹。

这里论及四个人物：孙中山、黄兴、宋教仁、蔡锷。孙中山和黄兴是革命党人的领袖，但在袁世凯眼里，他们都算不上什么。在孙与黄的比较中，能看到黄兴“易受小人之欺”，还有点为黄鸣不平。袁世凯很器重宋教仁，在他看来，宋教仁远远高于孙中山和黄兴。然而，宋教仁与蔡锷相比，还是蔡锷更优秀。有了这样的看法，袁世凯对蔡锷的重视可想而知。从大清到民国，袁世凯阅人无数，说袁世凯没眼光，大概说不过去。即使袁世凯的眼光不怎么样，也能够说明蔡锷在他心中的位置。

袁世凯把蔡锷调到北京，是准备重用的。当然，蔡锷是梁启超的学生，又是辛亥革命的领袖，与黄兴等人关系甚密，未必与自己一心，这不能不让袁世凯有所担心。但袁世凯相信蔡锷不仅是不可多得的人才，而且为人忠义，所以极想把他揽到身边，成为自己的臂膀。尤其是在做了大总统之后，他对自己原先的北洋部下并不完全满意，很想在全国范围内选用优秀人才。他想来想去，反复比较，认定可以重用的是蔡锷。因为蔡锷不仅精通军事，而且有思想，懂政治，更为重要的一点是：处事稳重，能顾全大局。这样的人才为什么不用？当时和后来的许多人都曾说过，袁世凯曾经想让蔡锷当陆军总长，也就是段祺瑞那个位置，也考虑过让他当参谋总长，反正要给他一个重要的职位。陶菊隐在《蒋百里先生传》中曾经写到袁世凯的想法：“陆军总长一席以蔡松坡为最适宜……蔡在云南做都督，他自然放心不下，若内调为军政首长，使他楚材晋用，无直接兵权而负建军之责（强化他私人的武力），再派一名心腹做次长随时监视着他，那是再好也没有的……蔡的心理与百里的完全相同，建立国防是他们的第一义，无论内除国贼，外御强邻，必以练兵及训练军事人才为其起点。蔡是个沉默寡言的人，却有锐利的眼光和深刻的鉴别力，他何尝未看透袁所欲建立的只是为个人争权位的军队而非为国家御侮的武力呢，但是他很想将计就计，假手袁以完成现代化的国防。他认为家天下已非时代所许，新军人而施以精神教育，其思想及信仰必然和过去只知效忠个人的奴才式的军人不同，所以他很想吞下袁的香饵，进行其化私为公的建军工作。”由于写作的时代给予陶菊隐的影响，这段话对袁世凯的角色设定已经带有先入之见，在此不论，但有一点值得注意：袁世凯的确想重用蔡锷。当时的袁世凯有个新的建军计划，包括训练二十个旅的新型军官，建立十个师的新型部队，以改善以北洋军为主的军队的不良状况。袁世凯的这个建军计划，北洋老将无人能够为他完成，他所指望的，就是蔡锷。

但是，事实是蔡锷没有成为陆军总长，也没有成为总参谋长。究其原因，并非袁世凯不想用他，而是即使像袁世凯这样的人物，即使身为大总统，有些事也会力不从心，不能随心所欲。让蔡锷当陆军总长，想归想，却不敢贸然委任。因为他知道会有很多问题：那些老部下怎么办？他们的工作怎么做通？如果硬要任命，段祺瑞等也未必造反，但为蔡锷而失去“北洋三杰”那样的老部下，这事非同小可。何况，即使袁世凯强行任命成功，也会把蔡锷置于一个尴尬的境地，没有袁世凯那些老部下的配合，让蔡锷怎么工作？不仅难有作为，而且可能导致军界混乱。

然而，袁世凯对蔡锷的欣赏和器重显而易见，接二连三地委以重任：先是任命蔡锷为陆军部编译处副总裁，这职位看上去实在不显眼，编译处，还是副总，可是，大家知道总裁是谁？段祺瑞。后来又让蔡锷做了政治会议议员，又让他做了参政院参政，又让他做了陆海军大元帅统率办事处成员。大元帅统率办事处，这职位看上去也不显赫，不过，这个办事处却不是一般的办事处，它的成员只有六人，除蔡锷之外，其他五人是：陆军总长段祺瑞、海军总长刘冠雄、海军上将萨镇冰，还有王士珍和陈宧，都是袁世凯信任的人。这个办事处地位相当于今天的中央军委。六个人组织的最高军事指挥部，蔡锷置身其中，你说袁世凯对蔡锷是重视还是不重视？是重用还是不重用？

然后，袁世凯又给了一个完全由蔡锷自己说了算的部门——全国经界局，并且加“昭威将军”衔。当时的“威”字将军有一串，蔡锷排在第一位。

对袁世凯的赏识和重用，蔡锷是心中有数的，而且给予了积极的回报，费心费力，积极工作，并且召集一批当时最优秀的军官组成了军事研究会，编撰了《军事计划》。从蔡锷留下的那些文件，可以看到他为政府很卖力，实实在在地在那里工作，为总统出谋划策。

所以，蔡锷入京被软禁，这种说法，与事实距离很远。如果公公道道地说，在袁世凯称帝之前，蔡、袁关系很密切，并无冲突。

对那段历史进行考察，可以发现，从1913年到1914年，甚至更早的1912年，面对一个个重要的历史事件，蔡锷都是力挺袁世凯。

八、拥袁不党

如果我们往前追溯一下，可以更清楚地看到蔡锷与袁世凯的关系。

辛亥革命之后，在一系列大事上，蔡锷都是袁世凯的支持者。蔡锷在云南都督任上不到两年时间，发给袁世凯的电报就有一百一十多封。如此频繁地与总统交流，在各省都督中都是少见的。

沿着时间的线索，看辛亥革命之后蔡锷与袁世凯的关系，可以发现许多很有意味的事，也可以看到许多过去被历史教科书所遮蔽的事。

（一）“定都之争”，蔡锷支持袁世凯

1912年2月，清帝退位之后，孙中山这个临时的大总统，按照事先的约定，必须辞职，向参议院推荐袁世凯做临时大总统。参议院全票通过，袁世凯当选中华民国第二任临时大总统。于是，到处一片欢呼之声，欢呼帝制的终结和共和的建成，参议院的公告中把袁世凯称作“中国的华盛顿”。

然而，孙中山在辞职之际，向袁世凯提出了几点要求，其中之一是定都南京，袁世凯必须到南京就职。为此，国内爆发了一场“定都之争”：袁世凯不愿到南京去，认为北京更适合做中国的首都；孙中山则坚持定都南京，声称袁世凯如果不到南京就职，他就不交权。

各派人物纷纷发表见解，两派相持不下。如果考察当时的舆论，支持袁世凯的是大多数，支持孙中山的是少数，革命党人也只有一少部分支持孙中山。不过，孙中山的态度非常坚决，似乎没有商量的余地。这时候，蔡锷通电表示他的态度，列举种种理由，认为南京不适宜做首都，中华民国的首都应该在北京。

因为争论双方仍然僵持不下，孙中山决不妥协，袁世凯也不让步，黎元洪便于2月27日提出了定都武昌的建议。黎元洪是首义都督，中华民国副总统。孙中山做临时大总统，他是副总统；袁世凯当选临时大总统，他仍然是副总统。这也体现着时代的公正，人们无论怎样争，都不能不承认黎元洪在终结帝制和创建共和中的功劳，不能不承认他是辛亥革命的领袖。不过，黎元洪的这个建议，大概他自己也知道难以实现，不过是“有枣无枣打一竿”罢了。因为如果定都武汉，对黎元洪等武昌首义元勋来说，大概很有好处。看到黎元洪的电报之后，蔡锷马上又发通电，坚决反对黎元洪的主张，在他看来，定都武汉绝对不行，南京也不行，中国的首都只能在北京。

为此，蔡锷反复致电孙中山、袁世凯、黎元洪及各省都督，既反对孙中山的主张，也反对黎元洪的主张，支持袁世凯定都北京的主张。

蔡锷之所以支持袁世凯，完全是为国家着想。因为他认为定都北京更有利于国家的安全与稳定。

尽管国内舆论的主流已经倾向于北京，但孙中山就是不妥协，最后是南京方面派出以蔡元培为首的高规格代表团，到北京迎接袁世凯到南京就职。

可是，代表团到达北京没几天，北京就发生了兵变，哗变的士兵洗劫了商家，甚至连迎袁特使蔡元培也吓得连夜从宾馆逃了出来。如此情况之下，北京的稳定成为国内外关注的重点，外国人也担心袁世凯南下会导致北京秩序不稳，因而坚决反对定都南京。蔡元培等人鉴于这种情况，只好向南京提出建议，希望同意袁世凯在北京就职。南京的参议院一致通过，最后孙中山不得不妥协。于是，袁世凯以电报的形式向南京的参议院宣誓，然后在北京就职。国家总算暂时稳定了下来。

在这件事上，蔡锷自始至终都与袁世凯站在一起。

（二）蔡锷主张“军人不党”

民国初建，政党如雨后春笋，转眼之间就出现了几百个党。蔡锷熟知现代政治，深知政党在民主政治中的重要性，认为没有政党、没有党争，就不是真正的民主共和国。然而，蔡锷反对军人入党，提出了“军人不党主义”。

这是蔡锷提出的一个重要主张。这个主张之所以提出，是因为蔡锷已经发现，如果军人入党，介入党争和政争，是很可怕的。民主共和制度，必然要有党争和政争。政治上的分歧和争执如果只在不同党派的议员们之间进行，只在不同派别的报刊上进行，无论人们多么冲动，即使在议会上大打出手，对社会也不会有太大的危害。但如果军人入党，而且忠于他们各自的党，以手中的武力介入政治斗争，将给民主共和国的政治生活带来极大的危害，甚至有可能葬送民主政治。因此，他明确表示：带兵之人不能入党。

为此，蔡锷提出了三点理由。第一点，民国初建，军人应专心“整军经武”，巩固国防，加入政党，势必分心。第二点，也是他最担心的一点：军人手中握有武力，一旦政治斗争诉诸武力，必将导致国家混乱，这种混乱又必将导致政治倒退。后来的事实证明，蔡锷的担心不是多余的，政见的分歧导致军事冲突，最终毁坏了民主共和。蔡锷当时就说：政党分立，政治见解不一，是国家进步的保证，但是，军人入党，如果以手中的武力为后盾，要推倒内阁、操纵政治就太容易了。正因为想到这些，蔡锷主张军人不党，军人不能介入政治。第三点，蔡锷深知当时中国军队的素质，认为军队鱼龙混杂，军队中如果分党分派，将带来许多问题。他是一个带兵的人，但并不像一些人那样总是给兵戴高帽；而是认定军中官兵如果分党分派，很容易与会党合流，这样必然要搞乱军队，后果不堪设想。

因此，蔡锷建议大总统明令禁止军人入党。

袁世凯对他的这些建议大加赞赏。因为作为大总统，他所担心的，也是国家政治的混乱和军队的混乱，他比任何人都更希望国家稳定。

蔡锷本来也是党首。为了表示自己的态度，蔡锷带头宣布取消他所参与领导的统一共和党。

“军人不党”的主张具有多方面的意义，可以说是一个很现代的主张，也可以说是建立现代民主制度的基本保证。它涉及军队的定位，涉及军队在国内政治斗争中必须中立的原则，涉及军队的国家化，等等。这不仅关系到现代军队的建设，而且关系到现代政治文明是否能够建成。

众所周知，人类的政治文明从前现代进入现代，最表层的突出变化就是权力获得方式和交替方式的不同。在前现代的大部分情况下，获取政权依靠的是暴力。一个集团推翻另一个集团，一个王朝推翻另一个王朝，依靠的都是暴力。谁拥有更强大的暴力，谁就夺得天下，建立自己的国家。谁如果不服，就要准备更强大的暴力。但随着人类文明的不断发展，人们终于找到了一种合理的制度和规则：国家属于全体国民，统治必须征得被统治者的同意，合法的政权来自国民的授予。也就是说，合法的政权来自票箱，而不是来自暴力。既然权力的转移和交替也来自票箱，那就要求票箱周围没有暴力的支配和控制。

这就要求军队国家化，要求军队远离党派立场。因为只有军队属于国家，而不属于个人、集团或某个党派，才能保证政权的和平交替，才不至于出现因为选票不够就动用武力争夺政权或保卫政权的危险。

而且，军队是由全民纳税供养的，从道理上讲，也不应该服务于哪个集团或派别。蔡锷熟知现代政治规则，同时又看到了当时中国政治的危机：如果党派拥有武力，或是军人介入政争，权力的交替就无法走上现代政治轨道。

从这个意义上讲，蔡锷自身作为军人，提出“军人不党”，可谓至公至正，显示的是他的无私，是他的深谋远虑，是他对民主共和国的一片赤诚。

当然，蔡锷的这种主张对大总统袁世凯是有利的。身为大总统，当然更希望军人不党。而且，蔡锷的主张与袁世凯的主张不谋而合。此时的袁世凯也是一个“不党主义”者。他曾不止一次地表示：我袁世凯决不组党，也不加入任何政党，只是从政、从军，报效国家。袁世凯曾经把自己不入党的理由归结为几点：我入甲党则乙党为敌，入乙党则丙党为敌，身为总统，我不能为了自己而造成国家纷扰。

军人不党主义，有利于维护国家的稳定。对国家稳定有利的主张，是统治者所欢迎的，也是袁世凯所欢迎的。所以，蔡锷与袁世凯又走到了一起。

（三）“二次革命”中的选择

1913年3月20日，宋教仁在上海车站遇刺，两天后去世。消息传开，举国震惊。

三天之后，孙中山即从日本归来，在上海召集国民党高级干部会议，认定袁世凯是刺杀宋教仁的元凶，号召国民党人拿起枪来，推倒袁世凯的统治。这就是“二次革命”武力讨袁的最先发动。

暗杀宋教仁的元凶是谁，至今是个未解的谜。尽管影响了几代人的各种教科书，都似乎毫无疑问地直接陈述袁世凯刺杀了宋教仁，尽管从国民党掌握政权之后，一直到今天，主流史著一脉相承，沿袭了这种说法，但是，如果实事求是地面对历史，我们应该说：这是一种缺少可靠证据的说法。多少年过去了，事情已经发生近一百年，至今没有可靠的证据。史家如果客观公正，只能说是一个悬案。

与教科书的说法不同，从事发当年，直到今天，在这近百年中，一直有人认为刺杀宋教仁的不是袁世凯，而是孙中山。当年宋教仁的贴身秘书北一辉，在案发当时就曾认定宋教仁并非死于北方之手，而是死于南方之手。现在的台湾作家张大春等，还有大陆的一些学者，比如《百年之冤》一书的作者张永东、《百年悬案》一书的作者张耀杰，在他们的著作中，都锁定元凶是孙中山的追随者陈其美。他们的研究使我们看到，孙、陈的确更有作案动机，也更有作案条件。

但是，逻辑推论无论多么合理，也不能代替事实依据。说袁世凯指使杀掉了宋教仁，没有可靠的证据；说孙中山和陈其美指使杀掉了宋教仁，同样没有可靠的证据。双方都没有证据，法庭就不能结案。所以，此事至今无定论。

孙中山不仅认定袁世凯是杀害宋教仁的元凶，而且力主发动“二次革命”。当时的国民党领袖们、元老们，包括黄兴等人，虽然也曾谴责袁世凯，但涉及“二次革命”，涉及起兵讨袁，却很少有人拥护孙中山。在第一次会议上，只有戴季陶一人附和，但戴季陶是文人，手里没有军队。后来，终于有了一个李烈钧。李烈钧也知道武力讨袁的条件不具备，起兵必败，但他经不住孙中山的动员，成了“二次革命”的急先锋。

尽管黄兴等多数革命领袖都表示反对，但孙中山还是坚持武力讨袁。于是，“二次革命”最终还是爆发了。1913年7月12日，李烈钧通电宣布江西独立，誓师讨袁；7月15日，江苏宣布独立；7月17日，安徽宣布独立；7月18日，陈其美自任上海讨袁军总司令，宣布独立……看上去宣布独立的地方不少，但这一切都有点像演戏，因为很快就相继偃旗息鼓。然而，虽然战乱只发生在局部地区，而且时间不长，但对于新生的共和国而言却是第一场严重的危机。它是中华民国这个东方第一个民主共和国成立之后遇到的第一次严重挑战。

“二次革命”爆发之前，蔡锷看到一些报刊在毫无证据的情况下攻击大总统，说他是杀人凶手，就非常忧虑，觉得这绝非国家之福。所以，他一次次通电全国，以息事宁人的态度希望平息事端。他告诉人们，宋案应待法庭审判，借款应由国会解决，不能动不动就要兴兵。蔡锷可谓苦口婆心，他告诉人们，共和国刚刚建立，就像一个婴儿一样立足未稳，随意兴兵，就是置国家利益于不顾，就是不爱惜这个新生的婴儿。

蔡锷与黄兴是多年的好友。为了争取蔡锷的支持，黄兴从上海致函蔡锷，希望他起兵赞助讨袁，并且写了一副对联相赠：“寄字远从千里外，论交深在十年前。”可是，蔡锷的立场不为友情所动，拒绝支持“二次革命”。

“二次革命”爆发之后，蔡锷的态度更加坚决，立场也更加鲜明。在此之前，他还在调和，“二次革命”一旦爆发，他的那些电报、那些宣言，就不再是和事佬，而是变得非常严厉。他一面警告那些宣告独立的将领，包括他的那些老朋友，要他们立即罢兵休战；一面为政府出谋划策，主张坚决平叛。他在7月17日给政府和总参谋部的电报中说：“积年痈毒，趁此一决，未始非福。弟恐战事延长，蔓延太广，此后殊难收拾。……惟恳分饬皖宁，严防分窜，一面分重兵驰赴战地，分头截剿，早日扑灭，以免星火燎原。”[①]

他联合四川、广西、贵州几位都督，一起通电全国，谴责宣布独立者对统一大局的破坏，并且指出了重要的几点：第一，统一之局一旦被破坏，不知会有“几人称帝，几人称王”，国家必然大乱；第二，辛亥革命以来虽然号称五族共和，但蒙、藏问题并未解决，内乱一起，难免外人会趁机而入。鉴于这种情况，他认为那些发动内战的人是在拿国家作赌注，不顾百姓死活。他愤怒地说：“以一部分枭杰者之政争，陷我四万万同胞于水火，天道灭绝，人道何存？”他还担心这会形成一种坏风气：“以国家为儿戏，视革命为故常。今日甲革乙，明日丙又革甲，革之不已，人将相食……”在这份电报的最后，蔡锷表示了决一死战的决心：“锷等岩疆孤寄，未知死所，然一息尚存，对于国家前途，惟有以保土安民，巩固统一为第一义。苟反于此意，力所能至，歼除不遗。”[②]也就是说，军人的职责就是保土安民，谁如果置国家前途于不顾，他和几位都督只有披挂上阵，出兵剿灭之。

毫无疑问，在“二次革命”中，蔡锷站到了袁世凯一边。他支持的是袁世凯，而不是孙中山。这是事实，无须掩盖，也无须为之辩护。值得我们追问的，倒是这样的问题：蔡锷的选择是对还是错？

我们过去的历史教科书，无一例外地站在“二次革命”的立场上：赞成革命的就是好的，反对革命的就是坏的；积极发动革命的就是更好的，犹豫不决如黄兴等人就不是坚定的革命派。显然，这一切都是以孙中山的是非为是非，以孙中山的立场为立场的。

然而，一个无法忽视的问题是：国民党的领袖和元老们如黄兴等人为什么不积极“二次革命”？国内贤达为什么绝大多数反对“二次革命”？“二次革命”为什么得不到学生和市民的支持？事实上，民心的向背，非常明显。袁世凯的那些兵，平时打仗并不怎么样，后来在四川与护国军对阵，表现也不怎么样，但在“二次革命”中，却能所向披靡，很快平息了这场革命，这其中自有深层原因，显示的其实是民心的向背。

关于这个问题，从20世纪20年代开始，也就是从国民党建立自己的党

①曾业英编《蔡锷集》（全2册），第1071—1072页。

②曾业英编《蔡锷集》（全2册），第1074—1075页。

国开始，教科书就有了“符合党义”的要求，凡是反对二次革命的，都是错的。但一个问题需要注意：以对“二次革命”的态度划线，首先要能证明二次革命是正确的。可惜的是，无论站在什么立场上，无论是国家的立场，还是国民党人的立场，都很难说“二次革命”是正确的。因为正如蔡锷等人指出的，无论是宋教仁案，还是大借款，都不能成为起兵的理由。法院的审理还没有开始，就做出总统是元凶的结论；法院的审理刚刚开始，就反对法律解决，主张武力革命；这些做法，都是说不过去的。蔡锷反对，当时全国各党派都反对，大多数革命元老和国民党领袖也反对。在二次革命中，各地商绅没有像辛亥革命时那样支持革命，而是选择了支持政府。这样一场不得人心的革命，不仅危害国家，而且危害了宋教仁苦苦经营的国民党，难道只因为孙中山坚持，就必须肯定吗？历史证明，黄兴等人的反对倒是正确的，遗憾的是黄兴没有坚持到底，最后还是顺从孙中山的意志，同意武力讨袁，结果导致作为第一大党的国民党遭受巨大损失。

当然，如果深入考察历史，黄兴最后的屈从是可以理解的。

论及“二次革命”，有一点是后来的国民党和追随孙中山的史家所不愿讲的。但如果不讲，就无法理解黄兴违心顺从孙中山的苦衷。这苦衷是什么呢？就是黄兴如果再不去南京领导兴兵讨袁，将要出现杀死人的惨剧。当时南京有三个师，那是国民党能够掌握和可以利用的。然而，第八师师长陈之骥和旅长王孝缜、黄恺元等人都不赞成立即起兵。因此，孙中山对他们极为不满，派朱卓文带了2万元去南京秘密活动，运动八师下层的营长和连长，让他们杀掉师长和旅长，然后宣布独立。旅长王孝缜、黄恺元得到消息，急忙跑到上海向黄兴告急，而且表示：事已至此，虽然毫无准备，也只好立即起兵了。由于内心的恐惧，他们求黄兴去南京做讨袁军的总司令，而千万不要让孙中山去南京。

黄兴就是在这种情况下才同意亲赴南京起兵的。他第二天就到了南京，立即召开会议部署起义。据邓家彦回忆，黄兴是与汪精卫、蔡元培二人连夜赶赴南京的，首先去见程德全，请他起兵反袁。程德全认为地方官员绝无起兵反对总统之理，而且说：“今南北幸得统一，吾等唯有共佐元首，整顿国家，励精图治。革命党人势力已孤，即使再举，亦难成功。”黄兴等人没有办法，“三人下跪固请，涕泣劝求”。最后，程德全只好应允，却是“部队奉诸各位统领，余则祝发为僧”。

所以，当江苏以程德全的名义宣布独立之时，程德全事实上早已逃到上海去了。

黄兴之所以这样做，实在是没有办法。因为他不能眼睁睁看着营长、连长们把师长、旅长杀掉。在这种事上，孙中山的确是“为达目的不择手段”。这句话是孙中山去世时梁启超说的。

过去的历史叙述，常常采用这样一些办法：遮蔽，改写，淡化。从国民党主导之下编写的教科书，一直到现在的教科书，评价“二次革命”期间的人物，都用着一种狭隘的划线标准：反袁、拥孙就被肯定；拥袁、反孙就被否定。在这个标准之下，蔡锷让史家很为难。因为他在“二次革命”中站在袁世凯一边，成了孙中山派的对立面。一个光芒四射的英雄人物，偏偏没有站在孙中山一边，而是站在袁世凯一边，史家总觉得这样不行。但事实就是事实，在“二次革命”中，蔡锷就是反对孙中山，支持袁世凯。

蔡锷为什么反对孙中山而支持袁世凯?

首先，他认为袁世凯雄才伟略，是中国难得的人才，所以把中国的希望寄托在他身上。这其中一个重要的原因，是袁世凯以自己的智慧和勇气，在辛亥革命中能够劝说清帝退位，胜利地完成了使这个古老帝国和平地终结帝制、创建共和的历史壮举，避免了历次改朝换代都难以避免的大流血。共和初建，需要强有力的领袖维持国家稳定，蔡锷像许多人一样，认为“非袁莫属”。蔡锷眼里的袁世凯，与我们这些经过后来的历史教科书培养的人们眼里的袁世凯，是不一样的。在1913年的中国，袁世凯是英雄，是革命的功臣，是民族的希望。辛亥革命，没有袁世凯是不可能成功的。终结帝制，创建共和，如果要找功臣的话，无论选几个，都有袁世凯。中国人这样看，外国人也这样看。所以，庆祝中华民国建立一周年，庆祝中华民国建立两周年，那些庆典上，人们打的旗子，印的宣传画，甚至一些火柴盒，都印了“共和三杰”或“共和四杰”。“三杰”是袁世凯、黎元洪、孙中山，“四杰”是孙中山、袁世凯、黎元洪、黄兴。无论三杰还是四杰，都少不了袁世凯。当时的人们都知道，袁世凯是共和元勋。

既然这样，蔡锷信任他，拥护他，理所当然。蔡锷想帮他做好这个大总统，也是情理之中的事。

其次，1913年的袁世凯，是合法的中华民国大总统，是民主共和国的象征，代表着国家。在蔡锷看来，这时候革他的命，就意味着对民国的背叛。大总统是可以随便讨伐的吗？总统如果背叛，当然可以以叛国罪来讨伐他。但是，袁世凯怎么背叛了这个国家？需要拿出证据来。如果没有证据起兵讨伐，这就是对民国的不尊重，也是对国民的不尊重。蔡锷曾经反复对黄兴、李烈钧等人说：我们都是参与创建共和的人，如果连我们都不尊重这个共和国，谁还来尊重它呢？

其三，蔡锷所支持的，其实不是哪个人或哪个党派，而是维护共和国的力量。他不希望新生的共和国受到伤害。谁伤害新生的共和国，他就反对谁；谁有利于新生的共和国，他就支持谁。在他看来，当时的袁世凯没有伤害国家，而是发动内战的人们伤害了国家，所以，他就支持袁世凯。几年之后，袁世凯意欲称帝，背叛了民主共和国，他就不再支持，而且起兵讨伐。

这一切告诉我们，蔡锷的确不是支持哪个人，也不是反对哪个人。

所以，无论“拥袁”还是“反袁”，在1913年与1915年，不可同日而语。

到1915年蔡锷兴兵“反袁”的时候，袁世凯已经不是中华民国的大总统，而是中华帝国的洪宪皇帝。从这个意义上说，袁世凯已经叛国，蔡锷反的是洪宪皇帝，反的是中华帝国，反的是叛国者——背叛民主共和国的那些人。

蔡锷忠于中华民国，拒绝忠于中华帝国。

九、兵不厌诈

上一次讲到蔡锷到了北京，成为袁世凯的座上常客，两人关系相当密切。这种情况持续到1915年，接下来，他与袁世凯就要分道扬镳了。

（一）帝制运动

蔡锷之所以与袁世凯分道扬镳，是因为帝制运动。

袁世凯是个聪明人，但像许多领袖人物一样，在到达权力顶峰之后，就容易变得不聪明。袁世凯不聪明的重要表现，也是他一生中做的最糟糕的一件事，就是要把“民国”变为“帝国”，自己不再做“总统”，而做“皇帝”。这件事没有做成，却毁了他一世英名。

对于这件事，过去流行的说法是“袁世凯利令智昏，一心想当皇帝”。其实，这种说法并不完全符合实际，也是把袁世凯向坏处想、向坏处说的结果。袁世凯与国民党中的“暴烈派”严重对立。所谓“暴烈派”，是蔡锷使用的一个概念，指的是国民党中动不动就要用武，动不动就要再革命的那一派。可是，十多年后，恰恰是这一派夺取了政权，建立了党国。这样一来，官方的历史叙述在神化孙中山的同时，就必然要丑化袁世凯。又因为袁世凯恢复帝制的确大失人心，所以丑化起来就很顺利。但如果考察历史人物的功绩和身后名，由于这个丑化过程，袁世凯就吃亏了。

袁世凯是不是一心想复辟帝制？是不是一心想当皇帝？只要面对历史事实，做客观的回答，就应该说：他想，但并不是“一心想”。因为他没有坚定的立场，也没有那么执着的追求。

关于称帝，他事实上很犹豫，长时间拿不定主意。当皇帝，这个诱惑太大了，谁不想当？但是，袁世凯想当，也有点不敢当。因为他知道这事的风险，一旦失败，代价太大。何况，即使成功，拥有江山，最后也没有好结果。从当年他劝清帝退位的时候，对隆裕太后说过的那些话，可见他对此认识非常清楚。

袁世凯之所以犹豫，一个重要原因是他弄不清恢复帝制是否真得人心。袁世凯不是没脑子的愣头青，恢复帝制，做皇帝，他要考虑国情，察看民意，而国情和民意往往一时难以把握。所以，他犹豫不决，如果没有别人推拥，他很难走上复辟帝制之路。

从这个意义上说，他是上当受骗才决定恢复帝制的。是谁让他上当受骗？是他身边的一些人，包括杨度那样的所谓才子，包括梁士诒那样的老部下，甚至包括他的儿子袁克定。是那些人的理论，那些人的私心，那些人造出来的“国情”和“民意”，使袁世凯失掉了清醒的头脑。大家知道，要求袁世凯当皇帝的时候，不仅各地官员纷纷上京请愿，出现了商会请愿团、教育会请愿团、人力车夫请愿团，而且出现了乞丐请愿团、妓女请愿团。连妓女都上街了，请求袁世凯做皇帝。如此情况下，他身边的那些人就告诉他，全国人民一致要求他当皇帝，否则就有违民意了。这真是往死里忽悠。

连他的儿子都骗他。据袁世凯的女儿静雪回忆，袁世凯爱看《顺天时报》，从中了解国内的舆论和世界各国的态度。结果，他的大儿子袁克定就专门给他印了一份，舆论全是拥护帝制的。直到有一天，女儿从街上带回一张报纸，袁世凯发现与他看的完全不同，先是大惑不解，后是大惊、大怒，把袁克定叫来痛打一顿，骂他不仅欺骗父亲，而且误国。可惜此时已经晚了，一切都无法挽回。

在帝制运动过程中，袁世凯曾经一次一次拉刹车。著名历史学家唐德刚说，他查阅大总统起居录，发现袁世凯至少拉过12次刹车。但事实是帝制运动的列车没有刹住，可见袁世凯缺少做皇帝的决心，也缺少制止帝制运动的决心。

所以，在复辟帝制的过程中，袁世凯并不像我们的历史教科书所说的那样简单，想当皇帝，一心复辟帝制，但是，他毕竟缺少坚定的立场，没有把握住自己，最后做出了那个愚蠢的决定。一个了不起的人物，最后竟然不由自主地走向了自我毁灭之路。面对这段历史，我们不能不为袁世凯叹息。

（二）蔡锷的态度

袁世凯要改变国体，当然想知道一些重量级人物的看法，包括蔡锷的看法。但遗憾的是，袁世凯一直没有明问，蔡锷也一直不动声色。在这件事上，他们两个进行的是一场无言的对话，表现都不够真诚。

由此可见，蔡锷与袁世凯的确算不上朋友。蔡锷与袁世凯的关系，和徐世昌、冯国璋等人与袁世凯的关系大不相同。尽管他们之间也有矛盾，也斗心眼，但有些事他们可以直问。比如，冯国璋就直接问过：外面传说你要当皇帝，你真要当皇帝吗？无论袁世凯的回答是否真诚，他们是可以这样问的。蔡锷与袁世凯的关系却没有到这个地步。他们两个相互关心，相互尊重，但有距离，关系有点夹生。

关于他们两人之间关系的这种夹生，如果追究原因的话，我觉得主要在蔡锷一边。虽然我在这里讲的是蔡锷，在许多方面都在赞美蔡锷，但我不想太偏心，不想在每一件事上都为蔡锷开脱或辩护。前面说过，蔡锷进京之后，袁世凯一直在拉近乎，但蔡锷的态度却让袁世凯有点摸不着头脑。袁世凯很精明，可谓阅人无数，但他没有遇到过蔡锷这样的。他能看清蔡锷的才华和能力，能看到蔡锷可用，却看不透蔡锷的内心。蔡锷这个人的内心隐藏太深，让任何人都不敢轻视他，却让人难以看透。与袁世凯相处，蔡锷做得很得体，却不是那么真，不是那么坦诚。当然，干大事的人也许就是这样，不能让人看透，只有像我们这样的不能干大事的人才看重坦率和真诚。不过，我真的常常为蔡锷与袁世凯的关系而深感遗憾，也许谁也没有错，一些事却在二人之间平添了障碍，尤其是蔡锷那些近乎完美的做法，却在事实上很容易在他与袁世凯之间制造“隔膜”。

比如，蔡锷刚到北京时，以标准的军人风范穿军服觐见袁世凯。袁世凯送给他一件做工考究的大氅，并且亲切地说，以后见面不必拘礼，着正装很累，穿这便服就可以。下一次召见，袁世凯却叫上几位将官一同见面，而且让大家都穿了军装，自己也穿上了大元帅服，就这样等着蔡锷到来。袁世凯的这一招曾经在浙江都督朱瑞身上用过，结果是朱瑞穿着马褂前来，弄得非常尴尬。同样的考验到了蔡锷身上，结果完全不同。时间到了，蔡锷正点到达，依然是军服、马靴、手套、勋章，一样都不少。蔡锷的这种严谨和持重，使自己避免了像朱瑞那样尴尬，赢得了袁世凯的敬重。认真想来，袁世凯的这一手，的确是考察人的一种有效方法，可以一下子看到一个人的许多方面，是否知礼，是否自重，是否能够把握自己，一下子就能考验出来。对身居高位的人而言，有些下属是不宜亲近的，因为他们给个鼻子就上脸。那样的人，居高位者当然不愿再把鼻子给他。袁世凯器重蔡锷，努力表示亲近，蔡锷却清楚地知道自己的身份和位置，半点不敢僭越。知分守分，正是一个人的自尊与自重。蔡锷的谦谨与自重，使他在袁世凯的心里进一步增加了分量。

但是，从另一方面讲，过于自尊自重，过于知分守分，却不利于拉近距离。给个鼻子就上脸，固然令人生厌；但热烈地张开怀抱，却被彬彬有礼地拒绝在三尺之外，却也令人扫兴。论年龄，蔡锷在袁世凯面前是晚辈，但蔡锷的表现却使得袁世凯礼貌地称他为“先生”。蔡锷把袁世凯称他“先生”的事告诉陈宧，陈宧说：“那就是叫你先死！”其实，陈宧说的未必是玩笑话。让上司这样尊敬你，两人的关系就有可能夹生。从某种意义上说，那些能够随时被训斥的人，倒可能成为亲信。然而，蔡锷的性格，却不会愿意给人做那样的亲信。

再比如，蔡锷到北京之后，袁世凯给他许多兼职，兼职那么多，能干那么多事吗？其实，上司并没想让你干那么多事，一个兼职一份薪水，表达的是上司对你的关爱。蔡锷的薪水加起来，竟然每月可领五千大洋。面对总统的这份厚爱，到底怎样做才更得体？蔡锷的做法是按劳取酬，自己实际干了那份工作，就领薪水，几份并未出力的工作就领干薪，没有要。给好处不要，这是什么意思？按照官场的一般规则去理解，很难保证不出现误解。如果被理解为清廉、正派，当然可以赢得赞赏，但如果被理解为不领情，就有可能影响两人的关系。

大家知道，要讨好一个人，要拉近与一个人的关系，无非有这么几种途径：一是投其所好，二是乘人之危。若说投其所好，蔡锷不爱钱，不好色，简直没什么东西可以投其所好。若说乘人之危，蔡锷谨言慎行，不犯错，不闯祸，你想帮助他、庇护他都没有机会。袁世凯是个很有办法的人，但面对蔡锷这样的人，却真的没了办法。那个年代，让袁世凯没办法的有两个人，一个是宋教仁，当时已经死了；另一个就是蔡锷。他的表现，让袁世凯不敢轻视，甚至很赞赏，却也不敢贸然太亲近。

这样的关系，当然无法交心，成不了亲密无间的朋友。

何况，做皇帝这样的事，即使对亲信，袁世凯也很难完全敞开心扉。与蔡锷这样的关系，就更谈不到了。

蔡锷同样弄不清袁世凯的内心。既然弄不清，就不能轻举妄动。中国人很聪明，知道有些事可以劝，有些事不可以劝。凡是不可以劝的，都是吸引力很大的事。蔡锷不知道袁世凯的真实想法，但他知道“做皇帝”这件事对中国人的吸引力。所以，开始他只是看，什么也不说，而且沉迷于八大胡同，似乎玩得什么都顾不上了。一些人说蔡锷用这一手迷惑了袁世凯，使之放松了对他的戒备。这样说可能太小看袁世凯了，那点小伎俩，能骗得了袁世凯？进京两年多，一直规规矩矩，兢兢业业，为什么一讨论国体问题，你就钻进了八大胡同？蔡锷这样的人玩物丧志？袁世凯不会轻易相信。

他们此时是进行一种特殊的对话，蔡锷的意思袁世凯能够读懂。他知道蔡锷做出这个样子，就是显示自己的态度：你称帝也罢，不称帝也罢，我不关心。可是，真真假假，袁世凯仍然无法放心：你蔡锷真不关心吗？他不能轻信，只有多方刺探，所谓派人监视，开始也不过如此，而且那是很晚才开始的。——更具体地说，做那事的是袁克定，他所要的信息，并不一定是袁世凯想要的。

（三）师生密谋

恢复帝制的列车继续加速，没有真正刹车的迹象。蔡锷做出了一个也许并不完全准确的判断：复辟帝制势在必行，既然如此，需要的就不是一般的反对，而是强有力的阻击、有效的阻击。

蔡锷不愿看到赶走一个皇帝再来一个皇帝，不愿看到中华民国变成中华帝国。阻击帝制复辟，谁来担此重任？望遍全国，蔡锷有理由产生“舍我其谁”的感觉。既然如此，蔡锷就需要有所准备，因而更不能暴露自己。

蔡锷是军事家，一旦决定做这样一件事，就像上了战场。他当然懂得“兵不厌诈”。

我曾经不止一次这样设想：如果当时的蔡锷改变做法，不是伪装自己，而是像一个朋友一样坦诚地找到袁世凯，把自己的态度告诉他，晓以利害，让他打消称帝的念头，袁世凯未必不能听他的劝告。如果那样，中国的历史就是另一个样子，民主宪政的路要顺利得多。可是，我马上就会嘲笑自己的书生气，因为兵家首先想到的，大概不是那个好的结果，而是可能有的坏结果：蔡锷把自己暴露了，而袁世凯却一心要称帝，就会把他严密控制起来，阻击帝制复辟的事就要完全落空，中华民国就真的变成了中华帝国。

所以，站在兵家立场上看，也许蔡锷的办法更加稳妥，更少风险，那个也可能会有的好结果就完全牺牲了。

事实上，政治斗争常常就是这样，因为人们都不敢不往坏处想，结果是那些往好处走的机会就错过了。

1915年8月14日，杨度等人联名通电全国，发表筹组筹安会宣言。第二天蔡锷就到了天津，与梁启超一起在汤觉顿的住处讨论了一夜。蔡锷的原话在他自己的文件中没有留下来，但在梁启超的回忆中可以看到。蔡锷说：“眼看着不久便是盈千累万的人颂王莽功德，上劝进表，袁世凯便安然登其大宝，叫世界看着中国人是什么东西呢？国内怀着义愤的人虽然很多，但没有凭借，或者地位不宜，也难发手。我们明知力量有限，未必抗他得过。但为四万万人争人格起见，非拼着命去干这一回不可。”这是蔡锷对梁启超说的，让后人无法不感动的，是拼着性命“为四万万人争人格”！

此后，蔡锷每隔几天就要到天津找一次梁启超。师生反复商量，怎么来阻击帝制运动。护国战争胜利之后，蔡锷曾经回忆说："当去岁秋冬之交，帝焰炙手可热。锷在京师，间数日一诣天津，造先生之庐，咨受大计，及部署略定，先后南下……"由此也可以看到，当时蔡锷还没有被监视。

他们师生议定，由梁启超写文章公开反对帝制，因为梁启超是文人，在舆论界有足够的号召力，然后蔡锷离京南下。什么时候行动呢？一切都看袁世凯什么时候行动。袁世凯什么时候称帝，蔡锷就什么时候行动。先在云南宣布独立，一个月后贵州响应，两个月后广西响应。他们对这两个省很有把握，然后以云、贵的力量攻下四川，以广西的力量攻下广东，根据他们的计划，三四个月可望会师湖北，然后挥师北上。1915年8月，他们的计划已经形成。

进入8月下旬，蔡锷开始与西南各省联络，8月20日开始，频频致电刘显世、唐继尧、任可澄、雷飚等，通报北京筹安会情况，并且告诉他们，帝制已是势在必行，要取顺从态度，北京叫干什么就干什么。此时的蔡锷需要伪装，他准备使用的力量也必须伪装。因为这时西南各省如果有什么异动，就会引起北京注意，回西南采取行动的计划就要泡汤。

到了8月23日，筹安会宣布正式成立，成立后做的第一件事就是通电全国，要各地文武官员和社会团体派代表进京讨论国体问题。这时蔡锷马上给他的朋友们写信：让你们派代表进京，就马上派代表进京，不要抗拒。

这时的蔡锷觉得以前对袁世凯的那种表示还不够。他的态度不能暧昧，需要旗帜鲜明地表示支持帝制。因为到了这种时候，被动不如主动，与其被人逼着表态，不如主动有所表示。于是，在8月25日的军界要人会议上，蔡锷在一张纸上挥笔写下了"主张中国国体宜用君主制者署名于后"，并且写下了日期"八月二十五日"，然后，他带头签下了"昭威将军蔡锷"。这张纸今天还在，我们从网上也能看到它的图片，的确是蔡锷笔迹。在他的名字下面，是其他一群将领：蒋尊簋、孙武、唐在礼、蒋作宾、陆锦、蒋方震……共有十二位将军的签名。

1915年9月3日，梁启超在《京报》中文版发表了《异哉！所谓国体问题者》一文。那是轰动全国的雄文。袁世凯手下的人知道梁启超要发表这样的文章，曾经去做工作，拿了二十万元要求梁氏不要发表这篇文章，梁启超却坚决要发表。那时的政府拿文人没办法，因为言论自由是受保护的。袁世凯手下不乏卑鄙之徒，但他们还不敢让梁启超失踪，更不敢让他从人间蒸发。此文发表之后，第二天被《国民公报》转载，两天之后，1915年9月6日，又被《时报》《申报》《神州日报》等几个大报同时转载，7日又被《大公报》转载，然后是全国各地报刊纷纷转载。梁启超对复辟帝制的断喝传遍九州。

对于梁启超，大半个世纪以来的历史教科书和研究著作常常做出这样的评判：他是一直主张君主制的，是一直支持袁世凯的，此时反对帝制，不过是政治投机。不错，“保皇”与“革命”的论战中，梁启超的确是一直坚持帝制的；民国建立之后的几年，他也的确是一直支持袁世凯的。不过，说1915年的梁启超是在进行政治投机，却仍然是把人往坏处想的结果。这是一种很坏的习惯，总是把人往坏处想，只要不是自己的同党，无论做什么样的好事，都要往坏处想他，就像对辛亥革命中的各省独立，只要不是同盟会领导的，那就是投机革命，就是乘机篡夺革命领导权。直到现在，这种习惯还是改不了，画出线来，哪些人是自己人，哪些人不是自己人，不是自己人却偏偏做了一些好事，怎么解释？那就是“投机”，是“篡夺”，总之没安好心！

这是公正的吗？只要我们超越历史上不同派别的恩恩怨怨，就能够认识到，梁启超不是投机。他是真诚的，真诚地为这个国家的命运而思考，真诚地为这个国家的命运而呼叫。他虽然曾经主张帝制，反对共和，但既然革命已经发生，民国已是既成事实，他就爱这个民国，希望它稳定繁荣，当有人又要把民国再变成帝国的时候，他觉得不该这样瞎折腾，所以坚决反对。读他那篇雄文，任何人都应该能感到他的真诚、他的苦口婆心。历史真的很可悲，那么多的革命党人，那么多为争取民主共和而奋斗过的人，当民主共和面临危机的时候，却不知到哪里去了。第一个站出来发出断喝的，竟然是当年主张帝制而反对共和的人！我们只要不带当年政治派别的偏见，就应该承认，在面临中华民国变为帝国的危机之际，为了保卫民主共和，是梁启超第一个向帝制运动大声说了“不”。

梁启超文章的发表，仍然具有试探之意。我总觉得这是梁启超与蔡锷放出的一个探测气球。因为如果袁世凯举棋不定，以梁启超的身份和影响力，这声断喝应该是个不轻的砝码。如果袁世凯立即刹车，护国战争将无须发动。但是，梁启超的文章对袁世凯没有发生作用，这就证明，我前面所说蔡锷开诚布公去谈一谈的设想，注定也没有作用。

所以，蔡锷仍然要伪装，仍然要为武力阻击帝制而做准备。当人们纷纷议论梁启超的文章时，蔡锷说："我们先生是书呆子，不识时务。"有人反问："你为什么不劝劝你先生呢?"蔡锷说："书呆子，哪里劝得过来？好在书呆子做不成什么事，何必管他呢!"

蔡锷一边制造假象，一边暗中准备出京。这当然不是一件容易的事。

十、瞒天过海

（一）蔡锷与小凤仙

关于蔡锷出京，流传最广的说法是小凤仙帮他逃出了北京，有各种版本的演绎故事。

开始是1981年，电影《知音》风靡全国，曾使二人的故事家喻户晓。作为文艺作品，这部电影的编、导、演三方面都不错，王心刚扮演蔡锷，张瑜扮演小凤仙，那个年代最受观众欢迎的男演员和女演员，迷倒了许多人。主旋律荡气回肠，剧中人情深义重，小凤仙送蔡锷南下，离别之际，难舍难分，小凤仙表示："将军拔剑南天起，我愿做长风绕战旗。"侠骨柔肠，催人泪下……

后来的文艺作品大多如此演绎。

但是，这只是文艺家的想象，并非历史的事实。如果考察历史的事实，蔡锷和小凤仙的故事没有那么浪漫。

中国文艺有一种不值得赞美的传统：不尊重真实，不尊重历史，又喜欢演义真实的历史人物和故事。文艺家对真实存在的历史人物和历史事件随意想象，瞎编乱造，不对历史负责，结果是"以文乱史"，使一般的老百姓不知道什么是瞎编的故事，什么是历史真实。比如《三国演义》和《三国志》，前者远比后者影响大，一般人没有读过《三国志》，而把《三国演义》中的事当成了历史。蔡锷与小凤仙，现在也是这样的命运。

那么，历史上真实的蔡锷与小凤仙是怎么回事呢?

蔡锷喜欢小凤仙，这是真的，但很难说是"知音"。蔡锷是正派人，偶尔去八大胡同，这是那个年代的时尚，一种消遣方式。从官僚政客，到文人雅士，招待客人，朋友聚会，都常常招妓作陪，或者干脆到八大胡同去。蔡锷在那里遇到了小凤仙，很喜欢她。正巧自己这时需要做点假象，于是干脆常去，似乎沉迷其中。

据各方面资料，小凤仙原籍浙江钱塘，原名朱筱凤。她父亲姓朱，本是八旗武官，但在辛亥革命前已被解职。她母亲是偏房，与大老婆不和，所以带着她离开朱家单过。不久母亲病逝，一位姓张的奶妈收养了她，所以她改姓张。1911年10月武昌起义爆发之际，张奶妈正带着小凤仙在浙江巡抚家帮佣。杭州革命党人起事，炮轰巡抚衙门，张奶妈带着她仓促出逃去了上海。因为衣食无着，张奶妈把她交给一位姓胡的艺人学戏，到南京卖唱为生。1913年七八月间，南京的革命党人“二次革命”，战火纷飞，小凤仙跟着胡老板逃回了上海。再后来，她又跟着胡老板辗转到了北京。“小凤仙”是她在八大胡同时的花名。她的相貌并不出众，但歌唱得好，蔡锷喜欢听。

需要特别说明的是，小凤仙当时还很年轻。根据一般的记述，她生于1900年，也就是说，他与蔡锷交往时，才十五岁。个别材料中说她生于1898年，但据小凤仙自己回忆，遇到蔡锷时，她的确是十五岁。混迹风月场的女孩子，成熟也许早一点儿，但一个十五岁的女孩儿，能让她成熟到哪里去？成为蔡锷的“知音”，帮助他成就大业，大概很难。

更为重要的是，兴兵讨袁这样的秘密，岂能轻易泄露给一个年轻的女孩儿，而且是整天迎来送往的青楼女子？蔡锷做事谨慎，考虑周密，他无论多么喜欢小凤仙，也不会与她谈论讨袁大计，因为蔡锷不会不懂得泄密的危险。因为爱，小凤仙当然不会告密，但一个十五岁的女孩儿，能经得住拐弯抹角的盘查询问吗？能经得住严刑拷问吗？蔡锷南下讨袁，连妻子和老母亲都未吐露一丝风声，能告诉一个十五岁的女孩儿？如果那样，蔡锷就不是蔡锷了！

从另一个角度说，蔡锷的道德感和责任感也使他不能把这样的事告诉小凤仙。因为把这样的秘密告诉她，就会把她送入各种险境，甚至是逼她去做江姐或者刘胡兰。一个真正的男人，是不会让自己心爱的女孩儿陷入那种境地的。爱一个人，如果自身处于险境，最好的办法就是让她什么也不知道，乐呵呵地生活。事实证明，蔡锷的事小凤仙的确不了解。蔡锷到云南起兵之后，小凤仙留在北京，能够平安地生活，就是证明。蔡锷离京之后，小凤仙曾被讯问，但没有影响她的生活，这至少可以说明两点：一是她与蔡锷的关系实在一般，二是她对蔡锷的事业的确不知情。

不过，众多文艺作品的演绎中有一点是接近事实的：结识小凤仙之后，蔡锷故意整天沉迷于八大胡同，妻子就生气了，母亲就教训上了，家里弄得鸡飞狗跳。这也是蔡锷做人的方式，他要做的事不能告诉母亲，也不能告诉妻子，如果告诉她们，白白让她们担忧，有百害而无一利，所以他不说，宁愿让她们误解。因为妻子不知实情，却知道丈夫老去八大胡同，当然不高兴。母亲也想不明白，好好的儿子，怎么到北京就变坏了呢？于是教训，教训也不改，母亲生气，要回老家了。正好，蔡锷乘机把母亲、妻子和孩子都送往老家。否则，这么多亲人在北京，叫他怎么南下起兵？蔡锷不是那种为了革命而不顾老婆孩子死活的人。

（二）几个细节

一切都安排好之后，蔡锷开始行动了。

蔡锷是怎样离开北京的？被演绎过的浪漫传说是小凤仙坐着骡车，把蔡锷藏在里面，送到了丰台火车站。时人刘成禺的《洪宪纪事》中有一首诗专写此事："当关油壁掩罗裙，女侠谁知小凤仙。缇骑九门搜索遍，美人挟走蔡将军。"但是，事情并不完全如此。

关于蔡锷出京，我们不妨先来看一看当事人的几份回忆材料。

第一份是蔡锷的同事陆军中将哈汉章在《春藕笔录》中的回忆：蔡锷临走前在他家里打了一夜牌，第二天一大早就去上班，比正常上班时间早了两个小时。他当着勤务的面给小凤仙打电话，约她中午一起吃饭。打完电话，他就在办事处溜达，趁人不注意，由政事堂出了西苑门，然后坐火车去了天津。蔡锷出走之后，密探找过哈汉章，也盘问过小凤仙。小凤仙是一问三不知。密探不好向上面交待，就编造了小凤仙用骡车把蔡锷送走的故事。哈汉章说，为了蔡锷，他们当时没有揭穿，而且推波助澜，大肆宣扬小凤仙的义举……根据这种说法，蔡锷出京，与小凤仙完全没有关系。

不过，哈汉章的这种说法并不完全可靠，因为一些材料证明，蔡锷是夜里去天津的，并非上午上班之后。

第二份材料是蔡锷的部下雷飙写的《蔡松坡先生事略》。雷飚写蔡锷事略，材料来源有二：一是他跟随蔡锷的亲见亲历，二是蔡锷本人的口述。关于蔡锷出京，雷飙写道："蔡公表面若不为意，一面密送老母眷属分批离京，一面日夜逍遥于市场、戏院，并常涉足于八大胡同妓院，此小凤仙一段佳话之所由来也。日久，各密探亦觉蔡某如此冶游，当不至有其他动作，监视亦渐松懈。一日晚间在小凤仙处请客，正当游客满座、狂歌畅饮之际，公即单身赴崇文门车站乘火车赴天津。当时无一人知者。次晨抵津，暂住日本共和医院。"按照这种说法，蔡锷是从小凤仙处出走的，正当大家狂歌畅饮之际，蔡锷起身离去，单身去了火车站，小凤仙没有送他。

第三份材料是梅兰芳的秘书许姬传在《许姬传七十见闻录》中所记的小凤仙的回忆。1951年，京剧大师梅兰芳赴朝鲜战场慰问演出，途经沈阳时住了一段时间，一天突然接到一封信，请求见面，署名是小凤仙。梅兰芳与小凤仙见了面，知道小凤仙当时身处困境，没有工作，生活困难，还与当地政府打招呼，帮小凤仙找了一份工作。不过，梅兰芳按照小凤仙的要求，没有暴露她的身份。小凤仙当时的名字是张洗非，没人知道她就是当年的小凤仙。就在这次见面的时候，小凤仙比较详细地讲了自己的身世、经历，以及与蔡锷相关的一些事。根据许姬传的记述，事情是这样的：那天是掌班的生日，院子里人来人往。"我给老蔡找了一间北屋，他背向窗，面对穿衣镜，大衣、皮帽都挂在衣架上，圆桌上放着怀表，为的可以看钟点。老蔡坐在那里喝酒，可以从穿衣镜里看见侦缉队和外面的动静。我把窗户上的纱帘去掉，换上纸卷帘，故意卷上去。这样外面的人可以透过玻璃看见屋里的动静。老蔡估计天津的车将要开行时，出了云吉班，直奔车站。他走时，衣服仍挂在衣架上，怀表亦未拿走，侦缉队以为他去小解就会回来的。接着刘妈就把纸帘放下，这样外面的人就弄不清屋里的人是否还在，这些都是事先布置好的。"[①]根据这种说法，蔡锷是从小凤仙处走的，而且是小凤仙帮助他走的，但她只是帮助他转移了侦探的视线，并未送他去车站。

哪种说法更接近事实呢？其实，三份材料综合起来，已经不难看到事情的经过。面对这样的材料，尤其是当事人的回忆，首先需要考虑的是回忆者是否有可能作伪，那么，有几点是可以肯定的：第一，当年的蔡锷没必要对

①许姬传：《许姬传七十年见闻录》，中华书局1985年，第104—105页。

部下撒谎。第二，1951年的小凤仙有可能把不知情的事说成知情，却不可能有意隐瞒香车送蔡锷的英雄壮举。第三，哈汉章的回忆具体而翔实，但在时间上留下了一个未必准确之处：蔡锷是上午就离开办公室的，哈汉章说他离开之后就去了火车站，但哈汉章并未与他同行，是怎么知道的？显然只是传言或猜测。事实上，他并不知道蔡锷离开办公室之后去了哪里。接上蔡锷本人和小凤仙的回忆，我们可以看到，他离开办公室后并不是去了火车站，而是去了小凤仙那里，然后从小凤仙那里去了火车站。

（三）离京南下

按照常见的说法，蔡锷是“逃”出北京的。

认真想来，蔡锷要去云南起兵讨袁，当然不能公开，但是，“逃”，显然也不行。他必须经过袁世凯同意，必须大摇大摆地走，否则，一旦发现蔡锷逃走，北京马上就会采取措施，不等蔡锷到云南，那里就不知要发生什么事情了。也许，他准备依靠的力量，已经被收拾掉了。所以，蔡锷绝对不能逃。怎么办？蔡锷采取的办法是：请病假。这不是假的，蔡锷真的有病，嗓子早就出了问题，常常咽不下东西。大总统当然要准假，结果，是袁世凯亲自放走了他。

查蔡锷著作和当年的《政府公报》，蔡锷第一次请假是1915年10月30日，只是请假5天，“以资静养”。第二次请假是11月18日，请求续假一星期，“赴津就医”。第三次是11月22日，请求续假三个月，“迁地调养”。第四次请假是11月30日，请求批准到日本疗养。一步一步，四次请假，都是袁世凯批准的。当然，请假是真，先短后长，先近后远，也合乎逻辑，但具体日程是否都是准假之后才行动的，就不一定了。据说，蔡锷在第二次请假之后，就从天津登上了去日本的轮船。也就是说，后来的请假条都是他预先写好，由人按时代呈的。

这样，蔡锷就大摇大摆地离开了北京，说去天津，真的去了天津，说去日本，真的去了日本。但是，他到日本后却马上乔装返回了上海，然后取道香港、河内，于12月19日抵达昆明。

与此同时，他的老师梁启超也于12月18日到达上海。

临行之前，他们师徒二人曾经相约：

事之不济，吾侪死之，决不亡命；若其济也，吾侪引退，决不在朝。[①]

这是多么崇高的约定！过去的历史叙述总是不愿面对这一对师生的光彩，但这种约定所体现的精神，却足以与日月同辉。

关于蔡锷出京去云南发动护国战争，过去的历史叙述总是要竭力与孙中山和国民党扯上联系。似乎没有孙中山的领导，蔡锷的行动就不可思议。就连一些研究蔡锷的专家，也说他在离京之前就与孙中山、黄兴等革命党人取得了联系："筹安会成立不久，黄兴就从美国寄来一封密信，劝蔡锷早日脱身虎口，回云南组织讨袁之师。并对蔡锷说，蔡的日本陆军士官学校同学张孝准可掩护其安全脱险。而蔡锷也派人给在美国的黄兴，送去一封长达17页的密信，谈到国内形势以及袁世凯阴谋称帝的种种活动。东京方面的革命派派来了张孝准与蔡联络，还派人送给蔡锷一本供联络用的电报密码。……李华英说，他担任过东京、北京和昆明三方面策划反袁的联络工作，曾去北京与蔡锷取得联系。"[②]可惜的是，人们既看不到黄兴的信，也看不到蔡锷长达十七页的信。李华英做过哪些联络工作，对蔡锷有过什么帮助和影响，也是一片模糊，只是站在孙中山立场上的叙述者喜欢这样讲罢了。

历史的事实是，蔡锷南下反袁护国，与国民党没有关系，在海外的孙中山更不曾关心。他们关心此事，已经是云南独立之后了。

十一、护国举义

（一）云南独立

1915年12月19日，蔡锷抵达昆明。

蔡锷从日本到上海，然后去香港，从香港去了越南。然后，是唐继尧派人把他接到了昆明。

蔡锷离京之后，袁世凯意识到问题的严重性，马上派人沿途阻截。云南

①蔡锷：《〈盾鼻集〉序》，曾业英编《蔡锷集》（全2册），第1481页。

②谢本书：《蔡锷》，团结出版社2011年，第110页。

的周沆等人接到指示，组织了暗杀队。唐继尧为防不测，派堂弟唐继禹带领警卫连到越南老街接蔡锷，进入云南后，改乘专车前往昆明。专车到达碧色寨车站，周沆请蔡锷下车赴宴；专车到达阿迷县，县长张一鹍又请蔡锷下车赴宴。但这两次都被唐继禹拒绝了：蔡锷有病，不便下车。那两场宴会都是准备暗杀蔡锷的。事情不成，他们都逃到国外去了，其中一个还被抓回来判了刑，但公开的罪名不是暗杀蔡锷，而是携公款外逃。

蔡锷来了，唐继尧等为他接风洗尘。蔡锷致辞开宗明义：我回到云南来，是要与大家一道推倒洪宪皇帝。唐继尧在致辞中称蔡锷为“前辈”，表示坚决拥护，推倒袁世凯，保卫共和。

1915年12月21日，蔡锷与唐继尧主持召开军事会议，决定起兵讨袁。

22日晚，又一次军事会议，蔡锷等三十七人歃血为盟，誓词是：“拥护共和，吾辈之责。兴师起义，誓灭国贼。成败利钝，与同休戚。万苦千辛，舍命不渝。凡我同人，坚持定力。有渝此盟，神明必殛。”

有一个词大家都知道——“先礼后兵”。起兵之前，蔡锷致电袁世凯进行规劝，以示仁至义尽。

而且这规劝分两步进行：23日，先以云南将领唐继尧、任可澄等人的名义致电袁世凯，请求取消帝制，惩办元凶。24日，又以蔡锷等人的名义向袁世凯发出最后通牒，要求袁世凯取消帝制，惩办元凶。

蔡锷电报的最后一句是：“痛哭陈词，屏息待命。”可是，袁世凯没有回应。

于是，12月25日，云南宣布独立。宣言说：“天祸中国，元首谋逆，蔑视约法，背食誓言，拂逆舆情，自为帝制……既为背叛民国之罪人，当然丧失元首之资格。”

誓师大会上，蔡锷、唐继尧等发表演说，阐明独立的意义，会后高呼口号：“誓与民国同生死，誓与四万万同胞共生死，拥护共和，反对帝制，中华民国万岁。”他们就是不接受“中华帝国”。

（二）蔡、唐位置

谈及护国战争，一般首先说蔡锷。但是，如果看当时的文件，署名都是唐继尧居首，蔡锷屈居第二。独立宣言等重要文件的行文，也是“尧等”如何，而不是“锷等”如何。

这种情况，是蔡锷与唐继尧苦苦相让的结果。据亲历者回忆，当时二人互相推让，慷慨陈词，情动于衷，“以至泣下”，很感人。

两人的谦让，成为民国初年政治史上的佳话。这次会议是唐继尧和蔡锷并坐主席位子。然而，唐继尧把自己的椅子侧过一半，以示不敢与蔡锷并肩。会议决定唐继尧为云南护国军政府都督，蔡锷为第一军总司令，李烈钧为第二军总司令，唐继尧兼第三军总司令。这个结果，是蔡锷决定的。唐继尧一定要让蔡锷做都督坐镇昆明，由他带兵入川作战。蔡锷说：我们这次举义，最要紧的是要赢得全国各方的同情。唐继尧身为地方大吏，如果率军入川，很容易有侵略之嫌。蔡锷说得有理，事情就定了。

众所周知，要做成这样的大事，没有指挥权是不行的。谁领导谁，关系非同小可。意见不同，路线不一，每个人都想让别人服从自己，所以，历史上那些革命领袖，常常是在未成事之前，就自相残杀，你杀我，我杀你，杀得血流成河，都是为了领导权。蔡锷进云南时，梁启超就一再嘱咐，要他从唐继尧手中夺回大权，以便全面指挥。在蔡、唐商讨此事时，梁启超又曾去电，建议唐继尧带兵入川，蔡锷坐镇昆明。梁启超的建议虽然难免有老师对学生的私心，但一般来说是对的，不能掌握领导权，很难保证事情成功。

但是，蔡锷没有听从老师的建议，坚决拒绝了都督之职，让唐继尧名列第一，自己甘居其后。

蔡锷这么做有必要吗？考察蔡锷与唐继尧的关系，可谓基础深厚。他们都毕业于日本陆军士官学校，唐继尧比蔡锷晚三届，蔡锷是师兄，唐继尧是师弟。唐继尧毕业回国到云南，成了蔡锷的部下。到辛亥革命前夕，蔡锷是协统，也就是旅长，唐继尧是营管带，营长，距离相差不少。起义之后，蔡锷做了都督，唐继尧仍是他的部下。但到后来，蔡锷力荐唐继尧当上了贵州都督。蔡锷离滇进京时，部将李鸿祥、谢汝翼等人都盯着云南都督的位子，但蔡锷力保唐继尧，请中央把唐继尧从贵州调回云南做了都督……也就是说，蔡锷的地位一直高于唐继尧，而且有恩于唐继尧。没有蔡锷，就没有唐继尧的地位，所以二人感情基础深厚。正因为这样，蔡锷才敢于回云南做这样的大事。

按照中国的老传统，欺上和僭越在道德上是不被认可的。唐继尧也是读书人，知道名誉的重要，绝不愿让人说他欺负“前辈”，更不愿有“忘恩负义”之名。所以蔡锷回云南之际，唐继尧大概内心很矛盾，肯定不愿自己手中的权力让蔡锷抢走，却又不得不做好准备，把自己的地盘交给蔡锷全权指挥。

在这种情况下，蔡锷如果接受都督之位，从唐继尧到滇军上下，大概不会有多少异议。

但是，蔡锷还是坚辞不受，一定要请唐继尧做都督，自己屈尊于老部下之下，并且带兵入川作战。这种坚持，首先表现着蔡锷的风格。他没有像历史上屡次出现的情况那样：借别人的地盘做根据地，却鸠占鹊巢，反客为主，甚至把原先的主人赶尽杀绝。同时，蔡锷之所以这样做，也有实际的考虑。蔡锷是个考虑问题很周全的人，各种因素都能想到。在云南，自己虽然是老资格，但眼下的事实是自己并未带来一兵一卒，从人力到物力，都要依靠唐继尧。那些真正伟大的人物，那些能够做成大事的人物，常常具备的一个特点就是遇事不但为自己想，而且也为别人想。从唐继尧的角度想：他虽然是蔡锷的老部下，但此时是云南将军、滇军统帅，又刚被袁世凯封为一等侯，袁世凯待他不薄，他凭什么一定跟你去冒险？同意与你一起冒险，同意把地盘和人马给你用，此情已经够重了。如果得寸进尺，非得让人家不痛快，人家难道不可以另走别的路吗？

此时的蔡锷不能不考虑唐继尧的感受，不能不考虑唐继尧的利益。据当事人回忆，蔡锷回到云南后曾对唐继尧说过这样的话：“将我头断下，送交袁世凯，你可得一个公爵或一个亲王头衔。”连这种结果他都想到了，而且公开对唐继尧说了出来。当然，他相信唐继尧不会这么做，唐继尧也真的不会那么做，但是，别人有情，自己也要有义。所以，蔡锷坚决不与唐继尧争权力。

事实证明，蔡锷这样做是对的。正是这一点，保证了他与唐继尧的合作，保证了护国战争的成功。

（三）“护国军”

独立了，起义了，军队应该有个名字。名正，才能言顺。

关于“护国军”的名字，开始提出的是“共和军”和“讨逆军”。“共和军”本是一个好名字，但因为有一个“共和党”，为了避免人们误以为是共和党的军队，所以不用。“讨逆军”也不错，因为行动本身就是讨伐共和国的叛逆，只是有失宽泛。最后有人提出了“护国”二字，大家一致赞同，就叫“中华民国护国军”。护国，护的就是中华民国，保护它不变成中华帝国。

从20世纪20年代末国民党夺取政权之后，教科书讲当年的情况，就开始喜欢讲“反袁”，而不喜欢讲“护国”。原因很简单，讲“反袁”，孙中山和国民党人比蔡锷更早，而且可以把蔡锷领导的“护国战争”纳入孙中山的“反袁斗争”之中。而讲“护国”，尤其是讲“护国战争”，孙中山就没份儿了。所以，国民党人即使讲护国，也不喜欢说“护国战争”，而喜欢说“护国运动”，因为“运动”可以包括各种活动，就可以说是孙中山和国民党人领导的，“护国战争”就成了他们领导的运动中的一部分。这都是从党派立场出发的史学家的一些小伎俩。

但需要注意的是：“护国”与“反袁”的确不同。大家知道，反袁者很多，却未必护国，更未必保护民国。比如，袁世凯称帝之时，反对最激烈的是什么人？不是革命党人，而是大清遗老，从帝师陈宝琛，到辫子将军张勋，再到郑孝胥、林琴南等一帮文人，还有康有为，都激烈反对袁世凯称帝，但他们并不拥护民国，而是希望宣统皇帝重新君临天下。

蔡锷等人领导的护国军，意义不在反袁，而在护国——护新生的民主共和国。

关于护国的意义，蔡锷曾经反复讲过。1915年12月21日，蔡锷回云南后第一次召集军事会议，在讲话中强调的就是为什么要起兵。他的讲话没有存稿，但据当事人的回忆，蔡锷说的是：辛亥革命流血牺牲，好不容易建立了民国。如今袁世凯要恢复帝制做皇帝，我们如果不起来干一下，不但对不起国家，对不起已经牺牲的烈士，而且对不起自己。如果到头来还是帝国，我们革命干什么呢？

1916年1月，他在《誓告国人文》中以地道的白话写道：

> 革命以前，我们中国处于极危险的地位。志士仁人奔走呼号，鼓吹全国的人民，拼了多少的头颅，多少的血肉，才换得这个中华民国。各国也承认了，总统也举起了，竟把我们国家做成公共的国家，人人都有国家的责任。……不料众人推举袁世凯做了大总统……他渐

次专横起来，忽然又要做皇帝，要把我们公共的国家，化作他一家人的私业……①

1916年2月，在《谕四川同胞文》中，他又说：

本军何以叫作护国军呢？因为我们中华民国已经成立五年，这个民国的国体，是中国人大家议定的，各国人都承认过了。今天袁世凯要想灭亡民国，称起什么皇帝来，把我们人人有份之民国，变作他袁家私有之产业，还说是民意要他做皇帝。究竟是谁叫他做皇帝？你们都是人民，可曾有过这种意思吗？②

他又说："你想，辛亥革命，伤了多少性命，费了多少款项，经了多少危险，才把满清皇帝推倒，建立民国，做成五族共和的局面。今天，袁世凯又胡思乱想，要做什么皇帝，今日要当皇帝，当初何必革命？夺了满清的皇帝，又让袁世凯来享受，你想满清及拥护满清的宗社党，能够甘休吗？还有全国多少革命党，千辛万苦，才造成这个民国，以为从此人人都是主人翁了。今天袁世凯又要做皇帝，把全国人仍旧贬做他袁家的臣妾，你想多少革命党人又能甘休吗？"③

蔡锷反复讲的，是辛亥革命好不容易建成一个民国，袁世凯却又要把民国变成帝国，护国军要保卫人人有份的民国不变回到帝国。

在这里，"帝国"与"民国"是两个值得注意的概念。辛亥革命之前，中国几千年都是"帝国"，秦帝国、汉帝国、唐帝国……直至大清帝国。这里的"帝国"不是今天所说的"帝国主义"的意思，因为今天虽然有人骂帝国主义，但被称作"帝国主义"的国家却不是帝国。真正的帝国意味着什么？有一句话大家都熟悉："普天之下，莫非王土，率土之滨，莫非王臣。"也就是说，国家归帝王所有，江山社稷、子女玉帛，一切都是皇家的。百姓并不分享国家主权。中国几千年都是那样的国家，大汉帝国是刘家的，大唐帝国是李家的，到了大清帝国就是爱新觉罗家的。在这样的国家

①②③曾业英编《蔡锷集》（全2册），第1267页，第1292页，第1293页。

里，百姓没有国家主权，事实上也没有爱国的理由和资格。试想，国家就像皇家的珠宝、爱妃一样，你随便去爱行吗？所以，在不拥有国家主权的时候，爱国常常很危险，必须首先忠君，然后才能爱国。

辛亥革命打断了这样的历史，古老的帝国变成了民国。一字之差，性质巨变。《临时约法》明文规定："中华民国主权属于国民全体。"它不属于哪个家族，也不属于哪个集团、阶级或党派。这一变化使得全体国民都成了国家主人，都享有国家主权，都有了爱国的资格，都可以名正言顺地干预国家事务。

正是这一变化，使中国成为东方第一个民主共和国，在世界上很骄傲，很自豪，很有脸面。

大家想，与帝国相比，民国不值得保卫吗？所以，蔡锷拼死也要保卫民国，不愿回归帝国。

十二、鏖战川南

（一）川南苦撑

1916年1月，蔡锷率军入川，开始与袁军战斗。

双方军事力量的悬殊极大。袁世凯是全国军队的最高统帅且不说，仅是他的北洋嫡系，就有近四十万人。蔡锷兵分三路进川南，袁世凯派来的援川大军是十万人，直接与蔡锷对阵的是四万人。蔡锷手下有多少人呢？他亲自带领的，号称六七千，其实只有三千一百三十人。梁启超曾回忆说："护国军起的时候，闹得轰轰烈烈，到底有多少人，当时不知道；他拍出来四处求援的电报，亦只吹他有几多军队，几多器械；后来战事完了，从军中字纸篓中，找出他支配军队的清单，不过三千一百三十个大人。"

就这样一些人，与强大的袁世凯军队相对抗，从1月到3月，仗的确打得很苦，很艰难。叙府得而复失，纳溪三易其手，每一次都是苦战。

而且，蔡锷还病着。

朱德是那场战争的亲历者，据他回忆，蔡锷当时瘦得简直不成人样。起义之前，朱德带兵驻防滇南蒙自一带。他接到命令即于1915年12月25日宣布起义，然后带部队赶往昆明。到了昆明，去见蔡锷，朱德这样回忆说：

“我大吃一惊，说不出话来，他瘦得像鬼，两颊下陷，整个脸上只有两眼还闪闪发光。……当他向我走来的时候，我低头流泪，一句话也说不出来。”

朱德担心他的身体，蔡锷说：“反正我的日子也不多了，我要把全部生命献给民国。”

1916年1月14日，蔡锷下达命令，第一军开赴四川前线。按照计划，左路第一梯团取叙府（今宜宾），中路第二、三梯团取泸州，第四梯团取重庆。

第一梯团长刘云峰是蔡锷的老部下，早在云南宣布独立前就已经由昭通向川边移动。入川作战命令正式下达之后，第一梯团迅速挺进川南，并且初战告捷，于1月21日攻占叙府。

但是，蔡锷亲率的二、三梯团却因为军费问题而迟迟未能出发。打仗没钱怎么打？过去的中国人有办法，历朝历代那些造反的军队，革命的军队，都是打到哪里吃到哪里，但蔡锷是现代军人，已经不会那么做。最后是护国军的总参谋长罗佩金把全部家产抵押给银行，贷得12万元，才临时解决了问题。然而，因为晚了20天，计划中要首先占领的泸州已经被北军占领。这就使攻占泸州变得非常艰难。

蔡锷亲自率领第二、三梯团攻打泸州。战略要地，非夺不可。2月4日，第二梯团的董洪勋支队到达纳溪，与已经起义的川军刘存厚部一起进攻泸州，一路顺利，可惜最后中计而失败，只好退守纳溪。

这样一来，本来攻占泸州的战斗就变成了保卫纳溪的战斗。为了保卫纳溪那么一个小小地方，费了许多力气。蔡锷命令第一梯团抽兵援助，刘云峰顾全大局，梯团只有五个营，抽出四个营驰援纳溪。结果却是得不偿失：北军反攻，叙府得而复失。冯玉祥就是在这次反攻中出名的，在此之前谁也不知道冯玉祥，但这次他以一个旅的队伍打败了刘云峰的一个营，却是北国的一次大胜仗。他成了英雄，被袁世凯授予“三等男爵”。这也是冯玉祥发达的第一步。

为了保卫纳溪，蔡锷撤掉指挥失利的董鸿勋，调第六支队队长朱德任第三支队队长。接到蔡锷急电，朱德日夜兼程，于1916年2月17日赶到纳溪，接替董鸿勋的职务。朱德指挥部队把敌人击退，布防在棉花坡。棉花坡距离纳溪城约五公里，是坐落在金沙江与永宁河边的一块高地，江河沿岸都是起伏的山峦，控制着通往纳溪的大道，因而是两军必争之地。北军张敬尧、熊祥生等部占据了另一边的高地。他们弹药充足、武器精良，不停地炮击护国军阵地。蔡锷强调："纳溪一旦失守，护国军将全线崩溃！"在1916年2月28日对北洋军发起的全面进攻中，朱德组成八十人的敢死队，亲自率领，趁夜深进入敌人阵地前的开阔地。等到拂晓时分总攻信号发出，朱德带着敢死队一跃而起，直接插入敌阵。北洋军措手不及，只有四处逃窜。朱德率领的敢死队越战越勇，一直冲到了敌军的司令部，大获全胜。正是这一仗，朱德赢得了勇敢善战的美誉。朱德在军界的名声，也从此开始。

然而，最终还是寡不敌众，护国军不得不放弃纳溪。

护国军当时最严重的问题是援军不到，粮饷不足。蔡锷在当时的函电中多次提道："所难者枪支多破损，不能克日修理；衣服褴褛，未能换给；弹药未能悉加补充，而饷项已罄，乞灵无效。"

1916年二三月份的护国军，一个个都像叫花子。

危急时刻，幸亏贵州刘显世送来了五万大洋和二十万发子弹。

撑到3月15日，广西独立，护国军就胜利在望了。广西的独立与梁启超关系极大。陆荣廷崇拜梁启超，信任梁启超，梁启超让他独立，他就宣布独立了。

广西宣布独立之后，蔡锷发出了反攻命令，护国军于3月17日开始反攻。仅据《蔡锷集》所存，3月19日，蔡锷发出了一系列的进军命令。这时北军已经全无士气，护国军连战连捷，于3月23日夺回纳溪，形势得以好转。

（二）蔡、唐分歧

前面已经讲到，护国军鏖战川南之际，供给出了问题。这当然是后方支持不力。蔡锷一次次催，唐继尧就是既不派援军，也不送军饷。

护国战争的开始，蔡、唐二人的互相配合和互相推让令人感动，但在后来，二人的分歧也不少。

比如，在对川作战方针和兵力部署上，唐继尧主张组织重兵出宁远（今四川西昌），经汉源、雅安攻取成都。蔡锷反对，认为宁远一路，山川险阻，给养艰难，小部队奇袭可以，大部队行动困难。他主张集中主要兵力从綦江方向取重庆，控扼咽喉要地，既可以防止袁军后续部队入川，又可以断绝泸州一带袁军的退路，斩断运输线，陷泸州之敌于弹尽粮绝之境。由于袁世凯死去，护国战争随之结束，蔡、唐的作战计划都未能实施，优劣也未能得到实践的检验。

最受后人关注的，是援军和军饷问题。蔡锷入川之后，唐继尧既没有接济军饷，也没有派来援军，这给蔡锷在川南的行动带来了困难。因此，从当时到现在，都有许多人指责唐继尧：蔡锷出征，你坐镇后方，明知敌众我寡，却既不派援兵，也不送军饷，要置蔡锷于死地吗?

这的确是个问题，唐继尧似乎很不够哥们儿。

可是，如果换个立场，设身处地为唐继尧想一想，其实他也有苦衷。他之所以没有积极支援前线，一是为云南计，尽量节省；二是他断定蔡锷没有大危险，增援与否无关护国大局。

人不可能没有私心，地方官有地方主义，更是正常的。甚至可以说，没有地方主义的官，就不是好官。只知道把钱、粮往中央送，讨好上级，是好官吗？把人力物力都用到某件事上，不顾本地人民的死活，是好官吗？站在云南立场上看，一些问题无法回避：蔡锷一个湖南人，跑到云南来，用云南的兵力，用云南的财力，与中央政府对阵，云南很不合算。在历史上，类似的根据地的人民都不合算，付出太多，牺牲太多。因为没有哪个革命领袖是自带干粮、背了钱袋出来革命的。云南人不合算，云南的地方官做起来就难免消极，这应该是可以理解的。蔡锷从前线一次次急电催饷，唐继尧就是不动，蔡锷当然很恼火。但唐继尧实在是舍不得把云南那点血本都赔在护国战争中。

所以，唐继尧不希望护国军规模太大，也不希望战线拉得太长，因为那都需要钱。如果再派几万援军去川南，云南就更难以负担。其实唐继尧也看得很透，他知道蔡锷在川南只要不被消灭，就不影响护国大局。为了拒绝蔡锷的要求，为了打击蔡锷的英雄气，他在给蔡锷的电报中甚至用了“一将功成万骨枯”这句话。

唐继尧不是不想讨袁，更不希望蔡锷兵败，但作为云南地方之主，他不能不珍惜云南的资源。他感觉蔡锷还没有到最后危急关头，所以就是不动。

粮饷供给问题还有一个非常客观原因：当时云南到四川的路况。蜀道难，难于上青天！粮饷、军械，只有肩扛手抬，需要征用多少人手！也正因为这样，不到万不得已，唐继尧就不出援手。你在那里撑着吧，只要还能撑住就行。

蔡锷的可贵之处，就在于他能设身处地为人想，因而明白唐继尧的苦衷，所以两人虽然有争执，但没有伤感情，没有损害护国大业。蔡锷与唐继尧的关系，很像几年后孙中山与陈炯明的关系。蔡锷与孙中山，都是自己没有一兵一卒，也没有一枪一弹，借别人的地盘，借别人的军队，进行目标在全国的战争。但蔡、唐二人没有像孙、陈那样闹到水火不容，最后陈炯明的部下不得不用大炮把孙中山吓走。而蔡、唐的合作，总体上是成功的。主要原因就是蔡锷通情达理，能够设身处地为别人着想，不强人所难，不做过多的要求。

十三、战外之战

供给不足，总司令病着，几千弱兵面对几万强敌，这仗怎么打？然而，最后却是蔡锷赢了，护国军胜利了！

这几乎是不可思议的。护国军怎么能够撑下来？决定这场战争胜负的关键因素是什么？

按照一般的思路，自然要想到护国军战士的勇猛顽强，想到总司令蔡锷的运筹帷幄和神机妙算，想到人民的支持，等等。从当时到今天，从梁启超到跟随蔡锷的那些护国军将士，也大多是向着这个方面做文章。

梁启超说："两个多月的工夫，袁军只能把他包围，不能把他击退，后来渐渐的袁军兵心离散，然后这三千多被包围的军队，复活过来。……只有他，才能于大敌包围之下，如此镇定，饥寒交迫，士气仍然旺盛，换一个人，绝对办不到。大家都同心同德，自愿同生同死，皆因他感化力大，令人佩服，所以能以极少极微的力量，抵抗强敌终能获最后胜利。"

参加过护国战争的那些蔡锷的部下，回忆这场战争，更是一方面渲染战争的激烈与严酷，一方面赞美蔡锷的人格力量和顽强精神。

这一切都不错。不过，还有一点是后来的叙述大多不讲的，那就是当时的内战并不像后来那样残酷。

那个年代的中国，有一种特殊的"内战文化"。

接触现代史，无论是什么读物，我们都会常常遇到一个词："军阀混战”。

战争是可怕的，军阀混战更可怕。考察中国古代历史上的战争，尤其那些争夺天下的战争，都非常残酷，对敌人不会手软，不会刀下留情，对百姓也常常毫不顾惜。攻城之时，放一把火，把整个城市化为灰烬，这是常见的。城破之日，把城中百姓斩尽杀绝，一个也不留，史书也多有记载。有时候，新的占领者要百姓，于是百姓就有福了——做稳了奴隶；有时候，他只要那片土地，只要那个城池，不要百姓，那就想做奴隶而不得。所以，古代的战争过后，往往要大量移民，因为许多地方都成了千里无人烟的荒野。在那种前现代的战争中，没有优待战俘之说，也没有保护妇女儿童和不伤及平民之说。直到太平军起义和镇压太平军起义，也就是洪秀全的战争和曾国藩的战争，都是血流成河，到战争结束，大清帝国少了一亿多人。历次改朝换代，人口都急剧减少，常常是“十室九空”。——这是古代的战争。

从辛亥革命开始，这种情况变了，出现了一种新的“战争文化”。中国近现代史上，常常出现“军阀混战”的描述。混战，你打我，我打他，互相打，经常打，那的确是事实，包括首都北京，都常常易手，今天被这个占了，明天又被那个占了。可是，有一件事我们的史家却一直没有关注：那么多的战争，军队和百姓到底伤亡多少？我觉得这是一个很有意思的课题，应该去查一查，研究一下，看伤亡情况到底怎么样。

只要是战争，完全没有伤亡是不大可能的。但是，从1912年到1926年国民党北伐，那十几年的战争中，伤亡的情况与战争的频繁相比，死人的确不多，伤亡的确不大。

翻阅当年的报纸，以及相关材料，我们会常常看到“大兵压境”“宣战”“开炮”之类的报道，战争一场又一场，有的伤亡也很惨重，但也有许多战争并无多少伤亡。比如，北京几度易主，据当时人们的回忆，北京的作家、教授们当时的记述和后来的回忆，炮弹从天空飞过是看得见的。某某人的队伍打来了，某某人的队伍打败了落荒而逃，也是屡屡出现。可是，北京人似乎都是有惊无险。那些记录和回忆很少看到伤亡的记载。

这是怎么回事呢？开始，我曾怀疑是中国人太不把人的生命当回事了，面对战争，只记谁胜谁败，却完全忽视了普通人的伤亡。教授们只对北京上空飞过的炮弹感兴趣，而对炮弹落地之后炸死的人置若罔闻。后来发现是我错了，不是学者、教授们只关心炮弹不关心人，而是那炮弹的确炸不着人。军人开炮，虽然是在进行战争，却是往没人的地方打的，更不会向故宫或北京大学这样的地方打。所以，北京大学的教授只是看到炮弹从上空飞过，而记者们也弄不来炸死多少军人或百姓的新闻。

究其原因，是军人们的战争观念变了。他们与洪秀全的队伍不一样，与曾国藩的队伍不一样，仗也有了新打法。常常看到的情况是：一方发通电，警告对方，对方不服输，就宣布起兵了，某月某日我十万雄师将要攻打某地。说是十万雄师，可能实际连五万也不到，五万人也许只有四万支枪。某地守军考察一下，观望一下，如果发现真的要来，自己又无胜算，马上就撤了，于是某地易主，战争结束。所谓军阀混战，常常就是这样，将军们都拥兵自重，但军队的作用似乎并不在于打杀，不在于消灭敌人有生力量，而是在于震慑，在于指导人吓跑。

从一些资料可见，开赴前线，将士们首先希望的是在他们到达之前敌人已经逃跑。事实也大多如此，大军到时，敌人早就不见了。万一敌人没逃跑，遭遇了，那就只有开枪，但枪口不是对着人，而是朝天放。如果一梭子打完，敌人没被吓跑，怎么办？就该轮到自己掉头逃跑了。当然也有另一种情况，双方一梭子打完，结果谁都没有撤，于是拉开距离站定，大眼瞪小眼，这种情况也被称作“对峙”。两军对峙，常常没有伤亡，没看到哪支军队在这时候向对方扫它一梭子。

当然有激烈的战斗，但那并不是常见的。

之所以出现这种现象，有一个重要的原因，就是在辛亥革命之后，一些军人也不再把杀人看作光荣的事。这与从西方输入的人道主义有关，也与辛亥革命本身就杀人较少有关。

还有一点也很重要，那个时代的军人大多接受了一句话：中国人不打中国人。似乎国内打仗就是靠吓唬，与外国交战才能真打。蔡锷本人就有这样的明确主张，认为打内战无论多么英勇，都不该嘉奖，不能授勋。因为打内战本来就是军人的耻辱，兄弟打架，哥哥杀了弟弟，有什么光荣可言？当然不能嘉奖！

一代将领当中，有人有了这样的观念，自然会有影响。而且，你不杀人家，人家也就不杀你。

正是这种特别的战争文化，使得蔡锷率领的护国军能够支撑下去。否则，他的三千弱兵，怕是早就被消灭了。

如果具体地看，到四川讨伐蔡锷的北军，战争中就有许多有趣的表现。比如，伍祥桢的第四混成旅，开战前就推三阻四，不愿开战，被迫无奈，最后上去了。护国军人很少，子弹也不够，枪坏了没人修，没有替换的衣服，一个个像叫花子。可是，正因为他们太弱，面对第四混成旅这样的大部队，不敢不真打。人家一个旅扑过来了，你如果想朝天放枪把人吓走，那实在不大现实，所以不敢不真打。这样一来，第四混成旅就碰上了硬钉子，一看对方真打，就像退潮一样败下去了。据冯玉祥回忆，他那一次收容了许多败兵，其中就有后来大名鼎鼎的鹿钟麟，当时是副营长。后来就是他把溥仪从紫禁城赶了出去。

冯玉祥当时是旅长。他收容别人的散兵，自己却同样并不真打。他一上阵就找机会与蔡锷私通文书，打下叙府之后，他立功受奖，成了男爵，接下来却没打什么仗。他的兵在战场上敷衍了事：挖的战壕不足一尺深，开枪朝天放，还把炮弹整箱整箱地往山沟里倒。撤退时道路泥泞不好走，炮兵营长宋子扬说："把大炮扔掉算了。"（《后辛亥时代的西南军阀》）吴佩孚是会打仗的，但在与护国军的战争中，也没有认真打。

正因为这种种因素，蔡锷才撑了下来。

在蔡锷的军中遗墨中，有一份文件也能说明问题。那是一份不准虐待俘虏的文件，1916年4月19日同时发表于《中华新报》和《民国日报》等。文件的产生却是在1916年2月，其中说："查战时国际公法，对于俘虏之处置，大率严加管束，取足以利剥夺其战斗力而止。至于虐待杀戮，在所必禁。此在国际交战，犹且有然，而况国内战事，宜属同胞，相虐待杀戮何忍？"他下令对俘虏只是缴械，不能侮辱。

他不杀俘虏，敌人就不怕被他抓住，所以就没必要与他拼命。

回顾那场战争，我们不难看到，其实蔡锷、唐继尧都明白，护国战争胜负的关键，并不在于战场上的拼杀。起兵，独立，主要是一种姿态。攻城略地，消灭有生力量，其实不是目的。因为这是一场特殊的战争，胜负不在战场，而在战场之外。蔡锷和他的人马，就是一面旗帜、一个象征，只要旗帜不倒，就足够了。只要护国军的旗帜在，那些不赞成袁世凯称帝的人就可以随之而起。

蔡锷做事稳妥，不是一个轻易冒险的人。你可能会问，他带着那么几千人马就敢于向袁世凯挑战，这不是冒险是什么？但他的确不是冒险，他之所以敢在川南苦撑，就是因为他知道不需要苦撑太久。按照他与梁启超的计划，几个月就够了。

果然，撑了两个月，就胜利在望了。

十四、共和归来

袁世凯称帝，曾经以为自己是适应国情，顺应民意。可是，中国人到底是怎么回事？蔡锷振臂一呼，转眼都变了，那么多人起来反对帝制，反对他做皇帝！这的确把他弄糊涂了。

领袖被自己的人民弄糊涂了。

其实，这是专制的政治文化特有的现象。今天可以全票选你上高位，明天也可能全票送你上绞架。这在专制国家里并不罕见，专制统治者常常制造民意、强奸民意，结果却常常搞得自己也弄不清民意到底是什么。

袁世凯不是极端的专制主义者，但他习惯的是专制主义传统。

云南独立之后，蔡锷入川。1916年1月27日，刘显世宣布贵州独立；3月15日，陆荣廷宣布广西独立；4月6日，广东独立；4月12日，浙江独立；5月9日，陕西独立；5月22日，四川独立；5月29日，湖南独立。尤其是四川和湖南的独立，对袁世凯打击甚大。想不到，真的是怎么也想不到，因为那里的督军本是他的亲信。

袁世凯的确想不明白，所以心情抑郁，很快病倒了。

与此同时，参政院院长黎元洪托病请假，不再出席参政院会议。农商总长张謇，请假回原籍，到家即递来辞呈。张謇是袁世凯的老朋友，而且做过袁世凯的老师。袁世凯尊敬他，信任他，愿意听他的话，在辛亥革命中，在许多大事上，他都是按照张謇的建议做的。现在，张謇也弃他而去了。教育总长汤化龙，辞职去了上海。更让袁世凯伤心的是，就连他的弟弟袁世彤、妹妹袁书贞，也都登报声明反对他，并且宣布脱离亲人关系。

1916年春天的袁世凯，真是四面楚歌。

这种情况下，袁世凯才知道自己被“国情”和“民意”骗了。什么中国人离不开皇帝，什么全国人都拥护他做皇帝，原来都是谎言。

说到这里，我们再来看一看袁世凯。

实事求是地说，袁世凯不算顽固，的确愿意顺应民意，愿意倾听人民的呼声，而且是一个知错能改的人。他看到人们不赞成他做皇帝，尽管觉得丢脸，却没有因此而坚持。如果他真的坚持下去，一错到底，人们也拿他没办法。许多领袖人物都是那样做的，错了自己偷偷改可以，但别人不能说，如果有人说，那就一定要坚持下去，以证明自己一贯正确。袁世凯并不这样，只要有人反对，他就会犹豫；只要反对得厉害，他就不再坚持。

按原计划，洪宪皇帝应该在1916年元旦登基。离登基只差六天，蔡锷起兵了。大家想，蔡锷在云南起兵，而且就那么一点儿兵，从云南打到北京，要多少时间？能影响袁世凯登基做皇帝吗？如果袁世凯真是一心想做皇帝，他完全可以按时登基，派兵前去镇压，然后在北京稳稳地当皇帝。历史上许多皇帝都是在一片反对声中登基的，许多皇帝都是占有了一小片地方就匆匆建国的。可是，袁世凯不同，蔡锷一反对，他就放弃了登基。所以，袁世凯并没有真正成为皇帝。一些书上说他做了83天皇帝，是错误的。说他做了“83天皇帝梦”或许可以，但说他做了83天皇帝，是不对的。因为他只是准备当皇帝，却没有正式成为皇帝。他开始还只是暂缓登基，后来见反对者那么多，就干脆取消了。

据白蕉的《袁世凯与中华民国》一书记述，在云南宣布起义当天的国务会议上，袁世凯报告此事时竟然语无伦次：“云南自称政府，照会英法领事，脱离中央。此事余本不主张，尔等逼余为之。”[①]惊慌之际，所表达的，正是真实的心情，所暴露的正是那个真实的袁世凯。面对蔡锷起兵，他首先想到的不是派兵镇压，首先做的也不是大骂蔡锷，而是埋怨那些逼他当皇帝的人。尽管说到底还是该怪自己没主意，但他也有理由埋怨，因为他的确是被人推着走到这一步的。当然，作为元首，他不能只是埋怨，还须要打起精神，维护中央的权威，决定派兵入川。可是，此时的他还没有意识到问题有多严重，所以仍然理直气壮，认为自己是顺应民意而决定接受帝位的。恢复

①白蕉编著《袁世凯与中华民国》，人文月刊社1936年，第302页。

帝制是民意，不能因为少数人反对就否定大多数人的意见。他说：君主立宪是国民公决的，铁案如山，无法改变，谁也不能反对，也没有反对的道理。如果以一两个的个人意见，就可以违反，不再承认，此后国家拿什么作为是非取舍的标准？他当然没忘了为自己辩护，他强调的是：共和国元首就职，是要宣誓的，这是《约法》规定的。“所誓者何？誓遵民意所定者也。以共和国之元首，一切应以民意从违，此义推之古今中外，无可不通。设民意欲共和，而元首欲帝制，是谓叛民。反之而民意欲帝制，元首仍欲共和，亦为叛民。”①

袁世凯说：他不能背叛国民。

由此看来，他仍然是理直气壮的。可是，尽管理直气壮，他却不敢按照计划登基做皇帝。拖了五十多天之后，他于1916年2月23日决定宣布暂缓登基。这份“延缓登基令”中说：近来全国各地官员和民间团体都在呼吁他早登大位，但是，“在爱国者，亟为久宇长治之计，而当局者，应负度势审时之责。现值滇、黔倡乱……加以奸人造言，无奇不有，以致救民救国之初心，转资争利争政之借口；遂正大位，何以自安？予意已决，必须从缓办理。凡我爱国之官吏士庶，当能相谅。此后凡有吁请早正大位各文电，均不许呈递，特此通令知之”②。

缓到3月15日，广西宣布独立，他知道所谓国情、民意都变了，就想取消帝制。为此，他亲笔写信，一封又一封，请黎元洪、徐世昌、段祺瑞等人看在老朋友的面子上，到中南海开会商议大事。会议是在21日开的，这些老朋友都给他面子，来了，但一个个心情沉重，不知该说什么好。袁世凯开宗明义：各位说说看，帝制是不是该取消了？直接进入主题。可是大家仍然不说话，袁世凯就说：既然反对者越来越多，我看还是取消了好。于是大家同意，袁世凯于第二天正式下令撤销帝制案。

1916年3月24日，袁世凯请一直不赞成帝制的张一麐入见，对他说：“我真糊涂，没有听你的话，以至于此。今欲下撤销帝制令，非你起草不可。”他一边说着，一边把王式通起草的稿子给张看，并说：“我觉得应该

①②白蕉：《袁世凯与中华民国》，文海出版社1967年，第332—333页，第341—342页。

直截了当地下令取销帝制，并将推戴书焚毁。”张一麐黯然叹息说：“这全是总统受小人的蒙蔽。”袁说：“全是我自己不好，不能怪他人。”

沈云龙是台湾的著名学者，因为受教育的背景，以及成长的背景，必然带有知识和思想的底色，不自觉地就会站在国民党的立场上，这就像郭廷以、张玉法等人一样，叙述民国初年的历史，说到袁世凯、黎元洪、徐世昌等人，都是直呼其名，说到孙中山，就不再直呼其名了，临时总统早已辞职，仍然尊称为“总统”，否则就是“孙中山先生”。但是，严肃的学者毕竟尊重事实，沈云龙在他的《徐世昌评传》中说到袁世凯与张一麐的对话，写下了这样的内容：“袁氏虽濒于失败，仍不肯诿过于群小，较之明于责人昧于责己者，毕竟不失其倔强之本色。”①

最后改定的这份总统令说明了帝制运动的起因，叙述了帝制运动的过程，也叙述了自己的一再辞让而人们“不谅其辞让之诚”的情况，最后终于酿成帝制之祸。作为一份事实上的“罪己诏”，袁世凯认识不可谓不深，自责不可谓不重，胸怀不可谓不宽，他说：“中国数千年来史册所载，帝王子孙之祸，历历可征，予独何心，贪恋高位？乃国民代表既不谅其辞让之诚，而一部分之人心，又疑为权利思想，性情隔阂，酿为厉阶。诚不足以感人，明不足以烛物，予实不德，于人何尤？苦我生灵，劳我将士，以致群情惶惑，商业凋零，抚衷内省，良用矍然，屈己从人，予何惜焉……总之，一万方有罪，在予一人！”②袁世凯敢于认错，而且显示着知错能改、决不追究他人的美德。

不过，袁世凯似乎还是把事情看得太轻了，取消帝制，不当皇帝了，就准备回头继续当总统，世间哪有如此好事？你既然接受了帝位，就已经背叛了民国，还能继续当总统吗？这也是专制传统培养的结果，他没有想到立即辞职以谢天下，也包含着某种责任感。

蔡锷等人却坚决反对袁世凯继续当总统。他致电梁启超，致电陈宧，致电黎元洪、段祺瑞等政要，主张袁世凯必须退位，大总统按约法规定由副总统继任，然后召集国会，正式选举，选上谁是谁。

---

①沈云龙口述《徐世昌评传》（上），中国大百科全书出版社2013年，第336页。

②白蕉：《袁世凯与中华民国》，文海出版社1967年，第346页。

蔡锷反对袁世凯继续当总统，大概也有自己的担心：“他日之翻云覆雨，谁能为之保障!”“凛已往之玄黄乍变，虑日后之覆雨翻云。”他怕袁世凯出尔反尔、秋后算账。

说到这里，我想起了严复的主张。当时，全国一片倒袁声，都希望袁世凯下台。严复却有另一种主张。他认为这时应该让袁世凯继续当总统，这对国家有好处，对民主宪政有好处。因为袁世凯犯了错，他就不会仍然那么专制，就会变得守法，国会就可以制约他。

如果真那样，也许是民国之福，民主宪政就顺利得多。而且有袁世凯在，就不会出现群龙无首、军阀混战的局面。

可是，当时的形势，却使人们不可能倾听严复的声音。何况，严复又因为列名第三者筹安会而声名狼藉，已与杨度等一起成了“帝制罪魁”，自然不愿大声地发表意见。

这时候，一大群国内政要和名流帮助了蔡锷。冯国璋致电袁世凯，劝其退位；做过民国总理的唐绍仪斥责袁世凯不顾廉耻，建议他立即退位；伍廷芳建议袁世凯退位，以求“灵魂的安乐”；张謇也劝袁世凯退位，说否则民愤难平……

老袁明白大势已去，几天之后，忧郁成疾，于1916年6月6日一命呜呼。第二天，黎元洪就任大总统，护国战争结束。

战争结束后，蔡锷被任命为四川督军兼省长。但蔡锷去意已决，到成都视事一周即辞职准备就医。国务总理段祺瑞一次次电请他进京治病，并且表示愿以总理相让，后又内定为参谋总长兼湖北督军，坐镇中原。蔡锷一一拒绝。

然后，蔡锷东渡日本就医。这一去，就永远告别了他的故土，告别了风雨飘摇中的民主共和国。

蔡锷患的是喉结核，当时还属不治之症。朱德回忆中说是肺结核，看来他也不清楚。无论什么结核，在当时都是不治之症。

1916年11月8日，蔡锷在日本逝世，终年三十四岁。

在蔡锷的遗物中，有一把指挥刀。刀柄上嵌有铜质镀金的菊花，还有五色旗、铁血十八星旗、“共和”二字等花纹。

十五、军魂安在

（一）身后哀荣与时人评价

蔡锷去世之后，举国悼念。

大总统特别下令，追赠蔡锷为上将军，为他举行国葬，并派特使到日本迎接灵柩。

1916年12月5日，灵柩从日本抵达上海。12月14日，上海各界人士举行了隆重的追悼和祭奠。先是淞沪护军使杨善德代表黎元洪大总统致祭，接着是梁启超宣读祭文。梁启超只念了一句祭文，就失声痛哭，再也念不下去，只好请人代读。整个会场一片哭声。事后，商务印书馆发行过一套12张的明信片。

接着，北京的中央公园（今中山公园）设灵堂举行公祭，从黎元洪、冯国璋、段祺瑞等总统、副总统、各部总长，到孙中山等各界领袖，以及各国驻华公使、各界群众，数十万人参加了公祭。

挽联是值得注意的，因为它显示了各方面人物对他的评价。有人赞美他力挽狂澜，再造共和；有人称道他功成身退，不为名利；有人颂扬他一身正气，两袖清风。其中梁启超的一副挽联是：

国民赖公有人格；
英雄无命亦天心。

唐继尧毕竟是蔡锷的战友，他的挽联是：

所至以整军保民为要图，众论之归，大将慈祥曹武惠；
平时惟读书致用相敦勖，公言不死，秀才忧乐范希文。

他把蔡锷整军保民、慈悲为怀、手不释卷等一代儒将风格写出来了。

众议院议长汤化龙的挽联是：

无友无敌，无新无旧，异口罔闲言，
名满天下谤即随之，此例遂为先生所破；
斯时斯世，斯人斯才，赍志以终古，
我瞻四方魂兮归些，英灵莫挟大地俱沉。

汤化龙认为，蔡锷无友无敌，无新无旧。一般的人是名满天下，谤即随之，而蔡锷却不是这样，他做得让人无可挑剔。同时，汤化龙有一个担心，怕蔡锷之死将导致国家的沉沦。也许，只要蔡锷活着，那些野心家就不敢割地称霸，更不敢另立中央。

最动感情的挽联来自革命党元老谭人凤，此老竟然如此感叹：

浊世生公天大错；
人间留我老何为。

谭人凤可谓饱经风雨，阅尽沧桑，感叹如此浊世不配有蔡锷这样的人物，可见对蔡锷的珍爱之情。

流传更广的是小凤仙送的挽联。据说当年小凤仙白马素车，到灵堂祭拜，送上的挽联是：

万里南天鹏翼，直上扶摇，那堪忧患余生，萍水姻缘成一梦；
几年北地胭脂，自悲沦落，赢得英雄知己，桃花颜色亦千秋。

1917年4月17日，蔡锷的国葬典礼在长沙举行，蔡锷遗体安葬于岳麓山。

对于蔡锷，当时人们评价甚高。在这里，我只想举两个例子请大家一看。一是他活着时袁世凯说的那段话：

孙氏志气高尚，见解亦超卓，但非实行家，徒居发起人之列而已。黄氏性质直，果于行事，然不免胆小识短，易受小人之欺。蔡锷远在黄兴及诸民党之上，此人之精悍即宋教仁或亦非所能匹。①

这里论及四个人物：孙中山、黄兴、宋教仁、蔡锷。在袁世凯看来，宋教仁远远高于孙中山和黄兴，却未必比得上蔡锷。

二是蔡锷逝世时正在北京读书的匡互生在家书中说的一段话：

此间各机关接到日本东京来电，称蔡公松坡于是日上午病死于福冈医院，都人闻之，无论南人北人外国人，莫不为之痛惜。盖伊功高才大，德隆望重，久为中外所佩服故也。北方人对南方人各省首领多不满意，惟一谈及蔡锷之名，则皆信服。如其不死，则将来调和南北意见，及整顿中国之内政，皆为易事。不幸短命，不仅宝庆失一先觉，而国家亦将受莫大之影响。②

从蔡锷去世的1916年，到1927年，大约十年中，蔡锷都是闪光的将星，一直作为“护国军神”被颂扬。他的名字进入教科书，成为许多城市的街道名，北京还有松坡图书馆，可谓家喻户晓。

（二）权威教科书中的蔡锷

然而，北伐战争胜利，国民党建立了自己的统治，蔡锷在教科书和权威历史叙述中的命运却发生了微妙的变化。他仍然被提及，但光彩却大不如从前。

究其原因，蔡锷与国民党、孙中山的关系比较复杂。他一直没有加入孙中山的组织，从同盟会，到国民党，都没有加入。他与黄兴的关系较为密切，他们是老朋友，有交情。黄兴与孙中山联手成立了同盟会，成为同盟会的二把手，蔡锷却没有因为与黄兴的交情就加入同盟会。从同盟会到国民党，蔡锷将孙中山和他领导的组织，称之为“暴烈派”，一直敬而远之。

可是，后来夺取政权建立党国的却正是国民党中的“暴烈派”。

---

①谭人凤：《石叟牌词》，饶怀民笺注，上海书店出版社2000年，第83页。

②袁泉：《当时人记当时事——匡互生记蔡元培锷逝世后京中情况》，《人民政协报》1992年12月22日。

国民党对蔡锷的态度也很复杂。国民党以是否革命划分敌我。那么，蔡锷是革命派还是反革命派？不好回答。从1904年留学回国，到1916年去世，十二年，蔡锷经历了三种不同的国家政权，也进行过三次重大抉择：第一次是置身于大清帝国，辛亥革命爆发，他选择了革命；第二次是置身于袁世凯为总统的中华民国，二次革命爆发，他选择了反革命；第三次是置身于袁世凯为皇帝的中华帝国，他选择了革命。由此可见，他既不是一贯的革命派，也不是一贯地反革命。国民党是喜欢以对袁世凯的态度画线的。蔡锷却既拥护过袁世凯，也讨伐过袁世凯。他与孙中山不同，孙中山是从1913年就一直反袁，而蔡锷却在1913年拥袁，直到1915年才反袁。他只反袁皇帝，不反袁总统；反大清帝国、中华帝国，而维护中华民国。

这让国民党的史学家有点为难。

根据他在辛亥革命前那种疏远孙中山、拒不靠拢革命组织的表现，应该被判为敌人。可是，他又在辛亥革命中领导了云南重九起义，这就不能不肯定他。如果把蔡锷也说成是投机革命，趁机篡夺革命领导权，那就太不得人心了。但云南的革命的确不是同盟会领导的，所以不做张扬。这是基本的分寸与尺度，凡是同盟会领导的，就大讲特讲，如果不是，就淡化，或者干脆把它说成是立宪派或者旧官僚的投机。在二次革命中，蔡锷维护稳定，反对动乱，站在袁世凯一边，自然是孙中山的敌人。以此为据，蔡锷本该被打入历史的垃圾堆。但是，到了袁世凯称帝，却又是他振臂一呼，护国讨袁，赢得了国民的爱戴。从某种意义上说，这时的蔡锷与孙中山站到了同一条战线上。可是，蔡锷举兵护国，又使孙中山派多少有点尴尬。他们天天在海外远远地高喊反袁，宣言一通又一通，却未损袁世凯一根毫毛；最后站出来阻止帝制、保卫共和、打倒袁世凯的，却是平时一声不响的蔡锷。这事弄得孙中山和国民党很被动。护国战争不能轻易否定，蔡锷又不是自己人，可是他光彩照人，怎么办呢？后来国民党的史家就像对待1911年的武昌首义一样，努力把这些与孙中山关系不大的事拉到孙中山的伟大功绩中来，似乎一切胜利都离不开“国父”的号召和发动。直到今天，我们的教科书仍然延续着20世纪20年代的这种历史叙事模式。

但无论如何，只要我们不陷入某种门户之见，就应该承认，蔡锷是伟大的。他的历史功绩主要有两项：其一，辛亥革命中领导重九起义，光复云南；其二，在共和国面临危机之时发动和领导护国战争，挫败帝制复辟运动，让历史悠久的帝制从此成为历史。再造共和，为国民争得了人格，而且使一切想当皇帝的人无论多么想，也只能偷偷摸摸，只敢行皇帝之实，而不敢有皇帝之名，不敢公然加冕。

（三）几个有争议的问题

当然，关于蔡锷也有争议。

第一，有人认为，蔡锷推翻袁皇帝，是好心办了错事。因为袁世凯死后群龙无首，中国陷入一片混乱，黎元洪、段祺瑞、冯国璋、吴佩孚谁也统治不住，最后是国民革命兴起，蒋介石北伐，夺取政权，中断民主共和进程，创建了“一党专政”制度，把“民国”变成了“党国”，导致了政治现代化的严重受挫。

这是一个真问题。后果可谓惨重。但需要考虑的是：这笔账是否应该算到蔡锷的头上。悲剧的确发生了，历史走进了一条与理想不符的路，但并非是由护国战争决定的，因为有更切近的岔路口，有更直接的原因。护国战争之后，历史仍有许多可供选择的路口。重要的选择发生在后来，并非护国战争所能决定。

第二，有人说袁世凯虽然要恢复帝制，但他要当的皇帝已经不是过去的皇帝，而是立宪的皇帝。即使是今天，英国和日本那样的君主立宪制度仍在，并不影响自由、民主和公民权利。也许当年袁世凯做了皇帝，就能建成一个英国和日本那样的国家。

这也是一个值得探讨的问题。显然，蔡锷并非不知道袁世凯要做的皇帝已经不同于过去的皇帝，所谓中华帝国应该更接近大英帝国和大日本帝国，而不同于大清帝国。那么，他为什么坚决反对？主要原因大概有二，一是他在时务学堂时，就接受了梁启超等人的观点，把国家分为进步程度从低到高的三个档次：专制君主国家、君主立宪国家、民主共和国家。这时候可能仍受影响。二是对袁世凯的不信任。袁世凯既然能够把民国改为帝国，把总统变成皇帝，谁能保证他不会把君主立宪的皇帝变为君主专制的皇帝？

第三，有人说，蔡锷死得早，如果活着，难保不成一个军阀。“王莽谦恭未篡时”，这是中国式的经验。从这个角度说，蔡锷也许因为早死而赚了便宜。如果袁世凯在接受帝位之前就死去，他终结帝制、创建共和的功绩将在历史上大放光芒。如果汪精卫在抗战之前去世，必然是中国现代历史上的人格楷模。许多人该早死而没死，结果毁了一世英名。蔡锷如果活着，会不会也一样呢？我们能够判断的，只是已有的事实。但有几点是值得注意的：1. 蔡锷知兵尚武，但并不穷兵黩武。2. 他坚持"军人不党"，认定国家军队只能用于保卫国家，不能成为替某派夺权的工具。如果沿着这个路线走下去，蔡锷不容易成为军阀。

（四）蔡锷的精神

关于蔡锷的精神，首先是敢于担当的精神，敢于挺身而出，敢于力挽狂澜，敢于承担起国家和民族的命运，敢于用自己的行动扭转历史航船。什么叫好男儿？什么叫顶天立地的男子汉？蔡锷就是典范。当革命到来的时候，他挺身而出，领导起义，光复云南；当共和国面临危机的时候，他敢于立马当阳，力挽狂澜，以几千弱兵挑战拥有几十万大军的洪宪皇帝，就是不允许你恢复帝制！这才是伟大的担当，这才是真正的勇敢。历史，从来不会把什么责任放在哪一个人的肩上。所有承担历史责任的人，都是自找的。湖南邵阳那么一个贫苦农民的孩子，国家的命运，国人的生活状态，百姓是否拥有民主权利，是否能像人一样生活，这些轮得到你来关心吗？无论在哪个时代，那些所谓聪明人是不去关心的。然而，蔡锷偏要关心，偏要以自己的力量去争取。在谭嗣同、唐才常等师长倒下之后，他自己就觉得必须承担起来。为了承担这一切，他是那样拼命地读书，那样拼命地锻炼身体，终于使自己有知识，有学问，懂政治，懂军事，成为领袖人才，最后终于成为东方第一个民主共和国的中流砥柱，以瘦弱的身躯抵挡了帝制复辟大潮。

其次是对理想的执着追求。他本来也与千千万万中国人一样，在专制传统之下，习惯于专制统治之下的生活。可是，当他在时务学堂接触到一些新的思想和理论，当他在日本接触到不同的国家法理，当他对美国、法国、英国、日本等不同国家的制度进行研究之后，他终于认定，民主共和才是世界上最合理的制度，因此，当辛亥革命到来，他毅然领导起义，为创建共和而站立起来。当新生的民主共和国遭遇困难，国家要从新生的民国退回到帝国的时候，许多当年的革命党人都接受了，或者说是充满困惑。而蔡锷没有困惑，没有怀疑人类现代政治文明成果对于中国的适用性。他坚决不相信中国国情不适宜民主共和，坚决不相信中国人就只配匍匐在专制统治者的脚下。所以，他要捍卫民主共和，起兵阻击，用自己的生命来检验一下真正的民意。

再次是廉洁奉公，不以权力谋私，不以私情忘公义。为人谁能无私？完全无私的人很少见，如果有，也可能并不健全。蔡锷有私，有私情，有私欲，爱父母，爱兄弟，爱妻子，爱儿女，而且怜惜情人，铭记恩人。但他公私分明，不贪污腐败，不以权力谋私。辛亥革命之后，他做了云南都督。他弟弟找来了，想在云南找个工作，他坚决拒绝，让弟弟回了湖南老家。绅商要为他铸造铜像，他表示感谢，却把造铜像的钱用于救济灾民。袁世凯拉拢他，给他许多地位很高的兼职，薪水加起来高达5000大洋，蔡锷却只做工作，拒绝了薪水。为官多年，邵阳老家寒素如旧。护国军起义后，湖南地方官奉命查抄蔡锷家产，结果是“实无财产可查封”。蔡锷去世时，“尚欠债三四千金”。

最能表现他不因私情而忘公义的还是他与袁世凯的关系。袁世凯对他一直不错，当年去日本留学，就是袁世凯资助了他一千银圆；彰德会操，又让他做中央审判员；到北京又对他那么好。但是，袁世凯一旦要恢复帝制做皇帝，那么对不起，恩再大，是私情，中国人要民主，是公义，蔡锷舍命也要捍卫。

袁世凯死后，护国战争结束，唐继尧却忽然进兵四川和贵州，并派要员告知蔡锷。蔡锷知道，这是为了抢地盘。他义正词严地说：“论私，唐都督要锷头颅，锷亦必割掷与之。论公，锷不能让过一步！吾人以义始，而不以义终。锷方敝屣利禄洁身引退，以昭示天下；而观都督，当敌我血战之际，不肯加一兵一矢，今战事告一段落，乃麾兵前进。人将谓锷狐媚以取天下，谲诈以骗国人！唐都督知我个性，如不明令停止前进，即溅血以谢同袍！请为我转告唐都督，莫令国人，又以讨袁者讨唐也！”（周庆余：《蔡松坡与云南起义的真相》，原刊《湖南文献》第九卷第三期）不惜得罪唐继尧，是为了维护护国战争的声誉。真男儿把荣誉看得很重，那些不顾廉耻拼命爬上最高统治宝座的人，相比之下都是卑鄙无耻的小人。蔡锷是君子，为理想而战，为共和而战，功成身退，决不让人说自己奋起护国是为了谋取权力。护国胜利之际，作为再造共和的元勋，他却坚持功成身退，“对于国事，除万不得已外，拟不发表何种政见”。

在中国近百年的历史上，有能力称霸而不称霸，有能力争夺最高权力而不争夺，决不效忠于某个领袖或派系，一心为国，一心保卫民主共和，这样的军人唯有蔡锷。蔡锷将军因此而不朽。

（五）蔡锷的后人

作为著名将领的后代，蔡锷后人并没有活跃在政界军界，而且不事张扬。这或许也是家风所致。

蔡锷有两个夫人：刘侠贞和潘惠英。

刘氏生有三个孩子，即蔡锷的长女、次女和四女。

长女蔡铸莲，生于1906年，长大后嫁给了蔡锷的同乡同学石陶钧中将的长子石潮白。石潮白民国时期做过外交官，1949年后全家迁往美国。

次女蔡福莲，生于1908年，1916年夭折。

四女生于1914年，未满周岁即夭折。

潘氏生有一女二子，即三女、长子、次子。

三女蔡淑莲，生于1912年，嫁给了著名的植物学教授周家炽，1949年后一直在北京，两个孩子周伊、周茵也都在北京大学工作。

长子蔡端，生于1914年，1937年毕业于辅仁大学史学系，曾在国民政府外交部任职。1949年后任职于《光明日报》、全国政协文史资料办公室，后为全国政协委员，1997年去世。他有安慈、愉慈、慰慈、爱慈、顺慈五个女儿，大女儿在日本，二女儿在包头，另外三个都在北京工作，全都从事教育工作。

次子蔡永宁，生于1916年，毕业于西南联大，20世纪50年代曾到东北人民大学（现在的吉林大学）工作，后调往北京体育学院。蔡永宁有二子二女。两个女儿蔡慈、蔡群都在北京；两个儿子中的蔡协毕业后去吉林，在工厂做技术工作；蔡祺毕业后去太原做了教师。

说到这里，我又想起了蔡锷的两个弟弟，二弟蔡钟当年到昆明去找蔡锷，想弄个官做，蔡锷却把他送回了家。他牢记哥哥的教训，在家孝敬母亲，隐居终生。三弟蔡鍊则隐得更深，网上也搜不到任何信息。

作为军政要人之后，蔡锷全家没人进入军界政界。

蔡锷将军百年祭

想起蔡锷，是因为今年是2016年。这让我想起一百年前，值得中国人永远为之骄傲的东方第一个民主共和国面临危机，是蔡锷带领三千弱兵从云南出兵四川，硬是拦截了一场帝制复辟，保卫了新生的共和国，自己则忧劳成疾，于功成之后而病逝，让人惋惜。写篇文章，也算是百年纪念吧！

十年之前，我写过一篇《蔡锷的光彩》，后来又写过一篇《蔡锷与袁世凯》，许多内容都已提及，在此不做重复，只说几件隐藏于百年云雾中不为一般人觉察的事——

蔡锷的“军人不党主义”

1912年，几千年的帝国变为民国，普通的中国人终于有了自己的国家。成了主人，当然要承担责任。人们的政治参与热情因此而空前高涨。共和国初创，各种方案尚未确定，人们有不同的设想和追求，这就须要寻求同志、联合力量，以期对大局有所影响。因此，一个结社、建党的热潮迅速兴起。

就在这时，蔡锷举起了“军人不党”的旗帜。

考察蔡锷的“军人不党”思想，大约形成于日本留学时期，而最先的表达是在孙中山辞职而袁世凯就职之际。那时，他曾准备致电袁、孙两位临时大总统，电稿中有言：“集会结社自由，为文明国通例，惟军人入会，各国多有限制。……至如政治集会，似不宜以统兵大员为之，诚恐因政见不同，遂至以武力盾其后，反足以劫持公论，而破坏和平。”

百年之后回头看，不能不承认蔡锷的忧虑很及时，而且一语中的。军人入党，参与政争，实在很可怕。众所周知，无论哪一个国家，在政治现代化的开始，议会初建，都难免出现辩论中的过激行为。比如，议员们情绪激动，难以抑制，扯住对方衣领，甚至挥拳动脚。这种表现虽然不雅，但危害并不大。因为议会的好处就在这里，把政治斗争集中于会场，议员们赤手空拳，即使大打出手，至多不过是头破血流，不会影响百姓的生活，不会破坏社会的稳定，人们照样生儿育女，庄稼照样抽穗结实。

但是，如果议员们手中有武力，不满足于会议室里拳脚相向，而是走出会议室调兵遣将，事情就麻烦了，必然要影响到百姓的生活。

如果有更多的人及时想到这一点，预防这种事情发生，中国后来的事也许会好一些。如果弄得好，东方第一个民主共和国或许不会夭亡。

然而，蔡锷的这份电报当时却没有发出去。究其原因，可能与他当时的处境有关：他即将出任云南统一共和党的总理，大势所趋，无力拒绝。自己既然要做党魁，这“军人不党”的通电就只好暂时放一放了。

蔡锷当时思想上大概有些矛盾，出任云南统一共和党的党魁，是他自愿的。因为他充分看到了政党的力量，而且试图利用这种力量。革命之后政坛纷纭，人心浮动，莫衷一是。为此，他于1912年2月29日致电章太炎、张謇、熊希龄、黎元洪、谭延闿等人，建议联合成立一个大党，“借以监督政府，指导国民”。他的建议得到了积极回应，最后由国民共进会、政治谈话会、共和统一会联合，于1912年4月在上海成立了统一共和党。云南随之成立了支部，蔡锷任总理。在成立大会上，蔡锷发表演讲说：过去清廷专制，害怕人民，压制民意，所以人民没有权力，也没有了参与政治的热情。革命之后，共和成立，却出现了另一种情景：“半年以来，海内俶扰，民生穷蹙，军队为莠民麇集之薮，兵器将窳，南北一辙。焚劫叛变之惨剧，层出叠见，加以人重私图，党见纷歧，省界加严，争权夺利，置国家问题于不顾，而内政之纷纭，人心之浮动，殆不可以终日。”在这种情况下，就需要组织政党，联络同志，以“挽回国难，奠安民生”[①]。

蔡锷想的，就是要利用政党服务于国计民生。他希望统一共和党“陈义

①曾业英编《蔡锷集》（全2册），湖南人民出版社2008年，第612页。

不求过高，着眼务求远大”，一切以国家大局为重。他希望党员同志要以维护统一、巩固共和、促进国家强大为宗旨，甚至为此不妨牺牲一些个人利益。因为在蔡锷看来，中国已经是民主共和国，这新的国体之下，国权与人权并不矛盾，“国权为拥护人权之保障”，所以，要人权就须要维护国权。“国权大张，何患人权之不伸？”他甚至说：“共和国民，人人生息于自由平等之域，估游于法律范围之中，尊重人格，严守秩序，是其天职……即对于他党，纵主义不同，趋向互异，可以言竞争，而不可以施排挤。成不可以以异党之故，伤及个人相互之友爱。”①

由此，我们可以看到蔡锷对政党的认识，以及他对政党的希望。不过，对于军人入党，蔡锷却深怀忧虑。所以，他在拟定的云南统一共和党简章中，做出了这样的规定：“现役军人不供行政上之职务者不得入党。”

事实上，这是一个妥协的规定。蔡锷是认定军人即使有行政职务也不应该入党的。简章中这样写，只是为自己做党魁找了一个理由。

正因为这样，他在就任党魁之际，就声明说：“俟党务渐有头绪，务恳遂我初心，脱离党事，俾得一意戎行。”并且他在统一共和党云南支部成立大会上，就明确表示：“军人投身政党，流弊滋多。”

几天之后，蔡锷进一步明确表示：带兵之人不应入党。

1912年5月10日，他致电总统、副总统及各省都督，郑重申明了自己对“军人入党”的看法。他反对军人入党，主要理由有三：

第一，民国初建，军人应专心“整军经武”，巩固国防，加入政党，势必分心。

第二，军人手中握有武力，政治斗争如果诉诸武力，必将导致国家混乱、政治倒退。事实上，这是他最担忧的一点。他说：“凡一国内，政党分立，政见各殊，各出其才力以相雄长，每因竞争而国家愈益进步，故一政党组织内阁，复有他政党监督其旁，政府可收兼听之益，而不致流专断之弊。然以军人入党，则因政见之争持，或至以武力盾其后，恐内阁之推倒太易，实足妨碍政治之进行。”

第三，军队鱼龙混杂，素质不高，如果军中官兵与会党合流，军人分属

①曾业英编《蔡锷集》（全2册），第612页。

不同党派，必然要搞乱军队，后果不堪设想。

因此，他建议大总统明令禁止军人入党。

此后不久，因为党争日见激烈，蔡锷甚至建议各党自行取消，并且于1912年6月28日带头宣布取消统一共和党。

当时政治上的一件大事是制订宪法，蔡锷反对党派主导制宪。他从法国大革命吸取教训，认为法国大革命后之所以那样乱，原因之一就是宪法皆由当时得势的党派制订，等到那个党派倒台，他们的宪法随之失效，于是重新制订宪法，这就使宪法成了儿戏，可以不断修改，如此一来，真正合法的宪法总是不能产生，国家自然不能稳定。直到普法战争之后，全国一致，超越党派制订宪法，共和国才得以巩固。他由此得出结论："宪法不可由政党所造而成之。"

蔡锷本来就是学者，研究过西方现代政治，研究过国际公法，因此，他虽然身为军人，却不像一些军人那样只为军人的利益考虑，而是能够为国家政治着想，洞察军人干政的危害，提醒军人应止步于当止之处。

共和国的第一届内阁瓦解，蔡锷感到国本已有动摇之象。他于1912年8月12日致电袁世凯及各省都督，表达了自己对政党的看法。他没有从根本上否定政党的活动，但认为当时的许多问题都由党争而来。因为有了组织，一些人难免"是丹非素，伐异党同，如旋风卷地，一入其中，迄颠倒而不能自拔，常士固然，贤者不免"。至于那些无人格、无操守的人，更是不辨是非，只认门户。当时中国最大的政党是同盟会、共和党、统一共和党，他建议三个大党都自行解散。

这时，在宋教仁的努力之下，同盟会与统一共和党、国民公党、国民共进会、共和实进会等正常联合，成立了中国国民党。因此，云南的统一共和党和同盟会也决定合并，成立国民党云南支部，而且要推举蔡锷为支部长。蔡锷坚辞支部长职务，并且声明退党。为此，蔡锷还于1912年9月12日致电宋教仁，一方面对宋教仁的联合组党表示支持，一方面重申自己军人不党的立场，并且声明自己已经退党。

9月16日，他又致电总统及各省都督，对自己的"不党主义"进行解释："怵于党争，首倡脱党之议，无非欲巩固政府，张我国威，区区苦心，当已共谅。自今以往，愿与诸子化除门户，容纳流派，一气呵成，共谋对外，上以纾大总统之长虑，下以固民国之始基。”[1]

1913年5月，统一、共和、民主三党合并为进步党。进步党以黎元洪为理事长，下有九名理事，梁启超位列第一。明眼人一看便知，黎元洪只是挂名，实际党魁是梁启超。此外还有二十三位名誉理事，蔡锷名列其中。对此，蔡锷在给梁启超的信中说：“前以置身军籍，故于统一共和党合并时宣告脱党。今承吾师指命为名誉理事，义又不得即辞，惟有勉从诸公之后，为默示之承认而已。”这个头衔有名无实，不过是老师对学生的眷顾，而蔡锷没有坚决拒绝，也是出于对老师的襄赞。不过，蔡锷最后还是把它辞掉了。

蔡锷主张军人不党，意义是多方面的。其中涉及军队在政治斗争中的中立，涉及军队的国家化。它不仅关系到军队建设，而且关系到如何建设现代政治文明。众所周知，人类的政治文明从前现代进入现代，突出的变化就是权力获得方式和交替方式的不同。在前现代的大部分情况下，获取政权依靠的是暴力。一个王朝推翻另一个王朝，多依靠暴力手段。谁的拳头硬，谁拥有更强大的武力，谁就能夺取天下，建立并巩固自己的国家。谁如果不服，想夺取政权，就需要拥有更强大的暴力。在这种情况下，凶残成了成功者必备的素质。因为只有这样，他才能够战胜敌人，慑服部下和追随者。

但随着人类文明的不断发展，善良的人们开始了新的探寻：如何避免权力争夺和交替中的社会动荡和血流成河？国家的主权到底属于谁？是否应该成王败寇，谁抢到手就是谁的？国家政权如何才具有合法性，权力应该由谁授予？经过从洛克到思想启蒙运动领袖们的不断努力，人们终于找到了一种新的制度和规则：国家属于全体国民，统治必须征得被统治者的同意，合法的政权必须来自国民授予，它不是来自枪杆子，而是来自票箱。

这就是所谓现代政治的基本规则，所谓政治现代化，所谓建立现代政治文明，说到底就是落实这一规则。这种现代政治规则，结束了前现代那种权力争夺中的暴力相拼，实现了权力的和平过渡，使百姓能够安居乐业，并且保证了当政者来自多数公民的选择。无论你是谁，也无论你是什么党派，你想获取国家权力吗？好，请你说服多数选民，让他们投你的票。要让多数选民投你的票，当然须要满足他们的愿望，至少应该有所承诺。在这个过程

---

①曾业英编《蔡锷集》（全2册），第745页。

中，当然无法完全排除政客对选民的欺骗和愚弄，但现代政治规则与前现代政治规则的不同，就在于是依靠满足人们愿望的承诺而获得人们的支持，还是依靠暴力强制人们服从。

与这种规则的变化相适应，就要求军人的职业化和军队的国家化。所谓国家化，就是不属于个人、集团、党派，而属国家所有。这是国家政治现代化的重要标志之一。其中法理很简单：第一，军队作为最强大的暴力手段，不能落入个人、集团或党派手里，否则，国家无法稳定，更不可能长治久安。第二，由全民纳税供养的军队，只能服务于全体国民，而不能服务于某些个人、集团或政治派别，更不能成为内战和政争的工具。这也就是所谓“公器公用”的原则。

所以，在政治已经现代化的国家，无论你是谁，属于哪一个党派，持什么样的主义，军队是不管的。只要你当选总统，就是三军最高统帅，军队绝对服从，因为那是国家主人的选择，军队只知效忠于国家。同时，国家领导人有权调动军队，却不敢用来打击政敌，不敢用来镇压自己的反对者以维护自己的权力。

蔡锷熟知西方现代政治规则，同时又看到了当时中国政治的危机：如果一个政党拥有了武力，或是军人入党介入政争，权力交替就无法走上现代政治轨道，总统、总理也都随时可能被赶下台，国家必然要动荡不安。

从这个意义上讲，蔡锷主张军人不党，可谓大公至正，显示的是他对民主共和国的赤诚热爱，也是他已经成为一名现代军人的标志。他不像一些人那样用手中的军队去谋取个人的权力，也拒绝用手中的军队去为某人、某派看家护院。他考虑的是共和国的利益，由此出发，他认定国家的长治久安需要军人不党，需要军队国家化。事实上，中国的所谓“军阀”现象，正是军队没有实现国家化所致；民主宪政一误再误，也是因为政争中的武力介入。

遗憾的是，从国民党的史家，到今天的主流历史叙述，都常常指责蔡锷“军人不党”的主张是“反对革命”，“支持袁世凯的反动统治”。

在这一点上，蔡锷的确与袁世凯走到了一起。此时的袁世凯没有主张军人不党，自己却是一个“不党主义”者。他曾表示：我袁世凯决不组党，也不加入任何政党，只是从政从军，报效国家。他不入党的理由是：入甲党则乙党为敌，入乙党则丙党为敌，身为总统，不应该因自己的政治见解而介入党派之争。

蔡锷强调国家的统一和稳定，极力维护国家秩序，反对党派指挥枪杆子，的确都对袁世凯有利。但是，蔡锷如此主张，却不是为了袁世凯，而是为了民主共和国这个“初生婴儿”。袁世凯之所以从中获益，只因为他是共和国的总统，这个“初生婴儿”就抱在他手上。

一旦袁世凯试图背叛民主共和，扼杀这个婴儿，蔡锷就不再维护他了。这是后来的事实证明了的。

“二次革命”期间的蔡锷

大凡历史人物，在不正常的历史叙述中，若想不遭遇排斥性的遮蔽，就需要有足够的光辉（这光辉是否会被化装利用，在此不说）。只要有了足够的光辉，完全遮蔽就很难做到，排斥之举就会变得偷偷摸摸，拐弯抹角。在这种情况下，为某种意识形态服务的历史叙述就会把主要力量用于改写。蔡锷有足够的光辉，无法完全遮蔽，所以从国民党的历史工作者开始，就致力于另一工作：一方面是努力遮蔽；到了光彩照人无法遮蔽的地方，就努力把他说成是自己的同道，即孙中山的追随者。蔡锷在辛亥革命和护国之役中的作为，都为这种改写提供了方便，以至于一些人把重九起义也记到了同盟会的账上，把护国战争纳入了孙中山领导的“反袁斗争”。然而，蔡锷在“二次革命”中的表现，却使国民党的史学家们从一开始就有点为难。因为铁的事实摆在那里，在二次革命中，蔡锷支持的是袁世凯，而不是孙中山。

一

论及“二次革命”，不得不佩服蔡锷的先见之明。早在1912年6月27日，蔡锷在给总统、副总统及各省都督的电报就说：

> 满清颠覆，建设共和，弥历半年，政府乃能成立。而内则祸机潜伏，外则警告频来，群情汹汹，国事益棘，较之法国恐怖时代，虽未见事实，而已露端倪。推其末流，必生二大恶果：一则回复专制。吾国革

> 新，原以求人民幸福，乃革命后之现象，转有人怀自危之心，恐一般人民倚任共和政府之心日薄，反追慕帝制时代尚可以靖乱而平争，而专制淫威可以复活，如拿破仑之已事，即为前车。一则倾服外人。共和立宪足以保障民权，伸张国力，法、美既行之而有效矣。乃输入吾国，转成一无气力之政府，而运棹不灵，全国有分崩离析之形，而不复团结，群将疑吾国人无政治能力，而不能不屈服于外人。由前之说，则必酿二次革命，由后之说，则必自投于奴隶之域，而国以沦亡。……非有强健有力之政府，不足以巩固邦基。①

后来的事实被蔡锷不幸言中，“二大恶果”之一出现了——“二次革命”，而同时伴随的，又恰恰是“回复专制”。

1913年3月20日晚十点，宋教仁匆匆赶往上海北站，要乘夜车去北京。宋氏此去可能入阁拜相，所以送行者甚多。黄兴、廖仲恺、于右任等一大帮国民党要人，陪他一起走向检票处。这时，突然有人从背后向宋教仁开了一枪。宋教仁应声倒地，车站秩序大乱，刺客逃得无影无踪。3月22日凌晨四点，宋教仁去世。

3月25日，蔡锷致电袁世凯及各省都督，表达了自己的见解和主张。他说：“宋君奔走国事十年，缔造共和，功绩尤伟，其学识宏通，尤近今不可多得之才。民国建设方始，凡我同胞，对于特有人才，宜如何保持护惜，以为国家之计。乃各报章，徒以政见之不同，往往刻意攻击，蹈隙逞私，遂演出此等惨剧，既非民国之福，尤为世道不幸。”他呼吁报纸和各政党，要“相戒共守持重，毖后惩前”。他认为宋案的发生非同小可，暗杀者以卑劣下流的手段对付政敌，既涉及国家秩序，又涉及人道，相关部门应严密侦察，缉拿凶犯。②

关于宋教仁的死，从国民党人主导编撰的历史教科书开始，主流叙述一直认定是袁世凯杀了宋教仁。为了增强这种说法的逻辑力量，在讲宋教仁被杀之前，一定要讲国民党在国会选举中的胜利，因为这胜利构成对袁世凯权力的威胁，杀宋教仁才有动机。然而，说暗杀宋教仁的元凶是袁世凯，从当

---

①②曾业英编《蔡锷集》（全2册），第670页，第826页。

年的国民党人到今天的教科书，已经近百年，却一直不能提供确凿的证据。

同时，在主流叙述之外，从宋教仁被杀的当时，直到今天，都有人认为杀宋教仁的不是袁世凯，而是孙中山。当年宋教仁的贴身秘书北一辉，在案发当时就认定孙中山脱不了干系；近几年来，从张永东的《百年之冤》，到张耀杰的《百年悬案》，包括台湾作家张大春等，不少人都把暗杀宋教仁的元凶锁定在孙中山的铁杆追随者陈其美。由这些分析，孙派似乎更有理由除掉宋教仁，也更具备作案条件。而且，在没有任何证据的情况下就说袁世凯是元凶，决定武力讨袁；在法庭进入审判程序后又坚决反对法律解决，这一切，都让人生疑，但同样缺少确凿的证据。

所以，杀宋教仁的元凶到底是谁，至今仍是个谜。

然而，当时的一些国民党人却咬定就是袁世凯。

宋教仁被刺之际，孙中山正在日本访问，得知消息，立即回国，于1913年3月25日回到上海。当天晚上，他在黄兴住处召开国民党高层会议，就断定元凶是袁世凯，主张举行“二次革命”。孙中山的主张让许多人吃惊，所以只有戴季陶一人附和，而黄兴等大多数领导人都反对。

不过，袁世凯是宋案元凶的说法却开始广泛传播。

面对这种说法，蔡锷于4月14日致电大总统和各省都督：“宋案发生，浮言纷起，现在凶犯就获，一经交涉索还归案讯办，自有水落石出之日。克强诸公对于此案极力维持，用心尤苦。乃奸人乐架造蜚语，破坏大局，以大总统之明察，各都督之忠诚，必不为所荧惑。”①为了国家的稳定，他主张禁止谣言、维护大局。

1913年5月1日，上海举行全国公民大会，声讨袁世凯暗杀宋教仁和大借款的罪行，并且通过五条决议：第一，要求国会即日提出弹劾袁世凯、赵秉钧案，令袁、赵即日去职，受法律裁判，由副总统代行临时总统职权；第二，剥夺袁世凯候选总统资格；第三，不承认未经国会通过，私行签押之大借款；第四，各省暂行停解中央款项；第五，各地不奉行袁世凯所发之军事乱命。蔡锷对此极为震惊。他联合广西都督陆荣廷、四川都督胡景伊、贵州都督唐继尧致电参众两院和各省都督，认为五条决议“种种谬妄，直陷国家

①曾业英编《蔡锷集》（全2册），第840页。

于至危极险之境地，殊堪悲愤”。他认为宋案应该待法院查明真相，法律解决；借款是政府不得已之举，经参议院通过，并不违法。电文用极为严厉的语气说：“乃不逞之徒，莫肯念乱，假托全国公民名义，意在借此大题，以为扰乱破坏之计。试问我国现势，弱息仅存，邦人君子方将戮力同心，相与救亡之不暇，岂堪同室操戈，自召分裂！谁为祸首，即属仇雠，务恳程都督、应民政长查究该会主名，按法惩办。”“万一有人发难，当视为全国公敌，锷等才力纵薄，必不忍艰难缔造之民国，破坏于少数佥壬之手也。”[①]在这里，蔡锷已把同室操戈的发难者看作全国公敌。

1913年5月5日、7日，他又连续致电袁世凯、孙中山、黎元洪及各省都督，一方面声讨暗杀宋教仁者：“当此国步艰难，戕贼人才，实无天理。”一方面呼吁各方保持冷静，以法律方式解决问题，切勿轻开战端。他说：“遯初生前于南北意见极力调和，若令身后惹起南北恶感，恐九泉之下心亦不安。”[②]

蔡锷与黄兴是多年的好友。因为孙中山坚持武力讨袁，黄兴于6月间派密使请蔡锷帮助讨袁，并且写了“寄字远从千里外，论交深在十年前”一联相赠。可是，蔡锷不为所动，坚决反对起兵。他坚持认为，宋案须待法庭审判，借款应由国会裁决，对总统用兵，不仅出师无名，而且是拿国家的命运做赌注。

上海地方检察厅给国务总理赵秉钧发出传票，要他到庭受审。赵秉钧不愿出庭受审，只好装病躲进医院。当时的上海地方检查厅，是江苏省下属的一个级别很低的地方司法机关。地方机关传讯总理，这在中国可谓空前，也是后来没出现过的，显示了司法独立的光辉。一些现代的政治文明，在我们这片土地上总是难以扎根，但在民国初期，却曾发芽生长，焕发过光彩。

正因为这样，包括国民党人的大多数在内，都希望法律解决，而反对武力解决。蔡锷努力调停，反对动武，代表了全国大多数人的意愿。

二

在孙中山的坚持之下，“二次革命”爆发了。

---

①②曾业英编《蔡锷集》（全2册），第852—853页，第845页。

1913年7月12日，李烈钧通电宣布江西独立，誓师讨袁；7月15日，黄兴无奈抵达南京，宣布江苏独立；7月17日，安徽宣布独立，柏文蔚就任讨袁军总司令；7月18日，陈其美自任上海讨袁军总司令，宣布独立，陈炯明也在广东宣布独立……

此时的蔡锷满怀忧愤，一面致电李烈钧、陈炯明等人，晓以利害，劝说他们顾全大局，罢兵休战；一面致电袁世凯、国务院和参谋部，为之分析形势、出谋划策，希望早日平息兵乱。他在7月17日致袁世凯及国务院、参谋部等的电报中说："积年痈毒，趁此一决，未始非福。第恐战事延长，蔓延太广，此后殊难收拾。……惟恳分饬皖宁，严防分窜，一面分重兵驰赴战地，分头截剿，早日扑灭，以免星火燎原。"①

在7月19日给李烈钧的电报中，他说："公为手造民国健者，岂忍愤而出此？即公意有不惬于袁之处，亦非可求诉于武力，以国家为孤注一掷也。尚乞体念现时国势之危险与后日亡国之痛苦，告诉旧部解甲罢兵。"同一天，他又致电湖南都督谭延闿，说内战的爆发是国家的不幸，希望谭都督保境安民，维持秩序，"以救国为前提"。7月21日，他又致电陈炯明，劝其"无负初心，同撑危局"，"保土安民，维持秩序，力令镇静为第一义，并恳致电赣中释嫌罢兵，无以国家为孤注"。同一天，他又致电程德全、应德闳、黄兴，劝其早日罢兵休战。②

值得注意的是他7月19日为与四川都督胡景伊、广西都督陆荣廷、贵州都督唐继尧约联合通电所拟的电文。他并不一味维护政府，而是认为"政府不自修省，举措乖违，有拂众意，激成祸乱，实难辞责"。但是，"政府纵有失德，尽有纠绳匡救之余地"，不该"称兵逞一时之意气，付国家于一掷"。他认为国民党人之所以起兵，是因为对政府不满意，但"变更政府尚非无术，何必诉之武力"？在这份电报中，蔡锷表示了几点担忧：第一，"统一之局破，则几人称帝，几人称王，纵不必有此名义，要未必不有此事实"。"统一以来，号称五族共和，而蒙藏问题旋未解决。内地兵兴，而蒙藏之沉沦，万不可避。"第二，战火蔓延，"需索劫夺，独苦吾民"，"以一部分枭杰者之政争，陷我四万万同胞于水火，天道灭绝，人道何存？推其流

①②曾业英编《蔡锷集》（全2册），第1071—1072页，第1072—1076页。

极，必至人心厌乱，引起抚后虐仇之观念，不讴歌帝王，则求庇他族”。第三，“变革以还，吾国一般人心，似因刺激而失其常度。一切善良可贵之信条，几于扫地以尽，而权利龌龊之思想，则已深入人心。……此后再接再厉，国亡则同归于尽，不亡则恶风日长，以国家为儿戏，视革命为故常。今日甲革乙，明日丙又革甲，革之不已，人将相食，外人起而代庖，且加以扰乱和平之恶名，则亡国犹有余辜已”。电文的最后，蔡锷表示了与兴兵作乱者决一死战的决心：“锷等岩疆孤寄，未知死所，然一息尚存，对于国家前途，惟有以保土安民，巩固统一为第一义。苟反于此意，力所能至，歼除不遗。”①

对于起兵讨袁之举，他说：“各军都署名曰‘讨袁’，尤悖于理。按临时约法，大总统有谋叛行为，由参议院弹劾之，至政治上过失，由国务院代负其责。谓袁有谋叛行为耶？则应由国会弹劾，讨袁之名，断难成立。谓袁有政治罪过耶？则负责者在国务员，讨袁之事，更属悖谬。且临时政府已达末期，选举正式总统在即，届时袁不被选，若依其特别势力，悍不退职，以武力迫之尚可言也。今则临时政府未终结，正式政府未产生，以少数人之私意，竟敢据地称兵，且曰袁不辞职不罢兵，是不啻以国家为孤注，以人民为牺牲，谓为叛罪，其又奚辞！……总之，吾国人法律知识幼弱，对于国家大计，往往感情用事，以致演出此种惨剧，陷国家于危险。”②

由此可见，在二次革命爆发之际，蔡锷明确做出了选择：支持袁世凯，反对孙中山。

三

所谓“二次革命”，后来的史书虽然大书特书，以为光荣的历史，但考察其事实，却不过是孙中山坚持之下勉强上演的一场闹剧，同时又是悲剧。

那些宣布独立的地方，大多没有独立的准备，更无独立的力量，所以没几人愿意独立。在孙中山的坚持和逼迫之下，勉强独立，只是空有独立之名，没几天就取消了。“二次革命”亦称“赣宁之役”，可见以此两地为

①②曾业英编《蔡锷集》（全2册），第1073—1075页，第1080页。

主，但即使是江西和南京，也没有什么战绩，而且一些事让人哭笑不得。

李烈钧于1913年7月12日在江西湖口宣布独立，25日即宣告失败，总共只有十三天。至于南京的情况，据邓家彦回忆，“时程德全任苏督，在南京，孙总理欲令德全举兵反袁，且谓克强曰：‘如君不愿赴宁主持，余可独往。’克强不得已，乃偕汪精卫、蔡元培二人连夜赶赴南京，谒程，力请反袁。德全亦表示时势所趋，不宜作此举动。都督万无反对总统之理，且谓：‘今南北幸得统一，吾等唯有共佐元首，整顿国家，励精图治。革命党人势力已孤，即使再举，亦难成功。’黄等三人下跪固请，涕泣劝求。程不得已，乃曰：‘如此只有令余退隐，部队奉诸各位统领，余则祝发为僧。’反袁之局遂定”。也就是说，黄兴等人下跪哭求程德全，要求他宣布独立，而程德全却宁愿交出军队由他们指挥，自己出家当和尚。

所以，南京宣布独立的那一天，程都督已经弃职潜往上海。

众多材料证明，黄兴之所以去南京兴兵，并非因为他改变了立场，而是因为一件事：孙中山已经令朱卓文到南京“运动第八师的几个营、连长，叫他们杀了师长、旅长后宣布独立”，一些下级军官跃跃欲试。[①]八师旅长王孝缜、黄恺元于1913年7月13日获悉这种情况，立即赴上海向黄兴报告。在这种情况下，八师才表示愿意起兵，不过提出了条件：必须黄兴赴南京做总司令，不准孙中山去南京。黄兴之所以不再反对起兵，原因就是为了避免八师自相残杀。[②]

当时的南京有三个师：章梓的第一师、冷御秋的第三师、陈之骥的第八师。三师人马，在宣布独立后的第三天已经基本散尽，因为没有几个人愿意打仗。1913年7月27日，黄兴和章梓等人知道大势已去，于是“易服而去”。

消息传到上海，孙中山大怒，要亲赴南京督战，誓死打败袁世凯，身边的同志苦苦相劝才作罢。对于临阵脱逃的黄兴，孙中山恨得咬牙切齿。黄兴知道厉害，所以不敢在上海停留，赶紧逃往日本去了。

南京剩下一个报人何海鸣，纠集一部分士兵，几次重新宣布独立，一直坚

---

①《仁斋文选》，第525页。

②李书城：《辛亥前后黄克强先生的革命活动》，中国人民政治协商会议全国委员会文史资料研究委员会编《辛亥革命回忆录》（第一集），中华书局1963年，第207—208页。

持到9月1日，立场豁然坚定，可惜无济于事。“二次革命”就这样平息了。

“二次革命”的结果，即使站在国民党立场上看，也是白白付出了巨大的牺牲，弄得领袖们不得不逃亡海外。宋教仁苦苦经营的一个大党，弄得声名狼藉，为袁世凯解散它提供了理由。同时，“二次革命”还连累国会里那些议员，也被吊销了议员证。至于它对中国现代政治文明建设进程的负面影响，怎么估计都不过分，包括帝制的复辟等一切后来的乱子，都与它密切相关。

这一切，都在蔡锷的意料之中。

暴乱平息之后，袁世凯要对有功将士奖励授勋。这时，蔡锷却反对嘉奖。他说：奖励授勋，虽是大总统特权，但奖赏不应随意，“通海以后，国情已变，共和开幕，国体尤殊，军重在对外，凡非杀敌致果者，均不得荣膺上赏。内国战争，实出于万不得已，应以哀矜悱恻之意出之。同室操戈，兄弟阋墙，相煎太急，隐恨良多。若胜者膺赏，是以国家品器奖励残杀同胞”[①]。在蔡锷看来，内战是军人的耻辱，即使有功也不能嘉奖，国家不能鼓励残杀同胞。

四

在“二次革命”中，蔡锷站到了袁世凯一边，反对孙中山，反对革命。这是铁的事实，所有的辩护都是无力的，也是不必要的。需要解释的是蔡锷为什么做出了这样的选择？他的选择是对还是错？

是对还是错？从20世纪20年代末开始，教科书以是否“符合党义”为标准，以孙中山的是非为是非，凡是反对“二次革命”的，都是错的。直到今天，这一切虽然受到学者非议，但教科书中的叙述并未改变。

但一个问题需要注意：假定反对“二次革命”是历史的污点，那就需要首先证明二次革命是正确的。可惜的是，无论怎样强词夺理，都很难证明“二次革命”光荣正确。因为正如蔡锷等人指出的，无论以宋教仁案为由，还是以大借款为由，起兵的理由都不能成立。总统暗杀宋教仁的指控无据且不说，即使真是袁世凯暗杀了宋教仁，即使大借款是违法的，只要爱护共和

①曾业英编《蔡锷集》（全2册），第1083页。

国，就应该争取法律解决。法院的审理还没有开始，就做出了总统是元凶的结论；法院审理刚刚开始，就坚决反对法律解决，急不可待地兴兵；革命最后爆发，并非大多数国民党人的意志。正因为这样，面对所谓“二次革命”，不但蔡锷反对，全国大多数有识之士都反对，大多数革命元老和国民党领袖也反对，各地商绅也反对……他们没有像辛亥革命中那样选择革命者，而是选择了政府，远离了孙中山和他的追随者。

难道一场危害了国家，危害了人民，也危害了国民党自身的不得人心的革命，只因为它是孙中山坚持的，就必须肯定吗？历史教科书不应以如此狭隘的派别立场为准。

然而，评价“二次革命”期间的人物，过去的历史叙述却都在使用着一个狭隘的定性、划线标准：反袁、拥孙者被肯定，拥袁、反孙者被否定。对于后者，国民党外的，认定为官僚地主集团或立宪派；对于国民党内部的，就认定为“妥协”“投降”和“立场不坚定”分子。在这个标准之下，蔡锷让史家很为难。如果说革命派和立宪派是对立的两个阵营的话，蔡锷的确与他的恩师梁启超在思想上更近。正因为这样，除了黄兴这样的老朋友之外，同盟会大多不把他当自己人，不承认他是革命派。可是，在辛亥革命中，蔡锷领导了云南起义，成了革命领袖，怎么办呢？因为后来蔡锷又领导了护国战争，如果说他“投机革命”显然很难取信于人。但是，直到后来，他的革命身份都一直没有得到认可。究其原因，就在于他在革命之前一直对孙中山和他的同盟会敬而远之；革命之后，又在一系列矛盾中很少站在孙中山一边；到了“二次革命”，则维护大局，反对革命，成了孙中山派的对立面。

蔡锷为什么与孙文保持距离？主要是因为他对孙中山的看法并不太好。蔡锷慎重、稳健，不欣赏孙中山夸夸其谈、不顾后果的“大炮”风格，更不赞赏他一次次发动起义、一次次失败、失败之后还是起义而不惜党人生命的做法。蔡锷做事决不吹嘘，但只要说出去的，就必须做；只要做，就必须成功。蔡锷领导的起义没失败过，但他胜利了也决不欢庆，因为无论重九起义还是护国战争，都牺牲了不少人，胜利之时，他也高兴不起来。孙中山领导了十次起义，没有一次成功，蔡锷难免有看法。当时因此而不欣赏孙中山的，并非只有蔡锷。只是到了20世纪20年代末之后，孙中山成为“国父”，官方神化他，不准人对他说不，才逐渐少有公开的表示。

蔡锷为什么支持袁世凯？

首先，就像袁世凯在当时的风云人物中特别青睐蔡锷一样，蔡锷在当时的风云人物中看重的也是袁世凯。1912年1月，中华民国成立，孙中山做了临时大总统，蔡锷在致黎元洪的电报中说：袁世凯“闳才伟略，实近代伟人……中国有必为共和之时机，而项城亦自有被举总统之资望，如果大局大定，此事自在意中”。虽然因为袁世凯终结帝制的工作进度缓慢，引起革命党人的不满，蔡锷也对他有过不满，但基本看法并未改变。南北和议成功，清帝退位，出现“定都之争”，蔡锷多次发表通电，都是支持袁世凯建都北京，而反对孙中山建都南京的主张。袁世凯就职之后，蔡锷又说他“闳才伟略，群望所归”，并且在给各报馆的电文中称袁世凯是“一代伟人，中外钦仰”。

他钦佩袁世凯，是因为袁世凯有做大事的才略，能以智慧和勇气使清帝退位，使得这个古老帝国不动刀兵而终结帝制，少流了许多鲜血，和平地开创民主共和。

其次，1913年的袁世凯，是法定的中华民国大总统，是民主共和国的象征。他是由参议院选举的，代表着民意。这时候反对总统，是对民国的不尊重，是对国民意志的不尊重。同时，这么大一个国家，国体政体新变，亟须一个强有力的政府，国家才能稳定。而在蔡锷看来，袁世凯是唯一的人选。此时推翻袁世凯，意味着什么？此外，推翻袁世凯有什么理由？1913年，他还没有背叛宪法，废除《临时约法》是后来的事；他也没有背叛国家，变更国体也是后来的事。说他杀了宋教仁，只是猜测，没有证据。所以，在蔡锷看来，逞一时意气，动辄兴兵，只能是破坏、毁了共和国这个“初生婴儿”的前途。

蔡锷关爱的是新生的民主共和国。他所反对的不是哪个人或哪个党派，而是危害民国的个人或党派。他的敌友之分，在国事而不在私怨，谁背叛和破坏民主共和，谁就是他的敌人。

所以，只要袁世凯拥护共和，他就支持袁世凯，维护他的政府。后来反袁，那是另一回事，因为袁世凯要恢复帝制，已经不是共和国的政府首脑，而是共和国的叛逆。

所以，同样是拥袁或反袁，是在1913年，还是在1915年，不可同日而语。

主流史传中的蔡锷

1912年诞生的东方第一个民主共和国，只存活了十几年，几经磨难，最后还是夭亡了。国人在挣脱帝国进入民国之后，又不得不进入一个既非帝国又非民国的党国。这也许是这个古老族群的某种宿命，让人无可奈何，但是，却留下了一段创建共和、巩固共和、保卫共和的历史，那些曾经为之艰苦努力、流血牺牲的人们，是不该被遗忘的。众所周知，在近百年的主流历史著作中，这些人物有的被无限放大，有的被完全遮蔽，有的被改写，只要想到党国的意识形态需要，这一切自然不奇怪。然而，蔡锷的情况却有点特殊，他没有被完全遮蔽，只是关于他的叙述用笔非常微妙。

在辛亥革命中，蔡锷领导了云南起义，并被推举为云南都督；在袁世凯恢复帝制之际，又是他振臂一呼，成功地阻止了帝制，保卫了新生的民主共和国。所以，在辛亥革命后的十几年中，说起蔡锷，大多是一片赞美之词，是“创建共和”“再造共和”的“元勋”，深受人们爱戴。

然而，到了20世纪20年代中叶之后，这种叙述变了，先是南方与北方大不相同，然后随着南方北伐的胜利，尤其是进入20世纪30年代之后，教科书开始走向一致，蔡锷仍然被提到，位置却发生了很大变化。

这当然不是学界有了什么新认识，而是源自党国建立之后执政者对思想文化和教育的掌控。公共教育的力量是巨大的，由于这种力量，直到今天，无论大陆学者还是台湾学者，包括置身欧美的所谓海外学者，只因为毕业于20世纪40年代的中央大学，或者是20世纪50年代在台湾受过中学教育，不经意间，一张嘴就会露出基础教育给予他们的底色。

关于蔡锷和他领导的护国战争。国民党人和追随他们的史学家的态度一直有点微妙。国民党人事实上很不情愿正视“护国战争”，对蔡锷的作用也不愿多说。究其原因，主要在于蔡锷与孙中山、同盟会和国民党的关系。蔡锷一直没有加入过孙中山领导的组织，从同盟会，到国民党，都没有加入。他与黄兴是老同学、老朋友，当年曾经共谋革命。但黄兴帮助孙中山成立了同盟会，成为同盟会的第二把手，蔡锷却没有上凑，也没有因为与黄兴的交情而加入该会。蔡锷对孙中山领导的组织，包括宋教仁创建的国民党中的孙派，都常常视之为“暴烈派”，一直敬而远之。

可是，后来推翻所谓“北洋军阀政府”，并建立党国的，却正是这个“暴烈派”。因为蔡锷对他们缺少好感和亲近，他们对蔡锷的态度也就非常复杂。

众所周知，国民党是以是否革命划分敌友的。那么，蔡锷是革命派还是反革命派？从1904年留学回国，到1916年去世，十二年间，蔡锷经历了三种不同的国家政权，也进行过三次重大抉择：第一次是置身于大清帝国，辛亥革命爆发，他选择了革命；第二次是置身于袁世凯为总统的中华民国，“二次革命”爆发，他选择了反革命；第三次是置身于袁世凯为皇帝的中华帝国，他又选择了革命。由此可见，他既不是一贯的革命派，也不是一贯地反革命派。

国民党喜欢以对待袁世凯和所谓“北洋军阀政府”的态度划线。蔡锷的表现又很复杂，他既拥护过袁世凯，也讨伐过袁世凯。这与孙中山大不相同，孙中山是从1913年就一直反袁、讨袁；蔡锷在1913年却是拥袁反孙，直到1915年才反袁。换句话说，他只反“袁皇帝”，不反“袁总统”；只革大清帝国和中华帝国的命，不革中华民国的命。

这让国民党的史学家有点为难。

根据他在辛亥革命前疏远孙中山、拒不靠拢革命组织的表现，他应该被视为敌人。可是，他又在辛亥革命中领导了重九起义，完成了云南光复，这就不能不肯定他。如果把蔡锷也说成是“投机革命”，“趁机篡夺领导权”，那就不得人心。但云南的革命的确不是同盟会领导的，所以史书不做张扬。这是基本的尺度，凡是同盟会领导的，就大讲特讲，如果不是，就淡化，或者干脆把它说成是立宪派或者旧官僚“投机革命”。

在“二次革命”中，蔡锷维护稳定，反对动乱，站在袁世凯一边，自然成了孙中山的敌人。如果以此为据，在党国的历史叙述中，蔡锷本该被打入历史的垃圾堆。但是，到了袁世凯称帝，却又是他振臂一呼，护国讨袁，成功地阻止了帝制，赢得了国人的爱戴。从某种意义上说，这时的蔡锷与孙中山应该是走到了一起，但蔡锷举兵护国，却使孙派有点尴尬：他们整天在海外高喊反袁，却难损袁世凯一根毫毛；最后站出来阻止帝制、打倒袁世凯的，却是平时一声不响的蔡锷。

这事弄得国民党的史家很费心思。护国战争影响太大，史书无法遮蔽，而且不能否定，蔡锷却不是自己人，怎么办呢？后来采用的方法是像对待武昌首义一样，基本策略有二：一是千方百计淡化它，压低它的地位；二是想方设法把它纳入孙中山领导的革命之中。一切辉煌都离不开党的领导，一切胜利都不能没有“国父”的号召和发动。

直到今天，无论台湾还是大陆，教科书仍然延续着20世纪20年代之后形成的这种模式。1949年以后，大陆的意识形态与国民党的意识形态已经很不相同，甚至多方面决然对立，但说到蔡锷，却是一切照抄国民党。

变化或许是有的，但含糊其词和叙事技巧却一如既往。一方面不得不承认蔡锷的功绩，另一方面总是淡化他、贬低他。一方面是他与袁世凯的对立被无限扩大；另一方面，却又常被纳入“北洋军阀”之中，2016年中央电视台播出《北洋军阀》，第三集说的就是蔡锷。同时还有另一个名词，即“滇桂军阀”，这个词条下一般不出现蔡锷的名字，只说唐继尧、陆荣廷等，但谁都知道，这派军阀的灵魂就是蔡锷。

关于护国战争，《辞海·历史分册》中称作“护国运动”，是这样写的：

> 【护国运动】又称“云南起义”“洪宪之役”。1915年袁世凯伪造民意，准备称帝，改次年为洪宪元年。孙中山和全国人民积极进行反袁运动。蔡锷潜赴云南，会同唐继尧、李烈钧等于12月25日通电讨袁……6月6日袁世凯忧惧病死。此后，进步党联络西南各省实力派，勾结北洋军阀段祺瑞，以黎元洪继任总统和恢复国会为条件，结束了护国战争。

行文的技巧值得注意，来自国民党的遗产，讲“护国运动”，必须先是“孙中山和全国人民积极进行反袁运动”，然后才是“蔡锷潜赴云南”，让人觉得蔡锷似乎是在孙中山领导之下。

值得注意的还有两点：

第一，讲“护国运动”，而不讲“护国战争”。原因何在？其实很简单：如果讲“护国战争”，自然是蔡锷领导的；而讲“运动”，却可以扩展开来，把一切置于孙中山的领导之下。

第二，讲“讨袁”，而不喜欢讲“护国”。用意也很清楚：讲讨袁，可以追溯到“二次革命”，自然是孙中山领导斗争在前；如果单讲“护国战争”，就不在孙中山领导之下了。

可是，护国战争，意义的确不在讨袁，而在于护国——保卫共和国。把“护国”之举称为“讨袁”，用意之一，就是避免人们追问“护的什么国”。

翻开胡绳的《从鸦片战争到五四运动》，目录上找不到护国战争。但它事实上讲了，在“袁世凯的反动统治和反袁世凯的斗争”这一章。这一章分了五节，第一节是“1913年国民党反袁世凯的失败”，第二节是“袁世凯独裁卖国真相的暴露”，第三节是“孙中山的中华革命党”，第四节是“梁启超：从拥袁到反袁”，第五节则是“袁世凯的覆灭”。护国战争被纳入“梁启超：从拥袁到反袁”一节。从标题就可以看到，在作者眼里，只有“拥袁”和“反袁”，而没有“颠覆共和”与“护卫共和”。

说到护国战争，该书是这样写的：“梁启超为首的进步党人和西南几省的地方军阀，充分利用了袁世凯由于对帝国主义屈服和实行帝制而遭到全国人民反对的形势，为自己取得了反袁世凯的领导地位。”① “梁启超还从辛亥革命中得出经验，如果抢先抓起反袁的旗帜，是对于自己一派最有利的。”②那个年代的主流学者，好像有一种心病，对于历史事件的方方面面，常常并不关心，而是两眼盯着领导权。讲辛亥革命，讲护国战争，讲五四运动，首先关心的都是领导权。有些地方问题很虚，比如把辛亥革命说成是资产阶级领导的，把五四运动说成是无产阶级领导的，反正就是那几个人，属于什么阶级，后人也许觉得无关紧要。有的地方却很实，比如护国战争，领导权没有落到孙中山手里，就像武昌首义的领导权没有落到孙中山手里一样，的确让孙中山的追随者觉得非常遗憾。所以，无论那些领导起义和独立的人功绩多大，都往往有“投机革命”或“篡夺领导权”之嫌。只要领导权不是掌握在自己人手里，那个事件就无法得到高的评价。

为了贬低蔡锷、梁启超等，就要大讲特讲他们拥护袁世凯的事实，以此来显示他们“出尔反尔的投机者嘴脸”。至于最后的评价，更是让后人难以理解：“因为云南用护国军的名称，这次反袁斗争称为‘护国运动’。护国

---

①②胡绳：《从鸦片战争到五四运动》，人民出版社1981年，第928页，第930页。

运动反映了全国人民对于企图彻底埋葬辛亥革命的袁世凯的反抗，但在运动中，立宪党人和地方军阀各有各的打算。梁启超为自己一伙人夺取反袁斗争的领导权的意愿是达到了的。由于领导权掌握在他们的手里，就注定了这个运动的发展规模远不如辛亥革命，其结局也不可能高过辛亥革命。”

到了近期流行的大学教材《中国近代史》，这一章的标题是“北洋军阀的黑暗统治和近代中国历史的新趋向”，其中一节是“袁世凯的反动统治与护国运动”。这样的题目有点问题，因为它容易让人把“护国运动”与“反动统治”一起归入袁世凯名下。语言上之所以如此，是因为它省略了一个该有的词。完整的词语应该是“袁世凯的反动统治与蔡锷的护国运动”，或者是“袁世凯的反动统治与孙中山的护国运动”。可是，这两个名字使用任何一个，都会带来问题，所以干脆模糊处理。在这一节中，讲到护国，仍然是“运动”而不是“战争”。

讲“运动”，首先讲的当然还是孙中山和他的中华革命党：“1915年间，孙中山一面派胡汉民、邓铿、许崇智等先后到南洋筹款，一面在国内发动武装起义。11月10日，中华革命党派人刺杀袁世凯心腹、上海镇守使郑汝成。12月初，发动停泊在上海的肇和舰起义……”列举这些事，是为了证明这样一个结论：“在袁世凯称帝时，中华革命党是资产阶级各派中反袁斗争最坚决的力量。”①

因为“欧事研究会”是由国民党人组成的，所以在孙派那里找不到更多证据时，就突出欧事研究会。“欧事研究会在袁世凯复辟帝制时，抛弃了‘停止革命’的错误政策和‘缓进’的主张，确定了武装讨袁的道路，联络中华革命党、进步党和西南地方军阀，进行反袁活动。1915年12月，李烈钧等人相继到达昆明，联络策动唐继尧等云南军界人士武装讨袁。”②在这里，进步党、云南军界，都成了被联合的对象。

从国民党中的孙派，讲到国民党中的黄派，讲完这一切，才讲护国战争的主角，却是这样说的：

> 以梁启超为首的进步党，先是袁世凯的追随者，后来遭到袁的遗

①②李侃等：《中国近代史》，中华书局2002年，第437页，第437—438页。

弃。他们不满意袁世凯复辟帝制，同时看到全国人民猛烈反对复辟帝制，袁世凯的垮台在所不免，看到革命党人在西南策动武装反袁，深恐在袁世凯登台以后的中国政局中“我为牛后，何以自存”时，便转而走向反袁的道路。①

叙述完事件之后，还生怕读者得出蔡锷等人护国成功的结论，所以要这样说明：

袁世凯复辟帝制的失败和最后垮台，是全国人民反抗斗争的结果。……护国战争的胜利果实最终又归于北洋军阀段祺瑞，国家政权并没有发生革命性的转移，人民还是毫无所得……②

研究蔡锷的人，该为蔡锷说话吧？带着这样的期望，我翻了几本蔡锷的传记，结果却是与教科书如出一辙。

谢本书先生是研究蔡锷的专家，有不同版本的“蔡锷传”。写到护国战争，却也是遵循流行的模式：“广大人民群众决不允许袁世凯倒行逆施、复辟帝制。打倒袁世凯成了全国人民的共同目标。”然后，同样是先讲孙中山的中华革命党，强调“最早举起反袁旗帜的是以孙中山为首的资产阶级革命派”，“孙中山吹响了护国战争的进军号”，“孙中山先后派吕志伊、李烈钧、熊克武等人入滇，发动云南起义”……可是，无论怎么说，护国战争不是孙中山领导的，怎么办呢？于是再加上这样的说明：“尽管孙中山领导的中华革命党，在护国战争中未能起主导作用。但是，孙中山自二次革命以来所进行的武装斗争，是反袁护国运动不可分割的重要组成部分。孙中山领导的中华革命党是护国运动中的主要政治力量，可以认为，孙中山是反袁护国运动的旗手，是反袁大联合或者说反袁联合阵线的精神领袖。”③

考察这一切，你会觉得名词的确很重要：“反袁”与“护国”，当时的蔡锷等人讲“护国”，后来的国民党人讲“反袁”，到底是不是一回事呢？在

①②李侃等：《中国近代史》，第438页，第441页。

③谢本书：《蔡锷》，团结出版社2011年，第119—121页。

护国战争中，它似乎成了一回事，但事实上还是两回事。国民党人和后来的史家总是努力把二者弄成一回事，似乎反袁就是护国，护国就要反袁，其实并不然。因为反袁不一定护国，护国不一定反袁。这要看“国”与“袁”是什么关系。在蔡锷那里，袁世凯做中华民国的总统，他是拥护的；只有当他背叛民国，要做中华帝国的皇帝，他才反对。所以说，他的行动的确不是反袁，而是护国。这与孙中山大不相同。

还有“革命”，不是所有的革命都是对的，也不是所有的反革命都是错的。这要看在什么情况下，革命对象和革命目标是什么。蔡锷革命，也反革命，却都是站在民主共和一边。

包括护国战争，是革命的战争还是反革命的战争呢？其实并不容易回答。革命意味着什么？天翻地覆慨而慷，彻底颠覆既有的制度。在1912年民国诞生之后的背景上，护国就是维护已有的民主共和，革命就是颠覆已有的民主共和。从这个意义上说，1915年的袁世凯、1917年的张勋，都不妨被视为革命者。他们革命的对象，正是新生的民主共和国；他们的革命目标，就是颠覆民国而重建帝国。革命，是进步的还是反动的，就看它破坏的是什么，建立的又是什么。

第四辑

谭延闿这个人

在民国历史上，谭延闿显然是一个重要人物。因为在辛亥革命中，他是湖南军政府的都督，在国民党北伐成功之后，甚至做过国民政府主席。这个人是个谜团，令人难以把握。有人称他为“民国完人”，有人说他是“药中甘草”，又有人称他为“水晶球”，更有教科书称他为“投机分子”。谈论历史人物的品行和历史功过，事情之所以比较复杂，是因为人们往往站在不同的立场上，持有不同的评价尺度。按照中国历史的评判通例，一般是成者王侯败者贼，能出人头地就是英才。然而，对那些打江山夺天下的人物，事实上却也有另一种评判：谁狠谁坏谁流氓，谁就能占山为王。认真审视谭延闿，他实在是不够狠、不够坏，也不够流氓，所以虽然当过国民政府的主席，却并未真正为王。

无论如何褒贬，他的才气人所共认。这不仅因为他有“民国四大书法家之首”的称谓在，有国民政府主席和行政院长的职位在，让一般人不服也得服，而且因为他少年即有才子之名，是大清帝国最后一场会试的头名会元。

从最后的会元到湖南都督

谭延闿出身于地道的书香世家，是大清帝国的官宦子弟。父亲谭钟麟是咸丰六年（1856年）丙辰科进士，做过吏部尚书，做过陕甘、闽浙、两广三任总督。谭延闿自幼聪颖好学，五岁入塾读书，十岁即诗文俱佳，而且小小年纪就能写一手刚劲秀丽的毛笔字。帝师翁同龢在写给谭钟麟的信中曾说：

“三令郎，伟器也，笔力殆可扛鼎。”后来果如所言，谭延闿十三岁中秀才，二十二岁中举人，二十四岁参加会试夺得第一名，成为中国历史上最后一个会元。

据说，他本应是状元。光绪甲辰科（1904年）会试的主考官是陆润庠和张百熙。他们在众举子的试卷中看好两份超群的卷子，揭封之后，一份是直隶举子刘春霖的，另一份是湖南举子谭延闿的，最后议定谭氏第一，得会元。谭延闿以会元身份参加殿试，本可顺理成章地成为状元，然而，慈禧太后却注意到他是湖南人，并且姓谭，由此想起了谭嗣同，心中忌讳，就把状元给了刘春霖。太后的理由是刘春霖不仅殿试的卷子做得好，而且当时干旱少雨，春霖这名字吉利。

谭延闿虽然没中状元，却也给湖南人争了光。之所以说给湖南争光，是因为一个特别的原因：湖南人在清末一直有个心病，出过胡林翼、曾国藩、左宗棠等一系列大人物，却都不是科场高第，在谭延闿之前，湖南人一直与会试榜首无缘。为此，好事者甚至集资二十万两作为奖金，鼓励湖南举子会试夺魁。但也有人说，此举的效果恰恰相反，这二十万两白银后来事实上成了湖南人中会元的一大障碍。原因是它已被京中高官挪用，拿不出钱来，就要千方百计阻挠湖南人中会元。这种说法并无足够的证据，但谭延闿中会元之前，却曾声明说自己如果中了会元，会马上把这笔钱捐回去。

谭延闿中进士是1904年，即所谓“甲辰恩科”。查看甲辰恩科进士榜，真可谓人才济济，许多后来大名鼎鼎的人物都名列其中，如沈钧儒、汤化龙、张国溶、蒲殿俊、梁善济……其中年龄最小的一个，是后来大名鼎鼎的“中国新闻第一人”黄远生。这一科的进士赶上了一个好机会，他们是大清帝国的最后一科进士，也是中华民国最早的一批栋梁。

谭延闿中进士、点翰林之后，刚刚到职，父亲就去世了，他只好回家守孝。他的事业是从立宪运动开始的。

谭延闿回到湖南不久，黄兴、宋教仁等人筹划在长沙起义。消息泄露，巡抚密令捉拿黄兴、宋教仁等。谭延闿得知这一消息，一方面请负责抓捕的官员吃饭，拖住他们不能及时办案，一方面通知黄兴等人躲了起来，然后打点关系，送他们离开长沙去了日本。由此可见，他在那时就对革命者充满同情。到了清廷预备立宪，谭延闿被选为湖南咨议局的议长，成为立宪运动的领导人之一。在张謇等人发动的三次请愿中，他都是积极推动者。1911年皇族内阁的“铁路国有化”政策出台，他又成了“保路运动”的活跃人物。与张謇、汤化龙、蒲殿臣等人一样，此时的谭延闿虽然积极推动立宪，却已不反对革命。因为他们都知道，当和平改革向前走不动的时候，革命就成了唯一的途径。

谭延闿的这种态度人所共知，所以武昌首义爆发之际，湖南的革命党人首先去寻求他的支持。革命党人还找过黄忠浩，但黄表示要忠于清廷，于是在革命中被杀掉了；谭延闿没有拒绝，就成了革命者借重的力量。他主张“文明革命”，“换旗换印”，推翻满清，终结帝制，但不一定要杀人。1911年10月22日，由革命党人焦达峰、陈作新等组织的武装起义爆发，谭延闿等咨议局和他们策动的新军也同时行动。革命进行得很顺利，但布政使黄以霖的藩署遇到了抵抗，焦达峰下令使用机关枪，谭延闿急忙阻止。他说：“我们只取政权，不杀官吏。”最后是对方放下了武器，革命者送黄以霖出城。然而，黄忠浩却被杀掉了，消息传来，谭延闿捶胸顿足，痛苦万分。因为黄忠浩一直对革命抱有同情，保护过蔡锷，保护过自立军，同情革命党人，甚至是革命者曾经考虑的都督人选。

湖南的革命成功了，22日早晨发表告示，署名是湖南军政府都督谭延闿，这是咨议局和部分新军议定的。因为论资历、声望和能力，人们自然看好谭延闿。革命之前，有党人去新军中游说，响应者寥寥无几，但说到谭延闿支持革命，士兵们认定“谭翰林且言之，大事可行”，于是欣然参加。可是，到了下午，情况突然变了。人们在咨议局开会，焦达峰突然宣布他多年谋划革命，应当做都督；陈作新运动新军有功，应该做副都督。于是，长沙城下午贴出的告示，都督就变成了焦达峰。对此，谭延闿没有反对，当陆军小学校长夏国桢率领学生到咨议局表示反对时，谭延闿说：“焦都督既举定，自以合力进行谋建国家为前提，某当与公等竭力维持秩序，保全治安而已。”他欣然就任湖南民政长，似乎并不在乎名位，而只关心实际的施政情况，一心为焦达峰等堵漏补缺。他于长沙光复的第二天就建议军政府成立了参议院，自己任院长，规定都督府的大政方针需要参议院通过。

谭延闿之所以这样限制都督的权力，应该是事出有因。因为湖南独立的第一天，已经出现了种种令人担忧的景象。后来尽管有参议院限制都督的权力，秩序的混乱也仍然令许多人不满。焦达峰本是帮会首领，如今做了都督，一是他过去从事的是地下工作，湖南军队和士绅没有几人知道他，自然难以服众；二是他昔日的帮会弟兄们认为革命胜利了，就应该“鸡犬升天”，他们纷纷前来投奔“焦大哥”，都督府每天进出几百人，流水宴席不断，而且往往是要钱、要权、要职位。焦达峰则是来者不拒，最后竟然是都督府准备布条，想要什么官，自己写了佩戴在身上就是了。陈作新也是任意行动，朝令夕改，引起新军的强烈不满。更为重要的是，他们的作为让新军的军官们先是不满，后来就无法忍受了。

面对这样的情况，不难理解谭延闿为什么要用参议院限制都督的权力。然而，湖南的这种情况在从武昌赶来的同盟会中部领导人谭人凤的眼里，就是立宪派篡夺革命领导权。于是，在他的主持之下，参议院被解散，焦达峰等人的权力得到了强化。谭人凤在他的《石叟牌词》第三十二中留下了这样的文字：

> 九月五日（十月二十六日）抵长沙。都督府组织一参事会，总揽大权，都督欲拍一电，亦必经该会盖戳，始得发行。为会长者，即谭延闿也。参谋部亦与该会联，不归都督节制，焦达峰特一笼中之鸟而已。询问该会理由，则以焦被举都督时，滥发私人委任状。余议其处理失当，焦即示取消，亦可谓舍己从人矣。惟副都督陈作新本一无赖子，种种悖谬行为，实足扰害安宁秩序，余比商之谭延闿，亦拟杀之。谭延闿以其与军界有联络，未敢发。余以外援事急，亦姑忍之。①

由此可见，湖南革命中的悲剧正是谭人凤一手造成的。焦达峰和陈作新做了都督，谭延闿并未反对；他们的所作所为，谭延闿看在眼里，所以设参议会以制约他们，以便维持湖南秩序，但并没有想要除掉他们。谭人凤的态度大不相同，他对焦达峰显然有所偏爱，而对陈作新却充满厌恶。所以，就有了这样的主张：一方面是不甘心立宪派制约都督的权力，所以要解散参议会；另一方面，却又不满于副都督陈作新的所作所为，称其为无赖，于是就想将其除

①《谭人凤自述》，《石叟牌词》，饶怀民笺注，上海书店出版社2000年，第78页。

掉。幸亏谭延闿阻拦，陈作新才没有死在谭人凤手里。这里显示着立宪派与同盟会的不同思路和习惯，立宪派更多考虑的是制度建设，以制度约束权力；而同盟会成员却不愿制度束缚了都督的手脚，当权者的确不像话，那怎么办，就只有除掉他。然而，接着出现的事实，却是焦达峰与陈作新同时被除掉。就在谭人凤主持解散参议会而使大权集中到都督手中的第二天，也就是1911年10月31日，新军标统梅馨等人发动兵变，杀掉了焦、陈二人。事后，梅馨并没有自立为都督，而是吩咐手下人抬了轿子去把谭延闿请来。

关于这次政变，一些史书认定是谭延闿幕后指使，但大都只是猜测，并无任何证据。不错，谭延闿是政变的最大获益者，而且他上任之后没有惩办梅馨，但这一切都不足以证明他就是政变的幕后操纵者。后人能够看到的是，谭延闿做都督之后，曾经电告黄兴："焦、陈被杀，实深痛惜。群龙无首，被迫承乏。延闿不谙军事，难孚众望，请即派员前来接替。逃将宋锡銮经湘军捕获正法。并闻。"黄兴复电，只是嘱咐谭延闿维持湖南大局，并请派兵增援武汉，对于焦达峰案，似乎并未怀疑谭延闿。对谭延闿十分不满的谭人凤在后来的回忆中也只是说："焦达峰死于参事会取消之时，谭延闿即未与杀谋，焦实因谭延闿而死。"

据当事人回忆，谭延闿被推上都督位置的情节颇具戏剧性，一群士兵忽然拥入谭家，进门就大喊："谭延闿，出来！"谭延闿没见过这种阵势，所以吓得面如土色。来人不容分说就把他架入轿中抬走了。长沙税务司的外国官员在写给上司的报告中说，谭延闿在去都督府的路上一路啼哭。这也许有点夸张，紧张、害怕是可能的，但啼哭大概不至于。

到都督府之后，才知道是请他做都督，谭延闿没有拒绝，却提出了几个条件：第一，厚葬焦达峰和陈作新，因为他们是革命元勋；第二，军人必须守纪律，服从军法；第三，他最后是否做这个都督，还需要回家请示母亲，万一母亲不同意，就是杀头也不能从命。

最后是母亲没有反对，谭延闿就职做了都督。

至孝与深情

谭延闿不仅才名远播，而且至孝。他的孝名也是民国年间广泛流传的。

据同时代人回忆，辛亥革命时期，长沙发生政变之后，一群士兵忽然拥入谭家，进门就大喊："谭延闿，出来！"谭延闿没见过这种阵势，所以吓得面如土色。来人不容分说，就把他架入轿中抬走了。长沙税务司的外国官员在写给上司的报告中说：谭延闿在去都督府的路上一路啼哭。到都督府之后，他才知道是请他来做都督。他没有拒绝，却提了几个条件，其中重要的一条，是须要回家请示母亲，如果母亲同意，他就做；万一母亲不同意，就是杀他的头，他也不能做这个都督。

一个名流，一个大人物，做都督这样的事，还需要母亲的批准，这看上去有点不可信，所以，一些著作说谭氏是在做样子。其实，如果真正了解谭延闿，就应该知道，他的做法实属正常。谭延闿是有名的孝子，其孝行让人赞叹，也让人心酸。

谭延闿之所以特别孝敬母亲，有一个特别的原因：因为他是庶出，母亲在家中的地位在他心头留下了永远无法抚平的伤痛。谭家那样的家族，自然有许多规矩。父亲谭钟麟妻妾虽然不算太多，却也是除原配陈夫人外，还有颜夫人、李夫人等四位侧室。谭延闿的母亲李夫人虽然生有三个儿子，但她是丫鬟收房为妾，按照规矩，自然不能与正房夫人平起平坐，吃饭时侍立桌旁，为全家人盛菜添饭，却没有资格坐下来同桌进餐。母亲的委屈使谭延闿对母亲特别关心，晨昏定省，十分孝敬，而且百依百顺：别人不尊重自己的母亲，自己偏偏要特别尊重。谭延闿很小就懂得了母以子贵，要让母亲真正翻身，需要自己争气。所以，他刻苦读书，博取功名，多半倒是为了母亲。他的努力没有白费，当他高中会元的喜报送到家中，父亲谭钟麟就向家人郑重宣布：李氏夫人从此可以入正厅就座用膳。

谭延闿做事历来按照老子五千言中的教诲：不争。包括做官，也是除非一再敦请，否则绝不就职。但只要涉及母亲的身份和地位，他却一定要争，甚至在不可争之处也要争，一定要争出个结果。

1916年，谭延闿的母亲在上海病故。这时正值他二次督湘，政局严重不稳，离开几天就可能丢掉权力。但在谭延闿那里，与母亲逝世相比，权力已经算不了什么，所以他不顾人们的提醒，立即赶往上海奔丧。

为人们广泛传颂的，是他在母亲葬礼上的反常举动：谭延闿扶灵回长沙为母亲举行葬礼。谭宅位于宗祠的后进，灵柩出殡要经过宗祠。按照族规，小妾的棺材没有资格从大门抬出。族人劝谭延闿从侧门出殡，而且有人拦住了大门。一气之下，谭延闿躺在了母亲的棺盖上，然后大声喝道："我谭延闿已死，抬我出殡！"族人见状面面相觑，只好让路，让这个小妾的棺材从宗祠大门抬了出去。

谭延闿不仅对母亲至孝，而且由此衍生出他对妻子的绝代深情，成就了一段堪称经典的情义故事。

由于母亲的命运带来的思考，谭延闿发誓一辈子不纳妾，他做到了。

四十岁时，妻子去世了，他又发誓不续弦。一些传记材料说，他之所以这样做，是因为谭妻临终前嘱咐他不要再娶，谭氏信守承诺。其实，这种说法是不可靠的。谭延闿的妻子方榕卿，是江西布政使方汝翼的女儿，与谭家是世交。早在谭延闿八岁的时候，方汝翼就带着全家到兰州拜访过时任陕甘总督的谭钟麟。1895年，谭延闿十五岁，两家即为他们完婚。方榕卿不仅漂亮、温顺，而且是知书达礼的名门淑女，基本的教养使她不会说出不准丈夫再娶之类的话。所以，谭延闿之所以誓不再娶，完全是他自己的事。究其原因，一是对妻子的感情，二是对婚姻和家庭的认识。

作为四十岁的单身男人，又是著名的才子、风云人物，必然有人要劝他续弦，也必然有人前来做媒。对此，谭延闿总是念出自己的两句诗："故人恩义重，不忍更双飞。"

谭延闿与他的夫人是在1895年3月3日结婚的。妻子去世之后，每年到了这一天，他都要写一首献给妻子的诗，年复一年，一直不曾忘记。

在中国现代名人中，我想不出还有哪一位对亡妻如此情深！

人要坚守某些东西，有时容易，有时很难。谭延闿誓不再娶的誓言，就遇到了严峻的考验。因为他遇到了宋美龄那样的美女，遇到了孙中山那样的大媒！

当时的宋美龄刚从美国留学归国，风度、姿色、政治资本，足以让追求者排成长队。然而，为了加固孙、谭联盟，孙中山一心要把她嫁给谭延闿。孙中山用心甚细，想得周全，他先征得宋母和全家的同意，然后才找谭延闿。但让孙中山没想到的是，谭氏一口拒绝，让他的大媒没做成。

谭延闿可以辜负孙中山的好意，却不愿伤了宋家的脸面，尤其不愿有伤宋美龄的自尊。他事实上想得很多，宋美龄年轻漂亮，风华绝代，受过良好的教育，让她嫁给自己这样一个中年男人去做一群孩子的后妈？谭延闿知道，一些规律是无法改变的，无论纳妾还是续弦，只要一个男人有若干女人，就难免把生活弄乱，给女人和孩子造成伤害。单身生活也许委屈自己，但谭延闿宁愿委屈自己，也不愿让女人和孩子受委屈。最后，谭延闿备了厚礼来到宋家，郑重地给宋老太太叩头拜干娘，认宋美龄做了他的干妹妹。

谭延闿的做法使宋美龄大受感动，从此认定了这个哥哥，而且比亲哥哥还要亲。

一天，宋美龄在叶挺那里见到一匹好马，想要骑一骑。叶挺告诉她，马是刚刚买来的，性子烈，骑不得。宋美龄不服气，硬要试试，结果那马真的狂暴，根本无法靠近。宋美龄对叶挺说：等唤我阿哥来，这马我非骑不可！

她说的阿哥不是宋子文，而是谭延闿。第二天谭延闿果然与她一起来了。谭延闿与那匹马耳语一阵，就把宋美龄扶上了马背，让她策马驰骋。那马居然十分听话，没有一点脾气。这事让叶挺开了眼，逢人便说谭延闿会“马语”。

再后来，蒋介石看上了宋美龄，而且终于赢得芳心，可是，宋家全家不同意。最后是谭延闿帮忙，说服了母亲和哥哥，成全了这桩婚姻。所以，在1927年12月蒋、宋成婚大典上，谭延闿的身份是“大媒”。

宋美龄对这位哥哥的事也很关心。1930年谭延闿去世，临终时嘱咐宋美龄为女儿谭祥寻找佳婿。宋美龄再三挑选，亲自做媒，把谭祥嫁了陈诚。

谭延闿与宋美龄的关系，亦不失为一段佳话。

南北之间的尴尬

从各方面材料看，谭延闿的确工于心计，善于周旋。

他在辛亥革命中的贡献是不应被忘记的。就像武昌首义中的汤化龙一样，湖南独立如果没有谭延闿，很难顺利成功。谭延闿出任湖南军政府都督之际，湖北战事胜负未定，湖南秩序一片混乱，如果真是投机者，时机似乎还早了些。在南北对立的矛盾之中，谭延闿有些想法，做几手准备，应在情理之中。

谭延闿有心计，有手段，但总的看来，这一切并未危害革命，恰恰相反，是维护了革命，推动了革命。担心革命失败，可能是出于革命大义，也可能是出于私心，但结果是促进了革命成功，史家就应该公正，而不应该片面强调人的私心。在武汉两军僵持之际，谭延闿以湖南都督的名义向全国发出通电，号召各省独立，又以私信的方式进行动员。广西巡抚沈秉堃是湖南人，于是就成了谭延闿首先动员的对象。他首先动员广西独立，大概真有私心，因为湖南大部分兵力此时已经派往武汉，广西如果奉北京之命出兵攻打湖南，谭延闿很难支撑。所以，谭延闿又是发电报，又是派人说服，很快促成了广西独立。接着，谭延闿又以同乡之名劝说福建巡抚孙道仁起义。因为孙道仁的积极性不高，他甚至威胁孙道仁：你若不答应，湖南人就会把你家的房子充公，把你家的祖坟刨掉！谭氏的这种做法到底发挥了多大作用当然不好估算，但事实上是几天之后孙道仁就宣布独立了。

谭延闿这么做，的确显示了他的精明。把周边省份拉入同一战壕，自然不再有后顾之忧；多拉几个省以壮声势，即使失败也有人作陪。这在一些革命党人看来，是地地道道的投机革命，在后来的历史著作中，也成为投机革命的证明，但它的实际效果，却比只知道拼掉脑袋的那种革命方式要有用得多。无论什么动机，客观事实是因为有了那些省份的独立，革命军才有了与北方谈判的资格，才有了辛亥革命的胜利。

做了湖南都督之后，无论南方还是北方，他都不想得罪。因为置身南方，他要首先与革命党人搞好关系。黄兴兵败去上海，谭延闿派代表送去十万元；1912年秋天，黄兴回湖南视察，谭延闿将长沙小西门改为黄兴门。他还加入了国民党，并当上了湖南支部的支部长。

与此同时，他派秘书唐乾一为驻京代表，致力于疏通各方面关系。唐代表在北京东奔西跑，任务之一就是请客送礼，三天两头大宴宾客，四面八方疏通关系。唐乾一曾经对人说：“我们都督和京中各方面的关系都不错，有不少是有着世交渊源的。对袁项城和徐东海的书信往来，都是亲笔，从不盖章。对大总统的信，称慰庭老伯大人。对徐东海的信，称菊人世伯夫子大人。这类信都是由我亲自递呈的。”透露这些材料的文章虽然是在1964年写的，难免着意丑化谭延闿，但所述情况并非虚构，因为谭延闿的确有条件与北方的政要建立良好关系。袁世凯就任临时大总统之际，湖南派人送百万银圆进京，以解决政府的燃眉之急。他虽然是最先独立的省份的都督，却不像一些同盟会领袖那样因袁世凯被选为大总统而愤愤不平。

当时的谭延闿是一心一意要建设湖南。民国建立之后，许多人都是拥兵自重，他却是真心实意地裁撤军队，发展经济。他建立了省议会，颁布了新刑法；兴办了大量的民营企业，修筑了湖南的第一条公路——长沙至湘潭公路；废除大清帝国的田赋制度，减轻了农民的负担；还拿出经费大办教育，选派公费留学生……这些方面，在全国都是数得着的。

谭延闿当时没有野心，只想治理好他的湖南。如果这样的都督能够长久，应是湖南之幸。

谭延闿一心治理湖南，可是到了1913年，他这个“水晶球”也有点转不动了。“二次革命”，真让谭延闿左右为难。

宋教仁在上海被刺身亡，三天后孙中山从日本归来，在司法部门还没有拿到任何证据的情况下，咬定袁世凯就是刺杀宋教仁的主谋，要求党人起兵讨袁。尽管黄兴等革命元老都不同意，但最终拗不过孙中山，于是，亚洲第一个民主共和国刚刚一岁多，就爆发了国内战争，由某个党派起兵讨伐大总统。

这时的谭延闿是四个国民党都督之一，无法拒绝党魁的要求。但是，要起兵讨袁，谭延闿有种种困难。起兵讨袁，需要有足够的武力，而湖南经过裁军之后，已经没有多少军队。时任湖南军事厅长的程潜抓紧时间编练了三个步兵团和一个炮兵营，加上裁军剩下的一个师（师长赵恒惕），总共不到两个师。在谭延闿看来，就用这点儿兵力与全国的三军大元帅袁世凯叫板，简直就是儿戏。所以，他迟迟未响应孙中山的号召。

当然，更为重要的是谭延闿从内心里就不赞成起兵。直到江西、南京和安徽独立之后，他又拖了半月，才被迫宣布湖南独立。

按照一般的说法，湖南独立是黄兴派谭人凤到长沙督促而成的。根据谭人凤的记述，他于7月7日到达长沙，但发现长沙没有军械，就决定亲自去广州购买，不等成行，李烈钧已经在湖口起义，所以另派人去广州，自己留下来“助湘督维持秩序”。一些著作说，南京宣布独立之后，谭延闿召开会议，会上多数人不赞同起义，是谭人凤掏出手枪往桌子上一拍，占用了投降派，坚定了革命党人的决心。但谭人凤自己的回忆中却不说是他促成的，而只是说：“谭延闿遂开全体会议，于七月十七日为骑墙之独立，意谓事成可以邀功；事不成既与黎元洪交涉在前，可藉我以谢过。”[①]

谭延闿宣布湖南独立，的确是权宜之计，而且在江西和南京失败之后，马上就取消了独立。所以，事件平息之后，黎元洪曾致电袁世凯为谭延闿说情，其中说道：“查湘未宣布独立以前，谭督因事势危迫，无力维持，特派员来鄂，代达苦衷。闻已准备药水，如湘称独立，即服毒自尽以谢天下。元洪以湘失谭督，内部必更大乱，当即劝以徒死无益，不如暂为一时权宜之计，阳图附和，阴图敉平，旋复以各军均驻长沙省城，深以为忧。故调赴岳州以分其势，是调兵赴岳，先曾派员来鄂协商，故湘省虽称独立，始终未尝暴动，今复自行取消，足见谭督暗地维持，始终一致。”[②]这是实际情况，所以，徐世昌也曾有电报嘉许。正因为这样，谭延闿也没意识到问题的严重性，在给徐世昌的复电中说：“湖南独立，系水到渠成，延闿不任其咎；取消独立，为瓜熟蒂落，延闿不居其功。”

据谭人凤回忆，“二次革命”在江西、南京相继失败之后，一天他在都督府，一群人涌入都督办公室，恰巧报纸主笔文斐在座，大家质问道：“汝为报馆主笔，天天鼓吹民军胜利，欺哄人民，现在南昌形势如何，尚敢说谎否？”然后对都督说：“都督宜有定见，勿听谭石屏、周道腴等言。”谭人凤在隔壁听到，过去询问，黄映阶等人反问：“湖南独立事，先生有把握否？”谭人凤说：“君等此问颇奇，论人心，则当问诸君是否敌忾同仇；论军事，则当问都督能否御侮捍患，我何把握之有？”黄映阶等人说，外面都说独立是谭人凤的主张。谭人凤又说：“此更奇矣！未独立前，我无一语逼迫，既独立以后，我无一点实权，又何主张之有？请问都督公主张乎？抑我主张乎？”谭延闿笑着说：“因先生亦姓谭也。”谭人凤却认为都督不该开这样的玩笑。看来，谭人凤并不愿意承担鼓动独立之责。然而，从谭人凤自己的记述，却可以看到他当时的确拥有极大的权力。就在这个场合，他竟然对黄映阶等人说：“南京已败，南昌又危，湖南断无独立能力。但由都督出尔反尔，必将令人讪笑。我已派人请王湘绮来省主持此事矣。”黄映阶等人说：“先生既有此意，我等当出外转告，免其误会耳。”第二天早晨，才有

①《石叟牌词》，饶怀民笺注，上海书店出版社2000年，第46页。

②《黎副总统政书》卷二十六。

人来报告，都督府的机关枪队曾计划杀掉谭人凤，深夜还有人坚持应该杀一两人以谢中央，否则无法与中央交代。幸亏一大早取消独立的告示已经贴出，谭人凤才免去一劫，他很庆幸自己昨天说到马上取消独立一节。这时候，下层军人中的国民党人仍然坚持要独立，谭人凤只好关起门来装病谢客，并且很快回老家去了。

由此看来，谭延闿没有意识到问题的严重性，谭人凤也没有意识到问题的严重性。谭延闿取消独立，试图重新当他的都督；谭人凤回到老家，试图终老泉林。然而，袁世凯却厌恶谭延闿如此反复无常，令汤芗铭为湖南查办使，率军进入长沙，取代谭延闿做了湖南都督。谭人凤只好逃往日本。谭延闿没有逃，则由黎元洪、熊希龄担保，入京待罪。袁世凯接见了一次，就把他晾了起来，最后判他四年有期徒刑，经黎元洪等人设法辩护，才得到特赦。

投奔孙中山

谭延闿一心想做湘督，也诚心诚意想治理好湖南。但是，他督湘三次却都不顺利，每一次都以失败告终。最后，他走向了孙中山，开始时虽然很不情愿，却从此飞黄腾达。

第一次督湘失败之后，谭延闿先后避居于青岛、上海，直到蔡锷在云南起兵护国，他的命运才出现了转机。护国军起义之后，程潜向云南借了区区一营的兵力，取道贵州进入湘西，沿途不断收编，很快拥有了三个旅。与此同时，广西陆荣廷率领的护国第二军也由湘南向北挺进。正是在这样的形势下，汤芗铭宣告湖南独立。湖南的独立对袁世凯是致命的打击，一个星期之后，袁世凯就去世了。汤芗铭虽然最后有独立之举，但他督湘三年杀人如麻，民愤极大，加上他不是湖南人，所以，程潜等人挥军驱赶，迫使他逃出了湖南。大总统黎元洪于1916年8月恢复了谭延闿湖南省长兼督军、湖南参议院议长的职务。

可惜的是，很快发生了府院之争，最后闹出了张勋复辟的乱子。复辟虽然很快平息，黎元洪却无法继续做总统。对谭延闿而言，问题还不在于失掉一个赏识他的总统，而在于孙中山南下广东举起“护法”的旗帜，割据南方；段祺瑞则决心武力统一，“兵下两广，饮马珠江”。这需要取道湖南，谭延闿却不愿让湖南成为兵乱之地。于是，根据新的法令，省长、督军不能同一人兼任，谭延闿被免去督军一职，由傅良佐继任。谭延闿知道，没有兵权的省长必然无所作为，于是干脆辞职而去。这时的谭延闿还不是为做官而做官的人。

谭延闿二次督湘只有一年，当然没什么重要建树。不仅如此，对他个人来说，他还犯了一个错误：因裁军而得罪了程潜。湖南护国起义，驱逐汤芗铭，功劳最大的是程潜。因为他拥兵甚众，就成了谭延闿的心腹之患。利用段祺瑞颁布裁军方案的机会，谭延闿把程潜的军队裁撤一空，使程潜离开了湖南的政治舞台。这应该是谭延闿的一大成功，却因此得罪了程潜，为湖南带来了后患。孙中山在广州召集"非常国会"，组织护法军政府，自任大元帅。失意的程潜前来投奔，马上被孙中山任命为湖南护法军总司令。这种任命如同儿戏，因为既无军饷又无兵卒，只是一个名义。然而，程潜受命之后，从广东潜回湖南，召集旧部，扩充军队，真的当起了总司令，而且在湘南混战几场之后，率部攻占长沙。长沙陷入护法军之手，民国政府不能坐视不管，曹锟、吴佩孚、张敬尧等几路大军进攻湖南，程潜的湘军不能抵抗，长沙被张敬尧占领。1920年夏季，直、皖矛盾激化，张敬尧退出湖南，谭延闿回到长沙，开始了他的第三次督湘。

然而，此时的谭延闿与孙中山的宗旨完全相悖，谭要推行"联省自治"，孙却致力于"联省北伐"，所以冲突在所难免。孙中山为扫清北伐进军路线的障碍，派人去湖南活动，干扰谭延闿的自治进程，策动军人给谭延闿捣乱。又因为谭氏让赵恒惕当湖南督军的诺言没有兑现，导致赵恒惕严重不满，于是，在各方势力作用之下，谭延闿终于焦头烂额，于11月辞职去了上海。谭延闿这次督湘，前后只有几个月。

赵恒惕当上湖南省长兼督军以后，全盘继承了谭延闿的主张，立省宪，搞民选，热心湖南自治。如此一来，他就与谭延闿一样，成了孙中山北伐的障碍。回顾历史，湖南人非常不幸。之所以不幸，就在于它是广州北伐的必经之路。谭延闿的命运、赵恒惕的命运、湖南自治的命运，都与此密切相关。1921年，孙中山统一了两广，在桂林设大本营，准备出兵北伐。赵恒惕却以湖南自治为名，派出省议会议员团赴桂林请愿，迫使孙中山取道江西。于是，赵恒惕成了孙中山的敌人。用谁来打倒赵恒惕呢？孙中山想到了被赵恒惕赶下台的谭延闿。于是，孙中山找到了谭延闿，委任他为讨贼湘军总司令兼湖南省长，主持湖南一切军政事务。

这是谭延闿的一大转折。根据谭延闿的性格，似乎不应该欣然接受这一任命，但他毕竟接受了。一个重要的原因，就是他除此之外别无出路。看来谭延闿还是不愿在上海隐居终老。此后的成败荣辱，站在不同的立场上会有不同的评说。而历史留下的事实是：谭延闿从此不再只是心系湖南，他不再是湖南的谭延闿，而是帮助孙中山武力统一中国的谭延闿。对湖南而言，首先感受到的是这一变化的危害，因为谭氏接受孙中山的任命之后，湖南就有了两个最高权力机构，双方打打谈谈，搅得湖南更不太平。幸亏陈炯明与孙中山闹翻，谭延闿奉命率领湘军去解广州之围，才使湖南的内战暂时停止。

从此之后，谭延闿可谓一路飞黄腾达。孙中山在许多方面都要依靠他，让他做过内政部长，又做过北伐军总司令；黄埔军校开办，最先委派的也是他。只是谭延闿觉得自己虽然懂普通教育，却未进过军校，所以把校长让给了蒋介石。这也是他与蒋介石关系的开始。

孙中山去世之后，谭延闿在国民党中的地位不但没有受影响，他坐观派系斗争，不闻不问不参与，结果却扶摇直上。1925年7月任国民政府常委兼军委会常委，国民革命军第二军军长，1926年1月被选为国民党第二届中央执行委员会委员，3月代理国民政府主席，4月任中央政治委员会主席，7月又代理国民党中央党部主席。1927年9月宁汉沪三方在上海成立国民党中央特别委员会，谭延闿任大会主席。1928年2月，谭延闿出任南京国民政府主席。

至此，党的主席，国家主席，谭延闿都做过了。

与此同时，他成了一个官场老油条。在他去世之后，固然是党国要人一片颂扬，报纸上却也出现过样的挽联："混之为用大矣哉！大吃大喝，大摇大摆，命大福大，大到院长；球的本能滚而已！滚来滚去，滚入滚出，东滚西滚，滚进棺材。"人们显然不满于他的混世和圆滑。

谭延闿身上的谜团

在谭延闿身上，有一些谜团，让人看不透。那些后来被人看透的，又都是他自己有意暴露的冰山一角，那些未暴露的部分，就仍然是谜。

他出身翰林，没学过军事，书生本色，却做了一辈子将军，这就有点奇怪。

他虽然喜欢骑马，却极少带枪，也极少摸枪，而且过早发福，身体肥胖，谁也看不出他有什么武功。加上他天生好脾气，没有着急的时候，更没有发火的时候，总是不紧不慢笑眯眯，便得了一个“谭婆婆”的雅号。

然而，“谭婆婆”偏偏做了都督，大权集于一身，指挥千军万马，手下师长就有五个，旅长、团长一大群，一个个都是武艺在身，面对这个书生都督，人们虽然敬他的才学，却在“武”的方面难免流露不屑。对此，谭延闿一笑置之，并不生气。一天，他却突然邀请各师将官赛马，而且都督亲自参赛，众军官狂欢不已，看都督被扶上马背，以为他只是做做样子。一声令下，军人们催马狂奔，赛程规定为五十圈，至十圈时，一些军官已经气喘吁吁，陆续勒马出场，而谭延闿的马却昂首飞驰，后来居上了。更让人们吃惊的是，到五十圈时，整个赛场上只剩一匹白马在奔驰，那正是书生谭延闿的马。

从那天开始，都督府立下了规矩：每天清早，连长以上官佐都要参加操练，到体育场跑马。

展示过他的马术之后，谭延闿又很快让人见识了他的枪法。

广西独立之后，王芝祥率领桂军前去支援武昌，路过长沙，湘军热情款待。王芝祥以枪法著称，湘军上下久仰盛名，所以邀他打靶表演，引来了万人观看。一种说法是，王芝祥拔出手枪一连放了十枪，八发中靶，赢得一片叫好。还有另一种说法，是王芝祥拿出了全部的看家本事，立射、跪射、卧射，各发两枪，枪枪皆中红心。全场掌声雷动，王氏兴致勃发，又表演了跑马射击，一面催马奔跑，一面连发四枪，其中一发打中红心。接下来的事有不同的回忆和不同的说法：有的说王芝祥出于客气，自己打完之后，邀请谭延闿打几枪；有人说谭延闿看得手痒，又正好需要在军中立威，就主动说要试一试。谭延闿接过枪，没有像王芝祥那样立射、跪射、卧射，而是翻身上马，直接表演王芝祥最后的节目，他也边跑边打，同样打了十发，却是枪枪命中靶心。王芝祥双手抱拳表示佩服，在场的湘军将士更是无不瞠目结舌，从此不敢只把都督看作书生。

如果说跑马、打枪都是有意表演的话，谭延闿没有表演过的本事就不知有多少了。真人不露相，不逼到某种关口，不能显露自己所能，这是传统中国人遵守的规则。尤其是书生练武，本为防身，必然更是如此。然而，在广州跟随孙中山的时候，谭延闿还是暴露过一点。

孙中山出身帮会，喜欢结交江湖义士，而且崇尚武术，并且与当时的名家杜心武等多有来往。有一次，孙中山跟谭延闿等人在一起，谈起一位新结识的武术家，称赞那人一掌竟能击断两寸多厚的石板。谭延闿随口说道：那种把戏，算不了什么。孙中山说：你又不懂，怎可枉评人家不行？谭延闿没有反驳，半天却又说了一句：我小时候也练过几天，现在虽然不行了，但你说的那种功夫，还真看不上眼。孙中山没有再说他狂妄，但回到住处，见到武林高手杜心武，却忍不住嘲笑老谭不知天高地厚。令孙中山没有想到的是，杜心武正色告诉他：老谭可不是妄说，他是有真功夫，连我也不敢小看他，至于那个断石板的三脚猫，当然没法跟老谭比。

孙中山这才知道，谭延闿并非说大话。至于他隐藏的本事到底有多少，就没人知道了。

在谭延闿身上，还有许多谜团：从某种意义上说，他是一个成功者。然而，那成功多少有点奇怪，有些可以理解，有些却令人百思不得其解。

比如，看上去谭延闿不争不抢，不拼搏，也不奋斗，一切顺乎自然。他信命，甚至常说："命里有，终须有；命里无，莫强求。"[①]可是，如果真这样，他能做上北伐军的总司令，能做上中华民国国民政府主席吗？

他是翰林，却读书有限，现代知识甚少。有人说他"书非三代两汉不读，官非选任、特任不做"。他自己也说："要我像谭复生那样，洋书也读，帮书也读，我办不到。"他身边人的回忆证明，他几乎从来不读"摩登书"……可是，一个不读现代书的人，能成为政坛、军界和文化界的翘楚？

有人品评当时的人物，说吴佩孚是"刚愎自用"，因为他总是听不进别人的意见；段祺瑞是"刚愎他用"，因为他总是把大权交给手下人；谭延闿是"柔愎自用"，因为他从不与人冲突，总是顺着别人说话，但结果却是大家照他的意见办。

①阎幼甫：《谭延闿的生平》，中国人民政治协商会议湖南省委员会编《湖南文史资料选辑》（第十辑），湖南人民出版社1978年。

他与孙中山的合作，以及后来与蒋介石的合作，大概都得益于他的“柔”。因为孙中山是一个不愿接受别人意见的人，蒋介石也有点刚愎自用，他们与谭延闿的“柔”遇到一起，才能刚柔相济，互相为用，所以从未有过争执。

北伐开始，蒋介石任总司令兼第一军军长，谭延闿任第二军军长，第二军的一切都受蒋控制，如果放在别人身上，可能无法忍受，而谭延闿却毫无怨言。

定都南京之后，谭延闿无论担任国民政府主席还是行政院长，实际上都是蒋介石说了算，谭延闿也乐得有人替他管事，毫无怨言。

知其雄，守其雌，安于人下，不争，不怨，的确是谭延闿的一大特点。

有人说谭延闿擅长“混”。他的同代人回忆说，1912年在长沙，“某天，贝允昕（浏阳人，律师，刘人熙的女婿）走访谭延闿，谭问贝：‘近来怎样？’贝说：‘混。’谭大笑，接着说：‘好！鱼龙混杂是混，仙女游戏也是混，混之用大矣哉！可惜混世魔王程咬金、混江龙李俊混得太粗野一点。若像《聊斋》上的马二混，混得多有意思啊！’谭所说的‘混之为用大矣哉’，顿时传遍长沙，远及京沪，成为当时宦途中的‘处世名言’”[①]。

怎么混？有人总结过他的三不主义：一不负责，二不谏言，三不得罪人。每次开会，他都闭口不语，闭目养神。做国民政府主席也罢，做行政院长也罢，他都是一枚橡皮图章，伴食画诺而已。

可是，如果只是这样，能混到总司令、国民政府主席的份上吗？所以，谭延闿这“混”的学问，不是三言两语能说清的。在他身上，或许能真看到什么是“无为而无不为”，什么是“唯其不争，而无人能与之争”。

然而，由主张省自治而走向赞助武力统一，由追求民主宪政到拥戴一党专制，由民主共和的创建者变成民主共和的破坏者和党国的创建者，他的转变似乎太容易、太轻松了。中国式智慧如果就是这样意味着没原则，这智慧就太糟糕了。

---

①阎幼甫：《谭延闿的生平》，中国人民政治协商会议湖南省委员会编《湖南文史资料选辑》（第十辑），湖南人民出版社1978年。

湖南自治与中国人的联邦梦

20世纪20年代初，东方第一个民主共和国面临重重危机。危机之中总会有种种不同的选择与构想，联省自治就是钟情于民主共和的人们在新形势下做出的一种新的选择。根据李剑农的说法，所谓联治运动，含有两方面的意义："第一，是容许各省自治，由各省自己制定一种省宪（或各省自治根本法），依照省宪自组省政府，统治本省；在省宪范围以内，非但可以免去中央的干涉，便是省与省之间也可免去侵略的纠纷，什么大云南主义、大广西主义都应该收拾起来。第二，是由各省选派代表组织联省会议，制定一种联省宪法，以完成国家的统一——就是确定中国全部的组织为联邦制的组织；如此既可以解决南北护法的争议，又可以将国家事权划清界限，借此把军事权收归中央，免去军阀割据之弊。"①当时进行这种尝试的省份颇多，而坚持最久也最有成效的是湖南省，从1920年开始，到1926年结束，他们的努力虽然在过去的教科书和主流史著中往往要被一笔抹杀，但历史的进程可以被打断，建设者的足迹却不应被遗忘。因为所谓省治，所谓联省自治，事实上是当时中国人的一场联邦梦，是中国人民民主共和之梦的一个重要环节，无论其成功还是失败，留给后人的都是一笔不可忽视的遗产。

一

1920年7月22日，驱逐张敬尧之后新上任的湘军总司令兼湖南省长谭

①李剑农：《中国近百年政治史》，商务印书馆2011年，第516页。

延闿通电全国，公开提出了“湘人治湘”的主张，正式拉开了湖南自治的大幕。

谭延闿的这份“祃电”中说：“近年海内明达之士，对于国家之组织，尤主张联邦合众制度，或主张地方分权制度……各省自治，为吾民共同之心理……湘人此次用兵，纯本湘人救湘，湘人治湘一致决心……爰本湘民公意，决定参合国会讨论之地方制度，采用民选省长及参事制，分别制定暂行条例，公布实行。”[①]此后，他多次发表通电，宣布“湖南自治”，提倡全国“联省自治”，并邀请湖南各界名流及各社会团体代表以及新闻记者，举行联席会议，共商“湖南自治”的大计。

谭延闿并非自己一时头脑发热，他之所以提出这样的主张，事实上是民意使然。他的确是在顺应湖南民意，表达湖南广大民众的愿望。

事实告诉我们，早在谭延闿发表通电之前，湖南已是一片自治的呼声，而且展开了一系列讨论。湖南的士绅和学子们早在驱逐张敬尧的运动中就意识到驱张运动的结果可能不过是赶走一个外籍的督军省长，换一个本省的督军省长。如果那样，受本省统治者的压迫和摧残，与受外省统治者的压迫与摧残，对百姓的生活而言，又有什么不一样？他们之所以行动起来驱逐张敬尧，主要并非因为张氏是外来的省长，而是因为张氏残暴统治对湖南人民权利的剥夺与蹂躏。他们所要争取的，是民主共和国国民应该拥有的那些权利。政治不良，武人专断，国民权利被践踏，这些问题如何解决？驱逐坏的统治者固然是必需的，但重要的还是建立一种能够保障国民权利的制度。湖南改造促成会曾经发表主张说：“湘事糟透，皆由于人民之多数不能自觉，不能奋起主张。有话不说，有意不伸。南北武人，乃得乘隙凌侮，据湖南为地盘，括民财为己中囊。往事我们不说，今后要义，消极方面，莫如废督裁兵，积极方面，莫如建设民治。”鉴于民国以来“建层楼于沙渚，不等建成而楼已倒”的教训，他们认为共和需要良好的基础，湖南应乘大乱初勘，“人人要发言，各出独到之主张，共负改造之责任”，最后归结到一点，不但要“湘人治湘”，而且要建立真正代表湖南人民利益的湖南省政权。[①]

当一些军人也开始大谈省自治的时候，长沙《大公报》主笔龙兼公在文

①《要电》，长沙《大公报》1920年8月16日。

章中写道："军人口中都会吐出自治两个字来，总算是自治的动机勃发了，真真假假且不管他，即此一端，便可以断定我们理想中的联邦，迟早总会有实现的希望。"由此可见，在自治运动发动之初，人们所怀抱的，就是一个联邦梦。为了这个梦想的实现，龙兼公认为，军人们也许只是想利用自治制宪这块招牌来抵抗南方或者北方，未必真有让人民自治的诚意，但"他既可以利用这个名义来遂他的私图，人民又何尝不可以利用他的私图来谋群众的公益"[②]。龙兼公发表这篇文章，是在谭延闿发表"祃电"二十多天之前。

与此同时，湖南自治运动得到了全国知识界众多名流的支持。谭延闿的"祃电"发表之后，马上得到了熊希龄的支持。熊氏是湖南人，当过中华民国政府的国务总理，此时闲居北京，是在京影响最大的湘人。他不仅通电支持谭延闿，而且约请另一个湖南自治运动的积极支持者梁启超，为湖南草拟了一份《湖南自治根本法》草案，送往湖南供谭延闿参考。熊希龄还向谭延闿提出了一些具体建议，比如，湖南自治应该在南北统一之前办成；必须经过全省人民总投票以确定它的合法性；湖南自治，各省自响应，然后就可以联省立国等等。作为湖南人，熊希龄的主要愿望之一，是让湖南不再成为南征或北伐的战场。当然，熊氏的自治法案在湖南一公开，就引起了广泛争议。这一切都很正常，因为涉及湖南的未来，每一种方案的提出，都应该伴随着质疑和辩驳。

龙兼公等人也提出了一份省自治法草案，公布在长沙《大公报》上，题为《由"湖南革命政府"召集"湖南人民宪法会议"制定"湖南宪法"以建设"新湖南"之建议》。这个文件称谭延闿为首的湖南省政府为"革命政府"，认为革命政府应该抓住这个千载难逢的机会，召开人民宪法会议，再由人民宪法会议制定宪法，根据宪法产生正式的湖南议会、湖南省政府以及县、区、乡自治机关。这个文件发表时有三百多人签名。当时的湖南各界闻风而动，召开各种会议，讨论，辩驳，人们讲得满头大汗，争得面红耳赤，湖南自治的热浪由此掀起。

谭延闿是个极聪明的人。他被这股热浪推着，走上了潮头，知道别无选

①湖南《大公报》1920年7月6日。

②龙兼公：《假冒也不要紧》，湖南《大公报》1920年7月1日。

择，而且已经没有停下来的可能。于是，他请了一批知名人士到长沙来出谋划策，其中包括吴稚晖、章太炎、张继等。章太炎深知民主共和国最大的敌人是专制，所以他最为警惕的是国家最高当局的专断和独裁，因而不但主张各省自治的联邦制度，而且主张外交问题也不应都由中央说了算。在他看来，中国之患主要不在外人，而在于中央偷卖国家利益。而中央之所卖者，其实都是各省所有，所以，涉及各省的外交事务，就必须各省同意，由该省督军省长副署。与此同时，长沙还请来了国际级的重量人物——美国学者杜威。杜威表示赞成中国仿效美国实行联邦制，建议湖南应先行制订省宪法作为全国的榜样。

就这样，湖南自治运动正式拉开了帷幕。

要自治，自然要有省宪法。可是，省宪法由谁制定，如何制定，一开始就成了争议的焦点。有人主张由省议会制宪，有人主张由人民直接制宪，有人提议由全省七十多个县议会，再加上商会、教育会、农会、工会等社会团体共同制宪。种派主张激烈争论，相持不下。谭延闿知道，如果这样争下去，自然是“艄公多了打烂船”，于是在1920年9月中旬召集了第一次自治会议，议定由省政府指派十人，再由省议会推举十人，组成省宪起草委员会。但是，消息传出，舆论大哗，“反对官绅包办制宪”的呼声响遍全省，就连省议会也强烈反对。谭延闿只得致函议会，表示同意将起草省宪的事务交由省民宪法会议来解决，而如何召集组织，只能交给省议会负责主持。如此一来，就成了省议会领导制宪。

民主是个好东西，但民主的确很麻烦。省议会掌握了制宪主导权，却马上陷入了内部纷争。就在省议会纷争与忙乱之际，社会舆论却出现了对省议会的不信任，并且指出此届议会任期已满，在法理上已经不能代表民意。

谭延闿是个随和的人，遇事绝不固执己见。他本以为制宪的事已有省议会代庖，自己可以图个清静，没想此事竟然如此棘手，想顺应民意，竟然如此不容易，正在不知如何是好之际，民众却似乎已经迫不及待。1920年10月10日国庆节，长沙上万人上街游行，三十多个团体联名向省政府递交“敦促尽速制宪”的请愿书。1920年10月24日，湖南各团体向省政府请愿，要求尽快制定湖南人自己的宪法。谭延闿知道民意不可违，而且知道机不可失，时不再来，所以很快向全省各县发出电报，征求对省议会拟定的宪法会议组织法的意见，并着手做各种准备。

湖南自治得到了大多数省份的支持，很快就有十几个省通电响应。然而，正如李剑农所指出的：“西南各省……川、滇、黔、桂也很赞助，粤省则惟陈炯明一派表示赞助，中山一派极反对。”[①]孙中山的反对是必然的。他虽然有时也表示支持自治，但那只是为了瓦解他所不喜欢的中央政权，而此时湖南的做法，却与他的追求完全相悖，因为湖南自治必然成为他北伐的障碍，“联省自治”也不利于他统一全国的抱负。为了北伐，他当然不欢迎湖南自治，所以，倒谭就成了当务之急。于是，周震鳞被派到湖南策动倒谭。在湖南的各派力量中，程潜亲近孙中山，而且对谭延闿早有不满。于是，程潜部下发动兵变，先由湘西的林修梅率先造反，行调虎离山之计，把谭延闿的嫡系引向湘西，然后在长沙附近的平江发动兵变，形成逼宫之势。无奈之下，谭延闿于11月宣布辞职，把湖南交给了赵恒惕。

无论谭延闿后来如何，都不应该否认，他是湖南自治第一人，在短短几个月的时间里，已为湖南自治打下了一定的基础，而且形成了一种不可逆转之势。

二

在今日中国，赵恒惕这个名字已经比较陌生，但在20世纪20年代，却可谓家喻户晓，因为他是联省自治运动的先锋、时代的风云人物，而且是中国第一个民选的省长。

赵恒惕曾经留学日本，与唐继尧、阎锡山、李烈钧、程潜等是日本陆军士官学校的同学。若论革命资历，他在1905年就加入了同盟会，是老资格的革命党人。不过，他与孙文、黄兴等领袖们的关系并不密切，很少参与他们的活动。1908年毕业回国之后，赵恒惕受蔡锷之邀去了广西，至辛亥革命前夕，赵恒惕已是广西新军的协统、督练公所会办。武昌起义爆发之后，赵恒惕与王芝祥等拥戴沈秉堃宣布独立，随后即率部支援武昌，被大都督黎元洪任命为左翼军司令，在孝感一带与清军作战。南北和议成功，赵恒惕部被

①李剑农：《中国近百年政治史》，商务印书馆2011年，第516页。

调往南京，军队整编时，黄兴把他的部队编入第八师，任命冯国璋的女婿陈之骥为师长，而给赵恒惕的只是一个旅长职位。后来因为种种不愉快，赵恒惕带一个团的兵力取道湖南返桂，但此时广西都督早已换人，不愿接收这支队伍。在赵恒惕在湖南境内进退两难之际，湖南都督谭延闿收留了他。

那几年的赵恒惕似乎很不走运。接下来是"二次革命"发生，谭延闿被革命党人逼迫宣布湖南独立，虽然很快取消，大总统袁世凯却不能原谅，结果被追究附逆之罪。赵恒惕情况更惨，战败被俘，险些被处决，幸亏黎元洪说情，才被押解入京。他留住了性命，却被判刑，直到1915年才由黎元洪和蔡锷保释出狱。护国战争中，赵恒惕受谭延闿委派，带了汤化龙的信回湖南动员汤芗铭独立。汤氏独立之后，赵恒惕任师长。袁世凯去世之后，黎元洪恢复了谭延闿湖南督军和省长职务。谭延闿上任后大力裁军，把四个师缩编为两个师，赵恒惕成为第一师师长，并且很快做了湖南水陆军总司令。但好景不长，张敬尧坐镇湖南之际，赵恒惕自然无所作为。直到"驱张运动"到了武力驱张的阶段，赵恒惕才得以大显身手，率领三千湘军，在各路势力支援和帮助之下赶走了拥有七万军队的张敬尧。程潜部下兵变，赶走了谭延闿，湖南的权力却落到了赵恒惕手里。

湖南自治，是孙中山所不愿看到的，因为他所盼的是湖南成为自己的地盘，不仅打通北伐的通道，而且成为供应粮饷和兵丁的根据地。为实现这一目的，他成功倒谭，却没想到倒谭之后来了赵，仍然坚持谭的路线，一心要搞湖南自治。既然赵恒惕成了新的绊脚石，就必须想法搬开。结果是程潜手下的军官李仲麟等向赵恒惕叫板，违抗命令，武力闹饷，要求赵恒惕下台。赵恒惕却不是谭延闿，等程派的人闹到一定程度，他猛然以铁腕镇压哗变，把闹事的李仲麟等八人抓起来就地处决，程潜的势力被彻底打垮。从此之后，湖南才进入了赵恒惕时代。

赵恒惕时代，就是湖南自治的时代。赵恒惕上任之后，继承谭延闿未完成的事业，宣告湖南实行自治，而且开始了一系列工作。

赵恒惕的工作也没有离开湖南民意的支持和督促。1921年3月4日，长沙《大公报》刊文《民权不是送来的》，呼唤民众参与立宪的热情。文章写道：

省宪法的性质，是规定省的组织，省政府各部门——行政、立法、司法——相互的关系和省政府与人民的关系的。依我看，人民对于宪法上的要求，最重要的便是看怎么样规定政府——立法、行政、司法——与人民的关系，因为民权的消长，只须争此一点，这一点争不到手，或是所得不满意，旁的事便没有话说了。

湖南人，你们都醒了么？你们在这民国十年内所受的痛苦——政府的压抑、议会的愚弄、官吏的敲剥、兵匪的荼毒，哪一样不疾首痛心。趁着这个大法初创的时机，你们就应该要想着：一、我们人民为什么没有权？二、蹂躏我们民权的人，为什么那样横暴？由此推想，我们要怎样伸张民权和怎样去抑制民权的蹂躏者的方法，便可以在宪法上想出来了。我们想出了方法，还须得要把这方法制成条文，安放在宪法内面去，做一个永久的保障……

民权是争来的，不是送来的。①

从这样的文章，可见当时湖南人觉醒的程度，也可以看到他们追求民主宪政的热情。

赵恒惕的工作做得很有成效。面对政府立宪和公民立宪的争执，赵恒惕决定采用“学者立宪”。他很重视程序的合法性。在他的规划下，制宪分为三步：第一步由省政府聘请具有专门学识的学者，负责拟出省宪草案；第二步将草案交由各县议会推举的审查员进行审定，并进行必要的修改；第三步交省民投票公决。

谭延闿制宪时在第一步就卡了壳，赵恒惕采用学者制宪，顺利地绕过了矛盾，而且一个月时间就顺利完成了制宪。学者制宪的思路，应该归功于蔡元培。1920年秋天，蔡元培陪同杜威等人到长沙考察“自治”，提议湖南的自治宪法应聘请具有专业学养的学者来制定。蔡元培的意见被赵恒惕记在了心里，当“官绅制宪”与“公民制宪”的纷争无法解决时，自然派上了用场。赵恒惕提出“学者制宪”的方案，虽然也有人抱怀疑态度，但毕竟为斗争激烈的双方所接受。于是，由省政府出面，在全国范围内聘请专家，组成了十三位专家学者在内的宪法起草委员会。

①长沙《大公报》，1921年3月4日。

从1921年3月20日开始，学者们在岳麓书院闭门研讨了一个月，拿出了一部《湖南省宪法草案》。许多学者都曾说过，这部省宪草案，实乃民国以来缺陷最少也最具操作性的一部宪法。尤其值得称道的是，该草案通篇贯穿着“主权在民”和“权力制衡”的现代政治原则，同时又充分照顾到湖南当时的实际情况。学者制宪之初，湖南省内议论纷纷，但草案出炉之后，包括竭力反对学者“包办宪法”的龙兼公这位挑剔的时评家，也给予了高度评价，认为它高度重视民权，把人民的权利和义务写得明明白白，不用笼统概括的条文，不给恶政府留下蹂躏人权的机会；并且认为它着眼现实，不做空谈，没有虚设的条文。这是学者们努力的结果，也是历史教训的结果。鉴于1912年《临时约法》“因人立法”留下的种种后遗症，学者们知道了如何秉公立法，既不给执政者留有独裁的机会，也绝不为执政者制造不便。制宪工作完成之后，国内名流纷纷表示祝贺，他们的心态正如梁启超在电文中所说：“敬祝总投票早日通过，为我国立法史留下第一光荣。”①

根据立法程序，草案形成之后，须提交代表湖南三千万民众的“宪法审查会”审查。4月22日，宪法审查开始。据刘建强的研究，155名审查员年龄最大的59岁，最小的28岁，平均年龄不到40岁，其中一百多人专门学习过法律专业或从事过法律事务，35人曾留学海外，仅日本法政大学毕业的就有11人，日本早稻田大学毕业的6人。由此可见，这是一个年轻但很专业的班子。②

当然，一些情况是民主政治无法避免的：审查员们来自不同的地区和阶层，立场不同、诉求不同，自然意见不同，所以争论不休，三个多月难以达成共识。其实这是一个规律：专制制度之下，人民无权发表政见，不准说话，自然无话；民主制度之下，人民可以说话了，自然是七嘴八舌，常要吵成一团。习惯于专制传统的人们自然看不惯，习惯于一言九鼎的执政者也常常不耐烦，于是就会由独裁者出来快刀斩乱麻。所幸的是，当年的湖南政界要人们已经有了适应民主政治的心理准备，有足够的耐心听取不同意见，而且往往是极为平庸的意见。民主常常很麻烦，无效率，为了一些毫无价值的

①长沙《大公报》，1921年4月27日。

②刘建强：《湖南自治运动史论》，湘潭大学出版社2008年，第139—146页。

意见，可能要争上几个月。可是，发表平庸的偏见，为集团或派别的利益而争吵，却正是民主政治的真谛，如果剥夺了这种权力，民主也就消失了。1921年的湖南很幸运，在审查陷入纷争之际，没有人像1912年的黄兴那样声言要以武力干预，也没有人以手中的权力干预，赵恒惕也没有像一些领袖人物那样以凌驾于民众之上的仲裁出现。制宪一开始，赵恒惕即代表军方表态："余现为湖南总司令，若植党营私，保全位置，即是不能自治。"他手下的师长鲁涤平则说："俟自治法实行稳固之后，吾辈军人，皆当退还田园，受自治法之保障。"[①]在学者们起草宪法时，作为湖南军政最高领导人，赵恒惕为避干预之嫌，始终没到过学者们工作处，不曾查问，也不曾发表过任何意见。在宪法审查过程中，手握军政大权的赵恒惕同样没有干预。

不过，这时的赵恒惕做了一件很有争议的事：出兵援助湖北自治。湖南作为自治的先锋，援助渴望自治而无力自治的湖北，说起来似乎天经地义，而且对湖南多有益处，所以湖南出兵了。但让湖南人没有想到的是，此举不但没有救得了湖北，而且使湖南陷入困境。因为中央一方面满足湖北人"鄂人治鄂"的要求，派湖北人萧耀南取代了外籍省长王占元；一方面由吴佩孚提兵南下，使得湘军只好罢战求和。可是，1921年的湖南人仍然是幸运的：一是吴佩孚适可而止，对湘军绝不赶尽杀绝；二是一批名流生怕湖南自治功败垂成，所以纷纷行动起来，反对吴佩孚深入湘境。梁启超甚至代黎元洪给吴佩孚写了一封信，说全国人民望联省自治如饥似渴，而湘军以此为号召，所以不可与湘军死战。吴佩孚并不赞成联省自治，但面对黎元洪的信，却也不再进攻，与赵恒惕签订了停战协定。就在这样的情况下，熊希龄亲自到湖南主持恳谈会，晓之大义，希望人们求同存异，妥协让步。因为有了吴佩孚大军的威胁，人们反而很快达成一致，完成了宪法草案的审查。

湖南省宪法于1921年9月审查完毕，共13章141条。其中规定：湖南为中华民国之自治省，以现有土地为区域；省自治权属于省民全体；公民年满30岁以上，都可以被选为省议员；省长由省议会选出4人交由全省公民投票决选，以得票最多者当选；凡湖南公民年满35岁以上并在湖南居住5年以上者都可以被选为省长；现职军人被选为省长时，须解除本职方得就任；省长

---

①《昨日自治开幕记》，长沙《大公报》1921年3月21日。

有重大犯罪行为，议员可提出弹劾……

宪法通过审查之后，还有一个环节是“公民总投票”，这是湖南省宪法获得完全合法性的最后一道程序。1921年12月11日，湖南全省进行投票，票面只有“可”与“否”两个选项。最后的结果是：除废票与弃权票不计，“可”字票18158875张，“否”字票数575230张，湖南省宪法通过。

投票中当然也会有些问题，当时的报纸上指出，省宪审查虽然议论纷纷，但如果在路边拦住几个百姓，问他对省宪的意见，恐怕是十之八九并不晓得。有人由此可以得出结论，选票并不可靠，多数选票是受人操纵的。公正地说，这实在不值得大惊小怪，因为民主制度之下的选举本来就是这样，多数人未必对表决有兴趣，有人不关心政治，有人无从选择，有人委托或者弃权，并不影响民意的真实性。只要竞争是公开的、自由的，支持者可以争取无主见的人群，反对者也可以争取无主见的人群。

后来那些丑化联省自治的人总是要夸大投票中出现的问题，比如买票，比如长沙出现了公开以小利拉票的招贴，写明一张票请吃点心，两张票请吃饭，四张票请吃酒，十张票就给大洋一元。下面各县的选票大多由乡绅掌握，哪一派要选票就去找乡绅，价格从一二角钱到一两元钱不等，可以拉到一大堆票。这大概都是事实，但平心静气地想，在这片具有几千年专制传统而唯独没有民主资源的土地上，民主制度的首次尝试，出现这些现象实在不足为怪。贿选、包办、买卖选票，固然显示着投票中的问题，但也证明这张表决票的神圣性，证明人们是多么看重这张票。退一步讲，花钱从百姓手中买这张选票，也体现着选票的价值，体现着人们对选票的尊重。1929年，马君武与胡适曾经有一场对话，马君武说：“当日有国会时，我们只见其恶，现在回想起来，无论国会怎样腐败，总比没有国会好。究竟解决于国会会场，总比解决于战场好的多多。”胡适说：“当日袁世凯能出钱买议员，便是怕议员的一票；曹锟肯出钱买一票，也是看重那一票。他们至少还承认那一票所代表的权力。这便是民治的起点。”[①]所以，那些嘲笑投票的人，固然有求全责备的理想主义者，却也不乏丑化民主、丑化自治并以为权力来自票

①胡适：《胡适日记全编1928—1930》（5），曹伯言整理，安徽教育出版社2001年，第402—403页。

箱反不如来自暴力的别有用心者。

1922年1月1日，《湖南省宪法》正式公布。公布之日，赵恒惕命人以黄纸书写宪法全文，张贴在一个特制的亭子中，由军警开道，用八人大轿抬着游行市街，同时全省大庆三天，各地张灯结彩，宣传讲演省宪。湖南造币厂立即赶制了“湖南省宪成立纪念”的银币、铜币，以资纪念。

需要特别指出的是，整个制宪过程，尽管出现过许多周折，但赵恒惕严格按照程序进行，绝不草率行事，绝不以权力干预，这是值得赞美的。对程序的尊重也令人敬佩，第一步请由13人组成的专家组拟定省宪草案，第二步由全省公开选举的155名审议员审定，第三步把宪法交全民投票表决。面对这种程序，人们不能不想到南京临时参议院制订《临时约法》时的草率，一切全由二十几个人包办，既不经过审议，也未经过全民表决。虽然是民国初创，情有可原，却给某些人搞小动作留下了可乘之机，给后来的执政者带来了许多麻烦，使民主共和遭受许多周折。

三

1922年9月10日，湖南进行了中国有史以来第一次省长选举。

根据《湖南省宪法》规定，省长由省议会选出四人交由全省公民总投票决选，以得票最多者当选；但在户口调查未完成之前，省长的选举则由省议会选出七人交由全省县议员投票选举。因此，选举省长之前，首先选出了县议员二千七百六十一名，然后由省议会选举省长候选人，交由全省的县议员投票。1922年8月20日，省议会开始选举候选人，最后提出了赵恒惕、熊希龄、谭延闿、李汉丞、田应诏、彭允彝、宋鹤庚七名省长候选人，交由全省县议员投票表决。9月10日正式选举，出席投票者二千五百九十三人，赵恒惕得票最多，一千五百八十一票，当选湖南省长。

赵恒惕，历史应该记住这个名字，因为他是中国有史以来第一个民选的省长。1922年的湖南人尝试过，证明自己完全有能力，也证明湖南的省情适宜民主。民选省长赵恒惕也是值得称道的。他想努力做一个民主制度之下的好省长，把湖南建设成模范省。他严于律己，依法行政，使得湖南呈现一派新气象。即使那些时时准备挑剔的人，也不得不承认，湖南已经不是张敬尧时代的湖南。

那么，赵恒惕这个民选的省长，执政期间到底有哪些值得言说之处？全面的叙述不是一篇文章所能完成的，只能简单举出几例。

首先是裁军。军队是财政支出的重要项目，军队多了，军费自然要多，人民的负担自然要重。所以，对于一个政府而言，是否爱民，重要的验证就是在军费预算方面是否精打细算。对于主要当权者而言，也有一个验证，就是是否愿意裁军。当时湖南的军队大约是十万人，每月军费需要一百万。1921年9月赵恒惕颁布裁军令，命各师旅将军队裁去一半，军费减至每月五十万元。[①]在那个各省督军都想扩军的时代，这是个奇迹。

其次，以考试的方式选拔官员。湖南制定了一系列选拔和管理官员的文件，有效地防止了任人唯亲和官场的腐败。1925年，湖南举行了几次引人注目的考试。一是举行了一次引人注目的县长考试。赵恒惕请来著名的革命元老和学界泰斗章太炎任考试委员长，请了前教育厅长葛允彝、前省务院长李剑农为主试委员，以考试的方式选拔县长。9月26日，开始考试，考试分甄录试、初试、复试三场。甄录试时，赵恒惕莅临试场，初试时又亲自点名，分发试卷，讲解考场规则。报名应试者五百六十四人，经资格审查，只有四百三十人参加了第一场甄录试，录取一百六十二人。9月30日，一百六十二人参加初试，取录六十人。10月3日，赵恒惕对初试合格者进行面试，取录吴天牧等三十人，发给合格证书，送往吏治研究所学习，六个月后分别任用。[②]与此同时，还进行了一场大规模的司法考试，选拔司法官员，应考者二百余人，选拔了七十六人，委派至各地担任推检等职。[③]

其三是发展教育。在赵恒惕执政期间，湖南不仅中小学教育有较大的发展，创办了湖南大学等高等学校，而且实现了教育经费的独立。议会提出的教育经费要求是湖南财政总支出的30%，当时湖南财政困难，赵恒惕坚持不发外债、不增税收，所以最后议会妥协，实际用于教育的经费是财政总支出的21%。[④]在

①《总司令通电实行裁兵》，长沙《大公报》1921年9月24日。

②《湖南考试县长之初试复试》，《申报》1925年10月5日。

③《湘省举行法官考试》，《申报》1925年10月16日。

④《十二年度新预算案咨送议会矣》，长沙《大公报》1923年5月31日。

赵恒惕的支持下，湖南还设立了专门委员会管理，严禁挪用。在各省教育经费都常常被军费占用的情况下，这也很值得称道。

此外，如修建公路、拓宽街道，鼓励企业发展，严禁乱收费等，在当时也是引人注目的。

尤其值得称道的是赵恒惕的民主意识和自我约束能力。在那个年代，一些人并非不赞成民主，但自己却不适应民主。他们并非有意违法，但因为权力在手，不自觉地就会独断专行，发号施令，横加干预，破坏民主。在这一点上，赵恒惕的表现远胜过同时代的政治领袖。湖南省宪法中有许多对赵氏不利的条款，但他在立法过程中没有干预，宪法通过之后就努力遵守。赵恒惕后来说过："余于省长任内，谨守省宪规定，顾念民艰，兢业自持，未发纸币，未借外债，未加赋税，更未如若干省份之预征田赋。然因是财政支绌，对地方建设，未能多有建树。缘湘省田赋总额三百六十万元，而从来无法十足征收。各项厘捐，年约一百二十万元，而军费已占岁出之大半，行政费用，不及四分之一……"[①]此言不虚。他的艰难支撑由此不难想见。

然而，更艰难的还是外来的压力。具体来说，就是北方的吴佩孚和南方的孙中山。

孙中山之所以利用程潜倒谭，利用赵恒惕倒谭，原因就是谭延闿的湖南自治阻碍北伐。可是，赵恒惕主政湖南之后，全盘继承了谭延闿的主张，立省宪，搞民选，热心湖南自治。如此一来，他就与谭延闿一样成了北伐的障碍。而且，赵恒惕曾经通电反对孙文在广州做大总统。孙文统一两广之后，在桂林设大本营，准备出兵北伐。赵恒惕派出省议会议员团赴桂林请愿，以湖南自治为名，迫使孙中山取道江西。于是，赵恒惕就成了必须搬开的又一个绊脚石。用谁来打倒赵恒惕呢？孙文想到了谭延闿，于是委任谭为"讨贼湘军总司令"，兼湖南省长，主持湖南一切军政事务。谭延闿带着借来的两营滇军由韶关入湘，在衡阳宣布就任，这就使湖南有了两个政府，一个是民选的自治政府，一个是孙文任命的军政府。谭延闿凭自己在湘多年积累下的人脉，迅速网罗了一些湘军将领，大力扩军，分三路进逼长沙。赵恒惕也调

①《赵恒惕（夷午）先生访问纪录 赵恒惕回忆录》，"中央研究院"近代史研究所1961年，第32页。

兵遣将，两军以省会为战场，拉锯战持续半个月。湖南人本想以自治拒客军入境，用省宪保护自己不卷入内战，却不料陷于本省军队的战争之中。幸好陈炯明的下属进攻广州，孙文急令谭延闿回粤，这才解了长沙之围。

从“护宪”战争开始，赵恒惕对手下的唐生智多有倚重，后来为了防范广州的革命势力入湘，就把唐生智的湘军第四师驻扎在湘南郴州、零陵一带。唐生智利用湘南二十余县的条件，迅速扩张自己的兵力，很快使第四师的规模超过了其他三师的总和。唐生智实力渐强，就产生了当省长的念头，与赵恒惕的矛盾逐步公开化。赵恒惕以节省军费为号召，主张大裁军。唐生智却舍不得手中的军队，于是加快了反叛的步伐。1926年春天，唐生智挥兵进逼长沙。赵恒惕派人到衡阳向唐生智表示，自己不再竞选下届省长，希望唐生智不要着急，还是以合法手续出来主持全省政局为好。唐生智说他没有逼宫，而是要请赵省长到衡阳检阅他的军容。赵恒惕没去领略唐生智的军威，而是于1926年3月11日向省议会辞职，同时宣布委托唐生智代理省长，自己第二天就离开长沙去了上海。①

赵恒惕之所以选择了退让，是因为他知道，他所面对的已经不只是唐生智，而是唐氏背后的势力。果然，待到蒋介石誓师北伐，唐生智就不再伪装，在长沙打出了青天白日旗。随后，省宪法被废除，省议会、县议会、各级法院均被取消，长达六年的“湖南自治”寿终正寝。

湖南自治失败了，但它的失败并非因为它自身，而是因为外部的暴力。

四

考察当时的情况，“联省自治”并不是一个偶然的事件。它体现的是中

①从此之后，这位民选的省长隐居于上海，学佛诵经，不问政治，一晃就是十多年。直到日本人占领上海，动员他出任伪职，赵恒惕一边严词拒绝，一边感到时势的严重，需要认真思谋出路。考虑的结果是毅然出山报效国家，于是，他成了中华民国军事委员会的上将参议。1939年8月，他回到湖南，当选湖南临时参议会议长。抗战胜利之后，他再次当选省议会议长。1949年随国民政府撤往台湾，任总统府国策顾问、资政，1971年逝世于台湾。

国人的联邦梦，是中国人要把自己的国家建成美利坚式的国家的理想。

国人有“联邦制”的理想一点也不奇怪。因为早在辛亥革命之前，就有不少人设想革命后的中国是美国式的联邦。辛亥革命当中，各省独立，人们心目中的新国家仍然是美国那样的国家。帝制终结，创建共和，虽然有人担心各省各行其是，强调中央集权，但也有人担心在这个专制传统悠久的国家，专制和独裁更值得忧虑。袁世凯就任大总统之后，革命党人为了限制袁世凯的权力，也曾鼓吹地方自治。梁启超等人看到袁世凯逐步集权的情形之后，也产生了新想法，由强调中央集权而转向倡导地方分权。进入20世纪20年代，联邦制的倡导已成为重要的思潮。当时一大批名流学者，如蔡元培、熊希龄、蒋百里、章太炎、胡适等，都在鼓吹联省自治。他们的基本思路是：鉴于国家宪法迟迟不能制定，不如转而由各省自治，进而联合成为国家，这既可避免难以完成的武力统一，又可釜底抽薪，避免中央集权专制的危险。

人们之所以有这样的想法，并不完全来自理论，也并不完全来自对美国这一现代国家模式的向往，而是同时来自中国的现实。众所周知，辛亥革命是由各省独立而获得成功的，各省都督的权力并不来自中央或哪位领袖的任命，而是来自各省独立既成的事实。所以，辛亥革命之后，中国出现的既成事实就是各省自治。人们虽然名义上拥护中央，无论拥护黎元洪，还是拥护孙文，还是拥护袁世凯，名义而已，这些领袖人物的意志并不能完全贯彻。在这样的基础上，中央集权是困难的，即使是袁世凯那样的人物，也会力不从心。尤其是南北再次分裂之后，国家统一成为当务之急，但如何统一？广州的孙大元帅要统兵北伐问鼎京城，京城的段总理要直捣广州饮马珠江。这都是中国传统的体现，每一次改朝换代，在推翻旧统治之后，都往往要上演各路诸侯逐鹿中原的厮杀。厮杀的最后，是弱者被消灭或者臣服，强者以暴力建立起自己的专制政权。这难道是中国无法避免的悲剧命运吗？为国家和百姓命运而忧虑的人们自然要寻找新的路径。这时候，美国的联邦制必然地进入视野，重新成为一种理想模式，成为中国人的梦想。

为什么是湖南，历史为什么选择了湖南人成为“联省自治”运动的先锋？

要回答这个问题，就无法回避湖南人的不幸，因为它与湖南人所遭受的战乱之苦密切相关。从“二次革命”到“护法战争”，新生的民国被撕裂，产生了南北两个政府。北京的中央政府无力平息反叛，广州的国民政府也一时无力夺取国家。湖南的倒霉在于它地处南北交通要冲，无论段祺瑞挥军南下饮马珠江，还是孙文起兵北上直捣京城，他们的兵锋所向，首先是湖南。湖南人何罪之有？无端遭受战火，自然要谋求避免之法。而联省自治，各省自定宪法，自选首脑，独立而中立，可以借民众的意志和法理的力量阻止外军入侵，自保一方平安。正因为这样，联省自治受到了许多省份的支持，因为它是拒绝参与内战的唯一选择，是抵制南北军阀的一种选择，也是拒绝武力统一的一种选择。

当然，一省之力本身就是脆弱的。如果有一种足够强大的暴力，敢于公开蔑视民意，蔑视现代政治规则，自治的省份是没有力量抗拒的。

湖南自治运动从1920年开始，至1926年落幕，历时六年，是20世纪20年代联省自治运动中最完整、最深入的一次实践。它最后被扼杀，是历史的悲剧。有一种相当流行的观点，认为它是军阀割据的遮羞布，甚至把自治看作分裂，这是很不公正的。历史应该尊重那一代人对民主宪政理想的追求。

遥祭“三一八”

多年以前，我曾写过一篇《“三一八”之后》。之所以写它，是因为我们从上中学就知道“三一八惨案”，知道“北洋军阀政府”屠杀学生的暴行，而惨案发生之后的事却所知甚少。文章主要写了这样几个方面：第一，因为当时司法独立，所以司法人员不必看执政者的脸色，能够秉公办事，查清真相，并且要追究政府和军警的责任。第二，因为当时新闻自由，所以惨案发生后舆论大哗，媒体及时进行报道，知识分子及时发出了声音，充分表现了社会良知。第三，当时的国会常常是人们讽刺的对象，但在“三一八”之后，国会的表现却仍然不错，立即行动起来，通过了事件首犯“应听候国民处分”的决议。第四，至于政府，过去的教科书只说它屠杀学生，却闭口不谈惨案发生之后的事，即一届政府遇到了卫队屠杀学生的事，如何向国民交代？最后只有以集体辞职向国民谢罪。当时令我感慨的是，能够辞职的政府，就不是最不要脸的政府，因为最不要脸的政府即使面对民众的怒吼，也只顾磨刀而绝不辞职。与此同时，段祺瑞“长跪不起”和此后“终身食素”的说法虽然未必可靠，但他至少没把屠杀当成自己的光荣，没有宣传卫队的功绩，没有为卫队授勋，而是发布命令严惩凶手。这样的国家领导人，也不是最坏的领导人。

然而，无论那个时代具有的光亮多么可贵，惨案毕竟发生了，那是一场真正的悲剧。它之所以可悲，是因为它不仅是惨案死难者的悲剧和知识分子的悲剧，也是一代英杰段祺瑞及其政府的悲剧，还是国家和民族的悲剧，以及中国政治现代化进程的悲剧。刘半农的诗曾经不胫而走：“呜呼三月一十八，北京杀人乱如麻”其实，值得痛心的，何止是“杀人乱如麻”！

一

可悲的当然首先是死难者，四十七个年轻的生命，被强行画上了句号。他们上街时，没有想到自己要走向生命的终点。他们不想死，也没想到会死。自己的国家，自己的政府卫队，怎么会开枪呢？那样的结果他们没想到，不是因为他们幼稚，也不是因为他们天真，而是因为民主共和国的正常情况使然。有“五四”为例，政府顺应民意，大总统倾听民众的呼声，学生的意志，终于成为国家意志，中华民国没有在巴黎和会上签字。然而，这一次，无情的子弹却夺走了四十七个青年的生命！

生与死，常常充满偶然。比如刘和珍与许广平，她们本是好友，这次本是约好一起去的，但在出发之前，许广平却到鲁迅家中送一篇稿子，被鲁迅留下了。如果许广平放下稿子就走，惨案发生之际，她就和刘和珍在一起，但鲁迅却问她为什么这样匆忙，她只有如实回答。鲁迅说：“请愿请愿，天天请愿！我还有东西等你帮我抄呢！”许广平见先生不高兴了，于是临时改变主意，帮先生抄稿子，没有前去请愿。刘和珍去了，却再也没有回来。

作为老师，鲁迅心痛难忍，日复一日，心里就是放不下。最后，终于有了那篇著名的《记念刘和珍君》。

与刘和珍一起遇难的，还有她的同学杨德群。杨德群是受伤之后死于医院，而刘和珍则死于执政府门前：“中枪扑地尚有生气，卫队见其尚能蠕动，立即用大刀、铁棍痛击数下，遂以毙命！”①

然而，更可悲的不是“刘和珍们”，而是那些无辜的孩子。据惨案发生后公布的伤亡名单，死难者中有七位中学生，从当年的报道可以看到他们的一些具体情况：谢戡，男，祖籍江苏武进县，1912年12月生，北京会文中学学生，未满十五岁；陈时棻，男，祖籍广东文昌县，北京艺文中学学生，年十五岁……据《时报》报道：“内有史家胡同公立第二小学学生周正铭一

①杨善南：《北京惨案真相》，孙敦恒、闻海选编《三一八运动资料》，人民出版社1984年，第187页。

名，身穿青布操服，年仅十三岁，安徽天长县人。据人云，因该校校长黄某令其前往执旗，遂遭击毙。”[①]其中年龄最小的一位只有十二岁，名叫朱良钧，祖籍江苏江都县，北京清明中学初中一年级的学生，他不是中弹，而是枪响之后在人群中倒地，被践踏而死……

《京报》关于朱良钧追悼会的报道中说：“其父朱天奎，一见烈士之遗像，顿时泪如雨下，呜咽不可仰视……略谓‘余心痛苦，达于极点……吾儿之死，由于为国请命，政府开枪，无法逃脱而死者。至于罪骂政府，余一时亦不知所云，留待社会上良心的裁判而已。但政府谓请愿民众……为暴徒。然余殊不解，如吾十三岁之弱子……粗大校旗，尚力不能举，如何能做暴徒?’”[②]

这样的年龄，也许的确难成“暴徒”，向孩子开枪，士兵的残忍倒也暴露了中国人灵魂中的缺陷。然而，更值得追问的是：是谁让这些孩子参加了请愿？屠杀者固然可恨，践踏者固然可恨，但运动的发动者和组织者呢？为了自己的政治目标，让孩子去当炮灰，还有没有道德良知?

当时的社会舆论，更多表现的，是对死难者的同情，是对政府卫队的谴责，但与后来的主流历史相比，人们的思考还比较全面：

北京大学教授陈西滢在一则“闲话”中想到了学生的“师长”们，写下了这样话：“对理性没有充分发展的幼童，勉强灌输种种的武断的政治或宗教的信条，在我看来，已经当得起虐待的名字，何况叫他们去参加种种他们还莫名其妙的运动，甚而至于像这次一样，叫他们冒枪林弹雨的险，受践踏死伤的苦！做父兄，尤其是做师长的，不能因为他们愿意去，便脱卸自己的责任。他们还没有审判力，他们还不知道他们自己的意志。父兄师长们对于孩童们乱吃东西，尚且恐怕他们生病，加以劝阻禁止，何况参加关系重大的国事呢?”[③]

---

①《国务院门前伏尸遍地》，江长仁编《三一八惨案资料汇编》，北京出版社1985年，第75页。

②《各校、各同乡追悼死难烈士纪闻》，孙敦恒、闻海选编《三一八运动资料》，人民出版社1984年，第129页。

③江长仁编《三一八惨案资料汇编》，北京出版社1985年，第251页。

惨案发生时，梁启超在协和医院刚做过手术。徐志摩前去探望，梁让他记述自己的谈话，要点有二。首先是谴责政府：“谁知紧接着英国人的残杀行为，我们自家的政府演出这样更荒唐的惨剧！”然后是谴责示威运动的组织者和领导者：“为惨遭毒害的青年们着想，我们痛定思痛，对于一般自居指导青年的领袖们，我们当然也不能完全宽恕。我听当天参加请愿的同学们讲，那天主席报告，卫队已经解除武装那件事，也确是惨祸的一个关键。这不是几方逼成一个境地，叫一班无辜的青年们自投坑阱！领袖们！领袖到底，同死同生，也还是一个说法，何况到实际犯难时，领袖们早已不见踪迹。……推倒政府的事情，如何可以放到青年学生们身上？”①

那些为了自己信奉的主义而把孩子们送上祭坛的人，应该与屠夫一起接受审判，并且永远被钉在历史的耻辱柱上！

二

与“双十”“五四”一样，“三一八”也是一个具有标志性的日子。不过，它所标志的，不是历史的正向运行的里程，而是一次悲剧性的转折。而这悲剧性的转折，首先是青年学生和知识分子命运的转折。

二十多年后，周作人在《红楼内外》中写下了《“五四”与“三一八”》一节，其中有一种说法很值得注意。他说：“说起发源于北大的新文化运动，即是中国知识阶级的斗争史来，实在是很可悲的。”为什么可悲呢？原因是时间很短，就到了“三一八”。“这有如一座小山，北面的山坡很短，一下子就到了山顶，这算甲点，从甲点至乙点是小小一片平地，南边乙点以下则是下山的路，大约很长也很陡，底下是什么地方还没有人知道……我觉得“五四”与“三一八”这两件是顶重大的事，就是刚才所说的那甲点与乙点。”②周作人继续写道：

> “五四”的意义是很容易明白的。如说远因，自东汉南宋的太学

①江长仁编《三一八惨案资料汇编》，北京出版社1985年，第221－222页。

②钟叔河编《周作人文选》（卷四），广州出版社1995年，第160—161页。

生，以及明末的东林，清末的公车上书等，都有关系，但在民国实在酝酿并不久，积蓄也并不深，却是一飞冲天，达到了学生运动的顶点，其成功的迅速是可惊异的。可是好景不长，转瞬过了七年，就到了下坡的乙点，民国十五年三月十八日在执政府门前死的那些男女学生和工人市民，都当了牺牲品，纪念这大转变的开始。我真觉得奇怪，为什么世间对于“三一八”的事件后来总是那么冷淡或是健忘，这事虽然出在北京一隅，但其意义却是极其重大的，因为正如“五四”是代表了知识阶级对于北京政府进攻的成功，“三一八”乃是代表北京政府对于知识阶级以及人民的反攻的开始。而这反攻却比当初进攻更为猛烈，持久，它的影响说起来真是更仆难尽……

在“三一八”那年之前，学生与教授在社会上似乎保有一种权威和地位，虽然政府讨厌他们，但不敢轻易动手，只有民八陈独秀因为在市场发传单，被警厅捉去关了几个月，民七教员索薪代表马叙伦、沈士远等在总统府门外被军警打伤，结果北京政府也抵赖，硬说是自己碰伤，和解了事。及至“三一八”那时，执政府卫队公然对了学生群众开排枪，这情形就不同了，对知识阶级的恐怖时代可以说就此开始了。①

周作人的感觉是敏锐的，也是准确的。从“五四”到“三一八”，相隔只有七年，但这两个日子，的确代表了两种不同的时代走向。“五四”是百年来中国历史上最为成功的一次学生运动，因为学生与政府努力的大方向是一致的，总统、总理、外交官、社会名流虽然见解并不一致，在和约上签字还是不签字，人们的思路不同，甚至犹豫彷徨，但总的目标都是为了中华民国的根本利益。所以，虽然总统本来倾向于签字，但既然学生反对，又有那么多社会贤达支持，民主共和国的总统，自然要倾听国民的呼声，于是拒签，于是皆大欢喜。

但是，五四学生运动的成功也有一个负效果：学生被胜利冲昏了头脑，被社会和政府宠得丧失了理智，真的成了“天之骄子”，似乎什么都要管。而且，总统也好，部长也罢，校长也罢，都应该顺从他们的意志，却忘了自

①钟叔河编《周作人文选》（卷四），第161—162页。

身还是幼稚的孩子。从“五四”到“三一八”，在那几年中，校长是难做的，教育总长也是难做的。如果学生和校长发生冲突，错的总是校长，最终妥协让步的总是校长，学生成了天然正确的一方。这一切，在1925年的女师大风潮中得到了集中显示：校长的布告，学生可以不予承认；校长不妥协，学生就不再承认这个校长。冷静地想，尽管在校长与学生的对立中，校长往往是强势的一方，学生是弱者，但“五四”之后的这种颠倒，却也必然带有偏颇和隐患，容易助长学生盲目的热情。

“三一八”可谓物极必反，使这种状态到了尽头。如果说五四时代是青年学生和知识分子的黄金时代，那么，“三一八”宣告了这个黄金时代的终结。此前的学生运动不必担心政府开枪，此后的学生运动却应该小心了！

终结这个时代的责任人，毫无疑问首推段祺瑞。但是，知识界的一些所谓领袖人物，也应该接受历史的追问。

别的暂且不说，先从运动的宗旨和具体要求看。五四学生运动“外争国权，内惩国贼”也罢，“拒签和约”也罢，都是政府可以不接受，也可以接受的。考察“三一八”运动提出的要求，且不说“解散政府卫队”和“段祺瑞下台”等要求，就是天安门大会形成的六条决议，如“驱逐八国公使出境”等，是一个负责任的政府能够接受的吗？五四时期，罗家伦一挥而就的《宣言》中，“内惩国贼”是最使政府为难的，但罢免三个“卖国贼”，就像逮几个贪官，是政府能够做到的。而“驱逐八国公使”之类，却需要政府有慈禧太后依靠义和团向西方列强宣战的胆量。义和团那样的结果，是广东的势力乐于看到的，也是苏俄乐于看到的，但段祺瑞等还没有那么傻，没有落入为了苏俄去“打倒帝国主义”的圈套，更没有为了苏俄而与八国绝交或者宣战。

值得考察的是组织者和发动者的动机，他们究竟要做什么？

可悲的是，对于这一切，朱良钧等十几岁的孩子显然没有思考能力，刘和珍等二十几岁的青年也没有认真想过。

知识界的某些领袖们，让青少年上街做了牺牲，也为中国的知识界挖下了墓坑。

三

四十七个亡灵，两年后被尊为烈士。他们到底为谁做了牺牲？这时一目了然。

然而，他们是青天白日旗下的战士吗？是党国的先烈吗？但就当时的事实看，他们却首先是为冯玉祥做了牺牲，再深入一层剥开看，则是为苏俄做了牺牲。可怜的年轻人没看到幕后的黑手，以为面对的是国民军在与日军的冲突，却不知道此时的国民军是拿了谁的钱、在为谁打仗。他们看到那些校长、教授们声讨军阀，高喊打倒帝国主义，却不知道这口号来自何处，也不知道喊这口号是在为谁开道，更没想到它将颠覆辛亥革命带来的成果。

近期以来，一些研究成果是值得称道的。

李洁在《文武北洋》中引用了这样一段材料，并且称之为“极为要紧的历史细节”：

> 3月19日清晨，苏联顾问组的埃凡斯和阿连去找李鸣钟，李鸣钟殷勤地接见了他们，顾问们问：“将军，你准备怎样对待总统（指段祺瑞)?”李鸣钟吞吞吐吐地回答说：“我知道，顾问们所怀有的崇高的感情不能不谴责凶手，但我们现在没有力量和总统斗争，此外，游行示威者也不该到总统府去。”
>
> “您有一个警备旅，您可以解除总统卫队的武装，剥夺总统的权力。他应当作为凶手和人民的敌人来审判。”①

这段材料来自苏联人写的《冯玉祥与国民军》，该书于1982年由中国社会科学出版社出版。李鸣钟是国民军将领，惨案发生时任北京警备司令部司令，而该书的作者就是当年国民军的苏联顾问。摘录上述文字之后，李洁写道：

①维·马·普里马科夫：《冯玉祥与国民军》，中国社会科学出版社1982年，第177页。

真乃一叶而知秋！仅此一段，即可窥见当年苏联人对整个事件的操纵。……

在苏联人的错误导演下，鲜血染红了那一个春天。不过，令苏联人稍感欣慰的是，“日本代理人”段祺瑞因此走下了权力中枢。[①]

在此，我想为李洁改一个词，因为苏联人的导演并非“错误”，那是他们蓄谋几年之后最成功的一次导演，比一年前所导演的广州屠杀还要成功。同时，作为一个完整的故事，李洁没有讲完。几年之后，邵建在《重勘“三一八”》中讲得更完整。参考邵建的讲述，事情应该是这样的：惨案发生的第二天，国民军的苏联顾问普里马科夫等人就去见了李鸣钟，提议解除总统卫队的武装，剥夺总统的权力。“当李吞吞吐吐表示自己无能为力，并不愿介入此事时，苏联的军事顾问们觉得是撤换警卫司令的时候了。于是，他们又会见了前一天大会主席团的李大钊、徐谦、李石曾等人，并由苏联顾问做出决定，在国民军撤出北京之前，赶走段祺瑞，粉碎安福俱乐部。为此，必须劝导冯玉祥，要他召回李鸣钟，任命天津前线总指挥鹿钟麟为警备司令。苏联顾问的计划被在场的人接受了，以后这一计划也被兑现了。两位苏联顾问会后掩护李石曾出走京城去找冯玉祥劝导，待鹿钟麟回京取代李鸣钟，不久就用他的大刀队驱逐了段祺瑞，是为4月中旬，这正是苏联人安排的时间表。”

苏联！又是苏联！可惜的是，关于这一切，牺牲的刘和珍不知道，写文章控诉大屠杀的鲁迅、周作人、刘半农和绝大多数的作家们都不知道。

四

最可悲的还是段祺瑞。

事发之后，他曾捶胸顿足，发出一声长叹：“一世清名，毁于一旦。”

的确如此。段祺瑞的声望本来很高，“三造共和”，“六不总理”，不贪

---

①李洁：《1912—1918：文武北洋》（增订版），广西师范大学出版社2006年，第128—129页。

不腐，一身正气，声望没理由不高。

1912年，中国人第一次投票选举自己的大总统，号称“八百罗汉”的两院议员投出了有效选票七百五十九张：袁世凯以四百七十一票当选中华民国第一任大总统；黎元洪一百五十一票，当选副总统；第三位是伍廷芳，得三十二票；第四位是段祺瑞，得十三票；第五位是孙中山，也是十三票……段祺瑞得票不算多，十三票，但这个票数，却与孙中山相同。从这里，我们可以看到1912年前后段祺瑞在中国的地位。

直到1924年3月，北京大学进行民意测验，投票选举“十位国内大人物”，段祺瑞仍然高居前四位。

这样的国家领导人是不容易打倒的，最好的办法，就是让他犯错误。

“三一八”却是段祺瑞的滑铁卢。段祺瑞有许多值得称道之处，但作为亚洲第一个民主共和国的最高领导人，历史永远不会原谅他的过错。因为无论怎么说，他都不能改变这样的事实：在他执政期间，发生了政府卫队开枪导致四十七人死亡。无论开枪的命令是谁下的，只要他是最高执政，罪责就无法推脱。

如果段祺瑞真是一个屠夫，那就无须为之惋惜。在中国历史上，那样的统治者很多，人们只能无奈地哀叹为什么倒霉生在中国。但段祺瑞不是，他有许多好品质，而且忠于民主共和。他因此而下野，没有拉起队伍上山顽抗，没有走向选举失败就拿起枪、当不成总统就另立中央的道路，这就是他政治品质的证明。段祺瑞实在可悲。

刘和珍等人的可悲之处，在于他们不知道自己为谁做了牺牲；段祺瑞的可悲之处，在于别人挖好了坑等着他跳，他竟然如此大意，毫无警惕，睁着眼跳了下去，使自己成为千古罪人，让对手得以踏着自己乘胜前进。

如果段祺瑞聪明，就应该知道，有人正巴不得看他手上沾满鲜血。

身居高位者，应该懂得爱惜自己的手。

更为重要的，不是段祺瑞个人的成败，而是因为他的过失，导致新生的共和国一蹶不振，迎来它的末日。惨案发生，人心大失，那些本来对“北洋军阀政府”还抱有希望和眷恋的人们，也只好转身离它而去。包括鲁迅，也是此后才告别这个政府的。在此之前，无论南北怎样分裂，无论颠覆政府的力量怎样将其称作“北洋军阀政府”，鲁迅都不为所动，继续为这个政府服务。但在惨案发生之后，他像许多人一样，再也不能与这个政府继续合作。因为开枪，已经证明这个国家的确不像自己的国家。当然，鲁迅的离去很悲凉，他收获了爱情，却再也没找到自己的政府，只好在租界了却残生。

孙文处心积虑十几年，总想取代北京的政府，却找不到正当理由，一次次北伐，都不得人心，因而无法成功。惨案发生了，政府向学生开枪，自己葬送了全部合法性，为推翻政府的力量赢得了人心，也提供了足够的理由。于是，孙文的继承者没有错过这个机会。

这一年，亚洲第一个民主共和国已经十四岁，却因此而面临夭折，民国将被党国取代。

这是中国人的宿命吗?

隔了八十多年，今日遥祭，我只能默诵刘半农的诗句：呜呼三月一十八！

“特别国情论”小史

在中国一百多年的现代化过程中，有一种不时出现的论调，可以称作“特别国情论”。它最主要的特征就是强调国情的特殊性，并以此抵制外来的体制和理念。一个国家有一个国家的历史和传统，自然会有自己的特别国情，根据自己的国情选择自己的发展道路，取其当取，拒其当拒，似乎合情合理。然而，考察“特别国情论”的历史，却很容易发现某种规律，它不仅有趣，而且可以启发我们对问题的认识。

一

最早的特别国情论者是清王朝中的保守派。根据1944年5月17日《新华日报》社论《民主即科学》中的说法：“当清朝晚年，最初有人提倡洋务运动，主张学外国人造枪炮、办工厂的时候，曾遭受激烈的反对。反对者并不能否认外国的确靠了枪炮机器而比中国强，但他们说这一套都是外国人的东西，绝不适用于中国。”我对洋务运动初期反对派的言论所知甚少，也没有去核对，但我想，这大概是无须怀疑的事实。

接下来的特别国情论者是人们更熟悉的，它来自维新运动中的保守派，应该以慈禧太后为代表。在维新派主张变法的时候，反对派的理由之一就是洋人的那些东西不适合中国国情。那么，中国国情是什么？从那些守旧大臣的奏折中，从太后的懿旨中，从张之洞的《劝学篇》中，人们都可以看到，最根本的问题是皇帝的崇高地位和绝对权威，其次则是整个统治集团的利益和维护这利益的“祖宗之法”。西方的自由、民主、平等之说，宪法、议院、选举之制，甚至废科举、兴学堂，开始时都曾因不合国情而被拒绝。但到最后，科举制废除了，洋学堂开办了，议会组成了，而且预备立宪，一件件都成了现实。人们这才知道，原来一些事并非不合国情，原来那特别国情也并非一定要去适应，原来那特别国情也并非不能改变。所谓不适应中国国情，往往只是推三阻四、拖延时间罢了。

现在一些人对清末新政非常看好，甚至深深抱怨辛亥革命打乱了现代化进程。但是，清末新政之所以没有实现，原因大概不只是革命捣乱，而是清王朝缺少必要的诚意和积极性。五大臣出洋考察之前，已经成为改革派领袖的慈禧太后对是否立宪一直迟疑不决，因为她怀疑立宪是否适合大清国的国情。因为大势所趋，当时已经没有人公开说立宪不好，但清王室从老佛爷到王公大臣，哪一个真正愿意实行？反对立宪的真正原因人人明白，但说出来的理由却是国情。在1906年8月27日和28日的御前会议上，荣庆、铁良、瞿鸿机等人反对立宪，理由仍然是：民智低下，应首先整饬纪纲，综核名实，立居中驭外之规，定上下相维之制，数年之后再徐议立宪之事。慈禧太后说得明白："立宪一事，可使我满洲朝基础永久确固，而在外革命党，亦可因此消灭，候调查结局后，若果无妨碍，则必决意实行。"[①]其关键在于是否"果无妨碍"，若有妨碍，就是不合大清国情，若无妨碍，就是适合大清国情。后来之所以决定预备立宪，一是形势逼迫，二是相信了立宪有益无害。可是，它果真无妨碍吗？一场重大的制度变革，怎么会"果无妨碍"？这一点，老佛爷其实明明白白，所以，立宪只是"预备"，绝不立即实行。其理由，仍然是民智低下，国情不适。

面对清王朝的立宪，当时的革命报刊揭露说："一方曰国家预备立宪，一方曰国民程度不及；一方为庶政公诸舆论，士民应准陈言；一方为禁止集会言论，毋许干预政治。"[②]《钦定宪法大纲》出台之后，革命报刊对其进行声讨："全曰保障君主大权，对于民权之伸张固全属空文。"[③]

---

①转引自宋教仁：《清太后之宪政谈》，阳旭麓主编《宋教仁集》，中华书局1981年，第16页。

②震：《论中国立宪当求唯一之方法》，《江汉日报》1908年4月3日。

③铁厓：《中国立宪之观察与欧洲国会之根据》，《民声》1910年第1—2期。

清王朝的立宪因为特别国情而一再拖延，终于没有完成。而等待他们的，是武昌起义的枪声。有意思的是，到了最后的退位诏书，终于不再强调国情特别，而是承认“全国人民心理多倾向共和，南中各省既倡议于前，北方诸将亦主张于后，人心所向，天命可知”（据故宫档案照片）。所谓国情的特别之处，一夜之间竟然统统改变了。

二

特别国情论的第二次热炒是袁世凯准备称帝时期。

1915年8月，袁世凯的美国顾问古德诺发表《共和与君主论》，认为中国“大多数之人民智识不甚高尚”，“无研究政治之能力”，辛亥革命“由专制一变而为共和，此诚太骤之举动，难望有良好之结果”，并且认为“中国如用君主制，较共和制为宜，此殆无可疑者也。盖中国欲保存独立，不得不用立宪政治，而从其国之历史习惯、社会经济之状况、与夫列强之关系观之，则中国之立宪，以君主制行之为易，以共和制行之则较难也”[①]。

古德诺并不是复古主义者。他认为，由民主立宪改为君主立宪，需要有三个条件：一是不引起国民及列强之反对，二是君主之继承不能由君主自己说了算，三是政府需预先精密计划。他说：“盖中国如欲于列强之间处其相当之地位，必其人民爱国之心日渐发达，而后政府日渐强固，有以抗外侮而有余。然苟非中国人民得与闻政事，则爱国心必无从发达；政府无人民热诚之赞助，亦必无强固之力量。而人民所以赞助政府者，必先自觉于政治中占一部分，而后乃能尽其能力。故为政府者，必使人民知政府为造福人民之机关，使人民知其得监督政府之动作，而后能大有为也。”[②]

当年，《申报》记者曾就古德诺对中国问题的看法询问梁启超：“筹安会一派谓古德诺博士实倡此说，而本记者前访古德诺博士，则谓并无此主张。先生与博士夙交好，尝与论及否?”梁启超答道：“此次博士重来，曾

①②古德诺：《共和与君主论》，中国史学会、中国社会科学院近代史研究编，章伯锋、李宗一主编，《北洋军阀1912—1918》第二卷《袁世凯的独裁统治》，武汉出版社1990年，第951—952页。

一见访，吾适在津，未获相见，惟博士尝有书致宪法起草会，所言皆就国民宪法立论，未尝他及也。”①

因此，古德诺是否有心在中国鼓吹复辟帝制，大概不易轻易做结论。但是，古诺德对中国问题的主张是明显的，他在学理上支持了袁世凯。复辟帝制也许不是他的主张，但他的见解给人提供了方便，中国那些留恋帝制的人们以国情为由上演了一场复辟帝制的丑剧。

既然复辟以国情论为其理论基础，保卫民主共和的人们就必然要对这种论调进行抨击。李大钊等人严厉驳斥了民主政治不合中国国情的说法，抨击了拥护袁世凯的“毁新复古”论调，甚至严厉斥责“筹安之徒”和“复辟之辈”是“国家之叛逆，国民之公敌”。1914年11月10日，李大钊在《甲寅》杂志第1卷第4号发表《国情》一文。他说：“自《临时约法》为集矢之的，而世之谈国情者众。夫衡宪典于国情，宁非可尚者，而以客卿论国情，则扞格之处恒多。纵其宅心立言，力辟国拘，而欲以诚挚自贡，虑其所谓国情者，究属皮相之见，不叶于实象，所向愈切，所去愈遥。”他认为，古德诺氏论国情，必宗于美，是美洲人眼中的中国国情，未必是真实的中国国情。因为古德诺认为中国人重视家庭，淡于政治，自古以来没有选举制度，所以难行共和。李大钊说：“夫前之漠然于政治者，以国家权力之及乎其身者轻耳，今则赋重于山矣，法密于毛矣，民之一举一动，莫不与国家相接矣！纵悬厉禁以之，民亦将进索政权而不顾，乃谓其不习于代表政治，退抑之使仍听命于行政者意旨之下，此实逆乎国情之论也。”面对古德诺的言论，他说：“言国情者，必与历史并举，抑知国情与历史之本质无殊，所异者，时间之今昔耳。昔日之国情，即今日之历史；来日之历史，尤今日之国情。谈宪法者，徒顾国情于往者，而遗国情于近今，可怪也。吾以为近今之国情，较往昔之国情尤为要，盖宪法为近今之国情所孕育，风云变色，五彩旗翻，曾几何时？汉江之血潮未干，盟誓之墨痕宛在，共和政治之真义，尚未就湮，人且弃之若遗。如古德诺氏者，至不惜掘发欧洲古代之文辞故事于亡国荒冢之中，以章饰新约法，谓国家即帝国其质，元首即终身其任，亦无妨于共和之修名，惜氏所知者仅于Republic之一字耳。”他认为，外国人谈

①丁文江、赵丰田编《梁启超年谱长编》，上海人民出版社1983年，第724页。

中国国情，是极不可靠的。

在1916年5月发表于《民彝》创刊号的长文《民彝与政治》中，李大钊认为中国人适应时代的精神，追求现代政治，这是不应该有什么疑问的。那么，这种政治是一种什么政治呢？李大钊说："则惟民主义为其精神、代议制度为其形质之政治，易辞表之，即国法与民彝之联络愈易疏通之政治也。先进国民之所以求此政治者，断头流血，万死不辞，培养民权自由之华，经年郁茂以有今日之盛。盖其努力率由生之欲求而发，出于自主之本能，其强烈无能为抗也。吾民对于此种政治之要求，虽云较先进国民为微弱；此种政治意识觉醒之范围，亦较为狭小。而观于革命之风云，蓬勃飞腾之象，轩然方兴而未有艾，则此民权自由之华，实已苞蕾于神州之陆。"他的态度是，在这样的时刻，中国人一心追求民主政治，这是"唯一之天职"，"唯一之主张"。在这篇长文中，李大钊讲述了民主政治的基本原理。他说："盖唯民主义，乃立宪之本；英雄主义，乃专制之原。而立宪之所以畔夫专制者，一则置重众庶，一则侧重一人；一则使知自重其秉彝，一则多方束制其界性；一则与以自见其我于政治之机，一则绝其我与政治之路。凡为立宪国民，道在道能导民自治而脱他治。"他认为，"民以是相求，政以是相应"，百姓的智能就会迅速生长，国民素质就会迅速提高。他又说："盖民与君不两立，自由与专制不并存，是故君主生而国民死，专制活则自由亡。而专制之政与君主之制，如水与鱼，如胶与漆，固结不解，形影相依。今犹有敢播专制之余烬，起君主之篝火者，不问其为筹安之徒与复辟之辈，一律认为国家之叛逆、国民之公敌而诛其人，火其书，殄灭其丑类，摧拉其根株，无所姑息，不稍优容，永绝其萌，勿使滋蔓，而后再造神州之大任始有可图，中华维新之运命始有成功之望也。"

1915年2月27日，胡适在《致新共和国周报》中写道："贵刊记者对于中国国民自治和自我发展能力之估计偏执一端。该君指责说：'有人把共和国视作东方复兴之例证，事实上该共和国是注定要惨遭失败的……以一先进国家之标准来衡量中国，是完全不够格的。她不具备自我发展之能力。'然余亦要提醒该君，像中国这样一个泱泱大国，其改革决不会是一蹴而就的。奉劝他多读一些书，譬如约翰·菲斯克的《美国历史的关键时刻》，如此他便会明白：即使是像美国这样一个共和国，也不是单凭一项突然颁的、神奇般的法令即可建成。试想一想，美利坚合众国在沮丧的十三州邦联宪法时期，其遭受之重创则比中华民国所遭受的更甚。辛亥革命发生于公元1911年10月，创立共和国至今还不足三载，岂能说已决无希望！”①

1915年8月18日，在古诺德的文章发表、筹安会公开鼓吹帝制的时刻，在美国的胡适写了《中国与民主》，不仅对袁世凯的复辟行为进行抨击，对当时已经通过的总统选举法表示反对，而且坚决地维护中国的民主道路。他说：“不管袁总统之独裁达到何等程度，他还有一般的常识，知道应该避免使用某些‘字词’，因为那会招致青年一代之反对。尽管这些青年完全不知道共和主义到底是什么，但他们梦想共和却是由来已久。袁总统曾公开声称，他决无称帝之野心，甚至还将几个企图鼓吹帝制之人削职。倘使袁先生真如西方评论家所形容的那样，他是一位精明之政治家，那么，他就该明白，只要他采取帝制，立刻就会在全世界人面前信誉扫地，言行不一，甚至极有可能招致暗杀之危险。”中国从来没有过民主，所以中国人不熟悉民主。面对这一基本事实，也就是基本国情，一些人认为，既然中国人不熟悉民主，中国就不能实行民主制度。但在胡适看来，如果不实行民主制度，怎么能保证领袖不把民众训练成专制统治下的奴隶？他写道：“不管袁先生当不当皇帝，这并不影响少年中国之进程。少年中国正在为中国建立真正之民主而努力奋斗。它相信民主；而且相信：通向民主之唯一道路即是拥有民主。统治是一门艺术，照此，统治需要实践之锻炼。倘若余不开口说英语，那余决不会讲英语。倘若盎格鲁—撒克逊人从不实行民主，那他们决不会拥有民主。这是一种政治哲学，古德诺教授之流是不会理解的。古德诺教授和许多其他善意之制宪权威认为，东方人不适于民主政体，因为他们从不曾有过。与此相反，少年中国认为，恰恰因为中国不曾有过民主，所以她现在必须拥有民主。”②

他写道：“悲哉，呜呼！保守派与反动派皆已在外国评论家那里，找到了热心之支持者，而这些支持者，既无一丝诚意，亦无一点耐心。他们已经在一批伟大的制宪权威之中找到了自己之代言者，诸如日本之有贺教授、美国之古德诺教授。有贺教授反对少年中国尚可理解。可是，当一位来自美利

---

①②胡适：《胡适日记全编1915—1917》（2），曹伯言整理，第71－72页，第249页。

坚合众国之大学者站出来宣称，东方人就其历史与传统来说，不配享有代议制民主政体时，这个打击无疑是很沉重的，是致命性的。这些大学者们用他们的‘权威性’意见，炮制了这部中华共和国之新宪法。此刻由于他们的功劳，中国皇帝将要为他们授勋颁奖。”读着这样的文字，我们能够感觉到一个中国少年的痛苦。这沉重的打击，实在让他难以忍受。1915年8月29日夜，胡适又作一文，“专论古德诺与中国之顽固反动（Goodnow and Chinese Reactionism）”，他说：“古氏在此邦演说作文，均言中国人无共和之程度，其说甚辩，足以欺世。又以其为一国名宿也，故其言为人所深信，于我国共和前途殊有影响，不可不辨；故乘此时机作此文攻之。”①

就在此时，《青年杂志》在上海创刊，陈独秀在创刊号上发表《答庸工》一文写道：“按筹安会诸人所持国体变更之理由：一曰，共和国家，不若君宪国家之易致富强。使此理而果真也，则西班牙、意大利之富强，应驾法、美之上。予觉诸人之主张君宪，不若辜鸿铭之劝欧人之毁坏宪章，改奉中国孔子春秋尊王之教，更觉切中时弊也。一曰，按诸中国历史国情，前此未有民主，今之共和，仓卒定之，未经国民之讨论也。窃以事物更变，必有其朔，亦未闻何去何从之共和，乃国民从容讨论之所改定也。一曰，人民程度，不适共和，欲救中国，厥惟君宪。立宪非君主不可，君主非立宪不可。窃以立宪政治，非易业也。人民程度，果堪立宪，而谓之不适共和，诚所不解。救中国非君主不可，谨闻命矣。公等皇皇，当不逾三月。惟‘非立宪不可’五字，望杨度勿忘今日之言……”

在发表于《新青年》2卷4号的《袁世凯复活》中，陈独秀又说：“呜呼！欧洲自力抗自由新思潮之梅特涅失败以来，文明进化，一日千里。吾人狂奔追之，犹恐不及。乃袁世凯以特别国情之说，阻之五年，不使前进，国人不惜流血以除此障碍矣；不图袁世凯二世，又以国粹礼教之说，阻吾前进，且强之逆向后行。国人将何以处之？法律上之平等人权，伦理上之独立人格，学术上之破除迷信，思想自由，此三者为欧美文明进化之根本原因，而皆为尊重国粹国情之袁世凯一世、二世所不许。长此暗黑，其何以求适二十世纪之生存？”

①胡适：《胡适日记全编1915—1917》（2），曹伯言整理，第267页。

在《答毕云程》中，陈独秀又说：“国人进化之迟钝者，正以囿于现象之故。所谓国粹，所谓国情，所谓中西历史不同，所谓人民程度不足，所谓事实上做不到，所谓勿偏于理想，所谓留学生自海外来不识内情，是皆囿于现象者之心理也。一切野蛮风俗，皆因此等心理而淹留。一切文明制度，皆为此等心理所排弃。亡中国者，即怀此等心理之人耳……”[①]

1919年2月，景耀月发布他在国民制宪倡导会上的演说，认为宪法要按照一国的历史、习惯、民情、风俗而特别制定，不可模仿欧美的成法。对此，陈独秀表示反对，他针锋相对地写道：“我看什么共和，什么宪法，都是欧美人特有的制度。按照我们中国的历史、习惯、民情、风俗，都不必勉强学他。我劝景某还是拿古德诺‘特别国情’的话头，去鼓吹帝制罢，何苦谈什么共和国的宪法呢?”[②]

三

关于特别国情的第三次大规模强调发生于南京国民党政府建立之后。因为不愿接受现代文明的全部规范，而要对其有所选择，也就是说，要有选择地现代化，特别国情又一次被抬了出来。国民党以一党专政取代多党竞争，以训政剥夺公民的政治权利，以三民主义统一人们的思想，这些逆现代化历史而动的举措都需要理由。他们找到的重要理由之一，就是国情特殊。

1935年，王新命等十教授发表所谓“中国本位的文化建设宣言”，以“此时此地的需要”为由，反对模仿西方，拒绝全面现代化。宣言说：“有人以为中国应完全模仿英美，英美固有英美的特长，但地非英美的中国应有其独特的意识形态，并且中国现在是在农业的封建的社会和工业的社会交嬗的时期，和已完全进到工业时代的英美，自有其不同的情形；所以我们决不能赞成完全模仿英美。除去主张模仿英美的以外，还有两派：一派主张模仿苏俄；一派主张模仿意、德。但其错误和主张模仿英美的人完全相同，都是

①《新青年》1916年第2卷第4号。

②陈独秀：《特别国情》，1919年《每周评论》第8号。

③王新命等：《中国本位的文化建设宣言》，《文化建设》第1卷第4期。

轻视了中国空间时间的特殊性。”③他们又说：“为了此时此地的需要，我们反对守旧，为了此时此地的需要，我们亦反对盲从。我们深知文化不和时代的需要结合，固会发生时代的错误，文化不适应地域的条件，也会发生地域的龃龉。现代中国人既不容迷恋过去的残骸，也不容崇拜异地的偶像。外来文化果足为我们营养的资料，自当尽量吸收，但必须根据此时此地的需要，加以一番审慎的选择。倘竟不顾时地的条件，贸然主张全盘西化，岂但反客为主，直是自甘毁灭！”①十教授的意见看上去十分公允，一点也不极端，但说来说去，要害就是不能全盘模仿西方。为什么不能模仿？他们却吞吞吐吐，无法表达清楚，其实很明白，因为蒋介石进行的制度创新与西方的民主制度距离甚远，当然不能容许以西方模式对其进行衡量和评判。

对于十教授的宣言，一些人给予了批判。张奚若等人指出，其要害不过是把孙中山的三民主义改换为二民主义，即只讲民生主义和民族主义，而不讲民权。其实，这也是一个规律，在慈禧太后和袁世凯那里不受欢迎的东西，到了蒋介石那里仍然不受欢迎。在整个蒋介石统治时期，特殊国情的强调往往都指向一个目的：不愿改变当时的中国共产党和各民主党派一致反对的“一个主义、一个政党、一个领袖”的现状。

所以，不仅自由主义者对其进行批评，一些左翼人士也对它进行过激烈的批判。1939年，艾思奇在《论中国的特殊性》一文中指出：近代中国的反动思想有一个特殊的传统，就是“闭关自守主义”。“在中国近代民主主义革命和文化发展的过程中，这种思想的逆流是采取各种各样的姿态出现，随着革命发展的阶段的不同，随着客观条件的不同，这种思想也以不同的形式来和进步的革命思想与革命势力实行对抗。然而不管它的外表形式怎样千变万化，它的基本内容仍不外是这样的：强调中国的‘国情’，强调中国的‘特殊性’，抹煞人类历史的一般的规律，认为中国社会的发展只能依循着中国自己特殊的规律，中国只能走自己的道路。中国自己的道路是完全在一般人类历史发展规律之外的。”②艾思奇认为，这种国情论是反动派的一种基本战术，也是一种“狡猾无耻的战术”。“它并不是从正面来反对革命，反对

①《文化建设》1935年第1卷第8期。

②罗荣渠编《从西化到现代化》，北京大学出版社1990年，第583页。

中国的进步和改革，它在表面上好像并不是直接反对中国广大人民求解放求自由的要求，而只是反对外国的东西。它首先用一种混淆是非的方法，把中国的革命运动及革命思想形容作纯粹舶来品，把后者描写成不适合于中国甚至于对中国有害的东西，然后掉弄着各种各样的狭义的爱国主义的言词，来对它施以攻击。这种狡猾无耻的伎俩的秘密，是在于把落后的半殖民地半封建的中国社会当做当然的国情，在于保持这种旧的国情。”[①]

……

回顾这个问题的小史，我们可以看到，一些人信仰不同、主义不同、所打旗号也不同，但一旦到了某种位置，就很喜欢启用这种理论。而这种理论经过反复使用和有识之士的反复揭露，其招数已广为人知，所以不但于事无补，反而常常起到一种类似于戴了脸谱登台亮相的戏剧性效果。

①罗荣渠编《从西化到现代化》，北京大学出版社1990年，第584—585页。

20世纪文化论争遗留的几个问题

“中国文化与世界”，这是一个具有现实意义的老话题。说它老，是因为自从中国被迫开始现代化历程，它就成了一个问题，论争一直不断。因此，面对这个议题，我们很容易想到过去一百多年的文化论争。最早的那些不同见解也许已经没有多少意义，比如同为大清国驻英使节，郭嵩焘与刘锡鸿的态度就极为不同。刘锡鸿反对一切西方“奇技淫巧”，包括火车和铁路，现在大概已经没有人赞同他的主张。但是，20世纪文化论争中的许多重要话题都没有过去，有些看上去似乎已经解决，其实并未解决。当然，所谓20世纪的文化论争，主要集中在前半个世纪，后半个世纪的大部分时间思想高度统一，言论绝对一致，当然谈不到论争。在那段时间里，中国文化与世界的关系也很简单，那就是“让毛泽东思想照亮全球”，对此不可能有争议。所以，所谓20世纪的文化论争，主要是前期的论争，所谓遗留的问题，也主要是前期遗留的问题。

简单地说，20世纪前期的文化论争主要就是“中西之争”。从“西学中源”“中体西用”到“保存国粹”，再到五四时期的新旧之争，直到后来的“全盘西化”与“中国本位”之争，实质上都是中西之争。其关键是在现代化的过程中应该如何对待西方现代文化，如何对待中国固有的文化传统。从这个意义上说，先贤们所面对的问题与我们大致相同，不同的只是具体的环境和名词概念的变化，比如，不同时期有不同的制度环境，不同时期有西化、世界化、全球化等不同的说法。但名词并不十分重要，因为无论是当年还是现在，尽管任何国家和地区都是世界的一部分，但人们说世界化或全球化，绝不意味着非洲化或中东化。所以，中国文化与世界的问题，主要是中国文化与西方的问题。

恰恰是在这个问题上，20世纪的论争遗留了一系列问题，仍值得我们继续思考。

一、关于“全盘西化”与“反全盘西化”

“全盘西化”与“反全盘西化”，这个问题似乎早已不成问题，因为全盘西化论已经被彻底否定了大半个世纪，老一代的全盘西化论者已经相继去世，而在近大半个世纪中成长起来的人们已经不可能公开承认自己主张全盘西化。在这种情况下，反对全盘西化似乎已经成为共识，有选择的现代化似乎成为时代的共识。然而，只要我们认真考察，就会发现问题并不那么简单，一些问题并未解决。

提起全盘西化的主张，人们立即会想起胡适、陈序经、张佛泉等。但学界众所周知，在这其中，没有几个人是真正主张“全盘西化”的。胡适主张“充分世界化”，张佛泉主张“根本上西化”，张奚若主张“大部分西化”，熊梦飞主张“西体中用”……他们对“全盘西化”的提法都有所保留。真正坚持“全盘西化”这个口号的只有陈序经，但如果深入考察，我们还会发现，陈序经事实上也并未主张绝对意义上的全盘西化。他坚持为这个口号辩护，但他对这个口号的理解却早已不是“全盘”。他说：一张全体师生的合影，他因事没有参加，却仍然叫“全体合影”，那么，有一小部分内容不能西化，为什么不能叫“全盘西化”？[①]从这个意义上说，他所主张的所谓“全盘”，与“根本上”“大部分”“充分”或“一心一意”并无多大差别。

也就是说，如果“全盘”意味着百分之百，那么，从来没有人坚持过全盘西化。

有一个事实众所周知：那些主张全盘西化的人自己的言行并不全盘西化。无论是胡适还是陈序经等，他们虽然以主张全盘西化著称，自己却常常是穿中式长袍，吃中国饭菜，按中国的习俗与亲朋来往。这并非理论主张与

①陈序经：《全盘西化的辩护》，《独立评论》1935年第160期。

行为方式之间的不一致，而是他们从来就没有主张过在这些方面都要西化。他们并不要求人们放弃吃饺子而改吃面包，并不要求人们扔掉筷子而改用刀叉，也从来没有主张国人都要脱掉长袍而换西装领带。由此可见，他们虽然使用了"全盘西化"这个概念，却并非要求字面意义所显示的"百分之百的西化"。所谓全盘西化论者关心的问题根本不在于是否"全盘"，而是一些根本和关键之处。

那么，这根本和关键何在？胡适说得比较清楚："我们理想中的'充分世界化'，是用理智来认清我们的大方向，用理智来教人信仰我们认清的大方向，用全力来战胜一切守旧恋古的情感，用全力来领导全国朝着那几个大方向走，——如此而已。""至于有人在私生活中爱读八股文，爱做李义山的无题诗，或爱吃蛇肉，或爱听《二进宫》，那不是他们所要干预的。"①这个所谓大方向，胡适后来曾经把它概括为三个方面，并称之为"世界文化共同的理想目标"："第一，用科学的成绩解除人类的痛苦，增进人生的幸福。第二，用社会化的经济制度来提高人类的生活，提高人类的生活程度。第三，用民主的政治制度来解放人类思想，发展人类的才能，造成自由的独立的人格。"②

事实上，反对全盘西化的人们关心的也并非是否"全盘"，而是某些根本和关键。一百多年来，尤其是辛亥革命之后，西方现代文明虽然很难在中国全面开花结果，但要全面拒绝已经不大可能。无论精神层面还是物质生活层面，中国都在迅速西化。电灯代替了蜡烛，汽车代替了轿子，西装代替了长袍，鞠躬代替了跪拜，一夫一妻代替了妻妾成群……变化涉及各个层面。正因为这样，20世纪的中国已经没有人一般地拒绝西方文化。因为人们知道电灯比油灯亮得多，汽车比马车跑得快，洋炮比土炮厉害。所以，就连被看作保守派总后台的慈禧太后，也并不拒绝洋玩意儿，这是故宫的遗物可以证明的。一百多年的历史表明，即使最顽固的保守派，最坚决地反对西化的人，也并不拒绝来自西方的便利和享受。他们只是赞同在一些领域西化，而反对在另一些领域西化。

①欧阳哲生编《胡适文集（11）》，北京大学出版社1998年，第608页。

②欧阳哲生编《胡适文集（12）》，北京大学出版社1998年，第669页。

那么，哪些领域可以西化，哪些领域不可以西化？哪些领域可以改变传统，哪些领域不可以改变传统？这是问题的关键。如果考察那些坚决拒绝西化的领域，大概不难发现，它大都是某些个人或集团的特权所在。如果西化，就要使一些人失掉某些特权；如果坚持中国传统，就可以一切照旧。那些西化特别困难之处一般都不在日常生活领域，而是关系到体制和规范，关系到社会秩序和政治伦理原则，是社会现代化变革的一些关键。因此，陈独秀曾悲愤地写道："法律上之平等人权，伦理上之独立人格，学术上之破除迷信，思想自由，此三者为欧美文明进化之根本原因，而皆为尊重国粹国情之袁世凯一世、二世所不许。长此暗黑，其何以求适二十世纪之生存?"①

由此可以得出一个结论：所谓全盘西化与反全盘西化之争，事实上是一个假问题。双方论争的焦点并不在于是否"全盘"，而是在于现代化进程中的一些关键点。所以，只是抽象地谈论"存其当存，取其当取"或"取其精华，去其糟粕"是无济于事的，因为什么是精华，什么是糟粕，人们的认识相去甚远；什么该留，什么该去，主张自然无法一致。辜鸿铭认定中国的太监制度、纳妾制度都是优秀文化。他在为传统的多妻制辩护时说：一个茶壶配四只茶碗，有什么不可以？站在男人的立场上看，多妻制也许真是不错的制度：人的感情总在变，今天喜欢这个女人，明天可能又喜欢另一个，按照一夫一妻制的现代原则，就可能整天忙于离婚结婚，很累。多妻制则不然，看上一个娶一个，迎新而不弃旧，既满足了欲望，又保持了家庭的稳定，它的优越性很明显。但是，如果考虑到男女平等的原则，为女人想一想，它还是一个好制度吗？政治上也是这样，皇帝一人说了算，以强有力的方式把百姓管起来，的确可以减少混乱，有利于稳定，从统治的立场看问题，比民主要好得多。但是，如果考虑到公民的自由、尊严和权利，它还是好制度吗？

20世纪的文化论争并没有在这些根本问题上形成共识。

二、关于调和折中的想象

"全盘西化派"退出历史舞台之后，胜利的当然不是复古派或保守派，

①《陈独秀文章选编》(上)，北京三联书店1984年，第160页。

而是调和折中派。正如陈序经等人所指出的，当时的中国事实上已经没有彻底的复古派和纯粹的保守派，所以，在后来的岁月里，时代的选择事实上是调和折中。

从理论设计看，调和折中似乎无懈可击；从实践过程看，它也似乎最得人心。可是，当年陈独秀、胡适、鲁迅、钱玄同、陈序经等对调和折中论进行的激烈批判却不能不令人困惑。因为众所周知，如果只是反对复古和排外，他们很容易得到人们的普遍同情，为什么要反对调和折中，而使自己陷入极端？难道这些人的头脑都出了问题？在新保守主义的潮流中，他们被认定是极端化、绝对化和片面化的。这一点都不错，他们的确很激进，而且并不讳言自身的极端化与绝对化。但是，这是不是就意味着他们的论敌比他们更高明？是不是意味着章士钊、杜亚泉、陈立夫、王新命、孟萨武等就比陈独秀、胡适、鲁迅、陈序经等更正确、更有远见？

其实，反对绝对化、极端化和片面化，对中国人来说是自然就会的。所以，“撷精取粹”“熔于一炉”“中西结合”“中西合璧”，都是很早就出现的美好想象。然而，面对调和、折中与合璧的想象，新文化阵营的认识却相当一致，共同采取了反对的态度。面对调和折中的鼓吹，鲁迅说：“他们的称号虽然新了，我们的意见却照旧。因为‘西哲’的本领虽然要学，‘子曰诗云’也更要昌明。换几句话，便是学了外国本领，保存中国旧习。本领要新，思想要旧。要新本领旧思想的新人物，驼了旧本领旧思想的旧人物，请他发挥多年经验的老本领。一言以蔽之：前几年谓之‘中学为体，西学为用’，这几年谓之‘因时制宜，折中至当’。其实世界上决没有这样如意的事。”[①]胡适也说：“抗拒西化在今日已成过去，没有人主张了。但所谓‘选择折中’的议论，看去非常有理，其实骨子里只是一种变相的保守论。”[②]面对“中国本位”的主张，胡适又说：“时髦的人当然不肯老老实实地主张复古，所以他们的保守心理都托庇于折中调和的烟幕弹之下。对于固有文化，他们主张‘去其渣滓，存其精英’；对于世界新文化，

①《鲁迅全集》（第1卷），人民文学出版1981年，第336页。

②胡适：《充分世界化与全盘西化》，欧阳哲生编《胡适文集（5）》，北京大学出版社1998年，第453页。

他们主张‘取长舍短，择善而从’；这都是最时髦的折中论调。陈济棠、何键诸公又何尝不可以全盘采用十教授宣言来做他们的烟幕弹？他们并不主张八股、小脚，他们也不反对工业建设，所以他们的新政建设也正是‘取长舍短，择善而从’；而他们的读经祀孔也正可以挂起‘去其渣滓，存其精英’的金字招牌！”①

他们之所以反对调和折中，往往出于一种策略性的考虑。因为他们知道，几千年的传统根深蒂固，“搬动一张桌子也要流血”，如果不以猛烈的方式对其进行批判和否定，调和折中所需要的另一极在哪里呢？在这一点上，他们说得很明白。陈独秀在《调和论与旧道德》中曾做过一个比喻：“譬如货物买卖，讨价十元，还价三元，最后结果是五元。讨价若是五元，最后的结果，不过二元五角。社会上的惰性作用也是如此。”②鲁迅也说：“中国人的性情是总喜欢调和，折中的，譬如你说，这屋子太暗，须在这里开一个窗，大家一定不允许的。但如果你主张拆掉屋顶，他们就会来调和，愿意开窗了。没有更激烈的主张，他们总连平和的改革也不肯行。”③在这一点上，胡适的说法是：“我是主张全盘西化的，但我同时指出文化自有一种惰性，全盘西化的结果自然会有一种折中的倾向……旧文化的惰性自然会使他成为一个折中调和的中国本位文化……古人说：‘取法乎上，仅得其中；取法乎中，风斯下矣。’这是最可玩味的真理。我们不妨拼命走极端，文化的惰性自然会把我们拖向调和上去的。”④

这些话为“矫枉过正”留下了口实。但是，如果我们认真考察，他们的态度却并非只是策略。因为事实告诉人们，调和折中是有限的，有些东西可以调和，有些东西可以折中，有些东西却注定既不能调和也无法折中。既引进外来文化，又保存本土文化，二者融会为一，实现中西合璧，这种想象在物质文化层面比较容易实现。比如，旗袍和高跟鞋的结合早已成功，西装和

①胡适：《试评所谓“中国本位的文化建设”》，欧阳哲生编《胡适文集（5）》，北京大学出版社1998年，第449—450页。

②《陈独秀文章选编》（上），北京三联书店1984年，第444页。

③《鲁迅全集》（第4卷），人民文学出版社1981年，第13—14页。

④欧阳哲生编《胡适文集（11）》，北京大学出版社1998年，第671页。

瓜皮帽也未必不可，至于沙发和太师椅同置一室、满汉全席加一只烤鹅，也可以说是“古已有之”了。可是，在一些根本问题上，结合的设想却注定无法实现，而且难以调和与折中。比如，民主与专制、科学与迷信、文明与野蛮、男女平等与男尊女卑、一夫一妻与多妻制……怎么调和？又如何折中？如果像调颜料一样按照比例调和，比如，一份民主加一份专制，一点科学加一点迷信；或者像做馅饼一样使其表里结合，比如，以科学为表以迷信为里，以民主为表以独裁为里……这种结合也许能做到，可是，那样的文化杂烩显然并非好结果。

今天的一些人面对历史，常常要嘲弄陈独秀、胡适和鲁迅等人的偏激，却往往忽略了一个问题：如果他们放弃偏激而学会调和折中的态度，就能解决问题吗？

三、如何面对“特别国情”？

从20世纪初到20世纪30年代，在一次又一次的讨论中，“特别国情”都是一个绕不过去的问题。

从慈禧太后、张之洞，到袁世凯、杨度，再到蒋介石和戴季陶等，在拒绝西方现代文明的时候，重要的理由就是“特别国情”。在他们那里，无论是君主立宪、民主共和，还是自由、平等和人权保障，一切追求和设计都不应脱离中国国情。那么，中国的国情是什么？说到底，就是几千年形成的以专制主义为核心的传统秩序。所以，从“保皇派”到筹安会，再到后来的保守主义者，他们都喜欢反复强调：中国的老百姓素质差，没有经过民主宪政的训练，没有能力行使民主，所以，中国不能没有皇帝，共和不如君主，即使要实行宪政，也必须经过训政。

大概应该承认，他们对国情的分析是不错的，中国具有几千年的宗法社会和专制主义传统，这种传统使得大多数国人在短时期内难以习惯现代社会体制，而更习惯于“清官”和“好皇帝”为他们做主。大概也应该承认，保守主义者对“五四”一代人的指责也是不错的，胡适、鲁迅、陈独秀们的确没有努力去顺应中国的特别国情。他们明明知道中国人习惯于专制，却偏偏呼唤民主；明明知道中国人仍习惯于各种迷信，却偏偏呼唤科学；明明知道中国人权利被剥夺的现状，却偏偏呼唤人的解放和权利的保障。他们的主张的确不合国情。可是，这并不是他们的疏忽，而是他们根本就没准备去适应国情。用陈独秀的说法就是："若是决计革新，一切都应该采用西洋的新法子，不必拿什么国粹，什么国情的鬼话来捣乱。"①

保守主义与激进主义的分歧并不在于对国情的认识，而在于对国情的态度。一方是认识国情而努力适应国情，另一方是认识国情而努力改造国情。陈独秀、胡适、鲁迅等最突出的特点就是不承认国情的神圣性，因而要对其进行全面变革。他们知道，适应国情就意味着适应专制主义传统，就意味着适应落后的国民性，就意味着适应君君臣臣父父子子的伦理秩序，因此，也就意味着承认一切存在的都是合理的，也就从根本上取消了改革的合法性。在他们看来，要改革，就无法不改变国情。

之所以如此，还因为他们知道，所谓适应特别国情，早已成为权贵们抵抗变革、拒绝民主和自由的有力武器。在袁世凯准备称帝之时，他们的理由就是共和不适合中国国情，筹安会一再申明的主张也是中国的国情还不宜实行共和，人民的程度还不适宜实行民主。他们似乎想不出什么好的理由维护旧制度，只能拿国情作为借口。陈独秀却要揭穿这层画皮。当景耀月在国民制宪会上主张"宪法要按照一国的历史、习惯、民情、风俗，特别制定，而不应模仿欧美的成法"时，陈独秀立即反驳说："什么共和，什么宪法，都是欧美人特有的制度。按照我们中国的历史、习惯、民情、风俗，都不必勉强学他。我劝景某还是拿古德诺'特别国情'的话头，去鼓吹帝制罢，何苦谈什么共和国的宪法呢？"②

在全盘西化与中国本位的论争中，沈昌烨在《国闻周报》第12卷14期发表《论文化的创造》，表达了一个重要的见解："要是采纳西洋文化须以中国的意识形态之适应与否为标准，那么我们根本不必采纳，现存的中国文化，不是更能适应中国的意识形态吗？"事实的确如此，如果对西方文化的引进从是否适应中国国情出发，那么，引进就成了对旧传统的巩固，而不再有改革的意义。

在此，需要思考的问题是：面对现代理想和固有国情的矛盾，是努力克

①②《陈独秀文章选编》（上），北京三联书店1984年，第270页，第345页。

服障碍而使理想实现，还是为了特别国情而放弃理想？这是两种不同的态度。选择前者的确困难重重，新文化的萌芽往往因为水土不服而生长缓慢。但是，为适应国情而放弃现代文明追求，或者为适应国情而扭曲这种追求，其结果往往是巩固旧国情，使历史的车轮只能在原地打转。

尤其需要思考的是，如果一种传统所形成的国情本来很好，无不适合于人的生存发展和自由，历史并不一定需要发展，停留在原地也没有什么不好，但是，如果一种传统所形成的国情就是无视人的价值与尊严，剥夺人的权利，使人活得不像人，这种国情也是必须适应的吗？新文化运动的领袖们对特别国情的态度，值得认真研究和思考。

四、文化与国族的关系问题

对于一个国族来说，文化主体性是否非常重要？在这个问题上，人们的认识大不相同。文化保守主义者认为很重要，在他们看来，中国必须有自己的文化，如果放弃自己的文化而全盘学习西方，就会丢掉自己的民族特色，就会失掉民族文化主体性。如果那样，国将不国，中国人也不再是中国人。主张充分世界化的人们另有看法，他们也是爱国者，但在他们看来，文化与国族关系并不那么紧密，一个民族即使丢掉了自己的文化，也仍然可以立于世界各民族之林。如果外来文化能使自己的国家富强、人民幸福，就应该毫不犹豫地进行置换。

在鲁迅看来，文化传统的存废与国家民族的存亡无关。“汉人总是汉人，独立的时候是国民，覆亡之后就是‘亡国奴’，无论说的是哪一种话。因为国的存亡是在政权，不在语言文字的。美国用英文，并非英国的隶属；瑞士用德法文，也不被两国所瓜分；比国用法文，没有请法国人做皇帝。满洲人是‘读汉文’的，但革命以前，是我们的征服者，以后，即五族共和，和我们共存同在，何尝变了汉人。”①

陈序经说：“有些人说文化是民族的生命；文化亡，民族也必随之而亡。此说是不真确的！文化是由人类所创造……所以说文化亡，不见得民族

①《鲁迅全集》（第7卷），人民文学出版1981年，第253页。

也随之而亡。”[①]张佛泉也说：“这种过虑在历史上是没有基础的。就人类历史上几桩大事说来，我们曾见到罗马人接受希腊文化、北欧野蛮民族接受罗马希伯来文化、中国接受印度文化；日本接受中国文化，现在又接受西方文化。然而却未见到接受旁人文化的将自己的个性完全失掉。”[②]梁实秋甚至说：“在各种的侵略当中，惟有文化侵略是可以欢迎的，因为有了外国文化的激荡观摩然后才有进步，只有想关起门来做皇帝的人才怕文化侵略。”[③]他们认为，在两种文化接触的时候，优胜劣汰是自然的铁则，无论什么样的国家本位，最后都要消融在世界文化的大熔炉中。

其实，保持特色并不难，突出特色也不难，比如，男人重新留起辫子，女人重新缠起小脚，多一些妻妾成群的大宅门，在今日世界，中国就是最有特色的国家，而且会成为国际旅游热点，全世界都会前来瞻仰。可是，我们愿意那么做吗？我们应该那么做吗？那么，什么是民族文化特色，它的本质是什么？一些所谓特色，到底是保留好还是丢掉好？文化是否应该标新立异要特色？这些其实都是值得认真考虑的问题。在全球化的背景上显示个性，努力使自己与众不同，当然有回头率。但是，清醒的人应该清楚自己的个性究竟怎么样，那与众不同之处是美还是丑。关于这一点，鲁迅早就说过：“譬如一个人，脸上长了一个瘤，额上肿出一颗疮，的确是与众不同，显出他特别的样子，可以算他的‘粹’。然而据我看来，还不如将这‘粹’割去了，同别人一样的好。”[④]

①陈序经：《中国文化之出路》，《民国日报》1934年1月15日。

②张佛泉：《西化问题之批判》，《国闻周报》1935年第12卷第12期。

③梁实秋：《自信力与夸大狂》，《文化建设》1935年第1卷第10期。

④《鲁迅全集》（第1卷），人民文学出版1981年，第305页。

公民意识的百年遗产

公民意识的培养在当下成了一个被广泛关注的话题。其实，现代公民意识的培养早在一百年前已经开始了，一代又一代先驱曾经为此而努力，并且留下了珍贵的遗产。

当然，一百年前，人们还很少用“公民”一词，而是更多地使用“国民”。关于“国民”，我们今天的解释是“具有某国国籍的人”，但在20世纪的上半叶，它的含义却相当于今天的“公民”。20世纪的第一年——1901年，就有人通过对国民与奴隶的区别清楚地界定了国民的含义：“奴隶无权利，而国民有权利；奴隶无责任，而国民有责任；奴隶甘压制，而国民喜自由；奴隶尚尊卑，而国民言平等；奴隶好依傍，而国民尚独立。此奴隶与国民之别也。”[①]而且有人明确指出：“无权利者，非国民也。”他们声称，“有权利始能有义务，无权利即不能有义务”；“法律，权利之表也”；“法律学者，权利学也”。[②]邹容的《革命军》所呼唤的革命，也是“拔去奴隶之根性以进为中国之国民”。革命之后的理想则是“建设政府，而各假以权，专掌保护人民权利之事”。“无论何时，政府所为，有干犯人民权利之事，人民即可革命……更立新政府，亦为人民应有之权利。”总之，在他们看来，国民与奴隶不同，主要就在于他们的权利能够受到国家保障；而之所以能够受到保障，就在于他们是国家的主人，能够享有国家主权。那时公民意识的培养，着力点也在这里。

---

①佚名：《说国民》，《国民报》1901年第2期。

②佚名：《权利篇》，《直说》1903年第2期。

五四时期，这种呼唤之声更为强烈。当时新文化运动的先驱们固然有“国将不国”的哀叹，但感受更强烈的却是“人已非人”。所以，无论陈独秀还是胡适、鲁迅，首先关心的并非国家的贫弱，而是中国传统的“吃人”，喊出的口号也是“救救孩子”。在他们那里，根本的问题是救人，救国是因为救人而获得意义的。充分表现了这种思想的首先是新文化运动的总司令陈独秀，他在《爱国心与自觉心》中指出：“国家者，保障人民之权利，谋益人民之幸福者也。不此之务，其国也存之无所荣，亡之无所惜。”“或谓恶国家胜于无国家？予则云，残民之祸，恶国家甚于无国家。失国之民诚苦矣，然其托庇于法治主权之下，权利虽不与主人等，视彼乱国之孑遗，尚若天上焉。”①他在考察了失掉国家的犹太人之后，把目光移向中国：“不暇远征，且观域内，以各土地之广，惟租界居民，得以安宁自由，是以辛亥京津之变，癸丑南京之役，人民咸以其地不立化夷场为憾。此非京津江南人无爱国心也，国家实不能保民而致其爱，其爱国心遂为其自觉心所排而去尔！”②在《东西民族根本思想之差异》等多篇文章中，他反复指出：“国家之所祈求，拥护个人之自由权利与幸福而已。”在他看来，如果不然，人们就失掉了爱国的理由。在新文化运动中，《新青年》从创刊开始，就由高一涵等反复言说现代国家的法理，向读者讲述现代国家应该是什么样子，国家与国民是什么关系，尤其强调国民与奴隶、臣民、子民的不同。

北伐战争之后，随着国民党一党专制政权的出现和旧文化的回潮，公民的权利开始被剥夺，尽管在理论上说这种剥夺只是暂时的，训政完成，进入宪政时期，就要还政于民，也就是把国家主权归还给民众，但司法不能独立，新闻不能自由，却使经历过辛亥革命之喜悦的人们无法忍受。面对这种普遍性的人权危机，胡适等人发起了人权运动。在这次运动中，罗隆基发表了《论人权》。面对中国的具体情况，他提出了最基本的三十五条，其中第一条就是：“国家是全体国民的团体。国家的功用，是保障全体国民的人权。国家的目的，是谋全民最大多数的幸福。国家的权威是全民付与他的，其量以国家在功用及目的上达到的程度为准。”他提出了一系列的原则：“人民对国家政治上一切权利，应有平等享受的机会。不得有宗教及政治信

①②《陈独秀文章选编》（上），三联书店1984年，第71页，第72页。

仰的限制。不得有社会阶级及男女的限制"；"国家一切官吏是全民的雇佣人员，他们应向全国，不应向任何私人或任何私人集团负责"；"没有代议权，即没有担任赋税的义务"；"国民有劳动权，国家有供给人民劳动机会的责任。国民失业是国家失职的证据。是国家在人权上没有负担责任的证据"；"凡一切国民的水旱疾病灾疫的赈济，是国家在人权上的责任，不是政府对国民的慈善事业"。对于现代国家的公民来说，这一切都是常识；对于从辛亥革命到五四运动的那一代人来说，这一切也不陌生，但对于国民党的党国统治下的中国人来说，却无疑是公民意识的又一次启蒙。

在20世纪30年代，除了罗隆基的《论人权》之外，张奚若的《国民人格之培养》也是值得注意的文本。张奚若认为民主制度的根本就是人的解放，所以国民人格的培养也应该首先致力于人的解放。他告诉人们："中国以往的人民，和欧洲十八世纪以前的人民一样，在政治上是被动的，是没有地位的。圣君贤相所要求于他们的是服从，哲人大师所教诲于他们的也是一个'忠'字。国家本是帝王的私产，人民不过是他们的子民。……不过数十年来，自欧美的宪政民治种种学说随着他们的坚甲利兵传播到东方来，这些旧式的政治组织和政治理论就根本发生动摇。辛亥革命就是自由、平等、独立、自治种种新学说战胜了君臣、父子、夫妇、兄弟诸种旧理论的纪念碑。"他认为，中国人是在五四时期才认识到欧美民主政治的根本，这根本不是别的，就是个人解放。个人解放带来的政治理论就是个人主义。他指出，"个人主义的政治哲学的优点是在承认：（一）一切社会组织的目的都是为人的，而不是为越出于人以上的任何现象，如上帝、帝王或其他的东西的；（二）一切社会组织的权力都是由构成这些组织的人们来的，而且永远属于这些人们；（三）一切社会组织都应该而且必须直接或间接由构成它们的人们自行管理"。而这一切的神髓"全在承认政治上一切是非的最终判断者是个人而非国家或政府，全在承认个人有批评政府之权……国家并不是真理的垄断者"。"一个个人若有发泄他的良心所认为不对的机会，若有表示他的理智所反对的自由，那时他才能觉得他与国家的密切关系，他才能感觉他做人的尊严和价值，他才能真正爱护他的国家。……一个国家有以上这样一个国民，比有成千上万的工具性的群众有利的多。现代民治的成败全视此等国民的人数多寡而定，而民治在大体上又是今日政治上的康庄大道，其他炫耀一时的政象都是旁门左道，不久还归消灭，不足为法。”[①]正因为这样，他认为所谓公民意识的培养，主要就应该是培养他们这种独立的国家主人的意识。

由于种种原因，他们的工作没有得到继续。20世纪50至70年代，由于现实环境已使许多问题无从谈起，即使仍未停止思考的人们也不可能深入进行。比如顾准，也只能思考希腊城邦制度下的“公民”和“公民权利”，写下这样的句子：“罗马法权传统，国家是建立在公民权利基础之上的。欧洲各国现代诉讼法中，个人或法团可以成为诉讼的一方，其另一方是国家。个人权利，在理论上是受到法律保障的，国家不得随便加以侵犯。”“继起的皇帝不要选民投票了，公民也成了驯服的臣民。”“中国只有‘迎闯王，不纳粮’，从来没有过‘不出代议士不纳税’的口号……”[②]不知顾准是否想到，所谓“迎闯王，不纳粮”，也不过是骗人的口号。如果不纳粮，闯王吃什么？事实上，所谓“揭竿而起”者，首领之所想不过是“彼可取而代也”，而追随者也往往不过是贪官污吏的候补，同样不尊重公民的权利，也就成不了现代公民，建不成现代国家。

这种断裂造成的影响不可估量。由于长期缺失，当我们重新考虑公民意识问题的时候，就不得不从头做起。

①《独立评论》1935年第150号。

②《顾准文集》，贵州人民出版社1994年，第317页、334页、358页。

附　录

历史是拿来当镜子用的

刘雪明　李新宇

作为“学术中国系列”的一部分，2007年出版的《大梦谁先觉》，曾引起社会广泛关注。六年后，以此书为基础，加上“当年抽掉了而这次收进来的”篇目——《民国遗民章太炎》和《1942：陈独秀魂归五四》等，重新修订而来的历史随笔集《旧梦重温：民国先知的道路探寻》于近日出版，作者是著名的、以文化史和思想史研究见长的学者李新宇。

虽然集子取名“旧梦重温”，但在接受本报采访时，李新宇表示，“有些梦虽然是在一百年前做的，其实仍然很新鲜”。

李新宇，1955年生，南开大学文学院教授、博士生导师，主要从事中国现当代文学的教学和研究，同时涉及20世纪中国思想史和文化史的研究。

关于民国先知——被遮蔽和遗忘的并不一定没价值

记者：这本集子里的文章，最早的写于1992年，晚至2006年。时间跨度长达十几年，是什么原因让您一直坚持着写了下来？

李新宇：时间跨度是长了点，但也说不上坚持。拖的时间长，是因为我写得慢，而且总是去干别的，不能集中力量，想起来写一篇两篇，可能就放下了，几年后又写几篇，断断续续，所以一写就是十几年，好在行文风格变化不算大。这么长时间没有完全扔下，可能是因为我的兴趣。我的专业是文学，但长期以来，却对现代史很感兴趣，清理一些事件，弄清某些真相，还原一些具体场景，是我一直想做的。所以，只要有空闲，我就去读一些历史材料，写一些历史随笔。《帝国黄昏》《旧梦重温》等都是这样的历史随笔。

记者：当年您自拟书名《旧梦重温》，最后接受编辑建议改名《大梦谁先觉》，您说是“因为涉及发行量”，现在重新出版，您还是改回了以前自拟的书名，是现在不用关心发行量了，还是您有更多的考虑？

李新宇：我这个人很笨，一直不会给自己的书取名，许多书名都是编辑朋友帮我取的。什么样的书名好卖，什么样的书名不好卖，我完全不懂，所以就听朋友们的。我自己取名“旧梦重温”，只是根据全书内容，觉得切实。上一次出版，编辑朋友认为书名太文雅不利于发行，于是就改了；这次出版，编辑朋友却没有提出异议，于是就保留了。不过，这次的编辑朋友还是给我加了几个字：“民国先知的道路探寻”。

记者：这些年来，有很多文化随笔都在触及民国这一段历史，但很少有人像您这样，笔墨心力全在所谓的“先知”身上，为什么选择关注这一特殊群体？

李新宇：这个问题你把握得很准。选择这一群体，原因是我很关心中国知识界一路走来的身影。中国的现代化，毕竟是外来因素催发的，是因为看到西方现代国家的人们比我们先进，比我们生活得好，所以就要学习，要跟上。这不是谁逼迫的，而是向往美好生活的人们的必然选择。因为现代化并不源自本土，所以引领现代化潮流的，注定不是工农大众，而是那些能感受外来风气的知识界的先知先觉。一百多年来，先知出现了一代又一代，他们为中国人的命运进行过许多思考。弄清他们的成败，弄清中国全面现代化的努力所遭遇的种种挫折，包括他们的错误和误区，显然是有益的。

记者：有意思的是，您似乎很少纠缠于某件事的具体细节，但愿意探究一个事件前后各种事件的内在关联。这可能需要更多资料的掌握与整合，需要更高的立意。这些文章，您原本是写给杂志和媒体的专栏，这种写作的选择，显然不算讨巧。

李新宇：我常常展示关联，是因为许多事件本身就存在关联，不弄清那些联系，就无法弄清事情的本来面目。看到一些东西，马上想到另一些东西，这的确需要知识积累。我这样写，不仅不算讨巧，简直是很不合算，如果就是为写这样一篇文章去看资料，那就投入太大、收获太小了。

记者：古人常说“文以载道”，您要“载”的“道”是什么？您带着我们“旧梦重温”的现实意义在哪里？

李新宇：这里的“道”应该有广义和狭义之分。广义地理解，那么，凡是好作品，没有不载道的；凡是有出息的作家，也必然不拒绝载道。文学作品也罢，学术作品也罢，如果什么也不承载，只剩下文字的空壳，那是什么？

至于我的这本书所载的，却只是旧梦，一代又一代先知所做过的梦。这些梦已经做了一百多年，却阴差阳错没有成为现实。在过去的教科书中，它往往被遮蔽，所以人们大多不了解它。可是，被遮蔽和遗忘的东西并不一定没价值，现在，我们有理由把它们从故纸堆中发掘出来，重温一下。有些梦虽然是在一百年前做的，其实仍然很新鲜。

关于历史观——不抱成见，客观公正，实事求是

记者：在对秋瑾就义前后的事件呈现里，写及处死秋瑾的山阴县令李钟岳时，对他的无能为力和力所能及下的人性温情，您给予了公允的关照，没有一刀切，摒弃了道德审判，这种态度让人欣赏。您在处理历史素材的时候，遵循的原则是什么？

李新宇：我还没有好好想过，但大致说来，大概是这样几点：不抱成见，客观公正，实事求是。研究历史的人，应该尊重历史的本来面目，不能把它当成可以任意打扮的小姑娘。我们过去的毛病，常常在于为了一个观点而不顾历史事实，随意取舍，所以白的常常变成黑的，善的常常变成恶的。同时，无论历史事件还是历史人物，往往都很复杂，研究者应该正视全部的复杂之处，于复杂之中去求得历史之真，而我们过去却常常是先为事件或人物定性，然后就一切都简化了。好像正面的事件就没有缺陷，反面人物或被否定的事件，则又一无是处。这对历史很有害，尤其是教科书，容易培养孩子们极为简单的头脑，使他们失掉正常的思考和判断能力。

山阴县令李钟岳那样死去了，这说明他有道德，有良心，说明大清帝国的官员中还有那样的人。在我们的生活中，您听说过因为违心地判了一个案子，或错误地处理了一个事件，而去自杀的吗？进行道德审判，审判出的也是李县令的道德光彩。

记者：还有一个类似的细节，就是对于像段祺瑞这样的“军阀”，您写到，“三一八”惨案打死请愿学生后，段赶到案发现场，长跪不起。您的书写，不仅是“去脸谱化”的，多少还带着些“颠覆性”的意味。

李新宇：“颠覆性”大概谈不到，但“去脸谱化”是有意识的。过去，我们总是给人贴标签，画脸谱，其实不切实际。比如“军阀”，它到底是个什么？谁是“军阀”？谁又不是“军阀”？定义军阀的标准是什么？从陈炯明那样的现代军人，到段祺瑞这样的领袖人物，都被用这个标签弄成了丑角。可是，只要我们走近历史现场，考察历史的本来面目，大概就不会接受那些结论。我的书，唯一可以让自己觉得欣慰的，可能就是能够改变一下目光，改变一下视野。

记者：这些年来，历史热带动了对历史的各种戏说、解构，有意思的是，历史热兴起之时，正是您这个集子写作的收笔之时。这种处理历史素材的方式，因颠覆历史的严肃面目而深入人心，您是如何看待这种现象的？

李新宇：对于各种戏说，我没有关心过，因为它只是娱乐。从某种意义上说，拿历史来娱乐，本身就不是一种好现象，因为它容易“以文乱史”，尤其是在严肃的历史学界正在重新认识历史的时候，这无疑是一种干扰。大家都知道“以史为鉴”这句话，历史是用来当镜子的，是用来认识我们自己的，一旦被拿来娱乐，胡乱编造起来，那镜子就变成了哈哈镜，可以让你开心，却无法再帮你正衣冠，无法再帮你认清道路。所以，我希望对那样的作品千万不要当真。

中国人有个不好的习惯，比如一般人不看《三国志》，也看不了那样的史书，却熟悉说书人传播的《三国演义》，以为它就是历史，甚至因此而捧刘备、骂曹操，好像那些事都是真的。今天的中国人，不应该再停留在那个水平上了。说到解构，那种以戏说为方式的解构大概力量很有限，更没有颠覆的力量。因为对一个历史结论的颠覆，需要铁的证据，需要严密的论证和严肃的辩论：一就是一，二就是二，善就是善，恶就是恶。只是戏说它一下子，拿它开开玩笑，涮它一下，能解决什么问题呢？只是使它不再神圣而已，能确认它究竟是有罪还是无罪吗？

记者手记：学者的态度

据说，第一次见到李新宇教授本人的，都会对他那一脸的卡尔·马克思般的大胡子留有极深的印象。此外，他还有一双目光犀利的眼睛。

遗憾的是，记者无缘得见。

邮件完成了采访。

如此这般情况下，试着去描绘一个作者的形象，只能依靠他的作品。

大约是被一些小的细节所触动，有些不吐不快的意思。

文章如何旁征博引，对历史资料的运用自如，倒在其次，更多的好感，缘自这本书的后记。

其一，是因为李新宇先生在后记里直言不讳地表示，这本书其实早已出版过。这件事，做得磊落，就像当年王跃文推出散文集《平常日子》时，自己在博客的公告栏里标注上“小说集作品篇目有重复，朋友们购买时请甄别”一样，颇有君子之风。

其二，对于当年“因为涉及发行量”，默认了编辑修改的书名一事——“这书名和书的本意似乎拧着”——表达了自己的“不舒服”，并借一位读者的口，做了辛辣自嘲。这种直率的态度，也让人欣赏。

有意思的是，这样一个力求完美的写作者，在原稿“一些地方似乎应该做些修订”时，却拘泥于“一个年近花甲的老人，与一个四十来岁的壮年，笔下的状态大概不一样”，“改过之后，就不再是那个年代的作品了”，从而选择了“保持原貌”。

行为的缺失，他愿意自省；作文的缺陷，他不去试图粉饰。

取舍之间，是需要境界的。

后　记

这套文集所收入的，是曾发表在报刊和收录于书籍等中而未结集的文章，写作时间是1981年—2017年，跨越了三十六年时光。

我于1978年考入曲阜师范学院中文系，大学四年当中，头两年热衷于文学创作，写诗也写小说和散文，后两年才转向学术研究。开始在学术刊物上发表论文，则是大学毕业前夕——1982年的春天。

似乎只是弹指之间，三十多年过去了，自己也由满怀梦想的初生之犊变成了双鬓飞雪的世故老朽。一路走来，庸庸碌碌而又跌跌撞撞，常沮丧于时光流逝而一事无成。这么多年，我到底做了些什么？除了教书，大概就是写东西。借着这次编文集的机会略做回顾与反省，并且粗略地做了计算，却发现我的主要精力并未放在写文章，而是用于写书，也就是所谓专著。主要的著作似乎定稿和出版都还遥遥无期，但已经出版的也有《爱神的重塑》《新时期小说的文化选择》《中国当代诗歌潮流》《中国当代诗歌艺术演变史》《走过荒原》《鲁迅的选择》《愧对鲁迅》《盗火者严复》《突围与蜕变》《旧梦重温》《帝国黄昏》《中国共和那一天》等十几种，合计三百余万字；加上尚未出版的多卷本《现代中国的知识界》等，加起来大约有六百万字；而在报刊上发表的学术文字，却总共不过四百篇，大约三百万字。这套文集所收入的，有二百多万字。也就是说，除个别文章之外，主要的都在这里了。

这些文章有的是学术论文，有的则是学术随笔。无论是论文还是随笔，写作时大多没计划，谁约稿就给谁写，东一榔头西一棒子，但众所周知，积累多了便很容易合并同类项，从而结集成书，但是，我的文章除了《旧梦重温》和《帝国黄昏》等历史随笔之外，别的都未结集。这套文集所收的，就是这些文章。

我把它分为六卷，第一、二卷除少量文章之外，大多写于1980年代中后期和1990年代初。那是我追随新时期文学的发展关注其动态的一段时间，大约写下了九十万字，其中有作家论，有作品论，也有文学现状的扫描和问题的探讨，本来杂乱地堆在一起，但因为要分为两卷，最后只好分成两类，分别装进两个筐：《文学现象观察》和《作家作品评论》。其实，严格说来是分不开的，因为有时候虽然在谈某个作家或某部作品，批评的却仍然是某种现象。

第三卷《回望百年文学》应该属于文学史，其中有的是个案，有的是对某些问题的梳理。我个人所比较看重的内容有二：一是"百年中国文学遗憾"的清理，从幸运与不幸，到种种误区；二是百年文学中"知识分子话语"发展变化线索的梳理，从五四时期的辉煌崛起，到战火硝烟中的迷失，到1980年代的再崛起和再跌落，这是此前学者少有触及的。关于这两个题目，我曾计划写两本书，一本叫《百年中国的文学遗憾》，一本叫《中国新文学中的知识分子话语》，但直到目前为止，都还没有完成，所以作为散篇收入这套文集。

第四卷内容比较集中，所收文章都是关于"五四"的。当然，书名与内容并不完全吻合，因为最后几篇主旨并非"重申'五四'精神"，而是旨在重勘"五四"现场，对一些基本史实进行辨析。这一卷的内容也是计划中要写的一本书，书名就叫《重申"五四"精神》。从1998年开始，我写一篇发一篇，陆续发表了二十余篇，却没有写完，兴趣就发生了偏移，勘探和辨析"五四"的基本史实去了。这就有了五四运动领导者的寻找，有了"五四"学生与政府关系的考察等等。鉴于海内外学者在不实史料基础上做出的一些结论，比如指责"五四"一代人关心文化而不关心制度等，我又不得不把五四新文化运动的历史定位和它当时的制度背景等清理出来。所以，将来如果有时间，我也许要在这一卷的基础上写成两本书：《重申"五四"精神》和《重返"五四"现场》。

第五卷的内容比较单纯，都是关于鲁迅的。我写过四本关于鲁迅的书：

《鲁迅的选择》《愧对鲁迅》《鲁迅和他的时代》和《鲁迅和当代中国》。前两本出版于十几年之前，后两本却一直没有出版。之所以如此，主要原因在我自己，因为后两本是我一直开着的“鲁迅研究”这门课的讲稿，一年讲一遍，每次都有所变化，所以准备在退休前后再出版。这些内容有的整理成论文发表在报刊上，现在也都收集在这里。这一集的时间跨度更大，其中《〈阿Q正传〉备课笔记》是我大学毕业前夕到中学实习时写作和发表的，而《鲁迅的遗产与萧军的遭遇》等却是近几年的新作。

第六卷属于史学。我之所以触摸历史，并非有意要跨学科，而是因为讲授中国现代文学常常遇到一些使我困惑的问题：阅读原始资料，史实似乎清楚地摆在那里；但阅读权威史著，结论却是另一个样子。那么，历史事实究竟如何？已有成果既然不可靠，就需要亲自去探个究竟。于是，一只脚就跨进了历史学科，从辛亥革命，到五四运动，再到后来许多重要的时刻，包括一些文化名人和军政要人，原来都有一些积尘需要拂拭，有一些积垢或油漆需要刮一刮。对我来说，这样做的收获甚大，因为每一次回到历史现场，每一次揭开尘封的一角，都会对那个时代的文学和文化产生新的认识。所以，越到后来，我就越热衷于历史本身，作为出发点的那些文学公案反而不重要了。

在三十五年的时间里，任何人的思想和认识都不会保持在同一水平，行文的习惯和语言风格也不会一成不变。所以，这些文章无论在思想深度上还是在语言风格上，都会有不小的差距。有的文章虽然编排在一起，但读起来感觉有点不像同一个人写的，这是我要请求读者原谅的。同时，我也想向读者说明：在三十多年中，我的基本立足点和努力方向是一致的，这与那些善于转变和进步的学者很不相同。我很守旧，也很固执，一旦做出了选择，脚跟很不容易松动。

最后，感谢北岳文艺出版社，感谢社长续小强先生和本套书的责任编辑范戈、韩玉峰先生，他们的厚爱，他们为本书所付出的心血，都是我感激并铭记的！

2017年8月　天津社会山花园